U0920571

图书在版编目（CIP）数据

山西经济年鉴.2016/《山西经济年鉴》编辑委员会编.—太原：山西经济出版社，2016.12
ISBN 978－7－5577－0115－4

Ⅰ.①山… Ⅱ.①山… Ⅲ.①区域经济—山西—2016—年鉴 Ⅳ.①F127.25－54

中国版本图书馆 CIP 数据核字（2017）第 000850 号

山西经济年鉴 · 2016
shan xi jing ji nian jian · 2016

编　　者：《山西经济年鉴》编辑委员会
责任编辑：李慧平
特约编辑：任永玲
装帧设计：太原方正新锐广告设计有限公司

出 版 者：山西出版传媒集团·山西经济出版社
社　　址：太原市建设南路 21 号
邮　　编：030012
电　　话：0351－4922133（发行中心）
　　　　　0351－4922085（综合办）
E － mail：sxjjfx@163.com
　　　　　jingjshb@sxskcb.com
网　　址：www.sxjjcb.com

经 销 者：山西出版传媒集团·山西经济出版社
承 印 者：山西臣功印刷包装有限公司

开　　本：787mm×1092mm　1/16
印　　张：63
字　　数：1650 千字
版　　次：2017 年 1 月第 1 版
印　　次：2017 年 1 月太原第 1 次印刷
书　　号：ISBN 978－7－5577－0115－4
定　　价：300.00 元

山西经济年鉴

YEARBOOK OF SHANXI ECONOMY

2016

《山西经济年鉴》编辑委员会　编

山西出版传媒集团　山西经济出版社

编　辑　说　明

1. 本年鉴是由山西省人民政府组织编纂的一部反映山西经济发展实绩的资料性工具书，由山西省人民政府办公厅主管。

2. 本年鉴于1985年创刊，现在出版的是第32辑。

3. 本年鉴2016年卷的内容分为27个部分：(1)特载，(2)专题，(3)山西概况，(4)综合管理，(5)财政・税收，(6)出入境检验检疫・海关，(7)农业，(8)工业，(9)交通・邮电，(10)住房和城乡建设，(11)贸易，(12)金融业，(13)保险业，(14)证券・期货，(15)旅游业，(16)科学・教育，(17)文化・新闻・广播・出版事业，(18)卫生・体育，(19)民政事业，(20)防震减灾，(21)人民生活，(22)县域经济发展概况，(23)展望"十三五"专文，(24)2015年国民经济统计资料，(25)地方经济法规・规章，(26)山西经济大事记，(27)光荣榜。

4. 本年鉴采用分类编辑法，以部类(如工业)为单元，由分目(如煤炭工业、冶金工业等)和条目组成。条目是辑录资料和介绍情况的主要形式，条目标题用黑体字加【　】表示。较长的条目根据内容需要加楷体字插题，以备读者检索。

5. 作者署名均在文内条目之后，如遇同一作者撰写数个条目，则只在最后一个条目后署名。

6. 本年鉴辑录的文章，分别由山西省人民政府各有关部门，各市、县人民政府，部分大型企业及有关单位指定专人撰写，并经《山西经济年鉴》编辑委员会编辑审定。

7. 本年鉴辑录的统计资料，由山西省统计局整理提供。《特载》部分由于文稿数字为年度快报数，与书中其他相关数据可能不尽一致。

8.《山西经济大事记》记录了2015年《山西日报》发表的经济类消息和山西省人民政府各有关部门、各市、县人民政府和部分大型企业提供的经济情况。

《山西经济年鉴》编辑委员会

山西经济年鉴社

社　　长： 冯凌云
责任编辑： 杜天生　马天天　王潇磊
编　　审： 冯凌云　杨汉城　李仁贵
特约编辑： 耿龙飞　张志坚　赵成全　李　鹏
陈高晋　聂日旺　银培秀　张　静
白涿军　张林海　李　改
专栏编辑： 李吉喜　侯双平　王　维　任迎春
编　　务： 马燕燕　尹晓强　刘　勇　高婷婷
照　　排： 孙　静　张建莉
校　　对： 张　玲

“十二五”时期山西经济社会发展取得辉煌成就

“十二五”时期是我省发展进程中极不寻常的五年。在党中央、国务院坚强领导下，省委、省政府认真贯彻落实党的十八大、十八届三中、四中、五中全会精神和习近平总书记系列重要讲话精神，按照“四个全面”战略布局和党中央对山西工作重要指示要求，积极应对下行压力持续加大的困难局面，坚持稳中求进工作总基调，大力推进供给侧改革，统筹做好煤和非煤两篇文章，全力推动科技创新、金融振兴、民营经济发展“三个突破”，锐意进取，开拓创新，攻坚克难，砥砺前行，经济社会发展取得了巨大成就，“十二五”规划确定的目标任务基本完成，全省实现了经济平稳较快发展和社会和谐稳定，为“十三五”全面建成小康社会奠定了坚实基础。

高端碳纤维项目建成

高速列车关键零部件国产化项目投产

推动"六大发展" 实施"三个突破" 发挥"六个表率"

——太原市

"十二五"时期，太原市坚持稳中求进工作总基调，积极适应和引领经济发展新常态，着力稳增长、促改革、调结构、惠民生、防风险，经济社会发展取得新成就。全市地区生产总值由2010年的1781亿元增加到2015年的2735.34亿元，年均增长8.4%；固定资产投资由916.48亿元增加到2025.61亿元，年均增长18.2%；社会消费品零售总额由825.85亿元增加到1540.8亿元，年均增长13.3%；一般公共预算收入由138.48亿元增加到274.24亿元，年均增长14.6%；城镇常住居民人均可支配收入2.8万元，农村常住居民人均可支配收入1.4万元，两项收入增速均高于地区生产总值增速，为"十三五"发展奠定了坚实基础。

★大力推进产业结构调整，服务业对地区生产总值的贡献率明显提升。培育发展高端装备制造、新能源、新材料、节能环保、食品药品等新兴产业，推进开发区扩区拓展，招商引资力度进一步加大。阳煤化工、江铃重汽、华润万象城、欧亚锦绣城市综合体、宝迪屠宰加工、润恒冷链物流等重点项目进展顺利。新兴接替产业增加值占到规模以上工业的67.1%；装备制造业增加值占到规模以上工业的44.6%，比"十一五"末提高28个百分点，成为全市工业第一

汾河公园

西山万亩生态园

九牛牧业机械化喂养

万达广场

长风商务圈夜景

支柱产业。农业产业化企业达到202个，销售收入187亿元，年均增长29.3%。农民专业合作社达到3700家。服务业投资占全市固定资产投资的75.8%，增加值占地区生产总值的61.3%。

★持续推进城市基础设施建设，城市承载力和发展水平进一步提高。新建改造主次干道200余条、背街小巷微循环350条，总里程520余千米。中环路、建设路、长风街等快速路相继建成，城市快速路网体系日趋完善，逐步进入立体交通时代。地铁2号线一期全线招标开工，首开段车站主体工程封顶。加大“公交都市”建设力度，更新清洁能源公交车2323辆。开通公共自行车服务系统，建成服务点1285个，覆盖3/4以上建成区，投放自行车4.1万辆。推进城中村改造，2015年启动54个城中村拆迁改造，47个村基本完成整村拆除任务，46个村启动安置房建设。开工建设各类城镇保障性住房32.6万套，保障性住房覆盖面达到25.3%。加大历史文化名城保护力度，启动南华门、明太原县城等历史文化街区改造，加大文庙、天主教堂等历史文化风貌区保护。

★全面推进“五大工程”“五项整治”，省城环境质量进一步好转。新增集中供热面积1亿平方米，拆除燃煤

建设路改造完成

漪汾桥秋景

中环立交雄姿初现

太原南站投入运营

晋阳湖改造项目全面启动

食品街夜景

双塔寺胜景

锅炉1954台；新增天然气用量10亿立方米，拆除常年运行锅炉490台；拔掉“城中村”黑烟囱3.9万根，三项累计削减燃煤410万吨。累计关停污染企业322家，年减少煤炭消费量660万吨。涉煤和水泥行业基本退出主城区，河西老工业区环境质量实现根本改善。水泥行业实现全脱硝，焦化行业焦炉煤气实现全脱硫，钢铁企业烧结机全部完成脱硫设施建设。新建城南污水处理厂和阳曲县污水处理厂，新增城镇污水集中处理能力28万吨/日。完成南沙河、玉门河等边山支流全河段截污整治工程。淘汰老旧机动车和黄标车23.8万辆。市区空气质量综合指数下降到7.1，优良天数达到230天。完成营造林12万公顷，森林覆盖率达到23%。建设29个城郊森林公园，建成20.5千米汾河绿化景观带，城六区东西山基本消灭荒山，实现绿化全覆盖。建成各类公园广场绿地375个。绿化覆盖率达到41%，绿地率达到36.1%，人均公共绿地面积11.6平方米。

★不断加大民生保障和改善力度，人民群众幸福感、获得感进一步增强。提升托底保障能力，民生支出

太原国际马拉松比赛

蒙山大佛

清徐背棍

公共自行车系统建成

南中环桥夜景

占到一般公共预算支出的82.5%。每年城镇新增就业保持在11万人左右，城镇登记失业率连续五年控制在4%以内。城镇基本医疗保险和新型农村合作医疗参保率均稳定在98%以上，城镇居民医保和新农合人均政府补助标准提高到380元。城市低保平均标准由293元提高到496元，农村低保平均标准由146元提高到411元。采煤沉陷区治理搬迁安置全面展开。新建改扩建项目学校875所382.3万平方米、公办幼儿园150所。推行新农合“先住院后付费”模式，直接受益16.2万人次。连续举办太原国际马拉松赛，有序推进汾河体育健身长廊建设。坚持不懈抓好安全生产，推进“平安省城”建设，严厉打击各类违法犯罪，社会保持和谐稳定。

★全面实施“三个突破”，发展动力和活力进一步提升。加大科技创新力度，新增高新技术企业107家，高新技术企业销售额占规模以上工业企业的29%。加快金融改革创新，“新三板”挂牌企业达到20家。推进民营经济发展，深化工商登记制度改革，推行“三证合一”，积极落实认缴登记制，由先证后照改为先照后证，民营经济增加值达到1571.53亿元。农村土地承包经营权流转工作进展顺利，新增土地流转1000公顷；启动农村土地确权登记工作，完成土地确权5.7万公顷。

（太原市政府办公厅　供稿）

青龙古镇改造完成

迎泽区区委书记刘文华(左三)、区长冯原平(左四)陪同太原市市委书记吴政隆(左二)在迎泽区视察工作

太原市市长耿彦波(左七)、副市长王爱琴(右三)与新西小学师生共庆“六一”儿童节

坚定信心 攻坚克难 全力建设省城首善强区

——太原市迎泽区

“十二五”时期,迎泽区委、区政府团结依靠全区人民,始终咬定发展目标不放松、坚定必胜信心不动摇、全力攻坚克难不懈怠,经济总量大幅攀升,综合实力显著提高。主要指标实现“两个突破、三个翻番”:地区生产总值突破500亿元大关,达到534.98亿元,居全省首位,年均增长8.5%;服务业增加值突破400亿元,达到458.1亿元,年均增长8.7%,占全区生产总值的85%左右,占全市份额的四分之一;固定资产投资、社会消费品零售总额、一般公共预算收入三项指标实现翻番,分别达到190.9亿元、397.1亿元和16.1亿元,年均分别增长25.1%、15.7%和16.9%。五项主要指标增速全部高于太原市平均水平。

★服务业发展量质并进,领跑全省的优势持续扩大。五年来,着力推进传统服务业在提质改造中加快转型,柳巷商圈在全市首家实现“智慧升级”,食品街完成商文旅一体化改造并成功创建国家3A级景区,朝阳商圈新改建商城8座。启动太原大数据中心、互联网+智慧产业园、全国首家互联网+智慧行政区等引领性新兴项目,打造创业创新平台9个。民营经济和小微企业快速成长,全区市场主体增至3万余户,较“十一五”末增长12.2%。累计引进招商项目48个,引资816.7亿元;实施重点项目162项,完成投资265亿元;打造楼宇总部基地41个,入驻企业1600余家,中海油、渣打银行等知名企业区域总部落户迎泽,百圆裤业首开全市民营企业中小板领域上市先河,唐是文化成功登陆“新三板”。

★综合承载力不断提升,城乡面貌发生巨大变化。道路通达水平进一步提高,配合省、市完成铁路三项工程和太行路、建设路等20条重点道路建设,改造小街巷11条,新建改造县乡公路、森防通道15条。城乡面貌进一步改观,实施了青年东

柳巷商业街

建设路快速化改造

南沙河快速路改造

楼宇总部经济

现代都市农业

街、民政园等棚户区改造，征迁1.3万余户、110余万平方米，新改建道路周边棚户区全面启动改造；全力推进城中村改造，基本完成6个村的整村拆除，累计拆除122.7万平方米；严厉打击"两违"，依法拆除违法建设30余万平方米；连片整治老旧片区22个、背街小巷54条，新建城市游园绿地25处。健全信息化、网格化城管体系和火车站管理长效机制，城市管理水平明显提高。环境质量进一步改善，新增集中供热399.6万平方米，二级以上优良天数增至221天；新造林2787公顷，森林覆盖率25.5%，台骀山滑世界农林科技博览园被评为国家4A级景区，东山生态走廊循环圈基本形成。

★民生事业全面发展，群众获得感持续增强。五年累计投入民生资金67.8亿元，较"十一五"增长143%，占财政总支出比重达85%。每年实施20件重点惠民实事。在全省率先推行城乡低保标准一体化和低保对象参加基本医保全免费，新农合补贴、高龄津贴、散居孤儿养育金、残疾人"双补"等标准全市最高。新增就业10万余人。开工建设保障性住房2.6万余套。加快推进公共服务优质均衡发展，提档改造社区服务场所81个。新改扩建学校、幼儿园25所，新增学位1.1万余个，学校标准化建设实现全覆盖；在全省首家通过国家义务教育发展基本均衡区评估；完成区文化馆、图书馆、美术馆、郝庄镇文化站改造，设置社区卫生服务机构50所。在全市率先实现社区惠民项目资金覆盖所有行政村；实施农村饮水安全工程18项，惠及1.6万余人；扶持现代都市农业项目32项，农民人均可支配收入年均增长8.8%。被评为全国和谐社区建设示范区。

（迎泽区政府办　供稿）

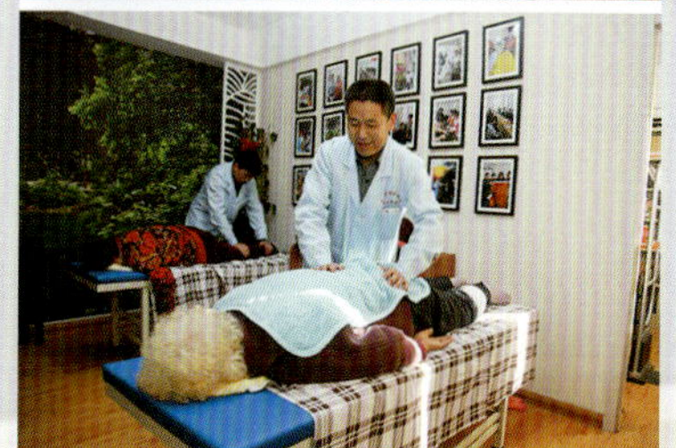

为老服务

双北小学

主动适应新常态 统筹发展见实效

——太原市杏花岭区

杏花岭区区委书记李浓调研城中村改造工作

杏花岭区代区长张磊深入淖马种苗研发基地调研指导工作

五年来，杏花岭区坚持稳中求进工作总基调，统筹稳增长、调结构、促改革、惠民生、防风险，着力实施“五个一批”，攻坚克难，真抓实干，圆满完成了“十二五”规划目标任务。地区生产总值由2010年的262.45亿元增加到2015年453.23亿元，年均增长9.4%；服务业增加值由203.21亿元增加到369.21亿元，年均增长10.2%；一般公共预算收入由8.06亿元增加到16.09亿元，年均增长14.8%；固定资产投资由96.36亿元增加到191.88亿元，年均增长14.8%；社会消费品零售总额由86.59亿元增加到186.02亿元，年均增长16.5%；城镇常住居民人均可支配收入由1.7万元增加到2.8万元，年均增长10.5%；农村常住居民人均可支配收入由8787元增加到1.6万元，年均增长12.4%。

★产业结构进一步优化。三次产业比例由2010年0.2:22.4:77.4调整为2015年的0.1:18.4:81.5。现代服务业持续发力，万达商业综合体、丈子头农产品物流园、五龙口海鲜市场等一批优势项目建成达效。北京华联购物中心、富力城商业综合体等项目进展顺利。服务业投资占到全区固定资产投资的81.8%，增加值占到地区生产总值的81.5%，比2010年提高4.1个百分点，支柱地位进一步凸显。工业转型稳步推进，华能东山燃机热电项目建成投产，新增集中供热860万平方米。现代都市农业初具规模，建成了以花卉苗木为主导产业的四大基地和以薰衣草庄园、百花园、采薇庄园等为代表的休闲旅游景点，促进了传统农业向现代都市农业的转型。

东山生态建设

国樾龙城湾回迁安置项目

北中环如期通车

★城市建设和管理水平不断提高。完成13条城市道路改造动迁。建成农村公路58.8千米。完成18个片区小街巷综合整治。完成8个城中村改造任务，启动4个村回迁安置房建设。完成和启动39个棚户区改造。新开工建设保障房3.2万套。实施了285户农村困难群众危房改造。

薰衣草庄园游人如织

★生态环境明显改善。持续推进环境污染治理，累计拆除分散燃煤采暖锅炉509台、土小锅炉1814台。对4家重点企业和138家餐饮服务业单位的污染环境实施治理，关停搬迁污染企业16家，取缔各类非法企业13家，共减排各种污染物4337.7吨。辖区二级以上优良天数达到221天。大力推进东山生态建设。完成生态绿化7000公顷，高标准建成4个万亩生态片区、5个生态观光园，森林覆盖率提高到31.2%。全力推进建成区绿化，建成区绿化覆盖率、绿地率分别达到36.4%、28.2%，人均公共绿地面积达到6.5平方米。荣获"全省造林绿化先进单位"荣誉称号。

★民生社会事业全面进步。五年用于民生事业支出累计75.75亿元，占一般公共预算支出的87.4%，是"十一五"末的106.2%。累计新增就业9.9万人，失业率控制在4%以内。累计发放最低生活保障金2.3亿元，发放其他救助金1.2亿元。社区建设力度加大，实施惠民项目1130项，服务居民水平进一步提升。扎实推进教育卫生事业，完成6所学校新改扩建、25所学校操场改造等工程，义务教育学校标准化实现全覆盖；新增优质学位4000余个，新增幼儿学位1590个；成功实施了新道街小学、新建路小学、后小河小学"大学区制"试点改革工作；通过全国义务教育发展基本均衡区验收。积极发展科技事业，扶持科技发展项目52个。基层医疗卫生服务机构标准化建设实现全覆盖，公立医院综合改革稳步实施，启动区中心医院建设工程。采煤沉陷区治理工作有序推进。完成既有居住建筑节能改造62.8万平方米。推进"平安杏花"建设，全区安全稳定形势持续平稳。

（杏花岭区政府办　供稿）

丈子头物流园一期建成运营

太原万达广场正式运营

崛嵋山

国信城郊森林公园

加快建设“强富美旺”新草坪

——太原市尖草坪区

“十二五”时期，尖草坪区积极适应新常态，改革创新，锐意进取，攻坚克难，扎实苦干，经济社会发展成效显著。累计推进国家、省、市重点项目220项，完成投资750多亿元。地区生产总值由225.83亿元增加到246.17亿元，年均增长4.7%；服务业增加值由43.97亿元增加到92.24亿元，年均增长13%；固定资产投资由60.06亿元增加到160.89亿元，年均增长21.8%；社会消费品零售总额由45.22亿元增加到83.26亿元，年均增长13%；一般公共预算收入由3.61亿元增加到6.65亿元，年均增长13%；城镇常住居民人均可支配收入2.8万元，农村常住居民人均可支配收入1.3万元，三次产业结构比例优化为1.3∶61.2∶37.5。

★促转型、助升级，产业水平明显提升。都市农业全面发展。初步形成了汾河湾花境、北固碾农业生态园、宇文山庄等为龙头的现代都市农业新格局。特别是九牛牧业成为种、养、加、送、销为一体的新型农业龙头企业。工业转型提质增效。淘汰落后产能，新兴接替产业投资占到工业投资的52%。坚持工业向园区聚集，北车铁路装备园一期工程投产达效。扶持中小微企业创业创新发展，柯立沃特等企业成功上市，东杰智能物流成功登陆创业板。第三产业蓬勃发展。专业市场建设步伐加快。旅游资源优势逐步显现，城郊森林公园初具规模，庄头村入选全省“最美旅游村”。

优山美郡

欧亚锦绣大卖场

★强功能、优环境，城乡面貌显著变化。基础设施不断完善。顺利完成了大西、新兰路等重点项目的征拆工作。阳兴大道、北中环等9条城市主干道路竣工通车。翻修、改造小街小巷7.3千米，新(改)建、养护农村公路611千米。城管水平显著提高。新建垃圾转运站59座，加大道路清扫保洁力度，拆除违法建筑5.5万平方米。城改工作取得突破。加快整村拆除，累计拆除138.3万平方米。城中村改造逐步规范，安置房开工58.7万平方米。环境整治效果明显。大力实施省城环境质量改善"五大工程"和"五项整治"，率先启动"气化草坪"工程，空气质量稳居全市第一。生态建设扎实推进。全区城市绿地率、绿化覆盖率和人均公共绿地面积分别提高至41.3%、48.4%和15.8平方米。

★抓改革、解难题，发展活力显著增强。全领域深化改革，涉及9个部门的63个下放事项全部实现无缝承接。建立"政银企合作、帮扶共赢"平台、"助保贷"平台，累计为100余家中小企业融资14.5亿元。创造性提出了尖草坪区和园区"区区融合"发展思路，实现了尖草坪空间优势和园区政策优势的有效融合。

★惠民生、促和谐，社会事业全面进步。社保能力逐步增强。新增就业再就业5.1万人，城镇登记失业率控制在3.3%以内。按时足额发放各类社会养老金、失业保险金、城乡低保金、救灾救济金等25亿元，基本实现应保尽保。保障性住房开工2.6万套，基本建成1.3万套。教育事业成果丰硕。新(改、扩)建学校72所、幼儿园23所，高标准通过了国家义务教育均衡达标验收。医卫水平显著提升。新(改、扩)建了区急救中心、两所乡(镇)卫生院和3个社区卫生服务中心，对86个村卫生所实施了提档升级。公共服务日趋完善。着力完善公共文化服务体系。全面落实惠民政策，完成惠民项目566项，惠及居民31.7万人。

(尖草坪区政府办　供稿)

东杰智能

京丰电务装配车间流水线

九牛牧业有限公司

窦大夫祠

金大豆

采煤沉陷区安置项目

城中村改造回迁项目

产业强区　生态大区　双创新区

——太原市万柏林区

万柏林区位于太原市西部，集区位优势明显、工业基础雄厚、商贸市场繁荣、生态环境良好、科研院所云集、内在潜力巨大等特点。下辖1个乡、14个街道办事处，44个行政村，27个城中村，113个城市社区，辖区面积304.8平方千米，建成区面积43平方千米。常住人口77万人，是太原市面积最大、人口最多的中心城区。

★“十二五”是万柏林综合实力大跃升的五年。全区固定资产投资规模由2010年的123.15亿元增加到2015年的381.64亿元，总量实现翻两番，位居全省、全市各县区第一，年均增长30.3%；一般公共预算收入实现历史性突破，由5.4亿元增加到15.37亿元，年均增长23.3%，位列全省一般公共预算收入第5位，超额完成“十二五”目标任务。

★“十二五”是万柏林经济结构大优化的五年。万柏林区以转变经济发展方式为方向，淘汰落后产能，搬迁煤气化、狮头水泥、太原锅炉厂3个大中型企业，关停130多个污染企业，万元地区生产总值能耗累计下降16%，年均下降3.5%。现代服务业发展迅速，占到全区固定资产投资的74%。三次产业结构比例调整为0.1∶56.8∶43.1，第三产业在地区生产总值中的占比提升19.1个百分点，辖区经济结构进一步优化。

东社城郊森林公园

南内环西街西延

迎西高速出口

★“十二五”是万柏林综合形象大提升的五年。致力生态修复，五年共植树造林1.3万公顷，森林覆盖率由16.7%提高到31.2%。建成万亩生态园、玉泉山城郊森林公园、长风城郊森林公园等生态景区。新增城市园林绿地183公顷，新建27处公园游园，环境形象、城区美誉度不断攀升。先后引入万科、恒大、中海、绿地、富力、保利等大企业在区内投资兴业，引入资金300亿元，城区品质内涵大幅提升。

★“十二五”是万柏林城乡面貌大变化的五年。五年来，全区27个城中村、15个村基本完成整村拆除，13个村与26家知名企业达成合作意向，3个村完成回迁安置。采煤沉陷区综合治理成效明显，共搬迁安置居民5271户。完成65条主次干道及背街小巷拓宽改造，建设乡村道路75.4千米，完成755千米农村街巷硬化任务。城市管理向精细化迈进，改造完成40个老旧居住片区，拆除分散燃煤锅炉261台，纳入集中供热578万平方米，拆除6626台土小锅炉，拔掉黑烟囱5534根，空气质量明显好转。

★“十二五”是万柏林民生事业大改善的五年。五年来，万柏林区将80%的财力投入到民生事业。“百校兴学”“校安工程”扎实推进，改造学校67所，顺利通过全国义务教育均衡县达标验收，辖区办学水平明显提高。医疗卫生体制各项改革有序推进，新建区中心医院和门诊社区延伸室，新农合参合率连续七年达到100%。建成保障性住房3.2万套。实现城镇新增就业10万余人，城乡居民社会养老保险参保率94%。城乡低保标准一体化，累计发放低保金1.9亿元，社会保障层次不断提升。社区建设再现新亮点，漪汾苑社区成为山西唯一一个被民政部评为全国首批居家和社区养老信息惠民试点单位。三级文化网络建设实现全覆盖。

（万柏林区政府办　供稿）

区中心医院

千峰游园

赵氏沟景区

活力晋源 宜居晋源 魅力晋源 法治晋源

——太原市晋源区

龙城新地标

晋阳湖东岸改造

山西省体育中心

阿育王塔

"十二五"时期，晋源区坚持稳增长、促改革、调结构、惠民生、防风险，经济社会发展取得显著成就。地区生产总值总量不减，固定资产投资由2010年的48.39亿元增加到166.22亿元，年均增长34.8%；社会消费品零售总额由15.34亿元增加到29.02亿元，年均增长12.9%；财政总收入突破10亿大关，取得历史性跨越；公共财政预算收入由1.69亿元增加到6.46亿元，年均增长31.4%；农村居民人均可支配收入1.2万元，年均增长11.4%。

2015年各项指标任务圆满完成。地区生产总值增长8.4%，固定资产投资增长22.8%，社会消费品零售总额增长10.4%，农村居民人均可支配收入增长7.1%。

★着力推动产业转型，经济结构进一步优化。三产结构比例优化为7.9∶37∶55.1。农林牧渔业总产值7.59亿元，农产品加工销售收入7.2亿元；建成省级休闲观光农业示范园2个、设施蔬菜标准园1个，市级农业示范园4个；累计恢复种植晋祠水稻133公顷；成为全市最大的苗木花卉种植基地。工业新增投资11.4亿元，新兴工业项目投资6.4亿元；新登记小微企业486户，民营企业增加值增长10.6%。服务业增加值28.85亿元，增长7%。店头古村落被评为中国景观村落。蒙山大佛景区年接待游客80万人次，全区年接待游客300余万人次。

建设中的山西省儿童医院

晋祠大米种植

★着力统筹城乡发展，区域承载力进一步提升。全力推进9个城中村改造，拆除面积229.9万平方米。安置房开工124.9万平方米。全力保障省市重点工程建设，完成涉及52个村179万平方米拆迁任务，征地清表800公顷。晋阳湖公园、晋阳污水处理厂等年度保障任务全面完成。

★着力推进生态建设，环境面貌进一步改善。大力推进“五大工程”“五项整治”，六项主要污染物指标均有下降，二级以上优良天数增加10%。新增区域集中供热23万平方米。关停落后污染企业161家。淘汰黄标车及老旧车1900辆。持续推进山上造林绿化和城市园林绿化，全区森林覆盖率25.2%。

★着力改善民生，群众幸福感进一步增强。2015年民生类财政支出增长12.6%，占财政支出的87.4%。两所中小学老旧校舍、7所幼儿园新改扩建和区实验小学二期工程全部完成。20个村卫生室提档升级，省儿童医院主体完工，市妇幼保健院、市人民医院与区人民医院合作共建项目扎实推进。城镇新增就业4155人，各类社会保险任务超额完成。城乡低保标准实现一体化，新农合年补贴标准提高到61元。采煤沉陷区搬迁安置小区开工建设。保障性住房建设任务超额完成。

（晋源区政府办　供稿）

体育公园

乡村农耕文化保护

滨河路夜景

打造实力强县 建成小康社会

——清徐县

华阳燃气

现代农业

滨河西路

教育事业蓬勃发展

夕阳红

“十二五”时期，清徐县主动适应经济发展新常态，积极应对各种困难和挑战，集中精力稳增长、调结构、促改革、惠民生、保稳定，经济社会发展取得新成绩，经济实力迈上新台阶。全县地区生产总值达到115.9亿元，比2010年增长137%，年均增长8.2%；服务业增加值40.5亿元，增长196%，年均增长12.6%；社会消费品零售总额50.42亿元，增长198%，年均增长14.6%；城镇常住居民人均可支配收入2.7万元，增长65%，年均增长10.5%；农村常住居民人均可支配收入1.6万元，增长178%，年均增长12.3%；固定资产投资累计完成380.3亿元，增长219%，年均增长10.1%；一般公共预算收入累计完成38.1亿元，较“十一五”增收10.4亿元。

★立足提质增效，产业支撑实现新突破。大力推动煤矿改造建设，焦化行业完成兼并重组，洗选业向装备制造和新材料行业加快转型；铸铁暖气片行业完成生产设备及工艺改造；开发区基础设施日趋完善。实施农田水利建设、农村饮水安全、防汛抗旱、水土流失治理等小型水利重点县建设；主要农作物机械化水平达到78.3%，成为全省率先实现农业机械化示范县；农林牧渔业总产值25.8亿元，增长20.7%。

华北最大的晋药第三方物流产业园落地开工，美特好、六味斋等物流配送企业发展壮大，208国道清徐段成为现代物流集聚区；旅游产业快速发展，2015年接待游客165万人次，实现旅游收入1.7亿元，是2010年的8.5倍。三次产业结构由2010年15.1∶60.4∶24.5优化为11.7∶53.3∶35。

★立足城乡统筹，扩容提质迈出新步伐。建成区面积扩展到10.4平方千米，城镇化率43%。实施7项基础

清泉山庄葡萄园

设施建设工程。新增供水管网22.9千米，新增煤气管网33.1千米，集中供热普及率93%。新建公路1662.7千米，公路总里程增长10.6%。实施徐沟、孟封百镇建设和徐沟、东于全国重点镇建设工程。培育省级一村一品专业村95个，建成王答、西谷等新农村建设示范片区。

硕果累累

★立足生态保护，美丽清徐建设取得新成效。实施环境保护五大工程、五项整治。实施13个大气、水、固体污染防治和环境综合整治项目，城市污水处理率80%，城市生活垃圾无害化处理率100%。万元GDP能耗累计下降18.9%。完成造林绿化9400公顷，森林覆盖率13.2%。完成4个老旧片区改造。完成9个乡镇50个村庄1.6万户农村气化改造。

★立足先行先试，改革开放增添新活力。在全市率先运行公共资源交易平台，累计完成466项工程建设、政府采购、土地出让、产权交易等。深化行政审批制度改革，精简审批环节206个。设立“助保贷”基金专户，撬动1.3亿元融资额度。完善融资模式，开展“类助保贷”业务。完成农商行改制，首家民营融资担保公司“爱融汇融资担保”获省金融办批复。

★立足以人为本，民生事业取得新发展。深入推进义务教育均衡化，新改扩建35所学校和24所幼儿园，撤校并点25所，改扩建薄弱学校53所。各类体育场所达到856个，188个村完成农民健身工程，实现三级公共文体服务体系全覆盖。实行分级诊疗制度，患者付费例均下降58%，县域内住院比例提高30%；新改扩建5个计生服务站、156个标准化村级计生服务室。建立统一的城乡居民基本养老保险制度，城乡低保提标分别达到501元、373元，弱势群体实现应保尽保。建成35个农村老年日间照料中心。解决80个村9所学校6.8万人饮水安全问题。启动15个村1393户3621人的采煤沉陷治理及地质灾害搬迁安置工作。建设保障房7748套82万平方米，完成农村危房改造4550户。年新增城镇就业4000人，累计转移农村劳动力5万人次，失业率控制在3.3%左右。

（清徐县政府办　供稿）

县城风貌

公园建设

抓住新机遇 增创新优势 园区经济持续、快速、健康、协调发展

——太原不锈钢产业园区

园区鸟瞰

园区一角

“十二五”期间，不锈钢园区以科学发展观为统领，以重大项目建设为抓手，迎难而上，扎实工作，园区经济建设和社会发展各项事业取得了全面进步。“十二五”期间，科工贸总收入累计完成296亿元，年均增长10.8%；2015年完成64亿元，较2011年增长44%。工业总产值累计完成238亿元，年均增长11.5%；2015年完成59亿元，较2011年增长82.8%。规模企业工业增加值24亿元，年均增长51.8%；2015年完成11亿元，较2011年翻了两番多。财政总收入累计完成11亿元，年均增长30.3%；2015年完成3.5亿元，较2011年翻了一番多。公共财政预算收入累计完成6.6亿元，年均增长27.3%；2015年完成2.1亿元，较2011年翻了一番多。

★着力打造“三大产业集群”。一是不锈钢加工产业集群，以太钢大明、无缝钢管为龙头的42家企业，总投资40亿元。二是新型制造产业集群，以太锅集团、威迩思为示范的38家企业，总投资72亿元。三是现代物流产业集群，以太钢工业园、润恒农副产品交易中心为代表的10个项目，总投资93亿元，将形成三大物流板块：太钢工业园领跑不锈钢商贸物流板块；国药、华润支撑医药物流板块；润恒引领农产品物流板块。

★项目建设成绩斐然。“十二五”期间，园区累计完成固定资产投资134.3亿元，年均增长28.8%；2015年完成36.8亿元，较2011年翻了一番多。引进了一批投资超十亿元、超亿元的大项目、好项目，太钢无缝钢管项目、太原锅炉集团改迁项目、太钢大明不锈钢加工配送中心项目等已建成投产。太原润恒现代农副产品冷链物流交易中心项目、华鑫永磁电机项目等一批科技含量高、辐射效应大的项目正在加紧建设中。

园区场景

园区入驻企业

★基础设施建设步伐加快。新增道路里程4.6千米，形成了全部贯通的交通体系。建成2.2万千伏安的开闭所一座，彻底解决了三期片区企业供电问题；完成了新北线、东张线等电力线路的改迁，实现了园区电力线路全部入地。全面推进自来水置换井水工作，保障企业用水。实现“双气源”燃气供应，保证企业稳定用气。建立了以区域燃气集中供热为主、市集中供热和企业独立供热为辅的全覆盖供热保障体系，供热能力达到50万平方米。新增绿化面积49.4万平方米，创建3个省级园林绿化企业和5个市级绿化企业。

★民生事业全面发展。组建综合服务大厅，开设招商、建设、土地、规划、国地税等13个服务窗口，为企业提供“一站式”服务。搭建融资贷款平台，为企业贷款累计3.52亿元。推行“亩效化”管理办法，企业亩均税收年均增长20%以上。国、地税一体化办税，形成税收合力。推行“三证合一”模式，成为在全省范围内首个实行“三证合一”的试点单位。征地拆迁依法推进，“十二五”期间累计完成土地征收238公顷。安全生产形势持续稳定，未发生重大安全事故。

（太原不锈钢产业园区管委会　供稿）

生产场景

生产车间

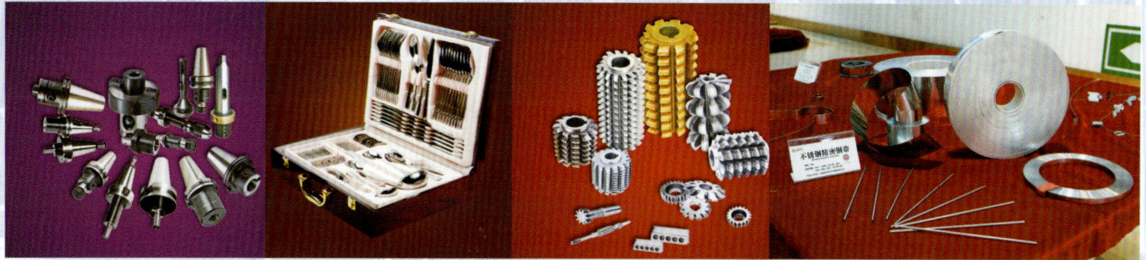
企业产品展示

大同市市委书记张吉福与市长马彦平现场检查征收拆除情况

市委书记张吉福在施工现场调研

美丽大同、富裕大同、幸福大同

——大同市

2015年是大同市发展历程中极不平凡的一年。大同市委、市政府牢牢把握稳中求进的总基调，积极适应经济发展新常态，攻坚克难，砥砺前进，综合实力稳步提升，全市经济社会发展取得了新成效。

★积极作为稳增长。2015年，全市地区生产总值1052.9亿元，比2014年增长9%；规模以上工业增加值增长8.4%，全社会固定资产投资增长6.8%，社会消费品零售总额增长4.8%；城镇常住居民人均可支配收入24771元，增长7.5%；农村常住居民人均可支配收入7708元，增长8%。地区生产总值增速、规模以上工业增加值增速、二级以上优良天数和空气质量综合指数四项指标居全省第一。

★加大力度调结构。2015年完成全社会固定资产投资1145.4亿元。实施省市重点项目940个、工业调产项目236个。非煤产业投资和民间投资占比分别达76%和63.8%。签订招商引资项目264个、总投资1711.4亿元。总装机100万千瓦的国家光伏示范基地项目全部开工建设，同煤塔山二期、同煤阳高、京能左云3个在建低热值煤发电项目进展顺利，同煤浑源2×35万千瓦热电联产、同煤大唐三期1×66万千瓦热电联产、国电湖东2×100万千瓦发电项目取得路条。中海油煤制气、同煤烯烃项目环评获批。大张高铁开工建设，大西高铁前期工作进展良好，大乌高铁列入铁总“十三五”规划。

市委书记张吉福在大泉山调研

市委书记张吉福在武定门前调研

市委书记张吉福在新荣区建设工地检查

市委书记张吉福在晋投玄武岩调研

★锐意创新添活力。2015年关闭破产企业4户,安置职工729人。实行市属国有企业重大信息全面公开。大同商业银行改制为大同银行,新增村镇银行2家、"新三板"挂牌企业1家、Q板挂牌企业2家。争取地方政府债券60亿元。7家高新技术企业通过认定。全面推行"三证合一""一照一码",新增市场主体2.5万户。深化户籍制度改革,新增城镇户籍人口1.3万人。医药、卫生、教育等改革稳步推进,农村土地确权登记颁证试点工作进展良好。左云经济技术开发区获批为省级开发区。

★坚持不懈搞建设。新建续建城市道路48.1千米。推进城市管网工程,城市供水普及率、集中供热普及率和气化率分别达到99.8%、99.7%和98.6%。北环桥、客运东站主体完工。全速推进制约城墙合拢的拆除、搬迁和建设工程。灵涞高速公路建成通车,京新高速公路天镇段主体完工,国道108线改建工程开工建设。改造县乡公路183.5千米,完成农村广播电视卫星户户通5万户,新建农村老年人日间照料中心75个。

市委书记张吉福在阳高县调研大棚农业

市委书记张吉福在医药园区调研

市委书记张吉福在大同县吉家庄村与村民座谈

市委书记张吉福在灵丘车河社区调研

市长马彦平在方特文化科技产业基地现场办公

市长马彦平在大同通用航空产业园区现场办公

市长马彦平在华阳农产品进口肉类指定查验场项目现场办公

大同南站站前交通枢纽一体化设计汇报会

★多措并举抓生态。完成淘汰黄标车和更新公交车工作。狠抓重点领域节能减排，万元GDP综合能耗下降5.5%，工业固废综合利用率65.2%。实施重点生态建设工程，完成营造林2.1万公顷。建成区绿化覆盖率、绿地率分别达40.1%、36%，人均公园绿地面积达14.8平方米。

★综合施策惠民生。全年用于保障和改善民生的资金252.6亿元，占财政支出总额的86.9%。城镇新增就业5.6万人，农村劳动力转移就业3万人，减少贫困人口5.9万人。

回顾“十二五”，大同市尽管遇到了经济上、政治上等多方面的“立体式困扰”，特别是经历了煤炭行业深度调整的阵痛，但我们最终顶住了压力，战胜了挫折，创造了辉煌。

★这五年，是大同经济结构加速调整的五年。三次产业比由2010年的5.2∶48.7∶46.1调整为2015年的5.3∶41.8∶52.9。

★这五年，是大同城乡面貌发生深刻变化的五年。建成区面积达到134.2平方千米，是2010年的1.4倍。御东新区迅速崛起，古城内重点文物保护与修复基本完成。新增城市道路面积683万平方米、绿化面积1402万平方米。安置城市和工矿棚户区居民20.3万户，农村危房改造10.5万户，抗震房改建2.1万户，解决了34.1万人饮水安全。实现高速公路县县通、水泥路(油路)村村通，行政村街道全部硬化亮化。城镇化率提高6.1个百分点，达到61%。森林覆盖率由2010年的20.1%上升到2015年的23.5%。

★这五年，是大同知名度显著提升的五年。成功举办了世界养生大会、国际太阳能大赛、国际自行车骑游大会、国际雕塑壁画双年展、云冈文化旅游节等大型赛事和节庆活动。云冈石窟、北岳恒山、大同古城等旅游文化景点景区的品牌效应不断放大，大同的知名度和影响力大幅提升。

名城工程

市长马彦平在南城门道路建设项目现场办公

市长马彦平在北环路北侧改造地块项目选址点现场办公

市长马彦平在大张高铁南站规划选址点现场办公

市长马彦平在联通移动新址建设工地现场办公

塔山循环经济工业园区

悬空寺

昊天寺

九龙壁

古城新姿

生态建设

塞北小江南——广灵水神堂

古城风貌

古城新姿

文瀛湖畔太阳宫

古城新姿

古城新姿

古城新姿

古城新姿

★这五年，是大同人民群众得到实惠最多的五年。2015年城乡居民人均可支配收入分别是2010年的1.5倍、1.9倍，年均分别增长9%、13.7%。企业离退休人员基本养老金人均待遇由1350元提高到2504元，城市低保标准由的256元/月提高到最高449元/月，农村低保标准由1080元/年提高到2658元/年。21.1万农村贫困人口脱贫，贫困发生率从2010年的18%下降到2015年的12%。

（张志坚、程媛、王明、乔晓光、李冬宾　供稿\摄像）

古城新姿

古城新姿

古城新姿

美丽南郊 富裕南郊 幸福南郊

——大同市南郊区

塔山煤矿

阳光车城汽车服务园区

福海二手车交易市场

马军营乡农村综治工作成效显著

魏都生态水上乐园

亮马台运动休闲主题公园

“十二五”时期，大同市南郊区实现了经济社会的持续、平稳、健康发展。全区地区生产总值完成415.95亿元，年均递增10.5%；规模以上工业增加值290.15亿元，年均递增12.4%；社会消费品零售总额99.28亿元，年均递增12.9%；公共财政预算收入11.11亿元，年均递增16.8%；固定资产投资完成245.25亿元，年均递增14.3%；城镇常住居民人均可支配收入2.2万元，年均递增6.6%；农村常住居民人均可支配收入1.2万元，年均递增13%。

★加快推进重点项目建设，产业转型迈出新步伐。工业发展水平整体提升。全区17座整合煤矿中有10座正式生产，新上3个火电项目，建成了以60万吨甲醇、10万吨煤基活性炭等为代表的一批煤化工项目，以同煤2万千瓦光伏发电、云冈皖铜2万千瓦光伏发电等为代表的一批新能源项目，以液化空气、高岭土和粉煤灰综合利用为代表的一批新材料项目，初步形成了以煤电一体化、煤化工、新能源、新材料为主的新型工业体系。加强塔山工业园区建设，2015年实现产值272.7亿元，成为全省规模最大的循环经济园区。商贸物流初具规模。全力打造了两个城市商业圈、两个家居建材商务圈，以及汽车集中交易服务圈和大型农产品交易圈，基本形成了四面环城的商贸带。现代农业蓬勃发展。新建、改扩建、提档升级农业示范园区147个，设施农业面积1487公顷；奶牛存栏2.5万头，肉羊饲养量38万只；扶持发展了15家农业龙头企业；实施了全国第三批小型农田水利重点县项目等一批农田水利建设工程；全面实施精准扶贫，累计减少贫困人口2454人。

★加快推进统筹城乡，人居环境改善取得新进展。对33个受灾村、3.2万名受灾村民实施了整村异地搬迁安置。启动实施了49个村的城市棚户区改造工程。口泉中心区建设顺利实施。新建、改造农村道路783.9千米。房屋土地征收稳步推进。完成农村危房改造4544户。全区城镇化率提高16.6个百分点。

★着力保障和改善民生，人民生活水平和质量有了新提高。对56所中小学校进行了校舍安全改造，对73所薄弱学校进行了教学设备更新改造，新建2所九年一贯制学校以及新建、改扩建幼儿园32所。城镇登记失业率控制在4.2%以内；养老、医疗、工伤、失业保险应缴尽缴；农村、城市低保应保尽保。城乡清洁工程扎实推进，森林覆盖率21%，二级以上天气达261天。

（大同市南郊区政府办　供稿）

加快建设美丽、富裕、幸福的小康阳高

——阳高县

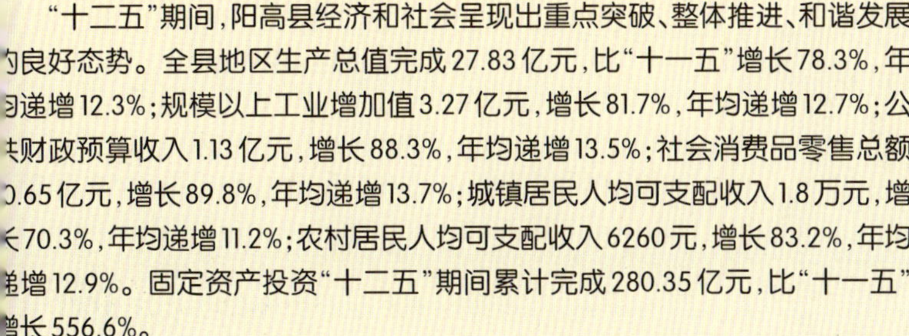

“十二五”期间，阳高县经济和社会呈现出重点突破、整体推进、和谐发展的良好态势。全县地区生产总值完成27.83亿元，比“十一五”增长78.3%，年均递增12.3%；规模以上工业增加值3.27亿元，增长81.7%，年均递增12.7%；公共财政预算收入1.13亿元，增长88.3%，年均递增13.5%；社会消费品零售总额0.65亿元，增长89.8%，年均递增13.7%；城镇居民人均可支配收入1.8万元，增长70.3%，年均递增11.2%；农村居民人均可支配收入6260元，增长83.2%，年均递增12.9%。固定资产投资“十二五”期间累计完成280.35亿元，比“十一五”增长556.6%。

★在推进工业新型化上迈出了新步伐。全面铺开园区道路、绿化、服务中心大楼等建设工程。累计引进了同煤低热值煤热电、阿特斯光伏发电等149个项目。大力强化项目推进机制，已初步发展形成了以冶金、化工新材料、现代医药、农副食品加工为主的多业并举、多元发展格局。

★在推动农业现代化上取得了新突破。2015年粮食产量达到2.65亿千克，较“十一五”末增长38.7%。全县蔬菜种植总面积达到9867公顷，较“十一五”末增长45%，蔬菜总收入10亿元左右。2015年全县生猪饲养量、肉羊饲养量、奶牛存栏量较“十一五”期末分别增长63%、129%、42%。集中连片新发展以大接杏、仁用杏为主的优质杏果经济林4053公顷。扶贫济困成效显著，五年累计近4万贫困人口实现脱贫。

★在推进特色城镇化上取得了新进展。县城建设强势推进。全面铺开旧城拆迁改造，加强县城基础设施建设，新建保障性住房23.4万平方米2957套。新农村建设卓有成效。启动道路硬化、村镇绿化和广场建设等各类工程3项，实施农村危房改造1.1万户。城乡人居环境明显改善。

★在构建和谐社会上取得了新成绩。完成了38所中小学校的设施建设工程，新建了县职业技术学校。新建县人民医院，对两所中心卫生院进行了改扩建。全县新农合参合率稳定在95%以上。“两馆一站”以及13个乡镇综合文化站和259个行政村的农家书屋均实行免费开放，新建成9个健身广场。社会保险覆盖面进一步扩大，城镇职工养老保险参保人数达1.7万人，城乡居民养老保险参保人数达16.7万人。社会救助不断扩大，累计救助城乡困难群众1.1万人次；全县有5899户城镇人口、2万户农村人口纳入低保范围。

★在改善生态环境上取得了新突破。扎实推进百里生态旅游长廊建设，森林覆盖率25.1%。大力开展污染减排工作。年均二级以上天气达到329天，全县城乡生态面貌明显改善。

（阳高县政府办　供稿）

阳高同煤热电项目

龙泉工业园区夜景

大张高铁建设工地

在建的集中供热公司

阳高县万亩现代农业示范区

廉租房建设工程

新阳高一中

打造宜业宜居宜游乐园 建设现代城郊型新大同县

——大同县

上级领导在县特色农产品展台前指导工作

过去五年，大同县团结带领全县干部群众，积极思为奋力攻坚，全县经济社会呈现出转型提速、民生改善、和谐稳定的良好局面。2015年，全县地区生产总值25.9亿元，较2010年增长73.5%；社会消费品零售总额14.9亿元，增长84.6%；固定资产投资77.6亿元，是2010年的6.3倍；规模以上工业增加值3.3亿元，增长31.7%；公共财政预算收入1.亿元，增长52.8%；城镇常住居民人均可支配收入1.7万元增长72.2%；农村常住居民人均可支配收入7675元，增长76%。

★紧抓项目调结构，发展方式有新转变。涉煤税收占财政总收入的比重由2011年的45.6%下降到24.3%，初步形成了以装备制造、光伏能源、现代物流为支撑的新型产业格局。有效推进项目23个，15个项目已建成。

★依托特色资源，现代农业有新突破。推进“一县一业”黄花产业，种植面积增加到6400公顷，盛产期黄花亩均纯收入达到1万元。坚持发展设施农业，全县温室大棚达到106公顷，形成了8个规模上万栋的日光温室园区。坚持发展畜禽业，培育建成天佑、鼎胜等一大批现代化规模养殖企业。坚持发展杏果经济，建成2000公顷优质杏果种植基地和个特色林果园区。

★创造宜居环境，城乡面貌发生大改观。建成了机场至县城城际快速路、县城西环路，县城发展框架进一步拉大完成了棚改房建设1268套、农村危房改造3900户、抗震房加固3100户，3个村庄实现整体易地搬迁。完善城市服务功能，建成两个公园、文化图书大楼、电影院，体育馆正在加紧建设。

★狠抓节能减排和环境保护，生态文明建设取得新成效。全力推进节能降耗，万元地区生产总值综合能耗下降16%。新增供热面积28万平方米，新增天然气用户3000户，全县二级以上良好天气稳定在310天以上。全县造林面积万公顷，森林覆盖率33.8%，先后被评为全省“林业生态县”、全国“绿化模范县”，2015年被列入“国家生态保护与建设示范区”。2012年被评为“大同火山群国家地质公园”后，2015年又被评为“大同西坪国家沙漠公园（试点）”和“大同桑干河国家湿地公园（试点）”，一个县三个国家级公园，全省唯此一家，极大地提升了大同县旅游品牌，促进了旅游产业快速发展。

黄花种植基地

山西万昌国际物流园

栋梁铝型材生产线

★保障和改善民生，人民生活水平和质量有新提高。实施“1+6”教育综合改革；完善基础设施建设，新建幼儿园12所等。新增就业岗位6417人，转移农村劳动力1.4万人。推进县医院与市五医院医联体试点，开展县级医院对口支援乡镇卫生院工作，提高新农合筹资标准，扩大大病保障范围，有效缓解了群众就医难、看病贵的问题。完成4.3万贫困人口建档立卡及“回头看”工作，20个贫困村扶贫产业项目累计投入4600万元，减贫1.4万人。

（大同县政府办　供稿）

聚乐经济林

西坪公园

食用菌种植基地

倍加造营坊沟新农村建设

鼎盛肉牛养殖园

加快建设宜居、宜业、宜游新灵丘

——灵丘县

灵丘县县长罗永山(左二)在项目建设现场调研

“十二五”时期，灵丘县紧紧围绕“建设面向京津冀地区宜居宜业宜游山水特色城镇”的发展定位，攻坚克难、砥砺奋进，经济社会发展取得新成就，全面建成小康社会迈出坚实步伐。

★凝心聚力谋发展，综合实力稳步提升。大力推进项目建设。五年累计实施省、市重点工程214项，完成投资312亿元。社会固定资产投资97.6亿元，年均增长52.1%，比2010年增长7倍多。努力促进消费。大力发展外向型经济，各类商贸企业达到522家，社会消费品零售总额达到28.15亿元，年均增长13.7%。“十二五”期间，全县地区生产总值累计完成156.5亿元，是“十一五”的1.6倍。2015年，城镇居民人均可支配收入2.2万元，比2010年翻了一番；农村常住居民人均可支配收入6251元，比2010年增长78.3%。

思源生态农业园

★千方百计调结构，转型发展成效初显。有机农业稳步推进，有机杂粮、有机蔬菜种植面积不断扩大。传统产业提档升级，利用铁尾矿生产加气混凝土砌块项目、锰渣循环再生利用项目等建成投产。新兴产业发展迅速，河北建投200兆瓦风电项目白草湾风电场、寒风岭风电场、南甸子梁风电场成功并网发电，通用航空产业园项目完成了机场军转民工作。现代服务业蓬勃发展，电子商务、文化旅游等现代服务业不断发展壮大。2015年，第三产业在生产总值中的比重上升到53.4%。

城头会有机社区

车河有机社区

东田超纯铁精粉一期工程

108国道改线工程

★立足实际抓建设，城乡面貌焕然一新。全面实施“大县城”战略。县城“六横八纵”交通框架基本形成；集中供热面积达到253万平方米，城市燃气安装完成9500户，新型城镇化水平进一步提升。全面推进道路交通建设。荣乌高速公路灵丘段建成通车；全县通车总里程达到1391千米。全力实施城乡清洁工程。连续十二年被评为省级卫生县城。

★持之以恒护生态，环境优势更加明显。大力开展植树造林。五年累计植树造林1.1万公顷，全县林草植被大幅度增加，森林覆盖率达到30.5%，上北泉村被评为“全国绿色小康村”和“全国农业旅游示范点”。扎实推进环保工作。严格控制污染物排放，六项主要污染物控制指标全部达标，县城空气质量二级以上天数年均330天以上。

★全力以赴惠民生，人民生活进一步改善。大力发展教育事业。新建、改建幼儿园47所，全县完全小学以上的学校实现互联网全覆盖，高考成绩连续多年位居全市农业县区第一。扎实推进卫生计生工作。县医院住院楼建设工程完工，县第二人民医院挂牌成立，中医院通过了二级甲等医院评审，食品药品监管工作进一步加强。加快发展文化事业。成功举办多项重大体育赛事，开展送戏下乡等活动，文化馆、图书馆实现免费开放，加大非物质文化遗产保护力度。大力推进脱贫攻坚。五年共减少贫困村13个，减少贫困人口3.3万人。切实加强社会保障。建设公租房5000套25万平方米，完成农村危房改造7000户；城乡低保标准、农村五保集中供养标准、城乡居民基本养老保险基础养老金等不断提高。

（灵丘县政府办　供稿）

“全国生态文化村”“全国休闲农业与乡村旅游示范点”——红石塄乡北泉村

塞上明珠　美丽朔州

——朔州市

朔州市市委书记王安庞在北周庄镇政务服务中心调研

市委书记王安庞在中美新能源技术研发(山西)有限公司调研

2015年,朔州市积极应对挑战,锐意攻坚克难,重要工作取得新突破新亮点新进展。全市经济总体运行缓中趋稳。地区生产总值901亿元,比2014年下降2.3%;固定资产投资完成937亿元,增长14.9%;社会消费品零售总额270.1亿元,增长4.6%;公共财政收入54.3亿元,下降37.3%;居民人均可支配收入1.9万元,增长7.9%。物价总水平处于低位,就业形势基本稳定,产业结构发生积极变化,经济增长质量继续改善,新技术、新业态、新模式“三新经济”加速孕育。

★全力以赴稳增长,项目建设成效显著。千方百计稳定工业运行。落实小微企业减免税费等优惠政策,为企业减负43亿元。“一企一策”精准帮扶企业,有效缓解了企业困难,工业经济降幅逐步收窄。狠抓投资增长和项目建设。省市重点工程完成投资770.9亿元,一批打基础、利长远的重大项目落地建设。平朔木瓜界2×66万千瓦、平朔安太堡2×35万千瓦、同煤朔南2×35万千瓦3个低热值煤发电项目和中电国际神头发电公司2×100万千瓦火电项目开工建设;蒙西至天津南、晋北至江苏两条特高压输电线路顺利开工;右玉至平鲁高速公路开工;大西高铁朔州段前期工作正式启动;朔州机场选址通过专家评审。努力促进消费。推进城市综合体建设,完善城乡商贸流通服务体系,美都汇购物广场、怀仁汽车文化城等项目建成运营,全社会消费保持稳定增长。

★深入推进产业结构调整,转型升级迈出坚实步伐。大力发展特色现代农业。加强农田水利基本建设,农田实灌面积达到14万公顷。粮食总产量达到11亿千克。被农业部列为全国唯一的草牧业发展试验试点市。奶牛存栏量、肉羊出栏量稳定增加。全市农产品加工龙头企业销售收入达到180亿元,比2014年增长12.5%。改造提升传统产业。加快推进现代化矿井建设,标准化矿井达到45座。全年生产原煤1.82亿吨。大力发展低热值煤发电、风力

朔州全力打造全国最大的能源基地——神头中电国际生产区

中国一流的现代化采煤生产线

市委书记王安庞调研平朔公司年处理20万吨粉煤灰综合利用示范项目

朔州市市长李海渊在东兴瓷业调研

发电、光伏发电，新增电力装机容量166.8万千瓦，全年发电267.5亿千瓦小时。加快培育新兴产业和服务业。铺开装备制造、食品、医药等新兴产业项目126个。非煤电产业投资占工业投资比重达到34.5%。服务业保持稳定增长，占地区生产总值比重达到48.7%。全市旅游总收入133.56亿元，增长22.2%。

★加强基础设施建设，城乡环境面貌得到改善。推进中心城市建设。继续实施七里河综合治理、朔州老城改造，新建和改造城市道路51千米、各类市政管网388千米，新增城市集中供热面积492万平方米。改善城乡人居环境。新开工各类保障性住房近1.4万套，基本建成2万套。继续推进完善提质、农民安居、环境整治、宜居示范农村人居环境改善"四大工程"，认真办好农村"五件实事"。加强生态建设。积极开展植树造林，完成营造林1.5万公顷。强化节能减排，狠抓大气污染防治，万元地区生产总值综合能耗下降5.4%，万元工业增加值用水量下降3%，主要污染物减排任务全部完成，空气质量得到好转。

★全面推进改革开放，发展动力显著增强。农村土地承包经营权确权登记颁证全面展开，煤炭管理体制改革迈出重大步伐，财税体制改革深入推进，转型

市长李海渊在东榆林水库调研

市长李海渊在盛峰农牧有限公司调研

遍布平鲁的风力发电厂

光伏发电项目

北坪循环经济园区

全力打造生态畜牧养殖基地——右玉生态畜牧区

优质羔羊

综改试验区建设取得突破性进展。加大科技创新力度。新增企业技术中心6家、高新技术企业2家。推动金融振兴。全市社会融资总量达到119.5亿元,增长11.1%。引进华夏银行设立分支机构,完成怀仁县、应县村镇银行筹建工作。支持民营经济发展。民间投资占全市固定资产投资比重达到40.9%。推进工商登记便利化,新增民营企业和个体工商户1.1万户。扩大招商引资。全年签约招商引资项目119个,到位外来资金606.2亿元。

★着力保障和改善民生,人民生活水平进一步提高。全市财政在民生领域投入113.1亿元,占公共财政预算支出的81.8%。积极促进创业就业,城镇新增就业2.3万人。实行机关事业单位养老保险制度改革,全面提高企业退休人员基本养老金、城乡居民基础养老金标准、城镇居民医保补助、新农合人均筹资标准、城乡低保标准、农村五保户供养标准。加强义务教育学校标准化建设,支持中北大学办好朔州校

羊肉加工

日新月异的城市面貌

保障性安居工程

保障性住房——怡家苑

北坪循环经济园区大型轮胎翻新车间

怀仁陶瓷

金沙滩园区日用瓷生产车间

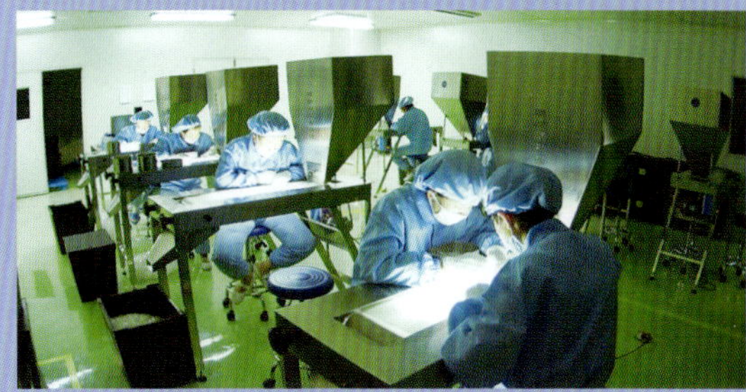
应县新型产业科技园区吉呈生物胶囊生产线

区。推开县级公立医院改革，全面实施城乡居民大病保险制度。实施文化惠民工程，开展送戏下乡、周末大舞台等活动，丰富群众文化生活。加大扶贫攻坚力度，50个贫困村、2.3万名贫困人口实现脱贫。

"十二五"规划确定的主要目标任务基本完成，为全面建成小康社会打下坚实基础。

★综合经济实力显著增强。地区生产总值五年累计完成4793.1亿元，是"十一五"的2.2倍，年均增长7.3%；固定资产投资累计完成3612.2亿元，是"十一五"的3.2倍，年均增长21.3%；城镇居民人均可支配收入2.8万元，是"十一五"末的1.6倍；农村常住居民人均可支配收入1.1万元，是"十一五"末的1.8倍。

免费环保公交车

日新月异的城市面貌

路成网络

朔州经济开发区

通途

右玉小五台风电

玉龙生态园

★转型升级取得重要进展。“五大基地”建设成效显著。大力推进新型综合能源基地建设，全市煤炭生产能力、洗选能力、运输能力均达到2亿吨以上，位居全省第一；电力运营装机容量达到953.3万千瓦，千万千瓦级电力基地基本建成；风电、光伏发电等新能源电力规模达到296.3万千瓦。大力推进工业固废综合利用示范基地建设，建成145家工业固废综合利用企业，被列为全国工业固废综合利用示范基地、全国工业绿色转型试点城市和资源综合利用“双百”示范基地。大力推进日用陶瓷生产基地建设，日用瓷年生产18.5亿件。大力推进生态畜牧养殖基地建设，实施雁门关生态畜牧经济区领头雁工程和核心区建设，启动国家草牧业试验试点市建设，六县区全部进入全省30个牛羊产业重点县行列。大力推进特色农产品加工基地建设，农业产业化经营组织达到1218家，全省产业化重点龙头企业达到28家，销售收入超亿元企业达到25家。

★城乡环境质量全面提升。深入开展“五城联创”，加强中心城市建设，实施城市人居环境改善工程，推进“一山两河一湖”生态体系建设。成功创建国家园林城市。公路通车里程突破1万千米，实现县县通高速、村村通公路。全市城镇化率达到53.2%，比“十一五”末提高6.9个百分点。平均每年营造林超过2万公顷，森林覆盖率达到24%。

★社会发展成就斐然。持续推进国家级创业型城市建设，五年新增城镇就业11.8万人。逐年提高城镇职工退休养老金、城乡居民低保、最低工资等社会保障标准，覆盖城乡的社会保障体系基本建立。推进义务教育学校标准化建设，六县区全部通过省级评估。建成朔州师范专科学校、朔州职业技术学院、中北大学朔州校区，高等教育迈上新台阶。深化医药卫生体制改革，基层医疗卫生机构全面实行基本药物制度。推进国家公共文化服务体系示范区

群众文化生活丰富多彩

怀仁城建

建设，覆盖城乡的公共文化设施网络初步建成。实施“双稳定”农民增收工程，农村居民人均可支配收入突破万元大关，高于全省平均水平。大力实施脱贫攻坚，10.7万贫困人口实现脱贫。狠抓安全生产，安全生产事故死亡人数逐年下降。

★改革开放不断深化。以转型综改试验区建设为统领，深入推进行政审批制度改革、商事制度改革、煤炭管理体制改革、农村改革等重点领域改革，实施科技创新驱动战略，推动金融振兴，支持民营经济发展，不断加大招商引资力度，发展的动力和活力持续增强。

（朔州市政府办公厅　供稿）

山西省特色旅游购物示范区——中国怀仁海宁皮革城

朔城区远程医疗会诊

免费义务教育

养老中心的幸福生活

农家书屋全覆盖

晋能60兆瓦光伏并网电站项目

全国"863"科技项目南河种移动大棚园区

加快经济发展 建设小康应县

——应 县

保障性住房——和谐家园

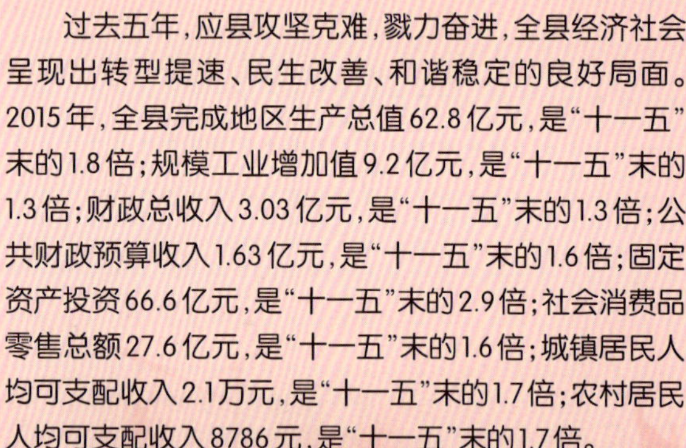

过去五年，应县攻坚克难，戮力奋进，全县经济社会呈现出转型提速、民生改善、和谐稳定的良好局面。2015年，全县完成地区生产总值62.8亿元，是"十一五"末的1.8倍；规模工业增加值9.2亿元，是"十一五"末的1.3倍；财政总收入3.03亿元，是"十一五"末的1.3倍；公共财政预算收入1.63亿元，是"十一五"末的1.6倍；固定资产投资66.6亿元，是"十一五"末的2.9倍；社会消费品零售总额27.6亿元，是"十一五"末的1.6倍；城镇居民人均可支配收入2.1万元，是"十一五"末的1.7倍；农村居民人均可支配收入8786元，是"十一五"末的1.7倍。

★产业发展实现新突破。新型工业。完成了城南核心区"三纵三横"路网、科技孵化楼和配套工程，建成投产的规模以上工业企业40家，培育形成了新能源、农副产品加工、高档陶瓷、新型建材化工、装备制造五大产业板块。新能源产业，建成了福润生物质能、晶都太阳能一、二期和晋能光伏并网电站三大项目；农副产品加工业，巩固提升了雅士利乳业、梨花春酿酒等传统骨干企业；高档陶瓷业，共发展陶瓷企业16家，年产量7.5亿

两馆一中心

中曹山村文化活动场所

南山经济林带

金城镇三里寨美丽乡村试点建设

应县正东陶瓷企业生产车间

恒天然应县牧场群

件，全国日用瓷生产基地初步建成；新型建材化工业，轻质隔墙板、万吨新型复合材料等10个项目建成投产；装备制造业，以万发炉业为主的炉具企业发展到23家，形成工业经济发展新的亮点。现代农业。"南菜"板块现代农业示范项目群，充实壮大了3333公顷(5万亩)现代农业示范园区，建成设施农业园区50多个，成为全省唯一获得出口认证的蔬菜种植基地县；"北牧"板块现代养殖示范项目群，培育完善了万亩现代养殖示范园区；成功引进了全省唯一的外商独资畜牧业项目——恒天然(应县)牧场群项目。全县日光温室和移动大棚发展到1000公顷，规模健康养殖小区达到200个，奶牛存栏6万头，肉羊饲养量120万只。实施了第六批小农水重点县、膜下滴灌、高标准农田等基础设施建设项目。文化旅游和商贸物流业。应县木塔被列入中国世界文化遗产预备名录，并与净土寺双双入选第三批"中国传统建筑文化旅游目的地"。

★城乡面貌展现新形象。大力推进南部新城开发、建成区改造提升和"五城"联创三大工程，建成住宅小区13个，保障性住房5350套。深入推进了南河种镇"城乡一体化"项目，完成了美丽乡村建设试点22个，改造农村危房9914户，易地搬迁1814人。建成县道254千米，改造建设主干道27.5千米，硬化公路240千米、农村街巷2267千米，开通了火车站客货两用业务和城市公交。完成了县城排水综合改造等工程。造林1.3万公顷，森林覆盖率26.4%。建成垃圾处理厂，升级改造县城污水处理厂，大力推进污水管网改造、桑干河流域污染防治等工程。

★群众生产生活实现新改善。全面完成了县一中实验楼和一中、二中教学楼、职中实训楼、两个体育中心、11所城乡幼儿园、56所义务教育薄弱学校建设改造等工程。进一步提高了城乡低保、农村五保等标准，发放各类民政和社会保障资金12.4亿元。县医院迁建、4所乡镇卫生院改扩建、40个村卫生室建成并投入运营。深入推进医药卫生体制改革，规范实施了基本药物制度，城乡医保实现了"即医即报"。解决了55个村庄3.5万人和17所农村学校1.9万名师生的饮水安全问题。建成了图书馆、文化馆、青少年活动中心，进入"全省十强文化先进县"行列。农村贫困人口减少1.2万余人。

(应县政府办　供稿)

山西雅士利乳业有限公司

晋北现代煤化工基地西区

煤矿安全生产标准化建设

古城液态奶生产车间

激活力 强实力 增魅力

——山阴县

"十二五"时期是山阴县历史上发展速度最快、建设规模最大的一个时期。地区生产总值由2010年的116.4亿元提高到2015年的139.4亿元,年均增长3.7%;固定资产投资由46.1亿元提高到57亿元,年均增长4.4%;公共财政预算收入累计完成47.28亿元,是"十一五"时期的1.5倍;社会消费品零售总额由19.8亿元提高到34.8亿元,年均增长11.9%;城镇常住居民人均可支配收入由1.7万元提高到2.9万元,年均增长10.8%;农村常住居民人均可支配收入由7532元提高到1.3万元,年均增长12.5%。

★夯实工业基础,培育资源转型新路径。完成煤矿兼并重组整合,煤炭产能由"十一五"期末的1295万吨提高到2970万吨。北周庄低碳循环工业经济园区基本形成,一批重大项目建成投产。

★发展现代农业,产业水平进一步夯实。农业生产条件持续改善,连续实施农业综合开发、小型农田水利建设、土地整理等项目。粮食产量连续四年突破2.5亿千克,设施农业渐成规模,奶牛养殖模式实现新的革命,种植结构调整优化。农业龙头企业发展壮大,古城乳业扩规增效,朔煤燕麦建成投产。

★补齐"两大短板",城建教育发生历史性变化。在城市建设上,桑干河湿地新区规划为山阴县城新的核心区,县城规划面积24平方千米,拉开了"大县城"框架。加大旧城改造力度,城市功能大幅提升。在教育上,全面改善办学条件,重点完成9所县城中小学校、33所农村薄弱学校、16所农村幼儿园等的新改扩建,促进义务教育均衡发展。

★改善民计民生,社会事业全面进步。完成大忻线西移、偏玉线等主要道路建设;完成西山生态公路硬化、大运高速出口改扩建等城市配套道路建设。新建县人民医院完成主体工程,完成8个乡镇卫生院升级改造,实现了村级卫生室全覆盖。推进医药卫生体制改革,巩固加强新农合制度,落实了"药品零差价"政策。社会保障水平不断提升,累计支付各项社会保险费10.3亿元,保障率100%;新增城镇就业1.7万人,转移农村劳动力1.8万人;建成4所乡镇中心敬老院,10所农村老年日间照料中心。建成各类保障性住房8960套,完成农村危房改造9715户。实施城乡电网改造工程。解决了农村饮水安全人口6.2万人。扶贫开发完成脱贫1.9万人。

(山阴县政府办 供稿)

精品特色小杂粮——旱地谷子

桑干河湿地生态修复工程

新建山阴一中

对标前行　苦干实干

——宁武县

"十二五"时期，宁武县创新实施"4484"发展要求，扎实有力做好各项工作，圆满完成了"十二五"规划目标任务，县域综合实力迈上新台阶。2015年，全县地区生产总值40.6亿元，比"十一五"末增长9.6%，年均增长12.4%；规模以上工业增加值18.5亿元，增长49.2%，年均增长8.3%；固定资产投资完成84.4亿元，增长276.8%，年均增长0.4%；财政总收入12.2亿元，增长50.6%，年均增长8.5%；公共财政预算收入6.6亿元，增长120%，年均增长17.1%；社会消费品零售总额11.9亿元，增长128.8%，年均增长18.0%；城镇常住居民人均可支配收入2万元，增长76.2%，年均增长11.4%；农村常住居民人均可支配收入4544元，增长102%，年均增长15.1%。

★调整经济产业结构，三大产业发展取得新成绩。现代农业亮点频现。农业总产值达到9.55亿元，比"十一五"增长39%。三大主导产业中特色小杂粮种植1.2万公顷，食用菌投入生产大棚133公顷，肉羊饲养量达50万只。工业经济转型跨越。全县重点推进煤炭资源整合矿井建设，生产原煤6200万吨，建成了7座现代化矿井。大力延伸产业链条，华润宁武2×35万千瓦低热值煤发电项目开工建设。积极发展非煤能源，引进17个风电项目。旅游开发加速升级。

★提升发展承载能力，城乡整体面貌迎来新变化。全县公路通车里程1246千米，100%的建制村通水泥(油)路，实现了街道硬化全覆盖。新建保障性住房7768套，完成农村危旧房改造2000户。开展民生水利工程建设，实施惠及11.5万人的农村饮水安全工程。全县林业用地面积9.3万公顷，森林覆盖率达到21.2%。

★切实保障改善民生，群众生活水平得到新提高。累计减少贫困人口3.7万人，完成易地扶贫移民搬迁1万余人。整合优化教育资源，实施义务教育标准化建设。实现了基本药物制度全覆盖。农村居民参合率达到99.4%。新建了县人民医院，新建改造了4个乡(镇)卫生院和26个标准化村卫生室，医卫基础设施全面提升。全县城镇新增就业7851人，转移农村劳动力1.4万人。完成了七类保险参保人数和基金征缴目标任务。体育馆、图书馆、博物馆、档案馆相继建成投入使用，成立了14个乡(镇)文化站，丰富了群众精神文化生活。

(宁武县政府办　供稿)

化北屯循环农业科技示范园区

西马坊农业集约化经营科技示范园区

余庄脱毒马铃薯产业园区

灵河高速公路

潞宁孟家窑煤业

攻坚克难 砥砺前行
开启全面建成小康社会的新征程

——忻州市

美新煤机项目

山西振钢化工癸二酸项目

"十二五"时期，忻州市以"产业第一、项目至上、企业为重、服务为本"为宗旨，立足实际，化危为机，全市经济社会发展在攻坚克难中砥砺前行，主要经济指标进位争先。2015年，全市地区生产总值681.2亿元，比2010年增加239.7亿元，年均增长9.0%；一般公共预算收入73.7亿元，增加31.4亿元，年均增长11.7%；规模以上工业增加值255.1亿元，增加89.8亿元，年均增长12.5%。主要经济指标彻底摆脱了全省垫底局面，增速位次连年靠前，总量稳定前移，占比不断提高。

★不断引深项目建设攻坚战。"十二五"全社会固定资产投资累计完成4069.5亿元，是"十一五"的3.7倍，年均增长21.4%；2015年突破千亿大关，是2010年的2.6倍。出台系列支持企业发展政策措施，为企业减负31亿元，其中2015年达27亿元，稳住了经济增长的基本面。

★新型综合能源基地已现雏形。2015年原煤产量6117万吨，是2010年的近两倍。着力推进煤电一体化，大力开发新能源。全市电力总装机913.1万千瓦，较"十一五"末增加391.7万千瓦。其中，火电建成投产496万千瓦，核准

华能神池风电

广宇电厂二期工程项目

晋能保德低热值煤发电项目

在建和取得“路条”项目606万千瓦。新能源发电装机417.1万千瓦，总量全省第一，较“十一五”末实现翻番；新增风电装机182万千瓦，达到197万千瓦，占全省风电总装机的近1/3；光伏发电装机达到11万千瓦，占全省的12%。

★非煤产业取得实质性突破。2015年氧化铝产量达287万吨，是2010年的2.2倍。法兰产业加快兼并重组、技术升级，定襄县被授予国家外贸转型升级专业型示范基地称号。现代农业加快发展，粮食总产量稳定在15亿千克以上，忻州市被授予“中国杂粮之都”、岢岚县被授予“中华红芸豆之乡”、静乐县被授予“中国藜麦之乡”、神池县被授予“中国亚麻油籽之乡”、五寨县被授予“中国甜糯玉米之乡”。旅游产业快速发展，五台山景区管理体制改革完成，雁门关、芦芽山申报5A景区通过初验，忻州云中河景区成功创建国家4A级旅游景区，老牛湾、河边村等入选“山西最美旅游乡村”，2015年全市旅游总收入284.6亿元，年均增长21.8%。

★加快市域城镇化进程。忻州城区新建改造道路88条，全长142.9千米，形成“九横十一纵”的城市路网。12个县(市)成功创建国家卫生城市；城市公共设施明显改善，建成区绿化覆盖率、集中供热普及率均提高15个百分点；建成城镇保障性住房9.7万套，全市常住人口城镇化率年均提高1.7个百分点。

★着力改善农村人居环境。实施农村人居环境改善工程，解决了2014个村、76万农村人口和6.4万农村学校师生的饮水安全问题，易地搬迁特困群众13.2万人，改造农村困难家庭危房4.2万户。

★统筹推进重大基础设施项目。大西高铁加快推进，五保、环城、神河、繁大高速建成运营，五盂、原神高速建成，神岢高速、晋蒙黄河大桥开工，高速公路新增通车里程355千米；五台山机场建成通航。新增农田实灌面积3.7万公顷。

神东河曲低热值煤电厂

山西四建钢结构项目

天宝新能源发展有限公司新上风电塔筒项目

兴隆商贸城

云中路新景

慕山桥

★加快建设美丽忻州。淘汰落后产能，万元地区生产总值综合能耗下降18.1%。淘汰黄标车、老旧车3.2万辆，全市主要污染物排放总量明显下降。五年营造林21万公顷，森林覆盖率提高4.1个百分点，汾河流域生态修复治理全面启动。

★重点领域、关键环节改革取得实效。煤炭管理体制改革迈出重大步伐，涉煤收费项目全面清理规范，煤炭资源税实行从价计征。中国（太原）煤炭交易中心忻州交易处启动运营，成为全省首家在地市设立的交易机构。

★“三个突破”强力推进。加快金融振兴，“助保贷”实现全覆盖，交通银行、晋商银行落户忻州。2015年全市金融机构余额存贷比比2010年提高7个百分点。加快科技创新，国家级企业技术中心实现零突破，建成省级企业技术中心15户、市级企业技术中心68户、省级重点实验室1户，涌现出高新技术企业25家。加快民营经济发展，出台扶持民营经济发展的“35条”和支持小型微型企业发展的“14条”。

★对外开放水平进一步提升。积极融入太原都市圈、京津冀和环渤海经济圈，主动承接长三角、珠三角地区产业转移，成功加入环渤海区域合作市长联席会；突出精准招商、产业链招商，招商引资签约项目到位资金2046亿元，是“十一五”时期的5.1倍。

★群众满意度不断提升。新建改扩建标准化公办幼儿园606所，新建忻州高级中学、长征小学、实验幼儿园。县级公立医院综合改革全面推开，忻州市人民医院建成投用，市中医院改扩建完成，市儿童医院主体完工。全市公益性文化设施全部免费开放，政府购买公共演出服务全面推行。城镇累计新增就业18.4万人，转移农村劳动力37.8万人，城镇登记失业率控制在4.2%以内。城乡居民人均可支配收入分别年均增长11.4%、13.7%。大力推进扶贫开发，五年累计脱贫41.7万人。安全生产形势稳定好转，加强和创新社会治理，扎实推进“平安忻州”建设。

（忻州市政府办公厅　供稿）

五台圣境

德奥电梯厂景

五台县设施农业——地膜覆盖

集中连片生态绿化开发项目

山西百镇建设工程示范镇——砂河镇

玉米丰收

马家坡聚富苑移民小区

西海子湿地公园

北城门楼广场夜景

北路梆子历史剧《程婴与孤儿》剧照

努力建设经济强、百姓富、生态美、人民优、文化兴、活力旺的首善忻府

——忻州市忻府区

“十二五”时期，忻府区主动适应经济发展新常态，解放思想、开拓创新，真抓实干、奋力拼搏，实现了全区经济社会持续稳定发展，综合实力稳步提升。忻府区地区生产总值从“十一五”末的77.5亿元增加到114.1亿元，年均增长7.9%。全区财政总收入从8.4亿元增加到15亿元，年均增长12.4%；公共财政预算收入从2.5亿元增加到5亿元，年均增长15.5%。固定资产投资从48.1亿元增加到113.3亿元，年均增长18.7%；社会消费品零售总额从36.6亿元增加到82.8亿元，年均增长17.7%。

★这五年，是布局多元、结构优化，产业建设增量提质的五年。第三产业比重比“十一五”末上升9.4个百分点，第三产业增加值由43.7亿元增加到75.1亿元，年均增长11.4%。2015年完成工业总产值77亿元，占全区规模以上工业企业的78%。忻州禹王煤化工循环经济园区被省经信委命名为新型工业化示范基地。以上海恒能光伏、太科光伏等为龙头的风电、光伏发电新能源产业呈现出强劲势头。深入实施旅游集散地建设，初步形成了以“一洞三泉”为主线的辐射带动周边旅游景区协同发展的旅游产业新格局。

★这五年，是夯实基础、增产增效，农业发展硕果累累的五年。粮食生产保持稳定，从2011年开始连续4年突破3亿千克大关，被授予“全国粮食生产先进县区”“山西省粮食生产基地县”等称号。“十二五”期间，全区共实施土地治理项目390公顷，新增节水灌溉面积2513公顷，增加农田林网防护面积2200公顷。培育农民专业合作社1226个，培育种粮大户53个，家庭农场32个。全区综合机械化水平74.3%，比“十一五”末提高22.8个百分点。大力调整种植结构，辣椒、甜糯玉米、甜瓜、张杂谷、红薯等特色产业快速发展。

冬季行动集中签约仪式

★这五年，是强化建设、细化管理，宜居程度显著提升的五年。积极服务保障五个“大干城建年”，完成征占土地750公顷，征收房屋76.7万平方米，新建、改造道路124条、150.6千米。先后完成县乡公路改造工程、街巷硬化工程、旅游公路工程、村通水泥（柏油）路工程等共计1624.5千米。相继启动6个城中村棚户区改造项目。奇村镇成功创建“国家卫生镇”。全面实施城乡清洁工程。城区环境空气质量不断提升。“十二五”期间累计完成造林面积1.3万公顷，全区森林覆盖率达到15.7%，比“十一五”末提高4.3个百分点。

★这五年，是以人为本、共享发展，民生福祉持续提升的五年。实施建设了移民工程怡居苑小区，安置移民7520人；以50人以下整村搬迁工作为切入点，以三年率先脱贫、坚持六个精准、实施九大工程、强化三项措施为核心的“3693”脱贫攻坚工程深入推进。城镇居民人均可支配收入从2010年的1.5万元增加到2015年的2.5万元，年均增长11.2%；农村居民人均可支配收入从4482元增加到8363元，年均增长13.3%。“十二五”期间，先后新、改扩建农村幼儿园21所，集中改造农村寄宿制小学20所，办学条件不断改善；出台了教师交流制度，师资配备更加合理。医药卫生体制改革稳步推进，建立了公益性管理体制、基本药物制度；对16个乡镇卫生院和37个一体化管理的村卫生室进行了改扩建，区人民医院新建门诊楼、区中医院、区妇幼保健院新院等建设工程即将竣工。公共文体服务不断完善，实现全区农村体育场地建设的全覆盖。“十二五”期间共实现城镇新增就业1.7万人，城镇登记失业率控制在.1%以内。保障水平逐年提高，新型农村合作医疗参合率稳定在8%以上，筹资标准逐年提高。截至2015年，农村低保在册保障对象1.9万户2.9万人，每人每年2400元，比2010年增长137%；城市低保在册保障对象6871户1.6万人，每人每年4812元，增长57%。

★这五年，是解放思想、改革创新，发展活力竞相迸发的五年。完成了全区30个行政审批单位、87项行政审批项目的确认，落实和衔接省、市人民政府取消和下放审批项目43项。2015年全区新登记各类企业、个体工商户3255户。农村土地确权改革进展顺利。供销合作社改革效果显著。

（忻府区政府办　供稿）

晨辉锻压机械车间

辣椒晾晒

香瓜节瓜王评选大赛

率先脱贫的样板工程——怡居苑移民小区

禹王煤化工循环经济工业园区

同华电力

致力率先发展 建设富美原平

——原平市

“十二五”时期，原平市委、市政府认真贯彻落实中央、省、忻州市的政策措施和决策部署，锐意进取，扎实工作，保持了经济平稳较快发展、社会和谐稳定，取得了“十二五”时期的圆满收官。

★紧紧扭住发展要务，狠抓项目建设，进一步积蓄了发展后劲。充分利用比较优势，大力招商引资，五年开工建设省市重点工程442项，总投资447.8亿元，煤电铝铁、装备制造、节能环保、商贸物流、文化旅游、现代服务业等产业档次和水平明显提升，“四园区一基地一集群”（即经济技术开发区、现代农业园区、商贸物流园区、文化产业园区，以及生态铝工业基地和煤电产业集群）产业格局基本形成。生态铝工业列入山西省西部铝工业产业集群规划，佳诚

酥梨之乡

山西铝业

原平省级经济开发区

液压、兴胜机械、一辰通用等机械装备制造业加快转型升级步伐。原平经济技术开发区万亩起步区基本建成，升级为省级开发区。培育了德金商贸、盛美农贸、爱尚西街地下商城和中远新能源汽车产业园区等各类市场，文化旅游业与其他服务业联动发展，服务业占比提升5.4个百分点，产业结构进一步优化。

★致力优化生态环境，狠抓创卫攻坚，进一步改善了城市面貌。加强道路交通建设，新建改造主次干道21条，硬化美化小街小巷，基本畅通了市内微循环；完成平安大街东拓、天牙山和滹沱河两景区连接路工程，完成全长4.3千米的西北环城路，进一步拉大了城市框架。建设了范亭广场、牛卧河生态公园、流金广场、体育广场、新华广场、大西客运站广场等。加强环境卫生管理，改造更新市区交通设施，环境卫生质量显著提升。加强生态文明建设，供水、供气、供热普及率分别达到100%、93.4%、90.2%；市区绿化面积达到431.5万平方米，绿化覆盖率37%；二级以上天气340天。成功创建国家卫生城市。

★切实加强三农工作，狠抓提质增效，进一步促进了农民增收。认真落实惠民政策。粮食播种面积始终保持在5.3万公顷，玉米高产创建面积累计达到1.7万公顷。大力发展高效农业，设施农业达到2000公顷。实施"酥梨换优"工程，引进新品种玉露香梨，促进了酥梨产业的提质增效。推进规模养殖，规模化养殖场达到2565个。全市农民专业合作社1261个，家庭农场82个。统筹实施采煤沉陷区治理搬迁工程、扶贫移民搬迁工程和乡村清洁工程，全市美丽乡村示范村总数达到30个。农村居民人均可支配收入由4628元增加到8747元。贫困人口由3.6万人减少到1.8万人。

崞阳高科技示范园区

高效农业获丰收

大棚花卉

范亭广场

图书馆

滨河公园

城市夜景

★不断加大投入力度，狠抓民生改善，进一步提升了人民群众幸福指数。坚持教育优先发展，通过义务教育学校标准化建设、薄弱学校改造、义务教育均衡发展工作，教育资源结构不断优化，高考达线率逐年提高。建成并投用市第一人民医院综合业务大楼，荣获“国家级计划生育优质服务先进县(市)”称号。建设了图书馆、博物馆、美术馆、剧院、全民健身中心。社会保障体系进一步完善，企业离退休人员基本养老金按时足额发放，最低工资标准年均增长13%以上；提高机关、事业单位津补贴和基本工资标准，并向基层倾斜；新型农村合作医疗参合率由80.9%上升至92.5%，城乡低保标准分别提高到4392元、2416元；城镇登记失业率控制在3.8%以内；新建老年活动中心和24个老年人日间照料中心。高度重视安全稳定工作，保持了持续稳定好转的良好态势。

城区鸟瞰

牛卧河公园

★认真落实综改要求，狠抓改革创新，进一步推进了“双试点”改革。全面完成市政府机构改革。重视科技创新，省级高新技术企业数量占到全忻州市的三分之二以上。积极开展“助保贷”业务，累计为53户企业放贷2.91亿元。创新城市网格化管理机制，市、乡、村和社区“三级平台、四级网络”全面运行。首创农村“三资”管理“四•五工程”模式。推进“六权治本”，深化行政审批制度改革，行政效能明显提高。

（原平市政府办　供稿）

农民诗会

滹沱河水利风景区

天牙山风景区

建设中的干法水泥厂

神池风电

“八位一体”抓项目 千方百计保增长

——神池县

农产品地理标志
登记证书

中华人民共和国农业部

“十二五”时期是神池发展史上具有里程碑意义的五年。五年来，神池县坚持以科学发展观为统领，坚持“八位一体”抓项目，千方百计保增长，主攻特色农业、新型工业和现代物流业，还欠账、重基础、不落步、谋长远、蓄后劲，圆满完成了“十二五”各项目标任务。

★过去的五年，是综合实力显著提升的五年。2015年，全县地区生产总值19.24亿元，比2014年增长1.1%；规模以上工业增加值2.9亿元，增长11.5%；农林牧渔生产总值6.33亿元，下降12.4%；粮食总产量11万吨，下降23.8%；社会消费品零售总额9.09亿元，增长5.2%；财政总收入3.21亿元，下降14.2%；一般预算收入1.68亿元，下降16.8%；城镇常住居民人均可支配收入1.9万元，增长7.1%；农村常住居民人均可支配收入6257元，增长6.2%。

★过去的五年，是特色农业亮点凸显的五年。在先后取得胡油、胡麻、羊肉、莜麦、黑豆、黍子6个国家地理标志认证的基础上，“中国亚麻油籽之乡”通过国家粮食行业协会验收并授牌。被授予“品牌农业示范县”称号。以东湖现代农业园区为核心、围绕西长线和阳河线的“一核两线”高产高效示范带建设已具规模，带动全县农民实施农业机

干部帮扶推进神池养羊业发展

安居工程

械化集中连片作业。土地确权和流转工作顺利推进。争取各类扶贫专项资金2350万元，47个贫困村1.5万贫困农民受益，1.2万人减贫。

★过去的五年，是养羊产业健康发展的五年。先后实施"1237"羊业发展战略和"336"畜牧翻番工程，走出了一条"小规模、大群体、自繁自育、高效发展"的新路子。"十二五"末，全县羊发展到110万只，畜牧业产值实现4.7亿元，农民人均畜牧业收入3500元。

★过去的五年，是工业经济快速发展的五年。创新招商引资方式，五年共完成招商引资60项，引资额354.05亿元。风电产业健康发展，光电产业开始起步，200万吨新型干法水泥项目已上报国家经信部。全县建成投产煤运企业5个，煤运产业成为全县财政收入的主要支柱。

★过去的五年，是生态文明明显提升的五年。全面开展公路沿线及居民集中居住地等生态脆弱区的恢复治理，大力实施天然林保护、公益林建设、县城绿化、村庄绿化、通道绿化等九大林业工程，完成坡耕地水土流失综合治理。

★过去的五年，是人民生活明显改善的五年。五年累计投资教育事业8.02亿元，办学条件进一步完善和优化。新建县人民医院并顺利通过省"二甲"验收。基本药物制度初步健全。全县新农合参保率达99%，人均筹资标准由340元提高到390元。连续开展三个"大干城建年"，改造旧城21.9万平方米。强化养老保险扩面征缴工作。发展有线电视、村村通、户户通1.5万户，新建乡(镇)文化站10个。

(神池县政府办　供稿)

艾科光电龙泉北1万千瓦项目

神池秋阳煤炭集运站

神池绿色食品工业园区

野猪口明长城

对标前行　苦干实干

——五寨县

五寨万通煤台

保障性安居工程

乡村环境治理工程

"十二五"期间，五寨县攻坚克难，扎实苦干，较好地完成了各项目标任务。2015年，全县地区生产总值完成18.1亿元，较2010年增加5亿元，年均增长4.6%；固定资产投资完成31.7亿元，增加22.1亿元，年均增长27.1%；规模以上工业增加值1.9亿元，增加1.3亿元，年均增长17.9%；全社会消费品零售总额9.1亿元，增加4亿元，年均增长13.4%；公共财政预算收入1.72亿元，增加0.84亿元，年均增长14.5%；城镇居民人均可支配收入20099元，增加8343元，年均增长11.3%；农村居民人均可支配收入6212元，增加3011元，年均增长14.3%；金融机构各项存款余额57.15亿元，增加27.35亿元，年均增长16.8%。全县综合实力明显增强。

★狠抓项目攻坚，增强发展后劲。五年累计项目储备总规模1186亿元，项目签约47个、项目落地136个、投产193个，完成省市重点项目建设114个。石材工业园区、晋西北天然气公司、昌茂石油、康宇甜糯玉米加工等一批重大产业项目建成投产，为县域经济发展注入活力。

★夯实农业基础，推动农村繁荣。大力发展玉米、马铃薯、小杂粮三大主导产业，全县粮食总产量突破2亿千克。马铃薯种植获得了国家无公害产地认证，红芸豆获得国家绿色食品认证和国家食品质量安全免检农产品，五寨荣获全国"甜糯玉米之乡"称号。大力发展以养羊为主的畜牧业，全县羊养殖总量突破100万只。发展家庭农场567个、农民专业合作社402个、省级"一村一品"专业村49个。加强农村道路建设，完成了8条县乡干线公路改造、26条通村路建设、252个村的农村街巷硬化工程。大力实施易地扶贫移民工程，搬迁1万余人。全面实施乡村清洁工程，完成了新一轮农村"五个全覆盖"工程。

★巩固煤炭运销，发展民营经济。先后建设了李家坪集运站、韩家楼丈子沟煤台发运站等项目，目前全县共有9个大型煤炭发运站，7家洗选煤企业，54户企业从事煤炭运销。先后建设了天然气站、石油储运、汽配城、新型建材加工等一批转型产业项目。全县民营企业4829家，从业人员3.4万人。

★加强城市建管，改变县城面貌。大力推进东城新区开发、改造旧城提质工程，扎实开展"创模"、"创卫"工程。东城新区开发、东环路建设等一系列市政工程相继建成；276条城区道路完成路面、排水管网改造和街道绿化、亮化；建成大型农贸市场4个，公共厕所21座，公园、主题广场5个，县城公园绿地面积达96万平方米。以清涟河为主轴的东西城市框架初步形成。

康宇甜糯玉米加工厂

万兴小杂粮加工车间

双喜马铃薯加工厂

★坚持绿色发展,改善城乡生态。五年累计完成造林绿化1.7万公顷。县城污水处理厂、垃圾处理场先后建成运营,天然气管网逐步入户,城区集中供热覆盖面积达180万平方米。县城空气质量稳步保持在二级以上。

★发展社会事业,努力改善民生。教育方面。扎实推进义务教育标准化建设和农村薄弱学校改造,完成中小学校改扩建12所;大力实施名校、名师、名生战略,全县教学质量整体提升。卫生方面。第一人民医院医技楼建成投入使用,顺利通过二级甲等医院评审;东城区中医院、县急救中心、白求恩血液净化中心、卫生监督所和4个乡镇中心卫生院业务用房全部建成并投入使用,乡镇卫生院、村卫生室实现全覆盖。文化方面。先后建成乡镇综合文化站12个,农村文化大院、文体广场50余个,实现了农村体育场地、农家书屋、农村文化活动室全覆盖。实施了广播电视“村村通”和有线电视数字整体平移工程,回收了有线电视所有权。社保方面。城镇累计新增就业岗位7399人,城镇登记失业率控制在3.9%以内。城镇职工医保、城镇居民医保和新农合三项基本医保实现应保尽保。先后建成廉租住房、经济适用住房、公共租赁住房1946套,完成了723户农村危旧房改造。社会保障服务中心、社会福利大楼、乡村敬老院、农村社区老年日间照料中心先后建成启用,人民群众幸福指数不断提升。

(五寨县政府办　供稿)

德润蔬菜大棚种植园

地膜起垄山药

顺喜种羊场

林网方格田

天柱山化工有限公司

龙源风电

塑造静乐美好形象 实现静乐振兴崛起

——静乐县

"十二五"以来，静乐县委、县政府团结和依靠全县人民，抢抓机遇，扎实工作，"十二五"规划确定的各项指标如期实现，综合实力大幅攀升。2015年，静乐县地区生产总值22.2亿元，年均增长10.5%，是2010年的1.6倍；固定资产投资76.亿元，年均增长27%，是2010年的3.3倍；公共财政预算收入2.9亿元，年均增长26.4%，是2010年的3.2倍；工业增加值亿元，年均增长14.8%，是2010年的1.5倍；社会消费品零售总额9.7亿元，年均增长22.6%，是2010年的2.8倍；城镇居民人均可支配收入1.9万元，年均增长12.4%，是2010年的1.8倍；农村居民人均可支配收入5575元，年均增长15.8%，完成了五年翻番任务，贫困人口由6.8万人下降到2.6万人。

★抓转型、调结构，力促上档升级。发展后劲不断增强。培育新型产业，工业转型步伐持续加快。晋北煤业、大远煤业建成投产，阳煤天安煤矿开工建设，华泰、裕达百万吨洗煤厂投入运营，国电洁能5万千瓦、龙源15万千瓦风电项目并网发电，全县规模以上工业企业由2010年的7个增加到13个。成功引进农光互补、分布式光伏发电等一批清洁能源项目。五年实施省市重点项目192个，完成投资228.4亿元。引进阿里巴巴"千县万村"项目，新建电子商务服务中心大力发展现代服务业，三次产业结构由2010年的22:47:31调整为26:30:44，经济结构更趋合理。

★抓三农、促增收，培育特色产业，农村经济迅猛发展。积极培育特色农业。狠抓藜麦、玛咖、玫瑰、黑枸杞以及养羊、小杂粮等一批增收富民项目，全县特色种植面积达到4000公顷。实施西、南干渠节水改造工程，农业基础不断改

电子商务

三城同创

老年人日间照料中心

藜麦种植

黑枸杞种植

善。农业机械化水平达到14%，比2010年提高6个百分点。培育新型农场10个、种粮大户66户，发展各类养殖场119个、养羊达到60万只，组建农民专业合作社505家，新型农业经营主体不断壮大。

★抓创建、增投入，加强城乡统筹，人居环境明显改善。加快旧城区改造，积极推进河西新区建设，改扩建县城污水处理厂，启用垃圾填埋厂，县城集中供热率97%，建成区绿化覆盖率40%，城镇化率46.8%。加强农村基础设施建设，改造乡村公路125千米，解决了107个村、3.6万人的饮水安全；实施危房改造2036户，移民搬迁2490户；开工采煤沉陷区治理2个村、605户。

★抓生态、优环境，狠抓综合治理，生态文明成效显著。大力实施退耕还林、三北防护林、天然林保护、荒山绿化等林业重点工程，新建东西碾河水景公园，启动岑山山地公园、风神山生态公园、汾河川国家级湿地公园建设。五年造林1.6万公顷，森林覆盖率达到19%；治理水土流失面积680平方千米，治理率40%。主要污染物排放和节能降耗指标全面完成，汾河水质稳定在三类标准以内，城区二级以上天数提升到360天以上。

★抓保障、重民生，兴办惠民实事，社会事业不断进步。五年累计投入各类民生资金36亿元，占全县财政总支出的68%，是"十一五"的2.5倍。新建河西第二幼儿园，恢复职工幼儿园；实施中小学危房加固、义务教育标准化配套、薄弱学校改造工程，教育水平稳步提升。累计新增城镇就业8016人，发放养老保险金6.2亿元、再就业资金2200万元，为全县农户发放爱心煤15.6万吨、现金补贴1315万元；低保五保按政策提标；新建、改建老年日间照料中心21个；新建保障性住房810套，社保政策全面落实。建成全市一流的县医院，开工新建县中医院，城乡医疗卫生水平明显提高。14个乡镇文化站落成并投入使用，农家书屋和农村文化活动室实现全覆盖。

（静乐县政府办　供稿）

羊养殖业

扶贫开发

百里汾河川——太原后花园

碾河水景

大唐风电岢岚县闫家村一期风电项目并网发电

山西易达运销有限公司铁路专用线建成运营

青山绿水 文明宜居 人和业兴 美好岢岚

——岢岚县

骑在羊背上的岢岚——羊的长城

县人民广场

“十二五”时期，岢岚县委、县政府主动作为迎挑战，凝心聚力谋发展，全县经济社会发展迈上新台阶。与“十一五”末相比，地区生产总值增长1倍，达到20亿元；规模以上工业增加值增长1.9倍，达到4.4亿元；固定资产投资增长2.4倍，达到46.7亿元；社会消费品零售总额增长91%，达到8.8亿元；财政总收入增长25%，达到2.5亿元；公共财政预算收入增长71%，达到1.2亿元；城镇居民人均可支配收入增长77%，达到2.2万元；农村居民人均可支配收入增长90%，达到5492元。

★立足产业支撑，项目建设取得新突破。五年累计实施项目408个，总投资347亿元，较“十一五”期间增长9.8倍。引进建设了投资10亿元以上的晋兴水泥、万泰养殖两个大项目，投资5亿元以上的大唐风电、龙源风电等7个大项目，五年累计列入省市重点项目120项，完成投资157.9亿元。

★重抓实体经济，加快转型升级。三次产业比例从2010年的22:26:52调整为2015年的18:19:63。工业经济提质发展，打造了胡家滩煤化工产业集聚区，引进100多个新型项目。现代农业提效发展，打响“中华红芸豆”“晋岚绒山羊”两个国字号品牌，被命名为“出口红芸豆质量安全示范区”；认证无公害、绿色、有机农产品32个；粮油总产量保持在5000万千克左右，农民人均种植业纯收入2050元，比2010年增长86.4%。畜牧业总产值近4亿元，较2010年翻一番，农民人均畜牧业纯收入2618元，较2010年增长87%。三产服务业提速发展，完善了安塘煤炭加工运销集中区，新建改扩建双万吨煤炭集运站12个，“十二五”期间，煤炭物流上缴税金占财政总收入的20%以上，全县服务业增加值由2010年的5.22亿元增加到2015年的12.61亿元。

★聚焦城乡统筹，完善基础设施。实施了系列市政综合及创卫工程，构建了"8横6纵5支线3外环"城区骨干路网，街巷硬化实现全覆盖。建成二级汽车站、二水厂、第二热源厂等基础设施。完善了县级山地森林公园，建成北寺塔公园、文昌塔公园等园林休闲场所。城区新增绿化60万平方米，覆盖率39.6%。建成区面积增加到4.4平方千米，城镇化率47.5%。加强农村基础设施建设，建设集中供水工程107处、一村一井108眼，解决了5.4万人饮水困难；京津风沙源治理二期水利水保项目流域治理19.5平方千米。建成的忻保、岢临两条高速公路在岢岚境内约110千米，神岢高速公路开工建设。

★实施精准扶贫，脱贫攻坚迈出新步伐。完成55个村整村推进产业开发项目、36个村特困地区集中连片区项目，覆盖农村群众2.8万人，易地移民搬迁9800人，劳动力转移培训5000人，金融扶贫1200人。全县农民人均纯收入由2010年的2890元增加到2015年的5492元，增长90%。贫困人口由2011年的4.8万人减少到2015年的2.3万人。

★全力改善民生，人民生活有了新提高。县财政用于民生方面的支出达到34亿元，是"十一五"时期的2倍，年均占总支出的70%以上。发展教育事业，五年建设改造校舍68所16.2万平方米，义务教育均衡发展通过国家评估认定。提升医疗服务水平，新建、改造城乡医疗业务用房1.9万平方米；推进县级公立医院改革，新农合参合率由92.2%提高到99.9%。加大住房保障力度，完成棚户区改造835户、危房改造5547户，建设廉租房2182套、经济适用房108套。完善社会保障体系，养老保险参保人数5万余人；城乡低保保障面分别为14.5%和13.5%，标准年均增长10%和19.3%。稳定和扩大就业，五年累计新增就业7507人，转移农村劳动力7805人，城镇登记失业率控制在3.9%以内。

（岢岚县政府办　供稿）

农业科技示范园区马铃薯生产基地

中华红芸豆出口基地种植园区

岢岚吴家庄高科技"鸟巢"大棚

岢岚周通生态养殖项目区

岢岚晋兴奥隆建材有限责任公司

狠抓铁矿企业的安全生产标准化建设

代县宏威水泥有限公司年产200万吨水泥项目建成投产

为加快建成小康社会奋力拼搏

——代　县

滹沱河湿地公园

维修复建雁门关，重现昔日雄姿

开发国家级森林公园赵杲观，打造独具特色的避暑休闲旅游景区

“十二五”时期，代县县委、县政府团结带领全县人民，开拓创新，拼搏奋进，完成了“十二五”主要目标任务，经济综合实力大幅提升。全县生产总值从2010年的36.2亿元增加到2015年的50.89亿元，增长40.6%；财政总收入从6.1亿元增加到9.4亿元，增长54.1%；固定资产投资从11.8亿元增加到53.5亿元，增长353.3%；城镇常住居民人均可支配收入从1.3万元增加到2.2万元，增长75.8%；农村常住居民人均可支配收入从2362元增加到4886元，增长106.9%。县域经济发展迈上新台阶。

★农业产业明显提质增效。加快发展现代特色农业，家庭农场达到120个，标准化养殖场246个，农民专业合作社930个，认证有机农产品20个。农业龙头企业增加到13家。连续三年实施小农水重点县项目，完成11座小型水库的除险加固工程。

★工业产业可持续发展能力不断增强。矿山企业整合为22家，规模以上企业达到71家。持续推进涉铁企业标准化建设，积极推动企业科技创新，引导民营企业家“二次创业”。久力尾砂制砖、礼信橡胶、宇华塑料等一批转型项目建成投产，大唐风电、雁门关风电等新能源项目进展顺利。

★文化旅游产业发展引人瞩目。实施雁门关景区开发项目，完成了景点复建、基础建设、服务设施、生态治理、软件配套和市场开发等六大工程，全面恢复了“中华第一关”的壮丽雄姿，建成集“食、宿、行、游、购、娱”为

代县礼信橡胶科技有限公司积极发展废旧橡胶再利用循环经济

移民小区住宅建设

一体的综合性雁门关边塞文化旅游区。全县三次产业结构由2010年的5.3∶64.0∶30.7优化为2015年的5.7∶57.3∶37。

★项目攻坚取得重大突破。共签约项目133个400多亿元，落实投资171亿元。实施省、市、县重点项目240项，完成投资196亿元。

★城乡面貌发生巨大变化。一是新城建设初具规模。新城住宅区、商贸区、休闲区、教育区全面推进，城市主框架基本形成。二是县城环境明显改善。建成了滹沱河湿地公园。积极创建国家级卫生县城，实施了集贸市场建设、城中村改造等重点工程，对县城23条主次干道进行了改造。供热、供水、供气、污水处理率分别达到86.2%、99.8%、65.5%、97.8%。三是农村面貌显著提升。11个乡镇58个村的乡村清洁工程达到了省级考核标准；改造提升农村公路85千米，实施街巷硬化1770千米；新建、改扩建村级组织活动场所165个、农村体育健身活动场318个；建成各类农村饮水工程339处，解决了86个村4万农村人口的饮水安全问题；改造农村困难家庭危房3128户。

★社会事业持续改善。一是教育事业全面发展。新建、改扩建幼儿园63所，扶持发展民办幼儿园5所。实施农村义务教育薄弱学校改造，促进义务教育均衡发展。为4所农村初中新建了学生宿舍，中小学办学条件明显改善。二是就医环境和卫生体制改革扎实推进。建成新城医院。健全完善了县、乡、村三级医疗卫生服务体系，各级医疗卫生机构全部实施了国家基本药物网上采购。新农合统筹力度逐年加大，参合率达到99.9%。三是文化服务体系基本建成。县级文化馆、图书馆免费对外开放，377个行政村实现了“农家书屋”全覆盖。四是社会保障体系基本完善。全县城乡低保、五保基本达到应保尽保。率先在全市完成了千人以上村老年日间照料中心全覆盖。社保待遇逐步提高。城镇新增就业1.6万人，转移农村劳动力1.8万人，城镇登记失业率控制在4.2%以内。建成保障性住房2147套，实施抗震房改造1550户。五是扶贫攻坚持续发力。全县236个贫困村实现脱贫帮扶全覆盖，完成4.8万贫困人口的建档立卡工作。减贫2.2万人。

（代县政府办　供稿）

代县金九州公司靠种植加工水果玉米引领新高及周边乡镇农民发家致富

发展养殖业成为代县山区农民增收致富的主导产业

神华神东河曲低热值煤发电厂

神华国能河曲电厂

凝心聚力 砥砺奋进 全面脱贫 建成小康

——河曲县

“十一五”期间，河曲县面对复杂严峻的经济形势、紧迫繁重的改革发展任务，坚持以经济建设为中心，把加快发展作为第一要务，经济社会发展取得了重大成就。

★五年来，千方百计稳增长，坚定不移促发展，县域经济在快速发展中转型升级。“十二五”期间，三次产业比重优化为3∶66∶31，全县地区生产总值年均增长9.6%；规模以上工业增加值年均增长11.7%；财政总收入年均增长6.5%；固定资产投资年均增长23.1%；社会消费品零售总额年均增长14.5%；城镇居民人均可支配收入年均增长11.9，农村居民人均可支配收入年均增长13.2%。五年共实施省、市、县重点项目241个，完成投资442.18亿元。2012～2014年连续3年被省政府授予县域经济发展先进县，2014年位列C类第一。

★五年来，统筹城乡抓建设，美化环境提品位，城乡面貌在持续改善中焕然一新。农村新“五个全覆盖”全面完成。启动实施省级“大县城”建设试点工作，高起点规划、高标准建设、高速度推进，成功创建国家级卫生县城和楼子营国家级、巡镇省级卫生镇，临陕大道、“65332”市政工程等一批重大基础设施项目相继建成投用，神河高速公路建成通车，城镇化率达到48.3%，建成区绿化覆盖率达到38.3%，城市综合承载能力显著增强。节能减排指标任务全面完成。全县森林覆盖率达到24.7%。

河曲县城全景

山西省中小企业创业基地——河曲县四海进通奥康农产品开发公司

★五年来，真心实意惠民生，倾尽全力办实事，社会事业在和谐发展中全面进步。民生保障支出占财政支出的比重达到80%。医疗、养老、救助、慈善等社会基本保障实现了全覆盖。改造农村危房1790户，建成各类保障性住房21.1万平方米。城乡居民收入分别为“十一五”末的1.75倍和1.85倍。扶贫工作精准开展，减少贫困人口2.8万人。全县教育、文化、卫生、体育等各项社会事业蓬勃发展，正在逐步形成河曲特色品牌。社会治理不断加强，安全生产形势平稳，治安防控能力增强，社会大局和谐稳定。

★五年来，蹄疾步稳推改革，突出重点抓开放，发展活力在改革创新中竞相迸发。政府机构改革有序推进。政务服务中心建成运行，审批效率明显提高。基本养老保险实现城乡一体化。农业农村、财政、教育、卫生、人事、投融资等重点领域和关键环节的改革稳步推进。对外开放不断深化，五年共引进项目29个，引资463亿元，分别是“十一五”末的2.9倍、6.7倍。民营经济总量占地区生产总值的比重由26.9%提高到31.6%。

（河曲县政府办　供稿）

南元观光农业示范园区

建设中的晋蒙黄河高速公路大桥

临隩公园五馆三院

山西省示范中学——河曲中学

河曲县政务服务中心

万众一心 开拓进取
谱写偏关经济社会发展新篇章

——偏关县

风力发电

大力发展小杂粮种植业

“十二五”时期，偏关县主动适应经济发展新常态，全力实施“双五”发展战略，经济社会发展取得明显成效。地区生产总值由“十一五”末的16亿元增加到2015年的25.03亿元，增长56.4%，“十二五”期间年均增长9.4%；固定资产投资由7.8亿元增加到26.4亿元，增长238.5%，年均增长27.6%；财政总收入连续跨过2亿、3亿、4亿元大关，实现超越神池、岢岚、定襄和静乐的目标。2015年全县财政收入完成3亿元，增收0.6亿元，年均增长4.6%；公共预算收入1.8亿元，增收1亿元，年均增长17.6%；城镇常住居民可支配收入1.9万元，增长79.1%，年均增长12.4%；农村常住居民人均可支配收入5620元，增长89.4%，年均增长13.6%。

★产业结构调整、发展方式快速转变。实施项目强财战略，先后引进焦煤、华能、大唐、龙源等28家企业集团。先后落地煤炭项目21个，建成华能、大唐两个风电项目并实现并网发电。全县“洗、选、储、售”一体化发展的煤炭产业体系和“保障水电、扩大风电、新上光电、推进火电”的电力产业发展新格局基本形成。着力打造农业特色产业，全县小杂粮种植面积发展到2万多公顷，大力发展以白水大杏和仁用杏为主的经济林。羊饲养量发展到85.3万只。小米、羊肉两个农产品取得了国家地理标志产品认证。不断壮大旅游产业，全力打造老牛湾—乾坤湾—黄河水利枢纽—护宁寺—红门口“五大景区”。

★统筹城乡发展、人居环境变化巨大。先后修编完成13个建设和保护规划。建成并启用污水处理厂、垃圾填埋场、二级汽车站、第二热源厂，一系列市政基础设施得到大力改善。老营镇成功创建国家级卫生镇。农村人居环境进一步得到改善，“十二五”期间，解决了115个自然村、3万余人、10所学校、3190名学生、984头大畜的饮水安全问题，两轮农村“五个全覆盖”和农村“五件实事”全部完成。此外，境内铁路、高速、国道、省道、县乡道四方通达的交通格局基本成型，区位优势明显改善。

白水大杏经济林

设施蔬菜

★社会事业全面发展、人民群众生活水平显著提升。加大扶贫开发工作力度，累计完成2.5万人的脱贫任务。全面落实“两免一补”、高中和中职困难学生助学金等政策，实行中职教育免学费全覆盖，全县各级各类学校办学水平显著提高。完善县乡村三级医疗机构，县人民医院被评为二级甲等医院。新建了10个乡镇综合文化站和10个乡镇综合文体活动广场，248个行政村实现农家书屋、农村体育场所全覆盖，群众文化生活不断丰富。“十二五”期间，转移农村劳动力9242人，城镇新增就业7770人，城镇登记失业率控制在4.2%以内。城乡居民基础养老金、企业退休养老金、城镇居民医保和新农合补助全部按照新标准足额兑现，参保率稳步提高。不断加大社会救助力度，累计发放城乡低保、医疗救助、临时救助等救助资金1.2亿元。生态建设稳步推进，“十二五”期间完成新造林1.9万公顷，全县森林覆盖率达到15.9%。全县环境质量稳步改善，县域空气质量稳定达标。

（偏关县政府办　供稿）

通衢

移民安置房

乾坤湾景区

绿色长城

边塞特色城——护城楼

积极应对挑战　奋力攻坚克难

——保德县

山西煤层气二期管道工程保德首站

高耐特石油支撑剂制粒车间

“十二五”时期是保德县发展史上很不平凡的五年。五年来，保德县持之以恒稳增长、促改革、调结构、惠民生、防风险，经济发展稳中有进，综合实力不断增强。“十二五”期间累计完成固定资产投资411亿元。2015年，全县地区生产总值由2010年的44.3亿元增加到63.5亿元，年均增长7.5%；规模以上工业增加值由28亿元增加到32亿元，年均增长2.7%；固定资产投资由32亿元增加到121.4亿元，年均增长30.6%；社会消费品零售总额由9亿元增加到17.5亿元，年均增长14.2%；城镇常住居民人均可支配收入由1.5万元增加到2.5万元，年均增长11.1%；农村常住居民人均可支配收入由3130元增加到5981元，年均增长11.4%。三次产业比重调整为4.9∶72.2∶22.9。

★工业转型势头强劲，结构调整成效明显。煤炭资源整合全面完成，全县11座煤矿总产能2260万吨。新兴产业蓬勃发展，晋能保德2×660兆瓦低热值煤发电、同德百万吨氧化铝等一大批转型项目顺利开工，高耐特石油支撑剂、神华33兆瓦瓦斯发电等项目建成投产，保德至三岔、保德至瓦塘煤层气管道项目等投入运行，3个煤层气液化项目、10个加气站项目正在加快推进。

★农业基础不断夯实，脱贫攻坚扎实推进。2015年第一产业完成增加值3.1亿元，比2010年增加1.43亿元，年均递增13.6%。大力推广设施农业，农产品加工业快速推进。畜牧业发展迅猛，畜牧业总产值占农业总产值的三分之一以上。累计建成优质粮食生产基地3个、“一村一品”示范村63个，打造了康熙枣园和6667公顷(10万亩)优质红枣基地。水利基础设施明显改善，解决了82个村3.4万人的安全饮水问题。扎实推进百企千村产业扶贫、易地扶贫搬迁、金融扶贫、教育扶贫和劳动力就业培训等重点工程，3.4万人稳定脱贫。

同舟广场

新农村建设

保障性安居工程

王家岭选煤厂

繁庄塔高新农业示范园

★城市建设全面提速，人居环境明显改善。县城建成区面积扩大到8.5平方千米。新城区建设一横四纵路网基本成型，标准化消防站、国防动员指挥中心等重点工程建成投入运营。旧城区改造完成河滨市场、梅花市场等改造工程。成功创建省级园林县城、国家卫生县城。城镇化率达到56%，比2010年提高6个百分点。

★生态建设不断加强，城乡一体快速推进。5年营造林2.6万公顷，森林覆盖率15.7%。深入开展六大水保工程。加强节能减排和污染治理，万元地区生产总值综合能耗累计下降17%。忻保高速及两条连接线顺利通车，村通公路实现全覆盖，全县公路通车里程1252.6千米。

现代化育苗工厂

★社会事业全面发展，民生福祉持续改善。社会保障不断加强。城镇登记失业率控制在3.8%以内。城镇职工医保、城镇居民医保和新农合三项基本医保实现应保尽保。城乡低保标准以及农村五保集中供养、分散供养标准持续提高。建成农村、社区老年人日间照料中心11个。建设各类保障性住房2038套，改造农村危房1759户。实施了神华矿区范围内7个移民搬迁村的安置工程。实施义务教育标准化建设工程和农村薄弱学校改造计划，顺利通过国家义务教育均衡发展评估认定。新建和改扩建乡镇卫生院3所，新县医院建成投用；县级公立医院改革稳步推进，国家基本药物制度实现基层全覆盖。文化站、农家书屋、文体场所、村村通广播电视实现全覆盖，5个乡镇实现有线电视通达。

（保德县政府办　供稿）

新城区路网

新建县医院

法兰锻造业的龙头企业——山西天宝集团公司实现风电法兰向风电塔筒的延伸

山西天宝风电集团整装待运的风电塔筒

全力打造法兰锻造、商贸物流、健康养生之都

——定襄县

"十二五"时期，定襄县紧紧围绕市委"1661"和县委"12361"发展战略，奋力拼搏、埋头苦干，圆满完成了"十二五"规划各项目标任务。全县地区生产总值年均增长6.5%；规模以上企业工业增加值年均增长6.6%；固定资产投资由12.84亿元增加到41.9亿元，年均增长26.7%；公共财政预算收入由1.2亿元增加到1.56亿元，年均增长5.4%；社会消费品零售总额21.1亿元，年均增长14.9%；城镇居民人均可支配收入由1.5万元提高到2.5万元，年均增长11.3%；农民人均纯收入由5736元提高到1.1万元，年均增长13.1%。

★聚焦主导产业，法兰锻造产业迈上新台阶。全面整合法兰锻造企业，组建集团公司14户。全面推进产业升级，法兰产品延伸到风电塔筒、机床等部件和整机。被商务部命名为"国家外贸转型升级专业型示范基地"。代表性企业有：山西天宝集团有限公司已取得法国必维国际工厂许可证书、国家质量监督检验检疫总局颁发的特种设备制造许可证、德国标准的ISO9001质量管理体系和ISO14001环境管理体系、OHSAS18001职业健康安全管理体系认证、CE认证，以及北京电能PCCC产品认证、CNAS认证、歌美飒(Gamesa)风电有限公司审核认证等多项国际国内认证资质。风电塔筒主要销往河北省张北县，以及山西省偏关县、岚县、山阴县、坦曲县等地。

山西济达变压器公司由沈阳变压器研究院和太原理工大学作为技术协作单位，主要生产110、35、10KV以下电力变压器；10KV非晶合金变压器；35、10KV以下干式变压器；预装式变电站；高、低压开关柜及成套电气设备。电炉、风电、整流及特种变压器。现有40余个系列400多种规格的产品。广泛应用于电力、矿山、冶炼、农业、机械、化工等行业。

★坚持互动融合，产业多元发展实现新突破。设施农业增加到667公顷。甜瓜成为国家地理标志认证的特色

山西省文化产业示范基地——定襄晟龙木雕模型艺术有限公司产品成为省领导外事专用礼品

定襄晟龙木雕模型艺术有限公司产品——山西永济鹳雀楼、应县木塔

座落在县境内的五台山机场2015年底正式通航

农产品。2015年，全县蔬菜种植面积1800公顷，粮食总产量1.8亿千克。被列入国家级现代农业示范区。文化旅游业快速发展，五年共接待游客436万人次，旅游总收入年均增长18%，达到15.6亿元。加快发展新兴产业，永旺物流园区、聚力环保园区投产运行，庄力园区、机场临空产业园成为产业集聚发展的新引擎。

定襄晟龙木雕模型艺术有限公司是我国目前规模最大的以专业设计制作各地微缩景观工艺品、教学模型、木雕和骨雕古建筑模型以及古建筑维修、文物复制为主要经营内容的生产厂家，年加工能力3万件。拥有外观专利证书15项、实用新型专利2项、发明专利证书2项。《应县木塔》《骨雕五台山》入选山西省外事礼品库，作为山西省领导外事专用礼品。

★主抓“三大突破”，经济发展注入新活力。2015年全县有高新技术企业2户，民营科技型企业5户，有效发明专利21件，省级著名商标14件。创新推出“助保贷”“惠农贷”等金融产品，率先开展农村土地承包经营权抵押贷款。大力发展民营经济，全县市场主体达到1万户。

★大力改善民生，居民生活水平有了新提升。县城和河边镇相继成功创建国家级卫生城镇，建成区面积5.6平方千米，城市人口达7.2万人。城市基础设施建设更加完善。完成了1470千米的农村道路改造和街巷硬化，境内新增高速公路34千米，五台山机场顺利通航。城镇五大社会保险覆盖面逐年扩大，城镇和农村居民医疗保险参保率达99%以上。新建保障性住房2810套，改造农村危房2940户。实施农村薄弱学校改造、幼儿园新建等项目。县医院住院大楼建成投用，改扩建2个中心卫生院。五年减贫5200人，转移农村劳动力1.7万人。解决了农村3.6万人的安全饮水问题。建成了9个乡镇综合文化站和155个农家书屋。

（定襄县政府办　供稿）

国家级荣誉称号：

中国锻造之乡、外贸转型升级示范基地、
中国薄皮甜瓜之乡、现代农业示范区、
中国民间文化艺术之乡、卫生县城

全省变压器生产骨干企业——山西济达变压器公司生产的35KV主变压器

山西济达变压器公司生产的高压电缆分支箱和景观式箱变产品

凝心聚力 扎实苦干
建设宜居、宜业、宜游美丽新五台

——五台县

"十二五"期间，五台县以创卫为抓手，以进位为目标，大打项目攻坚战，经济快速发展。2015年全县地区生产总值40.6亿元，比2010年增长65%，年均增长10.5%；规模以上工业增加值8.2亿元，增长118.7%，年均增长16.9%；全社会固定资产投资57.2亿元，增长271.4%，年均增长30%；社会消费品零售总额25.9亿元，增长131.9%，年均增长18.3%；财政总收入7.1亿元，增长124%，年均增长17.5%；公共财政预算收入3.5亿元，增长155.5%，年均增长20.6%；城镇居民人均可支配收入2.2万元，增长75.5%，年均增长11.9%；农村居民人均可支配收入5363元，增长84.7%，年均增长13.1%。

★项目建设成效明显。"十二五"期间，共完成储备项目516个、1986亿元，签约项目78个、429.31亿元，落地项目135个、181.33亿元，开工项目80个、102.39亿元，省市重点工程项目194个、199.44亿元，投产项目65个、132.51亿元。强化公共基础设施项目建设，建成了政务服务中心、人武部基础设施建设、公安业务技术用房、广播电视综合业务大楼等。

★"三农"工作全面推进。全力建设三大园区。一是五台县阳白现代农业循环园区。以五台山酿酒厂为龙头，发展种、养、加现代农业循环经济。二是五台县东雷农业科技示范园区。东雷农副产品加工产业园区将建成全县大型农副产品加工基地。规划建设了1908套、可容纳6678人的东雷扶贫移民新区。三是五台县高洪口生态农业示范园区。以邦禾生态农业开发项目为龙头，建设集种、养、加、贸为一体的生态低碳循环可持续发展的10里生态农业长廊。

★工业发展后劲增强。以工业园区为载体，重点发展以豆村、蒋坊为中心的第二产业，以茹村、白家庄为中心的煤炭产业。高标准建设工业园区，五台县工业园区完成投资5360万元，入园企业4个。持续壮大支柱产业，天和、同华煤业产能分

五台县金道物流有限公司

五台山沙棘制品有限公司

阳白现代循环农业园区五台山酿酒厂

忻阜高速公路

华能风电五台峨岭5万千瓦风电厂

别扩大到100万吨和160万吨，中电投山西铝业有限公司五台矿完成扩能改造，云海镁业镁合金压铸件项目和华能新能源峨岭5万千瓦风电项目建成投产，华能黄花梁10万千瓦风电项目扎实推进。大力发展新型产业，山西五台山沙棘制品有限公司是集沙棘等植物精油和沙棘油软胶囊研发、生产、销售于一体的现代化企业，德奥电梯有限公司是忻州市唯一集电梯设计、制造、安装、维修保养为一体的现代化企业，城园丰农机制造有限公司主要研发生产玉米铺膜施肥精量播种机。

★大旅游格局加快形成。重点发展清水河高洪口以上地区以旅游地产和旅游服务业为主的第三产业。五台山改造提升工程扎实推进，"又见五台山"大型情境体验剧成功试演；五台山国际大酒店、五台山佛教禅舍五星级酒店、驼梁景区二期开发、石瓮旅游度假村等项目有序推进。

★城市品位进一步提升。"十二五"期间，建成长6.8千米的14条街道；改扩建长14.3千米的14条街道；建成总面积44公顷的9个公园（广场）；新建改建4个集贸市场，建成库容70万立方米的垃圾处理场，完成了污水厂提标改造工程等；县城绿化面积达到166.9万平方米，建成区绿化覆盖率44%。全面实施乡村清洁工程，乡村人居环境不断改善。

★社会事业协调发展。加大教育投入，改善办学条件，5年来高考二本以上达线人数逐年攀升。大力实施保障房建设和农村危房改造工程，5年建成廉租房2710套、配建公共租赁住房214套、棚户区改造762套、改造农村危房2120户。全力推进卫生体制综合改革，县第一人民医院晋升为二级甲等医院，完成县级公立医院和乡镇卫生院、社区卫生服务站、村卫生室卫生体制综合改革任务。

★生态环境进一步改善。全力实施净空、净水、清洁、提质、宁静、减排、创建七大工程。县城集中供热面积达到214万平方米。淘汰黄标车、老旧车665辆。5年造林1.2万公顷，忻阜高速通道绿化57.5千米。县城空气质量达到国家环境空气质量二级以上标准。

（五台县政府办　供稿）

工业园区企业——德奥电梯制造有限公司

高洪口生态农业示范园区万寿菊种植基地

阳白现代循环农业园区蔬菜大棚

全县羊产业龙头企业——北京中扶惠邦有限公司籽粒苋

倾力打造中国佛教第一圣地

——五台山景区

“十二五”时期是五台山提升世界遗产品牌、实现与世界旅游接轨的重要阶段，是景区不断巩固和提升服务质量的关键时期，也是五台山旅游产业发展速度最快、经济效益最好、人民群众得到实惠最多的时期。

★旅游经济持续增长。“十二五”末，五台山风景区年接待国内外游客440万人次，年均递增6%，其中收费人数180万人次，年均递增12.7%。海外游客3.8万人次，年均递增7.1%。旅游总收入38亿元，财政收入2.7亿元，年均分别递增7%和7.6%，经济效益明显提高。

★综改工作稳步推进。全力推进五台山改造提升工程，中心区管网入地道路改造工程完工；清水河流域环境治理与生态建设项目的河道治理一期工程、“两桥”改建工程、生态修复工程已完工，河道二期工程水景部分和河道治理部分先后开工并积极推进；“又见五台山”大型情境体验剧成功首演并试运行；旅游服务基地中小学校和医院均已完工；显通寺等重点寺庙修缮工程已完工；五台山国际度假大酒店、友谊宾馆、栖贤阁迎宾馆等高星级标准的酒店相继落成投运；五台山国际旅游大酒店已完成20栋贵宾楼主体工程；佛教禅舍前期手续基本办理完毕。

★经营机制不断创新。积极推进景区经营机制转换，与上海浦东发展银行股份有限公司太原分行签订《银政战略合作协议》。山西五台山文化旅游集团有限公司挂牌成立，景区将开展资产摸底划拨、尽职调查等工作，完成资产分割、财务审计、资产评估、相关手续报批，同时与国内大公司共同发起设立“股份公司”。

★宣传促销效果显著。先后举办中国•五台山五届国际文化旅游月活动、首届中国(五台山)佛教圣地文化交流大会、“又见五台山”首演式暨名优土特产品、旅游纪念品主题展销活动，并邀请国家级和各省市主流媒体来五台

五台山全景

台顶地质地貌热熔湖与亚高山草甸

清水河流域环境治理与生态建设项目

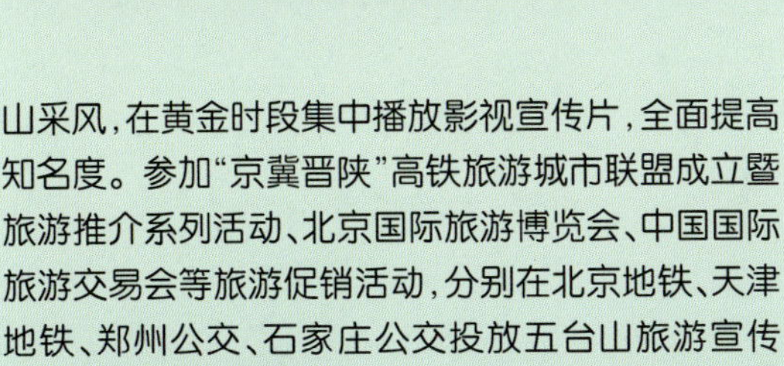

山采风，在黄金时段集中播放影视宣传片，全面提高知名度。参加“京冀晋陕”高铁旅游城市联盟成立暨旅游推介系列活动、北京国际旅游博览会、中国国际旅游交易会等旅游促销活动，分别在北京地铁、天津地铁、郑州公交、石家庄公交投放五台山旅游宣传片，积极拓展客源市场。

★农村经济稳步发展。围绕佛教文化，重点开发纯金、纯银等金属纪念品、佛像、佛乐磁带、佛珠等；围绕民俗文化，开发拐杖、刺绣等地方旅游产品，组建了民俗文化队伍；围绕土特产品，主要加工台蘑、蕨菜、金针等近30种生态环保型绿色产品。三大体系产品促进了市场的繁荣，带动了农村经济的协调发展。

★社会事业协调推进。成立社会劳动保障办公室，对被拆迁户和失地对象及其子女进行了就业安置。整合教育资源，素质教育全面推进；疾病预防和控制体系初步建立，农村医疗卫生条件有较大改善；农村低保、五保、特困户、大病医疗救助、老党员救助等保障体系不断完善。同时，拆迁安置、计划生育、广播电视等各项事业都取得了新成绩。

（五台山景区　供稿）

台顶风光

台怀冬韵

南台夕照

《又见五台山》场景

省长李小鹏在开发区调研

省人大副主任牛仁亮在开发区调研

积极打造板块引领、跨越发展的一流开发区

——忻州经济开发区

“十二五”期间，忻州经济开发区以国家产业政策为导向，以转型跨越发展为目标，经济社会各项事业均取得了令人瞩目的成就。“十二五”时期，忻州经济开发区区内生产总值累计完成220.2亿元，年均增长104.6%；工业总产值累计完成224.63亿元，年均增长51.7%；主营业务收入累计完成406.9亿元，年均增长49.1%；固定资产投资累计完成105.7亿元，年均增长148%。

★项目建设取得新进展。“十二五”期间，忻州经济开发区初步形成了以阳煤忻通、美新通用为引领的煤机装备制造产业，以中恒药业、银辉生化为龙头的生物医药产业，以长城钨钼、瑞科绿得为代表的新材料产业，以红星美凯龙、居然之家、汽贸文化园为主导的商贸物流产业，以丰园食品为主要的农副产品加工产业。在此基础上，进一步加大招商引资力度，积极引进高端产业，形成新的经济增长点。

忻州市大学生创业园签约仪式

开发区与定襄县签订“飞地经济”合作仪式

忻州市市委书记李俊明一行观摩检查大学生创业园项目

忻州市市长郑连生在开发区调研

★发展环境得到新优化。“十二五”期间，忻州经济开发区全面完善区域内道路、绿化、电力等配套基础设施，开发区道路总长度达到26.8千米，道路总面积84.4万平方米。新增道路绿化面积24.8万平方米。

★“飞地经济”进行新探索。开发区已与定襄、五台和岢岚签订“飞地经济”合作协议，并探索投资共建园区与战略合作互动两种模式。与定襄县合作的庄力飞地经济园区取得实质性进展，园区已新上企业项目6个，其中已投产项目3个，开工建设项目1个，签约项目2个。

★扩区工作取得新突破。全面编制完成了包括建成区在内的31平方千米的国民经济、产业、城市、国土、环保五个规划和扩区可研报告的编制工作。编制完成的《忻州经济开发区扩区建设可行性研究报告》《忻州经济开发区总体发展规划（2014-2020）》《忻州经济开发区产业发展规划（2014-2020）》《忻州经济开发区总体规划（2014-2030）》《忻州经济开发区土地利用规划（2014-2030）》和《忻州经济开发区环境影响评价》等成果，已分送各市直有关部门征求意见并收到书面答复，待市政府向省政府提交开发区扩区请示后即可进一步推进。

★创业创新搭建了新平台。开发区将“创客空间”作为促进经济转型升级的全新载体，全面启动中关村谷•忻州市大学生创业园建设工作，以忻州大西高铁站广场南配楼为载体和平台，确定漫游世纪（北京）科技孵化器有限公司对大学生创业园进行运营管理。大学生创业园首批已有信息技术服务企业3家、互联网教育企业2家、电子商务企业7家、农产品技术企业4家、环保企业1家等20余家企业入驻。

（忻州经济开发区管委会　供稿）

山西煤销集团忻州通用煤机建设项目、长城钨钼重组扩建项目、香江国际大酒店建设项目举行集中开工奠基仪式

市重点项目观摩检查组在美新公司观摩

加快振兴崛起 建设幸福繁峙

——繁峙县

诚达集团云雾峪风力发电场

县城滨河南大道

华茂精密铸造有限公司年产60万吨高速线材生产线

山西天河牧业

“十二五”以来，繁峙县委、县政府紧紧依靠全县人民，真抓实干，开拓创新，经济社会持续稳定健康发展，综合实力明显提升，发展后劲不断增强。2015年，全县地区生产总值51.3亿元，比2010年增长45.6%；公共财政预算收入2.02亿元，增长58.5%；社会消费品零售总额14.9亿元，增长62%；固定资产投资总额87.9亿元，增长199%；城镇常住居民人均可支配收入2.5万元，增长79.7%；农村常住居民人均可支配收入6474元，增长100%。五年来，全县共实施各类项目436个，总投资712亿元，完成投资340.66亿元。

★农业现代化水平显著提升，农民增收步伐明显加快。2015年，全县农林牧渔业增加值4.5亿元，比2010年增长61%；粮食总产量7373万千克，增长4.5%。被列为全省20个蔬菜生产大县之一。生态畜牧强势推进，畜牧业产值占到农业总产值的56.9%，农民人均牧业纯收入占到农民人均纯收入的47%。扶贫工作成效显著，5年脱贫6万人。

★产业结构不断优化，现代产业体系加快形成。2015年，全县规模以上工业总产值112亿元，较2010年增长202%。精心打造砂河冶金铸造装备制造工业园区，入驻规上企业5户。在东部地区集中发展新能源产业。全力推进伯强景区、平型关景区、灵岩山旅游景区等景区开发。建成了由文化产业园、大学生创业园、电子商务园、物流园区和汽修园区5个园区构成的繁峙县第一个众创产业园。

★新型城镇化步伐明显加快，城乡面貌焕然一新。完成了总里程24.2千米的县城十大重点道路工程，实施了36项市政基础设施建设工程。全县集中供热面积达到370.2万平方米。新建各类保障性住房5736套、移民房3568套，移民安置1万余人。完成农村危房改造3600户。开展乡村清洁工程，成功创建2个省级卫生镇、1个省级美丽宜居示范村和41个省级卫生村。全县城镇化率达到45.7%。五年造林1万公顷，全县森林覆盖率达到20.6%。

★切实保障和改善民生，社会事业全面发展。5年投入35亿元兴办民生实事75件。累计投入17.7亿元用于改善全县教育教学基础设施，小学、初中入学率均达到99.9%以上，高中教育普及率达到85%。新建中医院大楼、县急救中心。新农合参合率达到99.7%，19.8万农民享受医保。全力推进公立医院改革，4所公立医院全部药品“零差价”销售。城乡低保和企业、机关、城乡居民养老保险等实现应保尽保。新增就业人数1.6万人次，开发公益岗位7200个。改造国省道和县乡村道路254.4千米，实施农村街巷硬化工程1917.9千米，积极推动灵河高速公路繁峙段的建设，结束了繁峙不通高速的历史。

（繁峙县政府办　供稿）

集义庄万亩设施农业示范园区

目　录

特　载

专　题

山西概况

综合管理

财政·税收

出入境检验检疫·海关

农　　业

工　业

交通·邮电

金融业

保 险 业

证券 · 期货

旅 游 业

·旅 游 业·

科学·教育

·科学事业·

·教育事业·

文化·新闻·广播·出版事业

·文化事业·

·文物事业·

卫生·体育

民政事业

防震减灾

人民生活

县域经济发展概况

展望“十三五”专文

2015 年国民经济统计资料

· 2015 年度山西省县域经济发展考核评价结果 ·

地方经济法规 · 规章

· 法 规 ·

· 规 章 ·

山西经济大事记

光 荣 榜

辉煌“十二五”

特载

TEZAI

01

政府工作报告

——2016年1月27日在山西省第十二届人民代表大会第五次会议上

山西省省长 **李小鹏**

各位代表：

现在，我代表省人民政府向大会报告工作，请予审议，并请省政协委员和其他列席人员提出意见。

一、“十二五”时期国民经济和社会发展回顾

“十二五”时期是我省发展很不平凡的五年。面对严峻复杂的经济形势和艰巨繁重的改革发展稳定任务，我们在党中央、国务院的坚强领导下，认真贯彻落实党的十八大、十八届三中、四中、五中全会精神和习近平总书记系列重要讲话精神，积极应对挑战，奋力攻坚克难，特别是2014年9月党中央对山西省委班子改组式调整以来，新的省委常委班子团结带领全省干部群众，按照“四个全面”战略布局和中央对山西工作的重要指示要求，坚持“深入学习贯彻习近平总书记系列重要讲话精神，净化政治生态，实现弊革风清，重塑山西形象，促进富民强省”的“五句话”总要求和总思路，全面从严治党，全面从严治吏，深入推进党风廉政建设和反腐败斗争，形成并始终保持惩治腐败、狠刹“四风”、打黑除恶“三个高压态势”，着力推进“六大发展”，全面实施“六权治本”，统筹做好煤与非煤“两篇大文章”，加快实施“革命兴煤”，大力推进煤炭“六型转变”，加快发展七大非煤产业，全力推动科技创新、金融振兴、民营经济发展“三个突破”，坚持两手抓、两手硬，为新形势下全省经济社会发展提供了科学思路、有力举措和坚强保证，各项工作稳中有为、稳中有进，经济社会发展取得新成就，全面建成小康社会迈出坚实的步伐。

五年来，我们千方百计稳增长，经济发展迈上新台阶。

有效扩大投资。紧紧围绕基础设施、产业转型、城镇化和生态环保、民生和社会事业等四个方面加强投资，特别是强力推动十大领域投资和十大标志性工程，“六位一体”推进重点工程建设。下放投资审批权限，鼓励社会资本参与基础设施类项目建设运营。5年政府投资2852亿元，带动民间投资28516亿元，全社会固定资产投资累计达到54241亿元，年均增长21.7%。

努力促进消费。积极开展“山西品牌中华行、丝路行、网上行”、“美丽山西休闲游”等促进消费活动，完善城乡流通网络和社区服务网点，实施“宽带山西”专项行动，积极发展电子商务，社会消费品零售总额年均增长12.7%。

大力帮扶企业。实施煤炭、煤层气、低热值煤发电3个“20条”和减轻企业负担“60条”，采取金融支持、财政扶持和鼓励民营经济发展等一系列政策措施，落实小微企业减免税等优惠政策，共为企业减负900多亿元，其中2015年达501亿元。“一企一策”精准帮扶企业，帮助企业克服困难，着力破解民营经济发展九大难题，努力促进企业平稳运行和健康发展。

全省地区生产总值由2010年的9188.8亿元增加到12802.6亿元，年均增长7.9%；一般公共预算收入由2010年的969.7亿元增加到1642.2亿元，年均增长11.1%，我省经济实力进一步增强。

五年来，我们持续加强基础设施和城乡建设，经济社会发展增添新优势。

大力改善交通条件。太中银铁路、山西中南部铁

路通道、大西高铁太原至西安段等建成通车，太原地铁2号线、阳泉北至大寨铁路、晋中至太原轻轨、大同至张家口铁路等一批重大项目开工建设，铁路新增营业里程1422公里。灵丘至平鲁、忻州至保德等一批高速公路建成通车，高速公路新增通车里程2025公里。新建改建国省干线公路2538公里、农村公路19065公里。吕梁机场、五台山机场、临汾机场建成通航。通达、便捷的立体化现代交通运输体系日益完善。

积极推进水利建设。35项应急水源工程全部建成投用，病险水库除险加固全面完成，"两纵十横、六河连通"的大水网工程完成总投资的60%，辛安泉供水工程实现通水运行。古贤水利枢纽工程前期工作积极推进。全省供水量由60亿立方米提高到75亿立方米。

不断完善电力设施。新增电力装机2795万千瓦，总装机达到6966万千瓦，其中水力、光伏、风能、燃气、煤层气发电装机由284万千瓦增加到1294万千瓦。晋电外送"两交一直"等一批重大项目加快建设，新一轮农网改造升级工程完成，新增110千伏及以上线路超过1万公里，新增变电容量4686万千伏安。

着力改善城乡面貌。实施城市人居环境改善四大工程，城市道路交通、管网等设施明显改善，棚户区、城中村改造步伐明显加快，建成城镇保障性住房102.5万套，其中棚户区改造完成61.2万套。城镇人均住房面积由2010年的28.02平方米增加到31.96平方米。新增城市绿化面积7800万平方米，新创建国家卫生城市6个。全省城镇化率年均提高1.39个百分点，达到55%。完成新一轮农村"五个全覆盖"工程，持续办好农村"五件实事"，实施农村人居环境改善四大工程，行政村街道全部硬化、亮化，建成各类农村饮水工程9685处，新建农村社区老年人日间照料中心3070个，实施采煤沉陷区治理搬迁9.3万户，易地搬迁特困群众44.5万人，改造农村困难家庭危房45.5万户。农村人均住房面积由2010年的28.69平方米增加到33.51平方米。

全省从城市到乡村，整体面貌正在发生显著变化，生产条件日益完善，人民生活更加便利，三晋大地充满生机、充满希望！

五年来，我们深入推进产业结构调整，发展方式转变迈出新步伐。

大力发展现代农业。每年出台10项惠农政策，省级补贴资金逐年增加，2015年达到83亿元。完成中低产田改造、高标准农田建设841万亩，农田实灌面积新增587万亩，达到2300万亩，实现了农民人均一亩水浇地。粮食连续5年获得丰收，总产年均达到127亿公斤，比"十一五"增长25.2%。"一村一品"、"一县一业"发展步伐加快，七大产业翻番工程深入实施，农产品加工业销售收入2015年达到1422.6亿元，年均增长22.8%。完成新型职业农民培训20多万人。积极培育专业大户、家庭农场等新型农业经营主体，农业社会化服务体系不断完善。

推动传统产业升级改造。加快实施"革命兴煤"，大力推进"六型转变"，加快重组整合矿井改造，推进现代化矿井建设，形成3个亿吨级、4个5000万吨级的大型煤炭集团。加大煤炭就地转化力度，潞安煤制油等一批现代煤化工项目积极推进。大力推进煤电一体化发展，主力火电企业80%以上实现煤电联营。焦化企业兼并重组加快，户均产能由70万吨提高到200万吨以上。

加快培育新兴产业和服务业。围绕发展七大非煤产业，设立战略新兴产业发展投资引导资金，布局实施一批装备制造、新能源、节能环保等新兴产业项目，太重高速列车轮轴国产化、太钢T800级碳纤维等一批重大项目建成投产。非煤产业投资占工业投资比重由2010年的64.1%提高到2015年的80.2%，非煤产业增加值占工业增加值比重由42.4%提高到53.2%。装备制造业增加值占工业增加值比重由5.8%提高到10.4%。煤层气年抽采量由42.8亿立方米增加到101亿立方米，利用量由21亿立方米增加到57亿立方米，燃气使用人口由1186万人增加到1800万人。旅游总收入由1083.5亿元增加到3447.5亿元，年均增长26%。服务业占地区生产总值比重由37.3%提高到53%。

全省经济结构正在发生变化，转型效果正在逐步显现，只要我们坚持不懈调结构，就一定能够走出一条资源型地区转型发展的新路！

五年来，我们狠抓节能减排和环境保护，生态文明建设取得新成效。

全力推进节能降耗。淘汰落后钢铁产能1498万吨、焦炭3507万吨、水泥4085万吨、电力182万千瓦。实施1500项节能改造项目，推行合同能源管理，万元地区生产总值综合能耗超额完成下降16%的目标任务。万元工业增加值用水量下降27%。工业固废综合利用率达到65%。全面改善环境质量。电力、钢铁、水泥等重点行业脱硫、脱硝、除尘改造任务全部完成。城镇集中供热率达到86.6%。淘汰黄标车、老旧车69.44万辆。太化等一批重污染企业关闭搬迁、加快改造。全省主要污染物排放总量显著下降，2015年环境空气质量综合指数比2013年下降15.7%，细颗粒物浓度累计下降27.3%。重点流域水污染防治成效明显，河流水质进一步改善。狠抓省城环境综合治理，关停污染企业322家，拔掉黑烟囱3.9万根，新增集中供热面积1亿平方米以上，省城环境质量明显改善。率先启动燃煤发电机组超低排放改造，完成改造容量1566万千瓦，改造后排放水平达到或优于燃气发电机组。累计核准开工低热值煤发电项目24个，总装机2129万千瓦，投产后每年可消耗煤矸石8400万吨，环境效益和经济效益十分显著。

持续加强生态建设。坚持不懈推进造林绿化，5年营造林2252万亩，森林覆盖率、林木蓄积量显著增加，吕梁山生态脆弱区治理步伐加快。治理水土流失面积1820万亩，全省地下水位连续8年持续回升，晋祠泉水位累计回升21米。汾河流域生态修复治理工程全面启动。

各位代表，生态环境是我省的短板，长期以来大规模、超强度的煤炭开采，在创造财富和为国家作出重要贡献的同时，也严重破坏了生态、污染了环境。但只要我们坚持不懈、久久为功，修复生态、保护环境，就一定能够重现山清水秀的美丽风光！

五年来，我们切实保障和改善民生，人民生活水平和质量有了新提高。

大力发展教育事业。实施义务教育标准化建设工程和农村薄弱学校改造计划，52个县（市、区）通过国家义务教育均衡发展评估认定。新建改扩建标准化公办幼儿园1049所，改造农村幼儿园2738所。进城务工人员随迁子女实现在就读地参加中考、高考。城乡特殊教育生均公用经费补助标准由310元、750元统一提高到5000元。全部免除中等职业学校学生学费，每年惠及50万学生。高职生均公用经费补助标准达到9000元。新增7所本科院校，11个设区市都有了本科院校和高等职业院校，10所高校、13万师生入驻高校新校区。

扎实推进医药卫生事业改革发展。县级公立医院综合改革实现全覆盖，太原、运城城市公立医院改革试点稳步推进。政府办基层医疗卫生机构和村卫生室全部实行基本药物制度。人均基本公共卫生服务经费由15元提高到40元，12类45项服务惠及城乡居民。新建和改扩建医疗卫生机构7435个，新增三级甲等医疗机构13所，山西大医院建成投用，省儿童医院新院区主体工程建设完工。

加快发展文化事业。大力弘扬我省优秀法治文化、廉政文化、红色文化，充分发挥思想引领、舆论推动、精神激励、文化支撑作用。省图书馆、科技馆、山西大剧院、山西体育中心建成投入使用，全省公共图书馆、文化馆、美术馆全部实现免费开放。政府购买公共演出服务全面推行。《山西文华》大型丛书编纂工程启动实施。舞剧《粉墨春秋》荣获"文华大奖"。首批112个乡镇开展乡村文化记忆工程试点。"强健体魄·阳光生活"等全民健身活动广泛开展，成功举办第14届省运会，我省体育健儿在伦敦奥运会等国际国内重大赛事上取得好成绩。

千方百计扩大就业。全面做好高校毕业生、农村转移劳动力、城镇困难人员、退役军人等群体的就业工作。实施大学生创业引领计划和离校未就业毕业生就业促进计划，政府连续两年购买基层公共服务岗位，吸纳13974名大学生就业。设立创业投资基金支持创业，实行劳动者创业"先贷后补"办法，开展创业型城市创建活动，建成省级大学生创业园和213个创业基地。实施缓缴困难企业社保费、降低社保费率、发放稳岗补贴等措施，鼓励企业吸纳更多劳动者就业。托底安置"零就业"家庭等困难人员22.9万人。5年城镇累计新增就业255.9万人，转移农村劳动力197.7万人。

着力增加居民收入。连续5年提高全省最低工资标准，年均增长13%以上。企业工资指导线基准线均在10%以上。为全省农户免费发放冬季取暖煤3347万吨、现金补贴24.3亿元，为领取保险金的失业人员发放取暖补贴。落实带薪年休假制度，提高机关、事业单位津补贴（绩效工资）和基本工资标准，并向基层倾斜。城乡居民人均可支配收入2015年分别达到25828元、9454元，"十二五"年均增长10.7%、12.4%。

大力推进扶贫开发。扎实推进百企千村产业扶贫、易地扶贫搬迁、金融扶贫、教育扶贫和劳动力就业培训等重点工程，启动实施光伏扶贫、乡村旅游扶贫和电商扶贫试点，统筹机关定点扶贫和领导干部包村增收，向全省贫困村选派第一书记，对建档立卡的7993个贫困村、119.2万贫困户做到驻村结对帮扶全覆盖。贫困地区生产生活条件不断改善，5年共有220万贫困人口实现脱贫。

切实加强社会保障。城乡居民基本养老保险制度统一实施。连续11年提高企业退休人员基本养老金水平，达到2630元，年均增幅10%以上。机关事业单位养老保险制度改革稳步推进。城镇职工医保、城镇居民医保和新农合三项基本医保实现应保尽保，城乡居民医保年人均财政补助标准由120元提高到380元，城乡居民大病保险和重特大疾病医疗救助制度实现全覆盖。城乡低保标准每人每月分别由235元、98元提高到415元、234元，农村集中供养、分散供养的五保对象省级补助标准分别由1500元、1200元提高到2400元、1530元。为集中供养孤儿、散居孤儿每人每月补助1000元、600元。建立经济困难高龄与失能老年人补贴制度，惠及近18万老年人。对32.9万名贫困残疾人实施康复救助。五年来，我们逐年加大民生投入，切实办好惠民实事，人民群众得到了实实在在的好处！

坚持不懈抓好安全生产。始终牢记“三个决不能过高估计”，始终牢记“三个敬畏”。加强对安全生产的领导，坚决落实政府监管责任，落实企业安全生产主体责任。深入开展安全生产大检查。实施安全生产考核“一票否决制”，严肃查处事故，严格追究责任。“十二五”全省各类安全生产事故死亡人数比“十一五”下降29.99％。煤矿百万吨死亡率5年下降57.98％。

大力实施“六六创安”工程，加强社会治安综合治理，社会保持和谐稳定。全面完成食品药品监管体制改革任务，基层监管力量显著加强。支持四川茂县恢复重建任务圆满完成，投入资金21.6亿元，建成项目226个；对口援疆任务扎实推进，投入资金11.6亿元，支援项目102个，作出了山西人民应有的贡献。

五年来，我们加快改革开放和创新驱动，发展不断注入新动力。

以转型综改区建设为统领全面深化改革。国家部署的重大改革任务扎实推进，转型综改“十二五”后三年实施方案和年度行动计划顺利实施，一些重要领域改革取得突破性进展。煤炭管理体制改革迈出重大步伐。制定实施关于深化煤炭管理体制改革的意见，率先全面清理规范涉煤收费项目，实施煤炭资源税从价计征。煤焦公路销售体制改革扎实推进，所有行政授权、运销票据、检查站点全部取消。积极推进煤炭行政审批和证照管理体制改革，审批事项精简三分之一，审批时间缩短一半以上。出台煤炭资源矿业权出让转让管理办法，推进煤炭资源配置市场化。国有企业改革不断深化。率先推行省属国有企业财务等重大信息公开，交通企业及高速公路资产债务重组改革取得实质性进展，党政机关与所办企业脱钩改革、厂办大集体改革、省属企业负责人薪酬制度改革扎实推进。财税体制改革深入推进。健全预算管理体系，实施全口径预算管理，推进预决算公开，建立跨年度预算平衡机制，地方政府债务实现省级政府自发自还，营改增改革试点稳步实施。商事制度改革扎实推进。实现“先照后证”，推行“三证合一”“一照一码”，改革实施两年来，全省新登记市场主体年均达到24.88万户，是改革前的1.29倍。金融改革创新步伐加快。加大力度推进金融振兴八方面工作，加强与各金融机构战略合作，累计实现各类融资1.98万亿元。上市企业达到37家，在“新三板”挂牌企业33家。成立山西金融投资控股集团，农信社改制稳步推进。集中清理解决了一批金融领域突出问题，积极稳妥依法处置金融风险。农村改革稳步推进。集体林权主体改革任务基本完成，农村土地承包经营权确权登记颁证全面展开，小型水利工程产权和农业水价改革试点取得成效。

深入实施创新驱动发展战略。着力推进科技创新六大任务。制定实施创新驱动和低碳创新行动计划。山西科技创新城全面开工建设，中科院、清华大学等35个研发机构入驻，首批21个项目进入全面建设阶段。实施80个煤基科技重大专项，28个项目取得关键技术突破。潞安集团国家煤基合成工程技术研究中心获批，新增国家重点实验室3个，与2010年相比，高新技术企业由200个增加到721个，专利申请量由2.6万件增加到7.9万件。新引进海外高层次人才385名。

进一步扩大对外开放。深化区域合作和对外交流，与11个兄弟省份签署战略合作协议，与美国西弗吉尼亚州等正式建立友好省州关系。成功举办中博会、能博会、文博会、农博会、书博会、体博会、晋商大会，开展央企山西行等活动，招商引资成果丰硕。全省吸收省外投资实际到位1.78万亿元，是“十一五”时期的3倍；实际直接利用外资132亿美元，同比增长43.6％。进出口结构明显优化，高新技术产品出口占比达到47％。

五年来，我们扎实推进民主法治和政府自身建设，正在形成弊革风清、干事创业新局面。

严格执行人大及其常委会的决议、决定，积极支持人民政协履行职能。共办理人大代表建议3906件、政协提案3624件，向省人大常委会提请审议地方性法规草案36件，制定政府规章14件。完成第九届、第十届村委会换届选举。加强法治山西建设，完成“六五”普法任务。全面推行“六权治本”，制定实施政府建设三年规划和年度行动计划。新一轮政府机构改革全面完成，扩权强县、扩权强镇改革有序推进。十八大以来落实承接国务院取消、下放和调整的行政审批项目等事项375项，我省自行取消、下放和调整省级行政审批项目等事项441项，清理规范行政审批中介服务事项54项，取消职业资格许可和认定事项207项。省级政府部门权力清单、责任清单全部按期公布。省级政务服务平台、公共资源交易平台和全省政务服务网络基本建成。政府绩效第三方评估试点正式启动。省级党政机关公务用车制度改革基本完成。大幅压减“三公”经费，压缩部门一般性支出，节省的经费全部用于民生。深入开展党的群众路线教育实践活动、“三严三实”专题教育和学习讨论落实活动，狠刹“四风”，严惩腐败，推动反腐败斗争向基层延伸，一批领导干部违纪违法问题和交通、国土、煤炭等重点领域腐败案件受到严肃查处，一批不作为、慢作为的领导干部被问责，一批群众反映强烈的突出问题得到解决。从严治吏，全面加强干部管理监督，树立正确用人导向，积极稳妥推进“三个一批”，初步实现选人用人风清气正，弘扬了正气，凝聚了人心，为全省经济社会发展营造了良好的环境！

刚刚过去的2015年，是这5年中经济下行压力最大、改革发展稳定任务最重的一年。一年来，我们问题导向出实招，大刀阔斧减轻企业负担，深入推进煤炭管理体制改革，领导带头蹲点帮扶企业，工业降幅逐步收窄。我们目标导向抓倒逼，层层传导压力，采取周报告、月调度、进展公示、督查约谈等方法狠抓投资，固定资产投资增速超过全国平均水平4.8个百分点。我们突出重点攻难点，强力推动“三个突破”，加快发展七大非煤产业，全力稳定财政运行，牢牢兜住民生底线，稳妥化解风险隐患。经过全省上下顽强拼搏，经济运行中积极因素明显增多，“稳”的基础得到巩固；经济结构发生积极变化，民生得到进一步改善，改革创新开放亮点纷呈，“进”的态势趋向有力，经济社会发展在克服困难中奋力前行！

2015年，全省地区生产总值一季度、上半年、前三季度分别增长2.5%、2.7%、2.8%，全年增长3.1%；固定资产投资一季度、上半年、前三季度分别增长8.3%、12.8%、13.5%，全年增长14.8%；社会消费品零售总额增长5.5%；城镇、农村居民人均可支配收入均增长7.3%；全省城镇新增就业51.48万人，城镇登记失业率3.51%；居民消费价格上涨0.6%；各项约束性指标全面完成。

回顾这五年，我们深切感受到，推动山西经济社会持续健康发展，必须认真贯彻落实党的十八大、十八届三中、四中、五中全会精神和习近平总书记系列重要讲话精神，按照“五位一体”总体布局和“四个全面”战略布局，紧密结合山西实际，贯彻落实省委决策部署，不断完善发展思路，着力推动科学发展；必须始终把人民对美好生活的向往作为奋斗目标，高度重视、切实保障、着力改善民生，让人民群众得到更多实惠；必须坚持向改革要活力、向创新要动力、向开放要空间，使改革创新开放成为发展的根本推动力；必须坚持抓根本、打基础、利长远，抓好重大基础设施和民生工程建设，加快转变经济发展方式，不断增强可持续发展能力；必须全面从严治党，加强党风廉政建设和反腐败斗争，履行政府党组主体责任，把纪律和规矩挺在前面，加强政府自身建设，优化发展环境，努力打造敢于担当、乐于奉献的公务员队伍；必须坚持问题导向，创新工作方法，逢山开路、遇水搭桥，克服困难、解决问题，不断开创经济社会发展新局面。

各位代表，“十二五”经济社会发展取得的成绩来之不易。这是党中央、国务院亲切关怀、坚强领导的结果，是省委统揽全局、科学决策的结果，是省人大、省政协大力支持、有效监督的结果，是全省广大干部群众同心同德、团结奋斗的结果。在此，我代表省人民政府，向全省人民，向驻晋解放军、武警官兵、公安民警和中央驻晋单位，向尽心履职的各位人大代表、政协委员，向所有关心、支持、参与山西改革发展的海内外各界朋友，表示崇高的敬意和衷心的感谢！

在肯定成绩的同时，我们也清醒地看到，我省经济社会发展还存在不少困难和问题。从短期看，经济增速低于全国平均水平；煤炭价格持续下跌，2015年12月吨煤综合售价与2011年5月最高点相比，每吨下跌431.8元，下降65.8%；企业效益深度下滑，2015年煤炭行业累计亏损94.25亿元，同比减利增亏108.29亿元；工业企稳回升基础不牢，仍在负增长区间运行；各级财政普遍困难，2015年全省一般公共预算收入下降9.8%；金融运行偏紧，我省经济发展仍处于最困难时期。从长期看，经济发展规模不大、结构不优、质量效益不高等矛盾和问题仍然突出，“一煤独大”没有实质性改变，传统产业产能过剩；生态环境脆弱，科技创新能力不强，发展方式依然粗放；对外开放水平较低，招商引资精准性、有效性不够；安全生产形势依然严峻，社会稳定潜在风险较多；城乡区域发展不平衡，民生社会事业欠账较多，脱贫攻坚任务艰巨，全面建成小康社会需要付出艰苦努力。政府建设和干部作风与人民群众期盼还有差距，职能转变仍显滞后，依法行政理念尚未牢固树立，“四风”问题尚未根绝，“为官不为”问题较为突出，党风廉政建设和反腐败斗争任务繁重。对这些问题，我们必须予以高度重视，积极采取措施，认真加以解决。

二、“十三五”时期经济社会发展的指导思想和目标任务

“十三五”时期，是全面建成小康社会的决胜阶段。我国经济发展进入新常态。新常态下，经济增长速度要从高速转为中高速，发展方式要从规模速度型转向质量效益型，经济结构调整要从增量扩张为主转向调整存量、做优增量并举，发展动力要从主要依靠资源和低成本劳动力等要素投入转向创新驱动。新常态下，尽管我国经济面临较大下行压力，但发展的基本面、基本特征、基础和条件及前进态势没有改变，发展仍处于可以大有作为的重要战略机遇期。新常态下，战略机遇期的内涵和条件发生深刻变化，正在由原来加快发展速度的机遇转变为加快经济发展方式转变的机遇，正在由原来规模快速扩张的机遇转变为提高发展质量和效益的机遇。对我省而言，重要战略机遇期内涵变化又有其特殊之处：外部需求增速明显降低，改善供

给、扩大内需特别是创新供给、创造需求成为振兴经济的必然选择；传统能源面临环境约束趋紧，推动煤炭清洁高效利用成为必然选择；煤炭产能过剩问题突出，多措并举化解煤炭过剩产能和加大省内转化利用力度成为必然选择；传统动能支撑弱化，新的动能尚在成长，通过深化改革、创新驱动，促进产业多元化成为必然选择；地方财政面临严峻考验，民生改善和脱贫任务艰巨繁重，鼓励大众创业万众创新，广开财源、广辟就业和增收渠道成为必然选择；对外招商竞争更趋激烈，创造良好发展环境，广交世界朋友、广聚天下资本、广揽四海人才成为必然选择。

根据省委十届七次全会精神及“十三五”规划《建议》，省政府编制了“十三五”规划《纲要（草案）》，明确提出了“十三五”时期我省发展的指导思想，即：高举中国特色社会主义伟大旗帜，全面贯彻党的十八大和十八届三中、四中、五中全会精神，坚持以马克思列宁主义、毛泽东思想、邓小平理论、“三个代表”重要思想、科学发展观为指导，深入贯彻落实习近平总书记系列重要讲话精神，按照“五位一体”总体布局和“四个全面”战略布局，坚持发展是第一要务，牢固树立并切实贯彻“五个发展”新理念，按照省委“五句话”总要求，推进创新发展、协调发展、绿色发展、开放发展、共享发展、廉洁和安全发展，以转型综改试验区建设为统领，以改革创新为动力，以转方式、调结构、增效益、提速度为基点，认识适应和引领经济发展新常态，着力做好煤与非煤两篇文章，化解过剩产能，扩大新兴产业规模，着力净化政治生态，着力建设文化强省，着力保障和改善民生，着力加强生态文明建设，确保如期全面建成小康社会。

今后五年我省经济社会发展的主要目标是：转型升级取得重大进展。到2020年地区生产总值和城乡居民人均收入比2010年翻一番，实现我省与全国同步、农村特别是贫困地区与全省同步全面建成小康社会的奋斗目标。京津冀清洁能源供应基地、国家新型综合能源基地和全球低碳创新基地建设取得积极进展。民生保障水平普遍提高。就业比较充分，公共服务体系更加健全，基本公共服务均等化水平显著提高，努力实现城乡居民收入增长与经济增长同步、农村居民收入增长快于城镇居民。现行标准下的贫困人口实现稳定脱贫，贫困县全部摘帽。安全生产形势向稳定好转坚实迈进。文化建设呈现新局面。文化发展主要指标、文化事业整体水平、文化产业综合实力明显提升，公民素质和社会文明程度显著提高。生态建设实现稳步提升。主体功能区布局和生态安全屏障基本形成，能源和水资源消耗、建设用地、碳排放总量得到有效控制，主要污染物减排完成国家下达任务。改革开放迈出坚实步伐。资源型经济转型综合配套改革取得重大进展，重点领域和关键环节改革取得决定性成果，开放型经济和对外合作体制基本形成。民主法治建设成效显著。人民民主不断扩大，法治政府基本建成，司法公信力明显提高，社会治理能力和水平不断提升。

“十三五”规划《纲要（草案）》已印发各位代表，这里对主要任务作简要报告。

（一）推进创新发展，着力加快转型升级。发挥优势创抓机遇，抓住机遇创造需求，根据需求创新供给，围绕供给创优机制，提升改造老动能，培育发展新动力。发挥投资对经济增长的关键作用，发挥消费对经济增长的基础作用，发挥出口对经济增长的促进作用。做好煤和非煤两篇文章，实施“革命兴煤”“六型转变”，加快发展七大非煤产业，做优做强能源产业，优化提升现代载能产业，发展壮大装备制造业，培育发展新兴接替产业，大力发展现代服务业，加快发展现代农业，不断拓展产业、基础设施、区域等发展新空间。加快转型综改试验区建设，深化重点领域和关键环节改革，全力推进科技创新、金融振兴、民营经济发展“三个突破”。实施人才强省战略。

（二）推进协调发展，着力形成均衡发展格局。坚持发展经济和改善民生并重，促进经济社会协调发展。健全城乡发展一体化体制机制，推进新型城镇化，加快改变农村面貌，促进城乡、区域协调发展。培育和践行社会主义核心价值观，大力弘扬太行精神、吕梁精神、右玉精神和晋商精神，繁荣文化事业，发展文化产业，促进物质文明和精神文明协调发展。推动军民融合发展。

（三）推进绿色发展，着力建设美丽山西。加快建设主体功能区，构建科学合理的城市化格局、农业发展格局、生态安全格局。推动低碳循环发展，促进资源节约高效利用。实行最严格的环境保护制度，实施大气、水、土壤污染防治行动计划，推进城乡环境整治。构筑生态安全屏障，加大五大流域和重点矿区生态环境修复力度，推进林业“六大工程”建设。创新资源型地区生态文明制度建设，建立生态文明绩效评价体系和考核制度。

（四）推进开放发展，着力培育合作共赢新优势。创新对外开放体制环境，积极参与国家“一带一路”建设，加强与京津冀、环渤海经济圈协同发展，深化与中部省份和周边区域合作，推进“以煤会友”，加快开发区等各类开放平台建设，提高招商引资质量和水平，提升外贸核心竞争力，努力形成全面开放新格局。

（五）推进共享发展，着力保障和改善民生。扎实做好教育、医疗、就业、收入、住房、社会保障等民生工作，实施好城乡人居环境改善工程，促进人口均衡发展，提高城乡居民生活水平和健康水平，举全省之力坚决打赢脱贫攻坚战。

（六）推进廉洁和安全发展，着力营造良好发展环境。坚持发展必须廉洁、廉洁促进发展，始终保持惩治腐败、狠刹“四风”、打黑除恶高压态势，严格落实“两个责任”，深入推进“六权治本”，营造廉洁发展环境。强化安全生产红线意识，全面加强安全生产，夯实安全生产基础。加强和创新社会治理，健全公共安全保障体系，强化社会治安综合治理，依法打击严重刑事犯罪活动。推进科学立法、严格执法、公正司法、全民守法，加快建设法治山西。全面加强政府自身建设，加快转变政府职能，持续推进简政放权，提高政府效能。

各位代表，如期实现全面建成小康社会目标，承载着全省人民对美好生活的殷切向往。《纲要（草案）》经本次会议审议通过后，我们将全力抓好落实。我们坚信，通过全省人民的共同努力，一定能够夺取全面建成小康社会决胜阶段的伟大胜利！

各位代表，黑色煤炭绿色发展方兴未艾，新兴产业蓬勃发展多姿多彩，“六大发展”前景广阔，山西未来大有希望！

三、2016 年工作安排

2016 年是全面建成小康社会决胜阶段的开局之年，也是推进结构性改革的攻坚之年。我们要认真贯彻落实党的十八届五中全会、中央经济工作会议精神和习近平总书记在省部级主要领导干部学习贯彻十八届五中全会精神专题研讨班开班式上的重要讲话精神，按照省委十届七次全会和全省经济工作会议的部署，认识适应和引领经济发展新常态，坚持稳中求进总基调，坚持稳增长、调结构、惠民生、防风险，落实宏观政策要稳、产业政策要准、微观政策要活、改革政策要实、社会政策要托底的要求，着力加强供给侧结构性改革，去产能、去库存、去杠杆、降成本、补短板，努力实现“十三五”全省经济社会发展的良好开局。

综合考虑各方面因素，2016 年我省经济社会发展的主要预期指标是：地区生产总值增长 6%左右，全社会固定资产投资增长 12%，社会消费品零售总额增长 5.5%左右，城镇新增就业岗位 40 万个，城乡居民人均可支配收入增长 6%左右和 6%以上，一般公共预算收入下降 7%，居民消费价格涨幅控制在 3%左右，城镇登记失业率控制在 4.2%以内。约束性指标：包括万元地区生产总值能耗、二氧化碳排放量、用水量，主要污染物减排，设区市空气质量优良天数比例，劣 V 类水体比例，新增建设用地降幅，农村贫困人口脱贫人数，城市棚户区住房改造数量，按照国家要求设置，完成国家下达任务。

把地区生产总值增长目标定为 6%左右，主要考虑有，到 2020 年实现全面建成小康社会目标，需要保持一定的经济增速；尽管我省经济下行压力较大，但经济增长有一定基础；这样安排，也能充分发挥主观能动性，激励我们“跳起来摘桃子”。全社会固定资产投资增长 12%，主要考虑有，既要发挥投资对稳增长、调结构、惠民生的关键作用，又要为改善投资结构、提高质量和效益留下空间，投资增量应当保持在“十二五”平均水平，按此测算增速为 12%。城镇居民人均可支配收入增长 6%左右，农村居民人均可支配收入增长 6%以上，体现人民群众收入增长要与经济增长同步的要求；农村居民收入增速快于城镇居民，有利于缩小城乡收入差距。一般公共预算收入下降 7%，充分考虑了工业产品降价、为企业减负、结构性减税、非税收入减少等因素。这些主要指标，兼顾了需要与可能、当前与长远。实现这些目标，既有机遇，更有挑战，必须付出艰苦努力。

2016 年，我们要重点抓好以下几个方面的工作：

（一）推进供给侧结构性改革，加快产业转型升级。

推动煤炭行业脱困转型。多措并举化解煤炭过剩产能，按照国家政策依法淘汰关闭一批，推动行业重组整合一批，减量置换退出一批，依规核减一批，搁置延缓一批，严控增量，主动减量，优化存量。精心组织煤炭企业合理生产，严格治理和打击违法违规煤矿建设生产经营行为。加强组织，搭建平台，推动产运销用各方面密切协同，促进煤炭销售。帮助困难企业妥善解决职工就业、工资、社保等问题。推动煤电联营、煤电铝联营、煤化联营、煤焦钢联营，构建煤电用产业链条，促进煤炭清洁高效利用。积极争取国家政策支持，加快煤炭行业脱困转型步伐。

促进能源产业清洁低碳、安全高效发展。在抓好煤炭转型升级的基础上，加快推进大容量、高参数、节能环保型发电机组及特高压交直流输电线路、智能化电网建设；加快推进煤矿瓦斯抽采全覆盖，加大煤层气开发利用力度，推动大容量联合循环瓦斯发电；加快推进风电、光伏发电和生物质能发电等新能源产业发展；加快发展煤基清洁能源。

推动现代载能产业绿色发展。坚持煤电铝材一体化发展，加大政策支持，优化资源配置，降低用电成本，发展精深加工，加快运城、吕梁两个百万吨级铝循环基地建设，构建南部、西部和中部三大铝工业产业集群。化解钢铁行业过剩产能，加强技术改造，促进优化升级，开发优质不锈钢、铝镁合金等新产品。发展煤基新材料和其他新型材料，促进材料工业由低端向高端发展。

做强做大战略性新兴产业。围绕“中国制造2025”山西行动纲要和我省新兴制造业三年推进计划，重点发展轨道交通、煤机、煤层气、电力、煤化工等装备制造产业。以技术、产品、装备、服务为重点，加快发展节能环保产业。积极发展特色食品、现代医药产业。大力发展电动汽车产业，优化产业布局，加强技术研发，创新融资机制，完善用电政策，加快建设充换电等配套设施；年内实现太原、晋中、晋城三个试点市公共服务领域和重点区域充换电设施全覆盖；在我省销售和生产的电动汽车都可享受国家和省级财政补贴。

加快发展现代服务业。推进旅游业改革发展，办好旅游发展大会，提升文化旅游品牌，深度开发旅游产品，促进旅游业向观光、休闲、度假并重转变。实施物流建设重大工程，推进物流载体和通道建设，打造物流产业链和产业集群。加快发展研发设计、检验检测、知识产权服务等高技术服务业。大力发展健康养老产业，鼓励社会资本建设服务设施，推广医养结合等模式，满足多样化需求。

积极发展新兴业态。实施“互联网＋”行动计划，加快云计算、大数据、物联网、移动互联网等与现代制造业、现代农业、现代服务业深度融合，促进电子商务、工业互联网和互联网金融健康发展，发展分享经济。

精准帮扶企业。认真落实国家和我省一系列扶持政策，降低企业综合成本，减轻企业负担。加大帮扶企业力度，大力扶持中小微企业。积极稳妥处置“僵尸企业”，推进其重组整合或退出市场。推动企业加强管理、挖潜增效。

(二)充分发挥“三驾马车”作用，促进经济平稳健康发展。

加快重点领域投资和项目建设。提高投资的有效性和精准性，继续推进四个方面、十大领域投资和标志性工程建设，加快大张客专、太原地铁2号线、长临高速、低热值煤发电、电力外送通道、汾河流域生态修复等重大项目建设。加快推进太焦客专、大西客专原平至大同段、忻州—五台山—保定客运专线、古贤水利枢纽、太原电动汽车、晋中太阳能光伏组件、大同40亿立方米煤制天然气等项目前期工作，力争早日开工建设。创新投融资机制，完善政府和社会资本合作模式，鼓励社会资本参与基础设施、公共服务设施等建设。

进一步扩大消费。加强城乡流通基础设施建设，发展物流配送，推进连锁经营。加快推进电子商务进农村、进社区。继续开展“山西品牌中华行、丝路行、网上行”活动。扩大住房、信息消费，发展教育培训消费，培育健康养老消费，鼓励绿色低碳消费，推动旅游消费升级。

推进外贸转型升级。推动外贸向优质优价、优进优出转变，壮大不锈钢、机械制造、通信设备、特色农产品等出口主导产业，扩大先进技术设备、关键零部件进口。发展跨境贸易电子商务等新型业态，扩大服务贸易。加快航空口岸、铁路口岸、保税区等平台建设，提高贸易和投资便利化水平。

(三)切实做好“三农”和脱贫工作。

发展特色现代农业。落实好已出台的各项强农惠农富农政策，再出台10项新政策，新增补贴资金63.9亿元。推进农田水利、土地整治、中低产田改造和高标准农田建设，新增实灌面积50万亩，建设高标准农田200万亩。全面完成大水网工程输水隧洞建设，同步推进县域小水网配套工程，实现东山供水工程年内通水。优化农业区域布局，大力发展杂粮、干鲜果、设施蔬菜、草牧业、中药材等特色产业，推进农业产业化经营。启动财政金融支持特色农业发展工程。抓好农业科技创新行动计划，发展现代种业，健全社会化服务体系。培训新型职业农民10万人，启动精准培育试点。加快推进主要农作物全程机械化，加大电动农机具研发使用力度。加强农产品质量安全监管。

深化农村改革。扎实推进农村土地承包经营权确权登记颁证和农村产权流转交易市场建设。积极培育新型农业经营主体，发展多种形式的农业适度规模经营。加快推进集体产权制度、国有林场、水权制度、小型水利工程产权和农业水价改革，健全农业保险制度。推进农村承包土地经营权和农民住房财产权抵押贷款试点。做好第三次全国农业普查工作。

坚决打赢脱贫攻坚战。抓紧出台我省脱贫攻坚实施意见，制定实施全省“十三五”脱贫攻坚规划。坚持精准扶贫、精准脱贫，扎实开展建档立卡“回头看”，按照扶持对象、项目安排、资金使用、措施到户、因村派人、脱贫成效“六个精准”要求，创新脱贫攻坚机制，以集中连片特困地区为主战场，因地制宜实施发展生产、易地搬迁、生态补偿、发展教育和社会保障“五个一批”工程，加快改善贫困地区生产生活条件。严格落实“一把手”负总责的脱贫攻坚领导责任制，省委、省政府对扶贫开发工作负总责，抓好目标确定、项目下达、资金投放、组织动员、监督考核等工作；市级党委、政府做好上下衔接、域内协调、督促检查工作；县级党委、政府承担主体责任，县委书记和县长是第一责任人，做好进度安排、项目落地、资金使用、人力调配、推进实施等工作。落实行业部门扶贫责任，扎实抓好干部驻村帮扶工作，加大财政扶贫资金投入，引导社会资本投向贫困地区，形成专项扶贫、行业扶贫、社会扶贫“三位一体”的大扶贫格局。建立健全脱贫攻坚考核机制、贫困退出机制和第三方评估机制，对提前脱贫摘帽的贫困县

"摘帽不摘政策"。今年确保完成50万贫困人口脱贫任务。

各位代表,摆脱贫困、全面小康,是人民群众的热切期盼,是党交给我们的历史使命。我们要立下军令状、打赢攻坚战,在全面建成小康社会的征程中,决不落下一个贫困村、决不落下一个贫困户!

(四)积极稳妥推进新型城镇化。

提高城镇化质量和水平。支持太原率先发展,加快太原晋中同城化步伐,推进晋中108廊带区域一体化发展。发挥"一核一圈"的引领和辐射作用,促进城镇组群协同发展。深入实施大县城战略,发展特色县域经济。提高城市规划、建设、管理水平,做好新型城镇化顶层设计与相关城市规划的衔接,加强城市地下和地上基础设施建设,加快棚户区和城中村改造,着力打造智慧城市,推进城市执法体制改革,加快"数字城管"建设,完善城市应急体系。

健全城镇化推进机制。加快户籍制度改革,推行居住证制度,促进有能力在城镇稳定就业和生活的农业转移人口举家进城落户。完善城镇基本公共服务,努力实现常住人口全覆盖。健全财政转移支付同农业转移人口市民化挂钩机制,建立城镇建设用地增加规模同吸纳农业转移人口落户数量挂钩机制。维护进城落户农民土地承包权、宅基地使用权、集体收益分配权,支持其依法自愿有偿转让。

统筹推进城乡人居环境改善。加快实施城市人居环境改善工程,推进城市道路、水气热管网、轨道交通、地下综合管廊、电力通信、防洪排涝等设施建设。新开工城镇保障性安居工程21.2万套,建成15万套,其中城中村改造开工7.5万户。提升生活污水和垃圾处理能力,强化大气污染防治,抓好园林绿化和环境卫生整治。加快推进农村人居环境改善,抓好农村水电路气和居民养老等基础设施建设,完成采煤沉陷区治理搬迁7.6万户、农村地质灾害治理4000户、农村危房改造10万户、易地扶贫搬迁10万人,解决68万农民群众的安居问题。开展爱国卫生运动,启动11个农村垃圾治理示范县和7个农村生活污水治理示范县建设,完成36万座无害化卫生厕所新建改建任务。抓好100个省级美丽宜居示范村创建和70个重点古村落保护工作。

积极化解房地产库存。加强房地产用地供应管控,稳定房地产市场,鼓励房地产企业顺应市场规律,适当降低商品住房价格。放宽住房公积金提取条件,提高住房公积金使用率,鼓励城镇居民改善住房条件。研究制定购房补贴政策,支持农业转移人口在城镇购房。加大棚户区改造货币化安置力度。打通商品房和公租房供需通道,将公租房保障范围由城镇户籍家庭扩大到城镇常住人口家庭。积极发展住房租赁市场。

(五)大力推动文化强省建设。

构建现代公共文化服务体系。按照群众需求,深入开展"文化惠民在三晋"系列活动,实施基层公共文化服务提升工程,开展好各类基层文化活动。继续推动县级"三馆一院"、市级"五馆一院"建设,完善文化场馆管理和使用机制,提升文化设施服务能力。完成山西晋剧艺术中心、少儿图书馆和古籍保护中心主体工程建设,新建改扩建10个县级文化设施。继续做好《山西文华丛书》编纂工作。加大红色文化传承保护与开发力度。推进乡村文化记忆工程。加强文物和非物质文化遗产保护。

加快文化产业发展。实施重大文化产业项目,推进文化保税区、文化产业园建设。促进文化与金融、旅游、科技等融合发展,推进文化创意产业发展。支持转企改制国有文艺院团改革发展。

繁荣发展文化事业。坚持以人民为中心的创作导向,不断推出具有山西特色的文艺精品力作。强化文化艺术人才队伍建设和文化市场管理,深化公益性文化事业单位内部改革,发展新闻出版、广播影视、文学艺术事业。加快有线电视网络整合步伐。促进传统媒体与新兴媒体融合发展。推进新型智库建设。倡导全民阅读。加强网上思想文化阵地建设,净化网络环境。加强对外宣传和文化交流。

(六)着力改善民生和发展社会事业。

办好人民满意的教育。扩大学前教育资源,新改扩建农村幼儿园200所。推进义务教育学校标准化建设,力争再有28个县(市、区)通过国家义务教育均衡发展评估认定。继续改善普通高中办学条件,加快推进高中教育教学改革。认真落实特殊教育提升计划。加快构建现代职业教育体系,加强实训基地建设。实施高等教育振兴计划,优化专业布局和学科建设,加大高层次人才培养力度。深化教育领域改革,稳步推进考试招生制度改革。促进教育公平。

提高人民健康水平。继续深化医药卫生体制改革,巩固县级公立医院综合改革成果,加快推进城市公立医院综合改革,引深基层医疗卫生机构综合改革。完善基本药物制度和公立医院药品采购机制。大力推进优质医疗资源下沉,创新医疗联合体建设运营模式,全面实施分级诊疗。提升中医药服务能力,提高公共卫生计生服务质量,强化重大疾病防控。全面实施一对夫妇可生育两个孩子政策。倡导全民健身,提高竞技体育水平,启动第二届青运会筹备工作。

着力稳定和扩大就业。完善创业扶持政策,推动大众创业、万众创新,深化创业型城市创建活动,鼓励发展众创、众包、众扶、众筹空间。通过加快发展服务业等劳动密集型产业、扶持发展中小微企业，开发更多就业岗位。引导和支持企业在化解过剩产能、克服运行困难过程中，采取多种办法稳定就业岗位。继续实行政府购买基层公共服务岗位、招聘农村特岗教师、“三支一扶”等措施，吸纳高校毕业生就业。做好农村转移劳动力、城镇失业人员、退役军人等群体就业工作，托底帮扶就业困难人员。加强对灵活就业、新就业形态的扶持。加强就业培训，推行终身职业技能培训制度，实施职业培训全覆盖计划。

努力增加城乡居民收入。依法推进企业工资集体协商，发布企业工资指导线，适时适度调整全省最低工资标准。调整机关事业单位基本工资标准，落实县以下机关公务员职务职级并行制度和乡镇工作补贴。继续发放农民冬季取暖补贴并探索新办法。多种渠道增加农民经营性、工资性、转移性、财产性收入。健全农民工工资支付保障机制。

完善社会保障体系。稳步推进机关事业单位、企业基本养老保险制度并轨运行，完善相关配套政策，继续提高退休人员基本养老金待遇水平。建立统一的城乡居民基本医疗保险制度，进一步提高财政补助标准。适当提高大病保险人均筹资水平和报销比例，合并实施基本医疗保险和生育保险。完善重特大疾病医疗救助政策。落实经济困难的高龄与失能老年人补贴以及百岁以上老年人补贴新标准。全面实施困难残疾人生活补贴和重度残疾人护理补贴制度。继续提高城乡低保标准，推动农村低保标准与国家扶贫标准相衔接。越是经济下行压力大，我们越要高度重视、切实保障、着力改善民生，把民生改善时时刻刻装在心、事事处处抓在手，让人民群众得到更多实惠！

加强和创新社会治理。创新城乡基层群众自治和社区治理，推进城镇社区“网格化”管理，做好社区矫正工作。关爱农村留守儿童、妇女和老人，加强未成年人社会保护。创新信访工作机制，有效调处化解矛盾纠纷。健全社会信用体系，强化市场监管，狠抓食品药品综合治理，推进可追溯体系和检验检测体系建设。深化公安改革，扎实推进“平安山西”建设，创新立体化社会治安防控体系。依法打击境内外敌对势力渗透破坏活动，始终保持打黑除恶高压态势，严打暴恐犯罪，有效防范和处置突发性事件。强化网络安全管理，推进网络社会治理。加强应急管理和防灾减灾能力建设。支持国防和军队建设，做好双拥和人防工作。

发展妇女儿童、老龄、慈善和红十字会等事业。加强气象、地震、科普、档案、参事、史志等工作。做好民族宗教、外事、侨务、港澳、对台等工作。继续做好对口援疆工作。

（七）加大力度推进生态文明建设。

推动低碳循环发展。实行能源和水资源消耗、建设用地等总量和强度双控行动，促进节能、节水、节地、节材、节矿。深入开展重点行业能效对标活动，推广清洁生产技术、工艺和装备。有效控制电力、钢铁、建材、化工等重点行业碳排放。开展循环经济重点领域示范创建，推动煤矸石、粉煤灰等大宗工业固废综合利用，加强废旧家电分类回收和再生资源回收利用。坚持公交优先，鼓励绿色出行，推动交通运输低碳发展。提高建筑节能标准，发展绿色建材，推广绿色建筑。

加大环境治理力度。推进多污染物综合防治和环境治理，实行联防联控和流域共治。加快燃煤发电机组超低排放和节能改造，持续推进燃煤小锅炉淘汰、煤炭清洁利用、重点行业污染治理、黄标车及老旧车淘汰和扬尘综合整治，有效预防重污染天气。开展重点流域生态环境综合整治和城市黑臭水体治理，加强地下水超采区综合治理，保障集中饮用水水源安全。加大土壤环境监测投入，开展污染场地环境风险评估制度建设和污染土地修复治理试点。加强农业面源污染防治。抓好中心城市环境综合整治，全省城市确保空气质量持续改善，太原市在全国空气质量重点监控城市中排名稳定前移。

筑牢生态安全屏障。加大力度推进造林绿化，强化森林资源保护，建立永久性公益林保护机制，推进退耕还林还草，深入实施林业“六大工程”，重点抓好吕梁山生态脆弱区林业建设，完成营造林400万亩。加快汾河流域生态修复步伐，编制实施桑干河等主要河流生态修复治理规划，实施京津冀生态屏障建设项目，推进矿山生态环境治理和地质灾害防治。

健全生态文明制度体系。落实我省推进生态文明建设实施方案，加快建立完善生态环境监管、环境保护督察、生态保护补偿、工作考核问责等制度体系。

各位代表，绿水青山就是财富，蓝天白云也是幸福。我们要咬定目标、锲而不舍，共创绿色财富、共享幸福生活！

（八）毫不放松抓好安全生产。

牢固树立安全发展理念。始终坚持人民利益至上，不断强化安全生产红线意识，牢记“三个决不能过高估计”的基本判断，真正把安全生产作为生命线、高压线、责任线。越是经济困难的时候，越要紧绷安全生产这根弦，做到安全意识不松、投入标准不降、监管力度不减。

加强安全生产法治建设。严格实施安全生产法，坚持和完善近年来我省实施的一系列行之有效的安全生产制度措施，加快修订山西省安全生产条例，强化安全生产的法律和制度保障。

严格落实安全生产责任。按照“党政同责、一岗双责、失职追责”的要求，落实各级政府安全生产监管责任，切实做到管行业必须管安全、管业务必须管安全、管生产经营必须管安全。强化企业安全生产主体责任，切实加强现场管理。严格执行安全生产费用提取使用规定，保证必要的安全生产投入，不断改善安全生产基础设施和条件。年内完成煤矿瓦斯抽采管路改造任务。

抓好隐患排查治理。采用“四不两直”等方式，深入开展煤矿、道路交通、化工和危险化学品、油气输送管道、非煤矿山和尾矿库、水库、建筑施工和市政运营、特种设备、冶金工贸、消防等行业领域的安全生产大检查，坚决打击非法违法生产经营建设行为。

加强考核问责。严格落实目标责任考核“一票否决制”，继续实施企业重大隐患和事故挂牌督办及“黑名单”制度。严肃查处事故、严格责任追究，促进安全生产形势持续明显好转，并向稳定好转坚实迈进。

（九）进一步深化改革、创新驱动、扩大开放。

着力全面深化改革。落实国家部署的各项改革任务。抓好转型综改区建设，制定实施转型综改“十三五”方案和2016年行动计划。深化煤炭管理体制改革。落实煤炭行政审批制度改革意见，实施煤炭资源矿业权出让转让管理办法，建成煤炭信息监管平台，研究推进煤炭价格形成机制、销售体制、交易方式和储备机制改革，推动煤炭管理体制和管理能力现代化。分类推进国企国资改革。制定出台深化国有企业改革的实施意见，完善省属国有企业法人治理结构，深化国有企业财务等重大信息公开工作，组建国有资产管理公司和国有资本运营公司，积极稳妥发展混合所有制经济。做好同煤集团、晋能集团改革试点工作。着力解决国有企业办社会负担和历史遗留问题。深化集体企业改革。释放民营经济活力。落实我省加快民营经济发展的33条措施，从项目、财税、金融、用地、人才等方面加大支持力度，进一步放宽市场准入，鼓励民营企业依法进入更多领域。深化财税体制改革。加大预算统筹力度，实施省级中期财政规划管理，清理、整合、规范专项转移支付，增加一般性转移支付规模和比例。扩大预算公开范围。有效化解政府债务风险，做好政府存量债务置换工作，进一步完善政府债务风险评估和预警机制。推进国税、地税征管体制改革。加快金融改革发展。支持金融机构创新金融产品和融资模式，发展普惠金融和绿色金融。深化地方金融机构改革，积极推动金控集团改革发展，稳步推进农信社改革。加大直接融资比重，实施企业上市培育工程，鼓励中小企业登陆“新三板”。支持企业调整负债结构。防范化解金融风险。推进电力体制综合改革。推进输配电价改革，成立电力交易机构，建立完善电力交易机制，扩大大用户直供电范围，积极参与跨省、跨区电力市场建设和交易，向社会资本放开售电业务和增量配电投资业务，推动现代载能企业配套建设自备电厂。加大环保电价政策支持力度。同时，深入推进供销合作社、万家寨引黄工程体制、土地管理制度、价格机制等改革。

着力推进创新驱动。强化企业创新主体地位和主导作用，支持创新型企业发展，新建一批产业技术创新战略联盟。全力抓好科技创新城核心区建设，继续引进高端研发机构、优秀企业和标志性项目。支持高校建设大学科技园。推进煤基科技重大专项和重点研发计划。实施非煤科技重点研发计划，围绕产业技术重大需求，开展国际技术合作。深化科技管理体制改革，推动政府职能从研发管理向创新服务转变。完善科技资源开放共享机制，提高科研人员成果转化收益分享比例，鼓励引导社会资本参与科技创新项目。创新人才体制机制，瞄准“高精尖缺”培育引进各类人才。

着力扩大对外开放。积极参与“一带一路”建设，主动融入京津冀、环渤海，加强与周边及中部兄弟省份的交流合作，推动黄河金三角、长城金三角建设。面向全球推动“以煤会友”，发展国际友城关系。以“黑色煤炭绿色发展、高碳资源低碳发展”为主题，打造太原论坛。支持央企在晋发展壮大，吸引跨国公司进入山西，鼓励晋商回乡、民企入晋。发挥好园区的招商引资作用，积极引进战略性新兴产业项目。支持企业“走出去”，开展国际产能合作。

各位代表，我们要坚持深化改革不动摇、创新驱动不松劲、扩大开放不停步，让发展的活力不断迸发、发展的动力更加强劲、发展的空间更为广阔！

（十）加强政府自身建设。

加强党风廉政建设和反腐败斗争。认真贯彻落实习近平总书记在十八届中央纪委六次全会上的重要讲话精神和全会的各项部署，切实履行全面从严治党主体责任，严格执行廉洁自律准则和纪律处分条例，深入开展政府系统党风廉政建设和反腐败斗争。践行党的群众路线，落实“三严三实”要求，严格执行中央八项规定和国务院“约法三章”精神，持续狠刹“四风”，厉行勤俭节约，反对铺张浪费，严控“三公”经费，切实做到为民、务实、清廉。

加快职能转变。深化行政审批制度改革，全面清理规范行政审批中介服务，加强事中事后监管。如期公布市、县政府权力清单、责任清单。优化公共服务流程，省级政务服务中心和公共资源交易平台建成运行，构建全省政务服务一张网。大力推进注册登记便利化，深化“先照后证”改革。

严格依法行政。自觉接受人大及其常委会的监督和政协的民主监督，落实省政府加强与民主党派、工商联、无党派人士联系的意见，积极支持工会、共青团、妇联等群众团体开展工作。落实国家法治政府建设实施纲要，完善政府立法工作机制，健全重大行政决策机制，深化行政执法体制改革，推行综合执法，严格规范公正文明执法，推进政务公开，推行政府法律顾问制度。加强行政监察，完善审计制度。做好行政复议工作，启动“七五”普法，强化法律援助。

狠抓工作落实。切实转变工作作风，以服务理念、责任担当、创新精神全面抓好经济社会发展各项工作。建立“马上就办、真抓实干”工作机制，加强常态化督查，紧盯不落实的事，问责不落实的人，严查不作为的官。稳步推进政府绩效第三方评估工作，加强绩效考核，确保各项工作落到实处、取得实效。

各位代表，新的一年，我们面临的任务艰巨繁重，肩负的使命重大光荣。让我们更加紧密地团结在以习近平同志为总书记的党中央周围，在省委的坚强领导下，同心同德，真抓实干，实现“十三五”良好开局，为全面建成小康社会而努力奋斗！

关于山西省2015年国民经济和社会发展计划执行情况与2016年国民经济和社会发展计划草案的报告

——2016年1月27日在山西省第十二届人民代表大会第五次会议上

山西省发展和改革委员会主任　王　赋

各位代表：

受省人民政府委托，我向大会报告山西省2015年国民经济和社会发展计划执行情况，以及2016年国民经济和社会发展计划草案，请予审议，并请省政协委员和其他列席人员提出意见。

一、2015年全省国民经济和社会发展计划执行情况

2015年，面对严峻复杂的经济形势和持续加大的经济下行压力，全省上下在省委、省政府的坚强领导下，坚持“深入学习贯彻习近平总书记系列重要讲话精神，净化政治生态，实现弊革风清，重塑山西形象，促进富民强省”的五句话总要求和总思路，依据省第十二届人民代表大会第四次会议审议批准的国民经济和社会发展计划，认识适应和引领经济发展新常态，坚持稳中求进工作总基调，着力推进“六大发展”，全力实施“六权治本”，统筹做好煤与非煤“两篇大文章”，加快发展七大非煤产业，全力推进科技创新、金融振兴、民营经济发展“三个突破”，全省经济低位运行、缓中趋稳，结构调整步伐加快，改革开放不断深化，人民生活持续改善，全面建成小康社会迈出坚实步伐。

初步统计，2015年全省地区生产总值12802.6亿元，增长3.1%。全社会固定资产投资14137.2亿元，增长14.4%。社会消费品零售总额6030亿元，增长5.5%。一般公共预算收入1642.2亿元，下降9.8%。城镇居民人均可支配收入25828元，增长7.3%。农村居民人均可支配收入9454元，增长7.3%。城镇新增就业岗位51.48万个，超额完成年度任务。城镇登记失业率3.51%，低于年度控制目标。居民消费价格上涨0.6%，低于年度控制目标。万元地区生产总值能耗下降5%，万元地区生产总值二氧化碳排放量下降3%，万元工业增加值用水量下降4.6%，二氧化硫排放量下降3%以上，化学需氧量排放量下降3%以上，氨氮排放量下降3%以上，氮氧化物排放量下降4.5%以上，烟尘排放量下降0.5%以上，粉尘排放量下降0.5%以上。

2015年，受市场需求乏力、传统产业产能严重过剩、煤炭等主要工业品价格持续下跌等多重因素影响，全省工业经济运行十分困难，财政收入负增长。在非常困难的情况下，经过不懈努力，地区生产总值增速虽未能达到预期，但呈现出逐季回升的积极态势，固定资产投资增速超过全国平均水平，就业、收入、物价等重要民生指标达到预期目标，9项节能减排约束性指标全部完成或超额完成年度目标。

（一）持续出台有效措施，努力做好稳增长工作。

着力抓项目扩投资，为稳增长提供关键支撑。面对2015年初我省固定资产投资增速放缓、增长乏力的严峻形势，采取周报告、月调度、省政府常务会专题分析、现场办公、上墙公示、专项督查等措施，持续加大抓投资抓项目工作力度，全省投资增速逐月加快，为稳增长提供了关键支撑。充分发挥十大重点领域投资的龙头带动作用。紧密对接国家重点投资领域和国家发改委“7＋4”投资工程包，研究提出铁路、公路、低热值煤发电、外送电通道和电网、水利、城乡人居环境改善、节能环保、煤层气、科技创新城、新兴产业等十大重点领域投资项目盘子，年度总投资9707亿元，约占全省投资计划的75％，成为投资工作的重要抓手。全力推进“百日百项工程”开工和“四个一批”活动，3条特高压外送电通道、阳大铁路、大张客专、和邢铁路、太原地铁2号线、晋中至太原轻轨、科技创新城、24个低热值煤发电等一批重大项目开工建设，太焦客专、古贤水利枢纽、盂县—河北输电通道等项目前期工作进展较快。2015年，十大重点领域投资完成10438.3亿元，完成全年计划的107.5％。在十大重点领域投资的带动下，2015年全省固定资产投资完成13744.6亿元，增长14.8％，超过全国4.8个百分点。“十二五”时期，全省全社会固定资产投资累计完成5.4万亿元，年均增长21.7％，超额完成“五年五万亿”目标。投资结构持续优化。2015年，第一、二、三产业投资分别完成1500亿元、5205.1亿元、7039.5亿元，分别增长69.1％、4％和15.7％，三次产业投资比例由上年的7.4∶41.8∶50.8转变为10.9∶37.9∶51.2。战略性新兴产业投资增长12.6％，占全省固定资产投资的47.8％。非煤产业投资增长6.6％，占全省工业投资的80.2％，比上年提高1.5个百分点。社会资本投资领域进一步拓宽。研究出台《创新重点领域投融资机制鼓励社会投资的实施意见》。发布75个采用政府和社会资本合作（PPP）模式建设运营的项目，总投资591.4亿元，涉及交通、市政、公共服务等领域。2015年，全省民间投资完成8353.3亿元，增长21％，高于全省固定资产投资增速6.2个百分点，占全省固定资产投资的60.8％，比上年提高3.1个百分点。

积极促进消费。出台促进消费增长28条措施，改善消费环境，推动消费扩大升级，增强消费对稳增长的基础作用。组织开展山西品牌“中华行”、“丝路行”、“网上行”活动，积极推广我省名优产品。出台促进旅游业改革发展的意见，健全旅游景区公共服务设施，深入开展“美丽山西休闲游”活动和乡村旅游惠民工程，旅游消费持续火热，2015年全省旅游总收入3447.5亿元，增长21.1％。出台加快发展体育产业促进体育消费、财政扶持养老服务业发展等促进新兴消费发展的政策措施，积极培育新兴消费热点。不断改善消费环境，健全城乡商贸流通体系，制定实施了发展商贸物流扩大消费的若干意见，升级改造培育一批“15分钟便民商圈”、农村物流配送中心和乡镇商贸中心。

努力扩大对外开放。积极对接国家“一带一路”战略，编制完成《山西省参与建设丝绸之路经济带和21世纪海上丝绸之路实施方案》，我省被列为中蒙俄经济走廊国内10个合作省份之一，太原海关被纳入“丝绸之路经济带”海关区域通关一体化改革的10个海关之一。《京津冀协同发展规划纲要》、《环渤海地区合作发展纲要》把我省纳入其中，成为我省扩大开放、加快发展新的重大机遇。成功举办2015低碳发展高峰论坛、文博会、农博会等，开展央企山西行等活动，大力开展产业链招商、精准招商、集群化招商。2015年全省实际利用外资28.7亿美元，进出口总额147.2亿美元。

大力扶持实体经济。省政府逐月召开经济形势分析会，针对苗头性、倾向性问题，定向指导督查，狠抓政策措施出台落实。针对工业经济下行压力不断加大的局面，连续出台了工业减负60条、小微企业13条、工业19条等一系列工业稳增长措施。省领导带队对省属重点企业、困难企业开展“一企一策”精准帮扶，稳定企业运行。推进大用户直供电，2015年完成233亿千瓦时。积极拓展外送电市场，全年外送电量720.2亿千瓦时。全年规模以上工业增加值下降2.8％，降幅比上半年收窄1.1个百分点。

（二）综改区建设成效明显，“三个突破”全面推进。

着力实施转型综改攻坚，重点领域改革深入推进。建立健全省部合作、督查考核、“一事一表”、“一月一报”、项目化管理、分类推进、第三方评估等工作机制，转型综改三年实施方案确定的“5111”（50项重大改革、100项重大事项、100项重大项目、10个重大课题）任务全面落实。2015年“2285”综改行动计划按序时进度顺利推进，出台实施了80多项制度性改革成果文件，煤炭管理体制、国资国企、投资体制等重点领域改革取得明显突破。煤炭管理体制改革方面，出台了深化煤炭管理体制改革的意见，围绕到2017年基本实现煤炭管理体制和管理能力现代化的目标，部署了加快推进资源配置市场化改革、深化行政审批管理制度改革、规范煤矿建设和生产秩序、加强煤矿安全监管、创新销售服务体制等10个方面32项具体改革任务。目前各项改革取得积极进展，出台煤炭行政审批制度改革方案，涉煤审批事项、审批环节和企业事务性负担均减少1/3。煤炭资源矿业权出让转让管理办法正式实施，推进煤炭资源配置市场化。国资国企改革方面，出台了国企改革年度行动计划，在全国率先推行国有企业财务等重大信息公开，打造“阳光国企”。积极推进国企负责人薪酬和履职待遇管理制度改革，出台了履职待遇业务支出管理办法、薪酬制度改革方案。部署启动同煤集团、晋能集团煤炭企业综合改革试点。省直机关直属企业的脱钩改革步伐加快。投资体制改革方面，修订《山西省政府核准的投资项目目录》(2015年版)，除国家规定必须由省级政府进行核准的项目外，其余全部下放市县，省级核准类项目减少幅度超过50%，切实落实企业投资自主权。坚持权力和责任同步下放、调控和监管同步强化，认真落实《政府投资项目竣工验收管理办法》，起草了《山西省重大建设项目稽查办法》，加快建设投资项目在线审批监管平台，实现了与国家的纵向贯通，强化对投资项目的事中事后监管。公车改革方面，编制全省公务用车制度改革方案，经中央车改领导小组批复。2015年12月31日，全省各级机关取消的公务用车正式封存停驶。公共资源交易平台建设方面，编制出台《整合建立统一规范的公共资源交易平台实施方案》，以及细化的推进方案和任务分工意见，完成省市两级公共资源交易平台整合工作。电力体制改革方面，编制电力体制改革综合试点方案，经多次对接争取，国家已基本同意将我省列为试点省份，试点政策近期可落地。

“三个突破”推进有力。把金融振兴、科技创新、民营经济发展“三个突破”作为推进我省“六大发展”的突破口。金融振兴成效明显。召开全省金融振兴推进大会，连续出台金融改革发展总体规划、促进金融振兴2015年行动计划、促进融资担保行业健康发展实施意见等，各项重点工作有序推进。省委、省政府主要负责人多次与金融机构座谈，全面梳理、协调解决各类金融机构在山西发展中遇到的一批突出问题，分别与建设银行、国家开发银行、农业发展银行、深交所、上交所签订了合作协议，积极争取对我省金融振兴的支持。成立山西金融投资控股集团，农信社改制稳步推进。2015年末，金融机构存贷比64.85%，比年初上升3.35个百分点。2015年全省实现各类融资总额4498.83亿元，比上年多增257.75亿元，完成全年融资计划的107.12%。其中，资本市场融资成倍增加，通过股票市场实现融资232.03亿元，比上年多增209.22亿元；33家“新三板”挂牌企业实现融资4.73亿元。科技创新加快实施。召开全省科技创新推进大会，出台实施科技创新若干意见等措施，描绘出我省科技创新“路线图”。坚持以产业科技创新为重点，编制了煤基产业创新链(2015版)、重点高新技术产业创新链(2015版)。与国家自然科学基金委、中科院、中国科协、清华大学等开展深度合作。山西科技创新城建设全面开工、加快推进。民营经济活力增强。召开民营经济发展推进大会，出台了加快民营经济发展的意见及相关配套改革举措。大众创业万众创新、政府和社会资本合作(PPP)扎实推进，商事制度改革深入推进，“三证合一”、“一照一码”正式实施，市场主体活力进一步增强。2015年，全省新登记注册市场主体29.2万户，增长41.9%，其中私营企业6.6万户，增长22.1%；个体工商户21.2万户，增长54.5%。

（三）加快推进产业结构调整，转型升级步伐加快。

夯实农业基础地位。新出台10项强农惠农富农政策，累计已出台80项政策，2015年省级补贴资金总量超过80亿元。加强农业基础设施建设，实施高标准农田建设总体规划(2014～2020年)，建设高标准基本农田200万亩，新增农田实灌面积180万亩。扎实推进粮食、杂粮、畜牧、蔬菜、干鲜果、中药材、酿造业等七大农业产业振兴翻番工程，加快建设新一轮雁门关生态畜牧经济区和晋中、长治等国家现代农业示范区。2015年，我省克服严重旱灾等影响，粮食总产量达到125.96亿公斤，是历史上第四个高产年；农产品加工企业实现销售收入1422.6亿元，增长13.6%。

围绕做好煤炭这篇大文章，加快推进国家综合能源基地建设。制定出台我省能源发展战略行动计划，推动由单一煤炭开采向综合开发利用转变，由单一煤电基地向综合能源基地转变。煤炭方面，加快实施“革命兴煤”，大力推进煤炭“六型”转变，推进现代化矿井建设。积极推动国家研究制定煤炭行业脱困政策。争取国家批复霍东矿区总体规划，全省已有14个矿区总体规划获批。有序推进新建及接续矿井建设，争取国家核准产能500万吨/年的晋城矿区东大矿井及选煤厂项目。电力方面，核准低热值煤发电项目24个，总装机2129万千瓦，均已开工建设。核准中电国际2×100万千瓦、漳泽电力2×100万千瓦项目，我省百万千瓦机组将实现“零”的突破。争取国家安排火电建设规模270万千瓦。争取国家同意建设4条特高压外送电通道，可新增外送电能力1600万千瓦，其中蒙西—晋北—天津南、榆横—晋中—潍坊、晋北—江苏等3条已开工建设。全省电力装机达到6966万千瓦，比年初增加660万千瓦。新能源方面，争取国家下达风电核准计划199.8万千瓦、光伏发电指导规模65万千瓦。争取国家批复同意大同采煤沉陷区建设先进技术光伏示范基地，增加2015年光伏发电建设规模100万千瓦。截至2015年年底，全省新能源装机达到1294万千瓦。煤层气方面，争取国家批复三交—碛口煤层气区块开发方案，同意沁水盆地柿庄南煤层气开发项目、中石油大吉煤层气区块项目开展前期工作。支持应急调峰设施、输气管网等重点项目建设。2015年全省地面煤层气抽采量41亿立方米、利用量35亿立方米；煤矿瓦斯抽采量60.3亿立方米、利用量22.3亿立方米。现代煤化工方面，组织编制晋北现代煤化工基地总体发展规划，争取晋北基地朔州核心区的主要内容列入《国家煤炭清洁高效转化利用布局规划》拟定的七大基地之一。加快推进潞安煤制油等标志项目建设。

围绕做好非煤产业这篇大文章，大力培育新的经济增长点。逐产业、逐行业研究编制七大非煤产业“十三五”专项规划，明确发展目标和重点，确定保障措施和扶持政策。贯彻落实《中国制造2025》，研究制定我省相关规划。加快推进已布局的轨道交通装备、煤机装备、煤层气装备、电力装备、煤化工装备等领域重大项目建设。推动铝工业转型升级。研究编制全省铝工业转型升级方案，积极争取国家支持。加快推进我省与中铝、华润合作建设吕梁百万吨铝循环产业基地。核准平陆县中盛铝矾土公司靳家底铝土矿开采项目，备案一批氧化铝项目，帮助企业协调大用户直供电、自备电厂、铝土矿资源配置等问题。加快服务业发展。制定物流业发展中长期规划（2015～2020年）和两年行动计划、促进云计算创新发展培育信息产业新业态的实施意见等政策措施，优化服务业发展环境，2015年服务业增加值增长9.8%，约拉动全省GDP增长4个百分点，成为经济增长的主要动力。积极化解产能过剩矛盾。严格落实国家《化解产能过剩矛盾的指导意见》和我省具体的实施方案，稳步推进钢铁、焦化、水泥、电解铝等行业过剩产能化解工作，全部完成钢铁、水泥行业的清理整顿工作，全年未批新增产能的钢铁、水泥项目。圆满完成了国家下达我省的淘汰落后产能目标任务。

我省三次产业结构正在发生积极变化。2015年，全省三次产业比例由上年的6.2∶49.3∶44.5转变为6.2∶40.8∶53，服务业占比提高8.5个百分点。过去我们言必称煤焦冶电四大工业行业，现在已经转变为煤炭、电力、冶金、装备制造，行业排序和比重都有了很大的变化，特别是装备制造业增加值占全省规模以上工业增加值的比重首次超过10%。食品、医药行业增加值比重较上年分别提高0.36个、0.45个百分点。

（四）加大节能减排和环境治理，生态文明建设成效显著。

持续狠抓节能降耗、污染减排和环境治理，实施多项有山西特色的生态建设工程，生态环境逐步改善。加大节能工作力度。落实《山西省2014～2015年节能减排低碳发展行动计划》，2015年全省万元GDP能耗预计下降5%，超额完成年度目标任务。加大治污减排力度。积极推进重点行业污染防治和重点流域、重点区域生态环境治理修复与保护工程，出台《推行环境污染第三方治理实施方案》和《大气污染防治2015年行动计划》，重点行业脱硫、脱硝、除尘改造任务全部完成。2015年，主要污染物排放量削减幅度预计全部完成年度目标，11市城市空气质量优良天数比例为70.4%，比上年提高7.1个百分点，细颗粒物（PM2.5）平均浓度比上年下降12.5%。实施燃煤电厂超低排放改造提速工程。制定出台三年推进计划和2015年行动方案，将全省4404万千瓦火电机组的改造时限由2020年提前至2017年，已有40台燃煤发电机组完成超低排放改造任务，改造装机1566万千瓦。这一做法受到国家肯定并在全国推广。坚持不懈推进造林绿化。深入实施林业“六大工程”，突出抓好吕梁山生态脆弱区宜林荒山造林绿化、森林资源大县管护、新造林封禁培育、干果经济林提质增效等重点任务，全年完成营造林421万亩。深入开展低碳试点。积极推进晋城国家低碳城市试点示范，选择15个市县、5个园区开展省级低碳试点，探索低碳社区试点，组织开展节能和低碳宣传活动。

（五）持续保障和改善民生，社会事业全面进步。

持之以恒抓好安全生产工作。牢固树立安全发展理念，强化红线意识、底线思维，狠抓责任落实，组织开展煤矿、交通、消防、危险化学品等领域专项整治活动，坚决遏制重特大事故、减少一般性事故，全省安全生产形势持续明显好转并向稳定好转坚实迈进。2015年，全省各类生产经营性事故起数、死亡人数分别下降10.21%、3.24%，煤矿百万吨死亡率为0.079。

多措并举做好促进就业工作。全面贯彻国家新一轮就业政策，出台《进一步做好新形势下就业创业工作的实施意见》，提出30条就业扶持新政策，全力抓好高校毕业生、农村转移劳动力、城镇困难人员、退役军人等重点群体就业。2015年，全省城镇新增就业51.48万人，完成全年任务的100.94%，农村劳动力转移就业37.65万人，完成全年任务的101.76%。

千方百计增加居民收入。通过发布企业工资增长指导线、调整机关事业单位工资标准、提高社保待遇水平等措施，拓宽城乡居民增收渠道，推动城乡居民稳步增收。2015年，全省城镇居民人均可支配收入25828元、增长7.3%，农村居民人均可支配收入9454元、增长7.3%，城乡居民收入增速明显快于经济增速。

扎实推进教育、医疗等基本公共服务均等化。重点支持农村学前教育、农村初中校舍改造、县级中等职业教育、高校基础能力建设，积极推进基础教育均衡化发展。在两批83个县（市、区）开展公立医院综合改革试点的基础上，启动其余36个县级公立医院综合改革。太原、运城城市公立医院改革试点稳步推进。制定鼓励和支持社会办医的20条举措。加大财力投入，提高社会保障水平，牢牢兜住民生底线。

大力实施重点民生工程。城乡人居环境改善工程扎实推进。2015年城乡人居环境改善工程完成投资3087.9亿元，完成年度计划的106.4%，其中，城市人居环境改善工程2856亿元，农村人居环境改善工程231.9亿元。采煤沉陷区治理工程全面提速。制定深化采煤沉陷区治理规划(2014～2017年)和2015年行动方案，将全省采煤沉陷区治理完成时限由2020年提前至2017年，2015年初及时分解7.5万户、21万人的搬迁治理任务到市、县，并组织协调推进。截至2015年底，全省采煤沉陷区治理搬迁安置已开工乡镇134个，开工率达100%。保障性安居工程建设进展顺利。新开工保障性安居工程26.19万套，完成年度任务的103.8%；建成20.23万套，完成年度任务的112.4%。产业扶贫稳步推进。产业扶贫累计完成投资252.9亿元，完成年度任务的105.4%。全年实现50万贫困人口脱贫。城区老工业区和独立工矿区搬迁改造启动实施。太原、阳泉、长治、晋中、临汾等5市搬迁改造工作获得国家支持，进展顺利。

(六)积极对接主动争取，国家支持力度进一步加大。

政策方面：争取太原市、大同市大同县、晋城市陵川县、长治市沁县、忻州市五台县列入全国生态建设示范区；国家同意太原市西山生态产业区创建新能源示范产业园区；太原不锈钢园区和山西喜跃发建筑垃圾再生利用公司被国家列为循环经济标准化试点单位；朔州市平鲁区、孝义市列为国家第二批生态文明先行示范区；孝义市、泽州县、泽州县巴公镇列为第二批国家新型城镇化综合试点；阳泉市、晋中市列为国家中小城市综合改革试点；泽州县列为农村集体经营性建设用地入市试点；潞城市列为农村集体资产产权制度改革试点；长治高新技术产业开发区升级为国家级高新技术产业开发区。资金方面：按照国家投资安排的重点和方向，及时组织筛选上报项目，全年共争取中央预算内投资95.2亿元，有力支持了我省农林水、交通基础设施、城建环保、社会公益事业、保障性安居工程、产业转型等领域项目建设。积极申请发行企业债券，争取国家核准我省企业债券54亿元。积极向国家申报专项建设基金，已争取87.67亿元。

总的来看，在国际经济环境复杂多变、国内经济下行压力加大、各类风险挑战明显增多的背景下，我省取得上述成绩，实属不易。在肯定成绩的同时，我们也要清醒地看到，我省经济发展仍处于最困难时期，还面临着突出矛盾和问题，主要表现为“四降一升”。一是经济增速明显降低。2015年，全省地区生产总值增长3.1%，低于年初预期。其中，全省规模以上工业增加值下降2.8%。二是工业品价格持续下降。全省工业生产者出厂价格已连续46个月负增长，出厂价格和购进价格持续倒挂58个月，煤炭、钢铁等主要工业产品价格降到近十多年来最低点。三是实体企业盈利大幅下降。2015年1～11月，全省规模以上工业企业盈亏相抵后净亏损47.2亿元，企业亏损面达47.3%。四是财政收入明显下降。2015年全省一般公共预算收入完成1642.2亿元，下降9.8%，119个县(市、区)中有79个负增长。五是经济风险和社会矛盾发生概率上升。我省煤、焦、钢等行业相关企业普遍面临融资困难的局面。部分民营企业受担保追诉问题影响，持续融资能力受到制约，存在较大的债务违约潜在风险。因拖欠工资、欠缴保险引发的上访事件增多，维稳压力较大。淘汰落后产能、部分企业停产半停产等对就业的影响逐步显现。从长期看，经济规模不大、结构不优、质量效益不高等矛盾和问题仍然突出。同时，还存在职能转变不到位，干部作风与群众期盼有差距、依法行政理念不牢固等问题。对以上问题，我们必须采取有效措施，切实加以解决。

二、2016年全省经济社会发展总体安排和主要任务

2016年是全面建成小康社会决胜阶段的开局之年，也是推进结构性改革的攻坚之年，全省上下要贯彻落实好全省经济工作会议提出的总体要求：全面贯彻党的十八大和十八届三中、四中、五中全会精神，以邓小平理论、“三个代表”重要思想、科学发展观为指导，深入贯彻习近平总书记系列重要讲话精神，按照“五位一体”总体布局和“四个全面”战略布局，认真落实中央经济工作会议及省委十届七次全会部署，适应经济发展新常态，坚持改革开放，坚持稳中求进工作总基调，坚持稳增长、调结构、惠民生、防风险，落实宏观政策要稳、产业政策要准、微观政策要活、改革政策要实、社会政策要托底的要求，着力加强结构性改革，去产能、去库存、去杠杆、降成本、补短板，提高供给体系质量和效率，提高投资有效性，加快培育新的发展动能，统筹推进创新发展、协调发展、绿色发展、开放发展、共享发展、廉洁和安全发展，保持经济平稳健康发展，努力实现“十三五”时期全省经济社会发展的良好开局。

与“十三五”全面建成小康社会目标相衔接，兼顾需要与可能、当前与长远，按照科学合理、实事求是的原则，2016年全省国民经济和社会发展主要目标的建议是：

预期指标：地区生产总值增长6%左右，全社会固定资产投资增长12%，社会消费品零售总额增长5.5%

左右，一般公共预算收入下降7%，城镇居民人均可支配收入实际增长6%左右，农村居民人均可支配收入实际增长6%以上，城镇新增就业岗位40万个，城镇登记失业率控制在4.2%以内，居民消费价格涨幅控制在3%左右。

约束性指标：万元地区生产总值能耗、万元地区生产总值二氧化碳排放量、万元地区生产总值用水量降幅，二氧化硫、化学需氧量、氨氮、氮氧化物减排幅度等指标全面完成国家下达任务。烟尘、粉尘排放量完成我省自定任务。同时，按照国家"十三五"规划要求，新增设区市空气质量优良天数比例、劣V类水体比例、新增建设用地降幅、农村贫困人口脱贫人数、城市棚户区住房改造数量等约束性指标，均要全部完成国家下达年度任务。

为顺利实现上述目标，全省上下要按照省委、省政府的统一部署，坚定信心，攻坚克难，全面做好各项工作，突出抓好以下八项重点工作：

(一)促进三大需求协同发力，全力做好稳增长工作。

应对经济下行压力，实现经济运行在合理区间，必须既注重深入挖潜、扩大有效需求，又坚持深化改革、推进需求侧结构性改革，切实改变投资总量仍然不大、消费拉动作用不强、进出口贡献较小等经济发展动力不足、不均衡的状况。通过促进供给与需求有效对接，实现投资与消费、进出口协调拉动，加快城乡区域协调发展，持续释放需求潜力，增强对经济增长的拉动力。

努力保持投资稳定增长。加快重点领域投资和重大项目建设。在持续扩大投资规模的同时，更加注重投资的质量和效益。初步安排，2016年全省十大重点领域投资计划为9088亿元，具体是：铁路221亿元。其中，续建项目计划投资178亿元，包括大张客专、阳大铁路、蒙西到华中煤运通道山西段、太原地铁2号线、太原铁路枢纽西南环线等11个项目，26个铁路装车点项目；新建项目计划投资43亿元，包括太焦客专等4个项目。公路220亿元。其中，续建项目110亿元，包括西纵高速右玉至平鲁段、神池至岢岚高速、晋蒙黄河大桥、长治至临汾公路等8个项目；新建项目15亿元，包括闻垣到蟒河高速公路、闻垣高速古城联络线、祁县至离石高速、静乐丰润—兴县黑峪口4个项目。普通国省干线公路改建35亿元。农村公路改建60亿元。低热值煤发电300亿元。包括晋能孝义、国际能源山阴、霍州煤电临县、同煤朔南、西山煤电古交等24个续建项目。外送电通道与电网建设151亿元。包括外送电通道、山西电网500千伏输变电工程、220千伏及以下输电工程，以及城镇配电网和农网升级改造工程等。水利422亿元。其中，汾河流域生态修复及晋祠泉复流工程110亿元，大水网骨干及供水工程59亿元，农业灌溉及节水工程58亿元，河流治理工程34亿元，农村饮水安全工程7亿元，百座小型水库更新工程10亿元，病险水库除险加固及水库管理17亿元，水土保持面上工程30亿元，面上水利工程54亿元，小水网配套工程25亿元，抗旱规划工程6亿元，引黄及配套工程12亿元。城乡人居环境改善工程2953亿元。其中，城市人居环境改善工程2700亿元，农村人居环境改善工程253亿元。煤层气120亿元。其中，勘探及管网设施100亿元，煤矿瓦斯治理20亿元。节能环保260亿元。包括节能和资源综合利用、燃煤电厂超低排放改造。科技创新城55亿元。其中，续建项目计划投资30亿元，包括阳煤集团研发中心、太钢先进材料研究院等15个研发机构类项目，科技创新综合平台、马练营路等6个基础设施和公共设施类项目；新建项目计划投资25亿元，包括晋能技术研究中心、焦煤低碳技术研究中心等9个研发机构类项目，科创城污水处理厂、医院、学校等21个基础设施和公共设施类项目。新兴产业4386亿元。其中，现代煤化工400亿元，装备制造366亿元，医药58亿元，特色食品135亿元，新能源246亿元，轻工101亿元，纺织26亿元，材料工业351亿元，商贸物流453亿元，旅游86亿元，信息技术74亿元，现代农业1130亿元，中小企业成长工程720亿元，产业扶贫240亿元。

进一步激发社会资本投资潜力。当前财政增收形势严峻，政府用于投资的资金十分有限，必须吸引社会资本参与项目建设。要加快推动PPP项目实施，抓好政策配套、培训推介和管理优化，加大向民营企业推介PPP项目力度，加强与金融机构的协作。要继续扩大招商引资，积极吸引国内外各方面资金来我省投资，落实好央企与我省签订的各项协议。继续深化投资体制改革。继续下放备案审核权限到市县。继续减少前置审批事项，实行清单式管理。做好投资项目在线审批监管工作，依托政府外网，推进省直部门横向联通、市县纵向贯通。坚持行之有效的工作推进机制。根据投资形势的新变化、工作的新要求，进一步健全"六位一体"工作机制，增强投资形势分析的前瞻性、针对性和精准性。继续采取周汇报、月调度、政府常务会定期研究、排队、公示、督查、约谈、典型分析等办法，用行之有效的工作机制，鼓励先进、督促落后，充分调动各方的工作积极性。进一步充实重大项目库。重大项目库建设是保持投资增长后劲的重要基础。进一步充实完善各级项目储备库，把更多转型项目、新兴产业项目、民生项目纳入其中。编制三年滚动投资计划，加快形成接续不断、滚动实施的储备机制。

更加重视消费对经济增长的基础作用。继续开展好山西品牌“中华行”、“丝路行”、“网上行”等主题促消费活动。主动适应居民消费结构升级、个性化多样化消费渐成主流的趋势，围绕国家重点推进的养老家政健康、信息、旅游休闲、绿色、住房、教育文化体育六大消费工程，充分挖掘消费潜力，培育新的消费增长点。进一步加强城乡流通基础设施建设，加快推进电子商务进农村、进社区，提高消费便利化水平。整顿规范市场秩序，加强质量监管，降低流通成本，营造良好消费环境。

积极促进外贸稳定发展。稳定传统优势产品出口，大力发展服务贸易，巩固旅游、建筑等传统服务贸易出口优势，积极推进山西特色文化产品和技术服务出口，提升出口产品质量、档次，加快培育以技术、品牌、质量、服务为核心的外贸竞争新优势。大力发展外贸综合服务企业，提升报关、报检、外汇、物流、退税和融资等综合服务能力。积极推动“互联网＋外贸”模式，加快跨境电子商务、市场采购贸易等新型贸易方式发展。

(二)抓好“三去一降一补”五项重点任务，推进供给侧结构性改革。

供给侧结构性改革是2016年经济工作的重要内容，要着重做好“去产能、去库存、去杠杆、降成本、补短板”相关工作。

集中力量化解产能过剩。坚持以产业结构深度调整、振兴实体经济为主线，重点采取兼并重组、升级改造、延伸链条等多种措施，严控增量、主动减量、优化存量。积极稳妥处置“僵尸企业”，按照企业主体、政府推动、市场引导、依法处理的办法，妥善处理煤炭、钢铁等领域“僵尸企业”。处理好保持社会稳定和推进结构性改革的关系，做好职工安置工作，坚决防范引发社会风险。煤炭方面，尽快制定我省化解煤炭过剩产能方案，按照国家政策依法淘汰关闭一批，推动行业重组整合一批，减量置换退出一批，依规核减一批，搁置延缓一批。加大“六型”转变力度，着力推进大型煤炭企业进一步兼并重组，减少矿井和主体数量，提高行业集中度。加快煤电一体、煤化一体发展，大幅提高煤炭就地转化率。钢铁方面，积极推进企业兼并重组，优化升级改造，延伸产业链条，加大新产品开发力度，构建高质量、多品种、循环化的生产体系。焦炭方面，以科技创新为突破口，在稳定焦炭产量的基础上，加快“以焦为主”向“焦化并举和以化为主”转变，尽快将炼焦产能过剩劣势转化为产业竞争优势。

大力推进房地产去库存。落实户籍制度改革方案，加快提高户籍人口城镇化率，允许农业转移人口等非户籍人口在就业地落户，形成在就业地买房或长期租房的预期和意愿。按照深化住房制度改革要求，研究制定购房补贴政策，支持农业转移人口在城镇购房。加大棚户区改革货币化安置力度。打通商品房和公租房供需通道，将公租房保障范围由城镇户籍家庭扩大到城镇常住人口家庭，着力消化房地产库存。落实我省新型城镇化规划，发挥“一核一圈”的引领和辐射作用，促进城镇组群协同发展和城镇基本公共服务提升，不断提高城镇化质量和水平，有效激发和扩大房地产市场需求。

加快发展多层次资本市场助力去杠杆。落实好我省支持小型微型企业健康发展、加快多层次资本市场发展等政策措施，加快企业股份制改造步伐，建立现代企业制度，培育、储备优质挂牌后备企业。争取推动1～2家企业上市，60家企业挂牌“新三板”。各市要配套出台相应扶持政策措施，对企业改制、上市分类予以奖励和支持，鼓励投资机构和中介机构发展，支持民间资金成立股权投资、风投、创投、私募、公募基金等，成立政府资金为基础的创投基金、搭桥基金，激活区域资本市场发展。信贷融资、表外融资、债券融资、股权融资、险资入晋、上市融资和激活民资全面发力，全年力争社会融资总量超过4200亿元。加快发展多层次资本市场，降低企业融资成本，有效改善资产负债结构。同时，高度重视金融风险预警处置工作，坚决守住不发生系统性区域性风险的底线。

多措并举降低企业成本。认真落实国家和我省一系列减负措施，及时清理不合理收费，降低企业税费负担，严防新的变相负担产生。继续深入挖潜，创新政策措施，为企业营造低成本、优服务的宽松发展环境。全面清理政府指定的各种中介机构、名目繁多的各类中介费用，鼓励中介机构参与市场竞争，在竞争中提升服务质量、降低服务价格。对照国家要求，精简归并“五险一金”，适当降低企业住房公积金缴付比例。落实利率正常化的政策环境，降低企业财务成本。大力推进电价市场化改革，有效降低企业用电成本。加快推进流通体制改革，提高运输效率，大幅度降低物流费用。

着力补齐短板。全力推进脱贫攻坚。坚持把脱贫攻坚作为头等大事和第一民生工程来抓，按照“六个精准”要求，创新脱贫攻坚机制，以吕梁山、燕山—太行山两大连片特困地区为主战场，因地制宜组织实施好“五个一批”脱贫攻坚工程。继续抓好干部驻村帮扶工作，深入推进产业扶贫工程，加大劳动力就业培训工作力度。确保实现50万贫困人口脱贫。大力支持传统产业技术改造。多方筹措资金，加大对传统产业技术改造的支持力度。重点实施企业智能化改造，支持企业广泛运用新一代信息技术、“互联网＋”实施技术改造，促进信息技术向市场、设计、生产等环节渗透，推动生产方式向柔性、智能、精细转变。支持企业发展服务型制造，提升企业研发设计、市场拓展、品牌运作等服务的核心价值，引导企业加快推进制造业与生产性服务业融合发展，延伸价值链条。着力提升创新发展能力。全力抓好科技创新城建设，继续引进高端研发机构、优秀企业和标志性项目。深化科技管理体制改革，推动政府职能从研发管理向创新服务转变，优化科技资源配置。完善科技资源开放共享机制，提高科研人员成果转化收益分享比例。加快促进科技成果转化，建设省级科技成果转化和知识产权交易信息平台，山西科技创新城科技资源、科技金融等综合服务平台，开展专业孵化器建设试点等工作。创新人才体制机制，引进更多“高精尖缺”人才。加快完善基础设施建设。继续抓好铁路、公路、机场、水利等项目建设，全力争取大同、运城、长治、五台山机场等航空口岸正式开放，加快推进城市综合管廊、轨道交通、棚户区和城中村改造等项目建设。

（三）推动产业提质增效升级，持续加快结构调整步伐。

充分发挥市场机制作用，实施更加精准的产业政策，进一步夯实农业基础，大力发展新兴产业，加快发展现代服务业，促进产业向中高端迈进。

加快农业现代化建设。继续出台强农惠农政策措施，优化农业区域布局，大力调整农业结构，加快转变农业发展方式。加强农业基础设施建设。大力开展土地整治、中低产田改造和高标准农田建设，实施灌区节水改造，推广节水技术，新增实灌面积50万亩，建设高标准农田200万亩。支持供电、供水、交通、通信设施等农业农村基础设施建设。加快发展特色优势产业。大力发展杂粮、干鲜果、设施蔬菜、草牧业、中药材等特色产业，抓好农产品流通和产销衔接，拓宽销售渠道。积极推行农业标准化生产，提升农产品质量安全水平。加快发展农产品加工业。推进农业产业化经营，延伸农业产业链条，大力促进农产品加工业转型升级，推动粮经饲统筹、农林牧结合、种养加一体融合发展，提高农业综合效益，促进农业现代化和农民增收。

培育壮大新兴产业。落实好支持新兴产业发展的政策措施，推进新兴产业做大做强。现代煤化工要重点抓好潞安集团煤制油示范项目、同煤中海油煤制气示范项目建设，争取晋北现代煤化工基地产业发展规划早日获得国家批复并推进实施。新能源产业要多争取国家风电、光伏发电指标份额，加快建设大同采煤沉陷区先进技术光伏示范基地，进一步扩大新能源装机规模，持续提高非化石能源消费比重。铝工业要加大与国家对接力度，争取我省铝工业转型升级方案早日获批。积极推动与中铝、华润的合作，加快运城、吕梁两个百万吨级铝循环基地建设，构建南部、西部、中部三大铝工业产业集群。电动汽车产业要落实我省加快电动汽车产业发展的意见，优化产业布局，加快建设充电桩、充换电站等配套设施，年内实现太原、晋中、晋城三个试点市公共服务领域和重点区域充换电设施全覆盖。煤层气产业要继续加大对煤层气利用、应急调峰建设的支持力度，促进我省与央企在煤层气（天然气）等领域的合作，积极推进煤层气（瓦斯）发电项目由核准改为备案。推进煤矿瓦斯抽采全覆盖工程。完善煤层气价格形成机制，坚持煤层气、天然气同质同价原则，理顺煤层气、天然气比价关系。先进装备制造业要以重点企业、园区、技术、项目为依托，以高端化、系列化、成套化为方向，重点发展轨道交通装备、煤机装备、煤层气装备、电力装备、煤化工装备等，切实提高核心竞争力。积极发展新兴业态。深入推进大众创业、万众创新，实施“互联网＋”行动计划，推动云计算、大数据、物联网、移动互联网等与现代农业、现代制造业、现代服务业深度融合，发展分享经济，不断催生和发展新兴业态。

推动服务业快速发展。在2012年出台的9条扶持措施基础上，进一步研究出台综合性帮扶措施。突出文化旅游和现代物流发展，实施双轮驱动战略。文化旅游业要在更新理念、金融助推、营造著名品牌、发挥市场决定性作用方面迈出实质性步伐。大力推动文化强省，实施重大文化产业项目，推进文化保税区、产业园建设，促进文化创意产业发展。积极争取五台山成为国家旅游综合改革试验区，为五台山景区发展创造更多更好的机遇和条件，为全省世界遗产地、旅游景区产业转型、综合改革等提供创新示范。现代物流业要贯彻落实已出台的专项规划，推进物流通道及网络建设，重点打造中部、北部、南部三大现代物流业密集区，支持建设一批商贸物流园区、专业批发市场、商品配送中心。要创新扶持机制，加大政策支持，重点抓好金融服务、信息服务、电子商务、检验检测和旅游休闲、文化体育、健康养老等领域，在保持服务业较快增长的基础上，加快生产性服务业向专业化和价值链高端延伸、生活性服务业向精细化和高品质转变。

（四）突出抓好重点领域改革突破，更多释放改革红利。

坚持问题导向、发展导向，实施好转型综改“十三五”五年实施方案和2016年“2455”行动计划，突出抓好与当前经济社会发展密切相关的重点领域改革，敢于啃硬骨头、敢于涉险滩，以更大的勇气和智慧破解体制机制难题，更多释放改革红利。

深化煤炭管理体制改革。继续深入推进煤炭行政审批制度改革。推进煤炭资源市场化配置改革，逐步建立完善煤炭资源矿业权交易平台，完善网上交易和网上监管机制，逐步完善矿业权交易市场体系，探索共生伴生矿产资源矿业权一体化配置。深化煤炭交易方式改革，进一步完善交易平台功能，通过市场化手段，吸引省内外煤炭供需双方和物流企业进入交易平台，进一步扩大交易规模。积极完善现货交易，鼓励煤炭供需双方签订并执行大用户长期协议。争取开展动力煤衍生品场外交易试点。紧密跟踪对接国家煤炭行业脱困政策，及时制定煤炭税费减负、整合重组、破产关闭等方面的改革措施。深入推进电力体制改革。积极开展电力体制综合改革试点，抓紧出台我省电力体制综合改革试点方案。按照国家电力体制改革配套的输配电价、电力市场建设、电力交易机构组建和规范运行、有序放开发用电计划、售电侧改革、加强和规范燃煤自备电厂监督管理等六个配套文件要求，出台我省贯彻落实意见，推进相关改革任务的实施。落实电解铝、电动汽车电价政策。深化国有企业改革。继续推进国有企业信息公开，加强信息化成果运用。推进国有企业股权多元化改革，健全公司法人治理结构，完善现代企业制度。建立健全国资监管体系，防止国有资产流失。探索改组（组建）国有资本投资（运营）公司，积极稳妥发展混合所有制经济。推进同煤、晋能国企改革试点，同煤集团重点在解决厂办大集体、分离办社会等方面开展试点，同步推进组织体系调整，推进公司法人治理结构完善，深化人事用工分配制度改革；晋能集团重点在解决煤焦公路体制改革涉及的下岗人员分流转岗等方面开展试点。完善民营经济发展促进机制。落实我省加快民营经济发展的33条措施，清理规范对民间资本的准入条件，推动全领域、全产业链向民间资本开放。支持民间资本通过出资入股、收购股权等方式参与国企改革。引导民营企业向“专精特新”转型发展，培育发展新的竞争优势。加快民间投资促进和保护立法工作。用好支持民营企业的各项专项基金。同时，深入推进财税、金融、土地、价格等领域改革。

（五）抓好区域合作和对外开放，大幅提升我省开放型经济发展质量和水平。

紧紧抓住“一带一路”、京津冀协同发展、环渤海地区合作发展等重大战略机遇，加快各类开放平台提质增效，构建开放型经济新体制，以开放促改革、促发展、促创新，努力形成开放发展新格局。

加快构建开放型经济新体制。加快“引进来”和“走出去”的投资便利化改革，充分借鉴自贸区经验，积极推进准入前国民待遇加“负面清单”的外商投资管理模式，进一步下放项目备案、核准权，实行境外投资项目网上备案制，加强利用外资和境外投资项目的服务和监管力度。

积极参与“一带一路”建设。围绕中蒙俄经济走廊、新亚欧大陆桥经济走廊、中国—中亚—西亚经济走廊建设，不断完善我省高速公路、铁路、航空网络，加强指导和协调，发挥我省采矿、钢铁、机械、焦化等领域的产能、装备、技术等比较优势，积极稳妥推进省内企业开展国际产能合作和装备制造企业“走出去”。

主动“东向融入”京津冀协同发展和环渤海地区合作发展。把“东向融入”京津冀和环渤海经济圈作为我省开放发展的优先战略。抓住京津冀大气治理、晋冀蒙（乌大张）长城金三角合作等战略机遇，积极承接京津冀地区产业转移，促进能源、交通、产业等多领域合作协议签署落地。

深化国际合作。积极开展以煤会友，全面深化与德国北威州的战略合作，进一步加大与美国西弗吉尼亚等产煤省州的合作力度。

（六）扎实做好节能减排和生态治理工作，持续推进美丽山西建设。

牢固树立绿色发展理念，牢固树立保护生态环境就是保护生产力、改善生态环境就是发展生产力的理念，牢固树立保护生态环境就是保障民生、改善生态环境就是改善民生的理念，坚定走生产发展、生活富裕、生态良好的文明发展道路。

加快推进生态修复治理。抓好国家水污染防治行动计划的贯彻落实。全面实施汾河、桑干河、滹沱河、漳河、沁（丹）河流域生态修复和河道治理。深入实施林业“六大工程”，支持吕梁山生态脆弱区林业生态建设工程、京津风沙源建设工程，完成营造林400万亩。推进矿山生态环境治理和地质灾害防治。

加强节能减排和环境治理。实行能源和水资源消耗、建设用地等总量和强度双控行动。加快推进全省燃煤机组超低排放改造提速工程和节能改造工作。以煤炭清洁利用为重点，推进燃煤小锅炉淘汰、重点行业污染治理、电动汽车推广等工作，持续加强大气污染防治。落实好国家土壤环境保护和污染治理行动计划，严防土壤污染引发的食品安全问题。

深入推进循环经济发展。推进晋城、孝义国家循环经济示范城市，芮城、娄烦、平鲁、孝义生态文明先行示范区，朔州、浮山“双百基地”建设，实施太原不锈钢园区循环化改造，开展大同、太原、晋中餐厨垃圾处理等国家示范试点。推动煤矸石、粉煤灰等大宗工业固废综合利用。

加快推进低碳试点。探索开展碳排放权交易，深入推进低碳市县、低碳工业园区和低碳社区试点，着力发挥典型示范作用。深入开展工业重点行业能效对标活动，推进清洁生产项目建设，有效控制电力、钢铁、建材、化工等重点行业碳排放。

加快实施采煤沉陷区治理。我省深化采煤沉陷区治理已进入攻坚阶段,2016～2017 年将实施 12.5 万户、39.9 万人,其中 2016 年实施 7.6 万户、22 万人。要多方筹措资金,不断健全工作机制,市县层面要加快项目审批和建设,努力完成年度目标。

(七)加强保障和改善民生工作,推动基本公共服务均等化。

高度关注经济下行对就业、收入等重点民生工作的影响,克服财政增收压力,坚持民生投入力度不减,全面兑现各项民生承诺,确保人民群众特别是困难群众的基本生活不因经济下行而受影响。

持之以恒抓好安全生产。牢固树立安全发展理念,牢记“三个决不能过高估计”的基本判断,明确细化责任,加大对安全生产和安全执法的监督检查力度,抓好煤矿、化工和危险化学品、道路交通、非煤矿山、烟花爆竹、油气输送管道、消防等重点行业领域和人员密集场所的安全生产专项整治。确保安全生产投入,改善安全生产基础设施和条件。严格实施安全生产法,继续加强考核问责,杜绝重特大事故发生,减少一般事故发生,促进安全生产形势持续明显好转并向稳定好转坚实迈进。

努力扩大就业。研究出台更加积极的就业政策,鼓励支持劳动者自主创业,以创业带动就业。聚焦促进高校毕业生就业和解决结构性失业两大重点,着力实施高校毕业生创业引领计划和就业促进计划。继续实施政府购买基层公共服务岗位,用于吸纳高校毕业生就业。大力开展农村转移劳动力职业技能培训。强化对就业困难人员的就业援助,保障弱势群体就业权益。

保持物价稳定。加强对粮油肉蛋菜等居民生活必需品的价格监测,搞好生产储备,降低流通环节费用,落实社会救助和保障标准与物价上涨挂钩的联动机制,防范价格异常波动。积极稳妥推进资源环境、公用事业等领域价格改革。

积极促进各项社会事业发展。加快推进城乡人居环境改善等重点民生工程。实施基本公共教育服务保障工程、产教融合发展工程,重点支持贫困地区和教育资源短缺地区教育发展,促进教育公平发展。新改扩建农村幼儿园 200 所,推进义务教育学校标准化建设,继续改善普通高中办学条件,支持现代职业教育、特殊教育加快发展,提高普通高等教育办学质量、水平和层次。继续实施基层医疗卫生服务体系建设、食品安全风险监测能力建设、儿童医疗服务体系建设、地市级医院建设和重大疾病防治设施建设等卫生医疗专项,完善各级各类医疗卫生服务体系,提高服务能力和水平,为群众提供安全、有效、方便、价廉的基本医疗卫生服务。加大对科学、文化、体育、计生、人口等领域的支持力度。

继续抓好对口援疆各项工作,编制实施我省援疆“十三五”规划,推进援疆项目建设。继续做好国民经济动员工作,积极促进军民融合式发展。

(八)抓好经济运行分析和政策研究,牢牢把握经济工作主动权。

增强对经济发展新常态的认识和把握,将更多时间和精力放到重大政策、重大事项的谋划上来,多提创新性意见,多做开创性工作,多想办法措施,多出实招硬招。进一步强化对经济形势分析。密切跟踪宏观经济走势,深入分析我省经济运行情况和存在问题。主动与国家有关部委沟通对接,及时了解国家在财政、货币、投资、产业、价格等方面的最新政策动向。深入厂矿企业、项目现场开展调查研究,及时掌握新情况新动向和苗头性倾向性问题。进一步强化重大政策预研储备。今年国家稳增长、调结构、惠民生、防风险政策措施出台将更加密集,要在政策调研起草阶段及早介入、提出诉求,争取政策利好惠及我省。提前做好我省贯彻意见的谋划和起草,确保各项政策更快地落地生效。对已出台的各项政策,要搞好回头看,根据新情况新问题调整完善,提高政策效力。着眼解决我省经济运行中的深层次矛盾和问题,加大政策预研储备力度。

深入开展“冬季行动”,建立“马上就办、真抓实干”的长效工作机制。按照全面加强政府自身建设三年规划的要求,严格依法行政,加快职能作风转变,狠抓工作落实。

各位代表,新的一年,全省加快推进“六大发展”、全面深化改革任务十分艰巨,让我们在省委、省人大、省政府、省政协的正确领导和监督支持下,认真贯彻落实省委十届七次全会和全省经济工作会议精神,攻坚克难,真抓实干,努力促进全省经济持续健康发展、社会和谐稳定,为全面建成小康社会做出新的贡献!

关于山西省 2015 年全省和省本级预算执行情况与 2016 年全省和省本级预算草案的报告

——2016 年 1 月 27 日在山西省第十二届人民代表大会第五次会议上

山西省财政厅厅长 **武 涛**

各位代表：

受省人民政府委托，我向大会提出 2015 年全省和省本级预算执行情况与 2016 年全省和省本级预算草案的报告，请予审议，并请省政协委员和其他列席会议的人员提出意见。

一、2015 年全省和省本级预算执行情况

2015 年，全省上下在省委、省政府的坚强领导下，坚持稳中求进工作总基调，主动适应经济发展新常态，积极应对各种困难挑战，统筹推进稳增长、促改革、调结构、惠民生、防风险各项工作，经济社会发展在克服困难中奋力前行。与此同时，全省财税部门努力确保财政预算平稳运行，竭力遏制财政收入下滑态势，积极调整优化支出结构，民生和重点支出得到较好保障。

（一）一般公共预算执行情况。

1. 全省预算执行情况。

2015 年全省预算经省十二届人大四次会议审查批准后，各市县人民代表大会相继批准了本级预算，省政府于 2015 年 8 月汇总各市县预算报送省人大常委会备案。2015 年全省一般公共预算收入为 1874.93 亿元，与备案预算一致；支出预算由 3517.03 亿元变动为 3821.9 亿元，主要是中央转移支付补助增加 370.9 亿元、地方政府债券安排支出增加 128.29 亿元以及各级财政收入短收等净减少支出 194.32 亿元所致。

2015 年全省一般公共预算收入完成 1642.21 亿元，为预算的 87.6%，下降 9.8%。如果剔除煤炭资源税改革和基金转列一般公共预算收入等政策性因素，同口径下降 17%。主要是受经济持续下行、工业经济持续回落、煤炭价格大幅下降以及结构性减税和普遍性降费等影响。一般公共预算支出执行 3443.41 亿元，为预算的 90.1%，增长 11.6%。其中，教育、医疗卫生、社会保障和就业、住房保障、文化体育与传媒、农林水事务、城乡社区事务、节能环保、粮油物资储备及交通运输等民生支出 2900 亿元，同比增长 12.3%。

2015 年全省预算收支执行具体情况如下：

(1)主要收入项目执行情况。

税收收入完成 1056.46 亿元，为预算的 80.6%，下降 6.9%，若剔除煤炭资源税改革因素后，同口径下降 15.2%。其中：增值税完成 201.1 亿元，为预算的 74.7%，下降 15.6%；营业税完成 299.81 亿元，为预算的 90.3%，下降 13.3%；企业所得税完成 142.95 亿元，为预算的 88%，下降 14.6%；个人所得税完成 36.25 亿元，为预算的 79.3%，下降 23.2%；资源税完成 143.18 亿元，为预算的 61%，增长 143.1%，主要是煤炭可持续

发展基金纳入煤炭资源税从价计征改革范畴。

非税收入完成585.75亿元，为预算的103.9%，下降14.7%。其中：专项收入完成386.54亿元，为预算的106.9%，下降13%，其中"两权"价款收入完成268.28亿元，下降22.2%；行政事业性收费收入完成76.36亿元，为预算的90.3%，下降21.7%；罚没收入完成50.08亿元，为预算的122.7%，下降17.8%；国有资源(资产)有偿使用收入完成53.35亿元，为预算的127.6%，增长56.1%，主要是转让政府还贷公路收费权收入转列一般公共预算收入。

(2)主要支出项目执行情况。

教育支出执行604.74亿元，为预算的94.9%，增长19.2%。其中：普通教育468.6亿元，包括学前教育20.83亿元、小学教育160.91亿元、初中教育83.07亿元、高中教育61.19亿元、高等教育65.34亿元；职业教育58.92亿元；成人教育、特殊教育及进修培训等12.74亿元。

医疗卫生与计划生育支出执行290.5亿元，为预算的95.7%，增长19.1%。其中：医疗保障支出134.33亿元，公立医院支出52.7亿元，基本公共卫生39.55亿元，基层医疗卫生机构支出24.51亿元，计划生育支出17.78亿元。

社会保障和就业支出执行533.75亿元，为预算的96.8%，增长18.4%。其中：财政对社会保险基金补助188.41亿元，行政事业单位离退休支出143.88亿元，城乡居民最低生活保障支出51.68亿元，抚恤及退役安置等支出32.64亿元，就业补助支出23.16亿元，企业改革支出18.73亿元。

住房保障支出执行126.74亿元，为预算的82.4%，增长35.7%。其中：棚户区改造支出31.24亿元、廉租住房支出7.8亿元、公共租赁住房支出13.39亿元、农村危房改造支出11.18亿元，住房公积金等住房改革支出23.62亿元。

农林水支出执行395.36亿元，为预算的89.5%，增长20.6%。其中：农业支出146.12亿元，水利支出103.41亿元，林业支出50.21亿元，农村综合改革支出43.63亿元，扶贫支出24.66亿元，农业综合开发支出14.16亿元。

文化体育与传媒支出执行76.38亿元，为预算的96.1%，增长19.4%。其中：文化支出20.98亿元，文物支出15.58亿元，广播影视支出19.4亿元，体育支出6.62亿元，新闻出版支出2.25亿元。

城乡社区支出执行255.86亿元，为预算的92.3%，增长16.8%。其中：城乡社区公共设施支出157.01亿元，城乡社区环境卫生支出50.46亿元，城乡社区管理事务支出33.72亿元。

科学技术支出执行37.41亿元，为预算的97.3%，下降31.1%，主要是山西科技创新城建设资金2014年已全部拨付到位，2015年无此因素。其中：技术研究与开发支出19.53亿元，科技重大专项支出2.58亿元，基础研究及应用研究支出6.32亿元，科技服务及科学技术普及支出3.95亿元。

节能环保支出执行99.58亿元，为预算的75.7%，增长4.5%。其中：污染防治及减排支出37.34亿元，退耕还林及风沙荒漠治理支出14.7亿元，能源节约利用支出19.97亿元，自然生态及天然林保护支出9.13亿元，可再生能源支出7.6亿元。

国土海洋气象等支出执行225.17亿元，为预算的75.9%，下降29.6%，主要是"两权"价款等专项收入安排的支出减少。其中：国土资源事务支出221.2亿元，测绘事务支出0.98亿元，地震事务支出1.27亿元，气象事务支出1.73亿元。

其他科目支出情况：一般公共服务支出执行249.29亿元，为预算的94.2%，增长4.8%；公共安全支出执行173.49亿元，为预算的97.4%，增长7.9%；交通运输支出执行218.45亿元，为预算的94.9%，增长28.2%；资源勘探信息等支出执行54.49亿元，为预算的86.2%，增长9.9%；商业服务业等支出执行15.41亿元，为预算的80.4%，增长10.5%；粮油物资储备支出执行20.68亿元，为预算的96.2%，增长8.4%；其他支出执行55.11亿元，为预算的45.5%，增长10.6%。

2. 省本级预算执行情况。

2015年省本级预算经省十二届人大四次会议审查批准后，省政府于2015年8月将省本级预算报省人大常委会备案。省本级一般公共预算收入为650.38亿元，与备案预算一致；支出预算由1001.15亿元变动为892.27亿元，主要是中央转移支付补助增加370.9亿元、地方政府债券安排支出增加30亿元以及增加各市县转移支付补助相应减少省级支出509.78亿元所致。其中地方政府债券安排的支出，省政府编制了预算调整方案并于2015年5月25日报经省十二届人大常委会第20次会议审议通过。年度预算执行过程中，按照中央和省委、省政府新出台的政策要求，还对部门预算进行了适当调整，资金主要通过盘活财政存量及调整支出结构解决。

2015年省本级一般公共预算收入完成577.72亿元，为预算的88.8%，下降1.9%；一般公共预算支出执行748.68亿元，为预算的83.9%，增长8.7%。省本级通过盘活存量资金、压缩结余结转等措施当年可实现收支平衡。

2015年省本级预算收支执行具体情况如下：

(1)主要收入项目执行情况。

税收收入完成323.55亿元,为预算的77%,增长10.6%,若剔除煤炭资源税从价计征改革因素后,同口径下降14.6%。其中:增值税完成62.71亿元,为预算的77%,下降15.6%;营业税完成111.17亿元,为预算的89.1%,下降14.2%;企业所得税完成49.77亿元,为预算的91.3%,下降11.5%;个人所得税完成10.88亿元,为预算的79.4%,下降23.2%;资源税完成88.64亿元,为预算的61.1%,增长401.6%,主要是煤炭可持续发展基金纳入煤炭资源税从价计征改革范畴。

非税收入完成254.17亿元,为预算的110.4%,下降14.2%。其中:专项收入完成207.98亿元,为预算的109.7%,下降13.9%;行政事业性收费收入完成17.65亿元,为预算的107.7%,下降27.7%;罚没收入完成3.71亿元,为预算的162.7%,下降81.1%;国有资源(资产)有偿使用收入完成25.1亿元,为预算的110.1%,增长124.3%,主要是转让政府还贷公路收费权收入转列一般公共预算收入以及利息收入增加。

(2)主要支出项目执行情况。

教育支出执行89.48亿元,为预算的91.8%,增长14.2%;医疗卫生与计划生育支出执行21.14亿元,为预算的97.8%,增长37.1%;社会保障和就业支出执行162.24亿元,为预算的97.3%,增长15.8%;文化体育与传媒支出执行19.47亿元,为预算的97.3%,增长48.6%;节能环保支出执行15.15亿元,为预算的55%,增长50.9%,执行进度较低主要是燃煤电厂超低排放政府补助资金预算结余;农林水支出执行88.35亿元,为预算的88.3%,增长14.9%;科学技术支出执行12.26亿元,为预算的99.9%,下降52.8%,主要是2015年地方政府债券不再安排科技创新城建设资金;国土海洋气象等支出77.02亿元,为预算的61.7%,下降36.2%,主要是省级"两权"收入安排的支出减少;住房保障支出执行0.42亿元,为预算的82.4%,下降74.4%,主要是中央补助留省级支出减少。

其他项目支出情况:一般公共服务支出执行43.09亿元,为预算的92.4%,下降17.9%;公共安全支出执行31.04亿元,为预算的99.6%,增长8.3%;交通运输支出执行137.32亿元,为预算的98.5%,增长54.2%;资源勘探信息等支出10.31亿元,为预算的91.9%,增长6.8%;商业服务业等支出4.04亿元,为预算的86.9%,增长118.4%,主要是中央补助及上年结转留省级支出增加;粮油物资储备支出执行8.68亿元,为预算的99.9%,下降17.3%;债务付息支出执行4.27亿元,为预算的100%,增长30.2%;债务发行费用支出执行0.47亿元,为预算的100%,增长487.5%,主要是2015年债券发行规模增加;其他支出执行18.64亿元,为预算的26.9%,增长245.8%,主要是2015年安排民营企业创新转型投资基金和产业投资政府引导资金。

3. 中央对我省、省对市县转移支付执行情况。

2015年中央对我省转移支付1272.36亿元,增长10.6%。其中:一般性转移支付782.02亿元,增长8.6%;专项转移支付490.34亿元,增长14%。

省对市县转移支付1299.38亿元,增长15.1%。其中:一般性转移支付767.04亿元,增长14.3%;专项转移支付532.34亿元,增长16.2%。省对市县一般性转移支付占全部转移支付比重59%。

(二)政府性基金预算执行情况。

2015年全省政府性基金预算收入完成524.08亿元,为预算的72.6%,下降44.5%;预算支出执行709.22亿元,为预算的63.9%,下降18.4%。收支下降较多主要是2015年煤炭可持续发展基金停征及9项基金转列一般公共预算。

省本级政府性基金预算收入完成160.49亿元,为预算的60.9%,下降50.3%,主要是2015年煤炭可持续发展基金停征及9项基金转列一般公共预算;预算支出执行272.91亿元,为预算的55.4%,增长35.5%,主要是高校老校区及部分省属国有企业土地出让增加收入相应增加支出。

(三)国有资本经营预算执行情况。

2015年全省国有资本经营预算收入完成7.12亿元,为预算的74.2%,增长47.7%,增幅较高的原因是清欠力度加大和产权转让收入增加;预算支出执行27.54亿元,为预算的88%。支出大于收入的原因,主要是中央追加我省厂办大集体改革中央补助资金所致。

省本级国有资本经营预算收入完成0.58亿元,为预算的29%,下降71.8%,主要是落实省政府减轻企业负担60条对企业上缴国有资本收益实施免缴政策;预算支出执行24.34亿元,为预算的94.5%。支出大于收入的原因,主要是中央追加我省厂办大集体改革中央补助资金所致。

(四)社会保险基金预算执行情况。

2015年全省社会保险基金预算收入完成970.69亿元,为预算的99%;预算支出918.94亿元,为预算的99.7%,收支结余51.75亿元。

上述预算执行数字为财政月报数,决算过程中还会有些变化,具体结果待决算编制完成后向省人大常委会报告。

(五)举借债务情况。

2015年,财政部核定我省发行政府债券610亿元,其中:新增债券171亿元,省本级留用30亿元,转贷各市141亿元,主要用于基础性、公益性项目建设;置换债券386亿元,省本级留用24.15亿元,转贷各市361.85亿元,主要用于置换到期政府债务;在建项目后续融资债券53亿元，省本级留用44亿元，转贷各市9亿元，主要用于城市地下综合管廊等在建项目。这对我省应对经济下行压力、加快基础设施和民生项目建设、防范财政金融风险发挥了积极作用。

截至2015年底，全省政府债务限额2122.8亿元，其中：省本级323.5亿元，各市1799.3亿元。全省政府债务率预计为51.6%，比国际公认警戒线100%低48.4个百分点，比全国地方政府债务率86%低34.4个百分点，债务风险总体可控，仍有一定举债空间。

2016年，全省到期政府债券70亿元，其中省本级到期24亿元、各市到期46亿元，各级财政部门将通过一般公共预算安排、置换债券置换、调入债务单位经营收益等方式，确保政府债券按期偿还，维护政府信誉。

（六）落实省十二届人大四次会议预算决议情况。

1. 抓好预算执行。面对前所未有的严峻形势，省政府高度关注财税运行情况，每月研究部署收入组织和支出执行工作。财税部门强化收入形势监测分析，及时调整征管工作重点，坚持依法执收，确保各项收入应收尽收。各级各部门牢固树立过紧日子的思想，积极调整支出结构，盘活存量资金，大力压减一般性支出和"三公经费"支出。省财政通过增加转移支付、发行地方政府债券、实施临时性救助等措施，积极缓解县乡财政困难。省对市县均衡性转移支付311.7亿元，增长24.8%；下达县级基本财力保障奖补资金49.2亿元，增长8.6%。与此同时，大力争取中央支持，中央对我省转移支付达1272.36亿元，增长10.6%；批准我省发行地方政府债券610亿元，有效替代高利息债务，节约融资成本约145亿元；同意将未上缴中央的"两权"价款全部用于支持我省采煤沉陷区治理；争取财政部出台了煤炭企业增值税进项税额抵扣扩围政策，有效减轻了煤炭企业负担。

2. 加强财政调控。积极投身"六大发展"，致力做好煤与非煤两篇大文章，实施积极财政政策不变调，集中支持转方式调结构，推动经济发展提质增效。

全面落实结构性减税和普遍性降费政策，在2014年清理取消行政事业性收费（基金）137亿元的基础上，2015年进一步取消、停征、减征行政事业性收费项目130项，减少收费34亿元。

加大资金筹措力度，扩大政府有效投资，累计下达235亿元重点支持公路、铁路、民航等基础设施建设；大力推广PPP模式，首批推介国家级PPP示范项目3个，省级PPP示范项目9个；设立城市人居环境PPP投资引导基金，子基金总规模达128亿元，可带动投资850亿元以上。

创新财政支持方式，加快运作新兴产业投资基金，通过市场化运作方式支持煤与非煤产业发展；将煤矿瓦斯抽采省级财政补贴标准提高1倍，促进煤层气产业发展；开展首台（套）重大技术装备保险补偿机制试点，对列入推广应用指导目录的装备产品予以补贴。

发挥财政资金引导作用，支持节能减排和淘汰落后产能。对黄标车及老旧车提前淘汰予以财政奖励；对电动汽车生产企业予以营销补贴，支持新能源汽车产业发展壮大；对全省现役30万千瓦及以上燃煤发电机组一次性改造投资给予补助；补助各市5.88亿元开展工业大气污染综合治理；生态转移支付补助实现对省级重点生态功能区全覆盖。

认真落实减轻企业负担稳定工业运行60条要求，省财政牵头落实11项措施为全省企业累计减负151.7亿元，带动社会增加企业发展资金180多亿元。降低失业保险费率，减轻企业、个人负担共5.6亿元。拨付晋能集团、焦炭集团55亿元支持煤焦公路运销体制改革。

3. 推进"三个突破"。着眼破解全省经济发展瓶颈制约，在促进金融振兴中稳增长，在推进创新驱动中促转型，在发展民营经济中增活力，为长远发展搭桥铺路。

促进金融振兴，组建具有金融全牌照的山西金融投资控股集团有限公司，推动我省金融产业集聚发展和转型升级；组建资本金达14亿元的省级再担保公司，强化对中小企业的融资担保功能；设立华融晋商资产管理股份有限公司，加快处置地方金融不良资产；创新中小微企业融资模式，撬动银行贷款80亿元，财政资金放大8倍；完善财政奖补政策，支持29户企业挂牌上市并成功融资。

推进科技创新，出台了深化省级财政科技计划（专项、基金等）管理改革方案，结束了科技资金多头分散、碎片化管理的局面；支持推进山西科技创新城建设和煤基低碳科技专项计划取得新进展；通过支持中试基地建设、解决"中人"退休待遇、政府购买公共科技服务等方式，帮助解决转制科研院所生存和发展问题。

推动民营经济发展，设立民营企业创新转型投资基金，引导省内民营企业创新转型发展。对中小民营企业进入政府采购市场实施公平待遇，年度政府采购项目预算总额的30%以上专门面向中小企业采购。省财政每年安排中小企业发展专项资金3亿元，从加强公共服务、完善融资担保政策、支持创业基地建设等方面支持小型微型企业发展。

4. 保障改善民生。积极应对财政收入大幅下降的挑战，盘活存量、用好增量，千方百计兜牢民生底线。

加大强农惠农富农力度，统筹整合新增资金15.76亿元支持实施10项新的强农惠农富农政策，资金总规模达83亿元；设立规模为3亿元的农业产业发展基金；组建公益性山西扶贫开发投资公司，统筹承接易地扶贫搬迁、扶贫开发和农业发展专项贷款；投入3.87亿元开展土地承包经营权确权登记颁证工作；拨付资金53.5

亿元，大力改善农村人居环境，美丽乡村建设试点县扩大到11个。

教育、养老、医疗卫生、社保等与人民群众生产生活密切相关支出的保障水平进一步提高。当年新增支出158亿元，支持14项民生政策提高标准，新出台12项民生政策。全省170多万企业退休人员基本养老金月人均提高239元，达到2630元，210万城乡低保对象最低生活保障标准每人每月提高20元；城镇居民医保和新农合财政补助标准每人每年提高60元，达到380元；人均基本公共卫生服务经费政府补助标准提高至40元；农村五保集中供养对象和分散供养对象省级补助标准每人每年分别提高200元、100元，达到2400元、1530元。

大力促进创业就业，投入资金1.5亿元成立省级中小微企业小额贷款担保中心、创业融资服务有限公司，为高校毕业生等就业群体创业就业提供担保和融资服务；安排2.35亿元专项资金，为高校毕业生购买基层社会管理和公共服务岗位、支持实施大学生农技特岗计划、鼓励高校毕业生自主创业。

推进教育事业发展，新建、改扩建公办幼儿园312所；继续推进义务教育薄弱学校改善办学条件，又有30个县通过义务教育均衡发展评估认定；特岗教师工资补助标准由年2.4万元提高到2.8万元；高中和中职国家助学金标准由每生每年1500元提高至2000元，高职院校年生均财政拨款达到9000元；启动高校协同创新中心建设，提升高校服务我省经济社会发展能力。

加大困难群众帮扶力度，提高了全省19万多优抚对象的补助标准、1500多名伤残军人的护理费标准、5000多户失独和伤残家庭的特别扶助金补助标准；低收入农户冬季取暖用煤由实物发放改为省财政货币化补贴；全省城乡低保家庭中的高龄老年人和失能老年人，每人每月分别可以再得到30元、60元补贴。

5. 深化财税改革。出台了《关于深化预算管理制度改革的实施意见》，从完善政府预算体系、推进预决算公开、建立跨年度预算平衡机制、加强财政收支管理、规范政府债务管理等8个方面部署了24项改革任务。将政府收支全部纳入预算管理；将地方教育附加、文化事业建设费、残疾人就业保障金等9项基金转列一般公共预算。着手编制省级2016～2018年财政规划，并在水利投运、义务教育等重点领域开展三年滚动预算试点。加强国库现金管理，省级现金管理规模达470亿元。对农业、教育和科技等重点支出据实安排，不再预设重点支出项目增长比例，新出台的项目政策一律不与财政收支增幅挂钩，新增项目根据财力依政策、按需要、据绩效安排。实行财政资金预拨和转移支付提前下达制度，大多数专项转移支付采用“因素法”切块分配到市县。出台了《关于加强政府性债务管理的实施意见》，建立了“借、用、还”相统一的政府性债务规范管理制度。进一步完善煤炭资源税改革配套政策，改革前后各级利益格局基本保持不变。

6. 坚持依法理财。扎实推进“六权治本”，健全完善依法理财长效机制。以清理“法定权力”为基础，依法确定权力事项64项，编制并公布了“两单两图”。以规范“隐性权力”为重点，制定了《山西省财政厅省级财政专项资金管理办法》和《山西省财政厅关于财政专项资金分配职责的规定》，开展财政专项资金管理分配不规范问题专项整治，形成了财政专项资金管理和分配两个“1＋N”制度体系，切实将资金分配这个“隐性权力”关进制度的笼子，努力做到用权有制、行权有界、施权有责。将政府采购实施计划由核准改为备案管理，审批环节由12个精简为3个，每年减少审批事项14万人次，精简率达75%。全面推进财政预算信息公开，除涉密信息外，所有使用财政资金的部门都公开了本部门预决算和“三公”经费预决算，积极打造“阳光财政”升级版。

二、2016年全省和省本级预算草案

2016年是“十三五”规划的开局之年，是全面建成小康社会决胜阶段的第一年，也是我省全面推进“六大发展”的关键之年。编制好2016年预算，做好各项财政工作，关系全省改革发展稳定大局，意义十分重要。

(一)2016年预算安排原则。

贯彻党的十八大、十八届三中、四中、五中全会、中央经济工作会议和全国财政工作会议精神，落实省委十届七次全会和全省经济工作会议部署，综合考虑我省财政经济发展的各种因素，2016年全省财政预算编制原则如下：

收入预算编制坚持实事求是，与经济社会发展水平相适应，与国家政策相衔接。

支出预算编制坚持量入为出、有保有压，依法安排各项财政支出，进一步调整结构、盘活存量、突出重点、勤俭节约。

推进中期财政规划管理。对重大支出政策，按三年统筹考虑，确保财政可持续。

完善政府预算体系。加大政府性基金预算、国有资本经营预算与一般公共预算的统筹力度，将地方政府债务分类纳入预算管理。

坚持预算管理和资产管理紧密结合。

创新财政投入方式，更好地发挥财政资金对民间投资的拉动作用。

(二)2016年收支预算。

1. 一般公共预算。

2016年全省一般公共预算收入1528亿元，比上年完成数(下同)下降7%，做出这样的预期，主要是考虑到当前我省仍处于改革开放以来最为困难的时期，经济筑底回升仍需历经艰难的过程。虽然2016年全省GDP预期增长6%，但从目前经济运行轨迹预判，按现价计算的工业、交通运输、现代服务业、建筑业等行业的产值难以实现增长，煤焦、钢铁、电力等主导行业去产能、去库存面临较大压力，经济效益难有回升，导致税基减少、税源萎缩；国家进一步实施减费降税政策，全面推开营改增等政策性减收因素也将影响财政收入增长。

2016年全省一般公共预算支出安排2779.8亿元，比2015年向省人大常委会备案预算同口径下降8.9%(系剔除中央专项转移支付提前下达数后的同口径比较，下同)。主要项目安排情况是：一般公共服务支出239.13亿元，下降2.5%；公共安全支出145.33亿元，下降1%；教育支出587.87亿元，增长0.2%；科学技术支出38.52亿元，增长3.2%；文化体育与传媒支出63.97亿元，增长0.8%；社会保障和就业支出463.96亿元，增长0.5%；医疗卫生与计划生育支出243.16亿元，增长1.6%；节能环保支出57.04亿元，增长1.8%；城乡社区支出151.96亿元，下降10%；农林水支出320.34亿元，增长0.3%；交通运输支出114.77亿元，下降12.6%；国土海洋气象等支出136.41亿元，下降43.6%；住房保障支出50.69亿元，下降15.2%；预备费30.63亿元，下降11.6%；其他支出52.69亿元，下降66.8%。上述全省预算草案为省代编预算，待各市县人民代表大会批准后，省财政将汇总各级预算，加上上年结转支出，一并报省人大常委会备案。

省本级一般公共预算收入安排473.3亿元，下降18.1%。其中：税收收入325.78亿元，增长0.7%；非税收入147.52亿元，下降42%，主要是“两权”价款减少。省本级一般公共预算支出安排609.97亿元，同口径比2015年向省人大常委会备案预算下降13.8%。资金来源为：省本级一般公共预算收入473.3亿元，加上中央补助和市县上解收入1158.68亿元、调入资金101.22亿元(其中调入预算稳定调节基金93亿元)，减去上解中央和补助市县等支出1123.23亿元。

省本级主要支出项目安排情况是：一般公共服务支出42.7亿元，同口径(下同)增长31.1%；公共安全支出32.35亿元，增长22.7%；教育支出84.3亿元，增长1.5%；科学技术支出13.15亿元，增长34.4%；文化体育与传媒支出13.71亿元，下降5.6%，主要是与中央配套资金减少及由专项资金广告收入安排的支出减少；社会保障和就业支出137.92亿元，增长11%；医疗卫生与计划生育支出19.32亿元，增长2.8%；节能环保支出13亿元，增长9.8%；农林水支出66.2亿元，增长1.7%；国土海洋气象等支出12.01亿元，下降89.5%，主要是“两权”收入减少相应安排的支出减少及科目调整减少；住房保障支出15.25亿元，增长3.5%；预备费7亿元，下降12.5%。

2016年，全省财政面临的收支压力是前所未有的，上述安排是省财政在财政收入持续下滑、刚性支出有增无减的严峻形势下，通过优化财政支出结构大力压减项目资金178亿元、动用预算稳定调节基金93亿元、盘活财政存量资金16亿元，以及加大政府性基金和国有资本经营预算与一般公共预算统筹力度等措施，才得以平衡的盘子，在保基本、保运转、保稳定的前提下，其他支出区分轻重缓急、量力安排。

经汇总，2016年省本级行政事业单位和其他单位使用财政拨款安排的“三公”经费预算3.69亿元，比上年预算减少0.45亿元，下降10.9%。其中：因公出国(境)经费0.32亿元，比上年增加0.04亿元。主要是“以煤会友”国际友城经费、山西品牌丝路行等活动安排出国经费增加；公务接待费0.91亿元，下降7.3%；公务用车购置及运行维护费2.46亿元，同口径下降30.2%(其中公务用车运行维护费2.33亿元，同口径下降29.2%)，主要是党政机关公车改革减少了支出。省本级公车改革后公务交通支出较改革前节约支出0.3亿元，节支率为10.4%。

2. 政府性基金预算。

2016年全省政府性基金预算收入459.28亿元，比上年同口径下降12.4%；预算支出安排462.96亿元，下降36.3%。省本级政府性基金预算收入157.45亿元，下降1.9%；预算支出安排157.45亿元，下降40.2%，主要是土地出让收入和车辆通行费比上年预算减少。

3. 国有资本经营预算。

2016年全省国有资本经营预算收入3.87亿元，下降45.6%；预算支出安排3.87亿元，下降59.7%。省本级国有资本经营预算收入1.5亿元，增长158.6%；预算支出安排1.05亿元，调入一般公共预算用于保障和改善民生资金0.45亿元。

4. 社会保险基金预算。

2016年全省社会保险基金预算收入安排1226.68亿元，预算支出安排1212.21亿元，收支结余14.47亿元。

以上预算安排的具体情况详见《2015年全省和省本级预算执行情况及2016年全省和省本级预算(草案)》。

三、完成2016年预算任务的主要措施

“十三五”时期，我国仍处于发展的重要战略机遇

期，经济发展长期向好的基本面没有变，经济结构调整优化的前进态势没有变，这为我省转型创新发展提供了重要条件；党中央、国务院对山西等能源资源型省份的经济运行困难高度重视，新年伊始，李克强总理便来我省调研考察指导工作，并将我省政策诉求批转国务院有关部门提出支持意见，为我们进一步克服困难、做好工作增添了勇气和动力，指明了方向；新一届省委和省政府重点部署实施了“革命兴煤”、“六型转变”、“做好煤与非煤两篇大文章”、“三个突破”、“六权治本”等富民兴晋“组合拳”，为我省加快“六大发展”、全面建成小康社会积累了越来越多的积极因素；财税改革不断深化，财政体制机制不断创新，进一步夯实了财政管理基础。我们要因势而谋、因势而动、因势而进，变中求新，新中求进、进中突破，推动我省财政经济发展不断迈上新台阶。

（一）千方百计稳增长、调结构、促转型。第一，要引深“三个突破”，加快转换经济发展动能。要应用资源重整、资本金注入、基金投放等手段，支持金控集团、省扶贫开发投资公司、省农业信贷担保公司、科创城投资开发公司、省保障性安居工程投资公司等金融机构和融资平台发展运营，增强金融服务实体经济发展的能力。实施创新驱动战略，按照整合后的5大类科技计划安排科技资金，重点支持实施煤炭科技重大专项和重点研发计划、非煤科技重点研发计划，继续支持山西科技创新城建设和科研院所转制改革，鼓励企业实施科研人员股权、期权、分红等激励政策，完善政府采购促进中小企业创新发展的相关措施，促进科技成果加快转化。启动运营民营企业创新转型投资基金，扎实推进市县融资模式创新，着力破解民营企业融资难、融资贵等突出问题，激发民营经济发展活力。第二，要加大支出结构调整力度，提高投资的有效性。支持转型综改试验区建设，对省级转型综改标杆项目实施财政奖励。开展好财政投资绩效评价工作，及时将无效支出调整下来，将重复或错位的支出整合或修正过来，重点用于支持投资有回报、产品有市场、企业有利润、员工有收入、政府有税收、环境有改善的项目。落实好促进住房、家电、养老、健康、信息、文化等服务消费发展的财税政策，推动居民消费升级；加快发展商贸物流配送和连锁经营，支持做大做强文化旅游、健康养老等服务业。第三，要加大发行地方政府债券力度，努力弥补我省经济建设发展短板。充分利用中央向风险小、债务率低的地区多分配债券发行额度的政策导向，积极争取进一步扩大我省地方政府债券发行规模，着力解决制约我省经济发展的基础性问题。第四，要抓住中央设立“去产能”专项资金的重大契机，支持我省煤炭、钢铁、焦炭等行业解决“去产能”引起的人员安置问题。第五，要落实减税降费政策，帮助企业降低成本。巩固扩大“营改增”改革成果，实施支持小微企业发展的增值税、营业税、所得税优惠政策，落实煤炭采掘企业增值税进项税额抵扣扩围政策，实施结构性减税。建立完善收费清单目录制度，坚决遏制各种乱收费。继续免缴一年省属煤炭和冶金企业国有资本收益，切实减轻企业负担，给企业和市场主体留下更多的发展资金。第六，要促进节能减排，保护生态增效益。加快发展节能环保服务、资源循环利用、节能环保装备制造和新能源汽车产业，对在我省销售的电动车按国家同期补贴1∶1配套省级财政补贴，对在我省生产的电动车按1∶1配套省级营销补助。继续支持省城空气环境质量改善和全省大气污染防治，整合资金重点用于汾河流域生态修复。支持林业重点工程和草原生态建设，巩固退耕还林还草成果。

（二）全力以赴做好收入组织工作。积极培育涵养优质税源，通过产业投资引导基金等方式，带动社会资本增加对新兴产业和传统产业升级改造的投资，并向装备制造、新能源、新材料等高附加值、高利税率项目倾斜，着力提升投资效率，发展利税大户。密切关注经济走势、重点税源和税收的变化趋势，加强收入预测和预算执行分析，既要依法加强收入管理，会同有关部门严肃问责惩处各类收入征管过程中的违规违纪行为，规范收入征管秩序，确保应收尽收；又要合理调度组织收入，绝不在经济形势趋紧、收入持续下滑的时候杀鸡取卵、虚收探收，增加企业负担。进一步强化财税协调联动，全面加强重点行业和重点企业的税源监控，对煤炭资源税征缴情况开展调研，分析研究从煤炭生产、销售、运输等环节合理监控煤炭资源税征缴的有效手段，避免煤炭资源税偷漏流失现象。

（三）从严从紧加强各项支出管理。认真落实省人大决议，落实预算执行主体责任，强化预算约束，从严控制一般性支出和“三公经费”支出，进一步加强行政事业单位资产管理，实施好公务用车制度改革，厉行节约，勤俭办一切事业。盘活存量资金，加强库款管理，加大统筹使用力度，推进科技、教育、农业等重点领域项目资金整合，有效提升财力保障水平。

（四）加大力度保障民生支出需要。坚持量力而行和可持续性，着力保障基本民生。保就业稳定。支持实施大学生就业促进计划和创业引领计划，推进农民工返乡创业、退役军人安置和就业困难人员帮扶。落实好援企稳岗、社保补贴、税费减免等政策，促进再就业。保义务教育。建立城乡统一、重在农村的义务教育经费保障机制，统一城乡义务教育学校生均公用经费基准定额，继续提高特殊教育学校和随班就读残疾学生公用经费标准，实现生均公用经费随学生流动可携带。支持改善贫困地区义务教育薄弱学校办学基本条件。保基本医疗。提高城乡居民医保人均筹资财政补助标准。完善大病保险和生育保险政策，合并实施生育保险和基本医疗保险。继续提高基本公共卫生服务项目财政补助标准，推进基本公共卫生服务逐步均等化。保基本养老。健全城镇退休人员基本养老金正常调整机制，积极稳妥落实机关事业单位养老保险改革实施方案。扩大政府购买基本健康养老服务，支持社会力量发展养老服务业。保民生底线。继续提高全省城乡居民最低生活保障标准，完善城乡低保和农村五保供养制度。落实经济困难的高龄与失能老年人补贴以及百岁以上老年人补贴新标准。全面实施困难残疾人生活补贴和重度残疾人护理补贴制度。创新公共服务提供方式。区分基本公共服务与非基本公共服务，对城镇保障房、棚户区改造、农村危房改造等，通过与社会资本合作，广泛吸引社会资本参与，努力提高公共服务的效率和质量。统筹资金支持采煤沉陷区治理、农村地质灾害治理。

（五）不折不扣落实强农惠农政策。大力支持脱贫攻坚，持续加大扶贫资金投入，提高扶贫支出占一般公共预算支出比重，确保年度财政扶贫资金投入总量和增幅“双增长”。建立财政扶贫资金精准化支持机制。加快推进山西扶贫开发公司运营，承接好项目资本金和国开行、农发行提供的长期低息贷款，保障全省易地扶贫搬迁筹资需要。支持实施“五个一批”扶贫攻坚行动计划。加大强农惠农力度，全面落实国家和我省各项强农惠农富农政策，再出台支持农田水利基本建设、中药材基地建设和产业发展、健全农村金融服务站等新的10项强农惠农富农政策。支持耕地地力保护和粮食适度规模经营。充分发挥省农业产业发展基金辐射、引领和带动作用，着力解决农户、新型经营主体和农业企业的融资困难。提高农业综合生产能力，加快农田水利建设，大力支持中小河流治理、小型病险水库除险加固。继续实施鼓励金融机构增加涉农贷款的奖励政策，完善农业保险保费补贴政策，提高农业的营利增效水平。着力发展现代农业，支持加快推动农业结构调整，大力发展特色产业，推进农业产业化经营。健全农业社会化服务体系，确保粮食安全和重要农产品供给。深化农村综合改革，继续对村级公益事业建设一事一议实施财政奖补，深化国有农场办社会职能改革试点，增强农村可持续发展能力。

（六）坚定不移深化各项财政改革。按照深化财税体制改革的路线图、时间表，全面推进各项改革。细化预算管理，规范部门预算编制程序，将省本级组织实施的项目与对市县补助的专项转移支付项目进行彻底剥离，减少预算执行中的调整，提高年初预算到位率。加大预算统筹力度，将水土保持补偿费、政府住房基金、无线电频率占用费、铁路资产变现收入、电力改革预留资产变现收入等5项政府性基金转列一般公共预算，政府性基金预算超出规定比例的结转结余资金也要调入一般公共预算，从2016年起，省本级国有资本收益收取比例在现行比例基础上，每年提高4个百分点，到2020年达到30%。完善转移支付制度，继续扩大一般性转移支付规模，建立专项转移支付定期评估和退出机制。逐步建立财政转移支付同农业转移人口市民化挂钩机制，推动城镇基本公共服务覆盖全部常住人口。推进预算绩效管理，进一步健全和完善预算绩效管理制度，加大对民生等重大支出项目绩效评价力度，增强花钱的责任意识和效率意识，提高财政资金使用效益。创新财政投入方式，大力推广PPP模式，运作好PPP投资发展基金及项目奖补资金，扩充PPP项目储备库，完善PPP项目常态化申报、动态化管理机制。更多地发挥各类财政性投资基金作用支持产业和企业发展。加强政府债务管理，严格实行地方政府债务余额限额管理，按照市场化原则发行地方政府债券，强化对政府举债融资行为监管，加大对违法举债担保行为的惩治力度，有效防范财政金融风险。

（七）积极主动争取中央财政支持。积极向中央反映我省困难和诉求，借助转型综改试验区“先行先试”优势，扎实做好资金和政策争取、承接等工作，尽最大努力争取中央财政对我省的支持。主动反映受煤炭行业持续低迷影响，全省县级财政收入出现大面积、大幅度下滑的严峻形势，积极争取中央加大对我省县级基本财力保障和均衡性转移支付力度，缓解基层财政困难；主动反映我省采煤沉陷区治理范围广、任务重，但由于财政收入下降和煤炭企业经营困难，造成治理配套资金面临巨大缺口的现实状况，积极争取中央加大对我省采煤沉陷区治理支持力度；主动反映我省随着煤层气抽采利用规模不断扩大，提高生产效率、保障安全生产等相关诉求日益强烈的实际情况，积极争取中央加大对我省煤层气抽采利用补助力度。密切跟踪中央“去产能、去库存、去杠杆、降成本、补短板”政策制定和资金安排情况，用最大的“努力”争取中央尽可能多的“财力”支持。

各位代表，2016年财政经济形势复杂严峻，财政改革发展任务繁重艰巨。我们要在省委、省政府的正确领导下，在省人大和省政协的监督指导下，坚定信心、鼓足干劲、苦干实干，以更大的决心和毅力，全力完成全年财政预算任务，为我省实现“十三五”良好开局，全面建成小康社会做出积极的贡献！

山西经济年鉴

YEAR BOOK OF SHANXI ECONOMY

专题

ZHUANTI

02

山西省转型综改试验区建设情况

山西省国家资源型经济综合配套改革试验区建设，凝聚着党中央、国务院对山西的亲切关怀和支持，承载着全省人民的热切期盼和厚望。2010 年转型综改试验区获批、特别是 2012 年 8 月国务院批复山西省转型综改试验《总体方案》以来，全省以综改试验区建设为统领和切入点，按照"总体方案—实施方案—年度行动计划"的推进思路，加强顶层设计，分年度滚动实施重大改革、重大事项、重大项目和重大课题，着力破解制约资源型经济转型的体制机制障碍，释放改革红利、市场潜力和创新活力。2013～2015 年三年《实施方案》部署了"5111"重点任务，即 50 项重大改革、100 项重大事项、100 项重大项目、10 个重大课题；近三年分别实施了"1235"、"3675"和"2285"《行动计划》，"5111"任务全面落实，在事关经济转型发展的重点领域和关键环节体制改革和机制创新方面不断取得重要进展和突破，一批改革创新制度性成果落地实施。尤其是 2015 年以来，全省进一步加大综改的方案统筹、进度统筹、质量统筹，在深化煤炭管理体制改革、深化国资国企改革、深化户籍制度改革、推进农业农村改革、科技创新、金融振兴、行政审批制度改革、政府自身建设以及减轻企业负担促进工业稳定运行等重点领域出台落实了 80 多个改革方案和制度性成果文件，对全省稳增长、调结构、惠民生、防风险的促进作用，对推进山西"六大发展"、实施"六权治本"的引领作用不断显现。

一、重点领域改革进展

（一）煤炭管理体制改革持续深入。为从根本上破解煤炭发展困境，山西省把深化煤炭管理体制改革作为促进煤炭产业健康发展、加快综合能源基地建设的根本举措，成立了煤炭工业深化改革稳定运行领导小组，出台了《关于深化煤炭管理体制改革的意见》，围绕到 2017 年基本实现煤炭管理体制和管理能力现代化的目标，部署了加快推进资源配置市场化改革、深化行政审批管理制度改革、规范煤矿建设和生产秩序、加强煤矿安全监管、创新销售服务体制等 10 个方面 32 项具体改革任务，各项改革取得积极进展。

煤炭清费立税改革成效显著。把清理规范涉煤收费作为煤炭管理体制改革的突破口，2014 年在全国率先启动相关工作，取消了专门面向煤炭的省定行政事业性收费，取缔违规收费项目，规范保留的涉煤收费。同时，按照国家统一部署，推进煤炭资源税从价计征改革，合理确定资源税税率；暂停征收煤炭开采企业矿山环境治理保证金和煤矿转产发展资金两项基金，切实减轻企业负担。通过三项改革，共减轻煤炭企业负担 321 亿元，吨煤降低成本 40 元。

煤炭销售体制改革全面完成。2014 年，省政府印发煤炭焦炭公路销售体制改革方案，12 月起全部取消对相关企业的煤炭、焦炭公路运销管理行政授权，全部取消煤炭、焦炭公路运销票据，全部撤销省内煤炭、焦炭公路检查站和稽查点，涉及撤消的各类站点共 1487 个，已全部落实到位。煤炭运销体制改革后，煤企税费负担率由 14.6%降至 10.6%。

煤电一体化改革持续深入。出台促进煤炭电力企业协调发展实施方案、推进煤电一体化深度融合实施方案等一系列指导性文件，坚持企业自愿、市场主导的原则，以产权为纽带，采取多样化的煤电合作模式推进煤电一体化，同时推动建立长期协作合同全覆盖的省内电煤供需管理模式，推进煤电关系由"背靠背"走向

"肩并肩"。煤电一体化改革促进了煤电企业深度融合,全省20万千瓦及以上主力火电企业中,80%以上已实现煤电联营,形成了"煤控电、煤参电、电参煤、组建新公司"等四类煤电联营模式;国家五大发电集团分别与省内主要煤炭集团签订了长期合作协议,协议总量达到4.3亿吨,省调主力发电企业中,未实现股权联营的发电企业,全部与省内煤炭企业签订长协合同。

煤炭行政审批和证照管理体制改革步伐加快。2015年山西省重点推进煤炭行政审批制度改革,出台《煤炭行政审批制度改革方案》,从煤矿项目审批的前期准备、核准、开工、竣工验收各阶段减少审批环节,规范审批行为,实行阳光运作,加强监督制约,涉煤审批事项、审批环节和企业事务性负担均减少1/3,审批时间缩短一半以上。

煤炭资源市场化配置改革启动实施。省政府出台《煤炭资源矿业权出让转让管理办法》,进一步规范煤炭资源出让、转让行为,优化煤炭资源配置,对一级市场招拍挂、共伴生矿业权一体配置、矿业权二级市场监管等作出制度性安排,自2016年1月1日起施行。《办法》坚持以招标拍卖挂牌等市场竞争方式为主配置煤炭资源,严格限制协议出让,促进资源配置优化、矿业权产权清晰,流转顺畅;坚持在产业规划、政策指导下,加强政府宏观调控,实行资源配置年度总量控制,促进煤炭经济持续健康发展;坚持有偿取得,取得矿业权必须缴纳价款,转让矿业权获取超额利润的,要缴纳矿业权出让特别收益金。

煤矿建设和生产秩序逐步规范。理顺建设管理职能,将煤矿初步设计审查、竣工验收、安全监管等分散职能进行统一整合,实现了从初步设计、基本建设、竣工验收、生产经营、安全监管全过程的统一归口管理;严格控制煤炭产能,明确2020年前除在建矿井投产新增产能,以及对现有少数生产条件好的矿井重新科学核定产能外,一律不再增加新的产能,除"关小上大、减量置换"外,全省不再审批建设新的煤矿项目(含露天矿),同时停止审批年产500万吨以下的井工改露天开采项目。

(二)能源领域改革统筹推进。致力于建设国家综合能源基地,贯彻落实习近平总书记关于推动能源生产和消费革命的重要讲话精神,山西省全面加快综合能源基地建设步伐,2014年成立了省长任组长的山西综合能源基地建设领导小组,以推动能源革命为引领,出台山西省贯彻落实国家《能源发展战略行动计划(2014～2020年)》的实施意见,全面部署打造升级版的清洁、高效、安全、可持续的现代能源产业体系。"三大工程"(晋北、晋中、晋东三大煤炭基地提质工程,晋北、晋中、晋东三个千万千瓦级现代化大型煤电外送基地建设工程,现代煤化工、煤层气、新能源、水电产业基地建设工程)全面实施,"三大支撑"(打造装备制造产业配套支撑,以山西科技创新城为平台的技术研发创新支撑,覆盖能源生产和消费全过程的物流、交易、金融、信息等能源产业综合服务支撑)体系加快构建,配套改革同步推进。

规范高效落实国家低热值煤发电项目核准委托。2013年国家能源局同意委托山西核准"十二五"时期低热值煤发电项目,这是国家电力项目审批制度改革的重大突破,由新中国成立以来一直实行的国家一级核准单体项目改为国家核准总规模,地方核准单体项目,山西省创造性的落实核准委托,出台了低热值煤发电项目核准实施方案,按照规范管理、提高效率的要求,对核准行为进行优化创新,建立了标准明确、程序严密、运行规范、制约有效、权责分明的低热值煤发电项目核准管理制度。在国家现行标准的基础上,从布局、燃料、机组选型、水源、环保条件以及投资主体等方面确定了10个高于严于国家标准的准入条件,在"十准入"基础上,引入竞争机制,从环保设施的选择、燃料运输、下游产业链、电力市场条件、热电联产等方面提出10个优先原则,同时对低热值煤发电项目的核准、建设、运行等实行事前、事中、事后全过程、全方位的督察,突出了优选科学化、门槛标准化、程序透明化、监督全程化特点。核准制度的改革,确保了审批权力的阳光使用,为全省推进能源革命和电力体制改革积累了有益经验。通过规范高效落实改革举措,国家委托山西省核准的"1920万千瓦"低热值煤发电项目已全部核准完毕,如期开工建设。加快实施燃煤发电机组超低排放工程。山西是全国重要的大型煤电外送基地,发电燃用煤炭排放的二氧化硫、氮氧化物、烟尘三项污染物占全省总排量的40%左右。实施燃煤发电机组超低排放改造,对山西省和周边地区大气污染防治和环境保护意义重大。2014年5月,山西省正式启动燃煤机组超低排放工作,出台了《关于推进全省燃煤发电机组超低排放的实施意见》,在全国率先实施全省范围的燃煤发电机组超低排放,突出体现了三大亮点,一是标准高,燃煤机组排放执行标准向燃气机组排放标准看齐,是现今全国火电排放标准中最严格和最先进的排放标准。二是范围广,在全省域内全面实施超低排放标准,是全国唯一在省级区域内推行最严格排放标准的省份。三是政策配套,在实施意见和相关部门的实施细则中明确提出了资金支持、成本分摊、置换优惠、电量奖励等具体扶持政策。2015年进一步将原定超低排放改造计划完成时限由2020年提前至2017年底,配套出台了超低排放改造提速三年推进计划和2015年行动方案,3年将全部完成106台、4404万千瓦机组的超低排放改造。预计超低排放改造任务全部完成后,全省火电机组二氧化硫排放将在2014年基础上削减70%、烟尘削减70%、氮氧化物削减50%,同时火电结构将进一步优化,淘汰老旧小容量机组近1000万千瓦,届时全省供电平均煤耗比2014年降低15克。

一批外送电通道项目启动实施。国家同意建设涉及山西省的四条外送电通道,分别是蒙西——天津南1000千伏特高压交流输电、陕北榆横——潍坊1000千伏特高压交流输电、晋北——江苏±800直流特高压、盂县电厂——河北辛集500千伏交流输电通道,项目建成后可新增外送电能力1450万千瓦,目前已有三条通道核准开工。

煤层气矿业权审批制度改革有望落地。2013年10月,国土资源部同意以"部控省批"方式,将煤炭和煤层气矿业权审批事项全部授权山西省。这一授权,把采煤采气一体化落到了实处,为加快实现"气化山西"奠定了坚实基础。2014年5月,国土资源部向国务院上报了在山西开展试点的请示,2015年5月以来,国土资源部就由国务院授权或由国土资源部委托两套方案与国务院法制办等部门进行了沟通对接,目前已与国务院行政审批改革办、法制办达成一致,拟通过行政法规,调整部、各省(厅)矿业权审批权限,其中关于煤层气权限下放回应了山西省分级管理的改革诉求,正在进一步论证。

山西省电力体制改革综合试点获国家批复。认真贯彻落实中央关于进一步深化电力体制改革的若干意见,山西省及时与国家有关部委加强对接,争取在全国率先开展电力体制改革综合试点,主动上报了试点请示,国家发改委表示支持。省政府成立了省长任组长,常务副省长和分管副省长任副组长的山西电力体制改革领导小组,改革试点方案于2015年12月2日上报国家发改委。2016年1月底,国家发改委、国家能源局正式批复试点实施方案,这是国家电网覆盖范围内第一个全省域电改综合试点,是国家层面对山西省转型综改试验区建设的又一重大改革试点授权。

(三)新兴产业培育促进机制加快构建。在积极推进能源产业领域革命,推进传统产业改造升级的同时,山西省积极布局新兴产业发展,推动单一煤炭产业向装备制造、文化旅游、新能源等产业转变。出台了新兴制造业三年推进计划和2015年行动计划,部署推进装备制造、新材料、节能环保、信息、食品、医药、轻工、纺织等八个新兴制造业加快发展,同时从引导产品研发和资金投向、强化政策扶持、创新招商引资模式、完善项目储备库、搭建公共服务平台、优化发展环境等方面提出相关改革举措,推动新兴制造业成为山西省产业转型升级的重要支撑,2015～2017年将重点推进986个项目,投资4144亿元。加快旅游业改革发展,出台了促进旅游业改革发展的意见,统筹部署了旅游业资源整合、基础设施建设、产业融合、市场管理、旅游体制改革等重点任务,核心的改革举措是推进全省国有旅游资源、旅游产品的经营权向社会资本开放,依法采取项目特许权、运营权、旅游景区门票质押担保和收费权等方式进行融资,支持鼓励省外、国外大企业对山西旅游企业和旅游资源、产品实施跨地区、跨行业、跨所有制兼并重组,支持组建大型文化旅游产业集团公司,鼓励中小旅游企业组建多种形式的旅游联合体,国有及国有控股旅游景区依法实行管理权、经营权分离。加快煤层气勘探、开采、利用步伐,2013年出台的《关于加快推进煤层气产业发展的若干意见》,明确了加快推进煤层气产业发展的总体目标和任务,从促进煤层气上、中、下游产业协调发展以及财政、金融、税收、价格、矿权改革等方面提出了一揽子政策措施;推进煤矿瓦斯抽采全覆盖工程,出台了全覆盖工程实施方案,部署了到2017年,全省煤矿瓦斯综合治理工作体系全面建立完善,瓦斯抽采量达到113亿立方米、利用量达到65亿立方米的目标任务,示范性工程正在推进。强化产业投资基金引导,政府注资24亿元,吸引96亿元社会民间资本,设立总规模120亿元的战略新兴产业、文化产业、旅游文化体育产业投资基金,着力支持文化旅游、装备制造、新能源、新材料、节能环保、食品医药、现代服务业等新兴产业发展壮大。

(四)国资国企改革全面推进。着眼于解决省属国有企业国有股一股独大、企业运行不透明、发展质量不高、政企不分、政资不分、企业办社会等问题,落实国家相关改革部署,2014年山西省启动国资国企改革,出台《深化国资国企改革实施意见》,部署了深化产权制度改革、发展混合所有制企业、完善法人治理结构、完善激励约束机制、加强管理创新、推行信息公开等14项重点任务。2014年、2015年分别出台了国企改革年度《行动计划》,国企财务等重大信息公开、国企负责人薪酬制度改革等重点任务全面推进。

在全国率先推行国有企业财务等重大信息公开,打造"阳光国企"。把信息公开作为国资国企改革的突破口,出台了省属国有企业财务等重大信息公开办法(试行)和实施细则,要求省属国有企业每年向社会公开年度报告以及生产经营管理、大额度资金运作、职工权益维护、履职待遇和业务支出等方面情况;年中公开企业基本情况、主要会计数据和财务指标、企业控股股东及实际控制人发生变化的情况、财务会计报告摘要等方面信息;每个季度公开企业基本情况,主要会计数据和财务指标等方面信息,把重大信息公开贯穿于国有企业生命的全周期、经营活动的全过程，拓宽公众获取信息的渠道，扩大社会监督，构建起国有企业在社会监督下的运行机制。2014 年度和 2015 年重大信息已经公布完毕。

积极推进国企负责人薪酬和履职待遇管理制度改革。出台了国企负责人薪酬制度改革方案、履职待遇业务支出管理办法。薪酬制度改革实现了省属企业负责人薪酬分配的差异化、职业经理人薪酬分配的市场化。企业负责人薪酬由基本年薪、绩效年薪、任期激励收入三部分构成，结构进一步优化，同时，改进了综合考评办法、规范了薪酬支付管理以及养老、医疗、住房等福利性待遇。履职待遇管理制度改革重点围绕履职待遇、业务支出、预算管理、监督管理等作出明确规范，通过完善制度、预算管理、加强监督，建立严格规范、公开透明的企业负责人履职待遇、业务支出管理制度体系。

强化国企改革试点示范。正在制定省属企业发展混合所有制试点方案、改组（组建）国有资本投资运营公司方案。部署启动同煤集团、晋能集团深化国有企业改革试点，在加快建立现代企业制度、探索发展混合所有制、打造现代企业集团等方面先行改革，发挥示范带动作用。

省直机关直属企业的脱钩改革步伐加快。出台了进一步深化党政机关与所办企业脱钩改革工作方案、进一步深化省国资委委托省直机关管理企业的脱钩改革工作方案，推动实现政企分开、政资分开，建立完善现代企业制度，实现经营性国有资产集中统一监管，力争 2017 年底全面完成脱钩改革。

（五）“三个突破”全面发力。山西省着力推进金融创新、科技创新取得了积极的成效，山西金融服务平台上线运营，山西股权交易中心揭牌开业，城镇化建设基金试点有序推进，农信社改制步伐加快；建立了“131”创新驱动战略体系，深入推进科技项目管理体制改革，围绕煤炭的清洁、安全、低碳、高效发展，编制了煤层气、煤电、煤焦化等重点产业创新链，围绕高新技术发展，编制了新能源、电子信息、环保等产业创新链。2015 年以来，省委、省政府部署了科技创新、民营经济和金融振兴“三个突破”，相继召开全省金融振兴推进大会、全省科技创新推进大会、全省民营经济发展推进大会作了动员和部署。围绕科技创新，部署了着力破除制约科技创新的体制机制障碍、加强与科研院所对接、强化企业创新主体地位、创新机制提高科技投入、加大人才培养引进力度、培育创新平台、加快科技成果转化等六大任务；围绕金融振兴，强调要坚持顶层设计、整体推进、深化改革、重点突破，着力做好积极应对和处置各类金融风险、全面加强信用体系建设、千方百计用好并不断拓宽融资主渠道、加快多层次资本市场发展、深化地方金融改革和创新、培育合格的市场主体、积极改善融资服务、用足用活用好各类政策等八个方面的工作。围绕促进民营经济发展，突出强调要创新完善体制机制，努力破解民营经济发展面临的九大难题（准入难题、环境难题、结构失衡难题、资金短缺难题、人才素质难题、体制机制难题、政策难题、转型升级难题、政商关系难题）。全省各级各部门积极响应、迅速行动，一批贯彻落实举措正在推出。科技创新方面，出台了关于实施科技创新的若干意见、深化省级财政科技计划（专项、基金等）管理改革方案、发展众创空间推进大众创新创业的实施意见，山西科技创新城建设加快推进。金融振兴方面，出台了促进山西金融振兴的意见、促进金融振兴 2015 年行动计划、金融改革发展总体规划（2015～2020 年）、地方金融改革框架方案、加快多层次资本市场发展的实施意见等配套改革方案。社会融资总量逆势多增，直接融资规模首次超过间接融资规模，企业融资成本趋于下降。2015 年全省共实现各类融资 4498.83 亿元，其中直接融资占比达到 56.08%，融资量是间接融资的 1.25 倍，对信贷的依赖逐步降低。企业在“新三板”挂牌实现大突破，全年挂牌企业达 29 家，比上年同期提高 7 倍。山西省第一家全牌照大型地方金融投资控股集团——山西金融投资控股集团有限公司 12 月 16 日挂牌运营，这是山西促进金融振兴发展的重大举措，是在金融领域的资本投资、管理公司，是整合地方金融企业国有产权，集银行、证券、保险、信托、金融租赁、资产管理、担保、要素交易、互联网金融等金融业态于一体的综合性地方金融企业。民营经济方面，出台了关于加快民营经济发展的意见，明确了拓展发展空间、扶持成长壮大、支持转型创新、加大要素支持、完善服务体系等五方面的具体任务，相关配套改革举措正在研究完善，总规模 50 亿元的山西省民营企业创新转型投资基金正在筹备设立，基金设立方案已经公布。

（六）土地管理制度改革不断深入。山西省开展城乡建设用地增减挂钩、矿业存量土地整合利用、露天采矿用地改革、工矿废弃地复垦利用等十项用地新机制，取得积极成效。城乡建设用地增减挂钩试点已在全省 108 个县开展，共下达周转指标 9400 公顷；工矿废弃地复垦利用试点在晋城、长治、临汾、朔州 4 个市基础上新增太原、大同、忻州、吕梁 4 个市，共盘活土地 1167 公顷，用于保障市、县重点项目用地；矿业存量用地整合利用试点用于保障兼并重组煤矿企业升级改造用地，共保障用地 3813 公顷；露天采矿用地改革将全省 34 个露天矿山企业纳入试点，用于露天煤矿企业发展，其中已批复 13 个，共节约规划指标、提供用地 1.5

万公顷；重度盐碱未利用地转为建设用地改革已完成朔州市土地利用总体规划评估。用地管理制度创新有效拓展了全省建设用地空间，据统计，十项用地新机制提供用地 2.9 万公顷，为转型项目建设提供了有力的保障，同时创新了用地管理，形成了山西省具有资源型省份特色的土地管理经验。为进一步创新用地机制，2014 年初向国土资源部上报了《山西省转型综改国土资源管理制度改革专项方案》，经过积极争取，已获得国土资源部同意，有望近期获批复。

（七）生态保护修复机制逐步健全。山西省在巩固和完善煤炭工业可持续发展政策措施试点的基础上，在建立健全生态环境保护与恢复治理补偿机制方面进行不懈探索，积累了宝贵经验。

初步构建起煤炭开采生态环境补偿机制的政策框架体系。先后出台了《山西省煤炭开采生态环境恢复治理规划》《山西省矿山生态环境恢复治理保证金提取使用管理办法》《山西省煤炭开采生态恢复治理实施方案》《关于规范和加强矿山环境恢复治理保证金和煤炭转产发展资金提取使用管理的通知》等系列配套文件，逐步建立健全了煤炭开采生态环境外部成本内部化机制、资源开采与环境治理同步规划同步实施机制、跨流域生态环境补偿机制、矿山环境恢复治理保证金制度、矿产资源开发“事前防范、事中监督、事后处置”的生态环境管理制度、环境污染损害司法鉴定制度、矿山生态环境保护与恢复治理工程竣工验收管理制度、资金使用和生态环境修复效益评价制度等制度体系，正在制定煤炭企业生态破坏责任追究制度。

煤矿生态环境补偿机制正在向非煤矿山企业推广。研究制定了《山西省非煤矿山生态环境恢复治理保证金制度》和《关于逐步建立山西省非煤矿山环境恢复治理保证金制度的指导意见》，配套建立了生态损益评估技术指标体系、非煤矿山保证金额度评估、非煤矿山恢复治理技术指标体系等政策措施。

创新机制推进重点生态工程效果显著。截至 2015 年底，“两纵十横、六河连通、覆盖全省”的山西大水网建设工程取得显著进展，四大骨干工程累计完成隧洞掘进超过 500 千米，占大水网 670 千米隧洞总长的 74.6%，剩余 170 千米的隧洞掘进任务将在 2016 年全面完成。与此同时，与大水网相配套的小水网工程启动建设，将建设一批既调蓄当地地表水和洪水资源、又调蓄大水网调入水量的“双调”水库及其配套管网和灌区工程，确保县域配套小水网工程与大水网工程同步建设、同步受益。汾河治理成效明显，前四轮大规模开发治理结束了汾河多年断流的历史，流域地下水位实现止降回升。为从根本上扭转流域生态环境恶化趋势，2015 年启动了第五次汾河流域生态修复工作，出台了《汾河流域生态修复规划（2015～2030 年）》，将通过山水林田系统治理，变“输血”为“造血”，准备用 15 年的时间，重现汾河水系大好风光。晋祠泉复流工程 2014 年启动实施以来进展顺利，难老泉水位已由实施前距泉口 9 米上升到目前的 6.3 米，上升 2.7 米。采取新模式、新机制的新一轮采煤沉陷区治理顺利推进，出台了《山西省采煤沉陷区治理规划（2014～2017 年）》《山西省采煤沉陷区治理 2015 年行动方案》《山西省进一步推进深化采煤沉陷区治理搬迁安置方案》等一系列指导性文件，截至 2015 年底，全省采煤沉陷区治理搬迁安置已开工乡镇 134 个，开工率达 100%。建立长效机制以每年 100 亿元的投入、近 33.3 万公顷的速度大规模植树造林，成为全国森林资源增幅最大的省份之一。

（八）城乡统筹发展机制逐步健全，新型城镇化步入快车道。把新型城镇化作为稳增长的重大引擎，2015 年出台了新型城镇化规划，部署了推进农业转移人口市民化、优化城镇化布局和形态、推动城乡发展一体化、改革完善城镇化发展体制机制等重点任务，各项改革有序开展。户籍制度改革全面推进，太原晋中同城化在交通、通信等领域率先取得明显进展，介休市等国家新型城镇化综合试点、阳泉市和晋中市国家中小城市综合改革试点有序推进，晋中 108 廊带区域一体化发展示范区加快建设，全省“一核一圈三群”城镇化体系框架继续完善，城镇化率逐年提高。

农业农村改革逐步深入。省委、省政府陆续出台加大改革创新力度加快农业现代化建设的实施意见、农村土地承包经营权确权登记颁证工作方案、引导农村土地经营权有序流转发展农业适度规模经营的实施意见、促进家庭农场发展的指导意见、引导农村产权流转交易市场健康发展的实施意见等改革举措文件，农村土地承包经营权确权颁证在试点基础上全面展开。土地流转、新型农业经营主体培育等工作扎实推进，农民合作社数量显著增加，排名全国前列。潞城市被国家确定为农村集体资产产权改革试点，试点方案已获批，试点工作正在有序开展。泽州县被国家确定为农村集体经营性建设用地入市试点，首宗集体经营性建设用地已成功入市交易。

改善城乡人居环境工程扎实推进。2015 年山西省进一步部署启动改善城市人居环境工程，出台了规划纲要和 2015 年行动计划，全面实施设施提升、城市安居、城中村改造、环境提质“四大工程”，同时，着力创新投融资机制，引导社会资本参与工程建设，省财政与北京首创集团、兴业银行共同发起设立 16 亿元的山西省改善城市人居环境 PPP 投资引导基金，撬动社会资本参与城市基础设施建设运营，各地城建项目加快实施，人居环境面貌日新月异。

（九）行政管理体制改革持续深化，行政审批制度改革进一步深化。将简政放权作为深化行政审批制度改革的先手棋，在2013、2014年大幅精简审批事项的基础上，2015年以来又分两批取消、下放和调整了96项省本级行政审批事项，取消了14项政府部门内部审批事项，不再保留“非行政许可审批”类别，经过本轮改革，省政府部门保留的行政许可审批项目减少到409项。

政府自身建设全面加强。2015年继续加快推进法治政府、服务政府、责任政府、廉洁政府、创新型政府和学习型政府建设，出台了全面加强政府自身建设三年规划（2015～2017年）和2015年行动计划，各项任务全面完成。

权力清单和责任清单制度全面推行。2015年出台了推行各级政府工作部门权力清单制度的实施意见，按照“循序渐进、分级负责、压茬推进”的方法，先由省直部门推开，市、县（市、区）及时跟进，通过权力清单制度的建立，规范和明确权力运行的程序、环节、过程、责任，从而做到可执行、可考核、可问责。经过“三报三审”，7月份公布了省政府部门权力清单，本轮清理共精简省政府部门和单位权力事项5343项，保留52个部门和单位行政职权3090项，精减率达63%。9月底公布了省政府部门责任清单。

综合性政务服务平台和公共资源交易平台建设加快推进。把两平台建设作为推动政府职能转变、提高行政监管和公共服务水平的重要抓手，印发实施了《山西省政务服务平台建设总体方案》《山西省整合建立统一规范的公共资源交易平台实施方案》，2015年底前省级政务服务平台将初步建成运行，省市两级公共资源交易平台整合规范工作将基本完成，争取2016年底前建成全省完整统一、各级各部门横向连接、纵向贯通、信息共享、全程覆盖的政务服务网，全省范围内形成规划统一、公开透明、服务高效、监督规范的公共资源交易平台体系。

投资体制改革持续深入。在出台2014年版政府核准的投资项目目录基础上，出台了2015年版政府核准的投资项目目录，经过两轮修订，目前除国家规定必须由省级政府核准的项目外，全部下放市县，省级核准类项目减少幅度超过50%。同时，规范政府投资项目事中事后监管，从制度层面强化了项目竣工验收管理和项目稽查。加快铁路投融资体制改革，出台了关于深化铁路投融资体制改革加快推进铁路建设的实施意见，部署了拓宽融资渠道、鼓励支持铁路沿线土地综合开发利用、支持铁路相关产业发展等改革和建设任务。着力引导民间投资，出台了创新重点领域投融资机制鼓励社会投资的实施意见，通过实行统一市场准入、创新投资运营机制、优化政府投资使用方向和方式、创新融资方式、发挥价格杠杆作用等举措，鼓励和引导社会资本投资生态环保、农业和水利工程等重点领域。推动政府与社会资本合作的PPP模式，2015年发布了总投资591.4亿元的75个PPP项目。

商事制度改革全面开展。2015年10月1日起，山西省与全国同步正式全面实施企业登记“三证合一、一照一码”制度，将以往由工商部门核发工商营业执照、质监部门核发组织机构代码证、税务部门核发税务登记证，改为一次申请、由工商部门核发一个加载法人和其他组织统一社会信用代码营业执照的登记制度。大大简化了企业登记注册手续，缩短了企业创办周期，调动了大众创业、万众创新的热情和积极性，有效激发了市场主体活力。2015年全省新登记注册市场主体29.2万户，比2014年增长41.9%。年末全省各级工商机关登记注册的市场主体共计173.9万户，增长20.2%。

企业信用体系加快构建。贯彻落实国家社会信用体系建设和商事制度改革的部署，省政府出台了《关于加快建立企业信用信息互联互通交换共享机制推进企业信用体系建设的意见》，围绕构建市场主体信用监管长效机制，部署了加快建设市场主体信用信息公示（共享）系统，推进信用信息归集、共享、公示，建立完善制度体系，建立守信联合激励、失信联合惩戒机制四个方面12项重点任务，确保到2016年底基本建成全省集中统一的市场主体信用信息公示（共享）系统，并与省信用信息共享平台实现充分对接，守信激励、失信惩戒、协同监管的联动机制基本形成，政府监管、行业自律、企业内控和社会监督的市场主体监管体系基本建立。

（十）开放型经济新体制正在形成。山西省政府出台了《关于全面扩大开放的意见》，部署抢抓“一带一路”战略机遇、深度融入京津冀协同发展、积极深化中原经济区合作、深入推进沿黄经济带协作、打造全球低碳环保经济开放高地等重点工作。《山西省关于加快构建开放型经济新体制的实施意见》出台实施。积极融入京津冀协同发展、环渤海地区合作发展，正在与国家有关部委深入对接融入京津冀、环渤海区域协同发展具体事宜。不断拓展国际交流合作，积极参与“一带一路”建设，相关实施方案和项目清单已报国家；山西省正式纳入《中蒙俄经济走廊合作规划纲要》，参与走廊建设的方案已报国家发改委。以能源革命引领“以煤会友”，强化和拓展与德国北威州、美国西弗吉尼亚州、爱达荷州、怀俄明州等世界主要产煤省州及相应城市在煤炭安全绿色开发、煤炭高效转化清洁利用、煤层气开发利用、碳捕获封存利用和能源科技创新等方面的务实合作，促进高碳资源低碳利用、黑色煤炭绿色发展。通关便利化改革加快推进，太原武宿综合保税区

2013年底“开闸”运行，太原海关列入丝绸之路经济带海关区域通关一体化改革10个试点之一，不仅结束了山西没有海关特殊监管区域的历史，更重要的是打开了山西发展外向型经济的新窗口，架起了内陆城市太原与全球沟通的新桥梁，为企业纵横国内外市场开辟了新通道，也构筑了对外开放的新高地。为推动外贸稳定增长和转型升级，省政府出台了《关于加强和改进口岸工作支持外贸发展的实施意见》，从完善口岸布局、强化大通关协作、优化口岸服务、健全保障机制等方面加强和改进口岸工作，支持外贸发展，努力打造全省对外开放“新高地”。“飞地经济”发展步伐加快，运城、晋城、阳泉等市出台了系列配套制度和政策，一批“飞地模式”园区、项目落地建设。

二、综合配套改革成效

（一）产业结构不断优化。一是三次产业比例逐步优化，服务业比重持续提高。2015年结构进一步优化为6.2∶40.8∶53，服务业增加值增长9.8%，比重比2014年提高8.5个百分点，达到53%，在工业经济下行压力不断加大的情况下，拉动全省地区生产总值增长3.7个百分点，成为经济增长的主要动力。二是经济增长对煤炭的依赖程度逐步下降。煤炭工业增加值占全省工业增加值的比例由2012年的57.8%下降至2015年的46.8%，三年下降了11个百分点。三是装备制造业成为全省工业增长的主要动力。装备制造业增加值占工业增加值的比例逐年提高，2015年比例达到10.4%，首次超过10%。

（二）传统产业升级步伐加快。煤炭产业统筹推进“革命兴煤”和“六型转变”，产业集中度、现代化程度和安全生产水平显著提高，煤炭资源回收率提高到80%以上；焦炭行业兼并重组加快，户均产能从70万吨提高到200万吨以上；冶金行业实行了比国家更高的准入标准，全省钢铁行业高炉容积从1000立方米以上提高到3200立方米，太钢集团技术中心研发实力和水平名列全国国家级技术中心第三名，不锈钢产能领先同类企业，品牌影响力全国同行业第一；电力行业结构不断优化，新能源电力装机规模从2012年末的607万千瓦扩大到2015年末的1294万千瓦，三年翻了一番多，占全省电力装机总规模的比例由10.4%提高至目前的18.6%；全省范围内燃煤发电机组超低排放改造加快推进，电力产业素质不断提高。

（三）投资结构不断优化。工业内部非煤产业投资占比由2012年的67.4%提高到2015年的80.2%，三年提高12.8个百分点；第三产业投资占全省投资的比例保持在50%以上；战略性新兴产业投资占比持续提高，占全省固定资产投资的比重由2012年的46.4%提高到2015年的47.8%；民间投资持续发力，占全省投资的比例快速提高，由2012年的49.6%提高到2015年的60.8%。

（四）节能减排效果显现，生态环境显著改善。主要污染物减排近年来全部完成或超额完成国家下达任务，全省环境空气质量PM2.5平均浓度持续下降，近三年森林覆盖率年均提高1个百分点，全省地下水位连续8年持续回升，近三年平均回升2米左右，水质优良断面比例持续提高。

（五）城乡统筹发展步伐加快。城镇化率由2012年的51.3%提高到2015年的55%，城乡环境面貌发生巨大变化。城乡居民收入较快增长，2015年全省城乡居民人均可支配收入分别达到25828元、9454元，与2012年相比年均分别增长8.5%和10.2%，农民收入增速持续快于城镇居民，城乡居民人均收入比由2012年的2.9∶1缩小至2.7∶1。

（六）安全生产形势持续好转。煤炭百万吨死亡率由2012年的0.091下降至2013年的0.077、2014年的0.036，2015年维持在0.079的低水平。

三、综改工作推进机制不断创新

（一）强化改革任务牵头部门负责制。每年年初出台的《行动计划》在明确当年推进的改革任务的同时，也明确了各项任务的牵头部门，在任务推进过程中，要求牵头部门切实担负起牵头职责，在会同配合部门研究基础上，制定牵头任务的细化工作方案，明确任务推进的时间进度节点、成果表现形式、相关配合部门以及推进措施，作为各项改革推进的任务书、时间表和路线图，并作为督查考核的重要依据。

（二）突出重点强化硬支撑。每年《行动计划》印发后，省转型综改工作领导组办公室着力强化进度统筹和质量统筹，坚持改革任务牵头部门月报制度，同时，进一步突出重点，密切关注省委、省政府重点工作部署，着眼于制约山西省转型发展的突出矛盾和问题，提出重中之重任务清单，报经省委省政府同意后，实行周报制度，每周例会专题研究，及时掌握最新进展，强化协调督促，解决具体问题，突出抓好落实，带动各领域改革全面有序推进，确保各项改革任务按照细化工作方案明确的序时进度落实到位。

（三）加强横向协同上下联动。突出部门协同推改革，要求牵头部门定期组织配合部门召开会议，了解任务推进总体情况，协调解决存在的困难和问题，确保任务有序推进。加强部门对市县的业务指导，每年承担指导市县任务的牵头部门要在与市县进行深入沟通对接基础上，制定指导工作方案，并针对市县不同情况，采取多种形式，开展有针对性的业务指导。

（四）实行改革任务项目化管理。出台了《改革任务项目化管理办法（试行）》，核心是改革任务项目化、项目目标化、目标责任化、责任考评化。省转型综改办结合省委、省政府重点任务部署，每年年初编制形成年度《行动计划》，明确综改年度任务，报请省转型综改领导组同意并经省政府审定后下发实施。在改革任务实施过程中，要求牵头部门严格按照计划进度有序推进，省转型综改办实行“一事一表”“一月一报”制度，及时掌握任务进展，不定期对项目执行情况进行监督检查和跟踪评估，指导督促项目实施。项目完成后，省转型综改办组织有关部门和专家组成验收小组，对项目完成情况、成绩效果等进行考核评估，确保各项改革都取得实际的效果。

（五）分类指导推进各项改革。出台了《改革任务分类推进办法（试行）》，根据改革的事权归属、条件成熟程度等对改革任务实施分类管理、分类推进。对事权在国家、需国家统一部署后方可实施的，要求准确掌握国家关于此项改革的总体思路、改革原则和工作进度，在国家统一部署下有序推进实施；对事权在国家、可积极争取在山西全省或部分市县先行试点探索的，要求密切跟踪国家关于改革试点的推进思路、具体要求和工作安排，适合山西省情、具备试点条件的，要积极通过部省合作等方式，争取国家部委更多的授权和指导，在山西省布局改革试点；对事权在山西（或已获国家授权）、可在全省统一部署实施的，要求抓紧制定改革任务的工作实施方案，明确路线图、时间表、责任人，特别是对于一些方向明、见效快、条件相对成熟的改革任务，要加快推进、不等不靠，力争尽快取得明显成效；对事权在山西（或已获国家授权）、需在省内选择试点探索推进的，要在明确改革整体框架和工作方案的基础上，选择若干具备基础的市县开展试点，加强指导、有序探索，尽快总结提炼形成能够定型推广的模式和经验，适时在全省推开。

（六）探索改革进展第三方评估。出台了《改革任务第三方评估办法（试行）》，发挥第三方评估的科学客观公正优势，对年度重点改革任务落实进展情况、体制机制改革创新亮点和成效，委托相关评估机构，吸收相关专家组成评估组，严格按照规定的评估内容、方式、流程开展评估。每年年底省转型综改办组织权威专家组对部门、市县综改进展进行集中考评，与改革任务责任主体面对面交流，把脉改革进程，发现改革亮点，找出存在问题，作出客观考评，考核测评结果报省政府、省委考核办，纳入对省直各部门、各市县年度目标责任考核结果。

（省发改委转型综改办）

山西科技创新城建设

为了贯彻落实党的十八大关于“实施创新驱动发展战略”的部署和习近平总书记关于大力推进科技创新的重要讲话精神，按照国家批复的山西综改试验总体方案中“启动建设太榆科技创新产业集聚区”的任务要求，山西省着力建设山西科技创新城。

一、战略布局和重大意义

科技创新城位于太原市南部和晋中市西部，总规划面积510平方千米。其中，主体区约为100平方千米，是科技创新城的重点建设区域和政策功能区域。主体区北部为核心区，是煤基、低碳技术研发基地；主体区南部为产业区，是核心区科技成果产业化首选区和高新技术产业、新兴产业发展集聚区。按照清洁、安全、低碳的发展方向，围绕以煤为基多元发展、高碳资源低碳发展、黑色煤炭绿色发展、资源型经济发展，充分发挥科技在“革命兴煤”中的支撑引领作用，形成以煤基、低碳产业为重点领域的自主创新优势。到2030年，科技创新城将成为山西科技特区、人才特区、中国煤基低碳研发高地、世界煤基低碳科技成果集聚中心。

建设山西科技创新城是山西省实施创新驱动发展战略的关键之举，是优化生产力布局的战略之策，是推进太榆同城化的有效路径，是破解资源型经济转型难题的综合试验平台。按照山西省产业转型发展的现实需求，在核心区优先布局建设以下创新链：煤、煤层气、页岩气产业创新链，电力产业创新链，新材料产业创新链。按照“政府主导、整合集成、虚实结合、共建共享”原则，整合创新资源，引进专业团队，建设科技资源、科技创业孵化、科技金融等三个服务平台。以科技创新和产业升级为目标，围绕“以煤为基、多元发展”和“高碳资源低碳发展、黑色煤炭绿色发展”的总体部署，实施“低碳引领”“创新驱动”“开放带动”三大战略，形成以煤基产业为重点领域的自主创新新优势、以高端制造业和现代服务业为主体的产业转型新高地、以“产研一体、产城一体、产融一体”为特征的区域发展新格局。近期目标是核心区市政公用设施基本配套，科技创新服务平台基本建成，重点产业创新链基本成形，潇河两岸产业区基础设施框架初具雏形。到2020年，核心区煤基产业清洁、安全、低碳、高效发展创新链臻于完备，产出一批具有国际国内影响的重大技术成果。整个科创城创新活力显著增强，形成若干特色突出、竞争力强的新兴产业集群。科技、产业、城市、生态深度融合，创新、绿色、低碳成为区域发展的主导模式。

为了给科技创新城尽可能多地引进高端科研机构，省政府已确定了清华大学，中科院过程所、煤化所、力学所以及中国华能等27家首批高端煤基低碳研发机构入驻，可对接30余个国家级创新平台，引入科研人员1万余人。其中，引进院士工作团队14个，“千人计划”“长江学者”、杰出青年基金获得者等10名国家级人才。

二、2015年山西科技创新城建设各项工作有序开展

（一）健全政策体系，强化政策支撑。出台《山西科技创新城入驻研发机构管理办法》（晋科城组〔2015〕1号）《山西科技创新城项目审批及资金流转经济指标统

计工作程序》(晋政办函〔2015〕88号)等政策文件。省科技厅牵头,科城办配合,起草了《关于山西科技创新城高端人才支持的暂行办法》《关于山西科技创新城平台管理的暂行办法》《关于山西科技创新城促进科技成果转化的暂行办法》《关于山西科技创新城首台(套)重大技术装备认定和扶持的暂行办法》等4个政策性文件,已经省政府办公厅印发。同时,为规范议事规则,优化工作流程,提高工作效率,依法合规、快捷高效推进科技创新城建设,起草了《山西科技创新城建设议事规则》《山西科技创新城建设督导工作机制》《山西科技创新城入驻研发机构政府代建助建管理办法》《山西科技创新城建设联合推进组工作方案》等4个制度,进一步理顺了工作职责和体制机制,为加快科技创新城建设奠定了基础。

(二)引进研发机构,壮大科研团队。在2014年确定27家首批入驻煤基低碳研发机构的基础上,继续加大招商引智力度,积极与大型央企、国企以及省内大型企业进行主动对接,并专程赴北京与清华大学、神华集团、中海油集团中联煤层气公司、中科院等单位,就项目建设相关事宜进行对接沟通,经多方洽谈、认真筛选,于2015年7月22日又引进签约了中石油煤层气开发利用国家工程研究中心山西分中心、中联煤层气有限公司"三气"共采研发中心、中科院高能物理研究所电子辐照技术研发中心、太原理工大学能源工业技术研究院等11家研发机构。特别是清华大学山西清洁能源研究院项目于2015年7月29日由省政府与清华大学签署协议,标志着以清华大学为代表的国内领先研发机构正式入驻科技创新城。

(三)深化规划设计,满足项目需求。2015年2月27日,省政府批准了核心区5平方千米控制性规划和19个专项规划。3月31日,中国城市规划设计研究院将全部规划编制成果移交科城办。科城办根据科技创新城建设实际,配合省住建厅完成起步区控制性详细规划补充完善工作;依据总规、控规,编制完成12个邻里单元修建性详细规划和城市设计;完成21个年内开工项目的规划设计协调工作;启动核心区剩余15平方千米控规编制和产业区总体规划空间布局研究工作。并经现场踏勘,提出了在现规划产业区基本农田短期内不能核减调整到位的情况下,启动产业合作区建设的第二套方案。同时,协助晋中经济开发区编制完成了核心区城镇化改造13.7公顷启动区控制性详细规划和修建性详细规划。

(四)加快土地征转,确保项目落地。2015年4月,完成首期179公顷土地征转收储工作,保证了21个开工项目和晋中城中村改造首期住宅项目用地需要。2015年10月,省国土厅落实了221公顷水浇地占补平衡指标,太原、晋中两市共组卷报批259公顷用地,为2016年新开工项目做准备。积极开展2014年申请批复、2015年审批到位的179公顷土地供应工作,完成土地供应62.6公顷,包括18个研发机构、第一中学(初中校区)、两条道路、晋中城中村改造首期住宅等22个项目。

(五)合力推进拆迁,加快建设进度。科技创新城核心区首期开工项目涉及需拆迁企业45家,科城办委托太原、晋中两市于2015年5月底至6月初,集中时间,集中力量,基本完成首期开工项目用地涉及的41家单位的拆迁任务,剩余4家拆迁难度较大的单位也取得较大进展。核心区内有高压油气管道8条(其中燃气管道7条,石油管道1条)、高压电线5趟,影响了部分已开工项目建设进度。截至2015年底,燃气管道中4条已完成改迁;1条完成部分改迁;2条确定了改迁方案;5趟高压电线中,晋中榆次供电公司高压线已完成改迁,太原供电公司两趟高压线已采取现场保护措施;晋中供电公司高压线临时改迁正在实施;省民航管理局高压线永久改线正在实施管涵工程。

(六)采取有效措施,加快项目推进。创新工作思路,优化审批流程,转变工作方式,创造条件加快推进项目的前期手续办理等工作,确保了5月28日首期11个项目、7月22日科技创新综合服务平台项目、9月28日4家研发机构项目、12月3日正阳街和经一路公共设施项目、12月25日两家研发机构项目和两个公共设施项目按时开工建设,圆满完成全年计划开工21个项目的目标任务。加强服务指导,加大督促检查,加快推进已开工项目建设进度,采取先期协调、限期办理、进展通报、暗访督查、约谈督办等5个方面的措施,加大对项目审批手续办理、征地拆迁安置、施工环境保障、工程建设进度、投资完成进度的督导检查,督促各项目单位倒排工期,按照时间节点完成各项目标任务。

(七)加强安全监管,确保安全生产。深入落实党中央、国务院和省委、省政府关于安全生产有关精神,明确安全生产责任主体,建立现场检查巡查机制,尤其加强了高压电线、通信线缆及油气管线安全防护确保安全生产。积极开展安全生产大检查,采取每月督导检查和情况通报、联合执法检查等措施,确保了全年安全生产无事故。

科技城经过2015年的建设、管理和探索,创新了体制机制,基本建立起了运行框架和制度体系,与太原、晋中两市及省直有关部门制度性协调和程序性办事的机制基本理顺,招商引资、项目建设的模式基本成熟,人员配备基本到位,21个项目全部开工建设,省政府核定的40亿元投资任务圆满完成。

(山西省科技厅)

山西概况

SHANXI GAIKUANG

03

山西概况

自然地理

【山西地势概貌】 地理位置。山西省是中国的一个内陆省份。位于黄河中游东岸，华北平原西面的黄土高原上。省境四周山环水绕，与邻省(区)的自然境界分明。东以太行山与河北省为邻；西、南隔黄河与陕西省、河南省相望；北以外长城为界与内蒙古自治区毗连。全省疆域轮廓呈东北斜向西南的平行四边形，南北间距较长，最南端在芮城县南张村南，北纬34°34′；最北端在天镇县远头村北，北纬40°44′。纵长约682千米。东西间距较短，最东端在广灵县南坑村东，东经114°33′；最西端在永济市长旺村西，东经110°14′。宽约385千米。全省总面积为15.67万平方千米，占全国总面积的1.6%。

地貌特点。山西省是典型的为黄土广泛覆盖的山地高原，地势东北高西南低，高原内部起伏不平，河谷纵横，地貌类型复杂多样，有山地、丘陵、台地、平原，山多川少，山地、丘陵面积为12.55万平方千米，占全省总面积的80.1%，平川、河谷面积仅3.12万平方千米，占19.9%。全省大部分地区海拔在1500米以上，最高点为五台山主峰北台顶(叶斗峰)，海拔3061.1米，有“华北屋脊”之称；最低点为垣曲县亳清河入黄河处的河滩，海拔仅180米。与东部海拔几十米的华北大平原相对照，山西地貌呈现整体隆起的地势，在高原中部，分列着一列雁行排列的断陷盆地。中部断陷盆地把山西高原斜截为二，东西两侧为山地和高原，使山西的地貌截面轮廓很像一个“凹”字形。

总的来看，山西地貌有以下几个特点：

1. 山西是典型的黄土覆盖的山地高原，山地多、平原少。

2. 山西地貌以高峻的中山地貌为骨架，山脉脉络清晰，延伸方向多为东北—西南展布。

3. 山西地貌单元与地质构造吻合，北斜成山，南斜成谷。

4. 山西黄土地貌类型繁多，黄土堆积地貌有黄土塬、黄土阶地等，黄土侵蚀地貌有黄土梁、黄土峁、黄土峡谷、黄土墙等，黄土重力地貌有黄土滑坡、崩塌、陷穴等。

5. 山西地貌分区明显，中部为一系列彼此相隔的断陷盆地，东西两侧为隆起的山地、高原。

地貌分区。山西地貌按其明显的特征从东到西可分为3个区域：

1. 东部山地区。东部山地区北起阳高县，南至芮城县，从北到南由贯穿省境东部和东南部的六棱山、恒山、五台山、系舟山、太行山、太岳山、中条山等山脉组成，山势大体呈东北—西南走向，海拔一般在1500米以上。该区山地在形成过程中因受构造断裂作用，与其东侧的华北平原、西侧的山西中部各盆地的界线十分清楚。山地北部，在六棱山、恒山、五台山之间，为浑河、滹沱河上游谷地。山地南部，在系舟山、太行山、太岳山、中条山之间，由于沁河、丹河、浊漳河等河流的侵蚀和堆积，形成黄土丘陵和长治、武乡—襄垣、黎城、高平、晋城、阳城等山间小盆地，一般称为“晋东南高原”或“沁潞高原”，是东部山地区的主要农业区。

2. 中部断陷盆地区。中部断陷盆地区，北起天镇县，南至永济市，纵贯省境中部，自东北至西南由一系列彼此分割的断陷盆地组成，依次为大同盆地、忻定盆地、太原盆地、临汾盆地、运城盆地。其中大同盆地、太原盆地和临汾盆地的面积均在5000平方千米以上。各盆地都以断层与山地相接,盆地之间由分水岭隔开;大同盆地与忻定盆地之间相隔宁武山(属恒山山系),忻定盆地与太原盆地之间相隔石岭关(属系舟山系),太原盆地与临汾盆地之间相隔韩侯岭(属太岳山系),临汾盆地与运城盆地之间则以峨嵋台地相隔。盆地内部海拔的高低,由北向南地势逐渐降低,呈阶梯状,北端的大同盆地海拔在1000米以上,南端的运城盆地海拔在400米左右。盆地内广泛分布黄土和洪积冲积物,地势平坦,尤以中南部盆地区,土壤肥沃,气候适宜,灌溉便利,农业发达,城市密集,人口稠密,是山西经济最发达的地区。

3. 西部高原区。晋西高原区,又称西山地区,北起左云县,南至乡宁县,地处长城以南,黄河以东,吕梁山以西,由贯穿省境西部的一系列山地、高原组成,为我国黄土高原的主体部分之一。区内以吕梁山为主干,自北向南分布有采凉山、七峰山、洪涛山、黑驼山、管涔山、云中山、芦芽山、关帝山、紫荆山、龙门山等一系列东北—西南走向的山脉,海拔多在1500米以上。这些山脉东侧以断层与中部各盆地相接,山势雄伟,高出盆地700～1500米,山坡陡直,是山西的主要宜林区;西侧坡度则较平缓,形成了北高南低,由东向西倾斜的高原,地面普遍覆盖着较厚的黄土,称为“晋西高原”,高原境内河流大都短促,流水对地表侵蚀切割,水土流失严重,一遇暴雨,急流冲刷,致使地形破碎,千沟万壑,农业生产条件恶劣,是山西经济比较落后的地区。

【山西的主要山脉】 山西省境内多山,从北到南,主要山脉有:

恒山山脉。主山恒山是中国的名山之一,为五岳中之“北岳”。它是桑干河与滹沱河上游的分水岭,又是大同盆地和忻定盆地的界山。山脉呈北东走向延伸,西南端与省境西部的云中山、管涔山相邻,东北连接六棱山伸入河北省。在山西境内长约250千米,宽约20千米,海拔在2000米以上,山体两侧均有断层,北坡陡,断崖陡壁如削,内长城依山蜿蜒而筑,雄伟壮观,雁门关、阳方口、茹越口、平型关等著名关隘,自古就是兵家必争的战略要地。南坡倾斜稍缓,逐步过渡到繁峙、代县滹沱河谷地。属于该山脉的共有67座山。

五台山脉。主山五台山是驰名中外的中国佛教四大名山之一。位于五台县、繁峙县、代县之间,因由5个平台状的山峰组成而得名。北邻滹沱河谷地,西南与系舟山相接,东与太行山合为一体。山脉呈北东走向延伸,长约130千米。主峰北台叶斗峰,海拔3061.1米,是山西省第一高峰,也是华北地区的最高山峰。五台山四周群山层叠,北麓坡度陡峭,南麓倾斜徐缓,间有许多山间断陷盆地。属于该山脉的共有56座山。

太行山脉。主山太行山是山西东部山地区的主干,北接五台山,南抵晋城南端,在省境内长约350千米,宽约40～50千米,海拔一般在1500～1800米,最高地段海拔在2000米以上。山脊东侧,断崖壁立,西侧坡度缓斜,多是低山丘陵。太行山是山西、河北、河南3省间的界山,又是华北平原与黄土高原的天然分界线,属于该山脉的共有232座山。

太岳山脉。主山太岳山又称霍山,位于太行山西侧,北起介休市绵山,南至绛县的横岭关,与中条山相连,长约200千米,是汾河与沁河的分水岭。西翼以霍山大断层与太原盆地、临汾盆地相接,山势陡峻,主峰霍山海拔2348米。太岳山森林茂密,是省内主要林区之一。属于该山脉的共有105座山。

中条山脉。主山中条山位于省境内西南部,东北起自绛县横岭关,向西南延伸至黄河岸边,长约150千米,宽约10～20千米,海拔1200～2000米。山势东段较为宽阔,山顶平坦,以舜王坪为最高,海拔2321米;西段较窄,山势挺拔,兀立在运城盆地和黄河谷地之间,以雪苍山为最高,海拔1825米。山体北坡陡峻,南坡缓斜,为典型的地垒状山地。属于该山脉的共有45座山。

吕梁山脉。吕梁山脉位于省境西部高原山区,自北而南包括管涔山、芦芽山、云中山、关帝山、紫荆山、龙门山,绵延400千米,宽约30～100千米。北段山势高峻,海拔2000～2500米,山脉分为东西两列,东为云中山,西为管涔山和芦芽山,两山之间为静乐盆地。中段关帝山,是吕梁山最高山段,群峰汇集,主峰关帝山海拔2830米。南段山势较低,海拔1500米左右。吕梁山北中段山高林密,是山西的主要林区和夏季牧场。吕梁山末端的龙门山,近东西走向,被黄河穿切,形成落差10余米的黄河壶口瀑布和峡谷。属于该山脉的共有316座山。

【山西的主要河流】 山西河流源于东西高原山地,分属黄河、海河两大水系。向西向南流的属黄河水系,向东流的属海河水系。全省共有大小河流1000余条,其中,我国第二大河流黄河,沿山西境界流程968千米。境内流域面积大于10000平方千米的河流有5条(不包括黄河),小于10000平方千米大于1000平方千米的河流有48条,小于1000平方千米大于100平方千米的河流有397条。汾河是山西境内第一大河,干流全长 695 千米。山西属于黄河水系的较大河流有汾河、沁河、丹河、涑水河、三川河等 142 条，属于海河水系的较大河流有桑干河、滹沱河、浊漳河、清漳河等 81 条。黄河流域在山西境内的面积有 9.71 万平方千米，占全省总面积的 62%；海河流域在山西的流域面积为 5.91 万平方千米，占全省总面积的 37.7%。主要特点是河流较多，但以季节性河流为主，水量变化的季节性差异大。以径流量和开发条件比较，清漳河、沁河、滹沱河、浊漳河的条件较为优越，水能蕴藏量占到全省的 80%～90%。山西省的主要水资源量由地表水资源和地下水资源组成，水资源的主要补给来源是当地降水。由于降水量分布不均及水文下垫面条件的差异，在地域上水资源分布极不均匀，总的趋势是由东南向西北递减。山西是全国水资源贫乏省份之一。1956～2000 年系列全省多年平均水资源总量 123.8 亿立方米，其中，河川径流量为 86.77 亿立方米，地下天然水资源量为(即降水入渗补给量)84.04 亿立方米，河川基流量(重复量)为 47.01 亿立方米。全省水资源可利用量为 83.8 亿立方米，为全国的 67.7%，且多分布于盆地边缘及省境四周，人均占有量为全国的 17%，亩均占有水量只有全国的 11%。

黄河。黄河在山西省西部和南部边境。西面的一段流经晋、陕峡谷，纵贯南北，水流急湍，南达风陵渡后，折向东流。黄河流经省境地段，水量为全省河流水量的 3 倍，由于河床低，水流急，航运、灌溉比较困难，但水力资源丰富，可供开发利用。除在保德已建成天桥水电站外，还建设了规模宏大的偏关万家寨引黄入晋枢纽工程。

汾河。汾河是山西第一大河，也是黄河第二大支流，发源于宁武县管涔山的雷鸣寺，全长 695 千米，纵贯省内中部，流经太原、临汾盆地，至河津市禹门口入黄河。流域面积 3.95 万平方千米，是山西省主要的农业地带。主要支流有岚河、潇河、文峪河、昌源河、洪安涧河、浍河等。

沁河。沁河是山西第二大河，发源于沁源县西北的太岳山二郎庙沟，流经沁源、安泽、沁水、阳城等县，然后穿过太行山流向河南省境注入黄河，全长 456 千米。在山西省境内流长 363 千米，流域面积 1.86 万平方千米。主要支流有丹河、阳城河、端氏河等。沁河是山西省境内水量丰富、水质最清的河流。

涑水河。涑水河在山西南部，发源于绛县横岭关，流经绛县、闻喜、夏县、运城、临猗、永济汇入黄河，全长 193 千米，流域面积 5565 平方千米。由于流域内气温高，降水少，蒸发量大，河水经常断流干涸，下游河床已垦为农田。在涑水河南侧，有 700 平方千米的闭流区，分布着盐池、硝池、鸭子池、汤里滩、伍姓湖等湖群，水面有 170 平方千米，盛产食盐、芒硝、白钠镁钒等矿产。

桑干河。桑干河在省境东北部，发源于宁武县管涔山的天池，上源叫恢河，至朔州市与源子河汇合后称桑干河，流经大同盆地，至阳高县出省境，在河北省境内注入海河的支流永定河。在山西省境内流长 252 千米，流域面积 1.55 万平方千米。主要支流有黄水河、浑河、御河等。

滹沱河。滹沱河在省境东部，发源于繁峙泰戏山，流经五台山的北麓和西麓，贯穿忻定盆地折向东流，穿过太行山进入河北省，注入海河的支流子牙河。在山西省境内流长 330 千米，流域面积 4282 平方千米，较大支流有阳武河、云中河、牧马河、永兴河、清水河等。

漳河。漳河在山西省境内分为清漳河和浊漳河两支。清漳河又分东源与西源，东源发源于昔阳县境，西源发源于和顺县境，在左权县境汇合后，经黎城县流入河北省，全河长 146 千米，流域面积 4159 平方千米。浊漳河有南、北、西三源，南源发源于长子县境，北源发源于榆社县境，西源发源于沁源县境，三源于襄垣县境汇合，流经长治盆地，在平顺下马塔以东进入河南省，全河长 237 千米，流域面积 1.17 万平方千米。清漳河和浊漳河在河北省涉县交漳镇合流后称为漳河，它是河北省与河南省的界河，在河北省境内注入海河的支流卫河。

【山西气候雨量】 四季气候。山西地处中纬度地带的内陆，在气候类型上属于温带大陆性季风气候。由于太阳辐射、季风环流和地理因素影响，山西气候具有四季分明、雨热同步、光照充足、南北气候差异显著、冬夏气温悬殊、昼夜温差大的特点。山西省各地年平均气温介于 4.2℃～14.2℃之间，总体分布趋势为由北向南升高，由盆地向高山降低；全省各地年降水量介于 358～621 毫米之间，季节分布不均，夏季 6～8 月降水相对集中，约占全年降水量的 60%，且省内降水分布受地形影响较大。

1. 春季。春季气温受北方寒冷干燥气团控制减弱，太阳辐射增强，大地回暖很快，但时冷时暖，东西山区和北部地区常有急剧降温，出现早霜冻。由于暖湿气团尚未深入，春季多风少雨，因此常发生干旱。

2. 夏季。夏季受东南气流控制，暖湿空气进入省境，气温较高，7 月最热，全省平均气温 20℃～27℃，极端最高温出现在南部运城，达 42.7℃。全年降水多集中在夏季，7、8、9 月的降水量占全年的 60%，且多为大雨、暴雨，易引起山洪暴发等自然灾害。

3. 秋季。秋季由于受北方冷空气控制，降温迅速，晴天较多，气候凉爽，平均气温逐月降低 5℃～

7℃。由于秋季正处于气流交替时期,冷气团南下,将暖气团抬升,降水亦多,占年降水量的20%～30%,常出现秋涝灾害。

4. 冬季。冬季气候寒冷,1月最冷,平均气温介于－2℃～－16℃之间,极端最低温度出现在五台山山顶,曾达－44.8℃。冬季在寒冷干燥气团控制下,多刮西北风,降雨(雪)最少,仅占年降水量的2%～3%。

区域气候。山西气候按地理纬度和地形高低条件,分为6个气候区。

1. 晋北温带寒冷半干旱气候区。包括内长城以北,除灵丘、广灵外的大同、朔州两市所辖地区,忻州市西北的岢岚、五寨、偏关、神池、宁武等地,年平均气温在7℃以下,积温2000℃～3200℃,无霜期100～130天,年降水量380～460毫米。

2. 暖温带冷湿半湿润气候区。包括恒山、五台山、系舟山、芦芽山、吕梁山等山区,及其周围的低山、丘陵、河谷和盆地。年平均气温4℃～8℃,积温1600℃～3000℃,无霜期80～140天,年降水量450～700毫米。

3. 暖温带冷温重半干旱气候区。包括忻定、太原、阳泉、寿阳等盆地。年平均气温8℃～10.5℃,积温3100℃～3600℃,无霜期145～165天,年降水量400～490毫米。

4. 暖温带冷温轻半干旱气候区。包括黄河沿岸,从晋西北的保德、河曲到晋西南的吉县、乡宁,以及吕梁山以西的黄土高原区。年平均气温6.5℃～9℃,积温2600℃～3700℃,无霜期145～185天,年降水量400～500毫米。

5. 暖温带冷温半湿润气候区。包括和顺、榆社以南,太岳山以东的晋东南地区。年平均气温8℃～10℃,积温2600℃～3300℃,无霜期120～160天,年降水量550～670毫米。

6. 暖温带温和重半干旱气候区。包括临汾盆地和除中条山东段山区以外的运城市。年平均气温12℃～14℃,积温3900℃～4600℃,无霜期185～205天,年降水量480～570毫米。

雨量分布。山西的降水,由于受地形的影响较大,除少数山区外,大部分地区年降水量为400～600毫米,由东南向西北递减,总的趋势是山地多于盆地,迎风坡多于背风坡。晋东南的太行山区和中条山区、五台山区、吕梁山区是山西3个多雨区,年降水量普遍在600毫米以上,以五台山区降水最多,年降水量800毫米。这是由于山区迎风坡对夏季暖湿气流的抬升所致,降水量随山地高度的增加而增加。大同盆地、忻定盆地、吕梁山以西的黄土丘陵区则是山西的3个少雨区,年降水量一般在400～450毫米。这是由于受高山迭降的影响,阻止暖湿气流深入内地,所以成为少雨区。

山西全省降水有两个特征:一是由于季风环流的交替,降水的季节分布很不均匀,夏季受来自太平洋和印度洋暖湿气流的影响,故夏季降水高度集中,强度较大,约占年降水量60%以上;冬季和春季雨雪稀少,12月至2月的降水量仅占年降水量的2%～4%,3月至5月的降水量占12%～25%。二是降水的年际变化很大,有的年份少雨,有的年份多雨,形成这种情况主要是季风环流逐年进退有早有迟,影响有强有弱所致。以太原为例,平均年降水量为459.5毫米,少水年只有216毫米,多水年多达749毫米,两者相差2.5倍。

经 济 地 理

【山西矿产资源】 山西省矿产资源极为丰富,已发现的地下矿种达120种,其中,探明储量的有70种,保有资源储量居全国前十位的有36种。目前,山西煤炭保有资源储量2767.85亿吨,约占全国保有资源储量的20.1%;煤层气保有资源储量1825.16亿立方米,占全国保有资源储量的88.2%;铝土矿保有资源储量14.16亿吨,占全国保有资源储量的36.5%。此外,锰、银、金、石墨、膨润土、高岭岩、石英岩、含钾岩石、花岗岩、沸石等10种矿产也有着良好的勘查、开发前景。

【山西植物资源】 山西植物资源丰富,目前已知的维管植物有2700多种,其中,木本植物有463种。山西植被从南到北可分为:南部和东南部是以落叶阔叶林和次生落叶灌丛为主的夏绿阔叶林或针叶阔叶混交林分布区,也是植被类型最多、种类最丰富的地区;中部是以针叶林及中生的落叶灌丛为主、夏绿阔叶林为次分布区,是森林分布面积较大的地区;北部和西北部是温带灌草丛和半干旱草原分布区,森林植被较少,优势植物是长芒草、旱生蒿类和柠条、沙棘等。山西野生植物资源丰富,国家一级保护植物有南方红豆杉,国家二级保护植物有连香树、翅果油树、水曲柳、核桃楸、紫椴等。野生药用植物有1000多种,广泛分布在丘陵山地,比较著名的有党参、黄芪、甘草、连翘等。山西省森林覆盖率18.03%。

【山西动物资源】 山西野生动物以陆栖类为主,已知的有 439 种(含历史记录种类)。属于国家重点保护的珍稀动物有 71 种,其中,一级保护动物有 17 种:褐马鸡、金雕、朱鹮、白鹳、黑鹳、玉带海雕、白尾海雕、虎头海雕、丹顶鹤、大鸨、胡兀鹫、遗鸥、虎、金钱豹、梅花鹿、原麝、林麝。二级保护动物有 54 种,包括鸟类 42 种,两栖类 1 种,兽类 11 种。属于省级重点保护的有苍鹭、星头啄木鸟等 27 种。属于有益的,有重要经济、科学研究价值的野生动物有 315 种。

【山西旅游资源】 山西是中华文明发祥地之一,是旅游资源富集省份。“华夏古文明,山西好风光”是对山西旅游的高度概括。山西省现存有国家级重点文物保护单位 452 处,位居第一,其中,大同云冈石窟、平遥古城、五台山为世界文化遗产。全国保存完好的宋、金以前的地面古建筑物 70%以上在山西境内,山西享有“中国古代建筑艺术博物馆”的美誉。四大佛教圣地之一的五台山,寺庙群集千年之萃。建于北魏的恒山悬空寺悬于悬崖峭壁之上,以惊险奇特著称。太原的晋祠是形式多样的古建筑荟萃的游览胜地。平遥古城是全国现存三座古城之一,被列入世界文化遗产名录。芮城永乐宫是典型的元代道观建筑群,宫内壁画是我国绘画艺术的珍品。解州关帝庙是全国规模最大的武庙。云冈石窟是全国三大佛教石窟之一,气势雄伟。因拍摄《大红灯笼高高挂》而闻名的祁县乔家大院,加上祁县渠家大院、灵石王家大院、太谷三多堂等,共同展现了山西晋中的大院民俗文化。

山西名山大川遍布,自然风光资源丰富优美。北岳恒山是五岳之一,国家级风景名胜区。绵山气候宜人,自古就是避暑胜地。黄河壶口瀑布是仅次于黄果树瀑布的全国第二大瀑布,国家级风景名胜区。庞泉沟、芦芽山、历山、蟒河等自然保护区,风景秀丽,景致各异。

山西是老革命根据地,革命活动遗址和革命文物遍布全省。著名的有八路军总部旧址、黎城黄崖洞八路军兵工厂、文水刘胡兰纪念馆等。

【山西省土地利用空间布局】 按照《山西省土地利用总体规划(2006～2020 年)》,到 2020 年山西省域土地利用空间布局为:

农业、林业、牧业生产用地布局。1. 农业生产用地布局及主要方向。建设以六大盆地区为主体、以其他农业地区为重要组成的粮食生产发展格局。重点建设以临汾、运城盆地为主体的晋南优质强筋小麦、优质棉花主产区,以雁同、忻定、晋中、晋东南盆地丘陵区为主的优质玉米主产区,以东西两山为主的优质杂粮生产区。

2. 林业生产用地布局及主要方向。建设以东西两山为生态屏障,以太行山、吕梁山、中条山、太岳山等山地为骨架,以“三北”防护林体系、太行山绿化、平原绿化为重点,以自然保护区、森林公园、风景名胜区、饮用水源和泉域保护区等组成的林业发展格局。重点建设五大林业生产体系:建设和完善以九大森林管理局范围为主的商品林与生态防护林并重的生产基地,在黄河流域建设以治理水土流失为主的生态防护林体系,在晋北建设以防沙治沙为主的林草生态防护林体系,在东西部土石山区营造以涵养水源为主的生态防护林体系,在六大盆地和通道沿线营造以保护农田、改善城乡环境为主的景观防护林和苗木商品生产体系。

3. 牧业生产用地布局及主要方向。北部盆地重点发展优质奶牛业,中南部盆地重点发展生猪和蛋鸡、肉鸡及肉牛生产,东西两山重点发展肉牛、肉羊和绒山羊养殖生产。重点建设雁门关生态畜牧经济区。

城乡居民点用地布局。1. 城镇用地空间布局。强化省域中心城市功能,将以太原为中心的城市群建设成为我国中西部重要的城市密集区。以南北纵贯的同蒲大运沿线串珠状分布的城市为主脉,以两翼地带拓展的东西向交通线和基础设施为支脉,共同组合成“叶脉型”的城镇体系布局框架体系。全省的城镇用地布局以“一圈、一带、两轴、多点”为发展重点。支持以太原为中心的经济圈建设用地,同时考虑大运经济带、太焦轴带、太旧—太汾柳轴带及其他发展轴线,适当安排城镇发展建设用地。

2. 农村居民点用地布局。以新农村建设为契机,合理调整农村居民点用地规模与布局。重点加强集镇和中心村建设,积极改造城中村和城边村。对于位置偏远且生产生活条件差的村庄,以及位于采矿沉陷区需治理搬迁的村庄,要积极做好村庄迁建规划。加强城乡居民点用地空间管制,实行建设用地扩展边界控制。

工矿生产用地布局。建设新型能源和工业基地是山西省的一项长期战略任务,要按照战略部署,统筹煤炭工业和非煤产业发展、煤炭开发与生态环境协调发展,合理布局和安排工矿生产建设用地。全省的工业用地要进一步向工业园区集中。大运经济带要重点发展资源经济转型和循环经济产业。煤炭产业要重点支持晋北、晋中、晋东“三大”煤炭基地建设。电力工业用地重点支持大型坑口电站、煤矸石电厂、热电联产等项目建设,以及晋北、晋东、晋东南“三大”外送电力基地的项目建设,积极支持风电和太阳能发电等新能源项目建设。

交通发展建设用地布局。全省的交通发展建设及用地布局,将围绕“四大网络”(铁路、高速公路、一般干线公路、乡村公路)建设,以“煤运通道、高速公路、快速

铁路客运系统”为重点。1. 公路建设用地布局。全省公路建设用地主要支持以高速公路为运输主通道、一般干线公路为集散通道(次骨架和连接层)、农村公路为出入道路(基础)的综合公路网体系建设。根据《山西省高速公路网调整规划》,全省高速公路网布局规划为“3纵11横11环”,即由3条纵线、11条横线和11条环线及连接线组成,形成纵贯南北、承东启西、覆盖全省、通达四邻的高速公路网络。

2. 铁路发展建设用地布局。全省铁路建设用地主要支持的是围绕新型能源和工业基地建设,加强快速铁路客运系统及晋煤外运通道的建设,具体考虑全省从北而南形成的三大铁路运输通道和十字形快速铁路客运系统,还要完善与国铁配套的地方铁路、铁路专用线及大型煤炭集运站建设。

水利发展建设用地布局。全省水利发展总体布局为“西引黄河,东抓拦蓄,腹部盆地突出水资源节约和保护,两翼边山全方位实施生态恢复与建设”,要以实现水资源的优化配置和可持续发展为目标,扎实抓好以应急水源工程为重点的全省兴水战略,保障水利建设的顺利开展。规划期间,共安排水利建设用地指标1.34万公顷,拟规划建设一批包括水库、水电站及引/供水工程的国家和地方重点水利建设项目。

【山西省土地利用区域划分】 按照《山西省土地利用总体规划(2006～2020年)》,到2020年山西省土地利用区域划分为:

晋北区域。本区域范围包括大同市和朔州市的17个县(区),土地总面积为2.47万平方千米。在本区域内又分为3个二级区,即朔同盆地平原区——包括大同市城区、矿区、南郊区、大同、应县、朔州市朔城区、山阴、怀仁等县(区),晋西北山地丘陵区——包括左云、右玉、平鲁、新荣等县(区),晋东北山地丘陵区——包括阳高、天镇、广灵、灵丘、浑源等县。

本区域土地利用管理重点及调控措施为:在改造提升煤电产业的同时,加强资源型经济转型,发展高新技术产业、旅游业、高载能工业和环保产业。重点保障煤电基地和运煤通道建设用地及引黄北干等重要水利设施用地。加强工矿废弃地复垦、污染防治和采煤塌陷区治理。新增建设用地要充分利用荒沟、荒坡、荒滩等未利用地资源和工矿废弃地。引导农业结构调整,支持商品粮基地建设,增加大宗农产品生产能力。大力发展畜牧产业及畜牧产品加工,重点建设雁门关生态畜牧经济区。支持盐碱地的改良和未利用地开发,加强风沙治理和生态建设。

中部区域。本区域范围包括太原、忻州、阳泉、吕梁和晋中等5个市的53个县(市、区),土地总面积为7.41万平方千米。在本区域内又分为5个二级区,即晋中盆地区——包括太原市的6个城区及阳曲、清徐、榆次、太谷、祁县、平遥、介休、文水、汾阳、孝义、交城、灵石等县(市、区),忻定原盆地区——包括忻府区、原平市、定襄县等3个县(市、区),晋西山地区——包括方山、古交、岚县、静乐、娄烦、宁武、岢岚等7个县(市),晋西黄土丘陵区——包括兴县、临县、离石区、柳林、中阳、偏关、河曲、保德、神池、五寨、石楼、交口等县(区),太行山山地丘陵区——包括盂县、寿阳、阳泉郊区、昔阳、平定、代县、繁峙、五台、榆社、左权、和顺等县(区)。

本区域土地利用管理重点及调控措施为:采取积极的城镇发展战略,建设以太原—榆次为核心,包括介(休)孝(义)汾(阳)、阳泉、忻(州)定(襄)原(平)在内的太原经济圈。适应城镇化和工业化加快进程,适当提高区域建设用地比重,积极培育人口及经济集聚能力。重点保障晋中煤电基地和石太铁路客运专线、同蒲铁路客运专线、太中银铁路、汾平高速等交通基础设施建设用地。在介孝汾、离柳等地建立煤炭能源重化工产业循环经济示范区。开发区建设要以节约集约用地为重点,提高项目用地投资强度、土地产出效益等用地标准和准入门槛,引导发展技术和知识含量高的制造业和现代服务业。加强区内基本农田保护,积极实施农田基本建设整理工程,促进稳产高产商品粮油基地建设。要加强晋西黄土丘陵区、太行山山地丘陵区的水土保持和生态屏障建设,加强汾河治理和环境保护。

晋南区域。本区域范围包括运城市和临汾市的30个县(市、区),土地总面积为3.45万平方千米。在本区域内又分为3个二级区,即晋南盆地区——包括尧都区、洪洞、襄汾、新绛、侯马、曲沃、翼城、永济、临猗、盐湖区、夏县、闻喜、绛县、霍州、万荣、河津、稷山等17个县(市、区),太岳中条山区——包括芮城、平陆、垣曲、古县、安泽、浮山等6个县,晋西南黄土丘陵山地区——包括乡宁、吉县、大宁、隰县、蒲县、永和、汾西等7个县。

本区域土地利用管理重点及调控措施为:加强临汾、运城、侯马等3个中心城市的建设,适当增加城镇建设用地。改造与提高焦化、煤炭、化学工业,扶持轻型工业和高新技术产业发展。加强区内基本农田保护,重点发展优质小麦、棉花,支持商品粮、棉基地建设,增加大宗农产品生产能力。加强区内汾河流域的综合治理和晋西南黄土丘陵山地区的水土流失治理,搞好东西两山的生态屏障建设。

晋东南区域。本区域范围包括长治市和晋城市的19个县(市、区),土地总面积为1.63万平方千米。在本区域内又分为3个二级区,即晋东南川谷盆地

区——包括潞城、襄垣、屯留、长治城区、长治郊区、长治、长子、晋城城区、高平、泽州、阳城等11个县(市、区),太行山南部山区——包括武乡、沁县、平顺、壶关、黎城、陵川等6个县,晋东南西部山区——包括沁源、沁水等2个县。

本区域土地利用管理重点及调控措施为:着力完善中心城市功能,建立煤化工产业循环经济示范区。适当增加建设用地供给,积极培育人口及经济集聚能力。加强废弃煤矿、乡镇企业用地整理,开发未利用地,为工业化、城市化提供新的发展空间。合理安排建设用地,加大对基础设施建设的支持力度,促进公路、铁路、航运等交通网的完善和枢纽建设,提高区域的整体发展能力。重点加强太行山区生态建设、中部川谷盆地区环境治理和耕地资源保护。

【山西省林业生态建设总体布局】 按照《山西省生态功能区划》,全省划分为5个生态区、15个生态亚区、44个生态功能区。与这些生态功能区域相衔接,结合各地自然条件和树木生长特性,山西省林业生态建设的总体布局是:以汾河两岸为中轴线,以太行山和吕梁山为重点,集中建设四大生态屏障,发展五大产业集群,推进城乡全面绿化。

四大生态屏障。四大生态屏障是指晋北晋西北防风固沙林区、吕梁山黄土高原水土保持林区、太行山土石山水源涵养林区、中南部盆地防护经济林区。1. 晋北晋西北防风固沙林区。在晋北晋西北建设以防风治沙为主要功能的乔灌草防护林体系,建设范围包括大同县、大同新荣区、大同城区、大同矿区、左云县、阳高县、天镇县、大同南郊区、浑源县、灵丘县、广灵县、右玉县、朔州平鲁区、朔城区、应县、山阴县、怀仁县、河曲县、保德县、偏关县、神池县、五寨县、岢岚县、宁武县、静乐县、繁峙县、代县等27个县(区)。通过大力植树造林,特别是大规模发展沙棘、柠条等灌木林,形成乔灌草相结合的绿色屏障,使晋北晋西北的风沙基本得到遏制。

2. 吕梁山黄土高原水土保持林区。在吕梁山脉及周边地区建设以治理水土流失、降低土壤侵蚀模式为主要功能的防护林体系,建设范围包括原平市、忻州忻府区、兴县、临县、岚县、孝义市、石楼县、柳林县、方山县、中阳县、交口县、交城县、汾阳市、吕梁离石区、娄烦县、古交市、太原晋源区、太原尖草坪区、太原万柏林区、隰县、永和县、大宁县、吉县、乡宁县、蒲县、汾西县、新绛县、稷山县、河津市、万荣县等30个县(市、区)。通过实施退耕还林、天然林资源保护、"三北"防护林建设等国家重点林业工程,有效改善黄河东岸严重的水土流失状况,努力形成固土凝水、降温保湿、植被良好、林茂粮丰的可喜局面。

3. 太行山土石山水源涵养林区。在太行山区域建设以涵养水源为主要功能的防护林体系,建设范围包括五台县、阳曲县、太原迎泽区、太原杏花岭区、榆社县、和顺县、左权县、寿阳县、昔阳县、灵石县、平定县、盂县、阳泉城区、阳泉矿区、阳泉郊区、平顺县、黎城县、壶关县、武乡县、沁源县、沁县、霍州市、安泽县、翼城县、古县、浮山县、陵川县、沁水县、阳城县、垣曲县、平陆县、芮城县等32个县(市、区)。通过大力造林、封山育林、积极护林,有效涵养太行土石山区珍贵的水资源,从根本上逐步改善山西十年九旱、长期缺水的自然状况。

4. 中南部盆地防护经济林区。在山西中南部盆地建设防护经济林区,建设范围包括定襄县、清徐县、太原小店区、介休市、平遥县、祁县、太谷县、晋中榆次区、文水县、屯留县、长治县、潞城市、长子县、襄垣县、长治郊区、长治城区、高平市、泽州县、晋城城区、侯马市、襄汾县、曲沃县、临汾尧都区、洪洞县、运城盐湖区、临猗县、永济市、闻喜县、夏县、绛县等30个县(市、区)。通过大力营造干鲜果经济林,既获取经济效益,又发挥生态功能,收到大地增绿、林业增效、农民增收的良好效果。

五大产业集群。全省发展五大林业产业集群,主要是:干鲜果经济林建设,速生丰产用材林建设,林木种苗花卉产业,森林旅游产业,林下资源开发和灌木林产业。

推进城乡全面绿化。继续坚持"山上治本、身边增绿"的发展理念,以国家六大重点林业工程为骨架,以省十大造林绿化工程为重点,全力推进通道绿化、交通沿线荒山绿化、村镇绿化、环城绿化、厂矿区绿化、城市绿化、河流流域行洪河道两侧的滩涂绿化、城郊森林公园建设、生态庄园建设、碳汇造林等重点区域绿化,努力实现城乡绿化一体化。

【山西省现代农业发展区域布局】 *区域布局*。全省现代农业发展的总体布局分为大同盆地、忻定盆地、晋中盆地、上党盆地、晋南盆地和太行山、吕梁山七大特色板块。大同盆地重点建设雁门关生态畜牧经济区,忻定盆地重点发展玉米、杂粮,晋中盆地重点发展蔬菜、水果、花卉等设施农业,上党盆地重点发展玉米、畜牧业,晋南盆地重点发展粮食、水果和蔬菜,太行山、吕梁山重点发展杂粮、林果业。

产业发展布局。按照区域布局,规划建设一批优势农产品产业区和产业带,形成跨区域、大规模、集群式、板块化推进的格局。

1. 粮食产业布局。规划建设太行山、大同盆地、忻定盆地、晋中盆地和晋南盆地玉米优势生产区，到2015年，优势区玉米面积占全省的比重达到70%。规划建设南部运城、临汾、晋城中熟冬麦区，到2015年，小麦种植面积达到64万公顷，占全省的96%以上。以晋西北、太行山为重点，规划建设谷子、荞麦、莜麦、杂豆、马铃薯五大作物优势区域，优势区小杂粮的优质率、商品率、加工转化率达到80%、50%、60%。

2. 畜牧产业布局。规划建设一批生猪、蛋鸡、肉鸡、奶牛、肉牛和肉羊优势生产基地县，力争到2015年基地县畜产品产量占到全省70%左右。

3. 水果产业布局。规划建设晋南丘陵区、晋西边山丘陵区、晋中丘陵区三大优质苹果生产板块，忻定、晋中、晋东南和晋南4个优质梨生产区。

4. 蔬菜产业布局。重点在晋南、晋中、忻定、上党和大同五大盆地内具有优势的70个县发展蔬菜产业，播种面积、产量均占到全省播种面积、产量的85%以上。

现代农业示范区布局。以城乡统筹发展，推进农业现代化为目标定位，打造全省一流、全国领先的现代农业示范样板区。继续推进大同（包括阳高等5个县）、晋中（包括榆次等4个县区）和运城（包括盐湖等7个县区）三大现代农业示范区建设，实施朔州、临汾、忻州、长治、阳泉、太原、吕梁、晋城等8个市10个县现代农业示范县（区）及现代农垦示范场建设。以所在板块的主导产业为主，发展粮食、做强畜牧、提升果菜、深化加工。突出粮食高产创建、标准化规模健康养殖、设施蔬菜、高效园艺以及农产品加工增值等重点建设，因地制宜打造一批示范园和综合示范园。

行 政 区 划

【山西行政区划的历史变迁】 山西省是我国文化发祥地之一。相传尧都平阳，舜都蒲坂，禹都安邑，都建在今山西境内南部地区。西周时为唐国，后改为晋国，山西省简称晋即由此而来。战国时分属于赵、魏、韩。秦置代、雁门、太原、河东、上党5郡。西汉时置并州，辖代、雁门、太原、上党4郡，朔方辖西河郡，司隶部辖河东郡。东汉时并州辖定襄、雁门、太原、西河、上党5郡，司隶部辖河东郡，幽州辖代郡。三国时魏置并州辖雁门、新兴、西河、太原、东平、上党6郡，司州辖河东、平阳2郡，幽州辖代郡，冀州辖灵丘县，此外，天镇、山阴、平鲁西北属拓跋鲜卑，五寨、临县以西属羌。西晋时并州辖雁门、新兴、上党3郡及太原、东平、西河3国，司州辖河东、平阳2郡，幽州辖代郡，山阴以北仍属拓跋鲜卑，五寨、临县以西属羌。北魏置朔、恒、汾、肆、并5州，霍县、高平以南属司州。隋代改州为郡，置马邑、雁门、娄烦、离石、太原、龙泉、西河、临汾、文水、河东、绛、长平、上党13郡。唐代置河东道，辖太原府及云、蔚、朔、代、岚、忻、石、隰、汾、晋、慈、绛、蒲、辽、沁、潞、泽17州。五代后唐置太原、河中2府及云、蔚、应、寰、朔、代、岚、忻、石、隰、汾、晋、慈、绛、辽、沁、潞、泽19州。后晋置太原、河中2府及代、岚、宪、忻、石、隰、汾、晋、慈、绛、辽、沁、潞、泽14州，云蔚、应、寰、朔、代5州属契丹。后汉行政区划未变。北宋时置河东路，辖太原、隆德2府，代、忻、宪、岚、石、隰、汾、慈、晋、绛、辽、泽12州及火山、保德、岢岚、宁化、晋宁、平定、威胜7军，永兴路辖解州及河中府。大同府及朔、应、蔚3州属辽的西京道。金于山西置河东南路，河东北路，雁门关北属西京路。河东南路辖河中、平阳2府及隰、耿、绛、解、泽、潞、沁、辽8州，河东北路辖太原府及澳、保德、岢岚、岚、宁化、管、忻、代、石、汾、平定11州。西京路辖大同府及武、朔、应、蔚4州。元代置河东山西道，隶中书省，领大同、冀宁、晋宁3路，大同路辖应、朔、武、浑源4州及大同、白登等5县，冀宁路辖兴、岚、管、坚、代、崞、忻、台、临、石、汾、盂、平定12州及阳曲、文水等10县，晋宁路辖河中府及隰、吉、霍、绛、解、辽、沁、潞、泽9州及临汾等12县。明代置山西布政使司，辖大同、太原、平阳、潞安4府，汾、辽、沁、泽4州，共95县。清代山西省，辖朔平、大同、宁武、太原、汾州、平阳、潞安、泽州、蒲州9府，保德、代、忻、平定、辽、隰、霍、沁、绛、解10州及归化、绥远、萨拉齐、托克托、和林格尔等6厅，共辖108县。6厅及朔平、大同2府的北部系今长城以北的土默特、呼和浩特、集宁、丰镇等地区，民国2年（1913年）划归绥远、察哈尔两特别区。民国3年（1914年）山西省设雁门、冀宁、河东3道。雁门道辖晋北的26县，冀宁道辖晋中及晋东南的44县，河东道辖晋南的35县。1930年废道，县由省直辖。

1937年抗日战争爆发后，中国共产党在山西境内建立了晋冀鲁豫、晋绥、晋察冀3个边区抗日民主政府，其在山西境内辖区面积约占全省总面积的70%以上。解放战争初期，山西解放区各县分属太行、太岳、晋察冀、晋绥4个行政公署，行署下设专区，分别领导各县。

1945年8月抗日战争胜利后，阎锡山政府迁回太原，抢占了铁路沿线主要城市，按每个行政督察区辖5～7个县的原则，把全省划为18个区。1949年4月，随着太原的解放，全省复归统一，阎锡山政府的行政区划遂告结束。

【新中国成立以来山西行政区划的变化】 新中国成立以来，为适应社会主义建设发展的需要，山西省行政区划曾有过多次的调整。1949 年 10 月，将雁北地区划归察哈尔省，山西省共设忻县、兴县、榆次、汾阳、临汾、运城、长治 7 个专区、92 个县及太原市、阳泉工矿区、长治城关区和运城镇。1951 年撤销汾阳专区。1952 年撤销兴县专区。1952 年 11 月察哈尔省撤销后，原雁北专区 13 个县及大同市划回山西省，全省共辖雁北、忻县、榆次、临汾、运城、长治 6 个专区及太原、阳泉、长治、大同 4 个市和运城镇，103 个县。1958 年，全省公社化后，行政区划进行了较大的合并，将 6 个专区并为晋北、晋中、晋南、晋东南 4 个专区，103 个县合并为 41 个县，设太原市 1 个省辖市和大同、阳泉、长治、榆次、侯马 5 个专辖市。

20 世纪 60 年代初期，全省行政区划又几经调整，原来合并的县先后分设，到 1965 年，全省设雁北、忻县、晋中、晋南、晋东南 5 个专区，太原、大同、阳泉 3 个省辖市，长治市为专辖市，县数为 96 个。1970 年专区改为地区，同年撤销晋南专区，设立临汾、运城 2 个地区。

1971 年，晋中地区分为晋中和吕梁 2 个地区，恢复侯马、临汾、榆次 3 市及古县、方山、娄烦 3 县，新设置柳林、交口 2 县，全省县数为 101 个。

1983 年，对全省部分市、县区划及名称作了调整变动。全省划分为 7 个地区、4 个省辖地级市、6 个省辖县级市、96 个县。

1985 年，撤销晋东南地区，将其所属各县分别划归长治市和晋城市，晋城市升格为省辖地级市，全省设 6 个地区、5 个地级市、5 个县级市和 96 个县。

1989 年设朔州市（地级市）和古交市（县级市）。

1990 年霍县撤县建霍州市（县级市）。

1992 年原平、孝义撤县建市（县级市）。

1993 年撤销雁北地区，将其所辖县分别划归大同市和朔州市。同年，介休、高平县撤县建市（县级市）。

1994 年潞城、永济、河津县撤县建市（县级市）。

1996 年离石、汾阳撤县建市（县级市），晋城市郊区撤区建立泽州县。

1997 年太原市城区行政区划重新调整，将原北城区、南城区、河西区、北郊区、南郊区等 5 城区调整为：杏花岭区、迎泽区、万柏林区、尖草坪区、小店区、晋源区等 6 个城区。

1999 年撤销晋中地区，成立晋中市（地级市），原榆次市改为榆次区。

2000 年撤销忻州地区、运城地区、临汾地区，成立忻州市、运城市、临汾市（地级市），原县级忻州市、运城市、临汾市改为忻府区、盐湖区、尧都区。

2003 年撤销吕梁地区，成立吕梁市（地级市），原离石市（县级）改设为离石区。

【2015 年乡镇以上行政区划】 截至 2014 年年底，山西省共设太原、大同、阳泉、长治、晋城、朔州、忻州、晋中、临汾、运城、吕梁等 11 个地级市，11 个县级市，85 个县，23 个市辖区。现有 202 个街道，1196 个乡镇，其中 564 个镇、632 个乡，合计 1398 个乡级行政单位。2014 年全省乡镇以上行政区划如下：

太原市

小店区

坞城街道　营盘街道　北营街道　平阳路街道
黄陵街道　小店街道　龙城街道　北格镇
西温庄乡　刘家堡乡

迎泽区

柳巷街道　文庙街道　庙前街道　迎泽街道
桥东街道　老军营街道　郝庄镇

杏花岭区

巨轮街道　三桥街道　鼓楼街道
杏花岭街道　坝陵桥街道　大东关街道
职工新街街道　敦化坊街道　涧河街道
杨家峪街道　中涧河乡　小返乡

尖草坪区

尖草坪街道　光社街道　上兰街道　南寒街道
迎新街道　古城街道　汇丰街道　柴村街道
新城街道　向阳镇　阳曲镇　马头水乡
柏板乡　西墕乡

万柏林区

千峰街道　下元街道　和平街道　兴华街道
万柏林街道　杜儿坪街道　白家庄街道　南寒街道
东社街道　化客头街道　神堂沟街道　西铭街道
长风西街街道　小井峪街道　王封乡

晋源区

义井街道　罗城街道　晋源街道　金胜镇　晋祠镇
姚村镇

清徐县

清源镇　徐沟镇　东于镇　孟封镇　马峪乡
柳杜乡　西谷乡　王答乡　集义乡

阳曲县

黄寨镇　大盂镇　东黄水镇　泥屯镇　高村乡
侯村乡　凌井店乡　西凌井乡　北小店乡　杨兴乡

娄烦县

娄烦镇　静游镇　杜交曲镇　庙湾乡　马家庄乡
盖家庄乡　米峪镇乡　天池店乡

古交市

东曲街道　西曲街道　桃园街道　屯兰街道　河口镇
镇城底镇　马兰镇　阁上乡　嘉乐泉乡　梭峪乡
岔口乡　常安乡　邢家社乡　原相乡

大同市

城　区

南关街道　北关街道　东街街道
西街街道　南街街道　北街街道
新建南路街道　新建北路街道　大庆路街道
新华街街道　西花园街道　老平旺街道
向阳里街道　振华南街街道

矿　区

新胜街道　新平旺街道　煤峪口街道
永定庄街道　同家梁街道　四老沟街道
忻州窑街道　白洞街街道　雁崖街道
挖金湾街道　晋华宫街道　马脊梁街道
大斗沟街道　王村街道　姜家湾街道
新泉路街道　民胜街道　口泉街道
马口街道　燕子山街道　杏儿沟街道
青磁窑街道　平泉路街道　四台沟街道
和瑞街道　和顺街道

南郊区

古店镇　高山镇　云冈镇　口泉乡
新旺乡　水泊寺乡　马军营乡　西韩岭乡
平旺乡　鸦儿崖乡

新荣区

新荣镇　破鲁堡乡　郭家窑乡　花园屯乡
西村乡　上深涧乡　堡子湾乡

阳高县

龙泉镇　罗文皂镇　大白登镇　王官屯镇
古城镇　东小村镇　友宰镇　长城乡
北徐屯乡　狮子屯乡　下深井乡　马家皂乡
鳌石乡

天镇县

玉泉镇　谷前堡镇　米薪关镇　逯家湾镇
新平堡镇　三十里铺乡　南河堡乡　贾家屯乡
赵家沟乡　南高崖乡　张西河乡

广灵县

壶泉镇　南村镇　一斗泉乡　蕉山乡　加斗乡
宜兴乡　作疃乡　梁庄乡　望狐乡

灵丘县

武灵镇　东河南镇　上寨镇　落水河乡　史庄乡
赵北乡　石家田乡　柳科乡　白崖台乡　红石塄乡
下关乡　独峪乡

浑源县

永安镇　西坊城镇　蔡村镇　沙圪坨镇
王庄堡镇　大磁窑镇　东坊城乡　裴村乡
驼峰乡　西留村乡　下韩村乡　南榆林乡
吴城乡　黄花滩乡　大仁庄乡　千佛岭乡
官儿乡　青磁窑乡

左云县

云兴镇　鹊儿山镇　店湾镇　管家堡乡
张家场乡　三屯乡　马道头乡　小京庄乡
水窑乡

大同县

西坪镇　倍加造镇　周士庄镇　吉家庄乡　峰峪乡
杜庄乡　党留庄乡　瓜园乡　聚乐乡　许堡乡

阳泉市

城　区

上站街道　下站街道　北大街街道　南山路街道
义井街道　坡底街道

矿　区

平潭街街道　桥头街道　蔡洼街道　赛鱼街道
沙坪街道　贵石沟街道

郊　区

荫营镇　河底镇　义井镇　平坦镇　西南舁乡
杨家庄乡　李家庄乡　旧街乡

平定县

冠山镇　冶西镇　锁簧镇　张庄镇　东回镇
柏井镇　娘子关镇　巨城镇　石门口乡　岔口乡

盂　县

秀水镇　孙家庄镇　路家村镇　南娄镇　牛村镇
苌池镇　上社镇　西烟镇　仙人乡　北下庄乡
下社乡　梁家寨乡　西潘乡　东梁乡

长治市

城　区

东街街道　西街街道　英雄南路街道　英雄中路街道
紫金街道　常青街道　太行西街街道　太行东街街道
五马街道　延安南路街道

郊　区

长北街道　故县街道　老顶山镇　堠北庄镇
大辛庄镇　马厂镇　黄碾镇　西白兔乡

长治县

韩店镇　苏店镇　荫城镇　西火镇　八义镇
贾掌镇　郝家庄乡　西池乡　北呈乡　东和乡
南宋乡

襄垣县

古韩镇　王桥镇　侯堡镇　夏店镇　虒亭镇　西营镇
王村镇　下良镇　善福乡　北底乡　上马乡

屯留县

麟绛镇　上村镇　渔泽镇　余吾镇　吾元镇　张店镇
丰宜镇　李高乡　路村乡　西贾乡　河神庙乡

平顺县

青羊镇　龙溪镇　石城镇　苗庄镇　杏城镇
西沟乡　东寺头乡　虹梯关乡　阳高乡　北耽车乡
北社乡　中五井乡

黎城县

东阳关镇　上遥镇　西井镇　黄崖洞镇
黎侯镇　西仵乡　停河铺乡　程家山乡
洪井乡

壶关县

龙泉镇　百尺镇　店上镇　晋庄镇　树掌镇
集店乡　黄山乡　东井岭乡　石坡乡　五龙山乡
鹅屋乡　桥上乡

长子县

丹朱镇　鲍店镇　石哲镇　大堡头镇　慈林镇
色头镇　南漳镇　岚水乡　碾张乡　常张乡
南陈乡　宋村乡

武乡县

丰州镇　洪水镇　蟠龙镇　监漳镇　故城镇　墨镫乡
韩北乡　大有乡　贾豁乡　故县乡　上司乡　石北乡
涌泉乡　分水岭乡

沁　县

定昌镇　郭村镇　故县镇　新店镇　漳源镇　册村镇
段柳乡　松村乡　次村乡　牛寺乡　南里乡　南泉乡
杨安乡

沁源县

沁河镇　郭道镇　灵空山镇　王和镇　李元镇
中峪乡　法中乡　交口乡　聪子峪乡　韩洪乡
官滩乡　景凤乡　赤石桥乡　王陶乡

潞城市

潞华街道　成家川街道　店上镇　微子镇
翟店镇　辛安泉镇　合室乡　黄牛蹄乡
史迴乡

晋城市

城　区

东街街道　西街街道　南街街道　北街街道
矿区街道　钟家庄街道　西上庄街道　北石店镇

沁水县

龙港镇　中村镇　郑庄镇　端氏镇　嘉峰镇
郑村镇　柿庄镇　樊村河乡　土沃乡　张村乡
苏庄乡　胡底乡　固县乡　十里乡

阳城县

凤城镇　北留镇　润城镇　町店镇　芹池镇
次营镇　横河镇　河北镇　蟒河镇　东冶镇
白桑乡　寺头乡　西河乡　演礼乡　固隆乡
董封乡　驾岭乡

陵川县

崇文镇　礼义镇　附城镇　西河底镇　平城镇
杨村镇　潞城镇　夺火乡　马圪当乡　古郊乡
六泉乡　秦家庄乡

泽州县

南村镇　下村镇　大东沟镇　周村镇　犁川镇
晋庙铺镇　金村镇　高都镇　巴公镇　大阳镇

山河镇 大箕镇 柳树口镇 北义城镇
川底乡 李寨乡 南岭乡

高平市
北城街道 东城街道 南城街道 米山镇 三甲镇
陈区镇 北诗镇 河西镇 马村镇 野川镇
寺庄镇 神农镇 建宁乡 石末乡 原村乡
永禄乡

朔州市
朔城区
北城街道 南城街道 神头街道 北旺庄街道
神头镇 利民镇 下团堡乡 小平易乡
滋润乡 福善庄乡 南榆林乡 贾庄乡
沙塄河乡 窑子头乡 张蔡庄乡

平鲁区
井坪镇 凤凰城镇 白堂乡 陶村乡
下水头乡 双碾乡 阻虎乡 高石庄乡
西水界乡 下面高乡 榆岭乡 下木角乡
向阳堡乡

山阴县
玉井镇 北周庄镇 古城镇 岱岳镇
吴马营乡 马营乡 下喇叭乡 合盛堡乡
安荣乡 薛圐圙乡 后所乡 张家庄乡
马营庄乡

应　县
金城镇 南河种镇 下社镇 镇子梁乡
义井乡 臧寨乡 大黄巍乡 杏寨乡
下马峪乡 南泉乡 大临河乡 白马石乡

右玉县
新城镇 右卫镇 威远镇 元堡子镇
牛心堡乡 白头里乡 高家堡乡 丁家窑乡
杨千河乡 李达窑乡

怀仁县
云中镇 吴家窑镇 金沙滩镇 毛家皂镇
何家堡乡 亲和乡 新家园乡 海北头乡
马辛庄乡 河头乡

晋中市
榆次区
北关街道 锦纶街道 新华街道 西南街道
路西街道 经纬街道 安宁街道 新建街道
晋华街道 乌金山镇 东阳镇 什贴镇
长凝镇 北田镇 修文镇 郭家堡乡
张庆乡 庄子乡 东赵乡

榆社县
箕城镇 云簇镇 郝北镇 社城镇 河峪乡
北寨乡 西马乡 岚峪乡 讲堂乡

左权县
辽阳镇 桐峪镇 麻田镇 芹泉镇 拐儿镇
石匣乡 粟城乡 羊角乡 寒王乡 龙泉乡

和顺县
义兴镇 李阳镇 松烟镇 青城镇 横岭镇
喂马乡 平松乡 牛川乡 马坊乡 阳光占乡

昔阳县
乐平镇 皋落镇 冶头镇 沾尚镇 大寨镇
李家庄乡 界都乡 三都乡 赵壁乡 孔氏乡
阎庄乡 西寨乡

寿阳县
朝阳镇 南燕竹镇 宗艾镇 平头镇 松塔镇
西洛镇 尹灵芝镇 平舒乡 解愁乡 温家庄乡
景尚乡 羊头崖乡 上湖乡 马首乡

太谷县
明星镇 胡村镇 范村镇 侯城乡 北洸乡
水秀乡 阳邑乡 小白乡 任村乡

祁　县
昭余镇 东观镇 古县镇 贾令镇 城赵镇
来远镇 峪口乡 西六支乡

平遥县
古城街道 城东街道 城南街道 古陶镇
段村镇 东泉镇 洪善镇 宁固镇
南政乡 中都乡 岳壁乡 卜宜乡
孟山乡 朱坑乡 襄垣乡 杜家庄乡
香乐乡

灵石县
翠峰镇 静升镇 两渡镇 夏门镇 南关镇
段纯镇 马和乡 英武乡 王禹乡 坛镇乡
梁家墕乡 交口乡

介休市

北关街道　西关街道　东南街道　西南街道
北坛街道　义安镇　张兰镇　连福镇
洪山镇　义棠镇　龙凤镇　绵山镇
城关乡　宋古乡　三佳乡

运城市

盐湖区

中城街道　东城街道　西城街道　南城街道
北城街道　安邑街道　大渠街道　姚孟街道
龙居镇　陶村镇　东郭镇　三路里镇
北相镇　泓芝驿镇　解州镇　席张乡
金井乡　冯村乡　王范乡　上郭乡
上王乡

临猗县

猗氏镇　嵋阳镇　临晋镇　七级镇　东张镇
孙吉镇　三管镇　牛杜镇　耽子镇　楚侯乡
庙上乡　角杯乡　北辛乡　北景乡

万荣县

解店镇　通化镇　汉薛镇　荣河镇　万泉乡
里望乡　西村乡　南张乡　高村乡　皇甫乡
贾村乡　王显乡　光华乡　裴庄乡

闻喜县

桐城镇　郭家庄镇　畖底镇　薛店镇　东镇镇
礼元镇　河底镇　神柏乡　阳隅乡　侯村乡
裴社乡　后宫乡　石门乡

稷山县

稷峰镇　西社镇　化峪镇　翟店镇　清河镇
蔡村乡　太阳乡

新绛县

龙兴镇　三泉镇　泽掌镇　北张镇　古交镇
万安镇　阳王镇　泉掌镇　横桥乡

绛　县

古绛镇　横水镇　陈村镇　卫庄镇　磨里镇
南樊镇　安峪镇　大交镇　郝庄乡　冷口乡

垣曲县

新城镇　历山镇　古城镇　王茅镇　毛家湾镇
蒲掌乡　英言乡　解峪乡　华峰乡　长直乡
皋落乡

夏　县

瑶峰镇　庙前镇　裴介镇　水头镇　埝掌镇
泗交镇　尉郭乡　禹王乡　胡张乡　南大里乡
祁家河乡

平陆县

圣人涧镇　常乐镇　张店镇　张村镇　曹川镇
三门镇　洪池乡　杜马乡　部官乡　坡底乡

芮城县

古魏镇　风陵渡镇　陌南镇　西陌镇　永乐镇
大王镇　阳城镇　东垆乡　南磑乡　学张乡

永济市

城西街道　城北街道　城东街道　虞乡镇
卿头镇　开张镇　栲栳镇　蒲州镇
韩阳镇　张营镇

河津市

城区街道　清涧街道　樊村镇　僧楼镇
小梁乡　柴家乡　赵家庄乡　下化乡
阳村乡

忻州市

忻府区

秀容街道　长征街道　新建路街道　播明镇
奇村镇　三交镇　庄磨镇　豆罗镇
董村镇　曹张乡　高城乡　秦城乡
解原乡　合索乡　阳坡乡　兰村乡
紫岩乡　西张乡　东楼乡　北义井乡

定襄县

晋昌镇　河边镇　宏道镇　杨芳乡　南王乡
蒋村乡　神山乡　季庄乡　受禄乡

五台县

台城镇　台怀镇　耿镇镇　豆村镇
白家庄镇　东冶镇　沟南乡　东雷乡
高洪口乡　门限石乡　陈家庄乡　建安乡
神西乡　蒋坊乡　灵境乡　阳白乡
茹村乡　石咀乡　金岗库乡

代　县

上馆镇　阳明堡镇　峨口镇　聂营镇　枣林镇
滩上镇　新高乡　峪口乡　上磨坊乡　胡峪乡
雁门关乡

繁峙县

繁城镇　砂河镇　大营镇　下茹越乡
杏园乡　光裕堡乡　集义庄乡　东山乡
金山铺乡　柏家庄乡　横涧乡　神堂堡乡
岩头乡

宁武县

凤凰镇　阳方口镇　东寨镇　石家庄镇
薛家洼乡　榆庄乡　涔山乡　化北屯乡
西马坊乡　新堡乡　圪壕乡　迭台寺乡
怀道乡　东马坊乡

静乐县

鹅城镇　杜家村镇　康家会镇　丰润镇　堂尔上乡
中庄乡　双路乡　段家寨乡　辛村乡　王村乡
娑婆乡　神峪沟乡　娘子神乡　赤泥洼乡

神池县

龙泉镇　义井镇　八角镇　东湖乡　太平庄乡
虎北乡　贺职乡　长畛乡　烈堡乡　大严备乡

五寨县

砚城镇　小河头镇　三岔镇　前所乡　李家坪乡
孙家坪乡　梁家坪乡　胡会乡　新寨乡　韩家楼乡
东秀庄乡　杏岭子乡

岢岚县

岚漪镇　三井镇　神堂坪乡　高家会乡
李家沟乡　水峪贯乡　西豹峪乡　温泉乡
阳坪乡　大涧乡　宋家沟乡　王家岔乡

河曲县

文笔镇　楼子营镇　刘家塔镇　巡镇镇
鹿固乡　前川乡　单寨乡　土沟乡
旧县乡　沙坪乡　社梁乡　沙泉乡
赵家沟乡

保德县

东关镇　义门镇　桥头镇　杨家湾镇
腰庄乡　韩家川乡　林遮峪乡　冯家川乡
土崖塔乡　孙家沟乡　窑洼乡　窑圪台乡
南河沟乡

偏关县

新关镇　天峰坪镇　老营镇　万家寨镇
窑头乡　楼沟乡　尚峪乡　南堡子乡
水泉乡　陈家营乡

原平市

北城街道　南城街道　轩煤矿街道　东社镇
苏龙口镇　崞阳镇　大牛店镇　阎庄镇
长梁沟镇　轩岗镇　新原乡　南白乡
子干乡　中阳乡　沿沟乡　大林乡
西镇乡　解村乡　王家庄乡　楼板寨乡
段家堡乡

临汾市

尧都区

解放路街道　鼓楼西街道　水塔街道　南街街道
乡贤街道　辛寺街道　路东街道　滨河街道
车站街道　汾河街道　屯里镇　乔李镇
大阳镇　县底镇　刘村镇　金殿镇
吴村镇　土门镇　魏村镇　尧庙镇
段店乡　贾得乡　贺家庄乡　一平垣乡
枕头乡　河底乡

曲沃县

乐昌镇　史村镇　曲村镇　高显镇　里村镇
北董乡　杨谈乡

翼城县

唐兴镇　南梁镇　里砦镇　隆化镇　桥上镇
西阎镇　中卫乡　南唐乡　王庄乡　浇底乡

襄汾县

新城镇　赵康镇　汾城镇　南贾镇　古城镇
襄陵镇　邓庄镇　陶寺乡　永固乡　景毛乡
西贾乡　南辛店乡　大邓乡

洪洞县

大槐树镇　甘亭镇　曲亭镇　苏堡镇　广胜寺镇
明姜镇　赵城镇　万安镇　刘家垣镇　淹底乡
兴唐寺乡　堤村乡　辛村乡　龙马乡　山头乡
左木乡

古　县

岳阳镇　北平镇　古阳镇　旧县镇　石壁乡
永乐乡　南垣乡

安泽县

府城镇　和川镇　唐城镇　冀氏镇　马壁乡
杜村乡　良马乡

浮山县
天坛镇　响水河镇　张庄乡　东张乡　槐埝乡
北王乡　北韩乡　米家垣乡　寨圪塔乡

吉　县
吉昌镇　屯里镇　壶口镇　车城乡　文城乡
东城乡　柏山寺乡　中垛乡

乡宁县
昌宁镇　光华镇　台头镇　管头镇　西坡镇
双鹤乡　关王庙乡　尉庄乡　西交口乡　枣岭乡

大宁县
昕水镇　曲峨镇　三多乡　太德乡　徐家垛乡
太古乡

隰　县
龙泉镇　午城镇　黄土镇　阳头升乡　寨子乡
陡坡乡　下李乡　城南乡

永和县
芝河镇　桑壁镇　阁底乡　南庄乡　打石腰乡
坡头乡　交口乡

蒲　县
蒲城镇　薛关镇　黑龙关镇　克城镇　山中乡
古县乡　红道乡　乔家湾乡　太林乡

汾西县
永安镇　对竹镇　勍香镇　和平镇　僧念镇
佃坪乡　团柏乡　邢家要乡

侯马市
路东街道　路西街道　浍滨街道　上马街道
张村街道　新田乡　高村乡　凤城乡

霍州市
鼓楼街道　北环路街道　南环路街道
开元街街道　退沙街道　白龙镇　辛置镇
大张镇　李曹镇　陶唐峪乡　三教乡
师庄乡

吕梁市

离石区
凤山街道　城北街道　滨河街道
莲花池街道　田家会街道　西属巴街道
交口街道　吴城镇　信义镇　红眼川乡　枣林乡
坪头乡

文水县
凤城镇　开栅镇　南庄镇　南安镇　刘胡兰镇
下曲镇　孝义镇　南武乡　西城乡　北张乡
马西乡　西槽头乡

交城县
天宁镇　夏家营镇　西营镇　水峪贯镇
西社镇　庞泉沟镇　洪相乡　岭底乡
会立乡　东坡底乡

兴　县
蔚汾镇　魏家滩镇　瓦塘镇　康宁镇
高家村镇　罗峪口镇　蔡家会镇　交楼申乡
恶虎滩乡　东会乡　固贤乡　奥家湾乡
蔡家崖乡　贺家会乡　孟家坪乡　赵家坪乡
圪垯上乡

临　县
临泉镇　白文镇　城庄镇　兔坂镇
克虎寨镇　三交镇　湍水头镇　林家坪镇
招贤镇　碛口镇　刘家会镇　丛罗峪镇
曲峪镇　木瓜坪乡　安业乡　玉坪乡
青凉寺乡　石白头乡　雷家碛乡　第八堡乡
大禹乡　车赶乡　安家庄乡

柳林县
柳林镇　穆村镇　薛村镇　庄上镇
留誉镇　下三交镇　成家庄镇　孟门镇
李家湾乡　贾家垣乡　陈家湾乡　金家庄乡
石西乡　高家沟乡　西王家沟乡

石楼县
灵泉镇　罗村镇　义牒镇　小蒜镇　龙交乡
和合乡　前山乡　曹家垣乡　裴沟乡

岚　县
东村镇　岚城镇　普明镇　界河口镇　土峪乡
上明乡　王狮乡　梁家庄乡　顺会乡　河口乡
社科乡　大蛇头乡

方山县
圪洞镇　马坊镇　峪口镇　大武镇　北武当镇
积翠乡　麻地会乡

中阳县

宁乡镇　金罗镇　枝柯镇　武家庄镇　暖泉镇
下枣林乡　车鸣峪乡

交口县

水头镇　康城镇　双池镇　桃红坡镇　石口乡
回龙乡　温泉乡

孝义市

新义街道　中阳楼街道　振兴街道
崇文街道　兑镇镇　阳泉曲镇　下堡镇
西辛庄镇　高阳镇　梧桐镇　柱濮镇
大孝堡乡　下栅乡　驿马乡　南阳乡
杜村乡

汾阳市

文峰街道　太和桥街道　贾家庄镇　杏花村镇
冀村镇　肖家庄镇　演武镇　三泉镇
石庄镇　杨家庄镇　峪道河镇　西河乡
阳城乡　栗家庄乡

综合管理

ZONGHE GUANLI

04

2015年全省经济运行情况

【2015年全省经济运行主要特点】2015年全省地区生产总值12766.49亿元，比2014年增长3.1%，增速比一季度、上半年、前三季度分别加快0.6个、0.4个、0.3个百分点。其中，第一产业完成增加值783.16亿元，增长1%；第二产业完成增加值5194.27亿元，下降1.2%；第三产业完成增加值6789.06亿元，增长10.0%。全年全省地区生产总值中，三次产业结构为6.1∶40.7∶53.2，与2014年(6.2∶49.3∶44.5)相比，第一产业下降1个百分点，第二产业下降8.6个百分点，第三产业提升8.7个百分点。

农业生产形势稳定。2015年全省第一产业完成增加值783.16亿元，比2014年增长1%。(1)粮食总产量是第四个高产年。全年全省粮食总产量1259.6万吨，虽较2014年减少71.2万吨，下降5.4%，但仍是山西省历史上第四个高产年。其中，夏粮272.8万吨，增长4.8%；秋粮986.8万吨，下降7.8%。(2)主要畜产品产量有增有减。全年全省羊出栏484.4万只，增长3.1%；牛出栏40.2万头，增长1.1%；家禽出栏8780.9万只，增长15.7%；生猪出栏783.7万头，减少6.4%。猪牛羊禽四种肉产量84.3万吨，减少2%；禽蛋产量87.4万吨，增长4.3%；牛奶产量91.9万吨，减少4.5%。(3)蔬菜、水果产量稳定增长。全年全省蔬菜种植面积25.7万公顷，与2014年基本持平；蔬菜产量1302.2万吨，增长2.4%。全年全省园林水果种植面积36.3万公顷，与2014年基本持平；水果产量755.6万吨，增长11.4%。

工业生产降幅持续收窄，非煤产业占比过半。2015年，全省规模以上工业增加值累计降幅自1～7月份年度最低点后，降幅持续收窄，全年下降2.8%。

分产品看，全年全省12种主要工业产品产量中有4种保持增长，分别是原煤、氧化铝、化学药品原药、煤层气。焦炭、水泥、生铁、粗钢、钢材、原铝、发电量、移动通信手持机(手机)等8种产品下降。

从行业看，全年全省规模以上工业12个行业中，4个行业增加值保持增长，分别是煤炭工业增长1.5%，煤层气采掘业增长8.2%，医药工业增长0.8%，其他工业增长8.8%。焦炭工业、电力工业、冶金工业、化学工业、建材工业、装备制造业、食品工业、纺织工业等8个行业增加值均为下降。

从结构看，全年全省规模以上

2014年以来全省规模以上工业增加值累计增速

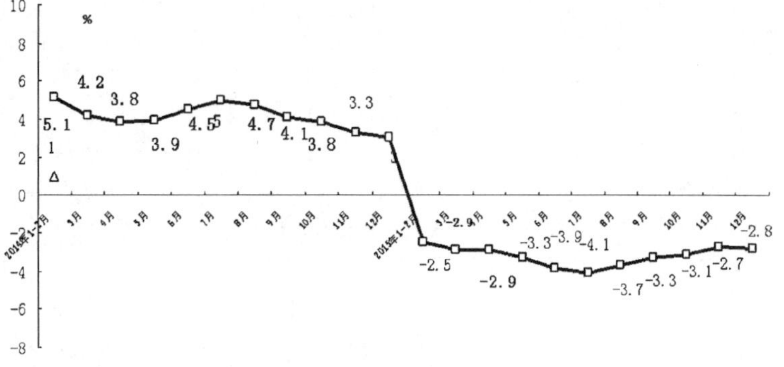

2014 年以来山西、全国当月居民消费价格指数

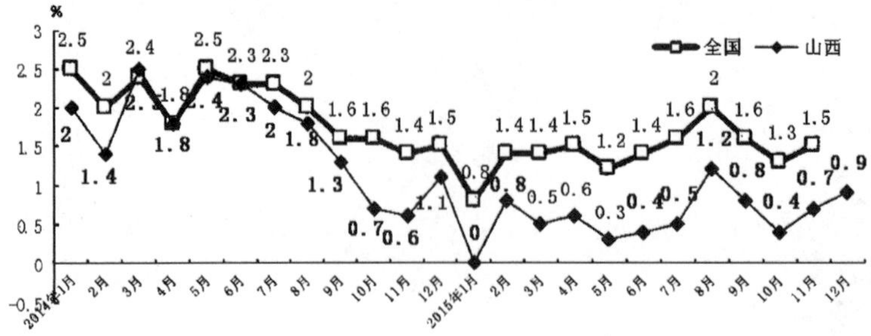

工业行业中，非煤产业增加值占比 53.2%，比 2014 年上升 4.7 个百分点，2008 年以来首次超过 50%；非传统产业增加值占比 26%，上升 3.3 个百分点。

从先行指标看，全年全省全社会用电量 1737.2 亿千瓦时，下降 4.7%；工业用电量 1356.5 亿千瓦时，下降 6.6%。全年太铁货运量 5.9 亿吨，下降 3.1%；公路货运量 9.1 亿吨，增长 3.4%。

固定资产投资不断加快，连续高于全国平均水平。2015 年全省固定资产投资完成 14137.2 亿元，增长 14.4%，自 5 月份以来连续 8 个月增速逐月加快，6 月份以来持续高于全国水平。

(1)第一产业投资高速增长，第三产业投资增速快于全部投资。全年全省第一产业完成投资 1563.7 亿元，增长 65.3%；第二产业完成投资 5206.0 亿元，增长 4%；第三产业完成投资 7367.5 亿元，增长 15.0%。全省三次产业投资比例由 2014 年的 7.7∶40.5∶51.8 转变为 11.1∶36.8∶52.1，第一、三产业投资比重分别上升 3.4 个、0.3 个百分点，第二产业投资比重下降 3.7 个百分点。(2)民间投资快速增长，占比超过六成。全年全省民间固定资产投资完成 8353.3 亿元，增长 21%；占全省固定资产投资比重 60.8%，上升 3.1 个百分点。(3)工业投资中非煤产业投资占比继续提高。全年全省工业固定资产投资增长 4.6%。其中，煤炭工业投资下降 2.8%；非煤产业投资增长 6.6%，占全省工业投资比重 80.2%，比 2014 年提高 1.5 个百分点。非煤产业中，电力、炼焦工业投资分别增长 34.9%、11.8%，冶金工业投资下降 10.2%。(4)战略性新兴产业投资较快增长。全年全省战略性新兴产业投资完成 6574.3 亿元，增长 12.6%，占全省固定资产投资比重 47.8%。

消费市场稳中有升，旅游业保持快速发展，高新技术产品出口保持增长。2015 年全省社会消费品零售总额 6033.7 亿元，增长 5.5%，自上半年以来增速稳步提升。限额以上消费品零售额下降 5.3%，自 7 月份以来降幅逐月收窄。其中，限额以上批发零售业通过互联网实现商品零售额 14.6 亿元，增长 83.3%。

全年全省旅游总收入 3447.5 亿元，增长 21.1%；接待入境过夜人数 59.4 万人次，增长 5.1%；接待国内旅游者人数 3.6 亿人次，增长 20.2%。

全年全省海关进出口总额 914.0 亿元，下降 8.4%。其中，出口 523.3 亿元，下降 4.7%；进口 390.7 亿元，下降 12.8%。高新技术产品出口增长 9.9%，机电产品出口增长 9.1%。

财政民生支出继续增加，金融运行稳定。2015 年全省一般公共预算收入 1642.4 亿元，下降 9.8%。其中，税收收入下降 6.8%，非税收收入下降 14.7%。一般公共预算支出 3423.0 亿元，增长 10.9%。其中，教育、医疗卫生、社会保障和就业、住房保障、公共交通运输、节能环保、城乡社区事务等民生支出 2900 亿元，增长 12.3%，民生支出占全省一般公共预算支出的 84.2%，提升 0.8 个百分点。

2015 年 12 月末，全省金融机构本外币各项存款余额 28641.4 亿元，比年初增加 1602.9 亿元；各项贷款余额 18574.8 亿元，比年初增加 2016.1 亿元。

居民消费价格指数温和上涨，工业生产者出厂价格指数持续下降。2015 年全省居民消费价格上涨 0.6%，涨幅较 2014 年回落 1.1 个百分点。其中，城市上涨 0.6%，农村上涨 0.7%。分类别看，食品价格上涨 0.4%，烟酒及用品上涨 2.6%，衣着上涨 2.2%，家庭设备用品及维修服务上涨 0.1%，医疗保健和个人用品上涨 1.8%，交通和通信下降 2.7%，娱乐教育文化用品及服务上涨 1.7%，居住上涨 0.2%。12 月份当月，全省居民消费价格上涨 0.9%。

全年全省工业生产者出厂价格下降 12.3%。其中，煤炭开采和洗选业产品出厂价格下降 18.1%，石油加工、炼焦及核燃料加工业类产品出厂价格下降 19.4%，黑色金属冶炼及压延加工业产品出厂价格下降 15.4%。工业生产者购进价格下降 6.9%。

人口就业总体稳定。据 2015 年全国 1%人口抽样调查，年末全省常住人口 3664 万人，比 2014 年末增加 16 万人。出生人口 36 万人，人口出生率 9.98‰；死亡人口 20 万人，死亡率 5.56‰；自然增长率 4.42‰，下降 0.57 个千分点。从性别结构看，男性人口 1879 万人，女性人口 1785 万人，总人口性别比为 105.27(以女性为 100)。从年龄构成看，16 周岁以上至 60 周岁以下(不含 60 周岁)的劳动年龄人口 2524 万人，减少 6 万人，占总人口的

68.9%；60周岁及以上人口530万人，占总人口的14.45%；65周岁及以上人口333万人，占总人口的9.1%。

从城乡结构看，城镇常住人口2016万人，增加54万人；乡村常住人口1648万人，减少38万人。城镇人口占总人口比重（常住人口城镇化率）为55%，上升1.2个百分点。

全年全省城镇新增就业51.5万人，完成全年目标100.9%。全省农村劳动力转移就业37.6万人，完成全年目标101.8%。全年全省登记失业率3.5%，控制在4.2%目标以内。

城乡居民收入继续增加。2015年全省城镇居民人均可支配收入25828元，增长7.3%；农村居民人均可支配收入9454元，增长7.3%。

（董晓玲）

固定资产投资

【2015年山西省全社会固定资产投资完成情况】 2015年，山西省全社会固定资产投资完成14137.2亿元，比2014年增长14.4%。其中，房地产开发投资完成1494.9亿元，增长6.5%；农户投资完成329.6亿元，增长3.3%。

按构成分。2015年，在全社会投资中，全省建筑安装工程投资完成10364.3亿元，比2014年增长18.3%；设备工器具购置投资完成2362.1亿元，增长1.9%；其他费用投资完成1410.7亿元，增长14.6%。

按经济类型分。2015年，在全社会投资中，全省国有固定资产投资5243.3亿元，比2014年增长4.9%，增幅提高3.4个百分点；全省非国有固定资产投资8893.9亿元，增长20.9%，增幅提高3.9个百分点，其中，外商及港澳台投资238.8亿元，增长34.9%，增幅提高1.7个百分点。

按三次产业分。2015年，在全省全社会投资中，第一产业投资完成1563.7亿元，比2014年增长65.3%，增幅提高32.7个百分点，占全省全社会投资的比重为11.1%，上升3.4个百分点；第二产业投资完成5206.0亿元，增长4.0%，增幅回落3.6百分点，占比36.8%，下降3.7个百分点；第三产业投资完成7367.5亿元，增长15.0%，增幅提高5.2个百分点，占比52.1%，提高0.3个百分点。

按资金来源分。2015年，在全省全社会投资中，国家预算内资金投资完成721.0亿元，比2014年增长15.3%，增幅提高18个百分点，占全省全社会到位资金的比重为5.9%，与2014年持平；国内贷款投资完成697.0亿元，下降14.0%，增幅提高7.5个百分点，占比5.7%，下降1.9个百分点；利用外资投资完成2.5亿元，下降94.2%，增幅回落145个百分点，占比0.02%，下降0.4个百分点；自筹资金投资完成9950.4亿元，增长19.7%，增幅提高9.9个百分点，占比81.5%，上升3.2个百分点；其他资金投资完成836.2亿元，增长0.7%，增幅提高8个百分点，占比6.9%，下降0.9个百分点。

按国民经济行业分。2015年，在全省全社会投资中，农林牧渔业投资完成1631.3亿元，比2014年增长63.5%，增幅提高22.9个百分点，占全省全社会投资的比重为11.5%，上升3.4个百分点。

工业投资完成5283.4亿元，比2014年增长4.6%，增幅回落2.9个百分点，占比37.4%，下降3.5个百分点。其中，采矿业投资完成1412亿元，下降0.2%，增幅提高3.9个百分点，占比10%，下降1.5个百分点；制造业投资完成2515.5亿元，下降6.1%，增幅回落11.6个百分点，占比17.8%，下降3.9个百分点；电力、热力、燃气及水的生产和供应业投资完成1355.9亿元，增长41.3%，增幅上升1.6个百分点，占比9.6%，提高1.8个百分点。。

建筑业投资完成10.4亿元，增长73.7%，增幅回落17.8个百分点，占全省全社会投资的比重为0.1%，提高0.05个百分点。

批发和零售业投资完成349亿元，增长37.1%，增幅上升34.9个百分点，占比2.5%，提高0.4个百分点。

交通运输、仓储和邮政业投资完成983.7亿元，增长15%，增幅上升38.9个百分点，占比7%，提高0.1个百分点。

住宿和餐饮业投资完成79.6亿元，增长40.1%，增幅上升71个百分点，占比0.6%，提高0.1个百分点。

信息传输、软件和信息技术服务业投资完成104.5亿元，增长78.3%，增幅上升85.7个百分点，占比0.7%，提高0.2个百分点。

金融业投资完成4.5亿元，增长91.8%，增幅上升132.2个百分点，占比0.03%，提高0.01个百分点。

房地产业投资完成3331.7亿元，增长9.6%，增幅回落112.9个百分点，占比23.6%，下降1个百分点。

租赁和商务服务业投资完成72.1亿元，下降8.6%，增幅回落43.8个百分点，占比0.5%，下降0.1个百分点。

科学研究和技术服务业投资完成76.9亿元，增长67.9%，增幅上升51.3个百分点，占比0.5%，下降0.1个百分点。

水利、环境和公共设施管理业投资完成1607.4亿元，增长13.4%，增幅回落0.3个百分点，占比11.4%，下降0.1个百分点。

居民服务、修理和其他服务业投资完成 49.5 亿元，下降 6.4%，增幅回落 133.6 个百分点，占比 0.3%，下降 0.1 个百分点。

教育业投资完成 182.6 亿元，增长 29.8%，增幅上升 38.1 个百分点，占比 1.3%，提高 0.2 个百分点。

卫生和社会工作投资完成 126 亿元，增长 81.4%，增幅上升 56.5 个百分点，占比 0.9%，提高 0.3 个百分点。

文化、体育和娱乐业投资完成 195.4 亿元，增长 14%，增幅回落 84 个百分点，占比 1.4%，与 2014 年持平。

公共管理、社会保障和社会组织业投资完成 49.1 亿元，下降 10.4%，增幅回落 10.1 个百分点，占比 0.3%，下降 0.1 个百分点。

【2015 年全省固定资产投资分析】 投资增速逐月加快，全国排位稳步前移。2015 年，全省固定资产投资完成 14137.2 亿元，比 2014 年增加 1768 亿元，增长 14.4%，增速比前三季度、上半年、一季度分别加快 0.9 个、1.6 个、6.1 个百分点，比 2014 年高 2.9 个百分点，比同期全国平均增速高 4.4 个百分点，比全国东、西部地区平均增速分别高 6.1 个、5.4 个百分点。

2015 年，山西固定资产投资增速不断加快，增速在全国的排位逐步前移，3 月、4 月、5 月分别为 24 位、23 位、18 位，6 月、7 月、8 月保持 15 位，9 月为 13 位，10 月、11 月、全年保持 12 位，全年前移 15 位。同时，全年固定资产投资总量由 2014 年的第 18 位前移至第 17 位。

投资运行亮点凸显，投资结构不断优化。(1)民间投资保持快速增长，投资比重进一步上升。2015 年，全省民间固定资产投资完成 8353.3 亿元，比 2014 年增长 21%，增速比全省固定资产投资快 6.2 个百分点，比全国民间投资快 10.9 个百分点，占全省固定资产投资的 60.8%，上升 3.1 个百分点。

(2)战略性新兴产业投资快速增长，带动作用明显增强。2015 年，全省战略性新兴产业投资完成 6574.3 亿元，增长 12.6%，增速提高 2 个百分点，占全省固定资产投资的 47.8%，拉动全省固定资产投资增长 6.1 个百分点，上升 0.9 个百分点。

(3)第一、三产业投资快速增长，二产投资平稳增长。2015 年，全省第一、二、三产业分别完成投资 1563.7 亿元、5206.0 亿元、7367.5 亿元，分别增长 65.3%、4%、15.0%，一、三产业投资呈现高速和快速增长态势，一、三产分别比全省固定资产投资增速快 50.9 个、0.6 个百分点，二产投资保持平稳增长。

2015 年，全省三次产业投资比例由 2014 年的 7.7 : 40.5 : 51.8 转变为 11.1 : 36.8 : 52.1，第一、三产业投资比重分别上升 3.4 个、0.3 个百分点，第二产业投资比重下降 3.7 个百分点。

(4)工业投资中电力投资增长最快，非煤产业投资占比明显提高。2015 年，全省工业固定资产投资完成 5283.1 亿元，比 2014 年增长 4.6%。从工业三大门类行业投资情况看，采矿业完成投资 1412 亿元，下降 0.2%，占全省工业固定资产投资的比重为 26.7%，下降 1.3 个百分点；制造业完成投资 2515.2 亿元，下降 6.1%，占全省工业固定资产投资的比重的 47.6%，下降 5.4 个百分点；电力、热力、燃气及水的生产和供应业完成投资 1355.9 亿元，增长 41.3%，占全省工业投资的比重的 25.7%，上升 6.7 个百分点。工业投资中，电力、纺织、食品、医药、炼焦等工业投资增长较快，分别增长 34.9%、34.7%、18.9%、18.8%、11.8%，建材、煤炭、冶金、装备制造、化学等工业投资有所下降，分别下降 1.1%、2.8%、10.2%、13.5%、14.1%。

2015 年，全省工业固定资产投资中，非煤产业投资完成 4235 亿元，增长 6.6%，增速比全省工业投资高 2 个百分点，占全省工业投资的 80.2%，上升 1.5 个百分点。

(5)服务业投资中基础设施投资增速明显加快，高技术服务业投资高速增长。2015 年，全省基础设施投资力度不断加大，随着一批基础设施大项目的如期开工和积极推进，基础设施投资由年初的负增长逐步转为正增长，且增速逐步加快。2015 年，全省服务业投资中，基础设施投资完成 2316.2 亿元，增长 12.8%，前三季度、上半年、一季度增速分别为 4.2%、－0.2%、－25.7%，占全省固定资产投资比重 16.9%，下降 0.2 个百分点。

2015 年，在全省服务业投资中，高技术服务业投资完成 302.5 亿元，增长 82.1%，增速比全省固定资产投资高 67.3 个百分点，占全省固定资产投资的 2.2%，上升 0.8 个百分点。

(6)新开工项目数量明显增多，新开工项目投资带动作用强劲。2015 年，全省新开工项目 1.3 万个(不含房地产企业开发项目，下同)，比 2014 年增长 58.9%；新开工项目完成投资 8056.3 亿元，增长 36.3%，比全省固定资产投资增速高 21.5 个百分点。2015 年，新开工项目完成投资占全省固定资产投资的 58.6%，拉动全省固定资产投资增长 17.9 个百分点。其中部分大项目积极开工推进，如四季度开工的，计划总投资 118 亿元的大张铁路山西段完成投资 6 亿元；计划总投资 26.7 亿元的太原滨河西路南延工程项目，完成投资 10 亿元。

(郄慧东)

【2015 年山西省房地产开发和经营状况】 房地产开发企业的基本状况。2015 年，全省房地产开发经营

企业有2430家，比2014年减少22家，其中内资企业2410家，减少24家；港澳台企业13家，增加1家；外资企业7家，增加1家。年末从业人数5.9万人，比2014年减少0.2万人。从企业的资质等级看，一级企业18家，增加1家，占比0.7%；二级企业180家，减少6家，占比7.4%；三级企业326家，减少28家，占比13.4%；四级企业1218家，增加11家，占比50.1%；四级以下企业688家，与2014年持平，占比28.3%。

房地产开发企业投资规模。2015年，全省房地产业开发项目计划总投资7902.7亿元，比2014年增长13.4%。房地产开发投资完成1494.9亿元，增长6.5%。按构成分，建筑工程投资完成960.1亿元，增长1.4%；安装工程投资完成216.8亿元，增长10.6%；设备工器具购置23.8亿元，增长4.3%；其他费用294.1亿元，增长23.7%。按用途分，住宅投资完成1098.3亿元，增长8.7%，占全省房地产开发投资的比重由2014年的72%提高到73.5%，其中90平方米及以下住房投资完成366.5亿元，增长49.1%，占比由24.3%提高到33.4%；办公楼投资完成85.5亿元，增长23.5%，占比由4.9%提高到5.7%；商业营业用房投资完成171.2亿元，下降10.5%，占比由13.6%下降到11.5%。按控股情况分，国有控股企业投资完成248.8亿元，下降13.9%，占比由20.6%下降到16.6%；集体控股企业投资完成11.5亿元，下降15.0%，占比由1%下降到0.8%；私人控股企业投资完成1163.6亿元，增长15.5%，占比由71.8%提高到77.8%；港澳台控股企业投资完成4.3亿元，下降16.3%，占比由0.4%下降到0.3%；外商控股企业投资完成5.7亿元，下降16.3%，占比由0.5%下降到0.4%。

房地产开发企业资金来源情况。2015年，房地产开发企业到位资金1442.7亿元，比2014年增长3.5%，加上上年结余资金共计1815.1亿元，比2014年增长2.9%，是本年投资完成额的1.2倍。在本年到位资金中，国内贷款108.8亿元，下降12%，占本年到位资金的比重由2014年的8.9%下降到7.5%。其中银行贷款92.6亿元，下降11.5%，占比由7.5%提高到6.4%；自筹资金809.3亿元，增长8.9%，占比由53.3%提高到56.1%，其中企业自有资金419.7亿元，增长45.9%，占比由20.6%提高到29.1%；其他资金524.5亿元，下降0.4%，占比由37.8%下降到36.4%，其中定金和预收款363.5亿元，下降4.4%，占比由27.3%下降到25.2%；个人按揭贷款116.9亿元，比2014年增长21.5%，占比由6.9%提高到8.1%。

房屋施工、竣工及造价情况。2015年，全省房屋施工面积15734.5万平方米，比2014年增长1.7%。其中，住宅施工面积11450万平方米，下降0.3%；办公楼施工面积502.2万平方米，增长8.6%；商业营业用房施工面积1915.1万平方米，增长2.3%；其他类房屋施工面积1867.3万平方米，增长11.7%。

2015年，全省房屋新开工面积3700.6万平方米，比2014年下降4.8%。其中，住宅新开工面积2624.6万平方米，下降4.2%；办公楼新开工面积94万平方米，下降44.6%；商业营业用房新开工面积484.9万平方米，增长0.2%；其他类房屋新开工面积497.1万平方米，增长0.6%。

2015年，全省房屋竣工面积2114.5万平方米，比2014年下降3.1%。其中，住宅竣工面积1574.7万平方米，下降7.5%；办公楼竣工面积52.2万平方米，增长74.0%；商业营业用房竣工面积242.3万平方米，下降6%；其他类房屋竣工面积245.4万平方米，增长27%。

2015年，全省房屋竣工价值571.3亿元，比2014年下降12.8%，平均每平方米造价2702元，减少301元/平方米。其中，住宅竣工价值421.1亿元，下降17.1%，平均每平方米造价2674元，减少310元/平方米；办公楼竣工价值15.1亿元，增长39.5%，每平方米平均造价2891元，减少717元/平方米；商业营业用房竣工价值71.2亿元，下降19.9%，平均每平方米造价2939元，减少509元/平方米；其他房屋竣工价值64.0亿元，增长33.5%，平均每平方米造价2607元，增加126元/平方米。

商品房销售情况。2015年，全省商品房销售面积1592.6万平方米，比2014年增长1%，其中现房销售面积478万平方米，下降13%；期房销售面积1114.6万平方米，增长8.6%。商品住宅销售面积1481.1万平方米，增长3.3%，其中现房销售面积407.3万平方米，下降12.7%；期房销售面积1073.8万平方米，增长11%。在商品住宅销售中，90平方米及以下住房销售面积227.5万平方米，下降11.2%；144平方米以上住房销售面积266.3万平方米，下降18.2%；别墅和高档公寓销售面积18.7万平方米，增长39.1%。办公楼销售面积21.5万平方米，下降10%，其中现房销售面积10.2万平方米，增长52.7%；期房销售面积11.3万平方米，下降34.4%。商业营业用房销售面积59.9万平方米，下降26.2%，其中现房销售面积41.9万平方米，下降19.1%；期房销售面积17.9万平方米，下降38.8%。其他商品房销售面积30.1万平方米，下降19.5%，其中现房销售面积18.5万平方米，下降24.2%；期房销售面积11.5万平方米，下降10.5%。

2015年，全省商品房销售额775.6亿元，比2014年增长4%，其中现房销售额183.8亿元，下降9.9%；期房销售额591.9亿元，增长9.2%。商品住宅销售额702.3亿元，增长9.8%，其中现房销售额146.3亿元，下降6%；期房销售额555.9亿元，增长14.8%。在商品住宅销售中，90平方米及以下住房销售额106.4亿元，增长9.4%；144平方米以上住房销售额139.8亿元，下降29.4%；别墅和高档公寓销售额18.3亿元，增长18.6%。办公楼销售额19.4亿元，下降38.5%，其中现房销售额6.4亿元，下降20.4%；期房销售额13.0亿元，下降44.7%。商业营业用房销售额45.7亿元，下降25.3%，其中现房销售额25.4亿元，下降21.6%；期房销售额20.3亿元，下降29.4%。其他商品房销售额8.2亿元，下降39.4%，其中现房销售额5.5亿元，下降28.6%；期房销售额2.7亿元，下降53.9%。

2015年，全省房地产开发各类商品房平均销售价格4870元/平方米，比2014年增长2.9%。商品住宅平均销售价格4742元/平方米，增长6.3%。在住宅销售价格中，90平方米及以下住房平均销售价格4677元/平方米，增长23.1%；144平方米以上住房平均销售价格5250元/平方米，下降13.7%；别墅和高档公寓销售额平均销售价格9780元/平方米，下降14.7%。办公楼平均销售价格9039元/平方米，下降31.6%。商业营业用房平均销售价格7644元/平方米，增长1.3%。其他商品房平均销售价格2720元/平方米，下降24.8%。（注：商品房平均销售价格是由全省商品房销售额除以销售面积计算得出，只是参考价格，并不能代表房地产市场交易价格）

2015年底，全省商品房待售面积1816.1万平方米，比2014年增长28.9%，其中待售1至3年（含1年）的房屋面积739.2万平方米，增长17.4%；待售3年以上（含3年）房屋面积14.7万平方米，下降60.4%。商品住宅待售面积1285.7万平方米，增长23.6%，其中90平方米及以下住房待售面积291.8万平方米，增长29.8%；144平方米以上住房待售面积261.1万平方米，下降3.1%；别墅和高档公寓待售面积19.1万平方米，增长41.4%。办公楼待售面积47.7万平方米，增长111.1%；商业营业用房待售面积296.1万平方米，增长22.9%；其他商品房待售面积186.6万平方米，增长78.2%。

*房地产经营效益。*2015年，全省房地产企业资产总计7052.2亿元，比2014年增长13.9%；所有者权益826.2亿元，增长9.1%，其中实收资本合计707.8亿元，下降7.1%；负债合计6226亿元，增长14.6%；主营业务收入633.7亿元，增长5.2%；主营业务成本493.5亿元，增长9.2%；主营业务税金及附加50.6亿元，增长10.8%；利润总额9.5亿元，下降4.6%。

（郝志军）

发展与改革

【上项目扩投资，为稳增长提供关键支撑】 持续加大抓投资项目工作力度，全省投资增速逐月加快，2015年固定资产投资完成13744.6亿元，比2014年增长14.8%，由1～2月低于全国5.8个百分点转变为超过全国4.8个百分点，为稳增长提供了关键支撑。

*充分发挥十大重点领域投资的龙头带动作用。*研究提出铁路、公路、低热值煤发电、外送电通道和电网、水利、城乡人居环境改善、节能环保、煤层气、科技创新城、新兴产业等十大重点领域投资项目盘子，年度总投资9707亿元，约占全年1.3万亿元投资计划的75%，成为全年投资工作的重要抓手。2015年，全省十大重点领域完成投资10438.3亿元。

*加快重大项目建设。*强化对重大项目的跟踪协调服务，组织两次投资大调研，全力推进"百日百项工程"开工和"四个一批"活动。3条特高压外送电通道、阳大铁路、大张客专、太原——晋中城际铁路2号线、太原地铁2号线、科技创新城、23个低热值煤发电等一批重大项目开工建设，太焦客专、古贤水利枢纽、盂县——河北输电通道等项目前期工作进展较快。

*有效拓宽投资资金来源。*针对企业投资意愿不强、项目建设资金不足等问题，大幅拓宽社会资本投资领域，积极争取中央资金支持，激发市场主体投资活力和潜力。2015年共争取中央预算内投资95.2亿元，国家专项建设基金87.62亿元，国家核准山西省企业债券54亿元，一定程度上缓解了项目资金紧张问题。同时，积极推广PPP模式，研究制定并报请省政府出台创新重点领域投融资机制鼓励社会投资的实施意见，发布75个采用政府和社会资本合作（PPP）模式建设运营的项目，总投资591.4亿元，涉及交通、市政、公共服务等领域。2015年，民间投资完成8353.3亿元，增长21%，高于全省固定资产投资增速6.2个百分点，占全省固定资产投资的60.8%，比2014年提高3.1个百分点。

【做好煤与非煤两篇大文章，产业结构转型升级步伐加快】 坚持转方式调结构，以国家综合能源基地建设为重点加快推进煤炭"六型"转变，以七大非煤产业为重点培育壮大新的增长点，促进经济提质增效升级。2015 年，全省三次产业比例由 2014 年的 6.2∶49.3∶44.5 转变为 6.2∶40.8∶53，服务业占比提高 8.5 个百分点。

围绕做好煤炭这篇大文章，加快推进国家综合能源基地建设。制定出台山西省能源发展战略行动计划，推动由单一煤炭开采向综合开发利用转变，由单一煤电基地向综合能源基地转变。煤炭方面，积极推动国家制定煤炭行业脱困政策。争取国家批复霍东矿区总体规划，核准产能 500 万吨/年的晋城矿区东大矿井及选煤厂项目。电力方面，核准低热值煤发电项目 23 个，总装机 1997 万千瓦，均已开工建设。核准中电国际 2×100 万、漳泽电力 2×100 万项目，实现山西省百万千瓦装机项目“零”的突破。争取国家安排火电建设规模 270 万千瓦。争取国家同意建设 4 条特高压外送电通道，可新增外送电能力 1600 万千瓦，蒙西——晋北——天津南、榆横——晋中——潍坊、晋北——江苏等 3 条已开工建设。截至 2015 年底，全省电力装机 6966 万千瓦，比年初增加 660 万千瓦。新能源方面，争取国家下达风电核准计划 199.8 万千瓦、光伏发电指导规模 65 万千瓦。争取国家批复同意大同采煤沉陷区建设先进技术光伏示范基地，增加 2015 年光伏发电建设规模 100 万千瓦。截至 2015 年底，全省新能源装机容量 1294 万千瓦。煤层气方面，争取国家批复三交——碛口煤层气区块开发方案，同意沁水盆地柿庄南煤层气开发项目、中石油大吉煤层气区块项目开展前期工作。积极支持应急调峰设施、输气管网等重点项目建设。2015 年，全省地面煤层气抽采量 41 亿立方米、利用量 35 亿立方米；煤矿瓦斯抽采量 60.3 亿立方米、利用量 22.3 亿立方米。

围绕做好非煤产业这篇大文章，大力培育新的经济增长点。逐产业、逐行业研究编制七大非煤产业“十三五”专项规划。加快推进已布局的轨道交通装备、煤机装备、煤层气装备、电力装备、煤化工装备等领域重大项目建设。推动铝工业转型升级。加快推进山西省与中铝、华润合作建设吕梁百万吨铝循环产业基地。核准平陆县中盛铝矾土公司靳家底铝土矿开采项目，备案一批氧化铝项目，帮助企业协调大用户直供电、自备电厂、铝土矿资源配置等问题。积极发展现代煤化工。组织编制晋北现代煤化工基地总体发展规划，争取晋北基地朔州核心区的主要内容列入国家煤炭清洁高效转化利用布局规划拟定的七大基地之一。加快推进潞安煤制油等标志项目建设。加快服务业发展。牵头制定物流业发展中长期规划（2015～2020 年）和两年行动计划、促进云计算创新发展培育信息产业新业态的实施意见、加快发展体育产业促进体育消费的实施意见，优化服务业发展环境，2015 年，全省服务业增加值完成 6790.2 亿元，比 2014 年增长 9.8%，拉动全省地区生产总值增长 3.7 个百分点，成为经济增长的主要动力。

【实施转型综改攻坚，重点领域改革深入推进】 建立健全省部合作、督查考核、“一事一表”、“一月一报”、项目化管理、分类推进、第三方评估等工作机制，2015 年“2285”综改行动计划顺利推进，共出台实施 80 多项制度性改革成果文件，煤炭管理体制、国资国企、土地管理、财税金融、行政管理、对外开放、生态文明建设等重点领域改革取得明显突破。

省发改委具体承办的重点改革事项全部完成年初预定任务。公车改革方面，编制全省公务用车制度改革方案，经中央车改领导小组批复，省委办公厅、省政府办公厅以晋办发〔2015〕45 号文件正式印发实施。2015 年 12 月 31 日，全省各级机关取消的公务用车正式封存停驶。公共资源交易平台建设方面，编制出台整合建立统一规范的公共资源交易平台实施方案，配套起草了细化的推进方案和任务分工意见，完成省市两级公共资源交易平台整合工作。电力体制改革方面，牵头编制电力体制改革综合试点实施方案，国家已基本同意将山西省列为试点省份。煤炭管理体制改革方面，制定了健全山西省煤炭物流体系实施方案、山西省探索建立煤炭战略储备实施方案。

【加强重大政策研究，参谋助手作用得到较好发挥】 科学编制“十三五”规划。贯彻落实中央十八届五中全会、省委十届七次全会精神，全面总结全省“十二五”规划实施情况，研究提出“十三五”时期经济社会发展基本思路，扎实做好“十三五”规划编制工作，12 月 29 日，规划纲要经省政府常务会议审议通过。组织编制 64 个专项规划，确定 11 个市县开展“十三五”规划编制试点。

抓好重大政策研究制定。研究起草新型城镇化规划、生态保护与建设规划、加快生态文明建设实施方案、企业信用行为联合奖惩办法、推行环境污染第三方治理实施方案等重大政策 20 余项，并报省委、省政府审定出台。

强化经济形势分析。按月组织召开经济形势分析联席会议，动态跟踪分析工业、煤炭、投资、融资、民生等重点领域新情况新变化，向省委、省政府提出针对性强、操作性强的工作建议。组织各市发改委召开座谈会，就创新经济形势分析工作思路和方法、进一步做好稳增长工作进行讨论交流。按月向国家发改委报送经济形势分析报告，及时反映山西省工作建议和政策诉求，起草的《迎难而上积极作为全力做好稳增长各项工作》文章在国务院门户网站刊发。

【推进重点民生工程，有效发挥“一举托两头”作用】 实施采煤沉陷区治理提速工程。制定深化采煤沉陷区治理规划（2014～2017年）和2015年行动方案，将全省采煤沉陷区治理完成时限由2020年提前至2017年，年初及时分解7.5万户、21万人的搬迁治理任务到市、县，并组织协调推进。2015年全省采煤沉陷区治理搬迁安置已开工乡镇134个，开工率100%。全面启动城区老工业区和独立工矿区搬迁改造。太原、阳泉、临汾、长治、晋中等5市搬迁改造工作获得国家支持，进展顺利。牵头办好农村“五件实事”。健全月报监测、协调联系等工作制度，组织省直各牵头部门制定具体工作方案并督促落实，各项任务基本完成。其中，省发改委具体负责的长治平顺、武乡2县5000人易地扶贫搬迁任务顺利完成。支持科教文卫等社会事业发展。积极组织申报社会事业领域的中央预算内投资项目，2015年在教育领域争取资金4.05亿元、医疗卫生领域6.4亿元、养老旅游文化体育等领域2.48亿元、就业和社会保障领域1866万元，有力支持了相关领域建设。扎实开展光伏扶贫。确定临汾市汾西县、吉县、大宁县和大同市浑源县、天镇县为光伏扶贫试点县。2015年，总规模20万千瓦的12个地面集中光伏扶贫电站均开工建设，总规模5624千瓦的56个村级分布式电站和1个户用分布式电站全面启动，其中10个已建成，3个已并网发电。探索做好低碳工作。积极推进晋城国家低碳城市试点示范，选择15个市县、5个园区开展省级低碳试点，探索低碳社区试点，组织节能和低碳宣传活动。认真做好援疆工作。安排援助资金2.64亿元，20个援疆项目顺利推进。认真抓好油气管道保护、新能源行业安全生产。报请省政府出台《山西省石油天然气管道建设和保护办法》，制定《省发改委安全生产管理委员会工作制度》，连续组织开展安全生产检查抽查，及时发现安全隐患并督促整改，确保油气管网、新能源行业安全运行。

【加强区域合作和对外开放，发展新空间进一步拓宽】 对接“一带一路”发展战略，争取列为中蒙俄经济走廊国内10个合作省份之一。争取列为环渤海地区合作发展7个省份之一，起草了山西融入环渤海地区发展实施意见。拓展与中部5省的经贸交流与合作，编制新十年促进中部崛起战略发展规划（山西篇）。加强国际交流合作，出台《推进国际产能和装备制造合作实施方案》。深化与德国北威州等友好州省合作，继续选派赴德研修生。蒙晋冀（乌大张）长城金三角、晋陕豫黄河金三角、中原经济区等区域合作不断深化。

（杜　青）

物价管理

【2015年价格走势】 2015年，全省全年居民消费价格涨幅为0.6%，低于全国平均水平0.8个百分点，居全国倒数第1位。

【居民消费价格保持基本稳定】 2015年，价格总水平持续稳定，全年居民消费价格累计上涨0.6%，处在低位运行的区间，低于3%的调控目标。

主要特点。一是基本在1%之内运行。2015年居民消费价格指数（CPI）除8月份上涨1.2%外，其他月份涨幅在0～0.9%之间波动。二是CPI累计涨幅低于全国平均水平。全省全年CPI累计上涨0.6%，低于全国平均水平0.8个百分点，居全国倒数第1位。三是价格呈结构性上涨态势，八大类商品和服务价格呈现“七升一降”的运行格局。

主要原因。一是食品价格保持微幅上涨，是CPI平稳运行的重要原因。2015年食品价格累计上涨0.4%，1月、5月、6月、7月、10月等5个月食品价格同比为负增长。二是工业价格指数（PPI）持续负值运行对CPI形成抑制。从2012年3月以来，全国及山西省PPI已连续46个月负值运行，对下游终端产品的传导效应累积显现，对CPI上行空间形成持续抑制。三是国际国内市场总体需求不足。全球各大主要经济体经济增速减缓，我国进口、出口增速双降，国内固定资产投资增速放缓，这些因素均对CPI上行构成压力。

【服务稳增长、调结构、减负担、惠民生取得新进展】 减半收取煤炭交易费，切实减轻企业负担。自2014年起，为深入落实山西省“煤炭二十条”，降低了中国（太原）煤炭交易中心煤炭交易费，由向买卖双方各收取0.1元/吨降为向买卖双方各收取0.05元/吨，2015年贯彻落实“减负60条”，继续减半收取煤炭交易服务费，累计为企业和用户减轻负担1.13亿元。

贯彻落实减负“60条”，为稳增长服务。认真做好《减轻企业负担促进工业稳定运行若干措施》（简称减负60条）有关工作，高度重视涉及价格的19项工作，制定落实“60条”的工作方案。4条牵头任务“规范超计划用水加价费、统一纳入水价管理、继续减半收取煤炭交易服务费、实行工业用水限价、煤炭产品质量监督检验费按标准再降低20%执行”，在2015年3月出台了相关措施并贯彻落实。停止征收价格调节基金、取消煤炭价格稽查费等总计减轻企业和社会负担40亿元。

继续落实和完善环保价格政策，为调整结构环境改善做出新贡献。对全省燃煤发电机组继续实施了脱硫加价1.5分/千瓦时、脱硝加价1分/千瓦时、除尘加价0.2分/千瓦时的环保电价政策，配合国家发改委测算煤价下降空间，疏导了环保电价。截至2015年底，全省省调燃煤机组安装脱硫设施机组容量4019万千瓦，安装脱硝设施机组容量3476万千瓦，安装除尘设施机组容量3260万千瓦。调整排污费征收标准，对排污费实行差别收费政策，改变了焦炭生产排污费征收方式；在全国率先开展排污权交易试点工作，制定了6种主要污染物排污权交易基准价。

完善价格政策，落实惠民生措施。继续执行重大节日小型轿车免车辆通行费政策，2015年“春节”“清明节”“五一劳动节”“十一国庆节”等节日免收3.65亿元；全省所有收费公路对整车合法装载鲜活农产品的车辆免收通行费的绿色通道政策，2015年1～10月共免收4.5亿元；对小型微型企业以及从事个体经营的登记失业人员、残疾人、退役士兵以及毕业2年以内的普通高校毕业生实行减免政策；取消了农机服务部门组织联合收割机参加跨区作业收取的服务费，每年减轻农民负担约50万元；取消了城建档案服务机构收取的城建档案专业技术咨询服务费，每年减轻企业负担约1000万元；取消了房屋租赁手续费，每年减轻企业和居民负担约500万元；降低房屋转让手续费标准，降低幅度30%，每年可减轻企业和居民负担约2000万元；出台了《山西省物价局关于贯彻落实山西省人民政府关于促进旅游业改革发展的意见》（晋价市字〔2015〕146号）。从2015年7月1日起，全省国有及国有控股A级景区景点门票统一降价15%，并保持3年不变。着力规范旅游价格秩序，对重点地区、重点景区实施暗访和督查，发现问题现场纠正，提出限期整改意见。

强化成本监审工作，核减不合理费用。全年相继对输配电、供水、管道燃气、教育、旅游门票、供热等6个行业62家单位的定价成本实施了监审，共核减不合理费用110.68亿元。

【推进价格机制改革取得阶段性成效】 简政放权，全面实施目录清单管理。按照“市场要发挥决定性作用”的要求，放开了一批具备市场竞争条件的价格，下放一批有利于市县有效管理的定价权限。累计取消、放开、下放价格管理项目和管理权限384项；取消收费许可证管理制度和年审制度；停止各级各类学校7项收费备案制度；顺利承接国家下放的定价权限4项。同时，抓好权力规范工作。依法确权全面实行权力清单化。全面规范清理行政权力，现有行政权力（权力清单）18项，包括行政许可1项、行政确认1项、行政处罚6项、行政强制2项、行政奖励3项、其他权力5项。全面修订《山西省定价目录》（2002年版），形成新的《山西省定价目录》，凡是政府定价项目一律纳入目录管理，用清单的形式列明具体项目、内容。新修订的《山西省定价目录》由原来22种（类），缩减为13种（类）（包括新增加的基本养老服务），缩减率40.9%；定价内容由原来的74项缩减为42项，缩减率43.2%。确保“目录之外无政府定价”，2015年12月1日已正式实施。

着力推进资源性产品价格改革。2015年，深入推进水、电、气、热等资源性产品价格改革，取得了明显成效。电价改革方面：完善了外送电价格形成机制，推进大用户直供电电价改革工作，累计完成交易电量约360亿千瓦时，可降低电力用户用电成本约23.7亿元；对电解铝行业实行阶梯电价政策，对水泥行业实行差别电价政策，有效化解了电解铝行业和水泥行业过剩产能；制定山西省燃气热电标杆上网电价，促进山西省燃气热电产业发展；实施超低排放环保电价政策，已对3家发电企业、4个发电机组试行超低排放环保电价。累计试行超低排放环保电价发电机组装机容量126万千瓦。水价改革方面：大幅提高了水资源费征收标准，限制过度使用地下水，山西省现行水资源费征收标准已高于国家发改委对山西省“十二五”水资源费标准2元/立方米的目标要求；对居民生活用水实行阶梯水价，促进居民节约用水，截至目前，全省11个设区市已全部出台居民阶梯水价政策；对工业实行“差别水价”政策，对限制类企业水价加一倍征收，对淘汰类企业水价加三倍征收，对污染严重的企业在限制类、淘汰类水价的基础上加一倍征收，促进了产业结构调整；全面开征污水处理费，有效促进了水污染防治工作；实行提引黄河水灌溉泵站水价优惠政策，极大地促进了黄河水用水量的增加，从政策实施前的3.9亿立方米增加至目前的11亿立方米以上。气价改革方面：为积极完善煤层气价格形成机制，加快推进全省煤层气产业发展，起草了《关于推进煤层气价格形成机制改革的意见（试行）》；进一步推进天然气价格改革，2013年至2015年共四次调整省内非居民天然气价格，2015年4月1日实现非居民存量气和增量气价格并轨，2015年11月20日大幅降低非居民天然气价格，非居民用气价格在现行价格基础上降低0.70元/立方米。热价改革方面：积极推进以按用热量计价收费为重点的热力价格改革，会同有关部门下发《关于积极稳妥做好按用热量计价收费工作的通知》，明确了按用热量计价收费的范围、职责以及两部热价制定办法。

稳步推进医药价格改革。按照全省医改工作要求，平稳有序推进医药价格改革。2015年，为巩固和发展县级公立医院综合改革和成果，制定了《关于全面推进县级公立医院医药价格改革工作的实施意见》，增加了建立医疗服务价格调整的浮动机制、“三比”控制要求、市级人民政府部署县级公立医院改革、审核平衡调价方案的权限等内容。从2015年11月1日起，全省所有县级公立医院取消药品加成；建立完善科学合理的药品价格形成机制，取消省管药品政府定价。全面清理1996年以来省管药品价格文件，公布废止药品价格文件683个。

【加大执法力度，规范价格秩序】 2015年，全省重点开展涉企、涉煤、医疗、教育、旅游等专项检查工作，为稳定市场价格水平、维护市场价格秩序发挥了积极作用。全省共查处价格违法案件367件，实施经济制裁4837万元。其中，退还用户510万元，没收价格违法所得3055万元，罚款1272万元。加强价格举报信息系统建设，完成了“12358”价格举报信息系统四级联网工作，举报工作基本实现电子化、信息化、网络化。四级联网举报信息系统的建立对维护消费者的合法权益、排除价格隐患、调解价格纠纷、促进社会和谐发挥了重要的促进作用。全省共受理各种投诉举报1.6万件，办结率98.82%。

（安　静）

统　计

【创新应对经济下行压力】 “八个全覆盖”夯实统计数据。围绕“八个全覆盖”工作目标，省局领导带队督查，各专业协调推动，各市县联动发力，“千方百计抓入统，从严执纪惩造假”，“实事求是、依法合规、应统尽统、应统必统”取得明显成效。“六个落实”推动统计发展。着力在统计管理从严、统计改革深化、统计环境创优、统计调查加速、统计产品提质、统计服务增效上狠抓落实，“五大统计”建设迈出坚实步伐。“冬季行动”引领攻坚克难。细化任务清单，明确责任分工，以“倒计时”梳理推进落实时间表，“马上就办，真抓实干”成为全系统的自觉行动。

【统计服务水平不断提升】 进一步加强经济运行监测。2015年创办编发直送省委、省政府领导的《统计专报》72期，成为应对经济下行压力的重要决策参考；编发统计报告231篇、“六大发展”系列报告20余篇、新常态下经济社会发展专题分析35篇、“三经普”课题40项，省领导多次做出重要批示；“两办”信息采用始终名列前茅。各市县统计部门也形成了一大批针对性强、参考价值高的统计分析报告，为各级党政领导科学决策提供了重要依据。

进一步强化重点领域监测服务。定期发布固定资产投资及亿元以上项目投资监测报告，跟踪服务“项目提质增效年”；突出重点行业、重点产品、重点企业运行监测和预判，客观反映工业经济运行；强化重要节点调研督导，跟进新商业模式监测分析，准确反映市场消费运行；加大节能降耗监测力度，完善就业失业和服务业运行监测制度；完成22项社情民意调查，组织开展44个城市的文明测评工作，服务领域不断拓展。

进一步加大统计信息公开透明力度。充分利用统计新闻发布会、统计信息网和山西主流媒体等平台及时发布统计信息，做好数据解读，回应社会关切；山西统计信息网成功改版，“统计开放日”活动影响扩大。

【着力深化统计改革创新】 积极跟进国家重点统计改革。高标准完成投资统计改革试点任务；建立规模以上服务业企业月度调查制度，开展电子商务和信息化统计调查；完善能源统计调查制度，“资源方”核算和“消费方”核算在省级层面基本衔接；增加大城市劳动力调查样本，改进调查方法和手段，及时反映就业失业变化。

建立健全具有山西特色的统计监测体系。全力服务“三个突破”，集中攻关研究制定民营经济统计监测制度，《山西日报》头版头条专题报道并刊发短评。科技创新统计监测和全面建成小康社会进程监测取得积极成效；完善转型综改统计指标体系，多角度开展监测分析，全面反映综改试验区建设进程；创新推进县域经济考评，联合省扶贫办制定实施《山西省贫困县党政领导班子和领导干部经济社会发展实绩考核办法》。

不断完善部门联动机制。省政府办公厅印发《关于进一步加强部门统计工作的意见》，为推进部门统计法治化、规范化提供了有力保障；健全服务业统计部门联席会议制度，部门之间协同配合进一步紧密；推进名录库信息部门共享，积极利用部门行政登记资料及时更新统计基本单位名录库。

着力打造全国一流统计信息化平台。加快推进山西统计调度指挥平台建设，办公自动化、移动数据采集和终端管理、云计算平台建设及地理信息系统得到整合利用，为全方位推进全系统信息化应用奠定了扎实基础。

【依法保障统计数据质量】 切实加强统计管理。完善数据审核评估制度，建立专业审核、集体评估的工作机制，推进公开、公平、透明；按照“六权治本”要求，确定“两清单”“两张图”，健全完善规范人财物事数管理的28项制度，进一步织密织牢制度“笼子”。大力推进依法治统。圆满完成“六五”普法任务。建立统计上严重失信企业公示平台并公示失信企业信息。在全省开展统计数据弄虚作假专项整治，组织“虚假浮夸”、联网直报不规范报送行为专项整治“回头看”，与省考核办联合开展目标责任考核数据质量专项检查，严厉查处各类统计违法案件，实现了统计普法执法“全覆盖”。

【扎实开展普查和常规统计调查】 认真筹备第三次全国农业普查。省政府印发《关于做好第三次全国农业普查工作的通知》；组建省、市、县普查机构，调研制定普查方案，编制经费预算和物资规划，积极筹备综合试点，各项准备工作有序推进。圆满收官第三次全国经济普查。如期发布普查公报，联合表彰先进集体和个人，课题研究、资料开发等取得重要成果。精心组织全国1%人口抽样调查。首次采用联网直报和手持电子终端，完成全省4000个调查小区的入户调查。圆满完成各项常规统计调查任务。

（董晓玲）

审　计

【2015年山西审计工作综述】 2015年，全省各级审计机关共审计和调查单位4600个，查出违规金额652.76亿元，促进增收节支178.35亿元，向纪检监察和司法机关移送案件线索802件390人，涉及金额145.42亿元。

持续开展政策落实跟踪审计。把推动政策落实作为首要任务，把握节奏、跟踪督导，下大力推动资金落实、项目实施、政策落地和追责问责，推进新开工项目130多个。

不断深化财政审计。贯穿绩效审计理念，组织开展预算执行、财政决算、财务收支、税收征管等多项审计，查出隐瞒转移截留资金38.96亿元，滞留闲置资金156.25亿元。

加强经济责任审计。服务“六权治本”，加强权力监督，全省共审计领导干部720名，查处领导干部负直接责任的问题金额6700多万元。

加强投资审计。围绕促进经济结构调整、投资领域改革，开展对高速公路、对口援疆、基础设施等重大投资建设项目审计，核减投资额23.28亿元。

加强民生资金和资源环境审计。着力保障民生，开展对社会保障、农业综合开发、保障性安居工程和土地出让收支和耕地保护情况等重点民生资金和项目的审计，查处违规问题资金742亿元。

依法严肃查处重大违法违纪问题线索。坚持问题导向、查深查透，向纪检监察和司法机关移送案件线索802件290人，涉及金额145.42亿元。同时，选派800多人次参加了巡视、专案和专项调查工作，查处了一批腐败案件。

推进制度健全完善。密切关注体制性障碍和制度性缺陷，提交审计报告和信息5724篇，提出审计建议7486条，促进建立健全制度措施755项。

落实全面从严治党。把抓好党建作为最大政绩，建立党建工作责任制，制定党建责任清单，加强党建工作考核，真正把党建责任抓到了实处、落到了细小。切实扛起党风廉政建设主体责任，公布权力责任清单，层层压实责任，层层传导压力，取得扎实成效。认真开展“三严三实”专题教育，各级领导干部以上率下、示范带动，联系实际学讲话、学作风，深入查找、认真整改不严不实问题，干部作风明显好转。扎紧制度篱笆，制定了审计质量责任追究办法、从严管理干部，严格执纪问责，把教育管理监督融入审计工作全过程。

（宁红伟）

国有资产监督管理

【主要经济指标完成情况】 2015年，全省国资系统实现营业收入1.41万亿元，比2014年下降16.5%；增加值2352.3亿元，下降10.4%；上缴税金521.2亿元，下降24.9%；利润总额由正转负，减少61.9亿元。其中，省属企业实现营业收入1.39万亿元，下降16.6%；完成增加值2235.6亿元，下降11.2%；上缴税金497.8亿元，下降24.9%；实现利润减少60.3亿元。营业收入、资产总额、增加值三项指标分别列全国省级国资委监管企业第2、5、2位。

【国有企业经济运行】 2015年是金融危机以来稳增长形势最严峻、情况最复杂、任务最艰巨的一年。国资系统在抓投资、降成本、拓市场、防风险等方面做了大量工作。组织省属企业积极参与“央企山西行”活动，签约项目12个，拟引资268.3亿元；通过月例会季通报、领导包干联系、现场督查、年度考核等方式，督促企业克服资金困难，持续保持投资强度，全年完成投资1617.3亿元，完成年计划的107.8%，其中，13个转型综改重大项目完成投资205.2亿元，完成率102.6%。协调省政府免缴省属企业2015年度国有资本收益，为企业减轻负担1.6亿元。指导省属企业多管齐下、持续发力，深化对标管理，加强绩效考核，在降本节支上下功夫，全年营业成本下降17%、销售费用下降11%、管理费用下降19%，有效抵冲了市场价格断崖式下降带来的巨大减利。要求省属企业紧盯市场变化,提高产品质量,变革营销模式,着力拓展市场,太钢强化技术服务营销,重点产品销量同比增长;煤炭企业优化营销策略,加大新用户开发力度;太重、建工积极参与"一带一路"建设,强化品牌战略,抢占国外市场;能投探索"互联网+"营销模式,国控推进"军民融合",打破了传统销售界限。继续组织省属企业抱团取暖,有效提高了抗风险能力,推动省属煤炭企业合作实施瓦斯抽采全覆盖并纳入考核,国新能源重组晋能燃气产业,交投与晋煤、国新能源合作开展天然气、煤层气业务。同时,支持山东信发集团战略入股阳煤集团兆丰铝业,阳煤集团与华能集团开展煤电一体化战略合作。加大高风险业务和安全隐患排查力度,实现规章制度、经济合同、重要决策法律审核率100%。

【国有企业改革】 深化党政机关与所办企业脱钩改革。出台脱钩改革工作方案,将232户企业与原主管厅局彻底脱钩,启动了对省、市、县党政机关所办企业的脱钩改革;加大对省直厅局破产工作的督促力度,19户列入破产计划的脱钩企业由法院宣告破产;配合交通厅完成了下属交通企业及高速公路资产债务重组,3户企业已划转省国资委直接监管。

做好煤焦公路销售体制改革涉及的企业职工转岗安置工作。制定安置方案,支持企业以项目安置职工,并向3户企业预拨补助资金55亿元;推动国新能源接收转岗人员9282人;晋能集团通过项目分流安置1.6万人,安置率超过50%;焦煤集团分流安置990人,安置率超过35%。

厂办大集体改革。制定了工作方案,正在制定实施细则,组织审核部分企业改革总体方案;争取到国家最高奖补政策,中央财政已预拨26亿多元补助资金;同煤集团改革方案已经上报省政府,其中包含89户厂办大集体企业,待批准后即可实施。

企业负责人薪酬制度改革。出台薪酬制度改革意见和履职待遇、业务支出管理办法;省属企业负责人薪酬管理办法已起草完毕。

积极发展混合所有制经济。推动晋煤、同煤、山投集团下属4户企业登陆新三板,对焦煤、同煤、太重、晋能集团下属7户企业实施股份制改造,力争在新三板上市;修改完善了发展混合所有制试点工作方案,在建工集团下属两户企业开展员工持股试点工作,监管企业中混合所有制企业已占比64.9%。

加快推进财务制度改革。推进财务等重大信息公开,牵头制定了财务等重大信息公开实施细则;指导省国资委监管企业、省属文化、金融类国有企业在省内主要媒体公开2014年度和2015年前三季度重大信息,督促企业对公开后发现的问题进行整改;省属企业被上海财经大学评为全国国有企业透明度第一。

推动深化改革试点。同煤集团改革试点工作先后形成三轮四套改革方案,晋能集团试点方案也在不断完善优化中。

【国有企业产业转型】 强化科技创新。将科技创新城建设工作纳入到企业领导人员年度经营业绩考核中,将当年投资完成额视同利润计入考核,7个科技创新城项目开工建设,完成投资7.13亿元;省属企业2015年研发总投入272.3亿元,约占营业收入的2%,晋煤建成煤与煤层气共采国家重点实验室;太重获得国家科技进步二等奖1项,建成矿山采掘装备及智能制造国家重点实验室;能投设立玄武岩纤维技术应用院士工作站;经贸搭建科技成果孵化平台。

省属企业创新融资模式,搭建融资平台,拓宽融资渠道,加强市值管理。2015年实际融资1187亿元,同煤培育形成以财务公司为龙头的融资平台;阳煤、能投投资入股阳泉商业银行;焦煤等企业在上海、珠海横琴自贸区设立融资租赁公司;潞安等企业利用发行永续债、公司债券等多种方式进行融资。

省属企业加大传统产业升级改造力度,努力做强做精主业,加快发展新兴产业。太钢不锈钢2015年出口80万吨,创历史最好水平;煤炭企业优化产业结构,打造循环经济园区,开展落后产能退出和产能置换,加快千万吨高产高效矿井集群建设;太重聚焦先进装备制造,拓展核电、海工装备制造领域;能投"互联网+物流+金融"电商综合服务平台初步建成;国新能源总投资234.8亿元的燃气产业发展规划加速推进。

【国有企业积极履行社会责任】 2015年,在全力以赴稳增长的同时,省属企业积极履行社会责任。起草了国有资本收益共享机制的实施意见并上报省政府,省长办公会议决定自2016年起,省本级国有资本收益的30%调入一般公共预算用于民生支出。产业扶贫项目开工60个,年度完成投资51.53亿元,完成率103.1%;参建产业援疆9个项目,年度完成投资48.6亿元,完成率103%。审核下达了2户企业的破产计划,对已进入法律程序的破产企业,帮助做好破产清算及费用核算等工作,向3户企业拨付破产补助资金1.34亿元;为特困企业职工解决冬季采暖补助1500余万元,解决医保补助1769.6万元。全年接待上访群众329批次1378人次,共转办信访案件15件,转办信件371件,转办网上投诉件134件。省委、省政府交办重点信访案件6件,全部在规定时限内办结上报，结案率100%。

【国有资产监督管理】 突出国资监管职能定位，研究国资监管法规体系，编制了具有国资特色的“两单两图”，公开了权力清单、责任清单；全面清理规范性文件，规范各类审核、批准、备案程序。改进监管方式，深入22户企业对政府工作完成情况进行全面督查；加强和改进外派监事会监督，落实报告制度，开展对外担保专项检查，发现、揭示、报告问题的数量和质量进一步提升；完善监督检查成果运用机制，督促企业加大整改力度，加强监事会与纪委、机关处室的监督协同，提升监管效能；推进国资监管信息公开，首次公开了企业年度经营业绩考核结果、省属企业负责人职务变动信息；在部分二级企业开展自主决定工资总额或工资总额周期管理改革试点。积极协调有关单位，为13户省属企业争取产业扶贫项目建设奖励资金2.2亿元。加强集中统一监管，随着232户省直机关所办企业脱钩改制，高速、交投、路桥、水务、万家寨5户企业纳入直接监管范围，省级经营性国有资产监管全覆盖迈出新步伐。

（王　恺）

安全生产监督

【安全生产形势继续明显好转，呈现“三个双下降，一个良好”的态势】 一是各类安全生产事故总起数和死亡人数双下降，2015年全省共发生各类安全生产事故1.2万起，死亡2226人，比2014年分别下降3.9%和4.7%。二是生产经营性事故起数和死亡人数双下降。全省共发生生产经营性事故1758起，死亡1104人，分别下降10.2%和3.2%。三是部分行业领域事故起数和死亡人数双下降。道路交通、铁路事故的死亡人数事故起数和死亡人数双下降。四是安全生产控制指标进度良好。生产经营性事故死亡人数占国家下达年度控制指标的84.9%，比进度控制目标少195人。全省11个市均在控制进度范围内。

【树立“红线意识”，强化组织领导】 省委、省政府高度重视安全生产工作，天津“8·12”危险品仓库特大火灾爆炸事故发生后，省委连续3次召开常委扩大会、省委书记王儒林召开谈心对话专题会议，与11个市的市长、119个县的县委书记和省属国有重点企业的主要负责人就做好安全生产工作集体谈话。省长李小鹏深入基层，深入企业、深入井下检查调研，结合山西省实际，作出了“三个绝不能过高估计”（决不能过高估计安全生产形势，决不能过高估计大家对安全生产重要性的认识，决不能过高估计当前安全生产的能力和水平）的基本判断，提出了“三个越是”（“越是形势严峻、任务繁重，越要抓好安全工作；越是安全生产形势明显好转，越是要狠抓安全生产毫不放松；越是大集团、大公司、现代化矿井，越是要狠抓安全生产）和“三个敬畏”（即敬畏生命、敬畏责任、敬畏制度）的总要求。全省各级各部门各单位对安全生产工作的重视程度空前，安全红线意识不断增强，齐心协力抓安全的局面基本形成。

【完善责任体系，强化责任落实】 认真贯彻省委、省政府《关于实行安全生产党政同责的意见》，进一步明确了新能源、洗煤等行业管理部门安全监管职责，认真抓好安全生产党政同责“五个全覆盖”。同时，大力推进乡镇（街道）和村（社区）安全生产党政同责“五个全覆盖”，全省已有90%以上的乡镇（街道）和60%以上村（社区）实现了“五覆盖”。狠抓企业“五落实五到位”工作，督促企业严格落实安全生产主体责任，不断提高安全生产水平。

【汲取事故教训，扎实开展大检查】 为深刻汲取上海“12·31”踩踏事件、同煤集团“4·19”重大透水事故、天津港“8·12”危险品仓库火灾爆炸特大事故的教训，全省开展了贯穿全年的三轮安全生产大检查，突出督查暗查，省直部门成立督查组349个，暗查暗访组171个，抽查企业7万余家。省安委办成立了5个督查组，分别在6月、11月按照“四不两直”的方式对各市和省直部门进行了督查。各市市委书记、市长、副市长、各部门负责人深入辖区重点行业领域、重点企业，以四不两直的方式进行了督导检查。

【加强法治建设，推进依法治理】 大力开展安全生产普法宣传，并选调相关业务处室人员深入省直机关、各市县政府和企业开展新安法宣讲活动，2015年各级各部门共举办新安法宣讲324场。加快研究制定配套制度措施，启动《山西省安全生产条例》修订工作，初稿已上报省政府。代省政府起草了《关于加强安全生产监管执法的通知》，并把工作任务和责任分解落实到各有关部门，强化组织实施。严厉打击各类安全生产非法违法行为，共查处安全生产非法违法违规违章行为30万多起，安全监管监察部门罚款2600多万元。

【加强宣传教育，严格责任追究】 以安全生产月活动为契机，组织开展了“平安山西”网络安全知识竞赛、“安全生产宣传咨询日”“三晋安全行”等安全生产月系列活动；围绕新安全生产法的颁布实施，大力开展学习宣传和教育培训，宣传新安全法，提高全社会遵纪守法意识。同时，严肃事故查处与责任追究，全年对12起较大生产安全事故进行挂牌督办，对91起事故进行严肃查处，给予党纪政纪处分354人，追究刑事责任66人。对省内外发生的重特大事故和典型事故及时发布警示信息，下发事故通报23份。组织拍摄多部事故警示教育片下发基层，起到了较好地警示、教育和震慑作用，基本做到了“一厂出事故、万厂受教育，一地有隐患、全省受警示”。

【夯实基层基础，提升保障能力】 扎实开展安全生产宣传教育，组织开展“安全生产月”活动，在各类媒体开办专题、专栏，广泛开展集中宣传报道；举办“安全生产宣传咨询日”“我身边的安全故事”征集、三晋安全行等一系列宣传教育活动。深入开展安全乡村（社区）创建活动，全省91.7%的乡村建成了安全乡村。强化培训工作，连续5年举办各级政府分管领导和安监局长安全生产专题培训班，指导全省培训安监执法人员、企业负责人等共计4.7万余人。加强安全科技工作，推广了HAN撬装式加油装置、危险化工工艺自动控制系统、尾矿库在线监测系统、尾矿库干排技术等一批安全技术示范工程。加强应急管理工作，与北京、河北、天津、内蒙古建立了华北5省（市）应对重特大生产安全事故灾难突发事件应急联系、联防、联动机制；全省矿山、冶金、危险化学品等重点行业企业应急预案覆盖率达到100%；同煤集团和汾西集团完成了国家矿山区域队建设任务。

【严格事故查处，加强警示教育】 2015年，各级安全监管监察部门共查处事故73起，应结案63起，实际结案53起，建议给予党纪政纪处分526人，追究刑事责任45人。对阳城瑞兴化工“5·16”较大有害气体中毒事故、平遥县兴盛佛殿沟煤业公司“6·7”较大窒息等4起典型事故，由省政府提级进行调查处理。省政府先后召开三次警示教育会议，各级各部门共召开事故警示教育会40余次，对较大以上事故和典型事故深刻反思，汲取教训。

【2015年重大以上安全事故】 2015年4月19日18时50分，同煤集团地煤公司姜家湾煤矿发生一起透水事故，造成21人死亡。

（孙　军）

工商行政管理

【扎实推进商事制度改革，促进大众创业、万众创新和民营经济发展】 一是全面实施“三证合一、一照一码”改革。省工商局承担省政府商事制度改革领导小组办公室职责，牵头起草《关于加快推进“三证合一”登记制度改革的实施意见》，组织开展专题培训，加强政策文件宣传，细化工作配套措施，确保了改革顺利推进。从2015年9月29日发出第一张“三证合一”营业执照，到2015年底全省共发放7.8万张，其中发放新设立企业2.3万户。二是加快推进工商登记注册便利化。探索推进网上核名、网上申请、网上受理、网上审核、网上公示、网上发照等全程电子化登记方式，继续推进放宽住所登记改革、注册资本登记制度改革。三是省政府印发《山西省工商登记后置审批项目指导目录》，继续深入推进“先照后证”改革，严格履行“双告知”职责，实现了工商登记和审批监管有序衔接。上述改革措施，进一步营造了营商环境，激发了市场活力，2015年新增各类市场主体29.3万户，其中新增私营企业5.7万户。截至2015年底，全省实有各类市场主体173.9万户，比2014年增长20.2%，其中，内资企业6.7万户，私营企业32.4万户，外资企业3643户，个体工商户126万户，农民专业合作社8.4万户。

【创新市场监管机制，加强事中事后监管】 认真贯彻执行省政府《关于加快建立企业信用信息互联互通交换共享机制、推进企业信用体系建设的意见》，坚持宽进严管、放管结合，以企业信用监管为核心，扎实推进监管机制创新，切实加强事中事后监管。一是建设完成了全省工商系统省级市场主体信用信息数据库，实现了省、市、县、所四层三级联网、信息实时传送。二是建设完成全省市场主体信用信息公示系统，向社会公布包括吊销注销企业在内的220余万户各类市场主体信用信息，访问量每天达1.6万人次以上。三是组织动员市场主体开展年报工作，2013年度年报公示率80.7%、2014年度年报公示率78.2%，均超过改革前的年检率。四是省局专门成立企业监管处，首次推行“双随机”抽查工作机制，抽查3051户企业即时信息公示情况和4000余户企业出资信息情况。五是继续推进企业信用分类监管，累计锁定市场主体26.2万户，9.6万户市场主体被列入经营异常名录，对失信企业和个人在招投标、政府采购等方面予以限制或禁止。六是在组织实施“三证合一”登记的同时，在全国率先推行企业信用承诺制度。

【实施商标战略，增强企业商标品牌意识和自主创新能力】 一是大力开展“一企一商标”、“一村一品一商标”活动，2015年全省商标注册量1.6万件，超额完成了注册6000件的目标任务。二是国家工商总局新认定山西省驰名商标4件，总量达到88件；组织开展山西省著名商标认定工作，申报426件，拟认定340件。三是严厉打击侵犯知识产权行为，查处案件140件，其中查处驰名商标案件48件，向社会发布了全省十大商标侵权典型案件。在全省范围内开展打击侵犯"汾酒"注册商标专用权专项执法行动，保护了汾酒集团商标知识产权。国家工商总局和世界知识产权组织授予汾酒集团酒类行业唯一的"中国商标金奖——商标运用奖"。

【加强市场监管执法，保持全省市场秩序的安全稳定】 全系统认真履行市场监管职责，深入开展专项执法行动。一是加大执法力度，查处限制竞争案件10起，收缴罚没款90.7万元；查处不正当竞争案件76起。二是严厉打击虚假违法广告，查处案件271件，在《山西日报》公示十大违法广告典型案例。三是严厉打击传销，查办案件5起，捣毁传销窝点468个。四是严厉打击合同欺诈，查处案件50件。五是强化网络商品和服务监管工作，常态化监测本地网络经营主体2万户，2015年网上检查网站5.2万个，责令整改547个。六是认真开展投资类公司清理整顿，排查企业8374户，立案调查51件，移交司法机关案件线索14个。七是认真开展农贸、集贸市场秩序专项整治，组织开展查处无照经营、"红盾护农"行动、成品油市场整治、治理超限超载等工作，配合旅游、环保、发改、农业、林业、卫生等部门开展旅游市场监管、大气污染防治、重大疫情防控、濒危动植物保护、扫黄打非、境外电视网络接收设备专项整治等工作。

【依法保护消费者合法权益，促进社会和谐稳定】 一是加大新《消法》宣传培训力度，以"携手共治、畅享消费"为主题深入开展"3·15"活动，进一步增强了消费者依法维权意识。二是加强重点领域消费维权，全面开展家用电器、装饰装修、儿童用品等重点商品质量检查，共抽查2300多个批次，查处侵权案件381件。三是受理消费者咨询、投诉、举报11.2万件，其中咨询8.9万件、投诉1.9万件、举报3372件。进一步提高投诉举报的处理效率，为消费者挽回经济损失1643万元。四是省消协开展"商品比较试验"活动，积极指导科学消费。

【深化法治工商建设，提高依法行政水平】 按照"六权治本"要求，完成了行政权力清单、责任清单、问责依据清单以及权力运行流程图、廉政风险防控图的编制工作。确定省局权力共7大类243项，其中，行政许可类9项、行政处罚类204项、行政强制类22项、行政确认类1项、行政奖励类2项、行政裁决类1项、其他类4项。省局出台《规范自由裁量权适用规则》，进一步规范了执法行为。同时，进一步加强了法制机构建设和法制人员培训。

（官　频　薛宝元）

国土资源管理

【加强土地资源保护与利用】 保护耕地资源。2015年初将耕地保有量和基本农田保护目标分解到各市，省政府与11个地级市市长签订《2015年耕地保护目标责任书》，并下发《山西省人民政府关于下达2015年耕地保护责任目标任务分解的通知》（晋政函〔2015〕27号），明确了各市人民政府2015年的耕地保护责任与目标。11月，省政府下发《关于开展2014年市级政府耕地保护责任目标考核工作的通知》，分成6个小组对全省11个地级市进行了考核。扎实推进基本农田划定工作，完成了市级验收，向国土资源部上报了太原、大同两市中心城区永久基本农田划定成果。投资16.55亿元，建设高标准农田6.7万公顷。大力实施开发造地，省市两级新造耕地1万公顷，验收入库4800公顷。省级耕地开发基金项目为山西科技创新城补充耕地指标333公顷，确保了重点项目占补平衡，守住了400公顷耕地红线。完成了全省耕地后备资源调查。

保障发展用地。2015年，全省共争取国家下达年度用地计划1.3万公顷，并及时分配下达到11个市。加快推进市、县级土地利用规划调整，释放用地空间2000公顷。协调解决了低热值煤发电、大张铁路等重点项目用地预审，高效报批重点项目先行用地，保障了项目依法依规开工建设。规范推进城乡建设用地增减挂钩、工矿废弃地复垦调整、矿业存量用地整合利用、露天采矿用地改革、闲置土地处置等新机制，盘活存量土地1667公顷。开展土地利用总体规划修改和调整完善工作，完成115个县级土地利用总体规划（2006～2020年）的评估工作，1个市级规划修改方案、44个县级规划修改方案通过省政府批复。2015年，全省累计批准建设用地7800公顷、供应土地1万余公顷，确保了一大批新兴产业、重大基础设施和民生项目落地。

节约集约用地。充分发挥节约集约用地评价考核机制的导向作用，开发区和土地集约利用评价工作有序推进，5个国家级开发区和14个省级开发区已完成评价工作并报部验收。积极开展批而未供土地和闲置土地的清理整治工作，制定《节约集约用地督察整改方案》，省政府下发《关于加快推进闲置土地处置工作的通知》，要求各市县人民政府对不同性质、不同类型的闲置土地进行深入调查分析，严格依法分类处置。截至2015年底，全省闲置土地305宗，面积1333公顷。处置完毕105宗，面积479.6公顷，处置完成率36%。

【改革与制度创新】 省政府出台不动产统一登记实施方案，建立厅际联席会议制度，高效推进市、县不动产统一登记职责和机构整合。明确了全省不动产统一登记工作要求。稳妥开展泽州县集体经营性建设用地入市试点，出台了13项制度，5宗集体经营性建设用地成功入市，走在了全国前列。省政府出台《山西省煤炭资源矿业权出让转让管理办法》，拟定了煤炭矿业权管理体制改革相关配套制度。煤炭煤层气审批制度改革取得重大突破，拟定了改革方案，拟通过修改国务院行政法规附录，将煤炭和煤层气法定审批调整为国土部、省厅两级审批。全面推进法治国土建设，公布权力清单89项、责任清单89项，清理了120项管理制度。

【地质、矿产资源管理与保护】 *矿产资源管理*。完成矿业权设置方案相关工作，分两批将全省7个新编制的煤炭非国家规划矿区矿业权设置方案和离石、乡宁、平朔朔南、阳泉、潞安和晋城6个煤炭国家规划矿区矿业权设置修编方案上报国土资源部。推进兼并重组煤矿解决遗留问题工作，2015年换发兼并重组煤矿长期采矿许可证52宗，短期延续和顺延兼并重组采矿许可证208宗。落实省委省政府深化煤炭管理体制改革的意见，制订的《全面推进煤炭资源一级市场招拍挂工作方案》和《强化矿业权二级市场的调控和监管工作方案》得到省煤炭改革运行小组批复同意。开展矿产资源管理突出问题专项整治，对煤炭采矿权设置重叠、煤炭资源“占而不采”等问题，建章立制、逐步整改到位，解决了40座煤矿矿区范围边界重叠问题。完成各类煤矿采矿审批登记工作349宗，其中兼并重组煤矿换发长证52宗，短期延续和顺延采矿许可证208宗，未参与兼并重组的省属国有大矿各类采矿登记89宗。办理采矿权抵押备案112宗，解除抵押备案34宗，涉及评估金额1309.46亿元，确认金额1075.36亿元，抵押金额497.28亿元。创新矿山储量动态监管，集中整理了数据库，简化了备案程序，全面完成资源储量核实。

地质勘查管理。落实省委、省政府《关于深化煤炭管理体制改革的意见》，制订完成《山西省保障煤炭资源的可持续供给工作方案》。加大地质找矿力度，验收地质找矿项目89个，预计新增煤炭资源量49.98亿吨，新增铁矿资源量598.9万吨，新增铝土矿资源量3013.1万吨，新增石灰岩资源量2.58亿吨，新增冶镁白云岩3.80亿吨。办理探矿权新立5宗，保留30宗，延续8宗，注销9宗。针对兼并重组煤矿、五台山风景区内非煤矿权等系列矿业权历史遗留问题，提出用法治手段、市场办法分类处置的解决方案，并上报省政府。

地质灾害防治。加强部门协同，提升群测群防能力。省国土厅会同交通、水利、气象、地震和安监等部门召开山西省2015年地质灾害趋势分析会，报请省政府印发了《山西省2015年度地质灾害防治工作方案》。加强灾害预警预报，全年累计发布3级以上地质灾害气象风险预警21次，发送预警短信23.9万条；完成重点区域隐患排查1.3万处，新发现隐患142处，发放地质灾害防治明白卡1万余份，避险明白卡20余万份。加强宣传培训及应急演练，全年印制地质灾害宣传科普读本7.2万册、监测记录本3.5万本、宣传画5.1万套、宣传页10万份，制作了地质灾害防治公益宣传片，播放地质灾害防治公益广告40余次，发送科普宣传短信53万条；组织各类培训407次，培训人员6.7万人；组织地质灾害演练258次，参演人员5.1万人。严格落实防治责任，启动了汛期应急值班机制，严格落实领导带班制度、值守应急制度和应急分队轮班制度。强降雨期间，各级“一把手”亲临隐患点一线落实“雨前排查、雨中巡查、雨后复查”，组织避险4300人次。全年共发生5起规模以上地质灾害，其中1起灾害造成7人死亡；地质灾害发生数比2014年下降67%、人员伤亡下降64%，是“十二五”期间因灾损失最少的年份，有力维护了人民群众的生命财产安全。

地质环境保护。完善生态补偿机制，制订的《山西省矿山地质灾害防治保证金管理办法》已经省政府常务会批准列入2016年省政府立法计划。下发《关于推进矿山地质环境保护与恢复治理方案落实工作的通知》（晋国土资办发〔2015〕49号），要求各级国土资源行政主管部门将采矿权人完成年度矿山地质环境保护与恢复治理情况纳入矿产开发利用年度检查，大力推进矿山企业落实矿山地质环境保护与恢复治理方案。组织上报山西省采煤沉陷区治理、山西省宁武县汾河源头矿山地质环境治理等5个项目，申请中央财政资金6.75亿元，争取中央财政对山西省采煤沉陷区与矿山地质环境治理工作的支持。联合省财政厅、省环保厅编制了《山西省采煤沉陷区治理试点工作方案（2016～2018年）》，经省政府同意上报了三部委，拟用3年时间完成全省2000多平方千米的国有非重点煤矿和非国有煤矿沉陷区内矿山地质、生态环境调查，受损村庄搬迁安置、受灾群众危房维修加固，重点矿山环境的生态恢复治理和土地复垦；中央财政原则同意将山西省应上缴的“两权”价款138亿元返回山西省。进一步完善山西盆地地面沉降和地裂缝监测网，持续开展地面沉降地裂缝动态监测工作；建设了大西高

铁祁县段重点地裂缝水准监测网，埋设标石 18 个；完成大同市、太原市、临汾市、运城市地面沉降监测水准测量 1525 千米；完成地裂缝监测水准变形测量 150 点次；完成大同市地裂缝仪器站监测 365 日次；完成山西重点地区地面沉降 GPS 监测 29 点次；取得了 486 个地面沉降水准监测高程数据，29 个地面沉降 GPS 监测高程数据，75 个地裂缝监测变形数据，8760 个地裂缝仪器站变形监测数据。选取西山、潞安和大同三大矿区，启动了山西省采煤沉陷区地面变形稳定性监测项目。编制了《国家地下水监测工程项目(山西部分)初步设计》。完成了平顺天脊山国家地质公园验收。

【国土资源基础工作】 2015 年，圆满完成全省及 117 个县(市、区)的 2014 年度土地变更调查任务，形成较为系统完整的农村土地调查成果，更新了覆盖全省范围的集影像、图形、地类、面积和权属于一体的全省土地调查数据库及管理系统。有序推进农村"两权"地籍调查工作，全省农村宅基地和集体建设用地使用权确权地籍调查工作进展顺利，已完成 70%以上，其中晋城、太原、临汾、阳泉等 4 个市已基本完成，其余 7 个市的总体进度均在 65%以上，有部分县(市、区)已开展数据库建设工作。顺利完成全省第二次土地调查收尾工作，完成了 1∶50 万山西省土地利用图、山西省基本农田分布图以及分市 1∶25 万或 1∶10 万土地利用图、基本农田分布图等图件的编制及各类数据汇总分析任务。积极落实省政府"60 条"，针对煤炭企业资金困难，全年缓征 482 个矿山企业资源价款 133 亿元；为 44 个企业高效办结采矿权抵押备案，帮助企业融资 183 亿元，有力缓解了企业资金压力。加大规费征收力度，实现国土资源收益 441.5 亿元，其中两权价款收取 155.42 亿元、矿产资源补偿费收取 12.25 亿元。把开展"矛盾纠纷排查化解专项活动"贯穿信访工作始终，采取有效措施、压实责任，依法解决了 26 个信访积案，核查清理、化解完成了省信访局网上受理的 2784 件涉及国土资源领域未办结的信访事项。

【国土资源执法监察】 圆满完成 2014 年度土地矿产卫片执法监督检查工作情况的省级验收工作，立案查处全省土地违法案件 6851 件、面积 4840 公顷，下达处罚决定 6432 件，收缴罚款 3.89 亿元；没收违法建筑物、构筑物 1446.4 万平方米，拆除违法建筑物 39.1 万平方米；没收违法所得 7.9 万元。对相关责任人，落实党政纪处分 1338 人；移送司法机关追究刑事责任 73 人，已落实 20 人。立案查处全省矿产违法案件 164 件，结案 159 件，收缴罚款 226.5 万元，没收违法所得 549.7 万元，没收矿产品 18.8 万吨；落实党政纪处分 59 人，移送司法机关追究刑事责任 28 人，已落实 24 人。完成了铁路护路联防工作。按照省治超办部署，全力从源头治理超限超载违法用地的查处工作。在全省范围内集中开展了三次针对非法违法采矿的安全生产大检查活动，排查出无证产煤矿 19 座、越层违法开采煤矿 3 座。督促、指导全省各级国土资源执法监察队伍配合当地政府、各有关部门开展了针对地方油气输送管道隐患整改、危险化学品储存排查、危爆物品清查整治等专项行动，有力维护了全省矿业秩序和安全生产形势。

(张　峰)

测　绘

【2015 年山西测绘地理信息工作概况】 推进全省测绘地理信息重点工作，服务全省经济发展。加快数字城市建设，积极推广测绘地理信息成果在全省经济建设中的应用。完成"数字大同"等 6 个市、县(市)数字城市项目建设。以地理国情普查为龙头，积极发挥测绘地理信息对省委、省政府重点工作的服务保障作用，按时向第一次全国地理国情普查领导小组办公室汇交了全省普查成果，成果质量检验合格率 100%。

完成兴县等 9 个县级基础测绘项目，县级基础测绘实现全省全覆盖。落实 21 个贫困县基础测绘项目省财政"以奖代补"经费 630 万元，落实边远地区、少数民族地区基础测绘项目中央财政专项补助 200 万元。完成省基础测绘"十二五"规划评估报告，结合《全国基础测绘中长期规划纲要(2015～2030 年)》，立足省情，编制完成《山西省基础测绘"十三五"规划》，通过专家评审并上报省政府。全面贯彻落实国务院办公厅关于促进地理信息产业发展的意见和省人民政府办公厅的实施意见，推动地理信息产业有序发展。编制了《山西省地理信息产业发展规划(2015～2020 年)》。

加强依法行政，提升测绘地理信息市场统一监管水平。加强国家版图意识宣传教育，编制完成吕梁、大同、运城市的《版图教育知识读本》，实现《版图教育知识读本》初二学生全省全覆盖。对 489 家测绘资质单位开展了基本信息的征集、评价、发布工作。开展测绘资质巡查、涉密地理信息成果使用情况和"问题地图"专项检查。完成吕梁 7 县(市)测量标志警示牌设置工作，实现测量标志警示牌设置的全省全覆盖。建设完成晋中市昔阳县大寨村虎头山旅游景区景观型标志 1 座。

编制完成《山西省廉政文化地图》《山西省红色文化地图》《山西省法治文化地图》"三个文化"系列地

图作品以及《山西省县域经济地图集(大同、运城卷)》《山西省林业资源地图集》等大型地图集。

【各项重点工作取得新突破】 地理国情普查。按时完成地理国情普查成果汇交,以及影像图成果、控制点成果和数字高程模型精细化处理成果汇交。全省普查成果质量全部合格,合格率100%,优良级品率91.2%。山西省第一次全国地理国情普查领导小组办公室举办了地理国情普查网上知识竞赛,科普大讲堂,地理国情普查进社区、进校园等活动。

"天地图·山西"建设。省测绘地理信息局编写完成《2015年天地图·山西省级节点建设工作方案》;依据全省专题资料对交通、人口等专题信息对平台门户网站信息进行更新;利用高清影像对晋中、晋城的省市数据融合成果进行更新,并在省级节点统一发布服务;市级节点(太原市及晋中市)与国家主节点开展数据融合,并按时提交数据成果。完成晋城市、运城市及吕梁市的18个市县范围主要矢量要素更新;完成年度数据更新任务,利用全省资源3号卫星影像、部分地区0.5米卫星影像进行局部更新;采用天地图最新配图方案进行配图,达到天地图主节点配图效果。完善和改进了天地图·山西公众版门户网站功能及内容,增加全省53个旅游景点的街景影像,门户网站接入省政府门户网站首页。年内新增加省公安厅、省国家安全厅、省环保厅、省人防办等6个应用示范项目;为省交通科学研究院、省生态环境研究中心提供互联网在线地图服务,同时积极与太原卫星发射中心、省体育局等多家单位进行平台应用的研讨,加大力度拓展服务领域。

智慧城市试点。按照国家测绘地理信息局"智慧城市"时空信息云平台建设实施方案要求,结合"智慧太原"时空云平台项目设计书,太原市国土资源局确定政务网、公众网"智慧太原"时空信息云平台建设项目软件体系及智慧城市管理、智慧公共交通两个应用示范为第一期建设项目。太原市政府采购中心对"智慧太原"时空信息云平台试点项目平台建设和应用系统(一期)进行招标,确定了项目建设承担单位。

【测绘法制建设与市场监管取得新成绩】 测绘立法。配合国家测绘地理信息局做好《中华人民共和国测绘法》的修订工作。完成《山西省人民政府关于健全行政机关依法决策机制的意见》《山西省人民政府关于规范省政府部门行政审批行为改进行政审批有关工作的实施意见》《山西省政务服务平台建设总体方案》《山西省人民政府关于深化行政审批制度改革加强事中事后监管的意见》等规范性文件的立法征求意见工作。

依法行政。2015年,省测绘地理信息局政务服务大厅共受理行政许可申请467件,其中测绘资质审批68件,测绘项目登记12件,测绘成果提供利用申请354件,地图审核31件,永久性测量标志迁建审批2件,全部办结,限时办结率100%;当日办结360件,当日办结率77%。

测绘执法。组织开展2015年测绘资质巡查工作,对太原、晋中、长治、晋城4市12家甲、乙级测绘资质单位进行测绘资质巡查,同时对市级测绘地理信息行政主管部门的测绘资质巡查工作进行指导。

市场信用体系建设。省测绘地理信息局参加国家测绘地理信息局组织的测绘地理信息市场信用管理研讨会。委托省测绘职业资格管理中心组织开展全省测绘资质单位信用信息的征集和评价、发布工作,共征集到良好信息436条,可用于发布和评价的信息377条,涉及110家测绘资质单位。按照要求评价测绘资质单位489家,取得测绘资质未满6个月不进行评价的26家。参加评价的489家单位中,信用等级评为A级的10家(乙级2家、丙级5家、丁级3家);信用等级评为B级的479家(乙级65家、丙级160家、丁级254家);没有信用等级评为C级和不合格的单位。依据《测绘地理信息市场信用信息管理暂行办法》的有关规定,向社会公开测绘资质单位的信用信息。

测绘资质管理。全面完成2015年全省测绘资质复审换证工作。全省通过甲级测绘资质复审换证22家,通过乙级测绘资质复审换证63家,通过丙级测绘资质复审换证162家,通过丁级测绘资质复审换证266家;注销测绘资质单位40家(其中乙级2家、丙级7家、丁级31家)。按照国家测绘地理信息局放宽门槛、加强监管和省委省政府大力发展民营经济的要求,全省测绘资质复审换证工作中共审查发放测绘资质证书64家(新申请乙级1家,丙级18家,丁级45家);测绘资质升级18家(乙级升甲级3家,丙级升乙级6家,丁级升丙级9家);测绘资质证书信息变更47家;注销测绘资质1家。2015年全省共有测绘资质单位576家,其中甲级24家、乙级68家、丙级183家、丁级301家。

【基础测绘工作实现新发展】 省级基础测绘。山西省综合地理信息中心完成1∶1万汾河测区、左权测区共计1086幅地形要素数据的检查、修改工作;完成1∶1万阳泉测区、长治测区、左权测区及汾河测区共计1875幅地形要素数据、数字正射影像数据、数字高程模型数据的升级整合、建库工作。

为提升1∶1万基础地理信息数据库建设及更新能力,该中心与国家基础地理信息中心合作,完成1∶1万基础地理信息数据图库一体化建设任务,研发了图库一体化制图软件，已经达到批量生产能力。

数字城市建设。山西省测绘地理信息局加快数字城市地理空间框架建设。2015年完成数字大同、数字霍州、数字河津、数字永济、数字左权、数字怀仁等6个市、县（市）的地理空间框架建设任务。数字吕梁完成航摄任务。启动数字灵石、数字右玉项目。

质量管理。开展质量提高年活动，活动以抓地理国情普查质量为重点，辐射行业质量统一监管，促使各测绘地理信息单位树立以质量为核心，质量、市场和信誉有机结合的质量观念，不断加强质量保证体系建设，加大测绘技术标准执行力度，规范作业技术流程，严格落实“两级检查一级验收”制度，达到进一步提升全省测绘地理信息成果质量整体水平的活动目的。各市结合本市实际制定活动实施方案并开展相关活动。

测绘仪器检定。山西省测绘产品质量监督检验站全年检定水准仪612台、经纬仪82台、全站仪1083台、GPS接收机953台、测距仪586台，共计3271台。其中，不合格仪器209台。

【积极加强地图管理与地图服务】 地图编制审查。2015年完成了《山西省民俗地图集》《朔州市在线触控式工作用图》《山西耕地质量及生产能力调查评价（插图）》《山西抗战全景图》等图集、地图、插图及“数字河津”网络地图审查13项。

“三个文化”系列地图。山西省地图院充分发挥地图服务优势，编制完成“三个文化”系列地图作品，即：《山西省廉政文化地图》《山西省红色文化地图》和《山西省法治文化地图》。

大型地图集编制项目。山西省地图集编纂委员会办公室完成《山西省行政区划历史沿革地图集》的审校工作，完成了《山西省民俗地图集》的编制工作，启动《山西省传统村落地图集》编制工作，以及《山西省百镇地图》的编制工作。山西省地图院完成《山西省县域经济发展地图集》大同卷、运城卷的出版工作。

为政府决策服务。山西省地图集编纂委员会办公室完成2015版《省领导工作用图》的编制。该图共计19幅，内容围绕省人民政府中心工作，在2014版的基础上新增“三个文化、综合能源基地、装备制造重点企业、气化山西、科技创新城”等内容；更新了行政区划、交通布局、旅游资源、传统村落、水利工程、煤矿分布、城镇框架体系、扶贫开发等14幅图。为省领导外出考察、调研提供太原、忻州、运城、吕梁、晋中、晋城等地的调研线路图等紧急公务用图1000余幅。

【积极推进测绘地理信息成果管理与应用】 为重点项目服务。受晋中108廊带区域一体化发展示范区管理办公室委托，2015年山西省遥感中心为晋中108廊带区域一体化发展示范区规划提供地理信息数据支撑。

应急保障服务。在我国第七个“防灾减灾日”，山西省在大同市大同县举行省市县三级地震应急综合演练。山西省遥感中心出动国家地理信息应急监测车和2架无人机参加此次演练任务。

为社会服务。2015年，省测绘地理信息局向各级各部门提供多种比例尺纸质地形图2358幅、3694张，多种比例尺基础地理信息数据总计359幅，数据量达778.5GB，专题地图300余幅；三角点70个，水准点103个，GPS点170个。

涉密测绘成果管理。省测绘地理信息局会同省国家保密局联合印发《关于印发〈山西省地理信息保密检查工作方案〉的通知》（晋测发〔2015〕7号）。组织各市对所属的涉密地理信息生产单位和涉密地理信息成果使用单位在涉密地理信息成果生产、保管、复制、转借、销毁等重点环节管理情况和涉密地理信息成果电子数据的存储、传输、使用情况进行全面检查。全省自查单位691家，抽查单位373家，发现问题的单位75家，发出整改通知书共75份。

【积极促进地理信息产业发展】 省测绘地理信息局制定印发了《山西省测绘地理信息局贯彻落实〈山西省人民政府办公厅关于促进地理信息产业发展的实施意见〉任务分解方案》。编制完成了《山西省地理信息产业发展规划（2015～2020年）》。

【大力开展科技与标准化工作】 科技奖励。山西省测绘地理信息局获中国测绘地理信息系统产业协会2015年中国地理信息产业优秀工程奖金奖1项，银奖1项；获中国测绘地理信息系统产业协会2015年地理信息科技进步奖二等奖1项，三等奖1项；获中国测绘地理信息学会科技进步奖二等奖1项。

科技创新。省测绘地理信息局收到全系统各单位申报的科技项目共7项。其中，省地图院申报的《室内三维导航平台在数字城市建设中的应用》、省遥感中心申报的《无人机技术在城市大比例尺基础测绘中的应用》两个项目通过立项评审。

标准化工作。省测绘地理信息局编制完成《山西省测绘地理信息标准化“十三五”规划》。对国家测绘地理信息局测绘标准化研究所制定的《南极测绘基本技术规定》《管线信息系统建设技术规范》《测绘地理信息应急监测车通用技术要求》按期回复了反馈意见。组织局属单位技术人员参加了国家测绘地理信息局开展的测绘地理信息标准培训工作。

（任玉荣）

地质勘探

【地质支撑取得新作为】 地质找矿成果显著。2015年，省地质勘查局共实施各类财政出资地质勘查项目101项，累计完成钻探工作量7.6万米，发现并探明了一批新的资源储量，其中煤矿149.7亿吨、铝土矿2.4亿吨、铁矿7786.7万吨、石墨78.1万吨、耐火黏土5370.8万吨等，较好地实现了找矿突破战略行动第二阶段“五年有重大突破”的目标，为推进山西省国家新型综合能源基地和京津冀清洁能源供应基地建设提供了可靠的能源资源保障。两个气体矿产勘查项目有序推进，山阴北周庄——怀仁鹅毛口页岩气、煤层气预查首眼钻孔顺利终孔，发现4层含气煤层；霍西煤田煤层气、页岩气普查完成二维地震勘探，确定了钻孔孔位。三个矿权勘查项目全部完成野外工作，其中五台县东腰庄金矿勘探28个钻孔21个见矿，平陆县神仙岭一带铜金多金属矿详查提交金矿资源量2.2吨、铜资源量4493吨。

积极开展公益性地质调查。组织实施了山西六盆地地下水污染调查评价、山西省地热资源现状调查评价与区划、山西省主要城市浅层地温能开发区1∶5万水文地质调查、山西省矿产资源开发环境遥感监测等项目，为山西省开展地下水污染防治、地热资源和浅层地温能资源开发利用以及加强矿山环境整治、地质灾害防治等工作提供了重要的地质依据。

地质调查和科研取得新成果。首次提出系舟山前断褶带为典型的双重逆冲构造样式的论断，查明了晋中和忻定两个新生代盆地充填序列、盆地结构模式及构造轮廓，重塑了盆地演化史，提出了石岭关隆起于中更新世晚期的新认识。开展山西中南部地球化学背景研究及小麦种子锰锌硒微量元素包衣剂田间试验，根据小麦种植区土壤锰锌硒分布情况，研制出了多功能包衣剂，有效地提高了小麦产量和质量，项目成果达到国内领先水平，两项成果发明专利被国家专利局受理。

积极为全省经济社会发展建言献策。对《中共山西省委关于制定国民经济和社会发展第十三个五年规划的建议》提出“加快发展地热能”的修改意见，并得到省委采纳。向政府提交了2016年全国“两会”关于支持山西省煤层气产业发展的建议提案。就开展全省矿产资源领域专项整治行动和全省煤炭行政审批制度改革、煤炭管理体制改革等工作向国土厅提出了意见建议。

【经济发展呈现新变化】 2015年，地勘经济在经过近10年高速增长后，首次出现负增长。在市场竞争日益激烈的形势下，各单位充分发挥专业技术优势，承揽完成了较大的市场地质勘查项目300余项、水工环项目1400余项，继续巩固了地勘队伍在省内的主力军地位。同时加大市场开拓力度，212队、217队等单位抓住全省加快发展煤层气产业的有利时机，积极进入煤层气勘查领域，承担实施大口径瓦斯抽放孔、煤层气水平定向钻井施工等项目；二水、212队、213队、一水等单位积极开发地热井勘查施工市场，全局水井施工收入比2014年增长43.6%；二水、物化院、214队等单位承揽完成了全省80多个县区的农村土地确权及复垦整理等项目，全局测量测绘收入完成1.8亿元，增长72%；物化院充分发挥专业技术优势，在省内外承揽实施了城市地下管线探测工作，利用无人机技术开展石油管线和高速公路勘测，与省测绘地理信息局合作，完成了20个县的地理国情普查，为今后开展基础测绘与地理国情监测等项目奠定了基础；地调院、二水、地建公司等单位积极参与青海、新疆、西藏等省区的地质项目的投标，进一步拓展了发展空间。

【境外工作迈出新步伐】 经济规模进一步发展壮大。2015年全局境外市场完成营业额3198.3万美元。

地矿海外公司的平台引领作用逐步显现。局地矿海外公司按照打造全局海外商务平台的发展定位，一方面加强自身建设，积极承揽实施工程项目，并在肯尼亚注册成立全资子公司，取得了省商务厅颁发的《企业境外投资许可》证书，建立了该局在非洲的资金周转中心，畅通了国内外资金往来渠道。同时积极拓展西非市场，在加纳开展成立分公司的相关工作。另一方面，海外公司不断加强与局属地勘单位的合作。与214队合作在刚果开展砂金矿开发；与217队合作成立东非矿业开发中心，在坦桑尼亚收购4个金矿探矿权并开展了勘查工作；与物化院合作在坦桑尼亚利用无人机技术开展测绘和工程勘查工作；与地勘院合作，共同出资组建马达加斯加股份公司，开展以宝玉石为主的矿业开发与矿产品贸易业务。全局境外产业格局正在由过去单一的工程承包逐步向工程承包、地质勘查、矿业开发多元化发展转变。

对外合作的层次和水平得到提升。在继续密切与中地公司、中地海外公司、中昊公司等合作伙伴关系的同时，局地矿海外公司加大独立自主开展商务工作的力度，加强与所在国政府部门的沟通联系，取得了实质性进展。与坦桑尼亚土地部签订了该国五个城市的地籍测绘项目备忘录，邀请该国土地部官员来省地勘局考察，并与之达成合作建立国家土工试验室项目及住宅楼建设项目的意向。与中国出口信用保险公司签署项目重点险客户战略合作协议，就共同推动肯尼亚体育场项目资金落实等事项达成共识。

【管理工作得到新提升】 积极稳妥推进全局事业单位分类改革。经过与省人事厅、省编办等部门沟通协调，除职工培训中心和后勤服务中心外，局所属其他地勘单位全部被划为公益二类事业单位，为促进地勘队伍的稳定和发展提供了保障。

加强财务管理。坚持强化财政预算执行，强化财务监管，对各单位银行账户、财务印章管理以及债权债务、往来账务等进行了专项检查。

加强人事劳动管理。结合事业单位分类改革要求，制定出台相关政策，进一步规范了职工工资。重视职工队伍建设，公开招聘各类专业技术、管理人员65名，组织开展各类职工业务技能培训班10期，队伍结构和整体素质进一步得到优化和提升，为全局发展提供了人才智力保障。

加强内部审计工作。进一步健全完善了各单位内审机构，充实审计工作人员，按照审计工作全覆盖的要求，对局属单位与中昊海外建设工程有限公司在肯尼亚和坦桑尼亚合作成立的两个境外公司进行了专项审计。

加强资质管理。强化资质体系建设，新增气体勘查、不动产测绘、变形测量、地下管线测量、地图编制等资质。

加强安全生产管理。进一步强化红线意识，着力构建安全责任体系，持续推进安全专项整治、打非治违专项行动、隐患排查治理、安全标准化建设和安全生产培训教育等工作，保持了全局安全生产平稳态势，全面完成了省政府下达的安全生产控制目标和工作任务，顺利通过省安委会检查考核。

（曹拥军）

环境保护

【2015年环境质量状况】 2015年，山西省环境质量稳中趋好，大气和水主要污染物浓度持续下降，土壤环境总体清洁，环境风险安全可控。

空气质量。2015年全省环境空气质量平均综合指数为6.58，明显好于京津冀地区平均水平(7.78)，比2013年下降15.7%。达标天数平均为253天，比2013年增加70天；重污染天数平均为12天，比2013年减少20天。可吸入颗粒物(PM10)、细颗粒物(PM2.5)、二氧化硫(SO2)、二氧化氮(NO2)、臭氧(O3)、一氧化碳(CO)年均浓度分别为98微克/立方米、56微克/立方米、61微克/立方米、34微克/立方米、134微克/立方米、3.5毫克/立方米。其中可吸入颗粒物、细颗粒物和二氧化硫年均浓度比2013年分别下降16.9%、27.3%、60.2%。颗粒物仍是山西省空气主要污染因子。

水环境质量。全省地表水水质总体属中度污染。2015年地表水水质优良断面比例为44%，比2010年上升9.3个百分点，重污染断面比例为32%，比2010年下降23.4个百分点。设区城市集中式饮用水水源水质(扣除本底值)全部达标，县级城镇集中式饮用水水源水质达标率达到90%以上。地下水总体水质为良好，与2010年相比基本保持稳定。

土壤环境状况。全省土壤总的点位超标率为2.4%，其中轻微、轻度、中度和重度污染点位比例分别为1.8%、0.3%、0.3%和0.1%。

生态环境状况。2015年完成的全省生态环境十年(2000～2010年)变化调查评估结果显示，全省森林、湿地增加，草地生态系统面积有所减少。

环境风险。全省突发环境事件呈下降趋势。2015年发生3起突发环境事件，均得到妥善处置。“十二五”期间全省共发生25起环境突发事件，主要由危险化学品运输和生产安全事故引发。

【环境保护目标和各项工作任务完成良好】 山西省《国民经济和社会发展第十二个五年规划纲要》确定的环境约束性指标均如期完成，2015年《政府工作报告》确定的主要污染物减排年度目标超额完成。全省化学需氧量、二氧化硫、氮氧化物、氨氮、烟尘、粉尘排放总量较2010年分别下降20.2%、15.5%、22.1%、25%、15.8%、16.2%。全省森林面积321万公顷，覆盖率20.5%。

加强环境法治建设，严格执法监管。一是积极配合省人大常委会开展《山西省环境保护条例》修订工作，研究起草大气污染防治、生态补偿、排污许可等方面的法规规章。二是严格执行环保法。将省人大常委会关于《水污染防治法》执法检查报告及审议意见和三晋环保行提出的环境问题作为重点，梳理出四大类32个具体问题，督促各市认真加以整改。依法落实政府环保责任，积极创新督查方式方法，实现由“查企为主”向“查督并举、督政为主”转变，对5个市开展了综合督查，约谈了5个县(区)主要负责人，挂牌督办环境违法案件35件，促进了环境问题的整改。三是落实企业环保主体责任。深入开展环境保护大检查工作，全省共排查工业园区75个、各类排污企业8587家，实现了全覆盖。累计下达处罚决定书2933件，罚款1.7亿元。按照新环保法及配套办法的规定，全省处置按日连续处罚、查封扣押、限产停产案件共280件；移送行政拘留、涉嫌环境污染犯罪案件56件。积极受理群众信访举报，认真解决影响群众切身利益的环境问题，“十二五”期间，全省共办理群众环境污染信访举报案件4.8万件。为深刻汲取“8·12”天津港瑞海公司危化品仓库特大爆炸事故教训，在全省范围内开展了危险化学品和危险废物专项检查，责令停产15家，停产整改34家，排除隐患103个。

坚决向污染宣战，全力推进大气、水、土壤污染治理。(1)狠抓大气治理。突出抓好“控煤、治污、管车、降尘”四项重点工作，全面完成大气污染防治2015年行动计划确定的任务。一是控煤方面，淘汰分散燃煤锅炉、城镇集中供热率、原煤入洗率等重点任务均提前两年超额完成。清洁能源利用比重逐步增加，能源结构进一步优化，近两年全省新增风电装机规模近430万千瓦，新增光伏发电装机规模55.5万千瓦，可再生能源占一次能源消费比重提高3.1个百分点。二是治污方面，完成了电力、钢铁、水泥等重点行业脱硫、脱硝、除尘改造任务。率先启动燃煤发电机组超低排放改造，已完成改造容量1566万千瓦，改造后排放水平达到或优于燃气发电机组。三是管车方面，两年累计淘汰黄标车、老旧车69.4万辆，超额完成国家下达的淘汰任务。严格环保检验合格标志管理，建成机动车环保检验机构106家，全省机动车环保定期检验参检率达85%。四是降尘方面，全省共创建保洁示范街道44条，累计投入5500余万元新增购置环卫车辆。累计完成1666个工业堆场扬尘治理任务。同时加强采暖期重污染天气应对，建立了重污染天气监测预警预报平台和会商制度。高标准完成“9·3阅兵”空气质量保障工作，得到环保部肯定。

(2)坚持“五水”同治。编制出台《山西省水污染防治工作方案》和《2016年水污染防治行动计划》，向各市下达《水污染防治目标责任书》。保护饮用水方面，开展城市饮用水水源规范化建设，依法清理饮用水水源保护区内违法建筑，推进单一水源供水的设区市备用水源或应急水源建设工作；开展农村饮用水水源保护区划定工作，提高农村饮用水安全保障水平。治理流域水方面，积极推动流域水污染防治规划实施，完成国家重点流域规划考核任务；全面启动汾河流域生态修复治理工程，实施汾河清水复流、“三河”(沁河、汾河、桑干河)水污染控制，汾河流域水生态环境进一步改善，连续多年不断流。保护地下水方面，治理水土流失面积121万公顷，全省地下水位连续8年持续回升，晋祠泉水位累计回升21米。改善跨界水方面，积极推进跨界水断面考核，根据水质改善情况，对各市县实行梯次扣缴和奖励的激励机制，形成了“省考市、市考县、县考企业”的水污染防治长效机制；2015年扣缴地表水跨界断面考核生态补偿金3.4亿元，奖励6480万元。处置污废水方面，2015年全省新增污水处理配套管网836千米，新增生活污水处理量约1.1亿吨。全省县县形成污水处理能力，城市污水处理率达到87.9%，县城达到84.3%，分别较2010年提高7.8%、20.3%。

(3)积极推进土壤污染防治。在国家《土壤污染防治行动计划》尚未出台的情况下，山西省全面完成了土壤污染状况调查工作，形成了山西省土壤污染状况调查报告。重点推进焦化污染场地的修复示范工作，取得6项实用新型专利，建设了土壤污染修复技术开发重点实验室。“十二五”期间，积极开展1370个村庄环境连片整治和536个村庄生活污水处理工程建设。督促指导700多家煤炭企业开展矿山生态环境恢复治理。编制农业面源污染综合防治方案，开展汾河流域灌溉水质监测、可降解地膜对比试验、农膜及农作物秸秆使用及残留情况调查等重点工作，推广测土配方施肥技术，推进化肥使用量零增长行动，完成1100多个畜禽规模化养殖场治理项目。

坚持预防为主，推动转方式调结构。“十二五”期间，累计淘汰落后钢铁产能1498万吨、焦炭3507万吨、水泥4085万吨、电力182万千瓦，提前两年完成落后产能淘汰任务。实行有奖有罚差别化的收费政策，全省累计落实环保电价款137.56亿元。城市环境基础设施建设水平进一步提高，环境支撑能力积极改善。累计核准开工低热值煤发电项目24个，总装机2129万千瓦，投产后每年可消耗煤矸石8400万吨，环境效益和经济效益十分显著。加大环保审批权限下放力度，并积极做好服务指导工作，2015年省级环评审批数量比2014年减少51%，省属重点项目按时保质全部完成审批。同时，加强建设项目事中事后监管，推动154个项目完成卫生防护距离内居民的搬迁，完成487个建设项目环保竣工验收。

强化示范引领，突出抓好省城环境质量改善。为推进省城太原大气污染防治工作，省政府成立省长任组长、分管副省长任副组长、9个省直单位及太原市主要负责人组成的指导协调机构，全面指导推进省城环境质量改善工作。太原市成立由市委书记任组长的全面改善省城环境质量领导小组，全力推进集中供热、气化太原、城中村改造、污染企业搬迁、水环境治理“五大工程”和工业污染防治、扬尘控制、机动车尾气治理、土小燃煤设施整治、垃圾和秸秆焚烧污染控制“五项整治”。累计关停污染企业322家，拔掉黑烟囱3.9万根，新增集中供热面积1亿平方米以上。为全面解决城中村和农村采暖燃煤低空排放污染问题，研制出民用洁净焦炭，采取政府补贴75%并配送到户的方式，在市区范围内城中村和农村全面推广使用。2015年，太原市达标天数230天，比2013年增加68天；重污染天数12天，比2013年减少26天，省城环境质量得到进一步改善，明显好于石家庄、郑州、济南等周边省会城市。

*坚持改革创新，深化生态环保领域改革。*深入推进国家资源型经济综合配套改革试验区建设，先后出台《山西省煤炭开采生态环境恢复治理规划》《山西省矿山生态环境保护与恢复治理工程竣工验收管理办法》等系列配套文件，逐步建立健全了煤炭开采与环境治理同步规划同步实施等制度体系。印发《山西省推行环境污染第三方治理实施方案》，明确第三方治理企业按合同约定进行专业化治理。印发《关于进一步推进排污权有偿使用和交易试点工作方案》，进一步激活排污权交易市场，截至 2015 年底，全省累计完成主要污染物排污权交易 1221 宗，交易金额 14.83 亿元。推广企业环境污染责任保险，"十二五"期间共 449 家企业投保，保费金额 1.7 亿元。在全国率先成立了省级环境污染损害司法鉴定中心，为环境污染损害案件提供司法鉴定服务。

*加大投资力度，实施一批重大生态环保工程。*2015 年省财政节能环保支出执行 99.58 亿元，比 2014 年增长 4.5%。切实加大大气、水污染防治投资力度，安排大气污染防治专项资金 6.3 亿元，水污染防治专项资金 4.5 亿元。新一轮采煤沉陷区治理顺利推进，截至 2015 年底，全省采煤沉陷区治理搬迁安置已开工乡镇 134 个，开工率 100%。建立完善长效机制，以每年 100 亿元的投入、近 33 万公顷(500 万亩)的速度大规模植树造林，成为全国森林资源增幅最大的省份之一。

（山西省环保厅办公室）

质量技术监督

【2015 年全省质监工作成绩斐然】2015 年，山西省政府印发《山西省贯彻实施质量发展纲要 2015 年行动计划》，明确省直各责任部门 18 项重点目标任务，部署推进全省质量工作。组织起草《山西省质量发展"十三五"规划》，按期上报省政府。开展质量强市示范城市建设，太原市召开创建动员大会，晋城市召开创建工作推进会及成员单位联络员和市局工作任务分工会议。完善市级政府质量奖励制度，全省 7 个地市建立市长质量奖。省政府召开全省特种设备安全工作会议，向 11 个市和 18 个省直部门颁发 2015 年特种设备安全工作目标任务书，政府统一领导、企业全面落实、质监专业监管、部门各负其责、社会共同参与的工作机制得到巩固。

*质量管理。*2015 年，山西省质量技术监督局推进质量统计分析工作，投入 350 万元对全省制造业产品质量合格率进行调查统计，联合省政府政策研究室、山西大学商务学院等单位，开展全省产品、工程和服务质量状况分析，并向省政府提交《2015 年山西省质量状况分析报告》。开展"质量月"宣传活动，发送公益宣传短信 48.5 万条，发放宣传画 3000 余张、宣传手册 10 万余份。在 2014 年全国质量考核获得"良好"等次的基础上，发挥山西省质量强省领导组办公室牵头组织协调作用，将 2015 年各项考核工作任务分解落实到各省直相关部门，明确工作进度，提出任务要求，10 月份接受国务院考核组质量工作实地核查。开展儿童用品、装饰装修材料、车用汽柴油等 9 类重点产品质量提升行动，抽调 30 余位技术专家对全省 15 类 272 家危化品获证生产企业进行"拉网式"专项监督检查，促进了重点发证产品质量提升。推进工业产品和检验机构质量分类监管，在获证企业分类监管全覆盖的基础上，把监管范围扩展到重点消费品等其他工业企业。

*名牌战略。*2015 年，山西省质量技术监督局推进"全国知名品牌创建示范区"建设，指导经质检总局批准创建的汾阳市白酒集中产区等 6 家单位制定创建工作方案，指导大同云冈旅游示范区通过现场审查。组织省内知名品牌企业参加国家自主品牌价值评价和发布，重点向国家质检总局推荐大同云冈旅游示范区参评。切实加大名牌宣传力度，配合省商务厅等部门，广泛开展"山西品牌中华行""山西品牌网上行"和"山西品牌丝路行"宣传活动，提高了山西品牌的影响力和市场占有率。

*特种设备安全监察。*2015 年，山西省质量技术监督局继续以"全覆盖、零容忍、严执法、重实效"为总要求，部署开展全省特种设备安全大检查，6 月派出 3 个督查组，采取"四不两直"方式，对各地工作落实情况进行督查。在全省开展"油气输送管道、电梯、锅炉"3 场安全攻坚战，摸底检查 5800 余千米长输油气管道，整改隐患 2116 起；排查锅炉 1.5 万台，存在管理问题和安全隐患的 2369 台全部整改到位；完成 5.3 万台电梯的自查和抽查工作，对存在管理问题和安全隐患的 3771 台全部建立隐患台账并跟踪整改。"8·12"天津港事故发生后，立即在全省开展新一轮特种设备安全大检查。继续向行业管理部门和生产使用单位免费发放《特种设备安全法》单行本，通过专题讲座、电视宣传片、制作展板、悬挂条幅等多种方式开展安全生产宣传教育活动。截至 2015 年年底，全省未发生特种设备安全人员伤亡事故。

*重点消费品质量安全监管。*2015 年，山西省质量技术监督局围绕农资、食品、建材、儿童用品和汽车配件等重点领域，在全省范围内开展"质监利剑行动"和"双打"专项行动，全系统共出动执法人员 7.2 万人次，查获假冒伪劣产品货值

4000余万元，查处违法案件660余起，端掉制假黑窝点10余个。加强农资、建材和日用消费品等产品质量的监督抽查，全年抽查61类1.2万批次产品，总体合格率为92.3%，其中山西企业产品合格率为96.1%。发布监督抽查通报36期，发出不合格产品处理通知单127份，对不合格产品企业全部实施后处理。

标准化管理。2015年，山西省政府成立“山西省标准化工作领导小组”，印发了《关于进一步推进标准化工作改革发展的实施意见》和《关于加强节能标准化工作的实施意见》，推进全省标准化工作改革发展。加强地方标准制（修）订，立项221项，审查发布135项，在继续保持高数量的同时提高质量水平。推进标准化示范试点项目建设，创建标准化示范市7个，建成国家级项目125个、省级项目108个。

计量管理。2015年，山西省质量技术监督局继续开展“计量惠民生、诚信促和谐”双十工程，严厉打击计量欺骗违法行为，加强对医疗卫生单位、加油机、眼镜制品、民用四表等重点领域和重点计量器具制造企业的监督检查，对29家企业86批次商品实施包装计量监督抽查，全省1150家出租汽车公司、超限超载检测站、计量收费站和供水、供电、供气、供热公司实现诚信计量自我承诺。国家城市能源计量中心（山西）通过质检总局验收，完成638家重点用能单位能源计量审查、2家企业的测量管理体系认证和31家中小企业计量保证能力评定。

认证认可管理。2015年，山西省质量技术监督局健全完善3C产品认证区域监管责任制，推广建立“五定四查三监管”的联合监管模式和“一网三联”执法监管系统，并在全国认证监管联席会议上作经验介绍。开展实验室资质认定和日常监管，出台了《技术评审工作指南》，监督检查700余家获证实验室，对70多家实验室分别进行7个参数的能力验证。组织开展管理体系认证活动专项监督检查，检查企业50余家。

【科技基础建设】 2015年，山西省质量技术监督局监督指导2个国家级质检中心正常运行，帮助6个获批筹建的国家级中心加紧建设。2015年底，新批准筹建2个省级质检中心。对全省19个已授权、7个已批准筹建和3个拟申报的省级质检中心（站）进行督导考察。向质检总局申报的2个科研项目批准立项，3个项目通过鉴定验收。山西省质量技术监督局推荐项目获山西省科学进步三等奖1项，进入二等奖公示2项。开展山西质监综合检验检测中心工程项目的外装修和消防工程建设。

【法治质监建设】 2015年，山西省质量技术监督局编制完成权力清单和责任清单，并向社会公布。完成省审改办安排的全省权力清单编码任务。组织修订行政执法责任制，制定出台《山西省质量技术监督局行政处罚自由裁量权行使指导规则》。提升案件审理效率，案审委审理案件13起。加强法制审查，结合质监职能，对34件有关法律、法规、规章、草案及规范性文件提出修改意见。配合工商、编办等部门按期完成“三证合一”“一照一码”改革。按照“两集中、两到位”要求，组建行政审批管理处。全年受理的1070件行政审批事项全部按时办结，按时办结率100%。

（李　昆）

食品药品监督

【加快监管体制改革】 2015年，按照国务院和省政府的改革要求，在省、市、县、乡四级监管机构全部到位的同时，全省新设置专门的稽查执法机构131个、2300人，10个地级市、95个县（市、区）的公安部门专门成立了食品药品犯罪侦查机构，有食药警察303名。着力加强基层基础建设，加快乡镇站标准化规范化建设，全省1404个乡镇（街办）核定设置乡镇监管站888个，实际设立1005个，核定编制5596名，到位4316人。太原的小店区、万柏林区，晋中的介休市、祁县，吕梁的孝义市等一批县局的乡镇站所已经达到标准化、规范化要求。

【加强食品安全监管】 加强重点品种监管。2015年，采取全面排查、重点抽查、监督抽验、从严查处等有效手段，集中整治肉制品、乳制品、食醋、白酒、食用油等消费量大、风险比较高的品种，共责令整改409家，停产停业150家，依法取缔103家，有效规范了食品生产行为。

加强重点区域监管。以批发市场、集贸市场、农村地区、城乡结合部为重点，集中整治“三无”食品和假冒伪劣食品，全年共检查食品经营场所16.6万家次，查处食品违法案件2632件，罚没款金额686.4万元，净化了食品市场。

加强重点单位监管。严格实施学校食堂16条和聚集性就餐15条监管举措，采取排队通报、约谈警示、上限处罚直至停业整顿等严厉措施，对全省6575所学校食堂、25家集体用餐配送单位和中央厨房进行了全覆盖检查，全省持证餐饮单位量化分级率达到97%。

加强重点行为整治。采取降低门槛、登记备案，全面整顿、重在规范的办法，对全省5235家食品生产加工小作坊实施备案管理，取缔了一批不符合条件的小作坊、小摊贩、小餐饮。采取强制下架、全省禁售、监管公告、媒体曝光等措施进行整顿规范，查处了8种非法添加和15种严重违规宣传保健食品，突出问题得到明显遏制。

【强化药品、医疗器械安全监管】 抓重点环节监管。在药品生产环节，开展了特殊药品、中药提取物、银杏叶药品等专项检查，责令8家企业限期整改；在药品流通环节，重点对全省92家基本药物配送企业、11家疫苗经营企业进行了全覆盖检查；在医疗器械领域，组织开展生产经营质量管理规范、无菌和植入类医疗器械、体外诊断试剂等专项检查，责令整改1581家次，有效保障了药械安全。

抓药品规范管理。严格实施新版药品质量管理规范，加快推进企业改造升级，2015年全省共有100家药品生产企业、332家批发企业通过认证，淘汰了102家生产经营条件差、管理不规范的企业。以高风险品种为重点审查对象，完成了6562个药品品种的再注册。颁布了恒山黄芪等50个中药材品种质量标准，提升了中药材中药饮片质量水平。

抓重点问题治理。组织对全省银杏叶药品生产企业进行全面检查，切实消除安全隐患。对存在问题的山西仟源医药、瑞福莱药业，及时采取警告、责令召回、停产整改等措施，对仟源医药处以408.4万元罚没款，没收涉案药品并监督销毁。组织对全省药物临床试验数据进行自查核查，对117号公告涉及的29个品种，先后两次撤回21个，药物临床试验数据自查核查工作第一阶段任务圆满完成。

【监管技术支撑体系建设卓有成效】 2015年，省食品药品监督管理局根据基层技术监督机构普遍缺失的实际，在完善技术支撑体系上下功夫，初步构建了省、市、县、乡四级检测检验体系，检验能力有了较大提升。市级：11个市食品药品检验所新增事业编制170名，增加设备投入1.8亿元，完成资质认定437项；太原、朔州、忻州、阳泉、长治、晋城、运城等市积极争取政府支持，高标准的食品药品检验监测中心正在新建中。县级：全省增设县级检测检验机构84个，新增事业编制1018名，古交、孝义被列入全国检测检验资源整合试点，柳林、祁县等一批县局检测检验中心抓紧建设，为监管提供了有力的技术支撑。

着力提高监管的针对性和有效性，2015年共抽检食品1.4万批次，公开发布抽检信息26期，核查处置问题产品398批次，消除了一批安全隐患。共抽检药品7344批次、医疗器械437批次、保健食品化妆品939批次，发布监管公告10期，核查处置不合格产品212批次，防范了药械风险。市县两级监管部门积极落实食品监督抽检责任，晋中、长治、运城3个市，晋中榆次区、介休市，太原杏花岭区、万柏林区，吕梁孝义市，运城稷山县、永济市等38个县（市、区）工作主动积极，在落实经费、组织实施、信息发布等方面走在了全省前列。

【案件查处力度不断加大】 省食品药品监督管理局把严查重处作为解决食品药品安全突出问题的重要手段，加强行刑衔接，与省公安厅联合制定出台《联合打击制售假劣食品药品违法犯罪活动工作制度》，与省高院、检察院、公安厅联合制定出台《山西省办理食品药品涉刑案件物证检验鉴定的工作规定（试行）》，定期不定期与公安部门召开联席会议，通报案件信息，会商重大案件，挂牌督办案件，加强了公安机关和食药系统的合作。2015年，全省共查处各类案件1.4万起，罚没款4692万元，比2014年分别增长1.4%、9.4%。进一步加强行刑衔接，2015年共移送涉刑案件127件，与省公安部门联合查获了“9·07”跨省特大制售假冒名牌白酒案，一举端掉窝点26个，捣毁完整生产线7条，抓捕嫌疑人17人，案值总额超过1亿元，有力震慑了违法犯罪。

【加快食品可追溯体系建设】 抓高风险品种可追溯。以安全风险高的肉制品、乳制品和具有山西地方特色的白酒、食醋为重点，在食品生产加工聚集区率先推动建立食品可追溯体系。晋中平遥县15家肉制品生产企业和53家肉制品小作坊、吕梁文水县5家肉制品生产企业，应用二维码和自编码建立了肉制品质量安全追溯系统；榆次区在14家食醋生产企业实现了二维码追溯管理；朔州市乳制品追溯系统在生产加工环节初步建立。特别是白酒追溯体系建设被国家总局列为试点，吕梁汾阳市在32家白酒生产企业建立了信息化追溯体系，汾酒集团采用电子射频、在线赋码和电子标签等先进技术，建成了白酒信息化追溯系统。

抓重点环节可追溯。抓住食品安全重点环节，积极探索食品安全全链条可追溯，真正实现过程全覆盖，质量可追溯。在食品流通环节实行“电子一票通”，把企业销货单据、索证索票、台账记录纳入信息化管理，生成随货通行的电子台账，做到产品流向可查询、可追溯。在餐饮环节建立餐饮服务电子监管平台，将大型餐饮和学校食堂纳入动态监管，实现了原料购进、索证索票、添加剂使用、餐厨废弃物管理、食品留样等关键环节可追溯。

抓监管过程可追溯。把执法过程管理、痕迹管理纳入可追溯体系建设，建立了综合监管信息平台，采用卫星定位和二维码识别技术，对执法人员准确定位，实时反映执法过程，上传执法记录。执法人员随身携带移动执法终端，随时可以查询辖区内全部行政相对人基础数据信息，并将现场检查情况实时回传监管平台，实现高效处置、层级监督。

【深入推进制度建设】 省食品药品监督管理局组织相关部门修订了《山西省食品药品安全举报奖励办法》，并由省政府办公厅印发，重点解决公众对举报奖励不积极、不了解、不信任的问题。2015年，全省共接到投诉举报1.6万件，比2014年增长28.3%，省市两级兑现了7起举报奖励19.9万元，调动了公众参与监督的积极性。

省食品药品监督管理局紧紧围绕落实企业主体责任，把市场机制引入监管工作，制定出台《信用档案工作制度》和《"黑名单"管理制度》，把主观故意、违法添加、无证生产经营、抗拒执法、屡治屡犯等18种严重违法违规行为列入黑名单，对生产经营者和责任人设立不良行为记录，向社会公示，实施重点监管，加大惩戒力度，督促企业落实主体责任。建立与媒体的常态沟通合作机制，主动邀请媒体监督举报食品药品安全违法行为，监督监管部门执法过程，与山西电视台合作进行长时间、大范围的深入暗访，深入发现"潜规则"、重大风险和监管人员不作为、乱作为等问题，充分发挥舆论引导和监督作用。

（杨晓锋）

人力资源与社会保障

【圆满完成各项重点工作和重大改革任务】 一是着力应对经济困难，2015年，通过采取援企稳岗、扶持创业、加强培训、拓宽渠道等一系列措施，完成城镇新增就业51.5万人，城镇登记失业率3.5%，低于4.2%的控制目标。二是着力提高居民收入水平，通过提高最低工资标准、公布工资指导线、调整机关事业单位结构工资、实行乡镇工作补贴、实施县以下机关职务职级并行、提高城乡社会保障水平等措施，城镇居民人均可支配收入达到25828元，增长7.3%，超过预期目标。三是着力推进重大改革，启动机关事业单位养老保险制度改革、城镇居民大病保险改革、县以下机关职务与职级并行制度改革、省属国企负责人薪酬制度改革，针对性改革养老保险补缴办法，在解决公平性、全覆盖问题上取得重大进步。全省企业养老、机关养老、基本医疗、失业、工伤、生育保险、城乡居民参保人数分别达到588.7万人、103.3万人、1100.7万人、407.7万人、563.1万人、454.2万人、1537.4万人，分别完成全年计划的101.3%、101.3%、101.1%、101.7%、101.5%、101.8%、102.15%，增强了人民群众的获得感。

【就业规模持续扩大，就业结构逐步优化，就业政策不断创新，就业服务更加健全】 *竭尽全力援企稳岗。*制定了鼓励小微企业吸纳就业、扶持大学生创业、援助困难群体就业、政府购买基层公共服务岗位等一系列含金量高、操作性强的政策措施，实施省政府"减负担稳运行60条"中的11条援企稳岗措施，着力帮扶困难企业，为稳岗位、促就业提供了有力的政策支撑。

*全面贯彻落实国家新一轮就业政策。*牵头制定出台《关于进一步做好新形势下就业创业工作的实施意见》，提出30条操作性强、含金量高的政策措施，建立了九位一体的公共创业服务平台，为各类创业者提供一条龙、一站式精准创业服务。

*大力推动全民创业。*深入开展创业型城市和农村劳动力转移就业示范县"双创建"活动，实施每年10万人创业行动计划、大学生创业引领计划和就业促进计划，对离校未就业大学生实行实名制跟踪服务，新组建了省级创业融资服务中心和创业扶持小额贷款公司，切实改善大学生创业就业环境。

*加强公共就业服务。*加强职业技能培训，实现农村技校学生免学费全覆盖，实施职业培训全覆盖计划和农民工技能提升计划，促进农村劳动力转移就业。加快人力资源市场信息化建设，建成"互联网+就业服务"的公共服务新模式，实现了招聘信息对城乡求职者的全覆盖。帮助3.2万名就业困难人员实现了就业。山西省三次产业就业结构由2010年的37.9∶26.3∶35.8转变为2015年的35.6∶27.1∶37.3，第三产业成为承载就业的主要载体，就业局势总体保持稳定。

【覆盖城乡的社会保障体系基本建成】 2015年，山西省综合参保率达95%，待遇水平稳步提高，服务更加便捷。城镇职工基本养老保险覆盖了机关、事业和各类企业从业人员，实现了省级统筹，连续第11年提高企业退休人员基本养老金水平，月人均增加240元，平均增幅10%以上，待遇水平居全国前列。妥善解决了大量特殊群体的历史遗留问题。城镇居民医保财政补助标准由320元提高到380元。城乡居民基础养老金最低标准由65元提高到80元。出台办法解决了城乡职工、居民养老保险制度转移衔接和可携带、流动性问题。城镇职工医保、居民医保制度、农村新农合三项医保制度覆盖了城乡全体人民，城镇医保实行市级统筹，实现了省内异地就医直接结算。全部建立补充医疗保险，实现大病保险全覆盖。基本医保政策范围内报销比例分别达86%和75%，大病保险最高支付限额分别达50万元、40万元。失业、工伤、生育保险三项制度覆盖规定职业人群，失业保险为困难企业发放稳岗培训补贴、为符合条件的企业返还50%失业金，失业保险待遇与物价指数和当地最低工资标准形成联动增长机制。工伤保险待遇实行基本保障线制度，工伤人员定期待遇水平与企业退休人员基本养老金实现联动。参加生育保险职工政策范围内的生育费用实现个人“零负担”。高起点、大一统建设社保一卡通工程，建成省市两级数据中心和省市县乡镇(街道)村(社区)五级服务网络，累计发放社会保障卡2472万张，基本实现参保人员人人持卡，社保经办管理服务更加高效便捷数字化。全省包括新农合在内的社会保障制度已经覆盖了城乡全体人民。

【工资收入分配制度改革不断深化，逐步形成“橄榄形”收入格局】 一是按照“提低、扩中、限高”的原则，在企业推动实施《山西省企业工资集体协商条例》，规模以上企业基本实现工资集体协商全覆盖，建立起企业工资劳资共决机制和正常增长机制。二是强化最低工资标准的基础性拉动作用，连续第5年提高全省最低工资标准，月人均增资170元，平均增幅13%。三是加强对企业工资的宏观调控，发布了2015年企业工资增长指导线，基准线为10%。四是全面实施事业单位绩效工资制度，优化机关事业单位工资结构，提高机关事业单位基本工资标准，预扣养老保险费后，月人均提高350元左右；为乡镇机关事业单位工作人员增发了乡镇工作补贴，月人均提高200元以上。五是完善艰苦边远地区津贴，实施地区附加津贴制度，在县以下机关实行职务职级并行，强化了职级在工资福利待遇方面的作用。上述措施有效地缩小了地区间、行业间、群体间的收入分配差距。

【突出“两高”人才队伍建设，人才体制机制创新取得新成效】 落实《山西省中长期人才发展规划纲要(2010～2020年)》，人社厅牵头实施10项重大人才工程中的4项，在引进国内外高端人才、培育本土高端人才，包括重大项目招标和引进团队方面，出台一系列含金量较高的政策措施。确定了第二批山西省新兴产业领军人才创业型资助项目22项，创新型资助项目30项。组织实施了“千人百县”高层次人才服务基层计划，“山西省作物种质资源专家服务基层活动”等3个项目获批国家万名专家服务基层计划示范项目，每个项目资助11万元。加强国际交流和外专工作，建立了覆盖11个国家、40多个城市、51家专业机构的山西海外人才联络网，2015年引进外国专家突破1000人。深化人才体制机制改革，积极探索和支持山西科技创新城人才管理改革试验区人才发展体制机制创新，支持“科创城”研究制定《山西科技创新城高端人才引进与培养办法》等配套政策，引导科技要素和高端创新创业人才向“科创城”集聚。服务全省“六大发展”，研究制定了《创新体制机制促进人才创新创业若干意见》，人才对经济社会发展的支撑作用越来越明显。

【人事制度改革不断深化，公职人员管理得到加强】 坚持公务员队伍“凡进必考”，强化考录工作风险点管控，坚持规则、过程、结果“三公开”，确保选拔公平公正。健全完善省直机关公开遴选基层公务员机制。实施县以下机关职务与职级并行制度，拓宽了基层公务员职业发展空间。推进公务员分类管理改革，完成了全省公安、监狱、劳教机关执法勤务机构警员职务套改，健全法官、检察官、人民警察统一招录、有序交流、逐级遴选机制和职业保障制度。深入开展公务员培训工作和创先争优争做人民满意公务员活动。全面落实《事业单位人事管理条例》，各级各类事业单位新进人员公开招聘制度实现全覆盖，实行岗位设置、竞聘上岗的机制，实现了固定用人向合同用人、身份管理向岗位管理的转变。启动实施中小学教师职称制度改革，将分设的中小学教师职称系列统一为初、中、高三级，建立了以同行专家评审为基础的业内评价机制。开展职业资格管理制度改革。全面实行军转安置量化考核、积分选岗新机制，安置过程更加公开透明。建立了企业军转干部解困维稳工作长效机制，企业军转干部保持稳定。

【劳动关系调处机制不断完善，劳动关系保持和谐稳定】 推动实施《山西省劳动合同条例》，深入实施劳动合同和集体合同制度，依法推进劳动用工备案，企业劳动合同签订率达98%，已建立工会的企业集体合同覆盖率达90%以上。充分发挥劳动关系三方协调机制作用，深入推进和谐劳动关系创建活动。畅通信访投诉渠道，搭建起信、访、网、电“四位一体”工作平台，制定法定途径清单，分类处置案件，群众合法诉求得到妥善解决。建成网格化劳动监察管理体制，强化执法责任制，劳动保障监察实现城乡全覆盖，投诉举报结案率达95%以上，初步实现了对用人单位的动态监管。深入开展“无欠薪县域”创建活动，在建设领域全面推行农民工工资支付登记卡管理办法，建立并完善了承建单位工资保证金制度、政府应急周转金制度、重大欠薪案件部门联动和行政司法衔接机制，农民工工资支付重大拖欠案件及时向社会公布，形成有效的农民工工资支付保障机制。建成刚性维权和柔性维权相结合的法律援助服务体系，加强劳动人事争议仲裁实体化建设，结案率保持在90%以上，将矛盾化解在基层，有效促进了社会和谐稳定。

(刘大宇)

经济法制建设

【政府法制建设综述】 *政府立法工作。*2015年，省人民政府法制办公室（以下简称省法制办）为了推进科学立法、民主立法，完善政府立法体制和规章制定程序，提高立法效率，保证立法质量，制定了《山西省人民政府法制办公室关于进一步加强和改进政府立法工作的意见》（晋政法字〔2015〕269号）。坚持优化政府立法工作机制，加强重点领域立法，增强了立法的科学性、民主性，使政府立法质量有了进一步提高。根据《山西省十二届人大常委会2015年立法计划》和《2015年省政府规章制定计划》要求，省法制办积极组织了地方性法规草案和省人民政府规章草案的起草和依法审查工作。经省法制办依法审查后报省人民政府常务会议待讨论的地方性法规草案和省政府规章草案共有7件，其中地方性法规草案包括《山西省无线电管理条例（草案）》《山西省国有土地上房屋征收与补偿条例（草案）》《山西省法律援助条例（修订草案）》和《山西省环境保护条例（修订草案）》4件，省人民政府规章草案包括《山西省实施〈无障碍环境建设条例〉办法（修订草案）》《山西省陆生野生动物造成人身伤害与财产损害补偿办法（草案）》和《山西省重大建设项目稽查办法（草案）》3件。省人民政府经过常务会议讨论通过并向省十二届人大常委会提请审议的地方性法规草案议案4件，具体包括《山西省人民政府关于提请审议〈山西省国有土地上房屋征收与补偿条例（草案）〉的议案》（晋政函〔2015〕36号）、《山西省人民政府关于提请审议〈山西省法律援助条例（修订草案）〉的议案》（晋政函〔2015〕70号）、《山西省人民政府关于提请审议〈山西省无线电管理条例（草案）〉的议案》（晋政函〔2015〕77号）和《山西省人民政府关于提请审议〈山西省环境保护条例（修订草案）〉的议案》（晋政函〔2015〕94号）。省人民政府经过常务会议讨论通过并经省长签发山西省人民政府令向社会公布的规章有4件，具体包括《山西省军人抚恤有待实施办法》（山西省人民政府令第240号）、《山西省人民政府关于废止和修改部分政府规章的决定》（山西省人民政府令第241号）、《山西省石油天然气管道建设和保护办法》（山西省人民政府令第242号）和《山西省实施〈无障碍环境建设条例〉办法》（山西省人民政府令第243号）。省法制办经过征求意见、论证、认真研究和沟通协调等工作，向省人民政府提出了省人民政府2016年地方性法规和政府规章立法项目计划建议，省人民政府经过常务会议讨论通过后，向省第十二届人大常委会报送了省人民政府关于2016年度提请地方性法规议案项目的建议；省人民政府办公厅印发了《关于做好2016年省政府规章制定工作的通知》（晋政办发〔2015〕110号）中附“2016年省政府规章项目计划”。

*依法行政、建设法治政府工作。*一是工作部署安排和制度设计。2015年初，根据省委、省政府加强法治政府建设工作部署和要求，省法制办制定了《省政府法制办2015年工作要点》，安排部署了年度政府法制工作任务，明确了牵头推进依法行政、建设法治政府的重要工作。省法制办牵头组织起草了《山西省人民政府关于加快推进法治政府建设的实施意见（草案）》，经广泛征求意见、反复研究修改后报省人民政府，省人民政府经第70次常务会讨论通过后，于1月31日向社会公布了《山西省人民政府关于加快推进法治政府建设的实施意见》（晋政发〔2015〕4号）。省法制办积极配合省人民政府办公厅研究制定了《山西省全面加强政府自身建设三年规划（2015～2017）》（晋政发〔2015〕25号）。二是提高领导干部依法行政素养和能力，增强法治政府建设的推动力。省法制办与省委组织部在省委党校联合举办了两期领导干部依法行政专题研讨班，省直部门法制机构、市县政府法制部门和执法部门负责同志共160余人参加了学习研讨，依法行政的知识、先进经验和方式方法得到传授与交流、沟通与融汇、互学与创新，为进一步推进依法行政、建设法治政府奠定了更加扎实的领导力和推动力。三是继续组织宣传，扩大推进依法行政舆论影响力和听取社会监督之声。8月，省法制办牵头，与省内主要宣传媒体和国家媒体驻本省机构组成依法行政宣传报道团体，在全省范围内组织开展了山西省第五个“依法行政宣传月”活动，督促指导各地各部门组织开展依法行政宣传工作，对各地各部门依法行政工作的好经验好做法进行了宣传报道和学习交流，扩大了山西推进依法行政、建设法治政府在全社会的影响力。四是总结交流经验，强化督促检查。省法制办组织召开依法行政经验交流工作座谈会。组织开展“深入推进依法行政，加快建设法治政府”督促检查工作，对4个设区的市、4个县（区、市）和8个省直部门进行了实地抽查检查，起草了《2015年全省推进依法行政工作的情况报告》，为省政府领导科学民主决策提供了建设性意见和建议服务。

*行政执法与执法监督工作。*2015年，省法制办坚持按行业系统组织开展行政执法案卷评查，通过行政执法案卷评查规范动态执法行为。一是组织开展系统行政执法案卷评查工作，推动行政执法规范化。省法制办安排部署、组织指导了省卫计委、食药局、物价局按系统开展行政执法案卷评查工作，成立联合检查组，牵头组织检查验收，有效促进了三个系统执法规范化建设。二是确立重点督察工作方面，制定具体工作

实施方案，加强责任落实。省法制办研究确定省公安厅、交通厅等7个部门和11个设区的市政府在落实行政执法责任制、完善行政执法程序、建立健全行政裁量权基准制度、加大行政执法力度四个方面为省政府重点督查工作责任单位，制定工作实施方案，细化工作任务，加强督促检点，推动了各市和省直有关部门按计划开展工作，取得阶段性成绩。三是摸清家底，加强行政执法体制机制改革和队伍建设。省法制办与省编办共同开展全省市县两级行政执法队伍基本情况的摸底调研工作，编制了《综合行政执法体制改革文件汇编》，赴兄弟省市对"相对集中处罚权和综合执法工作"进行调研。配合省编办指导太原、晋中两市开展相对集中行政许可权试点工作。加强行政执法人员资格核查、资格认证考试和日常监管，督促指导各市和省直部门对4.1万名行政执法人员进行了资格认证考试，对符合条件的3.7万人发放了山西省行政执法证件。

行政复议与行政应诉工作。扎实推进行政复议体制改革，坚持实地调研，加强跟踪督导。一是推动行政复议体制机制改革试点工作取得明显成效。省法制办召集太原、晋城两市政府法制部门与两市中级人民法院召开联席会议，深入研究两市行政复议委员会试点运行情况，积极推进试点工作取得新进展。二是加强和规范行政应诉工作。认真贯彻新修订的《行政诉讼法》，坚持加强行政应诉工作，依法接受司法监督，组织起草了《山西省行政机关行政应诉规定》。支持人民法院独立行使审判权，省法制办主要负责人代表省政府到太原中级人民法院依法出庭参加应诉。三是积极组织力量，强化办案质量和效率。2015年省本级共收到行政复议申请140件，受理110件，办结143件(含2014年结转26件)，需要继续办理的19件，以其他方式处理的4件；办理行政应诉案件85件，代省政府办理民事诉讼案件5件，答复国务院行政裁决案件27件。行政复议与应诉工作质量进一步提高。

规范性文件的前置审查、备案监督和清理工作。省法制办严格落实规范性文件合法性审查和前置审查、备案审查制度，保证规范性文件合法、统一、有效。2015年共审核以省政府及省政府办公厅名义发文的规范性文件草案104件，前置审查省直部门规范性文件草案141件，备案审查设区的市政府报送的规范性文件118件。加强规范性文件备案审查监督检查，并对全年规范性文件审查备案情况进行了通报。办理国家法律、法规征求意见及其他涉法事务193件，办理省人大代表议案16件和省政协委员提案10件。此外，配合省信访局对34个省直部门开展法定途径分类处理信访投诉请求的清单进行了合法性审查。

按照《中共山西省委、山西省人民政府关于深化煤炭管理体制改革的意见》(晋发〔2015〕3号)要求，省法制办组织对涉煤法规规章及规范性文件进行全面清理，形成了《全面清理涉煤地方性法规规章及规范性文件情况的意见》，报送省政府。此次清理工作共清理地方性法规4部(继续有效2部，建议修改2部)、政府规章6部(继续有效3部，建议修改2部，废止1部)、涉煤规范性文件510件。

政府法律顾问和仲裁工作。省法制办组织起草《山西省人民政府关于建立政府法律顾问制度的意见(草案)》，对现行的《山西省人民政府法律顾问委员会工作规则》进行了修订，一并报送省政府。加强与省内8个仲裁委员会的联系沟通，积极推进全省仲裁工作健康发展。认真做好仲裁委员会换届工作相关材料审查报送、仲裁案件情况统计等工作。扎实开展仲裁法贯彻实施情况调研工作，并依据调研情况向国务院法制办公室报送了情况报告。

政府法制的宣传、培训、理论研究和法规规章的译审、编纂工作。(1)政府法制宣传工作。省法制办在全省组织开展了第五个"依法行政宣传月"活动，赴11个设区的市就"依法行政宣传月"活动开展情况进行专题调研；12月举办了"国家宪法日暨全国法制宣传日"主题宣传活动；参加了全国普法办举办的"尊法学法守法用法"法律知识竞赛网上答题活动。全年编印《政府法制工作简报》12期，办网站刊载信息204篇，报送国务院法制办网站、《山西信息》《晋政信息》刊发38篇。(2)政府法制干部和行政执法人员培训工作。举办8期培训班，对全省行政机关新进执法人员1275人进行了行政许可法、行政强制法、行政复议法和规范性文件备案审查等方面的法律知识和执法技巧培训；对政府法制干部及有关分管领导共计320人进行了行政复议应诉知识、规范相对集中行政处罚权的专题培训；与复旦大学联合举办"行政复议应诉专题知识培训班"，对全省70名行政复议工作人员进行了专门培训；组织6名同志参加了省人大在中国政法大学举办的立法人员培训班学习。(3)政府法制理论研究创新工作。《在新的历史起点上全面推进依法治国》《统筹协调利益关系努力构建和谐社会》《严格依法行政，规范行政执法行为，推进法治政府建设》3篇理论研究成果获第三届山西省公共管理领域优秀科研成果三等奖(晋人社厅函〔2015〕479号)。《加强地方政府立法程序问题研究》《重大行政决策风险评估机制研究》和《环渤海区域法治政府建设的共性和地方性问题研究》3项理论研究课题被省法学会列为2015年度重点法学研究课题。《环渤海区域法治政府建设的共性和地方性问题研究》论文获第十届环渤海区域法治论坛一等奖。完成了2014年度山西省法规规章汇编印刷出版发行工作。组织完成了

《山西省专职消防队伍建设管理办法》《山西省政府信息公开规定》《山西省政府投资项目竣工验收管理办法》《山西省实施〈无障碍环境建设条例〉办法》和《山西省军人抚恤优待实施办法》5件省人民政府规章文本的英文译审工作。

贯彻落实省委“六权治本”和法治政府建设工作。根据省政府办公厅和省委法治办工作部署，制订了“六权治本”和职能转变工作方案，对各项工作任务进行细化分解，强化组织领导，完善工作运行机制，加强督促检查，认真落实“六权治本”进展情况月报告制度。全面完成省委法治办安排部署的各项工作，建立完善了依法行政专项小组工作制度和运行机制。研究起草并以省政府文件出台了《山西省人民政府关于健全重大行政决策机制的意见》；组织起草并报送省政府《山西省人民政府健全重大行政决策机制实施细则（审议稿）》和《山西省重大行政决策合法性审查办法（审议稿）》；完成了《山西省重大行政决策责任追究办法（草案）》起草工作。积极参与省审改办对75个省政府部门和单位报送的8433项行政职权事项进行的初审、再审和会审，对省政府部门各类行政职权清单一审稿、二审稿和三审稿以及责任清单集中进行了法制审查，提出书面审查意见反馈省审改办。最后确定省政府部门行政职权事项为3090项。同时，编制、公布了行政职权清单、责任清单和廉政风险防控图。组织起草《山西省人民政府关于建立政府法律顾问制度的意见（草案）》，对现行的《山西省人民政府法律顾问委员会工作规则》进行了修订，一并报送省政府。

【山西省地方性经济法规建设】 2015年，山西省第十二届人民代表大会常务委员会经过第十九次至第二十三次常委会会议的审议讨论，共通过并公布11件地方性法规，具体包括《山西省各级人民代表大会常务委员会规范性文件备案审查条例》《山西省城市公共客运条例》《山西省实施〈中华人民共和国水土保持法〉办法（修订）》《山西省国有土地上房屋征收与补偿条例》《山西省法律援助条例（修订）》《山西省地方立法条例（修订）》《山西省各级人民代表大会选举实施细则（修订）》《山西省乡镇人民代表大会工作条例（修订）》《山西省实施〈中华人民共和国全国人民代表大会和地方各级人民代表大会代表法〉办法（修订）》和《山西省组织实施宪法宣誓办法》。同时废止6件地方性法规，具体包括《山西省城市公共客运管理暂行条例》（1995年7月20日山西省第八届人民代表大会常务委员会第十六次会议通过，2010年11月26日山西省地十一届人民代表大会常务委员会第二十次会议修正）、《山西省城市房屋拆迁条例》（2003年9月27日山西省第十届人民代表大会常务委员会第六次会议通过）、《山西省各级人民代表大会选举实施细则》（1980年7月制定，1984年1月修改）、《关于市、县、区和乡、镇人民代表大会代表名额的决定》（1987年1月山西省第六届人民代表大会常务委员会）、《山西省人民代表大会常务委员会制定地方性法规的规定》（1998年11月30日山西省第九届人民代表大会常务委员会第六次会议通过）和《山西省人民代表大会常务委员会关于批准太原市和大同市制定的地方性法规的规定》（1998年5月29日山西省第九届人民代表大会常务委员会第三次会议通过）。

2015年，山西省人民代表大会常务委员会批准太原市人民代表大会常务委员会制定和修订的地方性法规10件、大同市人民代表大会常务委员会修订的地方性法规2件，具体包括《太原市发展新型墙体材料条例》《太原市城市桥梁管理条例》《太原市消防条例（修订）》《太原市关于集会游行示威的若干规定（修订）》《太原市禁止燃放烟花爆竹的规定（修订）》《太原市晋祠保护条例（修订）》《太原市文物保护和管理办法（修订）》《太原市东西山绿化条例（修订）》《太原市外商企业投资条例（修订）》《太原市商业网点管理办法（修订）》《大同市地方立法条例（修订）》和《大同市煤矿安全生产监督管理条例（修订）》。

山西省人民政府经济规章建设。2015年，经省法制办依法审查后报省人民政府常务会议讨论通过，并以山西省人民政府令向社会公布的省政府规章有4件，具体包括《山西省军人抚恤有待实施办法》（山西省人民政府令第240号）、《山西省人民政府关于废止和修改部分政府规章的决定》（山西省人民政府令第241号）、《山西省石油天然气管道建设和保护办法》（山西省人民政府令第242号）、《山西省实施〈无障碍环境建设条例〉办法》（山西省人民政府令第243号）。

部分经济规章的修订和废止。2015年1月26日，经省人民政府第71次常务会议审议通过，并以山西省人民政府令第241号向社会公布，修订的经济规章包括《山西省散装水泥促进办法》（山西省人民政府令第181号）》和《山西省企业负担监督办法》（山西省人民政府令第201号）共2件；废止的经济规章包括《山西省实施〈电力设施保护条例〉办法》（山西省人民政府令第30号）、《山西省土地复垦实施办法》（山西省人民政府令第66号）、《山西省煤炭可持续发展基金征收办法》（山西省人民政府令第203号）、《山西省实施〈中华人民共和国车船税暂行条例〉和〈中华人民共和国车船税暂行条例实施细则〉办法》（山西省人民政府令第208号）和《山西省煤炭销售票使用管理办法》（山西省人民政府令第212号）共5件。

（任刚军）

财政·税收

CAIZHENG SHUISHOU

05

财政·税收

财　政

【2015年山西省财政收入与支出】 财政收入。2015年,山西省一般公共预算收入完成1642.4亿元,为年度预算的90.2%,较2014年下降9.8%,减收178.2亿元。分级次看,省级一般公共预算收入577.9亿元,下降1.9%,减收11亿元;市级一般公共预算收入402.6亿元,下降9.2%,减收40.8亿元;县级一般公共预算收入661.9亿元,下降16%,减收126.5亿元。11个市一般公共预算收入增幅最高的运城市87.6%为6.6%,最低的朔州市为-37.3%。分科目看,税收收入1056.6亿元,为预算的80.6%,比2014年下降6.9%,减收77.7亿元,下拉一般公共预算收入增幅4.3个百分点;非税收入585.8亿元,为预算的103.9%,下降14.6%,减收100.5亿元,下拉一般公共预算收入增幅5.5个百分点。

财政支出。2015年,山西省一般公共预算支出执行3423亿元,为年度预算的92.2%,比2014年增长10.9%,增支337.7亿元。分级次看,省级一般公共预算支出732.6亿元,增长6.1%,增支43.6亿元;市级一般公共预算支出664亿元,增长13.9%,增支79.5亿元;县级一般公共预算支出2026.4亿元,增长22.4%,增支214.6亿元。市、县两级支出比重与2014年相比分别上升0.5和5.5个百分点,全省支出重心下移趋势明显。11个市中,仅有朔州市支出略有下降,其余10个市支出均为增长。119个县中,95个县增长,24个县负增长,负增长县比2014年少34个县。分科目看,2015年全省财政支出结构调整方向更注重于民生,民生支出占总支出的比重提高0.6个百分点;政府公务支出有所控制,一般公共服务支出比重下降0.5个百分点。2015年全省一般公共预算支出中占总支出比重达10%以上的有3个科目,依次为教育支出、社会保障与就业支出、农林水支出,占比分别为17.6%、15.6%和11.5%;占总支出比重大于5%小于10%的有6个科目,依次为医疗卫生与计划生育支出8.5%、城乡社区事务支出7.5%、一般公共服务支出7.2%、国土海洋气象等支出6.5%、交通运输支出6.1%和公共安全支出5.1%;再次为住房保障支出3.7%、节能环保支出2.9%、文化体育与传媒支出2.1%;其余支出科目所占比重均不到2%。其中:教育支出、社会保障和就业支出、农林水支出、医疗卫生与计划生育支出、住房保障支出、城乡社区支出、交通运输支出等民生支出2881.5亿元,增长11.7%,增支302.4亿元,增量占全部增支的89.5%。另外,全省一般公共服务支出等8项服务业支出增长13.5%,高于全省支出增幅2.3个百分点,拉动全省生产总值增长成效明显。

【抓好预算执行】 财税部门强化收入形势监测分析,及时调整征管工作重点,坚持依法执收,确保各项收入应收尽收。各级各部门牢固树立过紧日子的思想,积极调整支出结构,盘活存量资金,大力压减一般性支出和“三公经费”支出。省财政通过增加转移支付、发行地方政府债券、实施临时性救助等措施,缓解县乡财政困难。省对市县均衡性转移支付311.7亿元,增长24.8%;下达县级基本财力保障奖补资金49.2亿元,增长8.6%。与此同时,大力争取中央支持,中央对山西转移支付达1272.36亿元,增长10.6%;批准山西发行地方政府债券610亿元,有效替代高利息债务,节约融资成本约145亿元;同意将未上缴中央的“两权”价款全部用于支持山西采煤沉陷区治理;争取财政部出台煤炭企业增值税进项税额抵扣扩围政策,减轻煤炭企业负担。

【加强财政调控】 全面落实结构性减税和普遍性降费政策。在2014年清理取消行政事业性收费(基金)137亿元的基础上,2015年进一步取消、停征、减征行政事业性收费项目130项,减少收费34亿元。

加大资金筹措力度,扩大政府有效投资。2015年,累计下达235亿元重点支持公路、铁路、民航等基础设施建设。大力推广PPP模式,首批推介国家级PPP示范项目3个,省级PPP示范项目9个。设立城市人居环境PPP投资引导基金,子基金总规模达128亿元,可带动投资850亿元以上。

创新财政支持方式。加快运作新兴产业投资基金,通过市场化运作方式支持煤与非煤产业发展。将煤矿瓦斯抽采省级财政补贴标准提高1倍,促进煤层气产业发展;开展首台(套)重大技术装备保险补偿机制试点,对列入推广应用指导目录的装备产品予以补贴。

发挥财政资金引导作用,支持节能减排和淘汰落后产能。对黄标车及老旧车提前淘汰予以财政奖励;对电动汽车生产企业予以营销补贴,支持新能源汽车产业发展壮大。对全省现役30万千瓦及以上燃煤发电机组一次性改造投资给予补助。补助各市5.88亿元开展工业大气污染综合治理。生态转移支付补助实现对省级重点生态功能区全覆盖。

落实减轻企业负担稳定工业运行60条要求。省财政牵头落实11项措施为全省企业累计减负151.7亿元,带动社会增加企业发展资金180多亿元。降低失业保险费率,减轻企业、个人负担共5.6亿元。拨付晋能集团、焦炭集团55亿元支持煤焦公路运销体制改革。

【推进“三个突破”】 促进金融振兴。组建具有金融全牌照的山西金融投资控股集团有限公司,推动山西省金融产业集聚发展和转型升级。组建资本金达14亿元的省级再担保公司,强化对中小企业的融资担保功能。设立华融晋商资产管理股份有限公司,加快处置地方金融不良资产。创新中小微企业融资模式,撬动银行贷款80亿元,财政资金放大8倍。完善财政奖补政策,支持29户企业挂牌上市并成功融资。

推进科技创新。出台深化省级财政科技计划(专项、基金等)管理改革方案,结束科技资金多头分散、碎片化管理的局面。支持推进山西科技创新城建设和煤基低碳科技专项计划取得新进展。通过支持中试基地建设、解决“中人”退休待遇、政府购买公共科技服务等方式,帮助解决转制科研院所生存和发展问题。

推动民营经济发展。设立民营企业创新转型投资基金,引导省内民营企业创新转型发展。对中小民营企业进入政府采购市场实施公平待遇,年度政府采购项目预算总额的30%以上专门面向中小企业采购。省财政每年安排中小企业发展专项资金3亿元,从加强公共服务、完善融资担保政策、支持创业基地建设等方面支持小型微型企业发展。

【保障改善民生】 加大强农惠农富农力度。统筹整合新增资金15.76亿元支持实施10项新的强农惠农富农政策,资金总规模达83亿元。设立规模为3亿元的农业产业发展基金。组建公益性山西扶贫开发投资公司,统筹承接易地扶贫搬迁、扶贫开发和农业发展专项贷款。投入3.87亿元开展土地承包经营权确权登记颁证工作。拨付资金53.5亿元,大力改善农村人居环境,美丽乡村建设试点县扩大到11个。

提高教育、养老、医疗卫生、社保等支出的保障水平。2015年新增支出158亿元,支持14项民生政策提高标准,新出台12项民生政策。全省170多万企业退休人员基本养老金月人均提高239元达到2630元,210万城乡低保对象最低生活保障标准每人每月提高20元;城镇居民医保和新农合财政补助标准每人每年提高60元达到380元;人均基本公共卫生服务经费政府补助标准提高至40元;农村五保集中供养对象和分散供养对象省级补助标准每人每年分别提高200元、100元,达到2400元、1530元。

促进创业就业。投入资金1.5亿元成立省级中小微企业小额贷款担保中心、创业融资服务有限公司,为高校毕业生等就业群体创业就业提供担保和融资服务。安排2.35亿元专项资金,为高校毕业生购买基层社会管理和公共服务岗位、支持实施大学生农技特岗计划、鼓励高校毕业生自主创业。

推进教育事业发展。新建、改扩建公办幼儿园312所。继续推进义务教育薄弱学校改善办学条件,又有30个县通过义务教育均衡发展评估认定。特岗教师工资补助标准由年2.4万元提高到2.8万元。高中和中职国家助学金标准由每生每年1500元提高至2000元,高职院校年生均财政拨款达到9000元。启动高校协同创新中心建设,提升高校服务山西省经济社会发展能力。

加大困难群众帮扶力度。提高了全省19万多优抚对象的补助标准、1500多名伤残军人的护理费标准、5000多户失独和伤残家庭的特别扶助金补助标准。低收入农户冬季取暖用煤由实物发放改为省财政货币化补贴。全省城乡低保家庭中的高龄老年人和失能老年人，每人每月分别可以再得到30元、60元补贴。

【深化财税改革】 出台《关于深化预算管理制度改革的实施意见》，从完善政府预算体系、推进预决算公开、建立跨年度预算平衡机制、加强财政收支管理、规范政府债务管理等8个方面部署了24项改革任务。将政府收支全部纳入预算管理；将地方教育附加、文化事业建设费、残疾人就业保障金等9项基金转列一般公共预算。着手编制省级2016～2018年财政规划，并在水利投运、义务教育等重点领域开展三年滚动预算试点。加强国库现金管理，省级现金管理规模达470亿元。对农业、教育和科技等重点支出据实安排，不再预设重点支出项目增长比例，新出台的项目政策一律不与财政收支增幅挂钩，新增项目根据财力依政策、按需要、据绩效安排。实行财政资金预拨和转移支付提前下达制度，大多数专项转移支付采用"因素法"切块分配到市县。出台《关于加强政府性债务管理的实施意见》，建立"借、用、还"相统一的政府性债务规范管理制度。进一步完善煤炭资源税改革配套政策，改革前后各级利益格局基本保持不变。

【坚持依法理财】 扎实推进"六权治本"，健全完善依法理财长效机制。以清理"法定权力"为基础，依法确定权力事项64项，编制并公布了"两单两图"。以规范"隐性权力"为重点，制定《山西省财政厅省级财政专项资金管理办法》和《山西省财政厅关于财政专项资金分配职责的规定》，开展财政专项资金管理分配不规范问题专项整治，形成了财政专项资金管理和分配两个"1＋N"制度体系，切实将资金分配这个"隐性权力"关进制度的笼子，努力做到用权有制、行权有界、施权有责。将政府采购实施计划由核准改为备案管理，审批环节由12个精简为3个，每年减少审批事项14万人次，精简率达75％。全面推进财政预算信息公开，除涉密信息外，所有使用财政资金的部门都公开了本部门预决算和"三公"经费预决算，积极打造"阳光财政"升级版。

（卫忠梅　魏笑甜）

国家税收

【2015年国税收入情况】 2015年，全省国税收入972.07亿元，比2014年下降13.4％，减收150.19亿元。其中：中央级收入690.06亿元，下降13.9％，减收111.53亿元；地方级完成282.01亿元，下降12.1％，减收38.65亿元。增值税646.64亿元，下降18.9％，减收150.96亿元；企业所得税208.81亿元，下降2.8％，减收5.92亿元；消费税56.34亿元，增长28.6％，增收12.52亿元；车辆购置税60.27亿元，下降8.8％，减收5.81亿元；储蓄存款利息个人所得税129万元，下降35.2％，减收70万元。此外，文化事业建设费收入8067万元，下降7.9％，减收688万元。

【税收收入特点与分析】 2015年，全省国税收入主要有四个特点。一是收入规模跌破千亿，连续三年呈现下降态势。二是各月收入波动明显，最高的1月份与最低的8月份相差40.59亿元。三是税收增速与主要经济指标回落趋势相一致，税收与经济发展基本协调。四是主导税源贡献率下滑，全省煤焦钢电四大传统行业税收占全省国税收入比重由2012年的60％下降至39％，且重点行业税收呈现明显分化趋势，煤炭、焦炭和钢铁三行业税收分别下降34.1％、27.1％和23.7％，合计减收134.25亿元，下拉国税收入12.3个百分点；而有色金属、金融、电力和装备制造四行业税收分别增长81.4％、21.3％、6.4％和5.5％，合计增收32.9亿元，拉动国税收入增长3个百分点。

国税收入下降主要因素。2015年国税收入下降，主要是受宏观经济持续下行、主要工业品价格大幅下跌、消费市场需求不足等因素影响，全省工业税收573.7亿元，下降17.4％，减收120.93亿元；第三产业税收384.21亿元，下降2.9％，减收11.47亿元。

【税收法治】 一是出台坚持依法治税更好地服务经济发展的7方面19项具体措施。二是推进行政审批制度改革，建立行政审批事项目录动态调整机制，公开7项行政许可事项，取消57项非行政许可审批事项，调整23项为其他权力。三是推行税收执法权力清单制度，发布第一批税务行政处罚权力清单公告，公开3类8项处罚权力事项。四是实施法律顾问制度，成立局长法律顾问办公室。五是推进法治税务示范基地建设，制定具体工作方案和评价标准，确定太原市杏花岭区国家税务局等8个单位为全省国税系统法治税务示范基地。

【税收政策落实】 一是持续加强对"营改增"试点纳税人的运行监控，重点关注交通运输业和现代服务业运行情况，做好政策解释和业务对接工作。二是编写《小微企业办税指南》宣传手册，两次开展小微企业增值税优惠政策落实情况疑点数据核查，免征小微企业增值税9.7亿元和企业所得税8461万元，小微企业税收优惠政策覆盖面达99.9％。

【税种管理】 一是推行增值税发票系统升级版，全省16万户纳税人纳入升级版系统管理。开发运行增值税发票风险预警系统，建立发票风险预警防控机制，全年推送6期风险数据，下发风险纳税人1354户，涉及发票9.5万份，发现涉嫌虚开虚抵纳税人176户，查补税款3707.6万元，进项转出374.8万元。统筹消费税改革，顺利推进调增成品油税率、对电池涂料行业征收消费税、调整卷烟批发环节税率等税制改革，确保执行到位。落实新《车辆购置税征收管理办法》，结合纳税服务规范和征管规范，制定车购税业务指南，做好1.6升及以下排量乘用车减征政策落实，编制《车购税小排量减税电子操作指引》。二是下放出口退税审批权限，压缩审批退税时间，全年办理出口退税30.44亿元，比2014年增长48.5%。三是加强企业所得税后续管理，印发《企业所得税后续管理办法》，编写《企业所得税优惠事项后续审核指引》，强化重点税源和高风险事项管理，组建省、市两级所得税风险管理团队，在风险应对中调增应纳税所得额28.16亿元，调减亏损额5.32亿元，补缴入库企业所得税5.71亿元，加收滞纳金1922万元。

【纳税服务】 一是深入开展"便民办税春风行动"，持续优化办税服务，印发优化办税服务指导意见，全面推广网上办税和"e税客"移动办税，全省7.3万户一般纳税人实现网上申报，8.6万户纳税人使用"e税客"。二是积极推进税收规范化建设，严格落实"四个规范"，推进标准化、规范化管理，实现办税服务"流程更优、环节更简、耗时更短、效果更佳"。三是大力拓展国地税联合办税，全系统92个办税服务厅设置地税窗口，8个县区建立国地税合署办税的"办税服务厅"，26个国地税局共同进驻政务大厅。四是牵头开展"银税合作"，与省地税局共同联合山西银监局等多家政府部门共同推进"银税合作"，与建设银行推出"税易贷"产品，与18家省级银行集中签订"银税合作"意向书，着力破解小微企业融资难题。五是扎实开展纳税信用评价，完成2014年度全省纳税人纳税信用评价任务，印发纳税信用评价结果应用实施办法，将纳税信用融入社会信用体系。

【税收征管】 一是全面落实税收征管规范1.0版，印发工作方案，组织培训，召开动员视频会议，确保征管规范顺利运行。二是扎实推进"三证合一"登记制度改革，实现工商营业执照、组织机构代码、税务登记证"三证合一""一照一码"。三是深入开展国地税合作，与地税局建立联席会议制度，定期不定期开展各项工作，联合印发《规范税务行政处罚裁量权实施办法》，统一6大类48项税收违法行为的行政处罚标准。联合开展纳税信用综合评价，深化结果应用。强化国税、地税稽查合作，联合稽查79次，查补税款7806万元。四是积极转变征管方式，推进税收风险管理，全系统推送风险任务528期，涉及风险纳税人2.7万户，入库税款16.37亿元。五是试点运行"全省发票服务平台"，委托邮政部门代征税款、代开发票，推行发票邮政配送，方便纳税人领用、代开发票。六是建立众创众包工作机制，设立"众创空间"，打造创新思想孵化地。

【大企业税收服务与管理】 一是认真开展大企业全流程风险管理，完成中国海洋石油总公司等6户在晋成员单位全流程风险管理。二是开展大企业税收服务与监管试点，各市局建立专门的大企业税收管理部门，提升管理层级。三是建立税企高层对话机制，组织税企高层见面会、签订税收遵从协议、走访大企业、企业涉税诉求回复和部分大企业税收风险内控测试调查等5项活动，为大企业提供个性化、差异化服务。

【国际税收管理】 一是认真做好非居民企业税收管理，全省有10户非居民企业享受税收协定待遇，减免税3359.9万元。二是加强反避税工作，企业特别纳税调整入库税款649.6万元、利息210.6万元、滞纳金3.6万元。三是围绕"一带一路"发展战略，为"走出去"企业提供政策服务，建立和完善"走出去"企业涉税诉求快速响应机制。

【税务稽查】 2015年，全省国税系统各级稽查部门检查纳税人2855户，查补收入入库14.48亿元。一是深化稽查体制改革，全省11个市实行"市级一级稽查"和"全市稽查一体化"，撤销29个区(县)局稽查局，在各市局设15个正科级直属稽查机构，对在职人员60人以下或税收收入2亿元以下的53个县局稽查局保留建制，进行职能转换，基本形成"案源统一管理，检查统一实施，审理统一组织，人员统一调配，文书统一使用"的新型稽查模式。二是对电力行业、房地产及建筑安装业、股权交易企业、出口退税企业、"营改增"行业、黄金交易企业等行业开展税收专项检查，检查企业2280户，实现查补收入入库5.39亿元。三是开展打击利用黄金交易虚开增值税专用发票违法犯罪专项行动，已定性进行税务处理1.55亿元，组织入库1.05亿元，调减留抵进项税额2772.4万元，移送公安机关查处企业22户。四是对191户企业开展重点税源企业检查，查补收入入库2.25亿元，调减亏损企业申报亏损额4047.5万元。五是打击发票违法犯罪活动，检查企业2009户，查处涉票违法企业1774户，查处非法发票2.4万份，查补入库4.38亿元，移送公安机关案件60起，公安机关立案56起。六是落实税收违法“黑名单”制度及联合惩戒工作，对外公布“黑名单”案件信息28件，向相关单位推送联合案件70件次。

【电子税务管理】 一是承担税务总局金税三期工程部分项目，完成金税三期工程网络项目第二包（省网包）项目巡检、互联网纳税服务平台及外联网平台、网络项目（骨干网包）项目、区县防火墙项目的验收、身份认证系统项目试运行评价及身份认证第五包的到货上架及验收等项目任务。二是统筹全省税收信息化项目管理，完善税收信息化管理制度，印发网络管理办法和网上办税系统安全测评方案。三是以“增值税发票升级版”技术保障为核心，依托信息化管理平台，紧抓基础设施管理，提升计算存储支撑能力，加强应用管理，满足税收业务需求。四是保障机房基础设施安全稳定运行，加强网络与信息安全防护体系建设，努力提高信息系统安全保障能力。

（董其文）

地方税收

【2015年山西省地方税收概况】 2015年度，全省地税系统累计完成各项收入983.49亿元，比2014年下降26.5%，减收355.39亿元。其中，各项税收累计完成892.09亿元，下降9.2%，减收90.04亿元；其他收入完成91.4亿元，下降74.4%，减收265.35亿元。各项税收中地方级税收762.34亿元，下降4.8%，减收38.69亿元；煤炭资源税130.54亿元，增长212.2%，增收88.72亿元。各项收入中，一般公共预算收入（包括地方级税收、教育费附加、地方教育费附加、采矿排水水资源费、文化事业建设费、残疾人就业保障金，河道工程管理费）累计完成850.73亿元，占全省财政一般公共预算收入的51.8%，提高1.8个百分点。

【收入特点】 分税种看，13个税种4增9降。2015年，资源税、车船税、烟叶税、房产税4税呈现增长，合计完成194.4亿元，比2014年增长80.6%，增收86.76亿元，拉动各项税收增长8.83个百分点。营业税、企业所得税和个人所得税减收额较大，3税合计减收131.01亿元，占全部减收额的1.5倍，是各项税收下降的主要下拉力。

分行业看，地税8个主要行业2增6降。2015年，金融业税收呈现增长，累计完成104.34亿元，比2014年增长4.2%，增收4.16亿元，上拉各项税收0.4个百分点。煤炭行业税收累计完成221.04亿元，增长3.2%，增收6.86亿元，剔除煤炭资源税改革因素，下降47.5%，减收81.86亿元。建筑业、房地产业税收分别完成158.72亿元和157.98亿元，分别下降14.9%和7.7%，合计减收40.98亿元，占各项税收减收额的45.5%，下拉各项税收4.2个百分点。住宿餐饮业、服务业和批零业合计减收18.5亿元，下拉各项税收1.9个百分点。交通运输业减收7.47亿元，下拉各项税收增长0.8个百分点。

分级次看，省级收入增长，其他级次呈现下降，中央级收入降幅最大。2015年，中央、省、市、县级收入分别完成129.75亿元、225.77亿元、194.62亿元和341.96亿元，增幅分别为－28.4%、23.4%、－6.4%和－16.7%。由于对前11个月煤炭资源税级次进行调整，将43亿元收入从市、县级调入省级，省级收入大幅增长。

一般公共预算收入分单位看，全省11个市5增6降。2015年，阳泉、长治、太原、晋城和运城一般公共预算收入呈现增长，增幅分别为4.9%、4.8%、2.3%、2.1%和0.4%，合计增收6.11亿元。降幅最大的朔州、忻州和吕梁分别下降27.3%、22.8%和11.9%，合计减收33.88亿元，占全省减收额的87.6%。

收入规模、增幅双双垫底。2011年至2015年各项收入规模分别为1067.51亿元、1270.87亿元、1381.21亿元、1338.88亿元和983.49亿元，增幅分别为29.4%、19.1%、8.7%、－3.1%和－26.5%。2015年各项收入规模为“十二五”最低，比2011年减少84.02亿元；2015年各项收入增幅（－26.5%）为“十二五”时期最低，也是1994年地税组建以来的最低增幅。

全国排位倒退。2015年，全省地税税收规模在全国地税系统中排在第23位，税收增速居第29位。在中部六省及周边省份中，规模和增幅均居末位。累计增幅在全国排名由2011年的20位倒退至2015年的29位，后退9名。规模排名由2011年的17位倒退至2015年的23位，后退6名。

【核心业务改革创新呈现新亮点】 全面推进各项改革创新项目，形成多方探索、多点突破的创新格局。推进“营改增”进程，2.3万户试点行业纳税人移交国税部门管理。深化煤炭资源税改革，按照省政府部署集中开展全省煤炭资源税改革专项检查，查补入库煤炭资源税4895万元。积极推进征管改革，在运城市局进行了试点。全面推行总局《税收征管规范1.0版》，有效推进税收征管工作制度化、规范化、标准化。大力推进税收风险管理工作，在吕梁市局、忻州市局和阳泉市局开展试点，充分利用金税三期工程国、地税数据大集中优势，扫描推送风险信息8.1万条，入库税款1.12亿元。

积极推进“互联网+税务”行动，网上办税服务厅建设、网上申报、在线发票开具、网上发票查询、财税库银横向联网电子缴税、网上涉税服务与监督等工作取得新的进展。认真落实《纳税服务规范》和《国地税合作规范》，积极推进国地税联合开展税收分析、办税服务、纳税信用等级评价、奖惩激励、稽查检查等合作事项，已经与国税共建办税服务厅6个，实现互设窗口、互派人员的办税服务厅83个，共有进入政务中心的办税服务厅20个。落实支持小微企业发展等各项结构性减税政策，为纳税人减免税收77.68亿元。清理欠缴煤炭可持续发展基金2.78亿元，为企业办理多缴煤炭可持续发展基金退库3.4亿元。与国税、建行联合开展“税银互动”助力小微企业活动，为35户小微企业发放“税易贷”贷款2149万元。开展“三证合一、一照一码”商事制度改革，完善守信激励和失信惩戒机制，实施纳税信用等级评定和税收违法“黑名单”制度。以“便民办税春风行动”为抓手，进一步创新服务手段、完善服务机制，加强税收宣传咨询工作。

【法治地税建设迈出新步伐】 制定出台全省地税系统“六权治本”工作意见和实施方案，推行税收执法权力清单制度，科学编制廉政风险防控图，制定规范税务行政处罚裁量权实施办法和执行基准，压缩行政处罚裁量空间，增强了税收执法的统一性、规范性。积极服务全省转型综改区建设，加强涉税政策把关审核，380条意见建议被省政府及有关部门采纳。强化税收稽查工作，2015年查补收入24.87亿元，查处百万元以上案件26件，查处违法受票企业685户，查处非法发票6666份。加强税收执法督察，累计开展执法督察项目378个，发现问题6384个，责任追究494人次，全系统依法治税水平不断提高。

（徐　鸿）

出入境检验检疫·海关

CHURUJING JIANYAN JIANYI HAIGUAN

06

出入境检验检疫·海关

出入境检验检疫

【2015年山西出入境检验检疫工作】 2015年，山西出入境检验检疫局共检验检疫出入境货物1.3万批、货值16.23亿美元，与2014年相比，批次增长4%、货值下降6.4%；签发各类原产地证书1.3万份，签证金额6.57亿美元，份数增长1.6%、金额下降5.2%；检疫查验出入境人员39.9万人次，增长5.1%；健康检查6770人次，下降8%；从出入境货物中检验出不合格商品99批，不合格金额2923万美元，对外索赔261万美元；在出入境人员健康体检中，检出传染病106例；截获入境旅客携带的禁止进境物3283批、有害生物83种次；完成17批出口非法检产品退运调查。

【"质量共治"取得新成效】 进出口质量宏观管理，开展"一县一业"、跨境电商等专题调研，深入开展进出口质量安全分析，向政府报告和提出服务外向型经济发展的有力建议，先后得到国务院、质检总局及省市各级领导的批示20余次。检政共治，对11个地市实施进出口质量安全目标考核；完善诚信体系建设，对辖区561家进出口企业实行信用管理。检企和社会共治，注重部门协作，开展"质量月""宪法日"等系列活动，完善12365平台建设、推出"山西国检"公共微信服务号。发挥示范区抓手作用，创建国家级出口工业产品质量安全示范区实现零的突破，永济新时速电机电器有限责任公司荣获第一批中国出口产品质量安全示范企业称号。与商务、农业部门和运城市政府签署合作协议，共同推进出口食品农产品质量安全示范区建设，2015年新增创4个国家级示范区，总数达到13个、位居全国前五。

【检验检疫能力进一步提升】 保障国门安全。强化口岸核心能力建设，加强联防联控，有效防止了埃博拉、中东呼吸综合征等疫情传入；制定实施了口岸动植物检疫规范化建设三年规划；加强入境旅客检疫查验力度、有效开展了"绿蕾"行动。2015年共截获进境植物疫情109批，有害生物97种次；在入境旅客携带物中截获禁止进境物3283批、有害生物83种次；在出入境人员体检中检出传染病106例。

保障重点敏感进出口商品质量安全。开展进口轮胎3C产品抽查、进口路虎汽车后续监督调查、目录外商品抽查、输非产品检验监管、执法打假等工作。天津"8·12爆炸事件"发生后，全面排查危险品生产企业，落实安全生产大检查任务。2015年，检出不合格商品99批、金额2923万美元，对外索赔261万美元；完成17批出口非法检产品退运调查。

保障食品农产品安全。加强源头和残留监控、过程监督检查；开展出口食品农产品安全风险分析、进口食品专项整治工作，完成市售进口婴幼儿乳粉23个样品、34种监控物质的监控。

【积极服务山西经济社会发展】 落实区域发展战略，主动融入京津冀、加强与"一带一路"沿线检验检疫局合作，推进检验检疫通关一体化，深化晋陕豫"黄河金三角"协作。围绕"降、快、优"，促进贸易便利化，优惠原产地证书签证达到5.54亿美元，为企业减免关税1.82亿元。在通关无纸化、减免收费，以及开展"三通两直""三互""三个一"方面，累计为企业年节省费用1600余万元、节约通关时间13万小时以上(其中区域一体化节约600余万元，无纸化报检、通关可节约300余万元；清理行政许可收费减负约 300 万元；按出境批次、货值估算，2015 年免收出口商品检验检疫费约 326 万元）。太原机场、侯马方略保税物流中心、武宿综保区等完成“三通”“两直”和“三个一”的货物批次达到 3019 批(其中“三通”92 批，“出口直放”2534 批，“进口直通”92 批，实现“一次申报”232 批，“一次查验”31 批，“一次放行”38 批)。服务山西全面扩大开放，制定出台一系列政策措施，支持大同机场申请正式开放、运城机场临时开放和太原航空口岸扩大航线，参与政府电子口岸建设；帮扶大同进口肉类指定查验场项目获批筹建；服务重点工程项目和特色产业，优化认证认可流程，探索出口备案第三方采信方法，创新 3C 免办管理模式，服务富士康 IPHONE 手机进口；积极推进上海自贸试验区可复制可推广的政策在山西特殊监管区落地。全力支持山西产品“走出去”，山西苹果首次出口美国，实现樱桃对台出口，兔肉对美恢复出口。

【检验检疫改革】 行政审批制度改革，下放行政许可事项 5 项，推行“两个清单”，确定 44 项权力和责任事项；检验监管模式创新，建立事中事后监管制度，探索开展进出口工业产品和出口水果企业检验监管模式；检验检测机构资源整合，实行了建设规划、服务品牌、质量体系、信息平台、检验检测标准、对外技术服务等“六统一”模式。完成事业单位岗位设置和首聘工作，清理规范了行政事业人员在企业兼职。信息化互联互通改革，梳理并建立信息资源和共享目录，为互联互通奠定了基础。

【加强内部管理】 建立合法性审查制度，业务督查和专项检查得到加强；加强国家重点实验室和科研制标工作；信息化建设从基础抓起，应用开发和保障能力不断增强；局门户网站完成改版，内网平台得到整合升级。从制度建设入手，狠抓质量体系、绩效管理和督查督办，“一审双查”、涉企收费督查等工作立行立改，政务、财务、后勤管理及保障工作更加务实，三年滚动预算编制工作顺利启动，公车改革稳步推进。

【朔州出入境检验检疫局挂牌运行】 1987 年平朔安太堡露天煤矿建成投产后，原山西进出口商品检验局派驻工作组，围绕进口机电设备和出口煤炭质量安全开展检验工作；2011 年，朔州市人民政府向国家质检总局提出设立朔州检验检疫机构申请；2012 年 10 月，国家质检总局批准成立山西出入境检验检疫局朔州办事处，同年 12 月，经中编办批准，国家质检总局依法在朔州地区设立朔州出入境检验检疫局，隶属山西出入境检验检疫局，主要负责朔州市全境和忻州十县(岢岚、五寨、代县、繁峙、五台、宁武、偏关、神池、保德、河曲)的出入境卫生检疫、动植物检疫和进出口商品检验鉴定和监督管理，是国家在朔州地区设立的涉外执法机构。2015 年 4 月，朔州检验检疫局正式成立，成为山西辖区第 6 个检验检疫分支机构。

(郑　罡)

海　关

【积极服务山西开放型经济发展，各项工作平稳有序推进】 支持山西省纳入丝绸之路经济带海关区域通关一体化改革。成立领导小组和推进小组，按照《丝绸之路经济带海关区域通关一体化改革方案》要求，做好丝路一体化改革各项工作，先后召开 13 次会议研究部署和协调推进改革工作。指派 6 名业务骨干入驻青岛应急协调中心。2015 年 5 月 1 日起，太原海关顺利纳入丝绸之路经济带海关区域通关一体化改革板块，为山西进出口企业减负增效和融入丝绸之路经济带提供了便捷高效的通关服务。全年共接受申报一体化报关单 7995 票，其中狭义一体化报关单 813 票，系统运行平稳。

积极促进富民强省战略实施。

山西方略保税物流中心

积极参与山西全面扩大开放意见的制定。配合支持地方政府加快获批海关机构建设工作，运城、长治和晋城海关建设进一步提速。支持武宿综保区加快发展，进出区货物日渐多元，监管进出区货运量11万吨，监管进出区货值111.7亿元人民币。加大航空口岸开放支持力度，办理新备案航空公司5家，审批新增国际航线4条，复飞航线7条。积极支持大同航空口岸临时开放，配合相关部门开展运城航空口岸、太原铁路口岸开放前期准备工作。支持方略保税物流中心搬迁新址，指导兰花保税物流中心规范建设。启动跨境贸易电子商务调研，参加省市政府组织召开的研讨会，安排相关人员赴兄弟海关考察学习。

运城出口芦笋加工

跟进落实海关总署各项改革举措，增强山西对外开放能力。与山西出入境检验检疫局共同制定关检合作“三个一”方案，联合举办培训宣讲会，推广使用统一版“一次申报”系统，2015年“一次申报”报关单1591份。积极推进无纸化作业改革，提高无纸化申报报关单数据的全面性、准确性、及时性，无纸化率94%。推广汇总征税改革，深入重点税源企业宣讲政策，已有企业申请开展汇总征税，并通过专项评估。电子保函区域通用实现零突破，实现了“一份保函，区域通用”。优化查验工作机制改革，随机布控查验占比70.9%。

【深入推进简政放权转变职能，切实为企业减负增效】 清理进出口环节经营性服务收费项目、简化退税手续。2015年4月，取消海关预归类服务等3项进出口环节经营服务性收费；5月取消面向自理报关企业的数据传输费，切实为企业减负增效。简化进出口企业注册登记，实施“一照一码”“三证合一”。减少行政审批项目，优化审批流程，缩短审批时限，保留行政审批事项7项，受理总署审批的行政许可项目2项。在门户网站更新“办事指南”和“行政许可”栏目内容54条。各业务现场全面施行“一个窗口”审批受理，统一印制《行政审批事项服务指南》，企业满意率100%。积极落实企管新要求，培育关区认证企业，实施企业动态管理。

【创新型海关建设富有成效】 突出创新强关，激发各单位、部门和广大关警员创新活力。创新缉私战法，利用大数据和情报分析探索研究“互联网＋”新战法；创新政治理论和业务学习方式，在关区推广“两个学习”做法，有效提升关警员的政治理论素养和业务水平；创新统计工作模式，依托统计大数据，排查虚假贸易企业取得新成效；创新稽查作业模式，借助中介机构专业化优势，提高稽查效能，实现稽查追补税133.3万元；创新新闻宣传工作方法，利用新媒体宣传海关各项改革和最新政策，有效扩大了太原海关的社会影响。

【严格监管，为国把关】 切实提高监管效能。全面夯实业务基础，按月对关区进出口商品的归类、价格、原产地等数据进行逻辑比对。加强对大宗散货的实际监管，严格散杂货物的转关审核。对查验工作进行专项检查。定期对免税店进行巡查，每月对报表进行审查及存档留存。开展监管场所、特殊监管区域及保税场所清理整顿。对进境旅客行李物品100%过机检查，进境飞机100%登临检查，关区旅检渠道旅客通关系统征税录入规范率和核注率均达到100%。监管进出口货运量590万吨，审核进出口报关单1.1万份；税收入库11.3亿元，减免税审批总货值2.44亿美元，减免税款2.89亿元；监管进出境航班3135架次，进出境人员40.7万人次；查获违禁书刊30起76册，旅客主动放弃书刊310册。

推进“五大战役”行动，保持打击走私高压态势。制定出台《太原海关“五大战役”行动方案》。2015年立案侦办走私犯罪案件22起，是2014年的6.3倍；立案调查行政违规案件68起，增长70%；补税200.4万元，征收税款滞纳金17.4万元，罚款139.1万元；配合兄弟海关缉私局协查案件28起。深入推进反走私综合治理工作，承办了由全省19家单位参加的2015年山西省打击走私综合治理工作会议。立案侦办的“3·20”走私武器弹药案被海关总署缉私局列为一级挂牌督办案件。

【加强海关统计分析和监测预警】 认真开展调研，在提高监测预警分析质量的基础上，同步提高报送分析文章的时效性。全年编发《太原海关统计信息》70期，其中向地方政府报送太原海关专报20期，报送统计速报36期。监测预警分析报告被总署《海关要情》采用6篇，《山西日报》等省级主流新闻媒体采用统计分析60余篇次。改革统计人才培养方式，关区监测预警小组队伍进一步壮大，数据质量稳步提升。

（张新年）

山西经济年鉴

YEAR BOOK OF SHANXI ECONOMY

农业

NONGYE

07

农业

综述

【2015年山西省农业重点工作】 惠农政策力度进一步加大。在继续执行中央及山西省各项惠农政策的基础上，2015年省政府继续出台新的10项补贴政策，农业部门承担其中4项，共涉及资金3.73亿元。及时下达资金，制定管理办法，抓好项目落实，充分调动各地重农兴农、稳粮增收的积极性。

改善农村人居环境工作扎实推进。制定出台了2015年行动计划和美丽宜居示范村三级联创活动方案。省政府与住建部、国家农发行签订战略合作协议。2015年“四大工程”累计完成投资231.9亿元，超额完成201亿元的年度投资任务。

农民收入持续较快增长。通过产业增收、劳务增收、政策增收、改革增收等举措，全省农村居民人均可支配收入达到9450元，比2014年增长7.3%以上。

粮食生产获得较好收成。粮食生产克服严重干旱和局部地区洪涝、冰雹灾害等不利因素影响，总产达到125.96亿千克，虽比2014年(历史最高年)减产5.4%，也是山西省历史上第四个高产年份，超额完成省政府下达的110亿千克目标任务。

特色产业发展成效显著。强力推进杂粮、设施农业、畜牧业、中药材等七大产业振兴翻番工程，重点扶持了2000个一村一品专业村、60个一县一业基地县和33个国家级、省级现代农业示范区；建设粮油高产创建万亩示范片245个，新发展设施蔬菜1.4万公顷；推进水果产业提质增效，果品出口取得重大突破，运城苹果首次出口美国；中药材产业成为新亮点，新发展道地中药材基地3.3万公顷；朔州市成为全国唯一的草牧业发展市级试点。

现代农业投资持续加力。加大招商引资力度，策划了一大批重大产业支撑项目，一大批知名企业来晋投资，2015年全省现代农业投资完成1150亿元。

新型职业农民培训任务圆满完成。出台《2015～2020年规划纲要》，整合资金1.1亿元，培训新型职业农民10.3万人。

农产品加工业快速发展。推动建立3亿元的山西农业产业发展基金，实施项目贷款贴息，开展政银企项目对接，支持重点项目建设。全省农产品加工企业实现销售收入1422.6亿元，增长13.6%。

第四届中国(山西)特色农产品交易博览会成功举办。省政府与中国农业产业化龙头企业协会、中国中医科学院签署战略合作框架协议。展会签约招商引资项目226个，签约额528亿元，达成合作贸易15.3亿元；搭建政、证、银、企对接平台，推介171个信贷项目，现场签约21亿元。

农产品质量安全和动物疫病防控水平明显提高。2015年，全省蔬菜、水果、畜禽产品农兽药残留抽检合格率分别达到96.7%、100%、100%，没有发生重大农产品质量安全事件，未发生区域性重大动物疫情。

全面深化农村改革步伐加快。一是全面推开土地确权登记颁证工作，2015年清查村数2.1万个，农户433万户，开展确权面积285.9万公顷。二是省委省政府出台农村土地流转实施意见和农村产权流转交易市场建设实施意见，1个市级、47个县启动了产权交易市场建设。全省土地流转面积51.9万公顷，流转率15.9%。三是大力培育农业新型经营主体，全省注册登记农民合作社8.3万家，认定家庭农场8636个。

农村集体“三资”专项整治和涉农资金综合治理成效显著。一是深入开展农村集体“三资”管理专项清理整治，省市县乡村五级联动，查出各类问题13.3万个。二是扎实开展涉农资金综合治理，重点对惠农政策落实、项目实施、专项资金、各种补贴情况开展治理，摸底排查项目8611个，发现问题230起，涉及资金2530万元。

（马小波）

种植业

【种植业持续向好发展】 粮食生产再获好收成。2015年，全省粮食播种面积328.7万公顷，与2014年持平。粮食总产量125.96亿千克，是山西历史上第四个高产年份，也是连续第四年超过120亿千克。全省夏粮获得丰收，总产量27.28亿千克；冬小麦单产265千克/亩，连续第二年创历史最高纪录。

经济作物生产进一步效益化、特色化。2015年，全省蔬菜播种面积45万公顷，总产量2250万吨，总产值415亿元；设施蔬菜面积14.3万公顷，总产量1150万吨。果园总面积56.1万公顷，果品总产量880.5万吨。2015年果品成为山西省第一大出口农产品，其中，运城苹果成功出口美国，这也是中国苹果首次出口美国。新增中药材4.6万公顷，中药材产业成为发展新亮点。油料、棉花受种植效益影响，面积和产量继续呈减少趋势。

【加强惠农政策落实】 按照中央“三补合一”思路，将80%的农资综合补贴存量资金，加上粮食直补和农作物良种补贴资金，总计28.7亿元，仍然按照往年政策执行下达农户；其余20%的农资综合补贴资金用于支持粮食适度规模经营，其中一部分用于支持山西省农业信贷担保体系建设，一部分用于山西省农业社会化服务补助。继续实施省级杂粮良种补贴，对杂粮良种每亩财政补贴10元，共补贴1亿多元。同时，中央和省安排资金3.8亿元，对30个产粮大县进行了奖补。省财政安排2000万元对设施蔬菜大县实行奖补，对贷款新建日光温室实行一年期贴息，对设施蔬菜集中连片小区建设和集约化育苗场建设给予补助。11个市、80多个县出台了蔬菜扶持政策，市县两级财政用于设施蔬菜发展的资金初步统计达30亿元以上。

【加强行政推动】 把120亿千克的粮食产量指标分解落实到各市，增强了各级重农抓粮的积极性和责任感。下发《关于做好春季农业生产工作的通知》《关于抓好2015年小麦秋播工作的通知》等，对农业生产进行安排部署。与国土厅联合下发《关于进一步做好永久基本农田划定和设施农用地管理工作的通知》，制定出台《山西省粮食绿色增产模式攻关推进落实方案》等文件。先后组织召开了全省春季田间管理暨春耕备耕视频会、高产创建、旱作农业、蔬菜生产工作部署会，组织了设施农业、农情调度等工作培训。多次组织农业干部和技术人员深入生产一线开展工作督导和技术指导，充分利用多种媒体广泛宣传政策，及时发布信息，引导农民合理安排生产。加强监督检查，开展强农惠农富农补贴政策落实问题专项整治和涉农资金综合治理，查处整治了一批突出问题。针对问题制定下发《关于进一步做好粮食直补等三项补贴工作的通知》。

【夯实农业基础】 落实《高标准农田建设规划》，完成高标准农田建设任务13.7万公顷。旱作节水农业技术共计应用62.2万公顷，建设高标准农田节水示范区19个，组织实施耕地保护与质量提升3.9万公顷。组织开展化肥、农药减量行动，推广测土配方施肥面积320.4万公顷，施用有机肥210.9万公顷，化肥使用量增幅明显下降，农药使用量比2014年减少6.1%。深入开展粮食高产创建工程。利用中央和省级资金，在全省建设381个万亩、千亩粮棉油高产创建示范片，示范带动全省大面积均衡增产。加强农情调度，加大队伍素质提升和农情信息平台建设，做好农情及灾情信息的采集、整理、会商和上报，为政府决策提供准确依据。

【防范种植业风险】 积极应对严重自然灾害。2015年，山西省遭遇了几十年一遇的严重干旱和较重的暴雨风雹灾害，加强与水利、农资等部门协调配合，落实灌溉、追肥、补种、改种等措施，减轻灾害损失。

推广应用防灾减灾稳产增产重大技术。利用中央资金推广地膜覆盖31.4万公顷，带动全省农作物地膜覆盖56.7万公顷，落实冬小麦“一喷三防”技术58.6万公顷。

大力开展病虫草鼠害防治。2015年，全省累计防治农作物病虫1.41亿亩次，防除杂草222万公顷次，农田灭鼠57.3万公顷次，全年共挽回粮食损失16.5亿千克，挽回农作物经济损失近50亿元。

完善种植业保险。将旱灾、病虫草鼠害等五种灾害纳入政策性保险保障范围，开展了种植业干旱气象指数综合保险试点。与气象部门签署《共同推动“三农”气象服务工作合作协议》，继续联合气象部门面向新型农业经营主体开展直通式气象服务，进一步加强农业自然灾害防御和应对。各级农业部门积极配合保险公司开展灾情查勘赔付，切实为广大农户减轻了损失。

努力降低农产品质量风险。强化农药、种子等农资市场监管，加强高毒农药管理，打击制售假劣种子，确保农业用药、用种安全。加大农药残留监测力度，蔬菜农残监测合格率连续四年稳定在96%以上。

做好产销对接。大力发展农产品电子商务，多渠道促进农产品流通，千方百计减少种植业市场风险。

【强化科技支撑】 加快发展现代种业。在全国第一批完成种业体制改革任务，推动种业人才、技术、资源向企业合理流动。积极扶持培育种子企业，全省注册资本3000万元以上的种子企业达到28家，其中3家成为部颁证"育繁推一体化"亿元种子企业，全省种业发展水平和市场竞争力明显提高。建立科研育种基地、生态试验站439个，育成自交系1.5万个，新审定品种62个，种业育种创新能力稳步提升。继续推动马铃薯种薯繁育体系建设，推广脱毒种薯繁育技术，全省脱毒种薯推广率达到40%以上，促进了马铃薯生产稳步发展。加强绿色防控技术推广，抓好绿色防控与专业化防治融合示范，大力推广新型药械。积极推广小麦探墒沟播、杂交谷子免间苗地膜覆盖机械化穴播及胡麻、向日葵集雨覆盖高产模式等先进技术，提高种植业生产水平。开展粮食绿色增产模式攻关试点，展示高产栽培技术模式60余种。

（武少东）

扶贫开发

【2015年扶贫工作成效显著】 在全省经济下行压力持续加大的情况下，2015年，山西省贫困地区农民人均可支配收入6078元，比2014年增长11.9%，高于全省平均水平4.6个百分点。全年新扶持10万贫困人口易地搬迁、培训5万名贫困劳动力并实现稳定就业、500个贫困村整体脱贫、50万贫困人口脱贫的任务顺利完成。

【扶贫开发各项工作取得新进展】 学习贯彻中央精神情况。2015年，山西省坚持把习近平总书记扶贫开发系列重要讲话精神作为指导推动全省扶贫工作的根本遵循。认真学习习近平总书记扶贫开发系列重要讲话精神，结合山西省实际研究部署和指导推进扶贫开发工作。提出把扶贫开发作为全面实现小康最重要的攻坚工程和最重大的民生工程，按照精准扶贫的要求，扎实推进产业扶贫、易地扶贫搬迁、劳动力就业培训和教育扶贫、金融富民扶贫等四大重点工程，确保做到贫困地区农民人均收入增幅高于全省平均水平，高于全国贫困地区平均水平的"两个高于"目标，坚决打赢扶贫攻坚这场硬仗。以总书记提出的"四个切实""六个精准"和实施"五个一批"扶贫攻坚工程为指导，抓紧研究出台推进扶贫攻坚政策措施。12月，省委、省政府召开全省脱贫攻坚大会，就贯彻落实中央扶贫开发工作会议精神，打赢全省脱贫攻坚战进行全面动员部署，明确提出要以吕梁山、燕山—太行山两大连片特困地区为主战场，坚决落实精准扶贫基本方略，加强领导落实责任，改革创新破解难题，社会动员合力攻坚，因地制宜组织实施好"五个一批"工程，在"十三五"期间确保58个贫困县全部摘帽，现有232万贫困人口全部脱贫。

资金投入情况。2015年，全省扶贫资金23.21亿元，其中，中央财政专项扶贫资金13.23亿元（含彩票公益金7000万元），省级财政专项扶贫资金9.98亿元（部门预算资金6.1亿元，年度追加资金3.8亿元，跨部门资金422.1万元）。当年实际安排下达扶贫资金23.19亿元，其中，中央资金13.23亿元全部下达；省级资金9.96亿元，占省级资金总量的99.9%，结余资金133.7万元（因亚行项目汇率变动结余）。按照国家《关于改革财政专项扶贫资金管理机制的意见》精神和任务、责任、资金、权力"四到县"原则，实行标准法与因素法相结合的资金切块分配方法，将中央和省级安排的财政专项扶贫资金全部切块到县。除贫困地区产业扶贫项目贷款贴息资金项目审批权限下放到市外，其余扶贫项目审批权限全部下放到县。各县结合本地扶贫开发工作实际，在保证中央和省级扶贫重点任务的基础上，统筹调配，自主使用，着力提高扶贫资金项目的有效性和针对性。

干部驻村帮扶。在坚持开展机关定点扶贫和领导干部包村增收活动的基础上，山西省按照中央健全干部驻村帮扶机制、实施到村到户精准扶贫的要求，省委、省政府制定出台《关于进一步加强和改进全省干部驻村帮扶工作的通知》，统筹整合领导干部包村增收和机关定点扶贫两支力量，采取领导包村、工作队驻村和党员、干部结对帮扶的办法，按照帮扶对象、帮扶责任人、帮扶任务、帮扶措施和帮扶效果"五个落实"要求，瞄准贫困村贫困户开展精准扶贫工作。共组织1.2万名领导干部带领所在单位工作队，对全省7993个贫困村和2000多个贫困人口较多的低收入村实现驻村帮扶全覆盖；组织25.6万党员、干部，对119.2万贫困户实现结对帮扶全覆盖。包村领导和驻村工作队帮扶贫困村，党员、干部帮扶贫困户情况，全部录入信息化管理平台，台账管理，跟踪督查，定期通报，年底考核。同时还采取干部驻村帮扶培训和安排专项资金等措施，推进驻村帮扶工作有效开展。省级安排3000万元干部驻村帮扶资金和750万村级互助资金，各市也分别安排专项资金用于开展干部驻村帮扶，其中，长治2500万元、忻州2000万元、朔州

1500万、晋中1000万、太原700万、阳泉304万。2015年,各级驻村工作队落实帮扶项目8547个,投入和引进各类帮扶资金11.91亿元。此外,还从中央在晋帮扶单位,省、市、县三级机关和企事业单位中选派9395名党员干部,到全省2697个党组织软弱涣散村和7993个建档立卡贫困村担任第一书记,实现建档立卡贫困村派驻第一书记全覆盖,重点围绕建强基层组织、推动精准扶贫开展工作。

企业产业扶贫。2015年,按照示范带动、项目支撑、政策支持、考核激励和精准管理"五位一体"推进思路,紧紧围绕全年完成投资240亿元的目标任务,重点从政策支持、招商引资和项目督查上加大力度,支持引导各类企业参与产业扶贫。制定出台《企业产业扶贫项目贷款贴息资金管理办法》,对企业产业扶贫项目优先给以金融富民扶贫工程"强农贷"支持,扶贫资金贴息率从2%提高到5%;先后利用在京举办雁门关生态经济畜牧区招商引资洽谈会、在太原举办全省首届互联网大会和第四届中国(山西)特色农产品博览会的机会,组织各市、县推介企业产业扶贫项目58个,涉及总投资101.3亿元,其中17个项目签约成功,签约总额54亿元。坚持问题导向,多次组织力量实地督查企业产业扶贫项目进展情况,对督查发现的问题,一对一地向企业进行督查通报,并向县政府通报有关情况,协调帮助企业解决困难问题,有效推进了企业产业扶贫的深入开展。全省累计投资252.93亿元,完成年度投资任务240亿元的105.4%,其中阳泉、太原、长治、晋中、晋城、临汾、吕梁、忻州和大同9个市完成或超额完成省级下达的年度投资任务。各类企业产业扶贫项目共带动2935个贫困村、50.9万农户发展生产基地,吸纳13.6万贫困劳动力就业增收。

"雨露计划"和教育扶贫。紧紧围绕"让贫困地区农村有劳动能力的都有一技之长,有一技之长的都有事可做"的目标,近抓培训、远抓教育,着力提高贫困群众就业增收能力。将实施"雨露计划"教育扶贫作为实施精准扶贫的重点措施。一是加大职业技能培训支持力度。将"雨露计划"职业技术教育试点扩大到102个有扶贫开发任务的县,对建档立卡贫困户中接受中高等职业教育的学生,除全部免除学费外,每生每年补助标准从1500元提高到2000元。有7.3万名接受中高等职业教育的贫困生提交资助申请,进入审核程序(符合条件的贫困生在第二年三月份陆续发放)。二是加大贫困大学生资助力度。对考入计划内二本B类以上高校建档立卡贫困户大学生,一次性补助5000元,共资助贫困大学生8755人。三是组织实施千村万人就业培训。拓宽就业培训主体、创新就业培训方式,组织完成新型职业农民培育3万余人,千村万人就业培训2万人,分别占年度目标任务的101.3%和100.8%。

金融富民扶贫工程。在2014年选择吕梁、太行21个片区扶贫攻坚县开展金融富民扶贫工程试点工作的基础上,2015年在58个贫困县全面推开这项工程。为扎实有效推动工程实施,省扶贫办与省财政厅、省金融办等部门制定出台《山西省金融支持特色产业发展富民扶贫工程保险工作的指导意见》《金融富民扶贫工程贫困农户信用体系建设及农户评级主动授信操作指南》等指导性文件,省扶贫开发领导组印发《山西省金融富民扶贫工程双考核指导意见》,以发放贷款额度和贫困户获得贷款比例为主,对县级政府和金融合作机构实行双考核,支持鼓励金融合作机构开发适合贫困户特点和产业开发需求的贷款产品。全年累计发放扶贫小额信贷11.91亿元,支持2.8万贫困户发展生产增加收入。

易地扶贫搬迁。2015年,新安排10万人口实施易地扶贫搬迁(其中扶贫部门9.5万人)。制定出台《易地扶贫搬迁项目资金管理办法》和《易地扶贫搬迁后续产业开发奖补资金管理办法》,对有搬迁意愿贫困户全部给以支持,同时采取配套安排产业开发奖补资金,集中安置和分散安置相结合,支持各地扎实推进这项工程。到年底,当年新扶持9.5万贫困人口的搬迁任务,主体工程完工率达到77%、两年滚动入住率达到86.5%,全部超额完成40%和60%的年度目标任务。其中晋城、临汾、大同、阳泉、长治、吕梁、晋中等市当年任务主体工程完工率达到80%以上。

光伏扶贫。2015年,抓住国家确定山西省为光伏扶贫试点省份的重大机遇,发挥贫困地区光照资源充足、荒山荒坡广阔的优势,主要采取荒山荒坡建地面集中电站、村庄闲置土地建村级分布式电站、农户屋顶建户用电站、利用养殖园区和设施蔬菜大棚建农牧一体化光伏扶贫电站等多种模式,在组织大同、临汾两市的5个县开展光伏扶贫试点工作的同时,全省贫困地区有序铺开这项工作,5个试点县共支持企业建设地面集中光伏扶贫电站12座,其中省属国企晋能集团在天镇县建设的40兆瓦光伏扶贫电站主体工程已基本完工。包括试点县在内的53个贫困县开工建设村级光伏扶贫电站104个,并网发电的有16个。为组织实施好这项工作,省级编制出台了光伏扶贫试点工作实施方案,大同、临汾两市出台了开展光伏扶贫试点工作的指导意见,明确了光伏扶贫收益分配的具体办法。

旅游扶贫。2015年,国家批准山西省32个贫困村开展乡村旅游扶贫试点工作,省扶贫办与省旅游局合作，制定出台《开展乡村旅游富民工程推进旅游扶贫工作的实施方案》，规划在2015～2020年，扶持300个左右贫困村实施乡村旅游扶贫。对乡村旅游扶贫试点村，采取整村推进、贷款贴息和技能培训等办法给以支持，全年与省旅游局合作，组织开展乡村旅游培训500余人次，有效提升了试点村服务能力和接待水平。32个乡村旅游扶贫试点村，共带动建档立卡贫困户1908户，户均增收1957元。

电商扶贫。2015年，省扶贫办组织并举办6期电商培训班，培训电商扶贫创业带头人1600多人。支持建立电商扶贫平台，与乐村淘网和唯真公司签订销售合作协议，开通全国第一个以国家连片特困地区作为区域概念的淘宝特色中国馆——“特色中国吕梁山馆”，帮助贫困地区农产品拓宽销路，增值增收。

建档立卡“回头看”工作。2015年，对2013年度建档立卡扶贫对象数据信息进行了修改、补充和完善，对2014年建档立卡扶贫对象基础信息、帮扶措施以及受益贫困户信息和2015年帮扶计划信息进行了采集。省扶贫开发领导组制定出台试点工作方案，并举办专题培训，提出扶贫对象识别“八不进”的明确要求，组织各地严格按照识真贫真识贫、群众公议公认的原则，领导带头抓点示范，层层分解落实责任，严格执行识别标准和识别程序，第一书记和驻村工作队全程参与，坚决做到应进必进该退必退，切实把“扶持谁”的问题解决好。在精准识别扶贫对象基础上，全面掌握贫困村产业发展、基础设施和公共服务和贫困户贫困状况，深入分析致贫原因、分类摸清脱贫需求，制定落实帮扶措施。

扶贫宣传。2015年，全省扶贫宣传工作坚持围绕中心、服务大局的工作思路，紧跟重要会议、重大部署、重点工作和关键时间节点，组织引导各类主流新闻媒体，充分运用各类宣传平台，加强扶贫开发宣传报道，着力扩大脱贫攻坚社会影响力。结合“10·17”全国扶贫日活动、中央扶贫开发工作会议、全省脱贫攻坚大会等重大事件组织开展了系列专题报道，中央电视台新闻联播栏目两次报道山西省扶贫工作，人民日报头版头条刊登《山西对症施策精准扶贫》专题报道，山西日报开设《向贫困宣战》《决战贫困，看太行、吕梁主战场》等专栏，对山西省脱贫攻坚重大举措进行系列报道。全年共在各类新闻媒体组织扶贫开发宣传报道662篇，其中中央电视台、山西电视台等专题报道108篇，人民日报、山西日报和中国扶贫杂志等报道276篇，人民网、新华网和中国网等发布278篇，引起强烈社会反响，形成了良好的舆论氛围。

亚行贷款山西河川农业综合开发项目。2015年，亚行贷款山西河川农业综合开发项目完成投资7413万元，完成提款报账1768.6万美元，直接收益户309户，收益人近1400人，全部完成当年目标任务。截至2015年底，累计完成投资12.69亿元，占中期调整后总投资14.06亿元的90.2%，直接收益户3.9万户，基地建设全部完成投资12.29亿元；累计完成提款9722.6万美元，完成报账比例97.2%。2015年初制定下发了《2015年度工程财务实施计划》《配套资金计划》，全年完成了对5个市21个县（运城市：盐湖区、永济市、稷山、万荣、临猗，临汾市：侯马、襄汾、洪洞、隰县、大宁、永和，晋中市：平遥、榆次、祁县，吕梁市：柳林、文水、交城、中阳，长治：平顺、沁县、黎城）完工工程的省级验收。

完善扶贫开发政策体系。一是完善各种办法。省扶贫办与省财政厅联合印发《易地扶贫搬迁项目资金管理办法》《易地扶贫搬迁后续产业发展项目资金管理办法》《企业产业扶贫项目贷款贴息资金管理办法》，与审计署太原特派办、省审计厅等相关部门配合，采取专项督查和审计检查等方式，加强对扶贫项目资金的监管，进一步规范了扶贫项目管理，提高了资金使用效益。二是改进完善了贫困县考核机制。省委、省政府制定出台《贫困县党政领导班子和领导干部经济社会发展实绩考核办法》，明确提出把扶贫开发作为贫困县经济社会发展实绩考核的主要内容，对贫困县党政领导班子和领导干部经济社会发展实绩进行精准考核，《考核办法》中直接考核扶贫开发工作的指标权重占到考核总分值的78%。考核结果直接作为县域经济发展考核评价成绩，作为贫困县党、政领导班子和主要领导干部实绩的重要内容，作为干部选拔任用的重要依据。着力推动贫困县党委、政府突出重点集中精力抓好扶贫工作，把党政一把手负总责的扶贫开发责任制落到实处。

（刘世锋）

畜牧业

【山西省畜牧业继续保持了稳中有进的良好发展势头】 全省肉、蛋、奶产量分别达到228.8万吨、136万吨、133万吨，分别比2014年增长5.6%、9.9%、4.3%；猪鸡牛羊饲养量分别达到2885万头、4.5亿只、293万头、3513万只，分别增长1%、4.7%、2.4%、8.5%；畜牧业生产总值370亿元，增长4.2%；牧业人均可支配收入800元，增加98元。畜牧业投资持续增长，培育建成了一批家庭畜牧场、标准养殖小区、现代养殖企业，畜禽养殖规模化比重达到58%。建立健全重大动物疫病防控、畜产品质量安全监管体系,“十二五”期间没有发生区域性重大动物疫情和重大畜产品质量安全事件。

【全面实施产业振兴,现代畜牧业建设稳步加快】 2015年,山西省畜牧业共签约25个项目,招商引资额28亿元。90%的项目已落地建设。全省现代农业投资中畜牧业投资达到430亿元,占农业总投资约50%,其中民营经济投资达90亿元以上。9月,在太原召开了全国粮改饲发展草食畜牧业试点工作会议,朔州市被列为全国唯一一个整市推进草牧业试点工作的地级市。科学规划调整了晋汾白猪原种场、一级扩繁场和二级扩繁场建设。积极推广畜禽生态养殖示范工程,“畜—沼—菜”“畜—沼—果”“畜—沼—苗”等模式发展畜牧循环经济,山西省畜禽粪污处理与综合利用被列入议事日程。

【重大动物疫病防控和畜产品质量安全工作步入常态化、法制化、规范化轨道】 重大动物疫病和人畜共患病的防控继续保持平稳态势,防控形势是近几年来最好的一年。继续完善巩固布病防控成果,对牛羊开展全面免疫,疫情控制效果明显,全省人间布病新发病例近十年来首次下降,比2014年下降14.8%。为有效控制动物疫病,降低养殖风险,推进病死动物无害化处理工作,省畜牧局与人寿山西分公司联合下发《养殖业保险合作方案》,政策性保险能繁母猪赔付增长15.3倍,奶牛赔付增长102.4%,商业性保险羊赔付了4.1万只,肉牛赔付586头,生猪赔付2902头。认真贯彻《国务院办公厅关于建立病死畜禽无害化处理机制的意见》,积极推进病死畜禽无害化处理工作,专业性的病死畜禽无害化处理设施建设实现零的突破。截至2015年底,全省建设各类无害化处理设施5400多个,吸引社会资金6000多万元,有效地保障了人民群众“舌尖上”的安全。省市县三级畜禽屠宰监管职能划转全部到位。兽药残留监测、饲料产品抽检、兽药监督抽检、生鲜乳违禁药物专项监测合格率分别达到99.8%、98.7%、97.6%、100%。

【加快推进山西省畜牧业向现代化发展迈进】 一是围绕“四补一贴”,继续做好畜牧业扶持政策落实工作,大力实施畜牧产业翻番工程,山西省现代畜牧业建设步伐加快。二是重点推进草原建设“四小工程”,即推进退耕种草、草田轮作、林草间作和草种基地建设四个工程,进一步加大人工种草力度,为加快振兴畜牧提供了充足的优质饲草资源;启动实施草原保护“双十工程”,即对全省十大片山地草甸类草原、十大片山地草原类草原合计80万公顷草原,通过采取草原保护区建设等措施实现有效保护、合理开发、永续利用。加强了草原监测、草原防火和草原鼠虫害防治工作,有效控制草原灾害对畜牧业生产和农民收入造成的不利影响。开展草原确权承包工作,从根本上解决界定不明,权属不清,私垦滥挖,无序占用破坏的局面,使草原资源管理纳入法治化轨道。三是加快雁门关区建设步伐,推进种植业产业结构调整。进一步确立了畜牧业作为雁门关生态畜牧经济区的主导产业思想观念,根植“以牧为主”的发展理念,依托新一轮雁门关区建设契机,扎实推进产业结构调整,为全省畜牧业发展提供了经验示范。四是做好重大动物疫病防控和畜产品质量安全监管工作,保证“两个确保”目标顺利实现。五是加快畜禽良种化建设进程,加大畜禽良种资源保护力度,提升了畜牧业发展的基础条件。

(兰志杰)

农垦事业

【2015年农垦系统发展经营概况】 2015年,山西农垦系统有国有农场(公司)30个,其中,省属农场(公司)8个,市属农场9个,县属农场13个,分布在全省9市、26县(区)境内。垦区总人口3.3万人,职工总人数4101人,总面积2.2万公顷,其中耕地6733公顷、草地牧坡5760公顷、林地6020公顷、居民点及工业用地1247公顷、非利用地1953公顷。

2015年,主营种植、养殖业的企业有24个,农作物种植面积6107公顷,粮食总产量3380万千克,蔬菜总产量8834吨;大牲畜存栏1.3万头,肉类总产量3798.2吨,牛奶产量3.2万吨;有7个农场兼营工业,主要门类有:饲料加工、矿产开采、石材加工、家具制造、白酒及醋酿造等,实现营业收入4.4亿元;有10个农场兼营第三产业,主要从事农副产品批发和交通运输、商贸、服务业等,实现销售总额3.8亿元。全省垦区实现生产总值5.72亿元,其中第一产业增加值1.34亿元,第二产业增加值2.36亿元,第三产业增加值2亿元。人均纯收入8412元,职工人均收入17107元。

【新一轮农垦改革启动】 农垦管理体制改革。2015年5月12日,山西省委、省政府办公厅印发《关于进一步深化省国资委委托省直机关管理企业的脱钩改革工作方案》的通知(晋办发〔2015〕27号),主要精神:(1)将农业厅所属18户企业(包括8户农垦企业)划转到山西省投资集团有限公司,成为其子公司(企业)。(2)农业厅脱钩改革企业中有9户(包括4户农垦企业)列入了省属国有企业改革领导组关闭破产小组破产范围。脱钩企业中破产、停产企业及员工的党组织关系继续保留在原主管省直机关，并负责脱钩改革期间的安全、信访、稳定工作。6月12日，山西省人民政府国有资产监督管理委员会下发《关于省国资委终结委托省农业厅管理山西省山阴农牧场等18户企业有关事宜的通知》(晋国资函〔2015〕347号)，自2015年1月1日起，省国资委终结委托省农业厅管理山西省山阴农牧场等农垦企业；省农业厅继续指导解决上述企业历史遗留问题，确保企业平稳过渡。

脱钩企业划转移交。6月23日，拟定山西省农业厅直属企业划转移交工作领导组名单。6月25日，农业厅与山投集团在太原联合召开了由18户企业负责人及会计参加的对企业基本情况调研安排会。会上，山投集团明确指出从5月12日起各企业冻结人员调动和干部调整，各企业大额资金支出要报告山投集团；确定7月5日召开山投集团划转接收企业干部大会。

中央文件推进农垦改革发展。11月27日中共中央、国务院下发的《关于进一步推进农垦改革发展的意见》〔中发(2015)33号〕，明确了中央、各部委支持农垦改革发展的各项政策规定。

参加全国农垦改革发展电视电话会。12月14日，全国农垦改革发展电视电话会议在京召开。按照中共中央、国务院要求，用三年时间完成农垦改革发展基础工作，各地认真落实中央支持农垦改革发展的各项政策，帮助农垦分离社会职能，帮助农垦化解历史遗留的问题，确保垦区、农场职工能够享受到地方均等的基本公共服务，支持农垦轻装上阵。使山西农垦能在“十三五”期间，成为一个新的、重要的现代农业集团。

【主要业务有序开展】 *大力推进农场现代农业建设*。一是加快现代农业示范园区建设，增强企业发展实力。在山阴农牧场、忻定农牧场、大同云城乳业、朔州红旗牧场、金沙滩农牧场、长治果树场等农场，高平台、高科技、高水平地发展节能日光温室蔬菜大棚、现代畜牧业养殖园区等，不断推动垦区现代农业的整体提升。二是加大科技支撑，增强企业发展创新力。不断加强农业科技投入，加大农业科研项目和基地建设。鼓励优秀大中专毕业生到农场工作，加强农业科技人才队伍建设，把农垦国有农场打造成具有特色的绿色、优质、安全、整体示范带动能力较强的示范园区。

推进国有农场办社会职能改革工作。2013年，国务院农村综合改革工作小组扩大国有农场办社会职能改革试点工作中把山西省国有农场列为办社会职能改革试点对象，政策普惠到全省农垦系统的18个国有农场。省农垦局出台了《山西省农业厅国有农场办社会职能改革试点工作实施方案》，2015年省财政拨付5个省属农场办社会职能改革中央财政奖励资金335万元，省财政奖励资金286万元，这些资金已全部足额拨付到位，并严格按照《山西省国有农场办社会职能改革财政奖励资金管理办法》，要求各场上报资金使用计划，加强中央财政奖励资金管理，做到专款专用，确保财政补贴资金使用规范、安全和有效。

强力推进扶贫项目。一是按农业部农垦局要求，全面总结全省垦区“十二五”以来扶贫开发的主要工作和取得的成效，编制了山西垦区“十三五”扶贫开发规划。二是督促项目农场加快扶贫项目建设进度。组织专家对襄垣农牧场2013年实施的扶贫项目进行了竣工验收；完成了山阴农牧场和方山肉牛场承担的2014年两个扶贫项目的招投标工作。三是实施2015年扶贫项目。2015年农业部农垦局下达山西省垦区国有贫困农场扶贫资金740万元，目前，襄垣县农牧场项目已全部完工，寿阳县牧场项目完成了招投标工作，忻定农牧场项目已完成可行性论证，正在编制项目实施方案。四是组织申报了2016年扶贫项目。2015年财政部提前下达山西省垦区2016年国有贫困农场扶贫资金590万元，确定在大同市云城乳业有限责任公司和永济市国营黄河农牧场实施2016年扶贫项目。

督促落实危房改造及配套基础设施建设项目。一是下发了《关于报送危房改造项目进展情况的通知》，要求各项目农场根据项目建设方式的不同分别进行填报，建立了危改项目台账。二是推进危房改造工作，就10个农场危改项目中存在的问题进行协调。三是对实施农垦危房改造项目的21个农场，逐一进行督查，全面了解危改工作进展情况和存在问题。四是举办了全省农垦危房改造项目金沙滩农牧场现场培训班，由实施进度较快的项目农场负责人现场进行讲解与培训。五是组织9个农场的项目负责人，与省发改委领导面对面地进行协调，针对问题逐一确定解决办法和措施。

组织实施一事一议筹资酬劳财政奖补项目。组织对上年度的省直农场一事一议财政奖补项目进行验收，进一步规范了项目管理。根据《关于将省直国有农场纳入公益事业建设一事一议财政奖补范围的通知》(晋财农改〔2011〕7号)精神，督促农场按照公益事业建设一事一议议事程序和财政奖补项目申报程序，将有关项目申请报省财政厅审核，争取到40万元一事一议财政奖补资金，同时督促农场抓紧做好项目实施有关工作。山阴农牧场、忻定农牧场和方山肉牛场的项目已全部完成验收。

积极组织农场实施公路建设项

目。组织企业向省交通厅申报2015年公路建设投资计划和配套资金承诺，共有3个农场5个项目申请纳入2015年国有农场通沥青(水泥)路项目计划，共计里程13.7千米，总投资881万元，其中，申请国家投资528万元，农场自筹353万元。汇总起草了《2011年～2014年垦区国有农场通沥青(水泥)路项目实施情况》，向交通厅进行了反馈。

*全面落实安全生产责任。*全省农垦系统继续贯彻落实“安全第一，预防为主、综合治理”的思想方针，与8个省属企业全部签订了安全生产目标责任书。加大安全生产宣传力度，各企业积极组织开展安全生产自查和隐患排查治理，预防安全事故的发生。重点对企业的森林草地防火、防汛抗旱和农牧业生产安全等进行了监督检查。督促各农场积极开展安全生产自查和隐患排查治理，突出安全生产专项整治，不断强化安全防范意识和责任意识，垦区安全生产形势进一步好转。

(闫维平)

林　业

【生态建设与保护】　*全面完成造林绿化任务。*2015年，全省共完成造林面积28.1万公顷，占年度生产任务的100.3%，其中人工造林22.1万公顷，封山育林完成新封6万公顷。吕梁山生态脆弱区完成营造林9.6万公顷，占全省营造林任务的34%。此外全省还完成四旁植树1亿株，完成育苗面积7.1万公顷。当年苗木产量达84.23亿株，为规模化造林提供了苗木支撑保障。在全部造林面积中按山西省“六大”林业工程分，“两山”造林工程完成18.8万公顷、“两网”绿化工程完成1.8万公顷、“两林”富民工程完成4.7万公顷、“两区”增绿工程完成7333公顷、“双百”示范工程完成2万公顷。

*圆满完成国家林业重点工程任务。*2015年，全省林业系统多措并举，努力推动国家重点工程造林绿化任务，不断提升建设质量，打造绿化精品，圆满实施了天然林保护、退耕还林及巩固成果、京津风沙源治理、三北等重点防护林、野生动植物保护及自然保护区“六大”国家工程建设。全省共完成国家林业重点工程造林面积18.2万公顷，占造林总任务的64.9%，比2014年增长2.8%，其中，人工造林12.2万公顷，封山育林6万公顷。在国家重点工程中，天然林资源保护工程完成造林面积3.9万公顷，下降13.2%，其中，人工造林完成1.2万公顷、无林地和疏林地新封山育林完成2.7万公顷。全省实有森林管护面积516.3万公顷。退耕还林工程完成造林面积为5.8万公顷，增长37.5%，其中，退耕还林工程完成6667公顷，巩固退耕还林成果完成5.1万公顷。京津风沙源治理工程完成造林3.3万公顷，下降30.9%，其中，人工造林完成2.3万公顷、无林地新封完成9999公顷。三北及长江流域重点防护林体系工程全年完成造林面积5.2万公顷，下降1.7%，其中，人工造林完成2.9万公顷，无林地新封完成2.3万公顷。野生动植物及自然保护区工程，全省实有自然保护区45处，保护区总面积110万公顷，其中国家级自然保护区7处，省级自然保护区38处。通过对芦芽山、蟒河、庞泉沟等国家级自然保护区及太宽河、霍山等省级自然保护区的管护能力和恢复治理工程升级改造，保护区基础建设得到明显改善。

*森林资源得到加强和保护。*狠抓林业“三防”体系建设，强队伍、保资源、防逆转，多措并举保障森林资源扩容增量。2015年，全省共接到国家和省气象卫星监测热点123个，比2014年下降39%；发生火情40起，下降51.8%。森林火灾受害率0.03‰，全省没有发生重特大森林火灾，也没有发生人员伤亡事故。全省实施防治林业有害生物面积11.8万公顷，成灾率0.87‰，远低于4.5‰的控制目标。查处各类森林和野生动物案件3528起，查处违法犯罪人员4625人次，为国家挽回直接经济损失3000余万元。

*摸清野生动植物资源家底。*组织开展陆生野生动物资源调查和第二次全国重点保护野生植物调查，加快《山西省陆生野生保护动物造成人身与财产损害补偿办法》的立法进程，列入2015年省政府行政规章制定计划。新建8处省级疫源疫病监测站，进一步完善了全省网络体系。

【国家对林业的投入持续增加】　在全省经济下行、投资乏力的情况下，2015年，全省仍然完成林业投资131.23亿元，其中，中央和省级财政投资44.85亿元，比2014年增加5.43亿元。中央投资28.05亿元(中央财政21.74亿元，中央基建6.31亿元)，增加2.68亿元；省级投资16.8亿元，增加2.75亿元；各市县财政投资37亿元；涉林部门投资15.38亿元；社会力量投资34亿元。

【林业产业得到长足发展】　全省加快以干果经济林、种苗花卉、森林旅游、林下经济为主要内容的林业产业建设，林业产值以10%以上的速度递增，对全省富民增收起到了积极的推动作用。制定出台《关于高质高效发展干果经济林产业促进富民强省的意见》《关于积极稳妥推进皂产业发展的指导意见》，新发展核桃、红枣等传统经济林和双季槐、连翘、仁用杏、皂荚等特色经济林46667公顷。分别召开红枣、仁用杏、核桃、皂荚管理技术培训班，累计培训技术骨干500人以上。积极推进干果经济林提质增效综合管理项目，5.1万公顷示范项目全部完成。联合财政厅、保监局全面启动森林保险工作，全省投保面积达到361.4万公顷，保险金额325.28亿元。育苗总面积达到7.1万公顷，出圃各类合格苗木10亿株。花卉种植面积发展到3000公顷，销售额4亿多元。森林旅游人数1272.6万人次，门票收入2.18亿元。全省林业总产值452.7亿元，增长12.7%，林业对富民增收的贡献率进一步提升。成功举办第三届山西苗木及花卉博览会，吸引全国200多家企业参会。加快森林公园建设，完成7处新申报省级森林公园审批工作。

【扶贫工作成效显著】 一是实行驻村包户扶贫，确保扶贫责任和任务落实到位。省林业厅积极落实平顺县杏城镇6个村扶贫工作，制定了每村1名包村厅领导、1个牵头责任处室，2个配合帮扶单位和2名驻村队员的责任落实机制。二是多方筹措资金，实行以产业帮扶为主的帮扶措施。按照生态林业与民生林业发展需求，每村安排20万元实施生态经济林种植；安排20万元林业科技推广项目和5万元森林可持续经营项目，加大扶贫开发的科技创新力度；安排扶贫专项资金50万元，用于基础设施建设和养殖业发展；组织林业系统广大干部职工捐款47万余元。三是精准结对帮扶，致力于提高扶贫工作成效。安排14个处室38个厅属单位的11名厅级干部和240名处级干部，与杏城镇6个村251户贫困户进行“精准结对”帮扶。

【改革创新稳步推进】 继续深化集体林权制度改革。推进和完善林权登记发证工作，出台《关于加快完善集体林权登记发证工作的通知》（晋林办改〔2015〕6号），明确提出深化林权制度改革，把林权证发放到户工作进一步抓实、抓好。完善林权抵押贷款，印发《2015年林权抵押贷款工作实施方案》。加强银林合作平台建设，与省农村信用联合社签订战略合作协议。安排870万元扶持发展农民林业专业合作社建设。

稳步推进国有林场改革。认真贯彻落实党中央、国务院《国有林场改革方案》和《国有林区改革指导意见》，明确了省直林区改革思路，进一步修改完善《山西省国有林场改革方案》，2015年12月国家发改委、国家林业局正式批复《山西省国有林场改革方案》，省委省政府印发《山西省国有林场改革方案》，全省国有林场改革稳步推进。

不断创新造管机制。制定《关于积极稳妥推行购买式造林促进林业发展提质增效的指导意见》，进一步引深合作式、购买式等造管新机制。黑茶林局、管涔林局、太岳林局等省直林局大胆创新，与当地市县开展合作造林上万亩。黑茶林局全面推行购买式造林，全局13个单位346名职工完成购买式造林1400公顷。五寨县统筹公益林管护和天保管护资金，实行购买式管护试点，三岔镇1万余公顷林地得到有效管护。

【农村环境有新提升】 全省坚持村庄绿化与采煤沉陷区移民搬迁相结合，坚持村庄绿化与挖掘历史名村生态文化相结合，坚持村庄绿化与精准扶贫相结合，坚持村庄绿化与乡村生态旅游相结合，最大限度改善人居环境，促进富民增收，提升广大群众的幸福指数。2015年，省林业厅围绕不同的绿化模式，制定不同类型的建设标准，一村一特色、一村一主题，利用省级财政安排资金2500万元，重点在500个村开展村庄道路绿化、环村绿化、街巷绿化、庭院绿化和公共绿地建设，精心实施，打造出一大批不同模式的绿化精品村，形成各具特色的绿化亮点，引领全省村庄绿化再上新台阶、发挥新功效。

（张桂香）

水利事业

【2015年山西水利事业概况】 2015年，山西省累计完成水利投资433.67亿元。全省已建成水库596座，其中大型水库10座，中型水库67座，现有大中型水库库容48.56亿立方米。全年实际灌溉面积1535.5千公顷。小型水利设施累计达到8646处。小型水利灌溉面积100.7千公顷。累计除涝面积89.1千公顷。万亩以上灌区187处，万亩以上机电灌站70处，防渗长度13331.2千米。累计堤防长度10413.4千米。水利工程总供水量69.9亿立方米。当年地下水开采量32.56亿立方米，水土流失累计治理面积5779.1千公顷，新增水土流失累计治理面积227.4千公顷。当年改善和提高农村饮水安全标准人口36.1万人。城乡供水工程年供水量14.25亿立方米。全省小水电全年发电量3.24亿千瓦每小时；水产品总量5.2万吨，较2014年增长2.3%。

【水政工作】 一是法规建设。《山西省实施〈中华人民共和国水土保持法〉办法》于2015年10月1日起实施。着手制定出台《山西省汾河流域生态修复与保护条例》。12月31日，山西省政府颁布《关于加强地下水管理与保护工作的通知》。二是水行政执法。开展水土保持专项执法检查活动，人为水土流失问题得到整改。规范水利执法行为，严格执法人员准入，加强人员执法能力建设，为执法队伍配备了水政监察移动执法装备，完成了水政移动执法系统软件初步开发，实现了数据资料查询、上传、共享等功能。三是水法规宣传。深入开展“六五普法”“世界水日”“中国水周”“12·4国家宪法日”等水利法制宣传纪念活动，增强了全社会水忧患意识和水法治观念。

【水资源管理与保护】 完成了国家、省两级最严格水资源管理考核工作。2015年1月，市、县两级均完成了“三条红线”指标分解任务、出台了相应的实施意见和考核办法。上半年，联合相关部门完成了国务院对山西省政府2014年度最严格水资源管理考核工作。

推进以晋祠泉复流为代表的水生态系统保护与修复工作。一是水生态保护治理。全省积极推进五大河流地表水、六大盆地地下水和19处岩溶泉域水保护与修复。通过实施汾河清水复流、“三河”(沁河、汾河、桑干河)水污染控制工程、汾河流域地下水超采区治理等工程，汾河流域水生态环境明显改善。汾河连续多年不断流，流域地下水位止降回升。同时，加强了娘子关泉域岩溶水保护工程和生物多样性保护与修复工程建设，神头、霍泉、龙子祠等岩溶泉域综合整治和泉源生态修复工程有序推进。运城市对涑水河、姚暹渠等重要河流进行治理。同步启动了桑干河、滹沱河、漳河、沁河等省内其他四大河流的生态修复规划编制工作。二是晋祠泉复流工程。2015年以来，积极采取汾河水库生态用水调度、汾河二库提高蓄水水位加大地下水补给、泉域范围内关井压采、地表水源置换地下水、煤矿禁采限采、晋祠泉域岩溶地下水观测等措施，晋祠泉难老泉水位上升到6.3米。

落实最严格水资源管理制度。建立了省对市的水资源管理考核体系，将万元工业增加值用水量降幅和地下水压采量作为对各市的考核指标，全面落实“三条红线”，积极推进五大河流地表水、六大盆地地下水和19处岩溶泉域水保护与修复，加快建设节水型社会。同时，着力强化用水需求和用水过程管理，逐步完善水资源管理规章制度，新修订的山西省地方标准《山西省用水定额》自2015年7月1日起正式实施，《山西省水资源规划》已编制完成并进入省级专家审定阶段，制定出台了全省取水许可管理、用水计划管理、重要江河湖泊水功能区水质达标监测等一系列规范性文件，地下水管理与保护工作扎实推进。2015年，山西省万元工业增加值用水量较2014年下降4.6%，连续6年呈下降趋势；强力推进地下水关井压采和引黄水原水直供、分质供水，全年压采地下水1.5亿立方米，全省地下水位连续8年持续回升；实施江河湖泊重要水功能区河道生态水量调度，汾河连续7年不断流、河水长流常清，流域生态环境得到有效改善。

完成压减地下水开采量1.5亿立方米责任制目标。编制《山西省地下水超采区评价报告》和《山西省地下水关井压采实施方案》，对地下水超采区进行了评价与复核，划定了禁采和限采范围。规划到2020年，全省地下水开采量控制在30亿立方米以内。

低热值煤电规划及项目取水许可和水资源论证。编制了《山西煤电基地规划水资源论证报告》《山西低热值煤发电项目规划水资源论证报告》。2015年，省政府重点推进29个低热值煤电项目实施，到9月底，29个项目水资源论证已全部批复。全省用水总量70.34亿立方米。

农村水价改革。制订《关于深化农村水权制度改革的意见(初稿)》，并报省委、省政府。意见提出：要积极实施农村水权制度改革，充分发挥水权制度在资源利用中的市场驱动与调节作用，力争到2017年底，全省农业灌溉地下水用量在一般水平年实现采补平衡，超采区地下水水位止降回升，农业灌溉用水效率明显提高。

【水利规划】 一是汾河流域生态修复规划通过水利部审查。以汾河生态修复为标志的生态文明建设全面启动。编制完成了《汾河流域生态修复规划(2015～2030年)》。二是古贤水利枢纽前期工作取得新进展。古贤水利枢纽项目建议书顺利通过审查，前期工作顺利推进。三是启动桑干河、滹沱河等六河生态修复规划工作。成立了桑干河、滹沱河、漳河、沁河、涑水河及御河生态修复与保护规划工作领导小组，六条河生态修复与保护规划编制工作启动。四是全力推进汾河流域生态修复试点工程。2015年7月，省水利厅启动了汾河流域生态修复试点工程12个项目。五是山西省小型水库更新建设项目可行性研究报告编制完成70座，组织专家评审65座。

【水利基本建设】 大水网建设。大水网四大骨干工程(中部引黄工程、东山供水工程、小浪底引黄工程、辛安泉供水改扩建工程)已全面进入建设高峰。截至2015年底，完成隧洞掘进205千米，管道铺设150千米；完成投资54.2亿元，为年度建设及投资任务的101%。

在建重点水利工程。汾河、滹沱河和涑水河三条重要支流治理工程累计完成新建及堤防加固229千米。沁源县永和水电站主体工程已完工；石楼坪底供水枢纽工程完工并通过竣工验收。昔阳松溪供水工程口上水库完工实现下闸蓄水，输水工程完成通水验收。禹门口东扩二期和柏叶口龙门供水主体工程完工。临汾市引沁入汾浮山供水工程隧洞开挖6.5千米。娘子关供水二期工程3座泵站土建和机电安装完成，城市配水管网完成4.6千米。

【防汛抗旱】 防汛。(1)重点河流防洪。主汛期前，全省开展了为期20天的集中清障专项行动。对黄河、汾河、沁河等大河流的防洪安全，明确了以县为单元，按河段全面落实以行政首长负责制为核心的责任制，逐级落实隐患整改、清淤清障、巡堤查险、抢险物料、队伍、迁安救护等措施。(2)完成省、市、县、乡(镇)、村五级预案修编。以《山西省防汛应急预案》专项预案为核心，完善了11个市级和115个县级的防汛应急专项预案，在受山洪威胁区制定了1758个乡镇和1.3万个村级山洪灾害防御预案，形成了较为完整的省、市、县、乡、村五级上下联动、部门协调的预案体系。(3)加强监测预警建设，实现群测群防全覆盖。在前期初步实现了山洪监测预警全覆盖的基础上，2015年对山洪预警工程进行了补充完善，新建自动雨量站130个，简易雨量(报警)器5261个，无线预警广播2224套，手摇警报器3661个，锣、鼓、哨6881套，县级平台延伸到乡镇1305处、移动巡查设备575套，完善县级预案115个，乡镇预案1201个，村级预案1.6万个。全省已建成的山洪灾害体系共发布预警信息上万条，全省安全转移受山洪地质灾害威胁群众6万余人。(4)山洪灾害防御。全省共有1万余处地质灾害隐患点和1843条山洪沟道，重点对“河道两岸、沟道两旁、土崖之下、削坡附近、填方之上、坝库下游、采空区域、低洼地带”等薄弱环节加强防范。乡村等基层部门严格执行山洪防治群测群防“九个一”制度，同时加强巡查值守，密切监视山洪预警平台变化，第一时间将预警信息通知到村、到户、到人。

抗旱。(1)水利工程设施抗旱。2015年，全省开动各类水利设施近3.2万眼(处)，投入抗旱人员30万人，全省完成冬春浇118.6万公顷、123.4万公顷次，确保全省夏粮丰收。完成夏浇面积83.6万公顷、106.3万公顷次，超额完成夏浇计划，为降低干旱损失奠定良好基础。(2)抗旱服务队深入一线，全力开展抗旱减灾工作。2015年全省抗旱服务队共新建、维修各类设施367眼(处)，维修各类抗旱设备2444台(套)，出动抗旱设备1900台(套)，拉运水4.7万立方米，抗旱扩浇面积6987公顷，浇灌果树221万株，累计解决11.3万人、4.8万头大牲畜临时性饮水困难。挽回粮食损失82.7万千克，挽回经济损失124.1万元，抗旱减灾成绩显著。(3)加快推进抗旱应急水源工程建设，确保抗旱规划实施工作顺利完成。2014年70处抗旱应急引调提水全部开工建设，2015年底全面完成工程建设任务。2015年70处抗旱应急水源工程，年底前已有47处工程项目开工建设，其余23处工程项目全部挂网公告。

【农村水利】 农业灌溉。依托中央安排的灌区节水改造、泵站更新改造和小型农田水利重点县、项目县建设，山西省因地制宜大力实施农田水利建设，全面推进农田水利标准化建设，加快膜下滴灌示范工程项目实施。同时，继续推进和实施省政府确定的农业灌溉电价水价补贴、末级渠系建设补贴等一系列强农惠农政策，各项补贴资金已全部下达到位。2015年，全省农田实灌面积达到153.3万公顷，如期实现“十二五”末全省农业人口人均一亩水浇地的目标。

农村水利改革。(1)小型水利工程产权制度改革试点工作取得阶段性成效。各试点县已完成改革试点方案编制、改革领导机构组建和清产、核资、登记等工作，部分设施核发了证书。为全面推进山西省产权制度改革和创新运行管护机制工作，将运城市列为全省产权制度改革试点市，所辖13个县(市、区)实施方案均已完成批复，正在进行清产核资工作。(2)基层水利服务体系能力建设进一步加强。省财政安排专项资金用于乡镇水管站能力建设，有效改善乡镇水管站基础设施条件，提高了基层水利服务保障能力。全省农民用水合作组织近1200个，管理灌溉面积超过33.3万公顷，有效弥补了农田水利工程“最后一公里”的管理缺位，激发了农民投资办水的热情和用水积极性。

【城乡供水】 按照“提质增效、攻坚克难”原则，坚持把采煤沉陷区和山庄窝铺作为主攻方向，加快解决连片采煤区水源变化大、山老区工程标准低、提质增效区工程效益不稳定引发的饮水安全问题。截至2015年10月底，全省新建和改扩建农村饮水安全工程1311处，改善和提高了54.5万农村居民和10.7万农村学校师生的饮水问题，农村自来水普及率提高到95%，提前两个月超额完成水利部下达的全年目标任务。

【节水型社会建设】 节水建设。2015年，水利部、全国节约用水办公室授予山西省阳泉市第四批“全国节水型社会建设示范区”称号。全省各市积极开展市、县两级节水机构建设，已有6个市成立了专门的市级节水管理机构，其他各市正在编制批复之中。运城市的河津市、闻喜县、夏县、绛县4个县批准成立了县级节约用水办公室，为全省节约用水工作的顺利开展提供了有力保障。

膜下滴灌示范区建设。在巩固和发展原有成果的基础上再发展膜下滴灌示范区面积6667公顷，以大同、朔州、忻州市北部3市为重点，在全省推广膜下滴灌技术，种植作物以粮食和蔬菜为重点，并逐步向经济林、小杂粮等特色品种推广。

世行贷款节水灌溉二期项目。2015年，世行贷款节水灌溉二期项目开工建设的项目区有介休兴地灌区工程、橡胶坝引水工程、临县阳坡水库灌区、榆社云竹水库灌区、交城县项目区。各项目区共完成铺设骨干输水管线11.96千米，建设各类水工建筑物51座，在建橡胶坝、橡胶坝充排水泵站各1座，改建井1座；组建农民用水户协会7个，发展和改善节水灌溉面积3081.3公顷，其中防渗渠灌529公顷，管灌2499.3公顷，滴灌53公顷。

【水土保持】 加快推进重点工程建设进度。国家水土保持重点建设工程、国家水土流失重点治理工程、坡耕地水土流失综合治理工程、国家农业综合开发水土保持项目等四个国家水土保持重点工程共完成2015年度计划总投资的96.7%，其中中央投资完成99.1%，超额完成水利部关于中央投资当年完成80%的规定任务，在全国33个省、自治区、市、单位中排名第七。同时，还批复完成四个国家水土保持重点工程的2016年度实施方案。

全面贯彻落实《水土保持法》。2015年7月30日，《山西省实施〈中华人民共和国水土保持法〉办法》由山西省第十二届人民代表大会常务委员会第二十一次会议修订通过，自2015年10月1日起施行，山西省水土保持法律法规体系进一步完善。全年省、市、县三级共开展生产建设项目水土保持监督执法检查2469次，检查项目1890个；审批水土保持方案214个，涉及水土流失防治责任范围1.8万公顷，拦挡防治弃土、弃渣2205万方；验收水土保持设施开发建设项目82个；征收水土保持补偿费1.15亿元。制定山西省水土保持监督检查专项行动实施方案，对25个部批、102个省批项目的《水土保持法》贯彻落实情况进行了监督检查；开展水土保持监督执法专项整治活动，对2014年度所批复的所有生产建设项目进行全覆盖监督检查，对97个存在问题的生产建设项目下达了整改通知，并督促其全部进行整改。

实现淤地坝全年安全运用。2015年，山西省从责任落实、经费保障、宣传培训等方面采取了一系列有力措施，确保了全省2014座大中型淤地坝平稳度汛、安全运行。开展全省淤地坝安全大检查，对淤地坝防汛预案、防汛责任制、防汛值班制等逐项检查落实，及时排查安全隐患。全年落实淤地坝管护经费500万元，所有大中型淤地坝按照骨干淤地坝1500元/座、中型坝800元/座的标准落实了管护经费；举办了淤地坝安全培训。完成了1020座大中型病险淤地坝的核定工作。

【地方水电】 水电新农村电气化项目建设。泽州县三姑泉二级水电站是“十二五”水电新农村电气化县电源工程之一，2015年12月完成了机组启动验收工作。长治市平顺县和晋城市泽州是山西省“十二五”水电新农村电气化县，在电源工程完成批复建设任务的基础上，10月和12月分别完成水电新农村电气化县的验收工作；12月完成了两个水电新农村电气化项目绩效评价工作。

小水电代燃料工程建设。2015年，全省在建的小水电代燃料项目共3个，分别为左权县苏公、灵丘县上沿河和交城县旮旯项目，总装机4410千瓦，总投资7266万元，发展代燃料户3527户。

农村水电增效扩容改造项目建设。2015年完成了国家批复的31个农村水电增效扩容改造项目建设任务，完成投资1.64亿元。改造后新增水电装机1725千瓦，技改水电装机容量达到7.9万千瓦。31个农村水电增效扩容改造项目均进行了完工验收。

【渔业建设】 渔业生产。2015年，全省水产品总产量5.3万吨，较2014年增长2.3%。全省渔业经济总产值8.98亿元，增长0.3%。全省渔民人均纯收入7988元，增长9.9%。

水产健康养殖示范场创建活动。2015年，向农业部申报的两家农业部水产健康养殖示范场创建单位中，有1家创建单位通过考核验收；13家省级水产健康养殖示范场创建单位中有9家创建单位通过考核验收。2015年底有效期到期的1家农业部第一批示范场通过复查，16家2012年省级示范场中有10家通过复查，其余6家取消其省级水产健康养殖示范场资格。

池塘标准化改造建设。继续投入省级财政支渔资金600万元，重点扶持具有较大养殖规模、较好基础条件、较高管理水平、较强辐射带动能力的养殖生产单位实施池塘标准化改造建设工程，通过完善升级池塘养殖设施装备，进一步提升池塘养殖标准化水平和安全有效供给能力。全年改造老旧池塘264公顷，新建池塘107公顷。

水产品质量安全工作。配合农业部完成了4次市场水产品例行监测和2次产地水产品质量安全监督抽查任务。水产品质量安全抽查覆盖11个地市，47个市、县，产地水产品苗种合格率达到97%以上。全年共完成了17个无公害水产品产地环境检测及29个无公害水产品药残检测工作，水质检测涉及硫化物、挥发酚、石油类、有机磷、重金属等共11个项目，共检测水样300样次。选择省水产技术推广站和具备一定基础条件的4个市级水产站、2个养殖场共7个建设点开展了水产养殖病害测报与鱼病远程辅助诊断系统建设试点。

渔业科技创新。完成了省科技农村承包项目“鲟鱼规模化人工繁殖及养殖技术示范”并获得2015年度山西省农村科技承包一等奖。申报了山西省2015年度科技进步奖及中国水产科学研究院2015年度科技进步奖。先后与中国水产科学研究院渔业机械与信息研究所、中国水产科学研究院黑龙江水产研究所等多家科研院校进行合作交流，并就名特优品种的人工繁育、利用生态模式解决池塘水质问题达成合作意向。由省水产技术推广站承担的盐碱地南美白对虾高效生态养殖技术项目，养殖总面积达到73公顷，超出项目指标10%，虾苗成活率提升到60%。

渔业资源环境保护。2015年6月，与太原市政府联合组织开展汾河太原段水生生物增殖放流活动，放流经济鱼类1021.9万尾。

渔政渔船管理。一是与各地市渔业主管部门签订安全生产责任状，实行一把手负责制，建立了工作台账。二是召开渔政管理人员和渔民代表会议，对达不到登记要求的渔船一律不予登记办证，已登记但不符合安全生产要求的渔船，签证时限期整改到位。三是发布《山西省渔政监督管理局关于2015年实施春季禁渔的通知》，对黄河干流偏关老牛湾到河曲娘娘滩段、黄河干流河津到垣曲段、沁河安泽段实施了禁渔制度管理。组织开展了春季禁渔专项执法活动。四是安排渔政执法人员对太原市五龙口等几家大型农贸市场水产品经营单位开展水产品药物残留进行抽测，严禁病死水产品上市销售。五是在全省范围内继续广泛开展渔船检验、执法、监督三大行动，严厉打击非法捕捞以及使用禁用渔具等违法行为，维护渔民合法权益，保障人民生命安全，进一步完善渔船安全监管长效机制。

【水利科技】 科研项目获奖情况。山西省禹门口水利工程管理局完成的《预应力钢筒混凝土顶管技术研究》获省科技进步二等奖；山西省水利科学研究院完成的《非充分供水条件下灌溉预报研究》获省科技进步三等奖；山西省水产科学研究所完成的《鲟鱼规模化繁育及养殖技术》获省科技厅农村科技承包奖一等奖；6个项目获得省水利科技优秀成果奖。

科研项目鉴定情况。山西省水利水电勘测设计研究院承担的《山西省水利普查成果应用及水利资源信息共享服务平台》和山西省汾河水库管理局承担的《面向大水网汾河水库综合自动化系统开发研究》通过省科技厅鉴定，鉴定结论分别达到“国际领先水平”和“国际先进水平”。

科研项目验收情况。山西省水利科学研究院承担的水利部“948”项目“环保型除氟装置在农村饮水安全中的应用”已向水利部提交验收申请；5个项目通过山西省科技厅验收，44个项目通过山西省水利厅验收。

（王秀芳）

农机事业

【全省农机化全程全面高质高效发展】 农机装备水平持续提高。2015年，全省农机总动力达到3351.6万千瓦，比2014年增加65.4万千瓦，增长2%。其中，大中型拖拉机13.1万台，玉米联合收割机2.1万台，分别增加1.2万台和2770台。同时，畜牧、设施农业、林果及农产品加工机械均快速发展，全省农机装备结构进一步优化。

农机作业水平稳步提升。全省机耕、机播、机收面积分别完成273.7万公顷、264.7万公顷、182.5万公顷，机耕、机播、机收水平分别达到75.9%、68.8%和47.5%，分别提高2.4个、1.2个和0.8个百分点。全省农作物耕种收综合机械化水平达到65.2%，提高1.6个百分点，超出全国平均水平2.2个百分点。

农机化经营效益持续增加。2015年，全省农机化经营总收入133.5亿元，比2014年增加2.4亿元，增幅1.8%；农机化经营纯收入达到67.3亿元，增加0.1亿元。

农机安全生产形势稳中向好。2015年，全省发生2起农机事故，造成1人死亡2人重伤，直接经济损失5.4万元。事故起数、伤亡人数和每千台重伤率均低于省政府下达的农机安全生产考核指标。

【扎实推进率先实现农业机械化综合示范县乡村创建活动】 2015年，投入专项资金2500万元，整合各类项目资金2.21亿元，扶持20个农机化综合示范县、3个国家农机化示范县、2个马铃薯机械化示范县、126个示范乡和502个示范村开展创建活动，共建设玉米马铃薯全程机械化生产、保护性耕作、农机深松整地等示范区84个，示范点142个；建设高标准农机专业合作社及维修网点70个；新修和整修机耕道150千米；新建机库棚1万平方米。2015年，全省25个示范县农机总动力达到890万千瓦，占全省农机总动力的27%；农作物耕种收综合机械化水平达到76%，超出全省平均水平11个百分点。

【深入推进主要农作物全程机械化】 在全省建设玉米、马铃薯、高粱、莜麦、胡麻等五大作物全程机械化示范点82个、农机新技术示范点109个，重点示范推广五大农作物耕、种、管、收等机械化生产主要环节急需机具和技术。2015年，全省共新增玉米播种、田间管理和收获机械1.3万台，完成玉米全程机械化作业面积99.6万公顷；新增马铃薯播种、田间管理和收获机械1100台，完成马铃薯全程机械化作业面积8.6万公顷；完成高粱、胡麻、莜麦全程机械化生产示范面积1200公顷，全省胡麻、莜麦、高粱全程机械化水平分别达到36%、38%和33%，分别比2014年提高2个、2.8个和3个百分点。

【规范、精准、高效实施农机化扶持政策】 2015年，全省共落实中央财政农机购置补贴资金4.92亿元，补贴6.2万农户购置7.9万台件农机具。针对基层反映的补贴工作审批环节过多等六个方面的问题，先后开展了农机购置补贴专项整治和“回头看”，取消了农民购机前的“确认书”和对经销企业的审核，升级改造补贴管理系统，实时公开补贴信息，建立健全6项工作制度，农机补贴工作长效机制更加健全，整改成效显著。此外，投入各类农机作业补贴资金1.11亿元，分别实施玉米机收秸秆还田、农机深松整地、柠条机械平茬作业补贴面积17.3万公顷、6.7万公顷和8000公顷，充分调动起广大农民购机用机的积极性。

【大力培育新型农机化经营主体】 狠抓农机合作社培育发展和规范化建设，2015年，全省新建农机专业合作社118个，新增农机大户380个；确定69个农机合作社、60个机械化家庭农场、126个示范大户作为培育对象，从优先安排农机补贴资金、农机项目、管理技术培训等方面重点扶持。农机合作社承担了全省30%以上的农机作业任务，成为现代农业生产的主力军。此外，投入700万元，培育新型职业农民(农机操作手)7000人；与企业合作，采取现代学徒制模式培养465名学生。

【强化农机化新技术新机具示范推广和科研开发】 重点加大了保护性耕作、秸秆综合利用、牧草收获加工、高效植保、物理农业、畜禽养殖、果园机械化管理、杂粮生产加工、谷子免间苗播种和联合收获及脱粒等农机化新技术新机具的示范推广力度。2015年，全省新增保护性耕作实施面积3.5万公顷，总实施面积达到109万公顷；完成秸秆机械化还田面积155万公顷，转化利用378.4万吨；先后举办了第十届北方现代农业装备推广展示交易会、第二届中国(山西)农用无人机等高效植保装备演示会和第四届中国(山西)特色农产品交易博览会农机展等重大农机展示推介活动。全年全省共组织各类技术培训班234次，举办农机新技术、新机具现场演示活动180次，培训农机推广人员2.3万人次。在农机科研方面，先后组织了农机工业转型升级、丘陵山区机械化和电动农机专题调研，并向省政府提交了工作建议。“设施农业工业化养殖应急供电装置研究”等4个项目被列为省科技攻关项目，其中两个项目已通过省科技厅验收；“长城沿线坡耕地抗旱补水播种保苗综合技术配套装备研究”项目通过农业部验收，获得1项发明专利和10项实用新型专利；微型电动拖拉机、小籽粒电动播种机、电动果园管理机以及设施农业用电动机械等新能源农机新产品进入样机试制阶段。

【狠抓农机安全生产】 2015年，全省共新注册登记拖拉机、联合收割机1.9万台，检验6.4万台，新训新考驾驶员1.4万人。集中开展了农机安全生产大检查、打非治违专项整治等活动，共整改各类隐患3400多项；举办各类宣传活动226次、散发宣传资料16万份；开展“平安农机”创建活动，柳林县被评为国家级“平安农机”示范县。组织开展了“3·15”农机质量维权宣传活动，发放宣传资料19万份，接受群众咨询1.1万人次；组织开展了玉米收获机质量调查并公布了调查结果；联合工商、质监等部门开展了农机市场打假专项治理行动，查处不合格农机产品及配件2097件，受理农机质量投诉案件28件、结案26件，为农民挽回经济损失760余万元。全省农机安全生产形势保持稳定。

(秦永红)

气象事业

【2015年山西省天气气候特征】 2015年，山西省年降水量较常年略偏少，分布极为不均，夏季降水异常偏少，为山西省1961年以来历史第三少，秋季降水为近10年来第二多。各地气温普遍偏高，全省均值为历史第五位，除夏季气温略偏低外，其余季节均偏高。年日照时数接近于常年值。2015年，山西省主要气象灾害及气候事件有干旱、暴雨、冰雹、霜冻、高温、大风、寒潮等，其中干旱、暴雨、冰雹和霜冻造成的影响较为严重。

【2015年山西省基本气候概况】 年平均降水量偏少且空间分布不均，夏季降水异常偏少，秋季降水偏多明显。2015年，山西省年平均降水量439.9毫米，较常年值(468.3毫米)偏少28.4毫米(偏少6%)，较2014年偏少92.4毫米。从历年降水量变化来看，2015年降水量为近10年第三少。从年平均降水量地域分布变化来看，2015年全省各地年平均降水量介于290～634.1毫米之间。大同中部、朔州东部、忻州西北部、太原大部、晋中西部、吕梁南部和临汾大部年降水在400毫米以下，其余地区年降水量基本介于400

～600 毫米之间。与常年相比，山西大部分地区年降水量较常年偏少，北、中部部分地区以及长治局部和运城南部较常年偏多。2015 年冬季(2014.12～2015.2)，山西省平均降水量 12.5 毫米，比常年同期偏少 0.5 毫米，为近 10 年中第三少降水。2015 年春季(2015.3～2015.5)，山西省平均降水量 87.8 毫米，比常年同期偏多 8.6 毫米。2015 年夏季(2015.6～2015.8)，山西省平均降水量 180 毫米，比常年同期偏少 88.2 毫米，为自 1961 年以来历史第三少。2015 年秋季(2015.9～2015.11)，山西省平均降水量 157.9 毫米，比常年均值偏多 50 毫米，为近 10 年以来同期第二多降水。2015 年 12 月，山西省平均降水量 2.0 毫米，比常年均值(3.6 毫米)偏少 1.6 毫米。

年平均气温偏高且起伏较大，夏季气温略偏低，其余季节气温均偏高。2015 年，山西省年平均气温 10.7℃，较常年(9.8℃)偏高 0.9℃，较 2014 年偏高 0.2℃。从历年山西省气温变化来看，2015 年平均气温居历史第五位。从平均气温地域分布变化来看，2015 年全省各地年均气温介于 5.3～14.9℃之间。年平均气温空间分布为由北向南逐渐升高，且中部盆地高于同纬度东西两侧山区。北部大部年均气温在 9℃以下；运城市以及临汾中南部气温较高，在 13℃以上；其余大部分地区平均气温在 9～13℃之间。与常年相比，全省除个别县市的年平均气温略偏低外，其余大部分地区气温均偏高 0.5℃以上。2015 年冬季(2014.12～2015.2)，山西省平均气温－3.1℃，比常年同期偏高 0.9℃，为近 10 年第三高。2015 年春季(2015.3～2015.5)，山西省平均气温 12.0℃，比常年同期偏高 0.7℃。2015 年夏季(2015.6～2015.8)，山西省平均气温 22.3℃，比常年同期均值偏低 0.1℃。2015 年秋季(2015.9～2015.11)，山西省平均气温 10.5℃，较常年均值偏高 0.8℃，为近 10 年以来同期第三高气温。2015 年 12 月，山西省月平均气温－2.3℃，较常年偏高 1.8℃，较 2014 年同期偏高 2.4℃，为近 10 年最高、近 30 年第四高。

年日照时数接近于常年值，秋季日照时数偏少明显。2015 年，山西省平均日照时数 2296.6 小时，较常年偏少 152.7 小时。大同西部、朔州西部、吕梁北部以及太原、晋中交界处年日照时数多于 2600 小时；年日照低于 2200 小时的区域主要集中在南部地区；其余大部地区年日照时数介于 2200～2600 小时之间。全省除少部分县市的年日照时数略偏多外，其余大部分地区年日照时数均偏少 0～250 小时，局部偏少 250～500 小时。2015 年冬季(2014.12～2015.2)，山西省日照时数在 345.2～645.3 小时之间，北部多于南部。2015 年春季(2015.3～2015.5)，山西省日照时数在 523.9～861.3 小时之间，由北向南递减。2015 年夏季(2015.6～2015.8)，山西省日照时数在 379.5～824.2 小时之间。除中南部局部地区及中部个别县(市)日照时数不足 600 小时外，全省大部分地区日照时数在 600 小时以上。2015 年秋季(2015.9～2015.11)，山西省日照时数介于 240.2～559.3 小时之间，北部多于南部。与常年同期相比，全省范围偏少日照时数介于 16～298 小时之间。2015 年 12 月，山西省各地日照时数介于 81.5～221.5 小时之间，除个别地区低于 100 小时外，全省大部日照时数在 100 小时以上，局部地区大于 200 小时。与常年同期相比，全省大部分地区日照时数偏少 50 小时以内。

【2015 年山西省主要气象灾害、气候事件及其影响】 2015 年，山西省年降水量较常年偏少，造成山西省区域性阶段性的干旱和局部洪涝灾害；春季气温冷暖起伏变化大，造成部分地区出现寒潮和霜冻灾害。年内，山西省主要气象灾害及气候事件有干旱、暴雨、冰雹、霜冻、高温、大风、寒潮等，灾害性天气给山西省工农业生产及人民生活造成了一定的影响，其中干旱、暴雨、冰雹和霜冻造成的影响较为严重。

干旱。2015 年，由于降水时空分布不均，山西省发生区域性、阶段性干旱。5 月下旬，山西省部分地区由于降水连续偏少，旱象开始显现并逐步发展，7 月底和 8 月下旬为干旱最严重时期，9 月上旬开始北中部旱情开始缓解或解除，但南部旱情持续。夏季气温高，农作物生长旺盛，需水量大，夏旱有发展快、灾情重的特点。夏季降水持续偏少，造成近年来罕见的持续大范围夏旱。干旱持续期间虽有强降水过程使局部旱情缓解，但部分不具备灌溉条件的地区农作物关键生长期受旱，损失严重，给当地农业生产和人民生活带来了较大影响。据山西省民政厅数据统计，2015 年，山西省因旱造成 676.5 万人受灾，农作物受灾面积 131.9 万公顷，成灾面积 101.7 万公顷，绝收面积 27.5 万公顷，直接经济损失 73 亿元。

7 月，忻州市五寨县降水总量 52.0 毫米，较历年同期 104 毫米偏少 50%；进入 8 月份以后，全县持续干旱少雨，旱情日益加重，持续蔓延。8 月 1 日到 20 日降水总量 24.2 毫米，较历年同期 74.3 毫米偏少 67.4%，8 月下旬降水持续偏少。旷日持久的干旱，使全县遭受较严重的旱灾。全县大部分地区的玉米、谷子、马铃薯、豆类等农作物受灾，对农业生产和人民生活造成了严重影响。截至 8 月 20 日统计，全县受灾 3.2 万户、9.1 万人，农作物受灾面积 3.7 万公顷，成灾面积 3.7 万公顷，农作物减产 60%，造成农业直接经济损失 4.59 亿元。

9月，晋城市降水偏少，月总降水量介于24.7～53.0毫米之间，比历年同期平均值偏少21.2～50.1毫米，晋城降水量仅24.7毫米，比历年偏少7成左右，为近10年降水量最少的一年，也是近20年降水量的次低值，阳城9月份降水量为30.1毫米，也为近10年最少的一年。沁水、高平为近10年的次低值，陵川为近10年的第3低值。由于降水少，全市出现不同程度的旱象，从9月28日的测墒来看，高平、沁水墒情较差，尤其高平20厘米墒情不足50%，出现2厘米的干土层，对大秋作物的生长极为不利。

暴雨。2015年，山西省共有26站次出现暴雨天气，明显少于常年。虽然2015年全省暴雨天气较往年明显偏少，但局地的强降水天气仍然给工农业生产和人民生活造成较大危害。7月，山西省暴雨主要出现在中南部和北部部分地区。暴雨造成全省有6.3万人受灾，1万余公顷农作物受灾，绝收面积为1116.8公顷，全省直接经济损失约1.04亿元，其中农业经济损失为4734.9万元。

7月14～15日，运城市芮城、临猗、永济3站出现暴雨。据民政部门统计，暴雨风雹灾害致使玉米倒伏，经济作物果体受损，农作物受灾面积2120公顷，其中，玉米1277.8公顷，经济作物596.7公顷，经济损失1195万元，涉及受灾人口8200人。

8月1日21时～2日07时吕梁市临县7个乡镇出现暴雨，城区降水量达98.9毫米，白文、城庄、临泉等14个乡镇受灾，全县受灾人口10.2万人，紧急转移安置1230人，饮水困难人口3.7万人；死亡大牲畜80头；农作物受灾面积5375公顷，成灾面积2976公顷，绝收面积1418公顷；淤地坝受损45处；损毁乡级公路、田间道路17.3千米；房屋倒塌117间，严重损坏房屋870间，一般损坏房屋2480间；造成直接经济损失1.78亿元。

冰雹。2015年，山西省共有75站次出现冰雹，明显少于常年，略多于2014年。冰雹天气主要出现在夏季，一般伴随局地的暴雨和大风天气，给山西农业生产和国民经济带来严重损失。

6月4日上午11时25分，忻州市偏关县降冰雹，冰雹最大直径5毫米。据统计受灾面积4132.8公顷，主要受灾农作物为玉米、谷子和黑豆。重灾区60～70%庄稼全部损毁。

7月4日16：40～17：00，大同市阳高县部分乡镇遭受冰雹袭击，雹粒平均直径1厘米，最大直径2～3厘米。共有1970公顷玉米、谷黍、豆类、蔬菜和230公顷杏树等农作物受灾，造成直接经济损失1045万元。7月4日下午大同县峰峪等5个乡镇39个村遭受冰雹灾害，黄花等部分农作物受灾面积8086.7公顷，成灾面积3906公顷，绝收面积402公顷，受灾户6692户，受灾人口3.1万人。

8月23日，运城市万荣、绛县、闻喜、芮城、稷山等县遭受风雹袭击，冰雹最大直径2～3厘米，持续时间约20分钟，受灾农作物主要有玉米、苹果、梨、桃及西红柿、大葱等。此次灾害涉及5县18个乡镇75个村4.9万人，农作物受灾4513公顷，农业直接经济损失4527万元。

霜冻。2015年春季，由于3月山西省大部分地区气温偏高明显，经济林果和农作物生长时间提前，因此在4、5月份出现的霜冻天气给山西省农业生产带了较为严重的危害。

4月12日20时至13日08时，运城市绛县出现霜冻，大樱桃、苹果、中药材、蔬菜、核桃等作物受灾，冻害造成的直接经济损失达7000万元左右。

5月3～4日，大同市全市出现强降温天气，过程降温10℃左右，4日早晨地表最低温度低于0℃，市区、大同县、左云、浑源、广灵最低气温普遍降至0℃以下，大部地区出现霜冻、轻霜冻，对果树和作物幼苗造成一定影响。5月12日早晨，吕梁市岚县河川地段出现轻霜冻，山区出现霜冻，部分地段的早播玉米与仁用杏幼果受到伤害。5月12日，忻州市五寨出现霜冻，受灾人口3.5万人，玉米、谷子、胡麻等农作物受灾，受灾面积为1万余公顷，成灾面积9500公顷。

大风。2015年，山西省共有838站次出现大风天气，少于常年。山西省全年各月均有大风天气出现，4月份出现站次最多，共出现173站次，5月和6月次之，5月共出现156站次，6月共出现139站次。从大风的分布特征来看，夏季以局地性大风较多，春季以区域性大风较多。

高温。2015年，山西省共有461站次出现日最高气温≥35℃的天气，少于常年。日最高气温≥35℃以上天气基本出现在6～8月，7月出现站次最多，达352站次，6月和8月分别出现61、48站次。7月出现天数最多，为16天，其次为8月11天，6月出现7天。

寒潮。2015年，山西省共有5次区域性寒潮出现。范围最大的一次寒潮过程出现在11月22～26日，先后有56个县市出现寒潮天气，占统计站数的52%，其中广灵24小时降温幅度最大，达10.1℃，大同48小时降温幅度最大，达14.3℃。年内单日降温幅度最大的寒潮天气出现在10月8～10日的朔州市，24小时降温达13.2℃，日最低气温为－6.7℃。

汛期强对流天气。8月1～3日，山西省出现入汛以来范围最广、强度最大的降水天气过程，各地过程降水量介于1～150毫米之间，除襄汾无降水外，其余各县（市、区）的过程降水量介于 1.0～149.2 毫米之间，其中永和 149.2 毫米、榆次区 107.5 毫米、临县 103.8 毫米；中部部分地区和南部局部有 16 个县（市、区）过程降水量在 50～100 毫米之间。部分地区由于短时强降水、大风、雷电和冰雹等强对流天气的出现，引发了城市内涝、山洪、地质灾害以及作物倒伏等灾害。

初秋连阴雨天气。9 月上旬，山西省出现两次全省性较强降水天气过程（分别出现在 3～6 日和 8～10 日），各县（市、区）旬降水量介于 19.2～119.0 毫米之间，全省平均为 53.3 毫米。绝大部分县（市、区）旬降水量在 30 毫米以上，其中昔阳和平定超过了 100 毫米。连阴雨天气造成了红枣裂果或落枣，影响了红枣品质和产量。

深秋阴雨雪天气。11 月，山西省出现两次大范围持续性雨雪天气过程。11 月 5～7 日，各县（市、区）过程降水量在 8.6～59.2 毫米之间，全省平均降水量为 28.6 毫米，北中部大部为雪或雨夹雪、南部大部为雨，运城市有 5 个县降水量在 50 毫米以上；有 59 个县（市、区）降水量在 25～50 毫米之间，主要分布在南部和北部。11 月 21～24 日，山西省出现全区性强雨雪天气过程，各地降水量介于 2.1～24.4 毫米之间，全省平均降水量为 10.7 毫米，其中，南部地区有 7 个县降水量在 20 毫米以上。受雨雪天气影响，全省大部分地区出现低能见度和道路湿滑、积雪、结冰的现象，对交通运输和公众出行造成明显的不利影响。另外，阴雨雪天气对设施农业造成了很大的不利影响。

冬季雾霾天气。12 月，山西省多次出现雾、霾天气。其中，12 月 1 日、12 月 4 日至 11 日、12 月 17 日至 18 日、12 月 21 日、12 月 23 日至 26 日、12 月 28 日至 31 日的雾、霾影响范围较大。

【2015 年山西省气候对生产、生活的影响】 气候对农作物的影响。一是冬小麦。2015 年度冬小麦生育期内积温大部偏多，降水和日照大部偏少，期间虽降水分布不均，局部地区出现干旱，但在产量形成的各关键期光、温、水匹配较好，其他灾害性天气影响也较小，农业气象条件对其生长发育及产量形成较为有利。二是玉米。2015 年玉米生育期内光、温充足，降水偏少且分布不均，产量形成关键期受干旱影响较大，气象条件总体上对玉米产量较为不利。

气候对水资源的影响。根据评价指数及所划分等级统计计算了山西省及各地市降水资源。2015 年，全省降水资源量约为 686.2 亿立方米，较累年值偏少 43.8 亿立方米，较 2014 年偏少 144.2 亿立方米。根据降水资源及丰枯标准，山西省 2015 年降水资源总量属正常年份。从各地市降水资源总量分布看，2015 年山西省各地降水资源大部分为正常。全省 11 个地市中有 8 个市属为正常，3 个为枯水。与 2014 年同期相比，11 个地市中有 8 个降水资源减少，3 个增加。其中，大同市、朔州市和阳泉市增加，增加量介于 2.3～3.8 亿立方米；其余地区均减少，以临汾市减少最多，约为 51.8 亿立方米。

气候对人体舒适度的影响。2015 年，山西省舒适日数为 146 天，比累年均值偏多 6 天，较 2014 年偏多 2 天。北部少于中南部地区，其中，晋西北高寒地区舒适日数较少，在 120 天以下；北部大部和中部的东西部部分地区在 120～140 天之间。南部运城大部、临汾盆地较多，在 160 天以上，部分县市达 180 天以上；其余地区介于 140～160 天之间。从各季节历年变化来看，2015 年山西省冬季舒适日数偏少，春、夏和秋季舒适日数偏多，其中夏季偏多较多。夏季全省舒适日数为 80 天，较常年偏多 8 天；秋季全省舒适日数为 27 天，接近常年；春季全省舒适日数为 30 天，较常年偏多 2 天；冬季全省舒适日数为 8 天，较常年偏少 6 天。

气候对交通的影响。2015 年，影响山西省交通的天气事件主要有雾霾、雨雪天气和局地强对流等。一是 2015 年山西省的雾、霾天气出现较多，主要集中在年初和秋、冬季节，不利当地交通运输和人们的出行和身体健康。中部和南部地区以晋中市、阳泉市和晋城市等地出现霾天气最多，部分县在 20 天及以上。进入秋季，静稳天气较多，全省多地出现霾天气，加之年末又是供暖季节，能见度偏低，秋冬季节出现的霾天气对当地的交通运输以及人体健康非常不利。二是年初各地出现的雨雪天气，给道路交通安全带来了不利影响。2 月中旬末，恰逢春节长假，降雪天气又造成了路面积雪及道路结冰，持续时间较长的积雪和道路结冰给交通运输带来不利影响。年中及年末，局部地区由于降水强度大，也造成部分道路积水和交通堵塞，给交通运营及人们出行带来不便。三是阳高县、原平市等地夏季出现的短时冰雹、雷暴、大风等强对流天气，对当地道路交通及出行影响较大。

气候对植被的影响。根据遥感植被指数监测信息，山西省大同、朔州大部、忻州、吕梁西部太原盆地、长治盆地、临汾盆地和运城盆地的部分地区植被指数在 0.2 以下，植被长势相对较差；其余大部地区植被长势相对较好，植被指数在 0.2～0.5 之间，植被长势最好地区主要集中在吕梁山、五台山、太行山等各大林区，植被指数在 0.5 以上。2015 年，全省大部地区的植被长势与 2014 年持平，南部部分地区植被长势略差于 2014 年同期，北部及东部部分地区植被长势略好于 2014 年同期。

气候对林果业的影响。2015年,对林果业影响的气候事件主要有干旱、局地强对流、霜冻和暴雨等。春季末和夏季前期的干旱造成吕梁地区石楼县干果经济林损失1477万元;汾阳县核桃产量受干旱影响约减产6000吨,造成直接经济损失约1.8亿元。夏季局地强对流对北部忻州和南部的运城市的部分地区果林和经济作物影响较大。由于降水偏少,尤其中部地区,森林火险等级较高。春季霜冻致南部运城市和中部的吕梁市部分县经济果林受损。

气候对旅游的影响。2015年,影响人们出行旅游的气象灾害主要有降雪、雾霾、高温、阴雨天气和强对流天气等。年初降雪、雾、霾天气较多,造成道路积冰,空气质量较差,降雪天气又造成了路面积雪及道路结冰,对人们出行影响较大。秋冬季的雾、霾天气也给人们的出行旅行造成不利影响。夏季中后期及初秋的高温、阴雨天气不利于人们出行。而夏初山西省则以晴好天气为主,中、高考结束后是学生和家长们旅游的一个小高峰;中秋国庆假日期间,秋高气爽,景色宜人,气象条件适宜人们外出旅行。

【各项工作稳步推进】 气象防灾减灾服务成效显著。气象防灾减灾组织体系和工作机制不断完善。省预警信息发布中心完成机构组建正式运行。省气象局与省水利厅、农业厅、地震局、旅游局、太原铁路局等单位深化了部门合作,与省联通公司签订了合作协议,召开了气象灾害应急防御部门联席会。气象为农服务“两个体系”建设扎实有效,开展了政策性农业保险气象服务工作,全省各级气象部门开展面向新型农业经营主体“直通式”气象服务,服务对象达1.6万余户,提供关键农时气象服务4万余次。继续实施气象为农服务标准化创建,2015年又有1个县13个乡镇通过了中国气象局为农服务标准化认定。人工影响天气效益明显,全年组织实施飞机增雨作业151架次,地面增雨作业282次,地面防雹作业87次。人工增雨工作被省政府纳入《汾河流域生态修复规划纲要》。圆满完成“9·3”阅兵重大活动保障任务。公共气象服务能力得到提升,规范了全省公共服务产品制作发布业务流程,开发了公共服务产品共享平台。首席天气视频网站开始试运行。各级气象部门充分运用新媒体技术不断拓展气象服务手段和方式,提高公共气象服务覆盖面。

气象现代化建设扎实推进。“十三五”省部合作协议分别通过省政府和中国气象局审定。省气象局与晋中、临汾、阳泉、大同、晋城等市政府签署了共同推进气象现代化合作协议。选取长治、太原市局和寿阳、侯马、浑源、柳林等4个县(市)局开展气象现代化试点建设,在试点基础上全面推进全省气象现代化建设。组织完成山西气象发展“十二五”评估,编制完成“十三五”规划。气象预报预测水平稳步提高,汛期降水预测评分为近年最高,暴雨、大风等灾害性天气预警信号平均提前量达到25分钟。在区域中心指导下,继续推进华北区域数值模式山西应用。加强暴雨强对流天气预报方法研究,开展城市内涝气象风险预警业务和暴雨强度公式编制工作。综合气象观测业务水平不断提高,全省109个站全部实现能见度自动观测,46个站实现降雪自动观测。建成温室气体监测站6个,气溶胶观测站13个,旅游气象监测站13个。吕梁雷达完成建设投入业务运行。推进气象信息化建设,首先对省级气象信息网络资源进行整合。

应对气候变化和生态文明气象服务能力得到增强。配合省发改委、省科技厅等部门开展全省温室气体监测评估工作,推进山西科技创新城温室气体监测评估中心建设。开展气候变化对山西农业、植被、能源、水资源等的影响研究。开展气候资源普查和气候服务工作,完成11项重大建设工程项目的气候可行性论证。加强环境气象预报预警,开展雾霾监测预警服务。

气象改革稳步推进。推进气象行政审批制度改革,14项审批事项列入省级行政审批目录,人员进驻省政务服务审批大厅。继续深化气象服务体制和业务科技体制改革,调整省市县三级业务职能,优化全省业务布局,逐步强化省级核心业务能力、市级专业化服务能力和县级综合气象业务服务能力,初步建立省级指导、市县两级应用的集约化业务布局。不断完善与气象现代化相适应的体制机制,理顺原省观象台、气象影视中心的管理体制,推进气象学会与行政机构脱钩,优化108个县气象局(站)的编制。

气象法治建设全面推进。气象标准化工作有序推进,制定3项气象地方标准,获批2016年行业标准1项、地方标准10项。“山西省人工影响天气防灾减灾公共服务标准化建设”入选国标委试点项目。继续强化气象管理的规范化与科学性,调整优化气象行政、业务、服务等领域规范化管理规则与流程。

(孙爱华)

工业

GONGYE

08

工业

综述

【2015年全省工业经济运行概况】 2015年，全省规模以上工业增加值比2014年下降2.8%，全国排名第30位。分轻重工业看，2015年，轻工业下降2.8%，降幅收窄1个百分点，负拉动全省工业增长0.2个百分点，占全省工业比重7.3%，提高1.1个百分点；重工业下降2.8%，回落6.2个百分点，负拉动全省工业增长2.6个百分点，占全省工业比重92.7%。分隶属关系看，2015年，省属企业增长4.7%，增速回落1.8个百分点，拉动全省工业增长1.4个百分点，占全省工业比重32.1%，提高2.2个百分点；省属以下企业下降4.2%，回落6.3个百分点，负拉动全省工业增长2.3个百分点，占全省工业比重53%，下降2.3个百分点；中央企业下降8.6%，降幅扩大7.8个百分点，负拉动全省工业增长1.3个百分点，占全省工业比重14.9%。分经济类型看，2015年，国有企业下降4.5%，降幅扩大3.5个百分点，负拉动全省工业增长0.6个百分点，占全省工业比重6.1%，下降6.6个百分点；股份制企业下降2.8%，回落5个百分点，负拉动2个百分点，占全省工业比重81.2%，提高8.2个百分点；外商及港澳台企业增长1.3%，拉动全省工业增长0.1个百分点，占全省工业比重9.8%，提高1.2个百分点。分企业规模看，2015年，大中型企业下降1.4%，回落2.7个百分点，负拉动全省工业增长1个百分点，占全省工业比重76.3%，提高4.4个百分点。分区域看，2015年，大同(8.4%)、太原(5.7%)、晋中(5.7%)、晋城(0.8%)和忻州(0.8%)5个市工业增长实现正增长，增速快于全省平均水平；阳泉(−4.1%)、朔州(−5.9%)、运城(−5.9%)、临汾(−7.1%)、长治(−9.9%)和吕梁(−11.9%)6个市工业负增长。

2015年，全省工业固定资产投资增长4.6%。工业投资中，非煤产业投资增长6.6%，增速快于全省工业投资2个百分点，占全省工业投资比重为80.2%，比2014年提高1.5个百分点；传统产业中，煤炭、冶金工业投资分别下降2.8%和10.2%，电力、炼焦工业投资分别增长34.9%、11.8%。

2015年，全省规上企业煤炭产量9.44亿吨，增长0.6%；焦炭8034.7万吨，下降8.4%；生铁3576.4万吨，下降15.1%；粗钢3847万吨，下降11.6%；钢材4267.3万吨，下降9.2%；原铝66万吨，下降20.1%；水泥3564万吨，下降20.6%；氧化铝1272.9万吨，增长17.6%；化肥(折纯)465万吨，增长5.9%。

2015年，全省规模以上工业企业实现销售产值12577.5亿元，下降17%，降幅扩大8.8个百分点；实现出口交货值655.3亿元，下降4.5%，减缓25.9个百分点；工业产品产销率94.4%，下降0.5个百分点。

2015年，省重点监测企业合计工业产值下降13.9%，降幅扩大9.7个百分点。除医药行业企业生产小幅增长外，其他行业企业生产均负增长；医药行业生产增速回落20.9个百分点，轻工行业生产降幅收窄6.7个百分点，煤炭、冶金、焦化、电力、化工和建材等其他行业企业降幅均有所扩大；机电、纺织行业企业产值由正增长转负。

2015年，全省工业企业开工状况较2014年明显回落，上半年开工率基本在84.5%以下水平，进入7月，开工状况逐步好转，11月开工率达到85.6%，为全年最好水平，但12月又出现回落。停产企业占比15.1%，其中煤炭行业停产企业较多，占停产企业总数的48.6%。

2015年，全省发电量2457.4亿度，比2014年下降7%，回落7.7个百分点。2015年，全省全社会用电量1737.2亿度，下降4.7%；全省工业用电1356.5亿度，下降6.6%。除煤炭行业用电小幅增长外，钢铁、有色、化工和电力行业用电均为负增长。全省外送电720.2亿度，下降12.2%，回落15.6个百分点。

2015年，全省铁路货运量5.75亿吨，比2014年下降7.5%，回落11.3个百分点，其中煤炭货运量5亿吨，下降7.5%；其他货运量7529.9万吨，下降9.8%。分路局看，2015年，太铁山西片区货运量4.43亿吨，下降6.1%；北京局山西片运量5282万吨，下降11.5%；郑州局山西片运量7996.8万吨，下降11.9%。

【主要工业行业运行情况】 煤炭行业。产能过剩矛盾突出，低速甚至负增长成为新常态，产销双下降，价格屡创新低，企业经营极为困难。2015年，全省全社会煤炭产量9.75亿吨，比2014年减少139万吨，下降0.1%，其中规模以上企业产量9.44亿吨，增长0.6%；全省煤炭企业商品煤销量8.16亿吨，减少1700万吨，下降2%。煤炭市场总体处于持续下行运行态势，且价格跌幅不断扩大。12月底，秦皇岛港口5500大卡动力煤价格372元/吨，下跌153元/吨，下降29.1%；12月25日，中国煤炭交易综合价格指数(CTPI)为61.3点，下降20.8点，下降25.3%。2015年，煤炭行业实现销售收入5759.7亿元，下降15.8%；实现利润盈亏相抵净亏损152.3亿元。1115户规模以上煤炭企业中657户亏损，亏损面58.9%，扩大8.9个百分点；亏损企业亏损额302.1亿元，增长29.5%。全行业资产负债率76.6%，提高4个百分点。

冶金行业。市场供大于求矛盾突出，生产、消费双下降，且消费降幅高于生产降幅，价格持续探底，行业亏损严重。2015年，全省主要冶金产品中，仅氧化铝产量增长17.6%，其他产品产量均为负增长。2015年冶金行业实现销售收入2713.8亿元，比2014年下降28.5%；净亏损68.5亿元，增亏64.1亿元。516户规模以上冶金企业中261户亏损，亏损面50.6%，扩大12.1个百分点；亏损企业亏损额111.8亿元，增长58.4%。全行业资产负债率77.4%，提高6.6个百分点。

焦化行业。受煤炭、钢铁市场持续下行影响，焦炭量价齐跌，企业生产经营十分艰难。2015年，全省焦炭产量8034.7万吨，比2014年下降8.4%，降幅扩大4.9个百分点；全省出口焦炭851.8万吨(太原海关收发货地口径)，增长11.6%，占全国出口总量的86.5%。受煤炭、钢铁持续弱势运行影响，焦炭价格持续下降，12月末二级冶金焦炭价格550元/吨，下跌330元/吨。2015年，焦化行业实现销售收入776.9亿元，下降24.7%；净亏损80.9亿元，增亏13.2亿元。145户规模以上焦化企业中113户亏损，亏损面77.9%，扩大11.4个百分点；亏损企业亏损额86.1亿元，增长14.5%。全行业资产负债率87.8%，提高2.2个百分点。

电力行业。装机容量持续不断增加，但受宏观经济减速影响，用电需求不足，发电出力受限制约电力行业稳定增长。2015年，电力行业增加值比2014年下降7.6%，负拉动全省工业增长0.8个百分点。截至12月末，全省装机容量6966万千瓦，较2014年底增加660.1万千瓦；发电设备平均利用小时3737小时，减少596小时。2015年，电力行业实现销售收入1458.7亿元，下降8.9%；实现利润121.7亿元，下降7%，销售利润率8.3%，提高0.2个百分点。152户规模以上电力企业中43户亏损，亏损面28.3%，下降2.3个百分点；亏损企业亏损额9.9亿元，下降40%。全行业资产负债率74.5%，下降0.9个百分点。

化工行业。产量小幅增长，市场价格前高后低，且跌至近两年新低；甲醇、PVC等基础化工产品持续低位震荡，全行业连续三年亏损。2015年，全省化肥(折纯)产量465万吨，比2014年增长5.9%，增速加快4.9个百分点，其中尿素产量404.5万吨，增长4.1%；精甲醇产量264万吨，增长2%；聚氯乙烯树脂64.3万吨，下降5.4%。2015年，化工行业实现销售收入740.5亿元，下降12.4%；净亏损11.4亿元，增亏6.9亿元。267户规模以上化工企业中108户亏损，亏损面40.4%，提高5个百分点；亏损企业亏损额42.2亿元，增长19.2%。全行业资产负债率75.8%，提高2.1个百分点。

机电行业。2015年，机电行业实现销售收入1479.4亿元，比2014年下降9.3%；实现利润60.9亿元，增长7%，销售利润率4.1%，提高0.7个百分点。566户规模以上机电企业中171户亏损，亏损面30.2%，收窄0.6个百分点；亏损企业亏损额20亿元，增长26.6%。全行业资产负债率69.7%，下降0.4个百分点。

(石　卉)

煤炭工业

【煤炭经济】 山西以深化煤炭管理体制改革为动力，积极应对煤炭市场运行态势。认真贯彻落实煤炭“20条”“17条”等一系列重大政策措施，加强对煤炭经济运行的分析预测和宏观调控，引导企业科学组织生产经营；加强煤炭企业与电力等用户的长期战略合作，推动落实“三省两公司”协调机制，建立了省内炼焦煤和无烟煤稳定运行协商机制；严格落实国家和山西省一系列煤炭脱困政策，全省煤炭经济保持了平稳发展态势，为全省经济社会发展继续发挥了支撑和基础作用。2015年，全省煤炭产量9.75亿吨，比2014年减少140万吨，下降0.1%；煤矿企业商品煤销量8.16亿吨；销售收入14394.67亿元，增加286.03亿元，增长2%；实现税费577.55亿元，(以上为省煤炭工业厅统计数据)。煤炭行业仍然是全省经济发展和财政收入的主要力量和基础支撑。

【煤炭管理体制改革】 煤炭行业全面贯彻落实省委、省政府深化煤炭管理体制改革的战略部署，全力推进各项改革任务。截至2015年底，煤炭管理体制改革多项任务已经全面完成，改革红利基本落地。清费立税取消、降低和规范涉煤收费项目14项，实施了煤炭资源税从价计征制度；全省煤焦公路销售21项行政授权、9种运销票据和1487个站点全部取消；出台煤炭行政审批制度改革方案，煤矿建设项目行政审批事项从63项精简合并为38项，开办煤矿企业由“六证”简化为“三证”；出台了煤炭资源矿业权出让转让办法。一系列改革措施的实施和突破，为推动煤炭行业科学发展注入了新动力。

【煤矿安全生产】 2015年全省煤矿共发生安全事故33起，死亡77人，煤矿百万吨死亡率为0.079，仍然保持了全国先进水平，全省煤矿安全生产形势实现了由持续明显好转向稳定好转坚实迈进。全行业牢固树立了安全生产“红线”意识，坚决贯彻落实“三个决不能过高估计”“三个敬畏”和“三个越是”的要求，责任意识和底线意识进一步增强；全面实施隐患排查治理、事故约谈、干部带班、“不放心煤矿”挂牌等一系列安全生产制度；进一步强化政府、企业两个主体责任，全面推行承诺制，严格落实挂牌责任制，严格安全生产责任考核和问责，强化“五人小组”日常监管，建立了煤矿应急救援体系；督促企业严格落实主体责任，不断加大安全投入，建立了安全生产长效机制；出台瓦斯防治八项规定，全面实施煤矿瓦斯抽采全覆盖工程；出台防治水“十条规定”，严格监管重组整合矿井，实施了煤矿安全重点县攻坚战；全力推进安全质量标准化矿井建设，2015年全省共有457座煤矿达到二级及以上安全质量标准化；加强安全生产检查，开展“四不两直”专项突查。2015年，全省各级煤炭部门累计开展安全生产执法行动1.4万起，出动人员8.3万次；检查企业9726矿次，下达执法文书1.3万份；共排查出安全隐患35.9万项，其中重大隐患164项，整改率93.9%，促进了煤矿安全生产。

【煤炭生产管理】 全省煤炭行业认真落实国家和山西省“四个严格治理”措施，按照“去产能”的要求，科学调控煤炭产能，制定控制煤炭产能实施方案，提出化解产能的淘汰关闭一批、重组整合一批、置换退出一批、产能核减一批、搁置延缓一批的“五个一批”措施。全面落实生产能力公告和生产要素管理制度，建立了生产要素动态核查机制大力强化煤炭生产管理，截至2015年底，全省登记公告生产煤矿541座。建立打击超能力生产联合执法机制，对煤与瓦斯突出矿井的能力进行了复核；完成了6个集团公司169座煤矿的交换图审查。严格煤矿开采技术管理，出台加强煤层配采管理、特殊条件下开采的技术管理办法，进一步提高了煤炭回采率，全省生产煤矿采区回采率达到80%以上；制定实施了办矿企业、建设施工、煤矿管理、煤矿建设、现代化矿井、安全质量、技术装备、信息化等标准体系，促使全行业走上标准化管理道路。

【深入推进煤炭产业持续健康发展】

煤炭现代化发展。进一步提升煤炭现代化发展质量和效率。加快煤炭建设进度，2015年全行业固定资产投资完成1111亿元，比2014年减少330亿元，下降23%。积极推进重组整合矿井建设，到2015年底，累计完成重组整合矿井初步设计760部、开工建设729座、建成重组整合矿井377座，全部实现了综合机械化开采。加快推进现代化矿井建设，共建成118座现代化矿井，超额完成了年初计划的100座的任务，为安全高效生产、现代化发展奠定了坚实基础。进一步加大重点工程建设力度，58个煤矿建设省重点项目，计划投资238亿元，实际完成350亿元，有力支撑了全省经济的平稳发展。进一步规范煤炭生产管理，全面实行生产能力登记公告制度，加强煤矿配采管理，加强煤矿井下生产布局管理，严格煤矿产能核定，加快生产运行监管信息系统建设。

煤炭转型发展。山西省煤炭行业2015年非煤固定资产投资490亿元，非煤收入9663亿元，非煤经济已成为煤炭经济的重要组成部分。2015年，全省积极推进煤制油、煤制烯烃、煤制天然气等一批转型重大项目，煤焦化、煤气化、煤液化产业链发展进一步加快；以“煤控电、煤参电、电参煤、组建新公司”为新模式，煤电联营、煤电一体化快速推进，省内主力火电企业80%以上实现煤电联营；煤层气产业迅速发展，全年全省煤层气(煤矿瓦斯)抽采量完成102.05亿立方米、利用量完成57.12亿立方米。

煤炭科技创新。重点围绕“安全、清洁、高效、低碳”发展方针，全省煤炭行业全面贯彻落实省委、省政府科技创新的部署要求，加大煤炭科技投入，全力推进煤炭科技创新，深化煤炭科技体制改革。2015年，全省煤炭行业科技创新推进会确定了煤炭科技创新的总体思路，通过科技创新着力破解安全生产、煤炭开采、低碳发展、煤炭改革、煤层气产业、煤炭商业模式、煤机制造产业、煤炭科研队伍建设八个方面的难题，全力推动煤炭产业向“六型转变”。组织编制了《山西省煤炭科技创新战略规划》；继续推进煤矿充填开采工艺，目前，已经选定了矸石固体充填与膏体充填开采技术方案；初步拟定《山西省煤矿井下防爆柴油机无轨胶轮车技术管理标准》。

煤矿可持续发展。山西省煤炭行业进一步构建全省煤矿劳动用工管理体系，积极化解煤矿用工矛盾纠纷，加强煤矿职业病防治，全面推进煤矿变招工为招生，2015年全省煤矿变招工为招生3.7万人，比例达90%以上。举办了三届职工职业技能大赛，全面推行“送教下矿”，健全安全培训考核体系，共培训主要负责人737人，安全生产管理人员2.2万人，特种作业人员7.6万人，其他人员32.6万人，各类专项培训1.5万人，中等学历提升教育入学1.8万人。“十二五”期间，全行业有11个煤矿被列入第二批国家级绿色矿山试点。全省煤炭系统完成造林9200公顷，绿化面积1614.7万平方米。

（王德善）

煤炭运销

【生产经营总体稳定】 晋能集团电力、清洁能源板块稳步增长，分别实现利润7.2亿元、2.2亿元；煤炭生产保持稳定，产量达到7036万吨；贸易物流顶住压力，实现贸易量1.3亿吨；完成营业收入770亿元，利润2.3亿元，资产总额达到2300亿元。在省属煤炭企业中，资产负债率最低，利润总额、净利润排名第一。

【各项工作稳健开展】 安全生产平稳有序。集团严格落实“一岗双责、党政同责”，按照“一落实、双建设、双达标”的要求，不断加强现场管理，2014年煤矿百万吨死亡率0.043，全省0.081。

重点项目扎实推进。2015年，7座矿井竣工投产，8座矿井进入联合试运转，形成新增产能1685万吨/年。国峰、国锦、国金4台煤电机组和嘉节3号燃气机组相继投产，新增装机151.4万千瓦。3个风电项目14.8万千瓦装机实现投产、4个光伏项目33.5万千瓦装机建成。截至2015年底，集团煤炭生产能力7100万吨，投产发电装机458.2万千瓦，在役清洁能源发电装机57.9万千瓦。

人员转岗安置进展顺利。通过内部转岗、内部退养、外部划拨等方式妥善安置2.5万人，占应转岗安置人员的70%。

（杨　蓓）

煤矿安全监察

【全省煤矿安全生产形势继续保持总体稳定的局面】 2015年煤矿百万吨死亡率0.079，继续控制在0.1以下，低于国家局下达的控制指标28.2%，低于全国0.162的51.2%。全年杜绝了特别重大事故的发生。

【事故反弹势头得到初步遏制】 按季度看。2015年一季度发生事故6起，死亡10人。元旦过后20天之内，“1·10”、“1·16”、“1·19”连续发生3起死亡事故，共造成3人死亡。春节前一周，瓦斯、水害相继发威，“2·12”阳煤寺家庄矿发生煤与瓦斯突出事故、3人死亡；“2·13”晋煤天安公司东沟矿发生水害事故、3人死亡。春节后两周，又发生1起机电事故、1人死亡。二季度事故高发，发生事故12起，死亡44人。其中，4月连续发生7起事故，共造成30人死亡，特别是发生了“4·19”同煤姜家湾煤矿重大水害事故，造成21人死亡，成为全国煤矿发生的第一起重大事故；5月份发生3起一般事故，3人死亡；6月发生两起较大事故，1起瓦斯中毒事故、7人死亡，1起水害事故、4人死亡。三季度波动减缓，发生事故7起，死亡10人。其中1起较大事故、3人死亡，6起一般事故、7人死亡。四季度渐趋稳定，发生事故8起，死亡13人。其中1起较大事故、5人死亡，7起一般事故、8人死亡。

按半年看。上半年共发生18起事故、占全年的54.5%，死亡54人、占全年的70.1%，百万吨死亡率0.117；下半年共发生15起事故、占全年的45.5%，死亡23人、占全年的29.9%，百万吨死亡率0.045。下半年比上半年少发生3起、少死亡31人，百万吨死亡率低0.072，降幅61.5%。

【监察执法水平有新提升】 一是扎紧织密思想防线，强化国家监察使命意识。对“使命怎么看、担当怎么办、创新怎么干”进行研讨，统一思想认识，凝聚精神力量。二是扎紧织密责任防线，强化各级责任落实。2015年共查处煤矿事故33起，结案27起，处理事故责任人502人，其中厅级干部7人，处级干部80人，追究刑事责任42人。三是扎紧织密重点防线，强化瓦斯、水害综合治理。组建了瓦斯治理、地面煤层气抽采、防治水"三支专家队伍";对全省瓦斯、水害严重矿井实行重点监控、重点监察。四是扎紧织密监察防线,强化监察执法创新工程。开展了以源头治理为主的"源头式监察"、以教育引导为主的"宣教式监察"、以技术指导为主的"授课式监察"、以责任倒查为主的"审计式监察"、以人情防范为主的"交叉式监察"和以台阶警示为主的"积分式监察"。五是扎紧织密法治防线,强化依法治安。突出加大安全法治宣教力度,大力开展法治企业建设活动;加大动态执法力度,开展"双随机"监察执法和"打非治违"专项行动。把2015年山西发生的6起较大以上事故案例制作成DVD动漫影视片,免费发放、巡回宣讲,收到良好社会效果。

【扎实开展煤矿安全监察】 2015年共完成监察工作日3.5万个,超计划14%;三项监察1582矿次、1.5万工作日,分别超计划9%、7%。全年共查处各类安全隐患1.1万条,督促按期整改1.1万条,其中29条重大安全隐患全部整改完毕;下达各类执法文书5139份,责令停产整顿矿井6对,行政罚款2.28亿元(其中监察罚款3472.4万元);对全省19座非法违法建设煤矿和同煤集团8座越界开采煤矿进行检查,并向省国土资源部门移送了22座矿井(不包括5座自动停建矿井)。

(郭凤美)

电力工业

【2015年山西电网概况】 2015年,山西省调共投产发电机组65台(座/期),容量为7249.6兆瓦。年度新投产容量创历史新高。其中,无接入500千伏电压等级机组;接入220千伏系统机组37台(座),容量6147.5兆瓦;接入110千伏及以下系统机组为28台(座),容量1102.1兆瓦。按照发电机组类型,火电(含燃气机组)16台,容量4710兆瓦(供热机组占比83.9%);风电30座,容量1870.3兆瓦;光伏17座,容量630兆瓦;煤层气2座,39.3兆瓦。无600兆瓦及以上机组投产。

截至2015年底,山西电网总装机容量7.1万兆瓦。按调度单位划分,国调装机容量3300兆瓦,阳城电厂以点对网方式送江苏电网;华北网调直调机组容量5920兆瓦;省调装机容量5.8万兆瓦(其中进入商运容量为5.7万兆瓦);地区小电厂合计容量3933.8兆瓦。省调机组按机组性质划分,光伏电站28座,容量1065兆瓦;风电场68座,容量6688.8兆瓦;煤层气电厂1座,容量120兆瓦;燃气机组9台,容量1845兆瓦(全部供热);水电厂4座(含抽水蓄能)16台,容量2288兆瓦;火电机组167台,容量4.5万兆瓦(其中供热机组112台,容量2.9万兆瓦,占比62.9%;空冷机组130台,容量3.7万兆瓦,占比81.8%。循环流化床机组62台,容量1.1万兆瓦,占比24.1%)。

2015年度,山西电网投运500千伏变电站2座,主变3台,容量3000兆伏安;220千伏变电站投产13座,主变31台,容量3302兆伏安,退役2台,容量170兆伏安;总计投产变电站15座,增加主变32台,容量6132兆伏安。

2015年,山西电网投产500千伏线路6条,均为π接,增加3条,线路长度增加141.3千米。220千伏线路共投产线路75条,线路长度1951.3千米,退役220千伏线路12条,线路长度478.9千米,增加线路63条,线路长度增加1472.4千米。220千伏及以上电压等级共计增加线路66条,增加长度1613.7千米。

截至2015年底,共有220千伏及以上电压等级变电站235座,主变511台,变电容量10.3万兆伏安,其中特高压变电站1座,变压器2台,容量6000兆伏安;500千伏变电站21座(含榆社开闭站),主变39台,容量3.4万兆伏安;220千伏变电站213座,主变470台,容量6.4万兆伏安。

截至2015年底,共有220千伏及以上输电线路717条,线路长度2万千米(不含跨省输电线路)。其中500千伏线路81条,长度5180.7千米;220千伏线路636条,1.5万千米(其中省调线路548条,1.4万千米)。另有跨省输电线路29条,长度3433.7千米。

【国网山西省电力公司经营概况】

企业概况。国网山西省电力公司(简称国网山西电力)是国家电网公司(简称国网公司)全资子公司,属国有特大型企业,以电网规划、建设、运行管理及电力调度、经营等为主营业务,下设11个市供电公司、99个县级供电公司,供电区域覆盖全省除12个趸售县以外的108个县(市、区),肩负着山西省3664万人民电力供应的基本使命,承担着向京津唐、河北、江苏、湖北、山东等地外送电力的重要任务,服务客户约958.6万户,拥有资产718.13亿元,员工2.9万人。2015年,受经济增速放缓影响,国网山西电力完成省内售电量1305.06亿千瓦小时,比2014年下降4.9%;外送电量300.37亿千瓦小时,下降12.5%。

电网建设与发展。2015年,国网山西电力共完成电网建设项目投资133.48亿元,比2014年增长30.4%,创历史新高。其中:特高压项目完成投资21.76亿元,500千伏项目完成投资12.52亿元;220千伏项目完成投资35.10亿元;110千伏项目完成投资19.56亿元;35千伏及以下项目完成投资45.22亿元。

新开工工程96项，线路长度2335千米，变电容量1055.3万千伏安，其中：500千伏变电容量400万千伏安，线路670千米；220千伏变电容量360万千伏安，线路861.6千米；110千伏变电容量295.3万千伏安，线路803.4千米。全年投产工程72项，线路长度2489千米，变电容量830.5万千伏安，其中：500千伏变电容量300万千伏安，线路151.6千米；220千伏变电容量318万千伏安，线路1495.8千米；110千伏变电容量212.5万千伏安，线路841.6千米。

列入国家大气污染防治行动计划的“两交三直”特高压工程全部核准开工，灵州——绍兴（山西段）直流全线架通。着眼新型综合能源基地建设，落地山西的电网投资突破170亿元，创历史之最。特高压、电网建设分别列入全省十大标志性工程、十大重点投资领域。500千伏“西通道”等重点工程加快建设，500千伏龙城站、桐乡站等一批重点工程顺利投产，新增220千伏及以上变电站15座、变电容量613.2万千伏安，线路66条、长度1613.7千米。中部电网实现南北分区运行，短路容量超标、区域全黑风险有效化解。2015年农网改造升级工程全部投运，新增工程全面开工，35.7万户“低电压”问题得到治理。参建的1000千伏哈密——郑州直流线路荣获国家优质工程金质奖，500千伏兴县变电站、吕梁——兴县线路荣获国家优质工程奖，±800千伏灵州——绍兴（山西段）、500千伏运城东线路夺得国网公司安全质量管理流动红旗，220千伏天湖变电站荣获“中国安装之星”。

安全生产。认真贯彻国家、国网公司安全生产工作部署，扎实开展安全大检查和缺陷隐患整治，层层强化责任落实，全面管控各类风险，积极应对恶劣天气频发、保供热与风电消纳矛盾突出等多重考验，未发生一般及以上人身、电网、设备事故和恶性误操作事故，实现基建安全“零死亡”、工程质量“零缺陷”。建立省市县三级全覆盖安全督察（纠察）体系，派出人员1.6万人次，覆盖现场7655个，查纠违章1179起，确保了作业现场安全有序。以电网年度运行方式为统领，深入开展电网滚动分析，推行二次设备精益化管理，调度运行管理评为国网公司系统标杆。常态开展风险分析预警，全省500千伏变电站实现集中管理，开启无人值守模式，加强重要站线运维，圆满完成抗战胜利70周年等重要保电工作。建成7座观冰站和自动气象站，成功应对3次大范围雨雪冰冻突发灾害。

营销工作与优质服务。积极应对售电增长乏力、投入持续增加、成本刚性增长的严峻形势，全面落实“两增”措施，千方百计提质增效。大力增供扩销，净增业扩报装容量973.4万千伏安，比2014年增长8.3%；推广实施电能替代项目434个，增售电量43亿千瓦小时；配合开展大用户直接交易，完成电量161.75亿千瓦小时；短时支援交易电量98.89亿千瓦小时。全力增收节支，积极争取电价财税政策支持，趸售电价与燃煤标杆上网电价“倒挂”问题得以解决，燃气、煤层气以及脱硝、除尘、超低排放等电价矛盾足额疏导，首次实现外送电市场化定价。

围绕山西省“六大发展”，发挥责任央企表率作用，落实工业减负措施，主动对接重点工程，及时满足供电需求。积极消纳清洁能源，最大接纳风电441万千瓦、光伏56万千瓦，创历史新高。电力交易平台率先实现单轨运行，交易全业务线上运作。推行“一证办理、一站式服务”业扩报装新模式，精简手续流程，低压、高压客户接电时间分别缩短20%、5%。贯通营配调数据，实现站、线、变、箱、表、户信息实时交互和同步更新。开展营业厅全天候远程互动服务，推广应用移动互联服务平台，及时满足客户需求。

科技与信息化。编制完成国网山西电力“十三五”科技规划。“十三五”时期，国网山西电力科技创新工作立足山西省委省政府“三个”基地（建设京津冀清洁能源生产供应基地、国家级的新型综合能源基地和全球低碳创新基地），围绕公司电网发展“送得出、供得畅、用得好”的总要求，充分发挥科技创新的引领支撑作用，集中力量建设1～2个国网公司重点实验室，在特高压交直流电网运行、新能源并网安全和消纳、电网防灾减灾、输变电设备智能巡视检修（影像分析）及带电作业等方面实现科技新突破。

2015年，国网山西电力获省部级科技奖8项（其中国网公司科技进步奖和山西省科技奖各4项），其中一等奖2项、二等奖2项、三等奖4项。省检修公司“超特高压输电线路带电运检一体化关键技术及装置的研究与应用”获山西省科技一等奖。2015年，国网山西电力科技成果指数9.71分，在国网26个省市公司排名第23位。全年共申请专利775项，其中申请发明专利330项；授权专利650项，其中授权发明专利112项；登记软件著作权30项；发表论文750余篇。

（龙　云）

冶金工业

【2015年山西省冶金工业发展概况】 2015年底，全省有规模以上冶金工业企业516户，其中黑色金属工业企业405户，有色金属工业企业111户。冶金工业职工总数23.2万人，比2014年减少3.8万人，其中黑色

金属工业企业18.2万人，减少3.4万人；有色金属工业企业5万人，减少0.4万人。已形成生产能力：粗钢6283万吨、生铁6280万吨、钢材6018万吨、铁合金278万吨；精炼铜20万吨、电解铝112万吨、金属镁70万吨、氧化铝1580万吨。粗钢产能100万吨以上企业21户（其中200万吨以上企业13户），氧化铝产能100万吨以上企业7户。

【主要指标完成情况】 2015年，粗钢完成3847万吨（全国排名第五位，占全国的4.8%，比2014年减少0.5个百分点），比2014年下降11.6%，比全国降幅多9.3个百分点，其中太钢不锈钢产量401.8万吨，增长5.6%；生铁完成3576万吨（全国排名第五位，占全国的5.2%，比2014年减少0.5个百分点），下降15.1%，比全国降幅多11.6个百分点；钢材完成4267万吨（全国排名第七位，占全国的3.8%，减少0.4个百分点），下降9.2%，比全国增长0.6%低9.8个百分点；铁合金完成177万吨，下降5.2%，比全国降幅多2.6个百分点。十种有色金属完成104万吨（全国排名第八位，占全国的2%，减少0.5个百分点），下降14.6%，比全国增长5.8%低20.4百分点；精炼铜完成18.1万吨（全国排名第十二位，排名前移一位，占全国的2.3%，增加0.5个百分点），增长25.2%，比全国增幅高20.4个百分点；电解铝完成66万吨（全国排名第十位，排名后移一位，占全国的2.1%，减少1.3个百分点），下降20.2%，比全国增长8.4%低28.6个百分点；镁完成19万吨（全国排名第二位，占全国的22.6%），下降19.4%，比全国降幅多18.6个百分点；氧化铝完成1273万吨（全国排名第三位，占全国的21.6%，提高2.7个百分点），增长17.6%，高于全国增幅8个百分点。

2015年，钢铁主要产品进出口（按收发货所在地）51.69亿美元，占全省进出口总额的30%。进口商品中铁、锰、铜、铬矿砂及其精矿占进口总额的51%，其中：进口铜矿砂及其精矿21.9万吨，比2014年增长87.6%；进口铬矿砂及其精矿111.8万吨，增长114.5%。出口商品中钢材占出口总额的70%，出口钢材154.2万吨，增长2.3%，其中不锈钢出口72.8万吨，增长17.6%。出口镁及其制品（包括废碎料）25万吨，增长3.2%。

2015年，全省规模以上冶金工业企业主营业务收入2713.8亿元，比2014年下降28.6%，占全省的18.9%，减少3.1个百分点。其中钢铁工业2163.1亿元，下降32.8%；有色金属工业550.7亿元，下降4.7%。实现利税−22.6亿元，下降139.2%，其中钢铁工业−46.6亿元，下降185.2%；有色金属工业24亿元，增长727.6%。实现利润冶金全行业净亏损68.5亿元，增亏72.9亿元，亏损面50.6%，增加20.1个百分点，其中钢铁行业实现利润由2014年盈利7.7亿元转为亏损77.3亿元，净减少85亿元；有色行业由亏损12.1亿元转为盈利8.8亿元，净增加20.9亿元。

【冶金工业运行情况】 钢铁行业运行更加困难，有色行业运行有所好转。2015年，受产能过剩、经济增速放缓影响，粗钢、生铁、钢材下降幅度在10%左右；原铝、金属镁下降幅度在20%左右，下降幅度均高于全国。由于投产项目的达产达效，精炼铜和氧化铝增幅在20%以上，其中精炼铜净增加3.6万吨；氧化铝净增加370万吨。

原燃料价格走低、产品价格更低。2015年末铁矿石价格指数160.5点，比2014年下降92.6点，降幅36.6%。钢材价格已连续4年下降，2015年跌幅加大，曾出现断崖式下跌。钢材综合价格指数由年初的81.9点下跌到56.4点，下降25.5点，降幅31.1%。从品种上看，板材下降幅度大于长材，其中板材价格指数由83.9降至56.8点，降幅32.4%，板带材及管材价格下跌超过1000元/吨；长材价格指数由81.4降至56.9点，降幅30.1%，长材价格下跌超过800元/吨。铜、铝、镁现货年均价分别为4.1万元/吨、1.2万元/吨、1.3万元/吨，分别下降16.8%、10.2%、11.7%。

融资难、融资贵，资金短缺，造成企业停产或减产。由于产品价格长期在低位运行，且持续下跌，原材料价格下跌幅度低于产品下跌幅度，且时间滞后，成本价格倒挂，钢铁全行业由2014年盈利7.7亿元转为亏损77.3亿元。海鑫钢铁、酒钢翼钢、永恒工贸、文水海威、同煤新大钢铁、东方铝业等企业停产；太钢、首钢长钢、中阳钢厂、山西兆丰铝业等减产。产能过剩，价格断崖式下跌，企业效益不佳，获取资金更加困难，成本更高，冶金行业亏损面达到50.6%，多数企业处于亏损或微利边缘，企业面临生存危机。

能源、资源组合优势未得到有效发展。煤电铝化材一体化格局尚未形成，能源资源优势没有转化为产业优势，大量电解铜、氧化铝、金属镁以基础原料形式流出，造成资源和能源的双重流失。

产品同质化，企业经济效益差。冶金企业普遍装备水平低，技术水平差，产品技术含量低，产品附加值少，企业经济效益差。建筑用材占到全部钢材总量的60%以上，同质化竞争激烈；铜、铝、镁以初级产品为主，加工及深加工产品很少，高附加值、高技术含量产品更少，铜、铝、镁产业谈不上竞争的优势。

【企业转型跨越发展】 积极做好新投产项目的达产达效工作。(1)中条山有色金属集团有限公司50万吨多金属矿综合捕集回收技术改造项目，围绕产品提质、节能降耗等深入开展科技攻关和技术创新活动，2015年生产精炼铜11.5万吨，超出设计产能11.9%。北方铜业铜矿峪矿以“精细化管理年”为契机，挖掘潜能，激发活力，自我加压，提前一个月完成全年生产任务，继2013年二期工程达产达标以来的又一次历史性的新跨越。(2)中铝交口兴华科技有限公司打造世界级铝基新材料基地，一期35万吨/年铝基新材料建成投产。生产、建设、研发齐头并进，先后产出“双五”氢氧化铝、低钠氢氧化铝和砂状氧化铝等产品。(3)山西华兴铝业、山西复晟铝业坚持系统寻优、对标管理，积极解决基建遗留问题，实施全流程系统消缺。生产组织强化调度管控，开展全面对标，促进关键指标持续优化。营销系统加强外部供应协调，主动组织大宗原燃物料进厂，为实现安全、稳定、均衡、高效生产创造有利条件。

转型升级项目进展顺利。(1)2015年11月，山西中铝华润有限公司成立暨揭牌仪式在太原举行，标志着吕梁轻合金基地建设进入新的里程，公司致力于构建矿产开发—电力电网—轻合金加工—综合利用—路港物流一体化产业链，实现各环节合理匹配、产业链协同，打造大型现代化产业基地。一期计划投资31.7亿元，建设50万吨/年轻合金项目及局域网，配套2×66万千瓦低热值煤自备电厂。(2)中条山有色金属公司年处理150万吨铜精矿综合回收项目的安评、环评及入园工作进展顺利。12月该项目通过可研报告。该项目计划总投资92.82亿元，建成后年产阴极铜30万吨。项目采用氧气底吹熔池熔炼+转炉吹炼+回转式阳极炉精炼+电解精炼工艺流程，具有技术先进成熟可靠、对原料适应性好、高效节能、环保条件好等优点。项目建成后，将有力地提升中条山集团的品牌竞争力，为中条山集团的可持续发展注入新的活力。(3)中铝山西分公司投资2.99亿元，以5组高压溶出机组和6台熟料窑产能为基础，通过对局部薄弱环节进行改造和优化，实现节能、降耗、减排、消除安全环保隐患。项目实施后，可促进提高能源效率，降低生产成本，提升整体盈利水平，年节汽78万吨，年节煤4.6万吨，折合标煤11.6万吨；产生经济效益1.43亿元，实现利税3600万元。(4)太钢高速铁路用钢技术改造、原料场改造项目建成投产，峨口铁矿露天转地下开采工程、袁家村铁矿采矿接续工程、太钢碧水源公司膜材料、太钢集团先进材料工程技术研究院等重点项目按计划节点有序推进。首钢长钢焦化项目一期工程全面铺开建设，2号焦炉砌炉工作已进入收尾阶段。同德铝业100万吨氧化铝、东方希望晋中铝业100万吨氧化铝、中铝交口兴华科技二期50万吨铝基新材料、山西信发化工110万吨铝及铝加工项目进展顺利。

兼并重组和股权转让取得突破。(1)2015年9月，运城市中院裁定建龙集团子公司吉林钢铁有限责任公司作为并购主体重整海鑫钢铁集团，成立山西建龙钢铁有限公司，海鑫钢铁集团破产重组取得重大进展。(2)山西同德铝业有限公司股权设置事宜，同煤集团所持40%股权保持不变；华宇集团、深圳东英世纪投资有限公司将各自30%股权转让给山东信发集团。2015年9月，哈尔滨工程大学与瑞格镁业产学研合作基地挂牌；万丰奥特与八达镁业签订战略合作协议，双方的合作将实现优势互补，更好引领镁产业发展。

【降本增效与节能减排】 降本增效。(1)太钢集团扎实推进以市场为导向、以创造价值为中心的管理机制和流程变革，撬动内部和外部的活力杠杆，加快由生产经营型向价值经营型转变，拉开了新一轮深化改革的帷幕。面对严峻的钢铁行业形势，一只眼睛“盯”市场，瞄准附加值高的产品；一只眼睛“盯”成本，尽可能地将生产成本降下来。(2)首钢长钢变安全高库存为经营低库存，建立生产库存预警机制，期货、现货并行采购矿粉，强化原燃料、中间产品、产成品库存管控，加大库存滞销材处理力度。存货资金占用降低4.19亿元，降幅36.7%，6个月以上滞销材实现零库存。全年内部挖潜增效4.84亿元。(3)中阳钢厂提出了以品种钢战略、钢铁电子商务平台、“家门口”市场为驱动力，进一步优化产品结构、加速资金回笼、降低购销成本，促竞争力提升，抓住成本、质量两条主线不放，吨钢成本再降50元。(4)晋钢集团坚持“以市场为中心，向质量要效益”的导向，先后中标晋蒙黄河大桥、长临高速公路及蒙华铁路工程等国家、省级重点项目工程。大力推进精细化管理，实施全员降本增效。(5)中铝山西分公司全面开展“全成本、全员分析”活动，加快推进管理改革措施，主动实施弹性生产，清仓利库，盘活、处置闲置资产，实现增收节支降本。在做好内功的同时，积极利用国家和省出台的优惠政策。如积极参与政府组织的发电企业与用电企业直购电交易，电解铝电费较2014年降低0.155元/千瓦时，有色企业全年节约电力成本近8亿元。

节能减排。(1)2015年，太钢利用生产过程中产生的余热新增500万平方米集中供暖面积，已成为太原市重要的热源厂之一。太钢的钢渣综合利用项目是全球技术最先进的钢渣综合利用项目，也是我国第一个钢渣肥料制造项目。太钢建设的城市生活污水处理中心，回收处理周围居民的生活污水，“每天能从污水中‘捞回’4万立方干净水”，积极参与城市污水处理，促进多元发

展。太钢生产过程产生的固体废弃物全部综合利用，工业废水基本实现无外排，各类污染物排放大幅降低，形成了"低能耗、低污染、低排放、高效益"的"固、液、气"三大循环经济产业链，为都市型钢厂的绿色转型走出了一条新路。(2)首钢长钢实施了9号高炉TRT改造、转炉二次除尘风机变频改造、烧结环冷机烟气余热发电、高炉煤气管道喷碱设施、高炉返矿运输皮带等项目，完成11个系统67台水泵节能改造。"三废"基本实现循环利用。(3)立恒钢铁集团注重发展循环经济和节能减排工作，先后配套建设了高炉余压、烧结余热、焦炉煤气发电，废渣处理和废水循环设施，实现资源能源高效利用。(4)山西华泽铝电狠抓电解精细管理和精细操作，以稳定电解生产为目标，扎实开展内外部对标活动，各项技术条件达到较好匹配水平，主要技术指标持续优化。自2014年11月份以来，该公司铝液交流电耗持续在中铝电解铝企业排名第一。2015年7月，由华泽铝电提供技术支持和服务的中铝系统内兄弟企业的铝灰处理系统、阳极保护环系统、再生冰晶石系统开始进入设备招标阶段。(5)山西华圣铝业创新、开发和应用一系列新节能技术，包括新式阴极钢棒、磁流体稳定技术及铝电解槽立体密封保温技术等多项先进技术降低产品的综合能耗；通过采用合同能源管理节能效益分享模式，对部分能耗较大设备进行节能改造。(6)中条山有色金属集团有限公司对新引进的底吹熔炼炉和转炉进行多次工艺完善，采用环境集气处理脱硫系统和接触法双转双吸制酸工艺，对底吹炉、转炉等设备周围的溢散烟气进行回收利用，对制酸后的尾气采用活性焦吸附脱硫处理，整个工艺从根本上减少了对环境的各类污染，三废排放优于国家规定的环保指标。

【发展互联网＋，实现效益最大化】 (1)太钢大力开展钢材电子商务，拓展了撮合竞价、挂牌交易等多种电商销售模式。同时，还拓展销售渠道，为客户提供物流、在线支付、在线融资等增值服务。2015年，太钢营销部继续优化电商平台功能，新增加了物流配送功能，实现了交易配送一体化，在原有现货交易的基础上又实现了期货交易功能。(2)立衡钢铁借助互联网力量，先后开发了电商销售、电商物流、电商集采平台，并推行无人门房、无人磅房和在线支付、在线结算等项目，钢铁电商以其高效、快捷捕捉信息等特点，不仅为企业带来客观的效益，提高了诚信度，同时还依靠自身品牌优势，成为区域市场风向标，让企业受益无穷。(3)首钢长钢借助总公司平台，积极推进电商采购和销售工作，直供直销比例达40%以上。加大与地方政府的协商洽谈，获得太原市城建委地铁项目等重点工程项目订单。

【科技成果丰硕】 冶金科学技术奖(4项)。太钢高性能超及奥氏体不锈钢系列板材关键工艺技术及产品开发获二等奖。太钢微细粒铁矿全寿命废石筑尾矿(库)坝关键技术研究与应用、大型烧结机微细颗粒全精矿烧结关键技术的开发与应用、特殊钢钼合金化工艺技术开发与研究获三等奖。

中国有色金属工业科学技术奖(9项)。中条山有色金属集团有限公司参与的特厚大矿体高效连续自然崩落法开采技术研究；中铝山西分公司参与的中国有色工业安装工程质量验收及评定系列标准；中条山、中铝山西分公司、山西铝厂参与的轻、重有色金属冶炼国家职业标准开发及其员工技能水平评价中的应用获一等奖。中铝山西分公司氧化铝大型搅拌机槽高性能搅拌技术的研发与应用；中条山有色金属公司参与的中华人民共和国有色金属行业标准（冰铜）获二等奖。山西华泽铝电铝灰；山西华圣铝业铝电解槽低电压生产技术；中铝山西分公司种分槽内新型降温设备浸没式板式换热器开发应用和回转筒轴向弯曲计算分析技术创新获三等奖。

山西省科学技术奖（14项）。中条山有色金属集团有限公司铜冶炼副产品及中间产品中稀贵金属综合回收利用研究；山西华圣铝业有限公司铝电解槽母线分流及修补技术开发与应用、铝电解槽低电压生产技术；太钢高炉冲渣水直接换热余热回收技术开发及应用、黑色冶金过程废水资源化循环利用技术及应用等十二项。

【技术与管理创新】 (1)太钢集团坚持客户导向，强化科技创新，加大科研力度，加快品种质量优化和工艺技术攻关，不断培育壮大优势产品集群。①2015年3月，由太钢生产的移动式压力容器用不锈钢顺利通过了锅标委技术评审，成为全国首家取得认证资格的企业。太钢是国内首家开发成功第3代核电堆内构件用特种不锈钢材料的唯一生产厂，也是国内首家通过美国机械工程师、材料组织核电体系认证的企业。同时在国内率先开发成功AP1000用高强度不锈钢复合板，并在国内独家开发出我国自行设计的第三代核电示范堆CAP1400项目用双相不锈钢板材，加快了中国第三代核电站用钢关键材料的国产化进程。成功轧制出国内最薄的热轧水电用钢，填补了国内超薄热轧水电用钢的空白，通过热轧工艺的优化实现省去冷轧环节，一举扭转了我国水电用该钢种长期依赖冷板的局面。"以热代冷"的生产过程能耗更低、排放更少，将助力我国水电用钢领域实现绿色新突破。②太钢研发生产了超超临界百万千瓦核电用硅钢，成为国内率先生产厚涂层高牌号冷轧硅钢的厂家，实现了超超临界百万千瓦核电发电机组硅钢材料国产化。在由欧盟、中国、美国、日本、俄罗斯、韩国、印度7方参加建造的国际热核聚变实验堆（ITER）计划中，太钢率先开发成功超低温用不锈钢钢板、锻件、钢管、异形挤压件等特种材料，成功生产出大厚度铜＋不锈钢复合板，为该项目提供了优质的配套材料。③瞄准石油化工行业发展机遇，加快研发和生产大口径、高强度、超低温、耐腐蚀、强韧性特种钢材，在油气勘探开采、油气输送、油气储罐等领域得到广泛应用，成功替代进口，并打入国际市场。在国内重大工程项目亮相的同时，太钢高级别管线钢出口形势向好，已出口至加拿大、印度、土耳其等20多个国家，保持国内钢企高级别管线钢最大供应商和技术领先地位。④解决了耐蚀合金800在冶炼、连铸和轧制中的一个个难点，成为继日本企业之后，世界第二家能够进行连铸生产该钢种的企业。(2) 银光集团生产的有关产品通过了由沈飞集团组成的专家组的技术评审和现场评价，标志着山西银光华盛镁业股份有限公司已正式成为沈飞集团的合格供应商。开发的镁合金压铸件、挤压型材、棒材、板材等产品，广泛应用于交通、电子信息、休闲运动器材、航空航天和军工武器装备等领域。(3) 首钢长钢2015年生产锚杆钢、Q345H型钢、品种钢共62.2万吨，占钢材总量的25.6%。中阳钢铁全力以赴开发新品种钢，用高附加值的产品提升企业核心竞争力，走“高、精、尖”路线，以“做专、做精”为指导，开发冷墩钢、弹簧钢为目标，向汽车、铁路、桥梁使用的标准件加工等领域推进，形成了较强的差异化竞争优势。

（康建基）

机械电子工业

【2015年山西机械电子工业发展概况】 2015年底，山西机电工业共有规模以上企业566家，资产总额2313亿元，从业人员24.3万人。全年完成工业增加值441.6亿元，比2014年下降1%；实现主营业务收入1479.4亿元，下降9.3%；实现利税99.2亿元，增长4.4%；实现利润60.9亿元，增长6.3%。机电产品全年出口332.3亿元，增长5.8%，占全省出口的63.5%。

【科技成果及新产品】 *科技成果。*(1)2015年3月，太重集团研发的“6400吨液压复式起重机”项目顺利通过山西省科技厅组织的科技成果鉴定。该起重机解决了我国在超大型细长件整体吊装施工领域的瓶颈，具有显著的经济效益和社会效益，推广应用前景广阔。(2)5月，太重获得一项由韩国授权的专利，名称为“三辊连轧管机及其主减速机”，此项专利系太重第一项在国外获得的专利。(3)5月，由山西煤矿机械制造有限责任公司承担研发制造、我国首套经过井下工业性实践验证、核心部件全部国产化的综采工作面智能型输送系统通过成果鉴定。项目达到国际领先水平。(4)10月，中国中车永济电机公司应邀赴韩国昌源参加2015年国际质量管理小组大会，在会上进行了《提高动机车电机定子产品电气性能》QC课题发表，并荣获最高奖项金奖。(5)10月，中国中车大同电力机车有限公司承担的“大轴重机车关键技术研究及HXD2F型电力机车研制”项目通过中国中车组织的科技成果鉴定，鉴定意见表明，该项成果达到国际领先水平。(6)11月，由中国工程机械工业协会主办的“BICES中国——第三届国际工程机械及专用车辆创意设计大赛”上，由太原科技大学徐格宁教授指导，3名学生设计的作品多节臂多向铲挖掘机，在众多参赛作品中脱颖而出，荣获二等奖。和普通挖掘机相比，这款挖掘机具有多节臂、多向铲的特点，大大增加了挖掘机的灵活性和精确性。(7)太重4项科研项目获2015年机械工业科学技术奖项，分别是6400吨液压复式起重机研制荣获一等奖，薄壁类零件三辊轧机架的加工工艺的改进获二等奖，加压移动床气化炉布煤破粘系统研究与应用和延长磨齿机金刚轮使用寿命的方法两项获三等奖。(8)12月，在北京举办的中国第四届能源经济论坛上，太重煤机公司研发制造的智能型千万吨煤炭综采成套设备荣获“中国能源装备十大年度创新产品”称号。(9)在中国质量协会组织的2015年全国实施用户满意工程推进大会上，经纬纺织机械股份有限公司榆次分公司斩获中国质量协会最高奖项“全国实施用户满意工程先进单位(标杆企业类)”殊荣，其主导产品细纱机和精梳机被授予“全国用户满意产品”荣誉，属纺机行业唯一获奖的企业和产品。

新产品。(1)2015年2月，中国中车大同电力机车有限公司具有完全自主知识产权、设计并制造的中国首台30吨轴重和谐2F型电力机车在瓦日铁路长子南——平顺间的重载综合试验取得圆满成功，标志着我国重载铁路机车技术跻身世界先列。(2)4月，特大型环类锻件在太重集团公司锻造成功，标志着太重在超大型筒类锻件锻造领域达到国内先进水平。此项产品工艺难度大、质量要求高，控制难点多，无论是尺寸还是重量都已接近了125MN油压机的锻造极限。(3)6月，由中国北车永济电机公司研制的第一套35立方米高原电铲车电机组顺利交

付。该高原型电机组适用于西藏5500米海拔地区野外工矿等恶劣环境，可以满足零下30摄氏度到零上30度的温差变化。(4)7月，太原重工浇铸成功特大的立柱型铸件。该铸件重达565吨，创新了大型铸件的世界纪录。(5)8月，山西康宝集团在长治发布了自主研发成功的智能机器人。这是山西省企业生产出来的首款机器人。(6)10月，太原重工制造的225MN单动卧式短行程铝挤压机在天津制造基地成功下线。225MN单动卧式短行程铝挤压机是目前世界最大的单动短行程卧式压机，由该公司自主设计制造，拥有完全自主知识产权。(7)10月，长治康维尔输送带有限公司为台湾客户生产出总长28千米，亚洲最长的输送带。该条输送带已经顺利通过德国DIN输送带标准，成为山西省唯一一家通过该标准的企业。

【产品认证】 (1)2015年4月，太重锻造分公司生产的1万箱集装箱船用轴系锻件获得全球最大的船级社——挪威船级社(DNV)的认证，并获得挪威船级社总部颁发的工厂认可证书。(2)11月，山西晋能清洁能源科技有限公司获得由中国质量认证中心(CQC)颁发的第一批光伏领跑者认证，这标志着山西省光伏组件产品已获得国家第三方权威认证机构的认可并成为行业标杆。

【重点实验室】 2015年10月，国家科技部公布第三批75家企业国家重点实验室名单，太重矿山采掘装备及智能制造国家重点实验室榜上有名。矿山采掘装备及智能制造国家重点实验室是太重第一个国家重点实验室，此次获得批准，表明太重在矿山设备领域的技术创新能力有新提升。

【重点投资项目】 (1)2015年3月，“百日百项工程”晋煤集团金鼎公司永磁电机制造项目开工建设。项目概算投资2亿元，将在2018年完成生产线联合调试，并正式投运。项目达产后，每年可生产永磁电机1万千瓦，以及所需的配套变频器，实现销售收入4亿元。(2)9月，太重榆液长治液压有限公司高性能液压产品自主化产业基地建设项目在康庄工业园区正式奠基。该项目是2015年确立的省、市重点建设项目之一，由太重集团榆次液压工业有限公司投资兴建。总投资5亿元，产品主要包括转向叶片泵、中高压齿轮泵等，广泛应用于汽车工业、工程建设、农业机械等行业。项目建成投产后，将形成年产液压件150万件的生产能力，可实现年销售收入6亿元、利税7000万元。(3)12月，太原重工新能源装备有限公司风电整机及关键零部件智能化工厂项目开工建设。该项目以智能化为核心进行规划设计，全面优化了工艺流程，信息化与工业化深度融合。项目总投资20亿元，建成投产后可满足年产500台1.5—3兆瓦风机的智能化生产需要；2020年追加工艺设备后，产能将提升至年产1000台，将有力提升太重风电产业竞争力。(4)12月，吉利汽车山西新能源汽车产业化项目竣工仪式在山西晋中隆重举行，这意味着山西省首条全流程轿车生产线正式投产。项目达产后可新增销售收入75亿元，新增利润7.6亿元，新增税金5.1亿元，提供就业岗位1200个。

【市场开发】 (1)2015年4月，在2015中国上海国际轨道交通展览会上，由中国北车永济电机公司完全自主研发制造的350千米中国标准动车组牵引电传动系统参展，被冠名“中国标准”动车组的动力之源。中国北车此次参展的和谐D3D型大功率交流传动客运电力机车、和谐N3B型大功率交流传动内燃机车、自主化和谐2型电力机车、30吨轴重和谐2F型大功率电力机车、CRH380C高速动车组、CRH380B高速动车组、GMC16A型钢轨打磨车等都配属了永济电机的电传动系统产品。(2)5月，由国家发改委和外交部联合主办、中国贸促会承办的“中国装备制造业展览”在巴西里约热内卢开幕。中国北车集团大同电力机车有限责任公司最新研制的和谐2F型电力机车，作为我国第一代大轴重电力机车和世界重载铁路技术发展的最新成果，在本次展会上精彩亮相。(3)6月，第20届广州国际照明展举办，长治高科作为全国LED行业排头兵，携LED封装、显示屏、电视白板和照明等产品参展。(4)10月，由俄罗斯联邦交通部主办的2015年俄罗斯国际铁路工程技术展览会在莫斯科举行，永济电机公司作为中国中车股份公司重要的电传动装置生产企业参展，对350千米标准动车组进行了宣传推广。(5)11月，在墨尔本举办的澳大利亚铁路工业展上，中车大同电力机车有限公司的3款铁路重载明星产品同时亮相，分别是有铁路“重载王”美誉的新型和谐2型电力机车、30吨轴重和谐2F型电力机车和出口欧洲的中白货运2型电力机车。(6)2015年第四季度，晋能清洁能源科技有限公司向位于巴基斯坦旁遮普省的900兆瓦光伏地面电站项目供应50兆瓦组件。该地面电站由中兴能源有限公司投资建设，项目被列入中巴经济走廊优先实施项目，是“一带一路”重点开局工程之一。

【对外合作】 (1)2015年11月，由中国中车永济电机公司、日立永济电气设备(西安)有限公司与西安市地下铁道公司联合开展的具有世界先进水平的地铁车辆异步牵引系统项目方案在永济电机公司通过了由中国科学院、清华大学、中南大学、港铁公司、香港电车公司、法国VE-

OLIA集团等单位的11名院士、专家组成的评审委员的方案审查。该方案的通过，将从根本上降低我国地铁公司运营、维护的成本，更加先进、可靠、成熟的新一代地铁异步牵引系统的问世也确保了地铁车辆更加节能、安全和舒适，加快了我国地铁异步牵引系统研发技术跻身世界前列的步伐。(2)12月，省委书记王儒林、省长李小鹏在太原会见了比亚迪股份有限公司董事局主席兼总裁王传福一行，并出席省政府与比亚迪战略合作框架协议、太原市与比亚迪投资协议签约仪式。发展新能源汽车是推动节能减排、实现国家能源安全和产业结构转型升级的重要途径，发展新能源汽车产业对于山西产业转型、节能减排、改善生态、提高电力消纳能力具有重要意义。

（姚文举）

国防科技工业

【2015年山西国防科技工业经济保持平稳发展】 2015年，山西国防科技工业面对持续加大的经济下行压力，在克服困难中奋力前行，军工经济保持了良好的发展态势。全年实现销售收入420亿元，比2014年增长8%；完成工业增加值86亿元，增长9%；军工总资产614亿元，增长3%；职工年均收入5.2万元，增长9%。

【全省军品科研生产任务圆满完成】 2015年，全省国防科技工业坚持保重点、保节点、保质量、保交付，承担的以"9.3"阅兵装备研制保障为代表的军品科研生产任务圆满完成，全行业未发生重大质量问题。全省军工核心能力进一步提升。探索和完善科技创新体制机制，制定《关于加强国防科技工业科技创新的实施意见》，年度获得国家科技奖4项，国防科技奖19项，省科学技术奖2项，获得山西省国防科技工业科技创新奖21项，申请专利956项。积极推动扩大"民参军"规模，制定山西省扩大"民参军"规模的指导意见，积极搭建"民参军"服务平台，组织召开民口配套科研项目指南发布会3次，征集项目17项，新增山西钢科碳材料有限公司等5家"民参军"企业，年内新增军品配套企业5家。汾西电子公司、山西华洋吉禄科技股份有限公司在"新三板"上市，太原钢铁公司T800H碳纤维工程化研制项目成功挤进国家T800H碳纤维项目"市场化竞赛"，取得航天组中的性能检测得分第一、综合实力得分第一，航空组性能检测得分第一、综合实力得分第二的优异成绩。

【着力体制机制创新，军民融合深度发展】 编制完成《山西省国防科技工业军民融合深度发展"十三五"规划》，形成全省国防科技工业改革发展特别是军民融合深度发展的路线图。大力推进40个重点军民融合产业项目建设。总投资206亿元，推进瓦斯发电机组、轨道交通装备、高效高压永磁同步电动机、北斗导航产品、煤层气钻采设备等5个优势产品市场化、产业化，达产达效将新增销售收入432亿元；助力结构优化升级，通过3000万元专项资金重点支持8个军民结合项目发展。大力推动产业基地建设。制定落实《山西省创建军民结合产业基地创建实施办法》，重点推进太原轨道交通及装备制造工业园等9个军民结合产业基地建设，积极谋划6个新的产业基地建设，形成产业聚集效应。山西省人民政府与国家国防科工局签订推进山西军民融合深度发展的战略框架协议，全面推进山西省军民融合示范区建设。在"2015年中央企业山西行"活动中，山西省政府与中国兵器工业集团公司、中国船舶重工集团公司、中国电子科技集团公司签署深化战略合作协议，签约17个项目，投资170亿元。持续加强军工与各市横向协调，完善、夯实与太原、大同、长治、晋城、临汾等市建立军民融合发展协调推进机制，省国防科工办与太原市委、市政府共同发文，深化协同机制与产业合作，进一步提升了国防军工在地方经济社会发展中的贡献度和显示度。

【实施五个重大专项，战略新兴产业发展空间不断拓展】 一是高分辨率对地观测，高分山西应用中心正式挂牌运行，与省农业厅、省国土资源厅、省环保厅等相关厅局和企业、院校对接，开展了森林生物物种检测、土地变更调查监测、矿山生态环境监测等系列项目应用。二是北斗卫星应用，与省公路局协商合作北斗地基增强系统"一张网"建设，组织开发运煤车辆监管、矿区地表形变监测预警等北斗技术应用项目，向煤炭厅、交通等重点领域拓展。三是高端装备智能制造，着力推进重点产品攻关，轨道交通、煤层气发电、节能电机、秸秆综合利用等一批产品实现新突破，特别是中国电子科技集团公司第二研究所微电子组装智能装备试点示范项目被国家工信部列为2015年全国46项智能制造试点示范项目之一，成为山西唯一入选项目。煤层气发电机组项目通过大量调研论证和集中攻关，新产品完成研制，准备在阳煤试点运行，将对发展山西省煤层气产业产生重大推动作用。四是"两化"融合，全面推进贯标，山西汾西重工有限责任公司成为国家试点。五是信息安全，与中国电子科技集团公司合作，共同筹划建设华北总部，打造山西网络安全产研基地，整体工作正全面推进。

【不断引深“四项工程”】 积极推动军工科研院所改革改制，全力推进大集体改革。2015年，对全省14家军工企业的76个厂办大集体及“三供一业”分离移交工作进行调研摸底，涉及总资产3.66亿元，总人数1.4万余人，加强大集体改革政策、措施研究与对接，山西汾西重工有限责任公司、长治清华机械厂进入实质操作阶段。

推动企业管理水平提升。贯彻中国制造2025和互联网＋战略，积极推进关于提升企业管理水平指导意见的落实，各企业以优秀行业标杆为榜样，成立专门机构加强发展战略研究，加强生产经营管理、财务资产管理、科技创新管理、风险控制管理，通过工业机器人、ERP生产协作系统等信息化手段的大范围应用，实现流程再造，降低生产成本，培育新型生产方式。

加强文化品牌建设。省国防科工办召开“弘扬军工精神 纪念抗战胜利70周年”座谈会和军工文化教育基地工作会议，加强推动军工文化建设，山西北方机械制造有限责任公司“军工文化教育基地”、长治清华机械厂“军工文化建设示范单位”和淮海工业集团有限公司“黄崖洞兵工厂旧址群”挂牌。鼓励企业创新营销模式，加大品牌推广力度，积极参与“著名商标”申请活动，提升企业形象。山西新华化工有限责任公司“新华”品牌入选“中国品牌”，并登陆被誉为“世界第一屏”的美国纽约时代广场纳斯达克大屏幕，彰显了山西军工品牌价值。

加强人才队伍建设。全省军工系统人才制度不断完善，高层次领军人才不断增加，人才专业结构更加合理，企业活力和后劲进一步增强。在省第五届职工职业技能大赛中，山西军工代表队获得2个工种团体第一名、1个工种团体第三名和2项个人第一名、1项个人第五名，1项全国职工职业技能大赛个人第14名的好成绩。

【依法加强监管，军工质量、安全生产、安全保密工作水平进一步提高】 坚持军品质量第一。进一步完善武器装备科研生产工艺管理，加强过程控制，加大责任事故追究，全系统形成质量问题“零容忍”文化氛围，企业质量管理进一步规范化、法制化，全行业未发生重大质量问题。

全力抓好安全生产。全面贯彻中央和山西省委、省政府关于安全生产的决策部署，始终保持高压态势。采取“四不两直”形式，开展军工、民爆行业安全生产大检查和隐患排查治理，做到零容忍、全覆盖。全年领导带队排查整改隐患116项，各单位自查整改隐患2184项，整改率100%。加强安全标准化建设，全年累计投入安全技改资金13.6亿元，极大提高了企业本质安全度。与此同时，通过严格事故责任追究，强化应急预案、开展教育培训、现场会观摩、应急救援演练等多种形式，增强全员职业安全素质。全系统安全生产形势稳定，圆满完成了省政府下达的安全生产控制指标和工作目标。

强化军工安全保密监管。狠抓反奸防谍和保密责任制落实，加强保密宣传教育和涉密载体管理，全系统涉密人员教育培训达到人均15学时以上，完成了13家单位的保密资格审查认证、12家单位保密复查工作和16家涉密业务咨询服务单位的备案工作，安全保密基础不断夯实，全年未发生失泄密案件。

【加强民爆安全监管，民爆行业平稳发展】 2015年，全省民爆行业紧紧围绕结构调整、技术进步、安全生产标准化建设和安全监管等重点工作，扎实开展“管理巩固年”、安全大检查等活动，各项工作取得明显成效，全省民爆行业安全生产继续保持平稳态势。全年实现工业总产值20.6亿元，比2014年下降21.8%；销售总值19.7亿元，下降22.1%；实现利税3.89亿元，下降34.3%；实现利润1.8亿元，下降37.9%；生产工业炸药30.1万吨，下降21.2%；销售30.2万吨，下降20.8%；生产工业雷管8768.3万发，下降21.8%；销售8724.5万发，下降19.8%。

2015年，全省民爆行业认真开展“管理巩固年”活动，巩固精细化管理成果，安全管理水平显著提高。持续推进科技进步，企业安全投入近1.6亿元，完成了5条生产线的技术升级改造，其中，焦煤集团的乳化炸药生产线技术实现了连续化、自动化、智能化，达国际先进水平。持续优化产品结构，不断创新服务方式。同德集团、金恒集团将地面生产线炸药产能置换为现场混装炸药产能；中煤平朔公司14万吨地面站搬迁项目和江兴公司1.5万吨太钢袁家村地面站项目建成投产，为用户提供了安全、高效、节约国家鼓励和推广的“一体化”爆破服务，有力地支持了全省经济发展。持续完善达标考评标准，严格安全生产标准化考评工作，安全生产标准化水平进一步提升。全省9家生产企业和13家销售企业达标。持续强化主体责任，与全省20家民爆企业全部签订安全生产责任书，并向政府公开作出承诺。扎实有效开展“安全生产月”活动，按照“全覆盖、零容忍、严执法、重实效”的总要求，开展隐患排查和专项治理工作，收到较好的效果。

（赵登斌）

化学工业

【2015年山西省化工行业经济运行基本平稳】 截至2015年底，全省

规模化工企业225户，资产总计1310.5亿元，比2014年增长2.9%；主营业务收入702.5亿元，降低12%；利润总额-11.2亿元；企业亏损额40.6亿元，增长17.6%。行业经济下行压力进一步加大，受国际原油价格持续下跌影响，煤化工行业主营业收入进一步降低，利润下降。

2015年，化工行业固定资产计划投资2185.5亿元，比2014年增长9.2%；实际投资559.8亿元，下降18.1%；施工项目389个，增长25.1%；新开工项目267个，增长37.6%；竣工项目297个，增长58.8%。与2014年相比，固定资产投资增速放缓，原因是市场倒逼产能过剩行业减少投资，产能过快增长势头得到遏制；新施工项目增幅加大，行业结构调整加快，行业发展正从规模式增长向内涵式增长转变。

2015年，山西省重点企业的部分化工产品生产情况因市场环境开工率不足，与2014年相比，主要产品有轻微上涨，行业经济运行总体保持平稳态势，但行业效益仍不乐观。合成氨、化肥、甲醇保持平稳增长，合成氨（无水氨）产量535.9万吨，增长2.7%；化肥总计（折纯）产量464.9万吨，增长5.9%；甲醇产量264万吨，增长2%；纯苯增幅明显，产量21.2万吨，增长57.6%。其他重点产品如电石、离子膜烧碱、聚氯乙烯、子午线轮胎等均出现不同程度下滑，电石产量33.5万吨，下降25.4%；离子膜烧碱产量43.9万吨，下降0.3%；聚氯乙烯树脂产量64.3万吨，下降5.4%；子午线轮胎产量153.2万条，下降1.8%。

【产业现状】 煤化工。2015年，全省合成氨产能650万吨，居全国第三位；化肥产能1200万吨，其中尿素产能1000万吨，居全国第二位；甲醇产能550万吨，居全国第五位。潞安集团、晋煤集团分别建成煤制油和甲醇制汽油（MTG）示范装置，并积极建设百万吨级工业化项目；阳煤集团年产百万吨乙二醇项目（一期）、昔阳氯碱项目和化工新材料园区基本建成；同煤集团建成60万吨/年甲醇项目。

炼焦化产品加工。焦炉煤气化工利用方面，现有焦炉气制甲醇产能270万吨，居全国首位；尿素产能152万吨，合成天然气产能2亿立方米，均居全国前列。煤焦油加工能力和焦化粗苯精制能力居全国首位，其中煤焦油加工能力278万吨，产品主要有超高功率电极、针状焦、专用炭黑等20余种；粗苯精制能力66万吨，主要产品有苯、顺酐、富马酸、噻吩等。

盐化工。山焦盐化公司无机盐总产能220万吨；无水硫酸钠产销量世界最大；硫化碱、硫酸钡、硫酸镁等产销量均居全国第一；日化洗涤用品总产能52万吨，品牌价值、产销量位居全国前列。氯碱化工方面，现有烧碱产能85.5万吨，聚氯乙烯产能76万吨。

精细化工。翔宇公司的橡胶防老剂、青山化工公司的荧光增白剂产能规模、技术水平和市场占有率处于行业领先地位；三维集团的聚乙烯醇和1,4-丁二醇、天脊集团的苯胺、山纳集团的氯丁橡胶等产品，在国内具有较高知名度；太钢集团建成国内首条T800级聚丙烯腈基碳纤维生产线，填补多项国内空白。

【产业布局】 晋东基地依托当地丰富的无烟煤资源，以晋煤集团、阳煤集团、潞安集团、天泽集团等企业为龙头，形成了全国最大的高浓度氮肥和复合肥生产基地；以潞安集团煤制油和晋煤集团MTG项目为核心，形成了现代煤化工示范基地。晋中（南）基地依托优质焦煤资源和焦炭产业基础，形成了以阳煤集团、焦煤集团等企业为龙头的炼焦化产品深加工基地，以山焦盐化、三维集团、青山化工、翔宇化工为代表的精细化工集聚区。晋北基地依托煤炭资源、黄河水资源、盐碱地资源等优势，建成了同煤集团塔山园区和阳高化工新材料循环经济园区，同煤集团煤制天然气和烯烃项目进入实质推进阶段。

【技术创新】 截至2015年底，全省大型化工企业均建立了科研技术中心，行业拥有省级企业技术中心25户、行业技术中心2户，天脊集团等5户企业技术中心被认定为国家级技术中心，潞安集团组建了国家煤基合成工程技术研究中心。山西省集聚了中科院山西煤化所、赛鼎工程公司等一批知名的化工研究设计机构，在相关领域的科研实力达到国内先进水平。

【产业优化】 培育壮大新兴产业。科学发展现代煤化工，以煤炭分质分级利用为方向，从生产燃料、原料向生产材料转变，优先规模化发展煤（甲醇）制烯烃、芳烃、乙二醇等新材料产品，稳步适度发展煤制油、气等能源转化产品，鼓励发展焦煤、煤气联产精细化学品。推动化工装备制造业上规模、上水平，构建具有市场竞争力的产业体系。

改造提升传统产业。鼓励现有化工企业，以促进转型升级、提升竞争力为主攻方向，运用现代科技装备，加大技术改造投入，不断延伸产业链，降低物料消耗成本，全面提升行业发展的质量和效益。

加快两化融合步伐。加强信息化与工业化的深度融合，以“互联网+化工”模式，推动建立化工企业物联网、行业信息管理平台等，推进化工企业信息化建设，加快智能园区建设，提升化工园区信息化水平。

【产业管理】 一是加强经济运行监测，继续深化行业管理。针对当前化工行业下行压力突出的情况，深入企业开展调查研究，密切监测生产、价格、效益等运行指标，及时发现苗头性、倾向性问题，研究提出有针对性的对策措施。二是妥善处理好化解过剩产能与稳增长的关系。一方面坚决遏制新增产能，加大落后产能淘汰力度和在建项目监督力度；另一方面大力支持先进企业实施技术改造、产品调整、两化融合等有利于内生增长的投资。三是大力实施创新驱动。加快建立以市场为导向、企业为主体的“产学研用”技术创新体系，加强标准建设，突破一批核心、共性和关键技术；加快培育化工新材料、生物化工等战略性新兴产业。四是加强企业管理。引导主要煤化工企业通过开展对标活动等形式，优化生产要素配置，提高能源资源的利用效率，保障化工生产装置的长、稳、安、满、优运行。积极倡导和推进责任关怀，引导企业关注安全、关注员工、关注社会，履行社会责任，树立企业、行业良好形象。

（张　平）

建材工业

【建材工业经济运行情况】 经济指标呈全面下滑态势。2015 年，山省建材工业面临经济下行压力持续加大，全社会固定资产投资及房地产开发投资增速双双减缓，建材产品市场需求持续萎缩以及主要传统建材行业普遍产能严重过剩，市场竞争日益激烈以致市场恶性竞争的势头在全省不断蔓延泛滥的严峻形势，全省建材工业主要经济指标持续呈现全面下滑的态势。

主要产品产量普遍下降。2015 年，全省建材工业规模以上工业企业产品销售收入 166.1 亿元，比 2014 年下降 24.2%。全年全省统计的 17 种主要建材产品产量中，有 3 种保持增长，14 种出现不同程度下降，主要大宗的建材产品产量均呈大幅下降的趋势。其中水泥产量 3564.7 万吨，下降 20.6%，比 2013 年最高峰时的 4985 万吨下降 1420 万吨，降幅达 29%；水泥熟料 2247.7 万吨，下降 33.2%；平板玻璃 1400.8 万重量箱，下降 20.3%；商品混凝土 720 万立方米，下降 24.5%；砖 11.16 亿块，下降 47.1%；花岗石建筑板材 211.6 万平方米，下降 27.4%。2015 年只有陶瓷砖、玻璃纤维纱和预应力混凝土桩这三种主要建材产品保持了增长。

建材产品出厂价格在低位震荡。近年来，山西省的水泥等建材产品出厂价格普遍比全国的平均价格要低，近三年来随着市场的持续萎缩低迷，售价更是普遍跌入低谷。尤其是 2015 年水泥价格全省多数地区一直在低位震荡甚至持续破位下行，晋北、晋南、晋东南、吕梁等地的矿渣 32.5 袋装水泥售价普遍在 160 元/吨左右，最低售价仅 130 元/吨，太原及周边地区的普通 42.5 散装水泥出厂价格也仅在 200 元/吨左右，各地的水泥熟料售价也普遍低于或接近成本线。浮法玻璃售价每重量箱仅 51 元左右，已处在盈亏平衡点以下。其他如墙体材料、建筑陶瓷、耐火材料、水泥制品等产品售价也普遍在低位徘徊。

行业经济效益大幅度下滑。自 2013 年以来，山西省建材工业一直面临愈来愈严峻的经济运行形势，呈现出越来越严重的全省行业性亏损的局面。2015 年，全省建材行业规模以上的 254 户工业企业实现利润总额为－18.8 亿元，比 2014 年增亏 9.3 亿元；亏损企业亏损户 130 户，亏损面达到 51.2%，增亏 8 户；亏损企业亏损额 24.9 亿元，增亏 7.6 亿元。主要建材行业的经济效益均呈现出全面下滑的态势，其中尤以水泥工业的经济运行下滑态势最为严重，对全省建材行业的不利影响也最大。2015 年全省水泥行业产品销售收入 60.7 亿元，占全省建材工业比重的 36.5%，下降 34%；实现利润总额－21 亿元，比 2014 年增亏 9 亿元；亏损企业 64 户，亏损面高达 79%，亏损企业亏损总额 21.5 亿元，占到全省建材行业亏损总额的 86.3%，增亏 7.6 亿元，增长 54.8%；当年山西省的水泥行业亏损总额已占到全国水泥行业亏损总额的 10%，已成为全国亏损情况最严重的省份。其他主要行业中：建筑与技术玻璃制造业近两年一直呈现行业性亏损，2015 年行业亏损面 66.7%，实现利润－1.22 亿元，减亏 0.38 亿元；混凝土与水泥制品业 2015 年亏损企业亏损面 44.4%，亏损企业亏损总额 0.91 亿元，增长 46.3%；建筑陶瓷制品制造业亏损企业亏损面 28.6%，全行业实现利润－270 万元，减亏 2022 万元；砖瓦及建筑砌块制造、石灰石、石膏开采、黏土及其他土砂石开采、轻质建筑材料制造、建筑用石开采与加工业等行业经济效益下滑情况均较为严重，利润出现增长的只有玻璃纤维及制品制造等少数行业。2015 年全省规模以上建材工业利息支出 11.3 亿元，增长 5.9%；全省建材行业资产负债率 79.2%，增长 7.8 个百分比，远远高于全国建材工业资产负债率 53.9% 的平均水平，建材企业经营困难的状况在日益加剧。

【固定资产投资完成保持增长】 2015 年，全省建材行业完成固定资产投资 375.3 亿元，比 2014 年增长 8%，高于全国建材行业 6% 的平均增速。其中水泥制造业 2015 年完成固定资产投资 28.6 亿元，增长 9.5%，目前全省还有 9 条新型干法水泥生产线在建，其中 7 条为日产 5000 吨熟料的规模（当年已有 3 条日产 5000 吨熟料生产线基本建成并投入试生产）。山西仍为全国少数还在大量投资建设水泥生产项目的省份。目前全省保持较大规模投资的行业还有砖瓦及建筑砌块制造、石灰和石膏制造、砼结构构件及水泥制品制造、建筑用石开采及加工、石灰石、石膏、黏土及其他非金属矿开采、轻质建材制造、平板玻璃及技术玻璃制造、隔热和隔音材料制造等，主要还是利用山西省的部分非金属矿产以及工业废渣资源优势的传统建材及非金属矿开采与初加工产业。山西的绿色建材、新型建材及无机非金属新材料的新上项目投资完成额占比仍较低，但占比明显在逐步增大。

【全行业面临的严峻形势以及存在的问题】 *经济下行压力在持续加大，市场需求持续走弱。*自2013年下半年起，主要受煤炭价格大幅下跌等因素的影响，全省经济受到下行压力持续加大的严峻考验。2015年山西省生产总值仅增长3.1%，全省规模以上工业增加值按可比价格计算下降2.8%，全省固定资产投资和房地产开发投资增速分别为14.8%和6.5%。主要是近年来山西省煤焦冶电等传统能源原材料产业产能严重过剩，需求持续疲软，增量扩能空间受限，工业经济下行压力持续加大。当前，房地产业和铁路、高速公路等建设明显减缓，一些大型基础设施建设和产业项目建设进度普遍滞缓，固定资产投资增速与前些年相比明显下滑，导致连年以来主要建材产品市场需求持续下降。2015年的市场形势尤显低迷，产品市场需求乏力使多数建材企业无法满负荷正常生产，企业开工率严重不足，产能利用率普遍较低，尤其对水泥、混凝土及水泥制品、建筑与技术玻璃、建筑用石、砖瓦及建筑砌块、建筑陶瓷等行业影响更为突出。

*产业结构依然失衡。*历经多年的快速发展，山西省的水泥、平板玻璃、陶瓷、墙材、耐火材料等传统建材产业所占比重仍较大，仍存在结构不优，质量不高的矛盾，对资源和环境的压力巨大，且多数企业对科技研发普遍投入较低，整体技术进步驱动力不足，产品同质化严重，核心竞争力不足，行业利润率偏低。代表未来市场需求和技术发展趋势，并能够带动整个行业发展的先导性、支柱性、可持续的建材新兴产业比重依然较低。

*主要产品产能严重过剩。*水泥、建筑陶瓷、墙体材料、耐火材料、商品混凝土和其他水泥制品以及平板玻璃等行业近年来产能增长过于迅猛，导致出现全省各区域的产能过剩，市场竞争日趋激烈。近年来，山西省水泥产能增长过于迅猛，2009年至2015年山西省新增水泥熟料产能4607万吨，新增水泥产能7678万吨，每年平均新增和释放水泥产能已超过1000万吨。目前全省共有水泥工业生产企业146户（其中水泥粉磨站84户），水泥熟料总产能6005万吨，水泥总产能1.27亿吨（熟料生产企业兼有水泥产能7141万吨，水泥粉磨站产能5588万吨）。另有仍未被淘汰但近两年一直停产的20户水泥企业的水泥窑（其中有6户改为只粉磨水泥）和18户水泥粉磨站的共计522万吨水泥熟料产能及1423万吨水泥产能未计算在内。2015年全省水泥产量3564.7万吨，按1.27亿吨水泥产能计算产能过剩率达到257%（全国水泥产能过剩率为45%左右），产能利用率仅为28%；2015年全省水泥熟料产量2247.7万吨，产能过剩率为167%，产能利用率仅37%，远远低于全国67%的水泥产能利用率平均水平。山西省水泥产能过剩情况之严重，和产能利用率之低均已属全国之最。目前山西省仍有在建大型新型干法水泥熟料生产线9条，另还有拟建新型干法水泥熟料生产线12条，需求走低与新增产能持续叠加，将持续加剧水泥产能严重过剩的矛盾。

*建材产品市场竞争普遍激烈且无序。*市场需求萎缩加上部分产品产能全面过剩，促使市场竞争异常激烈，近年来水泥、平板玻璃等主要建材产品销售价格普遍持续下降，并普遍出现赊销竞争的局面。各地的水泥及熟料售价普遍均已低于或接近成本线，导致全省各地水泥市场无序生产、恶性竞争的局面频现，价格战呈现愈演愈烈的趋势。墙体材料、建筑陶瓷、耐火材料、水泥制品等行业也面临同样的低价倾销，无序竞争的局面。

【建材行业办主要工作】 *加强行业管理，促进转型发展。*一是搞好规划协调工作。向省经信委上报了《山西省建材产业三年推进计划（2015～2017）》和《山西省建材产业2015年行动计划》；提交了关于《山西制造2025》向省经信委有关建材产业的反馈意见；提交了《山西省水泥行业质量品牌总体情况报告》；配合省经信委编制“十三五”规划，提交了《“十三五”无机非金属材料发展规划思路》。二是进行行业指导，提出产业发展建议。向省经信委提交了关于《关于征求山西利虎玻璃（集团）有限公司年产200万套汽车安全玻璃生产线项目意见的函》的复函；受省经信委委托对铁三局一处水泥厂和长治市八一水泥厂进行了淘汰落后产能现场核查；组织专家对西山煤电（集团）有限责任公司水泥厂和山西昌盛水泥有限公司进行了符合产业政策确认工作；提交了关于山西省水泥产业有关数据及山西光明恒基建材有限公司的相关情况；对省经信委下达的2015年山西省企业技术创新项目计划中的建材项目，负责检点落实了各个项目的前期准备工作及实施工作。三是负责本行业及重点企业经济运行情况的实时监控和统计分析，按季度对全省建材工业经济运行情况进行分析和形势预测，并及时通过山西省建材网、《山西省建材工业协会会讯》向社会公布。按照省经信委经济运行局要求搞好行业经济运行分析上报工作。四是加强质量管理。印发了《关于2014年度全省水泥企业化验室合格证年度考核情况的通报》。下半年组织了2015年度全省水泥企业化验室年度考核工作和换发证工作。五是做好职业技能鉴定工作。省机冶建材工会与机电、冶金、建材行办共同在全省机冶建系统联合开展“五比五争”劳动竞赛活动。六是努力抓好技术创新。积极组织并对企业上报的《赤泥——固硫灰加气混凝土砌块的制备研究》等4个创新项目进行初审、论证，上报省经信委，列入“2015山西省技术创新项目库”。七是依托山西建材协会搞好行业服务。依照省民政厅《关于做好涉企社团收费清理规范工作的通知》要求，及时进行全面梳理并于2015年4月14日上报了协会涉企收费自查报告，协会经研究决定免收96户困难会员企业的2014年度会费22.5万元。依照国家人社部有关规定及时上报了内设在协会的山西省建材特有工种职业技能鉴定(013)站的《职业技能鉴定许可证》的换证申请材料，并与国家建材行业职业技能鉴定指导中心签订《职业技能鉴定质量管理责任书》。全年举办了三期水泥企业化验室检验员上岗培训班，共培训考核人员110多人。继续组织参加环渤海地区建材行业最具影响力企业、知名品牌企业和诚信企业的评选推荐工作。向中国建材联合会推荐上报3户百家节能减排示范企业和两户转型升级向纵深转折百家优秀企业。向中国水泥协会推荐上报获评2014年全国水泥企业优秀总工程师1人。全年出刊《山西省建材工业协会会讯》6期，并负责《山西省建材网》的网站日常管理和信息上传工作。协会积极响应国家工信部、中国水泥协会、各省市工信部门与行业协会以及广大水泥企业在我国北方冬季采暖地区推动实行的水泥错峰生产行动，配合泛华北地区六省市的冬季水泥错峰生产联合行动(2015年1月15日至3月15日)，在全省分五个片区积极落实自律停窑行动并取得一定成效。

*积极推进下属企事业单位改革和发展，努力抓好破产工作。*一是按照晋办发〔2015〕40号文，上报了所属企业情况。二是积极稳妥办理建材行业办持有山西晋牌水泥集团有限公司股权划转国资部门的事宜。三是提出了破产企业规划和供销公司破产计划。四是积极抓好省建材供销公司的关闭破产工作。

（樊　江）

医药工业

【2015年山西医药工作发展概况】 2015年，山西省医药工业克服企业成本增加和GMP认证的压力，保持相对平稳的增长速度。主营业务收入169.36亿元，比2014年增长4.1%；实现利润17.23亿元，增长12.9%；利税26.89亿元，增长7.6%。截至2015年末，全省规模以上医药制造企业84家，占全省规模以上工业企业的2.3%，占全省消费品行业规模以上工业企业的16.8%。

2015年，山西省医药工业排名前10位的龙头企业主营业务收入达到125.11亿元，占全省医药工业总主营业务收入的73.9%。分别为：山西振东集团、亚宝药业、国药威奇达、国药威奇达中抗、山西康宝生物药业、山西普德药业、山西德元堂药业、同药集团、山西太行药业、山西广生医药等，其中主营业务收入超10亿元的企业有5家。

2015年，山西省医药企业上亿元品种共25个，分别是：6－氨基青霉烷酸(6－APA)、丁桂儿脐贴、阿莫西林、复方苦参注射液(5ml)、连翘、静注人免疫球蛋白(pH4)、药用空心胶丸、硝苯地平缓释片(Ⅰ)、清开灵注射液、人血白蛋白、青霉素钾、苦参、生脉注射液、消肿止痛贴、克拉维酸钾微晶纤维素(1∶1)、舒血宁注射液、双歧杆菌乳杆菌三联活菌片、阿莫西林钠克拉维酸钾无菌粉(5∶1)、西洋参片、土霉素、胶体果胶铋胶囊、连翘、枳术宽中胶囊、比卡鲁胺胶囊和银杏达莫注射液。

【“十二五”期间山西医药发展概况】 2015年是“十二五”收官之年，“十二五”以来山西省医药工业发展和全国医药工业发展趋势基本一致，由原来依靠政策红利的高速增长期转为2011～2013年政策调整行业分化加剧的多空交织期，再到2014～2015年的挑战和机遇并存的中高速增长时期。“十二五”期间，山西省医药工业增加值增速持续加快，依次为0.2%、10.6%、11.6%、15.2%、15.3%，在全省工业增加值中所占比重不断增加，2015年，全省医药工业增加值为60.4亿元，占全省工业比重较2011年上升0.8个百分点。

【山西省医药工业发展特点】 *产业规模迅速扩大。*截至2015年末，山西省规模以上医药工业企业达到84家，其中上市公司5家，分别是亚宝药业、振东制药、广誉远、仟源医药、锦波生物。全省医药总资产321.63亿元。

*龙头企业实力不断增强。*全国医药工业百强企业中，亚宝药业、振东集团公司榜上有名，2014年亚宝药业、振东集团公司分别位列全国医药工业百强中的第90位和93位，亚宝药业还获得了工信部评选

的2015年中国医药研发产品线最佳企业称号。龙头企业的发展壮大成为推动山西省医药产业持续快速发展的重要力量。

产业集中度不断提高。围绕同朔、太原、晋中、运城、晋东南、临汾六大产业集群，形成以医药工业园为主体，相对集中和规模化发展的医药产业格局。全省66.2%的医药企业聚集于大同、晋中、运城、长治四市，产业集中度高更有利于产业规模化发展。

资产重组加快，规模效应显现。“十二五”期间，华润集团、国药集团、石药集团、誉恒药业、四川好医生等国内一批知名医药企业通过收购、控股、参股等方式入驻山西医药企业；山西省龙头企业亚宝药业、仟源医药等，收购重组一批省外制药企业，延伸了产业链；国药威奇达、振东制药、同药集团、旺龙集团等企业兼并了省内一批制药企业，扩大了企业规模，提高了市场竞争力。

【山西省中药材协会成立】 由振东集团发起，各高校、科研机构、中药生产企业参与的山西省中药材协会于2015年3月正式成立。这是继山西省医药行业协会、山西省医药商业协会、山西省医疗器械协会之后成立的又一与医药相关的协会。该协会侧重于中药资源保护、中药材种植加工以及中成药生产等，进一步为企业与企业之间、企业与科研院所之间、企业与政府之间搭建沟通桥梁，有利于山西省医药尤其是中药领域的持续发展。

（刘利民）

纺织工业

【2015年纺织工业经济运行情况】 2015年，山西纺织工业面临的外部形势更为复杂严峻，市场需求增长动力较弱、产品制造成本继续上升、资金极度紧张等一系列因素严重影响企业和行业的发展，全省纺织工业经济下行的压力进一步加大，经济运行呈现出以下特点。

纺织工业总的趋势是后加工行业好于前加工行业。具体说，服装行业好于印染行业，印染行业好于棉纺织行业。从主要产品产量看，2015年全省棉纺织行业纱产量4.9万吨、比2014年下降4.8%；布产量3800.5万米、下降13.4%；印染行业生产印染布13921.5万米，下降10.3%；服装行业生产服装1653.1万件，增长7.5%。

资金和用工“双紧”的问题仍然严重。一是融资难，资金紧张，特别是中小企业生产性流动资金更加紧张。二是招工难，用工紧张，劳动力成本持续上升，部分企业的操作挡车工已由“三班制”被迫改为“两班制”。2015年全省规模以上企业从业人员年平均人数仅为2.1万人，下降4.6%。全省国有控股纺织企业从业人员年平均人数仅0.8万人，下降9.5%。

产销率提高，但回款困难，库存增加。2015年，全省纺织工业面临的销售形势仍然严峻，虽然内需拉动在一定程度上提高了全年的产销率，但库存和回款压力继续加大。全省纺织工业的产销率为99.8%，比2014年提高5.2个百分点，其中，纺织行业产销率为98.1%，提高3.2个百分点；服装行业产销率为96.9%，下降5.4个百分点；纺织机械行业产销率为105.9%，提高17.1个百分点。从流动资产来看，2015年全省纺织工业产成品8.36亿元，增长5.3%，其中，纺织行业下降6.7%，服装行业增长22.8%，纺织机械行业增长15.4%。2015年全省纺织工业应收账款18.48亿元，增长25.5%，其中，纺织行业增长28.1%，服装行业产成品增长62.1%，纺织机械行业增长1.5%。

出口形势更加严峻，出口数量和金额均呈现下降趋势。2015年规模以上企业出口交货值总额7.9亿元，比2014年下降6.6%，其中，纺织品出口交货值5.33亿元，下降5.7%；服装行业基本没有出口；纺织机械出口交货值2.57亿元，下降8.5%。纺织行业中，印染出口集中在欧美和非洲市场。即使是往年出口较好的大麻纺织产品也出现下降趋势。山西绿洲纺织有限责任公司全年累计完成进出口额341.4万美元，其中，进口63.9万美元，减少39.8万美元，减幅为38.3%。全年出口创汇277.4万美元，减少69.6万美元，减幅为20.1%。

主要经济指标均呈现大幅下降态势。2015年全省规模以上纺织工业的工业总产值、工业销售产值、主营业务收入、利润总额、利税总额等指标与2014年相比，均呈现负增长态势。2015年，全省纺织工业规模以上企业累计实现工业总产值81.8亿元，比2014年下降8.7%；工业销售产值81.62亿元，下降3.6%；主营业务收入78.81亿元，下降5.4%；实现利润总额0.15亿元，下降91.5%；利税总额2.13亿元，下降45.2%。

从全年走势看，全省纺织工业经济继续在艰难境地中运行，其运行的质量和效益都比较差。全省纺织工业规模以上企业中亏损企业有23户，比2014年增加2户；亏损面40.4%，增加8个百分点；亏损企业亏损额2.15亿元，增长30.3%。从纺织、服装、纺机三大行业来看，纺织业整体效益不佳，主营业务收入和利润持续下跌，分别比2014年下降11.3%和93.5%；服装业增收不增效，职业服装、军队服装比重大，虽然全行业主营业务收入增长15.2%，但因出口制约和国内市场需求不旺，行业利润不增反降，下降15.2%；纺机制造业由于新疆大力发展纺织业的需求拉动，经纬纺织机械股份有限公司榆次分公司生产经营较好，经济效益提高，但因国际国内经济下行压力仍然较大，导致整个纺机行业主营业务收入和利润均呈现下降态势，分别下降 11.3% 和 75%。

2015 年全省规模以上纺织工业企业主要指标统计表

单位：亿元

指标名称	纺织行业	服装行业	纺织机械	合计
单位数(个)	31	12	14	57
亏损企业(个)	14	4	5	23
工业总产值	38.51	22.16	21.13	81.80
工业销售产值	37.77	21.48	22.37	81.62
年末资产合计	60.83	28.68	38.91	128.42
流动资产合计	34.43	18.06	25.73	78.22
固定资产合计	16.26	8.50	6.88	31.64
负债合计	40.35	18.05	36.32	94.72
年末所有者权益	20.48	10.62	3.17	34.27
主营业务收入	36.95	21.30	20.56	78.81
主营业务成本	34.05	18.36	18.37	70.78
主营业务税金及附加	0.06	0.04	0.07	0.17
营业费用	0.61	0.45	0.52	1.58
管理费用	1.26	1.66	2.40	5.32
财务费用	1.08	0.27	0.31	1.66
利息支出	1.09	0.27	0.35	1.71
利润总额	0.07	1.06	－0.98	0.15
亏损企业亏损额	0.84	0.07	1.24	2.15
利税总额	0.71	1.77	－0.35	2.13
全部从业人员年平均人数(万人)	0.91	0.68	0.48	2.07

【技术进步】 一是加强企业技术中心建设。2015 年，山西绿洲纺织有限责任公司从组织结构、运行机制、经费投入、产学研合作等方面着手，不断提高企业的研发水平和创新能力，提升企业推广新技术、新产品能力，一方面充分发挥企业技术中心在促进企业技术进步、推动产业转型升级中的作用。另一方面加强企业技术中心建设，并顺利通过省经信委组织的 2015 年度考核评价。二是举办操作技术比武运动会。近年来，山西绿洲纺织有限责任公司通过开展每年一度的运转操作技术练兵、技术比武活动，有效提高广大职工的专业理论和操作技术水平，促进了产品质量、效率的持续提升。三是继续推进技术改造。经过技术引进和技术改造，山西绿洲纺织有限责任公司、山西百圆裤业连锁经营股份有限公司、山西新绛纺织有限责任公司、华雄实业有限公司、山西恒晟纺织有限公司的技术装备大幅提升，企业竞争力明显增强。中国纺织工业联合会统计中心发布的 2014/2015 年度纺织服装企业竞争力 500 强中，上述公司榜上有名。全省印染企业经过近两年淘汰落后产能和技术改造，技术装备水平进一步提高。2015 年，山西绿洲纺织有限责任公司继续坚持技术改造和小改小革新不停步，对制约产品质量、产品成本、生产效率的关键工序和重要环节引进设备更新及配套改造。全年投资 153 万元，先后完成了脱胶车间 1 台 DF241B 高温高压煮锅及不锈钢麻笼改造安装，梳纺车间 1 套 JYFO－Ⅲ－8 梳纺开松滤尘机组改造，纺纱分厂 2 台竹节纱装置的安装，5＃空调喷淋室及喷雾风机改造等技术改造和小改小革工作。山西绿洲服饰公司经过技术改造和工艺改进，产品质量大幅提高，并于 2015 年 7 月顺利取得了特种劳动防护用品生产许可证。四是抓好技术创新。2015 年，山西绿洲纺织有限责任公司在搞好设备改造和管理提升的同时大力推进技术创新。大麻亚氧漂工艺（包括新型油剂的使用）在麻纺生产线开始试验并推广，对于解决困扰大麻纤维麻皮问题找到了突破口，大麻雨露麻经过工艺改进实现批量生产大麻纱，开通大麻二粗麻生产大麻短麻纱的工艺路线，形成了批量生产能力。自主研发、自主创新的科研成果“大麻类纺织面料及纺织工艺”被国家知识产权局授予发明专利。该专利技术解决了现有的大麻类纺织面料易折皱、保型性差的问题，填补了国内同类产品技术创新方面的空白，达到国内领先水平。近年来，山西绿洲纺织有限责任公司自主创新成果显著，拥有大麻纺织 9 项专利、9 个国家重点新产品、51 种面料入围“中国流行面料”，多项技术获国家技术发明大奖。

【产品开发】 一是山西森鹅服装有限公司开发出高档蚕丝保暖系列服装。其主要功能是贴身保暖、蓬松轻柔、透气保健等得天独厚的品质和优点。同时，研发出新型竹爽面料——“冰丝竹”面料，该面料具有抑菌防晒、光洁抗皱、凉爽丝滑、亲肤透气、舒适吸汗等特征。目前，该公司开发有高档真丝床品系列、家居服系列、针织内衣系列以及针织休闲服等系列产品，产品面料涉及桑蚕丝、纯棉、汉麻、莫代尔、竹纤维、大豆纤维、牛奶纤维、竹炭纤维等纯纺或混纺纤维，销售网络遍布北方各大城市和地区。二是长治雅瑞地毯有限公司新上年产 350 万平方米机织地毯项目，主要设备从德国、比利时引进，属于当今世界最先进的机织仿手工地毯生产线，该项目于 2014 年 10 月建成，2015 年全面投产，填补了山西省地毯行业空白。企业主要生产纯羊毛、混纺、化纤等各种机织仿手工地毯。三是山西绿洲纺织有限责任公司不断改善麻纺生产工艺，提升产品质量，扩大生产规模，有效改善设备运行效率。新安装了 TS—1800 型粗纱煮锅，该设备采用节能、节电的变频调速、煮漂工艺全自动化的先进技术，大大提高大麻粗纱的煮漂能力，促进产品结构进一步优化和产品质量的提升。先后开发出了针织盖毯、背心、毛巾、方巾等新产品。四是际华三五三四制衣有限公司为纪念抗战胜利 70 周年暨世界反法西斯战争胜利 70 周年，圆满完成了大阅兵需要的大檐帽和春秋服的生产任务，被阅兵联合总指挥部授予“纪念中国人民抗日胜利 70 周年阅兵保障贡献突出奖”。五是华雄实业有限公司为推动产业链条，实现跨越发展，在原有纺纱车间基础上成立了制衣车间，新装缝纫机器 200 台，吸纳服装人才 200 余人，一季度末进行试车投产，为公司实现纺织、裁剪、缝纫、整烫一体化生产创造了条件。六是加强人才培养，提高纺织品设计与技术水平。一方面是加强企业产品设计与开发人员的水平，另一方面是加强纺织高校教学质量，培养高素质人才。太原理工大学轻纺工程学院在 2015 年 10 月举行的“红绿蓝杯”第七届中国高校纺织品设计大赛中再创佳绩，获三等奖 1 项，优胜奖 6 项，获奖数量创历史新高。

2016 年全省国有控股纺织企业主要指标完成情况

单位：亿元

指标名称	纺织行业	服装行业	纺机行业	合计
单位数(个)	2	6	2	10
亏损企业(个)	1	2	1	4
工业总产值	2.23	8.44	12.12	22.79
工业销售产值	2.1	8.09	13.16	23.35
年末资产合计	4.19	12.63	19.5	36.32
流动资产合计	2.77	7.86	14.96	25.59
固定资产合计	1.27	4.3	3.4	8.97
流动负债	0.56	7.92	12.9	21.38
负债合计	1.41	8.27	19.35	29.03
年末所有者权益	2.78	4.37	0.14	7.29
主营业务收入	2.16	7.91	11.49	21.56
主营业务成本	1.84	6.92	10.54	19.3
主营业务税金及附加	0.01	0.03	0.05	0.09
营业费用	0.09	0.3	0.26	0.65
管理费用	0.25	0.82	1.37	2.44
财务费用	—0.03	0.07	0.03	0.07
利息支出		0.07	0.05	0.12
利润总额		—0.04	—1.07	—1.11
亏损企业亏损额		0.07	1.09	1.16
利税总额	0.10	0.30	—0.60	—0.20
全部从业人员年平均人数(万人)	0.16	0.33	0.27	0.76

【精细化管理】 *以年末职工 1318 人为标志，劳动定额管理迈上新水平。*山西绿洲纺织有限责任公司人力资源部、技术装备部和各部门结合设备、工艺、品种变化和操作技术等实际情况，对分厂、车间定员定额实行动态修订，推行先进合理的定员定额及考核办法。通过推行“大车间”“大保全”“大机关”的工作模式，以及“三必须”和“六能六不能”用工要求，科学用工、精细用工，实现了内部人力资源有效利用和最大节约。2015 年年末职工人数为 1318 人，较 2014 年减少 72 人；全年人均产值 18.4 万元，提高 5.9%。

*以流动资产占比 81.9% 为标志，资产结构进一步优化。*通过在人财物、供产销等各个环节实施精细化管理，加之省经济建设投资公司增资扩股，山西绿洲纺织有限责任公司资产结构、资产质量进一步优化。截至 2015 年底，企业总资产 3.02 亿元，较 2014 年增加 7284 万元。其中，流动资产 2.47 亿元，所有者权益 1.88 亿元，应收账款 591.7 万元。公司资产负债率为 37.7%。

*以优选供方购进 6977 吨原料为标志，采购渠道得到新拓展。*公司严把原料采购关，通过优选合格供方、减少中间环节、降低运输费用、严格进行验收等多种措施，最大限度降低原料成本，满足各品种的生产使用。全年采购原料 6316 吨，其中棉花 2720.7 吨、大麻类 1829.9 吨、亚麻类 1950.8 吨、其他纤维 476.1 吨，占总采购量的比重分别为

40%、26%、28%和7%，基本保证了生产的均衡供应。

以纱、布实现产值2.3亿元为标志，营销质量稳定提升。公司各生产、服务单位本着“一切服务质量，一切为了质量”的原则，围绕“做强大麻产品，做优亚麻产品，做好有机产品，做广大麻成品”提质战略，进一步加强从原料(半成品)进厂到车间领用，从原料投入到成品、半成品入库，从生产订单下达到工艺调整、品种翻改、质量检验，从设备器材管理到操作管理、现场管理、温湿度管理等全过程的精细化质量管理，保证了产品质量和品质稳定提升，顺利通过了ISO9001：2008质量管理体系和荷兰CU公司的GOTS&OCS有机认证年审，形成了以21×24、30×30亚麻棉交织布等为代表的一批品牌产品和忠实用户。2015年仅以上两个品种产量就达478万米，占全部布类产量的48.8%，30×30交织布呈现产销两旺的局面。

以联合开松等关键工序着力防护为标志，安全管理得到加强。始终把安全工作作为重中之重，从抓好人身安全、设备安全、防火安全、生活安全入手，建制度、查隐患、抓整改。全年查处隐患58处，安全隐患基本得到整改。全年共发生一般人身、设备、火灾、交通事故11起，未发生重大设备、人身和火灾事故。

(孙宝明)

轻工业

【2015年轻工业经济概况】 2015年，全省规模以上轻工企业主营业务收入、利润总额、利税总额分别累计实现716亿元、34.6亿元、85亿元，比2014年下降9.6%、13.3%、3%。其中，食品工业主营业务收入、利润总额、利税总额分别为601亿元、25.7亿元、48.3亿元，分别下降10.5%、14%、6.2%。

主要产品产量：食醋67.3万吨，增长14.7%；软饮料117.8万吨，增长9%；白酒(折65度，商品量)8.4千升，下降10.9%，液体乳45万吨，下降0.3%；日用玻璃65万吨，增长12.1%；日用陶瓷20.6亿件，增长3%，机制纸及纸板35.3万吨，塑料制品75万吨，均有小幅增长。

【行业管理】 完善轻工行业准入规范管理。根据《关于做好葡萄酒、浓缩果蔬汁(浆)加工行业准入管理工作的通知》，组织行业申报工作；启动农用薄膜、制革、再生化学纤维等行业的准入流程与要件审核制定和确定工作；开展铅蓄电池行业准入工作，山西吉天利科技有限公司通过工信部第三批铅蓄电池行业准入公告，核查了山西省其余3户在产铅蓄电池企业。

严格项目前期产业政策确认。根据《关于做好消费品工业产品生产许可项目符合产业政策确认工作的通知》，进一步明确符合产业政策确认规程，明确省市工作职责和程序，确保产业政策确认工作规范开展。同时，组织专家完成对阳曲瑞美乳业、杏花村汾溪酒业、灵石中加石膏山冰酒等9户企业产业政策确认工作。

加速优势细分行业提档升级。开展重点子行业专项调研，先后完成了《祁县玻璃器皿产业的情况汇报》《关于山西省食醋产业发展情况的汇报》《关于山西特色面食产业化发展的调研报告》等，结合新常态提出新任务，利用新契机提出新举措，加快构建玻璃器皿、食醋产业发展体系，推进玻璃器皿、食醋两个优势特色产业提档升级，规模化、标准化发展。

【行业动态】 (1)2015年1月，山西工美集团组建山西工美集团民间工艺美术品电子商务中心。该中心将山西千年文化手工技艺与现代网络营销模式接轨，积极与国内知名电商合作，实现了民间工艺美术品、旅游纪念品生产厂家和手艺传人与消费者的有效链接，对山西省的民间工艺美术品和制造技艺起到宣传、普及、传承与发展的积极作用。(2)1月，由省室内装饰协会组织培训、考试了首批高级室内设计师。(3)2月，山西供销名特优农副产品展销中心开始运营，该中心是省内第一家集名特优农副产品展销、旅游观光、赏花、小吃为一体的线上线下相结合的展销中心，采用展示销售超市化管理运营模式和扣点营销方法，统一搭建O2O、O2M营销平台，将线上线下、移动互联资源打通融合，实现了客户资源和效益的倍量增长以及新型的智慧营销服务，降低了入驻商户的经营成本。(4)4月，为纪念汾酒荣获巴拿马万国博览会中国白酒品牌甲等大奖章100周年，“晋商与汾酒”高峰论坛在太原举行的时机，得出“汾酒是中国白酒祖庭”的论述，与会专家学者一致认为，此论述是中国酒史研究上的一项重大成果，汾酒是名副其实的白酒之根、中国酒魂。(5)4月，长治市“襄垣手工挂面”获中国地理标志证明商标，填补了当地“国字号”商标的空白。(6)5月，由山西省美术家协会主办的“山西省第二届漆画作品展”在太原美术馆正式开幕。来自全国10个省份的135件作品亮相太原美术馆，其中山西省漆画作品90件，有34件作品获奖(其中金奖2件，银奖4件，铜奖9件，优秀奖19件)。(7)5月，为纪念汾酒荣获1915巴拿马博览会甲等大奖章100周年暨2015中国(山西)酒饮食品交易博览会(简称“山西糖酒会”)在太原煤炭交易中心举行。(8)7月，组织进行了2015年中国技能大赛——山西省焙烤行业职业技能竞赛。(9)8月,组织了2015年中国技能大赛——山西省白酒品酒师岗位职业技能大赛。(10)9月,第四届国际醋酸菌大会暨世界名醋博览会在太原召开。(11)11月,2015年中国技能大赛——山西省工艺美术第三届"平定刻花瓷奖·神工杯"陶瓷职业技能大赛决赛在平定县启动。

【地方项目投资情况】 随着一系列利好政策效应释放,轻工业投资回到了稳中趋好的正增长通道。2015年,山西省轻工企业完成投资114.75亿元,推进201个项目,其中省级重点推进10亿元以上项目8个;特色食品产业完成投资276.88亿元,推进项目413个,其中重点推进40个项目,省级重点推进投资额度10亿元以上项目5个。(1)大同市山西宝迪农业科技有限公司推进的宝迪食品产业一体化项目总投资15.87亿元,2015年实际投资2.76亿元。华阳玛里纳无水港物流有限公司推进的大同市肉类指定查验场项目,总投资53亿元,当年投资1490万元,主要进行前期准备工作。(2)长治市潞宝金和生食品有限公司推进的农业产业化食品加工项目,总投资30亿元,当年投资1.75亿元,主体工程基本完工。郊区河桦工贸有限公司推进的红木家具市场扩建项目,当年完成总投资9800万,厂房已建成。(3)晋城市中鑫贸易有限公司推进的晋城市中小微企业孵化园泽州县示范基地项目,总投资10.9亿元,当年完成投资1.5亿元,目前,招商中心楼正在进行室内装修、室外绿化。(4)朔州市恒天然(应县)牧场有限公司推进奶牛养殖乳品建设项目,总投资15亿元,当年投资7.2亿元,已完成设备购置和安装。久泰和升光伏科技有限公司推进复合科技农牧业大棚项目,总投资18.26亿元,当年投资7亿元,正在建设中。(5)忻州市山西中科忻能科技有限公司新建镁基锂离子电池项目,总投资50亿元,当年投资3.85亿元,处于土建施工阶段。(6)吕梁市中汾公司推进的杏花村产业集中发展区建设项目,总投资200亿元,当年投资15.5亿元,已部分投产。(7)晋中市晋汉生物科技有限公司推进的晋汉高新生物科技园项目,总投资12.3亿元,当年投资3.1亿元,处于土建施工阶段。

【科技创新情况】 2015年10月,第二十一届全国发明展览会在浙江举行,本届发明展览会以"大众创业、万众创新"为主题。阳泉市作为全省唯一代表,共组织20多家企业和发明人、31个优秀专利项目参加了展览会,16个项目获奖。其中3个项目获得金奖,7个项目获得银奖,6个项目获得铜奖。获得金奖的3个项目分别是山西邦奥伟业半导体照明有限公司的"矿用隔爆兼本质安全型LED巷道应急灯"、山西冠霖农业科技有限公司的"冠山连翘茶"和平定县冠窑砂器陶艺有限公司的"砂器壶柄用绝热材料及具有绝热柄的砂器制备方法"。11月,南风化工集团股份有限公司与浙江赞宇科技股份有限公司共同进行的脂肪酸甲脂磺酸盐(MES)在洗衣粉中的应用技术研究项目、中国日用化学工业研究院(太原)的烟气高效净化湿式电除尘器及技术项目获得2015年度中国轻工联合会技术进步三等奖。

【行业标准情况】 2015年3月,针对《山西日用玻璃单位产品综合能耗限额》地方标准召开标准二审会,根据参会专家的意见对标准进行修改,同时公开征求社会意见,并采纳部分修改意见,对标准进一步完善。8月,《山西日用玻璃单位产品综合能耗限额》地方标准付印发布,该标准适用于山西省区域内日用玻璃生产企业的能耗计算、考核以及对新建项目的能耗控制。

【诚信体系建设情况】 截至2015年底,全省共有13家食品工业企业通过诚信体系评价,涵盖酿酒、乳制品、肉禽加工、焙烤等行业,省食品研究所(评价机构)对10家企业进行了跟踪评价。2015年,省食品研究所对山西厦普赛尔食品饮料股份有限公司、山西沁州黄小米集团谷之爱食品有限公司、山西水塔老陈醋股份有限公司3家企业进行诚信管理体系的咨询工作,协助其建立了食品工业企业诚信管理体系,并指导运行。

完善诚信服务平台功能。通过升级改版增加了电子商务、大事记、行业动态、检验检测等多个栏目,加强平台信息发布的专业性、功能性,平台全年共发布新闻资讯、行业动态、政策标准、法律法规等各栏目信息1676条,实现政府、企业和消费者间的信息互通和交流,为消费者、企业、第三方服务机构提供需求对接平台,推动了全省诚信社会建设。

开展"2015食品安全宣传周"系列专题活动。宣传推介"山西省食品工业企业诚信信息公共服务平台",举办"传承尚德守法,共铸食品诚信"主题宣传活动,强化食品企业的法制意识,动员社会力量建设食品诚信。同时,为配合做好食品安全宣传周工作,编印《山西省食品工业企业诚信管理体系建设专刊》,对食品诚信管理体系的政策法规、标准体系、措施任务等进行宣贯、解读和推进落实,强化社会监督、企业自律意识,提升山西省食品工业企业诚信管理水平。

提升评价人员素质和技术能力。省食品研究所参加了工信部举办的2015食品工业企业诚信管理体系评价人员培训和持续教育班,2人参加培训并通过考核且获得评价资格,6名评价人员参加了持续教育培训。

强化评价机构督促检查。一方面，依据相关制度，通过现场座谈、听取汇报、核实有关材料等方式进行督查，重点从年度工作、制度建设及评价流程等方面，对省食品研究所进行综合检查，并了解评价开展过程中存在的问题和不足，进一步规范其服务行为，提高服务水平。另一方面，调查获证企业反馈意见，通过发放调查反馈表，了解企业对评价质量、技术水平、工作作风、公正性及保密性等方面的反馈，切实加强对评价机构及评价人员的监督管理，提高评价质量。

（李海龙　何运燕　高文珍）

山西省食品诚信体系评价企业名单

企业名称	评价机构	备注
山西古城乳业集团有限公司	国家认证认可监督管理委员会认证认可技术研究所	
山西太古通宝醋业有限公司	国家认证认可监督管理委员会认证认可技术研究所	
山西雅士利有限公司	国家认证认可监督管理委员会认证认可技术研究所	
蒙牛乳业（太原）有限公司	山西省食品工业研究所	跟踪评价
内蒙古蒙牛（集团）山西乳业有限公司	山西省食品工业研究所	跟踪评价
北京红星股份有限公司六曲香分公司	山西省食品工业研究所	跟踪评价
山西泽榆畜牧业开发有限公司	山西省食品工业研究所	跟踪评价
山西田森农副产品加工配送有限公司	山西省食品工业研究所	跟踪评价
大同夏进乳业有限责任公司	山西省食品工业研究所	跟踪评价
太原双合成食品有限公司	山西省食品工业研究所	跟踪评价
山西海玉食品有限公司	山西省食品工业研究所	跟踪评价
太原六味斋实业有限公司	山西省食品工业研究所	跟踪评价
北京燕京啤酒（晋中）有限公司	山西省食品工业研究所	跟踪评价

【2015年山西省城镇集体工业系统发展概况】 2015年，全省城镇集体工业系统和工美行业完成工业总产值91.61亿元，比2014年下降10.6%；工业增加值完成31.61亿元，下降20.9%；销售收入89.26亿元，下降8.6%；利税6亿元，下降41.4%。

2015年，省城联社全系统以贯彻落实关于深化集体企业改革和积极发展混合所有制经济的精神为指导，紧密结合全省城联系统和工美行业实际，坚持以实现由二轻行业管理向集体资产监管运营转型发展；由传统手工业、手工技艺、工艺美术向文化产业、旅游产业融合发展为突破口，围绕一个中心，突出两条主线，落实三大任务，坚持“四权”原则，完成五项指标，推进百强项目建设，打造手工技艺、工艺美术品牌展会，不断开创山西省城镇集体经济改革发展新局面。一是紧抓山西省转型发展战略新机遇，实地调研山西省城联社全系统发展实际。制定了《山西省城镇集体工业联合社“十二五”规划纲要》。二是争取山西省城联社集体经济的合法地位，宣传山西省城联社系统和工美行业改革发展新成效。2015年成为“省政府促进中小企业发展协调小组成员单位”“省委省政府信访突发事件联席会议成员单位”“省委省政府促进民营经济发展领导小组成员单位”等，为推进各项工作提供了必要的保障条件。三是推动山西省城镇集体经济改革和发展调研论证。草拟了《关于深化城镇集体企业改革促进民营经济发展的意见（建议稿）》，为全省城镇集体企业明确了定位和方向，使集体资产权属、职工基本权益的保障、债务、产权及股权在改革中加以量化、更具操作性。四是适应新形势、新变化、新常态。提出全省城联系统和工美行业八条转型融合发展的路径，草拟了《全省城联系统和工美行业转型发展实施意见（建议稿）》《关于加快山西省工艺美术产业发展的意见(建议稿)》,为山西省工艺美术行业实现产业化、规模化发展提供了坚实的保障。五是贯彻落实山西省政府目标责任制。下发《全省城镇系统和工美行业落实省政府目标责任分解工作的通知》,将任务分解到全省11个市级城联社、联社机关各处(室)和直属单位,并进行严格考核。六是在全省城联系统和工美行业开展“百强项目建设”活动,建立了项目库,对招商项目、新建项目、在建项目、竣工项目进行常态化管理和服务。七是推进混合所有制经济和集体企业改革发展。截至2015年底,山西省城联社集体企业混合所有制改革已达50%以上,在年度目标责任考核中增加了主要经济指标考核和保稳定、保民生的项目。同时广泛收集国家和山西省委、省政府出台的有关国有企业、集体企业、中小微企业、文化产业等政策,编印了《中小微企业政策汇编》。八是举办多种形式的学习培训班,提升广大党员干部创业干事能力。九是利用多种形式广泛宣传贯彻中央和山西省委、省政府重大决策部署和重要会议精神、中小微企业政策、文化产业政策等重要文件精神,及时向全省城联系统和工美行业传达。十是通过召开全系统行业会议,为山西省城联系统和山西工美行业改革发展出谋划策。2015年召开的“全省城联社主任工作座谈会”上研究讨论了“三个意见”,分析研判新形势、新常态下全省城联系统和工美行业发展形势。

2015年,山西省城联社贯彻落实十八届三中全会精神,实现政社分离、社资分离;实现由管企业向管资产转型、由资产管理向资本管理过度,把存量资产变成增量资产,注册成立了“山西城联资产管理投资有限责任公司”,强化依法经营管理社有资产,深入推进集体企业改革重组。坚持“依法治企,以德兴企”的理念,发扬城镇集体企业“自力更生、自主经营、自负盈亏、自我管理、自谋发展”的“五自方针”精神,制定了《加强省城联社直属单位管理制度30条》。

面对直属单位大部分身陷困境、难以为继的局面,以解困维稳赢得改革发展的时间和空间,以改革发展成果保障和维护稳定。千方百计解决困难企业和困难职工“老有所养,病有所医,失而有救,最低工资和最低生活费”等职工的基本权益。对有发展前景的企业,坚持“抓住所有权,放活经营权,强化监督权,提升收益权”的“四权”原则,推进重组改革。在改革重组中,坚持因企施策,分类指导。对经营型企业“参股不控股,不持大股”;对资产经营型企业“控股持大股”。

10强直属单位建设初见成效。原18户直属单位中4户事业单位的职能任务全部转型,名称全部变更,依据转型后的职能任务新成立2户事业单位,关闭4户集体企业,关闭待破产2户国有企业,股权结构调整2户企业,改革重组2户企业,歇业妥善安置职工3户企业,根据转型后的职能任务新成立4户股份公司。通过改革,剥离不良贷款2.3亿元,支付安置职工费用3000余万元,清理职工工资拖欠3200余万元,股权投资2786万元。

【山西工美行业】 *以山西工美集团为龙头,做大做强山西工美行业。*重新启动山西省工艺美术协会、山西省集体合作经济协会和山西黄河画院工作。2012年省城联社措资筹建山西工艺美术(集团)有限公司,引进中国工艺美术集团总公司在山西工美大楼设立中国工美珍宝馆太原店。2013年12月注册山西工艺美术集团有限责任公司,先后注册成立了4个分公司(山西工美进出口有限责任公司、山西太行山夕阳红休闲文化度假村有限责任公司、山西工美工艺美术创作基地管理有限责任公司、山西工美木偶皮影演艺研究院有限责任公司)。现下设单位:山西省工艺美术馆、山西黄河美术馆、4个分公司、《劳模创新(荣誉)工作室》、山西工美少年红文工团、山西省图书馆山西工美少年红非遗传承展示基地、广州市山西大厦山西工艺美术品展销中心、五台山旅游景区山西工艺品连锁(五台山)店(在建)等;注册《晋艺工坊》商标和《乐艺淘》电子商务中心,获山西省级文化产业示范基地。

2015年,山西工美集团各项工作逐渐步入正轨,组织机构和经营平台初步完善和组建,利用大集团和省级文化产业示范基地平台优势,整合山西工艺美术市场,组织参加国际、国内及省内外各类展会,扩大了山西工艺美术的影响力。现山西工美集团正逐步制定、建立连锁专卖网络体系标准、内部规章管理制度和经营体系、山西手工艺品、艺术品连锁专卖及电子商务线上、线下相互配合的营销体系等,为规模化、专业化经营奠定扎实基础。

*推行山西工美“引进来”“走出去”行动计划。*一是充分发挥山西省工艺美术馆、山西黄河美术馆、山西省工艺美术协会的平台凝聚作用,组织各类展览推行山西工美“引进来”。与中国文房四宝协会联合举办了第34届全国文房四宝艺术博览会;与中国礼仪休闲用品工业协会联合举办了中国礼仪休闲用品工业协会二届三次理事扩大暨“中国礼物”品牌培育会;接待了由山西省人民政府、中华文化联谊会组织的“情系三晋——两岸文化联谊行”大型文化交流活动。与五台山佛教文化促进会、山西省文化产业促进会联合举办了中国(太原)大型佛教文化用品展览会;与繁峙县联合举办了“滹源明珠——繁峙”为主题的文化旅游形象展;与代县联合举办了“大美雁门·魅力代州”代县文化

旅游产业精品展示会等。同时以山西省工艺美术馆、山西黄河美术馆为依托，2015 年举办了《APEC“国礼”典藏版及百件大师精品进山西活动》《山西工美唐都平遥漆器婚庆家具配饰婚俗文化展》《乔十光漆画艺术五十年全国巡展(太原站)》《中国陶瓷艺术大师李金水作品展》《中国陶瓷书画院景德镇当代艺术家作品展》等展览，实施了省城千名出租车司机、山西百名戏曲名人、山西百名书画名人等“百名系列”走进山西工美活动，进一步促进山西省工艺美术行业与其他省市工美行业的交流合作，搭建了资源共享良好平台。二是紧抓山西省大力发展文化产业、文化旅游业的契机，推行山西工艺美术“走出去”的行动计划。宣传山西工艺美术的特色，将山西的非物质文化、传统手工技艺带出娘子关，走出国门、走向世界。组织参加了首届山西艺术精品新疆行系列活动、晋善晋美——山西省非物质文化遗产精品展、第二届中国(太原)佛教文化用品博览会、第四届中国(山西)特色农业产品交易博览会、第六届中国美术陶瓷技艺大赛、深圳第 7 届～第 11 届中国国际文化产业博览交易会、第 6 届～第 10 届中国北京创意产业博览会、第 12 届～第 16 届中国工艺美术大师作品暨国际艺术精品博览会、第 46 届～第 50 届全国工艺品交易会“金凤凰”创新产品设计大奖赛、第 25 届全国图书交易博览会、中国(青岛)工艺美术博览会、中国体育文化·体育旅游博览会等国内外知名品牌展会，并于 2015 年随华晋舞剧团赴俄罗斯圣彼得堡参加“亚历山德琳娜国际戏曲节”。“走出去”不断扩大山西工艺美术行业的影响力。三是根据山西省委宣传部的统一安排部署，山西工艺美术集团承办了《红色记忆颂太行·弊革风清倡廉政剪纸艺术作品展》在太原、朔州、阳泉先后举行巡展，引起强烈反响。组团全程参加了“山西品牌中华行”和“山西品牌丝路行”活动。山西工美集团以“手艺山西、文化三晋”“指尖上的神奇”为主题，将“晋艺”融入晋酒、晋醋、晋药、晋风、晋韵、晋味的非遗“晋字”牌中，精选漆器、金属、晋作家具、雕塑、抽纱刺绣、民族民间工艺品等工艺美术九大品类作品，通过展示展销、专家访谈、媒体互动、招商引资、专家座谈、行业对接等活动，集中推介山西工美品牌，受到了各地群众的广泛赞誉和喜爱，进一步提升了山西工美品牌的内涵和山西文化的影响力和知名度。四是提倡在传承中保护传统工艺美术，在发展中创新传统工艺美术。创新山西的骨头、木头、石头、砖瓦、泥土变成金的文化理念，打造“一河两山”风土人情作品，书画艺术与工艺美术相融合的晋军黄河画派。组织“手艺山西、美好三晋”“指尖上的梦想神奇 工艺美术品系列展”，以及各类技能大赛等。开展“寻找老行当、老手艺、老品牌、老字号、老艺人行动计划”，通过恢复和命名传统手工业、老字号、老品牌、老传统技艺、老行当，抓老创新，促进全省手工业、轻工业、二轻工业、日用消费品工业的振兴发展。2015 年山西工美集团共组织参加展览 44 期，其中国外展览 5 期、省外展览 12 期、省内展览 10 期，山西省工艺美术馆和山西黄河美术馆为平台举办展览 17 期。

大手笔组织大展览彰显硬实力。发挥山西省工艺美术协会和山西工美集团的平台凝聚作用，紧扣文化山西发展主题，打造山西工美品牌行业展会，促进行业内外交流，达到经济效益和社会效益双丰收。2015 年山西工美集团和山西工美协会主办第二届山西文化产业博览交易会，全国 31 个省市自治区和 24 个国家及地区的 300 多家企业参展，现场成交额 9000 余万元。

加大营销平台体系建设和科研开发能力。山西工美集团积极开展线上线下共同营销模式，一方面积极与相关单位即研发企业、生产企业、旅游景点等单位合作，不断开拓和扩大山西手工艺品、艺术品连锁专卖实体店；另一方面与省内外多个电商实力企业探讨合作，开发建立山西工美电商平台。通过对全省普查、实地调研、设备置办、仓储建设、平台设计规划、媒体宣传等举措，打造具有山西文化特色的工艺美术品 O2O 商务平台。探索实践自主创新，加强科研开发能力培养。2015 年 10 月，在“第 16 届中国工艺美术大师暨国际艺术精品展”上，山西工美集团精选 60 余件工艺精品参评全国工艺美术最高奖“百花杯”评奖，创作的以“一缕曙光”和“一座都城”为主题的《世纪曙猿》和《陶寺蟠龙》中条山石雕作品，获得行业最高奖项“百花杯”铜奖和优秀奖。

努力营造人才培育和传承的良好氛围。一是全面开展“五寻行动计划”，抓老创新。即“寻找老行当、老手艺、老品牌、老字号、老艺人行动计划”，全力助推全省工美行业抓老创新工作。二是搭建大舞台组织大竞赛。与山西省妇联联合举办首届“三晋巧姐”手工艺品评选展、“红色记忆颂太行·弊革风清倡廉政”为主题的第二届“三晋巧姐”剪纸艺术作品评选活动，首届剪纸、刺绣职业技能大赛；与省人社厅、省文化厅、省总工会联合举办了山西省工艺美术第二届“唐都杯”漆器技能大赛，与省人社厅、省文化厅、省总工会、省中小企业局联合举办了山西省工艺美术第三届“平定刻花瓷奖·神工杯”陶瓷职业技能大赛和山西省工艺美术第三届“唐都奖·神工杯”漆器职业技能大赛。通过竞赛、创意和设计，形成全省文化产业发展的新优势，在全社会营造人人皆可成才、人人尽展其才的良好氛围。三是培养和扶持能够继承传统技术工艺的能工巧匠。与山西省总

工会、省人社厅联合创建了山西省传统工艺(手艺)大师创新工作室。被省总工会命名大师工作室17个,被人社厅命名大师工作室5个,分别对18个大师工作室给予5万元的补助经费。四是积极推进品牌建设。2015年,平遥县荣获"中国推光漆艺之都""中国推光漆器博物馆""中国古兵器艺术博物馆"三个"国字号"的品牌荣誉,对传承和发展推光漆器具有重要意义。五是扎实稳步推进《山西省工艺美术全集》编撰工作。2014年启动了《山西省工艺美术全集》编辑工作,同时编制了国家级剪纸工、手绣工职业技能标准。

山西工美集团获批省级文化产业示范基地。山西工艺美术集团有限责任公司为山西省十大文化产业集团之一。集团成立以来致力于山西传统工艺美术品研发、创作和市场开拓,引领全省工艺美术产业发展。2014年开始申报山西省文化产业示范基地,2015年山西省政府办公厅正式批准成为第三批山西省文化产业示范基地。山西工艺美术集团将充分发挥文化产业示范基地的带动作用,进一步整合山西工艺美术市场,借助省内外和国际各类展会,山西品牌中华行和山西品牌丝路行和非物质文化遗产展演等活动,带领山西传统工艺美术走出娘子关,迈出国门,步入国际化、品牌化、专业化、信息化和市场化的运行轨道。

(冯晓东)

中小民营企业

【2015年全省中小企业发展情况】

中小企业发展主要经济指标情况。2015年,全省中小企业法人单位18.3万户,比2014年净增2.8万户;完成增加值5936.3亿元,下降2%,占地区生产总值的比重为46.4%,降低1个百分点;完成营业收入23279.9亿元,下降2%;上缴税金881.9亿元,下降8.2%;年末从业人员383.6万人,净增5.2万人,增长1.4%。

从中小企业营业收入分月增长变化看,全省中小企业经济运行总体呈现低开低走、小幅波动、缓中趋稳的态势。2015年1～2月全省中小企业经济运行增长3%,增速下降4.5个百分点。2015年上半年中小企业经济运行逐月放缓,但基本都处在正增长区间;下半年则连续6个月在负增长区间内小幅波动。1～7月全省中小企业营业收入增长－1.5%,1～8月增长－1%,前三季为－1.9%,1～10月为－2%,1～11月为－1.4%,1～12月为－2%。小幅波动、稳中趋缓的特征明显。

中小企业固定资产投资情况。2015年,全省中小企业完成固定资产投资1103.08亿元,比2014年下降25.9%。在本年完成的固定资产投资中,国家及有关部门扶持资金9.08亿元,占全部投资的0.8%;金融机构贷款178.27亿元,占比16.2%;引进资金37.70亿元,占比3.4%;自有资金840.75亿元,占比76.2%;其他资金37.28亿元,占比3.4%。

2015年,全省中小企业固定资产投资中,第一产业投资65.65亿元,比2014年增长19%,占比6%,提高2.2个百分点;第二产业投资637.66亿元,下降27.8%,占比57.8%,下降1.6个百分点;第三产业投资399.76亿元,下降27.2%,占比36.2%,下降0.7个百分点。全省中小企业固定资产投资中,煤、焦、冶三大传统产业投资79.25亿元,下降64%;非传统产业投资520.71亿元,下降26.3%。

2015年,全省中小企业固定资产投资施工项目1927个,其中亿元以上项目510个,完成投资722.36亿元;5000万～1亿元项目364个,完成投资192.22亿元;1000～5000万元项目643个,完成投资160.38亿元;500～1000万元项目310个,完成投资28.11亿元。全年新开工项目946个,其中工业项目566个,占比59.8%;第三产业项目229个,占比24.2%。全年投产项目770个,其中工业项目484个,占比62.9%;第三产业项目164个,占比21.3%。

中小工业企业主要经济指标情况。2015年,全省工业企业法人单位4.2万户,比2014年减少5724户;营业收入5933.59亿元,下降9.5%;上缴税金346.18亿元,下降13.2%;年末从业人员181.4万人,减少17.4万人,下降8.8%;利润总额438.94亿元,下降11.7%。

2015年,山西省规模以上中小工业企业3486户,比2014年增加34户;亏损面45.5%,扩大4.4个百分点;主营业务收入5910.4亿元,下降18.7%;主营业务成本5126.3亿元,下降18.7%;税金总额329.2亿元,下降8%;利润总额2.0亿元,下降98%;产成品存货377.4亿元,增长0.5%;应收账款1110.8亿元,增长6.1%。

规模以上中小工业企业行业分布情况。2015年,中小工业企业数排在前6位的行业依次为:煤炭开采和洗选业、非金属矿物制品业、农副食品加工业、化学原料和化学制品制造业、黑色金属冶炼和压延加工业、通用设备制造业,占全部单位总计的54.5%。

从业人员排在前6位的行业依次为:煤炭开采和洗选业、非金属矿物制品业、化学原料和化学制品制造业、黑色金属冶炼和压延加工业、石油加工炼焦和核燃料加工业、有色金属冶炼和压延加工业,占全部从业人员总计的59.7%。

营业收入排在前6位的依次为:煤炭开采和洗选业、石油加工炼焦和核燃料加工业、黑色金属冶炼和压延加工业、化学原料和化学制品制造业、有色金属冶炼和压延加工业、农副食品加工业，占营业收入总计的61.7%。

500万～2000万元中小工业企业生产销售情况。2015年，500～2000万元中小工业企业4023户，年平均从业人员21.1万人，实现工业产值595.94亿元，销售产值564.48亿元，营业收入556.7亿元，利润总额36.7亿元，上缴税金22.29亿元，劳动者报酬49.02亿元。

企业个数排在前6位的行业依次为：其他制造业、非金属矿物制品业、农副食品加工业、煤炭开采和洗选业、金属制品业、黑色金属冶炼和压延加工业，占全部单位总计的60.6%。

从业人员排在前6位的行业依次为：其他制造业、非金属矿物制品业、煤炭开采和洗选业、金属制品业、农副食品加工业、通用设备制造业，占全部从业人员的58.7%。

营业收入排在前6位的行业依次为：其他制造业、煤炭开采和洗选业、农副食品加工业、非金属矿物制品业、金属制品业、黑色金属冶炼和压延加工业，占总计的64.6%。

中小工业企业出口情况。2015年，全省有产品出口的中小工业企业246户，比2014年减少18户；实现出口产品交货值81.43亿元，下降10.6%。

按出口规模分，年出口产品交货值在500～1000万元的企业54户，实现交货值4.85亿元；年出口产品交货值在1000～3000万元的企业65户，实现交货值16亿元；年出口产品交货值3000万元以上的企业75户，实现交货值57.74亿元。

按主要产品分，焦炭出口企业3户，全年出口焦炭22万吨，出口产品交货值1.61亿元；金属镁出口企业5户，出口金属镁6351吨，出口产品交货值7164万元；活性炭出口企业4户，出口活性炭1.2万吨，出口产品交货值6535万元；铸铁件出口企业37户，出口铸铁件23.6万吨，出口产品交货值16.77亿元；汽车配件出口企业5户，出口汽车配件1.6万吨，出口产品交货值2.1亿元；法兰出口企业31户，出口法兰8.4万吨，出口产品交货值8.52亿元；磁性材料出口企业1户，出口磁性材料360吨，出口产品交货值6675万元；糖醛出口企业1户，出口糖醛1000吨，出口产品交货值820万元；玻璃器皿出口企业43户，出口玻璃器皿8.28亿件，出口产品交货值7.3亿元；陶瓷制品出口企业4户，出口陶瓷制品3331万件，出口产品交货值3452万元；芦笋出口企业5户，出口芦笋5420吨，出口产品交货值4470万元；药品出口企业2户，出口药品867万片(粒/支)，出口产品交货值2438万元；其他产品出口企业103户，出口产品交货值41.93亿元。

第三产业中小企业主要经济指标情况。2015年，从事第三产业的中小企业法人单位11.5万户，从业人员144.3万人，实现营业收入4028.36亿元，利润总额298.71亿元，上缴税金179.28亿元，劳动者报酬287.07亿元。

分行业看，交通运输仓储业营业收入575.99亿元，占第三产业营业收入总计的14.3%；批发零售业营业收入1678.42亿元，占比41.7%；住宿及餐饮业营业收入718.12亿元，占比17.8%；居民服务、修理和其他服务业营业收入448.46亿元，占比11.1%；其他行业营业收入607.37亿元，占比15.1%。

全省重点监测的中小企业情况。2015年，全省重点监测的中小企业1212户，其中工业861户，农林牧渔业84户，建筑业43户，第三产业224户。从企业规模上看，中型企业330户，占监测单位总数27.2%；小型企业745户，占比61.5%；微型企业137户，占比11.3%。

全年1212户重点监测的中小企业中，亏损企业427户，亏损面35.2%，比2014年增长5.5%。其中，中型企业亏损135户，亏损面40.9%；小型企业亏损252户，亏损面33.8%；微型企业亏损40户，亏损面29.2%。

2015年，全省1212户重点监测的中小企业实现营业收入970.11亿元，比2014年下降14.9%；营业成本844.56亿元，下降15.2%；应收账款221.54亿元，增长7.9%；应缴税金21.28亿元，下降23%；从业人员20万人，下降5.9%。

2015年，全省861户重点监测的工业中小企业中，采矿业实现营业收入44.16亿元，比2014年下降17.9%；制造业实现营业收入698.62亿元，下降14.8%。其中，农副食品加工业实现营业收入102.47亿元，增长2.5%；食品制造业实现营业收入49.15亿元，下降11.1%；石油加工、炼焦和核燃料加工业实现营业收入101.48亿元，下降29.6%；化学原料和化学制品制造业实现营业收入42.2亿元，下降23.6%；医药制造业实现营业收入47.72亿元，增长9.5%；非金属矿物制品业实现营业收入55.54亿元，下降5.6%；黑色金属冶炼和压延加工业实现营业收入85.79亿元，下降24.4%；计算机、通信和其他电子设备业实现营业收入9.34亿元，下降6.1%；设备制造业实现营业收入72.17亿元，下降2.7%；其他制造业实现营业收入132.75亿元，下降19.5%。

2015年，全省224户重点监测的服务业中小企业中，住宿业实现营业收入0.81亿元，比2014年下降3.4%；餐饮业实现营业收入1.74亿元，下降8.9%；批发和零售业实现营业收入134.26亿元，下降17.7%；交通运输仓储和邮政业实现营业收入4.23亿元，下降39.8%；其他服务业实现营业收入5.89亿元，下降28.9%。

全省重点监测的特色产业集群情况。2015年，全省重点监测的特色产业集群22个，涉及企业2313户。12月开工生产的企业1339户，总开工率57.9%，较2014年提高1个百分点。其中，开工率在80%以上的产业集群8个，分别是大同医药、侯马装备制造、怀仁陶瓷、清徐醋业、稷山纸包装、太谷玛钢、闻喜金属镁、榆次液压；开工率在60～80%的产业集群5个，分别是汾阳白酒、交城铸造机加工、屯留农副产品、太原不锈钢、榆次纺机；开工率不足60%的产业集群9个，分别是大同县活性炭、定襄法兰、平遥铸造、祁县玻璃器皿、山阴乳制品、万荣添加剂、阳城陶瓷、阳泉耐火材料、原平皮带机。

2015年，全省重点监测的22个产业集群，实现营业收入475.52亿元，比2014下降21.7%。全年营业收入实现正增长的产业集群有9个，分别是：大同医药、汾阳白酒、怀仁陶瓷、稷山纸包装、清徐醋业、祁县玻璃器皿、万荣添加剂、阳城陶瓷、原平皮带机。其中，万荣添加剂和阳城陶瓷两个产业集群增速达两位数。全年营业收入增长速度为负的产业集群有13个，分别是：大同县活性炭、定襄法兰、侯马装备制造、平遥铸造、山阴乳制品、太谷玛钢、屯留农副产品、交城铸造机加工、太原不锈钢、闻喜金属镁、阳泉耐火材料、榆次纺机、榆次液压。其中，大同县活性炭、定襄法兰、平遥铸造、山阴乳制品、屯留农副产品、榆次纺机、榆次液压等7个产业集群降幅达两位数，最高的屯留农副产品产业集群降幅达90.6%。

主要产品产量情况。2015年，全省重点监测的44种产品产量中，21种产品产量增长，23种产品产量下降。产量增幅较大的产品主要有：水泥、服装、肉制品、白酒、罐头食品、淀粉、干果系列产品等。产量降幅较大的产品主要有：生铁、铁精矿粉、焦油、铁矿石、生铝矾土、汽摩铸件、电石、饮料、食用植物油等。

主要产品价格情况。2015年，12月与年初相比，全省重点监测的10种主要产品出厂价格除水泥出厂价格上涨13.3%以外，主焦煤、主焦洗精煤、配煤、电煤、焦炭、钢坯、钢材、精矿粉、砖等9种产品出厂价格均呈下降之势。其中，降幅在20%以下的有配煤17%；降幅在20～30%之间的有钢坯24%、钢材22.5%、主焦煤24.6%、主焦洗精煤28.4%；降幅在30%以上的有电煤39%、焦炭39%、精矿粉33.1%、砖30%。

各市经济发展情况。2015年，营业收入增长速度超过全省平均水平的有太原、大同、长治、晋城、运城等5个市，阳泉、朔州、忻州、吕梁、晋中、临汾等6个市低于全省平均水平。11个市中有7个市经济呈现负增长。营业收入增速最高的大同(6.6%)与最低的阳泉(－13.7%)相比，两者相差7.1个百分点。

个体经济情况。2015年，全省个体工商户有81.4万户，年末从业人员304.5万人，实现营业收入3697.43亿元，上缴税金105.15亿元。

【强化政策引导，优化发展环境】

推动各项政策有效落地。围绕创优中小微企业发展环境，认真抓好“国29条”和省“17条”“15条”“12条”等一系列政策的落实，确保各项扶持措施在中小微企业落地生根、见到实效。全年为小微企业减免营业税、所得税等各类税费25.4亿元；联合金融部门，改善对中小微企业的融资服务；联合国土部门，为586户民营企业解决了土地遗留问题，颁发了土地使用证书，为322户民企办理他项权力证书，有力支持中小微企业发展。

不断完善政策支持体系。出台《关于加快民营经济发展的意见》《关于进一步支持小型微型企业健康发展的措施》等，全省促进中小企业、民营经济发展的政策措施进一步完善。

建立健全工作推进机制。全省自上而下成立促进民营经济发展工作领导小组，召开全省民营经济发展推进大会，实施“一企一策”精准帮扶企业，着力破解准入、环境、资金短缺等九大难题。注重简政放权，积极推进省级公共资源交易场所和信息化建设，公布省政府权力清单和责任清单，减少省政府部门行政职权5343项。

【坚持分类指导，助推快速成长】

推进小微企业创办。实施商事制度改革，实现“先照后证”，推行“三证合一”“一照一码”，在全省范围内集中开展“双创”活动周。依托全省223个小微企业服务站，开展创业培训和创业辅导，积极培育各类市场主体。全年新创办小微企业6.7万户，为全省经济发展注入了新活力。

推进“小升规”企业成长。建立“小升规”企业培育库和营业收入500～2000万元企业基础信息库，进一步完善奖励办法，加强帮扶指导，进行重点监测，推动小微工业企业规范升级。2015年，全省共有319户“小升规”企业通过国家统计局审核，进入规模以上工业企业行列。

推进中小企业集群化发展。制定出台现代煤化工、装备制造、铝工业等七大领域重大项目布局推进意见，编制实施民营企业较为集中的十大细分行业重大项目布局方案，支持中小企业、民营企业做优做大做强。制定出台《关于加快中小企业产业集群发展的实施意见》，组织编制《山西省中小企业产业集群发展规划(2016－2020)》，明确全省未来五年中小企业产业集群发展的方向和领域，支持定襄法兰、清徐醋业、祁县玻璃器皿等传统优势产业集群发展壮大，促进太原不锈钢、榆次液压、稷山纸包装等新兴产业集群的发展。

【改善融资服务，缓解融资困难】

完善客户推介机制。2015年累计向金融机构推荐中小微企业1595户，达成融资担保合作意向680.7亿元。截至2015年底，全省小微企业贷款余额3995.33亿元，较年初增加205.72亿元、增长5.4%；小微企业贷款户数19.6万户，增加1.7万户。

深化政银企保合作。安排专项资金1000万元，对2014年小微企业贷款季均余额超基数30%以上的银行业金融机构进行风险补偿补助。开展银税合作，为302户守信小微企业发放贷款8.42亿元，纳税信用真正转化成了扶持企业发展的“真金白银”。积极推广“助保贷”等有效融资模式，省级财政为各市拨付奖励资金1.94亿元，推动66个县开展中小微企业融资模式创新工作。2015年省市县三级政府共投入资金11.2亿元，累计为中小微企业发放助保金贷款68.3亿元，财政资金放大6.1倍，杠杆效应明显，撬动银行对中小微企业发放贷款效果显著。

加强担保体系建设。为开展中小微企业担保业务业绩突出的担保公司，申请国家风险补偿资金和营业税减免；筹措2000万元扩充省中小企业发展融资担保有限公司国有资本金；安排省级专项资金4862万元，支持符合条件的担保机构扩大对中小微企业的融资业务，享受补助的21户担保机构共为1838户中小微企业提供贷款担保82.5亿元。

拓宽直接融资渠道。开展中小企业改制上市暨“新三板”挂牌专题培训，制定出台全省《中小企业规范化改制三年行动计划》和《2015年中小企业规范化改制工作推进方案》，鼓励中小企业通过互联网平台以股权众筹等新模式进行融资。推动28家中小企业在“新三板”挂牌。截至2015年底，全省在“新三板”挂牌中小企业达到32家；在创业板上市企业3家，在中小板上市企业4家，150家中小企业在上海股权交易托管中心Q板挂牌，1305家中小企业在山西股权交易中心挂牌展示。

【推进创业创新，加快转型升级】

推进创业基地建设。太原市成功入选首批国家小微企业创业创新基地城市示范。坚持新建与改造并重，鼓励和支持各类社会资本利用闲置土地、厂房、楼宇等改造建设创客空间、众创空间、创业社区、创新工场、微型企业孵化园、科技孵化器、商贸企业集聚区等小微企业创业基地，帮助中小企业特别是初创期小微企业解决用地难问题。2015年支持新建省级中小企业创业基地14个，全省省级中小企业创业基地达到81个，占地面积3719.7万平方米，总投资367.18亿元，入驻企业3394家，吸纳就业人员约10万人。

推进企业技术创新。引导企业改造升级和科技创新，支持企业发展新技术、新模式、新业态、新产业。2015年，支持新建省级中小企业技术中心46个，全省省级中小企业技术中心达到158个，拥有全国领先技术122项、发明专利203项、实用新型专利487项、外观设计专利157项。

推进企业品牌建设。支持中小企业实施品牌发展战略，近千家企业制定了商标品牌发展规划。安排财政资金2000万元，对2014年获得国家驰名商标(10件)和山西省著名商标(300件)的中小微企业进行资金奖励，并对企业在省级以上主流媒体开展品牌推广活动进行资金补助。

推进企业素质提升。实施“3个1”经营者素质提升工程，圆满完成100名小微企业优秀经营者、1000名有发展潜力的小微企业主、1万名小微企业管理人员的培训任务。组织全省非公有制(乡镇)企业工程系列高级专业技术职务任职资格评审工作，共有147人通过评审，为中小企业发展提供了人才支持。

推进固定资产投资。制定《推进2015年山西省中小企业固定资产投资任务工作方案》，促进项目建设顺利推进。2015年全省中小微企业固定资产投资完成771亿元，对全省发展新兴产业、培育新动能和促进结构调整发挥了积极的促进作用。

【创新服务方式，完善服务体系】

推进中小企业公共服务平台网络建设。不断完善22个专业应用平台、9个市级综合服务窗口平台和24个产业服务窗口平台的服务功能，开通山西省中小企业公共服务微信平台。目前，山西省中小企业公共服务平台网络已入驻服务机构579家，入驻中小微企业1万余户，发布服务项目1166项，发布服务活动信息893条，提供线上线下各类服务9300余项。

培育公共服务示范平台。按照开放性和资源共享性原则，培育全省中小微企业公共服务示范平台，为区域和行业中小微企业提供各类服务。2015年，新培育认证省级公共服务示范平台31家，全省已培育认证国家级公共服务示范平台7家、省级公共服务示范平台71家。

加强服务联盟建设。召开全省中小企业服务联盟工作会议，成立法律维权服务专业联盟。组织服务联盟成员单位分别赴山西传媒学院、三益电子产业集群、清徐醋业产业集群、大同活性炭产业集群等地开展服务活动14场，面对面帮助企业解决实际问题。

帮助企业开拓市场。先后组织全省100多家中小微企业300多种产品参加第十二届中国国际中小企业博览会、第十一届中俄蒙经贸洽谈暨商品展销会和2015中国——阿拉伯国家博览会，进行产品推介，开展合作洽谈，达成多个合作意向。

加强经济运行监测。积极应对经济下行压力，不断完善省市县乡“四级联动”和全面统计、19个直报县、22个产业集群、1500户重点企业、200户企业手机快速调查“五位一体”的运行监测体系，及时掌握发展动态，强化预测预警分析，引导中小微企业积极应对经济下行压力，实现平稳增长。

（原晋军）

交通·邮电

JIAOTONG YOUDIAN

09

交通·邮电

铁　路

【太原铁路局经营概况】 管内线路情况。截至2015年底，太原铁路局管辖南同蒲、北同蒲、大秦、侯月、石太、太中银等共计86条线路(含控股合资公司)，是全路18个铁路局中货运量最大、重载技术最先进的铁路局，也是全路唯一运输主业整体改制上市的铁路局。路网纵贯三晋南北，横跨晋、冀、京、津两省两市，主要担负着山西省的客货运输和冀、京、津、蒙、陕等省市区的部分货运任务，用户群辐射全国26个省市自治区、15个国家和地区。

管内线路营业里程4450.1千米，其中客运专线424.1千米，线路总延展长度11422.4千米，其中正线8087.2千米，双线营业里程3398.6千米，电气化营业里程3809.9千米，无缝线路总延长7535.7千米；道岔1.1万组；道口145处，其中有人看守道口56处；桥梁3776座，76.2万延长米，其中特大桥209座，52.5万延长米；隧道526座，72.7万延长米，其中特长隧道14座，21.5万延长米，明洞23座，2689延长米。

经营管理。全面落实预算管理，不断完善经营业绩考核机制，增收节支并举，提质创效并重。2015年，在经营压力巨大的情况下，完成了112.3亿元的盈亏考核任务。实施104项节支措施，实现节支19亿元；强推债权债务清理，累计清债3397笔、139亿元；规范物资管理，节约采购成本8337万元；大力开展“小金库”专项治理，不断优化合资公司管理，各层级资金管理更加规范。全面规范“办公用房、公务用车、业务接待”等管理，全局上下纪律意识、规矩意识普遍增强。

客运服务。大力整治客运服务设施，持续改善旅客出行条件，创新性推出中铁银通卡、常旅客积分、空铁联合售票等便民利民措施，旅客满意度持续提升。倾力打造二十大客运服务品牌，太原站连续29年被评为全路“文明车站”。开行了太原——吕梁K7835/6直达城际列车，开创了太原局路地合作开行旅客列车的先河。主动融入旅游产业链条，大力开行旅游专列，2015年共开行36列，客运增收1382.1万元，实现旅游综合收入2237.4万元，在实现企业增效的同时，极大地推动了山西文化旅游事业的发展。2015年，全局累计发送旅客首次突破7000万人大关，客运收入43.43亿元，双创历史新高。

安全风险管理。突出高铁客车等重点，动态研判，超前防范，采取2371项管控措施，开展18项安全专项整治，安全风险关键得到有效控制。强化安全基础，先后组织14次集中修及综合维修施工，大力推进工装设备和检修能力升级，全局固定和移动设备基础进一步改善。持续开展安全大检查活动，大秦线机车乘务员超劳等一大批影响安全生产的难点问题得到有效解决。持续加强治安综合治理，公安、保卫、站车联合行动，全局安全发展环境保持稳定。开展“百日会战”，推进“三个集中”改革，组建专门施工组织管理机构，实施“大数据”管理，狠抓设备隐患整治，系统整体面貌迅速改善。

2015年10月8日至27日，大秦线进行了为期20天的第二阶段集中修施工。此次集中修施工完成成段更换钢轨156.3千米，更换维修侧磨轨27.1千米，成组更换道岔12组，更换轨/桥枕9056根，道床清筛95.6千米，桥梁换砟12.4千米，道岔及岔间线路换砟131组/6.3千米，大机捣固道岔219座，大机捣固线路1118.2千米，大机打磨钢轨924.1千米，道岔达标整治361组，隧道清污13.2万米/31座，隧道清淤2.9万米/11座、隧道基底病害整治200米/1座、隧道渗漏水整治370米/4座、隧道拱部无损检测5100米/3座、路基注浆380米/9处、更换桥梁步行板及两线间盖板7648平方米，栏杆除锈油漆1万米。

货物运输。按照总公司“全品类物流、全流程服务、全方位经营、全过程管理”的总体要求，优化顶层设计，明确指导意见，合理布局物流节点，200个无轨站(揽货点)形成区域覆盖，95306网站累计注册企业达到1.7万户，适应市场发展的现代物流格局初步形成。坚持稳黑增白，推行网格化营销模式，着力提升两端接取送达能力，创新性实施协议运输、阶梯运价、承兑汇票等营销举措，大宗货物在市场非常艰难的情况下保持了相对稳定，零散白货运量实现大幅增长。大力拓展集装箱业务，集装箱办理站点更加密集合理，入箱品类更加丰富，铁海联运通道更加通畅，集装箱发运箱数比2014年增长52.2%。不断优化运输组织，突出“两高一远”货源装车组织，大力实施区域联动运输机制，努力用好太兴、瓦日等新线运输能力，最大限度提升运输效益。2015年，全局货物发送量5.87亿吨，占全路货运总量的五分之一，其中煤炭运量4.8亿吨、白货运量1.07亿吨，运输总收入816.8亿元，比2014年增加10.9亿元，增长1.4%。

铁路工程建设。有序推进铁路建设，吕临支线、聂庄——东港增建二线、东港站改造等工程按计划顺利开通；曹妃甸港区扩能改造、朔州——准格尔铁路等项目全部兑现节点计划。积极推进新项目上马，大张高铁正式开工建设，太焦铁路完成立项审批，京原、南同蒲侯马——风陵渡电化改造达到开工条件。特别是大西高铁试验段，顺利完成建设任务，综合试验全面启动，具有完全自主知识产权的两组中国标准动车组都跑出了385千米/小时的“中国速度”。太原枢纽新建西南环线工程项目成功与太原市签订入地协议，工程推进实现重大突破；大同站改、太原北枢纽改造施工方案先后优化27次，在确保施工安全、质量的同时，最大限度减少了对运输的影响。全年共完成建设投资127.88亿元，年度计划任务百分之百兑现。

2015年11月18日，大同至张家口高速铁路工程在大同南站正式开工建设。大同至张家口高速铁路由山西、河北两省及铁路总公司共同出资建设，是《中长期铁路网规划》的重要组成部分。大张高铁线路起自山西省米庄线路所，经大同市、阳高县、天镇县，止于河北省怀安县，接轨于在建的呼和浩特至张家口高铁怀安站。东接京张城际铁路，西联大西客运专线，与京包铁路、京西铁路联网，是贯通京、津、冀、晋、陕的客运咽喉工程，也是晋北地区对外交流的“生命线”。铁路设计新建正线里程140.1千米，其中山西境内124.3千米，河北段15.8千米，设计行车速度每小时250千米；初步设计批复总投资165亿元；规划运输能力为每年运送旅客4500万人。本线新建大同南站、阳高南站、天镇站三座车站，建设工期四年。工程建设完工后，大同至北京通行时间将大大缩短至100分钟左右，将晋冀蒙的长城金三角和京津冀环渤海地区的经济区有效联系起来，对方便沿线地区人民群众出行，促进山西省参与“一带一路”建设、对接京津冀、融入环渤海、加快对外开放步伐意义重大。

资产经营开发。坚持做强实业、发展实体、壮大实力。商贸物流板块着力发展实体物流服务，太钢袁家村、东港卸车环线等多项全程物流业务得到拓展；加快工业制造新产品研发和新技术储备，动车组研磨子、客车闸片、75千克重载道岔、27吨轴重道岔、HGM－D型高摩合成闸瓦等一大批项目落地生效；大力发展土地资源开发、农产品生产加工、种植养殖等业务，太原建北停车场、洗车行，临汾生活中心商铺开发、晋中环城北路高架桥下仓储基地、大同铁联鱼类养殖基地等一大批新产业、新项目实现创效。2015年，局直属非运输企业累计完成营业收入155.01亿元，实现利润5.58亿元。在市场竞争日益加剧的新形势下，非运输企业所取得的成效已经超过了以往凭借代发代办、依靠两条钢轨发展的“最好时期”。

科技创新。坚持以创新发展为主线，大力推进科研攻关。主动承担了“大西客专高速综合试验组织技术研究”等3项总公司重点科研课题；“27吨轴重C80E货车条件下线桥适应性及强化改造措施研究”等126项科研课题列入路局科研攻关计划，“大秦线重载组合列车机车设备统一授时系统”“半自动闭塞区段断轨监测系统”等一批科研成果通过路局技术评审，“大秦线机车渡板变形”等问题在实践中得到有效化解。推进科技成果转化，“HX1型机车亏电研究及补偿装置”“铁路隧道煤尘清除装置”等研发成果得到推广运用。同时，深化完善各层级调度指挥中心功能，强力推进“视频到车间、网络进班组”建设，持续补强“天眼工程”，开发推行电子公文系统，科技促进生产、科技提升效率的作用更加明显。

太原局申报成功“全国5A级物流企业”。2015年1月，经过企业对标申报、现场检查评估、集中演讲答辩三个环节，中国物流与采购联合会答辩委员会委员和专家全票通过太原局5A级综合服务型物流企业的申报，标志着路局跨入全国5A级物流企业的行列，成为山西省唯一的国家5A级物流企业。

全面推进现代物流创新发展。太原局全面推进向现代物流创新发展、转型升级，以互联网＋物流的创新模式，着力创建“云聚万商、流通万家”，辐射中西部、面向全国的重要物流基地，引领和带动全省物流业向现代化转型。省直有关部门，太原、晋中两市和太原铁路局围绕推进中鼎物流园建设工作，研究制定了协调服务的工作机制，梳理协调和服务项目需求，积极破解园区项目建设难题，制定了现代物流推进路线图、重点工作责任表和每天推进动态，先后召开中鼎物流园第一次建设推进会和6次周碰头会，共议定事项48项。

（孙淑环）

【山西地方铁路基本情况】 主要指标完成情况。2015年，山西地方铁路集团公司实现营业收入20.7亿元，比2014年下降20.1%，完成年度考核目标值22亿元的94.1%；实现利润2284.4万元，下降77.8%，完成年度考核目标值8500万元的26.9%；铁路运输货运量2240.4万吨，下降40.3%，完成年度考核目标值3260万吨的68.7%；行业管理铁路专用线完成货运量10517.8万吨，下降13.5%，完成全年计划11500万吨的91.5%；实现增加值6.64亿元，完成年度考核目标值7.5亿元的88.5%；安全生产形势持续稳定，连续实现了第二个安全生产无事故年。

重点工作完成情况。1.千方百计抓经营、增运量、稳市场，主业营销战略有了新变化。一是创新运输服务方式，深入挖掘市场潜力。为增强行业优势，各运输企业积极转变服务理念，在坚持实施大客户战略的基础上，对大型客户、中小型零散户实行分级服务并开展了全面立体式营销。孝柳公司在年内依托国铁95306货运平台，实行网上注册发运，累计注册企业450户以上，较取消立户前的64户增加超过386户；同时开展全员包保营销，货营网点每人每月走访客户3户以上，确保每日请求车数量在500车以上。武沁公司在取得煤炭销售资质后，确立市场化服务理念，积极联系上、下游客户，搭建了五大国电——武沁公司——沿线煤矿（供应商）煤炭贸易平台，为五大国电和沿线客户提供一站式直通服务，在原有3家铁路注册户的基础上增加到27家；与国营煤矿、煤炭经营企业深入合作，加强服务推广，马堡煤业、潞安温庄煤业等公司由以往主要依靠公路运输转为铁路运输，增加发运量50万吨以上，开拓出扩大发运量的新模式。二是实施价格调整战略，发挥运价调节作用。针对市场需求严重不足、公铁运输竞争激烈的情况，根据运力市场供需，实施价格调整战略。3家运输单位利用国家允许部分铁路运输产品价格可区间浮动的政策，在准确评估各自区域内实际状况后，及时调整运价和装卸杂费价格。孝柳公司将运杂费作为切入点，对长期稳定客户实行可延期5日交付运杂费的优惠，对发运钢铁类客户实行阶梯性下浮价格，按月度运量分别给予不同程度的运价下浮优惠，同时对离石快装系统原每吨6元的装车费进行减免，以及对大客户放开可收取银行承兑；宁静公司一方面降低运价和装卸杂费价格，另一方面与朔黄铁路积极协商，促进达成联合降价的意见，同时杜绝中间环节和西站煤台、姜庄煤台等站前公共储煤区的乱收费问题，使每吨运费减负5～10元左右，有效降低了客户发运成本；武沁公司一方面减少了煤台租赁费，另一方面针对原有开行分流车运价不高的情况，在不影响发运户积极性的情况下，由每吨0.1元提高到精煤每吨0.136元、原煤每吨0.131元的价格，为主业增收创造了条件。

2.做好做强煤炭运销、行业管理和其他辅业，开发经济增收点取得新进展。（1）拓宽经营领域，加强资源整合。一是集团煤运公司为进一步拓展煤炭运销业务，一方面开辟山东汽运销售及北海转口贸易，另一方面与广西诚德集团联合开展由威海至广西铁山两港之间的货运贸易，同时与珠海诚志通、山东金城煤炭公司等企业合作，经营公路仓储配送业务，为逐步打通与公路、水路、港口码头等多方合作的共赢联运通道做了有效尝试。二是探索拓展配煤销售渠道，集团煤运公司与保德东恒站台以及宏盛达公司达成协议，共同合作经营向神华销售配煤的业务，在神朔线上开拓出新的发运领地。三是继续依托孝柳、宁静和武沁铁路既有站台及运输能力优势，打造精品供煤运输通道，重点开发了围绕宁静铁路从昌元煤矿购煤运到小石家庄站，在站台进行配煤、计量、化验、装卸、铁路运输并交易结算的业务，构建起了较为成熟的一体化服务体系。四是大同地方铁路公司成功为小河头专用线引进2家煤炭企业，并办理了太原局和秦皇岛港口进港手续，为该线路煤炭发运业务的稳定开展创造了条件。（2）推动多元发展，开辟转型新兴产业。一是大同地铁公司再次开发30台机车投放到太原路局管内的瓦日线、韩原线、侯西线等客货干线上进行租赁，该业务全年为集团创收2亿元。二是大同地方铁路公司与太原路局铁联公司、辅业中心合资组建云泉机辆配件公司、路同物流公司，面向路内开展机车配件经销业务和剥岩土仓储物流服务项目，为转型增收补充能量。（3）积极开拓市场，辅业经营创佳绩。集团监理公司创新经营方式和管理机制，不断增强市场竞争力，2015年承揽了阴火铁路桥梁加固、五寨油库铁路专用线等5个铁路工程项目，以及忻州静乐县福利中心老年公寓、娄烦县上龙县等4个房建工程项目，全年新承揽业务466.7万元，完成监理收入848.8万元，实现利润

71.6万元；大同技术服务公司密切关注行业内需求状况，加强与供货商和集运站两点协调，不断做强设备、材料销售业务，全年共创收1100余万元。

3. 全面加强集团管控，企业现代管理水平有了新提升。一是加强财务管理。严格控制成本费用支出，大幅度地缩减财务费用；规范贸易管理，加强资金风险防范工作；加大资金清欠力度，全面开展清欠历史遗留债权工作，全年共清欠1.54亿元；加强财务信息化管理，全面推进运行浪潮软件的各项工作。二是加强业绩考核管理。强化经营业绩考核对企业经营方向的引领作用，新增“应收、预付账款占收入比例下降”和“总资产报酬率”两项质量效益指标，并相应加大其考核权重。同时，将“商业模式创新”作为集团重大工作任务指标，将其列入对所属企业的考核当中，引导企业积极转变经营方式。三是加强人劳管理。健全人力资源组织管理机制，建立人才开发资金保障体系，加大职工教育培训投入；加强在岗职工动态考核，优化选聘机制和劳动组织结构；实行分配制度改革，建立了收入增减可控的薪酬机制和以岗位工资为主的基本工资制度。四是加强决策管理。规范集体决策制度，制定《“三重一大”实施细则》，严格贯彻“三重一大”民主决策制，健全“三重一大”风险防控和监督机制。五是加强法制管理。强化企业法制建设，建立、健全法制考核体系和重点改革领域法律风险防范体系，加强集团法务工作，依法推进解决历史遗留问题。六是加强档案管理。配齐档案管理专、兼职人员，健全档案管理制度并完善相关工作体系。七是加强信息化管理。配备信息化人才，持续抓好企业内网平台管理维护、外网宣传、财务等重大信息公开、浪潮软件运用等工作。

4. 持续推进项目建设，投资目标取得新突破。一是在建项目进度加快。静静铁路项目2015年完成投资4.16亿元，已累计投资8.98亿元，完成总投资15.78亿元的56%。项目工程进度稳步推进，控制性工程基本完工，征地拆迁工作进入到收尾阶段。二是筹建项目完成审批。大同技术服务公司综合商贸楼项目的土地证、建设用地批准书、建设用地规划许可证、建设工程规划许可证、开工许可证、设计图审等相关手续全部办理完成，待资本金到位即可开工建设。

5. 完善煤炭物流体系，做好规划编制工作，企业战略规划取得新成果。现代煤炭物流体系建设日趋成熟完善。推进煤炭物流服务思路转型，将点对点、大客户服务战略向分级管理、立体营销的思路过渡，增强了企业经营的灵活性，吸引客户并提升效率；充分发挥煤运公司、宁静铁路的作用，形成煤炭运销一体化服务，在神朔铁路部分站台开展物流业务，开发新的物流基地；引入第三方物流企业共同搭建物流平台，开展港口货运贸易和公路仓储配送业务；加强与国内一流企业的对标，引进新理念，强化管理，提升煤炭物流业务的市场竞争力。“十三五”发展规划顺利编制完成。

6. 全面推进“六大体系”建设，安全工作再上新台阶。一是对安全生产管理制度进行制定、修订和完善。二是开展以多个专项整治为重点的安全生产大检查活动。三是加强应急救援体系建设。四是开展了安全月活动。五是全年共投入3700余万元用于对生产设施、设备的维护和改造更新。六是坚持落实领导干部安全生产包保责任制，进一步明确包保单位、责任和考核办法，制定、完善领导干部现场带班制度，全系统各级干部全年下现场1615人次，8312天，发现整改各类隐患(问题)727件。

（樊　璐）

公　路

【公路基础设施建设成绩显著】 公路建设为“稳增长”做出积极贡献。2015年完成投资274.95亿元，为年计划的112.2%，比2014年增长7%，投资完成进度在全省“十大重点领域”始终名列前茅。高速公路建设完成投资179.36亿元，建设规模达到688千米。和顺至榆社二期工程、高平至沁水、原平至神池、吉县至河津、左权至黎城、运城至灵宝黄河大桥、北京至乌鲁木齐山西段、永和至永和关、长治至临汾、长治至邯郸改扩建工程10个续建项目工程进展顺利；右玉至平鲁、神池至岢岚、晋蒙黄河大桥3个“百日百项”工程开工建设；临县至离石、吕梁环城、运城解州至陌南、和顺至榆社二期工程等4条总长179千米高速公路正式开通运营。加大协调推进力度，打通荣乌国家高速公路(G18)灵丘驿马岭、京昆国家高速公路(G5)平定杨树庄、东吕国家高速公路(G2516)和顺康家楼3个省界高速公路出口，为全省融入“一带一路”、京津冀协同发展和环渤海经济圈战略布局提供了交通支撑。国省干线公路建设完成35.96亿元，完成新改建工程379千米；农村公路建设完成57.47亿元，完成通村公路完善提质工程等5132千米。

专项整治取得扎实成效。以工程招投标、资金管理、质量管理3个方面的15类突出问题为重点，扎实推进交通工程建设领域突出问题专项整治，以项目化管理方式列出问题清单，逐项对照整改，出台《关于进一步加强公路工程招投标管理工作的若干意见》《公路工程质量鉴定检测要求》等制度，初步建立规范管理的长效机制。以3个方面的20

类突出问题为重点，扎实推进公路“三乱”问题专项整治，着力解决乱设卡、乱收费、乱罚款等问题，查处违纪执法人员77人。在此基础上，不断拓展专项整治范围，有针对性地组织开展了加强财务管理、严肃财经纪律专项整治，清理上缴财政预算结余资金6.6亿元；开展厅属单位银行账户专项审计调查，清理违规账户105个。

公路养护管理提质增效迈出新步伐。在工程量不减、工作标准不降的前提下，主动核减高速公路日常养护经费预算10%、约6925万元，倒逼高速公路降低管理成本，提升管理绩效。国省干线公路大力推广预防性养护，加大路域环境整治力度。创新超限治理工作，将治超工作纳入对各市政府安全生产考核指标体系，进一步强化政府主体责任，巩固治超成果，促进长效机制建设。

安全生产形势保持平稳。按照“党政同责、一岗双责、失职追责”的要求，严格落实企业主体责任和政府部门监管责任；加大隐患排查治理力度，在全系统组织开展三轮安全生产大检查，排查整治各类事故隐患6958项；组织实施农村公路生命安全防护工程1182千米，完成163座高速公路隧道消防安全设施升级改造工程。省交通厅被交通运输部确定为全国交通运输系统安全生产风险管理试点，积极探索建立交通运输安全风险管理模式。

【多条高速公路竣工通车，为全省经济社会发展提供有效交通保障】

临县至离石高速公路通车运营。2015年5月9日，临县至离石高速公路正式通车运营。该项目是全省高速公路网三纵十二横十二环西纵高速公路的重要组成部分。路线全长72.9千米，起点位于临县陈家庄北，终点位于柳林县郭家山村南，途经临县、方山、离石、柳林4县区，分别与岢临、太佳、离石环城、离军高速公路及拟建的离石至隰县高速公路相接。全线采用双向四车道高速公路标准建设，设计速度80千米/小时，路基宽度24.5米，项目概算总投资92.3亿元。

荣乌高速公路晋冀主线通车运营。2015年7月24日，荣成至乌海高速公路晋冀界胜利贯通。山西与河北对接的高速公路出省口共有10个，荣乌高速公路晋冀主线的通车运营，成为山西与河北两省之间打通的第五个高速公路出口通道。荣乌高速属国家高速公路网，起点在荣成，终点在乌海，由东至西横贯山东、河北、天津、山西及内蒙古五个省、直辖市、自治区，是西北部地区通往环渤海湾地区的重要通道之一，全长1820千米。荣乌高速公路从晋冀交界灵丘县驿马岭进入山西，山西段总里程262千米。

吕梁环城高速公路通车运营。2015年11月10日，吕梁环城高速公路通车运营，路线全长43.3千米，总投资概算40.78亿元。

京昆高速公路收尾路段——晋冀接线段竣工。2015年12月22日，京昆高速晋冀接线段竣工通车，路段包括山西省平(定)阳(曲)高速公路16千米省界路段和河北省石(家庄)太(原)北线石家庄至冀晋界段其中52千米，共计68千米。至此，连接北京、河北、山西、陕西、四川、云南6省市的京昆高速公路全线贯通。

东吕国家高速公路晋冀接线段竣工。2015年12月30日，东吕国家高速公路晋冀接线段竣工通车，该路段为和顺至榆社高速公路二期工程，2011年3月开工建设，全长36.2千米。

运城解州至陌南(黄河桥头)高速公路竣工。2015年12月31日，运城解州至陌南(黄河桥头)高速公路通车运营，该线全长30千米，总投资30.75亿元，是全省高速公路网“三纵十二横十二环”规划中“西纵”的最后一段。

【交通运输服务能力进一步提升】

及时安排部署重要时点道路保畅工作，确保春运、“两会”、纪念抗日战争暨世界反法西斯战争胜利70周年等重大活动期间，以及全省煤检站撤销等重大改革举措落实过程中的道路交通安全畅通。加强交通战备保障能力建设，在大规模、多频次保障部队过境机动中发挥了重要作用。积极落实省政府为企业减负、促经济增长的部署，制定出台高速公路收费、运输证件管理“三减两免”优惠措施，将全省高速公路货运车辆通行费收费标准降为周边省份最低，4～12月为企业减负9.98亿元，加上执行“绿色通道”和重大节假日小型客车免费政策，2015年共减免通行费19.49亿元，有力促进了运输业发展。2015年，全省道路运输完成货运量9.2亿吨、货物周转量1376亿吨千米，分别比2014年增长3.4%和0.9%。加强城市公交系统建设，运输旅客15.3亿人次。加快推进高速公路ETC建设，新增ETC及非现金支付卡用户近60万户，总用户达到75.7万户。

《山西省城市公共客运条例》颁布施行。2015年5月28日，省十二届人大常委会第二十次会议表决通过《山西省城市公共客运条例》(以下简称《条例》)。新通过的《条例》适用于全省行政区域的城市公共客运规划、建设、管理和运营服务，2015年10月1日起正式实施。

33条省际市客运班线获得最新许可。2015年9月，对相关企业申报的46条客运班线中的33条做出许可决定，对13条做出不予许可决定，对7条未申报的线路做出废止决定。此批新增新开线路主要有三大特点：一是客运市场运力需求趋缓。以往新增新开年申请量在150条左右，而2015年只有50余条，且此次新增新开公示后有7条班线无人申报。二是新开线路数量增加。当前各方向运力基本饱和，新增线路可行性降低，此次运力投入主要以新开线路为主。三是同方向运行线路矛盾突出。新增新开公示以后近三分之一的线路存在信访投诉，且多为同方向线路经营户反对新的运力投入。

全省道路旅客春运工作任务圆满完成。2015年春节长假期间（2月18至24日），全省道路运输共投入营运客车5.1万辆次，其中，运送旅客166.8万人次，比2014年同期增长14.2%。自2月4日春运开始到2月24日的三周时间内，全省道路客运共投入客车23.1万辆次，日均投入客车1.1万辆次、运送旅客39.5万人次，增长2.4%；累计运送旅客828.6万人次，增长2.37%。全省长途客运、旅游客运、农村客运车辆运行正常，道路旅客运输能力充足，没有出现旅客滞留现象。除大年初一、初二因降雪部分高速公路封闭和初六返程车流骤增个别路段出现拥堵外，其余时段高速公路一直保持畅通。

春运期间，全省累计发送客运班车45.8万辆次，发送旅客1633.9万人次，比2014年下降5.2%，日均发送旅客40.9万人次。全省城市客运行业共投入公交运力37.3万标台次，出租车运力166.4万辆次，客运总量2.88亿人次，增长1.6%。春运期间，道路运输工作组织到位，应急运力准备充裕，未形成大的客流高峰；城市公交运行良好，出租行业安全稳定，较好地满足了广大旅客出行需求。同时，积极统筹兼顾货物运输，适时启用应急运力，有效保障电煤、成品油等重点物资和鲜活农产品等应市商品运输。

【国庆黄金周全省交通运输安全有序】 2015年10月1日至7日，全省公路车辆通行量769.5万辆，其中，高速公路通行量643.3万辆，比2014年增长6%；7座及7座以下小型客车通行量514.4万辆，增长8.5%，占通行量的80%。干线收费公路通行量126.2万辆，增长16.4%；7座及7座以下小型客车通行量73.6万辆，增长17.1%，占通行量的58.3%。全省公路7座及7座以下小型车辆和绿色通道共减免通行费1.71亿元，增长9.6%，其中，高速公路7座及7座以下小型客车免费1.51亿元，增长10.2%；绿色通道减免通行费1315.1万元，增长0.3%。干线收费公路小型客车及绿色通道减免通行费731.3万元，增长26.7%。

2015年“十一”黄金周全省道路水路共完成客运量5350.5万人次，较2014年增长12.3%。其中，道路运输共投放营运客车10.5万辆次，日均发送班次2.1万个，累计运送旅客418.2万人次，下降19.3%；城市客运共投入公交车1万标台、出租车4.2万辆，累计运送旅客4920.2万人次，增长3.1%；水运累计投入客运船舶914艘，运送旅客12.1万人，下降4.3%。

【交通运输改革亮点纷呈】 交通运输改革取得重大突破。全力推进交通企业及高速公路资产债务重组改革，先后组建省路桥集团、省高速公路集团、省交通投资集团3个企业集团，理顺产权关系，增加企业注册资本，加强班子建设，并移交省国资委监管，省交通运输厅历史性地实现政企分开。完成6条政府还贷高速公路收费权益转让，减少政府性债务209.43亿元。会同省财政厅筛选出16个已建成、3个在建、2个待建高速公路项目开展PPP模式试点。研究推进公路建设事权改革，积极推动构建“国高网省建、省高网市建”的新模式，同意运城、吕梁两市政府以经营性公路的方式组织建设3个高速公路项目。积极推进高速公路建设与运营管理体制改革，完成19个高速公路建管处的初步整合。

债务管理进一步加强。按照“控制规模、优化结构，防范风险、化解债务，改革创新、走出新路”的思路，以项目贷款置换短期贷款107亿元，以低成本贷款置换高成本贷款295.5亿元，提前归还不到期高利率贷款9.2亿元，表外融资利率进一步降低，节约利息支出5.8亿元。积极争取政府债券和社会资本参与交通债务重组，落实平安资产管理公司首期债权投资100亿元，地方政府一般债务债券置换存量债务22.15亿元。用足用好国家政策，落实国家开发银行交通建设专项基金9.97亿元，推动了右平、神岢、京新和长邯改扩建4个高速公路建设项目资本金的解决。

（师国梁　陈瑞丽）

民用航空

【山西省民航机场集团公司(管理局)“十二五”发展成就】 截至“十二五”末，山西省内在用的机场有太原、长治、运城、大同、吕梁、忻州市五台山等6个。其中，太原、长治机场隶属于山西省民航机场集团公司（以下简称集团公司）；大同、吕梁及忻州市五台山机场以委托管理的方式由集团公司运营管理；运城机场隶属于运城市政府；临汾机场由临汾市政府牵头建设。全省基本形成以太原机场为中心，长治、运城、大同、吕梁、五台山等5个支线机场为辅助，连接全国、面向世界的运输机场格局。

安全记录不断刷新。“十二五”期间，集团公司始终牢固树立“没有安全，一切归零”的理念，认真贯彻“安全第一，预防为主、综合治理”的方针，通过进一步细化安全责任管理体系，持续深入开展安全大检查、大督查和专项整治工作，开展岗位安全达标活动，建立健全安全监察员队伍建设、着力提升应急管理水平和强化安全教育考核等措施，使安全管理工作更加标准化、规范化和制度化。五年来，全省机场保持了持续平稳的安全态势。完成了第六届中博会、能博会、全国文化体制改革会议服务保障任务，以及专机、政府包机、春运保障、两会保障等任务。太原机场创造了第44个航空安全年和第24个空防安全年的安全纪录。

运输生产持续增长。“十二五”期间，集团公司千方百计开拓国内及国际(地区)航空运输市场，通过不断加大市场投入，优化航线网络，创新营销策略等方式，促进了省内各机场航线航班和旅客吞吐量的持续攀升。全省民用机场运输起降架次、旅客吞吐量和货邮吞吐量分别从“十一五”末的6.8万架次、642.8万人次和4.5万吨增加到“十二五”末的10.2万架次、1088.8万人次和5万吨，增幅分别为50%,69.4%,11.1%,山西航空市场总体呈现出稳中有进、进中向好的发展态势。五年来，省市政府共拨付航线开发资金15.22亿元，为培育航空市场提供了有力保障。太原机场航线通达性及辐射能力日益增强，目前已稳居国内大型机场之列；运城、长治、大同、吕梁机场快速发展，航线网络逐步完善；新开航的五台山机场航线开发工作有序推进。航空口岸建设取得长足进展，太原机场国际(地区)旅客吞吐量由“十一五”末的3.7万人次增加到37万人次，“十二五”期间年均增长率58.5%；大同临时航空口岸于2013年获批开放，两年来在保障香港航线全年通航的基础上，开通了至韩国仁川的国际航线。国际(地区)航空市场的放量式增长，为山西省进一步扩大对外开放起到了积极的助推作用。

深化改革卓有成效。五年来，集团公司不断解放思想、转变观念，以“市场化导向，专业化经营”的发展思路为引领，深化企业改革，管控模式实现了从集中管控向战略管控的转变。完善法人治理结构，进一步明晰事权，下放了管理权限；推行质量、环境、职业健康安全管理体系建设工作，实现了企业精细化管理；加大培训投入和力度，定期组织员工岗位培训和专业技能培训及干部培训，使培训工作成为常态；推行三级和部分二级副职干部竞聘上岗制度；打通以专业技术和职业技能评聘体系为基础的职业发展通道，共聘任高级及中级职称人员119名，高级技师、技师、高级工、中级工911名；实行全员劳动合同制，实现了同工同酬；完成了大同、吕梁、五台山机场的一体化管理改革工作，推进了全省民航一体化进程；不断深挖非航潜力，非航业务呈现出多元化的发展势头。集团公司经营收入实现了从“十一五”末的3.55亿元到“十二五”末5.95亿元的跨越，预计“十二五”期间，非航收入总计14.75亿元，较“十一五”的4.31亿元，涨幅达到242.2%。

基础建设步伐加快。“十二五”期间，顺利实施了全省7个机场的改扩建及新建工程。实施以打造山西第一窗口形象、建设花园式国际机场为目标的太原机场景观改造工程，启用了T1航站楼；实施办公自动化系统及生产运营系统的升级改造等项目；吕梁、五台山机场先后建成并正式通航，临汾机场已具备通航条件。五年来，全省机场建设投资41亿元，基础设施保障能力大幅提升。

【2015年山西省民航机场集团公司主要工作】 2015年，山西省内机场共保障运输起降10.2万架次，完成旅客吞吐量1088.8万人次，货邮吞吐量5.1万吨，分别比2014年增长5.6%、8.9%、-0.6%。其中，太原机场通航航线108条，通航城市69个，完成运输起降7.8万架次，旅客吞吐量884.3万人次，货邮吞吐量4.6万吨，分别增长8.6%、11.5%、1.3%；长治机场通航航线10条，通航城市12个，完成运输起降0.7万架次，旅客吞吐量61.8万人次，货邮吞吐量0.1万吨，分别增长-7.5%、-0.5%、-49.2%；运城机场通航航线10条，通航城市15个，完成运输起降架次0.8万架次，旅客吞吐量81.5万人次，货邮吞吐量0.2万吨，分别增长-17.3%、-12.9%、-4.6%；大同机场通航航线11条，通航城市15个，完成运输起降架次0.6万架次，旅客吞吐量47.1万人次，货邮吞吐量0.2万吨，分别增长9.1%、15.1%、-8%；吕梁机场通航航线4条，通航城市6个，完成运输起降架次0.3万架次，旅客吞吐量14.1万人次，货邮吞吐量14吨，分别增长59.7%、38.6%、120%；五台山机场于2015年12月25日开航，通航航线1条，通航城市1个，完成运输起降架次8架次，旅客吞吐量641人次，货邮吞吐量0吨。

2015年，在全国206个定期航班通航机场(不含港澳台地区)吞吐量排名中，太原机场排28位；运城机场排80位；长治机场排89位；大同机场排106位；吕梁机场排156位；五台山机场排205位。

航空安全方面。2015年，省内机场共计安全检查旅客529.7万人次、货邮4.9万吨，查出证件不符54起，查缴各类违禁物25.2万件，安全保障各类警卫任务5次，全年未发生机场责任原因造成的劫、炸机事件、安全检查差错事件、一般航空地面事故及其他飞行事故征候。

颁发安全目标责任状，推进了法人安全承诺制，实行安全生产工作"一票否决制",分解细化安全生产控制指标,理顺和完善了岗位安全职责。

全年制定下发12个安全方案、组织14次专题会议,对安全管理体系实施、按章操作、人员资质及培训教育、设施设备维护管理、跑道侵入防范、机场主体责任落实、空管运行单位规章落实等7个方面开展风险管理工作,对安全监察员队伍进行了全面评估和量化考核。

在全省机场范围内开展了三次安全生产大检查,对安全工作中的薄弱点、危险点、事故多发点开展各层级的系统性安全检查,并对整改情况进行跟踪管理;针对航空货运安保、净空环境保护、航空食品安全以及"平安民航建设、反恐专项建设等内容,组织开展了专项整治活动。

细化全省机场各岗位应急处置程序,强化了各级应急演练。

航空市场方面。继续加大市场开发力度,积极利用山西省推动旅游业转型发展的契机,围绕干线网络进一步开拓航空市场,深化与航空公司、旅游部门及周边干线机场的合作,做好热点旅游城市的航班加密和国际旅游线路的临时加班工作;携手太原火车南站推出了空铁联运项目,初步建立空铁资源共享、优势互补的合作模式。

(1)国内方面:太原机场重点加强对国内航班经停航线的布局,新增长春—太原—宜宾、福州—太原—银川、青岛—太原—乌鲁木齐、哈尔滨—太原—贵阳、昆明—太原—长春、沈阳—太原—长沙等经停航线在内的17条国内航线,加密国内航线19条,并引进邮政航执飞货运航线;大同机场运营航线由8条增至11条,通航城市新增天津、呼和浩特、哈尔滨、昆明;吕梁机场加密了北京航线。(2)国际(地区)方面:太原机场在与外航加强合作的基础上,开通曼谷、名古屋和岘港的国际定期航班,全年完成国际及地区航班起降3063架次,运输出入境旅客37万人次,与2014年基本持平;大同机场在保证香港航线全年通航的基础上,于10月份开通至韩国仁川的国际航线。

企业改革方面。(1)完成了对太原机场、长治机场的投(增)资工作;明确了太原机场安保、消防、应急、环卫和能源收费等工作的权属,精简了集团本部会计核算范围;加强合同事前审核事中监管的动态管理;2015年集团公司共筹集省市专项资金、节能减排专项资金、民航发展基金等2.18亿元。(2)印发出台《财务管理办法》《员工招聘管理办法》《固定资产管理办法》《固定资产投资管理规定》等管理制度,进一步提升了集团公司管控水平。(3)通过了三体系的换证审核工作;与忻州市政府签订《忻州五台山机场委托经营管理协议》;配合省政府及相关部门开展通航发展规划、通用机场建设、通航调研座谈等工作;组织编写集团公司"十三五"规划;与中国民航管理干部学院签署战略合作协议。(4)提出了管理局与集团公司政企分开方案;与首都机场集团就将集团公司及所属机场委托首都机场集团管理事宜进行了沟通对接;对政企分开及托管方案进行了修订完善。(5)对三级干部进行培训需求问卷调查,开展三级干部专项培训;分两批对基层班组长进行了管理能力培训。

基础建设方面。太原机场开展了燃煤锅炉清洁能源替代(一期)建设工程、T1航站楼终端设备更换升级、安保设施设备更新改造、停机坪扩容工程的前期准备工作等项目;长治机场实施了航空器应急救援设备、爆炸物探测仪项目,同时启动航站区改扩建工程;忻州市政府完成五台山机场改扩建工程;临汾机场复航改造工程已全部完工,具备通航条件。

(*石　磊　韩莉娜*)

【**2015年东航山西分公司经营概况**】安全运行态势保持平稳。2015年共飞行6.97万小时、3.5万架次,飞行时间比2014年增加14%。安全运行态势继续保持平稳,分公司荣获东航"2015年度无事故征候优胜单位"称号。整治违章违规,制定了具体的工作方案,定期组织作风纪律检查、不定期机坪运行现场抽查以及防除冰、危险品运输专项安全检查等。通过周安全例会、月度安委会进行讲评,每季度对各单位违章违规行为进行总结通报。经过专项治理,杜绝了预先准备不落实、绕机检查不规范、监装监卸履职不到位、车辆不按规定线路行驶、设备不按规定位置摆放、车辆藏匿火种等违章违规顽疾,飞行作风和机坪运行秩序明显改善。安全基础管理,全年共收集各类运行安全信息971条,根据信息来源准确把握安全运行状态,适时启动风险管理,及时协调解决运行安全问题。将防止松懈麻痹列入常态化安全教育内容,通过制作违章违规典型课件、"法治民航"专题教育、机长座谈会、安全板报比赛等多种形式,提升员工的参与度和认可度。动态风险管控,形成预判预警常态化机制,通过动态信息监控,及时捕捉外界运行变化和衍生威胁。全年共输出广州第三条跑道等分公司级别风险管理项目15个、基层风险管理项目70个;根据安全运行偏差信息,输出防大侧风等预防、纠正措施10个。针对雷雨、台风等极端天气条件,及时发布危险天气预警,适时调整航班机组搭配和运行单位值班力量。进一步理顺换季流程,明确细化了各单位安全职责和具体分工,重点做好新开机场、新开航线的安全风险评估等。提升飞行技术管控能力,不仅把好初始资质关口,更加注重培养岗位持续胜任能力。为缓解飞行运力压力,分公司加快飞行员培养进度,修订岗位竞聘流程,组织开展了

多次岗位竞聘，确保飞行员在完成所需经历后能及时晋升岗位。针对升级训练人员，选拔优秀教员进行一对一有针对性带飞，在确保带飞质量的同时大大加快带飞进度。充分运用QAR数据分析工具，紧盯三级高发事件，定位多发集中人群，及时提出有针对性的操作建议。加强空防安保，制定详细预案，落实抗战胜利70周年纪念活动安全保卫工作要求。结合“平安机场”建设活动，强化分公司辖区内的治安防控等。

营销业绩保持优异。2015年完成山西始发旅客144.2万人次，平均客座率71%；始发收入10.58亿元，比2014年增长0.1%；始发座千米收入0.4元，减少0.05元；全年累计完成贡献收入11.25亿元，完成T1的100.5%；两方集团客户收入7787万元，完成T3的114%；直销收入5.8亿元，增长28%；客机腹舱收入898万元，完成T1；全年飞机平均可用日利用率10小时。

在优化航线结构方面，根据收益水平调整太原至北京、温州、昆明航线，形成以太原为经停，联动北京、温州和昆明的新航线格局；新增太原至青岛、大连正班，开通太原至曼谷和经烟台至名古屋国际正班；加密太原至浦东航班等。在组织加班包机方面，利用空余运力和边际时刻增加加班包机，全年共计组织包机228班次，收入4738万元，省内机场加班补贴收入共计1.3亿元。在营销能力建设方面，继续做好始发航班舱位监控管理，努力提升运价水平，全年平均票价734元，增长0.8%；狠抓团队销售，分公司在太原至华东、云南、成都、福厦、香港、台北等航线上与诸多核心旅行社建立了有效合作关系，全年太原出港团队成行18.5万人次，增长10%；团队旅客占东航太原出港旅客总额的9.1%，增长8.9%。在集团客户开发方面，成功新签、续签约集团客户41家，全年共签约两方集团客户126家，签约客户数量增长85%。在增值产品开发方面，分阶段逐步将东航假期系列产品推向市场，如香港“机票＋酒店”香港自由行、“机票＋门票”香港迪士尼套票产品等，受到市场好评。在淡季产品促销方面，依托服务营销体系，及时推广和培训营销产品，“旅游集市产品”和“校园行”活动等达到预期目的。在常旅客发展方面，大力发挥部门、单位协同作用，全年共办理高端旅客金银卡420张，常旅客二次乘机比为7‰，完成T1指标。

客户体验继续增强。以增强客户体验为抓手，努力改进服务短板，持续强化品牌建设，关键服务指标持续趋好。首发关舱门正常率91.6%，较2014年提升2.9%；非首发关舱门正常率96.9%，提升0.8%；空、地服务旅客满意度连续三个季度完成T3指标，其中空中服务在东航分子公司排名始终位列前三。

加强服务基础管理方面，修订实施《2015年服务质量考核办法》，强化对连续发生问题的监控和重点服务环节的改进；制定《内部审核管理流程》，继续突出内部审核作用，聘请其他分子公司的体系建设专家开展内部审核；坚持发挥三支服务管控队伍作用，形成互动关系，促进管控能力提升；“新乘技能大赛”等活动进一步提升了新员工服务热情。加强短板项目改进，发布《不正常航班处置控制流程》《航班取消服务流程》《航班延误服务流程》和《备降航班服务流程》，继续规范不正常航班服务；发布《航班快速过站保障流程》，全年共启动快速过站132班，快速过站日趋常态化。加强服务一体化任务落实，特殊旅客服务线上化、客舱深度清洁专项工作、投诉新系统启用等重点任务均有效落地；全年空、地投诉率分别为万分之0.035和0.134，均完成T3指标；太原站点自助值机率达59.1%，提升48%。加强特色服务，“卫生间美加净”工程等一批“软服务”举措进一步增强了客户体验。“幸福中国结、情系东航年”“天空因你更美丽”“撒播绿色、传递关爱”“快乐六一，幸福启航”等机上特色主题活动反响良好。

（顾　骁）

通　信　业

【中国移动通信集团山西有限公司经营概况】　紧抓4G窗口，竞争能力明显增强。2015年，山西移动快速拓展4G规模，一是坚持把4G网络打造为精品网络，做到广覆盖的适度领先、连续覆盖的相对领先、深度覆盖的绝对领先，完善4G网络质量管理体系，持续加强端到端优化，确保客户感知。2015年，4G基站总数达到2.8万个，超过基站总量的三分之一；4G网络综合覆盖率达到97%以上。二是紧扣流量经营发展思路，持续推进4G发展，全年按照“终端销售先行，全民换卡驱动，加快客户迁移”的策略，快速拓展4G客户规模，重塑竞争优势。全省网内净增4G终端608万台，4G客户突破680万户，移动数据流量在一年内实现翻番。4G客户突破680万户。4G网络覆盖全面提升，基站总数达到2.8万个，在连续覆盖、广域覆盖、室内覆盖方面全面提升。4G客户感知持续改善，深入开展端到端优化，建立无线网“六维度”优化分析体系。建立客户体验提升工作机制，4G客户净推荐值集团排名第4位。

扭转发展态势，营销水平明显增强。面对经济和行业发展下行压力，以“4G、公众、集客、家庭”四大市场为重点，深入推进“八项举措”，为收入增长领先行业水平奠定坚实基础。集客市场聚焦“信息化收入”和“成员价值”，拓展小微企业市场，提升销售能力、支撑能力、执行能力。持续优化省市两级实体渠道运营体系，开展渠道“双力提升”行动，强化实体渠道与电子渠道、集客渠道协同。公司主营业务收入增幅自8月起连续5个月高于行业增幅，并保持持续上升势头。

扩大领先优势，网络能力明显增强。持续开展无线网优化，加强室分优化整改。加快传输网建设，PTN覆盖率、分纤点平均密度高于全集团平均水平。顺利完成与铁塔公司2.7万个站点交接。持续推进IDC互联网内容本网化，流量本网率提升至95%。IDC数据中心成为全集团首批“钻石五星级”数据中心，出口峰值流量比2014年增长3倍。业务支撑系统完成第三代BOSS系统分布式云化改造，优化重点模块138个，减少界面311个，效率提升38%。建立多维度客户动态标签体系，提高精准营销成功率。

夯实基础工作，管理能力明显增强。开展“提效率、促发展”流程专项治理活动，持续开展流程优化。规范集中采购，坚持合法合规，加大公开招标力度。加强预算管理，立项规范性显著提高。加强合同管理，强化合同管理关键节点的管控。坚持正确用人导向，深入开展激励机制建设。完善审计工作机制，持续推进审计大整改及跟进项目，针对15个领域、92类、195个具体问题进行了限期整改。紧盯公司运营关键领域，梳理了20个方面、47个廉洁风险点，初步建立了“嵌入式廉洁风险防控体系”。

集客双份额全集团领先，信息化应用成果丰硕。2015年，坚持“大项目拓展与小微企业并举，客户经理与公开渠道同进”的管理策略，公司集团客户业务发展突飞猛进，“集团产品收入份额”与“通信和信息化收入份额”全集团领先。集团业务涌现出一批基于4G行业应用、大数据变现的优秀项目，包括天网、交通卡口、林管通、旅游监测、电子政务、政府OA、村医通等，其中“4G林管通——互联网＋智慧林业管护应用”获集团双奖评选业务类三等奖。

深化渠道转型，提升协同效能。2015年，公司持续优化省市两级实体渠道运营体系，提升集中运营支撑能力和队伍专业化能力。开展渠道掌控力与销售力“双力提升”行动，核心商圈手机卖场合作率达到86%，进厅客户4G转化率达到34%。开展实体渠道与电子渠道、集客渠道协同，4G目标客户O2O联动转化率达到19%。微厅全省粉丝突破600万，电子渠道分流效果显著。

响应国家号召，推进提速降费。山西移动积极响应号召，主动承担社会责任。降费方面，推出“国际漫游包天套餐”“夜间流量套餐”“4G流量卡”“假日流量套餐”“流量‘白加黑’”“流量不清零”“语音短信不限量套餐”“套外安心服务”8项举措；提速方面，推出“打造4G精品网”“做宽骨干传送网”“扩容和优化CMNET网”“扩容国际互联网出口带宽”四大工程。2015年流量资费价格下降超过35%，4G平均下载速率35兆比特/秒，全集团排名领先。

对铁塔公司进行资产注入。2015年，公司对2.7万个站点进行资产清查，完成了对铁塔公司2.7万座铁塔、1.6万个机房的资产注入。依照边接收边管理的原则，在现场交接工作完成后，原代维单位继续实施现场维护，铁塔公司区域经理落实区域维护责任，确保维护工作平稳过渡、快速承接，保障网络运行质量。

扫除网络雾霾，开展“治防”行动。进一步强化技术手段，完善治理机制，在全省范围内开展“综合治理不良网络信息，防范打击通信信息诈骗”行动。全年拦截垃圾短信3656万条，处置违规号码49.7万个；拦截骚扰诈骗电话4.2亿次；封堵淫秽色情网站1.3万个；配合执法机关侦破伪基站案件20例，缴获设备19套。

（贺　硕）

【中国联合通信集团山西分公司经营概况】 2015年，山西联通主营收入78.45亿元，比2014年下降7.5%，利润总额3.9亿元（剔除流量不清零、铁塔交易影响），增长55%，收入利润率4.8%，提高2个百分点。

全面实现全光网络。2015年12月，运行20多年的太原联通迎泽程控交换机下电，标志着山西联通全面实现全光网络，在北十省中第四个建成“全光省”。近年来，山西联通全面推进“宽带山西”建设，2014年12月，在忻州神池建成全省第一个全光县。随着太原光改工作顺利完成，全省11个市全部进入全光网络时代。近两年全省光改投资达25亿元，光缆线路总长度30.7万皮长千米，光纤通达所有乡镇。宽带接入能力达到835.3万线，其中FTTH占比达到81%，宽带端口实占率为49.8%；宽带覆盖行政村2.2万个；完成了167个PSTN端局和6823个模块局、接入网点设备下电。3G基站达到2.2万个，4G基站新增7386个，累计开通1万余个，实现了市区、县城城区的良好覆盖和100%乡镇的点覆盖。室分覆盖楼宇9719栋。11个旗舰营业厅和53个县级以上标准营业厅开通载波聚合。

服务水平有效提升。2015年，山西联通集团客户响应中心加强与重点客户上门沟通及网络测试、设备巡视等工作，确保客户网络运行稳定。分别对太原易居快捷酒店、太原理工大学网络中心、蒙牛乳业太原有限公司和小店区城中村改造中心等重点客户，在网络使用过程中反映的网速慢、故障申告要领不熟悉等情况，及时安排专业人员上门了解网络运行情况，并进行网速测试、故障申告要领讲解，确保客户网络运行出现问题时能得到迅速解决，有效提升了客户感知。

《“互联网＋旅游”战略合作协议》正式签署。2015 年 10 月，山西省旅游发展暨“互联网＋旅游”大会召开，山西省旅游局与中国联通山西省分公司签署《“互联网＋旅游”战略合作协议》。

圆满完成“双 11”行业短信保障工作。随着网上购物业务的发展，“双 11”成为广大网民的购物新时尚，山西联通省业务平台维护中心圆满完成 2015 年“双 11”行业短信保障工作。在“双 11”期间，对阿里、京东、苏宁、当当、唯品会五家电商及各大银行进行重点保障，保障重点客户 129 个。11 月 10 日 18：00～11 月 12 日 24：00，行业网关峰值时间为 18：00～22：15，峰值负荷 1440 条/秒，总业务量为 3216991 条，客户感知良好，增加了山西联通的企业美誉度。

4G 业务规模发展，转型初见成效。2015 年，山西联通采取有效措施对传统业务进行创新转型，分阶段、有步骤启动了 2/3G 用户免费开放 4G 网络工作，开网率北十省排名第四。同时，对 4G 用户加强质量有效管控，出账率显著上升，三无用户占比持续下降。在开展的“流量消费能力及价值贡献双提升”劳动竞赛中，移动数据及信息业务收入增长 12.4%，4G 用户规模不断扩大，达到 337.6 万户。

紧抓光改机遇，提升客户价值。2015 年，山西联通将光改工作与营销挖潜同步实施，建立与光改联动机制，打造智慧乡村，“基础＋应用”的家庭全业务融合，有效拉动了 4G、宽带及 IPTV 家庭应用产品发展，稳定了存量。同时针对不同场景制定套餐产品体系，实现客户价值有效提升，宽带 ARPU 提升 7.7%。开展宽带“提速降费”工作，10 兆及以上用户占比 62.9%，宽带用户数、收入分别增长 19.5% 和 10.6%，IPTV 业务达到 76 万户，在 FTTH 用户中占比 24.6%。智慧沃家用户达到 85 万户。

官方直达号和头条号正式上线运营。山西联通为更迅速、直接地进行品牌宣传及业务推广，积极开展电子渠道的开发和创新，丰富电子渠道的形式和沟通方式，在全国范围内率先在全球最大的中文搜索引擎——百度开通山西联通官方直达号，并在拥有 2.4 亿用户的今日头条 APP 开通山西联通官方头条号。

专业化、一体化运营模式初见成效。一是实施社会渠道代理商业绩提升激励办法，沃易购平台月均交易额、终端交易量提升 31% 和 11%。驻地网实施沃家千店计划，有效增加营销触点，截至 2015 年底，全省沃店已达 1107 个。二是组建了农村市场专业化运营团队，下半年宽带月均发展量比上半年提升 36.3%。聚焦目标用户，实施精准维系，分层级落实标准化维系动作，开展“四盯”管控，移动存量用户保有率、单卡转合约率、存量用户 4G 迁转率、SIM 卡换卡、终端解锁以及整体机网卡适配率等维系指标均跃居北十省前三，移动存量收入流失得到遏制。三是开展了“集商客渠道销售大赛”“建筑工地和聚类市场专项营销活动”“IDC 起早促销季”“国庆中秋两节营销活动”“集商客营销大会战”等一系列营销活动，集团客户战略级重点产品营销效果良好。“班班通”“互动宝宝”“智慧工地”等重点产品发展排名集团前列。四是完善网上专售产品的电子渠道，打造专属产品体系，提升网上商城销售能力，形成三级营销资源保障联动机制。

（黄云霞）

【中国电信山西分公司经营概况】 2015 年，中国电信山西分公司全业务收入超过 26 亿，比 2014 年增长 4.4%，用户总数达到 528 万户，其中移动用户 326 万户，固网用户 202 万户。截至 2015 年底，公司总资产 62 亿元。

聚焦有效益规模发展，为广大用户提供优质的业务产品和服务。中国电信山西分公司坚持发展为第一要务，持续加速移动业务规模发展，流量经营转模式、提价值、优产品，加强 3G/4G 协同，4G 发展在城市实现突破，树立品质；3G 业务在农村实现上规模，深入拓展；进一步聚焦高速宽带，主推 50 兆和 100 兆高带宽，主推双机融合产品；将驻地网民营合作作为宽带业务规模发展的重要战略性举措，快速有效推进，提升宽带业务竞争力；聚焦三个市场，区域市场采取积极的市场策略，传统促销向精细营销转变，有效应对市场竞争，农村/网格实现跨越提速；政企市场聚焦重点细分市场，以行业应用为抓手带动发展，围绕客户实际使用场景和需求适配对应产品，强化纵向一体、四级穿透，纵向细分市场引领，清单突破，加强存量保有和扩群；大众市场提升渠道能力，强化渠道销售，聚焦高质核心渠道，提升单店销量，提高合作紧密度。此外，大力推广 O2O 服务模式，以新兴技术引领，探索数据经营，聚焦政务、医疗、教育等行业，拓展定制化行业云项目，采取竞争性政策，尝试云业务代理渠道拓展；构建大数据运营平台，精准分类网上用户构成，采用用户标签标示，开展针对营销；通过大数据进行运营分析，提升营销准确性，参照大数据分析及模型，提高销售、维系、管控等经营效率；新型业务带动移动规模发展，聚焦拉动基础业务发展的差异化元素，完善产品体系和提升差异感知。经过以上举措，公司保持了稳中有升的发展态势。一是全业务收入是山西省通信行业中唯一正增长的基础运营商。二是市场份额快速提升，较2014年提升1个百分点，2015年增量收入市场份额均居省内主要通信运营商之首。三是用户规模稳步增长，移动用户份额较2012年（三年规划）提升近2.5个百分点。四是新兴业务收入占比提升明显，较2012年累计提升近15个百分点。五是用户质量日益优化，新增用户短期离网率保持在30%以下，与2014年相比下降超过5个百分点。

*全面深化改革，加快企业有效益规模发展。*持续深化划小承包，强化资源穿透和权力下放。中国电信山西分公司自2013年开始推进划小承包，经过3年的持续努力，企业的组织活力和人员活力得到了前所未有的提升。优化前端架构，调整机构职能，理顺省市关系，明确机构对接；完善三、四级单元划小承包体系，并对省公司直接承担销售服务工作的两部、两中心、三公司开展划小核算，全面提升一线触点经营活力；推进四级单元的资源穿透和成本中心使用；持续优化权力清单事项，对地市放权29项、减负9项、明确负面清单50项；明确一线工作规范，编订三四级单元工作手册，规范小CEO经营管理动作，为小CEO设计职业发展计划及通道；减员增效，打造前端营销六支队伍，力促全员整体销售服务能力提升。截至2015年底，全口径用工人数较2013年6月减少10%，劳产率提升近30%。

着力打造“倒三角服务支撑体系”。建立省、市两级综合服务支撑中心，建成综合服务支撑系统，做好“倒三角服务支撑体系”的“传输中枢”。完善自下而上的逆向考评机制。小CEO对省、市管理部门逆向考评权重分别不低于20%和30%，设置接单量、转派准确率、预处理率等考核指标，鼓励管理部门“多接单，接好单”。

*大力提升服务水平，努力改善用户感知。*积极顺应互联网时代客户服务诉求，围绕中国电信“落实全面深化改革，推进服务互联网化转型”的服务主线，打造“无处不在的互联网服务能力、创造服务价值”，服务互联网转型初见成效。开展“大干百日，打造无处不在互联网客服”的服务互联网转型劳动竞赛，微信客服用户达到22.7万，较年初增长374%；互联网客服服务量累计达到6153万次，实现“服务量倍增”；易微信客服服务量大幅提升，四项重点产品线上服务量累计2273.8万次，线上服务量占比81.9%；大力拓展宽带自助服务，宽带自助服务月均访问量占比14.3%；手机上网满意度连续两年同业第一，高于行业平均水平。

聚焦重点业务服务对标优化，找出4G业务、宽带业务84个对标点，挖掘19个影响客户感知的短板问题优化提升。开展营业厅/网厅季度客户感知测评、宽带使用端到端速率感知体验、4G网络服务客户感知专项测评，传递客户感知，督促短板优化。健全省市两级客户建议闭环管理，推进全局性问题解决。2015年收集省市级客户建议567条，省市级优化单184单，全省问题解决率85%。落实宽带提速降费专项工作，重点任务完成率94.4%；拓展自助安装/排障，订单信息透明，在线即时测评、在线资源可查询、线上预约/改约五项自助服务功能，迭代优化宽带服务流程。加快4G服务质量提升，为用户提供网络感知好、业务更贴心、渠道更便捷、终端更特色、关怀更周到的4G服务，省内4G服务热点问题解决完成率95.5%。

*聚焦“互联网+”，提升行业服务水平。*一是积极推进“互联网+现代农业”，驱动农业“跨越发展”。与各级农业主管部门联袂打造“互联网+现代农业”，充分利用农业产业链各群众组织和生产企业多方资源，以“农技宝”等行业应用切入，积极推进云计算、物联网等现代信息技术在农业生产经营各环节中的应用，截至2015年12月，已有太原、阳泉、忻州、临汾和运城5个地市使用农技云平台，平台服务三农用户数达6300人。二是加强“互联网+公安警务”合作，提升公安信息化能力。三是推进“互联网+养老”建设，提升社区养老服务。在全省推广智慧社区居家养老服务，提供“平台+终端+特定资费+爱心服务”于一体的综合性社区养老服务。累计派发终端达47000余部。服务覆盖了全省200余个社区。开通全省12349“社区养老服务热线”，年话务量40000余次。四是提供“互联网+监管”服务，推进12358价格监督举报热线项目建设，提升山西价格监督服务能力。协助山西省物价局在全省范围内开通163个价格监督举报呼叫中心座席，累计受理各类举报案件10000余件。五是推进“互联网+智慧医疗”建设，提升卫生计生信息化水平。六是召开“互联网+金融创新发展新引擎”系列研讨会，促进互联网金融与传统经济的融合。七是推进“互联网+交通”，助力山西北斗产业落地应用。针对全省20多万运营车辆，分别制定了解决方案，配套信息化平台和终端，获得广大客户认同，并在全省推广，截至目前共发展用户超10000户。

2015年，中国电信山西分公司积极打造“翼支付”品牌，通过有效整合银行及社会各类公共资源，与水电煤等公共服务部门合作服务公共事业缴费，不仅节约了这些公共事业缴费单位的柜台资源，也为用户节省了大量时间和精力，使广大人民在日常生活消费方面体验到便捷、顺畅的支付服务，可谓一举多得。

*加强网络能力建设和质量改善，提升社会信息化服务能力。*2015年上半年完成ASDL宽带改

造，率先在ADSL区域全部实现光覆盖。响应国家提速降费要求，数据网出省带宽从800千兆提升至1600千兆；各市IP城域网上行带宽由1320千兆增加到2000千兆。开展4G网络“建设大提速、质量大提升”大会战，全年开通4G基站6400个，全省11个主城区、96个县城全部实现4G网络连续覆盖，覆盖面积达1789.4平方千米，占有效面积的92.3%，覆盖人口1700万人；全省266个重要乡镇，69个4A级以上景区实现了4G网络覆盖。重点区域4G网络覆盖率从92%提升至95%，下载速率从35兆比特提升至38兆比特，大幅提升了移动网用户数据业务感知。提升宽带用户业务感知，建立TOP50优质访问网站，引导电信用户优先访问质量较好的同类网站；设立乐视专区（15台服务器，1个10G接口），专为电信用户提供视频缓冲服务，优化DNS路由，保障省内宽带用户优先访问优质资源，确保优酷、爱奇艺能够在线流畅观看高清视频，乐视能够在线流畅观看超清视频。加强信息服务能力提升，6月份率先在太原启动了载波聚合实验工程，实现太原城区重要卖场、营业厅及重点客户的4G＋网络覆盖，客户感知提升明显；年底实现全省11城市重要卖场、营业厅的重点覆盖，具备高速下载（理论300兆）演示能力。

积极履行企业社会责任。一是驻地网宽带引入民间资本合作规模发展。积极推进驻地网宽带引入民间资本合作，确定了以分成为基础，以发展业务为目标，风险共担，利益共享的合作模式。实现代理商“建设＋营销＋装维”一体化的合作，公司提供“驻店培训＋现场帮扶”等1对1的帮扶措施。部分驻地网代理商获得超预期收益；随着代理商业务规模的扩大增长，招聘当地人员参与营业受理、安装维护等工作，缓解了当地就业压力。二是大力推进共建共享工作。与山西铁塔公司全面对接，2015年共建共享基站3328个，节省配套投资3亿以上；同时持续推动并深化管道、杆路、室内分布等基础资源的共建共享，避免重复建设。三是积极缓解社会就业难问题。高度重视退役士兵接收安置工作，开展面向全国各高等院校的应届毕业生招聘工作，为社会缓解就业难起到了积极作用。四是做好应急处置和通信保障。为有效应对和处置突发事件，做好通信保障，中国电信山西分公司持续完善应急装备的配备和储备工作，截至2015年底，共有大型移动应急通车1辆、中型移动应急通信通车2辆、小型移动应急通信通车3辆，卫星电话27部，便携式VSAT2台，能够满足山西地区电信业务应急通信保障需求。五是有效促进能耗指标下降。通过划小加强机房升温、电池减配、高效模块混插、机房搬迁中的高能耗设备替换、办公室场所电源管理等推进节能降耗，全年节电约330万千瓦小时；优化无线网建设模式，积极开展BBU集中放置、减少机房数量，节约建设成本，降低单站造价，降低能源消耗；在太原机房开展安装第三代焓差空调节能系统实验，2015年节能14万千瓦小时。

推进服务互联网化转型。积极推进服务互联网化转型提升服务感知，为用户提供方便、快捷的互联网体验。建设“QQ在线客服”，通过QQ好友方式，开启了以互联网服务方式为客户提供自助、互助的服务模式，新媒体客服平台不断扩大，新媒体服务用户逐年提升。为向手机用户提供便捷查询、快捷办业务的服务，开发了“欢go手机客户端”，提供了一系列的自助服务功能。为向宽带用户提供快捷的故障处理服务，开发了“宽带自助服务”，在手机上即可享受自助装宽带、排故障，在线查询安装修障进度等服务。

（赵　苇）

邮　政　业

【2015年山西邮政业发展概况】 2015年，全省邮政业务总量43.13亿元，比2014年增长17.9%，增幅提高10.8个百分点；业务收入完成45.71亿元，增长18.6%，增幅提高5.9个百分点。其中，快递业务量首次突破亿件，完成1.15亿件，增长25.7%，最高日处理量234.9万件；快递业务收入15.29亿元，增长47.7%，消费者申诉满意率达97.8%。全省现有邮政普遍服务网点1596个，快递品牌47个，快递企业及分支机构2825个，邮政、快递从业人员4.5万余人。

【行业发展环境持续优化】 行业利好政策不断出台。2015年，山西省邮政管理局积极主动协调，将邮政业发展内容纳入多项省级规划和专项规划中，全省《促进物流业发展两年行动计划》《物流中长期规划》等政策颁布实施，省市两级邮政业“十三五”规划逐步纳入地方政府规划中，太原市首次将发展快递业写入政府工作报告，忻州市出台促进物流业发展两年行动计划，为规划目标任务的实现奠定基础。山西省“十二五”期间共出台40余项支持邮政业发展的利好政策，切实解决了一些制约行业发展的瓶颈问题。

地方支持力度不断加大。大同大学校园内设立了全省首家第三方综合快递末端服务平台。晋中局积极推动山西大学城校园快递综合服务平台建设。阳泉局与公安、交通、安监等部门沟通协调，解决了全市快递车辆通行问题。

人才队伍素质不断优化。积极创建学习型组织，搭建学习平台，创新学习方式，制定培训计划，不断提高行业从业人员专业水平。截至2015年底，山西省快递从业人员大专以上学历占到31.5%，从业人员队伍结构不断优化，企业实力不断增强。2015年共组织3批次4377人参加快递从业人员职业技能鉴定考试，山西省快递持证从业人员9263人，占全部快递从业人员45%以上。

服务型政府建设持续加强。进一步加大简政放权力度，制定出台《快递企业经营许可优化工作方案》，推进流程再造，方便企业办理经营手续，75%的许可审批项目由实地核查变为形式审查，准入材料由22项减为9项，准入审批时限由45日压缩至25个工作日，许可企业变更绿色通道企业办理时限压缩至15个工作日，下放快递企业分支机构备案和名录开具功能，建立绿色审批通道。出台《全省"两项审批"下放承接指导意见》，配套下发流程和文书模板，创新性进行"预报对接"，简化办理流程，构建审批服务新体系，方便企业办理手续。

【普遍服务水平不断提高】 空白乡镇局所补建全面完成。空白乡镇邮政局所补建工程是山西省邮政业历史上规模最大的基础建设工程，全省409个计划空白乡镇补建局所全部实现移交运营，提前33天完成国家局下达的"补白"工作任务，真正实现了"乡乡设所、村村通邮"，为推进基本公共服务均等化做出了积极贡献，有效促进了农村经济社会发展，使邮政服务基层能力和市场竞争能力得到进一步提升。

国家投资邮政基础设施建设全部完成。全省邮政管理部门履行行业审查职责，顺利完成2015年度行业审查任务，确保了"十二五"时期中央预算内资金支持邮政普遍服务基础设施建设项目全部完成。安排各市邮政管理局督导邮政企业项目建设符合《邮政普遍服务标准》规定，开办法定普遍服务业务，不得限制办理包裹等法定普遍服务业务，确保了公共财政支持普遍服务政策用到位、出实效。

村邮站建设任务超额完成。持续推进村邮站建设，分别向山西省邮政分公司和各市邮政管理局印发了《关于加强农村通邮建设和服务的通知》《关于做好2015年村邮站建设工作的通知》，对村邮站建设、运营提出明确要求，分解下达了2015年村邮站建设任务。到年底，共新建村邮站1717个，超额完成了国家局、省局下达的建设任务，农村通邮率进一步提升。

监督检查取得实效。全省邮政管理部门严守"两条红线"，继续加大对普遍服务的监督检查力度，积极开展"合标"监督检查、邮政专用标志车辆监督检查、机要通信检查等专项检查和乡镇网点覆盖率、建制村通邮率"两率"调查。全年监督检查营业场所1726处，监督检查5319人次，下发检查通报29份，下发责令改正通知书111份，下发行政处罚告知书12份，下达行政处罚决定书11份，处罚10.6万元，其中，违反"两条红线"6案，占50%，比2014年下降37.5%。各级邮政企业违法违规行为明显减少，遵法守法意识明显增强，普遍服务创新发展能力逐步提升，有效维护了用户用邮权益。

社会监督有效开展。全省调整聘请邮政特邀监督员77名，市县总覆盖率59.8%。监督员认真履行监督职责，积极配合邮政管理部门开展乡镇邮政局所运营情况调查、邮政基本公共服务供给和需求情况调查、全国普遍服务满意度调查、邮政局所开办业务核查、城区局所设置情况调查、空白乡镇补建局所运营情况调查、纪特邮票发行监督检查、信函、印刷品和包裹传递时限测试工作，对邮政服务质量和水平的提高发挥了重要作用。

【快递市场不断规范】 标准化建设扎实推进。2015年，快递企业"三化"标准建设持续推进，截至2015年底，全省进入标准化验收范围的申通、圆通、中通、百世汇通、韵达、顺丰、宅急送等7家规模以上快递企业的1609个网点中，通过验收的有1311个，达标率81.5%。圆通率先在全省开设20家标准形象门店"妈妈店"，企业服务水平和能力明显提高。

"快递下乡"工程稳步实施。引导快递企业向农村地区布局网络，加强与农民网商的协同发展，探索与邮政局所、村邮站合作模式，优势互补、双促双赢，山西省快递乡镇网点覆盖率达80%，晋城市率先实现乡镇快递网点100%全覆盖。快递企业加强与农村电商的协同合作，借助"互联网+"的发展模式，助推当地特色农产品外销，其中运城市"快递+苹果"、吕梁市"快递+大枣"等销售模式助推当地特色农产品外销增收。据不完全统计，旺季期间运城市每天通过快递向国内外售出的苹果达到5000件以上，全年通过快递销售的苹果数量占到总产量的20%以上。"快递+"成为土特农产品外销的新模式，促使双方协作共赢。

"两整"工作成绩显著。山西省邮政管理局部署开展全省快递市场经营秩序整顿和服务质量专项整治活动。全省上下形成合力，在依法提升审批效率的同时，加大"两整"力度。活动期间，全省共查出服务质量问题128个，约谈企业64次，责令整改268次，经营秩序类罚款17.9万元，服务质量类罚款3.6万元，全省快递企业合法化率上升到89.1%，"两整"工作取得明显成效。

电子运单技术推广使用。山西省邮政管理局持续推广使用电子运单、可回收利用的绿色包装材料，推广环保包装辅材应用，积极推进"绿色邮政"建设。各品牌快递企业积极响应，申通推广大客户开始使用电子面单，圆通在全省的电子面单使用率达到35%左右，中通使用电子面单总计108万个，韵达电子运单从2015年4月推广使用，现已覆盖多数大客户。

旺季服务保障工作圆满完成。2015年“双11”期间，快递业连续保持高量运转，单日最高处理量达230万件以上，单日最高进口量200万件以上，单日最高出口量40万件以上。企业采取多项措施，提早准备，精心组织，增加车辆，储备人员；省、市两级邮政管理部门深入企业督导检查，确保企业做好收寄验视、实名收寄、过机安检“三个100%”制度要求的贯彻落实，实现了既定目标。

快递服务满意度稳中有升。山西省邮政管理局建立申诉处理与市场监管联动机制，有效促进了企业服务质量的提升。2015年受理快递业务有效申诉1939件，比2014年下降11.1%，为用户挽回经济损失16.7万元。用户满意度较2014年提高3.6个百分点，达97.8%。

【安全监管能力不断提高】 狠抓落实确保寄递渠道安全畅通。认真抓好《邮件快件收寄验视规定(试行)》和《邮政业安全生产设备配置规范》强制性标准的宣贯工作。积极推动山西邮政业安全中心组建。开展以“强化安全管理、推动安全发展”为主题的安全生产月活动，督促企业树立安全生产意识，强化安全责任，彻查安全隐患，堵塞安全漏洞，提高安全防范能力。按照中综办〔2015〕27号文件要求，在全省范围内集中开展寄递渠道清理整顿专项行动，督促寄递企业严格落实“三个100%”措施，严厉打击利用寄递渠道从事违法犯罪活动。

重大活动期间寄递渠道安全保障有序开展。在抗战胜利70周年纪念活动期间，积极发挥“环京护城河”的作用，省、市两级先后成立寄递渠道安全保障工作领导小组，制定印发实施方案，与企业签订《抗战胜利70周年纪念活动寄递渠道安全保障工作承诺书》，要求进京邮(快)件100%过机安检，并认真开展了督导检查，对检查出的隐患问题，依法进行处理。活动期间，全省邮政行业未发生一起重大安全生产事故，圆满完成了抗战胜利70周年纪念活动期间山西省寄递渠道安全保障工作任务。在新疆维吾尔自治区成立60周年、西藏自治区成立50周年、党的十八届五中全会、国际互联网大会、上合组织峰会、省十届七次会议等重要活动期间，以同样的安全标准和要求，确保了行业安全平稳运行。

突发事件应急管理能力持续增强。山西省邮政管理局根据《山西省邮政业突发事件应急预案》，指导各市邮政管理局督导企业完善应急预案，太原、大同、临汾、吕梁、运城、阳泉、晋城、晋中8个市局分别组织开展了应急演练，通过实战演练，有效提高行业从业人员处理突发应急事件能力。

安全监管信息化建设扎实推进。持续推进“绿盾工程”，完成了申通、汇通、中通、圆通、韵达、天天、宅急送、优速等8家快递企业分拨中心视频终端接入国家局视频监控系统工作，提高安全监管信息化能力和水平。

多部门协调形成监管合力。山西省邮政管理局与“禁毒”“反恐”“双打”和“扫黄打非”等部门沟通联系，发挥联动机制作用，开展联合督导检查。全国“扫黄打非”检查组在晋检查时，对晋中局所做的工作给予了表扬和肯定。

(裴璟瑞)

【中国邮政集团公司山西省分公司经营概况】 实施法人体制调整工作。为深化邮政企业改革创新和转型升级，建立规范的公司法人治理结构，2015年3月，中国邮政集团公司启动法人体制调整工作，将集团公司对各省邮政公司的管理体制，由母子制改为总分制。根据调整方案，集团公司新设31个省分公司，省邮政公司所属的市、县分支机构按原有层级作为省分公司的下属分支机构，以更名形式统一变更隶属关系至集团公司名下，并相应办理省、市、县分公司及所属分支机构营业执照等照证的登记或变更。中国邮政集团公司吸收合并省邮政公司，吸收合并完成后，省邮政公司的债权债务、业务及经营资质、税务、人事关系等由中国邮政集团公司在各省新设立的省分公司全部承接，中国邮政集团公司通过授权管理模式，对省分公司进行有效管控。法人体制调整工作全部完成后，省邮政公司注销。

2015年5月1日起，中国邮政集团公司山西省分公司在完成相关照证的登记后，正式对外运营。新成立的中国邮政集团公司山西省分公司，是中国邮政集团公司在山西省设立的分支机构，负责全省邮政通信网络的建设、运行、经营与管理，依法经营邮政专营业务，承担邮政普遍服务义务，提供邮政特殊服务，对竞争性邮政业务实行商业化运营。

邮政业务稳健发展。2015年，公司实现业务收入30.11亿元，比2014年增长7.3%。新增金融总资产189.96亿元，增长53%，其中新增储蓄余额53.3亿元，总余额规模1280.07亿元；新增保费110.4亿元，市场占有率74.9%，继续位列各大金融机构之首。寄递业务实现收入1.74亿元，增长42.2%。

基础能力持续提升。2015年，购置邮政综合服务网点6处，装修改造代理金融网点110处，购置ATM/CRS机400台，新增、更新营业终端4741台(套)，购置叫号机304台、自助填单机200台、清分机

141台，窗口形象和服务能力显著提升，为广大用户创造了良好的用邮环境；更新邮运车辆286辆（其中普遍服务建设项目更新邮运车72辆、服务“三农”建设项目更新邮运车52辆）、运钞车47辆；完成太原邮区中心局、侯马邮区中心局和5个市分公司邮政处理场地及生产工艺改造项目；长治沁源邮政生产楼、忻州七一路邮政支局开工建设。揽投专网建设也加大投入，增配三轮车758辆、PDA1602部、图形终端270部。以缴费系统升级和代收农电费项目为依托，持续推进便民（三农）服务站建设，全年累计启动站点9356个，为城乡居民就近使用邮政业务、缴纳与日常生活各类费用提供了便利。完成了409个空白乡镇局所补建运营工作，为提升邮政普遍服务水平提供了有力支撑。发挥信息技术引领支撑作用，完成了ERP、电视电话会议系统、ETC、包裹快递业务整合、金融网点远程授权集中系统等建设项目，开发了经管系统二期、便民服务站统版、柜员宝APP、短信平台、网点损益核算等新技术项目，邮政科技含量稳步提升。

企业管理不断强化。强力推进人力资源优化工作，企业人工效能有效提升。ERP系统试点上线工作圆满完成，全省会计集中核算同步推进，财务管理管控能力进一步增强。完善安全风险防控体制，出台安全隐患事件事故案件举报奖励办法，认真开展金融安全评估和专项检查、消防安全专项治理，全力做好抗战70周年等重大活动安全保障，稳步推进安防联网工程建设，确保了平安发展。坚持依法治企理念，把防范法律风险贯穿于对外合作、重大决策等企业经营发展各个环节，有力维护了企业利益。建立统一的指挥调度联动机制，深度整合优化全省运输、内部处理、投递资源，推进太原邮区中心局流水化工艺改造，改进完善网运监控体系，落实以“关键指标关键人”为核心的质量分析制度，强化网运质量考核，邮政网路运行效能不断提高。持续加大审计力度，围绕“小金库”回头看、金融网点内部分配办法落地等重点工作开展效能监察，有效制约和监督了权力运行；持续加大重点工作督查督办和部门目标管控，提升了工作效能。

服务质量稳步提高。高度重视普遍服务和特殊服务工作，组建了60人的服务督查队伍，专司检查工作。开展全面提升服务质量专项活动和无着邮件清理整治活动，包裹、挂信、挂刷三项邮件时限指标完成率均达96%以上；全省客户服务满意度93.1分，提升0.8个百分点。机要通信质量继续保持全红，实现“九连冠”。加强寄递类业务服务质量管控，建立全省统一的主动客服和售后服务机制，寄递类业务时限、质量不断提高。引入产品（服务）体验机制，全年共开展22次体验活动，有效改善了客户服务体验。认真履行社会责任，重点围绕“抗战胜利七十周年”等重大社会活动，聚焦营业窗口验视基本制度执行和零售渠道管理，加大监督检查，狠抓邮件安全和“扫黄打非”工作，确保邮政寄递渠道的安全。

积极拓展战略合作领域。2015年1月，由山西省邮政公司与山西省高速公路管理局合作开发的邮政代理ETC项目顺利上线运行，标志着邮政代理ETC业务在全省成功开办。

6月，与中国石油山西销售分公司签署框架合作协议。双方表示将在仓储物流配送、客户积分回馈、商品集采互供、营销渠道和产品合作、广告传统资源共享等五个方面开展深度合作。9月，山西省分公司与山西省供销社签署战略合作协议。双方将发挥行业和资源优势，不断推动在综合便民服务、物流配送、电子商务推广、金融服务、营销渠道拓展等领域的深度合作。10月，与山西省公安厅交通管理局签订警邮合作服务协议。双方将在三个方面开展合作。

中国邮政航空公司开通呼和浩特—太原—南京往返航线。2015年10月27日，中国邮政航空公司波音737—300型全货机专航在太原武宿国际机场安全着陆，标志着中国邮政航空公司顺利开通呼和浩特—太原—南京往返航线。邮航货机正式落地太原，填补了山西省全货机落地的空白，山西邮政成为全省首家开通全货机的快递企业。依托该航线，山西邮政EMS被正式纳入中国邮政航空网络体系，打通了邮政EMS标准邮件进口山西、出口全国、通达全球的航空通道，大大加快了山西省进出口EMS标快邮件的传递速度。

该航线实行“全夜航”作业，相比之前山西寄往全国22个省（市、区）60个重点城市的EMS标准邮件，时限水平提升56%，实现了“次日递”时限水平在环渤海、长三角、珠三角经济圈和全国主要经济带的全覆盖。同时，通过陆运网衔接邮政航空南京中心的集散，山西邮政EMS标快发往全国主要城市均实现次日上午递或次日递，提升了山西邮政EMS在快递市场的竞争水平。

大力推进主题邮局建设运营。为充分发挥邮政“三流合一”资源优势，寻找邮政产品与文化旅游的结合点，积极融入省委省政府“文化强省”战略，促进地方文化旅游产业发展，分公司积极探索尝试策划建设多处主题邮局，开发了多款具有当地文化旅游特色的产品。截至2015年底，山西邮政共建成五台山祈福邮局、黄河邮局、平遥古城邮局、云冈北魏邮局、关帝庙忠义邮局等30处主题邮局。

（孙久臣）

住房和城乡建设

ZHUFANG HE CHENGXIANG JIANSHE

10

住房和城乡建设

建筑业

【房地产业发展概况】 2015年，全省完成房地产开发投资1495亿元，比2014年增长6.5%，占固定资产投资的10.6%；实现增加值约639亿元，增长5.8%，占山西省地区生产总值的5%，对经济发展的贡献率不断提高。为保障房地产市场健康发展，省政府出台《关于健全完善住房保障和供应体系促进房地产市场健康发展的意见》《关于2015年促进消费增长若干意见的措施》《关于推进民营企业办理完善土地使用和房屋产权登记手续的通知》《关于加快解决国有土地上房屋权属登记遗留问题的意见》等文件。培育房地产企业发展，2015年，全省共有房地产企业600家，其中一级企业17家，新增10家；二级企业210家，新增36家；三级企业373家。

【保障性安居工程建设】 2015年，全省新开工城镇保障房26.2万套，其中棚改23.8万套，基本建成20.2万套，完成投资640.5亿元。省住建厅印发《关于推进棚户区改造货币化安置工作的指导意见》，采取政府回购商品房安置、搭建平台组织群众购买商品房、货币化安置等方式，大力推进棚改货币化安置工作。2015年全省棚改货币化安置4.3万户，是2014年的9倍。全面启动政府购买棚改服务工作，4个城中村改造项目由政府申请农发行贷款14亿元。城中村改造步伐进一步加快，2015年全省共开工改造城中村138个、7.9万户，是过去11年年均改造量的近5倍。

【加强公积金管理】 2015年，住房公积金存量资金减少522.6亿元，完成全年目标任务119.3%。个贷率由年初23.9%提高到60.1%，提高了36.1个百分点，公积金存量资金减少、个贷额同比增长、个贷率增幅三项指标创全国第一，在全国的排名提升了5位。

【强化城乡规划建设，改善城市人居环境】 规划编制。2015年8月，省政府启动《山西省城镇体系规划》修编工作。加大控制性详细规划编制力度，设区市、县级市和县城控规覆盖率分别达到100%、50%和40%的目标。完成了大同、介休历史文化名城保护规划报批。完成了山西科技创新城核心区起步区控制性详细规划和19项专项规划编制，并于2015年2月报请省政府批复。积极探索县市“多规合一”空间规划方法，指导霍州、孝义、潞城、介休、河津等5市开展了城乡总体规划编制试点。开展城市设计试点工作，运城开展了市本级整体城市设计，太原、大同、朔州、忻州、晋中、阳泉、吕梁等市开展重点片区城市设计试点工作。

城市建设。改善城市人居环境，2015年全面启动实施了设施提升、城市安居、城中村改造、环境提质“四大工程”，完成投资2856.2亿元，城市面貌发生了新变化。加强城市市政基础设施建设，市政基础设施承载能力进一步提升，新建和改造城市道路1486千米、各类市政管网8281千米，完成提标改造城镇污水处理厂30座，开工建设生活垃圾无害化处理场14座，市政基础设施水平显著提升。开展城市园林绿化建设，城市生态环境进一步改善。新增城市绿化面积2519万平方米，完成年度目标任务的126%。洪洞、阳城、左权、昔阳、沁源被命名为国家园林县城，吕梁、临猗等10个市县被命名为省级园林城市(县城)。

城市地下管线管廊建设。省政府办公厅印发《关于加强城市地下管线建设管理的实施意见》(晋政办发〔2015〕3号），推进全省城市地下管线建设管理工作。编制了《城市地下管线普查、综合管理信息系统建设、地下管线综合规划编制工作指南》，科学指导各市工作。建立地下管线月报和通报制度，联合五部门对22个设市城市工作进展情况进行督查。加快地下综合管廊建设，省政府下发《关于推进城市地下综合管廊建设的实施意见》，召开了全省城市地下综合管廊建设工作会议，全省城市地下综合管廊建设工作全面开展。

村镇规划建设。加大农村困难家庭危房改造力度。2015年，13万户农村危房改造任务已全部竣工，完成投资38.76亿元。完成大同、朔州、忻州3市10县农村住房抗震改建试点任务1万户，完成投资10.94亿元。召开省农村危房改造和抗震改建工作推进会，安排部署了40个抗震烈度设防8度区和地震重点危险区县的农房抗震改造工作，组织参观了太原市小店区新型装配式农房展示。推进乡村清洁工程，开展农村生活垃圾转运站、处置点建设，完成投资10.5亿元，建设乡镇垃圾中转站234座，设置垃圾处置点7355处，累计配备农村清扫保洁员9.4万名、乡镇监管人员1.5万名、垃圾清运车辆3.8万辆，清除农村积存垃圾419万吨，有效改善了乡村面貌。加强村镇建设。完成村庄规划编制研究试点启动任务35项，一般乡镇规划编制任务11项，采煤沉陷区治理搬入地乡镇规划编制29项。重点镇开工“五建设两整治”项目473项，完成百镇建设投资27.35亿元。

【继续强化工程质量安全监管】 工程质量管理。深入落实质量终身负责制。建立质量终身负责制月报制度，完成了“工程质量责任永久性网络标牌”信息系统建设。全省办理质量监督手续的2407项工程全部按规定签订了法定代表人授权书、质量责任承诺书；办理竣工验收手续的1083项工程全部按规定设置了质量责任永久性标牌并建立了质量信息档案。积极开展建筑抗震防灾工作，对“华润万象城”等36栋超限高层建筑工程抗震设防进行专项审查；完成了《山西省超限高层建筑工程抗震设防专项审查项目汇编》；大力推广减隔震技术，53栋建筑采用了减隔震技术。

建筑安全生产管理。规范安全监督工作。继续开展预防建筑施工起重机械脚手架等坍塌事故专项整治。全省各级住建主管部门共检查在建工程1905项，责令停工整改210项，曝光典型案例17起，5类危险性较大的分部分项工程隐患880项全部整改到位。加大省级督查工作力度，省住建厅开展安全生产检查5次，抽查建筑工地209个，发现安全隐患和问题827条，排查出重大隐患29个，并全部整改到位。对349家二级及以上建筑施工企业进行了安全认证，评选出“省级建筑安全标准化工地”165项。

【建筑业发展概况】 2015年，全省完成建筑业产值2931.3亿元；完成地税收入158.72亿元，占地税总收入的17.8%；实现增加值847.2亿元，比2014年增长5.2%，占全省地区生产总值的6.6%，对全省经济增长的贡献率进一步提升。扶持培育骨干企业，认定31家企业为2015年度山西省骨干建筑业企业，其中10家企业为优秀骨干建筑业企业。进一步规范监理市场，取消监理服务收费专户管理和省级监理工程师、监理员考试。完成了涵盖市场监管、项目管理、企业和人员信用信息管理等功能在内的山西省建筑市场管理信息系统。

【推进建筑节能】 加强绿色建筑工作。2015年，政府投资类公益性建筑164项、面积148.2万平方米；大

太原北中环桥新姿

型公共建筑44项、面积474万平方米，全部执行绿色建筑标准。全省新建建筑中执行绿色建筑标准项目共有1122万平方米。全省通过绿色建筑星级评价标识项目18项、200万平方米。加快既有居住建筑节能改造。

加快既有居住建筑节能改造。 2015年，实施改造项目776万平方米，开工面积765万平方米。同时，积极落实中央财政奖励资金2.2亿元。

【智慧城市创建】 山西省国家智慧城市创建试点共有10个，2015年新增大同市、忻州市和吕梁市离石区，大同市已完成《智慧大同顶层设计方案》，吕梁市离石区出台了项目招标实施方案。其余7个城市(县、区)积极推进智慧城市创建工作，启动项目25个，主要包括城市公共信息平台和数据库、智慧城管、智慧交通、地下管线信息系统、智慧社区以及智慧教育、医疗等，其中，太原市智慧公交项目已进行阶段性验收，智慧太原时空信息云平台建设研究列入国家863课题。

【重点工程建设情况】 积极开展“项目提质增效年”活动，坚持“六位一体”推进机制，采取重大项目挂牌推进、领导干部包联项目、进工地解难题等有效措施，全面完成年度任务。2015年，项目储备完成投资158038.3亿元，占年度计划的130.8%；项目签约完成投资23761.7亿元，占年度计划的132.0%；项目落地完成投资12436.3亿元，占年度计划的103.6%；项目开工完成投资10413.8亿元，占年度计划的104.1%；重点工程建设完成投资11269.4亿元，占年度计划的112.7%，其中省重点工程完成投资3230.9亿元，占年度计划的96.2%；项目投产完成投资10301.6亿元，占年度计划的103.0%。

（李国红　米玉婷）

吕梁新区棚户区改造

引黄工程

【工程建设与供水运营安全稳定】 2015年，引黄工程管理局抓安全、保供水、降成本，积极探索改革发展的路子，统筹推进工程建设，积极拓展水务市场，全力提升经营效益，圆满完成了各项任务。

生产运行安全稳定。 2015年，完成输水3.2亿立方米，完成供水3.09亿立方米，其中，生态供水1.6亿立方米，生活和工业供水1.49亿立方米(太原0.92亿立方米，大同0.35亿立方米，朔州0.22亿立方米)。生产运行系统以安全、经济、高效为目标，不断强化管理。

一是成功实现引黄工程投运以来的首次四机联合运行，既考验了设备、锻炼了队伍，为顺利完成年度任务奠定了基础，也为今后扩大供水积累了经验。二是完成连接段电源改造、泵站机组报警、水力学仿真系统恢复、3台机组大修等一系列技改大修工作，进一步提升了生产效率。三是继续深入研究全线输水系统的经济运行方式，总干线、南干线单方水耗电量较2014年略有下降，进一步节能降耗。四是制定《备品备件管理办法》，合理保持备品备件库存，减少增量、盘活存量，进一步降低成本。

工程建设有序推进。 一期工程竣工验收准备就绪。北干线工程已基本完成工程结算验收，审计和财政评审正在进行。总干线、南干线泵站二期扩机工程，可研和初设获得批复，完成了泵站消防、清水等配套系统升级改造的主体工程。“分质供水、原水直供”建设项目取得新进展；清徐原水直供工程已完成全部40千米的PCCP管道生产，管道安装完成34.6千米，占合同总量的83%；阳曲供水工程可研、初设已经批复，正在进行招标工作；左云供水工程可研、移民安置规划大纲获准批复，初设正在优化；晋泉复流项目可研通过水利厅专家审查，已上报发改委；规划的神池五寨供水、平鲁北坪工业园区供水、科技创新城供水工程等项目，前期工作有序推进。

【改革发展各项工作稳步推进】 引黄工程管理局与省国资委、省财政厅联系协调，核定批复年度经营业绩考核指标，研究制定战略发展规划，讨论起草投资预算等各项内控管理制度；考察调研国内大型水务集团薪酬、考核、保险、年金、福利等相关制度，正在研究制定集团公司过渡期薪酬办法。按照省委、省政府对引黄市场化改革的要求，把体制改革作为2015年的头等大事，组织专门力量，实地调研，分析论证，与有关部门协调沟通，多次咨询水务、投资、企业管理等有关方面的专家，充分征求意见，起草形成改革方案初稿，并于8月26日上报省政府。10月17日、11月2日李小鹏省长两次召开会议，专题研究引黄工程体制改革。11月3日、11月20日，省政府第102次常务会议和省委深改领导组第十四次会议审议通过了《山西省万家寨引黄工程体制改革方案》。

（李佳丽）

贸易

MAOYI

11

贸易

综述

【2015 年山西国内外贸易增长放缓】 外贸进出口总额开始下降。2015 年,全省进出口总额 147.15 亿美元,比 2014 年下降 9.3%。其中,出口 84.21 亿美元,下降 5.8%;进口 62.94 亿美元,下降 13.7%。贸易顺差 21.26 亿美元。

社会消费品零售总额增长趋缓。2015 年,全省社会消费品零售总额 6033.7 亿元,比 2014 年增长 5.5%,增速下降 5.8 个百分点,比全国低 5.2 个百分点。其中,限额以上消费品零售额 2273.8 亿元,下降 5.3%;限额以下消费品零售额 3759.9 亿元,增长 13.3%。按地域分,城镇消费品零售总额 4917.2 亿元,增长 5.5%;乡村消费品零售总额 1116.4 亿元,增长 5.7%。按行业分,批发业 298.5 亿元,增长 5.0%;零售业 5189.3 亿元,增长 5.6%;住宿业 65.7 亿元,增长 4.3%;餐饮业 476.4 亿元,增长 4.8%。

利用外资出现下滑。2015 年,全省新批外资企业 36 家,合同外资金额 9.82 亿美元,比 2014 年增加 1.5%,实际到位外资金额 28.7 亿美元,下降 2.8%。

【积极促进商贸流通业发展】 积极推动电子商务发展。加强顶层设计,联合有关部门制定《山西省农村电子商务行动计划(2015～2017)》,从积极培育农村电子商务流通主体、构建农产品电商产业体系、完善农村电子商务支撑(服务)体系、加强农村电商人才培养、积极开展农村电子商务创新示范等 5 个方面,提出 18 项重点任务。积极开展阿里巴巴“千县万村”计划试点县工作,确定侯马市、孝义市、介休市、祁县、太谷为 5 个试点县。推动电子商务与物流快递协同发展,商务部、财政部确定大同为全国电子商务发展与物流快递协同发展试点城市。组织示范基地、示范企业创建工作,帮助指导侯马开发区电子商务园区、太原高新区电子商务园区创建国家电子商务示范基地,山西百事帮科技股份有限公司、山西贡天下电子商务有限公司、山西易通天下网络科技有限公司、中国(太原)煤炭交易中心等企业创建国家级电子商务示范企业。创建 25 个省级电子商务示范企业(含国家级)、5 个省级电子商务示范基地(含国家级)。

继续完善现代流通网络。推动跨区域农产品流通基础设施建设工作,制定《山西省跨区域农产品流通基础设施建设工作实施方案》,明确了总体思路、工作目标、支持重点、支持方式、实施程序、工作要求等,2015 年验收通过两个贷款贴息项目并拨付资金,初步确定 9 个政府股权投资项目。继续完善提升全省 36 个便民商圈服务功能,重点抓好西华苑社区新型商圈,创新西华苑商圈模式,夯实太重社区传统商圈,通过这 2 个商圈示范推动全省社区商圈发展。农村流通网络建设以提高统一配送率、信息化率为核心,发展多种模式并存的配送体系,大力推进农村流通信息化建设,实现农村流通网络“一网多用”。进一步加强对承办企业配送体系建设的规划引导,支持流通企业建设面向农村市场的物流配送中心,在全省累计支持建设 41 个农村物流配送中心。积极发展物流配送、网络购物等现代流通方式,指导太原市城市共同配送体系建设工作,将太原市共同配送试点模式向大同市、晋中市推广,复制太原市先进做法和成功经验,先行先试。加快推进以托盘标准化为突破口的物流标准化试点,选择基础较好、积极性高的地区、园区和企业开展商贸物流标准化应用推广工作。

加快商贸服务业发展步伐。积极促进家政服务业发展，培育消费新热点，贯彻落实省家政服务业《家庭母婴护理》《家庭养老》等地方标准，统一规范家政服务员职业预防性健康检查，开展从业人员培训，提高从业人员素质，引导山西省家政服务协会与管一家在线家政服务网络中心，签订战略合作意向，建立“管一家在线”家政电子商务服务平台。引导餐饮消费，支持企业转型发展，推进放心早餐工程，2015 年全省放心早餐工程实施企业 24 个，中央厨房面积 10.3 万平方米，早餐经营网点 1746 个，积极引导山西餐饮龙头企业筹建美国山西餐饮文化发展集团有限公司，在美国设立山西刀削面馆。启动互联网＋生活服务业行动，推动实体店与网络融合发展，引导“三晋 E 家”“管一家在线”等本土电商企业和行业协会合作，发展家电维修、家政服务等生活服务业业务，实现服务企业利用电子商务平台开展网订店取、预约上门、社区配送等服务。

举办消费各种促进活动。山西品牌中华行已成为山西走向全国、走向世界的一个知名品牌，2015 年在天津、西安、西宁、兰州、乌鲁木齐、长春、哈尔滨等 7 个城市，共举办 8 站山西品牌中华行活动，累计行程 2 万多千米，现场销售 930 万元，正式签订销售合同 7.3 亿元。在重庆建立了山西名优特商品展销中心，在上海设立了 6 个山西名优特商品展销专柜，同时通过组织对接，有 100 余家名优特企业的共 1500 多种商品入驻 6 个展销中心（专柜），2015 年 6 个展销中心（专柜）共销售 5469 万元。组织“金羊贺岁，服务惠民”两节促销、全国消费促进月、“幸福暖家”基层行、首届“山西购物季”等多项促消费活动，全省开展各类促销活动近千场，销售总额 150 多亿元。

进一步改善市场营商环境。继续贯彻落实商务部《关于进一步加强商务行政执法工作的意见》，大力加强县级商务执法机构建设，规范执法行为，提升执法能力，健全执法协作机制，完善执法规章制度，创新执法方式，推进监管信息化，强化了事中事后监管。从酒类流通、成品油执法，逐步扩展到再生资源、报废汽车、拍卖、典当、洗染业、商业预付卡等 14 个领域，对全省商务领域监管对象进行执法监督。开展了互联网领域侵权假冒、农村和城乡结合部市场假冒伪劣、车用燃油和中国制造海外形象维护“清风”行动等 4 项专项整治活动。严格执行《直销管理条例》和《直销行业服务网点设立管理办法》等有关政策法规的要求，加强对直销经营活动的监管，配合执法部门依法严格查处超范围经营、欺骗、误导消费者等违法违规行为，净化行业发展环境。2015 年，山西省商务主管部门共出动执法人员 7.8 万人次，检查企业（商户）6.8 万户次，发现违法违规行为线索 3136 件，涉及金额 144.5 万元，行政处理案件 827 件，处罚金额 70.7 万元。接受举报投诉 1.3 万件，受理举报投诉 2018 件，办结举报投诉 2016 件，提供咨询服务 1.2 万人次。

【开放型经济发展出现积极变化】 对外开放和区域合作工作取得重大进展。出台了《关于全面扩大开放的若干意见》（晋政发〔2015〕24 号），这是自 2006 年山西省出台《中共山西省委山西省人民政府关于进一步扩大对外开放的决定》和《山西省人民政府关于改善投资环境扩大招商引资的实施办法》后，省政府再一次将全省发展的聚焦点放在扩大开放上，再一次在全省吹响全面扩大开放的号角。配合国家发改委完成环渤海地区发展规划纲要编制工作，2015 年 9 月国务院批复的《环渤海地区发展纲要》将山西省纳入其中，其中提出了“一轴”“三大区域”“一个基金”“四大基地”等与山西相关的发展战略。太原、长治、忻州、晋城、大同、阳泉等 6 个市先后加入了环渤海区域合作市长联席会，占成员市总数的 12％。

参与“一带一路”建设正式起航。省商务厅协调各部门推动参与“一带一路”建设，探索建立“走出去”战略支点，积极争取“一带一路”建设市场机遇和金融支持，引导企业积极“走出去”“引进来”，开展与“一带一路”国家的合作交流，加强对外文化交流，深化医疗卫生和教育合作，成功争取中蒙俄经济走廊合作省份，研究拟定了《山西省参与中蒙俄经济走廊建设的总体思路》，加大投入推进路网基础设施建设和口岸平台建设，不断提高贸易便利化水平，山西参与“一带一路”建设逐渐步入发展轨道。

招商引资带动产业结构调整。2015 年，紧紧围绕“项目提质增效年”和“落实四个一批”的工作部署，以承接产业转移为重点，突出产业链招商，组织实施了 2015 晋粤产业合作项目（广州）推介会、第九届中博会山西省重点项目投资合作项目（武汉）推介会、2015 跨国公司入晋暨产业合作项目（上海）推介会、2015 中央企业山西行等四大重点招商引资活动。四场招商活动签约 175 个投资合作项目，总投资额 4314.6 亿元。搭借招商引资平台，组织各市分别组团主动出击拜访，举办专题推介对接活动，与客商进行一对一、面对面交流洽谈，开展全方位精准招商活动。中海油、中国铁路工程总公司、大唐集团、武钢集团、国药集团、中国石化、中国船舶重工集团公司等与山西省相关企业达成了合作意向。2015 年，全省共签约招商引资项目 2254 个，签约项目总投资额 2.38 万亿元，招商引资签约项目到位资金共计 6319.6 亿元，完成年度目标任务 106％。

对外贸易竞争力进一步增强。加快建设外贸转型升级示范基地和跨境电子商务平台，协调太原市人民政府编制完成了《太原市跨境贸易电子商务服务试点项目工作方案》，并按照省人民政府要求，就《工作方案》提出了修改意见。加快推进贸易便利化，协调太原海关、山西出入境检验检疫局推进关检合作“三个一”（一次申报、一次查验、一次放行），双方共同制定了《关于继续推进关检合作“三个一”的工作方案》，已安装上线全国统一版的“一次申报”系统客户端，业务程序涵盖太原机场、大同海关、侯马海关和综合保税区海关。积极协调推进电子口岸二期建设，已编制完成《山西省电子口岸二期建设方案》（草稿），积极与太原海关、山西出入境检验检疫局就有关工作进行对接。积极协调推进“一次申请、并联备案”。

加大“走出去”战略步伐。加强政策指导，在《山西省关于全面扩大开放的意见》和《山西省推动“一带一路”建设总体实施方案》中，提出推动企业建立海外资源加工基地，引导企业借助境外园区平台开拓国际市场，鼓励企业积极参与一带一路建设。积极同省建行、中信保、外管局联系，举办了山西省“走出去”企业金融服务对接会。举办山西品牌丝路行推介活动，在意大利、匈牙利、吉尔吉斯斯坦、俄罗斯、泰国等“一带一路”沿线国家举办5站活动。围绕美国爱达荷州与山西结好30周年主题活动，组织召开美国爱达荷州投资座谈会。举办山西一澳门一葡语国家企业合作座谈会，企业与各葡语国家代表就感兴趣的投资领域进行了深入交流。开拓非洲、拉美、南美、东盟等国际市场，同南非非国大党商业进步论坛、肯尼亚投资促进局、智利农业部、巴西圣卡特琳娜州政府、里约投促局、东盟投资发展商会以及波兰、捷克等部门深度对接，为企业寻找合作领域和项目。与毛里求斯政府财政部正式签署了晋非合作区开发《谅解备忘录》和《承诺函》，解决晋非合作区难题的努力实现重大突破。

【开发区建设稳步推进】 加强开发区体制机制创新的顶层设计。起草和争取省政府出台了《山西省经济技术开发区设立升级扩区和退出管理办法》（晋政办发〔2015〕34号）、《山西省人民政府办公厅关于加快经济技术开发区转型升级创新发展的实施意见》（晋政办发〔2015〕35号）两个文件，编印了开发区设立和扩区的可行性研究报告编制大纲，推动落实两个文件，组织召开全省经济技术开发区工作会议、全省经济技术开发区设立扩区培训会等推进会议。初步编写完成《山西省经济技术开发区发展规划（2016～2025）》，这是一项关系全省开发区未来发展布局的全局性、基础性、战略性的规划。

积极推动开发区的扩区和设立。在各市的积极配合下，组织开展条件成熟的产业、工业园区和发展空间饱和的开发区升级和扩区工作。各市先后向省政府正式提出开发区设立或扩区申请共19件，其中3件已获省政府正式批准，分别是左云经济技术开发区、原平经济技术开发区的设立和太原民营经济开发区的扩区，其他各件省商务厅正在组织省直有关部门进行考察、评审、征求意见当中。

统筹规划布局全省各类园区建设。积极推动开发区（园区）扩区升级，2015年各市向省政府提出18家开发区扩区和设立的申请，左云经济技术开发区、原平经济技术开发区设立为省级开发区，太原民营经济开发区扩区已获得省政府批准，这是近10年来山西省开发区发展的重大突破；组织编制了《山西省经济技术开发区中长期发展规划》，引导构建“布局合理、产业集聚、结构优化、功能互补、绿色生态、区域平衡”的全省开发区发展格局，这在全国省市中属首家；完善开发区各项管理制度，出台并推动落实《开发区发展水平综合考核办法》《开发区招商引资工作考评办法》《开发区统计制度和考核办法》等系列规范制度，有力推动了开发区转型创新发展，获得商务部的充分肯定。

开发区管理体制改革试点成效明显。推动侯马经济技术开发区管委会主任与侯马市委主要领导实行交叉任职；推动侯马经济技术开发区与山西国际陆港园区整合为侯马新区；推动临汾经济技术开发区与洪洞县通过建立收益分配机制，整合甘亭工业园。

（周建东）

国内贸易

【消费品市场基本情况和主要特点】 消费对经济增长的带动作用有所增强。2015年，全省社会消费品零售总额6033.7亿元，比2014年增长5.5%，增速下降5.8个百分点，比全国低5.2个百分点。总体来看，消费品市场运行呈现稳中趋缓的态势。但是相对于山西省地区生产总值3.1%的增速，仍然处于高位运行。全省消费规模平稳增长，绝对额增加480.6亿元；全年社会消费品零售总额占地区生产总值的比重为47.3%，是近五年来最高的一年，说明对经济增长的带动作用进一步增强。

城镇消费增长稳定，乡村消费发展较快。2015年，全省城镇消费品零售总额4917.2亿元，比2014年增长5.5%，占全省消费品零售总额的81.5%，继续保持主导地位；全省乡村消费品零售总额1116.4亿元，增长

5.7%，增速高于城镇0.2个百分点。

限上批零住餐逐步回暖，限下批零住餐增长较快。2015年，全省限额以上消费品零售额2273.8亿元，比2014年下降5.3%。其中，批发业146.4亿元，增长6.8%；零售业2053亿元，下降5.8%；住宿业19.1亿元，下降13.2%；餐饮业55.3亿元，下降12.4%。全省限额以下消费品零售额3756.1亿元，增长13.2%。其中，批发业152.1亿元，增长3.4%；零售业3136.3亿元，增长14.6%；住宿业46.6亿元，增长13.7%；餐饮业421.1亿元，增长7.5%。

各市消费品市场发展不均衡。从各市的情况看，高于全省增长水平的有：太原市增长6.2%，长治市增长6%，晋中市增长5.8%，运城市增长5.5%。

【推进市场体系建设】 推进跨区域农产品流通基础设施建设工作。2015年，省商务厅制定《山西省跨区域农产品流通基础设施建设工作实施方案》，明确了总体思路、工作目标、支持重点、支持方式、实施程序、工作要求等，负责协调指导跨区域流通基础设施建设项目工作；制定并下发《关于跨区域农产品流通基础设施建设政府股权投资目录的通知》，在全省征集具有集中采购和跨区域配送能力的农产品冷链物流集散中心、综合性加工配送中心和产地集配中心等项目，重点建设加工配送、交易展示、冷链仓储、信息平台、检验检测、废弃物处理、埠外窗口等基础设施，推进跨区域农产品流通基础设施建设；制定《山西省跨区域农产品流通基础设施建设国有股权投资资金管理办法》，从资金管理、项目管理、资金退出、信息管理等方面进行了规范，充分提高财政资金使用效益。

强化农村物流配送体系建设。大力推进农村流通信息化建设，实现农村流通网络“一网多用”。进一步加强对承办企业配送体系建设的规划引导，支持流通企业建设面向农村市场的物流配送中心，在全省累计支持建设41个农村物流配送中心，进一步扩大直接配送规模，提高商品统一配送率，畅通农产品进城和工业品下乡双向流通渠道。通过政府指导，在中心乡镇形成一批集聚餐饮、娱乐等综合服务功能的乡镇商贸中心。通过农村物流配送体系建设，改善了农村消费环境，提升了农民生活品质，提高了农村流通现代化水平，增强了农村流通主体实力，进一步方便了人民群众生活，扩大农村消费能力，促进了县域经济的发展。加强对全省已培育120个农村物流配送中心项目进行指导，促进物流配送企业＋电子商务融合发展，提升完善功能；结合电子商务进农村示范县工作，重点整合示范县物流配送主体，做好电子商务进农村物流配送工作。

【继续提高商贸服务管理水平】 推进商贸物流业“项目提质增效年”工作。省商务厅下发《关于印发2015年山西省商贸物流业固定资产投资目标任务分解的通知》和《关于做好2015年商贸物流业“项目提质增效年”工作的通知》，对商贸物流业429亿元投资进行了目标任务分解，同时要求各市商务局认真做好项目摸底、数据报送、新闻宣传等工作。赴吕梁、阳泉、运城、晋中等11个市进行调研，实地查看在建的物流项目。2015年全省商贸物领域共有投资项目428个。

推进连锁经营、物流配送等新型业态发展。指导太原市城市共同配送体系建设工作，将太原市共同配送试点模式向大同市、晋中市推广。组织专家对拟推荐的山西省商贸物流标准化专项行动重点推进企业（协会）和智慧物流配送示范单位进行评审，向商务部报送了5家重点推进企业（协会）和7家智慧物流配送示范单位。推进朔州、长治中小商贸流通企业服务体系平台建设，加快改善中小企业商贸服务环境，逐步完善服务平台和整合利用专业服务企业为中小商贸流通企业提供信息咨询、管理提升、电子商务、市场开拓、融资对接、创业辅导、集采分销、商业特许经营、品牌建设等服务项目，提高中小商贸流通企业的市场竞争力。

山西面食餐饮成功亮相美国。认真落实省委、省政府“一白一黑”发展战略，发挥山西“中国面食之乡”优势，促进山西面食餐饮特色化、品牌化、标准化、国际化发展。制定了《山西刀削面制作标准》，推动面食加工企业与面食餐饮企业优势互补，加快产业化发展。推动山西省8家龙头餐饮企业抱团发展，设立美国山西餐饮文化发展集团有限公司，在美国洛杉矶投资建设首家山西刀削面馆，成功将山西刀削面推向美国市场。

打击侵权假冒行政执法与刑事司法衔接信息共享平台顺利建成运行。制定打击侵权假冒领域行政执法与刑事司法衔接信息共享平台管理办法，完成全省打击侵权假冒行政执法与刑事司法衔接信息共享平台建设。信息共享平台覆盖省、市、县三级近1500个部门，数据采集和传输格式均采用统一标准，实现了联网单位案件信息的实时共享，提高了行政执法与刑事司法衔接效率，增强了打击违法犯罪的合力。

（周建东）

对外贸易

【2015年山西省进出口贸易概况】 2015年，全省进出口总额147.15亿

美元，比2014年下降9.3%。其中，出口84.21亿美元，下降5.8%；进口62.94亿美元，下降13.7%。贸易顺差21.26亿美元。按人民币计价，进出口总额913.99亿元，下降8.4%。其中，出口523.34亿元，下降4.7%；进口390.65亿元，下降12.8%。贸易顺差132.69亿元。

2015年山西省十大进出口市场

国家(地区)	金额(万美元)	与2014年相比(%)	占比(%)
总　值	1471541	−9.3	100.0
欧盟组织	255325	−0.4	17.4
美　国	207592	−7.0	14.1
韩　国	117558	18.0	7.9
东盟组织	114227	−13.7	7.8
台湾省	97654	36.1	6.6
中华人民共和国	79346	7.1	5.4
日　本	78823	−16.7	5.4
澳大利亚	76628	−45.0	5.2
印　度	58928	27.8	4.0
巴　西	45651	−48.8	3.1

【对外贸易呈现的主要特点】 全年进出口、出口、进口增幅连续9个月下滑，12月创全年最低点。2015年，山西省外贸进出口、出口、进口累计增幅自4月以来连续9个月下滑。1～12月进出口、出口、进口与2014年同期相比分别下降9.3%、5.8%、13.7%，比最高点(1～3月进出口、出口、进口分别增长35.6%、47.9%、21.2%)分别回落44.9、53.7、34.9个百分点。

加工贸易增速持续回落，一般贸易增速持续走低。2015年，一般贸易、加工贸易分别自4月开始持续下滑，12月累计增速创下近两年新低。加工贸易进出口总额86.97亿美元，比2014年增长6.7%；占全省进出口总额的59.1%，提高8.9个百分点。其中，出口53.19亿美元，下降0.3%，占全省出口总值的63.2%，提高3.5个百分点；进口33.78亿美元，增长20%。占全省进口总值的53.7%，提高15.1个百分点。一般贸易进出口总额58.89亿美元，下降24.5%；占全省进出口总额的40%，下降8个百分点。其中，出口30.29亿美元，下降13.7%，占全省出口总值的35.9%，下降3.3个百分点；进口28.6亿美元，下降33.3%，占全省进口总值的45.4%，下降13.4个百分点。其他贸易：保税仓库进出口4310万美元，下降77.3%；对外承包工程出口货物4672万美元，下降44%。保税区进出境仓储或转口货物3060万美元，增长1302.9%。

外资企业增速持续放缓，国有企业、民营企业增速持续走低。2015年，外资企业进出口保持高速增长，但增速不断回落，12月累计增长10.2%，较最高点(2月份)回落128.1个百分点。国有企业连续11个月负增长，且增幅不断扩大，12月累计增速较1月(1.3%)下滑15.3个百分点。民营企业全年维持负增长，12月较11月缩窄0.9个百分点。国有企业进出口41.03亿美元，下降14%，占全省进出口总值的27.9%，下降1.5个百分点。其中，出口22.6亿美元，下降10.3%，占全省出口总额的26.9%，下降1.4个百分点；进口18.42亿美元，下降18.2%，占全省进口总额的29.3%，下降1.6个百分点。外商投资企业进出口76.18亿美元，增长10.2%，占全省进出口总额的51.8%，提高9.2个百分点。其中，出口44.21亿美元，增长5.4%，占全省出口总额的52.5%，提高5.6个百分点；进口额31.97亿美元，增长17.7%，占全省进口总额的50.8%，提高13.6个百分点。民营企业进出口29.94亿美元，下降34.2%，占全省进出口总额的20.4%，下降7.7个百分点。其中，出口17.39亿美元，下降21.9%，占全省出口总额的20.7%，下降4.3个百分点；进口额12.55亿美元，下降46%，占全省进口总额的19.9%，下降11.9个百分点。

2015年山西省十大出口市场

国家(地区)	金额(万美元)	与2014年相比(%)	占比(%)
总　值	842091	−5.8	100.0
欧盟组织	207954	15.8	24.7
美　国	197626	−2.6	23.5
印　度	58533	33.6	6.9
东盟组织	54771	−14.3	6.5
韩　国	47061	−9.3	5.6
台湾省	47036	65.2	5.6
香　港	36164	−48.4	4.3
加拿大	32682	32.8	3.9
土耳其	24436	175.6	2.9
日　本	21926	−51.1	2.6

2015年山西省十大进口市场

国家(地区)	金额(万美元)	与2014年相比(%)	占比(%)
总　值	629449	－13.7	100.0
中华人民共和国	79346	7.1	12.6
韩　国	70497	47.6	11.2
澳大利亚	62345	－50.2	9.9
东盟组织	59456	－13.1	9.5
日　本	56897	14.3	9.0
台湾省	50618	17.0	8.0
欧盟组织	47370	－38.2	7.5
巴　西	35668	－44.2	5.7
哈萨克斯坦	27831	－6.8	4.4
南　非	22155	－6.2	3.5

机电、高新技术产品进出口高速增长，贱金属制品、矿产品、农产品进出口均出现不同程度下降。机电产品：完成85.11亿美元，比2014年增长6.8%，占全省进出口额的57.8%，提高8.7个百分点。高新技术产品：完成63.2亿美元，增长12.3%，占全省进出口额的42.9%，提高8.3个百分点。矿产品：完成19.60亿美元，下降35%，占全省进出口的13.3%，下降5.3个百分点。贱金属及其制品：完成33.20亿美元，下降16.5%，占全省进出口的22.6%，下降1.9个百分点。农产品：完成2.31亿美元，下降37.9%，占全省进出口的1.6%，下降0.7个百分点。

各大洲贸易增速均出现不同程度的下降，与欧盟出口贸易呈增长态势。与新兴市场贸易整体下降。2015年，山西省与亚洲、欧洲、北美洲、拉丁美洲、大洋洲、非洲贸易额分别为67.74亿美元、29.34亿美元、24.28亿美元、11.02亿美元、9.47亿美元和5.31亿美元，分别较2014年增长－4.6%、－1.8%、－2.7%、－21.7%、－40.6%和－15.4%，分别占全省进出口总额的46%、19.9%、16.5%、7.5%、6.4%和3.6%。山西省前五大贸易市场分别为欧盟25.53亿美元、美国20.76亿美元、韩国11.76亿美元、东盟11.42亿美元、台湾省9.77亿美元，总值合计79.24亿美元，占全省外贸进出口总额的53.9%。

全省外贸区域发展不均衡，增速呈两极分化状态。2015年，进出口额排名前三位的市分别为太原市106.77亿美元、运城市11.96亿美元、晋城市8.96亿美元，三市合计127.7亿美元，占全省进出口额的86.8%；增幅排名前三位的市分别为阳泉市4.5%、太原市0.1%、忻州市－6.2%；增幅排名后三位的市分别为长治市－76.8%、朔州市－36.7%、晋中市－42.6%。出口额排名前三位的市分别为太原市65.92亿美元、运城市3.31亿美元、晋城市2.88亿美元，三市合计72.11亿美元，占全省出口额的85.6%；增幅排名前三位的市分别为晋中市2.7%、阳泉市1.7%、太原市0.3%；增幅排名后三位的市分别为长治市－91.1%、运城市－31.1%、吕梁市－18.0%。

进出口、出口、进口增幅排名居全国前列。山西省进出口总额居全国第24位、增幅居全国第16位。其中，出口居全国23位，增幅居全国第17位；进口居全国25位，增幅居第17位；在中部六省排位中，进出口、出口、进口额居第6位，进出口、出口、进口增幅居第6位。与周边省份比较：河南进出口总额738.4亿美元，增长13.6%；河北514.8亿美元，增长－14%；陕西305亿美元，增长11.5%；内蒙古127.5亿美元，下降－12.4%。

【积极推进外贸各项工作进展】 出台配套措施，建立健全稳增长调结构宏观政策体系。代省政府起草并以省政府办公厅名义印发《山西省人民政府办公厅关于促进进出口稳定增长的若干措施的通知》，提出了开拓国际市场、鼓励扩大进口、发展新型贸易业态、清理规范进出口环节收费、提高贸易便利化水平5个方面的重点工作，及财政、金融、税费三项政策支持。这些政策措施有力地推动了海关、商检、国税、外管、人行等部门采取有效措施支持外贸稳定增长，极大地降低了企业进出口成本，提高了报关、报检、结汇、退税便利化水平，为优化贸易环境、稳定进出口增长提供了强有力的支撑。制定《山西省商务厅关于2015年推进贸易便利化改革行动计划的通知》，安排了关检合作"三个一"、电子口岸、口岸平台、开放功能平台、外汇管理改革试点、跨境电子商务、"一带一路"建设、"助保贷"平台建设等8项重点工作，提出了工作目标、推进步骤、责任分工、完成时限和质量要求。

进一步夯实外贸发展基础。制定《山西省外贸转型升级示范基地监测考核指标》，加大对外贸基地的监测考核力度，全省已建成5个国家级、42个省级外贸转型升级示范基地，2015年基地内企业合计出口额达到了68.98亿美元，占全省出口总额的77.1%以上，基地建设培育工作初见成效。加强对231外贸主体企业考核监测，要求各市商务主管部门按季度报送《231外贸主体壮大工程企业数据调查表》。加大231外贸主体企业培训力度，联合省建工集团、太原武宿综合保税区在太原举办了培育外贸竞争新优势培训班，其中231外贸主体企业的85家企业参加了培训。与省口岸、太原海关等单位赴江西省南昌市、重庆市、四川省成都市对江西高安铁路口岸作业区、重庆团结村临时铁路口岸、成都青白江临时铁路口岸进行了实地调研，推动太原枢纽(北六堡)铁路物流中心建设新增铁路口岸的功能，并积极配合太原铁路局中欧中亚国际班列开行山西做好前期准备。

加快培育外贸新的增长点。印发《2015年山西省跨境贸易电子商务重点工作安排》，推动太原市积极申报跨境贸易电子商务服务试点城市，推动武宿综合保税区加快发展跨境电子商务，2015年进口商品展示体验中心已有20个项目入驻，其中6个项目已开始正式运行。制定出台《山西省参与建设丝绸之路经济带和21世纪海上丝绸之路实施方案》，成立了山西省融入“一带一路”建设工作领导小组和办公室，在“一带一路”沿线国家举办“山西品牌丝路行”活动，并将其作为山西省对外开放的重要举措和参与“一带一路”建设的重要平台。印发《2015年度境外商业性展会目录》《2015年度境外商业性展会组展计划》和《关于组织参加2015年境内涉外展会的通知》等文件，发布了261个境外商业性展会目录和26个重点展会计划，组织126家企业参加了第117届、118届广交会，40多家企业参加了莫斯科国际消费品展等国际展会。

切实改善外贸发展环境。太原海关、山西出入境检验检疫局双方制定了《关于2015年继续全面推进关检合作“三个一”工作方案》，安装上线全国统一版“一次申报”系统客户端。太原海关与青岛、济南、郑州、西安、兰州、银川、西宁、乌鲁木齐、拉萨等九个海关(简称丝绸之路经济带海关)启动了丝绸之路经济带海关区域通关一体化改革，并顺利切换业务系统。山西出入境检验检疫局分别与天津、山东、内蒙古、新疆等检验检疫部门签署了直通放行合作备忘录，全省约85%的出口法检货物在山西主要出海口岸享受

2015年山西省主要出口商品构成

商品名称	金额(万美元)	与2014年相比(%)
电器及电子产品	404178	3.9
计算机与通信技术产品	385846	5.8
手持或车载无线电话机	368927	10.0
钢材	185253	−12.5
运输工具	55467	45.0
铁路设备	37373	114.6
机械设备	33193	6.7
金属制品	29616	−26.6
医药品	19780	−3.0
汽车零配件	16946	−3.8
肥料	15427	130.2
镁及其制品(包括废碎料)	13747	−40.7
焦炭及半焦炭	11805	−43.4
纺织纱线、织物及制品	10144	−23.3
工程机械零件(用于品目8425−8430所列机械的零件)	9984	4.6
农产品	9524	−15.2
玻璃制品	8268	−6.7
活性炭	6738	9.8
体育用品及设备	6477	42.9
黏土及其他耐火矿物	5698	−37.7
电视、收音机及电讯设备零附件	4467	28.8
文化产品	3694	−56.9
陶瓷产品	3618	−77.8
计算机集成制造技术产品	3457	253.2
通断保护电路装置及零件	3346	−10.0
仪器仪表	2870	44.3
电子技术产品	2798	−64.5
煤及褐煤	2325	−55.3
稀土及其制品	2226	2.6
鲜、干水果及坚果	2138	−6.2
粮食	1788	−8.5
材料技术产品	1782	48.4
生命科学技术产品	1659	8.2
电动机及发电机	1557	−5.7
钢铁或铜制标准紧固件	1388	6.2
灯具、照明装置及零件	1273	−73.3
明胶制装药用胶囊	1158	29.6
铁合金	1144	−27.4

到了直通放行优惠政策。

（周建东）

对外经济

【2015年利用外资和对外投资情况】 外商直接投资额。2015年，全省新批外商直接投资企业36家，比2014年减少14家；合同外资9.82亿美元，增长1.5%；实际利用外资28.7亿美元，下降2.8%。

外商直接投资行业。2015年，新设36家企业中，第一产业企业1家，合同外资1亿美元，是2014年的近40倍；第二产业企业18家，合同外资5.73亿美元，分别涉及制造业和电力、燃气及水的生产业两大门类；第三产业企业17家，合同外资3.09亿美元，分别涉及建筑业、交通运输仓储和邮政业、批发和零售业、信息传输、住宿餐饮、房地产业、租赁和商务服务、科学研究技术服务和地质勘查业、居民服务和其他服务业、社会保障和社会福利业等几大门类。

外商直接投资来源。2015年，新设36家企业中，中外合资企业13家，比2014年下降50%，合同外资2.15亿美元，下降9.8%；中外合作企业3家，增长50%，合同外资1.65亿美元，增长186.4%；外商独资企业20家，下降9.1%，合同外资5.96亿美元，下降11.4%。这些项目分别来自于13个国家（地区）以及投资性公司投资，分别是：香港13家，下降48%，合同外资5.54亿美元，下降18.4%；韩国2家，下降50%，合同外资42万美元，下降99.6%；新加坡2家，增长100%，合同外资7396万美元，增长530.5%；美国2家，下降33.3%；德国2家，合同外资86万美元，下降98.2%；英属维尔京群岛3家，合同外资3011万美元，增长72.8%；台湾省3家，增长50%，合同外资41万美元；加拿大2家，合同外资1124万美元；澳门、喀麦隆、塞舌尔、意大利、加拿大各投资设立1家企业；投资性公司投资设立4家，下降33.3%，合同外资3.13亿美元，增长134.7%。

利用外资资金到位情况。2015年，利用外资资金到位按企业方式分，外商独资企业9.68亿美元，中外合资企业16.45亿美元，中外合作企业1亿美元。按行业分，畜牧业6948万美元，电力、燃气及水的生产供应业6.08亿美元，房地产业2.31亿美元，建筑业3.46亿美元，科学研究、技术服务和地质勘查业163.2万美元，批发和零售业175万美元，金融服务业3500万美元，商业1.72亿美元，信息传输、计算机服务和软件业5940万美元，制造业11.89亿美元。按国别分，英属维尔京群岛1.19亿美元，英国209.6万美元，意大利174.6万美元，亚美尼亚1497万美元，新加坡3180.2万美元，香港17.06亿美元，台湾4439.9万美元，塞舌尔390万美元，萨摩亚950万美元，美国1.32亿美元，开曼群岛1亿美元，荷兰5501.2万美元，韩国1670万美元，德国8482.4万美元。

外商直接投资企业生产经营情况。2015年，全省539家外资企业在“全国外商投资企业年度运营网上联合申报及共享系统”中进行申报。审报企业投资总额329.7亿美元，注册资本191.7亿美元，营业收入1637.3亿元，纳税总额93.5亿元，利润总额74亿元。从业人数19.4万人，其中外籍人员367人。申报企业中第二产业项目依然占主导地位，但一、三产业项目占比逐渐上升。539家企业涉及第一产业项目13个，比2014年增加1个，占项目总数的2.4%，增长0.2个百分点；涉及第二产业的项目389个，减少4个，占总数的72.2%，下降1个百分点，连续两年下降；涉及第三产业的项目137个，增加5个，占总数的25.4%，增长0.8个百分点。企业外来投资者分别来自亚洲、美洲及加勒比海地区、欧洲、大洋洲和非洲国家和地区。亚洲国家和地区投资的企业共计293家，占总数的54.4%，美洲国家及加勒比海地区投资的企业129家，占23.9%，欧洲国家和地区投资的企业53家，占总数的9.8%，大洋洲国家和地区投资项目22家，占4.1%，非洲国家和地区投资的企业5家，占0.9%；外资企业再投资37家，占6.9%。

对外承包工程、劳务合作和对外直接投资业务情况。2015年，山西省对外投资额1.65亿美元，比2014年下降12.1%；对外承包工程新签合同额3.5亿美元，增长0.8%；完成营业额7.38亿美元，增长0.3%；月末在外各类劳务人员数量5010人。投资主要分布在美国、加拿大、澳大利亚、马来西亚、肯尼亚等国家，涉及制造业、餐饮业、房地产业、建筑业、批发零售业等领域，重点项目有五峰建设集团有限公司在加拿大酒店并购项目、山西广润在美国的农场项目、山西建筑工程（集团）总公司在马来西亚的工程建设项目。截至2015年底，全省共有132家企业在国外设立境外企业231家，累计实现对外投资18.6亿美元，分布在全球60个国家（地区），主要分布在亚洲、欧洲、大洋洲、非洲等地区，涉及采矿业、制造业、批发零售业等行业。

（周建东）

电子商务

【加强顶层设计】 制定《山西省农村电子商务行动计划（2015～2017）》。牵头起草《山西省农村电子商务行动计划（2015～2017）》，并组织筹备了 2015 年 7 月全省农村电子商务推进大会。《行动计划》明确了 10 项具体目标，从积极培育农村电子商务流通主体、构建农产品电商产业体系、完善农村电子商务支撑(服务)体系、加强农村电商人才培养、积极开展农村电子商务创新示范等 5 个方面，提出 18 项重点任务，并通过加强组织领导、强化政策支持、健全统计考核、加大宣传推广等保障措施，确保各项任务落到实处。《行动计划》对进一步畅通农产品进城和工业品下乡的双向流通渠道，营造发展“互联网＋三农”新经济生态的浓厚氛围，发挥电子商务在破解“三农”问题、推动农村经济新一轮发展中的重要作用。通过强化顶层设计，全省发展电子商务的环境进一步优化。

【积极推动电子商务发展】 *推进电子商务进农村工程*。积极开展阿里巴巴“千县万村”计划试点县工作，确定侯马市、孝义市、介休市、祁县、太谷为 5 个试点县。积极推动农村电商网络体系建设工作，鼓励各市、县借鉴“遂昌模式”“沙集模式”“通榆模式”等，因地制宜、创新驱动，实现电商化转型。山西乐村淘网络科技有限公司仅用一年的时间，充分发挥市场主体作用，业务已经拓展到 15 个省，建立了 80 个县级运营中心，8000 个村级服务站，首创“网上赶大集”商业模式，取得良好效果。在商务部门大力支持下，山西苏宁云商销售有限公司已开设 50 家苏宁易购服务站。京东商城已在山西建设 45 个县级运营中心，利用现代网络技术提供信息服务，帮助农民解决农产品卖难问题。

推动电子商务与物流快递协同发展。2015 年 5 月，商务部、财政部启动全国第二批电子商务与物流快递协同发展试点城市申报工作。省商务厅与财政厅、邮政管理局推荐大同市申报全国电子商务与物流快递协同试点城市。7 月，商务部、财政部确定大同为全国电子商发展务与物流快递协同发展试点城市。9 月，会同财政、邮政部门，指导大同市开展调研，制定试点城市工作方案并开展工作。

开展山西品牌网上行活动。为贯彻落实《山西省人民政府办公厅关于 2015 年促进消费增长若干措施的通知》精神，充分发挥电子商务在“促消费、惠民生”方面的积极作用，进一步拓展山西品牌产品的销售渠道，提高山西品牌的知名度和市场占有率。组织启动了“山西品牌网上行活动”，124 个山西省品牌、地域产品参加，销售额约 3000 万元。

实施示范创建工程。为贯彻落实《国务院关于加快发展生产性服务业促进产业结构调整升级的指导意见》(国发〔2014〕26 号)和《商务部关于国家电子商务示范基地创建工作的指导意见》(商电发〔2011〕490 号)的有关精神，山西省积极组织示范基地、示范企业创建工作，积极帮助指导侯马开发区电子商务园区、太原高新区电子商务园区创建国家电子商务示范基地，山西百事帮科技股份有限公司、山西贡天下电子商务有限公司、山西易通天下网络科技有限公司、中国(太原)煤炭交易中心等企业创建国家级电子商务示范企业。实施省级电子商务示范工程，创建 25 个省级电子商务示范企业(含国家级)、5 个省级电子商务示范基地(含国家级)。示范工程的开展，在促进产业集聚、推动电商应用和模式创新方面起到了积极的作用。

(周建东)

开发区建设

【2015 年山西省开发区建设情况】 截至 2015 年底，山西省共有省级以上开发区 28 家，其中国家级经济技术开发区 4 家，国家级高新技术产业开发区 2 家，省级经济技术开发区 22 家。其中，纳入统计的开发区有 25 家(左云、原平、汾阳 3 家经济技术开发区为新设，尚未纳入统计)。

【主要经济指标完成情况】 2015 年，全省纳入统计的 25 个开发区实现地区生产总值 1706.12 亿元，比 2014 年增长 3%，占全省地区生产总值的 13.3%；工业增加值 1155.23 亿元，下降 3.4%；第三产业增加值 502.32 亿元，增长 6.8%；高新技术产业增加值 480.42 亿元，下降 2.6%。财政收入 209.13 亿元，下降 0.7%；税收收入 193.47 亿元，增长 0.7%；公共财政预算收入 65.68 亿元，下降 3.8%；工业总产值 3862 亿元，下降 1.5%；企业主营业务收入 6234.76 亿元，增长 5.2%；企业利润总额 379.69 亿元，增长 7.3%；固定资产投资(不含农户)完成 1155.35 亿元，增长 3.4%，占全省比重 8.1%；基础设施投资完成 138 亿元，增长 55.6%。进出口总额 82.35 亿美元，增长 14.5%，占全省进出口总额的 56%，其中进口额 29.96 亿美元，增长 17%，占全省进口额的 47.6%；出口额 52.39 亿美元，增长 13%，占全省出口额的 62.2%；实际利用外资 9.37 亿美元，下降 22%，但仍占全省实际利用外资额的 32.6%；实际引进境内省外投资额(含新增内资企业注册资本)800.56 亿元，增长 13.7%。

【土地节约集约利用】 2015 年，全省开发区单位面积累计投资强度 3441 万元/公顷(229.4 万元/亩)，比 2014 年增长 21.5%；单位面积地区生产总值产出强度 892 万元/公顷(59.5 万元/亩)，增长 3%；单位面积税收强度 101 万元/公顷(6.7

万元/亩），与2014年持平；单位面积就业人数30人/公顷（2人/亩），与2014年持平。

【创新与发展】 2015年，全省开发区研发机构和高新技术企业共有603家，占入区企业的2.9%；入区企业研发人员4万人，占入区企业从业人员的7%；高新技术领域企业工业总产值1798.15亿元，占工业总产值的46.6%。截至2015年底，全省有高新技术企业720家，25家开发区有高新技术企业355家，占全省的49.3%。开发区仍然是科技创新的主力军。

2015年，全省开发区研究与试验发展（R&D）经费支出67.3亿元，财政支持科技发展支出8.6亿元，两项支出之和占固定资产投资比重为6.6%。

2015年，全省开发区共有科技孵化器80个，建筑面积224万平方米，孵化企业1885个；全省开发区平均科技孵化水平（孵化企业数/孵化器面积）为8.4个/万平方米，比2014年增长15%。

【环境生态建设】 2015年，全省开发区平均万元工业增加值能耗0.7吨标准煤，万元工业增加值用水量7立方米，万元地区生产总值二氧化硫排放量1.1千克，万元地区生产总值氮氧化物排放量1.3千克，万元地区生产总值化学需氧量（COD）排放量0.4千克，万元地区生产总值氨氮排放量0.05千克，万元地区生产总值烟尘排放量0.5千克，万元地区生产总值工业粉尘排放量1.5千克。工业用水重复利用率56%，工业固体废物综合利用率99%，生活垃圾无害化处理率82.2%。

【入区企业情况】 截至2015年末，全省25个开发区入区企业2万余家，“四上”企业1998家，其中规模以上工业企业518家，限额以上批零住餐企业527家，规模以上服务业企业321家，有资质房地产和建筑业企业632家，外商投资企业143家（比2014年增加9家），进出口企业285家（增加10家），世界500强投资企业112家（增加13家），全区通过ISO14000认证企业139家（增加44家），海外投资企业5家（增加1家），建立安全生产制度、安全生产管理档案和台账的“四上”企业2009家。

【区内人均生产总值水平】 2015年，全省25个开发区全社会从业人员57.3万人，约占全省全社会从业人员1950万人的3%。按从业人员计算，全省开发区人均地区生产总值29.8万元，人均固定资产投资20万元，全省开发区地区生产总值与固定资产投资的投入产出比为1.5。

（周建东）

供销合作社

【全省供销系统经营状况良好】 2015年，全系统购进总额426.3亿元，比2014年增长9.3%；销售总额458.5亿元，增长7.9%；汇总实现利润2.02亿元。规范提升农村便民连锁商店任务120个，完成206个；改造基层供销社任务23个，完成54个；创办农村综合服务社任务7个，完成31个；建设改造农资配送中心任务18个，完成18个；扶持供销社领办的农民专业合作社项目任务8个，完成9个；碘盐覆盖率、合格碘盐食用率分别达到97.9%和96.4%，超目标完成。

【强化顶层设计，深化综合改革】 中发11号文件出台后，全省供销社抢抓机遇，凝聚力量，把做好顶层设计作为重中之重。省社采取基层调研、走访座谈、学习考察、征求意见等多种形式，反复对《深化供销合作社综合改革的实施方案》（代拟稿）进行修改完善，先后经省政府常务会、省委深化改革领导小组会议研究通过，报中农办批复，并以晋发〔2016〕8号文件印发。

【制定配套措施，争取多项扶持政策】 省政府印发《山西省深化供销合作社综合改革2016年行动计划》（晋政办发〔2016〕40号），省社出台10个配套文件，形成1+1+10综合改革组合拳。积极与省财政厅沟通协商，对25个改革试点县、融资性担保公司给予资金扶持，并从2016年起列入财政预算；与省农业厅达成支持供销社参与农村产权交易市场建设，依规开展政策咨询、资产评估、产权交易、抵押融资、交易鉴证等方面综合服务的共识；同时，《深化供销合作社综合改革的实施方案》对中发11号文件有关扶持政策作了多方面的承接和突破。

【提升组织体系，夯实为农服务基础】 基层供销社改造步伐加快。按照“空白抓重建改造、较强抓发展创新”的原则，进一步增强基层社发展活力。晋中市社制定了“重建有标准、经营有机制、实施分步骤、注重搞服务”的建设标准，投入2487万元，恢复改造基层社20个。运城市社投入1.2亿元进行基层社改造。长治市社整合县域资源、吸纳新型农业经营主体入社，新建和改造新型基层社126个，入社农民达到3100余人，初步构建了社区服务的“网络化”。

专业合作社建设稳步推进。各级社紧紧围绕特色产业，按照区域布局的原则，领办、创办、合办了一批特色专业合作社，引导专业合作社标准化建设、品牌化经营、市场化运作、专业化管理、科学化发展。省社先后在长治、大同召开片区中药材和小杂粮专业合作社座谈会，指导各级供销社发挥地域优势、整合产业集群、抓好联合合作，引导和支持特色专业合作社发展。忻州市社培育“全国50佳示范社”1个，省级和市级示范社28个。

为农服务规模化功能增强。各级社积极联合社会各界力量，依托农村便民店，合理布局农村综合服务社，进一步拓展服务范围，提供公益性和经营性相结合的综合服务。太原市社将综合服务社建设与电子商务平台建设相结合，着力打造“三农”综合服务智能平台。

【创新经营模式，完善农村现代流通网络】 电子商务平台建设取得突破。以“互联网＋供销社”聚焦新业态为抓手，围绕“织密扎牢一张网，助农增收闯市场”的经营服务模式和经营理念，推进电子商务与全系统实体网络资源优势相结合。新组建山西供销农芯乐电子商务公司“农芯乐”商城，于2015年8月正式上线运营。目前，全省已建设36个县级电商管理中心，1000余个村级服务点。安泽县实现105个农村便民店电商网点全覆盖，创造了“供销大集”网上销售模式。

“新网工程”建设质量提升。重点建设了一批产地和集散地农产品批发市场、现代物流中心、城市社区生鲜超市等零售终端。加快原有市场的升级改造和功能提升，建立健全仓储运输、冷链物流、终端配送等服务体系。吕梁、朔州、阳泉、晋城等市社重点在扩大区域配送中心经营规模、增加配送种类、提高商品配送率上下功夫，努力做到点、网、面同步，规范与提升同步，经济效益与社会效益同步。

农村互助金融业务稳步推开。各级供销社把开展农村合作金融服务作为综合改革的有力支撑，着力破解农村融资难、融资贵的问题，探索构建以农村资金互助、融资担保、小额贷款等为主要形式的新型合作金融服务体系，实现全系统合作金融业务从无到有、有序发展。省社分别与山西省农业厅、省农信社、邮储银行山西省分行达成战略合作协议，取得了20亿元授信额度，为解决各类经营主体严重“缺血”问题创造了条件。在全省选择了10个县开展农村合作金融试点，依托8个专业合作社成立资金互助社开展资金互助业务。省社组建成立的融资性担保公司和小额贷款公司正式运营。

【加快转型发展，社有企业实力不断增强】 一是抓项目。各级社围绕打造为农生产生活服务的主力军和综合平台，从农业产业化、流通网络化、为农服务功能多样化入手，积极实施项目带动、联合推动、接二连三互动，进一步优化产业结构，加快发展步伐，提高运行质量，在全系统上下形成了谋项目、上项目、促发展的良好氛围。山西省物流业发展中长期规划（2015～2020年）重大储备项目中，省供销社6个项目纳入其中。中国供销农产品批发市场有限公司投资10亿元建设的农产品物流园区、城乡综合服务社区“个十百千万”工程、大型中药材交易市场、果品冷库及农资配送中心等正在积极推进。二是抓升级。各级社积极做优做强农资、盐业、农副产品、日用消费品等主营业务，不断提升市场占有率，推进传统业务逐步向上下游产业领域延伸，实现对资源基地、产品加工、物流配送、终端销售等环节的渗透和覆盖，形成全产业链融合发展的格局。山西农资集团在强化和提高终端销售的同时，实现“贸易提升规模”的营销策略，立足国内贸易，拓展国际贸易，扩大市场占有率。长治市副食果品公司投资1700万元，对现有批发市场、配送中心、冷藏设施进行升级改造，并建设果蔬生产基地，年营销额达4.2亿元。三是抓业态。社有企业立足培育新的经济增长点，强化集成创新、品牌创新和商业模式创新，在新兴业务开拓发展上探索新路。省盐业公司积极拓展城乡一体化服务、辣椒贸易开发、中药材交易市场建设、金融资本运作等新的为农服务领域。省果品储运公司把加强冷链物流体系建设作为发展新型产业的切入点，现已改扩建冷库面积达到5000平方米，年收入1000万元，极大地提高了单位资产收益率。汾阳市新合作经济发展有限公司创新经营业态、拓展服务领域，累计投资1.2亿元，建设1个日用品配送中心，1个快捷商务酒店，11个直营超市，390个加盟便民店，构建起新型服务网络体系。

（司昌平　韩景洲）

粮油购销

【2015年山西省粮油种植及生产概况】 2015年，山西农作物种植面积有3767.7千公顷，比2014年减少15.7千公顷。其中，粮食种植面积3287.2千公顷，增加0.8千公顷；油料种植面积121.2千公顷，减少8.5千公顷。在粮食种植面积中，玉米种植面积1676.9千公顷，增加0.3千公顷；小麦种植面积675.1千公顷，增加1.2千公顷。2015年全省粮食总产量1259.6万吨，比2014年减少71.2万吨，减产5.4％。其中，夏粮总产量272.8万吨，增产4.8％；秋粮总产量986.8万吨，减产7.8％。玉米产量862.7万吨，下降8％；小麦产量271.4万吨，增长4.8％；谷子产量35.4万吨，减少9％；豆类产量30.6万吨，减产2.6％。年消费粮食1387万吨左右，小麦缺口281.1万吨，稻谷缺口112.2万吨，全部靠调入，玉

米需销往省外347.1万吨。总体上看，总量不足，结构不平衡，产粗吃细，小麦不足，玉米有余。

【2015年山西省粮食购销概况】 2015年，全省各类粮食企业收购粮食696.5万吨，比2014年减少23.5万吨，下降3.3%。其中，国有粮食经营企业收购113.1万吨，占总收购量的16.2%。全年销售粮食874.3万吨，增加35.8万吨，增长4.3%。其中，国有粮食经营企业销售123.1万吨，占总销售量的14.1%。

截至2015年末，全省共有国有粮食企业556户，年末职工人数2万人。山西国有粮食企业总仓容695万吨，符合储粮要求的可用仓房容量545万吨。

【粮食安全保障基础进一步夯实】 省粮食局积极推进粮食安全省长责任制的全面落实，省政府以晋政发〔2015〕26号文件印发《山西省人民政府贯彻落实粮食安全省长责任制的实施意见》。2015年国务院《粮食安全省长责任制考核办法》出台后，省粮食局牵头起草《山西省粮食安全责任制考核办法》，并征求12个部门意见后报省政府。各市也积极推进市政府粮食安全责任的落实，保障区域粮食安全，维护全省粮食安全的制度体系初步形成。

【粮食保供稳价基础进一步夯实】 精心组织粮食收购。2015年，受国内经济增速放缓影响，玉米出现阶段性过剩、粮价下行压力加大的形势。面对全省粮食连年丰收、产需矛盾突出的新情况，全省认真贯彻国家粮食收购政策，在发挥国有粮食收购企业主导作用的基础上，鼓励和引导多元市场主体入市收购。5月份和8月份夏、秋粮收购前，省粮食局深入全省小麦、玉米主产区开展调研，并与省农发行联合下发《关于做好2015年夏秋粮收购工作的通知》。在夏秋粮集中收购季节，启动小麦、玉米收购进度和收购价格五日报制度，及时掌握收购动态，并在省粮食局政府网站定期发布收购进度和收购价格市场信息，为售粮农民有序售粮、企业自主经营、粮食合理流通提供必要的公共服务。为避免出现"谷贱伤农"，保护种粮农民利益，省粮食局比照国家政策，完善制定了小麦最低收购价和玉米临时收储执行预案，必要时报请省政府批准，采取临时收储措施，解决农民产后余粮出售问题。

建立粮食产销合作长效机制。为做好粮食保供稳价工作，确保市场粮源充足，价格基本稳定，山西省粮食局深化省际粮食产销合作机制，连续5年举办粮食产销衔接会。2015年12月在太原举办了"2015山西粮食（玉米、小杂粮）产销衔接会"，签约粮油总量617.7万吨，其中：调出266万吨，调入351.7万吨。5年累计签约粮食总量4205万吨，其中：调入粮食2365万吨，年均调入粮食473万吨，年均销售粮食814.5万吨。省粮食局还组织有关市、县粮食局和稻谷（大米）加工贸易企业赴哈尔滨参加了2015黑龙江金秋粮食交易合作洽谈会，确保了山西粮食总量平衡和主要品种平衡，保障了全省粮食安全。

充实地方粮油储备。2014年11月，山西省粮食局会同省有关部门安排下达全省新增地方粮食储备规模35万吨，积极落实新增地方粮食储备充实工作。截至2015年底，已完成市级储备粮充实任务14万吨。2015年下达并完成省级储备食油0.8万吨充实计划任务。建立市级应急成品粮储备5.5万吨，市级应急小包装食油储备1100万千克。地方粮食和食用油储备充实规模分别达到国家核定规模的93%和100%，全省宏观调控能力进一步增强。

增强粮食应急能力。2015年底，全省共建立粮食应急供应网点1517个，并配套落实应急加工企业167个，粮油配送中心140个，建立中央、省、市级粮食价格监测点247个，巩固完善80个省级粮食价格监测直报点，增强了应对各类突发事件和市场异常波动情况下的粮食应急保障能力。制定《山西省战时粮油应急预案》，参加了由省委、省政府、省军区组织的全省战时国防动员指挥研究性应急演练，提升了山西战时粮油供应保障能力和应急水平。

开展优质军粮供应服务工作。2015年，山西省粮食局严格落实国家军粮供应政策，加强军粮供应体系建设。军粮供应严格按照《山西省军粮统筹采购暂行办法》，进行招标采购。2015年11月，省粮食局与武警山西省总队后勤部军需处组成联合调研组就军粮供应和服务等情况进行联合调研，并随机抽取军供粮食进行质量检测，结果全部合格。同时，省粮食局就军粮供应站资格认定、军粮供应委托代理资格认定行政审批开展专项整治，进一步规范执法行为。

【加强储备粮油管理，粮油仓储现代化建设开创新局面】 加强地方储备粮油管理和安全生产。2015年，山西省粮食局出台《山西省省级储备粮油出入库管理操作规范》，标志着山西省省级储备粮油管理步入了规范化制度化操作流程新阶段。制定《山西省省级储备粮管理责任清单》，确保了省级储备粮数量充足、质量良好、储存安全和调运高效。开展承储企业储备粮管理岗位责任清单制度试点工作，对22个省、市储备库省级储备粮油购销、轮换等重大事项集体研究决策制度、出入库操作规范和包仓管理制度执行情况进行了督促检查。在全行业开展了安全生产大检查和防汛、夏季消防、防范粉尘爆炸等专项整治活动。全行业未发生重大安全生产事故。

推进仓储设施建设。2015年，国家安排山西省40万吨新建粮库计划，具体建设项目共计22个，项目总投资3亿元。截至2015年底，已经有4个项目竣工，形成仓容13.2万吨。完成了36个省、市储备库388台(套)出入库设备配置工作；在3个省级储备库实施库存粮食识别代码试点及储备粮管理信息化项目建设；对45个市县储备库及基层粮站进行仓储设施功能提升，提高了全省粮食仓储现代化水平。球形仓、绿色充氮气调、石洞仓储等三项仓储技术走在全国前列。推进危仓老库维修改造方面，2015年，争取中央财政补助资金9047万元，省级配套资金5000万元，辅以市县政府配套和企业自筹，全省推进危仓老库维修改造工作。推进粮食现代物流节点建设方面，2015年争取国家发改委切块资金700万元，用于平遥县粮食储备中心宁固粮站物流项目建设。

加强粮食质量安全监测体系提升改造。2015年，山西省粮食局大力加强粮食检验检测能力项目建设。1个省级和10个市级粮食质量监测中心列入国家粮食质检体系。全面完成了34个省市粮食储备库469台(套)粮油质量检测仪器配置工作，提高了省级储备粮油企业粮油质量自检能力。山西粮食质量监测检验楼项目正在有序推进。以省级中心为龙头、市级粮食质检站为骨干、重点产粮县粮食质检站为基础、省市骨干粮库化验室为依托的四级粮食质量安全监测检验体系正在有序推进。

强化助农增收服务措施。一是省粮食局积极实施农户科学储粮专项五年建设计划，惠及城乡居民。2015年为全省粮食主产区农户申报专项建设计划2.7万套储粮装具，近年来已累计配置26.2万套，每年可减少粮食损失0.7多万吨，助农增收1700余万元。二是利用世界粮食日、粮食科技活动周、食品安全宣传周等开展粮食政策、文化、储粮技术宣传。

【推进依法管粮，粮食行政监督工作进一步加强】 2015年，山西省粮食局以落实粮食安全省长责任制为中心，以抓好储备粮监管、社会粮食流通检查、涉粮案件查处和体系建设为重点，坚持问题导向，强化责任落实，加强粮食监督检查工作。全年全省开展各项检查6151次，出动检查人员2万余人次，检查企业1.5万个次，查处案件284例。认真贯彻落实“六权治本”新要求，推进依法管粮。粮食收购资格许可由前置审批变为后置审批，将90%以上的粮食收购者全部纳入监管范围，规范了收购行为，维护了售粮农民的利益。

【国有粮食企业改革取得新成效】 2015年，山西省继续深化和推进国有粮食企业改革工作。全省88个县完成了国有粮食购销企业“一县一企，一企多点”改革，全省国有粮食企业由2003年底的2446个减少到510个，其中国有粮食购销企业由1068个减少到188个；职工人数由2003年底的6.3万人减少到2万人，其中国有粮食购销企业职工由3.6万人减少到1.3万人。国有粮食购销企业扭亏增盈工作取得明显成效，“十二五”期间累计盈利6315万元。

(祝志光)

烟草专卖

【销量指标如期完成】 2015年，全省销售卷烟147万箱，圆满完成国家局下达的年度销量计划；单箱卷烟批发均价2.6万元，比2014年提高4.9%，单条均价提高5元。二类烟销量9.7万箱，增加2.3万箱；细支烟销量3.2万箱，增加2万箱；雪茄烟销量7528万支，增加3575万支，分别增长30.9%、176%、90.4%，均高于全国平均水平。2015年末全省在销规格优化到226个(不含雪茄烟、细支烟、外烟)，比2014年减少32个。

【税利指标如期完成】 精益财务管理方面。在2014年存款利率不断下调和多缴财政专项税后利润18.83亿元的情况下，千方百计提高存量资金使用效率，2015年新增利息收入1.17亿元，对税利增长贡献度7.6%。

精益物流管理方面。大力推进配送线路优化整合，以现场会的形式在全省推广太原市局的做法，2015年共减少送货线路117条、车辆27部、人员45人，全省单箱物流费用197.5元，比2014年下降4.6%，低于行业平均水平7.2%。

精益人力资源管理方面。坚持把人工成本控制作为降本增效的重中之重，2015年末全省系统从业人员比2014年减少154人，实现了从业人员总量只减不增。

精益投资采购管理方面。省局成立投资项目和采购项目预审小组，加强前置调研论证，为“三项工作”管委会科学高效决策提供有力保障。2015年省局预审小组和“三项工作”管委会否决或延缓投资采购项目63项，节约和延付资金6500余万元。2015年，全省系统三项费用率5.3%，下降0.6个百分点；实现税利总额92.1亿元，增长20%，高于全国烟草商业企业平均增幅0.6个百分点；上缴财政总额93.45亿元，增长62.6%。按照国家局下达计划，全省实际种植烟叶面积2266.7公顷，收购565万千克，守住了烟叶计划的红线。

【专卖管理有力推进】 强化打假打

私和市场监管，开展了声势浩大的“晋剑护航”和“元旦春节”维护卷烟市场秩序专项行动，全力为卷烟经营清障护航，成效明显。2015 年共查处假烟案件 1397 起（其中 5 万元以上案件 35 起），破获国标网络案件 22 起，查获假烟 900 万支，标值 770.1 万元，捣毁贩藏假烟窝点 26 个；向公安机关移送涉烟刑事案件 80 起；查处真烟非法流通案件 4995 起，数量 6627.91 万支；鉴别检验卷烟样品 2.3 万批次，出具检验报告 6000 余份。各市局均完成或超额完成国家局下达的打网络任务，太原、大同、长治、临汾市局均独立打掉 3 起国标网络案件，其中临汾市局查获的“互联网非法经营案”被国家局、公安部列为督办案件。重新确立市场监管评价体系，全年共完成四次全省季度市场秩序督查，市场净化率和零售户守法经营率稳步提高。认真治理真烟非法流通，加强考核和排名通报，对发现的违规经营线索实时督办，积极构建治理真烟非法流通联动机制，对 5 名违规经营责任人实施了责任追究。

（朱永胜）

12 金融业

JINRONG YE

金融业

综　述

【金融运行情况】 各项存款增速企稳回升，增长节奏趋于平稳。2015年，山西省金融机构本外币各项存款余额28641.4亿元，比2014年增长5.7%，增速加快3.1个百分点，全年新增存款1602.9亿元，多增927.4亿元。受互联网金融违约风险暴露、企业投资意愿下降以及A股市场大幅波动影响，山西省金融机构存款回流明显，全年住户存款、企业存款和非银行业金融机构存款分别多增399.2亿元、784.6亿元和213.4亿元。

各项贷款适度增长，支持实体经济转型升级力度强。2015年，山西省金融机构本外币各项贷款余额18574.8亿元，比2014年增长12.2%，增速加快1.9个百分点，全年新增贷款2016.1亿元，创历史新高。其中，山西省法人金融机构各项贷款余额5353.6亿元，全年新增575.7亿元。贷款投向"有扶有控、重点突出"，着力支持经济转型升级。2015年五次实施"降准"政策，释放金融机构流动性796.4亿元，累计发放信贷政策支持再贷款、再贴现资金232.2亿元，定向调控资金投向，严控产能过剩行业贷款规模、着力满足民生领域和薄弱环节资金需求。全年全省"转型综改"领域新增贷款1204.2亿元，采矿业贷款增速较2014年回落10.6个百分点，涉农领域贷款多增110.7亿元，批发零售业、保障房、就业创业、土地流转、扶贫开发、环境修复等领域贷款也保持了较快增长。

金融市场平稳运行，市场融资能力逐步增强。一是直接融资规模快速增长，融资结构趋于均衡。2015年，山西省共实现各类融资4498.8亿元，其中直接融资2522.8亿元，占全部融资总量的56.1%，较2014年上升5.2百分点。直接融资中，债券市场融资2281.8亿元，多增952.7亿元；股票市场融资241.0亿元，多增218.2亿元。二是货币市场参与主体增多，交易量增加。2015年，山西省金融机构在全国银行间同业拆借和债券市场累计成交109294.7亿元，增长67.5%，增速加快63.7个百分点。其中，在全国银行间同业拆借市场累计拆借资金568.6亿元，在全国银行间债券市场质押式回购89927.0亿元，现券交易14435.3亿元，买断式回购4363.1亿元。三是票据市场交易平稳，利率逐季走低。2015年，山西省各金融机构累计签发银行承兑汇票4044.2亿元，减少632.6亿元，降低13.5%。累计办理贴现9928.3亿元，增加4223.8亿元，增长74%。四是地方政府债务置换稳步推进。2015年，山西省共发行各项政府债券580.9亿元，其中置换债券357.0亿元，新增债券223.9亿元，发行期限由3年至10年不等，利率区间2.87%至3.58%，到期一次性偿还本金。发行两期山西省政府专项债券，共计额度137.5亿元，其中置换专项债券110.5亿元，新增专项债券27亿元，发行期限分别为5年、10年，利率2.97%，到期一次性偿还本金。五是证券市场稳健运行。截至2015年末，山西省境内共有A股上市公司37家，较2014年新增2家，其中主板30家、中小板4家、创业板3家；新三板挂牌公司32家，新增28家；上市公司总股本694.46亿股，流通股本565.01亿股；总市值5863.70亿元，流通市值4678.31亿元，总市值在全国排第20位，在中部六省排名第5位。六是保险市场运行良好。截至2015年末，全省有法人保险公司1家；省级分公司47家，其中，财产保险公司24家，人寿保险公司20家，较上年新增1家，养老保险公司2家，健康保险公司1家。保险深度4.6%，提高0.9个百分点；保险密度1601.3元/人，增加325.6元/人，两项指标位居中部六省首位。全省保险业总资产1228.1亿元，增长13.3%，全年累计实现保费收入586.73亿元，增长26.1%，位居全国第7，是近年来最好水平。全省保险业赔款与给付支出214.37亿元，增长17.5%。

【金融服务与创新】 货币信贷工作全面贯彻。全省人民银行认真落实《山西省金融振兴意见》，积极引导和促进金融机构抓抢机遇，先行先试，加快金融体制改革和金融创新，全力支持全省综改试验区建设；制定出台《关于进一步加大住房公积金支持缴存职工住房消费的指导意见》，做好差别化住房信贷政策的组织实施，指导金融机构进一步加大对保障性住房建设的信贷支持力度；开展小微企业、涉农和绿色信贷三个单项评估，进一步完善了信贷政策评估办法；制定出台扶贫开发金融服务、涉农贷款增量奖励等指导意见，召开"山西省金融支持县域经济转型发展(灵石)项目对接会"，开展"金融定向精准扶贫宣传周活动"，在支农再贷款的发放上，注重向全省36个国定贫困县倾斜，向8个试点县各增加1亿元支农再贷款限额，并对贫困地区农村金融机构实行支农再贷款优惠利率政策，引导和撬动全省支农信贷投放逐步增大；召开"全省农村金融创新工作推进会"，全面推进土地承包经营权抵押贷款发展；启动跨国企业集团跨境双向人民币资金池业务，对中国银行开展跨境双向人民币资金池结算业务发放了备案通知书，标志着山西省跨国企业集团开展跨境人民币资金集中运营业务的新政正式落地。

金融稳定工作扎实推进。扎实做好存款保险制度组织实施，逐级成立存款保险制度领导小组，建立了7×24小时值班制度；加强对全省大额资金异常流动、存贷款异常变动等情况的监测，并严格执行存款保险制度实施前重要异常情况"零报告""日报告"制度；对全省163家地方法人投保机构进行风险评级试打分，督促指导辖内各银行业金融机构按时办理投保手续；继续深化金融风险监测系统运用，增加存款保险业务板块，实现了机构投保和保费计算数据采集电子化、标准化；切实强化金融风险监测评估，对全省风险较高的34家机构开展了风险排查工作，并以召开现场会、发出书面风险提示等形式进行了风险通报；推进金融稳定再贷款损失认定，重启华康信托公司破产清算，切实维护人民银行债权。加强与地方政府相关部门、监管部门的信息交流和沟通，密切关注联盛集团破产重组等金融风险事件，配合省政府开展非法集资专项整治活动，合力维护辖区金融稳定；充分发挥"两管理、两综合"工作效能，认真落实机构设立规划报备制度，实行新设金融机构集中申报预审制和限时办结制，构建起规范、全面、配套的制度体系，进一步提高申报审批效率，全年累计受理全省124家新设金融机构的开业集中申报；组织开展了对4家金融机构的综合执法检查和131家机构的综合评价工作。

支付体系建设取得明显成效。完成支付系统参与者二代系统上线切换。加强支付清算系统管理和维护，保障系统安全高效运行。开展支付结算现场检查、支付机构客户备付金检查，会同有关部门开展联合整治银行卡网上非法买卖专项行动。完成银行机构个人存款账户真实性核实验收。推动设立农村金融综合服务站1.4万个，其中已挂牌1.1万个，达标未挂牌3260个，圆满完成农村金融服务站在有条件行政村的全覆盖目标。积极探索"互联网+农村支付"新模式，联合电商开发村镇线下体验店。出台实施《山西省支付机构综合评价办法(试行)》，对30家支付机构进行了半年评价。上线运行银行卡收单业务监管系统(第一期)，实现了对收单业务的实时、动态和科学管理。

经理国库水平不断提升。上线运行省本级国库集中支付电子化管理系统，全面推行横向联网电子退更免业务，积极推广安全规范的销售点终端(POS)刷卡缴税、网银缴税等新型电子缴税业务，进一步提高国库服务效率。在孝义市支库上线试点运行国库无纸化系统直接办理集中支付业务。继续推进国库"直补"工作，2015年全省累计直接支付各类政府补助资金483.8万余笔，金额33.7亿元，涉及资金类别12类。

反洗钱工作稳步推进。依规对70家金融机构进行了现场检查，累计处罚494万元。协调金融机构同执法机关开展特定洗钱类型线索的摸排和有效性甄别。指导金融机构开展外逃人员名单排查、涉毒资金交易监测分析和"打击利用离岸公司和地下钱庄转移账款专项行动"。制定并印发《山西省法人金融机构洗钱和恐怖融资风险评估工作指引》，对风险等级不同的金融机构采取差别化的监管方式，进一步增强反洗钱监管实效。

货币金银管理进一步加强。进一步加大10元以下小面额货币的投放力度，确保了全省现金供应和市场券别结构合理；圆满完成2015年新版100元人民币发行工作。持续推进人民币净化工程，自助取款机及一体机对外支付现金实现全额清分，社会化清分业务稳步发展，在太原市、临汾市推广人民币冠字号码信息与现金实物同步流转。加大残损币回收力度，加强清分和销毁设备管理，确保残损币回收销毁工作安全推进。累计检查发行库39次，开展发行库违规操作专项整治，建立辖区内管库员管理信息档案，进一步加强发行库安全管理。在太原辖区增设特种残缺污损人民币兑换网点37家，对全省931个金融机构网点进行了现场检查，进一步优化人民币流通环境。继续深入开展反假货币宣传，对全省784个金融机构网点进行了反假货币检查，有序推进反假货币工作持续深入开展。截至2015年12月底，全省累计收缴假人民币795.5万元、11.1万张，比2014年分别减少34.6%、23.9%。

金融生态环境持续改善。制定了《金融富民扶贫工程贫困农户信用体系建设及农户评级主动授信操作指南》；推动在信用信息共享平台上研发“第三方信用评级信息服务系统”子模块。持续推进山西省中小企业和农村信用体系建设，为全省6.3万户小微企业、408万农户建立信用档案，评定信用户287万户，信用村6800个，信用乡(镇)235个。大力推广应收账款融资服务平台，2015年累计通过平台融资281笔、287亿元。制定了《进一步推广两类机构信用评级的指导意见》，301户借款企业和担保机构参加了资信评级。参与妥善处置大同天镇“7·13”农民被贷款事件。

外汇管理与服务水平不断提升。与省发改委联合制定《山西省“十三五”开放型经济发展规划》。支持省内4家企业开办跨国公司外汇资金集中运营管理试点业务。推广直接投资外汇管理改革和外商投资企业外汇资本金意愿结汇改革，直接投资项下39项审核业务下放金融机构办理，大幅提高科企业外汇业务办理效率。落实保险业务外汇管理新政策，简化保险业务外汇行政审批。积极争取总局1.7亿美元短期外债指标，是2014年的2.4倍，核定太钢集团财务公司等企业和金融机构1.65亿美元短期外债指标，制定了支持跨境贸易电子商务发展实施意见，推动第三方支付机构开展跨境电子商务外汇支付业务。完成对全省25家银行的国际收支现场核查。推进重点主体监管，以案例方式设计数据提取处理方法。促进本外币兑换特许机构业务发展。以富士康精密电子(太原)有限公司为试点，稳步推进企业联机接口服务工作。优化综合柜台服务管理模式，加强对银行和企业的外汇业务培训指导，深化外汇服务能力建设。

【金融法制环境建设】 法治建设及宣传工作进一步加强。人民银行太原中心支行组织全省金融机构采取多种形式开展反洗钱、征信知识、票据管理、反假货币等方面的金融法制宣传活动，社会公众办理金融业务时遵守金融法律的自觉性和依法维权意识明显提高。

对金融违法行为的查处力度加大。2015年，人民银行山西辖内各级分支机构共作出行政处罚决定125件，其中，人民银行太原中心支行作出处罚决定17件，罚款126.4万元，有效维护了辖区金融秩序。

金融消费权益保护工作不断深化。2015年，山西省人民银行系统认真贯彻落实《中国人民银行金融消费权益保护工作管理办法(试行)》，进一步优化投诉处理流程，采取直接处理、转办、调解等多种方式化解金融消费纠纷。出台了《山西省区域金融消费权益保护环境评价试点方案》，稳步开展金融消保环境评估试点。金融消费权益保护信息管理系统在全省成功上线运行，人民银行系统内部以及人民银行和金融机构之间的信息沟通和传递进一步加强，投诉处理和信息反馈效率显著提升。2015年全省人民银行系统共受理金融消费者投诉429件、咨询5048件，消费者满意度100%。

(马　丽)

中国工商银行山西省分行

【2015年主营业务平稳发展】 2015年，山西经济仍处于产业结构调整的困难时期，工行山西分行坚持党建工作和业务发展“两手抓”，围绕“1233”经营主线，不断夯实管理基础，全力开展市场营销，实现了新常态下的平稳发展，经营格局稳定向好。全年实现净利润36.84亿元，比2014年增长2.7%。

【保持资产质量稳定】 研究确定“集中处置、专职清收、分层管理”的总体思路，建立行领导分片包干督导二级分行资产质量的工作机制，组建11个专门工作团队，制定风险化解应对措施，促使各项清收处置措施层层落地。逐行逐户研究清收处置方案，保证清收处置工作高效组织、有序推动。坚持传统清收和创新方式双管齐下，在发挥好常规清收主通道作用的同时，通过批量转让、投行介入等方式缓解资产质量压力，同步实现了财务状况良好和基本面的健康，特别是运用法律手段成功全额追索海鑫钢铁信用证垫款，成为国内首个商业银行作为提单持有人胜诉海上货物运输合同纠纷的典型案例。突出对潜在风险管理的前瞻性、准确性和全面性，纵深推进风险滚动排查，2015年召开法人大户风险专题分析会13次，对56户、融资总额409亿元的贷款项目进行集中会诊，提出明确意见和管控措施，重点提升潜在风险客户的预警覆盖率，全年压降潜在风险贷款33.4亿元。从重塑信贷文化入手，全面推开信贷从业人员资质认证，打造专业化、高素质信贷队伍;开展基层机构信贷经营资质认证,提升各级机构信贷经营能力;健全由省分行牵头的三级联动贷后管理机制,强化信贷政策研究和产品应用管理;积极探索闭环式信贷管理新模型,加快链融资业务试点推广,着力提升信贷创新管理水平。2015 年,全行不良贷款余额 34.48 亿元,不良率 1.6%;全行逾期贷款 51.68 亿元。累计清收处置不良贷款 19.47 亿元,其中现金清收 10.67 亿元、呆账核销 5.65 亿元、转化 3.15 亿元;账销案存 0.07 亿元。持续加强表外业务风险化解工作,全年成功化解 1 个信托项目和 2 个理财违约项目风险,其余风险项目矛盾得到有效化解,形成局面基本可控的有利格局。

【夯实存款增长基础】 围绕稳拓两条线,依托大数据分析,有效发挥三大委员会平台职能,通过 MOVA 直通式员工考核的全覆盖,形成全员拓户工作格局,深化市场梳理,锁定目标客户,实现了客户扩容提质和存款稳步增长。2015 年末,全行有效对公结算账户较年初净增 7222 户;个人有效客户较年初增加 79.6 万户。储蓄存款深化"六进"主题营销,以薪金溢、节节高、大额存单、理财保险等产品为抓手,扎实推进"五个一"台账认领营销,积极竞争代发工资、三方存管和同业客户,拉动储蓄存款稳健增长,年末储蓄存款时点增加 136.5 亿元,日均增加 91.8 亿元。公司存款综合运用大额资金监控平台等系统,提前预警和督促各行严控重要时点走款,上下联动多维实施策略挽留,同步强化"存贷比、受托支付和销售归行"三维管理,年末公司存款时点增加 23.8 亿元,日均增加 31.5 亿元。机构存款继续巩固"财政、住房、社保、民生"四大核心阵地,成功取得省市县三级廉政专户唯一主办权,稳固第三方存管市场第一位置,成功挖转他行武警系统全部地方经费专户,实现新拓客户 1517 户,比 2014 年多增 749 户,多渠道归集机构存款,有效消化了山西公积金个人提取 70 多亿元的减存因素。截至 2015 年末,全行本外币全部存款(含同业)余额 3961 亿元,较年初时点增加 212.1 亿元;日均增加 217.8 亿元。

【推进贷款多元增长】 2015 年累计投放各项贷款(含票据)1512.6 亿元,比 2014 年多投 40 亿元;本外币各项贷款余额 2149 亿元,较年初增加 98.6 亿元。

加大重点项目建设支持力度。按照《2015 年信贷市场拓展重点》名录,结合全省 1.3 万亿元固定资产投资项目及重点行业板块分布,依托重大融资项目领导组,开展名单制营销,特别是敏锐把握电力行业突破的机遇,实现电力板块全年新增贷款 29.94 亿元,占大中型客户贷款净增额的 67%。

持续推进信贷结构调整。及时掌握建筑、医药、旅游、物流、煤层气等行业最新动态,积极跟进 75 个政府和社会资本合作项目,大力开拓交通设施、市政设施和公共服务等信贷市场,全年累计发放新兴行业贷款 12 亿元。以太钢、太重核心企业为主线,推动供应链融资业务发展,全年共拓展供应链 13 条,累计拓户 110 户,实现融资投放 12.14 亿元。

加快推进小微信贷专业化经营。在运城试点成立首家小微中心,2015 年 8 月正式运营以来累计发放贷款 20 笔,金额 1.15 亿元,目前正在积极推进营业部小微中心组建。

借势发展个人信贷业务。全年个人贷款增加 27.82 亿元,增量占全部贷款增量的 53.8%,其中个人质押贷款投放、余额、净增额分别在系统内排第 5 位、第 8 位和第 9 位。

不断推进融资业务创新。多元满足客户金融需求,帮助企业拓宽低成本融资通道,全年实现创新融资 414.68 亿元。敏锐把握退出产能过剩行业的窗口机遇,及时退出风险程度较高、把握难度较大的潜在风险企业,全年融资压降客户 137 户、涉及融资 35.02 亿元,其中煤炭行业压降 29 户企业、10.42 亿元,促进信贷资源向高质量、高信用的行业客户倾斜配置。

【打造多元收入格局】 深入实施"双擎两翼"工程。以提升中间业务组织收入能力为重点,努力打造基础产品支撑、重点领域拉动、新型业务创收的收入格局。2015 年,全行实现中间业务账面收入 22.12 亿元,比 2014 年增加 3.31 亿元,增长 17.6%;中间业务收入四大行占比 37.9%,继续保持同业首位。大零售发挥基础支撑作用,营业贡献达到 39.93 亿元,占比 44.9%,提高 0.5 个百分点;零售业务中间业务收入实现 13.09 亿元,占比 59.2%,提高 2.9 个百分点。大资管发挥引擎拉动作用,特别是理财类业务收入贡献突出,全年法人理财、个人理财分别实现收入 1.54 亿元和 1.45 亿元,分别增长 469.2%和 22.8%。票据业务成为收入增长亮点,在实现零风险运营的同时,全年累计办理票据直贴 365.35 亿元,系统内排名第 9 位;实现票据收入 7.68 亿元,增加 3.85 亿元,增长 100.5%;实现业务净收入 3.12 亿元,增加 1.21 亿元,增长 63.4%。

互联网金融发挥创新驱动作用。不断扩展电子银行业务新蓝海,深入开展网点"1995"效能提升和柜员"1+1"劳动竞赛,积极组织融 e 行"登录有礼、交易有奖""融 e 购购房节、购车季""020 全员营销体验"等活动,全年工银 e 支付客户、企业网银证书客户分别增长 58%、12%,融 e 行计划完成率系统排名第 1 位,电商平台企业商城交易额完成全年计划的185%。

【**提升内控案防水平**】 深入实施网点运营标准化管理改革，截至2015年末，全行高低柜业务配比下降至1.5∶1，柜员日均工作量127笔。改革共充实前台营销和客户经理团队1895人，通过配套跟进转岗人员熔炉式培训，增强了转岗人员的适岗能力。持续提升网点核心竞争力，启动“领头雁”培养计划，加快智能网点和自助银行布设，网点格局持续优化，全年推动73个网点实现效能提升。强化内控案防管理，纵深推进“合规文化建设工程”，深入开展“制度执行暨合规文化建设巩固年”活动，扎实组织“两加强、两遏制”自查、检查及回头看，滚动推进风险排查和问题整改工作。试点开展合规养成教育，组织合规文化大讲堂，促进全行基础管理水平持续提升，全年未发生案件和重大风险事件。

（闫洁琼）

中国银行山西省分行

【**主要经营情况**】 *基础业务稳定增长*。2015年，中行山西省分行人民币各项存款余额2238.22亿元，时点较年初新增140.11亿元，日均新增106.13亿元；市场份额占比7.9%，较年初提升0.1个百分点。人民币各项贷款余额1111.24亿元，新增143.97亿元；市场份额占比6%，提升0.1个百分点。

优势业务保持领先。2015年，国际结算、跨境人民币结算、结售汇、基金代销业务市场份额分别达36.5%、37.2%、29.8%和37.7%，继续领跑省内同业。累计发行债券175亿元，实现分销133.3亿元。

新兴业务快速发展。2015年先后叙做省内首笔融付达、跨境福费廷、通关一体化保函、城中村改造非标理财、城市发展基金等业务。网络金融业务增势喜人，其中，B2C中银快付交易客户12.9万户，比2014年增加7.3万户；企业网银交易客户2.8万户，增加5402户；个人电子银行存量交易客户、手机银行交易客户数超额完成全年任务。

不良资产实现双降。2015年，不良余额较年初下降0.59亿元；不良率1.5%，较年初下降0.3个百分点，是中行系统内为数不多的实现双降的一级分行。

【**多放贷，多融资，助力实体经济发展**】 *加大贷款投放*。截至2015年末，实现贷款新增143.98亿元，位居全省同业前列。一是支持山西煤炭产业转型升级，支持文化、旅游、教育、卫生、新能源、现代服务业等行业的发展，支持铁路、公路、电力及其他重大基础设施项目建设。截至2015年末，该行为同煤集团、阳煤集团、山煤国际等大型煤炭企业，为侯禹铁路、吕临铁路、山西河曲发电、忻州广宇煤电等重大项目，为部分地市住房公积金中心，为大同市第五人民医院、忻州实验中学等医院和学校新增贷款40.08亿元。二是综合利用多种融资渠道，满足企业发展过程中的资金需求。通过票据融资、贸易融资等方式，共为各类企业新增融资81.91亿元。三是大力发展个人贷款、小微企业贷款、银行卡专向分期等业务，为广大个人客户提供方便快捷的融资支持。截至2015年末，该类贷款新增21.99亿元。四是第一家用采矿权贷款方式配合企业缴纳资源价款。仅2015年8月，省分行对阳煤集团、焦煤集团等企业投放贷款3笔、金额3.2亿元，占该月全省所有投放金额的29%，在同业中动手最早、放款最快、金额最大，以实际行动履行支持实体经济发展的承诺。五是对接地方政府金融需求，助力政府倡导和关注的项目建设。2015年重点关注和对接晋城市、长治市的省级重点工程项目，山西省发改委推荐的低热值煤发电项目，阳泉、长治、运城等地市的改善城市人居环境项目，山西省农业厅推荐的太原、忻州、大同、晋中、临汾、吕梁、朔州等地市项目，以及教育、卫生、文化、电力、燃气等行业的项目。

积极为企业减负增效。2015年叙做直接融资业务175亿元，全省同业排名第3。一是通过中票、超短融、私募等直接融资业务，为企业拓宽融资渠道，降低财务成本。其中，为山煤集团、太钢不锈、阳煤集团发行超短融20亿元、20亿元和15亿元，为潞安集团发行短期融资券60亿元、焦煤集团发行中期票据30亿元，为同煤集团发行私募30亿元。二是积极参与山西省2015年政府地方债承销工作，助力地方重大项目和重点工程建设。该行连续三次参加山西省政府一般债和专项债的投标工作，共承销省政府地方债97.1亿元，位居18家承销银行第2位。

【**不抽贷，不压贷，与企业共克时艰**】 *重组平移，主动化解风险*。对于讲诚信、产品有销路、政府支持的企业，不抽贷、不断贷、不压贷，优先通过重组、平移等方式，帮助企业走出困境。截至2015年末，省分行共盘活不良信贷资产近50亿元，帮助吕临铁路有限责任公司、山西煤销国电能源有限责任公司、山西润锦化工有限公司、山西乡宁焦煤集团有限公司等50余家重点企业渡过难关。

配合政府，处置金融风险。全力配合运城市政府，加快处置在全国影响较大的海鑫钢铁金融风险。一方面，组成专职小组，加强与省政府金融办的沟通，全面对接和处理海鑫钢铁金融风险事件。另一方

面，积极协调省政府与中国银行总行会谈，商榷重组方案，中国银行总行批复通过海鑫重整方案。同时，严密防范和监控非法吸收公众存款、非法集资等违法违规活动，全年未发生一起案件，为有效维护区域经济金融稳定做出积极贡献。

落实政策，给予利率优惠。积极落实对企业减负的有关政策，对地方支柱企业、优质项目，加大支持力度，给予利率优惠。对太钢集团、八大煤业、富士康等省内重点企业实行优惠利率，2015 年末新增公司贷款平均利率 5.14%，在同业和系统内都较低，切实减轻企业筹资成本。

【突出优势，助力企业“走出去”】 发挥国际化、海内外一体化的优势，为山西企业“走出去”提供全面优质的金融服务。截至 2015 年末，累计办理国际贸易结算业务 66.2 亿美元、跨境人民币结算业务 147.15 亿元、结售汇业务 36.5 亿美元。一是加大跨境人民币结算业务的宣传推广力度，利用汇率风险低、节约汇兑成本、避免短债管控等优势，提高“走出去”企业资金管理的便利性和透明度，使跨境人民币结算业务成为他们办理贸易融资、投融资、境外项目贷款的新选择。其中，为太钢集团开办山西省内首笔“跨境双向人民币资金池”业务，开启山西企业全球化资金管理模式。二是配合国家外贸、产业和金融政策的实施，通过加强银保合作，将银行贸易融资与政策性出口信用保险有机结合，为“走出去”企业提供资金“融”通的便利。依托出口商业发票贴现、福费廷、中银货运保险等业务，全力支持外向型企业货物、技术和服务的出口。2015 年累计办理出口融信达、出口押汇、进口押汇等国际结算融资业务 1.74 亿美元。三是精心为省内广大个人客户设计定制专项外汇产品，如“出境必备——中行零钱包”留学汇款“全额到账”“全网点、全币种、全天候”外币兑换服务等；在出国金融旺季，与出国中介、旅行社及出入境中心联动，为出国旅游、探亲、求学等客户提供优惠便捷的一站式服务。

利用海内外市场低成本资金，丰富企业融资来源。一是开办对外工程承包项目项下投标、履约等非融资性保函，以及风险专项资金项下保函、“内保外贷”等特色业务，支持山西省对外承包工程企业及涉外项目。2015 年为中铁三局、中铁十二局、太钢集团、山西省地质工程勘察院、太重集团等多家企业办理对外工程承包项下的外币保函、内保外贷等业务，累计金额 1.26 亿美元。二是顺应经济新常态和贸易发展新业态，落实国家“一带一路”发展战略，为企业提供缴税更便利、通关更快捷的金融服务。2015 年为太钢国贸办理全省首笔“丝绸之路经济带”通关一体化关税保函业务。太钢国贸凭借分行出具的保函，在海关成功备案后，享受“十关如一关”“先提货后交税”的便捷通关模式和网上电子支付税费的通关便利。

【心系民生，助力惠民金融】 一是与山西省高速公路管理局签订合作协议，成为省内 ETC 项目合作银行。2015 年 11 月 12 日 ETC 卡首发至年末，已为 8 万多有车一族提供了便捷顺畅的高速通行服务。二是支持改善民生的城中村和棚户区改造工程，运用非标理财方式，为太原市小王村城中村改造项目融资 2.38 亿元。三是以社保卡、医保卡、福农卡等产品为依托，以水、电、天然气等与日常生活息息相关的代收付业务为手段，以固话 POS 机、手机取款业务代办点等为平台，为广大人民群众提供优质高效的金融服务。2015 年 11 月，分行参加朔州市社保卡银医服务项目，在全省范围内首家真正实现银行、医保、医院 HIS 系统“三网融合”，参保群众凭借社保卡或中行借记卡，即可享受挂号、诊疗、付费等“一站式”服务。四是积极参与公益事业。2015 年 10 月，携手山西广播电视台在长治市壶关县石坡乡南坪头坞小学开展“中银黄河书屋”捐赠的公益项目。加大对省内贫困地区的扶持力度，为临汾市永和县坡头乡的蔬菜大棚项目和道路改造注入资金 24.5 万元，为吕梁市岚县栗家村修建活动广场注入资金 8 万元，为大同市天镇县塔儿村村貌改造注入资金 5 万元。（宁裕东）

中国建设银行山西省分行

【经营效益保持稳健，各项指标全面提高】 2015 年，建行山西省分行实现考核利润 34.3 亿元，主营业务收入 86 亿元。

存款业务保持市场份额。2015 年，一般性存款日均余额 2689 亿元，四行占比 23.4%，提升 0.1 个百分点，日均新增 110.1 亿元，四行第二。其中，企业存款余额 1147 亿元，占比 25.36%，四行第二；新增 13.1 亿元，四行占比 25.4%，四行第一。个人存款余额 1542 亿元，新增 97 亿元，占比 22.4%，四行第三。

信贷投放创出历史新高。2015 年，各项贷款余额 1632 亿元，新增 196 亿元，四行第一，为“十二五”以来新增最多的一年。

中间业务收入保持四行第二。实现净收入 15.3 亿元，保持四行第二。其中信用卡收入 3.61 亿元，增长 36.9%；资金结算业务收入 1.27 亿元，增长 8.2%；造价咨询业务收入 1.07 亿元，连续三年突破亿元。

资产质量保持同业最优。在经济下行、风险不断暴露的情况下，不良贷款率、不良贷款额继续保持四行最低水平。

不良处置取得突破。2015年，累计处置不良贷款28.6亿元。

【推进金融振兴，支持地方建设】 建行山西省分行以省委省政府推进金融振兴活动为契机，协调总行与省政府签订《推进金融振兴的合作协议》，打造银政合作的新起点。开展为期三个月的“走基层、访客户、送温暖”活动，走访客户2265户，其中重点客户200余户。同业中率先推出“税易贷”业务，与省国税、省地税签署合作协议，搭建银税合作平台。在全省119个县级行政区搭建“助保贷”业务合作平台89个，基本实现区域内地市级全覆盖。积极参与山西品牌“中华行”“网上行”活动，开设善融商务“山西品牌馆”，成功营销137家品牌企业入驻。

【融入地方转型，推进转型创新】 制定2016～2020年转型发展实施方案，以“打造最具价值创造力的当地最优银行”为统领，围绕山西经济“六大发展”，重点推进大资产、大负债、大同业、大数据四个转型方向，树立从股权融资到债权融资再到信贷投放的思维模式，将建立大资管平台作为对公转型的重点之一，建立“信贷＋资管＋第三方融资”的综合性、多功能、集约化经营模式，紧抓“地方政府债存量置换与新增投资”政策机遇，筛选200亿元项目，首批57.7亿元项目已获总行审批通过。2015年，转型发展取得初步成效，贵金属租赁、单位大额存单定向发行、买入返售电子银行承兑汇票、代客外汇期权、黄金远期业务、人民币利率掉期、外币利率掉期、汇率掉期等多项业务实现破“零”。

【加快信贷业务转型，支持山西经济结构调整】 加大信贷结构调整。一手抓传统，一手抓转型，多渠道、多方式支持地方经济发展。2015年，非煤产业贷款新增74亿元，远超全部非贴贷款增长总量。抓好“三大一高”重大项目和重点客户，继续巩固和发挥基础设施、大型项目、重点企业等领域的传统优势。倾斜票据业务发展，累计办理票据贴现274亿元，新增63亿元，余额首次突破百亿元。

加大投行业务发展。2015年，以主承销商身份认购地方政府债101亿元，同业第一；发起设立20亿元的山西省战略新兴产业基金和18亿元的太原市城中村改造基金项目。

推进小企业业务发展。坚持“小额化、零售化”思路，小微企业贷款余额、新增均为四行第二。

加大个贷投放。2015年，个贷余额284亿元，四行占比41%，同业第一；新增80亿元，四行占比55%，同业第一。

【做实客户基础，提升存款市场占比】 加大客户拓展力度。2015年结算账户新增1.6万户，四行占比44.4%，增长20.1%，账户增量、增幅均位列四行第一。对公有效客户新增668户、个人加权有效客户新增112万户。

打牢存款稳增长基础。扎实推进社保卡渠道建设、专业市场营销、代工业务、县域业务、个人外币业务等五大基础工程。关注公积金资金转化，设计适合客户需求的产品组合，公积金转个人存款资金承接率达到90%以上，留存率达到30%以上。住房资金存款余额143.58亿元，四行占比45.2%，提升1.1个百分点，同业第一。提升资金体内循环率和承接率，通过对客户资金流的监控，强化对客户结算资金的营销。2015年，对公客户资金体内循环率和承接率分别达到48%和47%。紧抓重点产品，大额定期存单的发行、续接和市场摸底及目标客户筛选扎实有效，认购余额61.6亿元；社保卡发卡量1062万张，激活率67%，沉淀存款10.25亿元，新增6.07亿元；结算通卡发卡量60.7万张，新增42.1万张，存款余额50.9亿元，新增35.8亿元。

加强渠道建设。助农取款终端布放达到1.4万台，新增1.2万台；布放电话POS1.9万台，新增1.3万台，电话支付终端沉淀存款累计3.11亿元，新增1.4亿元。2015年，全行一般性存款时点新增四行第一，日均新增保持四行第二，市场地位进一步巩固。

【创新国际融资金融服务，加大“走出去”企业支持力度】 做好“三个转变”，客户结构转变，从高度依赖钢铁大客户向行业多元化发展；融资结构转变，从以进口业务为主向进出口业务均衡发展转变；业务结构转变，单纯货物贸易领域向服务贸易项下扩展。完成5项产品创新，包括汇权盈、互汇盈、贸易融资转移资产簿记、跨境直贷和境外工程项下“计价单”融资。2015年，储备20余户80多亿美元的山西省内企业“走出去”项目，先后办理1.79亿美元、9868万欧元、3.2亿元人民币国际融资业务，5.5亿美元进口委托付款。2015年对公外汇存款时点、日均、日均新增三项均翻三番，且均位居同业第一。

【强化风险管理，加大不良处置力度】 一是完善机制。建立行领导牵头督导，省分行、二级行、基层行三级联防联控、群策群力的工作机制，出台大中型客户信贷业务贷后管理实施细则等政策制度。二是实时调度。及时统筹不同时间阶段资产质量防控任务完成的进度和目标。2015年底，逾期贷款控制在20.05亿元，高发态势得到有效控制。三是重点监控。确定省分行“十五大”信用风险项目，制定“一户一策”化解处置方案。四是从严考核。按季对二级机构和相关信贷经营部门实施“横向到边、纵向到底”考核，实现风险有序、可控释放。五是加快处置。加强不良贷款现金回收、具备条件企业分类上迁、核销、打包处置力度，用足、用好、用活总行的政策，最大限度地做好不良贷款处置工作。2015年，推出四个资产包并成功转让，处置不良贷款项目80个、27.07亿元。

（赵建伟）

中国农业银行山西省分行

【主营业务稳健发展】 截至2015年底，山西农行各项存款余额2926.97亿元，比年初增加155亿元；核心存款日均余额2862亿元，比年初增加146亿元，增量份额33.3%，居同业第一。随着资金实力的增强、资产质量总体稳定和经营效益符合预期，全行市场竞争力进一步提升。

【服务实体经济、服务“三农”、服务社会】 加大信贷投放，全力支持实体经济。2015年，山西农行面对全省经济增长大幅趋缓的严峻形势，认真落实全省金融振兴推进大会精神，不惜贷、不抽贷，继续积极支持全省实体经济转型升级发展。2015年底，全行各项贷款余额1373.96亿元，较年初增加176.64亿元，是历史上最多的一年。新增贷款重点紧跟全省产业结构调整方向，在持续支持电力、煤炭、钢铁等传统支柱产业中的龙头企业转型升级发展上，以全局性、战略性重大基础设施、新兴产业和节能环保以及惠民生项目为重点，投放贷款45.57亿元支持全省公路、铁路建设，新增交通运输及相关基础设施建设；投放贷款49.11亿元支持全省高端装备制造、新能源、新材料等重点新兴产业和节能环保项目；投放住房公积金贷款20.33亿元，积极支持百姓改善居住生活条件。

创新服务方式，加大服务“三农”力度。2015年，山西农行在持续实施“惠农卡＋转账电话”即构建农村小额支付结算体系的“惠农通”工程基础上，通过创新升级惠农服务，30家支行上线了“三农通用代收付平台”，惠农渠道由电话扩展到网络，功能由代付扩展到代缴新农保、新农合。截至年末，全省农村地区共有惠农服务点3.5万个，覆盖行政村2.3万个；发放惠农卡690万张，惠及全省2000多万农民；全年服务1154.5万笔，金额188.21亿元。基本实现了“机到村、卡到户”两个全覆盖。在“钱到账”方面，累计代理全省119个县（含市辖区）中98个县的新农合项目，59个县的新农保项目，68个县的粮食直补、良种补贴等惠农补贴资金超过300亿元，发放260亿元；农户贷款总户数9877户、总额度4.96亿元；在做好“三代”（代理新农保、新农合、其他涉农财政补贴）的同时，积极拓展公共事业（水、电、气、通讯等）代缴费业务，为广大农民提供便利，全省通过电子渠道累计代理各项公用事业代缴费1221万笔、19.98亿元。在创新升级惠农服务的同时，加大了信贷支农力度。年底，“三农”及县域贷款余额448.81亿元，较年初增加57.26亿元。其中，为山西省“大水网”建设授信50亿元、贷款6亿元，成为全年业务发展的一大新亮点。

加强金融特色服务，着力支持小微企业发展。2015年，山西农行倾情小微企业发展，紧密结合全省县域经济的特点，实施制度创新，积极推广小企业简式快速贷款、小企业自助可循环贷款等适合中小企业特点的金融产品，优化办贷流程，提高工作效率；实施特色金融服务，实施客户名单管理制度，重点支持大企业上下游的配套型、特色型、出口导向型和科技型中小企业。截至2015年末，全省小微企业（含个体工商户和小微企业主）贷款余额94.97亿元，比年初增加16.99亿元，高于全行各项贷款增速7个百分点。小微企业贷款户数550户，比2014年增加20户。小微企业申贷获得率76%，提高9.3个百分点。全面完成了银监部门“三个不低于”的监管要求。

加强金融普惠服务，着力减费让利社会。积极履行社会责任，减轻农民和企业负担。2015年为农民和实体经济减费让利2.58亿元，其中，为全省690万持惠农卡的农民减免包括制卡工本费、年费和小额账户管理费约为1.64亿元。为化解信用风险和有效支持实体经济发展，对发展有前景但暂时经营困难的38户企业的200多亿元贷款利率水平和再定价周期进行调整，通过利率下浮让利7000多万元。为54户企业主要涉及现金管理服务费、结算手续费、银行承兑汇票承诺费、国际贸易融资手续费、银行卡工本费等22个项目实行中间业务减免收费优惠2466万元。

加强渠道建设，着力提升社会服务能力。2015年，山西农行充分发挥县县有网点的优势和加快电子渠道建设的步伐，全行在全省499个包括支行、分理处（营业部）和储蓄所在内的营业网点基础上，建成离行式自助银行475个，现金类自助设备2788台，为全省同业第一。同时，当年新增智能支付终端9246部，“金穗惠农通”智能支付终端总数达到3.5万部。2015年，个人电子银行客户新增212.3万户、新增活跃户 143.4 万户；企业电子银行客户新增 1.9 万户、新增活跃客户及电子商务有效商户 8462 户。全行电子渠道交易量占比 90.5%。通过全方位的金融渠道建设和服务促销活动，有力地促进了全行社会服务能力的再提升。

【加强风险防范能力，提高风险管控水平】 一方面针对经济下行、风险加快释放的形势，把防控风险放在重要位置，降旧、控新同步发力，促进了资产质量稳定。全年通过清收及化解的不良贷款是股改后最多的一年；清理法人不良户为年初的 63%。另一方面通过建立健全先进的风险管理能力，积极主动识别风险、预警风险和把控风险，有力地推进了全行风险管控能力特别是信贷风险防范化解能力的提升。

【加强科技创新，提升服务质量】 2015 年，山西农行在全省金融系统首家创新推出临柜智能系统，实现了临柜业务操作的凭证电子化、印章电子化、签字电子化、审批电子化和填单电子化，实现了“全网点、全窗口、全业务、全交易”的电子化推广应用。该系统减少了柜员手工录入、人工补录等十几个环节，纸质凭证大幅降低，促进了绿色金融的发展。同时，进一步简化了业务办理流程，提高了柜面服务效率，增强了风险防控能力，改善了客户服务体验。

（田喜成）

中国农业发展银行山西省分行

【各项指标稳步增长】 2015 年，中国农业发展银行山西省分行（简称农发行）累计投放各类贷款 118 亿元，年末贷款余额 404.3 亿元，较年初增加 58.4 亿元，增长 16.9%；基金投资 27.7 亿元，全年两项资金净投放 86.1 亿元，是“十二五”前四年净投放总和的 1.6 倍，支农作用不断增强。各项存款余额 158.6 亿元，较年初增加 65.6 亿元，多增 59.1 亿元，增长 70.5%，总量、增量、增幅均创历史新高。实现经营利润达 7.2 亿元，完成总行下达任务的 303.6%，利润水平创历史新高。

【信贷支农水平进一步提高】 认真做好粮食收储资金供应。始终把支持政策性粮食收储、维护国家粮食安全作为履行政策职责的首要任务，全年累计发放贷款 19.8 亿元，确保了国家政策性粮食跨省移库、地方储备粮增储和各级储备粮轮换计划的顺利实施。积极落实中储跨省移库有关政策要求，投放贷款 5 亿元，支持粮食跨省移库入库粮食 1.85 亿千克。积极支持地方储备体系建设，投放贷款 8330 万元，新增省级储备玉米 0.2 亿千克；投放贷款 4.9 亿元，新增市级储备 1.8 亿千克。积极支持各级储备粮轮换，投放贷款 9.1 亿元，支持中储和省储轮换粮食近 7 亿千克。同时，加大对战略性优质客户和骨干调控企业市场化粮食收购的支持力度，确保夏、秋粮收购平稳进行。在夏粮、秋粮收购开始前，对小麦、玉米的生产、收购价格等进行调研，提前做好收购贷款企业资格认定工作，召开信贷支持粮食收购主流媒体见面会。全年共投放粮食收购贷款 1.1 亿元，支持企业收购粮食 4841.5 万千克。

大力支持农业农村基础设施建设。一是争取省委省政府重视支持。及时主动汇报总行一系列新政策及相关建议，成功推动总行与省政府“十三五”战略合作协议以及总行、省政府与住建部三方农村人居环境改善战略合作协议的顺利签署，开创了银政高层合作新局面。二是强化与省直厅局的沟通对接。与 10 多个省直厅局沟通对接，推动重点项目早日落地。认真贯彻落实总行扶贫开发工作会议精神，积极与省扶贫办开展业务合作，外部发展环境进一步优化。三是营造银政合作良好氛围。部分市与省分行签署了战略合作协议，地方主动上门商谈合作，农发行的社会影响力明显提升。2015 年共调查中长期项目 70 个，金额 149.6 亿元，比 2014 年增加 33 个、75 亿元；累计投放农业农村基础设施建设中长期贷款 74.9 亿元，多投 45. 亿元，增长 155%；年末中长期贷款余额 188.4 亿元，增加 50.4 亿元，增长 36%，是“十二五”前四年增量总和的两倍，集中支持了山西大水网、太原城中村改造等省市重点项目建设。发挥逆周期调节作用，投放重点建设基金 27.7 亿元，支持项目 51 个，拉动社会投资 3～5 倍。

【信贷资产质量更加优化】 一是全面解决粮食政策性财务挂账欠息等重大历史遗留问题。积极争取省政府支持，在全省财力十分困难的情况下，8 亿元挂账欠息全部拨补到位，并对今后利息拨补作出制度性安排，长期困扰农发行业务经营的突出问题得到彻底解决。二是加大不良贷款清收处置力度。区别情况、一企一策，多管齐下、协调解决，大额不良贷款清收处置取得重大突破。通过盘活企业资产、协调担保企业履约等方式，分别现金清收忻州纪元、长治金泽不良贷款 3600 万元、1000 万元。三是加强自营性贷款风险防控。从第一还款来源、财务数据核实、增强担保能力等 6 个方面加强自营性贷款管理。全年共稳妥退出自营性企业 13 户，收回贷款 1.2 亿元；核减 16 户企业续贷金额0.6亿元;对13户企业、4.5亿元续贷,强化担保措施,有效防控了自营性贷款风险。

【基础管理进一步夯实】 一是加强信贷基础管理。开展贷款风险专项检查,深入排查风险易发和风险集中度高的重点客户,摸清底数,强化管理。做好客户评级授信,加强客户基础信息真实性管理,全面推行贷审会主质询人制度,推动信贷审查审议标准化规范化流程化。二是加强财会基础管理。开展财会专项整治,对市县行实现检查全覆盖。开展财会岗位突击对接检查,财会内控管理不断加强。开展基建集中推进,逐项目确定进度,分阶段督导检查,加快项目实施。严肃财经纪律,加强财务支出管理,均衡费用列支,优先保障业务发展、重大项目和基层行需要。三是提升内控管理水平。扎实开展内控评价和"一加强、两遏制"专项检查,狠抓发现问题整改,有效促进各项政策制度落实。实施违规积分与专项检查挂钩管理,严格违规积分认定标准,提升合规管理水平。

【经营效益不断提高】 *完善考核激励*。修订完善经营绩效考评办法,增设中长期信贷业务累放额考核指标,鼓励各级行加大低成本同业存款组织力度,促进投资业务、中间业务和国际业务对全行的绩效贡献度。

加强存款营销。深入开展存款"春天行动",2015年末,低成本日均存款余额113.2亿元,较年初增加18亿元,增长19%,完成总行增量目标的4倍;推进财政支农资金代理主办行,54个县支行成为主办行,占支行总数的69%,年末财政性存款日均余额53.3亿元,增加12.7亿元;全行年末存贷比达36.5%,列全国系统第5名。积极开展国际业务和中间业务,2015年实现国际业务结算量1860万美元,中间业务收入544万元。

加强利息收回。强化收息管理,加强分析监测,及时掌握收息进度,按月监测各项贷款收息指标完成情况,实现贷款利息应收尽收。2015年贷款利息收回率122.3%,比2014年提高26.5个百分点,全辖11个市分行中有8个市分行收息超过100%。对2014年度15个亏损县支行因行制宜,一行一策、采取领导包点帮扶等有力措施,全面提升亏损县级支行盈利能力,年末8个县支行实现盈利,3个县支行实现减亏。

(牛晓辉)

交通银行山西省分行

【在转型发展中提质增效】 积极做大融资规模,支持山西省经济转型发展、提速增效。截至2015年底,一是全行信贷、类信贷资产余额较2010年增加900亿元,极大地支持了山西企业的转型发展。二是转型业务形成比较优势。充分发挥交行集团化经营优势,服务于山西省行业与企业,主动寻求对接口,公司板块与全省烟草等系统、个金板块与各地市公积金中心等单位、同业板块与三大政策性银行等的合作进一步加深,促进全行转型业务、交易型业务与创新型业务快速发展。三是优化信贷结构,积极支持小微企业、"三农"等国民经济薄弱环节,促进山西省小微企业、"三农"等企业的改革发展,大力支持小微企业贷款,近年来按照国家金融政策,年年实现"两个不低于"以及"三个不低于",涉农贷款达到189.7亿元,占比将近三分之一。四是2015年全行人均利润达100多万。五是进一步加大便民利民力度,积极采取措施加大普惠银行建设,方便民众办理业务,全行普惠银行开业23家,获批筹建9家。六是在支持山西省经济转型发展中信贷与类信贷资产业务实现了量增质优,截至2015年底,全行不良贷款率低于山西同业水平4个百分点,在山西同业排名第二。类信贷资产无一笔不良。不良贷款拨备覆盖率达到159.1%。五年来分行未发生重大案件与风险事件,未发生干部员工重大违规违纪行为。

【实现了"十二五"的圆满收官】 交通银行山西省分行在"十二五"期间,坚持制度先行,坚持客户至上,合规稳健经营理念,积极支持山西省经济建设和转型发展,圆满实现"十二五"制定的主要目标。一是主体业务排名实现了交通银行系统内第五的好成绩。2015年全行资产总额较2010年增长2.1倍;大口径存款增长2倍;2015年实现经营利润是2010年的2.3倍。"十二五"时期实现经营利润是"十一五"时期的2.8倍。不良贷款率从1.9%降至0.7%,低于交行系统平均水平0.8个百分点,系统内排名从第30前移到第7。2015年全行人民币各项存款市场占比较2010年提高1.9个百分点,其中,对公存款提高2.7个百分点,储蓄存款提高1.4个百分点。人民币各项存款市场份额进一步扩大,2015年高出第6名299.4亿元。二是实现逆势而上,转型业务形成比较优势初步形成。充分发挥交行集团化经营优势,促进分行转型业务、交易型业务与创新型业务快速发展,五年来,全行票据业务交易量达到1600亿元,截至2015年底,分行托管业务312亿元,租赁业务326亿元,直投业务172亿元,主承销债券达到89.5亿元,代理政策性银行业务达到185亿元,引入保险资金147亿元,特别是信用卡发卡量在全省金融机构中排名第3,结售汇市场占比排名第2。三是巩固服务品牌。推出真心交行服务，先后有3家网点荣获“全国百佳”，10家网点荣获“全国千佳”；6家网点荣获“全国服务五星级网点”，1家网点荣获“全国服务四星级网点”；15家网点先后荣获“山西百佳”，31名个人荣获总行及省市级以上各类服务先进个人或服务明星，已初步成为山西省银行业服务最好的银行。四是结构趋稳。五年来，全行人民币各项存款由时点增量转换为日均增量；资金投放由以信贷为主转向信贷与类信贷兼具，类信贷资产与信贷资产平分秋色；零售信贷增加了6.4倍；外币存、贷款余额大幅度增加；中间业务净收入增加7.3倍；客户经理占比由25.7%提升到31.9%；电子分流率由53.7%提升到87%。五是效率提高。五年来，完成地级城市机构全覆盖、成功购置分行营业大楼，综合经营网点由41个增加到56个，交通银行山西省分行人均存款、人均利润有了较大幅度的提升，网均存款、网均利润分别由13.8亿元、2741万元提高到17.7亿元、3819万元，人均存款、人均利润分别由5115.4万元、101.7万元提高到5664.9万元、122万元。营业网点建设实现了11个地级市全覆盖。

（阎瑞生）

光大银行太原分行

【2015年经营概况】 截至2015年12月末，光大太原分行共有营业网点27家（含异地机构），资产总额520余亿元。一般性存款余额436余亿元，贷款余额340余亿元，综合金融不断优化，小微金融拓展有效。

【信贷运行情况良好】 *以转型促发展，做大做强对公业务。*一是结构调整速度加快。主动加强存量客户调整力度，加快向非煤行业转型，加大了对基础设施和城镇化建设项目的支持力度。二是战略型业务快速发展。积极贯彻执行人民银行稳健货币政策及相关信贷政策，推动信贷业务平稳发展。同时，积极发展大资产业务，推动投行、同业、资管等业务资源与传统信贷资源整合，服务实体经济发展。2015年末大资产业务余额846亿元。三是小微业务拓展加速，陆续与山西国税局、太原市中小企业局等部门开展合作，拓宽了业务渠道。2015年末小额贷款余额较年初增加8000万元，增量位列光大系统内第二位。

*多措并举，保持零售业务的比较竞争优势。*一是信用卡业务继续保持同业领先。2015年末，光大太原分行信用卡清算全省市场占比13.8%，股份制银行排名第一，全省排名第二。二是支持绿色低碳出行，大力发展ETC，2015年末ETC发卡突破4万张。三是个贷业务实现突破。其中二手房业务8.84亿元，居太原同业第一。房抵快贷效率提升明显，基本实现3*24小时内放款。

*严守风险防控底线，维护稳定经营局面。*一是严控信用风险，加快信贷结构调整，资产质量管控工作取得一定成效。同时健全风险监控体系，加强对风险管理关键环节的有效控制，落实总行风险管理深化改革的要求，建立完善了核押、核保、税票审核流程。二是严防操作风险和案件风险。组织业务条线进行风险排查，加大对员工异常行为及客户异常资金交易的排查力度；深入开展有效证件鉴别等专项培训，全年成功堵截、处置各类柜面操作风险事件150起。

*夯实持续发展基础，提高精细化管理水平。*一是持续加强党风廉政建设。全面落实党委主体责任和纪委监督责任。同时加强廉政合规教育，重拳处理“不严不实”。二是改善资源投入方式，在费用、绩效、人员晋升、选优评先等方面全力向一线倾斜。给予支行行长一定的人、财、物的资源配置权，进一步突出经营单位的经营主体地位。加强干部队伍建设，确保员工职业发展通道畅通。三是巩固提升内外部服务成效。加强“阳光服务”督导工作，目前，光大太原分行在示范期内有2家全国百佳，4家全国千佳，5家五星级网点，服务能力稳步提升。

（关　凝）

华夏银行太原分行

【持续加强客户开发，进一步夯实客户基础】 2015年，实现对公客户数量、质量“双提升”，全年对公客户较年初净增779户，较全年计划超69户，对公有效户999户，较年初净增81户，新增公司电子银行客户1000户。个人业务通过持续开展移动银行“0元抢快乐”活动、围绕信用卡ETC、“卡通POS、TPOS”产品吸收优质个体工商户，新增个人贵宾客户256户，余额达到2.1万户，绝对量在系统名列前茅；新增信用卡VIP客户6.5万户；新增移动银行用户8.5万户。中小企业业务坚持“精准营销、平台对接、链式开发”的营销策略，加大平台客户的推广力度，组织开展了华宇商业发展有限公司、山西华安保险公司、太原市中小企业局项目等90余次客户营销，小企业用信客户数248户，净增32户，用信余额16.1亿元；小企业贷款客户237户，比年初增加33户，增长16.2%。

【创新产品运用，以新产品支持山西经济发展】 公司业务根据总行确定的15项重点产品，结合区域经济环境特点和太原分行现状，将债务融资工具承销、理财项目融资、企业资产证券化、票据池、信贷资产证券化、融资租赁等业务确定为分行重点推广产品，以“项目制”的管理方式推动新产品的运用。截至2015年末，太原分行承销同煤、阳煤、晋能等10户集团客户债务融资工具187.3亿元，承销额在全行排名第二，在山西同业排名第一；以理财项目融资支持山西煤炭进出口集团、山西省交通运输厅30亿元；以融资租赁的方式支持晋能清洁能源、山西蓝焰煤层气集团15亿元；积极开发推广网上支付结算类产品，为太原市财政局、太重集团成功上线银企直联，开发晋中达钰佳商贸、山西顺宝行投资、天脊塑料等3户集团客户集算快线。个人业务以产品推广为着力点，开拓增存源头，拓展渠道业务，积极营销“卡通POS、TPOS”等产品，以优质个体工商户为目标客户，以ETC业务为绿色山西建设新产品。全年成功开发ETC客户1.4万户，带动储蓄存款增加8.8亿元。国际业务将结售汇等新产品作为新的业务增长点，结售汇业务量完成4.3亿美元，比2014年增长23%；远证即付产品完成2800万美元，增长8%；对外担保产品完成210万美元，增长198%，实现国际业务结算量5000万美元。小企业业务积极推广个人经营性贷款、年审制贷款、网络贷等重点融资类产品，持续平台金融一线开发模式，开展“一线支持、现场商议、确定方案”的审批模式，提升了对小企业客户支持效率。

【加强风险防控和内控建设，实现全行安全运行】 加强了信用风险管理，重点加强授信业务运行过程管理，并在严格控制新增不良和逾期贷款的基础上，有效组织推动清收处置，不良率大大低于山西同业平均水平。深化案件风险防控。持续保持案防高压态势，加强专业案防垂直管控，不断完善案防工作考核机制，严格落实分级负责和责任追究，2015年未发生重大案件。切实提升操作风险防范能力，通过员工异常行为排查、从业规范教育、强制轮岗交流等形式，加强源头风险管控；通过支付密码器推广、银企对账、电子芯片推广运用及印鉴卡置换工作，有效提升重点环节的技防能力；把握重点环节业务风险，交流学习案防经验，充分发挥柜台把关堵口作用，2015年辖属各营业机构共把关堵口190余次，堵截金额7000多万元。完善声誉风险管理体系，嫁接外部舆情咨询平台强化舆情监测，主动搭建有效的媒体沟通渠道，举办舆情实战演练和培训，提升了各营业机构媒体接待和舆情处置能力。加强合规运行管理，不断完善内控管理体系，通过开展“两个加强、两个遏制”专项检查，规范各类经营活动，夯实了内控建设基础。严格落实安保责任制，积极开展应急演练，确保了全年运行安全、平稳。

【加强和完善基础建设，提升全行服务能力】 *科技管理能力得到提升*。强化科技管理，以保障信息系统安全稳定运行为中心，以辅助业务发展为主线，优化辖内各系统性能，打造新技术平台，开发新系统项目，为全行业务平稳发展提供强了有力的技术保障。“零”误差完成影像流上线，保障了会计工作顺利开展。自主开发ETC收费系统。推广运用虚拟机平台，影像流业务系统、财政集中支付凭证库系统、华夏E社区业务系统等多套系统已在虚拟机集群实现上线。

机构建设进展顺利。2015年完成了朔州分行、长治长兴支行、大同惠民西路支行、太原经开区支行、永乐苑社区支行、万科紫台社区支行、云路街社区支行、运城尚东城社区支行、长治西花苑社区支行的建设工作，营业网点达到21个。

“服务品牌”建设取得实效。扎实开展“服务品牌”建设，打造标杆网点，提升“华夏服务”品牌影响力，客户服务效能显著提升。华夏银行太原分行成为入选中银协星级网点最多的分行之一。

（韩　雪）

民生银行太原分行

【业务经营稳健发展】 截至2015年末，中国民生银行太原分行在吕梁、大同、运城各设有1家二级分行，下设41家支行(含二级分行)，62家社区支行，5家小微支行，132家自助银行。全口径资产规模超过1000亿元，存款余额667亿元，贷款余额930亿元，累计投放信贷资金近11000亿元，市场份额连续14年保持当地股份制银行首位，资产质量保持业界较优水平。

【发力供给侧改革】 *助力产业转型升级*。通过加大信贷投放等灵活多样的措施，重点做好“煤”与“非煤”两篇文章。围绕煤炭、钢铁等主导行业，一是积极推动过剩产能化解，针对贷款企业不压贷、抽贷，继续做好到期业务的叙做工作，积极支持企业转型升级。二是进一步减轻企业财务负担和融资成本，采取借新还旧、展期等措施延长贷款期限，以时间换空间，帮助企业走出困境；对有风险苗头的企业积极制订帮扶和风险化解方案，慎重、负责地对待每一家企业，与企业“同舟共济”“攻坚克难”。三是发挥全行整合资源优势，支持企业增进销售，增加现金流，抱团取暖，共同发展。“非煤”产业方面，通过调整业务布局，倾斜信贷资源，优先支持节能环保、内需拉动、新型城镇化等项目，大力支持山西战略新兴产业发展，重点聚焦天然气、节能环保、物流冷链、医药流通、医疗器械等未来持续增长的大体量的新兴产业。2015年，新兴产业信贷占到信贷投放总额的20%，成为助推山西经济发展的重要力量。

全力支持重点项目。突破信贷规模不足的局限，践行"融资+融智"观念，加大金融产品和融资模式创新，采用"一户一策"的服务策略，利用民生银行丰富的产品和渠道优势，积极为企业多渠道、低成本融资和提供金融支持，先后为阳煤集团、山西路桥集团、山西国际电力集团等重点企业创新运用金融产品，通过发行短期融资债券、银租通、自贸通、账户直投、理财直接融资等业务，降低企业融资门槛，实现融资超过70亿元。在广开渠道支持企业融资的同时，加强与政府协同合作，积极为政府重点领域提供融资支持，先后成功承销地方政府债券四期，规模近40亿元；与运城市政府签署"百亿资金惠民生"战略合作协议，支持了政府相关重点项目推进。目前，民生银行在山西区域投放信贷资产是存款的3.2倍，为山西地方经济建设做出巨大贡献。

持续深化小微金融。以客户需求为导向，通过升级业务模式、强化技术应用等一系列措施，坚持提升服务水平，紧贴新形势下的小微客户需求，确保小微金融的可持续发展动力，主动下沉目标客户层级，先后推出网乐贷、银联贷等小微创新产品，深化对产业链小微企业的支持，扶持创新型小微企业发展，为小微企业提供可持续的经营支持，支持1.3万余家小微企业的融资需求，服务的小微企业总数超过11万户，范围涉及与国计民生密切相关的行业。

【坚持稳健合规经营】 提升内控管理效能。一是创新工作方式，与分行自有活动结合，扎实开展银监局"两加强、两遏制"专项检查工作，进一步摸清关键风险环节的管理现状，落实针对性整改措施，夯实内控合规基础。二是创新核查形式，建立经营机构季度"体检"制度，对各类业务逐一问诊"把脉"，形成问题库、通报共性问题，对同质同类业务进行自查并规范。三是创新管理载体，以"合规导航"系统为抓手，从制度、流程、执行等层面开展点对点整改和控制措施，对机构和人员的风险状况进行评价和预警，及时发现并化解隐患。

加强风险流程管理。一是主动腾退高风险业务，重点将国企、PPP项目、新能源产业开发作为引导及审批重点。二是强化全流程管理，严格贷前调查和客户准入管理，从源头上防范风险，加强放款审核力度，将真实性管理落实到位，提升重点风险领域贷后检查频率，严把贷后管理风险关口。三是集中精力化解问题及不良资产，实施一户一策，进行差异化清收，并拓宽与第三方合作渠道，确保资产质量稳定。

强化安防工作。认真落实社会治安综合治理工作责任制，以创建"平安支行"为手段，全方位深化"平安单位"标准化建设工作，从安防设施、消防管理、应急预防等八个方面突出分支行的标准化、精细化、规范化、常态化安全管理建设，同时加强案件防控制度建设，做到案件防控学习常态化，形成案防治理有效的管控模式，提升风险防范水平。

（王　晶）

晋商银行股份有限公司

【主要指标完成良好】 截至2015年末，全行资产总额1568.54亿元，较年初增加137.37亿元，增长9.6%。各项存款余额1042.16亿元，较年初增加124.81亿元，增长13.6%。各项贷款余额648.44亿元，较年初增加140.98亿元，增长27.8%。

2015年，全行实现营业收入43.65亿元，营业利润14.31亿元、净利润10.79亿元。

截至2015年末，全行共有分支机构122家，其中太原地区71家（含1家小企业金融服务中心），异地分行9家，异地支行42家。

【积极支持地方经济发展】 全力支持山西企业发展和重大项目建设。2015年，累计向各类企业提供一般贷款469.26亿元，其中198.68亿元贷款集中投入到煤炭、化工、冶金、电力等山西支柱型产业上，95.81亿元贷款投入到制造业、流通业等中小企业，174.77亿元贷款投放到小微企业；充分运用绿色快速审批通道，为200户存量企业续贷389.95亿元；运用结构化融资手段，为企业融资102亿元；快速响应省、市两级政府大力推进"城中村"改造的举措，成为首家为项目提供融资的银行，通过开发交易所委托债权投资模式，全力保障改造项目顺利进行，已成功与万柏林区、小店区、晋源区开展了业务合作，累计融资额37.91亿元。

战略布局、统筹推进小微金融业务发展。在全行范围内开展小企业金融业务区域规划工作，各机构小企业中心因地制宜，分别制定小企业金融业务发展思路、行动方案，形成分中心区域业务发展规划；改进信贷业务操作流程，完善小企业客户准入标准，提高业务办理效率；成立了太原首家"科技银行"，为科技型中小企业提供专项金融服务。2015年，累计向2207户小微企业发放各项贷款326.83亿元，余额222.86亿元，占到全行各项贷款余额的34.3%。

【经营发展取得新突破】 推动金融创新。创新并办理了商业承兑汇票保贴业务;成功发行首单23亿元的信贷资产证券化产品和首期二级资本债,发行了首单20亿元公司债券,作为主承销商承销山西省地方政府债券22.52亿元;积极介入一级市场融资业务,开展股票、债券的混合型资管产品、上市公司股票质押业务;成为全国市场利率定价自律机制基础成员,在全国银行间债券市场发行了三期同业存单;先后推出"先得利""一本万利"创新类负债产品,深受市场欢迎,成为拉动个人储蓄存款的又一抓手;结构性存款、大额协存等业务的推出,在较短时间内快速提升了公司存款规模,成功扭转了近年来公司存款负增长的惯性模式;开展优秀产品研发成果评选活动,对评选出的5项优秀产品和3项创新产品给予重奖,引导更多的团队、员工积极投身到产品研发、创新和应用中去。

完善服务渠道。主动适应互联网变革大势,推动直销银行上线运行,打造"网络银行+移动金融+大数据"三位一体的互联网金融发展模式;网上银行、手机银行、微信平台全面改版升级,客户体验进一步优化;完成了晋商消费金融公司筹建工作,已经正式开业;15家社区银行完成筹建,36家对外运营,总数达到59家,存款和理财业务突破20亿元。

丰富业务产品。2015年,共发行理财产品299期、金额685.29亿元,存续余额302.11亿元,综合理财能力、发行能力、信息披露规范性位居全省21家商业银行之首,在全国2016银行理财实力榜中位居第37名;7家"晋升财富"理财中心开业运营。重新修订下发《卡易贷循环贷款管理办法》,促使"卡易贷"业务实现强劲增长,累计授信突破5万户,贷款余额26.21亿元;面向个体工商户和小微企业主,推出了"商易贷"经营类贷款。推出了"小荷卡""DIY卡"为代表的个性化银行卡产品,借记卡产品不断丰富,累计发卡量突破200万张。

加强风险管控。制定2015年信贷政策指引,从行业、客户、产品、区域四个维度明确信贷政策要点,统一授信审查风险偏好;加强行业研究和市场调研,先后制定完善了煤炭、焦化、批发零售、铸造、汽车等30个行业的授信指引,更好地指导信贷投放和结构调整;严格控制产能过剩行业信用风险总额,持续加强贷款基础管理,逐户制定落实清收处置方案,继续保持不良贷款"双控";通过与分支机构考核挂钩,强化欠息清收管理;按照监管要求,组织全行开展"两加强、两遏制"自查工作,进一步规范全行业务经营,防范金融风险。

优化内部管理。加强运营管理。继续对全行柜面操作等各类业务流程进行优化梳理,开展厅堂一体化、网点效能优化提升等项目。作为全行"一号工程",网点效能优化提升项目稳步推进,在开展网点效能基础建设工作的同时抓主要矛盾,解决柜面凸显问题,久治不愈的柜面"顽疾"得到改善;业务办理中增加电话银行签约功能,全面保障社区银行新业务顺利开展。加强财务管理。重新梳理全行财务管理的授权内容,完善优化了财务费用的管理职责与审批流程;严格管理每日头寸和日间流动性,组织开展了资本压力测试,对内部资金价格及系统进行调整和升级改造。加强科技建设。完成全行2015年度信息系统灾备切换演练,提高应急处置能力;推进全行91项科技项目的建设,满足了全行内部管理和客户服务需要。加强人员培养。以行外引进、行内公开选拔等方式选聘中层管理人员20余人,充实了相当数量的总行和一线工作人员,通过能上能下的选人用人机制,激发工作活力。加强企业文化建设。深入挖掘晋商银行企业文化核心理念,与传承晋商精神相融合,提炼出"诚信、创新、实干"的核心理念,形成了"责任、坚持、落实、效果"的八字要求,激发起广大员工的主人翁意识和工作积极性,进一步推动业务发展。

(韩晓俊)

山西省农村信用社

【山西省农村信用社基本情况】 山西省农村信用社是全省最大的地方性金融机构,截至2015年末,共有省、市、县、乡四级机构网点3169个,其中省级机构1个、市级机构11个(省联社派驻地市办事处8个,市级农村信用合作社联合社3个)、县级机构110个(农村商业银行37个,农村合作银行1个,农村信用合作联社72个)、营业网点3047个(信用社、支行1998个,分社、分理处719个,储蓄所297个,便民服务点33个),从业人员4.1万人,服务范围基本覆盖全省各市、县(区)、乡(镇),具有点多、面广、线长的独特优势。

【2015年基本经营概况】 截至2015年末,全省农村信用社总资产8690.64亿元,各项存款余额5650.24亿元,各项贷款余额3620.91亿元,经营利润138.49亿元,比2014年分别增长5.9%、7.3%、7.4%和2.1%。此外,累计投放各项贷款4643亿元,其中涉农贷款3079亿元,扶贫贷款2.73亿元,惠及全省1156个涉农龙头企业、1671个农民合作社、671个现代农业养殖基地(园区)、近万涉农企业和百万以上农户。

【深化体制改革，推动转型发展】

深化体制改革。依托省政府促进农村信用社化解风险达标升级专题会议，通过签订责任书和采取“自救式化险和市场化重组”相结合的方式，全力推进高风险农村信用联社改制农村商业银行。2015年新增加农村商业银行13家，总数达到37家，其中11家农村商业银行系高风险农村信用联社改制组建。此外，1家县级农村信用联社召开了农村商业银行创立大会，2家县级农村信用联社获山西银监局批复同意筹建农村商业银行。2015年，37家农村商业银行存、贷款总额占到全省农村信用社的45%左右，股本金占到全省农村信用社的75%左右，账面利润占到全省农村信用社的75%左右，起到了深化体制改革，推动转型发展的标杆作用。

细化制度建设。针对县级农村商业银行和农村信用联社均是法人机构，具有独立决策权的特点，通过进一步细化行业管理制度，引导县级机构加强综合管理、把准经营方向、瞄准发展目标、明确市场定位，全力推动发展转型，有力服务地方产业升级、结构调整、技术进步、生态建设等转型发展产业。2015年，省联社现行制度达到342项，基本形成了覆盖各项业务、各个环节的制度体系，为全省110余家县级行社逐步实现转型发展提供了制度保障。

【强化内部管理，优化服务水平】

在强化内部管理方面，制定不同的“权力清单”和“考核办法”，增强了省联社对各县级机构管理的针对性和实效性。同时，出台新的信贷和财务管理办法，进一步明确和规范了县级机构在贷款投放、固定资产购置等事项中的主体责任，提高了工作效率。在优化服务水平方面，一是与山西国控集团、山西工商学院、省农业厅、省林业厅等9个单位签订了战略合作协议，建立战略合作伙伴关系的单位达到22家，提升了定向服务水平。二是省联社设立资金营运中心，为全系统资金营运业务搭建起统一的服务平台，结束了全国最后一家省级联社未开展银行间市场业务的历史。2015年日均营运资金达到95.88亿元，债券交易量6145亿元，在全国27个省级联社排名中位列第11位；完成省政府债券承销任务20期，承销量17.51亿元。此外，确定了首批理财资金托管合作机构名录，托管费率由0.02%降为0.002%。三是开通人行现代化支付系统机构2834家，开通农信银清算系统机构2987家，有效提升了支付结算服务能力。2015年成功处理各类支付清算业务6463万笔，清算资金7.15万亿元，日均清算业务量25.9万笔，清算资金286.15亿元。四是银行卡及电子银行服务不断拓宽，累计发行银行卡1881.5万张，自助银行网点建设1888个，特约商户达到2.5万户，布放POS机具3万台，累计布放助农取款服务点1.3万个。

【立足地方经济，全力支农扶微】

支持涉农产业。积极推动实施银监会“三大工程”和“山西农信强农兴社金融普惠工程”，帮助涉农企业通过集约化、规模化、园区化建设实现转型发展、绿色发展和可持续发展。截至2015年末，全省农村信用社涉农贷款余额3079.8亿元，占贷款总额的85.1%，较2014年净增232.06亿元。

支持小微企业。依托山西金融服务平台，专门研发了小额贷款模块，制定快捷的办贷流程，并指导各县级机构设立各类小微企业专营机构175个。全省小微企业贷款户数11.8万户，贷款余额1967.04亿元，较年初净增134.36亿元，申贷获得率99.3%。被银监会评为2015年度“银行业服务小微企业先进单位”，是山西省唯一获此殊荣的银行业金融机构。

支持重点工程。大力支持全省重点工程项目建设，累计向各类煤矿企业新增缴纳采矿权价款贷款15户、合计9.65亿元。

支持潜力企业。累计办理“诚信续贷通”业务1万余笔、362.35亿元，较年初增加7989笔、260.33亿元，实现了银企“抱团取暖”的效果。此外，启动“金融支持特色产业发展富民扶贫工程”，推出了“富民贷”和“强农贷”两款产品，依托风险补偿金和小额信贷累计帮扶6465个建档立卡贫困户。

【大力创新产品，普惠金融服务】

一是加大了林权抵押贷款业务和土地承包经营权抵押贷款业务的试点开办力度，致力于撬活农村土地、林权资源，不断提升农村金融服务能力。2015年，全省共有8个县级机构开办了土地收益保证贷款和土地承包经营权抵押贷款，贷款余额1.17亿元。二是加快构建“互联网+农信社”业务发展模式，打造网上申贷平台，2015年通过网上申贷平台已注册用户1703人，申请159笔贷款4666.2万元，成功办理贷款22笔、金额1182.3万元。三是推广应用应收账款融资服务平台，涉及全省110家县级机构的126个办贷网点，已注册企业148户，平台促成应收账款融资交易10笔、金额2.31亿元。四是进一步丰富网银业务功能，新增“个人客户特殊限额”功能，对接电子商业汇票、理财业务等产品，全省个人网银、企业网银业务开户数分别为24.9万户、3.1万户，交易笔数分别为700.8万笔、158.3万笔，交易金额分别为1640.05亿元、2633.6亿元，位居全国“农信银”网上银行成员单位前茅。五是支付宝快捷支付业务累计签约23.9万户，较年初新增21.6万户，全年累计交易笔数331.9万笔、金额25.26亿元。六是研发了微信银行和手机银行系统，并已正式上线运行。

【坚守安全底线，严控各类风险】 一是全省各级农村信用社层层签订《安全保卫责任书》；组织全系统技防设施及自助设备安全管理培训；开展了安全大检查，检查覆盖110个县级行社的994个营业网点、1203台自助设备，并对发现的问题进行了全面整改。二是组织开展“两加强、两遏制”专项检查、非法集资风险专项排查活动和“制度执行年”活动，专门开展了对外担保、财务收支、不良贷款核销等检查，及时防范和处置了一些风险隐患。三是加强内控管理评价与控制，建立了各条线、各部门共同参与的“大案防、大联动”案防工作机制，形成了全方位、立体化的安全防范体系。四是搭建了全面的风险管理架构，进一步强化信用风险、操作风险、信息科技风险、资金业务风险和流动性风险的管理，有效提升了风险管控能力。五是强化现代科技风险防控水平。实现了信贷管理系统的升级，远程授权系统、事后监督系统、反洗钱系统的上线运行以及实时预警系统的测试工作。六是弱化贷款集中度风险。通过对单一客户和集团客户关联企业贷款集中度分别考核，以及在省、市两级机构建立辖区前20大户集团关联客户贷款监测台账、实施名单制监测管理等措施，全辖集中度达标机构达到42家，占机构总数的38%。

（刘丽珠）

邮储银行山西省分行

【主要指标完成良好】 2015年累计实现收入24.41亿元，比2014年增长9%，完成总行预算目标的105.5%；累计实现利润4.71亿元，增长2.5%，完成总行预算目标的101.9%。全省贷款不良率0.98%，不良金额4.16亿元，两项指标均控制在总行限额指标内。

【业务发展取得新成效】 *个金业务转型升级加快*。2015年，以特色营销为抓手，以网点转型为基础，批零联动，抢抓旺季，扭转储蓄余额负增长态势。全省储蓄存款余额净增58.2亿元，列全国第14位，总余额1753.3亿元，其中自营网点余额净增5亿元，总余额472.8亿元。运城市分行储蓄余额净增3.13亿元。信用卡业务落实跨越发展三年规划，组建专业团队，拓展营销渠道，持续组织刷卡活动，开发银企联名卡，全年累计发卡15万张，完成总行发卡计划的301%，列全国首位，创收3613万元，比2014年增长74.8%，形成新的收入增长点。全年累计销售各类理财、保险、基金、国债307亿元，增长60%，其中自营网点销售123亿元，增长24%。

零贷重点产品拉动有力。坚持市、县差异化发展策略，实施整体考核，引导业务联动，投入专项资金强化县域宣传，推动业务稳健发展。消费贷款业务，主抓重点区域、重点产品，强化项目营销，加快产品创新，2015年累计放款29.7亿元，余额净增21.5亿元，有力拉动零售信贷余额增长，其中一手房贷款本年净增18.1亿元，在全国排名较2014年提升6位。太原市分行消费贷款余额净增15.9亿元，全省占比74%。小额贷款业务，新开发连锁便利店流水贷、药店医保贷，进一步丰富家庭农场（专业大户）贷款担保方式，扶贫富民贷覆盖38个县域。全年累计发放小额贷款32.8亿元，其中新产品放款15亿元，有效弥补了传统小贷下滑产生的缺口。深化平台合作，带动公司存款增长2.46亿元。临汾市分行积极发展扶贫富民贷和果品贷，创新医保贷，全年小额贷款余额净增4646万元。小企业贷款业务，积极拓展政府、协会、商圈、担保公司合作，落地10个新产品，累计放款31.4亿元。阳泉市分行全年净增2048万元，为全行唯一一家完成年度计划的市分行，个人商务贷款净增额居全省第一。

公司业务综合效应初显。存款业务：通过深挖存量、拓展增量，全面实现烟草资金归集，开展联动营销、多渠道引存，有力促进余额增长，年末存款结余225.44亿元，全国排名第15位，增长7.1%。阳泉、忻州、运城市分行时点、日均余额目标双完成。贷款业务：坚持早储备、早投放、早受益原则，深度开发煤炭、电网客户，重点拓展电力、医药等非煤客户，储备地产、航空等8个项目，非煤存量客户占比降至50%，客户集中风险得到分散。全年累计发放贷款93.2亿元，余额净增20.5亿元，收入增长94%，有效弥补公司存款收入缺口。票据业务：扩大业务覆盖面，紧抓总行超利率审批权限下放契机，加强集团客户服务，累计票据直贴123.86亿元。新开办敞口承兑、商业承兑汇票贴现、理财产品质押承兑业务，供应链金融营销取得初步进展。增配专职客户经理，初步实施客户专人维护制。

金融市场协同创新见效。实行资源倾斜，明确收益分配办法，完善市行营销组织体系，着力打造利润中心，2015年实现收入2.84亿元，列全国第14位，收入占比11.6%。同业资产业务加快创新，办理全国首笔理财资金投资证券公司固定收益凭证项目2亿元，落地全国首单国债质押保险通道协议存款业务3亿元，首次开展同煤保险债权计划10亿元。同业负债和中间业务取得新突破，同业理财业务全年销量超过370亿元，规模居全国首位；成功办理同业融入业务5亿元，开启同业主动负债先河；托管业务规模新

增125亿元，列全国第5位。临汾市分行机构理财、两融、托管业务全面开花，全年实现收入2180万元。

电子银行保持较快发展。深入开展“亿路有你”营销活动，结合电子银行客户过亿、个人网银五周年等主题宣传，进一步提升品牌知名度。组织大学生网商大赛，开展校园巡讲和路演活动，开发青年客群。重点发展手机银行，客户规模突破300万户，新增119万户，其中县域新增客户占比62%。电子银行业务多项指标稳居全国前列，2015年新增客户101万户，结存户数470万户，其中自营占比39%，交易替代率达到79.4%，节约运营成本6.56亿元。运城和吕梁市分行替代率均超过80%。

【风险管控迈上新台阶】 全面风险管理深入推进。坚持“适度风险，适度回报”风险策略，完善风险与内控委员会工作规则，加大风险事项督办力度，推动决策有效落地；健全机构、部门风险管理评价体系，加强风险联络员履职评价，风险管理组织体系有效运行；强化诉讼管理，提高维权化险能力，实时风险提示，前移风险关口；强化信用风险管控，实行限额管理，加强预警预控，加大不良贷款处置，信用风险得到有效缓释。2015年共清收不良贷款9700万元，核销呆账2.46亿元，分别完成总行下达计划的105%、125%。太原市分行借力司法清收小企业不良贷款效果明显，阳泉市分行积极核销已形成案件的疑难不良贷款。

内控案防基础不断夯实。以合规管理为中心，严守风险底线，全网开展“一加强、两遏制”“合规回头看”“除隐患、提能力”“制度执行年”和案件风险排查等活动，发现问题1939个，整改1927个，有效化解风险。保持案防高压态势，全年未发生案件，没有因违反“十条禁令”退出人员。开展制度梳理，新出台制度65个；进行内控评价，梳理要点，内控体系进一步完善。

授信管控能力持续提升。坚持有进有退、有扶有控，制定区域授信政策，筛选出27个行业，并对市分行实行差异化授信政策，明确业务发展方向。开展综合调研，形成五大授信策略专题报告，其中黄河几字湾区域授信报告被总行采纳。向总行争取到公司贷款审批授权，推行小企业名单制审批。规范信贷管理，推行档案标准化建设，全面开展各个行业和关注类客户的风险监测与预警，按季分析煤炭、电力两大省内支柱行业风险状况，做好风险提示。

安全防范全面升级。以安全保卫工作能力提升为主线，安全防范机制进一步完善。扎实推进安防升级达标，改造222个自营网点安防设施、改造10个过夜现金库并实现异地值守，完成270个营业网点和189个离行自助银行预报警接入，利用系统功能成功堵截3起破坏自助机具事件。省、市两级监控中心全部实现24小时值班，延伸平台应用领域，初步形成非现场技防格局。

审计监督、会计营运务实有效。开展了内控评价、重点业务、高管人员履职、财务收支、绩效考评、工程结算审计，监督作用进一步发挥。加快运管分离，成立省分行业务处理中心。完成个人业务稽核外包；全省业务资金备付金“三率”达到0.7%，列全国第2位。完成全省522个网点个人业务远程集中授权，有效缓解柜面压力，较好地发挥了风险“防火墙”作用。

【支撑保障获得新提升】 平台承载能力不断提升。拓展渠道功能，在晋城上线电视银行。上线运营存折取款机、自助发卡机等新型自助机具，开通ATM跨行转账功能。2015年新增ATM(CRS)247台、自助银行34处。进一步改善网点运营条件，启动装修改造网点24个，500平方米以上网点达到116个。晋城、长治市分行和平陆县支行营运房获总行批准立项，省分行本部营运房建设加快推进。

科技支撑作用得到发挥。以安全运行年竞赛为抓手，加强运维制度建设，做好监控、巡检、备份、演练等基础运维工作，提升运维响应速度，保障了重要系统的安全运行。完成16项统建IT项目的上线推广，自主完成6项中间业务平台省内二次开发、生产经营信息发布平台、流媒体系统建设，市行三网改造、网点Wifi接入全面启动。开展信用卡客户挖掘、电子银行替代率、大客户资产变动、手机银行交易结构等数据分析，积极转化应用成果，助推经营管理转型升级。

集中采购效能逐步提高。进一步规范流程，提升采购效率，全年集中采购项目77个。

（刘启旺）

信托投资

【各项经营指标完成良好】 2015年，山西信托股份有限公司实现营业收入3.08亿元，实现利润总额1.33亿元，净利润9228万元。截至2015年末，公司固有资产总额21.08亿元；信托业务规模261.98亿元。

【全力推进风险化解与处置】 成立风险排查化解处置领导组，将风险排查化解处置工作作为常态化工作抓推进、抓落实、抓成效，并按照“谁放款谁负责”的原则，实行终身负责制，逐笔明确存续项目风险防控责任人和风险化解责任人。采取“一项目一对策”的原则，对所有风险项目制定了相应的风险化解与处置方案，并根据项目进展情况，不断调整和完善方案。制定了《风险项目识别判定管理办法》，对所有存续项目实行动态化风险管理。

【积极推进业务转型与创新】 改变过去以融资为主的业务模式，建立以投资为主、综合利用投融资相结合的基金化模式，确立了农业发展基金、中小企业发展基金、城镇化建设基金等产业基金为业务发展重点，打造特色业务，培育核心竞争力。

2015年底，山西信托股份有限公司与省内相关单位共同发起设立了山西农业产业发展基金，基金总规模15亿元，存续期10年。公司克服基金设立时间紧，任务重等不利因素，在首期财政安排引导资金1亿元到位后，按照1∶2的比例向社会募集资金，用于支持省内农业龙头企业发展。截至2015年底，山西信托通过农业产业发展基金实现对山西九牛农业开发有限公司总计3000万元的债权投资，间接撬动社会资金1.2亿元，并通过企业带动了周边3000户农民的增收（户均增收2000元），充分发挥了农业产业发展基金的引领、带动作用和强农、惠农效应。山西山阳生物药业有限公司通过农业产业发展基金投资，撬动社会资金2000万元，形成总计3000万元的投资。山阳生物药业已构建起沙棘制品从基础的沙棘加工到相关制品的深度研发的全产业链，借助基金投资，山阳药业进一步推动了岢岚地区沙棘种植、生产、深加工的规模化。

【深化体制机制改革】 调整组织架构。引入市场竞争机制对内部组织架构进行了改革，实行“集中决策、分散经营”的组织管理模式，在业务部门全面推行事业部制，走专业化发展道路，设立了金融市场事业部、城镇化建设事业部、中小企业事业部、投资业务事业部、财富管理中心等五个事业部。在原有的五个异地业务部门的基础上增设了深圳和厦门两个异地业务部门。7个异地业务部门采取完全市场化的运作模式，在公司内部采取公开选聘，自愿报名的方式，完成了业务团队的组建。

优化薪酬考核。继续优化薪酬方案，深化薪酬改革，按照薪酬实行市场化动态管理的原则，使薪酬与员工岗位价值、工作能力、工作业绩紧密结合，确保薪酬分配真正发挥其激励和约束作用。绩效考核实行板块差异化考核，对异地业务部门实行全成本核算，按收入的一定比例提成，对内设业务部门按收入提成，对中后台考核以定性考核为主，绩效提成与公司业绩挂钩。

改革风控管理。风控部门有针对性地对相关业务出具指导性的意见，对业务进行分类指导、分级授权、差别化管理。评审人员的职责前移，表现为建立独立审批人与事业部的“预沟通”机制，独立审批人前期就介入项目的立项、尽调阶段，参与或者独立对项目进行尽职调查，充分与各方进行沟通，通过参与事业部业务讨论，及时提出合规意见等手段优化资源配置，提高评审质量和效率。

【积极履行企业社会责任】 坚持合规稳健经营。公司始终坚持“合规为本”，通过强化合规文化体系建设，营造良好的廉洁从业氛围，确保各项经营活动依法合规开展。2015年，公司对各项制度和业务流程进行了全面梳理、补充和完善，先后修订114个制度，并制定16个新制度，进一步明晰各岗位职责，严格考核和责任追究。同时，公司通过加强对各项制度的培训和持续组织开展“两个加强、两个遏制”专项自查工作，保证了公司合规经营，较好地维护了股东及委托人的权益，体现了公司作为金融机构维护金融安全，维护社会稳定的社会责任。

服务实体经济发展。坚持贯彻落实“金融业服务实体经济”的总体要求，积极开展各类信托业务，为工商企业提供融资服务，规模占比50%以上。借助信托和担保双平台，合作建立中小企业发展基金系列信托计划，引导社会资金支持中小企业发展，切实将金融服务实体经济政策落到实处。截至2015年末，山西信托股份有限公司累计发行“山西省中小企业发展基金集合资金信托计划”43期，项目涵盖制造业、批发零售业、服务业、旅游业、商贸等行业，有效地缓解了省内中小企业融资难的问题，促进了产业调整和各级财政收入增长，拓宽了就业再就业渠道，保障了社会稳定。

推动民生事业发展。2015年，与相关单位共同发起设立了农业产业发展基金，并在首期财政安排引导资金到位后，按照1∶2的比例向社会募集资金，用于对省内九牛牧业、山阳生物等现代农业企业提供资金支持，充分发挥了农业产业发展基金的引领、带动作用和强农、惠农效应。

致力推进财富管理。秉承“受人之托、代人理财”的经营理念，通过信托产品集中社会资金，充分发挥信托多样性业务功能，合理有效配置金融资源，丰富投资理财渠道，为委托人、受益人资产增值保值、分享社会发展成果。公司管理信托财产，履行诚实信用，谨慎勤勉的义务，为委托人的最大利益服务。坚持合规推介信托产品，客观全面介绍信托计划的基本要素和风险特征，引导委托人审慎做出投资决策。高度重视客户关系管理，完善产品发行机制，规范业务办理流程，建立客户沟通渠道，提高柜台服务能力，提升客户满意程度。

（赵姗姗）

13 保险业

BAOXIANYE

保险业

综　述

【2015年山西保险业在下行压力加大的形势下实现逆势增长】 2015年，全省累计实现保费收入586.8亿元，比2014年增长26.1%，增速较全国高6个百分点，位居第7，是近年来最好水平。其中财产险公司保费收入167.4亿元，增长2.8%；人身险保费收入419.3亿元，增长38.6%。

保险业服务全局的能力不断提升，2015年为全社会提供风险保障15.6万亿元，增长12.9%，赔款与给付200.2亿元，增长9.7%，保险业的经济助推器和社会稳定器的作用进一步凸显。一是服务农业发展。农业保险将旱灾纳入保障范围，地方财政支持的特色农业保险覆盖全省11个市32个县区，气象指数、价格指数、农产品产值等保险产品陆续推出，为15.6万农户提供风险保障8.74亿元，财政资金作用放大了55倍。二是保障和改善民生。城乡居民大病保险签约22个项目，实现全覆盖，带动商业健康保险增速达42.5%；太原、朔州等市相继建立全民意外伤害保险制度，临县、安泽等10多个县政府财政出资购买自然灾害公众责任保险，农村小额人身保险等普惠性保险业务快速发展，提高了群众风险保障水平。三是支持实体经济发展。保险资金新增投资累计172.7亿元，是2015年的3.8倍，“平安——山西省交通运输厅债权投资计划”100亿元一次性全部到位，是山西单笔最大的保险资金投资项目；出口信用保险出口企业覆盖率和一般贸易渗透度分别达到76.8%和86.4%，两项指标继续位居全国第一，有力支持了山西外贸发展；保证保险实现保费收入1.99亿元，增长9.9%，帮助中小微企业和个人融资11.2亿元，保险的增信功能得到体现；建立了首台(套)重大技术装备保险补偿机制，试点工作稳步开展。四是积极参与灾害事故应对。各类突发事件发生后第一时间，保险业都能及时启动应急响应，参与相关处置工作，积极开展理赔服务。“4·1”冻雨气象灾害，保险业赔付3000余万元；全省发生大面积旱灾，农业保险综合赔付率90%，高于全国19个百分点，保险业为大旱之年农民走出困境、渡过难关作出了积极贡献。“保险业2015年取得长足发展”被评为山西金融十件大事之一。

【保护保险消费者权益工作取得积极进展】 扎实推进车险理赔难治理。深入开展车险积压赔案清理攻坚战，2015年山西车险件数和金额清理率分别达到90.2%和81.4%，位居全国前列。车险件数结案率和金额结案率分别为94.9%和69.4%，分别比2014年提高1.7个和5.7个百分点。加强车险理赔服务评价指标的社会披露，督促公司改进理赔服务，车险结案周期和万元以下小额案件结案周期分别为6.7天和5.5天，均缩短1.3天。继续推动车险小额财损快处快赔工作，太原、晋城等地加快快处中心建设，小额案件处理效率不断提高。

持续整治人身保险销售误导。加大治理销售误导制度落实情况监督检查，督促20家公司整改60余项问题，强化公司的主体责任。开展人身保险公司治理销售误导效果评价并加强行业通报。全省涉及销售误导的投诉件数明显减少，绝大多数公司犹豫期内回访成功率高于90%，投保风险短信发送成功率全部达到90%以上。

狠抓历史保单清查补正和失效保单清理工作。采取定期督导、巡查抽检和专项检查等方式，持续深入推进清查补正工作，2015年人身保险业累计完成160余万件客户信息补正工作，剔除国寿集团业务因素，全行业补正率达到98.3%，15家人身险公司100%完成。清查补正与失效保单清理相互促进，山西失效保单有效通知件数和现金价值清理率分别为78.3%和88.3%，位居全国第6位和第4位。

全面建立保险纠纷诉调对接机制。主动协调省高院，指导各地协会办事处加强与当地法院沟通，推动全省11个地市全面建立诉调对接机制。

【严格监管，促进市场秩序不断好转】 持续加强机构和高管监管。2015年开展集中整治活动，清理和规范交管部门办公场所保险出单点，取缔221个，改建27个，规范54个。对涉嫌违规私设网点和不规范任命高管的90余条线索，在调查核实的基础上，依法进行了严肃处理。

不断改进监管方式方法。修改完善非现场监管制度，提高非现场监管数据使用效率，强化非现场监管结果的运用，增强了监管的针对性和有效性。实行实地暗访和集中访谈相结合，继续扎实开展监管巡查，实现119个县市区全覆盖。完善问题转办机制，及时对发现的违规问题和风险苗头依法予以处理，提高巡查实效。

加大查处力度。组织开展农业保险专项检查、保险公司综合检查以及中介机构现场检查等，大力查处数据不真实等违法违规行为。2015年共下发行政处罚决定书21件，处罚机构21家、责任人23人，罚款183.6万元，分别比2014年增长91%、110%、109%和165.7%，首次实施没收违法所得11万元。

积极推进反欺诈工作。建立行业反欺诈信息平台，完善相关数据采集和共享机制。强化车险欺诈线索排查，向公安机关移送相关线索139条。加强与公安机关沟通协调和执法联动，有关案件侦破取得实质性进展。

【优化环境，推动保险业快速发展】 一是推动11个市全部出台贯彻落实新国十条、省十条的专项文件。专题为全省金融领导干部培训班授课，主动拜访市政府主要负责人，加大督办工作力度，协调推动11市出台落实文件。二是积极争取重要领域保险发展的政策。协调省政府出台《关于加快发展商业健康保险的实施意见》《关于全面实施城乡居民大病保险的实施意见》；协调财政税务部门，研究确定在太原市开展商业健康保险个人所得税政策试点方案；联合省金融办等部门出台《关于开展山西省小额贷款保证保险试点工作的意见》；争取省政府对农业保险的支持，省财政厅已将马铃薯纳入中央补贴品种向财政部提出申请，将红枣、核桃、苹果、梨等特色农业保险纳入省财政“以奖代补”范围，保监会等部门在山西召开天气指数保险创新发展研讨会，为扩大有关农产品气象指数保险试点营造了良好环境；加强与晋中市和太谷县政府磋商，启动太谷保险示范县创建工作等。这些政策措施的实施，将进一步拓展保险业的发展空间。

（省保监局办公室）

中国人民财产保险股份有限公司山西省分公司

【2015年各项业务稳健发展】 一是主导地位巩固，2015年保费收入57.84亿元，市场份额34.2%，高于主要竞争对手18.9个百分点，4条产品线、3个市分公司市场份额高于45%。二是保单质量改善，车险保全保足率提升5个百分点，非车险保费占比全险种提升0.8个百分点，市场份额49.5%，电商渠道优质业务占比74.6%，提升10.8个百分点。三是盈利基础扎实，在全省农险旱灾赔付陡增的情况下，未决赔款准备金提取充足，综合成本率、综合赔付率分别比2014年下降2.4和3.1个百分点，持续承保盈利。四是服务效能增强，万元以下赔案理赔周期8.4天，提速4.3%，排名系统前列；8个市分公司服务质量测评区域第一；全年承担保险责任金额6.13万亿元，处理各类赔案74万件，支付各类赔款39.65亿元，上缴营业税金2.52亿元。

【转型发展取得新成效】 保持战略定力，精品迈上新台阶。围绕打造人保财险升级版和精品公司目标，坚持企划顶层设计与基层实践互动，全力推进精品战略落地见效。导入对标理念，着力品质提升，丰富“指标支撑、基础扎实、习惯养成”精品建设要求；细化全年经营企划，明确六大工程重点，系统性、差异性、针对性推进；落实“目标导向、聚焦问题、缺口管理、过程监控、一跟到底”工作方法，月度企划点评，过程服务结果；开展基层精品创建回头看，严格标准，数据衡量，优中选优，精品服务窗口达到48个。

坚定对标市场，发展呈现新亮点。强化大格局思维，坚持资源对标投入，实施更加积极的财务、费用和考核政策，务实进取，发展格局进一步优化。团体业务引领，绘制展业地图，三级联动，在重点企业经营艰难、政府采购更加严格规范的新形势下，集团客户有效巩固；大病保险实现全省覆盖，市场份额保持第一；深化“一村一品”“一县一品”，地方特色农业保险险种新增4个，农业保险市场份额59.5%。分散业务突破，战略性重点发展家自车业务，大力推进商业非车险新领域拓展，家财险增长74.6%，市场份额

74.9%，行业第一；i保养、创业保、安福宝、安业保、汽车延保、小额贷款履约保证保险、中小企业贷款保证保险、助贷险、国内贸易信用险、随人行等新产品不断突破。渠道专营增能，整合送修资源，拓展城乡二级经销商，车商渠道保费增长10.1%，电销直通业务保费提升68.3个百分点。

着力品质提升，盈利取得新收获。全面推进成本领先，不断强化效益观念，承保、财务、理赔、精算联动，坚持优质业务做进来、赔付成本降下来，在农险赔付陡增、大病赔付刚性约束的情况下，未决赔款准备金提增充足，成本管控更加精细，盈利能力大幅提升。严入口，完善业务分类，主动剔除高风险负价值业务，承保风险识别和筛选能力持续提升。降赔付，开展降赔专项治理，强化内控，优化流程，完善大要案集中管理，健全未决估损跟踪，改进人伤管理模式，严格修理厂考核，规范理赔分部管理，遏制理赔利益漏损，车险综合赔付率下降五年最大。增效能，深化全面预算管理，推进销售费用差异化落地，优化配置，动态监控，配置效能持续提升。

优化客户体验，服务得到新提升。坚持寓服务于发展，注重全流程协同、一体化服务，客户满意度稳步提升。规范标准，完善服务界面标准化操作手册，建立外部神秘人测评机制，客户服务界面清晰有序。优化体验，上线微理赔，推广协赔制度；升级客户经理制，完善客户俱乐部模式，健全客户分类分级体系，按照客户价值推送增值服务；完善归因问责机制，源头治理客户投诉；开展县域市场“三进两扫”活动，健全农村市场客户信息收集、分析机制，客户黏性增强。

突出内控合规，风险防范新增强。扎实开展“两加强、两遏制”“三重一大”、中介业务、农险、大病合规专项检查和办公用房、公务用车清理整顿，健全机制，长效推进；强化主体责任，履行一岗双责，健全工作机制；从严纪律规矩，发挥纪委监督责任，严守“八项规定”要求，注重承诺践诺，广开监督渠道，保持执纪高压，廉洁从业、合规经营更加自觉。

（茹哲峰）

中国人寿保险股份有限公司山西省分公司

【业务发展跃上新高度】 一是业务增速再创新高。2015年，总保费收入111.7亿元，比2014年增长15.3%；首年期交保费收入19.77亿元，增长52.2%；首年10年期保费收入9.6亿元，增长29%；短期险（含大病保险）保费收入6.37亿元，增长28.8%；政保业务收入1.32亿元，增长16.8%。总保费增速创7年来新高，首年期交增速创10年来新高。二是预算底线落实到位。长险首年标保、新单保费、首年期交、首年10年期等4项核心业务均提前超额完成全年预算。其中，首年标保和首年期交分别超预算35.9个和32.2个百分点。三是结构效益持续改善。首年期交占首年保费比46.4%，提高5.5个百分点。首年期交中，5年期及以上占比91.5%，10年期及以上占比48.6%。长险首年标保收入10.32亿元，增长55.2%。费用佣金预算资源17.5亿元，增长24%；长险首年佣金6.7亿元，增长48%。

【销售队伍实现新跨越】 从个险渠道看，月均增员率由2014年的4.7%提高到7.1%；持证人力4.5万人，较年初增加2万人，增长81.4%；月均长险举绩1.1万人，增长45.1%；收展人力增至8632人，成功反超主要同业公司；全年晋升组经理1219人，晋组人数为2014年的4.8倍。从团险渠道看，新增销售人力739人，代理制销售队伍达1344人，建成54个城区标准拓展团队和254个县支公司标准拓展团队。从银保渠道看，新增保险规划师2164人，规划师队伍达3662人，月均举绩人力达1336人。从电销中心看，月均人力稳定在50人以上。

【市场对标构筑新优势】 个险“双领先”优势得到巩固。截至2015年底，个险首年期交市场份额为29.9%，在主要竞争对手突击5亿高现价3年期业务的情况下，仍牢牢占据市场主导地位；与此同时，个险营销人力市场份额达31.2%，在剔除3个月未举绩人力的情况下，较2014年底提升4个百分点；与主要竞争对手比值为1.4，提高31个百分点。

省会城市竞争力提升。太原分公司个险首年期交和营销人力，与主要竞争对手对标比值分别提升至0.6和0.7，较2014年分别提升了10个和22个百分点。

城乡市场有效统筹。城区人力实现倍增，规模人力达1.5万人，较年初增长102%；农网队伍快速扩充，规模人力达到9887人，较年初增长80.5%；全省系统共建成36个集团公司“绿洲工程”网点，建成171个省公司品牌网点。

【改革创新取得新突破】 一是积极探索改革新路。提出“3＋1”（专业化、精细化、市场化＋科技国寿）突破工作课题，深入组织开展“3＋1”大讨论活动，认真组织12个条线制订“3＋1”突破任务书，扎实推进改革的立柱架梁和夯基垒台工作。二是着力加大服务创新力度。大力推进电子化服务，着力打造线上服务平台，E宝账用户数突破17万人，绑定保单 67 万件；保全电子化率达 28.3%，个人短险电子化率达到 39.5%。三是认真践行科技国寿战略。制订“科技国寿”建设奖励办法，创新开发“准客户资料分析”“银保网点管理”等新技术应用系统，大力推广“两朵云”，云助理使用人数达 3 万余人，云桌面开通账号 3549 个。率先在全国系统试点“微回执”“微回访”，“微回访”服务客户达 12 余万人次，推广率达到 84.8%。四是创新成果亮点纷呈。“太原分公司职工大病保险客户资源开发与专项队伍建设”“长治分公司银保大学生团队建设”创新成果荣获总公司 2015 年度创新成果优秀奖，忻州分公司“V 品会”项目荣获总公司 2015 年度“银保·创”大赛“销售创意奖”。

【保障能力又有新提升】 运营效能增强。理赔、保全、代理业务自动通过率分别达 41.4%、77.1% 和 38.9%；保全、理赔、代理业务省级集中度分别达 99.5%、57.3% 和 100%；完善客户信息 150 余万件，临柜客户信息准确率达 99%，深入推进“颗粒归仓”活动，清理失效保单 8.5 万件，复效保费 2.95 亿元；建立立等可取业务处理模式，完成档案省级集中管理改革。

服务层次提升。全面推广“业务综合柜员制”；理赔 5 日内结案率 99.5%；95519 热线人工接通率 92.6%，服务满意度 99.9%；坚持开展农村客户集中服务活动，全年在 59 个农村网点为 2 万人次提供了现场服务；高度重视大病保险服务，与基本医保共建合署办公网点 56 个，公司承保的大病保险区县，接近半数实现“一站式”结算。

客户经营改善。2015 年，新增长险投保客户 12.5 万，比 2014 年增长 43.1%；老客户二次购买率达 4.9%，提高 0.8 个百分点。

风控措施升级。认真开展“两加强、两遏制”专项检查、反洗钱现场执法检查、大病保险专项检查及发现问题的整改，健全了内控体系。深入开展非法集资风险的治理工作，认真做好退保和满期给付应对工作，坚守了风险底线。

（刘建珍）

中国太平洋财产保险股份有限公司山西分公司

【主要经营指标完成良好】 截至 2015 年底，全司保费收入 11.49 亿元，比 2014 年下降 16.3%。其中：机车险保费收入 9.77 亿元，非车险保费收入 1.72 亿元。赔款支出 7.06 亿元，下降 20.9%。2015 年底，辖内共设 11 家地市中心支公司，60 家县级支公司，服务网络逐渐完善。

【坚持成本管控，实现承保盈利】 2015 年，太平洋产险山西分公司从承保理赔质量、费用精细化管理等多方面采取措施，综合成本率大幅降低。2015 年综合成本率 95.1%，比 2014 年下降 5.2%。其中车险、非车险综合成本率分别为 96%、88.2%。

【强化渠道建设，加大业务发展】 一是明确车险渠道化发展的工作思路，聚焦渠道推动业务发展。二是制定三大渠道基本法，统一绩效管理和考核体系。三是与全省 511 余家车商建立合作关系，保费突破 2 亿元。四是大力发展电销渠道和交叉销售渠道业务发展。

【推进直销队伍转型，实践公司转型发展】 积极稳妥地推进车险直销队伍转型。2015 年，太平洋产险山西分公司进行直销队伍转型，首批 3 家试点，分三批分步实施，至 11 月转型工作已全面铺开。通过转型释放活力，增强团队的专业化能力和团队战斗力。

建立车险、非车险渠道化经营、专业化发展路径。车险，在加大车商、电销、交叉团队建设的同时，建立团车业务团队，制定《个代基本法》，推进个代渠道发展。

非车险，建立了非车业务专业团队，提升专业水平，促进业务发展。

【提升服务水平，改善客户体验】 客户服务方面。一是深化窗口规范化服务，持续提升服务形象。同时跟进服务督导检查，保证公司整体服务形象提升的落实。二是持续开展“增值服务”工作，提升公司服务水平。为深化车商渠道建设，座席执行送返修推荐，保证了车险送返修工作的第一步顺利开展。加强公司 VIP 客户收集，努力发展新会员，全面掌握服务动态，进一步提升公司客户量及满意度。三是参与全国保险公众宣传活动，拉进了与消费者的距离。四是健全客户投诉管理体系，切实保护消费者权益。2015 年投诉总量下降 66.5%；投诉一次解决率 98.7%，上升 2.4%。

理赔服务方面。2015 年，太平洋产险山西分公司加快理赔结案周期，提升理赔服务。截至 2015 年底，全险种综合赔付率下降 6.6%，其中车险综合赔付率 59.9%，非车险综合赔付率 48.3%。一是坚持“赔得快、赔得准”，加快全流程案件结案速度，缩短结案周期，提升客户体验，助力业务发展。2015 年公司理赔结案周期提高 8.9 天。二是推出小额人伤快赔处理办法、人伤案件诉前调解管理办法。全年经公司参与三方自行调解案件 407 起，小额快赔 665 起，提高了客户满意度。三是加大新技术推广运用力度，进一步提高理赔服务能力。推出自助查勘APP,客户可以通过自己报案、上传现场照片,与3G移动视频时时连线,不到10分钟就完成自主查勘定损,理赔更快更方便。四是推出《太平洋产险山西分公司优质客户理赔服务方案》,利用理赔各接触点,加大优质客户服务推广力度,提升理赔服务能力。2015年,共服务新车首次出险客户数量2360件,连续三年未出险的客户数量670件,优质女性客户780件。六是在重大节假日期间开展"畅通无阻,太保相伴"的理赔服务活动;在全省各高速路口,旅游景点设立便民服务站,为过往的行人、车主提供理赔服务及救援服务。

【依法合规经营,提高管控能力】 一是以三级机构为重点,不断加强内控风险自查,着力构建内控制度体系。二是坚持风险管控前移,开展合规风险系统监测,强化事前、事中的预防管控和考核问责约束,确保行政处罚指标优于行业平均水平。三是开展"两加强、两遏制""三反五清"和"反洗钱"专项活动,坚持合规经营。四是落实中央八项规定,开展以反对"四风"为重点的纪检监察和廉政工作。

(周苗为)

中国太平洋人寿保险股份有限公司山西分公司

【2015年主要业务经营概况】 2015年,太平洋寿险山西分公司累计实现原保险保费收入55.1亿元,比2014年增长17.2%,继续保持了稳固的市场地位,总体规模保费在山西省保险市场位居第二名。截至2015年底,全省11个地级市均开设有地市机构,同时有100余家县区机构覆盖全省。

2015年,共计处理各类赔案1.2万件,累计给付理赔金1.55亿元,缴纳各类税费1.33亿元,为保障山西人民生命财产安全、促进山西经济发展做出了积极贡献。

【个险业务稳健发展,经营品质不断提升】 2015年,山西分公司个险条线坚持基本法持续推动、新技术普及应用,客户资源分类管理,准确把握经营节奏,明确经营重点,在业务、人力方面均取得较快增长。截至2015年底,公司实现营销新保保费15亿元,市场份额24%,比2014年提高4个百分点,市场排名第二。营销新保期缴实现14亿,市场份额27%,提高4个百分点,市场排名第二。营销人力3.3万人,增长40%,市场占比24%,市场排名第二。

2015年,相继推出《东方红·样样红年金保险(分红型)》《利赢年年年金保险(分红型)》《银发安康恶性肿瘤疾病保险》等产品,为客户提供专业、完备的保险保障。创新客户服务模式,通过存量客户脸谱分析,应用客户洞见结果,借力新技术移动保全的推广、应用,培养营销员上门服务客户习惯。为客户提供客户信息维护、受益人变更、给付、贷还款等功能,提升客户体验,发现、发掘客户需求,并获取加保、转介绍机会。

【法人业务转型突破,渠道培育初见成效】 2015年,山西分公司经营、转型同步开展,渠道培育初见成效。通过加强销售序列与支持序列人员管理,加强干部考核力度,强化基本法管理,改善公司业务投产比,提升销售产能与价值贡献,全面实现法人渠道业务健康稳健经营。2015年,法人渠道业务累计实现保费1.4亿元,其中,团险短险实现保费9000余万元,市场份额8%,市场排名第三位;银保期缴实现保费5000余万元,市场份额5%,市场排名第七位。

期缴业务。通过架构调整,原银保板块客经业务保费调整至营销渠道,销售人力下降68%,银邮渠道在"开门红"期间主推期缴业务,后续转型至短险业务开拓。

短险业务。发挥传统"安贷宝"农信及银行合作渠道优势,大力发展延伸业务,挖掘后台客户资源,逐步实现业务转型;逐步接洽计生、驾协领域,开拓培育新型合作渠道,为业务发展搭建平台;借助营销优势,发展交叉业务,通过专属产品细分客户市场,扩大业务市场;利用新技术,生成业务发展的多元化触角,占领市场先机。

【优化基础服务,创新技术运用,提升客户体验】 2015年,分公司坚持"关注客户需求、改善客户界面、提升客户体验"经营策略,创新服务模式,优化作业流程,积极推动新技术运用与推广,提高服务效率,开展各类保险活动,提升服务质量,切实维护消费者的各项权益。开展了"3·15"消费者权益日活动、"7·8全国保险公众宣传日"系列宣传活动、"总经理接待日"活动等。利用新技术防范风险、提升客户服务体验。一是微回访,微信回访在便捷性、自主性、保密性及合规性等方面均得到较好体现,2015年公司通过微信回访保单15万余件。二是移动理赔,对全辖的五星级业务员授予一定额度的小额医疗险理赔权限,业务员通过"神行太保"可为出险客户现场办理理赔。2015年3月,省内首例"移动理赔"案件在太原产生,客户在10分钟内收到理赔结案短信。三是微贷款,简化贷款手续,节省客户时间成本,2015年通过微信贷还款29万余件,占贷还款总业务73%。四是OCR技术应用,在"神行太保"投保人、被保险人、受益人信息录入环节实施光学字符识别技术，通过对证件（目前支持身份证、户口簿）进行拍摄，系统自动识别证件信息，自动识别并导入大部分必录信息。五是POS实名制验证，避免代刷卡，采用银联账户验证接口，提前控制和预防风险发生。六是增量客户信息真实性校验，保证客户信息的准确性和完整性，录单环节增加了身份自动识别。七是电子信函推广。八是微领取，为行业首创的快捷手机版给付金领取项目，借助“中国太保”微信平台，客户只需三分钟即可通过手机完成给付金实时领取。九是微理赔，11月上线，客户本人通过“中国太保”官微平台进行赔案信息录入、电子签名、资料拍扫等动作，即可完成医疗补贴型险种的理赔流程。

【合规经营防范风险】 全辖机构班子成员签订《合规经营责任清单》，分级细化责任归属，做到责罚措施具体化，责罚处置严格化。反洗钱工作常抓不懈，年度监管检查实现零处罚。强化缺陷源头治理，推动内审外查及专项检查发现问题“1＋10”整改措施的落地与实施，落实整改责任，确保整改成效。制定《2015年山西分公司合规培训工作计划》，在全辖范围开展培训学习，全面筑牢风险防范根基。

（刘志平）

中国平安财产保险股份有限公司山西分公司

【各项业务稳健发展，增速持续领先】 2015年，平安产险山西分公司坚持创新发展，持续提升专业技术水平，实现原保险保费收入25.04万元，居山西市场产险主体第二位。在业务稳健增长的同时也保持了较好的盈利能力。截至2015年底，分公司共设有10家中心支公司，26家营销服务部及39家支公司。

【积极服务地方经济，更大惠及民生】 多年来，平安产险山西分公司承保了山西漳泽电力股份有限公司、山西省长晋高速公路、山西太钢不锈钢股份有限公司等多项大型保险项目，参与山西旅责险、校责险、承运人责任险、环境污染责任险等统保项目。2011年起，连续中标省政采公务车车险业务，省国税公务车车险业务，2015年，平安产险山西分公司斩获国内最大规模的运煤专线蒙华铁路建工意外险项目。3月起开始推广诉讼财产保全保证保险，截至2015年12月，开单法院73家，承保保单笔数357笔，以综合实力赢取客户认可。

【依托科技金融，开启E理赔体验模式】 平安产险山西分公司以“融入经营、便捷理赔、风险防御、精益管理”为工作主线，重点从线上理赔平台打造、车险赔案时效提升等方面着手，在客户服务满意工作方面取得一定的成效。运用新科技手段，挖掘客户个性化需求，颠覆传统理赔服务模式，打造自主化、智能化理赔服务产品。2015年“新高铁”正式上线，开启了线上线下相融合的理赔服务新模式，集合“电话直赔”“微信理赔”“远程定损”“E理赔手持终端”“口袋自助理赔”五大线上理赔服务通道，创新推出柔性调度服务，升级线下理赔服务，推出人伤“闪”垫服务、查勘一站式理赔、重案绿色理赔通道等，不断刷新理赔时效。同时，分公司从客户理赔痛点出发，行业内首推小安智能指引，包括查勘可视化、小安在线指引及查勘点评，让客户真切地感受到便捷化、场景化、移动化、专业化的O2O极致理赔新体验，推动了行业创新。优化升级作业模式，推出革命性跨时代的产品——财产险理赔“E理赔”手持终端，查勘员用E理赔手持终端现场一键结案，从报案到赔款到账用时仅19分钟，刷新了分公司财产险理赔小额案件理赔时效，万元以下件均结案时长缩短16天。

【深挖客户需求，创新服务举措】 2015年，为切实维护保险消费者权益，平安产险山西分公司有效贯彻落实专项提升方案，通过理赔评价体系收集客户服务反馈信息，针对客户痛点优化服务流程；将客户服务需求调研常态化，从创新门店服务、畅通咨诉渠道、升级增值服务三个维度按不同场景满足客户切身需求，客户服务满意度大幅提升。

平安产险山西分公司积极响应国家互联网＋发展号召，在各服务领域推陈出新，力求打造互联网＋综合金融服务的一站式体验平台。2015年，分公司全省门店增设人性化关怀服务，优化自助服务体验区功能，大幅缩短客户临柜等待时长；同时为满足“快速消费”时代的客户需求，“平安产险山西”官方微信持续升级7＊24小时不打烊空中门店，推出“安哥支招”“微课堂”等专刊，积极普及宣传保险知识。好车主APP强势推出口袋理赔、查违章等特色功能，实现惠买车险、便捷代办、一键理赔等功能，满足车主“省心、省时、省力”的车生活需求。

（胡　丹）

中国平安人寿保险股份有限公司山西分公司

【业务人力稳步增长】 2015年，分公司累计实现总保费收入31.42亿元，比2014年增长29.1%。营销员人员 2.2 万人，增长 49.8%。

【经营模式持续升级】 一是积极倡导产品销售回归保障。坚持抓住发展保障型业务、服务民生的主线不放，做到真正满足保险消费者需求，提高居民风险保障水平，丰富社会保障体系。重点推动“双福”系列产品，持续深化保障型产品推动。二是改善市场保险产品的配置，开发更多符合经济社会发展需求的保险产品，提供更符合山西市场特点的保险服务。积极响应保监会费率市场化改革项目，大力推广费率自由化的保障型产品组合，推动保障型产品，更好地让客户感受到费率市场化带来的优惠，满足客户不断增长的保障需求。三是积极响应政府政策及监管要求，加强各地市县域网点的布局，进一步扩大县域保险的覆盖面，进一步发挥保险业服务地方经济和城市建设的社会责任。

【致力提升客户体验】 文化、科技、产品、服务、传播五大体验提升平台全面发力，生态圈经营模式初建、服务水平大幅提升、慈善理念深入人心，“提升客户体验”思路在产品设计、前线服务、后援支持等方面全面贯穿。开设亲访、电话、信函、网络等多种投诉渠道，并在各营业场所公布投诉处理流程，便于客户咨询、投诉。提高服务水平，管控业务品质，对投诉案件认真分析总结，规范展业、提高服务质量，减少投诉案件的发生。

【打造优质理赔服务，提升客户满意度】 2015 年推出“爱与承诺”系列理赔服务升级举措，理赔服务模式由以公司运营为中心转变为以客户体验为中心。全年理赔案件 2.2 万件，赔付金额 1.5 亿，豁免保费 2896.2 万，理赔客户服务满意度 93.4%。标准案件共结案 1.5 万件，件均时效 1.2 天，进一步提升了分公司理赔服务。

【加强风险防范，确保合规经营】 2015 年，开展了“两个加强两个遏制”“打击非法集资、打击违规代销”等活动。同时，加强品质宣导、品质管理、培训管理和内控管理，牢筑合规管理防线。此外，通过双证管理、保单回执回销、客户回访等方式对展业队伍的销售行为进行管控，从销售流程的各个环节有效管控销售误导行为。

（郭秋芳）

永安财产保险股份有限公司山西分公司

【转变经营理念，业务快速发展】 截至 2015 年 12 月末，永安财险山西分公司完成保费收入 2.8 亿元，完成年度计划的 77.4%，比 2014 年增长 30.1%，净增保费 6471 万元。其中，车险保费收入 2.61 亿元，增长 31.2%，交强险保费占比 47.2%，增长 1.2%，车险结构中盈利险种占比上升。2015 年单满期赔付率仅为 36.9%，下降 7.3%。财产险保费收入 1042.2 万元，增长 16.5%。意健险保费收入 941.9 万元，增长 35.5%。综合成本率 91.1%，实现利润 1800 万。

改变传统业务渠道模式，加强中介业务合作，创新互联网业务。2015 年，加强了代理渠道的合作，建立车险专业代理渠道 12 家，实现保费 1976 万元；建立合作关系的酒商、微商 3 家，实现保费 203 万元。非车险加大了经纪业务的拓展，实现保费收入 454.9 万元，占财产险保费收入的 47.6%。责任险发展势头迅猛，年保费收入 467.1 万元，超过企财险成为财产险保费贡献最大的险种，主要得益于医疗责任险业务的拓展，年保费收入 323 万元，占全部责任险业务的 70%。大项目业务占比提高，新险种和新渠道的开拓初见成效。

加大新产品推广力度。充分利用总公司开发的“一指禅”销售工具，成立新产品业务推动领导小组，确定专人负责指导和过程监督。强化新产品培训工作，公司内外团员熟练掌握使用方法。新产品业务推广纳入年度考核，分点包片，拓展盲区，有计划、有步骤、有方法地开拓市场。

【理赔时效有所提升，服务质量进一步改善】 采取“一升一降、狠升狠降”的工作措施，快速提升结案率，减低赔付率。继续加大未决清理力度，打响积压未决赔案“攻坚战”。配套 24 小时结案奖励制度，激励一线查勘定损人员尽早结案，将日清月结常态化。做好大案定责的管控工作，逐笔落实责任划分过程，保证将事故责任比例降到最低。严格把控投诉案件的产生，责任落实到人。做好各项数据监控，关键理赔指标按周统计监督，做到尽早发现问题，尽早解决。加大查勘定损人员的培训力度，熟练掌握技能，充分运用远程查勘定损和微信理赔，最好地服务于客户。2015 年，理赔服务质量得到提升，全省 15 保单件数累计结案率 95.8%，金额累计结案率 67.9%。已决赔款 1.14 亿元。

【服务意识增强，业务推动技能不断提高】 全面落实二线为一线服务，全员为客户服务的理念。分公司各条线部门服务意识进一步增强，车险部结合数据分析和理赔情况查询，通过调整车险交商比例、子险险种组合、销售费用扣减、保单折扣调整等多种方式进行有条件承保；了解机构业务需求，实施对优质块状业务的政策支持。非车险部实施逐单跟踪提高续保率，加大了新险种的培训力度，积极寻找业务突破口。

【依法合规经营，确保公司健康发展】 不断强化各级管理人员和从业人员依法经营、自觉规范保险市场秩序的理念，形成一级抓一级、一级带一级、层层抓落实的合规氛围。对不严格履行岗位职责，出现重大违规行为、造成严重不良影响的严肃查处，发生违规事项的实行“一票否决”制。

（武永明）

证券·期货

ZHENGQUAN QIHUO

14

证券·期货

证券期货监督管理

【2015年山西省资本市场稳健发展】资本市场直接融资情况。2015年，全省共实现资本市场直接融资866.21亿元，比2014年增长81%，其中：IPO融资6.45亿元，上市公司增发股份融资225.58亿元，公司债融资203.4亿元，企业债融资48亿元，私募(创投)基金融资12.35亿元，证券公司柜台市场融资248.77亿元，证券业务创新融资110.82亿元，高新普惠众筹平台融资1.87亿元，新三板定向增发融资5.57亿元，山西省股权交易中心融资3.4亿元。此外，2015年全省银行间市场融资1747.7亿元，增长32%。以上两方面合计，全省2015年宽口径直接融资规模2613.91亿元，增长44%，大大超过银行贷款增量，占比130%。

上市公司情况。截至2015年末，全省共有A股上市公司37家(2015年新增永东化工、东杰智能2家上市公司)，其中主板30家，中小板4家，创业板3家，A股上市公司家数在全国排名第20位，在中部六省排名第5位；总股本694.46亿股，流通股本565.01亿股；总市值5863.7亿元，流通市值4678.31亿元，总市值在全国排名第20位，在中部六省排名第5位。

证券经营机构情况。截至2015年末，全省共有两家证券公司，23家证券公司分公司，150家证券营业部。两家证券公司为山西证券和大同证券，总资产478.54亿元，比2014年增长74.8%，整体资产规模提升，占全国证券公司总资产的0.8%。两家公司累计代理证券交易总额3.18万亿元，增长147.3%，占全国证券公司代理证券交易总额的0.6%；融资融券业务规模84.18亿元，增长36.5%，占全国融资融券业务规模的0.8%；营业收入36.49亿元，增长99.8%，占全国证券公司营业收入的0.6%。

两家证券公司证券经纪业务净收入24.74亿元，仍是证券公司主要收入来源，融资融券业务利息收入8.6亿元；累计实现净利润17.24亿元，增长142.8%，盈利水平大幅提升，占全国证券公司净利润的0.7%。同时，两家公司加强流动性风险管理，流动性覆盖率和净稳定资金率指标均超过100%，符合证监会关于流动性风险监管指标的规定要求。

期货经营机构情况。截至2015年末，全省共有3家期货公司和27家期货营业部。辖区3家期货公司总资产达6.23亿元，比2014年增长79.1%；净资产3.8亿元，增长333.6%；净资本2.75亿元，增长268.9%。期货投资者开户数4.1万户，增长77.2%；全省期货市场累计成交额28108.54亿元，增长75.9%，占全国市场份额0.3%。3家期货公司累计实现手续费收入3693.5万元，下降2.4%；利润总额－1220.80万元，净利润－1250.08万元，亏损有所增加。

2015年，全省期货客户以中小散户为主，机构户数量严重不足，受投资环境、竞争加剧等因素的影响，虽然代理交易量、交易额呈现绝对数的增长趋势，但占全国的市场份额下降。2015年与期货市场联系密切的煤焦钢行业持续下行，同时山西省企业对于期货套期保值工具运用不够充分，在一定程度上影响了期货市场的发展及期货市场服务实体经济功能的发挥。

基金管理行业情况。2015年，全省基金行业运行平稳，公募基金销售机构规范展业，私募基金产业蓬勃发展，行业队伍进一步扩大。山西证券股份有限公司获得公募基金管理人资格，首只公募基金产品

"日日添利货币市场基金"完成认购,截至12月末,该基金保有量为28.1亿元。同时,有多家具备基金销售资格的银行及独立销售机构在山西省设立分支机构,全省公募基金机构布局加快。

全省私募基金产业呈现出快速发展势头。截至12月末,全省工商注册登记的私募投资基金管理人(含合伙制私募投资基金)约180家,在中国证券投资基金业协会完成登记的私募投资基金管理人85家,其中:私募股权投资基金管理人44家,创业投资基金管理人19家,证券投资基金管理人21家,其他投资基金管理人1家,管理私募股权基金46只,管理资金规模累计240.02亿元,基金认缴规模53.55亿元。全省范围内私募机构运作较规范,但仍有少数私募机构存在风险隐患,需重点关注。

*再融资和并购重组情况。*2015年,全省9家上市公司累计实现再融资300.08亿元,其中增发股份225.58亿元,公司债74.5亿元。另有美锦能源、山西证券非公开发行融资64.72亿元获批待发;阳煤化工、跨境通、振东制药、永泰能源、太原重工等5家上市公司累计152.61亿元融资方案正在证监会审核。

2015年,全省上市公司并购重组获批金额181.16亿元,已实现金额156.44亿元。永泰能源通过开展并购重组有效应对煤炭价格和需求下滑的双重压力,大大加快了"煤电一体化、能源物流仓储、新能源"产业多元化布局步伐,抗风险能力提升;百圆裤业连续两年利用资本市场开展并购重组,股票市值较2011年上市之初增长了11倍;美锦能源利用资本市场并购重组有效解决同业竞争问题的同时,实现了煤焦化一体化新突破;当代东方通过资本市场并购重组,大大拓展业务范围,有效化解公司持续经营风险。

【资本市场改革创新步伐加快】 一是指导省内首家混合所有制综合金融服务平台——高新普惠互联网众筹平台正式上线运行,截至2015年末,众筹平台累计帮助全省30家中小企业近40个项目融资2.5亿元。二是支持地方政府开展金融招商,指导晋城市和大同市结合区域旅游资源特点,探索"旅游振兴+金融创新"组合拳试点,实施大集团、大资本、大平台发展战略,发展全域旅游,组建总规模10亿元的旅游文化母基金和总规模30亿元的子基金,组建3个注册资本各5亿元的混合所有制旅游文化产业发展集团。三是指导高平市出台《关于促进金融振兴和强化服务实体经济的意见》。四是指导汾阳市发展康养产业并协助起草试点方案。五是继续支持娄烦县白家滩村开展金融扶贫模式创新,完善众筹扶贫模式,积极探索合作社"实物回报+捐赠款贴息"的众筹利息偿付机制。

【证券期货经营机构创新服务实体经济】 一是推动证券经营机构开展业务和产品创新,稳步发展融资类和资产管理类业务,截至2015年末,两家证券公司融资融券业务规模达84.18亿元。山西证券累计设立集合资产管理计划53只,募集资金71.06亿元;大同证券累计设立集合资产管理计划8只,募集资金5.68亿元。二是推动和合期货股权转让和增资工作,资本实力较2014年末增长近10倍。三是支持太钢不锈、安泰集团、山西焦煤、美锦能源等工业企业利用期货市场套期保值功能对冲现货市场风险;引导晋龙集团、天鹏牧业等涉农企业对接期货市场,期货市场服务"三农"力度加大。

【加强资本市场监管力度】 日常监管工作。一是落实简政放权要求,梳理取消1项期货经营机构非法定行政许可申请要求,取消证券经营机构备案事项6项、报告事项29项,取消期货经营机构备案事项8项,简化期货经营机构备案事项4项。2015年共受理行政许可申请11件,办结并做出行政许可决定11件。二是以上市公司信息披露为抓手,落实大信息监管理念,强化现场检查和问责力度,监管针对性和有效性大大提升。全年累计对上市公司现场检查23家次,采取行政监管措施10项,下发监管关注函28项。三是完成了证监会"两个加强、两个遏制"专项检查和整改工作;以合规和风控为切入点,实施证券期货经营机构分类监管,加强证券公司信息系统外部接入管理,清理规范证券期货经营机构涉嫌配资的偏股型私募资管产品,针对性开展证券期货经营机构现场检查84家次,累计采取行政监管措施9项。四是完善私募基金风险监测和现场检查制度,对辖区7家私募机构进行现场检查,采取行政监管措施5起;及时纠正两家私募机构利用网络进行宣传推介行为。

*打击证券期货市场违法违规行为。*加大稽查执法力度,严厉打击违法违规行为。2015年累计查办案件21起,其中立案调查10起、初步调查并转立案1起、协助调查10起。对非法证券活动保持高压态势,核查非法证券活动及证券期货行业领域非法集资事项10起。组织开展了辖区证券期货领域防范打击非法集资宣传月活动、防范非法证券期货活动宣传教育进社区活动、涉嫌非法集资广告资讯信息排查活动等形式多样的宣传活动。

(张会玉)

旅游业

LÜYOUYE

15

旅游业

旅 游 业

【旅游产业规模不断壮大,新兴业态快速发展,产业贡献逐年增长】 从旅游业产出看。2015年,全省共接待旅游者3.6亿人(次),比2014年增长20.4%;全省旅游总收入3447.5亿元人民币,比2014年增长21.1%。旅游业已成为全省最具活力的产业之一。2015年全省实现旅游业增加值1310.1亿元,占全省地区生产总值的比重为10.2%,占全省第三产业增加值的比重为19.2%,因旅游业所带动的餐饮、住宿、社会消费品零售总额1415.5亿元。特别是全省景区景点门票收入持续较快增长,云冈石窟、平遥古城、乔家大院、太行山大峡谷等增长20%左右。五台山、壶口瀑布、通天峡增长50%左右。在全省经济下行压力不断加剧、企业经营困难的情况下,山西景区景点等旅游企业逆势上扬,保持了较快增长,门票收入、综合收入、职工工资收入都有比较理想的增长。

从旅游业吸引转型资金看。2015年,全省已有215家资源型企业投资开发旅游景区、星级饭店、休闲度假区和娱乐设施,总投资高达400亿元,带动社会资本1700亿元。最早投资旅游业的资源型企业介休三佳集团和阳城县皇城村,都进入投资回报期,取得了很好的经济效益和社会效益。介休三佳集团在1998年就与介休市政府正式签订了为期50年的绵山风景区开发协议,已累计投资超过18亿元,绵山已建成国家5A级景区,2015年的门票收入、小交通收入1.5亿元,酒店餐饮利润1亿元。阳城县皇城村是一个典型的靠煤炭致富的小康村,2015年门票收入1.73亿元,旅游综合收入7.04亿元。资源型企业转型投资旅游业,推动了山西旅游产业自身的转型升级,较好地适应了大众旅游和休闲度假的市场需求,提高了山西旅游的发展水平。

从旅游业推动乡村旅游富民看。全力实施乡村旅游富民工程,省旅游局连续两年专列3500万元用于乡村旅游公共服务设施建设补

五台圣境

助，全省的乡村旅游发展进入了快车道。壶关县桥上乡抓住太行山大峡谷景区的机遇发展乡村旅游，全乡从事旅游业各类服务户480户，从业人员3000多人，占全乡总人口的1/3，占全乡劳动力的一半，2015年户均纯收入4.2万元，从业人员人均工资1.2万元。永济市北峪口古村，搞了一个乡村旅游综合体，入住小吃商户130户，其他商户30多户，从业人员500人，2015年客流量230万人次，商户平均收入30万元，最高收入100万元，带动周边种植、养殖、客栈、酒店2300人创业、就业。全省乡村旅游品牌经营户1万户，直接从业人员5万人，户均收入3.9万元。2015年全省乡村旅游接待6000万人次，收入300亿元。

从产业规模看。截至2015年底，全省旅游企业9000余家；旅游景区景点543家，A级景区143家，其中5A级6家，4A级86家；星级饭店328家，其中五星级饭店18家，凯宾斯基、假日、帕尔曼、建国等国际、国内知名品牌酒店落户山西；旅行社866家，其中营业额过亿元的有8家，宝华国旅、红马国旅进入全国百强旅行社行列，分别列2014年全国第28名和57名；全省持证导游2万余名。旅游直接从业人员51.5万人，间接从业人员210.8万人。

【传统产品逐步提升，新产品不断出现，正在向观光与休闲度假并重转变】 山西旅游产品以人文景观为主，过去五年来，各地在提升传统产品方面做了大量工作。云冈石窟将一个景点改造成为了具有国际标准的旅游区。先后有绵山、乔家大院、平遥古城建成国家5A级景区，全省的5A级景区由3家增加到6家，雁门关景区、太行山大峡谷景区2015年11月通过了国家旅游局国家5A级景区资源与景观质量评审。“五大平乔”线路成为国内旅游热线。

适应市场需求，一些新兴旅游项目陆续建成并投入使用，旅游产品向观光、休闲、度假并重转变。大同方特城、盂县大汖温泉、交城果老峰水上乐园、孝义星宇广场、祁县千朝农谷、晋中百草坡公园房车自驾车营地、灵石崇宁堡温泉度假酒店、晋城司徒小镇等一批休闲度假产品向游客开放。《又见平遥》等大型旅游演艺节目的成功推出，不但丰富了旅游内容，更成为一个有效的旅游吸引物，为旅游与文化融合发展提供了范例。

开展了“山西百佳休闲旅游产品”推选活动，推出一批旅游文化小镇、旅游休闲度假区、森林旅游景区、文化体育娱乐产品，推动山西省休闲、度假、娱乐、健康类旅游产品开发，进一步优化了山西旅游产品结构。

【市场面逐步扩展，旅游区域合作呈现新局面】 实施“走出去、请进来”宣传战略。2013年7月以来，省旅游局组织各市旅游局、各景区、旅行社、媒体先后奔赴北京、天津、河北、河南、陕西、内蒙古、广东、山东、江苏、浙江、福建、广西、湖南、四川、重庆、湖北、东三省、西三省等22个省区市和香港、台湾，搞了大规模的专业推介，共有22省区和香港、台湾的2000多家旅行社参加了推介、对接、签约，1000多家主流媒体和新媒体做了集中报道，宣传了山西旅游形象和景区景点。依托国家旅游局驻外办事处、省内重点旅行社邀请省外、境外旅行商来山西考察踩线，进一步拓展山西国内外旅游市场。

区域旅游合作掀开新局面。依托山西省与相关省（区、市）联合成立的“美丽中国·天下黄河”“美丽中国·古老长城”“美丽中国·陆上丝绸之路”等旅游联盟，加强境外旅

应县释迦塔

游市场宣传推广。2014中国山西首届国际旅行商采购大会、2015“中国·山西首届‘一带一路’古城古镇国际文化旅游暨第二届国际旅行商采购大会”、旅游互联网大会等大型交流活动对促进山西旅游外向型发展产生了积极影响。

珏山风光

【基础配套设施建设取得重大进步,旅游公共服务建设不断完善】 旅游交通设施明显改善。截至2015年底,全省高速公路里程已突破5000千米,旅游中心城市到重点景区基本上实现一小时通达。全省运行的民航机场有6个,正在建设的1个,基本实现县县通高速、片片有机场。随着大西高铁的开通,大西高铁、石太高铁纵贯东西南北,并与太中银铁路、陇海客专、西成客专等骨干线路紧密衔接,加上已经开工的大张高铁,将要开工的太焦高铁,一个全天候、公交化、高速度的快速客运网正在形成。

旅游标识系统建设有新进展。高速公路旅游导引标识基本完成。市县旅游道路标识正在逐步完善。旅游集散体系初见雏形,省汽运集团在全省布局旅游集散中心,按照“定点、定线、定时、定价、定服务”的标准,开通近20余条旅游直通车。A级景区的游客中心发挥了较为完善的咨询服务作用。重点旅游城市、景区的免费无线网络既宣传了旅游文化,也方便了广大游客。

旅游厕所革命扎实推进。2015年,国家和省级共下达旅游厕所建设补助资金4100万元,全省厕所建设总投资达1.78亿元,完成新建、改建旅游厕所737座。

【旅游业促进政策措施显效,旅游消费旺势持续不减】 2015年6月,省政府出台《关于促进旅游业改革发展的意见》,10月出台《山西省旅游发展大会申办暂行办法》。《关于促进旅游业改革发展的意见》提出了推动全省旅游业转型升级、建设旅游经济强省的11条措施,主要涉及旅游基础设施建设、丰富旅游产品、整治旅游市场秩序、旅游宣传推广、景区景点门票价格调整、旅游改革开放、政策支持保障、深化体制机制改革等8个方面的内容。以上政策措施的出台,为有效应对困难、保持平稳发展起到了“雪中送炭”的作用,助推了旅游企业的发展。

【旅游市场整治效果明显,省内旅游市场秩序总体平稳有序】 2015年4月2日,五台山景区因“旅游环境杂乱、服务管理缺失”被国家旅游局警告处分。省委、省政府主要领导立即作出重要批示,对五台山景区综合整改整治进行集中调研调查,在较短时间,拿出了五台山体制机制改革指导意见、五台山景区集中整治整改指导意见和解决省道和景区道路并线方案,并付诸实施。

对照A级景区标准,省旅游局组建10个暗访小组,对全省150家A级景区进行暗访检查,大同市灵丘县桃花山等10家景区的标准化等级予以注销,晋祠等21家景区被约谈,平遥日升昌票号等8家景区因主景区升级和主体整合予以合并。2015年10月9日,国家旅游局宣布撤销对五台山景区的警告处分。

规范旅游市场秩序,强化常态化检查,省旅游局组织旅游、公安、工商、物价等省旅游改革发展领导小组成员单位,在春节黄金周、“五一”小长假、中秋节、“十一”黄金周等节假日,邀请省内部分媒体记者和社会监督员参与进行旅游市场明察暗访。积极研究和探索治理不合理低价旅游的方法和措施,通过召开座谈会、实地考察、约谈、依法惩处违规违法企业、发布企业联合倡议书、开展优质供应商计划等形式,对不合理低价行为重拳出击,在行业内部形成振动,在游客市场形成影响。

【旅游资源整合和体制机制改革向前推进】 长治市、壶关县大胆探索,先行先试,把原来分散的10家景区经营单位和3家宾馆经营单位整合,由新组建的太行山大峡谷股份公司出资4.1亿元接管,实现了统一规划、统一管理、统一开发、统一品牌、统一经营。门票由10张变成1张，门票价格由450元降为125元，形成了“一个品牌、一个公司、一张门票”的发展模式。聘请西安曲江文旅集团对景区实行托管，实现了专业化经营。2015年门票收入5380.2万元，是资源整合前的4倍多。

横跨三市四县的大历山资源整合取得实质性的进展，翼城县政府和山西历山旅游投资有限公司（原垣曲历山旅游开发有限公司）就开发翼城历山风景区签约，垣曲历山和翼城历山资源整合进入正式实施阶段，为山西省旅游资源跨区域整合探索出一条新路子。

（王海叶）

科学·教育

KEXUE JIAOYU

16

科学·教育

科学事业

【出台《中共山西省委山西省人民政府关于实施科技创新的若干意见》】《若干意见》体现出三大特点。一是体现了顶层设计应有的高度。对科技创新的目标、任务、政策设计，体现了中发8号文件的战略要求，体现了省委、省政府推进科技创新的工作要求。二是充分体现了开放性、创新性。《若干意见》与山西省创新驱动发展战略行动计划和低碳创新行动计划等相关工作相衔接，借鉴了全国各地的新政策、新举措，根据山西省实际制定了相应的政策措施，提出了重大目标任务。三是坚持问题导向和改革取向。针对解决山西省自主创新能力不强、科技投融资体系不健全、科技创新体制机制和政策不完善等问题，坚持问题导向，坚持以科技创新为核心的全面创新，坚持以产业科技创新为重点的推进策略，对山西省科技创新作出了系统部署。

《若干意见》共分为10个部分35条。在指导思想和主要目标部分。提出了围绕“四个全面”的战略布局，按照省委十届六次全会部署，坚持需求导向、改革取向、人才为先、遵循规律和全面创新的原则”。在目标部分提出力争2020年研究与发展投入占地区生产总值的比重达到2.5%以上。科技创新城核心区基本建成，煤基科技攻关取得重大突破，高新技术产业增加值占地区生产总值比重、科技成果转化率、科技进步对经济增长的贡献率力争达到全国平均水平，形成创新驱动发展新局面。在创新发展的布局和重点部分。要求形成以科技创新为核心的全面创新新格局，实现科技创新、开放创新的有机统一和协同发展；要求围绕产业创新建立科技创新的新机制，突出科技创新的支撑和引领作用，做好“煤”与“非煤”两篇大文章。在科技创新政策措施方面。提出要改革省级科技计划（专项、基金）管理体制、建立省科技重大专项和重点项目形成与立项机制、加快推进科研项目经费管理改革、深化高等院校科研体制改革、深化省属科研院所改革等5条措施。在科技创新的环境营造方面。提出要强化各级领导的科技创新意识，营造鼓励创新、宽容失败的环境，依法保护知识产权，加强科研诚信建设和信用管理，强化创新绩效考核，落实各级职责任务等6条举措。

【山西省科技创新城建设全面启动】2015年7月22日，山西科技创新城综合服务平台一期工程开工，标志着山西科创城进入全面开工建设阶段。

科技创新综合服务平台是山西科技创新城的标志性工程，是科技创新生态系统的重要组成部分，主要由科技资源服务、科技创业孵化和科技金融服务三大部分组成，承载着集聚全省科技资源、创新科技管理机制和服务模式、促进科技服务业发展等功能，建成后可以向全社会提供科技成果交易、科技金融、研发设计和检验检测、创业孵化、知识产权以及成果转移转化等服务，为大众创业、万众创新提供有力支撑。一期工程主要由科技资源及科技金融服务中心、全资源大学创新创业中心、众创空间创业中心、公共研发设计中心、公共检验检测中心等组成。

2015年，科技创新城建设步伐明显加快，在5平方千米的起步区内，中国华能和太重集团、晋煤集团、阳煤集团、煤炭进出口集团、华仕公司、格盟电力、潞安集团和太钢集团等9家省内外企业所属的研发机构项目和马练营路、综合通道两个基础设施项目陆续开工建设。

【科技成果不断涌现】 6个项目荣获国家科技奖。在国家科学技术奖励大会上，山西省共有6个项目获2014年度国家科技奖励。其中主持完成3项，参与完成3项。

在山西省主持完成项目中，由太原理工大学主持完成的"低渗透煤层高压水力割缝强化瓦斯抽采成套技术与装备"项目获国家技术发明奖二等奖；太原理工大学主持完成的"界面性质与光电器件特性关系调控技术及应用"项目和太原钢铁(集团)有限公司主持完成的"先进铁素体不锈钢关键制造技术与系列品种开发"项目，获国家科技进步奖二等奖。

山西省参与完成的项目包括：同煤集团参与完成的"特厚煤层大采高综放开采关键技术及装备"项目和太钢不锈钢股份有限公司参与完成的"600℃超超临界火电机组钢管创新研制与应用"项目获国家科技进步奖一等奖；太钢集团参与完成的"高等级中厚钢板连续辊式淬火关键技术、装备及应用"项目获国家科技进步奖二等奖。

银耳和绣球菌工厂化高效生产技术取得重大突破。2015年，以山西农业大学为主的产学研合作团队，成功攻关解决了银耳和绣球菌工厂化高效生产难题，为食用菌工厂化生产企业和农业合作社发展珍稀菇类工厂化生产奠定了基础，从而解决山西省食用菌工厂化生产主要集中在白色金针菇、杏鲍菇等品种而导致的市场竞争激烈，比较效益下降的问题。

山西农业大学和晋城市泽地萃绿农开发有限公司共同完成"银耳工厂化高效生产技术"项目，筛选出了适合工厂化生产的银耳优良品种，确定了栽培种的最适菌龄；对其工厂化菇房设计及设备配套、菌种制备、基质配方、环境调控、出菇工艺等关键生产技术进行了集成创新，并首次实现了银耳工厂化生产。

绣球菌是一种珍稀名贵的食药用菌，与冬虫夏草、羊肚菌、松露等珍品相媲美，子实体β—葡聚糖含量可达40%以上。仅有日本实现了绣球菌的人工栽培，我国在福建省两个食用菌企业实现了工厂化生产。"北方绣球菌工厂化高效生产技术"项目由山西农业大学和清徐县太和食用菌栽培基地(有限公司)共同完成，针对北方气候和农业资源特点，对绣球菌工厂化生产的品种特性、基质配方、生产工艺、出菇模式、多糖抑瘤效果及其对荷瘤小鼠免疫功能的影响等进行了系统研究，创新集成了绣球菌工厂化高效生产技术体系，填补了我国北方绣球菌工厂化生产技术研究的空白。

做好"非煤"大文章，山西国防科技工业为经济社会发展做出了重要贡献。2015年，省国防科技工业系统推进科技创新、全面创新，拓展民品外销。省国防科工办抓住高端装备制造、电子信息、环保节能等优势产品不放松，积极鼓励扶持新产业、新产品。一批企业加大了科技投入和市场营销力度。结合山西省做好"非煤"大文章的战略部署，省国防科工办以项目为牵引，加强了与各军工集团的战略合作，特别是与兵器集团研究了专门对接方案，针对山西柴油机厂瓦斯发电机组新型装备等5个重点产品，组成产业发展领导小组，明确产业化发展路径，走出了装备制造产业快速发展的关键一步。

防治作物连作障碍取得新成果。由山西省云大中天环境科技有限公司完成的"YDZT－001土壤消毒剂防治连作障碍应用研究"项目，采用钝化处理工艺和微囊包膜技术，将有益菌与消毒成分进行包裹分离，研发出一种兼顾杀菌消毒和补充有益菌双重功效的高效环保无残留绿色产品：YDZT－001。该产品在设施番茄、黄瓜、西葫芦、烟草、果树、生姜、草莓等作物多地进行应用试验发现，整个作物生育期发病情况明显减少，死苗率明显降低；可增加每亩产量，增加农民收入。该项目成果的应用，一方面能够解决山西省设施农业生产过程中存在的作物连作障碍和土传病害防治困难的问题。另一方面，该产品属于高效、环保、无残留型消毒产品，可为今后的有机、绿色农产品生产种植提供可靠的防治技术支持。

成功研制出具有自主知识产权的"多光谱分光融合外科手术引导系统"。山西医科大学承担的山西省科技基础条件平台建设项目"光学分子成像研究平台科学仪器的自主研发"顺利通过专家组验收。该项目是在山西医科大学现有实验室和科研团队的基础上，建设光学分子影像工程技术研究平台，同时依托该平台研制出了多光谱分光融合外科手术引导系统(光学分子影像技术设备)。该系统能够激发体内靶向标记的荧光报告基团产生荧光，同时摄取荧光信号，将光信号转换为电信号，以数字化解剖性图像、光学分子功能性图像和两者的融合图像显示在计算机上，并结合图像处理技术精确定量、定性、定时、定位和示踪活体体内细胞和生物大分子的生物学特征，可实时识别活体肿瘤组织、淋巴结、淋巴管和血管。该系统拥有我国自主知识产权，有助于解决生命科学研究中的一些重大科学和技术问题，提升我国在本领域的原始创新能力，并产生一定的经济和社会效益。

山西煤炭采掘获两项重大科技成果。2015年2月，山西省晋煤集团金鼎煤机矿业公司两项煤炭采掘科研成果通过中国煤炭工业协会鉴定，通过鉴定的"大断面多功能系列锚杆钻车研制及施工工艺研究"成果，形成了成熟的煤矿大断面掘进工艺技术及配套装备，有效解决了大断面巷道支护的诸多技术难题；另一项成果——"400千瓦永磁电机直驱式带式输送机的研究和应用”，主要针对煤矿井下带式输送机采用可控启动方式存在的问题，研发了一种新型软启动驱动装置。

发布2014年度山西省科学技术奖。山西省科学技术奖励委员会授予《多孔介质固流热传质耦合作用的物性规律与控制方程研究》等9个项目获2014年度山西省科学技术奖一等奖。《抗旱节水高产稳产广适小麦新品种长6359、长4738选育与应用》等91个项目获科学技术奖二等奖，《心肌缺血标志物及相关基因表达及功能研究》等90个项目获科学技术奖三等奖。

【举办有较大社会影响力的品牌性科技活动】 山西省第十六届大众科技论坛举行。2015年2月12日，以“经济新常态下的山西绿色转型与科技扶贫、科技富民”为主题的山西省第十六届大众科技论坛举行。本届论坛以提高公民科学素质和服务企业、惠民富农为重点，邀请有关专家，分别就企业上市融资路径、人体亚健康的发现和纠正等做了专题报告，并举办了基层科技创新与科技成果转化对接交流会、全省农村电商与直供富民推介会、金融振兴与小微企业发展研讨会等。

第五届能博会2015低碳发展高峰论坛在并开幕。2015年9月16日，第五届中国(太原)国际能源产业博览会2015低碳发展高峰论坛开幕式在中国(太原)煤炭交易中心举行。“一带一路”沿线国家及美国、德国等19个国家和地区的嘉宾、专家、学者共同出席开幕式，并发表了题为《低碳引领　创新驱动　绿色发展》的主旨演讲。

2015年山西省重点实验室公众开放活动深入推进。2015年5月16日～24日，山西省科技活动周暨重点实验室公众开放活动周期间，山西省国家和省级重点实验室围绕“创新创业，科技惠民”的主题，组织开展了一系列丰富多彩、形式多样的公众开放交流活动，为营造大众创业、万众创新的良好科学氛围做出了积极努力。公众开放活动周期间，全省重点实验室共举办144场科普讲座和学术报告、33场次现场演示实验和互动式开放实验、累计接待各类参观人员3600余人。本年度省重点实验室公众开放活动呈现出以下几个亮点：

服务生产，助力创新创业。本年度重点实验室公众开放活动进一步下移活动重心，面向生产需求，服务一线、服务生产、服务基层，广泛开展多种形式的科技服务，助力企业创新创业。土壤环境与养分资源重点实验室在寿阳县举办了硬茬地旱地玉米施肥旋耕沟播镇压一体化作业现场培训及观摩活动，推广“水肥协调、增效节能省工”的硬茬地一体化作业模式。金属材料成形理论与技术重点实验室赴忻州市五台山锻压设备有限公司就金属环件在生产过程中存在的科技问题进行指导，积极推广金属环件最新成形工艺。农业有害生物综合治理重点实验室赴运城市临猗县围绕苹果园主要病虫害综合防治技术、苹果绿色高效生产技术、农药高效科学安全使用等开展科技培训，为临猗县电视台录制苹果园主要病虫害综合防治技术专题。信息探测与处理重点实验室深入晋西集团山西利民机械有限责任公司调研，在管道自动焊接控制等领域达成合作意向。棉花种质资源利用与分子设计育种重点实验室走进万荣县面对面为农民开展“生物技术助推农业进步”系列技术咨询，通过讲解示范，让广大棉农感受“快乐植棉”。纳米功能复合材料重点实验室、旱作农业机械关键技术与装备重点实验室、涂装高分子功能材料重点实验室等实验室也深入基层开展了相应培训和技术交流活动。

面向基层，推动科技惠民。重点实验室进一步创新公众开放活动形式，针对不同人群，策划组织特性鲜明的互动型、体验式科普活动，切切实实解决公众切身问题。免疫性皮肤病重点实验室进入杏花岭区敦化坊社区服务中心进行了“银屑病的诊疗与研究现状”讲解，提高社区工作人员医护水平。智能信息处理重点实验室开展电脑义疗服务活动，义务维修电脑出现的故障。耳鼻咽喉头颈肿瘤重点实验室针对社会公众、患者、医学生举办了“新生儿及婴幼儿听力障碍”“过敏性鼻炎的防与治”“打鼾是病吗”等主题科普讲座，就医学问题进行通俗易懂的讲解和咨询。

开放共赢，深化交流合作。依托重点实验室联盟，有15个重点实验室到联盟实验室参观学习、技术对接，通过联合协作与资源开放共享。材料强度与结构冲击重点实验室与骨与软组织损伤修复重点实验室互访对接，进一步深化了医用新材料合作研究。细胞生理学重点实验室与透皮给药系统重点实验室联合举办公众开放活动，实验室人员互访交流，就深入合作达成共识。黄土地区公路建设与养护技术重点实验室组织三个重点实验室同时来访，深化产学研合作。煤科学与技术省部共建国家重点实验室培育基地、冶金设备设计理论与技术省部共建国家重点实验室培育基地、表面活性剂重点实验室、作物遗传与分子改良重点实验室、煤矿综采装备山西省重点实验、能量转换与存储材料重点实验室、新型传感器与智能控制重点实验室等也变被动来访为主动出访，提升了实验室的凝聚力、辐射力和影响力。

以“创新创业·科技惠民”为主题的山西科技活动周的各项活动驱动经济社会发展。2015年5月16日至24日，山西科技活动周的各项活动陆续开展。本届科技活动周以“创新创业·科技惠民”为主题，主要目的是宣传创新驱动经济社会发展、创新创业成果服务改善民生。活动周期间，相关部门共组织安排了60余项专题系列重点科普活动。各项活动紧扣活动主题，积极营造创新创业氛围，突出科技惠民理念，向公众展示山西创新成果及创业案例，亲身感受科技给人们生产生活带来的变化，努力激发创新创造热情。

鼓励引导创新创业。组织开展了2015山西大众创业、万众创新科技项目展示活动，在全省范围内广泛征集各类创新、创业项目进行集中展示，邀请各类投资机构、产业化专家参与项目路演、合作洽谈、专家讲坛、项目评审，择优给予支持。力求打通政、产、学、研、金一体化服务的通道，为全省各类创新、创业者搭建起技术转移、转让、转化的平台。

重点实验室、科普基地全面开放。67家省级重点实验室对公众以及广大的科技人员和科学爱好者进行有组织、有秩序的开放，讲解相关科技知识，让公众走进科学殿堂，近距离接触前沿科研活动，感受科技创新的魅力。57家省级科普基地结合自身实际，分别设计了有特色的开放主题，讲解相关科技知识，参与科普活动，增添科技活动内涵。

2014年山西省科学技术奖一等奖获奖项目

序号	项 目 名 称	完 成 单 位
	自然科学类	
1	多孔介质固流热传质耦合作用的物性规律与控制方程研究	太原理工大学
2	阿尔茨海默病淀粉样β蛋白的神经毒机制及其神经保护作用研究	山西医科大学
	科技进步类	
3	旱地小麦蓄水保墒增产技术与配套农业机械的研发应用	山西农业大学
4	国审"金昌1号"枣树新品种选育及示范推广	山西省农业科学院果树研究所　山西省农业科学院植物保护研究所
5	掘支锚连续平行作业一体化关键技术及装备	山西潞安环保能源开发股份有限公司漳村煤矿　天地科技股份有限公司　辽宁天安科技股份有限公司　山西天地煤机装备有限公司
6	微细粒复杂难选红磁混合铁矿选矿技术开发及2200万t/a选矿装备集成	太原钢铁(集团)有限公司　长沙矿冶研究院有限责任公司　中冶北方(大连)工程技术有限公司
7	瓦斯抽采封孔技术及联孔技术研究与应用	西山煤电(集团)有限责任公司　河南理工大学　山西焦煤集团有限责任公司屯兰矿
8	超特高压输电线路带电运检一体化关键技术及装置的研究与应用	国网山西省电力公司检修分公司
9	高质量高幅不锈钢光亮板全流程生产线自主集成与关键技术开发	太原钢铁(集团)有限公司　山西太钢不锈钢股份有限公司　东北大学

科普活动深入一线。太原市、县两级科技部门，组织1000余名科技专家、科技特派员深入100家企业、100家农业科技园区和农户、100个社区居民住户，宣讲和解读国家、省、市科技政策，开展科技需求征集、科技成果转化、技术咨询预测、专利运用保护、农业种养殖技术培训、科普知识宣传、民生科技新产品推广应用等活动。在太原市14所中小学，组织25场报告式讲座或互动式讲座。

科技服务下乡惠民。长治市屯留县科技局在科技周期间，免费送180万株尖椒苗下乡，城区科技局开展计生干部培训和妇科病知识普及宣传，潞城科技局走进企业作指导，平顺科技局开展果树实用技术培训；朔州市红十字会组织现场义诊活动；阳泉市科技局组织专利服务企业行活动；运城市垣曲县科技局赴县工业园区开展知识产权服务。

2015山西大众创业、万众创新科技项目展取得圆满成功。2015年5月21日至23日，山西大众创业、万众创新科技项目展在山西传媒学院举行，全省11个地市、12所高校组织推荐的181项创新、创业项目进行了集中展示，来自全省各地市、各高校的科技管理人员、服务人员，在校大学生、科技爱好者等参观了展览。

本次展示活动紧扣大众创业、万众创新主题，参展单位主要来自中小微企业、科研院所、高校，包括在校大学生、科研团队以及个人发明爱好者。本次参展项目的负责人中，有20岁左右的在校大学生，有中小微企业家，甚至有一位超过70岁老大爷。本次参展项目的领域既涉及互联网+、新材料、新能源等高新技术领域，也包括生活中的小发明、小革新，充分体现了大众创业、万众创新的理念。

山西省"数控一代"机械产品创新示范应用推进会在并举行。2015

年11月13日，由中国机械工程学会、山西省科技厅、山西省科协主办，山西省机械工程学会、太原科技大学承办的“山西省‘数控一代’机械产品创新示范应用推进会”，在太原市举行。当前装备产业创新发展、转型发展，“数控一代”就是最好的抓手和切入点，是实现“中国制造2025”的重要环节和必经之路。山西省装备制造行业的企业、研究院所的60多个单位共360余名管理及技术人员参加了会议。

山西省科协召开新型智库建设推进会。2015年10月15日，山西省科协召开了新型智库建设推进会。会议介绍了山西省科协新型智库建设工作的主要进展、山西省科技工作者线上协同创新平台的构思，从技术开发角度和内容角度展示了新型智库和协同创新平台具体建设情况并进行了平台的现场操作演示。会议还对开展大众创业、万众创新成果宣传展示活动做了具体安排。山西省经信委、省科技厅、省教育厅相关工作负责人，省科协国家级科技思想库专家组成员，省科协智库建设课题承担单位代表，省科协科技工作者状况调查站点负责人，以及来自太原市高校、水利、环保、农业、林业、医疗、煤焦、电力、交通、冶金、化工等行业的专家共80余人参加会议。

山西省——怀俄明州低碳园区座谈会在并召开。2015年9月17日上午，作为第五届中国（太原）国际能源产业博览会2015年低碳发展高峰论坛的外围活动之一，山西省——怀俄明州低碳园区座谈会在太原召开。省科技厅介绍了山西科技创新城规划建设和企业入驻情况。怀俄明州州长代表、怀俄明大学能源资源学院院长马克·诺瑟姆先生一行介绍了怀俄明州的能源清洁利用战略和政策，工业园区的发展和前景，能源、工程、材料领域的项目计划和合作机会等情况。通过座谈交流，双方一致认为：山西省和怀俄明州同为自然资源地区，资源的清洁高效利用对于山西，对于怀俄明州的经济而言至关重要。建立低碳工业园区，通过产研一体、产城一体、产融一体等方式，实现高碳资源低碳发展、黑色煤炭绿色发展，是一条共同的发展道路。双方在低碳园区建设方面形成合作关系，可以实现互惠共赢。

第十七届山西省优秀学术论文评比结果揭晓。2015年，由省科协、科技厅、人社厅和财政厅共同组织的第十七届山西省优秀学术论文评审结果揭晓。本届共收到38个学会（协会、研究会）、11个市级科协和6家有关单位报送论文1035篇。最终评出特等奖3篇，一等奖50篇，二等奖245篇，三等奖229篇。

（宋培贤）

【农业研究硕果累累】 2015年，山西省农业科学院共开展各类研究课题896项，其中，国家级181项，省级404项，横向协作课题51项，院级260项。在新上的国家级项目中，国家自然科学基金项目4项，国家星火计划项目3项，国家支撑计划子项目1项，科技部国际合作项目1项，农业部引进项目1项，农业部公益性行业专项子项目3项。

2015年全院共鉴定科研新成果39项，其中，2项达到国际领先水平，20项达到国际先进水平。1项协作科研成果获2014～2015年度中华农业科技奖科学研究成果一等奖（山西省农业科学院作物科学研究所排名第三）；1项协作科研成果获2014～2015年度中华农业科技奖科学研究成果二等奖（山西省农业科学院小麦研究所排名第三）；17项科研成果获2015年度山西省科学技术奖励，其中，一等奖1项，二等奖6项，三等奖10项。11个农作物新品种获植物新品种权，10个农作物新品种通过国家品种审定委员会审（鉴）定，80个农作物新品种通过省级品种审定委员会审（认）定。

2015年全院获国家授权专利135件，较2014年增长70.9%，其中，发明34件，实用新型89件，外观设计12件。发布农业地方标准54项。发表省级以上科技论文502篇，出版专著11部。

1项成果获中华农业科技奖科学研究成果类一等奖。作物科学研究所参与完成的“绿豆优异基因资源挖掘与创新利用”，针对我国绿豆生产中豆象、叶斑病发生严重，以及绿豆产量低、遗传育种基础狭窄等问题，系统收集引进国内外绿豆种质资源3000余份，筛选出抗豆象、抗叶斑病、综合性状优异的种质资源66份；研究了绿豆资源的遗传多样性，构建了绿豆核心种质；构建了世界上首个含有585个标记的绿豆遗传连锁图谱，完成了抗豆象基因Br的精细定位，开发出抗豆象分子标记并建立了评价技术体系，发掘出TC1966、V2709等抗豆象种质和VC1973A、VC2768A等抗叶斑病种质。利用发掘出的优异种质，培育出晋绿豆3号、晋绿豆7号、中绿4号、中绿5号等高产、抗豆象、抗叶斑病、适应性广的绿豆新品种；针对我国不同生态区绿豆生产目标、种植方式的多样化需求，建立了绿豆高产高效安全栽培技术体系，实现了良种良法配套。项目研究期间发表论文30余篇，出版专著10余部，育成的新品种在近三年推广面积占全国绿豆种植面积的50%以上，经济、社会和生态效益显著。

1项成果获中华农业科技奖科学研究成果类二等奖。小麦研究所参与完成的“小麦黄矮病流行监测及防控关键技术”，针对小麦黄矮病病毒种类分化复杂且缺乏抗病种质和有效防控药剂等问题，创建了我国小麦黄矮病的病原鉴定体系，发明了基于分子水平的灵敏度高、特异性强的快速检测方法，阐明了病毒在我国不同地区的分布和变异动态；制定了麦类品种资源抗黄矮病鉴定行业标准，发明了快速、准确跟踪抗黄矮病基因的分子标记检测方法，选育出一系列抗病品种(系)；阐明了我国不同地区黄矮病毒发生规律，集成创建了防控技术体系并在西北和华北7省(区)累计推广1686万公顷，新增产值89.65亿元。

1项成果获山西省科技进步一等奖。畜牧兽医研究所完成的“舍饲养羊技术集成与示范”，围绕养羊方式由传统放牧向舍饲养殖方式转变中迫切需求的技术问题，开展了品种选择和培育、优种羊繁殖、饲料营养、养殖设施、高效养殖生产等技术研究，建立了羊品种遗传资源评价与利用技术体系，为山西省羊品种资源评价、保护与利用提供了理论依据；建立了以“幼畜体外胚胎生产技术(JIVET)”和“胚胎移植技术(MOET)”为核心的优种羊快速繁殖新技术，利用4～8周龄羔羊进行超早期“试管羊”繁殖获得成功，使其6～7月龄羔羊可繁殖到下一代，两年期间一只优种羊的繁殖效率提高100多倍；建立和完善了我国绒山羊、肉用羊饲养标准体系；集成构建了肉用羊舍饲养殖技术体系和绒山羊舍饲养殖技术体系。项目实施期间获国家专利4项，制定技术标准4项。在全省9个地市推广应用，新增经济效益18.4亿多元，社会效益显著。

两项研究成果达到国际领先水平。植物保护研究所完成的“果树梨小食心虫监测和绿色防控新技术研究与示范”，首次揭示了梨小食心虫在北方果区的发生危害规律及灾变机制，建立了梨小食心虫预测预报技术体系；研制出迷向散发器、迷向膏剂、多功能型诱捕器等专利产品，形成了以性信息素为核心的绿色高效防控技术；揭示了梨小食心虫卵寄生优势赤眼蜂种，研究改进了田间应用技术以及保存蜂种新技术；研制和筛选出防治梨小食心虫的高效环保型农药制剂和杀卵增效助剂，实现了梨小食心虫化学防治的减量化和高效绿色防控。项目研发的新技术、新产品、新标准已在我省多地及陕西、山东、河北、新疆、辽宁等地大面积示范推广应用，取得了显著的经济、生态和社会效益。

园艺研究所完成的“梨树蜜蜂授粉配套技术研究与应用”，首次筛选出两种对梨树采集具有偏爱性的蜂种，解决了生产用蜂的问题；研制出巢内蜜蜂诱导剂，增强了蜜蜂为梨树授粉的针对性；研发出具有专利技术的蜜蜂携粉授粉器，解决了授粉树不足的问题；制定出一套梨树蜜蜂授粉技术规程，为规范蜜蜂授粉技术和今后大面积推广应用奠定了基础。

20项研究成果达到国际领先水平。棉花研究所完成的“废弃苹果枝资源化栽培香菇大棚水冷降温新技术”，针对不同降温设备进行比较研究，利用地下井水，探索出香菇菌棒越夏及高温出菇的水冷降温系统；筛选出苹果木屑栽培香菇的新配方，研究出苹果枝资源化栽培香菇新工艺。经4年推广应用，创造经济效益3000多万元，生态和社会效益良好。

棉花研究所完成的“农村生物质节能减排采暖炉”，利用农村来源丰富、价格低廉的秸秆、果枝等生物质为燃料，研制开发出节能减排采暖炉，实现了模块化组装和标准化生产；设计安装了提温消烟装置，实现了二次供氧，使烟雾中的可燃气体充分燃烧，减少了污染排放，提高了热能利用率；采用上风口填充燃料和供氧的方式，有效避免了燃烧灰沉积堵塞风道。该技术在山西南部农村大面积推广应用，对改变农村燃料结构、改进农民生活方式、减少有害气体排放发挥了重要作用。

棉花研究所完成的“棉蚜可持续治理关键技术”，针对我国棉蚜危害严重、传统防治方法弊端较多等生产实际问题，开展了以隐蔽施药、天敌引诱、物理捕杀、高效低毒药剂筛选等关键技术研究，研制出一种棉蚜天敌引诱剂及两种防蚜效果显著、持效期长、对棉苗有促进作用的防治棉蚜拌种剂，发明了一种手动吹吸式风力吸虫器，在我省临猗、盐湖等地推广应用，杀虫剂使用量明显减少，棉花增产10%以上，经济、社会和生态效益显著。

小麦研究所完成的“麦田恶性杂草节节麦的生物学特性及防除技术研究”，对节节麦的分布、积温、发芽等生物学特性及麦草混杂种子分离提纯、深翻除草等技术进行了系统研究，发现了节节麦具有潜在的发芽能力，明确了节节麦种子发芽所需积温(44℃)高于小麦，揭示了节节麦种子在15厘米土壤以下难以出苗的特点；筛选出适宜的除草剂世玛、阔世玛，确立了其最佳施药时间与施药量，建立了大田节节麦除草技术体系；建立了小麦与节节麦混杂种子水选分离技术及深翻除草技术。在山西省小麦主产区运城、临汾进行大面积推广应用，取得了显著的经济、生态和社会效益。

高粱研究所完成的“利用A3细胞质选育不育类型甜高粱杂交种的研究”，针对A3细胞质难以获得优良恢复系的特点，提出了利用其选育不育类型甜高粱杂交种的新思路。利用A3细胞质雄性不育系，育成了生物产量高、含糖量高和抗倒伏性强的新型甜高粱杂交种“晋甜杂3号”；揭示了影响甜高粱倒伏的3个主要因子，制定了抗倒伏分级标准，为甜高粱抗倒伏品种选育提供了理论依据。

高粱研究所完成的“高粱水肥高效利用技术研究与应用”，针对水地高粱生产中水肥利用率低的问题，开展了灌水方式、灌水时期、灌水量、施肥时期及施肥量等研究，明确了高粱隔沟交替灌溉的最佳时期及适宜水量，应用此技术，灌溉节水44.4%，水分利用率提高11.9%；提出氮肥30%底施和11－13叶期70%追施的施肥模式，氮肥利用率提高了22.7%。累计示范推广6867公顷，经济社会效益显著。

高粱研究所完成的“高粱叶部病害智能识别、分析及决策系统”，通过采集高粱叶部病害症状图像特征，建立了图像识别特征数据库。采用支持向量机技术分析了高粱叶部病害的典型识别特征，研发出高粱叶部病斑自动化图像分割和提取方法；建立了高粱病害BP神经网络模型，实现了高粱病害知识库的自动学习和升级；开发出高粱叶部病害自动识别与防治系统单机版、服务器端和手机客户端软件并已推广应用。该项目填补了利用计算机图像处理技术在高粱病害识别上的空白，为进一步拓展高粱其他病虫害识别及防治提供了技术基础。

畜牧兽医研究所完成的“中草药改善猪肉品质的研究与应用”，采用超微粉碎和有效成分提取技术研制出新型天然植物饲料添加剂，有效提高了肌肉嫩度、肌内脂肪含量及肌肉中高密度脂蛋白水平，降低了低密度脂蛋白和胆固醇水平，优化了肠道有益微生物类群，提高了机体免疫力。使用本项目研制的中草药超微粉剂后，试验组猪肉肌内脂肪含量达3.4%，猪肉胆固醇含量比对照组降低11.7%。累计推广应用4.7万头猪，新增产值1320.3万元，新增直接经济效益979.3万元。

畜牧兽医研究所完成的“猪主要病毒性呼吸道病病原及综合防控技术研究”，采用分子生物学检测技术，对在全省采集的1188份病料进行了猪伪狂犬病、猪圆环病毒2型、猪流感病、猪蓝耳病四种猪病的检测，开展了猪伪狂犬病山西分离株TK基因测序和同源性分析，揭示了山西分离株TK基因与国内外毒株的差异性，为防控山西省猪群猪病毒性呼吸道病综合征流行提供了理论依据；经免疫试验和检测，绘制了猪伪狂犬病、猪圆环病毒2型、猪蓝耳病疫病的母源抗体和免疫抗体消长规律曲线图，为种猪、仔猪、育肥猪免疫程序的制定提供了科学的技术路径；制定了适合山西猪场疫病流行动态的免疫程序。

畜牧兽医研究所完成的“山西省猪主要病毒性疫病的流行病学研究及对策”，通过对山西省猪瘟、猪繁殖与呼吸综合征、猪伪狂犬病、猪圆环病毒2型的流行病学进行调查，发现猪繁殖与呼吸综合征阳性率为39.8%，猪伪狂犬病阳性率为9.1%，圆环病毒2型阳性率为14.2%，猪繁殖与呼吸综合征病毒与圆环病毒2型混合感染率为13.2%，猪繁殖与呼吸综合征病毒与猪伪狂犬病毒混合感染率为4.9%，圆环病毒2型与伪狂犬病毒混合感染率为6.1%。通过对分离的16份猪繁殖与呼吸综合征病毒毒株Nsp2基因序列进行分析，发现在第481位和第553－561位缺失30个氨基酸，这与我国PRRS高致病性分离株（HUB1、HuN、HUN4和JXA1）缺失位点完全一致，但与国内PRRS经典病毒株（CH－1a）的亲缘关系相对较远。通过对分离的HP－PRRSV毒株进行全基因测序，已将该基因序列提交GenBank（登录号：KJ855518），并命名为Shanxi－6株。建立了猪瘟、猪繁殖与呼吸综合征、猪伪狂犬、猪圆环2型四种疫病的免疫程序，研究集成了控制山西省这四种猪病的发生有效的综合防控技术，取得了良好的应用效果。

畜牧兽医研究所完成的“提高獭兔皮毛质量关键技术研究”，应用群体继代选育方法，选育出体型大、被毛密度高、粗毛含量低的优质獭兔群体，其后代3月龄体重达2.5千克，5月龄体重达3.1千克，优质皮张比例93%。通过采取褪黑激素不同添加方式，确定了獭兔生产中褪黑激素的最佳利用方式及使用剂量，使被毛质量提前成熟20天；通过营养梯度试验，确定了优质皮张的适宜营养水平。设计出兔舍加温装置和兔用仿生产仔箱，使兔笼利用率提高50%；制定出影响獭兔皮毛质量的主要疾病综合防控技术措施。

畜牧兽医研究所完成的“海狸色獭兔选育研究”，应用群体继代选育和分子辅助育种技术，选育出遗传性稳定、体型较大、后代生长发育快、繁殖性能优良、被毛密度大、毛细、平整度好且粗毛含量极低的海狸色獭兔群体，海狸色比例达到94.9%。通过杂交配合力测定，提出了用白色獭兔生产海狸色皮张的生产模式；揭示了皮毛质量及毛色变化规律，完成了影响海狸色獭兔毛色部分相关分子标记研究。

畜牧兽医研究所完成的“优种羊JIVET技术研究”，开展了4～8周龄羔羊FSH＋LH＋PMSG激素超数排卵技术与手术法活体采卵技术研究，在卵母细胞体外成熟液添加GSH底物，使卵母细胞充分成熟，提高了卵裂率和“JIVET羔羊—试管羊”的生产效率；建立和完善了优种羊“JIVET”技术体系，为缩短羊的育种周期奠定了基础。应用此技术，4～8周龄羔羊平均活体采集卵母细胞达89.6枚/只·次，体外受精卵的卵裂率达65.6%，体外生产的2～4细胞胚胎移植受胎率达54.6%。

畜牧兽医研究所完成的“欧拉藏羊引进与利用技术研究”，利用小尾寒羊为母本、欧拉藏羊为第一父本、特克赛尔羊为终端父本进行杂交，培育出适应性强、抗病力强、繁殖率高、生长发育快的杂种后代；利用代乳料对三元杂种的后代羔羊实施30日龄的早期断奶试验，筛选出羔羊早期断奶的代乳料配方2个，实现了羔羊30日龄早期断奶，较常规提前2个月断奶的良好效果，90日龄的平均体重分别达26.2千克和26.9千克。

谷子研究所完成的“谷子轻简化栽培技术研究与应用”，筛选混配出控制苗期病虫害的谷子种衣剂并筛选出春谷田除草剂适宜品种、使用时期与浓度；改等行距(33厘米)种植为宽窄行(50厘米/16.5厘米)种植，优化了谷子种植模式；引进改制了适宜丘陵地区使用的谷子中耕机和收割机，在丘陵地区实现了谷子中耕和分段收割机械化。累计示范推广3333公顷，经济效益显著，应用前景广阔。

生物技术研究中心和农业资源与经济研究所合作完成的“温室草莓连作障碍克服技术研究”，针对温室草莓连作障碍问题，将细菌、放线菌、酵母菌、霉菌等13种菌进行复配，研制开发出修复重茬土壤的复合微生物菌剂，此菌剂分次施用可有效促进土壤有益微生物的再建；利用微生物和高温的协同作用创建了修复温室重茬土壤的“微生物+太阳能”方法，有效杀灭了有害微生物，构建了适宜的土壤生态环境，克服了温室草莓重茬障碍。

农产品加工研究所完成的“高燕麦含量面包加工关键技术研究”，选用经微波焙烤、超微粉碎的全燕麦粉，提高了面包的膳食纤维含量；通过将全燕麦粉和高筋小麦粉等比混合，筛选出天然增筋剂，改善了面团的结构和面包的表观及品质；研究确定了高燕麦面包加工工艺，产品燕麦使用量达到50%。

农作物品种资源研究所完成的“燕麦核不育材料创新及杂交育种技术改进”，通过对发现的首例皮燕麦雄性不育材料进行细胞学观察和遗传鉴定，首次发现了皮燕麦雄性核不育材料，明确了不育性状由一对隐性核基因进行控制；研究出燕麦开放式渐进杂交新技术，使杂交结实率由原来的5%左右提高到50%以上；创新出多种类型的皮燕麦、裸燕麦核不育材料，育成了“品燕2号”和“品燕3号”裸燕麦新品种。

农产品贮藏保鲜研究所完成的“番茄采后病害生物防治技术研究”，明确了引起番茄采后病害的4种主要病原菌串珠镰刀菌、细极链格孢、灰葡萄孢霉和粉红单端孢霉；筛选出肠杆菌和伯克氏菌2株对番茄采后灰霉病有显著抑制作用的拮抗细菌；研究证明了4种植物精油在体内体外条件下对番茄采后病害的抑制作用，提出了在百里香精油中添加硅酸钠能有效提升番茄采后病害的防控效果。

农产品贮藏保鲜研究所完成的“高效乙烯去除剂的研发及产业化应用”，通过对膨胀蛭石等12种多孔性吸附材料相关物性参数的测定研究，确定了具有较大比较面积和适宜内孔径的多孔性材料是提高载体中高锰酸钾有效含量的关键，并据此确定了本项目最适宜的载体材料9号沸石；通过研究载体活化温度、高锰酸钾溶液温度、载体温度等生产工艺条件对载体吸附效果的影响，形成了溶液、载体“双增温”工艺为核心的生产技术，使载体中高锰酸钾有效成分含量达到9%～10%；通过对3510纸等15种包装材料透气性的检测，筛选出具有良好透气性和隔水性的包装材料，形成了年产500万袋乙烯去除剂的生产能力。

10个新品种通过国家级审(鉴)定。玉米研究所选育的玉米新品种晋超甜1号，抗矮花叶病，中抗大斑病、青枯病、粗缩病，感丝黑穗病、穗腐病。2012～2013年参加国家区试，比对照品种增产11.4%；2013年参加生产试验，比对照品种增产6.5%。适宜在北京、天津、河北、山东、河南、江苏北部、安徽北部、陕西关中灌区夏播种植。

棉花研究所选育的小麦新品种运旱115，冬性中熟品种，纺锤形穗，穗码中密，长芒，白壳，白粒。达到了强筋品种审定标准和面包专用品种优级标准。抗旱性中等，中感条锈病和黄矮病，高感叶锈病和白粉病。2011～2012年参加黄淮冬麦区旱薄组品种区域试验，平均亩产363.3千克，比对照晋麦47号增产3%；2013～2014年参加生产试验，平均亩产295.3千克，比对照晋麦47号增产5.6%。适宜在黄淮冬麦区的山西省南部、陕西省渭北、河南省西部、河北省南部旱薄地种植。

作物科学研究所选育的谷子新品种晋谷59号，属黄谷黄米，在全国第十一届优质食用粟评选中被评为国家一级优质米。2013～2014年参加国家西北春谷区中晚熟组区试，平均亩产348.7千克，比对照增产12.1%，居参试品种第1位；2014年参加生产试验，平均亩产428.2千克，比对照增产12.8，居参试品种第1位。适宜在无霜期150天以上的西北春谷中晚熟区推广种植。

谷子研究所选育的谷子新品种长农44号，平均生育期127天，抗拿捕净除草剂，适于在春播中晚熟区种植，2013年参加第十届全国食用粟鉴评会被评为二级优质米。2013～2014年参加国家区试，平均亩产334.5千克，比对照长农35号增产7.5%；2014年参加生产试验，平均亩产418.8千克，比对照长农35号增产10.3%，居参试品种第2位。

谷子研究所选育的谷子新品种长生11，由长农35号系选而来。2013～2014年参加国家西北区中晚熟组区试，平均亩产338.2千克，比对照长农35号增产8.7%；2014年参加生产试验，平均亩产400.9千克，比对照长农35号增产5.6%。

蔬菜研究所选育的白菜新品种晋青二号，利用雄性不育材料配制的秋大白菜晚熟品种，平均生育期90天。单株净菜平均重4千克，亩产净菜7500～10000千克，净菜率85%，属丰产型一代杂交种。

蔬菜研究所选育的粉果番茄新品种圆粉209，属无限生长类型，中早熟，口味甜酸。2012～2013年参加第九轮国家鲜食番茄设施品种粉果组区域试验，平均前期亩产3037.4千克，比对照东农712增产10.1%，总产6931.5千克，比对照增产0.9%；2014年参加国家生产试验，平均前期亩产2667.8千克，比对照东农712增产14.4%，总产6513.3千克，比对照增产3.3%。适宜在北京、上海、重庆、长春、沈阳、运城、秦皇岛、洛阳、包头、苏州、南昌和绵阳等试点作春提早设施栽培。

蔬菜研究所选育的红果番茄新品种丽红，属无限生长类型，中熟，口味酸甜适中。2012～2013年参加第九轮国家鲜食番茄设施品种红果组区域试验，平均前期亩产2632.2千克，比对照品种莎龙增产7.7%，总产5995.3千克，比对照增产0.5%。适宜在重庆、抚顺、烟台、吕梁、洛阳、包头、武汉、海宁和成都等试点作春提早设施栽培。

高寒区作物研究所选育的荞麦新品种晋荞麦(苦)6号，属中早熟品种，平均生育期83天，千粒重17.1～18.5克。籽粒脂肪含量2.4%，蛋白质13.2%，碳水化合物67.8%，水分10.9%，黄铜2%。

高寒区作物研究所选育的胡麻新品种晋亚12号，平均生育期99天，中熟品种，千粒重6.5克。含油率42.7%，亚麻酸含量51.4%。抗枯萎病，抗倒伏，抗旱性较强，丰产稳产。2011年参加山西省胡麻品种生产试验，平均亩产95.7千克，比对照晋亚7号增产12.5%。

【农业科技成果转化与推广示范取得新成效】 农业科技成果转化与推广示范纳入2015年山西省新实施十项强农惠农富农政策，省农科院578名科技人员在全省11个市44个县(市、区)实施24项基地建设和37项推广项目，共推广品种247个，集中展示先进适用技术358项，配套高产高效技术模式40项，示范4553公顷，推广8.9万公顷，粮、油、果、菜、畜牧、食用菌、贮藏保鲜、物联网应用等示范推广累计增加社会经济效益3.69亿元。

创建了一批高产高效示范典型。沁县酿造高粱创新示范基地建设，长治市沁县定昌镇陈村33.3公顷（500亩）高产示范田，平均亩产816.8千克，创旱地高粱亩产新高。晋北冷凉区马铃薯科技创新示范基地建设，大同市广灵县梁庄乡曹庄村高产样板田，平均亩产3259.6千克，比对照常规种植方式增产62.17%，最大单株产量4千克，最大薯块1.8千克。玉米新品种宽窄双株种植机械化栽培技术示范推广，晋中市祁县谷恋村6.7公顷(100亩)样板田，平均亩穗数5297穗，出籽率78.5%，平均亩产1133.4千克。晋东南旱作玉米创新示范基地建设，长治市长子县宋村乡谷村7公顷连片样板田，平均亩产玉米1070.2千克。晋南小麦/玉米一年两作创新示范基地建设，临汾市尧都区吴村镇洪堡村133.3公顷(2000亩)示范田，平均亩产小麦680.7千克。大豆渗水地膜全覆盖高产栽培技术示范，汾阳市贾家庄村2.3公顷示范田，汾豆78平均亩产267.1千克，汾豆79平均亩产260.8千克。渗水地膜和2MB—1/4专用穴播机波浪形全覆盖谷子示范推广，大同市新荣区西村乡甘庄村渗水地膜全覆盖旱地谷子示范区，示范品种晋谷21号平均亩产531.3千克、张杂谷5号平均亩产710.7千克，对照田露地旱地毛谷平均亩产160.6千克。

（朱俊菲）

教育事业

【深化教育领域综合改革，大力推进依法治教】 *推进依法行政。*制定《“六权治本”工作实施方案》，将省委17项要求细化为19项具体工作，并分解落实责任。明确了省教育厅承担的61项行政权力，编制并发布权力清单、责任清单和风险防控图。制订《关于进一步规范教育重大事项决策行为的实施意见》，进一步规范行政决策行为。制定《推进简政放权放管结合转变政府职能工作方案》，明确改革事项及改革的时间表、路线图，促进了依法行政和职能转变。积极落实省委省政府开展“冬季行动”的部署，着力抓好重点工作落实，继续优化服务，进一步提高行政效能。

*强化依法治校。*加强依法治校培训，组织市县教育法制骨干参加了教育部培训，领导干部法治思维和推进依法治教的能力不断增强。广泛开展法制宣传和创建活动，弘扬宪法精神，培育法治观念。核准了38所高校章程，其他高校已完成章程制定工作。起草《山西省教育厅关于中小学章程制定工作的指导意见》，启动中小学章程建设工作。

*加快推进教育领域综合改革。*制定《山西省教育领域综合改革方案》，进一步理清改革思路。以招生考试制度改革为改革突破点，制定了《山西省深化考试招生制度综合改革实施方案(试行)》《山西省高等职业教育考试招生制度改革方案》《山西省普通高中学业水平考试实施办法》和《山西省普通高中学生综合素质评价实施办法》，已报教育部审核。深化高校职称制度改革，下放一批高校副教授和全部中级职称评审权。充分发挥职称评审政策的

导向作用，增设了高校科技成果转化应用类高级职称类型，进一步调动高校教师参与科技创新的积极性和主动性。启动编制《山西省教育事业发展第十三个五年规划》。

【学前教育扩大资源加快发展】 2015年，全省共有幼儿园6450所，比2014年增加267所。入园幼儿42万人，增加8064人；在园幼儿98.3万人，增加1.5万人；离园幼儿35.8万人，增加1.7万人。专任教师4.8万人，增加3810人。民办幼儿园2616所，在园幼儿38.5万人，分别占全省总数的40.6%和39.2%。学前教育毛入园率87%，提高1个百分点。

2015年，山西省大力实施“第二期学前教育行动计划”，新建、改扩建204所公办标准化幼儿园，改造改建312所农村幼儿园，学前教育资源进一步扩大。全省已基本普及学前一年教育，城镇地区基本普及学前三年教育，构建起较完善的学前教育公共服务体系。同时，健全完善优质幼儿园帮扶薄弱园工作机制，城乡、区域、园际间差距得以缩小，办园质量得到提升。

【义务教育完善机制均衡发展】 2015年，全省共有义务教育阶段学校8298所，比2014年减少506所。招生71.2万人，减少1.5万人；在校生339.6万人，减少6.8万人；毕业生76.9万人，减少6.8万人。专任教师28.6万人，减少6698人。

小学。2015年，全省共有小学6403所，比2014年减少482所。另有不计校数的教学点3108个，增加194个。招生37.7万人，增加2.9万人；在校生226.9万人，增加2.4万人；毕业生34.1万人，减少4.7万人。民办小学168所，在校生17.6万人，分别占全省总数的2.6%和7.8%。小学学龄儿童净入学率99.9%。

小学专任教师17.3万人，减少3883人，其中小学15.9万人(含教学点)、九年一贯制学校1.2万人、十二年一贯制学校1987人。专任教师学历合格率99.9%。生师比为13.1∶1。

小学(含教学点)校舍建筑面积1808.7万平方米，比2014年增加28.5万平方米。小学体育运动场(馆)面积、体育器械配备、音乐器械配备、美术器械配备以及数学自然实验仪器达标学校的比例分别为57.2%、70.2%、69.5%和69.8%。

小学共有寄宿制学生34.6万人，进城务工人员随迁子女21万人，农村留守儿童10.3万人，分别占全省在校生总数的15.2%、9.3%和4.5%。

初中。2015年，全省共有普通初中学校1895所，比2014年减少24所。其中初级中学1413所、九年一贯制学校482所。招生33.5万人，减少4.4万人；在校生112.7万人，减少9.2万人；毕业生42.8万人，减少2.1万人。民办普通初中205所，在校生23.4万人，分别占全省总数的10.8%和20.7%。

初中专任教师11.3万人，减少2815人，其中初级中学8.3万人、九年一贯制学校1.4万人、十二年一贯制学校1978人、完全中学1.4万人。专任教师学历合格率99.5%，提高0.2个百分点。生师比为9.9∶1。

初中校舍建筑面积1508.9万平方米，增加54.9万平方米。初中学校体育运动场(馆)面积、体育器械配备、音乐器械配备、美术器械配备以及理科实验仪器达标学校的比例分别为66.7%、77.3%、75.8%和78.7%。

初中共有寄宿制学生51.3万人，进城务工人员随迁子女7.1万人，农村留守儿童5.4万人，分别占全省在校生总数的45.5%、6.3%和4.8%。

2015年，山西省投入13.2亿元大力推进“全面改薄”工作，改善贫困地区义务教育薄弱学校办学条件。招聘农村“特岗教师”1600名，培训中小学教师11.5万人；实现了校长教师交流全覆盖，共交流义务教育学校校长1249人、教师14997人，交流比例分别达到22.3%和13.7%；为21个集中连片贫困地区农村教师每人每月发放补助300元。各市60%以上的优质高中指标分配到初中，完成率达到90%以上，有效提升了薄弱初中办学吸引力。教育信息化建设进展顺利，有序推进了优质教育教学资源共享。2015年有21个县通过省级义务教育学校标准化建设验收，30个县通过国家县域义务教育发展基本均衡评估认定，晋中市还入选“全国义务教育均衡发展优秀工作案例”，全省义务教育均衡发展水平进一步提升。

【特殊教育强化保障提升发展】 2015年，全省共有特殊教育学校64所，比2014年增加2所。招生1637人，增加226人；在校生9206人，增加1041人；毕业生1060人，增加228人。专任教师1445人，增加13人。

普通小学、初中附设特教班和随班就读招收的学生751人，在校生3843人，毕业生452人，分别占全省总数的45.9%、41.7%和42.6%。

2015年，确定的6所特殊教育学校建设任务进展顺利，2所已基本建设完成，4所主体基本完工，实现了全省11个市和30万人以上的县均建有特殊教育学校的目标。特殊教育学校生均公用经费标准提高到每生每年5000元。对全省特殊教育学校校长、教师500余人进行省级专业培训。制定《关于加快发展以职业技能培养为主的高中阶段特殊教育的通知》，促进残疾学生就业创业和继续深造，有力提升特殊教育发展水平。

【普通高中改善条件特色发展】 2015年，全省共有普通高中505所，比2014年增加6所，其中完全中学218所、高级中学245所、十二年一贯制学校42所。招生24.8万人，减少7159人；在校生79.4万人，减少3.4万人；毕业生28.4万人，增加1万人。民办普通高中155所，招生数5.1万人，在校生16.4万人，毕业生5.5万人，分别占全省总数的30.7%、20.4%、20.7%和19.5%。

普通高中专任教师6.2万人，增加1015人，其中完全中学2.1万人、高级中学3.9万人、十二年一贯制学校2420人。专任教师学历合格率97.4%，提高0.5个百分点。生师比为12.8∶1。

普通高中校舍建筑面积1683.7万平方米，增加69.9万平方米。普通高中体育运动场(馆)面积、体育器械配备、音乐器械配备、美术器械配备以及理科实验仪器达标学校的比例分别为79.4%、79.8%、79.6%、80.2%和83.6%。

2015年，山西省对省级示范高中进行专项复评，带动全省普通高中规范发展、特色发展。启动普通高中办学条件标准化建设，各市、县均制订了本地的建设验收规划，列入2015年任务的高中学校全部完成自评和市级验收。普通高中助学金资助标准提高到2000元，减轻了家庭经济困难学生就学负担。

【职业教育校企合作创新发展】 2015年，全省共有中等职业教育(含普通中等专业学校、成人中等专业学校、职业高中和技工学校)学校542所，比2014年减少1所。招生15.6万人，减少1.5万人；在校学生47.3万人，减少3.7万人；毕业生17.4万人，减少1.8万人。

普通中等专业学校。2015年，全省共有普通中等专业学校92所，其中中等技术学校88所、中等师范学校4所。招生3.9万人，比2014年减少8818人，其中普通中专学生3.9万人、职业高中学生420人；在校生14万人，减少1.4万人，其中普通中专学生11.8万人、职业高中学生2.2万人；毕业生4.9万人，减少6010人，其中普通中专学生4.8万人、成人中专学生654人、职业高中学生322人。民办中等技术学校13所，招生4376人，在校生8521人，毕业生3167人，分别占全省总数的14.1%、11.2%、6.1%和6.4%。

普通中等专业学校专任教师7830人，比2014年增加37人。其中，具有高级专业技术职务的2059人，占比26.3%，提高1.2个百分点；具有中级专业技术职务的3141人，占比40.1%；具有本科及以上学历的7236人，占比92.4%，提高0.8个百分点。生师比为17.9∶1。

普通中等专业学校占地面积654.4万平方米，减少22.1万平方米；校舍建筑总面积328.8万平方米，减少3.2万平方米；固定资产总值32.15亿元，增加5920.9万元；教学实习仪器设备资产值7.76亿元，增加3202.6万元；图书542.1万册，增加21.9万册。

成人中等专业学校。2015年，全省共有成人中等专业学校119所。招生3849人，比2014年增加1026人，其中普通中专学生803人、成人中专学生3024人、职业高中学生22人；在校生1.1万人，减少5461人，其中普通中专学生1501人、成人中专学生9282人、职业高中学生22人；毕业生9318人，减少1249人，其中普通中专学生520人、成人中专学生8798人。

成人中等专业学校专任教师3340人，减少137人。其中，具有高级专业技术职务的437人，占比13.1%，提高0.4个百分点；具有中级专业技术职务的1651人，占比49.4%，下降0.2个百分点；具有本科及以上学历的2509人，占比75.1%，提高1.3个百分点。

职业高中。2015年，全省共有职业高中233所。招生6.5万人，比2014年减少3751人；在校生17.9万人，减少4828人；毕业生5.9万人，减少8573人。民办职业高中79所，招生1.7万人，在校生4.4万人，毕业生1.1万人，分别占全省总数的33.9%、26.6%、24.3%和18.3%。

职业高中专任教师1.4万人，增加326人。专任教师学历合格率88.4%，提高1.8个百分点。生师比为12.8∶1。

其他机构、附设中职班。2015年，全省共有其他中等职业教育机构7所和附设中职班75所，均不计校数。招生1.1万人，比2014年减少1423人，其中普通中专学生7465人、成人中专学生390人、职业高中学生2798人；在校生3.7万人，减少8246人，其中普通中专学生2.9万人、成人中专学生1070人、职业高中学生7110人；毕业生1.8万人，减少2265人，其中普通中专学生1.5万人、成人中专学生1410人、职业高中学生1840人。

技工学校。2015年，全省共有技工学校98所。招生3.7万人，在校生10.6万人，毕业生3.8万人。

2015年，山西省召开全省职业教育工作会议，出台了关于《贯彻落实〈国务院关于加快发展现代职业教育的决定〉的实施意见》以及推进职业教育校企合作、基础能力建设、“双师型”教师队伍建设的系列政策措施。持续加强职业教育基础能力建设，立项建设省级实训基地137个，验收县级职教中心11个，职业院校办学条件和质量得到有效提升。加强职业院校教师队伍建设，提高“双师型”教师比重，技能型人才培养质量得到进一步保障。大力推进“百校千企”工程，遴选确定了106所职业院校与1082家大中型企业，推动办学及人才培养模式创新。

举办全省第九届职业院校技能大赛，师生近30万人次参加、近百家企业参与，进一步深化了校企合作。开展“送教下矿”“送教下乡”，培养煤炭产业人才8000余人次，完成农村实用技术培训310万人次。

【高等教育提升质量内涵发展】 2015年，全省共有培养研究生单位14个，其中普通高校11个，科研机构3个。普通高校79所(独立学院计入校数)，其中本科院校23所、独立学院8所、专科院校48所(高等专科学校7所，高等职业学校41所)。民办普通高校15所，其中本科院校2所、独立学院8所、高等职业学校5所。成人高等学校12所，其中职工高等学校7所、管理干部学院2所、教育学院2所、广播电视大学1所。

2015年，研究生招生9769人，比2014年增加628人，增长6.9%，其中，博士生497人，增长2.1%；硕士生9272人，增长7.1%。在学研究生2.9万人，增加706人，增长2.5%，其中，博士生2543人，增长3.9%；硕士生2.6万人，增长2.4%。毕业研究生8795人，增加303人，增长3.6%。其中，博士生364人，增长5.5%；硕士生8431人，增长3.5%。

2015年，普通高等教育本专科共招生22.3万人，比2014年增加8291人，增长3.9%，其中，本科12.2万人，增长3.8%；专科10万人，增长3.9%。在校生74万人，增加2.7万人，增长3.8%，其中，本科45.2万人，增长7.1%；专科28.8万人，降低1%。毕业生19.1万人，增加1.7万人，增长9.9%，其中，本科9.1万人，增长7.1%；专科9.9万人，增长12.6%。民办普通高校普通高等教育本专科共招生3.6万人，在校生12.6万人，毕业生3.1万人，分别占全省总数的16.1%、17.1%、16.1%。全省高等教育毛入学率40%，提高3个百分点。

2015年，普通高等学校校均规模9370人，比2014年增加342人，增长3.8%。其中，23所本科院校的在校生41.4万人，校均规模1.8万人，增加753人，增长4.4%。

2015年，成人高等教育本专科共招生3.6万人，比2014年减少1.2万人，降低25.1%，其中，本科1.8万人，降低17.3%；专科1.8万人，降低31.4%。在校生14.4万人，减少2.9万人，降低16.5%，其中，本科6.5万人，降低9.5%；专科7.9万人，降低21.6%。毕业生6.3万人，减少192人，降低0.3%，其中，本科2.4万人，降低13.8%；专科3.9万人，增长10%。

2015年，普通高等学校专任教师4万人，比2014年增加89人，增长0.2%。其中，具有高级专业技术职务的1.3万人，占比32.9%，下降0.9个百分点；具有研究生及以上学历学位的2.5万人，占比62.7%，提高2.5个百分点。普通高校占地面积3451.8万平方米，增加12.9万平方米。校舍建筑面积1984.4万平方米，增加49.7万平方米。学生宿舍面积514.9万平方米，增加11.5万平方米。教学仪器设备资产值69.94亿元，增加8.9亿元。图书5634.8万册，增加167.6万册。

2015年，成人高等学校专任教师1468人，比2014年增加16人，增长1.1%。其中，具有高级专业技术职务的569人，占比38.8%，下降1.6个百分点；具有研究生及以上学历学位的430人，占比29.3%，提高4.8个百分点。成人高校占地面积120.8万平方米，校舍建筑面积78.5万平方米，教学行政用房建筑面积43.1万平方米，学生宿舍建筑面积17.1万平方米，教学仪器设备值1.76亿元，图书165.2万册。

2015年，山西能源学院和山西警察学院顺利通过全国高评委评审。落实全省科技创新推进大会精神，启动“推进高校科技创新行动计划”，制定一系列政策措施，着力破解制约高校科技创新的体制机制问题。大力推进协同创新，启动实施协同创新计划，遴选了首批14个省级协同创新中心。围绕服务全省产业转型升级，遴选支持了一批省级重点学科和优势特色学科，推动建设8个与山西省产业创新链结合较为密切的学科群，开设了新能源汽车、煤层气、服务外包等一批专业方向，高等教育科研创新能力、服务能力进一步增强。高校共承担国家自然基金324项，保持连续3年增长，占全省总数的98.3%，承担社科基金37项，占全省总数的95%。加强高校人才队伍建设，完善“三晋学者”支持计划，增加了“青年三晋学者”层次，遴选出省级优秀创新团队1个、中青年拔尖创新人才12人、优秀青年学术带头人38人、“131领军人才”247人。加强创新创业教育，实施研究生创新计划和培养模式改革，遴选5个团队参加首届中国“互联网+”大学生创新创业大赛，获得银奖两项、铜奖三项。大力推进教育国际交流，设立来晋留学政府奖学金，公派出国留学和来晋留学人员均有大幅增长。积极搭建山西省高校与国外高水平大学合作服务平台，促成校际合作交流项目30多个。

（秦志伟）

17 文化·新闻·广播·出版事业

WENHUA XINWAN GUANGBO CHUBANSHIYE

文化·新闻
广播·出版事业

文化事业

【艺术事业蓬勃发展】 一是深入学习贯彻习近平总书记在文艺工作座谈会上的重要讲话和王儒林书记在省委常委会上对繁荣发展戏曲和文艺事业提出的要求，紧扣“中国梦”和“三个文化”主题打造精品力作。省委宣传部、省文化厅组织晋剧《于成龙》、音乐剧《火花》、儿童剧《红星杨》、话剧《生命如歌》、晋剧《红高粱》、舞剧《吕梁英雄传》、京剧《陈廷敬》、话剧《村官段爱平》、北路梆子《续范亭》、歌舞剧《太行奶娘》等10部新创舞台剧晋京演出，标志着山西省艺术创作又上新高度。此次活动有七大特点：(1)主题鲜明。“中国梦”和“三个文化”为创作提供了聚焦点，激发了文艺工作者的创造活力和创作热情。(2)题材丰富。包括解读古代廉吏、告慰革命前辈、对接名家名著、回答时代课题、反映当下生活。(3)体裁多样。有话剧、晋剧、北路梆子、舞剧、音乐剧、歌舞剧、儿童剧、京剧等8个艺术品种。(4)理念创新。在视角、题材、艺术、合作方式等方面均有突破和亮点。(5)组织科学。充分尊重艺术规律，尊重艺术家的创作，创作上没有发生大的反复、没有走大的弯路，工作上没有出现大的纰漏。(6)效应复合。40多家媒体进行了深入全面报道，展示了山西“六大发展”和弊革风清新成效，鼓舞了全省人民的志气。(7)影响深远。为山西文艺创作提供了新的视野和格局，提供了可贵的借鉴和启迪。同时，还涌现出襄垣秧歌剧《法显》、晋剧《王家大院》、蒲剧《枣儿谣》等一批好作品。二是围绕纪念中国人民抗日战争暨世界反法西斯战争胜利70周年，大力弘扬红色文化，组织开展“5＋1”活动，即分别在北京和太原举办“中国梦·太行魂——全国中国画作品展”“红色记忆颂太行·弊革风清倡廉政”剪纸艺术作品展、“历史的足迹·红色的记忆”优秀舞台剧展演、“烽火三晋·红色文华”三大抗日根据地文献展、“戏曲精品老区行”慰问演出等5项活动，其中深入老区慰问演出109场，涉及全省11个县区、51个乡镇、47个行政村，惠及数万群众。拍摄一部专题片《烽火丹青——抗战时期山西根据地美术事业》，在中央数字电视《书画频道》和山西卫视播出。上述活动弘扬了伟大的抗战精神和老区精神，使山西这个老根据地在全国纪念抗战胜利70周年系列活动中亮点频现。三是创新全省艺术创作机制，出台《艺术创作联席会议制度》《新创剧目报送制度》《首演剧目报送制度》，实现全省艺术创作信息和资源共享。四是组织30个项目入选国家艺术基金资助名单，获得资助3737万元，居全国第三，比2014年增加1952.5万元，有力支撑了全省艺术创作。

【公共文化设施建设和文化惠民水平进一步提高】 一是山西晋剧艺术中心和省少儿图书馆、省古籍保护中心工程顺利推进。省古籍保护中心得到国家图书馆大力支持，挂牌成立“国家级古籍修复技艺传习中心山西传习所”。二是深入开展“文化惠民在三晋”系列活动，包括欢乐下基层、爱心接力、润物无声、快乐生活、美丽三晋、幸福使者等10项活动和“阵地服务、流动服务、数字服务、优惠服务、共建服务”等5项服务。落实省级购买公共演出资金1100万元，购买演出371场，各市落实购买资金超过4000万元，购买演出9974场，观众达800万人次。会同省武警总队深入开展“三联三创”活动，深入驻军、武警和企业重点工程演出70余场。牵头举办“中国梦·黄土情”晋冀蒙陕甘宁六省(区)地方戏曲及民乐民歌“三展”活动，25个艺术团体、3000多名演员演出200场。三是省级文化单位惠民活动丰富多彩，发挥了引领和示范作用。山西大剧院全年演出328场，观众30万人次，在保利院线43座剧院考核中排名第二；省图书馆接待读者178万人次，举办"文源讲坛""文源视界"等各类讲座展览170余场；省群艺馆举办公益培训和文化活动130余场(次)；山西画院举办建院30周年纪念展；山西书法院深入各市开展"翰墨薪传"大型书法公益培训，培训学员2500余人。四是着力提升市县公共文化设施建设水平。落实专项资金2910万元，支持晋中市图书馆、临汾市图书馆和太原市小店区等9个县级"两馆"建设。全省公共文化设施达标率达80.2%，完成"十二五"规划目标。实施"农村公共文化服务提升工程"，保障乡村两级文化站(室)免费开放，落实中央和省、市投资1.5亿余元。朔州、晋中扎实推进国家公共文化服务体系示范区建设。朔州、长治启动基层综合性文化服务中心建设试点工作。五是深化公益性文化事业单位改革，加强文化类社会组织管理。省图书馆成立理事会，出台实施《山西省文化厅文化类社会组织管理暂行办法》。

【文化产业取得新突破】 加快推进省级重点项目建设。2015年9月开工建设山西省文化保税区，由省文化厅与省投资集团合作建设，总投资6亿元，是全国为数不多的文化保税专区；建成山西省文化产业园中的孟母文化广场，博物馆、非遗片区、文化驿站等项目建设顺利推进；山西省文化产权交易中心建设路径基本确定；启动建设山西文化云平台，省文化厅已与晋能集团签署合作协议，运用云计算、大数据等对山西文化资源进行数字化保存整理和开发利用。与国有大型企业开展合作是近年来推动文化产业发展的一个重要特征和全新突破，促进了文化部门政策资源优势与大型国企技术资金优势的整合，拓宽了文化工作的视野和路径。支持民营文化企业发展，山西省民营文化企业协会筹建工作基本就绪，确定入会企业1000余家。

主办和参加一系列文化产业展会活动。参与主办文博会，配合举办书博会、体博会、农博会，会同省演艺集团、省工美集团完成非遗和工美展览专场1.5万多平方米，安排多场演出。组织参加山西品牌中华行，参加第十一届深圳文博会、第九届中博会、第二届中国——东盟博览会文化展、第十届北京国际文化创意产业博览会等。全年举办国内外展览54场，扩大了山西文化产业影响力。

加快发展新兴文化产业。组织山西省动漫企业参加国家动漫企业认定，国家认定的动漫企业达10家，《一代廉吏于成龙》等3个原创动漫品牌入选国家动漫扶持计划。平定县冠窑砂器有限责任公司等7家企业成为第三批省级文化产业示范基地，目前全省省级文化产业示范基地达41家。

【非遗保护迈上新台阶】 一是启动实施"乡村文化记忆工程"，在全省112个乡镇开展试点工作，依托乡镇综合文化站，对乡村历史脉络、文化烙印、传统街区和乡风民俗等进行调查整理和科学保护展示，拓展了弘扬中华优秀传统文化和非遗保护的新领域。二是推进"晋中文化生态保护实验区"建设，出台《关于建设"晋中文化生态保护实验区"的意见》，制定《晋中文化生态保护区总体规划实施细则》《山西省非物质文化遗产生产性保护示范基地中长期规划》。三是完成第五批国家级非物质文化遗产代表性项目代表性传承人的申报推荐。评审认定第四批省级非遗项目代表性传承人202人，目前省级传承人达到816人。开展10项国家级非遗代表性传承人抢救记录。四是与晋中学院合作开展《山西省非物质文化遗产生产性保护示范基地中长期发展规划》课题研究。组织全省部分基层非遗传承人参加中国非物质文化遗产传承人群研修研习培训。

非遗传承定襄高跷秧歌

【对外文化交流和文化援疆援藏亮点突出】 一是省文化厅与葡萄牙里斯本大学孔子学院签署合作协议，与毛里求斯中国文化中心建立长期合作机制，这是山西省文化部门近年来首次与国家驻外文化机构开展战略合作。二是组织参加山西品牌丝路行，赴匈牙利、俄罗斯、意大利等国推介山西文化和经贸项目，会同省演艺集团、省工美集团举办各类演出20余场，展出非遗和工艺精品2400余件；组织华晋舞剧团等赴俄罗斯、泰国、香港参加交流演出和“欢乐春节”等活动。全年开展对外文化交流10批、264人次。三是创新文化援疆方式，创作话剧《生命如歌》，并赴疆巡演22场，这是19个援疆省份中第一部专题援疆文艺作品。扎实推进人才援疆援藏，选派优秀援疆干部，为新疆和西藏培训文化干部60余名，在山西戏剧职业学院举办三年制新疆曲子班，培养学员30名。

【文化市场管理服务水平不断提升】 扎实推进“六权治本”，依法确定5类22项行政权力，建立权力清单和责任清单，绘制权力运行流程图，并在省文化厅官网公布。完成文化市场技术监管和服务平台建设，经营场所录入和网上激活率达98%以上，全年准入办理6168个，执法办理1.1万个，被文化部评为2015年度文化市场综合执法优秀单位。加强行政审批和综合执法人员培训与管理，组织全省执法队伍技能大比武、文化市场综合执法案卷评查活动，组织检查经营单位10余万家次。推进网吧转型升级，全省转型升级试点网吧160余家。

【文化政策和保障体系不断完善】 一是编制《山西省“十三五”时期文化改革发展规划》《山西省“十三五”时期红色文化传承保护与开发规划》。尤其是山西作为革命老区编制出红色文化规划，在山西省历史上是第一次，也是全国第一个省级红色文化专项规划，具有十分重要的意义。二是起草《关于贯彻落实〈进一步加强对外和对港澳台文化工作的意见〉的实施意见》《关于提高公共文化服务水平的若干措施》《关于实施“山西省戏曲传承发展振兴工程”的意见》等政策措施。出台《山西省节庆活动管理办法》。三是实施“三区”人才支持计划文化工作者专项。山西戏剧职业学院成为华北地区唯一被文化部命名的文化干部培训基地。四是2015年中央和省级安排资金6.39亿元，其中专项资金5.2亿元，比2014年增加约7000万元，增长13.5%（转移支付市县专项资金约3.1亿元）。五是推进文化法治建设，印发《关于加强文化法治工作的实施意见》，为山西省文化工作第一个综合性法治文件。配合开展《非物质文化遗产法》和《山西省非物质文化遗产条例》执行情况调研。

（杨　渊）

文物事业

【加强文物保护基础工作】 文物保护法制化规范化进程不断加快。《山西省文物建筑构件保护办法（草案）》经省政府常务会议研究同意，正式列入2016年度省政府规章项目出台计划。《山西省古建筑抢救保护工作实施意见》和《关于加强文物安全工作的意见》的草案稿已征求了省内相关部门意见，正在修改完善。《山西省文物局关于可移动文物修复保护项目管理指导意见》《山西省市县级博物馆建设导则》《山西省博物馆免费开放绩效考核办法》和《山西省非国有博物馆考核办法》等一系列事关博物馆建设管理的规范性文件即将出

永济市文化艺术活动中心

台。《山西古建筑保护修缮导则》等7个标准化研究项目已完成2项，5项正在进行。

文物改革创新工作不断深化。配合国家文物局、省政府完成了行政审批制度改革的落实和承接工作，为顺利进驻省政务服务平台做好了准备。按照省委深入推进“六权治本”的要求和部署，梳理权力清单和责任清单，绘制权力运行流程图和风险防控图，初步实现了对权力运行的有效监督和制约。山西博物院根据理事会的建议和意见修改完善了章程，拟订理事会议事规则，召开第一届理事会第二次会议，法人治理结构模式逐步走向规范。

不可移动文物管理工作扎实推进。2015年，在全省范围内部署开展了为期两个月的古建筑专项核查，共核查各级文物保护单位6220处，整体保存较好的占41%，存在重大险情的占31%，存在一般险情的占28%，基本摸清了古建筑保护状况底数，为今后按计划实施维修提供了决策依据。第五批省级文物保护单位审核工作结束，初步拟定的178处名单已报省政府核定。成立山西省古建筑抢救保护工作领导小组，成员单位包括发改、公安、财政、住建、文化、工商、法制办等部门，负责协调解决古建筑抢救保护方面的重大事宜。经报请省政府同意，从2016年起每年另行安排1000万元专项经费用于国保、省保木结构古建筑日常养护，在全国开了先例。

文物保护主体责任落实取得突破性进展。各市政府落实文物保护工作的主体责任从2015年起纳入全省目标责任考核内容。省文物局依据《山西省年度目标责任考核工作规定》和《山西省2015年度目标责任考核工作赋分办法》，以减分为手段，以文物保护工作措施是否得力和文物安全上是否发生较大问题为减分依据，对2015年全省11个市的文物保护工作进行了实地考核，有关考核情况及减分建议已上报省考核领导小组审定。

可移动文物普查取得可喜战绩。2015年是可移动文物普查工作的关键年。截至2015年底，全省经登录、审核后上报国家普查数据平台可移动文物共计288.5万件，占摸底统计数量的98.5%，是2004年统计数字的2.4倍。除个别收藏量巨大的省直单位外，市县两级收藏单位已经完成了普查登录工作。

【推进文物保护重点工程】 *古建筑保护再呈亮点*。历时8年的105处山西南部早期木结构古建筑保护工程基本收官。作为省委省政府加强廉政文化建设的重要部署之一，于成龙故居及墓地的修复工程在克服了居民搬迁、耕地占用补偿、政治生态等问题和因素的影响，于2015年10月底顺利完工并通过验收。应县木塔加固工程自2014年12月开工以来都在做基础性工作，包括施工前准备、材料准备，尤其是对原有施工方案进行了深化和优化设计。首批启动的古村落整体保护利用3个试点村落中共有42处院落正在进行维修。太原西山文化带文物保护工程进展顺利，天龙山、龙山石窟抢险加固工程正在实施，窦大夫祠保护工程入选了第二届“全国十佳文物保护工程”。彩塑壁画保护工程正在按年度计划顺利推进。

世界文化遗产保护工作稳步实施。五台山重点寺庙的维修，除南山寺、殊像寺正在实施外，菩萨顶、龙泉寺、金阁寺、罗睺寺全部竣工，监测预警体系建设项目立项已获国家文物局批复。云冈石窟五华洞第11、12、13窟壁画及泥塑彩绘抢救性保护修复工程竣工并通过验收，第3窟、第21至30窟危岩体抢险加固工程设计方案已编制完成并上报审批。平遥古城完成了内墙97号和98号两段墙体抢险加固工程，外墙52号等14段墙体抢险修缮工作设计方案和遗产监测预警体系建设立项报告已上报国家文物局审批。

抗战遗存保护和展示得到好评。为迎接抗战胜利70周年，全省文物部门对集中连片的28处红色及抗战遗址进行了本体维修，对22处提升了内容展示。其中，武乡八路军太行纪念馆主题展览改造提升工程是重中之重，经过半年多紧张施工，已于2015年9月7日重新对外开放。

大遗址保护和抢救性田野考古取得新成果。全力推进陶寺遗址、丁村遗址、曲村——天马遗址、西侯度遗址以及炎帝文化遗存的考古调查发掘研究工作，特别是对陶寺遗址的发掘研究，证明了陶寺即是尧都，尧都即是“最早中国”。为进一步展示山西深厚的历史文化，省文物局与中国社会科学院联合在北京举办了“陶寺遗址与陶寺文化国际学术研讨会”，组织中央媒体对陶寺遗址进行了实地采访。在配合国家和省重点工程建设方面，完成29项建设工程中的文物调查勘探发掘工作。

【提升博物馆建设和管理水平】 *博物馆建设发展势头良好*。省文物局认真贯彻落实《博物馆条例》，组织召开全省博物馆发展研讨会，完成33个可移动文物保护修复项目的报审工作，完成全省126家博物馆年检工作，举办了“5·18”国际博物馆日宣传活动。太原市博物馆陈列布展和配套设施建设工作进入最后冲刺阶段。运城市、临汾市博物馆展陈工作有序进行。忻州市博物馆主体封顶，正在编制陈列布展大纲。永济市博物馆、岢岚县博物馆、西河头地道战纪念馆等一批市县级博物馆和专题类博物馆在完成展陈改造提升并相继对外开放。陶寺遗址博物馆的立项已经启动。

博物馆展陈交流成果丰硕。2015年，省直院馆共策划推出各类展览37个，对外输出展览9个，接待观众25万余人次。山西博物院先后组织了出土西周文物精华展赴宝鸡、出土玉器精品展赴广州、霸国文物精品展赴成都和深圳、赵梅生艺术展赴国家博物馆、明清水陆画赴台湾进行展出，征集37件/组文物参与了国内其他博物馆展览，与俄罗斯国立历史博物馆达成双向展览交流意向。晋国博物馆推出的“唐风晋韵”荣获全国十大精品陈列优胜奖。山西博物院引进的“印度的世界”荣获国际合作奖。“霸国文化精华展”“八路军抗战史陈列”和“晋国历史文化及晋侯墓地遗址展”入选国家文物局精品展览数字化项目库。

博物馆公共文化服务功能日益凸显。省文物局组织国内知名文创博物馆参加山西省第二届文化产业博览会，获得“最佳组织奖”和“优秀展示奖”。由国家文物局组织的经济社会发展变迁物证征藏试点、智慧博物馆建设试点、完善博物馆青少年教育功能试点等工作进展顺利。山西博物院作为中央和地方共建博物馆之一，首次投入使用观众身份证自助领票系统，提供志愿者免费讲解服务5000余批次，开展“博物馆进校园”“博物馆与志愿者”“专家解读书画临展”等多元化社教活动1684场，入选首批“全国博物馆文化产品示范单位”。八路军太行纪念馆被命名为第三批“中央国家机关爱国主义教育基地”。

【强化文物执法和安全防护】 文物安全专项检查活动持续有效。2015年，省文物局组织大规模专项检查13次，基本做到月月有行动。各市、县文物局也有针对性地开展了专项检查，发现并整改大量的安全隐患。特别是指导督促平遥县和五台山开展了市政管网和天然气使用等文物安全隐患的整改工作。

文物行政执法和打击文物犯罪工作力度不断加大。组织完成临汾市、吕梁市和朔州市的文物行政执法与安全效能考核工作。配合公检法部门开展涉案文物鉴定40余起，配合省公安厅在全省组织开展“打击文物犯罪百日专项行动”，共破获文物刑事案件22起，打掉文物犯罪团伙7个，抓获犯罪嫌疑人52名，收缴一般文物18件，古建筑构件6件。全年督办处理各类文物违法案件12起，尤其是坚决依法查处太谷县武家花园违法拆除的法人违法案件，有效履行了文物部门的法定职责。

（王振华）

新闻出版事业

【山西新闻出版业发展概况】 “十二五”以来，围绕“加速发展”的工作主线，山西新闻出版业呈现了平衡向上发展的良好态势。截至2015年底，全省共有大型集团组织8家，包括山西日报报业集团、山西出版传媒集团两大龙头集团，山西新华书店集团以及非时政类报刊改革中组建成立的5大报刊传媒集团；图书出版社8家（其中副牌社1家），音像（电子）出版社3家，报纸出版单位77家，期刊出版单位200家，获得互联网出版资质单位22家；全省共有新闻出版单位6500余家，从业人员6.5万人。2015年全省新闻出版业总资产214.05亿元，主营业务收入185.41亿元，比“十一五”末分别增长78.5%、90.1%。

图书出版业。2015年，山西省主要出版社有山西人民出版社、山西教育出版社、希望出版社、北岳文艺出版社、山西科学技术出版社、山西经济出版社、三晋出版社、山西春秋电子音像出版社等8个出版社。全省出版图书4288种，总印数1.06亿册（张），总印张9.39亿印张，定价总金额17.4亿元。近年来，山西省积极实施晋版精品战略，推出了一批社会效益和经济效益俱佳的优秀出版物，《少年的荣耀》《“中国模式”经济发展论》等优秀图书获国家级出版奖项。启动实施《山西文华》大型丛书编纂出版工程，一期首批成书于9月25日全国书博会期间举行了首发式。

期刊业。2015年，山西省各类公开发行期刊200种，期刊主营收入1.39亿元，实现利润1076万元。全省年出版期刊0.27亿份，总印张1.72亿印张，定价总金额2.92亿元。

近年来，山西省学术期刊独树一帜，在业内形成较大影响。列入南京大学“中文社会科学引文索引”（CSSCI）来源期刊7种，列入北京大学中文核心期刊目录24种；《编辑之友》《新型炭材料》等10余种期刊获得全国“百强科技期刊”、中国出版政府奖期刊提名奖、中国最具国际影响力学术期刊、中国国际影响力优秀学术期刊等荣誉称号。

报纸业。截至2015年底，全省共有报纸77种。其中省级及地市党报12种，行业专业报含人大、政协、工青妇报纸26种，晚报都市类报纸8种，生活服务类4种，其他27种。2015年，山西77种报纸主营收入8.62亿元，实现利润6154万元。全省年出版报纸19.76亿份，总印张23.54亿张，定价总金额18.32亿元。

山西省是全国教学教辅报刊出版大省，《山西日报》《英语周报》

《小学生拼音报》等荣列全国“百强报纸”；8种教辅类报纸整体出版质量位列全国前茅，“中国第一教辅报刊群”领先地位持续巩固。

印刷复制业。2015年，全省共有印刷复制企业1500余家（不含打字复印店），印刷复制业实现营利2.5亿元。截至2015年底，全省年产值超1000万元、技术含量高、产品结构合理、有特色的印刷企业85家，其中产值上亿元的企业9家；产值在5000万元以上企业19家。太原经济技术开发区、稷山县、运城经济技术开发区三地的印刷功能园区年产值分别达到6亿元、5亿元、3亿元；包装装潢印刷业呈现良好发展态势，总产出突破20亿元。

出版物发行业。2015年，全省出版物发行业实现主营业务收入90亿元，利润总额2.6亿元。全省共建农家书屋2.8万家，覆盖全省所有行政村。目前，山西省以省会太原为龙头，以中心城市的大型书店为中心，以区县、乡镇、社区网点为依托，各类连锁书店、专业书店、社区书店、书报亭和“农家书屋”“职工书屋”齐头并进的，网点设置合理、类型齐全、总量适度、结构优化的出版物发行网络已经初步形成。

非纸质出版业，根据备案情况统计，截至2015年底，山西省拥有互联网出版单位22家。另据不完全统计，全省100余家书报刊出版单位拥有自己的网站。《八路军》等优秀音像电子出版物屡获国家级出版奖项，《语文报》社有限责任公司、《新课程》杂志社有限责任公司入选全国数字出版转型示范单位。语文报社全球汉语教育全媒体平台、英语周报全媒体数字平台、“健康中国”网络信息平台等项目的建设运营，为深层次开发山西出版内容资源提供了强大的信息服务和技术支撑。

【版权管理服务不断加强】 2015年，继续加强版权行政执法和市场监管，共查办各类侵权盗版案件47起，查处网络侵权盗版案件4起。同时，注重将查办案件与宣传教育有机结合，紧紧围绕“保护·运用·发展”的宣传主题，全省大范围、多角度、创新性地开展版权宣传活动，版权宣传进校园、进企业、进机关活动全面开展，提高了公众自觉保护正版、拒绝盗版的主动性。

政府机关使用正版软件工作长效机制建设不断加强，下发了《山西省2015年推进使用正版软件工作实施方案》，要求进一步巩固政府机关使用正版软件工作成果。逐步推进省属国有企业和全省银行系统、民营企业使用正版软件工作，与省国资委、银监局共同组织召开国有企业系统、银行系统企业软件正版化工作协调会，各项工作稳步推进。

不断完善版权服务体系。加强作品版权登记工作，努力为广大著作权人提供可靠便捷的版权保护服务。2015年完成作品版权登记122件，完成版权贸易合同备案43件。授权省影视集团开展版权登记代理业务，答复著作权方面的社会咨询近200余人次。

【第二十五届全国图书交易博览会成功举办】 2015年9月25日至27日，由国家新闻出版广电总局和山西省人民政府主办的第二十五届全国图书交易博览会，在太原主会场和大同、长治、运城三市分会场成功举办。本届书博会历时3天，展出面积6.2万平方米，展位2300个，参会代表约1.3万人，展出各类图书26.5万种、92.9万册。太原主会场参观总数达到29.1万人次；出版物交易额30.16亿码洋，举办活动175项281场。分会场共举办各类活动15场，观展群众7.3万人次。王蒙、梁衡、刘慈欣、奈斯比特夫妇等120余位文化名人、作家、学者通过读者大会、红沙发访谈、名家说晋等人文活动与观众见面互动，传播了全民阅读的理念。本届书博会充分展示了山西省文化事业改革发展的新成绩、新气象，为实现文化强省目标，加强文化交流合作创造了新契机、新平台，进一步推动了全民阅读活动，展示了山西良好形象。

【扫黄打非工作保持高压态势】 组织2015年侵权盗版及非法出版物集中销毁活动，销毁各类盗版音像制品、电子出版物及非法图书报刊29.6万余件。加大出版物市场集中整治，共收缴违法出版物46.7万册（盘），其中，非法出版物5.2万册，违禁出版物2.1万册，侵权盗版出版物39.4万册；删除屏蔽有害信息9282条。加强案件线索核查和案件督导查办工作，核查全国扫黄办转办和群众举报重要线索26条，查办重要案件81起。

2015年全面开展了新闻单位驻地方机构清理整顿工作。中央驻晋新闻单位共涉及87家，同意保留54家、撤销20家、合并1家、整改12家；省级新闻单位驻地方机构涉及112家，保留48家，撤销2家，合并20家，暂时保留42家。

【广播影视事业发展概况】 广播电视播出机构情况。截至2015年底，全省共有广播电视播出机构112个，其中省级1个（山西广播电视台），市级11个（各市广播电视台），县级96个，教育电视台4个；共开办223套广播电视节目（广播111套、电视118套）。全省共有广播电视发射（转播）台203座。省级播出机构——山西广播电视台拥有卫星频道、经济资讯频道、影视频道、公共频道、科教频道、少儿频道、黄河电视台等7个电视频道，彩民在线、老年福和优购物3个数字付费频道，教育文化频道、SCOLA对外汉语教学频道2个外宣电视频道，综合广播、经济广播、文艺广播、健康之声广播、交通广播、音乐广播、农村广播等7套广播频率。

广播电视从业人员情况。截至2015年底，全省广播电视从业人员2.2万人，其中省级从业人员4018人。按人员结构分类：管理人员2889人，专业人员1.1万人，编辑记者5371人，播音员、主持人788人，工程技术人员3296人，艺术人员97人，经营人员357人，其他人员7757人。

广播电视覆盖情况。2015年，全省广播覆盖人口3591.8万人，广播人口综合覆盖率98.5%，比2014年增长0.4%；电视覆盖人口3622.6万人，电视人口综合覆盖率为99.3%，增长0.4%。全省有线广播电视用户519.8万户，有线广播电视用户中数字电视用户382.4万户；全省IPTV用户累计到达32万户，全省地面数字电视用户接近30万户；CMMB移动电视覆盖人口2100多万；山西移动电视覆盖2000多辆公交车，覆盖省城太原及部分城市。山西卫视全国覆盖人口超过8.3亿。

广播电视节目制作播出情况。2015年，山西省广播节目播出时间41.3万小时，平均每日播音时间1132小时；全年制作广播节目19.6万小时，其中省级7套节目全年共制作广播节目4.8万小时。

2015年，电视节目播出时间48.8万小时，平均每日电视播出时间1337小时；全年制作电视节目8.4万小时，其中省级全年制作电视节目1.5万小时。

广播电视收入情况。2015年，山西省广播电视总收入43.68亿元，其中行政事业单位总收入28.85亿元，企业单位总收入14.83亿元。全省广播电视实际创收29.75亿元，广告收入9.68亿元，网络收入11.75亿元，其他收入8.32亿元。

【广播影视公共服务体系建设更加完善】 广播电视直播卫星户户通工程全面实施。国家新闻出版广电总局下达山西省广播电视直播卫星户户通工程任务为50万户，2015年完成30万户安装任务。截至2015年底，全省已完成三方《目标责任书》签订（省新闻出版广电局、省财政厅、各市政府）、设备招标采购、整省推进业务培训及四次督查，各市局已完成合同签订任务并组织广电技术人员进行设备安装，由中标厂家提供技术支持指导，全省共计安装开通40万余户。

农村公益电影放映。2015年，全省共有11条农村数字电影院线公司，县级放映机构119个，放映队1300余个，从业人员2300余人，2015年在全省2.8万个行政村放映33.9万场公益电影，实现了“一村一月放映一场电影”的目标。2015年，覆盖全省的农村寄宿制学校爱国主义影片放映工作继续推进，为全省2445所农村寄宿制学校放映优秀影片2.2万场。

“全省好电影公映展映季”活动成功举办。为进一步推动“法治文化、红色文化、廉政文化”建设，2015年1月至3月，省委宣传部和新闻出版广电局开展了“全省好电影公益展映季”活动。活动为全省11个地市近90家城市影院展映了15部优秀影片，为当地群众免费放映电影近3600场，观影人次达38万余人。

城市数字影院快速发展。截至2015年底，共有17条外省院线在山西运营。2015年，山西省城市影院票房实现5.95亿元，比2014年增长51%，观影人次1800多万，年度新增影院55家，新增银幕232块。目前，全省共拥有城市数字影院154家，银幕685块。

【影视剧创作亮点纷呈】 2015年，全省共拍摄完成电影15部、电视剧7部、电视动画片1部。全年备案电影片57部、电视剧15部。2015年山西省的电影创作生产取得了较好的成绩，相继创作了《土地志》《山村母亲》《村官段爱萍》《爱我就陪我看电影》《伞头和他的女人》《凤凰街风雨》等主题深刻、内容精彩，具有山西地方特色，贴近生活、贴近实际、贴近群众的影片；创作了《西口情歌》《黄河在咆哮》《东方有大海》《铁血将军》等电视剧，其中两部电视剧在央视一套播出，1部电视剧获得总局优秀电视剧剧本扶持。影片《土地志》《伞头和他的女人》获得第30届中国电影金鸡奖提名奖、电视剧《黄河在咆哮》获得第30届电视剧“飞天奖”优秀电视剧提名奖。

【广播电视节目改革创新成果显著】 山西卫视影响力全面提升。2015年，山西卫视晚间推出自办文化节目带，取得了良好社会效益和经济效益。其中，《走进大戏台》开办15年，根据国家振兴传统戏曲文化的政策不断提升节目品质，成为传播戏曲文化的品牌电视戏曲栏目，获得了中国电视文艺最高奖“星光奖”；《歌从黄河来》作为全国首档民歌风情音乐节目，被国家新闻出版广电总局评为年度电视创新创优十大节目和年度TV地标最具创新力大奖；《你贵姓》是全国首档姓氏文化脱口秀节目，轻松诙谐中紧扣百家姓，挖掘姓氏文化内涵，寻根问祖，传承家风；《天下寻宝》紧紧依托山西厚重丰富的文物资源和历史文化，是唯一一档受到国家新闻出版广电总局表扬的鉴宝类节目；《顶级咨询》作为全国上星频道唯一一档大型法律援助真人秀节目，引发业界强烈关注。文化节目带推出以来，山西卫视整体频道形象焕然一新，节目品味格调有了较大提升。

广播电视节目创优再得硕果。 山西公共频道《我的旅游攻略》荣获中国电视艺术家协会等颁发的多项大奖；山西经济资讯频道《一帮到底》栏目荣获中国广播电视协会创优十佳栏目一等奖；科教频道继续承办品牌活动，《小郭跑腿》《说出你的爱》入围 2015 年年度国家新闻出版广电总局“国家重点优秀选送栏目”；山西影视频道《抗战者说》荣获由亚洲广播电影电视协会颁发的“2015 年度两岸四地最具影响力栏目”大奖；山西音乐广播《带着耳朵去旅行——寻访晋祠三绝》获中国广播电视协会旅游专题节目一等奖。阳泉广播电视台《食客准备》和《第一财经》获 2015 年度全国城市广播电视“十大创新栏目奖”和“十大原创栏目奖”。

（丁耿彪）

山西经济年鉴

YEAR BOOK OF SHANXI ECONOMY

卫生·体育

WEISHENG TIYU

18

卫生·体育

卫生事业

【概述】 截至2015年底，全省共有医疗卫生机构4.1万个，其中，医院1274所，基层医疗卫生机构3.9万所，专业公共卫生机构460所，其他机构72所。拥有三级医疗机构59所(三级甲等43所、乙等15所、未评1所)；二级医疗机构330所，其中，县区级综合医院112所，92%的达到二级甲等及以上水平；乡镇卫生院1619所，每个乡镇都至少有1所卫生院；城市社区卫生服务机构达879所(中心120所，站669所，其中政府举办的235所)，覆盖人口950余万；村卫生室2.8万个，实现了全覆盖。

全省医疗卫生机构共有床位18.9万张，千人口床位5.2张(全国2014年为4.8张)；在岗人员29.6万人，其中卫生技术人员21.5万人，执业(助理)医师9.1万人，每千人口执业(助理)医师2.5人(全国2014年为2.1人)，每千人口注册护士数2.3人(全国2014年为2.2人)。

【深化医药卫生体制改革】 2015年，新农合参合率达99.2%，实现应保尽保，保障范围从常见病、多发病扩展到重特大疾病，城乡居民大病保险实现全覆盖，最高赔付额40万元。2015年，全省所有县级综合医院、中医院全部取消药品加成，实行零差率销售，政府投入、价格调整、医保支付、管理体制、编制人事制度等各项改革稳步推进。基层医疗卫生机构综合改革持续深化，运行新机制逐步建立。基本药物制度覆盖所有政府办基层机构和村卫生室，新一轮基本药物招标采购价格下降18.4%，建立了公立医院药品集中采购、高值医用耗材阳光采购和常用低价药品供应保障新机制，群众用药需求得到保障。全省城乡居民人均预期寿命提高到74.9岁；孕产妇死亡率、婴儿死亡率和5岁以下儿童死亡率分别下降至15.37/10万、5.72‰、6.9‰，均好于全国平均水平。

加强政策指导。2015年，省政府办公厅印发了《山西省全面推开县级公立医院综合改革实施方案》，配套出台了《关于县级公立医院综合改革财政补助和财务管理的实施意见》《关于全面推进县级公立医院医药价格改革的实施意见》《关于开展县乡医师一体化管理试点的指导意见》《关于做好基层医疗卫生机构公开招聘工作的补充通知》等一系列文件，为深化县级公立医院改革提供了有力支撑。

完善补偿运行机制。各级财政加强财务管理和成本核算，调整收支结构，优先保障民生，落实政府对公立医院主体投入责任。全年用于基本建设、设备购置以及人员经费支出28.87亿元，其中，省级财政对改革县取消药品加成补偿2.88亿元。晋中、阳泉、阳曲等市县按照新的价格改革政策调整了医疗服务价格。晋中市通过严格控制不合理医药费用、市级审核平衡、精准测算等办法，所辖11个县(市、区)价格调整补偿全部到位；阳曲县在2012年调价的基础上，对县人民医院检验费下调8%、检查费下调6%，将诊查费、治疗费、手术费、护理费分别上调17%，对县中医院检验费、检查费分别下调8%，将诊查费、治疗费、手术费、护理费分别上调14%，而且做到了医保及时跟进，对调价部分全部纳入了医保支付范围，实现了有效衔接。

解决基层人员短缺问题。2015年，全省县级公立医院新招聘医务人员1205人，其中运城市下达计划550人，已完成441人。突破编制限制，探索县乡医疗机构医师一体化管理，实行医师编制县乡捆绑使用，清徐、娄烦、孝义、河津等地通过县乡医师互派工作、乡招医师县医院统一培养使用、县医院托管乡镇卫生院等多种形式，推动建立基层人才有序流动机制。离石区创新用人机制，对医院自主新招聘护理人员实行聘用制管理，新招聘人员不占医院编制，在人社和财政部门备案，区政府按山西省最低工资补助标准每人每月 1350 元给予医院补助，2015 年为区医院补充 90 余名护理人员。

探索建立符合医疗卫生行业特点的薪酬制度。积极探索制定县级公立医院绩效工资总量核定办法，晋中市出台了《晋中市医疗卫生事业单位绩效工资发放管理的指导意见(试行)》，将基础性绩效工资和奖励性绩效工资比例改为 6：4，增加了奖励性绩效工资比例，并允许将收支结余按一定比例用于考核后的奖励。

探索建立现代医院管理制度。42个县由县长担任县级公立医院管理委员会主任，建立了公立医院规划投资、院长选用、绩效考核、监督管理等制度体系，落实院长负责制，增强了政府对公立医院的治理能力。加快城市公立医院改革步伐，新增运城市为国家联系试点城市。太原、运城两市已全部按照国家部署要求，于 2015 年 11 月 30 日前出台城市公立医院综合改革实施方案，正式启动改革试点工作。

【医疗卫生服务能力建设】 2015 年，省儿童医院新院区建设项目实现主体工程封顶。人口健康信息化建设取得明显进展，启动了居民健康卡试点工作。推进优质医疗资源下沉取得成效，90%以上的卫生经费和建设项目，近一半的新增大型医用设备配置指标，以及大量的人才、技术、培训、科研、信息资源投向基层。医疗联合体建设覆盖所有三级医院和县级综合医院，三分之一的县开展了县乡医联体建设试点，全面启动分级诊疗制度建设。2015 年，大力实施"百千万卫生人才培养工程"，积极开展全科医生转岗培训、住院医师规范化培训、农村订单定向免费医学生培养、继续医学教育和适宜技术推广，累计培训各类卫生技术人员 167 万余人次。完善中医药政策体系和管理体系，省政府与国家中医药管理局签署山西中医学院共建协议，吕景山教授入选第二届"国医大师"，实现了零的突破。大力实施改善医疗服务行动计划，在全省二级以上医疗机构广泛推广检查检验结果互认、预约诊疗、优质护理、日间手术、双休日和节假日门诊等便民惠民利民举措。全面加强公立医疗机构运行评价监测，医药费用快速增长的势头得到初步遏制。深化"平安医院"建设，医疗纠纷人民调解成功率达 90%以上，患者就医环境和医务人员执业环境明显改善。

【公共卫生服务工作】 2015 年，人均基本公共卫生服务经费提高到 40 元，开展项目扩展到 12 类 45 项，各项指标均达到或超过国家要求。传染病报告率 97.2%，疫苗报告接种率保持在 98%以上，5 种地方病均达到国家控制标准。在全国率先建成省级严重精神障碍信息管理平台。艾滋病疫情总体控制在较低流行水平，病死率较"十一五"末下降 49.7%。创建 5 个国家级、22 个省级慢性病综合防控示范区。实施"妇幼安康工程"，惠及 1000 余万妇女儿童。卫生应急核心能力全面提升，形成了较为完整的卫生应急预案体系，建成了国家、省、市、县四级卫生应急队伍，创建 2 个国家级、40 个省级卫生应急综合示范县。食源性疾病暴发事件监测、食源性疾病病例监测、食品污染物及有害因素监测三大网络提前实现县级全覆盖。2015 年省政府全面开展城乡爱国卫生清洁运动，"十二五"期间全省新增国家卫生城市 6 个(全省共 7 个)、国家卫生县城(乡镇)23 个(全省共 28 个)；改造农村卫生厕所 54.9 万座，全省 387.2 万户农村居民使用上了卫生厕所，城乡居民生活卫生环境显著改善。

【2015 年山西人口发展概况】 人口数量保持低水平增长。2015 年，全省人口出生率 9.98‰，比 2014 年下降 0.94‰，人口死亡率 5.56‰，下降 0.37‰，人口自然增长率 4.42‰，下降了 0.57‰。2015 年底全省常住人口 3664.1 万人，增加 16.2 万人，增长率为 0.4%，低生育水平保持稳定。

人口城镇化水平进一步提高。全省常住人口中，居住在城镇的人口 2016.4 万人，占常住人口的 55%，比 2014 年上升 1.2 个百分点；居住在乡村的人口 1647.8 万人，占常住人口的 45%。

人口结构趋向合理，老龄化进程加快。全省常住人口中，男性 1879.1 万人，占常住人口的 51.3%；女性 1785 万人，占常住人口的 48.7%，性别比为 105.27。全省 0～14 岁人口 567.9 万人，占常住人口的 15.5%，下降 0.2 个百分点；15～64 岁人口为 2762.8 万人，占常住人口的 75.4%，下降 0.3 个百分点；65 岁及 65 岁以上的人口 333.4 万人，占常住人口的 9.1%，上升 0.4 个百分点，人口老龄化进程加快。

家庭户人口趋于稳定。2015 年，全省共有家庭户 1111.5 万户，家庭户人口 3423.4 万人，占常住人口的 93.4%，平均每个家庭户人口为 3.1 人。

【计划生育服务管理】 调整完善生育政策，单独两孩政策实施平稳有序，1.2 万个家庭申领了二孩再生育服务证。制定下发《山西省生育服务证制度改革实施细则》，简化下放再生育审批权，着力解决群众“办证难”问题，推行12项免费服务，计划生育工作实现了从注重管理到管理与服务并重的重大转变。流动人口婚育证明实现电子化，服务管理“一盘棋”和部门联席、信息互通等机制不断巩固完善，流动人口基本公共卫生计生服务均等化试点由20个县扩展到41个县。持续保持严厉打击“两非”的高压态势，出生人口性别比升高的势头得到有效遏制。加大计生特殊家庭关怀扶助力度，独生子女伤残、死亡家庭特别扶助金标准由原来的270元、340元分别提高到2015年的400元、500元，并在五保供养、医疗救助、医保缴费、医院就医等方面享受优惠优先政策。为全省29万户计生家庭办理了意外伤害保险，救助患重大疾病的计生特殊家庭成员4100余人。

【卫生计生10件实事】 (1)免费为280余万农村60岁以上老年人进行健康体检。(2)免费为373万户农村家庭发放健康知识口袋书。(3)免费为207万6岁以下儿童提供健康管理服务。(4)免费为6.5万个家庭提供中医小儿推拿健康服务指导。(5)免费为40.4万农村妇女进行宫颈癌筛查。(6)免费为28.4万育龄妇女提供孕前优生健康检查。(7)全省327所二级以上公立医院开设健康教育讲堂，24万群众受益。(8)新增2010个计划生育阳光便民办证窗口。(9)所有三级医院开展了预约诊疗服务。(10)243家二级以上医院开展同级医院检查检验结果互认，为患者节约费用1200余万元。

（薛晓波）

体育事业

【以全民健身上升为国家战略为契机，增强体育公共服务能力】 全民健身活动广泛开展。以“强健体魄·阳光生活”为主题，按照“春舞”“夏泳”“秋赛”“冬跑”四个板块，开展主题鲜明、创新突出、群众喜闻乐见的全民健身系列活动。全年开展各级各类全民健身活动2600余次，参与人数近200万。配合省民委、省残联组队参加第十届全国少数民族运动会、第九届全国残疾人运动会，取得优异成绩。

公共体育设施建设积极推进。完成年初制定的371个乡镇健身广场器材配置安装工程任务，5个市完成全民健身活动中心工程立项等前期工作；824个公共体育设施进公园、广场、社区（小区）试点工程器材招标已完成。在全省资助建设拆装式游泳池试点工程10个，资助资金已划拨到位。

群众体育队伍不断壮大。大力推进社会体育指导员队伍建设，2015年资助各地培训二级社会体育指导员1780名、三级社会体育指导员2520名，全省社会体育指导员注册人数5.6万余名。组织200余名社会体育指导员参加专项技能培训。

青少年体育工作不断加强。会同教育部门开展2015～2018年周期山西省体育传统项目学校评定工作，择优评定136所省级体育传统项目学校。被国家体育总局命名7所国家级青少年体育俱乐部。加快校园足球特色学校和试点县的普及和建设，启动全省校园足球四级联赛并组队参加全国校园足球联赛。举办了全省青少年阳光体育大会。

山西第六次全国体育场地普查数据公布。1月23日，山西省第六次全国体育场地普查数据公布，截至2013年12月31日，全省共有各类体育场地6.4万个，体育场地面积4698.9万平方米，建筑面积328.6万平方米，用地面积7156.2万平方米。观众席位127.7万座。场馆从业人员6.5万人。历年投资总额213.32亿元。按照省统计局公布的2013年12月31日常住人口3629.8万人计算，人均体育场地面积为1.3平方米。

【全省群众体育工作会议召开】 2月6日，2015年全省群众体育工作会议在太原召开。会议主要任务是以党的十八大和十八届三中、四中全会精神为指导，以“深入学习贯彻习近平总书记系列重要讲话精神，净化政治生态，实现弊革风清，重塑山西形象，促进富民强省”为主题的学习讨论落实活动为契机，围绕落实全民健身国家战略，顺应群众体育改革发展要求，按照全国群众体育工作会议和全省体育局局长会议工作部署，认真学习、改进作风，抢抓机遇、开拓创新，为进一步强化公共体育服务职能，完善全民健身服务体系发挥积极作用。

省体育博物馆开馆，《体育志》首发。2月16日，山西省体育博物馆开馆和《山西省志·体育志》首发仪式举行。山西省体育博物馆是山西省首家综合性体育博物馆，以展示山西体育历史发展脉络为设计理念，以太原市历史建筑山西省体育馆为依托修建而成。展厅面积1200平方米，由古代体育、近现代体育、无线电体育、体育航模和奥林匹克体育文化展馆五个部分组成。《山西省志·体育志》是《山西省志》的一部分，断限为1978年至2012年，全书170余万字。

【以备战2016年里约奥运会为重点，做好竞技体育各项工作】 全运、奥运备战工作扎实开展。基本完成第十三届全运会周期各项目队伍的组建，备战工作进展顺利。重点保障优秀运动员打好奥运资格赛选拔，力争获得更多参赛席位。2015年山西省运动员共获得全国冠军22个，特别是女子乒乓球队获得2015年全国乒乓球锦标赛团体冠军，实现山西乒乓球项目历史性突破。2015 年 7 月，成功举办第二届全国青年运动会，这是山西第一次获得全国综合性运动会承办权。全年承办全国田径大奖赛、全国蹦床冠军赛、全国青运会武术套路预赛、全国青年女子柔道锦标赛暨青运会预赛、全国青运会拳击预赛、全国武术散打冠军赛等一系列全国重要赛事，完成第一届全国青年运动会自行车和现代五项比赛的承办工作。

2015 年山西省运动员参加世界比赛录取名次

比赛名称	姓名	项目	名次
第 31 届世界蹦床锦标赛	董栋 涂潇	双人同步	1
蹦床世界杯	涂潇	网上个人	1
世界杯击剑分站赛	郝佳露	重剑团体	1
世界击剑锦标赛	郝佳露	重剑团体	1
亚洲射击锦标赛	王智伟	50 米手枪团体	1
第 17 届亚洲锦标赛	贺亚楠	集体定点	1
世界航空运动会	贺亚楠	青年组个人定点	1
第 8 届亚洲青少年武术锦标赛	孟婉银	剑术	1
第 31 届世界蹦床锦标赛	董栋 涂潇	网上团体	2
第 28 届世界大学生运动会	张星浩	男子 1 米板	2
第 28 届世界大学生运动会	王智伟	10 米气手枪	2
第 28 届世界大学生运动会	王智伟	25 米标准手枪团体	2
亚洲击剑锦标赛	郝佳露	重剑团体	2
亚洲沙滩排球公开赛	陈春霞	沙排	2
第 17 届亚洲锦标赛	贺亚楠	个人特技	2
第 17 届亚洲锦标赛	贺亚楠	全能	2
亚洲青年摔跤锦标赛	张涛	古典跤 120 千克级	2
第 28 届世界大学生运动会	王智伟	10 米气手枪	2
世界杯射击总决赛	王智伟	50 米手枪	3
蹦床世界杯	董栋	网上个人	3
第 28 届世界大学生运动会	王智伟	50 米手枪	3
第 28 届世界大学生运动会	王智伟	25 米标准手枪	3
国际乒联职业巡回赛科威特公开赛	武杨	乒乓球女单	3
世界杯击剑分站赛	郝佳露	重剑团体	4
乒乓球世界锦标赛	武杨	乒乓球女单	5
乒乓球世界锦标赛	武杨	乒乓球混双	5
国际乒联职业巡回赛日本公开赛	武杨	乒乓球女单	5
国际乒联职业巡回赛波兰公开赛	武杨	乒乓球女单	5
亚洲青年摔跤锦标赛	胡展翔	自由跤 120 千克级	5
世界杯击剑分站赛	郝佳露	重剑团体	5
亚洲沙滩排球锦标赛	陈春霞	沙排	5
世界青年射箭锦标赛	杜安琪	团体	6
第 17 届亚洲锦标赛	贺亚楠	个人定点	6
世界杯射击系列赛(韩国站)	王智伟	50 米手枪	7
第 21 届亚洲田径锦标赛	庾石锁	跳高	8

*参加第一届全国青运会成绩优异。*太原市、大同市两个代表团 267 名运动员参加第一届全国青年运动会 18 个大项、160 个小项的比赛，共取得 14 枚金牌、11 枚银牌、12 枚铜牌，创造山西省参加全国青年运动会(原全国城市运动会)的历史最好成绩。职业体育健康发展，山西兴瑞女子篮球俱乐部再次夺得 WCBA2014～2015 赛季冠军，实现三连冠；山西汾酒男子篮球俱乐部取得 CBA2014～2015 赛季第六名。体育后备人才培养体系更加完善，以省级体育彩票公益金对 36 个国家和省级基地进行资金扶持，组织 300 余名教练员参加国家和省级专业培训。举办山西省排球、田径、乒乓球、武术、网球、羽毛球、射击、射箭、游泳锦标赛等 10 余项赛事。运动员文化教育工作不断加强，积极构建体教结合工作新模式，坚持和完善联席会议制度。在全省开展公办体育运动学校运动员文化测试，全力推进运动员文化教育工作。

【以全面落实国发 46 号文件精神为抓手，促进体育产业快速发展】 起草完成《山西省人民政府关于加快发展体育产业促进体育消费的实施意见》，并正式印发。2015 中国体育文化·体育旅游博览会在太原隆重举办并取得圆满成功，来自全国 31 个省(区、市)、全省 11 个市、国家体育总局十多家有关直属单位以及近 300 家展商踊跃参展，吸引观众近 20 万人次，展览规模和参与人数均创“两博会”历史纪录，有力推动体育、文化、旅游业深度融合。体育设施建设及公共服务水平不断提高，省体育博物馆正式开馆运行。山西射击射箭训练基地建设前期准备工作积极推进。省级体育场馆在确保专业运动队训练的前提下，免费或低收费向群众开放，提供全民健身服务，取得较好的社会效益。全省体育彩票销量完成20.84亿元，较2014年增长9.9%。航空体育产业服务经济社会发展，太原航空运动学校尧城机场建成并投入使用，举办亚洲跳伞锦标赛。3所航空运动学校充分发挥航空资源优势，大力发展通用航空事业。在抓好航空体育项目的同时，开展飞播造林、防火灭虫、人工增雨等通航服务，不断扩大服务领域和范围，创造了良好的经济和社会效益。

【2015年山西体育十大新闻】 (1)第二届青运会落户山西。7月7日，国务院办公厅发函同意山西省承办2019年第二届全国青年运动会。这是新中国成立后山西第一次承办全国大型综合性运动会，对推动全省经济和体育事业发展具有重大意义。(2)山西兴瑞女篮勇夺WCBA"三连冠"。3月5日，山西兴瑞女子篮球俱乐部夺得WCBA2014～2015

2015年山西省运动员参加全国锦标赛和冠军赛冠军名录

比赛名称	姓名	项目
全国蹦床冠军赛	涂潇	网上个人
全国蹦床锦标赛	董栋 涂潇 符冰 穆童 张雒 金仁泽	团体
全国蹦床系列赛暨世锦赛模拟赛	涂潇	网上个人
全国蹦床系列赛暨世锦赛模拟赛	张雒	单跳个人
全国击剑冠军赛总决赛	刘娜娜 田雪 崔怡青 郝佳露	重剑团体
全国乒乓球锦标赛	武杨 李晓丹 杨飞飞 吕婷婷 胡家荣	女团
全国武术散打冠军赛(第二赛区)	陈红兴	65千克级
全国射击个人团体锦标赛	裴蕊娇	50米步枪三姿
全国射击个人团体锦标赛	裴蕊娇	10米气步枪
全国射击个人团体锦标赛	裴蕊娇	50米步枪卧射
全国射击个人团体锦标赛	陈妍 冯庆林 解清雅	10米气手枪团体
全国古典式摔跤锦标赛	王路敏	59千克级
全国古典式摔跤锦标赛	闫鹏飞	71千克级
全国古典式摔跤锦标赛	钱海涛	80千克级
全国田径大奖赛(2)	庾石锁	跳高
全国跳伞冠军赛	孟彤 贺亚楠 郭晓东 李昊达 亢丽平(女)	集体定点
全国跳伞冠军赛	孟彤	个人定点
全国武术套路冠军赛	赵诗	长拳
全国武术套路锦标赛(女子赛区)	赵诗	长拳
全国艺术体操冠军赛	张豆豆	成年个人棒操
全国游泳冠军赛	曹玥	400米自由泳
全国BMX自行车冠军赛第四站	郜文彬	个人赛
全国BMX自行车冠军赛第四站	王宝玉 郜文彬 赵志阳	团体赛
全国BMX自行车冠军赛总决赛	王宝玉 郜文彬 赵志阳	团体赛
全国沙滩排球赛总积分	陈春霞 魏兆辰	总积分
全国沙滩排球锦标赛(敦煌)	陈春霞 魏兆辰	沙排
全国沙滩排球大满贯(晋江)	陈春霞 魏兆辰	沙排
全国沙滩排球大满贯(厦门)	陈春霞 魏兆辰	沙排
全国沙滩排球大满贯(苏州)	陈春霞 魏兆辰	沙排
全国沙滩排球大满贯(曲靖)	陈春霞 魏兆辰	沙排
全国沙滩排球大满贯(台山)	陈春霞 吕媛媛	沙排
全国沙滩排球大满贯(文登)	陈春霞 魏兆辰	沙排
第9届全国残疾人运动会盲人柔道比赛	吴璞琦	73千克级

赛季总冠军。三次蝉联WCBA总冠军，成为山西历史上第一支球类项目全国顶级赛事“三连冠”获得者。(3)中国体育“两博会”圆满成功。10月11日～13日，2015中国体育文化·体育旅游博览会在太原举行。本届“两博会”由国家体育总局和中国奥委会主办，山西省人民政府承办，以“弘扬体育精神，建设体育强国；倡导体育旅游，助力经济发展”为主题，是山西迄今为止举办的规格最高的体育展会。全国31个省区市、全省11市、国家体育总局系统10多个单位和全国近300家企业参展。(4)第一届全国青年运动会山西参赛代表团勇创佳绩。10月，第一届全国青年运动会在福建省举行，山西省太原市和大同市两市组团参赛，267名运动员参加18个大项、160个小项的比赛，获得14金、11银、12铜，创历史(城运会)最好成绩。(5)山西女乒首夺全国团体冠军。10月，在哈尔滨市举办的2015年全国乒乓球锦标赛中，山西队3∶1战胜黑龙江队，夺得女团冠军，这是山西首次夺得全国乒乓球锦标赛团体冠军。(6)山西运动员扬威国际体坛。2015年，山西著名蹦床运动员董栋、涂潇夺得双人同步、网上个人世界冠军；击剑运动员郝佳露获得世界击剑锦标赛、世界杯击剑赛冠军，这是山西击剑项目首次夺得该项目的世界冠军。(7)出台《实施意见》力促体育产业发展。7月31日，山西省人民政府公布《关于加快发展体育产业促进体育消费的实施意见》(晋政发〔2015〕32号)，这是山西出台的又一个指导和促进体育产业发展的纲领性文件，对于深化体育改革与发展，促进体育消费，满足人民群众多样化的体育需求，推动体育产业领域的“大众创业、万众创新”，促进本省经济增长和产业转型升级都将产生积极而深远的影响。(8)3万人角逐太原国际马拉松。9月13日，纪念中国人民抗日战争暨世界反法西斯战争胜利70周年，以“为和平，跑太马”为主题的2015年太原国际马拉松赛鸣枪。国内外3万余名选手参赛。(9)“强健体魄·阳光生活”群众体育蓬勃开展。2015年全省各地开展以“强健体魄·阳光生活”为主题，围绕“春舞、夏泳、秋赛、冬跑”四个板块开展的各级各类全民健身活动2600余次，参与人数近200万，全民健身活动日益成为社会凝聚正能量的有效载体，提升全省各界人民群众的健康指数和幸福指数。(10)体彩销量突破20亿元。2015年山西体育彩票销售突破20亿元，增幅9.9%，再创历史新高，为全民健身和奥运争光计划提供强大支持，为社会保障等多项国家公益事业做出新贡献。

(王宏德)

民政事业

MINZHENG SHIYE

19

民政事业

民政事业

【以改革创新为动力，民政亮点工作不断涌现】 扶持社会力量发展养老服务业取得突破性进展。积极探索养老服务业发展新机制、新模式，扶持引导社会力量兴办养老服务业，省民政厅会同省财政厅出台了《全省扶持养老服务业发展财政贴息暂行办法》，明确从2015年起，连续三年每年为全省民办养老机构贷款贴息2000万元，省、市财政各负担50%。突破养老服务业发展瓶颈，制定印发了《山西省人民政府关于支持社会力量发展养老服务业若干措施》，在放宽准入、财政扶持、用地需求、盘活资源、税费优惠、医养融合、人员保证等方面，提出18条接地气、含金量高、操作性强的政策措施。

全省第十届村"两委"换届工作风清气正、平稳有序、圆满完成。积极发挥职能作用，认真做好换届选举的组织和指导工作。选举前、中、后三次组织深入乡村一线调研督查，及时解决问题；召集三次市级负责人会议，持续传导压力；省市县三级联建台账，包村定责逐个销号。创新"先定事后定人揭榜竞选"选举模式，提出"三选十不选"，明确"贿选"九种表现及查处责任，保证了换届工作风清气正、选优配强、平稳有序。山西省探索中西部地区"三社联动"基层治理模式被民政部确定为全国社区治理和创新实验区。

四类社会组织直接登记政策全面实施。出台《山西省四类社会组织直接登记暂行办法》，对四类社会组织登记管理工作做了大量有益的探索，如申请人有弄虚作假等情况将纳入不诚信名单；允许"一业多会"；鼓励民办非企业单位申请注册服务商标，采用直营连锁、加盟连锁等特许连锁经营模式，开展集团化服务等，进一步优化了社会组织发展环境。

精准化救灾成效明显。精准化救灾试点工作获得有益经验，出台《山西省自然灾害冬春救助指导标准》，为保障灾民基本生活，增强资金使用效率，提高救灾工作的精细化服务、规范化管理水平做了有益探索。

【以目标责任为牵引，民政重点工作任务全面完成】 城乡社会救助水平进一步提升。2015年，城市、农村低保保障标准每人每月统一提高20元，平均保障标准分别达到每人每月415元、234元，分别比2014年提高8.1%、12.6%，超额完成省政府确定的提标6%、10%的目标；农村五保集中、分散供养省级补助标准每人每年分别提高200元、100元，圆满完成提标任务。深入开展低保绩效评价，在民政部、财政部最低生活保障绩效评价结果通报中山西省被评为优秀等级，全省200万城乡低保、农村五保供养对象的基本生活得到切实保障。指导各市制定贯彻落实《社会救助暂行办法》的实施意见，建立"一门受理、协同办理"工作机制，开展了"救急难"试点工作，推动省政府印发《关于进一步健全完善临时救助制度的通知》和《关于进一步完善医疗救助制度全面开展重特大疾病医疗救助工作的实施意见》，进一步编密织牢了困难群众基本生活安全网，2015年全省共有197.2万人次得到不同形式的医疗救助或临时救助。

社会福利和慈善事业加快发展。筹措资金6350万元，支持10个县级福利机构建设。投入1.03亿元，新建农村老年人日间照料中心1028个。建立全省经济困难的高龄与失能老年人补贴制度，并将百岁以上老年人补贴标准由每月200元提高到300元。报请省政府印发

《关于促进慈善事业健康发展的实施意见》。全年销售各类福利彩票42.37亿元，增长3.73%，筹集公益金13.5亿元。

城乡社区治理不断加强。协调组织部联合下发《关于进一步规范村务监督委员会工作的通知》，深入规范村务监督和村务公开工作，健全基层党组织领导的基层群众自治机制。为加快推进社区综合服务设施建设，会同组织等部门起草《加强全省城市社区综合服务设施建设提升社区服务能力的意见》和《城市社区服务场所和养老等服务设施建设扶持补助办法》，下发了《社区减负工作的通知》。全面统一届期并完成全省第五届社区居委会换届工作。积极探索推广"三社联动"基层治理模式，在阳泉城区召开了全国社区治理和服务创新实验区动员大会。推动省委、省政府下发《关于深入推进农村社区建设的实施意见》和《加强全省城乡社区协商的实施意见》。组织村"两委""领头雁"示范培训、城市和农村社区干部培训18期、2300多人，有力推进了城乡社区治理和服务创新。

社会组织登记管理制度改革深入推进。结合社团年检继续推进行业协会和政府部门脱钩，重点对党政机关领导干部在社会团体兼职等违规行为进行了整治。开展涉企社团收费情况规范工作，40家行业协会商会完成自查，主动减免会费387万元。社会组织年检工作全面完成，举办了5期社会组织能力建设培训班，社会组织服务社会能力有效提升。

防灾减灾救灾能力有效增强。积极应对全省大范围多年未遇的严重干旱和风雹等自然灾害，6次派出应急工作组赴重灾区查看灾情，启动省级三级救灾应急响应，报请民政部启动国家四级救灾应急响应，2015年下拨救灾资金4.16亿元、救灾棉被1.6万件、棉大衣1.8万件，受灾群众基本生活得到妥善安排。防灾减灾宣传活动卓有成效，全国和省级综合减灾示范社区创建活动圆满完成。民政部为山西省56个多灾易灾县配备的救灾应急专用车全部投入使用。举办了两期灾害信息员能力提升班，培训367人。完成省级救灾物资储备库设计、建设用地勘察，投入500万元采购救灾专用帐篷，加强了救灾储备库的管理。

支持国防和军队建设坚强有力。召开全省双拥模范城(县)命名表彰大会，新命名省级双拥模范城(县、区)56个，表彰双拥模范单位91个、双拥模范个人83名。再次提高了部分优抚对象抚恤补助标准和1～4级残疾人员护理费标准。新式《烈士证明书》换发工作基本完成，共换发新证1.3万余份。退役士兵安置任务基本完成，安置符合条件的退役士兵1082人。接收安置军休干部和病退士官74人、军队退休职工89人。

区划地名和界线管理扎实开展。编制完成《山西省行政区划调整规划(2015～2030年)》；完成了对晋城市泽州县政府驻地变更的审理上报工作。积极推进地名普查工作，下拨地名普查资金2976万元，开展了普查宣传、数据库建设与管理软硬件招标工作。完成省界晋陕线和4条市界、41条县界的联检任务，深化平安边界建设。

专项社会事务管理进一步规范。认真组织清明节安全文明祭扫服务保障工作，积极开展行风建设月活动。殡葬管理服务整治工作深入推进，全省共拆除、改建大墓、豪华墓187处。惠民殡葬政策受益人数达到6663人，补助378万元，群众满意度明显增强。认真开展日常救助、主动救助和各类专项救助，全年救助流浪乞讨人员8万多人次，开展了未成年人社会保护试点工作。婚姻收养登记工作依法规范开展，全年共办理婚姻登记47万对、涉外婚姻登记134对、涉外收养登记174件。

(省民政厅办公室)

防震减灾

FANGZHEN JIANZAI

20

防震减灾

防震减灾

【2015年山西省地震活动情况】 2015年，山西地区发生M≥1.0级地震152次，其中1.0～1.9级地震136次，2.0～2.9级地震14次，3.0～3.9级地震2次，无4.0级以上地震发生，最大地震是2015年6月2日太原3.1级地震和12月10日原平3.1级地震。

地震活动特点。(1)地震频度显著偏低。2015年ML≥1.0级小震频度与2013、2014年相比明显偏低，较2013年降低93次，较2014年降低85次，尤其是ML≥2.0级频度仅95次，与多年均值(134次)相差很多。(2)地震活动强度是2009年以来最低。自2009年进入活跃时段以来，除2012年外，2009、2010、2011、2013、2014年均发生4级以上地震，而2015年最大地震仅3.1级。

【地震监测与预报】 会商情况。2015年，召开年度地震趋势会商会1次，年中会商会1次，周、月会商会52次，临时、紧急、加密、应急会商会11次，现场核实异常13次。

台网运行。2015年，山西数字测震台网运行的台站共有57个，其中"十五"期间新建与升级改造32个、"十一五"期间新建9个、地方台站16个，全年测震台网总体运行率为98.9%。山西前兆台网在运行的台站共计36个，其中省级专业台站13个，地方台站23个，仪器总数128台套，全年平均运行率99.3%，数据连续率99.2%，完整率98.8%，预处理完成率100%。山西地震信息台网运行的节点共有21个，其中省级区域中心节点1个、市地震局信息节点11个、综合台站信息节点6个，台站接入节点4个，全年网络综合运行率99.9%。

监测预报基础工作。加强地震监测台网运行管理，采取强化值班值守，加强仪器巡检、配足备份仪器，安排专项救灾资金及时修复受灾仪器和加强地震监测环境保护等多种措施，确保地震监测系统正常运行。目前，全省地震监测能力达到1.5级，局部可达0.1～0.6级，定位精度小于5千米，2分钟内可完成自动速报，10分钟内完成正式速报。2015年完成地震速报5次。完善震情通报和会商机制。制定《山西省震情会商制度改革方案》和《山西省地震局重大震情评估通报制度实施细则》。全年向省政府报送《震情反映》12期。开展地震台站优化改造，扎实推进"一县一台"建设。优化改造专业及市县台站22个。共有9个县(市)新增了地震前兆监测手段，观测数据已纳入省网，实现数据共享。

强震短临跟踪。继续牵头晋冀蒙交界危险区震情跟踪工作，牵头联合河北、内蒙古地震局召开联防区会商会。继续联合开展"三省一所一校"晋冀蒙交界地区强震短临跟踪合作项目，完成跟踪区加密观测台阵建设。

项目建设。完成中国地震背景场探测项目山西子项目验收。完成昔阳地震台大寨地震观测站环境优化改造项目。完成中国地震局前兆仪器升级改造项目和地震台站基础设施灾损恢复项目。完成省财政市县骨干台站(22个)优化改造项目。制定《太原铁路局与山西地震台网中心网络联通及数据交换实施方案》，完成大西铁路地震预警试验，并通过中国铁路总公司、中国地震局组织的评审。开发完成山西地震台网中心与太原铁路局数据实时交换软件，正在进行线上测试。结合山西地震地质灾害特点，完成"太原市重大地震地质灾害监测与预警"项目申报书编制。

科研工作。下达局属科研项目25项，共计13.7万元。争取到省部级等类科研项目13项，共计99.99万元。在局内及全国地震系统推广"山西地震信息聚合终端系统"和"基于地震应急基础数据库震后灾害快速评估系统"两项科技成果。完成验收局属科研项目和中国地震局"监测、预报、科研三结合项目24项。承担的2项地震科技星火计划项目和5项山西省科技计划项目通过验收。完成2015年度省地震局防震减灾科技成果奖励评审工作,评出获奖项目15项。

【地震应急体系建设】 有感地震应对处置。2015年6月2日,太原市晋源区发生3.1级地震,根据《山西省地震局地震应急预案》要求,省地震局启动五级应急响应,对突发地震事件进行妥善处置。

地震应急预案管理。印发《山西省重特大地震灾害事件应急处置流程》。细化明确7天内省抗震救灾指挥部领导及其成员单位在重大或特别重大地震灾害发生后分时段处置流程和各时段重点工作内容,共25项重点任务,对高效快捷应对重特大地震灾害事件提供了参考。

地震应急演练。"5·12国家防灾减灾日",在大同市大同县首次组织开展省市县地震应急综合演练。演练实行省市县三级联动,分7个阶段,设置1个主演练场和11个分演练场,模拟58个科目,共60个单位、600余人参加,派出49支各类应急救援队伍,涉及149台车、2架无人机,历时10小时。此次演练是对山西省各级政府和部门地震应急指挥和救援工作的集中检验,为全省科学应对地震等自然灾害积累了经验。9月15日,组织省、市、县地震系统全体人员和各市三网一员约1000人开展演练。演练全程8小时,分共同应对时段和区域应对时段两部分。据不完全统计,全年全省各级政府和部门、企事业单位累计开展地震联合演练、桌面演练、专项演练约800余次。

地震应急准备工作检查。2015年3月,由省政府办公厅督查室、省地震局、省国土厅、省民政厅组成的检查组对大同、朔州、忻州市开展地震次生灾害除患排查和地震应急准备检查,深入各市民政、国土、安监等基层部门了解实际情况,实地查看物资储备库、学校、救援队伍等基层点共14个。

应急培训与交流。组织省地震救援队、省市地震局、省直厅局有关人员赴国家地震紧急救援训练基地培训学习。举办市县地震应急管理培训班。为11个市的民政人员及志愿者进行应急救援培训。

地震应急保障。印发《山西省市县地震应急处置工作指南》《市县地震应急演练指导意见》,进一步细化市、县地震局地震应急处置任务,规范各市县地震应急演练工作。

全省已建成地震应急避难场所Ⅰ类3个(临汾市古城公园、临汾尧都广场、吕梁市市民广场),Ⅱ类7个(大同市文瀛湖公园、阳泉市城市中心公园、临汾市平阳广场、忻州市和平广场、忻州市繁峙县滨河公园、忻州市代县滹沱河湿地公园、运城市南风广场),Ⅲ类8个(运城永济市樱花园、永济市柳园、永济市蒲园、朔州市人民公园、朔州市中心广场、朔州市体育公园、晋中市榆次玉湖公园、晋中市榆次区文化中心)。

在大同、朔州两市开展区域地震灾害风险评估,开展大同市无人机高精度影像航拍工作,掌握重点城市重点区域的基础数据,提高山西省地震灾害预评估水平。

省财政投入600万元财政资金,补充省地震灾害救援一队、二队装备、更新地震应急基础数据库。建立省局应急装备库,与省公安厅、省武警总队、省交通运输厅、省气象局、省测绘局、省能源管理办、省通信管理局建立地震应急快速调用机制、灾情数据信息共享机制和地震应急快速通道机制。

应急指挥技术系统建设。更新基础数据、灾害评估数据和地震应急短信息服务系统数据。完善指挥中心技术系统和现场通信系统。增加信息服务平台的推送信息管理、数据自动更新等新功能,提升实用性。自主研发网络信息收集分析系统,实现在网络上对地震信息进行实时跟踪与分析。

【抗震减灾工作】 抗震设防要求管理。推进《山西省建设工程抗震设防条例》和新一代区划图实施工作。率先在全国建立由地震、发改、国土、住建等单位组成的省级抗震设防联席会议制度。除长治市外,全省10个市均建立抗震设防联席会议制度。开展抗震设防要求审批改革,出台《关于改进抗震设防要求行政许可工作的通知》,修订《山西省地震安全性评价范围》。全年完成抗震设防要求审批289项,地震安全性评价项目278项。

农村民居地震安全工作。纳入省改善人居环境工作领导组。配合省发改、财政、住建、农业等部门,研究制定实施方案,推进国家农村民居地震安全工程建设和农居抗震改建工程实施。大同、朔州完成1万户农村民居抗震改建任务。

震害防御基础探测工作。完成临汾、晋中、忻州、阳泉、长治等市区域活断层探测、地震灾害预测并通过验收。在太原市开展强震危险区大城市地震灾害情景构建项目。交城县、阳城县、临汾市区、洪洞县等9个活断层探测、小区划、震害预测项目正在开展,为城市规划提供地震安全信息服务。完成国家地震社会服务工程(山西部分)并通过验收。

防震减灾示范创建。认定省级示范县(区)9个、示范社区36个,省级防震减灾科普教育基地4个、科普示范学校55个。大同、吕梁、阳泉的3个社区被中国地震局授予"国家地震安全示范社区"。

防震减灾宣传教育。"5·12"防灾减灾日、"7·28"防震减灾宣传周期间发放《地震灾害防灾避险知识读本》3000本,向全省各大中小学校推广防震减灾知识宣传课件、微电影光盘等2000份。联合省教育厅将防震安全教育列入中小学课程计划,制定不同学段的安全课程方案。开展新闻媒体通气会、媒体开放日、新闻媒体下基层等各项新闻宣传活动以及新闻宣传专题讲座。组织开展"平安中国千城大行动""防震减灾全国征诗征联"活动。

(车海兵)

人民生活

RENMIN SHENGHUO

21

人民生活

城镇居民生活

【城镇居民可支配收入稳步增长，增速呈回落走势】 2015年，山西把促进居民收入增长放在突出的位置，全省民生类支出占到一般公共预算支出的80%以上，1～11月，城镇新增就业48.3万人。出台多项新的增资政策，拉动了全省城镇居民收入的有效增长。一是大幅提高行政事业人员的津贴补贴标准，人均月增加300余元，从2013年开始补发。二是实行机关事业单位工资改革，人均月增加收入约400元。三是提高最低工资标准，在全国排名居前。山西从2015年5月起，提高了最低工资标准，一类达到1620元，在全国已公布的28个地区中居第9位。四是发布企业工资增长指导线，增长基准线为10%，上线为18%，下线为4%。五是企业退休人员基本养老金月均增加100元。六是提高了养老金和城市低保标准。城乡居民养老保险基础养老金最低标准由每人每月65元调整至每人每月80元；城市低保标准每人每月提高20元，达到399元。

2015年，全省城镇居民人均可支配收入为25828元，比2014年增加1759元，增长7.3%，增速低于2014年同期(8.1%)0.8个百分点，低于一季度(8.2%)0.9个百分点，低于上半年(7.7%)0.4个百分点，低于前三季度(7.9%)0.6个百分点，增速呈现逐季回落的态势。

四大项收入全面增长。1. 工资性收入稳步增长，但增速逐季回落。2015年，全省城镇居民人均工资性收入16562元，比2014年增加938元，增长6%，增速(6.5%)下降0.5个百分点。工资性收入对城镇居民可支配收入增长的贡献率为53.3%，拉动收入增长3.9个百分点。工资性收入占城镇居民收入的64.1%，下降0.8个百分点，但仍是拉动可支配收入增长的主导力量。2015年以来山西城镇居民人均工资性收入增速逐季走低，一季度8.7%，上半年7.5%，前三季度7.1%。

2. 经营净收入小幅增长，第三产业收入最高。2015年，全省城镇居民人均经营净收入2790元，比2014年增加89元，增长3.3%。经营净收入对城镇居民可支配收入增长的贡献率为5.1%，拉动收入增长0.4个百分点。经营净收入占城镇居民可支配收入的10.8%，下降0.4个百分点。从内部结构来看，第三产业经营净收入人均2185元，在经营净收入中占比最大，为78.3%。

3. 转移净收入增速居首，是可支配收入的重要组成部分。2015年，全省城镇居民人均转移净收入4687元，比2014年增加670元，增长16.7%，增幅居四大项收入之首。转移净收入对城镇居民可支配收入增长的贡献率为38.1%，拉动收入增长2.8个百分点。转移净收入占城镇居民收入的18.1%，提高了1.4个百分点。转移净收入绝对额仅次于工资性收入，是城镇居民可支配收入的重要组成部分，其中养老金和离退休金占近九成。

4. 财产净收入持续增长，是可支配收入的重要补充。2015年，全省城镇居民人均财产净收入1789元，比2014年增加62元，增长3.6%。财产净收入对城镇居民可支配收入增长的贡献率为3.5%，拉动收入增长0.3个百分点。

收入增速低于全国，绝对额偏低。从增长速度看：2015年，山西城镇居民人均可支配收入增幅比全国平均水平(8.2%)低0.9个百分点，在全国31个省(市、区)中居27位。在中部六省中，山西增速居末位，低于江西(9.0%)、湖北(8.8%)、湖南(8.5%)、安徽(8.4%)、河南

(8.0%)。

从绝对量看:2015年,山西省城镇居民人均可支配收入比全国平均水平(31195元)低5367元,在全国31个省(市、区)中居23位。在中部六省中居第五位,比湖南(28838元)低3010元、比湖北(27051元)低1223元、比安徽(26936元)低1108元、比江西(26500元)低672元、比河南(25576元)高252元。

【城镇居民八大类消费“七升一降”】 2015年,山西城镇居民人均消费支出15819元,比2014年增加1182元,增长8.1%。八大类消费支出呈现“七升一降”的态势。从绝对额来看,食品烟酒、居住和教育文化娱乐是构成城镇居民消费支出的重要组成部分,仅此三项支出占到消费总支出的58.2%;从增幅来看,交通通信、医疗保健和教育文化娱乐支出分别增长25.6%、12.4%和9.0%。

发展型消费支出比重上升,居民消费结构更趋合理。 城镇居民在满足基本生存消费的同时,越来越注重生活的品质和自我的发展,旅游出行、接受再教育等逐渐成为城镇居民享受生活的新选择。2015年,城镇居民消费支出中属于发展型消费的交通通信支出、教育文化娱乐支出、医疗保健支出位居八大类消费支出增幅前三位,共计5750元,占生活消费支出的36.3%,比2014年上升2.3个百分点。与此相对应,2015年,山西城镇居民消费支出中属于生存型消费的食品烟酒、衣着和居住类支出8706元,占整个生活消费支出的55%,下降1.8个百分点。恩格尔系数由2014年的26%下降为25.2%。

交通通信支出领跑城镇居民消费增长。 交通和通信水平是反映居民生活质量的重要标志。2015年,全省城镇居民人均交通通信支出2148元,比2014年增加438元,增长25.6%,增加额和增幅均居八大消费支出之首。其中,交通和通信类支出分别增长40.3%和4.4%。交通通信支出较快增长源于四方面原因。一是出行增多带动交通费快速增长。在购买生活消费品及服务支出中,城镇居民人均交通费支出增长22.2%,其中飞机支出增长1.6倍。二是购车档次提升带动交通工具支出增加。在购买生活消费品及服务支出中,城镇居民人均购买汽车支出增长75.4%。三是家用汽车保有量提高带动汽车维修保养费用增加。在购买生活消费品及服务支出中,城镇居民人均交通工具使用及维修支出增长46.6%。四是随着科技发展,计算机和移动电话更新换代加快,质量不断提升。在购买生活消费品及服务支出中,城镇居民购买通信工具支出增长12.1%,其中电话机和移动电话支出分别增长65.8%和11.1%。

注重健康投资,医疗保健支出快速增长。 近年来,随着城镇居民生活水平的不断提升,生活观念的逐步转变,防病治病的意识普遍增强。越来越多的居民由被动就医转变为主动预防,并进行健康投资,各类医疗保健器材和滋补保健品进入普通居民家庭,医疗保健消费较快增长。2015年,山西城镇居民人均医疗保健支出1394元,比2014年增加153元,增长12.4%,增幅居八大类消费支出第二。其中,人均医疗卫生器具、保健器具和医疗服务分别增长31.4%、84.1%和12%。

服务类消费成为城镇居民生活消费新的增长点。 近年来,服务类消费逐渐成为新兴消费热点,将家务劳动推向社会化的消费模式正被越来越多的城市居民所接纳。一是城镇居民收入水平的不断提升为服务类消费提供了物质基础。二是城镇居民消费观念的不断转变,消费需求向多样化、多层次和个性化发展,为服务类消费提供了可能。三是社会服务行业和家政行业等第三产业的发展,为服务类消费提供了空间。2015年,在购买生活消费品及服务支出中,山西城镇居民人均医疗服务支出836元,增长12%;人均饮食服务支出667元,增长9%;人均文化娱乐服务支出572元,增长20.6%;人均家政服务费33元,增长72.7%。

网上购物热情不减,新兴消费方式不断扩展。 随着信息化程度的不断加深,人们消费观念的不断转变,越来越多的城镇居民选择网上购物这一新兴购物方式。2015年,山西城镇居民通过互联网购买商品或服务的人均支出由2014年的125元增加到163元,增幅达30.3%。同时,2015年,城镇居民计算机拥有量为每百户73台,其中接入互联网的计算机为60台,占拥有量的82.2%;移动电话拥有量为每百户220部,其中接入互联网的移动电话117部,占拥有量的53.2%。家用电脑和移动电话普及率的提高,接入互联网比重的增大,以及三大运营商提网速、降网费措施的有力贯彻,都为随时随地网上购物提供了极大的便利性,使这种新兴购物方式不断优化得到扩展。

(安　梭)

农村居民生活

【农村居民可支配收入稳步增长】 2015年,全省农村居民人均可支配收入9454元,比2014年增加645元,增长7.3%。增速回落3.5个百分点。

务工形势较为稳定,工资性收入稳定增长。 2015年,在经济下行压力依然很大的情况下,山西省委省政府积极采取有力措施,加大投资力度,稳定农民就业。全年固定资产投资比2014年增长14.8%,1～11

月转移农村劳动力35.8万人。省政府制定发布《关于进一步做好农民工服务工作的实施意见》和《支持农民工等人员返乡创业的实施意见》等，对扩大本地就业具有积极的作用。同时，提高了最低工资标准，一类地区达到1620元，在全国已公布的28个地区中居第九位，为稳定农民务工收入提供了保障。山西省农民人均工资性收入4922元，比2014年增加352元，增长7.7%，依然是拉动农民收入增长的主要力量。

农业生产基本平稳，经营性净收入小幅增长。2015年，虽然面临粮食减产、农产品价格有所下降的不利形势，但由于农产品结构优化，猪肉、瓜菜、豆类等价格的增长，以及农业生产投入成本下降，农民家庭经营收入仍保持增长态势。住户调查资料显示，农民出售高粱、谷子、薯类、豆类、蔬菜、林产品、牧业产品等金额都比2014年增加，尤其是猪价上涨，饲料价格下降，增大了利润空间，农民人均出售肉猪329元，增长25%，牧业净收入人均232元，增长17.3%。全省农民人均经营净收入2624元，增加142元，增长5.7%。

强农惠农政策力度不减，促进转移性收入增加。2015年，全省农民人均转移净收入1766元，比2014年增加132元，增长8.0%。农民转移净收入增长的主要原因：一是省政府出台《关于2015年新实施强农惠农富农补贴政策的通知》，新增资金15.76亿元，资金规模总量超过85亿元，这是从2009年开始，山西连续7年出台强农惠农政策。二是为了弥补煤价下降给农民造成的损失，2015年山西将原来每户发放一吨煤变为发放300元货币补贴。三是农村社会保障标准提高，城乡居民养老保险基础养老金最低标准由每人每月65元调整至每人每月80元，将新农合筹资标准由390元提高到人均450元，低保标准人均月提高20元，达到226元，农村五保集中和分散供养补助标准分别提高200元和100元，达到2400元和1530元。

土地流转和红利收入增加，带动财产性收入增长。自2013年山西实施百企千村产业扶贫开发政策以来，有力地吸引了社会资本投资现代农业，促进了各类新型经营主体对土地的需求，全省各地产业扶贫项目稳步推进，土地流转速度加快，城镇化进程加快使农民得到的集体分配股息和红利等财产性收入逐年提高。2015年，全省农民人均财产净收入142元，比2014年增加19元，增长15.1%，对可支配收入的贡献率为2.9%，拉动可支配收入上涨0.2个百分点。在财产性收入中，红利和转让承包土地经营权收入占65.5%。

【农村居民生活消费支出呈现新特点】 2015年，全省农村居民人均生活消费支出7421元，比2014年增加429元，增长6.1%。农村居民消费层次不断提高，消费领域不断扩大，消费热点不断涌现，呈现以下特点：

生存性消费增长趋缓，所占比重下降。2015年，山西农村居民用于食品、衣着、居住等生存性消费支出人均4246元，比2014年增长4.2%，占生活消费的比重由2014年的58.2%下降到57.2%。生存性消费拉动农村居民消费支出增长2.4个百分点。

发展性消费继续升温，所占比重上升。2015年，山西农村居民用于医疗保健、交通通信、文教娱乐等发展性消费支出人均2632元，比2014年增长9.4%，占生活消费的比重由2014年的34.4%上升35.5%。发展性消费拉动农村居民消费支出增长3.2个百分点。

物质型消费基本得到满足，注重高品质。经过过去十年农村居民收入和消费快速增长阶段后，对大

2015年山西省农村居民人均消费支出及构成情况

	2015年		2014年		2015年比2014年		贡献率（%）	拉动消费支出增长百分点
	绝对量（元）	占比（%）	绝对量（元）	占比（%）	增加额（元）	增幅（%）		
消费支出	7421	100	6992	100.0	429	6.1		
食品烟酒	2150	28.9	2054	29.4	96	4.7	22.4	1.4
衣着	559	7.5	540	7.7	19	3.5	4.4	0.3
居住	1537	20.7	1480	21.2	56	3.8	13.1	0.8
生活用品及服务	382	5.2	344	4.9	39	11.2	8.9	0.6
交通通信	820	11.1	707	10.1	114	16.1	26.5	1.6
教育文化娱乐	1017	13.7	928	13.3	89	9.5	20.7	1.3
医疗保健	794	10.7	770	11.0	24	3.1	5.6	0.3
其他用品和服务	162	2.2	168	2.4	−7	−4.0	−1.5	−0.1

多数农民家庭而言，吃、穿、住的需求基本得到满足，耐用品普及程度也明显提高，家庭物质型消费需求开始向注重高品质发展。如2015年农村居民购买室内装饰品支出人均增长49%，购买床上用品支出人均增长28%，购买化妆品支出人均增长12%，购买首饰手表支出人均增长46%，购买园艺花卉支出人均增长52%，购买滋补保健品增长43%。

服务型消费需求快速增长，引领新趋势。2015年，在全省农村居民总支出中，人均饮食服务支出150元，比2014年增长2.2%；人均家庭服务支出15元，增长46.6%；人均通信服务支出245元，增长7.2%；人均文化娱乐服务支出51元，增长5.5%；人均医疗服务支出525元，增长2.4%。服务性消费支出的增长成为农村居民生活消费的新趋势。

网购消费日渐活跃，成为消费热点。农村居民消费观念转变，互联网改变了农民的传统消费生活，网购作为一种新型便捷的消费方式快速融入农村居民家庭生活，成为消费热点。2015年，全省农村居民人均购买家用电脑支出比2014年增长24.2%，人均上网费用增长4.4%，人均邮费增长31%，通过互联网购买商品或服务支出增长52.5%。

【当前制约农民收入的不利因素】

能源制造企业经营困难造成农村劳动力转移困难，影响农民工资性收入增长。经济下行压力依然很大，煤焦、冶金、化工等支柱行业企业生产经营困难，一些企业采取减员增效的措施，严重影响农民就业。已就业的农民工，务工时间不稳定，导致工资性收入增幅减小。工资性收入占农村居民收入的一半以上，其增速每下降1个百分点，影响农民收入下降0.5个百分点。

经济发展持续下行对农民非农经营收入造成负面影响。2015年，在经营净收入中，农民人均二产的净收入比2014年下降33%，从事三产净收入下降0.6%。三产收入中，除批发零售业和住宿餐饮业保持增长态势外，其他产业收入均有不同程度下降。

粮食减产及农产品价格下降将导致后期农民农业经营收入下降。2015年，山西粮食总产量125.96亿千克，比2014年减产5.4%，其中占比较大的秋粮减产7.8%。加之农产品生产者价格呈环比下降趋势，短期内没有大幅反弹因素，会降低农业生产效益，亦会影响农民生产积极性。

惠农政策增收效应趋弱，影响转移性收入的有效增长。随着基数的提高，以及连年增长的补贴标准，使得后期直接补贴型的惠农政策效应会趋弱。

（刘　琳）

县域经济发展概况

XIANYU JING JI FAZHAN GAIKUANG

22

县域经济发展概况

太原市

【自然概况】 太原，简称并，是山西省省会，全国22个特大城市之一。

行政区划。市域面积6988平方千米，占全省的4.5%，其中建成区面积300平方千米。现辖6区(小店区、迎泽区、杏花岭区、尖草坪区、万柏林区、晋源区)、3县(清徐县、阳曲县、娄烦县)、1市(古交市)和2个国家级开发区(太原经济技术开发区、太原高新技术开发区)、3个省级开发区(民营经济开发区、不锈钢生态工业园区、清徐经济开发区)，共有53个街道办事处，594个社区，21个镇、31个乡，924个村委会，1521个自然村。2015年末常住人口431.9万人，其中：城镇人口364.5万人，乡村人口67.4万人，城镇化率84.4%。

自然环境。西、北、东三面环山，汾河纵贯全市。属北温带大陆性气候，四季分明，年均气温12°C，年均降水量468.4毫米，年均日照2388.7小时，无霜期年均202天。境内资源丰富，既有铁、锰、铜、铝、铅等金属矿，又有煤、石膏、硫磺、矾、硝石等非金属矿，其中，煤、铁、石膏储量最为丰富，探明总储量分别为186亿吨、6.5亿吨、6112万吨。

历史沿革。太原是一个具有2500多年历史的古城，始建于公元前497年的春秋时代，称为晋阳邑，战国初期为赵国都城。秦代，设太原郡，为全国36个郡之一。西汉时称并州，为全国13个州之一，也是太原又称并州的渊源。南北朝以前的前赵、后燕、前燕、前秦及北齐，都以太原为国都。唐王朝发祥于晋阳，封晋阳为北都，与京都长安、东都洛阳并称“三都”。五代时期，后唐、后晋、后汉、北汉亦以太原为国都。公元979年，宋太宗赵光义火烧水淹晋阳城，使古晋阳成为废墟，现在的太原城是公元982年在原唐明镇的基础上修建起来的。宋、金、元、明、清，太原一直是我国北方的一座军事重镇，素有“中原北门”之称，特别是明、清时期，“晋商”雄起，太原发展成为我国北方重要的商业、手工业城市。1927年太原改为市。1949年4月24日太原解放。

旅游名胜。太原境内名胜古迹众多，自然景观与人文景观交相辉映。主要有晋祠、天龙山、双塔、清泉湖和崛围山五大景区、130多个景点。有201处市级以上重点文物保护单位，其中国家级33处、省级13处、市级155处。还有秧歌、背棍、铁棍、旱船、莲花落等极富晋阳特色的民俗文化，尤其是太原面食享誉中外。太原是“中国优秀旅游城市”。

市花、市树。太原市市花为菊花，市树为国槐。

【经济发展概况】 2015年，全市地区生产总值2735.34亿元，比2014年增长8.9%；人均地区生产总值6.3万元，增长8.4%；规模以上工业增加值600.48亿元，增长5.7%；固定资产投资2025.61亿元，增长16%；社会消费品零售总额1540.8亿元，增长6.2%；一般公共预算收入274.24亿元，增长5.9%；城镇常住居民人均可支配收入27727元，增长7.6%；农村常住居民人均可支配收入13626元，增长8%；农林牧渔业总产值73.91亿元，增长1.8%；粮食总产量29.9万吨。

大力推进产业结构调整，服务业对地区生产总值的贡献率明显提升。培育发展高端装备制造、新能源、新材料、节能环保、食品药品等新兴产业，推进开发区扩区拓展，招商引资力度进一步加大。阳煤化工、江铃重汽、华润万象城、欧亚锦绣城市综合体、宝迪屠宰加工、润恒冷链物流等重点项目进展顺利。新兴接替产业增加值占到规模以上工业的67.1%，装备制造业增加值占规模以上工业的44.6%。服务业投资占全市固定资产投资的75.8%，增加值占地区生产总值的61.3%。

持续推进城市基础设施建设，城市承载力和发展水平进一步提高。新改建主次干道31项，改造背街小巷32条，建设里程113.2千米。太榆路、学府街、南内环街、南沙河路等相继改造完工，城市快速路网体系日趋完善，逐步进入立体交通时代。地铁2号线一期全线招标开工，首开段车站主体工程封顶。新改建供水管网232千米、供气管网178千米。500千伏等9项供电工程竣工投运。加大历史文化名城保护力度，推进青龙古镇、明太原县城等农耕文明保护。开工建设晋阳湖、和平公园等13个公园，新建46个小游园，完成阳兴大道、建设路、南沙河路等主干道景观绿化，新增绿地200公顷，建成区绿化覆盖率、绿地率、人均公园绿地面积分别达到41%、36.1%、11.6平方米。

举全市之力推进城中村改造，人民生活环境进一步改善。推动54个城中村改造，47个村基本完成整村拆除，完成总拆迁量的88%，46个村启动安置房建设。推进棚户区改造，新开工保障性住房5.7万套，基本建成4.5万套，完成投资118.65亿元。

全面推进“五大工程”“五项整治”，省城环境质量进一步好转。市区空气质量综合指数下降7.8%，优良天数达到230天，比2014年增加33天，优良率63%，提高9个百分点，6项主要污染物排放量均好于省下达的减排要求。集中供热扩网3104万平方米，实施城边村气化改造16个，减少冬季燃煤100万吨。关停二电厂3×20万千瓦燃煤机组等污染企业34家，减少燃煤180万吨。城南污水处理厂新增日处理能力15万吨，晋阳污水处理厂通水调试。淘汰老旧机动车和黄标车3.35万辆。秸秆综合利用5.4万公顷。完成营造林1.9万公顷，森林覆盖率23%。

不断加大民生保障和改善力度，人民群众幸福感、获得感进一步增强。提升托底保障能力，民生支出346.7亿元，占一般公共预算支出的82.5%。城镇新增就业10.5万人。实现脱贫1.7万人。扎实推进教育卫生事业，16所新续建学校、12所改扩建医院进展顺利，16所村办幼儿园主体完工。办好一批民生实事，完成既有建筑节能改造412万平方米，新建公共停车位8160个，解决2.3万农村人口饮水安全。采煤沉陷区治理取得阶段性成果。举办太原国际马拉松赛，推进汾河体育健身长廊建设。

全面实施“三个突破”，发展动力和活力进一步提升。加大科技创新力度，全社会研究试验经费投入93.21亿元，新增国家重点实验室1个，新增高新技术企业107家、增长39.8%，市内技术合同成交额21.96亿元、增长162%，高新技术企业销售额占到规模以上工业企业的29%。加快金融改革创新，“新三板”挂牌企业达到20家，占到全省的2/3。推进民营经济发展，获得全国首批小微企业创业创新基地城市示范，新增民营企业1.9万户、增长16.2%；实现民营经济增加值1571.53亿元、增长10.1%。

编制完成市级权力清单和责任清单，行政职权事项由6033项精简到2764项，精简率达到54%。取消、调整、下放行政审批事项119项，审批时限压缩21.6%。全面实行政务公开、企务公开和村务公开，建立全方位、全过程、多层次的权力制约监督机制。

（耿龙飞）

古交市

【自然概况】 古交市位于山西省吕梁山脉中段东麓、省会太原以西23千米处，是一座典型的资源型工矿城市，也是省会太原唯一的县级市。1958年设立太原市古交工矿区，1988年撤区建市。市域面积1551平方千米，辖7乡3镇4个街道办事处，146个行政村，37个社区居委会。2015年末常住人口21.2万人，其中城镇人口15.6万人，乡村人口5.6万人。古交山地占总面积的95%以上，地貌特征为“一河三川”(汾河、大川、原平川、屯兰川)。土地总面积15.2万公顷，其中农业用地9.4万公顷。古交境内矿产资源丰富，现已探明51种，其中以煤炭资源最为丰富，探明储量80.4亿吨，而且种类齐全，有肥煤、焦煤、瘦煤、贫煤和无烟煤。此外，已开发利用的矿产还有铁矿、铝土矿、石英、长石、石膏、石灰岩等矿产。

【经济发展概况】 2015年，全市地区生产总值21.99亿元，比2014年下降5.1%；人均地区生产总值1.04万元，下降5.6%；一般公共预算收入7.77亿元，增长32.6%；农林牧渔业总产值3.94亿元，下降8.2%；粮食总产量1.06万吨，下降9.3%；工业增加值2.28亿元，下降22.3%；固定资产投资64.3亿元，增长25.3%；财政总收入10.3亿元，增长15.6%；社会消费品零售总额44.5亿元，增长9.1%；城镇居民人均可支配收入25788元，增长7.8%；农村居民人均可支配收入13072元，增长8.5%。

转型步伐不断加快。坚持煤与非煤并重，狠抓重点项目建设，推进延伸五条产业链，不断强化产业的支撑作用。一是提升改造传统产业，督促煤矿主体加大投入，加快煤矿复工复产步伐，全年累计完成投资5.7亿元，实现生产矿井4座、建设矿井11座、准备联合试运转矿井2座。二是延伸传统产业链条，初步实现由单一的输煤炼焦向输电、输气、输热等“多轮驱动”转变，蓝焰煤层气开发、国新LNG-CNG合建站和燃气管道等项目已完工，兴能电厂三期低热值煤热电联产、国盛恒泰煤层气开发利用等项目已开工建设，银泰铝循环产业园高载能项目已上报省发改委申请立项。三是培育发展新兴产业，中广核风能发电项目即将投产，风霖纸面石膏板二期、华能国茂有机肥等项目已开工建设，储备了中广核、晋安通、中电投二期等一批光伏发电项目。

“三农”工作稳步推进。大力实施“一乡一业、一村一品”战略，滚动推进20个现代农业园建设，累计建设现代农业园38个，新发展农民专业合作社10个，完成“一村一品”专业村项目建设17个，农产品加工销售收入4.2亿元。强化农村基础设施建设，累计补助7403万元完成危房改造6076户，投资400万元维护改造了农村路桥，启动了总投资2124万元的村通水泥(油)路提质工程。全面落实惠农政策，培训农民3600人次，调运高产优质种子55.2万千克，为近3万户低收入农户用煤补贴869万元，促进农民持续增收。

城市功能不断提升。继续实施东部新城火山片区和三岔口片区改造、金牛大酒店建设等8项续建项目和西苑广场、优景美郡二期等7项新建项目，启动了新城大街、火山二桥、集中供热工程、天然气置换焦炉煤气管网、第二污水处理厂等一批城市基础设施项目建设，完成了牛角上危岩体治理项目和太古供热长输管线、太兴铁路复线等省、市重点工程拆迁任务。

招商引资成效显著。先后签订了光伏太阳能发电、煤矿低浓度瓦斯发电供热和金牛大街人防综合利用项目等12个合作协议，签约额126.05亿元。积极探索企业融资新业态，与东方汇富创投公司合作，成立了“古交金牛汇富创业投资管理(有限合伙)公司”，定向投资于有潜力的中小企业。

生态环境持续改善。坚决拆除改造不达标燃煤锅炉，淘汰老旧黄标车辆785台，开展扬尘污染专项整治，集中式饮用水水质达标率100%。立足创建国家级园林城市，实施汾河城区段河道治理、金牛森林南山景区绿化提档等工程，造林6146.7公顷。空气质量一级天数40天，二级天数253天，优良率80.3%。

民生福祉充分保障。教育方面，投资7545万元实施了“全面改薄”和中小学校操场塑胶化工程、新改扩建幼儿园4所，“义务教育发展基本均衡”在太原市三县一市中率先通过了国家级认定。卫生计生方面，投资1500万元建设了妇幼保健业务楼，投资1750万元为中心医院配备了核磁、CT等设备，投资405万元改扩建3所卫生院。率先在太原市启动了为农民办理意外伤害保险，免费孕前优生健康检查、出生缺陷一级干预、免费生殖健康普查等医保工程，疾病预防控制工作太原市排名第一。文化旅游方面，开展了“文化惠民基层行”等活动，农村公益电影放映1700余场，新确定5项非物质文化遗产保护项目，提升了岔口老农、红豆山庄、黄龙峡景区、晋绥八分区纪念馆4个文化旅游景点的质量和水平，红豆山庄挂牌为国家3A景区。社会保障方面，贯彻落实创业就业优惠政策，提供大学生见习岗位174个，帮扶就业困难人员49名，城镇新增就业人数5128人，登记失业率3.8%。积极推进社会保障“全覆盖”，救助困难群众9968人次，支出医疗救助金733万元、各类低保金2828万元。实施农民工工资保证金办法，解决了1771名农民工工资3785万元。此外，加快推进采煤沉陷治理。坚持将采煤沉陷治理作为全市最大的民生工程，按照“一年试点、三年完成”的总体部署，坚持摸底调查、临时避险、征地拆迁、项目建设、安置补贴发放统筹推进，镇城底镇安置小区8栋安置楼主体已竣工，列入2015年治理的7个安置项目已全部开工。同时，积极谋划启动2016年的搬迁安置项目，并对全市村(居)进行再摸排，努力做到乡不漏村、村不漏户，按时按量完成全市采煤沉陷区综合治理任务。

(古交市人民政府办公室)

太原市迎泽区

【自然概况】 迎泽区位于山西省太原市汾河之东，市区中部，城区东与晋中市榆次区、寿阳县相邻；西隔汾河与万柏林区相望；南连小店区；北接杏花岭区，总面积117平方千米。2015年末常住人口60.6万余人，是太原市面积最小、人口密度最大的城区。

【经济发展概况】 2015年，全区完成地区生产总值534.98亿元，比2014年增长7.7%；服务业增加值458.17亿元，增长7.9%；社会消费品零售总额397.11亿元，增长10.6%；人均国内生产总值8.8万元，增长7.2%；一般公共预算收入16.13亿元，增长7.3%；农林牧渔总产值8245.9万元，降低2.6%；粮食总产量374.9吨，增长0.2%；工业总产值65.98亿元，增长6.21%；城镇常住居民人均可支配收入28352元，增长8.2%，农村常住居民人均可支配收入17970元，增长7.5%。

顺时应势，抢抓发展先机。全面实施“三个突破”，加大科技创新力度，全年新增高新技术企业3家，技术合同成交额9000万元，高新技术企业销售额占到规模以上工业企业的26%。加快金融改革，成立了太原迎泽国有投资有限公司，搭建了区级融资平台。推进民营经济发展，充分利用全国首批小微企业创业创新基地城市示范政策，启动了互联网＋智慧产业园、太原IDC（大数据）中心、双创孵化器及金融创投平台等项目，迎泽电子商务双北产业园成功引入电商企业21家，被省商务厅命名为全省电子商务示范基地，全区新增企业1318户、个体工商户4987，分别比2014年同期增长37.6%和34.6%。

掌握主动，稳定经济增长。坚持以增量促转型、以集聚促升级，启动了发展楼宇（总部）经济三年行动计划，实施了景峰国际、安业商务楼宇、鼎元时代等3处为楼宇社区服务中心建设。落实重点项目“六位一体”滚动推进机制，项目储备、签约、落地、开工、建设、投产分别达101.5%、103.3%、106.1%、201.1%、100.1%、114.9%。深入实施“五个一批”重点工程，在产业发展、基础设施建设、社会民生发展等方面，部署实施的50项重大项目和重点工作基本完成。

统筹推进，优化城乡面貌。推进城中村改造，在确保完成市下达4个环内城中村整村拆除任务的同时，同步启动枣园、赵北峰两个村的改造工程，累计拆除122.7万平方米，6个村整村拆除基本完成。积极探索城市管理新机制，试点推行了由街道牵头以行政执法、清扫保洁、无物业管理、垃圾清运为一体的“四位一体”网格长负责制。深入推进“五大工程”“五项整治”，淘汰老旧机动车和黄标车2118台，完成101.4万平方米既有居住建筑节能改造，为全区3892户置换洁净煤2.2万余吨。大力推进东山生态建设，在全省首家实施县级现代林业建设示范工程总体规划，启动了千亩林果基地建设项目，完成栽种26.7公顷，东山生态走廊循环圈基本成型。

攻坚克难，惠及民生福祉。稳步加大民生投入，持续在困难群众和老年人、残疾人等特殊群体的保障、救助、帮扶、解困及社会福利服务等方面提标扩面；在社区服务场所提档改造，社区为老服务、文体服务等设施建设以及数字校园、便民平价市场建设等方面加速全覆盖进程；在环境治理、老旧片区及小街巷改造整治、既有居住建筑节能改造、农村饮水安全保障、社区惠民资金项目建设等方面加大民生普惠力度，年初承诺的20件重点惠民实事全面完成，省市下达的63项民生领域重要指标任务基本完成。

（张国文）

太原市杏花岭区

【自然概况】 杏花岭区是1998年在原北城区基础上成立的城乡一体化城区，是太原市6个市辖区之一，位于太原市东北部。西北与尖草坪区相邻，北面与阳曲县相交，东面与晋中市寿阳县毗连，南面与迎泽区相接，西部以汾河为界与万柏林区隔河相望。辖区总面积170.2平方千米，其中建成区面积32.2平方千米，乡村面积138平方千米。2015年常住人口65.9万人，下辖10个街道、2个乡，107个社区、40个行政村。

【经济发展概况】 2015年，全区地区生产总值453.23亿元，比2014年增长6.4%；服务业增加值369.21亿元，增长7.1%；固定资产投资191.88亿元，增长28.5%；社会消费品零售总额186.02亿元，增长10.7%；规模以上工业增加值10.76亿元，增长8.9%；城镇常住居民人均可支配收入28417元，增长8.0%；农村常住居民人均可支配收入15782元，增长7.8%；一般公共预算收入16.09亿元，增长2.3%。农林牧渔业总产值1.23亿元，粮食总产量89.5万千克。

大力推进产业结构调整。服务业在全区经济发展中的支柱地位进一步增强。北京华联购物中心、富力城商业综合体、山西汽运集团冷链物流等重点项目进展顺利，万达商业综合体、丈子头农产品物流园一期、职工新街海鲜市场等项目建成并投入运营。现代化农业基地建设稳步推进。积极推进舒清农业文化创意产业园建设，种植观赏花卉1.5万平方米。丈子头鸿泰昌种养场建成并投入使用，成为全省较大种羊基地。积极扶持农村“一村一品”建设，建设了庄子上村、西岭村、枣沟村。全年培育省级农民专业合作示范社1个，市级示范社3个，区级示范社5个，现代都市农业呈现持续发展的良好势头。工业转型升级迈出坚实步伐。东山煤矿东兴煤业一期井筒工程全部施工完成，二期工程进入收尾阶段。东山东昇一期矿建工程和井底的附属工程基本完工，矿井具备联合试运转条件。华能东山2×F级燃气热电联产工程已建成并投入使用，供热面积1200万平方米。

加快推进城市基础设施建设。实施敦化北路、大东关街及红沟东路、兵工南马路（含西侧规划路）、东峰路（凯旋路）、北中环与东环高速牛驼寨互通工程、小返南街和卧虎山路共7个城市道桥建设项目9条道路的房屋征收工作，完成动迁1159户、13.3万平方米。王家山—下岭、张新线（窑头——后沟段）、河里头——石柱沟、水沟——长沟公路4条公路改建项目建成通车。成立区城乡管理局，整合管理资源，初步建立起管理、作业、考核三位一体的管理模式。新、改建公厕10座、升级达标5座，实现行人步行15分左右、居民楼周边500米左右有一座公厕，切实解决如厕难问题。新建5个压缩垃圾中转站，配置5个移动中转站。

全力以赴推进城中村和棚户区改造。启动实施剪子湾、耙儿沟、道场沟、小枣沟等8个城中村整村拆除改造，基本完成1798个院落、4728户、48处公建、83.9万平方米的拆迁任务。5个村启动安置房建设，全年开工安置房2041套，22.7万平方米，超额完成市下达目标任务。加快推进棚户区改造，启动山西工程职业技术学院、北涧河和东盛巷8号3个棚户区改造动迁工作，完成动迁379户、1.7万平方米。积极推进2014年已实施的棚户区项目拆迁收尾工作，新动迁663户、7万平方米。全区新开工保障住房6459套，基本建成9005套，完成投资11.98亿元。

全面推进城乡生态建设。东山生态建设持续推进。北山森林防火通道建设工程(杏花岭区)已全线通车。完成生态绿化7266.7公顷，种植各类苗木671万株，其中新造林4933.3公顷，提档增绿2333.3公顷，义务植树绿化面积1333.3公顷，森林覆盖率达到31.2%，生态建设成果得到进一步巩固。建成区新增单位附属绿地0.5公顷、居住区绿地4.9公顷，新建小游园8个，500米见园覆盖面积83.8公顷，见园覆盖率达77%，位居全市第一。建成区绿化覆盖率、绿地率、人均公共绿地面积分别达到36.4%、28.2%、6.53平方米。着力推进环境质量改善，"五大工程"、"五项整治"成效明显。市区二级以上优良天数221天，比2014年增加54天。拆除分散燃煤采暖锅炉83台、284.3吨，清洁能源替代常年运行燃煤锅炉1台、1蒸吨，关停污染企业1家，拆除城中村燃煤采暖小锅炉599台，拆除棚户区燃煤小火炉1280台。

不断加大民生保障和改善力度。提升托底保障能力，2015年民生支出18.7亿元，占一般公共预算支出的89.1%。增长25.5%，高出全市6.6个百分点。城镇新增就业近2万人。扎实推进教育卫生事业，成功实施了新道街小学、新建路小学、后小河小学"大学区制"试点。7所学校标准化操场、18所学校厕所、30所学校校园美化和22所校园文化建设工程完工并投入使用。实施了小学生放学后免费托管，为全区中小学生投保综合保险，参保率100%。顺利通过了全国义务教育发展基本均衡区验收。全面推开县级公立医院综合改革，积极推进区中心医院综合楼建设，新型农村合作医疗参合率100%，18个基层医疗卫生机构和38个村卫生所全部实施国家基本药物制度，医疗保障服务水平不断加强。38个社区便民服务设施提档升级，新建9个社区养老服务中心、4个日间照料中心，实施惠民项目239项，社区服务功能和水平进一步提升。办好一批民生实事，完成既有居住建筑节能改造62.8万平方米，惠及群众6953户约2.7万人。采煤沉陷区治理工作有序推进。完成4条农村通返不通道路改造和9个村供水管道改造、2个村打井工程。

(杏花岭区人民政府办公室)

太原市万柏林区

【自然概况】 万柏林区位于太原市西部，东临汾河，西依龙山。素有"龙山叠翠钟灵秀，汾波浩荡涵物华"的美誉，地处北半球中纬度温暖带，属大陆型气候，年平均降雨量464毫米，地势西高东低，海拔高度在780～1450米。下辖1个乡、14个街道办事处，44个行政村，27个城中村，113个城市社区，辖区面积304.8平方千米，建成区面积43平方千米。2015年末常住人口77.4万人。是太原市面积最大、人口最多的中心城区。

【经济发展概况】 经济运行保持平稳健康。2015年，地区生产总值352.2亿元，比2014年增长7.2%；规模以上工业增加值113.2亿元，下降0.6%；服务业增加值151.8亿元，增长16.1%；固定资产投资381.6亿元，增长22.1%；社会消费品零售总额214.1亿元，增长0.5%；一般公共预算收入15.37亿元，增长28.1%。城镇居民人均可支配收入27673元，增长7.2%。农村居民人均可支配收入18764元，增长8.1%。

重点项目建设带动经济赶超发展。总投资1490亿元的57个省市重点工程项目，开工50个，省市重点工程项目完成投资318.56亿元。共有13个改造村与25家企业达成合作意向。招商引资签约项目共8个，签约总投资276.9亿元。实际引进外来资金76.3亿元，实际利用外资2.02亿美元。起草完成《关于推进万柏林和平老工业区搬迁改造的若干意见》，为太原煤气化等4个搬迁改造的项目争取资金7400余万元。加快区域科技创新步伐，投入资金1500万元，安排科技项目35项，实现有效发明专利拥有量1340件。

产业结构进一步优化。中车太原铁路装备造修基地项目、狮头水泥实现投产，太重研发中心及青年公寓项目、海洋工程装备及关键件国产化项目稳步推进。华润中心、绿地中央广场、中海寰宇天下等10大城市商业综合体标杆项目进展顺利。成立太原市万柏林城乡建设投资有限公司，为全区城中村改造提供融资支持，试行土地整理，创新城中村改造融资方式。山西汾西电子科技股份有限公司成为区内首家挂牌“新三板”企业。落实工商注册登记、“三证合一”等商事制度改革，大力减轻企业负担。桃花沟、玉泉山城郊森林公园等景点进一步丰富，万亩生态园、王封“一线天”等景区提档升级，神堂沟温泉、龙泉寺佛教文化园、九院狼坡狮子崖等特色景区配套设施建设继续完善。新增现代都市农业面积5万平方米，九润现代都市农业园3栋高标准智能温室主体结构完工，都市现代农业圈基本形成。养老业发展成功起步，率先探索社区居家养老服务，漪汾苑社区照料中心成为全国首批居家和社区养老信息惠民试点单位和山西省唯一的一家试点社区。

城市建设管理提升全区宜居水平。继续把城中村改造作为全区“一号工程”，成立太原市万柏林城乡建设投资有限公司，为全区城中村改造提供融资支持。共拆除120万平方米。集体经济改制、手续办理有序推进，智诚·御河骏景等4个城中村改造项目五证齐全。创新合作开发企业引入模式，融创成功签约新庄城中村改造，继后北屯、沙沟城改项目后，恒大集团通过村民参与投票、评议等公开竞选方式参与小井峪村、红沟村城中村改造。加快推进回迁安置房建设，累计完工约200万平方米。完成农村公路提质工程16千米，生命安全防护工程26.6千米，维修县乡公路62千米。整治理工大西等4个片区，创建星级单元84个，创建省级容貌保洁示范街2条。加大保障性安居工程建设力度目标任务，新开工保障房2976套，建设完成总投资4.4亿元的九院小区三期工程。

生态环境持续改善。实施三北防护林封山育林266.7公顷，市级提档升级造林580公顷。“蛇盘兔”采矿遗址生态修复保护区基本建成。虎峪河（五九桥——西苑南路桥）河道美化工程进展顺利。南、北寒公园建设准备工作就绪，和平南路丽景游园等5个游园基本建成。绿地率34.6%；绿化覆盖率40.7%；人均公共绿地9.6平方米。深入开展农村危房改造工程，全区共改造完成67户，下发补助资金93.8万元。继续实施农村饮水安全工程，解决1300余人的饮水问题。积极推进4个城边村气化改造。积极推进清洁型供热替代工程，超额完成燃煤锅炉拆除任务，拆除城中村黑烟囱554根，为全区1.1万户居民发放冬季洁净煤5000余吨，为98家300平方米餐饮业加装油烟净化器，关停西山石膏矿等2家污染企业。稳步推进既有建筑节能改造，开工面积约135万平方米。2015年万柏林区空气质量二级以上优良天数为260天，位列城六区第一。

民生改善力度进一步加大。全年城镇新增就业2万人，城镇登记失业率为3.4%。投资1032万新改（扩）建8个社区，惠及居民7.3万人。新建完成城市社区养老服务中心4个，城市社区日间照料中心5个，农村社区日间照料中心5个。新（改扩）建公办幼儿园4所，取缔无证幼儿园34所，为符合条件的3所幼儿园颁证，学前教育实现分级分类管理模式。借助城中村改造的发展机遇，开创合作办学新模式，签约2所合作办学学校。完成河北街小学和万柏林十中外网建设工程，36所学校体育运动场地塑胶化工程实现完工并投入使用。继续推行城乡基本公共卫生服务均等化，推动公立医院综合改革，6个国债项目单位和示范村卫生室建设稳步实施，全面完成“千医千村牵手”工作。按照统一部署，完成区域卫生计生系统改革。严格执行计划生育政策，稳妥有序实施“单独二孩”政策，扎实做好1%的人口抽样调查工作。

（万柏林区人民政府办公室）

太原市小店区

【自然概况】 小店区位于太原市区东南部，辖区面积295平方千米，建成区50平方千米，地势平坦，交通发达，科研院校林立，区位优势明显。2013～2015连续3年跻身全国百强区，一般预算收入位居全省第一，是经济发展非常活跃的城区。全区辖1镇2乡7个街道办事处，121个社区、39个行政村。2015年末常住人口82.9万人。

【经济发展概况】 2015年，全区地区生产总值350亿元，比2014年增长9.5%；人均地区生产总值7.95万元；一般公共预算收入23.42亿元，增长0.2%；农林牧渔业产值14.95亿元，增长0.7%；粮食总产量6.7万吨，减少8.5%；规模以上工业增加值12.63亿元，下降7.7%；社会消费品零售总额429.4亿元，增长2.6%；城镇居民人均可支配收入28322元，增长8.1%；农村居民人均可支配收入18543元，增长8.5%。

沉稳应对经济下行压力，经济发展提质增效。坚持强化发展新动力，寻求发展新突破，多项经济指标位居全市前列，荣膺全国投资潜力百强区第54位。地区生产总值增速、社会消费品零售总额总量、一般公共预算收入和支出总量居全市、全省第一。固定资产投资额增速位居全市第二；服务业增加值增速位居全市第三。实际引进外来到位资金93.7亿元，签约项目总投资额243亿元。

全力推进结构调整，积极构建现代产业体系。三次产业结构比例优化为2.2∶22.9∶74.9。农业综合生产能力增强，农业规模化、市场化、专业化程度进一步提高。都市现代农业园区建设进入提档升级快车道。现代都市工业加速发展，工业与信息化深度融合。新增荣泰筑路等3家规模以上工业企业，全力推进大族集团数控机床、山西煤机等项目落地。服务业向高端化迈进。大力发展物流配送、电子商务、健康养老等服务业。引进百度外卖等实力电商企业，持续推进传化物流、万科物流、中电智云、万科城市综合体等项目建设。“六位一体”项目落地、开工、投产三项指标完成额均居全市第一。

城乡面貌发生较大变化。太榆路等20余条道路建成通车，自主建设12条主次干道。县乡公路过村路段、完成农村公路完善提质24.6千米。顺利推进500千伏龙城变电站等8项电力基础设施项目，城市基础设施建设水平进一步提升。加强城乡管理，10个老旧片区改造全部完成，289个无物业楼院全部纳入保洁范围，1.2万个门店生活垃圾上门收集全覆盖，14个城中村环卫清扫实现城市化管理。

促进城乡区域一体化。区财政投入12亿元用于城中村改造。52个城中村完成撤村建居，44个村注册成立公司，27个村完成集体经济改制及工商变更登记。北营、龙堡、许东、新庄已全部完成拆除，亲贤、杨家堡已基本完成拆除，王村签订协议接近尾声，狄村加快推进。8个重点村完成拆除面积132.3万平方米，位居全市第一，拆除率接近90%。新庄、许东社区回迁安置房已完工，北营社区安置房已开工建设。

全面保障和改善民生。“全国义务教育发展基本均衡县”以高分高位通过国家级评估认定。推行集团化办学，新增九一小学体育路校区等5个新校区，新改扩建4所公办幼儿园，完成35所学校塑胶化操场改造。促进教育公平，解决4800余名进城务工人员子女入学问题。启动200名中小学教师招聘工作。新图书馆、文化馆正式投入使用。深入推进医疗卫生体制改革，落实对基层医疗机构补助政策。市疾控中心、市中心医院开工建设，平阳路、北营社区卫生服务中心建设完成提档升级。城乡医疗救助4315人。建成保障性住房8808套，完成既有建筑节能改造72.6万平方米，农村危房改造111户。开展60岁以上老年人免费体检，为80岁以上老年人发放高龄保健补贴。建成37个老年人日间照料中心和5个老年餐桌。271家“小饭桌”实行星级动态评价管理，46家食品生产经营企业建立了食品追溯体系，规范管理标准，保障3万余人农村聚餐安全。新增4个社区“15分钟便民服务圈”，建成平价菜店52家。

（尤　娟）

太原市尖草坪区

【自然概况】 尖草坪区位于太原市区北部，东西北三面环山，汾河水贯穿全境，是省城的上风头、水源地。全区下辖3乡、2镇、9个街办，62个社区居委会、84个行政村。总面积285.6平方千米，其中建成区面积41.6平方千米，农业用地面积1万公顷。2015年末常住人口42.8万人，其中乡村人口2.6万人。

【经济发展概况】 2015年，全区完成地区生产总值246.17亿元，比2014年下降1.6%；人均地区生产总值5.76万元，下降3%；一般公共预算收入6.65亿元，增长5.6%；农林牧渔业总产值6.17亿元，增长9%；粮食总产量13418吨，与2014年持平；工业总产值686.42亿元，下降15.5%；社会消费品零售总额83.26亿元，增长10.5%；城镇常住居民人均可支配收入27805元，增长7.5%；农村常住居民人均可支配收入12858元，增长9%。

聚力抓好重大项目，五个一批有序推进。太原第二热电厂冷凝热改造工程等25个项目建成投产，滨河时代广场等41个项目进展顺利，九牛乳制品加工厂、太原外国语学校等8个项目正在进行前期筹备工作，全年共完成投资87.33亿元。3项重大改革事项实现深入推进，重大不稳定因素案件化解率达到87.3%。

大力推动产业转型，三次产业协调发展。工业转型不断加快。太钢技术改造等一批技改项目进展顺利；广源泰威数控立式双主轴车床等14个新兴产业项目基本建成，新兴产业项目投资占全部工业投资的比例达到52%。都市农业提档增速。九牛现代农业循环产业园建设顺利，岗北养殖场完成投资2.12亿元，引进奶牛2000头。商贸立区战略成效初显。三给片区商业集聚效应进一步增强。全国500强、上市公司长春欧亚集团与锦绣集团正式合作，投资50亿元建设全国第二座巨型欧亚大卖场——欧亚集团山西锦绣店主体工程已完工。全市营业面积最大的黎氏阁家具北中环店正式开业。

强力攻坚城中村改造，城乡面貌持续改善。全力以赴推动整村拆除，2015年确定的5个整村拆除村中，大东流等3村已基本完成整村拆除，西流、小东流等2个已启动拆迁，共计完成拆除面积83.48万平方米。省市重点工程建设稳步推进。全力组织征地拆迁，完善后续安置保障。完成各类重点工程拆除面积68.3万平方米，太兴铁路征地拆迁工作基本完成，西南环铁路12个拆迁难点基本解决。北山森林防火通道道路主体建设工程全部完工。城乡管理水平不断提高。深入开展“两违”整治，全区24家非法违法石料建材加工企业全部关停取缔。继续引深城乡清洁工程，为40个边远山区农村兴建了地坑式中转站，在兴华街、滨河西路等主干道实行了生活垃圾上门收集，全区完成97个星级单元创建和74个达标示范村。积极实施“五大工程”和“五项整治”，启动太钢、二电厂等企业周边环境综合整治工作，空气质量综合指数为6.25，下降4.6%；全年二级以上天数249天。加快推进林业建设，育苗726.7公顷、造林227公顷，六大城郊森林公园累计栽植乔灌木近20万株。新增单位附属绿地5.5公顷，居住区绿地4.1公顷。

*着力保障和改善民生，社会事业全面进步。*社会保障能力进一步提升。城镇新增就业9942人，城镇登记失业率控制在3.3%以内。全区发放各项社会保险金、城乡低保金和各类救助金达6.8亿元，爱心煤资金1070万元。加大对科技产业的扶持力度，拥有专利的企业达到70家。筹措资金8550万元用于教育硬件设施改造，顺利通过了国家级义务教育均衡发展县(区)达标验收。加强基层卫生医疗站所建设，对13个村级卫生所实施了提档升级，区急救中心已基本建成。提升卫生诊疗能力，以中西医结合医院为核心，建立了全区医疗联合体；推进中医特色诊疗，顺利通过全国基层中医药工作先进单位复审。加强基层综合性文化服务中心建设，区文化馆通过全国文化馆三级评估定级。开展了以“文化惠民在三晋”等主题的大型文体活动100余场，送戏送电影下乡1000余场。

（尖草坪区人民政府办公室）

太原市晋源区

【自然概况】 晋源区位于山西省太原市区西南，于1998年1月1日正式挂牌成立。区域面积287平方千米，北起义井东街，与万柏林区相依，南至姚村镇高家堡村，西南与清徐县、古交市接壤，东以汾河为界，与小店区隔河相望。南北长23.3千米，东西长20.3千米，区域面积287平方千米，约占太原市土地总面积的20.6%。辖金胜、晋祠、姚村3个镇，义井、罗城、晋源3个街办，80个行政村，40个社区。2015年末常住人口22.8万人。

晋源区生态优美，环境宜居，属温带大陆性季风气候，年平均气温9度，无霜期170天，年均降雨量462毫米，日照充足，四季分明。区域内山川各半，西边山区有良好的森林植被和珍奇的野生动物，山区森林覆盖率60%以上。特别是晋祠的难老泉、善利泉自古闻名于世，水域面积约5.1平方千米的晋阳湖是华北地区最大的人工湖；交通便利，区位优势明显，是太原市南部区域建设的主战场，有山西大剧院、山西体育中心、省科技馆、省图书馆、太原美术馆、市博物馆等省市重点建筑，是一个集山水风光与人文景观为一体，历史文化、特色文化和现代文明相融合的优美区域。

【经济发展概况】 2015年，全区完成地区生产总值52.38亿元，比2014年增长8.4%；固定资产投资166.22亿元，增长22.8%；规模以上工业增长值3.58亿元，下降15.3%；服务业增加值28.85亿元，增长7%；社会消费品零售总额29.02亿元，增长10.4%；一般公共预算收入6.46亿元，下降6.6%；城镇居民人均可支配收入27767元，增长7.7%；农村居民人均可支配收入达到12412元，增长10.2%；农林牧渔业总产值7.59亿元，增长3.6%。

*着力产业转型，产业结构进一步优化。*一、二、三产结构比例由2010年的5.4∶59.5∶35.1优化为2015年的7.4∶37.2∶55.4，呈现出一产稳步发展、二产提档升级、三产明显提高的良好格局。农产品加工销售收入7.2亿元，比2014年增长12.5%。新恢复晋祠水稻种植近133.3公顷，产品质量和品牌效应不断提升。工业新增投资10.5亿元，其中10个新兴工业项目完成投资5.5亿元，占比52.4%。高新技术产品销售额在规上工业企业销售额中的占比24.1%。服务业增加值完成28.85亿元，增长7%。长风国贸第六馆年销售额2.29亿元，增长151.5%。鸿升时代金融广场、阳光城国际广场主体完工，格盟金融城项目落地建设。全区接待游客580余万人次，实现旅游收入约3亿元。

*着力城乡统筹，服务功能进一步提升。*全力保障省市重点工程建设，乡村农耕文化保护工程城墙修复全线开工，修缮历史建筑17处，18栋安置楼全部封顶；晋阳湖公园建设征收7个村土地195.9公顷；晋阳污水处理厂土建封顶，污水管线基本完工；太山植物园、晋阳公寓、万家寨引黄入晋工程进展顺利。扎实推进城市园林绿化，新建小游园6个，绿化面积7.3万平方米，提档升级城郊森林公园5个，完成植树造林333.3公顷，全区森林覆盖率、建成区绿地率分别为25.2%、41.7%。实施清洁供热全覆盖工程，依托交城国锦电厂进行集中供热改造，改造老旧二次管道2.2万米。深入推进城乡清洁工程，清理农村“四堆”3.3万余处、11余万方，创建达标村48个、星级单元76个、省级美丽乡村1个、市级2个，新建大型垃圾中转站2个。

*着力城中村改造，人民生活进一步改善。*2015年列入城改计划的9个村实现和谐拆除4828处、229.9万平方米，拆除率93.3%。除南堰外，8个村已启动安置房建设，共开工124.9万平方米。西寨村全市第一家启动城改，义井村第一家完成

整村拆除，北堰村整村拆除速度最快，在全市实现“三个第一”。

着力污染整治，环境质量进一步提高。围绕全市省城环境质量改善总体部署，替代拆除燃煤采暖锅炉2台、6吨，涉及燃煤既有建筑面积3.9万平方米。推进清洁供热全覆盖，对家盛纸业等5家企业实施清洁能源改造，城边村置换洁净煤5.8万吨，累计拔掉城中村黑烟囱2119根。城边村气化工作扎实推进。关停落后污染企业161家。实施工业企业提标改造，完成企业挥发性有机物治理7家。推进机动车污染防治，淘汰黄标车及老旧车1900辆，新旧晋祠路等主要道路实施货车限行。推进扬尘污染治理，全区绿色文明工地达标率91.6%。推进面源污染治理，清理烧烤摊点196处、规范50处，市政府下达的两家300平方米以上餐饮业油烟污染治理任务全面完成。推进垃圾无害化处理和秸秆禁烧工作，秸秆综合利用率99%。通过整治，PM2.5下降12.2%。六项主要污染物指标均有所下降，二级以上优良天数增加10%。

着力民生改善，人民群众幸福感进一步增强。提升托底保障能力，民生支出9.15亿元，增长12.6%，占财政支出的87.4%。为民办的十件实事全面完成。城镇新增就业4155人。城镇职工基本养老、失业等参保人数超额完成任务。采煤沉陷区安置房建设进场施工。保障房建设超额完成市下达任务。城乡低保标准进一步提高，并实现一体化。扎实推进教育卫生事业，完成7所幼儿园改造升级、13所村级小学操场建设、2所中小学老旧校舍改造、13所学校校园直饮水和区实验小学二期改造工程。成成中学、市二外、省儿童医院、市人民医院与区人民医院合作共建项目、市妇幼等重点工程进展顺利。20个村卫生室提档升级工作全面完成。85个村卫生室全面启动乡村医生签约服务。新农合参合率达到99.3%，补贴由每人33元提高到61元，大病医保补充资金每年达150万元。

着力“三个突破”，发展动力进一步提升。加大科技创新力度，新建众创空间1个、科技孵化器2家、微型企业孵化园1家，培育科技示范基地6个，技术合同成交额达1.01亿元。推动金融改革创新，积极培育“新三板”挂牌企业，金融业增加值完成7500万元，增长13.4%。加快发展民营经济，以推动“双创”为着力点，新登记小微企业486户，民营经济营业收入完成83亿元，增长17%。

（晋源区人民政府办公室）

清徐县

【自然概况】 清徐县位处山西中部太原盆地西南部，与3市（太原、吕梁、晋中）交汇，与8县（古交、晋源、小店、榆次、太谷、祁县、文水、交城）接壤。全县辖区面积609平方千米，辖4镇5乡1个街道办事处、188个行政村，24个社区居委会，2015年末常住人口35.1万人。年均降水量420毫米，无霜期183天。耕地面积29万公顷，森林面积8041公顷。有汾河、潇河等大小河流12条，均属汾河水系。有天然湖东湖、人工湖清泉湖、清泉西湖三大湖泊，湖面183.9公顷。矿产资源有煤、铁、铝土、石膏等。煤炭探明储量31亿吨，现保有储量24.9亿吨。

【经济发展概况】 2015年，全县完成地区生产总值115.92亿元，比2014年增长6.5%；人均国内生产总值3.3万元，增长6.1%；服务业增加值40.54亿元，增长9.4%；规模以上工业增加值18.65亿元，增长5%；固定资产投资91.49亿元，增长25.2%；社会消费品零售总额50.42亿元，增长10.1%；一般公共预算收入6.16亿元，增长4.4%；城镇常住居民人均可支配收入2.7万元，增长7.6%；农村常住居民人均可支配收入1.6万元，增长8%。

项目牵引战略初见成效。“三个一批”重点工程项目开工54项，累计完成投资57.2亿元。省警校、太原幼师、尧城机场等项目均完成年度目标任务。琦峰醋业、锦天服装等项目顺利运行。创新招商引资模式，全年储备项目125项，总投资2486亿元。签约项目22个，总投资229.8亿元。

产业结构日趋优化。建设48.8平方千米经济开发区拓展区，完善水、电、气、路等要素配置。两村拆迁工作进入尾声，阳煤化工新材料园区投产在即。梗阳焦化、亚鑫焦化新上项目建设顺利，工业经济在逆境中实现平稳运行。粮食总产量10.8万吨，新发展葡萄、梨等葡果67公顷，水果投产4533公顷。家庭农场总数达到810家。农产品加工企业达到83个。推进国家电子商务进农村示范县创建。利用“互联网+”模式，推动“大众创新，万众创业”。全年电子商务交易额4.35亿元，增长45%，农村电子商务交易额1亿元，增长46%，农特产品网络销售额（外销）达到3000万元，增长36%。做大休闲农业与乡村旅游经济，全年旅游收入1.7亿元，增长6.3%。三次产业比重达到11.7：53.3：35.0，产业结构更趋优化。

城乡统筹发展步伐加快。307国道改线、农网改造、北城污水处理等一批社会关注的重大基础设施建设工程取得实质性进展。高质量完成“双供一路”工程。开展供热社会化运营，供热效果明显改善。滨河西路南延工程完成沿线征拆。实施徐沟镇全国重点镇建设工程及孟封镇“百镇建设”工程。完成农村公路改造40.2千米。申报省级“一村一品”专业村、省级美丽宜居示范村等22个。

社会事业全面发展。完成年初确定的民生“十件实事”。引入社会力量为中小学提供校车服务。被纳入国家、省2015年义务教育均衡发展规划县之一,7所小学入选全市特色学校。深化医药卫生体制改革,县医院临床信息系统等数字化建设取得重大突破。实施标准化村卫生所建设项目。完成519套限价房摇号分配工作。解决0.6万农村人口的饮水安全问题。发放城乡社会救助资金1.39亿元。城镇登记失业率3.5%。新认定高新技术企业3个,有效发明专利拥有量达到23件。

生态环境逐步改善。继续深入推进环保“五大工程、五项整治”行动。完成水泥、钢铁、电力行业及污水处理厂减排核查核算工作。12家扬尘污染点源企业及18家油气单位达标治理。8家煤矿企业矿山生态恢复治理方案获批。实施城乡爱国卫生运动和城乡清洁工程,顺利通过省级卫生城市验收,全县二星级以上单元达到199个。申报成功2个省级示范村。治理水土流失面积400公顷。完成造林任务1160公顷。6项主要污染物排放量完成上级减排任务。地表水环境及饮用水源地水质达标率100%,全县空气质量优良率47.9%。

改革创新取得实效。完成教育与科技、卫生与计生、工商与质监机构整合。推进“六权治本”,编制完成政府部门权力清单、责任清单。水权分配制度日趋完善,得到国家水利部肯定推广。深入推进行政审批制度改革,推动服务向基层延伸。公共资源交易平台完成106项、18.3亿元进场交易,节约资金329.6万元。乡镇便民服务中心与村(社区)便民服务代办点全年办理事项3.5万件,办件量居全市县区之首。推进农村土地确权登记颁证工作,供应建设用地149宗747公顷。实行“前置变后置”注册登记,个体工商户增加2389户,企业注册新增807户。发挥政银企合作平台作用,20家企业申报“助保贷”2500万元,有效缓解企业融资难题。

(清徐县人民政府办公室)

阳曲县

【自然概况】 阳曲县地处山西省中部、忻定盆地与太原盆地之脊梁地带,为太原北大门,属太原市近郊县,距省城17千米。北接忻府区、定襄县,东连盂县、寿阳县,西与静乐县、古交市接壤,南靠尖草坪区、民营区、万柏林区、杏花岭区。总面积2070平方千米。辖4个镇6个乡、10个居民委员会、117个行政村,2015年末常住人口12.2万人。

【经济发展概况】 2015年,全县完成地区生产总值31.02亿元,比2014年下降11.1%;人均地区生产总值2.5万元,下降11.5%;固定资产投资额58.19亿元,增长27.3%;农林牧副渔总产值9.36亿元,下降0.5%;粮食总产量6.17万吨,下降10.3%;规模工业总产值10.34亿元,下降25.2%;服务业增加值9.48亿元,增长7.5%;社会消费品零售额11.59亿元,增长10.5%;一般公共预算收入3.36亿元,下降15.4%;城镇居民人均可支配收入20160元,增长7.3%;农村常住居民人均可支配收入7078元,增长8.7%。

实施73个重大产业项目。一产方面,坚持发展现代农业,大面积推广全膜双垄沟播技术8466.7公顷,确保粮食稳产。加快发展畜牧养殖业,建成桦桂、汇鑫源、新旭、常顺达4个万只羊场,29个千只羊场,引进了华北最大的七峰山羊驼生产基地,全省最大的永丰蛋鸡养殖基地,逐步形成了龙头带基地、基地连农户的现代农业产业化格局。二产方面,新引进建设鑫拓煤机阳曲制造园、禄纬堡耐火材料等51个科技含量高、发展前景好的项目,形成了未来县域经济的支撑点。高科耐火在新三板成功上市,带动了一大批企业更加注重自身科技创新。三产方面,青龙古镇保护修缮进展顺利,景区年接待人数15万人次以上,成功入选全国第三批传统古村落名录,在山西省第二届文博会上作为山西十大新锐景区向全国推介。大力发展农家乐,全县共建成75家、运营33家,涌现出西门庄园、香槟壹号、龙王沟生态农庄、王兴坪生态农业园等一批档次高、规模大、休闲特点浓郁的休闲度假产品。

实施20个重大基础设施项目。继续完善园区基础设施,北部大盂工业园区道路、排水、电力配套等工程基本完工,污水处理、引黄工程积极推进,为承载更多项目入驻创造了良好的基础环境。全长1713米的双阳南路建成通车,将民营区在我县拓展的工业新区、高新区的阳曲拓展区和县城连为一体。市委、市政府确定两区在阳曲县扩区面积达72.6平方千米,作为太原新型城镇化和新型工业化的主战场,阳曲迎来了新的历史机遇。北山森林防火通道建成通车,我县境内26.8千米。不仅为护林防火创造了交通条件,更增加了一条连接杏花岭区和尖草坪区的重要通道。

实施21项重大民生项目。2015年全县民生支出累计9.6亿元。着力改善农村人居环境,杨兴移民搬迁工程、北塔地城中村改造和马驼村整村改造主体完工。县城新增供热面积10万平方米,供热覆盖率达到97.5%。累计建成34所农村日间照料中心,农村和城市低保标准分别提高了7.5%和5.6%,新农合参合率和基本养老保险参保率分别为99.4%和100%。56所中小学全部达到市级标准化要求，促进了教育均衡发展。全县新增造林2780公顷，森林覆盖率20.4%，林木绿化率40.2%，生态环境持续改善。年初向全县人民承诺的卫生室提档升级、新建数字影院、广播电视“户户通”、建设公交候车厅、农村困难户危房改造、新建小游园以及建设阳兴小学、幼儿园“七件实事”全部完成。

（阳曲县人民政府办公室）

娄烦县

【自然概况】 娄烦县地处吕梁山区，位于太原市西北94千米处的汾河中上游，属土石山区，为汾河一库所在地。是太原市的郊区县，也是集库区、老区为一体的国家级贫困县。全县总面积1289.9平方千米。2015年常住人口10.8万人。

娄烦县矿产资源丰富，现已探明的矿产主要有煤、铁、大理石等16种，其中煤储量15亿吨，铁矿储量6亿吨以上；境内有古遗址24处、古墓葬群7处、古建筑40多处、古碑石60处、革命纪念地15处；娄烦县山川秀美，生态环境良好，可开发的旅游名胜景点有40多处。

【经济发展概况】 2015年，全县地区生产总值13.98亿元，固定资产投资27.15亿元，一般公共预算收入2.84亿元。社会消费品零售总额4.39亿元，城镇常住居民人均可支配收入17511元，农村居民人均可支配收入5535元。

现代农业发展迅速。2015年，全县马铃薯种植面积达到6666.7公顷，直接拉动农民人均纯收入1723元，被评为山西省“一县一业”工作先进县。因地制宜发展“一村一品”专业村，全县达到了79个，占全县行政村总数的55.6%，促进了农民增收、农业增效。特色农业产业的不断壮大，使农产品加工业销售收入不断提高，2015年达到4.15亿元。娄烦县被中国县域农业发展高层会议组委会评为“品牌农业示范县”。

工业升级步伐加快。投资6亿元，对全县工业设施进行改造，全县煤矿产能由原来的570万吨提高到690万吨；积极发展新能源项目，投资16亿元的国能风电项目相关手续已批复，投资3.2亿元的38兆瓦光伏扶贫项目即将启动实施。

第三产业逐步壮大。总投资3.2亿元的云顶山庄景区建设项目已完成土地流转；汾河水库风景区开发项目全部完工；以打造高君宇故居3A级景区为目标，实施了以“复原、展陈、服务”为重点的提档升级工程；云顶紫台等一批乡村农家乐生态休闲旅游项目迅速发展；娄烦镇西街村入选国家旅游扶贫试点村，2015年接待游客突破10万人次。全县服务业增加值9.21亿元，占地区生产总值的65.9%。

实施生态建设，环境品质持续提升。连续实施了库周绿化、荒山绿化、县城绿化、矿区绿化和通道绿化，造林2.8万公顷，绿化通道104.5千米。建成了南北两山等4000公顷植物园、庙湾1333.3公顷油松育苗基地、东山666.7公顷流域治理等生态绿化工程。绿化率57.2%，森林覆盖率28%。先后获得山西省造林绿化先进集体、省林业生态县、省林业六大工程建设先进县、全国绿化模范县等荣誉称号。为保护省城饮用水安全，取缔污染企业150户，拆除清理污染设施、设备127处(套)。通过实施涧河水质改善、水源地防护、危化品监控等水源保护项目，入库水质由过去地表水四类提升到三类，县城空气质量常年保持二级以上。总投资超百亿元的3个国家级生态项目成功落地，开工建设6个汾河水库生态保护项目，水源地保护提升到更高层次。

大力推进扶贫开发。总投资8.4亿元，实施了9个产业扶贫开发项目，流转土地3306.7公顷，受益贫困户近6500户，带动贫困人口就业7200余人；扶持发展养羊业，发展规模化养殖小区12个，养羊近10万只；先后实施了片区开发、整村推进、扶贫搬迁、彩票公益金等项目，建设日光温室250栋，蔬菜大棚321栋，种植核桃、大蒜等204公顷；完成11个村、1910人的扶贫搬迁任务；不断探索扶贫开发新方式，龙头企业带动农户、库区后期扶持、白家滩金融扶贫等扶贫模式成效显著；累计完成测土配方1.1万公顷，改造中低产田1600公顷，土地整理489.7公顷，完成农田水利工程766.7公顷；实施了覆盖66个村3.5万人的农村饮水安全工程，全县饮水安全问题得到有效解决；新建改造乡村公路392千米，农村街巷硬化942千米，行政村实现了村村通油(水泥)路和街巷硬化全覆盖，农村生产生活条件不断改善。全县贫困人口由4.8万人减少到3.4万人。

社会事业稳步推进。投资近亿元，全面改善了学校的硬件和软件设施，全县所有学校寄宿制食堂进行了改造，顺利通过了全省标准化验收，成为全省标准化建设合格县，师生食品安全得到保障；乡镇卫生院实现了标准化全覆盖，县医院委托太原市中心医院管理，医疗服务质量不断提高；实施了“五全”普惠工程，全县10万农民新农合参保全覆盖、全县990名五保老人全部集中供养、全县60岁以上老人养老全保障、全县义务教育阶段寄宿生交通费全补贴、全县农村孕妇补助全覆盖和育龄妇女健康普查全免费；在全省率先建成城镇人口网格化管理服务系统，国家卫计委给予充分肯定；连续五年对集中供热实施补贴，改造管网，提升热源，供热质量明显改善，受益人群近4万人；农村新的“五个全覆盖”工程和“五件实事”超额完成任务，被评为全省农村新的“五个全覆盖”工作先进县。

持续推进基础设施建设。围绕打造“山水娄烦”，确立了“一水两山四区”的县城建设思路，先后蓄水美化了一条河，提升改造了两座公园，建设亮化了五座桥，拓宽新建了四条路，招商开发了两个片区。县城规划区面积由3.52平方千米扩展到7.26平方千米，城镇化率由33.5%提高到39.79%。集中供热普及率达92%，自来水实现全覆盖。县城绿化覆盖率43.3%、人均公园绿地面积11.8平方米，被省政府正式命名为山西省园林县城和省级卫生县城；加快美丽乡村建设，实施了库周17个农村环境连片整治工程，119个村开展了星级创建活动，硬化了农村所有街巷和县城小街小巷，美化绿化了116个村，杜交曲镇被省政府评为山西省园林乡镇。

（张宪平）

太原经济技术开发区

【自然概况】 太原经济技术开发区2001年6月被国务院批准为国家级经济技术开发区，规划面积9.6平方千米，2002年7月开始建设。太原经济技术开发区围绕新兴产业规模化示范区和绿色生态工业园区的发展定位，依托山西省丰富的资源优势和雄厚的技术优势，坚持科学发展、和谐发展，现已形成了国际新材料加工基地、特色鲜明的国家级装备制造业基地、省级信息产业基地、省级食品及农产品加工基地和省内最具规模的生物制药产业园区的“五大产业基地”的产业发展格局。

【经济发展概况】 2015年，完成工业总产值645.0亿元，比2014年增长8%；财政总收入41.1亿元，增长23.6%；一般公共预算收入14.28亿元，增长15.5%；固定资产投资124.12亿元，增长20.8%。

投资环境方面。基本完成了9.6平方千米内的道路、雨污水管网、供水、供电、供暖、供汽、煤气设施及管网、通信网络、绿化、土地平整、污水处理、固体废弃物处理等基础及配套设施建设。基本实现了“九通一平”。截至2015年底，区内建成220千伏变电站、110千伏变电站、35千伏变电站各一座，10千伏开闭所两座；区内全部采用引黄水，日供水能力达60万吨；区内建成145吨供热供汽热源厂一座，70兆瓦采暖、170吨蒸汽热源厂各一座，实现了冬天供热、夏天供冷气、全天供应热水和蒸汽的服务；区内共完成绿化面积44.2万平方米，完成投资约3125.1万元，绿化覆盖率达到46%。注重发展投资软环境，一是全面推进“两集中、两到位”改革，进一步减少审批环节、简化审批程序、压缩审批时限。二是开展审批流程再造工作，搭建了企业入区注册平台和项目落地建设运行平台。三是建立行政审批职能整合机制。四是建立行政审批授权委托机制。

科技创新方面。2015年，高新技术企业新认定7家，累计33家；高新技术成果鉴定2项；高新技术产业销售产值227.79亿元，占规上企业销售总产值36.1%；研发费用投入9428.9万元；有效发明专利授权16件，累计162件。设立企业市级院士工作站7家（其中2家获批省级院士工作站），设立山西省引进国外智力成果示范推广基地1家、博士后创新实践基地1家。至2015年底，区内从业人员9万余人，其中博士生30余人，硕士生近691人，本科生6276人，有2760余名专业技术人员通过评审取得相应的职称。

投资促进方面。2015年，签约项目总数为34个，总投资395.93亿元，其中总投资10亿元以上项目5个，30亿元的项目3个。项目涉及装备制造、新材料研发、移动通信、商贸物流、房地产等行业。利用外资4.08亿美元。2015年度储备项目43个，总投资1352亿元，涉及装备制造、电子信息、生物医药、仓储物流、商业地产等行业。项目储备定位于新型工业化及现代服务业项目，杜绝煤焦、冶金、化工等传统耗能污染项目；注重储备项目的落地可能，充分考虑储备项目的立项、规划、土地、环保等相关问题，以促成储备项目的高落地率和高开工率；储备项目力争投资大带动性强的项目，10亿元以上项目已达43个。

社会事业方面。坚持经济发展和社会事业发展有机结合，着力构建和谐社会。一是解决失地农民问题，统筹城乡发展，出台和落实了一系列政策办法，从政策上引导农民规模化从事养殖业以及商业、饮食等第三产业，鼓励引导农民利用自身优势走自主择业、自谋发展的道路。二是构建就业培训体系，对农村转移劳动力进行加工技能、电脑应用、绿化、服装加工、保安、锣鼓等专业培训，使其拿到就业上岗“通行证”，并安排就业。三是成立工程协调中心，区属农村组建工程服务队，为区内建设项目提供土方、物流等多种服务，解决部分村民的就业和收入问题。四是组建成立巾帼锣鼓队，参与社会化服务，解决了200个农村家庭妇女的收入问题。五是引导农民将征地补偿款投入到有收益保障的物业项目，增加收入。六是启动了“城中村”改造工作，建设社会主义新农村。七是进一步完善居民社会保障体系，做到“老有所养、老有所依”。全区9个农村居委会六十岁以上的老年人参加了养老保险，每人每月可领取200元。全区有2851户,9228名农村居民参加了新型农村合作医疗,参合率达到100%。

高新技术产业方面。进一步完善产业链,太原经济技术开发区已形成国家级装备制造(能源装备)产业基地、国家级新材料新能源基地、国内有影响的电子信息产业基地、国内有影响的食品及农产品加工基地、国内有影响的生物制药产业基地。为加快高新技术产业的发展,全面提高企业技术创新能力,太原经济技术开发区出台了《科技项目发展资金使用和管理暂行规定》。截至2015年底,全区已有33家企业通过省级高新技术企业认证,2015年全区完成高新技术领域企业工业总产值达593.99亿元人民币。

(太原经济区管委会办公室)

太原高新技术开发区

【自然概况】 太原高新技术产业开发区成立于1991年7月,1992年11月经国务院批准成为国家级高新区。

【经济发展概况】 2015年,完成地区生产总值87.11亿元,比2014年增长10.2%;服务业增加值40.08亿元,增长16.4%;规模以上工业增加值47.7亿元,增长6.8%;固定资产投资89.3亿元,增长21.9%;社会消费品零售总额33.91亿元,下降9%;一般公共预算收入11.46亿元,下降14.7%。

转型升级步伐加快。最新的全国高新区评价结果显示,太原高新区综合排名第42位,前移10位。知识创造和技术创新能力、可持续发展能力、产业升级和结构优化能力三个一级指标有所前移。信息服务业加快集聚,服务业企业约占园区入区企业的46.0%;电子商务产业异军突起,共引进贡天下、易通天下、成宁科技、四季风旅游等一批优秀电子商务企业81家,已聚集相关企业130余家,从业人员5000余人。

一区多园建设取得新突破。汾东拓展区基础设施工程进展顺利,物联网产业园109万平方米孵化器加速器已全部封顶。阳曲拓展区有意向投资的项目14项,拟投资80.9亿元,总用地需求124.6公顷。姚村拓展区共储备项目25项,拟投资135.5亿元,总用地需求273.5公顷。

创新能力显著增强。已创办清控众创、37度、博创、高新梦谷等众创平台。将创意街打造成太原的双创基地,已进入规划设计阶段。新获批高新技术企业65家,申报国家级企业技术中心1家,省级企业技术中心3家。与中北大学签订了战略合作协议,合建太原高新区3D打印公共平台已正式启动。

招商引资和重点项目建设取得新进展。2015年新入区企业1106家,累计注册资金113.2亿元。完成签约项目总投资370.1亿元,实际到位资金91亿元,储备项目870亿元。重点工程落地项目20个,落地项目投资额36.87亿元;开工项目35个,开工投资额76.22亿元;建设项目累计完成投资84.39亿元;投产项目22个,投产投资额57.77亿元。

资本市场建设初见成效。共聚集非标金融机构227家、各类银行机构网点30多家,为园区企业提供流动资金贷款余额达40亿元。联合发起设立山西高新普惠资本投资服务有限公司,高新普惠众筹平台正式上线。与晋商银行、国开银行、平安银行、渤海银行、山西省农信社等多家银行建立了战略合作关系。筹备设立太原高新科技股权托管交易中心,高新区新三板上市企业共12家。

人才结构进一步优化。全区共有4人入选国家"千人计划",21人入选省"百人计划",引进9名"千人计划"人才来该区创业。成立了9家院士工作站,8家企业博士后科研工作站。实施新兴产业领军人才培育工程,共30名企业家入选"山西省新兴产业领军人才"。

(太原高新区管委会办公室)

太原民营经济开发区

【自然概况】 民营经济开发区创立于1995年,1997年被山西省政府正式批准为省级开发区。基础区位于太原市东部,规划面积4平方千米。基础区经过多年发展,配套设施完善。目前已经汇集了盛唐物流总部、唐久物流总部、金虎物流总部、晋豫鲁铁路通道总部等一批现代物流及总部经济企业,形成了现代物流、总部经济和现代服务业等主导产业,获批成为国家级物流服务标准化试点园区。

工业新区位于太原市区东北部,规划面积38平方千米。作为太原市承接东部产业转移的前沿区和建设新型工业基地的示范区,重点打造三个产业板块:暖泉湾核心功能区(以生产配套服务和科技研发、商业金融为主)、赵庄高端装备制造产业区、坂寺山新材料新能源产业区。先后引进横店工业园、晋西集团垃圾焚烧装备及铁路配件制造及示范电厂、四联重机成套设备产业研制造基地、山西焦煤自动化装备制造园等重点企业项目。工业新区坚持产城融合、城乡一体、生态友好的理念,坚持"生态立区、错位竞争"的发展思路,重点发展高端装备制造、新材料、新能源和节能环保产业,与其他开发区形成错位发展与优势互补,建设传统产业新型化示范基地和先进制造业基地,努力成为太原市新的工业增长极。

【经济发展概况】 2015年,全区完成企业主营业务收入200亿元,与2014年持平;固定资产投资35.97亿元,比2014年增长54.6%;社会消费品零售总额31.59亿元,增长10.3%;规模以上工业增加值2.33亿元,增长10.7%;一般公共预算收入3.77亿元,增长1%;外贸出口总额3310万美元,增长460.2%。

主导产业发展特点。根据产业布局规划,基础区将不再布局工业,重点做好两个产业:一是现代物流产业,以电子商务和现代物流为承载建设生活日用品供应基地。二是加快发展楼宇经济,以研发、孵化、行政、商务等总部为重点建设楼宇经济集群。工业新区重点发展新兴产业。新材料产业,以表面处理中心为核心建设“磁谷”;围绕“镁”材料的交易、设计、制造和金融服务建设一体化的“镁都”核心区。高端装备制造产业和节能环保产业,以垃圾焚烧发电为示范,以晋西装备制造为依托建设环保装备制造产业基地和环保工程联合体,打造高端装备制造业集群。新能源产业,以“两块电池”即聚力源钒电池和全氟磺酸离子膜项目,台湾立凯磷酸铁锂电池正极材料、沃特海默锂电池硅基负极材料项目为先导,打造新能源电池基地。

社会事业。扎扎实实为群众办实事,解难事,在新区设立了7个村务办事大厅、3个农村老年人日间照料中心、7个村级卫生服务室,解决了出行、吃水等群众反映突出的7个问题。

(太原民营区管委会办公室)

太原不锈钢产业园区

【自然概况】 太原不锈钢园产业园区位于尖草坪区108国道两侧、新兰路以东区域,规划控制总面积约880公顷,至2010年规划控制面积554.3公顷。2006年4月,经省政府批准并报国家发改委审核后,不锈钢生态工业园被批准为省级开发区。园区基础设施完善,交通便利,紧邻108国道,距大运高速公路入口仅3千米,距原材料供应基地—太原钢铁(集团)公司2.5千米,并有铁路专用线两条。

【经济发展概况】 2015年,全区完成规模以上企业工业增加值11.95亿元,比2014年增长33.9%;一般公共预算收入1.94亿元,增长29%;固定资产投资28.62亿元,下降22.2%。

招商引资情况。坚持把招商引资作为改造提升传统产业、培育壮大新兴产业的根本举措和有力抓手,不断加强整体经济实力。一是创新招商思路。紧盯战略性新兴产业,抢抓新能源产业加速发展的政策和市场机遇,积极引进新能源汽车和光伏发电产业项目。二是优化投资环境。修改并完善《入园企业办事流程》等资料,用图表方式明确各职能部门服务企业的内容、流程和办结时限,大幅度提高审批效率和服务水平。三是创新招商方式。积极实施“走出去,请进来”战略,采取小分队招商、产业招商、以企招商、定向招商、委托招商等多种方式,紧盯国内知名企业和行业龙头企业,主动登门拜访,对接招商项目。全年共引进企业12家,协议引资193亿元。

项目建设情况。全年共组织召开现场办公、固投例会、项目协调会议40余次。专题研究项目手续办理、进场施工过程中的各类问题,对发现的难点问题及时研究解决,确保项目建设序时推进。全年新续建项目50个,总投资169亿元,累计完成投资54亿元,全年完成投资28.62亿元。其中,新建项目36个,续建项目14个。

基础设施建设情况。不断加大投入力度,统筹布局,积极推进基础设施建设,承载能力进一步提升。道路建设方面,完成市政道路兴安南二巷建设,启动小返南街等4条配套路网工程。水气暖配套方面,新建供水干线2.1千米,燃气干线1.6千米,集中供热干线0.5千米;新建3座燃气供热站,改造供热管网1.1千米,实现供热能力50万平方米。电力工程建设方面,完成电力排管沟建设7.5千米,改造旧线入地4千米;完成10千伏北同蒲贯通线、10千伏阳铁线、10千伏东方线等迁改工程2.7千米。园林绿化方面,完成绿化工程7.7万平方米,新增省级园林单位一个。

效能服务情况。强化服务意识,深化服务内涵,创新服务方式,园区发展环境得到进一步优化。一是综合服务大厅日趋完善。服务窗口增至13个,基本实现了“一个窗口受理、一个窗口办结”的一站式服务。二是国地税一体化办税模式进一步深化。在联合办税的基础上,共同开展了税收宣传、纳税服务、简化优化办税流程、落实纳税服务规范、联合征管等工作。三是“三证合一”工作走在全省前列。发出全省首张“三证合一”营业执照,并将原来9至11个工作日压缩为3至4个工作日,进一步压缩了审批时限。四是企业融资服务再上新台阶。鼓励帮扶优质企业进入资本市场,创造了建区以来企业上市数量的最高纪录,全年共有7家企业成功上市。

提质升级情况。一是国家级循环化改造持续进行,获中央财政补助资金的8个重点实施项目有序推进。二是省级低碳产业园区创建正式启动,2015年5月正式获批,分布式屋面光伏项目、环保产业科技示范园、新能源汽车项目等正按计划扎实推动。三是“双创”工作稳步推进,全面贯彻《太原市小微企业创业创新基地城市示范工作实施方案》,

注入配套资金，采用“免二减一”方式，为小微企业提供厂房、办公场所、研发基地等，进一步降低了小微企业的运营成本。

综合管理情况。规范社会服务，提升综合管理能力，各项工作取得新进展。一是征地拆迁有序推进，确保新店北路等项目顺利开工建设。二是安全生产形势持续稳定，创造了连续三年未发生重大安全生产事故的好成绩。三是深入开展全面改善省城环境质量工作，环境整治日趋优化，全年拆除锅炉3台，减少燃煤量1980吨。四是高效、准确办结数字化信息平台案卷共964起。处理劳动用工违法行为举报8起，涉及人数411人，为农民工追回拖欠工资942万元，有效保障了劳动者的合法权益。

（太原不锈钢产业园区管委会办公室）

大同市

【自然概况】 大同市位于山西省北部，地处山西、河北、内蒙古“三角”地带，是国务院1984年批准的全国13个较大的城市之一。全市共辖4个区7个县，总面积1.4万平方千米。2015年末全市常住人口340.6万人。

大同市地处温带大陆性季风气候区，夏季气候温和，冬季寒冷漫长。年平均气温5.5℃，年平均降雨量在370毫米左右，无霜期大约100～156天，年日照时数为2973小时，光能利用潜力可观。主要农作物以黍、高粱、玉米、杂粮为主，地方特色植物资源有黄芪、黄花、枸杞、苦荞等。

悠久的历史为大同留下了丰富的文化遗产，现有各级文物保护单位346处，其中，世界文化遗产1处，国家级文物保护单位22处，省级文物保护单位20处，市县级文物保护单位300余处。建筑于北魏时期的云冈石窟是国内最大的石窟群之一，为1961年3月4日国务院公布的第一批全国重点文物保护单位，2004年被联合国教科文组织列为“世界文化遗产”，被誉为人类艺术的宝库，与龙门石窟和敦煌莫高窟齐名，合称为“石窟三圣”。大同九龙壁是我国建筑最早、规模最大、保存最好的龙壁。恒山悬空寺是我国唯一的高空绝壁建筑。建筑宏伟的上、下华严寺被誉为辽金艺术的博物馆。

大同市目前发现的矿产资源有42种，探明储量的有28种，主要有煤、铜、铁、锰、铝、锌、铅、金、银、石墨、沸石、石棉、花岗岩、大理岩等，其中，以煤炭储量最多，素有“煤海”之称。现已探明储量380亿吨，且品位高、埋藏浅、易开采。煤炭的生产量、出口量、外销量均居全国煤炭城市之首。依托煤炭资源优势，大同市年发电量约388亿千瓦小时，是华北地区重要的电力生产基地。

【经济发展概况】 2015年，全市地区生产总值1053.4亿元，比2014年增长9%；规模以上工业增加值增长8.4%，全社会固定资产投资增长6.8%，社会消费品零售总额增长4.8%；城镇居民人均可支配收入24771元，增长7.5%；农村居民人均可支配收入7708元，增长8%。地区生产总值增速、规模以上工业增加值增速、二级以上优良天数和空气质量综合指数四项指标居全省第一。但受经济下行和结构性减税等多重因素影响，公共财政预算收入出现多年来首次负增长，下降12%。

积极作为稳增长。制定并实施56条稳增长措施，为企业减负52亿元。推进大用户直供电，使7户用电企业减少电费4400多万元，3户发电企业增加产值2亿元。全力支持大企业发展，以同煤集团为主的省属企业拉动全市工业增长13.8个百分点。下大力气解决融资瓶颈问题。采取“一对一”精准帮扶，为296户中小微企业协调信贷资金48亿元。扩大“营改增”试点，2403户商企受惠。发挥农业示范园区带动作用，建成设施农业、标准化养殖和农产品加工园区30个，农产品加工龙头企业实现销售收入77.8亿元。电子商务园区投入运营，注册的电商企业达1243家。旅游总收入281.2亿元，增长17.8%。

加大力度调结构。2015年完成全社会固定资产投资1145.4亿元。实施省市重点项目940个、工业调产项目236个。非煤产业投资和民间投资占比分别达76%和63.8%。签订招商引资项目264个、总投资1711.4亿元。总装机100万千瓦的国家光伏示范基地项目开工建设，同煤塔山二期、同煤阳高、京能左云3个在建低热值煤发电项目进展顺利，同煤浑源2×35万千瓦热电联产、同煤大唐三期1×66万千瓦热电联产、国电湖东2×100万千瓦发电项目取得路条。中海油煤制气、同煤烯烃项目环评获批。大张高铁开工建设，大西高铁前期工作进展良好，大乌高铁列入铁总“十三五”规划。

锐意创新添活力。关闭破产企业4户，安置职工729人。实行市属国有企业重大信息全面公开。大同商业银行改制为大同银行，新增村镇银行2家、“新三板”挂牌企业1家、Q板挂牌企业2家。争取地方政府债券60亿元。中国国际技术转移中心大同工作站、晋投玄武岩院士工作站挂牌成立，7家高新技术企业通过认定。全面推行“三证合一”“一照一码”，新增市场主体2.5万户。深化户籍制度改革，新增城镇户籍人口1.3万人。调整管理使用制度，释放住房公积金41.5亿元。左云经济技术开发区获批为省级开发区。

坚持不懈搞建设。继续狠抓城乡基础设施建设和人居环境改善。新建续建城市道路48.1千米。推进城市管网工程，城市供水普及率、集中供热普及率和气化率分别达到99.8%、99.7%和98.6%。北环桥、客运东站主体完工。全速推进制约城墙合拢的拆除、搬迁和建设工程。代王府中轴线、明堂公园修复工程主体完工。灵涞高速公路建成通车，京新高速公路天镇段主体完工，国道108线改建工程开工建设。改造县乡公路183.5千米，完成农村广播电视卫星户户通5万户，新建农村老年人日间照料中心75个。

多措并举抓生态。深入开展大气污染防治，努力创建国家环保模范城市。完成淘汰黄标车和更新公交车工作。8条主要河流断面水质基本稳定。万元地区生产总值综合能耗下降5.5%，工业固废综合利用率65.2%。实施重点生态建设工程，完成营造林2.1万公顷。完成南城墙景观绿化、御东公共活动走廊建设和儿童公园改造一期工程，建成区绿化覆盖率、绿地率分别为40.1%、36%，人均公园绿地面积14.8平方米。

综合施策惠民生。全年用于保障和改善民生的资金达252.6亿元，占财政支出总额的86.9%。城镇新增就业5.6万人，农村劳动力转移就业3万人，减少贫困人口5.9万人。城乡低保、养老保险等提标工作全面完成。推动义务教育均衡发展，继续改善学校办学条件，各类校舍建设任务全部完成。全面启动分级诊疗制度，实现市县两级组建医疗联合体工作全覆盖，基本消除了卫生室空白村。开工建设保障性住房7.9万套，基本建成1.6万套。投资36.6亿元改善农村人居环境。

政府建设重实效。率先在全省公布市级政府部门权力清单和责任清单，取消、调整、下放行政审批等权力事项374项，清理行政职权3747项，精减率56.9%。强化综合协调，强力攻克项目手续办理难、工程竣工验收难，深度优化行政审批和政务服务。

2015年入冬以来，针对大同市项目冬眠、工程冬休、工作冬闲的惯性特征，市委市政府以加快发展闲不起、推动转型等不起、振兴大同输不起的使命担当，在全省率先发起“冬季行动”攻坚战，得到了省委省政府充分肯定和大力推广。在五个月的时间里，党政齐上阵、干群共奋进，马上就办、真抓实干，取得了丰硕成果。完成的征收量相当于之前两年的总量，使80%的待安置户居有定所；手续办理时限平均缩短79%，办结的审批事项是上年同时段的2.2倍；招商引资签约总投资是预定目标的3.6倍，10亿元以上项目达32个；加快推进11项金融创新举措，融资百亿的目标基本完成；市直部门办结帮扶企业事项148项，县区办结222项；省交办的269件信访案件全部化解，40件重点集体信访案件处置到位。

（张志坚）

大同市城区

【自然概况】 大同市城区位于山西省北端、大同盆地中北部，是大同市的政治、经济、文化中心。地形为西北高、东南低，高程1045.9～1078.2米之间。区内地貌较为单一，属冲洪积平原。温带大陆性季风气候，一年四季分明，春多风沙，夏雨集中，秋凉霜早，冬冷少雪。年平均气温6.1℃，年平均湿度为51%，年平均风速2.3米/秒，无霜期126天。区内河流属海河流域桑干河水系，主要有御河、十里河。城区是铁路、公路运输的枢纽所在，扼晋、冀、蒙三省区的咽喉，京包、同蒲铁路，京大、大运、得大高速公路在此交汇，大秦铁路以此为起点，大同机场已开通直达北京、上海、广州、南京等航班。城区曾是秦汉名郡，北魏京华，辽金元三代陪都、明清重镇，是国务院首批公布的24座历史文化名城之一，有华严寺、善华寺、九龙壁、法华寺等众多古建筑。

城区面积46.1平方千米，辖15个街道办事处、138个社区居委会，2015年末常住人口74.3万人。

【经济发展概况】 2015年，大同市城区生产总值139.45亿元，比2014年增长0.6%；一般公共预算收入3.84亿元，下降8.7%；工业总产值19.8亿元，下降5.2%；社会消费品零售总额224.47亿元，增长4.6%；城镇居民人均可支配收入2.7万元，增长8%；固定资产投资93.99亿元，下降37.8%；规模以上工业增加值19.8亿元，下降5.2%。

做活项目建设。扎实开展“项目提质增效年”活动，按照“六位一体”工作机制和领导包项目责任制，推进重点项目建设，完成项目储备2148.24亿元、签约81.86亿元、落地45.57亿元、开工79亿元、完成投资126.37亿元、投产91.65亿元。为18家规模以上工业企业落实减负资金1700余万元。

放活民营企业。落实全省金融振兴意见，鼓励发展民营银行，推动盛和、塞北星等融资性担保企业、小额贷款公司健康发展。推进“互联网+”新经济形态，培育新的经济增长点。推进“小微企业创业基地”建设。全区民营经济税收6.86亿元，比2014年增长5.26%，新增小微企业2960户。推行“三证合一”登记制度改革，2015年新增市场主体3976户。

激活古城资源。加快古城要素配套，完善功能，吸引客商入驻，让古城活起来、火起来。挖掘历史文化、民俗文化，打造民居街区、历史街区、特色街区。以华严寺、善化寺等知名文物景点为依托，大力发展文化旅游产业。推进云路庭院、丽盛名品广场、玉石展览馆等项目建设，充实古城商业体系。引入晋商联盟参与大同古城文化旅游整体开发，签订战略合作框架协议。投资4400万元，推进智慧城市创建工作。

加大民生投入。推进创卫工作，115个达标示范社区通过验收，两条街道被评为省级保洁示范街和容貌示范街。城镇新增就业人数3484人，城镇登记失业率控制在4.2%以内。推进老旧小区改造工程，完成整治房屋3698套、面积28.7万平方米。征收各类房屋1384户，安置6053户，廉租房实物配租402套。新成立御河九号、文博园两个社区。

（大同市城区人民政府办公室）

大同市矿区

【自然概况】 大同市矿区于1980年2月正式建区，全区辖28个街道106个社区，2015年末常住人口51.2万人。

【经济发展概况】 2015年，全区地区生产总值22.68亿元，比2014年增长2.5%；规模以上工业增加值8232万元，下降10.4%；社会消费品零售总额88.52亿元，增长4.7%；财政总收入10.29亿元，下降7.8%；一般公共预算收入1.09亿元，下降6.8%；城镇居民人均可支配收入26777元，增长6.7%。

改革转型力度加大。深化行政审批、商事制度改革，承接市政府下放行政审批等事项62项，取消行政审批等事项56项，取消行政事业性收费2项，改为后置审批的工商登记前置审批事项11项，进一步简政放权、激发社会活力。贯彻落实工业企业减负、“营改增”税负等相关政策，切实为企业减轻负担。积极推进矿区房地产开发公司进行企业改制和郝家寺科技有限公司对原矿区造纸厂兼并重组，不断盘活各类生产要素。积极推进煤矿复工复产，全区5座矿井，2座正在建设之中，2座已完成开工前准备工作，一座已取得开工审批手续。紧紧依托同煤集团大市场，大力发展煤机制造等工业项目，新发展重点工业项目5个，完成固定资产投资1.27亿元，工业企业固定资产投资超额完成。全区规模以上工业企业达到8家，产值上亿元的小巨人企业1家。商贸服务业繁荣发展，恒安农贸市场、平易街华亿淘宝城项目、京都国际广场A座相继开业，新平旺和恒安新区商业中心地位进一步凸显。投资3亿元的新发地冷链物流项目、投资1.5亿元的京都国际广场B座项目正在建设之中，新发地冷链物流项目完成投资5000万元，恒温库和冷链库及周边场地设施已建成，京都国际广场B座已完成主体工程。

全力推进项目建设。2015年，储备项目投资额565.53亿元，签约项目投资额30.38亿元，落地项目投资额15.14亿元，开工项目投资额22.54亿元，建设项目完成投资14.43亿元，项目投产投资额40.05亿元。

加快民营经济发展。进一步完善《矿区加快民营经济和中小微企业发展的实施细则》。加大对工业企业的科技帮扶力度，卓立机化有限责任公司获得“省级技术研发中心”资质。鼓励引导企业挂牌融资，组织企业参加企业改制上市与新三板挂牌有关培训，汇林运销有限责任公司成功挂牌Q板。切实为民营企业排忧解难，为4家企业办理了土地证书，帮助3家企业解决了供气问题，协助7家企业进行了产品对接。积极搭建融资平台，帮助430家小微企业和工商户成功申请邮储银行小额贷款9400万元。开展全区民营经济大普查，形成《2015年矿区民营经济发展报告蓝皮书》，为推动民营经济健康发展提供依据和参考。2015年新增民营企业190户。全区民营经济增加值11.1亿元，增长5%，完成税收2.21亿元，增长5%。

加强民生和社会保障。2015年，全区累计发放低保金1.51亿元。低保对象中享受医疗救助的有1241人次，累计发放救助金242.9万元，其中住院救助734人次、192.5万元，门诊代金券救助507人次、50.4万元。低保对象资助参保3.2万人、259.8万元。符合特困家庭子女教育救助的有143人，累计发放救助金23.9万元。符合临时救助的352人，累计发放救助资金48.6万元。参加城镇基本医疗保险人数19.7万人。参加失业保险人数9360人。

（大同市矿区人民政府办公室）

大同市南郊区

【自然概况】 大同市南郊区位于山西省北部，大同盆地北端，东邻大同县，西接左云县，北依新荣区，南连朔州市怀仁县，总面积1068平方千米。是一个典型的城市近郊区。区境地处黄土高原，境内地势西北高、东南低，西部、北部多为山地、黄土丘陵地，占总面积的55.5%；南部、东南部多为平川区，占总面积的44.5%。主要山脉有大西山、红梁山、武周山等，最高山峰海拔1714.1米。主要河流有御河、十里河、口泉河，属典型的大陆性季风气候，无霜期150天左右，年平均降水量393毫米。全区辖7个乡，190个行政村，2015年末常住人口41.7万人，总耕地面积2.3万公顷。

【经济发展概况】 2015年，全区地区生产总值415.95亿元，比2014年增长13.9%；规模以上工业总产值(含同煤属地)79.83亿元；固定资产投资245.25亿元，增长16.7%；社会消费品零售总额99.28亿元，增长4.8%；农林牧渔业总产值12.32亿元；粮食总产量6.6万吨；一般公共预算收入11.11亿元，增长17.8%；城镇居民人均可支配收入22208元，增长7.3%；农村居民人均可支配收入12508元，增长7%。

*加快推进重点项目建设，产业转型迈出新步伐。*积极发展非煤产业，全年共新上、续建各类重点项目142项，60万吨烯烃、同煤塔山二期2×66万千瓦低热值煤发电、国新能源液化调峰储备集散中心、大同采煤沉陷区国家先进技术光伏示范基地高山——云冈片区50万千瓦发电等一批转型标杆项目正在建设中，初步形成了以煤电一体化、煤化工、冶金、建材、新能源、新材料为主的新型工业体系。

一是工业发展水平整体提升。积极推进现代化矿井建设，加快重组整合矿井改造，同煤塔山、同忻、国投塔山等大型骨干矿井实现提质增效；全区17座整合煤矿中，已有9座正式生产，1座实现试生产，产能达705万吨/年。同时，进一步加大经济结构调整力度，新上2×33万千瓦同煤大唐热电联产等3个火电项目，新增装机容量213万千瓦，总装机容量达到736万千瓦；建成了以60万吨甲醇、10万吨煤基活性炭等为代表的一批煤化工项目，以液化空气、高岭土和粉煤灰综合利用为代表的一批新材料项目。以同煤2万千瓦光伏发电、云冈皖铜2万千瓦光伏发电、富乔垃圾发电为代表的一批新能源项目，2×66万千瓦坑口电厂二期低热值煤发电、大同采煤沉陷区国家先进技术光伏示范基地高山一云冈片区50万千瓦发电等项目正在建设中，初步形成了以煤电一体化、煤化工、新能源、新材料为主的新型工业体系。加强了塔山工业园区建设，目前园区入驻企业25个，实现产值272.7亿元，上缴税收49.2亿元，产业集聚力和经济辐射带动力明显增强，成为全省规模最大的循环经济园区。

二是商贸物流初具规模。以建设商贸物流中心区为目标，全力打造了以百盛商厦、东信广场为中心的2个城市商业中心圈；以居然之家、现代家具城为中心的2个家居建材商务圈；以庞大汽车文化广场、阳光车城为中心的汽车集中交易服务圈；以康圆果蔬、振华货栈为中心的大型农产品交易市场。基本形成了四面环城的商贸带，全区各类市场达65个，年交易额60亿元。大力实施“互联网＋”行动计划，以义乌小商品城为主体的“云中购”电商平台蓬勃发展，现已入驻商户1600户，进一步拓宽了商品交易渠道，提升了区域市场影响力。

三是现代农业蓬勃发展。新建、改扩建、提档升级各类农业示范园区27个，全区温棚总栋数1.3万栋，设施农业总面积1480公顷，奶牛存栏2.4万头，肉羊饲养量38万只；牧同乳业、华晟果蔬等15家农业龙头企业年销售收入20.3亿元，创利税7000万元；解决了36个村、3.2万人的农村饮水安全问题，全区农村自来水普及率达到93%。

*加快推进统筹城乡，人居环境改善取得新进展。*采煤沉陷区治理搬迁成效突出。2015年，以资源换搬迁的方式对8个采煤沉陷村、2210户、7190人实施了搬迁安置，合计对33个受灾村、9068户、31636名受灾村民实施了整村异地搬迁安置；已建成待安置房还可安置13个村、5603户、1.3万名受灾村民。城市棚户区改造扎实推进。启动实施了七里村、新民村等4个城市棚户区改造工程；完成农村困难家庭危房改造1044户。口泉中心区建设顺利实施。完成了口泉中心区时庄安置工程、区国防动员指挥中心、区法院审判大厅主体工程。道路建设力度不断加大。完成了4.9千米的泉新路改造工程和总里程51.2千米的县乡公路改造及通村公路完善提质工程，极大地改善了城乡基础设施条件。房屋土地征收稳步推进。完成房屋征收1857户，分配住房1.1万套。

*着力保障和改善民生，人民生活水平和质量有新提高。*教育事业全面发展。新建杨家窑九年制学校，新建、改扩建幼儿园5所，在51所学校实施了信息化建设工程，招录中小学教师96名。社会保障水平全面提高。全面落实就业和再就业政策，城镇登记失业率控制在4.2%以内；全区养老、医疗、工伤、失业保险应缴尽缴，社会化发放率达100%；农村、城市低保应保尽保，农村五保供养目标人群覆盖率100%；新型农合参合率99.1%。生态环境全面改善。完成造林绿化1800公顷，全区林地总面积3.8万公顷，森林覆盖率18.9%，全年二级以上天气261天。城乡清洁工程扎实推进。1个乡镇(新旺乡)、22个村达到省级标准；172个村通过了市级达标示范村审核验收；卫生公厕普及率58.9%。

*统筹推进转型综改，为经济发展注入了新动力。*2015年，南郊区认真贯彻落实省、市相关要求，积极推进土地、金融、科技、工商、医药五项重点改革，为转型综改增添了后劲活力。全区深化土地改革，提高了利用效率，健全了土地流转平台，解决了土地瓶颈制约问题；制定和采取了一系列加快科技创新的政策举措，切实加大了科技投入；深化工商登记制度改革，降低了注册门槛，解决了企业少、就业难问题；医药卫生体制改革不断深化，公共卫生服

务体系逐步健全，新型农合得到巩固完善，参合率达99.2%。

（南郊区人民政府办公室）

大同市新荣区

【自然概况】 大同市新荣区位于山西省最北端，北部、西北部以长城为界与内蒙古自治区的丰镇市和凉城县接壤，东与阳高县、大同县相连，西与左云县毗连，南与南郊区为邻。全区东西横跨53千米，南北纵深31千米，总面积1018平方千米，辖1镇6乡、140个行政村。属温带大陆性季风气候，日照时间长，昼夜温差大，年均无霜期110天，年降水量356毫米左右，2015年末全区常住人口11.1万人。

【经济发展概况】 2015年，全区生产总值24.35亿万元；规模以上工业增加值4.06亿元；一般公共预算收入1.7亿元；固定资产投资73亿元；社会消费品零售总额9.5亿元；城镇居民人均可支配收入20685元；农村居民人均可支配收入7628元。

产业转型步伐加快。在煤炭产业上，努力推进煤炭产业"六型转变"。完成了煤矿企业兼并重组后续工作，5座技改煤矿全部投产，全年生产原煤327万吨。在非煤产业上，积极发展新材料、新能源等环保、绿色产业。新成新材料公司在"新三板"上市，电力机车受电弓滑板项目开工建设。山西国际能源光伏发电项目并网发电。华润新能源光伏发电项目开工建设，中能华泰光伏发电项目具备开工条件。签约太阳能光伏发电项目30个，总投资255亿元。全区民营经济增加值完成4.52亿元，增长6%，营业收入达到13亿元，增长7%，上缴税金7690万元，增长5%。

三农工作扎实推进。坚持发展特色种养业，小杂粮、马铃薯、苗木、肉羊养殖基地进一步扩大。全区农民专业合作社总数达到218个，发展了省级示范社8个，市级示范社5个，区级示范社8个，家庭农场49个，种植面积在6.7公顷以上的规模种植户33家。加快培育"一村一品"专业村，实施市级"一村一品"项目5个，市级"一县一业"项目4个，新申报"一村一品"专业村11个。坚持不懈地进行生态建设，完成"两山"造林596.7公顷，"两林"富民工程106.7公顷，村庄绿化18个，四旁植树86万株，育苗1000公顷。

城乡面貌明显改观。着眼长远发展，修编了区乡建设规划。完成了区址主干道排水、供水、供热管网专项规划、得胜堡历史文化名村保护规划以及花园屯工业园区、谢家场科技示范园区产业发展布局规划。围绕"大县城"建设目标，加大城乡基础设施建设力度。建成青少年活动中心艺术幼儿园和卫生综合服务中心业务大楼。完成了区址垃圾转运站主体工程。对区址主干道和环城绿化带进行了绿化补植。完成了33.5千米乡村道路完善提质工程。认真做好城乡清洁工程，建设密闭式垃圾收集池200个，垃圾简易填埋场140个。种植树木1.8万株、花卉6.8万株、草皮2万平方米。

社会事业全面发展。社会保险覆盖面不断扩大，企业养老保险参保人数1.2万人，城乡居民养老保险参保人数5.7万人。加大了社会救助力度，城市低保户每人每月提标27元，农村低保户每人每月提标22元。全区教学点接入大同教育城域网，完成了3所学校的校园硬化、绿化及4所幼儿园的改扩建工程。继续深化医药卫生体制改革，补助基层医疗机构销售款207万元。基本公共卫生服务人均经费财政补助由35元提高到40元。新农合参合人数7.6万人，参合率97%，人均筹资标准由390元提高到470元，新农合补偿资金共支付3272万元，受益人群15万人次。

（新荣区人民政府办公室）

左云县

【自然概况】 左云县位于山西省西北端，全县辖3镇6乡228个行政村，县域面积1314平方千米，2015年末常住人口16.1万人。左云水资源短缺，为全国人均水平的1/10，低于全省、全市人均水平。左云是全省苦荞、土豆、胡麻等小杂粮主产区，是全省"一县一业"马铃薯产业基地示范县和全省百万只规模养羊基地县；左云矿产资源丰富，是全国重点产煤县和全国优质动力煤基地县；左云生态环境优越，林草覆盖率58%，森林覆盖率45%；左云文化底蕴深厚，境内长城、关隘、边墩等文化遗迹较多，"左云楞严寺佛乐"和"左云平安灯会"分别被列为国家级和省级非物质文化遗产，县城古街区是全省第一批古城历史文化街区，摩天岭风景区是省级风景名胜区。

【经济发展概况】 2015年，全县地区生产总值34.88亿元；人均国内生产总值2.2万元；工业总产值13.28亿元；规模以上工业增加值4.74亿元；农林牧渔业总产值5.57亿元；全县财政总收入5.14亿元；一般公共预算收入4.03亿元；固定资产投资108.57亿元；社会消费品零售总额21.46亿元；城镇居民人均可支配收入22758元；农村居民人均可支配收入10022元。

不断强化项目支撑，发展后劲显著增强。全年累计实施78项省市县重点项目，投入各类资金108.57亿元。煤矿建设加快推进，

由该县监管的20座兼并重组煤矿加快建设,6座实现正式生产。项目工作卓有成效,店湾—水窑光伏发电项目、京能热电项目开工建设,大同煤制天然气项目通过国家环保部环评中心技术审查,引黄北干线左云供水工程项目正在筹备开工。省级经济技术开发区获批。中小企业快速发展,全年新增小微企业297户,增加值26亿元,营业收入90亿元,上缴税金4.6亿元。全年签约项目21项,投资额达220.1亿元。

大力发展现代农业,农业基础地位进一步夯实。认真落实各项强农惠农政策措施,2015年发放各类惠农补贴资金3694.1万元,启动建设7处膜下滴灌示范工程,建设水源工程9处,节水灌溉工程12处,新增节水灌溉面积100公顷。全县农作物总播种面积2.6万公顷,其中粮食作物播种面积2.1万公顷,粮食总产量3.4万吨。农业产业化龙头企业持续发展壮大,实施了古膳要道食品加工园区、云中紫塞加工物流园区两个百园立农工程,全县百园立农工程达到14个。"一县一业"马铃薯产业健康发展,马铃薯种植面积4973.3公顷,新建马铃薯高产示范区740公顷。生态畜牧业快速发展,新建11个标准化养殖园区,全县标准化养殖小区达到110个。设施农业稳步发展,建成设施农业35.8公顷,全县设施农业总面积达到185.8公顷。新型农业合作组织蓬勃发展,新发展农民专业合作社44家,全县农民专业合作社386家,覆盖9个乡镇,228个行政村。新发展家庭农场7家,累计培育家庭农场20家。农村改革步伐加快,农村土地承包经营权确权登记颁证工作进展顺利,完成了5个乡镇118个村总面积2.5万公顷的任务,占全县耕地总面积的67%。扶贫工作扎实开展,采集和更新了8498贫困人口的建档立卡工作,完成了"十三五"易地移民搬迁建档立卡户的需求调查工作。完成了2013年开始实施的木代村、柳树湾两村400人易地移民搬迁项目。小京庄村等4个贫困村的整体脱贫,全年减少贫困人口1928人。

加快推进城镇建设,城乡面貌焕然一新。深入实施城乡环境综合治理,对县城生活污水处理厂进行提标改造,县城生活污水无害化处理率达91.6%;建成了日处理生活垃圾160吨的生活垃圾处理厂,生活垃圾无害化处理率100%。县城实现一站式供热,实现供热面积203万平方米,建成区覆盖率86.5%。持续开展城乡清洁工程,扎实推进节能减排工作,不断加大造林绿化,成功创建省级园林县城和省级卫生县城。着力改善城乡居民居住环境,实施了5个村庄的采煤沉陷区搬迁治理工程,改造旧小区5725户。完成农村困难家庭危房户数1122户,农村住房抗震改建500户。新申报上张家坟村省级和鹊儿山镇丁家村市级两个美丽宜居示范村。农村公路完善提质工程110.3千米。

大力实施民生工程,社会事业全面进步。持续加大民生投入,全县用于改善民生的财政支出累计8.37亿元,比2014年增长17.4%。教育事业优先发展,实施了19所学校信息化建设工程,学前三年毛入园率达80%,九年义务教育巩固率98.8%,通过了"国家义务教育发展基本均衡县"评估认定。持续深化医改,严格推行基本药物制度,两所县级医院的基药使用率均达42%,财政补偿481万元;9所乡镇卫生院共销售基药646.9万元,财政补偿131.12万元。加快医疗卫生单位基础设施建设,为县人民医院购置了CT机、核磁共振、GES8彩超,建立了ICU病房,完成张家场、小京庄、云兴镇3所乡镇卫生院改扩建和9所乡镇卫生院周转宿舍建设任务。科技文化事业蓬勃发展,申报市级科技项目7个,完成发明专利申报10件,培育高新技术企业2家。完成广播电视直播卫星户户通工程8647套,免费为全县228个行政村农家书屋配送179种、4.1万册图书。就业形势进一步稳定,城镇新增就业1307人,转移农村劳动力2407人,失业率控制在4.2%以内。社会保障体系不断完善,养老保险、医疗保险制度、城乡医疗救助制度、优抚安置政策全面落实,城乡低保和"五保"实现应保尽保。连续11年为企业退休人员提高10%基本养老金,2015年人均增资233元。

(左云县人民政府办公室)

大 同 县

【自然概况】 大同县地处山西省东北部、大同市东郊,是一个近郊县、农业县,素有"黄花之乡"的美誉。全县面积1497平方千米,耕地面积4.3万公顷。大同县地理气候粗犷,呈典型的黄土高原特征和温带季风型大陆性气候,平均海拔1157米,平均降水量386.9毫米,年平均气温6.7℃,无霜期153天。驰名中外的大同火山群坐落在县境东北部,2012年被国土部命名为"国家地质公园"。区位交通优越,境内3条铁路和4条国省道纵横交错,大同云冈机场位于其中,每天最高进出港航班24架次,飞往北京、上海、香港等16个城市。生态环境优美,林地面积7万公顷,森林覆盖率33.8%,是全国"绿化模范县"和全省"林业生态县",2015年被国家列为"生态保护与建设示范区"。全县现辖3镇7乡175个行政村,2015年末常住人口19.1万人。

【经济发展概况】 2015年,地区生产总值25.85亿元,比2014年增长2.9%;人均国内生产总值1.5万元，增长 3.4%；一般公共预算收入 1.73 亿元，下降 24%；农林牧渔总产值 13.98 亿元，增长 2.4%；粮食总产量 6546 万千克，下降 27.8%；现价工业总产值 18.86 亿元，下降 13.8%；社会消费品零售总额 14.88 亿元，增长 4.1%；城镇居民人均可支配收入 17065 元，增长 8.3%；农民人均可支配收入 7675 元，增长 8.4%。

发展后劲不断增强。18 家规模以上工业企业实现产值 18.59 亿元；恒岳重工、万昌物流、同华矿机二期以及三利、兴农黄花深加工项目建成运营；大同恒升千头奶牛养殖园区等一批项目即将投产运营；大张高铁客运专线大同县段建设项目开工建设；森源激光修复制造、玻璃丝纤维制造、铁路非标制造、冰山冷冻产品维修、玄武岩岩棉生产等一批重点项目即将落地开工。

现代农业稳步推进。农业产业区域化布局、规模化生产、产业化经营的格局初步形成。黄花、蔬菜、杂粮、林果、畜牧养殖等特色产业形成规模，特别是黄花产业成为农民增收的一大亮点。培育建成天佑、鼎胜、羊大大等一大批现代规模养殖企业。1392 户扶贫移民搬迁工程有效推进，5 个乡镇 20 个贫困村扶贫产业项目顺利完成，金融扶贫小额贷款发放“强农贷”“富民贷”资金 1900 万元，贫困人口建档立卡及“回头看”工作顺利完成。

城乡品位不断提升。县城“一院二园三馆”基本配齐；完成农村危房改造 3000 户、抗震房加固 2900 户，分配拆迁安置住房 354 套；新建县城东街延伸段和党留庄乡、倍加造镇 10 千米水泥路；县城 3 个集贸市场建成启用；4 个省市级美丽宜居示范村建设任务全部完成，城市功能、宜居指数进一步提升。

民生事业持续改善。2015 年投资 1562 万元改善了城乡中小学校基础设施，投资 731 万新建和扩建幼儿园 4 所。新增城镇就业岗位 1303 人，城镇登记失业率控制在 3.9%。圆满完成行政事业单位养老保险改革，认真落实“五险一金”和城乡居民养老保险、大病救助、五保供养、最低生活保障等政策，实现了应保尽保。完成了县乡卫生医疗机构改革，推进了县医院与省、市有关大医院和乡镇卫生院医联体建设。提高了新农合筹资标准，扩大大病保障范围，有效缓解群众就医难、看病贵的问题。

（大同县人民政府办公室）

天 镇 县

【自然概况】 天镇县位于山西省东北部，地处晋、冀、蒙三省（区）交界，辖有 11 个乡镇、222 个行政村，2015 年末常住人口 21.2 万人。

全县土地总面积 1635.1 平方千米，海拔高度在 976～2106 米之间，地貌特征为山区多、平原少，其中山区、丘陵、平原分别占总面积的 51%、29%和 20%。

天镇属大同断陷盆地，为大陆性北温带干旱区季风气候，四季分明，冬季偏长，风多雨雪少，蒸发量大，年均降水量 400 毫米，常年平均气温 7.7℃，昼夜温差平均 13.7℃，无霜期 120 天左右。

天镇没有煤炭资源，其他已探明的矿产资源有 39 种，其中铁、石墨、花岗岩、大理石、白云岩、玄武岩、霞石正长岩、泥炭等具有一定的开采价值。风能、太阳能、地热能资源丰富。属全国太阳能资源很丰富带，是山西省光伏产业重点县和光伏扶贫工作试点县；位于县城西北谷前堡镇马圈庠村一带的地热水储量达 8400 万立方米，含有锂、锶、偏硅酸等 28 种微量元素，是优质的复合型矿泉水。

天镇历史悠久，现存文物古迹 388 处，其中国家级重点文物保护单位有慈云寺、汉墓群两处，省级文物保护单位有盘山石窟、古长城两处，市县级文物保护单位有玉皇阁、惠庆塔等 43 处。

【经济发展概况】 2015 年，全县地区生产总值 20.67 亿元，比 2014 年增长 4.6%；固定资产投资 75.11 亿元，增长 13.6%；社会消费品零售总额 9.02 亿元，增长 6%；工业总产值 4.06 亿元，下降 14%；一般公共预算收入 8616 万元；城镇居民人均可支配收入 1.9 万元，增长 7.1%；农民人均可支配收入 5685 元，增长 8.6%。

农业发展方式加快转变。推进同煤宏丰、中地奶牛、汇地农业三大现代农业龙头项目建设，同煤宏丰现代农业园区累计投资 3.6 亿元，新建高标准日光温室 425 栋，投入使用 120 栋；中地万头良种奶牛科技园累计投资 4 亿元，主体工程基本完成，存栏新西兰荷斯坦奶牛 9600 多头，其中泌乳牛 5900 头，日产奶达 150 吨；汇地农业发展科技有限公司果业园区累计投资 3000 万元，发展日光温室 460 栋，引进晋南冬枣、平谷蜜桃新品种，栽植 10 万株，育苗 20 万株。引进推广新品种新技术，在南河堡等乡镇示范种植荷兰 15 号马铃薯获得成功，亩产近 5 吨。加强市场建设和管理，北京东城区 17 家直营店全年销售蔬菜 3.1 万吨，杂粮、鸡蛋等土特产品 7650 吨，营业收入突破 1 亿元；支持汇地农业在太原设立农产品体验店，为天镇农产品抱团闯市场走出一条新路。推进农田水利建设，实施水源及节水工程 88 处，新增和改善灌溉面积 1334 公顷；完成坡改梯工程 834 公顷、高标准农田建设 494 公顷、盐碱地改良 2100 公顷，农业综合生产能力稳步提升，粮食总产量 16.6 万吨，创历史新高。

新型工业发展步伐加快。推进

以光伏、风力发电为主的新能源产业发展，完成晋能二期沙屯堡65兆瓦光伏发电及220千伏升压站、42兆瓦光伏扶贫、华润夏家沟20兆瓦光伏发电三个项目建设，全县新能源发电装机总量达到547兆瓦，在第七届中国新能源产业经济发展年会上被推荐为“2015年中国新能源产业百强县”。为解决新能源项目并网难题，实施国网公司赵小堡220千伏输变电工程。规划投资5亿元的北辰正方住宅产业化生产基地项目，土地出让、砂石开采权等前期手续办理工作完毕。

发展条件持续改善。持续推进县城道路及管网改造，完成北大街、新华街等4千米主要街道管网及道路改造工程，并实施小街小巷排水及路面硬化9.1千米。继续实施集中供热、供水工程，新建换热站2个、供热总面积111万平方米；完成旧城区供水支线管网改造3.9千米。加快推进瑞和花园小区10.6万平方米保障性住房建设，主体和配套工程基本完工。建筑面积1.7万平方米的天元中央商厦建成并正式运营。加快交通路网建设，省道马走线谷前堡至南环路口段12.4千米改线和县道卅赵线29.8千米改造工程完工通车；全长10.7千米的京乌高速公路山西段控制性工程完工，大张高铁征收安置等前期准备工作全面铺开。

生态建设稳步推进。结合推进文化旅游资源开发，围绕长城沿线、主要交通干线两侧，重点实施荒山绿化、通道绿化、村庄及庭院绿化、产业园区绿化等四大工程，绿化总面积2740公顷。高度重视造林成果保护，加强护林员队伍建设，落实管护责任，实施重点林业工程拉网围栏建设117千米。积极开展总投资6.5亿元、总面积1.6万公顷的边城和汉墓群两大国家沙漠公园项目申报工作，其中边城沙漠公园已通过国家林业局规划评审。

社会事业快速发展。持续推进农村土窑洞改造工程，投资1.59亿元，完成改造2774户，新建住房7207间，重点实施了7个乡镇20个村的县集中统建工程；3年累计合并71个村，建设了51个新村。重点持续打响“天镇保姆”品牌，在京津等地从事家政服务妇女3100多名，人均年收入3.5万元。解决困难群众养老问题，在继续返还国有集体企业退休职工抵垫集体部分养老金的同时，解决了19家自收自支、差额拨款事业单位退休人员养老金足额发放问题。持续改善办学条件，提升教学质量，招聘教师64名，新建小学1所、幼儿园6所，为29所学校配置教学设施。加强公共卫生服务体系建设，完成逯家湾镇卫生院和22个村级卫生室建设。推进基本公共卫生服务均等化，完善基本药物制度，加强和规范新农合管理，启动县医院和中医院两所县级公立医院综合改革，保障了群众就医需求。

（天镇县人民政府办公室）

浑源县

【自然概况】 浑源县总面积1968平方千米，地形呈“南山北坡中盆地”的特点，山地、丘陵、盆地分别占总面积的56％、26％和18％，年降水量400毫米左右。2012年被确定为燕山——太行山片区扶贫县。县内有煤炭、花岗岩、油页岩、正北芪等20多种资源，境内现有文物保护单位21处，其中，国家级重点文物保护单位7处。2015年末全县常住人口35.3万人。

【经济发展概况】 2015年，地区生产总值36.2亿元，人均国内生产总值1.03万元，一般公共预算收入2.86亿元，固定资产投资116.2亿元，农林牧渔业总产值16.98亿元，粮食总产量1.7亿千克，工业总产值16.25亿元，社会消费品零售总额29.28亿元，城镇居民人均可支配收入19216元，农民人均可支配收入6205元。

工业转型升级势头强劲。加快百川煤业现代企业制度建设，煤炭产量145万吨，上缴税费3473万元；花岗岩加工产业链高端循环、精细延伸，“芝麻白”花岗岩开发全面铺开，上缴税费3017万元。以风电、光电、抽水蓄能、煤电一体化等为主导的新能源产业发展迅速，年末，全县风力发电投产20万千瓦，在建15万千瓦，核准15万千瓦，开展前期30万千瓦。总投资3.8亿元的4.1万千瓦光伏产业扶贫项目省发改委同意开展前期工作；总投资35亿元的同煤浑源2×35万千瓦低热值煤热电联产项目已取得省发改委路条；总投资88.3亿元的国网新源控股150万千瓦抽水蓄能电站、总投资26亿元的天然气分输站等项目取得实质性进展。

“三农”普惠工作提档升级。畜牧业健康发展，肉羊养殖突破110万只；新增设施农业园区2个，新增设施农业100公顷，全县国字号“三品”认证总数达到11个，泰丰、政通、裕隆祥、神农等10个龙头企业带动作用进一步凸显。发放强农惠农富农补贴2776万元，为10.6万农户发放冬季取暖用煤货币化补贴3186.9万元，投资7780万元启动实施完善提质、农民安居、环境整治、宜居示范“四项工程”，4个美丽宜居示范村建设全部完工。

旅游服务内涵持续扩张。全面启动恒山风景名胜区创建国家5A级旅游景区工作，投资8000万元的恒山索道迁建工程完工并投入运营。开发了山西首席怀古体验式旅游街区一德街。开发花岗岩、煤雕、恒山剪纸等恒山文化旅游纪念品60余种。年内接待海内外游客120万人次，旅游直接收入7000万元，完

成旅游综合收入 4.8 亿元，分别增长 9%、9.6%、9%。抢抓国家支持转型升级的政策机遇，现代物流、电子商务、金融服务、健康养老、“互联网+”等新兴服务业加速发展。

大县城建设步伐明显加快。立足于优秀旅游目的地城市、全市特色独具的宜居城市的定位，加快实施城乡一体化发展战略。县城总体规划、古城保护规划、新区控制性详规等取得阶段性成果，城市框架进一步拉开。2015 年，累计投资 10 亿元推进大县城建设和中心镇建设，城镇化率达到 38.7%。投资 450 万元实施了 20 条小街小巷道路硬化工程。3 条城市道路新建工程基本完工。推进总投资 60 多亿元的七大片区旧城改造项目，建成了总投资 7.2 亿元的商业街区综合体建设项目。改造县乡公路 44 千米，投资 372 万元的新区污水排水工程、投资 751 万元的旧城改造供电工程、12 个村的老年日间照料中心全部完工。

社会民生事业全面推进。全年财政用于民生方面的支出占公共财政预算支出的 87.6%。全面提升城乡教育水平，累计投资 3519 万元推进实施了浑源五中操场建设项目、幼儿园新建、教师周转宿舍建设和幼儿教育中心工程，办学条件进一步提升。健全完善医疗卫生体系，累计投资 1110 万元推进实施卫生院扩建、村卫生室和卫生院周转宿舍工程。进一步深化基层医药卫生体制改革，公立医院改革取得阶段性成果。实施 1014 套廉租房和 1653 套公租房建设工程；完成了 3443 户农村危房改造及抗震改建工程和 870 户农村危房抗震加固工程。城镇新增就业 1303 人，创业带动就业 353 人，转移农村劳动力 5012 人，城乡居民养老保险参保人数达到 18.3 万人，新农合参合率达到 99.1%，为城乡低保对象发放低保金 8556 万元。

（浑源县人民政府办公室）

广 灵 县

【自然概况】 广灵县地处太行山北端，恒山东麓，东与河北省蔚县毗邻，南同灵丘县接壤，西和浑源县相连，北接阳高县和河北省阳原县。辖 2 镇 7 乡、180 个行政村，县域面积 1283 平方千米，2015 年末常住人口 18.6 万人。属温带大陆性季风气候，年均气温 7℃，年均降水量 388 毫米。平均海拔 1650 米，最高为西北六棱山顶 2375 米，最低为壶流河出境处 930 米左右。

广灵是一个传统农业大县，是大同市优质杂粮生产基地，也是国家扶贫开发重点县和山西省“晋西北和太行山革命老区扶贫开发”战略实施重点县。矿产资源储量较大的仅有高钙石灰石和富镁白云岩，为国家级镁及镁合金产业基地。生态环境良好，绿化覆盖率 18.9%，有湿地 2000 多公顷，2007 年设立壶流河湿地省级自然保护区。旅游资源丰富，历史文化底蕴深厚，享有“中国民间文化艺术之乡”“国际剪纸艺术之乡”“中国最佳文化生态旅游名县”等美誉。广灵还是全省首家全国第 54 家国家级绿色农业示范区建设单位，获得了“中国绿色名县”“国家首批绿色能源示范县”“国家首批有机产品认证示范创建县”“山西省文化建设示范县”“山西省文化建设先进县”等称号。

【经济发展概况】 2015 年完成地区生产总值 21.37 亿元，比 2014 年增长 5.2%；人均地区生产总值 1.2 万元，增长 3%；全社会固定资产投资 75.71 亿元，增长 27.8%；规模以上工业增加值 3.65 亿元，下降 0.7%；一般公共预算收入 0.93 亿元；社会消费品零售总额 9.29 亿元，增长 5.7%；农村居民人均可支配收入 6038 元，增长 8.7%；城镇居民人均可支配收入 18596 元，增长 6.9%；城镇失业率控制在 3.8%。

产业转型成效显著。农业现代化水平不断提升。设施农业增加值占农业增加值的比重提高 1.5 个百分点；全年粮食总产量 1.6 亿千克。农产品加工销售收入 12.8 亿元。农村土地承包经营权确权 1.6 万公顷。该县成为全省唯一一家“中国食用菌产业‘十二五’百项优秀成果全国优秀主产基地县”。环保工业加快发展，形成了以绿色能源、优质建材、有色金属和特色食品加工为代表的现代新型工业体系。培育高新技术企业 2 家。规模以上工业实现利税 4482 万元，增长 32.8%。万元地区生产总值能耗降幅 2.6%，县城空气质量二级以上天数全年达到 330 天。大力发展以广灵剪纸为龙头的文化旅游产业，旅游总收入 11.78 亿元，增幅 21.2%。三次产业比重调整为 2∶3∶5。

项目建设扎实推进。完成项目储备 1174.63 亿元，完成项目签约 88.31 亿元，落地项目总投资 39.80 亿元，开工项目总投资 58.82 亿元，省、市重点工程建设项目完成总投资 50.50 亿元，投产项目总投资 39.24 亿元。

城乡面貌持续改善。大力实施城镇提质工程和城乡清洁工程，完成市政基础设施建设 1.36 亿元，大县城建设 12.63 亿元，保障性住房新开工 1.2 万套，1566 户农村危房改造任务和 395 户农村异地搬迁任务全部完成。

脱贫攻坚稳步推进。扎实开展整村推进工程、科技扶贫、百企千村产业扶贫、雨露计划、千村万人就业培训行动计划及社会扶贫和行业扶贫等工作，解决脱贫人口 8000 人，完成梁庄乡南坪村 169 户 395 人的扶贫移民搬迁工程，全年贫困人口人均纯收入 2450 元，增长 9.7%。

社会事业协调发展。强力推进

"百校兴教"工程,继续加强教师周转宿舍、幼儿园、体育场等基础设施建设,不断深化教育教学改革,教学质量持续提升。不断加大社会保障力度,城镇新增就业1380人,工伤保险、城镇职工生育保险和失业保险均超额完成年度目标任务。城市低保标和农村低准提标任务均已完成。县级公立医院全部实行药品零差率销售,并建立完善了补偿机制。

(广灵县人民政府办公室)

灵 丘 县

【自然概况】 灵丘县地处山西省东北部,大同市东南角,位于京津冀经济圈的边缘,距离北京直线距离198千米。全县面积2732平方千米,耕地3.9万公顷。地形由85.8%的土石山区、8%的丘陵和6.2%的平川三部分构成。境内群山连绵,山水以海拔2.2千米的太白巍山和流经本县58千米、流域面积1611平方千米的唐河为代表。气候属半干旱大陆性气候,南山、川下、北山三个差异明显的气温带适宜多种农作物生长。全县辖3镇9乡、254个行政村、414个自然村。2015年末全县常住人口24.1万人。

【经济发展概况】 2015年,灵丘县地区生产总值28.0亿元,比2014年减少19%;人均国内生产总值1.2万元,减少19.4%;一般公共预算收入1.07亿元,减少42.7%;农林牧渔业总产值7.69亿元,增长5.1%;粮食总产量9.4万吨,增长14.6%;规模以上工业总产值5.24亿元,减少74.9%;社会消费品零售总额28.2亿元,增长6.2%;城镇居民人均可支配收入22708元,增长7.9%;农村居民人均可支配收入6251元,增长7.7%。

*转型发展能力有新提升。*全年实施重点项目56个,完成投资69.95亿元。其中,总投资10.68亿元的山煤10万千瓦光伏发电项目一期工程已完工;总投资4.3亿元的南甸子梁风电场项目首台风机成功并网发电;总投资4.9亿元的润生公司生物材料基地项目完成了质检化验室建设;总投资5100万元的门头峪水库完成了大坝混凝土浇筑和导流泄洪洞、管理房主体工程;总投资15亿元的东田矿业公司超纯铁精粉项目已完成投资2亿元,投产后年可处理铁精粉120万吨,生产超纯铁精粉80万吨。全年共签约项目7个,签约资金68.8亿元。其中,与中电国际新能源公司签署总投资100亿元的100万千瓦光伏发电项目合作开发协议;与河北建投新能源有限公司签订总投资20亿元的20万千瓦风电资源开发协议;与天津君威特饲料有限公司签订总投资1亿元的生物饲料加工项目合作协议;与石家庄东方能源股份有限公司签订总投资35亿元的40万千瓦风电供暖示范项目合作协议。

*农业发展后劲有新提升。*有机农业持续推进,车河有机社区投资1.5亿元,完成了会展中心、新型农居、天然气管道和社区公路建设,种植有机杂粮、蔬菜46.7公顷,养殖有机鸡3万只、有机羊1000只,车河柴鸡蛋取得国家有机产品认证证书;绿海金秋有机果蔬基地完成投资5936万元,建成鸟巢式智能温室4套,种植有机农作物6.7公顷;赵北松针鸡、石家田瑞兴有机蔬菜、东河南有机芦笋等产品已经上市销售。生态畜牧业稳步发展,佳农牧业肉牛养殖项目完成人工种草533.3公顷;京津风沙源治理二期工程完成棚圈建设1.5万平方米、青贮窖建设7000平方米、草地建设66.7公顷;实施肉羊联合育种科技项目,组建青背山羊育种基础群1个,建设标准化灵丘大青背山羊扩繁场13个。农业基础设施建设不断加强,京津风沙源治理工程完成垫滩造地31公顷,小流域治理753公顷;国家水土保持重点建设工程完成土地治理4040公顷;小农水重点县建设项目和北跃灌区改扩建项目新增、改善灌溉面积1万公顷。

*城乡发展质量有新提升。*全面实施"大县城"战略,总投资4.3亿元的四海物流广场完成购物中心、数码电子城、小商品城等工程主体;总投资6亿元的平型关广场正在施工基础工程;学府路北延、古城街改造和高速公路庄头出口引线3条道路工程完工并通车。交通建设完成了高速公路平型关出口引线、小彦至凤凰山国防公路改造、沙涧至桃花溶洞公路改造和总投资4600万元、全长24千米的漫沙线漫山至火车站段县乡公路改造工程;开工建设了总投资9.62亿元的108国道下北泉至神堂堡段改建工程。美丽乡村建设围绕完善提质、农民安居、环境整治、宜居示范"四大工程",完成了车河社区天然气管道敷设;完成农村危房改造1700户,住房抗震加固1750户;完成沙咀、黑龙河2个村的污水管网铺设工程,建设垃圾转运站1座,污水处理站2座;开展了车河村等6个省、市级美丽宜居示范村创建工作。县城道路清扫保洁实现了全覆盖。

*民生保障水平有新提升。*教育方面,新建幼儿园1所、改建4所;完成了上寨中学1.1万平方米环形田径场建设。住房保障方面,开工建设公租房5万平方米,分两批为408户城镇低收入家庭分配了廉租住房;改造老旧小区住宅楼节能保温、屋面防水5988户。社会保障方面,城市低保标准达到每人每月387元,农村低保标准达到每人每年2658元;农村五保集中供养标准由每年2200元提高到2400元,分散供养由每年1430元提高到1530元;城乡居民基本养老保险基础养老金达

到85元，为全市最高；完成了县城17条主街道路牌命名安装和3000多户街面商住户的门牌编号工作。扶贫攻坚方面，减少贫困人口7621人，13个贫困村实现整体脱贫。就业创业方面，全年新增就业1312人，转移农村剩余劳动力3676人。医疗卫生方面，完成了7个村级卫生室新建工作；新农合参合18.3万人，参合率达到99.1%。

（灵丘县人民政府办公室）

阳　高　县

【自然概况】　阳高县位于山西省东北部，晋、冀、内蒙古三省（区）交界处，国土总面积1678平方千米。辖7个镇6个乡261个行政村。全县三面环山，森林覆盖率17%，最高海拔2420.5米，最低海拔980米，是典型的黄土丘陵区。气候属内陆干燥气候区，年平均降水量400毫米左右，无霜期159天。境内水资源居大同市各县区前列，河川径流量年平均8194万立方米，地下水资源量1.24亿立方米/年。境内交通便利，京包铁路、大秦铁路、京大高速公路、张同公路、109国道、天黎高速公路横穿东西，神丰公路纵贯南北；通信方便，移动、联通、电信等通信网络覆盖全县。2015年末，全县常住人口27.9万人。

【经济发展概况】　2015年，全县地区生产总值27.83亿元，比2014年增长3.8%；固定资产投资86.08亿元，增长20%；规模以上工业增加值3.27亿元，增长1%；一般公共预算收入1.13亿元；社会消费品零售总额10.65亿元，增长5.8%；城镇居民人均可支配收入18121元，增长7.2%；农村居民人均可支配收入6260元，增长8.9%。

加快重大项目建设，工业经济持续壮大。阿特斯光伏发电项目全面开工建设，实现当年开工、当年建成、当年并网发电；晋能清洁能源光伏发电项目土建工程、设备安装和升压站建设工程已基本完工；同煤低热值煤发电项目累计完成投资12亿元；金光公司搬迁项目土建和设备安装已全部完成，正在建设配电工程。大力开展招商引资，2015年共引进各类项目54个，协议引资额超过100亿元，其中引进紫中阳新型建材等工业项目9个，协议引资额18.04亿元。

扶持发展设施农业，综合效益稳步提高。新发展设施蔬菜556公顷，设施蔬菜总面积4720公顷。新建标准化养殖园区3个，升级改造12个，建成良种繁育基地6个，全县生猪饲养量、羊饲养量、奶牛存栏量分别达到97万头、74万只、2.7万头。集中连片新发展优质杏果经济林300公顷，建设“一村一品”杏果专业村3个，杏果总面积达到1.3万公顷。与四川好医生药业达成建设中药材基地协议，与北京平谷等地达成引进优质苹果、桃种植合作意向。努力改善农业生产条件，全县粮食总产量再创新高，达到2.65亿千克。通过积极扶持培育，杏果加工龙头企业大同市绿苑饮品有限责任公司在上海证券公司Q版成功上市。农业质量和效益明显提升。

完善城乡基础设施，人居环境不断改善。稳步推进县城建设，火车站广场改建工程顺利完工，云林公园完成工程量的75%，完成了花园集贸市场道路硬化和地下管网建设，铺设供热管网1.4千米、供气管网8.1千米。改造农村危房1983户、抗震改建580户。完善优化公路路网结构，建设改造城乡道路92千米，长神线西移改线桥涵等控制性工程启动实施，城乡基础进一步夯实。

加大生态综合治理，富民生态初显效益。认真实施京津风沙源治理、巩固退耕还林等项目，完成荒山造林2166.7公顷，绿化村庄16个。扎实开展节能减排工作，主要污染物年度减排任务如期完成。坚持生态建设与文化旅游产业融合发展，推进景区景点建设，大泉山水土保持科技示范基地扫尾工程和布展工作、云林寺本体修复工程全部完成。引进了山西高新普惠资本投资有限公司、佳润集团和山西净境文化旅游开发公司，规划对罗文皂温泉、六棱山、桑干河和大泉山风景区集中开发建设。全县初步构建起以休闲旅游康养为核心，以百里生态旅游长廊为纽带，南部自然观光、中部运动休闲、北部边塞文化及温泉旅游的发展框架。绿色、富民、低碳、可持续发展的产业格局逐步形成。

统筹发展社会事业，民生保障得到加强。优先发展教育事业，完成了阳高一中公寓楼、音乐美术教室建设项目，新建县城和谐小区、和雅苑小区标准化幼儿园2所，新建和改建友宰等农村小学幼儿园4所。进一步扩大社保覆盖面，城乡居民养老保险参保人数达到16.7万人，新农合参合率稳定在95%以上。因地制宜实施连片产业扶贫项目，13个贫困村、9700口贫困人口实现脱贫。实施农村饮水工程11处，6000多人喝上了安全的自来水。

积极推进重点领域改革，发展环境进一步优化。综改试验区建设取得突破，行政审批制度、公立医院改革等10项重大改革，全部完成年度计划目标。扩权强县试点工作顺利推进，审批事项由原来的280项精简到172项，办理时限缩短了近2/3。扎实推进“六权治本”工作，全县44家县直单位确定了权力清单和权力运行流程图。深入推进“冬季行动”，持续改进作风，党风政风、行政效能和服务水平进一步提升。

（阳高县人民政府办公室）

大同经济技术开发区

【自然概况】 大同开发区是1992年11月经省政府批准设立的首批省级开发区，2010年12月经国务院批准升级为国家级经济技术开发区，是目前大同市及晋北区域唯一的国家级开发区。开发区总部位于大同御东新区，距离大同机场6千米。开发区共有御东现代服务园、城南商务园，医药工业园、高新技术产业园和新能源产业园五个园区，实行“一区多园”管理模式，管理区面积46.7平方千米。

【经济发展概况】 2015年，全区地区生产总值43.72亿元，比2014年增长4%；规模以上工业增加值57.9亿元，下降8.4%；固定资产投资75.23亿元，增长19.4%；进出口总额2.01亿美元，下降1.8%，出口占全市的70%；一般公共预算收入3.97亿元，增长2.8%。

投资环境改善，新兴产业崛起。御东现代服务园和城南商务园8.2平方千米，重点发展研发中心、电子商务、总部经济、文化创意以及金融、信息服务等现代服务业。医药园区2平方千米，重点发展以原料药、成品药、中药制剂为主的现代医药产业。高新技术园区20平方千米，重点发展生物医药、电子信息、新材料等高新技术产业。新能源产业园16.5平方千米，重点发展太阳能光伏产业、环保节能产业以及可再生能源利用产业。这些园区基础设施已累计完成投资25.5亿元，建成区基本实现了“八通一平一绿”，完全具备各类企业入驻条件。全年引进和在谈重点项目39个，总投资263亿元，主要涉及医药、物流、高端制造等行业。重点引进了计划总投资52亿元的大同农产品国际陆港这一全市开放战略性项目，积极搭建大同对外开放新通道；布局了投资3.9亿元、规划面积7.4万平方米的大同电子商务产业园项目，引入“互联网＋”战略，构建商业运营新模式；启动了规划面积105.1公顷的中小企业创业创新基地项目、规划面积16公顷的科技创新基地项目。

项目建设成效显著。积极融入京津冀一体化发展格局，与中关村生命健康园区和中国医药集团等大企业上门对接。实行重点项目领导包联责任制，协调推动重点项目建设。2015年项目储备1100亿元；项目签约187亿元，签约项目16个；项目开工18.97亿元；项目建设52亿元；项目投产61.62亿元。重点引进了总投资52亿元的大同农产品国际陆港战略性开放项目；引入“互联网＋”战略，布局了投资3.9亿元的大同电商产业园项目；启动了规划面积1577亩的中小企业创业基地项目、规划面积240亩的科技创新基地项目。

医药优势产业在转型升级中放量提速。制定出台《关于加快打造百亿级医药产业基地的实施意见》等扶持政策，帮助医药企业挖掘优势资源，形成新的增长点。全区现有11家制药企业，在全市30强工业、20强利税企业中分别占到5家和4家；2015年医药产值实现54.8亿元，占全市规模以上工业产值的5.36%，成为全市的支柱产业之一。

深化改革在创新驱动中迸发活力。在第十二届中国企业发展论坛暨首届“一带一路”园区建设国际合作峰会上，被授予“2015中国产业园区创新力百强”荣誉称号。一是搭建科技创新平台。出台《开发区转型升级鼓励企业自主创新扶持办法》等措施和办法；年内投入732万元扶持科技孵化器（加速器）建设和电商产业园上马运行；为5家高新技术企业兑现税收优惠3677万元。全区5家高新技术企业产值实现41亿元，占全市高新技术企业产值33%，成为带动全市科技创新的重要载体。二是打造融资创新平台。为重点企业和项目对上争取扶持资金1186.3万元。出资800万元设立“助保贷”专项资金，为腾龙汽车等中小企业解决融资难题。支持仟源药业创业板成功上市，推动普德药业“借壳上市”登陆中小板；扶持阳光小贷发行全省第一单3000万元中小企业私募债券，并成功登陆新三板，成为山西省乃至华北地区第一家挂牌新三板的小贷公司。三是构建管理创新平台。积极推行陆港项目查验场建设PPP模式及御东污水处理厂第三方委托运营模式。四是完善服务创新平台。坚持创优环境，“十二五”时期基础设施累计完成投资15.87亿元。2015年重点完成投资6986万元的二医药园区4条道路4.87千米及一园区至同浑路连接通道6.2千米、投资3250万元的湖东片供热改造和文瀛东三路供热管网改造工程、投资4800万元的御东污水处理厂优化改造。

社会民生在持续改善中夯实基础。全年用于民生支出2.01亿元，占总支出的79.5%。全力推进占地10.7公顷、建设规模1700套的蔚洲疃棚户区改造项目一期全面开工。深化民生保障，开展城乡就业创业培训1625人，城镇登记失业率控制在2.5%以内；城镇职工、辖区居民社会保障覆盖面进一步扩大；2015年发放低保金257万元，医疗救助金7.4万元。

（张维新）

阳泉市

【自然概况】 阳泉古称“漾泉”，因泉水喷涌而得名。1947年建市，是中国共产党创建命名的第一座人民城市，全市面积4559平方千米，现辖平定、盂县、郊区、城区和矿区5个县(区)和1个省级经济技术开发区，共有32个乡镇，12个街道办事处，960个行政村。2015年末，全市常住人口139.8万人。

阳泉历史悠久，文化厚重。境内共有不可移动文物1118处，其中国家、省、市级文物保护单位64处。有春秋战国时期"赵氏孤儿"的藏身之地——藏山祠，有唐代平阳公主镇守的"天下第九关"——娘子关，有省级森林公园药林寺、冠山、诸龙山，有集保健、休闲于一体的梁家寨大汖温泉度假区，有国家4A级景点——翠枫山等。阳泉历代重教兴学，北宋至明清时期的书院文化闻名于世，元代时平定的冠山书院，是山西最大的书院。阳泉古往今来人才辈出，著名历史学家吕思诚，方志学家张佩芳，地理学家张穆，唐代名将张士贵，现代文坛名流石评梅、高长虹，百度总裁李彦宏等，均是杰出代表。

阳泉区位独特，交通便利。素有"晋冀门户""三晋要冲""娘子关内第一城"之称，位于环渤海经济圈辐射区内，西联山西省会太原市，东接河北省会石家庄市，北靠佛教圣地五台山，南邻闻名遐迩的昔阳县大寨村，具有承东启西、双向传承的区位优势。境内铁路纵横交错，公路四通八达。石太铁路、朔黄铁路、石太高速铁路客运专线和京昆高速、石太高速以及307国道横贯东西，阳五高速、阳左高速、207国道和阳涉铁路纵贯南北。高铁两小时可达首都北京，半小时可达太原、石家庄。驱车1小时可达太原、石家庄机场，是京津唐及沿海发达地区向内地辐射的重要通道，交通优势十分明显。

阳泉资源丰富，产业多元。具有得天独厚的资源禀赋，可开采的矿藏资源多达65种，是我国重要的无烟煤、耐火材料、铝工业生产基地。煤炭地质储量103.5亿吨，铝矾土2.27亿吨。陶瓷黏土、紫砂陶土、高岭土、耐酸黏土、石灰石等资源储量也极为丰富。形成了以煤炭、电力、铝工业、化工、装备制造、新型材料为主的多元产业格局，有20多万产业工人，产品多达2400余种。

【经济发展概况】 2015年，全市地区生产总值595.7亿元，比2014年增长1.1%；规模以上工业增加值178.8亿元，下降4.1%；一般公共预算收入44.2亿元，下降6.1%；全社会固定资产投资600.7亿元，增长16.1%；社会消费品零售总额288.3亿元，增长4.3%；海关进出口总额12.72亿元，增长5.6%；城镇居民人均可支配收入26414元，增长6.4%；农村居民人均可支配收入11494元，增长7%；居民消费价格指数(CPI)100.4%，增长0.4%；万元地区生产总值能耗下降2.5%。

经济实现平稳发展。认真落实省政府减轻企业负担"60条"措施，出台了阳泉市"62条"，积极帮扶企业，为企业减负15.72亿元。设立5000万元综合产业扶持基金、3000万元企业资金链应急保障资金、1000万元中小企业发展基金。扩展大用户直供电试点，进一步降低了阳光发电、兆丰铝业、冀东水泥、百度云计算等企业的运行成本。出台金融支持实体经济发展若干意见，积极扩大"助保贷"业务全覆盖，缓解企业融资难状况。通过以上措施，工业增加值降幅逐月收窄，由年初的－30.9%收窄至年底的－4.1%。全市地区生产总值逐季回升，比2014年增长1.1%。

项目建设力度空前。扎实开展"项目提质增效年"活动，坚持"六位一体"推进机制，大力实施"1215"工程，对重点工程项目，制定详细的时间表、路线图、责任书，扎实加以推进，全市重点工程"六位一体"均完成省定目标。大力开展招商引资，全市通过省市县会审并签约的项目共186个，项目总投资780.1亿元；254个项目实现外来投资到位，到位资金318.7亿元。积极打造园区平台，东区工业园规划加紧实施，平定王家庄工业园、盂县鑫磊循环经济产业园、郊区河底新兴工业集聚区等园区加快建设；阳煤乙二醇、天元废旧家电拆解等一批龙头项目落户园区。强力推进"飞地经济"，新签约飞地项目5个，总投资26亿元；桃林欢乐世界等4个项目竣工，国药物流基地等15个签约或落地项目加快推进。

产业转型扎实有效。不断加快资源型城市转型、老工业基地改造步伐。在认真贯彻落实省政府"煤炭20条"和"17条"政策措施，全力稳定煤炭行业的基础上，加快推进非煤产业发展。河坡2×35万千瓦"上大压小"项目竣工投产，鑫磊2×35万千瓦、西上庄2×66万千瓦等一批电源点项目加快推进。光伏、风力等新能源发电发展迅速，中广核盂县风电二期4.83万千瓦项目并网发电。总规模达12.6万千瓦的8个光伏发电项目获批，晋阳新能源二期5万千瓦项目正在加紧建设。特别是编制完成了总规模220万千瓦的光伏基地规划，已上报国家能源局。盂县——河北500千伏输变电工程正在有序推进。加快阳煤盂县化工等一批煤化工项目和煜昌机械3万吨大型铸件、华越机械高端液压支架等一批装备制造项目建设。出台了进一步规范耐火产业发展指导意见，下大力解决耐火材料行业"多、小、散、乱、差"状况。加快旅游产业发展，实施了盂县梁家寨(大汖)国际温泉旅游景区、水神山景区等一批旅游重点项目。大力发展高新技术产业，百度云计算一期3万台服务器投入运营，与之配套的云产业基地正在逐步形成。积极发展循环经济，煤矸石、煤层气、粉煤灰和废旧家电等综合利用企业达到52家。2015年，三次产业结构由2014年的1.8∶54.6∶43.6优化为1.7∶49.8∶48.5。

城乡统筹融合发展。大力推进农业产业化，全市粮食产量2.49亿千克，肉蛋奶产量不断提高，设施蔬菜、食用菌、小杂粮、中药材种植面积和产量均有新增长，以畜牧、核桃、蔬菜三大产业为主导的现代农业格局初步形成。着力改善农村人居环境，完善提质、农民安居、环境整治、宜居示范“四大工程”累计完成投资12.36亿元。1196人的移民搬迁工程主体完工率达到93%，超额完成省定60%的年度任务。积极实施扶贫攻坚，开展了8个“百企千村”产业扶贫项目，全市已实现脱贫人口7700人。加快新型城镇化建设步伐。大力实施道路畅通工程，连接市区南北的泉西路、洪城北路通车，市区交通压力得到缓解。国道307线路面改造工程完工，石太高速北线、郊区至娘子关一级公路通车，城市综合路网得到完善。加大市区各类管网新建和改造步伐，城市功能更加完备。重点打造3平方千米的新城起步区，启动了一批标志性建筑和重点工程建设，新城主干路网基本形成，市政公用设施建设全面推进，漾泉大道二期完成投资3.9亿元，平阳路和宁波北路一期工程完成规划设计。加快大县城和重点镇建设，平定县、盂县县城综合服务能力不断完善，重点镇建设累计完成投资34.74亿元。全市城镇化率达到65.9%。

民生改善不断强化。在财政十分困难的情况下，改善民生的力度不减反增，民生支出占公共财政支出的81.9%，比2014年增长17.2%。全市城镇社会保险参保率97.8%。城乡低保标准分别达到430.5元、247.5元，排全省第4位、第2位；农村五保对象分散、集中供养年标准分别提高到3400元、6400元，均排全省第2位。大力实施“充分就业”计划，实现城镇新增就业2.5万人。城镇登记失业率3.3%，低于4.2%的控制目标。居民消费价格上涨0.4%，低于3%左右的控制目标。在全省率先实现国家义务教育发展基本均衡县（区）全覆盖。职业技术学院新校区开工建设。扎实开展“文化惠民在山城”系列活动，“一年一场戏”公益演出惠及130个偏远贫困村。城乡居民大病保险全面实施。全市7所县级公立医院改革全部推开。保障房建设、城乡居民增收、民生实事等工作扎实开展，就业、卫生、文化、社保等涉及民生改善的各项工程继续走在全省前列。投资45.9亿元的阳大铁路开工建设，投资1.55亿元的城市饮用水水质改善和投资3.2亿元的污水处理厂二期等工程积极推进。2015年，全市共发生各类生产安全事故258起、死亡60人，事故起数减少173起、下降40.1%，死亡人数减少4人、下降6.3%，杜绝了重特大生产安全事故。

生态建设成效明显。强化对重点耗能企业的节能监察，积极开展能效对标活动，大力推广节能技术产品。加强大气污染防治，加大了对土小企业的整治力度。全市1150支“土小”燃煤矾石竖窑、石灰窑全部依法取缔。加大对煤炭运输、矿石运输过境车辆以及施工工地二次扬尘污染治理力度，要求所有上路车辆必须全部密闭苫盖，严禁路面抛洒，保持道路整洁。淘汰黄标车、老旧车2447辆，在全省率先完成任务。扎实推进水污染防治，全市生活污水处理能力达到21.3万吨。全市化学需氧量、氨氮、二氧化硫、氮氧化物、烟尘和粉尘六项减排约束性指标分别下降7.8%、6.8%、11.4%、13.1%、0.3%、0.6%，全部达到减排任务要求。市区二级以上天数267天，增加89天。空气质量综合指数6.69，下降22.4%。大力实施造林绿化和生态环境治理修复工程，全年完成营造林7480公顷。

各项改革全面推进。深入推进转型综改试验区建设，重点实施12项重大改革、10项重大事项、20个重大项目、2个重大课题。加大简政放权力度，在全省率先挂网运行了权责清单。“先照后证”“三证合一、一照一码”等商事制度改革扎实推进。深化国资国企改革，分期分批开展市直部门所属企业脱钩工作，积极推进商贸服务企业国有资本退出改革，大力实施水泵厂、阀门厂等重点工业企业“退城进园、搬迁改制”工作。创造条件推进行政区划调整，经济技术开发区行政托管郊区5个村、平定1个村。特别是着力实施“三个突破”，为经济社会发展增添动力和活力。积极推进科技创新。设立了3000万元的全省首支地市级高新技术投资发展基金。市科技孵化器成功申报为国家级科技企业孵化器，全市建成或在建科技孵化器达到5家，入孵企业104家。建立了上海股交中心阳泉企业挂牌孵化基地，目前挂牌企业已达11家。加大金融振兴力度。构建了“1＋X”政策引导工作机制。在全省率先启动“税易贷”业务，加快城商行改制，确立了阳煤集团等6家战略投资者，达成入股意向16.38亿元，已上报至山西银监局。大力发展民营经济。召开民营企业家座谈会，采取市领导对口帮扶的方式，帮助企业解决困难和问题。在全省首家召开农村电子商务推进大会，建成线上交易主体7家、农村电商体验店372家。积极推进股权众筹，在全省较早成立众创空间。深入实施中小企业成长工程，促进更多的企业实现“个转企”、“小升规”，培育壮大销售收入过亿元的“小巨人”企业。

（赵成全）

阳泉市城区

【自然概况】 阳泉市城区作为全市的主城区，是全市政治、经济、文化中心和商贸、物流、信息的主要集散地，是全市城市化进程的第一平台。城区位于市境中部偏南，西邻矿区、北接开发区、东南两面与郊区相连，辖区面积16.2平方千米，约占全市总面积的0.4%。下辖上站、下站、北大街、南山、义井、坡底6个街道办事处、46个社区居委会。2015年常住人口19.7万人。

【经济发展概况】 2015年，全区地区生产总值152亿元，比2014年增长1%；人均地区生产总值7.7万元，增长1%；规模以上工业增加值5.1亿元，下降7.8%；全社会固定资产投资33.1亿元，增长4.4%；社会消费品零售总额158亿元，增长3.9%；一般公共预算收入2.73亿元，下降3.8%，城镇居民人均可支配收入27467元，增长6.3%，全区经济呈现出缓中趋稳的态势。

狠抓重点工程建设。全年动态储备项目368个，总投资2163.21亿元；签约20个项目，总投资65.6亿元；落地项目22个，总投资33.31亿元；开工项目21个，总投资41.87亿元；项目建设累计完成投资31.26亿元；投产项目21个，总投资47.19亿元。

拓宽招商引资渠道。按照把阳泉市建设成为山西向东开放桥头堡的定位，围绕“一带一路”、京津冀协同发展等国家战略的实施，主动融入京津冀、环渤海经济圈，多征集、多包装适合城区发展的服务业项目。2015年共整理招商引资项目55项，项目总投资378亿元，完成市下达任务350亿元的108%；共签订各类合资合作项目20项，总投资66.37亿元；协议利用外来投资66.37元，完成年责任目标60亿元的110.61%；共有27个项目实现外来投资到位，项目总投资92.01亿元，实际到位外来投资额29.93亿元，完成年责任目标28亿元的106.89%。

民营经济稳步发展。出台了《阳泉市城区关于扶持中小微企业发展的实施办法》，进一步确保扶持政策落实到位，共争取到省中小微企业融资模式创新奖补资金310万元，共为46户企业提供增信贷款5260万元。组织25家企业、76人参加了电子商务培训。编制出台了阳泉市城区资源型经济转型综合配套改革试验2015年行动计划。加快实施创新驱动战略，组建了区科技型小微企业创业孵化中心。

老工业基地搬迁有序推进。编制完成《城区老工业区搬迁改造实施方案》，建立和完善了项目库，项目总计41个，总投资133.3亿元。积极争取国家和省级城区老工业区搬迁改造专项资金，市煤气公司管网更新改造和市热力公司老旧供热管网改造工程获得专项资金1.3亿元。

民生社会事业取得长足发展。顺利通过“国家义务教育发展基本均衡达标县区”评估验收工作，投资170余万元，新(改、扩)建城区实验幼儿园，投入320余万元改善中小学校教学办公条件。深入探索医养结合新模式，为失能、失独老人打造一所集健康、养老服务等功能于一体的康复护理中心。城乡居民基本养老保险基础养老金最低标准增加15元，城镇新增就业人数2505人，城镇登记失业率控制在3.5%以内，全年累计发放低保金2256.8万元，年累计救助大病对象1017人次，发放医疗救助金302.7万元。社区建设明显增强，被民政部确定为第三批“全国社区治理和服务创新实验区”。

(阳泉市城区人民政府办公室)

阳泉市矿区

【自然概况】 阳泉市矿区地处山西省中部东侧、太行山中段西麓，位于市区西部和南部，属温带大陆性季风气候。辖区总面积9.9平方千米。1984年因阳泉矿务局五矿新井区开发，市政府决定矿区行政托管平定县贵石沟地区，该地区成为矿区的一块飞地，面积9.4平方千米。全区共设5个街道办事处、38个社区居民委员会。2015年末常住人口24.9万人。

矿区矿产资源蕴藏丰富，区域内可开采的矿产资源有10余种，开采价值较大的主要是无烟煤、煤层气、硫铁矿等，优质无烟煤可采储量为21亿吨，煤层气年供气量达3600万立方米，是全国最大的无烟煤生产基地。

【经济发展概况】 2015年，矿区地区生产总值110亿元，规模以上工业增加值73.2亿元，社会消费品零售总额23.2亿元，固定资产投资99.0亿元，一般公共预算收入2.95亿元，城镇居民人均可支配收入2.7万元，财政总收入5.82亿元。

总部经济稳健发展。新引进30家总部类企业落户矿区。积极开展企业投融资咨询、贷款指导，为企业协调贷款4000余万元。截至2015年底，全区共有总部类企业421户，全年上缴税收3.63亿元，约占财政总收入的62.4%，比2014年提高13.6个百分点，对于促进经济发展、涵养增加税源的作用进一步加大。

招商引资成绩喜人。抢抓国家政策机遇，围绕改造提升传统产业和培育新兴产业，主动承接东部产业转移，提高招商引资质量。全年共包装项目79项，与中科阳光运动城、鲍斯煤层气装置等16个项目签

署合作协议，协议利用外来资金70.26亿元，实际到位资金33.56亿元，招商引资工作排名全市第一。

区划拓展有序推进。为破解土地制约瓶颈，矿区提出飞地项目、飞地项目点到面（行政托管）、区划调整“三步走”战略，以飞地模式累计引进项目14个，已有5个项目投产或运营。

“三个突破”成效明显。在推动科技创新方面。全年拨付科技研发经费250余万元；申请受理专利194件，授权专利91件，有效发明专利为44件，专利工作排名全市第一。积极搭建“产学研”合作平台，“阳泉鲁晋新技术转移中心”注册成立，华越机械与北京理工大学缔结长期技术合作关系，新泉物流公司与西南交通大学物流学院达成合作协议，全区技术创新、科技成果转化能力进一步增强。在发展民营经济方面。建立了中小微企业信息库，对民营企业实行跟进式、保姆式的服务。实施“互联网＋”行动，在桥头地区设立电商“孵化器”，新注册成立3家电子商务公司。在街道社区发展托幼、病患陪护和老年人帮扶等社会化便民服务项目。全年新增民营企业168家、个体工商户662户，分别比2014年增加22.6%和33.2%。在实行金融振兴方面。制定了专项工作方案，与平安银行就设立分支机构达成合作意向，“贷贷平安”等金融业务已全面开展。

智慧矿区全面启动。2015年实施了9项智慧矿区建设项目，运用智慧理念和手段打造社会治理的升级版。智慧政务方面，已实现与市政府的政务云平台对接，搭建起矿区政务服务平台，为群众提供高效与便捷的政务服务。智慧文化方面，6台电子书刊自助借阅机投入使用，4座自助图书馆安装完成。智慧安防方面，在全区32个盗采资源安全隐患点安装视频摄像头，通过监管平台和手机即可对盗采隐患点进行查看和实时监控。智慧食药方面，建立食品安全信息化平台，首批将23家食品生产经营户纳入电子追溯系统，在77家大型餐饮单位和企事业单位食堂开展“阳光厨房”建设，打造群众看得见的食品卫生。智慧养老方面，为全区80岁以上孤寡老人配备智能设备，提供家政、护理等方便快捷的养老服务。智慧医疗方面，建设区域卫生资源信息服务平台和网络体系，拓展医生随访功能，为辖区群众提供更加优质的医疗服务。智慧档案方面，构建具备分析、处理、管理和决策能力的大数据档案服务平台，优化档案利用服务。智慧消防方面，建立覆盖全区的城市消防远程监控中心。智慧交通方面，构建实时交通信息和居民出行参考信息服务平台。各智慧项目已基本完工，逐步投入使用。

城市环境大幅改善。通过积极努力，矿区被确定为国家支持的独立工矿区，争取上级资金1.24亿元，12项城市重大基础设施项目付诸实施。从居民身边入手，实施了路灯安装、道路整修等12项设施完善工程，新增城市绿化面积1万余平方米。针对背街小巷脏乱差等现象开展专项整治，解决群众身边的各类环境卫生问题359项。深入推进大气污染防治，在全市率先开展挥发性有机物治理，建成区高污染燃料禁燃区覆盖率均达100%。全年空气质量二级以上天数267天，较2014年增加89天。

切实保障和改善民生。在38个社区设立了法律顾问工作站，引导群众通过法律途径解决合理诉求。健全防欠薪长效机制，建立200万元的欠薪应急周转金。新建两所公办标准化幼儿园，新增幼儿学位300个；十五中学通过省级示范高中复评。整合政府民生救助资源，建立“一门受理、协同办理”的社会救助窗口，累计为2万多人（次）提供各种帮扶救助3100余万元。全年民生方面财政投入5.3亿元，占到财政支出的73.4%，增长21.3%。

（阳泉市矿区人民政府办公室）

阳泉市郊区

【自然概况】 阳泉市郊区位于山西省东部，环绕市区。全区总面积617平方千米，耕地7866.7公顷，2015年末常住人口28.9万人，辖4镇4乡179个行政村。

属温带大陆性气候，年平均气温11.2℃，年平均降水量347毫米，无霜期145天。境内现有无烟煤、铝矾土、硫铁矿、黏土、铁矿石、白云石、石灰石、石英砂、紫砂陶土等10多种得天独厚的矿产资源。

【经济发展概况】 2015年，全区生产总值80.73亿元，比2014年增长2.1%；一般公共预算收入4.45亿元；规模以上工业增加值14.97亿元，增长0.4%；社会消费品零售总额14.9亿元，增长4%；农村居民人均可支配收入12124元，增长7.1%；城镇居民人均可支配收入22195元，增长6.4%。

围绕稳增长，千方百计抓运行、促发展。制定出台企业减负“54条”，全年共减轻企业负担1.85亿元。继续拿出1000万元支持“菜篮子”工程，进一步扩大了温室大棚、优质果品、核桃经济林和中药材种植面积，加快生猪、蛋鸡、奶牛等标准化养殖小区建设，推动“一村一品”专业村创建。2015年，全区粮食总产量2300万千克，肉、蛋、奶产量分别为426万、1125万和363万千克，省级“一村一品”专业村达到55个。推进乡村旅游，举办了汉河沟晋阳府醋文化节、南沟槐花节等推介活动，启动刘关张忠义文化长廊建设，开通了“石家庄——翠枫山旅游直通车”，新建保安沟、龙泉沟等

10大乡村旅游示范点，推出了7条精品路线。围绕市民休闲观光的"阳泉半小时旅游圈"基本形成。

围绕促改革，大胆创新抓综改、求突破。加快科技创新。全年申请专利390件，签订产学研合作协议19项，万新科技孵化器顺利启动运营，纬图矿山测控技术有限公司等4家企业列入省级民营科技企业，阳泉八方电气有限公司等3家企业被认定为国家级高新技术企业，下千耐火材料有限公司被认定为国家知识产权优势企业。推进金融振兴。深入推行"助保贷"业务，累计投入风险补偿金2480万元，融资规模达到2.5亿元，办理助保金贷款9620万元。积极搭建政银企对接平台，组织召开金融振兴暨"政银企"融资对接洽谈会，现场达成融资意向124亿元。中嘉磨料磨具有限公司等3家企业挂牌上海股权托管交易中心Q板，融昇园农业技术开发有限公司在深圳前海股权交易中心新四板上市。认真落实民营企业创新能力、管理素质、创业能力三项提升计划，顺泰和工贸公司进入"小升规"企业库，金隅通达耐火材料有限公司、华岭耐火材料有限公司等26家企业进入"小巨人"培育库，立博线缆有限公司、天隆工程材料有限公司等4家企业获得省级著名品牌奖，裕盛源农产品开发有限公司、三来食品有限公司在淘宝网成功上线。

围绕调结构，坚定不移抓项目、增后劲。大力开展"项目提质增效年"活动，全年共实施投资项目55项，完成固定资产投资90.48亿元，增长18.2%。旧街煤业转为生产矿井，坡头煤业和神堂煤业进入试运行，河坡电厂2×35万千瓦热电联产项目并网发电，宝鑫现代农业综合示范园基本建成，青岛昌盛日电2万千瓦光伏农业项目顺利开工，西上庄2×66万千瓦低热值煤发电、荣光能源2×1.5万千瓦发电机组等重点项目有序推进。同时，继续加大招商引资力度，先后赴北京、上海、深圳、广州等地进行招商引资，全年共引进千万元以上经济技术合作项目34项，签约项目总投资173.7亿元。

围绕强基础，全力以赴抓工程、搞建设。重点工程顺利实施。珍宝园小区建成完工，漾泉大道和三泉、魏家峪、大西庄等棚户区改造进展顺利，阳大铁路拆迁扫障有序推进，307复线供热管网工程圆满完成。同时，投资1000万元对荫营河进行综合治理，投资1500万元对荫营供热管网、江正大街、南外环等进行了改造和整治。围绕完善提质、农民安居、环境整治、美丽宜居四大任务，全年完成各类投资9.2亿元。特别是财政拿出300万元以奖代补推进美丽宜居示范村创建工作取得初步成效，桃林沟、汉河沟已申报省级示范村。生态保护继续加强。投资3000万元，完成刘备山、阳五高速、太阳高速及乡村旅游重点景区公路林带建设1886.7公顷。狠抓环保专项整治，关闭取缔"土小"矾石竖窑、石灰窑243支。投资2000万元的污水处理厂提标改造工程如期完工，环保"4+2"约束性指标全部完成。2015年，全区二级以上优良天气达到285天，优良率达到78.9%。

围绕惠民生，不遗余力解民忧、办实事。全年财政支出的75%以上用于民生事业发展，年初承诺的"八件实事"全部兑现：拿出150万元实施惠民水价政策，拿出60万元对校车进行补贴，拿出70万元开通了荫营免费循环公交，投资835万元对167所村级卫生所进行了全面改造，并实现了医疗签约服务全覆盖。全年提供各类就业岗位3000余个，城镇登记失业率控制在4%以内。新建8所幼儿园和中小学校饮用水净化工程全部完成。医药卫生体制改革稳步推进，公共卫生考核名列全省前茅。大力繁荣群众文化，文化惠民下乡演出66场。社会保障体系进一步完善，"五大保险"不断提质扩面，保费征缴、参保人数均走在全市前列。全年完成保障性住房建设2800套，农村危房改造350户，完成精准脱贫615户1414人，发放"暖心煤"款2130万元。

（阳泉市郊区人民政府办公室）

盂　县

【自然概况】 盂县地处晋东、太行山西麓。北靠五台、定襄，西接阳曲、寿阳，南与阳泉郊区、平定为邻，东与河北省平山、井陉毗连。国土面积2514平方千米，辖8镇6乡、1个居委会、453个行政村。2015年末常住人口32万人。

境内资源丰富，具有开采价值的矿藏多达30余种，尤以煤铁为最，是全省重点产煤县。已初步形成煤炭、耐火、焦化、冶金、电力、化工、建材、现代服务业八大主导产业。赵氏孤儿藏匿地——藏山冠绝三晋，梁家寨大汖温泉闻名遐迩。石太高铁横穿盂县并设"阳泉北站"，朔黄铁路横穿境北设有货站；太阳、阳五、阳泉西环3条高速公路在县境内留有6个互通出口，成为晋东地区交通新枢纽。

【经济发展概况】 2015年，全县生产总值124.3亿元，比2014年增长2.5%；一般公共预算收入7.4亿元，增长7.2%；规模以上工业增加值54.9亿元，增长1%；固定资产投资177.2亿元，增长19.6%；社会消费品零售总额45.7亿元，增长3.9%；城镇居民人均可支配收入26318元，增长6.7%；农民人均可支配收入11536元，增长6.8%；粮食总产量1.4亿千克，增长3.2%。

"三农"工作迈出新步。现代农

业加快发展。食用菌产业快速扩张，全年新增栽培面积20万平方米，康泰来香菇远销美国、韩国市场；养殖业走向高端化，西门塔尔、利木赞、夏洛莱世界三大顶级品牌牛落户盂县，肉牛存栏达到7800头；设施蔬菜和中药材规模种植稳步提升，全年分别新增20公顷和666.7公顷。全县“一村一品”村总数达到141个，农产品加工企业发展到34个，“513”农产品加工企业销售收入9.5亿元，增长20%。强化农业基础建设，年新增耕地面积500公顷、节水灌溉面积80公顷；治理水土流失面积46平方千米，完成农村危房改造850户，完成农村饮水安全工程15处，解决了12个村、3所农村学校共5300余人的饮水安全问题。扎实推进精准扶贫，全年有3100人脱贫。

产业转型取得积极成效。全年共实施重点项目建设113个，累计完成投资148.4亿元，重点工程“六位一体”指标完成综合排名全市第一。煤炭产业在困境中推进。全年煤炭工业完成工业增加值43.9亿元。电力产业快速发展。其中，风力发电建成并网10万千瓦，煤层气发电建成并网3万千瓦，光伏发电建成并网9.5万千瓦，低热值煤发电开工建设70万千瓦，山西裕光盂县2×100万千瓦燃煤发电项目进入实质性前期工作。旅游产业提质上档。制定出台《盂县加快旅游事业发展实施意见》。以藏山、大汖温泉和水神山景区为主流的旅游发展同步推进；以奕丰生态、雁子崖、忠义文化园为代表的一批新的景区和新的景点发展迅速，旅游形象和知名度不断提升，旅游接待能力不断扩大，全年共接待游客50万人次，增长10%。耐火产业加快重组。积极推进铝土矿矿业权改革，与阳煤集团合资成立晋盂矿业公司，对全县铝土矿资源实行规范化管理。积极探索耐火企业改造重组，在产品提质上档、产业拉长延伸上取得新进展。成立耐火行业协会，指导推进了行业管理。全县耐火行业完成工业增加值3.7亿元，增长6.3%。服务产业向新型化迈进。红金云科技有限公司、APP商贸公司、盂县在线等一批电商、微商发展良好。佳泰购物广场、二手车交易市场启动建设。广播电视网、电信网与互联网“三网”融合步伐加快，产业素质更加提升，服务方式更加便捷。全年第三产业增加值完成44亿元，增长4%。

改革开放同步引深。制定出台科技创新、金融振兴、民营经济发展3个《实施意见》，有力地推进了3项工作的有效开展。在科技创新上，科技企业孵化器平台投入运行，入住企业30余家；全县发明有效专利11件。在金融振兴上，信用体系建设进一步加强，民营中小型银行、村镇银行、小额贷款公司和担保公司等不断健全完善；国有商业银行等金融服务向农村发展，推进了金融服务“村村通”；各项存款余额211.9亿元，增长3.6%，各项贷款余额115.2亿元，增长3.3%，存贷比54.3%。在民营经济发展上，大力推进“双创”工程，当年新发展民营企业413家，累计达到1911家，对全县经济发展的贡献份额不断提升。行政审批制度改革进一步深化。对行政审批事项进行了新一轮清理规范，确定公布政府部门和垂直部门行政审批类权力清单160项。在商事领域推行的工商营业执照、组织机构代码、税务登记证“三证合一”审批制度改革落实到位。农村和企业改革同时并举。439个行政村完成土地确权登记调查填表，占全县确权村数的96.9%；全年流转土地3400公顷，新发展农村专业合作社107家。开放引进成效明显。全年共策划包装招商引资合作项目138项，签订各类招商引资项目合作协议47项，协议利用外来资金182.1亿元。

城镇化建设稳步推进。先后完成城北热源厂联网工程、县城二期供水工程，年新增集中供热能力150万平方米、新增日供水能力1.5万吨，并实现了“双回路”供水；完成秀水东街改造工程、秀水河河道清障工程和滨河路、红楼等一批小街小巷改造工程；狠抓了南村、郭家坪村等省级美丽宜居示范村创建工作，组织开展了158个村的清洁达标工作和秀水镇、东梁乡56个村的省级卫生村创建工作，城乡宜居水平有效提升，城镇化率提高到39.1%。

生态建设力度加大。大力开展“土小”矾石窑、石灰窑专项整治，拆除燃煤矾石窑和石灰窑524座。启动实施了污染源监控平台建设和大吉、西崖底农村生活污水防治项目建设。进一步强化扬尘、尾气和水源污染防治工作，县城二级以上天气(良)达到211天。全年完成各类造林面积2886.7公顷，生态环境进一步改善。

民计民生有效改善。全年用于民生的支出占到公共财政支出的80%以上。在完善社会保障上，全面提高了城乡低保、农村五保、城镇居民医保、新农合等财政补助标准，城乡居民社会养老保险综合参保率达到95%以上，机关事业单位人员工资补发全部兑现。在稳定扩大就业上，新增城镇就业人员4000余人，通过创业带动就业1000余人，安置失业人员再就业2000余人，帮助困难人员就业352人，转移农村剩余劳力3510人。在加快教育事业发展上，争取上级改薄资金1.1亿元，薄弱学校改造工作积极推进，均衡化发展水平不断提高。9所农村幼儿园新改扩建完成主体。在强化卫计食药上，县中医院新建工程完成主体，新农合参合率达到99%以上，并实现了省内就医及时结算。积极加强与县外优质医疗资源和名医合作，使就医人员不出县城就享受到更高更好的就医治疗。依法加强食品药品监管，开展“三无食品”、校园周边环境治理和食品药品器械专项治理行动，确保了群众“舌尖上的安全”。完成县文化中心建设主体工程，新建5个2000平方米农村高标准文化广场。

（盂县人民政府办公室）

平 定 县

【自然概况】 平定县位于山西省中部东侧，是山西的东大门，东邻河北井陉，西连寿阳，南毗昔阳，北接阳泉市郊区和盂县，素有“文献名邦”之称，是中国刻花瓷艺术之乡。全县面积1394平方千米，辖8镇2乡、317个行政村，2015年末常住人口34.3万人。

境内资源丰富，山川秀美，交通便利，有“晋冀通衢”之称。现已探明的30多种矿种中尤以无烟煤、高铝黏土、硫铁矿、石灰石著称，尤以煤炭为最，孙中山先生曾有“以平定煤，铸太行铁”之说。307国道、207国道、307复线东西贯通，石太铁路、阳涉铁路、太旧高速公路、阳五高速、京昆高速穿境而过。境内娘子关、冠山书院、固关长城、浮山、药林寺等旅游景区名扬三晋。

【经济发展概况】 2015年，全县地区生产总值84.7亿元，比2014年增长2.9%。规上工业增加值26.72亿元，增长1.6%。一般公共预算收入4.83亿元，增长13.1%。全社会固定资产投资163.12亿元，增长19.9%。社会消费品零售总额32.78亿元，增长4.2%。城镇和农村居民人均可支配收入分别为24445元、10957元，分别增长7%和7.3%。

经济结构优化提升。从三产结构看，三次产业比重优化为4.8：52.9：42.3。服务业比重提高2个百分点，非煤产业增加值占规模以上工业企业增加值比重达到39%。农产品加工企业实现销售收入近10亿元，增长22.8%。完成畜牧业总产值7亿元，农民人均纯收入增加960元。从投资结构看，三产和新兴产业投资高涨。三产的投资比重达到74.6%，新兴产业项目投资占工业总投资的68%。从税收结构看，非煤税收比重高达95.9%。信贷结构逐步优化，金融机构存贷比实现43.27%，增加3.4个百分点。

*园区承载能力提升。*先后投入6亿多元，挖山填沟建平台、不遗余力搞配套，精心打造龙川工业园和张庄新型工业园。目前，两大园区已吸纳阳煤乙二醇、深圳贝特瑞、天元绿环家电等15个亿元以上项目在园区落地。园区产能达到120亿元、利税5亿元，规模以上工业企业总产值占全县工业总产值超过七成，从业人员超过2万人。

*改革创新活力提升。*深化行政审批制度改革，梳理编制“两清单、两张图”，实施“两集中、两到位”，全县31个职能部门、156项行政审批类事项全部进入新的审批大厅。推行“先照后证、三证合一”商事制度改革，新发展各类市场主体2668户，同比增长51%。积极贯彻省委“三大突破”战略部署。在金融振兴方面，努力建设省级普惠金融试验区，财政投入2360万元增信资金，推进“助保贷”“农保贷”业务拓展，累计为94个企业解决1.92亿元融资困难。在发展民营经济方面，出台了促进小微企业加快发展的实施意见，着力破解企业融资担保、转型升级、人才培养、组织管理等难题；在科技创新方面，加大科技创新投入，培育省级高新技术企业3家，省级民营科技企业2家，培育建设1个省级工程技术研究中心。土地承包经营确权登记工作和农村“三资”清理整顿工作走在全市前列。坚持招大商、选优商，与中电投集团、葛洲坝集团、《中国企业报》集团、中国汉能科技公司以及山西国新能源、晋能集团等省内外大型企业建立了战略合作关系。

*生态环境显著改善。*实施大气污染防治净空工程，开展严厉打击“土小企业”违法排污专项整治行动，关闭取缔石灰窑、矾石窑355支。二氧化硫、氮氧化物、烟尘、工业粉尘、化学需氧量、氨氮六项污染物全部超额完成减排任务。发展低碳经济，加大节能减排，万元地区生产总值能耗下降2.5%，工业固体废弃物综合利用率达73%，万元工业增加值耗水量下降6%。实施“增绿兴水”生态建设工程，营林造林3040公顷，白杨沟等9座水库除险加固和大石门等3座水库维修养护完工，综合治理水土面积57.5平方千米。

*基础设施全面改善。*实施县城及周边自来水管网改造工程，县城日供水能力1.5万立方米，涉及10个行政村5910人的饮水安全问题得到解决。新增燃气用户4409户，普及率90%。新增供热面积44万平方米，县城集中供热覆盖率85.9%。全力实施“畅通工程”，路网建设顺利推进，阳五高速北互通连接线、龙川工业园西区道路、南川河滨河大道一期、二中路建成通车，西外环鹊山段病害治理工程圆满完工，完成农村公路完善提质43.6千米，生命安全防护工程30千米，城市人均道路面积6.1平方米。县城新建天宁园、朝晖园等7个小游园。投入2972万元实施乡村清洁工程，新建垃圾处置点70个，农村环境卫生状况得到极大改观。

*民计民生持续改善。*民生领域投入占财政支出的78.7%。全年新增城镇就业人员4107人，登记失业率控制在4.2%以内，培训新型职业农民1300人。社会基本保障覆盖面继续扩大，新农合人均财政补助

标准提高到380元，参保率99.2%，城镇居民医保财政补助标准提高到380元，参保率98%，城乡居民基础养老金每人每月提高15元，达到85元，养老覆盖面达到98%，为城乡25755名低保群众发放低保金6593.6万元，实现应保尽保。大力实施教育均衡提升工程，顺利通过国家级义务教育均衡县验收，平定四中、阳泉师专附属学校和县特殊教育学校开工建设，新改扩建8所农村幼儿园，薄弱学校改造工程和标准化学校建设工程顺利推进。医疗卫生事业长足发展，人均公共卫生服务经费由35元提高到40元，为60岁以上老人实行免费体检，县级公立医院综合改革继续深化，乡村卫生服务能力稳步提升。城乡住房保障工作成绩显著。开工建设保障房162套，累计开工1982套，竣工1124套，分配763套，改造农村危房300户，在全市率先完成地质灾害避让搬迁年度任务。加大扶贫开发力度，包村增收帮扶资金累计投入1004万元，年内帮助3100人摆脱贫困。

（平定县人民政府办公室）

长治市

【自然概况】 长治市位于山西省东南部，与河南、河北两省接壤，平均海拔1000米，地处太行山之巅，有“与天为党”之说，史称“上党”。现辖13个县（市、区）和1个国家级高新技术开发区，总面积1.4万平方千米。2015年末常住人口342万人。

长治是华夏文明的重要发祥地。始祖炎帝神农氏曾在这里“尝百草、得五谷、教民耕种”，实现了人类从游牧到定居、从渔猎到农耕的伟大转折。精卫填海、女娲补天、后羿射日、愚公移山等脍炙人口的美丽传说均发端于此，被誉为“中国神话的故乡”。

长治素有山西“米粮川”之称。全市耕地面积36.1万公顷，主要农作物综合机械化水平达到73.7%。现有沁州牌小米、世龙牌腊驴肉、唯思可达牌酸枣汁、屯玉牌玉米种子、郭国芳牌羊汤等5个中国驰名商标，沁县檀山皇、黎城三泰核桃、长子大青椒等3个中国名牌农产品，229个“三品一标”认证产品。

长治工业门类较为齐全。现已探明的地下矿藏有40多种，其中煤炭探明储量295亿吨，占山西省的12%。水资源总量19亿立方米，境内河流分属海河、黄河流域，地均占有量和人均占有量分别是全省的1.9倍和1.6倍，是华北地区的相对富水区。各类工业园区23个。现已形成以煤、焦、冶、电、化工、机械装备、新能源、新材料、生物制药为主的现代工业体系。

长治旅游资源丰富。境内有被称为“稀世珍宝”的2.5亿年前的树化石等自然遗产；有清代以前的地面古建筑3580处，其中元代以前木结构建筑167处；有八路军太行纪念馆、黄崖洞兵工厂等革命旧址和纪念地780余处；有太行山大峡谷、天脊山、灵空山等以喀斯特地貌、丹霞地貌为特征的众多自然风景区，是八百里太行的最美地段。现有9个国家AAAA级景区。

长治交通便捷。有较为完备的高速公路、铁路、民航立体交通网络。现有长邯、长晋、长太、长安4条高速公路，207、208国道纵贯南北，309国道横贯东西。境内太焦、邯长、山西中南部铁路大通道与国家铁路大动脉京广线、陇海线相连。长治机场有直通北京、上海、天津、广州、厦门、海口、成都、昆明、沈阳等地的17条航线。

长治生态宜人。地处北纬36～37度“黄金人居带”，森林覆盖率30.9%，冬无严寒、夏无酷暑，年均气温9.7摄氏度，有“清凉之都，高山盆景”的美誉。市区东有50平方千米的老顶山国家森林公园，西有60平方千米的漳泽湖和长治湿地，市内有20千米长的环城水系，非常适宜人居人游。

【经济发展概况】 2015年，全市地区生产总值1195.3亿元，比2014年下降2.9%；人均地区生产总值3.5万元；一般公共预算收入96.44亿元、下降29.3%；农林牧渔业总产值106.2亿元，增长1%；粮食总产量14.4亿千克；规模以上工业增加值555.2亿元，下降9.9%；工业总产值1430.4亿元；社会消费品零售总额524.4亿元，增长6%；固定资产投资1441.5亿元，增长15.7%；城镇居民人均可支配收入26407元，增长7.5%；农村居民人均可支配收入11095元，增长7.6%。

经济发展趋稳向好。全年实施重点项目917个，795个项目竣工投产，4个低热值煤电厂、漳泽电力2×100万千瓦、长治机场改扩建、潞安180等项目顺利推进，形成了一批新的经济增长点。积极面向长三角、珠三角等地区开展招商工作，引进项目293个、总投资1887.4亿元。认真落实企业减负政策，减轻企业负担40多亿元。设立企业应急周转保障资金，帮助33户企业贷款10.4亿元。完善政银企联席会议制度，帮助企业融资130多亿元。举办首届长治制造展销推介周活动，现场签订销售合同127.2亿元。开展金秋让利促消费活动，销售额达到50亿元。大力扶持民营经济发展，新注册民营企业4987户，总数达到2.67万户；新增中小微企业2685户，培育“小升规”企业28户、“小巨人”企业18户，民营经济实现营业收入1794.7亿元、增长1.44%。

产业结构优化升级。第一产业

方面，新增设施蔬菜6686.7公顷、中药材1.2万公顷、经济林1.1万公顷，农民专业合作社1万家，年销售收入超亿元的农产品加工龙头企业22家，农产品加工龙头企业销售收入191.4亿元、增长6.3%。第二产业方面，围绕七大新兴产业板块，重点实施了165个工业转型项目，完成投资337亿元，占工业项目完成投资的56.7%。非煤产业增加值占工业增加值的33.1%，较2014年提高0.6个百分点。第三产业方面，全年完成投资637.1亿元、增长18.9%，占全市总投资的44.2%，首次超过第二产业。旅游总收入320.9亿元、增长21.2%。服务业增加值占地区生产总值的44%，较2014年提高6.7个百分点。

改革创新深入推进。全年共取消下放行政审批事项29项。建成启用新的政务中心，市直39个行政审批部门、4个公共资源交易部门、20个公共服务部门和中介机构全部入驻，实现了"一站式"办公和"一条龙"服务，共办理审批和服务事项30.5万件。积极推进金融创新，全市各类从事金融业务的机构发展到502家。民间融资服务、股权托管、金融信息服务、应收账款交易等四大平台正式运行，成功通航在"新三板"挂牌，在全国各类有影响的资本市场上市挂牌企业113家，金融业增加值77.3亿元、增长18.4%。

城乡建设步伐加快。全面实施改善城市人居环境工程，主城区开工建设7条市政道路、3座市政桥梁、3座人行过街天桥等城建重点工程，完成投资26.6亿元，新建改造市政道路3.9千米，"三环八纵十二横"路网框架基本成型，新敷设供水管网83.7千米、供气管网76.9千米、供热管网10千米、排水管网10.1千米，集中供水、供气、供热普及率比2014年分别提高1、1和0.4个百分点。11个大县城实施重点建设项目74个，完成投资19亿元，53个重点镇和240个中心村建设加快推进。全市城镇化率达到50%，比2014年提高1.6个百分点，城镇常住人口首次超过农村。深入实施改善农村人居环境"四大工程"，完成投资35.8亿元。完成通村水泥路提质改造500千米、农村困难家庭危房改造1.2万户、采煤沉陷区治理搬迁7313户，新建改扩建农村幼儿园35所，建成农村安全饮水工程156处，改善和提高6.2万农村人口和1.6万农村学校师生的饮水安全标准。

生态环境持续改善。积极开展焦化、电力、钢铁行业的对标升级改造，淘汰燃煤锅炉325台，淘汰黄标车7895辆。实施十大重点节能工程，淘汰钢铁落后产能150万吨，完成119个工业减排项目、73个畜禽养殖减排项目和8个生活污水处理厂提标改造。大气主要污染物PM10、PM2.5浓度分别下降13.1%和19%，主城区二级以上天数比2014年增加7天、达到242天。深入推进浊漳河流域生态环境综合治理工程，主城区应急备用水源主体工程基本完工，水质监测断面达标率82.4%，辛安泉饮用水源达标率100%。完成营造林2.8万公顷。主城区新增绿化覆盖面积22.3公顷，绿化覆盖率达到46.2%。治理水土流失面积1.8万公顷，治理度累计达到60%，位列全省第一。

民生事业全面发展。启动了市职教园区建设，主城区3所公办幼儿园全部建成。县级公立医院综合改革全面推开，政府办基层医疗机构全部实行基本药物制度。开展出生缺陷干预救助健苗工程，免费为2.3万名新生儿进行听力筛查。进一步提高企业退休人员基本养老金、城乡居民医保、城乡低保和农村五保户补助标准，城乡居民养老、医疗实现应保尽保，城乡居民大病保险和重特大疾病医疗救助制度实现全覆盖。新开工保障性住房1.3万套，基本建成1.5万套。易地扶贫搬迁9752人。

（李　鹏）

长治市城区

【自然概况】 长治市城区位于山西省东南部，地处太行之巅、漳河之滨的上党盆地，属温带半湿润大陆季风气候，冬无严寒、夏无酷暑，素有"清凉之都""绿色之城"的美誉。年平均日照时间2600个小时，平均降水量620毫米，平均气温9℃，森林覆盖率12.1%，绿化覆盖率45.9%，绿地率41.1%，人均占有公共绿地10平方米，平均空气湿度59%～60%。区域内有石子河、黑水河两条季节性河流，属海河流域浊漳河水系，境内流长7.8千米。

长治市城区是全市政治、经济、文化、科技、信息、金融、交通中心。1976年2月建区，全区总面积55.6平方千米，辖10个街道办事处、28个行政村、55个社区居委会，有回、满、蒙、朝等30多个少数民族。2015年末，城区常住人口50.9万人。

【经济发展概况】 2015年，地区生产总值190.7亿元，比2014年增长8.4%；人均地区生产总值3.9万元，增长7.8%；一般公共预算收入4.1亿元，下降20.3%；农林牧渔业总产值0.99亿元，增长3%；粮食总产量165.4万千克，下降5.8%；规模以上工业总产值56.8亿元，增长0.3%；社会消费品零售总额301.8亿元，增长6%；城镇居民人均可支配收入28244元，增长6.9%。

经济建设稳中有进。务实推进项目建设。总投资358亿元的80个重点项目建设顺利推进。共签约9个项目，签约总额104亿元，到位资金 33.1 亿元。加快发展第三产业，积极引导和推进金融业、电子商务等产业发展，引进兴业银行和晋城银行，成立了全市首家楼宇型中小企业创业基地。持续深化园区建设，潞恒机械煤机维修制造等 8 个项目竣工投产，规上企业全部建立研发中心，成功创建全省首家国家级军民结合产业示范基地。培育“小升规”企业 3 家，“小巨人”企业 1 家。

城市建设成果丰硕。全面推进路网征迁，完成 150 余户私人住户、12 个公建单位的征迁任务，拆迁面积近 10 万平方米，长兴路南延 3 条道路全线贯通；投资 5600 余万元，完成 20 条背街小巷改造工程。“三河一渠”综合治理项目累计投资达到 4 亿元，完成总量的 60%以上，城市水系景观初具规模。投入资金 1610 万元，全面淘汰取缔辖区内所有 10 蒸吨以下燃煤锅炉，完成了 148 台经营性燃煤锅炉和 113 台采暖燃煤锅炉改造，主城区环境空气质量二级以上天数达 242 天，比 2014 年增加 7 天，PM2.5 下降 13%；PM10 下降 19%，生态环境更加优良。

社会事业全面进步。全年民生事业投入达到 6.6 亿元，占财政总支出的 79%。教育投入持续增加，两所公办幼儿园和太行职业中专综合楼等教育基础设施工程全面完工，顺利通过“义务教育发展基本均衡区”国家认定。就业保障更加有力，城镇新增就业 4158 人，创业带动就业 1376 人，城镇失业人员再就业 1410 人，7 项就业指标均提前超额完成目标任务。公共医疗更加惠民，公立医院改革稳步推进，所有公立医院药品销售实现零差价，区级医院零差率药品销售总额共计 1226 万元。投资 1000 余万元升级改造 8 个社区办公场所，48 个社区办公用房面积达到国家标准 200 平方米以上，社区办公条件和环境进一步改善。

文化内涵日益丰富。公共文化服务活力迸发，建成 10 个社区文化大院，街道多功能文化站实现全覆盖，面积均达到 300 平方米以上。全年放映优秀电影 400 余场，戏曲下乡 20 场，服务群众 5 万余人次。建成了全市首个“上党堆锦历史文化陈列馆”，文化影响力进一步提升。红色旅游持续发力，“抗日五专署历史纪念馆”成功入选第二批国家级抗战纪念设施、遗址名录。

（城区人民政府办公室）

长治市郊区

【自然概况】 长治市郊区地处太行山西麓，上党盆地东缘。太长、长邯、长晋高速，208 国道、309 国道和太焦、长邯铁路贯通全境，长治、长北两个火车站坐落境内，机场航班直达北京、上海、广州、成都、天津等地。全区国土面积 285 平方千米，现辖 5 镇 1 乡、1 个旅游开发区、2 个街道办事处、122 个行政村。2015 年末常住人口 28.8 万人。

全区平均海拔 930 米，年平均气温 9.1℃，冬暖夏凉，四季分明。东有近 50 平方千米的老顶山国家森林公园，群峰叠翠，五龙腾跃，九顶竞秀，被誉为长治市的“城市之肺”；西有 50 平方千米的漳泽湖和长治湿地，波光淋漓、水草丰茂，蓄水量近 2 亿立方米，是华北地区相对富水区，被誉为长治市的“城市之肾”。

【经济发展概况】 2015 年，全区地区生产总值 165.53 亿元，人均地区生产总值 5.8 万元；一般公共预算收入 3.57 亿元；规模以上工业总值 111.33 亿元；社会消费品零售总额 44.52 亿元，增长 6.4%；农林牧渔业总产值 5.57 亿元；粮食总产量 5344 万千克；城镇居民人均可支配收入 32791 元，增长 6.6%；农村居民人均可支配收入 15192 元，增长 8.5%。

项目建设成效显著，经济运行质量提升。2015 年共开工建设重点项目 112 个，总投资 648 亿元，固定资产投资 186.6 亿元，比 2014 年增长 16.5%，当年竣工投产项目 40 个。开工建设了漳电 2×100 万千瓦上大压小改扩建、首钢长钢 200 万吨焦化等省、市重点工程，上马了神通防爆电机、建捷矿用机械等一批先进制造项目，投产了吉安煤业 60 万吨矿井、潞安光伏科技大棚发电、布劳恩电梯等一批重点项目。新培育弘展商砼、潞安创力、新埔木糖、晨洋光伏、宏运洗煤和昌盛钢结构 6 家“小巨人”或“小升规”企业，新增吉安煤业、潞安太阳能光伏大棚、弘展工贸和康维尔输送带等 4 家规模以上企业，新增晨洋光伏、碧水科技、富民饲料 3 家国家级高新技术企业，新登记注册中小微企业 210 户、三产企业 244 户，纳税 100 万元以上企业 74 家，纳税 10 万元以上企业 287 家。

全面深化各项改革，发展活力快速释放。年初确定的 5 项重大改革和 15 个重大事项任务顺利完成，15 个重大项目进展顺利。新建了面积 3000 平方米的政务服务中心，设置服务窗口 83 个。在全市率先开展了“六权治本”试点，共梳理行政权力 2659 项，编制责任清单 2659 项、负面清单 439 项，绘制职权运行流程图 799 张，绘制职权运行风险防控图 647 张，制定防控措施 5107 条，促进了权力公开、透明、规范运行。出台了《长治市郊区关于推进金融振兴科技创新民营经济发展的实施意见》，确定了 6 大方面、30 条帮扶措施。采取 PPP 模式为新建郊区医院众筹资金 1.2 亿元，创建了海鸥小微创业基地和环渤海金融与电子商务基地2个众创空间，天苑农业科技公司在上股交Q版成功挂牌上市，华望电子、诚进建材、晨洋光伏、碧水蓝天科技和飞跃工程汽贸5家企业可望在2016年挂牌上市。成功申报专利60件，其中有效发明专利28件，全区科技型企业达到22家。

*现代农业扩面增效，助推农民增收致富。*新建潞奥养殖园、雄丰蔬菜挂面和金鹿食用菌种菇推广等现代特色农业项目7个，续建改扩建杏林中药材基地、圣达牧业标准化养殖小区等续建项目4个，建设自动化育苗基地3个，新增设施蔬菜140公顷、中药材133.3公顷、苗木花卉133.3公顷、干果经济林33.3公顷。建成4个高标准现代设施农业高效示范园，市级以上农产品加工企业达到12家。全面推进改善城乡人居环境"四大工程"，创建省级乡村清洁达标村34个、省级卫生村16个、省级旅游示范景区1个、省级美丽宜居示范村2个。千方百计帮助农民就业增收，转移农村劳动力3052人，农民人均可支配收入连续5年超过城镇居民人均可支配收入增速。

*统筹城乡一体发展，城镇建设迈上台阶。*建设了沁芳盛世、佳宁地产、田园清水湾、合富憬园和金港111精英时代城等城镇化项目，米家庄、湛上、梁家庄等8个城中村改造项目顺利推进。启动了铁三局社区、太锯社区棚户区改造工程，改造乡镇道路20余千米、农村危房300户，建设了县级水质安全检测中心、霍家沟污水处理厂和6个村雨污管网改造项目，改扩建了西白兔、店上集中供水工程，新建2座农村生活垃圾转运站和12座垃圾中转站，实施了6大造林绿化工程和黄碾人工湿地水质净化工程。

*兜牢民生改善底线，社会事业协调发展。*投入资金2.77亿元用于民生事业建设和民生改善。进一步实施联盟办学战略，引进市级名校师资力量，组建了实验中学英雄北路校区小学部，完成了店上、余庄和西白兔3所村级幼儿园改造，新建了南寨村幼儿园。组建了市医院与郊区医院、郊区医院与堠北庄镇卫生院4家单位医疗联合体，市三院、长钢职工医院与马厂镇卫生院、黄碾镇卫生院、西白兔乡卫生院5家单位医疗联合体，高标准建设10个村级卫生所，新农合参合率达到了99.8%，向群众支付医疗费6000余万元。城镇职工和城乡居民养老、生育、工伤、失业、医保参保任务全部足额完成。企业养老保险参保人数7715人，城镇新增就业岗位2630个，帮助460名下岗人员再就业，城镇失业登记率控制在1.1%。新建5个社区及社区服务中心，城乡低保、城乡居民养老金每人每月提高了20元。

（郊区人民政府办公室）

潞城市

【自然概况】 潞城市历史悠久，秦置潞县，隋开皇十六年始称潞城县，1994年撤县设市，现辖4镇3乡2个办事处，国土总面积615平方千米，2015年末全市常住人口23.3万人。

*交通便利。*邯长、太焦、中南铁路，长邯、长安高速，207国道、309国道及规划建设的太焦客专高铁穿境而过，长潞城际线10分钟可达长治市区，长治飞机场坐落境内。

*矿产资源丰富。*石灰岩、溶剂白云石、石膏等储量多、易开采，境内有华北"第二大泉"——辛安泉域。潞城工业基础雄厚，境内有天脊煤化、王曲电力、潞安焦化、华润水泥等国省属企业，有潞宝、兴宝、卓越等一批民营企业，拥有"天脊"硝酸磷肥、"唐宫悦"酒、"圣堂"陈醋等多个国家、省名牌产品。

*文化底蕴深厚。*境内有辛安原起寺、八路军总部北村旧址等国宝单位和潞宝毛主席纪念馆等旅游景点；"民间社火"和"上党落子"列入首批国家级非物质文化遗产名录。潞城是国家级园林城市、平安城市、卫生城市、绿化模范市，省级综改试点市和扩权强县试点市。

【经济发展概况】 2015年，地区生产总值78.5亿元，比2014年下降14%，人均地区生产总值3.4万元，下降21.7%；一般公共预算收入5.6亿元，增长6.23%；农林牧渔业总产值7.8亿元，增长3.4%；粮食总产量1.1亿千克，下降2.4%；规模以上工业总产值137.9亿元，下降29.3%；规模以上工业增加值44.4亿元，下降23.9%；固定资产投资151.1亿元，增长17.3%；社会消费品零售总额14.2亿元，增长5.5%；城镇居民人均可支配收入2.4万元，增长8%；农村居民人均可支配收入11465元，增长6.6%。

*综改工作强力推进。*农村土地承包经营权确权工作基本完成。积极发展农民股份合作赋予农民对集体资产股份权能改革试点工作受到农业部督查组好评。推进环保第三方治理改革，开展环保工作厅县合作试点，天脊潞安焦化锅炉脱硫脱硝工程由武汉华德环保科技有限公司投资管理。金融振兴成效明显，完善金融服务平台和担保体系。加强信用体系建设，推进农商行产品创新，帮扶潞宝集团发行10亿元企业债。科技创新扎实推进，中矿潞城石膏实验基地通过国家级高新技术企业评审，利鸿科工贸公司通过省民营科技企业认定；全年实施科研项目35个，推广新技术15项，专利申请量70件，发明专利拥有量43件。民营经济加快发展，制定支持民营企业发展40条措施；市财政预

算400万元，将科技三项费与发展民营经济资金捆绑使用，更好地推动民营企业发展。

产业结构调整纵深推进。大力发展现代农业，新发展核桃林266.7公顷，全市核桃林总面积达6000公顷，其中2000公顷已挂果；新发展连翘1586.7公顷，总面积达到4000公顷。新建改扩建标准化规模养殖场2个，畜禽饲养总量达到220万头（只）。发展壮大农业龙头企业，凤栖桥白酒扩建项目建成投产，嘉禾聚食醋项目主体完工，兰蕊核桃深加工项目正在建设，22家农产品加工龙头企业销售收入达到9.49亿元，增长29.6%。现代煤化工循环经济集聚区建设成效明显。潞宝园区己内酰胺项目合成氨、粗苯精制、环己酮、造气车间4套装置建成投产，其余4套正在安装设备；两套干熄焦和国内最大的园区污水集中处理2个项目建成投产。潞安园区钴基合成油、合成氨、精蜡项目建成投产，氯蜡项目正在建设。天脊园区苯胺和硝基苯固废再生资源处理、土壤调理剂、脱硝除尘改造3个项目建成投产；硝基苯精制技改项目进展顺利。实施"互联网+"发展战略，加快发展电子商务，涌现出山丹丹网络信息科技公司、121购物网、乐村淘、千汇购物等21家电商企业。2015年服务业增加值比重达到36.5%。三次产业结构由2014年的4.5∶70∶25.5调整为2015年的5.7∶57.8∶36.5，产业结构进一步优化。

项目建设势头强劲。多措并举推进招商引资工作，全市共签约项目42个，签约总额达150.1亿元。全年共实施重点项目124个，总投资358亿元，其中新建项目46个、续建项目78个。重点工程"六位一体"任务全部完成，其中，完成项目储备2329.99亿元、签约150.13亿元、落地106.12亿元、开工93.05亿元、建设113.16亿元、投产118.21亿元。

城镇化进程不断加快。深入实施城乡人居环境改善四大工程，城乡基础设施日益完善。完成农村公路完善提质工程13千米、翻修改造工程12.9千米。建成农村老年人日间照料中心4所。推进供气、供热扩容改造，新增天然气用户1112户、集中供热面积35万平方米。加强保障房建设，实施两个村采煤沉陷区治理工程，农村危房改造和抗震房改建完成150户，新开工保障性住房1145套、基本建成1245套，完成各类保障性住房建设投资1.66亿元。市污水处理厂升级改造全面竣工，潞南污水处理厂主体建成。原丝织厂等三大片区旧城改造工程主体建成；东南山等3个城中村完成改造600户、面积6.2万平方米。加强生态绿化，完成造林2740公顷，森林覆盖率23.6%；建成区新增绿化面积25.8万平方米，绿化覆盖率45%。浊漳河南源店上段垂直流人工湿地水质改善工程、文王山地垒河段水环境整治工程投入使用。万元工业增加值能耗和氮氧化物等主要减排指标全部完成，主城区空气质量二级以上天数达到329天，比2014年增加4天。

民生事业持续推进。解决13个村1万余人的饮水安全问题。为全市1.5万公顷玉米、786.7公顷小麦入保自然灾害险。城镇新增就业人数3830人，转移农村劳动力2913人，城镇登记失业率控制在1.1%。新建3所农村幼儿园，实施32个义务教育薄弱校改造工程。公立医院改革稳步推进，分级诊疗和基本药物制度全面实施，合作医疗住院补偿按标准全面提高，新农合参合率达到99.4%。市内免费公交车开通。国家一级标准文化馆建成投入使用。"送戏下乡"惠民工程顺利实施，全年为54个村免费送戏275场。162个机关企事业单位3000名干部结对帮扶贫困户。开展扶贫开发建档立卡"回头看"工作，扶贫攻坚工作扎实推进。

（潞城市人民政府办公室）

长治县

【自然概况】 长治县位于山西省东南部，北靠长治市城郊，东接壶关县，西连长子县，南和东南分别与晋城的高平市、陵川县相邻，区位优势明显。长晋高速、207国道、长陵公路、长晋二级公路、太焦铁路纵贯县境南北。全县国土面积483平方千米，是山西省县域面积最小的县。全县辖6镇5乡2区、254个行政村、4个居委会，2015年末常住人口35.0万人。煤炭资源丰富，煤田面积占全县国土面积的90%，煤炭地质储量48亿吨，可采储量40亿吨，属全国100个重点产煤县之一。

【经济发展概况】 2015年，地区生产总值125.93亿元，比2014年下降9.5%；人均地区生产总值3.61万元；固定资产投资146.40亿元，增长17.1%；工业增加值66.37亿元，下降17.6%；一般公共预算收入10.33亿元，下降29.9%；社会消费品零售总额27.13亿元，增长6.9%；城镇居民人均可支配收入26666元，增长7%；农村居民人均可支配收入14095元，增长7.6%。

经济质量和效益不断提高。传统产业积极应对下行压力，全县煤炭企业累计生产原煤2600万吨，销售2000余万吨。2座矿井通过竣工验收，1座矿井进入试生产。新兴产业支撑能力不断增强，振东、成功、易通、日盛达等企业的产值增长10%以上，玉通机械、乏风氧化利用、振东五和保健食品等项目竣工并进入试生产。现代农业加快发展。实施了农业部万亩高产创建示范项目，全县粮食总产量1.4亿千克，增长7.1%。积极调整农业结构，大力发展多种形式适度规模经营，全县土地流转面积达到200公顷，农副产品企业销售收入15亿元。服务业提质增效。太行山农产品物流园区全年实现交易额20亿元；电子商务发展迅速，网上销售突破2000余万元。

改革创新活力日益显现。深入推进简政放权，承接省市下放项目49项，取消20项。建立了产学研相结合的科技创新新体系，出台了推进金融振兴的实施意见，全县金融机构对企业的贷款余额达到12.63亿元。创优民营经济发展环境，全面落实"大众创新、万众创业"各项优惠政策，商事制度改革加速深化，新设立市场主体企业320户，新增就业人员1100余人。

城乡品质进一步提升。重点城建项目进展顺利，和谐广场扩建及人防工程主体完工，集中供热覆盖率达到85%以上，集中供气开发居民用户6600余户。全面落实大气污染防治行动计划，大力实施减排工程，县城空气质量明显改善，全年二级及以上天数达到351天。城乡绿化、美化、亮化水平不断提升，完成新造林213.3公顷，海子河、黎都公园及县城街道补植补种绿化面积1200平方米，县城建成区绿化覆盖率达到47%、绿地率44.6%。大力实施城乡环境整治工程，县城迎宾街、新建路、体育路被评为省级"容貌示范街道"，光明路被评为省级"保洁示范街道"。创建省级绿色生态村3个，申报省级示范美丽村2个、市级示范美丽村3个。

社会更加和谐稳定。社会保障能力不断增强。城乡居民养老保险实现并轨运行，基础养老金提高到每月105元/人，新农合参合率达到99.6%。全县新增就业3718人，失业率控制在1.75%以内。分类施策推进精准扶贫工作，实现了1000余户家庭的脱贫。新开工建设保障性住房2256套，基本建成776套。农村危房改造工作进展顺利，900户改造任务已全部确认到户。沉陷区治理和地灾治理工程加快推进。社会事业全面进步。义务教育薄弱学校改造工程分阶段推进。十五年免费教育、学生营养餐、贫困大学生资助、农村中小学幼儿园冬季取暖等教育惠民实事得到全面落实。县级公立医院改革全面推进，政府办基层医疗机构100%使用了国家基本药物。社会治理水平不断提高，"平安黎都"建设取得明显成效。

（长治县人民政府办公室）

襄垣县

【自然概况】 襄垣县位于太行山西麓，上党盆地北缘，属丘陵半山区。全县辖8镇3乡2区323个行政村，总面积1178平方千米。2015年末常住人口27.7万人。

历史悠久。公元前455年，赵襄子筑城于此，故名"襄垣"。有2400多年的建城史，500多处遗存古迹。西汉初置县，历代未改，至今有2200多年。2009年，被评为"中国千年古县"。

物华天宝。矿产资源丰富，境内有煤、铁、铝、锰等矿产30余种。其中煤炭探明储量75.8亿吨，可开采40亿吨，现有县属煤矿15座，核定产能1755万吨。水资源丰沛，浊漳河的西、南、北三大干流在该县交汇，有大小水库14座，其中后湾水库库容1.45亿立方，是全省六大水库之一。

人杰地灵。襄垣历代名人辈出，主要历史人物有汉初"三杰之一"的政治家张良、东晋高僧法显、明代礼部吏部兵部尚书刘龙、明洪武年间监察御史连楹等，其中法显是我国民间西行求法第一人，比唐玄奘早230年，比哥伦布发现美洲大陆早1080年。襄垣也是中华连氏发祥地，2009年4月国民党名誉主席连战曾专程回乡寻根祭祖。

交通便利。太焦铁路、太长高速公路、国道208线、省道榆长线以及即将建设的霍黎高速、太焦高铁穿境而过。全县公路总里程1100多千米。到长治市区、长治机场约30分钟车程。

【经济发展概况】 2015年，全县地区生产总值138.36亿元，工业总产值225.85亿元，一般公共预算收入12.39亿元，粮食总产量1.73亿千克，农林牧渔业总产值11.05亿元，社会消费品零售总额24.77亿元，城镇居民人均可支配收入29530元，农村居民人均可支配收入12737元。

"三农"工作扎实推进。建设了林盛果业、天下襄等农业产业化项目15个。围绕三大绿色主导产业，新发展设施蔬菜1000公顷、干果经济林333公顷、中药材103公顷。积极推进"省级农产品质量安全示范县"创建，完成中低产田改造1000公顷。完成减贫任务1200人，易地扶贫搬迁150人，农村危房改造300户。培训新型职业农民950人。建设美丽宜居示范村13个。农村土地确权和"三资"清理工作稳步推进。

工业结构持续优化。贯彻落实上级减负政策，协调晋商银行，授信襄矿集团2亿元、七一集团3亿元，襄矿非公开发行短期公司债券10亿元。全年生产原煤910万吨。大力发展煤化工产业，重点抓了潞安180万吨煤基合成油、40万吨聚氯乙烯、20万吨合成气制乙二醇。华电2×600兆瓦低热值煤发电项目9月份开工建设。积极培育发展新兴产业，重点抓了中冶硅钢、恒昌元锂离子动力电池及新能源汽车制造等项目建设。同时，加快完善工业园区基础设施配套，积极申报省级经济技术开发区。

文化旅游产业加速发展。全年共接待游客363万人次，旅游综合收入24.35亿元。仙堂山景区被评定为国家4A级旅游区和山西省十大新锐景区，正在申请国家森林公园和国家地质公园。宝峰湖、凉楼景区也完善了森林公园、景区道路等工程。主打“法显”文化牌，积极筹备2016年在该县召开“法显文化国际论坛”。

“三大突破”全力推进。扶持奖励企业404万元，申报认定国家高新技术企业1家、省级2家、市级1家。县政府与上海光大证券合作，全方位帮助企业做好上市和融资的基础工作。林盛果业在上海证券交易中心Q版挂牌。建立了汇鑫金融中心，浦发银行在该县设立了分支机构。开展“深入企业办实事”活动，“助保贷”“信易贷”为8家中小微企业担保贷款2534万元。全年新创办民营、小微企业239户，培育小巨人企业2家、小升规企业3家。

城镇化建设稳步实施。完善城乡规划和专项规划。推进了棚户区改造项目；实施了县城污水处理升级改造工程；和美苑保障性住房二期13栋1392套主体已完工。理顺城市管理体制。采煤沉陷区治理完成投资3.9亿元，已搬迁入住7个村，立项17个村，货币补偿到位6个村，准备回购现房2个村。

社会事业全面发展。投资3.5亿元完成了向全县人民承诺兴办的9件民盼实事。投资9000万元的新建二中投入使用；完成了4所农村幼儿园改扩建工程；义务教育均衡发展顺利通过国家评估验收。完成县乡卫生计生机构改革，县医院内科住院楼建成投用。完成偏远山区广播电视“户户通”6002户。进一步提高城乡低保、五保、农村医保标准和重大疾病报销比例。实施农村饮水安全工程，解决了15所学校18个行政村的饮水安全问题。完成造林1567公顷，栽植各类苗木159万余株。

（襄垣县人民政府办公室）

屯留县

【自然概况】 屯留县地处山西省东南部、上党盆地西侧，自古有“古韩要地”“三晋通衢”之称，是长治市“1＋6”上党城镇群之一。全县国土总面积1142平方千米，地势西高东低，由西向东山区、丘陵和平川各占1/3。辖14个乡镇（区），294行政村。2015年末常住人口27.1万人。境内有太长、长邯、长晋和正在建设的长临高速以及208国道、309国道贯穿东西南北，公路交通发达。县城距省城太原220千米，距长治20千米，区位优势十分明显，是国家卫生县城、园林县城，全省文明和谐县城、环保模范县城。

旅游资源比较丰富。地上古建遗存249处，境内山水相间，生态良好，可供开发的资源有老爷山、巍山、盘秀山、绛河、抗日英雄魏拯民故居和女子抗大一分校等。

生态自然环境优美。属于暖温带半湿润大陆性季风气候，四季分明，气候宜人，冬无严寒，夏无酷暑，无霜期160天左右，年平均降雨量600毫米左右。全县用材林面积2.3万公顷，经济林总面积5333.3公顷，宜林山地2.7万公顷，牧坡2.4万公顷。境内地平水浅，土地肥沃，农业生产条件得天独厚，耕地面积4万公顷，素有“米粮川”之称，是全国有机旱作农业试点县、国家综合开发重点县和国家商品粮基地县。

自然资源禀赋独特。矿产资源有煤炭、硫铁矿、菱铁矿、铝土岩等，其中以煤炭为主要矿产，含煤面积1120平方千米，储量131亿吨。现已探明储量91亿吨，境内有常村煤矿、余吾煤业、郭庄煤业和正在建设的古城煤矿等。全县水资源总量2.05亿立方米，可供开发利用1.1亿立方米。绛河、谷河、岚河三大河流自西向东流经全县，年径流量为1.18亿立方米，拥有中小水库23座，人均占有量979立方米。境内地下水贮量0.73亿立方米，漳泽、屯绛两大水库库容在6亿立方米的水资源，属于富水区。

【经济发展概况】 2015年，全县地区生产总值82.02亿元，比2014年下降17.1%；规模以上工业增加值48.39亿元，下降31.5%；固定资产投资134.04亿元，增长16.5%；一般公共预算收入4.97亿元，下降20.6%；社会消费品零售总额14.54亿元，增长6.7%；城镇居民人均可支配收入22617元，增长7.4%；农村居民人均可支配收入12814元，增长6.4%。

项目建设进展顺利。严格落实重点工程项目责任制，全力推进总投资383.22亿元的78个省市重点项目。全年项目储备2389亿元，项目签约122.57亿元，项目落地58.7亿元，项目开工63.14亿元，项目建设107.2亿元，项目投产88.7亿元。

产业结构不断优化。粮食总产量2.55亿千克，创历史新高。建设玉米高产示范片5个，新发展设施蔬菜1000公顷，新改扩建养殖场（区）25个，中药材面积稳定在3333.3公顷。建成省级“一村一品”专业村18个，改善水地966.7公顷，实浇面积1.8万公顷，完成小型水库除险加固2座。农村土地承包经营权确权登记颁证工作全面铺开，新发展合作社40家，家庭农场总数达到24家，新增土地流转面积201.6公顷，农机总动力达到29.3万千瓦。积极做好“煤炭”和“非煤”两篇文章，古城800万吨矿井、王庄矿北栗风井等有序推进；长治液压整体搬迁、太行润滑油、吉华精细焦油深加工二期、太行药业中药提取技改等项目进展顺利，现代煤化工、生物医药等“七大新兴产业板块”实现了新突破。旅游总收入30.63亿元，增长22%。第三产业增加值占地区生产总值的比重提高0.5个百分点。

“三个突破”成效明显。科技创新上，振东开元重新通过国家高新技术企业认定，胖妞食品新确立为省级民营科技企业，全县省级科技型民营企业达18家。振动开元组建了省级研究中心，屯玉种业成立了博士工作站，助民蔬菜完成“助民”商标登记注册，全县有效发明专利拥有量21件。金融振兴上，县信用联社成功改制为县农商行，长治银行屯留支行开始试营业，三禾村镇银行正式营业；昂生医药电子物流“新三板”上市工作加紧推进，祥瑞精密铸业在上海股权交易中心Q板挂牌上市，实现了屯留多层次资本市场零的突破。出台实施《关于进一步推进民营经济健康发展的十二条意见》，新培育“小巨人”企业1个、“小升规”企业1个，新创办中小微企业110户，全县中小民营企业累计完成增加值22.4亿元。

社会事业全面发展。新改扩建乡镇幼儿园3所，改善义务教育薄弱校4所，农村义务教育阶段寄宿制学生营养餐工程标准提高到每生每天4元。县级公立医院改革稳步推进，县中医院住院综合楼全面开工，新农合参合率100%。11个乡镇文化站通过省级验收，提档升级村级文化活动室80个，新安装直播卫星地面接收器1550套。巍山国际体育产业园区代表屯留县作为全国唯一县区参加了2015中国体育文化·体育博览会，长治巍山体育旅游精品路线被授予“2015中国体育旅游十佳精品路线”。城镇新增就业3159人，创业带动就业545人，转移农村劳动力3263人，培训新型职业农民720人；开工建设保障性住房1032套，改造农村危房950户，发放城乡低保、农村五保生活保障金2000万元、医疗救助金280万元、优抚保障金275万元，发放80岁以上高龄老人补贴109.4万元。

（屯留县人民政府办公室）

平顺县

【自然概况】 平顺县位于山西省东南部，太行山南端，晋、冀、豫三省交界处，县域总面积1550平方千米，辖5镇7乡、262个行政村。2015年末常住人口15.1万人。

物华天宝，人文荟萃。境内东南高西北低，海拔最低380米，最高1876米，巨大的落差造就了多样的气候，孕育了丰富的自然资源。这里盛产潞党参、花椒、马铃薯等农副土特产品和连翘、柴胡、黄芩等100余种中药材，是潞党参的原产地，是中国大红袍花椒之乡。这里矿藏富足、种类繁多，已探明的矿产资源有铁、硅、镁、大理石、石英砂等20余种，其中铁矿储量2433万吨，硅矿储量60亿吨，镁矿储量90亿吨，且品位高、易开采；同时铝、铜、银、水晶矿等储量也相当可观。全县文物古迹1566处，其中有国保14处，省保1处，堪称“中国古代建筑艺术博物馆”。

山清水秀，风光绝美。全县属北方稀有的喀斯特地形地貌和部分丹霞地貌，境内遍布秀美绝伦的山水峡谷，目前，拥有天脊山、太行水乡、通天峡3个国家4A级景区，1处国家地质公园。天脊山山川秀丽、古松奇柏、绝壁对峙、雄奇峻险，落差达346米的天脊瀑更被誉为“华夏第一高瀑”。

平顺区位优越、生态良好。北靠环渤海经济圈，南邻中原城市群，西接上党城镇群，东达沿海发达地区，长安高速、中南铁路、国道长治至平顺二级公路穿境而过，两小时进中原，三小时达太原，四小时抵京津。地处太行山腹地、被誉为“黄金人居带”的北纬36～37度之间，与承德避暑山庄属于同一气候类型，冬无严寒，夏无酷暑，全县森林覆盖率达41.6%，县城绿化覆盖率达46.76%，空气质量二级以上天数始终维持在360天左右，是名副其实的“天然氧吧”，被誉为上党地区的后花园，华北地区的绿色屏障。近年来平顺先后荣获了国家卫生县城、全国园林城、全国绿化模范县、中国绿色名县、全国生态文明先进县、中国最具幸福感休闲城市、中国优秀生态旅游县、中国低碳旅游示范区、中国深呼吸小城100佳、全国休闲农业与乡村旅游示范县等一系列荣誉称号。

【经济发展概况】 2015年，全县地区生产总值20.6亿元，比2014年增长4.4%；规模以上工业增加值7.4亿元；固定资产投资36.6亿元，增长16.5%；社会消费品零售总额8.1亿元，增长6.6%；一般公共预算收入8562万元，增长11.85%；城镇居民人均可支配收入19505元，增长8%；农村居民人均可支配收入5054元，增长8%。

旅游开发渐入佳境。继续做精做强通天峡景区，成功引进长春欧亚集团高起点开发神龙湾景区，核心景区建设取得长足发展。乡村旅游方兴未艾，以岳家寨、苇水、枣林为代表的一批乡村旅游示范村迎来四方游客。以核心景区为点、精品线路为线、乡村旅游为面的多层次旅游产业体系日臻完善；以县城为中心，以西沟、东寺头等重点旅游村镇为次中心的旅游集散体系初步构建。2015年全县接待游客230万人次，比2014年增长17%；接待海外游客7.6万人次，增长78%；实现旅游综合收入16.75亿元，增长20%。

先后荣获全国和全省“休闲农业与乡村旅游示范县”称号。

新型工业快速成长。生态产业高效发展。依托风光水能资源优势，着力引进国内知名实力企业投资开发新能源项目。大唐风力发电项目规模和效益不断扩大，漳电光伏发电项目开工建设，溯头水电站全面竣工，上海航天八院、西安东仪新能源和明阳风电集团等企业投资的多个风电、光电项目进展顺利。着力推进中药材产业规模化经营、全链条发展。全县中药材面积达到3.2万公顷，年产各类中药材1800多万千克，中药材总收入达到2.07亿元，农民人均药材收入1533元。成功承办全省中药材基地建设现场推进会，被工信部、财政部等国家12部委列为重点扶持的全国两大中药材基地之一。

增进民生民利。把扶贫脱贫作为头号民生工程，实现所有贫困村领导干部包村、工作队驻村、党员结对、派驻第一书记帮扶四个全覆盖，创新实施“5＋3”特色产业扶贫模式。扎实推进建档立卡回头看工作，全面完成市定易地搬迁任务。以创建省级文明县城为抓手，投资8000多万元，实施了县城综合改造和强弱电入地工程。青羊市场商业步行街投入运营，美特好广场主体建成，县城面貌焕然一新。生态建设成效斐然，全年完成“两山、两网、两林”绿化4386.7公顷。全县空气质量二级以上天数达到360天，综合污染指数全市最低。

（平顺县人民政府办公室）

黎城县

【自然概况】 黎城县位于长治市东北部，地处晋冀豫三省交界，是太行革命老区。县域总面积1101平方千米，其中耕地1.9万公顷。辖5镇4乡242个村13个居民委员会。2015年末常住人口16.2万人。黎城是中国千年古县、国家卫生县城、全国文明城镇、国家园林县城、中国绿色名县、中国核桃之乡、中国精品文化旅游县、中国民间文化艺术之乡、全国计划生育优质服务先进单位、中国影视文化拍摄基地。

矿产资源丰富。现已发现各类矿产21种，探明储量的6种。其中，铁矿总储量2亿吨，硅矿储量10亿吨，白云石储量20亿吨，钾矿储量5亿吨，石膏矿储量5000万吨。

自然风光壮丽。黎城地处太行山核心地段，北部山区地形奇特，属丹霞地貌，是八百里太行雄奇风光最为独特的一段，素有“太行画廊”之称。人民大会堂“山西厅”的核桃木刻“太行日出”的原景，就采自该县板山风光。

生态环境良好。黎城气候温和，四季分明，冬无严寒、夏无酷暑，光照充足，雨量适中。年平均气温10.4℃，年有效积温3583.8℃，平均降水量547毫米，无霜期186天。全县森林覆盖率达到50％以上。2015年，县城空气优良以上天数330天，人均公园绿地面积10.97平方米。黎城水资源丰富，境内有清、浊两漳河和漳北、漳南、勇进三大灌区，小泉小水40多处，有“上党小江南”的美誉，是华北地区少有的富水区。特别是源泉水、清泉水和洗耳河水，流量大，流速稳定，经检验属于低钠、低矿化度、含锶较高的优质矿泉水。

交通优势明显。素有“三省通衢”之称，309国道、207国道贯穿县境，长邯铁路、长邯高速公路穿县而过，黎左高速主体已经完工，长邯高速公路改扩建工程正在实施，黎城是全国交通大网络上的一个重要枢纽点。

文化底蕴深厚。黎城历史悠久，文明史长达5000多年，是古黎侯国所在地，“黎民百姓”、“洗耳恭听”等成语故事，女娲补天、蚩尤争天等神话传说和许由洗耳、燕王争雄、西伯戡黎等历史典故均产生于此。“黎侯布虎”和“上党落子”被列为国家级非物质文化遗产。黄崖洞兵工厂被誉为“新中国军事工业的摇篮”。

【经济发展概况】 2015年，全县地区生产总值30.2亿元，比2014年增长1.6％；人均地区生产总值1.9万元，增长1.6％；一般公共预算收入1.76亿元，增长2.7％；农林牧渔业总产值5.4亿元，下降3.2％；粮食总产量5953万千克，下降21.1％；工业总产值89.5亿元，下降17.8％；社会消费品零售总额12.5亿元，增长5.3％；全社会固定资产投资57亿元，增长18.5％；城镇居民人均可支配收入15951元，增长8.4％；农村居民人均可支配收入7329元，增长6.7％。三次产业比例由2014年的8.9∶45.8∶45.3优化为10.4∶34.8∶54.8。

工业转型步伐加快。中技金谷新型建材一期硅酸钙板生产线运行良好，产品远销北京、上海；二期自动化墙板生产线项目当年开工、建成投产，并启动上市工作。蓝天燃气公司活性炭生产线投产运行，拟与香港新恒基国际集团公司合作实施大气污水处理项目。协鑫集团30兆瓦太阳能光伏发电项目开足运行，在国内同类型项目中发电量最高。国化公司洪井加气母站、协鑫LNG加气站等新能源项目投入运行。国磁公司1万吨高性能铁氧体橡塑磁粉生产线项目建成投产。传统产业改造提升步伐加快，粉末冶金尾矿砂综合利用项目投入运行，太行钢厂150万吨轧钢技改项目顺利实施，青春玻璃600吨/天熔窑纯氧燃烧技改项目建成投产，长福焦化烟气余热回收及烟气脱硫脱硝项目2016年底可建成。不断加快物流运输企业发展，华驰物流投入运行，国新能源扩建项目、鑫源物流进展顺利，千万吨铁路物流园区初具规模。

三农工作持续加强。黎城现代农业示范园区一期建成运营，成为农业高新技术示范推广的龙头。生态农业科技产业园创新运作方式，引进北京赢德投资公司和太原绿美园公司共同投资。农产品冷链物流、奥利种业玉米新品种繁育及加工基地、昌晋绿色粮油开发、三泰公司核桃系列休闲食品等项目建设进展顺利。全力建设“原生态精品农业基地县”，实施了1.3万公顷中药材种植基地、1000公顷干果经济林、粮食高产创建、核桃片区开发、良种核桃产业化管理等项目，省级“一村一品”专业村达到70个，农业产业化与农民增收项目化实现良性循环。

文化旅游蓬勃发展。洗耳河、西方山、板山、广志山、黄崖洞、黎侯古城等六大景区正式对外运营。广泛开展旅游宣传推介。实施了红色百村、生态百村保护工程，绿色生态休闲、红色革命文化与古黎侯国传统民俗文化作为黎城旅游品牌已初步打响。

城乡环境不断改善。古城一期市政道路、教育东街拓宽改造、广北路北延、府后街西延等市政道路项目基本完工，县城框架进一步拉大。教育东街拓宽改造工程投入运行，彻底解决了困扰多年的教育街学生上下学拥堵问题。投资3000多万元，实施了县城集中供热二网改造工程，新建3个换热站，全县供热总面积达到70万平方米。北坊城中村改造、东关新村改造、同元华府小区、阳光华府小区、集贤苑经济适用房等项目顺利实施。通过国家爱国卫生县城复检验收。深入实施美丽乡村建设工程，黄崖洞镇下赤峪村列为省级美丽宜居示范村。

社会事业扎实推进。城乡交通条件进一步改善，三茅线、上遥东社——石板公路建成通车。协调实施黎左高速公路新建、长邯高速公路扩建、长邯铁路扩能改造等国家、省重点交通建设工程。与省肿瘤医院、市和平医院、潞矿总医院等7家医院结成医疗联合体。完成3个乡镇卫生院业务用房及周转宿舍项目建设，基层医疗环境进一步改善。全市率先建成基层医疗机构信息化管理平台，为3598人（户）农村“4＋2”奖扶对象发放扶助金256.9万元。为全县1379户农村独生子女、双女户家庭和基层计生工作者办理意外伤害保险。投资1800余万元，完成1所小学实验楼和4所幼儿园新建改扩建工程。农村寄宿制学校全面实施营养餐工程。全市率先启动下岗失业人员小额担保贷款，贷款总额140万元。新增符合条件社保对象990户1389人，累计发放城乡低保1672万元，为4473人次发放临时救助金244.7万元。新开工保障性住房409套，基本建成保障性住房48套。农村困难群众危房改造200户。投入民办养老机构建设资金8500万元，全县养老床位达到995张。流浪儿童救助保护中心完成主体工程。

（黎城县人民政府办公室）

壶 关 县

【自然概况】 壶关县地处山西省东南部、太行山东南端，东与河南省林州、辉县两市接壤，西与长治市郊区、长治县为邻，北与平顺县相连，南与晋城市陵川县毗邻，全县版图面积1013平方千米，辖5个镇，7个乡，一个经济开发区，390个行政村。2015年常住人口29.8万人，其中乡村人口20.7万人。

境内地势东高西低，平均海拔1252.5米。年均温度9.1℃，无霜期153天，年均日照时数2665小时，平均相对湿度64%，属暖温带季风气候，是一个山区县、农业县和国家扶贫开发重点县。

【经济发展概况】 2015年，地区生产总值49.14亿元，比2014年增长4.7%；人均地区生产总值1.7万元，增长4.2%；一般公共预算收入2.34亿元，增长1.8%；农林牧渔业总产值8.87亿元，下降0.7%；粮食总产量1.22亿千克，下降1.3%。工业总产值90.3亿元，下降15.4%；社会消费品零售总额17亿元，增长5.8%；城镇居民人均可支配收入19325元，增长7.9%；农村居民人均可支配收入4832元，增长8.3%；规模以上工业增加值19.9亿元，增长2.9%；固定资产投资54.1亿元，增长18%。

经济实力持续增强。大力实施“双百”重点工程，总投资117亿元、总数量114个的重点工程推进顺利，晋通钕铁硼、潞赛达商品砼、大象饲料加工等一批项目建成投产，成为新的经济增长点。认真落实招商引资优惠政策，共签约引进阳光名邸住宅小区、主食产业化等项目12个，签约金额60.4亿元。积极争取中央和省、市各类政策性资金1.5亿元，通过资金的合理使用，足额兑现，县域经济实力明显增强。

现代农业稳步发展。大力发展特色农业，新建设施食用菌6.7公顷，蔬菜66.7公顷，旱地西红柿种植面积3333.3公顷，亩均收入2万元，实现了产销两旺；完成核桃、中药材等经济林800公顷。扎实推进规模化养殖业，全县新建或改扩建各类养殖小区12个，规模养殖场达到38个。积极培育特色农产品加工业，紫团、郭氏食品、九牛寨、大象等公司不断发展壮大，特别是紫团“千棚十区”食用菌产业园被长治市委誉为“农民增收致富的方向性工程”，被省政府确定为“山西农业战略性支撑工程”。

旅游产业再创佳绩。突出抓好景区建设，重点抓了总投资4.2亿元的王牌景区八泉峡建设，蓄水游览大坝、户外旅游观光电梯三部、国内唯一一条拐弯高空索道顺利建成，进一步完善了栏杆、步道等基础设施，特别是与首钢长钢集团达成了改造西安里铁路为旅游观光专线的合作协议，将联合打造国内第一条旅游铁路专线。切实加大宣传力度，开通了大峡谷旅游官方网站、APP微信平台，开展了“走进韩国”等主题宣传活动，“冲关大峡谷”再掀收视高潮，大峡谷的知名度和影响力全面提升。大峡谷景区顺利通过评审，正式列入创建国家5A级景区预备名单。2015年，大峡谷景区接待游客254万人次，营业收入5380万元，旅游社会总收入32.66亿元，接待游客、营业收入、旅游社会总收入连续三年实现25%以上的高增长、快增长、稳增长。

城乡环境显著改善。按照“建设长治后花园、打造上党宜居城”的目标定位和“周边拓展、城中出新、西山提档、东湖开发”的城建思路，总投资22亿元，铺开了12项重点城建项目，长安高速城际连接线、中南铁路顺利通车，常平凤凰城、壶化银座等商住楼投入使用。

深化改革取得突破。大力推进“三个突破”，在科技创新上，投资1亿元的山西老陈醋电商网7月份正式上线运营，成为全国唯一一家专业做山西老陈醋线上营销的电商平台，壶化集团被科技部评为高新技术企业、中外技术合作基地，紫团公司被评为国家科技特派员创业基地。在金融振兴上，壶化集团上市资料已获中国证监会正式受理，引进寿阳农商行投资建设村镇银行工作取得实质性进展，全年新增银行贷款1.78亿元。县信用联社改制为农商银行后全年上缴税金6169万元，增加5101万元。在民营经济发展上，出台企业减负42条，取消涉企收费8项，落实中小微企业增值税优惠政策7项，推进了大众创业、万众创新，民营经济对县域经济的贡献率达到95%以上。

社会事业全面进步。统筹发展社会事业，坚持教育惠民，完成了4所乡村标准化幼儿园和3所学校教师周转房建设项目，补充了118名优秀教师，同时拿出361.6余万元，重奖了中高考取得优异成绩的优秀学生和辛勤园丁。致力卫生惠民，积极推进县级公立医院综合改革，县人民医院、中医院、妇幼保健院全部达到二级甲等医院标准，县乡村三级医疗卫生机构全部实行基本药物省级网上集中采购、统一配送、统一结算、零差率销售，全县农民参合人数达到24.1万人，参合率达到99.9%。着力兜底惠民，加大低收入家庭、困难群众和受灾群众的救助力度，共救助城乡困难群众2997人次，发放救助金347.8万元。不断提高城乡低保和农村五保对象的保障标准，共发放城乡低保保障金3409.6万元，农村五保供养金469.8万元。加大扶贫开发力度，全年完成移民搬迁500户、1857人，整村脱贫12个村，脱贫1.7万人。

（壶关县人民政府办公室）

长子县

【自然概况】 长子县位于山西省东南部，上党盆地西侧。因尧王大儿子丹朱受封于此而得名，共辖7个镇5个乡2个管理中心，399个行政村。国土面积1029平方千米，耕地4.5万公顷。2015年末常住人口36.1万人，是长治市第一人口大县。

【经济发展概况】 2015年，全县地区生产总值96.0亿元，比2014年下降2.5%；工业增加值54.7亿元，下降9.4%；固定资产投资122.9亿元，增长16.7%；一般公共预算收入6.37亿元，下降31.7%；社会消费品销售总额17亿元，增长6.2%；城镇居民人均可支配收入24365元，增长7.6%；农村居民人均可支配收入11763元，增长7.3%。

项目推进扎实有力。全年确定重点项目60个，总投资287亿元，其中工业类22个、农业类9个、三产类5个、民生类24个。60个重点项目中48个项目进展顺利，9个项目已经竣工。同时，切实加大招商引资力度，全年共签约招商引资项目9个，签约金额126.98亿元，完成率105.9%。

产业结构持续优化。大力发展煤电产业。突出抓好煤炭主导产业，保持煤炭产量均衡增长。同时，加快推进煤电一体化进程，特别是重点抓好赵庄和高河两个低热值煤发电项目。赵庄电厂8月25日正式开工，目前已经完成了“三通一平”、围墙建设、烟囱回填、变电站安装以及食堂、公寓楼部分基础混凝土浇筑等工程。高河电厂11月11日获得了省发改委批准，12月6日开工建设，浇筑了第一罐混凝土，“三通一平”等基础工程正在有序推进。提升发展特色农业。继续实施规模种养补贴政策，持续推进设施蔬菜、食用菌、规模养殖、烤烟种植等特色农业，全年新增设施蔬菜1000公顷、食用菌20公顷，新建6.7公顷以上规模园区12个，设施蔬菜种植总面积7133.3公顷、露地蔬菜6800公顷，蔬菜产量总产量99万吨；新建规模养殖场区15个，畜禽饲养总量达到800万头（只）；以王峪、横水、石哲为重点的清洁型烟叶种植面积基本稳定，品质持续提高。加快发展第三产业。着力发展现代物流和电商产业，阿里巴巴长子产业带项目已有60多家中小企业完成产品上线工作，万成农牧等3家企业达成业务合作意向。

城镇建设有序推进。加快编制

县城总体规划、产业发展规划、土地利用总体规划“三规合一”等各项规划。已经编制完成了县城区域控制性规划和道路、环卫、绿化、供热、供水、供气、照明、污水处理等10个专项规划。积极改善交通环境，完成了府前街、机械厂道路、熨台街中段等旧街拓宽改造，缓解了交通拥堵问题。采取“PPP”模式，引进了太原炬能供热公司，新建、改建换热站11个，铺设供热管网21.6千米，新增供热面积20万平方米，11月1日按期供热，有效解决了居民供热不均衡的问题。加快推进集中供气工程，集中供气用户达到6500多户。改造提升供水设施，县城配水管网改造进展顺利，完成了府前街、熨台街等路段的管网改造，实施了污水处理厂修缮改造工程，对厌氧池、氧化沟、提升泵等设备进行了改造。

持续推进科技创新。实施科技项目46项，推广科技成果20项，开展技术攻关8项，培育民营科技企业10家和高新技术企业2家，完成专利申报量55件，申报有效发明专利4件。

社会事业全面发展。加强教育基础设施建设，全面完成了5所幼儿园改扩建任务，县城示范幼儿园、县职校实训楼、农村中心幼儿园、薄弱校改造等项目进展顺利；持续推进教育教学改革，推行了学校校长和教师交流轮岗制度。完成了卫生计生机构改革，组建成立卫生和计划生育局；持续推进县级公立医院改革，全面推进国家基本药物制度，新农合参合率达到99.4%，补偿各类患者23.8万人次1.05亿元，减轻了群众医疗负担。

加强生态文明建设，新增营造林面积2453.3公顷，森林覆盖率达到28%，全面推进大气污染防治行动计划，淘汰黄标车373辆，27个黏土砖窑完成转产或恢复地貌，4家规模畜禽养殖场完成减排工程，各项环保指标均在控制范围之内。优化城乡人居环境，加快推进美丽乡村建设，全县所有行政村全部实行了垃圾“不落地”管理，城乡卫生环境得到了进一步改善。加快推进扶贫开发，通过易地搬迁、产业发展、精准扶贫到户等多种方式，减少农村贫困人口3100人，易地扶贫搬迁363户902人，开工率达到100%，完成农村困难家庭危房改造510户，完成率100%。继续推进县乡损毁道路改造，完成投资7036万元，改造县乡村道路30条91.8千米。努力保障弱势群体基本生活，发放低收入农户冬季取暖用煤货币化补贴3160万元，为农村60岁以上老年人实行了免费体检，城乡低保标准分别增加了22元和20元，为全县低保对象发放最低生活保障金3941万元，救助城乡医疗对象3420人次。

（长子县人民政府办公室）

武　乡　县

【自然概况】　武乡县位于太行山西麓，山西省东南部，长治市最北端，总面积1610平方千米，辖9个乡、5个镇、1个农业开发区，377个行政村，942个自然村。2015年末常住人口18.4万，其中乡村人口12.2万人，贫困人口3.2万人，是全国592个、全省36个扶贫开发工作重点县之一。

【经济发展概况】　2015年，地区生产总值50.1亿元；人均地区生产总值2.7万元；一般公共预算收入2.9亿元；农林牧渔业总产值5.8亿元；粮食总产量1.1亿千克；工业总产值49.2亿元；全社会消费品零售总额12.3亿元；城镇居民人均可支配收入19885元；农村居民人均可支配收入5459元。

以转型升级为主线，持之以恒推进经济结构战略性调整。强力推进文化旅游深度融合。圆满完成了全省纪念抗战胜利70周年大会在该县召开的重要政治任务。成功举办了第五届八路军文化旅游节和第六届八路军文化研讨会，红色旅游路一期竣工通车。“十二五”期间，全县各景区累计接待游客928万人次，比“十一五”增长147.7%，旅游综合收入累计达到96亿元。同时，积极发展“互联网＋”新兴业态，成功入围国家电子商务进农村综合示范县，是全省八个示范县之一、长治市唯一一家。

打造全省煤电一体循环经济产业基地、全国镁铝合金新材料产业基地、全省特色农产品生产加工基地。编制完成《煤电一体化及资源综合利用产业发展规划》，推进煤炭企业技改整合，西山发电二期上报国家能源局，投资主体焦煤集团与河北建投集团达成“晋电送冀”煤电一体化项目合作协议。五矿一期压铸件项目重建，完成了技改扩建，五矿低热值煤自备电厂项目可研编制完成。太焦高铁武乡站即将开工建设。

坚持“种、养、加”一体化发展，大力实施“十百千万”工程，鑫四海生猪、绿农农牧肉鸡、多维黑头羔羊、大山禽业牧养鸡、油用牡丹、食用菌等项目扎实推进，农民增收渠道不断拓宽。三次产业结构不断优化，比例由“十一五”末的6.1∶63.1∶30.8调整为6.3∶49.4∶44.3。

项目建设扎实推进。2015年，共实施重点项目80个，完成固定资产投资31亿元，增长23%。签约项目23个，签约总金额123.23亿元，签约项目到位资金26.03亿元。

大力实施精准扶贫、精准脱贫。“百企千村”产业扶贫食用菌示范基地建成投产，油用牡丹推广进展顺利，2014～2015年实施的移民搬迁项目61个，涉及8996人；扎实开展金融扶贫，2015年累计发放“富民

贷”和“强农贷”460余万元；2015年稳定脱贫1万人。

社会和民生事业持续发力。坚持以旧城新区加太行龙湖为核心、重点镇和中心村为两翼的“一核两翼”布局，加快推进城镇化建设。县城太行西街拓宽、和平三路改造、滨河道路排水和县城供水扩建等一大批项目竣工，大县城、重点镇、中心村建设取得新进展。全县常住人口城镇化率达到33%以上。加快推进10个美丽乡村、农村有线数字电视全覆盖、农村困难家庭危房改造、特困群众异地搬迁、行政村街道亮化、村级幼儿园改扩建和乡村清洁工程建设等民生工程，县医院综合门诊楼、县城红星幼儿园、太行小学教学楼投入使用。

（武乡县人民政府办公室）

沁　县

【自然概况】　沁县位于山西省东南部、长治市北部，太行、太岳两山之间，东接襄垣、武乡，南邻屯留，西连沁源，北倚平遥，自古有“冀州门户、潞泽咽喉”之称。全县辖6镇7乡、306个行政村、6个社区，总面积1318平方千米。平均海拔1000米左右。境内水土资源丰富、生态环境良好。有大小泉水270多处、河流126条、湖泊湿地30余处，水资源总量1.21亿立方米。全县耕地面积4万公顷，是中国名米“沁州黄”的原产地。2015年末沁县常住人口17.6万人。

【经济发展概况】　2015年，地区生产总值21.1亿元，人均地区生产总值1.2万元，一般公共预算收入7764万元，农林牧渔业总产值9.4亿元，粮食总产量1.8亿千克，工业总产值6.1亿元，社会消费品零售总额9.2亿元，城镇居民可支配收入16329元，农村居民人均可支配收入5227元。

转型升级步伐加快。全县农作物有机认证面积1.7万公顷。山西沁州黄农业产业示范园区升级为处级规格，入驻企业16家，建设项目21个。沁州黄小米质量安全示范区成为全省首批4个省级出口食品农产品质量安全示范区之一。“沁州”牌沁州黄小米被评为山西省首个“生态原产地保护产品”。加快推进华安焦化煤气制液化天然气、沁园春矿泉水等项目建设。积极对接引进了中核集团、保利协鑫、永鑫煤化等大型企业，投资建设光伏发电、农光互补、水产业等项目。成功举办了第七届端午民俗文化节。山西牺盟会新军、小东岭东路军高级将领旧址和吴琠廉政文化三个纪念馆顺利开馆。引导全县60多家民营企业与苏宁易购、乐村淘、乐分商城、牛商网合作建设电商平台，入选“全国电商扶贫试点县”和“百县千品电商扶贫示范县”。

改革创新成效明显。正式实施“三证合一”登记制度。全县47个行政单位、13个乡镇的“两单、两图”全部上网运行。政务服务中心新建工程全面启动。着力深化转型综改，县级公立医院改革等10项重大改革、农村土地确权登记等20个重大事项、保障性住房等10项重大转型项目推进顺利。全面推进科技创新、金融振兴、民营经济“三个突破”。县农村信用社改制工作稳步实施。沁州黄小米（集团）公司等7家龙头企业在山西省股权交易中心挂牌展示。唯思可达、康禾农业等5家企业进入长治市“新三板”重点后备企业库。全年新培育专精特新企业5个、“小升规”企业1户，扶持创办小微企业86个。全县民营科技企业达到18家。

城乡一体统筹推进。累计投资1.07亿元，实施县城供气、污水、垃圾处理、供热等市政公用基础设施建设。集中供气工程具备运营条件。污水处理厂完成提标升级改造并投入试运行。生活垃圾处理工程基本完工。县城集中供热工程开始管网建设。南内环路建成通车。青少年活动中心广场等3个休闲广场、富民巷等背街小巷5条完成改造。县城体育综合训练馆、图书馆、档案馆主体完工。城南沁馨家园保障房15幢楼主体建成。县城公交通车运营。深入实施乡村清洁工程。完成了农村公路水泥（油）路完善提质60千米。改造农村困难群众危房1100户。新建农村安全饮水工程15处。新增植树造林面积3000公顷。开工建设西汤水库、涅河河道治理工程。

社会事业快速发展。统筹实施移民扶贫、产业扶贫、教育扶贫、金融扶贫等“七式扶贫”，全年减贫7100人，整村脱贫7个村，移民搬迁1460人。大力发展社会保障、教育卫生、文化惠民等社会事业。新增各类就业2789人，转移农村劳动力2893人，城镇登记失业率控制在1.13%以内。启动实施职业中学、五中、故县、册村中学改造和新店、定昌幼儿园新建工程。新改扩建5所村级幼儿园、1所城镇幼儿园。全面实施县级公立医院综合改革、分级诊疗试点。人民医院外科大楼主体完工。中医院住院楼投入使用。沁州数字影院投入使用。

（沁县人民政府办公室）

沁源县

【自然概况】　沁源县地处太岳山东麓，山西省东南部，长治市西北部。自西汉刘邦元年（公元前206年）置县，初名谷远，后为谷近，北魏建义元年（公元528年）因地处沁河之源得名沁源。全县总面积2548平方千米，辖5镇9乡254个行政村。

2015年末沁源县常住人口16.2万人。

沁源生态优美、景色宜人。全县森林面积14万公顷，森林覆盖率57.5%，是全国的"油松之乡"，全国天然林保护重点县。境内有沁河、汾河两大水系，年平均径流量2.6亿立方米，是山西相对富水区。境内四季山清水秀、地绿天蓝，平均温度8.6℃，年相对湿度65%，被誉为"天然氧吧"。境内旅游资源丰富，有灵空山、菩提寺、花坡、沁河源、太岳军区司令部旧址等景区，特别是灵空山景区中被称为油松之王的"九杆旗"，一树九杆，挺拔参天，被上海大世界吉尼斯总部认定为世界"最大油松"。

境内矿产资源丰富，储量大的有煤、铁、铝矾土、石灰岩等。煤炭总储量128亿吨，可开采储量90亿吨，含煤面积占总面积的80%，是全国重点产煤县、全省主焦煤基地县。野生资源种类繁多，尤以野生中药材连翘、党参、丹参、黄芩、柴胡、桔梗为多，野生天然食品有黑木耳、蘑菇、黄花菜、蕨菜、山核桃等20余种。

【经济发展概况】 2015年，全县地区生产总值88.97亿元；人均地区生产总值5.5万元；一般公共预算收入6.24亿元；农林牧渔业总产值4.69亿元；粮食总产量7607万千克；工业总产值120.77亿元；社会消费品零售总额21.4亿元，增长5%；城镇居民人均可支配收入28500元，增长6.8%；农村居民人均可支配收入11900元，增长8.7%，增速居全市第一。

做大做强特色农业。大力发展"一县一业"，脱毒马铃薯产业依托沁丰薯业公司发展脱毒马铃薯基地3666.7公顷，建成三级育繁体系，原种生产能力达到500万粒；天一生态肉驴养殖项目新增投资2亿元，新建驴舍2.5万平方米，饲料加工、有机肥加工、驴文化园等基础设施完工，带动发展养殖合作社10个；好乐公司优质夏草莓种植100公顷，年产草莓600万千克，销售收入1亿元；种植抚育生态连翘1万公顷，党参、黄芩、柴胡、金花葵等中药材种植面积2000公顷，康信中药材公司年加工能力达到1万吨，新的优势产业初步形成。

大力发展新型工业。积极引导煤企转型发展，推进留神峪和新升煤业等5个矿井建设，鑫运、森达源、梗阳3座煤矿转入联合试运转，凤凰台、金晖隆泰正式投产，全年产煤1168.4万吨、发电5.83亿度。通洲集团144万吨综合煤化工项目开展"三通一平"，正在办理环评手续；沁安公司煤电一体化项目前期工作顺利；开工建设联鸿20兆瓦光伏发电项目，国电太岳山风电250兆瓦风电项目已全部投产，康伟南山14×700千瓦瓦斯发电项目完工转入试生产；中铝太岳100万吨氧化铝项目已由省发改委备案立项；通洲2×35万千瓦低热值煤发电等新兴项目正抓紧运作，新兴产业发展取得新进展。

提档升级文化旅游。实施文化旅游"三区同创"，全国红色旅游经典景区太岳军区司令部旧址项目，基础设施建设主体工程已完工，配套及陈列馆布展工程全面启动；灵空山风景区基础设施建设前期手续全部完成；北莱沟国际滑雪场项目正在办理环评手续；山地自行车生态休闲旅游、袇苑温泉度假村和民居民俗博物馆等项目按进度要求推进。大力发展"绿美沁源"乡村生态旅游，推进通洲灵通山省级森林公园功能建设，文化旅游产业实现新进步。

全面增进民生福祉。投资3393.1万元，对教育教学设施等硬件基础进行完善，实行学校联盟结队帮扶、挂钩考核制度，顺利通过国家级义务教育基本均衡发展验收。全面深化公立医院改革，在全市率先建立乡村医生进退机制、收入稳定增长机制和养老保障机制；组建医疗联合体，初步实现医联体内双向转诊；实行分级诊疗，启动按床日付费和病种付费相结合的付费方式，住院补偿封顶线提高到15万元，重大疾病住院医疗费按70%予以补偿。积极落实低保政策，城乡居民最低生活保障标准分别提高至556元/人·月和2738人/人·年，农村五保户集中和分散供养补助标准每人每年分别提高200元和100元；医疗救助895人、临时生活救助514人；新建4所农村老年人日间照料中心，县老年养护院建设项目已完成立项、土地手续。

（沁源县人民政府办公室）

晋城市

【自然概况】 晋城市位于山西省东南部，地处中原腹地。总面积9490平方千米，2015年末常住人口231.5万人，是中国优秀旅游城市、全国卫生城市、全国创业先进城市、国家森林城市、国家园林城市、国际花园城市，也是国家循环经济示范市、低碳城市试点市和新能源汽车示范城市，是全省煤机、煤层气装备制造产业基地。晋城区位优势明显。太焦、侯月两条铁路纵贯市境，高速公路实现了县县通，密度全省第一，距郑州、洛阳、长治三个机场均在100千米左右，距天津、日照、连云港三个海港都有快速通道直达。晋城生态环境优美，海拔在600～800米之间，气候温和，雨量充沛，2015年总降水量560.3毫米，年均气温12.7℃，森林覆盖率39.2%。晋城文化底蕴深厚，现存宋金以前地面结构古建筑约占全国同时期的1/3，居全国之冠，有"中国古建筑宝库”之称。其中，国家级重点文物保护单位65处，省级23处，市级512处，居全省第一。全市共有国家A级旅游景区17个，其中5A级景区1个，4A级景区7个。晋城产业基础良好。煤炭、电力、煤化工、煤层气等主导产业初具规模，装备制造、陶瓷材料、农副产品加工、商贸物流、文化旅游发展迅速，高新技术产业发展方兴未艾。经济社会连续多年保持了平稳较快发展，各项主要经济指标位居山西省前列。

【经济发展概况】 2015年，全市地区生产总值1040.2亿元，比2014年增长3.3%；人均地区生产总值4.5万元；一般公共预算收入93.9亿元，下降4.2%；农林牧渔业总产值92.9亿元，增长10%；粮食总产量9.62亿千克，增长31.8%；工业总产值861.6亿元，下降7.4%；社会消费品零售总额358.8亿元，增长5.1%；城镇居民人均可支配收入26651元，增长7%；农村居民人均可支配收入10914元，增长8.2%。

*稳增长、调结构，转型升级步伐加快。*制定出台了减轻企业负担和支扶实体经济发展的“50条”“20条”以及创业就业、房地产业、电子商务等一系列改革政策，积极为企业减负让利。开展银企对接，扎实推进“项目提质增效年”活动，固定资产投资稳步增加。积极参与“山西品牌丝路行”活动，实现小微企业出口信保全覆盖。粮食生产再获丰收，单产创历史新高。装备制造业、煤层气和文化旅游产业增长强劲。服务业增加值占全市地区生产总值的比重为39.9%，非煤产业增加值占规模以上工业增加值的比重为42%。启动全省首只旅游文化产业投资基金。出台《晋城市新能源汽车推广应用实施方案》。制定了互联网+煤层气产业平台建设总体规划，由晋城市起草的《煤层气(煤矿瓦斯)术语》国家标准正式发布。

*改革创新扩大开放，发展动力增强。*组建了市公共资源交易中心，编制公布《政府工作部门权力及责任清单》，明确了39个部门单位的3081项权责事项。开展“三证合一、一照一码”登记制度改革、公务用车制度改革、不动产统一登记制度改革、行政复议委员会试点等工作，政府购买公共服务范围进一步扩大，“三公”经费比2014年下降24.8%。着手组建国有资本投资运营公司，深化国资国企改革，省经济建设投资集团对绿洲公司增资扩股正式签约。出台《关于推进政府和社会资本合作投融资模式改革的实施方案》，与北京首创集团等社会资本深度对接。举办了第三届太行山国际文化旅游节，组团参加了文博会、农博会、国际中小企业博览会等大型经贸活动，全年招商引资签约项目135个，资金到位523.47亿元。富士康、中船重工招商项目落地建设。兰花保税物流中心主体工程基本建成，海关、进出口商品检疫检验楼开始内部装修。清慧胜凯在境外设立了分销机构。农村各项改革稳步推进。全力实施“三大突破”。泽州、阳城、城区农村商业银行完成改制，太行金融服务有限公司、晋城红土创业投资基金组建运营。出台中小微企业贷款保证保险办法。积极对接国家级科研院所，加大产学研合作力度，建成国家、省级企业技术中心14户，金村教育园区、市科技研发基地(科技企业孵化器)等项目有序推进。积极推动大众创业、万众创新，全年新创办私营企业4987户，注册资本122.82亿元，新增个体工商户1.6万户，注册资本16.04亿元。

*加快城市基础建设，市容市貌有新改观。*太焦高速铁路建设前期工作基本完成。拓展城市空间，加快金村等4个片区建设，加快城市道路改造建设步伐。环城森林公园由五家企业开始投资建设，沁河丹河生态修复、市区水系建设规划启动。吴王山、白马寺山——东四义绿道建成，城东景观水系蓄水，省级园林县城实现全覆盖。新增电动公共自行车3000辆。市政府与中国联通山西省分公司、腾讯科技(深圳)有限公司签署了“互联网+”合作协议，共同建设智慧城市。

*加强环境治理，城乡生态进一步改善。*推进国家低碳城市试点工作，在全省首次开展“碳中和”活动。圆满完成年度污染减排目标。全年市区环境空气质量二级以上天数263天，综合指数达到6.48。巴公河人工湿地、丹河高平河西人工湿地等一批污水深度处理工程及重点乡镇污水处理工程继续推进。全市地表水环境质量持续好转，跨省界沁河拴驴泉断面稳定达到Ⅲ类水质标准，万元地区生产总值耗水量下降5%。城市建成区气化普及率达95%以上，县城气化率达到90%左右。

*财政投入加大，民生逐步提高。*公共财政用于民生支出152.1亿元，占公共预算支出的84.4%。城镇新增就业4.1万人，城镇登记失业率1.6%。推进教育医疗资源均衡化发展，新改扩建幼儿园29所。深化县级公立医院综合改革，2015年非公立医疗机构床位数和服务量占总量的20%。完成5.3万农村人口饮水解困，农村危房改造3040户，移民搬迁5000人，开工建设19个村的生活污水处理工程，启动12个乡镇、31个村、4426户1.2万人的采煤沉陷区搬迁安置。城市居民社会养老保险和新型农村社会养老保险实现并轨。企业退休人员月增加基本养老金253元，实现“十一连增”。使用失业保险基金拨付困难企业岗位补贴1.51亿元，稳定职工岗位16.6万个。农村居民收入增长快于城镇居民。高考成绩取得了历史性突破，全省排名仅次于太原。

(陈高晋)

晋城市城区

【自然概况】 城区是晋城市唯一的市辖区，现辖1个镇7个办事处，有75个社区62个行政村，总面积133.7平方千米，建成区面积51.74平方千米，常住人口49.1万人，流动人口近10万人，是晋城市的政治、经济、文化、科技、金融中心。

【经济发展概况】 2015年，地区生产总值239.9亿元，比2014年增长6.4%；社会消费品零售总额189.8亿元，增长5.5%；固定资产投资再次突破300亿元大关，完成373.5亿元，增长12.2%；规模以上工业增加值9.7亿元，下降11%；一般公共预算收入9.5亿元，下降9.1%；城镇常住居民人均可支配收入28484元，增长6.7%。

投资拉动势头更加强劲。39个政府投资项目进展顺利，4项完工，7项接近尾声，其余正在加紧建设。全年共签约项目17个，合同引资额255.4亿元，外来资金到位84.6亿元，签约项目落地投资额63.9亿元，综合排名全市领先。全年投资对经济增长的贡献率达到62.5%，拉动经济增长4个百分点。

主导产业优势更加凸显。着力巩固提升以商贸物流为龙头的服务业主导产业，推动一批优势项目和知名品牌投资进驻、落地建设，红星国际广场开业运营，豪德二期、兰花国际购物广场完成建设正在招商，蓝海港花卉产业园、华大时代广场进展顺利；“晋城购”、国贸“创客空间”、玖玖众筹等新业态新模式长足发展。2015年全区服务业增加值155.5亿元，比2014年增长8%，占全区生产总值的比重达到64.8%；拉动经济增长4.8个百分点。

中心城区扩容提质步伐明显加快。聚焦10条城市道路工程，书院西街、道西路、电厂路、晋春街、景西南路、书院东街、百灵街等道路征收补偿工作基本完成，共涉及居民住宅1630户、企业257家，拆迁建筑面积64万平方米。西北片区改造大幕全面拉开。北石店新区开发进程提速，福瑞斯时代广场开业运营，富鑫广场加紧招商，污水处理厂基本完工，产城融合发展迈出新步伐。城中村改造稳妥有序推进，22个在建项目进展顺利，完成投资20.5亿元，完成建筑面积81.2万平方米。

城乡统筹力度进一步加大。强化对城乡统筹工作的政策扶持。安排1500万元城乡统筹发展资金，用于农村解困、完善农村公共服务和基础设施建设。安排1500万元社区惠民基金，集中用于社区设施维护、公益活动、便民服务等方面，有效提升了社区为民服务能力。彻底解决了22个社区办公场所面积不足问题，实现全区社区办公场所达标全覆盖。

人民生活得到进一步改善。全年民生支出9.86亿元，占公共预算支出比重67.5%。就业创业工作超额完成目标。全年新增就业8200人，创业带动就业1895人，城镇登记失业率1.7%。社会保障覆盖范围继续扩大。城乡居民基础养老金由每人每月100元提高到每人每月115元。企业退休人员待遇水平实现“十一连增”。城乡低保标准分别提高到481元、243元。开工建设保障性住房1482套，为662户住房困难家庭足额发放廉租住房补贴。

（城区人民政府办公室）

泽州县

【自然概况】 泽州县环绕晋城市区，形似一片枫叶，是山西通向中原的重要门户，史称“河东屏翰”“冀南雄镇”。东与陵川县相连，西与阳城、沁水县衔接，北与高平市毗邻，南与河南省济源、博爱、沁阳等县市交界。县域面积2023平方千米，辖14镇3乡，631个行政村，3个居委会，耕地面积4.8万公顷。2015年末，全县常住人口49万人。

泽州是华夏文明最早的发源地之一，有三万年前的新石器时代文明遗址，有女娲补天、孔子回车等许多人文历史传说。境内有国家级重点文保单位19处，曾哺育和造就了唐代著名佛经注疏家高僧慧远等历史文化名人。

境内矿产资源丰富，全县含煤面积420平方千米，占全县总面积的四分之一，煤炭探明储量48亿吨，是全国重要的无烟煤基地。全县水资源总量3.54亿立方米，是华北地区相对富水区。

【经济发展概况】 2015年，泽州县地区生产总值215.7亿元，人均国内生产总值4.4万元，一般公共预算收入11.5亿元，农林牧渔业总产值25.26亿元，粮食总产量2.66亿千克，工业总产值174.4亿元，社会消费品零售总额36.1亿元，城镇居民人均可支配收入27381元，农民人均可支配收入12217元。

产业转型迈出坚实步伐。确立了“两带四板块”“四化”同步推进的产业转调布局思路。长河资源型经济产业带：整体发展规划已编制完成初稿，晋煤华昱清洁能源一体化项目累计投资50亿元，达到进度的60%；天泽4060项目试生产。丹河生态旅游文化产业带，珏山大景区实现了统一开发管理；任庄水库大坝改建除险加固工程主体完工，与高都古镇旅游开发一并完成签约。巴公循环经济板块：兰花己内酰胺投料试车、纳米碳酸钙完成调试；万鑫顺达30兆瓦光伏发电项目获省发改委批复。金村低碳经济板块：月星商业广场正式运营，兰花国际物流园完成建设，龙化路建成通车，太焦城际高铁前期基本完成，柳泉通用机场通过空域论证。南村铸造及新兴产业板块：南村铸造园区正在办理土地手续；晶耀20兆瓦光伏发电项目获省发改委批复；赵树理街建成通车。南部山区生态农业经济板块：狠抓南岭贫困地区综改试点，庄园经济、农旅一体发展模式加快推进，建成146家星级农家乐；欣阳6兆瓦光伏发电项目开工建设，华电山河98兆瓦风力发电项目正在办理前期准备事项。旅游产业取得长足发展，成功举办了第四届乡村摄影节、首届国际航拍摄影大赛，中国古镇系列之《走遍中国·大阳》在央视播出。

*农业发展形势总体稳健。*肉蛋总产量10.5万吨，生猪出栏100.2万头，获全国生猪调出大县奖励；累计发展规模化农业示范园区12个、省市“一村一品”专业村274个、农民专业合作社1423家、种养殖家庭农场180个，农民增收渠道进一步拓宽；25家农业龙头企业实现销售收入10.8亿元，产品销售率达95%以上；晋宏天兆10万头种猪场项目一期基础完工；“泽州山楂红酒”成功申报国家地理标志产品。

*深化改革取得积极进展。*加快园区体制改革，新型产业、铸造、装备制造、煤化工“四大园区”挂牌成立；加强金融体制改革，泽州农商行存款突破100亿元、缴税7228万元，单笔贷款业务由2000万元提升至1亿元；强化行政体制改革，明确37个单位3910项权责事项；加强农村综合改革，农村土地经营权确权登记颁证工作全面铺开。巴公省级综改扩权强镇试点正式获批，承接了市、县54项审批权限，巴公金库独立运行，分支机构全部挂牌成立。

*城乡一体建设稳步推进。*争取列入了国家级新型城镇化综合改革试点，向市里争取到了除金村新区以外的规划权。金村新区建设成效明显，府城街建成通车；丹河综合治理工程一期建设完工；丹河西路及入口广场、连接线基本完工；碧水街开工建设；采用PPP模式合作开发金村新区，已与中国五矿集团签订合作协议。牛匠、裴疙瘩、鸦沟3个城中村改造项目全面启动；煤层气用户新增1.1万户，累计达6万户；集中供热面积新增63万平方米，累计达182万平方米。

*创业创新发展势头良好。*成立了泽州县青年企业商会；锦绣鑫源等3个省市级创业孵化基地投入使用，鲁村纯粮酒上市销售；新创办实体企业453家，比2014年增长22%；新登记各类市场主体2665户，增长101%。出资1000万元入股“红土创业基金”；为520名创业者提供创业贴息贷款5000余万元；扶持发展小微企业300家、农业专业合作社100家、个体工商户1000家。

*民生社会事业全面提升。*全县用于民生领域的支出23.49亿元，比2014年增长33%。年初确定的8项惠民工程、8件惠民实事全面完成。新增城镇就业人数6770人，培训农民1万余人；发放低保金6967.5万元、新农合补偿金1.62亿元；免费为6.7万名农村老人进行体检；解决了37个村、2.3万人的饮水安全问题。全面改善185所农村薄弱学校办学条件，获“全国义务教育发展基本均衡县”称号；县人民医院2.9万平方米综合门诊楼投入使用；新增8条城乡客运班线；完成32条(段)、100千米农村公路完善提质工程；建成3个乡镇生活垃圾卫生填埋场。

（泽州县人民政府办公室）

高　平　市

【自然概况】 高平，春秋时称泫氏，战国时称长平，北魏至今称高平，已有2200多年的建县历史。1993年5月撤县设市，全市辖16个乡(镇、办)、463个行政村(社区)，总面积946平方千米。2015年末常住人口49.1万人。素有“煤铁之乡”“黄梨之乡”“生猪之乡”和“上党梆子戏曲之乡”的美誉。

*区位优势得天独厚。*高平位于山西省东南部，是山西通往中原、走向全国的重要门户。交通便利，北距长治机场55千米，南距郑州机场150千米；同天津港、日照港、连云港三个海港均有高速公路相连；太焦电气化铁路纵贯南北，即将开工的太焦高铁在该市设站。

*历史文化底蕴深厚。*高平是华夏始祖神农炎帝的出生地、五谷之源农耕文明的起源地、千古一役长平之战的发生地、宗教交融古建遗珍的汇集地和铸造文明坩埚炼铁的发明地。高平是全省文物大市之一，宋金时期以前的古建筑达19处，超过长江以南的总和，登记在册的不可移动文物1574处，有中国历史文化名村4个，省级历史文化名镇1个、名村9个，中国传统村落6个。

*自然资源十分丰富。*高平境内矿产资源十分丰富，尤其是无烟煤分布广、储量大、埋藏浅、易开采，含煤面积占市域面积的85.7%，是全国首批100个重点产煤县(市、区)之一。高平土地肥沃，气候温和，属大陆性暖温带季风气候，年平均气温10.4℃，年均降水量600毫米，无霜期180～200天，适宜各类农作物生长，是国家级商品粮生产基地、国家级瘦肉型商品猪生产基地和全国闻名的黄梨生产基地。

*城乡环境山清水秀。*高平城市建成区面积为16平方千米，城镇化率52.65%。主城区四山环抱、丹河由北向南纵穿全市，城市绿化覆盖率41.5%，绿地率35.9%，人均公园绿地面积10.2平方米，是一座城在

山中、山在城中，青山绿水、鸟语花香，生态优美的生态之城。

政策机遇前所未有。高平既是山西省转型综改、扩权强县试点市，也是山西转型综改试验区、中原经济区和中部崛起三大国家战略的交汇点、核心区。特别是2015年，高平市被确定为山西省“先走一步、富民强市”试点，与省有关部门确定44件对接事项，争取省、晋城市各类扶持资金1.3亿元，并在规划、指标、项目等方面争取到有力政策支持。

【经济发展概况】 2015年，高平市地区生产总值199.7亿元，比2014年下降4.7%；人均地区生产总值4万元；一般公共预算收入12.6亿元，增长3.5%；粮食总产量2.7亿千克，平均单产567千克，分别增长61.3%和55.8%；农林牧渔业总产值28.6亿元，增长11.4%；工业总产值116.7亿元，下降17.4%；全市固定资产投资149.4亿元，增长18.3%；社会消费品零售总额55.7亿元，增长4.8%；城镇居民人均可支配收入26893元，增长7%；农村居民人均可支配收入11528元，增长7.6%。

工业经济趋稳向好。制定实施了保障煤炭18条、促进中小微企业发展30条等一系列政策措施，极大地减轻了企业负担。推进煤炭产业改革转型，全年生产原煤1985万吨，以科兴集团为主体试点工作推进顺利。海诺科技一期项目正式投产，福川制铁接到中车洛阳总价2.4亿元的汽车及高铁制动器订单。与北京汇能、蓝天城投资、内蒙古新舜能源、中科院西安光机所等企业开展合作，建设生物质发电、太阳能综合利用等项目。

现代农业稳步发展。全市粮食总产量27万吨，总产、单产均创历史新高；生猪出栏155万头，设施蔬菜总产量2.7亿千克，果品总产量达3920万千克。新改扩建农业产业化项目7个，农产品加工龙头企业销售收入完成23.96亿元。张峰供水东延二期工程完成工程量40%，农耕文化园完成园区道路建设。扶贫脱贫、农村“三资”管理专项整治和土地承包经营权确权登记完成年度任务。

三产发展势头良好。出台了旅游发展实施意见和年度行动计划，组建了8家旅游开发公司；开工建设旅游项目21个，寻根炎帝等五大旅游区建设初见成效。加强招商引资，与高新普惠、山投晋旅、山西国信等投资集团就文化旅游开发达成合作意向和签订合作协议，可引资15～20亿元。引进“乐村淘”“优乐购”等电商企业，全年外贸进出口总额完成2980万美元，增长23.1%。

“三个突破”初见成效。金融振兴，出台了15条政策意见，与山西高新普惠合作启动众筹融资试点；组建运营高平长兴金融服务有限公司，帮助企业倒贷近11亿元；与北京华美博厚、山西五建达成PPP模式合作协议。科技创新，完成高平市技术转移中心组建，与中国国际技术转移中心合作建立线上线下技术平台，发布了国内外100项先进科技成果；泫氏实业、兴高能源通过省级高新技术企业认定。民营企业上市，制定出台推进企业上市扶持办法，奖励企业挂牌上市及技改资金1500余万元；与上海股权托管交易中心合作建立了高平中小企业挂牌孵化基地，4家企业Q板挂牌，2家企业E板挂牌。

民生和社会事业持续健康发展。2015年，高平市民生类支出22.1亿元，占全市一般公共预算支出的85%。市区新增供热能力105万平方米，新增集中供气用户3020户；开工建设保障房3752套，丹河市区段改造、四山绿化等生态重点工程完工，PPP模式开工建设120急救中心和医技综合楼，修复提升50千米村通水泥(油)路，新增1.1万户农村数字电视用户；开工建设小城镇“五建设两整治”项目29个，马村镇被评为全省百镇建设优秀镇，河西镇被评为全省百镇建设重点镇。完成14所农村幼儿园新改扩建及14所农村义务教育中小学“全面改薄”工程。新编历史剧《长平绣娘》主演杜建萍喜获“梅花奖”。市人民医院成为山西医科大学教学医院。全年城镇新增就业7615人，转移农村劳动力5354人。推进大众创业万众创新，新创办私营企业691户，注册资本16.8亿元；新增个体工商户2418户，注册资本1.63亿元。

（高平市人民政府办公室）

陵川县

【自然概况】 陵川地处八百里太行山南端，被誉为山西东南之门户，中州平原后花园。全县总面积1751平方千米，辖7镇5乡371个行政村7个社区。2015年末常住人口23.5万人。全县地势东北高、西南低，最高海拔1791.9米，最低海拔628米，山区面积占全县总面积的80%以上。全县共有耕地3万公顷，林地12万公顷，森林8.8万公顷，宜牧林地、牧坡7.3万公顷。已发现的地下矿产有12种，其中煤炭可采储量6000余万吨(全部为15号煤)，石灰岩探明储量36亿吨，白云岩14亿吨，铝土矿9000万吨，优质电石灰岩9040万吨。境内峰峦叠嶂，植被丰茂，森林覆盖率达到52.1%，国土绿化率60.3%，年平均气温7～9℃，年平均降雨量620毫米左右，无霜期130天左右。

【经济发展概况】 2015年，陵川县地区生产总值33.9亿元，比2014年增长3%；人均地区生产总值1.4万元，增长0.1%；一般公共预算收入

1.15亿元，减少40.8%；农林牧渔业总产值9.01亿元，增长7.9%；粮食总产量1.1亿千克，增长18.6%；工业总产值39.37亿元，减少6.2%；社会消费品零售总额16.4亿元，增长4.2%；城镇居民人均可支配收入16223元，增长6.3%；农村居民人均可支配收入7425元，增长8.8%。

积极应对下行压力，经济发展稳中有进。全年为中小企业提供各类金融贷款10.6亿元，减免税费2343万元。统筹推进41项省市重点工程建设，全年完成固定资产投资39亿元。扶持培育"小升规""小巨人"企业，鸿生、欣民鑫荣获"山西省著名商标"，市场活力和内生动力进一步激发。成功与东方日升、中电投等大中企业签约，签约资金57.5亿元，到位资金15.5亿元。

加快推进结构调整，产业转型步伐加快。围绕工业新型化，着力改造提升传统产业，金烽工贸、骏通铸管、宝贵石艺达产达效，金隅水泥回转窑节能技改投入运营，鸿生化工工艺尾气回收项目扎实推进。积极开发利用新能源，大力发展光伏发电和风力发电项目。大力推进"互联网＋"行动，积极创建国家级电子商务进农村综合示范县，山西贡天下、苏宁云商、安徽易商落户陵川，电子商务公共服务中心投入运行。大力培育农业新型经营主体，正嘉种猪、鸿生生猪、天兴肉鸡等养殖项目达产达效，喜禾金小米、晋墨蛋鸡等续建项目投入运行，兰花太行制药、百孚百富生物质能源、玥珑居食用菌养殖项目加快推进，九州天瑞、国新能源等一批上市企业落户陵川县。加快了太行山（国际围棋文化）旅游产业园建设，组团参加了东盟旅游博览会，旅游知名度和美誉度不断提高。2015年接待游客372.5万人次，旅游总收入8.97亿元。

统筹城乡基础建设，人居环境明显改善。突出县城龙头作用，新建了状元路、回龙街，拓宽改造了开云街，建成开放了西溪生态园、卧龙岗公园、全民健身公共体育场、希望文化广场，新建了第二热源厂，扩展延伸了集中供热、供气覆盖面，惠及县城75%以上居民户。凤凰、丈河入选省级美丽宜居乡村。生态环境持续改善，县城空气质量二级以上天数达到247天，成功申报省级园林县城，入选首批国家级生态保护与建设示范区，荣登全国"2015百佳深呼吸小城榜"。完善城乡基础设施建设，磨河水库大坝主体浇筑完成；古郊互通具备通车条件，农村公路完善提质80千米，客运中心建成运营。

社会事业全面进步，民生民本持续加强。2015年民生领域支出占到公共预算总支出的85.2%。优先发展教育事业，顺利通过市级"义务教育学校标准化建设"评估验收。社保体系日益完善，新农合参合率稳定在99.2%，补偿28.9万人次7400余万元，社会保障覆盖23.4万人，累计4.5万人享受社保待遇3.3亿元。完成潞城中心敬老院主体，新建老年人日间照料中心15个，养老服务力度逐步加大。保证了1.6万人最低生活水平。着力解决低收入家庭住房困难，基本建成保障性住房540套，完成配售限价商品住房200套，改造农村危房500户，易地扶贫搬迁1668人。建成村级卫生室77所，招聘医疗技术人员36名。附城镇中心卫生院荣获全国"群众满意的乡镇卫生院"的称号。

（陵川县人民政府办公室）

阳　城　县

【自然概况】 阳城县位于山西省东南部，太行、太岳、中条三山交汇处，与河南济源接壤，是山西通往中原的门户。全县总面积1968平方千米。辖10镇7乡、467个行政村。2015年末常住人口39.1万人。

阳城气候温和。属于暖温带大陆性气候，平均气温11.7℃，平均日照时数2400小时，无霜期180天左右，多年平均降水量627毫米。

阳城资源丰富。已探明矿产资源有20多种，主要是无烟煤、铝矾土、陶瓷黏土、白云石等。可利用水资源储量15.8亿立方米，属山西相对富水县。森林覆盖率51.2%，林木绿化率56.9%，被命名为山西省园林县城。境内有动植物1100多种，野生中药材300余种，为国内四大山茱萸产地之一。境内旅游景点众多。有以"中国北方第一文化巨宅"、国家5A级景区皇城相府为代表的古堡民居建筑群，有以国家级森林公园、国家4A级景区蟒河为代表的山水景区，还有以亚高山草甸喀斯特地貌而闻名的析城山景区。

【经济发展概况】 2015年，全县生产总值169.5亿元，比2014年增长5.3%；全社会固定资产投资160.1亿元，增长13.7%；社会消费品零售总额40.0亿元，增长4.1%；一般公共预算收入10.6亿元，下降4.4%；城镇居民、农村居民人均可支配收入分别为24629元、10777元，分别增长7.2%和8%。

着力产业转型，产业基础进一步夯实。抓主导产业努力稳增长。全年累计生产原煤1330.9万吨（含大宁），比2014年增长21.3%。电力产业全年累计发电175.5亿千瓦时，与2014年基本持平。陶瓷产业通过提高产品品质，创新销售模式等，实现墙地砖总产量1.1亿平方米，产值约25亿元。抓旅游产业全力促转型。皇城相府、蟒河景区大力实施景区设施维护工程，景区基础设施不断完善。新建525户"农家乐”，形成全域旅游新格局。全年旅游总收入54.2亿元，增长16.1%，被评为“中国最佳生态文化旅游名县”“中国最美生态观光旅游名县”和“中国美丽乡村建设示范县”。抓特色农业着力促增收。全年产茧347万千克，蚕农收入1.4亿元；畜牧业鸡、猪、羊存栏分别达到307.7万只、17.6万头、11.3万只；发展设施蔬菜13.3公顷。农业龙头企业35家、家庭农场89个、农民专业合作社729个。全县粮食总产量1.65亿千克，创历史新高。

*着力创新驱动，发展活力有效激发。*编制了《阳城县转型综改试验区建设工作方案》，出台了综改试验《2015年行动计划》。町店镇转型综改试点工作步入正常轨道。理顺了国有企业资产管理体制。铺开287个行政村、2.5万公顷的农村土地承包经营权确权登记工作。民营经济进一步发展。投融资方式方法不断创新，在农发行顺利申请3亿融资贷款，阳泰集团通过发行中期票据成功筹集5亿元资金，企业和项目融资难题有所缓解。多渠道拓宽引资渠道。招商引资项目实际到位资金84亿元，占年度目标任务的103.6%。

*着力产城融合，发展的承载功能更加完备。*田园城市初见成效。投资4800余万元建成了30千米的景观廊道和两处田园小镇，开发了333.3公顷以生态农业、观光农业、休闲农业为主的经济带。完成了骏马岭至虎头山城市绿道连接线7千米的路基工程。美丽乡村建设成效明显。完成道路扫尾80千米，连片种植向日葵、红辣椒等观赏性高效作物60公顷，铺开了3个驿站和7个观光休息点建设，建成沿线6乡42村综合文化站，新建省级美丽宜居示范村两个、市级美丽宜居示范村5个。城市功能更加完备。古城复兴南城墙东段修缮工程全面完工，完成育英街道路建设和荣泽路、惠泽路等5条道路路面改造。基础设施建设日臻完善。完成了3座水库除险加固和4座小型水库应急除险工程建设。新建及改造配电台区66个，新建10千伏线路6.9千米，新建及改造低压线路105千米，低压接户线30.7千米。

*着力生态立县，发展优势进一步显现。*大力开展造林绿化。完成营造林任务597.5公顷，公路绿化任务120千米。完成磨董旅游路荒山绿化111.2公顷。新建和提升磨董乡村公路道路绿化带79千米。完成干果经济林提质增效400公顷。完成保障性苗圃建设8公顷、示范苗圃建设20公顷。完成50亩以上大亩定植215亩。完成8个省级村庄绿化任务。全面强化节能减排。重点实施了电厂、水泥厂脱硝、污水处理厂建设及提升、农业减排等八项减排工程。在钢铁、水泥、化工、冶铸等重点行业6家企业完成了清洁生产审核和清洁生产中高费方案的实施，确保了重点行业排污强度逐年下降。整体提升环境质量。狠抓大气污染治理及机动车尾气治理，县城空气质量二级以上天数达242天。加强了饮用水保护和重点流域污染治理，全县集中饮用水达标率100%，沁河水质达到三类水质标准。

*着力民生优先，社会事业全面进步。*加大就业指导扶持力度，新增城镇就业8294人。深化医疗卫生改革，实现了基本药物制度和卫生下乡及帮扶全覆盖，农民39组病种在乡镇卫生院只付100元定额付费制度落实到位。深入实施文化惠民工程，完成农家书屋补充更新任务，完成农村公益电影放映5616场。五大险种参保覆盖面进一步扩大。城市居民最低生活保障标准每人每月提高30元，达到468元；农村居民最低生活保障每人每年提高300元，达到2640元。五保供养补助标准每人每年提高500元；为全县58名孤儿发放生活费21.8万元。临时救助98人，救助金额22.6万元。

（郭曙光）

沁水县

【自然概况】 沁水县位于山西省东南部的太行、太岳、中条三大山系衔接处。东连高平市、泽州县，西临翼城县，南与垣曲县、阳城县搭界，北和长子县、安泽县、浮山县接壤。地形东西长，南北窄。东西长150千米，南北宽55千米。地势西高东低，海拔相差1838米。全县总面积2676.6平方千米，下辖7个镇7个乡，242个建制村，9个社区。2015年底，全县常住人口21.5万人。

沁水县自然资源十分丰富。初步查明的矿产资源有煤、煤层气、铁、锰、铜、锆、钛、水晶岩、石灰岩、白云石、耐火黏土、矿泉水等18种。其中煤炭和煤层气储量最大。全县含煤面积2421.9平方千米，占全县总面积的90.5%；煤炭地质总储量265.25亿吨，探明储量86.67亿吨，且以无烟、优质、发热量大的“兰花煤”而享誉中外。2015年全县原煤产量918.2万吨（包括基建工程煤91.0万吨）。境内煤层气资源探明储量6000亿立方米，是国内最好的一块煤层气整装气田。2015年煤层气利用量26.2亿立方米。

全县有野生动物220余种，属国家重点保护的珍稀动物有金钱豹、金雕、猕猴、大鲵（娃娃鱼）等26种。位于县城西南部的历山是国家级自然保护区，被誉为“山西动植物宝库”。

2015年，全县耕地面积3.3万公顷，林地面积17.9万公顷，森林覆盖率48.63%。野生植物有400余种，属国家重点保护的植物品种有红豆杉、连香树、领春木等11种。

沁水属相对富水县。境内共有县河、沁河、端氏河、龙渠河、苏庄河、必底河、郑村河、土沃河、芦苇河、中村河十大河流。水资源总量6.75亿立方米,过境水资源量3.67亿立方米,本地水资源量3.08亿立方米(河川径流量2.93亿立方米)。沁河为境内最大河流,发源于山西沁源西北的二郎神沟,流经境内苏庄、郑庄、端氏、嘉峰4个乡镇82千米,境内流域面积456.8平方千米,系山西省八大河流中含沙量最少的河流。

沁水属暖带季风气候,四季分明,冬长夏短,雨热同季,季风强盛。2015年总的气候特征是:气温偏高,日照不足,降水偏多,但时空分布不均匀;全年旱涝兼有。全县平均气温10.9℃,年总降水量554.2毫米,日照2068.4小时,无霜期183天。

【经济发展概况】 2015年,全县地区生产总值172.7亿元,比2014年增长5.1%。人均地区生产总值8万元。全县财政总收入30.9亿元,增长1.4%;一般公共预算收入11亿元,下降4.4%,其中税收收入7.1亿元,下降12.9%;一般公共预算支出20.8亿元,增长9.5%。农村居民人均可支配收入9486元,增长7.6%;城镇居民人均可支配收入23576元,增长7.5%。规模以上工业企业30家,完成增加值54.3亿元,增长4.2%;全县农林牧渔业总产值10.43亿元,增长6.8%;农林牧渔服务业总产值2352万元,增长5.5%。粮食总产量14.2万吨,增产24.7%。完成固定资产投资150亿元,增长10%;全县社会消费品零售总额20.8亿元,增长5.3%。

工业转型。全年为煤炭企业减负5.02亿元;全力推进大型矿井建设,平山、鹿台山两座煤矿竣工转产,松峪、亿欣、三沟鑫都3座煤矿联合试运转,新增产能390万吨;全县原煤产量达到918.2万吨,增长18.7%,有效稳定了煤炭基本面。华港、浩坤等一批规模大、带动力强的煤层气项目相继建成,完成抽采27.3亿立方,增长6.6%;液化36.1万吨,增长6.6%;规模以上煤层气企业完成增加值29.2亿元,增长4.2%。大力发展民营经济,发放专项扶持资金500万元,为企业融资2亿元,新增注册企业368家、"小升规"企业4家,民营企业实现增加值62.0亿元,对地区生产总值的贡献达38.5%。

"三农"和脱贫攻坚工作。完成苗木花卉333.3公顷,累计2333.3公顷;新建设施蔬菜70.7公顷,累计326.7公顷;大象肉鸡屠宰项目建成投产,肉鸡养殖大棚累计71栋,单批饲养能力167万只,出栏456万只;羊存栏28万只,出栏20万只;食用菌产量5000吨。新增各类农民专业合作社70个,累计831个;新增家庭农场7个,累计26个。实施全国第三批小型农田水利重点县、国家水土保持重点县等项目,完成水土流失治理2866.7公顷,农田实灌面积9866.7公顷。2015年农村居民人均可支配收入9486元,增长7.6%;完成扶贫移民230户805人、采煤沉陷区治理搬迁安置15个村1290户,实现脱贫1207户3500人。

城镇化与美丽乡村建设。全民健身中心、便民服务中心建设进入扫尾阶段,梅园城市综合体商业开发一期完成部分主体,龙岗公园、便民广场绿化、绿道二期等工程全面完成。30个新农村建设示范村、90个城乡环境清洁工程重点村任务全面完成。迎白旅游公路建成通车,杏峪至张马段公路改扩建工程顺利推进,19个村70千米的村通公路完善提升工程全面完成。农网升级改造及两个35千伏变电站增容工程进展顺利。全年植树造林786.7公顷,森林覆盖率48.6%,县城供热普及率79%,供气普及率96%,二级以上天数达到319天,跻身省级园林县城行列。

发展文化旅游产业。以打造精品景区为目标,累计投资1.1亿元,重点建设历山、柳氏民居两个4A级和湘峪三都古城一个3A级景区。以扩大知名度和美誉度为目标,在历山景区举办帐篷节、避暑节、红叶节及自行车爬坡赛、摄影比赛、诗友会等营销活动,在郑州、太原举办旅游推介活动4次。全年接待游客超30万人次,实现旅游综合收入30.98亿元,增长16%。

民生改善工作。全年用于改善民生的资金达16.6亿元,增长8%。就业创业方面,实现城镇新增就业5886人,转移农村劳动力4430人,创业带动就业1505人。医疗卫生方面,人均基本公共卫生服务经费财政补助标准由35元提高到40元;新农合参合率达到99.7%,全市第一。率先在全市对60周岁以上老人和慢性病人群进行免费健康体检。民生保障方面,不断完善城乡社会救助体系,五项保险整体推进,在全市率先实行城乡居民丧葬补助金制度。文化教育方面,农村数字电视转换完成5030户,广播电视卫星"户户通"完成3150户;高考二本B类以上达线人数815人。

(张丽霞)

朔州市

【自然概况】 朔州市地处晋西北,居内外长城之间,是山西、陕西、内蒙古交界区域的一座新兴城市。全市共辖2个区4个县,总面积1.1万平方千米。截至2015年底,总人口176.2万人。

朔州文化底蕴厚重。长期农耕文明和草原文明的碰撞交融,孕育出无数智勇双全的将帅、聪颖卓越的志士和名垂青史的豪杰，先后出现过5位皇帝和13位宰相。西汉著名女诗人班婕妤、三国曹魏名将张辽和“中华门神”尉迟恭等都是朔州人。朔州境内有与法国埃菲尔铁塔、意大利比萨斜塔并称为世界三大奇塔的应县佛宫寺释迦塔，有全国罕见的以减柱艺术筑就的朔城区崇福寺，有秦代著名将领蒙恬筑城养马的马邑古城。

朔州地理区位优越，交通便利。东距首都北京约502千米，南距省城太原约200千米，境内铁路、高速公路、国道纵贯南北、横贯东西，县乡公路四通八达，全市公路通车里程1万千米，其中，高速公路389千米，普通干线公路815.5千米，农村公路8966千米。

朔州气候宜人，风光秀丽。平均海拔在1000米以上，年平均气温4.2～8.4℃，年平均降水量400毫米左右。

【经济发展概况】 2015年，全市地区生产总值901亿元，比2014年下降2.3%；固定资产投资937亿元，增长14.9%；社会消费品零售总额270.1亿元，增长4.6%；一般公共预算收入54.3亿元，下降37.3%；居民人均可支配收入18983元，增长7.9%。

*转型升级迈出坚实步伐。*大力发展特色现代农业。加强农田水利基本建设，农田实灌面积达到15.1万公顷。粮食总产量11亿千克。被农业部列为全国唯一的草牧业发展试验试点市，生态畜牧业发展迎来难得机遇，试点工作已取得积极成效。奶牛存栏量、肉羊出栏量稳定增加。全市农产品加工龙头企业销售收入180亿元，比2014年增长12.5%。改造提升传统产业。加快推进现代化矿井建设，建成标准化矿井45座。全年生产原煤1.82亿吨。大力发展低热值煤发电、风电、光伏发电项目，新增电力装机容量166.8万千瓦。全年发电267.5亿度，其中风力发电23.3亿度，增长30.7%。加快培育新兴产业和服务业。铺开装备制造、食品、医药等新兴产业项目126个，完成投资106亿元。非煤电产业投资占工业投资的34.5%，提升了3.1个百分点。服务业保持稳定增长，占地区生产总值的48.7%。全市旅游总收入133.56亿元，增长22.2%。

*城乡环境面貌加快改变。*加快中心城市建设。大力推进七里河综合治理、朔州老城改造，新建和改造城市道路51千米、各类市政管网388千米，新增城市集中供热面积492万平方米，完成市污水处理厂提标改造，基本建成市第二污水处理厂。城市总体规划获得省政府批复，市区两级规划管理实现统一。大力改善城乡人居环境。扎实推进设施提升、城市安居、城中村改造和环境提质城市人居环境改善“四大工程”，全年完成投资154.39亿元；其中新开工各类保障性住房1.4万套，基本建成20522套，完成投资35.74亿元。投资12.6亿元，推进完善提质、农民安居、环境整治、宜居示范农村人居环境改善“四大工程”。积极开展植树造林，造林1.4万公顷，超省考核任务30%。万元地区生产总值综合能耗下降5.4%，万元工业增加值用水量下降3%。主要污染物减排任务全部完成，空气质量有所好转。

*发展动力显著增强。*积极推进农村土地确权、户籍制度改革、煤炭体制改革等重点领域和关键环节改革，努力创新体制机制，大力实施“三个突破”，改革开放取得新进展。加大科技创新力度。搭建大众创业、万众创新平台，利用人防疏散基地建设市科技创新园区及大学生创业基地。设立企业技术研发创新项目专项资金，支持企业技术研发，新增企业技术中心6家，新增高新技术企业2家。与北京大学合作共建的固废资源化研究中心，被认证为国家大宗工业固废及资源化产品质量监督检验中心。推动金融振兴。全市社会融资总量达到119.5亿元，增长11.1%。引入华夏银行在朔设立分支机构，完成怀仁县、应县村镇银行筹建工作。成立创业就业小额贷款担保中心，新增1家注册资本金1亿元的民营融资性担保公司。朔州煤电宏力再生工业公司在“新三板”上市。推进政府与社会资本合作，民间投资占全市固定资产投资比重达到40.9%。实行工商登记便利化，新增民营企业(包括个体工商户)1.1万户，增长17.9%。扩大招商引资。主动对接京津冀、沿海地区和大型企业，全年签约招商引资项目119个，到位外来资金606.2亿元。

*人民生活水平进一步提高。*全市财政在民生领域投入113.1亿元，占公共财政预算支出的81.8%。积极促进创业就业，城镇新增就业2.3万人。实行机关事业单位养老保险制度改革，全面提高企业退休人员基本养老金、城乡居民基础养老金标准、城镇居民医保补助、新农合人均筹资标准、城乡低保标准、农村五保户供养标准。加强义务教育标准化建设。支持中北大学办好朔州校区，在校生规模达到3200名。推开县级公立医院改革，全面实施城乡居民大病保险制度，群众看病贵问题得到明显缓解。加强老年人健康服务，为3.8万名60岁至64岁老年人提供了免费健康体检。加大扶贫攻坚力度，50个贫困村、2.3万人实现脱贫。向农村居民发放供暖补贴1.33亿元。政府通过购买服务方式，向高校毕业生提供1452个就业岗位。市级财政投入600万元，解决了35个村、1.4万人饮水困难。各级财政投入8.9亿元，统筹推进采煤沉陷区治理、地质灾害治理、农村危房改造、扶贫易地搬迁，

安置6716户农民，易地搬迁1411人。开展全民参保登记，入户调查156.2万人。新改扩建农村五保户集中供养服务机构6所，新增床位394张；全面实施城乡清洁工程，创建达标村345个。

（聂日旺）

朔州市朔城区

【自然概况】 朔城区地处雁门关外，古称马邑、朔州、鄯阳。汉属雁门郡，北齐称朔州，隋唐称鄯阳。1989年朔州建市时由朔县更名为朔城区。全区总面积1793平方千米，辖9乡2镇4个街道办事处、299个行政村、43个社区居委会。2015年末，朔城区常住人口52万人。

朔城区地势由西向东倾斜，西、南、北三面环山，中部和东部是平川。属典型的温带大陆性气候，年均降水量400毫米左右，年均气温6.8℃，全年日照时数2862.6小时，平均无霜期120天左右。地势平坦，土壤肥沃，农业生产条件较好。全区7.1万公顷耕地，50%是水浇地，天然草场6.7万公顷，为全国粮食生产先进区县。朔城区矿藏富集，种类较多，已初步探明的矿藏有35种之多，其中煤炭和石灰石两大资源最为突出。煤炭已探明储量为195亿吨，占全省煤炭储量的1/10、朔州储量的40%。石灰石储量1600亿吨。铝矾土储量7000万吨。黏土储量1500万吨。水资源总量3.54亿立方米。

【经济发展概况】 2015年，地区生产总值236亿元；人均地区生产总值4.6万元；一般公共预算收入8.9亿元；全社会固定资产投资146亿元；农林牧渔业总产值22.24亿元；粮食总产量2.6亿千克；工业增加值33.2亿元；社会消费品零售总额101.2亿元；城镇居民人均可支配收入28460元；农村居民人均可支配收入12216元。

产业转型持续升级。围绕粉煤灰、新能源、新材料、新型建材、装备制造、食品加工、现代物流等七大产业，加快转型项目建设，重点推进了列入全省“百日百项”重点工程的同煤朔南低热值煤电厂和北京电子城·京城港项目，积极推进亨特年产20万吨合成高纯耐火材料项目、大唐利民200兆瓦风电三期、大唐20兆瓦光伏发电项目、普国边塞大集、薛家庄林场万亩沙漠森林公园、韩国垃圾处理厂和节能锅炉等项目。积极争取徐工集团工程机械制造项目、华润集团朔州300兆瓦光伏发电及地面项目、中兴能源300兆瓦光伏发电园及智能终端上游产业开发项目、三通亿达马达启动器、唐山海泰新能科技股份有限公司朔州光伏组件项目、华北LED光电园、温州商贸城仓储物流项目、天朔电动汽车电池组装项目、广州巨潮投资有限公司农产品深加工健康产业链项目和广州聚湘元商贸有限公司华北电商物流园等10个项目落地。

现代农业提质增效。坚持城郊农业定位，立足稳粮、增菜、扩牧三项基础产业，加快现代农业发展步伐。粮食补贴、地膜覆盖补贴、农机补贴等惠农政策全部落实到位，投资1530万元完成万亩高标准农田建设，累计投入抗旱资金1740万元，逐步扩大玉米种植保险面，粮食总播种面积5.6万公顷。发展设施蔬菜70公顷，百亩以上设施蔬菜园区达到22个。年初规划的15个养殖小区已全部完工，并对以往建设的8个奶牛小区进行了改造提升，全区大畜饲养量7.9万头，畜牧业总收入14.5亿元，收入7.6亿元，农民人均牧业纯收入3600元。加强良种繁育体系建设，全区冷配奶牛1.2万头，改良肉羊4万多只，奶牛及肉羊的优种率达到90%以上。累计流转土地5852.8公顷，涉及农户6683户。农村土地承包经营权确权登记颁证工作全面铺开，共涉及7个乡镇168个行政村的4.3万公顷土地。

城乡建设稳步推进。不断提升城市功能和品质，加快推进城乡一体化进程。总投资1亿元的紫金街道路及桥梁工程推进顺利；紫金街道路工程大桥西段排水管网已完成，路基工程基本完工；铁路桥涵工程正在加快推进；紫金东街道路打通和紫金街东延工程完成路基建设。供热供水供气工程，共铺设供热管网2.1千米、新建换热站8座、改造10吨燃煤锅炉2台、铺设中低压供气管网12.7千米、铺设供水管网1.6千米。老城改造工程，南门及南门瓮城恢复、城墙修复工程已完工，环城马道及两条绿化轴已开工建设，年内完成投资3000万元。城南改造工程完成投资4.8亿元，拆迁796户18.4万平方米，开工新建18.8万平方米。村通水泥路完善提质工程已全面铺开。

生态建设成效显著。七里河水保治理工程。清障清淤、拦洪排洪、引水蓄水、绿化美化、环湖道路等工程全面开工，有序推进。西山生态建设完成投资1.6亿元，治理面积1200公顷，栽植各类苗木300万株，新修道路17.5千米。京津风沙源治理工程完成人工造林1546.7公顷、封山育林666.7公顷，巩固退耕还林成果林业建设项目完成3.8万亩；50个重点村庄绿化工程全部完成。“一乡一条路”通道绿化工程完成4个乡镇，完成投资200万元。加大污染减排力度，17家采暖锅炉脱硫除尘升级改造工程已完成12家，水泥行业窑炉脱硝治理、市区11个加油站（车、库）油气回收全部完成。改造升级营业性燃煤锅炉590台，淘汰营业性燃煤炉灶67台，安装餐饮服务经营场所高效油烟净化装置89家，淘汰黄标车1200多辆。

同时，持续推进天然气清洁能源代替工程，主要污染物二氧化硫、氮氧化物、烟尘减排均逐年超额完成市政府下达的任务。

民生事业不断提升。第三幼儿园、四小、十小、八中改造建设任务已经完成。区一医院建成8个重点专科、实现了信息化管理全覆盖，中医院重新启动运营，成为晋西北地区重要的医疗中心。区级公立医院综合改革各项任务圆满完成。国家知识产权强县工作走在全省前列，成为全省唯一的国家级试点区。

2015年，各类保险参保人数36.5万人次，征缴各类社会保险基金2.28亿元，结余4.66亿元。抓好就业和再就业工作，创业就业户714户。全民参保登记全部完成。

（朔城区人民政府办公室）

朔州市平鲁区

【自然概况】 朔州市平鲁区位于山西省西北部，总面积2314.5平方千米。平均海拔1400米，属北温带半干旱大陆性季风气候，四季分明，年平均气温5.4℃，无霜期115天，年均降雨量430毫米左右。辖1个街道办、2个工业园区、2镇11乡，共286个行政村、10个社区。2015年末，全区常住人口20.9万人。

【经济发展概况】 2015年，地区生产总值161.7亿元，比2014年下降5.7%；人均地区生产总值7.76万元。农林牧副渔总产值6.79亿元，粮食总产量5.3万吨。工业总产值112.12亿元，下降5.7%；规模以上工业增加值71亿元，下降11.7%；固定资产投资247.0亿元，增长44%；社会消费品零售总额30.2亿元，增长4.8%；一般公共预算收入5.9亿元，下降60.7%；城镇居民人均可支配收入21199元，增长6.5%；农民人均可支配收入8348元，增长7.1%。

煤电产业加快转型升级。全面落实“煤炭20条”“煤炭17条”等政策措施，全年生产原煤9189万吨，下降20.6%。累计建成标准化现代化矿井24座，完成验收22座。电力产业迅猛发展。全区电力项目已建成280.5万千瓦，其中煤电190万千瓦、风电90万千瓦、光电0.5万千瓦；在建的电力总装机达到522万千瓦，其中火电402万千瓦、风电120万千瓦。工业固废利用率不断提高。全年共排放工业固废6175万吨，利用4130万吨，利用率66.9%。

将民营经济确定为全区发展的重大战略。设立500万元的中小微企业发展专项资金，对民营企业进行财政帮扶；加大创业扶持力度，设立300万元的创业基金，对创业给予优惠政策；设立“助保贷”资金，用于中小微企业贷款。投资8000万元开工建设农业产业综合开发园区，农产品加工业规模效应进一步扩大。全区民营经济市场主体达到4300多户，从业人员1.6万人，注册资本46.8亿元。其中，民营企业381户（规模以上民营企业37户），个体工商户3435户，农村专业合作社484个。农村土地确权颁证登记进展顺利，落实区级配套资金1185万元，集中推进7个乡镇205个村2.8万户5.2万公顷的土地确权颁证工作，已完成192个村2.7万户总面积5万公顷的清查工作。大力优化区域金融结构，交通银行、晋商银行分支机构成功入驻平鲁。加强“新三板”上市帮扶工作，重点帮扶山西晋坤矿产品有限责任公司上市。

特色种植规模进一步扩大。胡麻、莜麦、荞麦、马铃薯四大作物种植基地进一步夯实，在西北乡镇形成2000公顷胡麻生产基地、2000公顷红山荞麦种植基地、1333公顷莜麦生产基地、1333公顷马铃薯基地，高产田创建面积达到1.1万公顷。农业种植结构进一步优化，建成266.7公顷藜麦种植基地和266.7公顷中药材种植基地。生态畜牧产业加快发展。建成苜蓿种植基地3333公顷，全区集中连片优质牧草达到6666公顷，牛、羊饲养量分别达到3.8万头、92.4万只。养殖户达到1450户，规模养殖小区达到68个。

民生及社会保障工作成效显著。加快推进城乡住房保障建设，建成保障性住房1338套，完成农村危房改造655户。推动农村饮水提质增效，投资337.4万元，解决了12个村5000多人的饮水安全问题。实施采煤沉陷区治理工作，采取政府主导型、企业主导型和个人主导型三种模式，启动了投资5.5亿元的7个乡镇15个村5094户1.5万人的搬迁安置工作。大力实施环境整治工程，投资600万元推进乡村清洁工程，65个村实现省级达标。强力推进生态建设，完成大片造林3913公顷。深入推进医疗卫生体制改革，全面推行“先住院、后付费”诊疗模式，受益患者1.4万人。

（张　瑞）

山　阴　县

【自然概况】 山阴县因位于恒山余脉翠微山北而得名，县域面积1651平方千米，辖4镇9乡，257个行政村，2015年末，全县常住人口24.6万人。

【经济发展概况】 2015年，全县地区生产总值139.4亿元，比2014年增长7.8%；人均国内生产总值5.7万元，增长7.2%；一般公共预算收入6.5亿元，下降27.6%；农林牧渔业总产值25.7亿元，下降9.6%；粮食总产量2.5亿千克，减产10.4%；规模以上工业企业工业增加值115.14亿元，下降17.6%；社会消费品零售总额34.8亿元，增长4.4%；城镇居民人均可支配收入28964元，增长7%；农村居民人均可支配收入13395元，增长6.6%；固定资产投资总额157亿元，增长88.2%。

煤炭转型取得新进展。推进了煤矿安全生产标准化建设，年内有7座矿井通过了考核验收达标，全年原煤产量2257万吨，增长7.6%。推进了煤电联营。昱光二期2×35万千瓦煤矸石电厂项目开工建设。推进了新能源产业发展，联成偏岭风电一期和同煤织女泉风电三期两个5万千瓦风力发电项目建成并网发电；煜元泰5万千瓦光伏发电项目建成试运行。中电投50兆瓦光伏发电项目5万千瓦光伏发电项目主体工程基本完工。推进农业产业化龙头企业发展。朔煤古城食品5万吨燕麦及小杂粮深加工项目建成投产，古城二期液态奶生产线和饲料加工车间完成设备安装。

农业升级取得新突破。农业生产基础进一步夯实，完成了吴家铺233.33公顷和大红道120公顷高标准农田建设；实施了古城、北周庄、安荣、合盛堡4个乡镇39个村庄小农水项目；实施了黄水河元营村——黑疙瘩村段河道治理工程。农业机械化水平进一步提升，全县机械收获玉米2.4万公顷，玉米机械化青贮6666.7公顷，机收率达到82%。全县主要粮食作物耕种收综合机械化水平79.9%，提高2.3%。

城乡统筹取得新成效。稳步推进县城规划建设，完成《城市燃气规划》《县域城镇体系规划》《广武风景名胜区规划》和《城市排水防洪设施建设规划》等4个规划编审；完成保障性安居工程1000户；完成农村危房改造1230户；完成青年西街道路和供热管网改造工程；扩大集中供暖面积50万平方米；新建污水管线1470米等等。不断改善城乡交通条件，完成乡村道路建设3条18.5千米；完成村通水泥路完善提质60千米；完成马营——观音堂道路改造4千米；完成元水线改造19千米。积极开展城乡生态建设，完成营造林任务1286.7公顷。

民生保障实现新进步。全面改善义务教育薄弱学校办学条件，对63所学校进行了改造修缮。投资580万元对县级公立医院进行了设备购置和基本建设。五项保险参保人数和征缴保费全部完成任务；全民登记入户调查完成率达到89%；60岁以上人员基础养老金增加、城镇居民大病医疗和慢性病保险等社保各项政策全部落实到位。

（孙培峰）

应　县

【自然概况】　应县地处山西省北部、朔州市东端，总面积1708平方千米，辖3镇9乡298个行政村。2015年末，全县常住人口33.7万人。是全国蔬菜产业重点县、全国全省粮食生产先进县、全省现代农业示范县、一县一业蔬菜基地县、奶牛养殖基地县。

【经济发展概况】　2015年，全县地区生产总值62.8亿元，人均地区生产总值1.9万元，一般公共预算收入1.63亿元，农业总产值29.6亿元，粮食总产量3.1亿千克，工业总产值62.3亿元，社会消费品零售总额27.6亿元，城镇居民人均可支配收入20738元，农村居民人均可支配收入8786元。

产业提质增效迈出新步伐。新型工业方面，在加快完善新型产业科技创新园基础设施建设的同时，持续壮大五大产业板块。新能源产业，2×12兆瓦福润生物质能发电、60兆瓦光伏发电等项目建成投产，白马石风电一期工程正式开工。农副产品加工业，传统骨干企业稳健发展，雅士利乳业冲调食品和小包装生产线项目正式落地。高档陶瓷业，建成投产的陶瓷企业发展到16家24条生产线，年产量7.5亿件。新型建材化工业，吉呈生物新扩建的4条生产线已投入运营，全年外贸出口额完成765万美元。装备制造业，以万发炉业为龙头的炉具企业发展到23家。

持续推进农业产业化。在深入推进3333.3公顷现代农业示范园区和万亩现代养殖示范园区的同时，加快推进总投资22亿元的恒天然牧场群项目，巩固提升大西头、安营2个双倍牧场，建成大穗稔单倍牧场，奶牛存栏2.8万头，日产鲜奶300吨。在恒天然和两大园区的示范带动下，全县日光温室和移动大棚发展到1000公顷，规模健康养殖小区达到200个；奶牛存栏6万头，肉羊饲养量120.1万只，畜牧业产值达到12亿元。农业基础设施建设全面加强，新发展节水面积3160公顷，建成高标准农田880公顷，蔬菜总产12.5亿千克，总收入10亿元。全年发放各类惠农补贴8328万元。“513”龙头企业完成销售收入53亿元，农民专业合作社发展到2238个，“一村一品”专业村发展到112个。完成了6个乡169个行政村的土地确权工作。

文化旅游和商贸物流业方面，启动了木塔实质性保护加固工程，对金亿建材市场项目进行重组，盘活了资产。特别是总投资10亿元的经纬通达现代综合物流园区项目，开通了铁路集装箱货运业务，园区建设的交收仓库成为中国（太原）煤炭交易中心首个煤炭产地交收仓库，正式投入运营。

城乡一体化建设取得新进展。县城建设，完成了总投资9000万元的县城燃气、供热提质、城市道路建设等多项工程，改建公租房190套，建成书香园棚户区安置房394套，“京应天然气管线”正式开通运营。集镇和新农村建设，完成了6个美丽乡村试点村建设和1200户农村危房改造工程，扎实推进了298个行政村的乡村清洁工程。交通路网，完成了七支沟、旧职中道路改造和县乡道路改造提升等工程。

*生态文明建设开创新局面。*小石口水库大坝已封顶，建设进度全省第一。完成乡村造林2627公顷，村庄绿化15个，通道绿化170千米；县城新增绿化面积2.3万平方米，绿地率39.8%，绿化覆盖率42%，人均公园绿地9.2平方米。完成了雅士利乳业、万豪供热、嘉兴化工3家企业的脱硫除尘升级改造和田仁乳业、锦华科技、晶鑫玻璃3家企业的污水处理设施提标改造；40%以上的畜禽养殖企业实现了粪便无害化处理；淘汰了黄标车和老旧车129辆。

*民生保障实现新改善。*县职中实训楼建设工程顺利竣工，新建的县二中操场投入使用，5所幼儿园新建改建和青少年活动中心完善工程全面完工。55个村卫生室新建项目全部完工。新农合参合率达到98%。进一步提高城乡低保、农村“五保”等标准，受益群众9.8万人；做好全民参保登记和社会保险扩面征缴工作，参保人数达31.3万人，征缴基金1.52亿元，发放资金2.62亿元。减少贫困人口2005人。

（应县人民政府办公室）

怀 仁 县

【自然概况】 怀仁地处雁门关外，国土面积1234平方千米，辖10个乡镇、162个行政村、21个社区。2015年末常住人口33.5万人，其中城镇人口19万人。耕地面积4.8万公顷。城市建成区面积25.9平方千米，城市化率60.5%。产业门类较为齐全，已形成煤炭物流、羔羊养殖加工、精品陶瓷、现代商贸、医药化工、新型建材、观光旅游、生态经济、科技教育等多元产业和发展路径，有“三晋教育强县”和“中国现代日用瓷都”的美称，是全国羔羊小区养殖第一县。

【经济发展概况】 2015年，全年地区生产总值202.8亿元，比2014年增长5.9%；第三产业增加值76.3亿元，占地区生产总值的比重37.6%；工业增加值75.3亿元，增长16.1%；固定资产投资157.1亿元，增长15.1%；社会消费品零售总额61.7亿元，增长4.6%；一般公共预算收入5.45亿元，下降36.8%；城镇居民人均可支配收入29233元，增长6.7%；农村居民人均可支配收入13261元，增长6.8%。

*转型升级步伐加快。*扎实开展“项目提质增效年”活动，全年实施重点工程159项，完成投资106亿元，累计投产项目75个。加快现代化矿井建设，全县监管的6座煤矿全部达到二级以上标准化矿井。陶瓷产业上档升级，投资4.7亿元，新建了6条高档日用瓷生产线和1条地砖生产线。积极推进工业固废综合利用，投资6000万元的宏力再生年产4000万块清水砖项目已完工。新兴产业不断壮大，国世源药业项目敷料生产线进入试生产阶段，投资9600万元的北京盈宏运输机械制造项目已完工。大力推进新能源项目，投资2.1亿元的山西钛阳能海北头光伏发电项目实现并网发电。完善城乡商贸流通服务体系，美之居购物广场、汽车文化城等项目建成营运，电子商务发展迅速。

*现代农业稳步发展。*落实各项惠农补贴资金7181万元。大力推广节水灌溉技术，高效节水面积7666.7公顷。大力推广机播机收，全县农机总动力50.5万千瓦，综合机械化水平78.6%。建设了2.7万公顷高产玉米种植基地和3333.3公顷绿豆种植基地。在严重的旱灾面前，粮食产量1.87亿千克，瓜类蔬菜产值8亿多元。国家草牧业发展试验试点县建设进展顺利，全县连片种植苜蓿266.7公顷。羔羊养殖规模不断壮大，全年肉羊饲养量410万只，建成羊产品加工企业15家。全年营造大片林953.3公顷，森林覆盖率达到28%。

*城乡环境持续改善。*市政基础设施更加完善，投资1900万元，新铺设燃气管道15.2千米，燃气普及率达66.53%；新增供热管网2千米，新建换热站2座，供热入网面积908万平方米；新建城市供水管网6千米，建成区供水普及率达到90%；新建城市道路3.5千米，实施了3条背街小巷硬化工程。全年县城空气质量二级以上天数301天。改造农村危房2355户。

*改革开放成效显著。*完成了新一轮政府机构改革，建立了更加适应经济发展需要的行政管理体制。扎实开展农村土地确权登记颁证工作，70%以上的行政村完成了确权登记工作。积极推进商事制度改革和“三证合一、一照一码”制度，为中小企业营造了良好的发展环境。全年新登记小微企业3989户，从业人员达到5.8万人，实现营业收入121亿元。大力推进金融振兴，宏力再生工业公司在“新三板”成功上市，大同银行落户怀仁，慧融村镇银行正在筹建。积极开展“助保贷”融资业务，县财政投入资金1040万元，撬动银行贷款1.1亿元，为企业发展提供了有力的支持。积极推进科技创新，陶瓷研发中心建成运营，研发成功了以本地硬质煤矸石为基本原料的异形及浮雕陶瓷产品，突破了北方地区高压注浆规模化生产的技术难题。建立了国家羊产业技术

体系饲料资源实验基地，饲草饲料、肉羊品种以及羊肉系列产品研发全面展开。大力开展招商引资活动，全年签约项目 20 个，签约金额 287.5 亿元，落地投资额 123.35 亿元。

民生事业全面进步。新建改建城镇幼儿园 3 所、农村幼儿园 3 所，办学条件持续改善。公立医院改革基本完成，县乡村三级医疗卫生服务体系达标率 100%。新农合参合人数 16.2 万人，参合率达到 99.9%。积极开展省级创业型城市创建活动，建成了集培训、指导、实训、孵化、服务为一体的多元化综合性创业孵化平台，城镇新增就业 3465 人，被命名为山西省"创业型城市"。文化惠民活动深入开展，国家公共文化服务体系示范区创建工作取得重大成果。

（怀仁县人民政府办公室）

右玉县

【自然概况】 右玉县位于晋西北边陲，地处朔州、大同、呼市三角地带，是山西的北大门。全县国土面积 1969 平方千米，辖 4 镇 6 乡 1 个旅游区，321 个行政村。全县平均海拔 1400 米，年均气温 4.2℃。境内矿产资源丰富，主要有煤、硅线石、石灰石、铁矿石、黄金、云母、沸石、石墨等，初步探明煤田面积 165 平方千米，储量 34 亿吨。全县林木绿化率达到 54%，被誉为"塞上绿洲"。2015 年末，全县常住人口 11.5 万人。

【经济发展概况】 2015 年，全县地区生产总值 55.3 亿元，比 2014 年下降 0.4%；人均国内生产总值 4.8 万元，增长 4.1%；一般公共预算收入 2.9 亿元，下降 32.3%；农林牧渔业总产值 12.59 亿元，增长 4.7%；粮食总产量 3369 万千克，增长 0.2%；工业总产值 35.01 亿元，增长 17.7%；社会消费品零售总额 14.6 亿元，增长 5%；城镇居民人均可支配收入 19974 元，增长 7.3%；农村居民人均可支配收入 6180 元，增长 6.4%。

产业结构优化升级。特色农业提质增效。突出杂粮、马铃薯、油料规模种植，建成 2 个万亩、5 个 5000 亩、10 个千亩规模化种植园区。全县粮油饲总播面积 4.4 万公顷。规模养殖不断壮大。1 个 1 万平方米、5 个 2000 平方米规模养殖园区主体建成。工业结构优化升级。东洼北、玉岭两座矿井达到一级标准化要求，永昌煤炭物流园完工，东洼北煤炭集运站投入运营，同欣公司 180 万吨洗煤生产线投产。全县煤炭产、洗、运能力分别达到 1080 万吨、2600 万吨、4100 万吨。福光风电一二期、中广核铁山堡风电二期、同煤英利光伏一期、中广核光电项目并网发电，新增装机容量 23.5 万千瓦，清洁能源并网装机容量达到 78 万千瓦。臣丰苦荞饮料项目、西口洋洋羊肉深加工项目、汇源矿泉水扩能项目投产，中大科技亚麻籽深加工及工艺提升项目步入试产阶段。生态旅游业发展提质增效。杀虎口景区项目开工建设，成功举办了第六届生态旅游文化节和首届西口风情油画写生作品展，全年游客人数、旅游收入分别达到 158.3 万人、15.32 亿元。

城乡面貌明显改观。县城基础设施不断完善。玉河东街、文源南路延伸工程、油坊大桥拓宽改造工程、铁峰大桥建设工程和 5 条街巷修复工程全部完工，滨河西街延伸路段完成路基工程，集中供热中控系统、供热管线改造、后河沟综合治理东段箱涵工程建成投入运行，民福路、学府路、玉羊街等 6 条街路绿化工程完工。右平高速公路控制性工程开工，虎山线改造工程完工，高墙框——右卫古城生态旅游路桥梁工程开工建设，杀虎口——海子湾等 11 条乡村道路建设和修复工程完工。

生态环境持续改善。造林绿化持续推进。完成荒山造林 2333.3 公顷，提升大呼高速路及其连接线等 5 条通道绿化水平，绿化乡村道路 80 千米，绿化村庄 30 个，创建庭院绿化示范村 11 个。苗木产业发展壮大。全县育苗面积达到 5333.3 公顷。节能减排工作深入开展。县城污水处理提质工程和畜禽污染减排治理工程完工，六项主要污染物减排和大气污染防治年度任务圆满完成。

社会事业繁荣发展。金融扶贫发放强农富农贷款 1269 万元，教育扶贫资助贫困大学生 133 名、贫困高中生 84 名。大力实施易地扶贫移民搬迁、整村推进、"百企千村"产业扶贫等工程，全年脱贫 55 个村 7123 人。顺利通过创建国家义务教育发展基本均衡县督导评估。县医院血液透析等 3 个重点专科投入运行，新农合分级诊疗全面启动。建成保障性住房 500 套，完成农村危房改造 670 户。推进科技创新，有效发明专利拥有量达到 9 件，推广各类新技术 12 项。社会保障提质扩面，全县参保人数 12.7 万人，养老保险基金累计 4.5 亿元。城镇新增就业 1244 人，再就业 480 人，转移农村劳动力 2000 人。李达窑乡敬老院改扩建和 5 个农村老年日间照料中心新建工程完工。各种社会保障和社会救助资金及时发放到位。

（右玉县人民政府办公室）

朔州经济开发区

【自然概况】 朔州经济开发区成立于 1992 年，1996 年经山西省人民政府批准为省级开发区。2006年9月通过国家发改委核准。规划面积14.3平方千米，管理面积16.4平方千米。2001年、2007年受朔州市人民政府委托先后代管西盐池生态园和红旗牧场。2012年3月省政府批准红旗牧场41.5平方千米土地正式划归开发区。开发区现有规划面积57.9平方千米，管理面积86.9平方千米。按地理位置分为东区、南区和西盐池生态园区。东区以平朔铁路线为界分为铁东区和铁西区。铁东区12平方千米为工业园区，铁西区4.4平方千米属城市规划区。南区即红旗牧场，位于南环路5千米处，地势开阔、矿藏丰富，朔南大道贯穿南北，是开发区未来重要的发展区域。代管的西盐池生态园园区位于山阴县古城镇，原为部队农场，总面积15.8平方千米，大部分为盐碱地，多年来一直发挥着占补平衡的作用。

【经济发展概况】 2015年，全区地区生产总值47.25亿元，比2014年增长5.6%；一般公共预算收入2.01亿元；工业增加值18.42亿元，增长20.5%；服务业增加值16.65亿元，增长0.2%；固定资产投资76.64亿元，增长25.6%；社会消费品零售总额9.43亿元，增长4.5%；外贸出口总额138万美元，增长2.2%。

招商引资工作。加大招商引资力度，大力实施“项目提质增效年”行动，强化“六位一体”整体推进，超额完成了年度招商引资任务。华电朔州热电等项目顺利投产。诺浩机电矿山设备配件加工、中美新能源煤炭综合利用研发等续建项目和北京罗克森工业制动器等新建项目顺利推进。除省级重点工程投资指标，其他“六位一体”指标都超额完成年度目标任务。

基础设施建设。一是加快路网建设。实施了全长13.2千米的朔南大道改造提升工程；全长25千米的红旗新区环路开工建设；新建振武东街、招贤路北延伸及红旗牧场军马街等道路10千米。实施了招贤路、友谊街路面修复工程；完成穆寨路、梁郡路等13处路口改造。二是加快供热、供气管网建设。完成世纪星城三期、学府青年城等城市供热管网建设4千米，完成天然气管道建设22千米。三是启动了城镇保障性安居工程。红旗牧场危房改造第一批异地新建住房972套基本完工，第二批续建工程有序推进。

管理与服务。2015年，新解决了8宗项目用地的附着物补偿遗留问题。符合条件的企业项目继续执行减免城市基础设施建设配套费等优惠政策。帮助区内遗留下的11家在建或已建成的项目完善了手续，为企业项目解决资金不足难题、扩大融资渠道奠定了基础。全力争取财税部门的支持，申请市政府报省政府调整开发区辖区土地使用税范围及适用税额。帮助丰宇彩钢、永富机修等16家企业解决水电气热等基础设施配套问题。加强用地保障。专项调整乡级土地利用总体规划，解决了华电国际朔州热电厂运煤通道问题。麻家梁煤矿项目用地组卷报批已获国土资源部批准并上报国务院待批。经过大力争取，省政府批准为开发区增加了66.7公顷土地利用规划指标。

社会保障工作。扎扎实实办好红旗牧场整体搬迁安置、冬季燃煤补贴发放、免费健康体检、就业培训、全民参保等实事。新分配穆寨村廉租房和红旗牧场廉租房220套。初步完成机关事业单位养老保险数据采集工作。为辖区4所学校的教师解决职称评审问题，对辖区内19所无证幼儿园进行了全面摸底、整顿。投资140多万元，继续推进营养餐改造计划。

（朔州经济开发区办公室）

忻 州 市

【自然概况】 忻州市位于山西省北中部，东倚太行，西临黄河，南接太原、阳泉、吕梁，北邻朔州、大同，是全省唯一横跨省境东西的市。全市南北长约170千米，东西宽约245千米，总面积2.5万平方千米，辖14个县（市、区）、191个乡镇（办事处）、4888个行政村。2015年末常住人口314.1万人。

忻州是革命老区。曾是著名的晋察冀、晋绥两大革命根据地的中心腹地，也是高君宇、续范亭、徐向前、薄一波等老一辈无产阶级革命家的故乡，是一块红色热土。

忻州是欠发达地区。忻州是全国18个集中连片贫困地区之一，14个县（市、区）中有11个国家扶贫开发工作重点县，6个县分别属于吕梁山、太行山两个连片特困地区。

忻州是资源富区。全市耕地63.2万公顷，煤炭探明储量255亿吨、保有储量200.1亿吨，铁矿探明储量15.9亿吨、保有储量15.0亿吨，还有钼、金、铝土、金红石、高岭岩、白云石、大理石等保有储量在全省均占较大份额。地热田总面积32.3平方千米。

忻州是人文大区。全市共有各类文物达4688处，依附于古建筑中的彩塑近万尊，寺观壁画约两万多平方米。有国家重点文物保护单位19处，省级47处，有国家级非物质文化遗产保护名录13项、省级26项。有中国“民间艺术之乡”“摔跤之乡”“八音之乡”“北方民歌之乡”等美誉。

忻州是旅游热区。全市共有旅游景区景点97处。有世界遗产地1处、国家级风景名胜区和5A级景区1处、国家级自然保护区1处、全国历史文化名城1处、国家地质公园2处、国家水利风景区2处、全国重点红色旅游景区2处、国家森林公园4处。

【经济发展概况】 2015年，全市地区生产总值681.2亿元，比2014年增长2.4%；人均地区生产总值2.2万元；农林牧渔业产值116.4亿元，下降5.7%；公共财政预算收入73.7亿元，下降8.9%；规模以上工业增加值增长0.8%；粮食总产量15.03亿千克；社会消费品零售总额314.9亿元，增长5.3%；城镇居民人均可支配收入23452元，增长7.9%；农村居民人均可支配收入6550元，增长7.4%。

产业发展。推动煤炭“六型”转变，矿井产能达到1亿吨/年。加快推进煤电一体化，晋能保德2×660兆瓦、华润宁武2×350兆瓦、山煤河曲2×350兆瓦等3个低热值煤发电项目浇出第一罐混凝土并持续施工，风电、水电、太阳能发电、生物质能发电、垃圾发电、燃气发电等电力项目积极推进，全市电力装机896.1万千瓦，其中新能源占到44.6%。芦芽山、雁门关、河边民俗馆加快创建国家5A级景区，理顺五台山景区管理体制，正在向“四个第一”目标迈进。

新兴业态。围绕“中国制造2025”山西行动纲要和山西省新兴制造业三年推进计划，延伸产业链条，发展铸造、锻造部件，推动定襄锻造产业整合重组，推动忻州开发区和原平循环园区加快形成煤机制造、维修完整产业体系。特瑞环保除尘设备、道生鑫宇焦炉气制LNG等节能环保产业项目按计划推进。发展装备制造、旅游服务、节能环保、电子商务等新兴产业。静乐县列入全省农村电子商务示范县。

项目建设。开展“项目提质增效年”活动，推进864项十大重点领域项目投资，全年完成投资952.12亿元。开展“冬季行动”，扎实推进产业项目攻坚百日行动“九个一批”，项目储备、签约、落地、开工完成率分别达146.4%、116.6%、103.4%、107.7%。加快产业集聚区建设，全市15个产业集聚区规划面积556.4平方千米，建成区面积33.4平方千米，落地开工项目189家。深化区域合作，定襄“飞地经济”园区投入资金1.1亿元，初步实现了“五通一平”，6个项目选址落地，总投资12.68亿元。统筹推进铁路、公路、水利、电力等重大基础设施建设项目，五台山飞机场正式通航，忻州—五台山—保定客专项目前期工作扎实推进。实行“八位一体”项目建设机制，狠抓项目建设“三个主体”责任到位，对全市重大产业项目实行分类考核，全市固定资产投资达到1120亿元，增长16%。

服务企业。坚持“项目前期的事情政府帮着办，企业四堵墙以外的事情政府负责办”，取消、停征、免征涉及教育、公安、交通、卫生等部门的20项行政事业性收费，对小微企业（含个体工商户）免征43项行政事业性收费。认真落实国家降费减税政策和省政府减负“60条”，为相关企业减负1.8亿元。继续在“减、免、缓、帮、扶、替”上见实效，2014年以来累计为企业减负近30亿元。

民生改善。开展“城市建设管理提升年”活动，中心城区30条道路工程国庆节前全部竣工通车，中心城区和原平市创建省级园林城市工作全面启动，新建改造供热供气管网412千米，新开工建设各类保障房近2万套，基本建成9192套。农村新的五件实事全部完成；市人民医院完成新址搬迁并正式投运，新建实验幼儿园、长征小学、忻州一中北校区工程全面开工。出台开展全民创业、加快民营经济发展的实施意见，建成1.6万平方米的e谷忻州市大学生创业园区。认真做好城镇失业人员、退役军人以及就业困难人员就业工作，城镇登记失业率3.9%。落实社会政策要托底的要求，企业退休人员基本养老金提高10%，城乡居民基础养老金每人每月增加15元。城镇居民基本医保和新农合年人均财政补助标准由320元提高到380元，统筹年度内城镇居民大病医疗保险最高支付限额达到40万元。完善政务微博和“随手拍”微信问政平台，“忻州随手拍”被授予“2015年度中国政府创新最佳实践”荣誉称号。

生态环保。全市化学需氧量、氨氮、二氧化硫、氮氧化物、烟尘、工业粉尘6项主要污染物排放总量分别比2014年下降1.5%、2.6%、1.9%、9%、0.3%、0.5%。加大大气污染防治力度，PM10、PM2.5浓度分别下降18.1%、14.9%，忻州城区二级以上天数259天。淘汰黄标车6641辆，超额完成省下达任务。严格落实“三加三不减”要求，大力开展国土绿化行动，继续实施林业重点工程，完成营造林4万公顷，圆满承办了全省造林绿化现场会。

“三农”工作。坚持“五环联动”，加快农业产业化，夯实群众脱贫增收的基础。特色品牌逐步树立，在“中国杂粮之都”“中华红芸豆之乡”“中国藜麦之乡”“中国亚麻之乡”等4个国字号品牌基础上，五寨县又被中国粮食行业协会授予全国第一个“中国甜糯玉米之乡”，全市新认证“三品”151个。全市网上登记注册并审核通过的家庭农场达到2142个，新发展农民专业合作社1067个，涌现出国家级示范社18个、省级示范社213个。统筹推进扶贫开发，8个省属企业上马14个产业扶贫项目，66家民营企业产业扶贫开发完成投资19亿元，全年减贫8.9万人，贫困县农民人均可支配收入达到5600元。全市农村居民人均可支配收入增幅快于城镇居民可支配收入。

改革创新。实施转型综改2015年行动计划，"1113"重点任务全面推进。在全省率先推进收费制度改革，实现了收缴分离、票款分离、权钱分离；创新煤炭交易方式，中国(太原)煤炭交易中心忻州交易处启动运营，成为全省首家在地市设立的交易机构。原平工业经济园区正式获批，成为山西原平经济开发区。推动"三个突破"，全市14个县(市、区)实现了"助保贷"全覆盖，设立了"助羊贷"。强化企业技术创新的主体地位，国家级企业技术中心实现零突破。转变政府职能，不断把简政放权、放管结合、优化服务改革推向深入。忻州市跻身中国宜商城市竞争力前200名城市第158名。

(银培秀)

忻州市忻府区

【自然概况】 忻府区位于山西省北中部，东连定襄，西邻静乐，南靠阳曲，北依原平。地处晋西北交通枢纽中心，素有"三关总要""晋北锁钥"之称。其前身为县级忻州市，2000年撤地设市，改为县级行政区，是市委市政府所在地。南北41千米，东西49千米。地形西高东低，逐步倾斜，北、西、南三面环山，东部开阔平坦，为忻定盆地的主体部分。区域总面积1986.5平方千米，辖11个乡、6个镇、3个街道办事处，394个行政村。2015年末常住人口55.97万人。

【经济发展概况】 2015年，全区地区生产总值114.1亿元，比2014年增长3.8%；规模以上工业企业工业增加值19.1亿元，增长1%；固定资产投资125.0亿元，增长18.5%；财政总收入15.02亿元，增长2.3%；一般公共预算收入5.04亿元，与2014年基本持平；社会消费品零售总额108.9亿元，增长4.3%；城镇居民人均可支配收入25396元，增长8.8%；农民人均可支配收入8363元，增长6.9%。

发展质量进一步提升。产业结构不断优化，地区生产总值三次产业之比为8∶27∶65，第三产业占比持续提高。第三产业财政贡献率达到59.3%，增长2.7个百分点。发展质量的提升还体现在非税收入占比持续下降，2015年非税收入1.19亿元，占公共财政预算收入的23.6%，低于全省的31.1%和全市的34%。

产业布局进一步优化。招商引资成效明显。组织参加了跨国公司入晋暨产业合作(上海)推介会、武汉中博会等招商活动，与杭州市颐高集团、杭州市杭萧钢构集团等大企业、大集团签订合作意向，签约项目19个，总投资184.42亿元。重大产业项目进展顺利。田森汇商业综合体项目、云河新天地商业项目等10个重大产业项目均已落地并开工建设。产业集聚区不断完善。按照城南"一区四园"、城北"一区三园"的布局，完善了蓝天、禹王园区的道路和标志牌、路灯、绿化等基础设施，集中对禹王、龙岗两个园区规划进行了升级，为承接产业转移构建了良好的平台。新型能源项目发展迅速。积极顺应国家能源改革政策，大力发展以光伏产业为代表的新能源产业，总投资6亿元的50兆瓦太科光伏发电项目并网发电，总投资6亿元的恒能光伏发电农业大棚项目，总投资4.08亿元的楚能4万千瓦光伏发电项目等一批新型能源项目开工建设。

农业基础进一步稳固。种植结构明显优化。甜糯玉米、辣椒、杂粮、红薯等市场好、效益高的特色农产品种植面积稳步扩大，种植效益显著提高。特色品牌影响力扩大。组织瓜农在太原等地举行了香瓜免费品尝推介活动，共接待两万余人次。忻州香瓜成为特色品牌，新品种示范作用明显。在三交镇泉水沟试验种植玛咖1.3公顷、黑藜麦约4公顷，在兰村乡、奇村镇发展玉露香梨13.3公顷，推广试种张杂谷8号33.3公顷、12号133.3公顷。

城乡环境进一步改善。积极实施城乡道路改造，完成云中东路铺设工程、光明街东拓道路改造工程、三角道片区和向阳街片区综合整治工程。积极启动实施48千米的城乡道路提质工程。编制完成了《忻州秀容古城保护规划》。推进顿村等6个城中村棚户区改造项目，累计完成投资4.56亿元。加快推进城乡造林绿化，全年营造林2800公顷。环境质量明显改善，主要污染物总量减排目标圆满完成，二氧化硫、氮氧化物、烟尘、粉尘、COD、氨氮等六项污染物减排任务提前完成。

社会保障能力持续提升。区政府承诺的"二十件惠民实事"16件全面完成，4件跨年度项目按计划推进。就业岗位持续增加。全年实现城镇新增就业3340人，农村劳动力转移就业3630人。保障体系不断完善。社会保险、工伤保险、医疗保险和城乡居民养老保险覆盖范围稳步扩大，新型农村合作医疗制度逐步完善，全区23.4万人纳入养老保险，6.1万60岁以上老人已全部领取养老金。城乡低保逐步规范，全年发放低保金1.08亿元。

发展环境进一步宽松。积极扶持创办小微企业，新培育"小升规"企业7户。与建设银行忻州支行合作，完善巩固中小企业"助保贷"业务，为25户企业贷款9050万元。使用中小企业转贷资金2370万元，为6户企业解决了转贷困难。积极开展企业培训工作，为64户企业管理人员提供培训800余人次。继续深化商事制度改革，新登记各类私营企业601户，私营企业累计达2118

户。

（郭新和　米辰亮）

原平市

【自然概况】 原平市是山西省北部唯一的县级市，辖7镇、11乡、3个街道办事处，共有520个行政村。2015年末常住人口50.2万人，7.4万公顷耕地。有“铝电名城、酥梨基地、三班故里、慧远故里、晋贤故里、将军之乡、书画之乡、诗歌之乡、民间文化艺术之乡”的美称。

【经济发展概况】 2015年，全市地区生产总值109.6亿元，比2014年增长4.1%；社会消费品零售总额60.4亿元，增长6.5%；财政总收入21.4亿元，增长24.5%；一般公共预算收入10.4亿元，增长35.8%；农林牧渔业生产总值20.4亿元，下降1.6%；规模以上工业增加值增长2.2%；固定资产投资163.6亿元，增长16.8%；城镇居民人均可支配收入25566元，增长8.8%；农村居民人均可支配收入8747元，增长9.5%。

发展质量进一步提升。全年实施重点项目42个，总投资约231亿元；招商引资签约项目58个，总投资226.9亿元。原平循环经济示范区获批省级经济技术开发区。积极创建国土资源节约集约模范县，争取到用地指标133.3公顷，有效保障了项目用地。引进北京博天环境集团，采用PPP合作模式实施工业园区集中供热、燃气输送、雨污排水、固废处理等基础建设项目。

转型升级激发活力。发展壮大新兴产业，拓展延伸煤电铝产业链条、优化装备制造业，壮大节能环保产业，提升文化旅游产业档次和水平，“四园区一基地一集群”建设成效显著。落实各项降费减负政策，加强政银企对接，“助保贷”为中小企业放贷8835万元。大力推进大众创业、万众创新，全市高新技术企业达到9家，占忻州市总数的69.2%。扎实推进农业调产增效，现代农业科技示范园区规模化程度不断提高，酥梨“提质换优”面积166.7公顷。积极发展猪鸡牛羊为主的畜牧产业，屠宰场搬迁投用，“繁育、加工、销售”一体化格局正在形成。现代服务业快速发展，中北天顺物流产业、林江商厦开工建设，汉唐农产品生产加工、晋云山泉水饮料和面食生产项目即将开工。第三产业占全市生产总值的比重提高2.9个百分点。

城乡建设加快推进。编制完成永康路南延、永兴路南延及南滩北街等道路改造方案，畅通了市区道路微循环，大西客运站站前广场及配套设施建设基本完成。启动地下管线普查工作，建成原平市地下管线综合管理信息系统。供水、供气、供热普及率分别达到100%、93.4%、90.2%，基础设施配套进一步完善。持续改善生态环境，新增绿化面积60.5万平方米，市区绿化面积达到431.5万平方米，绿化覆盖率达到37%。统筹推进采煤沉陷区治理配套工程，打造了10个家园美、田园美、生态美、生活美、宜居宜业的示范村，全市示范村总数达到30个。“省级文明城市”创建工作已接受省评估专家组的检查验收。

民生事业持续改善。教育、社保、医疗卫生、住房保障等民生领域支出16.3亿元，占到全市公共财政支出的65%。投资近1亿元加强薄弱学校改造，促进教育均衡发展。深化医药卫生体制改革，市一院、市二院落实取消药品加成政策，所有药品实行零差率销售。易地扶贫搬迁安置991人，283户农村困难家庭危房改造任务基本完工。城镇新增就业人数3701人，培训新型职业农民1120人。解决了10个村5200人的饮水安全问题。完成1000户广播电视户户通和10个老年人日间照料中心建设年度任务，《原平文化大系》出版发行。

（陈虎旺　赵计斌）

定襄县

【自然概况】 定襄县位于山西省北中部忻定盆地东侧，总面积865平方千米，辖3镇6乡155个行政村。2015年末常住人口22.3万人。

定襄地处山西“一核一圈三群”经济圈内，距忻州市20千米，距太原市90千米，距北京500千米，朔黄铁路、太河铁路、三瑶公路、忻台公路、忻阜高速公路贯穿全境，交通便利、通讯发达，五台山飞机场于2015年12月正式通航。定襄资源较为丰富，现初步探明的矿产有十余种，储量较大的有铁矿、大理石、石灰石、纹石、白云石等。其中石灰石和白云石不仅储量大，而且品位高、易开采，是制造水泥和冶金的优质原料。境内水资源也十分充足，尤其是汤头地下热水及南庄、圣阜山矿泉水资源丰富，具有较高的商业开发价值。

【经济发展概况】 2015年，全县地区生产总值35.7亿元，比2014年下降2.2%；人均地区生产总值1.6万元，下降6.8%；一般公共预算收入1.6亿元，增长1.3%；农林牧渔业生产总值6.27亿元，下降2.1%；社会消费品零售总额19.1亿元，增长5.5%；城镇居民人均可支配收入25034元，增长6.8%；农村居民人均可支配收入10637元，增长6.9%；规模以上工业增加值下降12.6%；固定资产投资41.9亿元，增长17.6%。

加大支柱产业投入力度。全县民营经济已逐步形成五大主导产业,即锻造业、农副产品加工业、装备制造业、建筑建材业和文化旅游产业。民营经济快速发展,结构调整明显加快,活力不断增强。截至2015年底,全县市场主体达1万户,民营企业总数2785户,从业人员5.7万人。锻造业是定襄的支柱产业,全县有锻造企业324户,总资产50亿元,年生产能力100万吨,从业人员4万多人,已成为定襄县最重要的支柱产业。2015年,锻造业完成产值70亿元,上缴税金1.6亿元,增长21.5%,70%的产品销往全国各地、30%的产品出口,有57户企业体现出外贸出口业务,全县对外贸易出口总额完成1.5亿美元,占全市的77.7%,出口锻钢法兰占全国的1/3。新组建集团公司6户,两户企业完成兼并重组。已组建管家营、天宝、冠力、昊坤、恒跃、富兴通、黎明、金瑞、伟业圣、安宝等10户集团公司。积极开拓海外市场,参加了德国汉诺威国际工业博览会。引进以两院院士为首的高端人才,成立了人才工作专家站。

大力发展设施农业。大力发展设施农业,总面积达到600公顷,推进高标准农田示范建设1.8万公顷,小杂粮基地建设达到2560公顷,占全县耕地的79.7%。甜瓜、绿色蔬菜等通过电子商务平台已经销往北京等大中城市,打出了特色农业的品牌。

第三产业发展特色明显。利用本地的农业、文化、体育等资源,举办了乡村旅游节、甜瓜节、摔跤等富有民间特色的赛事活动。晟龙木雕公司新建的“中华古代建筑模型博物馆项目”是忻州市建成的首座博物馆,也是国内唯一一座以展览古代建筑模型为主题的博物馆。结合五台山机场和凤凰山景区的交通、旅游资源优势,与国家低碳与新能源办公室对接,初步达成了共建凤凰航空城项目的共识。实现了旅游加农业、文化和体育的互动发展。

社会事业投入加大。全面完成向省政府承诺的五件实事,打通了西大街,改扩建城区主要街道,改善了城区道路交通格局。“六馆一院”、“职教中心”和牧马河生态公园等一批重大基础设施项目已启动,城市功能日趋完善。出台加快推进新型城镇化的实施意见,城区居民养老保险金标准在省定的基础上提高一倍,鼓励外来人口和农村人口落户城区,将保障性住房建设与存量商品房处置相结合,出台了具体的管理办法。整合定襄二中、实验小学和南关学校等教育资源,改造乡村幼儿园,全力办好人民满意的教育。推进城乡基本公共卫生服务均等化,为农村所有60岁以上老年人进行免费体检。

(杨屹峰　班汉文)

五　台　县

【自然概况】 五台县位于山西省东北部,县域面积2865平方千米,2015年末常住人口30.5万人。现辖1区、6镇、13乡、573个行政村。五台县矿藏丰富,已探明的金属、非金属矿产达26种。主要有煤、铁、铝土矿、白云岩等,品位较高,极具开发价值。全县水资源储量2.8亿立方米,水能理论蕴藏量4.5万千瓦。花椒、核桃、柿子等干鲜水果久负盛名,台磨、蕨菜、金莲花等山珍驰名中外。境内有世界文化景观遗产佛教圣地五台山,国家级文物保护单位12处,省级文物保护单位8处。此外,驼梁、南梁沟等自然景观风光秀丽,景象奇特。五台县是抗日战争时期晋察冀根据地的发祥地,有毛主席路居馆、金岗库晋察冀军区司令部旧址、白求恩模范病室旧址、南茹村八路军总部旧址、徐向前元帅故居和纪念馆等,是国家卫生县城、省级环保模范县城、省级平安县、省级双拥模范县。

【经济发展概况】 2015年,全县地区生产总值40.6亿元,人均地区生产总值1.3万元,一般公共预算收入3.5亿元,农林牧渔业总产值8.98亿元,粮食总产量1.07亿千克,规模以上工业增加值8.2亿元,社会消费品零售总额23.4亿元,城镇居民人均可支配收入22328元,农村居民人均可支配收入5363元。

项目建设成效明显。“八位一体”推进项目建设,全县项目储备、签约、落地、开工、投产超额完成市定任务。实施省市重点工程项目54个,完成投资41.66亿元,完成率130.1%。

“三农”工作全面推进。以五台县阳白现代农业循环园区、五台县东雷农业科技示范园区、五台县高洪口生态农业示范园区为载体,重点发展以建安、东冶、阳白、东雷为重点,以阳白、东雷为中心,以阳白为核心的第一产业;以神西、陈家庄为中心的干鲜果经济林。在落实上级各项强农惠农政策的基础上,县财政拿出1000万元用于“三农”补贴,推进农业现代化建设。扶持金道物流有限公司成为全县农副产品仓储物流加工销售龙头企业,发展线上线下一体化新业态经济。扶持五台县邦禾生态农业开发有限公司成为全县羊产业龙头企业,带动全县羊发展到70万只。扶持五台山酿酒厂成为阳白现代农业循环园区龙头企业。建成建安蟹米种植基地20公顷、灵境藜麦种植基地26.7公顷、万寿菊种植基地666.7公顷、籽粒苋种植基地666.7公顷。全年农产品销售收入2.15亿元。

工业发展后劲增强。以工业园区为载体,重点发展以豆村、蒋坊为中心的第二产业,以茹村、白家庄为中心的煤炭产业。编制完成了五台县工业园区《总规》和《控规》,总规划面积4.7平方千米，首期占地53公顷，配套完善基础设施，入园企业4个。山西五台山沙棘制品有限公司、德奥电梯有限公司、城园丰农机制造有限公司等新型产业蓬勃发展。

*大旅游格局加快形成。*围绕五台山，以驼梁景区和佛光景区为依托，重点发展清水河高洪口以上地区以旅游地产和旅游服务业为主的第三产业。又见五台山大型情景剧成功上演。驼梁景区开发、石瓮村旅游度假村等旅游项目有序进行。2015年建成耿镇至军铺岭19.3千米、横岭至甑家峪8.5千米旅游公路。全年共接待国内外游客498.5万人次，旅游经济总收入57.71亿元。

*城市品位进一步提升。*重点发展以台城、沟南为中心的城市建设、房地产开发、现代物流产业。巩固创卫成果，完成投资485万元的新城区城北街东段和西段道路工程；完成投资3430万元，建成26.3公顷的湿地公园和碧涛苑公园。县城绿化面积166.9万平方米，建成区水面面积116万平方米，县城人均28平方米；县城休闲健身广场面积53万平方米，县城人均13平方米。

*社会事业协调发展。*全面实施乡村清洁工程，大力实施保障性安居工程，续建廉租房86套、配建公共租赁住房54套、棚户区改造562套、改造农村危房300户。加大教育投入，改善办学条件，提升教学质量，中考稳居全市前三，高考成绩创历史新高；深入卫生体制综合改革；城镇新增就业3023人，城镇登记失业率控制在3.8%。

（五台县人民政府办公室）

代　县

【自然概况】 代县位于山西省东北部，北据恒山余脉，南跨五台山麓，滹沱河自东向西横贯全境，基本地形地貌为“两山夹一川”“七山一水二分田”。总面积1721.5平方千米，下辖6镇5乡1个居民办事处377个行政村。2015年末常住人口22万人。

代县是中国历史文化名城、中国民间绘画之乡、中国民间文化艺术之乡、国际精品文化旅游县、中国特色文化产业示范县、中国传统建筑文化旅游目的地、国家扶贫开发工作重点县。代县文化底蕴厚重，有“赵国门户、汉室要塞、大宋边防、朱明重镇”之称。农业条件相对优越，滹沱河沿岸土地肥美优良，南北半坡土地宜林宜草。年平均气温7.2～9.3℃，年降水量397～770毫米，全年无霜期100～160天。辣椒、黄酒、酥梨、大米等农副土特产品颇负盛名。矿产资源丰富多样，全县已知矿藏24种，铁矿探明储量15.36亿吨，位居全省第一；金红石矿探明保有储量8651万吨，远景储量近2亿吨，名列全省第一、全国第二。旅游资源禀赋较好，境内共有历史文化遗址、遗迹433处，其中国保文物4处，省保文物8处。峨口挠阁、雁门民居建造技艺、黄酒酿造技艺、上阳花社火、代县面塑分别入选国家、省级非遗保护名录。交通条件便捷畅通，代县自古有“旱码头”之称。境内京原铁路、大西高铁、北同蒲复线、108国道、208国道、大运高速、灵河高速纵横交错，交通网络四通八达。

【经济发展概况】 2015年，地区生产总值50.89亿元，比2014年增长0.5%；人均地区生产总值2.3万元，下降4%；财政总收入9.4亿元，下降25.2%；一般公共预算收入6.3亿元，增长2.5%；农林牧生产总值5.62亿元，下降0.5%；粮食总产量6737.4万千克，下降10.8%；规模以上工业增加值18.93亿元，增长2.9%；固定资产投资53.5亿元，增长17.1%；社会消费品零售总额11.8亿元，增长4.1%；城镇居民人均可支配收入22301元，增长7.6%；农村居民人均可支配收入4886元，增长7.1%。

*项目建设扎实推进。*项目储备、签约、落地、开工、投资、投产等指标任务全部完成，项目签约98.1亿元，项目落地54项、47.05亿元，项目开工23项、41亿元，省市县重点项目投资58.99亿元，项目投产41项、38.66亿元，项目储备59项、599.2亿元，项目建设为全县经济平稳快速发展提供了强大动力。

*工业脱困回稳取得成效。*针对铁矿企业面临的困境，围绕“止缓、回稳、促增”，出台企业减负45条措施，县财政注入助帮贷资金1100万元、延贷资金500万元；全县15户企业安装球磨机智能控制系统100多套，节能率10%；钢钛工业集聚区、峨口铁矿露天转地下开采、沟掌风电、宇华塑料管业、礼信橡胶传送带等项目扎实推进，精诚等3家重点企业实施了铁精矿粉技改升级项目。黑石头沟风电项目拿到省发改委的路条。

*文化旅游产业快速发展。*雁门关景区5A创建工作顺利通过初评；“夜袭阳明堡飞机场遗址”“雁门关伏击战”两处红色旅游景点初步入围全国红色旅游经典景区名录；宝石滩杨家将文化园林建设和白人岩旅游生态景区建设项目进展顺利；成功举办了文化旅游产业精品展示会，启动“互联网＋旅游”；华亭环艺、杨氏古建、雁门刺绣等龙头企业不断壮大；国家级非物质文化遗产舞蹈节目《峨口挠阁过来了》角逐省群众文化艺术最高奖“群星奖”。

*三农工作全面提升。*全县“一村一品”专业村55个，农民专业合作社923个，农产品有机认证20个，家庭农场120个1080公顷，承包

土地经营权流转3667公顷；标准化养殖场159个，羊饲养量存栏30万只；全县农业龙头企业13家，销售收入4.5亿元；农机总动力21.2万千瓦，农业综合机械化水平达78%；实施中低产田改造、高标准农田建设、小农水重点县项目、京津风沙源治理等工程；完成3000人易地扶贫搬迁任务和1.1万人的减贫任务，小额信贷、特色农产品企业和百企千村产业扶贫企业贴息717.6万元。

城乡面貌持续改善。认真落实“城市建设管理提升年”部署，新城体育场馆主体工程基本完工对外开放，县城污水厂实施了提标改造项目，关沟河整治等重点工程扎实推进，全面通过了“国家卫生县城”的评估验收；实施了取缔燃煤锅炉、推广使用天然气、淘汰黄标车老旧车和铁矿球团烟气脱硫等工作；营造林完成2900公顷，农村人居环境得到改善。

民生事业全面进步。投资1324万元新建改建农村幼儿园7所，改善了中小学办学条件，近5000名寄宿生享受营养改善计划；新农合参保率达99.5%；为1.7万农村60岁以上老人免费体检；县乡村三级医疗机构全部实行国家基本药物网上采购；救助困难群众2.3万人次5632万元，救助临时生活困难家庭3096户185万元；新建3个老年日间照料中心；为346个村、44个寄宿学校放映公益电影4548场；为社区和村级文化活动组织配备文化器材4000多套；为全县农户发放直播卫星接收器1万套；全年新增就业人数3148人，城镇登记失业率3.5%；改善了3800人的饮水条件；建成保障性住房2792套，正在建设城中村改造住房882套、公租房30套。

深化改革有序推进。综改工作完成了年度行动计划任务；积极推进项目审批权限承接、清理和下放工作，县本级行政审批项目调整为153项；工商注册登记工作前置审批改为后置审批，办理和换发“三证合一”、“一照一码”营业执照580个；白峪里、张仙堡铁矿改制工作有序推进；全面铺开了土地承包经营权确权登记试点工作；深化财税体制改革，加强预算执行管理，规范财政支出，将所有的政府收支全部纳入了预算管理。

（李迎新　王来军）

繁峙县

【自然概况】 繁峙县地处晋东北，东扼平型通京冀，西控雁门达省府，北依恒山通大同，南临佛都五台山，是晋北交通要冲和旅游循环圈的中心。总面积2368平方千米。全县辖3个镇、10个乡、1个居民办事处、401个行政村。2015年末常住人口27.4万人。

繁峙资源优裕，现已探明储量的有金、银、铜、铁、钼等27种，其中钼矿探明储量10.1万吨，岩金矿纯金储量20吨，均居全省之首；铁矿探明储量9.1亿吨。全县水资源总储量2.67亿立方米。风力资源充裕，高度65米处平均风速达7.4米/秒。森林覆盖率20.6%。旅游资源丰富，文物景点45处，国保文物单位6处。

【经济发展概况】 2015年，全县地区生产总值51.3亿元，比2014年增长0.6%；人均地区生产总值1.9万元，下降0.4%；一般公共预算收入2.02亿元，下降52.5%；农林牧渔业生产总值8.32亿元，增长4.9%；固定资产投资87.8亿元，增长17.6%；社会消费品零售总额15.6亿元，增长6.1%；规模以上工业增加值41.5亿元，下降3.3%；城镇居民人均可支配收入24873元，增长8.3%；农村居民人均可支配收入6474元，增长7.7%。在全省县域经济考核中，在36个贫困县中位列第6位。三次产业比重不断优化，由2014年的8.4∶61.5∶30.1调整为8.7∶58.8∶32.5。

项目建设。2015年，125个县重点项目完成投资85.14亿元，占年度计划的113.8%。50个省、市重点工程项目完成投资53亿元，完成率100%。在忻州市重大产业项目分类考核中获得一等奖，在B类县中排名第一。

城乡建设。2015年，城市市政基础设施建设工程完成投资1.86亿元；城市安居建设工程完成投资11.23亿元；保障性住房工程新开工建设2240套，完成投资5.36亿元。积极创建“省级园林城市”，绿化17.2万平方米，县城区绿化覆盖率达到41.7%。城镇化率45.7%，提高1.7个百分点。投资1718万元改造农村危房610户。城乡清洁工程清扫558.7万平方米，清理四堆2.5万处，累计清运垃圾9.9万吨。创建11个县级美丽宜居示范村、2个市级美丽宜居示范村和2个省级美丽宜居示范村。建成省级卫生乡2个，省级卫生村41个。

生态环境。扎实开展大气污染治理，全县集中供热面积达370.2万平方米。深入推进矿山生态恢复治理，25家企业编制完成生态恢复方案。全年完成营造林任务3740公顷。

脱贫攻坚。全年减少贫困人口1.4万人。精准识别出贫困户2.6万户，贫困人口7.3万人。百企千村产业扶贫开发工程完成投资2.75亿元。对考入公办本科高等院校二本B类以上的73名建档立卡贫困户大学生每人一次性资助5000元。

转型综改。深化行政审批制度改革，优化行政审批方式，实现“一枚印章管审批，一个窗口办完事”。按照“六权治本”要求，全县重新梳理出权力事项3296项。全年权力运行监督和防控信息化系统累计受理事项14.4万件，办结14.3万件。农村信用合作社改制工作全面展开。全县公车改革工作稳步推进。完成4家公立医院改革任务。

现代特色农业和生态畜牧业。2015年全县农作物播种面积3.9万公顷。设施农业总面积475公顷。农业产业化龙头企业30家。农产品加工业销售收入3.65亿元。全县猪、牛、羊、鸡饲养量分别达到34万头、2.3万头、72.6万只、102万只，全县已建成各类养殖园区64个，规模养殖场（小区）125个，规模养殖户发展到1.5万余户，规模饲养量占到畜禽总饲养量的41.8%。

改造提升传统产业。中兴实业5万吨卡盘铸造项目达产达效，投资2亿元的紫金矿业绿色矿山综合建设项目投产，投资1亿元同和磁选有限公司30万吨铁精粉建设项目具备投产条件。大力发展风电产业。华能、中电投20万千瓦风电成功并网发电。积极发展通用航空产业，繁峙县人民政府与通航空港建设投资管理有限公司成功签约。

文化旅游业。平型关景区建设全面启动，韩庄长城、茨沟营、孤山景点的开发拉开序幕，乡村旅游也开始起步。投资540万元的平型关关城东城门楼修缮工程顺利竣工，总投资4650万元的平型关关城、长城墙体保护修缮工程加快推进，总投资550万元的岩山寺文物保护环境整治建设项目顺利实施。全年旅游总收入16.14亿元。大力发展文化产业。重点推进晋绣、金石雕刻、星河银器等文化产业项目的发展壮大。

民生和社会保障。2015年，全县公共财政民生支出13.14亿元，比2014年增长3.3%，民生支出占公共财政支出的84.8%。全县新增城镇就业3163人。城乡居民社会养老保险参保人数14.7万人。城市低保、农村低保标准分别提高8.2%和14.16%。文化事业欣欣向荣，成功举办第四届“民歌、民舞、民乐”舞台艺术大赛。新建农村文体活动室42个。

（繁峙县人民政府办公室）

宁武县

【自然概况】 宁武县地处晋西北管涔山北麓，属内长城外三关要塞，是三晋母亲河——汾河与北京永定河支流——恢河的发源地，属于国家扶贫开发重点县。全县总面积1987.7平方千米，年平均气温6.8℃，年均无霜期164天，年均降水量427.6毫米。全县辖4镇10乡464个行政村，2015年末常住人口16.5万人，其中农业人口11.4万人。宁武县资源丰富，素有“地下黑色宝库”和“地上绿色银行”的美誉，煤炭资源储量290亿吨，拥有55万公顷原始次生林。宁武县被列入“国家自然保护区”“国家森林公园”“国家地质公园”“国家风景名胜区”“国家自然与文化双遗产名录”，是中国北方独具特色的山水自然生态和人文景观旅游新区。

【经济发展概况】 2015年地区生产总值40.6亿元，比2014年增长4.3%；人均地区生产总值2.4万元，下降0.3%；财政总收入12.2亿元，增长3.1%；一般公共预算收入6.6亿元，增长16.7%；固定资产投资84.4亿元，增长16.8%；规模以上工业增加值18.5亿元，增长9.4%；农林牧渔业产值3.08亿元，下降20.9%；社会消费品零售总额9.6亿元，增长5.6%；城镇居民人均可支配收入20446元，增长7.9%；农村居民人均可支配收入4544元，增长8.1%。

主体产业发展特点。一产上，按照“山上养羊、山下种粮、家中育菇”的思路，大力发展羊产业、小杂粮、食用菌三大主导产业。全县羊饲养量70万只、存栏42万只，发展养羊大户348户。全年粮食产量2174万千克，小杂粮种植面积1.5万公顷，认证“三品一标”产品7个。鼓励怀道千亩食用菌产业园区和西马坊科技示范园区带动周边农户发展食用菌产业。二产上，全县原煤产量1791万吨，增长21%；销量1662万吨，增长14.5%。钜盛能源煤矸石砖厂正式投产，积极推进同煤北辛窑、钜盛能源和阳煤合建、潞宁战略集运站三个万吨列建设。华润低热值煤发电、云达机械太阳能热发电项目开工奠基，加快推进华能东马坊三期、龙源余庄风电等项目建设。三产上，全力推进芦芽山5A级景区创建工作，投资1.36亿元建成22.9千米集休闲、娱乐、健身为一体的自行车生态绿道，投资3亿元的芦芽山天池滑雪场项目已开工。全年接待游客90.4万人次，增长19%；旅游综合收入6.94亿元，增长16.5%。

重大经济改革措施。制定转型综改2015行动计划，确定了8项重大改革、8个重大事项和3个重大项目。深化煤炭管理体制改革，落实煤焦公路销售体制改革举措，取消煤炭准销票，实施煤炭项目审批和证照体制改革。创新土地制度改革，稳步推进露天采矿用地、矿业存量土地整合利用和城乡建设用地增减挂钩三项改革。深化农村改革，农村土地确权登记完成95%以上，流转农村集体土地2000公顷，建立健全县乡村土地流转服务体系和县乡纠纷调解仲裁体系。推进金融业改革，成立首家瑞都村镇银行，有序推进农村信用联社改制。创新扶贫开发体制机制，编制完成《创新机制扎实推进专项扶贫开发实施意见》，全年农村脱贫1万人。

社会事业全面进步。全县城镇新增就业1980人，城镇登记失业率

3.7%，政府购买公益岗位近千人。义务教育学校标准化、新建示范性高中、农村寄宿制学校教师周转宿舍建设有序推进，全县中小学实现宽带网络校校通，农村中小学实现了“三免”，高中实现了“两免一补”。高考取得了近年来的最好成绩。持续巩固完善基本药物制度，乡镇卫生院、分院以及村卫生室全部实行了基本药物零差率销售，健全完善了大病医疗保险和应急救助制度。按照“织好网、补短板、兜住底”的要求，完善各类保险制度，加强城乡低保管理，推进社会救助体系建设，保障了困难群众基本生活。“四大场馆”和新建汽车站投入使用，建成南外环和灵河高速至县城连接线，开始滨河大道提升改造，新建改造供热管网 22 千米、供排水管网 22.8 千米。实施产业扶贫、移民扶贫、教育扶贫、金融扶贫四大富民工程，分散搬迁安置移民 1000 人。大力实施“富民贷”“强农贷”，发放扶持贷款 120 万元，完成千村万人就业培训和新型职业农民培训 670 人。

（宁武县人民政府办公室）

静乐县

【自然概况】 静乐地处晋西北黄土高原、汾河上游，是“中国民间艺术之乡”“中国藜麦之乡”。全县面积 2058 平方千米，辖 4 镇 10 乡 1 个居民办事处、381 个行政村。2015 年，常住人口 16.0 万，其中乡村人口 9.9 万人，是国家扶贫开发工作重点县和革命老区，是中共早期党员、山西党团组织创始人高君宇的故乡。

静乐资源丰富，初步探明的矿藏有煤、铁、锰、铝矾土、石英、大理石、钾长石等近 20 种，其中含煤面积 1300 平方千米，可采储量 60 亿吨；水资源总量 1.43 亿立方米，人均占有水量 900 立方米，属晋西北典型的富水区域。

静乐区位优越，县城距忻州 89 千米，距太原 81 千米，地处省市 1 小时经济圈内，太佳、忻保两条高速横贯县境，忻黑线、宁白线、忻五线、康北线网络分布，宁静铁路已经投入运营，静静铁路即将竣工，南连太兴线，北与北同蒲线、朔黄线相连，是太原、忻州和西北部县区联系的交通枢纽。

【经济发展概况】 2015 年，全县地区生产总值 22.2 亿元，比 2014 年增长 6.2%；固定资产投资 76.8 亿元，增长 17.7%；社会消费品零售总额 7.8 亿元，增长 7.5%；一般公共预算收入 2.9 亿元，增长 2.4%；工业增加值 5 亿元，增长 9.2%；城镇居民人均可支配收入 1.9 万元，增长 8.3%；农村居民人均可支配收入 5575 元，增长 9.2%。

*特色农业迅猛发展。*全县藜麦种植面积 1334 公顷，成为全球第二大种植基地。玛咖推广种植 120 公顷，产区农民实现人均 0.07 公顷、增收 1 万元的目标。黑枸杞示范种植 66.7 公顷，玫瑰推广种植 353.5 公顷，油用牡丹种植 500 公顷，中药材种植 533.6 公顷。发展小杂粮示范区 1.5 万公顷，全县粮食总产突破 5000 万千克。发展亿隆、华青等 25 个农业加工企业，被国家农业部命名为“农产品特色创建县”。

*项目攻坚深入推进。*完成县电厂生物质能技改。建成并启动了裕达清洁能源、隆盛等 3 个洗煤厂。建成了 11 万伏变电站。国电 5 万千瓦风电、龙源 15 万千瓦风电并网发电。安华集团新农产业示范园开工建设。启动龙湖栖贤谷景区项目、青年庄生态旅游观光园项目。签约储备了一批低热质煤、铝基高温材料、光伏发电等夯基强县项目。

*电子商务率先发展。*成功争取全国电子商务进农村示范县项目，成为全省 8 个示范县之一，与阿里巴巴签约“千县万村”项目，启动农村淘宝项目，先期发展村级服务站 30 个，实现工业品下乡和农产品进城双向流通。

*生态旅游逐步兴起。*打造太原、忻州周末休闲旅游目的地。完成《静乐县旅游发展总体规划》，创建天柱山国家 3A 级旅游景区，发展“互联网＋乡村旅游”，旅游知名度进一步提升。

*民生事业进步大。*全县累计新增城镇就业岗位 8020 个。教育事业蓬勃发展，为农村学校聘用特岗教师 289 名，实施中小学危房改造和校舍维修加固工程、薄弱学校改造工程，新建河西第二幼儿园，义务教育标准化配套建设工程通过验收。深入推进医疗卫生体制改革，卫生保健体系不断完善。大力推进文化体制改革，静乐剪纸成功纳入国家级“非遗”保护范围，龙家庄村成功入选第三批中国传统村落名录，西大树村被评为“山西最美乡村”。以打造“百里汾河川，太原后花园”为目标，开展国家级卫生县城、省级园林县城、省级环保模范县城“三城同创”工作，全县森林覆盖率 19%，建城区绿地率 34.1%，水土流失治理率提高到 42%，汾河水质稳定在三类标准以内，县城集中供热面积达到 159 万平方米，城区空气质量二级以上天数持续稳定在 360 天以上。

（静乐县人民政府办公室）

神池县

【自然概况】 神池县位于山西省的西北部，管涔山脉的西北麓。东邻朔州，西连五寨，南接宁武，西北靠偏关，东北界平鲁。全县总面积 1472 平方千米。地势东高西低，最高海拔2545米，最低海拔1300米。东北部为土石山区，西部是黄土丘陵区。属温带大陆性季风气候，年平均气温4.6℃，年均无霜期114天。年平均降水481毫米。自然特征可以概括为：地多坡广、高寒冷凉、风大沙多、十年九旱，是一个典型的农牧交错区。下辖3镇7乡1个街道办事处，251个自然村，241个行政村。2015年末，全县常住人口10.8万人，是全省35个国家级贫困县之一。

【经济发展概况】 2015年，全县地区生产总值19.24亿元，比2014年增长1.1%；人均地区生产总值1.8万元，增长7.8%；规模以上工业增加值2.9亿元，增长11.5%；农林牧渔生产总值11.91亿元，下降12.4%；粮食总产量1.1亿千克，下降23.8%；社会消费品零售总额7.5亿元，增长5.2%；财政总收入3.21亿元，下降14.2%；一般公共预算收入1.68亿元，下降16.8%；城镇居民人均可支配收入19481元，增长7.1%；农村居民人均可支配收入6257元，增长6.2%。

“三农”发展。在先后取得胡油、胡麻、羊肉、莜麦、黑豆、黍子6个国家地理标志认证的基础上，“中国亚麻油籽之乡”通过国家粮食行业协会验收并授牌。全县种植结构凸显特色种植、高效种植、规模化种植三大亮点。渗水地膜谷子精量播种成为全省高寒冷凉谷子种植区的推广模式。神池县被中国县域现代农业发展高层会议组委会授予“品牌农业示范县”称号。“一核两线”高产高效示范带建设已具规模。以东湖现代农业园区为核心，围绕西长线和阳河线，带动全县农民实施农业机械化集中连片作业，全县农机总动力达到20万千瓦，农机专业合作社发展到21个，农机大户达到50户。土地确权和流转工作顺利推进，全县形成6.7公顷以上种植大户585户，养殖大户1600余户，家庭农场620个。大力发展羊产业，全县羊发展到110万只，标准化规模养殖场（区）达到59个，有15个跻身于忻州市百强养殖场（区）行列，100只以上规模养羊户达到4200户，养羊农户发展到2万户，占总农户的73%。畜牧业产值实现4.7亿元，占农业总产值的比重达到62%，总量增长112%；农民人均畜牧业收入3500元，占农民收入的58.1%。成为全省20个养羊重点县之一，是全省年出栏羊排名前十的县份之一。

项目建设。坚持八位一体抓项目，全年完成储备项目21项，总投资429.1亿元；签约项目15项，签约资金75.42亿元；落地项目18项，资金24.21亿元；开工项目8项，投资额21.4亿元；重点工程建设投资35.77亿元；投产项目9项，投资额46.72亿元。推进风电、光电建设。全县建成投产的风电场达到14期70万千瓦，占全省投产风电项目的1/8，成为全省的风电大县之一。光电产业开始起步，与艾特科创光电有限责任公司和上海谷欣投资有限公司等五大企业签订67万千瓦光伏发电开发协议，山西艾特科创龙泉北1万千瓦光电项目并网发电。

生态建设。完成造林绿化1.2万公顷。投资1250万元，完成坡耕地水土流失综合治理，新修水平梯田555.5公顷、生产道路17.5千米。被国家发改委、国家环保部确定为国家主体功能区试点示范县，集中建设了以朱家川流域和县川河流域为主体的两条生态走廊，以洪涛山和管涔山为主体的两个水源涵养生态屏障区，形成“两廊两屏”为主体的全域生态保育格局。

民生事业。省政府确定的“五件实事”顺利完成。全面实施国家卫生县城创建工作，2015年8月通过省爱卫办专家组的技术评估验收。投资1051万元对乡村7条30千米的通村水泥（油）路进行了完善提质。完成农村困难家庭危房改造工程300户、乡村节能改造210户。失业率控制在4%以内。

（神池县人民政府办公室）

五寨县

【自然概况】 五寨县地处晋西北黄土高原丘陵区，位于忻州市西部八县的中心位置，东接神池，西连岢岚，南临宁武，西北部接偏关、保德、河曲三县，汇通晋、陕、蒙三省。全县总面积1391.3平方千米，辖3镇9乡，250个行政村。2015年末常住人口11万。

五寨县是传统农业大县，全县耕地5万公顷，农业人口人均0.5公顷，种植马铃薯、玉米、小杂粮、蔬菜、中药材等。中部由南向北为40千米“丁”字平川，是五寨的米粮川，是全省扶贫开发先进县、粮食生产先进县。五寨也是传统畜牧养殖大县，2015年全县羊饲养量102万只，牛、猪、鸡存栏分别达2.2万头、3万头、20万只，是全省35个畜牧重点县和10个养羊重点县之一。

五寨有良好的生态环境，南有芦芽山、华北最大的亚高山草甸荷叶坪、生态旅游区“五寨沟”；东西两梁有2.7万公顷柠条林，是华北最大的狩猎区。全县有林地7.9万公顷，林木绿化率38.5%，是国家级生态示范区、省级平安县。

【经济发展概况】 2015年，全县地区生产总值18.1亿元，比2014年下降2%；人均地区生产总值1.6万元，下降6%；固定资产投资31.7亿元，增长17.4%；一般公共预算收入1.72亿元，下降9.5%；农林牧渔业总产值6.0亿元，下降30%；粮食总产量1.4亿千克，下降31%；工业总产值6.44亿元，下降14%；社会消费品零售总额7.2亿元，增长4.2%；城镇、农村居民人均可支配收入分别为20099元和6212元，增长6.8%和8%。

第一产业方面。大力实施农田水利建设，完成沟南梁1号骨干坝、梁家坪等4乡抗旱应急水源工程，解决了4600人的饮水安全，改造坡耕地553.3公顷，农田实灌面积超过3500公顷，农业综合机械化水平达到60%以上。大力实施特色杂粮振兴工程，全县种植小杂粮1.6万公顷，种植甜糯玉米4000公顷，荣获“中国甜糯玉米之乡”称号，新增“三品一标”认证产品5个，无公害产地认证达2万公顷。大力发展以羊为主的畜牧业。“五寨小肥羊”成功注册地理标志商标，全年羊养殖总量102万只。大力推进农业产业化。“一村一品”特色专业村达50个，农民专业合作社451个。培育出康宇公司、甚喜茶园等16个龙头加工企业，实现销售收入6.92亿元。

第二产业方面。推动民营企业转型升级。在加大培育鹏程淀粉、绿业牧业、康宇、宝石花、隆泰、昌泰等现有骨干企业的基础上，积极引导甚喜茶园、金达制药、科园实业等企业开发新产品，提高产品科技含量。全力扶持煤炭运销企业转型发展。投入担保金为16户企业解决贷款3660万元，有效缓减了企业资金困难。规划实施总面积10.5平方千米的“北环产业集聚区”，空间布局5大园区，即商贸物流园区、农副产品加工园区、建材工业园区、石化仓储物流园区、装备制造园区。园区内现入驻企业项目33个，实现营业收入37.48亿元，创税收9648万元。五寨400万吨煤制油联产20亿立方煤制天然气项目列入晋北现代煤化工基地规划，前期工作稳步推进。加快培育新型产业。天然气调峰液化、万通清泉纯净水等项目建成投产，生物质发电、生物质型煤项目加紧建设，杏岭子10万千瓦风电、加气站、光伏扶贫项目前期工作扎实推进。

第三产业方面。以煤炭运输产业为主，五寨80%的财政收入来自煤运，先后建成李家坪、韩家楼、三岔筒仓自动装煤专用线等9个大型煤炭发运站，发展洗选煤企业7家，54户企业从事煤炭运销，年发运能力和洗选规模分别达8000万吨、1000万吨以上。认真落实清费立税、“煤炭20条”等政策措施，大力支持煤炭企业正常发运，全年发运煤炭3350万吨，创利税1.62亿元。全县民营企业发展到4829家，从业人员3.4万人，有力推动了五寨经济发展。

改革创新方面。推进行政审批制度改革，保留的行政审批事项162项。推进商事制度改革，新登记注册私营企业同比增长37%。推进农村土地确权颁证，已完成航测及工作底图制作。县政务服务中心投入运行，公车改革、户籍制度、金融业、生态环境改革扎实推进。推进创新驱动战略，成功申报一项国家级科技富民强县项目。

民生及社会事业方面。2015年，五寨县公共财政民生支出8.1亿元，增长6.8%，占公共财政支出的75.1%。第五小学，教师周转房，南关幼儿园等项目建成投用，薄弱学校改造、营养改善等优惠政策稳步实施。继续加强基层公共医疗机构建设，中医康复医院投入运营，新建第一人民医院项目启动实施。基本公共卫生服务均等化步伐逐步加快，城乡居民健康档案建档率达87.5%。积极开展文化“三下乡”和“送戏下乡”等文化惠民工程，农村体育场地、农家书屋、农村文化活动室实现全覆盖。全年城镇新增就业1649人，城镇失业率控制在3.7%以内。投入资金4690余万元，对全县低保、五保、住院、优抚、孤儿等弱势人群进行了救助和补贴。建成保障性住房108套，改造农村危旧房280户，易地搬迁2500人。

（五寨县人民政府办公室）

岢岚县

【自然概况】 岢岚地处晋西北黄土高原中部、管涔山西北麓，属中温带大陆性季风气候，平均气温6.2℃，无霜期不足120天，降水量450毫米左右。境内以山地丘陵为主，总面积1984平方千米，平均海拔1443米，辖2镇10乡202个行政村。2015年末常住人口8.6万人。

岢岚县生态良好，境内有耕地5.2万公顷、林地11.9万公顷、天然牧坡9.1万公顷，是一个农田广阔、牧草丰富的农牧业县份，种植小杂粮、发展畜牧业具有得天独厚的自然条件和环境优势，打造出“晋岚绒山羊”“中华红芸豆”两个国字号品牌，以“羊”为主的畜牧业和以“豆”为主的小杂粮是农民增收的主要支撑。

岢岚环境优美，保存完好的宋长城绵延30多千米，有2000公顷荷叶坪高山草甸，县城南山森林公园、东山山地公园、北山文昌塔公园占地1333公顷，有较充足的光、水、风等自然资源，森林覆盖率16%，城市建成区绿地率35.2%。境内空气清新，碧水蓝天，气候凉爽，是避暑旅游的理想之地。

【经济发展概况】 2015年，全县地区生产总值20亿元，比2014年增长10.7%；人均地区生产总值2.3万元，增长6.5%；固定资产投资46.7亿元，增长17.5%；规模以上工业增加值4.4亿元，增长8.9%；农林牧渔总产值6.4亿元，下降5%；社会消费品零售总额7.8亿元，增长5.9%；财政总收入2.5亿元，下降1.6%；一般公共预算收入

1.2亿元，下降15.7%；一般公共预算支出10.6亿元，下降2.2%；城镇居民人均可支配收入22374元，增长7.7%；农村居民人均可支配收入5492元，增长8.3%。

项目建设。全年规划项目153个，总投资284.8亿元，其中40个省市县重点项目总投资160.4亿元。完成项目储备519.27亿元，签约118.62亿元，落地65亿元，开工40.9亿元，建设48.17亿元，投产35.05亿元。全面落实“七补一贷”“六补一缓”政策，扎实推进金融创新，有效减轻企业负担，切实缓解各类经济实体融资难、融资贵问题。

产业发展。全县2015年工业总产值20.54亿元，比2014年增长7.9%。围绕农业增效、农民增收，大力发展“一业一品”，建设红芸豆、马铃薯、小杂粮等科技示范园区786.67公顷，在受灾较重的情况下粮油总产4096.5万千克。振兴畜牧业，新建改建存栏500只以上规模养殖场21个，全县羊饲养量70万只，农民人均畜牧业纯收入2618元。加快农业产业化步伐，全县18个农业产业化龙头企业，初步形成羊产品加工、红芸豆精选加工、沙棘高端加工、脱水蔬菜加工等产业体系，实现销售收入7.1亿元。

城乡建设。创建省级园林县城、省级文明县城、省级环保模范县城，实现城市管理精细化、规范化和高效化。城区污水处理厂完成提标改造，出水水质达到一级A标准；解决了5个乡镇15个村4600口人、1340头大畜的人畜饮水安全问题，综合治理水土流失3333公顷，坡改梯533公顷，水利实灌1827公顷。王家岔旅游路、岢保线改造、岢大线至中寨通村公路、北外环全部竣工，二级汽车站投入使用。全县公路通车总里程约943千米。城镇化率47.5%，比2014年提高1.7个百分点。完成营造林4273公顷，6项主要污染物排放全部实现零增长，全县二级以上天气365天，城乡环境显著改善。

改革创新。大力推进农村土地确权、行政审批改革、户籍制度改革、金融创新。承接省市下放审批事项41项，清权确权规范行政审批事项名称33项，取消行政审批23项，确定县级行政审批目录135项，公开43个单位5635项权力事项清单。取消农业户口与非农业户口性质区分，在打破城乡二元结构、加速城镇化进程、统筹城乡发展上迈出新的步伐。启动实施支种贷、支养贷、支企贷和富民贴息贷“3＋1”工程，用2240万元风险补偿金撬动金融机构放大10倍额度，发放贷款9131万元。与山西股权交易中心达成战略合作协议，29家企业集中挂牌。

民生保障。2015年公共财政民生支出6.9亿元，增长11.3%，占公共财政支出的65.1%。投资近亿元的新岢岚中学投入使用，“全面改薄”工程53所项目校全部完工，义务教育发展基本均衡县通过评估。全面推进县级公立医院改革，县医院综合住院楼投入使用，中医院综合楼主体完工，县疾控中心业务楼进入招投标阶段。保障体系日趋完善，城乡低保、农村五保实现应保尽保，城镇累计新增就业5576人，城镇失业率控制在3.3%以内。

（岢岚县人民政府办公室）

偏关县

【自然概况】 偏关县地处山西省西北部，西临黄河与内蒙古准格尔旗隔河相望，北倚长城与内蒙古清水河县接壤，东接朔州、神池，南邻河曲、五寨，总面积1685.4平方千米，偏关县辖4镇、6乡、248个行政村。2015年末常住人口11.5万。地势东高西低，平均海拔1.4千米，年均气温3℃～8℃，无霜期105～145天，年平均降雨量425毫米。明代与宁武关、雁门关合称“外三关”，境内黄河渡口、古栈道、古烽火台、古庙宇、古村落、古堡众多，自然风光与人文古迹交相辉映，黄河文化、长城文化、古村落文化与边塞文化在此相互交融，旅游资源丰富独特。

【经济发展概况】 2015年，全县地区生产总值25.02亿元，比2014年下降2%；人均地区生产总值2.1万元，下降4.5%。财政收入2.99亿元，下降14.3%；一般公共预算收入1.81亿元，下降9.9%。农林牧渔业总产值7.45亿元，下降7.9%；粮食总产量2488万千克；工业增加值3.9亿元，下降8.7%。社会消费品零售总额8.3亿元，增长4.3%。城镇居民人均可支配收入18801元，增长7.6%；农村居民人均可支配收入5620元，增长6.5%。

工业经济运行平稳。突破依托引黄工程“一电独大”的尴尬局面，先后引进同煤、博泰、大唐、龙源等大公司进驻，改写了偏关继引黄工程进驻以来18年间没有大集团、大企业进驻的历史。涉煤产业发展迅猛。煤炭物流洗选项目落地18个，其中，煤炭铁路发运企业5个，年设计发运能力2000余万吨，已全部获得铁路部门批准，3个已开工建设；洗选煤项目5个，年设计加工能力1260万吨，3个建成投产；配煤中心8个，年设计储售能力420万吨，已全部拿到煤炭经营许可证，4个投入运营。电力产业发展势头强劲。大力发展水电、风电、火电、光伏发电项目，装机容量108万千瓦的万家寨水电站和42千瓦的龙口水电站运转正常，年发电量约40亿度。华能一、二期10万千瓦和大唐5万千瓦风电项目已建成并投入生产，龙源5万千瓦风电项目开工建设，签约的风电项目总装机容量达到65万千瓦，国电科环10万千瓦风电项目和上海新锋2万千瓦光电项目取得省发改委“路条”，华能2万千瓦光伏发电项目开工，签约光电项目总装机容量213.6万千瓦，2×100万千瓦和2×110万千瓦两个火电项目正在对接洽谈，华电偏关2×110万千瓦火电项目的可研报告通过审查。煤炭洗选、储售、运销“三大运行体系”和水电、风电、光电、火电“四大电力产业”将成为偏关“十三五”期间经济发展、贫困县“摘帽”的重要项目支撑。

加大农业投入。2013年至2015年期间，用于农业、农民、农村包括教育、医疗、水利、农机等建设资金达到5亿元左右。2015年偏关的小米、羊肉两种农产品获得国家地理标志产品认证，首次取得国家级认证。在南堡子乡实验推广的藜麦种植获得成功。出台6项设施农业优惠扶持政策，新增了鲜桃、葡萄、西瓜、香瓜等水果产品。畜牧业健康发展，全县养羊数量达到85.3万只。人民群众生活水平整体提升，截至2015年底，全县有大型运输汽车463辆、小型汽车4041辆，比2010年分别增长126.9%和223.8%，靠运输产业的致富效应得到发挥。坚持先行先试，引进以白水大杏和仁用杏为主的经济林项目，10个乡镇5年发展经济林达到2700公顷。

旅游开发力度大。大搞生态建设，森林覆盖率平均以1.1个百分点逐年递增。老牛湾村被评为3A级中国传统古村落，老牛湾景区被省政府批准为省级风景名胜区。把长城、古堡等历史防御体系，地道等近代地下防空作战体系，黄河、长城自然风景等资源整合为西线“黄河风情游”，与东线“长城边塞游”形成两条旅游路线。对老牛湾—乾坤湾—黄河水利枢纽—护宁寺—红门口地下长城“五大景区”进行布局规划和建设，旅游事业得到长足发展。

（高　瑞　秦小龙）

河　曲　县

【自然概况】 河曲县地处山西省西北黄土高原地区，是晋陕蒙三省区结合部，明清时有“水旱码头”之称，是国家非物质文化遗产河曲民歌、二人台、河曲河灯会的发祥地，素有“能源新都、杂粮基地、文化名城、民歌之乡”之称。县域面积1323平方千米，耕地面积3.6万公顷，辖4镇9乡340村。2015年末，全县常住人口14.9万人。境内矿产资源分布较广，储量丰富。初探有相当储量的矿种6类18种，其中煤储量120亿吨，分布面积355平方千米，是晋陕蒙能源金三角河东煤田腹地，铁矿储量15.6亿吨，铝矾土储量1.79亿吨，石灰岩储量601亿吨。此外，还有高岭土、锰矿、油页岩、工程砂等矿产资源。

【经济发展概况】 2015年，全县地区生产总值70.23亿元，比2014年增长6.0%；人均地区生产总值4.7万元；财政总收入14.05亿元，下降15.9%；一般公共预算收入4.19亿元，下降30.9%；农林牧渔总产值4.45亿元，下降24.7%；粮食总产量3.3万吨；工业总产值90.42亿元，下降4.7%；社会消费品零售总额12.9亿元，增长6%；固定资产投资总额135.86亿元，增长16.8%；城镇居民人均可支配收入23009元，增长8.6%；农村居民人均可支配收入5463元，增长7.3%。

三次产业不断优化。一二三产比例为3∶66∶31。新型工业化进程加快。产业集聚区基础建设加快，已有13户企业入驻。神华神东低热值煤电厂一期投产发电，二期取得“路条”。山煤河曲低热值煤电厂一期正式开工建设。3座露天煤矿1座正式投产，2座基建结束，进入联合试运转。8座井工矿5座稳定生产，3座积极推进。同德化工产销爆一体化覆盖全市，一批新能源项目正在积极推进。全年生产原煤1346.6万吨，发电98.95亿度，炸药3万吨。现代农业提质增效。3大农业经济带上3个产业园区取得新成效。平川区新建温室14座、大棚8座、育苗场3000平方米，7个瓜蔬品种申请了绿色认证；半山区推广种植富硒农作物330多公顷，完成富硒小米QS认证，荣获中国小康科技成果奖；高山区推广种植脱毒种薯4000公顷、微型薯60多公顷。新增养羊合作社50个，新建羊舍2.6万平方米，推广种植牧草330多公顷，形成了新的绒山羊产业带。文旅产业迈出新步伐。出台保护民歌二人台发展的12条意见，分别设立200万元、100万元的文化、旅游产业发展专项资金，新增注册艺术团体4个，举办首届海红花杯河曲民歌二人台大赛，推动文化、旅游产业融合发展。

夯实农业产业基础。引黄灌溉配套工程全面推进，新增水地260多公顷，完成膜下滴灌500公顷。铺设饮水、灌溉管道2万米，解决了5个乡(镇)17村3700人的饮水安全问题。建设高标准基本农田660多公顷。贫困户精准识别基本完成。高标准完成通道绿化66千米，打造李家峁林业工程区2330多公顷，新增建成区绿化面积33万平方米，代表全市接受了全省造林绿化现场会观摩。

社会事业不断发展。“65332”后续工程有序稳步推进。6条道路中5条全面建成。5馆3院两个综合体建筑土建工程已经完成，内装修正在进行。3个公园中，临隩公园、白朴公园二期已投入使用。两大管网，热电联供管网工程正式并网供热，覆盖面积约70万平方米。县城集中供气管网已经建成。义务教育学生营养餐工程继续实施。新增城镇就业2133人，培训新型职业农民500人，转移农村劳动力2453人。特困群众易地搬迁1000人，农村困难家庭危房改造600户。保障性住房1158套分配到户，898套主体完工。城乡低保做到应保尽保。

优化企业发展环境。积极抓好银企对接，“助保贷”贷款8600万元。同德化工等5家企业先后与12家科研院所合作，柔性引进科技人才38名，解决技术问题200余项。出台了加快民营经济发展的实施意见，设立500万元的中小企业发展专项资金、300万元的全民创业资金，扶持建设四海进通等中小企业孵化基地、大学生创业园。

（河曲县人民政府办公室）

保德县

【自然概况】 保德县地处晋西北黄土高原，北与河曲县接壤，南与兴县毗邻，西与府谷县隔河相望，东与岢岚县为邻。全县总面积997.5平方千米，南北纵长约45千米，东西宽约22千米。辖4镇9乡341个行政村，属国家扶贫开发重点县。境内梁峁起伏、沟壑纵横，地势东高西低，平均海拔840米，属温带大陆性气候。保德县位于晋陕蒙“金三角”辐射圈内，路网四通八达，西贯陕蒙、东接京津、南通中原，是忻州的西部门户。已探明的矿产资源多达14种，其中煤炭储量127亿吨，煤层气储量1000亿立方米，油母页岩储量10亿吨，铝土矿总储量1.64亿吨，铁矿总储量37.8亿吨，石灰石可开采量360亿吨，硫黄矿储量11.52亿吨。2015年末，全县常住人口16.4万人。

【经济发展概况】 2015年，全县地区生产总值63.5亿元，比2014年增长4.5%；人均地区生产总值3.9万元，增长0.7%；固定资产投资121.4亿元，增长16.8%；一般公共预算收入3.9亿元，下降38.4%；社会消费品零售总额14.6亿元，增长5.4%；农林牧渔业生产总值5.1亿元，下降11.7%；工业生产总值59.45亿元，下降9%；城镇居民人均可支配收入24699元，增长7.3%；农村居民人均可支配收入5981元，增长6%。

支柱产业平稳运行。2015年保德县国民经济第一、二、三产业在地区生产总值中所占比重分别为4.9%、72.2%、22.9%。煤炭是全县工业的支柱产业，也是经济增长的重要支柱。全年生产原煤2023万吨，生产洗煤180万吨，煤炭工业实现产值52.68亿元，实现煤炭增加值27.91亿元，占规模以上工业增加值的87.3%，占全县地区生产总值的44%。发电厂发电量15.15亿千瓦时，完成产值4.19亿元。水泥厂生产水泥35.5万吨，实现增加值0.3亿元。房地产企业5户、建筑企业2户，建筑业完成增加值5.26亿元。以发展煤电铝化板块为统领，坚持煤与非煤并重，着力培育新的支柱产业。东恒煤业物流园区、神华33兆瓦瓦斯发电项目建成投产，兴保铁路及3000万吨煤炭集运站、海通杨家湾50万方煤层气等3个煤层气液化项目等一大批转型项目加快推进。特别是总投资58.64亿元的晋能保德2×660兆瓦低热值煤发电项目完成年度投资9.94亿元，在实现煤电一体化、推动转型发展方面迈出坚实的步伐。

启动重大改革项目。编制出台《2015年综改行动计划》，确定了4项重大改革、15个重大事项、4个重大项目和3个重大课题。完成工商、质检、食药职能整合，组建县市场和质量监督管理局。卫生计生机构合并，组建新的县卫生计生局。加快行政审批制度改革，承接上级取消和下放的行政审批项目38项，列入本级行政审批项目7项，现有行政审批项目减少到134项。取消了南峁煤检站、保府桥煤检站，完成了煤炭焦炭公路销售体制改革任务。

农业产业化发展扎实推进。全县农作物播种面积2.3万公顷，主要是谷物、豆类、薯类，小杂粮种植面积1.4万公顷，培育科技示范户1200户、科技示范园13个，粮食产量2406万千克。红枣栽植面积4398.7公顷，海红果2000公顷，“两红”产量实现2500万千克。温室大棚总面积266.7公顷，年产值1亿余元。改扩建规模养殖场区12个，发展科技养殖示范户20户，猪存栏2.7万头、羊存栏9.1万只、家禽存栏23.8万只。培育农机示范合作社1个，扶持机械化示范农场1个，发展农机大户2户，推广实用农机具538台(件)。西府海棠酒系列产品进入市场，恒胜红枣酿酒项目进入试运行，农产品加工业销售收入达到3.97亿元。

社会事业发展全面提速。城镇新增就业2192人，转移农村劳动力就业2669人，年末城镇登记失业率3.7%。各项社会保险参保人数15.9万人，纳入最低生活保障救济7378户1.2万人。义务教育均衡发展通过国家验收。开展广场文化月活动6场，送戏到村62场次，广播电视“户户通”工程完成1万户。新农合参保率达99.7%，居民健康档案建档率78%，人口自然增长率5.32‰。采煤沉陷区治理3个乡镇7个村1141户的安置住房全部开工。完成易地移民搬迁1000人。

（韩晋春）

五台山风景名胜区

【自然概况】 五台山位于山西省五台县东北部，其周边分别与五台县、繁峙县和河北省阜平县为邻。五台山风景区管辖台怀镇、金岗库、石咀

3个乡镇，面积436平方千米。五台山位居中国四大佛教名山之首，是首批国家级风景名胜区、国家森林公园、国家地质公园、国家5A级旅游景区，是世界文化景观遗产。五台山拥有独特而完整的地球早期地质构造、地层剖面、古生物化石遗迹、新生代夷平面及冰缘地貌，完整记录了地球新太古代晚期至古元古代地质演化历史，具有世界性年代地层划界意义和对比价值。五台山至今仍保存有自唐代以来中国7个朝代的寺庙73座，其中国保单位5处，省保单位5处，县保单位31处，这些文物建筑代表了中国古代建筑技术和艺术的突出成就。五台山以古老而独特的地貌和清凉高寒的气候，与佛教文化相依相衬，孕育了世界佛教的文殊信仰中心，绵延承传1600余年，展现了一种独特而富有生命力的组合型文化景观，使之成为朝圣礼佛、科考探秘、避暑纳凉的理想场所。

【经济发展概况】 2015年接待国内外游客475.7万人次，比2014年增长8.7%；其中，入山收费人数180.2万人次，增长49.5%；财政预算总收入2.85亿元，增长29.4%；入山费收入2.28亿元，增长54.2%；旅游总收入50.82亿元，增长10.2%。

项目建设扎实推进。五台山改造提升工程的一期河道治理、桥梁改建、游客中心绿化等5项重点工程已全部完工，污水处理等2项环保工程加速推进，显通寺等9处世界文化遗产点环境整治及基础设施配套升级改造工程启动开工。

规划监管成效突出。五台山总体规划已经省住建厅和忻州市委深改小组原则通过。出台景区农村建筑市场专项整治方案，先后拆除二期拆迁范围内私搭乱建的相关建筑3211平方米，查处金岗库乡马圈沟村民非法占地建设行为，集中清理15个村庄的建筑堆料和垃圾，有效遏制了乱修乱建。

旅游秩序不断规范。清理整顿主景区乱设摊点303个、游商游贩193人次，整顿黛螺顶等市场摊位123个次，查处违规导游30余人次，打击“黑导、黑牛”107人次，销毁非法广告牌匾23块，救助遣送流浪乞讨人员90人，清理野僧野尼148人，查处偷逃门票人员4046人，清理销毁高香5大箱。经全面整改，2015年10月9日，国家旅游局撤销了对五台山景区的警告处分。

环境治理持续深化。原省道113千米的道路正式移交景区，倍受关注的省道设卡问题得到有效解决。加大环卫整治和督查力度，保证了垃圾随产随清。全面排查各单位烟煤锅茶炉，限期整改12户，核心景区内11个单位、7个商铺、51户居民使用上了天然气，大气环境得到有效改善。

宣传促销力度加大。举办五台山文化旅游月、信仰国际学术研讨会等活动，配合《远方的家》等栏目来山拍摄节目，不断扩大对外影响。邀请主流媒体来山采风，在黄金时段集中播放影视宣传片。组织宾馆、饭店和旅行社赴四川、新疆等广泛推介，参加“2015北京国际旅游博览会”等促销活动，在北京、天津等城市投放五台山旅游宣传片，积极拓展客源市场，有效提高了市场占有率。

（五台山风景名胜区政府办公室）

晋中市

【自然概况】 晋中因地处山西中部而得名，1999年撤地设市。全市总面积1.6万平方千米，辖1区、1市、9个县及1个国家级经济技术开发区，有118个乡镇、17个街道办事处、2725个行政村，2015年末全市常住人口333.6万人。

历史文化厚重。现有各类不可移动文物5538处，全国重点文物保护单位65处，世界文化遗产平遥古城和乔家、王家、常家、曹家、渠家等晋商大院闻名遐迩，有94项国省级非物质文化遗产和8个国家级文化品牌，是国家级大晋中文化生态保护实验区的核心区。全市文化产业增加值占地区生产总值的6%，居全省第二。

区位交通便捷。晋中区位独特，紧邻省会太原，素有“晋疆锁钥、南北通衢”之称，紧邻武宿国际机场和太原南站。石太、南同蒲、太焦三大干线铁路交会于此，太旧、大运、太长三条高速公路交叉过境，大西高铁贯穿平川6个县（区、市），高速公路覆盖11个县（区、市）。全市有高速铁路173千米。高速公路总里程562千米，全省第一。

自然资源丰富。矿产资源66种。煤炭累计查明资源储量271亿吨，保有资源储量209亿吨，是山西三大煤炭基地之一。煤层气总资源量25572亿立方米，可开采量7000亿立方米。耕地面积37.4万公顷，林地面积38万公顷，森林覆盖率23.3%，林木绿化率35.9%。

产业基础扎实。农业全省领先，是国家现代农业示范区；工业起步早，是全国纺机、液压件以及焦炭、玛钢、碳素、药用胶囊、玻璃器皿的重要生产和出口基地；新兴产业发展迅速，新能源、新材料、新装备项目加快推进，是全省电动汽车产业发展基地；现代服务业比重达到47.1%，现有旅游景区景点140处，5A级景区3处，4A级景区15处、3A级景区7处，A级景区总量全省第一。获评“中国最美休闲度假旅游城市”。

【经济发展概况】 2015年，全区地区生产总值1046.1亿元，比2014年增长6.4%；规模以上工业增加值

379.5 亿元，增长 5.7%；固定资产投资 1312.5 亿元，增长 18.7%；一般公共预算收入 100.2 亿元，下降 14.7%；社会消费品零售总额 529.7 亿元，增长 5.8%；城镇常住居民人均可支配收入 27525 元，增长 7.3%，农村常住居民人均可支配收入 10877 元，增长 7.7%。

创新体制机制，投资建设了一批转型项目。山西新能源汽车项目竣工，填补了山西省全流程轿车生产线空白；4 个低热值煤电厂、晋能 2000 兆瓦异质结晶硅高效电池及组件等重大项目开工，十大领域投资齐头并进，产业结构进一步优化，全市非煤产业增加值比重达 37.8%，比 2014 年提高 3.4 个百分点。国家现代农业示范区全面启动建设，金谷农投迈出了资本、资源、科技、农户、企业有效结合的现代农业探索之路，农业规模经营和集约水平明显提升。旅游攻坚年实施 47 项重点工程，旅游集团化运营积极推进，大型游乐场、万达晋中广场、杉杉奥特莱斯、电子商务产业园等新业态项目落地实施，服务业发展迈上新台阶，对全市地区生产总值增长贡献率达 47%以上。

抢抓发展机遇，积极争取了一批“国字号”政策支持。国家推进京津冀协同发展、环渤海地区合作发展两大战略规划，确定的“一大发展轴、三大合作区、四大基地”全部覆盖晋中市；同城效应不断放大，大学城、科创城、汽车城带动了产业转移、人才流动、要素集聚，区位优势正在转化为强大的人气、商气和发展机遇。争取到国家现代农业示范区、全国创新驱动示范市、国家级中小城市综合改革、综合执法体制改革等多项“国字号”政策覆盖。

强化责任担当，探索实施了一批破题性改革。创新企业帮扶机制，大力推进企业减负行动，实施甲控（供）材管理，对重点企业困难定制性帮扶，激活了东方希望铝等一批重大项目，化解多起骨干企业重大资金断链风险；启动 108 廊带区域一体化发展示范区工程建设，首批项目陆续开工。金融创新实现上交所、香港联交所、新三板和资产证券化项目挂牌四个“零的突破”，科技产业园启动建设，新设立的应急周转保障金为 35 户民营企业续贷银行资金 5.9 亿元。

勇于攻坚克难，完成了一批惠民利民实事。市城区连续实施“百亿市政重点工程”，博物馆、图书馆、科技馆、档案馆、大剧院、文化宫、青少年基地、大医院、殡仪馆等标志性项目全面推进，内环路快速化改造当年完成，晋中太原城际铁路 2 号线试验段开工，城市路网进入立体化轨道交通时代；左权、昔阳成功创建国家园林县城，昔阳通过国家卫生县城暗访；大力增加公共服务供给，全省首家实现国家义务教育发展基本均衡县达标全覆盖，全国养老服务业综合改革试点扎实推进，在全省率先开展乡村医疗卫生“五统一”管理。

提升行政效能，开展了一批自我革新行动。大力简政放权，市级主动取消下放行政审批事项 90 项，权责清单公布运行，非行政许可审批全部清理；提升财政资金使用绩效，政府收支全部纳入预算管理，预算资金全部实行国库集中支付，实施和储备总投资 190 亿元的 23 个 PPP 项目，社会投资占到近九成；深化国有企业和经营性事业单位改革，变部门分散管理为分类集中监管，实行国有企业任期绩效考核，国有资产收益同比翻番。

（张　静）

晋中市榆次区

【自然概况】 榆次区位于山西中部腹地，地处晋中盆地东北边缘。全境东倚太行、南邻太谷、西连清徐，西北与太原小店区接壤，东北与寿阳相望，东南与和顺、榆社次第毗连。辖 6 镇 4 乡、9 个街道办事处、272 个行政村（含 6 个撤村转居村）、67 个社区，是晋中市委、市政府所在地，全区面积 1328 平方千米，2015 年末常住人口 65.6 万人。

【经济发展概况】 2015 年，地区生产总值 208.8 亿元，比 2014 年增长 7.6%；人均地区生产总值 3.2 万元，增长 6.1%；规模以上工业增加值 51.9 亿元，增长 8.2%；固定资产投资总额 269 亿元，增长 17.1%；一般公共预算收入 11.9 亿元，增长 5%；社会消费品零售总额 167.2 亿元，增长 5.8%；城镇居民人均可支配收入 28935 元，增长 7.7%；农村居民人均可支配收入 14684 元，增长 8.6%；农林牧渔业总产值 30.3 亿元，增长 1.6%；粮食总产量 1.75 亿千克；工业总产值 210.5 亿元，增长 1.2%。

工业经济平稳运行。深入实施创新驱动战略，全区各类工业公共服务平台达到 28 个，全年提供技术服务 308 次，为企业创造效益超 5 亿元。中高端装备成为新的“榆次制造”名片，液压行业依托持续的创新投入，民营液压企业成功转型，方盛液压自动造型机国内最强、“打磨机器人”试制成功，海洋液压荣获全国科技创新大赛全省唯一优秀奖；纺机行业抢抓“一带一路”契机，经纬纺机成功与西部产棉区政府战略合作，拿到全国市场需求 80%以上订单，带动行业复苏；食品行业积极拓展互联网销售渠道，海玉、东湖、尚润网上销售占比超 3 成。严格落实企业减负 60 条、工业稳增长 19 条、小微企业扶持 13 条，全力支持企业发展，全区工业总产值达到 210.5 亿元，实现税收 6.6 亿元，规模企业达到 79 户。

都市农业提质转型。着力提升国家农业科技示范园区、国家休闲农业与乡村旅游示范县品牌，全力加快都市休闲农业发展，启动了国家现代农业示范区建设，铺开“十个一”工程，新建设施蔬菜666.7公顷，新发展水果600公顷，改造干果200公顷，种植中药材333.3公顷，投资3.6亿新建19个标准化养殖园区，全区农业企业实现销售39亿元。都市休闲观光农业步入快车道，启动“一带三区”战略布局，投资2.86亿元实施国家万亩农综开发、沿湖产业路等项目建设，筑起了联通南北的休闲观光产业带；通过潇河流域苗木基地建设和河道治理，构建了横贯东西的潇河流域生态产业带，全区乡村旅游接待人数达到100万人次，带动农户8000户，增收4500万元。

社会事业全面发展。全力加强民生保障，民生支出继续保持在70%以上。坚持教育优质均衡，羊毫街小学、蕴华街中学竣工，5所农村幼儿园完成改建，工业园区寇村学校、经纬幼儿园启动建设。强化分级诊疗制度，新农合参合率达到99.8%。完善创业就业机制，城镇新增就业人数8517人，转移农村劳动力4635人，城镇登记失业率控制在1%以内；城镇职工基本养老保险、医疗保险、居民养老保险参保人数分别达到13.4、18.8、18.9万人。城乡低保、农村五保标准提高，实现应保尽保。完成造林绿化3193.3公顷，治理水土流失1000公顷；二氧化硫、氮氧化物、化学需氧量、氨氮分别削减3.6%、31.97%、10.45%、21.5%。

（刘　琛）

介休市

【自然概况】　介休位于山西省中南部，汾河横过境北，绵山雄峰屹立境南，周边与平遥、灵石、汾阳、孝义、沁源等县（市）接壤。全市总面积744平方千米。2015年末常住人口41.8万人。辖7镇、3乡，5个街道办事处、231个行政村。

介休市地处中纬度大陆性季风气候区域，属暖温带大陆性气候。一年四季分明，雨热同季，降雨主要集中于夏季。全年平均气温12.4℃，平均日照时数1455.1小时，平均降雨量357.7毫米，无霜期181天，其分布趋势为平川丘陵长于南部山区。

【经济发展概况】　2015年，地区生产总值135.4亿元，比2014年增长6.2%；规模以上工业增加值58.2亿元，增长5.8%；固定资产投资141.7亿元，增长18.9%；一般公共预算收入10.0亿元，减少18.3%；社会消费品零售总额84.1亿元，增长5.5%；城镇居民人均可支配收入28970元，增长7.4%；农村居民人均可支配收入11723元，增长7.3%。

突出创新调结构，转型发展取得突破。大力实施崇光低热值煤发电、昌盛煤焦油加工、义棠煤层气发电等产业提升项目，促进传统产业转型发展。大力发展新兴产业，青云通航飞机、中加大型锻件等项目积极推进，博创纳米材料工业园加快建设，装备制造、电力、碳素、建材等新兴产业工业增加值分别增长79.1%、36%、47.7%、11.3%。现代物流产业集群发展，晋能物流、奥维德圣、亿联国际等仓储物流项目落地。优化提升文化旅游产业，历史文化名城复兴工程全面竣工，张壁古堡挂牌4A级景区，南庄等乡村游成为新旅游热点。建成晋中地区首个电商园，首批入驻企业20户、创业人才200人；入选全省首批阿里巴巴“千县万村”试点，年底市级运营中心和首批40个村点将正式开业；完成电商人才培训1000人（次）。

统筹城乡惠民生，社会事业加速发展。市财政优先保障民生支出占到财政总支出的75%以上。保障城乡居民就业。组织召开大型招聘会，搭建企业与人才的就业桥梁，达成就业意向2062人；全市城镇登记失业率控制在2.5%，新增城镇就业人数4500余人，转移农村劳动力3600余人。加快教育均衡发展。新建4所农村幼儿园，城区2所幼儿园投入使用，积极推进三中新校区和十二幼PPP项目，6所学校被命名为“晋中市级数字化示范校园”。深化医疗卫生体制改革。新建人民医院加紧内装，7所乡镇卫生院全部完工；城乡居民最高报销额度分别提高到46万元、15万元；创建全国基层中医药工作先进县。推进民生重点工程建设。改造农村危旧房1000套，采煤沉陷区治理安置1261户；开展“平价蔬菜进社区”网点连锁经营；新开工各类保障房668套，完工1583套。

立足增收强基础，三农工作扎实有效。着力培育特色农业产业。推进设施种植多元化，建成上岭后万亩红薯和铁巩、丰益、仙台等规模化蔬菜种植基地；推进养殖标准化，建成绿健60万只蛋鸡、昱源万头肉牛等规模化养殖企业，绿健蛋鸡公司成为山西省出口蛋品基地；推进优质干果规模化，建成两个2000公顷核桃林基地，全市核桃林面积达到4666.7公顷；推进加工产业品牌化，忠平、金核仁核桃加工形成买全国、卖全国格局，绵山陈醋产业园项目扎实推进。扎实推动重点工程。启动朱家堡生态湿地修复工程，完成汾河五坝和兴地饮水工程，南河水库完成前期手续；完成小型农田水利重点县2015年建设任务和汾河治理二期工程；与太岳林局创新开展局地造林，新完成植树造林1333.3公顷。

生态优化守底线，人居环境持续改善。扎实开展污染减排工程。积极推进39项污染减排任务，其中工程减排14项、结构减排3项、农业源减排22项，努力完成六项主要污染物减排指标。深入开展大气污染防治。完成茂胜热电脱硫设施、新泰钢铁脱硝改造，淘汰城市建成区燃煤锅炉8台17蒸吨，实施储煤、储焦厂、储沙、石料场扬尘治理和施工工地综合整治，淘汰黄标车、老旧车1408辆；完成餐饮油烟治理100家。扎实开展水环境治理工作。编制完成《介休市农村生活污水2014－2020年防治规划》。全面启动汾河生态修复工程。完成《介休市汾河流域生态修复规划（2015～2030年）》，启动了汾河湿地、深度治理、污水处理、关井压采等一批重点工程。

全面推进抓改革，发展活力不断增强。全面完成政府机构改革任务。食品药品、工商质监、卫生计生等新一轮政府机构改革按时完成，政府组成部门由27个减少为24个，议事机构、协会进一步精减。推进国家新型城镇化综合试点。率先实施户改，取消农业与非农业户口区分，以实际居住地统一登记为居民户口，新居民户籍簿换发正式展开；义安镇被确定为国家建制镇示范试点，争取专项资金6000万元；开展城乡总体规划修编试点，启动“多规合一”改革；加快投融资体制改革，通过PPP模式向社会融资，西南排干工程争取到国家发改委5000万专项资金包装PPP项目。抓好民营经济、科技创新、金融振兴三大改革攻坚任务。民营经济发展取得新成效，“三证合一”“一码一证”商事改革全市领先。科技体制改革扎实推进，安泰、三佳、博创研发中心加快建设，推进中科三佳MPS、农药助剂、苯基硅树脂完成中试，开展凌云中草药克隆组培及种植科研攻关。金融体制改革取得新突破，出台金融创新推进“六大发展”10条意见；提升国资公司、城投公司融资担保能力，大西高铁通城连接线争取到农发行贷款2亿元；创新“助保贷”业务，10户中小企业获贷款3610万元。深入推进“六权治本”。简政放权走在晋中前列，率先完成“权力清单”，政府部门行政权力由4347项压缩为2650项，缩减率44%。全面完成“两集中、两到位”行政审批制度改革，事项及时办结率99.3%。启动公共资源交易平台。

（介休市人民政府办公室）

榆社县

【自然概况】 榆社县地处太行山中段西麓，晋中市东南部。太焦铁路、太长高速贯穿南北，汾邢高速横跨东西，交通十分便利。全县总面积1699平方千米，2015年末常住人口13.8万人，农业人口11.7万人，辖4镇5乡、1个城区管委会、271个行政村。

榆社属丘陵山区，四周高、中间低，最高海拔2011米，最低海拔961米，平均海拔1100米，境内浊漳河北源水系纵横交错，水资源充足。气候为暖温带大陆性季风气候，年均气温8.8℃，年降水量560毫米，无霜期165天。

【经济发展概况】 2015年，地区生产总值26.2亿元，比2014年增长3.3%；人均地区生产总值1.9万元，增长2.9%；工业总产值32.04亿元，下降8.1%；固定资产投资14.7亿元，增长18.1%；农林牧渔业总产值6.8亿元，增长5.5%；粮食总产量8829万千克，增长17%；一般公共预算收入1.9亿元，下降6.7%；社会消费品零售总额11.3亿元，增长6%；城镇居民人均可支配收入19013元，增长6.6%；农村居民人均可支配收入4453元，增长6.7%。

项目建设提质增效。大力开展项目“提质增效加速年”活动，实行重点项目联审代办，强化项目精细化管理，项目建设“六位一体”继续保持良好势头，项目开工、投产两项指标完成率位居全市前列。21项市级重点工程完成投资9.02亿元，完成年度投资计划的100%，有效拉动了县域经济发展。

现代农业成果丰硕。继续抓好三项富民特色产业，现代农业“1311”工程全面完成，设施蔬菜从66.7公顷发展到866.7公顷，增长12倍；核桃从2333.3公顷发展到7366.7公顷，增长2.6倍；笨鸡从100万只增长到302万只，增长2倍。金融支持效果明显，农信社全年净投放涉农资金9200万元。榆社县成为省属高校肉、蛋、菜定点采购县。完成小流域综合治理、坡耕地水土流失治理、云竹河河道治理、云竹水库节水灌溉、农业综合开发等工程，农业发展基础进一步夯实。实施三北防护林示范、太行山绿化等工程，全年完成造林2993.3公顷。加大扶贫开发力度，完成5个村整村脱贫、8900人脱贫的减贫任务。

新型工业转型加快。大力发展新能源产业，引进了北京华电中光、山西华能电力等9个光伏发电项目和3个风力发电项目，其中华电中光一期20兆瓦光伏发电项目、华能电力50兆瓦光伏发电项目拿到路条，具备开工条件。积极发展精细化工，榆化公司2000吨噻唑项目建成投产、5万吨氯乙酸项目主体完工，荣鑫公司2.4亿块蒸压砖、祁宏公司60万方陶粒制品项目建成投产。巩固提升医药产业，广生公司100亿粒植物胶囊、30亿粒肠溶胶囊、天生公司6000吨中成药技改扩产项目建成投产。工业新型产业投资比重达到34%，为工业经济企稳回升注入了新动力。

旅游开发成效显著。倾力推进云竹湖旅游开发10个项目，年内完成投资3.5亿元，景观大道和悟云山旅游路竣工通车，云竹驿、土林公园、休闲小路、观景平台等工程基本完工，旅游文化中心、环湖路二期、温泉度假酒店、化石博物馆等工程进展顺利。成功举办第九届云竹湖休闲旅游垂钓节和第七届环云竹湖全国山地自行车赛活动，云竹湖品牌影响力进一步扩大。2015年全县旅游总收入4.88亿元，比2014年增长20%。

城乡建设力度加大。积极推进投资1.8亿元的东大街东延、东升街东延、凤台路北延、东外环等市政道路建设工程，竣工6条，城市发展空间进一步拓展。完成东河下游河道治理，新建和改造城市供热、供排水管网40千米，新增城市绿化面积13万平方米，实施保障县城居民饮水安全的泉水河应急水源地建设，市政功能不断完善。投资1.7亿元新建、续建各类保障性住房1266套，实施泰新小区及杜余沟“城中村”改造，完成农村危房改造930户，城乡安居工程扎实推进。投资1.34亿元实施完成了云竹湖旅游专线、悟云山旅游公路、东大路、南大路、西马桥、东庄桥等22项农村路桥建设工程，全年新建改建农村公路96.5千米。

民生事业持续改善。深化教育综合改革，高考、中考成绩继续领跑东山县前列；社城、台曲、连家庄幼儿园建设等项目进展顺利，教育教学条件进一步改善。有序推进县级公立医院综合改革，中医院及乡镇卫生院等一批基础设施建设项目进展顺利，新建65所标准化村卫生室，新农合参合率达到99.7%。完善就业创业促进机制，城镇新增就业1557人，城镇登记失业率控制在2%以内。启动实施机关事业单位养老保险制度改革，全年累计发放社保基金1.06亿元。新建老年人日间照料中心5个，发放各类社会救助资金2252万元。新建65所农家书屋，云竹湖钓鱼大赛被体育总局评为国家级精品赛事。

（田永进）

左权县

【自然概况】 左权县位于山西省东南部、太行山主脉西侧，原名辽县，1942年9月为纪念在此殉国的八路军副总参谋长左权将军，易名为左权县。全县辖5镇、5乡、1个城区管委会，203个行政村、8个居委会。总面积2028平方千米，耕地面积1.6万公顷，有“八山一水一分田”之称；年均气温7.8℃、降水量502.6毫米，无霜期110～180天，属大陆性季风半干旱区。2015年末常住人口16.5万人。

【经济发展概况】 2015年，地区生产总值43.1亿元，比2014年增长6.5%；人均地区生产总值2.6万元，增长6%；农林牧渔总产值6.4亿元，增长6.7%；粮食产量5958万千克，下降0.1%；规模以上工业增加值15亿元，增长7.5%；全社会固定资产投资88.1亿元，增长10.1%；一般公共预算收入4.5亿元；社会消费品零售总额13.4亿元，增长5%；城镇居民人均可支配收入22325元，增长6.5%；农村居民人均可支配收入4430元，增长6.9%。

调结构取得突破。2015年，实施工业新型产业项目10个，工业新型化比重达20%；实施农产品加工项目7个，农产品达50余种，农业企业销售收入4.2亿元，增长10%。建成了电子商务运营中心、仓储中心等；10个乡镇服务站、32个村级服务店投运；成立电商创业园，10户企业入驻，16种农产品搬上淘宝网。推进旅游“双十”工程，太行龙泉风景区被评为国家4A级旅游景区，日月星庄园被评为国家3A级旅游景区，《太行奶娘》全国巡演58场。全年接待游客203.5万人次，实现旅游综合收入16.2亿元。三次产业比优化为9∶47∶44。

稳增长效果明显。制定并落实“煤炭12条”“非煤11条”，为企业减负3.25亿元。山煤宏远投产，汾西正珠、省煤销盘城岭、潞安佳瑞和阜生进入联合试运转；投入涉农资金1077万元，新增灌溉面积33公顷、农机总动力1.4万千瓦，主要农作物综合机械化水平达62%。新栽植核桃667公顷，综合管理2000公顷，新发展设施蔬菜66.7公顷、小杂粮267公顷、油用牡丹40公顷、连翘933公顷。

促改革稳步开展。全面推开“六权治本”，确认45个县级单位权力事项4483项、乡级100项、村级30项；交投、水投公司搭起框架，麻田顺康进入“融e购”，茂丰、母子山、恒达利牧业挂牌上市，金融机构存贷比66%；全面完成联村服务的乡医改革，设置村卫生室204个，聘用村医190名；新注册企业239户、个体工商企业930户、农民专业户40户，分别增长43.9%、60.9%、7.2%。

惠民生有序推进。新增城镇就业岗位1560个，城镇登记失业率控制在4.2%以内。建成城市小游园6个，新增绿地面积67万平方米，绿地覆盖率39.2%。改造城区供水管网8千米，供热能力达760万平方米，城镇化率提高2个百分点。新改建县乡公路12.5千米，完善提质农村道路28.7千米。实施民生改善“八普及一创建”工程，受益群众超过4万人。新建垃圾填埋厂26座、中转站2座，所有行政村达到省市卫生标准。4个贫困村整体脱贫，带动全县1万人脱贫。

（新鹏飞）

和顺县

【自然概况】 和顺地处山西省境东陲，太行之巅，东临邢台，西通省府太原，北连太旧高速，南下上党盆地。全县东西长75千米，南北宽35千米，总面积2250平方千米，是晋中市版图最大的县份。辖5镇5乡，294个行政村，耕地面积1.7万公顷，2015年末常住人口14.7万人。属国家扶贫开发重点工作县。

*矿产资源极为丰富。*和顺矿藏资源丰富，已探明煤炭储量128亿吨，白云岩储量910亿吨，铝矾石储量15亿吨，煤层气储量4292.28亿立方米。此外，还有铁、铝、耐火黏土、铜、磷、硫、水晶石、辉绿岩、石榴子石等26种矿藏资源。

*牧林资源得天独厚。*和顺牧坡广阔，水草丰盛，宜林宜牧面积达10万公顷，发展畜牧业具有得天独厚的条件，是全国畜牧重点县之一。"和顺肉牛"被国家质检总局认证为国家地理标志保护产品。和顺是全国林业基地县之一，森林覆盖率29.6%。主要树种有油松、杨树、旱树、白榆、落叶松及杂木等，林产品加工和四荒开发的前景十分广阔。

*区位优势日益凸显。*和顺坐靠山西，面向冀、鲁、津、京，东与河北省邢台相邻，西通省府太原，北连太旧高速，南下上党盆地，省道董榆线横穿东西，207国道和阳涉铁路纵贯南北。

【经济发展概况】 2015年，地区生产总值42.6亿元，比2014年增长7.2%；规模以上工业增加值16.4亿元，增长8%；固定资产投资65.2亿元，增长20.8%；社会消费品零售总额13.4亿元，增长5.9%；一般公共预算收入3.3亿元；农林牧渔业总产值5.2亿元，增长15.34%；粮食总产量7027万千克，增长4.7%；人均地区生产总值2.9万元，增长7%；城镇居民人均可支配收入20702元，增长8.1%；农村居民人均可支配收入5284元，增长8.4%。

*项目建设提质增效。*2015年实施县级重点项目84个，完成投资29.98亿元；市级重点项目66个，完成投资60.15亿元；招商引资签约项目5个，引资195.8亿元，"六位一体"任务全面完成。

*转型发展步伐明显加快。*现代农业稳步发展。2015年，中药材、小杂粮、核桃等传统优势产业种植规模达到2666.7公顷。建设省级"一村一品"专业村13个。新增以双孢菇为主的食用菌菇床面积30.5万平方米。天和、大友等5个肉牛育肥企业达产达效。"十二五"以来，以牛—食用菌—沼气—有机肥为主的农业循环产业健康发展，食用菌种植面积达到90万平方米，成为全省蔬菜大县。"十企百区千户"现代养牛业致富工程成效显著，建成标准化养牛园区106个，5头牛以上规模户达到1508个，人均养牛收入1735元，比"十一五"末增加650元。顺利通过省级出口食品农产品质量安全示范区认证，年供港肉牛650头。建设"一村一品"专业村105个。建成16条主导产业突出的沟域经济带。发展农业产业化龙头企业36个，培育家庭农场13个，发展农民专业合作社977个。工业新型化扎实推进。2015年生产原煤1272万吨。正邦煤业、天池煤业瓦斯电站并网发电。入驻工业园区的新型包装材料项目实现试生产。山河醋业一期工程竣工。山西依风风力发电项目开工建设，填补了和顺县新能源产业的空白。第三产业比重提升。着力加快太行鹊桥生态文化旅游度假区、夫子岭文化休闲旅游区等太行山断裂带景点景区建设，完成投资1.7亿元。天凯现代农业示范园试运营。县旅游集散中心投入使用。商贸物流、家政物业、住房养老等现代服务业加快发展，第三产业占三产的比重首次突破40%。"十二五"景区景点建设完成投资6.46亿元，农家乐经营户发展到100户，累计接待游客292万人次，文化生态旅游品牌得到提升。第三产业对地区生产总值增长贡献率达到36.3%。三次产业结构比重由"十一五"末的7.9∶53.7∶38.4调整为2015年的6.6∶50.9∶42.5，产业结构明显优化。

*城乡环境面貌持续改善。*城市建设上，2015年共实施城建重点项目30个，完成投资9.7亿元。自来水净化水厂开工建设。投资7500万元对城乡环境进行了综合整治。城中村改造1600余户。硬化背街小巷3.2万平方米。中心城区规划面积拓展到22.4平方千米，控制面积扩大到10.3平方千米。城市道路新增17.9千米，人均城市道路面积24.5平方米。集中供热面积230万平方米。新建了泰和湿地、文昌、麻衣山等一批城市森林公园，城区公共绿地面积新增45.8万平方米。城镇化率达到46.4%。荣获山西省园林县城、省级卫生县城称号。交通设施上，2015年阳左高速和汾邢高速和顺段、松烟——许村高速连接线竣工通车，喂马——平松高速连接线基本完工。和邢铁路开工建设。完成了11个村21.8千米的农村公路完善提质工程，被交通运输部表彰为"全国农村公路养护管理先进集体"。水利设施上，2015年投资3874万元，实施了7项水利重点工程，用水保障能力进一步提高。生态建设上，2015年以打造"和顺生态"名片为目标，造林绿化1380公顷。

*社会民生事业全面进步。*教育质量逐年提升，10名学生被北大、清华录取，高考成绩再创历史新高。顺利通过国家义务教育基本均衡县验收。医药卫生体制改革稳步推

进，覆盖城乡的公共卫生和医疗服务体系基本建立。在全省率先实施县域药品集中管理。县中医院与省中医学院附属医院实行医联体管理模式。新型农村合作医疗参合率达99%以上。新增就业8316人，城镇登记失业率控制在2.5%以内。城镇、农村低保标准分别提高87%和110%。城乡居民基本养老保险实现应保尽保。发放农村低收入农户冬季取暖用煤16.6万吨、现金补贴1200万元。建设保障性住房5267套。改造农村危房2040户。回迁安置655户，圆满完成回迁安置任务。14个美丽宜居示范村全面提质。

（和顺县人民政府办公室）

昔阳县

【自然概况】 昔阳县位于晋中市东部，太行山西麓，东临河北赞皇县，西、南分别和寿阳、和顺县毗邻，北面和阳泉市平定县接壤。总面积1954平方千米，辖5镇7乡，335个行政村，2015年末常住人口23.1万人。平均海拔1116米，属温带半干旱大陆性气候，年平均气温9.5℃，年降水量624毫米左右，无霜期158天。秦时设沾县，东汉设乐平郡，隋初乐平郡降为县，民国初因与江西乐平县重名，故改昔阳县。境内矿产资源丰富，有煤、铁、铜、铝矾土等各类矿藏40多种，其中煤炭总储量73.3亿吨，是全国重点产煤县之一。大寨旅游景区被评为全国4A级景区，为全省五大特色旅游景区之一。

【经济发展概况】 2015年，地区生产总值54.1亿元，比2014年增长7.3%。人均地区生产总值2.3万元，增长7.3%。一般公共预算收入5.0亿元，下降22.5%。农林牧渔总产值8.3亿元，增长6.2%。粮食总产量1.62亿千克，下降9.4%。规模以上工业总产值45.88亿元，下降9.1%。全社会消费品零售总额23.4亿元，增长6.2%。城镇居民人均可支配收入21454元，增长7.5%。农村居民人均可支配收入7305元，增长7.8%。

工业转型步伐加快。2015年重点实施了阳煤一期22万吨烧碱和25万吨特种树脂、上海斯能风力发电、煤层气热电联产和大唐风力发电等20项转型工业项目，总投资91亿元。其中，投资29.8亿元的阳煤氯碱一期工程已完工试车；投资15.8亿元的上海斯能风电并网发电，全县电力总装机容量达到550.2兆瓦；投资7.67亿的煤层气热电联产项目进展顺利。实施了“一乡一企”和中小企业的“二次创业”及“倍增计划”，拿出5500万元积极开展“助保贷”和“周转贷”业务，帮助民营企业破解融资难题。

农业调产成果明显。2015年，全县蔬菜种植面积1533.3公顷，猪饲养量56.2万头，核桃干果经济林种植面积1.1万公顷，优质苹果种植面积2133.3公顷。特别是双孢菇发展迅猛，种植面积达到140万平方米，覆盖全县11个乡镇101个村880户，农民人均增收640元。昔阳县被国家质检总局评为国家级出口双孢菇质量安全示范区。全县林下经济发展势头喜人，种植“订单式”中药材1066.7公顷，引进安徽华源医药集团投资1.2亿元的中药材加工企业，推动了中草药材产业的快速发展。

旅游发展方兴未艾。启动大寨景区5A创建工作，举办了第二届“红叶作请柬，金秋到昔阳”大型宣传活动，开展了“走进昔阳寻访‘亮剑’主战场”“北魏石马寺古庙会”“大寨老照片图片展”等一系列文化旅游活动。2015年接待游客136.3万人次，增长25.3%，实现综合收入11.6亿元。

城乡统筹有序推进。全县用于城乡环境卫生整治方面资金超过2亿元。建成5大公园、40多个小游园，县城绿地率37.2%，绿化覆盖率39.2%，人均公园绿地面积14.7平方米；新建了南关村熟食加工市场、学府商业网点小吃城、东关机动车市场、昔阳特色小吃城等四大主题市场。顺利通过国家园林城市验收和国家卫生城市暗访。实施了“6+2”民生工程、基础设施改善、环境卫生综合整治等，美丽乡村建设已初见成效。

社会民生全面进步。2015年新增公交车4辆，总数达到8辆，极大地方便了县城居民的出行；投资1.9亿元对61所薄弱校进行了改造和标准化建设，进一步推进全县中小学和幼儿园均衡化发展；投资3000万元实施晋祥养老院二期工程，成为全省标准最高、规模最大的现代化千人养老院，现有102名五保老人入住；投资9.4亿元开发新安小区、南岭小镇等10多个住房安居工程。在农村实施了“六个一”工程、卫生室改造和老年人日间照料中心建设，涉及项目546个，实现了全县行政村全覆盖，农村生产生活条件大为改善。新增城镇就业1583人，新转移农村劳动力3154人；3463名城乡低保人员得到救助，农村五保供养人员2079人，城乡医疗救助1276人，临时救助262人，发放各类救助资金420万元；落实社保补贴306万元。

（王雪波）

寿阳县

【自然概况】 寿阳县位于山西省东部，太行山西麓，是山西晋中的东大门。全县国土面积2110平方千米，辖7镇、7乡、2个城区管委会、206

个行政村，2015年末常住人口21.4万人。石太铁路、太旧高速公路、307国道横贯全境，素有三晋东部“金三角”之称。全县耕地面积6.9万公顷，是全国粮食生产先进县、旱垣无公害蔬菜生产示范基地县。境内富含煤炭、铝矾土、石膏等28种矿产资源，煤炭地质储量270亿吨，已探明储量70亿吨，是全国重点产煤县；煤层气储量3000亿方，是国内罕见的大型整装煤层气田。寿阳是清“三代帝王师”祁寯藻、刘胡兰式女英雄尹灵芝故里。

【经济发展概况】 2015年，地区生产总值88.8亿元，比2014年增长5%；人均地区生产总值4.2万元，增长4.8%；一般公共预算收入5.9亿元，下降18.5%；农林牧渔业总产值21.5亿元，增长5.3%；粮食总产量3.3亿千克，下降5.3%；工业总产值66.4亿元，下降17.2%；社会消费品零售总额24.6亿元，增长5.6%；规模以上工业增加值36.3亿元，增长5.1%；城镇居民人均可支配收入29091元，增长6.9%；农村居民人均可支配收入11217元，增长7.5%。

*产业结构进一步优化。*全年投产地面产业项目20个，非煤产业增加值和提供的税收增长4.8%、12.3%，一产、三产总产值占地区生产总值比重分别提高了1.3、4.8个百分点，二产下降了6.1个百分点。

*产业转型步伐加快。*新型工业方面：阳煤乙二醇项目竣工试产；明泰国能低热值煤发电、晋汉高科技生物园、兰凯博醚基燃料项目顺利推进；新引进光伏发电项目8个，全县新型电力能源项目发展到22个，总装机容量达到5614兆瓦。现代农业示范区“十个一”工程、84个项目建设扎实推进；金粮集团1200万只蛋鸡、肉鸡养殖基地项目建成投产，成为全国乡镇级最大的养殖基地；积极推动传统的种养园区与光伏发电、文化旅游、休闲观光多产业融合发展，现代农业园区基地达到18个。现代服务业方面：积极创新引领互联网＋新业态，全国首家农村电子商务＋乡村物流平台美淘村、全省首家农用品专业网上分销平台晋汇达易购、全省首家民营煤炭线上交易平台“煤老大”投入运营，全县互联网＋企业发展到5个，服务业增加值比重突破40%。

*环境面貌明显改善。*完成市政基础设施投资2.9亿元，中心城区拆迁安置楼顺利回迁，010铁路平交道口开工建设，白马河综合治理工程全面完工，景观大道建成通车，污水处理厂提标升级改造工程完工，第二污水处理厂启动建设。新增供热面积50万平方米。新创建5个卫生乡镇、54个卫生村、3个美丽宜居示范村，省级卫生县城通过验收。新造林1400公顷，绿化率提高1.8个百分点。

*改革创新释放活力。*出台金融振兴10条、科技创新、加快民营经济发展行动方案，新发展民营企业150户，扶持科技企业研发新产品、新工艺20余项，其中6项分别达到国际、国内先进水平。鼓励金融机构创新信贷产品，共为中小微企业、农业项目发放贷款24亿元。县财政注入500万元担保资金，撬动银行助保贷资金1.2亿元，帮助企业项目融资40亿元。大力推广PPP模式。完成194个村土地确权清查摸底和135个村登记颁证工作。

*幸福指数持续提升。*民生投入增长8.6%。新建3所农村幼儿园，新建扩建2个乡镇卫生院、62个村卫生室，人民医院迁建工程全面开工，直播卫星户户通工程入户1600户；城乡医疗保险、社会保险、弱势群体保障全部提标扩面、保障到位。在全市率先实行农村60岁以上老年人免费体检制度，新建2个农村老年日间照料中心。

（寿阳县人民政府办公室）

太 谷 县

【自然概况】 太谷县位于山西省中部，地处晋中盆地东北部，西汉置县始称阳邑县，隋开皇十八年更名太谷至今。县域面积1050平方千米，辖3镇6乡3个社区198个行政村，2015年末常住人口30.7万人。古为“川陕通衢”，是山西省南北交通与通往晋中南部的交通枢纽，境内有3条铁路专线、2条高速、1条国道、3条省道，交通四通八达。县时地貌由东南部的山区、丘陵和西北部的平川地带构成，平川、丘陵、山区的比例为37∶14∶49，地形复杂多样。境内有乌马河、象峪河等9条季节性河流，多属汾河水系。属暖温带大陆性气候，夏秋暖热多雨，冬春冷而偏长，年平均无霜期175天，气温10℃，降水量405.8毫米。

【经济发展概况】 2015年，地区生产总值76.6亿元，比2014年增长8.2%；一般公共预算收入4.2亿元，与2014年基本持平；规模以上工业增加值17.3亿元，增长10.1%；固定资产投资78.7亿元，增长21%；社会消费品零售总额33.6亿元，增长6.5%；城镇居民人均可支配收入25617元，增长8%；农村居民人均可支配收入15254元，增长8.8%。

*以改革试点为引领的现代农业体系初步建立。*金谷农投成功募集4.2亿元产业基金，与科谷生物制药、兴谷枣业成功合作，开辟了资本与技术合作新模式。县政府与山西农大、省果树所建立战略合作关系，开展山西金谷现代农业科技创新园区建设，40多个科研试验和生产示范项目顺利开展，大学生创业园投入运行。农业改革与建设试点工作绩效评价位居中西部第一，全国第

五。设施蔬菜总面积占到晋中市的30%以上，畜产品综合产量稳居全省前三，累计发展专业合作社770个、龙头企业56个、家庭农场229个，土地适度规模经营比重超过60%。

以铸造行业为代表的工业转型升级步伐加快。玛钢铸造产业振兴计划取得实质性进展，荣获"中国玛钢产业基地"称号；核心区入驻企业达到12家，8家企业投产，产值突破5亿元；集研发、展示、交易等五大功能于一体的玛钢研发中心投入使用，成功举办铸造产业发展论坛暨产品展示信息发布会；铸造行业累计上马自动化生产线90余条，税收居五大工业行业之首。煤焦、碳素、医药、食品等行业也同样保持强劲升级势头。实施广誉远整体搬迁项目，精密铸造、水性油墨、石墨化阴极炭块等一批具有较强竞争力的项目试生产，四大工业园区总入驻企业达到82户，产值突破50亿元。

以北部新城为地标亮点的城市框架基本成型。建成了以孟母文化主题广场、大西高铁站前广场、凤仪街立交桥为代表的一批城市新地标；旧城改造取得实质性突破，鑫港湾商业街区开业运营，田森片区回迁房开工建设，农大晨曦市场投入使用；古城保护扎实推进，城市建成区范围拓展8.4平方千米，达到24平方千米。实施以南山生态修复和园林城市建设为主的生态工程，对西苑公园及城区16条街道进行提质改造，太太路成为第一条省级园林大道，建成区绿地覆盖率达到34.9%，提高8.5个百分点，森林覆盖率、林木绿化率分别达到22.1%、31.5%，成功创建省级园林县城，通过全国绿化模范县验收。全县城镇化率提高2.4个百分点，达到55%。

以养生为主打品牌的休闲旅游逐渐兴起。倾力打造"谷色古香、养生太谷"旅游品牌，国际形意拳交流大会跻身国家级精品赛事行列，孟母文化节成为全市文化旅游产业发展的一张靓丽名片，成功承办全省旅游扶贫现场推进会，形成了9个采摘型园区和12处生态庄园，两条精品线路魅力初显，旅游综合收入达到34.8亿元，荣获"全国休闲农业与乡村旅游示范县"称号。

以民生改善为主要内容的社会事业统筹推进。2015年财政民生支出13.9亿元，占总支出的88%。实施创新驱动发展战略，科技进步对经济增长贡献率达到60%，成为全国可持续发展试验区；社会保障工作取得新进展，新增就业岗位2353个，城乡居民养老保险参保率达到98.3%，建成96个老年人日间照料中心；深入推进公立医院改革，标准化村卫生室、卫生所、乡村文化活动设施实现行政村全覆盖；太谷秧歌、形意拳等非物质文化遗产得到传承保护。

（太谷县人民政府办公室）

祁　　县

【自然概况】　祁县位于山西省腹地，因"昭馀祁泽薮"而得名，春秋时为晋大夫祁黄羊食邑，西汉初年正式置县，距今已有2200多年的历史，是国家历史文化名城，晋商故里。总面积854平方千米，辖6镇2乡3个城区和1个省级经济开发区，有154个行政村，12个社区，2015年末常住人口27.2万人，其中农业人口21万。县城区面积14平方千米，常住人口10万左右。

【经济发展概况】　2015年，地区生产总值66.1亿元，比2014年增长4.5%；人均地区生产总值2.4万元，增长4%；工业总产值51.7亿元，增长1.2%；规模以上工业增加值14.17亿元，增长4.8%；固定资产投资67.2亿元，增长19.3%；一般公共预算收入3.2亿元，增长8.8%；社会消费品零售总额37.8亿元，增长6.3%；城镇居民人均可支配收入26898元，增长7.6%；农村居民人均可支配收入13961元，增长8%。农林牧渔业总产值25.7亿元，下降0.2%；粮食总产量2.21亿千克，下降1.3%。

改革创新亮点纷呈。抓住玻璃器皿产业被确定为全省传统特色产业转型升级示范产业历史契机，出台《关于振兴祁县玻璃器皿产业的实施意见》和《关于振兴祁县玻璃器皿产业的行动方案》。玻璃器皿产品质量监督检验中心通过国家认证并投入运营。主动融入108廊带区域一体化发展示范区建设，208国道客货分离改线一期工程完工通车，208旅游通道提升改造工程顺利推进。农村改革试验区建设顺利推进，确定涉农建设性资金整合机制，农产品目标价格保险方案基本成型。泓润牧业与中国农业大学合作，在晋中市首家设立了院士工作站；与荷兰浦牧有限公司合作，建设中荷奶牛养殖示范基地。山西万牧科技有限公司与中国肉牛研究中心合作，成为全国五个肉牛试验示范基地之一。获评全国科普示范县。

项目建设成效显著。超额完成120亿元的招商引资任务。投资7.5亿元的祁县液化调峰储备集散中心，投资2.95亿元的文化中心等重点项目顺利开工。51个省市重点项目有50个项目开工在建，开工率98%，年内累计完成投资48.34亿元，投资完成率107.4%。60个县重点项目开工38个，开工率63.3%，年内累计完成投资13亿元，完成率45.7%。

产业升级步伐加快。新型工业运行稳健。借力资本市场，千朝实业、丹源碳素、恒诚管业等37户企业在山西股权交易中心挂牌，挂牌企业达到52户。统一企业集团饮品项目，红星3万吨白酒项目、安佑饲料项目进展良好，伊利乳业投入运营。大华入选全省百强企业，宏艺、天波入选全省制造业100强。现代农业势头强劲。水果种植面积达到1.3万公顷；蔬菜播种面积8733.3公顷；肉牛出栏10.8万头，奶牛存栏1.9万头。现代农业示范区“十个一”示范工程完成投资2.5亿元，“四个一批”项目完成投资4.4亿元。129个村完成土地确权清查摸底工作。文化旅游生机蓬勃。成功举办第二届民间剪纸大赛和全省首届祁太秧歌大赛，承办2015晋中市中学生田径锦标赛。昌源河国家湿地公园与法国开发署正式签订3000万欧元贷款项目备忘录。被中国商业史学会授予“茶商之都”。全年主要景区(点)共接待游客186.8万人次；实现门票收入6301.8万元，增长20.4%。

城乡功能更趋完善。实施了总投资33.3亿元的昭馀明珠、宜佳名都等城镇化重点项目，总投资5.19亿元、总里程88.4千米的城乡路网建设工程。208国道客货分离改线工程、开发区朝阳东西街、湿地公园旅游路建成通车。城市复线供水、开发区至子洪水库供水管网竣工。东观污水处理厂、东观镇区污水管网建设进展顺利。新增集中供热面积68万平方米；完成6个小游园建设工程，新增绿地面积18万平方米；新建3个乡村垃圾转运站，90%村庄实现生活垃圾转运市场化，城乡环境面貌进一步改善。

社会事业全面进步。2015年新开工各类保障性住房1047套，基本建成828套；农村危房完成改造780户。总投资3860万的新中医院投入使用；完成31所农村卫生室建设；完成城乡低保全面复核工作，城乡低保标准分别提高到每人每月420元、227.5元。开通城市免费公交。义务教育发展基本均衡县创建通过国家验收。

(庞殿栋)

平遥县

【自然概况】 平遥县辖5镇9乡3个街道办，273个行政村，2015年末常住人口51.7万人。县域面积1260平方千米，耕地5.1万公顷。地势东南高、西北低，山地、丘陵、平川分别占到46.6%、21.1%、33.3%。境内文物数量众多，有各级文物保护单位143处，其中国家级19处、省级4处、市级4处。拥有丰富完整的旅游资源体系，是全省“一山(五台山)、一城(平遥古城)、一水(壶口瀑布)”旅游格局的重要组成部分和全省晋商文化旅游的龙头、现代服务业基地。境内富藏煤、铁、石膏、石灰石等矿产资源，水资源贫乏。南同蒲铁路、大西高铁、大运高速、汾平高速、汾屯公路、108国道和东厦线穿境而过，交通便利。

【经济发展概况】 2015年，地区生产总值97.9亿元，比2014年增长6.7%；规模以上工业增加值27.91亿元，增长7.6%；一般公共预算收入4.3亿元，下降11.5%；固定资产投资101.8亿元，增长18.3%；社会消费品零售总额54.7亿元，增长5.7%；城镇和农村居民人均可支配收入分别为25490元、10386元，分别增长8%和8.5%。粮食总产量2.6亿千克，农产品加工业销售收入增长14.4%。农林牧渔业总产值25.2亿元，增加值14.2亿元。

农业生产稳定增长。新发展设施农业133.3公顷；新发展水果666.7公顷、干果760公顷，干鲜果总产21.24万吨；农业龙头企业实现销售收入37.8亿元；启建健康规模养殖小区(场)17个，完工10个，全县畜禽饲养量、肉蛋奶总产分别达到2119万头(只)、19.65万吨。

夯实工业基础。天然气液化、石头造纸、中科鸿基、峰岩铸造、中冶重工等项目建设进展顺利。新创办小微企业310户，培育“小升规”企业5户，“小巨人”企业1户。重点对14户规模以上企业给予了电量奖励。

文化旅游产业持续发力。成功创建为国家5A级旅游景区、中华春节符号推广基地、中国推光漆艺之都、全省“中医药文化养生旅游示范基地”，被评为全国文明景区、全国旅游价格信得过景区。全年接待游客835.1万人次，增长20.1%；门票收入1.39亿元，增长19.6%；综合收入93.11亿元，增长18.4%。平遥中国年、国际摄影大展等继续成功举办。《又见平遥》演出701场，演出总收入6400余万元。

基础设施建设成效明显。2015年全县城镇化率达到43%。共铺开总投资60亿元的城建项目70项，新改建城市道路15条、15.73千米；惠济公园、迎薰公园基本建成，新增城市绿化面积25万平方米；新改建旅游厕所10处；古城内电力主管网及居民院落线路改造继续推进，消防加压泵站投入使用；集中供气、供水，污水、垃圾处理等工程统筹推进。投资2000余万元，对5处县保单位进行了抢险修缮；平遥古城传统民居修缮工程获2015联合国教科文组织亚太遗产保护奖。投资1790万元，改造高标准农田826.7公顷，新建水利基础设施35处；实施造林绿化1733.3公顷，植树124万株；投资5500万元，实施了文风线拓宽改造及农村公路完善提质和安全生命防护工程，涉及里程112千米。投资110亿元的平遥古城生态旅游文化产业园项目启动，投资24亿元的特高压变电站项目建设进展顺利。

民生改善工作亮点纷呈。投资1.5亿元的古陶二中、东关小学基本完工；投资9000万元的汇济小学主体完工；5所幼儿园新改扩建工程基本完工，9所农村薄弱校改造工程稳步推进；青少年活动中心主体完工；成功创建全国义务教育发展基本均衡县。对4所敬老院的配套设施进行了完善，3所敬老院新改建项目进展顺利；新建老年日间照料中心10个，老年福利综合服务大楼主体完工。3所卫生院投入使用，1所主体完工；新型农村合作医疗补贴1.6亿元；对4.9万名60岁以上老年人进行了免费体检。城乡低保年保障标准分别提高到5040元、2730元；农村五保分散供养、集中供养年保障标准分别提高到2930元、4500元。投资3.5亿元，建成保障性住房859套，改造农村危房780户；明子村治理搬迁安置项目基本完工。投资382万元，完成涉及6个村、23所学校、1.1万人的饮水安全工程。发放养老、医疗、失业、工伤等各类社会保障资金6亿元，开发公益性岗位824个，新增城镇就业4334人。完成5000名贫困人口和朱坑乡山坡头村的整村脱贫任务。投资8000万元，启动“智慧城市”建设。

（平遥县人民政府办公室）

灵 石 县

【自然概况】 灵石县位于山西省中部、晋中市南端，县域面积1206平方千米，辖6乡6镇3个社区，291个行政村。2015年末常住人口27.0万人。

【经济发展概况】 2015年，全县地区生产总值176.2亿元，比2014年增长6.3%；人均地区生产总值6.5万元，下降6%；一般公共预算收入10.6亿元，下降21.9%；农林牧渔总产值9.3亿元，增长9.4%；粮食总产量5654万千克，下降17.4%；工业总产值223.5亿元，下降13%；社会消费品零售总额66.2亿元，增长6.1%；城镇常住居民人均可支配收入31624元，增长7%；农村常住居民人均可支配收入14273元，增长7.9%。

有效投资加速释放。2015年，92项重点工程完成投资165.4亿元，6项招商签约项目达成引资意向254.5亿元，东方希望铝业、启光低热值煤发电等事关灵石长远发展的重大项目取得实质性突破，上海亿丰集团等知名企业落户灵石，投资对经济增长的贡献率达到64%。

转型提质迈出大步。亨泰荣和金属压铸件、聚义煤矸石制纤维、广宇通腐植酸等转型项目投产试产；核桃、蔬菜、肉蛋奶产量分别提高33%、12%和18.7%；旅游综合收入增长22.4%，第三产业占地区生产总值的比重提高3.9个百分点，达到35.2%，创历史最高水平。

城乡建设协调推进。投资35亿元实施29项城建重点工程，经八路、纬九路东延伸等9项道路工程快速推进，集广35千伏输变电一期等一批公共服务设施完工投用，存山启明城二期等5个房地产项目、25万平方米住房交付使用。全县城镇化率提高1.6个百分点，达到51.8%。

民生保障更加有力。县财政民生投入19.6亿元，占公共财政预算支出的87.5%，比2014年提高25.9个百分点。县政府承诺的“十件实事”全部兑现，269项“微民生”工程全部完成。

环境质量明显改善。全年环保投入3.7亿元，大气污染、水污染防治等减排治污目标全部实现，县城区环境空气质量二级以上天数达到239天。

（乔　静）

晋中经济技术开发区

【自然概况】 晋中经济技术开发区（简称晋中开发区）是1996年1月经山西省人民政府批准设立的省级开发区，2012年3月经国务院批准升级为国家级经济技术开发区。管辖面积55.8平方千米，规划面积5.2平方千米，区内有17个村，常住人口8.4万人。

【经济发展概况】 2015年，地区生产总值43.87亿元，比2014年增长14%；工业增加值21.50亿元，增长10%；财政总收入18.16亿元，增长9.8%；固定资产投资57.50亿元，增长16.3%。

主导产业。截至2015年底，全区入驻企业2535个，其中规模以上工业企业33户，限额以上商贸流通企业48户，世界500强投资企业14户。初步形成了“4+1”产业发展框架，即医药食品加工业、装备制造业、电子信息产业、节能环保产业及现代物流产业。

招商引资。2015年共引进高质量项目11项，总投资156亿元，代表性的项目有：天美杉杉奥特莱斯购物广场项目，总投资约10亿元，占地14公顷。致力于打造全省规模最大、档次最高的纯血统奥莱项目，已实现当年开工建设。另外还有中科晶电蓝宝石晶体生产基地等8个在谈项目。

项目建设。2015年共完成储备项目13项，总投资563亿元；落地项目49项，总投资78.96亿元；新开工项目17项，总投资66.42亿元；2015年晋中开发区列入晋中市考核重点工程（项目）共4类43项，计划总投资224.67亿元，2015年计划投资48亿元，截至年底，开工43项，实际完成投资48.58亿元；新投产项目40项。

创新发展。2015年，新认定高新技术企业7户，累计达22户，占晋中市的40%，占区内规模以上企业的45.5%，产值42.1亿元，占工业总产值的56.5%。企业设立研发中心21个，有1个博士后流动站实训基地。2015年企业申报省、市、区各类科技项目61项。2015年共申报115件专利，有效发明专利拥有量达36件，比2014年增加11件。

打造人才服务平台高地。申报晋中市第二批“551人才”共15人，申报第六届晋中市委联系高级专家6人。区财政下拨科技研发专项资金2000万元，用于扶持和补助区内企业的人才进行科技项目研发。

强化科技孵化器建设。截至2015年底，共建成10个孵化基地，孵化面积9万平方米，被省科技厅认定为省级科技孵化器，被省中小企业局认定为省级中小企业创业基地。共引进孵化企业112户，引进两院院士4名，“国家千人计划”2人，博士学历37人，海归高层次创新创业人才30人。2015年企业营业收入2.8亿元，新增就业岗位3000余。

（赵新政　李　茂　侯惠芳）

吕梁市

【自然概况】 吕梁市地处山西省中部西侧，现辖1区2市10个县，161个乡镇、13个街道、3111个行政村、265个社区。2015年末常住人口383.2万人。

吕梁市属于半干旱大陆性季风气候，年平均降水量542.9毫米，无霜期190天，多年平均水资源总量14.47亿立方米，年平均日照时数2516.9小时，光能利用潜力可观。全市总面积2.1万平方千米，平均海拔在1000～2000米之间，山区、半山区面积占92%。全市耕地保有量54.8万公顷，基本农田保护面积43.1万公顷。吕梁是资源富集区，境内矿产资源达40余种，尤以煤、铁矿石、铝土矿储量大、品位高著称。全市含煤面积占总面积的54.3%，预测储量1538亿吨，其中被誉为“国宝”的4号优质主焦煤储量达62亿吨。铁矿资源储量13.2亿吨，占全省的35%。铝土矿累计探明6.92亿吨，保有储量6.49亿吨，占全省的45.7%。煤层气总量约2.84万亿立方，占全省的28.4%。吕梁农特产品质优量大，是全国著名的白酒、红枣、核桃、小杂粮生产基地，被誉为“白酒之魂”“红枣之都”“核桃之乡”“沙棘之府”“杂粮之仓”。

吕梁旅游资源极为丰富。现有不可移动文物5901处，其中全国重点文物保护单位26处，省级文物保护单位37处。有汾酒文化景区、孝义胜溪湖森林公园、玄中寺景区等10处国家4A级旅游景区，柳林黄河三峡母亲峰、苍儿会等3处国家3A级旅游景区，有晋绥边区革命纪念馆、“四八”烈士纪念馆、刘胡兰纪念馆、石楼红军东征纪念馆等4处红色旅游经典景区。其中国家级自然保护区庞泉沟、国家级风景名胜区北武当山、全国十大历史文化名镇碛口、全国十大历史文化名村西湾、中华名酒第一村汾阳杏花村等蜚声海内外。

【经济发展概况】 2015年，全市地区生产总值955.8亿元，比2014年下降4.7%；人均地区生产总值2.5万元，下降5.2%；一般公共预算收入90.7亿元，下降30.6%；工业总产值1298.4亿元，下降23%；城镇居民人均可支配收入22903元，增长6.6%；农村居民人均可支配收入7193元，增长6.5%；社会消费品零售总额406亿元，增长4.4%；农林牧渔业总产值101.7亿元，下降6%；粮食总产量7.24亿千克，下降42.6%；外贸进出口总额25.1亿元，下降26.7%。居民消费价格上涨0.3%；城镇登记失业率2.9%，低于4.2%的控制目标。

*以脱贫攻坚统揽经济社会发展全局，“三农”工作扎实开展。*落实各项强农惠农政策，建成粮食高产示范片27个、高标准农田8166.66公顷。大力推进“8+2”农业产业化工程，实施面积3.67万公顷。积极开展农业科技战略合作，与山西省农科院签订新技术、新品种推广合作项目99个。启动吕梁山片区“三个一”扶贫行动计划，开展了建档立卡“回头看”，护理护工培训按期启动，易地扶贫搬迁、金融扶贫、电商扶贫、光伏扶贫等项目有序推进，全年实现13万贫困人口脱贫。

*把稳增长作为重中之重，经济增长的基本面逐步趋稳。*2015年全市固定资产投资1166.4亿元，增长14.7%，增幅从3月份开始由负转正，先后5个月位居全省前三名。投资结构持续优化，三次产业投资比重由2014年的2.4比55.3比42.3转变为3.1比49.1比47.8。强化重点领域投资，实施296个省、市重点项目，完成投资963亿元，占全年任务的112.7%。发布69个总投资930亿元的PPP项目，入选国家发改委47个、省级36个，项目数和投资额均位居全省前列。全力推进招商引资，签约项目108个，签约额3264.7亿元，签约率全省第一。一批重大项目取得实质进展，岚县太钢铁路专用线开通运营，西纵高速临高段和环城高速正式通车，榆横——潍坊特高压输电工程吕梁段开工建设。多举措稳定煤炭生产，努力稳定企业职工队伍，全面清理规范涉煤收费，为企业减负4.29亿元，建成8个现代化矿井。

*以转型发展为重点，综合配套改革纵深推进。*煤电一体化进程提速，全市电力装机容量（含核准在建）900万千瓦。铝工业加速发展，氧化铝产量1170万吨，铝工业发展格局初步形成。煤基产业取得突破，孝义金岩精细化智能配煤系统开发与示范工程等5个科技攻关项

目加快实施，煤炭清洁、安全、低碳、高效利用迈出坚实步伐，2015年规模以上工业企业综合能源消费量1445.9万吨，下降15.8%。杏花村酒业集中发展区完成投资20亿元，初步形成10万吨白酒生产能力。

社会事业进展显著，民生福祉持续增加。2015年公共财政民生支出230.2亿元，占到总支出的84%。实施义务教育"全面改薄"工程，交城、汾阳、离石3个县(市、区)基本达到均衡发展目标。县级公立医院改革实现全覆盖，120急救中心启动运行，市中心医院、市疾控中心和市妇幼计生服务中心项目奠基开工。城镇职工基本养老保险、城乡居民社会养老保险等各险种参保扩面任务完成，城镇职工和居民大病保险工作启动。吕梁至太原城际列车开通，市区三分之二的老旧出租车实现更新换代，公交IC卡"一卡通"发行，极大地方便了群众出行。脆弱区林业生态综合治理和环境综合整治专项行动顺利开展，完成造林3.3公顷。全市确定的196个减排项目全部完成，圆满完成省下达的6项污染减排约束性指标任务。大气环境质量持续改善，2015年吕梁市区优良天数290天，比2014年增加24天，全年优良率79.5%。

基础设施不断完善，城乡协调发展更进一步。市域城镇化加速布局，新区吕梁大道一期工程建成通车，一期供水和集中供热工程试运行，安置区及配套设施进展顺利，新区12平方千米框架基本形成。主城区应急水源工程等一批重点项目基本完工，城市供水、供气、供热和污水、垃圾处理等基础设施建设步伐加快，全市城镇化率46.2%。国道209省道340中阳过境公路开工建设。中部引黄和配套小水网建设有序推进，龙门供水、千年水库等重点水源工程建设接近尾声，完成水土流失治理面积3.3万公顷，8.1万农村人口饮水安全标准得到提高。加大了电网投资和改造力度，农网升级改造工程投资达2.03亿元，电网供电质量大幅提升。覆盖勘探区的煤层气管网初步建成，53个加气站开工建设，年输气能力25亿立方米，全市气化人口134.8万人。

高新技术产业蓬勃发展，新兴业态不断涌现。新能源项目建设加快，云顶山25万千瓦风电等项目核准开工，中电投岚县河口等3个4.8万千瓦风电和孝义太子科技一期3万千瓦光伏发电项目建成投产。积极探索军民融合发展，吕梁1号微纳卫星成功发射，云计算中心累积为国家相关核心部门和全国160多家科研院所提供高性能计算服务。旅游标准化景区建设步伐加快，方山北武当和孝义金龙山成功创建国家4A级景区。深入推进农产品流通示范区建设，汾阳山宝食用菌等4个项目建成，交城坤润现代农业产地集配中心等3个项目进入尾声。新材料、电子商务、物流等新业态加速形成，经济持续发展的动力正在转换。

(吕梁市人民政府办公室)

吕梁市离石区

【自然概况】 离石区地处山西西部，吕梁山脉中段，地势东部高而宽，西部低而窄，境内山多川少。全区总面积1324平方千米，辖3乡2镇7个街道办事处，2015年末全区常住人口33.1万人。

【经济发展概况】 2015年，全区生产总值67.9亿元，比2014年下降1.1%；规模以上工业增加值13亿元，下降12.6%；固定资产投资118.4亿元，增长35.9%；社会消费品零售总额63.0亿元，增长5.1%；一般公共预算收入8.4亿元，下降35.3%；农村居民人均可支配收入5135元，增长7.4%；城镇居民人均可支配收入24975元，增长7.3%。

项目建设有序推进。全年共储备项目339个，总投资3094亿元，项目落地24项、开工14项、投产18项、项目签约261.68亿元。晋能大土河2×350兆瓦热电联产项目完成投资7.5亿元，小云顶山250兆瓦风电项目正式开工，环保纸项目第一条生产线试产成功，新龙重工高射速注塑机产品正式下线，吴城铁路专用线"三通一平"工程基本完工。旭海物流奠基开工，天源物流项目30余家客户签约入驻，肉食品屠宰场项目投产运营。

农业基础更加巩固。全年完成核桃经济林管护3200公顷，全区核桃林总面积累计达到1.4万公顷，基本实现荒山荒坡全覆盖。全区发展设施蔬菜90.8公顷，包括日光温室51.9公顷和移动大棚38.9公顷。引导鼓励农民在核桃经济林下发展黄芩、柴胡等中药材366.7公顷。全年食用菌种植约150万棒，总产量约187.5万千克。全区养殖总户数1712户，其中规模户659户。全年肉类产量1.2万吨，禽蛋产量7560吨，奶类507吨。家政护理等专业培训1482人，农村贫困人口减少6591人。

城乡承载能力提升。积极支持参与吕梁新区建设，一批重点市政工程取得重大进展。滨河两路进展顺利，国防沟道路改造工程全面完工；解决了10个行政村，3558口人、488头大畜的安全饮水问题；500户困难家庭危房改造工程顺利完成；农村改厕完成2600座；续建完成城东110千伏输变电工程，森林公园建设全面启动。

社会事业全面进步。全年用于民生方面的支出占财政总支出的70%以上。实施了52所薄弱学校的"全面改薄"工作，新建城乡5所幼儿园，义务教育均衡工作国家级验收。全年实现城镇新增就业4110人,城镇登记失业率控制在4.2%以内。积极发挥“互联网+”引领作用,34家创业企业解决就业近200人。城镇居民医疗保险补助标准提高60元;城乡居民养老金标准提高15元;企业养老保险金月增加250.4元,城市、农村最低生活保障得到提高。市区新增停车位2000个;改造供热管网34.6千米,为1.4万名60岁以上的老年人进行了免费体检。

(阎文顺)

孝义市

【自然概况】 孝义市位于山西省中部,吕梁山下,汾水之滨,市域面积945.8平方千米,2015年末常住人口48.1万人,辖7镇5乡5个街道办事处,379个行政村,1992年撤县设市。境内资源丰富,煤炭探明储量90亿吨,是全国首批50个重点产煤县(市)之一;铝土矿、铁矿、耐火黏土、白云石、石膏、瓷土、硫铁矿等矿产资源储量也十分丰富。属于汾州核桃主产区。

【经济发展概况】 2015年,全市地区生产总值334.3亿元,比2014年下降5.4%;全市人均地区生产总值7万元,下降13.1%;一般公共预算收入18.2亿元,下降16.2%;工业总产值427亿元,下降22.2%;农林牧渔业总产值20.2亿元,下降21.5%;粮食总产量5949万千克,下降57.2%;社会消费品零售总额121.1亿元,增长3.9%;城镇居民人均可支配收入29078元,增长5.9%;农村居民人均可支配收入14211元,增长5.3%。

深化产业结构调整,发展质量和效益稳步提升。突出园区承载优势,全力提升现代工业。按照项目向园区集中思路,积极推动新型煤化工园区、铝电循环经济园区、高新科技园区找准定位、上档升级。传统煤焦产业有新突破,建成金达煤业、万峰煤矿国家一级质量标准化矿井,鹏飞二期125万吨新型焦化项目部分建成;化工产业精深发展有新进展,鹏飞60万吨甲醇联产4亿立方米LNG一期建成,金岩45万吨甲醇联产3亿立方米LNG项目启动,金州50万吨煤焦油深加工及10万吨针状焦项目投入试生产,晋茂20万吨苯加氢精制项目一期建成投产;煤电铝一体化发展有新契机,信发200万吨氧化铝技改项目建成,“两大四小”氧化铝项目投产产能达到600万吨,晋能2×350兆瓦低热值煤热电项目开工建设;新兴产业发展有新突破,光伏发电、光学微粉、LNG汽车改装等一批新兴产业项目落地,新兴产业投资占比达55.6%。聚焦区域带动能力,着力深化现代服务业发展。稳步发展实体商贸产业,绿城广场、东金广场等新的一批商贸综合体加快建设,义乌商品博览城、天福广场等项目稳定运营。大力发展电子商务和文化旅游产业,B2R、网订店取等新业态不断发展,“创客”大量涌现;“梦幻海”、曹溪河欢乐城、金龙山景区等旅游项目异军突起,全年旅游总收入增长32.1%。发挥特色农业优势,大力推进现代农业发展。坚持龙头引领,推动一果食品6万吨核桃深加工项目加快建设。提质设施农业,推进农业标准化生产和设施农业种植结构调整,推广新品种600公顷、新技术534公顷,建成20公顷以上高标准设施农业园区10个。巩固畜禽养殖规模,养殖总量4726万头(只)。推进核桃富民,着力提升西部山区和丘陵地区2万公顷核桃林经济效益,2015年核桃产量1万吨。

推动城镇化建设,城市承载力持续增强。2015年城镇常住人口31.3万,城镇化率65.1%。建立全省首家“110一号通”社会联动系统,政府微信平台延伸至乡村社区。实施城乡人居环境改善工程,基础设施和公共服务逐步覆盖城乡。启动创建国家生态文明先行示范区,顺利完成“十二五”主要污染物减排任务,全年城区空气质量优良率86.6%,绿化覆盖率43.8%,园林绿地率39.2%。

保障和改善民生,人民获得感不断增进。2015年全市民生支出25.7亿元,占财政总支出的83.3%。城乡居民收入持续增长,城镇登记失业率控制在3.3%。城乡居民养老保险实现统一并轨。全年减贫405户1254人。太原理工大学现代科技学院在校生突破7000人。疾控中心综合检验楼投入使用,新改建118个农村卫生室。

深入推进改革创新,发展活力逐渐凸显。试点先行“六权治本”。率先推行政府部门“两清单”“两图示”,确定权力清单2700项。梳理制定产业投资负面清单561项。全市54项行政事业性收费和9项政府性基金管理全部纳入收费清单管理。大力简政放权。承接上级下放权限131项,以“委托下放”和“延伸站所”形式向乡镇下放职权112项,在全省首家发放“三证合一”证照,投资发展环境更加便利快捷。全面推进科技创新、民营经济和金融振兴“三个突破”。高新科技园区科技孵化基地入驻企业达到30户,成功孵化4户。出台《关于推进民营经济持续健康发展的实施意见》,推进民营经济平稳健康发展,2015年民营企业实现营业收入560.4亿元、利润总额75亿;入选省金融振兴重点联系县,全市各类金融机构发展到45家,各项贷款余额176.4亿元,存贷比达到53.7%。

(赵钦文)

汾 阳 市

【自然概况】 汾阳市位于晋中盆地西缘，境内山地、丘陵、平原约各占1/3，总面积1179平方千米。辖9镇2乡5个街道、262个行政村、38个社区。2015年末全市常住人口42.9万人。

人文历史悠久。设县历史2600余年，是唐代郭子仪、宋之问，北宋狄青和现代联合国原副秘书长冀朝铸、中国油画先驱卫天霖、著名导演贾樟柯等历史文化名人的故乡。有百年历史的汾阳学院、三甲汾阳医院等9个省市驻汾单位。

区位优势明显。境内太中银铁路贯通，307国道、340省道、汾介公路纵横交错，青银高速、汾平高速相互交汇，有5个高速出入口，国省干线通车总里程100.9千米，县乡村公路通车里程1052.6千米。

名优品牌众多。有杏花村汾酒集团等知名企业，特色产品汾酒、竹叶青酒、汾州核桃等全国知名品牌，是全国食品工业协会命名的"全国食品工业强市"。

资源禀赋较好。煤田总面积83.8平方千米，储量8.53亿吨。石膏、铝矾土、陶瓷土、白云石、铁等矿产资源储量丰富，森林覆盖率24.7%，水资源总量1.86亿立方米。

【经济发展概况】 2015年，全市地区生产总值91.6亿元，人均地区生产总值2.1万元，一般公共预算收入5.7亿元，农林牧渔业总产值13.3亿元，粮食总产量1.01亿千克，工业总产值81.6亿元，社会消费品零售总额56.6亿元，城镇居民人均可支配收入20102元，农村居民人均可支配收入11695元。

主体产业均衡发展。2015年，全市三次产业占地区生产总值比例为10∶41.9∶48.1。第一产业重点发展汾州核桃、汾州香小米、食用菌等农产品和牛、羊、猪三大畜产品；第二产业以酿造、煤焦、食品加工等为主导，以橡胶、化工、机械制造等为后续支柱产业；第三产业以商贸流通和旅游开发为重点，建成阳城商贸物流经济开发区。

重点项目持续推进。2015年展开重点项目51个，46个项目开工，34个项目竣工投产，完成投资55.3亿元。"六位一体"任务全面完成。其中，汾酒集团保健酒、古杏、青花瓷、华樽酒业，国峰煤电、北阳冶金、阳城商贸物流经济开发区万泰国际商城等重点项目投产运营，经济结构得到优化。

三农工作全面加强。2015年，全市核桃经济林面积3.7万公顷，核桃产量1.5万吨；建设谷子、高粱、玉米和花生四大示范基地2000公顷、林下大豆示范基地1300公顷，食用菌入户100万棒，种植芦笋62公顷，农产品加工企业销售收入20.6亿元。已建和在建各类标准化规模养殖场30个，畜牧业总产值8.2亿元。实施扶贫开发，减贫1个村、1940人。铺开4个片区3066.7公顷高效管灌节水工程和120处小型水利工程。实施11处农村饮水安全工程，受益人口1.4万人。新发展农民专业合作社125个，新增成员1009人，新增资金1.18亿元。

基础设施逐步完善。在城市总体规划获批的基础上，城市控规已编制28平方千米，城区八大专项规划和排水防涝综合规划编制完成。铺开4处棚户区改造工程，普查排水管线190千米，实施杏花村南环街等污水干管工程4.9千米。城区供热工程与国峰电厂顺利并网，新增供热管网11.7千米。汾孝大道、火车站道路正式通车，站前广场主体工程完工。实施40千米农村公路提质工程，完成4条县级公路安保工程。

社会事业全面进步。提高城乡居民最低生活保障标准，纳入城乡低保人数3.4万人。城镇新增就业4394人，城镇登记失业率控制在2.6%。启动被征地农民养老保险工作，建立起农民工工资支付保障机制。开工保障性住房500套，建设公租房200套，改造农村危房1600套。启动县级公立医院综合改革，新型农村合作医疗参合率96.6%。文化事业蓬勃发展，举办活力汾阳·百姓大舞台18场，完成3000户广播电视户户通工程，完成可移动文物普查，铺开3处古建维修工程。

（侯利军）

文 水 县

【自然概况】 文水县位于山西省中部，太原盆地西缘，吕梁山脉东麓，地处太原、晋中、吕梁三市交会点，距山西省会太原76千米。全县东西长72千米，南北宽30千米，总面积1068.6平方千米，其中耕地3.9万公顷。辖7镇、5乡、1个办事处、199个行政村，2015年末全县常住人口43.3万人。水资源丰富，文峪河、汾河、磁窑河三大河流纵贯全境，有省内大型水库文峪河水库，全县蓄水量1.6亿立方米、地下水资源可开采利用量9104.3万立方米、地表水可利用量1.61亿立方米。矿产资源分布集中，有煤、石灰岩、石英石、石棉、铅、银、石膏等矿产资源。道路交通便利，大运、夏汾两条高速公路穿境而过，设有三个出口；太中银铁路纵贯南北，设有大型客货运站台；307国道、省道祁方线纵横贯通。

【经济发展概况】 2015年，全县地区生产总值58.3亿元，比2014年增长1.7%；人均地区生产总值1.3万元，增长1.1%；一般公共预算收入2.6亿元，下降15.6%；农林牧渔业总产值21.1亿元，现价产值发展速度4.5%；粮食总产量2.42亿千克，下降16.6%；工业总产值112亿元，下降13.8%；社会消费品零售总额18.8亿元，增长3.1%；城镇居民人均可支配收入18441元，增长7.5%；农村居民人均可支配收入8458元，增长7.3%；服务业增加值15.78亿元，增长4.2%；外贸进出口总额4313.5万美元，增长51.9%。

主导产业发展情况。农业产业方面，依托全国(特色农业)服务业综合改革试点县、全省现代农业示范县和小型农田水利建设重点县，已形成优质小麦、优质玉米、梨果、设施蔬菜、葡萄种植、大牲畜养殖和农副产品加工七大名特优农产品生产基地。工业产业方面，依托省级经济开发区山西文水开发区，大力发展“一区三园”建设，钢铁冶炼、煤焦产业链、化工、机械装备制造、建材、白酒酿造、高新科技等七大支柱产业稳步发展。第三产业方面，大力实施以武则天历史人文文化、刘胡兰红色文化和苍儿会生态旅游为依托的“2＋1”生态文化旅游建设，苍儿会生态旅游景区被评为国家级3A级景区、国家级森林公园、国家级休闲农业示范基地，世泰湖景区被评为全国休闲农业乡村旅游示范点。大力实施电子商务，现有自创电商平台4个、跨境电商企业7户，通过“天猫”“京东”“乐村淘”等第三方平台进行网络销售的企业有5户。依托山西金桃园太铁物流基地和太中银铁路海威物流集运站，整合货运资源，大力培育现代物流产业体系，同时，围绕蔬菜、水果、杂粮等农产品，在南安镇、孝义镇发展鲜活农产品冷链物流体系，现已基本形成集生产、加工、储存、交易等功能为一体的物流集聚区。

重大经济改革措施。一是落实全省转型综改要求，扎实实施以“10项重大改革、20项重大事项、70个重大项目、2项重大课题”为主要内容的“1272”综改攻坚行动计划。以制度促改革。建立24小时直通车、“三个一”“一把手”负责、并联审批、督查问责、“一票否优”等项目建设制度，全面推进25个省、市重点项目建设。三是以感情促改革。提出“请老乡、回故乡、建家长”的回归经济思路，鼓励支持在外企业家们和领导干部大力实施招商引资，着力引进一批具有支撑拉动作用的大项目、好项目。四是以机遇促改革。抓住被省证监局确定为金融振兴试点县的机遇，积极开展政银企对接，大力扶持和鼓励企业实施股份制改造、挂牌上市，拓宽融资渠道。

农业产业化情况。2015年以“5＋4”农业产业化项目为带动，共捆绑省、市、县涉农资金2000万元，扶持35个总投资3.8亿元的重点项目建设，打造“一村一品”专业村和专业合作社各15个，现已拥有国家级农业产业化龙头企业2个、省级8个、市级16个、名特优农产品生产(加工)基地7个、各类农业合作社540个。

社会事业发展情况。教育卫生方面，完成文水二中主教学楼建设及农村薄弱学校改造和农村幼儿园标准化建设，建成新县人民医院一期工程、二期工程加快推进，启动异地新建中医院项目，招录教师、医务人员145人。城市建设方面，完成县城集中供热一期工程、实现供热面积234万平方米，完成县城道路改造工程7.1千米、县城污水管网扩容建设2万米、旧管网改造5.9千米，城区生活污水收集处理率达到95%以上。社会保障方面，全面落实养老、医疗、失业、工伤、生育等民生保障政策和提高城乡最低生活保障标准，积极推进保障性住房建设。

(李　涛)

交 城 县

【自然概况】　交城地处山西省中部，晋中盆地西缘，是吕梁的东大门，太原的近郊县。307国道及大运、太离、夏汾高速公路、太中银铁路纵横交错，交通十分便利。全县辖6镇4乡150个行政村，面积1822.11平方千米，2015年末常住人口23.6万人。

交城县气候特殊，山区属温带大陆性气候，边山及平川属暖温带大陆性气候，全年日照时数2741.8小时，平川及边山年均气温10.5℃，无霜期165天，山区年均气温7～10.3℃，无霜期90～120天，年均降水465.2毫米。

交城县资源丰富，已探明蕴藏矿产资源30余种，依托2号配焦煤、低硫低磷铁矿等资源优势，铸造、冶炼、煤炭、机械、化工、建材等产业发展潜力极大。森林草场资源丰富，全县森林面积10.4万公顷，天然草地7.3万公顷，森林覆盖率57%，林木覆盖率70%，是山西省第二大林业县，全国重点生态保护地区。境内孝文山海拔2830.7米，是华北第二大高峰。

【经济发展概况】　2015年，全县地区生产总值49.6亿元，比2014年下降5.8%；规模以上工业增加值26.21亿元，下降16.8%；人均地区生产总值2.1万元，下降14.3%；一般公共预算收入3.8亿元，增长0.3%；农林牧渔业总产值5.7亿元，下降3.8%；粮食总产量4080万千克，减产18.7%；社会消费品零售总额16.8亿元，增长3.3%；城镇居民人均可支配收入18686元，增长6%；农村居民人均可支配收入8236元，增长7.6%。

项目建设稳步推进。2015年，

全县共实施省、市重点项目27个，总投资182亿元，完成立项25个、环评22个、土地16个、选址规划25个。义望铁合金16万吨金属锰系列合金项目、国利天能600兆瓦太阳能聚光热发电用反射镜项目、利虎玻璃200万套汽车安全玻璃生产线建设项目建成投产，新天源医药化工5000吨β—内酰胺抗生素中间体一期项目建成投产，华鑫肥业“1860”项目进入试生产阶段。

旅游开发持续壮大。按照全县“一圈一带”旅游发展思路，积极整合卦山、玄中寺风景区资源，启动《卦山·玄中寺申报国家5A级旅游景区规划》编制工作，完成了玄中寺山门广场建设，开辟了卦山风景区消防隔离带，卦山古柏病虫害防治取得明显成效。《柏叶口风景区旅游发展总体规划》通过专家评审，正在办理景区开发前期手续。加快推进旅游景区建设，隆美水上乐园后续项目、如金温泉水上乐园、青禾谷水上乐园建成运营，西流餐饮旅游接待服务项目稳步推进，影片《牛儿肥了》完成拍摄。2015年全县景区门票收入3593万元，接待国内外游客104万人次。

三农工作扎实开展。新发展核桃经济林5000公顷、中药材850公顷，完成“一村一品”专业村项目12个。加大规模养殖扶持力度，通过“群众搞养殖、政府买保险”的方式，共为4081头牛和4088头能繁母猪购买政策性保险，鼓励群众大力发展规模养殖。人畜分离工程顺利推进，成为全市第一个实施的县。完成13处农村饮水工程，解决了1.5万人安全饮水问题。积极开展扶贫开发建档立卡“回头看”工作，大力实施“百企千村”产业扶贫工程，全年共减少贫困人口5600人。完成了农村危房改造300户、易地扶贫移民搬迁251户892人。完成农民素质技术培训1.7万人次、农民职业技能培训3100人。严格落实强农惠农政策，全年共发放粮食直补、农资综合补贴、良种补贴等补助资金899万元。

社会各项事业取得新进展。文化教育方面，义务教育均衡县认定通过国家教育部验收，义务教育薄弱学校改造稳步推进，机关、郑村、东社、沙沟4所幼儿园投入使用。全面落实资助政策，共资助贫困大学生151人、贫困高中生1300人、义务教育阶段寄宿学生172人、特困幼儿1336人。非物质文化遗产传习所投入运营，完成6027户广播电视户户通工程。卫生计生方面，山医大一院交城分院开工建设，医疗综合楼桩基工程基本完成。新农合全年补偿人数13.1万人次，支付补偿金7675万元。社会保障体系不断完善，共发放低保金4945万元、五保补助金328万元、低收入农户冬季用煤补贴1948万元、救灾救助资金419万元。社会保障方面，前火山村采煤沉陷区搬迁安置、青村棚户区改造完成主体工程，275套廉租住房分配到户，社会福利服务中心和10个老年人日间照料中心投入运营。

（孟俊强）

兴　　县

【自然概况】　兴县位于山西省西北部，吕梁市北端，东邻岚县、岢岚，南连临县、方山，北倚保德县，西隔黄河与陕西省神木县隔河相望，县域面积3168平方千米，是山西省版图最大的县。辖7镇10乡、376个行政村，2015年末常住人口28.8万人。

兴县属北温带大陆性气候，四季分明，气温偏低，年平均温度8℃，全县境内已发现煤炭、煤层气、铝土矿、含钾岩石等23种矿产资源。北齐置蔚汾县，唐贞观元年（627年），易名合河；金兴定二年（1218年）改称兴州，寓意兴盛；明洪武二年（1369年）称兴县至今。

【经济发展概况】　2015年，全县地区生产总值58.7亿元，比2014年增长3.6%；人均地区生产总值2万元；一般公共预算收入6.3亿元；农林渔牧业总产值5.8亿元；粮食总产量4.7万吨；规模以上工业总产值101.0亿元；社会消费品零售总额13.8亿元；城镇居民人均可支配收入18119元；农村居民人均可支配收入3769元。

重点项目推进顺利。省重点工程项目方面，太原至兴县铁路建成通车；中电投兴县铝土矿开发项目有序推进；黄河小杂粮精加工建设项目投入生产；500千伏电压等级输变电工程基本完成；产业扶贫项目基本建成；兴县蔡家崖煤炭集运铁路专用线工程即将正式运营；兴县通昌集运站正在开展前期工作；兴县肖家洼煤矿铁路专用线9座隧道已贯通8座，竣工3座；桥梁14座，开工14座，竣工6座，2016年底建成投运；保障性住房公租房续建200套主体工程已完工，新开工200套；棚户区改造开工1148套，建成648套。市重点工程项目方面，兴县北站进站公路及站前广场建设项目完成总工程量的55%；兴县北站广场已建成。兴县肖家洼年产1000万吨煤矿及配套选煤厂项目井下生产系统基本建成，配套选煤厂一期投运。二期基本建成，达到联合试运转条件；煤层气开发项目累计完成二维地震测试勘探293千米，三维地震测试勘探533平方千米，33口井的钻井、录井、测井工程，21口井压裂试气工程已进入试生产阶段，开始供气。锦兴2×35万千瓦低热值煤发电项目累计完成土石方工程129万立方米；混凝土浇筑累计2430立方米，钢筋绑扎500吨。煤层气液化调峰及管线建设项目，一期10万立方煤层气液化项目已投入生产。120师学校建设项目2015年9月份已投入使用。6万头种猪养殖基地项目主体工程基本完成。年产3万吨食用油及5万吨饲料项目土建已完成，正在进行设备安装调试。

农业产业化成效显著。按照“8＋2”农业产业化三年振兴计划的要求，2015年，共实施建设谷子高产创建示范片2片800公顷；建设优种玉米高产示范片1片666.7公顷。进一步强化技术管理和技术培训，4380公顷果园产量达到160万千克。发展绿色杂粮面积2333公顷，申报绿色认证示范片8个，推广特优蔬菜新品种8项、4.7公顷。发展湖羊养殖，由昌兴农牧发展有限公司和黑茶山林牧专业合作社引进湖羊2000只，通过扩繁在全县推广。

人居环境明显改善。实施城区环境整治5大战役、10项工程和农村环境整治4项攻坚，着力解决“四差八脏十六乱”问题。累计整治沿街门店2100余户，清理城市牛皮癣5万余平方米，装饰改造建筑立面40万平方米；整治河道15千米、150万平方米；新建景观文化墙10段、3800米；新建水冲公厕2座、改造8座、维修56座，农村改厕500户；完成通道绿化7万余平方米，在城区实施“见缝插绿”工程，增绿10万平方米。

民生工作日益加强。教育方面，新建建筑面积约1万平方米的120师学校，该校为八轨九年制学校，共设72个教学班，可容纳学生3300余名；3个村级幼儿园改造项目的建设维修改造工程完成。2个公办标准化幼儿园建设项目正在进行，预计2016年秋季完工后可投入使用。卫生方面，2015年新农合参合率99.9%。省级13家医疗机构实现直接报销。提高报销比例，乡级定点医疗机构住院补偿提高到85%，县级提高到75%，县级以上直报定点医院住院费用中目录内的中药费用补偿比提高到100%。重大疾病保障扩大到23种；门诊慢性病扩大到36种。社会保障和救助方面，城镇职工基本养老保险参保人数增加到8813人；基本医疗保险参保人数增加到2.9万人。新型农村养老保险参保人数总计15.1万人，实现了全县新型农村养老保险全覆盖；城镇低保标准提高到340元/人/月，农村低保标准提高到156元/人/月，农村五保供养标准提高到2400元/年/人。将21名生活不能自理的五保老人进行集中供养，全县孤儿140人，救助标准7200元/年/人，就业方面，城镇新增就业2500人，转移农村劳动力就业3742人，创业带动就业650人，城镇失业人员再就业852人，各类职业培训5621人，城镇登记失业率控制在4.2%以内，保持了全县就业局势整体稳定。

（吕永平）

临　县

【自然概况】 临县位于晋陕黄河峡谷中部，吕梁山西侧，北靠兴县，东连方山，南接离石、柳林，西濒黄河与陕西佳县、吴堡相望。县域总面积2979平方千米，辖23个乡镇631个行政村。2015年末常住人口59.6万人，面积和人口均居山西省第二位，是国务院首批确定的山西省35个国家扶贫开发重点县之一，也是全省最大的贫困县。

临县资源丰富。临县红枣栽植面积5.5万公顷，正常年景产量1.8亿千克，被誉为“中国红枣之乡”。矿产资源以煤炭为最，含煤面积占全县总面积的86%，储量311.75亿吨；煤层气探明储量4000亿立方米，是全国少有的具备商业性开发条件的地区；紫金山钾矿为全国三大富钾矿之一，是山西省重要的能源原材料基地；碛口古镇是“国家级风景名胜区”“全国历史文化名镇”，西湾村是首批“全国历史文化名村”，整个景区集黄河风情、晋商文化、革命遗迹、明清建筑于一体，被国内外知名专家、学者誉为“世上珍奇、人间瑰宝”。紫金山、汉高山等名山峰峦叠嶂，曲峪正觉寺“十二连城”古柏郁郁葱葱，均为罕见的自然奇观。三交义居寺，岐道善庆寺、克虎宝珠山、白文阳坡水库等，极具旅游开发价值。

【经济发展概况】 2015年，地区生产总值41.3亿元，比2014年下降1.9%，人均地区生产总值6950元；一般公共预算收入3.5亿元，下降41.8%；农林牧渔业总产值11.2亿元，下降0.3%；粮食总产量5.8万吨，下降5.7%；工业总产值18.8亿元，下降24.1%；规模以上工业增加值8.4亿元，下降12.3%；社会消费品零售总额完成39.2亿元，增长4.8%；城镇居民人均可支配收入15183元，增长6.8%；农村居民人均可支配收入4159元，增长7.1%。

龙头企业生产稳定。全县8对资源整合升级改造矿井进展顺利，黄家沟、华烨、胜利等3对矿井已投入正常生产，焉头已竣工验收。霍州煤电庞庞塔矿井已形成年产800万吨规模。霍州煤电1000万吨、美锦600万吨、晋煤600万吨采选一体化项目有序推进。京能2×35兆瓦低热值煤发电项目开工建设。2015年原煤产量886.6万吨，增长4.4%；洗煤224.3万吨，下降11.1%；焦炭17.7万吨，增长26.2%。

各项改革措施有序展开。出台“支持企业6条措施”，帮助企业走出困境。全面推进金融业改革，县政府与建设银行设立的“助保贷”政银企金融合作平台，为企业融资

8000多万元；协调信用联社、邮政储蓄银行、工行、农行融资3.7亿元支持小微企业。推进农村产权制度改革，全面开展农村土地承包经营权确权登记颁证和农村三资管理清理整治工作。县级行政审批项目由原来的242项精简为114项，启用了新的政务审批大厅，27个单位、110人进驻大厅，推行行政审批（许可）执法主体及服务部门“一厅”办公和“一条龙”服务，最大限度方便了群众办事。

农业产业化发展概述成效显著。临县依托全县产业优势和吕梁市“8＋2”农业产业化三年振兴计划，突出“一县一业”“一村一品”，形成了5.5万公顷红枣、2万公顷优质核桃、180万头（只）养殖（其中肉羊存栏达32万只）、3.3万公顷优质杂粮、2万公顷脱毒马铃薯、2.3万公顷玉米、5333公顷设施蔬菜、15万劳务大军的现代农业产业体系。依托“8＋2”农业产业化，累计扶持建设了红枣标准化示范园区4000公顷、绿色杂粮1160公顷、绿色马铃薯2386.7公顷、林下经济2000公顷，推广食用菌栽培578.5万棒，带动全县1.5万户、约5万农民人均增收1400元以上。

社会事业发展全面提速。境内两条高速太佳高速、西纵高速全面建成通车，三条铁路晋中南出海通道、太兴铁路、太中银吕临支线全部建成。通过一批国道、省道、县乡道路全面升级改造，全县交通条件得到全面提升。吕梁北500千伏输变电工程建成投运。陕京三线、榆济线、临保线等输气管道建成投运，气化湫川项目顺利推进。全面完成湫水河一期、二期综合治理；秧歌文化广场、临州文化广场、西山公园建成投运；对旧城区自来水网管进行改造。贫困学生扶助体系初步建立；实现中等职业教育免费全覆盖；新建、改扩建乡镇中心幼儿园和村级幼儿园114所；全面完成布局结构调整，全县义务教育学校由2010年时的474所调整为86所，141个教学点；组建了县职教中心，新建特殊教育学校1所；完成189所中小学校舍安全改造工程，高级中学实现二期招生。新建人民医院搬迁投运。临县伞头秧歌、临县道情、临县大唢呐入选国家级非物质文化遗产名录，2011年被命名为“中国伞头秧歌之乡”。碛口古镇被命名为“中国历史文化名镇”“第八批国家级风景名胜区”。

（高永忠）

柳　林　县

【自然概况】　柳林县东依吕梁山、西俯黄河水，是山西的西大门。全县面积1288平方千米，辖8镇7乡257个行政村，2015年末常住人口32.9万人。柳林县是全国优质主焦煤生产基地，境内储煤面积800多平方千米，远景储量100亿吨；境内铝矾土、石灰岩、煤层气、石膏等矿产资源蕴藏均很丰富。煤炭产业是柳林经济的支柱产业，铝系、建材、煤层气等产业正在成为县域经济新的支撑。柳林县是全国产枣大县，1.9万公顷红枣林正常年景产量3000万千克；规划实施的2万公顷核桃林建成1.3万公顷，以红枣、核桃为主的经济林成为柳林农业的主导产业。柳林县是华北通往大西北的交通枢纽，307国道、青银高速、太中银铁路、中南铁路途经柳林，沿黄干线公路、沿黄旅游公路纵贯县境。

【经济发展概况】　2015年，全县地区生产总值120.8亿元，比2014年下降9.8%，其中一产1.8亿元，二产81.0亿元，三产38.1亿元；财政总收入33.2亿元，下降29.5%；一般公共预算收入11.0亿元，下降47.6%；固定资产投资182.0亿元，增长22.6%；社会消费品零售总额35.7亿元，增长4.6%；城镇与农村居民人均可支配收入27036元、9974元，分别增长6.3%、5.9%。

产业结构持续优化。三产结构由2014年的1.4∶76.2∶22.4调整为1.6∶66.8∶31.6。农业产业水平明显提升，持续推进各大农业园区建设和“8＋2”农业产业化工程，全年粮食总产量1346.3万千克。工业产业基础日益牢固，26对矿井中生产矿井24对，产能2665万吨；煤层气开发完成投资15.2亿元，建成开采井476口，日产量12.6万立方米；总投资240亿元的铝工业园区和总投资100亿元的光电子园区取得突破性进展。中小微企业不断壮大，全年新增中小企业140户，总数达到840户，年可实现近百亿元的产值，成为推动县域经济持续发展的重要力量。

城乡建设步伐加快。2015年城镇化率44.1%，比2014年提高1.8个百分点。城乡基础设施日趋完善，总投资28.5亿元的20个棚户区改造项目（总建筑面积122.9万平方米）建成56.7万平方米，总投资33.8亿元的北大街片区改造项目基本完成，总投资5.62亿元的聚雅公路即将通车。市政基础设施不断提升，总投资2903万元的清河南岸污水主干管道改造工程基本完工，极大缓解了对三川河水质的污染；总投资3000万元的县自来水厂改扩建工程全面开工，建成后供水普及率将达到97%；城区集中供热覆盖4010户90万平方米、集中供气1.6万户200万平方米。城乡人居环境明显改善，全年完成造林绿化2786.7公顷，森林覆盖率33.8%。投入2.5亿元大力开展“城乡环境卫生整治百日攻坚专项行动”，城乡人居环境得到了大幅改善。

民生事业蒸蒸日上。县财政用于民生事业的资金占到县级可用财力的80%左右，城乡居民各项政策性保障达到全市最高水平。文教卫生事业长足发展，新建两所城区幼儿园，改扩建3所农村幼儿园；建立城乡居民健康档案29.1万份，建档率89%。政策范围内住院费报销比例达到80%，住院补偿封顶线保持在15万元。先后完成贺昌烈士陵园、三交刘志丹纪念馆等革命文化教育基地的改造工程，全年旅游总收入32.7亿元，增长18.6%。全年共有6200贫困人口实现脱贫，深入开展建档立卡贫困村"回头看"工作，全县确定建档立卡贫困村39个。

改革创新不断深化。农村改革扎实推进，完成了全县257个行政村土地承包经营权确权登记和"三资"管理专项清理整治工作；发展了红枣、核桃、玉米、小杂粮、设施蔬菜等农业保险。行政体制改革持续深入，完成了卫计部门整合及部门"三定"方案，编制了政府"权力清单"和"责任清单"。投融资方式不断创新，307国道城区段改线工程、柳林新医院建设项目、城区热电联产集中供热项目正在试点PPP模式，取得了突破性成果。

（高艳忠）

石楼县

【自然概况】 石楼位于吕梁山西麓，黄河东岸，西隔黄河与陕西省清涧县相望。全县总面积1808平方千米，最高海拔2051米，最底海拔567米，年平均降水量464.9毫米，平均无霜期216天，耕地面积3.3万公顷。现辖4镇5乡134个行政村，2015年末常住人口11.5万人，2015年底全县贫困人口3.6万人。

【经济发展概况】 2015年，全县地区生产总值7.9亿元，比2014年下降2.3%，人均地区生产总值6851元；农牧渔业总产值3.5亿元；工业生产总值9851万元，规模以上工业企业增加值1339万元，下降72.2%；固定资产投资12亿元，增长49%；社会消费品零售总额2.9亿元，增长3.6%；一般公共预算收入4138万元，下降14.8%；城镇居民人均可支配收入12441元，增长5.7%；农村居民人均可支配收入2727元，增长5.4%。

全面推进"三农"工作。一是发展"二主二辅"产业。红枣产业上，建成了666.7公顷红枣精品示范园，试点红枣保险1066.7公顷，大力推广红枣采收"三三制"，红枣产量达到2000万千克。核桃产业上，实施333.3公顷核桃精品工程；筹建了县核桃协会，培训农民8000人次，核桃产量500万千克。小杂粮产业上，创建了和合、龙交、罗村三大绿色谷子生产基地。畜牧产业上，新发展舍饲圈养120余户，扶持规模养殖户91户，将湖羊养殖基地打造成全市肉羊技术培训基地和最大的湖羊原种场，形成了农林牧多元发展的良好格局，2015年粮食总产量2365万千克。二是启动现代农业园区建设。通过政府引导、项目扶持、企业主导、市场化运作的方式，整合项目资金2800万元，完成了园区基础设施工程。三是推进千家万户治理千沟万壑工程。按照推山填沟、荒坡绿化、种养结合的模式，以乡镇为单位，试点先行，示范带动，打造了20多户小流域治理典型，新增平地333.3公顷，沟域经济生态治理模式在全市推广。

全面推进重点项目建设。确定了总投资85亿元的60个省市县重点项目，出台重点项目五个一制度、例会制度等。开工44个项目，其中完工产业扶贫、土地整理等28个项目。积极推进16个项目，特别是煤炭集运站项目以打造煤炭区域物流中心为目标，优化了设计方案。将火车站站前广场、LNG加气站等项目捆绑打包。加大招商引资力度，签订了风电、光电、生物质发电3个重点项目。

创建城乡宜居环境。一是实施"三大工程"。开工东征广场和延安街改造工程，完成了火车站站前广场前期手续和征地工作，站前广场大桥具备开工条件。二是加快市政设施建设。维护了沁园春广场，铺设了6.1千米污水收集管网，污水处理厂日处理污水能力增加到4500吨。三是基础设施不断改善。建成了石楼火车站，启动曹家垣到柳林界等3条乡村道路建设工程，积极推进罗村110千伏变电站建设，完成10千伏农网升级改造工程。四是深入开展城乡环境整治百日攻坚专项活动。投资3200万元用于环境治理，新增保洁人员100人，购置清洁车辆83辆，清理垃圾8.1万吨，治理河道沟渠18千米，清理"四堆"9300处，市容与村貌进一步改善。

全力保障和改善民生。新建了石楼中学阶梯教室和两所农村幼儿园，实施了农民技术培训楼工程。县医院综合住院大楼配套设施和中医院主体工程完工，建成96个行政村卫生室。公立医院综合改革基本完成，基本药物制度全面落实。公益性岗位安排就业400余人，新增就业1498人，转移农村劳动力2600人，城镇登记失业率控制在2.9%以内。1.9万人享受城乡低保，1034人享受五保户或优抚政策，发放救灾资金778万元、医疗救助资金283.5万元，685名重大疾病患者得到救助。投资4200余万元实施了地质灾害治理、黄河大桥引线等重点工程。

（王晓东）

交口县

【自然概况】 交口县位于山西省中

部西侧，吕梁山脉中段，全县国土总面积1258平方千米。辖7个乡镇、95个村委、381个自然村，2015年末常住人口12.3万人。

交口县处于中纬度地带，属中温带大陆性气候区。四季分明，春季干旱多风少雨，夏季火热雨量集中，秋季相对温凉湿润，冬季寒冷干燥少雪。年均气温6.7℃，年均降水量618毫米，森林覆盖率33.8%，林木绿化率56.6%，居全省前列。是全国沙棘、汾州核桃和晋西小杂粮的主产区之一。

地下各类矿产资源较为丰富，主要有煤、硫、铁、铝、石灰岩、白云岩、耐火黏土等14种，含矿面积850平方千米，占县域总面积的67.1%，且分布广、埋藏浅、易开采，尤以铝、镁资源开发潜力较大。

全县文物古迹众多，拥有云梦山、千佛寺、韩极石牌坊、金代大铁钟、红军东征总指挥部旧址、幸福泉、吴家大院等自然人文景观，在发展生态休闲旅游方面极具开发价值。

【经济发展概况】 2015年，全县地区生产总值30.5亿元，比2014年下降10.7%；人均地区生产总值2.5万元，下降14.2%；一般公共预算收入5.4亿元，下降21.5%；农林牧渔业总产值3.2亿元，增长9.6%；粮食总产量1.7万吨，下降45%；工业总产值78.5亿元，下降25.6%；社会消费品零售总额7.2亿元，增长4.2%；城镇居民人均可支配收入17454元，增长7.2%；农村居民人均可支配收入6467元，增长6.7%。

产业转型升级取得新突破。全年铺开总投资385亿元的重点工程项目27个。信发240万吨氧化铝、道尔200万吨铝系高温材料产业园、兴华科技铝基新材料等一批骨干项目实现投产运行，被列为全省中部铝工业基地县。以焦煤、华瑞、信发为主体的煤电铝材一体化循环发展产业园区建设启动实施。签约光伏太阳能项目4个、风力发电项目2个，新能源产业发展全面起步。

特色农业得到新发展。大力推进“5+2”农业产业发展，核桃经济林总面积1.3万公顷，设施蔬菜发展到46.7公顷，绿色谷子、红芸豆等特色杂粮突破万亩，中药材等林下经济种植800公顷，猪、羊、鸡存栏分别达到2.3万头、8.5万只和200万只。特别是食用菌产业，种植规模突破800万棒，成为全市最大的食用菌基地县。落实地膜覆盖面积3533.3公顷，确立科技示范村162个，遴选科技示范户819户，试验示范新品种26个、新技术21项，开展各类技术培训1.5万人次，科技兴农、龙头带动、农业服务体系建设等五项基础工程得到巩固提升。

生态文明建设取得新成效。扎实开展城乡环境整治，全面推进城区“五大战役”和农村“四项攻坚”，城乡人居环境得到改善。实施吕梁山生态脆弱区林业建设工程，完成退耕还林、三北防护林、天保工程等造林绿化1333.3公顷。持续抓好通道绿化、通道沿线荒山及第一山脊线绿化，打造环线绿色生态走廊百千米。加强露采企业土地复垦和生态综合治理，完成复垦治理333公顷。全面加强节能减排和环境保护，严格执行新《环保法》，深入开展环境综合整治和环境违法行为及大气污染防治专项整治，各项约束性指标均控制在规定范围内。

民生福祉实现新提升。全年重点推动“八大民生工程”建设和“八项民生政策”落实，新农村建设、农村两轮“五个全覆盖”和“为民六件实事”全面完成。全县城乡居民养老、医疗保障实现全覆盖，城乡低保救助群众1.5万人，保障性住房和农村危房改造圆满完成年度任务。深化医疗卫生体制改革，基层医疗机构活力进一步增强。持续推进文化惠民工程，乡镇文化站、农村文化室实现全覆盖，县城“三馆一院”主体完工。县财政民生支出保持在78%以上，各项惠民利民政策得到有效落实。

（张云生）

方山县

【自然概况】 方山县位于山西省西部，吕梁山中段西翼。东邻娄烦、交城，西靠临县，南与离市区相连，北与兴县、岚县接壤，总面积1434.1平方千米，辖5镇2乡，169个行政村，2015年末常住人口14.7万人。方山四季分明，属暖温带大陆性季风气候。春季干燥多风，夏季炎热多暴雨，秋季凉爽多连绵雨，冬季寒冷少雪，年平均气温4～9℃。水资源总量1.09亿立方米，森林覆盖率41%。主要矿产资源有煤炭、铁矿、铝矾土、石英石、透闪石、石灰石、辉绿岩、金、铜、钾长石等。全县重点企业有煤矿、铝土矿、矿山机械厂、石材厂、水泥厂、酒厂、养殖场等。有山西国际能源、冀中能源、华润集团、霍州煤电、中广核集团、国电电力等大型集团企业进驻。

【经济发展概况】 2015年，全县地区生产总值22.7亿元，比2014年下降7.2%；人均地区生产总值1.5万元，下降17.6%；农林牧渔业总产值2.9亿元，增长7.1%；粮食总产量4万吨，下降4.3%；工业总产值27.9亿元，下降26.1%；规模以上工业增加值11.7亿元，下降15.8%；固定资产投资23.2亿元，增长38.8%；财政总收入6.8亿元，下降29.8%；一般公共预算收入2.5亿元，下降32.4%；社会消费品零售总额8.5亿元，增长3.7%；城镇居民人均可支配收入18110元，增长6.5%；农村居民人均可支配收入3882元，增长5.7%。

重点项目扎实推进。突出抓好

6大领域51个重点项目，包括省市重点项目16个，总投资200亿元。其中国电马坊风力发电项目一期工程、庞泉工贸矿山机械扩建项目基本完工，中铝恒亚和安华汇丰铝矾土深加工、鑫禾方山国际中药城、北武当山景区建设等项目正在加紧推进。

强农惠农成效显著。2015年新发展绿色马铃薯1000公顷；新建改扩建设施蔬菜大棚、温室2公顷，推广新技术、新品种90公顷；新发展食用菌300万包，新建80平方米冷库2座；新建规模化养牛场5个、1.4万平方米，改扩建牛羊养殖场8个、0.5万平方米，完成黄牛改良3800头；新发展核桃经济林333.3公顷、林下中药材1333.3公顷，新育苗466.7公顷。食用菌、中药材入选全市重点建设的9个特色农产品基地，“方山马铃薯、黑金刚马铃薯、红美人马铃薯”获得国家级绿色食品A级认证。开展农村土地承包经营权确权登记颁证工作，确权登记颁证村数达到51%，完成82个村、2.2万户、1.1万公顷确权面积。稳妥推进农村土地使用权流转，建立农村产权交易市场和农村土地纠纷调解仲裁委员会，全年完成土地流转4000公顷。新发展农民专业合作社30个。积极发展小杂粮、设施蔬菜等农业保险，推广设施蔬菜试点保险33.3公顷，农户抗灾能力进一步增强。

扶贫攻坚率先起步。突出精准扶贫理念，扎实开展扶贫开发建档立卡工作，2015年脱贫1万人。完成整村推进项目6个；新建移民新村1个，完成扶贫移民748人；实施“千村万人培训”任务100人、新型职业农民培训任务500人；资助各类贫困生993人，发放资助资金210.9万元；积极推进金融扶贫富民工程，依托邮政储蓄银行方山县支行、方山县农村信用合作社等国有金融企业，扶持贫困农户300余户，发放贷款2000余万元；在全市率先开展光伏扶贫项目，完成光伏试点项目村10个，新建100千瓦分布式光伏发电站10座。积极开展“电子商务进农村”工作，培训县乡村各级电商人员280余人，依托“乐村淘”实现电子商务平台入村30余户，赤坚岭村被列为全市电子商务推进试点村。

城镇建设步伐加快。县城中心城区控规已通过专家评审，覆盖率95%。完成方正北街拓宽改造工程，开工建设瓦窑河治理、县城垃圾处理厂项目，积极推进县城供水水源扩容及水质提升工程，新凿深井4眼，新建软化水车间1座，新配置水质软化设备两套。加大市政地下管网建设改造力度，新建、改造县城供水管网5.4千米、供热管网4.2千米、生活污水收集管网5千米；县城集中供热率69.8%，供水普及率98.6%，绿化覆盖率37%。重点实施垃圾清运、污水治理、造林绿化、清洁美化等工程，不断改善城乡环境、水和空气质量，新建垃圾收集、填埋处127个，更换垃圾箱500多个，清运垃圾20万吨，修复断壁残垣3万平方米、栽植苗木2万余株，完成保洁面积482万平方米，城乡环境得到进一步提升。

基础设施得到夯实。交通方面：投资5000余万元完成峪松线升级改造14.8千米，投资875万元完善提质乡村道路25千米，投资1000余万元维修土韩线、圪张线破损路面10.8千米，推动县城出租车汽车公司发展。水利方面：完成农村饮水安全工程8处，解决了8个自然村、3500人的饮水安全问题，新建河坝1400米，完成水保初治面积2000公顷。电力方面：实施2015年度农网升级改造工程。天然气方面：进一步完善输气管网建设，依法依规推进加气站项目建设。

民生保障不断强化。城镇新增就业2625人，登记失业率控制在2.1%。企业退休人员人均基本养老金提高10%，城乡居民基础养老金每人每月最低标准由70元提高到85元，城镇居民基本医保和新农合人均年财政补助标准由320元提高到380元。机关事业单位人员工资月人均增资330元左右，并补发了2013年、2014年两年的津补贴。共计发放公积金1.3亿元。新农保和城镇居民养老保险两项制度合并实施，城乡低保实现了动态管理下的应保尽保，城乡低保保障标准分别提高到4200元和2328元。新建农村老年日间照料中心7个。

社会事业统筹发展。新高中建设进程加快，新建改扩建农村幼儿园3所，完成县城4所学校标准化厕所改造工程，完成了县城中心体育场综合改造二期工程。顺利通过市级薄弱学校改造验收。新增县城社区卫生服务站1所，新建村卫生室6个。公开招录70名医技人员充实了医疗队伍。全面贯彻落实国家基本药物制度，采购基本药物320万元，巩固扩大新农合参保覆盖面。全县新农合人均筹资标准提高到470元，参合农民达10.9万人，参合率达98.2%，全年补偿金额3500余万元。公共文化服务体系建设进一步完善，“三馆三院”、乡镇文化站和农家书屋建设统筹推进。高度重视廉政文化建设，完成于成龙廉政文化园和故居墓地修复工程。

（王卫忠）

中阳县

【自然概况】 中阳县地处山西西部、黄河流域中段，因“河之阳兮川之中”而得名。全县辖5镇2乡100个行政村（居委会），2015年末常住人口14.5万人，总面积1441平方千米。

中阳县历史悠久，文化底蕴厚

重，从西汉置县至今已历2200余年。民间艺术源远流长，中阳剪纸为首批国家级非物质文化遗产。中阳有着丰富奇特的人文、自然景观，集“四景、三珍、三绝”于一体的柏洼山，正在创建国家4A级景区，上顶山、仙明洞、车鸣峪兵工厂旧址、庞家会古村落和庞涓寨等人文景观令人神往。中阳生态良好，植被茂盛，拥有1.3万公顷优质核桃林，森林覆盖率48%，是山西省林业生态先进县；传统特产柏籽羊肉久负盛名，属“三晋百宝”之一。中阳物产资源丰富，蕴藏着煤炭、铝矾土等20多种矿产，其中煤以储量大、品质优、埋藏浅而著称全国，探明储量49亿吨。

【经济发展概况】 2015年，全县地区生产总值43.5亿元，比2014年下降13%；人均地区生产总值3万元，下降13.5%；一般公共预算收入4.2亿元，下降40.4%；农林牧渔业总产值2.1亿元，下降14.4%；粮食总产量8397吨，下降66.5%；工业总产值86.4亿元，下降38.8%；社会消费品零售总额12.3亿元，增长4.5%；城镇居民人均可支配收入18991元，增长7.1%；农村居民人均可支配收入5791元，增长6.8%。

项目建设推进有力。致力于推进煤化、钢铁、铝工业、电力四大能源原材料基地建设。煤矿建设步伐加快，全县13对煤矿正常生产4对、即将投产2对，形成有效产能660万吨，全年产量586万吨。中钢公司充分发挥链条完备、市场稳固、管理精细等优势，积极推进优质钢、品种钢、特种钢研发生产，2015年钢材产量278万吨，盈利7500万元，在全省百强企业中居19位。电力方面，晋能桃园2×35万千瓦低热值煤发电项目进入核准阶段，华润新能源一期12万千瓦风电、东旭集团一期2万千瓦光伏发电项目完成前期工作。

脱贫攻坚推进加快。深入推进“8＋2”农业产业化，发挥1.3万公顷核桃覆盖65%以上农户的优势，建成省级核桃示范园666.7公顷、市级1000公顷，实施政策性商业保险3666.7公顷；同步发展林下中药材、食用菌、菊芋、玫瑰等，农民增收途径进一步拓宽。大力发展规模养殖，厚通30万头生猪、紫云10万只肉羊两个投资亿元以上的标杆项目，一期工程建成投产；新建两个千万元以上养殖场，改建5个标准化养殖场，初步形成了“公司＋基地＋农户”的产业化发展模式。支持引导县内外多家企业上马扶贫项目5个，完成投资3.3亿元；实施16个整村推进项目和中央彩票公益金项目，发放小额贷款780余万元，易地搬迁730人，全年减贫7450人。

社会事业协调发展。教育工作，中高考继续稳居山上九县前列，钢城、金罗、庞家会3所幼儿园建成，财政出资307万元对乡村教师给予生活补助，贫困学生救助帮扶、贷款资助全覆盖。卫生计生工作，人均公共卫生、新农合补助标准进一步提高，农村60岁以上老人享受到免费体检。社会保障、养老、医疗、失业、工伤、生育等保险参保面不断扩大，出资250多万元为全县人民投保“自然灾害公众责任险”和“意外伤害险”。完成城乡低保核查，发放各类补贴救济金4000余万元。

人居环境持续改善。积极破解棚户区改造资金难题，城区“两片区”建设申请国家开发银行专项贷款3亿元，到位1.6亿元，一期工程顺利推进，二期工程具备开工条件；金罗镇采煤沉陷区治理争取上级资金1.67亿元，一期工程建成高层住宅楼8栋、回购商品房306套；城区一批商住小区建成或正在建设。城市功能进一步完善，玉洁污水处理厂二期主体建成，城区垃圾处理场开工建设，汽车站完成土地征收，集中供热面积新增16万平方米、覆盖率达到73%。继续强化水电路等基础设施建设，总投资30亿元的东山过境公路项目奠基开工。国道209线石宝庄——凤尾段路面改造竣工通车，万吴线运煤通道路基形成、隧道贯通；中部引黄、榆横特高压过境中阳等项目顺利建设。在省市环境整治专项活动中，累计投入资金2500余万元，101项整改任务基本完成。环保部督查整改的一批重点事项得到落实，耀龙、聚鑫两户企业整改完毕、投入运行。中钢1780高炉200平方米烧结系统炉外脱硫工程完工、投入试运行。

（张建明）

岚　县

【自然概况】 岚县位于吕梁山北端，汾河上游，北靠岢岚，西接兴县，东邻静乐，南连娄烦、方山，全县辖4镇8乡1个城区居民管理委员会，167个行政村、336个自然村，总面积1512平方千米，耕地5.1万公顷，2015年末常住人口17.9万人。

岚县历史悠久。春秋晋国建汾阳邑，明洪武年间定名岚县至今。有省、市重点文物保护单位4处（秀容古城遗址、隋城遗址，白龙庙、八路军120师师部旧址）。上明龙灯为山西省重点文化科研项目，面塑、八音、民间纸扎被列入省市非物质文化遗产名录。世界著名生殖生理学家、“试管婴儿之父”张民觉出生在岚县。

岚县资源富集。境内矿产资源丰富，有煤、铁、石灰石、硅、铜、锰、大理石等20多种，煤铁资源尤为丰富。铁矿探明储量13.6亿吨。煤田总面积220平方千米，探明储量26.1亿吨，远景储量48亿吨，属优质动力煤，开发利用前景广阔。

岚县环境优美。平均海拔1415

米，年平均气温6.8℃，年均降水457毫米。夏日气候凉爽，绿色盈目，是理想的避暑胜地。2014年通过省级园林县城、省级文明县城验收。

岚县区位独特。距太原、忻州、吕梁3市均为100千米左右，国道209线、省道岚古线、忻黑线贯穿全境。太佳高速公路、太兴铁路途经岚县，交通十分便捷。

【经济发展概况】 2015年，全县地区生产总值32.7亿元，比2014年下降4.2%，人均地区生产总值1.8万元；一般公共预算收入3.8亿元，下降26.8%；农林牧渔业总产值4.0亿元，下降17.6%；粮食总产量5.9万吨，下降29.7%；规模以上工业总产值50.2亿元，下降16.6%；规模以上工业增加值19.5亿元，下降10%；社会消费品零售总额10.2亿元，增长4%；城镇居民人均可支配收入16987元，增长6.7%；农村居民人均可支配收入4370元，增长6.6%。

产业发展步伐加快。重点企业稳产增收。全面落实中央和省市各项政策措施，支持企业应对市场冲击渡过难关，帮助企业开拓市场稳定生产，太钢、正利、昌恒等骨干企业在艰难中保持了正常运转。新兴产业加快发展。新材料园区1200万只软磁芯生产线进入批量生产阶段，填补了国内智能化软磁材料生产线空白，全国规模最大的2万吨生物基复合材料生产线项目建成投产。开工建设了总投资20亿元的4个48兆瓦风电项目，其中中电投河口项目已具备并网发电条件。成立了电商协会，引进了乐村淘、苏宁易购2户电商企业。旅游产业高点起步。成功举办了集特色产业、观光农业、生态旅游为一体的“土豆花开了”旅游文化月活动。在国务院委托新华网举办的第三届旅游业融合与创新论坛暨2015最美中国榜发布仪式上，岚县荣膺“2015最美中国·绿色生态、休闲度假、民俗(民族)旅游目的地城市”称号。招商引资成效显著。与湖北追日、北京晓清环保、山西省农产品国际交易中心等大型企业集团签订总投资270.2亿元的7个综合型项目。

脱贫攻坚扎实推进。强化顶层设计。全县12个乡镇划分为四类，严格标准，严格审核，贫困人口全部建档立卡。扎实开展了建档立卡“回头看”，严格执行“8+3”不进，做到了精准识别。培育富民产业。抓住国家马铃薯主粮化战略机遇，在种薯培育、基地建设、品牌创建、市场营销等方面下功夫，推动马铃薯产业优化升级。推广了“五统一”标准化种植模式，种植面积稳定在2万公顷，被省政府确定为“全省马铃薯生产示范基地县”。实施马铃薯品牌化战略，取得了1.3万公顷无公害产地、30万吨无公害产品、3万吨绿色马铃薯产品、200吨有机马铃薯产品和“岚县马铃薯”地理标志“三品一标”认证。注册了“岚县土豆”商标。利用电子商务销售马铃薯100余吨，开辟了马铃薯销售新渠道。开发岚县“土豆宴”系列产品，注册了“土豆宴”品牌。同时大力发展油松育苗、设施蔬菜、生态养殖、小杂粮加工等辅助产业，脱贫攻坚的产业基础不断夯实。开展全方位扶贫。按照“六个精准”和“五个一批”要求，实施脱贫攻坚十大举措，全方位开展教育扶贫、移民搬迁扶贫、基础设施扶贫、金融扶贫，形成了专项扶贫、行业扶贫、社会扶贫互为支撑、相互呼应、多轮驱动、同向用力的综合扶贫模式，全年减少贫困人口1.4万人。

民生事业协调发展。全县财政70%用于民生改善。顺利完成了岚县中学新建项目，2015年秋季开学全面启用。总投资2亿元的12轨制职教中心一期工程全部完工。完成城区供水管网改造工程，供水保障能力进一步提升。日处理2万吨的污水处理厂二期工程主体完工。以ppp模式建设的城南热源厂300万米集中供热项目一期工程建成投用，城区集中供热面积达到140余万平方米。完成购买式造林66.7公顷，与黑茶山国有林管理局合作造林1334公顷，全年完成造林绿化2001公顷。举办了2015年岚县面塑艺术节、山西省风景名胜区白龙山第十五届旅游文化节。全年完成各类培训1.2万余人次，新增城镇就业2159人，转移农村劳动力2821人。

（张志亮）

临 汾 市

【自然概况】 临汾市位于山西西南部，汾河之滨，为“两山夹一川”地形，属温带大陆性气候，四季分明，雨热同期，土地肥沃，物产丰富。现辖1区2市14县和2个省级经济技术开发区，总面积2万平方千米，2015年末常住人口443.6万人。

临汾历史文化悠久。临汾是中华民族的重要发祥地之一，享有“华夏第一都”的美誉。临汾地上地下文物众多，元代以前地上文物资源山西占全国总量的70%，临汾占山西的30%。洪洞大槐树、尧庙、霍州署衙、襄汾丁村遗址就是其中的代表。深厚的文化底蕴，孕育了丰富多彩的非物质文化遗产，威风锣鼓、天塔狮舞、木刻年画、剪纸、蒲剧等地方民间艺术闻名全国，被誉为“剪纸之乡”“梅花之乡”和“锣鼓之乡”。临汾的自然景观瑰丽动人，有气势磅礴、象征中华民族精神——黄河壶口瀑布，有天造地设的天然太极图——黄河乾坤湾，有风景秀丽的云丘山、七里峪、舜王坪、人祖山、仙洞沟等。

临汾交通区位优越。地处太原、郑州、西安三个省会城市的连接中点，是晋陕豫黄河金三角区域的中心，是中西部地区对接沿海地区的桥头堡城市。同蒲铁路、侯月铁路、大西高铁、中南铁路、京昆高速、青兰高速、晋侯侯西高速交汇于此，108国道纵贯南北，309国道横穿东西，临汾机场正式通航，形成了以国省道、高速公路、高速铁路、航空为主骨架的对外交通网络，全面打通了通向沿海和国际的大通道。所辖侯马市是中国四大货运中心之一，拥有保税物流区、海关、商检等直通国外的商贸平台，是华北地区著名的旱码头。临汾已成为山西乃至中西部地区开放平台最全、功能最优的城市之一。

临汾矿产资源丰富。已探明矿种38种。煤炭资源最为著名，储藏面积1.5万平方千米，占国土总面积的75%，总储量960亿吨，占全省23.7%，是全国三大优质主焦煤基地之一。除了煤炭之外，铁矿是临汾的第二大矿产资源，储量4.2亿吨，富矿占全省70%以上，生铁产量占全省43%。大理石、石膏等资源在全省也占有重要位置。

临汾农业产业发达。素有“棉麦之乡”和“膏腴之地”美誉。盛产小麦、棉花、玉米、谷子、烟叶、西瓜等，是华北地区重要的粮棉生产基地，粮食总产量占全省的15%左右，其中小麦占全省35%以上。东西两山干鲜果品种多、产量大，林牧业相对发达，有115个农产品获得国家绿色认证。

【经济发展概况】 2015年，全市地区生产总值1161.1亿元，比2014年增长0.3%；规模以上工业增加值完成334.4亿元，下降7.1%；固定资产投资1401.2亿元，增长14%；社会消费品零售总额572亿元，增长4.9%；一般公共预算收入88.2亿元，下降25.4%；城镇居民人均可支配收入25498元，增长8%；农村居民人均可支配收入9376元，增长7.1%。

经济实现持续平稳发展。抓企业减负。出台减轻企业负担65条，累计为企业减负4000多万元。全市77亿元煤炭资源整合抵押金已退还企业56亿元，缓缴资源价款20多亿元，清费立税减免涉煤收费4.4亿元。抓企业生产。强化政府服务，保障生产要素，确保煤炭、钢铁、焦化等重点企业不停产、不减产，累计协调解决企业生产运行中的问题50余条，全市有60多户停产半停产企业复工复产。全市规模以上企业原煤产量达到5648万吨，增长6.9%，焦炭、粗钢、钢材产量降幅大幅缩小，主要工业品产量下滑势头得到有效遏制。抓企业融资。积极组织银企对接，全市累计有73户企业签订贷款意向36亿元。与兴业银行签订了战略合作协议，为煤炭企业提供50亿元融资额度。设立了总额5000万元的“企业资金链应急周转保障资金”和总额1.56亿元的“企业应急周转互助资金”，累计投放8.7亿元。抓市场销售。组建成立了太原煤炭交易中心临汾交易处，建立了互联网+煤炭电商交易平台。组织实施了“千人百矿大营销活动”，与全国190余家煤炭消费经营企业精准对接，与宝钢、沙钢、中电投、华润等企业签订战略合作框架协议，建立了长期性煤炭销售合作关系。举办了2015中期临汾煤炭交易大会，累计成交量1300万吨，成交额56.7亿元。

项目建设扎实推进。大力开展“项目提质增效年”活动，启动实施了总投资3600多亿元的“国家节能减排财政政策综合示范城市”、国家信息惠民工程、西山片区主体功能区、尧都区城东老工业区搬迁改造、浮山县国家资源综合利用“双百工程”等一批“国字号”项目，扎实推进省涉及临汾的79项“十大领域”项目，加快建设841项市县重点项目工程。2015年，重点项目“六位一体”指标中，开工排全省第一，储备排全省第二，签约、建设排全省第三，落地、投产排全省第四。加大中心城市建设力度，重点实施了总投资159.9亿元的17项城建改造重点项目，主要包括景观大道和滨河西路立交桥等7座立交桥建设，山西师范大学等3所院校整体搬迁，市职工体育馆、市奥体中心体育场等文化片区建设，机场快速通道建设等3项道路建设工程，机场大道排水等2项道路排水工程，污水处理厂建设和净水厂建设，以及40个城中村改造等工程。

结构调整成效显著。现代农业稳步推进。2015年，粮食总产量23.6亿千克，超额完成省市目标任务。“四个百万亩”基地建设成效显著，新发展设施蔬菜866.7公顷、水果3333.3公顷、干果6666.7公顷、中药材4666.7公顷。全市农民合作社达到1万家，农业产业化龙头企业发展到339家，农产品年销售收入达到73亿元。传统产业实现优化升级。改造提升煤焦钢电等传统产业，加快发展铸造、装备制造、煤化工、新能源、新材料等新兴产业，2015年共实施万鑫达20万吨粗苯精制、新金山100万吨高速线材、通才工贸120万吨球团等传统产业改造项目19个，实施华翔精密铸件、沃特玛新能源汽车核心零部件制造、东方恒略精密铸造、平阳重工高端制造等重点转型项目81个，新兴产业投资占工业投资的比重达到51%。现代服务业蓬勃发展。商贸物流、电子商务、文化旅游等现代服务业不断发展壮大。2015年第三产业增加值完成506.7亿元，增长10.3%，明显快于地区生产总值增速。重点建设了生龙国际、工贸购物中心、奥特莱斯芭蕾雨等一批新型商业业态。临汾被确定为全国区域级流通节点城市。电商企业发展到400余家，交易额突破100亿元。侯马市县域电商指数进入全国百强，连续两年名列全省第一。实施了乡宁云丘山、吉县人祖山、襄汾燕村荷花园等旅游项目，全市4A级旅游景区总数达到11处，大槐树景区5A级创建通过省级验收。成功举办了山西·临汾帝尧古都文化旅游节、第25届大槐树寻根祭祖节、云丘山中和文化旅游节等旅游节庆活动。2015年，全市旅游总收入295亿元，增长21.7%。全市三次产业结构由7.8:54.4:37.8优化为7.8:48.5:43.7，现代产业体系正在加快形成。

各项改革稳步推进。行政管理体制改革方面，加快推进市县权责清单编制工作，17个县市区和市级权责清单全部公布；市本级确定行政职权事项10大类3071项，编制责任事项1.8万项，行政职权运行流程图3071张，查找廉政风险点9.3万个。行政审批制度改革方面，共承接省政府下放市级行政审批事项28项、下放县级6项，取消12项，将工商登记前置审批改为后置审批36项；特别是加强市政务服务中心建设，推进"一委一办三中心"的管理体制，实行"一网多平台"、"一站式服务"，进一步优化审批流程，提高了审批效率。进一步规范公共资源交易，实行"十统一"运行机制，2015年共完成各种交易事项1598场次，日均交易7场次，总成交额64亿元，确保了阳光透明。煤炭体制、公路运销体制改革方面，制定了《关于深化煤炭管理体制改革的意见》《煤炭焦炭公路销售体制改革实施方案》；公路运销体制改革已按期完成，9类涉煤票据全部取消，共撤销煤焦销售营业站62个，撤销公路焦炭营业站、稽查站17个，妥善转岗安置煤炭站点职工4581人，转岗安置焦炭企业职工582人。开展了非煤矿山收费清理规范工作，出台《非煤矿山收费清理规范工作方案》，规范行政事业性收费10项、政府性基金5项，落实了相关收费减免政策。国有林场改革方面，国有林场棚户区改造全部完成，新建管护站12个，隰县、古县2个国有林场率先实现林地流转，16个县属国有林场已有14个经费全部纳入财政预算。医疗卫生体制改革方面，加快推进市区医疗资源整合工作，由临汾市人民医院托管市中医院，市第四人民医院、市肿瘤医院和市第十人民医院合并。开发区扩区改革方面，积极推进临汾、侯马开发区扩区改革，将洪洞甘亭工业园区划归临汾开发区，将山西国际陆港综合保税园区并入侯马经济开发区。

"三个突破"取得实效。在金融创新上，新引进了光大、兴业和中信3家股份制商业银行。积极推进企业上市，5家企业在"新三板"挂牌上市，全市共有143家企业在山西股权交易中心挂牌。加大债券发行力度，累计发行各类债券120亿元。在科技创新上，成功举办"2015年度临汾市科技创新发展论坛"，与中科院北京分院签订了战略合作协议，建成2个院士工作站。全市高新技术企业达到33家，省级企业技术中心20家，市级企业技术中心50家。在民营经济发展上，全力破解民营经济发展难题，积极推进大众创业、万众创新，扶持小微企业发展。2015年全市新创办小微企业3280户，培育"小巨人"企业2户，"小升规"企业32户；中小微企业达到11.6万户，工业产品销售产值达到670亿元，占到全市工业产品销售产值的53.4%。

扶贫工作扎实推进。扎实推进建档立卡"回头看"、产业扶贫、金融扶贫、易地扶贫搬迁和整村推进等工作，实施"百企千村"产业扶贫开发项目81个，总投资156.6亿元，累计完成投资47.2亿元。10个贫困县累计完成金融扶贫小额信贷3.7亿元，特困群体异地搬迁已开工3258户1.2万人，主体完工2987户1.1万人，入住1528户5682人。全年实现脱贫6.4万人。大力开展光伏扶贫工作，实施了127个村级光伏电站和9个由企业承建的10兆瓦以上地面小型电站工程。全市扶贫光伏发电建设总规模达到134.5兆瓦。

生态环保持续加强。围绕创建国家环保模范城的目标，扎实推进节能减排，全力打好大气、水、土壤污染治理三大战役。出台了《进一步巩固提升市区空气环境质量工作方案》，开展了空气环境质量巩固提升百日攻坚行动，全市淘汰黄标车及老旧车3.8万辆，市区新增供热面积60.6万平方米，完成煤改气锅炉56台，更换环保炉5679台，累计改造天然气10.4万户。2015年，全市新购纯电动公交车223辆，建设了7座公交快速充电站，实现市区纯电动公交车全覆盖。市区二级以上天数266天，比2014年增加26天，其中一级天数达到52天，增加11天。

民生事业协调发展。不断加大民生领域投入，对群众关心的教育、卫生、文化、就业、社保、物价、居民收入等民生工作进行重点部署和安排。2015年，全市民生支出达到242.3亿元，占全市财政支出的84.4%。实施了学前教育优质普惠、乡村医疗服务提质工程、农业强基、饮水安全、城市综合整治、就业创业援助等"六大惠民工程"，群众得到了更多的实惠。

（临汾市人民政府办公厅）

临汾市尧都区

【自然概况】 尧都区总面积1304平方千米，辖6乡、10镇、9个办事处(8个城市街道办事处、1个农村办事处)，372个行政村、57个社区居委会，2015 年末常住人口 97.1 万人。

人文资源。尧都历史悠久，史称平阳，因 4700 多年前帝尧在此建都而得名。人文底蕴深厚，史传文字、华表、围棋、诗歌、印刷、戏曲等文化经典都发源于此。历史上人才辈出，著名的有：仓颉、尧、舜、羊舍、卫青、霍去病、法显等。旅游资源丰富，境内现存古建筑、古遗址 50 余处，有古帝尧庙、尧居、尧帝陵、尧井、击壤台、大云寺、元代戏台等历史人文景观和仙洞沟、龙子祠、卧虎山等自然风景区。尧庙华门景区被评为国家 4A 级景区。

自然资源。全区属温带大陆性气候，四季分明，气候宜人。年平均气温 9～13℃，无霜期 197 天。年均降水量 550 毫米。地下水储量 1.48 亿立方米，可开采量 9400 万立方米。境内河流水系主要有汾河及其支流涝河、洰河等。汾河为全区第一大过境河，境内长度为 28 千米，流经 6 个乡镇，流域面积 122 平方千米。全区森林覆盖率 13.2%，城市绿化覆盖率 25.5%。

矿产资源。已探明矿种 38 种，煤炭资源最为丰富，全区含煤面积达 258 平方千米，保有资源储量 11 亿吨，是全国优质焦煤基地之一。铁矿探明储量 9000 万吨，远景储量 2 亿吨；工业石灰岩储量 2.3 亿吨，石膏储量 3 亿吨，耐火黏土储量 3000 万吨。

交通优势。尧都区地处晋陕豫黄河金三角中心，境内交通便捷，临汾乔李民航机场开通运营，大西高铁、南同蒲铁路、大运高速、108 国道纵贯南北，309 国道横穿东西，晋中南出海通道、青兰高速、张礼至台头地方铁路、正在建设中。全区公路通车里程 1600 千米以上。

【经济发展概况】 2015 年，尧都区生产总值 249.2 亿元，人均地区生产总值 2.6 万元，一般公共预算收入 11.62 亿元，农林牧渔业总产值 17.9 亿元，粮食总产量 2.56 亿千克，工业总产值 96.2 亿元，社会消费品零售总额 225.9 亿元，城镇居民人均可支配收入 28438 元，农村居民人均可支配收入 12120 元。

农业基础地位得到进一步巩固。粮食生产在大旱之年取得较好收成。全年粮食总产量 2.56 亿千克。农业三大基地建设初具规模。全区新增设施蔬菜 3333.3 公顷、优质水果 3333.3 公顷。尤其是在核桃基地建设上，通过加强技术指导、创新管护机制，继续保持了健康发展的势头，总面积达到 1.8 万公顷。2015 年投资 2100 万元，实施了 45 千米园区道路工程，新建集雨旱井 100 眼、集流渠 3 千米，全面解决了核桃园区“行路难”“浇水难”的问题。现代农业快速发展。重点培育扶持了亿佳美、澳坤量子、中德农牧、彦畅春养殖等龙头企业。澳坤量子在新三板挂牌上市。农民专业合作社达到 1078 个。25 家农业龙头企业年销售收入达 16 亿元以上。农业基础设施进一步完善。投资 1 亿元，实施了基本农田整理、高标准农田、千亩优势特色农产品种植基地等土地治理项目；投资 8622 万元，实施了小型农田水利重点县、雨水集蓄利用工程、仙洞沟水库等 45 项水利工程；投资 4000 万元，实施了 103 千米的村通水泥（油）路提质工程和 5.5 千米的农村公路翻修工程，养护公路 405 千米；总投资 1.1 亿元，实施了农村电网升级改造、变电站新改扩建、重载治理改造等 6 项供电工程。

工业转型稳步推进。贾得工业园区建设快速推进。园区基础设施不断完善，15 千米主干道路、18 千米引水工程和展示大厅工程已经完工并投入使用；总投资 8500 万元的园区供水厂、投资 2 亿元的污水处理厂和投资 8000 万元的变电站工程前期工作已经启动。项目入园成效显著。总投资 1.2 亿元的宝珠制药项目已经试生产；总投资 2.8 亿元的北斗导航项目，已经开工建设；总投资 75 亿元的太原煤气化项目、总投资 50 亿元的中煤煤化工项目、投资 22 亿元的中国五矿西里北铁矿综合开发项目、总投资 5 亿元的中石油管网铺设项目、总投资 2 亿元的中石油昆仑燃气项目、总投资 6000 万元的德美印业项目、总投资 2500 万元的朗鑫建材静电塑粉项目等已确定入园。煤炭工业稳步发展。狠抓了煤炭的促销和煤矿基建改造工作。落实煤炭清规减负政策，为全区煤炭企业减负 1.9 亿元。积极参加市政府组织的“千人百矿”煤炭营销活动，全力促进煤炭销售。全区共生产原煤 640 万吨，销售量 580 万吨。新兴产业项目推进顺利。投资 3.5 亿元的东方恒略三期 25 万吨精密铸件项目，5 条机加工生产线已经建成投产。投资 1954 万元的山西纳海鸣 4 万吨岩棉板生产线建设项目已经试生产；总投资 1950 万元的临龙泵业 8000 台水泵项目，新建总装车间已投入使用，技术研发中心正在建设；总投资 9500 万元的通泽铸锻 8 万吨精密铸造及机加工项目，立项、环评已经完成，建设用地进入挂牌程序。光宇照明在新三板成功挂牌上市。

现代服务业全面发展。生龙国际商贸城、工贸大楼改扩建项目已投入运营，奥特莱斯芭蕾雨嘉励商城、上东世纪 CBD 广场、新百汇商业广场项目和华门景区新天地项目主体工程已经完工；红星美凯龙大型生活广场和临汾建材家居博览城项目已经完成征地拆迁工作。百汇市场搬迁工作取得实质性进展。兴荣物流园一期工程，仓库和零担库主体已经完工；中信空港仓储物流园区项目，省发改委已经备案立项，一期 26.7 公顷土地指标已经落实。全年接待游客 840 万人次，旅游综合收入 75 亿元。

城市建设快速推进。1. 在东城建设上，主要抓了三件事：

一是总投资58亿元的涝洰河生态建设工程进展顺利。目前，已累计完成投资27.7亿元，四大工程进展顺利。其中：河道治理工程洰河段治理工程基本完成。生态修复工程，龙湾园、福胜园已经向市民开放。润州园PPP项目已经完成设计招标，征地、清表工作已经实施。城市路网工程，北环路尧都区段3.6千米道路工程已经完成；洰河段主园路完成8公里；尧贤街北延2.9公里道路工程和下穿北环路通道工程基本完工。跨涝河、洰河两座桥梁工程已经全面开工。

二是东城"五纵五横"道路工程快速推进。108国道改建城市道路工程，道路工程已经完工。二中路拓宽改造工程，中段已经通车，南段正在铺设路基。临纺街拓宽改造工程，南段已开工建设。中段拆迁已经完成，正在进行招标。枣林街拓宽改造工程北段已竣工通车；中段和南段立项、环评手续已批复，正在办理用地规划手续。尧贤街南延工程正在进行前期立项工作。临浮路、北外环拓宽改造工程已竣工通车。华康路景观改造工程拆迁基本完成。华州路东延道路工程沟槽开挖已经完成，地下排水管网铺设已完成80%。解放东路拓宽改造工程正在调整设计方案。

三是东城公共配套设施建设进一步完善。东城医院主体工程已完工，正在装修和安装设备；区级全民健身活动中心项目，拆迁工作接近尾声，已进入工程招标；东城城市综合体项目，征地拆迁已经启动，可研报告、土地初审和规划意见已经完成，正在办理规划条件和环评等手续；师大文理学院新校区建设项目，总体规划已经完成，33.3公顷用地计划已经批复，正在征地拆迁。

2. 在主城区和西城区建设上，根据市委、市政府部署，承担实施了一批市级重点工程。

滨河东路南北延、滨河西路北延、秦蜀路南延、五一东路拓宽改造4条道路工程已经竣工通车；迎春街南延拓宽改造工程选址初步确定，联片改造区摸底工作全部结束，立项已经完成，方案正在报批；中大街拓宽改造工程征地拆迁基本完成，道路清表、土方挖运、场地平整工作已经完成，地下商业街即将开工建设。

河西还迁小区滨西佳园二期工程已经交付使用；漪汾花园和站北春苑还迁小区已基本完工，2016年3月可开始还迁安置。

3. 在城中(郊)村改造上，一方面积极争取上级政策支持，市政府出台了《关于进一步规范市区城中村改造工作的若干补充意见》，理顺了程序，完善了机制，缩短了审批流程，特别是在规费减免、规划控制、土地处置、手续办理等方面提供了优惠政策，为加快城中村改造提供了有力保障。另一方面加大工作力度，实行区四大班子分项包联，城中村改造工作取得了实质性进展。列入第一期改造计划的31个村已经有10个村的改造方案得到批复并全面启动实施，特别是尧庙镇郭村、西街西关社区、刘村镇涧头村、韩家庄以及汾河办盘龙社区5个村推进较快，拆迁工作基本完成，建成面积已达77万平方米。

加强大气污染防治。以煤烟污染治理为重点，投资5000万元，实施"城中村"燃煤锅炉和燃煤炉灶治理工程，对7800余户居民进行了环保炉具置换，对56台燃煤锅炉和茶浴炉进行了清洁能源改造。加大工业企业污染治理，对东方恒略、临汾热电、海姿焦化等企业的脱硫排放设施进行了对标升级改造。全区共配备垃圾清运车辆124台，垃圾桶3.1万余个，清理积存垃圾80万余方。全区有186个村被市、区评为示范村庄，城乡面貌进一步改观。

项目建设成效明显。全区共实施项目160个，总投资1150亿元，其中省、市、区重点项目78个。截至12月底，全区项目储备完成23.84亿元，项目签约完成160亿元，项目落地完成252亿元，项目开工完成199.5亿元，项目建设完成236.36亿元，其中省、市重点项目完成160亿元，项目投产完成186亿元，拉动了全区经济社会持续增长。

改革创新顺利推进。进一步推进简政放权放管结合转变政府职能，深化行政审批改革，承接市政府下放行政审批事项70项，取消行政审批、行政事业性收费和年检事项28项，调整工商登记前置审批为后置审批事项36项，保留前置审批2项，改为属地管理事项152项。推进用地制度改革，实施了11项城乡建设用地增减挂钩、工矿废弃地复垦利用和土地开发项目，新增建设用地2044亩。推动投融资体制改革，二期12亿元企业债券已发行到位，争取上级政策资金1.3亿元，争取专项银行贷款7亿元，采取PPP模式融资7.5亿元涝洰河润州园项目已完成招投标，即将启动实施。积极推进大众创业、万众创新，成立了上东世纪大学生创业孵化园和锦悦城大学生创业园，确定"大众创业、万众创新"项目22个。加快推进民营经济，认真贯彻落实税收减免、金融支持等扶持政策，设立了中小企业发展专项资金，助保贷平台为企业提供500万元信贷支持，全区中小企业发展到1.8万户，"小巨人"企业达到6家。

民生保障持续改善。投资1759万元，完成了区第二幼儿园、乔李幼儿园等10所幼儿园的新改扩建工程；投资830万元，实施了魏村初中、大阳初中等105所学校校舍及校园设施维修改造工程。重点实施了总投资1146万元的7个乡镇卫生院周转房建设和75个村级卫生室建设项目；新农合人均筹资标准由390元提高到470元。新增城镇就业人员1万人，转移农村劳动力9766人，城镇登记失业率为3.1%。养老保险、医疗保险等六大保险参保人员达到63万人。城乡居民最低生活保障标准提高了20元。启动了1200套城市棚户区改造工程和150户农村危房改造工程。

（尧都区人民政府办公室）

侯马市

【自然概况】 侯马市位于山西省南部，临汾盆地南端，东与曲沃县毗连，西与新绛县接壤，南依紫金山与闻喜县、绛县为邻，北隔汾河与襄汾县、新绛县相望，辖新田乡、凤城乡、高村乡三个乡和张村、上马、路东、路西、浍滨五个街道办事处。国土面积220.1平方千米，2015年末常住人口24.7万人。

【经济发展概况】 2015年，全市地区生产总值88.9亿元，比2014年增长2.5%，财政总收入8.9亿元，增长1.4%，一般公共预算收入4.7亿元，增长6.2%；固定资产投资82.9亿元，增长20.2%；社会消费品零售总额76.5亿元，增长2.9%；城乡居民人均收入分别为24500元和12538元，增长7.5%和6.1%。

经济发展后劲强劲。年初确定90个重点项目，投资总规模超300亿元，截至2015年底，32个项目竣工投产投用，20个项目开工建设，38个项目前期工作扎实推进，累计完成投资44亿元。培育壮大新兴产业，装备制造业形成主导优势，增长超过10%；同煤热电、汇丰建材、普天法尔胜光缆、通盛LNG、德邦橡胶等完工投产，新兴产业比重达到55%。房地产市场保持平稳，现有商住开发和储备规模近20万平方米。全市新增流转土地153.3公顷，总面积超过2666.7公顷。农副产品龙头企业产值规模突破5亿元；大南庄“鸿满”、张少“芳草香”双千亩现代农业示范园项目和中条林源千亩光伏发电与香菇种植一体化项目开工建设，全市“一村一品”专业村达到39个。金融创新积极推进，财政担保公司完成增资扩股，益通股份在北京“新三板”挂牌上市，城市公共基础设施项目PPP投融资平台搭建成立；科技创新成效明显，对经济增长贡献率达到56%；民营经济发展准入条件、外部环境进一步宽松，新增企业456家、个体工商户2314家。

大运公路枢纽、轻工城市场、普天家电、通盛医药、振通电商、方略保税“五园区、一中心”建设步伐加快，“洋货码头”项目落地开工，进展顺利，仓储物流业聚集辐射效应初步显现。金钻国际广场品牌女装经营户入住率超过50%、新兴纺织城布匹面料经营户入住率接近70%。全市采用网上营销企业、商户、门店突破3000家；拥有自主品牌的“马上购”和“窝麦良品”等电商平台，积极建立区域网销联盟，推动本市及周边县市苹果、核桃等5万千克特色农产品走向全国市场。在商务部和阿里巴巴两个电商进农村试点带动下，在全省率先启动实施农村淘宝工程。

城乡人居环境不断改善。新修、改造农村公路9.8千米、铺设供热管网17.1千米、天然气管网20千米、雨水管网10千米，新增换热站16座，完成雨污分流改造10千米，棚户区改造300套，垃圾处理率达到100%，污水处理率达到93.3%。汾河河道生态治理修复工程全面完工，紫金山造林绿化完成200公顷，城市绿化新增20万平方米，东城新区森林公园开工建设。启动美丽乡村建设，农村环境卫生状况明显改观，累计整改架空线路6.3千米、道路清扫保洁10千米、清运垃圾10万方、农村危房改造700户。全市共有28个村通上天然气、33个村铺设排水管网、49个村用上城市自来水。

继续加大社会事业投入。中、高考成绩继续名列临汾市前茅，学前儿童毛入园率达到83%，高中升学率首次突破90%，高考二本达线率49%。公共卫生计生保障能力增强，县级公立医院综合改革有序推进，药品零差价销售全面落实，财政投入550万元确保新农合人均筹资标准由390元提高到470元；新医院工程进入内部装修阶段；通盛集团医养融合式养老服务项目完成前期准备。社会保障体系日益完善，确保财政供养人员正常调资增长部分、困难家庭低保补助、大病医疗救助等发放到位。城乡新增创业就业超过1万人，城镇登记失业率控制在2%。

山西方略保税物流中心首创全国保税物流服务标准化。山西方略保税物流中心有限公司总投资20多亿元，占地133.3公顷。保税物流服务标准化，方略中心在全国是首创，制订企业标准391项，各项标准可操作性、创新性强，涵盖各个环节，服务标准覆盖率达到100%。2015年，国家标准化管理委员会委派考核评估专家组，对山西方略保税物流中心有限公司承担的“国家级保税物流服务业标准化试点”项目进行全面评估，顺利通过评估验收，成为临汾市首家国家级服务业标准化试点物流企业。

（侯马市人民政府办公室）

霍州市

【自然概况】 霍州市位于山西省中南部，地处晋中、临汾交界，是临汾市的“北大门”，全市总面积765平方千米，辖3乡、4镇、5个街道办事处，有199个行政村，34个社区居委会，2015年末常住人口29万人。霍州市交通便利，资源丰富，工矿企业众多，文物旅游资源得天独厚，最著名的是国家级重点文物保护单位、全国唯一保存完整的古代州级衙署——霍州署；中镇霍山七里峪被誉为"华北绿肺""天然氧吧"和"生物宝库"。

【经济发展概况】 2015年，全市生产总值74.6亿元，工业增加值31.65亿元，固定资产投资164.9亿元，社会消费品零售总额31.2亿元，城镇居民人均可支配收入25446元，农村居民人均可支配收入11488元，财政总收入14.4亿元，一般公共预算收入6.7亿元。

工业经济平稳运行。2015年，霍州市努力为企业排忧解难。先后为霍煤集团、兆光发电厂在兴业银行融资30亿元，与侯马车务段协调，为霍化公司解决了发货专线问题，促进了传统骨干企业的平稳运行。特别是国电、霍化等企业开始贡献税收，成为财政收入新的增长点。霍东新型工业园区一期投产运营，液化天然气调峰储气项目运行良好，华润10万千瓦风能发电项目有序推进，德尔福陶瓷生产线改造项目进展顺利，新型产业投资比重不断加大，工业经济下行压力得到有效缓解。

农业基础不断夯实。持续推进三大基地建设，新增无公害蔬菜种植133.3公顷，总面积达到2333.3公顷；特色经济林新栽植优质核桃380公顷，总面积达到2366.7公顷；新建、续建规模养殖场10个，累计达到290余个。西张垣现代农业生态循环示范园区建设标准、科技水平和经济效益稳步提升。大力实施小型农田水利重点县建设工程和东王片、马刨泉灌区高标准农田建设等农业基建项目，全市农业综合生产能力不断提升，全年粮食总产量6698.4万千克。

旅游三产换档升级。七里峪景区和陶唐峪景区开发项目全面推进，综合开发进入新阶段。全年共接待游客10万人次，旅游综合收入突破23亿元。南街农贸市场、怡泓健身综合服务中心等商贸项目快速推进。电子商务迅速发展，淘宝霍州馆成功上线，全国电子商务进农村综合示范县、电子商务孵化园建设工作全面启动，山西供销农芯乐商城霍州服务中心成功运营，线上线下商贸活动更加繁荣。积极组织全市部门、企业参加各类商贸洽谈活动，2015年共签约项目19个，签约资金达131.9亿元。

城乡一体统筹发展。中镇国际花园一期、州署文化示范园、东关城中村改造、星河蓝湾等城市建设项目加快推进，经三路、纬三路和城市街巷硬化工程全面完成，纬五路路基建设和霍东大道污水管线工程基本完工。完成天然气扩户6000余户，新建热电联产换热站6座，新增集中供热面积50万平方米，累计达到454万平方米，基本实现城区全覆盖。继续推进农村人居环境工程改善、水土流失治理、电网改造、村庄绿化、污水治理等工作，农村公共基础设施建设全面加强。

环境卫生持续改善。全力推进节能减排工作，生态环境明显改善，环境质量持续好转。城郊绿化和干线公路绿化工程全面完成，汾河两岸生态屏障初步形成，城周荒山绿化基本覆盖。辛置矿和李雅庄矿矿井水深度处理站建成运行。全年化学需氧量、氨氮、氮氧化物排放量分别下降5.8%、3.5%、8.1%，节能减排任务圆满完成。全市二级以上天数301天，其中一级天数73天，连续7年成功创建省级卫生城市。

民生保障日益健全。坚持把改善民生作为政府工作的出发点和落脚点，财力持续向群众关心的教育、卫生、就业、社保等方面倾斜，民生支出占到全市财政支出的70%以上，广大群众得到了更多的实惠。职教中心建设基本完工，即将投入使用。成功通过"全国义务教育发展基本均衡市"国家验收，全市教育教学质量稳步提升。2015年，全市高考二本达线突破千人大关，再创历史新高。连续7年开展爱心助学活动，累计筹资2000余万元，受惠学生达1.3万余人次。高度重视创业就业工作，积极开拓就业渠道，切实帮助"4050"人员、大中专学生、退伍军人等人群解决就业问题，全面清除"零就业"家庭，全年新增就业岗位5086个。各类社会保险覆盖面不断扩大，保障能力持续增强。80岁以上老人救助、大病救助、四类困难家庭学生救助等各类社会救助制度强力实施并得到持续巩固。全年共建成各类保障性住房849套。

（霍州市人民政府办公室）

曲 沃 县

【自然概况】 曲沃县位于山西省南部、临汾盆地南端，县域总面积437.9平方千米。辖1个城市社区工委(6个城市社区)、2个乡(51个行政村)、5个镇(107个行政村)，2015年末常住人口24.4万人。

境内地势平坦，气候温和，土壤肥沃，交通发达，水电矿产资源富集，人文历史古迹众多。历史上曾是"武公据之以兴晋，文公依之而称霸"的晋国建都之地，素有"桐叶封唐地，三晋发端处"之美誉。

【经济发展概况】 2015年，全县地区生产总值86.6亿元，比2014年增长4.8%；人均地区生产总值3.6万元；一般公共预算收入2.75亿元；农林牧渔业总产值22.0亿元，增长2.1%；粮食总产量2.1亿千克；工业总产值200.77亿元；社会消费品零售总额20.8亿元，增长7.6%；城镇居民人均可支配收入26521元，增长9.2%；农村居民人均可支配收入12287元，增长8.2%。

工业经济平稳运行。全力推进以冶金焦化、装备制造、精密铸造、黄金开发、物流贸易等产业为主的“五大工业园区”建设。特别是在保障千万吨级钢铁工业园区企业的正常生产运营上，突出协调帮扶，为企业融资超10亿元；大力支持园区企业实施了直供电申报和1.5万立方制氧、120万吨球团竖炉等节能循环项目；积极引导主干企业发展“互联网＋”，企业抵御市场风险能力有效增强。正信光伏农业发电项目、协鑫风电项目前期工作有序开展。

“晋之源”农业发展良好。以国家现代农业示范区建设为引领，深入推进晋之源系列八大农业园区扩容提质工程。晋之源曲村现代农业示范园区、磨盘岭现代农业示范园区分别完成冷库建设和100栋温室大棚改造，杨谈精品水果园区、里村红提葡萄园区、北董优质大蒜园区和高显汾河滩涂循环农业园区新发展水果166.7公顷、大蒜33.3公顷、莲藕和香菇66.7公顷。完成了92个村1.6万公顷土地的确权登记颁证工作，壹家人面粉原粮仓储、迈乐有机肥生产线等农业产业化项目扎实推进，高标准节水示范、农田整治、土地综合开发等农业基础设施建设项目年度任务全面完成。特别是积极探索推广的“农户＋互联网＋客户”营销模式取得初步成效，线上交易额超千万元，为实现农民收益最大化开辟了新渠道。晋之源农业日益成为促进广大农民增收致富的重要支撑。

文化旅游方兴未艾。加快推进了以弘扬“晋文化”为主题的精品旅游带建设。其中，浍河水岸风光旅游区、太子滩温泉度假区、桥山黄帝文化旅游区硬件设施和基础工程建设稳步推进；绛园建设工程具备了开工条件；景明诗经山水旅游区和顾园的规划设计方案修改完善当中；重点策划的中国成语文化城项目各项前期工作全面展开。

城乡面貌持续改观。在县城建设上，吉祥南路完成铺油并全线通车，110千伏变电站具备运营条件，广电数字传媒中心、移动生产大楼等便民服务设施完成主体，晋都御苑、晋韵华府等大型住宅小区建设稳步推进。晋都文化中心全面建成。高标准完成了曲村古晋农民文化活动广场建设和镇中心大街道路翻修改造，大街两侧的古晋元素风貌整治正在扫尾；西海村规划了晋国民居民俗区、星海生态游乐区、农耕文化体验区、集市贸易小吃区、现代农业观光区和游客接待中心等"五区一中心"，晋国民居民俗区实施了仿晋建筑和道路、水系等配套工程。

民生事业不断发展。有效推进和落实了涉及教育、医疗、住房、社保等方面的一大批惠民工程和惠民实事。曲沃中学生活区、西常中学学生宿舍楼和里村、下裴等4所幼儿园建设全面完工，县职中实训基地和史村中学、西南街中学等学校的宿舍楼、餐厅建设项目扎实推进。顺利通过国家三类城市语言文字工作评估验收；杨谈、里村两个乡镇卫生院门诊住院楼和24个村级卫生室全部建成。102套廉租房和100套经济适用房完成主体，400户农村困难家庭危房改造任务全部完成，全县呈现出社会和谐稳定、人民安居乐业的良好局面。

民营经济持续发力。2015年，全县民营经济单位（含个体工商户）营业收入191.92亿元。民营企业614家，营业收入186.25亿元。中小企业（含微型企业）612家，营业收入18.17亿元。全县中小企业主要布局在制造业、批发零售业、服务业等二、三产业中。其中，第二产业从业企业数达总数的51.98%，营业收入占到全县民营、中小企业营业收入的7.77%。

（曲沃县人民政府办公室）

翼城县

【自然概况】 翼城县位于山西省临汾市东南端，地处黄河流域汾浍之间，东北部群山环抱，西南部平坦辽阔，境内平川、丘陵、山区大体各占1/3，县域总面积1170平方千米，辖4乡6镇、212个行政村，2015年末常住人口31.9万人。

翼城历史悠久，文明富庶，是中华民族的重要发祥地之一。相传尧及其后裔封于此，古称唐；西周初年，周成王封其弟叔虞于唐，建都于翼，为“翼城”始，迄今已有3100多年的历史。

翼城风光秀美，底蕴深厚。有华北地区最大的自然保护区——历山舜王坪风景旅游区，历山、绵山、佛爷山三大风景旅游区初具规模。

翼城交通便利，通讯快捷。自古为晋南承东启西之咽喉要地。处于山西、陕西、河南三省“大三角”以及山西南部临汾、运城、晋城三市“小三角”的中心地带，地理位置适中，现代物流业蓬勃发展。

翼城气候宜人，物产富饶。盛产小麦、玉米、小杂粮和干鲜果等，是全国商品粮基地县、中国翅果油树之乡、国家级水果出口示范区、山西省果品生产重点县、山西省苹果产业“一县一业”基地县，全省瘦肉型商品猪基地县、新兴优质奶牛养殖县。

翼城三面环山，资源丰富。已初步探明的矿藏有30余种，以煤、铁、石灰石为主，铜、铝、石膏、硫黄等亦有蕴藏。其中煤炭已探明储量19.95亿吨，多属低硫、低灰、高发热量优势电煤。铁矿储藏量达7214万吨，主要为磁铁矿，低硫、低磷，品位在35～61%之间。

【经济发展概况】 2015年，全县地区生产总值70.7亿元，人均地区生产总值2.2万元，一般公共预算收入3.2亿元，农林牧渔业总产值16.5亿元，粮食总产量2.4亿千克，规模以上工业总产值90.1亿元，社会消费品零售总额37.9亿元；城镇居民人均可支配收入25213元，农村居民人均可支配收入9738元。

工业转型稳步推进。工业主导产业为钢铁、煤炭、铸造、纺纱，现有钢铁、铸造企业17家，煤矿13座，其中单独保留的1座，阳煤、晋煤整合煤矿12座，年设计生产能力990万吨，有各类纺织企业12家。坚持工业稳增长与调结构并重，全力帮助企业找市场、强要素、减负担、融资金，有效稳定了全县经济运行的基本面。飞翔2万吨多缸体铸件项目投产运行；下交、华泓煤矿通过竣工验收，堡子、石丘煤矿进入联合试运转，晋煤晟泰青洼煤矿主体工程基本完工。

三农工作提质增效。2015年粮食生产再获丰收，总产达24.3万吨。五大苹果园区和三大核桃园区发展水平稳步提升，新增果品贮藏能力1.2万吨，国家级苹果出口安全生产示范区通过验收。设施农业温室、拱棚园区达到200公顷。新发展连翘666.7公顷。畜牧业标准化生产水平进一步提升。全县农民专业合作社746家，注册资金4亿元，成为助推农业规模化生产和集约化经营的重要力量。积极发展涉农电商，引进对接"乐村淘"村镇电商服务平台，发展村级体验店128家，"汇农优品""奇迹园""黄小六"等一批本土电商企业快速成长。农村土地确权工作扎实推进，农村集体"三资"管理专项清理整治成效明显。精准扶贫建档立卡、光伏扶贫、定点扶贫、易地扶贫搬迁和整村推进等工作扎实开展，全年实现精准脱贫减贫3100余人。小型农田水利、规模化节水、农机装备推广、高标准农田建设、农村电网改造提升等项目稳步推进。

积极扶持新兴产业。2015年全县新注册企业275户，其中民营企业248户，占比90.1%；新注册企业中三产类企业占比85.7%，主要集中在网商微商、信息咨询、快递物流、科技服务、商务租赁等行业，反映出民营经济投资结构正在发生转变。截至2015年底，全县中小微企业共发展2029家，从业人数达到2.3万人。民营经济现价总产值93.27亿元，实现营业收入95.33亿元，出口产品交货值5696万元。

城乡统筹协调推进。加大城乡基础设施项目的对接争取和建设力度，岳北线里砦至天马段改造工程全部完工，新汽车站建成投用，城西沟涵洞二期工程、唐霸文化公园续建工程基本完工，净水厂项目进入勘察和设计招标阶段，临么线冯史至梁壁段、北环路东段建设前期工作加紧推进。积极开展爱国卫生清洁运动和城乡环境卫生整治，城区交通秩序、市容市貌得到较大改观，改善农村人居环境"四大工程"年度任务超额完成。出台了物业管理暂行办法，县城住宅小区物业规范化管理初见成效。继续强化"网格化"巡查，防控和打击非法违法建设工作收到了较好的效果。大力实施大气、水、土壤污染治理，扎实推进节能减排和造林绿化，县域环境质量持续改善。

民生福祉持续改善。积极改善中小学办学条件，顺利通过"全国义务教育发展基本均衡县"验收认定。4个公共文体活动室正式开放，乡镇卫生院建设和基层医疗设施设备提升工程扎实推进。保障性住房建设、国有工矿棚户区改造工程按进度稳步推进。进一步完善社会保障体系，提高了城乡低保、大病救助、农村五保补助水平，全面完成了养老、医疗、失业、工伤、生育社会保险和新农合的扩面提标工作，足额兑现了公职人员和离退休人员加薪。安全生产形势保持稳定，社会治安状况良好。全年各项民生支出达到13亿元，占到财政总支出的78%，增长10%。

（翼城县人民政府办公室）

襄 汾 县

【自然概况】 襄汾县位于山西省临汾市中南部，东邻浮山县、翼城县，南接曲沃县、侯马市、新绛县，西傍乡宁县，北靠尧都区。县境南北长39.3千米，东西宽26.5千米，总面积1034平方千米。辖7个镇、6个乡、348个行政村。2015年末常住人口45.6万人。

襄汾历史悠久，源远流长，是中华民族的发祥地之一、华夏文明的根祖之地。驰名中外的"丁村人"，10万年前就在这里繁衍生息；华夏之祖尧帝，5000年前在陶寺建国立都、兴业安邦，以丁村和陶寺两大遗址为代表的丁陶文化享誉三晋，闻名全国。

【经济发展概况】 2015年，全县地区生产总值114.7亿元，比2014年减少4.3%；规模以上工业增加值32.6亿元，减少12%；一般公共预算收入4亿元，减少46.4%；固定资产投资126.3亿元，增长20.1%；社会消费品零售总额40.8亿元，增长5.9%；城镇居民人均可支配收入25944元，增长7.3%；农村居民人均可支配收入11056元，增长6.4%。

经济转型稳步实施。农业方面，现代农业基地建设扎实推进，粮食总产量4.9亿千克，蔬菜面积1.1万公顷，优质水果1.1万公顷，中药材0.7万公顷。侯临年产400万千克食用菌、尧京333.3公顷葡萄等项目建成投产。年产值超500万元的龙头企业达到28家；无公害农产品认证企业达到12家，地理标志农产品认证达到3家，农业规模化、产业化、品牌化水平进一步提高。工业方面，新型工业强县建设负重前行，星原干熄焦及煤气发电余热利用、万鑫达6万吨合成氨项目建成试产，光大焦炉烟囱废气余热利用项目土建完工，传统产业链条延伸、装备水平进一步提升；浦新生物质发电、振发能源20兆瓦光伏发电项目有序推进，晋润现代农产品冷链物流一期交易楼主体封顶，山西维天百味豆制品加工项目建成投产，新兴产业加快发展。促成商业银行与3家企业签署战略合作框架协议，为8家企业协调解决担保贷款2.13亿元，政府帮扶企业力度进一步加大。文化旅游方面，重点景区建设全面提速，龙澍峪二期、东岭滑雪场二期顺利推进，燕村荷花公园温泉度假旅游景区开园迎客，天圆古玩市场、智星古玩城建成投入运营，全年实现旅游收入15.3亿元，增长16.3%。

城乡建设统筹推进。棉加厂、石油公司、粮食局家属院3个棚户区改造工程主体完工，丁村路北延、丁陶大道西侧人行道改造、尧风二街路面工程全面完工，丁陶风情街一期商铺主体建成，滨河东路、省道台襄线改线建成通车，城市框架基本形成。安排专项资金2000万元，完成1个省级、10个县级、45个乡镇级美丽宜居示范村建设，农村人居环境明显改善。全面完成116.7千米村通公路完善提质工程。

环境质量不断改善。星原、新金山、万鑫达等10家企业烟气脱硫及除尘设施完成升级改造，二氧化硫、氮氧化物等6项污染物约束性指标全部低于控制目标。完成人工造林973.3公顷、封山育林800公顷，全年二级以上天数220天。

项目建设成效明显。全年实施省、市、县重点项目82项。积极组织参加各类招商洽谈活动，持续引深“回归工程”，先后签约或引进北京晶冠100兆瓦光伏发电、山西佳禾沼气制天然气及有机肥循环农业一体化等29个项目。

社会事业全面发展。全年申请专利100件，企业研发机构增加到10个。县医院河西新院建设进入装修阶段，中医院改扩建工程加紧施工，38个村级卫生室完成改造。全年为教育、卫生、人社等系统招聘202名公职人员，新增城镇就业6430人，转移农村富余劳动力6750人；新建9所农村老年人日间照料中心；五大保险参保人数达到45.5万人次，发放城乡低保金3709.6万元，社会救助金1193.6万元。城乡低保和农村五保实现应保尽保。

（襄汾县人民政府办公室）

洪洞县

【自然概况】 洪洞县位于山西南部，临汾盆地北端。全县辖9镇7乡，463个行政村，总面积1494平方千米，2015年末常住人口75.2万人。洪洞地理优越，交通便利，大西高速铁路、南同蒲铁路、大运高速公路、国道108线、滨河东路纵贯南北，山西中南铁路大通道、国道309线、京昆至青兰高速洪洞连接线、赵克公路横跨东西，环城高速快捷便利，支线公路四通八达，乡村道路自成体系。洪洞矿产资源丰富，东西部山区蕴藏着大量煤、铁、石膏等30多种矿产资源。洪洞历史文化悠久，旅游资源丰富，名胜古迹众多，闻名华夏的大槐树、全国四大名塔之一的广胜寺琉璃飞虹塔、全国唯一保存完整的明代监狱，都聚集在这里。

【经济发展概况】 2015年，全县地区生产总值161.7亿元，人均地区生产总值2.2万元，一般公共预算收入6.5亿元，农林牧渔业总产值20.8亿元，限额以上工业增加值46.6亿元，固定资产投资163.8亿元，社会消费品零售总额53.1元，城镇居民人均可支配收入23344元，农村居民人均可支配收入9921元。

产业结构不断优化。农业农村经济稳步发展。稳步推进农业现代化建设，不断完善农村基础设施，持续提高农民收入，全县粮食种植面积稳定在7.5万公顷，总产量4.08亿千克。加快农业园区化发展，天泽现代农业转型综改示范园累计完成投资12亿元，共发展色叶苗木466.7公顷，水莲藕40公顷，智能温室66.7公顷，生态水产养殖66.7公顷；持续扩大大槐树农业生态园和历山农业观光园规模，共发展蔬菜9800公顷、药材2533.3公顷、果树3533.3公顷。工业经济平稳运行，深入开展联系帮扶企业活动，及时出台减轻企业负担60条和工业稳增长20条措施，工业经济保持了平稳运行。完成了南庄煤业、基安达煤业等煤矿改扩建工程；实施了华翔精密制造、绿如蓝电动助力车、诚美节能玻璃、槐丰新型复合软包装、和泰弘业中小企业创业基地等项目。现代服务业体系不断完善，积极贯彻省市关于发展商贸流通扩大消费的若干意见和促进消费增长的政策措施，统筹推进各类消费行业发展，不断完善旅游基础设施，加快旅游资源和旅游产品的开发创新步伐，大槐树5A级旅游景区创建稳步推进，启动了明代监狱拓展工程；广胜寺镇区基础设施建设基本完工。成功举办了大槐树文化节、广胜寺三月十八庙会等民俗活动。2015年共接待游客495万人次，门票收入5800万元。

城乡面貌持续改善。按照全市

“百里汾河生态经济带”和“一城三区”的战略部署，坚持扩容和提质并举，完成了汾河生态修复治理与保护、滨河东路贯通、大槐树文化中心等工程。着力改善城乡人居环境工程，巩固深化“六城同创”活动，成功创建成为国家卫生县城、国家园林县城、中国最具旅游文化(价值)目的地、省级文明县城、省级平安县、省级环保模范城。实施了一系列城市基础设施完善配套工程、城区环境卫生专项整治行动和乡村清洁工程；扎实推进节能减排，全年淘汰黄标车及老旧车1500余辆，购置电动公交车60辆，新增集中供热面积45万平方米，天然气入户2700户，污水处理率达到91%，垃圾无害化处理率达到100%，县城绿化覆盖率达到43.8%。

各项改革持续深化。编制完成了2819项政府部门权力清单、责任清单以及权力运行流程图、权力风险防控图，共取消行政审批项目14项，承接25项，合并行政审批项目目录8项，前置改后置审批事项15项。严格推行重点项目绿色通道、企业注册“一条龙”、首问负责制、限时办结制等制度，不断提高审批效率，全年共办理各类审批件2.2万件，办结市长热线工单1146件。全面启动土地承包经营权确权工作，制定了《洪洞县农村土地承包经营权确权登记颁证工作方案》，完成了257个村的工作底图标绘和195个村的地块分布图。

“三个突破”稳步推进。组织召开了银企对接会，为37家企业落实贷款9.4亿元；积极推进企业上市，众一农业、普泰发泡铝分别在Q板和“新三板”上市，华翔集团整体主板上市工作全面启动；编制完成了《创新驱动行动计划》《科技攻关计划项目指南》；贯彻落实省市扶持民营经济政策措施，出台了《关于促进中小微企业发展的实施意见》，从中小微企业发展专项资金、政府采购支持、引导鼓励金融及担保机构倾斜等方面促进中小微企业健康发展。全县新创办小微企业750户，“小升规”企业9户，全县中小微企业达到1896户。

社会事业不断进步。坚持民生为重，实施完成了农村80岁以上老人生活补助提高、保障性住房入住、城市集中供热、天然气入户、农村剩余劳动力转移、城北特色小吃城等惠民实事。统筹发展各项社会事业，坚持教育优先，完成了5所村级幼儿园改造任务。高考二本以上达线1840人；医疗卫生体系不断完善，认真落实国家基本药物制度，完成了县级公立医院改革任务。社会保障覆盖面不断扩大，全县各类保险参保人数达60.32万人；全年新增就业岗位5830人，转移农村劳动力6038人；发放低保和救助金4700余万元；改造农村危房518户；建成各类保障性住房2660套，新开工600套。

(洪洞县人民政府办公室)

古　县

【自然概况】 古县位于临汾市东北部，总面积1206平方千米，辖4镇3乡111个行政村，2015年末常住人口9.5万人。

古县资源丰富。全县煤炭储量50亿吨，是山西省重要的产煤县之一。铝土矿储量约3亿吨，发展前景广阔。古县核桃是国家“地标农产品”，古县连翘野生资源丰富，是全国主要的连翘集散地之一。

古县风光宜人。境内有一株1300多年的古牡丹，俗称“天下第一牡丹”，牡丹景区是国家4A级旅游景区。境内还有霍山老爷顶、蔺相如墓、张家大院等旅游资源。古县是国家卫生县城、国家园林县城、全国县级文明城市提名城市。

【经济发展概况】 2015年，全县地区生产总值43.0亿元，人均地区生产总值4.6万元；一般公共预算收入1.96亿元；农林牧渔业总产值4.5亿元，粮食总产量6万吨；工业总产值65.5亿元；社会消费品零售总额9.2亿元；城镇居民人均可支配收入26259元，农村居民人均可支配收入8601元。

经济转型取得新成效。围绕“兴煤力保增长”，制定了促进煤炭经济转型12条措施，全县煤矿投产产能达到525万吨。国新正泰焦炉煤气制备天然气项目进入试生产，利达焦化6万吨合成氨项目进入试运行，1亿标方LNG项目开始建设。西山煤电古县2×350兆瓦低热值煤发电项目正在争取核准，中铝山西分公司古县铝土矿资源合作开发项目进展顺利，与新疆众和集团签订了新型合金材料项目合作框架协议。顺杰耐材公司、华海天宇公司在“新四板”挂牌上市。佳盛能源古县60兆瓦光伏发电项目一期并网发电，二期开工建设。机关单位屋顶光伏发电项目启动。100千瓦光伏扶贫示范项目和农户“8613”光伏发电项目进展顺利。成功举办第八届中国·古县牡丹文化旅游节，“马上购”电商平台落户该县，三产比重得到提升。

城乡发展实现新突破。省道323线拓宽改造工程前期工作取得突破。古翼高速进入评审程序。村通水泥路完善提质24千米。文德路建成通车。县城向阳西街、龙泉西街焕然一新。保障性住房开工246套，基本建成206套，第三期廉租房180户喜迁新居。农村困难家庭危房改造500户，易地移民搬迁完成368户。北平、古阳、岳阳采煤沉陷区治理搬迁安置全面开工。

生态环境得到新提升。全力推进“治污改善环境”，严格执行新《环境保护法》，组织开展大气污染防治工程，强化省道323线扬尘治理，环境综合治理成效显著。制定出台《涧河工业园区生态移民搬迁实施方案》,园区移民搬迁工作进入实质阶段。深入开展农村人居环境改善四大工程,建成9个美丽宜居示范村,农业基础设施和农村生态环境持续改善。

扶贫工作取得新成绩。全年核桃产量500万千克,新发展核桃林1200公顷、连翘667公顷、油用牡丹334公顷。农业综合开发项目全省考评位列第一。省林权制度改革林下经济现场会在该县召开。农村土地承包经营权、宅基地使用权、集体建设用地使用权确权登记颁证和农村集体"三资"管理专项清理等工作稳步推进。深入推进脱贫攻坚工作,按照"五个一批"要求,建立了"4321"精准帮扶机制,组建111个下乡工作队,抽调1723名机关干部精准帮扶重点贫困户。

民生事业达到新水平。坚持教育优先发展,为23所学校配套教学设备,义务教育均衡发展通过国家验收。不断深化医药卫生体制改革,新建人民医院搬迁使用。积极创建全国县级文明城市,顺利通过首次年度测评。自办媒体《古县新闻》创刊。考录事业单位人员87人。就业、社保、收入等民生工作扎实推进。严格落实安全生产责任制,连续12年未发生较大安全生产事故。

(古县人民政府办公室)

浮山县

【自然概况】 浮山县位于太岳山南麓、临汾盆地东缘,辖2镇7乡,2个居委会,185个行政村,国土面积938平方千米,2015年末常住人口13万人,其中乡村人口8.1万人,城镇人口4.9万人,属省定贫困县。

浮山历史悠久,文化灿烂,自唐武德二年建县至今已有1300多年的历史。境内有老君洞、清微观、唐代天圣宫遗址等众多文物古迹,尧文化、道教文化、弟子规等传统文化资源丰富。抗战时期,朱德、邓小平等老一辈革命家曾在这里屯兵立马,留下光辉足迹,东部寨圪塔乡山交村存有八路军总部旧址。浮山锣鼓、剪纸、木偶、饮食等传统文化源远流长,蜚声中外。浮山物华天宝,资源丰富,境内有煤、铁、石灰石等38种资源,煤炭探明储量约75亿吨,覆盖全县国土面积的80%。铁矿石现保有储量3000万吨,平均品位40%左右,是山西省富铁矿生产基地之一。

【经济发展概况】 2015年,全县地区生产总值42.6亿元,比2014年下降2.7%;一般公共预算收入1.2亿元,下降41.5%;固定资产投资45.7亿元,增长20.1%;农林牧渔业总产值7.6亿元,下降7%;粮食总产量10.2万吨,下降11.2%;规模以上工业增加值11.2亿元,下降11%;社会消费品零售总额8.1亿元,增长5%;城镇居民人均可支配收入25069元,增长8.7%;农村居民人均可支配收入7478元,增长6.9%。

以引沁入浮为旗舰的战略项目推进有力。引沁入汾浮山供水工程六个标段全线开工,隧洞挖掘进展顺利,累计完成投资近2亿元;长临高速浮山连接线工程纳入全省500亿统贷统还大工程包,古翼高速浮山段建设工程成功列入全省公路建设"十三五"规划,纳入全省PPP项目库;华润风力发电、威盛达防火材料、保障性住房等30个重点项目扎实推进,全年完成投资7.29亿元。

以尾矿利用为特色的转型产业加快构建。尾矿利用项目纳入国家资源综合利用"双百工程",泡沫陶瓷、烧结砖和保温板材等项目前期工作有效推进;晋盛无机发泡建材项目基建完成,太平洋电缆项目即将投产,广和定影膜改扩建项目全面竣工;铁矿企业办证进展顺利,目前已有17家取得采矿许可证,保证了企业规范运行。

以印象田园为示范的现代农业亮点纷呈。印象田园生态农业示范区完成投资3000万元,设施农业体验区、锦绣园林观赏区和休闲养生度假区三大板块基本形成,荣获全省蔬菜产业优秀园区;特色有机农业发展迅猛;农村土地确权工作超额完成市定任务。农村集体"三资"清理整治成效显著。

以电子商务为引领的第三产业潜力彰显。大力推进现代物流、微商和"乐村淘"农村电子商务发展,"千县万村"行动计划正在落实,组织开展了电子商务创新创业大赛和"淘宝大学研修班",鼓励和引导广大青年干事创业、增收致富;尧山森林公园建设工程顺利实施,九德广场主体竣工。

民营经济成为经济发展的重要支撑。截至2015年底,全县民营企业发展到541个,从业人员达到1.8万人;个体工商户2786个,从业人员6328人,全县民营企业经济总产值37.95亿元,规模以上工业增加值29.54亿元,营业收入40.19亿元,上缴税金8200万元,提供农民人均纯收入60%以上。

(浮山县人民政府办公室)

吉县

【自然概况】 吉县地处山西省西南部、吕梁山南端、黄河中游东岸,属黄土高原残垣沟壑区,县域面积1777平方千米,辖3镇5乡、79个行政村、567个自然村,是国家扶贫开发工作重点县。吉县地势东高西低,海拔最高1820米,最低393米,壶口海拔450米。吉县属暖温带大陆性气候,四季分明,春季干旱多风，夏季凉爽宜人，秋季降雨集中，冬季寒冷干燥。吉县光照充足，无霜期年平均196天，年均气温10.2℃，年均日较差11.5℃，年均降水496.2毫米。2015年末常住人口10.9万人。

【经济发展概况】 2015年，全县地区生产总值19亿元；人均地区生产总值1.7万元；一般公共预算收入1.1亿元；农林牧渔业总产值10.7亿元；粮食总产量3017万千克；工业总产值8.4亿元；社会消费品零售总额6.8亿元；城镇居民人均可支配收入17205元；农村居民人均可支配收入4312元。

苹果提质升级步伐加快。大力推进全县苹果产业的标准化、品牌化发展。重点实施了品种改良、减密间伐、节水灌溉、黑膜覆盖、搭建防雹网等工程。苹果总产量1.8亿千克，总产值8亿元，果农人均收入6600元。

旅游产业开发成效明显。加大基础设施建设，重点实施了壶口景区、克难坡景区、人祖山景区、苹果休闲观光农业园区等一系列开发建设项目，人祖山景区2015年7月开业运营。2015年共接待游客364.5万人次，全县旅游综合收入29.89亿元，比2014年分别增长21.8%和22.2%。

新型工业发展势头强劲。大力开发利用新能源，推进中石油、中石化煤层气开发利用项目；建成村级光伏电站21个，其中留村、窑渠村等10个光伏电站已并网运行，集中式地面电站建设也在有序推进；同时大力推进5万吨废油再生利用项目和生物质发电项目，积极培育新的工业经济增长点。

社会民生事业持续改善。义务教育均衡发展通过了国家验收，完成了薄弱学校改造，为学校配备了专业的保安和厨师；新建村级卫生室21个，实现了农村标准化卫生室全覆盖；实施了城区机关、居民小区中小型燃煤锅炉改造，进一步改善了全县空气质量；提高了城乡80岁以上老年人的敬老金标准，实施了地质灾害治理搬迁工程。10件惠民实事全面落实。

民营经济发展稳步推进。截至2015年底，全县共有各类民营企业518家，占全县企业总数的70%，其中固定资产达千万元企业28家、百万元企业37家；民营企业现价总产值完成12.6亿元，占全县经济总量的66.3%。

（吉县人民政府办公室）

乡宁县

【自然概况】 乡宁县位于山西省临汾市西隅，东与临汾尧都区、襄汾县接壤，西隔黄河与陕西韩城市相望，南以运城河津市、稷山县为邻，北接临汾吉县。全县共辖10个乡镇、182个村委、1113个自然村，2015年末全县常住人口24万人，是临汾市人口最多的山区县；森林覆盖率36.7%，林木绿化率45%，是临汾市林业资源最为丰富的县份之一；县域面积2029平方千米，煤田面积1600平方千米，占全县总面积78%，是全临汾煤炭资源最丰富的县份。总储量153亿吨，可采储量107亿吨，其中2号主焦煤是国家三大稀缺煤种之一，是全国三大优质主焦煤基地之一和全国首批100个重点产煤县之一。煤炭资源整合后，全县保留29座矿井，设计年产能2715万吨。

乡宁历史悠久，文脉厚重，古迹众多，风景秀丽，资源富集，物产阜盛。春秋时期因晋鄂侯居此，称曰鄂，战国先属韩后属赵，秦属北屈，汉为骐县。之后相继改称平昌、昌香、吉乡、昌宁等，五代后唐改昌宁县为乡宁县沿袭至今，迄今已有2000多年历史。较著名的历史人物有明代兵部尚书郑崇俭、清代方志大家杨笃等。

【经济发展概况】 2015年，全县地区生产总值80.4亿元，比2014年增长2.5%；人均地区生产总值3.4万元；一般公共预算收入8.5亿元，下降34.6%；农林牧渔业总产值5.8亿元，增长3.5%；粮食总产量7808万千克，减产14.3%；工业总产值37.77亿元，下降1.8%；社会消费品零售总额18.9亿元，增长6.6%；城镇居民人均可支配收入24602元，增长7.6%；农村居民人均可支配收入8218元，增长8%。

“三农”基础有力夯实。坚持“核桃产业主导、若干特色并进”发展思路，制定出台了财政补助和核桃管护等政策性文件。因地制宜提升特色产业，启动实施7个“一村一品”示范村扶持项目，全县千亩以上“一村一品”专业村60个，经济林面积2万公顷，农民人均达0.1公顷。大力扶持农业产业化龙头企业，农产品加工销售收入4亿元。投资2.12亿元实施了农民安居、完善提升、环境整治、宜居示范“四大工程”，11个美丽宜居示范村创建工作扎实推进，农村人居环境有效改善。片区扶贫开发翅果种植加工项目进入验收阶段，实施5处光伏扶贫发电项目，精准扶贫428户，减贫6400人。全年培训新型农民1.1万余人次。农村土地承包经营权确权1.9万公顷，水保治理1524公顷。解决和改善2.2万人、4600头大牲畜饮水问题。全年粮食总产量7.8万吨。

产业转型不断提升。统筹做好煤与非煤“两篇大文章”，面对煤炭等传统行业需求下降、产能过剩、价格连跌、效益下滑的严峻形势，全面落实中央、省、市各项稳增长和减负政策措施，减轻企业负担2.3亿元。全县矿井建设累计完成投资21.6亿元，6座煤矿进入联合试运转、2

座转产，新增有效产能750万吨。乡宁焦煤集团2015年第一期中期票据6亿元成功发行。在确保安全的前提下，全年生产原煤1049.3万吨，实现销售收入26.9亿元。在推进非煤产业发展上，继续实施“惠商贷”政策，为31家中小微企业发放贷款3340万元。民营企业总数505家，民营经济总产值完成20.99亿元，增长8.9%。扎实推进省市县三级重点工程，光华工业园区2×100万千瓦燃煤发电项目、扬德煤层气综合利用、杭州禹瑞5000吨玻璃纤维生产线等转型调产项目成功签约。云丘山旅游、戎子酒庄等转型项目加快推进，农家福双季米槐、凤凰山玫瑰种植、剑泉花菇等一批新兴产业初见成效。

城乡环境更加宜居。以“五城联创”为抓手，致力建设美丽乡宁。坚持规划先行，完成了樊家坪、幸福湾等5个组团的控规修编评审，以及城市防涝、城市道路、城市综合交通体系3个规划的编制。坚持以点带面，启动实施了西城路网改造、东城综合开发、鄂河河道治理、热源厂扩建、天然气接入等市政重点工程，县城文物古迹修缮、广场雕塑等文化建设保护工作全面完成，县城清峪水库供水工程试水成功。坚持完善功能，改造电力线路66.5千米，新增集中供热30万平方米、供气千余户。坚持综合治理，全面开展大气污染、环境卫生、交通秩序等专项整治，治理加油站38家，淘汰黄标车、老旧车523辆，二级以上天数达356天。采煤沉陷区搬迁安置295户、货币化补偿366户，地质灾害治理东风巷滑坡、西坡镇碗坪村、昌宁镇幸福湾村南岭西滑坡3处。植树造林2380公顷，超任务36%。成功创建省级卫生城、双拥模范城、园林城。

民生事业持续普惠。民生支出13.15亿元，占全年财政支出的78.6%。启动实施了八项重点工程、十件惠民实事。新建、改扩建农村幼儿园7所。开工建设保障性住房534套。城市低保标准提高到每人每月397元、农村低保提高到225元、60岁以上老年人养老金提高到95元。科技申报国家星火计划1项、省市科技项目6项、发明专利46件，转化专利15件。

（乡宁县人民政府办公室）

蒲　县

【自然概况】 蒲县地处吕梁山南端西麓，临汾西北部，总面积1510.6平方千米，辖4镇5乡、93个行政村。境内有20余种矿产资源，尤以煤为最，储量大、煤质优、易开采。自然景观丰富，有五鹿山国家级自然保护区、梅洞山天然林保护区、峡村峡谷等景区。人文景观独特，有国家级文物保护单位柏山东岳庙、井沟战役主战场遗址、真武祠、段云书艺馆等。全县林木覆盖率53.5%。2015年末，全县常住人口11万人。

【经济发展概况】 2015年，全县地区生产总值53.9亿元，比2014年增长13.6%；规模以上工业增加值38.6亿元，增长15.8%；固定资产投资60.5亿元，增长20.1%；一般公共预算收入7.6亿元；社会消费品零售总额7.3亿元，增长5.7%；粮食总产量3985万千克；农林牧渔业总产值3.8亿元；城镇居民人均可支配收入和农村居民人均可支配收入分别为23075元、7425元，增长7%、7.2%。重点项目“六位一体”各项任务圆满完成，综合排名位居全市第一。

产业升级加速推进。2015年，标准化矿井建设年度完成投资2.2亿元，新增竣工投产矿井5座、联合试运转2座。总投资4.3亿元的山煤300万吨洗煤厂项目，即将投产。赢晟园精密铸造、鑫永鑫铸造大力开发新产品，市场份额不断扩大。启动实施总投资120亿元的煤电铝一体化项目，完成铝土矿储量勘查。总投资2亿元的华正煤机维修制造项目，1号、2号车间竣工投用。总投资2980万元的御津泷年产4万吨饮用山泉水项目试运行。坚定不移推进优质核桃、马铃薯“两个十万亩”基地建设，深入开展“核桃提质增效年”活动，标准化管理老中幼核桃树3000公顷，高接换优400公顷，千亩示范基地达到20个，新增挂果面积466.7公顷，核桃产量300万千克，增长30.4%。依托马铃薯高新技术示范园人才、技术优势，培育市场稀缺、有机特色马铃薯133.3公顷，繁育种薯380万千克；建成大型马铃薯贮藏库4座，可储存鲜薯450万千克。大力扶持肉牛特色养殖，百头以上肉牛养殖合作社发展到15个，5个500头以上标准化肉牛养殖场正在建设，牛存栏达到1.3万头。同时，苹果、小杂粮、中药材、大棚菜、特色养殖蓬勃发展，全县形成了特色多元、产业富民的有力支撑。

城乡建设加速推进。启动19项重点工程建设，锦绣小区一期、鹿城山水小区一期、保障性住房三期、北街公园主体完工，滨河大道二期完成铺油，锦绣超市进行室内外装修，旧城改造昌平东大街小区、垃圾收转运系统、创业孵化基地、锦绣大桥周边修复等项目进展顺利，城市功能品位全面提升。乔家湾乡“百镇建设”初具雏形，黑龙关镇屯里坡、乔家湾乡刘家山等一批亮点村建设富有成效。

基础配套日臻完善。中南铁路蒲县客运站配套设施建设完成80%的工程量。霍永高速连接线即将开工建设，危桥改造及县乡公路安保工程全面完成；山西中部引黄工程蒲县段供水规划通过省、市专家评审，四沟水库完成主体，刁口水库前期工作基本完成，抗旱应急水源一期工程竣工投用；220千伏输变电站工程竣工投用，路水电支撑全面夯实。

民生改善成效显著。快速推进文化旅游产业，蒲剧团优秀剧目《赵氏孤儿》赴省城演出获好评；投资1500万元的东岳庙彩塑壁画保护工程全部完工；包含县内东岳庙、五鹿山、段云书艺馆、翠屏山、现代农业示范园、蒲元生态园等特色景点的蒲县"一日游"线路开通运营。大力实施教育振兴战略，乔家湾中心幼儿园建设步伐加快。高度重视医疗卫生事业，全民健康服务中心投入使用。医药卫生体制综合改革进一步深化，医疗服务保障水平全面提升，被评为"国家级慢性病综合防控示范区""全国计划生育优质服务先进县"。新改扩建克城、乔家湾、红道卫生院开工建设。深入实施精准扶贫，克城后沟、黑龙关菩萨凹易地扶贫搬迁完成投资792万元，山中乡山中村光伏发电站建成投用，发放扶贫贷款48万元，132人实现就近就业，全年减贫4800人。全县新增城镇就业1087人，转移农村剩余劳动力1495人。城镇居民养老、医疗保险基本实现全覆盖，城乡低保、农村五保、医疗救助、优抚等实现应保尽保。

（蒲县人民政府办公室）

大宁县

【自然概况】 大宁县位于晋西吕梁山南端、黄河东岸、临汾市西北部，国土面积967平方千米，2015年末常住人口6.6万人。全县辖2镇4乡，分别为昕水镇、三多乡、太德乡、曲峨镇、徐家垛乡、太古乡，有84个行政村、309个自然村。地貌属黄土高原残垣沟壑区，东高西凸，中部昕水横贯，形如盆地，有"三川十垣沟四千，周围大山包一圈"之说。县城海拔717米。年平均气温10.9℃，昼夜平均温差12.7℃，平均日照数2466.7小时，平均无霜期213天，年平均降水量493毫米。矿藏资源有煤炭、石材、煤层气（天然气），储量分别为21亿吨、30亿立方米、900亿立方米。

【经济发展概况】 2015年，全县地区生产总值4.5亿元；财政总收入5601万元；一般公共预算收入3300万元；城镇居民人均可支配收入16541元；农村居民人均可支配收入2690元；社会消费品零售总额2.9亿元；固定资产投资12.1亿元。粮食总产量1567万千克。

支柱产业发展特点。坚持把煤层气、风力发电、光伏发电等绿色新能源产业作为新的经济增长点和工业发展的重点。全面完成2亿方煤层气产能项目，完成钻井40口，全年产气1000余万方。完成了煤层气液化调峰项目前期手续和15万千瓦风力发电项目测风数据收集整理分析工作。实施了小冯新区的道路铺设、路灯安装、园区绿化等附属设施工程；鑫辉电子、治诚科技两家企业销售收入达1450万元，吸收劳动力200余人。40兆瓦光伏发电项目已通过省发改委立项，以招商引资方式引进3家承载企业。同德化工、辰康公司等企业不断扩大市场规模，生产和销售运行平稳。

2015年新增苹果经济林266.7公顷，总面积累计8000公顷以上，其中挂果面积1333.3公顷，产值达1亿元，带动农民人均增收1153元，并成功创建国家级水果出口质量安全示范区。设施蔬菜在巩固提升传统品种的基础上，充分发挥阳煤集团和政拓公司的龙头示范作用，建成香菇、双孢菇生产基地。全年生产各类瓜菜3万吨，产值达2250万元。始终把高效养殖作为有机苹果、设施蔬菜的配套产业来抓，全年生猪饲养量达6万余头，改扩建猪、羊养殖基地6个，生产有机肥料8.34万吨。

重大经济改革举措。不断深化行政审批制度改革，行政审批项目减少到102项，6项非行政许可事项全部取消。完成了政府部门"两清单、两张图"的编制工作。深入推进财税体制改革，完善政府预算体系建设，政府收支全部纳入预算执行动态监控；深化农村土地制度改革，完成了51个村委土地确权登记工作。开展了农村集体"三资"管理专项清理。加快推进政府机构改革，完成了工商和质监、卫生和计生、粮食和发信等部门整合工作；稳定推进农村信用社体制改革，有效化解金融风险。

社会事业发展成果。继续推行了15年免费教育，实施了薄弱学校改造计划项目，办学条件达到了基本均衡，教育教学质量有了明显提高。卫生事业上，完成了太德乡、太古乡卫生院周转宿舍和业务用房及25个村级卫生室建设任务，实施医疗能力提升工程，县人民医院创建"二甲"医院顺利验收，新农合参合率达到97.9%。全县城镇新增就业613人，城镇登记失业率控制在3%以内。城乡低保、农村五保供养水平显著提高，城镇工基本养老保险、医疗保险和城乡居民社会养老保险覆盖人数持续增加。

（大宁县人民政府办公室）

永和县

【自然概况】 永和县地处晋西吕梁山脉南端，黄河中游晋陕大峡谷东岸，秦晋之交，是革命老区、省界边区，属典型的黄土高原梁峁残垣沟壑区。全县面积1212平方千米，耕地面积2.4万公顷，基本农田面积1.8万公顷。2015年末常住人口

6.5万人，辖2镇5乡，79个行政村。林地面积8.1万公顷，森林覆盖率27.3%，林木绿化率41%。是国家扶贫开发工作重点县。

【经济发展概况】 2015年，全县地区生产总值7.0亿元；固定资产投资12.7亿元，比2014年增长16.1%；工业增加值7064万元，增长7.5%；财政总收入1.1亿元，增长10.7%，其中一般公共预算收入增长22.6%，达到5399万元；社会消费品零售总额4.2亿元，增长2.8%；粮食总产量2.3万吨；城镇居民人均可支配收入18099元，增长9.1%；农村居民人均可支配收入2974元，增长7.7%。

产业转型步伐不断加快。优势农业方面。深化“院县科技战略合作”，持续实施科技富民“1155”工程，开展了红枣防裂果试验，取得了明显成效。在受灾较为严重的情况下，红枣产量达到1000万千克，增长81.8%，创近十年来最高。能源工业方面，投资9.8亿元，完成了30口直井和4口水平井的钻探、压裂试气，铺设集气管网24千米，天然气年产能达到3亿方。天然气勘探开发上缴税费5456万元，占到财政总收入的49.2%。旅游产业方面，高标准实施了红军泉二期和红军东征永和纪念馆毛主席诗词碑林建设，景区内涵进一步充实；实施了东征村改造、主席路居地遗址保护、景区安全饮水、旅游路升级改造等项目，景区服务功能进一步完善。新发展农家乐25家，有效带动了当地农民增收。2015年游客总量达到4万人次。

城乡环境面貌明显改善。在城市建设上，实施了棚户区改造、集中供热、城区绿化亮化、巷道硬化、河道治理等七大城建工程，服务功能进一步完善、城市品位明显提升。开展城乡环境大整治活动，城乡环境面貌持续改观。启动国家卫生县城创建工作，开展了“脏乱差”集中整治，筹划了一批县城基础设施建设项目，为加快创卫步伐创造了条件。在新农村建设上，实施完善提质、农民安居、乡村清洁、宜居示范“四大工程”，解决了2000余口人的饮水安全问题；实施了交口至阁底旅游路、南庄至打石腰公路升级改造；1151户农村危房改造任务全部完成，群众居住条件得到明显改善；阴德河村成功创建为省级美丽宜居示范村。在生态建设上，实施通道绿化、荒山绿化、流域治理、坡耕地改造、土地开发整理五大生态建设工程，完成荒山造林966.7公顷、通道绿化13千米、机修梯田555.5公顷、土地开发整理50.4公顷，进一步优化了生态环境，夯实了农业发展基础。

各项社会事业长足发展。教育事业方面。义务教育“全面改薄”项目顺利实施，药家湾幼小一体化学校完成主体工程。医疗卫生事业方面。为全县60岁以上的老年人进行了免费体检。新农合参合率达到99.4%，为全县农民报销医疗费用1964万元。全县人口和计划生育服务水平进一步提高，成功创建了“国家计划生育优质服务县”。文体事业方面。大力弘扬和传承儒家文化，举办了“祭孔颂德、民心归顺”纪念孔子诞辰2566周年庆典活动。编印出版了《永和门窗》《三晋石刻永和卷》《高家垣秧歌》等传统文化系列丛书。编撰完成了《红军东征永和纪念馆志》《乾坤湾志》。社会保障方面。紧急下拨救灾资金1300余万元，及时修复了水毁严重的农村饮水工程、河堤护岸、城乡道路等基础设施。继续实施四大“暖心”工程，为80岁以上老人发放生活补助73.8万元；免除高中教育阶段学费和住宿费113万元。为高考二本以上考生资助21.3万元；“三险”理赔350万元，58个家庭得到救助。光荣院、养老院建设完成主体工程，养老服务水平进一步提高。

（永和县人民政府办公室）

汾西县

【自然概况】 汾西县位于山西省中南部，临汾市北部，国土面积880平方千米，辖5镇3乡1个社区126个行政村（居委会）、484个自然村，2015年末常住人口14.9万人。

汾西县境内矿产资源丰富，主要矿藏有煤、铁、铝矾土、石膏等，煤炭地质储量16.6亿吨，铝土矿地质储量15亿吨，石膏矿地质储量10亿吨，铁硫铁矿地质储量4.8亿吨，矿石地质储量2.1亿吨。汾西文化底蕴深厚，北齐置县，至今已有1400年历史，有国家级文物保护单位师家沟清代民居、山西省重点文物保护单位真武祠、吉祥墓碑。汾西县交通便利、东距南同蒲铁路、大运高速、108国道17千米，省道临桃线贯穿南北，霍永高速横距东西。

【经济发展概况】 2015年，全县地区生产总值19.3亿元，人均地区生产总值1.3万元，规模以上工业增加值3.2亿元，社会消费品零售总额10.9亿元，固定资产投资32.7亿元，城镇居民人均可支配收入21998元，农村居民人均可支配收入3136元，一般公共预算收入5564万元，农林牧渔业生产总值5.4亿元；粮食总产量5.7万吨。

重点工程有序实施。2015年实施重点工程37项，完成投资31亿元。洪昌养殖、晋西核桃、龙荞生物、麒麟小米等农产品加工龙头企业不断壮大，带动了农业产业化发展；以工代赈、农业开发、土地整理等生态农业项目全面完成，新增改善基本农田1000公顷；霍永高速公路正式通车；中部引黄工程汾西段全线贯通；北掌调蓄水库建设工程顺利推进。

工业项目落地开工。启动了铝工业园区规划工作。投资145亿元铝业项目顺利开工。完成地质灾害评估、节能评估、环境影响评价等工作，开展了征地拆迁、文物勘探、地质勘查、厂址测绘、厂区“三通一平”。总投资9.7亿元的酸—铁联产项目向国土厅呈报《矿山开采方案》，省政府已批准资源配置申请。

特色农业加速发展。全力打造全省“一县一业”肉鸡养殖大县，全县建成肉鸡养殖大棚292个，年出栏2300万只，带动全县农民人均增收532元，占到农民人均收入的17%；核桃经济林面积稳定增长，3年新建核桃经济林2133.3公顷，总面积1.1万公顷，挂果面积5333.3公顷，带动全县农民人均增收678元，占农民人均收入的21.6%。发展玉露香梨333.3公顷、扁桃1333.3公顷，栽桑养蚕133.3公顷。农村人居环境改善、土地确权登记颁证、农村“三资”管理、北掌水库建设等工作取得积极进展。

扶贫开发成效显著。扎实开展了产业扶贫、移民扶贫、教育扶贫、金融扶贫、光伏扶贫、电商扶贫等工作，减贫人口达到2.9万人，减贫率为48%。实施了2个肉鸡养殖棚项目；投资1980万元，完成了易地扶贫搬迁任务；实施了11个村小型公益设施项目；依托省扶贫办500万元贷款风险补偿金，发放贷款471万元；开展贫困大学生资助475人237.5万元。中高职职业教育贫困生资助1228人184.2万元。实施了光伏扶贫发电项目，16个试点村完成组件安装，并网发电；依托企业建设的两座10兆瓦光伏发电站进展顺利。

旅游产业健康发展。编制全县旅游产业发展规划，投资修缮姑射山真武祠和师家沟清代民居，建设刘家庄红色教育基地，全力打造姑射山、古楼、师家沟、刘家庄红色教育基地等精品旅游线路，拉动了服务产业的快速发展。

民生投入加大，城乡面貌改观。围绕设施提升、城市安居、城中村改造、环境提质“四大工程”建设，投资2.8亿元，实施了供水管网改造、城市供热、电网改造、城市污水治理、智能交通系统、廉租住房建设、北街和府南旧城改造、汾西大道绿化、古郡生活广场绿化等工程项目。投资1.9亿元，实施了“完善提质、农民安居、环境整治、宜居示范”四大工程。农村幼儿园、饮水安全、村庄绿化、广播电视户户通、老年人日间照料中心、困难家庭危房改造、易地扶贫搬迁、乡村污水治理、农村垃圾整治、美丽宜居示范村建设都圆满完成年度任务。

社会事业协调发展。开工建设了细上—和平、僧念—团柏公路；落实了义务教育“两免一补”、大学生助学贷款和学生营养餐改善计划；新建了二中学生宿舍、凤祥小学食堂、太阳山幼儿园、和平幼儿园等教育工程。完善了养老保险、医疗保险、失业保险、工伤保险、生育保险、城乡低保、大病救助、民政优抚、残疾人保障等各项制度；完成了卫生计生职能整合工作。

（汾西县人民政府办公室）

隰　县

【自然概况】 隰县，古称隰州。位于晋西吕梁山南麓、临汾市西北部，属黄土高原残塬沟壑区，总面积1415.3平方千米，辖8个乡镇、97个行政村、351个自然村，是国家级扶贫开发重点县。2015年末，全县常住人口10.7万人。

隰县历史文化渊久蕴深。隰县建城已有2600多年的历史，公元前16世纪是商朝属下基方小国。春秋时代为晋文公重耳封地。后汉刘渊曾迁都于此。隋朝废郡置州，始以“隰”命名。民国元年，改为隰县。曾是临汾西山政治、经济、文化和商贸中心，素有“三晋雄邦”“河东重镇”之美誉。

隰县地理位势独特。境内山峦连绵，丘陵起伏，地势东北高、西南低，最高点与最低处海拔相对高差1247米。地貌主要由三川（东川、城川和西川）、七塬（无愚塬、陡坡塬、乔村塬、北庄塬、唐户塬、阳头升塬、后堰塬）、八沟（刁家峪沟、卫家峪沟、朱家峪沟、石马沟、古城沟、南峪沟、峪里沟、回珠沟）和两条水系（城川河和东川河）组成。

隰县梨果生产历史悠久。春秋时期就有栽植记载，被农业部命名为“中国金梨之乡”，国家林业局命名为“中国酥梨之乡”。是农业部确定的黄土高原梨果优势产业区、省政府确定的山西省中南部无公害果蔬高效产业区、玉露香梨基地县，临汾市政府规划的西山百万亩水果经济带。玉露香梨曾是奥运会指定梨果品。

隰县是旅游胜地。小西天佛教文化圣地悬塑艺术精美绝伦；明代大观楼气势非凡；紫荆山、五麓山、堆金山及万亩梨园等绿色生态风景区山绿水蓝，群山染翠；中国梨博园农业生态景区风景秀丽，清纯秀美；晋西革命纪念馆、毛泽东主席东征路居地、午城战役遗址等红色革命旅游景点更是探究革命史迹、追寻先烈传统、弘扬革命精神的重要爱国主义教育基地。

隰县境内资源丰富。现已探明的矿产资源有煤、花岗岩、大理石、石膏、白云石、硅石、高岭土、膨润土、高铝黏土、石灰岩、石英岩等十余种。

【经济发展概况】 2015年，全县地区生产总值13.2亿元，比2014年增长5.7%；全社会固定资产投资26.6亿元，增长19.7%；一般公共预算收入8100万元；社会消费品零售总额9.0亿元，增长4.9%；城镇居民人均可支配收入20003元，增长8.9%；农村居民人均可支配收入4762元，增长7.5%。

*产业效益明显提高。*一产上，玉露香梨总面积1.2万公顷、产量500万千克；“隰县玉露香梨嘉年华”活动被载入上海大世界基尼斯之最纪录，原产地二维码标识初步实现全覆盖，组建玉露香梨网络经销平台。粮食总产量4.6万吨，大棚蔬菜、马铃薯、烤烟、苗木、畜禽养殖等种养业稳步发展。二产上，浙江盾安10万千瓦风力发电项目取得路条，宁波东方日升100兆瓦农光互补光伏发电项目与隰县签订合作协议，瑞弗莱克煤层气勘探和地热开发项目顺利推进。三产上，旅游总收入达到13.1亿元，效益进一步提升。

*城乡面貌大为改观。*全县城镇化率达43.9%。洪永线西段、太和路、回古线、均岭线等公路改造进展顺利。完成城区供水管网5.3千米、供气管网6千米、供热管网16千米，新增集中供热面积17万平方米，解决16个自然村、4876口人饮水不安全问题，完成17条低电压线路改造。完成2133.3公顷水土流失治理、1000公顷生态综合治理、19个自然村小型农田水利建设和3266.7公顷造林绿化工程，全县地表水达标率100%，城区二级以上天数达到351天，空气质量稳定达国家二级标准。

*民生事业持续发展。*2015年公共财政用于民生支出资金7.08亿元，占财政支出的63%。教育发展上，龙泉小学主体完工，北城中学进展顺利，新建3个幼儿园，改扩建4所学校操场、5所学校宿舍，装备6所学校录播教学系统、10所学校梦想教室。医疗卫生上，新医院急诊楼和住院楼主体完工，计生服务大楼、城南和阳头升卫生院投入使用，新建21个村卫生室。社会保障上，各类参保人数10.7万人，五项保险征缴发放2.91亿元；新建保障性住房774套，改造农村危房600户；城镇新增就业人数1000人，城镇登记失业率控制在4%以内。文化事业上，“百千万”文化下乡活动和“强健体魄·阳光生活”全民健身运动深入开展，“中国好人县”英模人物不断涌现。社会管理上，全面加强安全生产，加大社会治安综合治理，深入推进信访诉求化解行动，全县安全发展能力稳步提升。

（隰县人民政府办公室）

安泽县

【自然概况】 安泽县位于山西省南部，临汾市东部，太岳山东南麓，地处临汾、长治、晋城三市交界。全县辖4镇3乡103个行政村和1个社区服务中心、4个社区居委会，总面积1967平方千米，2015年末常住人口8.4万人。

安泽历史悠久，早在五千多年前就有先民定居，西汉时设立县治。魏晋南北朝时，因其位于安吉、泽泉两地之间，故取两地首字而称“安泽”，蕴有“安居吉地，泽泉美境”的内涵，县名沿用至今已有1400余年的历史。安泽古风承袭，历史人文底蕴深厚，不仅孕育了“五夫三卿、四代八杰”的晋国上大夫郤芮、冀缺一家和协助司马光编纂《资治通鉴》的刘恕等历史名人，还诞生了先秦诸子百家重要人物——荀子。

安泽资源丰富，全县煤炭资源面积达1944平方千米，贮量达240多亿吨，均为优质主焦煤和优质电煤，煤层气储量多达4400多亿立方米；粮食作物以玉米为主，年产量稳定在10万吨以上，杂粮有小麦、谷子、高粱、大豆和薯类等；野生植物多达1000余种，有药用价值的中药材400余种，尤其是野生连翘面积达6.6万公顷，蕴藏量达500万千克，占全国总产量的四分之一。松蘑、草蘑、木耳、羊肚菌等菌类物质，年产量可达200万千克。

安泽生态良好，是国家级生态示范区、省级森林公园，也是全国首家通过ISO14001国际环境管理体系认证的县。拥有麻衣寺、黄花岭、青松岭、安泰山和荀子文化园等五个省级森林公园和红泥寺省级自然保护区。全县林木覆盖面积13.2万公顷，林木绿化率67.2%，居全省首位；水资源丰富，有较大的河流23条，小泉小水145处，黄河一级支流，全省第二大河——沁河由北而南贯穿全县109千米，人均水资源占有量为2500立方米，是全省人均的9倍。

【经济发展概况】 2015年，全县地区生产总值42.1亿元，规模以上工业增加值20.7亿元，固定资产投资63.4亿元，社会消费品零售总额8.5亿元，一般公共预算收入3.1亿元，城镇居民可人均支配收入23836元，农村居民人均可支配收入7811元。

*结构调整步伐稳健。*农业上，重点完成了和川小流域、东洪驿小流域水土保持综合治理，333.3公顷国家农发高标准农田建设，133.3公顷省级优势特色农产品种植示范基地建设；积极推进“一县一业”工程，新发展连翘基地100公顷、加密533.3公顷；加强与省农科院的合作，示范种植玉露香梨18公顷、1万余株；新发展蔬菜春秋棚13.3公顷，县财政为全县设施蔬菜大棚投保；建成3个病死动物无害化处理点，实现病死畜禽无害化处理点乡镇全覆盖。工业上，狠抓“保企业运行、保工业生产”，全年累计为企业减负8次，取消各类涉煤收费10项。狠抓唐城工业园区建设，统筹

推进园区内电力、道路、网络通信等基础设施改造，基本完成了唐城村、车村移民搬迁工程，完成永鑫120万吨干熄焦项目。三产上，着力发展文化旅游业，实施荀子文化园内涵提升工程，完成太岳军区司令部旧址抢救性修缮等工程。重点实施了中南铁路安泽站站前广场等项目建设，并大力推进“农芯乐”“乐村淘”等农村电子商务发展，三产水平明显提升。

城乡面貌持续改善。县城建设上，“一纵一横”改造提升工程扎实推进，“一纵”市政及还迁楼工程全部完成，公厕新建、县城部分街巷道硬化、建筑垃圾填埋场等民生工程相继完成，县城面貌焕然一新，综合承载能力进一步提升。改善农村人居环境上，结合城乡清洁运动、爱国卫生运动，重点完成了“六大整治”、“四大工程”、“营造清洁美丽干线环境”任务；完成了370户农村危房改造和145户易地扶贫搬迁；桃曲村、小黄村、沁河庄村示范村建设有序推进。完成“两山两林两区”造林440公顷。

民生事业加快发展。继续加大教育基础建设力度，完成了二中校舍、餐厅改造和杜村、良马中心幼儿园主体工程，办学条件明显改善。完成了杜村卫生院主体建设，实施了县医院门诊医技综合楼、中医院住院综合楼工程；“新农合”参合率稳定在99%以上。全年新增就业岗位1012人，转移农村劳动力1934人，城镇登记失业率控制在了3.1%以内。养老、医疗、工伤、失业等保险工作进一步加强。

（安泽县人民政府办公室）

运 城 市

【自然概况】 运城，古称“河东”，位于山西省西南部，北依吕梁山与临汾市接壤，东峙中条山与晋城市毗邻，西与陕西省渭南市、南与河南省三门峡市隔黄河相望。2000年撤地设市，辖1区2市10县5个省级经济开发区、149个乡镇（街道办事处）、3196个行政村。市域面积1.4万平方千米，2015年末常住人口527.5万人。是山西省第一人口大市、传统农业大市和新兴工业城市。先后荣获“中国十佳魅力城市”“改革开放30周年最受关注城市”“全国双拥模范城”“中国金融生态示范城市”和“山西省文明城市”等荣誉称号。

运城属暖温带大陆季风气候区，平均海拔350～400米。气候温和，土壤肥沃，光照充足，农业生产条件优越。全市年平均总降水量496.6毫米，日照1998.4小时，气温14.1摄氏度。

已发现的矿产有60余种，盐湖镁盐产量位居全国第二，铜矿和玻璃石英砂岩储量分别占全省95%和67%，铝、金、银、锌、钴等矿产储量在山西乃至全国占有重要位置。运城原材料工业基础雄厚，氧化铝产能250万吨，约占全国12%；电解铝产能80万吨，约占全国7%；金属镁产能40万吨，约占全国30%；焦炭产能1000万吨。初步形成了煤电铝材、煤焦化、金属镁、运输装备制造、医药、化工、农副产品加工、新型材料、新能源9大产业集群24个产业板块，培育了南风化工、大运重卡、阳煤丰喜、亚宝药业等大型企业。

【经济发展概况】 2015年，全市地区生产总值1174亿元，比2014年增长1.8%，三次产业占生产总值的比重为16.4%、37.5%和46.1%，人均地区生产总值2.2万元，农林牧渔业总产值393亿元，增长2.0%。规模以上工业总产值1299.7亿元，规模以上工业增加值264.5亿元；固定资产投资1370.7亿元，增长14.0%。社会消费品零售总额661.0亿元，增长12.3%；财政总收入105.6亿元，增长3.9%，一般公共预算收入56.3亿元，增长6.6%。城镇居民人均可支配收入2.4万元，增长8.2%；农村居民人均可支配收入8718元，增长7.3%。

集群化发展态势良好。2015年全市“5+15”园区规模以上工业企业完成工业总产值955.3亿元，占全市工业的73.5%；九大产业集群24个板块完成工业总产值754.5亿元，占全市工业的58%。运城铝工业基地被国家工信部授予“国家新型工业化产业示范基地”。100家重点企业产值占到全市规上工业的70%。中小企业发展到1.3万家，实现工业总产值640亿元。

城乡一体化协调推进。全市粮食总产连续四年稳定在30亿千克以上，2015年达到32.1亿千克。肉、蛋、奶产量分别比“十一五”末增长72%、61.5%、8.5%。省级龙头企业发展到70家，国家级龙头企业发展到7家。农产品加工业销售收入完成251.7亿元，是2010年的2.6倍。水果产量达到600万吨，其中出口13万吨，尤其是运城苹果代表中国首次出口美国。主要作物耕种收综合机械化水平达70.3%，比2010年提高了17.8个百分点。“十二五”期间，全市公用基础设施完成投资124.4亿元，城市供气、供热、污水处理、供水普及率分别达到90%、77%、91.7%、95%。20个建制镇入围全国重点镇。全市城镇化率达到46.1%，比2010年提高8.5个百分点。围绕九大产业集群，打造工业化与信息化融合示范标杆，中铝山西分公司成为全国首批示范企业，大运汽车、亚宝药业和中车永济电机成为国家“两化”融合试点企业。

服务业发展势头强劲。全市第三产业增加值比重超过第二产业，

占比达到46.1%。"古中国"国际旅游目的地的打造，得到学术界的高度认同和旅游界的强烈反响。关圣文化建筑群申遗工作积极推进。2015年旅游总收入326.9亿元。全市各类文化企业达到2100余家，总产值达40多亿元。国家级非物质文化遗产25项，省级174项，均居全省第一。金融业实现税收6.9亿元，增长57.5%，占总税收的7.9%;实现增加值67.3亿元，增长16.8%，占全市地区生产总值的5.7%，超国际认定的5%标准，永东化工在深交所中小板上市。在全省率先成立"企业应急转贷资金平台"，规模1.3亿元。有效缓解了企业资金周转困难，经验在全省得到推广。

发展活力不断增强。政府职能加快转变，全面完成新一轮市县政府机构改革，市政府工作部门精简为32个。共取消、下放和调整行政审批项目141项，权力清单、责任清单、负面清单制度全面推行。招商引资成果丰硕，五年累计引资到位2906亿元。外贸外经企业发展到468家，对外贸易国家和地区达到121个。五年累计新批外资企业20户，实际利用外资2.6亿美元。晋陕豫黄河金三角区域合作上升为国家战略，《运城市贯彻落实区域合作规划实施方案》积极推进。

人民生活水平有效改善。"十二五"期间，民生支出年均增长17.2%，高于一般预算支出2个百分点。2015年，一般公共预算支出276.9亿元，其中民生支出233.8亿元，占总支出的84.4%。平陆、垣曲、永济等7个县（市）高标准通过了国家义务教育发展基本均衡县达标验收。连续两年代表山西参加"中国汉字听写大会"，为运城赢得荣誉。中等职业教育免学费和助学金政策惠及学生10.5万人次。全市新农合参保率达到99.3%。连续5年提高低保标准，城乡居民社会养老保险参保281.6万人。农村"五个全覆盖"和农村"五件实事"全面完成。城镇新增就业29.7万人，有效发明专利达到537项。高新技术企业达到63家。培育了中车永济电机和南风化工等7家省级创新型企业。市群艺馆改扩建成为全省功能最全的市级群众文化乐园。

（李　改）

运城市盐湖区

【自然概况】 盐湖区地处秦晋豫三省交会的黄河"金三角"地带，是运城市委、市政府所在地，是全市的政治、经济、文化中心。全区辖22个乡镇办、314个行政村，42个社区。2015年末常住人口69.7万人。总面积1237平方千米。

【经济发展概况】 2015年，地区生产总值210.5亿元，比2014年增长3.3%;固定资产投资282.8亿元，增长12%;财政总收入30.5亿元，增长8.9%，首次突破30亿元大关，占全市财政收入的近1/3;一般公共预算收入8.5亿元，增长5.1%;社会消费品零售总额215.2亿元，增长6.8%;城镇居民人均可支配收入25779元，增长8.3%;农村居民人均可支配收入9938元，增长6.3%。

项目建设成效显著。坚持以"6+1"产业架构为载体，加大项目建设力度。全年确定重点项目60项，总投资535.8亿元，累计完成投资144.5亿元，储备项目94个，签约项目17个，落地项目61个，开工项目38个，建设项目60个，投产项目38个。促进中磁科技、飞宇建材、佳宇丰等一批企业走出困境;亚泰物流、华电二期等一批项目扎实推进;晋善晋美、中恒影视等一批项目签约落地。

农业生产稳步推进。坚持以发展现代农业为统领，充分发挥农业龙头企业和专业合作社的作用，推动农业增效、农民增收。全年完成粮食生产2.25亿千克。全区水果面积达到2.1万公顷，农民人均果业收入4044元。省、市级重点龙头企业达到35家，完成销售收入15.81亿元。新增加"一村一品"专业村27个，全区专业村总数达到146个，形成了以梨、桃、蔬菜、葡萄、双季槐等为主导的产业格局。充分发挥农村产权交易中心作用，全年流转土地1.4万公顷，受理农村各类产权交易项目978个，总交易额达到1.67亿元。深入推进"6266"造林绿化工程，全年造林2493.3公顷，总植树230万株，双季槐发展到4000公顷，皂荚发展到333.3公顷，森林覆盖率提高1.5个百分点。

工业经济不断壮大。坚持提升传统工业，开拓新型产业，孵化中小企业，全年新增规模以上工业企业6家，总数达到85家，累计完成工业总产值182亿元，实现工业增加值31.6亿元。盐湖工业园区和城西机电化工产业聚集区四大主攻产业新上项目40个，总投资14.85亿元。大力推动"大众创业、万众创新"，建立电商创业孵化支撑体系，全区中小企业个数达到4525个，完成工业总产值120亿元。发展国家级高新技术企业11家、省级民营科技企业23家，成立了全省首个县级中国工程院院士工作站。推动优质企业上市融资，寰烁电子科技股份有限公司、宏安翔科技股份有限公司已在新三板挂牌，解州特泵制造和格瑞环保设备两家企业在上交所Q板挂牌。

第三产业势头强劲。中心城市商圈进一步完善，东星向上广场、黄河市场建设步伐不断加快，南风新天地、金源商业街、华联二期开业运营。电子商务发展迅速，全区电子

商务类企业达到300家，微电商超过1万家；七品、乐村淘、新壹购等电子商务平台企业入驻该区，盐湖文化产业园、星河广场两大电子商务基地已初具规模。积极引进银行、基金、资金管理等各类金融机构，相继建立了城镇化建设、文化产业发展、大舜兴农、赛伯乐舜通等4支基金，帮助83家企业实现融资5.4亿元；运城高铁片区PPP开发模式列入首批省级示范项目；运城农村商业银行发展步伐不断加快，资产总额由改制前的58亿元增加到205亿元，贷款余额59.7亿元，税收1.3亿元。关帝庙、舜帝德孝公园、凤凰谷、九龙山等旅游景点服务功能不断完善，桃花洞乡村旅游开发项目正式启动。全年旅游总收入137.24亿元，增长21.96%。

城镇化建设步伐加快。解州、北相等小城镇建设成效显著，带动和辐射周边乡村加快发展。投资100万元，新建改建社区办公场所3个，进一步方便了群众办事。按照“四个类型”的规划，在全区确定了10个试点村，聘请清华大学建筑设计研究院，对试点村进行了大数据调研和整体规划。美丽乡村建设取得阶段性成果，改造道路60千米，配备了1000名保洁员，250台垃圾清运车，设立了900座垃圾处置点，完成危房改造620户，乡村环境有了明显改善。

社会事业全面发展。区财政持续加大民生投入，全年民生支出20.6亿元，占财政总支出的82.65%。教育方面，投资1.1亿元，新建魏风小学和实验小学北校2所学校，改写了城区20年没有新建公立学校的历史。投资1172万元，改造校舍5300平方米、操场5万平方米；投资1096万元，新建改建农村标准化幼儿园9所；投资3081万元，实施薄弱学校改造，实现108所义务教育阶段学校教育技术装备标准化。医疗卫生方面，投资779万元，对上王、三路里、王范三家卫生院和67家卫生室进行改扩建。文化事业方面，开展文化惠民活动，投入144万元，全年“送戏下乡”演出230场，放映电影3348场次。成功举办了第六届舜帝德孝文化节和中宣部现场交流会。环保方面，投入8400万元进行“煤改气”、大气治理、农村污水整治等工程建设。城乡生态环境有了明显改善。养老事业方面，投资1400万元，建设区社会福利服务中心二期工程，极大缓解了城市居民的养老压力。投资332万元，保证全区166家日间照料中心正常运转，解决了4000余名农村老年人的后顾之忧。社会保障方面，积极推进改革，将新农保和城居保进行合并，建立统一的城乡居民基本养老保险制度，惠及人群不断增加，城乡居民基本养老保险参保人数达32.3万人，城镇基本医疗保险参保人数达14.9万人。开展各类就业培训7890人，全区城镇新增就业8147人，城镇登记失业率控制在1.7%以内。

（盐湖区人民政府办公室）

永济市

【自然概况】 永济市地处山西省西南端，晋、秦、豫三省交会的黄河金三角区域中心。全市国土总面积1208平方千米，辖7镇3个街道，265个行政村，23个社区居委会，2015年末常住人口45.6万人。永济历史悠久，古称蒲坂，史为舜都，后改为泰州、蒲州，一直是古河东地区的政治、经济、文化和军事中心。唐朝时，曾两建中都，蒲州城成为当时全国六大雄城之一；清雍正年间设置永济县名，一直沿用至今；1994年1月，撤县设市。

【经济发展概况】 2015年，地区生产总值133.1亿元，比2014年增长2.2%；规模以上工业增加值34.5亿元，下降1.1%；固定资产投资115.6亿元，增长13.8%；财政收入10.01亿元，增长17.9%；一般公共预算收入4.1亿元，增长23.7%；社会消费品零售总额54.5亿元，增长7.1%；城镇居民人均可支配收入2.5万元，增长7.7%；农村居民人均可支配收入1.1万元，增长6.6%。

项目建设成效明显。全方位强势推进重点项目建设，68个重点项目建成完工31个，纳入运城“三个一百”的10个企业运行平稳，6个项目进展顺利，5个招商项目落地开工3个。

工业经济企稳回升。市委、市政府先后帮助企业协调贷款4.2亿元，及时续贷11笔9.1亿元，有效化解了融资难题，工业降幅持续收窄，企业逐步企稳回升，有力促进了工业发展和项目建设。27个工业集群化项目当年完成投资45.6亿元，瑞丰机电电机电器生产线、安德利制桶生产线、锌泽公司电机主轴、佛山南挥内外墙装饰板材、2×35万千瓦电厂烟气脱硫脱硝等7个项目建成投产。各小分队先后外出对接企业70余家，北京晨奥科技公司投资7亿元的农业微生物剂等29个项目已签约，湖南湘依铁路机车电器公司投资6000万元的机车速度传感器等9个项目已落地。全年共实施招商引资项目49个，总投资100.9亿元，实际到位资金50.2亿元。

现代农业亮点频现。以“一县一业”、“一村一品”为重点，积极推进土地流转，狠抓畜牧养殖、绿色蔬菜基地、高效干鲜果基地、生态片林四大调产工程，全市粮食总产4.24亿千克，位列运城市第一；蔬菜种植面积5000公顷，增长15.4%；水果面积9866.7公顷，增长9.6%；干果面积1.6万公顷，增长10%；新建生态片林66.7公顷。长荣天兆养殖加工、虞乡绿风花卉苗木等特色种养殖基地进一步发展壮大，广大农民投资设施农业的热情空前高涨，在开张、卿头一带新发展高标准大棚红枣140公顷，在城西东姚温建设了两个高标准的休闲采摘园，一批观光农业、生态农业、设施农业逐步形成规模。积极培育中小型农产品加工企业，东信科技、丰农葡萄、普田果蔬、鑫麦康粉业等一批农产品加工项目建成投产。加强农田水利基础设施建设，韩家庄控导下延工程建成竣工，南梯等4村耕地开发项目、553.3公顷高标准农田建设项目快速推进，有效夯实了现代农业发展的基础。

城乡面貌显著改观。围绕“城市功能完善、产业空间拓展、土地集约利用、市民方便宜居”目标，不断加大基础设施建设力度，完善公共服务体系。集群街、铝电大道、东丰路南段等城市道路和村通水泥路完善提质工程全面竣工，东外环路全线贯通。虞乡220千伏变电站、农网中低压改造、伍姓湖污水处理厂及5个棚户区改造项目顺利推进，城区污水处理厂升级改造、洁美生活垃圾收运系统、民生天然气城区管网、水峪口沟道治理等工程建成投入运行，特别是市文化中心的建成开放，进一步完善了城市功能，丰富了群众文化生活。城市建成区新增绿化面积2.1万平方米，绿化覆盖率达到41.16%；森林覆盖率达到24.4%。扎实推进乡村清洁工程和美丽乡村建设，以新街村、水峪口村、太宁村等省级示范村为重点的美丽乡村建设成效突出，被评为“全省美丽乡村建设示范市”。

文化旅游蓬勃发展。以助推运城打造“古中国”为标识的国际旅游目的地为目标，全面加快文化旅游融合发展。蒲州故城北城墙东段保护修缮、五老峰景区基础设施建设、王官景区开发项目先后建成竣工，神潭大峡谷三期、鑫大国际购物广场二期、西厢国际商城等项目稳步推进。成功举办了鹳雀楼诗歌文化节、普救寺爱情文化节、五老峰登山节、水峪口古村台湾美食节等特色旅游节庆活动，进一步丰富了景区旅游文化内涵。在郑州举办了旅游推介会，推出了120元畅游六大景区优惠政策，全面巩固拓展了河南客源市场。全年接待游客589.6万人次，比2014年增长16%；门票收入5100万元，增长19%。

民计民生持续改善。乡村清洁工程、农村困难群众危房改造等“十件民生实事”圆满完成。教育教学质量进一步提升，高考文理两大类达线989人，达线率达40.33%。医疗机构基础设施更加完善，基本公共卫生服务项目进一步规范，全市基层医疗机构配送基药3492万元；享受医疗费补偿58.1万人次，累计支出1.16亿元。进一步完善了以城乡低保、医疗救助、五保供养、救灾救济为主体的新型社会救助体系，有力保障了困难群体基本生活权益。积极做好城市集中供热和农村低收入农户“户均一吨煤”发放工作，城市集中供热面积扩大到400万平方米，保证了城乡居民温暖过冬。

（永济市人民政府办公室）

河 津 市

【自然概况】 河津市位于山西省的西南部，运城市的西北角，汾河和黄河汇流的三角地带，东迎汾水与稷山县为邻，西隔黄河与陕西省韩城市相望，南有台地与万荣县毗连，北依吕梁山与临汾市乡宁县接壤。全市东西宽27.5千米，南北长35千米，市域面积593平方千米。2015年末常住人口40.7万人。

河津区位优越，209国道纵贯南北，108国道横穿东西，侯（马）西（安）铁路、侯禹高速公路贯穿全境，公路、铁路、高速公路“三纵三横”交通网络基本形成。

【经济发展概况】 2015年，地区生产总值170.8亿元，人均地区生产总值4.2万元，财政总收入19.01亿元，一般公共预算收入7.6亿元，农林牧渔业总产值15.6亿元，粮食总产量1.9亿千克，工业总产值251.5亿元，固定资产投资149亿元，社会消费品零售总额70亿元，城镇居民人均可支配收入24355元，农村居民人均可支配收入11303元。

经济发展困中有为。积极帮助企业解决资金难题，全年贷款余额121.6亿元，较年初增长14%。支持华泽铝电自备机组满负荷发电，促成漳泽电力、宏达钢铁等企业实现电力直供交易，协调困难企业为效益较好企业代加工，推荐宏达、中达等11家企业的17个产品进入全省重点工业产品目录。全年签约项目47个，到位资金52.6亿元。

产业升级迈开步伐。华泽铝电7万吨电解铝挖潜、阳光华泰炭黑及尾气发电、潞安太阳能光伏发电等一批工业新型化项目建成投产。与清华大学对接黄河文化城项目，与广东今日国际对接台湾郇生态旅游项目，推进津华药业与华润三九深化合作，鼓励发展乐村淘、苏宁易购体验店等新型业态，电子商务指数排名全省第四，非传统行业在经济总量中占比达到10.6%，上升3个百分点。

新型城镇化加快推进。完成城市总体规划批复和燃气工程、中心城区排水和绿地系统等5个专项规划评审，城市客运站、图书大楼等工程建成投用，市医院、华兴东路、黄村阳村35千伏变电站增容等工程基本完工，莲池公园、限价商品房等工程扎实推进，蒙华铁路河津段、龙门大道外排水渠等工程全面开工。城市建成区面积25.2平方千米，常住人口城镇化率53%,城区清洁燃料使用率94.5%,垃圾无害化处理率91%,城市污水处理率92%。

农业现代化初见成效。加强农田水利建设,实施柴家高标准农田、柴家阳村高效节水、禹门口灌区农业水价综合改革、瓜峪水库等工程。全面铺开农村土地确权登记,完成登记1.9万公顷,流转土地6800公顷,全年粮食总产量1.9亿千克,新增"一村一品"专业村15个,农民专业合作社67家,家庭农场50个,发展农业示范园6家,市级以上龙头企业达到14家,农产品加工业销售收入11.5亿元。

城乡生态化提速提质。深入开展环境综合整治,实施焦化企业提标改造,整顿规范石场和高钙灰行业,加快城市禁燃区土小锅炉治理,坚决取缔各类土小企业。植树造林1333.3公顷,通道提档升级30千米,绿化村庄30个,绿化禹门口、双峰山、薛仁贵故里旅游景区20公顷。

社会保障能力继续加强。新建农村幼儿园4所,启动义务教育全面改薄工程。新增就业4265人,精准脱贫1900人,培育新型职业农民500人。改造农村危房350户,新建公租房67套、限价商品房498套,完成半坡、上岭1500名特困群众异地搬迁。城市低保每人年增360元,农村低保每人年增240元,集中供养五保户提高200元,达到每年5300元,分散供养五保户提高100元,达到每年3500元,财政为贫困残疾人代缴医疗保险,为重度残疾人代缴养老保险,临时救助894人、101万元。

经济社会发展活力进一步增强。完成49个部门权力清单编制和9个职能部门整合组建,26家重点审批单位入驻政务服务大厅办公。全面实施"三证合一"、"一照一码"工商登记制度改革,全年新登记注册各类企业638户,比2014年增长125%。

(黄　河)

临猗县

【自然概况】 临猗县位于山西省西南部运城盆地北沿,西临黄河,东望太岳,北屏峨嵋岭,南面中条山。全县国土总面积1339平方千米,耕地10万公顷,2015年末常住人口58.7万人,辖9镇5乡2区,375个行政村。

【经济发展概况】 2015年,地区生产总值131.8亿元,比2014年增长4.3%;规模以上工业增加值21.9亿元,增长0.4%;固定资产投资109.5亿元,增长16.5%;财政总收入4.5亿元,增长13.1%;一般公共预算收入2.4亿元,增长17.8%;社会消费品零售总额59.3亿元,增长6.5%;外贸进出口总额1.2亿美元;城镇居民人均可支配收入23871元,增长8.2%;农村居民人均可支配收入10622元,增长7.2%。

实施"五大战略",推动农业可持续发展。一是实施黄灌全覆盖战略。新增和改善黄灌面积7333.3公顷,人均水浇地0.19公顷;深入推进农田水利设施产权制度改革,选取3个灌区6个村试点推广夹马口"斗管会"管理经验。二是实施土壤有机质提升战略。大力发展畜牧业,年产畜禽肥35万吨,完成1.7万公顷秸秆还田和1.04万公顷深松整地,新增果园种草2000公顷,果树枝条粉碎发酵还田333.3公顷,提升耕地有机质4万公顷。三是实施农产品品牌建设战略。农产品物流园项目前期工作稳步推进,全县农产品加工企业销售收入增长13.6%;新增果树间伐3333.3公顷,果实套袋23亿枚,新建枣树大棚1333.3公顷,支撑果品品质不断提升;在苏州等地举办临猗水果推介活动,共签约果品购销协议10亿元。四是实施新型诚信职业农民培育战略。培育新型诚信职业农民1211人,引领其他专业性培训9.6万人次,带动全县发展家庭农场30家、专业合作社198家、示范社25家、联合社1家。五是实施农村社会治理战略。乡村诚信清洁工程新建401座乡村生活垃圾收集池,新配12辆8吨密闭压缩式垃圾清运车和322辆村级垃圾收集车,全年清运乡村生活垃圾8万余吨,环境卫生达标创建完成497个自然村,达标率90.4%。完成50千米农村公路提质完善、20千米道路排水工程建设、100千米路肩种草、240千米公路养护及安保设施增设等工程。

加快集群发展,工业经济总体平稳运行。集群化招商对接企业50余家,签约项目13个;主攻产业领域项目落地8个,到位资金12.59亿元。以推进"三个一百"为契机,帮助企业解决融资、征地、电力等30余个问题,通过落实省市减负37条措施为企业减负1157万元。争取科技研发经费100万元支持21家企业开展技术创新,组织9家企业与科研院所签订了19个产学研合作协议。新增外贸自营进出口企业3家,进出口额达到1.3亿美元。青山化工质检中心、富森科技公司分别被认证为国家级、市级企业技术中心,恒晟纺织系列产品商标被认定为中国驰名商标。

现代物流引领,服务业实现扩规提质。农产品物流园项目正在办理前期手续,鑫东方建材城等一批新型商贸中心投入运营,3个乡镇基层供销合作社完成综合改革。组织申报了阿里巴巴"千县万村"试点县项目,成立全县电子商务协会,开展电子商务知识讲座6期培训500余人,新筹办的电子商务创业孵化基地入驻35家、运营12家。临晋县衙二期工程顺利实施，临晋文庙保护修缮工程方案通过审批，猗氏县抗战民主政府旧址修复工程竣工验收；农业休闲采摘观光日益兴起。金融机具覆盖365个行政村，农商银行建设金融综合服务站100个，基本实现全县行政村基础金融服务“村村通”。

践行“四个年”活动，城镇化加快推进。“城镇化知识学习年”深入开展，组织5批112人次赴外地学习城市规划、建设、管理经验，邀请省专家开展专题讲座；完成新型城镇化发展课题研究、新型城镇化发展“十三五”规划编制。“城乡规划覆盖年”成效明显，完成防洪排涝、燃气、市政等8个专项规划的编制与评审，县城控制性详细规划覆盖率达到40%；完成楚侯产业集聚区规划编制并通过专家组评审，新编制194个美丽乡村规划，实现全县农村规划全覆盖。“城镇功能完善年”实现突破，县城第二污水处理厂建成并投入使用，合欢街东延、配件厂东路、生活垃圾无害化处理场道路已竣工通车；以全国重点镇孙吉、省百镇建设重点镇临晋为引领的小城镇建设稳步推进，城镇功能不断完善。“管理水平提升年”迈上台阶，深入推进全国文明城市创建工作，县城街巷治理摸底调查、预算和实施方案已完成；初步建立数字化城市管理平台，解决、处理、协调城市秩序、环境卫生等方面问题1.8万余条，基本实现了数字化、智慧化、制度化管理。

民生和公共服务均等化迈出新步伐。民生工程实现扩大覆盖面与提高保障水平同步进行。“五险统征”稳步推进，城乡低保补助提标到位，为2.86万名低保对象发放低保金5305万元，为1185名五保对象发放供养金450余万元，发放救灾资金、孤儿保障金、困难群众医疗救助金等共计880余万元。新建成20所日间照料中心和9所养老机构，福利中心养护综合楼主体已完工，残疾人康复托养中心正在建设。公开招聘135名事业单位工作人员，增设160余个大学生公益性岗位，安置197名退伍军人就业，组织农民工职业技能提升、城镇失业人员再就业、新成长劳动力等五大类培训共计127期9108人次，新增各类就业5000余人。投资3180万元新建、续建限价房566套，71套公共租赁住房正在确定房源；吉祥小区棚户区改造已回迁到位，军转院棚户区改造工程已启动。公共服务实现硬件建设与软件建设共同推进。教育事业方面，薄弱学校改造工程扎实推进，新建、改建5所幼儿园，第一职业中学新校投入使用，特殊教育学校建设工程主体已建成；新招聘教师70名。医疗卫生方面，三管、牛杜、临晋三所卫生院业务用房改造工程已完工，129所新建改建村级卫生室投入使用，基层医疗机构和县级公立医院基本药物实现全覆盖，“小病不出村，常见病不出乡，大病不出县”的分级诊疗格局初步形成。文化事业方面，开展民间艺术调演、群众文艺大看台、群文风采下基层等文艺演出40余场，《守望》《两张火车票》等精品剧目叫响省市，为375个村图书室补充图书近3万册，为群众送电影4752场，送戏189场。

社会治理水平实现新提升。诚信体系加快构建。制定了《临猗县信用体系建设行动计划（2015～2017年）》及配套的《临猗县公共信用信息归集管理办法》《临猗县失信行为认定目录》《临猗县公共信用信息安全管理办法》，初步完成系统平台建设技术方案，在第一批28家单位开展信息采集、数据共享、技术对接等工作，在金融、交通、食药、建筑、教育等重点领域开展信用示范建设工作，诚信体系建设的制度机制正在加快形成。安全生产常抓不懈。认真落实党政同责“三级五覆盖”，开展企业摸底排查、各行业领域专项整治和打非治违等检查，查处安全隐患5700余条；聘请27名安全专家对重点行业、部位、环节把脉会诊，发现隐患338条；组织安全演练11次，督促企业完善应急预案39个，全县安全形势稳定好转。食药监管不断加力。建成县、乡、村三级网格化定人、定责、定区监管的食药监管网络，横向到边、纵向到底的食药监管体系基本建成；开展10项专项整治，查处违法案件47起，取缔食品加工黑窝点1家，曝光食品生产加工小作坊2家，对621家企业下达《责令改正通知书》，消除食品安全隐患16起。生态环境标本兼治。开展新《环境保护法》宣传和执法检查，排查企业30家；建成临猗第二污水处理厂，涑水河流域丰喜化工、绿海科技、恒兴果汁3家企业的污水处理提标改造工程完工并投入使用；淘汰黄标车1488辆，拆除燃煤锅炉9台，强制取缔木炭窑35家；造林绿化1620公顷，30千米道路林带、20个园林村完成提质上档，县城新增绿地面积1.95万平方米，被评为山西省园林城市。市场秩序得以规范。

（祁艳妮）

芮城县

【自然概况】 芮城县是山西省的南大门，地处晋、秦、豫三省交界的黄河中游金三角地带，素有“鸡鸣一声听三省”之美誉。境内北高南低，东西狭长，阶梯分布，一面阳坡，东西最大距离66千米，南北最大距离25千米，县域面积1175.6平方千米。全县境内有7个镇，3个乡，1个城镇社区管理委员会，1个省级经济开发区。172个建制村（其中风陵渡经济开发区辖11个建制村），721个自然村（其中风陵渡经济开发区辖21

个自然村),8个城镇社区(其中县城7个,风陵渡镇1个)。2015年末全县常住人口40.6万人,比2014年净增2018人,增长0.5%,其中乡村人口21.5万人,下降2.8%;城镇人口19.1万人,增长4.4%,城镇化率达到47.1%,提高1.8个百分点。

【经济发展概况】 2015年,全县地区生产总值77.1亿元,比2014年增长1.7%,人均地区生产总值1.9万元;全县财政总收入(含风陵渡开发区)7.84亿元,增长17.4%,一般公共预算收入3.27亿元,增长38.8%,财政支出19.74亿元,增长13.3%;县内财政总收入5.95亿元,增长40.1%;一般公共预算收入2.8亿元,增长68.0%;一般公共预算支出19.0亿元,增长13.9%。农林牧渔业总产值43.9亿元,下降1.6%;粮食总产量33.5万吨,增长5.5%;县内规模以上工业总产值42.45亿元,下降28.9%;固定资产投资总额82.3亿元,增长18.0%;社会消费品零售总额30.5亿元,增长8.1%;城镇居民人均可支配收入24602元,增长7.9%;农村居民人均可支配收入9225元,增长7.2%,在岗职工年平均工资52173元,增长20.4%;外贸进出口总额446万美元,其中县内外贸进出口总额246万美元。2015年,全县化学需氧量(COD)减排322.8吨,氨氮(NH_3-N)减排35.4吨,二氧化硫(SO_2)减排55.7吨,氮氧化物(NOx)减排34.7吨,烟尘减排36.8吨,各项指标超额完成减排任务。

工业经济。2015年,芮城县工业经济提速加力。已初步形成以亚宝和宏光为龙头,横向配套、纵向延伸的现代医药集群化发展态势,已成为运城市工业集群化发展的典范。亚宝药业实现工业总产值16.44亿元、上缴税金2.4亿元,分别比2014年增长9.9%和72.4%;宏光玻管实现总产值2.5亿元,上缴税金2068万元,分别增长68.7%和38%;18家集群企业实现产值23.5亿元,增长15.7%;中小微企业创业孵化基地建设进展顺利,全年完成投资8000万元,21个车间17个已实现预定,入驻中小微企业12家。爱尔家纺等3家企业在深圳股权交易中心新四板成功挂牌上市;农村信用社农商行改制基本完成,顺利通过省银监局验收;亚宝药业、爱尔家纺荣获省“两化”融合示范企业,亚宝药业成为国家“两化”融合试点企业;宏光、虹桥2个企业实施了7个技术升级改造项目,南通星辰、新泰纳米、同济药业和丰源药业等4家企业获批6项国家发明专利,新泰纳米、同济药业被评为国家级高新技术企业。

新兴产业。2015年,为培育经济发展新动力,芮城县利用国家生态先行示范区的“金字招牌”,积极谋划和争取总投资90亿元的1020兆瓦太阳能光伏发电项目。

招商引资和项目建设。2015年,芮城县强力推进招商引资和项目建设,先后出台了助保贷、鼓励企业上市、推进科技创新和发展电子商务等扶持政策。全年招商引资到位资金26.8亿元。“双十工程”和36个重点项目,建成完工41个,其余15个项目,除国际物流商贸城二期和水峪景区投资商放缓投资外,13个跨年度项目有序推进。

三农工作。2015年,芮城县实施了马崖、风陵渡、新兴和古贤农田水利项目,新增和改善灌溉面积1600公顷,进一步完善农业基础设施。全年粮食总产量33.46万吨,再次荣获“全国产粮大县”称号;新发展“一村一品”专业村22个,新增设施蔬菜166.67公顷;“芮城苹果”荣膺“中国首届果品区域公用品牌50强”,被确定为国家出口水果质量安全示范区,12月在运城水果上海推介会上,10家参展企业共签订合同20余份,总价值5.2亿元;农产品电子商务,全年在线交易量1500吨,产值达到400万元,被授予全省“农产品电子商务示范推进重点县”。农业产业化步伐加快,温氏畜牧和天之润枣业以“公司+基地+农户”的形式,不断延伸产业链,带动更多的农户增收致富。

文化旅游。2015年,芮城县文化旅游产业魅力初现。全年旅游接待人数329万人,文化旅游相关收入24.7亿元,比2014年增长20%和22.4%。第二轮《芮城县志》编修工作全面完成;芮城书调、卤肉制作工艺等5个项目列入市级非物质文化遗产名录,3人被确定为省级非物质文化遗产项目代表性传承人。编制完成了永乐宫壁画临摹基地建设规划,创新建设模式,临摹基地已确定投资对象。

基础设施建设。2015年,芮城县城北公园、中心公园全面开放,文体公园进展顺利;城隍庙和寿圣寺周边修缮改造,特别是亮化美化工程基本完工;垃圾中转站、污水处理厂中水回用工程投入使用;实施了大禹西街、黄河东街、古魏北路、学府街等14条道路的改扩建和绿化、亮化工程,以及古魏路总干渠排水工程,城市新增道路里程4千米,新增绿化面积12.29万平方米,绿化覆盖率达到40.3%,绿地率达到36.4%;铺设城市供气管网12千米,新增天然气入户3000户;“四城联创”力度不断加大,城市基础设施日臻完善,县城品位不断提升。2015年12月31日,运宝高速中条山隧道正式通车。

生态创建。古魏镇被命名为国家级生态乡镇,风陵渡、阳城、大王、南卫、陌南、东垆等6乡镇顺利通过国家级生态乡镇评审;承担的探索建立环境信息公开制度、探索水资源产权制度和用途管制制度2个国家重点课题,取得了阶段性成效。初步建立环境信息公开平台,完成了县域水资源综合评价和规划编制等工作。围绕“三荒、通道、村镇、景区、产业园区”五大绿化主战场，全年共栽植各类苗木365万株，新增造林面积1920公顷，全县森林覆盖率增加了1.18个百分点。

民生事业。2015年，芮城县财政用于民生方面的支出达15.2亿元，占财政总支出的80.1%，比2014年提高了1.3个百分点。建设各类保障性住房766套，改造农村危房1590户，易地搬迁困难群众1000人，培育新型职业农民800人，改扩建农村幼儿园3所，11个城乡社区日间照料中心全部建成并投入运营。全年送戏下乡50个村150场，文艺演出40余场，放映公益电影2000余场，配送图书3万余册，农村文化生活丰富多彩。城镇新增就业6062人，城镇登记失业率控制在1.65%以内。农村和城镇低保实现应保尽保；教育质量继续保持全市领先，被确定为全国首批36个“国家学前教育改革发展实验区”之一，职业中学被评为全国“职业教育改革发展示范校”。

（董莹芳）

万荣县

【自然概况】 万荣县位于山西省西南部，黄河与汾河交汇处，全县共辖14个乡镇、281个行政村，国土面积1081.5平方千米，2015年末常住人口45.2万人。全县1.1万公顷黄汾滩涂集中连片、面积开阔，处于太阳能资源丰富带。县内森林覆盖率35.8%，林木绿化率34.8%；城区空气质量二级以上天数317天。探明优质焦煤储量13.3亿吨，煤类主要为焦煤。各类文物景点39处，其中国保单位10处、省保单位3处。

【经济发展概况】 2015年，全县地区生产总值62.1亿元，比2014年增长2.5%；财政总收入3.2亿元，一般公共预算收入1.4亿元；规模以上工业增加值7.8亿元，下降3.5%；固定资产投资78.9亿元，增长15.3%；社会消费品零售总额29.6亿元，增长10%；城镇居民人均可支配收入21168元，增长8.5%；农村居民人均可支配收入7623元，增长8.2%。

确定了10个重点招商项目，20个重点帮扶企业，30个重点在建项目，全力推进，取得了良好效果。在“10、20、30”项目的引领带动下，全县项目建设“六位一体”各项指标超额完成目标任务，特别是总投资30亿元的蒙华铁路万荣段、总投资18.8亿元的青松纺织服装产业园、总投资5亿元的宏润光伏发电等重大项目顺利实施，有力保障了经济平稳发展。

农业生产迈向高端。将农口项目资金进行整合，集中打造精品项目、亮点项目，取得了显著成效。万荣苹果叫响全国，制定了《万荣红富士苹果生产标准》，在上海正式发布。万荣苹果代表中国首次进入美国市场，被评为“中国品牌文化十大范例”。香菇产业快速发展，县委、县政府拿出1000万元，用于发放香菇补贴；在土地、资金、技术等方面出台优惠政策，大力扶持香菇产业发展；全年新发展香菇基地20个，遍布全县14个乡镇，香菇产业成为农民新的致富产业。水利设施更加完善，稳步扩大北赵引黄的覆盖面积，正式启动西范东扩工程，实施小型农田高效节水项目，全县新增灌溉6333.3公顷，总面积达到4.6万公顷。“三农”工作全面推进，启动建设17个精品农业示范园，完成皇甫813.3公顷高标准农田建设，完成造林绿化1800公顷，农村土地确权5.8万公顷，集体“三资”管理得到规范。通过实施百企千村、金融富民、易地搬迁等扶贫工程，实现减贫8700人。

工业企业稳步扩张。按照“工业集群化”的发展理念，通过在外引项目，在内扩规模，积极培育两大主攻产业发展壮大。农副产品加工产业发展上，汇源公司连年加大投资力度，2015年新增制盖机和纯净水生产线，累计在万荣县投资已达12亿元。朗致集团两个固体制剂生产项目基本建成；华康公司新建了中药科技产业园，对综合车间进行了升级改造；万辉药业新建综合制剂和提取车间；德洋生物科技建设项目有序推进，为“十三五”工业经济发展奠定了良好基础。防水建材产业发展上，实行原材料集中采购，降低企业生产成本，万泰公司全年采购原材料3.8万吨，为企业节约1600万元；集中开展清收欠款行动，帮助企业清收1000余万元，缓解企业流资困难，助推企业抱团发展。探索创新金融方式，县财政出资500万元搭建融资平台，实施“助保贷”项目，为小微企业发展融资5000万元。2015年，两大主攻产业实现产值37亿元，占全县规模以上工业总产值的87.1%，工业集群效应开始显现。

文化旅游快速发展。首部原创蒲剧现代戏《万荣女人》在省、市公演，非物质文化遗产剧目《董永新传》，成为运城“四心剧场”演出剧目，万荣民间鼓乐队登上湖南卫视，“万荣笑话”精品剧目多次参加省市展演，文化产业焕发新的活力。加大开发保护力度，实施后土祠景区扩建项目，对秋风楼进行整体修缮，重现张仪古道和观景台的历史原貌，扩大了景区规模，增添了旅游景点、丰富了文化内涵。对东岳庙周边环境进行综合整治，代表万荣形象的飞云楼即将重新向游客开放。“晋汉子”农庄被认定为全国休闲农业与乡村旅游示范点，“笑城”牌倒走表被评为中国特色旅游商品银奖产品。2015年，全县共接待游客214.5万人次，比2014年增长16.1%；门票收入达到1728.5万元，增长12%。

城乡面貌焕然一新。宝鼎公园、城北公园正式开放，受到广大群众的一致好评；集中供热交换站投入使用，增加供热面积15万平方米，满足了冬季供暖需求；荣河南路排水管网铺设到位，完善了新城区的排水设施；汇源街、新建中路、恒磁南路进行翻修改造，县财政拿出800万元，为各乡镇配备垃圾清扫车，促进乡村环境卫生持续好转。"气化万荣"工程连通9个乡镇，让农村居民用上了清洁环保的天然气。翻修改造15条县乡道路，修补村道30多千米，乡村道路更加通畅。

社会事业全面进步。教育实现均衡发展，全面实施薄弱学校改造工程，统筹分配各校教师，实行划片就近入学，城乡教育资源均等配置，顺利通过"全国义务教育基本均衡县"评估认定，受到省、市表彰，荣获全省素质教育先进县。高考达线人数再创新高，六大类达线976人，文理两大类达线816人。公共卫生服务水平不断提高，公立医疗机构全部取消药品加成，实行"零利率"销售，新型农村合作医疗为51.2万人次，补偿1.75亿元。高度关注弱势群体生活，城乡低保每人每月增加20元，全年新建经济适用房180套，公共租赁房56套，完成农村危房改造270户。实施农网升级改造项目，保障农村居民的用电安全。社会福利中心即将建成，全县敬老院达到16家，日间照料中心达到30家。智慧政务、智慧民生、智慧农业3大平台建成运营，提高了行政效率，方便了群众生活。

（万荣县人民政府办公室）

新 绛 县

【自然概况】 新绛县古称"绛州"，位于山西省西南部，运城市北端。全县下辖8个镇、1乡、1区，2015年末常住人口34.3万人，总面积593.4平方千米，耕地3.5万公顷，盛产小麦、棉花、蔬菜，是国家商品粮优质棉基地、全国标准化蔬菜示范县、中国果菜10强县，拥有国家历史文化名城、全国文化先进县、中国鼓乐之乡、中国楹联文化县等众多国字号头衔。

【经济发展概况】 2015年，地区生产总值78.6亿元，比2014年增长0.1%；财政总收入4.14亿元，下降11.1%；一般公共预算收入2.2亿元，增长9.5%；固定资产投资83.1亿元，增长15.4%；规模以上工业增加值29.6亿元，下降2.8%；城镇居民人均可支配收入23646元，增长8.3%；农村居民人均可支配收入9524元，增长7.5%；社会消费品零售总额40亿元，增长7.5%。

坚定不移促转型，集群化发展成效显著。煤化工业园区依托业已形成的五条产业链，横向配套、纵向延伸，积极对接了噻吩下游精细医药化工、乙基氯化物、甲硫醇深加工、丙二酸等项目，与上海产业转移中心、上海金山工业园达成合作协议。进一步完善基础设施，完成了园区共享服务平台展厅建设。轻纺园区大力开展"大众创业、万众创新"，完成鑫建中小微孵化基地建设，成功入驻10家企业，8家已投产。新培育2家"小升规"企业，1家小巨人企业，孵化232家小微企业。同时，水西农民创业园、北张石雕园、万安钻石园实现良好发展，古交粉条、阳王油桃和中药材深加工等农民创业园前期工作进展顺利。

持之以恒抓投资，项目建设方兴未艾。先后协调金融部门为高义钢铁、威顿水泥贷款9000万元，帮扶中信伟业按照环保新标准完善相关手续，协调解决了丰喜华瑞气源短缺问题，协调电力部门将高义钢铁、丰喜华瑞、威顿水泥列入2016年大用户直供电增量计划，每年可为企业节省电费1.2亿元。绛州州府景区建设完成投资6000万元，晋南农产品商贸物流园开工奠基，完成投资1000万元，汾河湾市场改造升级工程完成投资1000万元。气化山西新绛段、弟子规国学文化产业园、年产10万台工业缝纫机等7个项目前期手续全部办结。同时，汾河湾市场升级改造、绛州市场升级改造等七大重点工程年度任务圆满完成，中信伟业年产10万吨液氨联产3.5万吨合成氨、佳昊门业年产2万套高档家具生产线、鸿远纺织年产1200万米高档宽幅装饰布等一批项目顺利投产达效。

发挥优势求突破，农业发展步伐加快。2015年，全县积极推广农业新技术，粮食生产再获丰收。成功举办第五届"一村一品"展示交流会暨第二届山西省蔬菜产业大会，展示产品1.5万余种，签约额达到21亿元。扩规提质设施农业，新建、改造日光温室2000余座。提高了农民组织化程度，积极培育省、市、县农民专业示范合作社16家，全县农民专业合作社发展到633家。完善了农业基础设施，投资7000余万元，重点实施了小型农田水利重点县项目、新增粮食产能、农村饮水安全等项目，改善灌溉面积5333.3公顷。规模健康养殖长足发展，全县禽存栏达到490余万只，生猪存栏达到17.3万头。农机装备水平进一步提升，农机总动力增长了8500千瓦，主要作物综合机械化水平达到73.3%。

坚持不懈强功能，科学统筹推进城镇化。坚持规划、建设、管理"三位一体"统筹协调，不断提升城市承载能力。新城建设上，完成了新城区冰凌沟雨水调蓄池建设工程、新城地下管网连接工程，全年新增绿化面积2.5万平方米，绿化覆盖率达到36.7%，绿地率达到33.4%，人居环境显著改善。老城保护上，完成了龙兴街升级改造，站南、站北道路改造及排水工程。

不遗余力壮三产，产业转型势头强劲。以文化商贸产业为突破口，加快转型步伐。启动实施了投资3.5亿元的汾河湾市场10万平方米升级改造工程和投资3000万元的绛州市场1万平方米商铺升级改造工程。启动实施了投资8亿元的晋南农产品商贸物流园，整体进展顺利。文化旅游保持良好的发展势头。完成了绛州州府旅游景区部分基础设施建设、龙兴寺全面维修、城隍庙地府建设和泉掌关帝庙大殿维修工程，全县旅游接待能力进一步增强。

竭尽全力惠民生，社会事业再谱新篇。新改扩建2所标准化公办幼儿园和3所农村幼儿园。2015年中考优生率、及格率稳居全市前茅，中考状元出自我县；高考二本达线人数达到2558人，全省高考理科状元落户该县，12名学子被北大、清华、香港中文、香港城市大学等一流大学录取。破除“以药养医”机制，建立起县级公立医院新的补偿方式。实现了学校、农村集中供水、城市二次供水、学校供水和各级各类医疗机构“五大卫生监督”的全覆盖。新农合参合率达到了99.4%，参合人数达到27.1万人。启动实施了投资2800余万元的中医院综合门诊楼项目。大力推进就业工作，城镇新增就业4010人，转移农村劳动力5500余人，城镇登记失业率控制在2.35%。各项社会保险等均达到或超额完成任务，城乡社会救助、减灾救灾、社会福利、双拥安置等工作体系进一步完善。

（董　丹）

稷　山　县

【自然概况】 稷山县位于山西省西南部，运城市北端，辖5个镇（稷峰镇、西社镇、化峪镇、翟店镇、清河镇）、2个乡（蔡村乡、太阳乡）和1个社区办，共200个行政村，面积686.2平方千米，耕地面积3.8万公顷，2015年末常住人口35.7万人。粮食作物以小麦、玉米为主。支柱产业主要是新型煤焦化产业、以金属镁及镁合金为主的有色金属产业、新型化工产业、板枣及蜜枣加工产业、纸包装文化产业、优质蛋鸡产业、区域特色医疗服务产业。

稷山交通发达。县域内高速路、铁路、一线路等道路纵横交错。侯（马）西（安）铁路、侯（马）禹（门口）高速、闻（喜）合（阳）高速、108国道穿境而过，省道台运线、运稷一级路纵贯南北，县城与乡镇之间形成了“15分钟交通圈”。

稷山历史悠久。中国农业始祖五谷之神后稷出生于稷山，并在此教民稼穑，数千年农耕文明的先河在这里开启。境内有全国最大祭祀后稷的庙宇—稷王庙，稷王山和稷王塔等。稷山春秋属晋、战国属魏，北魏太和十一年（公元487年）设置高凉县，公元598年改称稷山县至今，至今有1500多年的历史。

稷山文化璀璨。境内有中国最大的土雕大佛，有堪称壁画瑰宝的青龙寺壁画及将中国戏曲史提前200余年的金宋墓群。稷山板枣、麻花、饼子等地方特产闻名遐迩。稷山“高台花鼓”曾参加2008年北京奥运会开幕式和春晚演出。

【经济发展概况】 2015年，地区生产总值71.3亿元，比2014年增长1.6%；工业增加值14.5亿元，下降2.1%；财政总收入3.36亿元，增长0.2%；一般公共预算收入1.6亿元，增长6.2%；固定资产投资76.8亿元，增长17.8%；外贸进出口总额1.33亿美元，增长16.9%，全市排名第一；社会消费品零售总额27.1亿元，增长8.1%，全市排名第一；城镇居民人均可支配收入2.2万元，增长7.5%；农村居民人均可支配收入9014元，增长6.2%。

工业新型化成效明显，增长新动能正在形成。企业主板上市取得零突破。2015年5月19日，永东股份在深交所成功上市，实现了全省3年来、全市10年来企业在主板上市零的突破，成为稷山现代企业发展新的里程碑。重大项目建设取得新突破。阳煤丰喜投资24.8亿元的“3052”项目顺利投产，成为该县有史以来最大的项目；东方资源投资1.3亿元的1×300立方米锰铁高炉投产，锰铁总产量达47万吨，产能跃居全球第一，在国际锰铁市场拥有规则制定权和足够的话语权；永东化工投资1个多亿元新建成炭黑6线、7线；永祥煤焦投资3亿元的130万吨焦化二期项目即将投产；铭福钢铁投资1亿元的2×450立方米高炉技改项目、聚隆公司投资1亿元的矿产品项目加快建设。新能源产业发展取得新突破。中电投山西新能源投资5亿元的50兆瓦光伏发电一期项目和华明公司投资1亿元的光伏现代农业发电项目顺利实施，已实现24兆瓦并网发电，生物质2×12兆瓦发电项目并网发电，全县新能源总量已达84兆瓦，居全市第一。投资3亿元的园区居民搬迁区主体工程基本完工，配套设施全面启动；投资500万元建设的振西大街管廊工程基本完工，实现了园区焦炉煤气循环利用。园区消防站等基础设施工程开工建设。翟店包装印刷文化产业园区。创建的国家级出口工业产品质量安全示范区通过国家质检总局验收，全省唯一。总投资1345.7万元的园区公租房开工建设。招商引资到位资金36.3亿元，成功引进大佛文化园、汾河生态修复、新能源风光互补、中药材产业等12个项目。中小企业发展取得新突破。培育新增了丰凯纺织、精细环保、康盛达蜜饯3

家规模以上工业企业；孵化小微企业156家。

农业现代化稳步推进，三农基础更加夯实。粮食生产再获丰收，全年总产2.38亿千克，实现"十二连增"。特色农业高效发展，新建6个标准化板枣示范园，成功举办第六届板枣科技文化活动周，板枣总产5500余万千克，运用"互联网＋"销售新业态，20余家新电商日均销售上千千克，使板枣进一步走向了国际国内市场，年总产值达6亿元。蛋鸡存栏达到1290万只，晋龙集团化峪吴嘱200万只蛋鸡养殖项目已有140万只入栏。19家农产品龙头企业实现销售收入17.1亿元。基础设施日臻完善，投资3100余万元，完成了农业综合开发和土地整理586.7公顷。投资2400余万元实施了小农水和引黄渠系配套建设项目，全县新增和改善恢复灌溉面积4760公顷。投资514万元建设了农村饮水安全工程21处。农村电网改造投资1360万元，改造两座乡村35千伏变电站，新建低压线路45千米。农村经济持续发展，新增农民专业合作社15家，总数达501家。家庭农场认定累计37家。农村土地承包经营确权工作全面铺开，全县土地流转达到5866.7公顷，攻坚脱贫4412人，异地搬迁1350人。

新型城镇化扎实有效，城镇功能不断完善。按照稷王文化名城发展规划，2015年重点实施了15项城市建设工程，投资2.8亿元的大佛文化产业园项目于2015年7月12日奠基开工。总投资1.2亿元的汾河流域生态修复汾河干流稷山城区段综合治理工程，是省水利厅确定的12个重点工程之一。保障性住房建设、县城增绿、城市保洁等城镇化重点项目顺利推进。用于县乡村公路建设和养护的资金达4355.2万元，为近年来投资之最。建成美丽宜居示范村15个，城镇化率达到37.5%。11月份顺利通过了省级文明县城验收。

城乡生态逐步改观，绿水青山初步展现。狠抓节能减排，对3家焦化企业实施煤气脱硫工程，3家企业4台锅炉实施提标改造工程，淘汰落后产能焦炉110万吨。对沿汾排污企业进行了严厉整治，汾河水质达标检测达到省市要求。投资440万元，实施了城南小流域、西山头小流域和晋西小流域农业开发综合治理工程，治理水土面积1040公顷。大力推进造林绿化，完成造林面积2253.3公顷，新建园林村5个。县城新增绿化面积1万平方米。全县森林覆盖率达到24.3%。

（稷山县人民政府办公室）

闻喜县

【自然概况】 闻喜古称桐乡，春秋时属晋国曲沃，曾为晋国之都。秦设郡县，更名"左邑"。公元前111年，汉武帝刘彻巡经此地欣闻平南越大捷而喜，遂赐名为"闻喜"。

闻喜地处山西省南部、运城市北端，南同蒲铁路、大西高铁、大运高速和二级公路穿境而过。全县总面积1167平方千米，辖7镇6乡，2015年末常住人口41.5万人。

【经济发展概况】 2015年，地区生产总值61.8亿元，比2014年减少5%；人均地区生产总值1.5万元，减少5.4%；一般公共预算收入2.1亿元，增长12.3%；农林牧渔总产值23.7亿元，增长1.4%；规模以上工业总产值44.98亿元，减少45.2%；社会消费品零售总额39.8亿元，增长7.3%；城镇居民人均可支配收入2.4万元，增长8.7%；农村居民人均可支配收入8016元，增长7.6%；粮食总产量33.8万吨，增长16.9%。

产业转型扎实推进。闻喜工业园发展有了新成效，先后与12家企业达成入园意向，与10家企业成功签约，园区企业发展到31家，预计实现总产值16亿元。中小企业加快发展壮大，培育产值超亿元的"小巨人"企业1家，新增规模以上企业4家，孵化小微企业245家。金融振兴初见成效，闻喜农商行股份有限公司顺利开业，金融机构贷款投放持续增长，金融支持企业力度进一步加大。

引资上项硕果累累。围绕落实工业集群化、农业现代化、新型城镇化"三个方案"，确定重点项目75个，总投资110.7亿元，其中24个项目已经完成建设任务，51个项目正在建设。重点项目建设"六位一体"综合排名位居运城市前列。先后对接洽谈项目95个，成功引进项目37个，总投资152.7亿元，到位资金39.2亿元；签约项目53个，总投资171.8亿元。

"三农"工作全面加强。粮食生产保持稳定，小麦高产创建、玉米耕地地力提升等工程全部完成。农业生产条件进一步改善，28个现代农业项目已完工，小浪底引黄、北赵引黄、大型沼气、南关蔬菜批发市场等工程正在加快实施。农业结构不断优化，"一乡一品"特色农业取得新进展。农业产业化水平不断提升，农村土地承包经营权确权登记工作扎实推进，农民专业合作社发展到943家，土地流转质量不断提高，"一村一品"专业村发展到134个，农业龙头企业销售收入比2014年增长16%。

城镇化发展步伐加快。"大县城"战略深入实施，城区绿地系统和城市近期建设规划编制已经完成。城区道路系统、城中村改造、县城14平方千米四个片区控制性详规编制已经完成初稿。五四一总医院棚户区改造工程已经全面竣工，生活垃圾发电、安全供水、高速路互通道拓宽、县城基础设施提升、东镇污水处理、西湖路南延、牌楼东街人行道改造工程取得新进展。小城镇建设步伐加快，投资1.4亿元，实施完成道路、绿化、排水等小城镇建设工程23个，城镇辐射带动能力得到显著增强。

生态面貌大为改观。大气污染防治计划深入实施，节能减排、粉尘治理、直接燃煤锅炉改造等工作不断加强，化学需氧量、二氧化硫、烟尘和粉尘排放等各项环保指标圆满完成任务，2015年二级以上天数超过300天。工程造林扎实推进，林木育苗取得实效。磨盘岭治理取得进展，完成磨盘岭绿化120余座。道路绿化加快实施，完成乡村道路绿化80千米。园林村绿化稳步推进，完成28个村庄的绿化提档升级工作。涑水河治理工程已形成框架。

文化发展充满活力。文化惠民活动丰富多彩，文化精品创建成果丰硕。文化旅游产业加快发展，本命年、花馍等特色文化产业迈出了新步伐，高档玻璃器皿、陶瓷酒瓶、包装服务等六大文化支柱产业发展提速，文化旅游产业产值增幅连续三年超过20%以上。

人民生活持续改善。改造薄弱学校，五四一总医院棚户区改造，体育中心一期建设，客运汽车站建设，高效节水重点县项目等民生工程顺利实施。社会保障全面加强，企业职工参保2.6万人，失业参保2.7万人，农村养老参保22.4万人；纳入城乡低保对象1万人、优抚对象1533人。

（闻喜县人民政府办公室）

夏　县

【自然概况】 夏县位于运城市东陲，南接平陆县，北邻闻喜、垣曲两县，东隔黄河与河南省渑池县相望。东西长，南北窄，地形概貌为“七山二川一丘陵”，总面积1352.6平方千米，耕地3.9万公顷。辖6镇5乡，242个行政村。2015年末常住人口36.3万人（其中农业人口32万人），是一个传统的农业县，也是一个省定扶贫开发重点县。夏县历史悠久，人文荟萃，生态良好，山川秀美。这里孕育了植桑养蚕的黄帝元妃嫘祖、晋国忠臣介子推、北宋名相、著名的政治家、史学家司马光等历史名人。

【经济发展概况】 2015年，地区生产总值46.1亿元，比2014年增长1.8%；工业增加值4.3亿元，下降11.2%；财政收入2.5亿元，增长12.8%；一般公共预算收入1.3亿元，增长5.1%；固定资产投资57.2亿元，增长5.1%；社会消费品零售总额24亿元，增长3.03%；城镇居民人均可支配收入21626元，增长8%；农村居民人均可支配收入6385元，增长8.5%。

项目推进力度大。在实施工业集群化、农业现代化、新型城镇化“三个方案”的基础上，确立了“帮扶10个以上重点企业解困、推动10个以上在建重点项目建设、促进10个以上重点招商引资项目签约落地”的“三个十”目标任务，加大帮扶力度，解决了“华电风电项目融资、佳能达华禹污水排放、宇达集团土地手续和企业上市、格瑞特土地手续批复、泗交茶园土地流转、水头工业园用电紧缺”等21个问题。支持优势企业加大技改、扩大营销，23家规模以上企业运行平稳、稳中有增；持续推进集群化、产业链招商和专业化、定向化、精准化招商，12支招商小分队外出对接23次，全年引进项目15个，拟引资86.1亿元，到位资金25.75亿元。全县共确定84个重点项目，总投资135.4亿元，完成项目投资53.56亿元。天润风电二期、禹龙饲料生产线扩建等25个项目已完工；茂华风电、格瑞特科技示范园等39个项目正在加快建设。

现代农业发展态势良好。2015年，全县粮食播种面积5.3万公顷，总产29.4万吨，实现12年连续增长。蔬菜种植面积达1.4万公顷（其中设施蔬菜9466.7公顷），中药材4973.3公顷，干果经济林8000公顷，“一村一品”专业村20个。鼓励适度规模经营，累计流转土地9600公顷，培育各类农民专业合作社884个，发展家庭农场443家。积极扶持格瑞特酒业、晋星牧业、中森木业、翱翔生物等17家农副产品加工龙头企业，全年销售收入9.9亿元。支持优势企业扩大规模、延伸链条，新上和续建农副产品集群项目10个，总投资52.2亿元，完成投资5亿元。完成了“一县一业”基地县建设项目、农田水利高效节水项目、高标准农田建设项目、基本农田土地治理项目、农业综合开发和产业化经营等项目。全年新增灌溉面积2360公顷，建设高标准农田326.7公顷，实现了4.3万公顷耕地、3.2万公顷基本农田保有量任务，农业生产基本条件进一步改善。严格落实省市土地确权登记工作部署，全县确权任务村238个，已完成203个，共清查耕地53.2万亩，完成了市上下达的80～85%目标任务。

城乡建设水平稳步提升。启动实施滨河路污水管网建设、农村危房改造、公租房建设、棚户区改造、林荫路东延、净水厂建设等15项重点城建工程，城市功能进一步完善。投资2200万元的林荫路东延工程路基建设已经完工。制定出台《美丽宜居乡村建设规划》，建成24个美丽宜居示范村。大吕村、北大里村荣获省级美丽宜居示范村，兴南村荣获“中国美丽田园”称号。

生态环境持续改善。全年完成通道绿化80千米，荒山造林1466.7公顷，园林村提档升级21个，新栽植干果经济林666.7公顷。森林覆盖率达到43.5%。县城空气质量综合指数1.38,二级以上天数335天;完成了投资2150万元的祁家河、泗交流域综合治理项目、李家峪小流域综合治理项目、水土流失生态补偿项目;完成了总投资2872万元的青龙河治理项目,沿线涉及3个乡镇14个村;启动实施投资1420万元的红沙河河道治理项目。

文化旅游产业强力推进。加快建设以泗交、祁家河为重点的自然生态旅游区,以温泉为重点的休闲度假旅游区,以禹王城、司马光、堆云洞为重点的人文景观旅游区,以宇达、格瑞特为重点的特色产业旅游区。完成了投资930万元的墙下关帝庙、司马光墓、堆云洞修缮保护项目,完成了投资1000万元的架桑漂流游客接待中心项目、投资1000万元的泗交农家乐建设项目、投资1800万元的泗交滑雪滑草项目。编制完成了温泉旅游综合开发项目规划,与山投集团签订了5亿元的祁家河景区综合开发项目。文化旅游产业发展富有特色、势头良好,2015年共接待游客149.4万人次,增长16.6%;旅游总收入11.84亿元,增长21.1%;旅游直接收入1200万元,增长21.5%。

突出民生改善。民生领域支出达13.2亿元,占到公共财政总支出的83.3%,比2014年增长73.7%。低收入农户冬季取暖用煤、粮食直补等12项惠民补贴,全部按规足额发放到位。全年发放低保、救灾、医疗救助等资金3150.8万元,救助困难群众1.4万人;发放困难职工救助金25.5万元,救助困难职工、农民工463人。对全县99个贫困村、2.2万贫困人口实施全覆盖结对帮扶。采取产业扶贫、教育扶贫、金融扶贫、移民搬迁等多种方式促进贫困人口稳定脱贫。实施"百企千村"产业扶贫工程,辐射带动8100名贫困人口增收,发放扶贫贷款1300万元,完成农村危房改造1200户,发放廉租房补贴145.5万元。深入推进大众创业、万众创新,不断完善就业服务体系,新增就业4030人,失业人员再就业785人,成建制转移农村劳动力5540人。完成了投资2000万元的5所幼儿园新建工程和27所薄弱学校改造工程,中小学办学条件进一步改善。持续推进公立医院"医药卫生体制"改革和县乡村三级医疗服务体系建设,新农合参合农民达27.9万人,参合率99.3%,筹资标准由380元提高到470元。实施了一批水、电、路等公共设施建设工程,完成了投资5000万元的净水厂建设工程,完成了投资550万元的农村公路完善提质工程,完成了投资5246万元的祁家河至黄河口旅游公路建设工程,裴介至县城一级路全程竣工;投资2000万元涉及34个村的农网升级改造工程、投资2亿元的大禹变电站建设正在加紧实施;农村饮水安全工程顺利完成,解决了6000人饮水安全问题。

(吴江龙)

绛　县

【自然概况】 绛县位于山西省南部、运城市东北端,同侯马市及晋东南地区紧邻。辖8个镇、2个乡、205个行政村。2015年末常住人口28.9万人。总面积994平方千米。

绛县自然生态环境良好,全县林木覆盖率达31%,超过全国平均水平,大气质量达国家一级标准。水资源丰富,水质优良,富含矿物质。林果、动物等生物及金、银、铜、铁、花岗岩等矿产资源丰富。

绛县历史悠久,是尧之故都,西汉大将周勃之封地。公元前541年晋平公设置绛县,使绛县成为古代中国第一个"县",号称"天下第一县"。

绛县文物资源丰富,现有国家一级文物保护单位太阴寺,省级文物保护单位晋文公墓、晋灵公墓、晋献公墓等。新发掘的横水西周古墓群以揭开古倗国地理谜团而获得2项国家级大奖。绛县还是龙舞文化的发祥地之一,绛县飞龙获得国家专利,曾参加过十一届亚运会开幕式和香港回归庆典,先后出访过日本、马来西亚等国。

【经济发展概况】 2015年,地区生产总值60.0亿元,比2014年增长2.1%;规模以上工业增加值21.24亿元,下降3.1%;全社会固定资产投资93.4亿元,增长18%;外贸进出口总额3200万美元,增长35.5%;财政总收入2.32亿元,增长16.3%;一般公共预算收入1.2亿元,增长22.6%;社会消费品零售总额22.8亿元,增长10.4%;城镇居民人均可支配收入21990元,增长8.3%;农民居民人均可支配收入7933元,增长8.8%。9大指标中有6项实现大幅度提升。

新型工业化扎实推进。重点项目进展顺利。确定的全县28个重点项目稳步推进。通航项目在经过艰苦繁复的协调和努力下,空域和机场在2015年11月15日获得解放军总参谋部最终核准,成为低空领域开放以来华北地区首家获批的通航机场,并成功举办了通航产业园首飞暨空中旅游活动。通航手续已进入民航和发改系统的审批程序,完成后即可全面施工。大唐安峪热电厂项目取得很大进展。园区建设步伐加快,安峪工业园区初具规模,冶金发电集群实施了总投资96.8亿元的11个集群项目。新能源大县建设实现高点起步,晋安通富家山风电、明迈特余热发电已开工,生物质能发电、天润风电已并网发电。重点企业帮扶力度进一步加大。帮助恒天镁业在上海股权交易中心Q

版挂牌上市。协调维之王公司获得贷款5000万元。为明迈特公司申请直供电交易5.79亿度，节约资金3184万元。积极引导帮助恒大、志信等炭黑企业升级，发展循环经济。招商引资效果显著。组织10支招商小分队共外出招商73次，对接企业、项目44家(个)，达成合作意向11家，签约资金133.68亿元、到位资金36.05亿元。

农业现代化稳步发展。编制完成了《绛县现代特色农业发展规划》(2015～2020)。2015年粮食总产量1.83亿千克，实现“五连增”。新增“一村一品”专业村和示范村10个。新发展市级以上龙头企业2家、农民专业合作社89家、家庭农场19个。“两个一亩”农业发展目标初步实现，连续三年实施了总投资6231.9万元的“小农水”重点县工程，全县水浇地面积1.6万公顷，初步实现农业人口“人均一亩水浇地”。全县山楂发展到6666.7公顷，大樱桃1200公顷，苗木3333.3公顷，中药材3666.7公顷，核桃1800公顷，基本实现“人均一亩经济林”。农村土地确权完成了131个村的测绘和图上作业，全年土地有序流转6806.7公顷。落实各项涉农惠农政策资金9.79亿元。

文化旅游产业发展势头良好。实施了绛北大峡谷二期建设，年接待游客6万余人次。东华山滑雪场完成了规划设计，并投入运营，实现两个月游客接待量达6万余人次。修缮了太阴寺，完工了紫云寺上寺，启动了总投资4.8亿元的城西花园温泉地热景区一期建设。成功举办了第三届樱桃采摘节和第四届消夏文化周。送戏、送电影下乡2792场。全年接待游客40.2万人次，比2014年增长17.1%。

民生改善实现较大突破。“五个一百万”专项扶持资金全部兑现。招聘中小学教师87名。新改扩建3所高标准幼儿园。投入5000余万元用于农村薄弱学校改造，拨付3000万元配备教学设施设备，通过了国家义务教育均衡发展验收。城镇登记失业率控制在1.26%以内。新建了10所老年人日间照料中心。城乡养老、医疗保险发放标准进一步提高。城乡低保、医疗救助、农村五保对象实现全覆盖。建设各类保障性住房200套，完成农村危房改造600户，完成“暖房子”工程170万平方米。城镇新增就业4465人，农村劳动力转移5400人，劳动力培训7490人次。完成农村低收入农户冬季取暖用煤补贴发放工作。

(绛县人民政府办公室)

平陆县

【自然概况】 平陆县地处晋、秦、豫黄河“金三角”地带，是山西的南大门。辖6镇1区4乡，228个行政村。2015年末常住人口26.5万人，国土面积1173.5平方千米，耕地3万公顷，境内沟壑纵横，素有“平陆不平沟三千”之称。矿产资源丰富，已探明的矿藏有煤、铝、金、铜、铁、磷、石膏、大理石等26种，总储量25亿吨以上，其中煤炭预获储量8.4亿吨，铝矿远景储量1.16亿吨。是“中国大天鹅之乡”“全国生态示范区”“全国绿色能源示范县”“国家出口苹果质量安全示范县”，全省“林业生态县”。

【经济发展概况】 2015年，地区生产总值36.7亿元，比2014年增长6.1%；规模以上工业增加值8.62亿元，增长9.2%；固定资产投资67.5亿元，增长17.4%；财政总收入3.54亿元，增长13.4%；一般公共预算收入1.9亿元，增长4.8%；社会消费品零售总额25.7亿元，增长7.2%；外贸进出口总额6421万美元，下降5.4%；城镇居民人均可支配收入19961元，增长8.8%；农村居民人均可支配收入5782元，增长7.8%。

重点项目快速突破。2015年确定的39个重点项目全部达到预期目标，12个项目投产达效、12个项目完成年度计划、15个储备项目正在做前期准备。全年共招引落地项目21个、签约项目6个，签约资金111亿元、到位资金30亿元，发展后劲进一步增强。

城乡面貌大为改观。建设城市道路2条、3条道路前期手续办结；农村信用联社营业楼快速推进，寨头农贸市场已进入扫尾阶段；污水处理厂一期升级改造已完成。建成保障性住房266套；完成公路改造26.6千米；天然气入户2500户；建设省级示范村1个、市级示范村2个、县级示范村1个，城乡宜居程度明显提升，顺利通过“山西省文明县城”测评，被评为“省级卫生县城”。

工业经济强劲攀升。复晟240万吨氧化铝项目，一期已上缴税金6018万元，成为首个上缴税金超5000万企业；二期160万吨氧化铝，已经省发改委备案。园区原料运输主干道——平曹公路升级改造工程，已于2015年12月30日基本贯通。凯迪五龙山5万千瓦风电、中广核三期5万千瓦风电等7个项目完成年度计划，以复晟氧化铝为龙头、6个煤矿8个铝矿为支撑、一批延伸项目为配套的集群发展态势已经形成，被市委、市政府授予“全市工业优秀县、优秀工业园区”称号。

文化旅游蓬勃发展。黄河金三角平陆大天鹅生态经济示范区，已正式向游客开放。老龙潭景区项目，漂流场基础设施和景点建设已完成。张店休闲农业主题公园，已向游人开放，进一步汇集了人气商气、增添了活力动力，荣获“中国最美生态文化旅游名县”称号。

现代农业亮点频现。农业项目快速推进，全国小型农田水利设施建设重点县项目完成投资5700万元，提黄灌溉面积实现了2000公顷到6666.7公顷的跨越；阳煤新科农业产业化项目实现“当年开工、当年建成、当年达产”。惠农政策全面落实，扶持产业发展资金达到1473万元，农村土地承包经营权确权登记颁证工作，正在进行指界认定和实地测量；土地流转面积达到9067公顷、合作社累计达到712个。销售方式不断创新，微商、电商平台达到66家，平陆及3个果业合作社在全国首家农业基地交易平台挂牌上线。全年水果总产达到34.8万吨，烟叶总产1475吨，蔬菜总产8.1万吨，肉类总产1.2万吨，粮食总产量13.6万吨。

生态建设成效明显。全县二级以上优良天数达到322天；实施饮水安全工程18处，解决了4800名群众、1800名师生的饮水安全问题；新发展核桃、花椒、双季槐等经济林400公顷，全年造林2647公顷，森林覆盖率达到44.6%。

民生民本持续改善。全年民生支出达到16.7亿元。改造农村困难家庭危房1532户；新建改建农村幼儿园5所；易地搬迁农村贫困人口500人；培训新型职业农民500人；乡村清洁工程完成投资640万元，村容村貌明显改观。高标准通过全国义务教育发展基本均衡县评估认定，排名全省第一。县医院整体迁建主体完工。公开招聘事业单位工作人员80人。发放城乡低保金5633.5万元、五保供养金564.5万元，建成老年日间照料中心165个，荣获“全省养老工作先进县”称号。

（平陆县人民政府办公室）

垣曲县

【自然概况】　垣曲县位于山西省南部，运城市东端，国土总面积1620平方千米，其中山地面积占97.2%，辖11个乡镇，188个行政村，2015年末常住人口23.7万人。

【经济发展概况】　2015年，地区生产总值46.8亿元，比2014年增长3.6%；规模以上工业增加值20.37亿元，增长2.4%；固定资产投资总额65亿元，增长24.9%；社会消费品零售总额22.5亿元，增长7.6%；财政总收入3.42亿元，一般公共预算收入1.7亿元；外贸进出口总额4.7亿美元，增长11.8%；城镇居民人均可支配收入21725元，增长7.2%；农村居民人均可支配收入5779元，增长8.2%。

项目工作扎实开展。确定了帮扶13个重点企业解困、推动40个在建项目、推进20个拟实施重点项目、促进50个重点招商项目签约落地。在企业解困方面，充分发挥政府的调控和服务职能，认真落实帮扶企业发展的各项政策措施，全力帮助企业解难题、保运营、促发展。缓缴县内企业社会保险费890万元，减免各类企业税费1300万元，退税3700万元；帮助沐风公司在上海交易中心Q板成功上市。积极搭建银企对接平台，落实助保贷、财政融资担保、政府应急周转金等政策性金融措施，金融机构全年为企业发放贷款32亿元，其中政策性融资达1.4亿元。招商引资完成签约113.2亿元，实际到位资金30.27亿元。重点推进的40项工程，15个项目已经完工，18个项目正在抓紧推进。

特色农业持续推进。粮食生产再获丰收，全年粮食总产9865万千克，比2014年增长7.5%。特色农业不断巩固，核桃经济林面积达到了1.47万公顷，挂果4667公顷，核桃销售收入4000余万元；烟叶、食用菌、中药材、辣椒、畜牧等传统产业稳步发展，全年农林牧渔业总产值达到9.1亿元，增长4.8%。农业生产条件持续改善，华峰英言坡耕地综合治理、小农水重点县、标准化规模养殖场等项目全面完成，小浪底引黄、瓦舍水库、王茅镇生态综合治理等工程稳步推进，全年共改善、新增、治理耕地面积3333.3公顷。农业产业化水平不断提升，全县土地流转面积达到3333公顷，农民专业合作社达到509家，市级以上龙头企业增加到12个，创建了“山里红、民生、燕鑫、沐风”4个农产品质量安全放心基地，全年农产品销售收入达到9亿元，增长4%。惠农政策全面落实，全年共向农民发放各类补贴4500万元。农村改革稳步推进，农村土地确权登记颁证工作第三阶段地块清查基本完成，农村三资清理整顿成效明显。除此之外，抢抓我县被确定为“全国农村电子商务示范县”的机遇，实施了农村淘宝项目，建成了一个县级服务中心和30个村级服务站，于今年1月6日正式开业运营，开业当天销量达到6000多单108万元，排名全省第一、全国前三，实现了“开门红”。

工业新型化成效明显。低碳循环经济产业集聚区5.9千米“一纵两横”道路建成通车，地下管网和道路绿化全部到位。创新发展方式，成立了工业园区开发建设有限公司，园区承载能力和发展活力进一步增强。天玉建材年产630万平方米高档墙地砖项目建成投产，成为晋南地区首家高档陶瓷生产企业。刚玉公司年产10万吨陶粒砂二期三号生产线建设完成，中条山集团年产4000万平方米建筑陶瓷项目已经开工建设。山西金世家陶瓷生产线项目已经落地，主攻产业正在形成，工业转型步伐进一步加快。2015年，全县新上产业集群企业10个，完成落地资金37.46亿元，完成投资10亿元。

新型城镇化统筹推进。电力综合管沟、县城破损路面和老城区街巷改造等工程全部完工，中心广场、历山东路、财兵路路基、亳清河县城段生态环境综合治理北延等工程正在建设，连续多年通过“省级卫生县城”复审验收，成功创建“省级园林县城”，城市功能逐步完善，管理不断规范，亮点更加突出，品位进一步提升。皋落集镇完成了皋陶古镇仿古建设、三线入地、街道亮化等工程，皋陶司法文化园完成了前期设计和附着物登记工作；历山集镇新建了帝舜文化广场和高标准仿古建筑，对集镇环境进行了集中整治，两个重点镇的特色更加鲜明。5个省级美丽乡村建设初见成效，中心村绿化全面完成，乡村清洁工作成效得到巩固，农村生活环境更加宜居。王谭线路面改造、学府路至岭回路基拓宽、农村公路完善提质、安保等工程全部完成，道路交通设施不断完善。

文化旅游稳步发展。不断完善旅游基础设施，历山科普展览馆主体、望仙景区服务区平整、白马山景区旅游公路路面等工程全部完工。召开了黄河金三角旅游跨界合作恳谈会。全年接待游客18.9万人次，旅游总收入达到1.2亿元。努力做好文物保护工作，完成了“北阳二郎庙北殿”“同善北城门楼”和“同心会馆”保护修缮工程，县内省级非物质文化遗产保护项目达到10个、市级达到20个。鼓励扶持特色文化产业发展，全县各类文化产业经营单位达到110余家。荣获“中国梅花石之乡”称号。

生态建设迈上新台阶。完成了3620公顷营造林、26个中心村和30千米通道提档升级绿化任务，德苑、善苑、仁苑三个城市亲民园林建成开放。城郊森林公园建设全面启动；古城国家湿地公园完成各类苗木绿化233公顷，宣教中心正在加快建设；苗木基地规模不断扩大，全县达到933公顷。成功创建“全国绿化模范县”，全县森林覆盖率达到了48.8%。进一步加大环境保护力度，主要污染物排放降幅完成了年度目标任务，全年二级以上天数达到320天。大气综合污染指数为2.59。保持了大气环境质量总体良好的态势。

社会民生不断改善。教育事业稳步发展，新建的城东小学、幼儿园和城北幼儿园全面开工，古城城中幼儿园和毛家朱家村幼儿园改造完成并投入使用；“基础教育质量整体提升工程”扎实推进，高考成绩再创新高，全县二本B类以上达线人数1113人，达线率52.9%。卫生工作不断加强，乡镇卫生院达标率100%，实现了188个行政村标准化卫生室全覆盖，启动了省内10家省级定点医疗单位新农合即时结报，县级公立医院全部实行了药品零差率销售，荣获“全国基层中医药工作先进县”称号。社会保障能力持续增强，累计发放社会保障卡16万余张。企业退休人员基本养老金、城乡低保、五保户集中和分散供养标准均得到了提高，并做到了应保尽保；改扩建农村老年日间照料中心11家，全县达到41家。农村贫困人口建档立卡工作基本完成，为精准扶贫、精准脱贫打下了坚实基础；民生十大工程加快建设，农村危房改造、饮水安全、扶贫移民搬迁等工程建设完成。

（垣曲县人民政府办公室）

风陵渡经济开发区

【经济发展概况】 全年地区生产总值17.43亿元，比2014年增长2.73%，其中：二产14.48亿元，增长2.29%；三产2.95亿元，增长4.94%。工业总产值41.82亿元，下降14.28%，其中：规模以上企业工业总产值33.75亿元，下降18.98%。工业增加值14.33亿元，增长2.08%，其中规模以上企业工业增加值11.5亿元，增长0.35%。外贸进出口总额331万美元。招商引资到位资金18.05亿元。固定资产投资22.5亿元（其中工业投资占99.26%），增长18.15%。财政总收入1.89亿元，公共预算收入4713万元。

城市建设。开发区在积极招商引资，引进项目的同时，高度重视城市建设和管理工作。一是加强规划编制。《风陵渡经济开发区总体规划2013～2030》于2015年1月8日以晋政函〔2015〕2号文件予以批复，为开发区城市建设提供了蓝本。新区控制性详细规划文本于2015年12月10日提前编制完成，2016年可望实施。二是加快基础设施工程建设。本着“城市功能完善，产业空间拓展，土地集约利用，市民方便宜居”的原则，投资1.39亿元（社会资金1亿元），共实施了10项基础设施建设工程。其中：市政道路工程3项，已全部完成投入使用，一是创业大街道路工程，二是风陵西街路面改造工程，三是商业北街北延工程。城市供水工程1项，水源地及自来水厂已经基本建成，已铺设供水管网13.5千米。污水处理工程1项，已正式投入运营。雨污管网工程3项，污水厂至大唐电厂5千米中水管道、创业街雨、污管网、商业北街雨污管网已全部完工。集中供热工程1项，中车集团完成了对嘉鑫热力公司资产的并购重组，新增供热面积15万平方米。天然气利用工程1项，用气户达到3000户，年供气能力达1000万立方米。三是推进公共服务设施建设。2015年共实施5项工程，总投资1.3亿元（社会资本1.17亿元）。其中：劳动就业和服务中心建设工程已经动工；康复养老中心部分设施已建成使用；焦芦幸福院一期已经建成；开发区中心幼儿园和西太阳小学综合楼已经交付使用；开发区骨伤专科医院住院楼主体已经建成。

项目建设。开发区坚持园区化

发展集群化招商思路不动摇，认真研究制定全区产业集群发展的举措，项目建设取得明显成效，被市政府授予工业建设先进单位。一是推进项目招商。2015年，共有在建项目31个，总投资34.47亿元，完成固定资产投资23亿元。其中：工业集群化项目13个，总投资25.82亿元；农业现代化项目5个，总投资2.55亿元；新型城镇化项目13个，总投资6.10亿元。二是创新招商方式。以小分队招商为载体，成立了以党工委、管委会主要领导为组长的5支招商引资小分队，2015年共外出招商26次，对接洽谈企业42家，共签约项目6个。三是不断提高服务水平。着力优化发展软环境，努力营造亲商、爱商、富商的良好氛围，为企业发展努力搭建融资、就业、网络招商、安全生产、环境保护等七大平台，对入区项目手续集中办理，实行“一站式”服务；对项目落地、建设期间与占地村的劳务用工实行统一管理、统一结算。

“三个一百”工作。一是切合实际，自加压力。风陵渡经济开发区列入市委、市政府稳增长调结构“三个一百”工作方案的重点帮扶解困企业2个，重点在建项目1个，重点招商引资项目2个。开发区结合开发区实际和“三个方案”的要求，实施“三个五”工作，即：着力帮扶5个重点企业解困、推动5个在建重点项目建设、促进5个重点招商项目签约落地。2015年，5个解困企业存在的问题得到缓解，5个在建项目扎实推进，5个招商项目正在加紧签约落地。二是抓住关键，积极解困。党工委、管委会非常重视大唐电厂的解困工作，管委会主要领导带领有关部门到绛县、新绛、平陆、垣曲、闻喜、万荣等县与大用户直供电企业进行对接。在山西省大用户直供电交易会上，大唐电厂与有关企业签订了8.03亿度的交易合同，比2015年大用户成交电量3.5亿度增加了4.53亿度。三是建立台账，严格考核。开发区建立了重点解困企业台账、重点在建项目台账、重点招商引资项目台账、解决问题台账、督促检查台账五本台账，有力促进重点企业解困、推动在建重点项目建设、加快重点招商引资项目签约落地。

（姚洪涛）

展望『十三五』专文

ZHANWANG SHISANWU ZHUANWEN

23

展望"十三五"专文

提升职工素质　助力六大发展

山西省人大常委会副主任、省总工会主席　**田喜荣**

"工会是个大学校"。几十年来，在这所"大学校"里锻造出了伟大的劳模精神和工人阶级伟大品格。展望"十三五"，各级工会要着眼维护职工的学习权、发展权，着眼为加快转型跨越培养高技能人才，着眼发挥工人阶级主力军作用，锻造一支信念坚定、立场鲜明，艰苦奋斗、勇于奉献，胸怀大局、纪律严明，开拓创新、自强不息的高素质职工队伍。

一、从战略和全局的高度深化认识，切实增强开展素质提升工程的责任感和紧迫感

大势清，才能方向明。做好素质提升工程工作，首先要放到大的形势背景下来思考和谋划，深刻认识提升职工素质的重要性和必要性，切实把素质提升工程摆上重要位置，抓紧抓好。

（一）开展素质提升工程，是贯彻落实党中央决策部署、实现全面建成小康社会的必然要求。我们党正带领人民进行具有许多新的历史特点的伟大斗争，形势环境变化之快、改革发展稳定任务之重、矛盾风险挑战之多，迫切要求培养造就宏大的知识型、技术型、创新型劳动者大军。党的十八大提出："完善终身教育体系，建设学习型社会"。这是继党的十六大和十七大提出的建设全民学习、终身学习的学习型社会后，再次强调的国家重大战略决策，是我国实现全面建成小康社会和中华民族伟大复兴宏伟目标的根本保障。2015年，习近平总书记在庆祝"五一"国际劳动节暨表彰全国劳动模范和先进工作者大会上进一步强调，"我们要始终高度重视提高劳动者素质，培养宏大的高素质劳动者大军"，要"把提高职工队伍整体素质作为一项战略任务抓紧抓好，实施职工素质建设工程"。王儒林书记也指出，"必须把提高职工队伍整体素质作为一项战略任务，加大职业教育和技能培训力度，为广大职工和劳动者成长成才提供更多机会、拓展广阔空间"。省委副书记楼阳生指出，"要加大职工培训力度，授人以渔，让每个职工都有一技之长"。因此，大力开展素质提升工程，就是积极响应党的号召，就是为实现全面建成小康社会、实现第一个百年奋斗目标提供坚强的人力保障。

（二）开展素质提升工程，是推进供给侧结构性改革、推动我省"六大发展"的现实需要。人才资源是经济社会发展的第一资源。当前，我省劳动力市场呈现两大特点。一是就业结构性矛盾对提高劳动者技能水平提出了更高要求。譬如，李克强总理指出，供给侧结构性改革要率先从钢铁、煤炭行业入手，以壮士断腕的精神化解过剩产能。这两大行业恰恰是我省的支柱产业，涉及职工众多，必然带来结构性的职工转岗再就业。国务院在2016年2月1日印发的《关于钢铁行业化解过剩产能实现脱困发展的意见》中明确指出，要把职工安置作为化解过剩产能工作的重中之重，要通过技能培训等方式，做好再就业帮扶。二是高技能人才的数量与经济发展的需求不相适应。众所周知，科学技术是第一生产力，但从科技到生产力的劳动转化过程中，劳动者的职业技能至关重要。设计再好的图纸只有变成实物才有价值。在我省，高技能人才(包括高级工、技师、高级技师)有69.65万人，占252万技能人才(还包括初级工、中级工)的比例为27.6%，远低于发达国家超过40%的水平。像贾向东同志那般拥有“金刚钻”、敢揽“瓷器活”的“技术大拿”更是凤毛麟角。我们可以引进资金、技术、装备以及管理模式，但就国情和现状而言，我们却不可能引进大批的技术工人。因此，广泛开展素质提升工程，是积极应对经济下行压力、实现富民强省的迫切要求。

*(三)开展素质提升工程，是维护职工权益、促进职工全面发展的必由之路。*习近平总书记指出：“要高度重视广大职工的多样化需求，不断拓展职工成长成才空间”。素质问题是解决职工所有问题的基础。随着时代发展，职工不再把经济收入作为唯一追求，而是更加看重个人的成长空间、发展前景。工会维护职工合法权益，不仅要维护职工的政治和经济权益，还应注重维护职工的精神文化权益；不仅要实施对困难职工的帮扶救助，还应为更多在岗位上默默敬业奉献的职工拓展成长成才空间。这对于职工提升社会地位、提高工资收入、职业生涯发展也具有更加深远的意义。因此，深入开展素质提升工程，就是维护职工的成才权和发展权，就是从根本上维护职工的权益，是更广和更高层面的维权。

综上所述，素质提升工程顺应了国家发展、社会进步的潮流，契合了山西发展实际，满足了职工对实现自身价值的渴望，体现了工会对职工需求的尊重，是一项党政所望、形势所需、企业所想、职工所盼、工会所能的工作，我们务必要抓紧抓好、抓出成效。

二、明确目标，扎实推进素质提升工程

事业发展，关键在人才。人才培养，根本靠素质提升。开展素质提升工程，要充分发挥工会“大学校”作用，以培育和践行社会主义核心价值观为主线，以培养职工职业精神和提高职工技术技能素质为重点，通过实施五大工程，使得广大职工团结奋斗的共同思想基础更加巩固，职业精神更加牢固，职业技能显著提升，文明素养明显进步，为推动“六大发展”、实现富民强省提供坚实的人才保障。

*(一)实施职工队伍思想道德素质建设工程，培育和践行社会主义核心价值观。*深入开展“中国梦·劳动美”教育实践活动。通过职工大讲堂、演讲比赛、主题报告会、座谈会等多种形式，引导职工把实现个人理想、岗位建功立业与实现中国梦紧密结合起来，激发劳动创造力量。深入推进职业道德、社会公德、家庭美德和个人品德建设。注重发挥劳模的示范引领作用，扎实开展职工职业道德建设标兵评选表彰等典型选树工作。

*(二)实施职工队伍科学文化素质建设工程，加快职工队伍知识化进程。*广泛开展“争当学习型职工读书活动”。通过举办读书会和报告会、推荐好书、征文、演讲、职工读书成果发布会、评选读书明星等形式，引导职工多读书、读好书，提升自身素质。鼓励和帮助农民工提升学历层次。职工书屋建设向基础设施较差的地区、新型城镇化进程中农民工集中流入的地区及行业倾斜。

*(三)实施职工队伍技术技能素质建设工程，培养技能型创新型人才。*着力寻访、宣传一大批在全省乃至全国有影响的“三晋工匠”，继续创建职工(劳模)和传统工艺(手艺)大师创新工作室，充分发挥劳模和高技能人才的示范引领作用。广泛组织岗位练兵、技能大赛、技术交流等群众性技能提升活动，开展多种形式的技工培训。对职业技能等级提升的职工给予奖励，带动企业逐步提高奖励比例，并在晋级使用、工资分配等方面给予倾斜照顾，打通职工职业发展通道。

*(四)实施职工队伍民主法治素质建设工程，引导广大职工知法守法用法。*积极开展“法治宣传月”、法律知识大讲堂、法律知识竞赛等各种形式的法律宣传服务活动。加强职代会、厂务公开、集体合同等民主管理和集体协商知识的普及与培训，增强职工民主参与、民主管理和民主监督意识，引导广大职工理解支持参与改革，提高依法理性表达诉求的能力。

*(五)实施职工队伍健康安全卫生素质建设工程，促进实现职工安全生产和体面劳动。*深入开展群众性安全生产和职业病防治教育活动，引导职工提高安全意识和职业健康意识。在全省广大职工，尤其是易发生重特大事故的行业、领域职工中开展“风险早知道，隐患早报告”活动。以举办职工摄影、诗词、美术书法、微电影、篮球、羽毛球、乒乓球等大赛为载体，经常性开展丰富多彩的职工文化体育活动，动员组织广大职工积极参加全民健身活动，进一步提升职工健康生活指

数。开展职工心理健康教育，帮助职工保持健康积极的心态。

三、把握关键，确保素质提升工程取得成效

毛泽东主席指出，“我们不但要提出任务，而且要解决完成任务的方法问题”。深入开展素质提升工程，要把握如下原则。

（一）明确活动主体。开展素质提升工程，职工群众是主体。要把群众化作为工会工作的基本方法，尊重职工群众的主体地位，重视青年职工和农民工在工会工作中的地位和作用，用群众特别是年轻人的思维和方式谋划工作，按照群众工作的规律和特点推进工作，让职工群众当主角，让职工群众意愿做主，让职工群众做评判者，始终保持与职工群众的鱼水关系和血肉联系。比如，培训的内容要根据职工群众的需求“下菜”，职工书屋的图书要按照职工群众的“口味”充实，文体活动要面向广大群众开展，不断增强职工群众的获得感。要督促企业落实工资总额的2.5%用于职工教育培训经费，并确保经费70%以上直接用于一线职工。

（二）突出重点人群。一要突出农民工。随着城镇化的发展，更多的农民工进入城市。我们要依托“农民工有困难找工会、拿不到工资找工会”专项行动，着力做好农民工技能培训服务，帮助农民工更好融入城市，让农民工真真切切体会到加入工会的好处，感受到工会组织的温暖。二要突出新兴产业职工。全省经济工作会议指出，要“加快发展战略性新兴产业，全方位支持服务业发展，突出发展文化旅游业，加快发展养老、医疗、家政等生活服务业”。省委调结构的方向，就是素质提升工程的工作重点。要以新兴产业职工为重点，大力开展“补短板”式的职工素质提升活动。三要突出困难职工。随着供给侧结构性改革的推进，部分产能过剩企业、经营困难企业和“僵尸企业”将退出市场，困难职工群体会进一步扩大。各级工会要贯彻落实中央和省委扶贫开发工作会议精神，协助党委政府精准帮扶，对困难职工积极开展转岗就业培训，变输血式救助为造血式扶持。

（三）强化实践融入。要把职工素质提升活动融入“五小”竞赛中去，结合职工岗位工作实际，针对存在的薄弱方面开展培训。要把职工素质提升活动融入企业发展中去，针对企业生产、经营、技术、管理中存在的问题开展培训，为企业排忧解难。要把职工素质提升活动融入职工成长成才中去，与“创建学习型企业，争当知识型职工”等活动结合起来，秉承“职工缺啥就补啥、现场用啥就学啥”的理念，对职工开展量身定制的服务，帮助更多的劳动者走上成才之路。

（四）注重示范引导。我们既要在活动的具体策划、组织、发动、实施中下功夫，又要善于总结、提炼和推广先进经验，在普及、引导、示范上做文章。要善于发现和及时选树活动中涌现出来的先进集体和个人，充分发挥典型的示范带动作用，推广他们的好经验、好做法，加强分类指导，确保活动在更大范围、更广领域取得更大成效，切实通过素质提升工程，促进职工整体素质的提升，实现企业发展、职工受益，造就宏大的知识型、技术型、创新型劳动者大军。

着力统筹推进　实现率先发展

太原市市长　**耿彦波**

“十二五”时期是我市发展很不平凡的五年。五年来，我们认真贯彻落实党的十八大、十八届三中、四中、五中全会精神和习近平总书记系列重要讲话精神，坚持稳中求进工作总基调，积极适应和引领经济发展新常态，全市经济社会发展取得新成就。全市地区生产总值由2010年的1781亿元增加到2015年的2735.34亿元，年均增长8.4%；固定资产投资由2010年的916.48亿元增加到2025.61亿元，年均增长18.2%；社会消费品零售总额由2010年的825.85亿元增加到1540.8亿元，年均增长13.3%；一般公共预算收入由2010年的138.48亿元增加到274.24亿元，年均增长14.6%；城镇常住居民人均可支配收入达到27727元，农村常住居民人均可支配收入达到13626元，两项收入增速均高于地区生产总值增速，为“十三五”发展奠定了坚实基础。

一、“十三五”时期经济社会发展的指导思想和目标任务

“十三五”时期我市经济社会发展的指导思想是：高举中国特色社会主义伟大旗帜，全面贯彻党的十八大和十八届三中、四中、五中全会精神，坚持以马克思列宁主义、毛泽东思想、邓小平理论、“三个代表”重要思想、科学发展观为指导，深入贯彻习近平总书记系列重要讲话精神，协调推进“四个全面”战略布局，坚持发展是第一要务，树立五大发展理念，落实省委“五句话”总要求，以实施“五个一批”为重要载体和抓手，积极推进创新发展、协调发展、绿色发展、开放发展、共享发展、廉洁和安全发展，着力提高发展质量和效益，着力保障和改善民生，统筹推进经济建设、政治建设、文化建设、社会建设、生态文明建设和党的建设，努力实现在全省全面建成小康社会进程中率先发展。

“十三五”时期经济社会发展的主要目标是：经济结构得到新优化。地区生产总值年均增长7.5%以上，力争提前一年实现翻番、到2020年经济总量突破4000亿元。民生改善达到新水平。居民人均收入提前一年比2010年翻一番，力争到2020年城镇常住居民人均可支配收入达到4万元、农村常住居民人均可支配收入达到2万元。力争提前两年实现贫困人口脱贫、贫困县摘帽；城市功能实现新提升。城市空间布局更加优化，基础设施不断完善；城中村和棚户区改造全部完成，省会城市功能和辐射引领作用不断增强。文化建设取得新进步。人民群众思想道德、文化素质、健康水平明显提高，力争进入全国文明城市行列；国家历史文化名城影响力进一步扩大；生态环境得到新改善。主要污染物排放量、$PM_{2.5}$浓度逐年下降，重污染天气大幅减少，市区优良天气率力争达到80%左右，森林覆盖率力争达到30%，建成区绿化覆盖率达到42%以上，城乡人居环境全面改善；改革开放实现新突破。资源型经济转型综合配套改革试验区建设取得重要进展，重点领域和关键环节改革取得决定性成果，发展动力和活力显著增强，开放型经济和对外合作机制基本形成；民主法治取得新进展。人民民主不断扩大，法治政府基本建成，司法公信力明显提高，人民权益切实保障；法治太原建设全面推进，社会治理能力和水平不断提高，社会更加和谐稳定。

“十三五”时期我们的主要任务是：

（一）推动创新发展，着力提高发展质量和效益。深化供给侧结构性改革，大力发展高端制造业和现代服务业，培育壮大都市现代农业。充分发挥科技创新的引领作用，推动民营经济做大做强，把太原建成具有较强影响力的金融聚集区。

（二）推动协调发展，着力形成均衡发展结构。围绕改善民生，促进经济社会协调发展、城乡协调发展、物质文明和精神文明协调发展。以迎接2019年第二届全国青年运动会为契机，推进“五城联创”。促进军民融合深度发展。

（三）推动绿色发展，着力改善生态环境质量。落实主体功能区规划。实行最严格的环境保护制度，实施大气、水、土壤污染防治行动计划，深入推进省城环境质量改善。实施城市周边百万亩森林围城工程和以汾河为重点的生态环境修复工程，促进人与自然和谐共生。

（四）推动开放发展，着力实现合作共赢。建立健全对外开放政策机制，加快开发区和开放平台建设，不断拓展对外交流合作新领域。积极参与国家“一带一路”建设，推进与京津冀、环渤海经济圈协同发展，深化太原城市群协作，努力形成全面对外开放新格局。

（五）推动共享发展，着力保障和改善民生。增加公共服务供给，推进城乡基本服务均等化。办好一批民生实事。全面打赢三年脱贫攻坚战。统筹人口均衡发展，提高教育医疗水平。促进就业创业，提高城乡居民收入，建立公平、可持续、全覆盖的社会保障制度。

（六）推动廉洁和安全发展，着力夯实发展基础。全面推进“六权治本”，严格落实“两个责任”，营造廉洁发展社会环境。强化安全红线意识，夯实安全生产基础。全面加强社会治安综合治理，深入推进“平安省城”建设。

二、做好2016年工作，确保“十三五”开好局、起好步

2016年是“十三五”开局之年，也是推进供给侧结构性改革的攻坚之年。我们要主动适应经济发展新常态，努力实现“十三五”良好开局。经济社会发展的主要预期目标是：地区生产总值增长8%左右，固定资产投资增长12%，一般公共预算收入增长3%，社会消费品零售总额增长6.5%，城镇和农村常住居民人均可支配收入分别增长8%和8%以上，居民消费价格涨幅控制在3%，城镇新增就业人数8.5万人，城镇登记失业率控制在4%以内。约束性指标是：万元地区生产总值能耗、二氧化碳排放量、用水量，主要污染物减排，市区空气质量优良天数比例，劣Ⅴ类水体比例，新增建设用地降幅，农村贫困人口脱贫人数，城市棚户区住房改造数量，均完成省下达任务。

围绕上述目标，重点抓好以下七个方面的工作：

（一）深化供给侧结构性改革，推动产业转型升级。做好供给侧结构性改革的“加法”，瞄准世界产业技术发展前沿，招商引资、招才引智，加大对人力资本的可持续投入，倾力支持创新型企业发展。抓好富士康手机制造和维保、太重风电装备、江铃重汽、比亚迪新能源汽车、太钢碳纤维T800、纳克润滑油、阳煤化工等一批高端制造业项目；抓好华润万象城、欧亚锦绣、万达综合体、苏宁电器、远大购物广场、传化物流等一批现代服务业项目；围绕低碳发展为主题的太原论坛等，打造国际化会展平台，大力发展会展经济，在更高水平上实现可持续发展。做好供给侧结构性改革的“减法”，开展“降低实体经济企业成本行动”，落实好中央和省出台的企业减负松绑政策措施，为企业降低税费、财务、物流、人工、制度性交易等成本，用新技术改造、提升、优化煤焦冶电等传统产业，促进经济持续增长。做好供给侧结构性改革的“乘法”，实施创新驱动战略，推动“双创”和“中国制造2025”“互联网＋”行动计划，发挥企业在创新中的主体作用，以新供给创造新需求，以新技术带动新产业，以新空间发展新业态，培育经济增长的“乘数因子”，创造新产业“几何式增长”。做好供给侧结构性改革的“除法”，有效化解过剩产能，化解房地产库存，清理“僵尸企业”，促进产业优化重组，提升要素投入的综合效率，清除经济发展路上的“拦路虎”。不断破解制约发展的一切束缚，激发全社会的创造力，让新动能茁壮成长，传统动能焕发生机。

（二）继续推进城市基础设施建设，不断提升城市品质和服务功能。加快完善快速路、主次干路和支路级配合理的路网体系，提高道路通达性和出行便利性。新建滨河西路南延、卧虎山路；续建太行路南延、龙城大街东延、南内环西街、南沙河路东段等城市快速路；新改续建五一路、太茅路、东峰路、新旧晋祠路、马练营路、迎泽大街东延、摄乐汾河大桥等道桥项目；改造提升50余条背街小巷。高标准推进地铁2号线建设，积极做好1号、3号线前期工作；坚持地上地下一体规划，同步完成解放路快速化改造。积极创建国家公交都市，优化公交线网布局，新建300个公共自行车站点，努力构建轨道交通、公交车、出租车、公共自行车高效对接的城市公共交通体系。进一步推进太原、晋中同城化，实现规划建设无缝对接。积极拓展地下空间，大力发展静态交通体系，规划建设地下综合管廊，加快建设海绵城市。完成既有建筑节能改造500万平方米。着力提升水、电、气、暖等公共配套设施保障水平，开工建设阳曲、清徐5000吨垃圾焚烧电厂，加快建设餐厨垃圾和污泥处理厂，实现垃圾无害化处理。推进220千伏等24项供电工程建设。继续以城郊森林公园为重点，推进东西北山生态绿色屏障建设，完成造林面积2万公顷以上。推进晋阳湖、植物园、汾河三期、迎泽公园等重大园林景观项目建设改造，建成区绿化覆盖率达到41.4％。

坚决打赢城中村改造这场硬仗。加快完成54个城中村拆迁建设安置任务，启动31个城中村拆迁。坚持规划引领，打破乡村界限，集中连片规划，高标准开发建设，做到拆迁与建设并举、安置与开发并重、政府主导与市场化运作有机结合。严控拆迁、成本、资金、市场风险，鼓励和吸引大集团、大企业参与城中村改造。加快推进棚户区改造，启动2万户改造任务，加快在建棚户区安置房建设，力争年内完成晋东、民政园、建材小区等在建工程，确保拆迁群众尽快回迁，加快推进小北关等棚户区改造工程。

以“五城联创”为抓手，全面加强城市管理。增强城市功能，改善人居环境，提升文明程度，为迎接青运会营造良好氛围。构建建管分开、重心下移、区街为主、职责明确、运转有序的城乡管理体制机制。推进智慧城市建设，完善城市公共信息平台，提升网格化、数字化、精细化管理水平。引导广大市民树立主人翁意识，践行社会主义核心价值观，不断提升文明素养，争当“五城联创”的参与者和推动者。

（三）继续引深“三个突破”，创造率先发展新路径。要把企业自主创新作为科技创新的基本抓手。坚持需求导向和产业化方向，以企业为主体，充分发挥省城科技资源优势，推进产学研用深度融合，增强科技进步对经济增长的贡献度。深化科技管理体制改革，全力支持山西科技创新城建设。充分发挥开发区和综合保税区的引擎作用，强化科技创新驱动，加快新兴产业发展。全市高新技术企业数量增长10％，高新技术企业销售额占规模以上工业企业的比重提高1个百分点，有效发明专利拥有量增长10％，建设1～3个国家技术创新中心，培育发展10个众创空间和科技企业孵化器，技术合同成交额增长13％。

要把国家小微企业创业创新基地城市示范作为民营经济发展的强大动力，推动“大众创业、万众创新”，打造我市“众创”发展的新形态，激发内生增长的新动力，形成内源发展的新方式。推广新型孵化模式，建设中小微企业创业基地，引导社会力量建设一批低成本、便利化、全要素、开放式创业社区和众创空间，优化创业创新生态，形成线上与线下协同创业创新格局。实行诚信激励政策，推进创业人员和小微企业社会信用体系建设，提高社会诚信度和行为规范性。大力弘扬晋商敢为人先、“无中生有”的创新精神，尊重企业家的社会地位和首创精神，厚植尊重创新、尊重人才的文化“土壤”，激励创新、包容失败，不断释放创业创新的动力和活力。

要把资本市场作为振兴金融的基本载体，加快金融改革创新，提升金融服务水平。大力发展多层次资本市场，力争“新三板”挂牌企业再突破20家，有效利用资本市场扩大直接融资规模。建立政府、银行和企业合作机制，广泛开展与工、农、中、建、交等商业银行的合作，提升金融支持地方经济发展的水平和能力。加强与国开行、农发行等政策性银行的合作，用好用足长周期、低利息的政策红利。完成农村信用社体制改革，增强地方金融发展实力。加快建设互联共享的公共信用信息系统，有效防范、依法处置各类金融风险，打击各类非法集资行为，营造良好金融生态环境。

（四）牢固树立绿色发展理念，持续改善省城环境质量。全面改善空气质量。完成太古长距离供热输送管网建设，新增供热能力 5000 万平方米。加快兴能 2×66 万千瓦、瑞光二期 2×35 万千瓦热电联供项目建设，为基本实现市区分散燃煤锅炉全替代创造热源条件。实施一电厂关停搬迁，大幅度削减燃煤总量。实施原煤禁烧，推广使用民用洁净焦炭。建立全方位扬尘控制管理系统，实施渣土密闭化清运，全面推行绿色工地标准化管理，重点整治城乡结合部扬尘污染，推进市区裸露地面绿化。淘汰老旧机动车和黄标车 2 万辆，全面供应国五标准车用汽、柴油，完成纯电动新能源出租车整体更新。调整物流布局，启动中心区各类市场和物流仓储搬迁。推进工业企业提标改造，实施太钢原料场全封闭工程、二电厂铁路运煤和周边环境综合整治工程，完成古交兴能电厂超低排放改造，对焦化等重点行业实施限期提标改造。取缔露天烧烤，中环以内餐饮摊点加装油烟净化装置，城六区内严禁销售燃放烟花爆竹和旺火；杜绝秸秆焚烧，实现全市农田秸秆综合利用全覆盖。全年 $PM_{2.5}$ 年均浓度值下降 4%，二级以上优良天气力争增加 20 天以上，空气质量持续改善，在全国空气质量重点监控城市中排名稳定前移。

加大水环境治理力度。加强饮用水源地保护，建立水源地持续性生态补偿机制，开展汾河水库水源地生态环境治理，强化集中式饮用水源地环境监管，水质达标率稳定保持 100%。完成 32 万吨晋阳污水处理厂一期工程，力争年底开工建设 36 万吨汾东污水处理厂一期工程，新增污水日处理能力 10 万吨以上。实施水环境综合整治，完成汾河小店桥上游河道截污等工程。加大黑臭水体整治力度，加快编制建成区 17 条黑臭水体整治方案，推进城区 9 条河流治理，建成区黑臭水体比例下降 30%。实施再生水利用工程。

（五）推进文化产业文化事业发展，提高国家历史文化名城的影响力。要以历史文化名城丰富的历史遗存为基础，继续抓好晋祠景区完善提升、明太原县城保护性开发、晋阳古城大遗址保护、太山龙泉寺佛教文化园和青龙古镇保护修复、太化工业文明遗存展示，打造文化旅游大产业、大景区。推进府城文殊寺、普光寺、关帝庙等 20 余处历史文化遗存抢救保护工程。坚持点面结合，积少成多，久久为功，蔚成大观。以文化战略眼光，处理好历史与现代、继承与发展、保护与创新的关系，留住历史的记忆，彰显文化的神韵，标识名城的高度。要优化文化产业结构，着力培育新型文化业态和特色文化产业，建设华夏文明主题公园，扩大万达影城的影响力，打造文化领军企业和知名文化品牌。加快文化改革发展步伐，推动文化繁荣，搞好选题策划和资源统筹，聚焦现实题材和重大主题，弘扬和传承晋剧等优秀传统剧种，充分运用多种艺术表现形式，努力打造有历史厚重感和思想感染力的精品佳作。坚持政府主导、社会参与、重心下移、共建共享，推动基本公共文化服务标准化、均等化发展，提高服务效能和普惠水平。加快市图书馆改扩建工程、博物馆布展陈列工程，力争上半年具备对外开放条件。积极开展“文化精品惠民基层行”“书香太原”全民阅读系列活动，不断满足群众精神文化需求。

（六）着力发展和改善民生，不断提升公共服务能力和水平。持续推进一批重大民生项目。加快幼师、五中、成成中学、一外、二外等新校区建设，积极推进职教园区建设，完善太原学院办学条件，提升教育基础设施建设水平和教育质量。大力支持山西大学东山校区建设，提升省城高等教育的影响力。推进市中心医院、市人民医院、市妇幼医院和省人民医院、省妇幼医院等新院建设，放大优质医疗卫生资源服务效应。加快推进儿童福利院和老年福利院建设，完善社会救助服务政策和体系。大力发展机构养老、社区养老、日间照料中心等多层次养老服务业，落实各项优惠政策，在全社会形成发展养老服务业的强大合力。新建市体育训练中心等一批群众性文化体育活动场馆，加快推进青运会赛事及配套工程，提前做好各项准备工作。

完善创业就业优惠政策，突出做好高校毕业生等重点群体的就业工作，多措并举对困难人员、市属国有破产改制拆迁企业人员实施就业援助。持续扩大社保覆盖面，推进城乡社会保险一体化。全面实施城乡居民大病保险制度，新农合人均筹资标准提高到 500 元，住院补偿最高支付限额提高到 18 万元，门诊慢性病补偿比例提高 10 个百分点。实施公办小学免费托管服务、为义务教育阶段学生办理综合保险等教育惠民事项。

（七）强力开展脱贫攻坚，协调推进小康社会目标实现。实施精准扶贫。大力发展农产品加工、物流配送、休闲观光农业、光伏产业、食醋产业等特色产业，强化宝迪、润恒、九牛牧业、太原老陈醋和百企千村等龙头企业的辐射带动功能，激发内生动力，走产业化、市场化扶贫的路子。按照搬得出、稳得住、能致富原则，落实易地搬迁政策，促进移民脱贫。倾斜支持贫困地区发展基础教育、特别是职业教育，让贫困家庭的孩子接受良好教育，掌握一技之长，阻断贫困代际传递。对完全或部分丧失劳动能力的贫困人口，实行社会保障兜底脱贫。探索生态脱贫新路子，通过生态建设与修复实现脱贫。开展对口帮扶。各城区、开发区及所属行政、企事业单位要对口精准帮扶娄烦、阳曲两县贫困村集中的15个贫困乡、157个贫困村。要立足当地资源优势，重点帮助发展管长远、有效益、能致富的产业，在改善交通、通讯、电力、农田水利等方面多下功夫。

新起点开启新征程，新目标赋予新使命，新作为绘就新梦想。让我们紧密团结在以习近平同志为总书记的党中央周围，在省委、省政府和市委的坚强领导下，以敢于担当、积极作为的精神状态，抓铁有痕、踏石留印的务实作风，真抓实干、当好表率的拼搏意志，为实现“十三五”良好开局努力奋斗！

担当新使命，争当排头兵，建设省城首善之区

太原市迎泽区区长　李　慧

“十二五”时期是我区发展很不平凡的五年。面对严峻复杂的经济形势和艰巨繁重的改革发展稳定任务，在市委、市政府的正确领导下，我们团结依靠全区人民，始终咬定发展目标不放松、坚定必胜信心不动摇、全力攻坚克难不懈怠，各项工作稳中有为、稳中有进，经济社会发展取得新成就，“十二五”规划目标任务圆满完成，为实现全面小康奠定了坚实基础。

一、“十三五”时期的指导思想和目标任务

“十三五”时期，是全面建成小康社会的决胜阶段，也是我区继往开来，落实省委“两个走在前列”目标要求，加快迎泽创新发展的重要时期。“十三五”时期新的发展定位是：担当新使命，争当排头兵，建设省城首善之区。提出了“六个跨越提升”的发展要求：经济发展水平实现新的跨越提升，城市建设实现新的跨越提升，文化建设实现新的跨越提升，民生社会事业实现新的跨越提升，生态环境质量保护实现新的跨越提升，民主政治建设和维护社会安全稳定实现新的跨越提升。

“十三五”时期我区经济社会发展的指导思想是：高举中国特色社会主义伟大旗帜，坚持以邓小平理论、“三个代表”重要思想、科学发展观为指导，全面贯彻党的十八大和十八届三中、四中、五中全会精神，深入贯彻习近平总书记系列重要讲话精神，以创新发展、协调发展、绿色发展、开放发展、共享发展新理念引领发展新实践，全面落实“坚持一个指引、两个走在前列、抓好三项任务”要求，持续实施“五个一批”，统筹推进经济、政治、文化、社会、生态文明和党的建设，充分发挥中心城区表率示范作用，力争各项工作走在全市前列，努力把迎泽建设成为更具实力、更富活力、更有魅力、更加宜居、更加幸福的省城首善之区。

今后五年我区经济社会发展的总体目标是：产业升级迈上新台阶。传统服务业竞争力不断增强，现代服务业规模不断扩大，产业体系更加完备，对全省、全市的引领和服务作用更加突出，地区生产总值年均增长7.5%以上，力争提前一年实现比2010年翻一番。

民生改善达到新水平。社会保障和救助体系更加完备，公共服务体系更加健全，安全稳定形势持续向好，人民群众获得感和幸福感显著增强，居民人均收入与经济增长同步，提前一年实现比2010年翻一番，力争到2020年城镇常住居民人均可支配收入达到4万元以上、农村常住居民人均可支配收入达到2万元以上。

城市功能得到新提升。城市基础设施不断完善，城市空间布局更加优化，城中村、棚户区改造基本完成，城乡管理水平全面提高，新型城镇化加速推进，城乡一体发展格局基本形成。

社会文明实现新进步。社会文明程度和公民文明素质明显提高，现代公共文化服务体系基本建立，文化事业整体水平和文化产业综合实力明显提升。

生态环境得到新改善。生产方式、生活方式绿色低碳水平显著提高，主要污染物排放量逐年下降，优良天气率力争达到80%左右，森林覆盖率力争达到32%以上，建成区绿化覆盖率达到37.21%以上，城乡人居环境全面改善。

改革开放取得新突破。重点领域和关键环节改革取得决定性成果，开放发展步伐加快，开放领域不断扩大，开放型经济格局和对外合作机制基本形成，发展动力和活力显著增强。

民主法治取得新进展。人民民主不断扩大，法治政府基本建成，司法公信力明显提高，人民权益切实保障；法治迎泽建设全面推进，社会治理能力和水平明显提高，社会更加和谐稳定。

二、主要任务和措施

一是推动创新发展，着力促进转型升级。大力实施创新驱动战略，培育发展新动力，拓展发展新空间，构筑产业新优势，加快发展生活性服务业，加速培育生产性服务业，优化提升互联网经济、楼宇总部经济和现代物流、特色农业等产业，以全面创新推动发展动力、发展结构和发展方式转型升级。

二是推动协调发展，着力构筑均衡发展格局。坚持经济社会协调发展、城乡一体协调发展、物质文明和精神文明协调发展；培育和践行社会主义核心价值观，弘扬社会主义新风尚；以迎接第二届全国青年运动会为契机，全面推进“五城联创”。

三是推动绿色发展，着力打造生态宜居环境。坚持节约资源和保护环境基本国策，实行最严格的环境保护制度，全面改善环境质量；加快推进东山生态绿化，构筑生态安全屏障；落实能源发展战略行动计划，促进低碳循环发展和资源节约高效利用。

四是推动开放发展，着力开创合作共赢局面。建立健全对外开放政策机制，加快各类开放平台建设，扩大交流合作；主动融入国家区域发展重大战略，提高招商引资质量和水平，扩大外资利用规模和效率。

五是推动共享发展，着力增进人民福祉。增加公共服务供给，以办好一批民生实事为抓手，推进基本公共服务均等化；促进就业创业，拓宽居民增收渠道，深化工资制度改革，建立公平、透明、可持续的社会保障制度。

六是推动全面深化改革和法治迎泽建设，为全区发展提供持续动力和法治保障。引深重点领域和关键环节改革，完善市场监管体系，健全公平竞争保障机制；规范权力运行，落实全面从严治党“两个责任”，营造廉荣贪耻的社会环境；树立底线思维和红线意识，全力维护安全稳定；加快法治迎泽建设，加强和创新社会治理，构建全民共建共享的社会治理格局。

三、做好2016年各项工作

2016年是实施“十三五”规划的开局之年，开好局、起好步至关重要。综合考虑各方面因素，建议今年全区经济社会发展的预期目标为：地区生产总值增长8.5%左右，服务业增加值增长8.5%左右，固定资产投资增长20%左右，社会消费品零售总额增长9%左右，一般公共预算收入增长5%左右。约束性指标完成市定目标任务。

全力以赴做好四个方面的工作：

（一）深化供给侧结构性改革，以结构优化的成效推进经济持续健康发展。培育壮大现代服务业。全力推进传统服务业和现代信息技术的融合发展，引导柳巷、朝阳等核心商圈向综合商务区转变。加快实施发展楼宇总部经济三年行动计划，再打造一批基础条件好、服务功能强、集聚效应优的楼宇总部基地。深入实施创新驱动。把国家小微企业创业创新基地城市示范作为民营经济发展的强大动力，落实大众创业、万众创新政策，加快互联网＋智慧产业园、太原大数据中心等“双创”孵化器建设，支持电子商务双北产业园、迈克斯众创空间等“双创”平台做优做强，努力打造“双创”发展新形态。打造2家区级融资平台，用好用足政策性银行周期长、利息低的红利，服务经济发展。加大招商引资力度。强化精准招商，围绕金融、文化、电子信息、商贸物流、现代农业、生态旅游、会展服务等产业发展，瞄准国内外500强及行业龙头企业，谋划引进一批大项目、好项目。优化招商环境，突出“亲”“清”二字，建立新型政商关系，确保引得来、留得住。

（二）强化城乡基础设施建设，着力提升宜居程度和服务功能。坚决打赢城中村改造这场硬仗。一鼓作气完成王家峰、东太堡等6个城中村拆迁“清零”，加快安置房建设，启动店坡、马庄、松庄、郝家沟等4个城中村整村拆除。坚持集中连片规划，高标准开发建设，做到拆迁与建设并举、安置与开发并重，确保3年内实现改造全覆盖。大力实施棚户区改造。推进青年东街、民政园、新生里、桥东街、东岗等棚户区项目回迁安置房建设，新开工建设安置房3800套，建成1400套左右，力保广大群众尽快回迁。继续加大改造力度，加快东五龙口铁路宿舍38号院、和平市场等棚户区改造，力争用2年时间基本消除辖区所有连片棚户区。加快城市基础设施建设。配合完成五一路、南沙河路东段、南内环东延、迎泽大街下穿火车站及东广场建设等道路改造和轨道交通2号线建设任务，同步推进解放路快速化改造；高标准整治上马街、旧城街、羊市街、开化寺街等19条背街小巷和文源、桃园三巷2个片区。配合推进“海绵城市”建设，逐步实现雨污分流。继续推进既有居住建筑节能改造，完成120万平方米改造任务。统筹推进东山片区发展。加快郝庄镇镇域规划和各村新农村建设规划，大力发展现代物流、加工贸易、观光旅游、特色种植等产业，打造经济发展新引擎。以完善交通路网为重点，启动观家峪至观枣线大修工程，完成大窑垴至松小线、柳沟至占道森防通道续建，加快创新路、创业路建设和村村通水泥路完善提质。实施小山沟水井管网配套和小山岩凿井工程，满足东山项目区生态发展用水需求；加快水峪等7个村的采煤沉陷区治理，确保3年完成。

全面提升城市管理。加快智慧城市建设，落实城管体制改革任务要求，科学整合公安、执法、食药监、街镇、应急分队等部门职能，形成齐抓共管合力。

（三）牢固树立绿色发展理念，持续改善生态环境质量。加大环境综合整治力度。深入开展冬季大气污染联防联控、环境敏感区综合整治等专项行动，拆除分散燃煤锅炉 96 台，集中供热替代 230 万平方米，建成区范围内分散燃煤锅炉全部清零。加快城边村气化工程，完成港道等村气化改造。全区 $PM_{2.5}$ 平均浓度值下降 4%，力争二级以上优良天数增加 20 天以上，在全市空气质量重点监控排名前移。筑牢生态安全屏障。推进东山绿化，完成提档造林 200 公顷。新建 5 个小游园和 5 个街头小绿地，配合做好迎泽公园提质改造，建设更多绿地和景观，为市民创造更加宜居的生活环境。

（四）加快民生事业发展，不断提升公共服务能力和水平。强化民生兜底保障。城镇新增就业 1.59 万人。深化养老保险制度改革，持续扩大参保覆盖面。进一步提高社会保障待遇和救助水平，家庭月人均收入高于低保标准 1 倍、低于 2 倍的低收入人群医疗救助封顶线由 2 万元提高到 3 万元；新农合政策范围内住院补偿比例提高 5%～10%，最高达到 90%；新开工保障性住房 6176 套，基本建成 2670 套。按照精准扶贫的要求，加强对娄烦县静游镇的对口帮扶工作。夯实民生服务基础。继续推进校安工程，启动 36 中、37 中、39 中改扩建项目；新建公办幼儿园 1 所；高标准推进社区建设，统筹布局医疗卫生、居家养老、残疾人服务等配套功能，改扩建 10 个 200 平方米以下社区。大力发展养老服务业，启动 1 所区级公办养老机构建设，新建 15 个社区养老服务中心和 17 个社区（村）老年日间照料中心，完善多层次互补的社会养老服务体系。深化医药卫生体制改革，支持骨伤科医院等创建省级重点专科，力争启动区中心医院建设，完成棉花巷社区卫生服务中心危房改造。推动文化事业发展。完善公共文化体育设施，完成剩余 26 个社区全民健身活动场所建设，实现全覆盖。加强历史文化遗产保护，着眼留住历史文脉、保存城市记忆，进一步挖掘和保护文物古迹、老街老巷及非物质文化遗产，完成郑村烈士陵园修缮。推进区级旅游发展规划，以台骀山滑世界农林科技博览园建成 4A 级景区为契机，打造东山休闲度假、观光旅游特色片区。

"十三五"发展的目标已经明确，关键在于落实。我们将与全区人民一道，同舟共济，万众一心，一步一个脚印把规划落实到具体项目、具体工作上，不断克服前进中的困难，不断增创发展中的优势。我们坚信，经过全区人民未来五年的共同努力，一个更具实力、更富活力、更有魅力、更加宜居、更加幸福的省城首善之区一定会展现在世人面前。

全力建设活力晋源、宜居晋源、魅力晋源、法治晋源

太原市晋源区区长　**李永强**

"十二五"时期是我区发展极不平凡的五年。五年来，我们认真贯彻落实党的十八大、十八届三中、四中、五中全会精神和习近平总书记系列重要讲话精神，在经济下行中顶住压力，在严峻形势下保持定力，在改革创新中激发活力，在富民强区中凝聚合力，稳增长、促改革、调结构、惠民生、防风险，经济社会发展取得显著成就。

一、"十三五"时期经济社会发展的指导思想和目标任务

"十三五"时期是我区全面建成小康社会的决胜阶段和全面深化改革的攻坚阶段。"十三五"时期我区经济社会发展的指导思想是：高举中国特色社会主义伟大旗帜，全面贯彻党的十八大和十八届三中、四中、五中全会精神，以马克思列宁主义、毛泽东思想、邓小平理论、"三个代表"重要思想、科学发展观为指导，深入贯彻习近平总书记系列重要讲话精神，遵循中央"五位一体"总体布局和"四个全面"战略布局，按照省委"一个指引、两手硬"的重大思路和要求，落实市委实现"两个走在前列"的总体部署，以"五个一批"为抓手，认真践行创新、协调、绿色、开放、共享发展新理念，建设活

力晋源、宜居晋源、魅力晋源、法治晋源，奋力开创经济、政治、文化、社会、生态文明和党的建设的崭新局面，在太原市“两个走在前列”中争先进位，为“塑造山西美好形象，实现山西振兴崛起”作出新的更大贡献。

“十三五”时期我区经济社会发展的主要目标是：地区生产总值、城乡居民收入提前一年实现翻番。水、电、气、暖、路等基础设施进一步完善，中心镇和美丽乡村建设取得重大进展。森林覆盖率达到30%以上，建成区绿化率达到45.45%。重要领域和关键环节改革取得新进展，发展环境明显优化。公民文明素质和社会文明程度明显提高。社会管理制度不断完善，“法治晋源”建设取得重大进展。

二、2016年工作安排

今年是“十三五”开局之年，也是推进供给侧结构性改革的攻坚之年。经济社会发展的主要预期目标是：地区生产总值增长8%，固定资产投资增长19%，一般公共预算收入增长3.5%，社会消费品零售总额增长7%，农村居民人均可支配收入增长8.5%以上，城镇居民可支配收入增长8%。约束性指标完成市政府下达的任务。

（一）加快产业转型升级，激发经济发展新活力。大力发展现代服务业。科学规划，合理布局，打造与太原新兴城市中心地带相适应的现代服务业体系。抢抓晋阳片区和长风商务区新城市中心区建设机遇，发展与城市化相配套的金融会展、总部经济，积极引进奥特莱斯商业综合体，加快格盟金融城建设，完善阳光城国际广场、鸿升时代金融广场等设施配套。发挥“互联网+”乘数效应，开展“晋源产品网上行”，促进传统服务业“触网转型”，形成线上线下协同发展新格局。积极发展新型仓储物流、信息等生产性服务业，加快推进传化物流、华旭物流、太化中环电子商贸园等项目，推动现代服务业发展提速、比重提高、水平提升。

做大做强文化旅游业。整合我区独具特色的文化旅游资源，推动旅游资源优势向旅游产业优势转化，实现文化旅游发展的新突破。依托西山旅游公路，加强沿线景点基础设施建设，加大文化旅游营销力度，推动旅游服务业提档升级，打造集历史文化游、生态观光游、乡村民情游为一体的西山旅游产业带。紧抓我区入选全省旅游综改试点区的有利机遇，积极引进太原华侨城西山文化科技体验园、张氏始祖文化园等文化旅游主题园。运用市场化手段，盘活蒙山大佛景区资产。完成晋源区乡村农耕文化保护工程年度任务。继续实施开化寺连理塔、晋阳古城遗址保护开发。编制晋祠镇总体规划，早日将其建成国际性旅游目的地。积极服务好晋祠景区、天龙山景区、太山龙泉寺、太化工业文明遗存展示等市重点项目建设。加大店头、赤桥等古村落保护开发力度，打造乡村文化旅游品牌。

加快发展新兴工业。积极引进新技术，推进传统工业企业优化升级，延伸产业链，催生新产品、新产业、新业态。主动对接，全方位服务好姚村高新拓展区建设，加快园区水、电、气、暖、路等基础设施配套，重点推动国新晋药建设，年内建成投产。力争再引进10家以上企业，将姚村地区打造成集生物医药、文化创意、科技型中小企业孵化为一体的绿色产业基地。加快新能源产业发展，推进太化太阳能电瓶车、光伏电站、青岛特锐得电动汽车群智能充电系统等项目建设，为经济发展提供新引擎。

积极发展现代农业。以提升经济效益为目标，建设现代都市农业示范区，发展生态农业、观光农业、安全农业、高效农业。继续推进北河下、康培、梅芝园艺、晋农之窗等现代农业园区建设。进一步完善大寺荷风、凤凰农庄等一批休闲观光园区功能。继续加大晋祠大米恢复与保护力度，新增种植面积33公顷。积极推广新技术、新品种，新增玉露香梨种植面积67公顷。建设10个生态化、健康化规模养殖园区，提升规模健康养殖水平。实施小型农田水利项目，改善灌溉面积1733公顷，新增灌溉面积133公顷。基本完成农村土地承包经营权确权登记颁证工作，让农业发展活力充分释放。全力抓好阳曲县东黄水镇精准扶贫工作，突出产业扶贫，因地制宜，一村一品，根本解决当地贫困农民脱贫问题，如期保质完成脱贫攻坚任务。

（二）深化改革开放，增强区域发展新动力。突出创新驱动。实施科技创新驱动战略，加大对高新技术企业的培育和扶持力度，推动民营经济大发展。高标准建设区双创示范服务中心，推动鸿升众创空间、千诚信企业孵化园等9个小微企业双创基地建设，新增小微企业1000户，实现营业收入100亿元以上。搭建融资平台，成立晋源经济建设投资公司，为推进城中村改造、基础设施建设等提供资金保障。加大晋源区信用社改制工作力度。加快力业装饰、富明交通等企业挂牌上市工作。

强化招商引资。紧紧围绕“大招商、招大商”，完善全区招商引资服务体系，出台优惠政策，规范服务流程，明晰工作职责，提高招商引资落地率。建立完善招商引资规划、土地、配套设施等基础数据库，统筹指导和服务招商项目，确保项目引得来、落得下、能见效。全方位宣传，集中展示晋源独特的历史文化底蕴、丰富的自然人文资源和广阔的发展前景，让更多人了解晋源、投资晋源、建设晋源。

推进项目建设。落实全省“项目创新年”要求，完善区级领导包项目、部门跟项目制度，切实做好阳光城·翡丽湾、万博名优特产集散中心、山西农大新建校区等项目跟踪服务，做到定项目、定进度、定责任，全程跟踪，优质服务。加大项目督查力度，制定时间表、路线图、责任书，力促在谈项目快签约，签约项目快开工，开工项目快建设、快投产、快达效。力争全年新开工项目65项。

(三)加强城市建设，展现城乡面貌新魅力。加快城中村改造。以和谐拆迁、阳光拆迁、安全拆迁、按期拆迁为原则，加快南堰、吴家堡、西寨整村拆除扫尾工作，启动实施金胜、城北、贾家庄、棘针、董茹5个村整村拆除。坚持拆迁与建设并举、安置与开发同步、政府主导与市场运作结合，积极引进保利、富力、万科、国新能源等大集团、大企业参与改造开发。加快城中村改造手续办理，全力推进安置房建设。启动实施太化集团晋阳湖B区棚户区改造项目，有序推进棚户区改造。

完善基础设施。进一步加大基础设施建设力度，拓展发展空间，提升区域发展承载力。完善长风商务区、晋阳湖片区、新城片区三大路网体系，全力保障好市政综合管廊工程和滨河西路南延、新晋祠路、健康西路等14条道路工程建设，构建三纵九横路网格局。全面提升我区绿色出行水平，新增30～50个公共自行车点位，增加公交线路和运行频次，增配纯电动公交车，缩短发车间隔，提高一次通达率。加强电网基础建设，建成奥林变电站，推进农网改造。积极对接，全力推进，力争全区供水、供热年内接入市政管网，让群众喝上放心水、过上暖心冬。

提升管理水平。以迎接青运会召开为契机，推进“五城联创”，完善城市功能，推动农村管理向城市管理转变。开展城市环境综合整治，创建一批省级容貌示范街，实现市容环境面貌全面提质升级。进一步完善打击“两违”“四抢”巡查发现处置体系，维护全区建设秩序。加强环卫设施建设，新建2座大型垃圾中转站，实现垃圾运输全密闭、收集全覆盖。开展公厕管理和建设革命，增加运行经费投入，提升公厕硬件和软环境。推进智慧城市建设，延伸数字城管监管范围，提高网格化、数字化、精细化管理水平。

(四)坚持绿色发展，建设山川秀美新晋源。改善空气质量。实行最严格的环境保护制度，推进“五大工程”“五项整治”，实施大气、水、土壤三大污染防治行动，二级以上优良天数再增加26天，$PM_{2.5}$年均浓度值下降4%以上。实施建成区燃煤采暖锅炉清零行动。持续推进农村区域集中供热。加快拔除黑烟囱，积极推广洁净煤，坚决杜绝秸秆焚烧。坚定不移推进污染企业关停工作。严厉整治建筑工地、渣土运输等扬尘污染。强化污染企业、耗能大户监控，抓好建筑供热计量及节能改造，改善空气质量。

推进生态建设。实施“创森骨干”工程，提档造林867公顷。加强森林资源保护，维修防火通道8千米。推进村庄绿化工程，建设赵家山、武家寨、小站3个园林村。完善体育主题公园服务功能，8月底前投入使用。建设庞家寨公园、西寨公园等5个小游园，扎实推进国家园林城市建设。实施水土保持生态治理工程和防汛岁修工程，完成高家河支沟小流域综合治理、程家峪水保生态工程。实施末级渠系改造，争创农田水利建设示范区。积极服务好晋阳湖公园、太原植物园、汾河美化三期南延和景观工程等重点项目，全面提升城市园林化水平。

(五)致力民生改善，回应人民群众新期盼。发展社会事业。加快教育均衡优质发展，推进成成中学、市第二外国语学校建设及太师二附小、青年路小学、太师四附小合作办学，力争3年内引进10所优质中小学，让晋源孩子享受更好的教育。启动区实验幼儿园新建工程，新改扩建4所村级幼儿园。积极探索“区管校聘”管理体制改革，全面加强教职人员队伍建设。实施省级示范性高中建设工程，逐步推行教师激励机制，不断提升教育教学水平。加快医疗卫生事业发展，保障好省儿童医院、市妇幼保健院、市人民医院与区人民医院合作共建项目建设。加强镇(街)卫生院基本医疗服务，夯实村(社区)卫生服务“网底”，全面提升区域整体医疗服务水平。加强群众性文化体育活动场所建设，不断完善公共文化服务体系，力争年内晋源区职工文体活动中心立项，促进基本公共文化服务全覆盖。

保障改善民生。持续扩大社保覆盖面，做到应保尽保、足额发放。加快区镇村三级人社服务平台建设，增强整体服务功能。完善社会救助服务体系，使困难群众遇急有助、遇困有帮。强化劳动执法监察，加大劳资矛盾调处力度，构建和谐劳动关系。落实创业就业优惠政策，突出做好高校毕业生等重点群体就业工作。推进公共浴室、农村改厕、危房改造、公路安全防护、窄路面拓宽改造等一批民生项目建设，不断改善群众生产生活条件。大力发展多层次养老服务业，推广医养结合等模式，做好国新晋药冶峪大型医养融合项目前期筹备工作。

时代赋予重任，奋斗铸就辉煌。晋源的发展正跨入新的阶段、步入新的征程。让我们更加紧密地团结在以习近平同志为总书记的党中央周围，在市委、市政府的坚强领导下，以“功成不必在我”的使命担当和“马上就办”的紧迫感、责任感，奋力拼搏，锐意进取，全力建设活力晋源、宜居晋源、魅力晋源、法治晋源，努力在太原市“两个走在前列”中争先进位，为“塑造山西美好形象、实现山西振兴崛起”而努力奋斗！

凝心聚力、奋发有为，努力在全市实现“两个走在前列”

太原市小店区区长　**李卫平**

“十二五”时期是小店区发展极不平凡的五年。五年来，我们全面贯彻党的十八大和十八届三中、四中、五中全会精神，深入贯彻习近平总书记系列重要讲话精神，按照“五位一体”总体布局和“四个全面”战略布局，以“五个一批”为重要载体和抓手，统筹做好稳增长、促改革、调结构、惠民生、防风险等各项工作，全区经济社会发展取得新成就，全面建成小康社会迈出坚实步伐。

一、“十三五”时期发展目标和主要任务

“十三五”时期，是我区全面建成小康社会的决胜期，更是实现供给侧结构性改革的攻坚期。我区“十三五”时期发展的总体要求是：高举中国特色社会主义伟大旗帜，以邓小平理论、“三个代表”重要思想、科学发展观为指导，深入学习贯彻习近平总书记系列重要讲话精神，按照中国特色社会主义“五位一体”总体布局和“四个全面”战略布局，围绕省委提出的“一个指引、两手硬”的重大思路和要求，牢固树立“政治意识、大局意识、核心意识、看齐意识”，切实贯彻“创新、协调、绿色、开放、共享”五大发展理念，强化创新驱动、加快转型升级，着力推进供给侧结构性改革，滚动实施“五个一批”，狠抓发展第一要务，狠抓改革第一动力，狠抓民生第一关切，狠抓党建第一责任，以“建设现代城市风貌展示区、产业集聚区、文明示范区”为发展目标，凝心聚力、奋发有为，努力在全市实现“两个走在前列”中作出新的贡献、再创新的辉煌。

“十三五”时期经济社会发展的主要目标是：经济结构加速转型升级。地区生产总值保持年均增长7.8%以上，发展的平衡性、包容性、可持续性不断增强。发展空间得到优化，投资效率和企业效率明显提升，消费的基础作用进一步增强，开放程度进一步扩大，科技创新能力显著增强，人才强区建设迈出新步伐。新兴接替产业规模不断扩大，现代服务业发展水平不断提高，农业现代化进程不断加快，经济发展的质量和效益稳步提高。

民生改善达到更高水平。坚持居民收入增长和经济增长同步，持续增加城乡居民收入，到2020年城镇居民和农村居民人均收入分别达到4万元以上、2.5万元以上。力争提前两年消除贫困人口，并建立动态保障机制。就业、教育、文化、社保、医疗、住房等公共服务体系更加健全，建成更加公平可持续的社会保障制度，初步实现城乡基本公共服务均等化，不断提高人民生活质量和健康水平，人民群众的获得感、幸福感显著增强。

安全生产形势持续好转。城乡统筹发展稳步提升。城市空间布局更加优化，基础设施不断完善，立体化综合交通体系基本形成。城中村全部完成拆迁并同步建设，城市综合承载力和建设管理水平全面提高，功能和辐射作用不断增强。新型城镇化加速推进，城乡一体化发展格局基本形成。

文化建设呈现全新局面。中国特色社会主义和社会主义核心价值观更加深入人心，群众思想道德素质、科学文化素质、健康水平明显提高。文化强区建设步伐加快，文化事业整体水平、文化产业综合实力明显提升。公共文化基础设施更加健全，现代公共文化服务体系建设初显成效。

生态环境得到全面改善。生产方式、生活方式绿色低碳水平显著提高。能源和水资源消耗、建设用地、碳排放总量得到有效控制，主要污染物减排、$PM_{2.5}$下降完成市下达任务，地下水水质、污水处理率进一步提高，重污染天气大幅度减少，城区良好天气率到“十三五”末力争达到80%以上，城乡人居环境得到全面改善。

改革开放程度有效扩大。重点领域和关键环节改革取得决定性成果，发展动力和活力显著增强。开放型经济和对外合作机制基本形成，对外开放的广度和深度进一步拓展。

民主法治取得显著成效。人民民主不断扩大，人民权益得到切实保障，政府公信力和行政效率进一步提高。民主法制更加健全，法治社会建设全面推进，发展环境持续优化，社会治理能力和水平不断提高，社会更加和谐稳定。

二、奋力实现“十三五”发展良好开局

今年是实施“十三五”规划的开局之年，也是推进供给侧结构性改革的攻坚之年。今年经济社会发展的主要预期目标是：地区生产总值增长9%，固定资产投资增长19%，社会消费品零售总额增长8%，一般公共预算收入增长6%，城镇居民人均可支配收入增长9%，农村居民人均可支配收入增长7.5%以上，城镇登记失业率控制在4%以内，人口自然增长率、节能减排指标完成市下达任务。

为实现上述目标，重点抓好以下四个方面工作：

（一）发展都市现代农业。推进农业提质增效。持续抓好“212”农业园区发展，大力推进现代农业园区、设施蔬菜产业、农产品加工转型、规模健康养殖发展。努力提升消费者对小店农产品的信任度和忠诚度。适应城乡居民食品结构升级需要，逐步完善配套“农产品加工、物流配送、休闲农业服务”三大体系，发展一批家庭农场和农民专业合作社，发展农业观光、农家休闲、乡村度假等农旅融合新业态，加快构建以“高效生态农业生产带、现代农业观光带和休闲观光农业带”为主的农业产业新格局，实现生态惠民富民。

推动工业转型升级。细化发展措施，紧跟项目服务，持续推进大族集团精密机床项目建设进度，倾力服务中电智云、山西煤机、高科技医药物流产业园区等项目，引领工业经济上水平、上规模。加快奇美橱柜等项目扩能提质，推动制造业向智能化和价值链高端延伸。加大精英科技、聚海龙电通、科腾环保、科美建筑等上市企业跟踪扶持力度，让“新三板”成为经济增长的助推器。

推动服务业向规模化高端化发展。统筹推动生产性、生活性服务业协同并进，实现第三产业增加值增长8.5%。加大存量地产基础设施配套服务力度，进一步打通供需通道。打造全域商业集群，谋划太原南站周边沿线产业布局，发展高铁经济、出港经济。着力打造以万科物流园区、山西邮政电商物流园区为主的现代物流产业集聚区。完善“亲贤—长风—学府”商贸核心区建设，新培育“中环、南站、康宁”三个商业中心区，推动华宇百花谷、茂业二期等新商业体运行达效，全力构筑万科大型城市综合体。通过扶实体、建机制、给政策、促合作等方式，促进汽贸、大型餐饮等传统产业转型升级。打造1～2个3000平方米以上的电子商务园，推动传统产业与互联网深度融合。

（二）坚持以创新驱动战略为引领，推动“大众创业、万众创新”，着力培育经济发展新动能。强化创新驱动。深植创新发展理念，努力建设全省功能最完善、服务最优质、科技含量最前沿的区级创新创业体系。更加注重发挥企业主体作用，支持企业瞄准市场开展关键技术攻关、引进高端人才项目、对接技术成果转化，加快培育一批创新型企业。对全区范围内国家级高新技术企业分别给予10万元奖励补助。加速科技成果转化，实施技术合同交易额10%补贴政策。力争全年高新技术企业销售额占规上工业企业销售额比重达到35%，有效发明专利拥有量增长10%，新培育认定高新技术企业增长15%。

夯实创新根基。抢抓发展机遇，充分释放国家小微企业创业创新基地城市示范政策红利，加快推进区级“双创示范服务中心”微型企业孵化园、小微企业创业基地等创新创业载体建设，鼓励建设科技孵化器、众创空间、小企业创业基地、微型孵化园等创业平台。全年力争新增小微企业4400余户，实现营业收入670亿元以上，带动就业1.7万人。

（三）坚持以城乡一体化发展为方向，持续推进城中村和棚户区改造，着力建设现代宜居宜业城区。完善城乡基础设施。完善城市承载功能，配合实施好马练营路、太茅路等10条市级道路和地铁二号线建设改造，抓紧完成南站片区路网征地拆迁的收尾工作。改造提升城区路网，加快实施晨光东街等5条市政道路自主建设改造工程，力推万科城规划路等PPP项目在年内启动实施。加快基础设施和公共服务向农村延伸，加速太原晋中同城化，推动五龙城郊森林公园与晋中乌金山公园路网融合互通，打通融入开放新格局的大通道。

推进城中村、棚户区改造。加快推进去年8个村的整拆扫尾、手续完善、回迁安置、产业配套等工作。投入至少10亿元以上城中村改造专项资金，增强汾东投资等3个区级平台筹融资能力，确保城改拆迁资金足额到位。全面推进坞城、北张等9个城中村整村拆除工作。启动山针、山毛等2500户以上棚户区改造任务，稳步推进非成片棚户区及零星危旧房改造，加快棚户区安置房建设步伐，更多利用货币化安置打通商品房和保障房通道。

深入开展“五城联创”。以“五城联创”为抓手，全面提升城市治理能力和治理体系现代化。全面推进减煤工程、工业减排工程、实施机动车污染防治工作、垃圾处理工程等措施，开展城乡清洁提档升级工程，规范生活垃圾分级储运模式，提升道路清扫保洁及街景容貌整治水平，力争达到国家环保模范城要求。提升城市整体公共环境，加强“窗口”行业规范化服务，提升行业风气满意度和信任度，实现国家卫生城市目标。

抓好美丽乡村建设。以“环境优美、服务完善、管理有序、宜居宜业”为目标，深入开展美丽宜居乡村“三级联创”，加强农村精神文化建设，高标准建设6个美丽乡村。加强农村环境整治，强化农村生态绿化和农业污染治理，特别是加大农田水利基本建设投入力度，进一步完善农村安全饮水、道路管网，加大农村危房改造力度，改造农村厕所1206座，惠及2万余人。

（四）坚持以人民群众对美好生活的向往为目标，切实守住民生底线，着力提升民众获得感、幸福感。完善社会保障。发挥政府“双创”示范引领带动作用，年内城镇新增就业人数1.78万人。有序推进城乡社会保险一体化。完善城乡居民丧葬费补助金制度，提高80周岁以上老人高龄补贴标准。大力推进社会化养老蓬勃发展。

发展社会事业。加快办理汾东中学建设工程手续，推进51中、育才小学、沙河街小学等学校建设改造工程项目，2个新建小区配建学校建成招生，服务好新五中等4所学校重点工程新改扩建。完善覆盖城乡的基本医疗卫生制度，服务好市中心医院、市疾控中心等重大公共卫生建设项目，提升医疗卫生服务水平，努力构建贴近百姓的便捷医疗健康服务圈，推进健康中国建设；优化计生家庭服务，促进人口长期均衡发展；继续开展对60岁以上老年人免费体检和农村育龄妇女“两癌筛查”。

改善人居生态环境。坚持绿色发展理念，着力推进全域美化，提升城区美丽度。继续实施东山五龙城郊森林公园绿化提档升级133公顷及景点绿化，服务好和谐公园、东篱公园建设，新建圆照寺、南坪头、昌盛西街、煤机、并州路安装公司等5个小游园，持续推进城区裸露地面整治。继续开展既有建筑节能改造，建设循环型城区。全面消除环境脏乱差问题和道路、河道两侧视觉污染，强化河道污染综合治理。升级城南地区排水管网系统，全力服务小店城镇以南污水处理厂建设。强化资源集约利用，提高垃圾分类和资源化利用区域覆盖面，有效提升群众幸福感。

加强城市精细化管理。坚持紧贴民生需求，抓好20条背街小巷改造。健全完善物业管理制度，提升居民生活品质。依托电子信息手段，加快建设数字小店，大力发展数字食药、数字医疗、数字环保、数字城管，推动智慧城区建设。

抓好大气污染综合治理。强力推进分散燃煤采暖锅炉“清零”行动，实施原煤禁烧，推广使用洁净焦炭。控制面源污染，实现中环以内100平方米以上餐饮摊点全部加装油烟净化装置。强化机动车污染防治，加强渣土运输管理和医用垃圾无害化处理，加大建筑扬尘、城乡垃圾治理力度，巩固8000公顷农作物秸秆还田全覆盖，努力改善城区空气质量。全年$PM_{2.5}$年均浓度值下降4%，二级及以上优良天气达到253天以上。

宏伟蓝图催人奋进，未来征程任重道远。让我们紧密团结在以习近平同志为总书记的党中央周围，坚定地以习近平总书记系列重要讲话为指引，围绕省委提出的“塑造山西美好形象、实现山西振兴崛起”，按照市委贯彻落实“两个走在前列”的各项决策部署，充分调动各方面干事创业积极性，团结一心、凝心聚力、攻坚克难、奋力前行，为全面建成小康社会，加快建设现代城市风貌展示区、产业集聚区、文明示范区而努力奋斗！

扬帆“十三五” 筑梦新草坪

太原市尖草坪区区长 **卢俊峰**

“十二五”时期，是我区发展极不平凡的五年。五年来，在市委、市政府的坚强领导下，我们认真贯彻落实党的十八大、十八届三中、四中、五中全会和习近平总书记系列重要讲话精神，团结带领全区人民，积极适应新常态，改革创新，锐意进取，攻坚克难，扎实苦干，经济社会发展成效显著，全区呈现出经济快速发展、社会和谐稳定、人民安居乐业的良好局面，较好地完成了“十二五”规划各项目标任务。

一、扬帆“十三五”，筑梦新草坪

“十三五”期间我区经济社会发展总的指导思想是：全面贯彻党的十八大、十八届三中、四中、五中全会和习近平总书记系列重要讲话精神，牢固树立“五大发展”理念，按照“五位一体”总体布局和“四个全面”战略布局，落实省委“一个指引、两手硬”和“两个走在前列”要求，以“五个一批”为重要载体，抢抓“转型综改试点”“扩权强县”改革重大机遇，实施“区区融合”发展战略，全力推进“现代宜居都市区、创新转型产业区、人文生态休闲区”三区建设，为建设实力强、百姓富、环境美、人气旺的新草坪而努力奋斗。

“十三五”时期经济社会发展的主要目标是：地区生产总值年均增长9.5%以上，力争提前一年实现翻番，到2020年经济总量达到391.5亿元；城镇和农村常住居民人均可支配收入年均增长9.5%和10%，分别达到43770元和20700元。

“三区”建设的基本思路是：

一是现代宜居都市区。以兴华、三给片区为城市化核心，辐射南寨、迎新、新城、光社、尖草坪、古城等老城区。坚持海绵城市、智慧城市、现代田园城市等第三代城市建设理念，以多组团、分散式、森林化的建设方式，以城中村改造和棚户区改造为主要突破口，加快水、电、气、暖、路等基础设施建设提升承载力，加快学校、医院、公园等公共服务设施建设提升宜居度，进而促进行政办公、总部经济、教育产业、体育产业、宜居住宅、特色商业、休闲度假等行业的长足发展，以特色风貌和便利生活吸引人，以城市森林、城市绿地、城市湿地等优良生态留住人，打造产城融合的靓丽新城区。

二是创新转型产业区。以不锈钢园区为核心，将阳曲片区、柴村片区作为园区主要拓展区。以驻地大中型企业转型、升级、改造和新型工业项目、战略性新兴产业做大做强为主要突破口，充分发挥出园区、驻地大中型企业、新兴产业的政策优势和我区的空间优势，依托中北大学、太原工业学院等大中专院校的科研资源，坚持创新驱动、产业转型、绿色发展的理念，不断壮大不锈钢加工、装备制造、节能环保、医药、现代仓储物流、小微企业服务、“双创”企业孵化、新能源、新材料、战略性新兴产业等规模，打造创新驱动的转型示范区。

三是人文生态休闲区。以滞洪区为核心，辐射上兰片区及西北边山地区。坚持生态优先、彰显特色、农游并举的发展理念，将生态限制转化为发展资源。依托都市农业先行优势、上风上水生态优势和人文旅游资源优势，将现代都市农业和文化旅游产业作为主要突破口，通过规划引领、政策扶持、典型示范等方式，整合上兰、马头水等人文旅游资源，加快向阳、柴村等滞洪区都市农业和西墕、柏板等边山地区生态休闲产业的提档升级，以打造精品特色旅游线路、做好“两山一水两圣人”特色文化传承等措施，加快文化旅游、休闲养生、观光农业、体验农业、高效农业等产业发展，实现文化旅游产业和现代都市农业的深度融合，打造山水相宜的都市休闲区。

“十三五”时期经济社会发展的主要任务是：

（一）结构调整进一步加快。以“三区”建设为总体发展思路，加快以高新技术为主要特点的新生产要素集中，推动农业高效化、工业新型化、三产规模化，培育新的经济增长点，为全区发展注入新动力。

（二）城乡特色进一步彰显。坚持第三代城市建设理念，以加速城市化进程、提升城镇化水平、提高城乡承载力为总体目标，以城中村改造、棚户区改造、基础设施延伸、建设美丽乡村为抓手，立足规划先行，着力培塑城市特色，实现城乡统筹发展。

（三）民生事业进一步改善。以提升人民群众的幸福指数为出发点，加快社会保障、公共服务体系的完善与改革，加大公共财政对民生的投入力度，做好扶贫攻坚和扶危济困，维护社会安全稳定，让发展成果普惠民生。

（四）生态建设进一步加强。坚持生态底线，遵循绿色、循环、低碳理念，实行最严格的环境保护制度，严控各类污染排放和能源消耗，加快边山植树和城市绿化，留住青山绿水，打造上风上水新城区。

（五）改革开放进一步扩大。以改革开放为突破口，抢抓“转型综改试点”“扩权强县”重大机遇，实施“区区融合”战略，进一步解放思想，转变政府职能，确保改革取得突破性进展。不断优化投资环境，加大招商引资力度，助推经济快速发展。

（六）法治建设进一步强化。依法全面履行政府职能，不断健全依法决策机制，深化行政执法体制改革，强化对行政权力的制约和监督，加快建设职能科学、权责法定、执法严明、公开公正、廉洁高效、守法诚信的法治政府。

二、立足2016，再谱新篇章

2016年是“十三五”规划的开局之年，也是我区实施“三区”建设的起步之年。我们要以“尖草坪地区整合提升策划”为引领，以项目建设为抓手，全力推进“现代宜居都市区、创新转型产业区、人文生态休闲区”三区建设，为建设实力强、百姓富、环境美、人气旺的新草坪而努力奋斗。

经济社会发展的主要预期目标是：地区生产总值增长8%左右，固定资产投资增长19%，一般公共预算收入增长5%，社会消费品零售总额增长8%，城镇和农村常住居民人均可支配收入分别增长8%和8.5%以上，城镇新增就业人数8300人，城镇登记失业率控制在4%以内。约束性指标完成市政府下达任务。

围绕上述目标，着力做好以下五方面工作：

（一）凝心聚力、奋勇开拓，全面启动“三区”建设。着力打造现代宜居都市区。在东至汾河、西至边山、南至兴华街、北至太古岚铁路的区域范围内全面启动兴华、三给片区都市核心区建设。着力打造创新转型产业区。助推园区企业发展。全力推动中城恒远建材项目、钢管束组合结构住宅产业化生产项目、新能源汽车、石墨烯等新能源、新材料、战略性新兴产业项目开工建设。积极服务以太钢、二电、新华、兴安、江阳为代表的驻地企业。改造提升传统产业。增强恒山机电设备、京丰铁路电务器材、东杰智能物流等潜力型企业自主创新能力。四是培育壮大新兴产业。年内培育、认定高新技术企业3家,发展众创空间两个。着力打造人文生态休闲区。立足于汾河两岸滞洪区和城市水源地特殊地理位置,完成现代都市农业发展策划和规划编制。整合崛围山、二龙山、汾河二库、汾河湿地公园、现代都市农业、土堂大佛、窦大夫祠、中华傅山园、城郊森林公园、太原市森林公园等资源,以打造"都市后花园、栖息地"为定位,启动文化旅游产业和现代都市农业融合发展的策划和规划,形成"山、水、田、文、林"和谐共荣的文化旅游产业发展新格局。启动美丽乡村建设。将欢咀、西墕打造为美丽乡村示范村,打造"望得见山、看得见水、记得住乡愁"的新型宜居宜游农村。

(二)抢抓机遇、狠抓招商,项目支撑跨越发展。用好用足两大机遇。要充分发挥先行先试的政策优势,积极在拓宽融资渠道、完善体制机制等方面进行创新和再造,让好政策成为发展的新助力。二是进一步承接运行好扩权强县下放事项,认真落实"两集中两到位"要求,进一步优化办理流程,精简审批程序,创造宽松的投资发展环境,增强区域自主发展的能力和活力。实施"区区融合"战略。充分发挥尖草坪区空间、区域优势和园区政策优势,按照市委、市政府批复尖草坪区与园区"区区融合"的总体发展思路,全面构筑"一、二、三产协调发展"的多元产业新体系,实现"区区融合"、双赢发展的良好局面。以开放格局加强协调管理。打破两区各自为政的发展格局,推进"区区融合"全面协调发展。项目支撑经济发展。树立"全员上阵谋发展"的意识。把项目引进、建设作为全区工作的重中之重。形成"全区上下齐招商"的氛围。形成"大企业顶天立地、小企业铺天盖地"的良好局面。确立"人人都是软环境"的理念。要积极营造"亲商、爱商"的氛围,在草坪形成项目投资的洼地效应。

(三)拓展空间、攻坚克难,全力打造活力新城。加快基础设施建设。全面完成西南环铁路新增部分、卧虎山路快速化改造、轨道交通2号线等重点工程征拆工作。以路网建设带动新城区建设和老城区更新,进一步拉大城市框架。加强农村基础设施建设,全面完成17条30千米的农村公路提质工程,进一步改善农村出行条件。完善公共服务设施。在积极引入省人民医院、太原外国语新校等名院名校的基础上,整合优势资源,加快新建和改善学校、公园等速度,打造公共服务设施富集区。以中北大学为依托,加紧推动中北大学二期等重点工程建设,全力推动财税专科学校、国际学校等10余个重点项目落地,着力将上兰片区打造成全市北部教育产业园和科技研发基地。持续推进城改棚改。坚持"同步拆除、集中安置"的原则,确保拆除一步到位、拆迁群众按时回迁。全面推进棚户区改造,确保开工9633套、基本建成6887套,以棚改加快老城区面貌改善。

(四)补齐短板、优化生态,重塑城乡整体形象。优化城乡管理体系。积极推行"大城管"工作制,夯实城市综合管理基础。构建打击"两违""四抢"联动机制,维护全区建设秩序。加大市容市貌管理力度,采取"堵疏结合"方式,清理马路市场。改善城乡环境面貌。优化居住条件,完成130户危房改造。改善人居环境,建成两个市级美丽宜居示范村。继续保持生态优势。完善大气污染治理网格化、全覆盖的环境保护监管体系。削减燃煤总量,基本实现建成区内分散燃煤锅炉清零。全力实施饮用水水源地一级保护区工业企业关停行动,切实保护饮用水安全。继续实施西山和北山地区综合整治工程,开展采石区生态修复工作,打造太原北部绿色生态屏障。

(五)以人为本、普惠民生,社会事业稳步推进。提升公共服务水平。巩固完善医药卫生体制改革成果,依托医联体服务平台,积极推进分级诊疗制度。推动卫生计生服务资源的深度融合,全面落实两孩政策。分阶段实施社区办公服务场所提档升级,完善服务机构,提升服务水平。加强社会保障能力。继续扩大社会保险覆盖面,不断健全完善城乡社会救助体系,实现应保尽保。三是实施精准扶贫,助推娄烦马家庄乡11个贫困村贫困人口增收。

美好蓝图令人神往,崇高使命催人奋进。让我们在市委、市政府的坚强领导下,团结带领全区广大干部职工和人民群众,万众一心、迎难而上,以奋勇争先、誓夺胜利的坚强决心,以只争朝夕、快马加鞭的拼搏精神,以实字当头、干字为先的扎实作风,以直面短板、担当碰硬的无畏勇气,锐意进取、奋发有为,全力推动"三区"建设,为实现"强富美旺"新草坪的宏伟目标而努力奋斗!

奋力打造产业强区、生态大区、双创新区，全面建成小康社会

太原市万柏林区区长　**杨俊民**

“十二五”时期，万柏林人民脚踏实地，真抓实干，将一个工业老区转型为产业大区，将一个中下游城区发展为全市标杆城区，将荒山黑水之地改造成青山绿水之城，将城中村林立的城乡结合部打造为整洁优美的宜居大区，超额完成“十二五”制定的目标任务，实现了跨越式发展。这五年是我区经济社会各项事业发展最快最好的时期，为“十三五”转型跨越发展、全面建成小康社会奠定了了坚实的基础。

一、“十三五”时期经济社会发展的指导思想和目标任务

“十三五”时期是全面建成小康社会的决胜阶段。“十三五”时期，万柏林区经济社会发展的指导思想是：高举中国特色社会主义理论伟大旗帜，全面贯彻党的十八大、十八届三中、四中、五中全会和习近平总书记系列重要讲话精神，坚持“四个全面”和“五位一体”战略布局，按照市委“六大发展”要求，干在实处，走在前列，争当“六个表率”排头兵，为全面建成小康社会，打造产业强区、生态大区、双创新区，把我区建设成为太原新兴商业商务中心而努力奋斗。

“十三五”时期经济社会发展的主要目标是：综合实力迈上新台阶，经济保持中高速增长，成为全市经济发展的主要增长极，增长的质量和效益明显提高，地区生产总值年均增长7.5%以上，到2020年实现比2010年翻一番。固定资产投资和一般公共预算收入位居城六区前列。结构调整实现新优化，三次产业结构不断优化，第三产业在经济中的占比大幅提升，第三产业增加值比重提升到60%以上，传统产业竞争力不断增强。民生改善实现新提高，居民人均收入与经济增长同步，提前一年实现比2010年翻一番，城乡收入差距进一步缩小。教育、医疗等公共服务体系更加健全。生态环境实现新跨越，单位地区生产总值能耗和主要污染物排放总量完成下达任务，西山生态恢复绿化和生态旅游开发取得重大进展，空气质量显著改善，优良天气率力争达到80%以上。民主法治取得新成绩，文化建设有效推进，各项社会事业取得明显进展。城乡统筹实现新提升，全面完成27个城中村改造任务，采煤沉陷区27个移民搬迁村与城市发展深度融合，加快15个城边村宜居建设。继续加强基础设施建设，城市服务功能逐步完善。改革开放实现新突破，重要领域和关键环节改革取得突破性进展，以“五个一批”“三个突破”为载体，加快金融振兴、科技创新等重要领域和关键环节改革力度，对外开放广度和深度持续拓展，改革开放实现新突破。民主法制更加健全，社会更加和谐稳定。

二、开拓创新，奋发作为，努力实现“十三五”奋斗目标

（一）以发展现代装备制造业、壮大现代服务业为目标，努力建成产业强区。建设产业强区是区域产业层次向中高端迈进的现实需求。我区属典型的传统产业城区，要充分发挥太重、中车等龙头企业引领作用，在调结构、转方式中增强内生动力，提升改造传统产业，支持装备制造产能整合扩张，使装备制造业成为产业强区的经济动脉。要以生活性服务业和生产性服务业为主攻方向，以城市商业综合体标杆项目为引领，围绕现代商业、现代金融、现代物流业等业态施力，突出服务业发展提速、比重提高、水平提升，让现代服务业成为产业强区的有力支撑。

（二）实现生态建设向生态旅游转变，努力建成生态大区。建设生态大区是营造良好经济发展环境，提升万柏林大格局，顺应绿色发展潮流之举。我们要巩固西山造林绿化成果，重点在养护及提高景观品质上下功夫。以发展生态旅游为着力点，积极探索新的开发模式，采取PPP公私合作形式，引入大企业、大集团，盘活王封一线天、万亩生态园、国家矿山地质公园、长风城郊森林公园、晋峰城郊森林公园、偏桥沟景区等6大龙头生态景区资源，打造旅游景区品牌，发挥景区

大项目带动作用，引导汽车营地等新兴业态，探索发展林下经济，突显生态旅游业对经济发展的明显成效。

（三）营造良好的创业创新环境，促进新旧动能顺畅转换，努力建成双创新区。随着我区采煤沉陷区移民搬迁、城中村改造，西山煤电、煤气化等企业去产能工作推进，一大批企业、农村富余劳动力转岗就业成为我区最大的民生问题，建设双创新区，促进创新创业是解决辖区新增就业、城中村剩余劳动力、去产能企业富余职工转岗安置等问题的有效举措。太原市作为国家小微企业创业创新基地示范城市，将获得更多的政策资金支持，我们要用足用好用活优惠政策，形成政府激励创业、社会支持创业、劳动者自主创业的创业新潮。充分发挥主城区综合优势，整合属地太原理工大学、太原科技大学等高校、院所资源，支持大众创新、万众创业，着力健全政策扶持、培训服务相结合的机制，运用财政支持、税费减免、创业投资指导、政策性金融服务、小额贷款担保等手段，为中小企业特别是创新创业型企业发展提供良好经营环境，努力把万柏林打建设成为太原双创新区。

（四）以重大项目建设为引领，努力建成太原新兴商业商务中心。建设太原新兴商业商务中心，是历史赋予我们的使命，我区正处于发展的关键节点，建设太原新兴商业商务中心，我们拥有完备的产业基础为支撑，我们拥有高品质的生态绿化为铺垫，我们拥有利好创业创新体制为驱动，通过一批重大项目落户我区，我们的城市框架得以拉伸，交通条件更加便利，发展空间更加广阔，这都有利于新兴商业商务中心发展布局。要以打造高端商务和现代都市商业为引领，整合辖区资源，抓好远大购物广场、华润万象城、信达国际金融中心等现代服务业项目，完善商业配套设施，加以成功的商业运作，打造多层次的新兴商圈格局，努力建成未来引领太原现代服务业发展的新兴商业商务中心。

冲锋号已经吹响，新征程已经开启，让我们紧密团结在以习近平同志为总书记的党中央周围，在市委、市政府和区委的坚强领导下，保持时不我待、锐意进取的精神状态，发扬迎难而上，敢于担当的优良作风，凝聚攻坚克难、富民强区的强大动力，为实现“十三五”良好开局而努力奋斗！

努力建设和谐宜居、富有活力、崇文重教、文明幸福的现代城区

太原市杏花岭区区长　**李文权**

“十二五”时期，在市委、市政府的坚强领导下，我们带领全区广大干部群众，认真贯彻党的十八大和十八届三中、四中、五中全会精神，以习近平总书记系列重要讲话精神为指引，坚持发展第一要务，坚持稳中求进工作总基调，统筹稳增长、调结构、促改革、惠民生、防风险，着力实施“五个一批”，攻坚克难，真抓实干，圆满完成了“十二五”规划目标任务，为“十三五”发展打下了坚实的基础。

一、“十三五”时期经济社会发展的指导思想和目标任务

“十三五”是全面建成小康社会的决胜阶段，也是我区抢抓机遇、加快发展的关键时期。今后五年，我区经济社会发展的指导思想是：高举中国特色社会主义伟大旗帜，全面贯彻党的十八大和十八届三中、四中、五中全会精神以及省委、市委十届七次全会和区第五次党代会精神，坚持以马克思列宁主义、毛泽东思想、邓小平理论、“三个代表”重要思想、科学发展观为指导，深入学习贯彻习近平总书记系列重要讲话精神，遵循“五位一体”总体布局和“四个全面”战略布局，深入践行五大发展理念，贯彻落实省委“一个指引、两手硬”的重大思路和要求，持续推进“五个一批”，努力实现“两个走在前列”，统筹推动全区经济、政治、文化、社会、生态文明建设和党的建设，全面完成“十三五”规划目标任务，努力将杏花岭区建设成为和谐宜居、富有活力、崇文重教、文明幸福的现代城区。

着力推动创新发展，进一步提高经济发展的质量和效益。围绕“三产支撑有活力、二产优质有持续、一产高效有特色”的思路，加快推动现代服务业发展迈向

中高端，工业企业转型不断加快，农业现代化程度提升，打造以金融商务、商贸物流、文化旅游、都市农业、清洁能源为核心的产业板块，厚植产业发展新优势。到2020年，全区地区生产总值年均增长7%左右，力争提前一年实现比2010年翻一番。其中，第一产业增加值年均增长1%以上，第二产业增加值年均增长3.5%以上，服务业增加值年均增长7.8%，服务业占地区生产总值比重保持在80%以上。大力实施创新驱动战略，着力推进以科技创新为核心的全面创新，加快建设创新型城区，到2020年，高新技术产业增加值占地区生产总值的比重达到15%以上。积极发挥互联网优势，加快推进“互联网＋”发展，重塑创新体系、激发创新活力、培育新兴业态和创新公共服务模式，打造大众创业、万众创新和增加公共产品、公共服务“双引擎”，推动发展调速不减势、量增质更优，实现全区经济提质增效升级。

着力推动协调发展，进一步提升城市建设和管理水平。坚持科学规划引领，统筹协调“地上”与“地下”“面子”与“里子”、当前与长远的关系，促进经济社会和谐发展，促进城乡统筹发展，促进物质文明和精神文明协调发展，增强发展的整体性和平衡性。以开展“五城联创”工作为契机，全力以赴完成好城中村和棚户区改造，力争到2019年全部完成15个城中村整村拆除任务，同步推进改造建设。道路交通设施更加完善，地下管网等市政设施提档升级，公共服务更加均等，城市综合承载力显著提升，服务功能不断优化，海绵城市、智慧城市建设成效显现。历史文化街区建设得到加强，人文精神、历史文脉、特色文化、地域文化等城市特色得到彰显，一批特色社区、特色楼院不断涌现，精神文明建设稳步推进，城区文化品位不断提升。进一步加强城市管理，推进平安社区建设，切实做好片区整治、停车场建设等项目。加快建设美丽宜居乡村，切实改善人民群众居住环境。

着力推动绿色发展，进一步持续改善生态环境。坚持把绿色发展融入经济和社会发展的各个领域，实现环境与经济和谐共生。加大环境治理力度，全面推进“五大工程”“五项整治”，进一步改善省城环境质量。能源和水资源消耗、建设用地、碳排放总量得到有效控制，主要污染物排放量、$PM_{2.5}$浓度逐年下降，重污染天气大幅度减少，空气污染指数下降15.5%，城区优良天气率力争达到80%左右，地表水水质、污水处理率进一步提高。持续推进东山生态环境建设，加快完善东山生态环境开发利用规划设计，有效保护和合理利用自然资源，东山生态屏障基本形成。加大城区小游园建设，实施见缝插绿、种绿植绿。到2020年森林覆盖率达到44%，建成区绿化覆盖率达到37.4%，建成区绿地率达到29.2%，人均公共绿地达到7.03平方米。充分利用生态环境和气候资源、文化资源等优势，加快发展绿色经济和现代服务业，大力发展特色农业、文化旅游、休闲养生、健康养老等产业，培育新的经济增长点，把绿水青山变成金山银山。

着力推动开放发展，进一步优化发展环境。坚持以开放促发展，引进来和走出去并重，引资和引技引智并举，招大商、招好商，切实提高招商引资的精准度和实效性，加快引进一批行业领先、带动性强的新兴产业大企业、好项目，提升发展的层次和水平。毫不动摇鼓励、支持、引导非公有制经济发展，推动民营经济做大做强。“十三五”时期，民营经济占全区地区生产总值比重年均提高2个百分点。不断完善社会管理体制机制，农村、社区基层自治能力和水平不断提高。人民民主不断扩大，司法公信力明显提高，人民权益得到切实保障。着力优化发展环境，同步推进简政放权、放管结合、优化服务。加强政务服务中心建设，创新机制，再造流程，规范服务，提高效能。

着力推动共享发展，进一步提高民众幸福感。坚持把民生建设摆在极其重要的位置，顺应人民群众对美好生活的向往，凝聚全区人民共识，鼓励大家共同参与，共建共享。居民收入与经济增长同步，力争提前一年实现比2010年翻一番。农村居民收入增速快于城镇居民收入增速，城乡居民收入差距进一步缩小，力争到2020年城镇居民人均可支配收入达到4万元以上、农村居民人均可支配收入达到2万元以上。大力促进就业创业，城镇新增就业6万人，城镇登记失业率控制在4%以内。加快推进采煤沉陷区治理、优质学校教育、医疗卫生机构、文化体育场馆等一批民生项目建设，公共服务体系更加健全，基本公共服务均等化水平稳步提高。加强社区活动场所和公益性服务设施建设，力争到2020年实现社区办公服务场所平均面积达到500平方米，打造一批1000平方米以上的城市示范社区。牢固树立总体安全观，毫不犹豫抓好安全生产，加强和创新社会治理，认真排查社会不稳定因素，积极化解社会矛盾，确保全区安全稳定。人口全面均衡发展，社会养老服务体系不断完善，人民群众获得感和幸福感得到提升。

二、努力做好2016年各项工作

2016年是“十三五”的开局之年，经济社会发展的主要目标是：地区生产总值增长8%；固定资产投资增长19%；社会消费品零售总额增长8%；一般公共预算收入增长5%；城镇居民人均可支配收入增长9%，农村居民人均可支配收入增长7.5%以上。节能减排等约束性指标均完成省市下达任务。

围绕上述目标，重点做好以下五个方面的工作：

（一）在创新驱动、转型升级上下功夫，推动经济平稳健康快速发展。持续优化产业结构。坚持做大做强现代服务业。着力推进金融、现代物流、电子商务等生产性服务业，加快发展总部经济。完成山西睿信智达传媒股份有限公司新三板企业上市工作。加快推进富力城商业综合体等项目建设，力争早日投产达效。加快推进工业转型升级，继续扶持华能东山燃机热电项目，推动工业项目向循环低碳绿色方向转型。依托东山生态特色，继续完善长沟等多个林果观光采摘园建设，大力实施设施农业、观光农业、休闲农业等现代都市农业。千方百计扩大投资。用系统和定向的观点改进招商引资工作，大力推动近年来民企入晋招商活动签约项目的落地。围绕市场需求、前瞻性产业、区位、资源、人脉等优势，点对点精准招商，引进一批投资规模大、产业关联度高、带动能力强的大项目和好项目，提高投资质量。加快实施157项“五个一批”项目，以项目建设带动全区经济持续较快增长。大力实施金融创新。不断拓宽融资渠道，积极推广PPP模式，充分发挥区国有投资公司政府融资平台作用，加强与农发行、国开行等政策性银行的合作，加大对“五个一批”、城中村和棚户区改造、脱贫攻坚等重点工作的信贷投放。加快推进“互联网＋”发展，积极推进大众创业、万众创新，全力打造万达文化青创客、鼎盛国际青创城等“双创”基地，挖掘发现新的经济增长点，走出创新驱动、转型升级新路。

（二）在崇文重教、凸显文化特色上下功夫，建设文化教育强区。优先发展教育事业。扩大优质小学覆盖面、提升潜力小学办学水平。全力打造两所以上优质区属中学。深化“大学区制”改革，重点做好五一路小学富力分校、新建路小学富力华庭分校、职工新街小学的开学准备工作，确保如期开学努力建设更加公平、更高质量、更有活力的杏花岭教育。大力发展文化产业。以丰富的历史遗存为基础，继续抓好南华门历史文化街区、赵树理故居、国民师范旧址、太原解放纪念馆、八路军办事处等革命遗址以及太原机器局旧址、省立川至医学专科学校旧址等历史遗迹的保护开发利用，打造文化旅游产业。以我区“三馆一院”等文化基础设施建设为契机，充分利用区内市实验晋剧院、市歌舞杂技团、市话剧团等文化团体的优势资源，搭建共建共享的文化平台，培育文化市场。利用旧厂区、空闲仓库等，建设文化产业创意园，积极引导动漫游戏、网络文化、文化旅游、影视制作、演艺会展和广告传媒等新兴文化产业，实现传统文化与现代文化的有机融合，夯实城区文化内涵，进一步推动我区文化产业发展。

（三）在城市建设和管理水平上下功夫，建设和谐宜居城区。全力以赴做好城中村和棚户区改造。启动实施4个城中村整村拆除和同步改造。启动实施小北关、凯旋街等14个棚户区改造项目，加快推进拆迁未完棚户区的扫尾工作，尽快启动回迁安置点安置工作，完成国樾龙城湾一号地块2200余户的安置任务，启动国樾龙城湾二号地块、职工新街、棚户区、府东东延、建材厂等棚户区的安置工作。加快实施城市道路基础设施建设。加强老旧小区基础设施维护改造，全面提升基础设施建设水平，不断提高城区宜居宜业品位。提升城市管理水平。进一步深化城乡管理体制机制改革，持续推进管理重心下移和执法关口前移，城乡结合部与主城区同标准、同要求，实现城乡综合管理全覆盖。提升城乡综合管理水平，打造宜居宜业、优美舒适城乡环境。

（四）在抓好生态文明建设上下功夫，持续改善环境质量。持续改善环境质量。实施燃煤锅炉清零行动，完成6个村的生活污水治理。，有效遏制扬尘污染。加强城区水域治理，大力推动北沙河、北涧河河道整治。大力推进东山生态综合开发利用。投资1.2亿元，完成环城绿化提档升级工程1067公顷、通道绿化提档升级等工程，加快实施城市周边百万亩森林围城工程，切实做好景观建设、重点景区开发等建设。充分利用东山生态环境和气候资源、文化资源等优势，大力发展生态旅游、休闲养生、健康养老等产业，把绿水青山变成金山银山。

（五）在发展各项社会事业上下功夫，切实保障和改善民生。配合完成市第二人民医院老年病综合楼建设，开工建设区中心医院综合楼项目。加快与优质医院的深度合作交流，创建一批群众满意的基层医疗卫生服务机构，提升基层医疗卫生机构服务水平。继续实行新农合“先住院后付费”服务模式，提高医疗保障的公平性。全面落实“两孩”政策，促进人口长期均衡发展。着力做好社会保障工作。落实促进就业政策措施，加强社会保障，突出做好企业职工、中低收入和困难家庭增收工作，千方百计增加城乡居民收入。深入推进“五险统征”，加快推进企业退休人员社会化管理工作，深化医保支付方式改革改革。积极发展养老服务业，加快完善以居家为基础、社区为依托、机构为支撑的社会养老服务体系。加快推进采煤沉陷区治理东沟、丈子头安置点建设，确保受灾村民及早安置。全力推进脱贫攻坚工作，健全农村服务设施和服务体系，缩小城乡差距。加快美丽宜居乡村建设，让农村居民生活得更体面、更有尊严。

新的蓝图已经绘就，新的征程已经起航。让我们在市委、市政府的坚强领导下，振奋精神、锐意进取，勇于创新、扎实工作，努力为加快建设和谐宜居、富有活力、崇文重教、文明幸福的现代城区而努力奋斗！

奋力打造全省综合实力强县,如期全面建成小康社会

清徐县县长　王琳玉

“十二五”时期,是我县发展进程中很不平凡的五年。五年来,面对错综复杂的经济环境和艰巨繁重的改革发展任务,在市委、市政府的坚强领导下,团结和依靠全县人民,主动适应经济发展新常态,积极应对各种困难和挑战,集中精力稳增长、调结构、促改革、惠民生、保稳定,经济社会发展取得新成绩,向着全面建成小康社会目标迈出坚实步伐。

一、“十三五”时期经济社会发展目标任务

“十三五”时期,我县经济社会发展的指导思想是:高举中国特色社会主义伟大旗帜,全面贯彻党的十八大和十八届三中、四中、五中全会精神,深入学习贯彻习近平总书记系列重要讲话精神,按照“四个全面”战略布局,牢固树立创新、协调、绿色、开放、共享的发展理念,坚持以人民为中心的发展思想,把“一个指引、两手硬”“两个走在前列”作为基本遵循,以城乡统筹发展为主线,以“五个一批”为载体,以壮大县域经济和县城建设两个率先为驱动,坚持目标导向与问题导向并重、深化改革与创新驱动并举、转型升级与安全稳定并行,扎实推进经济建设、政治建设、文化建设、社会建设、生态文明建设和党的建设。

“十三五”时期经济社会发展的主要目标是:经济保持中高速增长、空间格局更优化、生态环境更优美、人民生活更幸福、治理体系更完善。

一是经济发展和结构优化方面:全县地区生产总值年均增长7.5%左右、固定资产投资年均增长15%、社会消费品零售总额年均增长16%、规模以上工业增加值年均增长9.6%、服务业增加值年均增长11%、一般公共预算收入年均增长6%。

二是民生和社会发展方面:到2020年,城镇化率达到63%;建成区绿化覆盖率达到43%;城市生活垃圾无害化处理率达到100%;城市污水处理率达到95%以上;城市集中供热普及率达到93%。城镇登记失业率控制在4%以内。县乡村三级医疗卫生机构达标率达到100%。城镇基本社会保障覆盖率达到100%。新型农村合作医疗参合率保持100%。公共文化服务体系建设达标率达到100%。人均公共体育场地面积2.0平方米。耕地保有量保持2.9万公顷。小学五年巩固率达到98%,初中三年保留率达到98%。城镇居民人均住宅建筑面积年均增长1.0%;农村居民人均住宅建筑面积年均增长1.2%。城镇常住居民人均可支配收入年均增长7.0%、农村常住居民人均可支配收入年均增长7.5%,分别达到37500元、22600元。

三是生态环境建设方面:到2020年,环境空气综合污染指数、二氧化硫排放量、化学需氧量(COD)排放量、万元地区生产总值综合能耗等约束性指标控制在上级下达的目标考核任务内。地下水位年均上升0.2米。年度造林合格面积率保持100%,森林覆盖率力争达到25%,优良天气率达到60%左右。

重点要做好十二方面的工作:一是坚持走新型工业化道路,构建产业新体系。二是大力推进农业现代化,打造都市型农业示范区。三是积极融入太原都市圈,统筹区域协调发展。四是加快推进新型城镇化,建设绿色清洁清徐。五是推进生态文明建设,建设低碳清徐。六是实施创新驱动战略,建设智慧清徐。七是大力发展县域文化,建设特色文化名城。八是完善社会治理体系,打造和谐清徐。九是提升公共服务水平,打造幸福清徐。十是全面推进法治进程,建设法治清徐。十一是加强基础设施建设,为转型发展提供支撑保障。十二是深化重点领域改革,为转型发展提供内生动力。

二、认真做好2016年工作,确保“十三五”开好局、起好步

2016年是“十三五”的开局之年,主要预期目标是:地区生产总值增长8%,固定资产投资增长19%,规模以上工业增加值增长8%,社会消费品零售总额增长7%,服务业增加值增长12%,一般公共预算收入增长4%,城镇常住居民人均可支配收入增长8%,农

村常住居民人均可支配收入增长7.5%以上。节能减排等约束性指标完成省、市下达的任务。围绕上述目标，重点抓好七方面的工作：

（一）深化结构性改革，培育新型产业体系。加快传统产业转型升级。一方面，要落实全省企业减负“60条”、工业“20条”等政策，统筹协调煤矿水电路等要素配置，推动碾沟煤矿、锦富煤矿如期投产。加快钢铁、焦化等企业提档升级和技术改造，实施阳煤化工炉渣粉煤灰循环利用、亚鑫民用洁净焦洁净煤、美锦钢铁高炉冲渣水余热利用供热等项目，逐步形成工业多点支撑格局。另一方面，关停取缔41家违法违规企业，腾出环境容量，腾出用地空间，发展一批新型产业。

大力发展新兴产业。抓好83项重大产业、重大基础设施、重大民生等重点工程项目建设，完成74.4亿元年度投资预期目标。抓住沿海加工贸易产业转移机遇，大力发展高端装备制造等九大新兴产业，促进太原卫校、徐沟“双创基地”等项目落地。加快推动太焦客专、粮油交易中心、气象站搬迁、榆清输气管线等项目开工建设，确保阳煤化工、华阳燃气等项目顺利投产。

提升园区承载能力。坚持“一区三园一带”产业布局，放大“平台效应”，做大经济总量，打造发展“引擎”。尽快促成上海纳克润滑油项目落地开工。编制食醋产业园发展规划，吸引食醋和其他食品企业入驻，打造全省食醋产业及醋文化集聚区。加强徐沟路网、供热、污水处理等承载能力建设，加快建设全市教育实训基地，积极引进市职教园区，促进人口集聚。结合“双创示范基地”建设发展王答产业园，吸引40家小微企业入驻。继续在208国道沿线发展现代综合物流、农副产品物流、超市配送物流，鼓励生产性企业物流业务外包，加快发展第三方物流。

（二）夯实“三农”发展基础，促进现代农业提速发展。加强农业基础设施建设。投资8300万元，实施白石沟提水灌溉工程。在徐沟、孟封2镇8村实施小型水利重点县项目，完成1.45千米太榆退治理、白石沟交叉闸枢纽等工程。实施规模化节水灌溉增效示范项目，发展灌溉面积2233公顷。实施机井更新改造项目，安装滴灌系统989套，治理水土流失400公顷。农机化综合水平达到81.9%，创建全省农机化综合示范县。

发展壮大特色产业。打造以集义为核心的高效设施蔬菜连片种植基地，集中连片新建80公顷日光温室，种植蔬菜13580公顷，巩固省城“菜篮子”地位。开展200公顷干果经济林提质增效管理活动，集中连片发展葡果种植业，抓好大寨180公顷中药材基地和北方七龙333公顷花卉特色种植基地建设。集中培育5个高标准现代农业示范园区，重点打造食醋、畜禽、蔬果、酒水、面粉加工等五大优势产业集群。加快农产品向营养保健等产业延伸，农产品加工销售收入增长5%。

（三）合理配置资源要素，发展壮大现代服务业。加快发展现代物流业。全面实施电子商务进农村综合示范项目，依托乐村淘、邮政等企业整合物流配送资源，启动运行电商公共服务中心、线下实体产品展示中心、县级物流仓储配送中心，改造升级70个村级服务站点，带动区域物流融合发展。拓宽特色农产品及工业品销售市场，实现电子商务交易规模年均增长45%。

融合发展现代农业、旅游业和文化产业。按照现代农业休闲观光区的总体布局，坚持目的地与集散地建设并重，整合都市农业、文物遗存、文化特色资源，打造“醋都、葡乡、菜园子和非物质文化遗产”特色精品旅游线路。举办特色乡村旅游活动，年接待游客增长5%，旅游收入增长6%。

大力发展金融服务业。鼓励中小融资性担保机构增资扩股，新设1家民营融资担保公司、2家小额贷款公司。鼓励村镇银行在县内普设分支机构，支持清徐农商行扩大资产管理经营规模，在县外设立分行，新引进两家银行驻清发展。完善“助保贷”融资模式，力争年内发放“助保贷”资金1亿元。加快推动水塔、紫林中小板上市，年内完成康镁、百澳新三板挂牌，协助精诚镁合金、景源热电等企业做好清产核资和股份制改造。

（四）科学统筹城乡发展，稳妥推进新型城镇化。坚持规划引领。按照“六个一体化”要求，进一步优化土地空间布局，加强用地空间管控，实现产业集中集聚，完成新一轮土地利用总体规划修编。抓紧编制《县城中心区控制性详细规划》。坚持“地上”“地下”统筹，科学编制《城市排水防涝专项规划》《城市污水处理设施专项规划》《城市再生水利用规划》《县域农村生活垃圾治理专项规划》《县城综合管廊专项规划》，以及东于特色风貌景观规划和村庄整治规划等。

加快基础建设。对接首创集团等大型投资机构及社会力量，采用PPP等模式，加快路网、管网和绿化、美化等基础建设工程，提升县城、徐沟集中供热能力，新建榆次至清徐、华阳门站至西木庄两条燃气管线。加快文源路、紫林路、清东路半互通工程建设，完成国锦供热长输管线换热站、引黄调蓄池等扫尾工程。实施北夏线改造、农村公路完善提质、农村公路窄路变宽路面改造工程70余千米及贯中桥等5座危桥改造工程，积极对接推进环卫产业示范基地和河东河西连接线建设工程。农网改造升级13个村23个台区。实施宽带光纤改造工程，增设光纤线路，新建无线信号4G基站16个，提升信息通讯服务质量。

改善城乡环境。积极探索城乡综合执法，持续打击“违法占地、违法建设”，开展交通秩序、私搭乱建、环境卫生专项整治，规范城乡建设秩序。

（五）推进生态文明建设，构建生态宜居环境。严把建设项目总量核定、排污许可关，推行环境标准化建设和环境信用评价等级评定，淘汰落后产能。年内完成94家久试不验企业、119个未批先建项目环保分类处置任务。对水泥、钢铁、焦化等重污染企业实行“一厂一策”提标改造，在焦化行业率先开展环境污染第三方治理试点，着力解决美锦、梗阳卫生防护区有关问题。加强环境监测点周边1平方千米、307国道两侧等重点区域综合治理，20个社区、7868台燃煤采暖设施置换洁净焦34759吨，完成8村、2000户农村居民气化改造。

开展2370公顷创建国家森林城市工作，实施30个村庄绿化工程，全面完成省市造林绿化任务和高速南出口等重点节点绿化工程。全面落实最严格水资源管理制度，工业企业计量设施安装率力争达到85%。完善社区基础设施，集中力量创建10个美丽乡村、2个高标准示范村，切实改善人居环境。

（六）推进改革创新攻坚，激发县域发展活力。编制公布政府权力清单、责任清单及“两图一表”，建立权力清单动态管理机制。优化行政审批流程，实行中介服务清单管理，探索公共资源交易平台运行监管体制机制建设，实现市县乡三级审批服务网络同步运行。

实施创新驱动发展战略，建立健全创业创新优惠政策和服务体系，建设众创空间、中小企业创业基地、小微企业孵化园、商贸集聚区四类双创载体，加大科技创新力度，创建科技创新公共服务平台。对新创办企业的扶持方式从选拔分配式向普惠引领式转变，年内新增小微企业310家，高新技术企业达到5家以上，有效发明专利拥有量达到25件，高新技术产业增加值占工业增加值的比重达到20%，科技进步对经济社会发展的贡献率提高5个百分点。全面实施“营改增”试点工作，完善企业登记和注销流程。倡导社会主义核心价值观，建立完善社会诚信体系。

（七）保障和改善民生，维护和谐稳定大局。一是启动北城九年一贯制学校和南城实验小学的续建工程，实施6所幼儿园教室及附属设施新改扩建和3所薄弱学校建设，建成金川初中，完成10所学校办学特色化、161个中考考场标准化建设，通过义务教育均衡化验收。二是深化医疗卫生体制改革，探索医疗机构纵向联合协同机制，推进县乡医疗卫生计生疾病防控服务一体化。实施县妇幼院、王答卫生院改扩建工程，建设115个村级卫生所、社区卫生计生服务中心（站），加快县二院、中医院建设，县内就诊率基本达到80%，住院率达到70%。三是扶持养老服务业发展，建成6个农村老年人日间照料中心、2个城市社区养老服务中心、2个城市社区老年人日间照料中心。新建60套保障房，完成950户农村危房改造任务。四是把精准扶贫攻坚作为“第一民生工程”，对1679建档立卡户实施多项措施进行帮扶。确保30%的贫困人口年内脱贫。五是积极推进居民参保工作，扩大社保、医保覆盖范围，推动新农合和城镇居民医保并轨。落实再就业援助制度，实现三级劳动保障和就业服务城乡全覆盖。落实国家帮扶救助政策，开展临时救助和城乡大病医疗救助，切实保障低保户、五保户、重点优抚对象等重点救助对象及孤寡老幼病残等困难群体的基本生活。

新蓝图承载新希望，新奋斗铸就新辉煌！让我们进一步凝心聚力抓落实，砥砺前行求发展，全力推进各项工作，敢于担当、积极作为，真抓实干、马上就办，以“人一之我十之、人十之我百之”的干劲干事创业，为打造全省综合实力强县、确保如期全面建成小康社会而努力奋斗！

开拓创新，争先进位，实现园区经济持续快速健康协调发展

太原不锈钢产业园区管委会主任　李贵增

“十三五”时期是我国全面建成小康社会决胜阶段。作为园区来讲，“十三五”是我们实施“二次创业”，

实现从量变到质变的攻坚时期，是调整产业布局，实现转型升级发展的重要时期，更是适应新形势、迎接新挑战、取得新突破的关键时期。我们要深刻认识并准确把握当前的新形势，抓住重要战略机遇期，科学规划，合理调整，促进园区经济平稳发展，推进园区各项事业全面进步。

一、“十三五”时期的指导思想

全面贯彻党的十八大和十八届三中、四中、五中全会精神，以马克思列宁主义、毛泽东思想、邓小平理论、“三个代表”重要思想、科学发展观为指导，深入贯彻习近平总书记系列重要讲话精神，坚持“四个全面”战略布局，坚持稳中求进工作总基调，以转变发展方式、促进经济又好又快发展为目标，以“区区融合”战略为核心，促进不锈钢深加工、新型制造、现代物流三大传统产业的转型升级。大力发展节能环保、新能源、现代农业等新兴产业，进一步解放思想，开拓创新，争先进位，抓住新机遇，增创新优势，实现园区经济持续快速健康协调发展。

二、“十三五”时期的目标任务

到2020年末，主要经济指标较2015年实现翻番，建成规划布局合理、产业规模集聚、社会功能完善、投资环境优美、自主创新能力强的现代化工业新区和带动全市经济社会发展的示范区，综合实力跻身全省开发区先进行列。

（一）强化产业发展布局，突出区区融合优势。紧抓园区与尖草坪区融合发展的优势，在园区和尖草坪区范围内，大力发展包含第一、第二、第三产业在内的各类专业园区。一是优化不锈钢深加工业。选择一批规模大、市场前景好的高精尖不锈钢深加工企业入驻园区新区。鼓励入驻企业积极采用高新技术和先进适用技术进行工艺和装备的改造。将高精尖不锈钢深加工企业列入全市重点扶持企业给予扶持，并争取国家和省有关政策和资金的支持。同时，加大研发力度，满足产业更新换代需求。不断推陈出新，在激烈的行业竞争中占据优势。二是发展节能环保装备制造业。按照发展绿色经济、低碳经济和循环经济的新要求，园区将加大对先进节能环保技术装备及产品开发推广，突破重点领域关键技术，推动节能环保设备（产品）生产与经营整体水平的提高。在引入环节上，园区将重点引入节能环保装备产业，使园区新区成为国内知名的环保及新能源设备研发、生产、服务基地。三是扶持新能源产业。按照《山西省加快推进新能源汽车产业发展和推广应用的若干政策措施》的政策要求，加快出台园区相关扶持推进措施。在尖草坪区范围内，尽快启动新能源产业园区规划建设，抢抓新能源汽车产业发展先机。四是升级现代物流业产业。在园区当前已建立起相对成熟的农产品物流和医药物流体系的基础上，园区将积极调整物流产业结构，转变发展方式，努力构建更为高效的现代物流服务体系。同时，促进物流业与制造业、农业和医药行业的联动发展，紧紧抓住电子商务高速发展的战略机遇，加快物流业与电子商务、产业集群的融合发展。不断完善物流市场体系，在园区物流资源整合过程中，从产业链角度加强园区管理。五是发展现代农业产业。按照市政府批复园区扩区精神，在尖草坪区泄洪区2000公顷土地范围内，按照现代农业、采摘、观光、旅游四大功能板块，尽快编制完成该区域产业发展规划。

（二）强化招商引资质量，加速工业集群发展。一是进一步完善重大项目库。建立开发区“十三五”重大项目库，优化项目结构，注重引进技术含量高、占用资源少、低碳环保型项目，特别是通过产业链招商、以商引商，引进基地型、龙头型项目和研发机构，突出工业项目规划编制和储备，建立项目滚动式发展机制，切实把项目招商工作做扎实，进一步增强开发区未来五年发展的后劲。二是全力推行开放式招商。利用各种招商平台，加强“走出去、请进来”，加大对外开放力度。积极围绕培育壮大不锈钢深加工业、新型制造业、高新技术产业、新能源等产业，强化产业链招商，促进以商引商，探索中介招商、整体招商，促进开发区对外招商的新突破。实行以园招商、以企招商、以链招商的方式，大力引进项目入园建设发展，不断提升园区活力。三是不断提高招商质量。加大对科技含量高、环境污染少、经济效益好、资源消耗低、能够创造更多就业岗位和税源，及能够提高地方经济发展质量和水平的项目引进，不断优化引资结构，充分发挥区外资金的带动作用，逐步实现让外资生根、让内资生长的良性循环。坚持科技先导、自主创新，引进科技含量高的项目入驻园区，促进企业上规模、增实力。

（三）强化基础配套建设，增强项目承载能力。高起点规划、高标准搞好基础设施建设。多渠道、多方式筹措资金，加大基础设施的投资力度。进一步完善开发区路、水、电、讯、热、气、污水等基础设施配套能力，提高投资强度，提高承接大项目的能力。在科学合理确定园区发展目标的基础上，高起点、高标准严格划分各种不同类型的功能区，使规划具有超前性；按照科学发展、可持续发展的观点，提高生态环境质量，适度提高建筑容积率，大力推广节能环保，如建筑多层标准厂房，搞好绿化、提高文化品位，营造良好的环境平台。

（四）强化循环集约发展，促进企业升级扩能。一是发展循环低碳经济，促进产业链延伸。坚持以引进低碳环保、低能耗项目为目标，坚决控制资源消耗大的工业项目进入开发区。严格执行工业项目环保“三同时”制度,开展节能减排,发展循环经济,做好产业配套建设,促进产业链延伸,切实转变经济发展方式。二是推行节约和集约利用土地。坚持实行最严格的土地保护制度,做好土地利用评价,按照节约和集约利用土地的要求,调整开发区基础设施建设、企业用地指标,完善土地使用市场准入制度和招拍挂制度,提高土地利用率和产出率。三是以企业产出效益为重点,强化对企业的政策支持和资金支持。坚持市场导向,着眼科技含量高、附加值高的项目,促成一批新能源和环保科技项目入园扩能,增强企业的竞争力,做大园区产业聚集度和产业链,寻求资源配置与市场需求的最佳结合点。四是加大工业技术改造、创新力度支持企业加强与高等院校的合作。将园区打造成高层次人才聚集区、产学研结合密集区、科技成果转化汇集区,努力培育一批具有自主知识产权的品牌和技术。积极探索创新产学研发展模式,全力提高企业的核心科技水平。在调整产品结构上,要以“高、精、专、深”为方向,提高产品的科技含量和附加值;在产业调整上,要把园区的工业项目与全市的重点行业的技术改造紧密结合起来,实施重大技术创新和产业化项目,培育和扶持重点骨干企业。

(五)强化体制机制创新,优化企业发展环境。一是创新开发管理体制。转换园区政府管理方式,强化引导服务功能,逐步由政策管理为主向规则管理为主转变;继续走管理职能和经营服务职能相分离的路子,探索园区的经营性开发公司按市场化运作的新型开发管理模式,逐步实现开发区发展由政策资源驱动型向体制机制驱动型转变。二是加快构建综合服务体系。开展新一轮环境建设,由以人性化服务、政策优惠为主,转向降低综合商务成本,优化安全环境、生态环境、社会环境,营造良好的综合投资环境。进一步完善服务大厅内税务、国土、安监、环保等部门的服务流程,精简审批流程。为入区各类企业提供经营管理、技术、市场营销、信息、人才、财务、金融、法律等方面的服务,为企业研发创造优良环境。三是进一步完善投资服务功能。继续推广服务大厅“一站式”办公,探索网上办公,真正实现“政策更优、审批更快、服务更好”,为投资者和驻区企业提供优质高效服务。搭建精准服务平台,强化土地、电力、交通等要素保障,支持重点企业在招商引资和项目建设、高新技术产业化发展上等涉及企业发展问题上用足用活政策,及时研究和处理企业在发展过程中存在的问题,落实各项优惠政策,促进企业做大做强,营造企业发展良好的政务环境和发展环境。搭建信息沟通平台,建立和完善相关的企业信息网站,帮助企业发布产品信息和招商信息,通过塑造企业形象、推介产品、提升知名度等方式扩大企业的社会影响力。搭建与企对接平台,加强市场发展前景良好和融资需求旺盛的成长型园区企业与银行间的对接,健全完善企业征信体系,构筑支撑主导产业和战略性新兴产业发展,覆盖企业创生、成长全过程的金融服务体系,培育园区金融生态环境。

着力建设美丽大同、富裕大同、幸福大同

大同市市长　**马彦平**

一、“十三五”时期总体发展思路和主要目标任务

“十三五”时期是我国全面建成小康社会的决胜阶段,也是我们同心同力发展大同的关键时期。“十三五”时期我市经济社会发展的思路和主要目标是:在提高发展平衡性、包容性、可持续性的基础上,实现“两中高”“两翻番”“两快于”“两突破”。即努力争取经济总量迈入全省中高位,产业发展迈向行业中高端;确保地区生产总值比 2010 年翻一番,城乡常住居民人均可支配收入比 2010 年翻一番;农村常住居民人均可支配收入增长快于城镇居民,贫困地区农民收入增长快于全市居民;到 2020 年,新型工业化、信息化、城镇化、农业现代化建设取得重大突破,美丽大同、富裕大同、幸福大同建设取得重大突破,大同与全国、全省一道同步实现全面小康。

一是推进创新发展,不断增强发展动力。立足科技创新,实施创新驱动和人才强市战略,建设御东互联

网产业园、科技孵化中心、技术创新中心和创客公园，培育一批具有竞争力的创新型领军企业。大数据、云计算、物联网广泛使用，科技与经济深度融合，研发经费投入强度超过2.5%，科技进步对经济增长的贡献率突破60%。“革命兴煤”工程取得重大突破，新产业、新业态和新增长点快速生成，多元支柱的产业格局基本形成。

二是推进协调发展，着力优化发展布局。统筹推进区划调整和新型城镇化，加快推进“数字大同”和“智慧大同”建设，到2020年，常住人口城镇化率达到65%，户籍人口城镇化率达到58%。加速推进产城融合，城市的宜居性、城乡的和谐度、居民的幸福感显著增强。全力推进新农村建设，大力发展都市型现代农业，培育建设一批辐射带动能力强的乡镇群和增长极，城乡一体化发展格局基本形成。

三是推进绿色发展，倾心打造美丽家园。推进能源资源“双控”，加快主体功能区布局和生态安全屏障建设，促进低碳循环发展，基本形成绿色低碳发展方式和生活方式。“十三五”期间，森林覆盖率年均提高0.5%，建成区绿化覆盖率年均提高1%，实质性推进生态涵养示范区和“首都后花园”建设。

四是推进开放发展，大力拓展发展空间。主动对接“一带一路”，务实参与“中俄蒙经济走廊”建设，不断深化与京津冀三地合作，全力打造京津产业转移重要战略区域，加快融入环渤海合作发展圈，拓展跨区域发展的深度和广度。推动乌大张跨区域合作和晋陕蒙能源富集区合作。积极承接发达地区产业转移，努力构筑晋北区域合作和对外开放新高地。

五是推进共享发展，切实增进民生福祉。不断加大对民生工程和社会事业投入，健全就业、住房、社保、教育、医疗卫生等公共服务体系，努力让发展成果更多更公平更实在地惠及人民群众。基本消除区域性整体贫困，实现农村贫困人口稳定脱贫，贫困县全部摘帽。城乡常住居民人均可支配收入年均分别增长6.5%左右和6.5%以上，新增城镇就业20.5万人。

六是推进廉洁和安全发展，全面创优发展环境。扎实推进“六权治本”，从源头上织密编牢制度的笼子。坚持不懈抓好安全生产。建设更有保障的质量安全体系和更加完善的公共安全保障体系，初步形成全民共建共享的社会治理格局，实现廉洁安全发展与经济社会发展的良性互动。

二、认真做好“十三五”开局之年的各项工作

2016年是实施“十三五”规划的开局之年，也是推进供给侧结构性改革的攻坚之年，做好今年的工作意义十分重大。全年经济社会发展预期性目标是：地区生产总值增长6.5%以上，固定资产投资增长12%，社会消费品零售总额增长6%，公共财政预算收入下降6%，城镇常住居民人均可支配收入增长6.5%左右，农村常住居民人均可支配收入增长6.5%以上，新增城镇就业岗位4.1万个，城镇登记失业率控制在4.2%以内，居民消费价格涨幅控制在3%左右。全面完成省下达的安全生产和节能减排等约束性指标。

围绕实现上述目标，我们要重点抓好四个方面工作：

（一）推动供给侧结构性改革，促进经济平稳健康增长。坚持稳定经济增长和推进结构性改革有机结合，优化存量、引导增量、主动减量。积极稳妥去产能。严格控制新增产能，坚决淘汰落后产能，有序退出过剩产能。对资不抵债、扭亏无望的“僵尸企业”“僵尸项目”，妥善处置，市场出清。多种途径去库存。重点是打通商品房、安置房、保障房转换渠道，积极消化房地产库存。坚定不移扩投资。扎实推进“项目创新年”活动，紧盯国家投资七大重点方向和省十大重点领域，做好项目谋划，加快前期工作，狠抓项目落地建设。

（二）构筑项目支撑体系，促进产业结构调整。以项目为抓手，切实优化传统产业、培育新兴产业、壮大接续产业，做好煤与非煤两篇大文章。加快工业转型升级。推动煤炭产业集约清洁高效发展。坚持有保有压，认真落实产能置换政策，加快推进同煤3个千万吨矿井建设，严格控制产能总量。实施煤电一体化战略，抓好坑口电厂建设。塔山电厂二期项目并网发电，3个低热值煤电厂尽早完工，打造千万千瓦级煤电基地。下大力气延伸煤炭产业链，加快发展新型煤化工产业。重点推进煤制气、甲醇、烯烃等项目，打造晋北煤化工基地。充分发挥比较优势，培育壮大新兴产业。支持高速列车受电弓、玄武岩深加工、碳纤维汽车骨架等项目开发建设，稳妥开发石墨资源和石墨烯产业，加快发展新材料产业。以中车、山柴、大齿等大型企业为依托，扩大北宇新能源电动乘用车产能产量，推进瓦斯发电机组研制生产，做好轻轨地铁研发生产基地项目，推进通航产业园建设，打造装备制造和轨道交通基地。依托两个医药园区，推进威奇达光明药业重组、好医生中草药、浑源黄芪科技开发等项目建设，努力建成全球最大的抗生素生产基地。抓紧落实国家光伏示范基地二期100万千瓦项目，推进风力发电项目建设，加快浑源抽水蓄能调峰电站项目开工建设，争创智慧能源产业园区，打造千万千瓦级新能源基地。做大做强文化旅游产业。围绕景区景点、线路设计、基础设施、服务提升、营销推广“五环联动”，坚持扩容、提质、升级、增效，加快体制机制创新，形成以古城为核心、东南西北四线同步发展的“一核四线”旅游发展格局。实施“互联网+旅游”行动，推广旅游企业在线服务，加大旅游营销力度，促进旅游产业转型升级，建设旅游休闲度假目的地、山西旅游北大门和全省旅游集散中心。加大火山群、平型关、大泉山等景点景区建设力度。开通大同—北京、大同—太原旅游专列，启动沿长城旅游公路、永固陵至208国道旅游专线建设。推进房车营地度假项目。积极申办全省旅游发展大会，深度开发民间工艺品，充分发挥节庆和会展的带动作用，推进文化产业与旅游业深度融合。加快推进市县两级公共文化体育场馆建设。打造煤气工业遗址文化创意园。方特欢乐世界主题公园暑期开门迎客。大力发展现代服务业。加快电子商务与物流协同发展试点城市建设工作，全面推行电子商务交易，新增10家电商企业。推进万昌物流二期、上海文通等项目建设，争取华阳玛里纳陆港、晋北国际物流园区等项目年内开工。全力打造现代养老产业，建设御东新区、大同县火山群康养基地，实施阳高温泉养生镇综合开发项目。

（三）聚焦脱贫攻坚，统筹做好“三农”工作。完成高标准农田建设1.2万公顷，推广测土配方施肥23.3万公顷，实施膜下滴灌867公顷。新增设施农业667公顷，发展道地中药材种植基地1333公顷。支持小杂粮产业做大做强。新建扩建标准化养殖小区200个，整合带动个体养殖发展。推进原料生产、加工物流、市场营销融合发展。加大“三品一标”认证力度，打造面向京津冀、面向环渤海、面向全国的特色农业品牌。不断深化与顺鑫、中地、首农等京企合作，积极推进正大生猪全产业链和内蒙古香岛光伏设施农业等总投资上百亿元的大项目。突出大园区建设，新建30个规模大、效益好、带动强的现代农业标准园区。全面提升农村建设和社会治理水平，以改善农村人居环境工程为抓手，促进城市基础设施向农村延伸、公共服务向农村拓展、城市文明向农村辐射。加大贫困地区自然村和采煤沉陷区村庄搬迁力度，加大传统村落民居和历史文化名村名镇保护力度。创建10个省市级美丽宜居示范村和840个省级达标村。继续深化农村改革，完成48个乡镇、1000个村的农村土地确权登记颁证工作。扩大土地经营权抵押、担保试点，健全农村产权交易市场体系。确保完成年度脱贫攻坚任务。以连片特困地区为主战场，把“五个一批”真正落实到村、到户、到人。对3.2万具有劳动能力的贫困人口，通过企业产业扶持和提供培训、金融支持等手段实现脱贫；对1.3万“一方水土养不起一方人”的贫困地区人口，分类引导群众向县城、重点镇和中心村搬迁脱贫；对1万名贫困户子女加大教育资助力度，阻断贫困代际传递；对0.5万丧失劳动能力以及符合低保、五保和残疾条件的贫困人口，通过光伏扶贫和社会保障政策兜底脱贫。构建扶贫资金多元投入机制，加大财政扶贫投入力度，引导更多金融资金和社会资本参与扶贫开发，形成专项扶贫、行业扶贫、社会扶贫“三位一体”的大扶贫格局，务必实现210个贫困村摘帽、6万贫困人口脱贫的目标。

（四）增强服务人民理念，加快新型城镇化步伐。提高城乡规划管理水平。按照“一主三副，一轴一带”市域空间布局，完善重点区位控制性详规，推进“多规合一”。高度重视城市设计。稳步推进城市综合执法，实现城市分级分层管理。持续推动城乡清洁工程，开展达标创建活动，创建省级保洁示范街、容貌示范街。加快云计算和数据中心建设，全面推广数字化城管模式推动城市内涵式发展。统筹协调老城区、御东区和口泉区发展，积极谋划实施城市快速道路和轨道交通，加快实现功能对接、高度融合、同步发展。加大古城保护力度。全面推进代王府片区的修复和开发，钟楼、太平楼主体建成，明堂公园基本完工，西城墙主体合拢，护城河全线贯通，南、西、北城墙带状公园和平城街拓改工程全部完工。积极推进古城整体开发，进一步完善古城管理体制，努力把古城打造成最有实力、最显活力、最具魅力的大产业，延续文脉，提升功能，集聚人气，激活助火古城，实现广大群众多年的夙愿。加快旧城改造步伐。新建续建城市道路工程154项，北环路拓改竣工，北环桥建成通车，开源桥力争主体完工，畅通微循环，打通断头路，建设便民路。加快御东区功能配套。搞好公共服务，有效承接产业、人口和城市功能转移。积极探索以市场化手段推进大剧院、美术馆、体育中心的建设运营，图书馆年内投入使用。加快万达商业综合体建设进度。围绕高铁站场建设打造高铁商务圈。让御东新区尽快成为宜居宜游宜业和山水林田湖特色市区。加快推进口泉中心区建设。统筹协调，同步规划，大力推进生态环境综合整治工程，完善基础设施配套和公共服务功能，建设低碳、绿色、集约、智慧的现代化市区。持续改善城乡人居环境。扎实推进城市人居环境改善工程，征收安置1.7万户、改造棚户区5.5万户。建成污泥干化处理厂，启动融雪剂熔化池建设。坚持地上地下并重，道路管网同步实施，启动建设地下综合管廊。加强大县城和重点镇建设。以提升承载能力为目标，强化中心城区各组团与县城之间的产业协作协同，逐步形成横向错位发展、纵向分工协作的发展格局。继续推进农村人居环境改善工程，圆满完成2.9万户农村危房改造和抗震住房改建任务，启动9321户采煤沉陷区和农村地质灾害治理搬迁工作。

实干成就梦想，奋斗铸就辉煌。在省委、省政府的坚强领导下，让我们充分发扬“说干就干、马上就干”的精神，牢记使命，不忘初心，为大同全面实现小康社会而努力奋斗！

建设美丽、富裕、幸福新南郊

大同市南郊区区长　**任希杰**

“十二五”时期是我区经济社会发展很不平凡的五年。面对严峻复杂的经济形势和艰巨繁重的改革发展稳定任务，全区上下认真贯彻落实党的十八大、十八届三中、四中、五中全会精神和习近平总书记系列重要讲话精神，凝心聚力，攻坚克难，较好地完成了各项工作目标任务，实现了经济社会的持续、平稳、健康发展，为“十三五”发展打下了良好的基础。

一、“十三五”时期全区经济社会发展的指导思想和目标

“十三五”时期，是全面建成小康社会的决胜阶段，也是我们同心同力发展南郊的关键时期。全区经济社会发展的指导思想是：深入贯彻落实党的十八大和十八届三中、四中、五中全会以及习近平总书记系列重要讲话精神，以邓小平理论、“三个代表”重要思想和科学发展观为指导，按照“四个全面”战略布局和省委“一个指引、两手硬”发展思路，紧紧围绕市委、市政府“一三六”发展战略，牢固树立创新、协调、绿色、开放、共享发展理念，紧扣乌大张，对接京津冀，融入环渤海，着力加快转型发展，着力推进改革创新，着力满足群众需要，着力强化生态涵养，着力维护安全稳定，着力加强从严治党，全力打造“四区一中心”，同心同力建设美丽南郊、富裕南郊、幸福南郊，在全市率先全面建成小康社会。

今后五年全区经济社会发展的主要目标是：在提高发展平衡性、包容性、可持续性的基础上，实现“两翻番”“两快于”“两突破”，即确保地区生产总值比2010年翻一番，城乡常住居民人均可支配收入比2010年翻一番；农村常住居民人均可支配收入快于城镇居民，贫困村农民收入增长快于全区农民；到2020年，新型工业化、信息化、城镇化、农业现代化建设取得突破，美丽南郊、富裕南郊、幸福南郊建设取得突破。

实现上述目标，必须认真做好以下几项工作：

*（一）推进创新发展，着力加快转型升级。*加快推进转型综改示范区建设，不断深化重点领域和关键环节改革。着力推进创新驱动，实施人才强区战略。做好煤和非煤两篇文章，推动煤炭产业转型升级，加快非煤产业发展，培育发展新产业、新业态和新的经济增长点，基本形成多元支柱的产业格局。

*（二）推进协调发展，着力形成均衡发展格局。*坚持发展经济和改善民生并重，促进经济社会协调发展。统筹推进新型城镇化，加快建设“数字南郊”和“智慧南郊”。加速推进产城融合，切实增强城市宜居性、城乡和谐度、居民幸福感。全力推进新农村建设，大力发展都市现代农业，培育一批辐射带动力强的乡镇群和增长极，基本形成城乡一体化发展格局。

*（三）推进绿色发展，着力建设美丽南郊。*推进能源资源“双控”，加快建设主体功能区，构建科学合理的城市化格局、农业发展格局、生态安全格局。推动低碳循环发展，促进资源节约高效利用。实行最严格的环境保护制度，实施大气、水、土壤污染防治行动计划，推进城乡环境整治。“十三五”末，森林覆盖率提高到23.5%，实质性推进生态有为区建设。

*（四）推进开放发展，着力培育合作共赢新优势。*创新对外开放体制环境，拓展跨区域发展的深度和广度。积极承接发达地区产业转移，提高招商引资质量和水平，提升外贸核心竞争力，努力构筑晋北区域合作和对外开放新高地。

*（五）推进共享发展，着力保障和改善民生。*扎实做好教育、医疗、就业、收入、住房、社会保障等民生工作，实施好城乡人居环境改善工程，促进人口均衡发展，提高城乡居民生活水平和健康水平，举全区之力坚决打赢脱贫攻坚战。力争到2017年底前，全区9个贫困村、912户、2200人全部脱贫；力争在“十三五”期间，城镇、农村常住居民人均可支配收入分别年均递增6.7%、8%。

二、努力做好2016年工作

2016年是实施“十三五”规划的开局之年，也是推进供给侧结构性改革的攻坚之年。全年经济社会发展的主要预期目标是:地区生产总值增长6.5%以上,固定资产投资增长15%,规模以上工业增加值增长3.2%,社会消费品零售总额增长6.1%,公共财政预算收入下降34.2%,城镇常住居民人均可支配收入增长6.7%,农村常住居民人均可支配收入增长6.5%以上,城镇登记失业率控制在4.2%以内,居民消费价格总水平涨幅控制在3%左右;全面完成市下达的安全生产和节能减排等约束性指标。

围绕上述目标,必须全力抓好以下七个方面工作:

*(一)以更强的决心推进供给侧结构性改革,增强经济发展新活力。*积极稳妥去产能。年内关闭2座煤矿、缓建5座煤矿,压减煤炭产能444万吨。扩大需求去库存。全面打通商品房、安置房、保障房转化渠道,积极消化房地产库存。提高棚户区改造货币化安置比例。增强活力降成本。大力度实施精准帮扶,积极推进"营改增"改革,清理和规范涉企收费,降低企业制度性交易成本,提高企业盈利空间和竞争能力。

*(二)以更大的力度优化产业结构,培育经济增长支撑力。*全区计划新上、续建各类重点项目150项,总投资1147.21亿元,年内计划投资269.54亿元,其中:新上82项,续建68项;10亿元以上31项,亿元以上63项。加快煤炭产业转型升级,全面推进煤炭工业清洁高效发展。实施煤电一体化战略,推动同煤塔山二期2×66万千瓦低热值煤发电项目并网发电,同煤大唐热电三期66万千瓦热电联产、国投塔山2×66万千瓦二期扩建项目早日开工。加快建设现代煤化工基地,推动60万吨烯烃项目尽快开工建设,推动非煤工业提质增效。培育壮大新能源产业。重点推动采煤沉陷区高山—云冈片区50万千瓦光伏发电项目一期工程达产达效,二期工程尽快落地;富乔垃圾发电厂污泥干化处理项目尽快建成。积极发展新材料产业。在继续完善液化空气、高岭土综合利用、和正环保建材等项目的同时,推进年产18万吨无机矿纤维生产线项目尽快落地。此外,要加快传统石化能源改造升级,推动国新能源大同液化调峰储备集散中心项目尽快建成。提升现代服务业活力。充分发挥我区独特的区位、交通优势,发展大商贸,开拓大市场,培育大集团,全面构建辐射晋冀蒙的商贸物流中心区。要以大同市创建国家电子商务与物流快递协同发展试点城市为契机,积极实施"互联网+"行动计划,提升区域影响力。做大做强文化旅游产业。紧紧依托云冈景区,整合区内各类旅游资源,开辟旅游精品线路;依托地缘优势,发展乡村旅游,促进文化旅游产业快速发展。

*(三)以更优的政策扶持现代农业,积蓄"三农"发展驱动力。*扎实推进现代农业发展。继续实施12个方面20项惠农政策,大力发展绿色农业、循环农业、特色农业和品牌农业,全力打造环城都市农业聚集群。不断提升设施农业效益和水平。新增设施农业面积53公顷,重点抓好禾润、杨家窑2个市级,白马城、大路辛庄、西水磨等15个区级设施农业示范园区的提档升级,最大限度地发挥园区的规模效益。着力推动畜牧业转型升级。继续实施"畜牧强区"战略,巩固提升奶牛业,大力发展肉羊业,扎实推进国家粮改饲试点县工作,促进草食畜牧业发展。力争到年底,全区奶牛存栏2.7万头,肉羊饲养量达43万只,肉、蛋、奶总产量分别达到1.8万吨、1.4万吨、7.7万吨。发展壮大农业龙头企业。重点抓好牧同乳业年产18万吨液态奶生产线二期项目,带动奶牛养殖业发展;抓好博润苑二期农业循环产业园项目,带动大同乃至周边地区水产养殖业大发展。不断加强农业基础设施建设。重点完成十里河大同市矿区——云冈湾段河道治理,北村、南村、西万庄、下窝寨4村连片高标准农田建设及京津风沙源水利配套等项目,增强农业综合生产能力。

全力推进脱贫攻坚。按照"六个精准"要求,落实"五个一批"措施,在北榆涧等4个村实施整村推进奶牛养殖脱贫项目;对白塘村等5个贫困村、358户、809人实施易地移民搬迁;对丧失劳动能力的贫困人口,符合条件的低保、五保和残疾人口实施社会保障兜底脱贫;确保今年完成5个贫困村、1200人脱贫任务。

*(四)以更实的举措推进统筹协调,提升城乡发展承载力。*努力提高城乡规划管理水平。全面承接大同市行政区域203平方千米以外我区范围内的规划管理职能,围绕"改善区域生态环境,建设特色化城镇"目标,做好乡村总体规划和重点区位控制性详规编制工作。全力实施口泉地区振兴工程。以口泉、西韩岭和平旺三个乡镇为中心,按照"一区三带"的总体布局,大力实施新区建设行动,力争一年见成效,三年变新样。持续改善城乡人居环境。加快采煤沉陷区治理搬迁,推进相关搬迁安置项目建设及配套完善;全面启动2016年采煤沉陷区治理项目;加快受灾户安置进程,年内安置3000户。同时,全力实施生态修复、就业保障、产业转型三大工程,使采煤沉陷区受灾村民搬得下、留得住、能致富。推进保障性住房建设,开工建设白马城、北苑路西侧等棚户区改造项目,完成区直管楼、古店钢厂生活区等6个旧住宅区改造任务,新开工保障性住房4163套。夯实乡村路网基础,重点推动大张高铁南郊段项目顺利实施;完成总投资7200万元、总里程105.4千米的通村公路完善提质工程。完成农村危房改造1595户;打造白马城村、杨家窑村等20个美丽宜居示范村。

(五)以更高的水平推进生态建设,厚植绿色发展

竞争力。持续加大生态绿化力度。完成国家、省、市造林绿化任务1113公顷，抓好总面积933公顷的大西山生态绿化造林工程。积极推动“两河流域”生态综合治理工作。逐步将城市“南大门”打造为绿色、休闲、宜居的生态空间，全面实现经济可持续发展，逐步改善全区生态环境。扎实做好环境保护工作。进一步加大大气污染防治、水环境治理、土壤及生态环境整治力度，切实保障生态环境安全。

（六）以更高的标准推进共享共建，凝聚人民群众向心力。着力稳定扩大就业。实施更加积极的就业政策，着力解决好零就业家庭、高校毕业生、复转军人、城镇困难人员等特殊群体就业工作。政府提供更多的公益岗位，并积极协调区内各类企业，优先安排失地农民和采煤沉陷区搬迁农民就业；鼓励发展乡村集体经济，重点扶持服务型、劳动密集型产业，进一步增加就业岗位。努力增加城乡居民收入。不断完善社会保障体系。推进医保、医疗、医药三医联动，实施全民参保登记计划，推动社会保障由制度全覆盖到人群全覆盖；推进医疗救助“一站式”即时结算服务，完善重特大疾病医疗救助政策；提升五保户和优抚对象补助标准，推进农村敬老院和老年人日间照料中心建设。协调发展各项社会事业。继续抓好第二期学前教育行动计划，改建仝家湾、西水磨2所农村幼儿园；办好御东新区新接收的6所普惠性幼儿园，解决村民子女入园难、入园贵问题；启用西韩岭学校；启动职业中学建设；做好迎接国家义务教育均衡发展和高中标准化建设评估验收工作，提高教育教学质量和水平。

（七）以更新的理念推进改革创新，激发区域发展原动力。着力推进创新驱动。加快推进金融创新。组建投融资平台，建立政府产业发展引导基金，加快推广和运用“财政＋金融”组合、“1＋N”基金结构、PPP等模式，撬动更多的民间资本进入政府公共投资领域，缓解政府投资压力；积极争取国家专项建设基金等长期限、低成本资金的流入，创新融资担保模式，切实解决融资难、融资贵的问题；尽快推动四方高科、华晟果蔬等企业在“新三板”上市。加快推进科技创新。深入实施科技创新行动计划，扶持高新信息技术产业化项目。年内，重点抓好兴云智慧城项目建设；培育高新技术企业1家，筹建众创空间或双创空间1个，新建企业技术创新开发中心2家，全力打造“资本、人才、技术、信息、文化、空间”六位一体的创新创业生态圈。不断深化重点领域和关键环节改革。围绕转型综改示范区建设，认真制定转型综改“十三五”实施方案和2016年行动计划，集中力量在商事制度、“三农”、民营经济等重要领域、关键环节的体制机制创新上实现新突破。努力推动对外交流合作。积极参与“一带一路”建设，主动融入京津冀、环渤海、“长城金三角”，建立新型战略合作关系，推动我区优势产能、优秀企业和名优产品“走出去”。全面优化投资环境，把一批产业关联度高、市场潜力大、带动作用强的大项目、好项目“引进来”，为县域经济转型跨越发展注入新活力。

新常态孕育新机遇，新目标引领新征程。让我们牢记全区人民的重托，在市委、市政府的坚强领导下，进一步提振信心，埋头苦干，狠抓落实，迎难而上，为建设美丽、富裕、幸福新南郊，实现全面小康社会目标而努力奋斗！

奋力打造“五型阳高”，全面建成小康社会

阳高县县长　丁国华

“十二五”时期，阳高县紧紧围绕“富民强县，和谐安康”总目标，深入贯彻落实科学发展观，全县经济和社会呈现出重点突破、整体推进、和谐发展的良好态势，为“十三五”发展奠定了良好基础。

阳高县“十三五”时期工作的指导思想是：高举中国特色社会主义伟大旗帜，全面贯彻习近平总书记系列重要讲话精神和党的十八大、十八届三中、四中、五中全会精神，坚持遵循“四个全面”战略布局，牢固树立创新、协调、绿色、开放、共享的发展理念，紧扣市委“136”发展战略，突出脱贫攻坚、生态建设、开放创新“三个重点”，围绕建设富民生态、新型工业、绿色农业、康养旅游、和谐宜居“五型阳高”，凝聚合力，苦干实干，

着力在生态有为、工业新型、农业绿色、康养培育、和谐宜居、全面从严治党六个方面实现新提升，为全面建成美丽、富裕、幸福的小康阳高而努力奋斗。

一、优化产业结构，努力构筑现代产业发展新体系

着力发展绿色农业。一要巩固农业发展基础。坚持最严格的耕地保护制度，完善耕地保护补偿机制，持续改善农业生产条件。到2020年，全县耕地保有量不低于5.9万公顷，有效灌溉面积达到3.5万公顷，节水灌溉面积达到3万公顷。优化农业发展布局。全力建设小杂粮、京津“菜篮子”、畜牧、林果、中药材五大优势产业基地。完善农业社会化服务体系。大力培养本土农业技术人才，研究设立针对农业经营性服务的专项补贴，支持以龙头企业为主体的农技创新和推广项目。二要着力发展新型工业。持续增强园区承载能力。完善龙泉工业园区基础设施。加强园区供气、供热、排污处理等公共基础设施建设，打造中小微企业孵化基地。积极开展招商引资工作。探索运用PPP模式吸引民营资本，不断提升招商质量与成功率。培育壮大一批支柱产业。加快发展新能源、低热值煤发电、现代医药业、新材料等新兴产业，改造提升装备制造、冶金、化工等传统产业，努力构建多业并举、多元发展新格局。三要着力发展现代服务业。加快发展以休闲康养为主的大旅游产业。进一步完善全县康养旅游产业发展格局，加强旅游基础设施和旅游公共服务体系建设。到2020年，力争实现休闲康养产业比重占全县地区生产总值6%以上。加快发展现代物流产业。建设龙泉工业园区物流园；建设跨行业、跨区域的物流信息服务平台。

二、汇聚强大合力，努力开创脱贫攻坚工作新局面

实施精准扶贫。努力实现扶持对象精准、项目安排精准、资金使用精准、措施到户精准、因村派人(第一书记)精准、脱贫成效精准。结合新型城镇化建设规划，对生存条件恶劣、生态敏感脆弱地区扶贫对象实施移民搬迁。开展产业扶贫。积极开展光伏扶贫，探索电商扶贫等扶贫新方式，建立保障和促进农民收入多元化增长的长效机制。

三、发展富民生态，努力开辟生态文明建设新路径

全力促进生态有为。加快发展“两杏”、苹果、桃子等优势经济林，加紧与北京平谷区和辽宁沈阳市对接。“十三五”时期，全县新增经济林2666公顷、林下经济种植667公顷，实现农村人口人均1亩经济林的目标。同时，强化森林资源保护，积极推进林业工程建设。加强水土保持和水生态修复力度，推进桑干河、白登河等河流综合治理工程。到2020年，可绿化通道、交通沿线及环城荒山全部绿化，森林覆盖率、森林蓄积量分别达到30%、66.8万立方米，建成区绿化覆盖率达到40%，水土流失治理度达到57%。不断加大环境治理力度。构建政府、企业、公众共治的环境治理体系。加强大气污染、水污染防治；开展地下水污染防治与修复工程。

四、提高承载能力，努力实现基础设施建设新突破

构建现代综合交通运输体系，全面实施大交通战略，完善综合运输通道和对外交通骨干网络，鼓励通用航空发展。力争到2020年，全县公路路网密度达到102.9千米/百平方千米。构建水安全保障体系，积极推进水资源开发利用和防洪减灾工程体系建设；实行最严格的水资源管理制度。全面提升城乡电网供电能力、可靠性和智能水平，优化电源与电网布局，改善城乡生产生活用电条件；加快推进输气管网建设，完成华润天然气输配站等项目。加快推进信息网络建设，推进建设智慧县城，大力发展电子政务，构筑经济社会发展新优势和新动能。

五、致力和谐宜居，努力打造幸福阳高建设新格局

促进城乡协调发展。一是打造宜居县城，加快县城新区开发建设和旧区综合整治，加大县城市政公用设施和公共设施建设力度。全面落实户籍管理制度改革政策。提高社会主义新农村建设水平，建设新型农村社区。二是提升教育水平，持续扩大学前教育资源，支持民办园提供公益普惠的学前教育服务。全面改善义务教育学校基本办学条件，保障残疾儿童少年接受义务教育。调整教育布局结构，办好农村小学和教学点。优化高中阶段教育结构，大力发展中等职业教育，全面提高师资队伍建设水平。促进就业创业。三是实施更加积极的就业政策。在调整产业结构和布局及进行重大项目投资和招商引资时，把促进就业作为重要指标纳入评估体系；引导劳动者转变就业观念；加强失业调控，保持就业形势稳定，在龙泉工业园区创办大学毕业生创业基地，强化职业教育和职业培训。充分发挥市场在人力资源配置中的决定性作用；搞好劳务输出工作。四是健全完善社会保障体系。实施全民参保计划，构建城乡一体化的社会保险体系。稳步推进机关事业单位养老保险制度改革，健全居民医保体系、医疗保险稳定可持续筹措和报销比例调整机制。完善最低生活保障等专项救助在内的社会救助制度体系。深入推进保障性安居工程建设。深化医疗卫生体制改革。继续巩固公立医院改革成果，巩固新型农村合作医疗制度、完善基本药物制度、深化基层医疗卫生机构综合改革、探索县域内医联体服务模式、推进优质医疗卫生资源下沉。加强妇幼健康服务网络建设和卫生计生综合监督。完善覆盖全县的紧急救援网络平台，完成县急救中心建设。提升医疗服务能力，建成县乡两级、乡村一体、防治结合、分工合理的医疗卫生服务体系，完成100个村卫生室标准化建设。五是大力发展文化体育事业。推进文化事业全面繁荣和文化产业快速发展。推进公共文化基础设施建设，推动公共文化服务设施向社会免费开放，完善公共文化服务体系。创新发展二人台艺术品牌，打造具有阳高特色的二人台文化产业。“十三五”时期，力争发展县级水平的民营二人台剧团5个；继续做好“送文化下乡”工作；加强文化市场管理，加大文物保护力度，积极保护非物质文化遗产；持续推进广播电视工作，完成全县259个行政村广播电视户户通工程和县城有线电视数字化改造；大力开展全民健身活动。

六、全面深化改革，为“五型阳高”建设提供持续动力

加强转型综改试验工作。一是发挥转型综改试验区建设的统领作用，聚焦我县经济社会发展面临的突出问题和体制机制障碍。科学制定“十三五”综改试验实施方案，建立完善支撑转型综改试验工作的政策体系和体制机制。提高改革精准发力和精准落地能力。形成年度任务清单，建立工作台账。对已经出台的重大改革举措，强化力量统筹、质量统筹、落地统筹。引深重点领域和关键环节改革。二是深化投资体制改革。健全政府投资决策机制，规范政府投资资金管理。保护投资者的合法权益；发挥财政资金撬动功能；创新公共基础设施投融资机制，推广政府和社会资本合作模式；加强和规范政府融资平台管理，防范投资风险；完善国有资产管理体制，规范国有企业投资行为；完善固定资产“六位一体”等一系列有效抓投资的工作机制；持续扩大有效投资。三是深化财税体制改革。建立全面规范、公开透明的预算制度，完善政府预算体系，实施跨年度预算平衡机制和中期财政规划管理。健全政府预算体系，统筹运作政府财力。建立健全规范的政府举债融资体制。进一步理顺财政体制，合理界定县乡两级政府事权财权。四是深化金融领域改革。构建体系健全、竞争有序、运行规范、监管科学、与实体经济发展相适应的现代金融服务体系。扩大银行理财产品；引导企业增强保险意识，拓宽保险服务领域；引导民间融资健康发展；推进农村金融体制改革；提升金融信息化水平；努力改善金融生态环境；完善全县金融统一组织协调机制。五是深化“三农”领域改革。全面完成农村土地承包经营权确权登记颁证，完善土地所有权、承包权、经营权分置办法；探索农村集体产权制度改革；维护进城落户农民土地承包权、宅基地使用权、集体收益分配权；深化林业投资管理体制改革，扩大购买式造林；持续增加农业投入，完善农业补贴政策；全面深化供销合作社综合改革。六是加快发展民营经济。加快民营经济结构调整。优化和改善促进民营经济发展的政务环境、政策环境、法治环境和社会环境；消除各类隐形壁垒，清理废除制约民营经济发展的不合理规定；进一步放开民间投资领域，放宽民营企业准入条件；加强引导、主动服务、强化措施，推动民营企业改制，建立现代企业制度；推动民营企业上市，提高直接融资比重；有效推进“小升规”企业培育工作；正确处理政商关系，推动民营经济健康快速发展。七是着力推进全面创新。强化企业技术创新主体地位，支持企业完善技术创新组织，引导企业牵头科技攻关和创新成果转化，鼓励企业加大技术创新投入，提升产业发展能力。优化科技创新环境，培育一批熟悉科技政策和行业发展的社会化、市场化、专业化科技中介服务机构，建立县内科技成果信息共享平台，完善科技成果协同转化推进机制，促进科技成果资本化、产业化。大力培育和宣传创新文化，形成鼓励创新的良好氛围。八是加快政府职能转变。持续推进简政放权、放管结合、优化服务，提高政府效能，激发市场活力和社会创造力。深化行政审批制度改革。进一步加强政务大厅建设，做好涉及行政事项审批部门的入驻工作。深化商事制度改革，进一步推动工商注册便利化改革。建立健全政府购买公共服务机制，加大教育、文化、卫生等领域政府购买力度。完善行政管理体制。深入推进扩权强县、扩权强镇等试点工作。

蓝图已绘就，扬帆正当时。实现阳高新一轮发展的光荣使命，鼓舞我们开拓创新；人民群众的信任期望，激励我们奋勇向前。让我们以务实苦干、只争朝夕的精神和作风，以坚持不懈、攻坚克难的决心和勇气，以履职尽责、开拓创新的责任和担当，团结拼搏，奋发有为，为实现“十三五”良好开局、全面建成小康社会而努力奋斗！

众志成城、攻坚克难，全面建成小康社会

大同县县长 周聚德

“十三五”时期是实现全面建成小康社会的决胜阶段，是我县攻坚克难，提前实现脱贫致富达小康的关键时期。全县经济社会发展总体思路是：深入学习贯彻习近平总书记系列重要讲话精神，牢固树立“五大发展”新理念，按照省委“五句话”总要求，推进创新发展、协调发展、绿色发展、开放发展、共享发展、廉洁和安全发展，坚持发展是第一要务，以建设区域性中心城市和“三个大同”为统领，以改革创新为动力，以转方式、调结构、增效益、提速度为基点，主动适应经济发展新常态，扩大新兴产业规模，着力保障和改善民生，着力加强生态文明建设，同心同力发展大同，坚持同城一体、产城融合、优势互补，成为大同市的新型产业发展区、休闲旅游体验区、京津冀的避暑养生目的地，确保2019年提前脱贫，2020年全面实现小康。

“十三五”时期，我们必须统一思想，统一意志，以扶贫攻坚为统领，齐心协力做好以下六个方面工作：

一、推进新兴产业发展，着力打造大同市新型产业发展区

围绕承接京津冀产业转移，构筑以新型城镇为依托、以园区为载体、以生态环境承载力为依据的新型产业发展格局。

持续发展装备制造和生物制药产业。发展特色产品，以道路、煤矿采掘机械、液压支架和改装运输车辆为主型产品，打造煤机产品基地。依托市医药园区，引进惠瑞药业，带动大同卫华、三九同达等制药企业，开发生物产业，形成同类合并、优势互补、原料药和制剂并重的大生产格局。

积极发展信息和新能源产业。大力推进互联网＋、物联网、云计算示范应用和三网融合基础设施建设，推进新一代信息技术建设智慧县城、安全检测、污染源检测等系统和公共服务网络平台。充分发挥风、光、电等资源优势，积极推进风能、太阳能、生物质能等新能源的开发利用，力争“十三五”期末全县风电总装机达到60万千瓦以上，太阳能光伏发电100万千瓦。以玄武岩、花岗岩、活性炭、煤矸石、粉煤灰渣等资源优势为基础，加快集群发展，努力实现“材料加工”向“加工材料”转变。大力发展新型岩棉墙体、管道保温材料，发展商品混凝土等新型建材。大力发展活性炭清洁产业，积极推进节能环保产业园区建设。

加快发展健康养老产业。借鉴四川攀枝花和河北秦皇岛康养产业的发展经验，融入京津冀、环渤海圈共同发展。利用好2022年冬奥会、乌大张长城金三角区域合作，依托大同市北魏历史文化底蕴、国家火山地质公园生态优势，吸纳首都北京最先进的医疗健康资源，重点发展集医疗、康复、保健、养生一体的产业集群，建设北方特色养老养生休闲基地和国家智慧生态功能型养老产业基地。大力发展城镇社区、农村养老服务中心和日间照料中心，支持社会力量兴办或参与养老机构建设。推动养生养老地产项目发展，使大同县成为健康乐呵城、幸福康养地的代名词。

二、推进全面深化改革，为我县发展提供持续动力

持续简政放权，推进政府自身改革。深化投融资体制改革，进一步降低市场准入门槛，放宽投资准入领域，减少行政性服务收费，激发活力，培育壮大市场主体。积极推广政府和社会资本合作(PPP)模式参与市政公用事业改革。加快形成商事制度新机制，深化落实注册资本登记制度改革方案，深入推进工商登记前置审批事项改为后置审批相关改革。深化企业改革，增强市场主体活力。推动财政体制改革有新进展，完善政府预算体系，探索研究国有资本经营预算管理办法及配套政策。进一步推动政府购买服务工作，完善制度建设，提高政府购买服务的资金比例。持续推动户籍、医疗、市政、住房公积金等改革。按照全省统一部署，开展集体经营性建设用地入市改革试点工作。深化体制机制改革，加快实施“互联网＋”创新驱动发展战略。全面推开县级公立医院综合改革。深化住房制度改革，规范住房公积金管理。

三、推进特色农业发展，着力打造大同市农副产品供应区

为了确保4.28万名贫困农民提早脱贫，实现农业增效、农民增收，要强力推进特色农业发展，打造大同市域农副产品的供应地。

坚定不移地做好黄花大产业。要以每年新增667公顷的速度扩大种植规模，到“十三五”末达到1万公顷，实现农民人均1亩黄花，创产值8亿元以上。把黄花列入农业保险目录，确保农户丰收。围绕“大同黄花”国家原产地地理保护标志，组建全国黄花产业联盟，筹备全国性的黄花年会，建设高端现代黄花产业园，发展绿色、有机黄花食品。同时，加强与中国农大、山西农大等科研院所的合作，开发黄花新产品，加快推进黄花产业化发展。

服务都市，不断丰富“菜篮子”“米袋子”。“十三五”末杏果经济林达到1万公顷，实现农民人均1亩经济林；种植无公害、多品种的蔬菜1万公顷，实现农民人均1亩蔬菜，建设绿色蔬菜供应基地；培育66.7公顷(千亩)以上种植专业村60个，667公顷(万亩)以上示范区8个，建设优质小杂粮供应基地；“十三五”末养殖规模扩大到500万只，把“采凉山”鸡蛋品牌做大、做优、做强，形成蛋鸡发展产业链，成为都市居民“生态蛋”的供应基地。发挥鼎盛牧业和恒升农牧公司的引领作用，发展肉牛养殖6万头，建成大同市民“放心肉”的供应基地。完善农产品流通体系，打造国家级品牌3个，建设农贸市场12家，培育农产品加工企业30家，发展电子商务＋农业的企业150家；建立农民专业合作社1200家，采取公司＋合作社＋农户的形式，发展种养加一体化的农业龙头企业，带动农民脱贫致富。

注重精准扶贫。通过不断加大扶贫开发力度，为全面建设小康社会创造条件。增强“造血”功能。积极引导贫困乡镇、农村，调整优化经济结构，大力发展特色经济，提高贫困农村人口可持续发展的能力。加大各项支农资金的整合力度，对深度贫困人口和重点贫困乡镇，采取特殊的扶贫措施给予重点扶持，提高扶贫质量和效益。动员和鼓励社会各界通过多种形式参与贫困地区的建设和发展，参与精准扶贫。

四、推进城乡协调发展，着力打造京津冀避暑地

大力实施山水园林城、文化特色镇、产业中心村“三位一体”发展战略，加快形成以城带乡、城乡互惠的新型城乡关系。加强大气、水、土壤污染防治，搞好生态修复，进一步提升生态环境质量。继续巩固生态建设成果，以城郊景观林、经济林、生态公益林为网络，以水网、路网为连接线，形成森林公园、自然保护区、森林城镇等点面结合的城乡一体化生态网络格局。每年绿化2666公顷，到“十三五”末全县林地达到8万公顷，森林覆盖率达到40%以上。立足已建成的西坪公园，向南拓展到西坪水库，向北延伸至昊天寺，以4千米的滨河景观带为城市发展进一步增添灵韵；在建成东山森林公园的基础上，在南山多树种搭配、多色彩掩映，在城市街道、小区见缝插绿，美化绿化环境；发挥文化馆、图书馆、体育场馆和数字电影院“三馆一院”的作用，吸引人流聚集。在西坪水库周边发展健康养生，形成吃、住、玩、购为一体的“火山观光名城、旅游购物中心、美丽宜居家园”。推进住房制度改革，加大城镇棚户区和城乡危房改造力度。推进重点城镇建设，建成一批特色鲜明的小城镇。结合移民扶贫搬迁，发展“一村一品”主导产业，以产业集聚人口、土地、资金等要素，集中打造63个中心村，建设生产发展、生活宽裕、乡风文明、村容整洁、管理民主的新农村。

五、推进火山文化旅游，着力打造大同市休闲旅游体验区

依托我县丰富旅游资源，规划好四条精品旅游带。一是大同火山群国家地质公园旅游带。以“国际地质遗产观光名胜地、全方位火山旅游体验园区”为定位，打造游客服务中心、火山晶石街道、火山剖面观赏、火山观景平台和火山特色农业等，规划自行车骑行路线、滑雪、帐篷音乐、热气球体验等活动项目。二是桑干湖水上旅游带。以桑干湖、峰峪湿地为依托，整合沿线的古堡、古民居、土(石)窑、农家庄园，突出亲水主题，建设集观光、运动、疗养等功能为一体的大型综合滨水休闲度假区。三是乡村现代农业体验旅游带。围绕2个667公顷(万亩)黄花观光采摘园，规划建设旅游线路，举办黄花文化旅游节。围绕日光温室大棚、传统田园种植、民俗民居开发、市民认购农田等方面，建成30～50个初具规模的农业观光休闲体验区，建设乡村旅游地。四是生态风光旅游带。着力打造大同土林、麻地沟、采凉山、落鹰山等自然风光，连接聚乐古驿站、许堡古堡、吕家大院、李殿林故居和宗教寺庙等景点。利用“互联网＋”，把四季观光游、美丽一日游、采摘体验游、摄影采风游、体育运动游、养生度假游、家庭自助游等融为一体，彰显我县旅游特色。充分利用各类媒介，宣传我县旅游文化，大力发展旅游关联产业，最终把我县打造成京津夏都，古都后花园，国内外一线旅游终极目的地。

六、推进民生事业改善，着力打造自然美丽新家园

不断加大对民生工程和社会事业的投入，全面抓好教育、文化、卫生等社会事业和就业、社保、居民增收、稳定物价等民生工作，推进城乡人居环境改善，抓好扶贫攻坚，建立更加公平可持续的社会保障制度，不断增加人民群众福祉。深化文化体制改革，深入开展社会主义核心价值观教育实践活动、思想道德建设和群众性精神文明创建系列活动。积极培树各类先进典型，全力争创全国、全省文明县城。不断完善公共文化设施网络，推动公共文化服务设施向社会免费开放，努力做到广覆盖、保基本、重实效。扎实开展文化惠民活动，促进优质文化资源向基层、农村、企业流动。大力发展文学艺术、新闻出版、广播影视等事业。

实现“十三五”规划的目标任务光荣而艰巨。我们将紧密地团结在以习近平同志为总书记的党中央周围，坚定信心、奋发进取，众志成城、攻坚克难，夺取我县全面建成小康社会决胜阶段的伟大胜利！

努力建设面向京津冀地区宜居、宜业、宜游山水特色城镇

灵丘县县长　罗永山

“十二五”时期是我县发展历程中极不平凡的五年。面对持续下行的宏观经济，特别是锰、铁等矿产品价格持续大幅下跌、经济结构深层次矛盾不断凸显等一系列前所未有的挑战，在市委、市政府的坚强领导下，全县上下认真贯彻落实党的十八大、十八届三中、四中、五中全会精神和习近平总书记系列重要讲话精神，紧紧围绕“建设面向京津冀地区宜居宜业宜游山水特色城镇”的发展定位，攻坚克难、砥砺奋进，经济社会发展取得新成就，为全面建成小康社会打下了坚实的基础。

一、“十三五”时期总体发展思路和目标任务

“十三五”时期，是我县推进转型发展的重要战略机遇期，我县经济社会发展的指导思想是：深入贯彻落实习近平总书记系列重要讲话精神，牢固树立创新、协调、绿色、开放、共享的发展理念，按照“四个全面”战略布局，围绕省委“不断塑造山西美好形象，逐步实现山西振兴崛起”的总体要求和市委“一个中心、三条主线、六个第一”的决策部署，坚持全面从严治党，加快推动供给侧结构性改革，全力推进脱贫攻坚，全方位扩大对外开放，为把灵丘早日建设成为面向京津冀地区宜居宜业宜游的山水特色城镇努力奋斗。

“十三五”时期我县经济社会发展的主要目标是：在提高发展平衡性、包容性、可持续性的基础上，实现“两翻番”“两快于”“两突破”“一确保”。地区生产总值比2010年翻一番，达到52.3亿元；城乡常住居民人均可支配收入比2010年翻一番，城镇和农村常住居民人均可支配收入年均增速分别达到6.5%和6.7%，2020年两项收入达到31112元和8645元；农村常住居民人均可支配收入增长快于城镇居民，贫困人口收入增长快于全县居民；2020年，工业新型化、农业现代化、县域城镇化、旅游产业化等建设取得重大突破，面向京津冀地区宜居宜业宜游山水特色城镇建设取得重大突破；坚决打赢脱贫攻坚战，确保2020年我县3.1万贫困人口全部脱贫，灵丘与全国、全省、全市人民一道同步实现全面小康。

实现上述目标，主要途径和举措有以下五个方面：

一是推进创新发展，着力厚植发展优势。以改革的勇气推动灵丘的创新发展。加快农业提档升级，深化农村产权制度改革，建立土地和不动产“三权分置”新模式，探索以现代有机农业为支撑、以农村新社区建设为特征的就地城镇化发展道路，发挥有机农业在带动农民增收、农村发展、农业增效中的作用，为精准脱贫提供强有力的支撑。大力发展新兴产业，重点推进总投资120亿元的通用航空产业园项目、总投资100亿元的中电国际新能源1000兆瓦光伏产业园项目、总投资40亿元的东田创新产业示范园项目、总投资35亿元的东方能源400兆瓦风电供暖示范项目，抓住“互联网+”产业蓬勃发展的有利时机和团中央定点帮扶的优势，加快发展线上线下紧密结合的各类新产业、新业态。积极推动金融创新，组建多个融资平台，与国家专业投融资机构合作，在保证政府引导资金安全的前提下，利用扶贫贷款和银行中长期政策性贷款作为股本金或项目资本金，面向资本市场开展滚动式融资，切实构建起适应灵丘实际的投融资体系，推动政府和社会资本深入合作。“十三五”期间，全县投资总规模达到500亿元。

二是推进协调发展，形成均衡发展格局。实施新型城镇化战略，推进农产品精深加工和农村服务业发展，加快形成以城带乡、城乡互惠的新型城乡关系。深入实施农村人居环境改善工程，加大传统村落和历史

文化村落保护和开发力度，加快有机农业园区与新型农村社区建设的融合式协同发展，建设美丽宜居乡村。深入开展群众性精神文明创建活动，大力弘扬平型关革命精神、赵武灵王改革创新精神，促进物质文明和精神文明协调发展。

三是推进绿色发展，全力打造美丽灵丘。大力发展有机农业，全力建设平型关国家有机农业公园，努力把南山区建设成为目前国内最大、最美、最具特色和吸引力的全域化景区，把灵丘县域有机农业标准打造成我国乃至世界有机农业领域较为权威的产业发展标准。大力实施生态修复治理，在独峪、下关废弃铁矿区全面实施生态修复治理，对全县“十河两系”流域全面实施生态综合治理工程，争创全国生态文明示范县。大力开展植树造林，深入实施太行山绿化、京津风沙源治理工程，努力提高森林覆盖率。大力推进城乡生态化建设，以我县被确定为农村垃圾治理示范县为契机，投资1.9亿元，建立完善“村收集—乡转运—县处理”的城乡清洁作业新模式，2020年，全县255个行政村生活垃圾全部实现无害化处理。

四是推进开放发展，拓宽合作共赢空间。面向京津冀，坚持主动开放、双向开放，拓展对外开放深度和广度，努力形成全方位、宽领域、多层次、高水平全面开放新格局。高水平“引进来”，以“八大园区”为重点，按照高效、低碳、生态、循环发展要求，大力开展建链、补链、延链、强链集群式招商，积极承接京津冀地区新材料、节能环保、高新技术等转移产业，打造产业集群。大规模“走出去”，鼓励本地成长起来的中小企业大胆走出去寻求合作，继续选派优秀干部外出挂职学习，加强对特色农产品和旅游产品的营销和推介，不断提升灵丘的知名度。

五是推进共享发展，强化社会民生保障。深入推进脱贫攻坚，大力开展产业扶贫，以平型关国家有机农业公园和光伏产业园建设为依托，大力发展有机农业、生态旅游和光伏发电等产业，通过扶贫实现就地城镇化；以新材料产业园区建设为依托，大力发展新型建材、新能源等产业，带动农村劳动力转移就业；以通用航空产业园、唐河湿地生态示范园和旅游县城建设为依托，大力发展通用航空、商贸物流、现代服务等产业，带动群众整体脱贫。扎实抓好易地扶贫搬迁，总结车河有机农业社区建设试点经验，坚持把易地扶贫搬迁与产业发展相结合，与美丽乡村建设相结合，与平型关国家有机农业公园建设相结合，努力探索出一条提升农业、繁荣农村、富裕农民的就地城镇化道路。“十三五”期间，共易地扶贫搬迁8824户22352人，其中建档立卡贫困户4989户12352人，确需同步搬迁户3835户10000人。持续推进旅游扶贫，扎实推进教育扶贫，积极推进电商扶贫，不断强化社会兜底扶贫，坚决打赢脱贫攻坚战，确保我县贫困人口如期全部脱贫。同时，加大对民生工程和社会事业的投入，全面抓好教育、文化、住房、医疗、卫生和就业、社保、居民增收、食品安全、稳定物价等社会民生工作，提高人民群众的生活质量和幸福指数，让发展成果更多、更公平、更实在地惠及广大人民群众。

二、努力完成2016年工作任务

2016年是全面建成小康社会的开局之年，是“十三五”规划实施的启动之年，全年经济社会发展预期性目标是：地区生产总值增长6.5%，达到29.8亿元；规模以上工业增加值增长2%，达到1.79亿元；固定资产投资增长12%，达到109.3亿元；社会消费品零售总额增长6.1%，达到29.87亿元；公共财政预算收入增长2.3%，城镇居民人均可支配收入增长6.8%，农村常住居民人均可支配收入增长6.5%以上。各类约束性指标完成省、市下达任务。

围绕上述发展目标，今年要突出抓好以下六个方面的重点工作：

（一）发挥投资拉动作用，推动经济持续平稳发展。坚定不移扩投资。精心谋划、大力实施一批大项目、好项目，发挥投资稳增长、调结构、惠民生的重要作用。2016年，组织实施七个板块63个重点项目，总投资150.6亿元，计划完成投资84.1亿元。转变观念抓开放。紧紧围绕京津冀一体化战略，充分发挥团中央对灵丘帮扶的优势，把我县的剩余劳动力、优质农产品和旅游资源、生态资源推向京津冀、融入京津冀，转化为经济优势。积极主动帮企业。继续坚持“冬季行动”中的有效做法，将“冬季行动”延伸为“四季行动”，完善领导包联企业制度，落实国家和省、市的一系列惠企政策，切实减轻企业负担。

（二）推进供给侧结构性改革，加快转型发展步伐。推进农村产权流转交易市场建设。积极构建我县农村产权交易市场建设制度体系，创建农村产权交易综合服务平台，开展农村土地流转、农村集体建设项目招标、农业生产投融资等服务。探索建立生态修复治理新模式。积极发展光伏产业，并按照生态治理和新兴产业融合式整合实施方式，探索建立生态治理产业化、投入多元化和新兴产业生态化发展新模式、新机制。探索“美丽乡村”建设新模式。通过实施有机社区建设、易地扶贫搬迁、农村人居环境改善、生态旅游业发展等工程，积极探索“美丽乡村”建设投入多元化的脱贫攻坚新路径。推进涉矿企业脱困转型。加大对锰、铁等传统加工冶炼企业的技术改造力度，鼓励和引导传统工业企业发展循环经济，推广应用实用新型和节能环保技术，延长产业链条、提高产品附加值。2016年要加快推进总投资6500万元的金宇公司活性氧化钙生产线技术升级项目，完成工程总量的70%以上。促进能源产业清洁高效发展。扎实推进总投资100亿元的中电新能源1000兆瓦光伏发电项目；加快推进总投资35亿元的石家庄东方能源公司400兆瓦风电供暖示范项目、总投资3.5亿元的中科汇海生物质热电联产项目和总投资4亿元的建投凤凰山49.5兆瓦风电项目、总投资4.3亿元的国电黄崖尖49.5兆瓦风电项目。做强做大新兴产业。以新型材料、有机农业、通用航空等特色产业为主攻方向，推动产业结构优化升级。东田矿业超纯铁精粉项目实现投产。要加快实施总投资1亿元的德威现代化农牧高新科技项目，总投资1.2亿元的上海库邦年产80吨医药中间体及科研基地项目，总投资1.2亿元的国春冰苦荞无糖饮料扩建项目。

（三）聚焦脱贫攻坚，切实做好“三农”工作。大力发展有机农业。加快平型关国家有机农业公园建设，助推脱贫攻坚。重点实施车河有机社区三期工程，建设民俗博物馆、观光有机餐厅、会员接待区、创业基地公寓群等；推进城头会有机社区建设项目，建设恢复北魏文化古村落；推进实施石家田瑞兴有机蔬菜、东河南有机芦笋种植、赵北祥隆忠旺有机肉牛养殖等乡镇试点项目，扩大有机农业发展规模。大力发展生态畜牧业。推进雁门关生态畜牧经济区建设，支持5个项目单位建成标准化养殖小区（场），推动2个项目单位在肉牛生产、青背山羊饲育研究上取得突破。实施京津风沙源治理二期工程草地建设项目，完成人工种草67公顷，建棚圈1.3万平方米，青贮窖1.3万立方米。大力实施牛羊良种繁育及标准化建设项目，支持8个项目单位青背山羊繁育及标准化建设。大力加强农业基础设施建设。继续推进总投资5100万元的门头峪水库工程，今年完成主体工程，建成后可提供工业供水480万立方米，农业灌溉用水679万立方米；实施京津风沙源二期工程水利水保项目，完成小流域治理20平方千米、水源节水工程200处；推进国家水土保持重点工程建设，完成水土保持综合治理22.9平方千米。大力推进脱贫攻坚。今年要实施平型关革命老区易地扶贫搬迁项目，搬迁建档立卡贫困人口2000人，非建档立卡人口1500人；实施中央专项彩票公益金支持革命老区小型公益设施建设项目，在7个贫困村建设生产路14条25.5千米；实施光伏扶贫试点项目，在独峪乡9个建档立卡贫困村建设900千瓦光伏扶贫电站；实施旅游扶贫试点项目，推进红石塄乡上北泉村整体脱贫；对建档立卡贫困家庭子女当年考入二本B类以上的学校给予5000元补助，就读高等职业技术类专业学校的连续两年给予每生2000元补助，阻断贫困代际传递。确保年内实现30个村、7400人脱贫的目标。

（四）坚持统筹兼顾，加快新型城镇化建设。加强县城建设。坚持高起点规划、高标准建设、高水平管理，增强县城的生产性、生活性和服务性功能，提高对人口和产业的承载力。今年要加快推进平型关广场城市综合体建设项目，新建商业步行街350米。要推进棚户区改造工程，对县城54个老旧小区、武灵镇8个村和东河南镇、上寨镇进行综合整治改造，年内完成整治17371户。加强道路交通建设。今年要完成总投资2646万元的农村公路窄路拓宽改造工程，总投资2996万元的孙庄至柳科段公路改造工程，总投资680万元的集中连片地区撤并建制村道路硬化工程。加快总投资6500万元的蔡家峪至平型关关口等道路改造工程前期工作，力争明年开工建设。持续改善城乡人居环境。2016年要重点抓好总投资7700万元的上寨垃圾填埋场和武灵、上寨、独峪、下关、红石塄5个乡镇的垃圾中转站项目。继续推进农村人居环境改善工程，大力实施农村危房改造和农村住房抗震加固项目，完成农村危房改造2130户、抗震加固500户。

（五）突出绿色低碳，加强生态文明建设。加强大气污染防治。强化重点企业污染防治，确保完成年度减排任务。推行清洁生产、绿色生产，坚决打好大气污染防治攻坚战。加大环保执法力度，切实保障生态环境安全，确保空气质量二级以上优良天数稳中有升，让灵丘的天更蓝，气更爽。大力开展植树造林。完成京津风沙源治理工程人工造林1333公顷、封山育林333公顷；完成重点防护林太行山人工造林267公顷；薪炭林600公顷。在交通沿线造林133公顷，抚育未成林造林地3667公顷，改造低产林467公顷，绿化村庄5个。同时，做好唐河公园南园的乔灌木栽植工作，让绿地走近群众生活。狠抓治水堵污。进一步加强饮用水源地环境管理，开展集中式饮用水水源环境状况评估工作，确保城乡居民饮水安全。持续抓好水污染治理，完善城镇污水收集管网，加大污水处理厂运行监督管理力度，让生命之源碧水长流。加快打造京津冀旅游休闲度假目的地。加强旅游基础设施建设，推进总投资1.5亿元的集装箱酒店营地项目，提高旅游接待能力和水平。加强与各大旅行社的联系和合作，积极打造“两山一关”旅游新线路。

（六）大力发展社会事业，着力改善和保障民生。推动教育事业科学发展。今年重点实施总投资1.65亿元的义务教育薄弱学校改善工程，完成总投资800万元的灵丘二中体育场建设项目和总投资400万元的上寨中学体育场项目。开工建设总投资840万元的城镇第三幼儿园项目。提升医疗卫生服务水平。启动新型农村合作医疗意外伤害保险试点工作，加强医疗卫生机构建设，今年要加快实施总投资245万元的村级卫生室建设工程，改善农村医疗卫生服务条件。深入推进基本公共医疗服务，努力解决群众看病就医难问题。积极推进全县中草药种植事业，力争创建全国中医药先进县。扎实做好就业创业和社会保障工作。积极落实就业政策，全方位拓宽就业创业渠道，今年要新增城镇就业人数1100人。认真做好各项社会保险的扩面工作，不断完善老年福利制度，努力发展社会福利和慈善事业。

信心催生力量，奋斗赢得未来。让我们更加紧密地团结在以习近平同志为总书记的党中央周围，凝心聚力，奋发进取，全面落实县人大各项决议决定，努力完成今年经济社会发展目标任务，确保全面建成小康社会决胜阶段良好开局，为把灵丘早日建设成为面向京津冀地区宜居宜业宜游的山水特色城镇而努力奋斗！

实现“民富、县强、域美、安康、宜居”五大目标，全面建成小康社会

广灵县县长　**王丽萍**

五年来，全县上下认真贯彻落实党的十八大、十八届三中、四中、五中全会和习近平总书记系列重要讲话精神，在市委市政府的坚强领导下，积极应对宏观经济下行等各种困难，凝心聚力，奋力攻坚，圆满完成了各项目标任务，全县经济社会发展取得显著成绩。

一、“十三五”时期经济社会发展指导思想和目标任务

“十三五”时期是全面建成小康社会的决胜阶段，也是我县加快发展、奋力赶超的关键时期。“十三五”时期全县经济社会发展的总体要求是：高举中国特色社会主义伟大旗帜，以马列主义、毛泽东思想、邓小平理论、“三个代表”重要思想和科学发展观为指导，深入贯彻落实党的十八大以来中央各项决策部署、习近平总书记系列重要讲话和省市委全会精神，准确把握“五位一体”总体布局和“四个全面”战略，牢固树立五大发展理念，始终突出发展主线，紧扣“增收脱贫、全面建成小康”主题，持续给力“县域经济和人民生活根本好转”两大任务，倾力做实“脱贫攻坚、产业升级、环保生态、城乡建设、民生保障”五项工作，进一步解放思想、改革创新、真抓实干，努力实现“民富、县强、域美、安康、宜居”五大目标，确保全面建成小康社会。

经过五年不懈奋斗，全面完成“十三五”规划目标任务，力争到2020年全县地区生产总值和城乡居民人均可支配收入比2010年翻一番，人民群众生活质量和水平普遍提升，如期完成脱贫攻坚任务。

实现上述目标，要着力抓好以下五个方面的工作。

一是强化创新发展理念，构建现代产业体系。围绕做优现代特色农业、壮大新型环保工业、做活商贸服务业，实施创新驱动发展战略，培育农业龙头企业、农民专业合作社等新型经营主体，重点做强杂粮、食用菌蔬菜、畜禽、杏果等特色产业，建设农业研创基地，提升农产品的档次和水平，构建完善的产销体系，增强农业发展后劲和驱动力。积极承接京津冀产业转移，扶持壮大金隅水泥、同德化工等龙头企业，做大做强镁及镁合金、民爆、新能源、水泥建材、食品加工等产业，把广灵建成多业并举的现代化新型环保工业县。推广“互联网＋”模式，大力发展电子商务，推动大众创业、万众创新，促进一、二、三产融合发展，推进信息化与经济社会发展深度融合，激发创新动力，释放发展活力。

二是强化协调发展理念，合力优化城乡布局。以统筹城乡为重点，着力在以人为本、产城融合、绿色发展、四化同步、城乡一体上下功夫，科学做好大县城建设接续工作，逐步形成以县城为核心、洗朔线为轴线、南村和蕉山为重要节点的“一核、一轴、两节点”新格局。完善公共基础设施，推进物流、商贸、医疗、旅游景观等工程的规划建设。深入开展城乡环境综合整治，全面改善农村生产生活条件，优化城乡布局，提升县城内涵和发展活力。

三是强化绿色发展理念，倾力打造域美家园。把生态文明建设贯穿于经济社会发展全过程和各领域，推动资源科学有序开发，让生产空间集约高效、生活空间宜居适度、生态空间山清水秀。不断提高水环境质

量,强化饮用水源地保护、壶流河出境断面水质监管和水神堂泉域地下水保护工作。实行最严格的环境保护制度,持续开展环境污染防治和农村环境综合整治。统筹推进造林绿化和生态治理,稳步提升新老城区绿地率、绿化覆盖率、人均公园绿地面积、公园绿地服务半径覆盖率,巩固提升省级园林县城成果,努力建成青山常在、绿水长流、蓝天永驻的域美新广灵。

四是强化开放发展理念,拓宽合作共赢空间。全力以赴推进广源高速公路与河北衔接、环县城省道改线和过境铁路前期工作,加快促进互联互通,改善对外交通环境。坚持招商引资和招才引智并举,实施“走出去”“引进来”战略,加速要素资源聚集,提高经济外向度。深入挖掘沟峪、湿地等自然资源,广灵剪纸、大号、秧歌等文化资源,围绕全域旅居,开发宜居、宜业、宜游、宜养的旅游景区,构建旅游产业与各类产业相互融合的格局。统筹推进经济体制、司法体制、社会体制改革,深化行政管理、财税管理和农村综合改革,推动金融服务创新,释放改革红利,增强经济社会发展活力。

五是强化共享发展理念,致力增进民生福祉。始终把保障和改善民生放在更加突出的位置,切实落实好富民、惠民、利民、乐民、安民等各项举措,把新增财力更多地投向民生领域,扎实抓好就业、教育、文化、医疗、社保、养老等基本民生,让群众享有更好的教育、更稳定的工作、更满意的收入、更完善的社会保障、更优质的医疗服务,进一步增强群众的获得感。大力实施精准扶贫、精准脱贫,确保 2019 年末实现所有贫困人口全部脱贫、所有贫困村全部解困。加强社会综合治理和民主法治建设,完善安全生产责任机制,健全综合防灾减灾体系,最大程度保障群众生命财产安全。

二、扎实做好今年的各项工作,为“十三五”开好头、起好步

2016 年是实施“十三五”规划的开局之年,扎实做好今年的各项工作,意义重大。

今年全县的主要预期经济指标是:地区生产总值增长 6.5%以上,全社会固定资产投资增长 11%,规模以上工业增加值增长 2.5%,公共预算财政收入完成市定目标任务,社会消费品零售总额增长 6.0%,城镇居民人均可支配收入增长 6.6%,农村居民人均可支配收入增长 6.5%以上。

围绕上述目标,我们要重点抓好五方面的工作。

*(一)加强产业项目建设,增强经济发展后劲。*一要全力壮大环保工业。完成国电总投资 8 亿元的南村风电场二期和总投资 8.5 亿元的土巷口风电场项目前期工作,完成总投资 8 亿元的润广风电卧羊场三期工作。大力促进北京金隅集团与聚源银业年产 6 万吨再生铅项目合作,完成金隅水泥总投资 5100 万元的水泥窑技改项目,完成长青环保年产 1 万吨糠醛循环经济项目备案及环保手续。积极推动壶泉酒业总投资 6180 万元的苦荞燕麦酒和有机荞麦香醋项目。二要竭力做优现代农业。扎实推进设施农业建设,新发展设施农业面积 200 公顷;继续抓好杂粮产业,实施杂粮高产创建项目 133 公顷;做大做强农产品加工项目,实现龙头企业年销售收入 13.1 亿元;积极推广测土配方施肥,完成高标准基本农田整理项目。完成梁庄、底庄等 4 村省级耕地开发项目和南村镇等 3 乡镇 16 村补充耕地项目,两个项目新增耕地 587 公顷。稳定粮食播种面积,粮食产量保持在 1.04 亿千克以上;新建扩建标准化养殖小区 16 个,积极推进建设家庭牧场 175 个;完成农村土地承包经营权确权登记颁证工作,推进 4 个乡镇开展前期合同清理及土地信息清册填写工作。突出抓好农村饮水安全提质攻坚、京津风沙源小流域治理等重点水利工程项目。三要聚力打造文化旅游产业。坚持“非遗”保护传承与产业开发并举,促进剪纸文化产业健康发展。以剪纸博物馆为核心,积极打造集广灵秧歌、广灵大号、木偶戏及民间社火表演为一体的广灵民俗文化园,努力提升剪纸博物馆景区级别。积极谋划壶流河湿地生态旅游、甸顶山风景区项目,白羊峪、圣眷峪、长江峪、殷家庄明清民俗文化村等景区景点建设,着力打造文化体验、休闲度假等特色旅游产业。

*(二)狠抓基础设施建设,改善城乡人居环境。*一要注重规划引领。要严格按照“五规合一”规划要求,积极开展六棱山风景名胜区总体规划、县城防洪规划的编制工作,促进城乡建设集约高效。二要注重功能完善。着力推进县城周边产业园区建设,加大招商引资力度,积极推进百工小镇、壶泉百味等体现广灵地域特色和传统文化特色的综合旅游项目。投资 1700 万元完成县城垃圾转运站建设工程,投资 788 万元完成县城污水处理升级改造工程,完善西河乡村、北道岩村、新北关村的污水管网建设工程。完成县乡公路改造 6.94 千米、集中连片特困地区县乡道路改造 11.5 千米。完成市定农村危房改造和抗震改建任务。三要注重建管并举。抓好市容市貌、环境卫生、交通秩序等综合整治,继续推进智慧城市建设,提升县城形象和品位。着力抓好县城 7 个城中村和 86 个老旧住宅小区综合整治,启动并实施 2016 年棚户区改造工程。扎实推进县城绿化、香化、美化工作,提升城乡环卫精细化管理水平,抓好村容村貌整治,改善农村落后面貌。积极推进农业人口市民化,放宽廉租住房申请条件,加快新型城镇化发展步伐。

*(三)深入实施精准扶贫,全力推进脱贫攻坚。*一要全面落实精准扶贫。坚持扶贫对象精准定位,精准安排扶贫项目,做到一户一业、一人一策。精准使用扶

贫资金，确保资金到村、到户、到人。精准落实帮扶措施，确保“一户一策一干部”。确保脱贫成效精准，建立贫困村、贫困户退出机制，科学评价脱贫成效。二要扎实推进“五个一批”。抓好特色产业扶贫，使3200名有发展条件、有劳动能力的扶贫对象实现脱贫；抓好易地搬迁安置，使500名建档立卡贫困人口实现易地搬迁脱贫；抓好教育扶贫及就业培训，不断扩大贫困家庭受教育子女的资助覆盖面，确保500人脱贫；抓好生态补偿脱贫，通过退耕还林和种植经济林增加收入，使生态功能区100名贫困人口早日脱贫；抓好社会救助扶贫，通过光伏扶贫资产性收益和社会保障政策兜底，使3000名丧失劳动能力的贫困人口和符合条件的低保、五保及残疾人口，得到有效保障。形成多点发力、各方出力、共同给力的大扶贫格局，确保完成7300名贫困人口的年度脱贫任务。

（四）全面推进综合治理，加强生态文明建设。一要持之以恒抓好造林绿化。大力实施京津风沙源治理二期、太行山重点防护林、封山育林、高速路和省道两侧荒山绿化、6个重点村庄绿化、千福山森林公园造林绿化和县乡通道绿化等林业重点工程，确保完成3333公顷年度绿化任务。二要坚定不移做好环境保护。落实大气污染防治行动计划，确保全年二级以上天数稳定在330天以上。扎实推进水污染防治行动计划，加强水神堂泉域地下水资源保护，确保县城饮用水水源地一、二级保护区和七个乡镇饮用水水源地保护区的水质达标率达到100％，壶流河出境断面水质控制在国家地表水环境质量四类标准。认真落实土壤污染防治行动计划，科学防治土壤污染。加大环保执法检查力度，严厉打击各类环境违法行为，确保生态环境安全。三要尽心竭力搞好湿地保护。全面抓好壶流河湿地省级自然保护区内道路、景观建设，积极推进壶流河综合整治工程，保护和利用好宝贵的湿地资源。

（五）大力发展社会事业，着力保障和改善民生。一要兴办人民满意教育。投资5486万元实施全面改薄计划，确保通过2016年“义务教育基本均衡县”国家评估验收。投资744万元实施教师周转宿舍项目、农村初中校舍改造项目，进一步优化办学条件。突出抓好校长队伍和师资力量建设，完善教育激励机制，在提升教育教学质量上实现新突破。二要提高城乡居民收入。全面落实促进就业创业政策。增加居民的经营性收入和财产性收入。不折不扣地执行好各项强农惠农政策，拓宽农民增收渠道。加大对低收入困难群体的补贴和救助力度，确保弱势、困难群体收入正常增长。全年新增城镇就业1300人，创业带动就业350人，失业人员再就业200人，就业困难人员就业100人，转移农村劳动力2400人。三要切实加强社会保障。继续做好社会保险扩面征缴工作，推动社会保障向各类经济组织从业人员覆盖。进一步完善救助、救济体系，切实提高保障水平。四要提升卫生服务水平。不断完善城乡卫生服务体系，健全新型农村合作医疗制度，加强中医和科技兴医工作，为群众创造安全、舒适的就医条件。全面落实计划生育政策，促进人口均衡发展。

千里之行需跬步以至，百业之兴需点滴以成。让我们更加紧密地团结在以习近平同志为总书记的党中央周围，同心同德、同步同向、同力同行，为建设民富县强域美安康宜居新广灵而努力奋斗！

努力建设美丽朔州　全面建成小康社会

朔州市市长　**李海渊**

“十二五”时期，面对复杂严峻的经济形势和艰巨繁重的改革发展稳定任务，我们认真贯彻落实党的十八大、十八届三中、四中、五中全会精神和习近平总书记系列重要讲话精神，统筹做好煤与非煤两篇文章，坚持稳中求进总基调，积极适应经济发展新常态，加快建设美丽朔州和“塞上明珠”，全市经济社会发展取得新成就，“十二五”规划确定的主要目标任务基本完成，为全面建成小康社会打下坚实基础。

一、“十三五”时期经济社会发展的指导思想和目标任务

“十三五”时期经济社会发展的指导思想是：高举中国特色社会主义伟大旗帜，全面贯彻党的十八大和十八届三中、四中、五中全会精神，以马克思列宁主义、毛泽东思想、邓小平理论、“三个代表”重要思想、科学发展观为指导，深入贯彻习近平总书记系列重要讲话精神，遵循“五位一体”总体布局和“四个全面”战略布局，坚持发展是第一要务，牢固树立并切实贯彻创新、协调、绿色、开放、共享的发展理念，按照省委“五句话”总要求和“六大发展”战略部署，主动适应经济发展新常态，紧扣优化经济结构和提升发展质量“两大任务”工作主题，进一步突出循环经济、新兴产业、特色农业、生态建设、城乡统筹“五个重点”，打造全国综合能源示范基地、工业固废综合利用示范基地、日用陶瓷生产基地、生态畜牧养殖基地和全省特色农产品加工基地“五大基地”，统筹推进经济建设、政治建设、文化建设、社会建设、生态文明建设。

主要目标是：发展质量明显提升。传统产业竞争力增强，新兴接替产业规模壮大，服务业比重提高，农业现代化迈上新台阶，“五大基地”建设取得重大突破，煤炭产业循环率、新兴产业占比率、绿化覆盖率、城镇化率实现既定目标。到2020年，全市地区生产总值和城乡居民人均可支配收入比2010年翻一番，我市与全国全省同步全面建成小康社会。贫困人口整体脱贫。“十三五”时期每年减少40个贫困村、2.1万贫困人口，现行标准下的8.3万农村贫困人口实现稳定脱贫，贫困县全部摘帽。生态建设成效显著。能耗和水资源消耗、建设用地、碳排放总量得到有效控制，主要污染物减排完成省定任务，大气、水、土壤污染治理取得新成效。森林、草地覆盖率进一步提高。民生保障水平普遍提高。就业水平比较充分，公共服务体系更加健全，基本公共服务均等化水平提高。城乡居民人均可支配收入增速不低于全市地区生产总值增速，农村居民收入增速快于城镇居民收入增速。安全生产向稳定好转坚实迈进。文化建设呈现新局面。文化发展主要指标、文化事业整体水平、文化产业综合实力明显提升，公共文化服务体系基本建成，文化产业发展格局基本建立，公民素质和社会文明程度显著提高。改革开放进一步深化。资源型经济转型综合配套改革试验区建设取得重大进展，重点领域和关键环节改革取得决定性成果，对外开放的广度和深度不断拓展。民主法治建设扎实推进。法治政府基本建成，政府公信力和行政效率进一步提高。民主法治更加健全，社会更加和谐稳定。

主要任务是：

（一）坚持创新发展，着力提高经济发展质量和效益。坚持把创新摆在发展全局的核心位置，深入实施创新驱动发展战略。着力加强供给侧结构性改革，发挥有效投资对经济增长的关键作用，发挥消费对经济增长的基础性作用。大力推动大众创业、万众创新。做好煤与非煤两篇文章，实施“革命兴煤”，推进煤炭“六型转变”，做优做强能源产业，培育发展新兴接替产业，提升服务业发展水平，加快发展特色现代农业。深入推进转型综改试验区建设，深化重点领域和关键环节改革，全力推进科技创新、金融振兴、民营经济发展“三个突破”。

（二）坚持协调发展，着力形成均衡发展格局。按照中心城市、大县城、小城镇、新农村“四位一体”发展思路，坚持工业反哺农业、城市支持农村，加快构建城乡一体的发展机制，推进新型城镇化。力争到2020年，常住人口城镇化率达到60%，户籍人口城镇化率达到40%左右。深化“五城联创”，提高城市建设管理水平。深入开展社会主义核心价值观教育实践活动、思想道德建设活动和群众性精神文明创建活动，大力弘扬右玉精神，繁荣文化事业，发展文化产业，促进物质文明和精神文明协调发展。推动军民融合向全要素、多领域、高效益深度发展。

（三）坚持绿色发展，着力建设生态文明美丽朔州。实施主体功能区战略，严守生态安全红线。推行低碳循环生产生活方式，促进资源节约高效利用。构筑绿色生态屏障，实施大规模国土绿化行动，加强水生态建设。实行最严格的环境保护制度，实施大气、水、土壤污染防治行动计划，加强矿山生态环境恢复治理，加大城乡环境整治力度。严格落实生态环境保护法律法规，打击各类环境违法行为。

（四）坚持开放发展，着力拓展经济发展空间。紧紧抓住“一带一路”战略机遇，主动融入京津冀一体化和环渤海经济圈，积极对接长三角、珠三角，深化区域合作，加强开发区和园区等各类开放平台建设，承接产业转移，提高招商引资质量和水平。扩大外贸规模，提升经济外向度。

（五）坚持共享发展，着力创造人民幸福美好生活。始终坚持把保障和改善民生作为一切工作的出发点和落脚点，全面提升教育、医疗、就业、社会保障、文化等民生领域公共服务水平，提高城乡居民收入水平，坚决打赢脱贫攻坚战，促进人口均衡发展，使全市人民在共建共享发展中有更多获得感。

（六）坚持廉洁发展和安全发展，着力营造良好发展环境。严格落实“两个责任”，深入推进“六权治本”，持续狠刹“四风”，营造廉洁发展环境。全面加强安全生产，夯实安全发展基础。加强和创新社会治理，强化社会治安综合治理，健全公共安全保障体系，维护社会和谐稳定。

二、认真做好2016年各项工作，努力实现“十三五”良好开局

今年经济社会发展的主要预期指标是：地区生产

总值增长6.5%左右，固定资产投资增长15%，社会消费品零售总额增长6%左右，公共财政预算收入下降15%，城镇常住居民人均可支配收入增长6.5%左右，农村常住居民人均可支配收入增长6.5%以上。约束性指标完成省下达任务。要完成上述任务，重点做好七个方面工作。

（一）推进供给侧结构性改革，加快产业转型升级。做优煤电产业。一要促进煤炭行业脱困转型。继续推进煤炭资源整合、煤矿兼并重组，依法淘汰落后产能，有序退出过剩产能，严控增量，优化存量。二要促进能源产业清洁高效发展。大力推进煤电一体、煤化一体、煤电铝一体，提高煤炭清洁高效利用水平，打造煤炭产业升级版。

做大非煤产业。推动陶瓷产业升级，鼓励陶瓷企业兼并重组，培育自主创新能力强的行业龙头。承接山东、广东等沿海地区陶瓷产业转移。大力发展装备制造业、电动汽车产业，食品医药产业和煤基新材料和节能环保产业。

加快发展现代服务业。突出发展文化旅游业。培育文化旅游业龙头企业，组建文化旅游产业投资公司。进一步完善旅游景区基础设施，深度开发旅游产品。着力发展现代物流业，抓好雁门关农产品物流园区等项目建设。提升商贸服务业。加强商业网点体系建设，抓好北京电子城朔州数码港、普国边塞国际商城等重点项目建设，优化消费环境，促进消费增长。

（二）加大投资和项目建设力度，增强持续增长动力。着力推进基础设施、产业转型、生态建设、民生改善四个方面八大领域投资和标志性工程建设，铁路项目投资13.6亿元，公路项目投资20亿元，电力项目投资235亿元，现代煤化工项目投资34.5亿元，新兴产业项目投资87.6亿元，生态环境治理项目投资56.8亿元，城乡人居环境改善项目投资100亿元，社会事业项目投资19.5亿元。

深化投融资体制改革。强化政府投资引导作用，发挥企业投资主体作用，激发民间投资积极性，扩大债券融资规模，推广特许经营、股权合作、政府购买服务等政府和社会资本合作模式，通过多渠道多形式筹措建设资金。

（三）加强“三农”工作，促进农民持续增收。大力发展特色现代农业。扎实推进草牧业发展试验试点市建设，全面实施草牧业“双百双十”工程，今年完成人工种草3.8万公顷，改良天然草场2万公顷。每个县区要建设好一个百亩以上的牧草种植试验示范点。统筹发展草牧业与养殖业，改造提升38个奶牛养殖园区、40个肉羊养殖园区。调整优化种植结构，实施高产创建工程，建设6.7万公顷玉米地膜覆盖高产田、6.7万公顷优质杂粮生产基地、6.7万公顷高效园艺作物基地和3.3万公顷优质马铃薯生产基地。加强农田水利建设，提高农业综合生产能力。

加快构建农业经营新体系。积极发展家庭农场、专业大户、农民合作社、农业产业化龙头企业，做大做优乳品、肉制品、酒类、小杂粮、蔬菜等特色农产品加工业，提高农业产业化经营水平。全年农产品加工销售收入实现195亿元。推动农业一二三产业融合发展。大力发展休闲度假、旅游观光、农耕体验、创意农业等农村经济新业态，培育农民增收新的增长点。

深化农村改革。深入推进农村改革试验区建设，基本完成农村土地承包经营权确权登记颁证工作。建设农村产权交易市场，促进土地有序流转。加强农村金融服务体系建设，开展农村土地承包经营权、林权、农业生产设施抵押质押试点，完善农业保险制度。

打好脱贫攻坚战。按照“六个精准”要求，创新脱贫攻坚机制，组织实施发展生产、易地搬迁、生态补偿、发展教育、社会保障和干部驻村帮扶“六个一批”工程。落实行业部门扶贫责任，加大财政扶贫资金投入，引导社会力量参与。建立健全脱贫攻坚考核机制，确保按时保质保量完成各项任务。今年要实现2.1万贫困人口脱贫、40个贫困村摘帽。

（四）做好城市工作，积极推进新型城镇化。强化城市规划工作。增强规划的系统性，推进“多规合一”，实现城市总体规划与土地利用、环境保护、产业发展等规划有效衔接。维护规划的权威性，严格按照城市总体规划和控制性详细规划建设管理城市，坚决杜绝随意修改规划，严肃查处违反规划的建设行为。

加快完善中心城市基础设施。重点抓好十大城建工程。一是加快推进七里河市区段生态治理工程，基本完成建设任务。二是启动太平窑水库治理，建成城市周边湿地公园。三是开工建设“三路四桥”，打通顺义路、振华街、安泰街，配套建设城市地下综合管廊，完善城市路网。四是加快建设恢河大桥，解决市区南北交通瓶颈问题。五是大力推进七里河沿线城中村改造，让广大城中村群众有一个良好的生活环境。六是完善朔州老城改造工程，建成特色文化旅游景区。七是开工建设四水厂和西南片应急水源，提高城市供水能力。八是建设垃圾处理第二填埋区渗沥液处理站和垃圾中转站，完善垃圾处理设施。九是投产运营市第二污水处理厂，提高污水达标排放水平。十是建成公交调度中心，投放新能源公交车，扩充城市公交运力，形成较为完善的城市公共交通服务体系。

统筹改善城乡人居环境。重点抓好城镇保障性安居工程建设，今年全市开工6000套，其中城中村改造1715套。打通商品房、保障房、安置房转换通道，鼓励农民和农民工进城购房，扩大有效需求，化解房地产库存。继续实施农村人居环境改善工程，加强农村水电路气等基础设施建设，新建改造饮水工程83处，新改扩建农村幼儿园9所，建设40个农村社区老年人日间照料中心，实施采煤沉陷区治理搬迁、农村困难家庭危房改造、易地扶贫搬迁、农村住房抗震改建共17317户，启动65个村地质灾害治理搬迁，创建10个美丽宜居示范村和580个清洁达标村。

(五)实施创新驱动，深化改革开放。着力推进创新驱动。强化企业科技创新地位，积极实施“互联网＋”行动计划，加快提高全市科技创新能力。今年重点抓好“五个一批”，建好一个平台。推动规上工业企业新建一批企业技术中心，力争年内全市企业技术中心突破100家；申报审批一批重点实验室(工程技术研究中心)，年内省市级重点实验室达到10家以上，支持中煤集团建设煤炭提取稀有金属研发中心；实施一批重大科技攻关项目，推进开发区中美新能源技术研发公司洁净煤技术研发等项目，增强科技对经济社会发展的驱动作用；发展一批高新技术企业，全市高新技术企业达到20家；申报一批专利技术，年末有效发明专利超过150件；建好一个科技创新平台，把朔州市科技创新创业园打造成新技术新产品研发基地、中小微科技企业孵化基地、大众创业培训基地。同时，深化科技管理体制改革，提高科技项目和资金使用实效性。

加快金融改革发展。推动金融机构创新金融产品和融资模式，壮大社会融资总量，加大对地方经济支持力度。加强信用担保体系建设，整合财政扶持资金，设立中小企业信用保证基金。推进地方金融机构改革，加快完成朔州农村商业银行组建工作。加强金融体系建设，积极发展村镇银行，规范发展小额贷款公司，引进更多金融机构，积极培育上市公司。

大力发展民营经济。落实各级政策，从项目、财税、金融、用地、人才等方面加大对民营经济的支持力度。设立专项发展基金，支持中小企业创业基地建设。

不断提高开放水平。发挥资源优势，依托产业基础，提供优质服务，加大招商引资力度。组织参加好省政府在南京、天津、重庆、济南、太原举办的五个招商对接会。发挥好开发区和园区作用，积极引进新兴产业项目。继续办好亚洲粉煤灰及脱硫石膏处理与利用技术国际交流大会，打造具有国际影响力的新技术新成果展示平台。

(六)着力保障改善民生，不断增进人民福祉。加快提高教育质量。积极发展学前教育，加大公立幼儿园建设力度。加强义务教育学校标准化建设，推动朔城区、山阴县、应县今年通过国家义务教育均衡发展评估认定。加强市区中小学校建设，缓解班容量大的问题。积极发展高中教育，推进市一中高中新校区建设。加快发展职业教育，加强特殊教育，支持办好高等教育。鼓励和规范发展民办教育。深化教育领域改革，优化教育资源配置。

提升医疗卫生保障服务水平。深入推进医药卫生体制改革，完善医疗卫生服务体系。深化县级公立医院改革，改善乡镇卫生院条件，推进朔州大医院建设。协调推进医疗、医药、医保联动改革。整合城乡居民基本医保制度，进一步提高财政补助标准和个人缴费标准，提高大病保险报销水平，扩大门诊慢性病病种，稳步推进跨省异地就医结算。

着力扩大就业创业。推动大众创业、万众创新。继续实行政府购买基层公共服务岗位等政策，促进高校毕业生就业。落实帮扶企业政策，稳定企业就业岗位。做好城镇失业人员、退役军人等群体的就业工作，托底帮扶就业困难人员。今年新增城镇就业岗位1.8万个，提供1000个政府购买基层公共服务岗位。

完善社会保障体系。稳步推进机关事业单位和企业基本养老保险制度并轨运行，继续提高退休人员基本养老金标准。提高城乡低保标准，推动农村低保标准与国家扶贫标准相衔接。加强社保信息化建设，推进社保卡综合应用。做好社会救助，发展公益慈善事业。

加强文化建设。深入推进国家公共文化服务体系示范区创建工作，扎实完成各项任务，顺利通过国家验收。完善市县乡村四级公共文化服务场所建设，深化公益性文化事业单位内部改革。健全政府购买公共文化服务机制，开展好送戏下乡等文化惠民活动。做好文物和非物质文化遗产保护。加强科普工作，推进科技馆建设。发展体育事业，启动奥林匹克体育中心建设，倡导全民健身。深化群众性精神文明创建活动，提高市民素质和社会文明程度。

(七)加大环境治理力度，建设良好生态环境。推进低碳循环发展。实行能源和资源消耗、建设用地等总量和强度双控行动，促进节能、节水、节地、节材、节矿。深入开展重点行业能效对标活动，加强企业能耗在线监测。巩固提高煤矸石、粉煤灰等大宗工业固废综合利用水平，确保工业固废综合利用基地验收顺利通过。

深入开展大气污染防治行动。加快推进燃煤发电机组超低排放和节能改造，今年完成4家燃煤电厂5台机组改造任务，2017年全市所有燃煤电厂全部完成改造。进一步推进市区热电联产集中供热，取缔10蒸吨以下燃煤锅炉。强力实施市区城中村清洁燃煤改造，今年完成7个村1万余户改造任务。开展煤矸石自燃治理。加大建筑工地、道路扬尘污染治理力度。

加强机动车污染防治。通过多管齐下、铁腕治污,实现空气质量明显好转。

扎实开展水污染防治行动。开展煤炭、陶瓷、食品、化工等行业的水污染防治设施改造。完善城镇污水处理设施。加强地下水水位、水质、水量监测,推动水资源合理利用。开展城乡集中饮用水水源地保护工作,保障居民饮水安全。

筑牢生态安全屏障。持续推进植树造林。今年完成1.2万公顷营造林任务,结合草牧业试验试点工作,鼓励符合条件的地方开展新一轮退耕还林还草。加强生态水保工程建设,全面启动桑干河河流生态修复保护工程和七里河上游综合治理工程。推进矿山生态环境治理和地质灾害治理。

我们面临的任务艰巨繁重,肩负的使命重大光荣。让我们更加紧密地团结在以习近平同志为总书记的党中央周围,在省委、省政府的坚强领导下,凝心聚力,扎实苦干,实现"十三五"良好开局,为全面建成小康社会而努力奋斗!

承继"十二五"发展　再创"十三五"辉煌

山阴县县长　**南志中**

"十二五"时期是我县发展很不平凡的五年。面对严峻复杂的经济形势和艰巨繁重的改革发展稳定任务,我们在市委、市政府和县委的坚强领导下,在县人大、县政协的监督支持下,团结带领全县广大干部群众,积极应对挑战,奋力攻坚克难,办成了一批打基础、利长远的事情,投入的建设资金超过了过去30年的总量,成为山阴史上发展速度最快、建设规模最大的一个时期。

一、"十三五"时期经济社会发展的总体要求和目标任务

"十三五"是我们谋求突破、实现转折的又一个重要时期。今后五年,我们工作的总体要求是:高举中国特色社会主义伟大旗帜,深入贯彻落实党的十八大、十八届三中、四中、五中全会精神和习近平总书记系列重要讲话精神,深入贯彻"四个全面"战略布局,认真落实省委"五句话"总要求,牢固树立"六大发展"理念,紧扣"两大任务"主题,按照"2361"工作思路,统筹推进经济社会建设,不断增强人民群众的获得感和幸福感,激活力、强实力、增魅力,确保2020年全面建成小康社会。

今后五年,经济社会发展的主要目标是:地区生产总值年均增长7.2%,城镇居民收入年均增长7.3%,农民人均纯收入年均增长10%,确保到2020年实现GDP、城乡居民收入"两个翻番"。

今后五年,经济社会发展的主要任务是:

(一)坚决打赢脱贫攻坚战。坚持以脱贫攻坚统揽经济社会发展全局,把脱贫作为最大的民生工程,坚持精准扶贫、精准脱贫。继续推进发展生产脱贫一批、易地搬迁脱贫一批、生态补偿脱贫一批、发展教育脱贫一批、社会保障兜底一批的"五个一批"工程,到2017年底,确保在现行标准下6385名农村贫困人口实现脱贫,31个贫困村"摘帽"。

(二)全力推进晋北现代煤化工基地建设。晋北现代煤化工基地列为国家规划的七大现代煤化工基地之一,这是山阴煤炭转化、煤炭转型的根本出路。我们要积极对接阳煤集团40亿方合成天然气等项目,实现煤炭向精细化工转化;大力支持山西赐润能源低阶煤分质转化综合利用项目建设,实现煤炭分质清洁高效转化和梯级利用。"十三五"期间,全力推动煤炭产业"六型转变",煤炭就地转化率达到100%。

(三)全面开发西山钙化石,促进钙化工产业发展。钙化石是我县煤炭资源之外的另一重要资源,要充分利用和放大我县石灰石资源、煤炭资源、电力资源等组合优势,大力推进产业整合,引进战略投资伙伴,重点引进诸如"神雾"等大型企业,通过引大靠强,提高我县钙产业的整体实力。力争"十三五"期间,石灰石延伸产业成为非煤产业发展的重大增长点,扭转"一煤独大"的格局,走出一条开发石灰石、发展钙化工的非煤新型工业之路。

(四)加快推进雁门关生态畜牧经济区建设。建设现代化畜产品基地,推进畜牧养殖品种质量升级。通过招商引资启动运营8个现代化养殖园区，全面提升现代化、标准化、安全化水平，与国际行业标准接轨，形成新的竞争优势。“十三五”期间，奶牛养殖要控量提质，根据土地的载畜量，奶牛数量要稳定控制在10万头以内，把我县发展成为优质奶牛供应基地，奶农从奶牛身上获取更大收益。

（五）推进农业种植结构优化升级。全面调整种植业结构，推进“粮经饲”统筹、“农林牧”结合。粮食总产量稳定在2.5亿千克以上；引导农民在非优势区适度调减普通玉米种植面积；引导农民在优势产区积极发展饲用玉米和饲草作物、特色小杂粮、经济林、中药材等；实施特色农产品品种改良、品质改进、品牌创建、效益提升行动。“十三五”末，特色小杂粮种植面积发展到2万公顷，通过退耕还林发展经济林13333公顷。

（六）引入资本市场运作。着力强化资本市场融资功能，建设地方融资平台，探索成立城市、能源、农业、教育卫生和扶贫开发等五大投资公司和相应的子公司，与财政脱钩，发展成为自主经营、自负盈亏的实体经济。要采取PPP融资模式，推进与资产管理公司在项目设计、融资、运营、管理和维护等多个阶段的公共民营合作，重点解决棚户区改造、城乡人居环境改善以及“三农”等民生领域和薄弱环节的融资需求。

（七）大力开发广武边塞文化旅游资源。加快推进文旅融合。充分挖掘广武边塞文化旅游资源的文化价值、商业价值，坚持“政府主导、企业主体、市场化运作、多元化投入”的模式，实施大集团、大资本、大平台发展战略，鼓励社会资本开发旅游景区景点、旅游项目、商业网点、服务接待设施以及交通设施等。不断丰富旅游新内涵，拓展旅游产业新业态。力争在“十三五”期间，形成明显的文化旅游产业规模和经济社会效益。

（八）保护开发桑干河湿地资源。加强湿地资源生态建设，推进生态修复与保护工程，在河流两侧做好水土保持林建设，维护湿地水系。充分挖掘湿地公园这笔“财富”的内在潜力，利用桑干河湿地新区环境空气质量好、高铁设站交通便利等得天独厚的基础条件，吸引各方客商投资兴业。五年内，力争把桑干河湿地规划建设成为富有现代特色的养生养老基地，打造成为集观光、娱乐、休闲、度假等为一体的生态旅游基地。

（九）健全社会保障体系。扎实做好教育、医疗、就业、收入、住房、社会保障等民生工作，稳步推进机关事业单位、企业基本养老保险制度并轨运行，完善相关配套政策，继续提高退休人员基本养老金待遇水平。建立统一的城乡居民基本医疗保险制度，进一步提高财政补助标准。适当提高大病保险人均筹资水平和报销比例，合并实施基本医疗保险和生育保险。完善重特大疾病医疗救助政策。落实经济困难的高龄与失能老年人补贴以及百岁以上老年人补贴新标准。全面实施困难残疾人生活补贴和重度残疾人护理补贴制度。继续提高城乡低保标准，推动农村低保标准与国家扶贫标准相衔接。把民生改善时时刻刻装在心、事事处处抓在手，让人民群众得到更多实惠！

二、努力做好2016年工作

2016年，是“十三五”的开局之年，今年经济社会发展的主要预期目标是：地区生产总值增长6.5%左右，固定资产投资增长14%，社会消费品零售总额增长6%左右，公共财政预算收入降幅控制在11.9%以内，城镇常住居民人均可支配收入增长6.5%左右，农村常住居民人均可支配收入增长6.5%以上。约束性指标完成省市下达任务。

重点抓好以下三个方面工作：

（一）把握政策机遇，加快产业转型升级。承接晋北现代煤化工项目。一是完成基地规划环评和社会风险评估，并成立基地管理委员会；二是继续完善基础设施，年内完成30万立方米的蓄水池、333公顷建设用地的征用、建设用电和东西园区的连接道路初设；三是积极与潞安、晋煤、阳煤、神雾、中煤等大集团对接项目；四是山西赐润400万吨低阶煤分质转化综合利用项目开工建设，朔州金沙源橡胶制品项目建成投产。

壮大新兴能源产业。把握新能源产业发展政策机遇，继续推进风电场和光伏电站建设。年内中电投二期5万千瓦光伏项目建成并网发电，同煤织女泉四期10万千瓦、联成偏岭二期5万千瓦两个项目力争开工建设，漳泽吴马营5万千瓦风电项目和晋能10万千瓦、美太2万千瓦两个光伏项目继续完善手续。积极支持中圣清洁能源投资有限公司，投资24亿元的生物质热电联产项目开工建设。

调整农业种植结构。一要抓住国家把朔州市列为唯一的粮改饲和草牧业发展试验试点市的政策机遇，结合奶牛养殖效益的提升，实施优质牧草种植计划。二要抓住新一轮退耕还林政策机遇，退耕还林不再单靠领取国家补贴，要从种植林木本身得利，坚持“农民自愿，政府引导；尊重规律，因地制宜”的原则，大面积推广以枸杞、大接杏、速生药用林木等为主的经济林。三要实施杂粮产业振兴工程，打造特色小杂粮种植示范区，探索建立“企业＋基地＋农户”经营机制。力争年内建成1家小杂粮标准化加工厂，引进国际标准的加工技术和设备。四要促进设施农业提质增效，通过外引内联加大设施蔬菜技术改造力度，继续推进以雁门关物流园区为核心的大型蔬菜批发市场和冷链贮藏库建设，大幅提升设施蔬菜、果木、花卉、食用菌、苗木等产业效益。

提升畜牧产业品质。把握雁门关生态畜牧经济区建设政策机遇，引导20个500头规模的奶牛养殖园区向牧场模式转型；对10个肉羊小区全面升级改造；新扩建5个肉牛养殖小区；加快推进奶牛种质提升。积极支持大象集团在薛圐圙乡的20万头种猪养殖项目建设，推进基地与农户联营，力争年内完成5个种猪厂建设。积极支持中合三农集团投资1亿元的10万头肉牛养殖基地建设项目开工建设。继续加大薛圐圙奶牛现代化养殖基地9个园区的招商力度，尽快形成全县现代化奶牛养殖的核心示范区。

发展农村电子商务。实施“互联网＋农产品”行动计划，完成中国网库集团投资5亿元的“山阴县产业集群电子商务产业基地”项目的建设。

（二）强化协调并进，推动城乡统筹发展。加强城市建设管理。抢抓国家棚户区改造政策机遇，加快棚户区、城中村和老旧街改造步伐，启动实施和顺社区棚户区改造项目，继续完善兰园棚户区改造、玉井工矿棚户区改造等项目。推动房地产健康发展，优化房地产产品供给结构，打通保障房和商品房通道，有效推进房地产“去库存”。完善城市基础设施，年内完成虎山线公铁立交桥拓宽改造等工程，推进南山引水净化水厂、第二污水处理厂等项目的建设，完成24个县城电网台区建设，积极做好大原客运专线、北同蒲朔山联络线两条铁路和蒙西至天津南、晋北至江苏南京两条特高压电力外送通道等国家和省、市重大项目建设的配合协调工作。

打造特色魅力乡村。完成北周庄镇“百镇建设”项目工程，进入全省百个特色大镇行列。继续实施乡村人居环境改善四大工程，完成农村公路完善提质37千米，完成农村公路安全生命防护55千米，完成黄水河黑圪塔桥危桥改造，推进县乡道路改造97千米；解决10个村6242口人的农村饮水安全问题；完成29个农村电网和81个农村排灌机井升级改造；完成农村困难家庭危房改造1000户。持续改善农业生产条件，完成黄水河河道山阴段治理工程，开工建设水峪口水库。

建设良好生态环境。实施大气污染防治工程，对重点工业企业和水泥、铁合金行业燃煤锅炉实施提标升级改造，达到新的排放标准；对县城建成区10吨以下燃煤锅炉进行集中整治。实施水污染处理工程，进一步完善县城污水处理管网，提高污水处理厂的减排能力；围绕创建农村生活污水治理示范县，加大农村生活污水治理力度；围绕创建农村垃圾治理示范县，实行“户三包、村收集、乡中转、县处置”的运作模式，对农村垃圾进行集中处理。持续推进造林绿化，年内实施荣乌高速公路通道绿化工程37千米，京津风沙源治理工程造林200公顷，巩固退耕还林营造干果经济林260公顷，通道绿化补植补造30千米、元水线旅游通道绿化17千米等工程。

（三）保障改善民生，提升群众幸福指数。完成年度脱贫任务。紧紧稳定实现扶贫对象“两不愁、三保障”总目标，采取“十大举措”开展精准脱贫攻坚行动，形成全社会力量支持脱贫攻坚的大格局。年内脱贫摘帽22个村，实现4090个贫困人口脱贫。其中完成易地扶贫搬迁5个村85户211人。

发展均等公共服务。优先发展教育，全面完成农村义务教育薄弱学校改造；继续加强校长、教师的流动交流，推进“互联网＋教育”工程，加快“三通两平台”建设，实现优质教育资源共享，年内通过国家义务教育均衡县的验收和复查。推进医院提档升级，年内完成新建县第一人民医院，开工建设县中医院门诊楼；健全医疗卫生服务体系，深化公立医院综合改革，全面实施基本药物制度，建立完善分级诊疗制度，提升新农合保障和服务水平；支持县级医院与乡镇医院建立“医联体”，实现优质医疗资源共享，满足群众多层次健康服务需求。实施文化惠民工程，全力推进国家公共文化服务体系示范区建设；广泛开展全民健身运动，丰富群众文体生活。

完善社会保障体系。推进全民参保登记后续工作，以登记促进参保，达到参保与缴费、社保卡应用同步推进。加强社保信息网络建设向基层延伸，实现县、乡、村实时联网。全面落实异地社保的享受、转移、接续等政策，推进各类保险费用即时结算和异地就医服务。做好创业就业工作，创建省级创业型城市试点县。加快农村养老事业发展，年内开工建设玉井镇中心敬老院，征地规划北周庄镇、岱岳镇中心敬老院，完成13所老年日间照料中心建设。

承继“十二五”发展，再创“十三五”辉煌，我们面临的任务艰巨繁重，肩负的使命重大光荣。让我们更加紧密地团结在以习近平同志为总书记的党中央周围，凝聚全县力量，汇集全民智慧，团结一心，奋力拼搏，为全面建成小康社会而努力奋斗！

努力建设“五新应县”，奋力夺取全面建成小康社会决胜阶段伟大胜利

应县县长　边润文

“十二五”时期是我县发展史上很不平凡的五年。五年来，面对艰巨繁重的发展任务，面对经济下行的严峻形势，我们紧跟全市推进“两大任务”战略部署，按照实施“五大战略”、提升“五新应县”建设水平总体思路，克难攻坚、奋力作为，圆满完成了“十二五”规划的各项目标任务，全县经济社会实现了长足发展，人民生活水平不断提高，为“十三五”时期全面建成小康社会打下了坚实基础。

“十三五”时期我县经济社会发展的总盘子是：围绕一个“指导思想”，努力实现“六大目标”，推动“六大发展”，办好“六件大事”。

一、“指导思想”

一个“指导思想”是：深入贯彻习近平总书记系列重要讲话精神，遵循“四个全面”战略布局，牢固树立并切实贯彻“五大发展”新理念，按照省委“五句话”总要求，推进创新发展、协调发展、绿色发展、开放发展、共享发展、廉洁和安全发展。以全面建成小康社会为总揽，以提升质量效益、加快发展为主攻，紧紧围绕全市“两大任务”，加快推进新兴产业、城乡一体、文化旅游、生态文明、民生事业“五大战略”，积极融入京津冀协同发展与环渤海经济圈建设，努力把我县建成全市新型工业创新区、全省现代农业示范区、全市文化旅游核心区，着力打造全市新能源示范基地、全省生态畜牧养殖基地、全省特色农产品加工基地、全国日用瓷生产基地，统筹推进经济建设、政治建设、文化建设、社会建设、生态文明建设，努力建设“五新应县”，奋力夺取全面建成小康社会决胜阶段伟大胜利。

二、“六大目标”

（一）经济结构不断优化，发展质量得到新提升。按照“壮大二产、优化一产、发展三产”的思路，促进三次产业结构调整达到合理区间（20∶33∶47）。传统产业竞争力不断增强，新兴接替产业形成规模，服务业质量不断提升。科技、消费对经济增长贡献率明显提高。新型城镇化加速推进。人才强县建设迈出新步伐。确保2020年实现地区生产总值和城乡居民人均收入比2010年翻一番；确保农村居民人均可支配收入增速高于城镇居民人均可支配收入增速；确保全县贫困人口提前一年全面脱贫，实现我县与全国、全省、全市同步全面建成小康社会的奋斗目标。

（二）民生改善稳步推进，保障水平得到新提高。就业比较充分，教育、社保、医疗、住房等公共服务体系更加健全，基本公共服务均等化水平显著提高。教育现代化取得重要进展，人民健康水平显著提升。收入差距缩小，中等收入人口比重上升，努力实现城乡居民收入与GDP同步增长，现行标准下全县贫困人口全部脱贫。安全生产保持稳定向好。

（三）社会主义核心价值观深入人心，文化建设得到新加强。中国特色社会主义和社会主义核心价值观更加深入人心，人民思想道德素质、科学文化素质明显提高。文化发展主要指标、文化事业整体水平、文化产业综合实力明显提升，国家公共文化服务体系示范区创建目标全面实现。

（四）生态建设扎实推进，环境质量得到新改善。生产方式和生活方式绿色低碳化水平显著提高。能源资源使用效率大幅提高，能耗和水资源消耗、建设用地、碳排放总量得到有效控制，主要污染物减排完成省市下达任务，大气、水、土壤污染治理取得新成效。生态环境持续改善，森林、草地覆盖率进一步提高，城镇建成区绿地率、绿化覆盖率、人均公园绿地面积明显提高。

（五）解放思想持续深入，改革开放迈出新步伐。综改试验区建设取得重大进展，农村产权制度改革、城乡一体化制度建设等重点领域和关键环节改革取得示范性成果，支撑综改试验建设的体制机制基本建立。积极融入环渤海、协同京津冀、主动融入“一带一路”，开放型经济和对外合作体制基本形成，对外开放的广

度和深度不断拓展。

（六）法制体系更加健全，民主法治得到新加强。人民民主不断扩大，法治政府基本建成，司法公信力明显提高。服务型政府建设成效显著，政府公信力和行政效率进一步提高。民主法制更加健全，社会治理能力和水平不断提高，平安应县、法治应县建设和社会治安立体防控体系建设取得新成效，社会更加和谐稳定。

三、“六大发展”

（一）推进创新发展，着力推动县域经济转型升级。一是全力推进三大产业。以“三区五园”建设为抓手，以推进产业链的延伸发展为目标，形成以农业为基础、工业为主导、现代服务业全面发展的产业新格局。加快推进工业新型化。以新型产业科技创新园区为载体，大力发展新能源、节能环保、食品加工、生物医药等战略性新兴产业，努力打造全国日用瓷生产基地、全市新能源示范基地、全省特色农产品加工基地，壮大装备制造业和新型化工建材业。力争到“十三五”末，全县陶瓷生产线达到50条，年产量突破15亿件；新能源电力运营装机容量达到500兆瓦，太阳能组件产能达到1000兆瓦；农产品加工销售收入达到100亿元，占到全市目标总量的近40%；全县工业总产值达到40亿元，销售收入超5亿元的企业达到10家。加快推进农业现代化，以全省现代农业示范区建设为重点，以南河种3333公顷现代示范园区、万亩现代养殖示范园区和恒天然牧场群为带动，建设以南部南河种、杏寨、下社等为主体的蔬菜产业发展区和以北部臧寨、义井等为主体的现代畜牧业发展区。力争到2020年，全县设施蔬菜面积发展到4000公顷，蔬菜总产达到12.5亿千克；奶牛饲养量达到8万头，肉羊饲养量达到200万只，畜牧业产值占到农业产值的45%以上。加速发展文化旅游业，充分发挥我县旅游资源优势，积极融入云冈石窟、五台山、恒山晋北黄金旅游圈，大力实施精品战略与可持续发展战略，精心打造“一个中心、六大景区”，构建“佛教文化游”“民俗体验游”“塞外风情观光游”相结合的大旅游格局，努力建成省内一流、国内知名的旅游目的地。大力发展商贸物流业，抢抓国家建设京津冀、环渤海经济圈和蒙晋冀（乌大张）长城金三角区的战略机遇，完善物流通道和枢纽建设，打造内畅外联的物流通道网络体系，培育壮大县域经济发展新的增长极。到2020年，社会消费品零售总额达45.1亿元，年均增长8.5%；海关进出口达到1301万美元，年均增长6.5%。积极发展电子商务，大力实施电商主体培育、电商产业融合、电商应用拓展、电商配套服务、电商奖励扶持及电商氛围营运六大工程，努力把我县建成同朔地区电子商务示范县。到2020年，基本实现电子商务和物流配送产业化目标。

二是全力推进“三个突破”。加快科技创新，大力支持企业创办研发中心，重点提升雅士利、吉呈生物研发中心的科研能力，提高新型产业科技创新园孵化器的运行水平。依托县职业技术学校和县陶瓷研究所，加强与高等院校、科研院所的联姻合作，加快产学研协同创新平台建设，推动科技创新资源聚集落地。加快发展民营经济，重点是建设炉具工业城，壮大食品工业区，提升陶瓷工业园。到2020年，全县民营经济增加值占全县GDP的比重达到87%；民营经济从业人员年均新增3500人以上。加快金融振兴，充分利用全省金融振兴重点联系县的优势，加强政银企对接，创新金融工具、金融机制和金融产品，进一步提升金融保障能力。积极支持企业发行公司债、企业债，提高直接融资能力。加强诚信体系建设，完善金融风险防范机制，严厉打击非法集资，进一步优化金融生态环境。

三是全面深化改革。加快综改试验区建设。针对经济发展面临的突出问题和体制机制障碍，对已出台的一系列重大改革、重大事项、重大项目强化统筹，努力创造更多可复制、可推广的经验和办法。特别是要注重处理好政府与市场的关系，围绕市场体制、行政审批、财政金融、用地制度、对外开放等重点领域和关键环节大胆探索。加快重点领域和关键环节改革。贯彻落实《深化农村改革综合性实施方案》，推进农村改革试验区建设。推进财政制度改革，进一步理顺财政税收管理体制。努力打造民主廉洁、规范有序、公平竞争、诚实守信的发展环境。

（二）推进协调发展，着力形成城乡均衡发展格局。加快新型城镇化步伐。突出大县城建设，统筹抓好城市规划、建设和管理三大环节，高标准实施基础设施提升、城市安居、城中村改造、城市环境提质“四大工程”，深入推进“五城联创”，争创国家级园林县城和卫生县城。突出特色镇建设，以金城镇、南河种镇、下社镇为主，打造一批经济强镇、商贸重镇、旅游名镇。突出美丽乡村建设，到2020年，全面完成农村危房改造，农村人均居住面积达到60平方米，建设美丽宜居示范村50个。推进城乡基本公共服务均等化，加快人口和生产要素集聚，吸引农村剩余劳动力和人口转移。力争到“十三五”末，全县城镇建成区面积达到17.2平方千米，城镇人口达到13.5万人；全县常住人口城镇化率达到40%以上，户籍人口城镇化率达到31%左右。加大基础设施建设力度。加强城镇配套设施建设，优化水、电、气网布局，到2020年，自来水普及率达到100%，燃气普及率达到90%，移动互联网用户普及率达到90%，固定宽带接入用户普及率达到50%，城镇生活污水处理率达到95%，城镇生活垃圾处理率达到

100%。到2020年,全县公路总里程达到1800千米,农村客运公交化率达到90%以上,乡镇通班车率达到99%,建制村通班车率达到95%,实现城乡客运全覆盖。提高城镇绿化水平,新增绿地30万平方米,县城绿地率达40%、绿化覆盖率达45%,人均公共绿地达10平方米。推进城乡公共文化服务一体化,加快形成城乡共享共用、县乡村三级联动的公共文化服务体系。

(三)推进绿色发展,着力建设生态宜居美丽应县。全力构筑绿色生态体系,总体规划是:改造5大峪,修复3座山,治理3条河。争取建成引黄入应"一条调水线",建成小石口、马兰口"两座水库",建设边山峪口经济林、桑干河护岸林、大县城"三条生态带",建设龙首山、石柱山、跑马梁、塔北、薛家营"五处森林公园"。重点推进京津风沙源治理等林业重点工程,主动对接山西大水网工程战略,积极争取国家和省更多的水网工程项目在我县落地。推进节水增水、防洪排涝、农村安全饮水、小型农田水利、新水源建设、生态水保和水系等工程,完成人工造林1.1万公顷、封山育林1733公顷、中幼林抚育1667公顷、低效林改造6447公顷,全县森林覆盖率达到29.6%,林木绿化率达到31.8%。统筹推进生态环境治理、节能降耗等工作,大力发展低碳循环经济,加快形成节约资源和保护环境的空间格局、产业结构、生产方式、生活方式,打造"蓝天碧水、绿色应县"。

(四)推进开放发展,着力开创合作共赢新局面。一是依托朔州新型产业科技创新园区,打造对外开放窗口。二是创新模式,提升招商引资水平。大力推广PPP、BOT等模式,鼓励民间投资以独资、控股、参股、合作或参与国企改制等方式,投入基础设施、公用事业、社会事业等领域。三是加强协作,主动融入区域经济。主动对接国家"一带一路"建设和京津冀协同发展、环渤海经济圈、晋陕蒙"金三角"经济圈、蒙晋冀(乌大张)长城金三角区建设等重大战略,充分发挥我县日用陶瓷、装备制造、绿色生态食品、文化旅游等产业优势,主动承接国内外产业转移,积极争取策划实施一批重大产业和基础设施项目。四是拓宽空间,提升对外开放水平。加快完善移动通讯覆盖范围、提高互联网带宽,加快信息基础设施建设。实施"互联网+"行动计划,发展物联网技术和应用,加快我县信息化和新型工业化进程。

(五)推进共享发展,着力保障和改善民生。始终把民生作为一切工作的出发点和落脚点,持续加大民生领域投入。一是全面消除贫困。实施"五个一批"脱贫工程,通过发展生产带动4900人脱贫,通过易地搬迁解决2509人脱贫,通过生态补偿脱贫688人,通过教育助学脱贫500人,通过社会保障政策兜底脱贫3680人,全县每年至少减少2个贫困村、3070名贫困人口,确保到2019年全县12277名贫困人口全面脱贫。二是振兴教育事业。到2020年,学前教育毛入园率达到76%;县城幼儿园发展到17所,改扩建农村标准化幼儿园20所,县城幼儿园、乡镇中心幼儿园和部分村级幼儿园达到省、市级标准化幼儿园;县城3所普通高中都建成省级以上标准化学校,实现普通高中招生数和职业学校招生规模大体相当,把县职业技术学校办成国家级重点职业学校,高中阶段毛入学率稳定在95%以上。三是扩大就业创业。努力做好城镇新增劳动力就业和农村富余劳动力转移就业工作,积极推进城乡统筹就业。"十三五"期间,全县新增城镇就业岗位1.6万个,转移农村富余劳动力达1.2万人,创业带动就业2000人,失业人员实现就业4.4万人,安置就业困难人员就业1000人,城镇登记失业率控制在4.2%以内。四是提升社保水平。进一步扩大社保覆盖面,全县基本养老保险参保人数达到25.8万人,医疗保险实现制度上全覆盖,城镇失业保险、生育保险参保人数分别达到2万人,工伤保险高危行业实现全员参保。进一步完善社会救助体系,全县农村五保集中供养能力力争达到95%,农村五保集中供养率达到55%,城乡低保保障标准和补助水平达到全国平均水平,缩小农村低保标准与扶贫标准之间的差距,实现贫困农村扶贫线和低保线"两线合一",农村五保供养标准达到当地农村居民人均消费支出水平。五是提升健康水平。加快发展医疗卫生事业,深化医药卫生体制改革,全面建立适应我县经济社会发展和群众健康需求的医疗卫生服务体系和公共卫生服务体系,医疗卫生综合服务水平达到全省中上水平。基本公共卫生服务全面普及,严重危害群众健康的重大传染病和主要公共卫生问题得到有效控制,人民群众健康水平进一步提高,综合反映群众健康的主要指标大幅提升。坚持计划生育基本国策,落实好"全面两孩"政策,促进人口均衡发展。

(六)推进廉洁和安全发展,着力打造良好发展环境。一是大力加强党风廉政建设。建立健全防贪腐促廉洁工作机制,抓住重点领域、关键环节的重点对象、重点岗位,大力构建资源共享、分工协作、衔接严密、防控严格的监督体系,靠制度制衡减少权力寻租空间,消释腐败风险。二是深入推进"六权治本"。从源头上强化对权力运行的制约和监督。三是不断提升社会治理能力。加强和创新社会治理,在全县形成政府主导、部门联动、社会力量参与的社会治安防控体系建设工作格局,建成覆盖全面、指挥高效、打击精确、防范严密、管理规范、控制有力的社会治安防控体系,全面提升驾驭社会治安局势的能力。

四、“六件大事”

（一）全力推进脱贫攻坚。坚持以脱贫攻坚统揽经济社会发展全局，所有工作都要向脱贫攻坚聚焦，各种资源都要向脱贫攻坚聚集，各方力量都要向脱贫攻坚聚合，最大限度把分散的项目、资金和资源整合起来，把政府的支持、市场的推动、社会的帮扶整合起来，形成脱贫攻坚的强大合力，确保如期实现脱贫攻坚目标。

（二）重点强化招商引资。准确把握上级强化招商引资的新变化，吃透吃准新政策，持续开展全民招商行动。特别是要把发展电子商务作为推进大众创业的重要抓手，加强与国际国内知名电商的合作，搭建平台、加强引导、规范管理，促进全县商贸繁荣，带动产业结构调整。

（三）重点推进“农民增收计划”。紧紧扭住五大支撑产业这个关键，精准发力、持续用力、破解难题，不断延伸产业链条，壮大产业规模，做实做大农民的“钱袋子”，培育农民增收亮点，确保全县农民持续稳定增收。

（四）大力整治城乡环境。针对棚户区、“城中村”和城郊结合部存在的“脏乱差”、乱搭乱建、挤占公共用地等突出问题，深入开展文明、卫生、环保等创建活动，强化执法监管，下大力气整治城乡环境，不断提升我县形象。

（五）全面启动实施文化塑造工程。统筹推进城乡人民精神塑造、教育振兴进步、文化品牌塑造三项工作，整合提炼具有应县特色和成长优势的文化因子，努力建设与我县文化资源相匹配、与综合实力相适应、与富民强县目标相承接、与群众精神文化需求相符合的文化大县、文化强县。

（六）大力建设平安应县。把人民群众对平安建设的要求作为努力方向，进一步完善立体化社会治安防控体系，强化司法基本保障，依法防范和惩治违法犯罪活动，保障人民生命财产安全，确保人民安居乐业、社会安定有序。

目标承载使命，任务考验担当。只要我们同心同德，苦干实干，“十三五”规划的宏伟蓝图就一定能够变成现实，全面建成小康社会的目标就一定能够如期实现！

加快建设经济强、百姓富、生态美、人居优、文化兴、活力旺的首善忻府

忻州市忻府区区长　**崔向松**

“十二五”时期，是很不平凡的五年。五年来，我们主动适应经济发展新常态，努力克服宏观经济下行等各种不利因素影响，解放思想、开拓创新，真抓实干、奋力拼搏，实现了全区经济社会持续稳定发展，为忻府区全面建成小康社会打下了坚实的基础。

一、“十三五”时期总体要求和目标任务

今后五年，是全面建成小康社会的决战决胜时期，也是我区全面发展的重大战略机遇期。全区工作的指导思想是：高举中国特色社会主义伟大旗帜，以马克思列宁主义、毛泽东思想、邓小平理论、“三个代表”重要思想、科学发展观为指导，全面贯彻党的十八大和十八届三中、四中、五中全会精神，深入学习习近平总书记系列重要讲话精神，遵循“四个全面”战略布局，增强“四个意识”，贯穿“五大发展理念”，按照省委提出的“塑造山西美好形象，实现山西振兴崛起”的总体要求和市委“1661”发展战略，坚持一个统领，遵循六条原则，突出九大重点，实现六大目标（简称“1696”战略），对标前行，凝心聚力，努力建设经济强、百姓富、生态美、人居优、文化兴、活力旺的首善忻府。

根据上述总体思路，今后五年我区发展的主要目标，包括经济强、百姓富、生态美、人居优、文化兴、活力旺等六个方面的目标。

经济强，就是经济发展实现新跨越。地区生产总值年均增长6.5%左右，“十三五”末突破155亿元；人均地区生产总值年增长7.2%，“十三五”末达到2.9万元；固定资产投资年均增长12%，“十三五”末突破200亿；综合经济实力在全省23个市辖区、11个市级中心城区和6个新设区中的排序至少分别提升2、2、1个位次。

百姓富，就是人民生活水平和质量有新提高。到

"十三五"末,城乡居民年人均可支配收入在2010年基础上实现翻一番以上。到2018年,全区10个乡镇的118个贫困村全部摘帽,7152户1.5万人实现率先脱贫目标。社会失业率控制在4.2%以下,社会保障覆盖率达到95%以上,教育、文化、医疗、住房等公共服务体系更加健全,人民群众的获得感、幸福感显著增强。

生态美,就是生态文明建设有新成效。"十三五"期间,单位地区生产总值能耗控制在3.0%以下;二氧化硫、氮氧化物、烟尘、粉尘、COD、氨氮六项指标在"十二五"末的基础上,严格按照水1.5%、气2%的标准递减,空气质量不断改善;全区森林覆盖率达到19.9%,森林蓄积量达178万立方米;建成区绿化覆盖率超过36%,人均公共绿地面积超过7.5平方米,着力打造绿色低碳忻府。

人居优,就是城乡建设呈现新风貌。加快老城区、城中村、棚户区和农村危旧房屋的改造速度,努力建成国家级卫生城市、环保模范城市、智慧城市和省级园林城市、文明城市,让人民群众共同享有更清新的空气、更清澈的水质、更清洁的环境、更优质的住所,共同享受天蓝、地绿、水净、景美的宜居生活。

文化兴,就是文化软实力要有新提升。着力打造地域文化品牌,全力调整旅游布局,促进服务延伸,实现文旅互动、协调发展。到"十三五"末,接待游客人数全年突破878.9万人次,年均增长15%;旅游总收入达到84.8亿元,年均增长12%,带动文化服务相关产业大发展,力争创建2至3个国家3A级以上旅游景区。其中,云中河景区要建成4A级景区。

活力旺,就是民主法治建设迈出新步伐。民主制度更加健全,人民群众积极性、主动性、创造性进一步发挥。社会主义法治理念深入人心,社会治理体系更加完善,各项改革措施不断深化,社会发展活力不断加强。

二、努力做好2016年各项工作

2016年是全面实施"十三五"规划的开局之年,优势和困难同在、机遇与挑战并存。我们要按照"四个全面"的战略布局,和省委提出坚持一个指引,抓好两个关键、两手都要硬的重大思路和构建良好政治生态,促进经济稳定向好的要求,顽强拼搏,扎实工作,全力推进"三个二十"的落实,不断开创全区经济社会发展新局面。

2016年忻府区经济社会发展主要预期指标为:地区生产总值增长6.5%,全社会固定资产投资增长17%,公共财政预算收入增长4.1%,城镇居民人均可支配收入增长7%,农村居民人均可支配收入增长6.5%。14项约束性指标确保完成市下达的任务。

为了完成上述任务,重点做好以下八个方面的工作。

(一)着力精准扶贫,加快脱贫攻坚。全面贯彻落实中央扶贫开发工作会议和省市扶贫工作部署,围绕"五个一批",实施产业开发、移民搬迁、基础建设、兴教提质、生态补偿、企业帮扶、金融支持、政策兜底、基层组织建设九大脱贫攻坚工程,确保脱贫成效精准、脱贫水平稳定。2016年要以50人以下村整村搬迁为突破口,确保完成10个村,力争完成18个村的整体搬迁任务,打好脱贫攻坚关键一仗,确保出师顺利、首战告捷。

(二)着力转型升级,汇聚发展动能。一是更加突出质量效益。推动结构调整,加快企业"去产能",通过兼并重组、瘦身减负、腾笼换鸟等措施,稳妥有序处置一批"僵尸企业",推动企业兼并重组,盘活闲置土地和废旧设备。持续实施"小升规"培育计划,至少新增5家规上企业。二是更加突出科技创新。支持侨友化工、金宇高岭土、沸石科技等一批高新技术企业加大研发力度,建立技术研发中心,打造领先全国的技术标准。三是更加突出业态创新。积极推动企业大胆参与到"互联网+",搭建创新创业服务平台,普及推广"互联网+"理念、技术,引进互联网人才,培育本地电商品牌,带动特色农产品产业的壮大发展。大力发展商贸物流业,切实把区位优势、交通优势转化为商贸物流产业优势,转化为经济发展优势。四是更加突出服务创新。推进政府职能转变,减少对正常经济活动的行政干预,减轻企业负担,化解过剩产能。五是更加突出金融创新。创新融资管理,探索运用PPP融资模式,切实加大融资力度。力争5亿元的国家开发银行古城棚户区改造资金落实。完善巩固中小企业"助保贷"工作,全面启动"助农贷""助羊贷"项目,积极帮助企业破解融资难题。

(三)着力项目建设,增强发展后劲。积极跟进对接,抓好总投资10.3亿元的华能98兆瓦风力发电、总投资10亿元的山西侨友联产顺酐及下游产品、总投资5亿元的丰园食品搬迁等45个储备项目的落实;积极推进上海航天光伏发电三期、广州嘉兴生物制药、云中制药扩建等总投资84.5亿元的20个签约项目的落地;全力确保总投资10.14亿元的云河田森汇商业项目、总投资3亿元的九江石材加工、总投资3亿元的四方九瑞防水涂料、总投资2.4亿元的颐年养老公寓、总投资5亿元的华宇集团奇村温泉养老度假村等一批产业项目按期开工建设;加快推进广宇二期热电联产、忻纺大欣城、泛华集团忻动购物城、中通管业等2015年续建项目的竣工投产。

(四)着力招商引资,打造投资洼地。由招商数量向招商质量转变。突出引进大项目、好项目。引进幅射带动能力强、在产业链中起关键作用的企业，注重围绕现有龙头企业、骨干企业引进上下游配套企业、关联企业，努力打造独具特色的产业方阵。由“外”商“外”资向“内”“外”并举、促进全民创业转变。忻府人历来善于经商，市场经济意识强，在外创业人员和搞物流的人士多，我们将提供优惠的政策，引老乡、回故乡、建家乡，鼓励能人本土创业，兴办企业，促进资金回流、智力回流、项目回流。

（五）着力文旅康养，发展绿色产业。一是整合文化资源。着力打造自然、名人、红色、古迹、养生、节庆六大旅游文化品牌。发挥“八音之乡”“摔跤之乡”“貂蝉文艺之乡”的影响力，打造以抗战文化、跤乡文化、八音文化、貂蝉文化、元好问文化、傅山文化、忠义文化为重点的历史文化品牌，推进文化产业大发展、快发展；二是壮大旅游产业。充分利用山、水、洞、寺等自然山水生态资源优势，以打造集观光旅游、度假娱乐、休闲养生为一体的区域性综合旅游集散地和目的地为目标，不断提升旅游综合竞争力。三是拓展健康养老。抓住老龄社会到来的机遇，把健康养老产业作为新的经济增长点，重点是抓好总投资3亿元“逸康养老项目”、总投资5亿元“华宇温泉养老项目”、总投资3亿元“新建路老年福利中心项目”、总投资3亿元“沐龙湾养老项目”、总投资3亿元“奇泉养老项目”、总投资2.4亿元“颐年养老项目”等6个养老项目。

（六）着力农业调产，拓宽增收渠道。一是夯实农业基础。争取实施农业部两个玉米万亩高产创建示范方项目，大力发展优质、高产、高效的粮食种植，确保粮食产量稳定在2.5亿千克以上。二是抓好品牌创建。围绕“一村一品”，以扩大规模，提升品质为目标，持续做优做强香瓜、甜糯玉米、红薯、辣椒、特色杂粮，充分发挥品牌优势，放大品牌效应，整合品牌资源，打造享誉三晋、走出山西的特色品牌，新认证“三品一标”产品4个以上。三是做好示范带动。积极开展新品种试验，在三交镇、阳坡乡试验种植藜麦的基础上，推广种植经验，扩大种植规模，引进新的种植品种。四是培育新型主体。注重培养有文化、懂技术、会经营的农民走农业产业化路子，推广“网络＋公司＋基地＋农户”的新型农业经营模式。大力发展和培育新型农业经营主体，规范运行农民专业合作社1300个，培育两个省级示范社、5个市级示范社、7个区级示范社。帮扶种植大户和家庭农场50个。

（七）着力“五城联创”，统筹城乡发展。以“创卫”为基础，以“创园”为重点，统筹城乡发展。一是完善城区路网。重点实施好新建南环街、延伸慕山路、拓宽胜利路、打通建设路，全力服务和保障好城区道路改造工程。二是完善城市功能。完善古城基础设施，加快老城区道路和管网改造，积极推进古城区LED路灯照明节能设施改造，2017年全部完成。三是提升管理水平。认真落实城市管理常态化机制，按照中心城区“五城联创”的要求，持续深入开展城乡环境集中整治，城区主要街道保洁实行全天候无间隙作业。四是统筹城乡发展。全面完成公路改造27.5千米。完善农村客运网络建设，新建3个乡镇汽车站。启动实施古城棚户区改造，年内开工。启动顿村城中村改造，至少选择一个条件成熟的村实施整村改造试点。继续实施农村危房改造，让困难群众能安有所居。五是改善生态环境。启动九龙岗森林公园一期和云中河景区二期园林生态绿化工程，实施牧马河河道治理绿化工程，实施造林3万亩、完善新建银山造林工程2000亩、忻口战役遗址绿化1000亩项目。

（八）着力造福群众，增进民生福祉。一是多措施实施惠民工程。加大公共财政向民生倾斜力度，实施好各项民生工程。全面推进移民小区建设工程和新建豆罗、合索、奇村中心集镇移民安置房工程，扎实完成农村危房改造、棚户区改造等建设工程。以脱贫攻坚为抓手，扎实做好减贫工作。二是均等化发展公共服务。加快教育基础设施建设，年内三中操场、七中学生宿舍楼建成投用。健全医疗卫生服务体系，加快推进中医院、妇幼保健院和中心医院门诊楼建设。三是广覆盖完善保障体系，做到应保尽保。

新的目标激励人心，新的任务艰巨光荣，新的征程催人奋进，让我们紧密团结在以习近平同志为总书记的党中央周围，紧紧依靠全区人民，坚定信心、鼓足干劲、开拓创新、扎实工作，实现“十三五”规划的顺利开局，为建设“经济强、百姓富、生态美、人居优、文化兴、活力旺”的首善忻府而努力奋斗！

致力振兴崛起　建设富美原平

原平市市长　马志强

“十二五”时期，我们认真贯彻落实中央、省、忻州市的政策措施和决策部署，锐意进取，扎实工作，经过全市上下的共同努力，保持了经济平稳较快发展、社会和谐稳定，取得了“十二五”时期的圆满收官。

一、“十三五”时期工作思路及2016年重点工作任务

“十三五”时期，是全市经济社会发展的重要时期，更是我市脱贫攻坚的关键期、全面建成小康社会的决胜期。今后五年工作的指导思想是：以“五位一体”总体布局和“四个全面”战略布局为统领，牢固树立并切实践行“五大发展”理念，深入贯彻落实习近平总书记系列重要讲话精神，按照省委“一个指引、两手硬”的重大思路和忻州市委“1661”工作部署，全面实施市六次党代会提出的“123～456”发展战略，凝心聚力搞建设，理直气壮抓发展，致力振兴崛起，建设富美原平，争当忻州市和全省经济社会发展的排头兵。“123～456”发展战略就是：瞄准“一个目标”，即到2020年全面建成小康社会；破解“两大难题”，即推动经济稳步向好、维护社会安全稳定；强化“三大驱动”，即改革创新、产业振兴、金融支撑；做好“四篇文章”，即着力建设“率先发展强市、教育文化名城、智慧宜居家园、民生幸福城乡”；聚焦“五大举措”，即资本运作、招商引资、项目建设、五城联创、城乡统筹；突出“六大重点”，即园区建设、脱贫攻坚、产业转型、城市建设、文旅联动、生态改善。

今后五年主要预期指标是：到“十三五”末，地区生产总值实现157亿元，比2015年增长43.2%；规模以上工业增加值完成64亿元，比2015年增长32.8%；固定资产投资完成340亿元，比2015年增长110%；城镇常住居民人均可支配收入达到36700元，比2015年增长43.6%；农村常住居民人均可支配收入达到12560元，比2015年增长43.6%；到2018年，贫困乡、贫困村农民人均可支配收入达到8000元以上，全市1个贫困乡摘帽、47个贫困村出列，现行标准下的18120人贫困人口实现脱贫。

2016年主要预期指标是：地区生产总值增长6.5%，规模以上工业增加值增长2.5%，固定资产投资增长17%，城乡常住居民人均可支配收入分别增长7%、6.5%。完成忻州市最新下达的13个贫困村脱贫、3500人出列的目标任务。同时，全面完成各项约束性指标。

二、围绕上述目标任务做好以下六方面工作

*（一）深化改革创新，持续释放内生动力，激发经济发展新活力。*一是抓好供给侧结构改革。要抓住企业这个关键，推进以“三去一降一补”为重点的供给侧改革。继续完善煤矿兼并重组，推进焦家寨矿、同煤金海整合项目，加快贾庄井田手续办理进度，通过采煤沉陷区搬迁安置、移民搬迁安置以及棚户区改造货币化安置等措施，化解房地产商品房库存。大力扶持民营企业发展，继续在“减、免、缓、帮、扶、替”上搞好服务，促进实体经济做大做强。二是创新投融资机制。发挥好惠通投资有限公司、中小企业信用担保中心的作用，组建资产经营管理公司，拓宽融资渠道；抓住农发行支持县域经济发展的有利时机，在易地扶贫搬迁、采煤沉陷区治理、保障房及棚户区改造等项目上争取银行信贷支持；大力推进PPP模式项目建设，吸引社会资本实施城中村改造、棚户区改造、城市基础设施项目；积极推进民营企业新三板上市，借助资本市场解决企业资金难题。三是推进农村体制改革。建立农村产权流转交易市场，围绕实现归属清晰、权责明确、保护严格、流转顺畅的现代农村产权制度，构建省、市、县、乡四级一体化农村产权流转交易市场体系。四是深化行政体制改革。做好行政审批事项和审批权限下放承接工作，完善公共资源交易平台和公共服务平台；扎实推进权责清单制度，进一步公开办事流程，加强权力风险防控、行政处罚自由裁量权等权力运行的监督，规范行政

权力网上运行。

（二）狠抓项目建设，加快产业转型升级，为振兴崛起提供坚实支撑。一是全力抓好招商引资。争取一批国家政策支持的重大基础设施项目、特色优势产业项目、保障改善民生项目，引进一批战略性新型产业、节能环保和补齐公共服务短板的项目，带动产业转型升级、提质增效。二是加快开发区产业集聚。特别是以获批省级开发区和荣获“2016中国产业园区成长力百强”称号为新起点，在促进机械加工企业退城入园的同时，对已入园的佳诚液压、兴胜机械等高新技术企业，通过提升科技含量，逐步占领机械装备制造业发展的制高点；加快节能环保产业清洁发展，在同煤电力环保、天瑞铝业石油支撑剂、佳诚液压污水环保处理设备项目竣工投产的基础上，重点实施总投资15亿元的新能源汽车铝合金车身生产项目、总投资5.2亿元的继禹环保阻燃保温材料项目、总投资1.67亿元的博华污水处理厂项目、总投资1.49亿元的博兴供水厂项目、总投资1.3亿元的山西超达集中供热等项目，促进节能环保产业做大做强；立足我市丰富的煤炭资源，推动神达集团千万吨洗煤项目早日投产；拓展延伸产业链条，重点实施总投资1.15亿元的新大象饲料生产线项目、总投资5885万元的禾丰牧业畜禽饲料加工等项目，着力构建主循环及衍生产业链，促进产业项目互联互补、资源共享，形成资源综合利用的产业集群。三是推进煤电铝一体化发展。加强龙宫煤业、盘道煤业、花沟煤业规范化生产管理，加快神达原宁煤业、神达卓达煤业复产建设，推进神达原宁煤业煤铝伴生共采复工建设试点。推动总投资53.5亿元的同华二期2×660兆瓦机组项目建设，推进总投资8.8亿元的华能长梁沟风电场项目开工建设，加快总投资9亿元的华润段家堡100兆瓦光伏发电项目手续办理，争取总投资20亿元的国开行新能源200兆瓦光伏发电等项目早日落地开工，推进电力产业绿色发展；抓住我市列入全省西部铝工业产业集群规划的机遇，延伸铝产业链条，全力推进总投资396亿元的铝业三期项目上马，积极落实60万吨电解铝、70万吨铝板带及铝深加工项目，积极上马2×660兆瓦低热值煤发电项目，打造成集约化、循环化、生态化的新型铝工业基地。四是大力发展现代商贸物流业。立足我市交通区位优势，加快忻州汽运公司物流汽贸、晋龙汽贸、豪德汇通商贸物流、中北天顺现代物流等项目建设，推动汽贸、汽配、汽修企业入驻中远新能源汽车产业园区，提高德金商贸、日昇建材、盛美农贸、爱尚西街地下商城和晋龙保鲜仓储物流项目运营质量，扩大市场地位和影响力。五是全面提升文化旅游产业。按照忻州市“三区联动”总体部署和滹沱河流域文化旅游经济区建设要求，加大天牙山风景区、滹沱河水利风景区及大营温泉省级休闲旅游度假区的开发力度，加强范亭广场、牛卧河生态公园专业化管理，加快印象梨乡（原平）文化创意产业园建设，通过文旅联动，提升市场效应。

（三）扭住脱贫攻坚，发力精准到位，加快全面小康建设。一是确保实现“在2018年以前全市47个贫困村、18120人贫困人口全部脱贫”的目标，2019年～2020年巩固成果。二是做到“六个”精准发力。以扶贫开发建档立卡再“回头看”作为精准扶贫的基础，确保扶贫对象精准；在农村危房改造、退耕还林、土地整理、人居环境改善、采煤沉陷区治理、地质灾害治理等项目安排上，同等条件下优先贫困村、贫困户，确保项目安排精准；整合所有涉农资金、生态环保资金、社会扶贫资金，确保资金使用精准；针对贫困原因、贫困类型、贫困环境，因人因地施策，确保措施到户精准；认真落实“一户一策一干部”结对帮扶机制，确保因村派人精准；坚持公开透明，从识别开始，定项目、定规划、定措施，确保脱贫成效精准。三是突出抓好“五个一批”。在产业扶贫方面，支持引导有实力的企业在贫困村进行种养殖、农副产品加工等产业开发，兴起立业创业热潮，实现4421名贫困人口脱贫；在移民搬迁方面，多渠道、多途径筹措配套资金，加快推进移民搬迁小区开工建设，通过易地搬迁安置，配套特色产业基地建设、就业技能培训等，实现5004名贫困人口整体脱贫；在教育脱贫方面，改善贫困地区农村办学条件，对建档立卡贫困家庭学生实施教育救助，实现每个贫困家庭都有一个技术工人或职业农民，扶持3115名贫困人口脱贫；在生态政策补偿脱贫方面，加大生态保护和修复力度，拓展贫困人口通过良好生态获得收益的渠道，实现704名贫困人口稳定脱贫；在政策兜底方面，统筹实施最低生活保障、特困人员供养、教育救助、受灾人员救助等各项救助制度，逐步实现4876名贫困人口脱贫。

（四）抓好城乡统筹，发展现代农业，推动“三农”工作再上新台阶。一是优化农业产业结构。通过实施产业振兴工程，推动农业产业结构调整，实现农业经营效益最大化。粮食高产创建工程要建设粮食高产创建示范田5333公顷；杂粮产业振兴工程要推进杂粮产业向规模化、节约化、信息化发展，实现杂粮种植1万公顷；设施蔬菜建设工程要在完善和提升北岗园区、双惠园区和聚满园三大园区的同时，建设26.7公顷果蔬采摘园、93.3公顷绿色无公害蔬菜种植基地；酥梨提质换优工程要推广“玉露香”酥梨333公顷，新栽果园1333公顷；中药材产业崛起工程要集中发展黄芪等中药材400公顷；畜牧业升级工程要以实施河南牧原集团生猪养殖体系项目为重点，加快发展以鸡、猪、牛、羊为主的畜牧养殖业，促进规模养殖、健康养殖；龙头企业提升工程要扶持如亮饲料、石鼓农产品加工等龙头企业做大做强，开发高端产品，形成规模效应；农村电商培育工程要通过建立电商平台，全力打造一批农村电商企业。二是持续改善农村人居环境。依托经济技术开发区、移民搬迁区、滨河新区及大项目、大通道建设，推进市政基础设施和公共服务设施向中心镇、中心村延伸，促进城乡一体化发展；全面推进采煤沉陷区搬迁安置工作，轩岗镇试点工程确保2016年全部建成并完成搬迁安置，长梁沟镇和段家堡乡治理项目力争在2017年完成全部安置。持续实施城乡爱国卫生清洁运动，在现有30个美丽宜居示范村的基础上，至2020年继续打造60个美丽宜居示范村。三是多渠道增加农民收入。发展适度规模经营主体，2016年打造38个家庭农场、45个农民合作社和247个种粮大户；立足比较优势，推进产业化经营，继续发展各具特色的“一品一村”专业村；加强新型职业农民培训，吸引外出农民工返乡创业，带动引领周边农户增收。推进农村劳动力转移就业，增加农民工资性收入。

（五）统筹要素配置，实施五城联创，建设智慧宜居家园。一是坚持规划引领，推进“多规合一”，提升城市规划水平。实施“东扩、南进”城市发展战略，拉大城市框架；以推进忻定原一体化、建设忻原大道为契机，科学谋划道路沿线土地利用、产业布局，推动产城融合；以大运高速、大西高铁为纽带，更快融入太原都市圈。二是大力改善基础设施。利用长原线拓宽改造的机遇，全面完成东北环城道路的建设。实施城北给排水工程、西北片区排水管网工程，配套建设泵站及附属设施，改善排水设施不足现状。在大力实施雨污分流改造基础上，整合电力、通信、热力、燃气等市政管线，建设地下综合管廊，提升城市功能，保障城市安全。对现有水厂进行升级改造，提升供水保障能力。三是深入实施“五城联创”。巩固扩大国家卫生城市创建成果，持续开展环境综合整治，杜绝“脏乱差”现象反弹，不断提升环境卫生质量；抓好智慧城市创建工作，2016年完成数字城管、平安原平、教育网“三通两平台”及电子政务等资源整合，2017年陆续推进智慧医疗、智慧卫生、智慧交通、智慧农业及电子商务等建设，提高城市管理水平；大力实施公园、游园建设，实现城市居民出行“300米见绿、500米见园”，争取2016年建成省级园林城市；加强环境大气环境综合整治，创建省级环保模范城市；深入开展文明单位、文明社区等创建活动，促进社会文明程度显著提升，确保2017年省级文明城市创建成功。四是推进生态改善。实施水、气、土壤等环境综合治理，推进节能减排，确保GDP能耗下降。抓好造林绿化工作，完成营造林1万公顷，全市森林覆盖率达到23.29%。2016年着力抓好2333公顷三北防护林工程、366公顷巩固退耕还林成果工程和灵河高速沿线733公顷荒山造林绿化建设，以及尚家庄、下原平、上社、南坡4个村庄绿化，厚植绿色发展优势。

（六）保障改善民生，注重共享发展，大力推进社会民生事业。一是深入开展就业创业。多渠道开发就业渠道，继续实行政府购买基层公共服务岗位，统筹做好农村转移劳动力、退役军人、高校毕业生、城乡困难人员等各类群体的就业工作。安排全民创业专项扶持资金，安排中小企业发展专项资金，用于中小企业孵化基地、大学生创业园建设，促进大众创业、万众创新。二是完善社会保障体系。织好底网、兜住底线，切实提高养老、医疗、失业、工伤、生育保险水平。进一步完善覆盖城乡的社会保障体系，继续提高城乡低保、农村五保对象补助水平，加强社会救助。积极做好老年群体、困难弱势群体的社会保障工作。三是加快发展社会事业。坚持教育优先，健全多元化办学机制，引导社会力量兴办学前教育、职业教育，整合第三中学和实达中学办学资源，打造成为一所优质现代双语学校；继续扩大学前教育资源，城区第六幼儿园尽快投入使用，开工建设第五幼儿园，加强乡镇中心园建设；筹备建设2所城区小学；继续加强薄弱学校改造，义务教育发展基本均衡创建工作2016年通过国家认定。深化医药卫生体制改革，巩固县级公立医院综合改革成果，完善基本药物制度，强化重大疾病防控，全面落实两孩政策，2016年参合农民大病保险报销和基本医疗保险限额由55万元提高到58万元。加强文化遗产保护，抓好练家岗慧济寺、崞阳文庙、前沙城佛堂寺、上社泰山庙等文物保护单位的修缮工程；完善范亭广场新建文化体育场馆的配套设施，2016年图书馆、博物馆、美术馆、全民健身中心等公共文化场所要全部投入使用。发展交通事业，实施通村路完善提质工程建设。

描绘新蓝图，迎接新挑战，我们的任务光荣而艰巨；启动新规划，实现新目标，我们的前景光明而美好。让我们紧紧依靠和团结全市人民，同心同德，扎实苦干，推动各项工作对标前行、进位争先，为实现“十三五”良好开局和全面建成小康社会而努力奋斗！

坚定信心，真抓实干，确保全面建成小康社会

定襄县县长　张生明

"十二五"时期，我们团结带领全县人民，深入贯彻落实党的十八大、十八届三中、四中、五中全会精神和习近平总书记系列重要讲话精神，紧紧围绕市委"1661"和县委"12361"发展战略，奋力拼搏、埋头苦干，圆满完成了"十二五"规划各项目标任务，经济社会发展取得新成就。

一、"十三五"时期经济社会发展的指导思想和目标任务

"十三五"时期，全县经济社会发展的指导思想是：高举中国特色社会主义伟大旗帜，全面贯彻党的十八大和十八届三中、四中、五中全会精神，全面贯彻省委十届七次全会和市委三届七次全会精神，以中国特色社会主义理论为指导，深入贯彻落实习近平总书记系列重要讲话精神，遵循"四个全面"战略布局和"五大发展理念"，按照省委"一个指引、两手硬"的总体要求和市委"1661"发展战略，团结带领全县广大党员干部和群众，主动适应经济发展新常态，以三产联动协调发展为"一个总思路"，着力做好法兰锻造产业做大做强和农村贫困人口全部稳定脱贫"两大任务"，全力推动金融振兴、科技创新、民营经济发展"三大突破"，积极推进创新发展、协调发展、绿色发展、开放发展、共享发展、廉洁和安全发展"六大发展"，解放思想，对标前行，坚定信心，真抓实干，确保实现全面建成小康社会"一个目标"。

"十三五"时期，全县经济社会发展主要目标包括经济增长和结构调整、公共服务和民生改善、资源节约和环境保护、精神文明和文化建设4大类44项。主要经济目标任务为地区生产总值年均增长8%左右，达到51亿元；公共财政预算收入年均增长8.4%，达到2.4亿元；城镇居民人均可支配收入年均增长6%左右，达到33501元；农村居民人均可支配收入年均增长6%以上，达到14234元。

二、真抓实干，确保完成目标任务

（一）今后的五年，我们要坚定不移抓项目，构建多元产业发展新格局。项目是发展的载体，也是我县的突出短板。今后五年要大力推进供给侧结构性改革，延伸"玉米＋法兰"的产业链，落实"五证合一""一照一码"制度，发展民营经济，增强发展后劲。保持全县固定资产投资增速全市第一的良好态势，按今年任务49亿元增幅17%测算，"十三五"时期，固定资产投资累计可达343亿元，是"十二五"时期的2.3倍。

广泛招商抓项目。广泛参与全国各地重大招商活动，精准对接京津冀和东部产业转移地区，精准对接北汽福田汽车齿轮、太钢、太重、大同齿轮、三一重工、山东推土机集团等大企业，精准对接法兰、玉米上下游产业，力争引进一批投入资金大、产业关联度高、带动效应强的产业化项目。

大项带动抓项目。重点抓好养殖、新材料、新能源等产业开发，推进投资20亿元的晋北小杂粮基地项目、投资14.5亿元的河南牧原集团年出栏100万头的养殖项目、投资6亿元的温氏集团年出栏40万头生猪项目、投资20亿元的高性能取向硅钢二期项目、投资2.2亿元的山西赛特德电子科技项目、投资28亿元的三个光伏发电项目和投资12亿元的系舟山风电项目落地投产；积极推进总投资900亿元的五台山机场航空城暨产业融合城镇化示范区建设项目。

振兴金融抓项目。打开思路，运用好国开行和农发行等政策性银行利率低、周期长、领域宽的融资优势，为县域内重大项目提供资金保障。引进北京金业华诚和山西中联钢等公司，合资建设担保公司和城投公司，夯实项目建设的金融支撑。同时，做好信用联社改制、企业上市和融资等工作。

依托园区抓项目。充分利用庄力园区、永旺物流园区和五台山机场临空产业园，激发市场活力，扶持项目入园。积极对接山西科技城，争取将上述3个园区列为山西科技城第二批产业合作示范区。

（二）今后的五年，我们要整合提升抓工业，打造中国一流、世界知名的装备制造基地。加快整合重组。

通过并购、参股等多种方式推进集团公司组建，力争“十三五”末全县法兰锻造企业整合到100户以内。

延伸产业链条。积极推广机器人，全面提高生产效率和产品质量，技术装备向可控化、自动化和低能耗方向转型。发挥管家营公司智能双轴数控机床、同立公司金刚石压机、济达公司变压器已形成整机产品的优势，推进伟业圣、宝龙达等公司法兰产品向汽车、工程机械锻件延伸；推进冠力、众立等公司电网法兰向塔架、钢管延伸；推进天宝、金瑞、双环、富兴通等企业风电产品向塔筒、叶片、风机等部件拓展，力争再推出新的部件和整机产品。装备制造产品逐步进入航天、船舶、军工、核电等核心领域，实现法兰产品“上天入海”。

积极打造品牌。发挥制定国家级风电行业标准和全县8个企业行业技术中心的基础和人才优势，创建国家级法兰锻件检验检测中心、国家级法兰锻件出口安全示范区、国家级绿色制造和智能制造基地等4个“国字号”基地，争取国家政策对产业集群的更大支持，实现李克强总理提出的“一个标准、一次检验、结果互认、全国通行”的目标。著名商标力争实现翻番。

开拓国际市场。紧抓“一带一路”的政策机遇，借助管家营在美国和德国、天宝在印度、恒跃在日本、艾斯特耐茨在韩国、格尔德贝克在德国、安宝在马来西亚、施必得在欧洲和美国等产品进入国际市场及全县165户企业拥有自营出口权的优势，积极筹办“中国·定襄装备制造产品国际客商峰会”，进一步扩大国际市场，掌握行业话语权。

创新经营管理。完善法人治理结构；加强企业技术、管理、营销三支队伍建设；在锻造企业中全面推进6S管理，在规模以上企业中推行六西格玛管理。举办全国锻造企业厂长、县(市)长论坛。

(三)今后的五年，我们要铆足干劲抓农业，创特色农业品牌，建辐射晋北的小杂粮基地和华北闻名的瓜菜基地。坚持产业化、市场化运作。出台扶持政策，鼓励社会力量投资建设恒温保鲜库和农产品集散市场，形成合作社种植、经销商储运、大市场对外的全县一体化农产品产销新格局，重点培育以小杂粮基地为龙头的农副产品加工和销售企业。政府帮助筹集部分资金，聘请省农科院、市农委的技术人员定期提供农业技术服务。鼓励创建电商平台，直接进入北京新发地等规模集散地。

坚持特色化、规模化发展。以甜瓜为主打产品，以辣椒、龙须菜为补充产品，充分发挥雨田合作社甜瓜、美康达合作社龙须菜市场口碑好、销售情况佳的优势，推广经验、扩大种植、带动引领，力争使全县的设施农业和露地瓜菜达到6667公顷。

坚持专业化、品牌化营销。举办甜瓜产业高峰论坛，宣传甜瓜品牌，让甜瓜种植户了解市场资讯和产业发展形势，提高定襄甜瓜的对外知名度。培育品质意识，逐步申请GAP(良好农业规范)认证，通过技术、品牌、市场等各个环节的服务，全面提高农产品质量，增加农民收入。

推进农业农村改革。加快农村土地产权交易市场建设，扩大土地经营权抵押贷款规模，搞活农村土地流转交易，鼓励土地适度规模经营。完成1.9万公顷农村土地承包经营权确权登记颁证，实现全覆盖。

(四)今后的五年，我们要创新思路抓三产，打造定襄特色、山西样板、全国闻名的生态文化旅游目的地。改造提升旅游景区。加快推进阎锡山故居5A级景区、七岩山3A级景区创建活动，发挥凤凰山4A级景区的龙头带动作用，加大河边文化产业园开发力度，加快开发滹沱河湿地公园、东峪景区、薄一波故居和生态园、遗山寺、西河头地道战纪念馆等景点，推进山投集团机场酒店和名优产品展示中心项目，展示滹沱风情、打造定襄龙脉，建成“晴天是风景、雨天是意境、傍晚是仙境”的特色旅游景区，完善提升吃住行游购娱的全要素、全领域、全方位的旅游产业发展目标。

开发壮大文体产业。开发木雕、石刻、剪纸、面塑等非遗特色文化产品，组织参加各类展销活动，开拓市场，扩大影响，形成文化系列产品。依托“六馆一院”积极承办省级和国家级摔跤等体育赛事活动，推进文化创意与科技、农业、体育等相关产业融合发展。

发展健康养老产业。要抓住省政府每张床位补贴5000元的优惠政策，利用各乡镇闲置的站所集体土地资源，规划建设养老院，特别是要依托温泉、植物园等自然资源，策划招商凤凰山景区的养老项目。

大力发展商贸物流业。利用全国物流协会产学研年会的强势影响，加快推进永旺物流园区保税仓库建设，积极争取列入援外物资采购名录，培育外贸自主品牌，构建海外自主营销体系，培育组建物流集团公司，壮大商贸物流业。

创新发展新兴产业。借鉴申华公司空冷岛设备从生产、安装到运行后的维护服务一体化经营模式，推广开明法兰转型为新时代游乐设备公司的经验，鼓励企业开阔思路，发挥产业优势，大力发展各类生产性服务业。要运用“互联网+”产业发展思维，推进产业转型，提高工业化、信息化水平。

(五)今后的五年，我们要精准施策抓扶贫，脱贫攻坚五年任务三年完。全县有贫困村53个，贫困户4533户，贫困人口8716人。坚决把脱贫攻坚作为一场硬战来打，2016年、2017年每年脱贫3600人，2018年脱贫1516人，提前两年率先脱贫。

抓工程帮脱贫。重点实施好优特杂粮提质、规模健康养殖、设施蔬菜、特色高效种植、农产品电商营销、乡村旅游、民营企业吸纳劳动力、金融扶贫等八大扶贫增收工程，奠定产业脱贫基础，增加贫困农民的工资性收入和经营性收入。

抓队伍促脱贫。认真落实“一户一策一干部”结对帮扶机制，充分发挥包乡领导、包村领导、驻村帮扶工作队、第一书记“四支力量”的作用，落实涉农资金、生态环保资金、社会扶贫资金整合机制，实施精准扶贫，推进整县脱贫。

（六）今后的五年，我们要壮士断腕抓环保，全面建成天蓝水碧、空气清新、生态优美的人居环境。坚持“绿水青山就是金山银山”的理念，全面改善生态环境，促进人与自然和谐发展。

强化水污染防治力度。加快牧马河流域和滹沱河流域的综合治理与生态修复，加强以农业灌溉为重点的节水工程建设，巩固改造提升农村饮水安全工程，开展饮用水源地保护，加快县城污水处理厂提标改造工程，确保水质稳定达标。

强化绿色生态建设力度。加快荒山造林绿化、城区园林绿化、河道治理绿化及五台山机场大道绿化，推进边坡地干果经济林建设，实现经济效益和生态效益双赢。管护森林资源，增加森林面积和蓄积量，森林覆盖率提高2.3%，达到15.4%。

强化大气污染治理力度。推行县城集中供热，推广天然气等清洁能源，居民和工业企业实现全覆盖。推进农作物秸秆禁烧和综合利用，实现城乡垃圾无害化处理，确保空气质量稳定达到二级以上标准。

（七）今后的五年，我们要凝心聚力抓教育，办定襄人民满意的教育、办与定襄地位相称的教育。加大教育投入。始终把教育放在优先发展的战略位置，作为财政优先保障的对象。从明年起，每年教师节至少拿出200万元重奖全县优秀师生，树立导向、坚定信心、提振精神、营造氛围，为振兴定襄教育奠定坚实基础。

建好四支队伍。强化师德师风建设，着力提高教育部门管理队伍、校长队伍、班主任队伍、教师队伍综合素质，依法治教，从严治校，营造风清气正的育人环境。建立健全校长考核机制和中小学教师补充机制，选优配强校长队伍和一线教师队伍。

促进均衡发展。对全县高中、初中、小学、幼儿园全面抓、系统抓、整体抓，统筹推进全县教育均衡发展。进一步优化城乡中小学布局，逐步实现校舍、师资、设备均衡配置。进一步扩大优质高中教育资源，整合职业中学教育资源，鼓励社会力量兴办教育，规范民办学校办学行为。

（八）今后的五年，我们要完善功能抓城建，加快实现城乡一体化、忻定同城化。改善城乡基础设施。建成使用“六馆一院”、牧马河生态公园和职教中心等重大基础设施项目，改造旧文化广场。抓好五台山机场到忻阜高速快速通道、忻州——保定客专、忻州城区和平街东拓连接定襄城际公路，力争七岩山景区旅游公路和东峪景区旅游公路建成通车。

开展“三城联创”活动。在巩固县城和河边创卫成果的基础上，开展省级环保模范县城、省级园林县城和智慧城市“三城联创”活动，提升县城的建设管理水平。

抓好集镇建设。积极推进河边镇、宏道镇全省“百镇建设”进度，建成两镇的污水处理厂，争取千人村、万人镇的污水管网工程，增强辐射带动功能。

引深爱国卫生清洁运动。坚持“人员队伍、清扫保洁、垃圾收集处理、村容整饬、长效管理机制”五个全覆盖，省级标准村实现达标率100%，2017年建成省级“垃圾处理示范县”。

（九）今后的五年，我们要全力以赴抓民生，全面提升城乡居民幸福指数。千方百计扩大就业。统筹抓好高校毕业生、农村转移劳动力、城镇困难人员和退役军人的就业工作。抓好创业就业培训，优化就业环境，维护农民工合法权益。

加快卫生体制改革。全面落实全国卫生与健康大会精神，建立健全健康教育体系和分级诊疗制度，提升全民健康素养，保障群众就近看病，确保看得上病、看得好病，全方位、全周期保障人民健康。

完善社会保障救救助体系。统筹城乡社会保障，实行“一卡通”，五保户、低保户和优抚对象实现应保尽保，充分发挥共青团、工会、妇联、红十字会等部门在助残、助学、解困、扶贫等方面的积极作用。

全面解决住房困难。加大城镇保障性住房建设力度，积极响应上级“去库存”等优惠政策，将县城区4300套存量房作为公租房建设和棚户区改造的房源，争取到2017年前完成棚改任务。积极改造农村危旧房。

高度重视文化建设。支持民间文化团体，鼓励民间文化创作，打好牛汉品牌，办好文化活动，弘扬优良文风，塑造山西文化大县的全新形象。

目标已经明确，任务已经敲定，完成各项任务的关键在于创新理念抓落实，转变作风抓落实，群策群力抓落实，让我们以更加开阔的视野、更加非凡的气魄、更加过硬的作风，在迎接挑战中找机遇，在破解难题中求发展，在项目攻坚中创业绩，振奋精神，鼓足干劲，坚定信心，迎难而上，为建设经济更加繁荣、环境更加秀美、百姓更加富裕、社会更加和谐的新定襄努力奋斗！

奋力建设宜居、宜业、宜游美丽新五台

五台县县长　**武新亮**

“十二五”期间，我县以邓小平理论、“三个代表”重要思想、科学发展观为指导，深入贯彻习近平总书记系列重要讲话精神，以创卫为抓手，以进位为目标，大打项目攻坚战，解放思想、转变作风、狠抓落实，全力建设宜居宜业宜游美丽新五台。成功创建国家卫生县城、省级环保模范县城、省级平安县、省级双拥模范县，我县在全市的位次稳步前移，2014 年被评为全市年度目标责任制考核优秀县。

一、“十三五”时期的总体思路和主要目标

“十三五”时期，全县经济社会发展的总体思路是：高举中国特色社会主义伟大旗帜，以邓小平理论、“三个代表”重要思想、科学发展观为指导，深入贯彻习近平总书记系列重要讲话精神，紧紧围绕省委“一个指引、两手硬”的重大思路，按照市委“1661”发展战略要求，以脱贫攻坚统揽全局，全面实施“共享发展、转型发展、融合发展、协调发展、绿色发展、创新发展、开放发展”七大发展战略，突出抓好项目建设、生态农业、工业强基、文化旅游、五城联创、民生保障等重点工作，攻坚克难，对标前行，奋力开创宜居宜业宜游美丽五台建设新局面。

经济社会发展的战略目标是：到 2020 年，地区生产总值达到 57 亿元，年均增长 7%；规模以上工业增加值达到 10.97 亿元，年均增长 6%；固定资产投资达到 115 亿元，年均增长 15%；社会消费品零售总额达到 115.54 亿元，年均增长 6%；财政总收入达到 9.5 亿元，年均增长 6%；公共财政预算收入达到 4.8 亿元，年均增长 6%；城镇居民人均可支配收入达到 31316 元，年均增长 7%；农村居民人均可支配收入达到 7880 元，年均增长 8%。

二、认真做好 2016 年工作，保证“十三五”开好局

2016 年主要指标任务：地区生产总值增长 6.5%，规模以上工业增加值增长 3%，全社会固定资产投资增长 17%，社会消费品零售总额增长 6%，公共财政预算收入增长－9.9%，城镇居民人均可支配收入增长 7%，农村居民人均可支配收入增长 7%。完成市政府下达的各项约束性指标任务。

重点抓好以下八个方面的工作：

（一）打好脱贫攻坚战，不断加快农民脱贫步伐。坚持精准扶贫精准脱贫，实施“五个一批”工程，着力加大脱贫攻坚投入。县财政将再拿出 1000 万元“三农”奖补资金，重点支持对贫困人口脱贫带动大效果明显的农业园区、一产龙头企业、专业合作社、家庭农场、设施农业、经济林、特色种植、羊产业、农副产品加工等，让更多的贫困人员投身产业发展中，尽快脱贫。全力推进扶贫重点工程。2016 年易地扶贫搬迁 1000 人，在阳白乡、东雷乡、台城镇等建设 9 座光伏电站，装机总规模 1.6 兆瓦。发放扶贫贷款 4000 万元，扶持贫困户 800 户。

（二）突出抓好招商引资工作。以工业园区和农业园区为依托，发挥龙头企业的影响力和吸引力，创新招商引资方式，实行定向招商、定点招商、以商招商、专业队伍招商，力争引进一批投入资金大、产业关联度高、带动效应强的产业化项目。

（三）全力推进园区建设，不断加快农业现代化。围绕农业增效、农民增收目标，重点发展以建安、东冶、阳白、东雷为重点，以阳白、东雷为中心，以阳白为核心的第一产业，以神西、陈家庄为中心的干鲜果经济林。以产业化、集聚化、园区化为目标，集中力量扶持农业产业园区、农业产业化龙头企业、农民专业合作社、家庭农场，促进农村一二三产业融合发展，不断推进农业现代化。依托“互联网＋”技术，采用订单农业模式，让全县的农副产品销往全国各地，提高农产品附加值，增加农民收入。二是扶持五台县邦禾生态农业开发有限公司成为全县羊产业龙头企业。带动全县羊发展到 70 万只。三是扶持五台山酿酒厂成为五台县阳白现代农业循环园区龙头企业。带动阳白现代农业循环园区提质增效。建设特色种植基地。一是建安生态蟹米基地 33 公顷；二是灵境藜麦种植基地 100 公顷；三是万寿菊种植基地667公顷；四是小香葱种植基地20公顷。发展规模健康养殖业。新扩建“一县一业”肉牛示范养殖园区3个，新建标准化养殖小区5个，发展规模养殖场户15个。认证5个无公害场舍，鼓励沃野畜牧发展有限公司注册“五金牛肉”、灵境乡石城寺养牛合作社注册“皇城达绿色牛肉”。

*（四）发展壮大工业支柱产业，不断增强经济发展后劲。*以工业园区为载体，重点发展以豆村、蒋坊为中心的第二产业，以茹村、白家庄为中心的煤炭产业。高标准建设工业园区。按照工业园区总体规划和控制性规划，围绕高新技术、装备制造、旅游纪念品、食品加工、冶金及深加工、家具制造、现代物流和综合产业八大类产业差别要求，遵循基础设施与招商引资协调推进的原则，为入园企业跟进配套基础设施，企业发展到哪里，基础设施跟进到哪里，逐步完善园区功能，不断提升承载能力，促进区域经济集聚发展。不断壮大支柱产业。煤炭业上，推进煤炭供给侧结构性改革，严格执行煤矿企业276个工作日和节假日公休制度，实行减量化生产，积极化解过剩产能。支持天和、同华煤业科技创新，延伸产业链。铁选业上，帮助铁选企业进一步完善手续，保障电力供应，尽快复工复产，精铁粉产量达到100万吨。铝产业上，促进中电投山西铝业有限公司五台矿稳定生产。镁产业上，积极协调白云岩矿山企业办理延期手续。支持五台云海镁业实施技改项目，力争全年生产镁合金5万吨，金属锶2000吨，实现产值6000万元。电产业上，积极推进华能新能源山西风电分公司黄花梁风电项目。大力扶持新型产业。扶持德奥电梯有限公司建设总投资2.9亿元的立体车库生产线项目。扶持山西五台山沙棘制品有限公司开发新产品，扩大出口，提质增效。

*（五）加大旅游资源开发力度，不断拓展旅游富民产业。*围绕五台山，以驼梁景区和佛光景区为依托，重点发展清水河高洪口以上地区以旅游地产和旅游服务业为主的第三产业。抓好旅游基础设施规划，建设旅游公路、旅游停车场等基础设施。发展一批自驾车营地、经济酒店、青年旅社、汽车旅馆（营地）、乡村民俗客栈。推进旅游与文化深度融合，大力开发宗教朝观、红色景点、休闲避暑、乡村旅游、养生养老等旅游产品。挖掘整合精炼民间工艺产品，积极开发温氏澄泥砚、泥塑、木雕、编织品等旅游纪念品。推动驼梁景区申报A级景区，推进桃花界生态旅游区建设，拓宽狐峪口到驼梁旅游公路，在旅游景区、景点及公路沿线建设旅游厕所。

*（六）扎实推进“五城联创”，不断改善人居环境。*建立健全城市管理体系。构建权责明晰、服务为先、管理优化、执法规范、安全有序的城市管理体制。扎实开展“五城联创”。巩固卫生县城、环保模范县城创建成果，抓紧建设园林县城、文明县城、智慧县城，全面提升城市公共服务水平、园林绿化水平、绿色低碳发展水平、网络设施信息化服务水平。加快完善基础设施建设。进一步加强道路、公园和广场建设，不断完善各类基础设施，启动建设唐家湾水库公园和文化馆、图书馆、体育馆。

*（七）加大治污减排力度，不断加强生态文明建设。*坚持绿色富县、绿色富民，大力推进治污减排，保护青山绿水，建设美丽五台。

*（八）大力改善和保障民生，不断促进社会事业协调发展。*高度重视教育。继续加大教育投入，规划建设东雷九年义务制学校、新城区幼儿园。改扩建豆村等5所幼儿园，建设东冶中心幼儿园。实施贫困地区义务教育薄弱学校二期改造项目。推进城乡教育均衡发展。千方百计扩大就业。支持发展中小微企业和劳动密集型产业，开发更多就业岗位。确保完成新增就业岗位2900个，城镇登记失业率控制在4.2%以内。提高人民健康水平。深化县级公立医院综合改革，开展乡村医生签约服务，完善医疗卫生服务模式，加强传染病预防控制工作，强化食品安全管理。做好社会保障工作。充分发挥社会保障在脱贫攻坚中的兜底保障作用，建立更加公平更可持续的社会保障制度，扩大城乡养老、医疗社会保险覆盖面，完善社会救助体系。

奋斗才能赢得未来。让我们牢固树立新发展理念，在县委的坚强领导下，凝心聚力，扎实苦干，为全县早日脱贫迈入全面小康社会而努力奋斗！

敢于担当，攻坚克难，加快形成负重赶超、加速发展、全域旅游的新格局

五台山风景名胜区管委会主任　**范波涛**

“十三五”是五台山景区深化管理和经营体制改革、实现大见成效的关键期。做好“十三五”期间的工作，对于推进五台山全域旅游目的地建设，实现产业转型跨越发展具有重要意义。我们将科学分析旅游现状，辩证判断经济走势，准确把握前瞻性和主动性，进一步凝聚发展共识。

一、“十三五”发展思路

以打造中国佛教第一圣地、山西表里山河第一山、山西对外开放第一窗口、山西人民心中第一名片为目标，经过“十三五”期间的加速发展，到2020年，力争把五台山景区建设成为全国一流旅游景区和世界知名旅游品牌，旅游经济持续推进，世界遗产得到更好保护，各项社会事业明显进步，贫困人口全部脱贫。

（一）坚持保护资源、适度开发。保护和开发是风景名胜区工作永恒的主题。我们在做大做强旅游产业的过程中，要牢固树立生态优先和可持续发展观念，始终坚持“科学规划、严格保护、适度开发、永续利用”的原则，把发展旅游业与加强环境保护有机结合起来，努力实现旅游资源的保护、增值和可持续利用。

（二）坚持龙头带动、产业联动。旅游业是第三产业的龙头。我们要着眼未来发展趋势，尽快完善五台山旅游服务基地建设，早日投入运行并产生效益，要充分发挥旅游业的龙头带动和产业联动作用，努力把发展旅游产业和带动相关产业紧密结合起来，延伸旅游产业链，提高旅游经济的整体效益。

（三）坚持政府主导、市场运作。加快旅游产业发展，必须努力实现由单一的政府投资型向多元化市场融资的体制转变。要加快建立全方位的对外开放体系，坚持政府主导和社会参与相结合，努力形成市场化的投融资机制，以项目为载体，以企业为平台，以资本为纽带，完善服务设施，增强服务功能。

（四）坚持文化展示、打造精品。文化是旅游的灵魂。五台山集佛教圣地、革命圣地、避暑胜地为一体，融佛教文化、历史文化、生态文化于一炉，资源多，品位高。要立足资源，在深度挖掘文化内涵上做文章，在全面提升文化品位上下功夫，提高旅游产品的文化附加值和市场竞争力，全力打造享誉世界的旅游精品。

二、“十三五”远景规划

“十三五”期间，五台山景区将紧紧围绕上述发展思路和省委书记王儒林打造五台山“四个第一”的全新目标，未雨绸缪，见微知著，对标国际一流，瞄准申报五台山国家旅游综改试验区这一主线，主动适应经济发展新常态，增强发展动力，厚植发展优势，突出抓好经济增长、宣传促销、设施配套、民生保障、体制改革五大重点，巩固整治成果，完善服务体系，敢于担当，攻坚克难，加快形成负重赶超、加速发展、全域旅游的新格局，从而推动五台山旅游产业的转型跨越发展。

（一）加大开发力度，加速经济增长。“十三五”期间，要针对潜在市场，以特色资源为基础，以特色产品为载体，立足现有特色，挖掘深层潜力，实现旅游经济的规模扩展和旅游产品的优化升级。

拓展客源市场。要在全面提升五台山旅游市场管理服务水平的基础上，进一步巩固日本、韩国、港澳、台湾、东南亚等传统客源市场，努力拓展欧美等潜在市场的游客来山观光旅游，尤其是依托五台山飞机场的空客优势，逐步实现与国内外客源地的直接通航，把世界遗产地尽快建成国际知名的旅游目的地。

挖掘文化内涵。要充分利用“又见五台山”平台，大力宣传五台山佛教文化，积极开展各种类型的佛经讲座和佛教论坛，承接国内国际大型佛教会议和佛事活动，培育五台山知名高僧大德，进一步提高五台山的佛教文化内涵，让和谐的思想成为五台山走向世界的新优势。

开发旅游项目。要依托五台山独特的人文和自然资源优势，努力开发旅游项目。要兴建台顶索道，开发台顶观光项目，让游客在浓厚的佛教氛围中感受五台

山的自然美景；要兴建滑雪、滑冰场所，开发冬季旅游项目，突破景区冬季旅游淡季瓶颈，打造旅游新亮点。

打造生态胜地。要在搞好保护的前提下，深度开发五台山的自然生态资源、地质地貌资源，让清凉圣地、绿色圣境和五台山地质公园成为广大游客回归自然、体验生态、提升素质、实现人与自然和谐发展的理想乐园。

完善服务功能。要建设一批星级宾馆群，完善服务功能，丰富服务形式，提升服务内涵，发展休闲产业，把观景、看戏、修心、参佛、祈福、游乐等融为一体，让广大游客在休闲中修心养生、提升品位、完善人生。

（二）加强宣传促销，培育客源市场。实现游客人数增长、人气指数上升是经营发展最大的基础。“十三五”期间要创新营销机制，加大宣传促销力度，突出文化特色，提升品牌效应，主动出击，梯次推进，努力拓展客源市场。

打好促销“组合拳”。要突出五台山世界遗产品牌，坚持政府主导、媒体跟进、企业联手的“三位一体”营销模式，推进政企联动、区域联合和景区联盟的“三联”机制，联合推介、捆绑营销，积极参加国内外规格高、影响大的各类旅游交易会、推介会、博览会和促销会，充分展示遗产地丰富的旅游资源和旅游产品。要开展系列特色鲜明的主题推广，不断扩大目标市场受众面和覆盖面，巩固省内短线市场，扩张周边京津塘、陕豫蒙等传统市场，催热沿海长三角、珠三角等远程市场，辐射延伸港澳台、东南亚等海外市场。

延伸宣传“广告网”。要在主流媒体、黄金时段、重点版面进行广泛宣传的同时，注重利用微博、微信、微电影等新型社交网络和即时通信工具广泛宣传，充分运用“互联网＋”模式，建立综合门户网站、旅游 APP，与同程、携程、途牛等知名网站缔结联盟，大力发展电子商务，加速推进旅游营销进入“触摸时代”和“大数据时代”，让广大游客享受线上支付、线下旅游的便捷服务，促进互联网与旅游深度融合，全面提升品牌影响力和招徕力。

展示特色“文化牌”。要充分发挥文殊道场的“智慧”引力和高僧大德的“磁场”效应，围绕五台山特色文化，筹备举办五台山文化节，打造成为我省的十大节庆活动之一；推进“又见五台山”大型情境体验剧节目的改进调整，突出主题，彰显特色；组织筹办全国佛教讲经交流大会，支持佛教界开办五台山文殊大讲堂，着手启动世界佛教论坛研讨论证筹备工作，力争 2018 年成功申办，筹备做好我国海外求法第一僧法显大师学术会议等，扩大佛教学术影响。

（三）加强基础配套建设，增强旅游发展后劲。“十三五”期间，要抓住机遇，继续采取“争取上级拨款，吸引部门投资，社会各界融资”的办法，多管齐下，多轮驱动，破解资金瓶颈，开放引进，大项带动，为旅游业的跨越腾飞、增强发展后劲提供资金保证。

进一步完善景区基础设施，加快完善新建供水工程前期手续，力争 2016 年开工建设；尽快完成 LNG 天然气集中供热工程和中心区污水处理厂提升改造工程，力争在 2016 年竣工并投入试运行；努力推进服务基地五星级酒店、五台山香蜡市场和矿泉水生产基地，以及五座台顶道路改造及安保、进入景区通道改造等工程，进一步完善基础设施。

要牢固树立绿色发展理念，将环境保护放在突出位置，打好大气、水、土壤污染防治三大战役，积极推进核心景区“煤改气”工程、清水河流域环境治理、五台山中心区污水厂提升改造工程，继续实施“蓝天碧水”工程，严格限制烟煤入山，不断推广天然气、电、型煤等清洁型能源和消烟除尘设施。

要加强地质地层遗迹等自然资源的保护和管理，严禁开矿、采石、挖土，坚决杜绝建设性破坏。重点实施五座台顶环境治理和植被恢复、清水河生态景观综合治理、中心区生态建设及园林绿化、地质遗迹和自然资源保护工程，尽快编制高山草甸抢救性恢复方案，运用地貌重塑、土壤重构等多种措施，全面恢复被破坏的植被区域，改善生态环境。

（四）发展农村经济，推进全面小康建设。“十三五”期间，要始终把旅游产业定位于惠民产业，建立公开透明的市场准入标准和运行标准，完善扶持创业的服务体系，促进旅游业向多元化、深层次、全方位发展。

扶持绿色产业。充分利用边远农村的劳力、水源、牧坡等有效资源，大力发展农副产品绿色生产和加工、小畜禽养殖等产业，带动农村贫困人口实现稳定就业，增收脱贫。

开发旅游商品。依托五台山“世遗”品牌，监察文化与旅游融合、创新与继承结合，鼓励社会各界大力兴办旅游纪念品加工企业，不断开发旅游特色产品，构建特色化、精品化、高端化的旅游产品体系，为旅游业发展注入新的活力。

实施精准扶贫。要科学制定脱贫攻坚方案，分析致贫原因，拟定发展规划，找准主导产业，发挥优势，破解难题，用活用足产业开发、异地搬迁、生态补偿、发展教育、保障兜底方面的政策，优化、精华、强化脱贫攻坚措施，分类实施，分批推进，确保如期完成全面建设小康社会的战略目标。

（五）深化体制改革，助推旅游产业可持续发展。推进管理体制改革。要抓住全面改革五台山管理体制这一重大机遇，加速推进机构设置和人员配置，转变政府职能，着力解决制约旅游发展的体制性障碍，尽快建立与佛教名山、旅游强区相适应的管理体制，不断激发新活力。要按照建设公共服务型政府的要求，推进节约型景区建设，打造学习型机关，全面履行公共服务职能，强化市场监管职能，分化社会管理职能，规范经济调节职能。

加快经营机制转换。要以资源资产整合为抓手，充分发挥市场在支配资源中的决定性作用，建立以政府为主导、企业为主体、市场化运作的经营体制。五台山文化旅游集团公司要坚持市场化、产业化、专业化、国际化的理念，吸纳省内外不同行业、不同经济成分、不同区域的战略性投资企业和优质上市公司，共同发起设立“山西五台山文化旅游发展股份有限公司”，并积极探索企业购买服务等方式，承接开展综合服务，促进政府事务管理的“全面瘦身”。

创新行政执法机制。要开展好综合行政执法试点工作，按照“精简、统一、效能”的原则和决策、执行、监督相协调的要求，成立相对独立、集中统一的综合行政执法机构。要坚持决策管理和监督处罚职能相对分开的理念，整合市政公用、市容环卫、环境保护、旅游管理等相关执法职能，打造一支权责清晰、执法规范、运转高效、管理科学、保障有力的综合行政执法队伍，建立健全各项规章制度，彻底解决景区管理中存在的诸多问题。

凝心聚力，攻坚克难，确保到2020年全面建成小康社会

代县县长　**郝江陵**

“十二五”时期是我县发展极不平凡的五年。前三年是全县经济快速发展的最好时期，2013年全县生产总值、财政总收入分别达到58.6亿元和13.2亿元，均创历史最高水平。后两年，受国际、国内经济形势影响，铁矿产品价格下跌、企业经营困难，县域经济发展遇到了前所未有的困难和挑战。面对经济下行压力持续加大的严峻形势，我们团结带领全县人民，稳增长、调结构、抓改革、惠民生，开拓创新，拼搏奋进，胜利完成了“十二五”主要目标任务。

一、“十三五”时期的指导思想和总体目标

“十三五”时期，我县经济社会发展的指导思想是：高举中国特色社会主义伟大旗帜，全面贯彻党的十八大和十八届三中、四中、五中全会精神和省委、市委全会精神，以马克思列宁主义、毛泽东思想、邓小平理论、“三个代表”重要思想、科学发展观为指导，深入贯彻习近平总书记系列重要讲话精神，遵循“四个全面”战略布局和“五大发展”理念，全面落实中央、省、市决策部署，以脱贫攻坚为统领，坚持发展第一要务，坚持以提高质量和效益为中心，坚持稳中求进总基调，全面实施“12339”发展战略，统筹推进经济建设、政治建设、文化建设、社会建设、生态文明建设和党的建设，动员和团结带领全县人民，凝心聚力，攻坚克难，确保到2020年全面建成小康社会。

经济社会发展的主要目标是：综合实力显著提升。生产总值年均递增7.3%，到2020年实现比2010年翻一番；固定资产投资年均增长12%以上；社会消费品零售总额年均增长3.3%；工业增加值年均增长5%；第三产业增加值占地区生产总值比重达到42%。

产业结构全面优化。提升一产，优化二产，壮大三产，重点以雁门关产业集聚区为载体，引进发展一批科技含量高、带动作用强的新能源、新材料、电子信息、节能环保和文化创意、仓储物流等项目，推动新产业新业态集聚发展。到2020年，三次产业结构由2015年的5.7∶57.3∶37调整为6.3∶52∶41.7。

城乡建设扩容提质。重点围绕古城恢复和新城建设提升城市品质、增强城市内涵、塑造城市特色，增强县城的城市功能和辐射引领作用，打造沿滹沱河带城镇群。到2020年，城镇化率达到57.8%。城乡综合交通运输能力进一步发展。

生态环境持续改善。县城及重点镇污水集中处理率和生活垃圾无害化处理率分别达到98.9%和100%；县城集中供热普及率达到91.7%以上；万元GDP综合能耗与平均耗水量分别年均下降12%、20%；二氧化硫、化学需氧量、氨氮、氮氧化合物、烟尘、粉尘排放量年均下降10%。全县森林覆盖率达到

26.7%，县城建成区绿化覆盖率达到38%以上。

发展成果惠及百姓。居民生活水平和生活质量稳步提升，城镇常住居民人均可支配收入和农村常住居民人均可支配收入年均增长7%以上，到2020年实现比2010年翻一番；县城和农村居民人均住房面积分别达到32和35平方米。

社会事业不断进步。到2020年，研发经费占GDP比重达到1.3%，科技进步对经济增长的贡献率明显上升；大力发展学前教育，彻底解决幼儿入园难问题，义务教育阶段学校全部达到标准化，实现义务教育均衡发展，基本普及高中教育；全面完成乡镇卫生院和村卫生所规范化建设，县、乡、村三级医疗卫生机构达标率100%，每千人拥有医生2.5人、病床4.65张；基本构建起城乡统筹的社会保障和公共就业服务体系，城镇登记失业率控制在4%以内；每万人公共馆藏图书4000册，人均公共体育场馆面积1.68平方米。

脱贫攻坚决战决胜。以脱贫攻坚统揽全局，坚持“六个精准”扶贫机制，落实“五个一批”扶贫行动计划，实施“十项”脱贫工程。到2020年，确保全县236个贫困村、21460个贫困户全部脱贫，48387名贫困人口实现“两不愁、三保障”。贫困农民人均纯收入年增长22.2%，义务教育阶段入学率达到100%，贫困家庭大中专学生救助实现全覆盖，贫困户大病救助实现全覆盖，建制村标准化卫生室实现全覆盖，农村居民无危房。贫困地区基本公共服务主要指标超越全市平均水平，接近全省平均水平。

二、认真做好2016年工作，确保“十三五”开好局、起好步

2016年是“十三五”开局之年，做好今年的工作，至关重要。根据当前的经济形势和市政府要求，确定全县经济社会发展的主要预期指标是：地区生产总值增长6.5%，固定资产投资增长17%，社会消费品零售总额增长6%，一般公共预算收入下降30.7%，城镇常住居民人均可支配收入增长7%，农村常住居民人均可支配收入增长7.5%。全面完成市级下达的年度约束性指标任务。

围绕目标，我们将重点抓好以下六个方面的工作。

（一）以脱贫攻坚为己任，倾力打造富裕代县。实施“五个一批”，推进脱贫攻坚。扶持生产就业脱贫一批，通过实施特色农业产业扶贫、百企千村产业扶贫等项目，引导和帮助贫困户发展特色种养加，实现脱贫致富；推进光伏扶贫、乡村旅游等项目，整合各类涉农资金，加强农村基础设施和民生工程建设，确保大多数有劳动能力的贫困人口脱贫致富。充分发挥2000万元中央专项彩票公益金项目的撬动作用，打包实施总投资2亿元，覆盖滹沱河北岸66个贫困村的北半坡精准扶贫综合开发项目。易地搬迁安置脱贫一批，推进全县户籍人口50人以下的61个贫困村、1580名贫困人口整村易地搬迁，继续完善滨河、祥和移民新区建设，完成县城集中安置1021人，全面改善贫困农民的生活条件。教育脱贫一批，率先在全县两所普通高中、一所职业高中实施建档立卡户学生全部免除学杂费；对考上大中专的建档立卡户学生实现财政扶贫资助全覆盖；大力开展各类技能培训，提高农村贫困劳动力就业技能，帮助贫困人口务工就业增收脱贫。生态补偿脱贫一批，通过实施退耕还林、地方公益林补偿、干鲜果经济林建设等项目，改善山区生态环境，增加群众林果业收入。社会保障兜底一批，制定农村五保、低保和贫困人口融合衔接办法，确保无劳动能力、无脱贫能力或因病致贫、因病返贫、意外伤害等贫困户走出生活困境。确保年底33个重点村脱贫摘帽、减贫7500人，决不落下一个贫困村，决不落下一个贫困户。

加大强农惠农力度，推进脱贫攻坚。认真落实好上级各项强农惠农政策，加强资金监管，提高使用效率和效益，确保惠农补贴资金及时、足额发放到农民手中。继续扩大农业保险的险种和范围，实施玉米、大棚蔬菜种植和猪、羊养殖等险种，提高农户的抗风险能力。实施粮食高产创建、地膜覆盖、配方施肥等工程，确保粮食播种面积稳定在2.3万公顷左右，粮食总产稳定在0.6亿千克以上。

借力燕山片区联动发展政策，推进脱贫攻坚。燕山太行山片区是国家扶贫攻坚主战场之一。以国家扶贫开发燕山太行山片区和推进京、津、冀协同发展为契机，构建政策、产业、项目等多元化的合作机制，推动合作共赢。我们要积极对接，针对性的实施旅游引领脱贫、产业扶持脱贫、搭帮联营脱贫等工程，借力推进脱贫攻坚。

（二）以夯实经济发展基础为抓手，倾力打造实力代县。加快雁门关产业集聚区建设。按照企业集中布局、产业集群发展、资源集约利用的思路，我们在阳明堡镇西北部规划了20平方千米的雁门关产业集聚区，调整用地规划200公顷，收储土地40公顷。边建设边招商，力争使尾矿砂磁化复合肥、牧原养殖、中药材加工、小微企业孵化基地等意向性项目尽快入园建设。努力使产业集聚区成为带动全县经济转型发展的龙头基地。

全力推动项目建设。实施省重点项目11个，投资11.67亿元；市重点项目27个，投资24.33亿元。完成储备项目641亿元，签约项目95亿元，落地项目75亿元，开工项目44亿元，投产项目60亿元。

帮助企业脱困复产。要把帮助停工停产企业复工复产作为当前的工作重点，继续在“减、免、缓、帮、扶、替”上做文章，加大服务企业力度，落实好国家降低电费、社会保险精简降费等减费让利政策，进一步减轻企业负担，促进复工复产。

（三）以供给侧结构性改革为引擎，倾力打造活力代县。做大做强文化旅游产业。通过“体育＋文化＋旅游”的营销模式，宣传代县、推介代县，借助体育平台扩大文化旅游产业在国内外的知名度和影响力，吸引更多的游客前来我县旅游消费。二是改革文化旅游体制机制。充分发挥新成立的文化旅游委员会在战略规划、政策制定、市场培育、公共服务、行业监管等方面的统筹协调职能，构建文化旅游协调发展的体制机制，为做大做强文化旅游产业提供组织保障。三是以雁门关为龙头，带动其他景区、景点开发配套、要素完善。雁门关景区要全面提升服务质量，力争通过5A级旅游景区验收挂牌。

培育壮大新兴产业。在全力优化提升铁矿产业的基础上，大力发展循环经济、清洁能源等新兴产业。循环经济方面，推动传统产业资源综合开发利用和固废循环利用，重点实施万泽肥业尾矿砂磁化复合肥项目、久力尾矿砂制微晶石项目。清洁能源方面，重点实施泓润翔150兆瓦黑石头沟风电项目、大唐48兆瓦沟掌风电项目，争取雁门关风电二期项目开工建设。高度重视互联网经济，鼓励发展“互联网＋制造业、服务业、金融业”等新产业、新业态。支持“大众创业、万众创新”，安排300万元全民创业专项扶持资金，为各类创业主体提供创业贷款贴息、创业担保风险补偿、融资保费补贴及创业奖励补贴；安排不少于500万元中小企业发展专项资金，对中小企业孵化基地、大学生创业中心、集聚区建设进行奖励和补贴，进一步激发民营企业家创业创新的热情、智慧和才能。充分发挥财政资金的放大和引导带动作用，撬动社会资本支持企业发展。

加快发展特色现代农业。优化区域布局，推进种、养、加、销一体化发展。发展壮大黄酒、小杂粮、干鲜果、水稻、瓜菜等特色产业。加快建设沱兴源、毓泽两个种养加项目，充分发挥龙头带动作用。积极争取牧原集团100万头生猪养殖基地项目尽快落地，扶持发展4个规模健康养殖小区和7个示范养殖场，带动全县养殖业发展。启动农村淘宝等电子商务工作，组建电子商务队伍，搭建电子商务服务平台，重点抓好“云农场”和景坤大地农贸有限公司的电子商务工作。

（四）以城乡协同发展为目标，倾力打造宜居代县。加快城市重点工程建设。按照“一带双城”总体规划，加快古城保护和新城建设。古城要推进关沟河治理、二环路改造等工程，完善城市供水、供气、供热、排水管网和道路建设。新城按照“一带双轴四心五区”的功能布局，进一步推进商业、住宅、学校等功能区建设。

改善城乡人居环境。筹划园林县城申报工作，不断提升县城品质。建设阳明堡、峨口、新高等特色名镇。全面推进城乡道路交通、环境卫生、信息网络等基础设施建设，完成农村公路提质改造和窄改宽工程47千米、安全生命防护工程25千米，配合做好大西高铁代县站建设事项。完成城中村改造项目房244套，农村危房改造542户，乡村清洁工程省级达标村99个，加快建设美丽宜居乡村。

（五）以改善民生为根本，倾力打造幸福代县。千方百计促进就业创业。坚持实施就业优先战略，用好创业创新引导资金，鼓励发展众筹空间、创业园区，统筹抓好高校毕业生、农村劳动力转移、城镇困难人员、复转军人等各类群体的就业工作。实现城镇新增就业3148人，转移农村劳动力2881人，城镇登记失业率控制在4％以内。

办好人民满意教育。继续抓好学前教育工作，提升幼儿园保教质量。全面改善义务教育薄弱学校办学条件，努力创建全国义务教育发展基本均衡县。推进普通高中办学条件标准化建设。加快发展现代职业教育，抓好实训基地和重点专业建设，着力培育乡村适用人才。

提升健康服务水平。继续深化医药卫生体制改革，完善基本药物制度和县、乡、村三级医疗卫生服务网络。推动医疗卫生工作重心下移、资源下沉，改善基层医疗条件。全面实施两孩政策，推进计生服务改革。

加强社会保障能力。完善社保体系建设，进一步扩大覆盖范围，城乡居民养老保险参保人数达到10.8万人。积极推进城乡居民基本医疗保险制度整合。持续巩固提升新农合保障能力，扩大特殊病种大额门诊和重大疾病医疗保障范围。进一步加快养老设施的建设，新建3个老年日间照料中心，新建、改扩建峨口、阳明堡敬老院，上马新城老年公寓项目。建成完善保障性住房338套，逐步改善低收入家庭的居住条件。

（六）以绿色发展为理念，倾力打造生态代县。抓好节能降耗。加强工业、建筑、交通运输等领域节能技术、设备的推广和应用，实施节能产品惠民工程、节能产品政府采购制度。大力整治环境。实行环境保护县、乡、村三级网格化监管全覆盖。大力推进工业污染源治理、燃煤小锅炉淘汰等工作，全面改善县域环境空气质量。进一步强化水污染防治，加强滹沱河、峨河等流域的综合治理，加强农村饮用水水源地的规划与监管，加快峨口污水处理厂项目建设。扎实做好土壤污染防治工作，严防土壤污染引发食品安全问题。

加强造林绿化。坚持生态立县，统筹增绿增收，全面推进各项造林绿化工程。重点完成京津风沙源治理工程733公顷、巩固退耕还林成果项目1333公顷、108

国道东段通道绿化工程19.4千米，加强干果经济林提质增效、园林村庄绿化和旅游区生态恢复治理等工作。启动滹沱河流域生态修复治理工程。

时代赋予重任，实干成就梦想。面对经济下行压力，我们要有同舟共济、勇往直前的责任担当；面对转型发展重任，我们要有不忘初心、百折不挠的必胜信念。让我们以更加饱满的精神开拓创新，以更加昂扬的斗志攻坚克难，以更加务实的作风履职尽责，为全面实现“十三五”规划的宏伟目标，全面建成小康社会而努力奋斗！

加快振兴崛起　建设幸福繁峙

繁峙县县长　**崔峥岭**

“十二五”以来，我们主动适应经济发展新常态，农业现代化水平显著提升，农民增收步伐明显加快，产业结构不断优化，现代产业体系加快形成，生态环境明显改善，城乡面貌焕然一新，社会事业全面发展，综合实力明显提升，发展后劲不断增强，为“十三五”发展打下了坚实的基础。

一、“十三五”时期经济社会发展的指导思想和目标任务

“十三五”时期指导思想是：坚持中国特色社会主义理论，坚持党的基本路线，坚持“五大发展理念”，以习近平总书记系列重要讲话为指引，坚持“两手硬”，深入推进全面从严治党，坚持发展第一要务，以全面脱贫为统揽，以供给侧结构性改革为主线，以创新驱动、结构调整、城乡统筹、绿色生态、共建共享为五大抓手，大力实施工业强基、农业富民、文旅兴县、脱贫攻坚、民生改善、金融振兴、文明创建七大系统工程，严格依法行政，廉洁高效服务，努力加快振兴崛起，建设幸福繁峙，确保到2020年与全国全省同步全面建成小康社会。

“十三五”时期经济社会发展的主要目标是：2020年，全县地区生产总值达到72亿元，年均增长7%；公共财政预算收入达到3.25亿元，年均增长10%；社会消费品零售额达到24.42亿元，年均增长10%；全社会固定资产投资达到141.6亿元，年均增长10%；城镇居民人均可支配收入达到34894元，年均增长7%；农村居民人均可支配收入达到9080元，年均增长7%；城镇登记失业率控制在4.5%以内。各项约束性指标全面高标准完成。

二、今后五年经济社会发展的主要任务

（一）全面打赢脱贫攻坚战。以脱贫攻坚统揽全县经济社会发展全局，作为重大政治任务来落实。按照中央提出的“两不愁，三保障”的要求，2019年全县213个村18157户50856人全部脱贫，到2020年摘掉贫困县帽子，实现与全国全省同步全面建成小康社会。

（二）全面实施创新驱动发展战略。以科技创新为核心，以人才发展为支撑，推动科技创新与大众创业万众创新有机结合。将创新驱动发展战略贯彻到全县经济社会发展的空间布局和全部进程中，从区位、产业和基础设施三个方面创新发展条件，拓宽发展空间，把繁峙县建设成为忻州市矿产业创新升级发展示范县、滹沱河流域省级生态示范县、忻州市五城联创示范县和忻州市的东部门户。

（三）全面推进城乡协调发展。实施“两山一川”（两山：南山、北山；一川：滹沱河平川）空间发展战略。按照“东扩、西联、南统筹、中提升”的思路，形成区域协调发展新格局。构建科学合理的城镇体系，不断增强县城和砂河的承载功能和辐射带动能力，形成一县两城、东西互补的格局。推动物质文明和精神文明协调发展。以“五城联创”为抓手，推动城乡协调发展，建设幸福繁峙、美丽繁峙。

（四）全面加强绿色生态建设。突出生态优先，树立尊重自然、顺应自然、保护自然的理念，推行“生态+”发展模式。围绕建设北山水土保持林、南山水源涵养林的总体功能区布局，自觉推动绿色发展、低碳循环发展，加快形成节约资源、保护环境的空间格局、产业结构、生产方式和生活方式，全面增强可持续发展能力。大力推进生态安全建设，强化环境综合治理，促进人与自然和谐共生，建设幸福繁峙、美丽繁峙。

（五）全面推进改革开放。主动融入国家“一带一路”发展战略，融入环渤海地区发展战略，对接京津冀，培育开放合作新业态。要借助北接古都大同、南连太原都市圈的区位优势，加强与周边地区融合发展、协调发展，提升县域经济在该区域的产业链、供应链和价值链地位。要加快培育外向型产业，推动对外贸易优化升级。

（六）全面推进共享发展。始终坚持发展为了人民，发展依靠人民，发展成果由人民共享。按照“人人参与、人人尽力、人人享有”的原则，增加公共服务供给，推进基本公共服务均等化，积极扩大社会就业创业，努力提高居民收入，切实保障和改善民生，完善教育、医疗、卫生、文化、体育等各项事业，确保发展成果惠及全县人民，努力建设幸福繁峙。

三、认真做好 2016 年工作，确保“十三五”起好步

2016 年我县经济社会发展的主要预期指标是：地区生产总值增长 6.5%；规模以上工业增加值增长 3%；全社会固定资产投资增长 18%；公共财政预算收入增长 6.1%；社会消费品零售总额增长 6%；城镇常住居民人均可支配收入增长 7%左右；农村常住居民人均可支配收入增长 7%以上；城镇登记失业率控制在 4.2%以内；居民消费价格指数控制在 3%左右。

我们要重点抓好以下七个方面的工作：

（一）以脱贫攻坚为统揽，动员全社会力量决战脱贫攻坚。抓目标聚焦。全面实施我县“3699”脱贫攻坚策略，完成今年确定的 191 个村 7030 户 19474 人的年度脱贫任务。抓产业带动。安排财政资金 5040 万元用于奖补扶持万亩玉米丰产方、万亩小杂粮、万亩中药材、万亩白水杏、万亩干果经济林、万头安格斯肉牛、万只恒芪肉羊等产业基地建设和龙头企业加工项目。积极推动总规模 5.75 万千瓦光伏扶贫电站建设。加快建设平型关村、茨沟营村等 10 个集农家乐、休闲旅游、观光农业、红色旅游于一体的旅游示范村。抓易地搬迁。今年要完成 1200 人的易地扶贫搬迁任务，重点搬迁户籍 50 人以下的 15 个村 162 户 300 人。抓政策帮扶。确保全县 4888 名建档立卡贫困户家庭学生，能够上得起学。努力实现建档立卡贫困户中患者得到有效治疗。协调金融单位加大对贫困户的放贷力度。完成培训贫困劳动力 2000 人次，输出转移劳动力 1500 人次。对那些丧失劳动能力的贫困人口，实现政策性兜底，实现应保尽保。

（二）以供给侧结构性改革为主线，加快产业转型升级步伐。坚决淘汰落后产能。加大铁矿等行业过剩产能化解力度，整合一批过剩行业。积极稳妥化解库存。强化与环渤海地区及沿海重点工业区相关行业的联系，积极消化库存；不断优化发展环境。坚决落实国家、省、市各项税费减免政策，清理规范涉企收费，减轻企业负担。加快推动传统产业转型升级。在当前铁精粉市场疲软的情况下，利用市场倒逼机制，延伸采矿、精选、铸造、锻造等产业链条，引进先进工艺，改善产品供给，促进传统产业向“高新化、两型化、规模化”方向发展。着力培育发展新能源产业。积极发展光伏、光热发电、风电、水电等新能源产业。继续推进中兴（天津）新能源公司 5.75 万千瓦光伏扶贫发电项目、山西中电新能开发建设有限公司光热发电项目、协合乔家窑 10 万千瓦风电项目和云雾峪三期 10 万千瓦风电项目。同时，积极争取大李牛、杨树湾、大保三座水电站的建设，努力将我县打造成面向京津冀的清洁能源生产基地。

（三）以项目建设为抓手，保持经济健康发展的持续动力。扭住省市县重点项目建设。实施 126 个重点项目，总投资 176.13 亿元，年内完成投资 68.97 亿元。高度重视省市 50 个重点项目，特别是市分类考核 12 个新开工重大产业项目。

（四）以农民增收为目标，加快发展现代农业。大力发展现代农业。突出抓好粮食高产创建、杂粮产业振兴、设施蔬菜建设、果业提质增效、中药材产业崛起、酿造业提升六大工程。积极培育新型农业经营主体，发展多种形式的农业适度规模经营，新发展农民专业合作社 30 家。全力打造特色农业品牌。全县新认证无公害农产品、绿色食品、有机农产品至少 10 个，新增认定无公害产地、绿色食品有机农产品基地 667 公顷。力争繁峙黄米、繁峙胡油 2 个农产品获得地理标志认证。把繁峙特色农副产品打造成全省乃至全国的名优品牌。加快发展互联网＋，推进乐村淘电商服务平台建设，建设县级物流中心 2 个，乡级物流中心 13 个，村级体验店 150 个，集中打造规模化的农村电商集群。加快发展生态畜牧业。以建设现代规模养殖园区为重点，坚持羊、牛、猪、鸡四业并重，推进畜牧业蓬勃发展。新发展养殖业龙头企业 10 户；新发展健康规模养殖场（小区）10 个。利用澳大利亚繁育、饲养技术，改良我县牛羊品种，力争使我县牛羊良种覆盖率提高 30%～40%，打造具有繁峙特色的优质肉牛肉羊生产示范县。强力夯实农业发展基础。继续完善小农水重点县工程项目，新增水浇地 333 公顷。实施土地开发整理项目 4 个，新增水浇地 153 公顷；实施基本农田建设项目 9 个，新增高标准农田 1400 公顷。改造 333 公顷旱地成为高标准农田。以建设农机综合示范县为契机，力争使我县农业综合机械化水平达到 85%。

（五）以新型城镇化建设为重点，推动城乡协调发展。进一步提升城镇化管理水平。要进一步厘清管理体制，明确和落实管理职责，全面加强对城区、砂河镇等重点镇城中村改造、交通、环卫等工作的统筹协调。要加快数字化城管建设步伐，完善城乡环卫、管理一体化水平，提升城市管理应急处置能力。继续巩固“创卫”“创模”成果，全面启动省级园林城市、省级文明城市、省级智慧城市创建“五城联创”工作，强化领导，精心组织，确保创建成功。持续改善人居环境。推进城市人居环境改善，投资6.3亿元开展设施提升、城市安居、城中村改造、环境提质四大工程。继续加强县城基础设施建设，继续推进砂河镇供热、供水、污水等城镇基础设施工程建设。继续推进农村人居环境改善工作，投资2.4亿元统筹实施完善提质、农民安居、环境整治、宜居示范四大工程，不断改善农村生产生活条件，集中力量打造一批具有繁峙特色的美丽新农村。

（六）以绿色发展为引领，全面推进生态文明建设。持续加大污染防治。扎实推进大气环境质量治理，抓好 PM_{10}、$PM_{2.5}$、二氧化硫、二氧化氮、臭氧、一氧化碳等数据监测。加强重污染天气预报研判和预警。扎实推进工业、公共机构等领域节能降耗。全面推进水土流失区、尾矿库闭库区以及铁矿采空区的生态治理修复重点工程，有序推进采矿破坏村庄避让搬迁工作。持续推进生态建设。投资9410万元绿化造林7080公顷，重点打造赵庄1333公顷白水大杏和砂台旅游路沿线两个精品绿化区，打造5个绿化示范村。要进一步完善公园绿地、城区绿道、小区（机关）绿化等工程，着力构建“城在林中、路在绿中、人在园中”的生态城市景观。积极争取滹沱河源头生态修复工程，实现经济社会与自然生态环境的协调发展。

（七）以民生改善为根本，实现人民福祉新提升。倾力办好人民满意的教育。着力打造繁峙名校，通过3～5年的努力，把繁峙中学打造成全市乃至全省县级高中的名校，把砂河中学打造成全省农村中学的名校。要推动全县80多所小学、16所初级中学以及综合职业技术学校齐头并进，均衡发展。全力提升公共卫生服务水平。继续推进全民医保体系建设，参保率不低于95%。安排资金800多万元实施城乡居民大病保险，使参合群众当年住院补偿最大支付限额由55万元提高到58万元。建设县妇幼健康和计生服务中心；积极争取县人民医院门诊综合大楼建设项目和公共卫生能力提升工程。积极完善社会保障体系。继续加大城乡保障工作力度，不断扩大保险覆盖面。全面推进养老保险制度改革，完善机关事业单位养老保险制度配套政策。完善医疗保险制度，推进实施大病保险全覆盖。继续推进保障房、移民房及配套设施建设，新建保障性住房1496套，创造条件让群众早日入住。完成434户的危房改造任务。繁荣发展文化体育事业。充分利用国家体育总局扶贫工作队的资源和优势，策划打造体育精品赛事。推进“三馆一院”建设。加大对境内重点文物保护力度，弘扬繁峙特色文化。

打赢脱贫攻坚战任务艰巨，实现全面小康使命光荣。让我们紧密团结在以习近平同志为总书记的党中央周围，凝心聚力，乘势而上，继往开来，务实苦干，为全面建成小康社会、建设幸福繁峙而努力奋斗！

对标前行、苦干实干，确保全面建成小康社会

宁武县县长　王　卓

“十二五”时期是我县经济社会发展迎难而上、转型蓄能的五年，也是各项事业全面推进、人民群众共享成果的五年。面对错综复杂的宏观经济形势和艰巨繁重的改革发展任务，我们认真贯彻中央和省市决策部署，创新实施“4484”发展要求，扎实有力做好各项工作，圆满完成了“十二五”规划目标任务，把发展蓝图变成了美好现实，向全县人民交出了一份满意的答卷。

一、“十三五”时期经济社会发展指导思想和目标任务

“十三五”时期是全面建成小康社会的决胜阶段，是深化改革、扩大开放的攻坚阶段，也是经济社会发展转型升级的关键阶段。只要我们抓住用好战略机遇期，积极适应引领经济新常态，我们就一定能够实现转型跨越发展，能够全面建成小康社会。“十三五”时期的指导思想是：以邓小平理论、“三个代表”重要思想、

科学发展观为指导，深入贯彻党的十八大和十八届三中、四中、五中全会及习近平总书记系列重要讲话精神，紧紧围绕中央“五位一体”和“四个全面”战略布局，认真落实省委“一个指引、两手硬”重大思路要求和市委“1661”发展战略，坚持以脱贫攻坚统揽经济社会发展全局，继续实施科教兴县、生态立县、煤电强县、旅游活县四大发展战略，全力做好脱贫攻坚、项目建设、产业提升、五城联创、环境保护、民生改善、民营发展、平安宁武建设八项重点工作，全面加强和改进党的建设，对标前行、苦干实干，确保到2020年与全省、全市同步全面建成小康社会。

今后五年经济社会发展的奋斗目标是：综合实力迈上新台阶。地区生产总值、城乡居民人均可支配收入经济指标增速分别年均增长7.5%左右、7.5%以上和10%以上，确保到2020年比2010年翻一番以上。公共财政预算收入、固定资产投资、社会消费品零售总额等其他主要经济指标均达到或高于省市平均水平。结构调整实现新突破。“一煤独大”产业格局全面破解，工业转型升级明显加快，农业现代化程度明显提高，服务业比重明显上升，多元发展、多极支撑的现代产业体系基本形成。脱贫攻坚取得新胜利。落实中央“六个精准”“五个一批”要求，大力实施九大脱贫攻坚工程，确保5万多贫困人口提前一年脱贫，实现“两不愁、三保障”，基本解决区域性贫困问题，一举摘掉贫困县的帽子，确保到2020年与全市同步全面建成小康社会。人民生活得到新改善。居民收入增长快于经济增长，农村居民收入增长快于城镇居民收入增长，贫困人口收入增长快于农村居民收入增长。就业、教育、文化、社保、医疗、住房等公共服务体系更加健全，基本公共服务均等化水平稳步提高，人居环境明显改善，群众幸福指数明显提高。文明程度达到新水平。中国梦和社会主义核心价值观更加深入人心，人民的思想道德素质和科学文化素质明显提高，社会法治意识不断增强，文明程度显著提高。生态文明取得新成效。生产方式和生活方式绿色低碳水平稳步上升，生态环境持续好转，森林覆盖率持续提高，能源资源开发利用效率大幅提高，能源消耗强度、主要污染物排放总量达到省市要求。体制建设取得新进展。重点领域和关键环节改革取得决定性成果，政府和市场的关系进一步理顺，各类市场主体活力增强，人民民主更加健全，法治政府基本建成，人权得到切实保障，产权得到有效保护，司法公信力明显提高，和谐稳定的政治局面进一步巩固，党的建设制度化水平显著提高。

二、“十三五”时期的主要任务

（一）落实精准举措，打赢脱贫攻坚战役。坚持脱贫攻坚统揽经济社会发展全局，健全脱贫攻坚保障机制，坚持“六个精准”扶贫机制，落实“五个一批”行动计划，统筹项目安排、资金使用和措施选择，坚决打赢脱贫攻坚战。

（二）坚持“八位一体”，扎实推进项目建设。高度重视项目建设，突出抓好招商引资，抓紧融入区域发展战略，着力优化项目建设环境，健全完善工作推进机制，加快推进产业集聚区建设，打造新的经济发展平台。

（三）突出结构调整，促进产业优化升级。优化产业发展布局，加快产业集群发展，开发四大流域经济区，发展八大支柱产业，建设六大产业基地，打造两个集散中心，推动实现跨越发展。

（四）推进“五城联创”，建设美丽宜居城市。持续巩固国家卫生县城创建成果，统筹推进省级园林县城、环保模范县城、智慧城市和文明县城创建活动，完善公共基础设施功能，提升数字智能管理水平，全力打造生态宜居县城。

（五）坚持绿色发展，持续改善生态环境。严格落实主体功能区划，健全生态文明制度体系，合理配置生产生活生态空间，加大生态修复保护力度，大力推进节能减排降耗，促进资源节约高效利用，建设绿色美好家园。

（六）实现共建共享，着力保障改善民生。全面做好民生事业，优先促进就业创业，统筹科教文卫协调发展，健全完善社会保障体系，形成合理收入分配格局，改善城乡人居环境，推动人的全面发展。

（七）补齐发展短板，培育壮大民营经济。完善民营经济扶持政策，推动大众创业、万众创新，创优企业发展环境，建立完善服务体系，放宽扩大投资领域，支持民企转型发展，保障民企合法权益，提高创新发展能力。

（八）强化底线思维，推进平安宁武建设。牢固树立安全发展理念，全面做好安全生产工作，健全公共安全保障体系，加强创新社会治理，维护社会和谐稳定，夯实安全发展基础，为经济社会健康发展创造良好环境。

三、2016年主要工作安排

2016年是实现“十三五”规划的开局之年，是推进供给侧结构性改革的关键之年，是全面建成小康社会决胜阶段的攻坚之年，全年经济社会发展的主要预期目标是：地区生产总值增幅6.5%，固定资产投资增幅17%，规模以上工业增加值增幅3%，社会消费品零售总额增幅6%，公共财政预算收入增幅0.49%，城镇居民人均可支配收入增幅7%，农村居民人均可支配收入增幅7.5%。完成省市下达的各项约束性指标。2016年，我们将重点做好以下六个方面的工作：

（一）精准实施“五个一批”行动计划，全力以赴打赢脱贫攻坚战。2016年是打响脱贫攻坚战、全面建成小康社会的开局之年。完成今年6007人的脱贫任务是新一届政府班子的首要目标。我们将通过发展产业注入内生动力，加大政策帮扶消除贫困主因，运用社保兜底完善保障体系，帮助贫困地区改善生活条件，帮助贫困群众实现增收致富。

（二）大力推进供给侧结构性改革，增强转型发展的定力动力。供给侧结构性改革是党中央依据当前宏观经济形势作出的科学决策，是以“三去一降一补”为核心，解决经济发展问题的根本举措。我们将结合宁武经济实际情况，调整优化产业结构，多措并举化解产能，千方百计消化库存，稳妥实施金融创新，想方设法降低成本，确保政策落地生根。

（三）扎实做好“三农”工作，促进群众增产增收。落实强农惠农富农政策，强力推动四大主导产业，扶持产业园区和加工企业，积极稳妥推进农村改革，构建现代农业产业体系，提升农业生产综合效益，促进农民收入持续增长。

（四）强化基础设施建设，改善城乡人居环境。加大基础设施投入力度，优化城乡路网结构，提升交通服务能力。统筹开展“五城联创”，健全完善长效机制，积极推进新型城镇化，打造宜居宜业环境。

（五）着力保障改善民生，提升群众幸福指数。始终坚持民生为本，多谋民生之利、多解民生之忧，增加公共产品供给，提升公共服务质量，推动社会事业更好发展，不断提高生活保障水平，增加群众获得感和幸福感。

（六）加强生态文明建设，扎实推动绿色发展。落实主体功能区规划，健全生态文明治理机制，加大环境治理力度，创造绿色资源财富，促进人与自然和谐共生，全力推进美丽宁武建设，走出经济发展和生态改善的双赢之路。

宏图伟略已然定，只争朝夕向未来。新的伟大征程已经开启，新的发展理念正在落地生根，让我们在县委的坚强领导下，戮力同心、锐意进取，夙兴夜寐、善作善成，圆满完成今年经济社会发展目标任务，为加快实现全面脱贫、全面小康目标而努力奋斗！

塑造静乐美好形象　实现静乐振兴崛起

静乐县县长　王　昕

“十二五”时期，我们全面贯彻落实党的十八大精神和中央、省市各项决策部署，以深入开展党的群众路线教育活动和“三严三实”为契机，坚持“扬正气、树新风、创环境、促发展”的工作主线，团结和依靠全县人民，抢抓机遇，扎实工作，圆满完成了十五届人大一次会议提出的目标任务，“十二五规划确定的各项指标如期实现。

一、“十三五”时期的工作思路和工作目标

“十三五”期间，是我县全面深化改革、加快转型升级的关键时期，也是我县脱贫攻坚、实现小康的决胜阶段。今后五年工作的总体思路是：高举中国特色社会主义伟大旗帜，全面贯彻党的十八大和十八届三中、四中、五中全会精神，以马克思列宁主义、毛泽东思想、邓小平理论、“三个代表”重要思想、科学发展观为指导，深入贯彻习近平总书记系列重要讲话精神，按照省委“一个指引、两手硬”的发展思路、市委“1661”发展战略和县委的总体部署，以“扬正气、树新风、创环境、促发展”为主线，以“三年脱贫、两年赶超”为目标，打好“六个攻坚战”，实现“八个突破”，努力建设小康静乐、创新静乐、生态静乐、文明静乐、法治静乐、祥和静乐，塑造静乐美好形象，实现静乐振兴崛起。

经济社会发展的主要目标是：到 2020 年各项主要经济指标实现翻番，重点要打好“六个攻坚战”：

打好转型升级攻坚战。围绕“小康静乐”目标，着力培育新型能源工业，壮大特色现代农业，发展健康养老休闲产业，地区生产总值达到 45 亿元，固定资产投资达到 210 亿元，公共财政预算收入达到 6 亿元。

打好民生改善攻坚战。增加居民收入，全面建成小康社会，城镇居民人均可支配收入达到 4 万元，农村居民人均可支配收入达到 1.1 万元，社会消费品零售总额达到 20 亿元。教育、就医、卫生、文体等公共服务体系更加健全，社会保障、家政服务等社会服务水平显著提高。

打好精准脱贫攻坚战。确保到 2018 年，全县 179

个贫困村、2.6万贫困人口整体脱贫，贫困县摘帽，努力实现农民收入增长快于城镇居民、贫困户收入增长快于一般农民，力争到2020年农村发展、农民收入总体达到全省、全市平均水平，与全省全市同步实现小康。

打好改革创新攻坚战。加快建设"创新静乐"，资源开发利用率大幅提高，非煤产业比重显著增加，积极引进和上马集约型、环保型、科技型企业，产业培育、经济发展、金融扶持、品牌创建等重点领域和关键环节改革取得决定性成果。

打好生态建设攻坚战。立足建设"生态静乐"，进一步完善三山两河、主要通道、重点区域等主体功能区，森林覆盖率达到30%以上，能源消耗、建设用地、污染排放得到有效控制，生态休闲旅游产业稳步壮大，生态兴县、绿色发展的理念在全县落地生根。

打好社会稳定攻坚战。以"文明静乐、法治静乐、祥和静乐"为目标，引深文明创建，推进法治建设。依法行政水平明显提高，干部群众想发展、谋发展的共识更加坚定，政治祥和、文化繁荣、社会和谐、生态良好的发展氛围真正形成，发展环境进一步优化，静乐的对外形象显著提升。

二、"十三五"时期要努力在以下七个方面取得重大突破

(一)围绕同步小康，实施精准扶贫，在脱贫攻坚上取得重大突破。规划先行，精准施策。落实"六个精准""五个一批"政策要求，紧紧抓住政策、项目、资金、土地、试点五大发展机遇，围绕产业开发、易地搬迁、教育培训、生态补偿、政策兜底、基础设施、公共服务提升和社会力量帮扶等八大工程，统筹协调行业部门，制定实施特色农业扶贫、光伏产业扶贫、电商扶贫、交通扶贫、水利扶贫、教育扶贫、金融扶贫等20个专项扶贫计划。对所涉及的每一项行动计划，都要瞄准179个贫困村、2.6万贫困人口，每村每户都要有明确的脱贫规划、帮扶措施、责任主体，扎实推进脱贫攻坚各项重点工程。

完善机制，聚力攻坚。建立完善资金整合机制，以全省扶贫资金整合试点县为契机，有效捆绑，精准投放，创造"多个渠道引水、一个龙头灌溉"的扶贫投入新经验。建立完善监管机制，确保资金安全、高效使用。建立完善脱贫考核机制，按年度目标任务严格评估验收，建账销号，脱贫到人。建立社会参与机制，利用静乐扶贫信息网，广泛组织动员社会力量，通过多种方式参与扶贫开发，形成加快脱贫的强大合力。

强化责任，确保脱贫。严格落实"一把手"负总责的脱贫攻坚领导责任制，抓好目标确定、项目下达、资金投放、组织动员、监督考核等项工作。统筹整合包村干部、驻村工作队、第一书记三支力量，确保每个贫困村都有包村单位和第一书记，每个贫困户都有帮扶责任人。

(二)加快转型升级，汇集发展动能，在结构调整上取得重大突破。加快工业转型。鼓励现有企业加快技改进度，积极引进资金、引进技术，提高产品附加值。不断引深原煤转化和深加工，提升煤炭生产效益。在大远煤业、晋北煤业全面投产的基础上，汾源煤业、天安煤矿、金能煤业全部建成并实现投产；积极发展洗选煤项目，推动技术创新，做足煤炭深加工；充分发挥铝土、钾长石、石灰石等非煤资源优势，引进铝、建材、玻璃等新型产业，发展风电、光伏发电项目，上马煤层气开发项目，形成传统产业优化升级、新型产业规模扩张、优势产业集群发展的格局。

优化农业结构。立足我县河川区、丘陵区、土石山区"三大区域"特点，发挥安华新农、军创新美、国然国际等企业带动作用，重点发展藜麦、黑枸杞、红辣椒等特色种植产业，形成三个区域、三大产业、三个龙头企业的"333"发展模式。五年内，藜麦种植面积达到5333公顷、黑枸杞种植2000公顷、红辣椒种植2000公顷，特色种植面积占到全县总播种面积的30%以上。发展各类规模养殖场80个，人工种草8000公顷。依托电子商务平台，建立静乐农产品公共品牌，让更多的农特产品走出山西、走向全国，让更多的人畅享"静乐生活"。

提升现代服务业。积极推进电子商务，开设特色网店，打造电商队伍，形成网络经销团队，营造"大众创业、万众创新"的电商发展环境。围绕社会服务、家政服务，加强职业技能培训，解决搬迁人口的就业问题。加快物流园区建设，打造物流产业链和产业集群。引进信息服务、养生保健、中介咨询等新业态，逐步把服务业培育成我县的又一支柱产业。

(三)突出问题导向，补齐发展短板，在改革创新上取得重大突破。推进供给侧改革。主动坚决"去"，扎实有效"降"，精准发力"补"。充分运用技术创新、兼并重组等手段，盘活存量资产，淘汰落后产能，促进传统企业转型升级。加快住房结构调整，实施棚户区改造、采煤沉陷区治理、移民搬迁，打通商品房和保障性住房转换通道，推进房地产市场去库存。加大企业帮扶力度，拓宽融资渠道，帮助企业降低信贷成本。补齐经济发展短板，在民营经济、招商引资、困难群体、基础设施和公共服务等薄弱环节，切实采取有效措施，确保"补"在薄弱处、关键处、紧要处。

深化金融改革。充分发挥财政资金杠杆作用，健全完善政策性融资担保体系，大力推广政府与社会资本投资合作模式。加强信用体系建设，优化金融生态环境，防范和打击非法集资活动。全面完成农村信用社改制，探索金融扶贫的新模式，使金融成为支持县域经济发展的新动能。

（四）丰富生态内涵，彰显静乐特色，在绿色发展上取得重大突破。加大生态建设力度。按照“荒山丘陵建体系、村庄周边建基地、环城周围建公园、湿地保护建景观”的思路，围绕“三山两河”治理，推进汾河川国家级湿地公园、岑山山地公园、风神山生态公园建设。实施通道绿化，抓好样板工程。五年内，全县森林覆盖率达到30%以上，城市建成区绿化覆盖率达到45%以上，真正把静乐打造成省城太原的绿色屏障。

加强水生态治理。抓好我县境内汾河干流、7条支流、270余条河流的治理，加强生态修复保护。发挥水资源优势，大力发展汾河水系水产养殖，逐步恢复沿河水草植物，吸引天鹅等水鸟繁殖栖息，达到人与自然和谐融合。通过“十三五”的努力，形成青山掩映、绿水长流、鸟语花香的生态发展格局。

加快生态脱贫步伐。紧抓省林业厅把我县列入全省林业生态扶贫重点县、“购买式”造林试点县契机，将生态建设和脱贫攻坚结合起来，按照造林绿化脱贫一批、退耕还林脱贫一批、森林管护脱贫一批、提质增效脱贫一批、特色产业脱贫一批等“五个一批”的发展模式，造林2.6万公顷，助推脱贫攻坚，实现生态增绿、生产增收，使全县农业基础更好、农村面貌更美、农民收入更高。

（五）提升功能品质，注重协调并进，在城乡建设上取得重大突破。优化城镇发展布局。充分发挥规划引领作用，修编完善县城及乡镇总体规划，乡村规划覆盖率达到100%。抓好县城旧城改造和新区开发，加大城中村改造力度，实施儒林、鼓楼等10个片区的棚户区改造工程，畅通建成区道路微循环。全面实施户籍管理制度改革，有序推进农业转移人口市民化。

提升城市环境质量。巩固提升“三城同创”成果，积极推进“五城联创”，加强县城公用设施、公园绿地、中心街市、居住社区建设，持续加大城区绿化、美化力度，确保2017年建成“国家级园林县城”。实施智慧市政、智慧养老、智慧旅游项目，推动“智慧城市”建设。抓好以物质文明、政治文明、举止文明与精神文明建设协调发展的“文明县城”创建工作，着力打造文明和谐、宜居宜业县城。

加快乡村环境改善。实施农村人居环境改善，全面完成采煤沉陷区治理、农村地质灾害搬迁、农村危房改造、易地扶贫搬迁四大工程。开展环境卫生整治行动，全面实施农村清洁工程，垃圾处理、污水处理设施和服务逐步向农村延伸。加快美丽乡村建设，全面改善农村居民住房、饮水、出行等基本生活条件，不断提升人居环境质量。

（六）打造山水静乐，提升幸福指数，在旅游发展上取得重大突破。积极推进生态旅游。依托天柱山景区、岑山山地公园、风神山生态公园、汾河川国家级湿地公园，整合旅游资源，打造太原、忻州休闲旅游目的地。全面开发“静乐八景”，逐步形成“城市旅游、乡村旅游、景区旅游、人文旅游”四轮联动的格局，打造静乐旅游品牌。

深度挖掘文化内涵。逐步开发战国赵王城遗址、北魏孝文帝下马城遗址、宋家村新石器时代遗址等历史文化古迹。挖掘台骀汾河根祖文化，尔朱荣、李銮宣名人文化，大郎庙介子推忠孝文化，弘扬道情、赶集、庙会等民俗风情，增强旅游景点内涵，拓宽旅游开发视野。

发展健康养老产业。发挥静乐环境优美、空气清新、宜居宜业的独特优势，吸引大中城市及本县籍在外人员来静乐居家养老、返乡养老、候鸟式养老。结合我县绿色食品、营养产品和中药材种植，把营养保健、休闲养生和养老产业有机结合，探索发展生态健康养老的新兴产业。

完善旅游市场秩序。依托旅游公司，开发精品线路，完善“吃、住、行、游、购、娱”旅游要素，真正让静乐的旅游产业走向市场。按照市委打造宁静生态建设带的布局，加大旅游宣传，开拓太原市场，共建宁静旅游圈，逐步培育以汾河文化为中心的休闲度假旅游区。

（七）坚持共建共享，努力造福群众，在民生保障上取得重大突破。提高教育发展质量。启动河西静乐一中新校区建设，完成“全面薄改”工程；不断加强职业教育，新建实训场地，完成职教中心达标验收；加强基层学校和幼儿园建设，实现教育均衡发展。

提升医疗卫生水平。继续推进医疗体制改革，完善大病救助制度，从根本上减少“因病返贫”“因病致贫”问题。加强基层医疗卫生服务体系建设，提升乡镇卫生院服务水平，规范运行农村卫生室，加强乡村医生管理，真正解决农村群众看病难的问题。

完善社会保障体系。建立健全城乡居民医疗保险、生育保险一体化制度，完善养老保险、失业保险和低保制度，逐步提高救灾救济、医疗救助、五保户供养、优抚安置等社会救助水平。加快健全城乡社会救助体系，切实保障留守人员、困难群众基本生活。

推进文化繁荣发展。推进图书馆、体育馆、乡镇文化站、村级文化场所等公共文化体育设施达标工作，广泛开展群众性文化体育活动，鼓励农村组建锣鼓队、集体舞、艺术团等文化队伍。加强重要文物、非物质文化遗产和红色遗存保护，打造百团大战纪念馆、高君宇纪念馆、4·8烈士纪念碑等红色教育基地。

发展的蓝图已经绘就，攻坚的号角已经吹响。能不能如期全面脱贫，能不能保证建成小康，能不能弯道实现赶超，考验的是决心，检验的是作风，磨炼的是意志，体现的是担当，我们一定要在这五年的大考中直面困难、攻坚克难，以超常规的思路和力度，迎接挑战、接受洗礼，努力干出新作为、创造新业绩。

实现“六大突破” 全面建成小康社会

神池县县长 孟宏斌

“十二五”时期，我们坚持稳中求进工作总基调，自加压力、奋力争先、同心同德、创新苦干，经济社会发展和各项工作都取得了新的成就，圆满完成了“十二五”规划目标任务。全县科学发展更加稳健，城乡环境更加优美，百姓生活更加殷实，社会大局更加和谐。“十二五”的发展成就，为做好今后的政府工作，为“十三五”全面达小康奠定了坚实的基础。

一、“十三五”时期指导思想和奋斗目标

今后五年，打赢脱贫攻坚战，全面建成小康社会的决胜阶段，也是神池抢抓机遇，蓄势转型，加快改革发展的重要战略机遇期。“十三五”时期全县经济社会发展总的指导思想是：高举中国特色社会主义伟大旗帜，坚持以邓小平理论、“三个代表”重要思想和科学发展观为指导，深入贯彻落实党的十八大、十八届三中、四中、五中全会精神和习近平总书记系列重要讲话精神，紧扣省委“一个指引、两手硬”重大思路和要求，牢牢把握骆惠宁书记治晋理政的研判和定位，立足“五位一体”总体布局，坚持发展第一要务，牢固树立创新、协调、绿色、开放、共享发展理念，协调推进“四个全面”战略布局，积极适应、把握、引领经济发展“新常态”，努力做好供给侧结构性改革这篇大文章，更加注重转方式、调结构、惠民生，立足县情，以全新的姿态着力形成“15561”发展新格局，即：一个统领——以脱贫攻坚为全县经济社会发展统领；五大抓手——发展经济、深化改革、改善民生、优化生态、加强党建；五大战略——特色农业立县战略、清洁能源强县战略、羊业富民战略、生态优先战略、民生改善战略；六大突破——力争在脱贫攻坚上实现新突破、力争在特色农业产业化上实现新突破、力争在清洁能源产业发展上实现新突破、力争在城乡一体化上实现新突破、力争在民生改善上实现新突破、力争在生态主体功能区建设上实现新突破；一个目标——全面建成小康社会。

“十三五”时期经济社会发展的主要目标是：力争到“十三五”末，全县地区生产总值平均增长8%；工业增加值平均增长10%；财政收入平均增长10%；公共财政预算收入平均增长8%；固定资产投资平均增长10%；社会商品零售总额平均增长12%。城镇常住居民人均可支配收入平均增长9%，农村常住居民人均可支配收入平均增长10%。

二、“十三五”时期经济社会发展的主要任务

（一）以“精准扶贫、精准脱贫”为统揽，加快脱贫步伐，力争在扶贫开发上实现新突破。以“六个精准”为根本遵循，把坚决打赢脱贫攻坚战作为重大政治任务和第一民生工程来实施。抓好产业扶贫。着力发展特色种植、规模养殖和农副产品加工业。依托六个地标认证和“中国亚麻油籽之乡”的挂牌，以“一核两线”高产示范带为带动，加快调整种植结构，建设特色种植基地。加快绿色工业园区建设，实施产业培育工程，力争每年培育1～2个龙头企业，入驻园区。做大做强月饼、胡油、燕麦、小杂粮加工等特色农业产业化龙头企业，促进种植业向名、优、特、新方向发展。建设“晋神”高繁种羊基地，不断壮大养羊产业，力争到2020年羊发展到120万只，新建标准化肉羊养殖小区38个，培育规模养羊场（户）500个。提高肉羊加工厂生产能力，实现产值5.3亿元。加强农业基础设施建设，提高农业机械化程度，落实好粮食直补、良种补贴等惠民政策，稳步提升农业综合生产能力。坚持和完善农村基本经营制度，鼓励农民依法、自愿、有偿进行土地流转，发展多种形式的适度规模经营。构建“互联网+农业”发展平台，推动电商下乡和农产品上线。抓好易地移民搬迁。采取城镇集中安置与自主分散搬迁相结合的方式，完成10个乡镇72个村2145户9000人的贫困农民搬迁任务。抓好金融扶贫。针对有贷款意愿、有就业创业潜质和还款能力的建档立卡贫困户，或带动力强的能人大户和企业，通过发放小额贷款，按年贴息率5%的方式，支持其发展特色优势产业。抓好就业培训。培训工作要突出管用、实效，突出现场培训、一线培训，从新型农民培训入手，着力培育一批有文化、懂技术、会经营的新型经营主体，帮助其稳定提高就业创业能力，增加工资性收入，实现“输出一人，致富一家；输出一帮，带动一方”的目标，力争培训5000人次以上。抓好教育扶贫。实现教育扶贫资助全覆盖，对建档立卡贫困家庭中当年考入二本以上院校的学生，每人一次性资助5000元。对贫困家庭中在中职、高职、大专院校就读的学生，连续两年每人每年资助2000元。同时借助航信助学专项基金，全力资助建档立卡贫困学生，圆贫困学子大学梦。抓好光伏扶贫。争取上级专项资金1500万元，采取国家财政补助和农户、企业自筹相结合的方式，在30个有条件的贫困村建设光伏电站。此外，还要开展互助资金、电商扶贫、旅游扶贫、精准扶贫到村到户项目等工作。通过各项扶贫措施的落实，力争到2019年底，全县136个贫困村出列，2.79万贫困人口全部脱贫。

（二）立足资源禀赋，加快转型发展，力争在清洁能源产业发展上实现新突破。要抓住转型综改试验机遇，依托丰富的风光资源，实现清洁发展、循环发展、绿色发展、持续发展。力争到“十三五”末，列入规划的25期总投资125亿元、总规模125万千瓦的风电项目全部建成发电。全县建成投产的风电场达到28期140万千瓦，投产运营的光电项目达到70万千瓦，使我县成为全省乃至内陆地区风电产业规模最大的县份之一，成为风电、光电基地县。加大招商引资力度，争取生物质能发电等新能源项目的落地，使我县的新能源产业更具示范效应。要扶持年产200万吨新型干法水泥项目达产达效，宏远、兴隆两个90万吨煤矿投产运营。依托独特的区位优势，充分借助纵横县境的公路网、铁路网，做大煤炭储运规模，力争到2020年煤炭发运量达到6000万吨，比“十二五”期间增长300%。通过风光电产业、新型建材产业、煤炭储运产业三大产业的发展壮大，全面提升我县的工业水平。

（三）落实“绿水青山也是金山银山”的发展要求，继续推进生态文明建设，力争在生态主体功能区建设上实现新突破。围绕建设国家主体功能区试点示范县目标，全面加快生态建设。在强化监管、保护环境、修复生态的同时，要在全社会大力倡导“树木树人”“树木敬人”风尚，号召全民参与生态建设。以公园、荒山、流域、交通干线为重点，突出抓好景观造林、荒山绿化、流域治理、通道绿化等工作。构建以“五城联创”为核心，乡村、荒山绿化为辐射，点、线、面协调发展、相得益彰的生态神池。力争到“十三五”末，全县森林覆盖率和林木绿化率分别达到18%和33%，优美舒适的休闲避暑环境基本形成，保持水土的生态功能得到有效发挥，环境质量和生态文明水平得到全面提升。全面建成保护为主，开发为辅的功能空间格局；因地制宜，绿色发展的生态经济体系；生活富裕，人与自然关系和谐的美丽家园。

（四）突出民生优先，加快发展社会各项事业，力争在民生改善上实现新突破。加快推进城乡一体化发展。以“五城联创”为抓手，夯实民生基础，加快制定建设全市一流县城的标准和城乡一体化规划，拉大县城框架，完善基础设施建设，不断提高城市的承载能力和整体水平。完善电力、供水、供气等设施建设，实现污水处理、垃圾处理、集中供热三个全覆盖。进一步增加县城的绿化面积，改善基础条件，完善综合服务功能，加快构建资源节约、环境友好、整洁明亮、管理规范的宜居宜商县城。继续抓好城乡清洁工程和爱国卫生运动，解决农村环境“脏、乱、差”问题。加大城乡道路建设，投资1.8亿元建设项家沟等9条乡村旅游公路85.1千米。投资1.99亿元建设县道小神线等4条县乡公路104.6千米。投资1707万元新修大严备乡了子坡至庄窝等15条乡村公路82.7千米，全面改善群众出行条件。坚持“绿色、低碳、洁净、健康”的发展理念，加快中心镇和新农村建设，增强农村发展活力，促进城乡各类要素无障碍流动。继续实施科教兴县战略，加强学前教育，大力推进义务教育均衡发展，抓好高中教育、职业教育，特别要加强特色教育，注重培养技能型人才，增加学生的就业机会，增强适应社会的能力，减轻家庭负担，促进教育全面、均衡、良性发展。巩固扩大基本医疗保障覆盖面，进一步提高医疗保障水平、医保基金管理水平和公共卫生服务水平。稳妥有序推进普遍两孩政策的实施工作，扎实开展国家免费孕前优生健康检查工作。加快文化事业和产业的全面繁荣与发展，实施文化建设“六个一批”工程，建成县文化艺术中心、文化创意产业园、3D影视城等一批标志性文化基础设施。全面提高公共体育服务水平，新建集羽毛球、乒乓球、毽球于一体的全民健身馆。实施更加积极的就业政策，不断提高就业质量和服务效率，全县完成新增就业7000人以上，城镇失业人员再就业1500人以上，城镇失业率控制在4%以内。进一步完善社会救助制度和救助体系，稳步解决保障性住房、城乡低保、农村五保供养、城镇养老等社会保障问题，实现老有所养、病有所医、困有所帮、学有所助。

（五）落实“科教引领、创新转型”战略，加快构建创新创业体系，力争在自主创新能力上实现新突破。以“大众创业、万众创新”战略为指引，建立以企业为主体、政府引导、市场化运作的创新体系，力争建成几家能够支撑主导产业发展、具有示范带动作用的创新平台。加强与科研院所联系，帮助企业申报专利，运用高新、适用技术改造提升我县月饼加工、粮油加工、冷榨胡油等传统产业，力争改造升级企业85家。加快打造自主创业空间，通过“人才强县”战略的实施，统筹推进各类人才队伍建设，不断提高吸纳社会就业能力，解决农村富余劳动力转移和城市下岗职工再就业问题。创建企业孵化平台，成立专业化、社会化的孵化企业，落实和完善鼓励劳动者自主创业的税费减免、小额担保贷款、资金补贴、场地安排等扶持政策，形成多元化、多渠道的创业资金支持体系。

（六）坚定不移推进各领域改革，努力破解重点、难点问题，力争在体制机制完善上实现新突破。坚定不移推进以“三去一降一补”为主要任务的供给侧结构性改革，不折不扣地执行中央、省、市下达的任务。继续深化行政管理体制改革，不断完善政府公共管理体系。稳妥推进医药卫生体制改革，不断完善基本医疗保障制度，为广大人民群众提供更加安全、有效、方便、价廉的公共卫生和基本医疗服务。积极推进事业单位改革，加快经贸、供销等系统的改制，妥善处理好改制过程中的各种矛盾和问题，依法维护企业职工的合法权益。推进农村综合改革，使资源配置更加合理，不断增添农村发展的新活力。借助山西被确定为国家转型综改试验区的有利契机，大力实施开放引进战略，坚持招商引资和招才引智相结合，吸引更多的人才、资金、技术落户神池、服务神池。进一步提高对外开放水平，以大开放促进大跨越。

适应新常态，要求我们主动作为、积极有为；实现新发展，号召我们奋勇前进、奋力争先。让我们团结依靠全县人民，咬定目标，攻坚克难，真抓实干，锐意进取，为全面建成小康社会而努力奋斗！

乘势而上　对标前行
全力开拓五寨经济发展新局面

五寨县县长　**张宇光**

“十二五”期间，全县上下深入贯彻落实中央和省市决策部署，攻坚克难，扎实苦干，较好地完成了各项目标任务，为“十三五”发展奠定了基础。

一、“十三五”时期经济社会发展的指导思想和目标任务

“十三五”时期我县发展的指导思想是：以习总书记系列重要讲话为根本指针，遵循“四个全面”战略布局和“五大发展理念”，按照省委“一个指引、两手硬”的工作要求，深入贯彻落实市委“1661”发展战略，以全面脱贫统揽全局，以深化改革、创优环境、开放引进、繁荣文化、依法治县、从严治党为抓手，全力推进工业新型化、农业产业化、物流现代化、旅游特色化、新型城镇化、城乡一体化、生态制度化、服务均等化建设，逐步将我县建设成为经济繁荣发展、人民生活富裕、生态环境优美、文化魅力独特、社会文明和谐的宜居宜游宜业的生态旅游名县，坚持对标前行，苦干实干，确保与全省、全市同步全面建成小康社会。

“十三五”时期经济社会发展的主要目标是：

（一）经济增长更强劲。地区生产总值年均增长7%以上，达到28.1亿元，力争完成30亿元；全社会固定资产投资年均增长17%以上，达到70亿元，力争完成72亿元；规模以上工业增加值年均增长18%以上，达到4.3亿元，力争突破5亿元；财政总收入年均增长11%以上，达到6.5亿元，力争突破7亿元；公共财政预算收入年均增长12%以上，达到3亿元，力争完成3.5亿元；社会消费品零售总额年均增长15%以上，达到18亿元。县域经济综合实力明显增强，跨入全市发展前列。

（二）产业结构更合理。以现代农业、低碳循环工业、现代服务业为主体的绿色产业体系，拉动经济增长的产业要素结构趋向合理，城乡发展协调性明显增强，产业升级实现新突破，产业发展迈向中高端水平，发展空间格局得到优化，投资效率和企业效益明显上升。

（三）体制机制更完善。全面深化改革，坚决清除妨碍社会生产力发展的体制机制障碍，在重要领域和关键环节取得突破性进展。政府职能进一步转变，执行力明显提高，发展环境显著改善。对外开放广度和深度持续拓展，开放型经济达到新水平。

（四）生态环境更优美。主体功能区布局和生态安全屏障基本形成，生产方式和生活方式绿色低碳化水平显著提高。县城建成区绿化率达到35.6%以上；大气优良天数力争达到340天；区域内地表水水质达Ⅳ类水体标准；二氧化硫、化学需氧量排放总量完成市政府下达的任务。

（五）社会环境更和谐。城市文化建设有效推进，覆盖城乡的基本公共服务体系日臻完善。市民的思想道德素质、科学文化素质和健康素质不断提高。社会主义民主法制更加健全，人民权益得到切实保障。社会管理创新取得实效，安全生产形势稳定好转，社会环境更加和谐稳定。

（六）人民生活更殷实。城镇居民人均可支配收入达到28190元，农民人均可支配收入达到8918元以上，城镇登记失业率控制在4%以内，低收入者收入明显增加，中等收入群体持续扩大，贫困人口全部脱贫，城乡居民生活水平与全省全市同步迈入小康。覆盖城乡的养老保险、医疗卫生、社会救助、治安防控等体系基本完善，群众的看病、上学、住房、养老等问题得到妥善解决，公平正义、理性平和、积极向上成为社会价值取向，人民整体生活向富裕幸福的目标迈进。

二、“十三五”时期经济社会发展的主要任务

（一）抓好脱贫攻坚，确保贫困县摘帽。以脱贫攻坚统揽全局，全力实施“3198”脱贫攻坚行动计划，按照“六个精准、五个一批”的要求，扎实抓好精准扶贫、精准脱贫各项工作，推进贫困村全面发展，提高贫困户收入水平和生活水平，提高贫困村交通、水利、电力、通讯、生态等基础设施保障水平，提高义务教育、就业服务、社会保障、基本医疗和公共卫生、公共文化、环境保护等基本公共服务水平，推进贫困村经济社会生态文化的全面发展，缩小贫困群体与其他社会群体收入差距，缩小贫困村与其他村整体性差距。确保2018年实现贫困人口全部脱贫。

（二）坚持项目攻坚，推进工业新型化。把招商引资和项目建设作为扩张经济总量、推进工业化的主要抓手。围绕新能源、基础设施、农副产品加工、羊产业等重点产业和领域，集中谋划储备一批带动性强的大项目、好项目，建立接替有序的项目储备库，创新招商引资模式，提升项目的签约落地率，确保大项目、好项目能够顺利落地生根、开花结果。在产业布局方面，主要以壮大核心企业、打造产业集群为目标，着力打造“北环产业集聚区、三岔产业集聚区、现代煤化工产业集聚区”三大产业集聚区，重点发展建材加工、农副产品加工、新能源开发利用三大产业。建材方面，依托花岗岩工业园区，鼓励支持企业健全完善矿山开采、大板经销、工程石材设计加工、安装护理四个产业链，拓展新领域、提高附加值。农副产品加工方面，壮大饲料、淀粉、杂粮、蔬菜、中药材、食用油、鲜食玉米、粉制品、炒货、肉类加工十大主导产业，由粗放型向集约型转变。新能源开发利用方面，重点抓好潞安集团煤炭清洁利用油化电热一体化园区建设，发展煤炭深加工产业，同时抓好风电、光电、生物质能发电等清洁型能源产业，使之成为新的经济增长点和产业升级的排头兵。

（三）培育优势品牌，推进农业产业化。以打造我国中西部地区特色生态农业强县为目标，立足五寨资源优势，发展现代高效生态种植业和生态养殖业。重点实施玉米、马铃薯、小杂粮、蔬菜、中药材五大种植产业开发和奶牛、肉牛、肉羊、绒山羊、猪五大畜牧产业开发，全面推进标准化、规模化、品牌化、生态化，促进五寨现代农业的创新驱动发展。建立品牌创建激励机制，着力培育省级以上名牌产品、著名、驰名商标，树立五寨农产品“绿色”“有机”的形象，以优质、安全的产品来提升品牌知名度，提高市场占有率。让五寨的甜糯玉米、马铃薯淀粉、黄芪、毛建茶、迷迭香、牛羊肉等产品成为区域品牌，走向全国。

（四）加快产业转型，推进物流现代化。依托我县“三省交会地、七县旱码头”的交通枢纽优势，加快发展现代物流业。通过优化政策环境，推动煤炭运销产业转型升级，延长产业链条，积极向其他物流产业转型。抓住西纵高速公路贯通五寨的机遇，布局货运物流服务，引进和培养一批有实力、有影响的现代物流企业。重点抓好五寨互联网＋现代物流园区建设，发挥好物流园区的示范带动作用，努力把五寨建成晋西北乃至晋陕蒙周边县市的物流中心。

（五）优化资源配置，推进旅游特色化。依托我县生态环境优良、旅游资源丰富的优势，按照“政府主导、市场运作、企业为主、社会参与”的原则，整合旅游资源，加快芦芽山、五寨沟、荷叶坪三大风景区的开发建设。并以芦芽山野生菇、矿泉水、毛建茶、小杂粮等一系列天然绿色产品为重点，开发绿色有机保健食品；以木雕、标本、剪纸、彩绘等传统文化产品为重点，开发旅游工艺品；合理布局林果、花卉、中草药等特色种植项目，形成现代农业与旅游产业相融互动的良性发展模式。深入挖掘五寨独特自然景观和丰厚历史文化，通过合理规划，打造精品线路，形成“聚散有序”的旅游产业布局。

（六）加强基础建设，推进新型城镇化。围绕打造

自然、生态、现代、宜居的美丽新五寨，以“创卫”为基础，积极开展“五城联创”活动(创建国家卫生城市、国家环境保护模范城市、省级园林城市、国家智慧城市和省级文明城市)，全面实施“净化、绿化、亮化、美化、畅通、物业管理”六大工程。扩大县城集中供热、供气、供水、供电、通信等覆盖面积，提升垃圾、粪便无害化处理水平。加强道路交通、公园广场、商业住宅、景观景点等市政设施规划建设，完善城市功能，优化公共服务。

(七)统筹城乡发展，推进城乡一体化。按照“以县城为中心、以重点镇为支撑、以中心村为基础”的城乡一体化框架。以壮大县域经济为切入点，将全县划分为以砚城、三岔、韩家楼为中心的南、北、西三个经济区，统筹推进空间布局、产业发展、基础设施、公共服务、社会保障、生态环境六个一体化，切实有效地解决村镇分布散、产业集聚度低、农业集约发展滞后的问题，推进城镇化建设和新农村建设，促进城乡一体化发展。

(八)创新绿色发展，推进生态制度化。围绕三大生态区域，精心实施“1412”营造林工程，争取5年完成营造林1万公顷，中幼林抚育经营1500公顷，重点区域生态治理取得显著成效，县域生态安全屏障初步形成，不断巩固国家级生态示范区品牌。实施大气、水、土壤污染防治行动计划，积极推进农村新能源综合建设，合理布局农村垃圾处理场，全面提高生活垃圾无害化处理率、生活污水处理率和工业污水的循环利用率。确保主要污染物减排完成省、市任务，大气优良天数力争达到340天。倡导低碳生活和消费方式，深入开展节能减排全民行动。妥善处理好工业发展与保护环境的关系，逐步建立绿色、可持续发展的政策保障体系，让绿色生态化发展步入规范化、法制化轨道。

(九)抓好民生改善，推进服务均等化。坚持以人为本、服务为先，着力保障和改善民生，推进服务均等化。优先发展教育事业，坚持促进教育公平与提高教育质量并重，切实提高义务教育均衡发展水平。深化教育制度改革，强化教师队伍建设，突出抓好高中阶段教育，巩固提升学前教育，大力发展职业教育，全面提升五寨教育整体发展水平。加强文化服务体系建设，推动公共文化服务标准化、均等化发展。深入挖掘地方传统文化内涵，大力发展骨干文化企业和创意文化产业。扎实开展文化惠民活动、全民健身活动，满足群众健康文化需求。健全医疗卫生服务体系，全面提升县级医院综合服务能力，加强乡镇卫生院标准化建设，改善村卫生室。实施积极的就业创业政策，推动大众创业、万众创新。实施全民参保计划，全面建设和完善覆盖城乡的社会保障体系。认真落实保障性住房政策，化解房地产库存，解决困难群众住房需求。继续完善收入分配制度，提高居民收入水平。加强社会管理能力建设，创新社会管理机制，切实维护社会和谐稳定。

如期实现全面建成小康社会目标，承载着全县人民对美好生活的殷切向往。我们要紧紧围绕县十三次党代会提出的发展思路和《五寨县“十三五”规划纲要(草案)》确定的具体目标，乘势而上，对标前行，全力开拓五寨经济发展新局面。我们坚信，通过全县人民的共同努力，我们一定能够夺取全面建成小康社会决胜阶段的伟大胜利！

努力建设“青山绿水、文明宜居、人和业兴”美好岢岚

岢岚县县长　**侯俊生**

“十二五”时期是岢岚发展极不平凡的五年。五年来，全县上下认真贯彻落实党的十八大和十八届三中、四中、五中全会精神以及习近平总书记系列重要讲话精神，全力推进“331”发展战略，经济社会平稳较快发展，圆满完成了“十二五”规划的各项目标任务。

一、“十三五”时期经济社会发展指导思想和目标任务

(一)“十三五”时期全县经济社会发展的指导思想。“十三五”期间全县经济社会发展的指导思想是：高举中国特色社会主义伟大旗帜，以邓小平理论、“三

个代表”重要思想和科学发展观为指导，全面贯彻党的十八大和十八届三中、四中、五中全会精神以及习近平总书记系列重要讲话精神，坚持“四个全面”战略布局和“五大发展”总体理念，按照省委“一个指引、两手硬”的重大思路和要求，紧扣市委“1661”发展战略，围绕“331”发展思路，以加强党的建设为统领，以脱贫攻坚为总的抓手，着力壮大绿色农业推动产业升级，着力深化结构调整加快经济突围，着力推进创新突破集聚发展动能，着力加强生态建设打造美丽城乡，着力发展民生事业提升服务水平，着力繁荣文化事业推动文明进步，着力推进民主建设加快法治进程，着力强化从严治党优化政治生态，确保如期实现脱贫、全面小康，为建设“青山绿水、文明宜居、人和业兴”美好岢岚努力奋斗。

（二）“十三五”时期全县经济社会发展的目标任务。综合考虑当前的发展基础和未来面临的发展形势，围绕上述指导思想，今后五年我县经济社会发展的主要目标是以下四个方面：

一是经济保持较快增长，农业品牌化、现代化步伐显著加快，煤化工、建材产业绿色高效发展，新能源产业走上正轨，商贸物流产业、生态旅游业快速发展，带动县域经济保持不低于7%的增速。

二是人民生活明显改善。基本公共服务均等化水平稳步提高，城乡居民可支配收入年均增长不低于7%，人口城镇化率达到50以上。

三是生态建设稳步提升。主体功能区布局基本形成，资源循环利用体系初步建立，资源利用节约高效，能源结构明显改善，生产方式和生活方式绿色低碳水平逐步提高。森林覆盖率、建成区绿化覆盖率稳步提高，区域生态环境健康发展。

四是民主法治成效显著。社会主义核心价值观深入人心，基层民主制度更加完善，行政效率不断提高，社会治理能力和水平明显增强，依法行政能力普遍提升，社会更加和谐稳定。

今后五年我县经济社会发展的主要任务可以概括为：实现两个跨越，力促三个转型，注重四个协调。两个跨越即由传统农业大县向绿色生态强县、国家级贫困县向全面小康县跨越，三个转型即结构转型、产业转型、方式转型，四个协调即城乡协调、要素协调、人与社会协调、党建与发展协调。

二、“十三五”期间重点抓好以下八个方面工作

（一）全面打赢脱贫攻坚战。按照“六个精准、五个一批”的要求，多措并举，精准发力，补短板，扶强项，全面推进易地搬迁、片区开发、生态补偿、整村推进、教育扶贫、光伏发电扶贫等各项工作，着力改善贫困地区的生产生活条件，不断增强贫困地区的造血功能，确保到2019年贫困人口全部脱贫，贫困村全部出列，全县整体“摘帽”。

（二）全面发展现代农业。重点实施“35811”工程，实现由传统农业大县向绿色生态经济强县跨越。布局三大区域，即在岚漪河经济区重点发展设施农业、旅游观光农业；北川经济区重点发展高效农业、绿色品牌农业；西山经济区重点发展生态畜牧业、干鲜果栽培等。建设五大基地，即因地制宜建设红芸豆繁育基地、马铃薯种植基地、绒山羊养殖基地、特色养殖基地和经济林种植基地。提升八大产业，即围绕“一业一品”，实施特色养殖、小杂粮、设施农业、草牧、苗木花卉、良种繁育、观光农业、乡村旅游等八大产业提升工程。创新一个模式，即积极打造龙头企业带动、专业大户引领、农户家庭经营为主的现代农业新型经营模式。构建一个体系，即完善和加强以疫病防控为主的农业公益性服务体系。

（三）全面提升农产品加工水平。打造“岢岚柏籽羊”品牌，形成皮毛绒肉一体化加工体系，建设全省知名的羊产品加工基地；打造“中华红芸豆”品牌，扶持精深加工，提升品牌竞争力，稳定出口市场；依托沙棘产业优势，强化企业自主研发，提高科技含量，提高沙棘系列产品的品牌优势；挖掘优势农产品的潜力，做精谷子、莜麦、油料作物等特色小杂粮加工，推进万吨土豆主粮专用面加工项目，打造区域特色小杂粮加工基地。

（四）全面抓好项目投资。充分发挥项目投资在稳增长、调结构、促转型中的拉动作用。要扩大投资规模，不断优化投资环境，加大招商引资力度，确保投资逐年稳定增长；要提高投资效益，要规划好产业和项目，针对性地将资金投入到打基础、利长远、惠民生的领域；要优化投资结构，有效发挥财政资金的撬动功能和杠杆作用，积极引领民间投资，有效运用PPP等融资模式，解决建设资金不足难题。

（五）全面推进工业新型化。积极培育工业项目，壮大工业规模，加快新型工业化进程。扶持鑫宇煤气化、道生鑫宇、天盛缘玻棉等项目，实现煤炭产业链的延伸；稳步推进境内的大唐、国电、龙源、和光同等风光电项目，力争到2020年，新能源装机规模达到100万千瓦；积极推进晋兴奥隆水泥项目、大涧石材加工项目建成投产，鼓励企业走绿色建材道路，向环保、清洁、高效方式转变。

（六）全面加速城乡一体化。注重城乡协调发展，着力构建城乡基础设施、产业发展、公共服务、文化教育、生态建设的一体化发展格局，提升宜居宜业幸福指数。要以建设美丽乡村和打造幸福县城为核心，按照“规划一张图、建设一盘棋、管理一张网”原则，编制完善城乡发展规划并全力加以推进。以中心村为带动，

积极推进高标准美丽乡村建设；以“五城联创”为引擎，结合棚户区改造和城镇化建设，全力打造幸福县城。

（七）全面加快生态文明建设。立足我县生态功能区的定位，按照绿色、可持续发展的要求，构建生态文明体系，实现生态农业、工业、服务业三产融合；高效利用水、土地、林木等资源，控制污染物排放，加强资源管理、保护与生态修复，构建以森林为主体的绿色生态安全屏障，建立点、线、面有机结合、城乡融合、功能良好的区域生态系统。

（八）全面加大民生保障力度。按照人人参与、人人尽力、人人享有的要求，切实加强就业服务、社会保障、文化教育、医疗卫生等公共产品和公共服务供给，着力保障和改善民生，实现发展成果全民共享。

三、认真做好2016年工作

2016年是实施“十三五”规划的开局之年，是推进结构性改革的攻坚之年，也是决胜全面小康的关键之年。围绕年度目标，今年要重点抓好七个方面的工作：

（一）注重投资扩张，扎实推进项目攻坚。立足我县调结构、转方式、夯基础的需要，规划实施各类项目121个，总投资118亿元，年度计划投资55亿元；其中省市县重点项目共46项，总投资107亿元，年度计划投资46亿元。加大项目策划和引进力度，签约一批大项目、好项目，全面完成年度项目签约任务。

（二）注重优化升级，扎实推进产业振兴。加快产业优化升级。煤炭物流上，确保完成发运量700万吨。煤化工产业上，帮扶鑫宇煤气化达产达效，扶持道生鑫宇LNG项目年内建成投产并配建加气站。建材产业上，争取晋兴奥隆水泥、锦绣石业等项目建成投产，完成鑫圆洗煤10万吨高岭土项目前期工作。新能源产业上，确保大唐大阳坡一期、燕家村二期、分散式发电、国电牛碾沟一期4个风电项目顺利开工，争取总投资40亿元总规模400兆瓦的大唐西豹峪风电项目开工。农副产品加工上，依托山西暖神、炜岚工贸、山地阳光等本土企业，挖掘羊、豆、沙棘品牌优势，打造一批在省内外具有竞争力的名牌产品。文化旅游产业上，以王家岔宋长城景区开发为重点，依托美丽乡村、传统古村落，发展集农业观光、农事体验、生态休闲为一体的乡村特色旅游。

（三）注重机制创新，扎实推进精准扶贫。完善工作机制，统筹攻坚力量，全面完成413户1145人的搬迁安置任务。将脱贫攻坚涉及的各项政策、各个部门、各种力量进行有效整合，形成一个思路，凝成一股力量，下好一盘大棋。积极统筹整合财政涉农资金，形成“多个渠道引水、一个龙头放水”的扶贫投入新格局，要统筹好项目，确保资金投向最重要的领域、最关键的环节、最精确的对象。立足“羊豆棚林菌杂”产业优势，实施4000人的产业扶贫试点。加大对贫困户就学子女的资助力度，确保贫困户子女零辍学；开展订单、定岗、定向、菜单式劳务技能培训4430人，确保有条件的贫困户掌握1～2项实用技术。鼓励和引导贫困人口参与生态建设工程。开展10个村光伏扶贫集体收益性试点、1个村旅游开发扶贫试点。对因病或因灾致贫返贫、丧失劳动能力的贫困人口全部进行政策兜底。确保实现30个村整村脱贫摘帽、4000人整体脱贫目标。

（四）注重稳定增收，扎实推进三农工作。强化基础设施。全面落实耕地保护责任制，开发耕地134.4公顷、整理基本农田1667公顷，建设高标准农田667公顷。稳定粮食生产。确保农作物总播面积稳定在3万公顷左右。通过666.7公顷农业科技示范园区、0.7万公顷红芸豆出口基地、246.7公顷中药材等新型经济作物示范园区、100公顷马铃薯良种繁殖高效示范园区建设，引导农民调品种、增效益。振兴畜牧产业。持续打造“晋岚绒山羊”品牌，加大与国内高端科研院所合作，强化现有6个改良点的服务能力，提高良种覆盖率。新建标准化圈舍1.5万平方米、青贮窖1万立方米，基础母羊扩群到35万只，羊饲养量达到80万只，畜牧总产值4亿元。推动农业产业化。扶持壮大18家龙头企业，引领农业产业化步伐，通过多种形式与农户建立利益共享、风险共担的合作机制，带动家庭农场、家庭林场、示范社、专业合作社等新型经营主体发展。

（五）注重环境提升，扎实推进五城联创。坚持以“五城联创”为抓手，全面改善人居环境，带动城乡一体化发展。巩固创卫成果。确保年内顺利通过国家授牌。创建省级园林县城。完成26万平方米园林绿地建设，确保今年通过省级验收。创建省级环保模范县城。突出抓好“治污、管车、降尘、防污”等专项治理，确保年内通过省级验收。创建省级智慧县城。年内建成岢岚县智慧信息服务平台和岢岚县智慧城市管理体系，初步实现民生、政务等各领域的智慧应用服务。

（六）注重绿水青山，扎实推进生态建设。重点实施一城一区一场为主的“三个一”工程。一城，即环城绿化工程，投资210万元对花果山、东山进行植密植绿；一区，即王家岔景区生态绿化工程，投资715万元对周边7个村进行绿化；一场，即土寨林场经济林建设工程，投资300万元试种经济林106.7公顷。全年要完成4667公顷营造林任务。要加大流域生态环境修复力度，投资425万元实施京津风沙源治理工程，建设水源工程25处、节水工程10处，流域治理10平方千米。

（七）注重民生保障，扎实推进社会事业。优先发展教育事业。优化学前教育资源，完成广惠园仰峤幼儿园建设；巩固义务教育均衡化发展，完成“全面改薄”

采购项目，实施义务教育学校管理标准和办学模式改革两个试点工程。提升公共医疗服务水平。大力改善城乡医疗条件，争取中医院门诊住院综合楼、疾控中心业务楼建设项目年内投入使用，完成7个乡卫生院和规划的村卫生室建设任务。巩固和推进县级公立医院综合改革，实施城乡对口支援，提高诊疗水平。新农合参合率保持在99%以上，人均筹资标准由470元提高到530元，提高补偿比例和扩大补偿病种。加强社会保障。稳步提高五大保险覆盖面，建立统一的城乡居民基本医疗保险制度，完善重特大疾病医疗救助政策，推动农村低保标准与国家扶贫标准相衔接，统筹做好岗位开发、就业创业培训、农村劳动力转移等工作，推动老年人日间照料中心建设。发展文化事业。完善公共文化服务体系，坚持“三馆”免费开放，投资745万元建设岢岚县岚天数字影院。推进宋长城风景区旅游开发，完成王家岔至荷叶坪9.5千米旅游公路建设。出台岢岚县文物保护总体规划，做好省、市级文物保护单位申报和文物、非物质文化遗产保护工作。发展交通事业。配合完成神岢高速岢岚段和三井连接线建设任务，完成岢大线改造工程。提高县级公路通行能力，完成国防公路岢岚段建设工程、石黄线16千米路面改造工程、岢会线17千米路面改造工程。

延续“十二五”辉煌，开创“十三五”伟业，是时代赋予我们的使命。让我们进一步解放思想，开拓创新，抢抓机遇，对标前行，努力实现“十三五”良好开局，为与全国同步全面建成小康社会而努力奋斗！

凝心聚力，努力把河曲县建成晋陕蒙黄河三角区经济文化中心

河曲县县长　**任鸿宾**

“十二五”期间，面对严峻复杂的经济形势，全县上下深入学习贯彻习总书记系列重要讲话精神，全面落实党的十八大和十八届三中、四中、五中全会精神，主动适应经济社会发展新常态，各项工作都取得了新进展、新成效。为“十三五”发展打下了坚实的基础。

一、“十三五”时期经济社会发展工作思路

（一）“十三五”时期经济社会发展的指导思想。全面贯彻党的十八大和十八届三中、四中、五中全会精神，以邓小平理论、“三个代表”重要思想、科学发展观为指导，深入贯彻习近平总书记系列重要讲话精神，统筹推进“五位一体”总体布局，协调推进“四个全面”战略布局，按照省委“一个指引、两手硬”重大思路和要求、市委“1661”发展战略，以脱贫攻坚为统揽，创新实施“1266”工作思路，围绕实现全面脱贫全面小康进而建成晋陕蒙黄河三角区经济文化中心这一“奋斗目标”，构建新型煤电基地和黄河风情名县“两大支撑”，突出改革创新、统筹协调、生态文明、开放引进、改善民生、创优环境“六个抓手”，全力抓好脱贫攻坚、项目建设、煤电强基、文旅融合、五城联创、造林绿化“六项重点”，凝心聚力、创新实干，奋力夺取全面建成小康社会的决定性胜利。

（二）“十三五”时期经济社会发展的总体目标。全县地区生产总值、城镇居民人均可支配收入年均增长7%左右，农民人均可支配收入年均增长7%以上；新型煤电、新能源基地、煤化工基地初具规模，区域性综合交通枢纽初步形成，生态环境明显改善，文化旅游融合发展快速推进；社会保障体系更加完善，基本公共服务接近或达到全国平均水平；人民生活水平和质量大幅提升，脱贫攻坚任务三年完成，与全市全省同步实现全面脱贫全面小康目标。

（三）“十三五”时期经济社会发展的主要任务。为实现上述目标，今后五年我县将重点推进六大战略任务。

一是坚定不移推进脱贫攻坚。脱贫攻坚是最大的政治责任，是最大的发展机遇，是民生工程、系统工程、发展工程和干部的作风工程。脱贫攻坚直接关系全县实现小康，关系全市全省全国脱贫攻坚进程。要认真落实3659脱贫攻坚策略，以脱贫攻坚统揽经济社会发展全局，打响“三大战役”、走好“三条路子”、做好“五篇文章”，到2020年实现农村贫困人口全部脱贫，全面打

赢脱贫攻坚战。

二是坚定不移推进创新发展。坚持把改革创新摆在发展全局的核心位置，通过改革创新推动新一轮制度变革和体制机制创新，激发创新创业活力，释放新需求，创造新供给。把供给侧结构性改革与综改试验区改革紧密结合，成为贯穿经济工作的主线。以科技创新、金融振兴、民营经济发展“三大突破”为抓手，努力破解“资源型经济困局”。坚持以项目建设为基，加快实现我县支柱产业转型升级。坚持“六三”模式，加快发展现代农业。坚持文化旅游引进带动，不断壮大第三产业。

三是坚定不移推进协调发展。注重围绕改善民生来谋划发展，努力做到经济发展和改善民生相互促进、相互协调。建立健全城乡一体化发展体制机制，实现城乡基本公共服务均等化。深入推进社会主义核心价值体系建设，深化文化体制改革，促进文化事业健康发展。健全社会舆情引导机制，推动物质文明和精神文明协调融合发展。抓好民兵应急力量、后备力量体系建设，加强人防建设和管理，加快构建国民经济动员新体系。

四是坚定不移推进绿色发展。以“五城联创”为抓手，深入推进生态文明建设，牢固树立抓“五城联创”就是抓项目、抓投资、抓发展的理念，转变资源开发利用方式，强化全过程管理，提升资源节约和综合利用水平，加大生态保护、环境综合治理力度，构建绿色生态安全屏障，走绿色发展、循环发展、低碳发展的持续发展道路，着力打造美丽新河曲。

五是坚定不移推进开放发展。充分发挥我县独特的区位优势，围绕优势资源开发、重点产业项目、重大基础设施和社会事业建设等领域，加大“引进来”力度，加快“走出去”步伐，不断提高对外开放水平。瞄准市场准入、监管、税收等关键环节，营造宽松高效的投资环境。抓好政策扶持、平台建设、技能培训、基础设施建设等重点工作，提升服务水平和能力。

六是坚定不移推进共享发展。坚持改善民生为本，全面推进基本公共服务均等化建设，完善创业就业、教育、医疗卫生、人居环境、社会保障等改善民生的措施，着力增进群众福祉，构建共享发展新格局。

二、认真做好2016年的各项工作

今年全县经济社会发展的主要预期性指标为：地区生产总值增长6.5%，全社会固定资产投资增长17%，社会消费品零售总额增长6%，公共财政预算收入下降2.1%，城镇居民人均可支配收入增长7%左右，农村居民人均可支配收入增长7%以上。城镇登记失业率控制在4.2%以内。居民消费价格涨幅控制在3%左右。主要约束性指标，包括4+2污染物排放和新增建设用地降幅等14项指标，都要严格按照下达的任务确保完成。

围绕上述目标任务，今年重点要抓好以下六方面的工作：

（一）坚持改善民生，奋力脱贫攻坚。深入贯彻全省脱贫攻坚大会和全市脱贫攻坚推进会精神，组织带领全县各级各部门把主要精力聚焦到精准扶贫上来，确保全年减少贫困人口6300人，45个贫困村摘帽。一是加快农业产业化步伐。结合农业资源优势和农产品特色，统筹整合使用财政涉农资金，着力培育“三品一标”，大力发展“一村一品”“一县一业”，扎实推进富民产业多元化。种植上，重点扶持86个能人大户、51个专业合作社，引导培育新型农业经营主体和新型职业农民。引领农业向规模化、产业化方向发展。全年种植富硒杂粮333公顷，设施蔬菜种植面积保持在133公顷以上，脱毒马铃薯稳定在400公顷以上。养殖上，强化政策叠加效应，集中优势资金，推动畜禽养殖向规模化、标准化方向发展。年内新增羊饲养量3万只、种植饲草1000公顷。加工销售上，支持四海进通等企业拓展物流、农产品加工、电子商务等方面的业务，开展“互联网＋现代农业”、电商超市对接合作，提升特色农产品的知名度和市场份额。二是不断夯实农业发展基础。加快推进引黄灌溉二期工程。扩大农田灌溉面积。新建农村饮水工程17处，解决5865人的饮水安全问题。实施3个乡镇抗旱应急水源工程，解决28村6094人的抗旱应急用水问题，维修养护2座水库、新建3座淤地坝，完成5座旧骨干坝的除险加固。实施朱家川河治理和京津风沙源小流域治理工程。改造中低产田100公顷，改造与培肥河滩地466公顷。三是继续实施易地扶贫搬迁。确保年内集中安置2610人。完成户籍人口50人以下的5个行政村的整村搬迁任务。四是持续加大智力扶贫力度。全面落实义务教育“两免一补”、寄宿制学校免住宿费、中小学校营养改善工程、高中困难学生资助、中等职业学校免费教育等政策，减轻家庭教育支出。六是不断强化社保兜底功能。突出五大保险的征缴扩面工作，进一步提升保障能力，尽力减少因病、因伤、因失业返贫现象。全面落实城乡低保发放、大病医疗救助、临时困难救助、农村“五保”供养、残疾人帮扶等兜底性政策，进一步增强保障弱势群体基本生活的能力。

（二）坚持统筹协调，突出煤电强基。一是做优做强煤炭产业。认真落实煤炭“去减保”改革措施，严格执行276个工作日和节假日制度，科学合理组织生产。通过煤炭产—运—洗—销、煤—电—建产业延伸，推进煤炭清洁生产利用。二是提升发展非煤产业。坚持以“非煤”补“煤”、煤电并举战略，重点抓好山煤低热值煤电厂一期建设、神东低热值煤电厂二期核准、河曲电厂三期“路条”报批、山煤低热值煤综合利用项目前期准备等工作。大力支持风电、光伏发电和生物质能发电等项目落地并开工建设，逐步优化电力和能源结构。

（三）坚持改革创新，加快服务业发展。一是深化重点领域改革。健全完善“权力清单”“责任清单”制度，依法科学配置权力，实行并联审批、乡镇代办服务，推进一站式网上办理和全流程效能监督，进一步取消体制机制障碍，降低就业门槛，释放市场活力。深化财税改革，加强重点税源监控，持续涵养税源；不断扩大PPP项目实施规模。落实户籍制度改革等民生领域改革措施，推动更多民众投入到创业大潮中来。二是全面培育新兴产业。以产业集聚区建设为基础，加快建设物流公共信息平台。大力支持有条件的企业开展网上现货交易，积极发展运输、宾馆、酒店等行业网上订购业务，不断扩大电子商务运用领域。三是促进文旅融合发展。加快河曲民歌、二人台品牌的市场化、商业化进程。深入挖掘白朴故里、西口文化、黄河风情等特色资源。加快修编河曲县旅游总体规划及专项规划，开发黄河风情旅游带，把文化元素更多地植入旅游产业，推动我县旅游产业从“景点旅游”向“全域旅游”转变，真正把我县建成黄河风情名县。

（四）坚持开放引进，强化项目攻坚。一是打破交通瓶颈。继续加大协调配合力度，加快推进准朔铁路、晋蒙黄河大桥和神河高速连接线与县城直连段工程建设，打通我县向西连接的高速通道。加快推进石城万吨列集运（客运）站建设，力争与准朔铁路同步投入运营。积极推进翠峰山旅游公路建设，为开发翠峰山旅游事业奠定基础。二是加快载体建设。产业园区是项目建设的重要载体。要紧紧围绕煤、电、化、建等主导产业，立足于补链、建链、强链，强化招商引资，加快形成企业集群、产业集聚的规模效应。重点推进蚰蜒峁产业集聚区建设，完成规划编制、项目储备、“十通一平”、土地收储等工作，使园区成为项目建设的主阵地、主战场。三是强化招商引资。加强项目谋划储备，争取更多的项目进入省市规划盘子，确保储备项目投资总量保持在1629亿元以上。四是注重项目服务。全力推进A类考核9大产业项目建设，确保今年实施的92个省市县重点工程项目完成99亿元年度投资计划。

（五）全面创优环境，深化五城联创。一是加快“大县城”建设。继续加大新城区开发、旧城区改造力度，拓展城市发展空间。重点启动运行“五馆三院”，建设“一带三网五路”提升工程。形成新的城市框架。加快推进棚户区改造，完善市政基础设施，增强综合服务功能。二是全力推进“五城联创”。在巩固国家卫生县城、省级园林县城创建成果的基础上，启动创建国家园林县城和省级智慧县城，扎实推进省级环保模范城市和省级文明县城创建工作，进一步提升城市管理水平。三是积极构建“美丽乡村”。构建以县城为龙头、城镇为带动、新农村为支撑的“一体两翼”发展格局。打造一批规划科学、建设精美、生活舒适、安居乐业的特色集镇和中心村。

（六）抓好生态文明，加快绿色发展。一是持续构建绿色生态屏障。按照全县“1121”林业生态建设布局，巩固林业生态建设年成果，推进“一廊三点四区五纵”林业生态修复工程，完成5907公顷营造林任务，建设30万平方米的黄河湿地公园，完成3万平方米的县城绿化提质改造工程，打造多层次、多样性、多功能的绿色生态屏障。二是扎实抓好环境综合治理。全面完成大气污染防治、水污染防治2016年行动计划，落实国家“土十条”政策措施，严厉打击环境违法行为，有效保护生态环境。三是促进资源节约高效利用。坚守耕地“红线”，清理利用闲置土地，确保占补平衡。落实最严格水资源管理制度，守好“三条红线”。认真开展污水处理费征缴工作。开展矿山地质环境治理，提高矿产资源开采回采率、选矿回收率和综合利用率。推进节约型机关建设，倡导绿色、健康、文明的生活方式和消费模式。四是积极推进供给侧结构性改革。全面落实“三去一降一补”五项重点任务，按步骤推进化解过剩产能和淘汰落后产能，结合棚户区和旧城改造、保障房建设，积极化解商品房库存；继续落实省市减负促稳的政策措施，积极防范金融风险，降低企业运营成本；尽快补齐制约发展的创新、民生、文化、生态短板，形成消费和供给良性互动、需求和产业发展协同共进的格局。

新常态蕴含新机遇，新常态要有新作为。让我们紧紧依靠全县人民，砥砺奋进、励精图治、不忘初心，继续前行，为河曲全面脱贫、全面小康，进而建成晋陕蒙黄河三角区经济文化中心而努力奋斗！

加快建设实力雄厚、活力迸发、环境优美、幸福和谐新保德

保德县县长　韩　斌

“十二五”时期，我们认真贯彻落实党的十八大、十八届三中、四中、五中全会精神和习近平总书记系列重要讲话精神，主动适应经济发展新常态，积极应对挑战，奋力攻坚克难，持之以恒稳增长、促改革、调结构、惠民生、防风险，经济运行总体平稳，社会大局和谐稳定，为“十三五”发展奠定了坚实基础。

一、“十三五”时期经济社会发展的总体思路和主要目标

“十三五”是我县全面建成小康社会的决胜期，是全面深化改革的攻坚期，更是推进结构调整和转型发展的关键期。“十三五”时期我县经济社会发展的总体思路是：以党的十八大、十八届三中、四中、五中全会和习近平总书记系列重要讲话精神为指导，遵循中央“四个全面”战略布局和“五大发展”理念，按照省委提出的“一个指引、两手硬”的重大思路和要求，全力推进市委“1661”发展战略和“3659”脱贫攻坚策略，坚持以脱贫攻坚统揽经济社会发展全局，深入实施“1245”发展战略，主动适应引领经济发展新常态，对标前行，苦干实干，圆满实现三年稳定脱贫和五年全面小康奋斗目标，加快建设实力雄厚、活力迸发、环境优美、幸福和谐新保德。

经济社会发展的主要目标是：

（一）建设“富裕保德”。坚持发展第一要务，着力构建现代产业体系，加快脱贫攻坚步伐。到2020年，实现地区生产总值和城乡居民人均收入比2010年翻一番以上，与全省、全市同步建成小康社会。经济发展的平衡性、包容性、可持续性不断增强，人民生活更加幸福。

（二）建设“生态保德”。坚持把绿色发展理念贯穿于发展的全过程、各领域，生态环保机制日益健全，生态建设水平显著提升。到2020年，森林覆盖率达到25%以上，城市生活垃圾无害化处理率达100%，城市污水处理率达100%，水保治理度达到63.1%，万元GDP能耗下降17%，城乡更加宜居宜业。

（三）建设“开放保德”。坚持全域开放理念，主动融入融合，积极对接承接，打造开放开明、创新创造、奋发奋进的热土。资源型经济转型综合配套改革取得重大进展，重点领域和关键环节改革取得决定性成果，对外开放的质量和水平明显提升。

（四）建设“文明保德”。坚持以社会主义核心价值观为引领，加快文化强县建设。到2020年，成功创建“全国县级文明城市”，城乡居民文明程度和道德素质不断提升，公共文化服务体系更加健全，群众文化生活更加健康丰富，人才强县建设取得明显成效。

（五）建设“平安保德”。坚持推进依法治县，全社会法治意识明显增强。全面深化平安创建各项措施，人民群众安全感明显提升。带着感情做好信访工作，群众合理诉求得到最大限度解决。认真落实安全生产责任制，安全生产形势持续向好，社会和谐稳定。

二、2016年工作安排

2016年是全面建成小康社会决胜阶段的开局之年，也是“十三五”规划实施的启动之年，做好今年的工作意义重大。今年全县主要预期指标为：地区生产总值增长6.5%；全社会固定资产投资增长17%，完成142亿元；规模以上工业增加值增长2.5%；社会消费品零售总额增长6%；公共财政预算收入下降4.8%，完成3.7亿元；城镇常住居民人均可支配收入增长7%；农村常住居民人均可支配收入增长7%以上；外贸出口完成238万美元。城镇新增就业人数2200人，登记失业率控制在4.2%以内。居民消费价格涨幅预期控制目标为3%。

为实现上述目标，今年我们将全力抓好五个方面工作：

（一）推进脱贫攻坚，增加农民收入，着力抓好“三农”工作。按照“六个精准”和“五个一批”的要求，确保精准扶贫各项措施落到实处、见到成效。一是完成以

5个50人以下行政村为重点的1195名贫困人口易地搬迁任务；二是鼓励贫困农民因地制宜发展种养加等富民产业，多措并举实现4500人稳定脱贫；三是完成1000名贫困劳动力的转移就业培训和新型职业农民培育；四是争取发放5万元以下无抵押贷款2000万元，支持贫困户的生产发展；五是争取完成8个贫困村的光伏扶贫项目，60个贫困户的电商扶贫项目，3个村的旅游扶贫项目和彩票公益金扶贫项目；六是支持贫困群众参与生态治理，帮助150名贫困群众提高劳务收入或就地转化为护林员；七是对因病因灾返贫和丧失劳动能力的贫困人口，通过政策兜底实现1091人脱贫。

调整优化农业产业结构。立足资源优势，大力发展“两红”、小杂粮、畜禽养殖、蔬菜四大主导产业和农副产品深加工、互联网营销、劳务输出、“第六产业”等四大潜力产业，推进农业产业优化升级。做大做强羊产业，积极扶持养牛、养猪和特色养殖业，建设规模养殖场区10个、发展科技养殖示范户20户。深挖设施农业潜力，使温室大棚真正成为农民的聚宝盆。持续打造6667公顷优质红枣基地，全力推进农产品深加工项目，积极推动恒胜公司果醋生产线上马、“贡枣液”酒进入市场，龙头企业销售收入达到4亿元以上。坚守耕地红线，确保全县农作物播种面积稳定在2.3万公顷以上。积极培育新型农业经营主体，新增8个专业合作社、3个家庭农场，促进农业规模化、集约化经营。发展富硒产品、油用牡丹、藜麦等特色高档农产品和采摘园、林下经济、乡村旅游、农家乐等现代农业新业态，多渠道增加农民收入。

*(二)深化供给侧结构改革，推进产业升级，着力夯实经济发展基础。*扎实推进项目建设。全面推进85项省、市、县重点工程，确保完成年度投资101亿元。完成项目储备1455亿元，签约95亿元，落地56亿元，开工43亿元，建设41.78亿元，投产52亿元。新开工10亿元以上产业项目2个、5亿元以上项目3个、3亿元以上项目4个。巩固提升煤炭产业。围绕“去产能”严控增量、主动减量、优化存量，着力推动煤炭企业脱困转型。抢抓我省建设晋北大型煤电基地的政策机遇，支持煤转电、煤转化产业发展，推进晋能保德2×660兆瓦低热值煤发电项目建设，走资源转化、综合利用、循环发展之路。培育壮大新兴产业。加快保德区块煤层气的深度开发与综合利用，推动资源优势向经济优势转变，使煤层气成为推动我县经济持续前进的战略性支柱产业。重点推进中石油12亿立方米产能建设项目、国新能源120兆瓦热电联产项目和10个LNG、CNG加气站项目，开工建设热电联产项目供气专线和煤层气联络线输气管道工程，积极推动杨家湾50万立方米煤层气液化项目、唐子梁煤层气液化项目。加快发展现代服务业。立足打造“保府城市圈”，制定出台加快服务业发展政策，推动服务业发展提速、比重提高、水平提升。积极发展电子商务产业，规范发展房地产业，大力发展健康养老产业，大力开发批零住餐、家政服务等各类专业市场，为经济社会发展提供新的支撑和保障。

*(三)统筹城乡发展，加强基础设施建设，着力提升新型城镇化水平。*推进城市人居环境改善。加大城市建设力度，推进城市道路、水气热管网、电力通信、防洪排涝等基础设施建设，全面推进“五城联创”，启动智慧城市建设。推进农村人居环境改善，全力推动卫生创建活动向有条件的乡镇、农村延伸，持续开展农村环境卫生综合整治。推进采煤沉陷区治理，努力完成2015年7个村的建设任务，启动实施2016年11个村的搬迁安置工作，积极发展相关配套产业，确保沉陷区群众搬得出、住得稳、生活好、能致富。加强生态文明建设。完成营造林2039公顷。进一步加强大气污染防治，落实最严格水资源管理制度，加强土壤环境监测和农业面源污染防治，积极发展循环工业。积极倡导绿色低碳、文明健康的生活方式，提高全社会生态文明意识。

*(四)坚持改革开放，着力引深“三大突破”，不断激发经济增长的动力和活力。*全面深化改革。扎实推进转型综改试验区建设，科学制定“十三五”综改试验规划和2016年行动计划。积极推进扩权强县改革，全面加强与省市的对接合作，争取在改革授权、试点布局、重要基地、产业项目等方面给予更多支持。加快投融资体制改革，大力推广政府与社会资本投资合作(PPP)建设模式。统筹推进财税体制、土地管理、工商登记、不动产登记、国有林场、农村集体建设用地和宅基地确权、农村土地承包经营权确权登记、土地流转、事业单位分类改革等工作，着力破解制约发展的瓶颈要素。扩大对外开放。逐步融入黄河几字湾战略经济区和晋陕蒙金三角经济区。围绕我县产业结构调整，坚持“抓大放小”，开展精准招商，争取在风电、光伏发电、沿黄外环线、煤层气利用等重点领域和项目上取得新突破。推进金融创新。引导各类金融机构创新小额贷款产品，推动设立融资性担保公司，开展慧融村镇银行商户联盟试点，加大对中小企业和扶贫开发的支持。鼓励企业直接上市融资，引导红源果枣等有条件的企业在全国“新三板”挂牌。强化科技引领。大力推广西府海棠公司自主研发果酒除醇国家专利技术的成功经验，围绕煤炭固废综合利用、农副产品深加工等特色产业和新兴产业，积极对接科研院所，培育一批具有创新能力的企业技术中心。振兴民营经济。进一步减费让利，不断提升企业的盈利空间和发展后劲。支持民间资本以多种方式进入非煤领域和新兴产业，鼓励

民营企业参与重大基础设施建设。

（五）加大投入力度，实施民生工程，着力保障和改善民生。稳定扩大就业创业，全面落实就业再就业各项政策。完善社会保障体系，全力做好养老保险、医疗保险、城乡低保、农村五保等各类社会保障工作。继续加大保障性住房供应，开工建设棚户区改造400户，基本建成各类续建保障房668套，改造农村危房55户，逐步改善低收入人群和困难家庭的住房条件。加快教育事业发展。大力发展学前教育，均衡发展义务教育，大力推进改薄工程，启动79个教学点改扩建工程，加快林遮峪中学、韩家川中心校综合楼建设。加快普通高中教育和职业教育融通，推动实训基地的企业化运作。提高人民健康水平。深化医药卫生体制改革，加强基层医疗设施和人才队伍建设，整合乡村医疗服务机构，推进优质医疗资源下沉。推动文化繁荣发展。以创建省级文明县城为载体，大力弘扬法治文化、红色文化和地域文化，积极凝聚传播正能量，加快公共文化基础设施建设，争取文化活动中心、职工培训中心、党校教学大楼年内投入使用，推动保德民歌、二人台等非物质文化遗产的保护、传承和发展。不断提升保德文化软实力。

新的形势孕育新的希望，新的目标指引新的征程。我们将以坚定不移的信念、百折不挠的决心、昂扬向上的斗志，夙夜在公、勤勉工作，锐意进取、真抓实干，为全面建成小康社会，为加快建设实力雄厚、活力迸发、环境优美、幸福和谐新保德做出新的更大的贡献！

以脱贫攻坚统揽全局　全面建成小康社会

偏关县县长　**曲俊安**

“十二五”时期是我县发展史上极不平凡的五年，五年来，面对经济总量不足、发展基础薄弱、脱贫任务艰巨的落后县情，面对艰巨繁重的改革发展稳定任务，面对复杂多变的经济环境和反腐倡廉的严峻形势，我们团结带领全县人民，深入学习贯彻党的十八大、十八届三中、四中、五中全会和习近平总书记系列重要讲话精神，创新苦干、砥砺奋进，主动适应经济发展新常态，全力实施“双五”发展战略，经济社会发展取得明显成效。

一、“十三五”时期工作的指导思想和目标任务

“十三五”时期，是偏关经济社会承前启后、实现跨越发展的关键时期，是培植后发优势、奋力后发赶超的重要加速期，是打赢脱贫攻坚战、全面建成小康社会的决战决胜期。既有严峻考验，更逢发展机遇。我县“十三五”发展的指导思想是：深入贯彻党的十八大及十八届三中、四中和五中全会精神，遵循“四个全面”战略布局和“五大发展理念”，按照省委“一个指引、两个关键、两手硬”总要求，全面落实市委“1661”发展战略，按照制定的“十三五”规划纲要，以脱贫攻坚统揽全局，坚持项目强财、产业富民、特色兴城、旅游活县、实事惠民“五大战略”不动摇，对标前行，苦干实干，全面推进经济社会发展各项建设；坚持严实并举抓党建，提升完善党员素质提起来、党员作用强起来、党内生活严起来、基层组织实起来、党的旗帜飘起来“五个起来”工程，为2020年全面建成小康新偏关这一大目标提供强大动力和坚强保障。

“十三五”时期经济社会发展的主要预期目标是：到“十三五”末，力争全县生产总值年均增长7%以上，固定资产投资年均增长17%左右，财政收入年均增长7%以上，公共预算收入年均增长6%以上，规模以上工业增加值年均增长7%左右，社会消费品零售总额年均增长7%以上，城镇常住居民人均可支配收入年均增长7%左右，农村常住居民人均可支配收入年均增长7%以上，城镇登记失业率控制在4.2%以内。其他各项约束性指标严格控制在省市下达的目标任务之内。实现全县综合实力得到显著增强，经济转型升级取得重大进展，城乡区域发展实现统筹推进，群众生活质量得到全面提高，社会环境保持和谐稳定的目标。

二、“十三五”期间要重点在以下六个方面实现新的突破

（一）着力推进脱贫攻坚，在共享发展上实现新突破。坚持把脱贫攻坚作为“十三五”时期的头等大事和第一民生工程，统揽经济社会发展全局。以实施"12895"脱贫攻坚策略为抓手，以持续增加贫困人口收入为核心，坚持"六个精准""五个一批"要求，全面落实党的各项扶贫政策，加大财政扶贫资金投入力度，统筹各类项目实施和资金使用，举全县之力、聚全民之智，强力推进大扶贫战略，精心实施好九项脱贫攻坚工程。对有劳动能力的支持发展特色产业和转移就业，实现8387名贫困人口脱贫致富；对生存环境恶劣、自然灾害频发、"一方水土养育不了一方人"的山庄窝铺实施扶贫搬迁，完成1774名贫困人口搬迁任务；对三北防护林区、京津风沙源治理区和其他生态脆弱区的贫困群众，实施生态补偿政策，安排有劳动能力的贫困人口就地转成护林员等生态保护人员，同时继续实施退耕还林还草政策，提高补助标准、延长补助年限，为416名贫困群众开辟新的增收脱贫途径；对建档立卡贫困家庭学生实施教育救助，实现中职、高职和大学（二本以上）教育救助全覆盖，阻断贫困代际传递，扶持3494名贫困人口脱贫；对因病、因灾致贫返贫的群众及时给予有效救助，对丧失劳动能力的贫困人口纳入社会保障体系，实行政策兜底脱贫。通过政策兜底，完成3840名贫困人口脱贫任务。确保到2019年，全县10个乡镇91个贫困村整体脱贫，9867户、25472名贫困人口做到"两不愁、三保障"。

（二）着力推进三产融合，在创新发展上实现新突破。千方百计做强工业支柱产业。在确保黄万公司水电、华能风电、晋电化工等骨干企业正常运行的基础上，立足资源、产业和区位优势，以煤为基多元发展，强势推进偏关县煤电循环经济产业集聚带（区）建设，加快发展已落地的21个煤炭物流项目和华电偏关2×110万千瓦火电项目，打造产业集聚优势，力争到"十三五"期末，把偏关建成晋北地区重要的煤电新基地。积极发展风电、太阳能发电等绿色能源产业，重点推进已签订框架协议，总装机278.6万千瓦的4个风电项目和21个光电项目。以云峰制砖，广盛恒涂料等企业为依托，推进对煤矸石、粉煤灰和冶金废渣的综合利用，打造一批新型建材企业，着力构建系列化、多元化的新型建材产品体系。力争到"十三五"期末，新型建材产业实现工业总产值1亿元。

千方百计发展特色高效农业。依托自然资源禀赋，围绕绿色做文章，围绕特色谋发展，巩固和增强农业基础地位。推广小杂粮种植、发展设施农业、扩大经济林面积、发展舍饲养殖、培植农业龙头企业，加速农业产业化进程。围绕做优做强"杂粮之县"品牌，扩大杂粮种植面积，优化品种，提高单产，不断提高综合生产能力，使我县以"一薯（马铃薯）、三麦（莜麦、荞麦、藜麦）、三米（小米、黄米、糜米）、四豆（豇豆、绿豆、豌豆、红芸豆）"为代表的耐旱抗旱型杂粮种植总面积保持在2万公顷以上。同时，注重引进新品种，在试种成功的基础上积极推广油用牡丹、万寿菊、藜麦、"363"葵花等优质品种的种植。利用好小米、羊肉两种农产品取得国家地理标志产品认证的优势，放大品牌效应。围绕特色做文章，大力发展绿色农业和设施农业，加速农业产业化进程。抓好以老营为中心辐射关河沿线的日光节能温室反季节蔬菜基地建设，打造全市设施农业示范县。通过科技创新和品种改良，在窑头、陈家营、新关、天峰坪、老营等乡镇建成以反季节蔬菜、优特水果为主的万亩瓜菜水果基地和南北两山旱地日光节能温室集雨微灌生产基地。"十三五"期间，全县以温室大棚为主的设施瓜果蔬菜面积要发展到2000公顷以上。大力推进以舍饲养殖为主的规模健康养殖业。通过基地推动，龙头带动，科技促进，推进舍饲养殖走科学化、健康化、规模化发展之路。力争"十三五"末羊发展到120万只，新建标准化养殖小区25个，规模养殖场30个，畜牧业纯收入达到3.6亿元，农民人均牧业纯收入4300元以上，使以舍饲养殖为主的生态畜牧业真正成为农民稳定脱贫的主导产业。壮大林果增收产业。建立专业化优种苗木繁育基地，推广优质高产、绿色安全的综合集成栽培技术，发展干鲜果"一村一品"专业村，相应培育"一品一社"专业合作社，提高组织化、标准化、品牌化生产经营水平。结合4万亩经济林大面积挂果的实际，加强贮藏保鲜设施建设，培育果品加工企业，建立产地批发市场，延伸产业链条，实现增值增收。

千方百计搞活文化旅游产业。坚持多元开发、点面开花的原则，全面加快旅游开发步伐，通过整合开发乡村旅游资源，发展乡村旅游，打造精品旅游线路，形成"一心两区四点五线"（即旅游集散服务中心，长城古堡、黄河风情两个特色旅游区，万家寨、老营、水泉、桦林堡四个旅游补给景点，经典观光、徒步穿越、黄河漂流、水上观光、自驾游览五条旅游线）的精品旅游格局。同时，加强文化旅游宣传，不断提升偏关旅游知名度。

（三）着力推进城乡建设，在协调发展上实现新突破。坚持"做优县城、做特城镇、做美乡村"，以县城为龙头，万家寨、天峰坪、水泉等旅游特色乡镇为支撑，新关、窑头、陈家营等集镇为纽带，老营、楼沟、南堡子、尚峪等传统农业种植片区为基础，明确城镇功能分区，优化空间布局，促进城乡融合发展，推动特色新型城镇化，全力构建县城带动、城乡互动、区域联动的发展格局。坚持突出古关古韵特色，完善功能、拉大框架、提升品位，主动融入晋西北中部城镇群。依托老城、东拓南进、北优西调，进一步打造西山、塔梁生态文化景观带，优化黄河路、护宁路、关河路、万佛路、长城路、龙华街、文笔街、古城大街八条城市发展主轴线，拓展新城区，改造旧城区，配套完善市政设施，力争打造布局合理、功能完善、景观优美的特色新城。有序推进小城镇建设，增强中心城区与小城镇的经济纽带联系，实现优势互补，共同发展。加快推进中心村建设，加强农村道路、电网、安全饮用水等基础设施建设，深入推进环境整治，全面改善农村生产生活条件，努力打造农民幸福生活美好家园，实现美好乡村建设由“以点为主”向“由点带面”战略转换。树立协调发展理念，充分发挥县城集聚效应、小城镇带动效应，有序引导人口、产业向县城和城镇集中，构建要素有序自由流动、主体功能约束有效、基本公共服务均等、资源环境可承载的协调发展新格局，到2020年全县城镇化率达到55%以上。

（四）着力推进生态建设，在绿色发展上实现新突破。实施生态立县工程，牢固树立“绿水青山就是金山银山”的理念，全面推进生态文明建设。按照生态建设产业化、产业发展生态化的思路，坚持增绿增收并重、造林造景并举、绿化美化并行，继续深入推进造林绿化工程，创建“省级造林绿化示范县”，重点实施好天然林保护、退耕还林、京津风沙源治理、三北防护林等重点林业工程，力争“十三五”末，全县新增造林面积2万公顷，森林覆盖率达到22.45%。加强水资源管理和保护，实施最严格用水总量控制、用水效率控制、水功能区限制纳污“三条红线”制度，限制开采地下水。坚持保护为先，加快偏关河、县川河、杨家川河等重点流域的综合治理与生态修复，改善流域生态环境。加强水污染防治，推进工业企业污水深度处理，加快城镇生活污水处理厂扩容提质和中水回用。调整建设用地结构，推进城镇低效用地再开发和工矿废弃土地复垦，严格控制农村集体建设用地规模。积极倡导绿色生活方式、大力推动循环低碳发展，全面处理好生产、生活、生态的关系，促进生产空间集约高效、生活空间宜居适度、生态空间山清水秀。

（五）着力推进社会事业，在和谐发展上实现新突破。坚持教育优先发展，实现学前教育全面普及、义务教育优质均衡、高中教育提质升位、职业教育创新发展，形成“体系完整、布局合理、发展协调、人民满意”的教育发展新格局。以扩大社会保险覆盖面、提高保障水平为重点，完善城乡居民社会养老保险制度，到2020年，城乡基本社会保险覆盖率达100%。大力推进“大众创业、万众创新”，加快建立统筹城乡的就业服务体系，完善创新创业孵化服务体系和政策支撑体系，进一步扩大创业融资支持，推动以创业促进重点人群就业。扎实推进保障性安居工程、危房改造工程，深入开展农村人居环境综合整治。优化城乡医疗卫生资源配置，深化公立医院改革，构建广覆盖、多层次、多元化医疗卫生服务体系。深化公共文化服务体系创建，实施文化精品工程和文化惠民工程，打造偏关民间艺术瑰宝。启用数字发射高山台站，建设全民健身中心，进一步丰富群众文化生活。全面推进农村公共文化服务设施硬件达标，争取“十三五”末全县公益文化设施达标率达到100%。大力弘扬双拥工作传统，争创第八次全省双拥模范县。抓好安全生产，认真落实“4438”工作机制，狠抓安全责任和措施的落实，努力实现“八个零”的工作目标。加强社会治安综合治理，深入实施“六六创安”工程，全面深化平安偏关建设。

（六）着力推进改革创新，在开放发展上实现新突破。牢固树立开放发展理念，以开放倒逼改革，深入落实国家及省市全面深化改革各项决策部署。深入推进供给侧结构性改革，狠抓“三去一降一补”任务落实。深化生态文明体制、行政审批、商事制度、投融资体制、财政金融体制、农村土地确权等改革，使市场主体更具创造力，县域经济更具竞争力。进一步转变政府职能，持续推进简政放权、放管结合、优化服务，提高政府效能。深化商事制度改革，加快与全省投资项目在线审批监管平台的联通。全面推进司法、社会治理、教科文卫等体制改革，切实增进人民福祉。加强社会信用体系建设，规范中介组织发展，严厉打击商业欺诈和非法传销行为。深化财税体制改革，实施全面规范、公开透明的预算制度，完善政府预算体系，强化预算公开、执行、监督和管理。积极推广政府和社会资本合作(PPP)模式，鼓励和引导社会资本参与基础设施和公用事业建设运营，加快形成政府购买市政服务的运营方式。深化农村集体产权制度改革，完成土地、林权等农村资源性资产确权登记颁证工作。

“十三五”的规划和建设关系偏关位次进退，关系偏关未来发展，关系偏关民生福祉，我们要不负重托、勇于担当、创新苦干，使“十三五”成为偏关发展史上的里程碑。

开放引领　创新驱动
努力实现忻州经济开发区“十三五”新突破新跨越

忻州经济技术开发区管委会主任　**刘婷芳**

“十三五”时期是全面建成小康社会决胜阶段，是仍处于可以大有作为的重要战略机遇期。在这一时期，忻州经济开发区管委会将深入贯彻党的十八届五中全会和省委十届七次全会精神，全面推进创新发展、协调发展、绿色发展、开放发展、共享发展、廉洁和安全发展，更好地发挥开发区对全市经济发展的引领、示范、辐射和带动作用，为全市转型跨越发展做出积极的贡献。

一、发展目标

到“十三五”末，忻州经济开发区地区生产总值达到160亿元，年均增长13.8%。总用地面积达到1631.52公顷，其中建设用地面积1527.06公顷。开发区人口规模达到5万人。

二、总体思路

适应中国经济新常态，坚持新型工业化和新型城镇化双轮驱动，实施创新驱动、开发合作和新城建设三大策略，打造“132”产业集群，强化社会事业和生态文明两项统筹，将开发区建成全市新型产业承载地、创新资源集聚地、对外开放的桥头堡、改革创新的试验田，打造全市新型工业化与新型城镇化融合发展的核心载体，树立全省转型发展新标杆。

三、产业定位

坚持“存量提升、增量优化”，以科技创新为引领，布局战略性新兴产业，改造提升传统产业，大力发展新兴服务业态，打造以先进储能为主打品牌，装备制造、节能环保和新材料为战略支柱，农产品电商和健康旅游等现代服务业为支撑的“132”产业集群，推动产业结构战略性调整，引领全市产业转型升级、培育新的经济增长点。

（一）储能产业。以国家能源政策为导向，基于智能电网建设和城乡电网改造需求，依托山西中科忻能科技有限公司年产10亿AH（安培小时）高性能镁基电池项目，布局锂离子电池和镁离子电池领域的示范应用和产业化项目，重点关注液流电池、钠硫电池、铅炭电池等其他技术路线最新进展和介入机会，建立国内领先的动力与储能电池产业技术创新体系，建设具有全国影响力的储能示范应用和产业化基地。

（二）装备制造产业。以“凸出优势、高端切入、换芯升级、培育新兴”为导向，对接周边区域市场需求，以存量提升和增量优化为出发点，重点发展智能装备和电力设备两大领域，提升智能型、特色型装备领域产业化能力，推动成套化、信息化、智能化发展，打造山西省领先的装备产业制造集聚区。

（三）节能环保产业。坚持“需求拉动、创新驱动、重点突破、模式创新”，对接循环经济和低碳经济需求，以节能环保重点工程为抓手，以提高技术装备、产品、服务水平为重点，引进和培育一批余热余压利用、大气污染控制、固废综合利用等领域高水平企业，打造中部地区特色鲜明的节能环保产业高地。

（四）新材料产业。挖掘忻州本地资源优势，通过传统材料调整与新材料发展的相互融合渗透，引导新材料产业向开发区集中，形成以金属新材料为特色，以生态建筑材料和化工新材料为支撑的产业格局，建成具有全国影响力的新材料产业化基地。

（五）农产品电商产业。挖掘忻州小杂粮品质优势，以线上加线下，虚拟加实体的模式，立足山西，面向全国，面向农户、农业生产企业、农产品消费集团、农产品加工企业等服务对象，集聚国内平台型农业龙头企业，构建以小杂粮交易为核心的农畜产品生产、加工、交易全链条，打造国内小杂粮现货交易平台，建设全国重要的小杂粮深加工基地和交易中心。

（六）健康旅游产业。以“医疗护理、疾病与健康、康复与修养”为主题，推进旅游产业与健康产业跨界融合，依托忻州市丰富的旅游资源和五台山品牌效应，引进国际高端医疗服务机构，强化旅游基础设施建设，发展旅游地产，打造文化传承、养生体验、健康管理、学术交流、种植观赏、科普教育等多维共生的产业体系，打造国内佛教文化特色健康旅游基地。

四、发展战略

（一）创新驱动策略。围绕开发区“132”产业创新需求，集聚多元化创新主体，建设创新创业载体，搭建创新服务平台，引进培育各类人才，推进科技与金融结合，构建开发区创新服务体系。

1. 引导企业建立科技研发机构。鼓励企业设立科技研发机构，支持美新、长城钨钼等开发区及市内有条件的企业在开发区独自设立或与大学院校联合组建科技研发机构。支持企业申报国家、省市高新技术企业、火炬计划重点高新技术企业等，并推动省级创新型企业升级为国家级。对企业创新活动和成果予以奖励，制定《忻州经济开发区鼓励企业设立科技研究开发机构实施办法》，设立企业技术研发中心创新奖，对企业在科技、管理、品牌及商业模式创新等方面取得突出成绩或具有较大发展潜力的项目进行奖励扶持。

2. 建设三级创业孵化载体。加快建设“孵化器——加速器——专业园”三级孵化载体。加强孵化器建设，改造提升开发区项目孵化基地，办好“中关村e谷·忻州市大学生创业园”。设立创业孵化专项资金，对孵化器与在孵企业联合申报重大科技项目的给予经费补助。规划建设一批科技企业加速器，面向全市高成长企业提供专业研发、规模融资等发展型服务。规划建设先进储能、装备制造、节能环保、新材料等重点产业领域专业园，提供商务服务、信息服务等延伸型服务，形成从预孵化、孵化到加速的全过程载体空间。

3. 建设高水平创新创业人才队伍。拓宽高端人才引进渠道，吸引海外高层次留学归国人员和知名高校毕业生入驻开发区创业。鼓励本地民营企业家创业，成立民营企业家创业投资促进会。与晋商大会、同乡会等建立联络机制，鼓励忻州籍人才回乡创业。建立高技能人才需求目录和人才信息库，引进高素质技能型人才。强化人才培养力度，鼓励企业与高校共建人才基地，推广“订单式”培养模式。依托市重点人才工程、科研和产业等项目，探索“人才＋项目”培养模式。优化人才发展环境，鼓励企业创新激励分配机制，完善住房补贴、子女入学等公共配套条件。

（二）开放合作策略。坚持“高端链接、借势借力、关联嵌入、示范带动”，强化与国内创新高地链接，营造良好的开放合作环境，积极探索与京津高端产业对接模式，争取与东中部地区及太原都市圈合作，打造山西领先的开放合作示范区。

1. 重点引进一批产业化项目。制定产业招商指导目录，围绕国家、山西战略性新兴产业规划，明确产业招商重点，绘制产业招商地图。建立健全招商组织机制，建立扁平化组织结构。实施项目评价筛选机制，组建招商引资项目分析评估专家委员会，明确项目引进环保、安全、行业等标准，对拟招商项目进行筛选评估。规范项目落地工作流程，推动市级协调组织与市建设局、质监局、国税局、地税局等联合组建开发区招商项目落地协调工作小组，建立和市级项目审批相关部门的协调机制，开通重大项目审批落地绿色通道。完善招商引资优惠政策，比照国内先进开发区及周边区域，修订《忻州经济开发区招商引资优惠政策》。

2. 承接京津高端产业资源。借力京津冀一体化，承接京津高端产业资源辐射，将开发区打造成为山西对接京津产业和创新资源的桥头堡。争取省、市政府支持，成立对接京津工作领导小组，建立高层议事机制、联席会议制度等合作机制。立足生态优势，全面梳理京津高端产业资源，重点跟踪行业龙头企业和关键资源，积极筹备项目对接推介洽谈会，实现重点突破和企业快速集聚。以重点产业和共性科技发展需求为着眼点，以重大科技项目为载体，探索京忻长效合作机制。瞄准天津重大项目和名牌企业，主动参与天津高端制造产业项目分工，寻求建立长期产业合作关系。

3. 承接东部沿海产业转移。主动承接长三角、珠三角等东部沿海地区产业转移，重点吸引资本密集、技术密集、基地型、旗舰型项目。积极对接广交会、泛珠三角“9＋2”论坛等平台以及中国投资发展促进会等产业促进组织，综合运用中介代理招商、行业主题招商、投资代建招商等手段，构建面向东部沿海地区的招商网络资源库。主动接洽东部沿海发达地区目标行业的大中型公司，密切关注其扩张计划和决策进展。成立VIP俱乐部，邀请有合作意向的公司决策人员成为VIP会员，定期向其传递开发区的招商信息。加大产业转移政策扶持，对重点引进的产业转移项目优先安排财政专项资金及建设用地指标。

（三）新城建设战略。按照统筹布局、适度超前的原则，加快推进基础设施的现代化、网络化进程，以政府投资为主导，吸引民营资本参与开发区经营性城市基础设施建设，建立功能完善、能够支撑保障经济社会持续健康发展的基础设施配套体系。

1. 构建快速便捷的道路交通体系。完善开发区交通路网建设，以忻州市“7451”工程建设为契机，加强建成区道路提升改造，科学规划新扩区域内道路建设，布局一批主干道，加强开发区与中心城区、周边区县的道路连接，增加主干道周边支路网密度。推进公共交通线路布局，实施公交先行战略，与市相关部门协调新增并优化开发区公交线路，建设覆盖开发区、辐射周边村镇的公共交通网络。建立智慧交通系统，设置拥堵信息平台，及时发布路况信息。建设交通配套基础设施，结合城市道路和商住项目布局，优化开发区停车体系，规划新增公共停车场，鼓励小区、商场、写字楼停车场对外开放，并规定新建建筑设计足够停车位，同时在云中路、七一路等人流量大的路口设置过街天桥等设施。

2. 构建保障有力的能源供应体系。优化电力基础设施，强化建成区电力需求预测和调度管理，推进建成区电力设施提升改造，超前布局新扩区域内的电力设施建设，推广分布式能源应用，加快智能电网建设。推进供热管线全覆盖，加快燃煤锅炉治理，新开工项目必须采用清洁环保型能源供热，严禁单独建设燃煤锅炉房供热。配合新区加快热力管网铺设进度，推动忻州热电联产集中供热二期工程开发区实现全覆盖，推动老旧供热管网改造。加快天然气管网铺设进程，规划建设高压管网，大力实施老旧管网改造，更新处理有安全隐患的焦炉煤气及管线，将区内的民用焦炉气改为天然气。布局天然气加气站，提高清洁能源供给能力。加强城市供水保障，新建和改造供水设施，推动水厂处理工艺升级改造，加强管网更新改造；推进新区输配水管网及供水配套设施建设。

3. 加快建设智慧开发区。加快新一代信息化基础设施建设，升级区内传统网络，加快骨干网建设，实现重点区域光纤到户和无线网络覆盖。统筹推进城乡网络基础设施共建共享，打造宽带、融合、泛在信息通信网络设施，建成覆盖全区的高速宽带信息传输网络。开展新兴网络技术试点应用，加快布局第四代移动通信网络，组织实施三网融合试点和推广，推进物联网技术应用，研究实施数据处理中心、数据采集系统、基础数据库建设。建立电子政务网络与信息安全保障体系，逐步完善安全管理体制。建立应急支援中心和数据灾难备份基础设施，分层次规范和管理信息安全问题。

五、空间布局

（一）“一心”，即现代服务业中心。位于七一路与云中河相交处，作为开发区的形象展示区，现代服务业中心是集城市的文化会展、商务办公和开发区的企业总部办公、商贸中心等为一体的综合性城市功能核。

（二）“一带”，即南云中河生态旅游休闲带。依托南云中河，串联区域旅游资源，打造东至五台山，西至顿村、奇村、双乳湖和云中山风景区，集宗教旅游、休闲度假、生态康体为一体的滨河生态旅游休闲带。

（三）“两轴”，即忻定产业发展轴和忻原产业发展轴。忻定区域产业发展轴依托现有学院北路，向东经过义井乡节能环保产业基地，直达定襄，向西联系忻府区，成为区域间产业合作联系走廊。忻原区域产业发展轴围绕云中路和同蒲铁路，是区域内产业间联系的主要轴线，并向北联系原平。

（四）“五区”：即商务会展区、综合服务区、科技研发创新区、新兴产业发展区和都市生态休闲区。商务会展区。位于七一路以西，面积约为2.32平方千米。衔接《忻州市城市总体规划（2011～2030）》，打造城市文化商务中心，与云中河北侧的行政中心相辅相成。

综合服务区。位于九源街以北、凤栖路以南、七一路以东、云中路以西，面积约为6.88平方千米。改造提升开发区建成区，强化生态居住和生活配套功能，建设高品质住宅小区和城市综合体等高端商贸形态。

科教研发创新区。位于龙翔路以北、云中路以西，北临高速出入口，西连顿村温泉度假区，面积约为3.07平方千米。依托忻州师范学院，承载科技研发、成果转化、创业孵化，以及高端商务、商贸休闲等综合功能。

新兴产业发展区。位于九源街以北、南云中河以南、铁路以东，面积约为7.14平方千米。交通便利，基础条件较好，是开发区“132”产业集群的核心承载体，是忻州市高新技术产业和战略性新兴产业发展的集聚地。

都市生态休闲区。位于铁路以东、云中河以北，面积约为2.61平方千米。依托基本农田发展观光农业、生态农业。依托滨河整治强化休闲游憩功能，打造融都市休闲、旅游度假、文化创意等为一体的生态休闲区。

决胜脱贫攻坚　建成小康社会

吕梁市市长　王立伟

“十三五”期间，是吕梁实现整体脱贫、全面建成小康社会的决胜时期，是全面深化改革、推进经济社会转型发展的加速时期，是实现弊革风清、富民强市的关键时期。市委、市政府团结带领全市干部群众，在正确分析全市经济社会发展形势的基础之上，结合吕梁客观实际，厘清发展思路，明确发展方向，科学规划发展路径和目标，共筑全面建成小康的宏伟蓝图。

一、把握机遇，直面挑战，建树吕梁全面小康之路径

“十三五”期间，全市上下将全面贯彻党的十八大和十八届三中、四中、五中全会精神及习近平总书记系列重要讲话精神，遵循中央“四个全面”战略布局和省委“六大发展”战略部署，按照“新布局、新发展、新形象”总体要求，围绕全面建成小康社会目标，将脱贫攻坚作为经济社会发展的主战场，以持续增加贫困人口收入为核心任务，加快产业结构调整和转型，为脱贫攻坚提供产业支撑；加快科技、教育、文化、卫生等社会事业发展，为脱贫攻坚提供民生保障；全面加强党的建设和政府自身建设，为脱贫攻坚提供组织保证，协调推进经济、政治、文化、社会、生态文明建设，努力建设弊革风清、富裕和谐的幸福吕梁。

（一）新布局，围绕脱贫攻坚主题谋篇布局。打破行政区域限制，按照区位优势、产业基础、贫困程度，统筹考虑、联动推进、重点突破。平川四县市利用区位优势，主动融入太原都市圈，打造全市经济先行发展区，先期脱贫，率先发展；中部四县区依托资源优势，打造传统产业转型升级区，尽早脱贫，加快发展；北部四县发挥煤电铝一体化比较优势，打造新兴产业集聚区，如期脱贫，赶超发展；石楼县利用绿色生态资源优势，打造特色农业区，确保脱贫，稳步发展。

（二）新发展，基于全新布局实现质的飞跃。在重新布局的基础上，努力使全市发展水平和发展阶段迈上一个新台阶。发展目标，全市每年平均至少减贫10万人以上，如期实现区域整体脱贫，与全省同步迈入全面小康社会；发展重点，彻底解决事关群众脱贫致富的主导产业、基础设施、民生保障、文化事业、生态环境等方面的突出问题；发展速度，确保经济平稳较快增长，力争达到中高速增长；发展质量，扶贫要效果精准、产业要优化提质、保障要应保尽保、增收要实惠实在。经过五年奋力拼搏，彻底甩掉贫困落后的帽子，全市经济社会综合实力实现质的飞跃。

（三）新形象，实现新布局新发展的先决条件。新布局、新发展，需要全市人民凝心聚力、团结拼搏，努力在脱贫攻坚主战场和全面建成小康的征程中实现新作为，充分展示出敢于担当、创先争优、为民务实、勤政廉政的吕梁干部新形象，展示出勤劳智慧、自强不息、乐观向上、文明开放的吕梁人民新形象，展示出政治清明、经济繁荣、社会和谐、充满活力的吕梁发展新形象。

二、弊革风清，富裕和谐，描绘吕梁全面小康之蓝图

“十三五”时期，按照“新布局、新发展、新形象”总体要求，全市将重点抓好发展动力转换、如期实现脱贫、产业结构调整、市域一体发展、城乡统筹发展和提升保障能力六个具有全局和长远意义的关键问题，将其贯穿于各项工作之中，力争五年之后，将吕梁建设成为综合实力再上台阶、人民生活更加殷实、社会事业全面进步、改革创新取得突破、生态环境明显改善、民主法治有序推进的富民强市，实现建成全面小康的美好愿景。

（一）整体脱贫如期实现。全面贯彻中央和省委“六个精准”和“五个一批”扶贫工作总方针，以脱贫攻坚统揽经济社会发展全局，构建大扶贫工作新格局，举全市之力打赢脱贫攻坚战。

文水、汾阳和孝义三个非贫困县市2017年率先实现贫困人口全部脱贫，方山、柳林县摘帽；2018年离石、交口、中阳和交城四个贫困县区摘帽，2019年岚县、石楼、兴县和临县四个贫困县摘帽，2020年，贫困人口全部脱贫。到“十三五”末，全市稳定实现农村贫困人口不愁吃、不愁穿，做到义务教育、基本医疗、住房安全有保障；实现贫困农民人均可支配收入增幅高于全市平均水平，基本公共服务主要领域指标接近全市平均水平。

（二）发展动力加速转换。在继续充分发挥投资、消费、出口在经济下行压力下对保持资源型经济地区经济增长的关键作用、基础作用、促进作用的同时，加快科技经创新、金融振兴、民营经济发展“三大突破”，稳步实现发展动力转换，提高发展的质量和效益。

发挥科技创新对经济增长的引领作用。到2020年，基本建成创新驱动发展的体制机制，初步建成要素齐全、布局合理、功能完善、开放合作的区域创新体系；全市科技型中小企业达到1000家，创新型企业达到100家，规模以上高新技术产业增加值达到90亿元以上，科技进步对经济增长贡献率达到60%以上。

发挥民营经济对经济增长的突破作用。以“小升规”“小巨人”企业培育为重点，继续实施民营企业培育“三项工程”。“十三五”期间，新创小微企业1万户，培育规模企业150户、“小巨人”企业100户，民营经济增加值占地区生产总值的比重达到全省平均水平。

发挥金融振兴对经济增长的支撑作用。加快金融创新，做大做强银行业，发展新兴金融机构，优化发展保险业，推动金融振兴，力争到“十三五”末，全市社会融资规模比2014年增长60%。

（三）现代产业体系基本形成。推进资源深度转化，加快产业多元化，着力构建现代产业体系，不断增强发展的活力和后劲。

传统产业提质升级。加大煤炭、焦炭、冶金、水泥等传统优势产业技术改造力度，加快淘汰落后和过剩产能，促进初级产品、低附加值产品和低技术含量产品向精深加工产品、高附加值产品和高技术含量产品转换，促进传统优势产业在“十三五”期间实现新的发展，全面提升综合竞争力。

优势产业发展壮大。加快“煤电一体化”开发，力争“十三五”末全市燃煤电力总装机达到1900万千瓦，实现“煤炭大市”向“电力大市”转变；实施“煤电铝材一体化”发展战略，力争在“十三五”期间将吕梁基本建成全国重要的铝工业基地，打造成为全省乃至全国知名的轻合金生产基地；依托汾酒集团，以杏花村就业集中发展区为基地，构建高、中、低立体清香型白酒产业格局，力争在“十三五”末形成30万吨白酒产能，建成全国最大的清香型白酒生产基地。

现代农业成效显著。围绕“3844”战略部署，打造特色优势农产品加工业，带动特色农业基地建设，形成基地为主、园区引领、粮经饲统筹、农林牧结合、种养加一体、一二三产业融合的产业化发展的新格局，力争到2020年全市农业产业化水平处于全省前列。

现代服务业繁荣发展。彰显“山河多娇、英雄吕梁”形象，全力打造“一核二擎一环四带”的旅游新格局，把旅游业培育成为新兴支柱产业。按照“一核两翼两带”的物流空间布局，将物流业打造成为全市重要的支柱性产业之一，物流业增加值实现在“十二五”末基础上实现翻一番。按照“一主轴、六节点、三网络”布局，建设以零售商业、餐饮业、专业市场为主体的现代商贸体系，将吕梁打造成为山西西部现代商贸中心。

新兴产业加快培育。顺应产业与技术变革新趋势，提升自主创新能力，着力发展新一代信息技术、现代装备制造、新材料、新能源、现代煤化工、节能环保等新兴产业。

（四）发展更加趋于协调。牢固树立协调发展理念，实现均衡发展，不断增强发展的整体性和平衡性。

区域协调发展。按照轴心辐射带动、区域重点开发、能矿点状布局、错位互补发展的原则，遵循主体功能区总体要求，加快要素有序自由流动，形成各县（市、区）竞相发展的新格局。力争到2020年，区域生产力布局进一步合理，专业化分工和协作更加明显，县域经济差距进一步缩小。

城乡协调发展。强化城乡总体规划先导作用，按照“中心城区——县城（县级市）——重点镇”三个层次，统筹城乡设施、产业、人口布局。到“十三五”末力争创建国家园林城市、智慧城市、海绵城市，全市新型城镇化水平和质量稳步提升，城镇基础设施基本完备，市政公用服务水平达到全省平均水平，基本形成“体制统一、规划统筹、资源共享、利益共得”的城乡一体化发展新格局。

物质文明与精神文明协调发展。坚持中国特色社会主义文化发展道路，着力推进社会主义核心价值观建设、大力发展文化事业，加快文化产业转型升级，推动文化产业成为国民经济支柱性产业，实现物质文明和精神文明协调发展。

（五）民生领域大为改善。坚持民生优先，补短板、兜底线、促公平，使全市人民共同迈进全面小康社会。

就业创业稳步增加。深入实施就业优先战略，全面落实就业创业扶持政策，实现经济增长和扩大就业联动发展，确保社会就业充分。五年内累计新增就业岗位25万人以上，城镇失业登记率控制在4.2%以下。

居民收入持续增长。深化收入分配制度改革，坚持居民收入增长和经济发展同步。到2020年，实现城乡居民人均收入比2010年翻一番，城镇和农村人均可支配收入分别达到8.1%和8%。

全民健康实现公平。深化医药卫生体制改革，推进医疗卫生服务重心下移和资源下沉，进一步提高基本医疗卫生服务的公平性。到2020年，建立覆盖城乡的基本医疗卫生制度，努力实现人人享有基本医疗卫生服务，基本实现全民健康公平。

教育水平全面提高。推动各级各类教育协调发展，全面提高教育教学质量，加快推进教育现代化进程。“十三五”末，建立覆盖城乡的学前教育公共服务体系，基本普及高中阶段教育，构建具有吕梁特色的现代职业教育体系。

社会保障日趋完善。完善社会保险制度，实施全民参保计划，基本实现法定人员全覆盖；建立购租并举的住房制度，以保障性安居工程建设、棚户区和城中村改造为抓手，解决城镇贫困家庭、农业转移人口和新就业大中专毕业生居住问题；构建“居家养老为基础、社区养老为依托、机构养老为支撑”的城乡居民养老格局，实现城乡养老服务一体化。到“十三五”末，基本建成全面覆盖城乡居民的社会保障体系。

生态环境更加宜居。持续实施大气、水、土壤污染防治三大行动计划，推进山水林田湖等生态保护和修复工程，促进资源节约高效利用，力争到“十三五”末，实现空气和水环境质量总体改善，土壤污染趋势得到有效控制，生态修复治理初见成效，环境安全得到基本保障，生态环境保护水平与全面建成小康社会基本适应。

（六）改革开放全面深化。向深化改革要动力，向扩大开放要空间，为发展提供持续动力。

改革落地见效。以转型综改实验区建设为统领，将综改工作向纵深推进，创造可复制、可推广的典型经验和模式，为资源型经济转型提供有力支撑；引深重点领域和关键环节改革，加快形成有利于市场经济体系完善的现代产权制度、要素市场和现代财税制度等体制机制；加快政府职能转变，建设法治政府、效能政府、廉洁政府和服务型政府，规范权力运行，打通政策落实的“最后一公里”，激发市场活力和社会创造力。

开放扩大共赢。把扩大开放、发展开放型经济作为破解资源型经济困局的突破口，主动融入“一带一路”、环渤海经济圈，积极对接京津冀协同发展等国家战略，加强黄河“几字湾”和周边地区融合发展，按照“一网一区一基地”的布局思路，形成对外开放新平台，引资与引技引智并举，提高利用外资的质量和水平，打造向西开放桥头堡，形成开放型经济新格局。

未来五年，挑战与机遇并存，压力与动力同在，站在新的历史起点上，在省委、省政府的坚强领导下，市委、市政府团结带领380万吕梁人民，按照“新布局、新发展、新形象”的总体要求，勠力同心，攻坚克难，为决胜脱贫攻坚、实现全面建成小康社会的宏伟蓝图而不懈奋斗！

塑造汾阳美好形象　实现汾阳全面小康

汾阳市市长　**吴晓东**

“十二五”期间，面对错综复杂的经济环境和艰巨繁重的改革发展任务，我们主动适应新常态，积极应对新变化，团结带领全市人民，抢抓机遇，攻坚克难，万众一心，扎实工作，统筹推进各项工作，全市经济社会呈现持续稳定发展的态势。“十二五”确定的各项目标基本实现，全市经济社会发展迈上了一个新台阶。

一、“十三五”时期我市经济社会发展的总体要求和发展目标

“十三五”时期我市经济社会发展的总体要求是：高举中国特色社会主义伟大旗帜，深入贯彻落实党的各项路线、方针、政策，遵循中央“五位一体”总体布局、“四个全面”战略布局和“五大发展”新理念，贯彻省委以习近平总书记系列重要讲话精神为指引、构建良好政治生态和推动经济稳步向好“一个指引、两手硬”重大思路，按照吕梁市委“抓好脱贫攻坚、生态建设、转型发展、民生改善、从严治党五项重点”工作要求，不忘初心、继续前进，大力实施三市共建、五城同创“三五”战略，强力推进区域性经济强市、文化名市、开放大市建设，积极创建国家级卫生城市、园林城市、文明城市、旅游城市和双拥模范城市，同心同德、凝心聚力，塑造汾阳美好形象，实现汾阳全面小康，推动汾阳全面崛起。

“十三五”时期的发展目标是：到2020年，全市地区生产总值实现170亿元，年均增长13%；规模以上工业增加值实现58亿元，年均增长10%；公共财政预算收入实现10亿元，年均增长12%；固定资产投资实现145亿元，年均增长11%；社会消费品零售总额实现78亿元，年均增长7%。城镇常住居民人均可支配收入达到3万元，年均增长超过8%；农村常住居民人均可支配收入达到1.8万元，年均增长超过9%。

二、奋力完成“十三五”的目标任务

*（一）以增加农民收入为核心，加快脱贫攻坚和农村发展进程。*我市不是脱贫攻坚的重点县市，但是，保证稳定脱贫、均衡致富是我们最大的政治责任。我们要以解决13个贫困村、2557户、6659名贫困人口的脱贫问题为切入点，始终把增加农民收入抓在手上，通过精准定向扶贫、产业扶持致富、引导劳务输出、深化改革惠民等措施，确保2017年底，实现全面减贫和稳定脱贫的目标，让全市农民过上体面尊严的生活。精准施策扶贫。因户定策、因人施策，按照“五个一批”的帮扶措施，确保按期脱贫。要记好精准扶贫“明白账”，全程留痕、动态跟进，做到脱贫过程记账、贫困退出算账、脱贫成效交账、贫困群众认账。产业带动脱贫。边山区，要重点发展核桃和林下经济全市核桃林标准化管理面积达到2.7万公顷。平川区，建立优质谷子、酿酒高粱、红薯、长山药、花生五大种植基地，建设农业综合开发高标准农田示范项目3000公顷。畜牧业，通过多种形式提升农村畜牧业水平，畜牧业产值达到10亿元。农产品加工业，围绕全市农业主导产业，积极扶持山宝等农产品加工企业发展，全市农产品年加工总量达到18万吨，龙头企业年销售收入达到25亿元，农产品加工转化率达到60%以上。多措并举扶贫。通过发展生产，使有劳动能力的3094名贫困人口增收脱贫。通过异地搬迁，使696名贫困人口稳定脱贫。通过生态补偿，使居住在生态脆弱区的210名贫困人口实现脱贫。通过护理护工等教育培训，使有外出就业意愿的1438名贫困人口实现脱贫。通过社会保障兜底，确保全市部分或完全丧失劳动能力的1221名贫困人口如期脱贫。

*（二）以发展区域性经济强市为目标，大力推动市域经济转型升级。*白酒产业要打好“四张牌”。一是支持汾酒发展的“主导牌”。支持汾酒发挥龙头带动作用，借船出海、借势发展，加快推进汾酒集团与中汾公司混合所有制改革，实现10万吨白酒资源整合目标。二是扶持白酒产业的“担当牌”。充分履行政府对白酒产业发展的责任，解决好企业难以办理的具体问题。三是白酒企业提质增效的“升级牌”。依托杏花村经济技术开发区，鼓励扶持汾酒集团、汾阳王、新晋商、古杏等白酒企业结盟入伍、抱团出征，引导企业共同在经营管理、产品开发、销售团队、共赢发展等方面实现跨越式升级，形成核心竞争力。四是相关产业多元发展的“集群牌”。按照既定功能规划，继续推进文化旅游、生态建设、仓储物流、包装彩印等相关产业发展，重点铺开杏花古村、杏花村水库及湿地公园、汽运集团火车站物流园区等项目。

煤焦产业要走出“三条路”。一是复产之路。抓住钢铁企业复苏的时机，扶持五麟集团满负荷生产，帮助金塔山、金桃园、文峰等企业于2017年恢复生产、达到最大产能。二是升级之路。推动煤焦行业内部以及煤焦与上下游相关行业的重组整合，完善和推进“煤—焦—化—精细化工”和“煤—焦—电—热和建材”产业链建设，支持焦化企业延伸产业链，完成化产配套，强化产业关联，抓住机遇形成集群发展。三是承接之路。紧密关注国家有关京津冀煤焦产业转移的政策变化，充分利用好现有2000余亩闲置土地的资源优势，积极做好相关准备工作和跟进对接。

商贸业要打通“三条渠道”。一是打通投资渠道。通过与发达地区市场建设投资人合作、邀请汾阳籍在外成功人士回汾投资等渠道，加大招商力度，加快园区建设，力争打造辐射晋陕蒙的商贸物流中心。二是打通流通渠道。依托我市白酒、核桃等产业优势，加快引进阿里巴巴、京东等全国性电商企业和专业销售团队、合作商，帮助万泰、新贵等企业拓宽市场渠道，畅通我市商贸物流通道。三是打通电商渠道。以白酒、核桃、小米等特色产品销售为重点，扶持现有企业开展线上线下交易。力争通过3～5年的努力使全市80%以上的企业应用电子商务，80%以上的村（社区）设立服务点，电子商务交易总额达到30亿元。

旅游产业要实现“三个一”。一是实现一个目标。以创建国家级旅游城市为总目标，着力打造全国智慧旅游城市和全域旅游城市。二是建设一条A级景区链。以杏花村、贾家庄、文湖三大景区为重点，融入全省旅游循环圈。三是创建一批省级乡村旅游示范基地。

项目建设要做到“五个一批”。一是寻找一批新项目。二是抓好一批重大项目建设。对已经列入全市重点项目的工程，要以“咬定青山不放松”的态度，全力推进项目建设，确保现有重点项目两年内建成运营。三是扶持一批中小项目。每年投入不少于100万元专项资金支持中小微企业发展。四是协调一批贷款项目。积极推进银企合作，帮助企业争取一批项目贷款，缓解企业融资难问题。五是优化一批项目服务。积极开展定人定责的“保姆式服务”，确保重点项目尽快实施。

*（三）以提升城市综合功能为支撑，切实加快城镇化建设进程。*高标准规划城市。要高起点规划定位，

精细化完善规划体系，要严格规划执法。坚持规划一张图、审批一支笔、建设一盘棋，一张蓝图管到底、建到底。要打造城市"亮点"，找准城市改造"切入点"。稳步推进10个总投资5.7亿元的第一批棚改项目，积极筹划第二批棚改项目。要抓住城市建设的"痛点"。积极通过法律、行政、金融等手段，加快工程建设速度，妥善处理各类遗留问题，确保早日实现工程交付使用。城区，要积极创造条件，实施32项城区道路改造工程。启动城区地下综合管廊工程建设，完成总投资8.2亿元的21个市政项目，解决城区防洪排涝问题，基本实现雨污分流。农村，新建4条旅游专用公路，完成307国道、汾屯公路改线和战略装车点道路配套工程，开工建设4条高速连接线改造工程，分年度完成农村路网改造项目。完善能源保障网络。实施阳城35千伏变电站升压、杏花110千伏变电站增容工程。新建大相110千伏和冀村220千伏输变电工程。新建、改造110千伏线路4条、35千伏线路1条、10千伏线路13条。实施晋能220千伏局域工程。按照规划完成LNG(CNG)加气站点工程，推动气化汾阳建设。

（四）以开放创新改革为抓手，努力破解发展瓶颈。构建全面开放大格局。要传承好晋商文化。深入研究和挖掘晋商文化的核心价值和商帮文化，向新思维转变，从思想上牢固确立起敢于开放、善于创新、勇于改革的观念和意识。要主动走出去。组织各级领导干部、企业家走出山西，走进发达地区，开展面对面、点对点的学习、考察、交流和合作，凝聚全面开放的发展共识。要积极引进来。围绕我市的主导产业，依托现有的园区和资源优势，担当责任，优化环境，简化程序，吸引更多的企业落户汾阳。

全力推进全民大招商。全力营造全民招商的社会氛围。要强化行政推动、企业招商、精准招商。围绕白酒产业、文化旅游、装备制造、新材料、新能源、节能环保、食品医药、康养服务等10大产业，抢抓国家鼓励东部地区加工贸易向中西部地区梯度转移的政策机遇，有效开展产业链、点对点精准招商，积极承接加工贸易产业转移。

积极鼓励全民大创业。搭建创业平台。支持和鼓励社会资本投入创业基地建设，鼓励扶持在外汾阳企业家回乡创业。培植"大众创业、万众创新"土壤，推进"众创空间、孵化基地"等创业创新载体建设。落实扶持政策，引导小微企业发展现代服务业、新兴产业、现代农业和文化旅游产业。开展"双创"竞赛。对在"双创"活动中涌现出的优秀企业和有突出贡献的乡镇(街道)和相关部门给予表彰奖励。加快推进供销社综合改革，创新联社治理机制，发展农产品电子商务，加快构建新型服务体系和平台。

（五）以建设区域性文化名市为引领，全力推进文化振兴。激活汾阳文化兼容精神。我市拥有2600余年的建制历史，积淀了厚重的文化底蕴，形成了州府文化、汾酒文化、红色文化、宗教文化、民俗文化等相互交融的文化体系，我们要打开胸怀、扬长抑短，主动适应好互联网的信息爆炸冲击，处理好经济与文化的共赢关系，保持好特有文化精神的继承延续，逐步重塑汾阳的主流文化精神。

积极创建全国文明城市。我们要以重塑主流文化精神为突破，以创建全国文明城市为载体，重新打造汾阳的文明形象，让每位汾阳人找回优越感，让每位来汾的投资人、创业人找到归属感。突出"全民创建、为民创建、靠民创建"理念，全面推进创建工作。

保护传承传统文化。加强非物质文化遗产保护传承工作，做好市非遗展馆等设施的规划建设，建成集培训、展示、展演为一体的非遗传习中心，深入推进"乡村文化记忆工程"，在全市基本形成较为完善的非物质文化遗产保护体系。2018年完成文峰塔纠偏、太符观壁画塑像修缮、禅定寺修缮工程。"十三五"末，完成6处国保文物保护工程和第一次可移动文物普查工作，培育一批优秀传统文化的传承载体、传播渠道和传习人群。

完善文化服务体系。采取市场化运作办法，逐步建设博物馆、体育馆、游泳馆、美术馆、人民剧院和全民健身活动中心等市级公共文化设施，改扩建图书馆、文化馆，新建2个街道文化活动中心，改建12个乡镇综合文化站。实现市、乡、村公共文化服务体系均等化、标准化和全覆盖。大力实施公共电子阅览室、现代化数字文化馆、文化信息资源共享工程等重点文化惠民工程，全力推动"三网融合"高清互动电视和数据宽带业务建设。

（六）以提升群众幸福指数为根本，高度关注民生事业发展。教育事业要优先发展。一要狠抓基础教育质量，让汾阳的教育教学水平走在吕梁乃至全省前列。继续加大教育投入，力争到2018年，完成汾阳中学、南薰小学、英雄街初中、府学街小学4所学校的扩建工程和青少年活动中心项目。二要加快职业教育发展，想方设法推进职教中心建设，围绕我市产业发展，分类引导办好市职中、市技校。大力支持驻汾院校发展，着力打造全省的职业教育强市。

卫生事业要普惠民众。要深化卫生体制改革。整合全市医疗卫生资源，推进医药卫生"一体化"综合改革，建立分级诊疗体系，实现优质医疗资源下沉，实现90%的患者在汾阳就医、全市人口平均寿命增长1岁。要实施卫生普惠工程，对五保户实行市域内住院免费治疗，实现贫困人口零缴费参与新农合保险。2017年探索建立先住院后付费制度；逐年扩大重大疾病医疗保障范围，新农合实际补偿比例不低于70%；完善大病医疗救助制度，提高救助比例。要加强市级医疗体系建设，铺开市人民医院扩建工程，完成中医院二期工程项目，实现整体搬迁。

*(七)以打造生态宜居环境为方向，切实加强生态文明建设。*积极创建国家园林城市。要围绕创建国家园林城市的8大项74项指标，切实加快城乡绿化工程。城区，要全面实施禹门河公园、董寺河公园等环城水系绿化工程，完成东湖路、英雄路南延、文湖景区步行街等10余条主要道路的绿化工程。加快城区公园建设，结合棚户区改造，重点打造1～2个综合性公园，建设10个街头游园、社区游园。大力开展单位庭院、小区绿化，确保绿地率达35%以上。农村，要围绕建设生态安全屏障，做好三北防护林、天然林保护、荒山造林、通道绿化等六大造林工程，实施2～3条国省道、8～10个重点村的农田林网工程。全市累计完成造林任务3600公顷，全市森林覆盖率突破30%。启动文湖景区9公顷、杏花村133公顷湿地公园项目。2018年完成国家园林城市的申报工作，2019年验收成功。

全力改善全市环境质量。要严格环保准入制度。对不符合产业政策、法律规定的项目坚决不引进、不审批，对现有项目严格进行环评审查，力争从源头上杜绝污染企业上马。要大力开展环境整治。深入实施“大气、水、土壤”三大污染防治行动计划，淘汰落后产能，加强机动车尾气、扬尘等污染治理。要大力推广清洁能源。加快公交公司充电桩建设，2017年初，公交车全部更新为新能源纯电动公交车。要治理饮用水水源地环境。城镇集中式饮用水水源地水质达标100%。要重点整治城区环境。市区集中供热率达到85%以上，燃气普及率达到92%以上。城区PM_{10}、$PM_{2.5}$比2015年分别下降20%左右，城市环境空气质量优良天数比例达到70%以上。城市污水处理率达到85%，生活垃圾无害化处理率达到100%，二氧化硫、氮氧化物排放总量减少10%左右。

完善城乡水系管网工程。建设环城水系。完成禹门河、董寺河、永田渠生态综合治理工程，连通禹门河、董寺河与文湖及文湖湿地公园，形成20千米的汾阳环城水系。实施外部输水工程。2017年铺开引黄汾阳支线、市域供水干线工程，“十三五”末基本完成中部引黄汾阳市域供水工程。加快水库建设。新建花枝、杏花、北榆苑及河北4座水库，新增库容1327万立方米。实施河道治理。完成阳城河、虢义河、文峪河、磁窑河、安上河等5条河道70余千米整治和林业沟、神堂沟等4条沟道20千米的综合治理任务。完成文革渠、大治渠等100余千米平川骨干排水渠道清淤整治工程。改善灌溉工程。实施末级渠系节水改造753千米，改善灌溉面积1.7万公顷。发展高效节水农业，发展喷、滴灌2067公顷，管灌6333公顷，新增和改善灌溉面积8400公顷。

“十三五”时期是汾阳全面建成小康社会、实现全面崛起的关键时期，责任重大，使命光荣。让我们同心同德，真抓实干，为汾阳全面小康、全面崛起而努力奋斗！

遵循“四个全面”战略布局
建设全国一流的现代化区域性中心城市

孝义市市长　王廷洪

“十二五”时期，是我市发展进程中极不平凡的五年。面对经济持续下行、多重困难交织叠加的严峻形势，我们团结带领全市人民，积极应对前所未有的困难和考验，开拓创新，攻坚克难，扎实苦干，全市经济社会发展取得新的成就。

一、“十三五”时期指导思想和目标任务

“十三五”时期，是全面建成小康社会的决胜阶段。我市发展的指导思想是：高举中国特色社会主义伟大旗帜，全面贯彻党的十八大和十八届三中、四中、五中全会精神以及习近平总书记系列重要讲话精神，遵循

“四个全面”战略布局，牢固树立创新、协调、绿色、开放、共享发展理念，牢牢把握省委“一个指引、两手硬”重大思路和吕梁市委脱贫攻坚、生态建设、转型发展“三件大事”总体部署，深入落实市六次党代会精神，全面实施“一二三四”战略，统筹推进创新开放城市、新兴产业基地、特色文化名城、生态绿色家园、幸福和谐社会、廉洁安全模范“六型城市”建设，确保如期高标准全面建成小康社会，建设全国一流的现代化区域性中心城市。

主要预期目标是：地区生产总值年均增长8.6%，城镇和农村常住居民人均可支配收入分别年均增长6.5%、7.2%，确保到2020年地区生产总值和城乡居民人均收入比2010年翻一番。公共财政预算收入年均增长15%，规模以上工业增加值年均增长8.3%，固定资产投资年均增长7.8%，社会消费品零售总额年均增长4.6%。

二、完成“十三五”奋斗目标，必须努力做好以下工作

（一）坚持创新发展，加快经济转型升级。始终把创新摆在全局核心位置，深化科技创新、金融振兴与民营经济发展，持续推动大众创业、万众创新，加快质量强市、制造强市建设，推进“互联网＋”行动计划，走出资源型城市创新驱动、转型升级的新路。全面推进供给侧结构性改革，依托“五大园区”，加快构建“2＋3”多元产业新格局。发展铝材深加工220万吨，形成45亿立方米焦炉煤气、90万吨煤焦油及20万吨粗苯深加工能力，到2020年铝系产业和煤化工产业产值分别达到1000亿元、500亿元，建成全国一流的铝电化和煤化工产业基地。实施一批新能源、新材料、高端装备制造、节能环保、电子信息等高新科技项目。培育现代特色农业体系，设施农业面积达到2000公顷，肉禽养殖规模突破5000万只，核桃产量达到1750万千克，现代农业园区产值突破100亿元。大力发展商贸物流、文化旅游、电子商务、健康养老等现代服务业，到2020年服务业增加值占比达到40%，打造全省商贸集聚区、中部物流中枢和文化旅游中心。

（二）坚持协调发展，优化城乡空间布局。抓住国家新型城镇化综合试点机遇，加快完善“一带五组团”城市格局，增强在孝汾平介灵城镇组群、孝汾文交城镇带中的辐射带动作用。坚持以人的城镇化为核心，完成7.5万人棚户区和城中村改造，实现10万农业转移人口市民化，到2020年常住人口城镇化率达到70%，户籍人口城镇化率达到50%。扎实推进特色集镇、美丽乡村建设，优化城乡公共资源配置，促进城乡一体化发展。积极推进智慧城市、海绵城市建设，提升城市公共服务水平。深入挖掘“孝·义”精神，健全现代公共文化服务体系，打造具有历史积淀、文化传承的特色文化名城。

（三）坚持绿色发展，全面建设美丽孝义。深入实施“生态立市”战略，加快主体功能区布局，基本建立绿色低碳循环发展模式，力争2017年创建成国家级循环经济示范市。实行最严格的环境保护制度，实施大气、水、土壤污染防治行动计划，推进城乡环境整治。加强生态屏障建设，加大“六河一湖一渠”和矿区生态修复治理力度，推进“六大造林绿化工程”。孝河湿地公园向西延伸5千米，整合提升胜溪湖森林公园、金龙山风景区、三皇庙、静安寺等景区，打造国家5A级旅游景区。到2020年，森林覆盖率达到33.5%，城区空气质量优良率达到90%，建成国家级生态文明先行示范区，让“水绿交融生态美”成为孝义的新名片。

（四）坚持开放发展，增强改革活力动力。创新对外开放体制，为孝义发展寻求更多资源、拓展更大空间、集聚更优人才。坚持把招商引资作为扩大开放的重中之重，积极参与“一带一路”和京津冀、环渤海等区域经济建设，主动承接先进地区产业转移。全面深化人才强市战略，坚持一手抓人才引进，主动与国内知名院校、行业尖端科研机构建立合作关系，实施更加开放、优惠的人才政策，吸引更多优秀人才来孝创业；坚持一手抓人才培育，充分发挥太原理工大学现代科技学院等入驻我市高等院校优势，推动高校与民营企业在技能培训、技术创新应用、科技成果转化等方面深度合作，为经济社会发展注入强大的智力支持。

（五）坚持共享发展，不断增进民生福祉。坚持普惠性、保基本、均等化、可持续方向，加大民生和社会事业投入，努力让发展成果更多更公平更实在地惠及人民群众。优先发展教育，新改扩建5所幼儿园、8所中小学，打造一批国家和省级示范高中；再引进1～2所高等院校，建设全国一流的现代化教育强市。加快建设文化强市，深入挖掘优秀传统文化、红色文化，大力践行社会主义核心价值观。加强健康孝义建设，推进市中心医院、儿童医院、中医院康复楼等工程建设，加快基层医疗机构标准化建设，健全公共卫生服务网络，人均预期寿命提高1.3岁。提前打赢脱贫攻坚战，到2017年全市2474户5777名贫困人口全部脱贫，实现“两不愁、三保障”。提升社会保障水平，基本消除社会保险覆盖盲点，健全社会福利制度，构建人人参与、人人尽力、人人享有的社会保障体系。建立完善安全生产隐患排查治理、风险预防控制体系，推动安全生产形势实现根本性好转。健全公共安全保障体系，强化社会治安综合治理，形成全民共建共享的社会治理新格局。

三、认真做好2016年的各项工作

2016年是全面建成小康社会决胜阶段的开局之

年，做好今年工作意义重大。今年主要预期目标是：地区生产总值增长5%，规模以上工业增加值增长2.5%，固定资产投资增长1.5%，社会消费品零售总额增长6%，城镇和农村常住居民人均可支配收入分别增长5%、5.5%，公共财政预算收入降幅控制在15%左右，居民消费价格涨幅控制在3%左右，城镇登记失业率控制在4.2%以内。确定以上主要预期目标，兼顾了需要与可能、当前与长远。实现这些目标，既有机遇，更有挑战，必须付出艰苦努力。

（一）紧紧扭住“一个核心”。“一个核心”即：深化供给侧结构性改革。全面落实“三去一降一补”任务，重点打造“2＋3”产业新布局，着力补齐产业短板，创新高效供给，加快新旧动能转换，促进经济行稳致远。

加快淘汰落后腾出新空间。认真落实煤炭减量化生产政策。严格执行环保、能耗、技术、质量、安全等标准，倒逼“僵尸企业”退出市场，引导被兼并焦化企业和洗煤、耐材企业主动关闭转产，为转型产业腾出环境容量、土地空间。

加快铝电产业实现新突破。集中一切优势力量，汇集一切积极因素，全力以赴攻坚推进，确保铝电项目实质性落地。近期，重中之重围绕信发110万吨轻质合金、兴安110万吨高精铝材两大项目，对标国际一流、国内领先，高起点完成项目工艺规划、设备选型和产品设计；力争两大项目一期9月开工建设，年内完成投资30亿元。着力培育以铝型材为核心的生产、加工、贸易、研发、服务等一体化铝产业集群，用五年时间打造全国最具影响力并走向世界的铝循环产业基地。

加快煤焦产业形成新优势。稳步推进整合矿井和新型焦化投产步伐。重点攻坚推进煤化工产业，选准技术路径，大力延伸焦炉煤气、煤焦油、粗苯精制及深加工三大化工链条。着力做精做细、做长做优做强煤化工产业。

加快现代服务业塑造新品牌。全面落实省政府支持服务业发展“50条”等政策措施。大力发展全域旅游。整合提升4个国家4A级旅游景区，积极开发“梦幻海”、曹溪河欢乐城等优质项目，曹溪河森林公园创建国家级旅游休闲度假区。

加快新兴产业实现新发展。重点推进太子二期30兆瓦、巨隆20兆瓦光伏发电建成并网，加快茂泰100万吨铝矿山废石综合利用项目建设。

加快现代农业培育新特色。完善“公司＋合作社＋基地＋农户”利益联结机制，鼓励发展订单农业，构建现代农业生产供给体系。

（二）着力抓好“两大重点”。“两大重点”即：稳增长和保民生。这是当前各项工作的重中之重，是经济社会实现持续健康发展的基础和保障。

一是千方百计促进经济增长。面对经济持续下行风险，必须投入更大精力，采取更有效措施，深挖各种增长潜力，全力以赴稳固经济回升势头。全力稳工业促增长。认真落实上级稳增、减负、脱困各项政策，健全涉企收费清单制度，进一步清理不合理收费，切实减轻企业负担。构建亲、清新型政商环境。加强工业运行分析监测，防范运行风险。全力抓投资促增长。重点推进63个省、吕梁市和我市重点工程项目，加快储备一批具有全局性的重大项目。紧盯开工、建设、投产三大环节，加快推动项目形成新的经济增长潜力。

二是千方百计保障民生改善。越是经济困难时期，越要把民生工作放在首位，优先保障基本民生，全力以赴守住民生底线。大力促进创业就业。深入推进“大众创业、万众创新”，实施大学生就业促进和创业引领计划，全面推进职业培训全覆盖和新生代农民工职业技能提升计划，年内实现新增就业4100人。大力加强社会保障。实施全民参保登记计划。企业和机关事业基本养老金提高6.5%左右；整合城乡居民基本医保制度，补助标准提高到420元；城乡低保补助标准提高20元。新改建1所民办养老机构、9所日间照料中心。大力发展社会事业。加快城乡学校均衡布局，高标准完成“义务教育学校管理标准”实验区建设。大力发展现代职业教育，积极争取引进财大华商学院等院校入驻高教科技园区。。着力提高人民健康水平，推进基本公共卫生服务扩面提标。深化医联体建设，健全市域医疗一体化服务体系。开工建设市中心医院，新改建乡镇卫生院2所。深入开展食品药品综合治理，让人民群众吃得安全、吃得放心。

（三）统筹推进“六项工作”。一是全力推进精准扶贫，着力打赢脱贫攻坚战。坚持把脱贫作为最大的民生工程，按照“五个一批”和“六个精准”总体要求，攻坚克难，扎实推进，突出抓好农民增收。突出改善贫困基础。突出政策兜底扶贫。年内确保2700人精准脱贫。二是加快新型城镇化建设，着力提升城市发展水平。紧紧围绕建设“全国一流的现代化区域性中心城市”目标，着力在优化布局、提升品质、统筹城乡、创新管理上下功夫、见实效。三是坚持治污与增绿并举，着力改善市域生态环境。牢固树立“绿水青山就是金山银山”理念，以全面改善环境质量为核心，加强污染防治，狠抓造林绿化，强化环保执法，努力建设美丽孝义。四是切实强化财税管理，确保财政良性运转。当前，财政收支矛盾十分突出，各级各部门必须牢固树立“过紧日子”思想，强化收入征管。强化预算约束。强化绩效管理。同心协力，共克时艰。五是持续引深“三个突破”，着力培育推动发展的强劲动能。坚持问题导向，创新引领、协调联动，统筹推进金融振兴、科技创新、民营经济发展，着力打造最富活力、最具创造力的发展环境。六是深化转型综改建设，着力激发改革发展新活力。实施转型综改“十三五”工作方案和2016年行动计划，完成好省、吕梁市部署的各项改革任务，深化26个国家级、省级试点建设，不断推动改革取得新突破、释放新红利。

站在新的历史起点上，我们肩负的责任重大而光荣。让我们以更加饱满的精神开拓创新，以更加昂扬的斗志攻坚克难，以更加务实的作风勤勉工作，为全面建成小康社会、建设全国一流的现代化区域性中心城市而不懈努力，为塑造山西美好形象、实现山西振兴崛起作出新的更大贡献！

为建设富裕、和谐、绿色的新兴县努力奋斗

兴县县长　**刘世庆**

“十二五”以来，兴县牢牢把握“打基础、利长远、惠民生”的总要求，积极应对严峻复杂的经济形势，坚定不移地推进“五五兴县”战略，努力破解经济运行和社会发展的深层次矛盾，在困境中谋发展，在逆境中求突破，圆满完成了各项目标任务，经济和社会发展取得了前所未有的成绩。

一、“十三五”发展思路和主要目标

“十三五”时期工作的指导思想是：全面贯彻中央“五大发展”和省委“六大发展”理念，按照市委“新布局、新发展、新形象”要求，围绕全面建设小康社会总体目标，以脱贫攻坚为统领，以改革创新为动力，以转方式、调结构、惠民生为基点，突出“三大攻坚”，实现“三大跨越”，努力建设富裕、和谐、绿色的新兴县。

综合考虑未来发展趋势和条件，今后五年我县经济社会发展的主要目标是：

经济保持持续较快发展。固定资产投资累计达到500亿元；到2020年底，全县地区生产总值力争达到110亿元；公共财政预算收入达到10亿元，经济实力全市排位进入前三名。

人民生活水平显著提高。城镇居民人均可支配收入和农民人均纯收入分别达到2.7万元和7200元。到2019年，6.2万农村贫困人口全部脱贫，贫困县摘帽。新型城镇化加速推进，户籍人口城镇化率明显提高，广覆盖、多层次、可持续的社会保障体系初步建立。

社会文明程度不断提升。文化服务体系更加完善，社会主义核心价值观深入人心，群众思想道德素质、科学文化水平明显提高，晋绥精神得到大力弘扬，诚信、友爱、互助的社会风尚更加浓厚。

生态环境实现根本好转。主要污染物排放基本达标，植树造林取得重大进展，森林覆盖率显著提高，饮用水质、出境水质、空气质量全部达标。

改革创新取得明显成效。行政审批制度改革、土地管理制度改革取得重大进展，农村产权流转交易市场初步建立，金融振新、科技创新、民营经济发展取得重大突破，经济发展的外向型水平明显提升。

社会治理能力明显增强。民主法制建设有效推进，政府依法治理水平不断提升，社会管理日益完善，信访数量明显下降，社会治安状况不断改善，安全生产形势持续向好。

根据上述指导思想和主要目标，今后五年我县经济社会的发展战略是：

（一）坚持以脱贫攻坚统揽经济社会发展全局的战略不动摇。紧紧抓住国家、省、市在政策、资金、项目上倾斜支持的重要机遇，重点实施产业扶贫、易地搬迁、生态治理、教育卫生扶贫和社会保障兜底“五大脱贫工程”，着力培育经济林、光伏、家政服务、小杂粮、食用菌、畜牧养殖、设施蔬菜、乡村旅游、农产品加工和电子商务“十大富民产业”，促进农业增效、农民增收、农村繁荣。“十三五”期间，新增核桃林3.8万公顷、红枣林2000公顷，全县农民人均经济林面积达到0.27公顷左右；建设光伏电站5.1万千瓦，覆盖3万深度贫困人口；培训护工、月嫂1万人；绿色优种杂粮面积达到1.3万公顷左右；食用菌规模达到2000万棒；建成标准化养殖小区20个，规模养殖园区20个，羊存栏达到50万只，生猪存栏稳定在10万头以上；蛋鸡、肉鸡达到100万只，肉牛存栏稳定在5万头左右；继续壮大康

宁、蔡家崖两个农业园区；新建日光温室100座（亩），春秋棚1000栋（亩）；马铃薯种植面积稳定在1.3万公顷左右；创建5A级景区2处；建成1个电子商务产业园，培育电商示范企业20家，网上销售额达到20亿元；对“一方水土养活不了一方人”的115个村、2290户、8000口人全部易地搬迁。

（二）坚持以项目攻坚牵动经济社会快速发展的战略不动摇。要毫不动摇地坚持项目牵动战略，大上项目，上大项目。在巩固提升煤炭产业的基础上，着力培育和发展电力、铝系、燃气、物流四大新型产业，为全县经济跨越发展培育新的支撑点。到2020年，形成4000万吨煤炭、300万吨氧化铝、100万吨电解铝、100万吨高端铝加工、1.5亿立方液化气产能，光伏发电5.1万千瓦，风力发电20万千瓦，铝土矿530万吨。风能、太阳能、生物质能源、透闪石、蛭石等后续资源得到充分利用，与之相配套的连接本省、辐射全国的物流体系全部建成。

（三）坚持以民生攻坚提升群众生活水平的战略不动摇。坚持以民为本的工作理念，着力发展教育、卫生、文化、交通、社保、基础设施等“六大民生事业”，让发展成果惠及全县人民。全面实施学校标准化建设，大力推进义务教育均衡发展，基本消除城乡义务教育阶段薄弱学校，到2020年，全县学前三年教育毛入园率达到95%，小学巩固率达到100%，应届初中毕业生升学率达到90%，高中毕业生达线率达到60%以上。创建全国卫生城市，全面建成新区医院，乡镇卫生院全部达到一级甲等标准。扩大兴县知名度。实现农村广播电视“户户通”和市县地方节目全覆盖。城区供水扩量提质，确保实现全天候供水目标，全县城区集中供热普及率和燃气普及率全部达到80%。养老保险参保率达到95%，新农保参保率达到98%。加快推进静兴高速、岢临高速魏家滩至阳坪连接线建设，形成畅通无阻的“三横六纵”交通格局。

（四）坚持国土大县向产业强县跨越的战略不动摇。我县国土面积全省最大，但贫瘠的土地无法承载广大老百姓的致富梦想。必须坚定不移地把特色优势产业开发作为国土大县向产业强县转型跨越的主攻方向，加大政策、资金支持力度，推进体制、机制创新，加快规模扩张，提升科技含量，培育清洁环保的煤铝产业、低碳循环的电气产业、绿色有机的现代农业、底蕴深厚的红色旅游、畅通便捷的现代服务“五大产业集群”，形成经济发展的强劲支撑，真正将国土大县优势转换为产业集群优势。

（五）坚持资源大县向经济强县跨越的战略不动摇。我县矿产资源丰富，目前不足是利用率不高，深加工不够。必须坚定不移地把壮大工业经济、发展民营经济作为从资源大县向经济强县跨越的关键环节，立足现有抓提升，发挥优势抓新建，搭建平台抓园区，统筹兼顾抓短板，提升内涵强素质，促进经济总量跨越式提高。

（六）坚持贫困大县向富裕强县跨越的战略不动摇。贫困人口多、贫困面广、贫困程度深、脱贫难度大是我们的基本县情，广大群众思富、盼富愿望十分迫切。我们要坚定不移地把精准脱贫作为今后五年发展的头等大事，坚持输血造血一起抓，自富帮富同使劲，举全县之力，集全民之智，真扶贫、扶真贫，确保一户不落、一人不缺，全部脱贫，与全市、全省同步迈入小康社会。

二、认真做好2016年的各项工作

围绕“十三五”总体目标，综合考虑各方面因素，2016年奋斗目标是：地区生产总值增长6%，公共财政预算收入增长4.7%，社会消费品零售总额增长4%，城镇居民人均可支配收入增长7%，农村居民人均可支配收入增长13%。固定资产投资达到97亿元。约束性指标全面完成市下达任务。

重点做好以下六个方面的工作：

（一）实施精准扶贫，加快脱贫致富步伐。认真落实中央“六个精准”“五个一批”“四个切实”要求，坚持精准扶贫、精准脱贫基本方略，以增加农民收入为核心，全面落实强农惠民政策，大力开展“三个一”扶贫行动，构建“三位一体”扶贫格局，加快脱贫致富进程，力争全年实现40个行政村整体脱贫，减贫1.3万人以上。

（二）培育产业体系，推进区域协调发展认真落实供给侧结构性改革举措，加快三次产业协调、融合发展步伐，在优化结构、提升档次上持续发力，用产业发展推动农民增收，促进农民脱贫。重点打造“五大集群”：清洁环保的煤铝产业集群、低碳循环的电气产业集群、绿色有机的现代农业集群、底蕴深厚的红色旅游集群、便捷高效的现代服务集群。

（三）完善基础设施，推进新型城镇化。城镇化是解决农业、农村、农民问题的重要途径，是推动区域协调发展的有力支撑。我县城镇建设的现状是，县城不足4平方千米的建成区居住着近12万人口，每平方千米居住3万人左右，而且大部分属于棚户区，导致基础设施无法配套，居住环境恶劣，城市形象十分落后。抢抓机遇，不遗余力推进新型城镇化对我县显得尤为迫切。今年要突出抓好六方面的工作：1. 完善城乡建设规划；加快县城新区建设，推动主城区人口向新区转移；2. 实施主城区提质工程，完成县城第二供水厂建设工程，实现全天候供水；新增供气管网1.8千米，供热面积10万平方米；3. 大力推进棚户区改造，加快推进蔚汾南路棚户区改造一期工程，安置规模1300户12.4万平方米，启动蔚汾北路棚户区二期改造项目，安置规模2100户30万平方米；4. 推进中心城镇建设，把瓦塘、魏家滩和康宁分别打造成为两大新的人口集聚区，带动全县城镇带建设；5. 创建乡村垃圾治理示范县。

（四）加强生态建设，推进绿色发展，筑牢生态安全屏障。按照“一核三带一线”的总体区域布局，打造绿色城市核心圈，沿黄红枣带、中部核桃带、北部生态屏障带和交通要道两侧绿色景观线，完成生态造林15万亩。强力推进节能降耗，加强环境综合治理。

（五）发展社会事业，促进成果共享。优先发展教育事业。推进友兰中学三期工程和一二〇师学校后续工程建设。把一二〇师学校、兴县中学打造成义务教育阶段示范学校。基本实现农村幼儿园全覆盖。加快卫生体系建设。完成县人民医院迁建项目主体工程，力争明年下半年投入使用。发展壮大文化事业。加强对文化遗产、文物单位的保护和开发，深入挖掘晋绥红色文化和优秀历史文化，着力推进红色兴县、文化兴县、厚重兴县建设。健全社会保障体系。建立城乡统一的居民基本医疗保险制度，新建保障性住房700套，改造农村危旧房400户。六是深化改革开放，增强发展活力。全面引深“三大突破”。大力发展民营经济，加快构建民营企业服务平台，鼓励大众创业、万众创新，全面完成农信社改制，发挥地方金融的主力军作用。

（六）继续深化农村综合改革。努力完成农村集体建设用地、宅基地使用权和农村土地承包经营权确权颁证登记工作，建立农村产权流转交易市场。健全农村土地流转服务和纠纷调解仲裁体系，加强农村集体“三资”管理。积极稳妥推进土地流转，鼓励农民以地入股合作办企业，走农民工人化富裕道路。抓住国际国内产业梯度转移步伐加快的机遇，以更大的胆略、气魄和力度，全方位招商引资。

好风凭借力，扬帆正当时。立足新起点，应对新挑战，推进新发展，实现新跨越，是时代赋予我们的历史责任和光荣使命。我们要牢固树立“兴县情怀”，切实承担“家园责任”，以壮士断腕的勇气，凤凰涅槃的决心，昂扬向上的斗志，凝心聚力，奋发进取，为建设富裕、和谐、绿色的新兴县努力奋斗！

努力建设富裕、文明、开放、宜居新岚县

岚县县长　乔　云

“十二五”期间，岚县认真贯彻落实党的十八大、十八届三中、四中、五中全会和习近平总书记系列重要讲话精神，积极适应经济发展新常态，砥砺前行，努力奋进，经济社会发展取得明显成效。

一、“十三五”时期经济社会发展的总体目标和任务

“十三五”期间岚县经济社会发展的指导思想是：高举中国特色社会主义伟大旗帜，全面贯彻党的十八大和十八届三中、四中、五中全会精神及习近平总书记系列重要讲话精神，以中央“四个全面”战略布局、省委“六大发展”战略部署和市委“新布局、新发展、新形象”总体要求为根本遵循，以“融入太原都市圈、打造省城后花园”为根本战略，以脱贫攻坚和全面建成小康社会为根本任务，以党建统领、教育优先、改革挖潜、法治保障四轮驱动为根本保障，全面实施脱贫攻坚、产业升级、基础配套、城乡统筹、民生改善、生态文明、社会稳定七大工程，努力实现富民强县同步推进、三次产业融合推进、城乡建设统筹推进、经济社会民生事业协调推进，为建设富裕、文明、开放、宜居新岚县而不懈奋斗。到“十三五”末，主要经济指标增幅高于全省、全市平均水平，全县地区生产总值突破55亿元，年均增长10.9%；工业增加值突破30亿元，年均增长9.0%；城镇居民人均可支配收入达到3.1万元，年均增长12.5%；农村居民人均可支配收入突破1万元，年均增长19%；城镇化水平达到60%；城镇登记失业率控制在4%以内；九年义务教育巩固率达到98%；县乡村三级医疗卫生机构达标率达到95%；森林覆盖率达到30%；全县4.1万贫困人口稳定脱贫，彻底摘掉贫困县的帽子。

今后五年经济社会发展的主要任务是：

（一）实施脱贫攻坚工程，开创同向用力的全面小康社会建设新局面。加大扶贫攻坚力度，围绕“四个切实”“五个一批”“六个精准”要求，精准施策，精准扶贫，到2019年全面摘掉“贫困县”帽子，基本上消除贫困人口，从而实现全面建成小康社会和2020年末农村居民人均可支配收入达到1万元的目标。

（二）实施产业升级工程，打造低碳循环的创新发展新引擎。全力推进经济供给侧结构性改革，以“集群、集聚、高端、高新、融合”为方向，大力发展实体经济，加快构建现代产业体系。坚持传统优势产业转型升级和新兴产业培育发展并举，逐步形成以新能源、新材料、高新技术产业为主的新兴产业开发区，以煤电化、煤化工、煤电铝材一体化发展的新型工业园区，以新型冶金、现代精密铸造为主的高端装备制造业园区，以电子商务为平台的现代商贸物流服务业集聚区以及现代农业循环经济园区等产业格局，着力打造新型材料钢铁铸造产业基地，全省重要的高端装备制造业基地，新能源、新材料、高新技术产业基地，到“十三五”末，工业增加值达到30亿元，年均增长9%。

（三）实施基础配套工程，构建功能完善的开放发展新支撑。按照“适度超前、总体布局、分步实施”的原则，实施基础配套工程建设，大力改善基础设施条件，构建功能完善的开放发展新支撑，基本形成覆盖城乡的交通网、电网、水网、气网、信息网，着力构建脱贫攻坚的基础保障体系。到“十三五”末，全县自然村通水泥（油）路率达到100%，供电可靠率达到99.9%，农村自来水普及率达到98%；城区燃气普及率达到65%，气化人口达到60%以上，集中供热普及率达到90%，网络覆盖率达到100%。

（四）实施城乡统筹工程，形成融合并进的协调发展新格局。按照“集群化、组团化、特色化”目标，坚持规划先行、分类指导，构筑以“一城、四区、多中心”为主骨架的城镇发展体系，形成一城带动、多点支撑、良性互动的城镇化发展格局。实施“百镇建设”工程，因地制宜建设符合当地发展的特色镇村，做强重点镇、做优特色镇、打造特色村。以科学规划推进大县城战略，引导生产要素、优势资源向县城集中，促进城乡一体化发展。到“十三五”末，全县城镇化率达到60%，污水处理率达到95%，生活垃圾无害化处理率达到100%。

（五）实施民生改善工程，提供优质均等的共享发展新保障。始终把保障和改善民生摆在突出位置，建立民生工程投入稳步增长机制，集中力量实施一批民生工程，提高基本公共服务共建能力和共享水平。优先发展教育科技事业，加快发展医药卫生事业，积极发展文体广电旅游事业，千方百计扩大创业就业，建立健全社会保障体系。发挥政府在公共服务体系中的主体作用，建立符合覆盖城乡的基本公共服务体系。

（六）实施生态文明工程，建设秀美宜居的绿色发展新家园。坚守“绿色发展”理念，坚持节约资源和保护环境的基本国策，把生态文明建设融入现代化建设全过程和各领域，深入推进绿色循环低碳的生产方式，积极倡导节约健康环保的生活方式，加大生态环境突出问题治理力度，实现环境与经济和谐共生，建设天蓝、地绿、水净的美丽宜居岚县。到“十三五”末，全县城市建成区绿化覆盖率达到50%，全县森林覆盖率达到30%。

（七）实施社会稳定工程，展现政通人和的廉洁安全发展新形象。以落实和完善保障措施为基础，以提高预防和处置能力为重点，加强源头监管和全程管控，从细排查、从严整治和消除各类安全隐患，最大限度地预防和减少各类公共安全事故特别是重特大事故发生，建立健全社会治安智能防控体系，为经济社会发展创造良好的社会环境，为人民群众提供幸福、安全、稳定的空间。同时，坚守廉洁发展底线和安全发展红线，促进廉洁安全与经济发展有机融合。

二、重点抓好以下六个方面的工作

（一）推进脱贫攻坚，增加农民收入，着力抓好“三农”工作。坚持把脱贫攻坚作为全县重大战略任务，作为政府最大的民生工程，大力实施精准扶贫、精准脱贫，提升脱贫内生动力、提高脱贫质量和效果。一是强化产业扶贫，夯实脱贫基础。继续实施以马铃薯为主，小杂粮种植、生态养殖、生态育苗、生态旅游为辅的“一主四辅”产业扶贫工程。马铃薯产业，围绕打造“山西马铃薯第一县”和“全国马铃薯主粮化开发第一县”目标，按照全产业链推进的思路，把马铃薯这一脱贫致富、转型发展的大产业做大做强。小杂粮产业，重点抓好标准化杂粮生产示范基地建设，推广示范渗水地膜覆盖技术，引进试验小杂粮新品种。生态养殖产业，大力发展优质肉牛、肉羊、生猪三大优势产业，发展标准化养殖园区（场），扩大生猪、肉牛、肉羊养殖规模。生态育苗产业，以苗圃育苗为主，提倡山地育苗，大力发展多品种、多形式的园林花卉、景观树种等育苗产业。生态旅游产业，积极扶持建档贫困家庭实施“农业＋旅游”脱贫项目，特别是要依托白龙山风景名胜区、饮马池草甸风景区等旅游资源的开发，支持贫困家庭发展农家乐、采摘园、农业观光园等。二是多措并举扶贫，增强脱贫合力。易地移民搬迁扶贫，以建设移民新村集中安置、依托小城镇安置和插花安置以及结合商品房和经济适用房去库存安置等方式，做好移民搬迁工作。光伏扶贫，以2300户深度贫困人口为重点，建设集中式或分散式光伏电站。金融扶贫，进一步创优金融环境，降低信贷门槛，拓展扶贫领域担保业务，有效解决扶贫龙头企业、贫困户抵押、担保等问题。电商扶贫，围绕“电商强县富民”战略，建立岚县电商运营管理和岚县电商仓储物流分拨两大中心，打造岚县铸造业、农产品、现代商贸物流三大电子商务产业园，创设阿里巴巴、京东商城、苏宁易购、乐村淘四大岚县馆平台，构建规划引领、政策支撑、人才培养、公共服务、产业培育五大体系。教育卫生扶贫，大力实施“雨露计划”和高中生、大学生助学工程，贫困高中生三年全部免除学杂费，提高新农合门诊补偿封顶线和县乡两级住院补偿比例，从2016年起对患有24类重大疾病的农村五保供养对象实行免费治疗，并逐步扩大新农合大病保险的支付范围，努力帮助贫困户解决因病致贫返贫问题。生态扶贫，支持鼓励贫困村、贫困户大力发展山林经济、生态经济，充分利用生态效益补偿资金和天然林管护专项资金，让有劳动能力的贫困人口就地转成造林产业工人和生态保护人员。同时，要大力推进企业帮扶、社会扶贫、社保兜底等工程，形成全社会参与扶贫、全员推进脱贫的新局面。

（二）深化供给侧结构改革，推进产业升级，着力夯实经济发展基础。一是加大传统产业转型升级。要积极推进太钢袁家村铁矿采矿接续项目、山西保鑫洁煤60万吨洁净型煤项目、继亨铸造20万吨矿棉保温材料建设项目、金隅水泥余热发电及危废处理项目工程建设。二是加快新兴产业发展。新材料工业园区项目（二期）尽快完工，形成新的经济增长点。加快发展新型能源产业，积极推进中电投河口二期、大蛇头风电项目年内落地，中电投大营坡、龙源界河口风电项目开工建设，中电投王狮、顺会及大唐阎家背风电项目力争年内并网发电。积极推进湖北追日光伏发电一期20兆瓦项目和岚县京岚清洁能源2×15兆瓦生物质发电项目加快建设。三是推进文化旅游产业。力争建成一座4厅320座3D数字影院，启动《中国土豆花风景区总体规划》和《饮马池4A级风景区规划》以及《秀容古城、岚城古镇、前庄古村等保护性开发规划》编制，进一步完善《白龙山4A级风景区提升规划》和《120师红色遗址修缮规划》。开展岚城面塑旅游文化节、白龙山旅游文化节、土豆花开了旅游文化月、土豆选美比赛暨白龙山饮马池红叶节、冰雪运动暨特色年俗五大旅游营销活动。四是壮大现代商贸物流业。加快县城中心商务区、农产品仓储物流中心及鑫畅普明集运站、畅通社科集运站等现代物流业项目建设，着力推进信息、电子商务、现代物流等生产型服务业和健康、养老、旅游等生活型服务业发展。

（三）强化基础设施建设，增强城市功能，着力提升市政公共服务能力。一是加快大路网建设。完善太兴铁路运营配套工程，加快火车站站前广场及进站道路建设。推进静乐丰润——兴县黑峪口高速公路过境建设项目、太佳高速连接线及保障房片区道路建设。积极推进国道209线岚县——方山积翠段、省道忻黑线升级改造工程。二是加快大电网建设。推进电网升级改造工程，力争全面消除“低电压”用户。进一步提升供电能力和可靠性。三是加快大管网建设。完成保障房片区地下综合管廊建设。启动建设岩溶水供水主管网向城南片区铺设。新建延伸岚河北路、新建路、向阳路供热主管网。逐步改造完善主城区生活污水管网，进一步提高生活污水处理率。四是加快大气网建设。大力发展清洁能源，实施“气化岚县”工程，推进LNG、CNG加气站建设，加快煤层气利用基础设施建设。

（四）加强城乡统筹发展，巩固创卫成果，着力推进新型城镇化建设。一是强化规划先行。全力推动国民经济和社会发展规划、城乡规划、土地利用规划等“多规合一”，形成全县一本规划、一张蓝图。严肃规划执法，切实把城市建设纳入法制化轨道。继续加大“五城同创”力度，加快农村人居环境改善，建设美丽乡村。二是强化城乡环境整治。持续开展城乡环境整治攻坚专项活动，加大环卫基础设施投入，积极推进建筑垃圾填埋和生活垃圾无害化处理。加强制度建设，落实社区、单位、门店“门前六包、分区包干”等长效保洁机制。三是强化园林绿化管理。完善各项绿化养护管理制度，逐步引入市场竞争机制，实现管理精细化。

（五）注重低碳环保发展，强化生态造林，着力打造生态宜居环境。一是切实加强生态绿化。大力推进山上治本、身边增绿，继续抓好吕梁山生态脆弱区林业生态建设工程，积极探索合作式、购买式造林新机制，积极推进社会、企业造林和义务植树工作。同时要做好抚育管理、护林防火工作，切实保护好森林资源。二是切实加强低碳净化。推动企业低碳循环发展，加大传统产业和企业的节能减排改造，深入开展铸造、水泥等行业除尘改造，依法从严控制新上高污染项目，确保无偷排漏排和超标排污现象。加强水源地保护，强化水质监测，确保城乡居民饮水安全。

（六）加大投入力度，实施民生工程，着力保障改善人民生活。一是努力提升教育整体水平。全面完成薄弱学校改造工程和义务教育均衡发展工作。大力发展学前教育，扩大公办幼儿园数量。鼓励和规范社会力量办学。加快发展现代职业教育，全力推进职教中心建设步伐，力争尽快投入使用。二是全面提升全民健康水平。全面完成县级公立医院改革，加快推进妇幼院和计生服务站的整合工作，积极创办母婴医院。强化基层医疗卫生服务体系建设和全科医生制度建设，进一步完善县乡村三级医疗卫生服务网络。积极推进岚县新医院建设。落实好计划生育二孩政策，创新人口服务与管理机制，提高出生人口素质。三是加快提升社会保障水平。实施全民参保计划，进一步建立健全城乡居民医疗保险、生育保险一体化制度，逐步完善失业保险、工伤保险和城乡居民养老保险制度。完善城乡最低生活保障制度，积极推进“分类施保”，巩固动态管理下的应保尽保。进一步提高社会救助针对性，逐步提高农村低保保障标准。

蓝图已经绘就，号角已经吹响，让我们在省委省政府，市委市政府的坚强领导下，坚定信心，奋发进取，勇于担当，义无反顾，为2020年把岚县全面建成小康社会努力奋斗！

抢抓机遇　打好脱贫攻坚这场硬仗

临县县长　李双会

自“十三五”开始，临县又一次站在新的历史起点上，国家实施脱贫攻坚工程，力度之大前所未有。临县作为国家级贫困大县，作为全省、全市脱贫攻坚的主战场，各级高度关注，必将从政策、项目、技术等全方位给予倾斜支持。“十二五”期间实施的一批重点项目，形成了“三铁两高”区位优势，煤电气主导产业，碛口旅游知名品牌，这是我们赶超发展、转型跨越的坚实基础。从发展的动力看，全县干部群众人心思进，干事创业的氛围浓厚，脱贫致富奔小康的愿望强烈，这是我们决战脱贫攻坚、决胜同步小康的强劲动力。我们要抢抓发展机遇，打好脱贫攻坚这场硬仗，走出转型跨越发展新路子。

一、“十三五”时期经济社会发展的指导思想和目标任务

“十三五”时期我们的指导思想是：以党的十八大和十八届三中、四中、五中全会精神为指导，以习近平总书记系列重要讲话精神为统领，认真贯彻落实中央“四个全面”战略布局和“五大发展”理念、省委“一个指引，两手硬”、市委“三件大事”要求，按照县委“六新临县建设”总体部署，以脱贫攻坚统揽经济社会发展全局，围绕脱贫攻坚第一目标，实施“产业转型拉动、城镇建设带动、生态文明推动、改革开放驱动、民生改善促动”五大战略，建设晋西最大的煤电气基地、山西最大的红枣生产加工销售基地、黄河中游生态绿色基地、山西最大劳务输出基地、具有黄河文化特色的碛口旅游基地，为决战脱贫攻坚、决胜同步小康，实现富民强县而努力奋斗！

五年奋斗目标是：

综合实力进一步增强。地区生产总值年均增长8.3%，公共财政预算收入年均增长8.2%，社会固定资产投资年均增长8%，规模以上工业增加值年均增长14.5%，社会消费品零售总额年均增长8.2%。

产业结构进一步优化。做大农业，做强工业，做活旅游服务业。到2020年，三次产业结构由2015年的23.8∶24.6∶51.6调整为15∶40∶45。

城镇功能进一步完善。进一步扩大县城建成区面积，总人口达到20万人，城镇化率达到45%；城区集中供水、供热、供气普及率分别达到98%、90%和80%；农村自来水普及率达到95%，路电气房讯全面改善。

生态环境进一步改善。水土流失治理面积达到1886平方千米，治理度达到72.8%；森林覆盖率达到25%，城区绿化率达到30%；二氧化硫、氮氧化物、化学需氧量排放等明显下降，空气质量优良天数达到95%以上。

人民生活进一步提升。城镇居民人均可支配收入年均增长8.3%，农民人均可支配收入年均增长8.6%，到2019年贫困县摘帽、农村贫困人口实现稳定脱贫，与全国同步迈入小康社会。

二、“十三五”期间重点抓好六个方面的工作

围绕上述指导思想和奋斗目标，今后五年将重点抓好以下六方面工作：

(一)着力决胜脱贫攻坚，在农民增收致富上实现新跨越。坚持以脱贫攻坚统揽经济社会发展全局，按照“五个一批”“六个精准”要求，紧扣“扶持谁”“谁来扶”“怎么扶”“如何退”四个问题精准发力，狠抓经济林提质增效、发展产业支撑、易地搬迁扶贫、光伏扶贫、教育扶贫、卫生扶贫、生态扶贫、金融扶贫、基础设施改善、社保兜底脱贫等十项措施，确保到2019年如期实现脱贫摘帽目标。夯实脱贫攻坚产业基础。实施百万亩经济林提质增效工程，鼓励林地流转经营，大力推行标准化、有机化管理，到2020年全县绿色有机红枣林面积达到4万公顷，优质核桃林面积达到3.3万公顷。加快肉羊养殖基地县建设，大力发展舍饲养殖，到2020年全县肉羊出栏达100万只。发展特色种植产业，到2020年脱毒马铃薯良种面积达到2万公顷，食用菌达到3000万棒，鲜菇生产能力达到3万吨。推进光伏扶贫，规划实施总装机容量105兆瓦的分布式光伏电站项目，带动3000贫困人口脱贫。加强贫困农民的技能培训，拓展劳务市场，把临县建成山西县级最大的劳务输出基地。培育壮大农产品加工业。培育红枣、核桃等农产品深加工企业，打造一批前景好、规模大、辐射带动能力强的专业合作社、龙头企业和市场服务主体。支持农产品"互联网＋"模式，培育发展传统手工业，拓展农产品销售渠道，建设一批专业批发市场。培育一批驰名商标、著名商标、农产品地理标志，增强农产品市场竞争力，建成山西最大的红枣生产加工销售基地。着力实施易地扶贫搬迁。按照"政府推动、农户自愿"原则，坚持与大城镇建设相结合，对居住在"一方水土养不起一方人"的建档立卡贫困户实施易地搬迁。采用集中安置、分散安置、货币安置等方式，整合移民搬迁、采煤沉陷区治理等项目，全力推进易地扶贫搬迁。同时，农业、水利、交通、医疗、教育等向移民点倾斜，配置发展后续产业，让贫困群众搬得出、稳得住、能致富。

（二）着力调整经济结构，在产业转型升级上实现新跨越。以煤炭产业结构调整为主线，构建"以煤为基、多元发展"的新型产业格局，建设晋西最大的煤电气新型能源基地。做强煤炭主导产业。要全力争取政策支持，推进煤炭资源整合重组，加快推进霍州煤电1000万吨、晋煤太钢600万吨、美锦锦源600万吨矿井建成投产，抓好裕民煤焦、汇丰焉头、楼俊泰业、西山晟聚等技改矿井升级改造。加大煤炭转化力度，实现高效利用。到2020年，全县原煤产能达到3000万吨、入选达到80％以上。加快煤电气一体化发展。建成京能吕临2×350兆瓦发电厂，争取裕民焦煤2×350兆瓦、晋煤太钢2×300兆瓦低热值煤发电项目和霍州煤电4×300兆瓦坑口电厂项目尽快落地。全面开发煤层气资源，加快推进中石油、中联、中澳等煤层气开发项目建设，积极引进煤层气发电、供热清洁能源项目，延伸产业链。到2020年，全县煤层气抽采量达到20亿立方米，形成煤电气互为支撑、循环发展的产业新格局。积极发展非煤产业。推进紫光钾业、风能发电等新型产业项目建设，争取碛口水利枢纽工程列入国家"十三五"计划。编制碛口景区总体规划，以碛口景区为核心，大力发展黄河文化、黄土风情体验游、休闲游、度假游，大力发展红色记忆游，形成旅游发展大格局，建成具有黄河文化特色的碛口旅游基地。抓住全国电子商务进农村综合示范县的契机，大力发展"互联网＋物流"新型产业，构建县级运营服务中心、乡镇综合服务站、村级服务点的三级服务体系。依托"三铁两高"区位优势，加快战略装车点和铁路专用线建设，打造联通晋陕蒙、辐射京津冀的物流节点区域。

（三）着力推进城镇建设，在城乡发展一体化上实现新跨越。实施城镇化带动战略，积极推进以人为核心的新型城镇化，坚持大县城、小城镇、新农村"三位一体"，构建城乡一体化发展新格局。促进城乡协调发展。着力实施"大县城"战略，围绕建设"城庄—县城—三交"带状大县城走廊、建设智慧城市，调整完善县城总体规划，编制实施水电路网等专项规划，南延北拓、东西治理，完善县城功能、拓展发展空间。建成阳坡—县城引水工程，分步实施城区水网改造。实施城区燃气集中供热项目，新增供热面积300万平方米。完善输气管网，完成百里湫川气化工程。推进安业、白文火车站站前广场等重点基础设施建设，实施城区地下管网工程，提升县城功能品位。积极推进特色镇建设，提高重点镇吸纳人口、集聚产业的承载能力。进一步推进新农村建设，建设美丽宜居乡村，创建一批省级、市级示范村。积极争取政策，大力实施棚户区改造，持续改善城乡人居环境。加强基础设施建设。加快推进太佳高速、西纵高速连接线建设，新国道太克线临县段建成通车。升级改造县级公路150千米，建成旅游公路100余千米，完善提质和拓宽改造农村公路800千米。形成以县城为中心的"三纵六横"交通路网。加快水利基础设施建设，规划建设赵家沟、大红沟等10处水利工程，建设中部引黄县域小水网配套工程。解决595个村、35.8万人的饮水安全问题。实施电网升级改造，提高电力供应保障能力。

（四）着力加快环境治理，在生态文明建设上实现新跨越。牢固树立"绿水青山就是金山银山"发展理念，坚持生态建设和脱贫攻坚相结合。打好生态治理攻坚战。抓住国家大力推动生态建设的政策机遇，调整土地利用总体规划，加大造林绿化力度，实施天保封育、三北防护林等重点工程，抓好退耕还林、宜林荒山造林、通道绿化、城区周边可视山体绿化等。到2020年，建成黄河中游生态绿色基地。推广政府购买式造林做法，扩大退耕还林贫困群众受益面。探索"龙头企业＋合作社＋贫困户"等沟域治理扶贫新途径，走出水土保持、沟域治理与农户增收相结合的新路子。加大治污控污力度。实施大气、水、土壤污染防治三大行动计划，抓好燃煤烟尘、道路扬尘等污染治理，有效预防重污染天气。到2020年，城区生活污水集中处理率和生活垃圾无害化处理率达到80%以上，饮用水源水质达标安全。

（五）着力深化改革开放，在发展动力活力上实现新跨越。推进重点领域改革。探索建立资源型经济转型的体制机制。完善公共资源平台建设，加快建立产权清晰、规则一致、竞争有序的城乡统一建设用地市场。分类推进国有企业改革，深化财税体制改革，充分激发市场活力。完成农村土地承包经营权确权登记颁证，创新农村土地流转、规模经营方式，建立农村产权交易市场，探索农村集体资产改革，激发农村发展活力。抓好"三大突破"。加大科技扶贫力度，充分利用中科协扶贫资源，推进与省农科院合作，在红枣防裂果、核桃抗霜冻等新技术上取得突破。加快民营经济发展，进一步优化发展环境，鼓励临县籍能人志士返乡创业，扶持民营企业发展壮大。推进金融振兴，创新投融资机制，发挥财政资金杠杆作用，推动政府与社会资本深度合作。提升对外开放水平。实施"走出去""引进来"开放战略，坚持不懈开展产业链招商、集群化招商、专业化招商，着力引进一批产业项目，推动全县产业转型升级。精准组织优势产业推介和项目对接，吸引一批大集团、大企业进驻我县。

（六）着力打造民生福祉，在人民生活提升上实现新跨越。优先发展教育事业。大力发展学前教育，新改扩建城乡幼儿园50所，学前三年毛入园率达到92%。加快实施"全面改薄"工程，新建城南初中、城南小学，改扩建农村中小学106所，并通过国家达标验收。到2020年，义务教育巩固率达到95%以上。加快推进普通高中标准化建设，基本普及高中阶段教育。积极发展职业教育、民办教育、特殊教育。提升教育教学质量，办好人民满意的教育。提高医疗服务水平。加强县乡村三级医疗卫生服务体系标准化建设，县人民医院传染病区、县中医院、第二人民医院改造全面完成。新建卫生监督所、急救中心和城区4个卫生服务站，改扩建乡镇卫生院，提升改造村级卫生室。解决好群众"就医难、看病贵"的问题。推进文化繁荣发展。坚持文化事业与文化产业、文化兴业与文化惠民并重，建设文化强县。加快推进县"三馆一院"、乡镇综合文化站、村级文化场所等三级公共文化体育设施建设，实施"551"农村文化建设工程，实现公共文化服务网络县乡村三级全覆盖。提升文化软实力，深入挖掘伞头秧歌文化、红色文化、红枣文化等资源，让文化产业真正成为转型跨越发展的新型产业。完善社会保障体系。实施全民参保计划，建立健全城乡居民医疗保险、失业保险、养老保险等制度，实现五大基本保险全覆盖。加快农村五保供养服务机构、城乡老年人日间照料中心建设，推进居家养老、社区养老协调发展。到2020年，实现养老服务中心（站）县乡全覆盖。建立起覆盖城乡的公共就业服务体系，城镇登记失业率控制在4%以内。完善城乡最低生活保障制度，提高农村低保标准，逐步实现低保和扶贫兜底两线合一。

加快精准脱贫　全面建成小康社会

方山县县长　**李溢涛**

"十二五"期间，我们认真贯彻落实中央、省、市各项决策部署，积极应对复杂多变的经济形势，在抢抓机遇中阔步前行，在迎接挑战中拼搏奋进，基本完成了"十二五"规划目标任务，为"十三五"全面达小康奠定了扎实的基础。

一、"十三五"时期的目标任务和发展思路

"十三五"时期，是我县加快精准脱贫、全面建成小康社会的攻坚期，也是我们加快发展、大有作为的机遇期。我县经济社会发展的指导思想是：深入学习习近平总书记系列重要讲话精神，全面贯彻落实党的十八届三中、四中、五中全会，省委十届七次全会、市委三届七次全会和县十次党代会精神，按照"精准扶贫、发展经济、改善民生、维护公平"的总体要求，以解放思想为先导、脱贫攻坚为统揽、产业体系为支撑、生态建设为抓手、依法行政为保障，确保方山如期脱贫、如期摘帽，实现全面建成小康社会的宏伟目标。

主要预期目标：到2020年末，全县完成地区生产总值30.25亿元，年均增长5.9%；固定资产投资34.6亿元，年均增长8.3%；公共财政预算收入3.39亿元，年均增长5.9%；城镇居民人均可支配收入达到22871元，年均增长4.8%；农村居民人均可支配收入达到5338元，年均增长6.6%；居民消费价格涨幅控制在4%左右；万元GDP综合能耗等节能减排约束性指标控制在市定目标之内。

围绕上述指导思想和预期指标，今后五年我县经济社会的总体发展思路是：

（一）坚持脱贫攻坚统揽经济社会发展全局。坚持精准扶贫、精准脱贫基本方略，以增加农民收入为核心，到2017年全县118个贫困村、37295名贫困人口全部脱贫，实现"两不愁、三保障"，如期完成贫困县摘帽任务，整体迈入小康社会。

坚持创新发展，构建新型产业体系。紧紧围绕县委"三横一竖"发展布局，拓展产业发展空间，推动一、二、三产协调发展，着力提升"四大产业"，形成壮大经济实力的支撑。一是夯实基础产业。以马坊、积翠等乡镇为主，加强脱毒种薯繁育和优质商品薯生产基地建设，大力发展马铃薯产业；以圪洞镇以南区域为主，实施"变栽为管"的核桃丰产计划，配套林下中药材种植，增加单位面积产出；以圪洞镇、北武当镇为主，利用我县野生中药材资源丰富的优势，坚持内扶外引，进一步扩大优势中药材仿野生种植规模，培植属于方山品牌的1～2种名贵中药材，力争"十三五"末全县中药材种植总面积达到2万公顷；利用全县7大沟4.5万公顷天然和人工草地，发展沟域经济，实施综合治理，适当规模养殖，保存天然景色。二是稳定支柱产业。按照"高碳经济低碳发展、黑色资源绿色发展"的思路，着力推进煤炭"六型转变"，提升矿井现代化水平，延伸产业链条，提高就地加工转化率，稳定煤焦生产的基本面。加强监管，规范开采，引导铝矾土、陶瓷黏土企业向现代化、可持续化方向发展。试推强强联合、抱团合作，减少内耗，抵御市场风险。三是壮大主导产业。树立全域旅游理念，按照打响"山水品牌"，注入"文化基因"的原则，坚持旅游资源由分散开发向县域整体开发转型、旅游产品由观光旅游向观光休闲度假并重转型、旅游收入由门票为主向综合收入转型，实现由旅游资源大县向旅游强县、收益大县的历史性跨越；加快现代服务业发展，依托铁路、高速、航空齐备的立体交通优势，做好"互联网＋"这篇大文章，发展电商、微商产业，带动全县形成集物流仓储、餐饮住宿、运输服务为一体的现代物流产业链。四是培育潜力产业，充分发挥我县风能、太阳能资源丰富的优势，大力培育壮大风力发电、光伏发电和生物质能等新能源产业；适时开发利用好我县的透闪石、蛭石等后续资源。

（二）坚持绿色发展，加强生态文明建设。紧紧围绕建好"吕梁后花园"的功能定位，坚持节约资源和保护环境并重，以创建国家级园林县城、生态村镇为引领，按照"一年见效、三年成景"的目标，造林绿化、治山治水，促进生态自我修复。高标准立体化实施太佳连接线通道绿化工程，适时启动县城东山万亩山楂生态园规划建设，提高森林覆盖率和城市建成区绿化覆盖率。强力推进节能降耗，加强环境综合治理，全面落实大气、水、土壤污染防治措施，持续改善生态环境。

（三）坚持协调发展，推进城乡资源共享。以"互联网＋"带动信息化，统筹推进工业新型化、农业现代化、县域城镇化和城乡生态化，不断增强发展的整体性和平衡性。推动城镇公共服务向农村延伸，逐步形成城乡一体的基础设施体系、均衡发展的公共服务体系。到2020年，县城集中供热、供气率分别达到80%、75%，县城绿化覆盖率达到38%以上，全县城镇化率达到43.5%。

（四）坚持改革创新，着力改善民生。引入市场机制，改革管理体制，集中人力、物力和财力完善教育、卫生、文化、体育等公共设施，推动教育均衡发展和质量提升，提高医疗卫生服务水平，拓宽就业创业渠道，增加城乡居民收入，完善社会保障体系，推动文化事业繁荣发展，加强和创新社会管理，使全县人民共享改革发展成果。

二、认真做好2016年工作

2016年是落实"十三五"规划的开局之年，也是打赢脱贫攻坚战的关键之年。预计全年完成地区生产总值23.7亿元，增长3.5%；固定资产投资31亿元，增长33.4%；公共财政预算收入3亿元，增长18%；社会消费品零售总额8.98亿元，增长6%；城镇居民人均可支配收入达到18287元，增长6.5%；农村居民人均可支配收入达到4137元，增长6.6%；实现66个贫困村、2万贫困人口整体脱贫。

重点要做好以下四方面的工作：

（一）突出"精准"二字，实施"五大扶贫行动"。移民搬迁扶贫行动。以集中搬迁为主、分散搬迁为辅，采取"市场化运作、货币化补助、政府回购安置"等方式，捆绑使用扶贫移民、采煤沉陷区治理、棚户区改造等项目资金，完成圪洞、峪口、大武3个集中移民安置点主体工程建设，新建楼房14栋、12.9万平方米，年内安置移民919户3515人。

光伏扶贫行动。利用好国家光伏扶贫支持政策，加强与晋能清洁能源公司的合作。采用村级分布式、集中式、户用分布式和大型地面站四种模式，完成积翠刘家庄、马坊赤坚岭等电站建设，力争年底全部并网发电，全县光伏扶贫总规模达到33.15兆瓦。同时，积极探索收益分配办法，确保光伏收益扶持深度贫困群众政策落实到位。

工程建设扶贫行动。积极探索财政资金、工程建设、生态建设与贫困劳动力合作的模式，引导贫困户自由组合，成立“造林专业合作社”“劳动用工合作社”“专业技术合作社”，采用“工程项目＋专业团队＋合作社”等方式，增加贫困户的工资性收益。

金融支持扶贫行动。运用好县扶贫融资承贷平台，积极争取国家扶贫贷款用于光伏、移民搬迁等扶贫项目。探索并推广“大象模式”“桥沟模式”，运用好国家政策性银行和商业银行的信贷产品，运用好财政注入风险金撬动8～10倍扶贫贷款的办法，对贫困户贷款发展生产，按照年利率5%给予贴息，做到贫困户贷款应贴尽贴。

政策兜底扶贫行动。实行低保线和贫困线“两线合一”，将部分和完全丧失劳动能力的农民纳入低保体系，做到应保尽保。贫困人口在县、乡医疗机构新农合补偿比例提高到80%和90%，免除五保对象在县内新农合定点医疗机构万元以内的就诊费。

（二）围绕“三横一竖”产业布局，打造“五个产业组团”。健康天然的绿色农业组团。发展现代农业。加快调整农业产业结构，不断扩大马铃薯、小杂粮、中药材、沙棘、核桃、肉牛养殖产业规模，年内新发展绿色马铃薯2000公顷，中药材3333公顷，育苗333公顷，实施关帝山片区肉牛养殖工程、完成良种牛改良繁育4000头。扶持、引导龙头企业启动圪洞沟原生态耕作农业区、莺峪沟生态畜牧养殖区、石张店有机林果栽植区、北武当道地药材采集区，以及沿川食用菌产业带纯天然绿色食品的地理标志产品和原产地保护认证工作，力争完成马铃薯、蔬菜、中药材“三品一标”认证5333公顷。制定出台《方山县农业产业化发展奖补办法》，对产业化种植、规模化生产、品牌化认证等进行重奖重补。培植扶持龙头企业。鼓励龙头企业发展特色产业、深加工项目，使全县农业主导产业形成“产加销一条龙”的生产经营格局。督促大象集团万头养猪项目建成运营，加快恒都集团万头肉牛养殖屠宰加工项目落地；建立山西国新晋药集团全面战略合作关系，切实解决中药材的产销瓶颈；支持祥浓公司开工果蔬杂粮系列产品深加工项目、雪帝公司上马沙棘果粉及沙棘油开发项目、山外香公司扩建年产5000吨咖啡玉米生产线。创新农业经营体系。制定出台土地流转指导意见，积极稳妥推进土地流转，鼓励农民以地折股合作办企，年内流转土地2000公顷。进一步壮大农民经纪人队伍，推动“互联网＋农业”、农超对接，解决农民销售难的问题。

风光秀丽的生态旅游组团。启动编制全域旅游发展总体规划，设立旅游开发专项扶持资金，督促企业按规划项目和计划进度分步实施。继续引深北武当山后山开发，启动道教庙宇群建设，完成索道工程，创建国家5A级景区。尽快理顺于成龙廉政文化园及故居管理体制，完成布展工作，早日开馆迎宾。启动武当村乡村旅游项目建设。

循环清洁的煤铝产业组团。落实全省煤炭供给侧结构性改革实施意见，不断提高霍州煤电木瓜、店坪、金晖瑞隆、凯川、汇丰新星等矿井的现代化水平，努力提升煤矿综合实力。加快国际能源2×350兆瓦低热值煤电厂、新星冶炼年产5万吨球墨铸件改扩建二期工程进程，实现煤电、煤铁一体化发展。通过市场配置资源的方式，推动铝矾土和陶瓷黏土企业生产由粗放型向集约型转变，继续推进铝矾土深加工，培育新的经济增长点。

低碳环保的新兴产业组团。加快老传统年产5000吨白酒和山西良泉酒业年产5000吨保健酒一期工程改扩建项目以及莜麦醋、辣椒酱系列产品开发步伐，推进白酒品牌化、集约化战略，巩固拓展白酒产业的市场占有率。完成国电马坊50兆瓦风力发电一期工程，启动二期工程，推进晋能风电项目前期工作。做好北京三聚环保生物质复合肥项目立项、土地、环评等前期工作，尽快落地开工。

便捷高效的现代服务组团。以创建“国家级农村电子商务示范县”为目标，推动“京东中国特产方山馆”“淘宝特色中国方山馆”开馆上线，发挥“电商协会”的引领作用，年内发展村级电商综合服务网点50个，培育淘宝村3个、淘宝乡镇1个，实现农产品网络交易额5000万元以上。适时启动大武现代物流园区和高科技劳动密集型产业园区，逐步把我县建成吕梁市重要的商贸物流集散地。

（三）围绕城镇带建设，加速完善基础设施。持之以恒推进县城扩容提质。强化规划引领和管控作用，按照发改、城建、土地、环保等部门“多规合一”的思路，启动修订县城总体规划，城区面积扩大到12平方千米以上。引进国内、省内知名开发商，适时启动建设1～2个高标准、高品质小区，改善县城居民居住环境；年内完成糜家塔商贸区“一纵六横”路网改造工程；建设52个公交车站台（点），开通运营新能源公交车；积极探索和引进国内知名企业，市场化运作供热、供水、供气、环卫、园林等公共管理项目，企业出资完善配套建设管理，政府购买服务，降低管理运营成本，提高服务水平。

持续发力加强重点工程建设。交通方面，完成店梁线3.7千米采空区路面改造工程，积极配合市政府做好209国道圪洞至大武改线工程和太克线马坊至娄烦段路面升级工程，实施窄路面拓宽提质工程和生命防护工程，力争圪张线、赤麻线旅游路项目立项。水利方面，实施人畜饮水提质工程，解决10个村3500口人的饮水安全问题；开工马坊镇杨家沟村坝滩联合整治工程，新建农田节水工程8处，完成水土流失治理任务1667公顷；完成大象万头猪养殖用水工程，争取圪洞沟山洪治理工程立项。天然气方面，推进与山西国新能源的合作，新建吕梁新区大武门站、加气母站及县城区门站，新增天然气用户500户。

坚持不懈改善城乡人居环境。立足创建国家级卫生县城和省级文明县城，启动农村人居环境改善“四大工程”，完成采煤沉陷区治理2个村286户，推进县水泥厂等六户企业工矿棚户区改造项目。实施农村改厕2500个，新建生活污水收集管网5千米，按规划打造马坊赤坚岭、积翠孔家庄、圪洞庄上、峪口桥沟4个美丽宜居示范村。进一步理顺城市执法管理体制，全面提升城市管理水平，强化城乡环境、市场秩序、建筑施工、交通管理专项整治活动，优化人居环境。

（四）围绕民生改善，补齐社会事业短板。优先发展教育事业。加强义务教育标准化建设，扎实推进“全面改薄”工程，投资7370万元，完成20所中小学基础设施建设，配套完善所有中小学教育信息化建设和生活设施装备，力争今年通过省政府义务教育均衡发展验收。创新建设模式，加快新高中建设，明年8月底一期、二期工程全部完工，投入使用。发挥北京理工大学定点帮扶我县的资源优势，做好研究生支教和北京理工方山暑期学校建设等工作。

加快发展医疗卫生事业。继续推进县级公立医院综合改革，完善公立医院绩效工资改革分配制度，充分调动医务人员的工作积极性。启动县城大医院建设，加快城镇社区卫生服务中心建设，全面提高村级卫生室标准。新农合人均财政补助标准提高到420元，参合率保持在98%以上。

促进文化事业繁荣发展。加强公共文化服务体系建设，加快“三馆一院”、乡镇文化站、村级文化场所等公共文化基础设施建设和达标工作，力争卫星电视户户通全覆盖。挖掘整理优秀传统文化、廉政文化、道教文化，重点加强文化与旅游的深度融合发展，推出更多富有地方特色的文化旅游精品，讲好“方山故事”，展示方山新形象。

继续强化社会保障事业。年内新增城镇就业1800人，转移农村劳动力2800人，城镇登记失业率控制在4.2%以内。建立城乡统一的居民基本医疗保险制度，医保人均财政补助标准提高到420元。

潮起海天阔，扬帆正当时。美好的蓝图已经绘就，方山的崛起蓄势待发，让我们进一步增强发展意识和机遇意识，以更加宽广的视野谋划发展，以更加昂扬的斗志迎接挑战，以更加务实的作风勤勉工作，为夺取全面建成小康社会新胜利努力奋斗！

努力建设生态交城、活力交城、宜居交城

交城县县长　**张潞萍**

“十二五”时期，是我县发展史上极不平凡的五年。五年来，我们深入学习贯彻党的十八大、十八届三中、四中、五中全会精神和习近平总书记系列重要讲话精神，主动适应新常态，主动接受新理念，攻坚克难，奋勇前进，全县经济社会平稳健康运行。为“十三五”发展奠定了坚实的基础。

一、“十三五”时期指导思想和目标任务

“十三五”时期，是全面建成小康社会的决胜阶段。我县经济社会发展的指导思想是：高举中国特色社会主义伟大旗帜，深入学习贯彻习近平总书记系列重要讲话精神和中央、省委、市委决策部署，始终坚持全面从严治党为主线，始终坚持以经济建设为中心，理直气壮抓发展，干群同心抓脱贫，实施“五个提升”（提升产业发展层次、提升城镇综合实力、提升现代化治理能力、提升社会发展水平、提升文化软实力），打造“一城三区”（大县城、经济开发区、现代农业园区、庞泉沟大

景区),进一步解放思想、振奋精神,牢记使命、奋发有为,为建设生态交城、活力交城、宜居交城而努力奋斗。

"十三五"时期,我县经济社会发展总体部署为:

"五个提升"即:提升产业发展层次,引进高端技术、高端人才,改造升级精细化工、装备制造等产业,实现产业层次向更高水平发展。提升城镇综合实力,以大县城建设为核心,加快城乡一体化发展,引领县域经济发展全面提速。提升现代化治理能力,坚持法治理念、创新理念、市场经济理念,转变政府职能,深化行政审批制度改革,加快推进法治体系和治理能力现代化。提升社会发展水平,统筹教育、卫生、社保、就业、住房等社会事业,让人民群众共享改革发展成果。提升文化软实力,深入挖掘历史文化内涵,促进文化旅游融合发展,增强地域文化影响力、向心力、感召力。

"一城三区"即:"一城":实施大县城战略,在建成区面积上东拓西扩,完善城市功能,提升城市品质,努力打造省级山水园林城、国家卫生城。"三区":一是以经济开发区为平台,大力推进产业提级、企业提质、功能提效、环保提档,打造经济开发区升级版,建设全省一流的创新转型示范区;二是以现代农业园区为支撑,做精做优高效农业、特色农业、观光农业,提高农业比较效益,塑造特色农业品牌;三是以庞泉沟大景区为依托,谋划和做好生态旅游这篇大文章,打造山水交城特色旅游品牌,建设全国知名的休闲旅游度假区。

"三个交城"即:生态交城,就是要建设一个地绿景美、天蓝水清、连山接水、人与自然和谐相融的大美之城;活力交城,就是要建设一个包容大气、创新迸发、人才集聚的创新之城;宜居交城,就是要建设一个交通便捷、管理井然、保障完善的舒适之城,使外来客商真正愿意"休闲在交城、居住在交城、创业在交城",使交城率先融入太原大都市圈。

今后五年,我县经济社会发展的预期目标是:

经济平稳较快增长。地区生产总值达到112.36亿元,年均增速12.8%。固定资产投资总额、社会消费品零售总额、公共预算收入、服务业增加值等主要经济指标在全市排位前移,县域经济综合实力显著增强。

产业结构进一步优化。第三产业占比由2015年的38%提高到50%以上,使旅游业真正成为主导产业。

人民生活水平稳步提高。城镇居民人均可支配收入年均增长4.33%,农村居民人均收入年均增长5%,建档立卡贫困人口2018年全部脱贫。

新型城镇化加速推进。"一核(大县城)两带(磁窑河、瓦窑河)双支点(夏家营、西营)"城镇体系初步形成,县城常住人口达到13万,城镇化率达到60%,水、电、路等基础设施日趋完善,区域功能定位和产业分工更加清晰,景城一体格局基本形成。

生态环境明显改善。"十三五"末,森林覆盖率达到60%,林木绿化率达到72%。污染物排放总量、单位生产总值能耗、二氧化碳排量、单位工业增加值用水量削减幅度不低于全市平均水平,空气质量稳定在国家二级标准。

文化影响力显著提升。社会主义核心价值观深入人心,群众思想道德、科学文化素质明显增强,公共文化服务体系进一步健全。厚重传统文化不断传承弘扬,优秀文化产品做大做强,文化软实力持续提升。

城乡社会和谐稳定。创新社会治理体系,依法维护社会公平正义,发展社会各类中介组织,创新群众工作机制,促进社会和谐稳定。健全完善责任体系,促进安全生产形势稳定好转。

二、"十三五"时期全力推进四方面工作

(一)坚决打赢脱贫攻坚战。以脱贫攻坚统领经济社会发展全局,集中精力、统筹资金、创新机制,确保全县2.9万贫困人口全面脱贫。挂图作战脱贫攻坚。明确脱贫摘帽目标任务、时间节点、责任时限、责任人,挂图作战、按图指挥、按图销号,倒逼脱贫攻坚各项任务落到实处,务必完成。统筹资金脱贫攻坚。一是统筹财政资金,对涉农、扶贫、水利、建设等财政资金从来源渠道、投入对象、目标任务进行梳理归并,尽力用于脱贫攻坚。二是统筹移民搬迁资金,对"一方水土养不起一方人"的贫困村实行整村移民搬迁。三年内通过采取移民进城、行政村就近安置、旅游区安置、货币化安置等多种形式,完成5486人搬迁安置。三是统筹民生资金,对低保户、五保户、大病救助对象、社会救济对象等弱势群体全部由政府兜底,实现脱贫。四是统筹社会资金,脱贫攻坚是企业应当承担的社会责任。县脱贫攻坚领导组要牵头组织企业与贫困户对接,明确帮扶对象,统筹社会力量脱贫攻坚。

(二)全力推进"一城三区"建设。实施大县城战略,努力打造省级园林城、国家卫生城。拉大城市框架。围绕"山水园林之城"的城市定位,按照"东拓西扩、南水北绿"的发展思路,形成"十纵十横五循环"的城市道路框架,到2020年县城建成区面积达到13平方千米,县城常住人口达到13万人,城镇化率达到60%。提升城市功能。实施供热、供水、供气、污水处理等综合管廊建设,完成美锦供热二期工程,新建15个供热站,全县供热面积达到600万平方米,城市集中供热率达到90%;天然气普及率达到90%以上。建设智慧城市。把城市建设与信息建设融为一体,使城市管理、城市公共设施、基础服务设施逐步实现数字化,深入开展城乡环境卫生整治行动,全面提升精细化管理水平,奋力创建国家级卫生县城。实施县城绿化提质工程到2020年城市建城区绿化覆盖率达到46%,

人均公园绿地面积20平方米。统筹城乡发展。按照“大县城引领平川、旅游带动山区”的思路,各乡镇准确定位,因地制宜打造商贸村镇、旅游村镇、生态村镇、文化村镇。加快美丽乡村建设,打造山水村、柏叶口村、夏家营村、磁窑村等一批美丽宜居示范村。提升开发区水平,努力打造国家级循环经济示范园区。

抓好产业升级。利用开发区比较优势,瞄准煤化工、精细化工延伸产业链。依托600万吨焦化和100多万吨燃气,积极培育和引进上下游产品,发展一批具有核心竞争力的大企业大集团。抓好润锦化工焦炉煤气综合利用、北方电力和湘电古冶25万千瓦风电等一批在建、筹建项目。加快江苏燎原精细化工产业园、中国节能集团开发区提档升级项目落地,深化与华能集团清洁能源技术研究院的合作,建设开发区工业气体一体化能源岛项目,彻底改变目前开发区发展粗放问题。完善配套设施。逐步实现开发区内统一供水、统一供电、统一供气、统一供热、统一污水处理。

加快现代农业园区建设,努力打造以休闲观光为主题的特色园区。树品牌创特色。依托瑞景苑鲜花港,拓展园艺展览馆,加快建设集花卉种植、引种试验、观光旅游于一体的花卉产业。围绕翠丰葡萄园、承俊草莓园、建宏采摘园,大力发展采摘、观光、体验等农业新业态,打造一批休闲农庄、农业观光园。组建中药材产业协会,依托国新能源667公顷药材基地,加快中药材产业发展,3年内种植面积达到3333公顷。依托自然资源开发休闲创意产业,发展牡丹、玫瑰、香花等沟域经济,打造具有交城特色农业品牌。强龙头带基地。加快推进天津宝迪1万头能繁母猪项目和北京新瑞利邦2万头优质肉牛养殖项目落地运行,力争到2020年创建1～2户国家和省级农业产业化龙头企业。在安定、广兴、洪相、大营、寨子等集中连片区,发展1333公顷设施蔬菜基地;依托青木、碧洲等苗木生产企业,建设核桃、红枣经济林苗木和白皮松、油松等1333公顷苗木基地。以原和源农业一体化项目为龙头,建设省城太原农产品加工、仓储、配送基地。送政策优服务。实施“互联网+现代农业”行动,推进现代信息技术应用于农业生产、经营、管理和服务,发展农产品电子商务,完善配送及综合服务网络,实现农产品电子商务应用率50%以上。

推进庞泉沟大景区建设,努力创建国家全域旅游示范区。坚持规划引领。尽快聘请国家知名设计公司对全县旅游资源进行全域范围的高起点规划、高档次策划,形成以总体规划为统领、专项规划为支撑、项目规划为着力点的旅游规划体系。启动全长73千米的庞泉沟旅游大通道前期工作,完善景区微循环路网体系,规划建设庞泉沟游客集散中心,规划住宿、厕所、停车场等配套设施提质工程,提升旅游景区综合服务能力。坚持有序开发,纠正圈山截流、无序开发乱象。组建旅游投资公司,引进知名旅游开发集团,切实打破条块分割、各自为政的现状,对全县旅游资源进行整合开发。加快推动卦山·玄中寺创建国家5A级旅游景区,加快龙门景区、柏叶口景区、文峪河湿地公园、关帝山森林公园建设,打造一批大而精的旅游景区。高度重视旅游景区垃圾、污水处理整治,完善旅游标示标牌,实现景区无线宽带全覆盖。

(三)持续改善生态环境。加强环保治理。规范清理整顿违规项目,打击取缔土小企业。杜绝污染反弹。尽快启动开发区移民搬迁。为企业发展腾出空间。

加强造林绿化。一是加快实施退耕还林。全县666公顷25度以上的坡耕地全部实施退耕还林。二是全力推进宜林荒山绿化。要创新营林机制,采用“政府购买式”造林等做法,成立造林扶贫专业合作社,就地吸收不低于60%的贫困人口参与,以议标形式优先承揽造林绿化任务,全面完成1万公顷宜林荒山绿化。三是全面实施经济林提质增效。完成3333公顷核桃、红枣经济林提质增效工程,新增核桃经济林、油用牡丹3333公顷。四是全面完成主城区周边可见山体绿化。要利用今秋明春两个植树季,完成主城区可见山体荒山绿化,快速改善主城区人居环境,确保到“十三五”末实现宜林荒山全部绿化。

(四)着力关注民生民计。坚持教育优先发展,从有学上到上好学,逐步建立均衡发展的教育服务体系。要把教育均衡发展放在普惠民生重中之重。巩固义务教育均衡县创建成果,加快城西小学、新建学校新校区、移民新区配套小学建设,完善成村初中新校区工程。2020年前实现消除城区大额班容量目标。加强高中学校管理和内涵发展,实施品牌战略,提高整体办学水平。大力发展现代职业教育,创新设置旅游、化工等我县主导产业课,实现学生毕业后进可升学,退能就业。

深化医药卫生体制改革,从看起病到看好病,逐步建立覆盖城乡的医疗服务体系。尽快完成山医大一院交城分院建设,从根本上解决人民群众就医难问题,早日实现“小病在乡镇,大病不出县”的目标。

完善社会保障体系,从关注点到保障面,逐步建立城乡一体的社会保障体系。要从解决好低保户、五保户、残疾人等困难群众群体的基本生活保障这个基本点抓起,逐步建立健全城乡居民养老、医疗、生育、失业、工伤等保险制度,消除社会保障的盲点,基本实现法定人员全覆盖。

生态交城、活力交城、宜居交城是交城未来五年的宏伟蓝图,是我们五年的奋斗目标。是对交城23万人民的庄严承诺,无论有多少艰难险阻,我们都义无反顾,一抓到底,办成办好,取信于民!

全力开创柳林经济社会发展新局面

柳林县县长　**刘惠民**

“十二五”是柳林发展史上极不平凡的时期。期间，我们既经历了突飞猛进的大跨越，也遇到了经济下行的大挑战。“十二五”前半期，县域经济增势迅猛。成为全省第一个县级可用财力突破30亿元的县份。“十二五”后半期，县域经济增长速度大幅回落，出现断崖式下滑，但总量仍居全市前列，为“十三五”发展奠定了扎实的基础。

一、“十三五”时期经济社会发展的总体思路和主要任务

站在新的历史起点上审视柳林未来五年发展，“十三五”时期，是我们大有作为的战略机遇期。“十三五”时期，我县经济社会发展的总体思路是：全面贯彻党的十八大和十八届三中、四中、五中全会精神及习近平总书记系列重要讲话精神，严格按照党中央“五位一体”“四个全面”“五大发展”的战略布局和省委、省政府“一个指引，两手硬”的总体要求，紧紧围绕县委第八次党代会提出的“小康县、文明县、宜居县”三县共建目标，实施两大攻坚、打造三大基地、扶持六大产业，全力开创柳林经济社会发展新局面。

实施两大攻坚。就是要坚决打赢脱贫攻坚和转型发展两大攻坚战役。脱贫攻坚必须决战决胜，到2017年底，全县所有建档立卡贫困人口全部脱贫，与全国、全省、全市同步迈入全面小康社会。转型发展务求取得重大突破，在巩固提升煤炭产业的同时，依托资源、区位、交通等优势，做大做强非煤产业，积极扶持中小微企业，着力培育新的经济增长点，形成经济社会多元发展的新格局。

打造三大基地。就是要依托品质优、基础好的煤炭优势，提升煤炭产业发展层次，打造全省一流的煤系产业基地。依托丰富质优的铝矾土资源优势，着力延伸现代化铝加工产业链条，打造全省一流的铝工业基地。依托李家湾光电子产业园区，更多地引进信息化、电子化高科技项目入驻，打造全省一流的高科技产业孵化基地。

扶持六大产业。就是要立足我县实际，挖掘一切可以挖掘的潜力，打造多元发展的产业支撑体系。一是扶持特色农业。充分发挥各大农业园区的带动和支撑作用，加快推进以红枣和核桃为主，以小杂粮、畜牧养殖、设施蔬菜、林下经济为补充的特色农业产业发展。二是扶持新能源产业。提升新能源产业的战略高度，加快推进煤层气产业开发、煤矿瓦斯气抽采利用；用足资源优势和利好政策，积极推进以太阳能为主的新能源开发利用，推动光伏发电产业良好发展。三是扶持建材产业。提高石灰石资源开发利用水平，积极扶持高端石材加工项目建设；充分利用煤矸石、粉煤灰等工业废渣，生产保温材料、地面砖、墙面砖等建筑材料，推动建材产业集群发展，逐步形成功能系统化、产品系列化的园区架构。四是扶持物流产业。我县地处山西西大门，境内又有太中银、中南出海通道、孝柳铁路、青银高速公路、307国道、沿黄干线公路、沿黄旅游公路等多条国、省级交通大动脉。要充分发挥好这一区位和交通优势，打造全省乃至全国物流中转平台，不断壮大物流产业。五是扶持文化旅游产业。要借助我省打造“华夏古文明，山西好风光”文化旅游品牌之机，积极将我县文化旅游业融入省、市旅游圈；深入挖掘柳林特有的历史文化和自然景观资源，精心打造颇具柳林特色的黄河风情、生态观光、红色文化、乡村田园等旅游品牌，同步完善吃、住、行、游、购、娱等配套设施，全面提升旅游业服务水平。六是扶持电商产业。树立“互联网＋”思维，积极引进知名电商，加强与京东、阿里巴巴等知名电商的交流合作，注重培育本土电商，打造“微商联盟”电子商务平台，开展“电子商务进农村”行动，积极培育并推广以电子商务、物流网点为主的新型业态，实现县有电子商务运营中心、乡有电子商务服务站、村有电子商务服务点。

二、“十三五”时期经济社会发展的主要预期目标

综合实力要有新提升。全县地区生产总值年均增长7.2％，达到171亿元；规模以上工业企业增加值年均增长6.6%，达到95亿元；服务业增加值年均增长13.7%，达到60亿元；一般公共预算收入年均增长7%，达到15.4亿元；固定资产投资年均增长7%，达到255亿元；社会消费品零售总额年均增长10%，达到55亿元；城镇居民人均可支配收入年均增长6.5%，达到37110元；农村居民人均可支配收入年均增长6.5%，达到13741元。

转型发展要有新突破。要大力推动农业产业走规模、质量、品牌、效益全面提升的绿色循环发展道路，加快推进煤炭、煤电、煤化等传统产业优化升级，将文化旅游、节能环保、生态观光、仓储物流发展成为特色先导产业。到2020年，三产比例由“十二五”末的1.6∶66.9∶31.5优化为3∶62∶35。

城乡统筹要有新进展。加快城乡基础建设。到2020年，县城建成区人口规模达到15万人以上，城区光纤及移动网络覆盖率达到100%，垃圾无害化处理率和生活污水处理率达到95%以上；成家庄、留誉、三交、孟门四个中心集镇人口规模平均达到1万人左右，其他中心集镇人口规模平均达到5000人左右；城镇化率年均增长1.5%，达到47.5%。

生态环境要有新改善。持续推进造林绿化，对25度以上坡耕地全部实施退耕还林，生态脆弱区治理要取得明显成效；节能减排完成控制性指标，建设用地得到有效控制。到2020年，城区空气质量二级以上天气达到80%；城区以及中心集镇、新建设的新农村全部实现生活垃圾、污水集中处理。坚持推进造林绿化工程，进一步提高林草覆盖率。到2020年，县城建成区绿化覆盖率达到45%，全县森林覆盖率达到36.8%。

公共服务要有新成效。全面实施教育优先发展战略，合理配置教育资源，稳步提升全民教育。到2020年，城区新增2～3所公办幼儿园，每个乡镇至少建成1所标准化幼儿园，高中阶段毛入学率达到95%以上；加快卫生事业发展，完善城乡基本医疗保障体系，满足群众健康需求。到2020年，全县公立医院床位达到1200张以上，实现“小病不出乡，大病不出县”目标。城镇职工医保、城镇居民医保参保率达到95%以上，新型农村合作医疗参合率稳定在99%以上；大力发展公益性文化事业，加强文化遗产保护利用，实施文化惠民工程，完善文化服务网络。加快图书馆、文化馆、影剧院及乡镇文化站、村级文化场所等公共文化体育设施建设、达标工作，打造一批体现柳林特色的文艺精品和文化产品，最大限度满足群众精神文化需求。全面提升科技、社保、住房、就业等领域的保障水平，推进基本公共服务体系更加完善。

三、2016年主要工作

2016年是“十三五”发展的开局之年，意义十分重大。2016年经济社会发展的主要预期目标是：地区生产总值完成124.4亿元，增长3%；固定资产投资完成187亿元，增长3.3%；一般公共预算收入力争完成10.8亿元；城镇居民人均可支配收入达到2.9万元，增长6%；农村居民人均可支配收入达到10570元，增长6%；其他约束性指标均达到省、市要求。

完成上述任务，要重点抓好以下五方面的工作：

（一）狠抓结构调整，构筑多元产业支撑。提升煤炭产业。集中力量加快未投产整合矿井技改步伐。已完成技改的24座生产矿井，要进一步提高可持续发展水平，要进一步延伸煤炭产业链，支持柳电公司和民营企业上马低热值煤发电项目，鼓励生产矿井上马坑口电厂，实现煤电就地转化。

壮大非煤产业。充分发挥我县区位和交通优势，加快推进铁路集运站建设，发展壮大铁路物流产业，及早形成5000万吨运力。年内中南铁路孟门战略装车点一期工程和王家会铁路集运站投入运营，中南铁路汾西留誉战略装车点和太中银铁路柳林集运站争取开工建设。发挥石灰石资源优势，加快发展建材产业。年内福龙360万吨水泥、磐龙日产5000吨建筑碎石及2×800吨活性石灰项目达到稳定生产。发挥铝矾土资源优势，扎实推进王家沟煤矸石综合利用产业示范园区建设，积极上马电解铝、铝型材等项目，实现传统铝工业高端化转变。大力发展煤层气产业，加快勘探开采步伐，年内完成投资10亿元，争取日开采量达到28万立方米。积极推动光伏发电和生物质能发电等新能源产业，加快鸿润翔300兆瓦、森光200兆瓦光伏发电项目落地开工。

（二）坚持项目驱动，增强持续发展动力。加快在建项目进度。对总投资353亿元的38个省、市重点工程项目，每个项目都要明确时间表、路线图、任务书，倒排工期、倒逼责任，全力加快进度，确保如期建成、及早投产达效，推动县域经济持续稳定增长。全力争取上级投资。县政府及其各部门都要带头研究国家财政、金融和产业政策，密切关注中央和省级资金走向。千方百计争取上级资金。加大招商引资力度。大力开展招商引资，力争完成全年签约额300亿元的目标任务。

（三）强化城乡建设，加快统筹发展步伐。坚持规划引领。大力推进“多规合一”；严格规划的执行和管理，加强对规划执行情况的监督，确保规划的科学性、权威性和系统性。坚持民生为先。在县城建设上，年内307国道城区段改线、柳林新医院、联盛教育园区高中部续建工程要全面开工，城区热电联产集中供热工程投入使用，聚雅公路全线通车，加快推进新汽车站建设，启动城东110千伏和贺昌35千伏变电站建设。要大力推进棚户区改造，已经铺开的清河苑等商住楼开发项目，要加快建设进度；已建成争取年内分配到户；确保651户拆迁户顺利回迁。在中心集镇建设上，要加快推进孟门、成家庄、三交、留誉四个中心集镇扩容提质步伐，年内中南铁路孟门战略装车点上站公路建成通车，孟门、留誉110千伏变电站建成投运，孟门黄河护岸、黄河大桥及中部引黄柳林支线、黄河提水等工程建设加快推进；年内完成1400户农村危房改造和828户采煤沉陷区治理任务；继续开展“三级联创”活动，全面启动1个省级、2个市级、1个县级美丽宜居示范村创建工作。

（四）推进脱贫攻坚，着力增加农民收入。精准施策推进脱贫。实施脱贫攻坚8大工程和23个专项行动。精准实施“三个一”扶贫计划，经济林提质完成2467公顷，启动39个建档立卡贫困村光伏扶贫计划，完成500名护工护理人员培训就业。要积极开展柳林小吃京津开店、农村信用社金融扶贫、互助联营扶贫等行动。重点支持无劳动能力的特困人口兜底脱贫。今年，全县建档立卡的6971户2.1万名贫困对象，至少实现脱贫4260户1.2万人。

农业产业支撑脱贫。确保我县3.7万公顷耕地总量不减，全年粮食总产量稳定在3万吨以上。继续推进凌志、大庄、龙门垣等农业园区建设，在规模效益和科技引领方面进一步发挥示范带动作用。巩固好“8+2”农业产业化发展成果，持续打造陈家湾中垣片区、石西刘家垣片区、贾家垣裴家垣龙花垣片区等绿色谷物基地，陈家湾食用菌、龙门垣林下经济等特色产业基地。启动“全国农业标准化示范县”创建工作。加快凌志农业园区5万头肉驴养殖和大型深加工基地建设，把我县建成全省最大的肉驴养殖基地县。

生态建设助力脱贫。要加大生态建设力度，各类生态建设工程要优先在贫困村安排，优先让贫困人口参与，让贫困户就近务工脱贫。年内完成造林绿化3053公顷，完成30个村庄、企业、景点绿化任务。巩固并延伸退耕还林，将25度以上的坡耕地栽植以核桃为主的经济林。构建紧密的生态建设与贫困群众增收利益联结机制。

（五）持续改善民生，全面发展社会事业。加快发展文化旅游业。深入开发具有我县特色和市场竞争力的文化旅游产品，整合香严寺、抖气河、昌盛农场旅游资源，打造国家4A级景区。完成贺昌烈士陵园改造，启动刘志丹景区扩建项目，开机拍摄电影《下柳林》，加快推进柳林影剧院改建改造。

不断巩固教育优先地位。庙湾小学争取年内竣工，北大街幼儿园年内建成投用，完成2所农村幼儿园改造任务。大力实施总投资1.45亿元的142所义务教育学校“全面改薄”工程，力争通过国家义务教育均衡发展评估认定。

持续强化医疗卫生服务。推进乡村医疗卫生服务一体化，进一步充实县医院和乡镇卫生院医护人员。新建10个村卫生室。继续推动省级“卫生应急示范县”和“慢性病综合防控示范县”创建工作。

全面提升城乡保障水平。积极推动农村低保保障标准与国家扶贫标准衔接，逐步建立统一的城乡居民医疗保险制度，全面实行社保“一卡通”，严格落实农民工工资保证金制度，继续为全县人民办理意外伤害保险。积极推动养老服务体系建设，年内新建13个农村老年人日间照料中心，有效满足农村70岁以上空巢和高龄老人的基本生活需求。进一步提升就业服务水平，加强省际、市际及县际之间的劳务合作。年内新增城镇就业3200人，农村劳动力转移3400人。

当前的柳林，正处于经济发展的困难期，正处于推进转型的爬坡期。时代赋予重托，人民寄予厚望。让我们保持昂扬向上的精神状态，保持锐意进取的豪迈气概，保持务实为民的赤子情怀，坚定信心，振奋精神，万众一心，开拓奋进，为早日建成“小康县、文明县、宜居县”，为塑造柳林美好形象、实现柳林振兴崛起而努力奋斗！

努力建设和美厚实的小康中阳

中阳县县长　**田安平**

“十三五”是我县整体脱贫摘帽、全面建成小康社会的决胜阶段。五年后，我们将迎来建党一百周年，实现首个百年奋斗目标，做好这五年的工作至关重要。

一、“十三五”时期的总体思路和目标任务

“十三五”时期的基本思路是：以党的十八大、十八届三中、四中、五中全会和习近平总书记系列重要讲话精神为指导，遵循“四个全面”战略布局，贯彻中央“五个发展”理念，按照省委“六大发展”、市委“新布局新发展新形象”总体要求和县委“大生态大发展大民生”战略，围绕三年脱贫摘帽和五年全面建成小康社会的奋斗目标，以脱贫攻坚统揽经济社会发展全局，主动适应经济发展新常态，全面推进经济、政治、文化、社会、生态文明建设，以政府自身建设的不断强化，推动和美厚实小康中阳的早日实现。

根据这一思路，今后五年要努力实现以下目标：

经济发展质量明显向好。传统产业优化升级，新兴产业培育壮大，县域经济平稳健康持续发展，综合实力显著提升。到2020年全县地区生产总值突破100亿元，公共财政收入突破10亿元。三次产业结构更趋合理。

人民生活水平明显提高。城乡建设协调推进，生产生活条件普遍改善，基本公共服务覆盖常住人口。到2018年整体脱贫摘帽，2020年实现全面小康，农民人均纯收入突破1万元，城镇居民人均可支配收入突破3万元，人民生活更加殷实。

社会文明程度明显提升。社会主义核心价值观入心入脑，干部群众同心同德，做人谋事更加求实、创业创新更加务实、工作作风更加扎实，全县经济基础雄厚、文化底蕴深厚、社风民风淳厚、发展氛围浓厚，整体呈现出风清气正、心齐劲足、和谐文明的新气象。

改革创新取得明显成效。重点领域和关键环节的改革取得决定性成果，发展动力和活力显著增强。开放发展的广度和深度不断扩展，基本形成开放型经济和对外合作的良好机制。

生态环境质量明显改善。绿色发展、低碳发展成为全民自觉行动。能源资源利用率大幅提高，环境保护和生态修复进一步加强，林业建设成果有效巩固。到2020年，森林覆盖率达到50%以上。

社会治理能力明显增强。政府公信力、司法公信力进一步提升。安全生产形势根本好转，社会安定有序；人民民主不断扩大，法治建设有序推进。

二、今后五年要着力抓好以下五方面工作

（一）以精准扶贫理念和务实举措，坚决打赢脱贫攻坚战，开创全面小康的生动局面。脱贫攻坚是我县“十三五”期间重大的政治任务、首要的经济工作和第一民生工程。确保2018年实现高质量的脱贫。2016年、2017年分别脱贫8000人，2018年保底脱贫剩余贫困人口和返贫人口。坚持“八个一批”精准施策。一是发展特色产业脱贫一批。争取早日实现人均3头生猪、2亩核桃、1只肉羊的“321”目标。持续壮大核桃产业，发挥核桃产业覆盖65%农民、贫困户人均2亩的优势，确保2018年全县20万亩核桃全部挂果，其中12万亩进入盛果期，农民人均核桃收入2500元。继续扶持畜牧产业，全面推广公司＋基地＋合作社＋大户的发展模式。到2018年厚通公司出栏生猪20万头，带动农户养殖10万头；紫云公司出栏肉羊2000只，带动农户养殖5万只，全县畜禽饲养量达到100万头（只），农民人均畜牧收入1100元。推进光伏扶贫产业，先期铺开车鸣峪乡6个贫困村、600千瓦光伏扶贫覆盖工程，加快实施全县3.875万千瓦光伏扶贫项目，按照每户每年3000元的补贴标准，有效促进1550户深度贫困人口稳定脱贫。二是转移劳动力脱贫一批。按照吸纳贫困人口不低于10%的比例，引导县内企业优先录用贫困人口；抓住北航定点帮扶的机遇，建立劳务培训输出基地，以轮换方式确保在该校务工贫困人口动态保持在200人左右，并借此打造中阳务工品牌。到2018年转移安置贫困人口3000人，人均年增收3万元以上，实现一人就业、全家稳定脱贫。三是易地移民搬迁脱贫一批。集中安置与分散安置相结合，三年完成5570名贫困人口移民搬迁任务，以生产生活条件的改善，促进增收能力的提升。四是加强培训教育脱贫一批。深入开展雨露计划、金秋助学等活动，缓解因学致贫家庭经济压力；利用县职教中心，大力实施以护工护理、家政服务、核桃修剪、科技养殖为重点的就业培训，培养更多的实用专业技术人才，让贫困家庭实现技能脱贫。五是推进资产收益脱贫一批。发挥政府主导作用，保障煤矿所在地农民的福利待遇；积极探索矿产资源开发中，赋予被占用土地的村集体股权；开展农村土地、核桃林地、生态林地股权转让、抵押贷款试点，盘活农民资产，激发农村活力。六是搞好生态补偿脱贫一批。退耕还林第一轮补助结束后，按90元/亩的标准再补5年；加强水土流失治理，多措并举修复水生态，把水保工程建成富民工程；有效增加农民收入。七是社会帮扶脱贫一批。建立企业帮扶、单位包村、志愿者服务的对接平台，畅通社会力量参与扶贫的渠道，引导有能力、有意愿的企业、组织和个人，积极参与扶贫开发。八是社保政策兜底脱贫一批。对4985名年老体弱、身体残疾，无法依靠产业扶持和就业帮助脱贫的贫困人口，综合运用低保、五保、养老、医疗、大病救助、社会救济等政策措施，实行政策兜底脱贫；稳步提高补助标准、救济水平，逐步实现低保与贫困线“两线合一”。

（二）以开放创新理念和优势资源，重振工业经济雄风，构建支撑更加有力的产业体系。坚持“依靠煤不依赖煤、倚重钢并延伸钢”的思路，认真做好煤与非煤

"两篇大文章",积极引进新理念、新技术、新业态,推动产业转型、结构优化,全力建设煤化、钢铁、电力、铝系四大能源原材料基地,多点支撑县域经济发展。切实推动煤炭链条化发展。发挥煤炭在经济发展中的基础作用,到2020年15对矿井(含市营2对)全部达产达效,形成产能1860万吨,实现产值45亿元、税收7亿元。建成年产1亿立方米煤层气项目,上马坑口洗煤和瓦斯综合利用项目,提高煤炭资源就地转化率;以现有410万吨焦化产能为依托,延伸发展甲醇、粗苯等煤化工产品;全力配合西山煤电集团托管福裕煤化工,争取420万吨洗煤、220万吨焦化和20万吨甲醇项目2017年底全部建成投产,促进煤炭行业内涵式发展。到2020年,全县洗煤产量达到1200万吨,甲醇等化工产值达到26亿元,煤化行业新增就业3000人。着力推进钢铁高端化发展。聚全县之力,旗帜鲜明地支持中钢公司做大做强、转型升级,建设余气余热发电供热等节能改造项目,提高循环利用、清洁生产水平;按照普转优、粗转精、精转特的路径,与北航、太钢开展多方位战略合作,研究开发具有中钢自主知识产权的核心产品;着力提升不锈钢螺纹生产能力,焊丝钢产量达到100万吨,建成年产50万吨特钢、100万吨拔丝生产线。到2020年,特钢达到50%左右,钢材深加工率40%以上,实现产值100亿元,扩大就业1200人。全面加快电力规模化发展。坚持热电、风电、光伏发电"三电并举",科学布局产业。在中钰3×13.5万千瓦热电联产项目完成环保备案的基础上,全力推动晋能桃园2×35万千瓦低热值煤发电项目完成核准并开工建设,实现由输煤到输电的重大转型;铺开华润新能源20万千瓦风电、东旭集团40万千瓦光伏发电项目;积极争取晋能清洁能源、上海远景凤尾山2个10万千瓦风电项目,中电投阳坡村5万千瓦、金罗采煤沉陷区5.3万千瓦光伏发电项目落地。力争到2020年,全县电力装机总量达到160万千瓦,其中新能源装机50万千瓦,实现产值35亿元、税收3.5亿元,安排就业2000人。全力争取铝系一体化发展。抓住我县被列入全市四大铝工业基地的机遇,高起点规划占地266.7公顷、总投资100亿元的100万吨氧化铝、50万吨电解铝高载能产业,加大招商引资力度,争取尽早开工。实现煤电铝材一体化发展,努力把产业短板培育成新的优势,进一步增强发展后劲。积极筹划装备制造业集成化发展。五年后,中阳有望成为全市唯一集煤钢电铝为一体的工业大县。要围绕产业对接融合、资源型经济深度转型,利用区位条件好、工业门类齐全的优势,发展装备制造业,逐步实现零部件加工——整机制造——成套设备输出,直至建成现代装备制造基地,打造经济发展的新动能。

(三)以环境友好理念和科学定位,突破基础设施制约,切实增强可持续发展能力。破解交通瓶颈,继续完善"两纵五横"的路网框架。东山过境公路2019年底建成通车,早日摆脱"一城噪音半城车"的困扰。配合推进总投资78.4亿元的西纵高速项目2018年启动,西、南方向建设好宋家沟、车鸣峪两个高速口,向东打通师庄至吴城青银高速连接线,加上北面到离石高速西口的城市快速通道,确保我县东西南北四个方向都能方便、快捷地上高速。强化水利、电力基础设施建设,重点实施陈家湾水库库容提升和水源地保护工程,库容由目前的300万立方米增加到700万立方米;建成后师峪500万立方米调蓄水库。推动中部引黄提水工程管网贯通,新增供水能力3000万立方米。新建暖泉、三角庄2个35千伏和下枣林110千伏变电站,建成白草—离石、武家庄—石楼2条110千伏输变电线路,供电可靠率达到99.5%以上,有效保障经济社会发展需要。关键之举是落实城镇功能定位。把宁乡镇建设成为我县的政治经济文化中心,把金罗镇建设成为县城卫星城,把枝柯镇建设成为工业强镇,把暖泉镇建设成为生态农业产业园区,把武家庄镇、下枣林乡建设成为农工一体的生态工矿区,把车鸣峪乡建设成为新能源、旅游型片区,力争一城四镇十五个中心村居住人口达到全县人口总量的80%以上,实现县域空间布局合理化、公共服务均等化。

保护生态环境,更加注重生态文明建设。实行最严格的耕地保护、环境保护和水资源管理制度。加强能耗管理、考核、评价,推广节能新工艺、新技术、新设备,提高工业"三废"综合利用率。严格落实污染物排放总量控制、排污许可和环境影响评价制度;加强环境综合执法,强化大气、土壤、水污染防治,开展机动车尾气和噪音污染综合整治,形成政府、企业、公众共治的环境保护体系。加强林业重点工程建设,突出抓好低效林改造,扶持民营林业发展,严厉打击毁林行为,让中阳的天更蓝、山更绿、水更清、环境更宜人。

(四)以扩容提质理念和多元投入,建好城市经济带,打造吕梁山上魅力山城。拉大城市框架。县城规划面积扩大到22平方千米,建设好金罗—宁乡功能齐全、独具特色的城市经济带。力争到2020年主城区和金罗镇区各新增1万常住人口。完善城市功能。大力实施城中村、城郊村、棚户区改造项目,进一步缩小供水、排水、供热、供气和交通等公共服务方面的差别。实施209国道、340省道街路一体化和南川河综合治理工程。加快建设城区东山简约式公园和西山森林公园。建成标准较高的客运站,实施文化、体育、展览、博物、档案"五馆合一"工程。完善地下管网。改造商贸、农贸市场。到"十三五"末,城市垃圾、污水处理率

100%，集中供热普及率85%，集中供气普及率40%。强化城市管理。围绕建设智慧城市、海绵城市目标，推进数字化、网格化、精细化管理。引深创建国家卫生县城和省级环保模范县城、园林县城、文明和谐县城“四城联创”活动，打造城在绿中、水在城中、山水掩映、环境优美的魅力山城。

（五）以共建共享理念和民本情怀，全面发展社会各项事业，创造更加美好的幸福生活。创建平安和谐中阳。严格执行安全生产法和我县安全生产八项制度，坚持不懈抓好以煤矿为重点、覆盖各行业领域的安全生产。提高应急管理水平，健全监测预警机制。提高就业社保水平。推进大众创业、万众创新，扩大就业规模，优化就业结构。实施全民参保登记计划，“十三五”末，基本社会保险覆盖面达到98%以上。加强对农村留守儿童、妇女、老人的关爱服务；大力发展机构养老、社区养老、日间照料中心等多层次养老服务业。建成综合社会福利院。分配管理好保障性住房。加快发展以低保、五保、扶老、助残、救灾为重点的社会福利和慈善事业。坚持优先发展教育。实施新一轮学前教育三年行动计划，推进义务教育均衡发展。补齐医疗卫生短板。深化医药卫生体制改革，构筑基本医疗保险、大病保险、医疗救助“三重医疗保障”。争取第一人民医院2018年建成投运。提升乡镇卫生院医疗条件和服务水平，改造提升15个中心村卫生室、6个居委卫生室。落实全面两孩政策，提高优生优育水平。强化食品药品监管，确保群众吃上放心食品、用上放心药品。加快发展文化事业。健全文化服务体系，推进文化信息资源共享。以开元文化产业园为依托，加大中阳剪纸、刺绣、面塑等非物质文化遗产的传承、保护、开发；建设书香中阳、人文中阳。强化社会服务能力。紧扣时代需求，围绕生产、流通、消费三大领域，发展金融地产、仓储物流、电子商务、批发零售、餐饮娱乐、养老敬老等现代服务业，扶持鑫琪物流等示范企业，让城乡居民既能享受到优质高效、方便快捷的服务，又能在创造服务中实现价值，有效增加第三产业的就业人数和收入比重。

全面建设富庶、绿色、文明、法治、和谐、幸福新交口

交口县县长　**乔劲松**

“十三五”时期，是脱贫攻坚和全面建成小康社会的决胜阶段，也是交口县加快发展、转型发展重要战略机遇期。我们要高举中国特色社会主义伟大旗帜，以邓小平理论、“三个代表”重要思想、科学发展观为指导，深入贯彻习近平总书记系列重要讲话精神，协调推进“四个全面”战略布局，按照中央的创新、协调、绿色、开放、共享“五个发展”理念、省委“六大发展”部署和市委“新布局、新发展、新形象”的总体要求，以全面建成小康社会为目标，以党的建设为统领，以改革创新为动力，以脱贫攻坚为重点，坚持产业发展引领，注重生态环境保护，恪守民生幸福宗旨，着力抓统筹、创特色、补短板、破瓶颈，实现经济社会各项事业持续健康发展。

一、“十三五”时期的战略目标和主要任务

按照县第十次党代会提出的总体思路，围绕强化措施抓落实，我们确立“十三五”时期的战略目标和主要任务是：着力构建精准扶贫体系、现代产业体系、基础支撑体系、社会服务体系、政策保障体系五大体系，全面建设富庶交口、绿色交口、文明交口、法治交口、和谐交口、幸福交口。

富庶交口的目标是：产业结构和发展方式转型升级，推动实现资源综合利用、产业多元循环、产品高端互补，建立起科技含量高、集约高效、绿色循环、可持续发展的工业体系；建立起链条完整、规模化、标准化发展的农业产业，第三产业对经济社会发展贡献率大幅提升，县域经济综合实力不断壮大。“十三五”期间，全县地区生产总值年均增长6.5%；规模以上工业增加值年均增长7%；固定资产投资年均增长13.5%；社会消费品零售总额年均增长7%；财政总收入和一般公共预算收入年均增长3.25%和4.46%；城镇居民人均可支配收入和农民人均可支配收入分别年均增长7%

和8.5%，经济总量和增速力争跨入吕梁乃至全省上游位次。

绿色交口的目标是：生态环境保护良好，主要污染物减排、能源和水资源消耗等约束性指标保持在省、市控制范围，环境和人群健康风险得到有效管控，环境应急管理体系基本完善，绿色环保、低碳生活成为全民的自觉行动和健康追求，美丽乡村建设取得积极成效。“十三五”期末，工业“三废”治理率达到85%。全县的森林覆盖率达到38.8%，林木覆盖率达到61.6%；城区绿化覆盖率达到45%、城市燃气覆盖率达到90%，城市污水处理率达到99%；矿区植被复垦和生态脆弱区治理取得重大进展，高标准、高质量复垦交付率达到90%以上。

文明交口的目标是：“团结奋斗、务实进取、开放包容、勇于超越”的新时期交口精神得到弘扬，对外开放的广度和深度不断拓展，大众创业、万众创新的氛围初步形成。社会主义核心价值观深入人心，文化服务体系更加完善，人民群众的道德素质、文化素养明显提高。全县人民平等友爱、融洽相处，向上向善、诚信互助的社会风尚更加浓厚。县乡村三级文化活动场所和设施基本配套，全面实现国家级卫生城市、国家级园林城市和省级文明和谐城市“三城同创”目标，交口的对外知名度和投资影响力大幅提升。

法治交口的目标是：民主法制建设全面加强，司法公信力明显提高，全民法律意识明显增强，依法维权、依法办事成为全民的自觉行动。六权治本工作全面实施，各项权力运行和决策机制得到改革完善和有效监督。县、乡、村三级法律服务体系和人民调解体系健全完善，村级法律服务实现全覆盖。安全生产和社会治安形势持续稳定好转，社会治理能力不断提高，法治政府基本建成，法治交口建设取得明显成效。

和谐交口的目标是：社会主义民主得到充分发扬，各方面的积极因素得到广泛调动，各方面的利益关系得到妥善协调，各类社会突出问题和矛盾纠纷得到依法稳妥处理，社会公平正义得到切实维护和实现。社会组织机制健全，社会管理制度完善，社会秩序稳定向好，人民群众安居乐业。

幸福交口的目标是：各项惠民利民政策得到全面落实，教育、医疗、社保、就业、住房等公共服务体系更加健全，公共事业普惠程度和服务水平明显提高，全县人民学有所教、劳有所得、病有所医、老有所养、住有所居、娱有所乐，归宿感和获得感大幅提升。到“十三五”期末，影响交口发展的交通、水利等基础设施“瓶颈”取得突破性进展，智慧城市和海绵城市建设取得实质性进展，城镇化率达到48%以上。学前教育三年入园率达到99%以上，九年义务教育实现均衡发展，毛入学率达到99.8%以上，高中阶段毛入学率达到98%以上，优生流失率明显下降。县、乡、村三级医疗机构全部达国家规定标准，新农合政策范围内住院费用报销比例达到80%以上，全县人民享受到更优质、更满意的教育教学和医疗卫生服务。城镇居民基本养老保险、基本医疗保险覆盖率达98%以上，按时足额发放率达100%。

二、认真做好五个方面的工作

（一）着力构建精准扶贫体系，注重工作实效，坚决打胜脱贫攻坚战。2018年底前实现全县建档立卡贫困人口的整体脱贫，所有建档立卡贫困村全部摘帽，贫困村农民人均纯收入达到8300元以上。其中：2016年完成8个村的脱贫任务；2017年完成18个村的脱贫任务；2018年完成20个村的脱贫任务。2020年最终实现全县贫困农民人均纯收入增长幅度高于全县平均水平，基本公共服务主要领域指标接近全县平均水平。

工作原则。坚持党的领导、政府主导、精准扶贫、保护生态、群众主体、因地制宜的原则。充分调动政府、社会、市场等各方力量，加大财政扶贫资金投入力度，加强扶贫工作的指导和服务，注重培育、提高贫困人口的自我发展能力，统筹各方力量协同推进扶贫工作。以产业扶持为重点，以市场为导向，注重发展质量，以科技和品质求效益。按照精准化的要求确定扶持对象、安排项目、落实资金、因村派人、制定措施、保障成效。对贫困人口采取动态管理，扶持措施要找准路子、扶到点上、扶到根上。建立并执行好贫困村贫困户的识别、扶持、脱贫、退出机制，明确各个方面的标准、程序和要求，做到扶持一村（户）、脱贫一村（一户）、退出一村（户），实现脱贫攻坚过程的动态反馈、效果评价和绩效管理。

工作措施。按照“五个一批”脱贫行动计划要求，通过发展生产，易地搬迁，生态补偿，教育培训，社会保障实现贫困人口脱贫“全覆盖”。

发展生产脱贫一批：立足当地资源，发展特色产业，使1.9万名贫困人口实现就地脱贫。易地搬迁脱贫一批：对居住条件恶劣、生态环境脆弱难于实现就地脱贫的贫困人口，按照群众自愿的原则，结合产业扶贫，有计划地组织实施搬迁安置，确保搬得出、稳得住、能致富，使2300名贫困人口实现脱贫。生态补偿脱贫一批：对位于重点生态功能区的贫困人口，通过生态补偿转移支付、就业安置、资源资产收益等方式实现4000名贫困人口脱贫。发展教育脱贫一批：通过专业技能、职业技能培训，组织劳务输出等方式，提高劳动力素质，促进劳动力创业、就业，增加工资性收入，实现8000名贫困人口稳定脱贫。社会保障兜底一批：实施健康扶贫工程，提高贫困村基本医疗和公共卫生服务水平，实行低保政策和扶贫政策有效衔接，使6600名不具备劳动能力的贫困人口通过社会保障来兜底实现脱贫。

（二）着力构建现代产业体系，增强综合实力，实现县域经济的多元化和可持续发展。加快工业转型升级。充分发挥交口能源、资源、产业基础优势，以省级经济技术开发区为载体，着力打造煤电铝材一体化、装备制造、新能源三大产业集群。加快农业产业化发展。坚持特色化、规模化、标准化、品牌化的发展方向，不断巩固农业基础，提升综合生产能力。做大做强食用菌产业，巩固提质林果产业，规范发展畜牧产业，延伸发展小杂粮产业，稳定发展林下经济产业，加快农产品加工业发展，搞好农产品的品牌创建。加快发展现代服务业。积极拓展新领域、发展新业态、培育新热点，不断提高服务业的比重和水平。推动旅游业发展，以森林生态、文物古迹、红色革命等旅游资源为基础，坚持保护和开发并举，创新融资模式，加快旅游项目开发，推进旅游文化产业深度融合。积极培育发展电子商务业。

（三）着力构建基础支撑体系，破解瓶颈制约，为经济社会发展提供良好的社会环境。建设完善水、电、路、气、通信五大基础设施网络。建设县内外互通互联交通网络，推进电网升级改造，推进水网建设、气网建设，加快通信网络建设。完善城镇功能，提升城镇品位。以县城为中心，乡镇为纽带、农村为腹地，实现城乡兼容，协同推进，互动发展。加快特色县城建设，加强重点村镇建设，改善城乡人居环境。坚持绿色低碳发展，优化生态环境。坚持高碳资源低碳发展、黑色煤炭绿色发展，推动形成绿色低碳发展方式和生活方式，加强生态修复和治理，提升生态保护水平，改善城乡生态环境，促进人与自然和谐相处，让生活环境更加美好。优化空间开发布局，推进低碳循环发展，节约高效利用资源，加大环境治理力度，加强生态修复治理。

（四）着力构建完备的社会服务体系，补齐发展短板，保障人民充分共享发展成果。增加公共服务供给。从解决群众最关心最直接最现实的问题入手，强化政府职责，促进公共服务均等化，提高公共服务共建能力和共享水平。大力促进就业创业。全面落实就业创业扶持政策，积极支持大众创业、万众创新，创造更多就业岗位，实现经济增长和扩大就业联动发展。鼓励多渠道多形式就业，统筹做好高校毕业生、城镇就业困难人员，农村剩余劳动力和转移人口、残疾人群等各类群体就业工作。完善社会保障体系。以增强公平性、适应流动性、保证可持续性为重点，全面建设覆盖城乡居民的社会保障体系。完善社会保险体系、社会福利服务体系，健全城乡最低生活保障制度。提高全民健康水平。全面深化医药卫生体制改革，巩固发展新型农村合作医疗制度，继续扩大新农合受益面；实现新农合门诊统筹覆盖所有乡、村医疗机构，新农合政策范围内住院费用报销比例达到80%以上。

（五）着力构建政策保障体系，创优发展环境，激发经济社会持续健康发展的强大动力。深入推进综合配套改革。全面落实转型综改各项举措，积极探索资源型经济转型的政策体系和体制机制。加快推进煤炭资源配置市场化，深化财税体制改革，加强税收征管体系建设，优化财政收入结构。积极推动开放合作。全面扩大对外交流合作，构建高效开放的发展新机制，积极拓展与周边地区产业、产能合作，鼓励支持优势企业走出去、引进来，在更大区域、更多领域优化资源配置、深化交流合作，实现资源共享、优势互补。全力推进“三个突破”。积极推进科技创新、民营经济发展和金融振兴，集聚创新转型发展的新要素、新动力。提高全民素质，大力普及科技知识，加大科技扶贫力度，让广大群众共享科技发展成果。加强和创新社会治理。以基层社会治理“1114”体系为载体，进一步强化目标一致、职责分明、上下衔接、层层紧扣的县乡村立体服务网络和便民利民平台建设，严格管理考核，拓展服务项目，促进规范运行，较好地发挥社会服务管理中心基层组织的阵地、维稳综治的平台、社会服务的窗口、精神文化的家园“四大功能”。全面推进依法治县。紧紧抓住领导干部这个关键、全民守法这个基础和党的领导这个根本，统筹推进严格执法、公正司法、全民守法各项工作，全面提升运用法治思维和法治方式推进基层社会治理现代化的能力和水平。

脱贫攻坚统揽全局　全面建成小康社会

石楼县县长　**陈　浩**

“十二五”以来的五年，是我县攻坚克难、负重赶超的五年，也是全县上下开拓创新、抢抓机遇、干事创业的五年。五年来，石楼以农民增收为重点，以项目建设为支撑，实施了一系列打基础、利长远、惠民生的重大举措，全县经济和社会各项事业取得可喜成就。

一、“十三五”发展目标及 2016 年工作任务

“十三五”时期及 2016 年全县经济社会发展主要预期目标是：地区生产总值实现 30 亿元，年均增长 30%，其中 2016 年完成 8.07 亿元；规模以上工业增加值实现 5 亿元，年均增长 104%，其中 2016 年完成 1400 万元；一般公共预算收入实现 3 亿元，年均增长 48.3%，其中 2016 年完成 4200 万元；固定资产投资实现 25 亿元，年均增长 15.8%，其中 2016 年完成 19 亿元；社会消费品零售总额实现 5 亿元，年均增长 11.6%，其中 2016 年完成 3.29 亿元；城镇居民人均可支配收入达到 2 万元，年均增长 10%，其中 2016 年完成 1.33 万元；农民人均可支配收入超过 5000 元，年均增长 13%以上，其中 2016 年完成 3000 元。

二、“十三五”时期要着重抓好以下工作

(一)着力抓好脱贫攻坚。打赢脱贫攻坚战，必须以脱贫攻坚工作统揽经济社会的发展，按照“六个精准”和“五个一批”基本方略，围绕多元产业、移民搬迁、沟域经济、造林护林、“金鸡计划”“一气三电”、基础设施、旅游开发、电子商务、教育医疗、转移就业、社保兜底等十二项脱贫行动，精准施策、精准扶贫。特别是要把多元产业、沟域经济和转移就业作为支撑农民增收的重点，努力实现新突破。一是在多元产业上实现新突破。围绕“二主多辅”产业发展思路，加大产业扶持力度，通过产业发展脱贫 1.5 万人，今年脱贫 5000 人。林果业上，大力推广优良品种嫁接改良、病虫害防治、科学管护等丰产技术，“十三五”末实现干果经济林提质增效 1.3 万公顷的目标，今年完成 3333 公顷。种植业上，积极发展小杂粮特色产业，“十三五”末，以谷子为主的小杂粮面积达到 1.7 万公顷，建立绿色谷子示范基地 5 万亩，其中今年在罗村、灵泉、和合建立基地 1000 公顷。加快发展食用菌产业。“十三五”末食用菌达到 500 万棒以上，今年发展 200 万棒，其中贫困户发展 100 万棒。大力发展中药材产业。“十三五”末中药材面积达到 1667 公顷，今年发展 5000 亩，力争把我县打造成优质中药材种植基地。养殖业上，积极推广“借羊还羊”“畜牧保险”、扶贫贷款等多种扶贫方式，“十三五”末，重点发展湖羊 5 万只，肉牛 2 万头，蜜蜂 3 万箱，特别是积极引进浙江海宁皮革加工企业，力争带动发展特种养殖 30 万只。同时因地制宜发展多元产业，红薯、水果、蔬菜、单季槐、养蚕等产业累计达到 667 公顷，今年发展 133 公顷。二是在沟域经济上实现新突破。“十三五”治理沟域数量达到 500 条以上，新增用地 1667 公顷，带动脱贫 2000 余人。每个乡镇每年至少新建 1 个沟域经济精品工程，引导群众治理小流域 10 条以上，逐步建成沟域经济产业群。结合创建省级美丽农村工作，鼓励和扶持农户从传统农业向旅游农业转型，建设“农业＋旅游业”的生态旅游园区。三是在转移就业上实现新突破。“十三五”期间，完成技术技能培训 1 万人，劳务输出 5000 人。今年重点与省、市家政服务公司和吕梁卫校签订培训计划，突出护工护理和月嫂等技术技能，培训贫困人口 1200 人，劳务输出 1000 人，增强贫困人口的就业能力和自我造血能力。

(二)着力抓好“绿色农业”。一是引进和培植龙头企业。重点与北京德青源公司合作，实施“金鸡产业扶贫计划”。投资 3 亿元，建设 240 万只蛋鸡的规模养殖场，打造全省最大的蛋鸡有机养殖基地和蛋粉加工基地。继续扶持树德、东瑞、绿康等一批本地企业，在已经取得有机红枣、谷子生产认证的基础上，进一步扩大有机农业生产规模。同时支持长荣食用菌、润丰设施蔬菜、益民中药材等合作社，积极申报有机农产品认证。到“十三五”末，全县绿色农业企业达到 20 户以上，其中规模过亿元 1 个，千万元以上 5 个。二是打造绿色基地。扶持企业或者专业合作社创建绿色农业生产基地,到"十三五"末,全县红枣、核桃、谷子、食用菌、设施蔬菜等绿色基地面积达到 6667 公顷。

(三)着力抓好生态建设。一手抓造林护林。造林方面,完成 1.3 万公顷荒山造林全覆盖,"十三五"末森林覆盖率达到 35%。今年造林绿化 2667 公顷,护林方面,高度重视森林防火、病虫害防治等工作,尤其要坚定不移实施封山禁牧。通过政策引导,大力扶持发展舍饲圈养,切实解决好林牧矛盾;一手抓环境治理。全面贯彻落实新《环保法》,深入开展环境专项整治,加强水源地保护,建设重污染天气预报预警平台,完成 $PM_{2.5}$ 和污染减排"4+2"约束性指标任务。今年重点实施岔沟村污水管网铺设工程,淘汰城区部分营业性燃煤锅炉,完成屈产河出境断面水质监测设施建设,实施污水处理厂二期工程,污水日处理量达到 6500 吨,为广大人民群众营造舒适宜人的生活环境。

(四)着力抓好清洁能源。一是天然气项目。天然气产业是"十三五"期间工业经济发展的重中之重,也是支撑财政翻身脱困的关键所在。经测量,我县天然气储量达到 2000 亿立方米以上。目前已经有中海沃邦、中石油、瑞弗莱克三个公司进驻我县,其中仅中海沃邦投资就达到 17.9 亿元,建成后年产气 15 亿立方米。为此,我们要积极督促中石油和瑞弗莱克公司加快项目建设进度,千方百计优化服务,力争使中海沃邦尽早实现项目投产达效。二是光伏发电项目。立足我县光伏发电资源丰富、签约企业较多的实际,加快推进与中电投、川电投、阿特斯等集团的光电项目合作,积极构建光伏发电产业带。三是工业园区项目。积极谋划启动新能源工业园区建设。借助园区集聚大项目、发展大产业的良好平台,重点与中海沃邦深度对接,并且与中煤集团、晋煤集团等大型企业寻求合作,开发天然气综合利用的下游产业。

(五)着力抓好旅游经济。开发利用好"黄、红、绿、青"四色(即黄土风情、红色文化、绿色生态、青铜文化)特色旅游资源,树立全域旅游先进理念,对县域内的旅游资源进行整体规划和整体定位。要重点引进一家实力雄厚、观念超前的旅游开发运营集团,高标准、高水平进行整体开发建设。我们重点要做好旅游规划、基础设施、项目引资三方面的工作。

(六)着力抓好商贸物流。一是高起点建设晋西物流中心。借助山西中南铁路出海通道,整合石楼煤炭集运站和石楼火车站站前广场两大项目,高起点谋划,全力打造晋西物流中心。二是盘活沁园冷链物流资产。发展冷链物流产业。三是大力发展电商经济。积极创建县级电商综合服务中心,不断完善乡镇服务站和村服务点功能及配套设施,每年确定 1 个试点乡镇,9 个试点村。要将发展电商经济与典型培养相结合,重点支持树德枣业申报省、市级电商示范企业,进一步增强乐村淘、聚世惠等网店的网络销售带动能力。

(七)着力抓好城乡建设。"十三五"末,全县城镇化率提高到 45%,年均增长 1%。一是拉大县城框架。县城面积扩张到 7.8 平方千米。今年重点在郭村启动北城区建设,一次规划,分步实施,同步配套"山水田林路"和"电讯校医产"。二是提升县城功能。以打造生态宜居的美丽石楼为目标,规划实施屈产河蓄水美化、四大生态园(南山公园、月亮湾公园、段庄湿地公园、姜太公公园)、城市绿化、城区集中供暖、停车场等市政工程,全面提升县城建设品位和宜居水平。三是严格县城管理。严格执行县城总体规划,加快编制县城控制性详细规划,大力开展县城环境综合整治。四是强化乡村建设。乡镇政府所在地重点完善教育、文化、卫生等公共服务功能,提升综合治理水平,增强人口集聚能力。各中心村重点解决吃水难、用电难、出行难、通话难等问题,不断改善生产生活条件。通道沿线村庄重点实施好农村清洁工程,扎实推进美丽乡村建设。

(八)着力抓好基础设施。加快交通网建设。全力争取实施汾石高速公路、沿黄旅游公路、环城路三大道路交通工程,力争"十三五"实现开工建设。加快水利网建设。协助完善坪底水库后续工程,加快坪底水库的综合开发利用;建成投用中部引黄、曹家垣提黄及小水网配套工程,构建全县工业和农业供水网。2016 年重点完成曹家垣提黄工程,开展宋家沟龙台河河道整治,建设安全饮水工程 93 处,解决 2.1 万人的安全饮水问题。加快电力网建设。新建罗村 110 千伏变电站和王村、南头两座 35 千伏变电站,改造中低压电网,增强城乡供电可靠性,保障居民的优质用电。加快通讯网建设。新建 165 个通讯基站,提高农村无线通信质量。实施农村联通光纤宽带和移动网络建设工程,提高农村宽带普及率和宽带网速。

(九)着力抓好民生改善。一是优先发展教育事业。加快城乡标准化幼儿园建设,实施义务阶段"全面改薄"工程,巩固石楼中学省级示范校建设成果,创建国家级示范中等职业学校。今年重点完成旧职中九年一贯制学校改造工程,启动南城初中迁建工程,完成职教中心体育场、图书馆建设工程,建成投用农民技术技能培训学校,开工建设西河湾幼儿园。二是积极发展卫生计生事业。健全县乡村三级医疗卫生服务体系。积极争取疾控中心建设项目,提升全县公共卫生服务能力。今年重点要正式投用县医院住院综合大楼和中医院,新建和合乡卫生院。三是大力发展社会保障事业。加强城乡低保、五保、重点优抚对象、残疾人等社会保障工作,逐步实现低保线与贫困线"双线合一"。

提高养老、失业、医疗、工伤等社会保障水平，做好救灾救济工作。加强劳动力就业培训，提高就业保障能力。认真落实保障性住房政策，切实改善困难群众的住房条件。今年主要实施义牒、小蒜、龙交三个农村养老院建设，积极探索社会养老服务。完成135套棚户区改造任务，第一批廉租房400套全部分配到户。新增城镇就业人数1500人，城镇登记失业率控制在3%以内。四是加快发展文化体育事业。深入开展“全省文明县城”创建工作，积极推进县城“三馆一院”建设，进一步完善县乡村三级公共文化服务网络，实施好“三下乡”等文化惠民工程和广播电视“村村通”工程。今年要重点启动全民健身体育场项目，进一步丰富人民群众的文化体育生活。

站在新起点，我们重任在肩、踌躇满志；创造新业绩，我们责无旁贷、豪情满怀。让我们以更加坚定的信心、更加振奋的精神、更加务实的举措，创新实干，担当作为，为打赢脱贫攻坚硬仗，奋力加快“五个石楼”建设，全面建成小康社会而努力奋斗！

挺进全省第一方阵　全面建成小康社会

晋中市市长　王　成

“十二五期间”，面对严峻复杂的经济形势和艰巨繁重的改革发展任务，我们在省委、省政府的坚强领导下，围绕率先发展、富民强市总目标，抢机遇、抓关键、建机制、补短板、破难题，经济社会发展取得了新的成就，为“十三五”全面建成小康社会打下了坚实基础。

一、“十三五”时期工作的总体要求和主要任务

“十三五”时期工作的总体要求是：高举中国特色社会主义伟大旗帜，深入贯彻习近平总书记系列重要讲话精神，按照省委“一个指引、两手硬”的重大思路和要求，贯彻市第四次党代会精神，以发展为第一要务，以改革为根本动力，以创新驱动、转型升级为主基调，培育厚植比较优势，实施转型带动、项目拉动、改革推动、创新驱动四大战略，全力推动经济社会持续健康发展，确保如期实现全面挺进全省第一方阵、全面建成小康社会“两个全面”奋斗目标。

实现“两个全面”奋斗目标，就是要到2019年全面挺进全省第一方阵，到2020年与全国同步全面建成小康社会。全面挺进全省第一方阵与全面建成小康社会，是一个进程，两个阶段。全面挺进第一方阵，是全面建成小康社会必须首先打胜的“晋中战役”，就是要苦干三年，经济发展硬指标挺进全省前列，区域影响软实力走在全省前列，脱贫攻坚硬任务力争提前完成。

经济社会发展的主要任务是：

经济实力跃上新台阶。到2019年底，体现经济总量的地区生产总值、体现经济主要支撑的规模以上工业增加值、体现拉动经济发展主要动力的固定资产投资、体现综合实力的财政收入和体现群众生活水平的城乡居民可支配收入6项指标绝对额进入全省前列。保持经济中高速增长，到2020年地区生产总值和城乡居民人均收入比2010年翻一番。

产业升级取得新进展。传统产业改造提升焕发新的生机和活力，特色产业建成一批全国性的品牌基地，新兴产业逐步成为经济增长新的支撑，以“互联网＋”为核心的新业态和新模式经济比重持续提升，产业迈向中高端水平，构建晋中现代产业体系。

城乡统筹形成新格局。区域协调互动发展的整体性进一步增强，城市空间布局更加优化，基础设施不断完善，综合承载力和建设管理水平全面提高，城乡一体化发展格局基本形成。

改革创新实现新突破。108廊带区域一体化发展示范区建设取得重要进展，国家现代农业示范区、国家级教育信息化试点、全国中小城市综合改革试点扎实推进，各项重点领域和关键环节改革取得决定性成果。创新集聚能力不断增强，科技、人才、创业、创新高地效应进一步显现。

生态文明建设再上新水平。能源和水资源消耗、建设用地、碳排放总量得到有效控制，大气、水环境质量达到国家标准，完成国家和省约束性考核指标，打造资源型经济绿色转型先行区、山西中部城市群生态宜居城。

民生社会发展取得新成效。农村贫困人口全部脱贫，四个国定、省定贫困县全部摘帽；率先基本建成现代化教育强市，就业比较充分，城乡公共服务和保障体系基本健全，文化强市建设取得明显成效，安全生产向稳定好转坚实迈进。

民主法治建设迈出新步伐。人民民主更加健全，法治政府基本建成，司法公信力明显提高；服务型政府建设成效显著，政府公信力和行政效率进一步提高，社会治理能力和水平不断提升，社会更加和谐稳定。

二、“十三五”期间重点抓好七个方面工作

（一）持续增加有效投资，充分发挥投资对经济增长的关键作用。深入实施大项目攻坚。围绕省、市确定的十大重点领域，谋划实施一批重大转型项目，推动经济结构战略性调整；围绕推进城乡统筹、生态治理、民生改善和社会建设，谋划实施一批重大基础设施工程和公共服务项目；围绕培育文化体育、休闲消费、健康养老等新需求、新业态，谋划实施一批重大服务业项目，加快推动消费升级。

全面加大招商引资力度。积极参与国家和全省开放发展战略，主动承接东部地区加工贸易产业转移。瞄准世界500强、国内500强，积极与中央和省属大企业结成战略联盟，找准市场需求和我市优势的结合点，抓好项目、产业链、产业集群点线面结合系统招商，提高项目招商精准度、成熟度。“十三五”期间，全市招商引资签约项目总投资达到1万亿元以上。

全力激活民间投资。积极创优民间投资环境，降低制度性交易成本，提振民间投资信心。大力推进PPP项目储备和实施，完善政府和企业风险分担、互惠共赢的合作机制，鼓励社会资本参与重大项目和重点工程建设。积极稳妥推进互联网金融、股权债权众筹等直接融资模式，拓展民间融资渠道。

（二）推进产业创新升级，构建晋中特色现代产业体系。聚焦提质增效，推进工业新型化。坚持以集群化、园区化、循环化、高端化为方向，加快工业化和信息化融合步伐，全面提升工业新型化水平。改造提升传统产业。突出延伸产业链、提升价值链，加大煤、焦、冶、电等行业技术改造力度，继续推进现代化矿井和安全高效矿井建设，发展先进产能，淘汰落后产能，提高原煤入洗率，增加煤炭附加值；坚持焦化并举、上下联产，建成灵石、介休两个焦化产业集聚区；积极承接山西科技创新城科研成果，围绕黑色煤炭绿色发展、高碳资源低碳发展，按照醇、苯、油发展线路，实施一批现代煤化工项目，建设山西中部新型煤化工基地；以东方希望、太钢万邦为龙头，重点发展氢氧化铝、氧化铝、电解铝和钢铁高端产品；实施装机容量500万千瓦的5个低热值煤发电项目，全市电力装机容量由2015年的485万千瓦增加到1000万千瓦以上。做优做强特色产业。玻璃器皿产业要加快优化升级，提升行业市场竞争力，到2020年，销售收入由2015年的23.4亿元增加到40亿元以上，建成全国玻璃器皿知名品牌创建示范区。玛钢铸造产业要加快推动太谷玛钢与平遥铸件融合发展，大力提升产品级次，销售收入由2015年的17.2亿元增加到50亿元，建成全国玛钢铸造基地。纺机产业要重点发展智能化、高性能、高端纺机装备，加快壮大纺机产业集群，巩固我市“中国纺织机械名城”地位，销售收入由2015年的19.9亿元增加到50亿元以上。液压产业要发挥榆液品牌、技术和人才优势，重点建设太重榆液工业园，销售收入由2015年的5.8亿元增加到80亿元，建成全国高性能液压元器件基地。碳素产业要以高技术含量、高附加值产品为重点，大力发展碳纤维、超高功率石墨电极等复合材料。医药产业要以生物制药为突破，以广誉远国药、德元堂药业为重点，加快推进晋中开发区、太谷和榆社三个医药工业园建设，形成以化学原料药及制剂、经典国药及现代中药为特色的医药工业体系，销售收入由2015年的21.9亿元增加到100亿元。食品产业要以平遥牛肉、祁县伊利等为龙头，重点推进畜禽、食醋、小杂粮等食品加工，销售收入由2015年的71.2亿元增加到120亿元。培育壮大新兴产业。发展高端装备制造业，加快吉利甲醇、电动轿车投产和纯电动商用车项目建设，积极引进汽车零部件配套企业，构建新能源汽车产业链，全面推进新能源汽车装备制造园区建设。发展新材料产业，重点推进平遥煤化新型光学材料和石头环保新材料、灵石聚义宝鑫煤矸石制纤维、介休博创纯纳米氧化材料、晋中开发区中聚晶科蓝宝石晶体项目建设。发展清洁能源产业，抓好晋能2000兆瓦高效光伏电池组件项目，推进风能、光伏和生物质能发电，加快寿阳、和顺、昔阳等区域煤层气产业化开发利用，到2020年达到35～45亿立方米规模。发展节能环保产业，重点抓好山西国际能源脱硝催化剂等项目建设。发展信息技术产业，依托山西科技创新城，突出高端带动和集群发展，重点推进山西云智慧信息技术应用等项目建设。

转变农业发展方式，提升现代农业水平。壮大农业特色产业，按照“一核两区四带”区域发展布局，重点发展优质小杂粮3.3万公顷，优质无公害设施蔬菜3.3万公顷，优质水果6.6万公顷，优质高产干果6.6万公顷，中药材种植3.3万公顷。促进一二三产融合发展，坚持粮经饲统筹、农林牧结合、种养加一体，促进全产业链循环化，重点推进“百企千场万户”养殖产业发展工程，建设标准化规模养殖场（小区）1000个；扶持壮大农产品加工企业，农产品加工业总产值年均增长20%；大力发展休闲农业与乡村旅游，休闲农业总收入突破100亿元。强化农业科技支撑，加大农民科技培训和农业技术推广力度，推进农产品标准化生产和质量安全绿色防控，“三品一标”认证率达到50%以上，主要农作物综合机械化水平达到80%以上。引深国家级现代农业示范区建设，重点实施好六县(区)“十个一”现代农业示范工程，提升农业创新发展能力。全市农业增加值年均增长10%，农民人均收入年均增长8.5%，到2020年率先进入基本实现农业现代化新阶段。

深化文旅融合发展，促进旅游业提档升级。着力构建大旅游发展格局，把文化旅游业作为战略性支柱产业培育，按照“一廊一弧一核两心三圈”全域旅游空间布局，全力做好“旅游业＋”这篇大文章，探索“名胜景区＋特色小镇＋乡村客栈”发展模式，推动旅游业跨区域、跨城乡、跨产业融合，加快从景点景区旅游向全域旅游转变、单一门票经济向综合经济转变。着力完善旅游产品体系，以创建国家全域旅游示范区为统领，围绕构建晋商家国文化和太行山生态度假旅游两大产品体系，大力发展生态旅游、工业旅游、康养旅游、节庆旅游等新兴业态，建设30个特色文化旅游园区，推出100处无门票城郊休闲度假景观，创建30个3A级庄园景区或省级休闲旅游度假区，发展10个红色旅游经典景区。着力实施品牌提升工程，全市游客满意度指数继续保持山西首位，实现全市A级景区总量翻番、县县有4A景区，打好古城、大院、红色、民俗、山水、演艺六张城市形象特色牌，打响“晋商故里·家国晋中”全域旅游新品牌，加快建设国家优秀旅游目的地和以平遥古城为龙头的晋商国际旅游目的地。全市旅游总收入年均增长20%以上，2019年实现旅游接待游客1亿人次、总收入突破1000亿元。

加强规划引导，大力发展现代服务业。抓住市场倒逼经济转型机遇，推动各类服务业加速发育成长。以中鼎物流园区建设为重点，发展壮大现代物流业，打造中部地区现代物流枢纽。全面开发利用各类文化资源，突出文化与科技、体育、城建等互动融合，推动文化产业创新发展。大力引导需求、创造供给，加快推动金融服务、健康养老、体育休闲、电子商务等新兴服务业发展。以创建“宽带中国”示范城市为契机，大力实施“互联网＋”行动计划，促进各种新兴业态加速发展。

(三)统筹城乡发展，加快推进新型城镇化。坚持把推进新型城镇化作为促进城乡统筹的根本途径，按照“一轴两区、一核两心”总体布局，传承晋商历史文脉，打造特色城市品牌，建设生态宜居美丽晋中，到2020年，全市城镇化率达到60%，中心城区达到80%。

加快市城区向区域性中心城市迈进。进一步优化布局，拓展城市规模。深入推进太原晋中一体化发展，加快两市基础设施互联互通、共建共享。按照“北进、西联、南扩、东延”的思路，以大学城、科创城、汽车城为重点，全面完善北部、西部、东部配套基础设施，加快南扩步伐，以兴办产业、改善设施、集聚人群为重点，实质性推动“一市两区”建设，不断增强市城区集聚辐射能力。进一步完善设施，强化城市功能。全面实施公共服务、出行畅通、生态文明、设施提质、住房改善、城中村改造六大惠民工程，28个在建的大型公建和商业综合体项目全部竣工运行，新实施东瑞创意街、冰雪世界等一批重大标志性工程，全面提升城市公共服务能力；开通晋中太原城际铁路、2条城市快速环路，改造提升安宁街等10条主干道和43条小街巷，市民出行更加畅通快捷；推进综合管廊建设试点，加快“海绵城市”建设；全面完成6大片区、19个棚户区、45个城中村改造任务，群众居住条件得到明显改善。进一步优化环境，提升城市品位。建成晋商公园三四期、雅乐公园和潇河湿地三期、学府生态湿地、红马营生态湿地公园，每年新建6个5000平方米以上公共绿地，实现300米见绿、500米见园。扎实开展城市环境综合整治，切实解决城市脏乱差问题。到2020年，市城区人口达到90万人，建成区规模达到90平方千米，基本实现城市交通立体化、城市风貌都市化、居住环境生态化、功能设施现代化。

推进宜居县城、特色小镇和美丽乡村建设。全面推动县城扩容提质，引导生产要素、优势资源向县城集中，落实户籍制度改革政策，，到2020年县城人口达到合理规模，支持具备行政区划调整条件的县撤县改市。创建一批布局合理、特色鲜明的旅游小镇、现代农业小镇、新型工业小镇、传统手工业小镇、商贸小镇、生态园林小镇，以15个国家重点示范镇为带动，将小城镇建设成为推动县域经济、辐射乡村发展的中心。打造200个高标准美丽乡村示范村，全面推进完善提质、农民安居、环境整治、宜居示范四大工程，不断改善农村人居环境，加强国家级传统村落保护性开发，形成现代文明与乡村生态文明交相辉映的城乡发展新格局。

加大城乡基础设施建设力度。优化城乡交通条件，继续完善“六纵六横六循环”公路网，新增通车里程157千米；新建和改造一级公路565千米、二级公路233千米；完成农村公路网建设1500千米，实现县乡公路危桥全治理；每年推进2000千米“四好农村路”建设，到2019年提前一年达到“四好农村路”标准，实现二级以上客运站全覆盖。加强水利设施建设，重点抓好以东山供水、中部引黄为骨干的大水网工程、平川五县小水网工程和小水库更新建设工程，以东山灌区、汾河灌区、潇河灌区为龙头的高效节水灌溉工程，巩固提升农村饮水安全标准，解决50万人饮水安全问题。推进电网建设，深入实施农网升级改造和低电压治理，提升区域性电力供应保障能力。全面提升供气、供热、污水处理水平，到“十三五”末，全市新建改造燃气管网410千米，普及率达到96%以上；新增供热面积1000万平方米，普及率达到95%；城市污水处理率达到95%，垃圾无害化处理率达到95%以上。

全面加强城乡规划管理。发挥规划引领作用，推行多规合一，完成10个县市城市总体规划和近期建设规划修编、5个县县域乡村建设规划和智慧城市、综合交通、排水防涝、环卫设施等基础功能专项规划；加强规划执法，确保规划的严肃性和权威性。深化城市管理综合执法体制改革，推进管理权限下放、属地职责下沉，调动街道、社区参与城市管理的积极性。

（四）实施精准扶贫，坚决打赢脱贫攻坚战。精准实施六大攻坚工程。实施特色产业扶贫工程，大力发展特色种植、绿色养殖和光伏发电、乡村旅游等新型产业，支撑12.3万贫困人口增收脱贫；实施易地扶贫搬迁工程，完成1.9万贫困人口易地搬迁脱贫；实施生态补偿脱贫工程，帮助0.8万贫困人口稳定脱贫；实施教育培训就业工程，通过教育资助和就业培训促进1.7万贫困人口实现脱贫；实施政策保障兜底工程，确保2.89万失能贫困人口社保兜底脱贫；实施社会力量帮扶工程，凝聚全社会参与脱贫攻坚的强大合力。

健全完善脱贫保障机制。强化财政扶贫投入增长机制；完善扶贫资源整合机制，支持贫困县统筹整合涉农资金和财政性扶贫资金捆绑使用；建立金融扶贫精准服务机制，争取更多长期低成本扶贫再贷款配额；探索资产收益扶贫机制，对部分财政资金投入项目形成的资产折股量化到贫困村和贫困户。我们将每年完成脱贫4万人以上，确保2019年贫困县全部摘帽，确保2020年19.59万农村贫困人口全部脱贫！

（五）持续改善生态环境，推进绿色低碳发展。加大环境治理力度。实行最严格的环境保护制度，以“控煤、治污、管车、降尘”为重点实施大气污染防治，严格控制燃煤污染，推进重点行业综合治理，加快淘汰黄标车和老旧车辆，严格管控扬尘污染。加强饮用水源地保护，实施汾河干流、漳河等流域生态修复，完成潇河市城区段治理，推进城镇污水处理提标改造，基本消除城市建成区黑臭水体。

推动低碳循环发展。落实循环发展引领计划，加快建立循环型产业体系，重点在电力、交通、建筑、冶金、化工、石化等行业推行循环型产业链和共生产业模式；推进生产、生活系统循环链接，积极开展循环经济重点领域试点示范创建工作。大力发展绿色交通，优化完善市区及各城镇的公交规划，扶持、鼓励公共自行车发展，中心城区公交站点500米全覆盖，具备条件的行政村全部通客车，到2020年市城区公交出行分担率达到23%以上、各县（区、市）18%，建设“公交都市”。高效节约利用资源能源，大幅降低煤基资源消耗，坚决完成焦化、电力、水泥重点行业淘汰落后和过剩产能任务，实行最严格的水资源管理制度和节约用地制度，完善生态环境有偿使用制度，推行合同能源管理和合同节水管理。

打造生态安全屏障。实施生态环境修复工程，加快太行、太岳两山生态修复，全面落实矿山生态环境恢复治理补偿机制和企业责任机制，推进采煤沉陷区、采空区、水土流失区、煤矸石山生态环境修复，到2020年基本解决采煤沉陷区受灾群众安居问题。加快创建省级林业生态市，坚持“山上治本、身边增绿、产业富民、林业增效”，构建“双百千米林果带、千里林业生态圈”林业发展格局，每年完成造林合格面积35万亩以上，林木绿化率平均每年增加1%以上，森林覆盖率达到26%以上。

（六）全面推进改革创新，激活发展内生动力。推进晋中108廊带示范区一体化改革。用足用好省政府九大专项扶持政策，以推动30项重大事项为载体，积极探索产业集聚、文旅融合、城镇发展、生态建设、交通体系、政策创新六个方面一体化发展路径；积极推进产业园区共建，大力发展“飞地经济”，形成跨县域调配资源、跨县域产城共建的工作经验；优先实施区域整体环评、土地管理创新等重大改革试点。

推进农村各项改革。2017年完成农村土地承包经营权确权登记颁证，同步建成县乡村三级联动的农村产权流转交易市场体系；深入推进宅基地、集体建设用地等农村产权改革，巩固农村林权、水权改革成果，加强农村“三资”管理；落实城乡建设用地增减挂钩政策，完成介休、太谷、祁县、榆次等国家和省改革试点任务。创新农业经营模式，推动土地有序流转，积极发展多种形式适度规模经营，培育壮大生态庄园、家庭农场、专业大户、农民合作社等新型农业经营主体。探索建立农业信贷担保体系，扩大农业保险覆盖范围，引导带动更多资金投向农业。

推进煤炭供给侧结构性改革和电力市场售电侧改革。探索组建区域性煤炭销售集团，建立市域内煤炭购销联合机制；建立“优胜劣汰”长效机制，减少无效供给；建立煤炭企业转型促进机制，鼓励发展非煤产业。落实电力市场售电侧改革要求，鼓励符合条件的企业和社会投资主体组建有增量配电业务的售电公司，在有条件的县市探索建设以园区为主的区域电网。

推进旅游开发管理体制改革。创新旅游综合管理体制，加快构建旅游管理执法“一盘棋”格局。理顺景区景点管理体制、经营机制，推行管理权、经营权分离，大力培育旅游业市场主体，进一步激发旅游市场活力。理顺利益分配关系，积极探索并加快形成景区共享发展的利益联结机制。引进国内外大集团，组建跨区域、跨行业、跨所有制的旅游集团公司，破解旅游资源整合、产品开发、市场融资等难题。

推进科技创新。深化科技管理改革，完善科技创新配套政策，加快形成推动创新创业的发展环境。大力发展科技孵化器、众创空间、公共技术研发平台，积极搭建公开统一的科技管理和服务平台，推动政产学研协同创新，做大做强一批高新技术企业和创新型企业，全面提升城市创新发展能力。积极促进“大学城”向“科学城”转型，建立市校联动常态化合作机制，促进高校科技资源与企业创新转型深度融合，努力打造区域科研创新高地。坚持人才培养和引进并举，完善人才评价激励政策和服务保障体系，全面加强科技人才队伍建设。推进金融创新。创新机构供给，吸引各类金融机构入驻我市，支持晋中银行快速发展，推动农商行和村镇银行县域全覆盖，探索建立全功能金融服务集团。创新产品供给，扩大“助保贷”“税易贷”等金融产品覆盖面。发展直接融资，健全企业上市扶持培育机制，打造全市“四板”市场。创新融资机制，加大对种子期、初创期企业投资项目的金融支持力度，鼓励通过债权、股权、资产证券化等方式支持重大基础设施项目建设。建立金融稳定协调机制，有效防范区域性和系统性金融风险。

*(七)全力保障和改善民生，提升人民群众的获得感和幸福感。*全面加强就业和社会保障工作。实施更加积极的就业创业政策，重点抓好大学生、农村转移劳动力、城镇就业困难人员等群体的就业工作，鼓励以创业带动就业，不断提升就业创业服务水平。“十三五”期间，全市城镇新增就业 14 万人，城镇登记失业率控制在 4.2%以内。建立更加公平可持续的社会保障制度，全面实施机关事业单位养老保险制度改革，统一城乡居民基本医疗保险制度，全面实施城乡居民大病保险制度，加强各项社会保险扩面征缴。健全城乡居民最低生活保障等社会救助体系，做好扶老、助残、救孤、济困工作。积极推进全国养老服务业综合改革试点工作，建设以居家养老为基础、社区养老为依托、机构养老为补充的养老服务体系，到“十三五”末，每千名老年人拥有养老床位 40 张，养老服务设施覆盖 80%的城市社区，农村日间照料中心覆盖千人以上行政村。完善住房保障体系，改造棚户区、城中村住房 3.8 万套和农村危房 1.94 万户。

统筹推进社会事业发展。加快建设现代化教育强市，继续推进学前教育三年行动计划，巩固提高九年义务制教育发展水平，率先通过市域义务教育基本均衡国家评估认定，实现义务教育优质均衡；推进高中学校标准化建设，2017 年全部通过省级验收；落实职业教育行动计划，推动地方与驻地院校资源共享、深度合作；推进城乡教育一体化发展，全市新增城镇中小学和幼儿园 50 所；全面改善薄弱学校基本办学条件，加快补齐农村教育短板。推进健康晋中建设，把人民健康放在优先发展的战略地位，抓好城市公立医院改革试点，健全分级诊疗体系，加快省级医院在我市项目的建设，完成市一院迁建和市妇幼保健院、传染病医院、三院、四院改扩建项目，加大妇幼基础设施建设和妇产儿科人才培养力度，保障生育政策调整的民生急需，到 2020 年，全市新农合参合率稳定在 99.6%以上，优质医疗资源达到全省上游水平，二级以上医院全面推行网上预约诊疗服务，建立覆盖城乡居民的基本医疗卫生制度。加强基础能力建设，落实“四个最严”要求，严格食品药品监管，提高食药安全水平。深入实施全民健身国家战略，提升体育公共服务水平。完善公共文化服务体系，深入开展全民文化行动，重点推进国家级晋中文化生态保护实验区建设、市保以上文物古建抢救保护全覆盖、舞台艺术精品创作工程，到 2018 年，全面建成以“九化五机制”为标准的国家公共文化服务体系示范区。

使命催人奋进，奋斗铸就辉煌。让我们在省委、省政府的正确领导下，团结和依靠全市人民，抢抓机遇、开拓创新，夙夜在公、真抓实干，为实现全面挺进全省第一方阵、全面建成小康社会的宏伟目标而努力奋斗！

奋力打造经济强、百姓富、环境美、社会文明程度高的新榆次

晋中市榆次区区长　张　鹏

"十二五"期间，面对错综复杂的经济形势和艰巨繁重的改革发展稳定任务，我们坚持稳中求进工作总基调，统筹稳增长、促改革、调结构、惠民生、防风险各项工作，经济社会发展呈现稳中向好、稳中有进态势，为"十三五"全面达小康奠定了扎实的基础。

一、"十三五"经济社会发展的指导思想和目标任务

"十三五"时期经济社会发展的指导思想是：高举中国特色社会主义伟大旗帜，以党的十八大、十八届三中、四中、五中全会精神和习近平总书记系列重要讲话精神为指针，认真践行"四个全面"战略布局和"五大发展"理念，深入贯彻落实省委治晋理政的重大思路和市委"全面挺进全省第一方阵"的战略部署，坚持以人民为中心，以发展为根本，以改革为动力，着力实施"创新驱动、产业强区、生态升值、开放融城、文化兴区"五大战略，攻坚克难勇当全市排头兵，争先进位挺进全省前十强，团结带领全区人民全面建成小康社会，努力把榆次打造成为经济强、百姓富、环境美、社会文明程度高的新榆次。

我区"十三五"经济社会发展的主要目标是：综合实力持续增强。提高发展平衡性、包容性、可持续性。到2020年，GDP、工业增加值、一般预算收入、固定资产投资、城镇和农村居民收入的六个硬性指标以及幸福指数、发展环境、区域影响力三个软实力指标综合达到全省前十强，区域竞争力显著增强。

转型发展取得突破。优化经济发展结构，以农业"一带三区"、工业"一园区三基地"、现代服务业文化旅游商贸物流为基本框架，加快新产业新业态不断成长，提升产业发展水平，形成三次产业融合发展的新格局。

城镇化水平稳步提升。依托太原晋中同城化、市区一体化建设，加快基础设施建设，推进城乡统筹，加强"典型集镇"、城中村改造及新农村建设，城镇化率达到80%。

城乡环境更加宜居。生态环境明显改善，单位生产总值能耗、主要污染物排放总量持续降低，主体功能区布局和生态安全屏障基本形成，成为全省高标准的宜居宜业典型示范。

居民生活显著改善。就业渠道和居民增收空间不断拓宽，收入差距缩小，中等收入人口比重上升，人民群众生活质量、居住环境显著改善。

社会建设明显加强。教育、社会保障、医疗、住房等公共服务体系更加健全，人民群众思想道德、科学文化和健康素质不断提高，社会管理及民主法制更加完善，和谐稳定的局面更加巩固，中国梦和社会主义核心价值观更加深入人心。

二、着力实施"五大战略"，加快推进"五区建设"

实施创新驱动战略，把榆次建成更具综合竞争力的科技引领创新区。创新是推动经济社会发展的引擎。牢固树立创新理念，通过科技创新、产业创新、管理创新、服务创新，加快推进科技引领创新区建设步伐。充分利用科创城、大学城等资源优势，发挥企业创新的主体地位，鼓励支持大众创业、万众创新，激发全区创新活力，不断提升全区经济综合实力和区域竞争力。形成以企业为主体、市场为导向、产学研结合的开放型创新体系，建成全市最优、辐射全省的创新高地，区域创新能力得到全面提升。

实施产业强区战略，把榆次建成更具辐射带动力的三次产业融合示范区。产业是强区富民之本，推动要素集聚、三次产业有机融合，是构建现代产业体系的必由之路。着力培育和发展都市农业、新型工业、现代服务业、电子商务、文化创意等新的经济增长点，加强"互联网＋"在各行业的运用，打造新产业新业态，着力扶持一批起点高、竞争力强、带动面广的重点行业和企业。

实施生态升值战略，把榆次建成更具品位吸引力的宜居宜业生态区。生态文明、绿色发展是提升城市品位、推动经济永续发展的必然要求。大力发展绿色

经济，倡导低碳生活方式，加大环境治理力度，推进美丽榆次建设；坚持以人为中心，更加重视土地利用、产业发展和生态保护相互兼容，不断优化城乡建设布局，健全公共服务体系，完善基础功能配套，实现经济效益、社会效益和生态效益有机统一。

实施开放融城战略，把榆次建成更具合作影响力的区域协同发展先行区。榆次独特的地理位置，决定了必须走开放融城的路子，把区位优势转化为发展优势。主动融入太原和晋中发展框架，按照“同城建设、错位发展”的原则，以基础设施建设为切入点，努力形成互通共享的经济圈、旅游圈、生态圈和城市圈；要积极与京津冀、环渤海经济圈及“一带一路”战略对接，提高招商引资质量，拓展发展空间；要充分发挥108经济廊带的龙头带动作用，深化与周边县市区域合作，努力把我区打造成为全省对外开放新高地、协同发展先行区。形成区域联动、互融互补发展格局，重点领域和关键环节改革取得实质性突破，全面深化改革走在前列。

实施文化兴区战略，把榆次建成更具人文凝聚力的文明和谐幸福区。文化是区域发展综合软实力的重要体现。大力弘扬社会主义核心价值观，广泛开展丰富多彩的道德实践和文明创建活动，加强社会诚信体系建设，加强法治文化建设，在全社会形成“守法尚德”的社会风气。逐步加大文化旅游、教育、卫生、社会保障投入力度，坚持把改善民生放在优先发展的战略位置，筑牢民生保障网底，不断提升保障质量和水平，让群众生活更加幸福，让社会发展更加和谐。社会管理趋于完善，民主法制更加健全，可以内化为精神力量的价值观、制度机制、市民素质、区域影响力等软实力走在全市前列。

三、努力做好2016年工作，确保“十三五”开好局

2016年经济社会发展主要预期目标是：地区生产总值223亿元，增长7.5%；规模以上工业增加值43.7亿元，增长5%；全社会固定资产投资315亿元，增长17%；一般公共预算收入12.05亿元，增长1.65%；社会消费品零售总额97.6亿元，增长7%；城镇常住居民人均可支配收入3.1万元，增长7%；农村常住居民人均可支配收入1.6万元，增长8%。

确保全年各项目标任务圆满完成。重点抓好七方面工作：

（一）全力加快项目建设，提升增长后劲。积极加快项目建设。坚持把项目建设作为拉动投资、改善民生的强大引擎，围绕总投资964.4亿元、年度计划投资190.7亿元的56项重点工程，成立专门工作班子，排定时间表，实行挂图作战，全程跟踪、协调服务，推动项目加快落地。努力破解要素制约。全力缓解资金用地难题，进一步深化政银企合作，争取各类金融机构、融资平台对重点项目、重点企业的扶持力度；积极推动企业充分利用多层次资本市场，拓宽企业融资渠道。全力争取项目建设用地年度计划指标，今年争取增减挂钩周转指标33公顷，确保新增建设用地占补平衡；缓解土地制约。全力做好招商引资。依托全区产业发展整体布局，按照国家供给侧改革要求和去产能、补短板“目录”，谋划一批符合国家、省、市产业发展方向，能够进入综改试验、科技创新城、108廊带一体化“篮子”的优质项目；力争全年新引进亿元项目20个、签约项目投资250亿元。着力完善园区功能。坚持把园区作为项目建设主载体，加快实施榆次工业园区二期工程，启动33平方千米扩区规划；牢牢把握山西科技创新城建设和高校新校区投用契机，整合提升行业技术和科研平台，完善金融、法律、人力资源等配套服务，整体提升园区综合服务能力。

（二）全力推动工业转型，优化产业结构。培育支柱产业。着力培育骨干企业为支撑的战略性新兴产业“五大板块”，打造高端装备制造板块、特色食品板块、新兴化工板块、多元化电气板块、华北物流枢纽板块。提升传统产业。以去产能、强技改为抓手，促进传统优势企业转型升级。引导煤矿企业淘汰过剩产能，提升竞争实力；完成斯普瑞智能金属成型、经纬纺机等企业的技术改造，培育高新技术企业增强企业核心竞争力。强化服务帮扶。开展区领导领衔、一企一策精准解困“暖企行动”，帮扶企业解决生产经营、研发设计、成果转化、信息金融、电子商务、品牌建设等方面的问题，激活企业发展动力。

（三）全力发展都市农业，激活三农活力。拓宽增收渠道。以生态农业为切入点，持续推进“一带三区”布局优化，加速生产型向服务型农业转变，发动、带动、促动农民群众转变生产经营方式，建设“现代农业、休闲农业、乡村旅游”为一体的新型业态。加速产业转型。优化全区农业产业布局，深入推进国家现代农业示范区建设。提升机械化水平，适度减少大田玉米面积，强化龙头企业带动，提升蔬菜设施化水平，提升果品优质化水平，提升养殖规模化和标准化水平，提升农产品加工转化水平，加工销售收入保持40亿元以上。强化基础设施。改善农业基础条件，促进农民增收。全力完成2016年度农村人居环境四大工程，切实优化生产生活条件。

（四）全力壮大现代服务业，加速发展转型。推进文化旅游融合发展。抢抓全省打造文化旅游战略性支柱产业机遇，强化“旅游业+”概念，深化榆次旅游文化内涵，围绕榆次老城、常家庄园、乌金山森林公园、后沟古村“四篇文章”和源东线、乌金山旅游专线沿线景点，完善旅游设施，打造特色旅游线路和产品，形成一体化、特色化、全域化文化旅游发展格局。加快高端服务体系建设。以打造陆港经济为主线,依托太铁、中储等现代物流企业,运用物联网等先进信息技术,重点引进和发展各类仓储、加工、配送、中转现代物流企业。抢抓山西科技创新城建设机遇,布局商务会展、金融保险、中介咨询等高附加值服务企业入驻,以电子商务众创园为示范,扶持本地电商发展壮大,实现传统商贸流通业向现代化转变。

(五)全力统筹城乡一体,加快新型城镇化。配合市区城建重点工程。强化"市区共建,造福榆次"理念,加大统筹协调力度,积极配合完成东南外环快速化改造等市政重点工程的征拆任务,保障工程顺利推进。加快城中村棚户区改造。完善中心集镇服务功能。围绕基础设施建设和公共服务配套,组织实施一批以道路畅通、供水供热、排水防涝、美化亮化为重点的综合功能配套工程,不断加强城镇综合承载能力,提升城镇综合品位,充分发挥中心集镇服务群众、集聚人口、辐射带动区域经济发展的主导作用,推进新型城镇化建设。提升新农村建设水平。以改善农村人居环境为切入点,以建设美丽乡村为目标,突出规划引领,结合区位、资源、功能定位和自然历史条件,集中力量建设一批产业带动、休闲观光、旅游度假等特色鲜明新农村。

(六)全力深化改革创新,增强发展动力。加快政府职能转变。继续深化行政审批制度改革,积极推进部门并联审批、网上审批,简化审批程序,缩短审批时间,建立健全"两单两图"动态管理机制。深化财税和投融资体制改革。改进预算管理,规范中期财政规划,建立跨年度预算平衡机制,完善偿债准备金制度,推进预决算公开;严控政府性债务,破除政策壁垒,鼓励引导社会资本参与生态环保、农业水利、交通和社会事业等领域项目建设、运营和管理。深化农村产权制度改革。基本完成全区农村土地承包经营权确权登记颁证工作。有效运行农村产权流转交易中心,完善运作机制。

(七)全力保障改善民生,建设和谐榆次。把改善民生作为第一责任,充分把握群众期盼,倾听群众呼声,群众希望我们做什么我们就做什么,不断提升全区人民的幸福指数。做好扶贫攻坚。全力实施精准扶贫,完成五年扶贫脱贫计划制定;落实帮扶措施,建立"六帮一"精准扶贫机制,坚持"精准滴灌",因地因户施策,统筹整合涉农政策、资金和项目向相对贫困村、贫困户倾斜。优化公共服务。立足优化教育布局,年内开工建设工业园区学校和榆次实验小学;筹建高标准职业技术学校,加强技能人才培养。推进健康榆次建设,稳妥实施公立医院改革,加快分级诊疗体系建设,切实提高群众就医健康的获得感和满意度。启动"乡村文化记忆工程"试点,加强文物和非物质文化遗产保护。强化民生保障。全力拓宽就业渠道,以创业带动就业;全年新增城镇就业5600人,创业就业1150人,转移农村劳动力3200人;提高社会保障水平,稳步推进五险统一征缴和社保"一卡通",参加基本养老保险32.7万人、城镇基本医疗保险18.8万人,发放社保卡38.2万张,进一步扩大社保覆盖面。继续提高城乡低保、农村五保标准。保护生态环境。巩固省级林业生态区建设成果,实施108廊带、市城区周边绿化提档和东南部荒山绿化,启动国有林场改革划定生态保护区,完成造林绿化2万公顷。

新常态蕴含新机遇,新作为推动新发展。让我们紧紧团结和依靠全区广大干部群众,振奋精神,真抓实干,锐意进取,为"勇当全市排头兵,挺进全省前十强"和全面建成小康社会的宏伟目标而努力奋斗!

凝心聚力、苦干实干,全面实现小康社会

介休市市长　张　驰

"十二五"时期,是我市发展进程中极不平凡的五年。面对经济持续下行、多重困难交织叠加的严峻形势,我们积极应对前所未有的困难和考验,锐意进取,攻坚克难,扎实苦干,经济社会发展取得新成就,为"十三五"发展奠定了基础。

一、"十三五"时期的总体要求和主要任务

"十三五"时期,我市发展的指导思想是:以习近平总书记系列重要讲话精神为指导,坚持"五位一体"总

体布局和“四个全面”战略布局，树立“五大发展”新理念，紧紧围绕省委、省政府“一个指引、两手硬”重大思路和晋中市委、市政府“三年挺进全省第一方阵”的重大部署，以振兴崛起、城乡美丽、生活富足、人民幸福为目标，以深化改革创优环境为动力，以工业脱困、农业上档、旅游升级、民生加力、社会和谐为抓手，凝心聚力、苦干实干，加快建设太原都市圈南部区域性中心城市，确保如期全面建成小康社会，推动介休实现巨变、再铸辉煌。

主要任务是：

经济实现稳定发展。全市经济发展综合水平显著增强、经济增长质量和效益明显提高，地区生产总值和城乡居民人均收入比2010年翻一番，并实现人均地区生产总值和公共财政预算收入的同步增长。

产业结构升级转型。传统产业优化提升，新兴产业和现代服务业加快发展，农业经济上档升级，以“互联网＋”为核心的新业态和新模式经济比重提升，三次产业结构进一步优化，服务业增加值占地区生产总值比重达到50％。

城乡发展协调推进。发展空间格局进一步优化，中心城区、重点镇辐射带动作用进一步增强。新型城镇化加快推进，创建国家历史文化名城、国家健康城市，户籍人口城镇化率达到52％，进一步推进城乡发展一体化。

生态文明稳步提升。生产方式和生活方式绿色、低碳水平加快提升，资源集约型、环境友好型社会建设深入推进。建成宜居城市和美丽乡村，生态环境显著改善。单位生产总值能耗下降、二氧化碳和主要污染物排放总量控制在省、市下达指标内，森林覆盖率明显提高。

创新创业活力增强。大众创业、万众创新呈现新气象，研究与试验发展经费占地区生产总值的比重达到2.5％以上，进入省级创新型城市行列。

人民生活安康幸福。就业更加充分，城乡收入差距缩小，教育、社保、医疗、养老、住房等公共服务体系更加健全，“学有所教、劳有所得、病有所医、老有所养、住有所居”取得新进展，基本公共服务均等化水平进一步提高。

改革开放不断深化。各方面制度更加健全完善，国家、省赋予的试点政策取得明显实效，在新型城镇化、县城基础设施投融资、农民工和青年人才返乡创业等方面探索可复制、能推广、见实效的试点模式。

文化法治实现提升。公共文化体系更加健全，优秀传统文化广泛弘扬；人民民主更加健全，平安建设基础更加牢固，法治建设体系更加完善，政府公信力和行政效率进一步提高，社会更加和谐稳定。

二、苦干实干，奋力完成“十三五”奋斗目标

（一）经济强基固本，加快升级转型。农业突破惯性思维禁锢，实现提档升级。做强“药蛋果产”四大产业，打造“一廊两线三带”发展格局，实现传统农业向现代农业转型、传统农村向现代集镇转型、传统农民向新型农民转型。在促进农民增收上发力。突出规模化，建设绵黄芪、芦笋、红薯、油用牡丹等特色种植和蛋鸡养殖、核桃干果、农副产品加工产业带、集中区，形成药材1333公顷、蛋鸡300万只、核桃6667公顷；突出品牌化，推进陈醋、牛肉、黄酒、核桃、铁皮石斛等品牌发展，培育地域特色的2个国字号名牌产品；突出融合化，引进“互联网＋农业”模式，推进农业与二、三产业深度融合，发展乡村旅游、兴趣体验、养生养老等新业态，带动群众以游致富，建设乡村旅游示范村20个。在深化农村改革上发力。完成农村集体土地确权登记颁证，开展不动产统一登记发证；鼓励土地经营权向大户流转，发展适度规模经营，支持工商企业领办庄园经济、家庭农场等农业龙头企业。在夯实农业基础上发力。推广秸秆还田、土地深松等措施，实施高效节水灌溉工程，完成东山调水、中部引黄市域小水网和龙凤河、樊王河综合治理，严格水资源规划和开发利用控制，实现地下水压采量1450万立方米。

工业巩固提升支柱产业，摆脱发展困局。围绕“3131”目标做实做强煤焦钢化。按照供给侧结构性改革，加快淘汰落后产能，优化产业级次，煤炭产业提高回收率和资源转化率，标准化煤矿全部建成投产，洗精煤产量达到3000万吨；焦化产业完成重组，实施好昌盛、茂胜等大机焦建设，5户主体企业焦炭产量达到1000万吨；钢铁产量稳定在300万吨，高线、H型钢等先进装备产能充分释放，延伸发展下游精细钢铁；化工产业在现有10万吨粗苯加氢、20万吨甲醇基础上，加快30万吨煤焦油、20万吨煤焦油馏分加氢、2亿立方焦炉煤气制天然气等项目建设，化工产量达到100万吨以上，实现煤焦大市向煤化工大市的转变。同时，积极提升碳素、机械、建材等传统产业级次。围绕工业优化升级培育发展新兴产业。加快发展电力产业，重点实施崇光低热值煤发电、凯嘉煤层气发电二期等项目，就地转化煤炭，由煤炭输出变电力输出；壮大新材料产业，加快博创纳米材料产业园建设，打造全省纳米材料研发生产基地，引导三佳有机硅有序复产；科学发展装备制造业，坚持技术、项目、人才引进相结合，引导青云通用航空、中加大型锻件复工或调整项目；积极发展节能环保产业，引导企业发展和使用节煤、节油、节水、节电和余热余压利用装备产品。同时大力培育食品加工、高新技术、光伏发电等产业。

服务业立足区位优势，加快提升档次。把服务业作为战略产业来抓，做优做强文化旅游、仓储物流、商贸金融。围绕文化旅游，深度挖掘介休特色文化，打造“一山一村一城一市”精品精区，完善旅游服务设施，推进景区提档升级，到“十三五”末，力争全市4A级及以上景区达到5个，年旅游总收入达到160亿元，形成有全国影响力的文化旅游集散地和目的地。围绕仓储物流，加快推进奥维德圣、晋能物流、亿联国际商贸城等项目建设，力争形成3户年销售额超亿元的第三方物流企业，打造山西中部现代物流枢纽区。围绕商贸金融，扶持和诺等本土商贸企业提升经营水平，实施影视广场等新商业综合体项目，打造区域性商贸核心区；大力发展电子商务，深化与阿里巴巴、京东等大平台的合作，支持发展一批本地电商平台，电子商务产业园进入省级电子商务产业基地；创新推进金融发展，鼓励更多企业通过发行企业债、上市等方式提高直接融资水平，支持民间力量规范设立风险投资、天使投资、发展组团投资等基金，规范小额贷款公司、融资担保公司，健全小微企业和“三农”发展融资担保体系，严厉打击非法集资，打造全省金融资本集聚洼地。

（二）民生贴近根本，提高幸福指数。整合教育资源，跻身晋中一流。统筹城乡教育发展，推进学校信息化建设，全面改善农村薄弱学校办学条件，新建一批城乡公办和普惠性民办幼儿园。全面普及高中阶段教育，提高优质高中办学水平；注重发展职业教育，创新教学实训基地建设。力争用3～5年时间教育质量跻身晋中一流。

健全医疗体系，打造健康介休。深化医药卫生体制改革，建立全覆盖的城乡医疗保障体系。建成公共卫生服务综合大楼，引进社会资本投资建设综合性医院，加强乡村医疗卫生服务体系建设，完善社区卫生服务机构，构建覆盖全面的分级诊疗格局。加强医疗卫生人才队伍建设，提升医务人员能力和水平。到“十三五”末，市域内有一所医院达到三级医院标准，每千人床位数达到6张，医技人员和病床比达到1∶1.7。

完善社保体系，提高生活质量。贯彻落实全民参保计划，强化企业等用人单位参保责任，建立完善企业、职工、城乡居民三个保险相衔接的养老保险体系，实现养老保险法定人员全覆盖；整合城镇居民、新农合两种医疗保险制度，做实医疗基金，拓展工伤保险覆盖面，不断提高医疗保障水平；建立健全失业登记，就业辅助、社保补贴和失业保险相结合的失业救助体系，提高失业待业人员的再就业水平；实施机关单位养老保险制度改革，启动被征地农民养老保险制度。进一步健全城乡居民最低生活保障等社会救助体系。

（三）城乡加快统筹，建设美丽介休。完善城市功能，提升内在品质。加快完善城市功能，优化人居环境和投资环境，增强产业吸附能力，建成区域性中心城市。完善提升城市路网，建设城市快速路，提标老旧道路，实施微循环改造，实施大西高铁通城连接线等工程，建设过街天桥、地下通道、无障碍设施，优化城市主、次、支路网级配。开展城市黑臭水体整治，实施城区雨污分流管网改造，探索地下管廊建设。优先发展公共交通。全面提升公共服务质量，完成天然气置换煤气，完成热电联产供热，完成第二水厂建设，打通城区电网“井”字形主干通道，提升市政设施运行可靠性。落实棚改五年计划，基本完成棚户区改造；完成历史建筑和街区保护修缮，创建国家历史文化名城。探索海绵城市、智慧城市建设，运用数字化城管、地下管线系统等智能化手段，强化市政设施管理维护，全面提升城市管理水平，力争到“十三五”末，建成全省最宜居的县级城市。

完善农村基础设施，建设美丽乡村。推进城乡基础设施一体化，统筹推进道路、燃气、污水处理、垃圾处理等基础设施向乡村延伸覆盖，重点实施“1167”城乡交通、“气化乡镇”、农村生活污水防治等工程。建设管理好七个小城镇，重点打造义安、张兰两个国家级重点镇，到2020年实现燃气、污水管网、垃圾清运、区域集中供热覆盖整个镇区，中小学、卫生院、公园广场、特色商业街、日间照料中心等功能配套齐全，提升带动农村发展辐射力。推进美丽乡村建设，千人以上村实现“六个一”全覆盖，打造一批设施齐全、功能完善的新型农村社区。开展乡村环境综合整治，运用政府购买服务模式对乡村环境卫生统一清扫清运，重点村、一般村全部达到“四净、四无”标准，持续改善农村人居环境。加快地质灾害治理、采煤沉陷区治理搬迁和农村危旧房改造，积极稳妥推进山远边穷小归并整合。

加大环境综合治理，守住生态底线。坚持绿色、低碳、循环发展路径，加快形成节约资源和保护环境的空间格局、产业结构、生产方式、生活方式。加大环境治理。实行最严格的环境保护制度，努力构建政府、企业、公众多元共治的环境治理体系。坚决打好大气、水、土壤污染防治三大战役，推动环境质量持续改善。提高煤炭等矿产资源全过程污染物排放控制标准，严格淘汰落后产能，严控“两高一低”行业新增产能。制定计划、明确任务、分步推进卫生防护距离内居民搬迁。推动资源高效节约利用。推进煤炭清洁高效利用，加快太阳能、地热能等新能源利用，加大煤层气开发。加快推动重点领域节能改造，强化单位产品能耗标准、绿色建筑标准。在钢铁、电力、建材等重点耗能行业推行能效对标，推动企业节能降耗和产业转型升级。严守水资源保护红线，实行最严格水资源管理制度，建设节水型社会。构建绿色屏障。以荒山、城区、矿区、道路绿化和发展经济林为重点，大力实施绿化工程，实现增绿增收并重、绿化美化同步。引导社会力量参与造林绿化，提高森林覆盖率和林木碳汇蓄积量。加强天然林保护和古树名木保护。推进矿山生态环境治理修复。开展汾河介休段生态修复，新增湿地433公顷，打造汾河沿岸秀美风光。

（四）创新创业引领，突破发展瓶颈。积极推进开发区建设。组建开发区管理机构，按照“布局合理、结构优化、特色突出、绿色生态”的思路推进经济技术开发区发展。结合资源禀赋和产业实际，编制完成开发区总体规划。完善开发区供气、供水、供电等基础设施，推动用地指标、环境容量、资本等要素向开发区倾斜，进一步提升承载能力。优化开发区产业结构，增强核心竞争力和持续发展能力，指导焦化、电力等高耗能、高污染企业开展工业产品生态设计，打造“两型”示范企业，对园区内“僵尸”项目、企业加速出清，优化资源配置，打造新兴产业聚集地。建立市场化发展体制，积极参与区域合作，加大招商引资，承接产业转移，发展“飞地经济”。

创新投融资体制机制。坚持政府投资和社会融资“两条腿”走路，盘活政府资产，激活民间资本。对文化中心、保障性住房、旧城广场等政府投资项目，采取PPP模式，引进社会资本参与建设。放大政府资金杠杆作用，有效整合支持方向相同、扶持领域相关的中央和省、市各项专项转移支付，集中财力办大事。

大力推动“双创”。整合就业培训资源，加大就业培训力度，培育发展创业培训学校、劳动技能培训学校和劳务派遣机构，加强职业中介、劳务输出引进等人才市场服务。强化企业创新主体地位，鼓励有实力的企业与高校、科研所开展创新研究，依托经济技术开发区推进产业创新升级，力争实现科技研发对GDP贡献、新兴产业增加值、高新技术企业和科技储备项目“四个倍增”。推广“四众”模式，实施创业孵化、创业主体培育行动，发展分享经济，提高资源利用率。落实大众创业、万众创新政策措施，大力扶持中小微企业发展，充分激发和调动全市上下的创业积极性。通过培养培训和外部引进相结合，打造一批“商界精英”、培养一批“明日之星”、扶持一批“创业能人”，汇聚推动介休发展的磅礴力量。

实施城中村“撤村转居”。加快推进建成区“村转居”工作，建立产权明晰、权责分明、运行规范、管理民主、流转畅通的新型集体经济组织运行机制，提高集体资产的经营效益，实现“三个转变”，即农民变股民、资产变股份、村委变居委，城中村彻底融入城市。

站在新的历史起点，我们肩负的责任重大而光荣。使命催人奋进，奋斗铸就辉煌。让我们以更加饱满的精神开拓创新，以更加昂扬的斗志攻坚克难，以更加务实的作风勤勉工作，为努力实现振兴崛起、城乡美丽、生活富足、人民幸福的目标和全面建成小康社会而努力奋斗！

奋力当好排头兵，率先全面建成小康社会

灵石县县长　刘　旋

“十二五”以来，面对严峻复杂的宏观经济形势和艰巨繁重的改革发展任务，我们在市委、市政府的坚强领导下，认真贯彻落实党的十八大、十八届三中、四中、五中全会精神和习近平总书记系列重要讲话精神，保持定力，沉着应对，奋力攻坚，全县经济社会发展取得新的成就。

一、“十三五”时期的指导思想和主要目标

“十三五”时期我县发展的指导思想是：高举中国特色社会主义伟大旗帜，全面贯彻党的十八大和十八届三中、四中、五中全会精神，以邓小平理论、“三个代表”重要思想、科学发展观为指导，深入贯彻习近平总书记系列重要讲话精神，坚持“四个全面”战略布局，坚持发展是第一要务，牢固树立和贯彻落实创新、协调、绿色、开放、共享的发展理念，用足用好转型综改、扩权强县“双试点县”政策机遇，以提高发展质量和效益为中心，以转型升级、补齐短板为主线，全面实施园区集聚、文化引领、生态支撑、城乡统筹“四大发展”战略，瞄准“加快建设全面小康升级版、奋力当好山西振兴崛起

排头兵”的工作定位，在全省率先晋位升级，率先全面建成小康社会，努力建设经济强、百姓富、生态美、民风好的幸福灵石。

“十三五”时期经济社会发展的主要目标是：

经济发展质效双升，实力更强。产业结构更趋优化，经济保持中高速增长，到2020年，地区生产总值、规模以上工业增加值、固定资产投资、公共财政预算收入和城乡居民人均可支配收入6项指标绝对额进入全省前十，县域经济发展水平在全省A类县考核中排名保持前三。

社会事业全面进步，百姓更富。基本公共服务均等化深入推进，教育科技和文化卫生事业得到更高水平发展，社会保障和就业体系更加完善，社会综合保险实现制度全覆盖，城乡居民收入大幅增加，贫困人口全部脱贫，人民生活质量和水平显著提高，广大群众的幸福感获得感走在全省前列。

生态环境持续好转，城乡更美。主要污染物排放量、$PM_{2.5}$、PM_{10}浓度逐年下降，重污染天气大幅减少，县城区空气质量优良率达到70%以上，南关王庄断面水质达到五类水标准，全县林木绿化率达到60%以上，建成区绿化覆盖率达到45%以上。

民主法制和精神文明建设不断加强，民风更好。民主观念深入人心，法治政府基本建成，司法公信力明显提高，群众权益得到切实保障。全县群众的精神文化生活日益丰富，良好的行为习惯基本养成，尊老爱幼、邻里和睦的社会公德蔚然成风，在全社会形成民风淳朴的好风尚、推动发展的正能量。

二、“十三五”时期经济社会发展的主要任务

（一）加快资源型经济转型，培育经济增长新动能。认真落实供给侧改革要求，推进传统产业新型化、新兴产业规模化、支柱产业多元化，率先走出一条资源型经济转型发展的新路子。

大力发展园区经济。以中煤循环经济园建设为统领，优化两渡、段纯、南关和静升新型工业园区产业布局，发展物流、科技、中小企业孵化等新园区，构建“一园多区”发展格局。引导企业和项目向园区集中、要素和配套向园区集聚，促进企业协作配套、园区同业集聚、集群链条延伸，到“十三五”末园区产值达到300亿元。

推动工业转型升级。加快传统产业改造和新兴产业培育，做好煤与非煤两篇文章，重点抓好煤矿技改、低热值煤发电、铝系产品加工、煤矸石综合利用等重大项目建设，着力构建煤、电、铝、材一体发展格局。到“十三五”末，煤矿机械化开采率达到80%以上，铝工业产值超过60亿元，电力装机容量达到300万千瓦时。

培育壮大服务业。抓住晋中南部旅游组团发展机遇，全面完成静升古镇王家大院5A景区创建，加快石膏山、红崖峡谷、少林资寿文化园、金山森林休闲度假区等景区景点建设，实施夏门古堡、三清寨开发，尽快建成一批精品景区，逐步完善旅游要素，努力把我县建成全省重要的旅游集散地。积极发展商贸物流和电子商务，着力培育文化创意、健康养生等新型业态。到“十三五”末，全县服务业增加值突破90亿元，占GDP比重超过40%。

（二）加大强农富农力度，开创“三农”工作新局面。始终以农民增收为核心，在产业富民、乡村建设、精准扶贫等方面下功夫，让农业更强、农村更美、农民更富。

加快发展特色农业。坚持稳粮、优果、增菜、兴牧，构建以核桃产业为主、设施蔬菜、规模养殖等为补充的特色农业产业体系。认真落实粮食生产扶持政策，产量稳定在5000万千克左右。继续把核桃作为增收富民的核心产业，在稳规模、提质量、增效益上做文章，全县核桃总面积稳定在2万公顷，产量达到5000万千克，带动农民人均增收3000元。鼓励引导企业、专业合作社发展设施蔬菜，力争设施蔬菜面积达到467公顷。大力发展规模健康养殖，规模化饲养量占到总饲养量的85%以上，肉蛋奶产量达到5万吨以上。大力发展农产品加工龙头企业，积极培育农民专业合作社，提升农业产业化水平。

改善农村人居环境。继续实施“完善提质、农民安居、环境整治、宜居示范”四大工程，力争到“十三五”末农村居民对环境满意度达到90%以上。加大乡村基础设施建设力度，农村公路和村镇街巷硬化维修完好率达到90%以上，生活垃圾定点清运率达到100%，有线电视入户率达到100%。稳步推进采煤沉陷区治理工作。实施村庄绿化美化工程，建设高标准宜居示范村20个。

全力实施脱贫攻坚。按照“六个精准”和“五个一批”要求，抓好产业扶贫、技术扶贫、教育扶贫、医疗扶贫、兜底扶贫等工程，加快改善贫困村生产生活条件。严格落实脱贫攻坚领导责任制和行业部门扶贫责任，扎实抓好干部驻村帮扶工作，加大财政扶贫资金投入，引导社会资本投向贫困村，加快形成专项扶贫、行业扶贫、社会扶贫“三位一体”的大扶贫格局。加强脱贫攻坚工作考核，实行督查和年度报告制度，全面完成脱贫攻坚任务。

（三）统筹抓好城乡建设，构建一体发展新格局。坚持规划引领、建管并重，全面提升城镇化水平，力争“十三五”末城镇化率达到60%以上。

优化城镇空间布局。紧抓晋中太原同城化、孝汾平介灵城镇组群、太原大都市圈发展的机遇，优化“一心、四镇、六乡”的城镇规划布局,构建中心城、特色镇、新农村“三位一体”发展格局。加快发展中心城,抓好旧城改造、新区建设、古镇区开发。科学定位集镇发展方向,把除翠峰、静升以外的四镇、六乡发展成为连接城乡、繁荣农村、服务农业、集聚农民的重要载体。以美丽乡村建设为抓手,采取政策推动、资金扶持等办法,引导地质灾害村、“空壳村”、工业企业避让村、移民搬迁村向中心村集聚,打造一批集中居住点,建成一批家园美、田园美、生态美、生活美的“四美”宜居乡村。

加快基础设施建设。抓好东山供水、中部引黄小水网建设工程,增强水支撑能力。完成新一轮农网改造升级,新增35千伏及以上变电容量150兆伏安。做好干线公路改造维护,织密农村公路网,实现居民点公路网全覆盖。加快“海绵城市”建设,推进地下综合管廊建设,提升城市防灾能力。继续抓好供热、供气扩面和污水、垃圾处理工程,到“十三五”末全县集中供热、供气普及率达到98%以上,污水处理率达到97%以上,城市生活垃圾无害化处理率达到95%以上。

提高城乡管理水平。推进“智慧县城”建设,将智能技术运用于城市规划、建设管理、公共服务等各个方面,构建网络化社会公共服务体系。巩固国家卫生、园林县城创建成果,开展省级农村生活垃圾处理示范县创建活动,提升城乡管理长效化、科学化、精细化水平。

(四)大力改善生态环境,建设宜居宜业新家园。牢固树立“绿水青山就是金山银山”理念,持续推进生态文明建设,加快形成绿色发展方式和生活方式,实现生产空间集约高效、生活空间宜居适度、生态空间山清水秀。

推动低碳循环发展。加强高耗能行业能效管控,有效控制电力、化工、建材、冶金等重点行业碳排放。做好建筑、交通等领域节能降耗。推进企业循环式生产、产业循环式组合、园区循环式改造,积极开展循环经济重点领域试点示范创建工作。加强工业“三废”综合利用,提升大宗工业固体废物、废水循环利用水平。

加大环境治理力度。实行最严格的环境保护制度。强化大气、水、土壤的综合治理,全面完成“大气十条”和“水十条”目标任务。到“十三五”末,可吸入颗粒物和细颗粒物浓度分别下降10%和20%以上,水功能区水质达标率达到80%以上,城市集中式饮用水水源水质全部达到三类水标准,地下水质量考核点位水质级别保持稳定,全县耕地土壤环境质量达标率达到国家要求。

持续开展造林绿化。深入实施新造生态林、退耕还林、厂矿通道绿化管护、生态公益林保护、森林经营等五大林业工程,积极推进城市绿地系统建设和村镇绿化美化,打造多层次、多样性、多功能的绿色生态屏障。继续推进林业合作社和生态庄园经济健康发展。

(五)深入推进改革开放,打造赶超发展新优势。坚持把改革开放作为引领发展的第一动力,用好综改、扩权“双试点”政策,以改革破难题、增活力,以开放促创新、助发展。

实施创新驱动。强化科技支撑,创新人才引育机制,增加科技研发资金投入,支持企业技术研发和创新成果转化,抓好创新创业孵化平台建设。壮大民营经济,引导资金、技术、人才向民营经济集聚,优化政策环境、政务环境、市场环境、舆论环境,打造要素洼地、服务高地、创业福地,推动民营经济乘风破浪、千帆竞发,实现民营企业规模体量、质量效益双提升,到“十三五”末,全县民营经济总产值实现翻番。加快金融创新,鼓励金融机构稳定贷款规模,用好城镇化建设基金、“助保贷”等金融工具,推动企业与多层次资本市场对接,力争2~3户企业在“新三板”上市。

全面深化改革。以开展国家相对集中行政许可权改革试点工作为契机,深化行政审批制度改革,促进政府职能由审批为主向监管为主转变。推进煤炭管理体制改革,规范煤矿建设和生产秩序,创新煤炭销售方式,促进煤炭产业提质增效。深化农村改革,全面完成农村土地承包经营权确权登记颁证工作,稳妥推进农村集体产权改革,建立完善县、乡、村三级农村产权流转交易体系。加快财税体制改革,在强化预算编制执行、政府债务管理、税收征管等方面完善机制、堵塞漏洞,提高财政资金管理水平。

推进开放发展。主动融入京津冀区域合作、环渤海经济圈、108廊带区域一体化发展示范区建设,强化开放意识,提升开放能力,以扩大开放带动创新、促进合作、推动发展。把招商引资作为扩大开放的重中之重,坚持不懈开展集群化、专业化、产业链招商,提高招商引资实效,努力在寻求合作中扩大对外开放,在扩大开放中拓宽发展空间。

(六)持续加强民生建设,实现人民福祉新提升。坚持从群众最期盼的事情做起,加快发展社会事业,保障基本民生,让发展成果更多更公平地惠及广大群众。

稳定扩大就业创业。实施更加积极的就业创业政策,鼓励以创业带动就业,推动大众创业、万众创新。继续实行政府购买基层公共服务岗位,统筹做好农村转移劳动力、退役军人、城镇困难人员等群体的就业工作。实施新型职业农民培养计划和农民工职业技能提升计划。“十三五”期间新增城镇就业岗位6000个。

提高群众生活水平。持续增加城乡居民收入,建立更加公平更可持续的社会保障制度,全面建设和完善覆盖城乡的社会保障体系。深化机关事业单位养老保险制度改革,开展企业年金试点工作。进一步健全城乡居民最低生活保障等社会救助体系，做好扶老、助残、救孤、济困工作。加快推进保障性安居工程建设，满足群众基本住房需求。深入推进食品药品安全建设，让群众吃得放心、用得安心。

大力发展社会事业。提升教育发展水平，到2020年实现义务教育优质均衡。实施全民健康行动计划，深化医药卫生体制改革，健全医疗卫生服务体系。完善城乡公共文化服务体系，扎实开展文化惠民活动。发展体育事业，积极开展全民健身活动。全面实施一对夫妇可生育两个孩子政策，促进人口均衡发展。巩固省级文明县城创建成果，不断提高精神文明建设水平。

“十二五”我们辛勤耕耘、硕果累累，“十三五”我们充满希望、大有可为。让我们凝心聚力，真抓实干，继续前行，为实现“两个率先”，建设经济强、百姓富、生态美、民风好的幸福灵石而努力奋斗！

全面挺进第一方阵　率先建成小康社会

太谷县县长　**刘　伟**

“十二五”时期是我县发展极不平凡的五年。五年来，我们认真贯彻落实党的十八大、十八届三中、四中、五中全会和习近平总书记系列重要讲话精神，主动适应经济发展新常态，大力实施“234”发展战略，“十二五”规划的各项目标任务基本完成，经济社会发展取得显著成就。

一、“十三五”时期工作的指导思想和目标任务

今后五年工作的指导思想是：深入贯彻落实习近平总书记系列重要讲话精神，统筹推进“五位一体”总体布局，协调推进“四个全面”战略布局，积极落实省委“一个指引、两手硬”的重大思路和要求，市委、市政府“苦干三年全面挺进全省第一方阵”的总体部署，以“上台阶、强实力、进前列”为奋斗目标，坚持五大发展理念，始终贯穿“两条主线”，认真实施“十三五”规划，实现工业、农业、文化旅游发展三个突破，着力打造“四个百亿园区、现代农业硅谷、省城后花园、宜居新家园、和谐幸福地”，在全市“全面挺进第一方阵”中争当排头兵，率先高水平全面建成小康社会。

“十三五”时期经济社会发展的主要奋斗目标是：

经济指标上台阶。七大主要指标持续保持较高速增长，地区生产总值、固定资产投资、规模以上工业增加值、社会消费品零售总额、一般公共预算收入、城镇常住居民人均可支配收入、农村常住居民人均可支配收入，分别年均增长8.6％、20％、12％、7％、10％、7％、7％以上。经济总量占全市的份额逐年显著提高，力争三年内占到全市10％以上，2020年地区生产总值达到120亿元。

县域经济强实力。三次产业发展更加协调。农业硅谷上升为省级战略，核心区初步建成，发展20个现代农业企业，引领全省现代农业发展。玛钢产业迈向高端，形成产业集团，进一步凸现玛钢之都品牌；承接山西科技创新城产业转移，发展壮大一批战略性新兴产业；医药、康养、文化旅游产业加速发展，省城后花园基本建成；恒达、广誉远形成更大规模，力争培育50个产值过亿的骨干型企业，县域工业竞争力显著提升。古城、新城、职教城交相辉映、相得益彰。各项经济综合实力稳步增强。

整体工作进前列。政治生态良好，政府效能提高，发展环境优良，改革成效显著，脱贫攻坚任务提前完成；就业、文教、医疗、社保、住房等公共服务体系更加健全，人民群众的获得感、幸福感、安全感显著提升。社会主义核心价值观、市民素质、制度机制、区域影响力等整体工作，进入从量变到质变、从局部到全局、从蓄势到厚植的新发展阶段。

二、“十三五”期间，我们将重点做好五方面工作

（一）打造四个百亿园区，全面推进工业新型化。深入实施“工业强县”战略，壮大铸造、煤焦、医药、食品、碳素、装备制造六大产业，形成四个百亿园区规模。

恒达循环经济园。坚持走多元循环式发展之路，加强与大企业、大集团进行产业合作，确保180万吨机焦、20万吨硅锰合金、20万吨精密铸造、200万吨水泥等项目达产达效，多元循环优势获得新提升。力争三年内，园区产值达到100亿元，成为山西最具竞争力的循环经济示范园。

水秀新型产业园。坚持走产业创新式发展之路，抢抓山西科技创新城产业合作区机遇，发挥区域特色和比较优势，开展“飞地经济”合作和“腾笼换鸟”计划，引进一批战略性新兴产业和项目，形成商贸物流、装备制造、新材料、新能源企业集群。力争三年内，产值达到50亿元，五年达到100亿元，成为山西科技创新城最具发展活力的首批产业合作区。

南山医药食品园。坚持走高端精品式发展之路，依托特色优势，推进精品战略、拓展新型业态、培育旗舰企业，打造知名品牌，加快形成行业集聚，实现广誉远国药搬迁、国新晋药中药材项目达产达效。力争三年内，园区产值达到50亿元，五年形成100亿元的医药产业集群，成为全国最具竞争力的现代经典国药生产基地、中药材集散基地和特色食品加工基地。

胡村玛钢铸造园。坚持走绿色集群式发展之路，深入实施玛钢振兴计划，完善玛钢研发展示中心功能，全面实行气化玛钢行动，推行行业联盟标准，推进企业集团化发展，形成行业集聚、技术领先、分工细化的铸造产业集群。力争三年内，园区产值突破50亿元，五年达到100亿元，建成全国最具影响力的玛钢之都。

（二）打造现代农业硅谷，全面实现农业现代化。推动山西“农谷”上升为省级战略，是我县现代农业发展的迫切需求和必然选择。我们将利用3～5年时间，结合农业改革与建设试点工作，以全县域打造的方式，依托山西农大、省果树所，汇集全省、全国支撑现代农业发展的优势人才、前沿技术和多元资本等要素，将山西“农谷”打造成为现代农业的政策、成果、人才、资本富集区，农业科技产业孵化地和科技成果输出地，形成“一个核心区、六个辐射区、一批农产品加工龙头企业集群”的产业格局。

建成一个核心区。依托山西金谷现代农业科技创新园，建设占地1万亩的“农谷”核心区。包括“一心、三园、一基地、一区”六大板块。一心，即综合服务中心，提供产权交易、质量检测、成果展示、电子商务、职业农民培训和创新创业等综合服务；三园，即现代农业科技示范园和创新示范园、大学生创业园；一基地，即山西农大中试基地，涵盖五大中试平台；一区，即高新技术企业集聚区。力争用3年时间，将核心区建设成为现代农业前沿成果的展示区、创新创业的服务区和农业科技企业的孵化地。

形成六个辐射区。按照“乡有千亩基地、村有特品特色”的思路，加快形成六大区域特色板块，有效促进农业增效、农民增收。一是设施蔬菜区。依托现有千亩设施蔬菜园区，大力开展“标准化、产业化”生产，发展3333公顷无公害设施蔬菜。二是苗木花卉区。以小白、北洸为重点，持续推进苗木花卉“三个转变”，提升改造现有园区，形成3333公顷精品苗木种植规模。三是干鲜果业区。以边山丘陵区为主，实行“品种改良、品质改进、品牌创建”的三品提升，培育壶瓶枣、玉露香、早黑宝等优势品牌，建成3333公顷高品质干鲜果园。四是规模养殖区。在畜牧产业发展重点区和稳步推进区，实施生猪产业联盟和家庭牧场计划，新改扩建50个现代标准化畜牧园区。五是优质杂粮区。在山区乡镇，实行规模化种植、产业化开发、企业化合作，发展3333公顷优质小杂粮。六是中药材种植区。依托国新晋药育苗育种工程中心，建立健全中药材种植、科研、流通体系，发展667公顷道地中药材。

建成龙头企业集群。依托现有的红枣、太谷饼、食醋、葡萄酒等农产品加工企业，以建设山西农产品国际交易中心为重点，引进、布局、升级、培育一批种养加、产供销一体化发展的全产业链龙头企业。到2020年，国家级龙头企业达到3个、省级龙头企业达到15个。

（三）打造省城后花园，全面实现旅游全域化。实行全区域规划、全产业链开发，整合旅游资源，完善三大功能布局，开辟五条精品线路，打响养生旅游品牌。

完善三大功能布局。一是边山一带休闲养生区。以打造山西养生旅游第一县为目标，培育一批体育健身、健康养生、度假疗养、生态休闲项目。二是榆黄一带农事体验区。以打造山西乡村旅游第一县为目标，建成一批特色小镇、传统村落、民宿农庄、采摘园区等精品景点。三是108廊带旅游集散区。以打造近代山西第一城和山西产业文化第一县为目标，深入挖掘独具特色的产业内涵，集成省内古院民宅，展示传统工艺技能，建设50个非遗博物馆，50个名家书画院、119个文化驿站，发展特色餐饮和民俗客栈，形成全省重要的文化旅游集散区。

开辟五条精品线路。一是医药养生的南山之旅。吸引社会资本投资，依托广誉远、黄河中药、国新晋药等中医药骨干企业，建设集“住、养、医、护、康”于一体的养老服务健康园区。二是绿色休闲的乡村之旅。依托森林公园、生态庄园、农业园区，拓展体验、观光、休闲功能，提升接待服务水平，增强乡村旅游吸引力。三是古城大院的晋商之旅。对太谷古城、三多堂等历史遗产实行整体规划，恢复民居、修复大院，再现“中国华尔街”历史文化风貌。四是体育健身的运动之旅。举办好柔力球、骑行、登山、滑雪等体育赛事活动，扩大形意拳、太极拳发源地影响力，成为最具魅力的“中国武术之乡”。五是传统文化的心灵之旅。依托传统古村落、文化产业园、宗教圣地等景点，弘扬传统文化，实施乡村记忆工程，打响孟母文化节品牌，为旅游注入文化灵魂，满足游客精神需求。

（四）打造宜居新家园，全面推进城乡一体化。坚持规划建设管理同步，生态生产生活并举，全力打造宜居新家园。实施“三城联建”。统筹推进古城、新城、职教城建设。一是开发明清古城。力争引进大型企业集团，加强战略合作，开展抢救性保护开发。二是打造宜商宜居新城。重点建设南部宜业商贸城和北部宜居文化城，建成鑫港湾、田森汇商业综合体，打造餐饮、娱乐、休闲、购物一站式商业空间；建成山西文化产业园、孟母文化养生健康城，形成绿水环绕、文脉相依的绿色宜居空间。三是建设现代职教城。建设可容纳10余所院校，10余万人的职业教育园区，成为一座开放包容、产教融合、人才聚集的现代化职教城。

做好三大工程。以提高城市承载力为目标，实施好三大工程。一是规划引领工程。提升总规、做精控规、完善专规，高起点开展城市总规修编，构建“一核两轴、三区多点”的城镇化发展体系，形成以主城带动城镇、以城镇辐射中心村的城乡联动发展新格局。二是美丽乡村工程。持续改善农村人居环境，实施完善提质、农民安居、环境整治和宜居示范四项工程，加快打造一批工贸一体型、商贸带动型、现代农业型、乡村旅游型的特色乡镇；每年打造20个家园美、田园美、生态美、生活美的美丽村庄。三是基础设施工程。用好PPP投资模式，形成“六纵六横”城市路网格局，提升县域交通路网，实现城乡道路客运一体化。建成城市第二水厂、第二污水处理厂、综合垃圾处理厂，同步加快地下综合管廊建设，全面提高城市承载能力。

强化三大治理。构建生态、生产、生活协调发展格局。一是强化生态治理。实施“山上治本、身边增绿”，推进“两山、三河、两库”生态保护、修复和利用，持续实施南山、东山造林绿化，加快咸阳河、象峪河等河道治理，开发利用乌马河，全面提升城乡防汛排涝能力。到“十三五”末，森林覆盖率达到27%以上，力争成为国家级园林县城。二是强化环保治理。严格环保准入，加快节能改造，开展大气、水、土壤污染防治行动，强化工业污染源、农业面源污染治理和病死畜禽无害化处理，加大环保执法力度，全面完成节能减排任务。三是强化城乡环境治理。开展城乡环境综合整治，完善城市综合执法体制，推进乡镇基础设施和环卫管理一体化，全面提高城市宜居指数和文明程度，力争创建国家级卫生城市。

（五）打造和谐幸福地，全面推进民生普惠化。坚持共享共富、文明和谐，不断提高人民获得感、幸福感和安全感。坚决打赢脱贫攻坚战。建立健全“精准到位、部门联动、乡镇主体、工作到户、责任到人”的工作机制，全面强化包村领导、工作队、驻村第一书记“三支力量”，落实“六个精准”，统筹推进“六个一批”，确保2019年底，对口扶贫的6个贫困村全部摘帽，8296名贫困人口全面脱贫。到2020年，实现农村贫困人口“两不愁、三保障”，贫困村“一有、三覆盖”。

全面推进社会事业发展。下大力气提升事关群众切身利益的教育、医疗、社保、住房、就业、文体等公共服务水平和供给效率。到2020年，实现更高水平的义务教育均衡发展，高标准普及高中阶段教育，构建更加完善、规范的学前教育体系；深化医疗体制改革，完善分级诊疗机制，加强中医队伍建设，提高医疗卫生基础设施建设水平，促进城乡基本医疗卫生均等化；完善覆盖城乡的社会保障体系，抓好扩面征缴工作，做好扶老、助残、救孤、济困等工作；加大保障性住房统建力度，推进棚户区、农村危房改造，加强物业管理和基金监管，提高住宅小区物业覆盖率；鼓励以创业带动就业，推动大众创业、万众创新，新增城镇就业岗位1.3万个；开展国家公共文化服务体系示范区建设，建成一批公共文化体育设施，基本形成覆盖城乡、便捷高效的现代公共文化服务体系。

如期实现全面建成小康社会目标，承载着全县人民对美好生活的殷切向往。我们将按照“在全市全面挺进第一方阵中争当排头兵”的目标要求，全力抓好落实。我们坚信，通过全县人民的共同努力，我们一定能够夺取全面建成小康社会决胜阶段的伟大胜利！

努力开创美丽文明祁县建设的新局面

祁县县长　**冯耀黎**

“十二五”时期是我县积极应对严峻复杂形势、经济持续健康发展的五年,是产业结构深度调整、发展方式加快转变的五年,是社会事业全面进步、人民生活不断改善的五年。认真贯彻落实党的十八大、十八届三中、四中、五中全会精神和习近平总书记系列重要讲话精神,坚持稳中求进工作总基调,主动适应经济发展新常态,顽强拼搏、砥砺奋进,胜利完成了“十二五”规划主要目标任务,在全面建成小康社会进程中迈出坚实步伐。

一、“十三五”时期经济社会发展的指导思想和目标任务

“十三五”时期我县发展的指导思想是:高举中国特色社会主义伟大旗帜,全面贯彻党的十八大和十八届三中、四中、五中全会精神,深入贯彻落实习近平总书记系列重要讲话精神、省委“一个指引、两手硬”和市委“全面挺进全省第一方阵”的要求,以县委十四届党代会精神为引领,按照“苦干三年,挺进晋中方阵第二梯队”目标任务,协调推进“四个全面”战略布局,坚持发展第一要务,以创新、协调、绿色、开放、共享的发展理念为引领,以提高发展质量和效益为中心,以供给侧结构性改革为主线,加快形成引领经济发展新常态的体制机制和发展方式,保持战略定力,坚持稳中求进,统筹推进经济建设、政治建设、文化建设、社会建设、生态文明建设和党的建设,全力推动特色工业强县、现代农业大县、文化旅游名县、生态宜居美县、文明和谐新县“五县”建设,努力在全面建成小康社会进程中走在前列,开创美丽文明祁县建设新局面。

主要目标是:确保2020年地区生产总值和城乡居民收入比2010年翻一番,实现与全国同步全面建成小康社会。保持经济中高速发展,实现“十三五”期间经济年均增速保持在8.1%以上,主要经济指标进入全市中游水平。推进创新发展战略,建设特色工业强县。推进协调发展战略,建设现代农业大县。推进开放发展战略,建设文化旅游名县。推进绿色发展战略,建设生态宜居美县。推进共享发展战略,建设文明和谐新县。

二、苦干三年,挺进晋中方阵第二梯队

2016年是全面建成小康社会决胜阶段的开局之年,接下来的2017年是市委提出“苦干三年,全面挺进全省第一方阵”的首战之年,为开好局、起好步,确保首战必胜,我们确定2016年经济社会发展主要预期指标为:地区生产总值增长6.5%;规模以上工业增加值增长6.5%;固定资产投资增长19%;社会消费品零售总额增长6%;公共财政收入增长5%;城镇常住居民人均可支配收入增长7%;农村常住居民人均可支配收入增长7.5%。

今后一段时间,我们坚持的发展思路是:认真贯彻落实县委十四届党代会精神,紧紧围绕省委“一个指引,两手硬”和市委“全面挺进全省第一方阵”的要求,以“发展速度站前列、综合实力上台阶、争创全省一流无煤县”为统领,以打胜“项目攻坚、环境整治、财税增收”三大战役为抓手,以“集中精力办大事、集中财力办紧事、集中物力办实事”为导向,全力推动特色工业强县、现代农业大县、文化旅游名县、生态宜居美县、文明和谐新县“五县”建设,为实现“苦干三年,挺进晋中方阵第二梯队”,建设美丽文明、无煤有为的新祁县而努力奋斗。

当前,就是要以经济建设为中心,理直气壮抓发展,坚决打好三场硬仗:

一是“十大项目”攻坚,凝聚发展动力。为进一步提升全县经济发展和人民生活水平,我们以“十大项目”为抓手,全面推进社会各项事业发展。①208旅游通道综合开发建设,在榆祁高速乔家大院出口至东观段长约8千米的208国道沿线实施高标准综合开发。年接待游客将超过500万人次,带动旅游综合收入超过60亿元。②县城中轴线,打造一条贯通县城南北的城市景观中轴,对于进一步加快我县城镇化步伐、提升城市整体形象和发展品味具有重要意义。③文化艺术中心，主要建设文化馆、图书馆、体育馆、影剧院、玻璃器皿博物馆等十大场馆。④千朝谷，打造华北地区最大的室内水上世界、中国一流乡村度假游主题园。全部建成后，年可接待游客超过 200 万人次。⑤液化调峰储备集散中心，由国新能源公司投资建设，确保年底主体竣工。项目全部建成后，将成为全省最大的天然气液化调峰基地，年产值将达到 10 亿元，可实现利税上亿元。⑥昌源河湿地公园，将重点打造湿地科普馆、植物园、鸟类主题公园，并全面恢复 36 千米河道的河流湿地形态，必将成为我县又一张亮丽的生态名片。⑦红星六曲香分公司迁建，年底前要确保灌装车间主体完工，明年要实现投产。年灌装量将达到 3 万吨，销售收入达到 3 亿元，利税超亿元。⑧九牛万头奶牛标准化养殖园，项目达产后，日产优质鲜奶 120 吨，日均销售额达 51 万元，并流转 1.2 万亩土地建立青贮玉米基地，可有效带动农业增效、农民增收。⑨医科大学晋祠学院迁建，项目全部完工后，入住学生规模将达到 15000 人。⑩乔家大院景区综合提升改造，按照“一核一带两园四片区”规划布局，建设晋商文化金融博物馆、万里茶路博物园等 24 个景点，打造成为晋商大院和晋商文化旅游第一目的地。

二是“十大工程”会战，改善城乡面貌。一是净化美化工程。积极探索建立公司化、市场化市政清洁长效机制，按照“七净七无”标准，推行精细化作业和无间隙管理，实现县城区环境卫生清洁美观。二是市容秩序提升工程。加快建立城市综合执法联动机制，严厉打击占道经营、流动摊点、乱停乱放等违法违规行为，切实保障城市整洁有序。三是畅通出行工程。坚持堵疏结合，科学布局公交站点，合理施划增加停车位，保障市民舒适出行。四是绿化亮化工程。推进东环路景观化改造，完成砖雕文化园、友谊西路小游园建设，满足市民游憩需求。五是功能提升工程。积极顺应群众需求，统筹规划建设一批便民市场、小游园、停车场，全面提升城市品位。六是科学管护工程。加强市政设施管护、园林绿化养护、照明设施维护等精细化管养，切实提升市政设施管护水平。七是规范运营工程。年底完成水、电、热、气等城区地下管线信息管理系统建设，杜绝道路反复开挖。八是工地环境综合整治工程。规范建筑工地垃圾、废土、泥浆管理，控制建筑扬尘、噪音污染，实现建筑工地环境面貌显著改善。九是“两违”整治工程。严厉打击未批先建、私搭乱建等违法用地和违法建设行为，建立打击“两违”长效管理机制。十是文明提升工程。深入开展各类宣教活动，提高市民自我管理意识，努力塑造环境优美、秩序规范、和谐文明的城市新形象。

三是“十条措施”挖潜，决胜财税增收。一是通过对重点项目和房地产行业的监管、服务，加强增值税、契税和耕地占用税的征收管理；二是通过综合协调，理顺企业纳税机制，挖掘总部经济税收潜力；三是通过土地使用税清查，确保税收足额入库；四是通过信息互通，加强股权转让等税收管理；五是通过信用等级评定，加强欠税清缴；六是通过部门联动，加强建筑安装工程税收监管；七是通过加强政策宣传，提高企业依法缴纳土地增值税的意识；八是通过部门协查，加强增值税管理；九是通过征管稽查，保证企业所得税及时入库；十是通过加强对部门非税收入的管理，确保应收尽收。

在此基础上，要做好五方面工作：

（一）做优增量，打造特色工业强县。提升园区承载力。创新招商引资方式，力争引入更多投资强度大、经济效益好、造血功能强的大项目、大企业。破解土地瓶颈，保障重大招商引资项目用地。优化政务服务，落实联审代办工作机制，全面优化政务服务环境，为项目签约、落地、投产创造有利条件。

提升传统产业支撑力。玻璃器皿业，要坚持人机并举，发挥人工吹制优势，打造精品，抢占国内高端市场。大幅提升“祁县玻璃器皿”的知名度和影响力。食品加工业，要加快红星六曲香迁建进度，促进燕京、今麦郎、正大、大北农等现有企业开拓市场、盘活闲置产能，扩大行业规模。碳素业，要抢抓全省煤电铝材一体化发展机遇，加大技术改造力度，推动宇通微孔超微孔碳砖项目投产达效，提升整体竞争力。水泵业，要依托与高校院所的产学研合作，加快新产品研发，积极开拓全国城市污水泵市场，推动产业整体发展壮大。

培育新兴产业竞争力。围绕产业结构调整总目标，大力发展“氟、光、电、气”四大产业。“氟”要依托福诺欧优秀科研团队，加大新产品研发，抢占高端含氟材料市场。“光”要紧抓国家鼓励光伏发电政策机遇，全力推动华电 20 万千瓦光伏发电项目落地。“电”要引入大型能源企业，抢占发展制高点。“气”要加快推进国新能源液化天然气（LNG）产业链项目建设，延伸产业链条，打造全省液化天然气集散中心。

释放创新发展驱动力。坚持“科技创新”战略，引导国家级玻检中心、企业工程技术中心加大玻璃器皿、水泵等新产品、新技术研发，重点推进玻璃器皿进口机制设备国产化研发进度。深挖金融潜力，加快释放民间资本，发展实体经济。引导企业参与多层次资本市场，通过上市挂牌、发行债券、融资租赁、股权众筹等多种方式融资，破解企业融资难题。全面推进“大众创业、万众创新”，利用电子商务产业园、玻璃器皿众创空间等平台，开展创业培训，引导创业人群利用互联网、农村闲置厂房、社会闲置资金开展多种形式的创业活动，全力打造省级“双创”基地示范县。

（二）稳产增效，打造现代农业大县。稳粮促调整。坚守耕地红线，加强耕地保护。调整粮食种植结构，重点实施“粮改饲”，青饲青贮玉米发展到1333公顷。开展粮食高产创建，确保粮食产量稳定在2.2亿千克以上。增菜促效益。重点打造东观镇晓义片区万亩设施蔬菜基地，贾令、原东、西韩、西六支、谷村五个千亩设施蔬菜园区，增大设施蔬菜在蔬菜产业中的比重，保持每年133公顷发展速度。优果促提质。大力推广富硒功能农业，打造古县镇200公顷富硒酥梨基地。推动玉露香梨产学研基地建设。切实增强祁县酥梨品牌影响力和竞争力。兴牧促标杆。进一步扩大万牧安格斯能繁母牛基地和泓润荷兰奶业技术中心辐射带动作用，树立全省畜牧标杆。新发展家庭牧场30户，标准化改造和升级养殖小区16个。

（三）提档升级，打造文化旅游名县。打好一张“乔家王牌”。充分发挥“乔家大院”5A景区国字号文化品牌和龙头带动效应，高质量、高起点实施景区综合开发。不断提升乔家大院景区的文化内涵和品质，全面提升5A景区形象，带动全域旅游提档升级。打造一条“黄金通道”。以创建集“农产品、轻工业产品展示，农业采摘，休闲度假娱乐等”一体化黄金通道为目标，全面推开榆祁高速乔家大院出口至东观段旅游休闲长廊建设。精雕一批“祁旅精品”。以“到祁县、逛古城、游大院、玩千朝、赏玻璃、品美食”为主题，积极开发特色县域文旅产品，推出一批精品旅游线路，打造一批有品质、有内涵、叫得响的乡村旅游品牌。

（四）统筹发展，打造生态宜居美县。大力实施道路交通“畅通工程”。积极推进榆祁高速贾令出口连接线、昌源南路扩建、东夏线下挖工程，力争2017年10月底打通贯穿南北的主动脉。大力实施人居环境“改善工程”。下大力气破解棚户区改造难题，全力推动建材厂棚户区、十二片区棚户区（城中村）改造项目，全面提升城市品位。新打造1个省级，完善3个市级、10个县级美丽宜居示范村，推动城乡协调发展。大力实施生态环境“优化工程”。扩大集中供热面积，两年内完成县城区10吨以下燃煤采暖锅炉取缔工作。城区空气质量优良天数达到70%以上。持续强化水环境保护，加大汾河、沙河等重点流域和区域水污染防治，大力推进用水企业污水处理设施提标改造，确保达标排放。实施汾河生态修复工程，推进湿地公园法署项目，全力打造城市“绿肺”。

（五）民生加力，打造文明和谐新县。坚决打赢脱贫攻坚战。实施“五个一批”脱贫工程，抓好特色种植、养殖，开发“爱心岗位”；鼓励古县、峪口、来远等乡镇偏远农村实施易地搬迁；支持贫困人口通过保护生态获得劳动报酬；加强贫困人口技能培训，落实好“雨露计划”教育扶贫；完善社会保障，确保2016年1692人如期脱贫。

办好人民满意的教育。尽快启用6所标准化幼儿园和28所学校功能室，切实改善办学条件；加快三中、六中建设和职中迁建；撤并薄弱学校，优化学校布局。繁荣发展社会事业。城镇职工基本养老保险参保人数达到3.1万人，城乡居民养老保险参保人数达到14万人；全面建设和完善覆盖城乡的社会保障体系，持续增加城乡居民收入；推进县级公立医院改革，提高乡镇卫生院基本医疗卫生服务能力，加强农村卫生室建设，全面提升医疗卫生服务水平。

“十三五”的蓝图已经绘就，需要我们一起奋斗；挺进全市第二梯队的任务已经明确，需要我们共同努力。让我们在市委、市政府的坚强领导下，紧紧围绕“发展速度站前列，综合实力上台阶，争创全省一流无煤县”目标，团结依靠全县人民，坚定信心、振奋精神，勇于担当、苦干实干，为全面建成小康社会而努力奋斗！

为建设“大美古城、小康平遥、国际旅游城市”而努力奋斗

平遥县县长　石　勇

“十二五”时期，是平遥发展史上至关重要、极具挑战、富有成效的五年。五年来，面对严峻的经济形势、激烈的市场竞争、空前的压力挑战，我们团结带领全县人民，埋头苦干，砥砺奋进，有力、有序、有效地推进了

各项工作。县域经济经受了增速换挡下行的考验，运行态势稳中有进。产业发展秉承了龙头品牌带动的优势，结构层级日趋优化。民生民利摆在了全力优先保障的高度，幸福指数显著提升。基础建设克服了诸多不利因素的制约，城乡面貌大为改观。综合改革破解了制约转型跨越的瓶颈，内生动力全面激发。社会治理采取了不少行之有效的措施，社会局面更加和谐。政府运行健全了规范务实高效的机制，自身建设不断加强。

一、"十三五"时期全县经济社会发展总体思路

"十三五"时期，全县经济社会发展总体思路是：全面贯彻党的十八大和十八届三中、四中、五中全会精神，严格落实县十四次党代会总体部署，把经济发展作为最大担当，把古城品牌作为最大潜力，把民生改善作为最大关切，把改革开放作为最大动力，把政府建设作为最大责任，全力实施创新驱动、绿色转型、文化引领、智慧共享、城乡协同"五大战略"，凝聚共识，精准发力，建设"大美古城、小康平遥、国际旅游城市"。

"大美古城、小康平遥、国际旅游城市"是今后五年的奋斗目标和发展蓝图。"大美古城"核心是最大限度地保持古城的完整性、真实性，穿越古今，连接中西，真正打造明清文化的体验圣地。"小康平遥"关键是以发展经济为重心，以脱贫攻坚为抓手，以全民普惠为目标，打造经济更加富裕、法治更加健全、文化更加繁荣、社会更加和谐、人民更加幸福的新平遥。"国际旅游城市"重点是光大世界文化遗产品牌，深度挖掘旅游资源，全面延伸旅游链条，不断健全旅游要素，打造具有超国界影响力和吸引力、美誉度和认同感的文化型国际旅游城市。"十三五"末，全县GDP达到140亿元，工业增加值48亿元，固定资产投资235亿元，公共财政预算收入59405万元，社会消费品零售总额96亿元，城乡居民人均可支配收入分别达到35087元、15400元。

二、"十三五"时期的重点工作任务

按照"大美古城、小康平遥、国际旅游城市"五年总体目标，今后要重点抓好五个方面的工作。

（一）*大力发展特色农业，在集中力量抓突破中实现农业产业化发展新格局。*做强优势产业，支撑农民增收。要巩固"三区三带一群"总体布局，着力实施"一乡一业""一村一品"特色发展。在汾河区、丘陵区建成3万公顷高产高效玉米生产基地，丘陵区发展特色杂粮3333公顷，稳步提高粮食产量。新发展设施农业667公顷，引进山西绿曼生物科技有限公司，发展旱地辣椒3333公顷，全县蔬菜面积稳定在6667公顷以上，总产达到50万吨。新建健康规模养殖小区、家庭牧场50个以上，肉蛋奶总产达到24万吨，推动庭院分散饲养向园区规模养殖的实质性转变。发展新果园、改造旧果园2000公顷，新建干果经济林1333公顷，干鲜果面积达到2.3万公顷以上，总产突破27万吨。壮大龙头企业，打造特色名县。推进省市县龙头企业三大方阵建设。以冠云、晋润、兆辉等企业为重点，培育年销售收入超10亿元企业3户以上，市级及市级以上企业突破50户，年销售收入达到64亿元，农产品加工率达到50%以上，带动农户10万户以上，全面提高农业产业化经营水平。强化基础建设，补齐发展短板。重点实施病险水库除险加固工程，推进东山供水、小流域综合治理、打井配套等水利工程，新增灌溉面积3000公顷。实施土地治理、农综开发项目，连片建设高标准农田3333公顷以上，示范推广1333公顷以上。健全支撑体系，提升保障能力。制定专业合作社和农业经纪人队伍建设、农产品品牌建设、农畜产品电子商务发展扶持政策。市级以上专业示范社突破100个，示范家庭农场达到50个以上，农民经纪人达到1万人以上。

（二）*大力推进工业结构战略性调整，在转型升级中实现可持续发展。*以提升传统产业为突破，开辟转型路。大力支持煤化、峰岩两大集团拓展产业、延伸链条。以六大传统产业为重点，积极引导企业走低碳环保、集约循环之路。煤炭产业要严格落实"去产能、减产量、保增长"措施，推进矿井标准化建设；铸造产业要对标"中国制造2025"行动，以汽车配件、精密铸件和电动机整机开发为方向，努力叫响"平遥制造"品牌；焦化产业要加快循环发展，提高副产资源综合利用水平；再生橡胶产业要在废旧橡胶综合利用、延伸产业链条方面取得突破；农副产品加工和轻纺产业要强化资源整合，实施品牌战略，整体提升市场竞争能力。

以壮大新兴产业为突破，培育增长极。支持石头造纸、光学材料、生物制药、中药材加工等新兴产业拓展市场，扩大规模，提高效益；实施药光互补、风力发电、液化天然气二期等新能源项目，增强经济发展动力。将创新摆在战略高度，以物联网、云计算、设备制造等领域为重点，培育一批信息化龙头企业，在发展特色商贸业、新型物流业方面迈出实质性步伐；实施"互联网+"行动，推进"大众创业、万众创新"；鼓励中小企业、民营经济产学研一体化发展。"十三五"末，高新技术产业占工业增加值比重达到10%以上，真正把新兴产业培育成工业崛起的"驱动器"。

以富集产业要素为突破，打响园区牌。按照政府搭台、招商引资的思路，下决心打造具有核心承载力的两大工业园区。要加大投资力度，对工业新区水、电、气、热、路及污水、垃圾处理等基础设施进行全面升级改造，力争五年储备建设用地133公顷，全面提升园区承载能力。要以冠云集团为核心，吸引县内牛肉企业入驻，整合优势，集聚产业；力争引进北京首农集团、中粮集团等国内知名企业入驻，形成以食品工业为主的特色园区。到“十三五”末，入区企业力争达到20户，经济总量占到全县非煤工业的半壁江山。以耀光煤电能源供给为支撑，打造循环经济工业园。抓住实施大用户直供电网络契机，发挥水、电、汽、热价格优势，进一步放大能源带动效应；投资5亿元，完善基础设施，筑巢引凤，推动项目落地，力争用5年时间，初步形成占地67公顷的产业规模。把两大园区打造成全县招商引资的前沿，打造成投资者的热土、创业者的乐园。

（三）大力发展文化旅游大产业，在国际旅游城市打造中实现新跨越。突出遗产保护，传承古城文化魂。加大各级文保单位保护力度，对古城内传统民居、重要街区实施挂牌建档、保护修缮，出重拳整治私拆乱建行为，坚决拆除与古城风貌不协调的建筑，确保古城内的一砖一瓦、每个传统建筑、每条历史街巷都体现出古城原汁原味的文化元素，真正把祖辈留下的宝贵遗产保护好、传承好、利用好。

突出管理创新，提升旅游美誉度。实质性推进与深圳华侨城集团的战略合作，全面提升景区管理水平，重点运用现代信息技术手段，抓好票务管理、运行机制改革，坚决堵塞门票流失漏洞。重新规划设计旅游线路，全面强化旅行社、导游及景点的管理，切实改变“古城热、两寺冷”的现状，真正让双林寺、镇国寺“活”起来。坚持教育引导、整治规范、打击取缔三措并举，下决心根治各种旅游乱象，打造与世界文化遗产品牌相匹配的美誉度，巩固好国家AAAAA级旅游景区创建成果。

突出引资上项，丰富旅游新业态。要下决心解决游客“游在平遥、不住平遥”的现状，为游客住在平遥找理由，为游客住在平遥找项目。要定位游客消费趋向，集聚优势资源，引进新型业态，打造游客夜间休闲、消费场所，切实让游客留得住、住得下。确保平遥国际电影展明年落地，努力打造全市文化发展新地标，进一步丰富古城旅游“过夜游”业态。

突出客源拓展，发展周边短途游。紧抓假日游、周边游、短途游为代表的大众旅游时代到来的契机，借助我县独特的品牌、区位和交通优势，展开精准营销，向“两小时交通圈”市场发力，进一步打开周边游客市场。推动全县旅游由单一景区游向综合旅游目的地转变。

突出文化引领，夯实发展硬功夫。要全方位挖掘、整合、弘扬古城文化，着力发展以又见平遥、摄影大展、平遥中国年、微电影节、创意市集、文化培训、金融论坛为代表的演艺、节庆、会展、培训产业，着力壮大以核桃木家具、推光漆器等为代表的特色手工艺产业。提炼古城特有的文化元素和建筑符号，彰显国际旅游城市独有的文化魅力。

（四）大力加强城市建设，在五年变新样的目标中实现平遥面貌的全新涅槃。以通道建设为突破，让人民不再为路所难。投资5亿元，高标准改造惠济路、汇通路、中都街；投资40亿元，下决心实施汾屯线平遥段改线项目，实现城区无大货车目标。打开平榆高速东泉出口，高标准改造平遥南连接线，形成平遥、平遥南、东泉三个高速出口大流通格局。投资45亿元，改造永安路、春蕾路、东护城路、上西关街等4条道路，打通兴平路、曙光街、广通街、双林寺路等7条道路，构建“九纵五横”大联通、小循环的城市交通体系。投资3亿元，建设横跨东夏线、南同蒲铁路、108国道的立交桥。投资20亿元，改造平泰线、平文线、平孟线3条县道，畅通平遥出境线；实施东辛、洪汪、襄平、西梁等一批乡村道路新改建项目，进一步完善路网大循环框架。

以功能配套为重点，让城市不再为差所虑。高标准跟踪实施电、气、暖和雨水、污水、中水等地下综合管廊配套项目，严控道路开挖等重复施工、重复建设行为。对柳根河西外环至汾河入口段实施综合治理，统筹推进城市绿化，创建成为国家级园林县城；彻底整治城区所有坑洼街巷、污臭河道，提升城市宜居水平和承载能力，打造市域一流的现代城市。

以片区改造为着力，让百姓不再为居所愁。今后五年，投资150亿元，以上西关、城南堡、古城东、古城北4大片区为重点，基本完成城中村、棚户区改造任务，彻底解决城市的短板制约。以洪善、段村、东泉、宁固4个建制镇为核心，对标城市标准，实施一批基础设施建设项目，进一步增强人口、资金、产业集聚功能。以农村人居环境改善工程为统领，建设一批生态美、家园美、田园美、生活美的美丽宜居示范村。

以理念创新为保障，让建设不再为钱所困。积极与赛伯乐、北京首创等知名企业展开合作，探索运用PPP、EPC等模式，吸引更多的社会资本、民间资金，积极参与城乡基础设施、功能配套、民生改善、公共服务等领域，努力破解城市建设的资金制约。对公益性广告牌匾、公共停车位等城市公共资源进行有效整合，公开拍卖，走出一条以城建城、以城养城的市场化发展之路。

以建管并重为抓手，让群众不再为乱所累。探索建立政府购买公共服务运行机制，提高公共服务供给质量。加快“数字城市”向“智慧城市”的升级转型，提高城市管理精细化水平。

（五）大力推进民生建设工程，在惠民阳光下实现成果共享。下定决心，坚决打胜脱贫攻坚战。要把脱贫攻坚摆位到最大政治责任的战略高度，摸清脱贫底数，锁定脱贫目标，因地制宜、因人而异、分类施策，确保贫困人口精准脱贫。要通过财政拨款、社会捐助等形式,多渠道筹措扶贫资金,倾斜支持贫困乡村的公共基础设施建设。要通过扶贫、扶智、扶技,增强贫困人口的自主脱贫能力。通过全县上下的努力,让20729名贫困人口全部按时脱贫。

上下齐心,坚决兜住民生保障线。落实积极的就业政策,做好退役军人、城镇困难人员、高校毕业生就业安置。完成县人民医院新建项目,深化公立医院改革,推动城乡医疗卫生服务均等化。提高城乡居民基本医疗保险财政补助标准,全面实施城乡居民大病保险制度,建立覆盖城乡、更加公平的社会保障制度。落实教育支出“三个增长”“两个比例”政策,率先实现教育现代化。实施体育场馆新建项目,创建成为国家公共文化服务体系示范区。

今天的平遥,积蓄的基础厚积薄发,发展的势头铿锵有力,蕴含的潜力前所未有。我们一定会倍加珍惜来之不易的大好局面,以执政为民的使命感、舍我其谁的责任感、时不我待的紧迫感,凝聚、团结、带领全县人民,励精图治,奋发图强,为建设“大美古城、小康平遥、国际旅游城市”而努力奋斗!

实施“五大战略” 全面建成小康社会

榆社县县长 韩 军

“十二五”时期是我县发展历程中极不平凡的五年。面对持续加大的经济下行压力和严峻复杂的发展形势,我们团结带领全县广大干部群众,攻坚克难,砥砺奋进,深入实施“农业富县、工业强县、商贸活县、科教兴县”发展战略,千方百计稳增长、促改革、调结构、惠民生、保稳定,全县经济社会取得长足发展,圆满完成了“十二五”既定的主要目标任务,在全面建成小康社会进程中迈出坚实步伐。

一、“十三五”时期经济社会发展指导思想和主要目标

“十三五”时期,我县经济社会发展的指导思想是:全面贯彻落实党的十八大和十八届三中、四中、五中全会精神,深入贯彻落实习近平总书记系列重要讲话精神,自觉践行省委、市委重大战略部署,坚定实施“生态立县、农业富县、工业强县、旅游靓县、人才兴县”五大战略,苦干三年坚决打赢争先进位翻身仗,拼搏四年全力实现提前一年脱贫目标,奋斗五年全面建成小康社会,塑造榆社美好形象,实现榆社振兴崛起。

“十三五”时期经济社会发展的主要目标是:全县经济综合实力显著增强。力争到2018年,经济总量与先进县市缩小差距,发展速度跻身全市中游水平,在全省B类县中实现争先进位。到2019年,全县146个贫困村、3.4万人全面脱贫,提前一年摘帽。到2020年,实现地区生产总值和城乡居民人均可支配收入比2010年翻一番,地区生产总值达到39.52亿元,城镇常住居民人均可支配收入达到27936元,农村常住居民人均可支配收入达到7172元。全县社会发展水平有效提升。力争到2020年,产业结构更加优化合理,城乡环境更加生态宜居,社会治理体系更加健全完善,教育、社保、卫生、住房、文化等社会各项事业实现全面进步,人民群众幸福感和获得感大幅提升,建成全面小康新榆社。

二、“十三五”时期经济社会发展的主要任务

(一)坚持创新发展,全力打造经济增长新引擎。充分发挥创新的引领作用,更新观念,找准路径,着力构建经济发展新格局。要加快理念创新。要尽快实现思想转型,摒弃“等靠要”,奋力“拼抓争”,自信自强,迎头赶上。要加快思路创新。学习和使用最新、最有效的方法,提速推进投融资机制、项目管理、农信社改制等方面的改革,转换发展动能,激发内生动力,推动特色农业由规模速度型增长向质量效益型增长转变,新型工业由增量扩能向做大总量、做优存量并举转变,旅游开发由重点突破向全面推进转变,实现一、二、三产融合发展。

(二)坚持协调发展,倾力创建统筹均衡新局面。以项目建设为统领,协调推进经济社会发展各项工作。

继续举全县之力抓项目建设,“六位一体”推进,完善机制落实,加快实施重大项目,持续优化经济结构,不断增强发展后劲。协调推进发展生产和改善民生,坚持经济建设和为民服务并重,立足实际需求,推行土地等资源要素均衡化配置,实现同步推进、同步提升。协调推进物质文明和精神文明建设,培育践行社会主义核心价值观,拓展提升地域文化产业,全方位增强文化发展“软实力”。协调推进军民融合发展,建立健全深度发展的运行体系,实现国防动员与经济社会相促进、共发展。

(三)坚持绿色发展,着力完善生态文明新体系。榆社的青山绿水是最宝贵的资源。要坚定实施“生态立县”战略,树立“留白就是超前、保护就是政绩”的发展理念,把生态优势转化为经济优势,努力打造“生态榆社”升级版。要严守生态红线。加强生态红线区域管控,抓好自然生态系统保护,杜绝不合理开发和破坏生态行为,决不上污染环境的项目。要加强生态保护。实施生态修复工程,加大植树造林力度,推进大气、水污染综合治理。要发挥生态优势。大力发展以“绿色健康”为主的生态农业、以“循环低碳”为主的生态工业、以“山水文化”为主的生态旅游,真正将绿水青山变成金山银山。

(四)坚持开放发展,奋力开辟合作共赢新途径。大力拓展开放的深度和广度,着力培育和催生经济发展新动力,积极探索贫困地区开放发展之路。要创优服务环境。加强行政效能建设,建立健全诚信体系,严厉打击各种干扰破坏市场经济秩序的行为,全力营造良好的发展环境。要夯实招商基础。制定优惠政策,创新招商方式,吸引更多的投资者来榆社创业,让创业者得到扶持,让投资者得到更多的实惠。要拓展开放领域。围绕各类资源要素,实施全领域开放,推进全方位发展,促进县域经济大繁荣。

(五)坚持共享发展,努力建成全面小康新榆社。坚决打赢脱贫攻坚战,切实补齐民生短板。持续加大社会事业投入力度,积极推进基本公共服务均等化,突出抓好实施浊漳河流域生态环境综合治理、建设浊漳河北源生态湿地公园、新建城北森林公园、打通太长高速榆社北口至汾邢高速榆社东口快速路实现319改线、升级改造白村——太谷段和峡口——邱园段道路、完成热电联产县城集中供热、实现县城集中优质供水、免除高中教育学费并改善中小学校布局、新建县人民医院及中医院和妇幼院、改扩建便民市场和文化休闲广场等一批事关群众切身利益的实事好事,真正做到发展为了人民、发展成果由人民共享。

三、努力做好“十三五”开局之年的工作

2016年是“十三五”的开局之年,做好2016年的工作意义重大。要重点抓好以下六方面工作:

(一)打造园区经济,在工业转型升级上迈出新步伐。坚持工业优先发展,把建设工业园区作为转型升级的主要抓手,拉长产业链条,提升产业级次,实现规模扩张、效益增强,推动县域经济跨越式发展。

(二)发展特色农业,在三农增收增效上实现新突破。以增加农民收入为核心,以结构调整为主线,坚持用工业化理念谋划农业,用产业化经营提升农业,努力实现“农村变美、农业变强、农民变富”。

(三)加大旅游开发,在三产多元发展上构建新格局。以文化为灵魂、旅游为载体,统筹推进山水生态游、化石探秘游、地质科普游、历史文化游,塑造特色鲜明的文化旅游形象,拉动第三产业繁荣发展。

(四)统筹城乡发展,在城市宜居建设上塑造新形象。围绕建设山水生态宜居城市的目标,做实总体规划,创新发展方式,完善治理体系,提升城市发展水平。

(五)加快共建共享,在持续改善民生上展示新作为。民生是最大的政治。要把群众的呼声当方向、百姓的期盼当目标,将更多的财政资金投入民生,让改革发展成果更好地惠及人民群众。

(六)聚焦精准扶贫,在脱贫攻坚战役上夺取新胜利。把脱贫攻坚作为第一民生工程,围绕提前一年摘帽的脱贫目标,找准突破口,选好结合点,打好主动仗,全面完成30个村、8314人的年度脱贫任务。

“十三五”发展蓝图已经绘就,我县站在更高的历史起点上,开启了新的征程。我们坚信,经过全县上下的共同努力,“十三五”奋斗目标一定能够实现,全县人民一定能够迈入小康社会,榆社的明天一定会更加美好!

和民心、顺民意，全面建成小康社会

和顺县县长　马海军

“十二五”的五年是和顺发展很不平凡的五年。面对严峻复杂的经济形势和繁重的改革发展稳定任务，我们紧紧围绕打造“五地两区”和建设山西东大门目标，着力“打基础、利长远、上台阶”，主动适应经济发展新常态，全面落实供给侧结构性改革各项政策措施，真抓实干，持续作为，主要目标任务全部完成，向全县人民承诺的实事全部兑现，为我县全面建成小康社会奠定了坚实的基础。

一、目标再聚焦，信心再提振，干部再努力，为全市挺进全省第一方阵奋力争先

“十三五”时期经济社会发展的指导思想是：高举中国特色社会主义伟大旗帜，全面贯彻党的十八大和十八届三中、四中、五中全会以及习近平总书记系列重要讲话精神，坚持“四个全面”战略布局和“五大发展”新理念，认真落实省委“一个指引、两手硬”的重大部署和市委“苦干三年全面挺进全省第一方阵”的目标要求，牢固树立“和民心、顺民意”理念，紧紧围绕脱贫攻坚这一主线，倾力打造“和顺生态”“和顺干部”两张名片，全面推进经济、政治、文化、社会、生态文明和党的建设，奋力实现三年全面脱贫、整体位次前移的目标，确保2020年与全国一道全面建成小康社会。

主要目标是：综合经济实力大幅提升，奋力跻身全市第二梯队。围绕市委“苦干三年全面挺进全省第一方阵”的目标，到2019年底，全县地区生产总值达到60亿元，规模以上工业增加值达到26.7亿元，固定资产投资达到134.5亿元，社会消费品零售总额达到16.9亿元，公共财政预算收入达到5.3亿元，城镇常住居民人均可支配收入达到26632元，农村常住居民人均可支配收入达到7458元。到“十三五”末，全县地区生产总值年均增长8.4%，达到65亿元；规模以上工业增加值年均增长13%，达到30.2亿元；固定资产投资年均增长19%，达到156亿元；社会消费品零售总额年均增长6.1%，达到18亿元；公共财政预算收入年均增长11.8%，达到5.7亿元；城镇常住居民人均可支配收入年均增长6.5%，达到28364元；农村常住居民人均可支配收入年均增长9%，达到8130元。

（一）推动产业多元支撑，发展后劲显著增强。新型工业方面，延长煤—电—气—化产业链条，推进煤炭清洁高效利用。全县煤炭总产量达到1575万吨，洗选率达到85%以上。大力培育新能源、新材料、新型建材、装备制造、食品加工等新兴产业。以工业园区为载体，大力开展园区招商，真正把工业园区建设成为转型升级的强大引擎和新型工业集聚区。现代农业方面，推进小杂粮、中药材、设施蔬菜、食用菌、现代农业五大片区建设，种植小杂粮5333公顷，藜麦1333公顷，特色中药材3333公顷，万寿菊667公顷，以双孢菇为主的食用菌面积达到120万平方米。建设“一村一品”专业村100个。大力发展休闲观光农业。打造20条沟域经济示范带。积极培育壮大新马杂粮等农产品加工龙头企业，建设天凯现代农业示范园、横岭镇食用菌等农产品流通市场，农产品综合转化率达到75%。继续推进“十企百区千户”现代养牛业致富工程，10个肉牛育肥龙头企业带动作用进一步增强，养牛园区标准化水平进一步提高，10头以上母牛繁育户达到3000个，建成“一乡一业”养牛专业乡5个，牛存栏达到50000头。建成标准化蛋鸡养殖园区8个，生猪养殖园区6个，舍饲养羊场30个，全县畜牧业总收入达到5亿元以上，人均牧业收入4500元，其中人均养牛增收590元。现代服务业方面，大力开发建设太行山断裂带、国省道沿线景点景区，加快乡村旅游开发，做好“旅游业+”这篇大文章。以天粮网络科技公司为依托，建成全国首家农民数据中心，实现电商销售收入年均1.5亿元以上，促进三次产业比重更加合理。

（二）凝神聚力脱贫攻坚，全力实现全面小康。按照“五个一批”和“六个精准”的要求，大力发展特色农业产业，积极推进旅游、光伏、电商、金融等专项扶贫，生产脱贫20468人，易地搬迁脱贫3200人，生态补偿脱贫237人，教育脱贫2852人，社会保障兜底脱贫

4648人。充分发挥领导住村、扶贫工作队、第一书记在脱贫攻坚中的作用，动员各方力量，举全县之力，确保到2018年底，全县167个贫困村、31405贫困人口稳定脱贫，提前两年摘掉贫困县帽子。

（三）坚持利民便民惠民，共享改革发展成果。推动教育更高水平均衡化。完成和顺二中运动场、新建思源学校、职业中学迁建等项目建设，全县标准化学校率达到100%。完成县医院门诊住院楼、公共卫生综合服务大楼建设，新改扩建义兴、青城、喂马等乡镇卫生院，新增标准化村卫生室80个，县乡村三级医疗卫生体系更加健全。基本保障全民化。大力实施“全民参保”计划，城乡居民养老保险、医疗保险参保率达到98%以上，新农合参保率达到100%。居民收入多元化。以创业带动就业，帮扶困难群体就业，开展就业培训，新增就业1万人以上，城镇失业率控制在2%以内。群众出行便捷化。和邢铁路、阳左高速和顺县城新增互通工程竣工通车；实现和顺至榆次一小时通达。城乡建设一体化加快形成“一城两河三山四园”的发展布局。加大旧城改造力度，完成新和路两侧等区域棚户区改造。规划建设一批菜市场、小吃城、公厕、停车场等市政设施。县城集中供热实现全覆盖，集中供气覆盖率进一步提高。强化县城精细化管理，加快小城镇和美丽乡村建设，城镇化率达到55%。

（四）着力打造山水生态，绘就美丽新和顺。大力实施通道绿化、目及荒山绿化等身边增绿工程，每年造林2000公顷以上，森林覆盖率每年力争提高1%，稳定达到32%以上，创建省级林业生态县和全国造林绿化模范县。进一步完善生态脱贫机制，加大退耕还林力度，组建农民造林专业合作社10个以上。执行最严格的水资源管理“三条红线”，集中式饮用水源地水质达标率超过90%，水功能区水质达标率达到80%，万元工业增加值用水量控制在19.5立方米以下。强力推进淘汰落后产能、大气污染防治、清洁能源利用等各项工作，万元GDP综合能耗逐年下降。城镇生活污水、垃圾实现集中无害化处理。

二、做好2016年工作，确保“十三五”开好局，起好步

今年经济社会发展的主要预期目标是：完成全县地区生产总值46亿元，同比增长6.5%；规模以上工业增加值18.5亿元，同比增长13%；固定资产投资79亿元，同比增长21%以上；社会消费品零售总额14.2亿元，同比增长6%；公共财政预算收入4.3亿元，同比增长29.4%；城镇常住居民人均可支配收入22048元，同比增长6.5%；农村常住居民人均可支配收入5760元，同比增长9%。农业增加值增长速度、农业产业化龙头企业销售收入增长速度、农村劳动力转移就业人数等脱贫攻坚经济社会类指标按年度如期完成。约束性指标在市控范围内。

完成全年目标任务，要强力推进以下八项工作：

（一）坚持把项目建设作为推进发展的关键抓手，确保有效投资保持强劲增势。全年实施重点项目80个，总投资325.7亿元，年度计划投资81亿元。开展项目“两个大起底”活动，努力形成更大的固定资产投资存量和增量。要全方位开展招商引资。坚持“以煤为基”招商引资，积极引进煤炭上下游产业项目，拉长煤炭产业链条。依托园区招商引资，瞄准对接发达地区，打开东大门，融入京津冀。坚持“一站式”“限时办结”“特事特办”等服务机制，进一步提高招商引资的实效，力争完成150亿元的招商引资任务。

（二）坚持工业强县战略不动摇，把工业作为经济增长的强大引擎。千方百计稳定煤炭产业。全年煤炭产量完成1200万吨以上。培育壮大非煤新兴产业。重点推进依风风力发电、光伏发电等项目建设。积极引导银圣化工、山西新光资源综合利用有限公司延伸产业链条。推进硅钢镁、有色金属产业向精深加工、成品制造延伸转变。抓好山河醋业二期工程，打响“和顺醋”品牌。扎实开展干部帮扶企业（项目）活动，帮助企业走出困境、提质增效。

（三）坚持农业增效、农民增收两手抓，坚决打赢脱贫攻坚开局战。落实《和顺县2016年脱贫攻坚行动计划》，突出抓好总投资6.9亿元的脱贫增收和重点民生“双十”工程。确保每个村至少有1个特色主导产业，每户有1项以上增收项目。重点扶持松烟镇、青城镇、平松乡、喂马乡发展乡村旅游，扶持25户贫困户发展农家乐。完成318口贫困人口易地扶贫搬迁。林果业收入要占到贫困农民收入的30%以上。县财政筹资600万元，设立金融扶贫贷款风险保证金和养牛贷款风险抵押金，发放“富民贷”“强农贷”2200万元以上。劳动力转移就业培训800人以上，培训新型职业农民1000人。改造农村公路29.1千米，改造电力线路67.7千米，打通贫困村基础设施建设“最后一公里”。确保58个贫困村、11464贫困人口稳定脱贫，贫困发生率下降到17.9%。

大力发展农业特色产业。以双孢菇为主的食用菌面积达到100万平方米，蔬菜总产量达到9800万千克。藜麦、籽粒苋种植规模达到333公顷。新增杂粮种植333公顷，中药材种植200公顷。新发展肉牛繁育专业村20个，10头以上母牛繁育户达到2000个，规模肉牛育肥示范户20个，年出栏育肥肉牛3000头以上。积极做好“太行云牛”品种审定认定工作。加快标准化蛋鸡养殖园区、生猪规模化养殖园区建设。培育3个省级、5个市级、10个县级农民合作社示范社。

加快农产品交易市场建设，建立农产品电子商务体系。

（四）坚持把现代服务业作为优化产业结构的重中之重，加快把文化旅游业培育成新的经济增长点。优先发展生态旅游业。加快推进太行鹊桥生态文化旅游度假区和夫子岭文化休闲旅游区项目，争取冀中能源牛郎织女景区年内落地开工。完善石拐会议纪念园游客接待中心配套设施建设，力争秦赖支队纪念馆列为省、市红色教育基地。力争全年接待游客100万人次，旅游综合收入进一步提高。阳煤集团和顺物流园建设力争完成投资1亿元。推进全国电子商务进农村示范县建设，乡村电子商务公共服务站达到100个以上，乡村服务点达到150个，天凯电子商务示范园投入使用。

（五）坚持城乡一体发展，持续改善城乡面貌。突出城区扩容提质。实施城市公交站点、消防设施、城市公厕、河道整治等17项城市综合整治工程。文体中心和城市规划展览馆投入使用，污水处理厂特许经营项目投入运营，完善北内环2#桥建设工程，力争新和路西延等工程开工建设。突出城镇融合发展，以李阳镇等小集镇建设为重点，努力打造一批新型工业、生态旅游、现代农业特色乡镇。大力推进美丽乡村建设，总投资2亿元，打造1个省级、5个市级和10个县级宜居示范村。突出交通体系建设，完成乔夫线、207国道——天池公司等4条公路建设。和邢铁路建设完成投资5亿元。力争阳左高速和顺县城新增互通开工建设。

（六）坚持把保护良好的生态环境作为第一底线，擦亮打响“和顺生态”名片。实施“增绿护绿”工程。围绕“两山、两网、两林”三大工程，投资6526万元，新造林2867公顷，确保森林覆盖率提高1%。文昌森林公园、麻衣山森林公园建成开放。加强大气污染防治，空气质量优良率明显提升。开展重点流域、重点行业水污染防治，加大县城水源地保护力度。坚决淘汰落后产能，确保完成节能减排任务。

（七）坚持改革创新为引领，聚力提升发展活力。深化“两集中、两到位”行政审批制度改革，全面推进并联审批，落实“五证合一”“一照一码”登记制度。加快财政预算管理制度改革，进一步扩大社会保障范围，不断加大对民生领域的投入。加强土地资源、国有资产有偿使用管理。扩大“营改增”实施范围，增强财政保障能力。完善政府与社会资本合作新机制，积极推行PPP等投融资新模式。支持国有商业银行、村镇银行在乡镇设点，努力解决实体经济和项目融资难题。

（八）坚持以民为本发展理念，持续改善民计民生。推进社会事业协调发展。继续实施“全面改薄”工程，投资3134万元，完善7所学校教学楼、附属设施和6所学校操场建设，新建思源学校开工建设，和顺一中教学楼、附属设施及和顺二中运动场投入使用。改造3所农村幼儿园。完成平松、青城卫生院和义兴卫生院紫罗分院、20所标准化村卫生室建设，县医院门诊住院楼开工建设。实施10个乡镇文化站上档升级工程。全面提升社会保障水平，积极吸纳高校毕业生就业，培训职业技术人才1200人次。新农合参保率稳定在99%以上，落实经济困难的高龄与失能老年人补贴以及百岁以上老年人补贴新标准。投资100万元，建立养老信息网络服务平台。继续提高城乡低保标准。

又一个五年，又一个新的起点。经济发展永无止境，干事创业永无止境。越是任务艰巨繁重，越要振奋精神，勇于担当，敢于作为。我们唯有不断前行，勠力同心，才能不辱使命，不负重托。让我们紧紧依靠全县人民，一以贯之，一抓到底，为提前两年摘掉贫困县帽子，为实现整体位次前移，为五年美丽蓝图圆满绘就，再启新征程，再鼓新干劲，再做新贡献！

苦干实干、争先争上，确保如期全面建成小康昔阳

昔阳县县长　**许利伟**

“十二五”时期，是极不平凡的五年，也是昔阳历史上发展最好、变化最大、人民群众得到实惠最多的时期之一。五年来，我们始终坚持抓重点、打基础、惠民生，紧紧团结和带领全县人民，一心一意谋发展，千方百计稳增长，顽强拼搏，砥砺奋进，圆满完成“十二五”各项目标任务，全县经济社会取得长足发展，人民群众满意

度和获得感极大提高，为“十三五”发展打下了扎实的基础。

一、“十三五”时期工作的指导思想和奋斗目标

“十三五”时期，是全面建成小康社会的决胜阶段，是全面深化改革的攻坚阶段，是经济社会发展转型升级的关键阶段。我们工作的指导思想是：全面贯彻党的十八大和十八届三中、四中、五中全会精神和习近平总书记系列重要讲话精神，全面贯彻落实省委、市委一系列重大决策部署，全面贯彻落实县十五次党代会精神，大力学习弘扬践行大寨精神，坚持项目支撑，坚持改革驱动，坚持开放引领，坚持民生共享，苦干实干、争先争上，全力推进“五大发展”，全力打造“四地一城”，确保全市争上游、东山创一流，确保经济社会振兴崛起，确保如期全面建成小康昔阳！

今后五年经济社会发展的奋斗目标是：

全县经济综合实力显著增强。到2020年，地区生产总值和城乡居民人均可支配收入比2010年翻一番；体现综合实力的财政收入和体现群众生活水平的城乡居民可支配收入等6个指标在全市争先晋位，在全省A类县考核中争先晋位。2017年，全县25983名贫困人口全部脱贫，如期摘掉省定贫困县的帽子。

全县社会发展水平有效提升。到2020年，全县产业结构更加合理，城乡环境更加生态宜居，社会创新活力进一步迸发，民主法制建设不断推进，城乡文明程度显著提高，教育、医疗、文化等各项社会事业全面进步，广大人民群众的获得感、幸福感普遍提升，全面建成小康昔阳。

二、实现上述目标的主要路径和措施

（一）全力打好大寨品牌。大寨是昔阳的无价之宝、不朽之魂，是昔阳的核心竞争力和“金”字招牌。擎起大寨精神旗帜。让大寨精神成为昔阳振兴崛起的强大精神动力，大力宣传弘扬艰苦奋斗、苦干实干的先进典型，深入开展大寨精神研究，为大寨精神注入拼搏创新新内涵。做大大寨文化品牌。用大寨品牌包装推介昔阳经济，统一整合管理，统一包装营销，精心策划中国（大寨）农民节，举办“大寨论坛”和各类赛事活动，集中力量打造国内强势品牌，最大限度发挥大寨无形价值。做强大寨文化旅游。发挥大寨的龙头作用，积极创建5A景区，拉长大寨文化旅游产业链，形成山水旅游、精神体验、户外休闲的全域旅游新格局，建设“山水昔阳，户外天堂”。发挥“大寨＋”效应。辐射带动周边乡镇，推动大寨与县城同城化发展，积极申报大寨循环经济园区，实施大寨产业升级，推进大寨森林公园、现代农业科技园和大寨汽车文化主题公园三园融合，统筹推进“大大寨”建设，形成“大大寨”经济圈，用大寨发展引领昔阳发展，用大寨效应助推昔阳经济。

（二）全力推动转型发展。转型是资源型县份发展的唯一出路，项目是推动经济转型的重要支撑。发挥大项目的带动作用。做好煤与非煤两篇文章，继续完善“煤电气化”四大支柱产业工业格局，实现煤电、煤化、气化联盟，到2020年工业总产值突破百亿元，建设电力大县、化工大县、煤层气大县，成为县域经济发展的“主引擎”。发挥中小企业的能动效应。推动我县小杂粮、食用菌、中药材等特色农副产品深加工，推动晋东冀西区域性煤炭物流集散地建设，推动农村淘宝服务中心和电子商务建设，培育昔阳知名品牌，培育昔阳“小巨人”企业，培育昔阳企业家队伍，成为县域经济发展的“助推器”。发挥现代农业的辐射功能。强化功能区划，优化产业布局，实现“菜果猪菇药”“53128”目标，推动食用菌等优质农副产品走出国门，推动种养加深度融合，推动农业综合效益不断提升，成为农民增收致富、县域经济发展的“增长极”。发挥园区的集聚优势。加快推进赵壁煤电化工业园、巴洲气化园、李家庄中小企业创业园、安坪农副产品加工园“四大园区”建设，不断完善园区功能，不断做强园区主体企业，不断促进产业向园区集聚，推动产业深度融合，打造县域经济发展的“升级版”。

（三）全力深化改革创新。向改革要红利，向创新要发展。深化行政体制改革。认真落实中央、省市各项改革措施，加大土地、财税等重点领域和关键环节改革力度，切实落实行政审批“两集中、两到位”，继续推行权力清单、责任清单制度，推进工商注册便利化改革，推行“五证合一”，将改革的措施落实到位，将改革的效果发挥到位，将改革的红利释放到位。深化农村综合改革。完成农村土地确权登记颁证任务，加快农村集体产权制度改革，加快农村产权交易市场建设，让农村活起来，农业兴起来，农民富起来。深化投融资改革。完善政府投融资管理办法，鼓励引导社会资本投入重点项目，推广政府和社会资本合作PPP模式，全力支持培育有条件的企业在“新三板”上市，坚决破除一切体制机制障碍，切实解决社会投资难、政府管理难、企业融资难，为县域经济发展注入源头活水。

（四）全力扩大对外开放。没有开放就没有发展，没有开放就没有未来。推进思想大解放。破除内陆意识，破除自足意识，破除中游心态，破除自满思想，对准思维禁锢的痛点，瞄准制约经济社会发展的症结，紧紧围绕加快发展这一主题，以观念的更新推动工作的突破，以理念的提升带动昔阳的发展。加快对外大招商。坚持把招商引资作为昔阳发展的重中之重，落实招商引资责任，将招商工作落实到具体项目上，体现在利用外资上，坚持扩大领域和精准招商相结合，坚持以商招商和项目承接相结合，坚持对外引资和能人返乡创业相结合，全力做好招商引资这篇大文章。创优发展大环境。扎实开展向发达地区投资环境的全面“对标”行动，营造亲商容商的良好氛围。建立严厉的问责制度、严格的限时办结制度、严肃的服务承诺制度，全力打造政府服务的高地、投资创业的洼地、兴商安商的福地。

（五）全力保障服务民生。民生是发展的目标，民生是最大的政治。持续加大民生建设投入。实施惠民利民工程，围绕城市建设、人居环境、生态治理、文化教育、医疗卫生、社会保障等与群众生活息息相关的热点难点问题，加大投入，完善设施，强化功能，建设更加安全、绿色、舒适、便利的生活环境，让人民群众有更多的获得感。大力提高人民生活水平。按照“均衡发展、群众满意”的标准，坚持教育优先，提升医疗水平，完善养老体系，推动就业创业，改善居住环境，让人民群众更好地享有上学、看病、就业、养老、住房条件，让人民生活的更有品质和尊严。全面丰富群众精神文化生活。推进全民健身运动，开展群众文化活动，深化精神文明创建，争创全国文明县城，营造更加文明向上的环境氛围，让人民群众有更多的幸福感，跻身全省幸福指数最高的县份之一。

“昔阳蓝图”已经绘就，发展路径已经明确。只要我们锁定目标、驰而不息，只要我们同心同德、和衷共济，实力昔阳、魅力昔阳、活力昔阳、幸福昔阳、和谐昔阳一定能够实现，二十四万昔阳人民一定能够创造出无愧于历史的新业绩！

加快建成活力迸发、山川秀美、幸福宜居的新寿阳

寿阳县县长　**史　洁**

过去五年，我们主动适应经济发展新常态，积极应对经济下行带来的多重挑战，较好地完成了“十二五”确定的主要目标任务，实现了经济社会和各项事业的新发展。

一、“十三五”时期发展的总体要求和主要目标

“十三五”时期是全面建成小康社会的决胜阶段，也是我县爬坡过坎、转型发展的关键时期。“十三五”时期经济社会发展的总体要求是：深入贯彻落实党的十八大和十八届三中、四中、五中全会精神，以习近平总书记系列重要讲话为指引，准确把握中央四个全面战略、五大发展理念、省委“一个指引、两手硬”要求、市委挺进全省第一方阵目标，坚持党的建设与经济发展同步强化，发展方式与行政职能同步转变，工业新型化、农业现代化、城镇特色化同步发展，项目攻坚、改革创新、城乡统筹、民生改善、依法治县同步推进，努力在全省A类县中争先进位，在晋中挺进全省第一方阵中勇当排头兵，加快建成活力迸发、山川秀美、幸福宜居的新寿阳。

今后五年的各项主要经济指标是：地区生产总值完成127亿元，年均增长10%；工业增加值完成56亿元，年均增长19%；固定资产投资完成286亿元，年均增长20%；公共财政预算收入完成8.3亿元，年均增长8%；城镇和农村居民人均可支配收入分别达到42348元和17572元，年均增长8%和10%。

二、“十三五”时期的主要任务

（一）围绕建设实力寿阳，坚持协调发展，加快构筑现代产业体系，推进综合实力大提升。坚持大招商、大转型、大项目三措并举，构建新型工业体系。大招商推进集聚发展。以工业园区为载体，培植大项目，聚集大产业。到2020年，力争园区入驻企业达到30家，工业总产值达到45亿元，实现就业2000人。大转型重构产业布局，全力打造四大增长板块，扶持壮大三大新型产业。四大增长板块：一是煤、电、化循环发展板块；二是煤层气、天然气开发板块；三是新型电力板块；四是新型燃料板块。到2020年，四大板块提供的产值达到200亿元，成为经济增长的新引擎。三大新型产业：一是大力发展新材料产业；二是加速发展新装备制造产业；三是做大新生物科技产业。立足产业定位，紧紧抓住国家战略发展机遇和产业转移趋向，围绕新型工业体系壮大、现代农业示范区建设、新业态培育、文化旅游业提档等重点领域，联合大集团，引进大项目，提升新动能。

坚持区域化、规模化、产业化三化引领，构建现代农业体系。区域化发展，打造三大板块。一是加快发展设施农业板块；二是稳步发展特色农业板块。按照“一乡一个示范园、一村一批示范户”典型带动模式，稳步调整玉米种植结构，发展特色种植产业，建设专业化、规模化、品牌化特色农业基地；三是大力发展生态农业板块。大力发展生态庄园、生态旅游、生态休闲观光产业，建设生态农业基地。到2020年，形成与区位优势相匹配的高效农业发展格局。规模化推进，发展五大产业。一是巩固提升蔬菜产业；二是大力推进特色种植产业；三是扶持发展特色养殖产业；四是因地制宜发展休闲农业和乡村旅游；五是培育壮大龙头加工企业。产业化经营，抓好三个关键。一是品质品牌。鼓励农产品无公害认证、地理标志认证、商标注册，扩大“寿绿”品牌的知名度；二是销售市场。推行互联网＋农产品营销模式，依托美淘村、乐村淘等电商平台，拓宽农产品营销渠道，让优质的农产品销往全国各地；三是经营模式。推广公司＋基地＋合作社＋农户的经营模式，大力发展专业合作社、家庭农场等新型农业经营主体，每年至少培育专业合作示范社10个、家庭农场10个。

坚持物流、旅游、互联网＋多元发展，构建现代服务业体系。完善内畅外联的物流通道网络体系，构建煤炭、果蔬、医药三大现代物流基地。补齐旅游产业短板，主动融入晋中“全域旅游示范区”创建，围绕“清凉胜境、休闲寿阳”形象品牌，坚持“对外加强对接、对内整合资源”，把寿阳打造成为全省生态文化体验目的地、休闲度假胜地、养生疗养基地，尽快使资源优势转变为经济优势。实施互联网＋战略。大力发展电子商务，构建云计算、大数据、物联网服务平台，推动互联网与传统产业深度融合，促进工业、农业、服务业提档升级，全面拓展网络经济空间。到2020年形成互联网＋新型工业、现代农业、现代服务业线上线下深度融合新格局，电商销售收入年均增长20％以上。

（二）围绕建设创新寿阳，坚持开放发展，实施创新驱动，推进发展活力大提升。加速创新驱动。搭建与高等院校、科研院所合作平台，充分发挥科技研发资金的撬动作用，引导企业加大科研投入、申请发明专利，加速科技成果转化，提高市场竞争力。完善县、乡、村三级科技服务平台，支持企业设立研发中心，建设新型产业孵化基地。到2020年，培育高新技术企业8家、企业研发中心10个，拥有有效发明专利20件以上。积极推进“大众创业、万众创新”，鼓励企业和个体创业者利用关闭厂矿、闲置厂房、仓库建设众创空间，每年至少培育1至2个创业孵化基地。支持创客等创新主体发展，推动新产业、新业态培育成长。

推动金融振兴。加强与国开行、农发行的合作，积极争取上级债券和基金，承接棚户区改造、采煤沉陷区治理政策性基金和改造贷款；加快投融资体制改革，完善特许经营制度，大力推进PPP新型融资模式，推动基础设施、环境保护、民计民生、公益事业等项目建设；扩大“助保贷”“联保贷”“速贷通”覆盖面，鼓励创新金融产品；鼓励民营担保贷款公司壮大担保实力，增强对中小微企业的担保能力，促进金融业多元化发展。

发展民营经济。落实每年1000万元创业创新扶持资金，激发市场活力和社会创造力。实施中小微企业成长工程，每年培育小微企业100个，新增个转企、小升规企业10个。实施上市培育工程，建立“新三板”挂牌后备企业库，引导支持新上市的公司规范发展，发挥示范作用，扶持企业在“新三板”挂牌。

推进各项改革。紧紧围绕服务型政府建设，全面深化行政管理体制改革、行政审批制度改革、事业单位分类改革，大力营造创业最宽松、服务最高效、办事最便捷的发展环境。深化财政体制、农村集体产权制度改革，加快户籍制度改革，完善公务用车制度改革，积极推进化肥厂、粮食系统企业改制。

（三）围绕建设美丽寿阳，坚持绿色发展，加快城镇化进程，推进城乡建设大提升。坚持规划引领。全面推进总体规划与各类专项规划多规合一，加快城乡空间布局融合、基础设施对接和重要资源共享，形成统一衔接、功能互补、相互协调的空间规划体系。加快县城总体规划、县域城镇体系规划、土地利用总体规划修编，合理调整中心城区修建性详细规划，完成北部新城控制性详细规划编制。特别要改变“重地上、轻地下”的思想，完成县城地下管线综合规划，强化规划的严肃性、权威性。

完善县城功能。实施路网改造工程，打通断头路，拓宽瓶颈路，改造老旧路，重点推进“六纵六横”道路畅通工程；实施管网提升工程，统筹给排水、燃气、热力、电力、信息等各类管线设施布局，推进城市地下综合管廊建设和雨污分流管线改造；完成漕河、东梁河污水收集管网建设，实施水电热气覆盖工程，加快滨河水厂建设，高标准扩容改造污水处理厂，推进西部主城区、北部新区供热管网铺设工程和集中供气管网覆盖工程，到2020年，县城热、气覆盖率达到95％以上，全面提升县城承载功能。通过科学合理的工作举措，逐步解决中心城区建设改造遗留问题，稳步推进北部新区扩容提质。

发展特色城镇。一方面是树典型。依托工业园区、新元煤矿、七元煤矿等重大产业集中的优势，把南燕竹、丹凤、马首建成三个卫星小城镇；把矿产资源丰富的解愁、平舒、温家庄、宗艾、平头五个乡镇建成新型电力、清洁能源型小城镇。把生态条件较好的上湖、西洛、羊头崖、景尚、松塔、尹灵芝六个乡镇建成以绿色农业为主的生态旅游型小城镇。到2020年，形成富有寿阳特色的小城镇群，全县城镇化率达到50%以上。另一方面是补短板。加强城乡基础设施对接，继续抓好完善提质、农民安居、环境整治、宜居示范四大工程，促进城乡协调发展。持续改善农村人居环境，创建美丽宜居示范村，到2020年，90%以上的行政村达到各级示范标准。

提升管理水平。落实网格化管理责任，强化综合执法，严厉打击非法违法建设行为，规范房地产开发秩序，严管严控违规售房，着力解决拆迁遗留问题；推动智慧城市建设，启动公安安全视频监控系统建设，整合交通、应急、综治等网络平台资源，推进城市智能化管理；深入实施环境卫生整治工程，完善环卫保洁长效机制，消除卫生死角和管理盲区，保持常态化清洁整洁；实施政府购买服务，推进环境卫生管理市场化、专业化，成功创建国家级卫生县城。

保护生态环境。围绕绿色发展目标，抓好节能减排、污染治理、造林绿化、生态修复治理工作。把好项目准入关口，杜绝高能耗、高污染产业项目进驻；分批淘汰高能耗、高污染企业，大力整治石灰窑等“土小”企业；全面推广清洁能源，深入实施大气、水、土壤污染防治行动计划，十三五末县城建成区全部取缔燃煤锅炉；严查超标排污，严控污水处理厂运行，严打环保违法行为，保持蓝天、碧水、空气清洁；持续实施造林绿化工程，年均绿化率提高2个百分点。

（四）围绕建设幸福寿阳，坚持共享发展，加快发展社会事业，推进人民福祉大提升。提升保障水平。做好基本民生保障工作，推进社会保险提标扩面，不折不扣完成保障房建设和农村危房改造工程；抓好国家返乡农民工创业试点工作，以创业带动就业，通过社保补贴、创业补贴、岗位开发补贴、公益性岗位补贴等各项优惠补贴措施，鼓励企业吸纳困难群体就业；高度关注弱势群体，发展社会福利事业，完成综合福利中心建设，扩大社会救助覆盖范围，支持发展公益慈善事业，提高扶弱济困水平。

发展社会事业。优先保障教育投入，坚持从县城到农村、从幼教到高中、从硬件到软件全方位提升教育发展水平和教学质量；继续深化医药卫生体制改革，加快推进分级诊疗，强化乡镇卫生院和村卫生室服务一体化管理；完成人民医院新建工程，提高医疗服务水平，加强重大疾病预防控制，提高突发公共卫生事件处置能力；推进公共文化服务体系建设，扩大数字电视覆盖面，尽快完成体育馆建设工程，持续开展送文化下乡活动，繁荣城乡群众文化生活。

加快精准脱贫。按照脱贫攻坚方案、“五个一批、六个精准”要求，强化结对帮扶“五个机制”，落实行业部门扶贫责任，统筹整合包村干部、驻村工作队、第一书记三支力量，层层压实责任，级级传导压力，力促帮扶措施不折不扣落到实处。瞄准致贫问题和制约发展的突出矛盾，研究破题关键，找准脱贫路径，精准实施脱贫攻坚“8127”工程，既要倾斜支持、补齐贫困村基础设施短板，又要统筹兼顾、做好全县贫困人口社会保障兜底，特别要因村施策、加快发展特色增收产业，千方百计增强贫困户的“造血”功能，力争提前一年实现全部贫困人口脱贫。

全面建成小康寿阳，承载着全县人民的殷切期望，寄托着干部群众的美好梦想。我们坚信，只要全县上下同心协力、真抓实干，一个实力、富裕、美丽、幸福的小康寿阳必将呈现在寿川大地！

以八项重点为支撑
努力实现开发区“十三五”创新发展目标

晋中经济技术开发区管委会主任　**温毓诚**

晋中经济技术开发区（简称晋中开发区）位于山西省晋中市城区西北城乡结合部，毗邻省城太原市，1996年1月经山西省人民政府批准设立为省级开发区，2012年3月经国务院批准升级为国家级经济技术开发区。规划面积5.2平方千米，管辖面积55.8平方千米，区内有17个农村，常住人口8.4万。经过20年的发展，尤其是经历“十二五”快速发展，经济保持了稳定较快增长，产业结构不断优化，招商引资水平提升，科技创新能力增强，对外开放持续扩大。但是与先进开发区相比，主要的差距，一是地处中西部内陆省份，面临着起步迟，发展滞后等问题；二是与国家级高标准对照，还存在着块头小、水平低的问题。为此，“十三五”时期，是晋中开发区加快实现经济转型升级的关键时期，按照“五大发展理念”，以创新促发展，以开放倒逼改革，靠服务营造优势，惠民生凝聚力量，实现“十三五”创新发展目标。

“十三五”时期，晋中开发区的工作思路是：以十八届五中全会精神为指导，围绕“五大发展理念”，新定位是打造新型产业聚集地、高新技术辐射极、生态文明新城区。战略重点是抢抓转型升级、太原晋中同城化、山西科技创新城等三大机遇，实施科技创新引领战略和生态产城一体化战略，致力于建设创新型产业园、装备制造产业园、现代物流产业园、综合服务园四大产业平台。重点引进和孵化培育中高端制造业和高新技术企业，加快重点工程、重点设施配套工程建设，以城中村改造为抓手，着力推进城市化发展进程。以创新促转型，以新理念引领发展新常态，率先建成小康水平的生态产城一体化新城区。

为实现上述目标，突出抓好以下八项重点工作：

一、突出产城板块发展模式，聚焦产业园升级集聚效应

“十三五”期间，晋中开发区发展空间主要集中在创新型产业园、装备制造产业园、物流产业园、综合服务园，产业集聚升级主要聚焦医药食品、装备制造、环保节能、电子信息、现代物流和新兴产业，企业集群主要聚焦科技创新型企业、科技研发型企业、生产性服务业企业、科技服务平台建设企业。

加快创新型产业园建设。创新型产业园由三个版块组成。一是以山西省科技创新城为平台，鼓励适合山西实际的产业集聚：围绕煤炭的安全、清洁、高效利用，做好高碳资源低碳发展，黑色煤炭绿色发展，致力于打造全省技术创新高地。重点抓好以山西潞安煤基合成特种燃料与精细化工研发项目、太钢集团先进材料研究院项目为代表的一批科技研发项目的建设。二是以晋中108示范区科技产业园为平台，鼓励中高端装备制造、电子信息、节能环保、互联网和电子商务等产业发展，重点吸纳省部级以上重点实验室、工程技术研究中心、院士工作站、孵化平台、双创平台等。当前重点抓好在谈的山西云智慧卫星信息应用产业项目、山西产业技术研究院等科技产业项目的引进。三是以民营科技园为平台，鼓励装备制造、医药食品、电子信息、节能环保的产业发展。重点抓好现有骨干企业的创新升级。加快装备制造产业园建设。继续鼓励支持抓好一批产业支撑项目，如山西潞安重工有限责任公司重型压力容器生产项目、山西普丽环境工程股份有限公司脱硝催化剂装置生产项目等重点项目。加快物流产业园建设。重点抓好苏宁集团山西地区物流中心、普洛斯晋中仓储物流中心、平安晋中物流园等重点项目建设。加快综合服务园建设。继续完善提升创业、创新服务平台，高效利用有限的土地空间引进高质量短板功能配套项目，高标准建设完善开发区综合服务体系平台。

二、着力科技创新平台体系构建，发挥科技示范引领功能

突出技术创新体系构建。以山西省科技创新城、晋中市科技产业园、科技孵化器为载体，建立以企业为主体、市场为导向、产学研、科技服务平台相结合的技术创新体系，加快科技服务平台建设。鼓励“4＋1”产业领头企业建立院士专家工作站、博士流动站、大学生创新创业实习实训基地和产业集群技术联盟；鼓励有条件的企业开展深度国际技术合作，规模以上工业企业建立研发（技术）中心、工程研究中心、中试基地等科技研发机构，做好高端技术人才引进的服务工作，全力打造开发区升级版技术创新体系。

推进科技孵化器建设。积极创新孵化器建设的有效路径，致力于建设具有自身产业特色的各类科技孵化器，到2020年力争达到15个以上，孵化总面积达到30万平方米，形成在全省有示范作用的科技孵化产业集群。扩大规模提升质量，完善提升服务功能。建立“苗圃—孵化器—加速器”的科技企业孵化链，做大做强科技企业。

加大智慧开发区基础建设力度。以开发区政务信息网为基础，加快网络技术的优化与升级。强化跟进信用平台体系建设，突出对“三证合一”网络平台、安全生产网络化平台、社会管理网络化平台、治安管理网络化平台的投入。积极引进从事智慧城市项目规划设计、投资建设、运营维护的投资商与开发区合作，以城中村改造小区三网融合为切入点，总体规划、分步推进，有序推进智慧开发区建设。

三、加大招商引资力度，牵动产业结构转型升级

充分利用国家级开发区品牌优势，立足晋中开发区现有“4＋1”产业现状和发展实际，创新招商引资机制，提高项目准入门槛，提升项目投资强度和效益强度。重点引进国际、国内500强项目及国际、国内知名企业、行业龙头企业，突出引进科技尖端、技术领先、具有良好发展前景的引领项目，发展壮大装备制造、电子信息产业、现代服务业，重点引进高端研发机构、精英人才、创新团队、尖端技术等领衔科技要素，以及结算中心、区域总部、金融机构等税源项目，提高招商引资质量，推动开发区经济转型与加速发展。

四、拓宽对外开放路径，提升对外开放水平

积极鼓励骨干企业开展国际经济技术合作，引进国际先进技术、高端人才，推动国际交流、培训、商务访问、展销等活动的开展。重点抓好省国际能源同韩国脱硝催化剂回收利用项目、山西亚乐士环保技术股份公司同美国大气污染治理项目、北京华溢生物技术公司同美国洛杉矶医学院合作的肿瘤检测平台等项目的推进与实施。

创新引进外资理念，延伸外商投资信息捕捉触角，以产业、资源、市场吸引为切入点，力争在规模型外商投资项目引进上取得突破。

五、强化金融体制创新，助推优质企业上台阶

建立健全上市、挂牌企业资源库，强化对企业上市、挂牌的引导、指导和培育，努力扶持和促进一批条件成熟、符合产业政策、具有发展潜力的企业进入资本市场加速发展。创新思路，为扶持区内企业发展融资探索新途径、新方法。着力解决融资难问题，进一步提高政策性融资担保公司对中小企业的融资担保服务能力，力争到2020年，担保公司注册资本金增至6亿元；积极引进创业投资基金，重点支持发展潜力大的中小微企业，引导、培育中小微企业逐步进入资本市场，做大做强。加强与金融机构的沟通与合作，为晋中科技产业园、“城中村”改造等项目融资；探索通过PPP模式进行融资，引导社会资金投入实体经济。

六、升级基础设施配套，提升保障服务能力

紧紧围绕经济社会发展需求，高起点规划建设以道路、供水、排水（雨污分流）、供电、电讯、供热、供气、绿化、公园、消防设施为主的基础设施体系工程，改造完善原有道路、排水、绿化工程。重点完成省科技创新城、市科技产业园、区装备制造园等基础设施配套体系工程。力争“十三五”期间，基础设施累计综合投入50亿元以上，基本实现基础设施配套服务功能的全面升级。

七、突出绿色集约发展，打造生态文明示范区

强化绿色环保发展理念，坚持新建项目环评率和“三同时”执行率达到100%。对环境风险企业开展环境污染责任保险工作，严格节能评估审核，积极推行节能新技术、新设备和科技节能降耗工作，淘汰落后产能。加强高耗水行业节水技术改造，推行废水“零排放”，中水回用比率达到25%以上，单位工业增加值用水量降低30%。严格执行建筑的节能强制标准，大力推广节能建筑和建筑节能材料。加快推进绿色市政建设，创造低碳出行条件。企业安全保障能力和政府安全监管能力实现升级，全民安全素质明显增强。进一步强化空间规划体系，国土空间开发保护制度的建立与完善。

八、有序推进“城中村”改造，提升民生保障服务功能

晋中开发区的“城中村”改造，以建设环境优美、功能齐全、居住舒适的新型社区为目标，按照“以人为本、生态和谐、产城融合”为原则，实施拆村并点、集约紧凑、先建后拆、滚动安置，并与产业项目建设同步推进；及时跟进中小学、幼儿园、社区医院、卫生所、道路、公共交通、绿地及广场等公共服务设施配套完善，提升城区建设档次和形象。“城中村”改造将实现“三个转变”：一是转变管理模式，实现村委变居委；二是转变保障机制，实现农民变居民；三是转变生活方式，实现村民变股民。通过“十三五”的努力奋斗，力争使辖区居民居住环境、基础教育、文化体育、就业和社会保障、医疗卫生、养老健康等率先达到全面小康水平，让广大群众共享“十三五”的发展成果。

抢抓机遇，迎难而上，开创“十三五”发展新局面

阳泉市政府

“十三五”时期，是全面建成小康社会的决胜阶段。当前，我国经济正在进行深度调整，我市作为典型的资源型地区和老工业基地，长期积累的深层次矛盾和问题日益凸显。但总体来讲，我们面临的仍然是一个机遇与挑战并存，机遇大于挑战的环境。中央明确提出“五大发展”理念，开出了推进供给侧结构性改革的治

理良方，必将为经济发展开拓新空间、注入新活力。省委、省政府确立了实施“三个突破”、推动“六大发展”战略举措，持续净化政治生态，推进“六权治本”，为加快发展进一步理清了思路、营造了环境。我市区位优势明显、产业基础较好、城市化水平较高，产业结构调整和项目建设取得积极进展，先后争取到全国中小城市综合改革、国家老工业区搬迁改造和独立工矿区改造搬迁等一系列政策支持，发展的后发优势明显增强。综合判断，我市与全国全省一样，仍处于可以大有作为的重要战略机遇期。只要我们抓住机遇，迎难而上，就一定能够开创“十三五”发展的新局面。”

一、“十三五”时期经济社会发展的指导思想和奋斗目标

“十三五”时期我市发展的指导思想是：高举中国特色社会主义伟大旗帜，全面贯彻党的十八大和十八届三中、四中、五中全会精神，坚持以马克思列宁主义、毛泽东思想、邓小平理论、“三个代表”重要思想、科学发展观为指导，深入贯彻落实习近平总书记系列重要讲话精神，遵循“五位一体”总体布局和“四个全面”战略布局，坚持发展是第一要务和抓好党建是最大政绩，牢固树立并切实贯彻“五大发展”新理念，按照省委“五句话”总要求，主动适应经济发展新常态，以综改试验区建设为抓手，以转型升级为主线，以改革创新为动力，大力实施“三个突破”，着力推动创新发展、协调发展、绿色发展、开放发展、共享发展、廉洁和安全发展，确保全面建成小康社会，努力把我市建设成为山西向东开放桥头堡、晋东区域中心城、转型发展先行市、城乡统筹示范区。

今后五年全市经济社会发展的主要目标是：转型升级有新进展。经济结构调整与发展方式转变取得重大进展，服务业比重进一步加大，支柱产业多元化和大中小微企业协调发展格局初步形成。民营经济实力不断增强，科技支撑和创新驱动能力大幅提升，经济发展质量和效益明显提高。民生福祉有新增进。公共服务体系更加健全，社会保障体系更趋完善，基本公共服务均等化水平稳步提高，城乡居民收入持续增加。人民群众生活质量、健康水平进一步提高。文化软实力有新提升。文化事业整体水平、文化产业综合实力进一步提升，公共文化服务体系进一步完善。全民科学文化水平和精神文明素质普遍增强，城市文明程度明显提高，建成省级文明城市。生态建设有新成效。节能降耗、治污减排指标全面完成，生产方式和生活方式绿色低碳化水平显著提高。采煤沉陷区治理基本完成，森林覆盖率进一步提高，生态环境质量持续改善。城市面貌有新变化。“生态、智慧、宜业、宜居”的现代化城市建设取得明显成效。生态园林城市建设步伐加快，城市绿化覆盖率、人均公园绿地面积不断提高；互联网、物联网、云计算等信息技术与城市管理、市民生活高度融合，城市管理和运行实现智慧化；大众创业、万众创新蓬勃发展，都市经济规模不断扩大；城市基础设施和文化教育、休闲娱乐、养老医疗等大众化服务设施进一步完善。改革开放有新突破。重点领域和关键环节改革取得决定性成果，各项改革试点工作取得重大进展。对外开放的广度和深度不断拓展，积极参与京津冀、环渤海、长三角、珠三角乃至“一带一路”等更大范围的协作分工，并取得实效。依法治市有新局面。法制建设扎实推进，法治政府基本建成，司法体制改革基本到位，司法公信力明显提高，全民法治意识不断增强。社会治理体系和治理能力现代化水平不断提高，社会更加和谐稳定。

二、2016 年工作安排

2016 年是全面建成小康社会决胜阶段的开局之年，也是推进结构性改革的攻坚之年。2016 年我市经济社会发展的主要预期指标是：地区生产总值增长 6%左右，全社会固定资产投资增长 15%，规模以上工业增加值增长 1.3%，社会消费品零售总额增长 5.5%，城镇新增就业岗位 1.9 万个，城乡常住居民人均可支配收入增长 6%左右和 6%以上，公共预算收入降幅控制在 9%之内，居民消费价格涨幅控制在 3%左右，城镇登记失业率控制在 4.2%以内。

为实现上述目标，重点要做好以下几方面工作：

（一）全力推动供给侧结构性改革。努力促进煤炭行业转型脱困。严格执行省“十三五”期间现有生产煤矿产能核定“只减不增”要求，严控新建煤矿新增能力，坚决化解煤炭过剩产能。推进煤炭深加工，提高煤炭附加值。大力发展煤化工、煤建材、煤电铝，延伸产业链条，发掘新的经济增长点，提高煤炭就地转化率。大力实施煤矿瓦斯抽采全覆盖工程，提升煤矿瓦斯综合利用水平，年内完成平定阳胜煤业 5 兆瓦低浓度瓦斯发电和郊区保安煤业 2500 万立方米瓦斯并网工程。提高煤矸石、煤泥和矿井水的综合利用水平。

加快推进传统非煤产业改造升级。积极推进火力发电和低热值煤发电，发展大容量、高参数超临界、超超临界燃煤发电机组，做大产业规模，加快阳煤远盛 2×35 万千瓦、西上庄 2×66 万千瓦和国际能源裕光煤电 2×100 万千瓦等项目建设。着手提高电力消纳能力，促进煤电铝、煤化工等现代高载能行业消化吸纳。要以煤矿机械、煤矿电气和通用机械为重点，年内完成盛旺管业 25 万吨球墨铸管土建及设备安装工程，积极推动天元家电生产和废旧家电拆解项目试生产。利用好大用户直供电和企业自备电政策，帮助扶持铝工业降低成本、提质增效，推进兆丰铝业 20 万吨高精铝板带二期项目开工。要大力推进耐火企业整合重组和转型升级，着力开发中高档耐火材料和中低密度陶粒砂产品，加快金土耐材前期工作，提高产业集中度和市场竞争力。

积极培育发展新兴产业。大力推进太阳能、煤层气、风能等新能源的开发利用。加快采煤沉陷区国家先进技术光伏发电示范基地项目前期准备工作，年内力争开工建设一期总规模105万千瓦的11个基地项目。积极推进中广核盂县风电三期2万千瓦项目，确保年内并网发电。加快粉末冶金、磁性材料、陶瓷等新材料产业发展，稳定贝特瑞金刚石纯化粉现有生产规模，加快山西力腾高科钕磁体生产及技术升级项目建设。以高效节能电机、节能阀门、LED照明系统等为重点，促进节能环保产业快速成长，推进中电龙华热泵回收供暖示范等项目建设。依托百度云计算项目，积极引进、发展与之相关的上、下游产业和产品，逐步形成从硬件、软件到信息技术集成服务的完整产业链。

加快发展现代服务业。发挥区位优势，大力发展现代物流业，加快推进晋东商贸物流园、蒙牛物流基地等项目建设。大力发展文化旅游产业，支持刻花瓷、煤雕、砂器等本土特色文化产业做大做强，促进文化与旅游融合发展。打造精品旅游线路，不断提升藏山、娘子关、桃林沟等景区知名度和影响力，加快实施大汖温泉度假景区二期、红岩岭自然风景区等项目建设，年内完成旅游配套设施改造，正式对外开放。大力发展电子商务，培育电子商务经营主体，加快电子商务园区建设，依托阳泉特产网等平台，重点推动向日葵信息技术、乐村淘电子商务等电商企业发展。

(二)大力推进重点项目建设。以产业园区建设为突破口，奋力推进项目建设。今年全市固定资产投资任务为691亿元，重点抓好铁路、公路、低热值煤发电等“十大领域”197个项目，突出抓好阳大铁路、宁波北路等十大标志性工程。

积极推进园区建设。高标准规划建设产业园区，吸引更多的资金、项目落户阳泉。平定、盂县、郊区要高标准规划建设一至两个园区，同时积极推动龙川工业园、鑫磊循环经济产业园等现有园区上档升级，全力提升“五通一平”建设水平。开发区要利用扩区机遇，加大东区工业园建设步伐。城、矿两区要用足用好“两区”建设政策机遇，积极推动市区工业企业退城入园，腾出发展空间，实现“退二进三”，努力提升中心城市的综合服务功能。

多渠道筹措项目资金。一要向上争取。大力争取国家专项建设基金、“两区”建设资金、中央预算内投资的支持。二要市场运作。采用PPP等模式，建立和完善为重点工程项目建设服务的信用担保体系，广泛引导社会资本投入到项目建设中。三要大力招商引资。借助我市区位优势，积极对接东部沿海发达地区，主动融入环渤海、京津冀以及石家庄、太原都市圈发展战略，承接产业转移，提供配套服务，实现梯次发展。

完善项目推进机制。进一步减少前置审批事项，实行清单式管理，认真做好投资项目在线审批监管。落实项目推进的主体责任，突出对固定资产投资、重点工程建设完成情况的目标责任考核，充分调动各县区、各部门以及项目单位工作积极性，确保项目建设稳步推进。

(三)不断提高新型城镇化水平。加快完善规划体系。按照统筹城乡要求，做好新型城镇化顶层设计与相关规划的衔接，积极推进“多规合一”，重点加快《市区与平定同城化发展规划》《海绵城市建设规划》《老城区改造规划》的编制工作，不断完善各类城乡规划。强化规划执行，切实维护规划的权威性和严肃性。

加强基础设施建设。统筹推进旧城提质、新城开发。重点加快城市供排水、供热、供气等老旧管网改造，加强城市地下综合管廊、垃圾处理等工程建设，完善城市基本功能。抓好宁波北路、平阳街、洪城北路北延、漾泉大道一期、二期等工程建设，优化城市主干路网。推动阳大铁路、城市综合交通枢纽、太旧高速阳泉南连接线工程等项目实施，提高城市的通达性。同时，继续推进大县城和重点镇建设，不断完善城镇基础设施和社会服务功能。

大力推进城中村、棚户区改造。统筹协调资金、土地等要素，建立融资平台，做深做细群众工作，扎实推进今年确定的驼岭头、老虎沟、南窑庄等11个城中村改造，力争年内实现大的突破。同时，抓住国家政策性机遇，加快推进简子沟、余积粮沟等棚户区改造项目，让困难群众早日搬进新居。

广泛开展环境综合整治。城市要大力开展雨污分流改造、污水配套管网、垃圾处置设施建设等工作。加大市容市貌、环境卫生、交通秩序“三项”整治力度，做好“三线”入地工作。按照国家生态园林城市创建标准，有空造绿、见缝插绿，构筑绿化精品，力争建一处绿一处，建一处美一处。加快智慧阳泉建设，按照“创新、实用、共享、便捷”原则，推动智慧公交、智慧医疗、智慧食药监管建设，启动数字城管，从根本上提升城市管理档次。农村要全面抓好“四好农村路”建设，重点推进农村公路安全生命防护工程和村通水泥(油)路工程。积极实施好3个县(区)、10个乡镇、15个村的采煤沉陷区治理和地质灾害避让搬迁工作，完成农村危房改造1600户。继续抓好乡村清洁工作，实施好14个村的乡村污水治理工程，创建乡村清洁达标村270个。推进美丽宜居示范村“三级联创”工作，力争再有3个村进入省级美丽宜居示范村行列。

（四）高度重视做好“三农”和脱贫攻坚工作。夯实农业发展基础。积极开展中低产田改造，完成高标准农田建设2000公顷、膜下滴灌307公顷，确保粮食产量稳定在2.1亿千克以上。加大抗旱应急水源建设力度，年内完成平定岭南河、岔口、后底沟、原坪等水库除险加固工程，开工建设盂县乌河水库、檀山沟水库。全面完成土地承包经营权确权登记颁证工作，推动土地经营权规范有序流转。

大力发展特色现代农业。保持设施蔬菜种植面积在933公顷以上。发挥康泰来公司品牌效应，大力发展食用菌，不断扩大市场份额。促进核桃产业提质增效，年内完成高接换优333公顷。积极发展水果、中药材、蜂业等特色产业。小杂粮总产量达到4万吨以上。加快发展猪鸡牛羊等养殖业，肉蛋奶产量稳步提升。巩固发展50个“一村一品”专业村。支持裕盛源醋业、三来食品等龙头企业发展，全市农产品加工企业年销售收入增加15%以上。抓好汉能集团胡家庄光伏基地等重点项目建设。大力发展休闲度假、旅游观光、养生养老、农耕体验、乡村手工艺等潜力产业。

坚决打赢脱贫攻坚硬仗。大力实施精准扶贫，整合涉农资金，加大扶贫资金支持力度。今年完成50个村、1万人的脱贫任务，其中产业扶贫脱贫7000人、易地搬迁脱贫1000人、教育扶贫脱贫1000人、社会保障兜底1000人。

（五）全面深化改革创新。做大做强民营经济。着力在创优环境上出实招，认真解决企业发展中的困难和问题。着力在扩大规模上下功夫，继续大力实施中小微企业成长工程，筛选一批成长性好、竞争力强的民营企业进行重点扶持，集中培育一批“小升规”企业；积极推广平定金潭小微企业孵化基地经验和做法，规划建设一批基础设施完善的中小微企业园区和孵化基地。着力在增强活力上见成效，鼓励企业开展产学研联合创新，积极发展众创、众包、众扶、众筹空间，支持民间资本投资教育、医疗、养老等社会领域。

加快推动科技创新。加快完善全市科技孵化体系。培育和发展高新技术企业，鼓励规上企业与国家级科研院所进行深度合作。在煤层气抽采技术、煤层气综合利用、煤机装备制造、石油支撑剂等领域加快实施一批重大科技专项和重点科技项目，争取突破一些关键技术。运用好高新技术产业股权投资基金，调动银行、社会资金投向科技型企业。加强创新人才队伍建设，利用好海外博士阳泉行活动平台，引老乡、回故乡、建家乡。

全力推进金融振兴。尽快完成城市商业银行增资扩股后续审批工作，加快推进平定、郊区农信社改制。积极推动企业上市，年内完成云泉岩土工程、天元绿环科技2户企业新三板挂牌，力争每个县区都要有一个新三板上市企业。完善融资担保体系。着力发展债券等金融产品市场，引导和支持企业充分运用私募债、短期融资债等方式融资。

（六）强化节能减排和生态环保。深化大气污染防治。巩固“土小”企业专项整治成果，决不允许死灰复燃。全面强化建筑施工工地、公路等重点领域扬尘监管，对公路管理不到位、监督不力的责任人严肃问责。加大矸山治理力度，督促相关企业进行彻底整治。不断强化环保执法，打出最严环保执法组合拳。

加强生态建设。大力实施重点造林工程，全年完成各类营造林8000公顷。扎实推进水保生态建设，完成水土流失治理面积45.8平方千米。建设市污水处理厂污泥处置中心。严格落实水源地保护措施，加快娘子关饮用水水源地污染企业搬迁。大力推进“五水同治”，优先保护饮用水，突出治理流域水，监督考核跨界水，积极防治地下水，全面处理污废水。

加大节能减排力度。大力推进清洁生产，坚决抑制高耗能、高污染产业增长，推动工业企业走上低碳绿色发展道路，确保完成省定各项约束性指标任务。继续推动煤矸石、粉煤灰等大宗工业固体废弃物和焦炉煤气等的资源化利用。支持企业实施锅炉窑炉改造、电机系统节能、能量系统优化、余热余压利用等节能改造工程。

（七）着力保障和改善民生。促进各类教育协调发展。扩大学前教育资源，新改扩建10所农村幼儿园。巩固义务教育均衡发展成果。继续改善普通高中办学条件，推进教育教学改革。加快阳泉职业技术学院新校区建设，着力构建现代职业教育体系。认真落实特殊教育提升计划。进一步改善和优化教师队伍结构，全面提高教育教学质量。

提升公共文化服务水平。深化公益性文化事业单位内部改革，发展新闻出版、广播影视、文学艺术事业。开展好直播卫星“户户通”、农村公益电影放映等文化惠民工程。持续推动基层文化设施提档升级，加大市级“五馆一院”、县级“三馆一院”建设力度。

大力发展医疗卫生事业。不断深化医药卫生体制改革，巩固县级公立医院综合改革成果，推进市级公立医院综合改革试点工作，引深基层医疗卫生机构综合改革。继续提高基本公共卫生服务项目财政补助标准。新农合参合率保持在99%以上，完善城乡居民大病保险制度。推进优质医疗资源下沉，创新医疗联合体建设运营模式，全面实施分级诊疗。健全卫生计生综合监督体系，规范医疗卫生服务行为。

着力稳定和扩大就业。落实就业优先战略，深化创业型城市创建活动，完善创业扶持政策。继续实行政府购买基层公共服务岗位、招聘农村特岗教师、就业见习等措施，吸纳高校毕业生就业。做好农村转移劳动力、城镇失业人员、退役军人等群体就业工作，托底帮扶就业困难人员。加强就业培训，推行终身职业技能培训制度，实施职业培训全覆盖计划。

完善社会保障体系。稳步推进机关事业单位、企业基本养老保险制度并轨运行，完善相关配套政策，逐步提高退休人员基本养老金待遇水平。适当提高大病保险人均筹资水平和报销比例。完善重特大疾病医疗救助政策。落实经济困难高龄与失能老年人补贴以及百岁以上老年人补贴新标准。全面实施困难残疾人生活补贴和重度残疾人护理补贴制度。继续提高城乡低保标准，推动农村低保标准与国家扶贫标准相衔接。

努力把盂县建成宜业宜居宜游、服务阳泉发展的首善之区

盂县县长　孔禄泉

“十二五”时期是我县发展史上极不平凡的五年。五年来，面对严峻复杂的宏观经济形势、长期形成的自身结构性矛盾和改革发展稳定的繁重任务，全县上下深入学习贯彻习近平总书记系列重要讲话精神和中央的大政方针及省、市决策部署，坚持稳中求进总基调，主动适应经济发展新常态，统筹抓好稳增长、促改革、调结构、惠民生、防风险、保安全等各项工作，攻坚克难，砥砺奋进，经济社会发展在克服诸多困境中取得新成就，全面建成小康社会迈出坚实步伐。

一、“十三五”时期经济社会发展的指导思想和目标任务

“十三五”时期，我县经济社会发展的指导思想是：高举中国特色社会主义伟大旗帜，全面贯彻落实党的十八大和十八届三中、四中、五中全会精神，坚持以马克思列宁主义、毛泽东思想、邓小平理论、“三个代表”重要思想、科学发展观为指导，深入学习贯彻习近平总书记系列重要讲话精神，坚决贯彻执行省委、市委的决策部署，遵循“五位一体”总体布局、“四个全面”战略布局，狠抓发展第一要务，狠抓改革第一动力，狠抓民生第一关切，狠抓党建第一责任，增强“四种意识”，践行“五大理念”，实施“八大工程”，聚力共谋发展，确保如期全面建成小康社会，努力把盂县建成宜业宜居宜游、服务阳泉发展的首善之区。

“十三五”时期，我县经济社会发展的主要目标是：

综合实力显著增强，跻身全省经济强县。按照当好阳泉发展排头兵、全省发展先锋队的要求，经济年均增长6.5%左右，到2018年全县生产总值比2010年翻一番；到2020年综合实力实现新跨越，主要指标在领跑全市各县区的同时，跻身全省10强行列。

城镇化水平提质上档，生态环境明显优化。以县城为龙头的城镇化建设取得重要进展，小城镇、美丽村建设取得长足进步。生态文明建设进一步加强，绿色低碳的生产方式和生活方式明显提升，城乡面貌显著改观，城镇化率达到46%，使我县成为外界向往的宜业宜居宜游的好去处。

人民生活水平显著提高，社会事业全面进步。到2018年城乡居民人均可支配收入比2010年翻一番，到2020年人民生活水平更加殷实。基本公共服务均等化程度进一步提高，就业创业水平、社会保障能力、教育教学质量、医疗健康水平、住有所居标准等跃上新台阶，人民群众幸福感、获得感普遍提高。

文化软实力明显增强，文明程度有效提升。中国梦和社会主义核心价值观更加深入人心，“忠义、崇文、包容、争先”的盂县精神进一步发扬光大，城乡居民的文化科学素质、思想道德素质有效提升，社会信用体系健全完善。

社会治理充分创新，民主法制建设全面加强。全面依法治县深入推进，社会管理体制进一步完善，社会治理格局不断优化，人民群众安全感、满意度显著提升。基本建成法治政府和服务政府，政府公信力和执

行力明显提高。

二、"十三五"时期经济社会发展的主要任务

围绕践行创新、协调、绿色、开放、共享的五大发展理念，坚持"五个立足"，走出"五条新路"。

立足创新发展，突出产业转型，走出资源型经济转型发展的新路子。在产业转型的总体布局上，围绕重点打造"清洁能源基地、现代农业大县、全域旅游名县、晋东物流中心"四大板块，全面实施"1＋6"产业提升工程。即在下大力做实煤炭母体产业的同时，加快电力产业，提升现代农业，做大旅游产业，振兴耐材产业，激活化工产业，壮大服务产业。其主攻方向分别是：推动煤炭产业革命，把盂县建成全省新型煤炭基地；大力发展电力产业，把盂县建成全市电力建设主战场；提升现代农业，把盂县建成全市现代农业主阵地；做大做强旅游产业，把盂县建成"忠义文化"旅游主景区；振兴提升耐材产业，打造全国新型耐材生产基地；激活推进化工产业，致力建设全市新兴煤化工基地；拓张壮大服务产业，致力建设晋东地区重要物流集散中心。在上述产业发展中，煤炭产业方面，按照清洁、安全、高效的标准，完成坤宁煤业120万吨现代化矿井建设和保留基建矿井提升改造工作，"十三五"末全县原煤产量稳定保持在1500万吨左右。电力产业方面，以推进山西裕光煤电盂县2×100万千瓦电厂项目和鑫磊2×35万千瓦低热值煤发电项目为龙头，风电、光电、火电、煤层气发电全面发展，"十三五"末发电总能力达到500万千瓦，把我县建成向京津冀、环渤海地区提供清洁能源的重要基地。现代农业方面，未来5年，在确保粮食生产的同时，做优核桃经济林13333公顷，发展肉羊100万只、菌药种植1万公顷、肉牛养殖5万头、设施蔬菜333公顷、小杂粮种植6667公顷、红薯种植67公顷，综合生产能力全面提升。旅游产业方面，进一步挖掘融合县内旅游资源，规模集约开发。重点完成梁家寨生态旅游区项目建设，建成"北部旅游水乡"；整体推进藏山景区、大汖温泉景区、水神山景区和华北奕丰生态园提质上档，加快山西峪、玉泉山、尖山等乡村旅游发展，优化放大与大寨、西柏坡、五台山相连融合的旅游精品线路，拓张旅游发展空间，建成全域旅游名县。服务产业方面，充分发挥石太高铁、太阳高速、阳五高速、阳泉西外环和在建阳大铁路与我县交汇对接的区位优势，谋划搞好现代物流产业发展，完成中岚国际物流园项目建设，努力催生新兴业态。

立足协调发展，突出城镇化建设，走出城乡一体化发展的新路子。按照"大县城、中心镇、美丽村""三位一体"的思路，统筹推进城镇化建设。在大县城建设上，重点实施路网畅通工程，完成高城山路三期、迎宾大道、县城南北大道和金秀路新建工程，形成抱城路网大循环，并改变南北路网短缺的状况，形成10分钟绕城一圈的轻松通行，解决县城拥堵问题。完成金龙大街、秀水东街、和平路、秀水桥改造工程和运煤专线建设工程。实施县城地下管网综合改造。进一步完善提升供热、供水、供气、供电、环卫、公交等城市公共基础服务设施。要抓好旧城改造和新城开发。在旧城改造上要留住历史、留住乡愁，突出仇犹古国特色。在新城开发上要依托阳泉北站，重点规划建设好盂县经济技术开发区，其范围囊括秀水、孙家庄、牛村、路家村四镇区片，使之成为支撑盂县未来经济社会发展的重要增长极。在中心镇建设上，南娄、西烟成为全省"百镇"建设先进镇，孙家庄镇实现与县城的"同城化"；苌池、牛村、路家村、上社等中心镇建设向前推进，宜业宜居宜游水平有效提升。在美丽村建设上，完成50个省级、市级美丽村创建工作。

立足绿色发展，突出环境保护和造林绿化，走出生态文明建设的新路子。强化污染防治和节能减排，单位地区生产总值能耗和二氧化碳排放进一步降低，主要污染物排放总量持续减少。基本完成对采煤深陷区的修复治理。完成各类造林面积25.3万亩，新增森林覆盖面积8200公顷，森林覆盖率达到32％以上。

立足开放发展，突出创优环境，走出借力发展的新路子。围绕把我县打造成"晋东地区对外开放前哨"，全方位优化政务环境、人文环境、社会环境，在全社会形成亲商爱商、开放包容、借力发展的浓厚氛围，5年引进外来到位资金300亿元以上。进一步深化行政审批制度改革、企业改革、农村改革等各领域改革，为经济社会发展注入活力。

立足共享发展，突出改善民生，走出共同富裕和谐安定的新路子。财政用于民生领域支出的比例年均保持在70％以上，全面实施科教兴县、社会保障、就业创业、医疗健康、文化繁荣五大惠民工程。基本实现义务教育现代化，加快普通高中标准化建设；5年专利申请量达到100件以上，万人发明专利拥有量达到1件以上；城镇登记失业率控制在4％以内，社会保障应保尽保、基本实现全覆盖；县乡村三级医疗救治水平全面提升，新农合参合率稳定在99％以上；文化网络体系健全完善，体育公共服务均等化基本实现。三年全面打赢脱贫攻坚战，3997户、9195名贫困人口全部脱贫。把安全生产作为最大的民生长抓不懈，杜绝重特大事故、减少一般性事故、防止意外事故，始终保持打击私挖滥采的高压态势，坚决遏制私挖滥采，推动全县安全生产形势稳定好转、根本好转。全面创新社会治理，强化信访维稳工作，严厉打击各种违法非法犯罪活动，深入推进"平安盂县"建设。

三、努力做好2016年各项工作

2016年是全面建成小康社会决胜阶段的开局之

年，也是推进结构性改革的攻坚之年。综合考虑各方面因素，2016年全县经济社会发展的主要预期指标是：全县生产总值增长3%，公共财政预算收入与上年持平，规模以上工业增加值增长2.5%，全社会固定资产投资增长12%，社会消费品零售总额增长6%，城镇居民人均可支配收入和农民人均可支配收入分别增长6.6%、6.5%。

为实现上述目标，要重点抓好六方面工作：

（一）强力推进供给侧结构性改革，加快产业转型升级。一是稳定发展煤炭产业。加快矿井提升改造步伐，皇后煤业、路家村煤业年内步入正常生产；辰通煤业投入联合试运行，玉泉煤业完成全部井巷工程。扩大煤炭洗选加工，晋盂煤业配煤中心建成并投入使用，鑫磊能源洗煤厂建设取得重要进展。推进煤炭资源综合利用、循环发展，开工建设坤宁煤业煤层气发电项目，推进鑫磊低热值煤发电工程固废综合利用项目，延伸煤炭产业链。强化内涵发展，全面推进降本增效。努力促进煤炭行业脱困转型。二是加快发展电力产业。加快鑫磊2×35万千瓦低热值煤发电项目建设进度，开工新建中广核三期风电项目。特别要把加快推进山西裕光盂县2×100万千瓦燃煤发电项目作为头号工程来抓，力争早日开工建设。三是做大全域旅游产业。以提高服务功能、改善景区环境为重点，进一步提升藏山、大汖温泉和水神山为主体的旅游业发展，努力向全国一流景区迈进。切实树立全域旅游的观念，进一步整合各种旅游资源，突出特色，多元化发展旅游产业。全年游客接待量、旅游经济综合收入分别增长10%。四是振兴提升耐材产业。制定高铝耐材产业布局规划，开工建设仙人耐火园区，启动抓好牛村、南娄两个耐材产业集聚区建设，推进耐材重组。努力把我县建成全国耐材四大基地之一。五是激活推进化工产业，加快推进恒耀化工4A沸石分子筛及联化多产品项目建设进度，努力使化工产业成为新的经济增长点。拓张壮大服务产业。加快中岚国际物流园建设进度，力争年内完成“四通一平”工作。加快化解房地产库存，商品房库存量同比下降50%，促进房地产业健康发展。

（二）毫不动摇抓好“三农”，精准发力推进脱贫。一是大力发展现代农业。提质做优现有核桃经济林2667公顷，新增肉羊养殖10万只、肉牛养殖1万头、菌药种植667公顷，新增经济总收入10亿元。实施“乡镇突破”战略。各乡镇要因地制宜、分类指导，围绕加快形成“一乡一业、一村一品”，大力发展乡域经济。二是抓好农业基础建设。实施土壤有机改良2万公顷。完成中低产田改造1000公顷、基本农田整理4000公顷，建设高标准基本农田667公顷，新增节水面积113公顷。完成龙华河河道治理2000米、水土流失治理22.9平方千米。实施东梁、仙人等农村饮水安全工程15处，提升1万人饮水安全水平。三是精准推进扶贫攻坚。大力实施“五个一批”脱贫工程，具体要求是实施产业脱贫3000人，易地搬迁脱贫230人，教育脱贫420人，社会保障兜底脱贫350人。全年完成脱贫任务4000人。

（三）着力推进城镇化建设，促进城乡协调发展。一是着力推进大县城建设。启动实施县城南北大通道建设工程，着力改变南北路网短缺的状况；增强城市互连互通功能。利用金龙西街广场北侧空地，采用PPP模式，吸纳社会资本开工建设集休闲、娱乐、观赏于一体的生态型广场，提升县城品位，丰富市民生活。二是着力推进中心镇建设。把孙家庄、西烟、梁家寨、牛村、南娄、路家村作为卫星镇建设的重点。孙家庄镇要围绕实现与县城的“同城化”，西烟镇要围绕打造西部经济文化重镇，梁家寨乡要围绕打造整体旅游乡，牛村镇要围绕打造新型载能基地，南娄、路家村要围绕打造清洁能源基地。三是着力推进美丽村建设。进一步抓好南社、堎上5个省级美丽宜居示范村建设。进一步推进乡村清洁达标工程和省级卫生村创建工作。积极发展乡村“路网经济”，在干线公路沿线每隔30千米设立一个乡村服务站，促进农民就业增收。

（四）深度推进改革创新，厚植开放动力活水。一是多领域推进科技创新。在阳泉北站区域谋划建设盂县科技创新城。进一步推进科技企业孵化器服务平台建设，吸引更多的人才、项目入驻孵化平台。建立盂县籍在外创业人才数据库，引老乡、回故乡、建家乡。二是多层面促进金融振兴。积极引进县外金融机构、各类股份制银行在我县设立分支机构，鼓励县内金融机构到外地发起设立金融机构和分支机构。积极鼓励有条件的企业上市融资，今年天然气科技股份有限公司要完成“新三板”挂牌上市工作。三是多渠道发展民营经济。进一步落实促进民营经济发展的各项政策措施。对民营经济待办项目实施大起底，联合办公，并联审批，限时办结。积极引导更多社会资金投入实体经济，推广政府与社会资本合作(PPP)，进一步推动民间资本向基础设施、重点产业、社会民生等全领域投资。四是多路径抓好开放引进。着力把打造园区作为开放引进的重要载体。重点抓好“一区两园”规划建设，即盂县经济技术开发区、中岚国际物流园和牛村煤电化工业园，使之成为吸引资金、吸引项目、推进发展的重要平台。要紧紧抓住京津冀协同发展、环渤海地区合作发展等重大机遇，在承接东部沿海、京津冀等地区产业转移方面主动作为。全年引进外来到位资金80亿元。

（五）加大生态文明建设力度，致力推进绿色发展。

一是下大力抓好生态修复治理。重点完成好青崖头、苗家庄和东、西垴等采煤沉陷区治理。对牛村、北下庄等铝矾土开采区域特别是千峰岭片区,实施综合整治。二是强化污染防治和节能减排。对煤矸石、矾石窑、石灰窑等面源污染,对建筑施工、物料运输、大型煤场、供热供气等扬尘污染等进行综合防治。三是全方位推进造林绿化。重点实施好环城一公里厚生态屏障构筑工程,阳五、太阳两条高速公路生态走廊建设工程,东部生态循环圈建设工程,西部水源涵养生态圈建设工程,北部干果经济圈建设工程,全年完成各类造林面积2000公顷。

(六)切实保障改善民生,大力发展社会事业。一是积极促进就业创业。认真落实好大学生就业创业、农民工返乡创业、退伍军人安置、困难人员托底安置帮扶等各项政策,解决好零就业家庭就业,实施"大学生创业引领计划",推进"大众创业、万众创新",全年新增城镇就业人员4100人,转移农村剩余劳力3800人。二是提高社会保障水平。以城镇基本养老保险、医疗生育保险、失业保险、工伤保险、农村新型养老保险"五险统征"为重点,依法推进参保扩面,抓好扩面征缴工作,城乡居民社会养老保险综合参保率达到90%以上。三是推进教育均衡发展。完成农村义务教育薄弱学校改造工作,完成4所幼儿园新改扩建任务。四是强化卫计食药工作。完成中医院新建工作。继续深化医疗卫生体制改革。新农合参合率稳定在99%以上。五是努力促进文化繁荣。完成文化中心装修工程和中心广场建设。打造10个高标准的乡镇文化广场、5个高标准的农村文化广场。

蓝图已经绘就,实干托起梦想,奋斗成就辉煌。让我们紧密地团结在以习近平同志为总书记的党中央周围,牢记使命、胸怀担当,勠力同心、开拓进取,为全面建成小康盂县而努力奋斗!

打造生态宜居新城　建设现代城郊强区

阳泉市郊区区长　**武建功**

"十二五"时期的五年,是全区经济社会发展极不寻常的五年。五年来,面对复杂多变的内外部形势,我们团结带领全区人民紧扣实施"五大战略",打造生态宜居新城、建设现代城郊强区的总体思路,克难奋进,负重前行,经济社会发展平稳有序,"十二五"确定目标任务基本完成。

一、"十三五"时期我区发展的指导思想

"十三五"时期,全区经济社会发展的指导思想是:高举中国特色社会主义伟大旗帜,全面贯彻党的十八大和十八届三中、四中、五中全会精神,坚持以马克思列宁主义、毛泽东思想、邓小平理论、"三个代表"重要思想、科学发展观为指导,深入贯彻习近平总书记系列重要讲话精神,坚持发展是第一要务和抓好党建是最大政绩,按照中央"五大发展"的新理念和省委"六大发展"的新要求,大力实施产业强区、拓城靓区、综改活区、民生安区、实干兴区"五大战略",着力在转方式、调结构、促改革、惠民生、补短板、强治理上形成突破,努力打造生态宜居新城,建设现代城郊强区。

二、"十三五"期间经济社会发展的目标、战略、任务

"十三五"时期,主要目标是保持经济较高速度增长,到2020年,生产总值与城乡居民收入比2010年翻一番以上,主要经济指标年均增速高于全省平均水平。

转型升级取得重大进展。创新驱动发展模式初步确立,经济结构调整与发展方式转变取得新的进展,资源经济占比逐步下降,科技进步对经济增长的贡献率明显提高,发展质量和效益以及发展的持续性进一步提升,支柱产业多元化与新兴产业协调发展的格局初步形成。

民生保障能力全面增强。公共服务设施更加完善,公共服务体系更加健全,公共服务供给更加优化,社会保障体系更趋完善,基本公共服务更加均等。居民收入稳定增长,城乡收入差距逐渐缩小,农村贫困人口在全市率先实现脱贫,人民群众生活质量与健康水平全面提高。

生态环境质量稳步提升。污染治理和生态修复取得重大进展，能源资源使用效率大幅提高，生产方式和生活方式绿色低碳水平显著提升。大气、土壤和水质达标率明显提高，绿化率持续提高，城乡人居环境整体改善，天蓝、地绿、水净的生态郊区基本展现。

改革开放实现较大突破。把握国内国际产业分工的新机遇，积极参与京津冀、环渤海等更大范围的分工协作，跨区域产业协作取得实质性进展，重点领域与关键环节取得决定性成果，转型综改试点等各项改革试点取得新突破。体制改革更加深入，开放引领改革的作用更加明显，经济社会发展动力和活力得到进一步增强。

三、坚持五大发展理念，开创全面建成小康社会新局面

（一）坚持创新发展，加快经济结构转型升级。创新产业格局。立足我区实际，坚持传统产业改造提升和新型产业培育壮大并举，构建多元化支柱产业发展格局。稳定煤炭。坚持走“革命兴煤”之路，化解产能过剩，控制煤炭产量。全面提升新工艺、新技术、新管理，发挥资源高品质优势，提升煤炭产业科技含量。大力发展煤层气产业，推进地面煤层气开发与煤矿井下瓦斯抽采，探索煤层气多通道、多途径利用。重组耐火。以整合、集聚、入园与技术提升为目标，引入国内龙头耐火企业整合本地企业。打造耐火材料高品质基地。拓展建材。支持重点企业、骨干企业通过兼并重组扩大市场占有率，支持水泥产业新产品开发与产业链延伸，积极打造区域建材品牌。大力引进环保墙体材料、民用陶瓷、防水密封材料、保温隔热材料等新型建材项目。抢抓电力。加快发展大容量、高参数超临界、超超临界燃煤发电机组和低热值煤发电。大力培育发展风力发电、垃圾发电与光伏发电等新能源产业，加快新能源开发利用的产业化进程。推进采煤沉陷区国家先进技术光伏发电示范基地建设。强推装备制造。大力实施“以质取胜战略”，面向煤炭、农业、环保、能源、耐火、煤化工和新材料等领域的重大需求，按照产业集群、规模发展和扩大技术合作领域的要求，强力推动现有装备制造业扩规模、上档次、增效益。做精乡村旅游。紧紧围绕阳泉市民的假日休闲，以“采摘体验、生态观光、工业遗址、红色教育、明清民居、忠义文化”六大系列为重点，深入挖掘文化内涵，不断提升发展档次，进一步扩大“阳泉半小时经济圈”的服务半径和辐射范围，切实推动乡村旅游业的可持续发展。发展现代服务。大力发展以物流、金融、文化、体育、商贸、房地产等为内容的现代服务业。大力推进“医疗＋保健＋养老”产业模式，发展宜居健康养老产业。大力发展地方合作金融，充分发挥金融产业对实体经济的推动作用。特别是依托百度云计算中心，探索启动“智慧郊区”建设，鼓励发展“互联网＋”、智能制造、大数据应用、物联网等新型信息技术产业。

全面深化改革。坚持以改革促发展，协调推进各领域改革，不断为经济发展注入新的活力。推进供给侧结构性改革。要紧紧围绕“去产能、去库存、去杠杆、降成本、补短板”这“五大重点任务”，认真做好房地产库存消化、落后产能淘汰、过剩产能削减、金融风险防范和补齐公共产品短板等各项工作。加快综改试点建设。充分发挥转型综改和扩权强区试点建设的统领作用，聚焦资源型经济转型面临的突出问题和体制机制障碍，不断提高体制机制创新精准发力和精准落地的能力，确保已经制定出台的改革举措真正落到实处。要科学制定“十三五”转型综改实施方案和逐年的行动计划，逐步建立和完善支撑资源型经济转型的政策体系和体制机制，努力为资源型地区转型发展创造更多可复制、可推广的经验和办法。深化财政体制改革。完善政府预算体系，实施跨年度预算平衡机制和中期财政规划管理。建立规范的地方政府债务“借、用、还”一体化的管理机制，分门别类纳入全口径预算管理。探索建立有利于促进政府和社会资本合作模式发展的制度体系，引导更多的社会资本通过 PPP 等模式有序进入基础设施建设和公共服务等投资领域。加快政府职能转变。持续推进简政放权、放管结合、优化服务，提高政府效能，激发市场活力和社会创造力。深化行政审批制度改革，推行权力清单和责任清单制度，探索建设综合性政务平台。要规范政府投资行为，保护投资者合法权益，营造有利于各类投资主体公平、有序竞争的市场环境。

（二）坚持协调发展，加快推进城乡一体化。抓住生态新城建设机遇，以城乡统筹为主线，以环境改善为突破，以设施完善为重点，在全市率先建设城乡一体化先行区。积极推进与生态新城的深度融合，全面推动生态新城周边乡村的移民搬迁、保障房建设、基础设施改造，全面提升生态新城建设周边的基础服务功能，抓好阳大铁路建设的拆迁扫障工作，确保工程建设的顺利推进。承接阳泉部分产业转移与企业迁址，开发和利用生态新城建设为我区产业结构调整带来的机遇，推动经济蓬勃发展。提升荫营城区品位。全面实施 8 平方千米的“大荫营”建设，真正加快荫营城的扩容提质。重点支持坪上、街上、后沟、老虎沟、桥上、下荫营、南窑庄、矾窑、上千亩坪、下千亩坪等镇区 10 村因村制宜、因地制宜，采取采煤沉陷区治理、棚户区改造或城中村改造等政策措施，加快推进城镇化。推进中心集镇建设。河底镇、西南舁乡要以提高城镇综合承载力、集聚力和辐射力为核心，以加快产业、人口和功能集聚为重点，全面打造北部中心集镇。平坦、义井两镇要充分发挥城中之镇的地缘优势，重点加快城中村和棚户区改造，努力打造阳泉的居住休闲区和三产服务区。李家庄、杨家庄两乡要抓住生态新城建设机遇，主动介入，积极作为，力争在融入市区上先行一步。旧街乡要发挥生态优势，加快休闲观光产业和无公害农业发展，向生态要效益，以绿色促发展，着力打造特色生态之乡。建设美丽宜居乡村。按照“四美两宜”，即家园美、田园美、生态美、生活美和宜居宜业的总体要求，大力推进美丽宜居示范村三级联创工作。力争到2020年，省、市、区级示范村分别达到5个、20个、100个以上，从而不断将改善农村人居环境工作引向深入，全面提高人民群众生活质量。

（三）坚持绿色发展，着力打造宜居生态郊区。树立绿色发展理念，着力打造循环发展和低碳发展的产业体系和生活方式，打造生态郊区。狠抓节能减排。淘汰落后产能，全面关停高污染、高能耗企业，严格把控煤炭、电力、建材、耐火等行业的碳排放，鼓励矾土企业实现清洁生产。加快推动煤炭、建材等重点领域节能技术改造。实施循环发展引领计划，提升重点领域循环经济发展水平。狠抓环境治理。实行最严格的环境保护制度，形成政府、企业、公众共治的环境治理体系，继续引进环境污染第三方治理。扩大污染物总量控制范围，加大各类项目环评力度，强化环保验收管理。实施水资源开发利用控制、用水效率控制、水功能区限制纳污“三条红线”管理，加快水源保障和水质净化建设。扩大集中供热范围，实现集中供热全覆盖。全面推进采煤沉陷区、采矿区、煤矸石山、水土流失区、滹沱河流域生态环境治理修复重点工程。狠抓生态建设。在重要生态功能区、生态环境敏感区和脆弱区等区域划定生态红线，确保生态功能不降低、面积不减少、性质不改变。大力实施绿化造林，推进刘备山森林公园、环市区及荫营城区、国省道路高速路两侧荒山、主要旅游点和线的绿化工程，不断提高森林覆盖率。

（四）坚持开放发展，进一步激发发展内在活力。抢抓国家推进“一带一路”、京津冀协同发展、环渤海经济圈等重大历史机遇，全面提高对外开放的能力和水平。打造开放新平台。高标准、高起点打造工业园区，重点抓好“三大园区”，即杨家庄东区工业园、西南异耐火产业园、荫营现代农业发展园的开发建设，尽快完善园区配套政策与园内基础设施建设，提升园区承载能力，促进产业集群化、集聚化、集约化发展。力争“十三五”期间，创建1个省级产业示范园，培育2个市级产业示范园，建设3个区级特色产业示范园。创优开放新环境。进一步优化招商引资政策软环境，最大限度放宽投资准入限制，加大招商引资和产业升级对接力度。尽快制定并落实符合我区发展的多层次招商引资政策体系，加大高新技术产业的政策优惠力度，继续推进联合预审，提高项目落地率。拓宽开放新领域。在现有招商引资领域覆盖耐火、城建、能源、建材、现代农业、装备制造业、旅游和商贸等方面的前提下，进一步扩大招商引资领域，特别是要主动承接阳泉市老工业区搬迁改造项目的入驻，顺势承接阳煤集团等国有企业转型项目的落地，重点引进发展前景广阔的高科技企业、现代服务业企业、国内外龙头企业项目，推动我区产业结构优化升级。同时，鼓励有实力的本土优势企业对外扩张，有品牌的产品扩大出口，不断提高我区对外贸易水平。

（五）坚持共享发展，大力保障和改善民生。加大脱贫攻坚力度。针对不同类型贫困村和贫困户，制定针对性的帮扶政策，通过政府引导、企业协作、社会帮扶、人才交流、职业培训等多种形式深化全方位扶贫协作，确保在全市率先实现全面脱贫。做好创业就业工作。完善创业孵化服务体系，鼓励自主创业。继续实施“劳务输出转移一批、驻地企业安置一批、政策推动自主创业一批、干部服务协调解决一批”的“四个一批”就业帮扶工程，努力解决好零就业家庭、大中专毕业生、退伍复转军人等困难人群的就业问题。确保城镇登记失业率控制在4%以内。完善社会保障制度。建立“全覆盖、多层次”的城乡居民社会保障体系，进一步扩大城镇基本养老保险、医疗保险、工伤保险、生育保险和失业保险制度覆盖范围。稳步提高社会保险待遇水平，完善被征地农民社会保障政策。健全和完善最低生活保障、特困人员供养、因灾因病致贫人员救助以及医疗、住房、临时救助等专项救助在内的社会救助制度体系。提升教育发展质量。加快建设城乡一体化的义务教育体系，提升基础教育质量，普及高中教育。加快普惠性幼儿园建设力度，推进城乡居民学前教育均等化。大力发展职业教育，结合产业升级工程、“两创”构建工程实施，加强校、企合作，加快形成产学一体的综合发展模式。提高人民健康水平。深化区人民医院综合改革，提升医疗服务质量和水平。以公共卫生均等化为抓手，加大基层医疗机构建设投入力度，转变服务模式，构建科学、有序、便捷的分级诊疗格局。鼓励并规范社会办医，逐步形成以非营利性医疗机构为主体，营利性医疗机构为补充的社会办医体系。

实现“十三五”规划的目标任务光荣而艰巨。全区各级党组织和广大干部群众，要紧密团结在以习近平同志为总书记的党中央周围，在省、市委的领导下，坚定信心、奋发进取，众志成城、攻坚克难，最终夺取全面建成小康社会决胜阶段的伟大胜利！

向国家级经济技术开发区奋力迈进

阳泉经济技术开发区管委会主任　杨全生

一、"十三五"规划的指导思想和目标

"十三五"是开发区发展的关键五年。根据省委省政府和市委市政府要求,"十三五"时期开发区经济社会发展总的指导思想是:全面贯彻落实党的十八大和十八届三中、四中、五中全会精神和省、市对开发区工作的指示,以"五大发展"新理念为统领,以我市建设"山西向东开放桥头堡、晋东区域中心城、转型发展先行市、城乡统筹示范区"的目标为指针,深入推进创新引领、产城融合、园区先行、转型升级"四大战略",突出抓好园区建设、旧村改造、招商引资"三大工程",重点建设信息产业、现代制造和新型材料"三大园区",以全面加强党的建设、干部队伍建设和反腐倡廉建设为保障,力争实现向国家级经济技术开发区的迈进。

结合国际国内发展态势和开发区建设实际,到2020年主要经济指标如下:地区生产总值达到110.4亿元,年均增长48.5%;公共财政预算收入为18.5亿元,年均增长57%;固定资产投资为439.1亿元,年均增长70%;规模以上工业增加值为37.2亿元,年均增长56%;社会消费品零售总额为70亿元,年均增长37%;外贸出口总额完成3亿美元,年均增长5.39%。

二、"十三五"时期主要任务

园区建设实现新突破。按照"五规合一"的要求,做到高起点规划、高标准建设、高速度推进,一期打造3平方千米,后期打造5平方千米,到"十三五"末,全部完成平台建设任务,为项目进区奠定良好基础。

招商引资实现新突破。要紧紧围绕信息、新型材料和现代制造产业发展方向,紧紧抓住我市地处山西与环渤海连接的前沿优势,瞄准大企业,盯住大项目,集中精力抓招商,集中人力抓引资,力争到"十三五"末,使信息产业发展形成规模,现代制造提档升级,新型材料取得突破。

旧村改造实现新突破。旧村搬迁改造要按照与园区建设相结合、与城市建设相结合、与房地产市场去库存相结合、与改善民生相结合的要求,以驼岭头村整体搬迁改造为示范,统筹推进王垅河坡片区、张家洼、路家山等旧村的搬迁改造。与此同时,继续加大推进力度,全面完成上五渡、下五渡、平坦垴、侯家沟等村的整体改造。力争到"十三五"末,基本实现大多数旧村搬迁改造,并创造条件实现"村改居"。

体制机制实现新突破。实现"委托招商"与"驻外招商"相结合,鼓励招商人员通过参与驻京驻省信访接待的方式进行招商;成立建设投资公司,加大投融资力度,创新投融资方式,统筹负责区内城市基础设施建设;探索实行联合执法统一归口管理,提升城市管理水平;尝试实行"扁平化"管理模式,减少环节,提高效率;探索建立"无围墙党校",多形式多渠道加强干部教育培训。

科技人才实现新突破。要继续发挥"海外人才创新创业基地"的积极作用,紧紧依托海外博士阳泉行活动,开展海外人才的专业招商活动,吸引更多的海外人才到开发区创业。要强化人才基础,依托山西工程技术学院的教育资源,围绕产业人才需求目标,加快开发区急需人才的培养,实现地方与院校、院校与企业的良性互动。要积极开展与市科技孵化器的合作共建,打造和建设高水平的产业项目孵化基地。

三、努力做好2016年的各项工作

2016年是"十三五"的开局之年。全区工作总的指导思想是:以党的十八大和十八届三中、四中、五中全会精神为指针,全面贯彻落实市委十一届六次全体会议暨全市经济工作会议精神,紧紧围绕"十三五"规划和目标,以启动道路平台建设为突破,着力抓好园区建设和旧村搬迁改造"两大重点";以发展电子信息、现代制造和新型材料产业为引导,着力抓好项目引进、人才引进和企业帮扶;以营造环境、创新发展为抓手,着力抓好体制创新、城市环境改善、服务体系建设;以全面加强党的建设和干部队伍建设为保障,着力抓好作风建设、廉政建设和工作推进落实,力争实现"十三五"的良好开局。

主要预期指标是：地区生产总值计划增长8%；全社会固定资产投资计划增长15%；规模以上工业企业增加值计划增长5%；社会消费品零售总额计划增长7%；外贸进出口总额增长5%；公共财政总收入计划完成1.67亿元。

为了顺利实现上述目标，我们将主要抓好以下工作。

（一）坚持项目优先，全力推进经济平稳健康发展。项目是开发区发展的生命线，持之以恒抓好项目和园区建设，依然是开发区今年各项工作的重中之重。一是积极推进道路平台建设。在去年顺利完成托管任务的基础上，积极争取开发区扩区获批，同时，尽快启动东区工业园区道路平台建设，为项目入区创造条件。以道路为框架，根据不同项目的需要，打造约66.7公顷的平台用地，完成道路平台投资约5亿元，为项目进区奠定基础。优先协调解决开发区东区工业园区土地规划，改变土地使用性质，保障项目顺利开工建设。二是全力以赴推进项目建设。围绕服务百度云计算中心和信息产业发展，加快云谷产业园项目的建设推进，力争完成一期3万平方米、总投资1.2亿元的工程主体建设。主动对接上海招商推介会和第四届海外博士阳泉行活动签约项目的对接，积极推进电动汽车、双金属复合管、天峰北苑商业中心等项目的落地。2000吨中药饮片项目、三度电子商务物流产业园、众创电子商务产业园等项目年内建成。要重点推进中兴环能纳米洋葱碳项目生产达吨级，并完成超级电容器的中试，同时，积极帮助企业引入资金支持，帮助企业做大做强。要抓好重点企业的搬迁升级，使精诚化工、台湾方大等企业不仅能够顺利实现异地建设，而且能够实现扩产扩能。要积极推进中国铝业山东分公司阳泉矿（501矿）的整体搬迁，引进关联项目，推动企业改造升级。三是多措并举抓好招商引资。继续抓好“借力”招商，充分发挥中国招商引资研究院和上海铂泉投资公司的积极作用，坚持“招才引智”和“招商引资”并重的原则，创造条件，吸引更多的海外人才到开发区创新创业。要实施产业链招商，充分发挥百度云计算中心的龙头带动作用，通过开放云流量优惠、设立云基金等优惠政策，吸引更多的信息产业上下游企业到开发区谋发展，推动开发区信息产业集聚。四是大力开展精准帮扶企业。针对性解决兆丰铝业氧化铝分公司发展中的赤泥库、料场等困难，要搞好亚美水泥有限责任公司、华鑫电气有限公司、奥伦胶带分公司等企业的协调帮扶，最大限度解决好企业遇到的实际困难，要积极协助云泉岩土工程有限公司完成新三板挂牌上市。要结合开发区旧村搬迁改造，积极帮助房地产企业去库存，完成去库存面积5万平方米，帮助房地产企业走出困境。

（二）坚持环境创优，努力营造宜居宜业发展基础。一是全力加快旧村搬迁改造。积极落实我城中村改造任务，新建安置任务1886户，完成投资3.4亿元。二是集中开展城乡环境整治。在全区范围内开展以市容市貌、环境卫生、交通秩序为重点的集中整治活动。继续加大大气污染源治理，积极推进大气污染防治工作，大力推进乡村清洁工程，全面完成省、市卫生村创建任务。三是不断提升行政服务效能。要进一步规范行政执法行为，做好市级权限的下放和对接，加大行政服务大厅建设力度，进一步完善服务窗口设置，简化办事流程，提高办事效率，同时，要加快推进网上服务平台建设，优化网上审批流程，为企业和社会提供最大便利。四是继续强化服务功能完善。创新投融资机制，组建开发区投资建设公司，建设“金融港”“云基金”，完善金融服务体系，提升金融服务功能。实施“千人培训计划”，培养一批本土信息产业人才，为入区企业提供适用性人才支撑。要以“云谷创业园”为平台，充分发挥百度云计算等企业的带动作用，依靠政策引导，打通创意、人才、资本等环节，实现资源和信息共享，引进和提升创客空间、创业咖啡、创新工场等新型孵化模式，打造“创业苗圃＋孵化器＋加速器”孵化链条，促进“抱团创业”“联合创业”，为创业者提供良好的创新空间。

（三）坚持机制创新，全面激活经济发展内生活力。一是积极推动体制机制的优化。要以“扁平化、少环节化”为突破口，推动体制机制的优化升级，积极推动部门机构的优化配置，加快市安监、环保等部门在开发区设立分局，组建区监察、审计、信访等职能机构，推进机构设置的进一步优化和人员的科学管理配置。二是积极推动干部体制的优化。要以“增活力、提素质、优结构”为重点，大胆推动干部队伍的优化调整。三是积极推动社会管理的优化。要进一步优化社会管理服务指导中心的运行，发挥公安、交警、建设、行政执法等综合服务功能，提升整体协调处置能力。提高反馈情况的处置解决能力，形成多部门的联动机制。要建立“一条龙”运行机制，采取政府购买服务的形式，重点针对基层群众反映的社会公共服务难题，着手加以解决，真正把社会管理服务指导中心建设成为高效快捷的管理中心和便民中心。

（四）坚持民生保障，切实夯实和谐稳定发展基础。一是进一步规范基层自治管理，在推进“六议两公开”试点工作的基础上，继续完善村务、党务公开工作，规范和加强农村基层管理。要进一步强化城市小区管理，帮助小区成立业主委员会，引进物业管理公司，小区物业管理覆盖达到70%以上。二是进一步强化社会民生服务。要继续加大教育投入力度，合理布局开发区中小学校，协调推进古城小学建设，完成实验小学室外工程建设，完成实验小学二期工程前期工作，做好阳泉二十中规划改造工作，进一步提高教育教学质量。要继续做好社会保障工作，重点推进“五险统征”工作的开展，做好困难群众社会救助工作。落实好计划生育两孩政策，促进人口长期均衡发展。要积极开展创建全区社区卫生服务机构示范点工作，扩大基本公共卫生服务覆盖面，要积极开展精准帮扶，推进机关干部与困难群众“结对子”，开展一对一帮扶活动。

凝神聚力，锐意进取，全面建成小康社会

长治市市长　**卢建明**

“十二五”时期是我市发展极不平凡的五年。面对严峻复杂的经济形势，我们在省委、省政府和市委的坚强领导下，按照中央“五位一体”总体布局、“四个全面”战略布局和省委“五句话”总要求，全面落实“六大发展”，务实推进“五五战略”，主动适应把握引领经济发展新常态，聚焦稳增长、促改革、调结构、惠民生、防风险，迎难而上、砥砺奋进，各项工作稳中有为、稳中有进，经济社会发展取得新成效。

一、“十三五”时期经济社会发展的目标任务

今后五年我市经济社会发展的主要目标是：经济保持健康发展。到2020年地区生产总值和城乡居民人均可支配收入比2010年翻一番。城乡居民收入增幅不低于地区生产总值增幅，农村居民收入增幅不低于城镇居民收入增幅。经济结构明显优化。传统产业竞争力显著增强，新兴产业形成规模，服务业比重年均提高1个百分点以上，农业现代化水平持续提升。新型城镇化加速推进，常住人口城镇化率达到60%，户籍人口城镇化率达到43%以上。创业创新能力显著增强。创新要素配置更加高效，科技与经济深度融合，研究与试验发展经费投入强度达到2.5%，科技对经济增长贡献明显提高。大众创业、万众创新蓬勃发展，科教兴市和人才强市战略持续推进，发展新动能显著提升。人民生活水平和质量普遍提高。就业比较充分，基本公共服务均等化水平稳步提高。现行标准下农村贫困人口全部脱贫，贫困县全部摘帽。安全生产形势持续明显好转。全民素质和社会文明程度显著提高。社会主义核心价值观更加深入人心，诚信互助的社会风尚更加浓厚，公共文化服务体系基本建成，公民素质显著提高。生态环境质量明显改善。能源资源使用效率大幅提升，能源和水资源消耗、建设用地、碳排放总量得到有效控制，污染物减排完成国家、省下达任务。各方面制度建设更加完善。经济管理、行政管理和社会管理等重要领域和关键环节改革不断深化，体制机制更加完善。民主法治更加健全，法治政府基本建成。

二、“十三五”时期的主要任务

（一）全面落实创新发展，着力提高发展质量和效益。把创新作为引领发展的第一动力，抢抓供给侧结构性改革机遇，全力抓好“三去一降一补”各项工作。做好煤与非煤两篇文章，深入推进煤炭“六型”转变，加快冶金、电力、焦化等传统产业优化升级；积极发展现代煤化工、装备制造、新能源、新材料、中西制药、食品加工等新兴产业，培育一批新兴产业集群。大力发展现代农业，加快发展现代服务业，积极发展全域旅游，壮大文化旅游产业。实施“互联网＋”行动，积极培育新兴业态，拓展发展新空间。加快转型综改试验区建设，全力推动科技创新、金融振兴、民营经济发展“三个突破”。

（二）全面落实协调发展，着力构建均衡发展格局。坚持发展经济和改善民生并重，促进经济社会协调发展。深入推进上党城镇群建设，大力实施城乡人居环境改善工程，加快城乡一体化发展步伐。全面完成棚户区、城中村改造任务。规划建设会展中心、文化艺术中心、科技馆、博物馆、图书馆、档案馆。壮大县域经济，促进区域协调发展。大力弘扬太行精神，繁荣文化事业，发展文化产业，推动物质文明和精神文明协调发展。支持国防和军队建设，促进军民融合发展。

（三）全面落实绿色发展，着力建设美丽长治。落实主体功能区定位，实行最严格的环境保护制度，深入推进大气、水、土壤污染防治行动。加强生态保护和修

复，推进漳河、沁河流域生态环境综合治理。大力实施造林绿化，年均造林2万公顷，力争森林覆盖率年均提高0.5个百分点。全面节约和高效循环利用资源，实行能源和水资源消耗、建设用地等总量和强度双控制，大力发展循环经济，打造低碳排放示范区。

（四）全面落实开放发展，着力打造内陆开放新高地。不断深化全方位开放合作，主动对接国家区域经济发展战略，积极参与“一带一路”建设。深化与东南沿海和中部地区的能源合作，加强与周边省、市的旅游开发合作。提高招商引资质量和水平，引进一批高新技术项目。加快对外贸易优化升级，完善外贸服务设施。创新发展“一区多园”模式，把高新区打造成对外开放的重要窗口和新的经济增长极。

（五）全面落实共享发展，着力保障和改善民生。坚持富民与强市相统一，扎实提高教育发展水平，积极扩大就业创业，多渠道增加城乡居民收入，健全完善社会保障制度。促进人口均衡发展，努力提高人民健康水平。坚决打赢脱贫攻坚战，确保到2020年现行标准下21.8万农村贫困人口全部脱贫，5个贫困县全部摘帽。

（六）全面落实廉洁和安全发展，着力创优发展环境。深入推进“六权治本”，严格落实政府系统党风廉政建设主体责任，完善“三重一大”决策机制，构建“亲”“清”新型政商关系，营造廉洁发展环境。全面加强安全生产，夯实安全发展基础。健全公共安全保障体系，构建全民共建共享的社会治理格局，提升社会治理能力和水平。

三、2016年工作安排

2016年是全面建成小康社会决胜阶段的开局之年，也是推进供给侧结构性改革的攻坚之年。今年经济社会发展的主要预期目标是：地区生产总值增长6.5%左右，固定资产投资增长15%，一般公共预算收入增长2.5%，社会消费品零售总额增长6%左右，城镇新增就业3.3万人，城乡居民人均可支配收入分别增长6.5%和6.5%以上，居民消费价格涨幅控制在3%左右，城镇登记失业率控制在4.2%以内。

2016年，我们要重点抓好以下几个方面工作：

（一）加强供给侧结构性改革，着力加快产业转型升级。推进煤炭产业健康发展。认真落实全省煤炭供给侧结构性改革措施，生产矿井要严格按照276个工作日科学组织生产。大力推动煤电、煤化、煤冶联营，构建煤—电—用产业链条，促进煤炭清洁高效利用。促进传统产业优化升级。积极帮助钢铁企业大力应用新技术降低生产成本，开发高附加值产品，提升产品竞争力。稳步推进现代化大机焦建设，全面提升焦炉煤气综合利用水平。继续扩大大用户直供电规模。加快水泥、玻璃等行业的改造升级步伐。大力发展新兴产业。以延伸现代煤化工产业链为重点，推进潞安180、瑞恒60万吨聚氯乙烯二期、潞宝己内酰胺等13个项目尽快投产达效，力争煤化工产业增加值增长5%。以煤机装备、汽车制造、数控装备、环保设备为重点，推进易通低温发电机组和脱硫脱硝设备、成功新能源汽车等12个项目尽快投产达效，力争装备制造业增加值增长5%。以新能源利用、新材料开发为重点，推进高科LED、平顺漳电光伏发电等22个项目尽快投产达效，力争新能源新材料产业增加值增长7%。以小杂粮、绿色蔬菜、核桃干果、农畜产品等特色优势产业为重点，培育壮大太行紫团、林盛果业、佰和园等龙头企业，力争农产品加工业增加值增长6%。以新型疫苗、生物制药、中药材为重点，推进康宝基因疫苗、振东50万亩连翘种植产业化等5个项目尽快投产达效，力争医药产业增加值增长8%。大力发展文化旅游产业。推动全域旅游发展，完善旅游配套设施，抓好太行欢乐谷、平顺神龙湾、壶关桥上风情小镇等20个重点项目提档升级。力争海外游客达到5万人次，旅游总收入增长15%以上。大力发展现代服务业。统筹推进金融服务、信息服务、电子商务、检验检测等生产性服务业和家政服务、文化体育、健康养老等生活性服务业发展。规划建设城市商业综合体，提升现代服务业水平。积极发展新兴业态。实施“互联网+”行动，加强与移动、联通、电信、腾讯等互联网企业的合作，积极申报“宽带中国”示范城市，扎实推进“宽带长治”和“三网”融合建设，充分发挥信息化在经济社会发展中的“倍增器”作用，促进云计算、大数据、物联网等与传统产业、现代制造业和现代农业深度融合，不断催生新兴业态，发展分享经济。

（二）加快重点项目建设，保持经济平稳健康发展。加快推进重点项目建设。今年初步安排重点工程项目942项，年计划完成投资700亿元。大力推广PPP模式，鼓励社会资本参与基础设施、公共服务设施等领域建设。加大招商引资力度。主动对接全国工商联110家常委企业、全国民营企业500强，每个县签约2～3个项目，力争全市实现签约1200亿元。抓住承接加工贸易产业转移的机遇，争取更多加工贸易企业落户我市。提升对外开放水平。抢抓“一带一路”战略机遇，积极参加山西品牌“丝路行”“中华行”等各项活动，帮助企业开拓中亚、欧洲等国际市场，完成外贸出口总额3249万美元。进一步密切与京津冀、环渤海经济圈和中原经济区的交流合作。加大对实体经济帮扶力度。努力降低企业综合成本，减轻企业负担。切实帮助民营企业解决资金、办理手续等方面的困难。

（三）加快推进新型城镇化，促进城乡区域协调发展。继续推进主城区扩容提质。重点推进史家庄等21个城中村改造，开工改造城市棚户区1.2万户，基本建成各类保障性住房9000套。运用PPP模式，全力推进博物馆、图书馆、档案馆等项目建设。加快供水、供热等城市基础设施建设，积极探索地下综合管廊和“海绵城市”建设。加快“智慧城市”建设步伐，完善城市综合管理系统，探索建立城市管理综合执法机制，全面提升城市精细化管理水平。积极推进上党城镇群建设。以“核心产业支撑、快速交通连接、优美村镇点缀、都市农业衬托”为方向，积极推进“多规合一”，加快6个卫星县城与主城区的设施对接、产业对接、机制对接、服务对接，加强互联互通，实现资源共享。

(四)大力发展现代农业，扎实做好“三农”工作。发展特色现代农业。大力推进国家现代农业示范区建设，努力创建全国优质玉米产业示范区和北方地区设施蔬菜样板区。重点抓好105个新建改扩建农业产业化项目，培育壮大30个农业产业化龙头企业，确保农业产业化龙头企业销售收入增长8%以上。千方百计促进农民增收。重点建设20个粮食千亩高产示范片，新发展设施蔬菜0.4万公顷、干果经济林0.7万公顷、小杂粮0.5万公顷、中药材0.3万公顷、油用牡丹0.3万公顷，增加农民家庭经营性收入。培训新型职业农民8000名，促进农民就业创业，增加农民工资性收入。深入推进农村人居环境改善。抓好165千米农村公路拓宽改造和318千米村通水泥(油)路完善提质工程，完成5346户采煤沉陷区治理搬迁、8380户农村危房改造、309户农村地质灾害治理搬迁新启动12个省级、20个市级美丽宜居示范村创建工作。

(五)加快脱贫致富步伐，坚决打赢脱贫攻坚战。严格落实脱贫攻坚责任制。坚持“六个精准”。开展领导干部带头帮扶、机关单位包村帮扶、党员干部到户帮扶、工作队员驻村帮扶、第一书记任职帮扶“五帮联动”，因地制宜实施发展生产、易地搬迁、生态补偿、发展教育和社会保障“五个一批”工程，加快脱贫致富步伐。全面落实重点任务。加快推进平顺、壶关、武乡3个县、4650户的光伏扶贫项目。完成9781人的易地扶贫搬迁任务。对1850名贫困人口进行就业培训，切实提高贫困劳动力的就业创业能力。建立健全脱贫攻坚考核机制、贫困县退出机制和第三方评估机制，确保年内5万贫困人口稳定脱贫、192个贫困村退出。

(六)持续推进民生改善，进一步提高人民生活水平。着力稳定和扩大就业。推动大众创业、万众创新。提高公共就业服务水平，做好农村转移劳动力、城镇失业人员、退役军人等群体就业工作。均衡发展教育事业。抓好主城区新建、改扩建8所义务教育学校工程，促进优质教育资源均衡布局，缓解义务教育入学紧张局面。巩固强化义务教育经费保障机制，实施好农村寄宿制学校免费营养餐工程。扩大学前教育资源，积极发展普惠性幼儿园，进一步规范幼儿园收费标准。加快普及高中阶段教育，主动适应高考改革。扎实推进职教园区、体校搬迁等项目建设，切实做好校企合作，努力提高职业教育发展水平。提升医疗健康水平。继续深化医药卫生体制改革，稳妥推进城市公立医院改革，巩固县级公立医院改革成果，建立基层医疗卫生机构运行新机制。完善基本药物制度和公立医院药品采购机制。开工建设市医院、市二院二期工程，加快市妇幼保健院扩建步伐，推进儿童医院、精神病院建设，完成16个乡镇卫生院、876个村卫生所新建改造工程。完善社会保障体系。稳步推进机关事业单位、企业基本养老保险制度并轨运行，继续提高退休人员基本养老金待遇水平。建立统一的城乡居民基本医疗保险制度，年人均财政补助标准由380元提高到420元。推进农村低保标准与国家扶贫标准相衔接。大力发展文化事业。进一步巩固拓展国家公共文化服务体系示范区创建成果，实施基层公共文化服务提升工程，开展好周末大剧院等各类基层文化惠民活动。加快推进市梆子剧团、落子剧团、豫剧团、杂技团四个院团的排练场地建设，确保主体完工。

(七)狠下功夫搞好节能减排，大力度推进生态文明建设。突出大气污染防治。深入开展大气环境综合整治专项行动，全面完成主城区216台供热燃煤锅炉改造和54台经营性燃煤锅炉清洁能源替代，加快城中村土小燃煤锅炉淘汰和清洁能源替代步伐。完成26家焦化企业、5家钢铁企业提标改造。确保PM_{10}、$PM_{2.5}$浓度比上年分别下降4%和3%。强化水、土壤污染防治。积极推进漳河、沁河流域水环境综合治理，加快建设郊区黄碾人工湿地，开工建设北寨人工湿地。建立健全从水源到水龙头的全过程监管机制，确保饮用水安全。构筑生态安全屏障。全力实施林业“六大工程”，抓好太行、太岳“两山”和漳河、沁河“两河”流域生态脆弱区植被恢复，完成造林30万亩，完成水土流失治理1.6万公顷。

(八)全面深化改革创新，激发全社会创造活力。大力推进科技创新。强化企业创新主体地位和主导作用，支持创新型企业发展，新培育认定一批国家高新技术企业、省级民营科技企业和企业工程技术(研究)中心。继续强化政校企联合、产学研一体发展，引导社会资本参与科技创新项目。创新人才体制机制，激发本土人才创新创造活力，瞄准“高精尖缺”引进各类人才。积极促进金融振兴。深化长治银行、农商银行、村镇银行等地方金融机构改革，加快黎城、沁县、沁源信用社改制步伐，加快推进金融商务区建设。力争全年有1

家企业在主板上市、10家企业在新三板挂牌。支持企业调整负债结构，尽快促成潞宝、襄矿分别发行10亿元企业债券。加快发展民营经济。以建设全省民营经济试点市为契机，鼓励民营企业依法进入更多领域。抓好2个重点县、10个重点行业、50个重点企业试点，争创1个民营经济省级创业创新示范县。继续办好“长清班”，为民营企业发展培训更多管理人才。加快创业基地建设，新创办小微企业3000户以上，新培育“小升规”企业10户以上、“小巨人”企业6户以上，力争民营经济增加值占地区生产总值的比重提高2%。统筹推进各领域改革。围绕转型综改试验区建设，落实好国家、省部署的各项改革任务，制定实施转型综改“十三五”方案和2016年行动计划。

蓝图已经绘就，目标已经明确。让我们在省委、省政府和市委的坚强领导下，以更加饱满的热情、更加昂扬的斗志，凝神聚力，锐意进取，努力完成今年经济社会发展目标任务，确保实现“十三五”良好开局，为如期实现脱贫攻坚和全面建成小康社会目标而努力奋斗！

决胜“十三五” 建设“品质之城、幸福之区”

长治市城区区长 **杨 隽**

“十二五”期间，面对严峻的经济形势，我们认真贯彻落实党的十八大，十八届三中、四中、五中全会精神和习近平总书记系列重要讲话精神，脚踏实地、开拓创新，求真务实、奋勇争先，全区经济社会发展取得了令人瞩目的新成绩。

一、“十三五”时期经济社会发展的指导思想和目标任务

“十三五”时期全区经济社会发展的指导思想是：高举中国特色社会主义伟大旗帜，以马列主义、毛泽东思想、邓小平理论、“三个代表”重要思想、科学发展观为指导，以习近平总书记系列重要讲话精神为遵循，以“四个全面”战略布局为引领，牢固树立“五大发展”理念，认真贯彻省委“一个指引、两手硬”的重大思路和要求，坚决落实市委、市政府和区委的各项决策部署，准确把握“经营、管理、服务”城市的功能定位，大力实施“一园两带”经济发展战略，坚持顶层设计、精准发力，坚持机制创新、改革推动，着力推进五个方面的“重大突破”，为建设“品质之城、幸福之区”，在全市率先全面建成小康社会而努力奋斗。

经济社会发展的目标任务是实现“五个持续”：

经济实力持续增强。经济总量、质量效益和综合竞争力逐年提高，地区生产总值年均增长7%左右，力争提前两年，到2018年实现地区生产总值、城镇居民人均收入比2010年翻一番。

产业结构持续优化。供给侧结构性改革稳步推进，“三去一降一补”任务全面完成，现代物流、现代金融、电子商务、信息技术、LED光电、新材料等新兴产业成为全区经济的支柱产业，形成三产比例合理、创新驱动主导、绿色低碳发展的新格局。

改革开放持续推进。全面完成中央和省、市委提出的改革任务，重点领域和关键环节改革取得明显进展，政府权责边界清晰明了、权责清单制度全面推行，行政执法监督健全完善。

城市环境持续改善。全面完成中央和省市下达的主要污染物减排任务，大力推进生态文明建设，进一步提高森林覆盖率、城市绿化率，加大环境卫生综合治理，努力营造一个更加绿色生态、干净舒适的生活环境。

民生事业持续发展。民生支出占财政支出比例不断提高，基本公共服务均等化水平逐年提升，新增就业稳步增长，优质教育均衡发展，医疗卫生服务能力不断增强，社会保障和救助体系更加完善，文化体育事业更加繁荣，民主法治更加健全，群众获得感和幸福感显著增强。

为此，今后五年的工作重点是打造“七大新兴产业板块”，全力实施“十大工程”。

“七大新兴产业板块”：1. 以长治高科为基础的LED光电产业板块；2. 以中德工业铝型材为龙头的新型建材板块；3. 以淮海、清华两大军工企业为依托的军民结合装备制造产业板块；4. 以金融商务区为核心的现代金融保险产业板块；5. 以城区电子商务产业园、易淘网络科技公司为引领的电子商务业产业板块；6. 以东山休闲观光带为载体的旅游业板块；7. 以“三河一渠”经济带为依托的商贸物流产业板块。

“十大工程”：1. 军民结合产业发展示范工程；2. 棚户区城中村综合改造工程；3. 生态城区建设工程；4. 现代服务业升级工程；5. 科技进步示范工程；6. 老工业区搬迁改造工程；7. 教育均衡发展工程；8. 安居乐业民生工程；9. 公民素质提升工程；10. 历史文化保护工程。

二、“十三五”期间的主要工作任务

（一）努力推动经济转型发展。经济转型的关键在于产业转型。今后五年，产业转型要以创新为引领，以实施“一园两带”经济发展战略为支撑，把握好稳增长、调结构的平衡，实现经济健康快速发展。一是扎实推进供给侧结构性改革，重点落实和完成“三去一降一补”五项重要任务。“去产能”方面，要抓好煤机装备和建材产业的转型升级，对僵尸企业进行“腾笼换鸟”，盘活闲置资源；“去库存”方面，要着力消化库存商品房，积极推进户籍制度改革，加快农民工市民化，加大棚户区城中村改造货币化安置力度，同时发展规范化的房屋租赁市场；“去杠杆”方面，要建立和发挥好政银企联席会、民间融资服务平台、股权登记托管平台、金融信息服务平台作用，扩大直接融资规模和比重，积极推行新型金融产品；“降成本”方面，要认真落实好各项减负政策和措施，搭建产品网上销售平台，推动电子商务发展；“补短板”方面，要大力支持传统产业转型升级，加快发展电子商务、“互联网＋”等新型产业，扩大“双创”基地的影响力和知名度。二是加快建设高端产业园，打造全国一流军民结合产业发展平台。加强与清华、淮海等大型军工企业的深度融合，着力研发、引进适合园区发展的高端军民结合项目，夯实高端产业园发展基础；要对接《中国制造 2025》国家战略，着力培育和发展一批新兴工业，加强对 LED 光电产业链的全方位布局，做大做优铝塑型材、大口径 PE 管材、汽车轻量化等一系列新型材料项目，形成以 LED 光电、高端装备制造和新型建材为主导产业的新型工业产业体系。五年内，高端产业园的建设投资要达到 50 亿元，确保“十三五”末产值达到 200 亿元，力争使高端产业园成为全国一流的军民结合产业基地、光电产业集聚基地和华北地区最大的建材生产基地。三是倾力打造“三河一渠”经济带，发挥都市型经济的辐射带动作用。要结合“三河一渠”沿线的棚户区改造、城中村改造、路网改造，依托沿岸形成慢行系统，全面布局两岸的土地利用和商业开发，合理规划商业步行街、城市绿地、休闲广场、停车场等一批配套基础设施，打造富有地域文化、时代特色、民族风情的商业街区，推进商贸服务业、住宿餐饮业、现代物流业、金融保险业、总部经济、电子商务和楼宇经济的蓬勃发展。五年内，“三河一渠”经济带要力争完成投资 100 亿元，努力实现“繁华的河”建设目标。

（二）持续加快区域协调发展。协调发展是可持续发展的前提。今后五年，协调发展要以“城市提质”为基础，攻坚城中村综合改造，实现产城互动、城乡协调。一是实施老工业区搬迁工程。稳步推进搬迁改造，加快重点区域调整转型，统筹推进产业布局和新城建设。二是全力攻坚城中村改造工程。要围绕“三年攻坚、五年收官”的改造目标，高起点定位、高标准规划、超常规推进，到 2020 年基本完成全区 28 个农村（菜场）520 万平方米旧村改造工作，进一步完善城市功能、改善人居环境、提升城市品位。三是精心打造“东山休闲观光带”。要按照建设市区东部“生态园”和“欢乐谷”的定位，依托东山人文历史、生态景观、民情风俗和红色旅游等资源，精心规划和合理布局以塔岭山景点为中心的方圆 10 平方千米的休闲观光带，确保 5 年不少于 20 亿元的投资强度，将东山建设成为晋东南休闲度假养老中心、旅游观光游览胜地。

（三）倾力提升城市宜居内涵。宜居是城市的魅力所在。今后五年，我们要围绕“生产空间集约高效、生活空间宜居适度、生态空间山清水秀”的目标，有效提升城市承载力、软实力和亲和力，着力打造“天蓝地绿、舒适干净、诚信人文、安定有序”的北方最宜居城市。一是实施城市环境净化工程。要全部淘汰主城区燃煤锅炉，持续整治建筑工地扬尘、市区餐饮业油烟和城市噪音污染，彻底改善大气环境质量；要强化水源保护力度，完成东山水土保持综合治理工程；要加大生态修复力度，扩大城市绿地和森林覆盖面积，全方位构筑绿色生态屏障。二是实施城市文化繁荣工程。为城市植入更多文化元素，保护利用开发好上党历史文化资源，兴建一批博物馆、艺术陈列馆和非物质文化展览馆，留住更多文化记忆；要加大公共文化产品供给，举办和承办各类艺术、体育比赛和公益性文化活动，加强文化交流合作，积极培育民间文体协会、俱乐部组织。不断壮大创新型、智慧型、包容型城市主流文化，促进文化繁荣发展。三是实施城市基础建设配套工程。要在有限的城市空间内，合理增加小公园、小广场、小运动场数量，规划建设一批停车场，完善供热、供电、供水、供气管网设施，加强城市地下管网和城市排水系统综合治理，提升城市承载力；要建设和完善一批早市、早餐点和公厕等便民场所，满足群众日常所需；要不断加大环卫设施投入和建设，提高城市清扫清运机械化水平，打造全省乃至华北“最干净城市”。四是实施城市管理提效工程。要把建设“智慧城市”作为全区经济转型、产业升级和提升城市管理水平的新引擎，通过应用信息、通信技术手段和各种网络平台设施，提高对民生民计、环保安全、公共服务、交通秩序、商业活动、路网监控、社会管理等各种运行状况的监测水平，促进城市管理信息化、基础设施智能化、公共服务便捷化、社会治理精细化，实现城市的可持续发展。

（四）继续全面推进深化改革。改革是原动力，也是生产力。今后五年，我们要以全面深化改革为契机，建立健全支撑经济转型发展的体制机制，营造出最具活力的发展环境。一是认真落实政策性改革。全面深化财税和投融资体制、医药卫生体制、司法体制、农村土地征收和农村宅基地制度等系列改革，解决发展中的结构性矛盾。二是探索改进市区两级管理体制。针对“建管分离、权责不一”的城市体制弊端，我们要增强主人翁责任感，积极主动争取方方面面支持，探索、推动并实施市区土地、规划、财税、教育和城市管理等方面的体制性改革，为区域发展提供强大动力。三是全面启动综合执法体制改革。瞄准城市管理存在“权责交叉、责任不清、多头执法”现状，建立统筹协调、权责统一、综合执法、有效监督的新机制，理顺城市管理综合执法体制，形成“统一、协调、高效”的综合执法大格局。

（五）大力发展社会民生事业。共享民生事业发展成果是社会公平正义的一种体现。今后五年，我们要围绕实现全面小康目标，加快发展民生事业。一是教育发展要创品牌。实施和推进教育发展品牌工程，扩大城区教育知名度和品牌效应；围绕“学前教育普惠化、义务教育均衡化、高中教育优质化、职业教育社会化、特殊教育特色化”要求，统筹推进各类教育发展；加强学校基础设施和师资力量建设，结合棚户区改造、城中村改造，新建和改扩建10～15所幼儿园和中小学校，解决“入园难”“择校热”等问题，使优质教育成为人口扩张、城市扩容、三产发展的新动力。二是医疗卫生要上水平。坚持基本医疗卫生服务的公益性，加强食品药品安全监管机制建设，建立健全覆盖城乡居民的基本医疗卫生制度，完善重特大疾病保障和救助机制，健全突发公共卫生事件应急和重大疾病防控机制，努力实现人人享有安全、有效、公平、可及的高水平医疗卫生服务。三是社会保障要促公平。着力构建多层次社会保障体系，加强社会救助，支持发展慈善事业，统筹推进扶老、救孤、助残和优抚安置等福利事业发展，初步建立城乡一体化的更加公平可持续的社会保障体系；加快养老服务基础设施建设，鼓励和扶持民办养老机构发展，实现养老服务多元化；加强保障性住房建设和管理，满足低收入家庭改善住房的基本需求。四是就业创业要保质量。做强东山国际和唯美诺两个“双创”基地，建设一批专业化、示范性的众创空间，打造具有示范带动作用的“互联网＋”创业园；建立创业就业服务平台，持续实施“春风行动”；拓宽创业投融资渠道，支持创业担保贷款，为创业就业人员创造“缓冲期”；不断改善就业结构，增强就业稳定性，实现更高质量的创业就业。

新的征程已经开启，美好未来催人奋进！我们坚信，只要我们矢志不渝、先行先试、努力拼搏，“十三五”的美好愿景就一定能够变为壮丽的现实，率先全面建成小康社会的宏伟目标就一定能够如期实现！

攻坚克难，动真碰硬，为率先全面建成小康社会而努力奋斗

长治市郊区区长　**张晋伟**

“十二五”时期是我区发展史上负重前行、砥砺奋进的五年。五年来，面对严峻复杂的经济形势和艰巨繁重的改革发展稳定任务，我们主动适应把握经济发展新常态，全力稳增长、抓转型、促改革、惠民生、美环境、转作风，与全区人民一道，迎难而上、积极作为，经济发展和社会各项事业都取得了长足进步。

一、“十三五”时期基本思路和预期目标

“十三五”时期的基本思路是：深入贯彻落实党的十八大及十八届三中、四中、五中全会和习近平总书记系列重要讲话精神，按照省委“一个指引、两手硬”重大

思路和市委“六项任务”“六项措施”“五降五抓五增”工作部署，紧紧围绕区第八次党代会提出的目标任务，突出“三大重点”，落实“五项举措”，大力发展特色城郊经济，坚定不移转方式、调结构、补短板，持之以恒打基础、惠民生、促改革，主动作为，真抓实干，攻坚克难，动真碰硬，为建设经济强区、改革新区、转型新区、生态新区、幸福新区，率先全面建成小康社会而努力奋斗。

主要预期目标是：

区域综合实力明显增强。全区地区生产总值年均增长7%；规模以上工业增加值年均增长7.5%；固定资产投资年均增长10%左右，累计完成1000亿元以上；社会消费品零售总额年均增长6.5%，2020年实现60亿元；地方财政收入年均增长5%，2020年实现11.15亿元。到“十三五”末，产业转型升级取得较大进展，全区新兴产业占比达到40%以上，第三产业增加值占比达到35%以上，三次产业结构趋于合理，区域综合竞争力大幅提升，站稳并巩固我区在全市“第一方阵”的位次。

改革开放迈出坚实步伐。到2020年，转型综改各项任务措施有效落实，供给侧结构、“三证合一”登记和农村产权制度等重点领域改革取得较大突破。大众创业、万众创新局面蓬勃发展，科教兴区和人才强区战略持续推进，发展新动能显著提升。建成要素有序自由流动、资源高效配置、市场深度融合的开放型经济体系，经济外向度和对外影响力不断加强。

生态文明建设稳步提升。到2020年，主要污染物排放量持续下降，资源使用效率大幅提升，生产和生活方式绿色低碳化水平较大提高，大气、水、土壤污染治理取得新成效，森林覆盖率达到17%，城乡环境更加秀美，“东山西水”优势充分彰显。

文化建设呈现全新局面。到2020年，社会主义核心价值观更加深入人心，德育实践人人参与，向上向善、诚信互助的社会风尚更加浓厚，文化创造力、影响力显著增强，公共文化服务体系更加完善。深入实施文化惠民工程，不断满足人民群众日益增长的多层次、多方面、多样化精神文化需求。实施重大项目带动战略，推进文化产业园和文化创意产业发展，促进文化与金融、旅游、科技等产业深度融合，发展“文化＋”新兴业态，文化软实力显著增强。

人民生活水平普遍提高。到2020年，城镇和农村常住居民人均可支配收入年均增长7%，就业比较充分，收入差距缩小，中等收入人口比重上升。教育、卫生等社会事业全面进步，社会保障、医疗等公共服务体系更加健全，基本公共服务均等化水平明显提高。

发展环境得到全面优化。到2020年，文明和谐、民主法治、公平正义、安全稳定的社会秩序基本形成。安全生产和社会治安综合治理水平明显提升，政府职能和干部作风实现根本性转变，为民务实清廉的政务环境全面优化。

二、“十三五”时期的主要任务

（一）围绕发展特色城郊经济，突出转型升级，推进产业新型化。一是加快工业转型升级，做强做优二产。以布劳恩电梯、新兴际华、澳瑞特健康产业、科力机械、昌盛轴承等重点企业和项目为带动，通过标准提升、业态创新和技术改造，大力发展高端装备制造产业，建设全省乃至全国有影响力的先进装备研发、生产基地。通过落实去产能政策，倒逼煤焦、钢铁、电力、化工等传统优势产业利用新技术、新工艺，降低生产成本，开发高附加值产品，提升核心竞争力。重点支持南耀集团、霍家工业公司、瑞达焦化等企业发展煤焦化、煤电化、煤气化、煤油化产业链，打造煤化工、精细化工循环经济示范基地。组建首钢长钢、长信钢铁产业转型联盟，扎实抓好漳电2×100万千瓦、漳电粉煤灰场25兆瓦光伏电站和海森制药二期等重点项目建设，努力把我区打造成为我国中西部钢铁产业创新服务基地、全省最大的电力基地和省内领先的生物医药产业强区。力争“十三五”末，全区电力装机容量达到600万千瓦、光伏产业销售收入实现100亿元、生物医药产业项目投资完成15亿元以上。

二是培育新的发展动能，做大做活三产。围绕长治机场改扩建、建设中的太焦高铁和5条城市快速路，规划建设长治机场物流园、环长钢物流园、大宗农产品和中药材交易基地等现代物流园区，积极推动金威商贸物流、航空物流港等项目建设。大力发展农村、社区零售商业网点和农村电子商务，用3年时间实现农村电商服务站全覆盖，繁荣城乡市场。实施浪潮长治云计算、电信智能大厦、环渤海金融大厦等重点项目，大力发展3D技术应用、云计算、物联网等现代信息技术产业和现代金融产业。整合文化旅游资源，完善配套设施，规划精品线路，在文化旅游产业发展上实现新突破。重点打造观音堂悬塑文化园、故县红色革命教育基地、二贤庄侠义文化园、潞商文化园、师旷文化园、老顶山中医药健康旅游养生基地和环漳泽湖旅游（水上乐园）等文化旅游功能区，大力发展集生态观光、美食养生、民俗体验于一体的乡村旅游，创建国家级中医药健康旅游示范区。

三是积极发展现代农业，做精做特一产。不断巩固我市建设国家现代农业示范区成果，大力发展绿色生态、休闲观光、特色精品、“光伏＋”等高科技设施农业，构建“一区驱动、两带牵引、五组团支撑”的城郊特色现代农业体系。构建“互联网＋”现代农产品流通体系，打造特色农业品牌。推进农业供给侧结构性改革，逐渐减少玉米种植面积，培育一二三产高度融合的大农业。“十三五”期间，全区新建、改扩建农产品加工企业50个，农业板块企业和项目实现销售收入20亿元。

（二）围绕统筹城乡扩容提质，突出城中村改造，推进区域城市化。一是规划引领谋新篇。抓住省里“五规合一”政策机遇，基本形成符合我区经济社会发展需求的乡村规划格局。完成74个行政村村庄建设规划，切实做好漳泽新型工业园、漳泽化工园、老顶山物流园等园区的规划建设，做好退城入郊项目的对接、承接，促进城镇化发展和项目建设。

二是城市建设提品质。力争“十三五”末，15个城中村改造、3大片区棚户区改造和老顶山片区（山门、金口、二龙山）整村改造任务顺利完成，以老顶山镇、老顶山旅游开发管理中心、大辛庄镇、堠北庄镇、马厂镇、黄碾镇为重点，建设6个形态上“小而美”、产业上“专而强”、机制上“新而活”的特色小镇。同时，要积极配合做好市文化艺术中心、规划馆、科技馆、市职教园区、太焦高铁长治东站等市重点工程建设，不断提升区域城市化水平。

三是基础设施补短板。不断完善供热、供水、供气、通信管网和加气站、汽车充电桩等公共服务设施，改扩建背街小巷道路30条以上，全面提升长北区、故县区的辐射带动作用。积极协调实施榆黄路拓宽改造，抓好漳泽湖、老顶山两条旅游公路和19条区乡公路改造建设。协调推进集中供热管网向大辛庄镇、堠北庄镇、老顶山镇等城中村、城边村覆盖。

（三）围绕建设宜居宜业生态新区，突出生态环保，推进城乡绿色化。一是实施“蓝天”工程，让空气更新。全面推进减煤、治企、降尘、控车、净烟、碧水“六大环保工程”，强化日常监管和执法监察，着力解决以$PM_{2.5}$、PM_{10}、臭氧为重点的大气污染问题，污染物排放严格控制在指标范围内。力争“十三五”期间，全区工业固体废物综合利用率达到80%以上，万元增加值能耗年均下降8%左右。完成城中村、城边村土小锅炉淘汰改造和清洁能源替代任务，持续加强施工工地和道路扬尘污染治理，全面提升空气环境质量。

二是实施“治水”工程，让河水更清。实施壁头小河、黑水河和岚河3条河道疏浚、清淤工程，进行小流域综合治理，使沿线24个村庄3.94万人受益。完成黄碾、北寨两个人工湿地建设任务。力争到“十三五”末，漳泽水库出口达到地表水III类标准，黄碾桥断面达到地表水IV类标准，北寨国控断面达到地表水V类标准。

三是实施“增绿”工程，让大地更绿。扎实推进三垂冈绿色条带建设、荒山造林、浊漳河流域植被恢复和老顶山采石场生态修复等造林绿化工程，完成长治至襄垣、长治至壶关城市快速路郊区段通道绿化。新增干果经济林1333公顷，新建苗木花卉基地166.7公顷，创建省级园林村20个、市级园林村40个、区级园林村62个，乡村绿化率达到38%以上。

四是实施“亮洁”工程，让乡村更美。以完善城乡环境卫生基础设施和长效管理机制为主攻方向，以农村垃圾处理、改厕工作为重点，深入开展城乡清洁行动。到2020年，全区农村卫生厕所普及率达到100%，村容村貌、环境卫生和人居环境显著改善，村民保洁意识和文明素质明显提高。

（四）围绕推动供给侧结构性改革，实施创新驱动，优化发展内动力。一是全面推进供给侧结构性改革。围绕“三去一降一补”五项重点任务，精准发力，精细落实。去产能方面，认真落实生产矿井276个工作日要求，坚决杜绝煤矿超能力生产。有效处置“僵尸企业”，严禁新建钢铁、水泥等产能严重过剩项目。去库存方面，加强对房地产市场的引导和调控，鼓励农村转移人口城镇买房落户。加大货币化安置力度，引导棚户区改造居民团购住房，打通商品房和公租房供需通道。去杠杆方面，推动PPP、股权众筹、互联网金融等业务发展，加快企业上市步伐，盘活民间资本投融资，扩大企业直接融资规模，降低企业融资成本。降成本方面，扩大用电大户直供规模，鼓励辖区企业就近使用本地煤炭、焦炭、钢铁、建材等产品，引导企业通过强化管理、改进工艺、减人增效等措施降低成本、提高效益。补短板方面，立足我区七大优势，大力发展商贸物流、电子商务、文化旅游等三产服务业，做精做特现代农业，培育壮大特色城郊经济，补齐发展短板，培育发展新动能。

二是大力实施金融振兴战略。充分发挥8家融资平台公司作用，力争“十三五”末，总融资额度突破100亿元，助推经济社会发展。将“助保贷”政府基本金扩展到1000万元，贷款额度增至1亿元，大力吸引银行和其他金融机构来我区开设分支机构。实施企业上市培育工程，到“十三五”末，创业板、新三板上市企业分别突破2家和10家。

三是切实加大科技创新力度。力争到2020年，政府科技投入、科学技术研究与开发专项资金占财政总支出比例分别达到2%、1.5%，企业研究开发经费占到当年销售收入5%以上。培育国家级高新技术企业20家以上，高新技术产业产值达到100亿元以上，占全区工业总产值的比重达到35%以上。

四是破解民营经济发展瓶颈。依托省市中小企业服务平台和服务联盟单位的资源人才优势，为民营经济发展提供融资、人才、信息等综合服务。积极民营企业破解“融资难”“用地难”制约。搭建合作平台，引导人才、技术、资金向中小微企业倾斜，促进中小微企业提质增效，破解人才、技术方面的瓶颈。

（五）围绕持续改善民生，突出共建共享，增强人民群众获得感。一是努力保障群众劳有所得、住有所居。“十三五”期间，城镇新增就业 8000 人，转移农村劳动力 1 万人，城镇登记失业率控制在 3%以内。“十三五”期间，开工建设城镇保障性安居房 5000 套，完成 600 户农村危房改造任务，加快推进采煤沉陷区村庄治理，不断改善人民群众居住条件。

二是努力保障群众学有所教、娱有所乐。全面深化教育改革，落实教育经费“三增长”“两提高”政策。及时招聘、调整和补充乡村学校教师，满足乡村学校教育教学需要。加强城乡中小学校长、教师交流，推动义务教育均衡化发展。抓好我区新建职业中学规划建设，大力发展职业教育。加快发展学前教育，新建和改扩建一批高标准幼儿园。深入开展德育郊区建设和“文化进万家”、非物质文化遗产保护传承等活动，用文化引领郊区发展。

三是努力保障群众病有所医、老有所养。建立统一的城乡居民基本医疗保险制度，改革医保支付方式，实施异地就医即时结算，新农合参合率达到 95%。每年建设 10 所高标准农村卫生所。“十三五”末，使 70%的农村卫生所达到高标准卫生所、80%的乡镇卫生院达到标准化卫生院，区妇幼保健计生服务中心达到二级标准。实施全民参保计划，基本养老保险参保率达到 93%。提高五保对象集中供养和老年人托养水平，五保对象集中供养率达到 80%以上。

发展成就鼓舞人心，宏伟蓝图催人奋进。时代赋予我们重任，人民寄予我们厚望，只要我们咬定目标，同心同德，脚踏实地，真抓实干，就一定能够顺利实现率先全面建成小康社会的目标任务！

统筹推进、协调发展，如期全面建成小康潞城

潞城市市长　**秦苏良**

“十二五”时期是我市发展极不平凡的五年。面对严峻复杂的经济形势，我们团结带领全市人民，主动适应新常态，凝心聚力，攻坚克难，经济建设和社会各项事业发展取得新成效，较好地完成了“十二五”时期的主要目标任务。

一、“十三五”时期的指导思想和经济社会发展的主要目标

“十三五”时期的指导思想是：以习近平总书记系列重要讲话精神为指引，以“五位一体”总体布局和“四个全面”战略布局为统领，全面落实省委“一个指引、两手硬”、长治市委“脱贫攻坚、全面小康”两个目标和我市市委“推进两个优化、实现二次崛起”的安排部署，积极适应发展新常态，坚持发展第一要务、改革第一动力、民生第一关切，着力优化经济结构，着力优化发展环境，统筹推进经济和社会各项事业协调快速发展，如期实现全面建成小康潞城的伟大目标。

“十三五”时期的主要目标是：经济实力显著提升，地区生产总值年均增长 15.7%，城镇居民、农村居民人均可支配收入年均分别增长 6.5%、7%，以上三项指标实现“十三五”末比 2010 年翻一番。工业增加值、固定资产投资、社会消费品零售总额、地方财政预算收入等主要经济指标增幅在长治市保三争一。产业结构逐步优化，农业现代化取得明显进展，传统产业竞争力不断增强，新兴产业增加值占工业增加值比重达到 40%以上，第三产业增加值比重每年增加 2 个百分点，经济增长的质量和效益明显提高。

二、努力完成“十三五”时期的工作任务

实现“十三五”时期经济社会发展的各项目标，我们将重点抓好以下四个方面工作。

（一）狠抓结构优化，为实现二次崛起奠定坚实的产业基础。着力推进工业经济转型升级。一是改造提升传统产业。稳定现有产业基础，引导水泥企业结成联盟，减产量、增效益、扩市场，稳固长治地区水泥行业龙头地位；鼓励钢铁企业加快技术革新，挖潜改造提升，开发新产品，稳定产量，降低成本，争得更大市场份额；帮助王曲电厂加快推进二期建设的前期准备工作；大力推进循环发展，引导电力、钢铁、建材等企业综合利用煤矸石、粉煤灰、钢厂废渣、脱硫石膏等资源进行

二次生产，实现低碳高效循环发展。二是延伸发展新材料产业。坚持延伸产业链、低端变高端，推动潞宝园区、天脊园区差异化发展。潞宝园区（潞宝集团、潞安焦化），以焦炭、焦油为原料，围绕煤焦化延伸产业链，打造新材料产业基地。天脊园区，以煤为原料，围绕煤气化延伸产业链，大力发展硝酸及下游产品。加快天脊2×15万吨硝酸铵钙项目建设进度，加紧前期调研论证，推进合成氨制液化天然气、合成氨制甲醇、甲醇制丙烯等高端化学品项目尽早上马建设。预计到“十三五”末，以上两园区总产值达到200亿元，利税达到30亿元，提高在国内新材料市场的话语权。三是大力发展新兴产业。现代物流方面，规划建设五里后智能物流园区，充分发挥铁路、公路、境内飞机场等交通优势，依托金达能源战略装车点，整合周边运输资源，建设集仓储、智能分拣、冷链运输、集装箱运输、铁路公路空运于一体的长治市智能物流基地。装备制造业方面，加快推进潞泰达电气设备制造及电力产品项目建设；鼓励扶持铱格斯曼平流层卫星、隐形帐篷等高科技产业尽快做大做强；扶持壮大太重长兴汽车配件、潞发锯业、大美至善石膏设备研发制造、永腾建材等一批市场前景好、技术优势强的产业，打造先进装备制造业基地。新能源方面，加快推进三一重工新能源风力发电项目建设；规划建设太阳能科技大棚、太阳能发电等项目，支持盛洋能源50兆瓦光伏发电项目加快建设；抢抓在山西境内销售电动汽车可享受国家、省财政补贴的大好机遇，引进新能源汽车及零部件生产企业。食品医药方面，依托凤栖桥，做大白酒产业；依托圣堂、嘉禾聚，做大食醋产业；依托神农，做大乳品产业；依托核桃种植，做大核桃产业；依托中药材种植、卢医文化，做大中药产业。

着力发展现代农业。一是做强特色产业。按照“中部蔬菜、西部养殖、东部经济林”的产业布局，着力发展特色现代农业。“十三五”期间，巩固提升20个千亩园区，每年实施核桃提质增效工程667公顷，核桃产业稳定在6667公顷以上；发展连翘产业6667公顷，集中在东部乡镇建设20个连翘千亩片区。大力发展设施蔬菜，充分发挥我市列入长治市设施蔬菜产业集聚区重点县的优势，在中部地区重点发展蔬菜大棚和特色种植，“十三五”末，设施蔬菜达到200公顷，大葱、旱地西红柿等特色种植稳定在3333公顷。大力发展规模养殖，重点在西部乡镇建设奶牛、家禽、生猪等养殖基地，“十三五”末，存栏牛2000头、家禽100万只，出栏羊10万只、生猪15万头。二是增强龙头带动。支持圣堂、神农、森龙、金谷子、美味美、凤栖桥等龙头企业扩规模、上档次，按照市场＋公司＋基地＋农户的模式，大力发展订单农业；加快兰蕊核桃深加工项目建设进度，提升核桃产品就地转化率，带动农民增收致富。“十三五”末，农产品加工业产值达到11.7亿元。三是发展新型农业经营组织。大力培育专业大户、家庭农场、农民合作社等新型农业经营主体，发展多种形式适度规模经营，加快构建以龙头企业为核心、专业大户和家庭农场为基础、专业合作社为纽带，集生产、加工和服务于一体的现代农业产业化联合体，“十三五”期间，培育规范化专业合作社10家，创建省级示范社2家、长治市级示范社3家；新增家庭农场5家，创建省级示范家庭农场1家。完善农业服务体系，加强新型职业农民培训，推进主要农作物全程机械化。

着力发展现代服务业。一是大力发展文化旅游业。依托八路军总部北村旧址、潞宝毛主席纪念馆等景点，打造西部红色旅游线路；依托卢医山森林公园、中医文化博览园等景点，打造中部森林康养旅游线路；依托人工海浪水上乐园、自驾游营地公园等景区，以保护生态为主，在浊漳河两侧打造东部绿色休闲线路。二是积极发展新兴业态。加快发展电子商务，引进、培育知名电商企业和电商平台，推进“电子商务进百村工程”；实施“互联网＋”行动，推动农产品加工、煤化工、商贸物流、文化旅游与互联网深度融合，发展分享经济。三是推进服务业集群式发展。发挥紧邻长治市区的区位优势，在长潞城际线两侧打造现代服务业产业带。依托万象缤纷城，建设文化创意产业园，瞄准市场发展趋势，重点发展动漫、传媒、视觉艺术、表演艺术等方面的文化产业。加快推进山西机电职业学院搬迁工作，建设教育产业园，集聚人气，带动相关产业规模发展。

（二）狠抓环境优化，为实现二次崛起提供有力保障。破解融资难题。充分发挥财政资金的杠杆作用，制定出台风险补偿、贷款贴息、信贷奖励等财政优惠政策，鼓励金融机构扩大投融资规模；争取上级资金，深入研究国家资金投向和产业政策，主动对接，加强联系，争取更多的政策性扶持资金在我市落地；推进资本市场直接融资，加大企业上市奖励扶持力度，鼓励企业在主板、创业板、新三板等资本市场上市融资，引导企业发行短期融资券、中期票据、企业债、公司债，提高直接融资比重；激活民间资本，鼓励社会资金、民营资本参股创业期或成长期的中小企业，共同发展，合作共赢。

破解用地难题。创造更加宽松的用地环境，对符合行业用地要求的，可推行先出租后出让、工业用地弹性出让年期制，减轻企业用地负担；加快调整土地利用总体规划，积极争取更多规划指标，有效解决指标不足制约项目用地问题。

破解项目储备不足难题。立足我市优势产业，编制招商引资发展规划。瞄准珠三角、长三角等重点地区，派出专人，蹲点招商，主动承接发达地区加工贸易产业转移，力争引进一批企业集群式落户我市。策划项目，制定政策，鼓励我市在改革发展浪潮中涌现出来、由于国家产业政策或者其他因素暂时退出市场的企业家，进行二次创业；加强与潞城籍在外企业家的联系，招老乡、回故乡、建家乡，回乡发展。

（三）狠抓改革第一动力，为实现二次崛起激发强大创新活力。实施科技创新。通过优惠政策、设立基金、公共采购等杠杆作用，引导和支持企业加强技术研发能力建设。依托潞宝、天脊、卓越、远翔等企业的科研中心，集聚人才、嫁接技术、孵化项目。支持企业与国内外科研院所、高等院校开展产学研合作，提升企业自主创新能力。继续发挥中小微企业科技创新创业服务平台作用，加快建立科技成果转化平台，鼓励引导社会资金投向科技创新项目，提高科技成果转化率。

实施大众创业、万众创新。探索推行市场准入“负面清单”，鼓励实行政府与社会资本 PPP 合作模式，拓宽民营经济发展空间。深入实施中小企业成长工程，加快培育“小巨人”和“小升规”企业。建立众创、众包、众扶、众筹平台，推行高校、创客、中小企业、科研机构多方协同创业模式，吸引更多高等院校毕业生来潞创业，驻潞发展，实现人生价值。规划建设科技创业孵化园，政府主导建好标准化厂房、车间，配套完善道路、供水、供电等基础设施，免收租房费、住宿费，吸引有创业意愿的高新技术科研团队，拎包入住，开展创业。

统筹推进各项改革。全面完成农村土地承包经营权确权登记颁证工作。加快推进农村集体资产股份权能改革。全面推行土地托管试点。积极推进不动产登记。深化财税体制改革，全力推进“营改增”、资源税改革。严格预算编制和预算执行，规范财政资金使用管理。加快商事制度改革，全面实行“五证合一”。

（四）狠抓民生第一保障，为实现二次崛起凝聚广泛社会合力。统筹推进城乡建设。坚持把城乡建设作为推动经济发展的重要引擎，不断提高城乡规划、建设、管理水平。高规格编制城乡规划，统筹考虑城市定位、人口经济、产业布局、文化特色、资源环境、建设管理等多种因素，坚持“多规合一”，完成城乡总体规划及各类专项规划审批。大力度完善城乡基础设施，完善城市路网，建设潞宝、潞安、天脊园区循环道路；启动实施新一轮城乡供水管网和乡村道路升级改造工程；完善城市供热系统配套工程，实现建成区主管网闭合循环，不断提高集中供热覆盖面和供热质量；推进地下综合管廊建设工程；启动建设“海绵城市”。坚持旧城改造与新区开发并举，加大城中村、棚户区改造力度，完善城西新区配套设施工程。完成采煤沉陷区和农村危房改造、地质灾害治理搬迁任务；推进店上、翟店、微子镇、辛安泉等四个中心集镇建设，打造现代工业强镇、商贸集散大镇、传统文化古镇、生态旅游名镇。精细化管理城市，创新城市综合执法管理机制，大力整治城市乱象，加强城乡环境卫生综合治理，坚决取缔占道经营，严厉整治非法营运，规范交通秩序，提升城市形象；加强城市管理数字化平台建设和功能整合，建设综合性城市管理数据库，发展民生服务智慧应用，着力打造智慧城市。

加强生态建设，深入实施大气、水、土壤污染防治行动计划，继续推进辛安泉泉源出露区生态修复，完善浊漳河生态保护工程，保护好全市人民的“生命泉”。推进黄花岗公园、卢医山森林公园建设，构建城市生态廊道。完成荒山造林 3333 公顷，力争森林覆盖率达到 26.6%。突出抓好重点领域的节能减排，推动建筑领域节能改造，推进污水处理及再生利用，工业废水利用率达到 80%。持续淘汰落后产能，为新上项目腾出更多的环境空间。加强环保联合执法，严厉打击重点领域环境违法行为，促进城乡生态环境和谐发展。

大力推进脱贫攻坚。全市贫困人口共有 3230 户 6877 人。建立“挂图作战、清单管理、精准摘帽”管理模式，实行差异化、精细化、滴管式精准帮扶，确保精准发力。实施产业扶贫，对有能力的贫困户，帮助每户发展两项以上增收项目；实施就业扶贫，对有劳动力的“零就业”贫困户，至少实现一人就业；实施生态扶贫，成立扶贫攻坚造林专业合作社，参与林业生产，获取劳动收益和盈利分配；实施教育扶贫，解决贫困户子女上学问题。

加快发展社会事业。弘扬社会主义核心价值观，争创全国文明城市。加强全国美丽乡村试点市建设。实施基层公共文化服务提升工程，加强文艺精品创作，繁荣群众文化生活。优化中小学校布局，规划建设一所 6 轨制标准小学、12 轨制标准初中。加快推进健康潞城建设，大力发展医疗卫生事业，深化公立医院改革，完成市人民医院门诊楼及史回、翟店两个卫生院建设工程，完善卫生监督疾控中心配套设施，实现一村一个标准化卫生室。

新常态开启新征程，新蓝图承载新梦想。让我们以更加昂扬的斗志迎接挑战，以更加务实的作风扎实苦干，以更加饱满的热情推动发展，为实现二次崛起、全面建成小康潞城而努力奋斗！

攻坚克难,真抓实干,全面建成小康社会

武乡县县长　阎新平

"十二五"时期是我县发展极不平凡的五年,我们认真贯彻落实党的十八大、十八届三中、四中、五中全会精神和习近平总书记系列重要讲话精神,攻坚克难、顽强拼搏,深入实施"11355"发展战略,各项工作稳中有为、稳中有进,经济社会发展取得新的成绩,为全面建成小康社会奠定了扎实的基础。

一、"十三五"时期经济社会发展的指导思想和目标任务

未来五年,是我县实现脱贫摘帽的关键时期,是全面建成小康社会的决胜阶段。"十三五"时期我县经济社会发展的指导思想是:高举中国特色社会主义伟大旗帜,坚持以马克思列宁主义、毛泽东思想、邓小平理论、"三个代表"重要思想和科学发展观为指导,深入贯彻习近平总书记系列重要讲话精神,以中央"五位一体"总体布局和"四个全面"战略布局为统领,全面落实省委"一个指引、两手硬"总体要求和市委"两个奋斗目标"工作部署,按照县十五次党代会确定的目标任务,深入实施"11355"战略,以贫困人口全部脱贫、贫困县摘帽为核心任务,全面推进创新发展、协调发展、绿色发展、开放发展、共享发展,攻坚克难,真抓实干,努力建设实力、富裕、宜居、幸福、美丽"五个武乡",为全面建成小康社会努力奋斗。

主要目标任务是:"十三五"期间力争实现"四个高于",即地区生产总值、固定资产投资、财政收入和城乡居民收入增幅高于全市平均水平;"三个翻番",确保到2020年,全县地区生产总值、城镇居民可支配收入和农民人均纯收入比2010年翻一番;"四个控制",即所有约束性指标、居民消费价格指数、人口自然增长率、城镇登记失业率控制在市下达指标以内。具体来说,地区生产总值年均增长7%,固定资产投资年均增长25%,公共财政预算收入年均增长2.5%,社会消费品零售总额年均增长6.6%,城镇居民收入年均增长7%,农村居民人均可支配收入年均增长10%。约束性指标包括万元生产总值综合能耗、二氧化碳、二氧化硫、化学需氧量、氮氧化物、氨氮和烟尘、粉尘排放量及万元生产总值用水量确保完成市下达任务,稳定脱贫32558人,居民消费价格指数、人口自然增长率、城镇登记失业率分别控制在3%、6‰、2%以内。

二、为实现上述目标任务,我们将重点抓好以下工作

(一)聚焦精准施策,全面打赢脱贫攻坚战。"五个一批"精准发力。瞄准11787户32558名建档立卡贫困人口,按照"六个精准"的要求,因地制宜实施"五个一批"工程。通过产业发展脱贫10493人。通过易地搬迁脱贫3933人。要抓好家庭教育扶贫等政策措施的落实,实现应助尽助,脱贫4028人。实现生态脱贫6938人。扶持7166名深度贫困人口兜底脱贫。

龙头带动激活动力。依托大山禽业、绿农农牧、多维牧业、鑫四海、新大象及晋昌农业等龙头企业引领带动,大力扶持贫困农户发展牧养鸡、生猪、肉羊等规模健康养殖,核桃、梅杏、油用牡丹、食用菌等特色种植,小米小杂粮、干水果、中药材等农产品加工业,农家乐、手工艺品等服务业,增强贫困户发展的内生动力,力争通过龙头企业带动贫困户人均增收1000元以上。

夯实基础增添活力。全面开展脱贫攻坚挂图作战,实施基础设施提质、农民安居、环境整治、美丽乡村建设、能力素质提升、金融资金支持"六大工程",实现"五通八有",即村村通自来水、通水泥路、通动力电、通数字电视、通宽带网络;"八有"即有房住、有学上、有就医、有技能、有产业、有文化活动场所、有村卫生室、有村集体收入。改造县乡村道及完善提质公路74条275千米,解决和改善182个贫困村2.1万贫困人口饮水安全问题,解决17个贫困村通动力电问题,实现贫困村4G网络全覆盖,实施危房改造5700户,实现具有搬迁条件和意愿的贫困户应搬尽搬,所有贫困村达到人居卫生条件标准。

(二)实施创新驱动,推动产业转型升级。以推进

供给侧结构性改革为统领，围绕“三去一降一补”五大任务，不断提高我县经济发展质量、效益和水平。

促进传统产业优化升级。一是全力抓好煤炭去产能减量化生产。积极推进槐安、太行王家峪、庄底3座矿井165万吨的产能退出和显王煤业90万吨的减量重组相关工作。严格要求马堡、三元福达、新村、东庄等8座生产矿井按照国家有关规定减量化生产。二是持续推动传统产业提质增效。实施精煤战略，到2020年全县煤炭洗选率要达到80%。加快煤电一体化发展，深化煤电联营，发挥西山电厂坑口电厂作用，每年使用武乡本地煤不少于100万吨。三是千方百计扩大煤炭销售。全力巩固以往的战略伙伴关系，发展新的战略用户，创造全新的销售格局，实现煤炭工业稳步健康发展。

大力发展新兴产业。新能源产业上，大力支持兴源钙业与深圳贝特瑞新能源材料股份有限公司合作建设锂电池负极原材料生产基地，全力推进中电投、科尔沃等5个光伏发电项目。新材料产业上，加强与山东信发集团战略合作，加快推进镁铝合金新材料产业集群项目，着力打造镁铝合金终端产品制造基地；积极推进1.2万吨金属钙煤改气节约替代燃料综合利用项目和山西山予钙业年产10万吨纳米碳酸钙项目建设。紧紧抓住“晋电送冀”机遇，重点推动西山电厂二期2×1000兆瓦项目建设，推动煤矸石、矿井水、石膏等衍生物和伴生品再生转化，形成“煤—电—粉煤灰综合利用”产业链，建设全省一流煤电一体化循环经济产业基地。加速广志区块煤层气勘测开采进度，积极寻求县域经济发展新支点。

大力发展现代农业。围绕“粮、畜、果(油)、蔬(菌)、药”五大产业，依托县域龙头企业，全力发展农产品加工业，重点抓好山西金土地多维食品加工有限公司30万只肉羊屠宰加工厂、10万吨饲草厂、3万吨饲料厂及采用冷冻干燥工艺的食品加工厂，以及绿农农牧熟食制品加工生产线、畜禽无害化处理厂的建设，推动鑫四海屠宰厂达产达效，大山禽业标准化选蛋厂、恒温库，晋昌核桃深加工生产线、汇丰万吨果汁饮料加工线、山西三里湾农业科技有限公司6000吨小米加工生产线、3000吨杂粮加工生产线和2万亩有机认证基地等一批项目建成并投入运营，确保农业绿色、转型、可持续发展。

大力发展文化旅游业。坚持以红色为龙头，绿色、古色为两翼的发展思路，提升改造“两园一剧”，把文化旅游业打造成我县的支柱产业。完善旅游配套设施，精心打造精品景区。着力抓好八路军总部旧址等“红色”景区建设，搞好板山、崇城山等“绿色”景点保护开发和省级名胜区申报工作，做好石勒寨等“古色”文化的保护挖掘，打造独具魅力的太行山旅游休闲度假区。加大旅游宣传推介力度，“十三五”末接待游客达到350万人次以上，旅游总收入增幅达到15%以上。

壮大现代服务业。全力推进全国电子商务进农村综合示范县创建工作，完善三级服务和物流网络，深化和京东、苏宁易购、乐村淘等知名电商的合作，强化典型引路，培育孵化本土电商企业快速发展，努力形成电商企业集群化发展态势。每年要完成电商培训1万人次，电商交易额年均增长30%以上。以开发建设太行龙湖为中心，大力发展休闲、娱乐、养生、养老等生活性服务业。

(三)统筹城乡发展，加快推进城乡一体化。推进新型城镇化建设。充分发挥规划引领作用，完成县城及中心镇总体规划修编，乡村规划覆盖率达到80%。着力推动东部工业区率先发展，中部商贸服务区赶超发展，西部生态高效农业区绿色发展。强力推进一城四镇建设，加快美丽乡村建设，形成大县城龙头引领，四个中心镇各具特色，美丽乡村竞相发展的态势。深化户籍制度改革，促进农民工常住居民的市民化。鼓励农村转移人口举家进城、进镇落户，加快推进以人为核心的新型城镇化建设。“十三五”末，城镇人口力争达到10万人，全县常住人口城镇化率达到40%以上。

推进大县城扩容提质。按照东延西扩、双向对接、新旧并举的思路，继续抓好旧城提质改造，有序推进新区建设，统筹抓好太行龙湖生态体系保护，进一步拉大县城框架，优化县城空间布局，着力打造“一城两区三中心、三山两河、六纵七横”的大县城。加强县城公共设施建设，提高城市综合承载能力。

提升城市治理水平。转变城市治理方式，积极推进城市综合执法体制改革，优化城市管理体制，加快智慧城市建设，推进城市管理精细化、现代化和智能化。优化城市生态环境，完成马牧河、涅河延伸综合治理和南山、东山、凤凰山环城绿化，巩固国家卫生县城、园林县城创建成果。加大棚户区和城中村改造力度，促进房地产业健康发展。

(四)坚持绿色低碳发展，全面推进生态文明建设。打好节能攻坚战。推动生活方式绿色化，生产方式循环化，构建循环型服务体系。促进资源节约和综合利用，大力推进节约集约用水，调整建设用地结构，严格控制农村集体建设用地规模；积极推进粉煤灰、煤矸石、镁渣综合利用和高附加值利用，加大余压秸秆、畜禽粪便等农村废弃物综合利用。

加大环境保护力度。深入开展大气、水、土壤污染防治行动；积极有效应对重大污染天气，加大重点污染源治理力度；实行严格的环境保护制度，全面提升环境执法监管水平，有效预防环境污染和生态破坏。

推进造林绿化和生态治理。力争“十三五”期间造林达到6667公顷以上，完成40%灭荒任务，森林覆盖率达到25%。全面完成20个村、277户、847人的地质灾害治理和墨镫、洪水、蟠龙、韩北4个乡镇23个村、2275户、6864人的采煤沉陷区搬迁治理目标任务。推进广志水库、东干供水、农田水利重点县、水保生态等重点工程建设。

（五）深化改革开放，激活区域经济活力。不断深化重点领域改革。围绕转型综改试验区建设，落实好国家、省、市部署的各项改革任务，制定实施转型综改“十三五”方案和各年度行动计划。深化财税体制改革，全力推进“营改增”、资源税改革。扎实推进农村土地承包经营权确权登记颁证和农村产权流转交易市场建设。加快推进国有林场、水权制度、小型水利工程产权和农业水价改革。健全农业保险制度，扩大农作物保险覆盖面，主要农作物投保率达到85%以上。

持续强化区域交流合作。主动融入中原经济区交流合作，积极参与太焦客运专线建设，规划建设县城到太焦客运专线快速通道，拓宽改造县境内沁温线和太长高速收费站，积极协调武沁铁路开工建设，形成全方位、立体式内畅外连的运输通道。借助互联网、电子商务等平台，依托资源优势，在商贸物流和旅游开发等方面加强与太原、晋中、晋城及介休、平遥、黎城等周边市县的合作，推动区域之间资源共享、优势互补、互促共赢，发起建立太行山红色旅游联盟，深化提高区域合作发展水平。

进一步提升对外开放水平。加快实施走出去战略，加大招商引资力度，创新招商引资方式，围绕文化旅游、休闲养生、农产品深加工、高新技术等现代产业，通过产业小分队、园区招商、以企引企、以商招商等方式，吸引更多的企业、资金、项目、人才和技术入驻我县，增强经济发展活力。

加快民营经济发展。按照“非禁即入”原则，进一步放开民间投资领域，加强资金、土地、人才、技术要素供给，对民营企业进行梯度扶持和重点培育，鼓励民营企业创业创新。“十三五”期间要创办小微企业200户、培育“小升规”企业10户、“小巨人”企业5户，民营企业增加值占全县GDP比重达到50%以上。

（六）持续改善民生，切实增强群众的获得感和幸福感。优先发展教育事业。力争“十三五”末，全县学前三年教育城镇和农村普及率分别达到100%和85%，城镇规模以上小区配套建设幼儿园；2018年全面完成薄弱学校改造任务，实现义务教育阶段城乡寄宿学生营养餐全覆盖；加快普及高中阶段教育，积极发展民办高中，促进社会办学，力争“十三五”末将武乡一中建成省级标准化示范高中；大力发展职业教育，努力建成全国重点职业中学；积极推进教育园区建设规划工作，力争“十三五”末跻身全省教育强县行列。

提高全民健康水平。健全县级医疗服务体系，建设以县医院、中医院和妇幼保健计划生育服务中心为龙头、乡镇卫生计生院为枢纽、村卫生计生室为网底的医疗卫生计生服务网络。实现“十三五”期间行政村标准化卫生室全覆盖。引深县级公立医院改革，提升合作医疗保障水平，加强妇幼保健计生技术服务能力建设，全面实施两孩政策。

大力促进就业创业。加大就业创业培训力度，促进居民就近、就地就业，支持劳动者自主创业，建立多层次创业格局。加强就业和社会保障服务中心建设，健全公共就业服务平台，为群众提供高效快捷的就业通道。“十三五”期间，城镇新增就业人数年均增长6.5%。

完善社会保障制度。完善保险制度，显著提高职工养老保险水平，持续完善城乡居民养老保险和医疗保险制度，加强资金征缴收入。扩大失业、工伤、生育保险覆盖范围，建立适合我县经济发展需求的保障体系。

我们坚信，有县委的坚强领导，有县人大、县政协的大力支持，通过全县广大干部群众的共同努力，我们一定能够夺取脱贫摘帽、全面建成小康社会的伟大胜利！

奋力铸就“北方水城·美丽沁州”发展新辉煌

沁县县长　张宏伟

“十二五”期间，面对复杂多变形势和经济下行压力，我们认真贯彻党的十八大、十八届三中、四中、五中全会精神，坚决落实省委、市委一系列决策部署。特别是2013年以来，以“六条路径”为统领，凝心聚力，真抓实干，推动了经济社会持续健康发展，谱写了“北方水城、美丽沁州”建设新的篇章。

一、“十三五”时期的指导思想和奋斗目标

“十三五”时期，我县经济社会发展的指导思想是：全面贯彻党的十八大和十八届三中、四中、五中全会精神，深入贯彻习近平总书记系列重要讲话精神，按照“五位一体”总体布局和“四个全面”战略布局，认真贯彻落实省委、市委、县委的决策部署，全面落实从严治党新要求，主动适应经济发展新常态，紧紧围绕“北方水城·美丽沁州”建设目标，进一步提升“六条路径”，全面实施创新驱动、城乡协调、绿色崛起、开放引进、共建共享和党建引领“六大战略”，力争提前实现脱贫摘帽，奋力夺取全面建成小康社会的新胜利。

“十三五”时期，我县经济社会发展的奋斗目标是：

经济保持持续健康发展。全县GDP年均增长9.4%，力争达到10%以上；规模以上工业增加值年均增长14.8%，力争达到15%以上；全社会固定资产投资年均增长12.8%，力争达到15%以上；社会消费品零售总额增长7.2%，力争达到10%以上；地方公共财政收入年均增长5%，力争达到8%以上；城镇、农村居民人均可支配收入分别年均增长9%和13.8%，力争达到10%、15%以上。

产业结构明显优化。全县有机食品加工、水产业开发、新型能源产业规模不断壮大，现代物流、文化旅游等第三产业进一步优化提升，经济结构更趋合理，具有沁县特色的现代产业发展体系基本形成。

创业创新能力不断增强。科技成果对经济增长的贡献率进一步提高。大众创业、万众创新的社会格局基本形成。科技创新、金融振兴、民营经济发展实现重大突破。人才强县建设取得新成效。

城乡区域协调发展。以人为本的新型城镇化建设扎实推进，大县城、重点镇、中心村建设水平进步一步提升，城乡生产空间、生活空间、生态空间合理布局，公共服务和综合功能全面增强，城乡一体化体制机制进一步健全。

人民生活水平和质量整体提高。教育、卫生、文化、社保、就业、住房等公共服务体系更加健全。到2019年，现行标准下贫困人口全部脱贫，摘掉贫困县帽子。

改革开放取得全新进展。经济、行政、社会、土地、金融管理等重点领域改革不断深化，体制机制更加完善。转型综改扎实推进。对外开放发展新格局基本形成。

生态文明提档升级。城乡人居环境全面改善。森林覆盖率达到46%以上。建成区绿化率、绿地率分别达到46.8%、40%，人均公园绿地面积达到12平方米。

民主法治建设进一步加强。法治政府基本建成，运用法治思维和法治方式推动发展、化解矛盾、解决问题的能力增强。司法公信力、政府执行力和社会治理能力不断提高。

围绕实现上述目标，今后五年要重点抓好五大任务：

（一）落实“创新驱动战略”，构建现代产业体系。以发展有机食品生产加工、矿泉水生产、休闲旅游养生养老为重点，以培育高铁经济产业带、新能源产业集聚区、“互联网＋”新业态为补充，推动产业转型升级。加大财政支持和金融保障力度，鼓励科技创新。优化提升现代农业、设施农业、有机农业，推动种植养殖业提质增效、粮食稳定增产、农民持续增收。延伸特色食品生产加工产业链，扶持沁州黄、沁州绿、潞宝金和生等龙头企业做大做强。推进沁州黄农业产业示范园区、尧山工业园区、沁园春矿泉水园区提效升级。构建以农户家庭经营为基础、合作与联合社为纽带、社会化服务为支撑的现代农业经营体系。培育壮大新能源和循环经济、矿泉水水产业、生物医药制造等新兴产业。加快发展文化旅游、商贸物流、休闲养老、生态观光、电子商务等现代服务业。坚持“稳一产、增二产、优三产”，强化“无工不富”理念，着力提高二产比重，推动产业结构更加优化。

(二)落实“城乡协调战略”，统筹推进城镇建设。坚持以城带乡、城乡一体、产城融合、产镇融合，建立健全符合沁县实际的城乡一体化发展体制机制，促进城乡公共资源均衡配置和公共服务均等化。加快新型城镇化进程，实施扩容提质行动、人居环境改善工程，引导生产要素向县城集中、人口向集镇集中、产业向园区集聚。城镇化率达到53%以上。全面提升大县城、重点镇和中心村建设水平，着力打造功能完善、特色鲜明、靓丽宜居的“北方水城、美丽沁州”，建设一批生态优美、风光秀美、民富村美的魅力小镇和美丽乡村，让沁县的天更蓝、地更绿、水更清、城更靓、村更美，让城乡居民生活得更加舒适幸福。

(三)落实“绿色崛起战略”，塑造美丽沁州形象。围绕打造“北方水城”“森林沁州”，抓好兴水、增绿、治污、减排。巩固省级低碳试点县、国家级生态保护和建设示范区创建成果，发展绿色经济，倡导绿色生产。实行最严格的环境保护制度，推进大气、水、土壤污染综合防治。加强城乡环境卫生综合整治。持续开展植树造林，森林覆盖率年均提高到1%～2%。实现城乡生产生活低碳化、绿色化、生态化。全面落实山西主体功能区规划，强化农产品主产区耕地保护，构筑生态安全屏障。实施全民节能行动，鼓励再生资源回收利用，支持发展节能环保、低碳循环产业，决不允许低水平、高能耗企业进入沁县。

(四)落实“开放引进战略”，增强经济发展动力。顺应区域经济一体化发展趋势，打造开放引进的大交通、大平台、大基础。抓住“一带一路”建设和国家区域经济发展机遇，主动承接产业转移项目。加强交通设施互联互通，协调推进“沁县—武乡”一级公路、黎霍高速等交通项目。扩大沁州黄农业产业园区、尧山工业园区、沁园春矿泉水园区三大平台的集聚效应和承载能力。争取引进国内外大集团、大企业，投资我县交通、电力、新能源、现代产业开发项目。提高招商引资质量和水平，构建全方位、宽领域、多层次、高水平的对外开放新格局。

(五)落实“共建共享战略”，着力保障改善民生。坚持经济发展与民生改善并重，不断增强人民群众获得感。坚决打赢脱贫攻坚战，完成全县172个贫困村、2.67万贫困人口脱贫任务。推动城乡义务教育均衡发展。扩大就业创业。健全社会保障体系。完善县乡村三级医疗卫生服务体系。促进人口均衡发展。推动物质文明和精神文明协调发展。培育和践行社会主义核心价值观。建设文化强县。

二、认真做好2016年的重点工作

2016年，全县经济社会发展预期目标是：GDP增长7.5%；全社会固定资产投资增长13.5%；公共财政预算收入增长2.5%；工业增加值增长16.8%；社会消费品零售总额增长7.7%；城镇、农村居民人均可支配收入分别增长7.7%、10%；节能环保、安全生产等各类约束性指标按要求完成。重点抓好以下六项任务：

(一)突出抓好脱贫攻坚，在实施精准扶贫上求突破。坚持以脱贫攻坚为首要任务，贯彻落实好“五个一批”“六个精准”。统筹整合财政资金，严格执行“六个不准”。实行挂图作战，确保年内脱贫5270人(力争脱贫8000人)，整村脱贫31个。具体要抓好“四大工程”：一是集体经济培育工程。实施“三个一批”(培育一批集体经济发展的示范村和明星村，壮大一批集体经济发展一般村，转化一批集体经济发展薄弱村)。确保贫困村有稳定脱贫的主导(优势)产业，村集体经济收入达到3万元以上，贫困户人均可支配收入高于当年国家扶贫标准。二是村容村貌整治工程。以村容村貌和户容户貌整洁为标准，以开展农村“三清四改五化”为重点，加强贫困村环境卫生综合治理。三是基础设施提升工程。以改善农村生产生活条件为目的，进一步加强农村基础设施建设。一要加大以小型水利设施为重点的农田基本建设力度；二要加大农村道路建设力度，实现“晴天不见灰、雨天不见泥”；三要加大农村饮水安全工程建设力度；四要加大农村能源建设力度；五要加大电网建设力度，实现贫困村通动力电；六要加大农村住房建设和危房改造力度，完成2179人的易地移民搬迁任务，新建19个集中安置点，确保贫困户住房安全；七要加大农村信息化建设力度，为贫困村接通宽带网络和广播电视。四是公共服务保障工程。确保贫困村学前三年毛入园率达到70%以上、居民基本养老保险参保率达到95%以上、村村有乡村医疗机构、有综合性文化活动场所、人人都能享受新农合报销政策。

(二)推动产业优化升级，在促进经济增长上求突破。一是大力发展有机食品生产加工业。一要扩基地。培育“七大板块”，新发展沁州黄谷子等小杂粮667公顷、设施蔬菜200公顷、油用牡丹3333公顷、中药材667公顷，食用菌100万袋、核桃低效林改造600公顷、畜禽养殖1025万头(只)。二要壮龙头。沁州黄小米集团2万吨中老年米粉加工项目要建成投产，潞宝金和生食品公司肉鸡屠宰及饲料加工项目要力争达产达效。确保全县农业产业化龙头企业销售收入增长

9%以上。三要抓品牌。用好全国有机农产品认证示范县、国家生态原产地保护产品、省级出口农产品质量安全示范区三块牌子，巩固发展有机和地理标志农产品，鼓励企业开展产品认证，创建名优品牌。二是培育发展新能源产业。积极引进太阳能、生物质能、风能等新能源及新能源汽车产业。支持漳泽电力新能源、江苏远景、协鑫新能源、中电投等企业开展光伏发电项目申报立项，力争有1至2个项目列入全省光伏发电发展规划。进一步做好与潞安集团牡丹籽油加工项目对接工作，争取早日落户沁县。三是积极发展现代服务业。文化旅游产业要抓紧编制发展总规和各景区专项规划，加快“一区一节五线十园”建设，做好北方水城、乡村旅游等特色品牌包装、宣传、推介工作，力争融入中原五市“旅游联盟”。高铁经济产业带要按照“五个对接”要求，高起点做好发展规划编制工作，谋划旅游集散、物流仓储、技术研发等服务业项目。传统商贸流通业要以培育限上企业为关键，开展“四抓”(限上企业抓增长、上限企业抓入库、近限企业抓培育、新建企业抓跟踪服务)。“互联网＋”新业态要启动年度行动计划，引导云计算、大数据、物联网等与现代农业、服务业融合发展。开展“电子商务进农村综合示范县”创建，推进电子商务平台建设。

(三)加快重点项目建设，在开展招商引资上求突破。抓好年初选定的总投资44.4亿元、年度计划投资16.2亿元的70个重点工程项目。围绕项目建设，强化落实县领导包项目工作机制、项目“六位一体”推进机制。在抓好现有项目的同时，坚持走出去、引进来，加大招商引资力度，提升对外开放水平。瞄准全国工商联110家常委企业、全国民营企业500强，好中选好，精准对接，引进2至3个适合沁县发展的高精尖项目。确保完成全年75亿元招商引资任务、50亿元“民企入晋”任务。

(四)统筹推进城镇建设，在改善人居环境上求突破。一是先规划。健全城乡规划体系，促进“多规合一”，有序构建以“一核、两带，两心、七片”为总体布局的中心城区、以“一轴一源四泉五区”为框架的北方水城格局。科学编制乡镇、村庄总体规划，做到城乡规划与经济社会发展、土地利用、环境保护等规划相衔接。二是抓建设。实施城乡人居环境改善“四大工程”。加快县城居民集中供热工程建设进度，年内保证供热70万平方米，力争供热100万平方米。完成自来水水源扩建及主管网改造。新改造农村危房1270户。创建100个乡村清洁省级达标村、15个美丽宜居示范村。三是重管理。坚持联合执法、综合治理、规范秩序，制定切实可行的精细化管理机制。加快智慧沁县、数字沁县建设。让人民群众生活得更干净、更整洁、更舒心。

(五)推进生态文明建设，在实现绿色发展上求突破。加强环境治理。继续开展大气环境综合治理专项行动，健全大气污染联防联控机制。主攻造林绿化。巩固实施好30项林业生态重点工程。启动新一轮退耕还林。年内完成营造林2733公顷，确保森林覆盖率提高1%～2%。强化森林资源保护，坚决落实好各项防火工作措施，确保全县林业生态安全。推进治水工程。完成县城污水处理厂提标升级改造工程。开展农业面源污染和流域水环境综合治理。加强水源地、水生态、矿泉水资源保护和土壤污染防治，确保集中饮用水安全和饮用水质达标。

(六)协调发展社会事业，在增进民生福祉上求突破。在就业创业上：要实施就业促进计划和创业引领工程。年内新增城镇就业人员1414人，城镇登记失业率保持在3%左右，农村劳动力转移2521人。在教育事业上：要实施教育基础设施改造工程，完成实验中学宿舍、第五中学宿舍及操场、册村中学操场及厕所、册村小学周转房和农村幼儿园建设。在医疗卫生上：为县医院、中医院新购置大型CT机、彩超等现代医疗检验设备。完善县医院外科大楼和松村、南泉卫生院建设。新建125个村卫生室。加强卫技队伍建设。在社会保障上：要加快建立统一的城乡居民基本医疗保险制度，年人均财政补助标准由380元提高到410元。推动农村低保标准与国家扶贫标准相衔接。

“人民对美好生活的向往，就是我们的奋斗目标”。这一责任重于泰山，也是我们所有工作的出发点和落脚点。让我们不忘初心，继续前进，不断提升“六条路径”，全面实施“六大战略”，奋力铸就“北方水城、美丽沁州”建设新辉煌，为早日实现脱贫攻坚和全面建成小康社会目标，作出新的更大的贡献！

加快实施“创新强县、创业富民”战略，率先全面建成小康社会

襄垣县县长　胡三虎

“十二五”时期是我县发展不平凡的五年。面对复杂多变的发展环境和艰巨繁重的改革发展稳定任务，县委、县政府认真落实省委“六大发展”，全面实施市委“五五战略”，务实推进县委“双创”战略，主动适应经济发展新常态，全力应对经济下行压力，“十二五”规划确定的目标任务基本完成，为经济社会全面持续发展奠定了良好基础。

一、“十三五”时期的指导思想和发展原则

“十三五”时期的指导思想是：高举中国特色社会主义伟大旗帜，全面贯彻党的十八大和十八届三中、四中、五中全会精神，坚持以马克思列宁主义、毛泽东思想、邓小平理论、“三个代表”重要思想、科学发展观为指导，深入贯彻习近平总书记系列重要讲话精神，按照“四个全面”战略布局，牢固树立“五大发展理念”，全面落实省委“六大发展战略”和市委“五五战略”，主动适应政治经济新常态，坚持发展第一要务，坚持创新第一动力，坚持党建第一保障，坚持民生第一追求，加快实施“创新强县、创业富民”战略，着力打造经济发展新动能，着力激发社会发展新活力，着力优化政治新生态，着力满足民生新期盼，力争率先全面建成小康社会。

率先全面建成小康社会奋斗目标，推动我县经济社会持续健康发展，必须坚持五大原则：坚持党的领导与人民主体地位相统一；坚持发展速度与发展质量并重；坚持经济发展与生态环境协调；坚持乡村发展与城镇建设共进；坚持社会民生与经济发展同步。

二、“十三五”的战略构想和发展思路

（一）构建“一区一带一中心”发展新格局。一区就是新型工业集聚区。将富阳循环经济园区和王桥煤化工园区整合升级为省级经济技术开发区。以园区为依托，加快发展现代煤化工、新能源、现代服务业等新兴产业，打造经济新动能。一带就是百里漳河生态旅游带。以法显文化为品牌，以仙堂山、凉楼、宝峰湖为基点，着力打造法显“出生地”“出家地”“出发地”，形成沿漳河百里生态旅游经济带，辐射带动全县旅游发展，建成全省最佳旅游目的地和旅游集散地。一中心就是区域性中心城市。依托现有城市框架，加快大县城建设，不断完善基础设施，有效提升综合承载能力和服务功能，争取实现撤县设市目标。

（二）做强五大企业集团。就是以“襄矿、七一、漳江、城投、元和”五大集团为依托，构建转型发展主体平台。襄矿、七一集团主要支撑传统产业改造升级。通过建立现代企业制度、优质资产兼并重组、延伸产业链条等，实现降本增效提质，为全县经济社会发展奠定坚实基础。漳江集团主要支撑高新技术产业发展。通过建立新兴产业发展引导基金，以资金入股或撬动社会资金等方式，发展高新技术产业，推动产业结构调整，促进经济转型升级。城投公司主要支撑城镇建设运营。通过财政资金撬动民间资本或金融机构资金以及PPP模式，加快城中村改造、新城镇新农村建设步伐，推进城乡一体化发展。元和公司主要支撑工业园区建设运营。通过财政资金撬动民间资本或采用PPP模式与大企业集团合作，加快园区基础设施建设，不断完善园区功能，为入园企业发展提供良好环境。

（三）培育五大新兴业态。就是以“精细煤化工、新能源电动汽车、文化旅游、现代农业、高端服务业”为主攻方向，提供有效供给，提高发展质量和效益。力争到“十三五”末，全县非煤产业在GDP中占比达到60%以上。精细煤化工产业方面，依托潞安油化电热一体化、襄矿乙二醇等项目，打造产业高度关联、产品基本互补、链条紧密衔接、资源能源综合利用的新型煤化工产业集群。新能源电动汽车产业方面，依托恒昌元锂离子电池及电动汽车、襄矿绿丝梦动力电池及重型工程机械项目，大力发展经济效益好、科技含量高、环境污染少的高新技术产业。文化旅游产业方面，依托法显文化旅游，充分发挥消费对经济增长的作用，带动相

关服务业发展，打造新的经济增长极，建成全省最佳旅游目的地之一。现代服务业方面，依托县城、工业园区和旅游区，大力发展现代物流、信息咨询、电子商务、研发设计、节能服务、文化创意、会展营销、总部经济等生产性服务业，推动我县工业朝高端高质高效方向发展，提升核心竞争力。现代特色农业方面，依托我县特色农产品和“互联网＋”技术，大力发展订单农业，创建知名品牌，带动农民增收致富。

（四）实施15类民生工程。坚持打基础、利长远，集中有限财力兴办一批民生实事，让群众有更多获得感和更高幸福指数。1. 全面脱贫攻坚。因地制宜、因户施策，实施精准扶贫，提前2年完成脱贫任务。2. 采煤塌陷治理。按照省政府规划要求完成采煤塌陷搬迁治理任务，让塌陷区群众搬迁新居。3. 提高教育质量。新改扩建一批高标准中小学和幼儿园，满足城镇化发展和全面二孩政策放开后入园入学需求。大幅度提高教学质量，达到全市县级领先水平。大力发展职业教育，加强乡土实用型人才培养。4. 改善医疗条件。加强县乡村三级医疗机构建设。建立与北京、上海等地知名大医院联诊协作机制，使我县患者在本地便可享受到国内优质医疗资源。提高医护人员素质，创新医疗服务模式，提高全民医疗保健意识和疾病预防能力。5. 健全社保体系。实施“全民参保”计划，将失地农民纳入社保范围；健全城乡居民大病保险和医疗救助制度，提高住院报销比例；妥善解决国有困难企业下岗职工社保问题。6. 发展养老事业。探索以市场化方式发展养老事业，鼓励通过公建民营、民办公助等方式引导社会资本参与养老服务机构建设和管理运行，基本满足我县进入老龄社会需求。7. 完善乡村路网。加快上马、西营等处出境路，张良大道等旅游路和县乡村道路建设，每年新修改造公路110千米左右，使全县道路完好率保持在90%以上。8. 拓展公共交通。扩大城乡公交覆盖面，增加免费公交线路车次；开通县城到各大旅游景区免费公交。9. 加强生态治理。年均造林1.5万亩，力争森林覆盖率年均提高1个百分点。抓好城镇公园、绿地建设和提质升级，力争城镇建成区绿地率每年提高1个百分点。10. 保障饮水安全。建立地表水质量标准体系，加大自来水质量检测，确保城乡居民饮水安全。11. 实施下山出沟。完善政策引导机制，积极推进百人以下村庄居民向中心村和城镇集聚，有效改善生产生活条件。12. 开展全民健身。在城镇建设一批符合健身需求的场地设施并免费对外开放，满足群众健身需求。13. 扩大集中供暖。新建热电联产二线供热项目，满足县城新增建筑取暖需求，将城边村全部纳入集中供暖范围。14. 满足住房需求。继续规划新建一批保障性住房，将进城务工农民纳入保障性住房申请范围，提高常住人口城镇化率。15. 提高居民收入。多种渠道促进就业创业，城乡居民收入水平达到全省前列。建立最低工资增长机制，完善工资支付保障机制。干部职工工资水平达到全市最高。

三、实现四大目标

（一）县域经济综合实力明显增强，建成“三晋第一县”，进入全国百强县。主动适应经济发展新常态，力争经济平稳较快增长，年增速保持在7%以上，确保到2020年实现地区生产总值和城乡居民收入翻番目标，率先全面建成小康社会。传统产业竞争力不断增强，战略性新兴产业集群发展、形成规模，商贸流通等现代服务业比重大幅提升。到2020年，非煤产业占GDP比重达到60%以上，三次产业结构更趋合理，县域综合实力大幅提升。

（二）县城综合服务功能和品位明显提升，建成具有较强辐射带动能力的区域性中心城市。城市功能日趋完善，新农村建设顺利实施，城乡建设水平全面提升，规划更加科学合理，面貌明显改善。城镇集聚产业、集聚人口能力明显提高，新型城镇化加速推进，户籍人口城镇化率超过50%。县城建成区面积达到25平方千米以上，吸纳人口15万～20万，实现撤县改市目标。

（三）市场主体创造活力明显释放，建成全省创新创业示范基地。“院校企、产学研”一体化发展深入推进，各类创新创业载体平台相继建成并投入运营，高精尖技术人才扎根搞科研，有效管用的鼓励扶持政策措施和制度体系逐步健全完善，大众创业、万众创新的发展氛围浓厚。经济管理、行政管理和社会管理等重要领域关键环节改革不断深化，体制机制更加完善。

（四）民生民富民安保障水平明显提高，建成最佳生活宜居地，进入全国最具幸福感县行列。城乡居民收入与地区生产总值同步增长，超过全国平均水平；农村居民收入增速快于城镇居民收入增速，收入差距进一步缩小。就业、教育、医疗、文化、社保、住房等公共服务体系更加健全，基本公共服务均等化水平稳步提高。生态环境持续改善，森林覆盖率、建成区绿化率、人均公园绿地面积进一步提高。民主法治更加健全，法治政府基本建成，司法公信力明显提高，党的建设制度化水平显著提高。

唱响太行红山,打造创新强县,建设宜居黎城

黎城县县长　**牛晨霞**

“十二五”时期是我县发展不平凡的五年。五年来,我们认真贯彻落实党的十八大、十八届三中、四中、五中全会精神和习近平总书记系列重要讲话精神,积极应对挑战,奋力攻坚克难,各项工作稳中有为、稳中有进,经济社会发展取得新成就,开创了各项事业发展的新局面。

一、“十三五”时期经济社会发展的指导思想和目标

“十三五”时期,是全面建成小康社会的决胜期、产业转型升级的关键期、实现精准扶贫的攻坚期。“十三五”时期,全县经济社会发展的指导思想是:全面贯彻落实党的十八大和十八届三中、四中、五中全会精神,深入贯彻落实习近平总书记系列重要讲话精神,按照省委“一个指引、两手硬”和市委“两个目标”总体要求,实施“唱响太行红山、打造创新强县、建设宜居黎城”三大战略,主动适应经济发展新常态,积极推进供给侧结构性改革,全力推动创新、协调、绿色、开放、共享五大发展,为全面建成小康社会而努力奋斗。

主要目标:经济实力明显增强。地区生产总值增速保持7%左右,到2020年地区生产总值和城乡居民人均收入较2010年翻一番。经济结构明显优化。新兴产业规模进一步扩大,到2020年末,新兴产业与传统产业比重达到7∶3;旅游产业主导作用逐步显现;传统产业竞争力不断增强;农业种植结构调整取得积极进展;服务业比重年均提高1%。城镇化水平明显提升。县城建成区面积达到9平方千米,常住人口达到8万人,常住人口城镇化率达到51.5%以上。人民生活明显改善。就业、教育、医疗、文化、社保、住房等服务体系更加健全,基本公共服务均等化水平稳步提高;农村贫困人口全部脱贫。生态和人居环境质量明显提高。生态环境、生活环境持续改善,“十三五”末,全县森林覆盖率力争达到65%,县城建成区绿化率达到44%,能源资源使用效率大幅提升,能源和水资源消耗、建设用地、碳排放总量得到有效控制。民主法治建设取得明显成效。民主法制更加健全,司法公信力进一步提高;社会治理能力和水平不断提升,社会更加和谐稳定。

二、“十三五”期间经济社会发展的主要任务

(一)坚定不移推进创新发展,激发发展新活力。以推进供给侧结构性改革为着力点,以“去产能、去库存、去杠杆、降成本、补短板”为抓手,全面提升企业技术工艺、管理水平,积极优化产品结构,引导企业产品向价值高端提升。大力发展新能源、新材料、现代物流等新兴产业,引领全县产业向中高端迈进。“十三五”期间,新兴产业对工业经济的贡献率每年提高3%以上。积极发展现代农业,进一步提高两大农业园区的龙头带动效应,积极调整农业结构,盯着市场种,跟着需求供,扩大小麦、小杂粮、中药材、蔬菜种植规模,“十三五”末,玉米种植面积调减到6667公顷左右,小麦、小杂粮种植面积均扩大到3333公顷左右,优质蔬菜产量稳定在20万吨以上,粮食产量稳定在6.5万吨左右。加快发展全域旅游,把我县建设成为集山水观光游览、生态文化体验和休闲娱乐度假于一体的国内一流全域旅游目的地。“十三五”末,年旅游接待人数达到100万人次,综合收入达到10亿元以上。

(二)坚定不移推进协调发展,构建发展新格局。坚持走新型城镇化道路,建设绿色县城、海绵县城、智慧县城。形成“五纵五横”城市体系。科学保护老城区,加快建设黎侯古城,提升桥北新区承载功能,打造“两城一区”新格局。推进重点镇和中心村建设,努力实现城乡公共资源、公共服务均等化。加强思想道德和社会诚信建设,进一步提升公民文明素质。开展全民国防教育,促进军民融合发展。

(三)坚定不移推进绿色发展,建设美丽新黎城。保护绿色生态资源,大力实施生态林、经济林、通道绿化等生态建设工程,生态绿化水平进一步提高。实行最严格的环境保护制度,打好大气、水、土壤污染防治三大战役,不断提升生态环境治理能力。推进低碳循

环发展，节约集约利用水、土地、矿产等资源，大幅降低资源消耗强度。

（四）坚定不移推进开放发展，扩大招商引资新成效。主动融入“一带一路”、京津冀协同发展、环渤海经济圈、中原经济区等国家开放大战略，积极承接东部加工贸易产业转移，围绕新能源、新材料、文化旅游、现代农业、商贸物流、装备制造等产业，扩大开放领域，创新招商方式，拓宽招商渠道，提高招商引资的质量和水平。

（五）坚定不移推进共享发展，增进民生新福祉。实施教育优先发展战略，深化教育改革，加快完善现代教育体系。优化城乡医疗卫生机构布局，完善县乡村三级医疗卫生服务网络，健全上下联动、衔接互补的分级诊疗服务体系。全面完善社会保障体系，扩大社保覆盖面。坚决打赢脱贫攻坚战，确保2020年全县11785名贫困人口全部脱贫，10个贫困村全部“摘帽”。严格落实安全监管责任，抓好安全隐患排查治理，促进安全生产形势持续稳定好转。加强社会治安综合治理，保障社会和谐稳定。

三、认真做好2016年工作，确保“十三五”起好步、开好局

2016年是全面建成小康社会决胜阶段的开局之年，是推进供给侧结构性改革的攻坚之年，做好2016年工作意义重大。其经济社会发展的主要预期目标是：地区生产总值增长6.5%左右；工业增加值增长4%；固定资产投资增长15%；一般公共预算收入增长6.3%；社会消费品零售总额增长7.3%；城镇居民人均可支配收入增长7%；农村居民人均可支配收入增长6.5%以上。为了完成上述任务，务必做好以下六个方面工作：

（一）着力项目建设，增强发展后劲。加大项目建设力度。把项目作为经济社会发展的载体和抓手，确保154个重点项目如期开工建设，如期投产达效。确保完成项目储备900亿元、签约75亿元、落地38亿元、开工51亿元、建设48亿元、投产62亿元的目标任务。加大创优环境力度。实行项目服务“四个一”包联制度、项目“联审联批”制度和重点项目直通车制度，成立一线工作室，主要领导挂帅，24小时信息畅通，全天候跟踪服务，限时办结，依靠环境大改善，促进项目大建设。

（二）着力转型升级，推进工业提质增效。发展壮大新兴产业。积极培育新能源、新材料产业，扩大中技金谷新型建材项目生产规模，加快二期生产建设，力争今年销售额达到1.2亿元，将我县打造成为全国唯一的预制装配式轻钢轻板建筑体系生产集成基地；蓝天燃气项目尽快启动，全面恢复生产；把新能源、新材料产业打造成为我县工业发展的主导产业。改造提升传统产业。引导钢铁冶炼、煤焦、玻璃等传统行业，实施兼并重组、挂靠经营、抱团取暖。粉末冶金向压件生产延伸，普通玻璃向自清洁玻璃延伸，焦化企业向精细化工产品延伸，钢铁企业向特种钢材延伸。加快发展现代物流运输产业。以千万吨级铁路物流园区为载体，发挥华驰物流、国新能源、鑫源物流等企业集群优势，把我县打造成为华北地区大型现代物流基地，把物流运输产业打造成为我县财政增收的支柱产业。培育壮大装备制造业。全面贯彻落实《中国制造2025山西行动纲要》，着力做大粉末冶金压件生产、白龙运输公司的挂车制造和消防清障车制造、潞安华信公司的电机电器生产、山西潞安工程公司的钢结构部件生产等项目，扩大装备制造业规模，提升整体水平，培育县域经济新的增长极。

（三）着力结构调整，发展特色现代农业。加快调整种植结构。强化政策引导，减少玉米种植面积，扩大小麦、小杂粮、蔬菜和经济林种植规模，壮大农业龙头企业。积极培育发展农产品、中药材深加工企业，推动农产品种植加工、现代制种、畜牧和水产特色养殖产业快速发展；大力培育休闲农业，促进三次产业融合发展，提高农业综合效益。夯实农业生产基础。建设高标准农田467公顷；改善灌溉面积2000公顷。全面完成农村土地确权登记颁证工作。坚决打赢脱贫攻坚战。按照“六个精准”和“五个一批”要求，精准识别，逐村逐户，建档立卡，挂图作战，压实责任，完成2195人脱贫任务。加大10个贫困村帮扶力度，投资1000余万元，依托方兴集团的技术指导和产销平台，实施百头牛场、千头猪场、万只鸡场和蔬菜大棚、连翘种植等产业项目，配套建设水库、道路、机井等基础设施，圆满完成2个贫困村脱贫和3个村易地搬迁任务。

（四）着力挖掘资源，打造全域旅游范式。全方位开放景区。全面加快旅游产业发展，年内投资7000多万元，建设15个旅游项目。在去年开放6大景区的基础上，今年再实现4大景区开放运营。环太行红山和沿浊漳河2条百里骑游线路投入使用。切实加强对黄崖洞景区的开发、建设、运行管理，全面打造“国家5A级”景区。

（五）着力完善设施，建设宜居城镇。科学编制规划。坚持规划先行，按照产城一体、产城融合路径，年内完成城市总体规划和地下综合管廊等13个专项规划的制定。提升城市品位。全面实施扩容提质工程，年内投资14.7亿元，实施68个城建重点项目。进一步完善“五纵五横”道路框架，扩大集中供热、集中供气、集中供水覆盖面，新增集中供热面积20万平方米、集中供气用户2000户、集中供水用户1800户。建设美丽乡村。着力改善农村人居环境，投资300余万元，扎实开展城乡环境卫生整治；实施上遥镇河南村、停河铺乡霞庄村2个传统古村落保护工程，打造宽嶂、卜牛、洗耳河等10个生态村，建设宜居、宜业美丽乡村。

（六）着力民生事业，共享发展成果。优先发展教育事业。继续实施“两免一补”“营养餐”工程等教育惠民政策；开工建设古城中学，完成古城幼儿园教学设施配套，实施农村幼儿园改扩建工程，促进城乡教育均衡发展。加快职业教育发展步伐，落实特殊教育提升计划，推进教育教学综合改革，全面提高教育质量。保障人民群众健康。努力在分级诊疗、全民医保、医院管理、药品供应和综合监管方面形成自身特色与亮点。中医院、妇幼院业务用房项目完成主体工程，乡镇卫生院改造和村级卫生室建设全面铺开。完善社会保障体系。实施全民参保计划，养老保险覆盖面达到100%，参保率达到97%。整合新农合医保和城镇居民医保，构建更加完善的医疗保障体系。落实城乡低保政策，巩固动态管理下的应保尽保。完成城中村改造405套，保障性住房建成528套。提升绿化水平。以创建全省林业生态县为契机，完成造林绿化和经济林建设4万亩，通道绿化52千米，四旁植树100万株，巩固县城绿化168万平方米，创建省级园林村庄4个。完成公益林保护2.4万公顷，山皂角改造133公顷。改善空气质量。深入开展“减煤、治企、降尘、控车、净烟、碧水”六大行动，投入8300余万元全面完成太行钢铁、长福焦化、华太焦化、青春玻璃等重点企业的提标改造工程。空气质量二级以上天数保持在300天以上。

蓝图已绘就，扬帆正当时。实现黎城新一轮发展的光荣使命，鼓舞我们开拓创新；人民群众的信任期望，激励我们奋勇向前。让我们以务实苦干、只争朝夕的精神和作风，以坚持不懈、攻坚克难的决心和勇气，以履职尽责、开拓创新的责任和担当，团结拼搏，奋发有为，为实现“十三五”良好开局、全面建成小康社会而努力奋斗！

决胜“十三五” 全面达小康

屯留县县长 **翟卫华**

“十二五”时期是我县发展极不平凡的五年。面对严峻复杂的经济形势，我们深入贯彻落实党的十八大、十八届三中、四中、五中全会精神和习近平总书记系列重要讲话精神，主动适应经济发展新常态，全力以赴稳增长、促改革、调结构、惠民生、防风险，较好地完成了“十二五”规划的主要目标任务，全县经济社会发展取得了新成效。

一、“十三五”时期经济社会发展的指导思想和目标任务

“十三五”时期，是全面建成小康社会的决胜阶段。我县发展的指导思想是：以习近平总书记系列重要讲话精神为指引，全面贯彻省委“一个指引、两手硬”重大思路，全面落实市委如期实现“两大目标”总体要求，坚持新型工业化、农业现代化、三产高端化、特色城镇化“四化推进”，着力走出县域经济发展新路子，着力增加人民群众民生获得感，着力推进县域社会治理科学化，着力落实全面从严治党新要求，确保如期实现高质量全面建成小康屯留目标，确保提前一年实现脱贫攻坚目标。

今后五年我县经济社会发展的主要目标是：经济保持健康发展。到2020年，地区生产总值、地方财政收入、城乡居民人均可支配收入等主要指标年均增速高于全市平均水平，县域经济综合实力大幅提升。经济结构明显优化。传统产业竞争力显著增强，新兴产业形成规模，现代服务业快速发展，农业现代化水平持续提升。新型城镇化加速推进，全县城镇化率达到45%。改革开放取得突破。转型综改取得重大进展，创新要素配置更加高效，科技对经济增长贡献明显提高。大众创业、万众创新蓬勃发展，科教兴县和人才强县战略持续推进，发展新动能显著提升。社会事业实现繁荣。就业持续增加，基本公共服务均等化水平稳步提高。现行标准下农村贫困人口全部脱贫。安全生产形势持续好转。全民素质和社会文明程度不断提高。社会主义核心价值观更加深入人心，诚信互助的社会风尚更加浓厚，公共文化服务体系基本建成。生态建设稳步提升。主体功能区域布局和生态安全屏障基本形成,能源和水资源消耗、建设用地、碳排放总量得到有效控制,主要污染物减排完成市下达任务。民主法治更加健全。人民民主不断扩大,法治政府基本建成。服务型政府建设成效显著,政府公信力和行政效率进一步提高。社会治理能力和水平不断提高,社会更加和谐稳定。

二、坚定不移谋发展、抓落实

(一)全面落实创新发展,着力提高发展质量。把创新作为引领发展的第一动力,加快推进供给侧结构性改革,全力抓好“三去一降一补”各项工作。做好煤与非煤文章,加快煤炭、焦化、电力等传统产业优化升级;积极发展现代煤化工、新型装备制造、生物医药、食品加工、新能源新材料等新兴产业,培育一批新兴产业集群。大力发展现代农业,加快发展现代服务业,积极打造屯留全域旅游品牌,深度融合文化旅游业。实施“互联网+”行动,积极培育新业态,拓展发展新空间。持续推进综改试验区建设,全力推动科技创新、金融振兴、民营经济发展。

(二)全面落实协调发展,着力构建均衡格局。坚持发展经济和改善民生并重,促进经济社会协调发展。深入推进大县城建设,大力实施城乡人居环境改善工程,加快建设城乡一体化发展步伐。全面完成棚户区、城中村改造任务。规划建设文化馆、图书馆、规划馆、档案馆、博物馆。壮大乡镇(区)经济,促进县域发展。大力弘扬上党战役精神,挖掘羿神文化内涵,繁荣文化事业,发展文化产业,推动物质文明和精神文明协调发展。支持国防和军队建设,促进军民融合发展。

(三)全面落实绿色发展,着力建设美丽屯留。落实主体功能区域定位,实行最严格的环境保护制度,深入推进大气、水、土壤污染防治行动。加强生态保护和修复,推进绛河流域生态环境综合治理。坚持造林绿化和兴县富民相结合,大力发展经济林,力争森林覆盖率年均提高一个百分点。全面节约和高效循环利用资源,实行能源和水资源消耗、建设用地等总量和强度双控制,大力发展循环经济,打造低碳排放示范区。

(四)全面落实开放发展,着力实现合作共赢。不断深化全方位开放合作,主动对接国家区域经济发展战略,积极参与“一带一路”建设。深化与东南沿海和中部地区的能源合作,主动承接产业转移。提高招商引资质量和水平,引进一批高新技术项目。创新发展模式,把两大工业园区打造成对外开放的重要窗口和新的经济增长极。

(五)全面落实共享发展,着力增进人民福祉。坚持富民与强县相统一,规划建设教育园区,实现优质教育集聚发展,建设全省教育强县。积极扩大就业创业,多渠道增加城乡居民收入,健全完善社会保障制度。大力发展体育产业,规划建设“一山一带”健身走廊,着力打造巍山体育产业园区。提高医疗卫生服务质量和水平,建设健康屯留。坚决打赢脱贫攻坚战,确保到2019年现行标准下8253名农村贫困人口全部脱贫。全面加强安全生产,夯实安全发展基础。健全公共安全保障体系,构建全面共享的社会治理格局,提升社会治理能力和水平。

三、努力工作,确保2016年开好局

2016年,是全面建成小康社会决胜阶段的开局之年,也是推进结构性改革的攻坚之年,经济社会发展的主要预期目标是:地区生产总值完成89亿元,增长6.5%;规模以上工业企业增加值完成50.3亿元,增长5%;固定资产投资完成154.1亿元,增长15%;社会消费品零售总额完成15.53亿元,增长6.81%;地方财政收入完成6.29亿元,增长2.5%;城镇居民人均可支配收入完成24232元,增长6.5%;农村居民人均可支配收入完成13845元,增长6.5%。

围绕上述目标,重点抓好以下七方面工作:

(一)以结构性改革为突破,培育转型发展新动能。改造提升传统产业。煤炭产业,重点加快古城800万吨矿井建设,着力抓好余吾、常村、郭庄煤矿技改工程,推动煤电联营、煤化联营、煤焦联营、煤油联营,促进高碳产业低碳化。焦化产业,继续推进麟源、祥瑞、尔安、兴旺、华诚等大型焦化企业兼并重组,培育发展下游产品,拉长产业链,推动以焦为主向焦化并举、以化为主转变。电力产业,全面完成农网升级改造工程、低电压治理工程和拉需工程,力争110千伏河神庙站、屯留南变电站开工建设。

培育壮大新兴产业。现代煤化工产业,重点抓好潞安天诗合成蜡、潞安太行润滑油、潞安纳克碳一等项目;新型装备制造产业,重点抓好太重榆液高性能液压产品自动化、安泰矿用防护装备等项目;生物医药产业,重点抓好太行药业中药提取技改、振东药业芪蛭通络胶囊产业化等项目;食品加工产业,重点抓好胖妞3万吨豆制品及年产7000吨主食生产线扩建项目,加速金泽生物公司清算转让重组工作;新能源新材料产业,重点抓好煤气层综合利用、山地光伏电、农光互补光伏电等项目。培育形成五大优势产业集群,实现县域经济由数量增长型向质量效益型的新跨越。

提速发展第三产业。大力发展体育产业,申请筹建1所青少年足球学校,规划建设1条环巍山自行车专用骑行道,加快推进巍山国际体育产业园建设,叫响“中国体育人第二故乡”体育名片。融合发展文化旅游产业,启动实施县城——老爷山——屯绛水库旅游公路项目,做好维修蓬莱宫、舍利塔前期工作,加快老爷山4A

级旅游景区建设速度，推进抗大一分校旧址建设。统筹推进金融服务、现代物流、检验检测等生产性服务业和家政服务、餐饮娱乐、健康养老等生活性服务业发展，新建东街、南街、郭村三个农贸市场，加快国药控股长治医药物流配送中心、西街物流园等项目建设。利用京东、苏宁、乐村淘、昂生医药、588商城等知名电商平台，大力扶持农村电子商务发展，努力繁荣城乡消费市场。

（二）以项目建设为支撑，打造经济发展新优势。坚定不移抓招商。要主动出击大招商，锁定长三角、珠三角、环渤海等经济发达地区，瞄准国内500强和大型国有企业，利用好能博会、农博会、晋商大会等平台，全方位、多层次地宣传屯留、推介屯留，吸引八方客商来屯留投资兴业。确保全年引资100亿元以上，为产业升级“筑巢”，为转型发展“引凤”。

全力以赴促项目。52个重点项目总投资381.28亿元，其中续建项目23个，新建项目22个，拟上项目7个。新建项目抓进度，续建项目抓投产，竣工项目抓效益。

提档升级建园区。加紧编制完善“两大工业园区”总体规划，进一步完善水、电、暖、路等配套设施，启动实施康庄非煤产业园区集中供热工程，加快屯留现代煤化工循环经济产业园区污水处理厂建设进度，增加公共要素供给。抓培育优布局，重点打造以生物医药、特色食品、机械制造、新材料等产业为重点的康庄非煤产业园区，打造以多元发展、循环发展为方向的屯留现代煤化工循环经济产业园区。

（三）以精准脱贫为重点，夯实“三农”工作新基础。围绕特色建基地。今年重点抓好五大产业基地建设：绿色蔬菜产业，以助民、本源、佳禾等为基地，发展设施蔬菜533公顷，推广移动棚蔬菜无公害种植技术67公顷，推广露地蔬菜无公害种植技术333公顷，创建1个部级设施蔬菜标准化种植示范园；核桃干果产业，以西贾、张店、上莲等千亩精品核桃示范园为基地，新发展优质核桃400公顷，改造提升干果经济林467公顷；规模养殖产业，以瑞康源禽业为基地，新改扩建20个畜禽标准化养殖场（区），肉类总产量达到3.1万吨，禽蛋总产量达到1.6万吨；苗木花卉产业，以旖旎玫瑰生态园为基地，大力发展玫瑰、双季槐、油用牡丹等经济性和观赏性苗木花卉1333公顷；中药材产业，以民康中药材为基地，引导西部乡镇农民种植板蓝根、党参、黄芩、柴胡等，新发展中药材333公顷，力争今年中药材面积达到3333公顷。

夯实基础促增收。不断加强农业基础设施建设，加快推进国家水土保持重点工程、粮食产能项目、高标准农田建设等项目，新增水地133公顷，改善水地1333公顷，新增节水面积200公顷，治理土地533公顷，改造中低产田1333公顷。扎实推进主要农作物生产全程机械化，全力做好农机化示范县建设工作，力争全县农业机械化水平达到86%。

按照我县2016年脱贫1450人、2017年脱贫2023人、2018年脱贫2272人、2019年脱贫2508人的安排部署，确定“任务书”，制定“时间表”，确保2019年年底3949户8253人贫困人口彻底摘掉贫困帽子。

（四）以“人的城镇化”为核心，探索城乡发展新路径。县城建设上品位。强化规划引领，完善县城功能，积极推进城中村、棚户区改造工程；做好南北2个热源厂筹划工作，努力实现县城集中供热全覆盖；铺设供气管道8.33千米，新增供气用户2200户；加快席店水源地扩建工程进度，尽快筹建官庄自来水厂，早日让市民用上辛安泉水；规划建设县级综合档案馆；加强城市管理，建立健全常态化、长效化、规范化城市管理机制，努力营造整洁、有序、优美城市环境。

集镇建设创特色。加快上村、渔泽、李高、余吾、张店5个集镇建设力度，力争全县城镇化率再提高1.7%。不断推进人口向城镇集中、基础设施和公共服务设施向农村延伸，努力提升“一城五镇”辐射带动力。

农村建设出亮点。全力推进美丽乡村建设。编制完成农村环境改善2016年行动计划，深入实施完善提质、农民安居、环境整治和宜居示范四大工程，倾力打造20个精品亮点中心村。

（五）以绿色发展为方向，提升生态文明新水平。构筑生态安全屏障。高标准完成“两山”造林184公顷、“两网”绿化657公顷、“两林”富民工程333公顷、四旁植树114万株、种苗基地493公顷。更加注重生态效益和经济效益相结合，发展连翘667公顷，努力打造三晋连翘第一县。

狠抓环境综合整治。持续落实大气、水、土壤污染防治措施，制定大气和水污染防治2016年行动计划，推进多污染物综合防治。持续改善环境质量。

（六）以改革创新为主线，激发社会创造新活力。大力促进科技创新。持续推进科技体制改革，着力破除制约科技创新的体制机制障碍新培育一批国家高新技术、省级民营科技企业和企业工程技术（研究）中心。继续强化政校企联合、产学研一体发展，引导社会资本参与科技创新项目。

积极推动金融振兴。加快投融资体制改革，大力推广政府与社会资本投资合作（PPP）建设模式。加强与国开行、农发行等政策性银行的实质性合作，积极争取国家专项建设基金支持重大市政基础设施和公共服务建设。不断完善金融服务体系，引导各类金融机构创新小额贷款产品，加大对扶贫开发的支持。实施企业上市培育工程，鼓励企业在主板、中小板、创业板、新三板挂牌融资。

加快发展民营经济。用足用活省扶持中小微企业发展的“财政15条”“金融12条”“企业减负60条”等政策套餐，全面落实《进一步促进民营经济健康发展的“十二条”意见》，培育“小巨人”企业1个、“小升规”企业1个，新创办小微企业200个。

（七）以保障民生为根本，推动和谐屯留新发展。强化社会保障促和谐。力争城镇新增就业岗位2392人，创业就业491人，转移农村劳动力2393人。推进农村低保与国家扶贫标准相衔接。继续抓好各类保障性住房建设，改造农村危房560户，努力构建覆盖城乡居民的社会保障体系。

发展社会事业惠民生。制定新一轮“教育五年振兴计划”，启动实施二中附小、麟绛镇中心小学建设工程，新建3所农村寄宿制学校餐厅，加快建设北大附属长治实验学校，完成2所改扩建幼儿园任务，落实好农村寄宿制学校免费营养餐工程。稳步推进县级公立医院改革，加快建设县人民医院综合住院楼、县中医院住院楼，建设5所中医特色乡镇卫生院，完成县妇幼保健计划生育服务中心办公楼搬迁改造工程，巩固提升“新农合”成果，稳妥落实全面两孩政策，提高公共卫生计生服务质量，建设健康屯留。

新常态蕴含新机遇，新时代开启新征程。让我们坚定信心，抢抓机遇，真抓实干，拼搏进取，努力完成今年经济社会发展各项目标任务，确保“十三五”良好开局，为如期高质量全面建成小康屯留而努力奋斗！

奋力开创平顺县全面建成小康社会新局面

平顺县县长　秦　军

“十二五”期间是平顺县县经济社会发展较快、变化较大的五年，五年来，县委、县政府牢牢把握发展机遇，不断完善发展思路，强化发展措施，经济发展进入稳步增长期，运行质量明显提高，发展后劲和抵御风险的能力进一步增强，为“十三五”期间全县经济社会跨越发展，搭建了有利的平台，奠定了良好的基础。

一、“十三五”时期经济社会发展指导思想和主要目标

（一）“十三五”时期经济社会发展的指导思想。高举中国特色社会主义伟大旗帜，全面贯彻党的十八大和十八届三中、四中、五中全会精神，坚持以马克思列宁主义、毛泽东思想、邓小平理论、“三个代表”重要思想、科学发展观为指导，深入贯彻习近平总书记系列重要讲话精神，以中央“四个全面”战略布局和“五位一体”总体布局为统领、按照省委“五句话”、市委“五五战略”总要求，坚持从严治党、坚持改革创新，坚持稳中求进，以改革创新为动力，以脱贫攻坚为中心，大力弘扬纪兰精神，主动适应新常态，推进创新发展、协调发展、绿色发展、开放发展、共享发展、廉洁和安全发展，全力加快“一地两区”“三宜”美丽平顺建设步伐，奋力开创平顺县县全面建成小康社会新局面。

（二）全面建成小康社会的主要目标。经济保持持续健康发展。确保到2020年实现地区生产总值和城乡居民人均收入比2010年翻一番。经济指标年均增速达到省市平均水平，到2020年，地区生产总值年均增长8%以上。经济结构更趋于合理，农业现代化取得明显进展，工业加快转型升级，服务业比重进一步上升，中小企业民营经济对县域经济的贡献率占到90%以上；三次产业比例达14∶34∶52。

人民生活水平和质量明显提高。城乡居民收入普遍较快增加，人均可支配收入年均增长10%以上，教育、医疗、文化、社保、住房等公共服务体系更加健全，基本公共服务均等化水平稳步提高。农村危房改造工程五年建设3500户，农民体育健身工程实现全覆盖，农村参加基本养老保险人数达到8.3万人，每千人拥有病床数达到6张，城乡居民主要健康指标达到省市平均水平，就业岗位持续增加。

生态文明建设和环境质量持续改善。人居环境持续改善，生产和生活方式加快向低碳、绿色转变，资源综合利用率提高，推进脱贫攻坚与生态保护并重，落实好国家退耕还林还草、防护林建设等扶贫政策，主要约束性指标全面完成省市下达任务。到2020年，工业固体废弃物综合利用率达到80%，城市生活垃圾无害化处理率达到100%，城市污水处理率达到99%，耕地保有量稳定在1.5万公顷。森林覆盖率达到39.8%，建成区绿化覆盖率达到52.1%，大气环境质量稳定在国家二级标准，主要河流出境断面水质稳定在国家三类水质标准。

全民素质和社会文明程度显著提高。文化强县建设步伐进一步加快，文化发展主要指标、文化事业整体水平进一步提高。文明村镇、文明家庭、平顺好人等平顺正能量不断汇聚。人民思想道德素质、科学文化素质、健康素质明显提高，公共文化服务体系基本建成。

各方面制度建设更加完善。深入推进“六权治本”，促进体制机制更加完善。进一步转变政府职能，提高行政效能，优化发展环境；民主法制更加健全，社会治理能力和水平不断提高，党的建设制度化水平持续增强。

摘掉贫困县帽子，实现稳定脱贫。提前一年摘掉贫困县帽子，到2019年，确保全县现行标准下的3.4万个农村建档立卡贫困人口全部实现脱贫，231个贫困村脱贫摘帽，稳步实现扶贫对象不愁吃、不愁穿，贫困人口人均可支配收入增长幅度高于省市平均水平，基本公共服务设施建设完备，义务教育、基本医疗和住房安全有保障。

二、推进创新发展，为打赢脱贫攻坚战奠定坚实经济基础

始终坚持创新是引领发展的第一动力，把创新发展摆在全县发展的核心位置，主动适应经济发展新常态，构建全县产业发展体系，增强县域经济发展后劲，筑牢平顺脱贫攻坚的经济基础。建设全国一流旅游目的地。整合旅游资源、壮大产业集群，促进旅游业与其他产业深度融合，推动旅游业向高端挺进、向纵深拓展，到2020年，全县旅游接待人数达到1000万人次，接待境外游客达到50万人次，旅游综合收入达到37亿元，年均增长17%以上。重点抓好神龙湾、通天峡、太行水乡、天脊山、西沟等龙头景区建设，打造北方山水峡谷第一品牌和全国红色旅游第一品牌，到2020年底，新建4A级旅游景区2家，5A级景区1家，全县4A级以上景区达到5家。大力发展中药材产业。坚持把中药材产业发展与现代农业和扶贫攻坚相结合，形成集生态、景观、经济和社会效益为一体的中药材全链条产业。到“十三五”末，潞党参、连翘等中药材种植面积达到4万公顷以上。中药材专业合作社发展到200家。加快推进现代农业。积极发展特色高效农业。全力推进花椒(花椒芽菜)、脱毒马铃薯、优质核桃、设施蔬菜等四大园区建设。到“十三五”末，确保20个无公害农产品认证，10个绿色食品认证，5个有机食品认证，3个地理标志认证农产品。建设高标准农民专业合作社262家，新型职业农民2500名，农民经纪人和专业大户达到1000人(户)。大力发展新兴产业。聚焦新能源、新材料、节能环保等新兴产业领域。加快发展太阳能、风能、水能等新能源产业，推进漳泽电力、广东明阳、上海航天、大唐风电二期等新能源项目，加快推进光伏扶贫工程，建设暖泉等5座水电站，逐步形成新能源和清洁能源产业集群，打造平顺新能源产业园区，使之成为平顺县县经济发展新的增长极，力争到“十三五”末，全县新能源项目装机总容量达到120万千瓦以上。同时，大力推进清华航天工业园区二期建设项目，依托军工基地的技术优势，积极打造军民融合创新示范区。积极发展现代服务业把依托平顺县县区位优势，促进振东中药材物流园区等一批物流园区建设，发展现代物流业；以重点乡镇、中心村为依托，建设辐射全县城乡的商贸流通产业体系。构建电商平台，大力支持电子商务在生活、生产方面的应用，抢占新时代下市场竞争的制高点。改造提升传统产业。积极采用先进技术改造提升铁矿、硅矿、石料等传统产业，延伸和完善传统产业链条，推进上下游产业一体化发展，推动传统产业向高端高质高效方向发展，不断增强产业竞争力。

三、推进协调发展，为打赢脱贫攻坚战构建均衡发展格局

实施大县城战略。围绕“低碳、生态、宜居”的目标，积极推进新型城镇化和城乡一体化发展，继续完善“一城两翼三中心”的大县城框架，不断加大县城市政基础设施和公共服务设施建设力度，提高供排水、供气、供热、供电基础设施建设水平，建成区面积扩大到5.9平方千米。县城集中供热率达到98%、燃气普及率达到85%以上。到“十三五”末，城镇化率达到40%。统筹城乡交通、水利、电力、信息等基础设施建设。

构建“五纵七横”交通网络，建成内通外联线路，形成蛛网式交通结构。积极争取G341国道立项建设。建设景区旅游公路，推进县乡公路提档升级。到“十三五”末，全县公路通车总里程达到1400千米以上，公路密度达到95千米/百平方千米以上。加大水资源开发保护力度，到2020年，基本建成稳定可靠的供水保障体系，全县总供水能力达到5071万立方米，农村自来水普及率达到80%以上，全面解决全县剩余8万农村人口饮水安全问题。完成县城电网改造10千伏线路，农村电网改造10千伏线路、0.4千伏线路，建设6条110千伏线路，建设杏城、东青北、县城北部三个110千伏变电站，解决双电源，缩短县城内线路供电半径，提升电网技术革新智能化水平，大幅提升配电网整体可靠性。建设智能化、信息化、移动化的综合信息网络,推进电子政务建设。

四、推进绿色发展,为打赢脱贫攻坚战营造天蓝地绿空气洁净的承载环境

加快推进生态文明建设,打造全国生态建设示范区,让群众切实享受到保护生态环境带来的实惠。推进生态文明建设。落实主体功能区定位。科学划定全县城镇、农业、生态空间,明确管制红线和配套政策,促进生产空间集约高效、生活空间宜居适度、生态空间山清水秀。坚持不懈开展植树造林。到"十三五"末,新增造林面积2万公顷。大力推进生态修复工程。扎实推进浊漳河流域平顺段水污染综合治理和生态修复工程,营造水源涵养林1333公顷,促进水土保持。加大环境治理力度。坚决从源头上控制污染源;加大主要污染物减排力度,减少污染物排放总量。加强集中式饮用水源地管理,保障供水质量。加强水污染综合治理,加强细颗粒物监测和区域联防联控,减少大气污染。促进资源节约高效利用。

实施水资源开发利用控制、用水效率控制、水功能区限制纳污三条红线管理,建设节水型社会。坚持最严格的节约用地制度,推进尾矿、废石的综合利用。推动电力、化工、建材等高耗能行业的清洁生产、节能降耗工作,实行资源高效利用和循环利用。

五、推进开放发展,为打赢脱贫攻坚战拓展新空间

提高招商引资质量和水平。结合平顺县县旅游、特色农产品、中药材、新能源、硅矿等丰富资源优势,重点锁定国际国内500强企业、央企、科技型企业、行业领军企业、实力民营企业等发展前景好、财税贡献大、环境污染小、科技含量高、带动就业能力强的项目开展对口招商。着力引进一批具有引领性、关键性和突破性的重大产业项目,促进新材料、新能源、电子信息、生物医药、特色农产品加工、中药材开发、高端装备制造等新兴产业向新型工业园区集聚,逐步形成规模发展。

深化区域合作,发挥区位优势。充分发挥平顺县地处晋、冀、豫三省结合部,西接长治市区、东邻东部发达地区的区位优势,积极主动融入国家、省、市发展战略,寻找新的经济增长点和产业契合点,在强化区域合作中拓展新的发展空间。

六、推进共享发展,为打赢脱贫攻坚战汇集各类要素、凝聚各方力量

优先发展教育事业。建立覆盖城乡、布局合理的学前教育公共服务体系。到2020年,学前三年毛入园率达到90%。均衡发展义务教育,实施"全面改薄"工程。2018年通过省级义务教育均衡验收。到2020年,义务教育巩固率达到99%。普及高中阶段教育。扎实推进普通高中学校办学条件标准化建设。到2020年,高中阶段毛入学率达到96%。加快发展现代职业教育。紧紧围绕脱贫攻坚战略,培养一批旅游、中药材、新能源等专业实用技术人才,切实增强职业教育服务地方经济的能力。到2020年,基本形成推动县域经济社会发展的现代职业教育体系。积极发展卫生计生事业。重点抓好县医院、县中医院设备更新和重点专科建设,完成妇幼保健与计划生育服务中心的易地搬迁、7个乡镇卫生院和117个行政村卫生室基础设施标准化建设。逐步提高住院费用和门诊费用报销比例,新农合参合率稳定在99%以上,政策范围内补偿达到70%;实现大病保险全覆盖,推进城乡居民医疗保障制度并轨试点和跨区域即时结报;继续实施分级诊疗制度。全面实施一对夫妇可生育两个孩子政策。到"十三五"末,人口自然增长率小于等于6‰。完善就业和社会保障制度。"十三五"期间,全县净增城镇就业2000人以上,城镇登记失业率控制在2.5%以内。"十三五"末,全县城镇基本养老保险参保人数达到9400人以上,农村基本养老保险参保人数达到8.3万人以上,城镇职工和城镇居民基本医疗保险参保人数分别达到9800人和8200人以上。

建设长治后花园　打造上党宜居城

壶关县县长　**崔江华**

党的十八大提出了到2020年全面建成小康社会的奋斗目标,"十三五"时期是实现这一目标的决胜阶段，根据中央、省、市部署要求，结合我县工作实际，确定全县“十三五”工作的指导思想是：高举中国特色社会主义伟大旗帜，全面贯彻党的十八大和十八届三中、四中、五中全会精神，以马克思列宁主义、毛泽东思想、邓小平理论、“三个代表”重要思想、科学发展观为指导，以“四个全面”战略布局和“五位一体”总体布局为统领，深入贯彻习近平总书记系列重要讲话精神，牢牢把握从严治党新要求，主动适应经济发展新常态，坚持改革创新，坚持稳中求进，坚持脱贫攻坚，全面落实“六大发展”，务实推进“五五战略”，持续引深“四五战略”，致力提高发展质量和效益，致力构建均衡发展格局，致力建设生态美丽壶关，致力壮大县域经济，致力保障和改善民生，致力优化发展环境，确保如期实现脱贫摘帽，全面建成小康社会。

“十三五”时期我县经济社会发展的主要目标是：

经济发展提质增效。到2020年全县地区生产总值和城乡居民收入比2010年翻一番，地区生产总值年均增长7%左右。主要经济指标平衡协调，县域经济实力显著增强。

产业结构不断优化。农业现代化取得明显进展。工业信息化、科技化水平进一步提高，传统产业竞争力不断增强，新兴产业形成规模。以旅游为带动的服务业规模和质量大幅提高，服务业比重年均提高1个百分点以上。

改革开放步伐加快。重点领域和关键环节改革取得实质性成效。新型城镇化加速推进，户籍人口城镇化率超过28.4%（常住人口城镇化率超过48.4%）。开放型经济和对外合作体制基本建成，对外开放的广度和深度不断拓展。

人民生活更加富裕。城乡居民收入与地区生产总值同步增长，农村居民收入增速快于城镇居民收入增速，收入差距缩小，中等收入人口比重上升。就业、教育、医疗、文化、社保、住房等公共服务体系更加健全，基本公共服务均等化水平稳步提高。教育现代化取得重要进展，劳动年龄人口受教育年限明显增加。贫困人口稳定脱贫。

文明程度显著提高。人民思想道德素质、科学文化素质、健康素质明显提高，公共文化服务体系基本建成。

生态环境明显改善。能源资源使用效率大幅提高，建设用地，污染物排放总量得到有效控制。森林覆盖率、建成区绿化率、绿地率、人均公园绿地面积进一步提高。人居环境明显改善，生产方式和生活方式绿色低碳化水平得到提高。

民主法治成效显著。人民民主不断扩大，法治政府基本建成，司法公信力明显提高。服务型政府进一步形成，政府公信力和行政效率明显提高。民主法制更加健全，社会治理能力和水平不断提高，社会更加和谐稳定。

实现未来五年发展目标，加强供给侧结构性改革，抓好去产能、去库存、去杠杆、降成本、补短板，努力提高投资有效性，积极培育发展新动能，不断破解发展难题，开创我县全面建成小康社会新局面。具体要做好以下五个方面的工作。

一、推进创新发展，努力提高发展质量和效益

加强实施创新驱动发展战略，以科技创新、民营经济和金融振兴为突破口，全面推进体制机制创新，形成以创新为主要引领和支撑的产业体系，提高发展的质量和效益。一是改造提升传统产业。实施传统产业升级行动，加快对传统产业信息化、循环化、绿色化改造，推动传统产业提档升级。逐步淘汰煤炭落后产能，推进企业整合重组，降低实体经济运营成本。二是培育壮大新兴产业。着力推进壶化集团产品创新和企业上市工作，全力打造中国民爆化工基地。发挥紫团公司、郭氏食品、辛寨醋业等龙头企业和知名品牌引领带动作用，提升壮大食用菌、肉类加工、食醋、小杂粮加工等特色优势产业。三是大力发展现代农业。大力发展设施蔬菜、食用菌、小杂粮、中药材种植和规模养殖。加强以水利为重点的农业基础设施建设，加强高标准农田建设。四是提升服务业发展质量和水平。全力把太行山大峡谷打造成国家AAAAA级旅游景区、国家级旅游风景名胜区、中国旅游休闲度假基地、北方山水峡谷第一品牌、世界自然遗产、世界地质公园。到2020年，力争实现年接待游客500万人次，旅游综合收入达到100亿元，营业收入突破10亿元。五是坚持引深“三个突破”。着力推进科技创新、金融振兴、民营经济。加强关键共性技术研发，加快技术引进和创新成果推广应用，提升产业核心竞争力。支持金融机构在我县设立分支机构，引导社会资本进入金融业。消除各种隐形壁垒，进一步放宽市场准入条件，放开民间投资领域，积极推广政府与社会资本合作(PPP)模式。

二、推进协调发展，努力构建均衡发展格局

按照“建设长治后花园、打造上党宜居城”的目标定位和“周边拓展、城中出新、西山提档、东湖开发”的城建思路，进一步拓展空间，完善功能，提升品位，高标准打造旅游县城，形成北通“欢乐大世界”，东接太行山大峡谷的“一体两翼”旅游大格局。加快实施“五路十街”主干道畅通工程和支干道微循环畅通工程，深入推进城中村、城边村和棚户区改造。实施天然气利用工程，实现县城和重点镇燃气管网全覆盖。进一步巩固全国文明县城、国家卫生县城、国家园林县城创建成果。加大基础设施和公益事业的配套建设力度，打造新农村建设的示范和样板。龙泉镇、集店乡和常平经济开发区具有资源环境承载能力较强、经济基础较好、发展潜力较大的优势，是我县的重点开发区域，加强与主城区产业衔接和基础设施对接。主要处于低山丘陵缓坡区的8个乡镇，大力发展有机农业、绿色农业和无公害农业。山高坡陡，沟壑纵横的两个乡，生态环境良好，是全县重点生态建设区域，要坚持保护优先、适度开发的原则，禁止不符合生态功能的工业发展，控制开发强度，因地制宜适度发展与生态保育功能不互相冲突的休闲旅游业、生态农业等产业，促进生态建设与经济社会协调发展。

三、推进绿色发展，努力建设生态美丽壶关

实施"生态立县"发展战略，坚持保护与开发并重，建设山川秀美、人与自然和谐相处的绿色壶关、生态壶关、美丽壶关。一是推动低碳循环发展。按照"减量化、再利用、资源化、减量化优先"的原则，推进生产、流通、消费等环节循环发展，完善再生资源回收体系，实行垃圾、餐厨废弃物资源化利用，推进秸秆、农膜等农林废弃物综合利用。二是促进资源利用高效节约。大力推进节约集约利用水、土地、矿产等资源，加强全过程管理，大幅降低资源消耗强度。加强用水需求管理，农业领域大力推广节水灌溉技术；工业领域推广应用节水型生产工艺设备，鼓励使用中水；城市加强供水管网改造、计量设施和节水器具建设，建设节水型社会。三是加大环境污染治理力度。实施县污水处理厂提标改造，尾水排放标准由一级B提高到一级A。加强配套管网建设，提高污水收集处理率，建成区生活污水处理率达到90%以上，城市集中式饮用水源地水质达标率100%，县城规划区范围内实现集中供热管网全覆盖，城市空气质量良好以上天数比重达到95%以上。四是抓好生态建设。围绕73.23万亩国家公益林，划分森林管护责任区，明确管护人员，落实管护资金，着力构建网格化、全方位的管护网络。在采煤沉陷区、地质灾害易发区完成795户采煤深陷区治理搬迁及地质灾害治理。开展湿地植物修复、入河污染治理、入河道生态截污等修复工程。

四、推进开放发展，努力壮大县域经济实力

加大对外开放力度，完善对外开放区域布局、对外贸易布局、投资布局，建设市场化、法治化、国际化、便利化营商环境，发展更高层次的开放型经济，以扩大开放带动创新、推动改革、促进发展。一是下大气力招商引资。发扬壶关精神，放眼世界，面向全国，切实加大招商引资力度，勤跑多找，盯紧盯实，把大财团、大企业引进来。围绕脱贫攻坚和旅游发展、工业园区，实施精准化招商、股权招商、主题招商，吸引企业家来我县投资创业。二是扩大对外贸易规模。抓住我市成立长治海关的重要机遇，大力拓展境外市场，扩大民爆产品和食用菌等特色农产品的出口规模。着力推进壶化集团、紫团公司等外贸基地建设，努力培育新的外贸增长点。拓展对外贸易领域，促进对外贸易从商品贸易向投资和服务贸易发展。三是加快工贸园区建设。以常平经济开发区为基础，整合全县工业企业，建设城北现代工贸物流园区。加快推进水、电、路、气、通讯等基础设施建设，进一步强化要素保障、提升服务水平，着力建好投资平台、打造投资洼地，形成"孵化器"效应，吸引着更多企业落地入驻园区，真正把园区打造成高新技术产业集聚区和现代化商贸物流集散中心。

五、推进共享发展，努力保障和改善民生

坚持发展为了人民、发展依靠人民、发展成果由人民共享，逐步建立以权利公平、机会公平、规则公平为主要内容的社会保障体系，努力创造公平、包容、普惠的发展环境，确保农村贫困人口脱贫，迈入小康社会。一是坚决打赢脱贫攻坚战。通过对全县贫困户和贫困村精准识别、精准帮扶、精准管理和精准考核，引导各类扶贫资源优化配置，构建精准扶贫工作长效机制，让脱贫对象扶得起、富起来、能发展。二是积极扩大就业创业。坚持劳动者自主择业、市场调节就业、政府促进就业方针，全力做好高校毕业生、农村剩余劳动力、就业困难人员等重点人群就业帮扶工作。鼓励大众创业，落实创业税收优惠、财政贴息、小额担保贷款等相关扶持政策，加快壶关县大学生村官创业孵化园区建设，为创业活动提供优质服务。三是健全完善社会保障体系。全面实施机关事业单位养老保险制度改革，加大非公经济和灵活就业人员参加养老保险力度，进一步规范完善基本医疗保险、失业保险、工伤保险和生育保险制度建设，进一步完善社会救助体系，稳步提高低保水平，完善医疗求助、临时困难救助等制度，增强托底功能。四是扎实提高教育发展水平。加大教育投入，优化学校布局，加强学校基础设施建设，切实提高我县教育均衡发展水平。落实"互联网＋"行动计划，加快教育信息化进程，建成网上教研系统、网上教师培训系统和教育资源平台。优化师资配置，完善教师补充交流机制、探索幼儿教师配置机制。五是提高居民健康水平。深化医药卫生体制改革，实行医疗、医保、医药联动，建立覆盖城乡的基本医疗卫生制度。推进卫生事业信息化建设，全面整合利用现有卫生信息系统资源，构建县级数据中心，统一信息标准，保障信息安全。加强公共卫生服务，逐步提高人均基本公共卫生服务经费标准。六是促进人口均衡发展。全面实施一对夫妇可生育两个孩子政策。进一步落实老年人权益保障和优待政策法规，加大对生活困难老人救助力度。坚持男女平等基本国策，保障妇女和未成年人权益。支持残疾人事业发展，加大对残疾人的康复救助力度。

实现“十三五”时期发展目标，任务繁重，使命光荣，我们会更加紧密地团结在以习近平同志为总书记的党中央周围，以更加饱满的热情，更加有力的措施，更加务实的作风，坚定信心、奋发进取，众志成城、真抓实干，为如期实现脱贫摘帽，全面建成小康社会而努力奋斗！

开创新局面　全面达小康

沁源县县长　**连树斌**

“十三五”时期是贯彻落实党的十八大和十八届三中、四中、五中全会精神的关键时期，也是我县与省、市同步全面建成小康社会的决胜阶段。推动“十三五”时期经济社会持续健康发展，必须坚持以人民为中心的发展思想，把增进群众福祉、促进人的全面发展作为发展的出发点和落脚点；必须坚持发展第一要务，把握发展新特征，加快转变经济发展方式，实现更高质量、更有效率、更加公平、更可持续的发展；必须坚持深化改革，破除体制机制障碍，全方位推进开放，为发展提供持续动力；必须全面落实依法治县各项任务，把经济社会发展纳入法制轨道；必须贯彻全面从严治党要求，不断增强党的创造力、凝聚力、战斗力，全面提高领导经济社会发展的能力和水平。

一、沁源县“十三五”时期发展的指导思想

高举中国特色社会主义伟大旗帜，全面贯彻党的十八大和十八届三中、四中、五中全会精神，以马克思列宁主义、毛泽东思想、邓小平理论、“三个代表”重要思想、科学发展观为指导，以中央“四个全面”战略布局为统领，深入贯彻习近平总书记系列重要讲话精神，按照省市安排部署，主动适应经济发展新常态，以提高发展质量和效益为中心，深入落实创新、协调、绿色、开放、共享、廉洁和安全发展理念，统筹推进经济建设、政治建设、文化建设、社会建设、生态文明建设和党的建设，努力实现在全市全面建成小康社会进程中率先发展。

二、沁源县“十三五”时期经济社会发展的主要目标

按照党的十八届五中全会提出的全面建成小康社会新的目标要求，综合考虑发展基础、发展条件，着眼未来发展趋势，今后五年沁源县经济社会发展的主要目标是：

综合实力再上新台阶。在提高发展平衡性、包容性、可持续性的基础上，经济发展保持中高速，主要经济指标增幅高于全市平均水平，经济总量、质量、均量迈上新台阶，到2020年实现全县地区生产总值和城乡居民收入比2010年翻一番，地区生产总值年均增长6.5%左右。县域经济综合竞争能力显著增强。

转型调产取得新突破。以现代农业为基础、新型工业为支柱、文化旅游产业为主导的现代产业新体系基本形成，发展质量效益明显提高。发展短板尽快补齐，科技对经济增长贡献比重加大，信息化水平进一步提升，服务业比重年均提高3.6个百分点，资源型经济转型升级成效显著。

民生福祉实现新提升。城乡居民人均收入与地区生产总值同步增长，农村居民收入增速快于城镇居民收入增速，城乡居民收入差距进一步缩小，中等收入人口比重上升。加快新型城镇化步伐，户籍人口城镇化率超过45%(常住人口城镇化率超过60%)。文化教育、医疗卫生、社会保障、就业住房等公共服务体系更加健全，基本公共服务均等化水平稳步提高。脱贫攻坚任务如期完成，群众幸福感、获得感明显增强，改革发展成果更多更公平地惠及全县人民。

社会文明达到新高度。社会主义核心价值观更加深入人心，爱国主义、集体主义、社会主义思想广泛弘扬，向上向善、诚信互助的社会风尚更加浓厚，群众思想道德素质和科学文化素养明显提高，劳动年龄人口受教育年限明显增加，全社会法治意识不断增强，公共文化服务体系进一步完善，县域知名度、美誉度和归属感明显提升。

生态环境得到新改善。水和大气质量持续提升，采煤沉陷区综合治理成效显著,主体功能区布局和生态安全屏障基本形成。能源资源使用效率大幅提高,能源和水资源消耗、建设用地、碳排放总量得到有效控制,主要污染物减排完成上级下达任务。沁河流域综合治理取得实质性进展。生态文明理念深入人心,森林覆盖率、建成区绿化率、绿地率、人均公园绿地面积不断提高,绿色沁源、生态沁源、美丽沁源形象充分彰显。

治理体系开创新模式。县域治理体系和治理能力的现代化水平不断提高,经济管理、行政管理和社会管理等重点领域和关键环节改革取得实质性成果。人民民主更加健全,法治沁源建设扎实推进,法治政府基本建成,司法公信力明显提高,社会安定有序和谐,经济社会发展充满活力。党的建设制度化水平显著提高。

三、沁源县"十三五"时期经济社会发展的主要任务

实现"十三五"发展目标,必须深刻理解、准确把握、主动引领经济发展新常态,结合沁源实际情况,搞好供给侧结构性改革,厚植发展优势,破解发展难题,培育发展动能,努力开创沁源县全面建成小康社会新局面。

深入落实创新发展。必须把创新摆在发展全局的核心位置,大力推进理论创新、制度创新、科技创新、文化创新等各方面创新,通过创新转化优势、调产转型、突破瓶颈、支撑发展,着力破解"资源型经济困局",加快形成以创新为主要引领和支撑的经济体系、发展方式。推动大众创业、万众创新,让一切劳动、知识、技术、管理、资本等生产要素的活力竞相迸发。坚持把产业发展作为全面小康的重要支撑,着力推进煤炭产业优化升级,突破煤电化一体发展,加快铝工业新材料产业规模化、精深化、高端化发展,放大马铃薯、中药材、夏季草莓、肉驴、黑山羊等特色农业产业优势,提升生态休闲旅游、现代服务业层次,培育壮大光伏发电、风力发电、瓦斯发电和石油压裂支撑剂等新兴产业,增强科技创新、民营经济、金融振兴"三个突破"发展驱动力,着力形成传统产业与新兴产业双轮驱动发展的新格局。

深入落实协调发展。坚持"规划先行、产城融合、城乡互动、一体发展"的基本原则,统筹推进供水、供电、供热、供气、宽带和排水、排污、垃圾处理以及公厕、公园、游园等基础设施建设,加快公共服务设施建设,优化基础教育、社区医疗等公益服务设施的布局和建设,不断完善县城功能。加快智慧城市建设,打造特色镇村,完善城乡一体化管理体制,逐步形成以城带乡、以乡促城、城乡互动、共同繁荣的格局。深入开展社会主义核心价值观教育,巩固省级文明县城创建成果,加强优秀传统文化传承体系建设,提升文物保护和非物质文化遗产保护水平,构建覆盖城乡的公共文化服务体系。抓好国民经济动员、人民防空和交通战备等建设,大力弘扬拥军优属、拥政爱民的优良传统,加快形成良性互动、协调共进,促进军民深度融合发展。

深入落实绿色发展。必须坚持节约资源和保护环境的基本国策,认真落实主体功能区规划,把生态文明建设贯穿于经济社会发展各方面和全过程,建设一批国家级或省级森林公园、湿地公园、地质公园、矿山公园和风景名胜区、自然保护区,构建科学合理的城市化格局、农业发展格局、生态安全格局,坚定走生产发展、生活富裕、生态良好的文明发展道路。坚持高碳资源低碳发展、黑色煤炭绿色发展,全面节约和高效利用资源,致力形成绿色低碳发展方式和生活方式。推进生态修复,加强环境污染治理,实施空气质量达标行动计划,有效控制颗粒物污染,严厉打击私挖滥采,加强环境执法监管,维护生态环境安全,建设资源节约型、环境友好型社会,促进人与自然和谐相处,努力建设天蓝水碧、空气清新、绿树成荫的美丽宜居新沁源。

深入落实开放发展。必须以扩大开放带动发展,坚持对内对外开放协调、引进来和走出去并重、引资和引技引智并举,更加主动融入区域开放发展战略,不断增创发展新优势。要积极拓展发展新空间,紧盯"一带一路"新动向,积极融入京津冀、环渤海经济圈协同发展大平台,在全面深度开放中寻找发展新机遇,在强化区域合作中培育发展新引擎,以开放发展带动创新、推动改革、突破瓶颈、促进发展。实施交通"外联内环"工程,积极协调推动黎霍、平遥—沁源—安泽高速路和武乡—沁县—沁源—安泽地方铁路"两高一铁"规划建设。按照"一区多园"模式推进工业园区整合提升,加快传统产业园区向现代产业集群转型。加强与周边市、县旅游开发合作,支持县域企业与科研院所建立技术合作战略联盟,大力引进管理、技术人才,探索推行"互联网+外贸"模式,加快发展跨境电子商务、市场采购贸易等新型贸易方式,努力形成全面开放发展新格局。

深入落实共享发展。必须坚持发展为了人民、发展依靠人民、发展成果由人民共享,推动富民与强县相统一,使全县人民在共建共享发展中有更多幸福感和获得感。落实教育优先发展战略和立德树人根本任务,高质量提升教育发展水平。健全医疗卫生服务体系,加大政府投入,推动健康沁源建设。坚持计划生育基本国策,积极应对人口老龄化,促进人口均衡发展。制定和实施更加积极的就业政策,推动大众创业、万众创新,搞好灵活就业创业。坚决打赢脱贫攻坚战,坚持保障和改善民生优先,大力推进全民参保计划,把握稳定性、连续性、累积性，完善制度安排、强化政策兜底、引导社会投入，确保居民收入增长与经济发展同步、劳动报酬增长与劳动生产率提高同步，努力创造公平、包容、普惠的发展环境，让全县人民共同迈入全面小康社会。

深入落实廉洁和安全发展。必须增强廉洁发展底线意识，将廉洁发展自觉贯穿到经济社会发展各环节、全领域，深入贯彻落实中央八项规定精神，引导党员干部自觉遵守廉洁自律准则，严守纪律底线，实现经济发展与干部清正、政府清廉、政治清明的良性互动。坚持安全发展红线意识，始终把保障人民生命财产安全放在首位，健全公共安全体系，切实维护社会安全稳定。要坚持廉洁和安全底线思维，完善廉洁发展体制机制，持续加强安全生产，健全公共安全保障体系，促进廉洁安全发展与经济社会发展良性互动，着力营造良好发展环境。

当前，沁源县的发展正处于加快转型、赶超跨越的关键时期。全县上下将坚定信心、提振精神，增强机遇意识、忧患意识、责任意识，大力弘扬真抓实干、争创一流、干净干事的作风，全力聚焦转方式、调结构、促改革、补短板、惠民生，奋力推动全县综合实力和竞争力再上新台阶，努力把“十三五”的美好蓝图变为现实，为高水平全面建成小康社会而努力奋斗！

巨笔绘蓝图　率先达小康

长治县县长　**王现敏**

刚刚过去的五年，是长治县发展进程中具有重要历史意义的五年。面对复杂严峻的经济形势和近年少有的困难局面，我们在市委、市政府和县委的坚强领导下，认真贯彻落实中央、省、市一系列决策部署，主动适应经济新常态，牢牢把握工作主动权，攻坚克难，砥砺奋进，较好完成了“十二五”规划主要目标任务，全县经济社会发展取得了来之不易的成绩，为“十三五”发展打下了良好的基础。

一、“十三五”时期的奋斗目标和主要任务

“十三五”时期是我县全面建成小康社会的决胜时期，是经济社会发展方式深刻变革的转型时期。今后五年全县经济社会发展的主要目标是：

经济发展实现新突破。地区生产总值年均增长9.3%以上，确保到2020年比2010年翻一番。主要经济指标平衡协调，县域经济综合实力有效增强。

产业转型取得新成效。稳定煤炭工业的基础地位，提高传统产业转型升级速度。大力发展战略性新兴产业，加快向循环农业、高端装备制造、新能源、新材料、生物医药等新兴产业领域转型，加速现代物流、休闲旅游、商贸流通、高端金融服务业等产业发展，实现一二三产融合发展。

民生改善达到新水平。就业比较充分，教育、社会保障、医疗、住房等公共服务体系更加健全。城乡居民收入年均增长7%以上，确保到2020年比2010年翻一番。提前两年，实现现行标准下农村贫困人口全部稳定脱贫。安全生产形势持续稳定好转。

城市功能实现新提升。城市空间布局更加优化，基础设施更加完善，载体功能不断增强，城市品质不断提升。

文化建设取得新进步。人民群众思想道德、文化素质、健康水平明显提高。不断推进公共文化建设，拓展升级文化旅游产业，以文化引领创新，以文化提升实力，以文化展示形象，积极推动文化产业的发展。

生态环境得到新改善。积极实施资源的循环利用、污染治理、生态修复和造林绿化“四大工程”，降低经济对高耗能、高污染的资源型经济的依赖程度，全面完成节能减排任务。到2020年，全县万元地区生产总值平均耗水降低至12立方米以下，工业固体废弃物综合利用率达到70%以上，森林覆盖率达到15%以上，建成区绿化覆盖率达到50%以上，城乡人居环境全面改善。

围绕上述目标，今后五年全县经济社会发展的主要任务是：

（一）坚定不移推进改革开放。认真贯彻省委“一个指引、两手硬”的重大思路和要求，用足用活先行先试政策，力争综改扩权“双试点”改革走在全省前列。

加大对外招商引资，从县级领导做起，带头抓招商引资，引进更多的大项目好项目，努力在寻求合作中扩大对外开放，在扩大开放中拓宽发展空间。

（二）坚定不移推动经济转型升级。坚持把发展作为第一要务，紧紧围绕县委“五大战略突破”总体思路要求，以项目建设推动经济转型升级。深化煤炭供给侧结构性改革，推动煤炭产业向“六型”转变，筑牢发展基石。培育壮大新兴产业，以“四大园区”为依托，大力发展医药健康、装备制造、光伏发电、新材料新能源等新兴优势产业，形成优势产业集群发展。大力发展文化旅游、金融、电子商务和仓储物流，不断提升服务业发展水平。继续推广政校（院、所）企联合、产学研一体的创新发展模式，建设更多的院士、博士工作站，吸引更多人才服务全县发展。

（三）坚定不移推进新型城镇化发展。加快推动县城、科工贸产业聚集区、荫城次中心三地的城镇化建设，着力构建“县城—次中心—重点镇—中心村”城镇体系格局。大力推进城中村改造，五年内整体完成韩店村城中村改造任务，并梯度推进经坊、黎岭、东汉等城中村改造。到 2020 年，全县城镇化率达到 55％以上。

（四）坚定不移推进生态环境保护。严守环境质量“只能更好，不能变坏”的责任红线，全面加强生态保护和修复，坚定不移地走绿色低碳循环发展之路。提高项目环保准入门槛，实行最严格的水资源管理制度、节约用地制度，实现资源的可持续开发利用。

（五）坚定不移保障和改善民生。统筹人口均衡发展，提高教育医疗水平。促进就业创业，提高城乡居民收入，建立公平、可持续、全覆盖的社会保障制度。坚持精准扶贫、精准脱贫，创新扶贫开发工作机制，坚决打赢脱贫攻坚战，确保全县 3440 户、8636 名贫困人口如期脱贫。

二、确保 2016 年开好局，起好步

今年是“十三五”开局之年，也是推进供给侧结构性改革的攻坚之年。做好今年的工作至关重要，今年经济社会发展的主要预期目标是：地区生产总值完成 135 亿元，增长 6.5％；固定资产投资完成 168.4 亿元，增长 15％；工业增加值完成 69 亿元，增长 5％；市县两级公共预算收入完成 12.37 亿元，增长 2.5％；社会消费品零售总额完成 29.14 亿元，增长 7.4％；城镇居民人均可支配收入完成 28664 元，增长 6.5％；农村居民人均可支配收入完成 15588 元，增长 6.5％。约束性指标，按市下达我县的目标任务，确保全面完成。

实现上述目标，我们重点抓好八个方面工作：

（一）深化供给侧结构性改革，促进产业转型升级。改造提升煤炭产业。力争全年煤炭产量完成 2000 万吨；加强煤炭营销力度，实现产销平衡；加大煤炭入洗选加工力度，提高煤炭附加值。支持企业组实现煤炭产品种类的商品化、个性化，提高煤炭有效供给，最大限度提升企业效益。壮大培育新兴产业。围绕全省“一核两带四板块”空间布局，大力发展医药健康、装备制造、光伏发电、新材料新能源等新兴优势产业。医药健康业要以振东集团为重点，加快推进抗肿瘤药物系列产品的创新研制，力争年底建成制剂车间和原料车间，取得药品生产批件。装备制造业要加快汽车、低温发电、脱硫脱硝设备的市场营销。推动成功纯电动物流车的研发和生产，加快电动汽车电池项目入驻园区，延伸产业链条。新材料产业要重点抓好日盛达钢化镀膜光伏玻璃深加工项目的扩规提档，加快推进与中国建材合作的 2×650T－D 超白压延光伏玻璃生产线及深加工项目，打造华北地区最大的光伏产业基地；加快新视界照明与上海复旦大学深度对接，力争面阵 LED 灯新产品早日下线。今年，全县要发展 5 家“小升规”企业，培育 2 家“小巨人”企业。加快发展现代服务业。一是加速发展文化旅游产业。以天下都城隍、五凤楼、琚寨玉皇观等为代表，带动周边荫城古镇、振兴花海、南宋生态乡村等旅游资源串联组合，力争全年接待游客人数和旅游总收入分别增长 15％以上。二是加快发展现代物流业。以太行山农产品物流园区为龙头，全面发展快速便捷的集、疏、运一体化运营体系，争取年交易量达到 40 万吨，交易额突破 25 亿元。加快推进村捷电子商务向周边县（市区）辐射发展，年内争取设立 200 余家农村服务站。

（二）加大项目建设力度，保持经济持续平稳增长。加强企业精准帮扶。帮助企业融通资金、开拓市场、稳定生产。加快推进项目建设。开工建设县级以上重点项目 103 个，总投资 240 亿元，年内计划完成投资 60 亿元。积极争取国家、省、市对基础设施建设、棚户区改造、生态环保、新能源新材料等重大项目的资金支持，加快推进项目投产达效。促进项目早落地、早开工、早建成、早投产。加快推进太焦高铁长治县段及长治县站项目的前期准备工作，力争早日开工建设。进一步强化后续管理，认真梳理“十三五”重大项目，分类分期开展项目可研和规划工作，努力实现“谋划一批、储备一批、实施一批、补充一批”的良性循环。加大招商引资力度。围绕现代煤化工、生物医药、先进装备制造、新能源新材料、现代物流、文化旅游和特色农产品生产加工七大新兴重点产业，招大引强一批项目落户。县级领导干部带头招商，强化招商引资目标考核，确保“能招商，会招商；招得来，留得住”，全年力争实现签约 245 亿元。抓住全省“民企入晋”重大招商引资活动的机遇，力争实现签约 163 亿元。

（三）加快发展现代农业，促进农业稳定增长。大力发展特色现代农业。充分发挥苏店镇、郝家庄乡、贾掌镇的近郊区位优势，大力发展设施农业，打造长治市农产品供应基地。大力发展杂粮、干鲜果、中药材等特色产业，提高农业综合效益。今年，全县要新增设施蔬菜66.7公顷，育苗连栋大棚2.5万平方米，新建或改扩建符合“五化”要求的规模养殖场5个，畜禽饲养量达到600万头（只）以上，肉类总产量、蛋类总产量和奶类总产量分别增加7%以上。全年农产品加工销售收入达到17亿元。

（四）奋力抓好脱贫攻坚，加快精准脱贫步伐。强化责任落实。今年减少农村贫困人口2240人。精准实施“五个一批”脱贫行动。一是产业发展脱贫308户，770人。充分发挥我县日盛达集团光伏发电产业的优势，大力推广东呈村、桥沟村试点光伏脱贫项目，实现户均年增收3000元以上；加快推进富硒谷物、中药材、蔬菜种植等特色产业，出台小额贴息贷款等惠农政策，实现人均增收1000元以上；加快发展畜牧养殖产业，加大政府补贴力度，实现人均增收1500元以上。二是年底前完成西源村和崔家山村搬迁任务，实现易地移民搬迁脱贫42户，133人。三是继续实施“大学生资助”和“雨露计划”，支持鼓励本县企业定向资助贫困大学生，实现教育资助脱贫99户，254人。四是启动老雄山生态恢复项目，发放通道绿化、退耕还林补贴，实现生态扶持脱贫30户，75人。五是启动实施农村贫困人口在县城内定点医疗结构住院“先诊疗后付费”制度，实现社保兜底脱贫380户，1008人。

（五）加快改革创新，培育经济发展新动力。深化行政体制改革。加快推进行政审批制度改革，，推行政府部门权责清单动态管理办法。全面推进“五证合一、一照一码”登记制度改革，加快注册登记便利化。深化财税改革，严格执行新《预算法》，实行规范透明预算制度。抓好不动产登记制度改革，8月底在全县范围内正式开展不动产登记发证工作。实施创新驱动发展战略。深化产学研合作，积极整合分散在科技、经信、农业等各个系统的科技扶持资金，统筹安排科技资源、科技资金、科技项目，重点支持企业进行技术改造和产品创新，提高科研经费的使用效益。加快成立全县企业综合培训中心、新兴制造业产业科技中心、中小企业孵化器和煤炭企业循环经济发展研究中心。深化投融资体制改革。加快成立文化、煤业投融资公司，建立完整的政府主导新兴投融资体系，尽快形成城投公司、乾元鸿业、黎都资产、农产品物流公司、文化投融资公司和煤业投融资公司“六大投”。推动符合条件的企业在多层次资本市场挂牌上市，争取年内再增加1家上市企业。在基础设施和公用事业领域引导社会资本（PPP）参与重点项目建设，充分释放民间资本的创富活力。推动民营经济的健康发展。支持引导民营企业进入四大园区集群发展，重点支持民营企业围绕装备制造、医药保健、汽车零部件、农副产品、新型材料等优势产业加强配套协作。实施中小微企业成长工程，组织参加省、市各类培训和自主培训500人次以上，申报技术中心2家，新注册创办小微企业200户以上，实现新增就业1000人以上。

（六）推进新型城镇化，促进城乡协调统筹发展。加大城镇规划力度。以科学规划引领城市建设，切实维护城市规划的严肃性和权威性。保护好历史文化风貌，完成琚寨、南宋村国家级传统古村落申报工作；加强对八义、荫城、西岭古村落的保护；加快编制《长治县雄山——天下都城隍风景名胜区》保护规划编制工作。提升城乡管理水平。坚持“建管并重”的原则，继续维护公共空间，改善人居环境，进一步优化县城交通。改善城乡人居环境。增加绿化面积，提升城市居民生活质量。加快推进棚户区改造工程等10项城市建设重点工程。县城新铺设燃气管线10千米，县城至荫城镇铺设燃气管线10千米，新增用气户2000户。完成18千米农村公路改造、县乡公路荫太线改造、24千米安保工程建设。创建“国家园林县城”。

（七）加强生态文明建设，持续改善环境质量。加大环境治理力度。严格落实新《环保法》、新《大气法》和《水污染防治法》，建立完善应对雾霾重污染天气长效机制，完成县城空气质量适时发布平台和重污染天气预警系统建设，提高排污企业在线监控比例。完成县城污水处理厂提标改造和中水利用工程，加快推进第二污水处理厂及荫城镇污水处理厂开工建设。加强节能减排工作。以“控煤、治污、除尘、管车”为重点，对县城主城区全部经营性燃煤锅炉、茶浴炉进行清洁能源改造；完成华南纸业、高河煤矿、富鑫供热、山河巨能等企业脱硫、脱销、除尘、在线监测项目提标改造；扎实开展工业企业污染、秸秆焚烧、机动车尾气污染等专项治理。构筑生态安全屏障。大力开展造林绿化，重点抓好老雄山生态修复工程，造林面积100公顷。巩固完善未成林造林地管护466.7公顷，通道绿化完善提高30千米。

（八）全面发展社会事业，着力保障和改善民生。强化就业和社会保障。全力扩大就业，全年城镇新增就业2930人，转移农村劳动力2750人，全力推动“大众创业、万众创新”。建立统一的城乡居民基本医疗保险制度，人均筹资标准由470元提高到530元，政策范围内住院费用补偿比例不低于75%。落实国家精简归并“五险一金”政策，加强社会救助体系建设，提高城乡低保标准，启动养老机构公建民营试点工作，新建3

家农村日间照料中心。加快社会事业发展。提升文化体育水平。抓好公共文化设施网络建设,实施文博馆、电影院线改造等项目,实现图书数据“四级联网”全覆盖,县、乡两级文化场所全方位免费开放。实施学前教育第二期行动计划,抓好8所标准化幼儿园续建工程。提升医疗水平。继续深化医药卫生体制改革,全面落实公立医院法人主体地位和自主经营权,扎实推进优质医疗资源下沉和新农合分级诊疗工作,巩固国家基本公共卫生服务和基本药物制度实施成果。积极实施全面两孩政策。

实现新发展任务艰巨,创造新业绩使命光荣。让我们以敢于担当、积极作为的精神状态,以抓铁有痕、踏石留印的务实作风,凝心聚力,团结拼搏,为实现长治县振兴崛起,再现辉煌而努力奋斗!

围绕三大目标　推进六大发展
奋力谱写“十三五”开局之年新篇章

长治高新区管委会主任　张　圣

2016年是实施“十三五”规划的开局之年,也是全面建成小康社会决胜阶段的关键之年。我们确定今年乃至今后一段时期的工作思路是:深入贯彻落实党的十八大和十八届三中、四中、五中全会精神,以“四个全面”战略布局和“五位一体”总体布局为统领,按照省委“五句话”总要求和市委“五五战略”的决策部署,坚定不移地实施“2345”工作思路,围绕打造改革创新先行区、高新产业集聚区、产城融合示范区“三大目标”,着力推进开放发展、创新发展、协调发展、融合发展、共享发展、廉洁发展“六大发展”,确保在全省率先实现全面小康目标!

根据上述思路,我们确定2016年全区经济社会发展的奋斗目标是:营业收入达到210亿元,同比增长10.5%;地区生产总值达到109亿元,同比增长6.9%;工业总产值达到170亿元,同比增长9%;规模以上工业增加值达到85亿元,同比增长6.5%;固定资产投资达到11.3亿元,同比增长12%;财政总收入确保达到14.65亿元,力争与去年持平;地方财政预算收入确保达到4.86亿元,力争与去年持平。

围绕上述目标,今年将重点抓好以下几个方面工作:

一、坚持规划引领,加强顶层设计,着力构建开放发展新格局

党的十八届五中全会和省委十届七次全会、市委十届八次全会分别提出了中央、省、市的“十三五”规划建议,描绘了“十三五”的宏伟蓝图。我们要主动对接中央、省、市要求,以规划为引领,以开放为突破,努力开创“十三五”各项工作新局面。

一要科学制定发展规划。规划引领未来,规划指引方向。我们要按照中央、省、市的相关要求,科学制定“十三五”发展规划,为高新区在更高起点上实现产业升级、跨越腾飞打下坚实基础。特别是要按照“2345”工作思路中五大提升的要求,分年度、分步骤明确“高新技术企业、外资企业、科技研发机构、高新技术产业产值、高新技术产业税收”发展目标和工作措施,力争到2020年,全区高新技术企业达到50家以上、外资企业30家以上、规模以上工业企业50家以上、各类上市挂牌企业30家以上、科技研发机构100家以上、高新技术产业产值超过500亿元、高新技术产业税收超过50亿元,真正使高新区成为对外开放的窗口和科技创新的高地。

二要主动对接国家战略。坚持把高新区工作融入“一带一路”、京津冀协同发展、环渤海经济区、中原经济区等国家战略中去思考和谋划,加强对宏观政策的把握和理解,引进和储备一批国家重点支持的高新技术和重大项目,力争有更多的大项目、好项目列入国家重大科技专项或重大项目建设库。充分利用长治地处晋、冀、豫三省核心位置的地理优势,加强与先进地区、周边省市和兄弟高新区的沟通对接,逐步探索建立区域间协同发展合作机制,把外地的好经验、好做法、好项目引到高新区,逐步把长治高新区打造成立足长治、辐射华北的重要创新创业基地。

三要着力提升开放水平。经济全球化大背景下，开放水平决定发展水平。我们要充分利用国家高新区的品牌效应，进一步扩大对外开放水平，充分发挥对外开放中企业的主体作用和政府的引导作用，鼓励更多企业把“引进来”与“走出去”有机结合，积极引进领先技术、最新设备和高端人才，努力开拓国际国内两个市场，提高企业的市场竞争力和国际知名度，力争全年进出口总额超过1000万美元。注重创新招商引资模式，将招商引资与引智、引技结合起来，积极引进世界500强、中国500强、跨国公司、外资企业、央企等重要战略投资者入驻高新区，为高新区加快发展注入持续活力。

二、坚持精准发力，补齐发展短板，努力实现协调发展新突破

实现协调发展的一个重要标志是均衡发展、全面发展、科学发展。而要实现科学发展，就必须补齐发展短板。纵观目前高新区的发展现状，主要存在发展空间不足、主导产业不优、新兴产业不大、传统产业不强四个方面的突出问题。那么，如何破解这些难题，关键在立足实际、精准发力，以项目为支撑、以科技为引领，努力促进提质增效。

一要推进发展空间集约化。高新区的发展空间问题是制约发展的最大瓶颈，而要解决这一问题，必须坚持抓当前与谋长远相结合，牢固树立集约化发展思维，分步实施，逐步解决。首先，要进一步内挖潜力，继续加大清理整顿低效企业、僵尸企业力度，充分盘活闲置资源。据初步摸底，目前全区未开发利用的工业用地有50亩，可以盘活的闲置工业用地107亩（市物资局仓库），已建成未投产的项目占地200多亩，各类闲置的厂房、车间、办公楼10万多平方米。对于这些闲置资源，我们要成立专门的领导组，建立动态监管机制，通过引进嫁接、集中会诊、腾笼换鸟等方式，该清理的清理、该盘活的盘活、该整合的整合，切实让有限的资源发挥出最大的效益。同时，要注重引进投资大、占地小、科技含量高、市场前景好的高科技项目，促进土地资源集约化、高效化利用。其次，要抓住市委、市政府倡导发展“一区多园”的有利契机，主动加强与有关县区的沟通对接，借鉴外地成功经验，探索建立符合长治实际的“一区多园”发展模式，形成行之有效、互惠共赢的管理体制，最大限度发挥出国家高新区的示范引领和辐射带动作用。第三，要着眼长远，以“功成不必在我”的韧性，坚持不懈地争取扩区工作，为未来发展赢得更多空间。

二要推进主导产业高端化。经过20多年的发展，全区初步形成了生物医药、装备制造、光电子等主导产业。但随着国家战略的调整和经济社会的发展，这些产业都不同程度面临着转型升级的问题，那么往哪转、怎么转，总的目标就是要高端化、集群化。生物医药上，重点抓好康宝药业、兴潞康药业、安盛源药业等医药企业，力争年内康宝有1～2个疫苗项目拿到批文正式投产，兴潞康完成融资投入试生产，安盛源药业进一步做大做强。装备制造上，重点抓好西门子大型特种电机、康宝智能机器人制造、钜星锻压、玉华再制造等高新项目，力争年内装备制造产业产值达到10亿元。光电子产业上，重点抓好新型玻璃LED、福万达空气净化路灯、中池联华LED等项目，力争玻璃LED项目年内投产达效；空气净化路灯项目进一步占领国际国内两个市场，力争年产值达到1亿元；中池联华项目进一步发展壮大，逐步成为全市LED生产的龙头企业。

三要推进新兴产业规模化。去年以来，围绕“大众创业、万众创新”和“互联网＋”，我们引进上马了一批新兴项目，今年要集中精力把这些新兴项目做大做强，努力形成新的经济增长点。互联网＋产业上，重点抓好钜星电子商务园区、中国3号线煤炭网、北斗视讯等重点项目；继续与中国教育电视台、中国互联网协会等单位联合办好2016全国大学生创新创业大赛，通过比赛发现和引进更多的创新创业人才和优秀项目。新材料产业上，重点推进德益超级电容、单层石墨烯、新型氧化铝高阻隔薄膜等高新项目，逐步形成新材料产业集群。大数据产业上，重点抓好北斗导航位置服务数据中心项目，力争年内建成投入运营，进而辐射带动上百亿元的上下游产业发展。

四要推进传统产业品牌化。除高新技术产业外，我们高新区还有部分传统装备制造业、食品加工业和商贸服务业，这些企业已经营多年，有了一定的市场认可度，今年重点要在打造知名企业、知名品牌上下功夫。传统装备制造业方面，博太科、贝克、山河、惠元等企业要抓住全省“革命兴煤、六型转变”的有利契机，主动适应市场需求，加大科技创新和新品研发力度，加快企业转型升级，进一步把产品做精做细做优，以品质赢得市场，以品牌占领市场。食品加工业方面，佰和园食品、世龙食品等中小企业要积极借鉴达利食品的成功经验，加大品牌的包装、策划、营销力度，逐步建立辐射全国的营销体系，真正把企业打造成家喻户晓的知名企业。商贸服务业方面，要加快推进居然之家二期工程建设，着力打造高品质、一站式的商业综合体。金威、益东、晋峰、阳光等酒店餐饮行业要立足各自优势，打造品牌特色，努力形成享誉上党、影响全省的明星企业。

三、坚持创新驱动，注重科技孵化，积极打造创新发展新优势

创新是时代的最强音，是发展的原动力。要继续大力实施创新驱动战略，以创新引领发展、以创新激发活力。

一要坚持走科技兴区之路。“发展高科技、实现产业化”是我们的办区宗旨，也是我们高新区的最大优势所在。要继续坚持把科技创新摆在首要位置，在抓好高新技术项目建设的同时，积极引导和鼓励企业走产学研一体的发展路子，与国内外高校和科研院所建立稳定、长期的合作关系，组建自己的企业技术中心和研发团队，制定国家标准和行业标准，走出一条科技兴企、科技强区之路。力争年内新发展企业技术中心及研发机构10家，申报各项专利技术100项。进一步加大高新技术企业培育力度，重点培育西门子、中池联华、德益科技、贝克电气、纳格尔、彬汇全景、康海精工等10余家企业进入高新技术企业行列，使全区高新技术企业达到20家。

二要充分发挥孵化平台作用。继续加大投入，进一步完善科技孵化园、星星标准工业园的基础设施和配套服务，使两个园区更好地发挥出科技孵化功能。大力发展民营科技孵化器、加速器，进一步抓好钜星电商产业园和大学生创业园建设，发展一批低成本、全要素、高效率的众创空间，使高新区真正成为吸纳人才、吸收技术、吸引项目等各类创新要素的最佳平台。加强青年创融投综合服务平台建设，积极支持平台办好“两赛三会”(青年创新创业大赛、品牌营销策划大赛和中小企业融资融智融情交流会、深圳长治两地项目合作推介会、大学生创业就业见面会)，从而在全区形成众创、众帮、众筹、众扶，创新、创业、创客、创投“四众”“四创”联动的良好局面。与此同时，坚持政府引导、市场为主的原则，积极引进、发展一批专业化、社会化中介服务机构，为企业提供管理指导、技能培训、营销策划、信用评价、检验检测、产品认证、专利申报、高企申报等专业服务，加速企业做大做强。

三要进一步完善政策服务体系。这次会议上，我们制定印发了《长治高新区关于推进科技创新、金融振兴、民营经济发展的实施意见》(征求意见稿)，区财政将每年拿出不低于2000万元的专项资金，用于扶持和鼓励全社会创新创业，努力打造独具高新区特色的政策洼地。与此同时，为进一步帮助企业解决资金、人才、技术等方面难题，我们还将策划实施一系列的帮扶措施。金融创新上，我们将积极探索建立“考察前置、提前授信、产品定制、随时用贷”的融资模式，引导区内银行开发订单融资、商标融资、应收账款融资等有针对性的融资产品，帮助企业解决融资难题。人才引进上，将充分利用我区“海外高层次人才创新创业基地”的牌子，坚持不求所有、但求所用的原则，设立专门的人才基金，积极引进海外高层次创新人才和千人计划、百人计划人才，形成人才集聚高地；技术和理念引进上，将筹划举办1～2场国际论坛，帮助企业和企业家开阔视野、更新观念，了解新技术、引进新项目。

四要加强产城互动。产业与城市互为补充、互相支撑。推进产城融合发展，是建设现代化科技新城的重要抓手。要大力发展总部经济和楼宇经济，加快推进中石油煤层气总部大厦、麦迪克商务大厦、骐邦科技大厦、悦城金融服务中心、才智建筑科研中心、美都汇购物中心等一批重点项目，逐步把高新区打造成全市科技与商务的中央集聚区。积极发展文化创意经济，重点推进天空之城文化创业园区、忠慧育乐园项目，力争引进中关村科技分园项目，规划建设上党文化创意园区，把长治的历史文化、红色文化、潞商文化等通过科技的手段传承下去，推广出去，把文化软实力转化为经济硬实力。

“十三五”的发展征程已经开启，美好的前景昭示我们奋勇前行。让我们更加紧密地团结在以习近平同志为总书记的党中央周围，在市委、市政府的坚强领导下，解放思想、锐意创新，抢抓机遇、奋力拼搏，不断开创高新区各项工作新局面！

实施“十大战略工程” 全面建成小康社会

晋城市市长 **武宏文**

“十二五”时期是我市发展不平凡的五年。面对复杂严峻的宏观环境和艰巨繁重的改革发展稳定任务，全市上下贯彻落实党中央、国务院和省委、省政府的各项决策部署，围绕“一争三快两率先”发展战略，积极适应经济发展新常态，扎实工作，努力作为，全市经济社会发展稳中有进、稳中向好。“十二五”各项目标基本实现。

一、“十三五”时期的指导思想和发展目标

“十三五”时期，是全面建成小康社会的决胜期，也是重铸晋城辉煌，实现振兴崛起的关键期。今后五年工作的指导思想是：高举中国特色社会主义伟大旗帜，深入贯彻落实习近平总书记系列重要讲话精神，按照“五位一体”总体布局和“四个全面”战略布局，围绕省委“一个指引、两手硬”的重大思路和要求，认真落实市第七次党代会精神，深入推进“一争三快两率先”战略部署，确立“三大”发展思路，实施“十大战略工程”，把晋城打造成展示“中国梦”、实现“两个百年”目标的样板市。

今后五年我市经济社会发展的主要预期目标是：地区生产总值年均增长6.5%左右，服务业比重年均提高1个百分点以上，研究与试验发展经费投入强度达到2.5%，常住人口城镇化率达到60%以上，户籍人口城镇化率达到44%，森林覆盖率达到44.5%，节能减排等约束性指标控制在省下达指标以内，实现综合经济实力、创新创业活力、社会文明程度、人民生活品质、生态环境质量“五个明显提升”。

二、实施“十大战略工程”，全面提升市域发展综合实力

（一）转型突破工程。未来五年，我们要确立100项工业转型项目，加快推进五大产业的转型。一是煤炭产业，“立足煤、延伸煤、超越煤”，紧紧盯住清洁高效利用这个终极目标，加快推进煤炭由燃料向原料、由低品位向高附加值、高端化的转型。晋煤、兰花、晋能等大型煤企要积极带头落地一批转型项目。二是煤化工产业，加快谋划一批现代化高端新型煤化工产业项目。重点发展煤基新材料和煤基新能源，以高端化技术培育高端化产业、产品，带动煤基材料向精细化产品、向航天航空等高科技领域产品转型升级。晋煤华昱、天泽、兰花、晋能等大型企业要坚持以高科技、多联产、深加工为方向，大力延伸煤化工产业链条，壮大现代煤化工产业集群，形成支撑现代煤化工产业发展的高端支柱产业，大幅度提升高硫煤洁净利用化工产业的竞争优势。力争到“十三五”末，全市煤化工年销售达到500亿元，利税100亿元。三是煤层气产业，要加快智能化大数据信息的运用，引领煤层气产业向国际化、高端化发展。要加快实现煤层气＋互联网＋物联网＋云计算的智能化新载体效应，加快发挥大数据平台对全产业链数据的高效传输共享和全面提升产业科技成果高效利用的能力。坚决克服“只抽、只卖、不用”的现状，实现“气”资源和“气”商品的双赢。四是煤机装备制造业，依托金鼎煤机、江淮重工、天巨重工等企业，全面打造“晋城煤机”品牌，加快煤机制造的资源整合，加快煤炭采掘、支护、运输、钻探、洗选成套煤机装备的制造，建设全省生产能力最大、生产技术最优、服务煤矿能力最强的晋城煤机产业集群。五是煤电气一体化发展。全面推进煤电一体化、采煤采气一体化深度融合发展。要以晋东南大型煤电基地为重点，发展大容量、高参数超临界、超超临界燃煤机组，大力发展煤层气发电与煤矸石、煤泥等低热值燃料发电。大力推动外送电通道建设，扩大直供电领域和规模。

（二）增长培育工程。“十三五”时期，要重点加快光机电、高端智能化装备制造、新能源新材料、生物医药、现代服务业五大新兴产业的发展。一是大力推进光机电产业。下大决心支持富士康把晋城建成世界一流的光纤产品基地和世界重要的光机电产业基地，打造中国北方“光谷”。促使富士康在现有光通讯连接器、光学镜头模组、精密刀具、手机构件等产品基础上，把手机整机生产线、白色家电项目、液晶玻璃等高端产品投在晋城，努力实现五年“再造一个富士康”。力争到“十三五”末，全市电子信息产业年销售收入达200亿元，利润50亿元，把晋城建成世界一流的光机电高科技产业城。二是大力推进高端智能化装备制造产业。依托江淮重工等龙头企业，重点发展工业机器人、核聚阀门、风能等高端智能装备。依托天巨重工、天泽太行机械等骨干企业，发展30万千瓦以上火电机组及钢厂等脱硫脱硝和袋式除尘技术成套设备，及资源再利用成套设备。坚决支持中船重工江淮集团新能源装备产业园区的发展，加快风电总装基地的建成。三是积极发展新能源新材料产业。重点围绕电动汽车整车制造、关键零部件、关键装备、充电配套设备等方面，培育锂离子动力电池、光伏电池组件产业的发展，力争五年内，重点打造3～5家电动汽车及关键零部件骨干企业。新材料方面，有序发展煤制甲醇、煤制芳烃等化工新材料，发展己内酰胺、三聚氰胺等精细化工产品和烯烃衍生产品。依托路宝、霖春镁业、蔡欣金属钙镁等企业，重点发展铝镁合金压铸件及其深加工产品。以阳城陶瓷为依托，积极承接国内陶瓷基地产业转移，重点开发陶瓷干法技术、低温快烧、高强度薄砖等技术，发展多孔陶瓷和蜂窝陶瓷。四是推动生物医药产业快速发展。重点发展中药材深加工产业集群和中成药产业集群。在中药材示范基地基础上，进一步优化药材品种，扩大生产规模，提高产品质量。依托中成药生产优势，大力进行中成药创新研发，形成以中药针剂、中药饮片、中药养生保健品等技术为主的中药提取和合成中心。五是加快发展现代服务业。以文化旅游为龙头带动，大力发展现代物流、信息技术、节能环保、电子商务、文化创意、健康养老等现代服务业，推动向精细化、规模化和高品质方向转变，构建“高增值、强辐射、广就业”的现代服务业体系。特别要大力发展金融业，发展普惠金融和绿色金融，实施企业上市培育行动，成立担保集团，设立产业投资基金和股权投资基金等，强化金融供给效益。力争到2020年，服务业增加值占GDP比重达到45%以上。到“十三五”末，培育出超百亿增长的新的增长极，为全市发展增加新的动力。

（三）城市提质工程。“十三五”期间，要坚持以中心城区为龙头，优化中心城市功能为核心，依托“拓展、改造、提质”总要求，进行科学区划，全力打造区域中心城市。启动城市总规修编，拉大城区基础框架。打造以主城区为中心，以晋煤新区、富士康新区、金村新区、高铁新区、空港新区为框架的六区联动、组团发展的中心城市框架。重点实施中心城区提质的六大工程，实施主城区与各县（市、区）、主城区及各片区与高铁站快速干线连接工程，与机场快速通道、城市内环、城市外环十条环城快速通道的连接工程；实施中心城区百条街巷道路畅通工程，打通城市“断头路”，启动城市互通式立交桥建设，畅通城市主街道，打通城市微循环；实施煤层气地下管廊全覆盖工程，建设“双气源”供气保障体系，保障全市人民用上清洁高效能源。启动“大热源”工程，加快阳电供市区供热工程的建设。启动“大水源”工程，加快建设以张峰水库供水工程为主的十大蓄水工程、三处引水和四处提水工程，年增加供水能力1.04亿立方米，确保饮用水的安全。到“十三五”末，努力把中心城区建成百平方千米、百万人口“双百”规模的大市区，把大市区打造成吸引中原财富智慧的聚集地。

（四）招商引智工程。要全面实施大招商和大引智。“十三五”期间，我们要加大各类高层次人才的引进力度，通过办好一个“文化节”、筹备好两个“博览会”、主办好三个“国际论坛”，来搭建招商引智的平台。要紧紧抓住举办“中国晋城太行山旅游文化节”的契机，提升我市在国内外的知名度和影响力。积极筹办“中国晋城装备制造业博览会”“中国晋城特色农产品博览会”，集中展示装备制造业以及特色农业的发展的水平，通过举办“展会”，搭建产学研合作的平台。要积极谋划在我市举办国际煤层气晋城论坛、全国装备制造业晋城论坛和国际新能源新材料晋城论坛，通过举办论坛，搭建院士博士晋城工作站实验室工作平台。力争到“十三五”末，高标准建成国际级煤层气专家工作站等10大工作站。使晋城成为高端人才、院士科学家聚集的福地、高新技术发明的产地、科研成果转化的基地，进入创新城市和人才强市的行列。

（五）通道快捷工程。铁路建设，确保“十三五”内太焦高铁建成通车，实现晋城高铁“零”的突破；续建嘉峰至南陈铺的普通铁路，形成侯月铁路与太焦铁路的连接线。机场建设，通用机场力争“十三五”末建成并投入使用，实现晋城机场“零”的突破；民用机场力争开工建设。高速公路，以晋城现有高速公路为基础，打通陵侯高速向东至鹤壁，贯通晋城高速公路东出口；续建高平至沁水高速公路，建设阳城至蟒河、安泽至沁水高速公路，形成晋城“两环两横三纵十出口”的高速公路大格局。力争到“十三五”末，把晋城交通建设成为“连接东西、沟通南北，大出大进、快出快进，立体式全面开放”的大通道。

（六）园区建设工程。“十三五”时期，我们将以“一区九园”为重点，推动园区建设上规模、上档次、上水平，打造产业特色明显、竞争优势突出、平台功能完善的工业园区。整合全市各类产业园区，市级重点建设晋城经济技术开发区，各县（市、区）要集中力量打造一个工业园区。力争“十三五”时期，各县（市、区）要建成一个省级以上开发区。创新园区管理体制和内部机制，推动园区全力抓招商、全力抓项目，把园区建设成为招商引资、产业集聚的桥头堡和示范区，引领全市经济转型升级。力争到“十三五”末，全市工业园区总面积达到100平方千米，总产值超1000亿元。

（七）碧水蓝天工程。继续加大环城生态圈的建设。初步形成八大生态片区396平方千米的环城生态圈，建成环城绿道270千米，新建城市公园5个和街头绿地35处，继续实施重点林业生态工程建设，加快三山、四片、五环、20条线、70个乡镇、300个村绿化工程，筑牢全市域绿色生态大屏障。要加快实施沁丹两河“清水复流贯通工程”。以沁河、丹河流域水生态修复与保护为重点，以“清淤、活水、保洁、生态”为主题，建设以张峰水库供水工程为龙头、覆盖全市城乡的两纵两横“井”字形大水源工程。要全面加强环境综合治理。深入实施大气、水、土壤污染防治行动计划，抓好主要污染物减排工作，积极发展清洁能源，推动重点行业能效提升和节能减排升级改造。到“十三五”末，实现“城在林中、林在城中、人在绿中”的天下公园大景观。

（八）全域旅游工程。“十三五”时期，我们要叫响美丽晋城全域游品牌，积极申报“国家全域旅游示范市”，打造全域旅游产业。编制《美丽晋城战略规划工程》纲要和《晋城市全域旅游发展五年规划》，改革创新旅游综合管理体制、市场监管机制，完善旅游公共服务，提升旅游业发展综合能力。促进旅游业与休闲农业、特色工业、健康养生、文化创意、传媒娱乐等业态融合发展，形成共建共享美好生活、共建共享基础设施、共建共享公共服务、共建共享生态环境的旅游发展大格局。加快特色小镇建设，实施乡村旅游富民工程。到“十三五”末，要高标准建设30个产业特色鲜明、人文气息浓厚、生态环境优美、多功能叠加融合、体制机制灵活的特色小镇，建成100个美丽宜居示范村。到“十三五”末，在全域旅游发展方面走在全省前列。

（九）精准脱贫工程。未来五年，要认真落实“六个精准”脱贫方略，确保沁水县、陵川县2017年脱贫摘帽，确保所有贫困村、贫困人口2018年底前全部脱贫；其他非贫困县贫困村、贫困人口2017年底全部脱贫。精心实施“五个一批”扶贫工程，完成易地扶贫搬迁23887人目标。加快发展现代农业，要把畜牧、蚕桑、食用菌、设施蔬菜、小杂粮、干水果、苗木花卉等优势特色农业，作为脱贫的重要产业来支持，积极发展城郊型创意高效农业、休闲农业、观光农业和农村电子商务等新业态发展，帮助3.3万人通过产业脱贫致富。继续提高农村低保标准，完善农村贫困人口医疗制度，加大医疗救助、临时救助、社会救助等帮扶力度，帮助完全或部分丧失劳动能力的3.45万贫困人口依靠社会保障兜底脱贫。用好中央、省里政策红利，创新PPP模式，引导社会资本投入贫困地区，实施“金融支持特色产业发展富民扶贫工程”，实现金融小额贷款扶贫全覆盖。“十三五”时期，要实现建档立卡确定的200个贫困村、8.45万贫困人口彻底全部脱贫。

（十）民生福祉工程。未来五年，要在七个方面抓好大提升工程。一是教育大提升。进一步调整优化城乡中小学布局，市区新建一批中小学校。全面普及高中阶段教育，规范发展民办教育，有序建设布局一批公办幼儿园。通过政府购买服务为群众提供普惠性的学前教育服务。加快金村教育园区建设，组建职业教育集团。二是卫生大提升。以解决看病难、看病贵为重点，深化医疗体制、计划生育服务管理“两大改革”，推动医疗、医保、医药三医联动，健全市县乡村分级诊疗服务网络，提高城乡居民医疗保险标准，补齐农村医疗卫生短板，优化中心城区医院布局。重点加快晋城大医院投入使用，加快市人民医院易址扩建，加快启动市中医院建设。在“十三五”末，使全市人民在医疗卫生方面得到一个大提升。三是文化大提升。继续实施文化惠民工程，广泛开展全民阅读、全民艺术普及、全民健身文化活动。完善公共文化基础设施，筹备启动市民需求的科技、文化、自然博物馆的建设工程。到“十三五”末，通过丰富地域文化，让晋城人民文化生活得到大提高。四是就业创业大提升。继续深化多渠道、多形式灵活的就业扶持政策，发展“众创、众包、众扶、众筹”新模式，健全劳动者自主择业、市场调节就业、政府促进就业相结合的体制机制。到“十三五”末，全市城镇新增就业达13万人，创业就业人数达4万人，转移农村劳动力达12万人，城镇登记失业率控制在4.5%以内。五是社会保障大提升。实施全民参保计划，全面建设和完善覆盖城乡的社会保障体系。推进机关事业单位养老保险和城镇住房公积金制度全覆盖，完善城乡居民基本养老保险、大病保险、最低生活保障和医疗救助制度。支持社会力量发展养老服务业，发展儿童福利事业，支持公益慈善事业发展。到“十三五”末，要建成更加完善的、覆盖全体城乡居民的社会保障体系，基本养老保险参保率达到90%，养老服务机构达到100所，让人民老有所养、病有所医。

实现“十三五”经济社会发展的宏伟蓝图，建设幸福美好现代化城市，责任重大、使命光荣。让我们紧密团结在以习近平同志为总书记的党中央周围，在省委、省政府的坚强领导下，凝心聚力，砥砺奋进，深入推进“一争三快两率先”战略，为实现“十三五”目标，努力在全省率先走出资源型地区创新驱动转型升级发展的新路、率先全面建成小康社会而努力奋斗！

实现率先发展　打造首善城区

晋城市城区区长　王文全

“十二五”时期是城区发展史上极不平凡的五年，面对严峻复杂的经济形势和艰巨繁重的改革发展任务，我们在区委的坚强领导下，在区人大及其常委会和区政协的有力监督和大力支持下，紧紧围绕中央“四个全面”战略布局、省委“五句话”总要求和市委“一争三快两率先”决策部署，积极应对挑战、奋力攻坚克难，顺利完成了“十二五”规划确定的各项目标任务，实现了“十二五”的圆满收官。

一、“十三五”时期经济社会发展主要任务

紧紧围绕全面建成小康社会的奋斗目标，针对制约城区发展的突出短板和瓶颈问题，牢固树立和贯彻落实五大发展理念，围绕“实现率先发展、打造首善城区”，加快建设活力城区、宜居城区、生态城区、开放城区和幸福城区，力争提前两年实现国内生产总值和城镇居民人均可支配收入比2010年翻一番，努力打造经济更加繁荣、政治更加清明、社会更加和谐、生态更加优美、人民更加幸福的新城区。

（一）突出创新发展，建设活力城区。坚持以创新驱动促转型升级，着力推动政府工作理念、思路、手段等多方面的创新，切实为市场主体松绑减负，为创业创新清障搭台，实现传统产业、优势产业、新兴产业全面发展，创业活力、企业活力、市场活力充分释放，更好地辐射区域发展。

（二）突出协调发展，建设宜居城区。坚持以城带乡、以乡促城、城乡互动、融合发展，充分发挥主城区的“龙头”带动作用，加快产城融合，推进城乡一体，努力建设设施齐全、功能完备、居住舒适的“宜居样板区”。

（三）突出绿色发展，建设生态城区。坚持绿色发展、绿色惠民，深入实施生态建设工程，大力改善城乡环境，加快建设美丽乡村，推动形成绿色发展方式，实现生态系统和经济系统良性循环，创造天蓝、地绿、水清、景美的生产生活环境。

（四）突出开放发展，建设开放城区。坚持以开放促改革、促创新、促发展，着力推动重点领域和关键环节改革取得实质性突破，深度融入中原经济区、环渤海经济圈、“一带一路”等国家战略，形成更高水平、更宽领域的开放格局。

（五）突出共享发展，建设幸福城区。坚持以民之所望为政之所向，扎实做好教育、医疗、就业、收入、住房、社会保障等民生工作，提高城乡居民生活水平和健康水平，努力打造让人民群众拥有更多获得感和幸福感的温馨家园。

二、认真做好2016年工作

2016年是实施“十三五”规划、全面建成小康社会决胜阶段的开局之年，也是推进结构性改革的攻坚之年。综合考虑各方面因素，今年我区经济社会发展的主要预期指标是：全区生产总值增长6%；规模以上工业增加值增长3.5%；全社会固定资产投资增长16.6%；社会消费品零售总额增长5.5%；公共财政预算收入降幅控制在7%以内；城镇常住居民人均可支配收入增长6%。节能减排等约束性指标完成市定目标。

重点抓好以下六个方面的工作：

（一）着力推进供给侧结构性改革，加快产业转型升级步伐。一是围绕主导产业促转型，做精三产服务业。全面实施全区服务业“十三五”发展规划，加快推动面向生产、面向民生、面向农业农村各个门类的服务业整体推进、协同发展。以商贸流通、旅游文化、健康养老等行业和领域为发展重点，更好满足群众生活消费升级需求。优化提升商贸流通业。抓好华大时代广场等重点项目建设，加速推进业态创新和商业模式创新，精心打造集品牌时尚消费、高档商品购物、商务金融服务为一体的商业核心区。大力发展泛旅游文化产业。以全域旅游视角科学制定实施城区旅游发展规划。深度挖掘城区文化旅游底蕴，强化旅游基础设施建设和品牌形象营销推广，提升旅游文化内涵和附加值，打造晋城旅游“大本营”。紧扣全市经济结构调整和产业优化升级需求，积极发展现代物流、科技和信息服务等生产性服务业；借助“互联网＋”，规范提升餐饮住宿、房地产、商务服务等传统服务业；加大同城电子商务平台培育力度，推动电子商务进农村进社区，培育新的消费热点和经济增长点。二是提振新型工业。变依靠晋煤一家投资为多元投资主体共同投资，变煤机一业独大为多产业共兴共荣，变服务晋煤一企为服务全区工业企业，重点抓好我区《推动工业经济持续健康发展的若干措施》的落实，综合施策、精准发力，全面振兴工业经济。加快冶铸、轻工饮品等传统优势产业改造提升；加快装备制造、生物医药等五大支柱产业转型升级；坚定不移推进北石店工业园区建设，在服务海斯药业入园基础上，力争有更多企业入驻。三是搞活现代农业。严格落实耕地保护制度和节约用地制度，稳定提升农业综合生产能力。按照城郊型创意高效农业的发展思路，进一步加强精品花卉、食用菌、设施蔬菜等特色项目的投资建设，持续提升十大农业园区的规模、特色和效益。推广司徒小镇经营模式，推动互联网与农业生产、流通、管理、服务的深度融合。注重培育和规范发展种养大户、家庭农场、农民专业合作社、产业化龙头企业等新型农业经营主体，持续提高农业产业化水平。

（二）着力打好城市建设主动仗，持续提升中心城区功能品位。加快西北片区改造。严格执行片区整体规划，加快推进路网为主的基础设施建设及相关配套工程。加快北石店新区建设。围绕畅安路沿线开发总体规划，加快公共配套设施建设，努力推动富鑫广场等商业项目投入运营。抓好城中村改造。坚持“规范、稳健、提质”六字方针，扎实做好政策完善、规划编制和宏观管控工作,实现城中村改造的稳妥推进。重点抓好钟家庄、花园头、东后河等 18 个续建项目建设力争完成投资 25 亿元,完成回迁面积 30 万平方米,回迁群众 2900 余户。

(三)着力推进城乡统筹,加快城乡一体化发展。加快发展壮大集体经济。支持镇(办)结合自身实际,因地制宜,分类施策,帮助村(社区)制定切实可行的发展规划,探索多种发展路径,促进村(社区)集体经济发展。

努力提升农村基础设施和公共服务水平。扎实推进农村人居环境改善提质工程,高标准实施好年度行动计划。继续对城乡周边裸露道路进行硬化和修复。狠抓农村供热管网建设,新增农村居民集中供热面积 8 万平方米;加快"气化城区"进程,新增农村煤层气用户 1000 户。统筹推进采煤沉陷区、地质灾害易发区治理以及农村困难家庭危房改造工作。

(四)着力推进生态文明,全面建设美丽家园。深入推进生态治理。完善吴王山森林公园的基础设施建设,加强科学化管护;继续推进白马寺后山采煤沉陷区治理和白马寺山周边生态修复;完成吴王山—白马寺山生态绿道建设任务,推动南部环城生态圈森林公园建设,积极鼓励和支持民间资本投入生态建设开发。开工建设书院河治理工程,完成北石店河治理一期工程。苇匠生活垃圾填埋场封场环境整治工程投入运行。扎实推进村庄绿化和乡村道路绿化,完成 4 个村庄的绿化任务。

大力改善环境质量。突出抓好以雾霾治理为重点的大气污染防治,强化联防联控,抓好重污染天气应对、重点流域生态环境综合整治和城市黑臭水体治理等工作,确保完成市政府下达的污染减排目标和年度大气、水污染防治行动计划目标,实现市区 $PM_{2.5}$ 浓度稳步下降。加强地下水超采区综合治理,保障集中饮用水水源安全。扎实开展城乡清洁运动。巩固创卫复审成果,构建环卫长效机制。围绕"六无七净"标准,强化市区街道的精细化管理。加大以城乡结合部、老旧片区为重点的治脏、治差、治乱力度。

(五)着力保障和改善民生,努力提升人民福祉。努力稳定和扩大就业。推动大众创业、万众创新。完善覆盖城乡的公共就业服务体系,发挥好"掌上就业一点通"信息平台作用,为用人单位和各类求职人员提供更好的服务。做好重点人群就业工作,落实大学生就业促进计划和创业引领计划,支持农民工返乡创业,托底帮扶就业困难人员就业。加强对灵活就业、新就业形态的扶持,促进劳动者自主就业。构建和发展和谐劳动关系,努力让劳动者实现体面劳动、全面发展。

不断健全和完善社会保障。实施全民参保工程,加快建立健全全民共享、公平可及的社会保障体系。推进养老保险制度改革。完善城镇职工和城乡居民养老保险制度,进一步做实职工养老保险个人账户,深化机关事业单位养老保险制度改革。鼓励商业保险公司提供与社会保险相衔接的产品和服务。完善医疗保险。继续推进城镇基本医疗大病保险全覆盖。整合城镇居民医保和"新农合"制度,进一步提高城乡居民人均补助标准。完成住房困难户廉租房补贴发放任务。

持续提升教育事业。继续加大学校建设力度,完成八中、十一中、十二中、书院小学、东王台小学、司徒小学、北石店中心幼儿园等 7 所学校工程,积极推进西城小学、花园小学、东南新区学校建设,整合、改造、提升一批基础设施薄弱学校。

积极促进文化繁荣发展。构建覆盖城乡的公共文化服务体系,全面完成镇(办)文化站建设,为 30 个村(社区)配备图书、音响等文体设备。积极开展群众文体活动。积极推进程颢书院二期工程和全民健身中心项目,开工建设晋冀鲁豫野战军十二中队整军旧址、吕祖坛和怀覃会馆三大文物修缮工程。培育和规范文化市场,支持特色文化产业发展,提高城市文化软实力,增强本土文化创造力、影响力。

全面提高人民健康水平。加快推进公立医院综合改革,完善公立医院管理体制、人事管理和绩效管理制度,提升医院现代管理水平。健全公共卫生服务网络,重点推进基层卫生体制改革。高度重视卫生系统人才队伍建设,尽快提升医疗服务能力,不断提高人民健康水平。完成市二院住院楼和区卫生监督所业务用房项目建设,力争年内投入使用。

(六)着力推进改革开放,不断释放发展活力。全面深化各项改革。深化行政审批制度改革,持续推进简政放权、放管结合、优化服务,认真做好省、市下放审批事项的承接工作,全力打造高绩效政府。依法规范行政行为,推进权责清单向镇(办)和村(社区)两级延伸,积极探索清单动态管理机制。大力推行"互联网+政务服务",实现公共管理服务、公共资源交易全过程电子化。抓好"三馆三中心"项目建设,力争年内投入使用。深化商事制度改革,巩固提升一照一码改革,落实先照后证改革,推动事中事后监管责任落实。积极推进国有企业改革以及其他方面的改革。

全面扩大对外开放。顺应新一轮科技革命和产业变革的趋势,用系统和定向的观点改进招商引资工作,深化同重点地区、重点企业全方位合作对接,紧扣产业转型升级、城镇化建设、生态建设的需求精准招商,不断创优服务环境,积极破解土地、资金等要素瓶颈,力争万达城市广场、"医养融合"一体化等一批重点在谈项目早日签约落地,力争再引进一批具有良好发展潜力和广阔市场前景的重点项目，使全区招商引资工作在规模与质量上再上一个新台阶，继续保持全市领先。

蓝图已经绘就，号角已经吹响！让我们在市委、市政府和区委的坚强领导下，凝心聚力，奋发进取，努力完成今年确定的各项目标任务，确保“十三五”开好局、起好步，为在全市率先全面建成小康社会而努力奋斗！

塑造高平美好形象　实现高平振兴崛起

高平市市长　**邹树琦**

“十二五”时期是我市发展进程中极不平凡的五年。五年来，面对严峻复杂的经济形势和艰巨繁重的发展任务，我们认真贯彻落实中央、省、晋城市一系列决策部署，牢牢把握稳中求进的总基调，主动适应经济发展新常态，统筹推进稳增长、调结构、促改革、惠民生、防风险等工作，扎实开展“先走一步、富民强市”试点，全市经济社会发展呈现“前高后低、总体平稳，稳中有进、进中有忧”的态势，步入了新的发展阶段。

一、“十三五”时期的指导思想和奋斗目标

“十三五”时期是全面建成小康社会的决胜阶段，是破解难题、补齐短板的紧要时期，也是我市推进创新驱动、加快转型升级的关键时期。“十三五”时期全市经济社会发展的指导思想是：以党的十八大和十八届三中、四中、五中全会精神为指导，深入学习贯彻习近平总书记系列重要讲话精神，强化创新、协调、绿色、开放、共享发展理念，按照省委“一个指引、两手硬”的重大思路和要求，紧紧扭住“两件大事”，努力实现“两个率先”，着力抓好经济振兴、现代农业、城乡一体、文化旅游、改革开放和民生保障，不断塑造高平美好形象、逐步实现高平振兴崛起。

“十三五”时期全市经济社会发展的主要目标是：全市地区生产总值比2010年翻一番，达到325亿元，年均增长8%；固定资产投资达到263.3亿元，年均增长12%；社会消费品零售总额达到76.3亿元，年均增长6.5%；一般公共财政预算收入达到14.6亿元，年均增长3%；城乡居民人均收入比2010年翻一番，城镇居民人均可支配收入达到36850元，年均增长6.5%；农村居民人均可支配收入达到15800元，年均增长6.5%以上；其他约束性指标完成上级下达任务。

二、“十三五”时期全市经济社会发展的主要任务

（一）坚持创新驱动，着力做好煤与非煤两篇文章，在振兴实体经济上实现新突破。全力稳定煤炭基本面。努力提升煤炭产业的综合效益。落实好供给侧结构性改革的重点任务，继续去产能、降成本、拓市场、转方式。做实做强科兴集团，实行人、财、物、产、供、销“六统一”，建立现代企业制度，打造煤炭旗舰集团。千方百计加快西部煤田开发，争取早日恢复开工建设。落实“四个一批”去产能措施，到2020年，煤炭产量控制在2000万吨左右。加强煤炭企业精细化管理，降低煤炭吨煤综合成本。建设高平区域性煤炭销售平台，提高煤炭市场话语权。延伸煤炭产业链条，发展煤化工、煤焦电、煤旅游等接续产业，加快煤炭转型步伐。

打造战略性支柱产业。现代农业重点打造生猪、蔬菜两条农业全产业链，抓好丝绸、黄梨两个农产品深加工产业链，全面建成国家现代农业示范区。装备制造业重点打造“冶炼—铸造—机加工—高端装备制造”循环产业链条，建成百万吨铸造基地。文化旅游业重点打造文旅一体、农旅一体的产业集群，建设文化旅游强市。商贸物流业重点实施“互联网＋”物联网行动计划，完善商贸物流产业链，建成全国电子商务进农村综合示范县。积极培育新能源新材料、生物医药等高新技术产业，努力打造新的经济增长极。

全面振兴民营经济。大力实施“三百”工程，扶持百户纳税大户企业、培育百户成长型企业，吸引百名高平籍工商业成功人士回乡投资创业，打造一批骨干龙头企业；深入开展大众创业、万众创新，加快创业基地和平台建设，创建全省中小微企业创业创新基地示范县。搭建民营经济服务平台，培育民营企业家方阵，加强中小企业梯队建设，促进民营企业上档升级，到2020年，民营经济增加值占GDP的比重提高到50%以上。

加快推动园区建设。重点打造马村煤化工和米山新能源科技园区。理顺管理体制机制，完善基础设施，扩大园区规模。创新管理模式，搭建投融资平台，通过托管、特许经营等方式，推进园区市场化运作。加大招商力度，引进知名企业和关联项目，构建园区循环产业链。实施产业集群发展战略，增强园区辐射带动作用。

营造良好创业环境。制定出台优惠政策，整合各方资源，加大产业、土地、金融、人才、信息等扶持力度，吸引投资者投资创业。构建"亲""清"新型政商关系，坚持把为企业服务、为企业家服务作为政府抓经济工作的重要抓手，为经济发展营造良好环境。

（二）坚持龙头带动，着力转变农业发展方式，在建设现代农业上取得新成就。提高综合生产能力。实施张峰供水东延、高标准农田建设、新增粮食产能和农业机械化综合示范创建等项目，进一步夯实农业生产基础。强化农产品质量安全监管，推进"三品一标"认证，建设农产品展销中心，打造"高平大黄梨""高平生猪""长平蔬菜""神农氏小杂粮"等名优品牌。到2020年，全市粮食生产能力稳定在2亿千克，生猪出栏达到200万头，蔬菜（食用菌）总产量达到5亿千克，果品总产量达到1亿千克，农产品加工销售收入达到30亿元。

提升产业化水平。依托我市的特色农产品，建设五大农业产业链条。以温氏集团40万头生猪养殖一体化项目建设为抓手，全力推动4个饲料加工企业、雨润200万头生猪屠宰、上海杰隆5000吨猪血加工、2万吨乾元明胶猪皮加工项目达产达效，打造生猪全产业链条。发挥天润、金田、凯永等农业园区的示范带动作用，引进推广新技术、新品种，发展仓储物流、净菜加工，提升蔬菜附加值，打造设施蔬菜全产业链条。做大做强厦普赛尔等果汁饮料加工企业，辐射带动高平大黄梨、优质苹果基地发展，形成果品产业链条。以吉利尔潞绸集团为龙头，打造栽桑养蚕、缫丝、丝绸加工产业链条。以兰花药业为龙头，发展壮大连翘、杜仲、党参等道地药材基地，形成中药材产业链条。

创新经营发展模式。全面完成农村土地承包经营权确权登记颁证，引导农民以多种形式流转土地，发展适度规模经营。壮大新型农业经营主体，鼓励合作社之间开展联盟，扩大产业规模，增强抵御风险能力。发展农产品精深加工项目，延伸产业链条，实现初级农产品向高附加值商品的提升。依托全国电子商务进农村综合示范县建设，大力发展农村电商，让高平的特色农产品走向全国。促进一二三产业融合发展，打造农旅一体、农工协同的观光农业、休闲农业和体验农业。

全力实施脱贫攻坚。加快推进贫困户光伏发电项目，力争完成2000户光伏发电目标，确保5000人实现稳定脱贫；加快推进易地扶贫搬迁步伐，完成406户贫困户安置，实现1058人脱贫；实行农村低保标准与脱贫标准"两线合一"，用好贫困户大病救助基金、助学资金等帮扶政策，完成3238户、9256人的脱贫攻坚任务。

（三）坚持协调发展，着力推进特色城镇化，在构建城乡一体上彰显新魅力。强化规划管理。树立全域规划理念，完成"五规合一"、主城区控制性详细规划编制和新一轮土地利用总体规划、城乡总体规划修编，使城市建设有章可循、有规可依。严格规划管理执法，建立住建、国土、城管等部门联动机制，严厉打击违法违章建设，规范城乡建设秩序，强化规划的权威性、严肃性。

提升城市品质。按照"打通干道、拓展空间、完善功能、提升品位"的思路，逐步扩大城市规模，不断完善基础设施，切实增强城市竞争力。实施道路畅通工程，完善市区路网，构建市域交通循环圈，实现城乡快速通达；建设高沁、高新高速和太焦高铁互联互通枢纽，构建现代综合交通网络，助推我市进入高铁时代。依托过境煤层气和天然气输气管网建设，加快"气化高平"进程。筹建第三热源厂，实现市区集中供热基本全覆盖。依法依规破解拆迁难题，稳步推进旧城旧村改造。依托政务云和大数据平台，打造智慧城市，努力建设交通便捷、设施完善、舒适宜居的中心城区。

打造特色城镇。依托城镇产业基础、人文历史和地域特征，建设一批产业形态鲜明、环境和谐宜居、传统文化彰显、设施服务完善的特色小镇。"十三五"期间，重点打造马村、米山、河西、寺庄、神农等园区经济、商贸物流、农旅一体、休闲生态的特色城镇。

建设美丽乡村。重点抓好历史文化名村、城中村、采煤沉陷村和贫困村建设，加大村庄基础设施和生态环境建设，把伯方、果则沟、韩家庄、庄里等50个村落打造成产业、文化、旅游三位一体，生产、生活、生态深度融合的美丽乡村。

改善生态环境。提升"一河四山"景观绿化，加快城乡绿道建设，实施身边增绿工程，创建国家园林城市。深入推进节能减排，促进资源节约和循环利用。建设城市第三水厂和乡镇水处理厂，改造农村饮水管道，实现张峰供水城乡全覆盖。加大水土流失综合治理，推进林业生态建设，保护绿水青山。

（四）坚持文化引领，着力整合资源塑造品牌，在发展文化旅游上打造新引擎。打造文化旅游品牌。集中精力抓好羊头山、炎帝陵、长平之战纪念馆、良户等重点旅游景区的开发建设，积极打造"寻根炎帝""长平怀古""千年古刹""古村印象""梨园飘香"等主题旅游区，建设海峡两岸神农炎帝文化交流基地，在全省乃至全国叫响叫亮"炎帝故里、千古长平、美丽高平"文化旅游品牌。到2020年，全市文化旅游产业总收入达到50

亿元,占GDP的比重达到10%以上。

创新旅游体制机制。组建文化旅游发展委员会,对我市全域旅游发展进行统筹协调指导;整合重组文旅集团,设立旅游发展基金和专项基金,建立科学规范的管理平台和投融资平台;激活旅游景区景点开发机制,综合运用股份合作、承包租赁等形式,对景区景点的基础设施和公共服务设施开发建设;吸引山投晋旅、上海博雅、高新普惠、北京大地风景、商务印书馆等战略投资者和社会资本对我市旅游资源进行高端策划、投资建设和运营管理,建立符合我市实际的旅游景区经营管理体制机制。

(五)坚持改革开放,着力创新发展体制机制,在激发区域活力上增创新优势。全面深化改革。国有企业改革要完成第三批国有、集体地面企业改制,推进整合重组和混合所有制改造;民营经济综合配套改革要放宽和规范市场准入,加快构建市场准入管理新体制;积极推进中小企业股份制改造,促进企业直接上市融资,支持民营企业参与国有企业改制。金融领域改革要完成农村信用社改制,组建各类投资基金,发展新型金融业态和融资模式,创新投融资体制机制。深入推进农村综合、城乡一体、司法体制、乡村治理、行政管理体制等各项改革,切实增强资源型经济转型发展的动力和活力。

加强招商引资。加强与郑州、焦作等中原经济圈城市的交流合作,实现优势互补、资源共享、一体化发展。加大与长三角、珠三角的对接联系,承接沿海经济发达地区加工贸易产业转移。依托神农炎帝在台商中的影响力,吸引台商企业落户高平。深化与山西金控、晋煤等省内大企业集团的对接合作,在我市投资办厂,参与企业改制重组和基础设施、公用事业建设。

(六)坚持共建共享,着力保障和改善民生,在增强群众获得感上迈上新台阶。搞好基本民生。坚持教育优先发展,到2020年,跻身全省乃至全国教育强市行列。强化医疗卫生服务提质,改扩建市人民医院,打造三级综合医院;整合市中医院、妇幼保健院,建设神农健康城;鼓励支持社会资本发展健康产业。不断改善住房条件,积极推进保障性住房建设,加快城乡危旧房屋改造。积极推进社会养老、社区养老、居家养老协调发展,不断满足养老需求。

关注热点民生。实现经济增长和扩大就业联动发展。努力实现居民收入增长和经济发展同步、劳动报酬增长和劳动生产率提高同步"十三五"期间,全市实现城镇新增就业3万人以上,城镇登记失业率控制在2.3%左右。

保障底线民生。加快建立以社会保险、社会救助、社会福利为基础,以养老保险、失业保险、医疗保险和最低生活保障为重点,以商业保险、慈善事业为补充的城乡社会保障体系,不断扩大保障范围、提高保障标准、提升保障层次。"十三五"期末,基本养老保险、基本医疗保险参保率分别达到85%、98%,构建普惠型社会保障体系。

"十三五"宏伟蓝图已经绘就,决胜全面建成小康社会的号角已经吹响。只要我们坚定信心、埋头苦干,万众一心、励精图治,就一定能够实现高平振兴崛起!

打造新型城镇化示范县,率先全面建成小康社会

泽州县县长 **高喜全**

"十二五"时期,是我县发展历史上充满挑战、极不平凡的五年。五年来,面对国内外复杂形势和一系列重大挑战,我们带领全县上下努力进取,扎实工作,经济社会发展在诸多方面取得了重大突破,进入了一个崭新的发展阶段,为"十三五"发展奠定了坚实的基础。

一、"十三五"时期发展的总体要求和主要目标

"十三五"时期,是全面建成小康社会的决胜阶段。"十三五"时期我县发展的总体要求是:高举中国特色社会主义伟大旗帜,全面贯彻党的十八大和十八届三中、四中、五中全会精神,坚持以马克思列宁主义、毛泽东思想、邓小平理论、"三个代表"重要思想、科学发展观为指导,深入贯彻落实习近平总书记系列重要讲话精神,牢固树立"五大发展"理念,着力推动"六大发展",紧紧瞄准"打造新型城镇化示范县、率先全面建成

小康社会”这个目标，致力在优化产业结构上走在前列，在统筹城乡一体上走在前列，在深化改革开放上走在前列，在发展民营经济上走在前列，在建设美丽泽州上走在前列，在决胜脱贫攻坚上走在前列，以“一带三创五化”为抓手，大力实施党建“引领力工程”，聚焦改革，聚力发展，从严治党，重振雄风，奋力开创“弊革风清、富民强县”新局面。

主要目标是：全县地区生产总值比 2010 年翻一番，达 312 亿元，年均增长 7.2%；公共财政预算收入达 13.3 亿元，年均增长 3%；社会消费品零售总额达 49.5 亿元，年均增长 6.5%；固定资产投资达 371 亿元，年均增长 12%；城镇常住居民人均可支配收入达 38770 元，年均增长 7.2%；农村常住居民人均可支配收入达 17300 元，年均增长 7.2%。约束性指标完成市下达目标。

二、“十三五”时期经济社会发展的主要任务

（一）坚持创新发展，围绕“优农、稳煤、强铸、兴旅、育新”产业新体系，打造“两带四板块”“四化”同步推进产业新格局。围绕供给侧改革，实施创新驱动发展战略，全面编制完成全县“两带四板块”总体规划，增添新的发展动能。以“优农”为着力点，用足环市区区位优势，编制完成南部山区板块发展规划，实施“互联网＋现代农业”行动计划，加快发展生态绿色农业，把南部山区板块和北部乡镇打造成为全市的优质农产品生产加工基地。以“稳煤”为着力点，加快煤炭“六型”转变，实施长河经济带产业发展规划，实现各主体企业之间的“四联合”，推进晋煤高硫煤洁净利用循环经济工业园建成投产，把长河经济带打造成为全省重要的煤炭清洁循环利用基地。以“强铸”为着力点，全面落实“中国制造 2025”山西省行动计划，建成铸造产品研发中心和铸造检测中心，两年内建成南村铸造园区，207 国道沿线铸造企业全部进驻园区，引进大型汽配企业进驻巴公板块，把南村板块和巴公板块打造成全国先进铸造产业基地。以“兴旅”为着力点，唱响“古韵泽州·全域旅游”品牌，振兴全县旅游产业。以“育新”为着力点，发挥区位、生态、人文优势，加强校企地合作，推进太焦城际铁路、柳泉通用机场、晋城海关建设，开展科技、人才、金融、业态创新，把金村板块打造成为全市的科技创新创意基地。

（二）坚持协调发展，突出金村低碳示范区城镇化建设龙头，打造新型城镇化示范县。牢固树立精明增长理念，突出产城融合和城乡联动，加快城乡一体化发展，力争到 2020 年常住人口城镇化率达到 60%，集中供气、供暖实现 17 个乡镇所在地和主要中心村全覆盖。紧抓金村低碳示范区建设龙头，坚持高起点规划、高品质设计、高标准建设、高效率推进的原则，突出低碳、智慧、生态的理念，创新建设模式，创新投融资模式，力争 2020 年全面建成金村新区；按照《泽州县新型城镇化试点实施方案》，积极创新，勇闯新路，到 2017 年底创造出可复制、可推广的典型经验，为全省乃至全国全面推进新型城镇化建设积累经验。大力推进农村人居环境改善，建成 100 个美丽宜居示范村。统筹推进交通、能源、通信、水利、安全保障等基础设施建设。进一步完善“四纵四横”公路主骨架，全面建成“两纵四区”供水网络，加快推进城乡配电网改造。

（三）坚持绿色发展，全面加强生态泽州建设，争创国家级“全域旅游示范县”。严守环境质量底线、生态保护红线，全面加强生态保护和修复，坚定不移地走绿色低碳循环发展之路，加快生态景观建设，全面提升我县宜居宜业宜游水平。以“古韵泽州·全域旅游”为品牌，以“珏山月、古镇情、峡谷秀、绿道美”为抓手，以丹河生态旅游文化产业带、阳阿古镇、沁河峡谷、环城绿道为重点，以旅游道路建设为突破，全面整合旅游资源，集中力量打造精品线路，争创国家级“全域旅游示范县”。

（四）坚持开放发展，用足用活先行先试政策，力争市级转型综改试点县建设走在全省前列。加快转型综改试验区建设，紧紧围绕产业转型、生态修复、城乡统筹、民生改善四大任务，完成“十三五”综改试验工作；深入推进巴公省级转型综改扩权强镇试点工作，在四化同步发展上走出一条新路。积极推进金村低碳示范区试点工作，打造低碳产业、低碳建筑、低碳交通、低碳生活等发展新模式，努力建成低碳发展新城。加快推进南岭贫困地区转型综改试点，充分发挥生态资源优势，大力发展乡村旅游、生态庄园经济，走出贫困地区全面建成小康社会新路。

（五）坚持共享发展，补齐民生短板，率先全面建成小康社会。坚持精准扶贫、精准脱贫，确保 2017 年底 24 个贫困村、6331 户、13136 名贫困人口全部脱贫。以“普惠性、保基本、均等化、可持续”为方向，以就业、就学、就医和社保、医保、低保为重点，完善制度安排、强化政策兜底、增加公共服务，让广大人民群众在共建共享中有更多的获得感、幸福感和自豪感。到 2020 年，实现农村安全饮水、村村通公交车、室外健身设施更新、戍边道路和 500 人以上行政村老年日间照料中心“五个全覆盖”。力争提前两年率先全面建成小康社会。

（六）坚持廉洁和安全发展，强化底线意识，着力营造良好发展环境。坚持发展必须廉洁、廉洁促进发展，始终保持惩治腐败、狠刹“四风”、打黑除恶高压态势，严格落实“两个责任”，深入推进“六权治本”，营造廉洁发展环境。强化安全生产红线意识，全力实施安全“四化”建设，夯实安全生产基础。健全公共安全保障体系，强化社会治安综合治理，依法打击严重刑事犯罪活动。推进严格执法、公正司法、全民守法，加快建设法治泽州。全面加强政府自身建设，推进简政放权，提高政府效能。

三、做好 2016 年重点工作，确保“十三五”起好步

五年看三年，三年看头年。2016 年是实施“十三五”规划的开局之年，也是推进供给侧结构性改革的攻坚之年。做好今年的工作，确保“十三五”开好局、起好步。

2016 年全县主要预期目标是：地区生产总值增长 6%左右；规模以上工业增加值增长 3.5%左右；固定资产投资增长 12%；公共财政预算收入增长 3%；城镇常住居民人均可支配收入增长 6%；农村常住居民人均可支配收入增长 6%以上。节能减排等约束性指标完成市下达目标。

实现上述目标任务，必须着力做好六方面工作：

（一）着力保增长防风险，积极化解经济下行压力。加强对煤炭企业的支持力度，确保我县监管煤炭企业全年煤炭产量完成 420 万吨。继续落实省企业减负 60 条、市企业减负 20 条，最大限度减轻企业负担，提高市场竞争力。多措并举保运转。强化财源建设，推进综合治税工作，加强财税征管和协税护税力度，确保应收尽收；严格支出管理，压缩“三公”经费，一般公用经费实现“零增长”。

（二）着力打造产业新体系新格局，推进产业结构优化升级。以南部山区板块和北部乡镇建设为重点，大力发展休闲农业、观光农业、采摘农业等新型业态，促进一二三产融合发展。全年建成 3 个市级蔬菜示范园，打造市区的绿色“菜篮子”。全面落实粮食安全责任，确保粮食总产量稳定在 2.25 亿千克左右。以推进长河经济带发展为重点，推进全县煤炭企业“六型”转变，稳固煤炭主体地位。促进煤炭清洁高效利用，稳定煤炭市场份额。制定全县铸造制造产业五年行动计划，做强做优南村板块和巴公板块。抓好南村铸造园区建设，推进产业联盟，在生产、经营、品牌和销售上实现统一。做精我县装备制造业。推进福盛、清慧、兴达、金工等企业精细化、集团化、品牌化发展。按照“全景、全业、全时、全民”模式，整合旅游资源，把全县作为一个大景区来打造。设立 5000 万元旅游产业发展资金，支持完善旅游基础设施、编制旅游产业发展规划、开展旅游宣传推广等项目，叫响叫亮“古韵泽州·全域旅游”。做大做优现代服务业。加快城东物流园区建设，打造全市最大的现代物流园区。加快推进“互联网＋”行动。召开电商大会，组建电商协会，实施“互联网＋制造业”行动，深入推进“两化融合”，促进“泽州制造”向“泽州智造”转变。加快发展新型产业。重点抓好欣阳、晶耀、万鑫顺达等光伏发电项目。扶持硕阳光电、天巨重工、景柏制衣、科通衡器等企业做强做大。

（三）着力推进改革开放，破解制约经济社会发展难点和焦点。推动国企改制和民企股改，设立 5000 万元专项奖补资金。实施国有企业负责人薪酬和待遇改革，释放民营经济活力，进一步放宽市场准入，鼓励民营企业依法进入更多领域。深化农村综合改革。完成农村土地承包经营权确权登记颁证工作。完成农村宅基地和集体建设用地使用权确权登记发证工作。深化金融体制改革。创新公共基础设施投融资体制，鼓励引导社会资本服务地方经济建设，支持泽州农商行、浦发银行、晋城银行等金融机构，打造具有泽州特色的金融产品。发布政府与社会资本合作（PPP）项目清单，引导社会资本投向市政、交通、生态等领域，充分释放民间资本的创富活力。实施开放带动战略。加强区域合作，主动对接国家“一带一路”，积极融入中原经济圈，努力建设山西面向中原的桥头堡。强化招商引资，实施专业化、产业链、精准招商和网络招商，突出引进战略投资者，点对点招引百强央企和 500 强民企，加强与晋煤、兰花等本土大企业合作。全年力争引进 3 个 10 亿元以上项目。

（四）着力加快国家级新型城镇化试点建设，统筹城乡一体发展。全面启动国家新型城镇化综合试点。初步建立覆盖城乡、融城同城的规划管理体系。以融城为方向，聘请专家学者，积极探索新型城镇化推进模式，尽快形成在全国、全省可复制、可推广的经验。加快推进金村低碳示范区新型城镇化建设。服务好太焦城际铁路及连接线、207 国道改线、柳泉通用机场建设，确保太焦城际铁路和柳泉通用机场如期开工、207 国道改线年底竣工。创新体制机制，大胆先行先试，探索低碳发展新模式，打造低碳发展试验区。扎实推进巴公新型城镇化试点和扩权强镇综改试点建设。推进“工业园区化、园区社区化、社区城镇化、城镇特色化”发展，在项目审批、管理机制体制、土地收储、“五规合一”等方面取得突破。切实加强基础设施建设。实施园区道路畅通、旅游道路提档、乡村道路升级工程，解决交通制约瓶颈。积极对接供暖、供气等市政设施，力争全年新增供暖面积 30 万平方米，新增煤层气用户 5000 户。继续改善农村人居环境。实施农村清洁工程，完成 100 个美丽村庄建设。加强古村落保护，传承古韵遗风，让历史文化“活起来”。

（五）着力推进环境综合治理，全力建设生态泽州。打好环境保护攻坚战。全力推进煤炭、化工、电力、供热等重点行业、重点企业的脱硫、脱硝环保设施升级改造，实现在线监测平台全覆盖。全面整治交通运输、建筑施工、堆场料场等扬尘污染，全面加强水环境治理和水质监测，确保我县大气、水、土壤环境质量取得明显改善。

加强资源节约和节能减排。严控“两高”行业新增产能。积极培育节能产业，促进煤矸石、粉煤灰、脱硫石膏等大宗工业固废综合利用，加强废旧家电分类回收和再生资源回收利用。加强生态文明建设。实施丹河龙门湿地公园景观工程、生态廊道、森林防火隔离带、干果经济林提质增效、“四区”再提升绿化等五大林业工程，全年完成造林333公顷。加强水保综合治理和生态修复，以PPP模式推进丹河全流域生态综合治理。

（六）着力打好脱贫攻坚硬仗，全力保障和改善民生。按照“五个一批”“六个精准”要求，深入实施产业扶贫、光伏扶贫、电商扶贫、基础设施、生态补偿、素质培训、易地搬迁、兜底保障等八大工程。全面启动四个光伏产业扶贫项目。全年完成异地移民搬迁扶贫1697人，发展产业带动贫困户脱贫1000人，教育扶贫脱贫300人，社会保障兜底救助2003人。强化就业和社会保障。全年城镇新增就业5760人，转移农村劳动力4450人，招聘政府购买基层公共服务岗位150人，城镇登记失业率控制在4.2%以内。强化社会保障，完善城镇职工和城乡居民基本养老保险制度，进一步做好参保扩面工作。完善新农合大病保险制度。完善社会救助体系，全面开展重特大疾病医疗救助。鼓励扶持民办养老机构建设，扩大居家养老服务的覆盖面和受益面。加快社会事业发展。提升公共文化水平，打造具有泽州符号的文化品牌。提升教育质量水平。统筹教育资源，实现教育均衡发展。提升医疗水平。抓好巴公、高都等四个乡镇卫生院和县妇幼院改造工程，筹建县中医院。

打造新型城镇化示范县、率先全面建成小康社会的历史重任，已经光荣地落在了我们肩上。这是一项神圣的使命，这是一场严峻的考验，这更是一次接力赛跑。我们坚信，只要我们有“前人栽树、后人乘凉”的胸襟，有“明知山有虎、偏向虎山行”的担当，有“踏石留印、抓铁有痕”的干劲，同心同德，锐意进取，守正笃实，久久为功，就一定能够无愧于这个伟大的时代！一定能够无愧于泽州53万人民的厚望！

率先实现整体脱贫　全面建成小康社会

沁水县县长　**侯贵宝**

“十二五”时期是我县发展史上不平凡的五年。面对复杂经济形势和繁重发展任务，我们认真落实党的十八大、十八届三中、四中、五中全会精神和习近平总书记系列重要讲话精神，攻坚克难，奋力拼搏，圆满完成了各项目标任务。连续三年荣获全省县域经济发展先进县，跨入A类县前五名。

一、“十三五”工作指导思想和主要目标

“十三五”时期全县工作的指导思想是：全面贯彻党的十八大和十八届三中、四中、五中全会精神，以习近平总书记系列重要讲话精神为指引，牢牢把握省委“两手硬”重大要求和市委“一争三快两率先”战略部署，狠抓发展第一要务、改革第一动力、民生第一关切、党建第一责任；践行五大发展理念，引深工业转型、农民增收、城乡建设“三大硬仗”，丰富一城一带一圈一区“四篇文章”；坚持全面从严治党，推进干部作风建设、基层组织建设“两大工程”，抓好法治沁水、德行沁水、同心沁水“三项创建”，率先实现整体脱贫，全面建成小康社会！

今后五年的主要目标是：

经济发展更加繁荣。在提高发展平衡性、包容性、可持续性的基础上，到2020年地区生产总值和城乡居民人均收入比2010年翻一番。三次产业协调发展，服务业增加值占GDP的比重达到35%。城镇化步伐加快，常住人口城镇化率达到50%。发展的质量和效益进一步提高。

人民生活更加幸福。教育、文化、医疗、卫生、就业、保障等体系更加健全，基本公共服务均等化水平稳步提高。城乡居民收入差距不断缩小，2017年脱贫摘帽，2018年整体脱贫。人民生活更加殷实，幸福指数明显提升。

社会文明更加进步。中国梦和社会主义核心价值观更加深入人心，“德行沁水”“同心沁水”转化为全社会具体行动，精神文明创建深入推进，诚实守信、务实创新、开放包容、崇德尊法的社会风尚更加浓厚，群众文明素质和社会文明程度全面提高。

生态环境更加优美。生产和生活方式更绿色、更低碳、更环保，能源资源开发和利用效率大幅提高。大气、水、土壤治理取得新成效，基本实现污水和生活垃圾无害化处理，森林覆盖率达到51%以上，山更绿、水更清、天更蓝。

民主法治更加健全。人民民主不断扩大，“法治沁水”扎实推进。社会治理能力和水平不断提升，公民法治意识不断增强，建立起人人知法、懂法、守法的良好社会秩序，社会大局更加和谐稳定。

二、2016年主要工作

2016年是“十三五”开局之年，是推进供给侧结构性改革攻坚之年，我们的主要预期目标是：地区生产总值增长6.5%，规模以上工业增加值增长5%，固定资产投资增长16.6%，一般公共财政预算收入增长6%，社会消费品零售总额增长6%，城镇居民人均可支配收入增长7%，农村居民人均可支配收入增长8%以上。节能减排等约束性指标完成市下达目标任务。

重点工程任务是：持续实施六大类项目，涉及工业转型、煤炭增效、农民增收、城乡建设、基础设施和民生事业等领域，概算总投资518.7亿元，当年安排投资40.9亿元。

实现上述目标任务，重点抓好以下七方面工作：

（一）煤与非煤两手抓，加快工业转型步伐。供给侧改革促进煤炭脱困。扎实推进煤炭供给侧结构性改革，严格执行煤炭去产能、减量化政策。原煤产量稳定在850万吨左右。加快建设矿井进度，推进玉溪煤矿三期工程，胡底煤矿联合试运转，亿欣煤矿竣工投产。把煤炭销售放在更加突出位置，实现产销基本平衡。促进煤炭就地加工利用，建成沁一伟业、鹿台山两个洗煤厂。

延伸链条打造总部基地。打造全国煤层气产业总部基地、全省煤层气产业示范基地。重点抓好华港液化调峰储备中心、浩坤煤层气液化、山西能源煤层气开发利用二期、碧水蓝天加气站等项目，完成煤层气抽采28亿立方米、液化40万吨、压缩1.2亿立方米、发电4.5亿千瓦时，实现增加值36亿元。

招商引资推动产业转型。实施远景十里风电场和中电投10万千瓦风电项目。发展“互联网+”，推动物联网、大数据、电子商务与现代农业、文化旅游、现代服务业、装备制造业深度融合，不断催生和培育新业态。全年完成项目签约423亿元，资金到位85亿元，项目落地48亿元。

（二）突出农民增收，全力做好“三农”工作。做强四大基地。设施蔬菜基地，完成土沃、十里两个设施蔬菜产业园建设，新增种植面积1000亩。苗木花卉基地，新培育苗木花卉133公顷，加强433公顷干果经济林综合管理。食用菌基地，嘉沁食用菌二期项目投产试运行，总产量稳定在5000吨。畜牧养殖基地，大象饲料厂复工建设，新建土沃、贾寨2个肉鸡养殖示范场，肉鸡单批饲养能力达到200万只；完成标准化羊场5个，年出栏肉羊22万只；新增蜂群3200箱，蜂蜜总产量100万千克。进一步强化产业基地对农民增收的引导支撑作用。

做优特色产品。鼓励企业推进有机食品认证，推动农副产品上档升级。启动实施“沁水黑山羊”提纯复壮工程，申报完成“沁水刺槐蜜”地标认证，叫响做大“中国蜜蜂之乡”品牌。鼓励发展“互联网+”、电商、微商等农产品销售新业态，进一步拓宽销售渠道，让我县的优质农副产品走出山西、走向全国。

做实农业基础。推进“H”型大水网建设，完成下泊水库、云首水库年度建设任务，湾则水库护坡护桥加固工程年内竣工，推进国家水土保持重点县和十里小流域治理项目。完成永久性基本农田划定和土地利用总体规划调整。创建省级农民合作示范社3个。

（三）统筹城乡发展，构建城乡融合新格局。建设宜居县城。以完善功能为重点，加快推进杏河商业带、公交首站建设，实施新建路改造、沁园路续建工程，新增供热面积10万平方米，新增供气用户1000户。以改善居住条件为重点，实施好梅园悦港新城、城中村片区改造项目，推进桃园小区、教育园区、庙沟小区等保障性安居工程，加快林区棚户区改造、桃园小区等市政配套项目。以绿色宜居为重点，实施梅杏水上广场、梅河梅沟段河道治理等工程，开展县城街巷环境整治，全面提升县城人居环境。

建设特色城镇。打造端氏商贸重镇，实施寨上拆迁安置道路拓宽、镇区集中供气等项目。打造嘉峰工业强镇，抓好污水处理厂、嘉峰旧村改造、中心幼儿园等项目。打造郑村幸福小镇，实施南山森林公园、河道治理、郑村卫生院等项目。打造中村旅游名镇，开展景区环境综合整治，启动下川旅游小镇规划建设。

建设美丽乡村。实施“完善提质、农民安居、环境整治、宜居示范”四大农村人居环境改善工程，抓好25个美丽宜居示范村建设。建成1～2个国家级“生态文化村”。

建设生态沁水。实施迎白旅游公路35千米绿化精品工程、大尖山林场中幼林抚育133公顷样板工程，完成封山育林133公顷，积极申报“舜王国家级森林公园”。开展环境保护执法大检查，实行环境监管网格化管理，启动端氏、中村2座污水处理厂项目，淘汰黄标车1061辆，空气质量二级以上天数达到274天以上，创建“中国生态魅力县”。

（四）坚持精准发力，打赢脱贫攻坚战。实施“五个一批”，确保年内4000名贫困人口稳定脱贫。发展生产脱贫一批。推进大象、嘉沁、丰田、圣康、源通、北京花木等百企千村建设项目，完成投资2.5亿元，带动3000名劳动力就业。易地搬迁脱贫一批。实施固县、胡底、张村和柿庄枣元四个集中安置点项目，完成易地扶贫搬迁390户1100人。生态补偿脱贫一批。通过实施荒山造林和小流域治理，完成巩固退耕还林、薪炭林286公顷，干果经济林133公顷，带动贫困人口增收脱贫。发展教育脱贫一批。继续巩固十五年教育全免费，确保所有贫困户子女不因贫失学。实施“雨露计划”，建档立卡贫困户子女上中职、高职、大学二本B类以上学校资助全覆盖。完成脱贫培训400人。社会保障兜底一批。强化农村养老保险、医疗保险、低保五保等政策衔接，对丧失劳动能力的建档立卡贫困人口兜底脱贫。

（五）破解制约瓶颈，促进文化旅游大发展。创新体制机制。联合山西高新普惠旅游文化发展有限公司，组建沁水县旅游文化产业投资基金，以大企业、大集团、大平台为载体，通过资产重组、兼并联合、授权经营等形式，引导社会资金向旅游产业集聚。改革景区景点管理体制，推动形成风景与旅游一体、资源与市场结合、开发与保护统一的开发管理模式，走出一条文化旅游产业发展新路。

打造旅游精品。历山景区，实施景观提升、游客休憩园、自驾车营地等工程。柳氏民居景区，实施接待宾馆装修、50个商铺改造、5个传统历史院落修复等工程。湘峪三都古城，编制古堡文物保护规划，实施文物本体院落修缮项目，完善设施配套。做好张峰水库、荆浩故里、赵树理故居等旅游开发工作。实施好窦庄、西文兴等国家传统村落保护利用项目。通过举办历山第三届自行车爬坡赛、柳宗元文化节、西安文化旅游宣传及项目推介会、彩色苗木花卉节、龙港杏花节、十里黄花节、柿庄梨花节、郑庄槐花节等活动，提升沁水旅游知名度。

完善配套设施。抓好旅游景区交通沿线的绿化、美化、净化工作。实施南阳—荆浩故里、下川—东峡2条旅游公路提质工程。扶持发展星级“农家乐”100户。

（六）实施创新驱动，激活发展内生动力。推动科技创新。支持中联、蓝焰、中石油等大型骨干企业，开展科技攻关，培育一批科技型企业。加大科技推广应用力度，推动实施一批光伏发电与设施蔬菜、规模养殖、食用菌生产相结合的高科技项目。发展民营经济。新创办中小微企业200户。推进小微企业创业基地建设，嘉峰小微企业创业园、潘庄现代商贸物流创业基地通过省、市认定。建立规下企业培育库，促进“小升规”企业快速成长，新增规模以上工业企业2～3户。建设公共服务网络平台，实现中小微企业服务站乡镇全覆盖。促进金融振兴。加快农村信用社组建新型农村商业银行步伐。推广中小微企业和农户信用信息数据库系统，开展企业信用评价和信用惩戒工作。帮扶符合条件的企业在“新三板”挂牌上市。

（七）保障改善民生，切实增进人民福祉。优先发展教育。继续实施十五年教育全免费，落实“双特”奖学金、贫困生资助、生源地贷款等惠民政策。优化县城学校布局，抓好薄弱学校改造。深化课堂改革，提高教育质量。

推进文化惠民。启动乡村文化记忆工程，完成数据库建设和5个乡镇试点普查工作。完成县乡两级图书数字阅览普惠工程建设任务。

促进就业创业。推动“大众创业、万众创新”，加快大学生创业孵化基地建设，加强就业培训，搞好就业对接，实现城镇新增就业4210人，转移农村劳动力3600人。

加强医疗服务。实施大病保险制度，提高县乡两级住院和重特大疾病补偿比例，新农合参合率稳定在99.7%以上。开工建设县妇幼计生服务中心和龙港卫生院。

提高保障能力。继续扩大社会保险覆盖面，城乡社会养老保险参保人数达到14万人以上，城镇基本医疗保险参保4.2万人，城乡低保和农村五保应保尽保。

蓝图催人奋进，使命重于泰山。让我们团结凝聚和紧紧依靠全县21万人民，以更加饱满的热情、更加高昂的斗志、更加务实的作风，振奋精神，勇于担当，为率先实现整体脱贫、全面建成小康社会、开创沁水更加美好的未来而努力奋斗！

坚持生态引领　加快脱贫攻坚
为全面建成小康社会而努力奋斗

陵川县县长　**任彩虹**

“十二五”时期是陵川县发展历程中极不平凡的五年。面对严峻复杂的经济形势和艰巨繁重的改革任务，陵川县委、县政府团结带领全县广大干部群众，万众一心、砥砺奋进，紧紧围绕“一城两区”大格局和“五化共进”总部署，坚定不移走“绿色崛起、多元发展”之路，较好完成了“十二五”目标任务，推动全县经济社会进入新的发展阶段。为“十三五”发展打下了坚实的基础。

“十三五”时期是陵川加快发展、绿色崛起的关键期，是脱贫摘帽、全面小康的决胜期。“十三五”时期，全县经济工作总的指导思想是：全面贯彻党的十八大和十八届三中、四中、五中全会精神，深入落实习近平总书记系列重要讲话精神，积极适应经济发展新常态，紧紧围绕“绿色崛起、多元发展”总战略、“一城两区”大格局，以构建国家级生态保护与建设示范区为主线，以提高发展质量和效益为中心，稳中求进，改革创新，大力加强生态建设，推动产业转型，加快脱贫攻坚，夯实发展基础，保障改善民生，确保2020年如期全面建成小康社会。

按照上述指导思想，“十三五”期间，全县经济社会发展的主要目标是：经济发展保持较快增长。到2020年，全县地区生产总值、城乡居民人均可支配收入比2010年翻一番，城乡居民收入与经济增长同步。以“互联网＋”为驱动，以生态经济为主导的产业形态基本形成，区域发展空间布局得到优化。

生态建设走在全省前列。国家级生态保护与建设示范区基本建成，单位生产总值能耗和二氧化碳排放大幅下降，主要污染物排放明显下降，森林覆盖率达到59.6，生态总量持续增加，生态质量全省领先。

基础设施配套更加完善。持续加大水电路通讯基础设施建设，彻底打破基础设施制约经济社会发展的“瓶颈”。统筹推进“大县城—集镇—新农村”建设，全县特色城镇化水平跨上一个新台阶。

人民生活水平普遍提高。脱贫攻坚取得决定性胜利，114个贫困村8292个贫困户2.2贫困人口全部脱贫。就业、教育、医疗、文化、社保、住房等公共服务体系更加健全，基本公共服务均等化水平稳步提高。

社会治理能力不断提升。社会主义核心价值体系深入人心，公民文明素质和社会文明程度明显提高。县域治理基础性制度体系基本形成，人民群众权益和社会公平正义得到切实保障。法治政府基本建成，政府凝聚力和司法公信力不断提高。

围绕以上目标愿景，“十三五”时期，全县经济社会发展要着力把握好五个方面的工作：

一、生态统领，牢固树立绿色发展理念

绿水青山就是金山银山，坚持以绿色生态统揽经济社会发展，围绕“一城两区”大格局，全面创建国家级生态保护与建设示范区，积极探索“绿色崛起”的有效途径。高度重视规划引领，推进“多规合一”，把绿色发展理念，落实到全县发展总体规划中，使绿色发展的空间布局更加科学、更加明晰。实施最严格的生态保护制度，围绕山上治本、身边增绿，实施太行山绿化、县城周边绿化、乡村绿化、国家水土保持综合治理等重点城乡绿化工程，持续推进造林绿化，森林覆盖率每年提高1.4个百分点，主要生态指标保持全省领先。大力发展生态经济，全力构建绿色产业体系，不断提高绿色GDP占比。东部生态旅游区要实行最严格的生态保护制度，划定生态保护红线和环境质量底线，重点发展观光休闲旅游和生态农业，打造绿色崛起的主战场。县城及县城周边要立足生态环保型、劳动密集型的产业定位，重点发展休闲度假、商贸流通等三产服务业，发挥好带动功能和枢纽作用。西部新型工业园区要着力搭建集聚平台，引导企业、项目向园区集中，重点发展新兴、低碳、循环产业，成为工业新型化的主阵地。统筹做好显山露水文章，推进生态保护开发与城镇化建设、社会事业发展和群众生活方式融合发展，让陵川经济因生态而强，让陵川人民因生态而富，奋力走出一条后发地区可持续绿色发展之路。

二、精准发力，打好打赢脱贫攻坚硬仗

把脱贫攻坚作为“十三五”最大的政治责任和最大的民生工程，紧紧瞄准114个贫困村2.2万贫困人口，立下军令状、列出时间表、制定路线图，举全县之力，集全民之智，大打一场脱贫攻坚仗。按照“六个精准”“五个一批”的要求，坚持产业为基、就业为本，实施一批规模种养、林下产品、光伏发电、乡村旅游和电子商务项目，确保每个贫困村都有1～2项主导产业，每个贫困户都有1～2个增收项目。创新体制机制，加大财政资金投入和整合力度，统筹基础设施建设和社会事业发展，推动扶贫政策项目资金和帮扶力量向贫困村贫困户集聚，提升贫困地区公共服务水平。让贫困人口紧跟全县人民步伐不掉队。加强组织领导，严格落实领导联村、部门包村、工作队和“第一书记”驻村及干部包户责任制，做到扶真贫、真扶贫，确保2016年实现50个村7000口人整体脱贫，2017年摘掉贫困县帽子，2018年实现全面脱贫，并通过两年时间的巩固，到2020年全面建成小康社会。

三、重点突破，做大做强生态旅游龙头

坚持把旅游产业发展放在更高层面、更大空间、更广领域去谋划，以王莽岭景区为龙头，高端规划，整体推进，专业管理，力争用3～5年时间，把王莽岭景区建成国家5A级景区、太行山上的“皇冠”、山西表里山河的靓丽名片，引领全县旅游资源整合开发。按照“全域旅游、全景陵川”的思路，厘清部门、景区、村庄职责权限，探索建立景村利益共享机制，建立统一领导、统筹协调的工作机制，打破部门多头管理和景区各自为政的混乱局面。实施“旅游＋”行动计划，围绕旅游“吃、住、行、游、购、娱”六大要素，搭建融资平台，引进战略伙伴，创新经营管理模式，大力培育休闲度假、养生康体、户外探险、农业观光、文化演艺等新兴业态，推动旅游产业由单一观光型向复合消费型转变。充分利用“互联网＋”平台，开展全方位宣传、全媒体营销、全要素推广，积极组团参加各类旅游专业会展，扩大陵川旅游知名度和影响力，让更多的游客休闲在陵川、消费在陵川，把陵川打造成中原地区最具影响的生态休闲旅游健康度假中心，真正让旅游产业成为陵川绿色崛起的标志性产业。

四、城乡统筹，不断优化县域发展环境

县城提质要遵循“老城做减法、新城搞优化、全城绿色化”的思路，抓好县城扩容提质和精细化管理，大力实施市政基础提升工程，继续扩大集中供热供气覆盖面，新建崇安、棋山等一批休闲广场，不断提升县城居民生活品质。乡村发展要依托乡镇地域优势与特色，强化产业支撑、基础建设与规划管理，继续实施改善农村人居环境四大工程，全面启动省级农村生活污水防治试点县建设工作，不断增强乡镇所在地的集聚功能与带动效应，培育一批现代化特色小城镇和美丽宜居乡村。基础建设要继续下大气力补短板、破瓶颈，筑牢发展支撑。加快构建大路网，启动旅游循环公路工程，协调高新高速河南段开工建设，实施一批省县乡村道路升级改造，构建全地域无障碍大通道；加速建设大水网，完成磨河水库水源地建设，实施仙台水库、东双脑备用水源工程，推进农村饮水安全改造，让全县人民用上充足的水、放心的水。实施新一轮农村电网升级改造，实现稳定可靠供电全覆盖。

五、共建共享，努力增加民生普惠成果

坚持民有所呼、我有所应，让人民群众过上更加幸福美好生活。优先发展教育事业，不断加大投入，普惠学前教育，均衡义务教育，普及高中教育。创新队伍管理机制，推进义务教育学校校长教师交流轮岗工作，促进教育公平。发展职业教育，加强与市场对接，提升职业教育服务能力。深化医药卫生改革，建立覆盖城乡的医疗卫生服务体系和基本医保制度，实施分级诊疗，全面开展县级公立医院绩效考核，大力提升医疗服务能力和水平，促进基本公共卫生服务均等化。繁荣文化事业，实施全民健身活动中心、“三馆合一”（档案馆、图书馆、美术馆）等重点工程；以礼义镇34个村为试点，启动实施乡村文化记忆工程，加强文化遗产保护和传统村落保护；继续做好第一次可移动文物普查，持续实施国保文物单位本体维修和环境整治工程。积极开展全民健身活动，着力办好群众喜闻乐见的文化活动，不断满足人民群众日益增长的文化需求。完善社保体系，实施全民参保计划，实现低保政策与扶贫政策相衔接，建立贫困户大病医疗救助制度；统筹推进就业创业、社会保障工作，着力打造一流就业创业环境。加强城乡低保动态管理，不断提高保障标准，实现应保尽保。积极发展养老事业，加大养老服务体系建设，让群众心里更踏实。

奋力建设生态美、百姓富、县域强的幸福美好新阳城

阳城县县长　史小林

“十二五”时期是阳城县发展历史上极不平凡的五年，五年来，我们带领全县人民认真落实十八大、十八届历次全会和习近平总书记系列重要讲话精神，积极应对经济下行的压力，主动适应发展新常态，坚持稳中奋进总基调，奋发图强，扎实工作，经济社会发展取得了新成就，为“十三五”发展奠定了坚实的基础。

一、“十三五”时期的指导思想和主要发展目标

（一）指导思想：高举中国特色社会主义伟大旗帜，认真贯彻习近平总书记系列重要讲话精神，按照中央、省委、市委战略部署，以五大发展理念为引领，以决胜全面小康为目标，以“就业增收、富民强县”为重点，以“田园城市、美丽乡村、产城融合、城乡一体”为抓手，统筹推进经济、政治、文化、社会和生态文明建设，全面加强党的建设，奋力建设生态美、百姓富、县域强的幸福美好新阳城。

（二）主要发展目标：综合实力跨上新台阶。经济持续健康发展，地区生产总值年均增长7％以上，城乡居民人均可支配收入年均增长6％以上，公共财政预算稳步增长。转型升级实现新突破。创新能力显著提升，发展动力实现由资源依赖型向创新驱动型转变，产业结构优化升级。改革开放开创新局面。重点领域和关键环节改革取得决定性成果，发展环境明显优化，内生动力持续增强，对外开放广度和深度不断拓展。人民生活得到新改善。就业持续增加，收入稳定增长，生活条件明显改观，教育、医疗、住房、社会保障等公共服务体系更加健全，基本公共服务均等化水平明显提高。与此同时，社会文明达到新水平，生态建设取得新成效，民主法治迈出新步伐。

二、坚持走好“四条路径”，着力实现“四个突破”

（一）走好“转型升级”之路，在壮大综合实力上实现新突破。坚持煤与非煤齐抓、规模与效益并重，提升传统产业、壮大优势产业、培育新兴产业，促进产业结构逐步由“二三一”向“三二一”转变。

一是以旅游产业为引领，进一步做大“三产”。突出把现代服务业作为经济发展的“绿色引擎”，加快构建以旅游业为龙头、商贸物流业为重点、各类业态共生繁荣的现代服务业新体系。倾力打造“全国重要旅游目的地”。巩固提升皇城、蟒河、天官王府，加快开发析城山，提升骨干景点的辐射带动能力。实施“五十百千万”旅游振兴计划，形成科普游、生态游、健康游、体验游、休闲游、文化游等一批精品线路。坚持“彰显特色性、体现差异性、完善功能性、强化基础性”，建立健全县城游客服务中心和乡镇旅游咨询点，全面提升旅游标准化建设水平。全力创建“全域旅游示范区”。按照“全域整合、全景打造、全业融合、全民参与”总体思路，大力实施“乡村旅游、全域旅游、四季旅游、全民旅游”开发战略，努力把“悠然阳城、全域旅游”品牌打造成阳城创新驱动、转型升级的新亮点。坚持“围绕旅游抓农业、围绕农民抓旅游”，把“种农田”变为“卖风光”“美丽风景”变身“美丽经济”，主攻休闲农业、乡村旅游发展，加快“农旅结合、以农促旅、以旅强农”步伐。创新发展“旅游＋”等新型业态，促进全县旅游由景点游向乡村游辐射、由区域游向全域游转变、由单一观光游向多元复合游拓展、由旅游产业向三次产业融合延伸，充分发挥旅游业带动就业、富裕群众的独特作用。积极建设区域商贸物流中心。坚持因地制宜、突出特色，加快建设区域性陶瓷专业市场、小杂粮专业市场、八甲口物流园区，加快发展城西物流园区和城东电商园区，整合优化万村千乡市场工程、新网工程和放心粮油工程，加速推进商贸物流业与旅游业融合发展。加快建设全省服务业大县。

二是以新型工业为方向，进一步做强“二产”。以传统产业新型化、优势产业规模化、新兴产业低碳化为方向，加快构建新型稳固的工业体系。发展壮大园区经济。突出演礼工业园区发展，着力在基础设施配套、优势项目落地上下功夫、求突破，努力打造产业转型的承载地、技术创新的孵化地、产城融合的示范地和就业创业的集中地，同步推动安阳园区“创新引领、集群发

展”，引导北留园区“引进项目、循环利用”，进一步提升园区承载力和竞争力。优化提升陶瓷产业。按照“扩规模、拓领域、搞研发、提档次、抓配套”的思路，支持企业向新的领域进军，推进与旅游产业融合发展，引进建设全国一流的陶瓷研发中心，形成横向配套、纵向延伸、有机衔接、互促互动的新格局，努力把“阳城陶瓷”打造成为全国知名的地域品牌。努力做好煤炭文章。加快打造无烟煤清洁能源基地。按照“有力有度有效”的要求，深入推进煤炭供给侧结构性改革，进一步拓宽销售渠道、降低交易成本、提高交易效率。以“气化阳城”为引领，发展煤层气产业，加快推进地面煤层气开采，推进瓦斯综合利用，力争在“煤转电”“煤转化”上实现新突破。积极培育接替产业。大力发展网络经济，积极发展光伏、风电、生物医药、生物质发电和新能源汽车等新型产业，扶持做大新型建材产业和特色农副产品深加工龙头企业，形成一批发展潜力大、市场前景好的接替产业。

三是以就业增收为核心，进一步做精“一产”。坚持把发展特色农业作为有效途径，稳步推进农业增效、农民增收。加快推进农业特色化，持续发展食用菌、中药材、小杂粮等生态农业、绿色农业、有机农业。继续把蚕桑作为安农稳农的重要产业，加大政策支持和资金扶持力度，促进蚕桑产业链条拉长、效益增长。加快推进农业现代化。坚持用现代装备武装农业、用现代科技提升农业，认真落实农机化发展的各项扶持政策措施，大力发展设施农业。加快推进科技兴农，大力发展农产品电商，着力提高农业的质量和效益。加快推进农业标准化。持续加强标准化基地示范区建设，力争打造一批区域知名品牌和国家地理标志产品。加快推进农业产业化。大力培育联户经营、专业大户、家庭农场、专业合作社、股份合作社等新型经营主体，健全“基地＋农户＋合作社＋龙头企业”的利益联结机制，形成集约化、专业化、组织化、社会化相结合的新型农业经营体系，不断提高农业组织化程度和抵御市场风险的能力。

（二）走好“统筹协调”之路，在建设“三宜”家园上实现新突破。坚持以就地城镇化为方向，以人的城镇化为核心，以造福百姓和富裕群众为目的，持续实施“田园城市、美丽乡村、产城融合、城乡一体”发展战略，加快建设宜居、宜业、宜游的幸福家园。

一是精心打造田园城市。坚持规划先行，突出“以山为倚、以水为魂、以田为基、以林为韵、以路为脉”的整体理念，努力建设宜居、宜业、宜游的现代田园之城。大力发展观光果园、观光菜园、观光花园，打造大地景观，形成兼具生产、生活、生态效益的田园经济带、田园经济圈。按照“复古城、改旧城、建新城”的思路，分步启动古城复兴，加快实施“四馆一院”等重点工程建设和南部片区等重点片区改造，有序推动新城建设，不断增强县城人口、交通、环境等综合承载力。坚持建管并重，加强基础建设，完善城市功能，强化城市管理，培育城市文化，提高市民素养，进一步提升城市品质。

二是加快建设美丽乡村。坚持“干净为基、特色为魂、增收为要、农民为主”，巩固提升磨董线和北留润城、蟒河、东冶、横河连片区建设，充分发挥示范引领作用和辐射带动功能。深入实施宜居示范、农民安居、环境整治、完善提质四大工程，不断深化农村人居环境综合整治，改善优化乡村面貌。坚持因地制宜，注重乡土风味，保留乡村风貌，体现农村特点，彰显本地特色。持续引深“全国古堡民居第一县”创建，扎实开展重点示范镇和文化旅游名镇建设，深入挖掘历史文化、特色景观等宝贵资源，努力把延续千年的历史文化传承好、保护好、利用好。

三是加速促进产城融合。按照要素有序自由流动、主体功能约束有效、基本公共服务均等、资源环境持续承载的要求，构建“一心两廊三园四区”高度融合的区域空间结构。紧扣“一心”定位。以凤城、西河、演礼、白桑等乡镇为主建设田园城市，打造拉动县域经济发展的龙头和核心。围绕“两廊”布局。以磨董乡村旅游公路产业景观带沿线为重点，倾力打造乡村旅游“百里画廊”；遵循“工业化、城镇化、生态化”三化同步的思路，全力打造芦苇河生态经济走廊。加快“三园”建设。坚持“优势互补、突出特色、错位发展”，加快建设演礼园区、壮大北留园区、提升安阳园区步伐，进一步增强工业园区的承载力和带动力，努力实现园区与镇区、城区联动，产业与就业、创业融合。推动“四区”发展。立足各乡镇的区位条件、资源禀赋、发展基础等比较优势，推动形成北留润城古堡民居开发先行区、芹池寺头町店清洁能源开发集中区、演礼固隆次营休闲农业示范区、横河河北驾岭董封东冶蟒河生态经济区等四大功能区，着力构建区域块状布局、合理分工、紧密协同的发展新格局。

四是扎实推进城乡一体。坚持适度超前、科学布局、统筹规划、稳步推进，实施六大“圆梦”计划，不断提高城乡发展支撑能力和保障水平。实施古城“圆梦”计划。按照“文物为纲、文化为魂、修旧如旧、保护优先”的原则和“政府引导、市场主导、分步实施、合理利用”的思路，大力实施濩泽古城保护和开发利用工程，留住城市历史记忆，延续城市文脉传承，成就阳城人民的“复兴古城梦”。实施道路“圆梦”计划。力促阳蟒高速、阳运高速和晋阳一级路上马建设，推进八甲口火车站完善客运功能，建好、管好、护好、运营好县乡公路、旅游专线和“村村通”，形成外联内通、四通八达的交通网络，成就阳城人民的“畅通出行梦”。实施供水“圆梦”计划。全面完成引沁入阳工程，积极推进磨滩水电站建设，新建一批蓄水工程和引调水工程，加强重点水源地保护和综合开发利用，推进农村集中供水提升工程，有效保障工农业用水和居民饮水需求，成就阳城人民的“安全用水梦”。实施供热“圆梦”计划。加快推进以阳电和晋煤热电为主热源的城乡集中供热工程，有序铺开“一城七镇”配套热源和管网建设，满足22万群众越冬供热需求，成就阳城人民的“温馨取暖梦”。实施供气“圆梦”计划。大力实施“气化阳城”战略，促进清洁能源向乡村延伸，成就阳城人民的“清洁能源梦”。实施信息“圆梦”计划。加快移动通信、广播电视和互联网“三网”融合，推进骨干网络优化、城乡网络覆盖、农村宽带延伸，健全“互联网＋”引领和宽带普遍服务机制，建设“数字阳城”“智慧阳城”，成就阳城人民的“智能生活梦”。

（三）走好“改革创新”之路，在激发动力活力上实现新突破。紧紧围绕“发展所需、基层所盼、民心所向”，扎实推进重点领域和关键环节改革，全方位扩大对内对外开放，使经济社会发展的动力不断增强、活力持续释放。

一是稳妥推进各项改革。深入推进国有集体企业改革，增强国有集体经济竞争力和抗风险能力。扎实推进农村综合改革，稳定农村土地承包关系，依法推进土地经营权有序流转，深化农村集体产权、农田水利建设等管理体制改革。积极推进行政审批制度改革，优化审批事项、类别、流程和时限，加快政府治理体系和治理能力现代化。深化税费制度改革，健全有利于转变经济发展方式、形成统一市场、促进社会公平正义的现代财政制度。强力推进扩权强县试点工作，先期突破町店镇转型综合改革，不断优化政府经济调节、市场监管、社会管理和公共服务职能。协调推进各领域供给侧结构性改革，努力优化存量、引导增量、主动减量。

二是优化市场发展机制。发挥市场配置资源的决定性作用，完善劳动力、土地、资本、技术等生产要素交易平台，健全各类生产要素市场，推动要素自由流动和公平交换，加快形成统一开放、竞争有序的市场体系。积极引导和鼓励支持非公经济发展，培育“亲”“清”新型政商关系，健全民营经济服务体系，使民营经济成为支撑县域经济的重要力量。鼓励全社会以创新引领创业、全面开启“大众创业、万众创新”的新时代。

三是持续扩大对外开放。坚持把招商引资作为扩大开放的重要抓手，力争引进一批发展潜力大、市场前景好、投资回报率高的大项目、好项目。加强与运城等周边市县交流合作，力争在黄河金三角试验区协同发展中赢得一席之地。积极参与中原经济区市场竞争和发展分工，着力在“竞逐中原”过程中发出“阳城声音”。抢抓山西被纳入京津冀、环渤海经济圈的战略契机，深度对接长三角地区，推动劳务、服务、原料等资源要素“走出去”，努力在国家“一带一路”建设中实现“搭车上路”“借船出海”。

（四）走好“共建共享”之路，在提升幸福指数上实现新突破。坚持以人民为中心的发展思想，进一步保障基本民生、聚焦热点民生、兜住底线民生，不断提升人民群众的获得感和满意度。

一是持续改善人民生活。不断加大财政民生支出倾斜力度，着力推进城乡基本公共服务均等化。实施精准脱贫工程。切实找准脱贫攻坚的着力点和发力点，将扶贫工作落到“人头”上、找到“穷根”上、扶到“点子”上、帮到“心坎”上。实施收入提升工程。认真贯彻促就业、促增收各项措施，加大创业就业扶持力度，搭建多元化就业平台，建立收入多元化增长的长效机制，不断拓宽城乡居民新的增收渠道。实施社保提标工程。全面完善覆盖城乡的社会保障体系，推进机关事业单位养老保险制度改革，实施全民参保计划，大力发展社会救助、社会福利和慈善事业。实施住房保障工程。完善符合县情的基本住房保障制度，扎实推进移民搬迁工程，继续落实好房地产调控政策措施。实施教育提质工程。坚持教育优先发展，全面提升教育质量，提高学前教育的普及水平和保教质量，加大高中教育投入，不断提升教育现代化水平。实施健康阳城工程。深化医药卫生体制改革，落实预防为主方针，推动重大疾病综合防控，深入开展全民健身运动，积极应对人口老龄化，全面实施二孩政策，稳步提高人口素质和健康水平。

二是大力繁荣文化事业。强化舆论引导，净化网络生态，导扬社会风化，弘扬主旋律，传递正能量。大力弘扬新乡贤文化，以乡情乡愁为纽带吸引和凝聚各方力量支持乡村建设、传承乡村文明。完善公共文化基础设施，均衡配置公共文化资源，建立覆盖城乡的公共文化服务体系。鼓励、支持、促进文化与经济社会融合发展，培育壮大文化产业。

三是扎实推进生态建设。牢固树立“绿水青山就是金山银山”和“生态优先、绿色发展”等理念，持续加强生态建设和环境保护。大力推进“增绿”攻坚行动。持续实施“六大林业”、封山育林和天然林保护工程，加快推进矿产资源开采区生态修复，全面提升环城、环乡、环村“三环”绿化水平。大力推进“去污”攻坚行动。加强煤炭、陶瓷、化工等重点行业、重点区域污染防治和综合整治，统筹推进生态修复、环境整治、基础配套和项目建设，严防严控污染下乡。大力推进“治水”攻坚行动。全面落实最严格的水资源管理制度，持续抓好沁河、芦苇河、获泽河等主要河流的生态保护和综合治理，实施县城污水处理厂提标改造和乡村污水综合治理工程，加快建设全省生态文明传承与创新引领区、示范区。

我们又一次站在新的历史起点上。让我们以更加饱满的精神开拓创新，以更加昂扬的斗志攻坚克难，以更加务实的工作作风勤勉工作。绝不辜负党和人民的期望，为把阳城2020年如期全面建成小康社会努力奋斗！

全力打造创新驱动、集约高效、产城融合的中西部特色制造基地

晋城经济技术开发区管委会主任　**程　琳**

“十二五”期间，晋城经济技术开发区(以下简称晋城开发区)坚持以科学发展观为统领，深入贯彻落实党的十八大、十八届二中、三中、四中、五中全会精神，以转型发展、跨越发展为主线，围绕“确保翻两番，冲刺一百亿”的奋斗目标，突出招商引资、开发新区两大重点，着力发展高新技术产业，着力推进城中村改造，着力创新体制创优环境，着力扩大就业改善民生，经济社会事业迈入了一个全新的发展阶段，为“十三五”发展奠定了坚实的基础。

一、“十三五”时期的指导思想和主要发展目标

“十三五”时期工作的指导思想是：高举中国特色社会主义伟大旗帜，全面落实党的十八大和十八届三中、四中、五中全会精神，坚持以马克思列宁主义，毛泽东思想、邓小平理论、“三个代表”重要思想、科学发展观为指导，深入贯彻落习近平总书记系列重要讲话精神，按照“五位一体”总体布局和“四个全面”战略布局，坚持发展是第一要务，牢固树立并切实贯彻山西省委关于创新发展、协调发展、绿色发展、开放发展、共享发展、廉洁和安全发展的新理念，以产业转型升级为主题，以骨干项目和重点企业为抓手，以优化和盘活土地资源为主线，以提高单位面积和产出强度为重点，以升级产业层次和水平为方向，以扩大对外开放的范围和层次为突破，培育创新创业生态，引领新经济增长点，全力建设创新驱动、集约高效、产城融合的中西部特色制造基地。

“十三五”时期的主要经济指标是：全区生产总值年均增长10%左右，力争到2020年实现120亿元；财政收入年均增长5%以上；引进国内投资120亿元；5年新增实际利用外资10亿美元；规模以上工业增加值年均增长10%左右；服务业增加值占比达到40%以上；高新技术产业增加值占比达到50%左右。

二、重点做好以下工作

(一)加快产业转型升级，打造中西部特色制造基地。一是重点依托富士康，建设精密光机电创新研发基地。继续以服务和推进富士康金匠工业园龙头项目建设为核心，完成光学镜头和光通信产品扩产，争取富士康落地投资40亿元，建设精密机械创新研发基地和智能制造试点示范区。金匠工业园布局精密光机电领域的重点项目，主要包括光学镜头生产项目和光通讯无器件生产项目，设计年产光学镜头约12支，光通讯陶瓷插芯约7800万颗。建成达产后预计可新增年产值约50亿元人民币，新增就业岗位1万人。二是主动对接“中国制造2025”，建设高端装备制造基地。提升改造传统铸造业，并推动其向高端铸件转变，紧紧围绕煤炭、煤层气等资源行业对装备的需求，全力打造铸造—机加工—装备制造产业链条。加快推进金鼎煤机煤层气装备制造业基地建设。将基地建成集群化程度高、产业结构合理、竞争实力强、国内一流的煤机、煤层气高端装备制造业基地。积极推进中船重工晋城新能源装备制造产业基地建设。大力推进以核级阀门为重点的第三代核电装备项目和以风电制动器为主风电机组关键配套装备项目建设。三是大力发展新能源新材料，打造战略性新兴产业集群。大力发展中道能源锂离子动力电池、蓝天科技工业尾气净化装置等项目，将其打造为晋城开发区的第三大主导产业。四是加快推进现代服务业，培育创新创业新业态。大力发展高端服务业，建设山西省东南部现代物流中心，培育大型专业物流公司和区域性物流配送中心，加快建设以大企

业为龙头,以信息网络为支撑,多种中介服务配套齐全的现代物流基地。招引一批重大的基础性、功能性城市综合体、大型批发零售项目。加快发展电子商务。鼓励以“互联网+”、智能制造为代表的新一代信息技术发展。

(二)实施创新驱动发展战略,建设创新型特色园区。一是构建创业创新载体。制定和完善全面推进创业创新和小微企业发展的扶持政策和激励措施,加强公共服务资源开放共享,营造开放、普惠的创业创新环境。到2020年,建成“金匠中小企业创新创业产业园”。建设中小微企业线上综合服务平台,实现省、市、区、企业四级服务联网互通、资源共享、协同服务,以“互联网+”的理念,强化“平台加服务”对创新创业的双重支撑。二是推动科技金融融合发展。制定晋城开发区财政扶持科技创新的资金管理办法,积极争取上级科技扶持资金。设立财政科技资金,用于保障晋城开发区内企业的科技项目政府配套;设立科技孵化器建设补助资金,重点支持科技孵化器建设和入驻企业的扶持补助;大力引进各类创投基金、风投资金、私募基金在晋城开发区落户开展业务。利用资本市场,扶持企业挂牌上市。抓紧推进皇城相府药业、兰花汉斯、汉通机械等企业上市、挂牌工作。建立上市企业后备资源库,力争企业上市融资走在全市前列。三是提升企业自主创新能力。采取项目合作,人才租赁以及联建重点实验室、研发中心等方式招才引智。积极推进国际学术交流和项目合作,吸引高层次人才领衔开展先进技术研发应用的国际合作,发挥海外高层次人才创新创业基地平台优势。完善创业孵化服务设施,形成高新技术人才的集聚效应。

(三)加大招商引资力度,打造开放发展新高地。一是狠抓项目建设,创新招商引资方式。围绕带动区域经济发展主线,有定位、有侧重开展招商引资工作,引进高效能、高收益的大项目、龙头企业,实现产业集聚效应,延长产业链,带动区域辐射作用,加快形成布局合理、结构优化、特色突出、功能互补、绿色生态、区域平衡、产业集聚的发展格局。加快打造高起点、高科技、高效益、高产业链、高附加值、高度节能环保的装备制造业、智能制造业、新能源、新材料等新型工业化产业集聚区。二是加强上下游协作,推动园区产业集聚。依托山西“一核两翼多板块”发展的总体思路,以富士康、中道能源、金鼎煤机、景潮印刷为基础,以延伸相关产品产业链为目的,有针对性地引进高端装备制造、新材料、新能源、现代医药、电子数码、新能源汽车等技术含量高、经济效益好的企业落户。重点围绕富士康上下游企业开展招商,延伸产业链,推动园区产业规模化发展。三是加快金融创新,拓展招商引资渠道。依托园区项目积极开展BT项目融资、TOT项目融资、IFC项目融资、高新技术融资、专项资金融资、产业政策融资、股权融资、众筹、互联网等融资项目。积极开展以PPP为主导的开发模式。

(四)加快产城融合发展,建设宜居宜业科技新城。一是加强规划指导,优化区域空间布局。坚持规划先行,推进晋城开发区“多规合一”,“建园”与“建城”相结合,力争全区工业用地、居住用地、配套服务用地同比例配置。促进产业发展与城市功能、生态环境的协调均衡发展,构筑产中有城、城中有产、产城一体、融合发展新格局。二是完善城市功能,提高综合管理水平。加快完善金匠园区交通、路网布局和能源、供热、污水、垃圾处理等基础设施,提高基础设施和公共服务配套能力。打造智慧园区,提高园区管理的数字化、精细化和人性化水平。三是坚持科学发展,建设绿色示范园区。实施环境提质工程。大力实施晋城开发区绿化、净化、美化、亮化工程,提高水资源循环利用率。新建金匠污水处理厂。“十三五”末,实现区内工业、生活污水“全收集、全处理”。加快生活垃圾无害化处理设施建设。到2020年,晋城开发区内生活垃圾全部实现无害化处理。

(五)大力发展社会事业,不断加强民生保障。一是实施就业促进工程。确保辖区内零就业家庭安置率达100%。实施住房保障工程。加快城中村改造步伐,加大社区危旧房改造力度,加快公租房建设进度,建立起符合晋城开发区实际的住房保障体系。完善社会保障体系建设。争取到2020年末区内所雇佣工人全部参加失业保险、基本养老与医疗保险,14个社区居民全部参加基本养老与医疗保险。加快发展义务教育。加快颐翠小学与颐翠中学建设进度,争取在2017年投入使用,新建4所小学,重建金匠小学。与晋城开发区的初中相配套,新建1所普通高中,结合园区产业发展需要,新建1所职业高中。

(六)完善机制体制,优化发展环境。一是推进依法治区。按照“精简、效能、统一”和“小政府、大服务”的原则,进一步明确晋城开发区经济发展、招商引资、项目建设等经济职能以及社会管理、行政管理等职能权限,在保障晋城开发区根据授权行使(市)级人民政府行政审批、经济协调与管理等职能的同时,赋予必要的公共服务及行政执法等社会事务管理权限。二是提升行政服务效能。优化园区发展环境,完善和规范“三重一大”决策制度机制,深化行政审批制度改革。建立规范化运作的政务服务平台,完善制度,规范审批事项。通过“整合流程、一口进出、并联审批、信息共享、限时办结”改革,全面推行“并联审批”和“限时办理”,努力减少审批环节,缩短办事时间,提高服务质量,营造良好投资环境。

强化使命担当，自觉奋发有为，努力谱写临汾发展新篇章

临汾市市长　**刘予强**

临汾市委市政府与全市人民一道，深入学习贯彻党的十八大、十八届三中、四中、五中全会精神和习近平总书记系列重要讲话精神，主动适应经济发展新常态，统筹推动稳增长、促改革、调结构、惠民生、防风险，较好地完成了“十二五”确定的目标任务。

一、“十三五”时期发展的总体思路和主要目标

今后五年我市经济社会发展的总体思路是：高举中国特色社会主义伟大旗帜，全面贯彻党的十八大和十八届三中、四中、五中全会精神，深入学习贯彻习近平总书记系列重要讲话精神，统筹落实“五位一体”总体布局和“四个全面”战略布局，按照省委“一个指引、两手硬”的重大思路和要求，紧紧围绕市委提出的“345”战略，坚持以经济建设为中心，坚持新发展理念，坚持全面从严治党，围绕供给侧结构性改革一条主线，强化“安全、环保”两个保障，突出“园区经济、民营经济、新型城镇化”三个重点，抓住“脱贫攻坚、产业转型、项目建设、文化旅游”四个关键，做好“创新驱动、城乡统筹、绿色崛起、改革开放、民生改善”五篇文章，决胜全面小康，实现振兴崛起，努力建设富裕、文明、绿色、幸福新临汾。

今后五年全市经济社会发展的主要预期指标是：到2020年，地区生产总值年均增长7%；城镇常住人口人均可支配收入年均增长6.5%；农村常住人口人均可支配收入年均增长7%；一般公共预算收入年均增长6.5%；规模以上工业增加值年均增长8%；社会消费品零售总额年均增长10%，主要经济指标人均水平进入中西部地级市前20名。约束性指标：全市现有23.7万贫困人口全部脱贫，10个贫困县全部摘帽。万元地区生产总值能耗、二氧化碳排放量、用水量，主要污染物减排，空气质量优良天数比例，劣V类水体比例，新增建设用地降幅，城市棚户区住房改造等，完成省下达任务。

二、围绕一条主线，强化两个保障，突出三个重点，抓住四个关键，做好五篇文章

（一）围绕一条主线，打造决胜全面小康、实现振兴崛起新引擎。坚持把供给侧结构性改革作为经济工作的主线，以落实“三去一降一补”五大任务为重点。一是积极稳妥去除无效供给。坚定不移去过剩产能，五年压减煤炭产能1500万吨、钢铁产能170万吨。有效化解房地产库存，用三年左右时间，使全市商品住房消化周期控制在9个月以内，到2020年实现供需基本平衡。二是以市场为导向增加有效供给。以现有的精密铸造、汽车零部件、动力电池、LED材料等产业为基础，培育壮大高端装备制造业等战略性新兴产业，改造提升煤、焦、冶金传统优势产业，大力发展现代服务业和现代农业，使新的增长点汇聚成强大发展动力，实现新旧动能有序转换。三是切实降低实体经济负担。落实好国家、省和我市已出台的各类减轻实体经济负担的政策措施，大力清理涉企收费，降低实体经济各类生产要素成本和制度交易性成本，增强企业竞争优势。四是努力补齐经济社会短板。进一步提高公共产品供给的精准性和公共服务的有效性，从临汾的实际出发，重点做好脱贫攻坚、基础设施建设、生态环境保护、社会事业发展等工作。

（二）强化两个保障，夯实决胜全面小康、实现振兴崛起新基础。一是抓牢总体安全，强化安全稳定保障。牢固树立“总体安全观”，以铁的担当尽责，铁的手腕治患，铁的心肠问责，铁的办法治本，全面做好各行业、各领域、全社会安全稳定工作。坚决杜绝重特大事故，遏制较大事故，减少一般事故，为全市经济发展提供可靠的安全保障。加强和创新社会治理。创新完善立体化社会治安防控体系，有效排查管控信访维稳、社会治安、公共安全等领域的不稳定因素，防止各类风险聚积扩散。二是加大治理力度，强化生态环境保障。围绕创建

“国家环保模范城市”目标，全力打好大气、水、土壤污染防治“三大战役”。严控大气污染。以大气质量持续好转、重污染天气明显减少为目标，以“控烟、治污、管车、降尘”为抓手，建立平川7县市区一体化治理机制，落实大气污染防治行动计划，到2020年，全市$PM_{2.5}$浓度比2015年下降20%左右。严治水体污染。制定水污染防治计划实施细则，开展重点河流生态环境综合整治，确保跨界断面主要污染物浓度明显下降，汾河水质达到Ⅴ类水体标准。全市集中式饮用水源地水质达标率100%。严防土壤污染。加大土壤环境监测投入，完成全市土壤污染调查。开展污染场地环境风险评估和污染土地修复治理试点工作，进一步提升土壤生态功能。

（三）突出三个重点，催生决胜全面小康、实现振兴崛起新动能。一是大力发展园区经济。坚持布局合理、产业集聚、结构优化、功能完善、绿色生态、区域平衡的原则，按照“整合、改制、扩区、调规”的思路，推动园区体制机制二次创新，使项目布局向园区集中，生产要素向园区集中，就业人口向园区集中，把园区经济打造成为全市经济发展的增长极，到2020年，园区经济总量要占到工业经济总量的90%以上。

二是大力发展民营经济。认真落实我市《关于进一步支持民营经济健康发展的措施》22条，实施民营经济“帮扶、培训、提升”三大工程，抓好企业家、专业技术人才、技术工人“三支队伍”建设。加大财政专项资金支持力度，支持小型微型企业采用新技术、发展新产业、培育新业态、创新新模式。重点培育洪洞中小企业创业基地、尧都和侯马电商物流创业基地，到2020年，全市新创办小微企业1万户以上，培育科技型中小企业1000家。优化金融环境。建立完善以政策性担保机构为引领、多种所有制共同发展的民营企业融资担保体系。设立政府创业投资引导基金、民营企业应急周转保障基金等，重点支持初创期、种子期和孵化期的民营企业。支持民营企业改制上市直接融资，对在主板、中小企业板、创业板、新三板上市企业给予财政资金奖励。到2020年，上市“新三板”企业达到30家以上，在山西股权交易中心挂牌企业达到250家，争取2～3家在主板上市。

三是大力推进新型城镇化。优化市域城镇布局。编制完成《临汾市城市近期建设规划（2016～2020）》《临汾市城市总体规划（2021～2040）》及专项规划，完善城市规划体系，全面加强城市设计。围绕“一带两圈多点”的城镇化布局，加快百里汾河新型城镇带、临汾城市圈和侯马曲沃城市圈、县城和重点镇建设。提升市区建设水平。按照“建设新城，改造老城，提升东城，绿色绕城”的思路，全面加强城市基础设施建设，增强承载能力，提升城市品位。打造黄土高原上的“秀丽水城、文化名城、绿色新城”。

（四）抓住四个关键，形成决胜全面小康、实现振兴崛起新支撑。一是多方合力脱贫攻坚。按照“六个精准”“五个一批”要求，大力实施我市“十大扶贫工程”，建立和完善专项扶贫、行业扶贫、社会扶贫“三位一体”的大扶贫格局，形成扶贫强大合力。大力发展扶贫产业，以干鲜果、畜牧、蔬菜、小杂粮、中药材、农产品加工业、休闲农业等七大特色产业为主，增加扶贫“造血”功能。扶持和发展一批扶贫龙头企业、农民专业合作社和市场服务主体，带动贫困人口增收脱贫。积极推进易地搬迁，到2020年底，完成易地扶贫搬迁6万人，同步搬迁1.5万人。加快建设光伏电站，到2020年，全市光伏电站建设规模达50万千瓦以上。着力促进生态富民，紧紧抓住国家新一轮退耕还林的机遇，大力发展造林专业合作社，利用好国家治理黄河泥沙的补助资金，广泛吸收贫困劳动力参与造林管护、种草绿化、治理水土流失等工程建设，实现生态改善与精准脱贫同步推进、同步见效，既让生态好起来，又让群众富起来。深入开展金融帮扶，建立金融支持脱贫攻坚新机制，组织实施好“富民贷”“强农贷”，充分利用好国开行、农发行政策性扶贫贷款，着力解决贫困地区农户和企业贷款难问题。到2020年底，10个贫困县全部摘帽，23.7万农村贫困人口全部脱贫，确保全市人民同步迈入全面小康社会。

二是持续推动产业转型。加快产业转型，破解“一煤独大”困局，推动煤与非煤耦合互动、三次产业融合发展。大力发展现代农业。实施农业提效战略，以抓企业的办法抓农业，以互联网思维促进现代农业发展，努力实现产品特色化、生产标准化、组织产业化、营销网络化。到2020年，全市粮食总产稳定在20亿千克以上，蔬菜稳定在100万亩以上，水果达到230万亩，干果达到345万亩，中药材达到230万亩。力争到2020年，全市万亩以上农业标准化示范基地达到50个以上。加快推进工业新型化。实施《临汾市工业振兴行动计划》，改造提升传统产业，煤炭产业着力推进煤矿机械化、信息化、智能化建设，打造乡宁、蒲县等大型煤炭基地，到2020年底，全市矿井数量控制在100座左右，产能1亿吨，安全高效及现代化矿井达到50%以上；焦化产业加快向焦化并举、上下联产转变，焦炭产能控制在3800万吨以内，焦、化产值之比达到3∶7；冶金产业严控增量，优化存量，实施产品结构调整、装备水平提升、产业整合重组三大工程，产能控制在2000万吨。围绕构建临汾特色工业体系，加快发展“新装备、新材料、新医药、新电子、节能环保、食品轻工”等六大新兴产业集群，实施沃特玛新能源汽车、汾西其亚铝业氢氧化铝及高精铝板、翼城舜达锻造等一批百亿元以上大项目。力争到2020年，全市工业增加值达到500亿元，非煤产业占比达到60%，新兴产业占比提高到20%左右。提速发展现代服务业。以商贸物流、电子商务、大数据等生产性服务业为重点，有效激发内需潜力，引领服务业向价值链高端提升。实施明珠国际广场、五洲国际广场、经贸西华商城、悦达广场、上东世纪CBD城市综合体等一批大型商贸项目，推进山西方略洋货码头、乐视乐生活、晋润农副产品冷链物流、市区农副产品物流园等项目建设，打造覆盖平川七个县市区的“2＋5”现代物流中心圈。打造2～3个全国有影响力的电子商务平台，建设2～3个示范性电商产业园区。大力发展大数据、云计算、物联网等信息技术产业，加快建设宽带、融合、安全的新一代信息基础设施和公共平台、数据库，促进全社会信息化水平整体提升，不断催生新产业、新业态。力争到2020年，全市服务业增加值比重达到50%，年均增长9%。

三是深入推进项目建设。持续扩大有效投资。加大实体经济投资，加快建设一批重大产业项目、重大基础设施项目和重大民生工程项目，在全市掀起大项目“顶天立地”、小项目“铺天盖地”的建设热潮，力争五年固定资产投资达到10000亿元以上。加大招商引资力度。发挥临汾民间资本充裕的优势，积极开展“引老乡、回故乡、建家乡”活动，完善民间投资政策，放宽准入领域，内商、外商一起招，内外一致，互促共进；创新招商方式，强化招商引资2.0模式，引进更多全国500强和世界500强企业。

四是大力发展文化旅游。要围绕创建国家级历史文化名城和国家旅游城市“一城一市”的目标，突出“中国根·黄河魂”品牌建设，坚持“五大举措”，把文化旅游业作为战略性支柱产业来抓。坚持体制机制改革，成立市旅游发展委员会，组建市级文化旅游产业集团，全面整合我市文化旅游资源；建立现代企业制度，实现旅游景区所有权、经营权分离。坚持多元化投入，设立临汾文化旅游产业基金，充分发挥政府性资金的引导示范作用，广泛吸引社会资本投向文化旅游。坚持区域联合发展，突出旅游“安、顺、诚、特、需、愉”六字要诀，高标准编制全市文化旅游业发展规划，按照统一规划、各有侧重、定期协商、收入分成的思路，大力发展全域旅游。坚持传承弘扬临汾文化，大力实施平阳记忆和印象临汾“两大工程”，加强文物、非物质文化遗产保护，开设非物质文化遗产“数字展厅”，整理出版《临汾市非物质文化遗产图典》，唤起城市记忆，做好文化传承；印象临汾，演绎为主，用现代传媒方式，挖掘尧文化、晋文化、移民文化、红色文化、廉政文化、山水文化等特色文化元素，加快创作一批在全国有影响的影视剧作、文学作品、戏剧音乐等艺术精品。到2020年，文化旅游业总收入突破1000亿元，增加值占GDP的比重由2015年的3.1%提高到10%。

（五）做好五篇文章，开启决胜全面小康、实现振兴崛起新征程。一是崇尚创新，做好创新驱动文章。推进科技创新，以科技体制改革为突破口，持续加大科技投入，建立健全适应市场经济要求、符合科技发展规律的管理体制、运行机制、评价机制和资源分配机制。强化企业创新主体地位，积极培育高新技术企业，支持建设一批以产权为纽带、产学研合作的产业技术战略联盟；组织申报实施国家和省市级科技项目，加大科技人才培养引进力度，积极引进高端人才和创新团队。到2020年，全市建成高科技产业园2～3个，高新技术企业达到60家以上，市级以上重点实验室、工程（技术）研究中心、企业技术中心达到80家以上。推进金融创新，大力引进和培育金融机构，做好我市首家民营银行筹建和村镇银行普设工作。县级农信社逐步改制为农村商业银行。稳步发展新型金融业态，推动互联网金融、消费金融、众筹基金等业务拓展。充分争取和利用国家政策性贷款，推进险资入临。到2020年，全社会融资总量比2015年增长60%。推进大众创业万众创新，落实鼓励创新创业的政策措施，实施大学生就业促进和创业引领计划、“三支一扶”计划、就业见习计划，鼓励农民工、临汾籍商人返乡创业。积极培育众创空间，建设一批“互联网＋”新型孵化器。到2020年，全市培训新型职业农民10万人，城镇新增就业23万人，城镇调查失业率控制在6%左右。

二是注重协调，做好城乡统筹文章。着力建好“三大板块”，按照“沿汾崛起，两翼齐飞”的总体布局，推动“百里汾河生态经济带”、西山7县主体功能区、东山低碳循环经济区三大板块协调发展。“百里汾河生态经济带”重点实施基础设施、产业园区、新型城镇、文化旅游、生态文明等项目；西山7县主体功能区按照国家级限制开发的重点生态功能区的定位，建立因地制宜、绿色发展的生态经济体系；东山低碳循环经济区重点推进浮山国家资源综合利用“双百工程”、古县省级低碳县试点示范和安泽循环经济园区等项目建设。大力改善农业农村条件。大规模推进高标准农田和农田水利建设，实施“大水网”配套县域小水网工程、重大水利枢纽工程、防洪工程，强化水支撑，提高农机化综合作业水平，增强农业可持续生产能力。推动特色小镇和美丽乡村建设，在全面改善农村人居环境的基础上，积极开展美丽宜居示范村“三级联创”活动，打造一批家园美、田园美、生态美、生活美的美丽宜居乡村。到2020年，全市创建美丽宜居示范村300个以上。

三是倡导绿色，做好绿色崛起文章。围绕建设“生态强市”，坚持“绿色崛起”，不断加强生态文明建设。扎实推进节能减排，实施产业低碳化、主要污染物减量化、交通清洁化、建筑绿色化、服务业集约化和可再生能源利用规模化“六化”工程，强化能源消费控制，重点实施好国家节能减排财政政策综合示范城市项目。大力推广新能源纯电动汽车、公共自行车等绿色交通工具，实现全市纯电动公交车全覆盖，打造全国电动公交绿色出行示范城市。大力开展生态建设，深入实施林业“五大工程”，重点抓好吕梁山生态脆弱区综合治理、霍永高速通道绿化等造林绿化工程，到2020年，全市完成营造林11万公顷，森林保有量达到70万公顷，森林覆盖率达到34.4%。全力建设“吕梁山生态脆弱区、太行山水源涵养区、百里汾河生态经济带”三大生态屏障，大力推进汾河流域生态修复和综合整治，重点实施涝洰河、汾河尧都区吴村段等生态修复工程，打造绿色汾河，重现大河风光。全面推进采煤沉陷区、采空区、水土流失区、煤矸石山等重点区域生态环境治理修复工程。

四是厚植开放，做好改革开放文章。全面深化各项改革。扎实推进行政审批制度改革，加快建设“一张网络”“两个平台”“五大功能”“四级联办”的政务服务网络平台，构建规范的公共资源交易体系。深化商事制度改革，推广“五证合一、一照一码”登记模式，全面实现企业网上注册登记。深化投融资体制改革，大力推广政府和社会资本合作(PPP)模式，探索和创新投融资渠道，进一步健全完善市投融资平台法人治理结构，努力实现上市融资。稳步推进农村综合改革，分类推进农村集体资产确权到户和股份合作制改革，建设农村产权流转交易市场体系。深化财税体制改革，加大预算统筹力度，扩大预算公开范围。着力扩大对外开放。积极参与“一带一路”建设，主动融入京津冀、环渤海，加强黄河金三角、“黄河几字湾”、中原经济区等区域交流合作，加大口岸、保税区、电子商务等功能性开放平台建设力度，建立临汾航空口岸、铁路口岸，加快临汾综合保税区申报建设，拓展对外开放新空间。加快承接东部沿海地区加工贸易产业转移步伐，围绕机电、铸造等优势产业，大力推进华翔JDH、侯马开发区宏凯集团电子类产品综合产业基地等项目建设，做大外向型经济。

五是推进共享，做好民生改善文章。大力发展文化事业。重点启动市广电中心、文化中心和美术馆项目，推进市非遗传承基地项目建设，推动县级“四馆一场一院”建设。优先发展教育事业。重点实施教育五大工程，打造临汾教育“升级版”。实施学前教育奠基工程，坚持公办民办并举，基本建成以公办园和普惠性民办园为主体的学前教育公共服务体系，逐步解决入园难、入园贵的问题。实施义务教育均衡工程，到2018年，未完成国家义务教育均衡验收认定的12个县市区全面完成均衡达标验收。实施普通高中教育提升工程，优化普通高中发展格局，打造一批在全国、全省叫得响的一流普通高中，创建一批有强项、有内涵的特色普通高中。实施职业教育接轨工程，坚持“两调三优化”原则，调布局、调结构，优化专业设置、优化师资队伍、优化办学条件，强化校企联合，实现中等职业教育与经济转型接轨。实施高等教育园区、校区建设工程，启动市区各级各类公办职业学校资源整合工作；建成山西师大和师大临汾学院新校区，全面提升高等教育发展水平。加快发展卫计事业。坚持深化医药卫生体制改革，巩固县级公立医院综合改革成果，全面启动市直公立医院改革。完成市第三人民医院、市精神病医院迁建等项目建设。提升县级医院服务能力，到2020年，所有县级综合医院全部达到二级甲等以上标准。健全农村三级卫生网络，积极推进分级诊疗。积极发展中医药事业，到2020年，70%的县级中医院达到二级乙等以上标准。大力开展爱国卫生运动，全面推进国家卫生城市(县城、乡镇)创建工作，力争到2020年实现国家卫生城市(县城)全覆盖，国家卫生乡镇达到20%以上。做好全面两孩政策实施前后的衔接工作，基本实现流动人口基本公共卫生计生服务均等化全覆盖。完善社会保障体系。稳步提高社会保障待遇水平，鼓励有条件的县提高城乡居民基础养老金。探索完善被征地农民社会保障政策，稳妥推进城乡居民基本医疗保险整合工作。健全失业保险待遇与物价水平联动调整机制。大力推进保障性住房建设。完善重特大疾病医疗救助政策。加快发展养老事业，落实经济困难的高龄与失能老年人补贴以及百岁以上老年人补贴新标准。提升城乡社会救助水平，编密织牢困难群众基本生活安全网。

“凡是过去，皆为序章”，临汾的发展前后相续，今天的奋斗将成就明天的荣光。当历史的航船驶入2020年，我们的城市将成为一座产业高端、经济繁荣的实力之城，活力迸发、引领未来的创新之城，文化深厚、生态宜居的品质之城，成果共享、全面小康的幸福之城，临汾的明天一定会更加美好！

推进五大发展，实现五大提升，率先全面建成小康社会

临汾市尧都区区长　**杨保春**

过去五年，是我区发展历程中极不平凡的五年。在市委、市政府坚强领导下，我们团结带领全区人民，奋发作为，扎实工作，全区经济社会发展取得了重大成就，“十二五”实现了圆满收官。

一、“十三五”时期工作思路和主要目标

今后五年工作的基本思路是：以党的十八大和十八届三中、四中、五中全会精神为指导，深入学习贯彻习总书记系列重要讲话精神，全面落实中央“四个全面”战略布局、省委“一个指引、两手硬”等重大思路和要求，按照区委总体部署，主动适应经济新常态，贯彻落实新发展理念，坚持稳中求进总基调，加快供给侧结构性改革，围绕“五个尧都”，全力推进五大发展，努力实现五大提升，为率先全面建成小康社会而努力奋斗！

今后五年，全区经济社会发展的主要目标是：经济保持全市领先、人民生活显著改善、社会文明不断提升、生态治理取得突破、民主法治有序推进，率先全面建成小康社会目标圆满完成。到2020年，辖区生产总值和城乡居民人均收入比2010年翻一番，提前一年实现8700个贫困人口整体脱贫。

二、“十三五”时期的主要工作任务

*(一)围绕“实力尧都”，坚持协调发展，加快构筑现代产业体系，推进综合实力大提升。*坚持“大招商、大转型、大项目”三措并举，构建新型工业体系。大招商推进工业集聚发展。以工业园区为载体，培植大项目，聚集大产业。组建园区开发投资建设公司，实施贾得工业园区标准化厂房建设，启动“两厂、两网、一站、一路”六项基础工程。建立企业孵化基地、投资融资体系和综合服务平台，为入园企业提供“一揽子”服务。到2020年，力争两大园区入驻企业达到30家，工业总产值达到150亿元。改造提升三大传统产业。一是以清洁、高效为方向改造煤炭产业。二是以“煤电一体化”为目标提升电力产业。三是以绿色、环保为导向发展建材产业。扶持壮大三大优势产业。一是做强现代煤化工产业。到2020年，焦炭产能控制在500万吨。二是做优精密铸造产业。建设全省重要的精密铸造基地。三是做大生物制药产业。建成规模化制药基地。到2020年，三大优势产业总产值突破55亿元。快速推进新能源产业、电子信息产业、新材料产业、节能环保产业、装备制造业、食品加工业，到2020年，六大新兴产业总产值突破30亿元。大项目支撑工业产业体系。今后五年，拟新上工业重点项目31个，完成投资260亿元。形成新的经济增长点。

坚持“区域化、规模化、项目化”三化引领，构建现代都市农业体系。未来五年，我们将围绕建设百万人口城市“菜篮子”“米袋子”和“果园子”，坚持“三化”引领，全力构建现代都市农业体系。坚持区域化发展，打造三大农业板块。加快发展城郊型设施农业板块，大力发展近郊型特色农业板块，稳步发展东西两山资源型生态农业板块。培育新型农业经营主体，发展壮大十大龙头企业，构建农产品加工销售“六大产业”链条。到2020年，形成与区位优势相匹配的高效农业发展格局，确保农民人均收入翻一番。坚持规模化推进，培育五大农业产业。巩固提升核桃产业，到2020年全区农民人均核桃收入达到6000元。优化发展设施蔬菜产业，到2020年本地蔬菜供应量由35%提高到50%。稳步推进优质水果产业，到2020年建设优质水果基地18万亩。积极发展畜牧产业，到2020年畜牧产业占农业总产值比重达40%以上。稳定发展粮食产业。到2020年，粮食总产稳定在20万吨左右。坚持项目化建设，实施六大基础工程。一是水利基础设施工程。发展节水面积1.06万公顷，改善灌溉面积9333公顷。二是农村饮水安全工程。重点实施10个乡镇、69个行政村饮水安全巩固提升工程，确保14万人饮水安全。三是高标准农田建设工程。重点实施8个乡镇高标准农田建设项目，改造中低产田5333公顷，建设高标准农田6667公顷，推广保护性耕作6667公顷。四

是农村公路改造提质工程。重点实施313千米农村公路改造、300千米农村公路防护工程。五是农村电网升级改造工程。重点实施336千米10千伏线路改造和160千米低压线路改造项目。六是农贸市场建设工程。推进尧丰市场提档升级，规划建设农贸产业园。到2020年，全区农业基础建设处于全省领先水平。

坚持“大商贸、大物流、大旅游”多元发展，构建现代服务业体系。发展大商贸。加快商贸融城发展，培育三大高端商贸中心。围绕环城商圈，培育三大特色商贸集聚区。推进划行归市，培育六大专业市场片区。推进城市大型购物中心和特色商业街建设，健全农村商贸流通网络，加快电商与商贸服务业融合发展。“十三五”期间，全区商贸服务业收入年均增长10%。建设大物流。围绕临汾“2＋5”物流发展总体布局，充分发挥尧都区位优势，突出抓好“一园三中心”物流体系建设。到2020年，形成公路、铁路、航空一体化现代物流体系，建成黄河金三角物流中心，物流产业收入年均增长10%。培育大旅游。坚持“对外加强对接、对内整合资源”，深度挖掘历史文化资源，融合现代旅游元素，加强与黄河金三角区域文化旅游合作，把尧都融入全国、全省旅游大体系中。到2020年，旅游综合收入达到200亿元。坚持“互联网＋”“＋互联网”融合发展，助推产业转型升级。实施“互联网＋”行动计划，大力发展电子商务，构建云计算、大数据、物联网服务平台，推动互联网与传统产业深度融合，促进工业、农业、服务业提档升级，全面拓展网络经济空间，力争“十三五”电商销售收入年均增长25%。

（二）围绕“创新尧都”，坚持开放发展，实施创新驱动，推进发展活力大提升。加快改革步伐。全面落实综改五年行动计划。放宽社会资本准入领域。推进政府投资项目代建制。加快建立现代产权制度，构建高效的法人治理机构。完善财政预算体系，加强债务资金管理。推进政府部门权责清单融合，建立权责清单动态调整和规范运行机制。完成农村土地确权登记颁证工作，建设农村产权流转交易中心。建立城乡统一的建设用地市场，推进公共资源交易平台建设。

实施大招商战略。加快“走出去”步伐，积极参与“一带一路”建设，主动融入京津冀、环渤海，加强黄河金三角区域联动发展，推进文化旅游资源、煤焦铁资源、农产品资源向外输出，强化资金、技术和人才深度合作，积极承接加工贸易产业转移，力争在对外开放上实现新突破。力争引资突破1000亿元。

推进大项目建设。突出抓好总投资1180亿元的99个重点项目建设，确保完成投资650亿元，力争“十三五”全区固定资产投资达到1000亿元以上。

加速创新驱动。加快“双创”示范区建设，完善助保贷平台，落实创业财政贴息政策，提升26个小微企业服务站水平，助推大众创业、万众创新。到2020年，培育高新技术企业12家、企业研发中心10个，拥有有效发明专利130件以上。

创建最优发展环境。理直气壮地支持民营经济发展，制定扶持政策，支持煤、焦、铁企业家“二次创业”。树立“亲”“清”理念，完善领导、部门“双包联”工作机制，切实帮助民营企业解决融资难、项目落地难等实际问题。打造“政策洼地”，建设“投资高地”。

（三）围绕“魅力尧都”，坚持绿色发展，加快城镇化进程，推进城乡建设大提升。着力打造魅力东城。按照“一轴两翼”总体框架，推进东城“北进东扩、西南提升”，培育六大特色功能区。到2020年，东城建设面积发展到23.8平方千米，人口达到30万人。

全面推进城乡建设。持续加大城中村改造力度，到2020年，首期计划改造的31个村全面启动，完成改造18个。加快棚户区改造和保障房建设，到2020年，完成阳光小区公租房和13个棚改项目，建设各类保障房138万平方米，改善1万户困难家庭居住条件。推进采煤沉陷区和地质灾害搬迁治理工程。到2020年，建设“两区同建”示范区10个。

加快发展特色城镇。按照“百里汾河生态经济带”的规划，推进尧庙、段店、刘村、屯里、汾河办五个乡镇（办）“同城化发展”；建设贾得、乔李、金殿三个卫星小城镇；把贺家庄、大阳、县底、吴村、土门、魏村六个乡镇建成以绿色农业为主的生态小城镇；把河底、枕头、一平垣三个乡镇建成资源开发与生态保护并重的特色小城镇。到2020年，形成富有尧都特色的小城镇群，全区城镇化率达到70%以上。

全力配合市政重点项目。服从城市建设大局，服务城市重点工程建设。推进汾河、涝河、洰河环城水系建设，完成环城高架等重大工程征地拆迁。配合市区道路工程建设，打通断头路，延伸丁字路，拓宽瓶颈路，改造老旧路。完成广电中心、规划三街、山西师大搬迁等河西重点工程征地拆迁任务。

努力建设生态强区。创新多元投入机制，实施林业“双五”工程，完成荒山绿化3333公顷，通道绿化380千米，景点绿化10万平方米，完善农田林网3333公顷，建设生态园林村（社区）50个。到2020年，初步形成完备高效的生态安全体系。

深入推进环境治理。推进大气污染防治，新增东城天然气管网55千米、供热管网61千米，推进城乡居民取暖“煤改电”工作。积极做好水污染防治，保护汾河11条支流生态环境，完成485平方千米小流域水土治理。

全面实施节能减排。严格落实节能目标，全面推进工业、建筑、交通和公共机构等领域节能工作。加大减排力度，强化电力、建材、化工等重点行业排放监测。到2020年，绿色循环体系初步形成，万元GDP能耗下降4%以上。

加快建设美丽家园。深入实施环境卫生整治工程，突出抓好背街小巷、城乡结合部、交通沿线、主要景区和农村环境综合整治，成功创建国家级卫生城区。

（四）围绕“幸福尧都”，坚持共享发展，加快发展社会事业，推进人民福祉大提升。优先发展教育事业。整合教育资源，建设东城教育园区。大力改善中小学办学条件，改扩建小学2所，整合成立九年一贯制学校3所，完成212所中小学校标准化建设工程。加快幼儿园建设，改扩建农村幼儿园20所，鼓励社会力量办学，规范发展民办教育。

加快发展卫计事业。优化医疗资源布局，整合组建尧都医院、中医院、眼科医院、妇幼保健计生指导服务中心，实施社区卫生服务中心机构改革，推进乡镇卫生院标准化建设，提升26个社区服务站、356个村级卫生室服务水平。落实人口生育政策，提升人口管理和服务水平。

大力发展文化事业。制定文化产业扶持政策，突出抓好“尧文化”产业这篇大文章，建设涝洰河文化创意产业园区，加快发展印刷包装、文化创意、演艺娱乐、文化会展、数字电影等文化产业，鼓励发展游戏、动漫等新兴产业，做好非物质文化遗产和古村落保护工作。

千方百计扩大就业。落实就业创业优惠政策和财政贴息政策，加强就业创业服务体系建设，统筹解决“零就业”家庭、新成长劳动力和弱势群体的就业创业问题。到2020年，培育新型农民5000人，完成劳动技能培训10万人次，新增就业岗位3万个，城镇登记失业率控制在4%以内。

健全完善社保体系。实施全民参保登记，扩大社会保障范围，力争各类参保人数达到65万人。健全完善社会救助体系，规范城乡低保管理，落实专项救助制度，逐步扩大城乡低保和社会救助覆盖范围。到2020年，新建农村敬老院10所，20%的城市社区和行政村建成老年人日间照料服务中心。

坚决打赢脱贫攻坚战。制定脱贫攻坚计划，建立“六个精准”扶贫机制，落实“2+1”包联责任，全面推进“五个一批”和“八大工程”，重点抓好179个村核桃产业扶贫和28个村光伏发电扶贫项目，确保8700个贫困人口2019年全面脱贫。

蓝图已经绘就，发展任重道远。实现我们的奋斗目标，尧都将站上一个新的起点。我们要紧紧围绕“五个尧都”建设，只争朝夕，奋力攻坚，一定让人民更加幸福、社会更加和谐、尧都更加美好！

深入实施“五大兴市战略” 着力打造区域性中心城市

侯马市市长 **段慧刚**

“十三五”时期，是全面建成小康社会的攻坚期。侯马市要抓住国家“一带一路”、中部崛起、京津冀（晋）一体化、黄河金三角区域协作战略机遇，依据山西省把侯马市打造成为晋南城市群次中心城市和临汾市打造侯马“都市经济圈”的科学定位，紧紧围绕“四个全面”战略布局，牢牢把握“五大发展”理念，始终坚持“四个第一”要求，深入实施产业集聚、城乡共建、文化崛起、环境提升、民生改善“五大兴市战略”，全力打造“区域性新型产业基地、现代物流高地和文化旅游购物目的地”，基本建成具有突出竞争力和影响力的区域中心城市，建设绿色、宜居、开放、文明的新侯马。

一、推进产业集聚，打造特色优势产业“三地”

打造新型产业基地。加快推进工业新型化，以北铜铜业150万吨精矿综合回收处理项目为支撑，加快建设集铜电精炼、酸吸收、渣选矿于一体的铜产业基地；以汤荣双金属复合制动毂、平阳重工装备产业园项目为重点，推进装备制造业做大做强；以安格瑞光伏发电项目为示范，加快培育清洁能源产业发展；以旺龙药业为龙头，建设集中药材种植、研发、制菌、制药于一体的生产基地，推进生化医药产业发展；以北方创信新型防水材料项目为抓手，推进新材料产业发展；以建邦铸造、汇丰建材的产品结构调整为重点，推进传统行业改造升级。力争到2020年，全市新型工业增加值占比达到60%，比“十二五”末提高5%。同时，大力发展以鞋、服为重点的商贸加工业，积极开展精准招商，承接发达地区产业转移，把侯马建成中西部地区中高端鞋服加工基地。

打造现代物流高地。加快完善大物流平台体系，推进大运公路枢纽、轻工城、普天家电、通盛医药、振通电商等物流园区和方略保税物流中心建设，构建“五园区、一中心、三基地”格局。充分发挥方略保税物流中心的平台优势，利用海关、商检、口岸通关便利条件，加快推进“洋货码头”项目、出口加工贸易和跨境电商发展，建设中西部地区最大的洋货集散、分拨基地。加强与国内大型生产厂商、重要加工基地、知名电商、港口口岸的对接合作，建设黄河金三角地区最具竞争力的物流集散、配送基地。挖掘电子商务的潜在优势，促进“互联网+”模式与物流平台及其他产业的融合发展，特别是促进本土电商企业开展特色农产品上行，打造区域性农产品网上集销基地。

打造游购休闲目的地。充分发挥每年1000多万流动人口、百公里范围内1000万常住人口的潜在优势，加快推进火车站和轻工城两大商圈提档升级，加快实施商业综合体开发，积极招引更多品牌化的连锁商家落户侯马，增强市场优势。以各种新门类、新业态、新模式为引领，推进金融、保险、房地产、家政、养老等现代服务业蓬勃发展。大力推进农业与旅游休闲融合发展，积极扶持张少芳草香和大南庄普罗旺斯两个“双千亩”现代农业示范园完善功能、提档升级。继续抓好精品农业、设施农业、都市农业，依托现有成规模、有特色的种养示范园区，打造一批集种植、采摘、旅游、休闲等多功能于一体的农业综合体，推动乡村旅游发展，形成“三晋游”“黄河游”“晋南购”的重要目的地。

二、推进城乡共建，打造城镇化发展大格局

侯马市城市建设辐射力强，农村经济社会发展基础好。“十三五”期间，要适应城镇化发展的需要，着眼于扩大开放，推进城乡共建，构建区域中心城市的大格局。

基本形成“四区”骨架。侯（马）曲（沃）同城新区：以区域互联互通为重点，启动山西方略物流中心北门至曲沃万憬以北道路等“两横两纵”路网规划建设，构建“大侯马”格局。东城新区：以路网、公园广场、综合场馆为重点，加快海军街北延、森林公园、体育馆等“七路、三园、一中心”项目建设。晋都新区：以道路拓宽改造、商住项目开发为重点，加快合欢街南延、老电厂生活区等建设改造工程。浍南园区：以产城互动、城乡一体为重点，加快大运二级公路环山改线、公路“改”城市街道以及商住项目建设。用三年左右的时间，基本形成以上“四区”骨架，开发建设初具规模。

城市基础设施再上台阶。加快推进北环路西延、侯张街拓宽等基础设施建设工程，进一步畅通城市路网循环；实施城市地下综合管廊工程建设，提升城市供水、排水、供电、供气、供暖的保障能力；加快推进高铁站、五〇二等片区的排水改造；对城市排水管网进行全面改造，彻底解决排水不畅、污水跑冒滴漏的问题。积极开展全省试点工作，逐步打造“海绵城市”。

推进“美丽乡村”建设。要按照统一供水、统一供气、统一供暖、统一污水处理、统一清扫保洁垃圾收集、统一街道硬化绿化亮化“六个一”目标，示范带动，整体推进，因村制宜，推进“美丽乡村”建设。争取用一到两年的时间，完成农村垃圾和污水治理，彻底改善农村环境面貌。推进城市自来水管网、天然气管网和集中供暖管网向农村延伸。力争到“十三五”末，全市所有的村实现供水、供气全覆盖，有条件的村接上城市大暖，进入全省“美丽乡村”示范市行列。

积极探索城镇化发展新机制。坚持合理规划、有序布局，从改革农村集体土地管理入手，加快卫星镇、重点村建设，促进农村人口和外来人口聚集。加大城中村改造力度，稳步推进“村改居”。继续深化户籍制度改革，促进农村人口向城市自由流转，到2020年，全市城镇化率达到68%。

三、推进文化崛起，打造多元融合文化品牌

侯马是春秋时期晋国的都城所在地，文化底蕴和文化资源丰富。“十三五”期间，要努力整合历史文化、红色文化、民俗文化和现代文化资源，转化为新的发展优势，为创新发展提供精神动力和文化支撑。

打造以晋文化为核心的多元文化。打造晋文化品牌，加快启动晋国都城遗址公园建设，深入挖掘盟书文化的书法艺术和历史价值，积极开展文化展示交流活动；以戏剧、影视等多种艺术形式，包装晋国故事，演绎晋文化。打造民俗文化，加强非物质文化遗产的保护和传承，扶持推动皮影、剪纸、粗布、蝴蝶杯等非遗产品，拓展市场，提高知名度。打造姓氏文化，挖掘开发台骀庙的文化内涵，打造全球张氏宗亲寻根问祖主题庙宇。打造红色文化，推进彭真故居的保护开发，打造爱国主义教育和旅游的目的地。

四、推进环境提升，打造生态宜居的城乡环境

推进“一山一河”开发。紫金山开发：坚持高起点规划，同步推进育林绿化、古院落保护、通山路建设和旅游开发，为城市打造一道绿色屏障，为市民打造一个集农业、生态、文化、健身、休闲为一体的天然氧吧。浍河开发：启动浍河湿地生态公园建设和下游河道修复治理项目，用三年左右的时间，使浍河重现“一川清水、两岸锦绣”的秀美风光。

进一步提升城市人居环境。持续推进城乡环境卫生和市容市貌整治，巩固提升国家卫生城市创建成果。加强对火车站、汽车站、高铁站等城市“窗口”的环境治理，创新城乡规划一体化、精细化管理机制，突出加强城市新区、道路沿线和城中村、城郊村的规划管控，实施一批重点节能和减排工程，推行生态文明评价考核体系，严格实施水资源治理和污染控排政策，努力打造山西最宜居的城市。

五、推进民生改善，提升人民群众生活质量和幸福指数

教育均衡提质工程。深化教育领域综合改革，投资 5000 余万元，完成义务教育阶段均衡发展评估验收。普及高中阶段教育，鼓励普惠性幼儿园发展，重视发展农村学前教育，建成 1 所公办幼儿园和 1 所公办小学。深化职业教育人才培养模式改革，推进产教融合和校企合作，争取高等职业院校落户侯马，鼓励引导社会力量兴办教育。

医养水平提升工程。推进公立医院综合改革，健全三级医疗卫生服务网络，完善公共卫生服务体系，加强街道社区卫生服务中心、乡镇卫生院能力建设，加快村卫生所标准化改造。加快推进新医院和怡之福医养中心工程建设。全市千人以上的村，实现日间照料中心建设全覆盖。

就业创业帮扶工程。实施新型职业农民培育计划和农民工职业技能提升计划，提升农民素质。建立完善促进就业创业资金投入长效机制。充分发挥小微创业园和电商平台的大学生创业基地作用，落实促进就业创业政策，做好对高校毕业生、来侯务工人员、就业困难人员等群体的就业服务。

社保扩面提标工程。积极实施全民参保计划，实现法定人群“全覆盖”。建立城乡居民医疗保险、生育保险一体化制度。建立健全功能完备的失业保险制度。进一步完善老年人权益保障和优待政策措施，加大对生活困难老人救助力度。支持残疾人事业发展，健全扶残助残服务体系。

文化健身惠民工程。完善城乡公共文化阵地建设，提升图书馆、文化馆、博物馆及乡村文化服务中心、文化俱乐部、农家书屋等公益场馆的服务能力和水平。鼓励和引导社会力量参与文化建设，促进公共文化服务主体和方式多元化。2017 年底东城新区文体综合场馆建成投用。

农村脱贫攻坚工程。全面落实省委、临汾市委脱贫攻坚部署和要求，突出精准识别、精准分类、精准施策、精准脱贫、精准管理，确保扶贫措施到村到户，取得实效。到 2017 年底，在全省率先完成脱贫任务。

社会维稳维安工程。严格落实党政同责、“一岗双责”，做到坚决防止重大安全生产事故发生，坚决防止大规模群体性事件发生，坚决防止重大社会安全隐患的积累和突发。强化社会治安综合治理，夯实“平安侯马”建设基层基础。完善社会稳定风险评估机制，努力把矛盾纠纷化解在基层、消除在萌芽。加强防灾减灾能力建设，切实维护人民生命财产安全。

蓝图已绘就，扬帆正当时，实现侯马再次腾飞的光荣使命，鼓舞我们开拓创新、奋勇前行，让我们以务实苦干、只争朝夕的精神和作风，以坚持不懈、攻坚克难的决心和勇气，团结拼搏，奋发有为，为实现“十三五”宏伟目标，把侯马全面建成小康社会而奋斗。

进军省强市　全面达小康
共建文明、开放、幸福、美丽新霍州

霍州市市长　**黄晓君**

“十二五”时期是霍州市经济社会发展成效卓著的五年，是各项事业提质增效、全面推进、稳步崛起的五年。五年来，我市上下在临汾市委、市政府的正确领导下，认真贯彻落实党的十八大及十八届三中、四中、五中全会精神，紧紧围绕“建设三晋经济强市，实现整体率先发展”总体目标，团结带领全市广大干部群众克服各种不利因素，积极适应经济社会发展新常态，锐意进取、顽强拼搏、扎实苦干，一心一意谋发展，千方百计惠民生，坚定不移促转型，实现了经济社会的平稳健康发展。

“十三五”时期是我市全面建成小康社会的决胜阶

段，是各项事业快速发展、协调推进、整体提升的关键时期，全市经济社会发展的指导思想是：全面贯彻党的十八大和十八届三中、四中、五中全会精神，按照我市七次党代会的总体部署，紧紧围绕“进军省强市、全面达小康，共建文明开放幸福美丽新霍州”的奋斗目标，主动适应经济发展新常态，充分发挥百里汾河生态经济带、资源枯竭城市转型的牵引作用，统筹推动创新、协调、绿色、开放、共享“五大发展”，做强新型工业、特色农业、商贸服务业、文化旅游业“四大产业”，聚力金融振兴、科技创新、民营经济、民生改善“四大攻坚”，着力打造生态宜居新城，奋力开创霍州经济社会发展新局面。

为实现“十三五”发展目标，霍州市将实施“5441”发展战略，即：推动五大发展，做强四大产业，聚力四大攻坚，打造一座生态宜居新城。

一、推动五大发展

一要创新发展。大力推进制度、科技、文化等方面的创新。积极推进“互联网+”行动，充分发挥互联网在资源配置中的优化和集成作用。开展招才引智工作，形成强有力的人才汇集机制，实现全市经济社会向质量更好、效益更高、结构更优方向发展。二要协调发展。促进经济社会和城乡区域协调发展，统筹经济建设、文化建设、社会建设、生态文明建设和法治政府建设，在增强发展硬实力的同时注重提升软实力，不断增强发展整体性和平衡性。三要绿色发展。转变发展方式，着力构建资源节约型、环境友好型社会。加强生态环境治理保护，大力推进节能减排，推广应用节能新技术、新产品、新工艺，推动清洁燃料、新能源在各领域的应用，建设山青水绿、环境优美的“绿色霍州”。四要开放发展。主动融入“一带一路”、京津冀、环渤海等国家和地区重大发展战略圈，积极参与黄河金三角、百里汾河生态经济带建设，加大对外开放力度，发展更高层次的开放型经济，以扩大开放带动创新、推动改革、促进发展。五要共享发展。牢固树立以人民为中心的发展思想，不断加大民生投入，完善社保体系，健全救助机制，推动创业就业，保障住房安居，惠及弱势群体，打赢脱贫攻坚战，实现全市人民同步小康。

二、做强四大产业

做强新型工业。把工业发展建立在创新驱动、集约高效、环境友好、惠及民生的基础上，增强核心竞争力和可持续发展能力。推进供给侧结构性改革，加快煤炭、电力产业升级改造，逐步淘汰落后产能，加快发展液化天然气调峰储气、霍煤煤机制造、亿能电器新能源汽车、七里峪风能发电、粉煤灰综合开发利用、铝土矿综合利用、德尔福陶瓷制造等项目，积极引进新型材料、汽车零件、医药化工、电子产品等新型产业。到“十三五”末，力争全市煤炭产能达到1000万吨、非煤产业产值达到100亿元，我市工业经济形成以煤炭和液化天然气、火力发电和风能发电为主力的能源工业体系；以煤机制造、新能源汽车制造、德尔福陶瓷制造为牵引的制造业工业体系；以粉煤灰、铝土矿综合开发、煤矸石废物利用为链接的循环工业体系，打造霍州绿色工业经济升级版。

做强特色农业。守住土地红线，促进土地适度流转，扶持培育农业产业化龙头。进一步发展壮大无公害蔬菜、特色经济林、规模养殖“三大产业”，着力推进中药材、文冠果、油用牡丹、食用菌等新型种植，扩大梨湾小米、十里铺甜瓜、段庄大葱等特色种植。围绕上述产业出台优惠政策，落实扶持资金，培育包装、榨汁、烘干等下游企业，扶持传统销售和互联网销售做强做大。加强新型农机、农业新技术在推进农业产业化中的积极作用。到“十三五”末，力争全市蔬菜种植面积达到0.5万公顷，优质核桃种植面积达到0.3万公顷，苹果种植面积达到0.2万公顷，油用牡丹和文冠果种植面积达到666.7公顷，规模养殖场达到300个，省级以上畜牧养殖示范场达到15个。使我市农业经济形成种养加并存、干湿品共有的农产品格局，形成绿色产品主打、大路与特色农产品齐备、农副产品加工企业林立、传统销售与互联网销售齐发的农业产业化格局。

做强商贸服务业。立足我市交通区位优势，围绕建设区域性中心城市目标，着力打造低端、中端、高端消费为一体的多层次商贸服务网络。进一步拓展农村消费市场，鼓励农村小型连锁超市发展，促进农村消费提档升级。进一步整治唐荣、华怡商场内外环境，扶持美华购物中心尽早复业。加快南街农贸市场建设，尽快开业运营。在汽车消费、休闲消费、健康消费、养老消费等方面扩大视野，引入名牌，打造高端。做大做强现代物流业，打造社会化、专业化、信息化的现代物流基地。到“十三五”末，力争全市商贸服务业形成专业市场各具特色、农村市场连锁覆盖、消费服务门类众多，北接太原、南通西安、东达冀鲁豫、西连陕甘蒙的多层次商贸服务网络格局。

做强文化旅游业。立足“一署两峪”三大景区，进一步加大投入，丰富内涵，提升品质。七里峪景区要以休闲、娱乐、健身、书画写生为特色，严格规划，加快建设。陶唐峪景区要以登山嬉水、避暑观光、涉险探奇为特色，完善规划，加快建设。霍州署景区要以廉政文化、古建文化、官衙文化、门神文化为特色，立足原貌，逐步恢复。同时，加快宋代瓷窑、千佛崖、娲皇庙、观音庙和许村民居的保护和适度开发。促进文化与旅游产业相融相促，在进一步深度挖掘我市传统文化的基础上，积极与国内外影视中心、动漫中心等对接，在影视基地建设、动漫基地建设、广告创意建设等方面求突破。创新理念,继续举办好“中镇霍山·华夏州署”旅游月活动。到“十三五”末,力争全市旅游基础设施投入超10亿元,综合收入达到35亿元,形成以“一署两峪”为龙头,以星罗棋布的各色旅游景点为补充,以传统文化为牵引,以新兴文化为动力的新型文化旅游大市。

三、聚力四大攻坚

聚力金融振兴。支持各类金融机构发展,不断壮大我市金融业规模实力。完善政银企沟通对接机制,加强银企合作,拓宽合作途径,破解企业融资难题。发挥好城投公司、经济投资有限责任公司等担保融资平台,加强对接,抢占先机,为我市争取更多的政策性贷款。强化对上市企业的培育引导,力争“十三五”期间我市有3~5家企业在“新三板”挂牌上市。强化金融风险监测与防范,加大宣传力度,切实增强群众对金融风险的防范意识。严厉打击非法集资、金融诈骗等不法行为,进一步优化金融环境。

聚力科技创新。强化企业的创新主体地位和主导作用,引导霍煤、国电、兆光、霍化等企业加强技术创新,增强企业的核心竞争力。大力扶持新能源汽车、风能发电、陶瓷生产、医药化工等符合国家产业政策的新兴产业发展。积极推进“互联网+”行动,利用网络优势,促进产业升级。健全完善科技创新激励机制,大力表彰和鼓励发明创造。实施人才强市战略,加强与高校和科研院所的技术交流,引进高端人才和实用技术,为我市转型发展提供强大的智力支持。

聚力民营经济。认真落实中央、省、市关于支持民营经济健康发展的政策措施,实施民营经济“帮扶、培训、提升”三大工程。抓好企业家、专业人才、技术工人“三支队伍”建设,帮助企业解决创业难、融资难、用地难等发展难题。充分发挥“能人”效应,把具有商业头脑、拥有经济实力的本土能人调动起来,鼓励他们回乡创业,报效家乡。要为民营经济特别是小微企业创造良好的发展环境,形成大企业顶天立地、小企业铺天盖地的经济发展大好局面。

聚力民生改善。坚持把保障和改善民生作为一切工作的出发点和落脚点,持之以恒,久久为功。进一步完善市政设施,加快推进水暖电气路等基础设施建设,力争“十三五”末,实现市区集中供热率、气化率达100%,城乡居民饮水安全率达100%,市区道路全部改造,村通公路全部硬化,管网设施全部配套,群众生活、出行更加便捷。高度重视教育发展,加大投入,促进教育均衡协调发展。公开招考优秀年轻教师充实教师队伍,优化师资结构,提升教学质量,实现教育质量临汾领先、全省有名目标。推进卫生体制改革,完成新医院建设,创建国家三级医院。引进和招聘优秀人才充实医疗队伍,提升医疗水平,提高公共卫生服务质量。加大文化设施、体育设施建设力度,广泛开展群众性文体活动,打造“健康霍州”。进一步完善提高社会保障水平,创造就业岗位,转移农村剩余劳动力,保障城乡失业人员、退伍军人再就业,形成“大众创业、万众创新”新局面。稳步推进机关事业单位、企业基本养老保险制度并轨运行,完善相关配套政策,继续提高退休人员基本养老金待遇水平。按照“广覆盖、保基本、多层次、可持续”的方针,不断扩大社会保险覆盖面,建立统一的城乡居民基本医疗保险制度,进一步提高财政补助标准。加大弱势群体帮扶力度,不断完善大病救助、爱心助学、特困家庭救助等多种机制,形成较为完善的社会保障体系,切实保障人民群众基本生活。按照“六个精准”“五个一批”要求,针对不同家庭、不同人群,采取发展生产脱贫一批、生态补偿脱贫一批、发展教育脱贫一批、社会保障“兜底”一批的办法,确保到2018年全市5965名贫困人口全部脱贫,2014个贫困户全部“摘帽”。坚守安全发展红线,完善和落实安全生产责任和管理制度,健全公共安全体系,切实维护人民生命财产安全。

四、打造生态宜居新城

按照“完善城市功能、提升城市品质”的思路,全力实施城镇扩容提质战略。重点从四个方面推进。一是以霍州署为中心,打通前进南街,建成州署仿古商业街区和中心广场;对背巷小街的临街建筑实施仿古改造,地面进行仿古铺装,安装路灯,栽花植绿,打造以霍州署为中心的老城新貌。二是以中镇文化广场为中心,搬迁大张水源地,新建源头水源厂;完善交通路网和水暖电气以及垃圾和污水处理;加快新医院建设,规划建设一座集购物、娱乐、餐饮等功能为一体的城市综合体、一座上档次的星级酒店和一座综合文化体育场馆;加强大张、贾村湿地保护,沿贾村、下乐坪一线规划建设休闲健身步游栈道,点缀小游园,使霍东新区形成以文化娱乐、休闲健身、商业金融、住房安居、行政办公等为一体的现代新区。三是以打造“一小时”旅游交通圈为目标,实施霍东大道东延工程,建设东站广场至观堆村旅游路,重新铺装悬泉山旅游路,形成以霍州东站广场为中心,北连七里峪、南通陶唐峪、东接悬泉山、西达主城区的交通网络。同时,抓住临汾市建设侯马至霍州轻轨交通网的机遇,高标准建设霍州轻轨始发站。积极服务好黎霍高速公路建设。到2020年,我市将形成市区交通网格密布,高速高铁轻轨四通八达,区位优势更加突出,人民群众出行更加便捷的大交通格局。四是以辛置、白龙、大张、李曹、退沙、南环为中心,加快各具特色的小城镇建设,带动周边农村发展。力争到2020年,全市城镇化率达到65%以上,户籍人口城镇化率达到45%以上。通过五年的不懈努力，把我市建成老城特色突出、新区功能完善、交通方便快捷、游园星罗棋布、街道绿树成荫、空气质量优良的宜居、宜业、宜游的美丽幸福新家园。

努力建设美丽永和、富裕永和、人文永和、平安永和

永和县县长　范洋平

“十二五”时期是我县经济社会发展取得重大突破的五年。五年来，我们团结带领全县广大干部群众，持续实施“四大战略”，全力推进“八项重点”，攻坚克难、砥砺奋进，圆满完成了“十二五”既定的各项目标任务，为“十三五”决胜脱贫攻坚、实现全面小康奠定了坚实基础。

一、“十三五”时期经济社会发展总体要求和主要目标

“十三五”时期全县工作总体要求是：深入贯彻习近平总书记系列重要讲话精神，全面落实党的十八大和十八届三中、四中、五中全会精神，以“四个全面”战略布局为总纲，以“五大发展”理念为引领，以“塑造山西美好形象，实现山西振兴崛起”为统领，进一步增强政治意识、大局意识、核心意识、看齐意识，着力构建良好政治生态，着力推动经济稳步向好，深入推进供给侧结构性改革，全面加强党的建设，围绕“脱贫摘帽、全面小康”目标任务，继续实施林果富民、生态立县，转型发展、工业强县，文化引领、旅游兴县，以德为先、依法治县“四大战略”，突出抓好项目建设、优势农业、能源开发、特色旅游、城镇建设、基础设施、民生改善、安全稳定八项重点，为建设美丽永和、富裕永和、人文永和、平安永和不懈奋斗！

“十三五”时期经济社会发展主要预期目标是：地区生产总值年均增长8.1%，达到9.5亿元；财政总收入年均增长10%，达到1.78亿元；公共财政收入年均增长10%，达到0.87亿元；规模以上工业增加值年均增长12%，达到1.8亿元；全社会固定资产投资年均增长12%，达到22.4亿元；社会消费品零售总额年均增长6%，达到5.67亿元；城镇居民人均可支配收入年均增长6.5%，达到24797元；农村居民人均可支配收入年均增长7.5%，达到4270元。这些目标，体现了省、市要求与永和发展实际的有机结合，体现了长期目标与短期目标的统筹衔接，体现了经济发展与民生改善的和谐统一。

二、“十三五”时期经济社会发展的主要任务

（一）以脱贫攻坚为统领，推进全面小康。围绕“四个切实”“五个一批”“六个精准”要求，以78个贫困村为主战场，围绕农民增收和改善群众生产生活条件，精准施策，精准扶贫，统筹整合使用财政资金，大力实施产业扶贫、易地搬迁扶贫、光伏扶贫、电商扶贫、金融扶贫、教育扶贫、科技扶贫、旅游扶贫、生态扶贫、兜底扶贫十大扶贫工程，帮助贫困人口加快脱贫致富步伐。到2019年，实现全县14542人如期脱贫，贫困人口收入达到4000元以上，到2020年全面建成小康社会。

（二）以产业升级为目标，推进创新发展。坚持传统产业转型升级和新兴产业培育壮大并举，着力推动三大产业高效快速融合发展。深化“院县合作”，加快经济林发展，提高品质和产量。到“十三五”末红枣产量达到3000万千克，核桃产量达到750万千克；发展设施蔬菜133公顷、建设标准化养殖小区70个。加快天然气开发转化利用，加大招商引资力度，积极引进下游企业，到2020年产气量达到20亿立方米，产值达到30亿元，把我县建成全省清洁能源生产供给地。围绕建设全域旅游的目标，重点打造黄河百里生态旅游经济带，芝河源头北方农耕梯田文化景观园，红军东征红色教育线路，阁山、楼山、双锁山、四十里山风景名胜区。依托红军东征永和纪念馆，建设全省红色教育干部培训基地。修复永和关、河浍里、阴德河、于家咀等古村落，维修改造楼山、双锁山、望海寺等古庙宇。按照“全域共建、全域共融、全域共享”的发展模式，努力创建国家全域旅游示范区，建成区域文化旅游重要目的地。

（三）以统筹城乡为路径，推进协调发展。围绕创建“国家卫生县城”，加强城市建设与管理，努力打造一

个功能完善、设施齐全、环境优美的新县城。在城市建设上,坚持规划先行、分步实施的原则,重点实施芝河河道治理、棚户区改造、地下综合管网、文体活动中心、体育馆、城区防洪排水、停车场、集贸市场等一大批城建项目,做好项目的规划设计、可研评审等前期准备工作,深化投融资改革,吸引社会资本,力争项目早落地、早开工、早建设。在农村建设上,大力实施完善提质、农民安居、乡村清洁、宜居示范"四大工程",努力建设美丽宜居示范乡村。在信息网络建设上,实施宽带网络提速降费工程,提高无线宽带普及率,推进广电网、电信网、互联网"三网融合"发展,实现行政村宽带全覆盖。在道路交通建设上,构建以霍永高速公路为骨架,以沿黄干线公路为主体,以农村和旅游公路为基础的快速交通体系,形成"两纵、两横、两环"的道路交通网络。到2020年,新增公路里程80千米,达到975千米。

*(四)以生态治理为抓手,推进绿色发展。*围绕黄河、芝河、桑壁河与交通主干道打造绿化景观带,实施三北防护林、天然林资源保护、退耕还林等造林工程。到2020年完成造林面积1.5万公顷,森林覆盖率达到32.7%。在芝河源头、阁西垣、桑壁河流域发展节水灌溉面积2000公顷,新增核桃、苹果高效经济林8000公顷。加大环境治理力度,到2020年县城污水集中处理率达到90%以上,空气质量达标率达到98%,力争"十三五"期间实现创建"省级生态环保模范县"的目标。

*(五)以招商引资为突破,推进开放发展。*以国家产业政策为导向,紧紧围绕"四大战略""八项重点"的总体要求,整合全县项目资源,建立意向、备建、在建、建成项目库,充分发挥好项目库在投融资、招商引资和争取上级支持的重要作用,积极引进一批实力雄厚、信誉良好、带动力强的大企业,形成加速经济发展、增加财税收入、带动就业创业的强大支撑。抓住我市被列入国家电子商务示范基地的契机,建立完善县、乡、村三级电子商务服务体系,到2020年,培育电子商务经营主体500家,实现年销售额超2亿元。

*(六)以民生改善为核心,推进共享发展。*始终把保障和改善民生摆在突出位置,推进社会事业全面进步。教育事业方面,推进优质教育资源共享,完成县城两所幼儿园建设,做好学校布局调整,继续实施"三优"工程,加强教师队伍建设,不断提高教育教学水平。医药卫生事业方面,深化县级公立医院综合改革,持续提升公共卫生服务水平。加强政策宣传和技术服务,确保全面二孩政策平稳实施。加快永和县新医院建设,确保早日建成并投入使用。到2020年新农合参合率实现100%。文化事业方面,完善县、乡、村三级文化设施,积极推进农村书屋、乡村文化站室建设,不断丰富群众文化生活。社会保障方面,逐步提高低保、五保救助标准,健全养老服务体系,建设3个农村养老院、11个日间照料中心。

三、认真做好2016年工作

2016年是"十三五"的开局之年,也是实现整体脱贫、全面建成小康的首战之年。2016年全县经济社会发展的主要预期目标是:地区生产总值增长7.5%,达到7.6亿元;全社会固定资产投资增长57.5%,达到20亿元;社会消费品零售总额增长6%,达到4.49亿元;公共财政收入增长9%,达到5885万元;城镇居民人均可支配收入增长6.5%,达到19275元;农民人均可支配收入增长8%,达到3212元;城镇化率提高1.7%;城镇登记失业率控制在4.2%以内。

约束性指标是:万元地区生产总值综合能耗下降3.70%;二氧化硫、化学需氧量、氨氮、氮氧化物减排完成市下达任务;万元工业增加值用水量下降4.6%;人口自然增长率控制在6‰以内。

围绕上述目标任务,今年将投资14.2亿元,实施60个重点项目,当年计划完成投资11.2亿元。具体抓好七个方面的工作。一是围绕精准扶贫战略,着力加快脱贫攻坚步伐坚持以脱贫攻坚统揽全县经济社会发展全局,按照"六个精准""五个一批"的要求,落实精准帮扶措施,年内完成2908口人的脱贫任务。二是围绕产业提质增效,着力打造优势农业平台。以全市"四个百万亩"基地建设为契机,狠抓主导产业水平提升,努力实现农民稳定增收、产业提质增效。三是围绕能源工业培育,着力构建工业经济体系。抢抓全省加快发展天然气新兴产业的战略机遇,在能源工业发展上取得重大突破,力争年产气量突破10亿方。围绕天然气综合开发,引进企业进行深加工,努力形成新的经济增长点。四是围绕特色旅游开发,着力夯实旅游发展基础。以全省打造红色旅游精品线路为契机,围绕全市创建"中国优秀旅游目的地城市"的目标,加快基础设施建设,加大招商引资力度,加强对外宣传推介,全力建设"百里黄河湾旅游经济园区"。五是围绕优化人居环境,着力推进新型城镇化建设。以创建"国家卫生县城"为目标,坚持建管并重,进一步改善城乡基础设施,加快县域新型城镇化建设步伐。投资1.5亿元,重点实施十大城建工程。强化环境综合整治,努力打造文明整洁宜居的城市环境,努力改善农村人居环境。六是围绕生态文明建设,着力推动生态环境治理。坚持增绿与减排并重,大力推进生态建设和环境保护,着力打造一条集生态保护、观光旅游为一体的精品绿化带。狠抓环境污染治理。圆满完成省、市下达的各项生态环保约束性指标任务。七是围绕民生事业改善,着力提升群众幸福指数。提高教育教学质量,确保今年顺利通过国家义务教育均衡县达标验收。继续深化医药卫生体制改革，提升县医院的医疗管理及服务水平，力争年内通过“二甲”评审。不断提高新农合保障水平，确保全县农民参合率达95%以上。提高社会保障能力。进一步健全城乡居民医疗、养老保险制度，完善城乡最低生活保障制度，努力实现应保尽保。

今后五年是我县实现脱贫攻坚的关键期，是可以大有作为的机遇期，是全面建成小康的黄金期。中央将脱贫攻坚上升为国家战略，相继出台《关于全面打赢脱贫攻坚战的决定》《关于加大脱贫攻坚力度，支持革命老区开发建设的指导意见》；山西被纳入《京津冀协同发展规划纲要》和《环渤海地区合作发展纲要》，出台了《关于统筹整合使用财政资金实施精准扶贫的意见》；临汾市被列入晋陕豫“黄河金三角”国家战略、入围国家66个区域级流通节点等一系列政策红利叠加释放，为我们加快脱贫攻坚提供了强大的政策机遇、历史机遇。近年来，全县上下坚持“四大战略”“八项重点”不动摇，以项目带动为抓手，有效地推动了产业发展、设施提升和民生改善，为县域经济发展奠定了坚实的基础；全县广大干部群众人人思变、人人思进、人人思干，促进我县加快发展的积极因素正在汇集。只要我们抓住机遇、用好政策，发挥优势、真抓实干，“脱贫摘帽、全面小康”的宏伟目标就一定能够实现！

同心同德，苦干实干，全面建成小康隰县

隰县县长　**王晓斌**

“十二五”时期是隰县发展不平凡的五年。我们认真贯彻落实党的十八大、十八届三中、四中、五中全会和习近平总书记系列重要讲话精神，坚持稳增长、调结构、促改革、惠民生，圆满完成“十二五”规划主要目标任务，全面建成小康社会迈出坚实步伐。

一、今后五年的战略任务

“十三五”时期我县发展的指导思想是：高举中国特色社会主义伟大旗帜，认真落实党的十八大、十八届三中、四中、五中全会精神，深入贯彻习近平总书记系列重要讲话精神，按照中央“四个全面”战略布局、省委“塑造山西美好形象、实现山西振兴崛起”和市委“三个强市”奋斗目标，牢固树立践行创新、协调、融合、绿色、开放、共享、廉洁和安全发展理念，主动适应经济发展新常态，突出脱贫攻坚、梨果产业、民营经济、城乡一体、文化旅游、生态建设、民生事业、社会治理、民主法治和党的建设“十个重点”，打赢脱贫攻坚、决胜全面小康，奋力建设中国金梨之乡、山西绿色之州、晋西宜居之地、美丽幸福之都。

围绕这一指导思想，今后五年工作奋斗目标是：

脱贫目标如期实现。把精准脱贫作为重中之重，大力实施产业扶贫、移民搬迁、生态补偿、发展教育、社会保障兜底“五个一批”工程，全党动员、全民参与，坚决打赢脱贫攻坚战，确保2018年全县20786名贫困群众全部脱贫，2020年与全国同步建成小康社会。

经济发展活力增强。主动适应经济新常态，努力推动经济平稳较快增长，2020年实现地区生产总值比2010年翻一番。调整优化产业结构，发展壮大新兴产业，逐步成为县域经济发展强大支撑。

城乡一体化协调发展。提升县城规划、建设、管理水平。全县控规覆盖率达到100%。县城空间布局更加优化，水利、交通、城乡人居环境“三大战役”取得实效，城市承载力显著提升。新型城镇化加速推进，县城对周边县乡辐射力、吸引力显著增强，城镇化水平超过50%，形成城乡联动发展新格局。

民生服务显著提高。居民收入与经济增长同步，比2010年翻一番。农村居民收入增速快于城镇居民收入增速，城乡居民收入差距进一步缩小，力争2020年城乡居民人均可支配收入分别达到3万元、8000元。就业比较充分，教育、医疗、社会保障、住房等公共服务体系更加健全，基本公共服务均等化水平显著提高，群众幸福感、获得感普遍提升。

文化强县步伐加快。构建由梨文化、红色文化、好人文化、历史文化构成的区域特色文化体系，社会主义核心价值观更加深入人心，群众思想道德素质、科学文化素质、健康素质明显提高。公共文化服务水平大幅提高，文化产业比重大幅提升。

生态环境明显改善。坚持绿色发展不动摇，完成国家重点生态功能区建设任务，能源使用效率显著提升，自然资源得到有效保护和合理利用，城乡环境整洁优美，2020 年森林覆盖率达到 34.18%，经济社会与生态环境协调发展。

民主法治深入推进。法治政府加快建设，依法执政水平进一步提升，司法公信力明显增强。民主法制更加健全，社会治理机制更趋完善，社会更加和谐稳定。

二、努力做好 2016 年工作

2016 年是全面建成小康社会决胜阶段开局之年、推进供给侧结构性改革之年、打赢脱贫攻坚战关键之年，经济社会发展的主要预期指标是：地区生产总值增长 7%，达到 14.5 亿元；固定资产投资增长 10%，达到 29 亿元；一般预算收入完成 7533 万元；社会消费品零售总额增长 8%，达到 9.65 亿元；城镇居民人均可支配收入增长 7%，达到 21400 元；农民人均纯收入增长 10%，达到 5260 元；居民消费价格总水平涨幅控制在 3%左右。

2016 年，我们要重点抓好以下五方面工作：

（一）坚持梨果提质，推进“三农”工作，大力促进农民增收。做大做强梨果产业。推进“主攻玉露香，率先达小康”战略，建设全国玉露香梨第一县。新建 433 公顷密植园和 600 公顷稀植园，全县总面积达到 1.3 万公顷。利用网站、电商平台、电子微信、新闻媒体加强宣传推介，提升品牌价值，实现价格主导，促进农民增收。

持续推进精准脱贫。按照“六个精准”和“五个一批”要求，坚决打赢脱贫攻坚战。抓好产业扶贫，推进梨果、大棚瓜菜、畜牧养殖等“一县一业”“一村一品”发展。抓好光伏扶贫，完成 34 个贫困村 100 千瓦光伏电站项目，用两年时间实现 79 个贫困村光伏电站全覆盖。抓好金融扶贫，每年注入财政扶贫资金 500 万元，提供扶贫贷款 4000 万元。抓好易地搬迁扶贫，以不安全住房尤其是“土窑洞”住户为重点，完成 1231 口人移民搬迁。抓好电商扶贫，依托电商扶贫开发孵化基地，完善电商服务，实现 97 个行政村电商服务站全覆盖。抓好科技扶贫，开展农村实用技术、创业、就业技术培训，全年完成培训 2 万人次，提升贫困户自我发展能力。抓好生态扶贫，组建专业合作社，组织贫困群众参加植树造林和水土治理，增加工资性收入。同时，扎实做好兜底扶贫工作，深入开展定点扶贫和干部驻村帮扶，全年脱贫 8000 口人。

扎实抓好“三农”工作。加强耕地保护，加快粮食高产田建设，提高农机化综合作业水平，全县粮食生产稳定在 7500 万千克。培育壮大农产品加工龙头企业，完善梨果配套产业，积极发展家庭农场、农民合作社，推进农业产业化经营。引导农民参与农村人居环境改善、产业扶贫开发、农业基础设施建设，增加农民务工收入。完成农村土地承包经营权确权登记颁证，完善农村产权流转交易市场，深化农村改革，推广农业保险，进一步发展和繁荣农村经济。

（二）大力招商引资，推进产业转型，积极发展新型产业。加快发展新能源产业。重点发展太阳能、风能、地热、煤层气等新能源产业。加快推进山西盾安新能源公司 9.8 万千瓦风电项目，力争 2016 年 9 月开工，2017 年建成年发电量 1.97 亿度的风电场。积极推进上海电力新能源公司光伏项目，争取年内核准并动工建设，尽快建成大型农光互补园区。加强与瑞弗莱克油气公司对接合作，力争“十三五”完成煤层气勘探 500 平方千米，建设日产气 10 至 30 万立方米的先导实验开发区。继续推进地热开发及综合利用，完成 60 万平方米供暖工程，规划实施凤凰山生态园项目，建设集疗养、休闲、娱乐为一体的温泉度假村。

积极发展现代服务业。旅游业，重点打造绿色生态游、宗教文化游、晋西革命游、特色乡村游，促进我县旅游业向观光、休闲、度假并重转变，塑造旅游品牌。物流业，重点搞好晋西现代物流中心规划和招商，建设集仓储、加工、运输、销售为一体的商贸物流园区；推行“互联网＋物流”模式，完善乡村两级物流体系。电子商务，支持电商企业与阿里巴巴、淘宝、京东等企业合作，推动互联网与现代农业、文化旅游、金融等产业融合发展。

培育发展中小微企业。认真落实支持民营经济发展国务院“新 36 条”、省“60 条”和鼓励引导民间投资等政策措施，完善涉企收费清单制度，切实减轻企业负担，积极发展民营经济。鼓励支持企业登录“新三板”，培育企业“小升规”。

全面加强招商引资。推进招商引资 2.0 模式，大力开展精准招商，积极组织自主招商，争取引进好项目。创新投融资机制，依托自有融资平台，积极争取国开行、农发行贷款，推行 PPP 模式，鼓励社会资本参与基础设施、公共服务设施建设，努力推进新医院二期、职教中心、县域骨干道路、地下管廊、棚户区改造等项目。抓好总投资 86.36 亿元的 81 项重点项目。做好征地拆迁、土地审批、规划许可、供水供电工作，确保项目稳步推进。全年完成项目储备 600 亿元、签约 70 亿元、落地 42 亿元、开工 30 亿元、建设 25 亿元、投产 24 亿元。

（三）坚持城乡统筹，推进城镇化建设，大力改善人居环境。完善建设规划。加快编制中心城区控制性详细规划、地下管线综合规划及加气站布点规划，科学编制"十三五"绿色旅游、教育、消防等专项规划，完善美丽宜居示范村建设规划，城区范围内控规覆盖率达到100%。严格规划管控，全面规范建设行为，所有城建项目须经图审委员会审查审核，坚决杜绝规划建设违法行为。

优化城镇功能。实施安居工程，新开工城镇保障性安居工程500套，改造农村危房856户，治理搬迁一批地质灾害户，重点治理小西天以南等地质灾害隐患严重区域，改善群众居住条件。加快道路改造，积极争取高速连接线项目开工，实施6条67千米公路改造及50千米农村公路生命防护工程，用2至3年时间全面改造县域骨干道路。加快电网改造，完成200千米城乡电路改造，提升供电可靠率。推进天然气利用，建设气化隰县。完善城市功能，推进农贸市场建设，实施地下管廊和棚户区改造项目，改造供水、供热管网，搞好县城防洪排涝，提升基础设施水平。

提升管理水平。加快完善规范化、法制化、常态化管理机制，持续开展道路交通、市场经营、广告牌匾、环境卫生和村容村貌整治，扎实推进乡村清洁工程，重点治理县城、城乡结合部、209国道、328省道沿线及乡镇所在地，大力改善城乡人居环境。健全城镇化推进机制，加快户籍制度改革，推进农业转移人口市民化，完善城镇基本公共服务，全县常住人口城镇化率达到56%。

(四)坚持生态立县，推进绿色发展，大力建设美丽家园。加大污染防治。加强大气污染防治，扩大城市集中供热覆盖面，推进农作物秸秆禁烧和综合利用，开展企业污染、煤烟污染、机动车污染、建筑工地扬尘、道路扬尘专项治理。加强水污染防治、饮用水水源保护和治理，确保水质达标率100%。加强土壤环境监测。加大公共机构节能，推广绿色建筑，推动低碳循环发展。全年万元GDP综合能耗下降3.75%，二氧化硫、氮氧化物、烟粉尘均下降4%，化学需氧量、氨氮分别下降3.5%、3.6%。

加快生态绿化。建设紫川、东川、西川三个"百里绿色走廊"，构建多层次、立体化、点面结合、城乡一体的绿色生态屏障。大力开展造林绿化，完成5333公顷"三北""天保"、高速公路通道绿化、退耕还林成果巩固工程，新栽干果经济林133公顷，实施209国道城北段、回古线、均岭线及县城主要街巷、滨河路、公园、小区绿化及补栽工程，开展全民义务植树运动。力争城区绿化覆盖率达到35.35%，全县森林覆盖率达30.58%。

加强水保治理。坚持塬坡沟综合治理、田林水一起配套，改善农业生产条件。加强水利建设，配合实施好中部引黄工程，建设南峪水库，修筑23座淤地坝，补充农田灌溉水源。巩固提升饮水安全工程，解决3899口人饮水安全问题。推进小型农田水利建设，新建高效节水灌溉工程7处，新增农田灌溉面积2373公顷，用3至5年时间实现八大塬面果园浇灌全覆盖。加强小流域治理，完成2267公顷水土流失治理和2000亩平田整地工程，进一步改善农业生产条件。

(五)坚持普惠民生，推进社会事业，大力增进人民福祉。优先发展教育事业。实施义务教育"全面改薄"工程，推进北城中学、一中综合楼和体育场及其他附属工程，新建标准化职教中心，改善办学条件，做好国家义务教育基本均衡县建设工作。发展文化事业，实施乡村文化记忆工程，加强文物和非物质文化遗产保护，培养文艺人才，创作文艺精品，丰富基层文化活动，推动文化强县。

提高人民健康水平。深化医药卫生体制改革，加快公立医院改革，完善基本药物制度和药品采购机制，巩固新农合制度，提高公共卫生计生服务质量，强化重大疾病防控，提升中医药服务能力，建设全省中医药工作先进县。改善医疗条件，推进新医院二期项目，建成功能完善、服务优质的现代化综合医院；新建4个乡镇卫生院周转宿舍及33个村卫生室，完善县、乡、村三级医疗卫生服务网络。

完善社会保障体系。实施全民参保登记计划，建立统一的城乡居民基本医疗保险制度，提高大病保险人均筹资水平和报销比例。完善重特大疾病医疗救助政策。提高城乡低保标准，推动农村低保标准与国家扶贫标准相衔接。实施就业创业援助工程，落实就业扶持措施，推动大众创业、万众创新，发展众创、众包、众扶、众筹空间，加强职业技能培训，强化公共就业服务，全县城镇新增就业1000人，转移农村劳动力就业1800人，城镇登记失业率控制在4.2%以内。

任务艰巨而繁重，使命重大而光荣。让我们更加紧密团结在以习近平同志为总书记的党中央周围，同心同德，苦干实干，为全面建成小康隰县而努力奋斗！

凝心聚力，真抓实干，努力实现“十三五”发展的良好开局

汾西县县长　张安文

过去的五年，是我县经济社会发展极不平凡的五年。面对严峻复杂的经济形势，我们主动适应经济发展新常态，围绕建设和谐、富强、美丽新汾西的目标，全力以赴办好三件大事，坚持不懈地发展三大产业，坚定不移推进五大战略，经济社会发展取得较好成绩，为我县“十三五”摘掉贫困县帽子、全面建成小康社会奠定了坚实基础。

一、“十三五”时期经济社会发展的指导思想和目标任务

“十三五”时期工作的指导思想是：高举中国特色社会主义伟大旗帜，以习近平总书记系列重要讲话精神为指引，深入贯彻党的十八大和十八届三中、四中、五中全会精神，认真落实省委“两手硬”的工作要求，统筹推进创新发展、协调发展、绿色发展、开放发展、共享发展、廉洁和安全发展，紧紧抓住党的建设这个龙头，坚决打赢脱贫攻坚这场硬仗，全力以赴抓好安全稳定、“三垣一城”城市建设、工业项目和重点工程建设三件大事，坚持不懈地发展肉鸡养殖、核桃经济林和文化旅游三大产业，为建设富裕文明和谐美丽新汾西而努力奋斗。

总体目标是：确保到2020年实现全县生产总值和城乡居民人均收入比2010年翻一番的目标。GDP年均增速7%，到2020年达到27亿元；城镇居民人均可支配收入年均增速6.5%，到2020年达到29860元；农村居民人均可支配收入年均增速6%，到2019年达到4000元以上。到2019年，确保全县建档立卡贫困人口全部脱贫，确保贫困县脱贫摘帽，确保如期全面建成小康社会。

主要任务是：推进创新发展，着力培育发展新优势。把创新作为引领发展的动力源泉，摆在经济社会发展全局的核心位置，不断推进制度创新、科技创新、金融创新、民营经济发展创新，全力营造“大众创新、万众创业”的生动局面，为我县产业结构调整、转变经济增长方式提供智力支持。要围绕延伸肉鸡、核桃、苦荞、煤电、冶铸、建材、陶瓷七大产业链条，持续发展肉鸡、核桃、文化旅游三大产业，加快发展煤电铝材一体化产业和冶炼铸造、新型建材产业，积极发展风能、沼气、光伏、秸秆发电等绿色能源产业，大力发展物流配送、电子商务等现代服务产业，促进县域经济平稳健康快速发展。

推进协调发展，着力构筑发展新格局。注重资源开发和经济发展相协调，构建西北部坝系农业、中部林果产业、东南部高效农业三大板块，建设永安铝产业园区、佃坪新兴产业园区、太阳山农产品加工园区三大园区，打造姑射山生态景区、师家沟清代民居古建群景区两大景区。围绕“三垣一城”总体布局，完善道路交通、电力通讯、供热供气、供水排水、生态建设、环境卫生管理等城市功能，加快形成以城带乡、城乡互惠的新型城乡关系。加大公共资源向农村配置的力度，加快集镇建设，改善农村条件，逐步形成城乡一体的基础设施和公共服务体系。

推进绿色发展，着力建设美丽新汾西。按照国家主体生态功能区建设要求，坚持既要金山银山、更要绿水青山，切实处理好生态环境保护与经济社会发展的关系。充分发挥我县坝系农业的特色和优势，打造百里坝系生态农业长廊。大力实施造林绿化工程，构筑生态安全屏障。坚定不移地走绿色工业、循环经济发展的路子，严格控制和取缔“三高”企业，实施低碳项目，推进节能减排，加强环境治理，努力把资源与生态优势转化为产业优势和经济发展优势。

推进开放发展，着力增强发展新动能。全力构建开放发展的平台，加大招商引资力度。抢抓国家和全省产业梯度转移的机遇，坚持对内对外开放相促进，引进来和走出去相结合，充分利用互联网、物联网、大数据等信息平台，努力形成全方位、宽领域、多层次、高水平开放发展新格局。坚持产业招商、园区招商，促进上

下游产业和配套项目集中布局、集聚发展。全力打造阳光高效的政务环境，努力营造亲商、安商、富商的良好社会氛围。

推进共享发展，着力满足群众新期待。要聚党政之力，集干群之智，坚定攻城拔寨的决心，鼓起务求必胜的勇气，实施脱贫行动计划，落实精准帮扶措施，坚决打赢脱贫攻坚这场硬仗，确保如期完成脱贫攻坚任务。坚持富民与强县的统一，按照发展为了人民、发展依靠人民、发展成果由人民共享的宗旨，逐步建立以权利公平、机会公平、规则公平为主要内容的社会保障体系。大力实施城乡居民增收工程、就业创业工程、教育振兴工程、“健康汾西”工程，加快发展教育、文化、卫生、计生、妇女儿童等各项社会事业，促进经济社会与人的全面发展。

推进廉洁和安全发展，着力维护和谐稳定新局面。加强政府党风廉政建设，坚决落实“两个责任”，把廉洁发展始终贯穿于我县经济社会发展各个环节和领域。坚守安全发展红线，健全公共安全保障体系，完善灾害预防系统，切实维护人民生命财产安全。加强和创新社会治理，全力打造“诚信汾西”“平安汾西”，切实维护全县社会和谐稳定。

二、认真做好 2016 年工作

2016 年是实施“十三五”规划的起步之年，也是坚决打赢脱贫攻坚战的奠基之年，更是全面建成小康社会决胜阶段的开局之年。做好今年各项工作，意义十分重大。今年经济社会发展的主要预期指标是：全县生产总值增长 7%，规模以上工业增加值增长 3.5%，固定资产投资完成 42 亿元，社会消费品零售总额增长 6%，城镇居民人均可支配收入增长 6.5%，农村居民人均可支配收入增长 8%，一般公共财政预算收入完成 5679 万元。约束性指标：居民消费价格涨幅控制在 3%左右，万元地区生产总值能耗下降 4.3%，城镇登记失业率控制在 4.2%以内。其他约束性指标按照省、市下达任务全面完成。

2016 年，我们要重点抓好以下几方面的工作：

（一）压实帮扶责任，坚持精准施策，构建脱贫攻坚新格局。一是要明确脱贫攻坚“硬指标”。按照全市脱贫攻坚总体部署，到 2019 年底，我县要实现 120 个贫困村、11156 户 32001 人建档立卡贫困人口全部脱贫。其中：2016 年脱贫 8000 人，2017 年脱贫 9500 人，2018 年脱贫 9250 人，2019 年脱贫 5251 人。2016 年是脱贫攻坚的第一场战役，我们要完成脱贫人口 8000 人、整村脱贫 25 个村。各乡镇（社区）要进一步明确任务，挂图作战，列出时间表，把脱贫任务落实到村、到户、到人。二是要对接精准扶贫。各乡镇（社区）都要围绕县确定了脱贫攻坚“十三”个行动计划，尽快把脱贫项目和措施落实到户，精准对接。三是要立下精准帮扶“军令状”。坚持党委领导、政府主导，总揽全局、协调各方的原则，强化脱贫攻坚主体责任，严格实行县、乡、村三级党政“一把手”负责制，签订责任书，立下军令状；确保如期摘掉贫困县的帽子。

（二）优化服务环境，加快项目建设，打造经济发展新引擎。一是要统筹推进重点工程。全力实施 45 项重点工程，及时跟进项目审批，抓紧协调资金尽快到位，保证项目尽早启动。条件具备的项目，要立即开工建设。二是要全面提升服务效能。突出项目申报、规划批复、用地审批、资源配置、环境评价、筹融资金等要素，用足用活省市简政放权的各项政策，简化和优化行政审批流程，提高公共服务的质量和效率。三是要鼓励社会资本投资。要抢抓省市金融创新和金融扶贫的政策机遇，牢固树立现代融资的理念，借助政府信用，搭建融资平台，出台优惠政策，积极推广政府和社会资本合作（PPP）市场化融资模式，鼓励引导民营企业、民间资本通过特许经营、政府购买服务等方式参与我县重大项目建设，建立“利益共享、风险共担”的合作共同体，提高投资的有效性和精准性。

（三）发展新兴产业，实施铝业项目，培育工业经济新亮点。一是要加快煤电铝材一体化发展。以铝业项目为龙头，加快工业园区规划、环评等工作，确保年内取得实质性进展。围绕其亚铝业年产 240 万吨氢氧化铝及 60 万吨高精铝板带箔项目，从终端产品的技术性、先进性入手，高起点规划建设，打造资源就地转化、产业链条齐全、产品优质高端的新型工业基地。二是要培育壮大新兴产业。加大酸铁联产项目推进力度，力争年内落地开工。启动实施烨鑫公司 20 万吨铸造项目、森茂陶瓷 15 万套高端卫生陶瓷洁具项目。要结合扶贫开发和绿色产业发展要求，大力发展光伏发电产业，年内实现阳光光伏 10 兆瓦、太阳山光伏 10 兆瓦和 12 座 100 千瓦村级光伏发电站并网发电，加快建设协鑫能源 100 兆瓦、鑫光伟业 50 兆瓦、泽宇发电 20 兆瓦光伏发电项目。三是要支持发展民营经济。全面落实省、市支持民营经济和小微企业发展的各项政策措施，为民营企业特别是小微企业创造良好的发展环境。年内完成新创办小微企业 80 户。

（四）做大特色农业，夯实发展基础，开创“三农”工作新局面。一是要大力发展特色农业。以“一县一业、一村一品、一长一园”为主攻方向，大力发展特色农业、现代农业。继续发展肉鸡养殖和核桃经济林产业，提升种养产业的标准化、集约化、现代化水平。因地制宜发展玉露香梨等特色种养项目，进一步拓宽农民增收渠道。二是要进一步夯实农业农村基础。统筹整合以工代赈、农业开发、土地整理、生态建设、水土保持等项目，建设生态坝系工程，推进山水田林路综合治理。新增改善基本农田1000公顷。按照山西中部引黄工程的总体部署，投资5500万元，加快建设北掌调蓄水库。积极推进改善农村人居环境“完善提质、农民安居、环境整治、宜居示范”四大工程，完成农村贫困人口危房改造514户，解决农村饮水困难人口3000人。三是要不折不扣地落实惠民政策。认真兑现粮食直补、良种补贴、农资综合补贴等强农惠农富农的各项政策，真正让农民群众得到实惠。

（五）加快城市建设，提升辐射功能，构筑生态宜居新县城。一是要围绕“三城同创”，高起点规划城市建设。立足“三垣一城”的总体布局，以科学规划引领城市建设。二是要立足功能提升，高标准实施城建项目。按照“改造旧城、开发新城”的思路，加快推进改善城市人居环境“设施提升、城市安居、城中村改造、环境提质”四大工程，支持实施房地产开发、城中村改造、棚户区改造等项目，积极推进城市集中供热二期工程，确保古郡新区机关办公场所按时供暖。三是要创新工作机制，全方位加强城市管理。大力推进城市科学化、规范化、市场化、精细化管理，严格落实城市环境卫生管理、交通秩序管理等办法，教育引导广大市民养成健康文明的良好习惯，推进市容环境面貌有一个较大的提升。

（六）开发文化旅游，拓展服务领域，激活三产发展新活力。一是要加快发展文化旅游产业。打造师家沟、姑射山、县城古楼“三点一线”精品旅游线路，将汾西旅游逐步融入全市百里汾河文化旅游创意长廊、全省晋商文化游和晋陕红色旅游线路之中。力争全县旅游总收入年内增长50%以上。二是要积极发展电商和保险服务产业。加快我县电子商务平台建设，完善县、乡、村电商服务网络。打开农产品销售的广阔空间。加快发展现代保险服务业和信息科技、咨询评估、远程教育、家政服务、养老育幼等新型服务产业，提高服务业在县域经济中的比重。三是要创新发展金融服务业。强化对企业上市融资的培育引导，推动洪昌养殖、龙荞生物等符合条件的企业登陆“新三板”和区域性股权交易市场上市融资。积极与证监会扶贫板对接，发挥互联网思维，多渠道、多形式解决企业融资难问题。有效解决农民贷款难问题。

（七）深化体制改革，扩大招商引资，营造投资创业新环境。一是要深化财税体制改革。加大预算统筹力度，扩大预算公开范围，完善财政转移支付制度，加强结转结余资金管理，强化重点民生支出和重大专项支出的绩效评价；要加大财税征收力度，依法加强税收征管，确保各项收入应收尽收；集中财力“保工资、保运转、保民生、保发展”。二是要深化重点领域改革。深化科技管理体制改革，强化企业创新主体地位，推进企业技术创新，鼓励引导社会资本参与科技创新推广项目建设。稳步推进农村改革，年内完成农村土地承包经营权确权登记颁证工作。三是要加大招商引资力度。有计划的策划储备一批能够有效拉动投资、促进经济社会发展的大项目。进一步扩大对外开放，大力开展精准招商，深入挖掘符合国家产业政策和我县发展规划的优势项目，积极参加省、市组织的各类招商活动，力争引进更多的大项目、好项目。

（八）加强环境保护，推进节能减排，筑牢生态安全新屏障。一是要加大环境保护力度。牢固树立“绿水青山就是金山银山”的观念，围绕“生态立县，绿色崛起，建设美丽汾西”的目标，认真贯彻落实新修订的《环境保护法》《大气污染防治法》，开展重点行业污染专项整治，扩大集中供热面积，确保县城和全县空气质量持续改善。二是要构建生态安全体系。按照省政府林业工作“三加三不减”的要求，重点抓好吕梁山生态脆弱区综合治理和霍永高速通道绿化，实施三北防护林和巩固退耕还林成果工程1000公顷。继续推进采煤沉陷区和地质灾害治理项目，完成永安、勍香、对竹三个乡镇五个村410户1325口人的搬迁安置任务。

（九）发展社会事业，完善保障体系，满足民生普惠新需求。一是要优先发展教育事业。全面落实义务教育“两免一补”、学生营养餐改善计划、大学生生源地助学贷款、金秋助学等各项政策。加快实施汾西三中操场、汾西二中学生宿舍建设项目。促进教育教学质量的稳步提升。二是要大力加强医疗卫生和计划生育工作。全面深化公立医院改革，巩固基本药物制度，进一步加强疾病预防控制、基层卫生服务、农村合作医疗、妇幼保健和地方病防治等工作，提升公共卫生服务和卫生应急工作水平。年内完成卫生综合业务用房建设。稳妥推进全面两孩政策实施，切实加强食品药品安全监管。三是要千方百计促进就业创业。抓好重点群体就业工作，积极支持高校毕业生、下岗职工创业就业；扎实开展农民工技能培训和劳务输出培训工作，确保年内培训人数达到3000人；切实做好残疾人、“零就业”家庭就业援助托底工作，确保就业困难人员稳定就业。四是要健全完善社会保障体系。进一步完善养老保险、医疗保险、失业保险、工伤保险、生育保险、城乡低保、大病救助、民政优抚、残疾人保障等各项制度，逐步建立城乡一体的社会保障体系。年内完成就业和社会保障服务中心建设。

做好今年的各项工作，确保“十三五”良好开局，任务繁重，使命光荣。让我们在市委、市政府的坚强领导下，凝心聚力，攻坚克难，同心同德，真抓实干，加快建设富裕、文明、和谐、美丽新汾西，为圆满完成脱贫攻坚任务、实现全面建成小康社会的宏伟目标而努力奋斗！

凝心聚力，克难攻坚，实现大宁振兴崛起

大宁县县长　樊　宇

“十二五”时期是我县发展历程中极不平凡的五年，五年来，县委、县政府全面贯彻落实中央、省、市和县委的各项决策部署，大力实施“生态立县、林果富民、工业强县”三大战略，统筹抓好稳增长、促改革、调结构、惠民生、防风险各项工作，实现了“十二五”圆满收官，为“十三五”发展奠定了坚实基础。

一、“十三五”时期经济社会发展主要目标和任务

“十三五”时期我县经济社会发展的主要奋斗目标是：到2020年，全县地区生产总值完成10.04亿元，年均增长16.49%；财政总收入完成1.22亿元，年均增长17%；全社会固定资产投资完成35亿元，年均增长23.7%；社会消费品零售总额完成5.3亿元，年均增长12.9%；规上工业增加值达到6亿元，年均增长106%；城镇居民可支配收入达到20056元，年均增长3.3%；农村居民人均可支配收入达到5080元，年均增长13.6%，三次产业结构调整为22∶47∶31。

“十三五”时期经济社会发展的主要任务是全面推进“创新、协调、绿色、开放、共享、廉洁和安全”六大发展，力争全面建成小康社会，坚决打赢脱贫攻坚战。

（一）推进创新发展，优化产业结构。全面推进创新驱动发展战略，激发全社会创新活力。一是大力发展现代农业。围绕“优质苹果、设施蔬菜、高效养殖”三大主导产业，构建现代农业发展体系，提升产业质量效益。二是着力发展新型工业。以煤层气开发利用、光伏发电、风力发电、生物质发电和电子元件等新型工业为重点，力争在工业崛起上实现新突破。三是加快发展现代服务业。坚持开放的发展理念，着力发展农副产品物流仓储产业、文化旅游产业、电子商务等新兴服务业。

（二）推进协调发展，实现社会均衡。坚持把新型城镇化作为区域协调发展的着力点，着力塑造主体功能约束有效、特色产业持续促进、基本公共服务均等的发展格局。一是优化区域空间布局。强化城镇整合，充实发展轴线，引导空间集聚，打造“一心、两点、双轴、三区”总体空间布局框架。二是提升基础设施建设水平。以“服务经济、服务民生”为出发点和落脚点，坚持适度超前的原则，畅通融资渠道，加大投入力度，建成对全县经济社会发展具有重要支撑作用的基础设施服务体系。三是统筹城乡协调发展。按照构建“县城—中心镇—新型农村社区”三位一体的总体思路，以规划为先导，以产业为支撑，立足实际，突出特色，加快城乡一体化步伐，促进全县经济发展和社会的全面协调进步。

（三）推进绿色发展，提升发展质量。以控制水土流失为中心，以生物多样性保护和水源涵养能力提高为重点，全面节约和高效利用资源，提高环境质量，在开发中保护，在保护中开发，建立以生态农业、生态工业和生态旅游业为主体的生态经济体系，形成空间格局绿色化、生产方式绿色化的发展格局，推进美丽大宁建设，促进人与自然和谐相处，到2020年，全县森林覆盖率达到37.56%。

（四）推进开放发展，实现合作共赢。立足我县横跨晋陕，西纵高速公路延伸建设与洪大高速公路即将建设的基础条件，克服经济基础薄弱、交通服务不够发达的劣势，以构建开放型经济为引领，坚持“引进来”与“走出去”相结合，通过开发宣传大宁，扩大影响，积极融入国家、省、市发展战略，寻找新的经济增长点，加快形成合作共赢、全面开放的新格局。

（五）推进共享发展，注重改善民生。以保障和改善民生为重点，坚持“全覆盖、保基本、多层次、可持续”方针，坚持教育优先战略，全力推进医药卫生体制改革，加强计生人口服务工作，加大公共文体设施建设，大力实施科技、人才强县战略，建立健全社会保障体系，逐步建立起与全县经济发展相适应的公共服务体系。

（六）推进廉洁安全发展，营造良好发展环境。廉洁促进发展，发展必须廉洁。扎实推进“六权治本”，把权力关进制度的笼子，培育廉洁发展的社会氛围。持

续加强安全生产，健全公共安全保障体系，促进廉洁安全发展与经济社会发展的良性互动，着力营造良好发展环境。

二、做好 2016 年工作，确保“十三五”开好局

2016 年是全面建成小康社会决胜阶段的开局之年，我们将紧紧围绕“十三五”的各项目标任务，坚持以新发展理念引领发展，坚持稳中求进工作总基调，适应经济发展新常态，持续实施“生态立县、林果富民、工业强县”三大战略，努力实现“十三五”良好开局。全县经济社会发展的主要预期指标是：地区生产总值增长 7.5%，规模以上工业增加值增长 3.5%，全社会固定资产投资达 19 亿元，社会消费品零售总额增长 6%，一般公共预算收入完成 3368 万元，城镇居民人均可支配收入增长 6.5%，农村居民人均可支配收入增长 8%。重点抓好以下七项工作。

（一）用决战决胜的举措坚决打赢脱贫攻坚战。明确目标任务。2016 年完成 3958 口人、21.2% 的脱贫任务。一是发展产业带动脱贫。依托我县 8000 公顷苹果基地、4000 公顷核桃基地、100 公顷设施蔬菜基地和高效养殖产业和工业园区入驻企业，带动贫困劳动力就业，实现增收脱贫。通过发展产业，带动 10083 口具备劳动能力的贫困人口脱贫增收。二是易地搬迁拉动脱贫。对居住在“一方水土养不起一方人”的建档立卡贫困户和确需同步搬迁的农户，采取集中安置和分散安置的方式，实施易地扶贫搬迁，拉动 2471 口贫困人口实现脱贫。三是生态补偿推进脱贫。加大生态建设力度，优先使用有劳动能力的部分贫困人口从事护林员等生态保护和建设工作，增加工资性收入。结合退耕还林工程，支持退耕户发展以花椒、核桃为主的经济林，增加经营性收入，实现 1179 口贫困人口脱贫。四是教育扶助推动脱贫。实施千村万人就业培训行动计划，促进劳动力转移就业，增加外出务工收入。通过教育扶助，推动 1594 口贫困人口脱贫。五是社会保障帮扶脱贫。对完全或部分丧失劳动能力、无法通过产业扶持和就业帮助实现脱贫的贫困户全部纳入农村低保，实现低保政策兜底一批。通过社会保障帮扶 3324 口人脱贫。

（二）用现代农业的体系引领导特色产业发展。高标准打造 6 个苹果出口基地示范点。要瞄准高端市场，宣传推介“大宁苹果”品牌，提高“大宁苹果”的市场知名度和品牌认知度。加快对全县 4000 公顷核桃经济林进行高接换优，全年完成核桃提质增效工程 333 公顷。

着力提高设施蔬菜经济效益。引进以香菇和双孢菇为主的食用菌生产品种，提升大棚蔬菜的品质。充分发挥现有蔬菜专业合作组织作用，探索发展“农超对接”模式，建立起多层次、多领域的蔬菜产品市场网络，逐步实现与全国各大蔬菜批发市场联网，提高大棚蔬菜的效益。

着力提升高效养殖综合效应。以丰冠源、康庄牧业、绿岳农林公司为龙头，发展生猪、肉羊和生态猪养殖。发展生猪养殖场 2 个，生猪出栏量达到 3 万头；生态猪养殖场 1 个，生态猪出栏量达到 1 万头；肉羊出栏量达到 3.5 万只；年生产有机肥料 8.2 万吨。

（三）用敢于担当的精神推进重大项目建设。2015 年所确定涉及农业、工业、城建、民生事业等方面的 24 个重点项目，是今年全县经济工作的重中之重，我们要抢抓当前省市扩大有效投资的重大政策机遇，领会政策精神，围绕脱贫攻坚和全县发展大局，科学谋划一批符合大宁未来发展方向的打基础、利长远的项目。要把握支持重点，积极主动作为，在已有工作基础上，精心策划包装项目，进一步提高项目获批率，使更多的政策性资金和重大项目在我县落地。

（四）用创新开放的思维推动新兴产业发展。加快新型能源开发步伐。以光伏发电、煤层气开发等绿色新能源为重点。采用 PPP 融资模式，多方筹集资金，建设 11 个 100 千瓦村级小型发电站，有效增加农村集体经济收入。以大宁县正午日电太阳能科技公司为承建主体，投资 3.3 亿元，在三多乡太仙河村启动建设 20 兆瓦的连栋大棚设施农业大型电站。加快煤层气勘探开发，全年新增气井 10 口，新增产能 1 亿立方米。开工建设总投资 2.54 亿元的煤层气液化调峰建设项目，项目建成后，日可处理煤层气 30 万立方米。全力以赴壮大工业园区。积极扶持鑫辉电子和治诚科技两家现有入驻企业逐步扩大规模，帮助鑫辉电子“蜂鸣器”组装项目尽快达产达效，筹集农发行贷款 1 亿元，启动工业园区二期工程，新建标准化厂房 4 栋 1.5 万平方米。积极搭建电子商务平台。科学编制电子商务发展目标规划，运用电子商务＋三农的模式，一方面带动更多的群体创业就业，另一方面拓宽农产品销售渠道，助推脱贫攻坚。

（五）用统筹发展的思路加快城镇一体化进程。加快城市发展步伐。全面提高城市规划、建设、管理水平，启动 100 套公租房建设工程；完成安厦小区公租房一期、安厦小区公租房二期、恒安棚户区改造续建工程，新增保障性住房 456 套。建成全民健身广场和健身广场至南山公园天桥，为县城居民提供更多的休闲娱乐场所。启动 10 万平方米供热站和自来水改造工程，完成幸福家园移民新区道路二期和二级客运站改扩建工程，进一步完善城市功能。扎实推进城市人居环境改善工作，全面实施设施提升、城市安居、城中村改造、环境提质四大工程，建设供水管网 2 千米、供气管网10千米、供热管网5千米，新建和改造雨水管网5千米。抓好人居环境改善。实施农村饮水安全提质增效工程，解决农村4000口人的饮水安全问题。继续推进美丽宜居示范村三级联创工作，绿化村庄3个，建设省级示范村2个，市级示范村2个，县级示范村3个。

（六）用绿色发展的理念加强生态环境建设。加强林业生态建设。扎实推进省级生态示范县创建工作，完成造林面积3033公顷，森林覆盖率达到33.46%。实施综合治理工程。通过综合开发，进一步改善农业生产条件，夯实产业发展基础，增强抵御自然灾害能力，形成渠相连、路相通、田地平整、沟坝整齐的生态田园新景象。构筑生态安全屏障。加大大气污染监测和防治，确保二级以上天数稳定在300天以上，加强饮用水源地保护，确保全县集中式饮用水源地水质达标率100%。

（七）用为民服务的情怀大力发展社会事业。优先发展教育事业。实施学前教育优质普惠工程，继续实行十五年免费教育，进一步完善贫困学生资助政策和义务教育阶段学生营养改善计划，继续实施全面改善贫困地区义务教育薄弱学校基本办学条件项目，促进教育均衡。大力发展卫生事业。继续深化医药卫生体制改革，巩固公立医院改革成果。抓住国家卫计委定点帮扶我县的机遇，开展好卫生计生人才综合培养试点工作，提升新农合保障和服务水平，新农合人均筹资标准由470元提高到530元。完善社会保障体系。统筹推进城乡社保体系建设，加快建立覆盖城乡、人人享有、保障更好的社会保障体系，城镇登记失业率控制在4.2%以内。全面推动大众创业、万众创新，鼓励以创业带就业，完成创业就业350人。

实干成就梦想，奋斗铸就辉煌。我们要凝心聚力，克难攻坚，提振精气神，汇聚正能量，为塑造大宁美好形象，实现大宁振兴崛起，为全面建成小康社会，坚决打赢脱贫攻坚战而努力奋斗！

为全面建成小康新洪洞而努力奋斗

洪洞县县长　**解高民**

“十二五”时期是我县发展极不平凡的五年。五年来，面对复杂多变的经济环境和艰巨繁重的发展任务，我们紧紧依靠全县人民，围绕“一三五”工作总思路，以“六城同创”为抓手，积极适应经济新常态，统筹推进稳增长、促改革、调结构、惠民生，经济社会保持了平稳健康发展。

一、“十三五”时期的指导思想和目标任务

回顾过去，我们不忘初心；展望未来，我们奋力前进。“十三五”期间是我县转变经济发展方式的关键时期，是全面建成小康社会的决胜阶段。

今后五年全县工作的指导思想是：全面贯彻落实党的十八大和十八届三中、四中、五中全会精神，深入学习贯彻习近平总书记系列重要讲话精神，遵循“四个全面”布局，践行“五大发展”理念，以“百里汾河生态经济带”为引擎，以“保优夺魁”为目标，大力实施项目落地、社会向荣、民生提质、新区打拼、党建护航“五大战略”，塑造美好形象，实现振兴崛起，为全面建成小康新洪洞而努力奋斗。

根据上述指导思想，“十三五”时期经济社会发展奋斗目标是：

经济实力进一步增强。到2020年实现生产总值比2010年翻一番，达到244亿元，年均递增8.6%；公共财政预算收入达到12亿元，年均递增12.9%；规模以上工业增加值达到70亿元，年均递增8.5%；社会消费品零售总额达到86亿元，年均递增10.1%；全社会固定资产投资年均递增10%左右。到2020年实现城乡居民人均收入比2010年翻一番。城镇居民人均可支配收入达到30000元，年均递增5.1%；农村居民人均可支配收入达到13300元，年均递增6%。

产业结构进一步优化。以新兴产业为主体的产业体系基本形成，产业结构趋向合理，初步形成农业现代化、工业新型化、服务业特色化的产业发展格局，一、二、三产业结构比例优化为7∶43∶50。

城镇化水平进一步提升。完善城市功能，提升城市品位;灵活经营城市,加快推进城市现代化、农村城镇化、城乡一体化进程,打造功能一体化、联系网络化、设施现代化、居住生态化的新型城镇空间载体,使历史与地域文化特色充分彰显,人居环境与生活质量显著提升,城镇化率达到55%以上。

生态环境进一步改善。单位国内生产总值能耗、主要污染物排放等约束性指标达到省市标准;城市生活垃圾无害化处理率100%;可吸入颗粒物($PM_{2.5}$)浓度逐年下降,空气质量明显好转。

社会事业进一步发展。教育水平显著提高,文化事业繁荣活跃。就业持续增加,城镇登记失业率控制在4%以内。社保、医疗、住房等公共服务体系更加健全,基本公共服务均等化程度明显提高,人民群众生活更加殷实。

二、2016年工作安排

2016年是全面实施"十三五"规划的开局之年,也是推进结构性改革的攻坚之年。今年全县经济社会发展主要预期目标是:生产总值增长6.6%,规模以上工业增加值增长3%,固定资产投资增长12%,公共财政预算收入增长1%,社会消费品零售总额增长6.5%,城镇居民人均可支配收入增长6.5%,农村居民人均可支配收入增长7%。

要实现上述目标,今年将重点做好四个方面的工作:

*(一)强力推进"项目落地"战略,加快供给侧结构性改革,奋力在转型升级上实现新突破。*抓项目、扩投资,增强内生动力。扎实开展"项目创新年"活动和项目开工"百日攻坚"专项行动,大力实施总投资473亿元、年度投资81亿元的83项重点工程项目。加快园区水、电、暖、气、路等配套设施建设,不断增强园区吸引力和承载力,甘亭工业园区9月底建成通车。拓宽投资融资渠道,积极推广PPP合作模式,着力破解融资难的问题。

抓招商、引资金,厚植发展优势。以京津冀、环渤海及黄河金三角经济圈为主攻方向,主动承接一批投资大、效益好、见效快的重大项目。充分利用现有企业资源,通过以企招企,扩大企业规模,积极推进华翔集团JDH项目签约和合肥基地搬迁工作。鼓励本土企业家在家乡投资,再次创业,回报家乡;激励本地人才留在家乡,在家乡创业,在家乡发展。

抓转型、优结构,壮大工业经济。加快转型升级步伐,全力构建现代工业体系。一是改造提升传统产业。积极推动煤炭产业"六型"转变,加快万安、恒兴、陆成、洪崖、荣康5座煤矿的改扩建工程;开辟多样化的煤炭利用转化渠道,促进煤电联营、煤焦化联营,积极推进山焦烯烃、煤气制甲醇和太化重苯加氢等项目;国新能源天然气储备集散中心要加快施工进度,确保年内完成土建工程、明年6月底投入使用。二是培育壮大战略新兴产业。加速发展装备制造、新材料等新兴产业和高新技术产业,沃特玛新能源汽车产业园要以动力电池项目投产为契机,加大对接力度,促成"10+1"后续项目尽快落地;中小企业创业孵化基地要做好入驻企业的洽谈对接工作,尽快完成省级审批。同时,绿如蓝电动助力车、诚美节能玻璃、槐丰复合软包装、佳瑞活性石灰等项目争取年内实现投产。三是推动实体经济健康发展。建立常态化政企沟通联系机制,深化产销、银企对接,及时帮助企业协调解决困难和问题;积极扶持中小微企业发展,集中金融、政策、土地等资源要素,培育壮大支撑经济发展的新生力量,年内新创办小微企业600户以上;下力气去产能、去库存,坚决完成淘汰落后产能任务,着力提升传统产业的质量和效益。

抓规模、促增效,发展现代农业。加快农业产业化进程,高标准推进天泽农业示范园区、大槐树农业生态园、历山农业观光园建设,新增设施蔬菜100公顷、药材333公顷、果树133公顷、核桃533公顷。严格耕地保护,狠抓粮食生产,粮食面积稳定在6.7万公顷、总产3.5亿千克以上。大力发展规模健康养殖,培育壮大众诚肉羊、万年柏蛋鸡等养殖项目。积极扶持农业龙头企业,投资5000万元的佳慧肉牛深加工和投资1.6亿元的鼎隆宇鑫生物有机肥项目年内建成投产。加强农田水利建设,新增灌溉面积2000公顷、高标准农田1907公顷。全力打好脱贫攻坚战,加快推进苏堡镇后山头、南铁沟村光伏扶贫项目,确保按期完成脱贫任务。

抓旅游、强三产,繁荣消费市场。发挥我县丰富的旅游资源优势,深入挖掘洪洞独特的民俗文化内涵,鼓励吸纳社会资金投入旅游开发,不断扩大洪洞旅游品牌效应,打造全球华人寻根祭祖、文化交流的旅游胜地。继续做好大槐树国家5A级旅游景区创建、明代县衙文化旅游景区建设和广胜寺景区拓展改造等工作;完成广胜寺抢救性文物保护和造父纪念堂工程,莲花广场文化商业街年内完成主体工程。打造具有地方特色、富有竞争力的旅游产业格局。

*(二)强力推进"社会向荣"战略,激发内生发展动能,奋力在优化环境上实现新突破。*激发改革创新活力。抓好转型综改区建设,制定实施转型综改"十三五"方案和2016年行动计划。加快行政体制改革,规范运行权力清单和责任清单,深化财税体制改革,加大预算统筹力度,扩大预算公开范围。深化农村综合改革,继续做好农村土地确权工作。加强金融创新,推进农信社改制步伐,力争年内完成;鼓励企业上市融资,

做好华翔集团整体主板上市的协调服务工作优化创业创新生态圈，营造大众创业、万众创新的良好氛围。

扩大生态建设成果。大力推进生态保护，全力抓好汾河湿地公园、退耕还林、通道绿化的建设和保护，全年造林1047公顷，植树300万株；筹资6100万元，实施涧河下游段生态治理工程。

促进文化事业繁荣。大力推进文化基础设施建设，认真落实文化惠民工程，县图书馆、文化馆全面开放；扎实做好文物和非物质文化遗产的保护、传承和申报。组织举办消夏文化艺术节、篮球赛、乒乓球赛等群众性文体活动，广泛开展送戏曲、送书籍、送电影等文化下乡活动，不断满足广大人民群众的精神文化需求。

（三）强力推进“民生提质”战略，着力补齐民生短板，奋力在增进福祉上实现新突破。切实增进群众教育福祉。扎实做好国家义务教育均衡发展验收工作，加快标准化学校建设和薄弱学校改造步伐，完成13所学校省级示范性图书馆（室）达标认定。大力发展学前和职业教育，新建、改扩建3所农村公办幼儿园，积极鼓励社会力量投资办学。完善教师补充长效机制，不断提高教育教学质量，力争在高考名优达线率上实现新突破。

切实增进群众健康福祉。深化医疗卫生体制改革，继续推行基本药物制度，不断改善医疗卫生基础设施条件，扎实开展“省级基层中医药工作先进县”创建工作。切实增进群众生活福祉。加强各类社会保险的动态管理，稳步提高覆盖范围和保障能力。不断完善托底线、可持续的社会救助制度，加大对最低生活保障和特困人员的帮扶力度。全年新增就业岗位4800个，转移劳动力6000人。

（四）强力推进“新区打拼”战略，深化城乡一体化发展，奋力在统筹城乡上实现新突破。突出战略重点，优化城市布局。以打造“一河两岸”滨河城市为目标，科学制定河西新区发展规划，分步骤、有计划地完善新区休闲购物、教育医疗、商业住宅、水电暖气等基础设施，扎实做好河西新区主干道前期准备工作，积极促成国际农副产品交易中心在新区落地。通过项目建设有序引进资本、产业向河西新区转移，不断激发区域发展活力。

统筹城乡发展，提升城市品位。加快县城、镇村总体规划修编和控制性详规编制；启动地下管线和城中村改造的规划编制。加快老城区改造提升步伐。筹资8000万元，实施涧河南岸景观道路工程；筹资1300万元，完成文东北路、支四街建设；做好玉峰西街西沿前期筹备工作。大力推进城乡人居环境改善，新建农村老年人日间照料中心10个；完成投资5300万元的广胜寺110千伏输变电工程；抓好长临高速征地拆迁、采煤沉陷区搬迁安置、棚户区建设和农村危房改造工作。

强化城市管理，聚集发展人气。持续推进“六城同创”，不断巩固提升创建成果；文明县城和平安县要对照标准，加大力度，用两年左右的时间创为国家级。同时，“六城同创”要向乡镇、农村延伸，推行“全域”创建活动，努力打造干净、整洁、美丽的宜居环境。

雄关漫道真如铁，而今迈步从头越。我们将牢记全县人民的期盼和重托，团结带领全县人民，牢记使命、不忘初心，保优夺魁、奋力前进，为全面建成小康新洪洞而努力奋斗！

全力推进现代农业基地、新型工业强县、帝尧文化之都、宜居宜业新区四大建设

襄汾县县长　**乔飞鸿**

“十二五”时期是我县发展历程中极不平凡的五年。五年来，面对严峻复杂的经济形势和艰巨繁重的发展任务，我们紧紧团结和依靠全县干部群众，一以贯之坚持“一四三十”发展思路，扎实推进稳增长、促改革、调结构、惠民生、防风险各项工作，全县经济社会发展取得了来之不易的成绩。

一、“十三五”时期的指导思想和发展目标

“十三五”是全面建成小康社会的决胜阶段，也是襄汾在新常态下奋力赶超、大有作为的重要战略机遇期。“十三五”时期，我县发展的指导思想是：高举中国

特色社会主义伟大旗帜，坚持以马克思列宁主义、毛泽东思想、邓小平理论、“三个代表”重要思想、科学发展观为指导，全面贯彻落实党的十八大和十八届三中、四中、五中全会精神，深入学习贯彻习近平总书记系列重要讲话精神，按照“四个全面”战略布局，牢固树立五大发展理念，坚决落实省委“一个指引、两手硬”的要求，围绕全面建成小康社会一个总目标，抢抓陶寺遗址开发和百里汾河生态经济带建设两大机遇，切实做好安全生产、生态建设、社会治理三方面工作，全力推进现代农业基地、新型工业强县、帝尧文化之都、宜居宜业新区四大建设，着力保障和改善民生，全面加强党的建设，推动经济社会持续健康发展。

“十三五”时期，我们要主动适应经济发展新常态，努力推动经济企稳回升，不断增强综合经济实力，确保如期全面建成小康社会。主要目标是，到 2020 年，实现全县地区生产总值和城乡居民人均收入比 2010 年翻一番的目标，地区生产总值年均增长 7.7%，达到 203 亿元，城镇居民人均可支配收入达到 29968 元，农村居民人均可支配收入达到 15508 元。届时，全县经济社会发展质量会更高、生态环境会更好、人民生活会更加幸福。

二、重点抓好以下几个方面的工作

（一）推进现代农业基地建设。继续坚持“规模化、产业化、品牌化”的发展思路，坚持用工业理念发展农业，以市场需求为导向，以完善利益联结机制为核心，以制度、技术和商业模式创新为动力，以新型城镇化为依托，推进农业供给侧结构性改革，着力构建农业与二、三产业交叉融合的现代产业体系。具体采取三条路径：一是改善农业生产条件。实施高标准农田建设、土地整治和中低产田改造，坚守基本农田保护红线。发展高效节水灌溉，新增改善灌溉面积 1.2 万公顷。提高农业机械化水平，主要粮食作物综合机械化率稳定在 95%以上。稳定粮食种植面积，实施粮食高产工程，粮食总产量保持在每年 4.6 亿千克左右。二是提升农业发展效益。按照“稳定面积、提质增效”的思路，加快农业结构调整。积极发展蔬菜、果类、中药材、食用菌等特色农业，扩大农副产品有效供给。加快发展农副产品深加工，重点扶持食用菌、粮食加工、酿造、饲料等农业企业。大力发展休闲农业和乡村旅游。创新发展订单农业。注重推广智慧农业，鼓励开展代耕、代种、代收、大田托管、统防统治、烘干储藏等市场化和专业化服务。推进农村流通体系与储运加工有机衔接，加快建设冷链物流集散中心。积极发展农村电子商务，主动与省“网上农博会”“乐村淘”等电商平台对接，拓宽销售渠道。到“十三五”末，全县蔬菜面积达到 1.2 万公顷、干鲜果面积达到 2 万公顷、中药材面积达到 6667 公顷、日产食用菌 40 吨、畜牧业总产值达到 15 亿元、年销售收入超 500 万元的农业龙头企业达到 30 家以上。三是培育新型职业农民。积极培育新型农业经营主体，开展种养殖管理技术和农机手等专业技能培训。到“十三五”末，培育新型职业农民 6000 名，家庭农场达到 40 个以上，农民专业合作社达到 1800 家左右。

（二）推进新型工业强县建设。按照“减量化、精细化、规模化、园区化、循环化”发展思路，扎实推进工业供给侧结构性改革，积极构建现代工业体系。具体采取五条路径：一是改造提升传统产业。优化存量、保持增量、提升质量，倒逼工业经济上档升级。焦化方面，围绕“稳焦上化、以化补焦、焦化并举、上下联产”的原则，优化产业布局，延长产业链条，实现以焦为主向焦化并举、以化为主转变，继续保持民营焦化企业全省领先地位。钢铁方面，提升装备水平，推进整合重组，不断提高产业集中度，打造全省重要的钢铁集中区。二是大力培育新兴产业。瞄准产业链、技术链、价值链的高端，积极发展铸管、汽车部件等高端铸造业，推进光伏发电和生物质发电，支持玻璃器皿、造纸等轻工产业发展，做大做强现有食品医药企业，优化产业结构，注入新的发展动力。三是加快推进园区发展。以河西煤化工园区、河东冶金焦化园区为重点，健全管理机构，完善基础设施，引导新上项目入园入区，形成集群发展、集约管理新优势。四是狠抓项目建设。要加强对项目的谋划，提高设计项目、包装项目和推动项目的能力。不但要眼睛向上，争取财政扶持项目，也要眼睛向外，主动承接发达地区产业转移项目；不但要引进装备制造、煤化工、矿产资源开发等项目，也要引进文化旅游、食品加工、中药材加工项目。要开展全方位招商引资，不但积极引进外地资金和企业，也要调动本地企业家的二次创业积极性，坚持本地企业和外地企业同等享受优惠政策，进一步提高对内对外开放水平，真正引进一批有质量、有前景、有效益的新产业、好项目，不断增强县域经济的发展后劲。五是创优发展环境。全面贯彻省政府减轻企业负担 60 条和市政府 65 条措施，认真落实抓资金保运行、抓减负保落实、抓生产保产值、抓销售保市场、抓合作保共赢“五抓五保”举措，减轻企业负担，创优外部环境，全力支持民营企业大发展、大繁荣。

（三）推进帝尧文化之都建设。围绕全市陶寺遗址核心区、尧文化旅游产业园、古文明旅游圈建设定位，按照“发展大旅游、拓展大市场、培育大产业”的工作思路，高扬“帝尧之都·中国之源”这一龙头，带动全县旅游产业上档升级，努力建设全国一流的旅游目的地。到“十三五”末，全县年接待游客达到 300 万人次，旅游综合收入达到30亿元，努力把我县文化文物资源优势转化为产业优势和经济优势，形成新的经济增长极。具体采取三条路径：一是加快景区开发步伐。根据市委市政府统筹安排，投资26亿元，全力推进陶寺遗址保护利用，建设陶寺遗址博物馆和考古核心区展示项目，申报建设第三批国家考古遗址公园。规划启动尧文化旅游产业园，打造"帝尧中国城"，建设集祭祀、历法、上古民俗文化展示和晋南非物质文化展演为一体的文化旅游产业集聚区，打造史前影视拍摄基地。推进以塔儿山为中心的古文明旅游圈建设，融入晋南古文明旅游精品线路。同时，对全县文化文物旅游资源进行统一规划，启动丁村、汾城、普净寺景区建设，整合双龙湖、东岭滑雪场、尧京葡萄酒庄、燕村荷花园等旅游资源，大力发展休闲度假、农耕体验等观光农业和乡村旅游，形成休闲养生旅游产品。二是发展旅游要素产业。着力提高旅游接待能力，各类住宿接待设施达到6000个床位。集合全县特色饮食，培育"丁村家宴"等地方风味餐饮企业。加大旅游商品开发，把丁村土布、太平木版年画、赵康绣球等特色文化产品培育成为具有市场竞争力的旅游商品。到"十三五"末，力争培育1家年产值过亿元、5家年产值过5000万元的旅游产品企业。三是创新旅游发展机制。充分运用投资基金、股权融资、众筹融资等现代金融手段，形成多元投资格局。继续采取"政府主导、社会参与、市场运作"方式，办好陶寺舞龙舞狮文化节、赵氏孤儿忠义文化戏曲节等节庆旅游活动，扩大全县文化旅游影响力。

（四）推进宜居宜业新区建设。认真贯彻落实全市"百里汾河生态经济带"和"一城三区"战略部署，按照"提升县城、开发新区、辐射乡村"的工作思路，统筹推进城乡建设。到"十三五"末，全县城镇化率达到48%以上。具体采取六条路径：一是坚持规划先行。加速推进县城北片区控规编制，使县城60平方千米控规"合龙"，配套完善各类专项规划，形成总规、控规、专项规划衔接有序、内容健全的县城规划体系。健全规划审查、报批、修改、监督制度，切实增强规划的科学性和权威性，坚决制止、依法打击各种违法违章建设行为。二是建设宜居县城。坚持"东改、西优、北推、南延"的工作思路，河东老城提升城市品位，引导人口有序向河西新城转移，做到多拆少建、见缝插绿、提高品质、保存历史。河西新城加快公共设施建设，科学布局学校、医院、银行网点等，高标准规划建设体育场馆等大众休闲娱乐场地，实施豁都峪、三官峪生态修复工程，打造湿地公园，打通城市道路微循环，优化城市功能。城南坚持基础设施先行，实施丁陶大道南延工程，以柴寺村城中村改造和原纱厂棚户区改造为抓手，建设国家级养老颐养中心，打造全新宜居之所。三是开发滨河新区。按照现代服务区、休闲度假区、城镇引领区的定位，在县城以北滨河路沿线规划建设滨河新区，引导一批文化旅游、生态观光、休闲度假、养生养老、商贸服务、教育医疗等符合国家产业政策的现代服务业项目向新区集聚，着力打造临汾的南花园和现代服务业新区，培育新的经济增长极。四是打造中心集镇。以"全国重点镇"和全省"百镇建设"为抓手，完善中心镇基础设施，鼓励引导资金、技术、人才等要素向邓庄、汾城、古城、襄陵等中心镇集聚。五是创建美丽宜居乡村。保护传统村落，努力保持其完整性、真实性和延续性，充分保护历史、文化等价值。同时，以美丽宜居示范村建设为重点，不断完善农村基础设施和公共服务。加大危房改造、采矿沉陷区和地质灾害区易地搬迁力度，改善农村生产生活条件。推进户籍制度改革，引导农村人口城镇化。到"十三五"末，建成省级示范村5个，市级示范村15个，县级示范村50个。六是强化环境卫生管理。坚持建管并举、重在管理、部门联动、齐抓共管的方针，健全管理体制，完善长效机制，实现城乡环境管理科技化、规范化、精细化。

（五）持续加大生态建设力度。牢固树立"绿水青山就是金山银山"的理念，确保环境质量持续改善。具体采取四条路径：一是持续推进低碳循环发展。加快传统产业升级改造，实施工业园区循环化改造，提高工业固废资源综合利用率。大力发展循环农业，鼓励涉农企业建立秸秆收集、堆放、加工和利用服务体系。二是全面节约和高效利用资源。淘汰落后产能，严格项目准入，严控高耗能、高排放和产能过剩行业新上项目。强化重点企业节能监管，重点实施一批节能改造项目。倡导绿色低碳消费，在全社会形成崇尚绿色生产生活方式的浓厚氛围。三是不断加大环境治理力度。实行最严格的环境保护制度，构建政府、企业、社会共治的环境治理体系，抓好大气污染、水污染治理和土壤修复综合整治工作，不折不扣完成上级下达的约束性指标任务。四是深入开展造林绿化工作。持续抓好三北防护林、湿地保护修复、退耕还林、林地变更等工程，到"十三五"末，全县林地面积达到1.2万公顷，林木控制面积达到3.6万公顷以上，林木覆盖率达到35%以上，森林覆盖率达到18.2%。

（六）全力以赴保障改善民生。按照"坚守底线、突出重点、完善制度、引导预期"的指导思想，注重机会公平，保障基本民生，切实增加人民群众的获得感。具体采取六条路径：实施精准扶贫。始终把脱贫攻坚摆在改善民生的首要位置，全面落实"六个精准"要求，大力实施"五个一批"工程，加强扶贫工作领导，创新扶贫开发机制，完善干部驻村帮扶工作制度，严格考核督查问责，确保脱贫攻坚政策落实到位，全面实现6356名贫困人口稳定脱贫。今年完成1500人脱贫任务。建设教育强县。大力发展普惠性幼儿园，形成“公办为主、覆盖城乡、布局合理、公平普惠”的学前教育公共服务体系，实现13个乡镇中心幼儿园全覆盖，在县城河东老城新建一所公立幼儿园。全面改善初中、小学基本办学条件，规划建设县城第四、第五小学，实现义务教育均衡发展。逐步普及高中教育，全力把襄汾中学打造成三晋名校。提升健康水平。加强公共卫生服务体系建设，完成县人民医院河西新院区及县中医院综合楼、县妇幼保健院门诊住院楼建设。健全县、乡、村三级医疗卫生服务网络，到“十三五”末，实现90%患者在基层医疗机构首诊的目标。加强医护人才队伍建设，继续公开招聘医务人员，加快健康服务业发展，到“十三五”末，全民健康素养水平提高到20%。推进创业就业。实施创业引领计划和大学生就业促进计划，抓好以高校毕业生为重点的就业工作。统筹做好退役军人、农村剩余劳动力等群体的就业工作。积极完善创业优惠政策，形成创业培训、创业政策、创业孵化、创业服务“四位一体”工作新格局。加强公共就业培训服务载体和能力建设，积极完善“培训＋劳务输出”工作模式。大力推动大众创业、万众创新，鼓励以创业带动就业。强化社会保障。继续完善社会救助体系，解决好困难群众的上学、就医、居住、养老等问题。大力发展农村老年人日间照料中心，积极探索医养结合的养老模式。关注失地农民的生产生活，严格落实补偿政策，积极开展再就业培训，多渠道组织劳务输出，切实解除农民后顾之忧。不断扩大社会保障范围，进一步提高最低生活保障标准，做到农村五保和城乡低保应保尽保。完善路网建设。全县公路总里程达到1562千米，公路密度达到每百平方千米142千米。进一步完善国省干线公路骨架，实现县乡公路等级化。有计划地实施通村道路改善提质工程。稳步提高农村道路管养水平。逐步实现城乡公交一体化。加快城市出租车改革步伐。重点抓好县道汾永线翻修改造，加快推进108国道改线，完成陶寺、丁村旅游公路建设。

蓝图已经绘就，扬帆正当其时。做好今后五年经济社会发展各项工作，让全县50万父老乡亲过上更加幸福美好的生活，是我们义不容辞的责任。征途艰辛，唯有实干。让我们同心同德、群策群力，顽强拼搏、锐意进取，着力构建富裕襄汾、文化襄汾、法治襄汾、绿色襄汾，为实现“十三五”良好开局、全面建成小康社会而努力奋斗！

努力建设富裕、实力、美丽、幸福、和谐的小康乡宁

乡宁县县长　**杨建军**

“十二五”时期是极不平凡的五年。五年来，我们团结带领全县人民，认真贯彻落实党的十八大、十八届历次全会和习近平总书记系列重要讲话精神，积极应对经济下行压力，主动适应发展新常态，坚持稳中求进总基调，攻坚克难，砥砺奋进，各项工作稳中有为、稳中有进，经济社会发展取得新成就。

一、“十三五”时期指导思想和主要目标

“十三五”时期是我国全面建成小康社会的决胜阶段，也是推动乡宁经济转型升级最为关键的时期。“十三五”时期指导思想是：高举中国特色社会主义伟大旗帜，以马克思列宁主义、毛泽东思想、邓小平理论、“三个代表”重要思想和科学发展观为指导，全面贯彻党的十八大和十八届三中、四中、五中全会精神，深入贯彻习近平总书记系列重要讲话精神，切实贯彻创新、协调、绿色、开放、共享的发展理念，坚持依法行政，坚持改革创新，坚持稳中求进，统筹推进农业现代化、工业新型化、县域城镇化、民生事业普惠化、社会治理科学化，致力建设富裕、实力、美丽、幸福、和谐的小康乡宁。

今后五年，我县经济总量要有新提升、产业转型要有新突破、生态建设要有新发展、安全生产要有新好转、民生保障要有新提高、民主法治要有新成效，力争2017年实现省级贫困县摘帽，到2020年实现地区生产总值和城乡居民人均收入比2010年翻一番，地区生产总值力争完成120亿元，城镇居民人均可支配收入

力争完成3.3万元，农村居民人均可支配收入力争完成1.2万元，全面建成小康社会。

二、加快“五化”进程，建设“五个乡宁”

（一）加快推进农业现代化，致力建设富裕乡宁。坚持“核桃产业主导，若干特色并进”产业化路径，在管护上做文章，在质量上求效益；按照“一村一品”发展思路，因地制宜发展苹果、花椒、翅果、葡萄、玫瑰、双季米槐、油用牡丹等特色产业，力争“十三五”末，全县经济林总量达到2.7万公顷，农民人均2亩。沿着规模化、品牌化方向，精心培育一批农产品深加工企业，重点扶持戎子酒庄、琪尔康等龙头企业发展。

（二）加快推进工业新型化，致力建设实力乡宁。抓好乡宁经济，不能只抓煤，但首先要抓好煤。继续推进供给侧结构性改革，认真履行去产能目标责任，坚持煤炭减量化生产，增强我县主焦煤市场话语权和竞争力，全面提高煤炭企业的经济效益。坚持“原煤不出境、精煤做产品、延伸产业链”，推进煤炭产业转型升级，到2020年兼并重组整合煤矿全部投入运营，50%以上的矿井建成现代化矿井，积极发展煤转电、煤转化、煤建材等下游产业，加快推进光华工业园区2×100万千瓦燃煤发电项目建设，力争实现原煤就地就近转化。抓好乡宁经济，首先要抓好煤，但不能只抓煤。加快培育新兴产业，加快发展光伏项目和煤层气勘探开发，科学谋划风力发电项目。着力推进文化旅游业，深入挖掘“鄂文化”“中和文化”“黄河文化”，全力打造云丘山5A级、戎子酒庄4A级景区，谋划开发黄河万宝山、高天山、云台山等景点。抓好乡宁经济，重点是项目，关键在人才。大力发展民营经济，积极开展招商引资，既要千山万水、千辛万苦向外引项目、引资金，更要情真意切、鼓励引导原煤炭企业家在乡宁二次创业、造福家乡。

（三）加快推进县域城镇化，致力建设美丽乡宁。科学建设大县城，以主体功能区规划为基础，统筹各类空间性规划，推进营里、幸福湾、圪台头、老城区、下县组团建设，加大城市基础设施建设力度，加强城市公共管理，推进户籍制度改革，力争到“十三五”末县城常住人口达到10万人。分类推进新型小城镇建设，统筹推动资源在城乡之间的合理配置，逐步形成横向错位发展、纵向分工协作的城镇发展格局。建设美丽乡村，以实施完善提质、农民安居、环境整治和宜居示范工程为载体，加大采煤沉陷区治理、危房改造、易地搬迁等基础设施建设力度，大力改善农村生产生活条件。

（四）加快推进民生事业普惠化，致力建设幸福乡宁。继续完善创业扶持政策，鼓励扶持大众创业、万众创新，积极推进政府购买公共就业服务，统筹做好农村剩余劳动力、城镇困难人员、退役军人、残疾人等群体的就业工作。继续实施“科教兴县”战略，持续深化教育改革，不断加大教育投入，巩固“十二年免费教育”成果，加快普及高中阶段教育。建立完善覆盖城乡的社会保障体系，不断扩大社会保障覆盖面。继续深化医药卫生体制改革，建立覆盖城乡的基本医疗卫生服务体系，实现县乡村三级资源共享。全面提升城乡医疗、疾病防控、妇幼保健服务水平，提高居民健康素养。重视老年人健康事业，鼓励引导社会力量发展养老健康服务产业。严格落实食品药品监管责任制。坚持计划生育基本国策，全面实施二孩政策，加强计生服务工作，提高出生人口素质。

（五）加快推进社会治理科学化，致力建设和谐乡宁。全面落实“党政同责、一岗双责、失职追责”要求，严格实施安全生产目标责任考核和“一票否决”，积极督促企业落实安全生产主体责任，坚决杜绝重特大安全生产事故，减少一般事故，切实维护人民群众生命财产安全。完善党委领导、政府主导、社会协同、公众参与、法治保障的社会治理体制，深入实施“六六创安”工程，全面深化“平安乡宁”建设。加强精神文明建设，加快建设文化基础设施和公共文化服务体系，引导践行社会主义核心价值观，为全面建成小康社会提供强大的文化支撑和精神动力。

三、2016年工作安排

2016年是“十三五”的开局之年，做好今年各项工作，意义十分重大。综合考虑当前经济形势和我县的发展条件，今年经济社会发展的主要目标是：地区生产总值增长6%，规模以上工业增加值增长3.5%，固定资产投资增长37.37%，社会消费品零售总额增长6%，公共财政收入下降5%，城镇居民人均可支配收入增长6.5%，农村居民人均可支配收入增长8%，全面完成市政府下达的节能减排等约束性指标。完成上述目标，坚定不移抓好以下五个方面工作。

（一）坚定不移强“三农”，全力打赢脱贫攻坚战。全面建成小康社会，重点是“三农”，关键在“三农”，成效看“三农”。脱贫攻坚既需要真情实意，更需要真金白银。我们要持续加大对“三农”的投入，投资6.44亿元做强农业、建设农村、富裕农民。夯实农业发展基础。落实各项强农惠农政策，投资2亿元实施农业基础设施提升工程。全县粮食产量稳定在7万吨左右。发展特色现代农业。继续坚持“核桃产业主导、若干特色并进”，政府投资、融资拉动民间投资3亿元，实施农业产业化提质工程。实施脱贫攻坚工程。按照“六个精准”要求，投资1.44亿元实施发展生产、易地搬迁、生态补偿、发展教育和社会保障“五个一批”工程，努力完成9765个贫困人口脱贫任务。

（二）坚定不移稳增长，推动经济持续平稳发展。

发展是第一要务。我们要践行新理念,引领新发展,全面推进供给侧结构性改革,努力做好煤与非煤两篇大文章,克难攻坚,爬坡过坎,走出一条资源型地区振兴崛起的新路。巩固提升煤炭产业。按照"三去一降一补"和"五个一批"要求,主动化解不安全、不环保、不先进、不经济的产能,科学合理组织煤炭生产,产量稳定在1000万吨以上。培育壮大非煤产业。发展新能源产业,推进枣岭、昌宁等乡镇煤层气开发,年内煤层气钻井投用212口,加快建设220千伏输变电工程,年内力争启动10万千瓦、6万千瓦两项光伏发电项目。发展现代服务业,旅游产业和新兴业态,大力实施"互联网+",推动互联网与现代工业、现代农业、现代服务业深度融合。推动大众创业、万众创新,新创办小微企业100户,大力推进企业"小升规",新增规模以上工业企业2户。全力攻坚项目建设。确定30项重点工程项目,总投资达180亿元,必须不折不扣地加快推进。对已经开工的11个项目抓质量、抓进度、抓安全,确保早投用、早达效;对正在开展前期工作的5个项目要抓手续、抓开工、抓投资,及时解决资金、土地等突出问题,力争早实施、早建设;对正在谋划的14个项目抓调研、抓协调、抓资金,确保项目落地,增添发展新动能。广泛开展招商引资。全年完成项目储备1500亿元、签约120亿元、落地80亿元、开工79亿元、建设63亿元、投产71亿元,充分发挥项目投资对经济增长的拉动作用。

(三)坚定不移抓协调,积极稳妥推进新型城镇化。城市是地方形象的名片,人民生活的乐园。坚持规划引领、建管并重、统筹城乡的思路,加快推进县域城镇化。坚持规划引领。强化规划的严肃性、权威性,严格按照县城总体规划(2013～2030)、营里组团建设性详规以及其他专项规划,进行规划建设。加快推动各乡镇"十三五"近期建设规划、控制性详细规划、各类专项规划的编制工作,进一步提高城乡规划覆盖率。加大建设力度。推动东城健康公园、幸福广场等项目建设,加快实施樊家坪保障性住房及三个棚户区改造项目,启动鄂河河道综合治理、新城支路桥建设、南环路改扩、劳动保障中心等项目,做好城区范围内的硬化、净化、亮化、绿化、美化等工作,扩大供热、供气范围,改善人居环境。提升管理水平。集中开展市容市貌和环境卫生专项整治,依托"天眼工程",整合管理资源,强化综合治理,打击各种违规违法行为。固化整治成果,加强日常管理,完善长效机制,推行"网格化"、片长制、街长制,让广大市民既是管理者,又是受益者,共同建设美好家园。统筹城乡发展。健全新型城镇化推进机制,加快户籍改革和居住证制度双落地,完善基本公共服务,推进城乡一体化发展。加强城乡基础设施对接,继续抓好完善提质、农民安居、环境整治、宜居示范四大工程,推进农村改厕、污水处置、街巷亮化硬化绿化,完成1268户农村危房改造任务,进一步改善农村人居环境。

(四)坚定不移优生态,推动生态环境持续好转。"青山就是美丽,蓝天也是幸福"。我们要像保护眼睛一样保护生态环境,让我们乡宁的山更绿、水更清、天更蓝,人民生活更幸福。全面加强环保执法。深入贯彻新《环保法》、新《大气污染防治法》,认真落实大气十条、水十条、土十条和《山西省大气污染防治二十条强化措施》,组织开展环境保护大检查,严厉打击环境违法犯罪行为。加大节能减排力度。实行能源和水资源消耗、建设用地总量和强度双控行动,合理分解落实目标任务。坚持公交优先,推动交通节能。加大公共机构节能,推广绿色建筑。扎实开展高耗能行业能效对标活动,有效控制焦化、建材等重点行业碳排放。完成清泉庄9000万块煤矸石砖项目建设,推动德通煤业瓦斯发电项目,提高煤矸石、粉煤灰等大宗工业固废综合利用率。构筑生态安全屏障。大力开展造林绿化,深入实施林业"六大工程",营造林地3200公顷。推进采煤沉陷区、采空区、水土流失区生态环境治理修复,实施3个乡镇、5个村、166户、548口人的采煤沉陷区治理,完成2处地质灾害治理、35户搬迁任务。推进生态主体功能区建设,引导人口逐步有序转移,提高环境质量。

(五)坚定不移惠民生,尽心竭力为民办好事。优先发展教育事业。投资1亿元改造68所薄弱学校,完成义务教育均衡发展县验收工作;积极筹建职业中学,在新城区科学规划建设1所小学、1所幼儿园,致力打造教育强县。加快发展卫生计生事业。继续深化医药卫生体制改革,巩固基本药物制度,加快推进分级诊疗,强化乡镇卫生院和村卫生室服务一体化管理。全面实施二孩政策,提高出生人口素质。狠抓食品药品综合治理,让人民群众吃得安全、用得放心。实施文化惠民工程。大力推进公共文化服务体系建设,扩大数字电视覆盖面,推进"三网融合",增强文化系统活力。加强文物古迹和非物质文化遗产保护,规划筹建乡宁县博物馆。狠抓文化市场管理,开展专项整治,净化文化市场,不断满足人民群众精神文化需求。完善社会保障体系。大力推动以创业带动就业,加强就业培训,完善公共就业服务体系,抓好重点群体就业工作,稳步提高社会保障待遇水平,健全失业保险待遇与物价水平联动调整机制。落实被征地农民社会保障、城乡居民基本医疗保险制度等社保政策。推进全民参保登记,推广社会保障卡应用。加强社会救助,使困难群众遇急有助、遇困有帮,让社会充满关爱和温暖。

站在新起点，全县人民期盼我们把乡宁发展得更好、建设得更美。让我们紧密团结在以习近平同志为总书记的党中央周围，以无愧于时代的使命感、无悔于机遇的紧迫感、无畏于挑战的责任感，同心同德，真抓实干，实现“十三五”良好开局，为全面建成小康乡宁而努力奋斗！

努力建设绿色、开放、秀美、富裕新浮山

浮山县县长　**廉海平**

“十二五”时期是我县发展不平凡的五年。五年来，我们认真贯彻党的十八大、十八届三中、四中、五中全会和习近平总书记系列重要讲话精神，积极适应发展新常态，攻坚克难，砥砺奋进，统筹推进稳增长、促改革、调结构、惠民生等各方面工作，顺利完成了“十二五”规划的主要目标和任务。

一、“十三五”时期的社会经济发展的指导思想和主要目标

“十三五”时期是我国全面建成小康社会的决胜阶段，也是我县深化改革开放、实现创新发展的关键时期。“十三五”期间我县经济社会发展的指导思想是：高举中国特色社会主义伟大旗帜，坚持以邓小平理论、“三个代表”重要思想和科学发展观为指导，以习近平总书记系列重要讲话为根本遵循，全面贯彻落实五大发展理念，按照省、市总体工作部署，认真落实县十三次党代会精神，围绕全面建成小康社会这个总目标和加快建设临汾后花园这个战略定位，突出产业转型，加快基础提升，推进生态优化，倾力民生改善，狠抓脱贫攻坚，强化自身建设，团结带领全县人民，坚定信心、迎难而上，真抓实干、奋发有为，努力建设绿色、开放、秀美、富裕新浮山。

全县经济社会发展的主要目标是：地区生产总值年均增长8.2%，规模以上工业增加值年均增长8%；固定资产投资年均增长13%，社会消费品零售总额年均增长10%，公共财政预算收入年均增长9.2%，城镇居民人均可支配收入年均增长8.2%，农村居民人均可支配收入年均增长10%。

二、“十三五”期间全县经济社会发展的主要任务

*（一）突出产业转型，蓄积经济发展后劲。*工业方面，以“巩固提升一批、培育打造一批、扩规提质一批、引进激活一批”为突破点，积极推进供给侧结构性改革，加快构建多元发展、多元支撑的新型工业体系。巩固提升传统产业，扶持一批生产技术先进、安全性能优越、综合实力较强的矿山企业，实施技术升级和扩能改造，提升铁矿资源供给能力和安全保障水平。培育打造新兴产业，把尾矿利用作为发展循环经济、推进产业转型的重要路径，加快推进汇方圆尾矿资源综合利用项目，依托我县丰富的尾矿资源，重点培育一批微晶板材、泡沫陶瓷等尾矿资源综合利用龙头企业和产业项目，打造尾矿资源综合开发利用示范基地，加快推进威盛达防火器材加工项目，发展钢质防火门、防火窗、防火玻璃等新型建材产业，努力建成全省领先、全国一流的特种防火器材制造基地。扩规提质潜力产业，对发展潜力较大的小微企业，分类施策，精准发力，在政策上给予倾斜，帮助他们实现正常运营，逐步发展壮大。引进激活接续产业，坚持开放发展理念，积极承接发达地区产业转移，引进一批实力雄厚、信誉良好，发展稳定、带动力强的大集团、大企业、大项目，形成加速经济发展、增加财税收入、带动就业创业的强大支撑。继续支持中强公司，建设转型项目，激活工业园区，推动我县工业经济深度转型、稳步发展。

农业方面，以发展设施农业、有机农业、循环农业和休闲农业为着力点，坚持短期抓蔬菜、中期抓苹果、长期抓核桃、稳步抓谷子，走出具有浮山特色的现代农业发展之路。设施农业，以印象田园设施农业体验区为中心，辐射带动周边区域连片发展日光节能温室大棚和春秋大棚，着力建设基地规模化、栽培设施化、生产科技化、服务社会化的设施蔬菜生产基地。有机农业，以生产基地为示范，加工企业为龙头，不断扩大谷子、小麦、玉米等有机农业种植面积，到“十三五”末，全县各类有机农作物种植面积达到0.25万公顷，有机农产品产量达到1.59万吨；同时加快有机产品认证，加

强产销对接，增加农民收入，打造浮山有机农业“金字招牌”。循环农业，继续发展玉杰现代农业循环产业、振强杂粮醋等龙头企业，强化政策扶持，扩大生产规模，全力打造生态、科技、循环、绿色的农业品牌，延伸产业链条，提高产品附加值，努力建成在全省具有较强影响力和竞争力的农业标杆项目。休闲农业，依托印象田园设施农业体验区、锦绣园林观赏区、休闲养生度假区三大板块建设，推出亲子农业、迷你农场等新兴农业项目，将印象田园打造成为设施蔬菜基地、旅游观光胜地。服务业方面，打好地域文化、近郊旅游、特色餐饮、生态环境四张牌，举全县之力，凝全民之智，打造集休闲娱乐、观光旅游、度假康养等功能为一体的“临汾后花园”。做实地域文化。不断加大帝尧文化、道教文化、民间艺术文化、红色文化的挖掘开发力度，全力打造“弟子规”与郑渊洁童话主题公园两大文化旅游品牌。做强近郊旅游。大力发展以乡村旅游、生态观光为主的近郊旅游，培育发展星级农家乐，开发集赏花、垂钓、采摘、度假、农耕农趣、运动健身为一体的配套旅游项目，吸引临汾及周边县市游客来浮山观光采摘、休闲避暑、亲近自然、体验民俗。做精特色餐饮。依托我县厨师之乡、厨师基地、浮山名吃等传统优势和品牌，梳理浮山特色饮食名目，采取统一规划、政府扶持、挂牌认证、规范管理的模式，筹划建设浮山饮食文化一条街，使外来游客不仅玩得好，而且吃得香，促进饮食文化与旅游业融合发展。做优生态环境。围绕“一湖水、一座桥、一片绿”，按照政府引导、市场运作、农户参与的模式，实施丞相河生态治理建设工程，统筹做好河道综合治理、生态湿地修复、周边绿化美化等工作，打造大型水上乐园，形成集生态景观、休闲娱乐、乡村旅游为一体的水系生态景观带，着力构建浮山生态旅游新龙头。

（二）加快基础提升，增强发展保障能力。加强交通建设，按照“承接大动脉、打通环城路、激活微循环”的总体思路，全力推进古翼高速公路项目，实施长临高速浮山连接线工程，建设丞相河大桥和县城至火车站高等级公路，形成“以柏村南为枢纽，东接古翼高速、西连长临干线、北接丞相河大桥、南通中心城区”的“大交通”格局，实现10分钟到达高速路、25分钟到达临汾机场、30分钟到达北韩火车站、30分钟到达大西高铁站的“半小时交通圈”。加强水利建设，全面协调，高位推进引沁入汾浮山供水工程，2018年建成投入使用，最大限度地满足我县工农业生产用水需求。加快推进臣南河水库建设工程，加强小型农田水利项目建设，继续实施水土流失综合治理、农村饮水安全等工程，彻底解决农村人畜饮水问题。加强电力建设，重点推进华润风力发电和圣王山、槐埝乡光伏扶贫发电项目，有效实施农业一体化太阳能光伏发电项目和荒山荒坡闲置光伏发电项目，加强北王、槐埝输变电站建设，实施电网升级改造工程，提升供电保障能力。加强信息网络建设，实施宽带网络提速降费工程，提高高速无线宽带普及率，推进广电网、电信网、互联网“三网融合”发展，实现行政村宽带全覆盖，提升农村信息技术应用普及水平。加强城市建设，实施天坛路东扩工程，完成城市公租房建设和城中村、棚户区改造工程，完善城区集中供热、供气、供水等公共服务体系，实施西气东输改线工程，建设浮山天然气分输站，提高城市综合承载能力，让县城范围内有条件的居民全部实现集中供暖、集中供气。

（三）推进生态优化，打造绿色发展引擎。加强资源节约利用。严守资源消耗上限，提升水、土地、矿产等资源节约利用水平。加快淘汰落后产能，实现传统产业环保治理提质改造，为发展壮大新型材料、电力、旅游等产业腾出足够的环境容量；大力推动新能源利用和节能减排新技术新产品应用，积极推进低碳城镇、光伏发电和产业园区循环发展试点建设。加大环境治理力度。严格执行环境保护法，严守环境质量底线和环保责任红线，持续实施大气、水、土壤污染防治三大行动计划，有效预防雾霾和重污染天气。筑牢绿色生态屏障。加大自然生态系统和环境保护力度，着力构建良好的生态环境体系。加大生态保护修复力度，全力实施荒山绿化、城市绿化、园林村绿化和通道绿化工程，逐年提升我县的林木绿化率、森林覆盖率。

（四）倾力民生改善，提升群众幸福指数。教育事业方面，不断巩固义务教育均衡发展成果，实施浮山中学标准化建设，两年建成投资2亿元，占地13.3公顷的示范高中；加快建设东张中心幼儿园和职业中学实训基地，完成响水河中心幼儿园附属工程。医疗卫生方面，深化县级公立医院综合改革，持续提升公共卫生水平；探索实施“互联网＋健康医疗”服务，积极推进人口健康信息建设；完成县急救中心、县疾控中心实验楼附属工程及东张乡、槐埝乡卫生院改扩建工程。创业就业方面，认真落实促进高校毕业生就业的一系列政策措施，实施好“三支一扶”、就业见习等扶持项目；落实自主创业优惠政策，强化职业技能培训力度，激发优秀人士创业潜能，推动城乡居民实现高质量就业。社会保障方面，认真开展新型农村养老保险工作，积极探索城乡居民基本医疗保险制度整合等社保政策，不断扩大社保参保覆盖面，推进全民参保登记；加快廉租房、公租房、经济适用房、限价商品房建设，着力改善困难群众居住条件。文化体育方面，完善县、乡、村三级文化设施配套，积极推进农村书屋、乡村文化站室和文化大院建设；加快实施全民健身中心、体育场等项目建设,不断丰富群众的文化生活。

(五)狠抓脱贫攻坚,加快小康建设步伐。坚决打赢脱贫攻坚战,确保2018年全县贫困人口全部脱贫,2020年实现全面同步小康目标。重点启动实施"七大工程":一是发展生产脱贫工程。将有劳动能力的贫困人口全部纳入到全县实施的各类产业开发项目中来,通过发展特色种植、特色养殖、有机农业、分布式光伏电站等产业,有效带动和支撑贫困人口实现增收脱贫。二是易地搬迁脱贫工程。结合美丽乡村建设、保障性住房建设,按规划、分年度、有计划地组织贫困人口搬迁到县城和交通便利的中心镇、中心村,改善居住条件和发展环境。三是生态补偿脱贫工程。积极对接国家和省、市相关政策,组织吸纳有劳动能力的贫困人口加入绿化队、管护队、施工队,就地转化成护林员、林业工人,帮助脱贫致富。四是转移就业脱贫工程。按照户均转移就业1个劳动力的要求,大力实施转移就业服务和新型职业农民培育工程,确保每个转移就业劳动力年增收达到2万元。五是教育扶持脱贫工程。建立健全从学前教育到高等教育的贫困家庭学生资助体系,确保贫困家庭子女都能接受公平的有质量的教育。有效解决贫困户因学致贫问题。六是医疗救助脱贫工程。建立新型农村合作医疗、大病保险、医疗救助等政策衔接机制,对农村贫困人口参加新农合个人缴费给予补贴,将贫困人口全部纳入重特大疾病救助范围,因病返贫问题。七是社保兜底脱贫工程。对完全或部分丧失劳动能力的贫困人口,实行政策性保障兜底,将所有符合条件的农村贫困家庭纳入低保、五保范围,做到应保尽保。

2016年,是全面建成小康社会决胜阶段的开局之年,也是推进结构性改革的攻坚之年,更是我县经济社会发展迈上"十三五"新征程的起步之年。做好今年的经济工作,任务艰巨、意义重大。我们将牢固树立和认真贯彻五大发展理念,按照县十三次党代会确定的目标任务,以扎实推进"231"重点工作任务为抓手,保持定力、增强信心,迎难而上、奋发有为,全力促进我县经济社会平稳健康发展。

今日浮山,人心思干,蓄势待发。面对"十三五"发展的新目标,不辱使命、敢于担当,不忘初心、继续前进,为建设绿色、开放、秀美、富裕的新浮山而努力奋斗!

凝心聚力、真抓实干
确保如期全面建成小康社会

翼城县县长　高永贤

"十二五"时期是我县发展进程中很不平凡的五年,我们认真贯彻落实党的十八大、十八届三中、四中、五中全会精神和习近平总书记系列重要讲话精神,按照中央、省、市各项决策部署,凝心聚力,攻坚克难,全面推进稳增长、促改革、调结构、惠民生、防风险各项工作,全县经济社会发展取得了新的成就。

一、"十三五"时期的指导思想、预期目标、主要任务

"十三五"时期我县发展的指导思想是:高举中国特色社会主义伟大旗帜,以党的十八大和十八届三中、四中、五中全会精神为指导,深入贯彻落实习近平总书记系列重要讲话精神,以"五位一体"总体布局、"四个全面"战略布局为统领,扎实推进创新发展、协调发展、绿色发展、开放发展、共享发展,同步抓好"构建良好政治生态"和"推动经济稳步向好"两个关键,以转型升级为路径,以创新驱动为引擎,凝心聚力、真抓实干,加快实现翼城振兴崛起,确保如期全面建成小康社会。

主要预期目标是:全县地区生产总值年均增长5.7%以上,到2020年达到118亿元,比2010年翻一番;固定资产投资年均增长12%以上,到2020年达到145亿元;社会消费品零售总额年均增长6%以上,到2020年达到51亿元;城乡居民收入年均增长7%左右,到2020年分别达到35363元和13980元,比2010年翻一番。其他主要经济指标保持在合理区间。

"十三五"时期全县经济社会发展的主要任务:

(一)推进创新发展,着力加快产业转型升级。在

工业发展上，重点完成整合煤矿技改工程，提升煤炭洗选加工率，建设煤电一体化项目；延伸铸造产业链，发展优质高附加值产品，打造全省特色铸造产业集群和大口径铸管制造基地；推动钢铁行业“对外横向重组＋县内纵向联合”一体化发展，实现整体脱困转型；发展铜材精深加工，建设特色产业基地。“十三五”期间，全县原煤年产量稳定在300万吨左右，洗选率达到80％以上，铸造业产值达到20亿元以上，新兴产业占比达到10％以上。在农业发展上，重点抓好林果产业管理提升和品牌培育，高标准打造5个万亩苹果优势连片区和3个核桃精品园区，建设优质果品出口基地县，提高果品贮藏和深加工能力；大力发展高效设施农业，以三产融合理念推进农业园区建设；壮大畜牧业龙头企业，增强辐射带动能力。力争到2020年，林果业产值达到8亿元以上，贮藏能力达到10万吨，深加工能力达到2万吨；设施农业达到667公顷，畜产品加工销售收入达到1亿元。在接续产业发展上，重点培育壮大文化旅游业，加快舜王坪和古绵山景区配套设施建设，打通舜王坪旅游路，统筹推进一批特色景区景点开发，大力发展乡村旅游，到2020年，全县文化旅游业产值达到1亿元；积极发展电子商务，建设3个乡镇电商产业集聚区，培育100家电商示范主体和3个电商专业村，全县电子商务销售额突破30亿元。

（二）推进协调发展，着力构筑均衡融合发展格局。在新型城镇化建设上，重点抓好县城综合承载能力的提升，加强供水供气供热、排水防涝、停车场、污水和垃圾处理等基础设施建设；加强县城精细化管理，完善地下管廊布局，推进“海绵城市”“智慧城市”建设；立足资源条件和产业基础，分类推进小城镇特色发展，着力补上乡村公路建设“短板”，全面改善城乡人居环境，扎实开展美丽宜居示范村三级联创活动。到2020年，城区面积达到16.8平方千米，县城集中供水、供气、供热率分别达到98％、93％和90％，公路总里程达到1388千米，200人以上的自然村全部通水泥路，创建60个美丽宜居示范村。

（三）推进绿色发展，加大环境治理力度，深入推进清洁空气行动计划，着力削减主要污染物排放量。到2020年，$PM_{2.5}$值比2015年下降20％，空气优良天数达到75％以上；落实水污染防治规划，启动浍河流域生态修复，完成滏河、续鲁峪河、浇底河等小河流治理，改扩建城市污水处理厂和污水管网，加大工业节水和水污染治理力度，到2020年，城镇生活污水处理率达到90％以上，浍河流域水域面积达到50平方千米；开展土壤污染状况详查，推进土壤污染治理，严格控制农村面源污染。加快恢复生态屏障，继续巩固“两山、两林、两区、两网”造林成果，恢复湿地植被，到2020年，森林覆盖率达到38.7％，城市人均公共绿地面积达到10平方米，湿地面积达到10万平方米。

（四）推进开放发展，着力培育合作共赢新优势。完善对外开放政策，最大限度放宽投资准入限制，着力优化营商环境，切实推进投资便利化。加快南梁工业园区锻造项目整合和后续项目招商，逐步引进中国机械集团、中国地质装备集团等国营大中型企业入驻园区，打造招商引资和开放发展新平台。加大招商引资和承接产业转移力度，加强区域交流合作，主动参与临汾“2＋5”现代物流中心圈建设。加强政府投融资平台建设，在更大范围、以更大规模推广政府与社会资本合作(PPP)模式，有效争取、利用金融机构各类优惠贷款。大力推进大众创业、万众创新，不断激发民间投资活力，培育和催生经济社会发展新动力。

（五）推进共享发展，着力保障和改善民生。坚决打赢脱贫攻坚战，到2019年底，现行标准下的贫困人口全部脱贫，贫困乡、贫困村全部摘帽。巩固提升“全国义务教育均衡县”创建成果，促进学前教育普惠发展、职业教育特色发展、民办教育规范发展。深化县级公立医院综合改革，健全药品供应保障机制，实施“健康翼城”工程，实现基本医疗服务均等化；完成县医院迁建工程，完善乡镇卫生院和村卫生室硬件设施，稳定乡村医生队伍。促进人口均衡发展，推进计划生育服务管理改革，积极应对人口老龄化。加强就业创业扶持政策落实，鼓励以创业带动就业，实现经济增长和扩大就业联动发展。全面建成覆盖城乡的社会保障体系，实施全民参保计划，建立城乡居民医疗保险、生育保险一体化制度。

二、努力做好2016年的各项工作

2016年全县经济社会发展的主要预期指标是：地区生产总值增长6.5％，规模以上工业增加值增长3.5％，全社会固定资产投资增长20％，社会消费品零售总额增长6％，城镇居民人均可支配收入增长6.5％，农村居民人均可支配收入增长7％，公共财政预算收入增长1％，居民消费价格涨幅控制在3％左右。

围绕上述目标要求，我们将重点做好七个方面工作：

（一）全力推动工业经济稳中提质。精准帮扶实体企业。完善领导干部定点联系重点企业制度，“一企一案”“一业一策”，全力打好扶企业、稳工业攻坚战。改造提升传统产业。落实好省、市煤炭供给侧改革实施意见，围绕煤炭“六型转变”，推进重点煤矿配套选煤厂建设，积极延伸煤建材产业链。全力助推翼钢实施整体转型“三年两步走”攻坚战略，产业内、外转型双向发力，调整优化存量，发展非钢产业新项目。发挥传统优势，引导扶持振丰、环球、福旺、华星、泰信等企业做强特色铸造产品，推进永益公司与河北新兴公司开展项目合作，扩大优质铸管产销规模。培育壮大新兴产业。引导推进经易集团完成对舜达锻造项目、山西锻造厂的整合重组；调整完善南梁工业园区规划设计，全力争取新项目入园。发挥我县丰富的农产品资源优势，引进果品、畜禽产品、中药材精深加工项目，培育一批轻工食品骨干企业。

（二）扎实做好“三农”和脱贫攻坚工作。大力发展现代农业。稳定粮食生产，调整优化粮食种植结构。持续抓好苹果、核桃经济林提质增效，提高连片示范园区和示范村标准化生产水平。新建以移动拱棚为主的设施农业园区20公顷。完成长汇、富华、桦凌、牧旺、盛立新等5家畜牧企业的标准化养殖示范点建设。积极引导扶持连翘产业发展，完成连翘栽植667公顷。努力增加农民收入。落实种粮直补、良种补贴等强农惠农政策，充分发挥政策的惠农增收效应。积极发展农家乐、生态观光采摘、休闲农庄等现代农业新业态，创建10个休闲观光农业示范园、10个特色乡村旅游示范村，促进一二三产业融合互动发展，提高农业综合效益。坚持精准扶贫、精准脱贫。按照“六个精准”和“五个一批”要求，瞄准扶贫对象，压实扶贫责任，强化政策支持，完善帮扶体系。大力发展“一乡一业”“一村一品”扶贫产业，全面实施村集体经济“破零行动”，不断增强贫困村和贫困户的“造血”功能。持续推进光伏扶贫，完成南梁兴岭村、王庄王虎村两座光伏发电站建设。积极争取上级财政扶贫资金，引导金融机构加大对产业扶贫和贫困户的信贷支持。抓好易地扶贫搬迁、电商扶贫、消费扶贫、职业技能培训等工作。扎实开展定点扶贫和干部驻村帮扶活动。全年完成515户1685名贫困人口脱贫、7个贫困村摘帽任务。

（三）全面推进服务业提速发展。培育壮大文化旅游产业。充分挖掘我县“唐尧故地、晋国源头”历史文化资源，完善旅游发展顶层设计，谋划打造精品线路，创新营销策略，主动融入全省、全市旅游经济圈。加快现代服务业发展。整合长海及“乐村淘”等物流配送网，积极推进农村电商体验店、社区蔬菜直销店、“15分钟便民服务圈”建设。推动传统产业与电商“联姻”，培育壮大本土电商企业，开发符合网购需求的特色产品。推进快递配送、家政服务、健康养老等服务业态快速发展，改善消费环境，满足群众多层次消费需求。

（四）统筹抓好城乡建设管理。加快推进基础设施建设。年内完成城西防洪排水二期工程。加快推进净水厂项目前期工作进度，确保明年竣工并投入使用。加快实施北关、东寿城、南寿城三个村的分片区“城中村”改造。抓紧推进临么线东梁壁至冯史段等道路建设项目。提升县城管理水平。加快县城控制性详细规划、“十三五”近期建设规划、各类专项规划编制工作，强化规划引领和管控作用。坚持“建管并重”的原则，着力构建“网格化”县城管理长效机制，探索建立多部门综合执法模式。规划建设风味小吃聚集区、夜市聚集区等特色街区，繁荣消费市场，提升县城形象。改善城乡人居环境。持续推进县城人居环境改善工程，扩大供气供热管网覆盖范围，加快启动城东供热站扩建和城北、城西两个供热站筹建工作，采用PPP模式解决县城及周边集中供热难题。建成168套经济适用房，完成春雷铜材厂棚户区改造还迁房主体工程。扎实推进农村人居环境改善各项工作，重点实施以“完善提质、农民安居、环境整治、宜居示范”为重点的60项工程。

（五）强化环境保护和生态建设。加大环境治理力度。强化全县环境保护网格化监管，集中力量抓好大气、水污染防治，加强土壤环境监测保护。建立完善应对雾霾重污染天气长效机制，持续改善县域空气环境质量。深入推进浍河水质达标整治专项行动，确保浍河跨界断面主要污染物浓度明显下降，县城饮用水源地水质达标率100%。加强节能减排和生态建设，积极申报国家节能减排财政政策综合示范项目。严格控制新上高耗能、高污染项目。积极做好电动汽车推广工作。加强公共机构节能，推广绿色建筑。加强对现有森林资源的管理管护，开展林业生态环境综合整治，大力推进通道绿化、村庄绿化、浍河流域绿化工作。

（六）不断深化改革创新。全面深化各项改革。深化行政审批制度改革，深化投融资体制改革，大力推广政府和社会资本合作（PPP）模式。稳步推进农村改革，基本完成农村土地承包经营权确权工作。大力开展招商引资，推进各类产业园区、集聚区建设，打造招商引资新平台。积极盘活企业闲置厂房和土地资源，开展以企招商、以商招商，强力推进承接加工贸易产业转移工作。强化科技引领和金融支撑作用。促进科技与发展的融合，重点扶持一批众创空间、创业园、科技孵化器等创新平台建设，积极对接、申报国家和省级科技项目，支持企业深化“产学研”合作，加大新产品的研发推广力度。

（七）着力保障和改善民生。稳定和扩大就业。全面落实就业创业扶持措施，年内新增城镇就业3500人，新增劳动力转移就业3600人。完善社会保障体系。完成全民参保登记工作，推动社会保障由制度全覆盖到人群全覆盖。年内完成基层就业和社会保障服务中心主体工程。继续实施敬老养老工程，抓好农村老年人日间照料中心建设。办好人民满意的教育。完成市定新建、改扩建农村幼儿园任务。落实校长教师定期交流轮岗制度，促进城乡学校师资配置和发展相对均衡。促进民办、公办职业教育资源整合。提升医疗服务水平。继续深化医药卫生体制改革,巩固基本药物制度,积极推进分级诊疗。落实好全面两孩政策,提高优生优育水平。

"十三五"时期,是全面建成小康社会的决胜阶段,我们必须拿出凤凰涅槃、浴火重生的勇气和智慧,义无反顾,勇往直前,在新起点上奋力开创翼城发展的新局面。只要我们同心协力、真抓实干,开拓创新、攻坚克难,实现翼城振兴崛起、全面建成小康社会的奋斗目标一定能够实现!

凝心聚力、真抓实干,圆就民富县强"吉县梦"

吉县县长　**崔绍民**

"十二五"时期,全县上下认真贯彻落实党的十八大、十八届三中、四中、五中全会精神,深入学习习近平总书记系列重要讲话精神,紧紧围绕"六大发展",在"六大突破"上不断取得新成效,在圆就民富县强"吉县梦"的道路上迈出了坚实的步伐,为"十三五"全面达小康奠定了坚实的基础。

一、"十三五"时期的指导思想和目标任务

"十三五"时期经济和社会发展的指导思想是:高举中国特色社会主义伟大旗帜,坚持以马克思列宁主义、毛泽东思想、邓小平理论、"三个代表"重要思想、科学发展观为指导,深入学习习近平总书记系列重要讲话精神,全面贯彻落实党的十八大和十八届三中、四中、五中全会精神,遵循"五位一体"总体布局和"四个全面"战略布局,按照省委"重塑美好形象,实现振兴崛起"战略目标和省委、市委"六大发展"重大部署,坚持不忘初心、继续前进,以全面建成小康社会为目标,以全面从严治党为统领,以改革创新为动力,以"六大突破"为抓手,以脱贫攻坚为重点,以转方式、调结构、增效益、惠民生为基点,主动适应经济发展新常态,加快培育发展新动能,持续提升增长新动力,不断开创吉县经济社会发展新局面,圆就民富县强"吉县梦"。

"十三五"时期经济社会发展的主要预期指标是:地区生产总值年均增长7%,达到24亿元,力争年均增长12.4%,达到30亿元;财政总收入年均增长6.5%,达到2.86亿元,力争年均增长10%,达到3.36亿元;公共预算收入年均增长6.5%,达到1.44亿元,力争年均增长10%,达到1.69亿元;规模以上工业增加值年均增长8%,达到7亿元;固定资产投资五年累计完成150亿元,力争达到200亿元;社会消费品零售总额年均增长10%,达到10亿元;城镇居民人均可支配收入年均增长4%,达到2万元;农民人均可支配收入年均增长8%,达到6400元。

"十三五"时期全县经济社会发展的主要工作目标和任务是:

坚决实现2017年在全省率先脱贫摘帽。按照"六个精准"和"五个一批"的要求,全面落实产业扶贫、生态扶贫、易地搬迁扶贫、光伏扶贫、教育扶贫、电商扶贫、驻村帮扶扶贫、基础设施建设和公共服务配套扶贫、生活保障扶贫等措施,确保我县2017年在全省率先实现脱贫摘帽,到"十三五"末,全县整体达小康。

建设全国知名的优质苹果生产基地。按照扩面积、提品质、强品牌、增效益的思路,争取到"十三五"末,苹果种植规模达到2万公顷,有机苹果面积达到3333公顷,果园管理达到国内先进水平,把我们吉县打造成全国知名的优质苹果生产基地。同时,不断扩大苹果销售网络,强化吉县苹果品牌效应,形成苹果产业与关联产业协调发展、可持续发展的新格局。

建设全国一流的旅游目的地。按照龙头带动、重点突破、文旅融合、体制改革的思路,挖掘县域旅游资源,加大景区景点开发力度,积极发展乡村旅游,打造精品旅游线路,创新宣传推介方式,全方位推动旅游产业快速发展,争取在"十三五"时期,吉县进入全国"全域旅游"示范县行列,壶口景区成功创建5A,旅游综合收入突破45亿元。

建设全省重要的新能源基地。按照改造提升传统产业,培育发展新兴产业,积极开发利用新能源的思路,争取在"十三五"时期内,两座煤矿全部改造升级、提高效益,煤层气、风力发电、光伏发电和生物质发电产值超过100亿元，新能源产业发展在全省县市区中走在前列，创出一条工业经济多元发展、快速崛起的路子。

建设宜居宜业美丽家园。按照“高起点规划、多渠道筹资、大力度建设、精细化管理”的思路，坚持新城老城并重、建设管理并举，全力推进县城基础设施、环境面貌整体提升。坚持城乡一体化发展，深入推进农村人居环境改善，力争到“十三五”末，全县所有行政村达到“美丽乡村”标准。坚持环境保护和生态建设齐头并进，加强大气、水、土壤污染防治，大力开展造林绿化和流域治理，力争“十三五”末，全县森林覆盖率达49.9%，国家重点生态功能区建设取得新成效。

努力让人民群众得到更多实惠。坚持把保障和改善民生作为政府工作的出发点和落脚点，持续加大民生实事和民生项目投入力度，不断改善人民群众生产生活环境，不断提高人民群众生活水平。进一步办好教育，高中阶段实现义务教育，初中小学入学率达到100%；进一步完善县乡村三级医疗卫生体系，切实解决农民看病难、看病贵的问题；进一步健全创业就业服务网络和工作体系，多渠道增加就业岗位，搞好创业服务；进一步落实城乡社保救助政策，探索建立新型社会养老模式，支持发展社会养老机构；进一步重视文化体育事业，不断提升城乡公共文化服务水平。到“十三五”末，基本实现“学有所教、劳有所得、病有所医、老有所养、住有所居、困有所助”。

二、努力做好2016年工作

2016年是“十三五”的开局之年，是推进供给侧结构性改革的攻坚之年，我县经济社会发展预期指标是：地区生产总值增长7%，规模以上工业增加值增长3.5%，全社会固定资产投资增长12%，社会消费品零售总额增长6%，公共财政收入增长－7%，城镇居民人均可支配收入增长7%，农村居民人均可支配收入增长8%，节能减排等约束性指标完成市下达我县的年度任务。

2016年我们重点抓好以下几方面工作：

（一）大力度推进项目建设。努力完成投资32.06亿元的60项项目工程，全面完成项目“六位一体”各项任务。一是重点突破。从60个项目中筛选了10项重点工程，我们要把这10项工程作为重中之重，重点研究、重点推进。二是扩大招商。抓住政策机遇，大力争取国家、省、市的项目资金支持；创新招商引资方法，积极走出去，更好更有效地宣传推介吉县，吸引更多的企业、客商来吉县投资兴业。三是落实责任。继续实行县级领导包联项目责任制，加强协调指导，强化督促检查，切实解决问题。特别是要在项目工程的手续办理、资金管理、环境营造上改善态度、改进作风、提高效率、搞好服务。

（二）切实做好苹果产业提质升级的文章。坚持规模化发展、标准化生产、品牌化营销、产业化开发。一是继续发展有机。组织果农有计划、有步骤地改造建设有机果园，稳步推进苹果有机化。二是着力打造园区。整合涉农项目资金，集中投入到园区建设上，配套完善水、电、路等基础设施，推广“畜—沼—果”生态模式，创建技术革新示范园，不断扩大苹果标准化生产。三是切实加强管理。大力推广减密间伐、蜜蜂授粉、黑膜覆盖、抗旱保水等先进技术，积极引进和培育适合我县的新品种，引导发展早、中熟苹果，逐步使早、中、晚熟品种结构趋于合理。四是有效提升品牌。依托吉县苹果“三品一标”认证，积极开展品牌定位、形象塑造和宣传推介，切实提升吉县苹果的市场辨识度和影响力。五是大力拓宽市场。创新模式，细分市场，坚持高端化、大众化并重，线上和线下结合，定点和配送齐抓，多渠道开拓苹果营销市场，促进苹果产业健康发展、农民收入持续增长。

（三）加快形成县域旅游新优势。抓住我县被确定为全省旅游综合改革试点县的机遇，走旅游文化融合发展之路，加快构建县域旅游循环圈，提升我县旅游产业的整体品位和综合功能。一是修订完善规划。充分发挥规划的引领指导作用，积极培育旅游新业态、新产品，形成大旅游产业格局。二是打造精品线路。整合旅游资源，建立联动机制，把壶口景区、克难坡景区、人祖山景区、苹果观光园区有机地串在一起，形成精品线路。三是规范景区管理。进一步改革景区开发、建设、运营体制机制，探索景区管理权、经营权分离的运营办法，走市场化、公司化、专业化的路子。四是强化宣传推介。运用影视、演艺、动漫等多种载体，利用新闻报道、媒体广告、展会推介和互联网、手机等各种手段，全方位、立体式加大宣传推介的广度、深度和强度；不断扩大吉县旅游的知名度和影响力。

（四）精心培育工业经济新的增长点。坚决完成煤炭工业“去、减、保”任务，努力提升煤炭产业质量效益；加快开发利用新能源步伐，大力发展新兴产业；积极扶持苹果深加工企业，推动工业经济多元发展、快速崛起。一是改造提升煤炭产业。在去产能、减产量的前提下，确保企业平稳运行。支持煤炭企业延长产业链条，推动煤炭就地就近转化、资源循环利用。二是大力发展新兴产业。依托我县资源优势，大力发展煤层气、光伏发电、风力发电、生物质发电等产业，积极培育新的工业经济增长点。三是积极支持民营经济发展。在土地、资金这两个关键制约因素上，研究针对性办法，破解难题，打通瓶颈，真正帮助企业解决困难。

（五）努力实现城乡面貌较大改观。严格执行城乡规划，进一步完善城市基础设施，切实加强城市管理，努力营造一个整洁、文明、宜居的生活环境。一是坚持规划引领。严格执行城乡建设总体规划和控制性规划，坚决维护规划的权威性和严肃性。二是寻求重点突破。新城区以完善设施和功能为重点，老城区以连片改造开发为重点。加快“美丽乡村”建设，加大农村基础设施建设力度，实施饮水改善、危房改造、移民搬迁等项目，持续改善乡村人居环境。三是切实加强管理。理顺管理体制，探索公共服务市场化路子。建立长效管理机制，严厉整治各种乱象，坚决纠正不文明行为，努力解决“脏乱差”问题。

（六）坚决打好脱贫攻坚战。坚决完成 26 个村、10000 口人的脱贫任务，为 2017 年如期实现“脱贫摘帽”目标奠定良好的基础。一是坚持精准。认真清理、完善、规范信息数据，确保信息数据全面、准确、真实。二是多措并举。产业脱贫主要依靠苹果、旅游和光伏，通过产业发展带动群众稳定增收；金融脱贫主要实施信贷支持；易地移民搬迁完成 720 户 2500 口人的搬迁任务；教育脱贫要加大贫困学生扶助力度，搞好新型职业农民培训；生态脱贫要承接好国家和省、市政策，让符合条件、有劳动能力的贫困人口通过合作社参加植树造林或转成护林人员，切实增加收入；电商脱贫要引导发展农产品电子商务，帮助贫困群众在家门口实现农产品网络销售；社会保障脱贫要落实好低保政策，建立便民、快捷、高效的医疗救助、临时救助等服务体系，有效解决突发性、临时性基本生活困难问题。三是形成合力。坚持以上率下，层层落实责任，强化督查，量化考核，充分发挥各级扶贫工作队、农村第一书记的作用，引导和鼓励社会力量加入脱贫攻坚行列。

（七）全面建设更加优美的生态环境。坚持保护与治理并举，统筹推进环境整治、造林绿化和水土保持，让吉县的天更蓝、山更绿、水更清、环境更美好。一是加强环境治理。开展大气环境治理，加大煤改气力度，大力推行节能环保燃煤锅炉改造，完成 500 户的改造任务；开展水环境治理，加强地表水的断面水质和饮用水检测，确保集中式饮用水源地水质达标率 100%；开展土壤环境治理，按照国家土壤环境保护和污染治理行动计划要求，切实抓好不同类别土壤污染治理试点工作，确保我县大气、水、土壤环境安全。二是构筑生态屏障。完成黄土高原综合治理林业示范建设项目、三北防护林工程、天然林保护工程。实施枣庄河农业综合开发工程、南耀小流域治理工程、北光沟沟坝地治理工程。

（八）尽最大努力让人民群众的日子过得更好。牢固树立“共享”理念，统筹推进民生事业发展，让人民群众有更多的获得感、幸福感。一是大力发展优质教育。进一步加大教育投入，改善办学条件，巩固义务教育均衡发展成果。推进一中教学楼建设、实施东关示范幼儿园建设项目和薄弱学校改造项目。鼓励兴办普惠性幼儿园，推进农村学前教育发展。加强教师队伍建设，创新教育教学管理，不断提高教育教学质量水平。二是加快提升医疗卫生水平。继续推进公立医院改革，加快提升县级医院、乡镇卫生院、村卫生室建设标准；引进专业人才，培养本土人才，建设县乡医疗远程会诊系统，有效提高医疗卫生保障和服务均等化水平。三是有效拓宽创业就业渠道。实施高校毕业生创业和就业促进计划、新型职业农民培育计划和农民工职业技能提升计划，统筹做好农村剩余劳动力、转移人口和城镇困难人员、退役军人、残疾人等群体的就业工作。四是全面完善社会保障体系。落实城乡居民养老保险并轨制度，实施全民参保计划，完善社会救助等保障制度，实现城乡居民人身意外伤害保险和自然灾害公众责任险全覆盖，进一步提高困难群众和特殊群体的生活质量，构建保障困难群众基本生活的安全网。

真抓才能攻坚克难，实干才能梦想成真。让我们以更加饱满的工作热情、更加务实的工作作风，凝心聚力、扎实工作，为推进“六大发展”、实现“六大突破”、圆就民富县强“吉县梦”而努力奋斗！

把临汾开发区建成经济发达、产业先进、开放创新、宜居宜业的国家级经济开发区

临汾经济开发区管委会主任　**郑育敏**

“十三五”时期是我区全面建成小康社会关键时期，也是新常态下我区经济社会大转型、大发展时期。我们要以党的十八大、十八届三中、四中、五中全会精神为指导，认真贯彻落实习近平总书记系列重要讲话精神，团结全区广大人民群众，坚持六大理念，实施三大战略，打造四大中心，建设五大基地，使我区成为三晋大地上一颗璀璨的明珠。

一、“十三五”期间工作的指导思想、基本原则和奋斗目标

“十三五”期间工作的指导思想是：以党的十八大、十八届三中、四中、五中全会精神为指导，认真贯彻落实习近平总书记系列重要讲话精神，以建设国家级经济技术开发区为目标，坚持创新、协调、绿色、开放、共享、廉洁和安全发展理念，强力实施“产业兴区、科技立区、人才强区”战略，以扩区、招商引资和“城中村”改造为抓手，依托老区打造“黄河金三角”区域以金融资本、电子商务、科技创新等生产性服务业为主的现代服务业高地；依托新区建设全国精密制造业基地，全省新能源、新材料、光电产业基地，全市现代物流、农产品深加工基地，推动经济社会协调快速发展。“十三五”末把临汾开发区建成经济发达、产业先进、开放创新、宜居宜业的国家级经济开发区。

“十三五”期间发展的基本原则是：全力发展高新技术产业；节约集约利用土地，加强创新能力建设，坚持规划协调管理，坚持共享发展，坚持绿色发展。

“十三五”期间奋斗目标是：经过五年努力，到“十三五”末，使我区成为国家重要的精密制造、新能源、新材料产业集聚地、黄河金三角区域重要高端商贸业聚集区、临汾市经济发展新的增长极。各项经济社会发展指标位居全省开发区前列。经济增长类指标：全区生产总值年均增长10%，期末达到130亿元，力争更快一些；工业总产值年均增长10%，期末达到38亿元；工业增加值年均增长10%，期末达到11亿元；企业主营业务收入年均增长10%，期末达到510亿元；财政总收入年均增长10%，期末达到6亿元。十三五期间，累计完成固定资产投资360亿元，招商引资合同资金达到1000亿元，进出口总额达到4亿美元。科技进步类指标：研究与开发经费占全区生产总值的比重逐年增加；建成2～3个产学研联盟；规模以上工业企业全部建立研发机构；建成市级技术中心5个，省级技术中心3个；每10万人专利申请数20项；经济社会发展动力实现从投资驱动到创新驱动转变。社会发展类指标：学前教育和义务教育全覆盖，高中阶段实现义务教育；社区卫生机构全覆盖并全部达标，农村新型合作医疗全覆盖并全部达标；城镇基本社会保障覆盖率达到90%；文化体育事业发展水平进一步提高。人民生活类指标：城镇居民人均可支配收入年均超过4万元；城镇低收入者收入在2015年基础上翻一番；城镇居民人均住宅建筑面积达到40平方米。

二、“十三五”期间的重点产业定位与空间布局

“十三五”期间，老区重点发展现代金融、电子商务、高端商贸、科技孵化产业；新区重点发展精密制造、新能源、新材料、农产品加工、光电、现代物流产业。高度重视新老两区产业之间的耦合，促进新老两区企业在资本、金融、技术、人才、市场等多领域合作，形成优势互补、合作共赢格局。

在老区，着力打造国家级电商产业中心。以广奇财富中心、新天地等商务楼宇为载体，布局发展电子商务。依托临汾开发区省级电子商务示范基地，扶持山西汇鼎科技、临汾易得宝电子商务公司等企业做强做大，在全国电子商务市场占有一席之地。“十三五”末，使我区成为覆盖全市、延伸周边、辐射全国的国家级电子商务产业中心。打造区域金融资本中心。发挥开发区金融机构聚集优势，鼓励金融机构开发新的资本产品。充分发挥山西股权交易中心临汾运营中心的作用，鼓励符合条件的企业在山西股权交易中心挂牌上

市，把开发区建成黄河金三角区域股权交易中心和产权交易中心。打造区域科技孵化中心。紧抓国家实施“双创”优惠政策契机，以新天地商务中心等为载体，以建设众创空间为抓手，以服务企业发展和推进创业创新为目标，建设区域科技孵化中心，为企业创新提供人才技术支撑，为市域发展培育新增长极。“十三五”期间，高标准建设10家以上众创空间，能够满足1万以上人群创业创新。立足我区商贸企业聚集优势，打造“区域高端商贸中心”。支持居然之家等扩大市场份额；扶持五洲国际广场等在建项目尽快投产运营；推进商贸业与旅游深度融合，形成以高档商贸业为主体，旅游、餐饮、娱乐等为一体的综合商贸区。“十三五”末，建成“黄河金三角”区域有影响的高端商贸中心。

在甘亭工业区，以产城融合为指导，按照“三主导、三培育”战略布局，全力发展精密制造、新能源、新材料等高新技术产业发展，加快发展光电、现代物流、农产品深加工产业，配套建设职工住宅、子女教育、医疗卫生、商贸服务等生活和公共服务设施。把甘亭工业园打造成为以高新技术产业为支撑的新兴工业新城。全力发展精密制造业。依托华翔投资有限公司白色家电零部件行业全球排名第一和机械工程类单厂规模全国第一的优势，延伸产业链条，发展白色家电整机制造，加快与白俄罗斯合作，建设重型卡车总装基地。推进华正煤化公司无人机整机制造项目尽快建成投产。瞄准工信部“中国制造2025”大力发展机器人等高科技项目，再引进一批精密制造业项目，扩大产业规模，形成产业集群，最终建设成为全国高端精密制造业基地。全力发展新能源产业。加快深圳沃特玛动力电池、梅亿新能源汽车等十余家新能源及新能源汽车项目建设，尽快建成投产。瞄准国内外市场先进技术和国家重点扶持项目，再引进一批有实力的高端企业，形成新能源、新能源汽车整车制造、新能源汽车租赁等完整产业链，最终建设成为全省最大的新能源生产和新能源汽车制造基地。全力发展新材料产业。加快华正煤化有限公司碳纤维项目、江苏鸿典投资股份有限公司有机高分子材料项目等项目建设，尽快建成投产。引进一批有实力的大企业，扩大产业规模，形成产业集群，打造全省最先进的新材料生产基地。加快发展光电产业。支持飞虹微纳米、虹翔MO源、亿明LED照明、尧天LED等企业做强做优做大，扩大市场占有率。推进唐山海泰太阳能光伏企业尽快建成投产，培育芯片研发制造及各类灯具的加工制造等完整的产业链。瞄准市场先进技术，再引进一批光电企业，打造全省光电产业基地。加快发展现代物流业。以锦江物流园、龙信达物流、亚鑫达货运公司为基础，利用108国道、309国道及南同蒲铁路的对外交通优势，建设先进的物流信息平台，打造服务我区辐射周边的现代化物流基地。加快发展农产品深加工业。支持山西红番茄食品有限公司、山西童忆生物科技有限公司等企业做强做大，提高市场竞争能力和对周边农村区域辐射带动能力；瞄准我市东西山区苹果、梨、核桃、枣等特色农产品种植业优势，再引进一批农产品精深加工企业，延伸产业链，挖掘开发潜能，扩大产业规模，最终建成区域重要农产品精深加工基地。围绕六大产业发展需要，配套建设科技研发中心，为产业发展提供强有力的科技创新支撑和高端人才支撑；配套建设交通、水、电、暖、气、互联网等基础设施，为产业发展提供有力的基础支撑；配套建设职工住宅、教育、文化、商贸、医疗、卫生等生活和公共设施，为产业发展提供完善的社会后勤支撑；配套建设广场、开放空间、绿地等公共设施，为产业发展提供良好的生态环境。最终建设成为产业集聚带动城市建设、城市建设支撑产业发展的新兴工业城市。

三、加快扩容提质建设步伐

围绕经济社会发展需要，老区以城中村改造工作为重点，以打造区域生产性服务业高地为目标，提升城市品位，优化功能布局；新区以扩区工作为重点，以建设甘亭工业新城为目标，增强产业集聚，促进经济增长，实现产城融合。立足新老两区实际情况，分别规划实施基础设施项目建设，使我区形成要素齐全、功能完善、承载力强的活力新城。加大协调力度，尽早完成扩区任务。协调推进“三网融合”、互联网升级改造、城市视频监控系统建设、智能水电网建设、智能交通建设等工作，提升我区信息化和智能化水平。围绕鼓楼南北大街拓宽和机场快速通道建设工程，完成郭家庄、坂下、后楼底城中村改造工程，加快推进北孝等城中村改造工程，启动南孝、党家楼城中村改造工程。确保城中村改造工程基础设施、商业、医疗、学校、养老、休闲娱乐等配套完善，真正把城中村改造为社区居民宜居宜业的乐园。完善区内水、电、暖、气、路、有线电视、互联网、垃圾处理等基础设施，形成规划合理、功能完善、群众满意的美丽社区，继续完善城市车辆停放系统、交通系统、信息识别系统、管（线）网系统、环境保障系统，城市管理更加完善。按照“五横十一纵”道路建设做好与周边高速路、铁路、机场通道和市县路网的衔接，形成规划合理、功能完善、四通八达的交通运输体系。推进给排水管网、供用电网络、供用暖管网、供用燃气管网、通信线网工程建设，配套建设垃圾处理、污水处理站（厂）建设，建成能够支撑产业发展需求又能够满足社会发展需要的管（线）网系统。科学预测甘亭新区未来人口变化趋势，合理规划人们生活和社会发展所需基础设施建设，重点规划建设住宅小区、教育、培训、文化、医疗、卫生、金融、超市、绿地、餐饮、娱乐、公园广场、互联网等基础设施，确保经济社会稳定发展。

四、招商引资工作再上新台阶

牢固树立“项目建设是开发区经济社会发展生命线”理念，持续加大招商引资工作力度。创新工作思路。围绕产业规划深入研究互联网及新能源、新材料技术引发的新一轮科技革命和产业变革，研究新常态下我国产业结构战略性调整引发的产业转移浪潮，深入研究国家“一带一路”“京津冀协同发展”“长江经济带建设”等重大战略实施引发的产业变化新趋势，开阔思路，抢抓机遇，拓展招商引资工作。优化发展环境。优化审批流程，提高行政效能，发挥政策优势，减少要素投入，发挥体制机制优势，优化资源配置，创新服务意识，拓展服务领域。拓展招商空间。积极参加各类招商引资活动，实施上门招商、盯人招商、以商招商，专业招商等方式，开实施多渠道招商战略，抢占产业制高点。

五、实施科技立区和人才强区战略

实施科技创新工程。紧扣精密制造、新能源、新材料等主导产业科技创新需求，建设科技创新服务中心。开展与国内外对口高校和研发机构合作，建立产学研联盟。引导和支持企业成立研发机构，增加研发经费，使企业成为科技创新的主体。加强人才队伍建设，为科技创新打造高水平强有力的人才支撑体系。重点引进培育“四大领域”人才。一是精密制造、新能源、新材料、光电、农产品深加工等领域急需人才；二是现代金融、高端商贸、现代物流等服务领域急需人才；三是教育、科技、文化、医疗、卫生等社会事业领域急需人才；四是社会服务和社会管理领域急需人才。形成结构合理、专业对口、服务有效的创新人才队伍。

为全面建成产业高端、动力强劲、平台广阔、特色鲜明的开发区而努力

侯马开发区管委会主任　**张瑜庆**

“十二五”期间，我们认真贯彻落实党的十八大、十八届三中、四中、五中全会以及中央、省、市经济工作会议精神，主动适应经济发展新常态，狠抓“六大发展”，实施“六权治本”，围绕做强做大“三大产业集群”，全面深化改革，不断扩大开放，突出创新驱动，狠抓工作落实，各项工作均达到预期。

一、“十三五”发展思路和2016年工作打算

按照省、市的工作部署和具体要求，结合开发区发展实际，我们在广泛调研、充分论证的基础上，初步将“十三五”期间的发展思路和奋斗目标确定为：认真贯彻落实党的十八大和十八届三中、四中、五中全会精神和习近平总书记系列重要讲话精神，遵循“四个全面”战略布局，贯彻“五个发展”新理念，紧抓全省综改试验区和临汾百里汾河新型经济带建设战略机遇，以深化改革、强化创新为主线，着力推进体制机制创新，探索特色开发区建设新模式；着力优化经济结构，做强做大“大机电”“大电商”“大健康”三大现代产业体系；着力提升开放水平，趟出平台驱动发展新路，不断增强综合竞争实力，为全面建成产业高端、动力强劲、平台广阔、特色鲜明的开发区努力奋斗。

“十三五”期间，在发展方向上，要力争实现“三个成为”“四个转变”，即：将侯马开发区建设成为带动地区经济发展和实施区域发展战略的重要载体，建设成为构建开放型经济新体制和培育吸引外资新优势的排头兵，建设成为科技创新驱动和绿色集约发展的示范区；努力实现由追求速度向追求质量转变，由政府主导向市场主导转变，由同质竞争向差异化发展转变，由硬环境见长向软环境取胜转变。

在工作步骤上，实施好“3＋1”战略。“3”就是完成三件大事，一是在近期内争取完成侯马开发区的扩区，以空间的扩大积蓄发展的潜能。二是积极推动开发区的升级，实现由省级开发区向国家级开发区的升级。三是以方略保税物流中心为依托，申报临汾综合保税区。“1”就是，在完成上述三件大事的基础上，积极主动地创造条件，为今后申报自贸区做好前期准备工作。

在主导产业上，按照十八届五中全会提出的实施“互联网＋”行动计划、实施“中国制造二〇二五”和健康中国等战略发展，结合开发区自身实际，不断完善和

做大做强“大机电”“大电商”“大健康”三大产业集群。

二、做好2016年工作，确保“十三五”开好局、起好步

2016年是开发区“十三五”发展规划的开局之年。对于2016年的工作，我们将重点抓好以下五个方面工作。

（一）加快扩区及扩区后的建设进程。根据今年4月市政府第66次常务会议精神，确定山西国际陆港综合保税园区整体并入侯马开发区。经过几个月的准备，10月10日陆港园区已经整体移交侯马开发区。近期，开发区扩区可研报告已经完成，正在按照程序加快推进。同时，我们将根据市委、市政府的部署，加快推进山西国际陆港园区之前开展的重点工作。

（二）加大招商引资和项目建设力度。围绕“大机电”“大电商”“大健康”三大产业体系，积极做好与省、市组织的招商引资项目对接工作，大力度组织招商小分队进行精准招商，力争引进龙头企业入驻发展。同时，集中力量、集中资源，落实好重点项目包联工作，确保重点项目按照预期进度顺利推进。

（三）确保经济平稳运行。认真落实好省、市关于减轻企业负担，促进工业稳定运行的各项举措，积极做好协调服务工作，确保企业稳健运行。同时，进一步强化财税运行分析，加强税源流向管理。

（四）持续抓好安全稳定。扎实开展安全生产监督检查与专项整治活动，确保不发生一起安全生产事故。在信访稳定工作方面，下大气力解决好群众反响强烈的民生问题，抓好信访矛盾源头预防，为开发区持续健康发展营造和谐稳定的发展氛围。

（五）认真抓好党的建设。认真学习贯彻落实党的十八届五中全会精神，抓好党的各项建设。在基层党组织建设方面，通过党建工作包联制度，完善“干部下基层、党员联企业”以及“党务热线”“基层服务卡”等举措，切实发现和解决企业党组织存在的困难和问题。不断加大投入和保障力度，确保非公党组织有人管事、有场所议事、有钱办事。在党风廉政建设方面，认真落实“两个责任”，形成党政齐抓共管，纪委组织协调，广大党员干部积极参与的良好局面。同时，进一步强化监督问责和办案力度，切实营造起开发区不能腐、不敢腐、不想腐，弊革风清的政治生态。

努力把运城建设成晋陕豫黄河金三角区域性中心城市

运城市市长　**王清宪**

“十二五”时期，是我市发展很不平凡的五年。面对特殊历史时期和持续加大的经济下行压力，市委、市政府团结带领全市人民，认真贯彻党的十八大、十八届三中、四中、五中全会精神，紧紧围绕中央“四个全面”战略布局和省委“六大发展”总体要求，全面落实工业集群化、农业现代化和新型城镇化“三个方案”，大力实施稳增长调结构“三个一百”，攻坚克难，扎实工作，全市经济社会发展取得了新成效。

一、“十三五”时期经济社会发展的指导思想和目标任务

“十三五”时期是全面建成小康社会的决胜阶段，谋划布局“十三五”发展、做好“十三五”工作意义重大。全市经济社会发展的指导思想是：高举中国特色社会主义伟大旗帜，全面贯彻党的十八大和十八届三中、四中、五中全会精神，以马克思列宁主义、毛泽东思想、邓小平理论、“三个代表”重要思想、科学发展观为指导，深入贯彻习近平总书记系列重要讲话精神，遵循“四个全面”战略布局，按照省委十届七次全会安排部署，切实强化创新、协调、绿色、开放、共享、廉洁和安全发展理念，坚持发展是第一要务，以提高发展质量和效益为中心，以落实晋陕豫黄河金三角区域合作规划为突破口，突出中心城市的引领带动作用，坚持开放带动、拓展发展新空间，坚持改革推动、培育发展新动力，坚持创新驱动、厚植发展新优势，努力把运城建成新型工业大市、现代农业强市、文化旅游名市和晋陕豫黄河金三角区域性中心城市，确保如期全面建成小康社会。

“十三五”时期，我市经济社会发展的主要目标是：创新转型发展促进经济较快增长。充分发挥自身比较优势，加快转型发展，主要经济指标增速高于全国全省平均水平。工业集群化水平显著提升，重点产业集群和产业板块的竞争力和影响力明显增强。农业现代化迈上新台阶，九大农业板块、五大基地和“百园千村”建设取得明显成效。新型城镇化加速推进，具有运城特色的“六化”衔接、“四化”互动新型城镇化路径更加成熟。信息化建设初具规模，智慧政务、智慧医疗、智慧教育等平台服务功能完备，信息化成果广泛惠及城乡居民，工业化、信息化、城镇化、农业现代化融合发展。传统产业优化升级，新兴接替产业规模扩大，文化旅游产业进一步壮大，服务业比重不断提高。科技、消费对经济增长贡献明显加大。人才强市建设迈出新步伐。全面深化改革、全方位扩大开放格局基本形成。晋陕豫黄河金三角区域协调发展试验区推进工作取得重大进展，区域一体化发展格局初步形成。重点领域和关键环节改革取得重大成果。开放型经济和对外合作机制基本形成，对外开放的广度和深度不断拓展。人民生活水平稳步提升。就业比较充分，教育、文化、社保、医疗、住房等公共服务体系更加健全，基本公共服务均等化水平显著提高。教育现代化取得重要进展，劳动年龄人口受教育年限明显提高，收入差距缩小，中等收入人口比重上升，现行标准下的贫困人口全部稳定脱贫，贫困县全部摘帽。生态环境质量显著改善。主体功能区分布和生态安全屏障基本形成，生产方式和生活方式绿色低碳化水平明显提高。能源资源使用效率大幅提高，能耗和水资源消耗、建设用地、碳排放总量得到有效控制，主要污染物减排完成省下达任务。黄河流域综合治理取得实质性进展。大气、水、土壤污染治理取得新成效。森林覆盖率不断提高。民主法治建设深入人心。人民民主不断扩大，法治政府基本建成，司法公信力明显提高，民主法治更加健全，社会治理能力和水平不断提高，社会更加和谐稳定。全体市民素质普遍提高。中国梦和社会主义核心价值观更加深入人心，爱国主义、集体主义、社会主义思想广泛弘扬，向上向善、诚信互助的社会风尚更加浓厚，人民思想道德素质、科学文化素质、健康水平明显提高。公共文化服务体系基本建成，文化旅游产业成为支柱产业。

“十三五”时期，我市经济社会发展的主要任务是：

（一）坚持创新发展，推动经济转型升级。坚持把创新作为引领发展的第一动力和核心。围绕建设新型工业大市，抢抓供给侧改革机遇，加快传统产业优化升级、新兴产业规模扩张、成长性产业培育壮大、优势产业集群发展，实现工业经济转型升级。围绕建设现代农业强市，推进土地规模化、组织企业化、技术现代化、经营市场化，提高农业质量、效益和竞争力。围绕建设文化旅游名市，整合文化旅游资源，大力发展文化旅游产业、现代金融业和商贸物流业，不断提升服务业发展水平。围绕建设黄河金三角区域性中心城市，发挥区位、交通、教育、政策等优势，优化资源配置，完善城市功能，促进人流、物流、信息流、资金流等各种生产要素在运城集聚，激发市场活力和社会创造力。

（二）坚持协调发展，构建均衡发展格局。坚持发展经济与改善民生并重，在加快发展经济的同时，更加注重社会事业发展，不断加大对民生工程和社会事业的投入，促进经济社会协调发展。坚持城乡统筹发展，实现以城带乡、以工促农、工农互惠，积极推进城乡规划、市场培育、基础设施、公共服务、行政管理一体化，加快形成中心城市、大县城、小城镇、新农村“四位一体”发展格局。坚持“两手抓、两手都要硬”，深入开展文明城市、卫生城市、园林城市、食品安全城市“四城同创”。推动文化事业和文化产业大发展、大繁荣，促进物质文明和精神文明协调发展。坚持军民、军地深度融合，巩固全国双拥模范城成果，促进经济建设与国防建设协调发展。

（三）坚持绿色发展，大力改善生态环境。牢固树立“绿水青山就是金山银山”和“环境就是民生，青山就是美丽，蓝天也是幸福”的发展理念，坚持绿色富市、绿色惠民，大力推进生态文明建设，加快形成绿色发展方式和生活方式，实现生产空间集约高效、生活空间宜居适度、生态空间山清水秀。加强生态绿化保障建设，推动低碳循环发展，加强节能减排，促进资源节约高效利用，加强大气、水、土壤等环境保护和综合治理力度，全面完成“大气十条”和“水十条”的目标任务。加快建设资源节约型、环境友好型社会，促进人与自然和谐发展、永续发展。

（四）坚持开放发展，培育合作共赢新优势。深入实施开放带动战略，强化开放意识，提高开放素质，提升开放能力，以扩大开放带动创新、促进合作、推动发展，努力把运城建设成为新亚欧大陆桥、丝绸之路经济带上的重要节点，主动对接京津冀协同发展国家战略，深入推进晋陕豫黄河金三角区域合作，不断扩大合作成果。打造对外开放平台，充分发挥开发区承接产业转移的窗口作用。加快航空口岸建设，进一步发挥海关和检验检疫的作用，提升开放口岸功能。坚持把招商引资作为扩大开放的重中之重，坚持不懈开展集群化、专业化、产业链招商，提高招商引资实效，努力在寻求合作中扩大对外开放，在扩大开放中拓宽发展空间。

（五）坚持共享发展，努力保障和改善民生。坚持以人民为中心，持续增进民生福祉，实现社会公平正义，让全市人民在共建共享发展中有更多获得感。坚持从解决人民群众最关心最直接最现实的利益问题入手，加强教育、医疗、就业和社会保障等公共服务，不断提高公共服务共建能力和共享水平。坚持居民收入增长和经济增长同步，劳动报酬增长和劳动生产率提高同步，提高城乡居民收入水平。坚持把脱贫攻坚作为第一民生工程，实施精准扶贫、精准脱贫，坚决打赢脱贫攻坚战，确保全市22.7万贫困人口如期脱贫。

（六）坚持廉洁和安全发展，着力营造良好发展环境。牢固树立“发展必须廉洁，廉洁促进发展”的理念，严格落实“两个责任”，深入推进“六权治本”，把权力关进制度的笼子，培育廉洁发展的社会氛围。强化安全红线意识，始终把安全生产作为生命线、高压线、责任线，按照“党政同责、一岗双责、失职追责”要求，健全公共安全保障体制，严格落实安全监管责任，抓好安全隐患排查治理，加大安全考核问责力度，促进安全生产形势持续稳定好转。加强社会治安综合治理，完善社会治安防控体系，切实维护人民生命财产安全，保持社会和谐稳定。

二、努力实现“十三五”时期经济社会发展的良好开局

2016年是“十三五”开局之年，也是推进结构性改革的攻坚之年。努力实现“十三五”时期经济社会发展的良好开局。

综合考虑各方面因素，2016年我市经济社会发展的主要预期指标是：地区生产总值增长6.5%左右，固定资产投资增长12%，社会消费品零售总额增长5.5%左右，一般公共预算收入增长3%，城镇居民人均可支配收入增长7%，农村居民人均可支配收入增长7%以上，居民消费价格涨幅控制在3%左右，城镇新增就业岗位4.2万个，城镇登记失业率控制在4.2%以内。约束性指标，按省下达我市的目标任务，确保全面完成。

重点抓好以下几方面工作：

（一）以“三个一百”为主抓手，不断强化项目支撑。一是加大“三个一百”推进力度。加大协调推进力度，确保招商引资签约项目尽快落地。二是抓好重点项目前期工作。今年要全面启动“十三五”规划确定的基础设施、民生公共服务、生态环境建设等重大项目的前期工作。三是加快重点领域投资和重大项目建设。按照全省十大重点领域投向，注重生产类项目特别是工业项目和产业链项目的投资建设，结合我市的产业基础，着力推进装备制造、新能源、新材料、食品医药、文化旅游和现代服务业等领域投资。四是加大项目和政策争取力度。争取运城——三门峡客专、运城——济源铁路等重大项目获得支持。

（二）瞄准主攻产业板块，加快工业集群化步伐。一是坚定不移推进产业集群发展。依托工业园区和集群龙头企业，围绕产业链横向配套和纵向延伸，积极承接产业转移，毫不动摇落实“10、30、10”年度目标任务，深入推进园区化发展集群化招商。二是下大力气改造提升传统产业。钢铁行业鼓励企业加大研发投入，增强新产品开发能力，加快新技术、新工艺、新装备应用，积极调整产品结构，重点发展工业加工用钢和无缝钢管等高端钢材品种，全面推进产品、质量和效益提升。继续加强与省内外有实力的大型钢铁集团开展交流与合作，全面提升钢铁行业核心竞争力。三是深入推进“两化”融合。围绕九大产业集群重点推进“两化”融合工程，培育2家国家级“两化”融合贯标示范企业、3～5家省级示范企业，打造行业“两化”融合示范标杆。加大政策倾斜力度，扩大信息化建设范围，补齐信息化建设短板；引进中兴、金蝶等信息化龙头企业，引领我市企业信息化建设，提高全市“两化”融合水平。狠抓工业投资，今年实施工业项目255项，总投资1797亿元，年内完成投资379亿元。

（三）坚持“四化”引领，提高农业现代化水平。一是推进土地规模化。在全面完成土地确权颁证登记工作的基础上，深化农村产权制度改革，依法有序引导土地流转，发展多种形式的农业适度规模经营，不断优化土地资源配置，提高劳动生产率。二是加快组织企业化。新发展农民专业合作社500个，新培育示范社180个，新发展家庭农场200家。三是提升技术现代化。稳定粮食生产。实施果品提质增效工程，加快现代果业标准园区建设，新增6667公顷出口水果基地。四是扩大经营市场化。以企业为主体，大力推进农产品标准化、优质化、特色化、产业化、规模化和品牌化进程，尽快打造一批具有市场影响力的农业品牌。发展壮大农村经纪人队伍。五是加强农业基础设施建设。继续加强农田水利建设。全年新增和改善灌溉面积1.6万公顷。北赵引黄二期工程实现主体完工、部分通水。小浪底引水和西范灌区东扩工程完成年度建设任务。完成土地治理6667公顷。六是加快脱贫攻坚。坚持把脱贫攻坚作为最重大的民生工程，紧紧围绕“到2020年全市5个贫困县全部摘帽，贫困人口全部脱贫”的总目标，按照“六个精准”的要求，全力抓好产业开发、易地搬迁、教育助学、生态补偿、社保兜底“五个一批”。全年实施易地扶贫搬迁8696人，减贫6万人。

（四）发挥中心城市龙头作用，稳步推进新型城镇化。按照全省打造晋南城镇群的要求，围绕建设黄河金三角区域性中心城市的目标，坚持“四化”互动、“六化”衔接和中心城市、大县城、小城镇、新农村“四位一体、功能各异”。今年启动实施42个重点项目，总投资118.8亿元，力争到“十三五”末使中心城市的功能更加完备、特色更加鲜明、风貌更加独特、市民生活更加便捷。城市功能完善方面，通过建设河东西街、中银北路、舜帝街立交桥等道路桥梁和地下综合管廊，不断完善“九纵九横”城市骨干路网结构。新开工和启动道路项目15个，投资53.2亿元，新开工和启动地下综合管廊19个，投资30.7亿元。智慧运城建设方面，加快智慧运城“一平台五应用”建设力度。推进互联网、电信网、广电网“三网融合”，运用大数据、云计算、物联网、移动互联网等新一代信息技术，整合公共服务平台，实现各职能部门数据共享和城市的精细化、智能化管理。

（五）培育壮大文化旅游产业，带动第三产业快速发展。一是做大“古中国”文化旅游品牌。深入挖掘尧舜禹文化中蕴涵的社会主义核心价值观文化基因，进一步增强全社会对“古中国”的认同感。大力推进关圣文化建筑群申遗，连片打造关帝庙一常平家庙一关公圣像国家5A级景区。二是强化旅游宣传推介。优化设计旅游线路，加大在黄河金三角、通航城市、通高铁城市、长三角、珠三角、沿海城市等主要客源地的宣传推介力度，做到高铁线路、重点城市、知名景区“三个全覆盖”。三是开发旅游新业态。发挥运城农业资源丰富、自然风光秀美的优势，大力发展乡村旅游、休闲旅游、度假旅游、养生旅游、养老旅游、健康旅游、研学旅游、体育旅游、购物旅游、房车旅游等新型旅游业态。四是强化区域旅游合作。加快启动“丝绸之路·黄河金三角旅游联盟”，积极对接和融入“丝绸之路”文化旅游重点地区，继续推行三省四市“一证游”惠民政策。五是加快发展商贸物流业和现代服务业。推进32个商贸物流业项目建设。加快商业综合体建设，今年确保2个投入运营，5个主体封顶、5个开工建设。以星河创业创新基地为示范，推进大众创业、万众创新，力争在全市建成两个省级众创空间。

（六）坚持绿色发展，加快生态文明建设。一是持续开展造林绿化。全力以赴抓好造林绿化各项重点工程落实，确保全省林业现场会在我市圆满召开。全年完成造林1.3万公顷以上。高标准完成350个园林村庄建设。继续加快全市园林绿化建设步伐，新增绿化面积100万平方米。二是抓好节能减排和大气、水污染防治。积极培育节能产业，建设全省高效节能电机生产基地。在工业、建筑、交通、公共机构和商贸等领域推广先进适用节能技术。环保、水务、林业、住建等部门要密切配合，综合施策，加大汾河、涑水河流域环境综合整治力度，地表水环境质量达到省定考核要求。继续加强饮用水水源地保护，确保城市集中式饮用水源地取水水质达标率达到100%。

（七）全面发展社会事业，着力保障和改善民生。千方百计促进就业创业。坚持实施就业优先战略，实施更加积极的就业政策，落实创业扶持政策，用好创业创新引导资金，全力推动大众创业、万众创新，鼓励发展众创、众包、众扶、众筹空间，促进以创业带动就业。加强就业培训，推行终身职业技能培训制度，实施职业培训全覆盖计划，对重点人群和困难人群免费进行职业培训。

任务已经明确，形势逼人、任务艰巨、使命光荣。让我们紧密团结在以习近平同志为总书记的党中央周围，团结一心，开拓进取，扎实工作，为实现“十三五”良好开局，为建设新型工业大市、现代农业强市、文化旅游名市和晋陕豫黄河金三角区域性中心城市作出新的更大的贡献！

建设政治清明、经济活跃、人民富裕、生态文明、开放包容的新永济

永济市市长　**孙中全**

“十二五”时期，面对复杂严峻的经济形势，我市紧紧围绕“打造五个永济，建设明星城市”目标，团结依靠全市人民，主动适应新常态，全面落实“三个一百”等重点工作，胜利完成“十二五”规划主要目标任务。

一、“十三五”时期经济社会发展的指导思想和目标任务

“十三五”时期，是全面建成小康社会的决胜阶段，是加快永济经济转型跨越的关键时期。“十三五”时

期，我市经济社会发展的指导思想是：高举中国特色社会主义伟大旗帜，认真学习贯彻习近平总书记系列重要讲话精神，紧紧围绕中央“五位一体”总体布局和“四个全面”战略布局，牢固树立五大发展理念，全面贯彻落实省委“一个指引、两手硬”的重大思路和运城市委“三动三新”发展战略，以项目建设为抓手，以改革开放为动力，以保障和改善民生为根本，强力推进“工业崛起、农业转型、旅游突围、城建提升、开放带动”五大战略，加快建成山西重要的铝深加工基地、机电制造基地、农副产品加工基地、城乡一体化示范基地和全国文化旅游名城，争当全省非煤县市转型跨越发展的排头兵，打造运城市经济发展的重要增长极，为建设政治清明、经济活跃、人民富裕、生态文明、开放包容的新永济，夺取全面建成小康社会新胜利而努力奋斗。

“十三五”时期，我市经济社会发展的主要预期目标是：生产总值年均增长7.5%，财政收入年均增长5%以上，一般公共预算收入年均增长7%，城镇居民人均可支配收入年均增长7.5%，农村居民人均可支配收入年均增长8.5%。约束性指标完成上级下达目标。

围绕以上发展思路和目标，今后五年，要重点抓好以下六个方面工作：

*（一）更加注重工业经济发展，切实加快新型工业化进程。*一要搭平台，拓展空间。紧紧围绕铝深加工、机电制造、农副产品加工三大园区，统筹规划建设供排水、供电、供气、路网、通讯、污水处理等基础设施，并与城镇基础设施有效连接互动，努力把园区建成设施完备、功能齐全的招商引资“洼地”和产业聚集平台。二要强龙头，延伸链条。支持中车永济电机公司做大做强，积极发展上下游产品，形成纵向延伸、横向配套的高端装备制造产业体系；帮助华圣铝业实现铝电联营，大力发展铝型材、铝板带箔、精密铸造、电子铝箔等中高端产品，形成完整的深加工产业链条。到2020年，两个集群总产值都要力争突破200亿元。三要解难题，强化服务。迅速开展专项行动，对全市工业企业和项目进行大排查、大起底、大化解，对企业发展和项目建设存在的困难和问题建立台账，明确责任，销号解决，要按照“三个一百”的要求，重点帮扶困难企业解决因贷款条件不足、融资困难的问题，库存增加、流资不畅的问题，科技含量不高、人才匮乏的问题。要改造提升传统产业，大力发展战略性新兴产业，提升工业经济发展速度，聚精会神打好工业崛起战，为经济跨越提供坚强有力的支撑。

*（二）更加注重农业转型，加快农业现代化步伐。*一是推进由数量向质量转变。要千方百计争取资金，进一步加大农田水利基本建设力度，夯实农业发展基础。加快农村土地经营权有序流转，发展适度规模经营。切实抓好粮食生产，稳定数量、提高质量、增加效益，巩固我市全国种粮先进县市地位。二是推进由传统农业向设施农业、观光农业、高效农业转变。按照“一镇一业”“一村一品”和“一带（晋南农耕文化百里乡村农业产业观光带）、两园（现代农业产业化示范园、农产品现代商贸物流园）、五大板块（高效优质粮食板块、优质鲜食水果板块、绿色蔬菜板块、干果经济林板块、畜牧水产养殖板块）”的发展思路，积极发展无公害、绿色、生态农产品，不断提高农业生产的比较效益。三是推进由资源向产业转变。要按照“基地为主、龙头带动、园区引领、集群发展”的理念，重点扶持粟海、晋美等农副产品加工企业渡过难关，帮助忠民集团等企业做大做强，加强与国内知名农副产品加工企业对接，充分消化我市农业资源，提升农业附加值和抗风险能力。四是推进由传统农民向新型农民转变。要帮助农民掌握现代科技知识，培育有技能、懂经营、会管理的职业农民。教育引导农民利用“互联网＋”平台，实现农产品流通和消费领域的再增值，有效解决农产品“卖难”问题。进一步加大政策支持、信息服务、技术培训、试点示范等服务力度，让农村与城市同步实现全面建成小康社会目标。

*（三）更加注重旅游产业开发，加快发展全域旅游。*一是抓招商促开发。要加快推进旅游领域政企分开、政事分开，全力推动旅游市场向社会资本全面开放，积极招引大企业、大集团整体投资开发我市旅游产业。要围绕打造西部古蒲州历史文化旅游区、中部伍姓湖湿地生态旅游区和东部山水休闲度假区“三大核心旅游区”，深入挖掘我市深厚的文化底蕴，积极发展新兴旅游业态，延长游客停留时间，提高消费水平。要做好乡村旅游这篇大文章，开发形式多样、特色鲜明的乡村旅游产品，使旅游业真正成为惠民富民产业。二是抓宣传促人气。要高起点定位，瞄准国内国际两个市场，制定营销策略，推出旅游产品。积极开展多层次、高水平和全方位的宣传推介营销活动，充分运用各种现代传媒手段和灵活多样的宣传办法，不断扩大永济文化旅游品牌的覆盖面和影响力。三是抓配套促服务。发挥资源优势，按照“全时空、全方位、全要素”要求，积极发展旅游配套产业，健全完善吃、住、行、游、购、娱产业链条，推动我市从景点旅游模式向全域旅游模式转变。要把“游客至上”的理念落实到每一个细节，加强市场监管，优化服务环境。

*（四）更加注重城乡一体化，加快实现“四城联创”。*一是坚持建设为基，进一步增强城市综合承载能力。以大西高铁引道工程实施为契机，进一步拉大城市框架，对新区进行高起点规划、高标准建设。按照适度超前原则，积极引进PPP模式，加快城市道路、供排水、供热、供气和垃圾处理发电项目建设，构筑保障有力、配套完善的现代化城市基础设施体系。积极推进产城融合，加快发展房地产、现代物流、电子商务、金融保险、信息产

业等生产性服务业；围绕幸福宜居，着力培育健康服务、居家养老等新兴服务业。深入挖掘古蒲坂文化血脉，努力建设有历史记忆的城市。充分放大绿色生态优势，加大植树造林力度，精心保护、合理开发利用中条山山体、伍姓湖水面、涑水河河流等自然资源，将山水绿色元素融入城市建设中。二是坚持管理为要，进一步创新城市治理方式。城市管理也是城市的一张重要名片。我们要构建多元化、标准化、数字化城市管理体系，出台长效管理机制。加强城市综合治理，深入开展以环境卫生整治、城市交通规范等为重点的城市集中综合治理活动，全力解决群众反响强烈、影响城市形象的热点、难点问题。要加大环境保护力度，强化城市污水治理，推进大气污染防治工作。三是坚持协同为本，进一步加快城乡统筹发展。实施新农村建设和城镇化双轮驱动，镇村的规划、建设、管理与城市同步进行，垃圾处理、供热供气等与城市有效衔接，实现城乡一体化。七个镇要抓好镇政府所在地的集镇建设，引导农民向镇区集中，着力建设布局合理、产业突出、环境优美、管理有序的城镇。加强农村的建设与管理，以美丽乡村建设为抓手，完善提升水峪口、太宁、正阳等典型村的建设治理经验，发挥其示范作用，带动一批明星村建设。

（五）更加注重改革开放，进一步增强发展活力。一要加强改革创新。深化政府机构改革，深入推进简政放权和政府职能转变，实行“一站式”服务和负面清单制度。加大金融创新力度，建立政银企互信合作机制，切实解决企业融资难、融资贵问题；拓宽企业融资渠道，加快企业股改、挂牌、上市进程；发挥财政资金杠杆作用，通过设立风险补偿金、产业引导基金、转贷担保资金，为项目和企业提供全方位资金服务；要加快投融资改革，建立PPP项目库，激发民间投资活力。深化商事制度改革，进一步释放市场活力。突出科技创新，加强与各部委以及名校名院名企的合作共建，大力发展新技术、新业态、新模式，加速新旧产业接续，提高企业核心竞争力。二要加大招商力度。把招商引资作为“一把手”工程，形成自上而下、由里而外的全方位招商引资格局。围绕打造东承运城、西接丝路、连通西北和西南的对外开放“桥头堡”，瞄准珠三角、长三角和京津冀，放眼西安、重庆、成都等大都市，主动出击，积极对接，承接产业转移，推进产能合作，增强发展后劲。要创优投资环境，营造新型政商关系，全面提升招商引资吸引力。三要加快项目建设。坚定不移聚焦项目建设，完善推进机制，压实工作责任，坚持一个项目、一名领导、一套班子，确定时间表、路线图、责任人，及时协调解决遇到的困难和问题，全力实施一批事关永济未来发展的重大项目，培育新的增长点。

（六）更加注重增进民生福祉，不断提高人民群众幸福指数。一要不断改善民生。坚持财力向民生倾斜，加大基本公共服务供给和住房、养老等民生投入力度，努力提高公共服务水平。要把就业作为民生之本，积极扩大就业创业。统筹推进各类教育协调发展，办好人民满意的教育。深化医药卫生体制改革，为群众提供优质的医疗卫生服务。大力开展丰富多彩的群众性文体活动，努力提升文化惠民水平。切实保障妇女儿童合法权益，加强对特殊群体的帮助和关爱。四要坚决打赢脱贫攻坚战。坚持精准扶贫，精准脱贫，一户一法，一人一策，确保到2019年底实现全市现有贫困人口全部脱贫。

二、2016年工作安排

2016年是“十三五”规划开局之年，五年发展，重在起步，我们要全力以赴抓好以下六方面工作：

（一）以高端制造业为方向，加速工业崛起。坚持将工业作为经济建设的主战场、加快发展的主抓手，围绕铝深加工基地、机电制造基地建设，立足转型升级，直面困难挑战，在破解难题、攻克难关上出实招、下硬功，让工业成为财政增收的源头活水、经济发展的强大支撑、民生改善的有效保障。

（二）以农民增收为目的，强化农业转型。全面深化农村改革，认真落实强农惠农政策，持续加大“三农”投入，不断壮大优势产业和农产品加工集群，加快现代农业发展，努力让农业更强、农民更富。

（三）以“全域旅游”为统领，狠抓旅游突围。“旅游兴、百业兴”。旅游资源是永济最大的资源，旅游产业是我市最具潜力的产业。我们要将旅游产业作为县域经济的重要增长极，冲破观念、体制束缚，全力推进大改制、大招商、大提升、大开发、大宣传，努力形成大旅游、大产业，真正把永济建成“全国文化旅游名城”。

（四）以建设管理为突破，统筹城乡发展。围绕“城乡一体化示范基地”建设，坚持城乡并重、城乡同治，形成城乡共同繁荣的良好局面。

（五）以绿水青山为目标，推进生态文明。坚持将绿色生态作为最具吸引力的城市品牌、最普惠的民生福祉，把生态文明建设融入经济社会发展全过程，努力让永济的山更绿、天更蓝、水更清。

（六）以民生保障为重点，促进共建共享。人民对美好生活的向往，就是政府的奋斗目标。我们要坚持从群众最关切的问题抓起，从群众最希望的实事做起，努力让永济人民生活得更幸福、更美好、更有尊严。

“十三五”时期，我们既面临着改革创新、转型升级、开放发展所蕴含的重大机遇，也肩负着稳定增长、补齐短板、均衡发展的紧迫任务，责任重大，使命光荣。我们将紧紧围绕“四基地一名城”建设，转变发展理念，创新工作举措，千方百计搭桥造船，同舟共济破浪前行。我们坚信，有全市人民的共同努力，有社会各界的倾力支持，既定的目标一定会如期实现，永济的明天一定会更加美好！

努力建设生态经济型现代林业强县

夏县县长　樊双全

“十三五”时期是全面建成小康社会的决胜阶段，也是生态文明建设的重要时期，发展林业是全民建成小康社会的重要内容，是生态文明建设的重要举措。夏县作为传统的林业老典型，植树造林历史悠久，绿化观念深入人心，林业发展基础较好，森林覆盖率已达到43.5%。“十三五”时期，林业正面临一个新的时代坐标，站在一个新的历史起点。

一、新思路决定新未来

强力实施“三动三新”战略、全面推动“绿色发展”，牢固树立“绿水青山就是金山银山”的理念，坚持问题导向，瞄准重点突破，科学研判存在“绿量多、色彩少，树木多、景观少，覆盖率高、经济效益低”三大差距和不足，结合省市林业专家把脉会诊，借鉴林业发展的先进模式，瞄准荒山、平原、县城、乡村“四位一体”全面推进，以“县域景区化、生态经济化、通道标准化、乡村园林化”为目标，以“缺绿增绿、有绿增景”为原则，以增绿、增景、增色、增效、增收“五增”为抓手，注重“三个坚持”：坚持以生态环境建设为主，坚持因地而宜、宜林则林、宜灌则灌、宜花则花、宜草则草，坚持高标准、高质量、严要求；坚持保护优先、自然恢复为主。实现“四个转变”：由单纯造林向增绿增景增色转变、由传统林业向现代林业转变、由生态林业向生态经济型林业转变、由生态大县向生态强县转变；注重“五个结合”：造林绿化与城乡环境整治相结合、与美丽宜居乡村建设相结合、与文明城市创建相结合、与脱贫攻坚相结合、与文化旅游相结合，着力推进山上治本、身边增绿、产业富民、林业增效、农民增收，打造绿色夏县、生态夏县、花海夏县、魅力夏县，努力建设生态经济型现代林业强县。

二、新目标展示新作为

到2020年，力争全县森林覆盖率达到45%以上，森林蓄积量达到321.1万立方米；干果经济林面积稳定在1万公顷以上，特色干果经济林效益突出，育苗面积保持在1667公顷以上；森林火灾受害率和林业有害生物成灾率分别稳定控制在0.5‰和3.5‰以下，全县农民林业产业收入达到人均2100元，努力实现生态美、产业优、百姓富。“景观吸引视线、绿色愉悦行人”。用两到三年时间，对全县县乡主干路通道绿化进行增景、增色，再提升，把通道绿化建成夏县对外的响亮品牌，生态旅游的亮丽名片，绿美结合的和谐景观。一是对全县所有道路林带，特别是通乡主干通道，结合城乡保洁工作，形成常态化制度，做到全年保洁。二是通道提升增绿重点实施“三增”，通过栽植高杆月季、丛状月季等花木，对全县通乡主干通道全面进行增绿、增景、增色，形成“多树种栽植、多模式配置、乔灌搭配、绿美结合，网带片点多形态、多层次”的生态廊道新景观。村在林中、房在花中、人在景中。结合美丽宜居新农村建设，继续对全县园林村提档升级，通过“村庄拓展空间，增加绿地面积，村周大建基地，增加村民收入”的方式，五年新建精品园林村100个。平原村庄建成生态园林型村庄，突出绿与美高度结合的景观林业，达到“村外有带、村庄建园、村在林中、景在村中”；丘陵区村庄建成生态经济型村庄，按照“生态安全、产业配套、村庄美丽”的村庄绿化模式，达到“村外有基地、沟坡有片林、村周有林带、村中有景观”；山区村庄建成生态防护型村庄，按照“生态良好、产业点缀”的布局，达到“远山片状景观、近山块状景观、村庄点状景观、整体生态景观”。

山清水秀，生态美。山是载体，财富在林。“森林是水库、钱库、粮库”。继续实施退耕还林、封山育林、各项荒山造林等工程，造林1333公顷以上，扩大森林面积，为全力打造“白天观景、晚上听戏、吸气清新洗肺、吃饭农家风味”的特色旅游板块做好载体。

扩规模、提质量，做好精准扶贫。建设生态经济型林业强县，发展干果经济林是重要手段。“十三五”期间，我们按照“基地化、规模化、高效化”的思路，采取“因地制宜，合理布局，块状发展、果粮(药)间作”的办法，结合贫困户分布情况，进一步扩大干果经济林栽植规模，新发展干果经济林1066公顷，使干果经济林面积发展到1万公顷。继续实施提质增效工程，提高产量，提升质量，提高效益。构建起五大特色产业基地：一是以禹王乡、裴介镇为主的万亩红枣基地；二是以埝掌镇为主的333公顷优质花椒基地；三是以庙前、瑶峰、南大里为主双万亩核桃基地；四是泗交镇万亩板栗基地；五是祁家河乡万亩无核牛心柿基地。同时，积极探索延长产业链条，培植龙头企业，加大果品储藏和加工，拉长销售时间，提升附加值。通过“公司＋合作社＋农户”的模式，以59家干果合作社为纽带，把农户种植生产的初级产品，进行深加工。积极培育壮大禹乡红花椒调味品有限公司，引进红枣、核桃加工企业，大力开发千年枣树，百年枣园，逐步在全县形成“一乡一业，一村一品”的发展模式，促进农民群众增收。

发展绿色产业，打造“绿色经济”。按照市场运行机制，大力发展优质苗木，形成集种植、嫁接、营销为一体的多功能市场网络，形成良好的社会和市场氛围。积极稳妥的开展土地流转，变农民为产业工人，以22家苗圃，31家苗木合作社，10家花卉合作社为抓手，从政策、技术、资金等方面对种植大户加大扶持力度，引导种植大户扩规模、上档次、增效益、促发展，积极培育广林苗圃等大型苗木基地，扩建发展优质林木种苗。在现有1333公顷的基础上，新发展333公顷，使全县育苗总面稳定在1666公顷左右。

坚持造管并重，狠抓三防体系建设，守护生态红线。一防森林火灾。严格执行“森林防火网格化巡查”和“农林交错区定点责任看护”两项制度，做到值班常规化，预防体系化，扑火专业化。十三五期间，进一步做好重点山口、路口设卡登记，摩托车巡查、护林员巡护的科学化建设，进一步在全社会倡导上坟不烧纸，植树献花寄哀思。完成林地边缘防火墙建设，重点林区防火通道建设，合理布局好防火瞭望台，完成县森林防火预警中心建设，进一步提升县森林消防专业队和乡镇扑火专业队的扑火能力，努力确保“十三五”期间全县森林零火灾。二防林木病虫害防治。加大对苗木病虫害的检疫能力和覆盖，从源头上防治林木病虫害；进一步科学造林营林，有效遏制林木病虫害的发生。持续加大对全县毛白杨、国槐桑天牛及锈色光肩天牛、油松林松扁叶蜂等的防治，积极探索更加有效的生物防治办法，严控森林病虫害，严防“无烟的森林火灾”发生。到2020年全县林业有害生物成灾率控制在3‰以内、无公害防治率100%以上、测报准确率达到90%、种苗产地检疫率100%。三防乱砍滥伐、私拉偷运等违法行为。做好木材经营加工、征占用林地等的审批，依法履行好法律赋予的职责；进一步强化县森林派出所的作用，加大宣传力度，增强涉林行政、刑事等案件的查办力度，保护好森林资源。

管好树、护好林，保护野生动物栖息地。十三五”期间继续对全县5.5万公顷有林地、园林村和通道林带实行责任承包管护，采取县、乡、村三级责任制管护，不断探索具有夏县特色的管理体系，强化对现有林地和树木管理，并对中幼林进行抚育，促进树木生长，提高林地郁闭度，提升森林覆盖率，为各类野生动物提高更好的栖息地，促进人与自然更和谐。

三、新要求亮出硬措施

新目标催生新动力，新发展孕育新希望。我们要认真贯彻落实中央、省、市有关生态文明建设要求，持之以恒抓造林、坚持不懈守红线，坚定不移促增收。

一是持续投资做保障。今后五年，夏县坚持再穷也不能穷林业，穷县也要办大林业，用“常青树就是摇钱树、生态优势也能变成经济优势”等新理念引领林业新发展，勒紧腰带，咬紧牙关，克服困难，加大投入。捆绑整合涉农资金，县级财政每年拿出3000万元投资造林绿化，同时，充分发挥财政资金的杠杆作用，千方百计拓宽投融资渠道，撬动社会资本投向林业产业，形成全社会支持林业发展的良好局面。

二是严格要求抓标准。标准就是质量，标准就是成活率。坚持高标准、严要求打造绿化精品工程。严把项目程序关。实行公开招标、工程监理和资金报账制度，将造林面积、施工质量与资金挂钩，强化全程监管，保证施工质量；严把栽植技术关。严格执行栽植标准，坚持多排行、立体化种植模式，突出“大、高、厚、密、多、彩”绿化栽植特色；严把现场指导关。林业技术人员深入造林一线分片包干，跟班作业，发现问题，现场处置。

三是加快林业改革添活力。严格落实国家、省、市国有林场改革任务，不断深入集体林权制度改革，以改革创新提升发展活力、激发内生动力，为全县社会经济科持续发展提供生态支撑。

四是大团队服务惠民生。组成核桃、花椒、枣等干果经济林技术服务团队，由县林业、科委等有关部门的技术人员组成县级技术服务团队。在组建县级团队的基础上，同时组建重点乡(镇)团队，人员由乡林业站长、林业技术员、乡土专家组成，共计50余人，全体成员分组分片，包村入户指导服务。在具体措施落实中，统一时间、统一标准、统一技术，深入村户和现场面对面服务指导，把先进技术落实到农户。

“植树造林是实现天蓝、地绿、水净的重要途径，是最普惠的民生工程”。只要我们持续发扬植树造林，绿化家园的优良传统，积极践行“32字”工作导向，以“马上就办，真抓实干”的工作作风，攻坚克难，久久为功，一个“山区生态美、丘陵果飘香、平原林成网、文化更繁荣”的现代林业示范县一定能够早日实现。

攻坚克难　砥砺奋进
努力实现“十三五”发展的良好开局

风陵渡经济开发区管委会主任　**何吉祥**

2015年是我区经济社会发展极不平凡的一年，在经济下行压力不断加大的不利条件下，我们实现了逆势而上、滚石上坡的良好态势。这其中的努力超乎寻常，付出难以想象。在看到成绩的同时，我们也清醒地认识到，在“二次创业”的征途上，我们在前行中还有不少困难，发展中还有不少问题，成长中还有不少烦恼。比如，招商引资较难，基础设施滞后，财政历史包袱沉重，安全生产、环境保护及土地管理压力加大、经济发展环境仍然亟待优化等。我们必须高度重视，认真加以解决，为全面建成小康社会扫除障碍。

一、2016年工作的总体思路和主要目标

2016年是“十三五”的开局之年，是决胜全面小康的起步之年，也是风陵渡经济开发区“二次创业”关键的一年。对我区来说，机遇与挑战并存，机遇大于挑战，我们要正确看待新常态带来的新挑战，准确把握新常态带来的新机遇，把风陵渡的发展放到黄河金三角合作规划区和经济新常态的大背景中去思考和谋划，科学把握风陵渡当前和今后一个时期经济社会发展的总体形势，进一步找准推动发展的切入点和突破口。

2016年经济工作的总体思路是：全面贯彻党的十八大和十八届三中、四中、五中全会精神和中央、省、市经济工作会议精神，全面落实市委“32字”工作导向，深入实施“三动三新”发展战略，积极适应引领经济发展新常态，坚持以“三个一百”工作为抓手，以“三个方案”为统领，全力实施“12356”发展思路，即：盯住一个目标（全面推进二次创业，建设河东大地、黄河岸边现代化的小城镇），扭住两大任务（产业发展和城镇建设），突出三大重点（科技创新、金融振兴、民营经济），强化五大保障（队伍建设、城市经营、社会管理、环境创优、民生改善），努力实现创新、协调、绿色、开放、共享、廉洁和安全“六大发展”。

2016年我区经济社会发展的主要预期目标是：国内生产总值达到18.5亿元，同比增长6%；工业总产值达到45亿元，同比增长8%；规模以上企业工业总产值达到36亿元，同比增长7%；工业增加值达到15.48亿元，同比增长8%；规模以上企业工业增加值达到12.42亿元，同比增长8%；固定资产投资达到25.8亿元，同比增长15%；进出口总额达到365万美元，同比增长10%；招商引资到位资金达到20亿元，同比增长10%；财政总收入完成1.98亿元，同比增长5%；公共预算收入实现4848万元，同比增长5%。另外，上级下达的约束性指标任务要全面完成。

二、2016年工作任务

（一）加快项目建设步伐，着力培育新的经济增长点。帮扶五个重点企业解困。重点帮扶大唐电厂解决资金、电量等问题，帮扶金水河金属材料公司解决资金、生产成本等问题，帮扶嘉生药化、升佳化工、海泰电子等企业解决资金、环保、发展、创新等问题，促进企业快速发展。

推动五个重点项目建设。重点推进投资6亿元的凯美佳复合肥项目、投资3.6亿元的冠恒元二萘酚项目、投资2.2亿元的鑫度化工甲硫基乙醛肟项目、投资4800万元的德宝药物甲酰胺项目、投资8000万元的康惠食品加工项目等一批项目尽快投产达效，使有质量、有效益的投资尽快转化为经济发展的新优势。

促进一批重点招商项目签约落地。紧盯大唐电厂投资2.5亿元的脱硫改造项目和2×100万千瓦机组扩建项目、山西千岫制药公司投资5000万元的医药中间体项目、江苏无锡图强化工公司投资3亿元的废旧轮胎再利用项目、山西荣泽物流公司投资5000万元的仓储项目、兄弟机械公司投资2000万元的汽车文化广场项目等一批重点项目开展招商引资，确保项目落地投产，打造新的经济增长点。

（二）加快集群产业发展，着力推进新型工业化。在建项目抓投产。加快凯美佳肥业有限公司投资6亿元的复合肥项目、冠恒元科技有限公司总投资3.6亿元的二萘酚项目建设速度，争取4月底前建成投产。

扩建项目抓进度。抓好亚宝集团投资1.5亿元的消肿止痛贴扩建项目、鑫度化工有限公司投资2.2亿元的甲硫基乙醛肟项目、德宝药物复配有限公司投资4800万元的甲酰胺项目等一批扩建项目的调试速度，争取6月底前建成投产。

迁建项目抓协调。加快绿洁合成树脂有限公司投资4500万元的水性丙烯酸项目，恒兴科技有限公司投资6500万元的植物生长调节剂项目搬迁速度，争取年底投产。同时，大力实施“互联网＋”，争取鑫度化工在新三板上市。

（三）加快完善城市功能，着力推进新型城镇化。坚持规划引领。按照“完善城市功能，拓展产业空间，土地集约利用，市民方便宜居”的要求，坚持城市规划、土地利用规划、产业规划、经济社会发展规划、环境保护规划衔接配套，“五规合一”。今年我们要在完成新区控制性详细规划的基础上，启动开发区控制性详细规划的编制工作。同时，按照全市“气化运城”的要求和我区天然气利用现状，启动开发区加气站布局规划的编制工作。

提高产业承载能力。今年，计划开工和启动的重点工程项目12个，总投资约2.91亿元（社会资本2.44亿元）。一是道路建设工程：投资600万元粮库路工程、投资500万元黄河北路北延工程。二是照明工程：投资200万元的创业大街照明工程和投资180万元的外环路东段照明工程。三是市政设施工程：投资50万元完善区内道路交通标识、投资2000万元启动垃圾处理场建设、投资7800万元完善晋龙盛供水项目、投资2000万元延伸城区供热管网。四是公共服务设施工程：投资1.4亿元的康复养老中心工程、投资480万元的劳动和就业服务中心工程、投资600万的骨伤专科医院住院楼、投资1000万元的实验小学教师周转房和实验中学教师宿舍楼工程。

强化城市管理。一是加强环境卫生管理。强化主次干道、公共活动场所和城乡结合部的日常保洁，规范农村垃圾清运工作。二是推进市场建设。启动三大市场建设：黄河南路瓜果蔬菜批发市场、；西柏台小吃瓜果市场、金三角小吃夜市水果市场。三是注重改造提升。结合城市供热、供气、供水、通讯的延伸和改造，对老旧街巷进行改造和提升。四是突出城市维护。加大城市维护力度，对破损路面等城市公用设施及时予以修补，强化对城市的精细化管理。

（四）加快农业基础设施建设，着力推进农业现代化。加强农业基础设施建设。重点抓好以下四方面工程：一是配合河务局完成黄河西阳、匼河段2.5千米集防汛、旅游、黄河风情观光于一体的黄河护岸工程建设；二是在特色果、菜、药种植上，要在黄河滩涂发展大棚西瓜40公顷、特色水果40公顷、大棚蔬菜13.3公顷、中药材33.3公顷；三是干果林基地建设上，要在东三村、阳贤、匼河栽植核桃20公顷、花椒33.3公顷；四是在养殖业上，要依托温氏集团以“公司＋农户”模式，在阳贤村建设万头生猪养殖场；在匼河滩新建2000只种肉羊养殖场，500头肉牛养殖场。

稳步开展专项工作。一是村级环境治理。大搞环境卫生治理工作，彻底扭转“脏、乱、差”现象。2016年创建市级宜居示范村一个、培养美丽宜居乡村两个。二是土地确权颁证及流转。完成467公顷土地确权发证工作。扶持3家专业合作社、两家家庭农场达到省级示范标准。三是“三资”清理整顿。根据《开展农村集体“三资”管理专项清理整治工作方案》规定，明确任务，细化责任，抓好落实，完善清单信息平台建设，使各村“三资”管理有章可循。

加快脱贫攻坚。坚持把脱贫攻坚作为最重大的民生工程，按照“六个精准”的要求，采取积极措施全力抓好“五个一批”，2016年完成20户60人的脱贫任务。同时，积极开展就业技能培训，依托劳动就业服务中心，加强对失地农民的培训和就业安置工作，2016年培育新型职业农民200人。

（五）加快推进环保整治，着力坚持绿色发展。抓好全面排查，开展工业企业环境大整治。按照“一个企业都不放过、一个产生污染的环节都不放过”的要求，全方位排查，不留盲区、死角。对查找出的隐患和突出问题要建立台账，督促企业及时制定方案，逐一整改，彻底销号。

突出重点，抓好生态环境治理。突出抓好区域面源污染整治，加快推进集中供暖覆盖和气化改造工程建设，加快环保基础设施建设步伐，启动垃圾处理场建设，加强污水处理厂管理，强化环境规划，划定生态红线。启动规划环评的编制工作，争取年底前完成。

标本兼治，全面加强生态绿化和河流整治。做好风陵东街、西街、工业大道、黄河南路等主干街道苗木补栽、管护工作，对创业大街绿化带采取种花、种草形式进行绿化。抓住涑水河流域综合整治契机，争取投资6560万元的东章峪河道防洪治理工程，投资1800万元的浮云山生态绿化工程年内开工建设。

（六）加快发展社会事业，着力保障和改善民生。不断提升改善民生的保障力。在做好培植税源的同时，实施积极稳健的财政政策，采取存量土地盘活筹一点、向上争取要一点、千方百计借一点、强化管理增一点、建设预算减一点、强化预算省一点等办法，积极化解财政支出矛盾，落实各项惠民政策，确保工程项目建设顺利进行。

全力落实好惠民政策。2016年预计投入560余万元，逐年提高农村干部工资待遇，继续加大财政对惠农资金补贴投入，让辖区农民切实感受到开发建设带来的实惠，确保农村饮水安全工程、农村文化建设、基本公共卫生服务、乡村清洁工程等各项专项支付、专项工程拨款足额按时到位。

（七）加快推进法治建设，着力维护社会和谐稳定。加快和谐社会建设。深入推进社会治安网格化管理和基层综合服务管理，不断完善调处化解矛盾纠纷综合机制。完善普法教育机制，加强法律服务和法律援助工作。扎实推进“平安风陵渡”建设。

高度重视安全生产。认真落实“党政同责、一岗双责、齐抓共管、失职追责”的工作机制，以隐患排查治理为中心，按照“六查六看”的要求，认真做好安全生产大检查，实现全区安全生产零事故率的目标。

新常态需要新状态，新使命呼唤新作为。我们要充分认识肩负的历史责任，团结一心，开拓进取，克难攻坚，狠抓落实，扎实做好“十三五”开局之年各项工作，确保圆满完成今年各项目标任务，为建设河东大地、黄河岸边现代化小城镇而努力奋斗！

坚持绿色发展　改善环境质量

山西省环境保护厅厅长　**郭长青**

“十二五”以来，特别是2013年以来，全省环保系统认真贯彻落实省委省政府决策部署，坚持把绿色发展融入经济和社会发展的各个领域，实现环境与经济的和谐共生，自觉适应经济发展新常态，着力解决突出环境问题，环境质量进一步改善。

“十三五”是我省全面建成小康社会的决胜阶段，也是实现环境质量总体改善的窗口期、转折期和攻坚期。深刻学习领会党中央、国务院和省委省政府特别是习近平总书记关于生态文明建设和环境保护的新理念新思想新战略新要求，是准确把握“十三五”时期环境保护工作的基础和关键。新的形势下，我省环境保护处于大有作为的战略机遇期。省委省政府高度重视生态文明建设和环境保护工作。省委十届七次全会通过《中共山西省委关于制定国民经济和社会发展第十三个五年规划的建议》，省委省政府《关于加快推进生态文明建设的实施方案》和《山西生态文明体制改革实施方案》的出台，既是贯彻落实中央对生态文明建设和环境保护一系列重大部署的总安排，又是我省当前和今后一个时期重大的、系统的、全面的制度架构。特别是经济发展由原来规模扩张、高速发展转向加快发展方式转变、追求质量和效益的统一，全面深化改革与全面依法治省带来的政策法治红利、绿色发展带来的技术红利充分释放、公众生态环境意识日益增强、全社会保护生态环境的合力逐步形成，等等，都为推动生态文明建设和环境保护工作创造了良好条件。

同时，我省生态文明建设和环境保护工作也面临着严峻挑战：经济下行压力持续加大导致发展与保护的现实矛盾更加突出。一些地方在解决环境问题上程度不同存在责任推诿、动力减弱等情况，对企业的监管执法难度也在不断加大。新型工业化、城镇化、农业现代化加快推进带来的环境压力依然巨大。“十三五”期间，我省仍处于工业化中期前半段，发展模式具有一定的“锁定效应”，产业结构偏重、污染物排放量偏大在短期内不可能发生根本性转变。城镇化、农业现代化所带来污染物在时间上的累积和区域空间上的复合效应将更加明显。环境质量改善难度加大。目前全省11个市环境空气质量均未达到二级标准，传统煤烟型污染与臭氧、挥发性有机物（VOCs）等新型环境污染问题叠加，水质优良断面比例低于全国平均水平，汾河中下游污染严重，城市黑臭水体大量存在，生态破坏严重，历史遗留的区域性生态环境问题依然突出，改善环境质量的边际成本更大。环境风险易发高发态势明显。社会公众对环境质量改善的诉求越来越高，对环境风险容忍度越来越低。2015年，全省环境来信来访数量较2010年增加了近六成。全省布局型环境隐患和结构型环境风险日益凸显，特别是化工行业近水靠城的分布特征，带来严重的环境安全隐患。环境保护管理转型任务艰巨。环境管理职能交叉、多头管理问题突出，执法主体和监测力量分散，环境执法监管，特别是基层执法基础仍然薄弱，人员不足、素质不高、装备不良的问题依然存在，难以适应监管重心下移，力量下沉的改革需要。

一、“十三五”期间环保规划的指导思想和主要指标

基于上述考虑，我省“十三五”环境保护规划的指导思想是：贯彻落实党的十八大、十八届三中、四中、五中全会精神和省委省政府决策部署，牢固树立绿色发展理念，以改善环境质量为核心，实行最严格的环境保护制度，强化污染防治与生态保护联动协同效应，打好大气、水、土壤污染防治三大战役，加快推进生态环境治理体系和治理能力现代化建设，确保2020年生态环境质量总体改善，为全面建成小康社会提供稳固的环境基础。主要指标任务确定为：到2020年，11个地级市 $PM_{2.5}$、PM_{10} 年均浓度比2015年分别下降20%左右，城市环境空气质量优良天数比例达80%以上，重污染天数大幅度减少；全省地表水好于Ⅲ类水质断面比例高于60%，劣Ⅴ类水体断面比例控制在15%以内，地级以上城市建成区黑臭水体比例控制在10%以内。二氧化硫、氮氧化物排放总量减少15%左右，化学需氧量、氨氮排放总量减少10%左右，烟粉尘排放总量减少10%左右，有效控制挥发性有机物(VOCs)排放。

为实现“十三五”上述目标任务，要重点谋划和统筹把握好五个方面的工作：一是坚持绿色发展。推动绿色发展，核心是形成内生动力机制，关键是推动地方党委政府履行环保职责，把绿色发展转化为地方党委政府和各部门的执政观、政绩观和实践观，科学处理好发展和保护的关系，并落实到各项工作部署中。二是突出环境质量。环境质量改善是坚持以人为本、增进人民福祉的重要体现，是生态环境保护的根本目标，也是评判工作的最终标尺，必须将以环境质量改善为核心贯穿到环境保护工作的各个领域。三是严格制度建设。环境保护的治本之策是源头严防、关键所在是过程严管，根本保障是后果严惩。要统筹运用结构优化、总量减排、污染治理、达标排放、生态保护等手段，实行严格的环境保护制度，构建系统规范的激励约束机制，加快推进生态环境质量体系和治理能力现代化。四是坚持“五化”并举。不断提高环境管理系统化、科学化、法治化、精细化和信息化水平，全面提升管理质量和效能。五是持续提升素质。全面落实从严治党要求，严格落实党风廉政建设主体责任和监督责任，进一步强化作风建设，打造一支政治强、业务精、敢作为的环保干部队伍。

二、认真做好2016年环保工作

今年全省环保工作的主要目标是：与2015年相比，全省11个地级市 $PM_{2.5}$、PM_{10} 年均浓度分别下降3%、4%，空气质量优良天数比例达75%；全省地表水优良水体断面比例达到45%以上、劣Ⅴ类水体断面比例控制在25%以内。完成国家和省政府下达的主要污染物排放总量控制任务。为实现这些目标，将重点抓好以下工作：

（一）统筹谋划全省“十三五”环保工作。做好与国家“十三五”生态环境保护规划和我省国民经济与社会发展十三五规划的对接，谋划好重大工程、重大项目和重大政策，抓紧编制我省环境保护“十三五”规划，把中央和省委、省政府的重大安排部署变成施工图。

（二）深化各项改革措施落实。一是力争2016年在推进排污许可管理创新、完善环境损害鉴定评估、行政执法与刑事司法衔接联动制度等方面进一步完善，在信息公开、绿色金融、排污费改税、第三方治理、环境污染强制责任保险等方面有新的进展。二是按照环保部统一要求，积极推进环境监测体制机制改革，认真做好地级城市空气站、地表水国控断面、土壤环境质量监测点位和生态环境监测等事权上收期间的各项衔接工作，加强污染源监督性监测。稳妥推进环境监测监察执法垂直管理改革。

（三）打好大气、水和土壤污染防治三大战役。一是坚持以“控煤、治污、管车、降尘”为抓手，进一步治理大气污染。重点抓好焦化、钢铁等重点行业提标改造、黄标车老旧车淘汰和重点行业挥发性有机污染物(VOCs)综合整治等工作。二是坚持“五水”同治，深化水污染防治。重点要加大汾河等主要流域环境综合整治力度，推进主要河流实行“河长制”，全面落实水污染防治责任。三是全面落实土壤污染防治。制定出台我省《土壤环境保护和综合治理方案》。加强土壤环境监测能力建设，开展农用地土壤环境保护检查，推进太原市小店区、忻州市忻府区耕地土壤治理两个修复示范项目。四是继续推进污染物总量减排。要围绕改善环境质量这一核心，加大工程项目减排力度，改革完善总量减排考核办法。重点抓好现役燃煤发电机组超低排放改造、重点行业及燃煤锅炉污染防治设施达标治理等工作。确保国家下达的化学需氧量、氨氮、二氧化硫、氮氧化物、VOCs和我省确定的烟粉尘减排任务圆满完成。五是全力推进省城环境质量改善工作，重点要抓好集中供热能力的提升、洁净焦和电动汽车的推广使用、黄标车老旧车的淘汰，开展汾河水库饮用水水源地生态环境治理，加快污水处理厂建设进度和城市黑臭水体整治力度，确保市区环境空气质量在全国74个重点城市中排名稳定退出后15名，确保在2017年底前基本消除建成区黑臭水体。

（四）加强生态和农村环境保护。一是完成我省重点生态功能区、敏感区、脆弱区的生态保护红线划定工作。二是在加快协调落实资金的基础上，科学确定

2016年农村生活污水防治任务，以试点县采煤沉陷搬迁改造、美丽宜居示范村和旅游村为重点，因地制宜积极推进农村生活污水治理。三是加强矿山生态环境保护工作，强化对生态恢复治理方案落实情况的督查。四是充分发挥遥感技术在生态环境保护领域的作用，提高生态环境监测能力。

（五）强化环境执法和环境安全。一是严格落实新《环境保护法》和《大气污染防治法》，推进《山西省环境保护条例（修订）》出台。深化全省环境保护大检查，组织开展"铁腕斩污"专项行动。强化与公安部门、检察机关和审判机关的衔接配合，保持严厉打击环境违法行为的高压态势。二是突出综合督查，对去年综合督查中整改不力的进行严肃处理；三是强化环境风险防控体系建设，加强对危化固废、沿河化工企业的环境隐患排查，认真做好突发环境事件预警和处置应对，确保环境安全。四是落实网格化监管。在全省基本完成划定环境监管网格的基础上，建立考核办法，强化运行机制监督，严格落实"一岗双责"和"党政同责"，进一步提升环境监管水平。

（六）助推经济转型升级。一是开展环评项目"大起底"，加大重点项目环评审批力度。二是按照省政府"去产能"的工作安排，强化环保标准约束，加快违法建设项目清理整顿。三是在简政放权的同时，进一步优化环评审批管理制度，积极为环评"瘦身"，提高环评审批质量。四是以开发区、工业园区为重点，加强规划环评与项目环评联动，注重规划环评对项目环评的指导和约束，推动在项目环评审批及事中事后监督管理中落实规划环评要求。五是加强对环评后的监督管理，提高市县环评行政管理人员能力素质，加大对环评机构的监管力度。

山西省社会保险事业"十三五"展望

山西省社会保险局局长　**贺德孝**

社会保险与人民幸福安康息息相关，事关改革开放和社会主义事业发展全局，是社会文明进步的重要标志。"十二五"时期，在省委、省政府的正确领导下，山西社会保险工作取得突出的历史性成就，各项制度逐步完善，覆盖范围更加广泛，待遇水平稳步提升，经办资源优化整合，管理服务水平不断提高，人民群众得到更多实惠。

"十三五"时期，是全面建成小康社会、实现我们党确定的第一个百年奋斗目标的决胜期。"十三五"规划纲要强调，建立更加公平更可持续的社会保障制度，基本实现法定人群全覆盖。今后五年，必将是社会保险经办管理服务大发展、大跨越的历史新阶段，社会保险工作面临着前所未有的机遇和挑战，尤其要注意把握以下三个方面的新形势、新挑战：

一是经济发展新常态下扩面征缴空间日益收缩。随着经济增速放缓，扩面征缴空间日益收缩，社会保险缴费人数占参保职工比例呈下降趋势，企业欠费居高不下。2015年末，我省企业养老保险缴费人数为378.6万人，占参保职工比例为88.9%，比上年减少1.6%，低于国家设定90%的标准；城乡居民养老保险缴费人数为989.9万人，占64.3%，比上年减少3.2%。截至2015年底，我省企业养老保险累计欠费达160.99亿元，其中，当年新增欠费75.83亿元。欠费正逐步形成恶性循环，养老保险基金的运行形势十分严峻。

二是人口老龄化加快，基金支付压力增大。据我省人口抽样调查数据显示，2015年全省60岁及以上人口达530万人，占总人口的14.5%，比2014年上升了0.7%；65岁及以上人口达到333万人，占总人口的9.1%，比2014年上升了0.4%。我省自2003年进入老龄化社会后，老龄化程度不断加快，2003～2015年的12年间，老年人口绝对规模增加了96万左右，未来25年将是老年人口增长最快的时期。老龄化必然直接导致养老、医疗保险基金收入下降，支出上升。

三是城镇化进程提速，经办能力面临考验。近年来我省城镇化进程加速发展，2015年我省城镇化率达到55%，预计"十三五"期末将超过60%。城镇化加速发展，导致人员城乡、产业、地域之间流动更加频繁，这也预示着社会保险的服务群体和业务范围将急剧增大，社保经办能力、特别是基层服务能力不足的问题愈显突出。如何从体制和制度上消除影响人口和劳动力合理流动的障碍，建立便捷、高效的管理服务体系将是我们面临的重大考验。

综合研判“十三五”的发展大势，结合国家、我省转型发展的总体布局，今后五年我们要紧紧围绕“实现制度基本定型、体制机制更加完备、法定人群全面覆盖、基本保障稳固可靠、基金管理安全规范、待遇水平稳步提高、管理服务高效便捷”的总目标，突出重点，精准发力，提高效率，优化服务，充分发挥社会保障在经济发展、社会稳定中补短板、兜底线的作用，重点做好以下几个方面的工作：

一、全面实施全民参保计划，实现法定人群全面覆盖

以人人享有为目标，全面实施全民参保计划，推动社会保险由制度全覆盖到人群全覆盖。到“十三五”期末，实现城镇职工基本养老保险参保人数达到755万人；城乡居民基本养老保险参保人数达到1550万人；城镇基本医疗保险参保人数达到1150万人；失业、工伤、生育保险参保人数分别达到430万人、590万人和470万人。

（一）全面实施全民参保计划，继续推行五险统一征缴工作。全民参保计划已从人社部门重点任务上升为党中央、国务院的重大部署，正式写入“十三五”规划，是必须限时保质保量完成的硬任务。要继续推行五险统征工作，通过五险统征强化征缴手段，推进全民参保计划。在总结朔州、晋城两市试点经验的基础上，2016年将试点范围扩大到太原、阳泉、长治、临汾和运城5个市，2017年在全省全面推行。总体上看，全民参保计划要实现三项目标：一是建立全面、准确、完整的全民参保数据库并广泛开展应用，促进社保全覆盖和精确管理；二是通过共享、比对、入户调查等渠道，建立动态更新机制，保持数据库的准确性与完整性；三是以全民参保数据库为基础，建立未参保人员及断保人员的动态清零机制，保证全覆盖成为常态。

（二）扎实推进机关事业养老保险经办工作。2016年，机关事业单位养老保险经办工作全面启动。一要摸清底数。通过采集数据，摸清参保单位和参保人员，准确测算基金收支情况，及早向同级政府提出缺口资金、周转资金的报告。二要积极与编办、财政、人社部门内设工资部门沟通协调，厘清参保单位编制内外人员，核实在职和退休人员工资结构与项目。三要做好参保单位2014年10月1日至启动时的基金结算工作；四要及时清理规范原试点参保人员的个人缴费，为移交职业年金做好准备。

（三）强力推进“同舟计划”。实施“同舟计划”是提高工伤保险基金抵御风险能力，确保建筑业职工工伤保险权益的重大惠民政策，各地要切实加强经办管理服务，适应新形势，严格按照国家要求，落实按建筑项目参保办法，开发完善按项目参保信息系统，促进参保人员动态化实名管理。要推广采取施工许可证办理与工伤保险参保办理一体化服务的经验做法，学习商保经验，简化流程、优化服务。

二、加强社会保险基金管理，确保基金可持续运营

社保基金是百姓的养老钱和救命钱，社保经办风险管控工作关系到社会保险事业能否可持续发展。要加大基金征缴力度，建立对基金征收、管理、支付等重大事项的信息披露制度，健全社会保险欺诈查处和防范机制，积极稳妥地推进社会保险基金的投资运营，确保基金安全和保值增值。

（一）完善基金预算，强化基金监管。进一步健全基金预算编制、执行、监督机制，完善社保基金预算执行分析报告制度、基金风险预警制度，坚持预算编制与执行并重，促进预算编制与执行之间的衔接，提高预算管理的约束力，提升预算管理的规范性。

（二）加强风险防控，确保基金安全。将2016年确定为社会保险内控制度落地年，提高全系统经办风险防控能力，建立健全经办风险防控工作机制，构筑全省经办风险监控管理平台，逐步建立起科学的、智能的社保监管体系，确保我省社保经办领域不发生系统性、区域性风险。

（三）狠抓资格认证，查堵欺诈冒领养老金的黑洞。继续抓好养老保险待遇资格认证工作，充分利用全国异地协助认证系统及待遇状态比对查询服务系统开展资格认证和疑点信息比对，从源头上查处堵塞冒领养老金及跨险种、跨地区重复领取待遇行为。

三、推进社会保险经办信息化，建立更加高效便捷的社会保障服务体系

“数字承载业务，科技引领进步”，信息化建设是打造电子社保、便民社保的必由之路，要优化经办模式，大力推行参保登记等业务“一站式”服务，推进“综合柜员制”管理，推行“网上社保”，加快建立更加高效便捷的社会保障服务体系，不断满足群众日益增长的诉求。

（一）构建“电子社保”，实现“零距离”服务。认真贯彻落实国务院关于推进“互联网＋”行动的指导意见，以提升经办管理服务水平和群众满意度为目标，加快推进电子社保建设。一是各级经办机构要高度重视数据质量问题，严肃统计工作，确保各项数据信息的真实可靠；二是依托省人力资源和社会保障网上经办业务便民服务平台，大力推进网上办事大厅建设，构建以综合柜员制为基础，网上办事大厅与经办服务大厅一体化，业务与财务管理一体化，业务与档案管理一体化，查询咨询服务多样化的新型社会保险经办管理服务体系。三是省内转移纳入电子化管理。从2016年7月开始全省各级社保经办机构办理省内转移接续必须通过转移平台系统上传和校验，保证转移账户的准确性、及时性。

（二）加快社保“一卡通”建设，拓展社保卡应用。当前，社保卡的应用主要集中在社保费征缴和待遇发放两个方面。各地要与社保卡合作金融机构相互协作，实现系统对接，上网传送数据，力争到2020年底全省各市县城乡居保通过社保卡实现社会化征缴和待遇支付，所有城镇职工养老保险经办机构全部实现社保卡发放离退休人员和遗属人员的养老待遇和困难补助。在此基础上，要积极探索社保卡跨业务、跨地区、跨部门的应用。

（三）优化经办模式，提供便捷高效的管理服务。认真倾听群众呼声，大力推行“一站式”服务，推进“综合柜员制”管理，在遵循事前、事中、事后内控要求的前提下，不断优化经办模式，改进经办流程，提高工作效能，为参保单位和群众提供便捷高效的经办管理服务。

四、抓好党风廉政建设，切实转变工作作风

社保经办机构作为服务型政府的重要窗口单位，服务态度、水平、质量直接关系到党和政府在群众中的形象，抓好党风廉政建设尤为重要，必须在推动社保事业发展的同时，将党风廉政建设抓牢、抓实、抓到底。

（一）加强廉政建设。全面落实中央从严治党的要求，巩固“三严三实”专题教育成果，扎实开展“两学一做”学习教育活动，持续深入推进党风廉政建设，将预防和惩治腐败体系建设常态化、长效化。各级经办机构“一把手”要坚决克服只抓业务工作而忽视抓党风廉政建设的倾向，认真履行一岗双责，要深入推进“六权治本”，严格按照“两清单、两张图”运行权力，切实作到法定职责必须为，法无授权不可为。

（二）强化作风建设。按照人社系统窗口单位作风建设总体要求，继续开展作风建设，坚持以人为本、服务至上的理念，进一步细化、优化服务规范和纪律要求，并通过对服务行为的有效监督，消除参保登记、基金收缴、养老金发放等各个与群众密切相关的环节上的梗阻，确保社会保险服务群众“最后一公里”的通畅，使经办管理服务更接地气、更暖人心，提升社会保险经办作风建设“软实力”。

（三）重视队伍建设。“十三五”时期改革任务异常繁重，社会保险经办领域对信息、精算、基金管理、业务操作等专业人才的需求日益迫切。各级经办机构要把干部队伍建设放在重要位置，与重大改革任务的落实同考虑、同安排，坚持走专业化发展道路，从业务需要出发，从能力短板入手，加大培训力度，加快打造一支觉悟高、业务精、能吃苦、有担当的社会保险经办队伍。

展望“十三五”，我们重任在肩，豪情满怀！多谋民生之利，多解民生之忧，让人民群众分享改革和发展成果，这将是社保工作的重中之重。各级社保经办机构要牢记习近平总书记“保障和改善民生没有终点站，只有连续不断的新起点”的重要指示，乘风破浪，砥砺前行，用责任、使命、担当和勇气，再次扬帆起航，描绘出山西社会保险事业更加灿烂辉煌的宏伟蓝图！

转型发轫，布局“十三五”
银政合作，再筑共赢路

中国建设银行山西省分行行长　**尚朝辉**

转型发展，是时代的潮流，前进的必然。国家“十三五”规划提出了“创新、协调、绿色、开放、共享”五大发展理念；山西“十三五”规划明确了“六大发展”“三个突破”以及煤炭产业“六型”转变的整体思路；中国建设银行确立了“综合化经营、多功能服务、集约化发展、创新型银行、智慧型银行”五大转型方向。面对转型发展大潮，建行山西省分行出台了2016～2020年转型发展实施方案，明确思路、把握方向，融入地方、务实转型，奋进拼搏“十三五”。

一、融入地方，共谋转型发展合作之路

地方发展，是建行山西省分行业务推进的基础；地方转型方向，是建行山西省分行跟进发展的前提。只

有深度融入地方，结合自身条件，创新性地开展工作，才能取得转型发展的有效突破。

“十三五”时期，山西省委、省政府高度重视金融振兴，建行山西省分行以此为契机，促成总行与山西省政府签订了《推进金融振兴合作协议》。为了落实好合作协议，建行山西省分行已经与省内多个市政府签订了银政合作协议。这些总、分协议，都是建行与地方政府合作的纲要。同时，建行山西省分行持续开展了“走基层、访客户、送温暖”活动，收到了良好效果。在当地同业中率先推出“税易贷”业务，并与省国税、省地税签署合作协议，构建银税合作新模式。积极参与山西品牌“中华行”“网上行”活动，开设善融商务山西馆，成为系统内第一批开通地方特色馆的四家分行之一。“十三五”期间，建行山西省分行将继续强合作协议基础，做强做实银企合作，全面加强在基础设施、产业转型、社会民生及其他服务领域合作，加大对实体经济发展支持力度，加大金融支持，服务小微企业，改善金融服务，创新金融手段，提升信息化水平，全面推动山西经济“六大发展”，助力山西金融振兴。

二、一个目标，打造“最具价值创造力的当地最优银行”

建行山西省分行认真落实山西省委“十三五”规划、山西省金融改革发展总体规划以及山西金融振兴意见，充分结合《中国建设银行转型发展规划》要求，确定“以大资产为带动、以大负债为提升、以合规风控为保障、以优质服务为抓手，全力以赴促转型、不遗余力强发展、千方百计降不良、持之以恒夯基础、提升占比保二类，实现健康持续发展，打造最具价值创造力的当地最优银行”的转型发展总体思路。

建行山西省分行将五年转型发展的核心目标落脚在“打造最具价值创造力的当地最优银行”，持续推进系统排名和同业份额双提升，打造“综合性、多功能、集约化、智慧银行、创新银行”。依托建设银行综合性经营基础和业务牌照领先优势，全面推进现代综合性银行服务；加快由单一服务向功能健全、响应及时、服务便捷的多功能服务转型，形成服务目录清晰、组合多样、特色定制、综合功能完备的多功能经营体系；增强条线集约化、专业化，人力资源向营销一线倾斜，中后台服务高度集约，实现经营管理效益最大化；弘扬创新理念和文化，在加强风险控制的前提下，充分调动和发挥全员创新活力，把创新贯穿于经营发展全过程、各领域；依托新一代核心系统，冲击电子银行和移动金融制高点，显著提升经营管理智能化，打造智慧银行赢得未来。

三、五个意识，打通转型发展认识之路

作为亲经济周期行业，银行业在金融改革深化、利率市场化、行业竞争加剧、金融脱媒加速、信用风险上升等形势下，传统经营模式受到严重冲击。为了更好地解决思想上的症结，更好地从行动上支持地方发展，建行山西省分行开展“直面危机、砥砺前行——转型发展大讨论”，通过多种形式的学习、讨论和宣传，树立意识、解放思想。一是树立转型意识，强调转型创新是必由之路。转型创新极其重要、尤其迫切、更加现实，决定着建行山西省分行未来的出路。转型创新更是实现强动力、增活力、促发展的根本举措。二是增强发展意识，强调创新发展是强行之基。只有通过创新发展才能变被动为主动，才能解决当前面临的一系列问题。通过增强创新发展意识，发挥主观能动性，提升创新驱动力，发挥市场引领作用，抓住新机遇、创造新客户、拓展新业务，实现有质有量发展，实现对地方的有力支持。三是提升合规意识，强调合规是立行之本。不讲规矩的发展，就会偏离方向；不合规的发展，是无效的发展。全面提升合规意识，将合规作为经营发展的高压线，对违规行为“零容忍”。四是优质服务意识，强调服务是兴行之要。对外“以客户为中心”，为客户提供最有效、最满意的服务；对内“以员工为本”，围绕市场服务客户、上级行服务下级行、中后台服务前台，增强员工的归属感、责任感和幸福感。五是勇于担当意识，强调担当是动力之源。克服危机意识不足、责任感不强问题，改变不踏实、先观望、歇歇脚不良倾向，不要等靠、不找借口、不留余地、不遗余力，坚守底线目标不动摇，为推进转型发展和服务地方创造有利条件、营造良好环境。

四、四大方向，确保转型发展顺应市场

建行山西省分行紧紧围绕山西经济转型“六大发展”，结合总行的五个转型方向，“十三五”期间将重点推进“大资产、大负债、大同业、大数据”四个转型方向。一是大资产业务。要求全行树立投行化思维，推动资产结构向信贷、投资、资产管理并重，表内表外并重转变，实现从重视存款向重视大资产大负债、从重资产向轻资产、从资产持有型向资产交易型、从融资向融资与融智相结合转变。二是大负债业务。进一步加强和完善对客户全量资金的统筹营销和管理，通过多渠道的资金结算以及客户资产管理的有效组合和配置，为客户创造最大收益。三是大同业业务。重新审视大同业核心客户，定位目标客户；充分了解客户资源和需求，通过搭建平台，增加同业客户黏性；加强上下、内外联动，发掘、推广、借鉴经验；加强学习研究，抓好培训指导，理解、熟悉总行政策和产品、业务知识，全面提高业务能力，将大同业业务打造成为“新兴特色业务之一”及业务转型的重要着力点和支撑点。四是大数据应用。利用大数据深挖潜力，全面提升综合竞争能力；借助大数据技术提升，使优质服务更高效地直达客户，更准确地响应客户需求；充分结合客户需求，将大数据技术运用和“互联网＋”新商业模式有机结合起来，在新一轮竞争和服务地方发展中赢得主动。

五、两项差别化，引领转型发展争先进位

不搞“一刀切”，不喊“齐步走”，加快推进统一管理模式向统一性与差别化管理相结合，这是建行山西省分行转型发展差别化策略的基础。一是区域差别化。发挥山西省会太原在全省经济发展中的龙头作用，将全国系统重点城市行太原地区行作为区域差别化转型的突破口，制定印发了三年行动方案，稳妥推进太原地区行机构调整。同时，结合地方经济发展水平，将其余十个市分行划分为保优发展、争先发展和跨越发展三大类，对存款、中间业务和利润等主要业务指标提出差别化管理目标。保优发展即保持同业第一，逐步扩大领先优势；争先发展即保二争一，市场份额实现稳步提升；跨越发展即摆脱同业末位，大幅缩小同业差距。二是业务差别化。一方面，夯实县域业务转型之基。根据县域经济快速发展和客群特点，紧跟新型城镇化、新农村建设、财税及社保体制改革，以信贷资源倾斜撬动重点县域机构业务和代工业务，挖掘存款、理财产品在县域的销售潜力，将县域业务打造为业务转型新的增长点。另一方面，突破重点业务领域之点。结合区域经济特点，选取亟须突破的10项重点业务及领域，加大政策倾斜力度，给予财务资源、信贷规模、价格优惠等多方支持，联动协作、有效突破、以点扩面，推动业务转型有效拓展，高效服务山西综改转型。

六、七项支持，保障转型发展扎实推进

转型发展的落地，不仅仅是业务条线转型，更需要强有力的后方支撑保障。建行山西省分行提出七项支持保障举措，将转型发展做成一盘棋，凝聚意志，共同推进，保证转型发展在“十三五”期间顺利实现。一是以增强创新能力为核心。对于处于转型发展关键时期的建行山西省分行，抓创新就是抓发展，谋创新是谋未来。创新工作主要体现在“创业、创新、创优”，创业贵在实、创新敢为先、创优不拒微。二是提升风险管控能力。以巩固资产质量稳定态势、降低信贷风险成本为核心，着力构建精细化、集约化、科学化和前瞻性的风险管理机制，确保实现“优于系统平均水平，保持同业最佳”的资产质量管控目标。三是加快渠道运营建设。深入开展网点“三综合”建设，实施物理渠道分类管理，推进线上线下融合，将网点打造成产品展示、客户体验和客户交流平台，以智慧型银行标准打造集约化运营体系，优质服务于地方转型与发展。四是深化管理体制机制改革。适应新常态，抓住新机遇，实现新发展。解放思想，大胆创新，破除制约转型发展的各种束缚和障碍，以转型发展增强活力，以转型发展获取新的红利，推动稳健经营、科学管理和转型发展。五是强化信息技术支撑和大数据运用能力。技术引领业务，数据提升效益。持续增强信息技术服务水平，全面提高大数据分析应用能力。六是培育高素质人才队伍。加强员工队伍建设，激发员工工作热情，注重树立基层导向，挖掘多层次人力资源潜力，充分调动每位员工的积极性和创造性，加大业务培训力度，提升业务能力和素质，为转型发展提供人才支持和保障。七是打造优秀企业文化。以“一个中心、三个服务”为核心，转换管理理念，转变管理方式，使企业文化内化于心、外化于行、固化于制、深化于久，实现标本兼备、有质量可持续发展。

“十三五”是全国实现两个百年目标的关键时期，是山西实现全面建成小康社会目标的决战时期。建行山西省分行将坚定不移地以转型发展为动力，全面积极地融入地方发展，努力作为、造福乡梓，为山西经济建设添砖加瓦、再立新功！

全面打造现代化新型能源集团

西山煤电集团公司

西山煤电集团公司在历经60年发展、圆满收官“十二五”，全面开启“十三五”的历史节点上，李克强总理于2016年1月5日亲临西山，深入井下视察调研，了解安全生产，问诊经营管理，点赞“煤亮子”，对煤炭企业脱困转型发展提出明确意见，为西山制定“十三五”发展规划、推进各项事业，注入了强大动力，指明了前进方向。

西山煤电集团党政全面贯彻落实十八届三中、四中、五中、六中全会精神，深度对接全省和行业发展规划，紧密围绕山西焦煤“11236”发展战略，秉持“为企业谋长远、为职工谋福祉”办企理念，突出“保生存、谋发展”主题，研究确立了“十三五”时期，以改革创新为驱动，以精益管理为手段，以企业文化为引领，以作风建设为保障，优化顶层设计，推动主辅分离，实施转岗分流，推进兼并重组，加快信息化建设与转型发展步伐，全面打造安全、产业、管理、改革、创新、民生持续进步的现代化新型能源集团。

一、发展愿景及主要目标

（一）安全进步，根基更牢靠。“隐患就是事故”的理念入心入脑。“三基”管理持续性推进，螺旋式上升。全方位补强短板，全时空有效管控，全过程安全可靠，经得起突查突访。根本消除十五类重大隐患，全面实现“六〇”目标。

（二）产业进步，结构更合理。煤炭、电力、焦化等主力产业精干高效，期末煤炭产能7070万吨，原煤产量5558万吨，精煤产量1965万吨；电力装机462万千瓦，发电161亿千瓦时；焦炭产能850万吨，产量720万吨。机修、建筑、贸易、多经等产业创新发展，基本实现自立自强。新兴产业快速发展，创造更多就业岗位。循环经济关键缺项“填平补齐”，协同互补效应明显。转型发展取得显著成效。

（三）管理进步，运行更高效。实现精益管理，潜能充分发挥，融资渠道畅通，资金保障有力，风险有效管控，盈利能力增强，期末销售收入达到760亿元，其中，煤炭150亿元、电力35亿元、焦化78亿元、其他497亿元。

（四）改革进步，机制更灵活。打破体制机制瓶颈制约，集团、矿厂功能定位准确，“三项”制度改革取得突破进展，资源要素配置优化合理，转岗分流工作稳妥有序推进，原煤全员效率持续提高，实现翻番。

（五）创新进步，发展更稳健。创新驱动战略有效实施，企业发展从要素驱动向创新驱动转变。建成“众创中心”并高效运作，自主创新环境充满活力。新技术、新工艺、新装备广泛应用，取得国家级科技攻关奖项1～2个、省部级40个，科技支撑作用明显增强，科技贡献率不断提升。

（六）民生进步，职工更幸福。工资收入与企业效益同步提升，物业服务优质高效，就医条件日益改善，生态环境更趋良好，职工权益有效维护，幸福指数切实提高。

二、全力推进七项重点工作

（一）安全发展强基固本。牢固树立“红线”意识，深入推进依法治安，逐级落实安全责任，严格考核问责，始终保持高压态势。坚持以更加细化和明确的目标引领、评价安全工作，倒逼管理提升。突出“三基”工作的抓手作用，瞄准“基层管理精细化，基础管理标准化，基本功建设常态化”目标，量化细化长期推进、分步实施措施，形成梯次衔接、台阶提升格局，积小胜为大胜，促进安全工作实现根本好转。严格落实“党政同责、一岗双责、失职追责”“三必管”“五落实、五到位”要求，完善安全责任体系，理清责任链条，拧紧责任螺丝，提高履责效能。狠抓安全生产执行力建设，逐级落实安全生产若干“必须”和“红线”规定。安全目标逐年阶梯提升，高起点定位，高标准追求，螺旋式上升。细化安全综合评价考核机制，全面体现质量标准化水平、重大隐患及“三违”数量、职工队伍整体素质等具体内容，稳步提升安全管理水平。

（二）经营管控提质增效。牢固树立“利小亦为”思想，持续深化立标对标，全面剖析，刮骨疗毒，坚决减亏止亏。打出“组合拳”，全面挖潜堵漏，节支降耗。摸清“家底”库存，建立共储共享机制，最大限度盘活闲置资源。深化融资结构优化工程，保障资金安全；深入研究资本市场，利用上市公司平台，启动再融资工作。健全完善政策、决策、贸易、资金、法律风险管控体系，明晰岗位权力和责任清单，照单监管，失职追责。坚持内涵发展，千方百计查漏补缺、降本增效，深入抓整改，着力补短板，从严从紧管控成本。全面推进核心业务管理流程优化再造，确保各项工作于法周延、于事简便，有痕迹，可追溯。深化内部市场化管理，引入市场竞争机制，推动产品与服务市场化运作，变“发工资”为“挣工资”。以“有利可图、扩大占有”为原则，充分发挥选煤厂、站台等闲置富余能力，积极开展加工代洗和外采配洗业务，拓展增效空间。

（三）结构调整转型升级。牢固树立树立“创新、协调、绿色、开放、共享”的发展理念，坚持以煤为主、多元发展，重点抓好两大项目：一是借助西山的区位优势、政策优势、文化优势，推动建设国家级矿山地质公园，带动后续一大批旅游和体验项目，改善生态环境，吸纳富余人员；二是依托煤电资源充足，古交电厂旁边闲置地块现成，要素成本低廉，特别是电力接入便捷、电价便宜的优势，筹划建设高耗能的数据中心，吸引客户入住，挖掘数据应用价值，开展区域医疗、智慧城市、互联网金融等业务。同时实施主辅分离，实现主业精干高效，辅业放开搞活；富余人员转岗分流，稳妥安置。循环经济园区关键缺项“填平补齐”，促进煤电联营和煤电一体化长足发展，协同互补效应显著提升。适应需求结构变化，推动产品差异化发展，增加有效供给，以小博大，守正出奇。主力产业高效发展，其他产业创新发展，新兴产业加快发展，循环经济协同发展，做实项目支撑，加快转型升级，努力培育新的经济增长点，着力提高发展质量和水平。

（四）创新驱动激发活力。明确树立“创新是引领发展第一动力”的思想，加快推进创新驱动发展战略，全面落实制度、管理、技术改革创新各项举措，激发动力活力。坚持集团上下“一盘棋”和效益最大化原则，优化组织机构，创新管控模式。按照“法无禁止皆可为”的原则，全面推进三项制度改革，全面推行承包经营，稳妥实施转岗分流，扎实推进辅业改革，深入推进“双创”工作，积极推进技术创新，以改革创新为主线，下放管理权限，改革体制机制，打破瓶颈制约，激发潜能，释放活力，提升核心竞争力，努力营造公平竞争发展环境，让一切创造财富的源泉充分涌流。

（五）民生改善共建共享。把“为企业谋长远，为职工谋福祉”作为一切工作的出发点，全面提升发展的质感和幸福的温度。千方百计维护职工权益，确立“培训是更大福利”理念，推行终身职业技能培训制度，不断提升职工素质。更加关注困难时期弱势群体、低收入群体，开展精准帮扶。全面加强信访稳定工作，回应支持合理诉求，有效控制缠访闹访。搭建平台，努力营造“唯才是举，人尽其才”的人才成长环境。健全完善企务公开等民主管理制度，充分保障职工参与权和知情权，最大程度集众智、聚合力、破难题。务实推进宜居工程建设，更加关注职工身体健康，使一切改革创新的红利最大限度惠及职工。“十三五”期间，将通过吸引社会资金参与，积极推进矿区环境绿化工作。规划期内，预计投资5亿元，新增居民区、生产区和办公区绿地面积50万平方米，增加公共绿地面积16.75万平方米、矸石山绿化治理341公顷，行道树和散生树木共栽植6900株。至“十三五”期末，实现矿区绿地率从2015年的20%提高至2020年底的25%，逐步接近太原市绿地率30%的平均水平；绿化覆盖率达30%以上；人均公共绿地面积达6.8平方米以上，逐步达到太原市人均公共绿地面积11平方米的平均水平；矿区矸石山植被覆盖率达100%；周边荒山森林覆盖率提高8%以上，实现整个西山矿区生态系统的良性循环。

（六）文化引领凝心聚力。着眼于提升软实力，启动铸魂工程，传承“敬天爱人、天人合一”优秀文化基因，建设具有国际视野、时代特色和西山特质的企业文化。围绕发展主题、行动方向和愿景规划，通过理念更新、实践融入、宣传跟进等方式，着力培育企业核心价值。继续强化企业品牌宣传和塑造，着力培育诚信、合作、开放的企业文化，“以煤会友”“以文聚合”，助力招商引资、合作共赢。强化“焦煤一家亲”“上下一盘棋”思想，坚持开放融合建设思想，通过一系列行之有效的方式方法和群众喜闻乐见的载体平台，让职工熟悉、领悟、认同、遵从、内化企业文化理念，增加认同感，提高执行力。引导干部职工发扬“煤亮子”特别能吃苦、特别能战斗、特别能奉献的精神和“团结、求实、奉献、进取”的企业精神，面对危机不气馁、深挖潜力练内功、凝心聚力渡难关，与企业同呼吸、共命运，岗位做贡献，创业竞风流。积极开展全民健身、全民阅读等活动，引导干部职工培育健康情趣，摒弃不良习惯，争当心系企业的开拓者、健康生活的倡导者、遵章守纪的实践者、文明创建的受益者。

（七）转变作风干事创业。牢牢抓住领导干部这个关键少数，从严监管，正风肃纪，重点解决不作为和乱作为问题。持之以恒落实中央八项规定精神，挺纪在前，常态问责，全方位强化纪律约束，真正让制度生威、铁规发力，切实做到执纪如山、寸步不让。大力发扬“马上就办、真抓实干”精神，殚思极虑、激情工作，坚决打赢保生存、谋发展攻坚战。深化“四好班子”创建，讲大局、重沟通、敢担当，着力提高各级班子的整体合力。坚持“德才兼备、以德为先”的用人导向，重用忠诚、干净、担当的干部，保护敢抓、敢干、敢管的干部，打造作风过硬、务实高效的干部队伍。深入开展干部作风、会风整顿，坚决杜绝“八种行为”，防止“四风”反弹回潮。严格执行“一案三查”，凡是被上级纪委和检察机关查实的案件，要倒查责任，严厉问责。建立逐级考核问责机制，形成“发现一个问题、反思一个方面、拿出一套措施、重建一种秩序”的循环提升效应，解决工作力度层层递减问题，形成实实在在的工作支撑。

解放思想　改革创新
开创汾酒事业可持续发展新时代

山西杏花村汾酒集团公司董事长　李秋喜

创新始终是民族不断进步、国家不断兴旺、企业不断发展的动力源泉。抓创新就是抓发展，谋创新就是谋未来。如果传统的发展是在做加法，那么创新发展就是在做乘法。站在汾酒历史的角度看，正是拥有像杨德龄、秦斌和常贵明等先贤们在行业内敢为人先、敢吃螃蟹的创新实践才成就了汾酒历史不同时期的辉煌。展望未来，我们发展的时与势、风与险将我们推到创新发展的风口。只有创新才是一切发展动力的源泉，只有创新才能推动发展，达到既定目标。汾酒未来的发展动力可以概括为："以思想解放为统领，全面推进六个创新"。

一、进一步解放思想

源自上古的文化，千载传承的品牌，无数前人的智慧，历代汾酒人的不懈努力，造就了今天我们享有的汾酒基业。但面对着经济新常态下行业深度调整的态势，行业内愈加白热化的竞争格局，你争我抢岌岌可危的行业地位，汾酒在"十三五"期间，必须要以一种二次创业的心态去面对未来的发展。李克强总理号召全国进行"大众创业、万众创新"，但创业似乎离我们很远。创业是什么？我们大多数人都毫无体会，今天我要明确地告诉大家：创业就是有进无退，创业就是一往无前，创业犹如过河之卒，创业好比离弦之箭。

山西作为内陆省份，杏花村又地处农村，传统的思维模式长期阻碍发展。有了成绩就不思进取，有了困难就裹足不前，瞻前顾后，小富即安的思想很有市场。但在目前的互联网、大数据时代，时空的限制一再被打破，即使身在杏花村，我们依然可以联通全世界，地域的限制再也不能成为我们思维守旧、故步自封的理由。尽管"十二五"期间我们形成的"中国酒魂信仰"体系，让汾酒人的观念发生了深刻的变革，但与时代的发展需要相比，与行业的竞争态势相较，仍然存在着不小的差距。思想引导行为，行为形成习惯，习惯影响文化，再次变革思想是整个企业焕发活力、增强动力的源泉，只有大家的认识提高了，意识统一了，行为协同了，才能让企业发展事半功倍。所以，在汾酒二次创业的过程中，进一步解放思想、破除束缚是首要前提。"十三五"期间必须在"中国酒魂信仰"理论体系的建设上花大工夫，下大力气，形成一套比较完善的企业文化理论，推动企业整体的转型升级，为企业的全面创新培育扎实的思想土壤。

二、体制机制创新

体制机制创新就是我们所说的国企改革。经过了白酒行业"黄金十年"和正在经历的深度调整，汾酒所拥有的发展条件和比较优势也发生了深刻的变化。新一轮的国企改革为我们提供了良好的外部机遇，必须加快实现从要素驱动向创新驱动的转变。就在刚刚过去的2015年，得益于行业调整的顺向推动，已成为了更多企业改革中极为重要的一个节点，继老白干酒混改方案的推进和沱牌舍得大股东股权挂牌取得实质性进展后，之前早有准备的五粮液和茅台等企业也不再局限于"小打小闹"，而是开启了一轮新的国企改革大潮。其他兄弟企业改革的快速推进，已经把我们逼到了没有退路的地步，对汾酒集团而言，体制机制的创新已经刻不容缓。未来五年中，我们要通过抓住行业调整带来的机遇，稳步推进现有二三级分、子公司混合所有制改造、努力争取集团公司改组为国有资本投资公司试点、推动主业整体上市、实行核心员工持股和管理层股权激励等方法来解决企业新动力增长不足和旧动力减弱的结构性矛盾。按照市场经济规律和现代企业制度的要求，妥善处理好汾酒集团不同利益主体之间的一致性和差别性，激发不同利益主体的积极性，从而完善动力机制，为实现规划目标提供强大动力。我们一定要牢记不改革要落后，改革慢了也要落后。

三、管理手段创新

长期以来，汾酒的发展不仅受到体制机制的束缚，也受制于管理手段的落后。战略决策缺乏数据支撑，成本控制缺少计量依据，流程繁琐造成效率低下。这些长期受到诟病的弊端，不能只靠人来解决，一定要靠系统来解决。管理实现信息化将是汾酒在“十三五”期间乃至更长时间的重中之重。目前,云计算、大数据、物联网、移动互联网等新兴信息技术引领着时代的发展。环顾我们四周,无论是我们的竞争对手,还是我们的供应商,甚至我们的经销商都在使用信息技术来提升运营效率,汾酒不能也不可能置身事外。今年,汾酒要与全球一流的企业管理软件提供商合作开展ERP项目,这将大幅提升我们的信息化水平,彻底打通部门壁垒,解决信息孤岛问题,从而提升供应链管理,实现管理流程优化,提供有效决策依据。随着管理信息化水平的不断增强,整个管理过程将更加公开化、透明化、平台化、智能化,必将大幅降低人力资源损耗,全面提高运营效率。

四、文化传播创新

如果说汾酒只有一项优势,那么就是文化。汾酒是中国酒魂,那么文化就是汾酒之魂。文化既是汾酒的核心竞争力,也是汾酒搏击市场的利器。“十二五”期间我们依靠文化发力奋起,通过文化借势造势,凭借文化实现突破。“十三五”期间,我们要依托省政府对文化产业的政策支持,深耕细挖,打好文化这张牌。我认为,之前我们更多的是利用事件、新闻、会议等进行高空宣传,但要适应目前的形势,文化营销不仅要高举高打,更要注重如何贴近消费者。文化要讲大家听得懂的话,更加接地气的话。文化决不能只是高大上的阳春白雪,或者典章文物中的奇闻逸事,一定要载体化,具象化。我认为要开动脑筋、拓宽眼界、打破常规的去思考文化传播方式,比如从饮用方式、酒器具的选用、饮食的搭配、饮用场合、季节温度的影响、如何行酒令等多方面进行酒文化的渗透,真正把文化带到餐桌上、家庭里、聚会中,人民群众喜闻乐见的文化才能有效推动消费。

五、营销渠道创新

刚才在行业环境分析中,我提到了未来渠道上的变化,厂家的话语权正在逐步向经销商和终端转移,厂家绝不会坐以待毙,渠道创新将为厂家开辟救赎之路。所以在“十三五”期间,汾酒要想在营销上实现突破,必须要在渠道创新上下功夫。首先,要构建新型的厂商关系,通过向下游投资、出让股权、联合成立营销公司、区域自治等多种方式,让更加专业的团队介入到汾酒的营销体系中,借助他们的力量拓展更多渠道;其次,要尝试运营电子商务构建直销平台,运用众筹、个性化定制等方式,开拓线上渠道,一方面与消费者形成良性互动,另一方面也可获取第一手数据资源,为产品的开发和营销提供数据支撑;再次,要探索跨界营销,比如婚庆用酒可与婚庆公司、婚纱摄影公司进行渠道联合,可与培训机构进行渠道联合推广聚会用酒,还可探索利用酒为媒介构建新型社群,拓展汾酒消费核心圈。营销决不能只看到现有渠道,渠道创新将呈现给我们的是一片待开垦的营销处女地,也只有渠道创新才能打出一片属于汾酒自己开创的营销蓝海。

六、科技研发创新

“十三五”时期,将是汾酒奠定质量规模效益型发展,并逐步迈进到质量规模效益科技型发展阶段的关键五年。所以,我们要进一步强化科技研发的基础性、引领性,支撑性和前瞻性。首先,对科技创新要有全新的认识,从目前公司的实际看,科技创新既是汾酒回归白酒本身属性的迫切需要,也是汾酒产业转型升级的迫切需要,更是汾酒实现可持续发展的迫切需要。第二,要秉持工匠精神,做好酒体升级,加大新酒体的研发力度,从消费者体验出发,增强产品的舒适度、满意度,促进产品迭代,提高产品的科技含量。第三,要继续强化基础项目研究,以共建国家重点实验室和省级重点实验室为手段,积极与各个科研院所和高等院校展开学术合作,参与行业重大科研项目的研究,以提高产品质量、丰富产品品种、增加经济效益。第四,要利用技术创新来指导和服务生产,要加快白酒生产设备机械化,数控化的研究,攻关白酒生产的核心技术,提高生产质量,通过对计量、大数据的分析应用,促进生产过程的节能降耗和提质增效,另外要继续加大发明专利、实用新型专利注册的支持力度。

七、人力资源创新

带好汾酒这支队伍不仅是本届班子的三大任务之一,也是汾酒不断前进发展中的永恒主题,一切的规划、战略都要人去落实,所有的文化、理念都由人去体现。很多单位、部门在谈到所面临的问题时,都指向了人才缺乏。万余名员工的企业,在遇到问题时却凸显了有人无才或人多才少。虽然我们在过去的几年中,通过培养、引进,提拔、使用,重点打造管理、营销、科技三支队伍,人才队伍建设有了很大的改观,但与“十三五”规划的落实相比,同汾酒未来的发展相较,人才依然是我们的短板。所以在未来的几年中,我们要在人才队伍建设上进行创新,不拘一格地进行人才的选、用、育、留。随着体制机制改革的深入,我们在人才的引入、薪酬激励等方面将有更大的操作空间,同时在人力资源的管理方式上也将更为灵活。比如股份公司设立的科技开发公司就开创了汾酒创客的先河,既给科技人员提供了一个施展才华的平台,也给公司的科技研发注入了新的活力。又如这次企业管理研修班的培养模式,不仅在专业的培训机构和高校进行培训,也到其他企业中交流锻炼,也为人才培训工作打开了新局面。今后,人力资源部门和党政工团等单位要密切配合,多搭建人才展示自我的平台,使人才脱颖而出,通过培养使用,让有能力有意愿的“人才”真正成为在企业发展中担当大任的“人财”。要充分发挥每个人的积极性，不仅要让人才学以致用、才配其位，更要能劳有所获，这是一个优秀企业必须坚持的导向。孔子说过：十室之邑必有忠信。只要能破除思想上的束缚，秉持五湖四海、赛马不相马的用人原则，就能让万名汾酒员工能够在新的舞台上展示自我。

展望未来五年，时与势的遇合，让机遇在时间与空间的交汇点上进入汾酒发展的视野。这是一个关键的时间节点，到2020年我们要实现两个200亿和两个翻番的宏伟目标，这是我们向广大汾酒职工和汾酒历史做出的庄严承诺。5年在整个历史进程中并不算长，从“中国酒魂信仰”理论体系建立到提前实现百亿，正是来自汾酒历史的长期发力、蓄力、长力，让汾酒“十三五”发展动力充沛、潜力巨大。我们到了一鼓作气向目标冲刺的历史时刻。

对于今天的汾酒，这是一个空前广阔的时代，整个世界正在我们面前展现；这是一个空前激荡的时代，国际国内风云际会，孕育无数机遇与挑战；这是一个空前厚重的时代，结构调整、技术创新和制度变迁叠加起改变汾酒历史的力量。

潮起两岸阔，风劲一帆悬。让我们满怀信心、携手并进，在省委、省政府的坚强领导和亲切关怀下，以更加饱满的工作热情，更加开放的战略视野和更加务实的发展举措，努力开创汾酒集团改革发展新局面，为我省经济社会发展做出新的更大的贡献！

努力开创“十三五”交管工作新局面

阳泉市交通警察支队队长　**张明川**

2016年是实施“十三五”规划的第一年。全市经济社会的发展蓝图已经绘就，目标任务已经明确。面对新的形势和任务，我们要紧紧围绕市委、市政府工作重心，按照省公安厅交管局工作部署和阳泉市公安局“44672”工作要点，全面落实“围绕一个中心，紧盯两个重点；实现三个突破，提升六项工作，争创一流业绩”的“12361”的工作部署。具体地说就是：围绕“为民服务”这一中心，紧盯“队伍规范”和“安全畅通”两个重点；实现“基层党建工作”有突破、“农村交通管理”有突破、“创新服务民生”有突破，提升秩序、事故、车管、宣教、科技、法制六项工作，争创一流业绩。努力在以下七个方面取得新进展：

一、“抓班子、带队伍”，在队伍建设方面有新进展

一是加强基层党建工作。要牢固树立“抓党建是最大政绩”的理念，以落实全面从严治党新要求为主线，全面落实市局党委关于加强公安机关党建工作的要求，“抓党建、强班子、建队伍、促工作、谋发展”，突出抓好“三严三实”“秉公执法人民公安为人民”等专题教育活动和“两学一做”活动，进一步健全完善支队党总支和党支部建设的各项制度，真正形成总支、支部书记负总责，总支、支部委员具体抓，全体党员民警共同参与的良好党建工作机制，努力把支队党建工作提高到一个新的水平。二是抓好纪律作风建设。十八大以来，正风反腐、猛药去疴，营造了全面从严治党的新常态。事实证明，作风建设一刻也不能松懈，一松懈就要出问题。各级领导特别是“一把手”，一定要高度重视，切实落实“一岗双责”，进一步严明政治纪律、警务纪律，把违法违纪的苗头性问题消灭在萌芽之中。在这特殊的转型时期，不能让我们的同志掉队，甚至滑向犯罪的深渊，失去自由，失去人格，失去家庭。广大交警和协管员务必要认清形势，洁身自好，自觉警醒。三是加强素质能力建设。要加强执法能力训练，通过加强规范执法学习培训，使民警能有效应对执法环境的深刻变化。要加强安全防护能力训练，提高路面执法中的防护能力，确保民警能熟练运用防护设备。要加强科技信息化培训，提升民警对各类交管系统平台的使用水平，提高信息化应用能力。四是要坚持从优待警。要不断改善民警工作生活条件，完善民警执法权益保障措施，让我们的民警在工作中敢于执法、硬气执法，再不能让我们的民警“流血流汗又流泪”。特别是要根据改革进程，探索协勤队伍管理办法，积极争取上级支持，落实交通协管员等级管理、同工同酬的各项措施。五是认真落实公安改革措施。今年是全面深化公安改革的关键之年。这次公安改革涉及交警部门驾驶人培训考试制度、机动车号牌管理制度、机动车检验、摩托车检验挂牌、跨省异地处理交通违法、严格执行罚缴分离、公安机关与机动车检验机构及驾校等经济实体脱钩等七个方面，我们要不折不扣落实各项改革措施。

二、“重管理、防拥堵”，在秩序管理方面有新进展

一是加强勤务管理。要建立管辖面积、道路里程、交通流量与警力配置相适应的勤务机制，充分发挥基层中队管理街面、路面的主体作用，最大限度把警力投放一线，提高快速反应和快速处置的能力。二是继续推进畅通工程。协调市城建、规划部门优化路网结构，深挖道路资源，科学配时交通信号灯，完善标志标线设置，推动政府建立市区高层停车场，缓解停车难的问题，研究探索市区微循环通行，大力缓解交通拥堵。三是开展专项整治，集中整治酒驾、毒驾、假牌套牌、闯红灯、闯禁行、违法停车等严重交通违法行为。四是大力推进农村道路交通安全管理工作。要狠抓农村交通协管员和劝导站的到位率，狠抓农村交通安全宣传提示到位率，狠抓农村交通突击执法检查，全面构建有抓手、有机制、有保障的农村交通安全防控网。五是继续推进公路交通安全防控体系建设，强化缉查布控系统应用，提升警务实战化水平。六是加强部门协作，有效应对恶劣天气，提升干线公路交通应急处置能力，确保交通运输大通道的畅通。

三、“除隐患、保安全”，在事故预防方面有新进展

一是积极争取党委政府支持，进一步健全道路交通安全领导小组工作机制，会同相关部门定期研究交通安全工作，加强考核检查，推动交通安全主体责任和监督责任的落实。二是持续不断开展隐患排查整治，梳理近年来隐患路段治理情况，督促政府及相关部门尽快完成整改。对新发现的道路隐患要建立台账，挂牌督办，落实责任，限时整改。三是强化源头监管，筑牢预防事故的第一道防线。要加强五类重点车辆检验和报废监管，严格重点驾驶人审验、降级、安全教育制度，严把车辆检验和驾驶人考试关。四是加大重点交通违法行为查处力度，加强交通肇事逃逸案件侦破力度，力争发一破一。五是进一步推进快处快赔机制建设，总结成功经验，分析存在问题，研究解决办法，充分发挥快处快赔缓解交通拥堵的作用。六是加强事故调解工作，公正、公开、公平调处事故，化解矛盾，维护稳定。

四、“提素质、抓规范”，在执法规范化建设方面有新进展

一是转变执法理念。学会运用法治思维开展交通管理工作，自觉把依法办事贯穿于日常执法的全过程。二是规范执法活动。要推进执法公开化，完善执法告知、案件回访和交通违法短信提醒等制度。加强基层法制员队伍建设，充分发挥好法制员的审核、监督、考核作用，提升案件办理规范化水平。三是严格执法监督。要进一步规范网上办案，强化日常监管，加大明察暗访力度，公开办事流程，注重舆情投诉，将各项业务办理和执法活动置于群众的监督之下。

五、“重宣传、拓渠道”，在交安宣传方面有新进展

一是注重宣传的针对性和时效性。配合不同时期的公安交管重点工作，借助部门合力、媒体优势提升策划水平，找准报道亮点。要采取灵活多样的形式，进行更具有时尚性的交通安全宣传，更好的寓教于乐，使交通安全主题宣传为人民群众所喜闻乐见。二是进一步发挥传统宣传优势。在进一步巩固交通广播、《小刘说道》《五进》等宣传“品牌”的基础上，不断拓宽交通安全宣传渠道，大力推广应用“互联网＋交通安全宣传”新模式，利用好“两微一信”平台和电视广播、官方网站等推送渠道，积极回应群众关心的热点问题，发布交通管理服务告知类信息、预警类信息和提示类信息，大力宣传交通安全法律法规，普及交通安全知识，扩大交通安全宣传的社会覆盖面和影响力。三是积极架设警民沟通桥梁。要正面报道民警工作情况和辛苦付出，展现公安过硬作风和良好风貌。四是要密切关注个别人利用互联网等媒体炒作交警热点问题，对于恶意攻击交警、交管工作，造谣生事、制造事端的情况，一经发现，要严肃查处。

六、“抓基础、促发展”，在基础建设和科技信息化工作方面有新进展

一是强化科技意识，切实把信息化建设作为科技强警工作“一把手工程”来抓，认真抓好设备建设、人员培训、科技运用，逐步把科技强警的各项工作措施落到实处，不断提高信息化在各项交通管理业务中的应用。二是提高应用水平，充分利用现有的各类交管平台、系统及现代科技装备，为警务实战化提供保障。三是加强指挥中心建设，探索统一调度指挥、实战应用高效、应急处置及时的工作机制。四是提请政府立项建设车管所和驾驶员考试中心。

七、“抓管理、谋服务”，在服务群众提升满意度方面有新进展

一要进一步创新管理服务模式，规范窗口单位服务，健全服务标准，推行群众评价机制，全面落实报警求助首接责任制、群众办事一次告知制、窗口单位弹性工作制。二要稳步推进公安交管改革的“规定动作”，落实驾驶人考试改革，实现驾驶人互联网自主预约考试、异地考试。努力提升公共便民服务能力，要规范流程、简化手续，深化车管所“一站式”综合服务、延时服务、预约服务、上门服务和限时服务机制，加快推进互联网综合服务管理平台，打造“指尖上”和“家门口”的车管所。三是强化媒体服务功能，依托互联网综合应用平台等媒介，短信告知交通违法行为，提醒年检换证，真正做到让数据多跑路、群众少跑腿。

山西经济年鉴

YEAR BOOK OF SHANXI ECONOMY

2015NIAN GUOMIN JING JI TONG JIZILIAO

2015年国民经济统计资料

24

2015年国民经济统计资料

行政区划(2015年)

市名	城市			市辖区	县	镇	乡
	合计	地级市	县级市				
	22	11	11	23	85	564	632
太原市	小店区　迎泽区　杏花岭区　尖草坪区　万柏林区　晋源区　清徐县　阳曲县　娄烦县　古交市						
大同市	城　区　矿　区　南郊区　新荣区　阳高县　天镇县　广灵县　灵丘县　浑源县　左云县　大同县						
阳泉市	城　区　矿　区　郊　区　平定县　盂　县						
长治市	城　区　郊　区　长治县　襄垣县　屯留县　平顺县　黎城县　壶关县　长子县　武乡县　沁　县　沁源县　潞城市						
晋城市	城　区　沁水县　阳城县　陵川县　泽州县　高平市						
朔州市	朔城区　平鲁区　山阴县　应　县　右玉县　怀仁县						
晋中市	榆次区　榆社县　左权县　和顺县　昔阳县　寿阳县　太谷县　祁　县　平遥县　灵石县　介休市						
运城市	盐湖区　临猗县　万荣县　闻喜县　稷山县　新绛县　绛　县　垣曲县　夏　县　平陆县　芮城县　永济市　河津市						
忻州市	忻府区　定襄县　五台县　代　县　繁峙县　宁武县　静乐县　神池县　五寨县　岢岚县　河曲县　保德县　偏关县　原平市						
临汾市	尧都区　曲沃县　翼城县　襄汾县　洪洞县　古　县　安泽县　浮山县　吉　县　乡宁县　大宁县　隰　县　永和县　蒲　县　汾西县　侯马市　霍州市						
吕梁市	离石区　文水县　交城县　兴　县　临　县　柳林县　石楼县　岚　县　方山县　中阳县　交口县　孝义市　汾阳市						

国民经济主要指标

指　　标	单 位	1978 年	1980 年	1985 年	1990 年	1995 年	2000 年	2005 年	2010 年	2015 年
一、年末总人口	万人	2424	2476	2673.5	2899	3077	3247.8	3355.2	3574.1	3664.1
二、全社会从业人员	万人	965	1003	1154.1	1304	1424.5	1392.4	1500.2	1685.9	1872.8
职工人数	万人	268	299	377.1	438.7	463.5	370.2	352.1	384.5	421.9
三、地区生产总值	亿元	88.0	108.8	219.0	429.3	1076.0	1845.7	4230.5	9200.9	12766.5
四、农业生产										
1. 农林牧渔业总产值	亿元	29.0	38.2	62.9	124.8	299.7	322.4	483.8	1047.8	1522.6
2. 主要农产品产量										
粮　食	万吨	707.0	685.7	822.7	969	917.1	853.4	978.0	1085.1	1259.6
棉　花	万吨	6.94	7.8	7.3	11.2	9.1	4.5	10.3	6.9	1.4
油　料	万吨	4.23	13.4	44.4	39.4	22.3	44.8	21.3	17.6	15.3
猪牛羊肉	万吨	18.23	17.3	20.9	29.3	56.1	59.2	81.0	63.6	73.0
3. 大牲畜年末数	万头	223.64	224	260.4	293.2	358.6	309.3	312.7	127.6	122.0
猪年末数	万头	578.5	531.2	372.1	363.1	561	519.5	626.1	474.8	485.9
羊年末数	万只	872.04	909.9	414.3	709.6	915	1058.4	1196.4	734.7	1001.5
五、工业生产										
1. 工业增加值	亿元							1756.7	4591.5	3965.0
轻工业	亿元							107.1	224.9	335.4
重工业	亿元							1649.6	4366.6	3629.6
2. 主要工业产品产量										
原　煤	万吨	9825	12103	21418	28597	34731	25152	55426	74096	96680
发电量	亿千瓦小时	106.63	120.2	184.6	314.2	506	624.7	1316.5	2150.6	2457.5
钢	万吨	119.99	149.4	183.7	238.6	339.8	472.7	1654.7	3048.8	3847.0
成品钢材	万吨	74.04	86.4	110.8	128.8	217.1	392.6	1368.6	2866.4	4267.3
水　泥	万吨	255.87	287.9	458.7	612.5	1169.9	1434.0	2310.7	3670.3	3786.1
金属切削机床	台	3131	1706	1288	1678	688	832	1813	1822	109
布	万米	32756	38652	37555	42948	35593	33253	36256	7381	7720
机制纸及纸板	万吨	9.35	11.55	18.75	35.44	59.69	27.00	40.49	21.8	35.3
六、运输邮电										
1. 货物运输量	万吨	15620	18080	29181	50111	65962	86624	125367	124677	161772
铁　路	万吨	9166	11067	16110	23332	26095	28779	49067	63836	70509
2. 货物周转量	百万吨千米	18964	22538	36101	59493	71805	86808	136312	233242	343855
铁　路	百万吨千米	17848	20965	30869	47955	53638	59797	96970	136247	206373
3. 旅客发送量	万人	4498	5865	10564	15960	21337	31818	40209	39059	30676
铁　路	万人	2124	2523	3391	3226	3308	2953	3433	5746	7393

续表

指　　标	单 位	1978 年	1980 年	1985 年	1990 年	1995 年	2000 年	2005 年	2010 年	2015 年
4. 旅客周转量	百万人千米	3874	4979	9318	12604	17510	22458	32954	37157	37995
铁　路	百万人千米	2710	3564	6214	6681	8066	8336	10564	15582	21542
5. 邮电业务总量	亿元	1.1	1.2	1.6	2.5	13.8	75.9	280.6	260.0	511.0
七、固定资产投资										
全社会固定资产投资	亿元	21.5	28.2	91.7	123.4	295.6	625.2	1859.4	6352.6	14137.2
第一产业	亿元	0.2	1.8	1.1	5.2	7.6	12.0	50.1	281.3	1563.7
第二产业	亿元	13.2	16.2	55.5	75.6	140.2	289.6	1130.4	2628.1	5206.0
第三产业	亿元	8.1	10.2	35.1	42.6	147.7	323.6	678.9	3443.2	7367.5
八、商　　业										
社会消费品零售总额	亿元	32.38	42.7	89.4	158.0	376.0	722.7	1401.2	3318.2	6033.7
九、财　　政										
财政总收入	亿元	19.6	21.0	25.0	51.7	129.4	194.6	757.8	1810.2	
地方财政收入	亿元	19.6	21.0	25.0	51.7	72.2	114.5	368.3	969.7	1642.3
地方财政支出	亿元	21.1	19.6	35.5	54.9	112.9	225.1	668.8	1931.4	3423.0
十、物价指数(以 1950 年为 100)	%									
商品零售价格总指数	%	143.1	148.8	174.5	290.6	510.2	500.5	506.8	580.8	630.9
城镇居民消费价格总指数	%	141.3	150.6	181.1	301.4	595.6	690.0	718.8	832.6	945.6
十一、工　　资										
全部职工工资总额	亿元	16.7	21.9	41.0	90.7	215.5	256.1	548.1	1268.8	2241.5
全部职工平均工资	元	632	754	1122	2111	4721	6918	15645	33544	52960
国有单位职工工资总额	亿元	14.6	19.0	33.9	75.9	186.2	200.9	394.4	760.3	1064.9
国有单位职工平均工资	元	655	795	1200	2263	5094	7249	16027	33119	54953
十二、教育、文化										
高等学校在校学生数	人	20940	33104	41946	51309	67420	125674	407036	562924	740245
中等专业学校在校学生数	万人	2.9	4.6	5.1	8.7	10.7	19.7	20.2	20.7	14.0
普通中学在校学生数	万人	194.3	179.6	157.0	145.1	151.0	199.8	261.2	253.7	192.1
小学在校学生数	万人	377.4	384.2	335.2	297.4	327.0	343.6	350.3	291.1	227.0
报纸出版数量	万份	17869	17590	55174	54361	59254	58825	329713	206698	203549
杂志出版数量	万份	598	1905	7981	2815	3586	2657	5914	4000	2573
图书出版数量	万册	6422	9055	9991	12166	13919	10105	10081	13183	12439

国民经济主要比例关系

单位:%

指　　标	1978年	1980年	1985年	1990年	1995年	2000年	2005年	2010年	2015年
一、城乡人口比例									
城镇	19.2	20.3	24.2	28.9	30.1	35.9	42.1	48.1	55.0
乡村	80.8	79.7	75.9	71.1	69.9	64.1	57.9	51.9	45.0
二、国内生产总值中三次产业比例									
第一产业	20.7	19.0	19.3	18.8	15.7	10.8	7.7	6.0	6.1
第二产业	58.5	58.4	54.8	48.9	46.0	45.9	54.8	56.6	40.7
第三产业	20.8	22.6	25.9	32.3	38.3	43.2	37.5	37.3	53.2
三、工业增加值中轻重工业比例									
轻工业							6.1	4.9	8.5
重工业							93.9	95.1	91.5
四、农林牧渔业总产值内部比例									
农业产值	78.3	73.7	74.4	72.2	62.2	65.3	58.2	63.8	63.7
林业产值	7.0	8.4	7.4	4.9	5.9	4.4	3.4	6.2	6.4
牧业产值	14.6	17.8	18.1	22.6	31.5	29.7	30.7	23.9	23.6
渔业产值	0.1	0.1	0.1	0.3	0.4	0.6	0.6	0.6	0.7
农林牧渔服务业							7.1	5.4	5.7
五、全社会固定资产投资中三次产业的比例									
第一产业	0.8	6.2	1.2	4.2	2.6	1.9	2.7	4.4	11.1
第二产业	61.5	57.5	60.5	61.3	47.4	46.3	60.8	41.4	36.8
第三产业	37.8	36.3	38.3	34.5	50.0	51.8	36.5	54.2	52.1
六、文教卫生科学事业费占财政支出的比例		20.4	23.0	28.4	30.2	25.0	22.4	24.6	29.3

人口和自然资源

项目	2015年	项目	2015年
全省总户数 (万户)	1297.7	在岗职工 (万人)	421.9
全省总人口 (万人)	3664.1	城镇私营企业及个体 (万人)	272.3
城镇人口 (万人)	2016.4	土地面积 (万平方千米)	15.67
乡村人口 (万人)	1647.7	平原 (万平方千米)	3.12
人口出生率 (‰)	9.98	丘陵 (万平方千米)	6.96
人口死亡率 (‰)	5.56	山地 (万平方千米)	5.58
人口自然增长率 (‰)	4.42	森林覆盖率 (%)	18.03
人口密度 (人/平方千米)	234	水资源总量 (亿立方米)	111.26
社会从业人员 (万人)	1872.8	地下水资源量 (亿立方米)	96.9

注:本表水资源总量和地下水资源量为2014年数据。

地区生产总值及构成

(按当年价格计算)

年份	绝对数 (万元)				构成 (%)		
	总计	第一产业	第二产业	第三产业	第一产业	第二产业	第三产业
1952	159978	93831	27484	38663	58.6	17.2	24.1
1957	291594	115415	93994	82185	39.6	32.2	28.2
1962	324083	110666	121848	91569	34.2	37.6	28.3
1965	439158	127041	205199	106918	28.9	46.7	24.3
1970	576900	151931	302600	122369	26.3	52.5	21.2
1975	698101	208009	346700	143392	29.8	49.7	20.5
1978	879946	182040	514685	183221	20.7	58.5	20.8
1980	1087619	206348	635098	246173	19.0	58.4	22.6
1985	2189896	422629	1200573	566694	19.3	54.8	25.9
1990	4292736	808080	2100746	1383910	18.8	48.9	32.3
1991	4685100	687700	2362800	1634600	14.7	50.4	34.9
1992	5511200	829400	2702800	1979000	15.0	49.0	35.9
1993	6804100	972700	3350300	2481100	14.3	49.2	36.5
1994	8266600	1238400	3965700	3062500	15.0	48.0	37.0
1995	10760300	1686900	4944500	4128900	15.7	46.0	38.4
1996	12968122	2029822	6002100	4936200	15.7	46.3	38.1
1997	14852068	2010468	7075800	5765800	13.5	47.6	38.8
1998	16261771	2223471	7612500	6425800	13.7	46.8	39.5
1999	16828221	1756821	7854700	7216700	10.4	46.7	42.9
2000	18680826	2022226	8583700	8074900	10.8	45.9	43.2
2001	20553640	1969240	9560100	9024300	9.6	46.5	43.9
2002	23600662	2330662	11343100	9926900	9.9	48.1	42.1
2003	28995998	2595698	14633800	11766500	9.0	50.5	40.6
2004	36362566	3411866	19194000	13756700	9.4	52.8	37.8
2005	42998417	3317317	23570400	16110700	7.7	54.8	37.5
2006	49600091	3581691	27556600	18461800	7.2	55.6	37.2
2007	61257757	4132957	34544900	22579900	6.7	56.4	36.9
2008	74271005	4252805	42423600	27594600	5.7	57.1	37.2
2009	73563828	4775900	39819711	28968217	6.5	54.1	39.4
2010	91888284	5544800	52023556	34319928	6.0	56.6	37.3
2011	112141991	6414200	65739573	39988219	5.7	58.6	35.7
2012	121265818	6983200	66495493	47787126	5.8	54.8	39.4
2013	126652500	7410100	66130600	53111800	5.9	52.2	41.9
2014	127614900	7888900	62939100	56786900	6.2	49.3	44.5
2015	127664900	7831600	51942700	67890600	6.1	40.7	53.2

全社会固定资产投资

单位:万元

年份	总计	房地产开发	农户	住宅	第一产业	第二产业	第三产业
1978	214935		11313	15006	1645	132080	81210
1979	232713		14940	38261	10752	131838	90123
1980	281960		21173	59117	17560	162157	102243
1981	254719		38452	76511	13723	129473	111523
1982	345486		38244	95144	20698	186438	138350
1983	448347		57569	96277	26159	257200	164988
1984	688991		63475	114800	15352	384594	289045
1985	916918		87387	158060	11443	554744	350731
1986	970247		106473	176525	22578	600777	346892
1987	1062371	6207	136987	193745	25621	597032	439718
1988	1076779	5421	141201	169236	33359	662277	381143
1989	1079587	2370	136709	184680	28614	668424	382549
1990	1234137	28486	164556	220354	51962	756324	425851
1991	1495206	32642	202269	238231	56159	934621	504426
1992	1727858	51869	119330	240328	48795	1079071	599992
1993	2512628	129685	191765	415095	84534	1424294	1003800
1994	2909041	116512	201153	464303	63897	1427878	1417266
1995	2955570	150886	188798	456871	76160	1401945	1477465
1996	3334714	147893	302383	666374	90324	1587144	1657246
1997	3983959	181736	317673	708704	104368	2008130	1871461
1998	5346852	278653	331200	920980	83706	2135036	3128110
1999	5753507	350458	245781	1083149	103046	2261965	3388496
2000	6251628	394556	344392	1113447	119648	2896273	3235707
2001	7083468	466464	399594	1021534	205239	3090533	3787696
2002	8382683	674331	462572	1173468	334467	3793232	4254984
2003	11163486	950740	533216	1210898	359529	6127825	4676132
2004	14776985	1449898	621851	1551521	362856	8697815	5716314
2005	18593969	1779937	757098	2245567	501034	11304223	6788712
2006	23214735	2086231	933279	3503467	651894	13463726	9099115
2007	29271653	2589251	1157947	4619967	838947	16171517	12261189
2008	36351396	3279807	1443268	5651842	1119701	18688907	16542788
2009	50335333	4772748	1785790	7600820	2203844	21636020	26495469
2010	63526011	5922376	2179375	9003350	2812813	26281280	34431918
2011	73730582	7901982	2353725	11877169	2712048	33485814	37532720
2012	91763142	10104513	2784109	14670489	3814072	41466603	46482467
2013	112002376	13086275	2865426	16889560	7140003	46579278	58283095
2014	123545298	14035549	3190738	20045373	9462029	50040489	64042780
2015	141371594	14948719	3295638	21067639	15636698	52060392	73674504

人民物质文化生活提高情况

指　　标	单位	1978年	1980年	1985年	1990年	1995年	2000年	2005年	2010年	2015年
一、城乡居民收入										
城镇居民人均可支配收入	元	301.4	379.9	595.3	1290.9	3306.0	4724.1	8913.9	15647.7	25827.7
农民人均纯收入	元	101.6	155.8	358.3	603.5	1208.3	1905.6	2890.7	4736.3	9453.9
职工平均工资	元	632	754	1122	2111	4721	6918	15645	33544	52960
二、平均每人住房面积										
城镇居民建筑面积	平方米							25.6	28.0	32.0
农村居民居住面积	平方米	9.4	11.1	13.7	16.5	17.1	21.6	24.2	28.7	33.5
三、交通、文化、教育、卫生										
每百户拥有(抽样)										
电视机(彩电)										
城镇居民	台			18.8	60.1	86.2	107.2	113.7	111.8	107.2
农　民	台			1.3	6.7	20.6	63.5	82.3	109.0	104.6
洗衣机										
城镇居民	台		1.6	57.5	81.7	91.2	93.4	99.8	100.7	98.9
农　民	台			2.8	13.8	19.8	51.7	69.3	81.0	83.2
移动电话										
城镇居民	台							109.7	146.6	220.6
农　民	台							27.5	107.7	201.2
每百人每天拥有报纸	份	2.0	2.0	5.8	5.3	5.3	5.0	27.0	16.2	15.3
每人每年拥有杂志	册	0.8	1.2	1.9	1.5	1.2	0.8	1.8	1.1	0.7
每万人拥有在校大学生	人	8.6	13.4	15.7	17.7	21.9	38.7	121.3	157.5	202.0
每千人拥有医院床位数	张	2.7	2.9	3.3	3.5	3.4	2.4	2.4	3.1	3.8
每千人拥有卫生技术人员	人	3.2	3.5	4.2	4.6	5.7	4.2	3.9	5.5	5.8
四、储　蓄										
城乡居民储蓄存款年末余额	亿元	7.2	12.9	52.9	231.3	844.5	1748.4	4119.7	9223.0	15747.9
平均每人储蓄存款余额	元	30	52	198	798	2744	5383	12278	25805	42979

注:2015年农民人均纯收入指标数据为可支配收入口径。

2015 年全国各省市区国民经济主要指标排序

省市区	常住人口(万人)			地区生产总值(亿元)			人均地区生产总值(元)			地区生产总值比上年增长(%)		
	指标值	位次	比重(%)	指标值	位次	比重(%)	指标值	位次	比重(%)	指标值	位次	比全国高低百分点
全国总计	**137462**			**676707.8**			**49351**			**6.9**		
北　京	2171	26	1.6	22968.8	13	3.4	106284	2	215.4	6.9	25	0.0
天　津	1547	27	1.1	16538.2	19	2.4	107960	1	218.8	9.3	4	2.4
河　北	7425	6	5.4	29806.1	7	4.4	40255	19	81.6	6.8	27	−0.1
山　西	3664	18	2.7	12802.6	24	1.9	35017	27	71.0	3.1	30	−3.8
内蒙古	2511	23	1.8	18032.8	16	2.7	71903	6	145.7	7.7	24	0.8
辽　宁	4382	14	3.2	28743.4	10	4.2	65524	9	132.8	3.0	31	−3.9
吉　林	2753	21	2.0	14274.1	22	2.1	51852	12	105.1	6.5	28	−0.4
黑龙江	3812	16	2.8	15083.7	21	2.2	39462	21	80.0	5.7	29	−1.2
上　海	2415	24	1.8	24965.0	12	3.7	103141	3	209.0	6.9	25	0.0
江　苏	7976	5	5.8	70116.4	2	10.4	87995	4	178.3	8.5	12	1.6
浙　江	5539	10	4.0	42886.5	4	6.3	77644	5	157.3	8.0	17	1.1
安　徽	6144	8	4.5	22005.6	14	3.3	35997	25	72.9	8.7	9	1.8
福　建	3839	15	2.8	25979.8	11	3.8	67966	7	137.7	9.0	6	2.1
江　西	4566	13	3.3	16723.8	18	2.5	36724	24	74.4	9.1	5	2.2
山　东	9847	2	7.2	63002.3	3	9.3	64168	10	130.0	8.0	17	1.1
河　南	9480	3	6.9	37010.3	5	5.5	39131	22	79.3	8.3	13	1.4
湖　北	5852	9	4.3	29550.2	8	4.4	50654	13	102.6	8.9	7	2.0
湖　南	6783	7	4.9	29047.2	9	4.3	42968	16	87.1	8.6	11	1.7
广　东	10849	1	7.9	72812.6	1	10.8	67503	8	136.8	8.0	17	1.1
广　西	4796	11	3.5	16803.1	17	2.5	35190	26	71.3	8.1	15	1.2
海　南	911	28	0.7	3702.8	28	0.5	40818	18	82.7	7.8	23	0.9
重　庆	3017	20	2.2	15719.7	20	2.3	52330	11	106.0	11.0	1	4.1
四　川	8204	4	6.0	30103.1	6	4.4	36836	23	74.6	7.9	22	1.0
贵　州	3530	19	2.6	10502.6	25	1.6	29847	29	60.5	10.7	3	3.8
云　南	4742	12	3.4	13717.9	23	2.0	29015	30	58.8	8.7	9	1.8
西　藏	324	31	0.2	1026.4	31	0.2	31999	28	64.8	11.0	1	4.1
陕　西	3793	17	2.8	18171.9	15	2.7	48023	14	97.3	8.0	17	1.1
甘　肃	2600	22	1.9	6790.3	27	1.0	26165	31	53.0	8.1	15	1.2
青　海	588	30	0.4	2417.1	30	0.4	41252	17	83.6	8.2	14	1.3
宁　夏	668	29	0.5	2911.8	29	0.4	43805	15	88.8	8.0	17	1.1
新　疆	2360	25	1.7	9324.8	26	1.4	40036	20	81.1	8.8	8	1.9

续表 1

省市区	规模以上工业主营业务收入(亿元)			规模以上工业利润总额(亿元)			发电量(亿千瓦小时)			粗钢产量(万吨)		
	指标值	位次	比重(%)	指标值	位次	比重(%)	指标值	位次	比重(%)	指标值	位次	比重(%)
全国总计	**1103300.7**			**63554.0**			**58105.8**			**80382.5**		
北京	19026.0	19	1.7	1580.3	14	2.5	420.9	29	0.7	1.5	30	0.002
天津	27958.9	15	2.5	2002.9	12	3.2	622.8	27	1.1	2068.9	11	2.6
河北	44843.9	6	4.1	2181.4	9	3.4	2497.8	9	4.3	18832.0	1	23.4
山西	14393.7	22	1.3	−68.1	30	−0.1	2449.3	11	4.2	3847.0	5	4.8
内蒙古	18522.7	20	1.7	940.5	21	1.5	3928.8	4	6.8	1735.1	16	2.2
辽宁	37123.7	11	3.4	1191.1	18	1.9	1665.2	16	2.9	6071.3	4	7.6
吉林	22045.9	16	2.0	1171.5	20	1.8	731.3	25	1.3	1066.8	20	1.3
黑龙江	11384.5	23	1.0	409.9	24	0.6	873.6	23	1.5	418.5	26	0.5
上海	33468.0	13	3.0	2635.4	6	4.1	792.7	24	1.4	1783.8	14	2.2
江苏	148283.8	1	13.4	9617.1	1	15.1	4360.8	2	7.5	10995.2	2	13.7
浙江	62740.5	5	5.7	3717.7	5	5.8	3010.8	6	5.2	1594.9	17	2.0
安徽	38364.4	9	3.5	1852.7	13	2.9	2061.9	13	3.5	2506.0	8	3.1
福建	39106.6	8	3.5	2208.7	8	3.5	1901.0	14	3.3	1586.5	18	2.0
江西	32459.4	14	2.9	2128.0	10	3.3	982.1	22	1.7	2211.0	9	2.8
山东	146886.7	2	13.3	8617.2	2	13.6	4684.6	1	8.1	6619.3	3	8.2
河南	72381.4	4	6.6	4840.6	4	7.6	2624.6	7	4.5	2897.4	7	3.6
湖北	42470.2	7	3.8	2233.1	7	3.5	2301.4	12	4.0	2919.8	6	3.6
湖南	35152.2	12	3.2	1548.6	15	2.4	1314.0	18	2.3	1852.8	13	2.3
广东	117461.7	3	10.6	7208.8	3	11.3	4034.9	3	6.9	1761.7	15	2.2
广西	20078.4	18	1.8	1175.4	19	1.8	1299.9	19	2.2	2146.0	10	2.7
海南	1660.6	30	0.2	89.6	26	0.1	261.0	30	0.4	23.9	29	0.03
重庆	20370.3	17	1.8	1396.8	16	2.2	679.8	26	1.2	689.5	24	0.9
四川	37876.3	10	3.4	2044.0	11	3.2	3129.6	5	5.4	1947.7	12	2.4
贵州	9221.4	25	0.8	606.5	22	1.0	1814.9	15	3.1	466.4	25	0.6
云南	9823.3	24	0.9	462.0	23	0.7	2553.4	8	4.4	1418.1	19	1.8
西藏	130.9	31	0.01	6.4	29	0.01	44.8	31	0.1			
陕西	18336.3	21	1.7	1339.7	17	2.1	1623.1	17	2.8	1027.3	21	1.3
甘肃	8155.8	26	0.7	−72.3	31	−0.1	1242.2	20	2.1	852.1	22	1.1
青海	2130.1	29	0.2	68.8	28	0.1	565.6	28	1.0	120.6	28	0.2
宁夏	3403.9	28	0.3	79.3	27	0.1	1154.7	21	2.0	181.8	27	0.2
新疆	8039.1	27	0.7	340.5	25	0.5	2478.5	10	4.3	739.6	23	0.9

注：规模以上工业主营业务收入、规模以上工业利润总额为快报数据。

续表 2

省市区	社会消费品零售总额(亿元)			全社会固定资产投资额(亿元)			房地产开发投资额(亿元)			商品房销售额(亿元)		
	指标值	位次	比重(%)	指标值	位次	比重(%)	指标值	位次	比重(%)	指标值	位次	比重(%)
全国总计	**300930.8**			**561999.8**			**95978.8**			**87280.8**		
北京	10338.0	12	3.4	7496.0	26	1.3	4177.0	11	4.4	3517.6	10	4.0
天津	5257.3	23	1.7	11832.0	21	2.1	1871.5	20	1.9	1790.0	17	2.1
河北	12990.7	8	4.3	29448.2	5	5.2	4285.3	9	4.5	3371.6	11	3.9
山西	6033.7	21	2.0	14074.2	17	2.5	1494.9	23	1.6	775.6	27	0.9
内蒙古	6107.7	20	2.0	13702.3	18	2.4	1081.1	24	1.1	1052.2	22	1.2
辽宁	12787.2	9	4.2	17917.9	13	3.2	3558.6	13	3.7	2255.0	15	2.6
吉林	6651.9	16	2.2	12705.3	20	2.3	924.2	27	1.0	816.9	26	0.9
黑龙江	7640.2	15	2.5	10183.0	24	1.8	992.1	26	1.0	1027.1	23	1.2
上海	10131.5	13	3.4	6352.7	27	1.1	3468.9	14	3.6	5093.5	5	5.8
江苏	25876.8	3	8.6	46246.9	2	8.2	8153.7	2	8.5	8396.2	2	9.6
浙江	19784.7	4	6.6	27323.3	6	4.9	7111.9	3	7.4	6299.5	3	7.2
安徽	8908.0	14	3.0	24385.9	10	4.3	4424.9	8	4.6	3369.4	12	3.9
福建	10505.9	11	3.5	21301.4	11	3.8	4469.6	7	4.7	3585.8	9	4.1
江西	5925.5	22	2.0	17388.1	14	3.1	1520.1	22	1.6	1863.7	16	2.1
山东	27761.4	2	9.2	48312.5	1	8.6	5892.2	4	6.1	5408.0	4	6.2
河南	15740.4	5	5.2	35660.4	3	6.3	4818.9	5	5.0	3845.6	7	4.5
湖北	14003.2	6	4.7	26563.9	7	4.7	4249.2	10	4.4	3661.4	8	4.2
湖南	12024.0	10	4.0	25045.1	9	4.5	2613.7	16	2.7	2738.9	14	3.1
广东	31517.6	1	10.5	30343.1	4	5.4	8538.5	1	8.9	11442.8	1	13.1
广西	6348.1	19	2.1	16227.7	15	2.9	1909.1	19	2.0	1747.8	18	2.0
海南	1325.1	28	0.4	3451.2	29	0.6	1704.0	21	1.8	982.8	24	1.1
重庆	6424.0	18	2.1	14353.2	16	2.6	3751.3	12	3.9	2952.2	13	3.4
四川	13877.7	7	4.6	25525.9	8	4.5	4813.0	6	5.0	4199.8	6	4.8
贵州	3283.0	25	1.1	10945.5	22	1.9	2205.1	18	2.3	1571.7	21	1.8
云南	5103.2	24	1.7	13500.6	19	2.4	2669.0	15	2.8	1666.9	19	1.9
西藏	408.5	31	0.1	1295.7	31	0.2	50.0	31	0.1	21.1	31	0.02
陕西	6578.1	17	2.2	18582.2	12	3.3	2494.3	17	2.6	1597.4	20	1.8
甘肃	2907.2	26	1.0	8754.2	25	1.6	768.1	28	0.8	704.9	28	0.8
青海	691.0	30	0.2	3210.7	30	0.6	336.0	30	0.4	206.0	30	0.2
宁夏	789.6	29	0.3	3505.4	28	0.6	633.6	29	0.7	370.3	29	0.4
新疆	2606.0	27	0.9	10813.0	23	1.9	998.9	25	1.0	849.2	25	1.0

注:本表全社会固定资产投资额不包括跨省项目投资。

续表 3

省市区	客运量（万人）		货运量（万吨）		海关进口总额（亿美元）			海关出口总额（亿美元）		
	指标值	位次	指标值	位次	指标值	位次	比重(%)	指标值	位次	比重(%)
全国总计	**1941444**		**4171109**		**16819.5**			**22749.5**		
北　京	62752	12	20078	29	2649.5	2	15.8	546.7	8	2.4
天　津	18345	25	48779	25	631.6	7	3.8	511.8	9	2.2
河　北	53274	16	198024	8	185.4	13	1.1	329.4	14	1.4
山　西	29587	24	161765	11	62.9	25	0.4	84.2	23	0.4
内蒙古	16125	26	175112	10	71.0	24	0.4	56.5	26	0.2
辽　宁	73685	10	202021	4	452.5	9	2.7	507.1	10	2.2
吉　林	36359	22	43333	26	142.8	18	0.8	46.5	27	0.2
黑龙江	42713	20	54478	24	129.6	19	0.8	80.3	24	0.4
上　海	13844	27	90893	20	2533.0	3	15.1	1959.4	4	8.6
江　苏	138308	1	198998	7	2069.5	4	12.3	3386.7	2	14.9
浙　江	110951	6	201231	5	707.5	6	4.2	2766.0	3	12.2
安　徽	86810	9	345756	1	156.9	17	0.9	322.8	15	1.4
福　建	51646	17	111041	17	563.4	8	3.3	1130.2	6	5.0
江　西	62418	13	130349	16	93.4	22	0.6	331.3	13	1.5
山　东	60142	15	261849	3	976.9	5	5.8	1440.6	5	6.3
河　南	124981	4	192859	9	307.7	10	1.8	430.7	11	1.9
湖　北	101659	7	153904	13	163.8	15	1.0	292.1	16	1.3
湖　南	131311	3	199716	6	101.9	21	0.6	191.4	18	0.8
广　东	123709	5	339225	2	3793.6	1	22.6	6435.1	1	28.3
广　西	49101	18	149714	14	232.4	11	1.4	280.3	17	1.2
海　南	13728	28	22287	28	102.2	20	0.6	37.4	28	0.2
重　庆	62282	14	103833	19	192.9	12	1.1	551.9	7	2.4
四　川	135969	2	154597	12	182.4	14	1.1	332.3	12	1.5
贵　州	87541	8	84540	21	22.7	26	0.1	99.5	22	0.4
云　南	48513	19	107608	18	79.0	23	0.5	166.2	20	0.7
西　藏	1092	31	2125	31	3.3	30	0.02	5.9	31	0.03
陕　西	69680	11	140900	15	157.2	16	0.9	147.9	21	0.7
甘　肃	40453	21	58251	23	21.8	27	0.1	58.1	25	0.3
青　海	5602	30	15962	30	2.9	31	0.02	16.4	30	0.1
宁　夏	9300	29	42626	27	8.1	29	0.05	29.8	29	0.1
新　疆	35948	23	70673	22	21.7	28	0.1	175.1	19	0.8

注：海关进口、出口总额口径为按经营单位所在地分。

续表 4

省市区	城镇居民人均可支配收入(元)			城镇居民人均消费支出(元)			农村居民人均可支配收入(元)			农村居民人均消费支出(元)		
	指标值	位次	比重(%)	指标值	位次	比重(%)	指标值	位次	比重(%)	指标值	位次	比重(%)
全国平均	**31195**			**21392**			**11422**			**9223**		
北京	52859	2	169.4	36642	2	171.3	20569	3	180.1	15811	3	171.4
天津	34101	6	109.3	26230	4	122.6	18482	4	161.8	14739	4	159.8
河北	26152	22	83.8	17587	22	82.2	11051	14	96.8	9023	12	97.8
山西	25828	23	82.8	15819	31	73.9	9454	23	82.8	7421	27	80.5
内蒙古	30594	10	98.1	21877	8	102.3	10776	19	94.3	10637	8	115.3
辽宁	31126	9	99.8	21557	9	100.8	12057	9	105.6	8873	15	96.2
吉林	24901	27	79.8	17973	20	84.0	11326	11	99.2	8783	16	95.2
黑龙江	24203	30	77.6	17152	26	80.2	11095	13	97.1	8392	21	91.0
上海	52962	1	169.8	36946	1	172.7	23205	1	203.2	16152	1	175.1
江苏	37174	4	119.2	24966	6	116.7	16257	5	142.3	12883	5	139.7
浙江	43715	3	140.1	28661	3	134.0	21125	2	185.0	16108	2	174.7
安徽	26936	14	86.3	17234	24	80.6	10821	18	94.7	8975	13	97.3
福建	33275	7	106.7	23520	7	109.9	13793	6	120.8	11961	6	129.7
江西	26500	15	85.0	16732	29	78.2	11139	12	97.5	8486	19	92.0
山东	31545	8	101.1	19854	10	92.8	12930	8	113.2	8748	17	94.8
河南	25576	24	82.0	17154	25	80.2	10853	17	95.0	7887	24	85.5
湖北	27052	13	86.7	18192	19	85.0	11844	10	103.7	9803	9	106.3
湖南	28838	11	92.4	19501	12	91.2	10993	15	96.2	9691	10	105.1
广东	34757	5	111.4	25673	5	120.0	13360	7	117.0	11103	7	120.4
广西	26416	17	84.7	16321	30	76.3	9467	22	82.9	7582	26	82.2
海南	26356	19	84.5	18448	18	86.2	10858	16	95.1	8210	22	89.0
重庆	27239	12	87.3	19742	11	92.3	10505	20	92.0	8938	14	96.9
四川	26205	21	84.0	19277	14	90.1	10247	21	89.7	9251	11	100.3
贵州	24580	28	78.8	16914	28	79.1	7387	30	64.7	6645	30	72.1
云南	26373	18	84.5	17675	21	82.6	8242	28	72.2	6830	28	74.1
西藏	25457	25	81.6	17022	27	79.6	8244	27	72.2	5580	31	60.5
陕西	26420	16	84.7	18464	17	86.3	8689	26	76.1	7901	23	85.7
甘肃	23767	31	76.2	17451	23	81.6	6936	31	60.7	6830	29	74.1
青海	24542	29	78.7	19201	15	89.8	7933	29	69.5	8567	18	92.9
宁夏	25186	26	80.7	18984	16	88.7	9119	25	79.8	8415	20	91.2
新疆	26275	20	84.2	19415	13	90.8	9425	24	82.5	7698	25	83.5

续表 5

省市区	农林牧渔业总产值（亿元）			粮食总产量（万吨）			居民消费品价格指数（%）			农产品生产价格指数（%）		
	指标值	位次	比重（%）	指标值	位次	比重（%）	指标值	位次	比全国高低百分点	指标值	位次	比全国高低百分点
全国平均	**107056.4**			**62143.9**			**101.4**			**101.7**		
北　京	368.2	28	0.3	62.6	31	0.1	101.8	5	0.4	99.8	17	－1.9
天　津	467.4	27	0.4	181.7	27	0.3	101.7	7	0.3	100.7	13	－1.0
河　北	5978.9	5	5.6	3363.8	8	5.4	100.9	29	－0.5	97.5	26	－4.2
山　西	1522.6	24	1.4	1259.6	18	2.0	100.6	30	－0.8	95.8	29	－5.9
内蒙古	2751.6	20	2.6	2827.0	10	4.5	101.1	24	－0.3	98.0	25	－3.7
辽　宁	4686.7	10	4.4	2002.5	13	3.2	101.4	17	0.0	99.5	20	－2.2
吉　林	2880.6	16	2.7	3647.0	4	5.9	101.7	7	0.3	100.6	15	－1.1
黑龙江	5044.9	9	4.7	6324.0	1	10.2	101.1	24	－0.3	98.7	23	－3.0
上　海	302.6	30	0.3	112.1	28	0.2	102.4	2	1.0	102.4	5	0.7
江　苏	7030.8	3	6.6	3561.3	5	5.7	101.7	7	0.3	102.3	7	0.6
浙　江	2933.4	15	2.7	752.2	23	1.2	101.4	17	0.0	102.0	9	0.3
安　徽	4390.8	11	4.1	3538.1	6	5.7	101.3	20	－0.1	99.8	17	－1.9
福　建	3717.9	13	3.5	661.1	24	1.1	101.7	7	0.3	101.2	12	－0.5
江　西	2859.1	17	2.7	2148.7	12	3.5	101.5	12	0.1	103.7	3	2.0
山　东	9549.6	1	8.9	4712.7	3	7.6	101.2	23	－0.2	100.1	16	－1.6
河　南	7641.3	2	7.1	6067.1	2	9.8	101.3	20	－0.1	100.7	13	－1.0
湖　北	5728.6	6	5.4	2703.3	11	4.4	101.5	12	0.1	99.5	20	－2.2
湖　南	5630.7	7	5.3	3002.9	9	4.8	101.4	17	0.0	104.1	2	2.4
广　东	5520.0	8	5.2	1358.1	17	2.2	101.5	12	0.1	102.3	7	0.6
广　西	4197.1	12	3.9	1524.8	15	2.5	101.5	12	0.1	102.0	9	0.3
海　南	1323.9	25	1.2	184.0	26	0.3	101.0	27	－0.4	99.1	22	－2.6
重　庆	1738.1	22	1.6	1154.9	22	1.9	101.3	20	－0.1	102.4	5	0.7
四　川	6377.8	4	6.0	3442.8	7	5.5	101.5	12	0.1	103.3	4	1.6
贵　州	2738.7	21	2.6	1180.0	20	1.9	101.8	5	0.4	104.6	1	2.9
云　南	3383.1	14	3.2	1876.4	14	3.0	101.9	4	0.5	101.3	11	－0.4
西　藏	149.5	31	0.1	100.6	30	0.2	102.0	3	0.6			
陕　西	2813.5	18	2.6	1226.8	19	2.0	101.0	27	－0.4	96.3	27	－5.4
甘　肃	1722.1	23	1.6	1171.1	21	1.9	101.6	11	0.2	99.8	17	－1.9
青　海	319.3	29	0.3	102.7	29	0.2	102.6	1	1.2	96.1	28	－5.6
宁　夏	483.0	26	0.5	372.6	25	0.6	101.1	24	－0.3	98.4	24	－3.3
新　疆	2804.4	19	2.6	1521.3	16	2.4	100.6	30	－0.8	90.4	30	－11.3

2015 年各市基本情况排序

名　称	常住人口（万人）		地区生产总值(亿元)		人均地区生产总值(元)		地区生产总值比上年增长(%)		公共财政收入(亿元)		农林牧渔业总产值(亿元)	
	指标值	位次	指标值	位次	指标值	位次	指标值	位次	指标值	位次	指标值	位次
太原市	431.9	3	2735.3	1	63483	1	8.9	2	274.2	1	73.9	10
大同市	340.6	6	1053.4	5	30989	7	9.0	1	92.4	5	106.8	6
阳泉市	139.8	11	595.7	11	42688	4	1.1	7	44.2	11	19.9	11
长治市	342.0	5	1195.3	2	35029	5	−2.9	10	96.4	3	106.2	7
晋城市	231.5	9	1040.2	7	44994	3	3.3	4	93.9	4	92.9	9
朔州市	176.2	10	901.1	9	51256	2	−2.3	9	54.3	10	119.1	4
晋中市	333.6	7	1046.1	6	31434	6	6.4	3	100.2	2	182.0	2
运城市	527.5	1	1174.0	3	22304	10	1.8	6	56.3	9	393.0	1
忻州市	314.1	8	681.2	10	21731	11	2.4	5	73.7	8	116.4	5
临汾市	443.6	2	1161.1	4	26239	8	0.3	8	88.2	7	173.5	3
吕梁市	383.2	4	955.8	8	25002	9	−4.7	11	90.7	6	101.7	8

名　称	粮食总产量（万吨）		工业销售产值(当年价,亿元)		社会消费品零售总额(亿元)		城镇居民人均可支配收入(元)		农村居民人均可支配收入(元)	
	指标值	位次	指标值	位次	指标值	位次	指标值	位次	指标值	位次
太原市	29.9	10	2099.4	1	1540.8	1	27727	1	13626	1
大同市	103.5	7	826.6	8	567.7	4	24771	8	7708	9
阳泉市	24.9	11	480.0	11	288.3	10	26414	5	11494	2
长治市	157.0	4	1330.2	2	524.4	6	26407	6	11095	3
晋城市	96.2	8	857.8	7	358.8	8	26651	4	10914	4
朔州市	110.0	6	742.6	9	270.1	11	27500	3	10816	6
晋中市	175.8	3	989.5	6	529.7	5	27525	2	10877	5
运城市	321.2	1	1301.9	4	661.0	2	24049	9	8718	8
忻州市	150.3	5	594.7	10	314.9	9	23452	10	6550	11
临汾市	236.2	2	1228.7	5	572.0	3	25498	7	9376	7
吕梁市	72.4	9	1312.4	3	406.0	7	22903	11	7193	10

2015 年全省各市(县、区)主要经济指标

市、县、区名称	常住人口(人)		地区生产总值(万元)		公共财政收入(万元)		公共财政支出(万元)		农林牧渔业总产值(万元)	
	指标值	位次	指标值	位次	指标值	位次	指标值	位次	指标值	位次
太原市										
小店区	829179	2	6577191	1	234193	1	367554	1	149542	37
迎泽区	606360	9	5349825	2	161343	3	223912	19	8246	115
杏花岭区	659493	7	4532309	3	160936	4	209931	23	12341	113
尖草坪区	427984	27	2461700	8	66530	29	120928	91	61712	78
万柏林区	773828	3	3522115	5	153705	5	233127	17	13924	112
晋源区	228495	74	523787	70	64556	33	106420	105	75927	66
清徐县	350793	38	1159220	34	61628	38	156068	58	258095	12
阳曲县	122389	104	310225	93	33575	67	108899	103	93604	54
娄烦县	108329	113	139831	115	28472	77	76203	117	35301	102
古交市	211835	80	219944	105	77693	24	175826	42	39370	100
大同市										
城　区	742609	5	1394460	25	38381	61	141759	71		
矿　区	511598	15	226826	103	10854	108	121024	90		
南郊区	417416	29	4159547	4	111134	11	265957	8	123222	42
新荣区	110778	108	243521	101	17186	96	79440	115	72420	70
阳高县	278999	56	278345	97	11342	107	159863	55	202186	27
天镇县	211891	79	206722	108	8616	112	162490	51	107084	50
广灵县	187849	84	213681	106	9307	111	164436	49	115379	46
灵丘县	240564	67	279993	96	10715	109	179363	40	76917	64
浑源县	352788	37	361525	88	28559	76	271838	7	169824	34
左云县	160756	93	348765	90	40320	58	126786	85	55714	88

市、县、区名称	粮食总产量(吨)		工业销售产值(万元,当年价)		社会消费品零售总额(万元)		城镇居民人均可支配收入(元)		农村居民人均可支配收入(元)	
	指标值	位次	指标值	位次	指标值	位次	指标值	位次	指标值	位次
太原市										
小店区	66632	69	547309	63	4293992	1	28322	16	18543	2
迎泽区	375	115	670130	56	3971131	2	28352	15	17970	3
杏花岭区	895	114	259502	88	1860177	9	28417	14	15782	4
尖草坪区	13418	108	6837396	1	832580	18	27805	18	12858	16
万柏林区	1179	113	2840066	5	2141408	7	27673	20	18764	1
晋源区	21464	102	222757	90	290178	52	27767	19	12412	21
清徐县	107896	54	1298718	22	504248	31	26778	28	15692	5
阳曲县	61659	72	433658	75	115893	92	20160	86	7078	72
娄烦县	15212	105	79796	107	43933	116	17511	109	5535	90
古交市	10597	109	221950	91	445856	33	25788	35	13072	15
大同市										
城　区			894283	39	2244654	5	27264	23		
矿　区			35490	115	885209	16	26777	29		
南郊区	65756	70	907171	37	992753	15	22208	72	12508	20
新荣区	41419	87	149372	100	95467	98	20685	84	7628	65
阳高县	266369	13	144195	101	106487	95	18121	105	6260	76
天镇县	165786	37	64679	111	90229	102	18658	102	5685	87
广灵县	158498	40	100601	104	92874	99	18596	103	6038	82
灵丘县	94238	59	72417	109	281543	53	22708	66	6251	78
浑源县	140944	44	158071	99	297768	50	19216	97	6205	80
左云县	33769	92	112425	103	214574	66	22758	65	10022	44

续表 1

市、县、区名称	常住人口（人）		地区生产总值（万元）		公共财政收入（万元）		公共财政支出（万元）		农林牧渔业总产值（万元）	
	指标值	位次	指标值	位次	指标值	位次	指标值	位次	指标值	位次
大同县	191132	83	258479	99	17273	94	141306	72	139760	39
阳泉市										
城　区	197027	82	1520103	24	27299	80	52164	119		
矿　区	248735	63	1100159	37	29544	72	72201	118		
郊　区	289411	53	807252	48	44500	51	142385	70	42680	97
平定县	343091	40	847204	46	48259	48	186369	38	80642	62
盂　县	320019	46	1243224	32	74223	27	189490	35	75367	67
长治市										
城　区	508704	16	1906635	16	41273	56	83412	113	9884	114
郊　区	287508	55	1655278	21	35678	64	93143	109	55717	87
长治县	350041	39	1259328	31	103268	17	224368	18	118457	44
襄垣县	276897	57	1383612	27	123947	7	262101	11	110482	49
屯留县	271184	60	820198	47	49690	47	139159	74	113524	47
平顺县	151046	95	206045	109	8562	113	120676	92	48272	93
黎城县	161748	92	302299	95	17649	92	110131	101	53605	90
壶关县	297723	50	491416	75	23419	84	145706	64	88703	59
长子县	360848	35	960489	40	63746	34	173679	43	186102	30
武乡县	183942	85	501188	73	29223	73	143017	68	57648	83
沁　县	175744	87	211207	107	7764	115	126793	84	94247	53
沁源县	161908	91	889664	42	62436	37	134242	78	46938	94
潞城市	233144	72	785005	51	55553	42	124777	87	78472	63

市、县、区名称	粮食总产量（吨）		工业销售产值（万元，当年价）		社会消费品零售总额（万元）		城镇居民人均可支配收入（元）		农村居民人均可支配收入（元）	
	指标值	位次	指标值	位次	指标值	位次	指标值	位次	指标值	位次
大同县	65457	71	184153	94	148846	79	17065	112	7675	64
阳泉市										
城　区			123724	102	1580375	11	27467	21		
矿　区			1865921	14	232101	63	27025	25		
郊　区	22953	99	369926	80	149046	78	22195	73	12124	25
平定县	84916	62	850047	48	327784	46	24445	53	10957	38
盂　县	141415	43	1448445	20	456896	32	26318	32	11536	31
长治市										
城　区	1654	112	506978	67	3018024	3	28244	17		
郊　区	53444	82	3214701	3	445154	34	32791	1	15192	7
长治县	140025	45	975872	33	271334	55	26666	30	14095	11
襄垣县	173038	36	2105686	9	247659	58	29530	3	12737	18
屯留县	255118	18	1038410	30	145399	82	22617	67	12814	17
平顺县	50617	84	182771	95	80953	107	19505	93	5054	98
黎城县	59526	75	862405	47	124566	88	15951	117	7329	70
壶关县	122469	48	877599	43	170039	73	19325	96	4832	100
长子县	236482	24	783773	51	169970	74	24365	54	11763	28
武乡县	109022	52	490867	69	123220	89	19885	92	5459	93
沁　县	182788	32	71202	110	91735	101	16329	115	5227	96
沁源县	76067	64	1040742	29	213931	67	28500	10	11900	27
潞城市	109710	51	1150506	26	142155	83	24303	56	11465	34

续表 2

市、县、区名称	常住人口（人）		地区生产总值（万元）		公共财政收入（万元）		公共财政支出（万元）		农林牧渔业总产值（万元）	
	指标值	位次	指标值	位次	指标值	位次	指标值	位次	指标值	位次
忻州市										
忻府区	559692	12	1140552	36	50446	45	186453	37	145181	38
定襄县	223340	75	357105	89	15578	100	130388	82	62713	76
五台县	304509	49	406325	85	35461	65	185958	39	89825	58
代　县	219829	76	508935	72	62514	36	133958	79	56188	86
繁峙县	274155	58	513188	71	20158	87	155062	59	83155	60
宁武县	164548	89	405705	86	65780	30	137062	76	30792	107
静乐县	160198	94	221845	104	28579	75	122786	89	58212	81
神池县	108428	112	192359	112	16812	97	109595	102	119131	43
五寨县	110485	109	180940	114	17232	95	107800	104	59967	80
岢岚县	86405	116	200343	110	12158	103	105941	106	64326	74
河曲县	148622	96	702263	57	41878	55	117127	94	44493	96
保德县	164496	90	635043	60	38847	60	123925	88	50859	92
偏关县	114988	107	250265	100	18085	91	105447	107	74494	68
原平市	501628	17	1095541	38	104379	16	248731	13	203720	26
临汾市										
尧都区	971438	1	2492097	7	116179	9	329557	2	178831	31
曲沃县	244106	66	866467	45	27509	79	135787	77	219721	21
翼城县	319150	47	707162	56	32411	69	167188	48	164835	35
襄汾县	455935	23	1147338	35	40006	59	192128	33	266641	11
洪洞县	752012	4	1617213	22	65336	31	296275	6	207709	25
古　县	94660	115	430320	80	19617	88	79230	116	44903	95

市、县、区名称	粮食总产量（吨）		工业销售产值（万元，当年价）		社会消费品零售总额（万元）		城镇居民人均可支配收入（元）		农村居民人均可支配收入（元）	
	指标值	位次	指标值	位次	指标值	位次	指标值	位次	指标值	位次
忻州市										
忻府区	308973	9	716138	55	1089498	13	25396	41	8363	57
定襄县	177785	34	393305	77	190810	70	25034	44	10637	41
五台县	107345	55	223547	89	234263	61	22328	69	5363	94
代　县	67374	67	452734	72	118097	91	22301	71	4886	99
繁峙县	73733	65	891809	41	156397	77	24873	47	6474	73
宁武县	21742	101	202470	92	95680	97	20446	85	4544	102
静乐县	55359	81	168854	97	78215	109	19455	95	5575	89
神池县	110301	50	57415	113	75403	111	19481	94	6257	77
五寨县	138472	46	58318	112	71516	114	20099	88	6212	79
岢岚县	41099	88	182771	96	77634	110	22374	68	5492	91
河曲县	33251	94	737553	53	128595	87	23009	64	5463	92
保德县	24059	97	512786	66	146341	80	24699	48	5981	83
偏关县	24884	96	78230	108	82751	106	18801	100	5620	88
原平市	318363	7	1271557	23	603664	24	25566	38	8747	54
临汾市										
尧都区	256216	17	933964	35	2259381	4	28438	13	12120	26
曲沃县	209903	28	1872498	13	208057	69	26521	31	12287	22
翼城县	240655	22	826677	49	379259	40	25213	42	9738	48
襄汾县	489707	1	1620742	19	407536	35	25944	34	11056	37
洪洞县	407506	3	2378457	7	530647	30	23344	62	9921	47
古　县	59730	73	614777	59	91746	100	26259	33	8601	55

续表 3

市、县、区名称	常住人口（人）		地区生产总值（万元）		公共财政收入（万元）		公共财政支出（万元）		农林牧渔业总产值（万元）	
	指标值	位次	指标值	位次	指标值	位次	指标值	位次	指标值	位次
安泽县	84404	117	421257	83	31027	71	82567	114	74047	69
浮山县	130246	102	425659	82	11604	104	93068	110	75945	65
吉　县	109351	111	190304	113	10495	110	113792	96	106868	51
乡宁县	240057	68	803725	49	84487	22	167279	47	58202	82
大宁县	66371	118	45059	119	3300	119	83503	112	19368	110
隰　县	106744	114	132023	116	8100	114	112177	99	65198	73
永和县	65356	119	70292	118	5399	117	86014	111	40596	98
蒲　县	110385	110	538537	69	76105	26	142544	69	37716	101
汾西县	148618	97	192890	111	5564	116	99194	108	53610	89
侯马市	246571	64	888906	43	46558	49	145156	66	61666	79
霍州市	290249	51	745602	54	67018	28	161825	52	62583	77
吕梁市										
离石区	330764	44	679132	58	84228	23	177301	41	33529	104
文水县	432951	25	582837	66	26066	81	196083	31	211286	24
交城县	236131	70	495790	74	38049	63	139296	73	56756	85
兴　县	287554	54	587197	65	63290	35	201079	27	57565	84
临　县	596422	10	413438	84	34740	66	314848	3	112472	48
柳林县	328560	45	1208475	33	110159	13	210122	22	33000	105
石楼县	115211	105	78728	117	4138	118	110364	100	34719	103
岚　县	179121	86	327016	92	38335	62	129364	83	40246	99
方山县	147004	99	227478	102	25429	82	113759	97	29294	108
中阳县	145291	100	435161	78	41987	54	118995	93	20885	109

市、县、区名称	粮食总产量（吨）		工业销售产值（万元，当年价）		社会消费品零售总额（万元）		城镇居民人均可支配收入（元）		农村居民人均可支配收入（元）	
	指标值	位次	指标值	位次	指标值	位次	指标值	位次	指标值	位次
安泽县	148142	41	533416	64	84876	104	23836	59	7811	63
浮山县	102018	56	483711	70	80579	108	25069	43	7478	67
吉　县	30171	95	54540	114	68058	115	17205	111	4312	106
乡宁县	78075	63	560706	61	188574	71	24602	50	8218	60
大宁县	15674	104	4459	118	29449	118	16541	114	2690	113
隰　县	46109	86			89863	103	20003	89	4762	101
永和县	22698	100	28036	116	42404	117	18099	108	2974	111
蒲　县	39853	90	802960	50	72689	112	23075	63	7425	68
汾西县	56652	79	85217	106	109221	94	21998	75	3136	110
侯马市	91616	60	764566	52	765176	19	24500	52	12538	19
霍州市	66984	68	722740	54	312301	47	25446	40	11488	33
吕梁市										
离石区	13940	106	379420	79	629783	22	24975	45	5135	97
文水县	242766	21	1119881	27	188264	72	18441	104	8458	56
交城县	40796	89	979882	32	167783	75	18686	101	8236	59
兴　县	46967	85	1024408	31	137976	84	18119	106	3769	109
临　县	57602	78	193196	93	391796	39	15183	118	4159	107
柳林县	13463	107	1779052	16	357165	43	27036	24	9974	45
石楼县	23647	98	9696	117	28828	119	12441	119	2727	112
岚　县	58841	77	465347	71	101632	96	16987	113	4370	105
方山县	39623	91	270098	87	84734	105	18110	107	3882	108
中阳县	8397	110	874375	45	122965	90	18991	99	5791	84

续表 4

市、县、区名称	常住人口（人）		地区生产总值（万元）		公共财政收入（万元）		公共财政支出（万元）		农林牧渔业总产值（万元）	
	指标值	位次	指标值	位次	指标值	位次	指标值	位次	指标值	位次
交口县	123287	103	304834	94	53896	44	125355	86	31977	106
孝义市	481068	21	3343438	6	182154	2	308441	5	202147	28
汾阳市	428873	26	915988	41	57073	41	199519	29	132589	40
晋城市										
城　区	490952	19	2399397.3	9	95038	19	146091	63	18089	111
沁水县	215322	77	1726507.2	18	110354	12	207923	24	104328	52
阳城县	391408	33	1694689.5	20	105986	15	238843	14	178492	32
陵川县	234760	71	339230.7	91	11464	106	161123	53	90056	57
泽州县	490710	20	2156704.6	11	114785	10	313079	4	252623	15
高平市	491825	18	1997281.7	15	125616	6	263240	10	285757	10
朔州市										
朔城区	520136	13	2359665	10	89059	20	236706	15	222439	20
平鲁区	208733	81	1616950	23	59476	39	188388	36	67909	72
山阴县	245754	65	1393710	26	64673	32	168925	46	256682	14
应　县	337230	42	627683	61	16336	98	160365	54	295696	9
右玉县	115081	106	552799	67	29134	74	132950	80	125851	41
怀仁县	335291	43	2027775	14	54499	43	169782	45	215491	22
晋中市										
榆次区	655509	8	2087919	13	118558	8	263442	9	303125	8
榆社县	138498	101	262346	98	19399	89	114533	95	68304	71
左权县	165042	88	430517	79	45045	50	130841	81	63931	75
和顺县	147187	98	426150	81	33234	68	112707	98	51986	91

市、县、区名称	粮食总产量（吨）		工业销售产值（万元，当年价）		社会消费品零售总额（万元）		城镇居民人均可支配收入（元）		农村居民人均可支配收入（元）	
	指标值	位次	指标值	位次	指标值	位次	指标值	位次	指标值	位次
交口县	16919	103	891891	40	71789	113	17454	110	6467	74
孝义市	59485	76	4272416	2	1210585	12	29078	6	14211	10
汾阳市	101325	57	863967	46	566396	26	20102	87	11695	30
晋城市										
城　区	8391	111	363518	81	1897564	8	28484	11		
沁水县	142042	42	898460	38	208258	68	23576	61	9486	50
阳城县	164727	38	1314009	21	399711	37	24629	49	10777	40
陵川县	108580	53	86174	105	163741	76	16223	116	7425	69
泽州县	265716	14	1701825	18	361189	42	27381	22	12217	23
高平市	270642	12	1163053	25	557087	27	26893	27	11528	32
朔州市										
朔城区	257588	16	942920	34	1012078	14	28460	12	12216	24
平鲁区	53233	83	2232291	8	302050	49	21199	80	8348	58
山阴县	250167	20	1066914	28	347671	44	28964	8	13395	13
应　县	311643	8	558645	62	276497	54	20738	82	8786	53
右玉县	33690	93	291468	86	146186	81	19974	90	6180	81
怀仁县	187072	30	1898273	12	616973	23	29233	4	13261	14
晋中市										
榆次区	174982	35	1747579	17	1672039	10	28935	9	14684	8
榆社县	88291	61	310798	83	113404	93	19013	98	4453	103
左权县	59583	74	301346	84	133899	86	22325	70	4430	104
和顺县	70270	66	293304	85	133916	85	20702	83	5284	95

续表 5

市、县、区名称	常住人口（人）		地区生产总值（万元）		公共财政收入（万元）		公共财政支出（万元）		农林牧渔业总产值（万元）	
	指标值	位次	指标值	位次	指标值	位次	指标值	位次	指标值	位次
昔阳县	231233	73	540779	68	50158	46	164246	50	82734	61
寿阳县	213888	78	888406	44	58758	40	137789	75	215235	23
太谷县	307346	48	766082	53	42066	53	157597	56	316695	7
祁　县	272130	59	661122	59	32293	70	146140	62	257070	13
平遥县	516694	14	978824	39	43252	52	233158	16	252231	16
灵石市	270322	61	1761566	17	106294	14	223795	20	93389	55
介休市	417845	28	1353550	28	100208	18	202401	25	115793	45
运城市										
盐湖区	697279	6	2105483	12	84925	21	249314	12	242139	17
临猗县	587367	11	1317877	30	23685	83	214296	21	882179	1
万荣县	451555	24	621333	62	13577	101	201867	26	364957	4
闻喜县	414984	30	618074	63	21139	86	200367	28	230370	19
稷山县	357495	36	713215	55	15957	99	145555	65	236636	18
新绛县	342546	41	785520	50	21951	85	151223	61	362641	5
绛　县	289423	52	599540	64	11582	105	145047	67	174947	33
垣曲县	237379	69	468085	76	17386	93	151988	60	91053	56
夏　县	362619	34	460713	77	12998	102	157295	57	360820	6
平陆县	264900	62	366685	87	19062	90	171299	44	187928	29
芮城县	406420	32	770949	52	28042	78	189946	34	438650	2
永济市	456236	22	1331103	29	40593	57	196445	30	408190	3
河津市	407109	31	1708165	19	76323	25	194713	32	156052	36

市、县、区名称	粮食总产量（吨）		工业销售产值（万元，当年价）		社会消费品零售总额（万元）		城镇居民人均可支配收入（元）		农村居民人均可支配收入（元）	
	指标值	位次	指标值	位次	指标值	位次	指标值	位次	指标值	位次
昔阳县	160769	39	445357	73	233568	62	21454	79	7305	71
寿阳县	332984	6	650226	58	246182	59	29091	5	11217	36
太谷县	212582	27	520895	65	336004	45	25617	37	15254	6
祁　县	221165	26	492791	68	377885	41	26898	26	13961	12
平遥县	258356	15	877722	42	547301	28	25490	39	10386	43
灵石市	56542	80	1936227	11	662152	21	31624	2	14273	9
介休市	116054	49	1958320	10	841086	17	28970	7	11723	29
运城市										
盐湖区	225992	25	1805758	15	2151890	6	25779	36	9938	46
临猗县	305859	10	929207	36	592628	25	23871	58	10622	42
万荣县	193387	29	319951	82	296036	51	21168	81	7623	66
闻喜县	338093	4	441994	74	397989	38	23971	57	8016	61
稷山县	238041	23	663404	57	271193	56	22106	74	9014	52
新绛县	254451	19	1180855	24	400331	36	23646	60	9524	49
绛　县	182727	33	876971	44	227684	64	21990	76	7933	62
垣曲县	98650	58	565925	60	225119	65	21725	77	5779	86
夏　县	294254	11	168458	98	240147	60	21626	78	6385	75
平陆县	136305	47	385725	78	256804	57	19961	91	5782	85
芮城县	334615	5	415014	76	305236	48	24602	51	9225	51
永济市	424373	2	2413436	6	545169	29	24921	46	10879	39
河津市	185625	31	2852517	4	699703	20	24355	55	11303	35

2015年度山西省县域经济发展考核评价结果

【A类县(市)考核评价结果】 A类县(市)是非国家扶贫开发工作重点县中的煤炭大县(市)。根据考核评价办法,从经济发展、经济结构、民生改善和资源环境4个方面进行综合评价,22个A类县(市)评价结果依次为:孝义市、灵石县、怀仁县、襄垣县、沁水县、沁源县、山阴县、泽州县、介休市、长治县、高平市、阳城县、盂县、原平市、寿阳县、长子县、柳林县、霍州市、屯留县、洪洞县、昔阳县、乡宁县。

【B类县(市)考核评价结果】 B类县(市)是非国家扶贫开发工作重点县中的无煤县(市)或煤炭产量较小的县(市)。根据考核评价办法,从经济发展、经济结构、民生改善和资源环境4个方面进行综合评价,38个B类县(市)评价结果依次为:太谷县、侯马市、临猗县、永济市、祁县、曲沃县、潞城市、河津市、清徐县、蒲县、汾阳市、绛县、古县、新绛县、芮城县、平遥县、闻喜县、定襄县、万荣县、襄汾县、安泽县、应县、翼城县、垣曲县、阳曲县、交城县、稷山县、平定县、夏县、左云县、浮山县、交口县、文水县、古交市、榆社县、沁县、黎城县、陵川县。

【C类县考核评价结果】 C类县是国家扶贫开发工作重点县及集中连片特殊困难地区范围内的县。根据晋办发〔2015〕38号规定,从扶贫攻坚、经济发展、基本生产生活条件、公共服务和生态建设、投入与管理以及党的建设和组织领导5个方面进行综合考核,36个C类县评价结果依次为:和顺县、吉县、兴县、河曲县、武乡县、左权县、壶关县、平顺县、娄烦县、繁峙县、代县、平陆县、隰县、宁武县、五寨县、静乐县、永和县、五台县、岚县、右玉县、神池县、中阳县、岢岚县、临县、阳高县、方山县、大同县、汾西县、天镇县、石楼县、浑源县、大宁县、广灵县、偏关县、灵丘县、保德县。

【市辖区考核评价结果】 根据考核评价办法,从经济发展、经济结构、民生改善和资源环境4个方面进行综合评价,23个市辖区评价结果依次为:太原市小店区、太原市迎泽区、太原市杏花岭区、长治市城区、晋城市城区、太原市万柏林区、晋中市榆次区、运城市盐湖区、大同市南郊区、长治市郊区、太原市尖草坪区、大同市城区、大同市矿区、朔州市平鲁区、临汾市尧都区、阳泉市城区、太原市晋源区、忻州市忻府区、朔州市朔城区、大同市新荣区、阳泉市郊区、吕梁市离石区、阳泉市矿区。

附件:

2015年度23个市辖区考核评价结果

区	2015位次	2014位次	进位	区	2015位次	2014位次	进位
太原市小店区	1	2	1	大同市矿区	13	17	4
太原市迎泽区	2	1	−1	朔州市平鲁区	14	14	0
太原市杏花岭区	3	5	2	临汾市尧都区	15	13	−2
长治市城区	4	3	−1	阳泉市城区	16	16	0
晋城市城区	5	4	−1	太原市晋源区	17	21	4
太原市万柏林区	6	12	6	忻州市忻府区	18	22	4
晋中市榆次区	7	7	0	朔州市朔城区	19	11	−8
运城市盐湖区	8	10	2	大同市新荣区	20	20	0
大同市南郊区	9	6	−3	阳泉市郊区	21	15	−6
长治市郊区	10	8	−2	吕梁市离石区	22	19	−3
太原市尖草坪区	11	18	7	阳泉市矿区	23	23	0
大同市城区	12	9	−3				

2015年度22个A类县(市)考核评价结果

县(市)	2015位次	2014位次	进位	县(市)	2015位次	2014位次	进位	县(市)	2015位次	2014位次	进位
孝义市	1	1	0	介休市	9	8	－1	柳林县	17	9	－8
灵石县	2	2	0	长治县	10	7	－3	霍州市	18	14	－4
怀仁县	3	6	3	高平市	11	18	7	屯留县	19	16	－3
襄垣县	4	3	－1	阳城县	12	17	5	洪洞县	20	22	2
沁水县	5	5	0	盂　县	13	11	－2	昔阳县	21	20	－1
沁源县	6	4	－2	原平市	14	19	5	乡宁县	22	21	－1
山阴县	7	15	8	寿阳县	15	12	－3				
泽州县	8	10	2	长子县	16	13	－3				

2015年度38个B类县(市)考核评价结果

县(市)	2015位次	2014位次	进位	县(市)	2015位次	2014位次	进位	县(市)	2015位次	2014位次	进位
太谷县	1	3	2	新绛县	14	16	2	稷山县	27	20	－7
侯马市	2	1	－1	芮城县	15	22	7	平定县	28	29	1
临猗县	3	9	6	平遥县	16	17	1	夏　县	29	30	1
永济市	4	2	－2	闻喜县	17	31	14	左云县	30	18	－12
祁　县	5	8	3	定襄县	18	27	9	浮山县	31	26	－5
曲沃县	6	11	5	万荣县	19	25	6	交口县	32	19	－13
潞城市	7	4	－3	襄汾县	20	6	－14	文水县	33	35	2
河津市	8	5	－3	安泽县	21	13	－8	古交市	34	38	4
清徐县	9	15	6	应　县	22	23	1	榆社县	35	36	1
蒲　县	10	10	0	翼城县	23	28	5	沁　县	36	37	1
汾阳市	11	12	1	垣曲县	24	21	－3	黎城县	37	32	－5
绛　县	12	14	2	阳曲县	25	33	8	陵川县	38	34	－4
古　县	13	7	－6	交城县	26	24	－2				

2015年度36个C类县考核评价结果

县	2015位次	县	2015位次	县	2015位次	县	2015位次
和顺县	1	繁峙县	10	岚　县	19	汾西县	28
吉　县	2	代　县	11	右玉县	20	天镇县	29
兴　县	3	平陆县	12	神池县	21	石楼县	30
河曲县	4	隰　县	13	中阳县	22	浑源县	31
武乡县	5	宁武县	14	岢岚县	23	大宁县	32
左权县	6	五寨县	15	临　县	24	广灵县	33
壶关县	7	静乐县	16	阳高县	25	偏关县	34
平顺县	8	永和县	17	方山县	26	灵丘县	35
娄烦县	9	五台县	18	大同县	27	保德县	36

DIFANG JINGJI FAGUI GUIZHANG

地方经济法规·规章

25

地方经济法规规章

法　规

山西省城市公共客运条例

（2015年5月28日山西省第十二届人民代表大会常务委员会第二十次会议通过）

第一章　总　　则

第一条　为了规范城市公共客运市场秩序，维护乘客、经营者和从业人员的合法权益，保障城市公共客运安全，促进城市公共客运事业发展，根据有关法律、行政法规的规定，结合本省实际，制定本条例。

第二条　本条例适用于本省行政区域内的城市公共客运规划、建设、管理和运营服务。

本条例所称城市公共客运是指在设区的市、县（市）人民政府确定的区域内以公共汽（电）车、轨道交通车辆等交通工具和城市公共客运设施为公众提供出行服务的活动。

第三条　城市公共客运是社会公益性事业，应当坚持统筹规划、优先发展、公平竞争、安全便捷、服务乘客的原则。

第四条　设区的市、县（市）人民政府是城市公共客运事业发展的责任主体，应当将城市公共客运纳入本地经济和社会发展规划，将城市公共客运发展资金和管理经费列入本级财政预算。

设区的市、县（市）人民政府交通运输主管部门负责监督管理本行政区域城市公共客运工作，其所属的城市客运管理机构具体承担本行政区域城市公共客运监督管理工作。

第五条　省人民政府交通运输主管部门及其所属的城市客运管理机构负责指导本省行政区域内的城市公共客运工作。

县级以上人民政府发展和改革、财政、公安、国土资源、住房和城乡建设、环保、规划、安监等部门，在各自的职责范围内做好城市公共客运的相关工作。

第六条　相邻城市的人民政府可以统筹配置城市公共客运资源。对符合安全运行条件，经协商一致开通公共客运线路的，纳入城市公共客运管理。

第七条　鼓励社会资金参与城市公共客运设施建设和运营。

鼓励城市公共客运线路向周边农村、学校、旅游景点、工业园区等延伸。

鼓励设区的市、县（市）人民政府采购和使用电力、燃气、甲醇等新能源、新技术的节能环保型车辆。

第二章　规划和建设

第八条　设区的市、县（市）人民政府在组织编制城市总体规划和控制性详细规划时，应当将城市公共客运与城市发展布局、功能分区、用地配置和道路发展同步规划，统筹城市公共客运与公路、铁路、民航等其他运输方式的衔接。

第九条　设区的市、县（市）人民政府交通运输主管部门负责编制、调整城市公共客运专项规划，报本级人民政府批准后实施。

编制、调整城市公共客运专项规划应当向社会公开征求意见。

第十条　设区的市、县（市）人民政府国土资源主管部门应当将城市公共客运设施用地纳入土地利用总体规划，优先保障城市公共客运设施用地。

任何单位和个人不得擅自改变城市公共客运设施用地的用途。

第十一条　设区的市、县（市）人民政府应当对新建、改建、扩建城市道路、交通枢纽及规模居住区、商业中心、学校、医院等大型建设项目规划建设配套的城市公共客运设施。

第十二条　设区的市、县（市）人民政府应当采取措施增加城市公共客运设施建设、公共汽（电）车购置等投入。

第十三条　任何单位和个人不得毁坏或者擅自占用、移动、拆除城市公共客运设施，确需占用、移动、拆除城市公共客运设施的，应当征得设区的市、县（市）人民政府交通运输主管部门同意。

第三章　管理和服务

第十四条　申请从事城市公共汽（电）车客运经营的，应当向当地城市客运管理机构提供下列材料：

（一）书面申请；

（二）企业法人资格证明；

（三）拟投入车辆、场站设施的资金来源证明；

（四）运营方案和可行性报告；

（五）载明服务质量、安全应急保障措施、票制票价、社会责任等内容的承诺书；

（六）法律、法规规定的其他材料。

城市客运管理机构收到前款规定的申请材料后，交由交通运输主管部门报本级人民政府审批。予以批准的，由城市客运管理机构颁发经营许可证，配发车辆营运证；不予批准的，由城市客运管理机构书面告知申请人，并说明理由。

第十五条　从事城市公共汽（电）车客运经营的，应当符合下列条件：

（一）有符合要求的运营车辆、场站设施；

（二）有相应的管理人员、驾驶员和其他相关人员；

（三）有专门的安全生产管理机构和健全的规章制度。

第十六条　城市公共汽（电）车客运车辆应当符合相应的运行安全技术标准和污染物排放标准，并经相关部门检测合格。

第十七条　城市公共汽（电）车的驾驶员应当符合下列条件：

（一）身体健康；

（二）具有相应的机动车驾驶证；

（三）三年内无较大以上且负同等以上责任的道路交通责任事故记录。

第十八条　城市公共汽（电）车客运经营权期限为五年至十年，具体期限由设区的市、县（市）人民政府确定。经营权期限届满，需要延续经营的，应当在经营期限届满前六十日内重新提出申请。

禁止转让、出租城市公共汽（电）车经营权。

第十九条　城市公共汽（电）车客运经营者应当为公众提供连续的运营服务，在经营期限内确需暂停或者终止运营的，应当提前三十日向城市客运管理机构提出申请；经设区的市或者县（市）人民政府批准的，经营者应当于暂停或者终止运营的十日前在当地媒体发布公告，并在相关站点告示。

第二十条　城市公共汽（电）车客运经营者因破产、解散、被取消经营权及不可抗力等原因暂停或者终止运营时，当地人民政府应当组织交通运输、财政、公安等部门及时采取应对措施，保持公共客运的连续性。

第二十一条　城市公共汽（电）车客运经营者新增、调整运营线路、车辆数量的，应当经城市客运管理机构同意，并于实施前及时向社会公告。

设区的市、县（市）人民政府根据经济社会发展需要和公众出行需求，可以指定城市公共汽（电）车客运经营者开通相关线路。

第二十二条　城市公共客运票价实行政府定价。

设区的市、县（市）人民政府价格主管部门应当会同财政、交通运输主管部门，根据运营成本、居民收入、消费价格指数等因素确定票价。票价确定和调整应当向社会公开征求意见，并依法组织听证。

第二十三条　设区的市、县（市）人民政府应当制定老年人、儿童、残疾人、军人和学生等特殊群体乘坐城市公共客运车辆的优惠政策，明确优惠乘车的条件、范围、标准以及凭证办理程序。

第二十四条　设区的市、县（市）人民政府应当根据城市公共客运成本费用年度核算和服务质量评价结果，对执行政府定价、指令性任务、优惠乘车等原因造成的政策性亏损给予补贴或者补偿。

城市公共汽(电)车客运经营者利用城市公共客运设施或者车辆取得的广告、租赁等其他收益,应当用于城市公共客运车辆购置、维护和基础设施建设,弥补公共客运政策性亏损。

第二十五条　公安机关交通管理部门根据城市道路通行条件、交通流量、出行方式等因素,可以设置公交专用道和城市公共客运车辆优先通行信号系统;符合条件的单行道和禁止转向的路口,可以允许公共汽(电)车双向通行、转向。

第二十六条　城市公共汽(电)车客运经营者应当遵守下列规定:

(一)按照核定的线路、站点、车次和时间运营;

(二)执行价格主管部门核定的收费标准;

(三)按照国家和地方标准设置运营线路标识、标牌,在外国人出行较多的线路提供双语服务;

(四)车辆喷涂城市客运经营者名称和服务监督电话,车辆内标明线路走向示意图、价格表、乘客须知、特需乘客专用座位标识、驾驶员姓名等;

(五)不得使用检测不合格、报废或者拼装的车辆从事城市公共客运;

(六)执行有关优惠乘车的规定;

(七)定期组织对驾驶员、乘务员、调度员进行有关法律法规、职业道德、岗位职责、操作规程、服务规范和安全应急知识的培训;

(八)按照城市客运管理机构的要求报送统计资料。

第二十七条　城市公共汽(电)车司乘人员应当遵守下列规定:

(一)随车携带车辆营运证;

(二)遵守交通法律法规、岗位职责,文明行驶;

(三)按照服务规范,向乘客提供服务;

(四)执行核定的票价和有关优惠乘车的规定;

(五)为特需乘客提供必要的帮助;

(六)发现乘客遗留物品应妥善保管,及时上交;

(七)不得拒载乘客、甩站不停、滞站揽客、站外上下乘客;

(八)及时对车辆运营中出现的火灾等险情进行处置。

第四章　安全与应急

第二十八条　设区的市、县(市)人民政府应当加强本行政区域内城市公共客运安全工作的领导,建立健全城市公共客运安全监督管理机制,及时协调、解决城市公共客运安全工作重大问题。

第二十九条　城市公共客运经营者是城市公共客运安全生产的责任主体,履行下列安全生产义务:

(一)建立健全安全生产相关制度;

(二)保障安全生产工作经费;

(三)配备安全生产管理人员;

(四)配备相关安全设施、设备,在车辆醒目位置设置安全警示标志、安全疏散示意图等,在车辆内配备灭火器、安全锤、车门紧急开启装置等安全应急设备;

(五)建立运营车辆档案,定期对运营车辆及安全设施、设备进行检测、维护、更新;

(六)定期开展安全隐患排查治理。

第三十条　城市公共客运经营者应当根据城市公共交通运输突发事件应急预案制定本企业的应急预案,组建安全应急队伍,配备应急抢险器材、设备,定期开展演练。

第三十一条　城市公共客运突发事件发生后,城市公共客运经营者和县级以上人民政府应当及时启动相应的应急预案。

遇有抢险救灾、突发事件以及重大活动等情况时,城市公共客运经营者应当服从当地人民政府的统一调度和指挥。

第三十二条　禁止下列危害或者妨碍城市公共客运运营安全的行为:

(一)携带易燃、易爆、腐蚀性危险品以及管制刀具等违禁物品乘车;

(二)非紧急状态下操作有警示标志的按钮、开关装置,动用紧急或者安全装置;

(三)干扰司乘人员的正常工作;

(四)违反规定上、下车;

(五)携带动物乘车,导盲犬除外;

(六)在场站或者其出入口通道,擅自停放车辆、堆放杂物或者摆摊设点;

(七)法律、法规禁止的其他行为。

城市公共客运经营者及其从业人员发现上述行为应当及时制止或者报警,公安机关接到报警后,应当及时依法处置。

第五章　监督检查

第三十三条　设区的市、县(市)人民政府交通运输主管部门应当制定相关制度,加强对城市客运管理机构执法活动、城市公共客运经营者运营行为的监督管理。

第三十四条　城市客运管理机构应当建立健全内部监督机制和投诉受理制度,公开举报和投诉电话、通讯地址、电子邮箱等,接受社会监督。

第三十五条　城市客运管理机构应当对城市公共客运经营者进行服务质量信誉考核,并将考核结果向社会公示。

第三十六条　城市客运管理机构执法人员实施监督检查时,可以向有关单位和个人了解情况,查阅、复制有关资料。被监督检查的单位和个人应当接受依法实施的监督检查,如实提供有关资料或者情况。

实施监督检查时,应当两人以上,佩戴标志,出示合法有效的行政执法证件。

城市客运管理监督检查的专用车辆,应当喷涂专用标识标志。

第三十七条　城市客运管理机构执法人员在实施监督检查时,发现使用变造、伪造、套用车辆号牌,使用检测不合格、报废或者拼装车辆从事城市公共客运经营的,应当移交公安机关交通管理部门依法处理。

第六章　法律责任

第三十八条　违反本条例规定,法律、行政法规已经规定法律责任的,从其规定。

第三十九条　违反本条例规定,未取得城市公共客运经营许可擅自从事城市公共客运经营的,由城市客运管理机构责令停止违法行为,没收违法所得,并处以一万元以上三万元以下罚款。

第四十条　违反本条例规定,城市公共客运经营者擅自暂停或者终止运营的,由城市客运管理机构责令限期改正;逾期不改的,处以三万元以上五万元以下罚款。

第四十一条　违反本条例规定,转让、出租公共汽(电)车经营权的,由城市客运管理机构处以一万元以上三万元以下罚款,并由原许可机关撤销许可。

第四十二条　违反本条例规定,城市公共客运经营者或者从业人员有下列情形之一的,由城市客运管理机构责令限期改正,可以并处以五百元以上三千元以下罚款:

(一)未按照核定的线路、站点、车次和时间运营的;

(二)未按照规定对相关人员进行培训的;

(三)未随车携带车辆营运证的;

(四)拒载乘客、甩站不停、滞站揽客、站外上下乘客的。

第四十三条　交通运输主管部门及其城市客运管理机构工作人员在城市公共客运管理工作中,滥用职权、玩忽职守、徇私舞弊的,依法给予处分;构成犯罪的,依法追究刑事责任。

第七章　附　　则

第四十四条　本条例所称城市公共客运设施是指城市公共客运枢纽站、首末站、公交专用道、调度室、车场、供电线网、线杆、站台、无障碍设施以及站杆、站牌、候车亭、栏杆及配套安全设施等。

第四十五条　轨道交通的规划、建设、管理和营运服务另行规定。

第四十六条　本条例自2015年10月1日起施行。1995年7月20日山西省第八届人民代表大会常务委员会第十六次会议通过,2010年11月26日山西省第十一届人民代表大会常务委员会第二十次会议修正的《山西省城市公共客运管理暂行条例》同时废止。

山西省女职工劳动保护条例

(2015年7月30日山西省第十二届人民代表大会常务委员会第二十一次会议通过)

第一条　为了保护女职工在劳动中的安全与健康,根据有关法律、行政法规的规定,结合本省实际,制定本条例。

第二条　本省行政区域内国家机关、企业、事业单位、社会团体、个体经济组织以及其他社会组织等用人单位的女职工劳动保护工作,适用本条例。

第三条　县级以上人民政府应当加强对女职工劳动保护工作的领导,采取措施保护女职工的合法权益,将女职工劳动保护纳入社会信用体系。

县级以上人民政府人力资源社会保障、安全生产监督管理等有关行政部门按照各自职责对用人单位女职工劳动保护工作进行监督检查。

第四条　工会、妇女组织依法对用人单位女职工劳动保护工作进行监督。

用人单位工会及女职工组织应当协助和督促本单位做好女职工劳动保护工作。

第五条　用人单位应当履行下列义务:

(一)建立健全女职工劳动保护制度;

（二）为女职工提供符合国家规定的工作环境、劳动条件和劳动保护用品；

（三）对女职工进行安全生产、职业卫生和心理健康知识培训；

（四）执行国家对女职工禁忌从事劳动范围的规定，书面告知其禁忌从事的劳动范围的岗位；

（五）采取相应措施保护夜班劳动的女职工在劳动场所中的安全；

（六）预防和制止对女职工的性骚扰。

第六条　用人单位与女职工订立劳动合同或者聘用合同时，应当书面告知其工作过程中可能产生的职业危害及其后果、职业防护措施和本单位女职工劳动保护制度。

用人单位不得在劳动合同或者聘用合同中与女职工约定限制其结婚、生育等合法权益的内容；不得因女职工结婚、怀孕、休产假、哺乳等情形降低其工资、福利待遇，限制其晋级、评奖，或者单方与其解除劳动合同、聘用合同。

劳动合同或者聘用合同期满而孕期、产期、哺乳期未满的，劳动合同或者聘用合同应当顺延至孕期、产期、哺乳期期满。

劳务派遣单位与用工单位订立的劳务派遣协议中，应当明确约定女职工劳动保护的内容。

第七条　企业以及实行企业化管理的事业单位应当就女职工劳动保护事项与职工方开展集体协商，订立女职工权益保护专项集体合同。

第八条　用人单位应当每年至少为女职工安排一次妇科检查；可以集中安排乳腺、宫颈等专项检查。

第九条　用人单位应当对从事有职业危害作业的女职工组织上岗前、在岗期间和离岗时职业健康检查，建立职业健康检查档案，如实告知其检查结果。

第十条　用人单位应当为在职女职工每人每月发放不低于三十元的卫生费。所需费用，企业从职工福利费中列支；机关事业单位按现行财政负担政策列入预算。

第十一条　经本人提出，用人单位应当给予经期女职工下列保护：

（一）从事国家规定的高处、低温、冷水作业和第三级以上体力劳动强度作业的，暂时安排其他合适工作；

（二）从事连续四个小时以上站立劳动的，安排二十分钟工间休息；

（三）医疗机构证明患有痛经或者经量过多的，给予一至二日的休息。

第十二条　经本人提出，用人单位对已婚待孕女职工可以按照孕期禁忌从事的劳动范围予以保护。

第十三条　用人单位应当给予孕期女职工下列保护：

（一）在劳动时间内进行产前检查，所需时间计入劳动时间；

（二）经本人提出，不能适应原劳动岗位的，予以减轻劳动量或者安排其他能够适应的岗位；

（三）需要休息的，经用人单位指定医疗机构证明，准予休息；

（四）对怀孕三个月以内和七个月以上的，不得延长劳动时间或者安排夜班劳动，并每日安排一小时以上工间休息；有劳动定额的，减轻相应的劳动量；

（五）不得安排孕期禁忌从事的劳动。

第十四条　女职工生育享受产假九十八日，其中产前可以休假十五日；难产的，增加产假十五日；生育多胞胎的，每多生育一个婴儿，增加产假十五日；晚育或者产假期间采取长效节育措施的，享受本省计划生育条例规定的假期。

女职工怀孕不满三个月流产的，享受产假十五日；满三个月不满四个月流产的，享受产假三十日；满四个月不满七个月流产的，享受产假四十二日；满七个月引产，符合国家生育规定的，享受产假九十八日。

第十五条　女职工产假期满，经本人申请，用人单位批准，可以请哺乳假至婴儿满一周岁，请假期间的待遇由双方协商确定；产假期满上班的，用人单位应当给予一至二周的适应时间。

第十六条　用人单位应当给予哺乳未满一周岁婴儿的女职工下列保护：

（一）在每日劳动时间内安排一小时哺乳时间，生育多胞胎的，每多哺乳一个婴儿每日增加一小时哺乳时间，哺乳时间不包括往返路途时间；

（二）不得延长劳动时间或者安排夜班劳动；

（三）不得安排哺乳期禁忌从事的劳动。

第十七条　婴儿满一周岁，经用人单位指定的医疗机构确诊为体弱儿的，可以适当延长该女职工的哺乳期，但最长不超过六个月。

第十八条　用人单位应当采取措施妥善解决从事流动性或者分散性工作的女职工在生理卫生、哺乳等方面的困难。

有条件的用人单位应当根据女职工需要，按照规定建立女职工卫生室、孕妇休息室、哺乳室等设施。

第十九条　经二级以上医疗机构确诊为更年期综合征的女职工，经治疗效果仍不显著，本人提出不能适应原劳动岗位的，用人单位应当安排其他适合的劳动岗位。

第二十条　参加生育保险的女职工产假期间的生育津贴和法律、法规规定的其他情形的生育津贴，按照用人单位上年度职工月平均工资标准从生育保险基金中支付；未参加生育保险或欠缴生育保险费的女职工，按照女职工产假前工资标准由用人单位支付。

女职工生育或者妊娠满七个月引产的，用人单位可以按照本单位上年度的职工年平均工资百分之二的标准，一次性发给营养补助。

第二十一条　女职工生育或者流产的医疗费用，按照生育保险规定的项目和标准从生育保险基金中支付；未参加生育保险或欠缴生育保险费的，由用人单位支付。

女职工因计划生育实施节育、绝育或者复通手术所发生的医疗费用，按规定从生育保险基金中支付；未参加生育保险或欠缴生育保险费的，由用人单位支付。

第二十二条　失业前参加生育保险并连续缴费的女职工，在领取失业救济金期间发生的符合规定的生育医疗费用，从生育保险基金中支付。

第二十三条　用人单位违反本条例规定，法律、行政法规已有法律责任规定的，从其规定。

第二十四条　用人单位违反本条例规定，侵害女职工合法权益的，经县级以上人民政府人力资源社会保障行政部门责令改正逾期不改的，由其记入社会保障守法诚信档案并向社会公布。

第二十五条　用人单位违反本条例规定，侵害女职工合法权益的，县级以上地方工会可以向用人单位提出《劳动法律监督意见书》，要求其改正，用人单位应当及时改正；拒不改正的，县级以上地方工会可以向同级人民政府人力资源社会保障行政部门提出《劳动法律监督建议书》，人力资源社会保障行政部门应当受理，并在处理完毕之日起十五日内将结果书面通知工会。

第二十六条　用人单位不履行女职工权益保护专项集体合同，侵害女职工合法权益的，工会可以依法要求用人单位承担责任；因履行女职工权益保护专项集体合同发生争议，经协商无法解决的，工会可以依法申请仲裁、提起诉讼。

第二十七条　用人单位违反本条例规定，侵害女职工合法权益的，女职工可以依法投诉、举报、申诉，依法向劳动人事争议调解仲裁机构申请调解仲裁，对仲裁裁决不服的，依法向人民法院提起诉讼。

第二十八条　有关国家机关及其工作人员在女职工劳动保护监督检查过程中，滥用职权、玩忽职守、徇私舞弊的，对直接负责的主管人员和其他直接责任人员，依法给予处分；构成犯罪的，依法追究刑事责任。

第二十九条　本条例自 2015 年 10 月 1 日起施行。

山西省国有土地上房屋征收与补偿条例

（2015 年 9 月 24 日山西省第十二届人民代表大会常务委员会第二十二次会议通过）

第一章　总　　则

第一条　为了规范国有土地上房屋征收与补偿活动，维护公共利益，保障被征收房屋所有权人的合法权益，根据《中华人民共和国物权法》、《国有土地上房屋征收与补偿条例》等法律、行政法规，结合本省实际，制定本条例。

第二条　在本省行政区域内，因公共利益的需要，征收国有土地上单位、个人的房屋，对被征收房屋所有权人（以下简称被征收人）进行补偿，适用本条例。

第三条　房屋征收与补偿应当遵循决策民主、程序正当、补偿公平、结果公开的原则。

第四条　设区的市、县（市、区）人民政府负责本行政区域的房屋征收与补偿工作。设区的市与市辖区人民政府的房屋征收与补偿工作职责分工，由设区的市人民政府确定。

设区的市、县（市、区）人民政府确定的房屋征收部门负责组织实施本行政区域的房屋征收与补偿工作。

有关部门应当按照职责分工，依法做好房屋征收与补偿相关工作。

乡（镇）人民政府、街道办事处在职责范围内依法做好房屋征收与补偿的相关工作。

第五条　设区的市人民政府房屋征收部门应当加强对县（市、区）人民政府房屋征收部门征收方案的拟定、补偿标准的制定与执行、征收程序的履行、补偿资金的监管、征收补偿信息公开等房屋征收与补偿实施工作的监督指导。

房屋征收部门依法委托房屋征收实施单位承担房屋征收与补偿的具体工作。

房屋征收部门对房屋征收实施单位在委托范围内实施的房屋征收与补偿行为负责监督，并对其行为后果承担法律责任。

第六条　房屋征收实施单位开展房屋征收与补偿工作所需经费由设区的市、县（市、区）人民政府予以保障。

第七条　省人民政府住房城乡建设主管部门会同财政、国土资源、发展改革等有关部门，指导全省房屋征收与补偿实施工作。

第二章　征　　收

第八条　设区的市、县(市、区)人民政府根据公共利益的需要，组织有关部门编制国有土地上房屋征收年度计划，并报上一级人民政府备案。

房屋征收年度计划应当包括征收目的、征收范围、征收项目、补偿方式、补偿资金筹措等内容。

第九条　设区的市、县(市、区)人民政府对符合公共利益、确需征收房屋的，应当根据规划用地范围和房屋实际状况确定房屋征收范围，并予以公布。

第十条　房屋征收范围公布后，被征收人不得在房屋征收范围内实施新建、改建、扩建房屋和改变房屋、土地用途以及房屋转让、出租、抵押等不当增加补偿费用的行为；对违反规定实施的部分，不予补偿。

房屋征收部门应当将前款规定的事项在房屋征收范围内予以公告，并书面通知有关部门暂停办理相关手续。暂停办理的书面通知应当载明暂停原因和期限，暂停期限不得超过一年。

第十一条　房屋征收部门应当在设区的市、县(市、区)人民政府作出房屋征收决定前，对房屋征收范围内房屋的权属、区位、用途、建筑面积、家庭成员状况等情况组织调查登记。对未经产权登记或者权属不明确的房屋，设区的市、县(市、区)人民政府应当组织有关部门依法进行调查认定。

调查结果在房屋征收范围内公布，公布期限不少于七日。对调查结果有异议的，应当在公布期限内向房屋征收部门提出书面核实申请，房屋征收部门在受理申请后十五日内予以核实并告知申请人。

被征收人应当配合入户调查登记工作。对拒绝配合的，已在不动产登记簿上登记的房屋，以不动产登记簿记载的内容为准；未在不动产登记簿上登记的房屋，以外围测量为准。被征收人家庭成员状况，以公安机关登记的信息为准。

第十二条　设区的市、县(市、区)人民政府作出房屋征收决定前，应当就房屋征收可能出现的风险进行社会稳定风险评估，并根据评估结论制定相应的风险防范、处置措施和应急预案。

第十三条　设区的市、县(市、区)人民政府作出房屋征收决定时，用于征收补偿的资金应当在本级政府预算中安排，足额到位，专款专用。

采用房屋产权调换方式补偿被征收人的，产权调换房屋的价值应当计入征收补偿费用总额。

审计机关应当加强对征收补偿资金管理和使用情况的监督。

第十四条　房屋征收部门负责拟定征收补偿方案。

征收补偿方案包括：房屋征收范围、实施时间、补偿方式、补偿标准、补助和奖励、用于产权调换房屋的地点、户型和面积、选购办法、搬迁过渡方式和过渡期限等事项。

设区的市、县(市、区)人民政府应当组织有关部门和专家对征收补偿方案进行论证，在房屋征收范围内予以公布，征求公众意见，并及时公布征求意见情况和根据意见修改后的征收补偿方案，征求意见期限不少于三十日。

第十五条　因旧城区改造征收房屋，过半数的被征收人认为征收补偿方案不符合国家和本条例征收补偿规定的，设区的市、县(市、区)人民政府应当组织由被征收人和公众代表参加的听证会，采纳合理意见和建议，修改和完善征收补偿方案。

第十六条　设区的市、县(市、区)人民政府应当根据征收补偿方案、社会稳定风险评估结论和征收补偿费用到位情况等作出房屋征收决定，并在五日内进行公告。

被征收人对房屋征收决定不服的，可以依法向上一级人民政府申请行政复议，或者依法向人民法院提起行政诉讼。

第三章　补　　偿

第十七条　设区的市、县(区)人民政府在作出房屋征收决定后，应当对被征收人给予以下补偿：

(一)被征收房屋价值的补偿；

(二)因征收房屋造成搬迁的补偿；

(三)因征收房屋造成临时安置的补偿；

(四)因征收房屋造成的停产停业损失的补偿。

对被征收房屋价值的补偿，不得低于房屋征收决定公告之日与被征收房屋的区位、用途、权属性质、规模、建筑结构等类似房地产的市场价格。

第十八条　实施房屋征收应当先补偿、后搬迁。

被征收人可以选择货币补偿或者房屋产权调换。

房屋征收部门应当与被征收人订立补偿协议。

实行货币补偿的，应当明确房屋价值补偿金额、停产停业损失补偿、搬迁补助费、支付期限、搬迁期限、违约责任、解决争议的办法等。

实行产权调换的，应当明确用于产权调换房屋的地点、户型、面积、选房顺序，被征收房屋与产权调换房屋的差价结算方式，临时安置补助费、搬迁补助费、搬迁期限、搬迁过渡方式、过渡期限、停产停业损失补偿、违约责任、解决争议的办法等。

第十九条　因旧城区改造需要征收房屋的，房屋征收部门可以在与被征收人签订的补偿协议中明确附生效条件的条款。

签订附生效条件补偿协议的签约户数达到征收补偿方案确定的比例的，补偿协议生效；未达到签约户数比例的，补偿协议不生效，房屋征收决定终止。房屋征收决定终止的，设区的市、县（市、区）人民政府应当予以公告，并书面告知被征收人。

第二十条　房屋征收部门提供的产权调换房屋，应当符合下列规定：

（一）产权清晰；

（二）符合国家和省规定的房屋质量安全标准；

（三）符合国家和省规定的房屋建筑设计技术规范和标准。

第二十一条　被征收人选择产权调换期房安置的，低层和多层房屋的过渡期限不得超过二十四个月，中高层和高层房屋的过渡期限不得超过三十六个月。过渡期限应当自被征收人订立补偿协议并交房之日起计算。

第二十二条　被征收人在等待期房安置过渡期间，房屋征收部门应当支付其自搬迁之月起至用于产权调换房屋交付后六个月内的临时安置补助费。非因被征收人原因延长过渡期限的，还应当自逾期之月起按照设区的市、县（市、区）人民政府公布标准的临时安置补助费，并逐年按照一定比例递增，但是因自然灾害等不可抗力因素延长过渡期限的除外。

第二十三条　被征收人符合住房保障条件的，设区的市、县（市、区）人民政府应当优先给予住房保障。

对被征收人提供保障性住房，按照实际搬迁的先后顺序确定。

第二十四条　对符合住房保障条件且仅有一处住宅的被征收人，被征收房屋建筑面积小于四十五平方米的，房屋征收部门应当为其提供建筑面积不小于四十五平方米的成套住宅作为产权调换房屋，在四十五平方米以内的部分不结算差价，超过四十五平方米的部分，采取阶梯式价格或者按照房地产市场价格结算。具体办法由设区的市、县（市、区）人民政府规定。

第二十五条　用于社会公益事业的房屋及其附属建筑物、构筑物被征收的，设区的市、县（市、区）人民政府应当依照有关法律、法规和城乡规划的要求征求有关方面意见，并重新规划建设。

第二十六条　征收住宅房屋，被征收人选择货币补偿和产权调换现房安置的，房屋征收部门支付一次搬迁补助费；选择产权调换期房安置的，支付两次搬迁补助费。

征收经营性、生产型非住宅房屋的，房屋征收部门一次性支付临时安置补助费、搬迁补助费。搬迁补助费包括机器设备的拆卸费、搬运费、安装费、调试费等费用。

第二十七条　支付临时安置补助费和搬迁补助费，以被征收房屋所有权证和房屋权属档案记载的建筑面积为依据计算；对未经产权登记的房屋，以本条例第十一条第一款规定的认定结果为依据计算。

临时安置补助费、搬迁补助费的具体标准，由设区的市、县（市、区）人民政府根据当地物价水平规定，每二年公布一次。

第二十八条　因征收房屋造成停产停业损失的补偿，当事人可以协商选择下列方式之一确定补偿金额：

（一）按被征收房屋评估总价的一定比例计算；

（二）按被征收人上一年度纳税的税后月平均净利润计算；

（三）按被征收房屋租金收益计算；

（四）按设区的市、县（市、区）人民政府制定的其他补偿办法计算。

协商不成的，可以委托具有相应资质的评估机构通过评估确定。

第二十九条　房屋征收部门与被征收人在征收补偿方案确定的签约期限内达不成补偿协议，或者被征收房屋的所有权不明确的，由房屋征收部门报请设区的市、县（市、区）人民政府根据征收补偿方案作出补偿决定，补偿决定应当包含补偿协议规定的内容，并在房屋征收范围内予以公告。

被征收人对补偿决定不服的，可以依法向上一级人民政府申请行政复议，或者依法向人民法院提起行政诉讼。

第三十条　被征收人搬迁后，房屋征收部门应当向不动产登记机构提供房屋征收决定、补偿协议或者补偿决定以及被征收房屋清单；不动产登记机构应当依据房屋征收决定、补偿协议或者补偿决定办理房屋所有权、土地使用权注销登记，原权属证书作废。

第三十一条　被征收人在法定期限内不申请行政复议或者不提起行政诉讼，在补偿决定规定的期限内又不搬迁的，作出房屋征收决定的设区的市、县（市、区）人民政府依法向人民法院申请强制执行。

第三十二条　房屋征收部门应当建立房屋征收补偿档案，房屋征收补偿档案主要包括下列内容：

（一）征收决定发布前的相关会议纪要；

（二）征收决定发布所依据的相关规划或者计划、

立项资料；

（三）征收决定发布前的征求意见资料；

（四）社会稳定风险评估结论；

（五）征收补偿方案；

（六）征收决定及其公告；

（七）房地产价格评估机构选定的相关资料、委托合同和评估报告；

（八）通知有关部门停止办理相关手续的书面通知；

（九）补偿协议、补偿决定和其他有关资料；

（十）其他与征收有关的档案资料。

房屋征收补偿工作结束后，房屋征收部门应当按照档案管理有关规定，及时将房屋征收补偿档案移交有关档案管理部门。

第三十三条　设区的市、县（市、区）人民政府可以根据当地实际规定对被征收人的奖励办法。

第四章　评　　估

第三十四条　被征收房屋的价值，应当由具有相应资质的房地产价格评估机构依法评估确定。

设区的市房地产主管部门应当定期向社会公布房地产价格评估机构的资质及其信用情况。

第三十五条　设区的市房地产主管部门应当组织成立房地产价格评估专家委员会由房地产估价师以及价格、房产、土地、城乡规划、法律、财务等方面的专家组成。

第三十六条　房地产价格评估机构、房地产估价师、房地产价格评估专家委员会应当独立、客观、公正地开展房屋征收评估、鉴定工作，并分别对出具的评估结果、鉴定结论负责。

第三十七条　选定房地产价格评估机构应当遵循下列程序：

（一）房屋征收部门向社会发布征收评估信息；

（二）具有相应资质的房地产价格评估机构报名；

（三）房屋征收部门按照报名先后顺序公布房地产价格评估机构名单；

（四）被征收人在十日内协商选定房地产价格评估机构。

被征收人在规定时间内协商不成的，由房屋征收部门组织投票或者采取摇号、抽签等方式确定。确定房地产价格评估机构应当由公证机构现场公证。

房屋征收部门应当在房屋征收范围内公布由被征收人确定的房地产价格评估机构。

第三十八条　房地产价格评估机构确定后，由房屋征收部门作为委托人，向房地产价格评估机构出具房屋征收评估委托书，并签订委托合同。

委托合同应当包括委托人名称、受托人名称、评估项目、评估目的、评估范围、评估要求以及委托日期等内容。

第三十九条　承担房屋征收评估工作的房地产价格评估机构不得与一方当事人串通，损害另一方当事人合法权益；不得采取虚假宣传、恶意压低收费等不正当手段承揽房屋征收评估业务；不得将受委托的评估业务转让、变相转让或者再委托。

第四十条　房地产价格评估机构应当安排房地产估价师对被征收房屋进行实地查勘，调查被征收房屋状况，拍摄反映被征收房屋内外部状况的影像资料，做好实地查勘记录。被征收人应当配合做好查勘工作。

由于被征收人的原因不能现场核实被征收房屋内部状况的，经房屋征收部门、房地产估价师和无利害关系的第三方见证或者公证机构公证，可以参照同类建筑中与被征收房屋位置相邻、户型结构相似、面积大小相近的房屋现场查勘情况，作为被征收房屋实物状况的参照依据，并在评估报告中说明。

第四十一条　被征收人或者房屋征收部门对评估结果有异议的，可以自收到评估报告之日起十日内，向房地产价格评估机构申请复核评估。

被征收人或者房屋征收部门对复核结果有异议的，可以自收到复核结果之日起十日内，向被征收房屋所在地房地产评估专家委员会申请鉴定。评估专家委员会应当自收到鉴定申请之日起十日内出具书面鉴定意见。

第四十二条　房屋征收评估费用由委托人承担；复核评估费用由原房地产价格评估机构承担；鉴定费用由申请人承担；但鉴定撤销原评估结果的，鉴定费用由原房地产价格评估机构承担。

第五章　法律责任

第四十三条　采取暴力、威胁或者违反规定中断供水、供热、供气、供电和道路通行等非法方式迫使被征收人搬迁，造成损失的，依法承担赔偿责任；对直接负责的主管人员和其他直接责任人员，依法给予处分；构成违反治安管理行为的，依法给予治安管理处罚；构成犯罪的，依法追究刑事责任。

第四十四条　被征收人采取暴力、威胁等方法阻碍依法进行的房屋征收与补偿工作，构成违反治安管理行为的，依法给予治安管理处罚；构成犯罪的，依法追究刑事责任。

第四十五条　房地产价格评估机构或者房地产估

价师有下列情形之一的，依法承担赔偿责任；构成犯罪的，依法追究刑事责任：

（一）与一方当事人串通，损害另一方当事人合法权益的；

（二）在评估机构确定过程中以不正当手段获取评估业务的；

（三）将受委托的评估业务转让、变相转让或者再委托的。

第四十六条　设区的市、县（市、区）人民政府及其相关部门、房屋征收实施单位的工作人员在房屋征收与补偿工作中滥用职权、玩忽职守、徇私舞弊的，由所在单位或者上级主管部门责令改正，通报批评；造成损失的，依法承担赔偿责任；对直接负责的主管人员和其他直接责任人员，依法给予处分；构成犯罪的，依法追究刑事责任。

第六章　附　　则

第四十七条　本条例自2016年1月1日起施行。2003年9月27日山西省第十届人民代表大会常务委员会第六次会议通过的《山西省城市房屋拆迁条例》同时废止。

山西省法律援助条例

（2003年11月30日山西省第十届
人民代表大会常务委员会第七次会议通过
2015年11月26日山西省第十二届
人民代表大会常务委员会第二十三次会议修订）

第一章　总　　则

第一条　为了加强和规范法律援助工作，保障公民的合法权益，维护社会公平正义，根据有关法律、行政法规，结合本省实际，制定本条例。

第二条　本条例所称法律援助是指县级以上人民政府设立的法律援助机构依法组织法律服务机构和法律援助人员，为经济困难和其他符合规定条件的公民提供无偿法律服务的活动。

法律服务机构是指律师事务所、公证处、基层法律服务所、司法鉴定机构。

法律援助人员是指提供法律援助的律师、公证员、基层法律服务工作者、司法鉴定人员、法律援助机构中的工作人员和法律援助志愿者。

第三条　法律援助是政府的责任。

县级以上人民政府应当将法律援助工作纳入国民经济和社会发展规划，纳入基本公共服务和民生工程建设，加强法律援助基础设施、工作站点和队伍建设，建立法律援助责任考核机制。

县级以上人民政府应当将法律援助经费纳入同级财政预算，予以保障。法律援助经费由法律援助机构管理和使用，专款专用，并接受财政、审计和司法行政部门的监督。

乡（镇）人民政府、街道办事处应当支持法律援助机构做好法律援助工作。

第四条　县级以上人民政府司法行政部门负责监督管理本行政区域内的法律援助工作。

人民法院、人民检察院、公安机关及政府其他有关部门应当依法做好与法律援助有关的工作。

广播、电视、报刊、网络等媒体应当开展法律援助社会公益宣传。

第五条　法律援助机构组织实施本行政区域内的法律援助工作。

法律援助机构应当设立便民服务大厅、专线咨询电话、网上受理等工作平台，建立异地协作机制，为受援人提供便捷的法律服务。

法律服务机构、法律援助人员应当依法履行法律援助义务，接受司法行政部门和法律援助机构的监督、指导。

第六条　司法行政部门、法律援助机构、法律服务机构应当建立法律援助服务质量考核机制，通过案卷评查、质量评估和受援人回访等方式，加强法律援助案件质量管理。

第七条　依法设立的法律援助基金会接受社会组织和个人对法律援助事业的捐助，向社会公开捐助资金使用情况，依法接受监督。

鼓励、支持社会组织和个人捐助法律援助事业。

第八条　县级以上人民政府及其司法行政部门应当对在法律援助工作中作出突出贡献的组织和个人给予表彰和奖励。

第二章　法律援助范围和形式

第九条　公民对下列需要代理的事项，因经济困难没有委托代理人的，可以向法律援助机构申请法律援助：

（一）请求国家赔偿的；

（二）请求给予社会保险待遇或者最低生活保障待遇的；

（三）请求发给抚恤金的；

（四）请求给付赡养费、抚养费、扶养费的；

（五）请求支付劳动报酬或者因劳动争议请求给付经济补偿、赔偿金的；

（六）因见义勇为或者保护社会公共利益而依法主张民事权益的；

（七）因交通、工伤、医疗、食品药品安全、环境污染、产品质量以及农业生产资料等造成人身伤害或者财产损失请求赔偿或者补偿的；

（八）因婚姻、财产纠纷导致合法权益受到侵害的；

（九）因遭受家庭暴力、虐待、遗弃导致合法权益受到侵害的；

（十）因土地承包经营、流转等导致合法权益受到侵害的；

（十一）法律、法规规定的其他法律援助事项。

公民可以就前款规定的事项向法律援助机构申请代书、公证、司法鉴定。

第十条　在刑事诉讼中有下列情形之一的，公民可以向法律援助机构申请法律援助：

（一）犯罪嫌疑人自被侦查机关第一次讯问或者采取强制措施之日起，因经济困难或者其他原因没有委托辩护人的；

（二）被告人因经济困难或者其他原因没有委托辩护人的；

（三）公诉案件中的被害人及其法定代理人或者近亲属，附带民事诉讼的当事人及其法定代理人，自案件移送审查起诉之日起，因经济困难没有委托诉讼代理人的；

（四）自诉案件中的自诉人及其法定代理人，附带民事诉讼的当事人及其法定代理人，因经济困难没有委托诉讼代理人的。

第十一条　犯罪嫌疑人、被告人属于下列情形之一且没有委托辩护人的，公安机关、人民检察院、人民法院应当自发现该情形之日起三日内，书面通知所在地同级司法行政部门所属法律援助机构指派律师为其提供辩护，法律援助机构应当提供法律援助：

（一）未成年人；

（二）盲、聋、哑人；

（三）尚未完全丧失辨认或者控制自己行为能力的精神病人；

（四）可能被判处无期徒刑、死刑的人。

第十二条　强制医疗案件中的被申请人或者被告人没有委托诉讼代理人的，人民法院应当按照有关规定通知所在地同级司法行政部门所属法律援助机构指派律师，为其提供法律援助。

第十三条　公民申请法律援助的经济困难标准，由设区的市人民政府按照不低于当地最低生活保障标准的二倍确定。

申请人住所地的经济困难标准与受理申请的法律援助机构所在地的经济困难标准不一致的，按照受理申请的法律援助机构所在地的经济困难标准执行。

第十四条　法律援助的形式包括：

（一）刑事诉讼的辩护和代理；

（二）民事诉讼代理、行政诉讼代理；

（三）行政复议、仲裁和其他非诉讼法律事务代理；

（四）办理公证、司法鉴定；

（五）解答法律咨询、代写法律文书；

（六）法律、法规规定的其他形式。

第三章　法律援助申请和审查

第十五条　申请法律援助应当提交下列材料：

（一）法律援助申请书；

（二）居民身份证（户籍证明）或者其他有效身份证明；

（三）乡（镇）人民政府、街道办事处或者相关单位出具的能够证明申请人经济困难的材料；

（四）与申请法律援助事项有关的其他材料。

第十六条　申请人符合下列情形之一的，无须提交经济困难证明，但是应当提供相应证件或者证明材料：

（一）义务兵、供给制学员及军属；

（二）执行作战、重大非战争军事行动任务的军人及军属；

（三）烈士、因公牺牲或者病故军人、警察的遗属；

（四）因见义勇为或者保护社会公共利益而依法主张民事权益的；

（五）农村进城务工人员请求支付劳动报酬或者工伤赔偿的；

（六）最低生活保障对象；

（七）无劳动能力、无生活来源且无法定赡养、抚养、扶养义务人，或者其法定赡养、抚养、扶养义务人无赡养、抚养、扶养能力的老年人、残疾人以及未满十六周岁的未成年人；

（八）社会福利机构供养的孤儿、弃婴；

（九）请求支付赡养费、抚养费、扶养费的；

（十）获得司法救助的；

（十一）法律、法规规定的其他情形。

第十七条　无民事行为能力人、限制民事行为能力人的法定代理人和其他申请人的委托代理人，可以代为申请法律援助。代理人代为申请法律援助的，应当向法律援助机构提交有代理权的证明或者授权委托书。

第十八条　申请法律援助事项属于诉讼案件的，申请人应当向办理案件的公安机关、人民检察院或者审理案件的人民法院所在地的同级司法行政部门所属的法律援助机构提出申请；属于其他事项的，申请人应当向承办机关所在地或者义务人住所地的法律援助机构提出申请。

第十九条　被羁押的犯罪嫌疑人、被告人、服刑人员、强制隔离戒毒人员申请法律援助的，可以通过办理案件的公安机关、人民检察院、人民法院或者所在的监狱、强制隔离戒毒所转交申请。

公安机关、人民检察院、人民法院、监狱以及强制隔离戒毒所应当在收到法律援助申请后二十四小时内转交或者告知法律援助机构，并于三日内通知申请人的法定代理人、近亲属或者委托代理人协助向法律援助机构提供有关证件、证明等材料；犯罪嫌疑人、被告人的法定代理人或者近亲属无法通知的，应当及时告知法律援助机构。

第二十条　法律援助机构收到法律援助申请后应当及时审查，并根据下列情形作出处理：

（一）对申请材料齐全、权利主张合法、事实清楚、证据充分的，在三日内作出给予法律援助的决定；涉及疑难事项需要调查核实的，在七日内作出是否提供法律援助的决定；

（二）对申请材料不齐全的，一次性告知申请人作出补充或者说明，申请人补充材料的时间不计入审查时限；申请人不按照要求补充材料的，视为撤销申请；需要查证相关资料的，由法律援助机构负责查证；

（三）不符合法律援助情形的，在五日内书面告知申请人并说明理由。

第二十一条　申请人对法律援助机构作出的不予法律援助的决定有异议的，可以在收到通知书之日起五日内向主管该法律援助机构的司法行政部门提出书面申请。司法行政部门应当自受理之日起五日内作出决定，并书面告知申请人。

第二十二条　申请人无正当理由拒绝接受法律援助人员为其提供法律援助，或者法律援助案件结案后无新的事实、证据的，不得就同一事项再次申请法律援助。

申请人撤回申请后不得就同一事项再次申请法律援助，但是发现新的事实、证据或者能够证明撤回申请违背申请人真实意愿的除外。

第二十三条　法律援助机构工作人员在受理和审查法律援助申请时，有下列情形之一的，应当回避：

（一）是申请事项的当事人或者当事人的近亲属的；

（二）与申请事项有利害关系的；

（三）法律、法规规定的其他应当回避的情形。

第四章　法律援助实施

第二十四条　对公民申请法律援助的案件，法律援助机构应当自作出给予法律援助决定之日起五日内指派法律服务机构安排法律援助人员办理，也可以直接安排本机构具有执业资格的工作人员或者法律援助志愿者办理。

第二十五条　由人民法院通知辩护的案件，人民法院应当在开庭十五日前将通知辩护公函、起诉书副本或者判决书副本送交法律援助机构。

由人民法院通知代理的强制医疗案件，人民法院应当在开庭十五日前将通知代理公函和强制医疗申请书或者强制医疗申请书复印件送交法律援助机构。

通知辩护、代理的案件，法律援助机构应当在收到通知辩护、代理公函之日起三日内指派律师事务所安排律师或者直接安排法律援助机构工作人员办理，并同时告知作出通知的公安机关、人民检察院、人民法院。

对可能被判处无期徒刑、死刑的犯罪嫌疑人、被告人提供辩护的，应当指派或者安排具有三年以上刑事辩护执业经历的律师。

第二十六条　法律援助机构组织办理法律援助案件确有困难的，经主管机关报请上一级司法行政部门批准，由上一级司法行政部门所属的法律援助机构组织办理。

最高人民法院巡回法庭审理的案件涉及法律援助的，由省人民政府司法行政部门所属的法律援助机构组织办理。

第二十七条　法律援助人员会见在押犯罪嫌疑人、被告人应当向看守所提交律师执业（工作）证、法律援助机构出具的指派通知书、法律援助机构或者律师事务所出具的会见函。

第二十八条　法律援助人员办理法律援助案件过程中需要有关部门和组织提供证据或者相关资料的，有关部门和组织应当予以配合；需要异地调查取证的，相关法律援助机构应当予以协助。

公安机关、人民检察院和人民法院应当保障法律援助人员依法执业的权利,案件办理需要翻译的,应当及时安排翻译人员。

法律援助人员自人民检察院对案件审查起诉之日起,可以依法查阅、摘抄和使用复印、拍照、扫描等方式复制案卷材料,办案机关应当免收相关费用。

第二十九条　有下列情形之一的,公安机关、人民检察院、人民法院应当在五日内将相关法律文书副本或者复印件送达承办案件的法律援助机构,或者书面告知承办案件的法律援助机构:

(一)公安机关在撤销案件或者移送审查起诉后;

(二)人民检察院在作出提起公诉、不起诉或者撤销案件决定后;

(三)人民法院在终止审理或者作出裁决后;

(四)公安机关、人民检察院、人民法院将案件移送其他机关办理后。

第三十条　申请事项属于下列情形之一的,法律援助机构应当及时决定给予法律援助,法律服务机构也可以先行提供法律服务:

(一)法定时效即将届满的;

(二)必须立即采取财产保全措施的;

(三)其他紧急情况。

申请人应当在法律援助机构作出给予法律援助决定之日起三日内补交规定的申请材料。法律援助机构经审查认为不符合法律援助条件的,应当终止法律援助。

第三十一条　有下列情形之一的,对受援人的法律援助应当终止:

(一)以欺骗、贿赂等非法手段获得法律援助的;

(二)经济状况改善不再符合法律援助条件的;

(三)案件依法终止审理或者被撤销的;

(四)自行委托其他代理人或者辩护人的;

(五)拒绝接受或者要求终止法律援助的;

(六)利用法律援助从事违法活动的;

(七)故意隐瞒与案件有关的重要事实或者提供虚假证据的;

(八)法律、法规规定的应当终止的其他情形。

第三十二条　法律援助案件办理结束后三十日内,法律援助人员应当向法律援助机构及时提交有关法律文书副本或者复印件、结案报告等材料。法律援助机构收到材料后应当进行审查,符合条件的,在同意结案后三十日内按照有关标准向法律援助人员支付办案补贴。

第五章　权利和义务

第三十三条　受援人享有下列权利:

(一)了解为其提供法律援助的情况;

(二)要求法律援助机构、法律服务机构和法律援助人员对其个人信息保密;

(三)在法律援助人员未履行或者不正确履行职责时,可以请求法律援助机构更换法律援助人员,并向司法行政部门投诉或者举报;

(四)法律、法规规定的其他权利。

第三十四条　受援人应当履行下列义务:

(一)如实陈述案件事实,提供有关证据或者材料;

(二)协助、配合法律援助人员调查取证;

(三)在经济状况或者案件情况发生变化时,及时告知法律援助人员。

第三十五条　法律援助人员享有下列权利:

(一)要求受援人提供与法律援助案件有关的证据或者材料;

(二)发现受援人有本条例第三十一条规定的情形之一的,可以向法律援助机构提出终止法律援助的申请;

(三)法律、法规规定的其他权利。

第三十六条　法律援助人员应当履行下列义务:

(一)依法维护受援人的权益,保守国家秘密和商业秘密,不得泄露受援人的个人隐私;

(二)接受法律援助机构的指导和监督,及时向法律援助机构和受援人通报法律援助事项的进展情况;

(三)无正当理由不得拒绝、拖延、终止办理法律援助案件;

(四)不得委托他人办理法律援助案件;

(五)不得利用法律援助案件牟取不正当利益;

(六)法律、法规规定的其他义务。

第六章　法律责任

第三十七条　司法行政部门及公安机关、人民检察院、人民法院等有关国家机关工作人员在法律援助工作中滥用职权、玩忽职守、徇私舞弊的,依法给予处分;构成犯罪的,依法追究刑事责任。

第三十八条　乡(镇)人民政府、街道办事处或者相关单位及其工作人员,不按照规定出具经济困难证明或者出具虚假经济困难证明的,对直接负责的主管人员和其他直接责任人员依法给予处分。

第三十九条　法律援助机构及其工作人员在法律援助工作中有下列情形之一的,由司法行政部门依法对直接负责的主管人员和其他直接责任人员给予处分;构成犯罪的,依法追究刑事责任:

(一)未在规定期限内作出是否给予法律援助决定的;

(二)为不符合法律援助条件的人员提供法律援

助，或者拒绝为符合法律援助条件的人员提供法律援助的；

（三）应当回避而没有回避的；

（四）从事有偿法律服务的；

（五）编造虚假案件骗取法律援助办案补贴的；

（六）收取财物或者牟取其他不正当利益的；

（七）侵占、私分、截留和挪用法律援助经费的。

第四十条　法律服务机构和法律援助人员有下列情形之一的，由司法行政部门依法予以处罚：

（一）无正当理由拒绝接受指派或者拒绝履行法律援助义务的；

（二）无正当理由拒绝、拖延、终止办理法律援助案件的；

（三）委托他人办理法律援助案件的；

（四）收取财物或者牟取其他不正当利益的；

（五）违反职业道德和执业纪律的。

第四十一条　社会组织或者个人以法律援助的名义从事有偿服务的，有关部门应当依法予以处罚；构成犯罪的，依法追究刑事责任。

第七章　附　　则

第四十二条　本条例自2016年1月1日起施行。

规　　章

山西省实施《无障碍环境建设条例》办法

（山西省人民政府令第243号）

第一章　总　　则

第一条　为加强无障碍环境建设，保障残疾人、老年人、儿童以及其他社会成员平等参与社会生活，促进社会文明进步，依据《无障碍环境建设条例》等有关法律法规，结合本省实际，制定本办法。

第二条　本省行政区域内的无障碍环境建设、管理等工作适用本办法。

第三条　本办法所称无障碍环境建设包括，物质环境无障碍、信息交流无障碍和社区服务无障碍等方面的建设活动。

第四条　县级以上人民政府对无障碍环境建设工作实行统一领导，组织编制无障碍环境建设发展规划，将其纳入国民经济和社会发展规划以及城乡规划并组织实施。

县级以上人民政府应当将无障碍环境建设纳入文明城市、文明村镇、文明单位建设内容，建立考核奖惩机制。

县级以上人民政府及其有关部门在制定无障碍环境建设发展规划和政策时，应当征求残疾人组织、老龄工作机构等社会组织的意见。

第五条　县级以上人民政府住房和城乡建设主管部门负责本行政区域内无障碍设施工程建设活动的监督管理工作，并对无障碍设施工程建设情况进行监督检查。

县级以上人民政府工业和信息化、广播电视等主管部门负责本行政区域内信息交流无障碍环境建设工作。

县级以上人民政府发展改革、教育、公安、民政、财政、交通运输、文化、卫生计生、新闻出版、旅游、铁路、民航等部门应当在各自职责范围内，做好无障碍环境建设工作。

第六条　残疾人组织、老龄工作机构等社会组织及其他有关单位和个人有权对无障碍环境建设情况进行监督，向有关部门和单位提出意见建议；有关部门和单位应当及时办理并答复。

第七条　县级以上人民政府及其有关部门应当制定政策措施，鼓励和支持无障碍辅助设备、专用产品、交通工具、信息交流技术及产品的研制、开发和应用。

第八条　县级以上人民政府及其有关部门应当采取多种形式，宣传无障碍环境建设理念，普及无障碍环境建设知识，提高公民无障碍环境意识。

广播、电视、报刊、网络等媒体应当进行无障碍环境建设的公益宣传。

第九条　各级人民政府对在无障碍环境建设工作中做出突出贡献的单位和个人给予表彰、奖励。

第二章　无障碍设施建设和管理

第十条　城镇新建、改建、扩建道路、公共建筑、公共交通设施、居住建筑、居住区，应当按照无障碍设施工程建设标准建设无障碍设施。

第十一条　县级以上人民政府应当将乡镇、村庄无障碍设施建设纳入新农村建设规划，统筹推进，同步实施。乡镇、村庄的道路、住宅、公共服务机构和场所等应当逐步达到无障碍设施工程建设标准。

第十二条　无障碍设施工程应当与主体工程同步设计、同步施工、同步验收投入使用，并与周边建筑物、道路的无障碍设施衔接配套。

第十三条　住房和城乡建设主管部门在进行建设项目设计文件审查时，对未按照国家无障碍设计工程建设标准进行无障碍设计的，不予审查通过。

第十四条　新建、改建和扩建的建设项目，建设单位在组织建设工程竣工验收时，应当邀请残疾人组织参加，对无障碍设施进行验收；对未按照批准的设计文件和施工技术标准进行无障碍设施施工的，不得通过竣工验收。

第十五条　县级以上人民政府及其有关部门应当制定无障碍设施设备改造计划并组织实施，通过财政补贴、慈善募捐等措施，推进已建成设施设备的无障碍改造。

第十六条　公共汽车应当提供语音报站服务，逐步实现字幕报站服务和无障碍乘坐。公共汽车停靠站（点）应当符合国家无障碍设施建设标准，逐步设置供候车的视力残疾人识别车辆、线路的提醒装置。

设区的市人民政府应当根据本地实际情况，确定并引导出租车经营企业投入一定数量可供肢体残疾人乘坐的无障碍出租车。

第十七条　公共停车场和大型居住区的停车场，应当按照无障碍设施工程建设标准设置并标明无障碍停车位。

无障碍停车位为肢体残疾人驾驶或者乘坐的机动车专用，并免收存放费用。

第十八条　设有无障碍设施或者提供无障碍服务的公共场所，应当设置符合国家标准的无障碍标识。

第十九条　无障碍设施所有权人和管理人，应当对无障碍设施进行管理和维护，保证无障碍设施的正常使用。

无障碍设施所有权人和管理人之间有管理维护责任约定的，由约定的责任人负责。

第二十条　任何组织和个人不得非法占用、损毁无障碍设施或者随意改变其用途。

因特殊情况确需临时占用无障碍设施的，必须经有关部门批准，占用期间应当设置警示标志或者信号；占用期满应当及时恢复原状。

第三章　无障碍信息交流

第二十一条　县级以上人民政府应当将无障碍信息交流纳入信息化建设规划，引导和鼓励有关部门、科研单位、企业及个人开展无障碍信息交流的技术、产品、服务的研发、推广和应用工作，为残疾人等社会成员获取公共信息提供便利。

第二十二条　县级以上人民政府及其有关部门发布重要政府信息，以及与残疾人、老年人相关的信息，应当提供语音、文字、手语等无障碍信息交流服务。

第二十三条　省和设区的市人民政府网站、政府公益活动网站，应当逐步达到无障碍网站设计标准。

县级人民政府网站应当逐步采取无障碍措施，方便残疾人等社会成员获取信息。

残疾人组织网站应当达到无障碍网站设计标准。

第二十四条　考试组织单位应当为残疾人参加各类升学考试、职业资格考试和任职考试提供便利。有视力残疾人参加的，应当根据需要为其提供盲文试卷、大字试卷、电子试卷，或者由工作人员予以协助。

第二十五条　县级以上人民政府鼓励和支持以无障碍模式制作出版文化产品。公开出版发行的影视类录像制品应当配备字幕。

第二十六条　省和设区的市人民政府设立的电视台在播出电视节目时应当加配字幕，每周至少播放一次配备手语的新闻节目。

县级人民政府设立的电视台在播出新闻和残疾人专题节目时应逐步加配字幕。

第二十七条　省和设区的市人民政府设立的公共图书馆应当开设视力残疾人阅览室，提供盲文读物、有声读物；县级人民政府设立的公共图书馆应当逐步开设视力残疾人阅览室；乡镇、村庄、社区设立的公共图书馆（室）应当逐步配备方便视力残疾人阅览的读物、资料。

公共图书馆进行图书数字化建设，应当利用无障碍技术手段，方便残疾人等社会成员获取信息。

第二十八条　县级以上人民政府鼓励和支持与视力、智力残疾人生命、财产安全等密切相关的日常用品信息等提示技术的研制、开发和应用，方便视力、智力残疾人能够清晰识别产品安全提示。

第四章　无障碍社区服务

第二十九条　社区公共服务设施应当逐步完善无障碍服务功能，对不符合无障碍设施技术标准的应当进行改造，为残疾人、老年人等社会成员参与社区生活提供便利。

第三十条　各级人民政府应当完善具备图文信息报警、呼叫功能报警、医疗急救等紧急呼叫系统的建设，方便残疾人、老年人等社会成员报警、呼救。

第三十一条　县级以上人民政府可以对有需求的贫困残疾人家庭无障碍设施改造给予适当补助。

残疾人、老年人等社会成员根据其实际需要对住房进行无障碍设施改造的，在不影响安全和他人使用的情况下，房屋管理部门应当允许其进行改造，物业服务者应当为其改造提供便利。

第三十二条　行政机关、社会团体以及基层群众自治组织、住宅区业主委员会等组织选举的单位，应当为残疾人参加选举提供便利，并根据需要为视力残疾人提供盲文选票或协助。

第三十三条　城市应急避难场所应完善无障碍服务功能，制定实施残疾人应急避难预案，对工作人员进行无障碍服务培训。

第五章　法律责任

第三十四条　无障碍环境建设主管部门工作人员在工作中滥用职权、玩忽职守、徇私舞弊，由其所在单位或者上级主管部门依法给予行政处分；构成犯罪的，依法追究刑事责任。

第三十五条　有下列行为之一，由住房和城乡建设主管部门依法予以处罚。

(一)设计单位未按照国家有关无障碍设施设计强制性标准进行设计的；

(二)施工单位未按照审核通过的施工图设计文件和有关施工技术标准进行施工的；

(三)监理单位未按照有关无障碍设施设计文件、技术标准和监理规范实施监理的。

第三十六条　无障碍设施所有权人和管理人，未按计划进行无障碍改造或者未对无障碍设施进行管理和维护的，由相关主管部门责令限期改正。

未对无障碍设施进行有效管理和及时维护，造成使用人人身、财产损害的，无障碍设施所有权人和管理人应当承担赔偿责任。

第三十七条　损坏无障碍设施、标志，并影响无障碍设施使用的，由主管部门依照《中华人民共和国治安管理处罚法》等法律法规予以处罚；构成犯罪的，依法追究刑事责任。第三十八条　违反本办法相关规定，公共图书馆未设立视力残疾人阅览室，未提供盲文读物、有声读物的，由文化主管部门责令改正。

第六章　附　　则

第三十九条　本办法自 2015 年 10 月 15 日起施行。

山西经济大事记

SHANXI JINGJI DASHIJI

26

2015年山西经济大事记

1月

1日

〇《山西省省属国有企业财务等重大信息公开办法(试行)》正式施行,太钢集团、焦煤集团、同煤集团等23户省国资委监管的省属国有企业集团以及省属金融类企业集团、省属文化事业类企业集团列入首批公开范围。

3日

〇山西省与国家自然科学基金委员会共同出资设立的"煤基低碳联合基金"获国家批准,双方合作战略迈入新的实质性运作阶段。

16日

〇2014年山西省共有22个单位的350个项目获得国家自然科学基金立项,立项数和资助经费再创新高。

〇副省长王一新就贯彻落实振兴山西金融重要决策在山西银监局调研,同时对2015年山西金融业的重点工作进行座谈。

7日

〇省长李小鹏会见法国电力集团副总裁马识路,就推进双方电力项目合作进行了深入交流。

9日

〇省委书记王儒林会见澳大利亚驻华大使孙芳安。

〇国家科学技术奖励大会在北京举行,山西省共有6个项目获奖,其中主持完成3项,参与完成3项。

〇国新能源寿阳煤层气、天然气综合利用示范园区正式投产运行,该示范园区是我国首个煤层气、过境天然气和瓦斯气综合利用示范园区。

10日

〇国内首个临床营养领域国家级科技支撑项目"临床营养诊疗和科研云平台关键技术研究"在山西省启动,省内30余家项目参与医院的临床营养专家进行交流。

11日

〇国家发改委等11个部委联合印发《国家新型城镇化综合试点方案》,提出将两个省和62个城市(镇)列为国家新型城镇化综合试点地区,介休市位列其中。

13日

〇省委书记王儒林会见美国驻华大使马克斯·西本·博卡斯一行。

〇省长李小鹏与美国驻华大使马克斯·西本·博卡斯举行工作会谈。

14日

〇省长李小鹏会见中国华融资产管理股份有限公司董事长赖小民。

〇省委副书记楼阳生深入部分省直厅局就在学习讨论落实活动中编制权力清单、责任清单,建设综合性政务平台、公共资源交易平台,加强对一把手和关键岗位监督等工作进行调研。

15日

〇省发改委以"晋发改综改发〔2015〕24号"文,正式批复晋中市人民政府,批准设立"晋中108廊带区域一体化发展示范区",原则同意《晋中108廊带区域一体发展示范区总体规划(2014~2020)》。

16日

〇省长李小鹏主持召开省政府党组(扩大)会议,进一步学习贯彻习近平总书记在十八届中央纪委五次全会上的重要讲话和全会精神,落实省委常委会精神,部署政府系统党风廉政建设和反腐败工作。

20日

〇省长李小鹏主持召开省政府第70次常务会议,研究加快法治政府建设、深化煤炭管理体制改革、培养新型职业农民等工作。

〇省长李小鹏会见中国国旅集团有限公司董事长王为民。

○原平市获得“全国文化先进市”和“中国民间文化艺术之乡”两项国家级荣誉称号。

23 日

○19 日至 23 日,公安部消防局副局长冷俐率领国务院安委会第二督查组在山西进行安全生产工作综合督查。

24 日

○天脊集团新建第四套 27 万吨硝酸装置的整个工艺流程顺利打通,第一批合格产品下线。由此,天脊集团将形成 108 万吨硝酸的年生产能力,成为亚洲最大的硝酸生产基地。

○省委常委、副省长付建华就西气东输管线安全隐患整治工作在临汾市调研。

26 日

○省长李小鹏主持召开省政府第 71 次常务会议,研究废止和修改部分政府规章事宜。

2 月

1 日

○省长李小鹏主持开省政府第 72 次常务会议,研究确定 2015 年《政府工作报告》重点工作分工,安排部署加快农业现代化建设工作。

2 日

○省属企业“全省瓦斯抽采全覆盖工程”合作签约仪式在太原举行。晋煤集团与省属大型煤炭企业同煤集团、焦煤集团、阳煤集团、潞安集团、晋能集团、山煤集团六家企业,就全省煤矿区瓦斯抽采合作签署了框架协议,标志着全省瓦斯抽采全覆盖工程正式启动。

3 日

○省委副书记楼阳生会见来晋开展“送温暖”活动的全国总工会副主席、书记处书记、党组成员江广平一行。

4 日

○山西省 2015 年招商引资大盘敲定,将锁定七条煤炭产业链和七大非煤产业开展产业链招商。总体目标任务是:完成省政府确定的“六位一体”项目签约目标任务;力争实现全省实际利用外资突破 30 亿美元,引进省外资金 4000 亿元,引进 100 个投资总额 30 亿元以上的重大项目、10 个世界 500 强投资项目、20 个中国 500 强企业投资项目、30 个民营 500 强企业投资项目。

5 日

○国家住房和城乡建设部发布了企业资质审核公告,山西四建集团有限公司成功晋升房屋建筑工程施工总承包特级资质和建筑行业甲级设计资质(兼具建筑工程专业甲级和人防工程专业甲级),成为山西省第一家同获此两项行业最高资质的本土企业。

○2014 年全省实际完成营造林 30.8 万公顷,远超 30 万公顷的年度目标任务。

6 日

○“首届中国最具价值文化(遗产)旅游目的地”颁奖授牌仪式在北京举行,山西省洪洞县获此荣誉称号,是山西省唯一获此殊荣的县。

8 日

○省长李小鹏主持召开省政府党组(扩大)会议,进一步学习贯彻习近平总书记在省部级主要领导干部专题研讨班开班式上的重要讲话精神,学习贯彻习近平总书记在云南考察时的重要讲话精神,落实省委常委会精神。

9 日

○由山西煤矿机械制造有限责任公司承担研发制造的、我国首套经过井下工业性实践验证、核心部件全部国产化的综采工作面智能型输送系统通过成果鉴定,达到了国际领先水平。

12 日

○《山西省国家资源型经济转型综合配套改革试验 2015 年行动计划》出台。2015 年,山西省将实施转型综改的“2285”行动计划,即 20 项重大改革、20 项重大事项、80 个重大项目、5 个重大课题,力争在产业转型、生态修复、城乡统筹、民生改善等转型发展方面取得新突破。

16 日

○山西省体育博物馆开馆。

26 日

○省长李小鹏主持召开省政府第 73 次常务会,研究安排固定资产投资、十大重点领域投资和重点工程建设等工作,动员部署项目提质增效年活动。

28 日

○山西省产业投资基金中的最大部分,战略新兴产业投资基金顺利启动。基金总规模 100 亿元,其中政府引导资金 20 亿元。

3 月

1 日

○省长李小鹏主持召开省政府第 74 次常务会议,研究加强金融监管和风险处置、深化行政审批制度改革、调整企业退休人员基本养老金等工作。

15 日

○太重山西煤矿机械制造有限公司“两化”融合即工业化和信息化管理体系通过了工业和信息化部电信研究院专家的评估审核,成为全国首批 250 家通过“两化”融合认证审核的企业之一。

17 日

○省长李小鹏主持召开省政府第 75 次常务会议,研究部署进一步深化党政机关所办企业脱钩改革、省属企业负责人薪酬制度改革等工作。

19 日

○18 日至 19 日，省长李小鹏到运城、临汾两市调研春耕生产、工业经济运行和重大项目建设等工作。他强调，要紧紧围绕“四个全面”的战略布局，深入贯彻落实全国“两会”精神和省委、省政府决策部署，全力促进经济平衡健康发展。

20 日

○山西省促进民营经济发展工作领导小组成立。省委常委、统战部长孙绍骋任组长。

23 日

○省委书记王儒林主持召开省委全面深化改革领导小组第五次会议，深入贯彻落实中央全面深化改革领导小组第九次、第十次会议精神，听取“六权治本”试点工作进展情况汇报，审议《省属国有企业负责人薪酬制度改革方案》，研究部署下一步全省改革工作。

24 日

○省长李小鹏主持召开省政府第 76 次常务会议，研究部署减轻企业负担、推进固定资产投资等工作，讨论通过省政府核准的投资项目目录(2015 年本)。

23 日

○15 日至 23 日，副省长王一新应邀率省政府代表团对巴西、智利进行了友好访问。

24 日

○2012～2014 年度全国 73 个城市(区)被评为国家卫生城市，山西省孝义、介休、原平、侯马 4 个城市新晋“卫生城市”。

25 日

○省长李小鹏会见来晋考察文物保护工作的文化部副部长、国家文物局局长励小捷一行。

○23 日至 25 日，文化部副部长、国家文物局局长励小捷前往运城、临汾、太原三个市考察，就古建筑保护工作进行检查指导。

○省长李小鹏在中南部铁路出海大通道山西段进行专题调研，并在设备检测车上主持召开铁路建设专题会，安排部署铁路等重大项目建设工作。

27 日

○24 日至 27 日，省委书记王儒林深入吕梁市调研。他强调，要加大扶贫攻坚力度，加快推进“六权治本”，探索建立不能腐的长效机制，为加快“六大发展”提供可靠保障。

○省长李小鹏在长治市调研农业生产和工业经济运行情况。他强调，要减轻企业负担，稳定工业运行，加强创新驱动，狠抓项目建设，促进经济发展调速不减势、量增质更优。

29 日

○省委书记王儒林、省长李小鹏会见来晋调研山西经济能源运行形势的国家发改委副主任、国家能源局局长努尔·白克力一行。

○省政府与国家能源局在太原举行座谈，双方就促进经济平衡健康发展、推动能源工业改革发展进行了深入交流。

30 日

○2015 年长治市、晋中市、定襄县、高平市和曲沃县被农业部确定为国家现代农业示范区。全省国家现代农业示范区已达 8 个。

4 月

2 日

○省委书记王儒林会见中兴通讯股份有限公司董事长侯为贵一行。

○省委书记王儒林会见光大集团副总经理郭新双一行。

○省长李小鹏到大同、朔州两市调研春耕备耕、工业运行和项目建设等工作。他强调，要紧紧围绕“四个全面”的战略布局，改革创新、狠抓项目，减轻负担、帮扶企业。

3 日

○副省长王一新会见交通银行监事长、党委副书记宋曙光一行。

5 日

○国务院批复长治市高新技术产业开发区升级为国家高新技术产业开发区，成为山西省继太原高新区后的第二个国家级高新区。

6 日

○2015 年度国家国际科技合作专项项目立项工作全面完成。山西省“高压柱塞泵和马达关键零件制造技术合作研发”等 10 个项目入选，获得国家科技合作专项支持，批复专项经费 2895 万元。

8 日

○省长李小鹏主持召开省政府第 77 次常务会议，研究部署扩大投资、改善城市人居环境、促进金融改革发展和推进贫困地区义务教育均衡发展等工作。

○从 2015 年 1 月 1 日起，全省城市、农村居民最低生活保障标准每人每月统一提高 20 元。

9 日

○省政府与国家自然科学基金委员会签署协议，共同设立煤基低碳联合基金。

14 日

○13 日至 14 日，省委书记王儒林深入晋中市介休市、平遥县、榆次区，忻州市原平市、忻府区，就市、县、乡落实“两个责任”，全面从严治党、把纪律挺在前面和市县乡党风廉政建设和反腐败斗争为什么逐级递减、怎么解决等问题进行调研。他强调，要强化“两个责任”，层层传导压力，切实解决群众身边的腐败问题。

○省长李小鹏主持召开省政府第 79 次常务会议，研究部署汾河流域生态修复、经济技术开发区转型升级、省属企业负责人履职待遇和业务支出管理等工作。

○亚洲超算协会公布 2015 年

世界大学生超级计算机竞赛总决赛名单,来自全球16所高校的超算队伍入围。太原理工大学成功进入总决赛,这是该校第二次参赛并闯入总决赛。

15日

〇省长李小鹏在太原市调研新兴产业发展、人居环境改善和电力项目建设工作,现场协调解决问题。

〇山西新闻网舆情频道正式开通上线。

16日

〇省委书记王儒林、省长李小鹏会见来晋会商、签署新一轮战略合作协议的中国科学院院长白春礼一行。

〇省长李小鹏会见莅晋考察的河北建投集团董事长刘铮一行。

〇14日至16日,省委副书记楼阳生深入太原市清徐县、娄烦县和古交市,深入了解农业发展、生态建设和基层党建等工作情况,重点就推进全省供销合作社综合改革工作进行调研。

〇省委常委、常务副省长高建民主持召开全省重点工程调度会,听取一季度全省固定资产投资、十大重点领域投资完成情况及重点工程"六位一体"工作进展情况汇报,安排部署下一阶段工作。

〇副省长张建欣一行赴太原市中心医院就城市公立医院综合改革试点工作进展情况进行调研。

〇15日至16日,副省长郭迎光深入晋城市阳城县、沁水县、泽州县等地就采煤沉陷区治理和示范点建设情况进行实地调研。

〇副省长王一新主持召开省政府发展商贸流通扩大消费专题会,与有关部门、行业协会和企业负责人共同分析研判全省消费市场形势,推进我省畅流通促消费政策落实,就扩大消费重点工作进行部署。

17日

〇省政府与中国科学院在太原举行工作会商,省长李小鹏,中科院院长、党组书记白春礼出席并签署省院战略合作协议。

18日

〇省长李小鹏会见首创集团党委书记、董事长刘晓光一行,对首创集团与晋中市成功签署投资合作协议表示祝贺。

〇太钢以评估得分98分的好成绩,一举通过英国认证公司Intertek(天祥集团)的WCA(工作环境评估)审核。

19日

〇省长李小鹏深入吕梁、忻州两市调研工业经济运行和低热值煤发电等重大项目建设工作。他强调,要加大推进项目建设,全力稳定经济增长。

21日

〇省长李小鹏主持召开省政府第80次常务会,分析一季度经济形势,听取就业、居民收入和价格运行工作汇报,研究重点工程建设和固定资产投资工作。

〇省长李小鹏会见德国北威州经济部部长杜英率领的企业家代表团,就深化省州务实合作进行了深入交流。

〇副省长王一新会见莅晋访问的泰国上议院前议长萨尼·翁拉坂亚及泰国访华代表团成员。

22日

〇省委书记王儒林、省长李小鹏拜会全国政协副主席、农工党中央常务副主席刘晓峰。

〇省长李小鹏在晋中市调研电力、城际铁路等重大项目建设工作。他强调,要真抓实干,奋力拼搏,确保投资平衡较快增长。

23日

〇副省长王一新拜会中国农业银行董事长刘士余。

24日

〇副省长王一新走访国家质检总局,并与国家质检总局局长支树平会谈。

26日

〇全国政协副主席刘晓峰率全国政协文史和学习委员会专题调研组,就"抗战遗址保护和利用情况"在山西省进行专题调研。

28日

〇省委书记王儒林、省长李小鹏会见清华大学党委书记陈旭一行。

〇省长李小鹏在阳泉市调研电力、铁路、煤化工等重大项目建设工作。他强调,要落实举措,倒排工期,加快推进重大项目建设,确保上半年全国固定资产投资增速回升。

〇文化部办公厅发布了《关于公示第四批国家级非物质文化遗产代表性项目保护单位的公告》。此次公布的名单中,山西省23家单位被文化部认定为第四批国家级非遗代表性项目保护单位。

5月

3日

〇国内最大的光伏科技农业大棚——中节能山西潞安50兆瓦光伏农业科技大棚电站经山西省电网正式验收并网发电。

4日

〇省委书记王儒林、省长李小鹏拜会全国政协副主席、民盟中央常务副主席陈晓光。

5日

〇省长李小鹏主持召开省政府第81次常务会议,听取减轻企业负担和煤焦公路运销体制改革工作督查情况汇报,研究部署振兴金融业、低热值煤发电项目环评审批和加强环境保护等工作。

7日

〇副省长王一新会见海关总署党组成员、国家口岸办主任黄胜强一行。

8 日

〇省长李小鹏会见平安银行行长邵平一行。

〇6 日至 7 日，省委副书记楼阳生就我省大水网建设重点骨干工程建设情况作专题调研。

8 日

〇5 日至 8 日，省委书记王儒林在长治、晋中、太原三市调研。他强调，要着力破除制约科技创新的体制机制障碍，推动企业建立现代企业制度，全力推动经济发展。

〇6 日至 8 日，省委常委、副省长付建华在运城调研工业经济运行工作，并深入中煤王家岭矿、大运重卡、山西铝厂等企业检查安全生产。

〇太钢成功轧制出国内最薄的热轧水电用钢，填补了国内超薄热轧水电用钢的空白。

11 日

〇省政府与神华集团签署战略合作框架协议，省长李小鹏、神华集团董事长张玉卓出席签约仪式。

12 日

〇省长李小鹏主持召开省政府第 82 次常务会议，贯彻全国推进简政放权放管结合职能转变工作电视电话会议精神，部署深化行政审批制度改革、预算管理制度改革和加强政府性债务管理等工作。

〇“2015 晋粤产业合作项目推介会”在广州举行。推介会上，山西省发布了 122 个重点招商项目。

14 日

〇省长李小鹏会见中国工商银行行长易会满一行。

〇省长李小鹏会见福特汽车集团副总裁兼亚太地区总裁萧达伟率领的福特公司代表团。

13 日

〇省委副书记楼阳生深入长治潞城市，重点就农村土地承包经营权确权登记颁证试点工作进行调研。

15 日

〇以“品牌山西 · 享誉中华”为主题的山西品牌中华行亮相 2015 中国 · 天津投资贸易洽谈会，标志着“2015 山西品牌中华行”正式启程。

18 日

〇中共中央政治局委员、中央政法委书记孟建柱在山西调研。他强调，要全力维护社会安定有序，激发创造活力，为经济持续健康发展营造良好法治环境。

〇省委书记王儒林会见中国国民党前副主席蒋孝严率领的台商考察团一行。

21 日

〇省长李小鹏主持召开省政府第 83 次常务会议，研究部署全省固定资产投资、十大重点领域投资和重点工程建设等工作。

〇省长李小鹏会见中国华电集团公司董事长、党组书记李庆奎一行。

〇省政府办公厅印发《山西省知识产权战略实施行动计划（2015～2020）》。

〇晋中市山西汇隆农产品综合市场、太谷瑞隆农贸市场和介休顺城关农贸市场通过认证，被评为“国家绿色示范市场”，晋中也成为全省首家完成绿色示范市认证和创建的市。

23 日

〇省长李小鹏深入太钢集团蹲点调研，分析企业生产经营情况，研究促进冶金行业和全省工业经济平稳健康发展的对策和措施。

26 日

〇省长李小鹏主持召开省政府第 84 次常务会议，研究解决金融领域突出问题，部署旅游业改革发展等工作。

27 日

〇26 日至 27 日，省长李小鹏在晋城市调研项目建设和经济运行情况。他强调，要持续推进项目建设，带动投资增长，推动经济增长，促进提质增效。

〇太原市被列入国家生态保护与建设示范区名单，成为全国唯一入选的省会城市。

28 日

〇省投资建设的重点铁路项目——阳泉至大寨铁路工程项目开工建设。

〇国内最大的 23500 吨卧式单动铝挤压机关键结构件在太重大型铸锻国产化研制基地研制成功。

6 月

1 日

〇山西省碳排放交易市场体系建设迈出关键一步——山西省产权交易中心股份有限公司与山西环境能源交易所举行签约仪式，将山西环境能源交易所纳入旗下。

2 日

〇省委书记王儒林在太原就省属科研院所发展现状和转制情况进行调研，就如何实现科技与经济发展的深度融合、解决目前存在的困难和问题听取意见建议。

〇省长李小鹏主持召开省政府第 85 次常务会议，研究部署加快发展新兴制造业、大力发展现代职业教育和创新投融资机制鼓励社会投资等工作。

3 日

〇由省政府主办的“跨国公司入晋暨产业合作（上海）推介会”在沪拉开帷幕。本场推介会发布 122 个重点招商引资项目，总投资 2207.8 亿元。

〇3 日至 4 日，副省长王一新率团在上海拜访了可口可乐、施耐德电气、胜科投资、百胜餐饮等重点跨国企业驻沪总部，洽谈项目合作，推介优势产业，吸引外商入晋投资。

5 日

〇1 日至 5 日，国务院第十一督

查组就贯彻落实国务院重大政策措施情况在山西进行督导检查。

8 日

〇省委、省政府正式出台《关于促进山西金融振兴的意见》。

9 日

〇经国务院扶贫办和国家旅游局遴选，山西省左权县麻田镇西安村、和顺县青城镇百备村等 32 个村入选 2015 年国家旅游扶贫试点村。

10 日

〇省长李小鹏会见比亚迪股份有限公司董事局主席兼总裁王传福。

12 日

〇省长李小鹏主持召开省政府第 86 次会常务会议，研究固定资产投资和重点工程建设、全面扩大开放、加快民营经济发展、县以下机关公务员管理制度改革等工作。

15 日

〇省委副书记楼阳生会见香港山西商会永远名誉会长霍震寰、会长胡晓明带领的考察团一行。

17 日

〇15 日至 17 日，省委书记王儒林深入太原、晋中、吕梁的煤炭、焦化、煤层气、电力、铝业相关企业，以及中北大学、太原理工大学、太原科技大学等高校重点实验室，了解重点行业生产经营情况，就科技及其他方面创新进行调研。

19 日

〇15 日至 19 日，省长李小鹏带领省政府代表团访问美国爱达荷州和怀俄明州，并与爱达荷州签署深化友好省州关系推进务实战略合作框架协议。

24 日

〇省长李小鹏主持召开省政府第 87 次常务会议，研究全面加强政府自身建设事宜，部署推行省政府部门权力清单制度、深化行政审批制度改革、建设政务服务平台和健全重大行政决策机制等工作。

〇山西省出台《山西省改善城市人居环境规划纲要（2015～2017）》和《山西省改善城市人居环境 2015 年行动计划》。将利用 3 年时间，全面实施设施提升、城市安居、城中村改造和环境提质“四大工程”。

25 日

〇省委书记王儒林、省长李小鹏会见国家开发银行党委书记、董事长胡怀邦一行，并出席山西省人民政府与国家开发银行《推进山西转型发展开发性金融合作备忘录》签约仪式。

〇副省长王一新会见来并出席“活力澳门推广周·山西太原”活动的中央人民政府驻澳门特别行政区联络办公室副主任姚坚和澳门特别行政区代表团一行。

〇副省长王一新会见中国银行监事长李军一行。

26 日

〇“活力澳门推广周·山西太原”在中国（太原）煤炭交易中心开幕。

29 日

〇山西省首个特高压外送通道晋北——江苏南京±800 千伏特高压直流输电工程在朔州市平鲁区开工建设。

30 日

〇省长李小鹏会见华夏银行行长樊大志一行。

7月

3 日

〇省委书记王儒林会见德国斯夫公司亚太区总裁、大中华区总裁兼董事长侯宇哲博士一行。

2 日

〇经国家工业与信息化部等五部门评审，太原市被评为国家小微企业创业创新基地示范城市。

〇国家“十二五”智能制造装备发展专项“煤炭综采成套装备智能系统开发与示范应用”项目通过成果鉴定，该成果达到国际领先水平。

3 日

〇太原理工大学李彦荣博士入选第 11 批中央“千人计划”青年人才项目。至此，我省中央“千人计划”总人数达到 13 人，同时实现了我省“千人计划”青年人才项目零的突破。

6 日

〇香港媒体高层参访团抵晋，启动“中华文明之旅”。参访团将对太原、临汾、运城 3 市的历史文化资源进行考察，筹划“文明之根中国之源”主题对外宣传报道，促进山西在海外传播的提升和展示。

〇山西大同采煤深陷区国家先进技术光伏示范基地建设正式启动。

7 日

〇省委书记王儒林、省长李小鹏会见以全国政协委员、香港新闻联主席、大公报董事长兼社长姜在忠为团长的香港媒体高层参访团。

9 日

〇8 日至 9 日，省长李小鹏深入长治、临汾调研国有林场改革发展工作。他强调，要扎实推进国有林场改革发展，充分发挥国有林场在林业生态建设中的先锋队和主力军作用。

〇省长李小鹏会见中国电力建设集团有限公司董事长晏志勇一行。

10 日

〇山西农业大学信息学院召开“创新、创业、构建产教融合新模式”校企合作交流会，该校创业学院同时揭牌成立，为我省首家创业学院。

14 日

〇省长李小鹏主持省政府第 89 次常务会议，听取重点工作目标责任上半年完成情况督查汇报，研究部署加强和改善对农民工的服务、加大对农业的财政和金融支持力度等工作，原则通过省法律援助条例(《修订草案》)。

〇13日至16日，省委副书记楼阳生在临汾市襄汾县、曲沃县，就农村集体“三次”管理和集体经济发展情况进行专题调研。

21日

〇省长李小鹏主持召开省政府第90次常务会议，分析上半年经济形势，部署下半年重点工作。

22日

〇省长李小鹏主持召开省政府常务会议，安排部署全省固定资产投资和重点工程建设工作，研究推进部分重点城镇污水处理厂建设事宜。

〇山西科技创新城综合服务平台一期工程开工，标志着山西科创城进入全面开工建设阶段。

28日

〇省委书记王儒林在太原市就“城中村”改造和城市社区养老服务规划建设情况进行调研。

29日

〇省委书记王儒林、省长李小鹏会见清华大学校长邱勇一行，共同出席了山西省人民政府与清华大学《关于共建清华大学山西清洁能源研究院的合作协议》签约仪式。

〇中国地震局和山西省政府召开局省合作联席会议，共同推动山西防震减灾能力建设。

30日

〇晋中至太原城际铁路2号线试验工程在晋中市城区迎宾西街开工，标志着山西省首条城际轨道交通项目正式进入施工建设阶段。

8月

3日

〇省长李小鹏深入吕梁市文水县、汾阳市调研防汛工作。他强调，要强化责任措施，确保安全度汛。

4日

〇省委书记王儒林深入有关企业，就经济下行压力下国有企业、民营企业经营现状、存在问题和发展对策进行调研。他强调，要积极应对经济下行压力，提高科技创新、全面创新水平。

〇省长李小鹏主持召开省政府第92次常务会议，研究煤炭行政审批制度改革、就业创业、贫困县党政领导班子和领导干部经济社会发展实绩考核、公共资源交易平台建设和省级计划管理改革等工作。

〇省长李小鹏会见中国船舶重工集团董事长胡问鸣一行。

5日

〇省长李小鹏会见中国光大集团董事长唐双宁一行。

〇省委常委、副省长付建华会见亚美能源控股有限公司股东代表团皮特·凯根和邹向东先生一行，双方就该集团在晋投资的煤层气开发等新能源项目进行了探讨。

6日

〇省委书记王儒林、省长李小鹏会见中国延安精神研究会会长、全国人大常委会原副委员长李铁映及纪念抗日战争70周年理论研讨会部分与会代表。

〇副省长王一新会见来晋考察投资平遥旅游项目的投资北京国际有限公司公司总监督、总顾问柴晓钟，董事长屠行健一行。

7日

〇省委书记王儒林深入晋中市，就汛期灾情和防灾救灾工作进行调研，看望慰问受灾群众。

11日

〇省长李小鹏会见来晋调研光伏扶贫工作的国务院扶贫办主任刘永富一行。

〇10日至11日，国务院扶贫开发领导小组副组长、国务院扶贫办主任刘永富一行深入临汾市吉县、大宁、隰县等地，就光伏扶贫、片区开发、扶贫小额信贷、产业扶贫和电商扶贫等工作进行实地考察和调研指导。

〇山西高平大黄梨获得国家地理标志产品保护，成为山西省经检验检疫部门推荐获评的第8个国家地理标志保护产品。

12日

〇省委书记王儒林、省长李小鹏会见国家电网公司董事长刘振亚一行。

〇省政府与国家电网公司举行工作会商，共同商讨深入贯彻落实习近平总书记关于能源革命的重要讲话精神，推进外送电通道、京津冀清洁能源供应基地和国家级新型综合能源基地建设等工作。

13日

〇11日至13日，省长李小鹏深入晋中市调研经济社会发展情况。他强调，要全面加强安全生产，切实保障人民群众生命财产安全；要狠抓重点工程，持续扩大投资，全力促进经济社会平衡健康发展。

14日

〇省长李小鹏主持召开省政府第93次常务会议，进一步研究部署加强安全生产、扩大固定资产投资、加快重点工程建设和促进工业经济增长等工作。

16日

〇省委书记王儒林、省长李小鹏会见以中国新闻社总编辑王晓晖为团长的世界华文媒体高层访问团一行。

〇省长李小鹏主持召开省政府第94次常务会议，学习贯彻习近平总书记和李克强总理关于做好安全生产工作的重要指示批示精神，贯彻落实国务院安全生产电视电话会议精神，听取近期省政府领导带队突查安全生产等情况汇报，进一步安排部署全省安全生产工作。

〇晋中市入选“中国科协创新驱动示范市”，是我省唯一入选城市。

17 日

〇省政府下发《山西省煤矿瓦斯抽采全覆盖工程实施方案》，方案提出将分阶段分步骤，利用 3 年时间完成全省范围煤矿瓦斯抽采全覆盖工程。

18 日

〇省委书记王儒林、省长李小鹏会见来山西进行社会考察的驻外使节团一行。

〇17 日至 18 日，省长李小鹏在阳泉市调研经济社会发展情况。他强调，要突出重点，安全稳定，优质高效，全力促进工业经济尽快步入正增长通道。

〇17 日至 18 日，省委副书记楼阳生带领省有关部门负责同志深入长治市襄垣县、潞城市、壶关县、城区，就做好新形势下的扶贫开发工作进行专题调研。

19 日

〇省委书记王儒林、省长李小鹏会见以民政部部长李立国为团长，由民政部、财政部、国家卫计委组成的纪念抗战胜利 70 周年山西慰问团一行。

〇省委书记王儒林会见澳大利亚驻华大使孙芳安。

〇省委、省政府正式出台《关于实施科技创新的若干意见》。

21 日

〇省长李小鹏主持召开省政府第 95 次常务会议，学习贯彻中央政治局常务委员会会议和国务院常务会议精神，研究部署安全生产、大气污染防治、食品安全和扩大开放等工作。

24 日

〇22 日至 24 日，省长李小鹏率领山西省党政代表团赴新疆调研山西对口援疆工作，看望慰问我省援疆干部，研究探讨下一步对口援疆工作。

25 日

〇省委书记王儒林深入晋中市祁县、晋中经济技术开发区、忻州市定襄县调研民营经济发展和应对经济下行压力情况，了解玻璃器皿、法兰锻造产业和面食业发展情况。他强调，要壮大传统特色产业，促进民营经济发展。

〇山西品牌丝路行(吉尔吉斯斯坦站)活动在吉尔吉斯斯坦首都比什凯克市正式启动。

26 日

〇25 日至 26 日，省长李小鹏在长治市调研经济社会发展情况。他强调，要发展新兴产业，促进提质增效。

27 日

〇省委书记王儒林、省长李小鹏会见中国建设银行董事长王洪章一行，共同出席了山西省人民政府与中国建设银行股份有限《关于推进金融振兴的合作协议》签约仪式。

〇山西省正式出台《关于进一步促进工业稳增长的若干措施》(简称“工业 19 条”)。

28 日

〇省委书记王儒林、省长李小鹏会见国务院国资委主任张毅及 2015 年中央企业山西行活动来宾一行。

9月

1 日

〇省长李小鹏主持召开省政府第 96 次常务会议，研究部署消防安全和军队转业干部安置等工作。

2 日

〇省委常委、副省长付建华在国新能源发展集团有限公司调研，检查油气管道安全生产工作，并实地察看了 CNG 加气、物资储备、维抢修应急、网络通信、调度控制中心等的运营情况。

〇副省长王一新会见南非非国大党经济发展论坛主席达瑞尔·斯瓦尼普率领的南非企业家代表团一行。

8 日

〇7 日至 8 日，省委书记王儒林深入晋城高平市进行调研。他强调，要坚定信心，积极作为，努力开创弊革风清富民强市新局面。

〇省长李小鹏主持召开省政府第 97 次常务会议，研究部署省政府部门责任清单、国有林场改革和促进消费增长等工作，通过实施《无障碍环境建设条例》办法(草案)。

9 日

〇第二届山西文化产业博览交易会在中国(太原)煤炭交易中心隆重开幕。

〇省委书记王儒林、省长李小鹏会见前来出席第二届山西文化产业博览交易会的中宣部常务副部长、中央文明办主任黄坤明一行。

〇中宣部常务副部长、中央文明办主任黄坤明在汾阳市调研农村精神文明建设和美丽乡村建设工作。

10 日

〇省长李小鹏会见交通银行行长彭纯一行。

11 日

〇省委书记王儒林、省长李小鹏会见国家卫计委副主任、国家中医药管理局局长王国强一行，并出席《国家中医药管理局、山西省人民政府共建山西中医学院合作协议》签字仪式。

〇省长李小鹏签署第 243 号省人民政府令，发布《山西省实施〈无障碍环境建设条例〉办法》，自 2015 年 10 月 15 日起实施。

〇太原公共资源拍卖中心挂牌运行，山西省首家公共资源网络拍卖交易平台——山西拍卖网同时上线。

15 日

〇省委书记王儒林、省长李小鹏会见前来山西出席 2015 低碳发展高峰论坛的前世贸组织总干事、前联合国贸发会议秘书长、泰国前副总理素帕猜，以及美国、德国等外方重要嘉宾。

〇12 日至 15 日，以全国双拥办副主任、总政群工办副主任巴谋国为组长的全国双拥模范城(县)调研督导组一行，在山西省就新一轮全国双拥模范城(县)创建工作进行调研督导。

16 日

〇第五届中国(太原)国际能源产业博览会 2015 低碳发展高峰论坛在中国(太原)煤炭交易中心开幕。

18 日

〇省长李小鹏主持召开省政府第 98 次常务会议，研究部署当前经济运行和固定资产投资等工作。

19 日

〇18 日至 19 日，省委书记王儒林深入省水利厅，吕梁文水县、孝义市，运城市河津市，临汾市吉县等地，就全省水利特别是汾河流域生态治理、大水网工程等重点水利工程进行调研。他强调，要加快治水兴水步伐，建设山清水秀美好家园。

23 日

〇21 日至 23 日，省委书记王儒林深入忻州五台、繁峙、代县，重点就传承弘扬优秀传统文化、景区建设管理、文化旅游产业发展、宗教政策落实等进行调研。他强调，要改革管理体制，解决突出问题，坚决把五台山保护建设发展好，带动全省文化旅游产业做大做强。

〇22 日至 23 日，省长李小鹏在吕梁市调研经济社会发展情况，现场协调解决问题。他强调，要坚定信心、振奋精神，全力以赴稳增长调结构。

24 日

〇省委书记王儒林、省长李小鹏拜会全国政协副主席、民盟中央常务副主席陈晓光，并会见出席第 25 届书博会的其他重要嘉宾。

25 日

〇第二十五届全国图书交易博览会在中国(太原)煤炭交易中心隆重开幕。

28 日

〇省委书记王儒林、省长李小鹏会见中铝公司董事长葛红林、华润集团董事长傅育宁一行。

〇省政府与中国铝业公司、华润(集团)有限公司举行工作会商，深入研究合作推进山西轻合金产业转型事宜。

29 日

〇省长李小鹏主持召开省政府第 99 次常务会议，研究部署山西省参与“一带一路”建设，加快发展养老服务业和旅游业、减少职业资格许可和认定事项等工作。

〇省长李小鹏会见中国华融资产管理股份有限公司董事长赖小民。

〇省政府批准成立的互联网金融资产交易平台——山西省金融资产交易中心(简称“晋金所”)正式启动运营。

30 日

〇山西科技传媒集团建成“科普中国农村 e 站”，是全国首家农村科普 O2O 综合服务体，也是中国科协科普信息化工程中“科普中国·实用技术助你成才”项目的重要推广平台。

10 月

8 日

〇汾河流域生态修复工程在平遥县杜家庄乡南良庄村开工建设，标志着山西省第五次大规模汾河治理工作全面启动。

9 日

〇省长、省“十三五”规划领导小组组长李小鹏主持召开会议，研究部署省“十三五”规划编制工作。

〇民政部副部长邹铭一行莅晋调研山西省养老服务业发展政策措施落实情况。

10 日

〇太原晋中同城化论坛在太原举行，全国政协副主席、民革中央常务副主席齐续春出席论坛。

11 日

〇省委书记王儒林、省长李小鹏会见莅晋出席 2015 中国体育文化·体育旅游博览会开幕式及全国体育产业工作会议、开展体育行业督查的国家体育总局局长刘鹏一行。

〇省委书记王儒林、省长李小鹏、省政协主席薛延忠会见以全国政协常委、全国政协民族和宗教委员会主任、中央统战部原常务副部长朱维群为组长的全国政协民族和宗教委员会调研组一行。

〇2015 中国体育文化·旅游博览会在中国(太原)煤炭交易中心隆重开幕。

12 日

〇全国政协常委、民族和宗教委员会主任朱维群率“积极引导宗教与社会主义社会相适应情况”专题调研组在山西调研。

13 日

〇省委书记王儒林在晋能集团调研，并主持召开煤炭产业调研座谈会。

〇省长李小鹏主持召开省政府第 100 次常务会议，研究部署加强环境保护、开展政府绩效第三方评估和促进气象事业发展等工作。

14 日

〇12 日至 14 日，由国家住建部党组成员、副部长王宁率领的专项督查组莅晋，就城镇棚户区、城乡危房改造和城市基础设施建设情况进行专项督查。

15 日

〇省长李小鹏赴宁武县走访贫困村、看望贫困户，调研扶贫开发工作。

16日

○15日至16日，省委书记王儒林深入临汾市，就各地和煤炭企业贯彻落实省委、省政府关于做好煤炭这篇大文章、加快“六型转变”的情况进行调研。

○省政协主席薛延忠会见以广西壮族自治区政协主席陈际瓦为团长的住桂全国政协委员“山西革命老区建设情况”考察团一行。

18日

○山西省硒产业协会成立大会暨首届硒产业发展报告会在并召开。

20日

○省委书记王儒林会见台湾海峡交流基金会董事长林中森一行。林中森此行是率台湾海基会关怀山西台商参访团一行到山西进行参访。

○农业部发布2015年中国最美休闲乡村推介结果，山西省有4个乡村上榜，分别是平遥县六河村、平定县上南茹村、忻州市忻府区合索村、平顺县神龙湾村。

21日

○19日至21日，山西省举行“探索——2015”国防动员组织指挥研究性演练，依照国防动员法检验全省综合防卫背景下的国防动员能力。

○省长李小鹏主持召开省政府第101次常务会议，部署当前经济运行、固定资产投资、加快生态文明建设和支持太原率先发展等工作，研究深化供销社综合改革等事宜。

22日

○省委书记王儒林、省长李小鹏会见前来山西参观访问的荷兰国王威廉·亚历山大一行。

○省长李小鹏会见出席第四届中国(山西)特色农产品交易博览会的农业部副部长屈冬玉、中国农业发展集团董事长刘身利和大型知名企事业单位负责人等特邀嘉宾。

○由中国关工委命名的山西省首个“全国关心下一代教育示范基地”在阳城县孤堆底村孙文龙纪念馆正式揭牌。

23日

○第四届中国(山西)特色农产品交易博览会在中国(太原)煤炭交易中心开幕。

25日

○国家科技部公布第三批批准建设的75家企业国家重点实验室名单，其中山西省上榜实验室两个，分别是太重集团承建的“矿山采掘装备及智能制造国家重点实验室”和晋煤集团承建的“煤与煤层气共采国家重点试验室”。

26日

○经山西出入境检验检疫局和省农业厅综合考评，认定了我省首批4个省级出口食品农产品质量安全示范区，分别为和顺县活牛质量安全示范区、沁县沁州黄小米质量安全示范区、天镇县小杂粮质量安全示范区和右玉县小香葱质量安全示范区。

11月

2日

○10月24日至11月2日，副省长王一新率省政府代表团对意大利、波兰、捷克进行了友好访问。此次访问的主要任务是参加“山西品牌丝路行”意大利站活动、落实“以煤会友”对外开放战略，加强我省同波兰、捷克产煤省州在煤炭清洁利用及装备制造方面的合作。

3日

○省长李小鹏主持召开省政府第102次常务会议，进一步学习贯彻党的十八届五中全会精神，研究部署主要河流生态修复保护、万家寨引黄工程体制改革、筹组金融投资控股公司、加快国际友城建设、第二届全国青年运动会筹备和政府法制建设等工作。

4日

○省委书记王儒林会见美国前总统国家安全事务助理罗伯特·麦克法兰率领的美国对外政策理事会代表团一行。

○省长李小鹏会见中煤集团董事长李延江一行。

5日

○4日至5日，主题为“追求卓越——提升发展质量和效益”的第十五届全国追求卓越大会暨2015年度华人品质论坛在京举行，太钢不锈钢股份有限公司获得全国质量奖。

6日

○全国供销合作总社党组成员、理事会副主任骆琳赴山西太原、平遥、祁县等地就深化供销合作社综合改革工作进行调研，并就相关情况组织召开座谈会。

9日

○省长李小鹏会见比亚迪股份有限公司董事局主席兼总裁王传福。

10日

○省委书记王儒林、省长李小鹏会见国家烟草专卖局局长凌成兴一行。

○第二届中非地方政府合作论坛在京举行。副省长王一新率团出席会议并发表演讲。

14日

○省长李小鹏在朔州市、忻市调研经济运行情况。他强调，要深入贯彻落实五中全会精神，努力实现“十二五”圆满收官、“十三五”良好开局。

16日

○国家质检总局公布首批210家“中国出口质量安全示范企业”名单，永济电机公司榜上有名，成为我省唯一一家获批企业。

○中国民营企业联合会、中国

管理科学研究院企业研究中心联合发布《2015中国民营500强企业榜单》，山西省9家民营企业上榜。

17日

〇省长李小鹏主持召开省政府第103次常务会议，分析当前经济形势，研究固定资产投资和建立经济困难高龄与失能老年人补贴制度等工作。

〇省长李小鹏会见美国能源部化石能源副助理部长戴维·莫勒率领的美国能源部代表团，双方就进一步加强清洁能源化领域的合作进行了深入交流。

18日

〇省委书记王儒林深入大同市、朔州市部分县（区），就经济社会发展、贯彻落实十八届五中全会精神、加快全面建成小康社会等进行调研。

〇省长李小鹏会见华夏银行董事长吴建。

〇副省长王一新会见国务院国有重点金融机构监事会主席于学军一行。

〇大同至张家口高速铁路工程在大同市南郊区正式开工建设。

〇省总工会在岢岚县宋家沟乡宋家沟村建立省内首家扶贫工作站、新型农民培训站。

19日

〇省政府与中国铝业公司、华润（集团）有限公司举行工作会谈，进一步研究合作推进我省轻合金产业转型发展事宜。

20日

〇19日至20日，最高人民法院院长周强在山西调研。他强调，法院系统要深入贯彻落实党的十八届五中全会精神，深化改革，破解难题，推动人民司法事业发展。

24日

〇省长李小鹏主持召开省政府第104次常务会议，研究部署加快电动车产业发展和推广应用、加强扶贫开发和工作督查等事项。

25日

〇省长李小鹏会见招商银行行长田惠宇。

12月

1日

〇省委书记王儒林深入省煤炭厅、国新能源集团进行调研，并主持召开国有企业改革和煤、电、铝、煤层气产业发展座谈会。

〇省长李小鹏深入左权县柏峪村扶贫联系点宣传贯彻中央扶贫开发工作会议精神，看望慰问老区群众，调研基层一线扶贫开发工作。

〇副省长王一新主持召开金融机构及大型煤企对接会，就进一步加强银企对接、支持山西省大型煤炭企业发展进行研究部署。

3日

〇2日至3日，省长李小鹏在大同市调研保障改善民生和工业经济运行情况。他强调，要牢固树立新的发展理念，鼓足干劲，加快发展，造福人民群众。

〇省委常委、常务副省长高建民调研省城环境质量改善工作，实地察看太原市迎泽区郝家沟村的洁净煤推广使用和华能东山燃气电厂的供热运行情况。

〇太重集团4个科研项目荣获2015年中国机械工业科学技术奖项。

7日

〇6日至7日，省长李小鹏在临汾、运城市调研经济社会运行情况。他强调，要深入贯彻落实省委全会精神，奋力做好改革发展各项工作。

〇山西焦煤集团公司副董事长、党委常委、总经理金智新当选中国工程院管理学部院士。

8日

〇省委书记王儒林会见韩国全罗南道知事李洛渊一行。

〇省政府与前来山西访问的韩国全罗南道代表团举行工作会谈，共同商讨进一步深化双方各领域交流合作事宜。

9日

〇省委书记王儒林、省长李小鹏会见中国科协党组书记尚勇一行，并出席《中国科学技术协会山西省人民政府战略合作协议》签约仪式。

〇省政府与中国农业发展银行签署战略合作协议，安排“十三五”期间农业政策性金融支持山西经济发展工作。

14日

〇省委书记王儒林深入焦煤集团，就贯彻落实省委十届七次全会精神，做好明年经济工作进行调研，实地了解杜儿坪矿瓦斯发电情况，并主持召开煤矿瓦斯抽采利用、煤层气产业发展座谈会。

15日

〇省长李小鹏主持召开省政府第105次常务会议，学习贯彻12月14日召开的中共中央政治局会议精神，研究固定资产投资和重点工程建设、煤炭资源市场化配置改革、五台山风景区管理体制改革等工作。

〇山西杏花村汾酒厂股份有限公司荣膺“中国商标金奖——商标运用奖”，是我省唯一入选企业。

〇山西省公安交警“互联网交通安全综合服务管理平台”正式上线。今后山西省700万驾驶员和500多万机动车主足不出户就可以享受“互联网＋交通管理创新”带来的便捷服务。

〇运行20余年的太原联通迎泽程控交换机光荣退役，标志着山西联通全面实现了全光网络，全省11个市、119个县（区）全部迈入光网通信新时代。

〇2015中国钢铁企业绿色评级结果公布，太钢成为中国钢企绿色标杆企业。

16 日

○山西省第一家全牌照大型地方金融投资控股集团——山西金融投资控股集团有限公司在并挂牌成立。

17 日

○山西省与国家国防科技工业局在北京举行工作会谈，签署战略合作协议。

22 日

○省委书记王儒林、省长李小鹏会见比亚迪股份有限公司董事局兼总裁王传福一行，并出席省政府与比亚迪战略合作框架协议、太原比亚迪投资协议签约仪式。

24 日

○省长李小鹏主持召开省政府第 106 次常务会议，研究 2016 年经济社会发展主要指标和财政收支计划安排，部署行政审批制度改革和水污染防治等工作。

○山西省低碳科技发展研究会成立。

25 日

○五台山机场正式通航。

27 日

○省委书记王儒林深入太原铁路局，就贯彻落实中央经济工作会议精神，加快供给侧结构改革特别是现代物流产业转型发展进行调研，并主持召开座谈会。

29 日

○省长李小鹏主持召开省政府第107次常务会议，研究“十三五”规划纲要和科技创新等工作。

30 日

○山西扶贫开发投资公司挂牌成立。该公司是省政府全额出资的公益性金融企业。

（马天天　整理）

山西经济年鉴

YEAR BOOK OF SHANXI ECONOMY

光荣榜

GUANGRONGBANG

27

光荣榜

2015 年山西企业 100 强

序号	企 业 名 称	序号	企 业 名 称
1	大同煤矿集团有限责任公司	26	中化二建集团有限公司
2	山西焦煤集团有限责任公司	27	山西中阳钢铁有限公司
3	山西潞安矿业(集团)有限责任公司	28	中煤集团山西华昱能源有限公司
4	阳泉煤业(集团)有限责任公司	29	首钢长治钢铁有限公司
5	山西晋城无烟煤矿业集团有限责任公司	30	中石化山西太原石油分公司
6	太原钢铁(集团)有限公司	31	山西振东健康产业集团有限公司
7	山西煤炭进出口集团有限公司	32	赛鼎工程有限公司
8	晋能集团有限公司	33	山西昆明烟草有限责任公司
9	太原铁路局	34	山西兰花科技创业股份有限公司
10	山西建筑工程(集团)总公司	35	山西汽车运输集团有限公司
11	山西省国新能源发展集团有限公司	36	晋城宏圣建筑工程有限公司
12	山西能源交通投资有限公司	37	跨境通宝电子商务股份有限公司
13	中煤平朔集团有限公司	38	山西南耀集团
14	山西潞宝集团	39	山西天泽煤化工集团股份公司
15	美锦能源集团有限公司	40	太原市第一建筑工程集团有限公司
16	山西杏花村汾酒集团有限责任公司	41	长治清华机械厂
17	山西丹源碳素股份有限公司	42	山西楼东俊安煤气化有限公司
18	天脊煤化工集团股份有限公司	43	中石化山西朔州石油分公司
19	山西建邦集团有限公司	44	智奇铁路设备有限公司
20	山西美特好连锁超市股份有限公司	45	山西亚鑫能源集团有限公司
21	晋城福盛钢铁有限公司	46	山西襄矿集团有限公司
22	山西大昌汽车集团有限公司	47	山西华宇集团有限公司
23	晋西工业集团有限责任公司	48	山西尧都农村商业银行股份有限公司
24	山西兰花煤炭实业集团有限公司	49	太原市市政工程总公司
25	中车大同电力机车有限公司	50	山西沁新能源集团股份有限公司

续表

序号	企业名称	序号	企业名称
51	亚宝药业集团股份有限公司	76	神华国能神头第二发电厂
52	山西梗阳投资有限公司	77	长治市霍家工业有限公司
53	山西三元煤业股份有限公司	78	山西通洲煤焦集团
54	山西榆社化工股份有限公司	79	山西汽运集团晋城汽车运输有限公司
55	山西漳山发电有限责任公司	80	淮海工业集团有限公司
56	孝义市鹏飞实业有限公司	81	山西天地王坡煤业有限公司
57	中国能建山西省电力勘测设计院有限公司	82	山西西建集团有限公司
58	朔州大运果菜批发市场有限公司	83	山西煤矿机械制造股份有限公司
59	山西成功集团有限公司	84	太原锅炉集团有限公司
60	太原天然气有限公司	85	长治金威商贸集团
61	山西蓝焰煤层气集团有限责任公司	86	太原供水集团有限公司
62	太原市热力公司	87	山西省长治经坊煤业有限公司
63	山西中德投资集团有限公司	88	山西怀仁联顺玺达柴沟煤业有限公司
64	朔州中煤平朔能源有限公司	89	山西大华玻璃实业有限公司
65	中电神头发电有限责任公司	90	山西平朔煤矸石发电有限责任公司
66	山西大唐国际神头发电有限责任公司	91	山西金驹煤电化股份有限公司
67	山西康宝生物制品股份有限公司	92	山西省长治市第一汽车运输有限公司
68	沁和能源集团有限公司	93	山西古城乳业集团有限公司
69	华北油田山西煤层气勘探开发分公司	94	太原太航科技有限公司
70	山西海宁皮革城发展有限公司	95	龙门科技集团有限公司
71	山西汾西重工有限责任公司	96	山西香山汽贸集团有限公司
72	山西凯嘉能源集团有限公司	97	长治市天禾农产品有限公司
73	山西省太原唐久超市有限公司	98	太原市华龙泰房地产开发有限公司
74	山西潞安羿神能源有限责任公司	99	山西康伟集团有限公司
75	山西新华化工有限责任公司	100	山西汇众汽车家园有限公司

和美厚实　小康中阳

——中阳县

慧仁核桃露

“十二五”期间，中阳县委、县政府团结带领全县人民，坚定信心，扎实工作，经济社会发展在克服困难中奋勇前行。2015年，全县地区生产总值完成43.5亿元，规模以上工业增加值27.3亿元，固定资产投资67.2亿元，公共财政预算收入4.2亿元，社会消费品零售总额12.3亿元，城镇居民人均可支配收入1.9万元，农民人均纯收入5791元。与“十一五”末相比，除地区生产总值和规模以上工业增加值小幅下降外，其余指标均有1.3～4倍不同幅度的增长。

★着力优化产业结构，工业经济稳中有进。加快煤矿升级改造，6对建成投产，形成有效产能780万吨。中钢公司跻身全省工业企业20强。100万吨氧化铝项目成功备案，荣欣瓦斯发电项目开工建设，东旭光伏发电、华润风电等一批新能源项目成功落地。开元文化产业园初具规模，鑫琪物流发展壮大。

★扎实推进扶贫攻坚，“三农”工作持续加强。广泛开展核桃丰产管理，1.3万公顷优质核桃中进入盛果期的5333公顷、初果期的4667公顷。大力发展林下中药材、食用菌、设施蔬菜、菊芋、玫瑰等特色种植。厚通30万头生猪、紫云10万只肉羊两个投资亿元以上的标杆项目一期建成投产。32个行政村完成“一村一品”建设任务，48个重点推进村完成“四化四改”“五个一工程”，54个贫困村完成整村推进项目，3.4万人稳定脱贫。

★不断加快城乡建设，环境面貌日益改善。铺开3个城市棚户区改造工程；城区净水厂投入使用，集中供热面积扩大到266万平方米，排洪排污、集中供气完成管网铺设；一批市政重点工程建成投运。建成安全饮水工程265处；金罗110千伏、城南110千伏变电站投入使用。实施低效林改造、城区两山绿化，森林覆盖率提高到47%。全面加强工业污染防治和水源地保护，环境质量进一步好转。

★切实保障改善民生，社会事业不断进步。推动教育均衡发展，新建、改扩建一批幼儿园和薄弱学校。深化医药卫生体制改革，县乡公立医院所有药物零差率销售。五大保险扩面提标，低保、五保、大病救助、爱心煤发放等政策落实到位，农村危房改造、移民搬迁、廉租房等项目先后完工。

（中阳县政府办　供稿）

付家焉煤矿配套建设的瓦斯抽采发电项目

中钢公司特种钢生产线

中阳县20万亩优质核桃全覆盖工程

厚通30万头生猪项目

府南棚户区改造项目

金罗镇采煤沉陷区治理集中安置工程

新建的二郎坪大街

兴县中铝全景

新布局　新发展　新形象

——吕梁市

柳林县高红循环经济产业示范园区

石楼县龙交乡万亩核桃科级精品示范园

五年一个刻度，吕梁经济社会蓬勃发展；五年一个跨越，吕梁站在了新的历史起点。“十二五”时期是吕梁发展极不平凡的五年，五年来，吕梁市委、市政府坚持“五大发展理念”和“打基础、利长远、惠民生”的总要求，380万吕梁人民艰苦奋斗，努力适应经济发展新常态，经济社会发展取得明显成效。

★狠抓经济建设，综合实力稳步提升。五年来，吕梁市地区生产总值年均增长5.3%，一般公共预算收入年均增长4.4%，规模以上工业增加值年均增长4.6%，经济实力逐步增强。经济结构持续优化，三次产业比例由“十一五”末的5.2:69.2:25.6调整为“十二五”末的5.6:56.9:37.5。传统产业改造不断推进，全市煤炭产能达到1.5亿吨，实施焦化行业兼并重组，电力装机容量(含核准在建)达到900万千瓦，煤电一体化迈出坚实步伐；加快铝工业发展，氧化铝产能达到1170万吨，约占全省的80%。新兴产业规模逐步壮大，与国防科技大学共建军民融合协同发展研究院，离石无人机产业基地、柳林李家湾光电子产业园、岚县江川国威新材料基地等一批高新技术项目顺利实施。服务业贡献率明显提升，全市旅游总收入227亿元，年均增长25%。强化投资与消费双轮驱动。五年累计完成全社会固定资

汾阳市汾酒文化园

建设中的吕梁新区

位于孝义的太原理工大学现代科技学院

柳林县凌志华泰960万吨/年洗煤厂

兴县山西华兴铝业有限公司一期工程

产投资4341.7亿元，年均增长21.8%，是“十一五”时期的2.5倍。社会消费品零售总额年均增长12.8%，2015年达到406亿元。重点推进电子商务进农村活动，兴县被商务部、财政部确定为全国电子商务进农村综合示范县，孝义市成为阿里巴巴公司“千县万村”计划试点县。

★聚焦三农工作，脱贫攻坚成效显著。“十二五”时期新增耕地2921公顷，2015年粮食产量达到7.2亿千克。培育国家级龙头企业4户、省级45户，2015年全市农产品加工产值达到130亿元。“三农”投入累计145.45亿元，农民收入实现持续稳定增长。现代农业加快发展，实施“8+2”农业产业化振兴计划，带动近10万农民户均增收9000元～1.5万元。五年累计投入专项扶贫资金15.4亿元，贫困县农村居民人均可支配收入增幅达到16.3%；累计减少贫困人口51.5万人，贫困发生率从33%下降到15%。

★改善基础设施，城乡面貌焕然一新。综合立体交通网络体系基本形成。吕梁机场建成通航。瓦日铁路、太兴铁路等建成通车，吕梁至太原城际列车开通运营。太佳、环城等高速公路建成通车，“一纵三横一环”高速公路网基本形成，高速公路通车里程达到533.9千米。新建改建农村公路1135千米。全市新增供水能力5亿立方米，信息、电力等基础设施不断完善。新型城镇化快速推进。全市城镇化率达到46.5%。吕梁新区建成区达到25平方千米，实施旧城区改造等多项市政建设工程，孝义、岚县成功创建国家级卫生城市，人居环境显著改善。

文水县国金电厂

兴县中南铁路全线第一高桥蔚汾河特大桥

孝义市煤化工园区

霍州煤电吕临能化千万吨煤电一体化项目基地

离石区晋能热电联产项目建设现场

中阳县瓦斯发电项目付家焉发电厂

★发展社会事业，人民生活明显改善。全市财政民生支出达到1037.75亿元，年均增长11.9%。义务教育“全面改薄”取得阶段性胜利，教育领域综合改革有序实施。公共卫生服务保障水平不断提高，新农合和城镇居民医保实现全覆盖。社会保障全面加强，最低收入保障实现应保尽保。累计新增城镇就业人数24.3万，城镇登记失业率保持在4%以内，城镇居民人均可支配收入年均增长8.4%。

★坚持绿色发展，生态建设成效明显。造林绿化和生态修复工程稳步实施，完成退耕还林等国家重点工程19.3万公顷，森林覆盖率提高到26.5%。节能减排深入推进，“十二五”万元地区生产总值综合能耗下降16%，建成投运15座县级城市生活污水处理厂，生活污水处理率达到75%以上。全市集中供热普及率80.2%，燃气普及率77%，市区大气环境质量持续位居全省前列。

（吕梁市政府办公厅　供稿）

交口县石口晋萱食用菌专业合作社

岚县马铃薯于2014年获得农产品地理标志

孝义采煤沉陷区治理项目

石楼县退耕还林工程

吕梁新区——苏家崖、沙麻沟棚户区改造

柳林县经济适用房

文水县晋能清洁能源科技有限公司生产线

岚县新材料园区生物基材料生产区

汾阳市中节能光伏发电

离石区凌云造纸生产车间

离石区无人机产业基地装配的无人直升机

孝义市华夏动力新能源客车生产基地车间

孝义市阿里巴巴农村淘宝

孝义义乌商品交易国际博览城

孝义市小城镇化建设——梧桐新区

方山县北武当山景区雪景

城市交通网络

加快建设全国一流的现代化区域性中心城市

——孝义市

“十二五”时期是孝义市发展进程中极不平凡的五年。五年来，市委、市政府团结带领全市人民，积极应对前所未有的困难和考验，开拓创新，攻坚克难，扎实苦干，全市经济社会发展取得新的成就。

★千方百计稳增长，经济社会实现持续健康发展。持续扩大有效投资，“六位一体”推进重点工程建设。五年累计上马81个亿元以上项目，33个投产或部分投产。累计完成固定资产投资1262.7亿元，年均增长15.4%。积极完善城乡流通网络，大力发展电子商务，社会消费品零售总额年均增长12.6%。五年为企业减负10亿元，争取上级资金30亿元，促进实体经济健康发展。2015年，全市地区生产总值达到334.3亿元，年均增长5.9%；公共财政预算收入18.2亿元，年均增长2%。经济综合实力明显增强，连续4年位列全省县域经济发展考核评价A类县(市)第一。

沃尔玛综合商务区项目

★持续深化产业转型升级，发展质量和效益显著提升。围绕做好煤与非煤两篇文章，加快整合煤矿建设和焦化兼并重组，金达、万峰煤矿建成国家一级质量标准化矿井，鹏飞等新型焦化项目陆续建成投产，一批煤化工项目加快推进。氧化铝产能达到600万吨，铝产业成为又一主导优势产业。引进光伏发电、电动客车、LNG汽车改装等一批高新技术项目。实施“8+2”农业产业化振兴三年计划，建成2万公顷核桃林、1500公顷设施农业，肉禽养殖规模达到4600万只。义乌商品博览城、天福广场等商贸综合体稳定运营，“梦幻海”、金龙山风景区等旅游项目异军突起，三次产业比例进一步优化，2015年非煤工业增加值占比达51.5%。

★坚持统筹区域协调发展，城乡建设和管理水平明显提高。精心打造“一带五组团”城市格局，城区规划面积拓展到60平方千米，城镇化率达到65.2%。城市道路里程186千米，较2010年增长两倍多。城市集中供热、供气普及率分别达到95%和96%。完成5227套城市棚户区(城中村)改造安置房，建成公廉租房5630套。梧桐下栅“一镇一乡”、下堡河流域一体化综改取得阶段性成效。启动35个村2.2万人采煤沉陷区搬迁安置工程，6个村4710人搬迁入住。完成两轮农村“五个全覆盖”，实施改善农村人居环境工程。

★坚持不懈推进生态建设和节能减排，市域生态环境大幅改善。累计完成造林2.3万公顷，园林绿地面积1021公顷，森林覆盖率达到32.5%，建成区绿化覆盖率达到43.8%。依法淘汰32户企业落后产能，取缔高污染企业30户。孝河湿地公园入选国家级湿地公园。列入全国首批循环经济示范县级城市试点，先后荣获国家园林城市、国家卫生城市、省级环保模范城市等荣誉称号。

千万只生态肉鸭养殖加工基地

孝义市东盘粮千亩设施蔬菜基地

煤化工园区走精细化、系列化、规模化、高附加值化发展的路子

兴安化工年产300万吨4A沸石及多品种氢氧化铝建设项目

阿里巴巴农村淘宝

孝义市高新科技产业孵化中心

★持续增进民生福祉，社会各项事业全面发展。2015年，孝义市城乡居民人均可支配收入分别达到2.9万元、1.4万元，年均分别增长11.8%、13.1%。社会保障不断扩面提标，城乡居民养老保险统一并轨。通过“义务教育发展基本均衡市”国家级评估认定。高考二本B类以上达线人数年均递增200人以上，2015年突破3000人。太原理工大学现代科技学院、吕梁职业技术学院和煤炭工业学校等院校入驻孝义市高教科技园区。医疗卫生服务和食品药品监管体系实现市乡村三级全覆盖。五年脱贫1.1万人，贫困发生率由5.3%降为1.8%。在全国县级率先创建安全发展示范市，连续五年工矿商贸领域保持“零伤亡”。

梦幻海室内主题乐园

华美新天地购物中心

华夏动力新能源客车装配车间

孝义义乌商品交易国际博览城

★全面深化改革创新，发展活力和动力不断增强。顺利完成转型综改三年行动计划。全面推进科技创新、金融振兴、民营经济发展"三个突破"，培育高新技术企业3家、企业技术研发中心62个，建立高新科技园区孵化中心等3个创业创新基地。实施农信社改制农商行，发展各类金融机构41家。出台扶持中小微企业36条措施，全面实施"三证合一"登记和市场主体信用信息公示，设立11个小微企业服务站，投资发展环境更加便利。2015年全市民营企业达到3106户，是2010年的3.6倍。

（孝义市政府办　供稿）

吕梁职业技术学院

孝义三中

太原理工大学现代科技学院

加快建设“小康柳林、文明柳林、宜居柳林”

——柳林县

华润福龙水泥厂

“十二五”期间，柳林县委、县政府团结带领全县人民，同舟共济，克难前行，经济和社会建设取得积极成效。“十二五”前半期，县域经济增势迅猛。2011年和2012年，全县地区生产总值分别达到216.8亿元、255.3亿元，财政总收入分别达到72.2亿元、86亿元。2013年一般公共预算收入达到30.1亿元，成为全省第一个县级可用财力突破30亿元的县份。“十二五”后半期，县域经济增长速度大幅回落，出现断崖式下滑，但总量仍居全市前列。

★千方百计稳增长，整体经济运行保持稳定。先后实施重点工程项目101个，总投资963亿元，累计完成投资392亿元。制定并实施了帮扶企业“七条措施”，县内各企业保持正常稳定的生产经营秩序。五年来，全县地区生产总值平均值从“十一五”期间的110.88亿元增长到198.48亿元；财政总收入平均值从30.98亿元增长到62.22亿元；一般公共预算收入平均值从7.77亿元增长到20.83亿元；城镇居民人均可支配收入2.7万元，年均增长12.5%；农村居民人均可支配收入9974元，年均增长17%，为实现全面小康打下了坚实基础。

★矢志不渝调结构，经济发展方式逐步转变。农业产业稳步提升。凌志、汇丰等生态农业园区相继达产达效。

汇丰昌盛农场

柳林红枣

王家沟煤矸石综合利用示范园区阻燃新材料项目

实施了"8+2"农业产业化振兴计划，重点培育了1.4万公顷核桃林、1.3万公顷小杂粮、6667公顷林下经济、200公顷设施蔬菜，扶持"一村一品"专业村20个、规模健康养殖场20个、精品农业示范社30户、农产品加工龙头企业20户，农业产业化、特色化有了大幅提升。全县五年粮食总产量突破19万吨，是"十一五"时期的1.4倍。煤炭产业日益巩固。全县26座整合主体矿井中，生产矿井达到24座，县属煤炭企业核定生产能力达到3055万吨。一批洗煤项目建成投运。煤层气产业初具规模，日产量19.6万立方米。新型产业不断壮大。一批非煤转型项目快速发展，铝工业、高科技产业、建材产业、铁路物流产业等加快推进。推动特色加工、文化旅游、餐饮服务等产业发展壮大。全县中小微企业近千户，年可实现产值近百亿元。"十二五"三产比例优化为1.6∶66.9∶31.5。

★持之以恒抓统筹，城乡建设步伐切实加快。城乡规划日趋完善。建设力度持续加大。20个棚户区改造和北大街片区改造快速推进；一批城乡道路提质工程陆续建成，全县公路总里程增加到1428千米。一批输变电工程，24处农村安全饮水工程、8处"千井富民"项目全

凌志华泰年产960万吨洗煤厂

联盛生态农业文化园区

高红循环经济产业示范园区

汇丰、鑫飞高级中学

经济适用房

沿黄公路通道绿化

陈家湾乡郭家山新农村

龙王堂天然林

部建成，农村两轮“五个全覆盖”、省“五件实事”全面完成，贺家坡、李家塔等一批新农村先后建成，城乡人居环境明显改善。建成622套廉租房和288套公租房，完成4452户农村危房改造；清河广场、文化广场等建成开放，自来水厂改扩建、滨河北路东延及高速东口绿化美化工程全面实施，城市公共服务功能日益完善。管理水平不断提升。启动“省级园林县城”创建工作，建立健全了县、乡、村三级环境卫生管理网络，成功创建“省级卫生县城”和“省级文明县城”。城区集中供热达到4010户90万平方米，集中供气达到1.6万户200万平方米，供水普及率达到93%。城镇化率提高到40%，城乡面貌有了很大改观。

★全心全意惠民生，群众幸福指数明显提升。脱贫攻坚成效显著。统筹脱贫攻坚与生态治理，完成造林绿化1.9万公顷，森林覆盖率33.8%。实施易地扶贫搬迁1840户6538人，全县累计脱贫2.9万人。社会事业全面发展。汇丰、鑫飞高中相继建成投用，联盛教育园区主体完工，新建了5所城区中心幼儿园，改扩建4所农村幼儿园，教学条件得到极大改善。深化医疗卫生体制改革，县医院实行免门诊挂号费、免诊查费和基本药品零差价销售，建立了大病医疗救助一站式服务。县图书馆、文化馆及乡镇文化站全部免费开放。民生保障大幅提升。实施了一系列县定惠民政策，从2012年开始，县财政每年为城乡居民办理

军渡出省口荒山绿化工程

县城全景

县城建设

县城建设

意外伤害保险和自然灾害伤害保险，在全省率先实行了高中教育免学费，开通了城区至新高中、城区至火车站两条免费公交线路。整合运行4所乡镇中心敬老院，在全省率先实行五保老人集中供养。

★与时俱进促改革，创新发展成效不断显现。农业农村改革深入推进。制定出台《柳林县推进户籍管理制度改革实施细则》。试点建设“农村集体资产产权流转交易市场”，积极推动农村集体资产公开流转。完成了林权制度改革，启动了农村土地经营权确权登记颁证工作。投融资体制全面创新。县财政与金融机构合作，开展了农业企业“助保贷”业务。积极推广PPP投资模式，为一批重点项目建设提供了有力的资金保障。

（柳林县政府办　供稿）

高家沟乡刘家塄荒山绿化工程

塑造美好形象 推进小康建设

——汾阳市

汾阳王府雪景

光伏发电

“十二五”期间，汾阳市抢抓机遇，攻坚克难，万众一心，扎实工作，全市经济社会呈现持续稳定发展的态势。五年间，全市地区生产总值由84.5亿元增长到91.6亿元，年均增长1.6%；公共财政收入由4.75亿元增长到5.7亿元，年均增长3.8%；固定资产投资由2010年的24.91亿元增长到84.88亿元，年均增长27.8%；社会消费品零售总额由31.03亿元增长到56.64亿元，年均增长12.8%；城镇常住居民人均可支配收入由1.2万元增长到2万元，年均增长10.7%；农村常住居民人均可支配收入由6271元增长到1.2万元，年均增长13.3%。

★经济发展稳中有进。推进园区建设。铺开杏花村酒业集中发展区建设项目，入驻园区项目13个，投产4个；三泉焦化工业园区，铺开项目15个，投产12个；阳城商贸物流经济开发区，开工项目13个，运营4个。加快重点项目建设。全市共铺开242个项目，153个项目投产、投运，56个项目正在积极推进。整合煤炭资源。矿井数量由24座整合为4座，生产能力由432万吨/年减少为360万吨/年。扶持小微企业发展。培植“小巨人”企业3个，小升规企业15个，新创办企业1000多个。加大招商引资力度。签约项目金额712.88亿元，引进62个项目。加快旅游产业发展。建成杏花村、贾家庄两个4A景区。入境旅游人数和旅游总收入分别达到959.9万人次、88.54亿元。

★三农工作扎实推进。核桃经济林面积达到3.6万公顷，食用菌入户567万棒，发展林下经济1.4万公顷；成功举办第七届世界核桃大会，被国家质检总局命名为“出口核桃质量安全示范区”。完成16.5万余人的饮水安全工程和147项河道整治及小型水利灌溉工程。建成新农村重点村196个，“一村一品”专业村101个。推进农村“四大工程”建设，3个村被评为省级美丽宜居示范村。全面铺开农村土地承包经营权确权登记颁证工作。重视扶贫开发，组织开展了百村扶贫增收活动，实施了前杨寨村、花豹里庄村的整村移民搬迁工程。

禹门河小学

古城新貌

山西医科大学汾阳学院

★城乡面貌明显改善。全市城镇化率达到44.4%。完成改造面积约200万平方米，新建廉租住房378套、公共租赁住房200套，棚户区改造完成4100套。先后实施了火车站道路、东正街等36项城乡道路工程，新建改建农村公路126.6千米，硬化农村街巷2259千米。新铺设供水管网22.86千米。城区燃气普及率达到92%，集中供热普及率达到68%。实施了城中110千伏变电站等13个电力项目。

★生态建设成效显著。加大节能减排力度，淘汰落后产能，建成投运垃圾焚烧发电厂、城区和杏花污水处理厂。创建省级环境优美乡镇2个、省级生态村14个。2014年创建成为省级园林城市。完成造林1万余公顷，高标准绿化了三座荒山。被评为“全国国土资源节约集约模范市”。

★民生事业全面进步。新建四中、五中、禹门河小学和幼儿园，改扩建幼儿园20所，改造薄弱学校12所。市人民医院、市中医院门诊楼投入使用。城镇职工医保和居民医保参保率均达到90%以上，新农合参合率稳定在96%以上。累计新增城镇就业2.4万人，城镇登记失业率保持在4%以下。2015年城乡低保人数3.4万人。建成23个农村老年人日间照料中心，社会福利中心建成投用。建成城市广场和体育场，市、乡、村三级公共文化服务网络基本形成。

（汾阳市政府办　供稿）

万泰国际商城

禹门河滨河路

汾州文湖景区

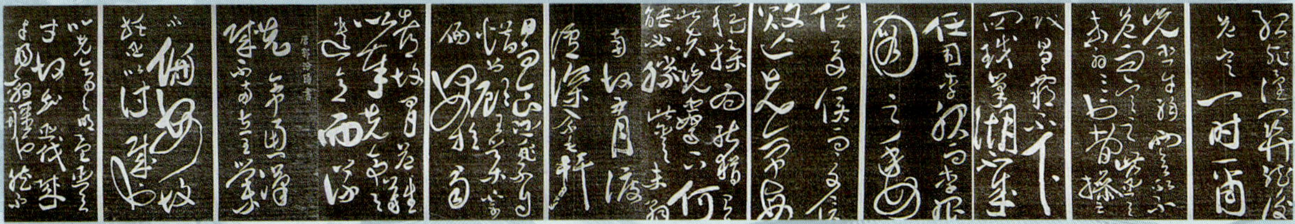

唐汾阳王郭子仪书法

打赢脱贫攻坚硬仗 奋力建设“五个石楼”

——石楼县

石楼县万亩核桃精品示范园

“十二五”的五年，是石楼县攻坚克难、负重赶超的五年，也是全县上下开拓创新、抢抓机遇、干事创业的五年。县政府围绕“美丽石楼、人文石楼、小康石楼、创业石楼、勤廉石楼”建设目标，以农民增收为重点，以项目为支撑，实施了一系列打基础、利长远、惠民生的重大举措，全县经济和社会各项事业取得可喜成绩。2015年全县地区生产总值完成7.87亿元，一般公共预算收入4138万元，固定资产投资完成12亿元，社会消费品零售总额2.88亿元，城镇居民人均可支配收入1.2万元，农民人均可支配收入2727元，分别是“十一五”末的1.5、1.4、2.5、2.3、1.6、1.9倍。

★扶贫开发有新成效。统筹推进专项扶贫、行业扶贫和社会扶贫，重点实施了片区开发、扶贫移民、整村推进、教育扶贫和农村劳动力转移培训等一系列扶贫开发工程。五年全县脱贫人口累计4.1万人，为“十三五”时期打赢脱贫攻坚战奠定了良好基础。

★农业产业有新突破。大力推进“8+2”农业产业化工程。红枣面积达到1.8万公顷，核桃面积达到1.6万公顷，新发展设施蔬菜20公顷，中药材1000公顷，食用菌年生产能力达到200万棒。尤其是探索推行了红枣“三三”采收制、启动建设现代农业园区、成立县（乡）核桃协会、建成全市最大的湖羊养殖基地，创建了千家万户治理千沟万壑的沟域经济新模式。

石楼县九曲黄河第一湾

石楼县沟域经济生态综合治理示范点——湖羊养殖基地

★重点项目有新发展。积极推进了总投资85亿元的60个省市县重点项目。其中已开工44个，完工28个。启动了煤层气(天然气)开发、光伏发电、风力发电和生物质能发电等“一气三电”项目。

★基础设施有新改善。完成了“一村一井”115眼，解决了3.4万农村居民的饮水安全问题。实施了低压农网升级工程。实施134个行政村街巷硬化全覆盖工程。特别是坪底水库、中部引黄工程、马村220千伏变电站、石清黄河大桥、山西中南铁路出海通道等一系列重大工程的实施，极大改善了石楼县的基础设施条件。

★市政建设有新变化。建设了王府佳苑、龙湾国际等房地产开发和棚户区改造项目，新建住宅面积超过45万平方米。启动地下管网改造、垃圾处理厂、东征广场和城市供气工程。城区集中供暖面积15万平方米，日供水能力5000吨，污水日处理能力4000吨，城镇化率提高到40%。

★民生事业有新进步。新建职教中心成为全市首批通过省政府验收的一流职教基地，普通高考二本以上达线率、职业中学对口升学率稳居山区九县第一。新建和改建了县中医院、3所乡镇卫生院和100个村卫生室，建成了县医院住院综合大楼，县人民医院升级为“二级甲等医院”。人口自然增长率控制在6.5‰以内。开发宣传“黄河第一湾”、毛泽东路居地、棋盘山等旅游资源，石楼对外知名度明显提高。进一步扩大社会保障覆盖面，8万人享受新农合，2.3万人享受城镇居民和职工医保，3.5万人享受养老、失业和工伤保险，1.9万人享受城乡低保，8400多人享受五保、优抚、残疾人救助和城乡医疗救助，2.8万受灾群众得到救济救助，2.3万户低收入农户享受冬季取暖供煤政策。

（石楼县政府办　供稿）

天然气资源开发

石楼红枣

坪底水库

新建石楼县职教中心

中南铁路石楼县火车站

交城经济开发区

生态交城 活力交城 宜居交城

——交城县

交城骏枣

交城堆锦

卦山风光

“十二五”时期，交城县主动适应新常态，攻坚克难，奋勇前进，全县经济社会平稳健康运行，发展能力不断增强。2015年，全县地区生产总值完成49.58亿元，比2010年增长9.4%；工业增加值26.2亿元，比2010年下降4.2%；固定资产投资完成72.11亿元，是2010年的4倍；社会消费品零售总额16.78亿元，是2010年的1.5倍；公共财政预算收入3.8亿元，是2015年全市唯一、全省32个正增长的县份之一；服务业增加值18.97亿元，是2010年的2.4倍；城镇居民可支配收入1.9万元，比2010年增加7140元；农村居民可支配收入8236元，比2010年增加3907元。县域经济总体呈现缓中趋稳、稳中向好的态势。

★产业结构趋向优化。三次产业比重由2010年的4:81:15调整为2015年的7:55:38。五年共实施重点项目107个，完成投资219亿元。义望铁合金公司锰铁合金、国锦低热值煤发电、华鑫肥业“1860”等27个重大项目建成投产，工业集约化程度进一步提升。全县设施蔬菜达到213公顷、核桃经济林达到4500公顷；在全市率先实施人畜分离工程，全省首家推行肉牛保险政策，被评为全省畜牧生产先进县。“千年古县”正式命名授匾，玄中寺、卦山、隆美水上乐园被评为国家4A级旅游景区，累计接待游客405万人次，旅游产业快速发展。

★城乡建设突飞猛进。完成县城各类规划编制23项，拓宽改造南环路、东环路、新开路等18条道路，城市规划馆、垃圾处理厂和12个供热站建成投运，供水管网改造稳步推进，城市公交开通运行。完成了高速引线、

电力建设

迎宾大道

火车站连接线、开发区路网等13条道路改造。天宁、三角110千伏变电站建成投运，农网升级改造、低电压治理稳步推进。柏叶口水库竣工蓄水，龙门供水工程、世行节水灌溉项目等进展顺利。美丽乡村建设成效明显，农村"五个全覆盖"工程、方便农民"六件实事"全部完成。

承俊农牧合作社育苗中心

★生态环境持续改善。五年累计投入6.2亿元，实施造林绿化9333公顷，全县森林覆盖率54%，林木绿化率70%，被评为全省林业生态县。深入开展以"净空、净水、减排"为重点的绿色生态工程攻坚行动，全县万元地区生产总值能耗、化学需氧量、二氧化硫等约束性指标全部完成目标。大力推进节能降耗，淘汰落后产能企业59户，整改处置重点企业92户，实施节能技术改造企业13户，生态环境得到明显改善。

★社会事业全面发展。五年新建或改扩建幼儿园24所；投资近亿元的校安工程实现高标准全覆盖，48所薄弱学校改造全部完成，顺利通过国家级义务教育均衡县验收；交城二中综合实验楼主体完工；职业中学新校园投入使用；非物质文化遗产传习所投入运行。山医大一院交城分院开工建设，县级公立医院改革通过国家卫计委验收。廉租房、新开路中段安置房、三角村整村搬迁分配入住，农村困难群众危房改造扎实推进。社会福利服务中心投入运营，养老、医疗、失业等保险覆盖面持续扩大，城乡低保应保尽保。脱贫攻坚成效明显，近2.3万贫困人口稳定脱贫。

★改革开放成效显著。深入推进财税体制改革，大力推行政府购买公共服务。太行村镇银行、民生银行、中信银行挂牌营业；全市首家完成农村信用联社改制；正达资产、玄中投资、融通金融、正大医疗等融资平台成立运营。金融服务能力显著增强，为30户中小微企业提供贷款15亿元。对外开放成效显著，引进签约项目51个。

（交城县政府办　供稿）

柏叶口水库大坝

交中校园

抢抓机遇阔步前行 迎接挑战拼搏奋进

——方山县

马坊三级种薯扩繁基地

"十二五"时期，方山县基本完成了"十二五"规划目标任务，经济发展提速增效，综合实力稳步增强。2015年，全县完成地区生产总值22.75亿元，固定资产投资23.24亿元，社会消费品零售总额8.47亿元，公共财政预算收入2.54亿元，城乡居民人均可支配收入分别达到1.8万元、3882元。与2010年相比，几项主要经济指标增幅达到两位数以上。实施重点项目259个，其中3个120万吨现代化矿井投产达效，煤炭总产能达到600万吨，全县原煤实现了就地洗选；国电马坊风电、庞泉工贸矿山机械制造等新兴产业项目推进顺利；北武当山升级为4A级景区，县域经济发展迈上新台阶。

★强农惠民政策到位，扶贫攻坚初见成效。全面落实各项强农惠农政策，2015年财政对"三农"投入3.1亿元。大力实施"8+2"农业产业化振兴计划，脱毒马铃薯、核桃经济林、食用菌等特色产业覆盖80%以上的农村，发展"一村一品"专业村62个。持续加大扶贫开发力度，实施核桃片区项目26个村2000公顷，整村推进项目62个村，惠及群众4万人；完成易地扶贫搬迁948户3778人；培训农村劳动力1万名，转移就业6000人；发放扶贫贷款3亿元，5年净减贫困人口4.3万人。全面启动农村土地承包经营权确权登记颁证工作。大力实施农村人居环境改善"四大工程"，初步建成了118个新农村示范村。

方山县丰富的生态资源和水资源

方山县城区集中供热热源厂

大武西山2万亩核桃园区

★城镇建设加快推进，城乡面貌变化较大。全力推进基础设施建设，吕梁机场建成通航，环城高速、临离高速、太佳高速连接线顺利通车，县乡公路通车里程增加到318千米，169个行政村全部通水泥（油）路。95%的农业人口实现安全饮水。加大“百里绿色走廊”建设力度，完成造林1.7万公顷。完成农村电网升级改造工程。实施县城集中供热、瓦窑河综合治理等10项重点市政工程，城区集中供热普及率达到39%，县城绿化覆盖率达到32.3%。积极配合吕梁新区建设，大武11个村拆迁3980户，启动建设安置楼23栋；完成廉租房、棚户区等保障性住房1386套，改造农村危房4094户，城镇化率达到34.4%。

★社会事业全面进步，共享机制逐步完善。城镇职工养老、医疗、工伤、失业、生育保险覆盖率达到90%以上，补助标准逐步提高。城乡低保和五保供养人数达到2.5万人，基本实现应保尽保。办学水平进一步提升，新建改扩建幼儿园42所、中小学31所，小学阶段巩固率达到100%。医疗卫生体制综合改革正式启动，基本药物零差价销售全面落实，完成县乡村三级卫生体系建设，村级卫生所实现行政村全覆盖。完成县城公共文体活动中心改造工程，实现了农家书屋、农村科技文化活动室行政村全覆盖。

（方山县政府办　供稿）

设施蔬菜

原生态畜牧养牛产业

吕梁环城高速沿线绿化

位于方山县大武镇的吕梁飞机场通航

山西华兴铝业有限公司

蔡家崖特色农业园区蔬菜花卉大棚

谋求新突破 实现新跨越

——兴 县

岢临高速兴县段

"十二五"以来，兴县县委、县政府坚定不移地推进"五五兴县"战略，圆满完成了各项目标任务，县域经济快速发展。2015年，全县完成地区生产总值58.7亿元，年均增长10.3%；规模以上工业增加值41.8亿元，年均增长9.7%；财政总收入22亿元，年均增长27%；公共财政预算收入6.3亿元，年均增长28%；社会消费品零售总额13.8亿元，年均增长29%；城镇居民人均可支配收入1.8万元，年均增长12.9%；农民人均纯收入3769元，年均增长12.9%。累计完成固定资产投资259.9亿元，年均增长28%。减少贫困人口8万余人。

★产业体系逐步形成。农业方面，小杂粮、绒山羊、经济林等特色产业规模不断扩张，清泉醋业、黄河农业、三星油脂等农业龙头企业不断壮大，康宁农业园区、蔡家崖农业园区顺利建成。工业方面，建成斜沟1500万吨、肖家洼1000万吨矿井及配套选煤厂项目，完成华润联盛3个百万吨级现代化矿井和冀中能源金地煤业南窑煤矿技改工程，锦兴公司2×35万千瓦低热值煤发电项目开工建设；中联煤层气开发项目投入运营，华盛燃气公司日产10万立

四八烈士纪念馆

蔡家崖农业园区电子商务服务中心

康宁农业园区清泉醋业

方煤层气液化项目达产达效，发展居民天然气用户5000余户。三产方面，观澜宾馆、黄河酒店等一批餐饮服务业项目投入运行；电子商务、物流产业从无到有，不断壮大，成为全县经济新的增长点。

★新型城镇化加速推进。编制完成县城新区规划和旧区控制性详细规划；全面贯通全长4.2千米的连城大道，完成县城新区道路改造和拓宽工程；健全完善环卫体系，建成污水处理厂、生活垃圾无害化处理厂；持续开展城乡环境卫生大整治，完成蔚汾河清淤蓄水等重点工程；新增供热面积107万平方米。建成保障性住房5205套，改造农村困难群众危旧房3660户。完成了中南铁路、太兴铁路、岢临高速兴县段建设；建成工业大道、安康公路、花固公路。完成天古崖水库和明通沟水库的除险加固工程。建成康宁220千伏输变电工程、花子110千伏变电站工程。

★社会事业全面进步。全面建成友兰中学、一二〇师学校和一二〇师幼儿园，建成标准化幼儿园8个，改造村级幼儿园19个，职业中学办学条件明显改善。深化医药卫生体制改革，基本药物零差价销售全面落实；对县医院住院部和17个乡镇卫生院进行改扩建，实现了村村有卫生室、乡村医生。成功申报省级科技项目3个，市级科技项目14个，申请专利114项，建设农家书屋372个，农村体育场所17处，丰富了群众文化生活。全面实施农村和城镇居民养老保险、医疗保险，报销范围逐步扩大、报销标准逐步提高。城乡低保供养人数达到3.7万人，基本实现应保尽保。

（兴县政府办　供稿）

蔚汾河蓄水工程

兴县中南铁路全线第一高桥蔚汾河特大桥

蔚汾河河道治理

南北两山绿化

霍州煤电吕临能化千万吨煤电一体化项目基地

决战脱贫攻坚　实现富民强县

——临　县

“十二五”时期，临县坚持把发展作为第一要务，千方百计稳增长、扩总量，综合经济实力显著增强。实施省市县重点项目147个，完成投资407亿元。2015年，全县地区生产总值完成41.3亿元，年均增长7.7%；公共财政预算收入3.47亿元，年均增长8.2%；社会消费品零售总额39.18亿元，年均增长14.2%；社会固定资产投资累计229.5亿元，年均增长32.3%。县域经济总量和发展水平跃上新台阶。

★坚持把产业转型升级作为重中之重，现代产业体系正在形成。新型工业扎实推进。霍州煤电1000万吨矿井具备投产条件，1000万吨选煤厂进入试生产，京能吕临2×350兆瓦低热值煤发电项目全面开工，千万吨煤电一体化格局初步形成。4对百万吨以上矿井扩建投产，4对整合矿井取得实质性进展。中石油、中联、中澳等煤层气开发利用项目稳步推进。农业产业化成效明显。形成了5.3万公顷红枣、2万公顷核桃、180万头（只）养殖、360万棒食用菌、3.3万公顷优质杂粮、2万公顷脱毒马铃薯、2万公顷中药材种植的产业规模。农民专业合作社达到874个，农产品加工企业261户。现代服务业加快发展。临县被命名为“中国伞头秧歌之乡”，碛口古镇荣膺“中国历史文化名镇”“国家级风景名胜区”称号，伞头秧歌、临县道情、临县大唢呐入选国家级非物质文化遗产名录。商贸物流、电子商务蓬勃兴起。

农村空巢老人救助服务

新建幼儿园

新建的万人高级中学

郝丛线公路改建工程

舍饲养羊基地

★坚持把基础设施建设作为重要突破，城乡面貌进一步改善。太佳高速、西纵高速全线通车，中南出海通道、太兴铁路临县段、太中银吕临支线建成试通车，形成了“三铁两高”大交通格局。中部引黄工程加快建设，世行项目阳坡水库灌区工程基本完成。城乡电网升级改造基本完成。陕京三线、榆济线、临临线等输气管线建成投用，县城气化率达到80%。市政基础设施建设进一步加强。秧歌文化广场、临州文化广场、西山公园等建成投用，湫水河一期和二期北段综合治理全面完成，旧城面貌焕然一新，城南新区形成规模，中心集镇建设步伐加快，农村人居环境持续改善。

★坚持把改善民生作为根本目标，尽心竭力惠民生、兜底线，人民群众的获得感进一步增强。2015年，农民人均可支配收入4196元，比2010年翻了一番，累计脱贫17.1万人。30轨制高级中学建成投用；实施薄弱学校改造工程264项，改扩建城乡幼儿园121所；职业教育、民办教育健康发展；教育教学质量稳步提升，五年高考达线近2000人。多元筹资建成新城大医院，医疗条件明显改善，成功创建国家级计划生育优质服务先进县。五大社会保险参保45万人次，覆盖率97%；城乡特困家庭实现应保尽保。建成廉租房912套，改造农村危房1万多户。城镇登记失业率控制在4.2%以内。

（临县政府办　供稿）

红枣之乡

义居寺旅游景区

碛口入选国家级风景名胜区

铁路战略装车点项目建设

太钢集团岚县矿业有限公司

富裕 文明 开放 宜居

——岚 县

“十二五”期间，岚县县委、县政府积极适应经济发展新常态，砥砺前行，努力奋进，经济社会发展取得明显成效。2015年，全县地区生产总值32.7亿元，是“十一五”的3.1倍；公共财政收入3.83亿元，是“十一五”的4.5倍；全社会固定资产投资39.9亿元，是“十一五”的2倍多；社会消费品零售总额10.2亿元，是“十一五”的近2倍；城镇居民人均可支配收入1.7万元，是“十一五”的近2倍；农村居民人均可支配收入4370元，是“十一五”的1.7倍多。

★加快推进项目建设，经济发展后劲不断增强。亚洲最大的露天冶金矿山——太钢袁家村铁矿项目建成投产，金隅、正利、昌恒等一大批重点项目相继建成投产。规划建设了新材料工业园区，全国规模最大的年产2万吨生物基复合材料项目建成投产。开工建设4个48兆瓦风电项目。积极实施“互联网+”行动计划，成立电子商务协会，引进乐村淘、苏宁易购、京东商城等电商企业入驻岚县。

★大力加强“三农”工作，农业产业化水平明显提升。2015年，全县粮食产量8875万千克，比2010年增加1875万千克。推动马铃薯产业优化升级，被省政府确定为“全省马铃薯生产示范基地”；实施品牌化战略，取得了1.3万公顷(20万亩)无公害产地、30万吨无公害产品、2万吨绿色马铃薯产品和“岚县马铃薯”地理标志“三品一标”认证。启动了200吨有机马铃薯产品认证工作，创建全国绿色马铃薯标准化生产原料基地6667公顷，注册了“岚县土豆”商标。同时，大力发展油松育苗、设施蔬菜、生态养殖、小杂粮加工等产业。大力开展脱贫攻坚、精准扶贫，全县贫困人口从2010年的9.2万人下降到2015年底的4万人，贫困发生率由57.9%下降到25.3%。

★着力改善保障了民生，社会各项事业全面发展。2015年用于民生的支出达10.95亿元，占年度总支出的75.1%，比2010年增加6.66亿元。义务教育学校标准化建设顺利完成，义务教育均衡发展扎实推进。30轨制岚县中

岚县土豆火爆农博会

岚县中学新校区

岚县火车站

皖北煤电集团岚县昌恒煤焦有限公司

新能源风电项目

学新建项目和新建的九年一贯制民觉学校投入使用；12轨制的职业教育中心建设稳步推进。医疗卫生服务水平进一步提升。岚县新医院基本建成，基层医改取得明显成效，县级公立医院综合改革基本完成；新农合保障水平不断提高，参合率100%。文化旅游承载能力进一步增强。岚县面塑被列为国家级非物质文化遗产。先后荣获“十二五首批生态(人文)宜居县”“2015年最美中国·绿色生态、休闲度假、民俗(民族)旅游目的地城市”等称号。社会保障体系不断趋于完善。进一步扩大养老、医疗、失业、工伤、生育等保险覆盖面，对五保户、孤儿、残疾人等特殊困难群体的基本生活做到应保就保。

★持续加强环境改善，生态文明建设成效显著。岚河南路建成通车，城区供水管网改造及水表出户工程全面完成，城南热源厂300万平方米集中供热项目如期投用。天然气管网覆盖城区。深入开展城乡环境整治专项活动和乡村清洁工程，全面推进“五城同创”，先后获得国家卫生县城、省级园林县城、省级文明县城称号。严格落实节能减排各项任务，县城环境空气质量二级以上天数保持在330天以上。五年来累计完成造林绿化7333公顷，森林覆盖率比“十一五”末提高5个百分点。

（岚县政府办　供稿）

软磁芯材料生产项目

生物基材料生产

特色种植

特色养殖

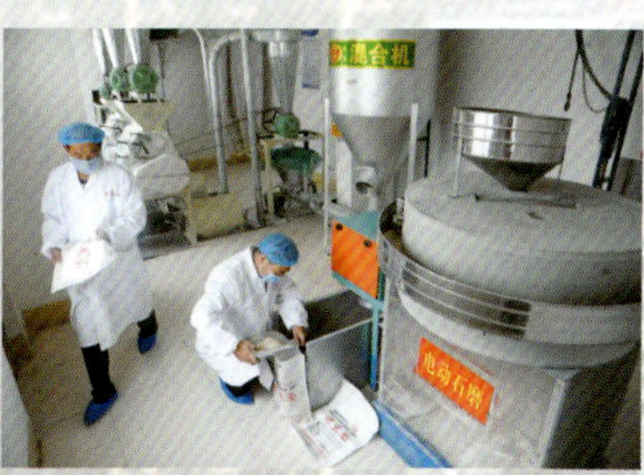
小杂粮加工

富裕交口 绿色交口 宜居交口 平安交口 幸福交口

——交口县

兴华科技200万吨铝基新材料基地

核桃经济林园区

香菇种植基地

维仕杰饮料生产线

“十二五”时期，交口县实施“四轮驱动”、“五步赶超”发展战略，奋力打造“四基地一城市”，经济社会各项事业取得明显成效，经济综合实力大幅提升。2015年完成全县地区生产总值30.48亿元，“十二五”期间年均增长12.7%；工业增加值21.11亿元，年均增长15.3%；公共财政收入5.39亿元，年均增长13.6%；全社会固定资产投资57.3亿元，年均增长47.2%；服务业增加值7.49亿元，年均增长10.1%；社会消费品零售总额7.18亿元，年均增长21.5%；城镇居民收入1.7万元，年均增长10.8%；农民人均可支配收入6467元，年均增长13.8%。

★结构调整深入推进，经济转型取得新成效。积极开发潜力产业，三次产业比重调整为6:70:24。坚持“六位一体”推进项目建设，累计完成固定资产投资176.7亿元。铝工业在县域经济份额中超过煤炭工业，成为全省中部重要的铝工业基地县。

★农业基础地位得到加强，农业农村呈现新气象。实施农业项目170余项，农业生产条件明显改善。核桃林总面积达到1.3万公顷；食用菌栽培接近1000万棒；培育规模健康养殖50余户。创建“一村一品”专业村38个，农产品加工销售总额1.5亿元。建成新农村重点推进村32个。

★基础设施建设取得新进展，发展环境有了新改善。多条县道建成通车。加强电力设施建设。积极争取中部引黄工程，实施下村川河治理工程。南部新区、北部新区、中心商贸区基本成型。集中供热、供气覆盖率分别达到80%、60%。城镇化率提高到42.1%。完成造林绿化8647公顷，全面落实节能减排政策措施，区域环境质量得到改善。

★各项社会事业全面进步，民生福祉进一步增强。民生支出占县财政的78%以上。县一中新校区建成投运，实施农村中小学危房改造、义务教育薄弱学校改造和农村标准化幼儿园建设工程，办学条件明显改善。县医院创建为二级甲等医院，中医院创建为二级乙等医院。实施4个乡镇卫生院和31个村卫生室改造工程，公共卫生服务水平进一步提高。城乡居民养老、医疗、低保实现全覆盖。培训转移城乡劳动力7000余人。新建保障性住房1496套，改造农村危房5000户。

（交口县政府办　供稿）

建成入住的保障性住房

信发氧化铝项目

真抓实干创佳绩 继往开来谱新篇

——榆社县

山西广生胶囊有限公司生产线

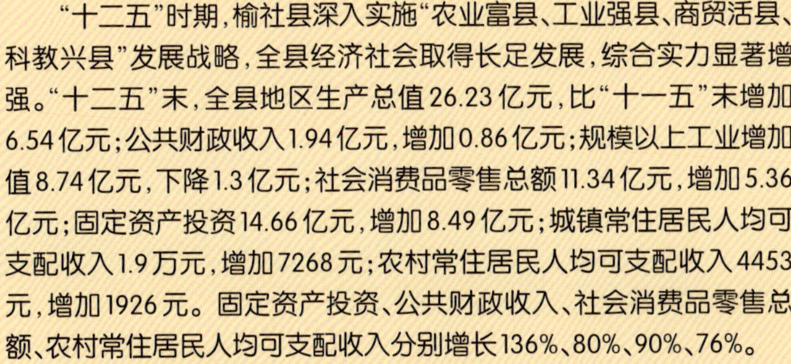

“十二五”时期，榆社县深入实施“农业富县、工业强县、商贸活县、科教兴县”发展战略，全县经济社会取得长足发展，综合实力显著增强。“十二五”末，全县地区生产总值26.23亿元，比“十一五”末增加6.54亿元；公共财政收入1.94亿元，增加0.86亿元；规模以上工业增加值8.74亿元，下降1.3亿元；社会消费品零售总额11.34亿元，增加5.36亿元；固定资产投资14.66亿元，增加8.49亿元；城镇常住居民人均可支配收入1.9万元，增加7268元；农村常住居民人均可支配收入4453元，增加1926元。固定资产投资、公共财政收入、社会消费品零售总额、农村常住居民人均可支配收入分别增长136%、80%、90%、76%。

★致力于转型升级，产业结构不断优化。持续抓好项目建设，三次产业比例调整为16.8∶37.7∶45.5。“1311”工程全面完成，特色农业促农增收作用明显增强。新型工业加速推进，榆化公司精细化工、天生公司6000吨中成药技改等一批项目竣工投产。旅游产业提速增效，倾力实施云竹湖旅游开发项目，全县接待游客人数和旅游经济收入实现“双提升”。

笨鸡散养

★致力于统筹发展，城乡面貌焕然一新。完成县城总体规划修编，县城区规划面积扩大到12平方千米，城镇化率达到38%。一批市政道路工程竣工投用，城市发展空间进一步拓展。新建和改造城市供热、供水管网40千米，新增绿化面积5万平方米，完成各类保障性住房34万平方米。34项农村公路工程全部竣工，新建改造农村公路156千米，硬化农村街巷469千米，全县农村公路总里程达到931千米。

西马桥建成通车

★致力于和谐共享，民生民利持续改善。民生支出累计31.59亿元，占公共财政支出的71%。顺利通过国家级义务教育发展基本均衡县验收，大力实施义务教育标准化建设和农村薄弱学校改造工程。城镇基本医疗保险实现省级统筹，低保标准、医保补助标准大幅度提升。完善就业创业促进机制，五年城镇新增就业1557人，登记失业率控制在2%以内。文体事业繁荣发展，云竹湖钓鱼大赛被评为国家级精品赛事。

（榆社县政府办　供稿）

东河下游综合治理工程

西马乡万亩设施蔬菜拱棚种植园区

云竹湖环湖路一期工程

率先发展 富民强市

——晋中市

吉利山西新能源汽车产业项目竣工投产

榆次液压参加上海亚洲国际动力与控制技术展览会

“十二五”以来，晋中市抢机遇、抓关键、建机制、补短板、破难题，经济社会发展取得新成就，为“十三五”全面建成小康社会打下了坚实基础。

★经济实力快速提升。持续增加有效投资，共完成项目投资5304亿元，带动全社会固定资产投资年均增长24.3%。社会消费品零售总额由2009年的234.2亿元增加到529.7亿元，年均增长13.9%。全市地区生产总值由2009年636.6亿元增加到2015年1046.1亿元，突破千亿元大关，年均增长10%；一般公共预算收入由57.8亿元增加到100.2亿元，年均增长9.6%，总量跃升至全省第二；规模以上工业增加值由273.5亿元增加到379.5亿元，年均增长13.6%，综合实力迈上了新台阶。

★产业转型步伐加快。全市三次产业结构由2009年的8.7∶51.9∶39.4调整为2015年的10.1∶43.8∶46.1，第三产业比重增加6.7个百分点。改造提升煤焦产业，全面完成煤炭资源整合、煤矿兼并重组，落地低热值煤发电项目5个。发展高端装备制造业，建成吉利新能源汽车、太重榆液等一批新型装备制造项目。全面实施国家现代农业示范区，推进现代农业经营模式创新，粮食连续6年获得丰收，总产量达到17.58亿千克，比2009年增长27%；肉蛋奶总产实现翻番，蔬菜产量突破50亿千克；全市农业龙头企业加工流通销售收入比2009年增长

晋中市城区龙湖立交桥

平遥煤化集团石头造纸项目

国新能源寿阳煤层气天然气综合利用示范园区

211%。大力推动文化旅游融合发展，全市旅游接待游客量和总收入年均增幅分别达到34%和39%，2015年旅游总收入突破500亿元，跻身中部旅游城市第一方阵，跨入全国旅游城市六十强。加强文化晋中建设，促进文化产业多元化发展。加快培育休闲度假、健康养老、居家服务等新兴业态，服务业对地区生产总值增长贡献率达47.7%，成为经济增长新引擎。

★城乡面貌焕然一新。加快市城区扩容提质，连续5年实施"百亿市政重点工程"，新建规划馆、博物馆、图书馆、科技馆、工人文化宫等一批标志性项目；完成道路快速化改造31千米，晋中太原城际铁路2号线开工，城区公共自行车首批5000辆投用；新增公园绿地面积878万平方米；城市配套设施进一步完善，污水处理率、燃气和集中供热普及率分别达96.8%、96.7%、98.5%；城市建设管理水平迈上新台阶。大力改善市域交通条件，基本形成"六纵六横六循环"公路网骨架和一小时交通圈；龙城、汾邢、阳黎3条高速公路建成通车，实现高速公路"县县通"；新建改建国省干线公路100.4千米、农村公路2501千米。积极推进水利建设，4座新水源工程开始供水，东山供水、中部引黄两大水网工程顺利推进。不断完善电力设施，全面完成新一轮农网改造升级工程。

★生态文明建设成效明显。强力推进节能降耗，万元地区生产总值综合能耗下降17.3%。2015年市城区空气二级以上天数251天。持续开展造林绿化，全市林木绿化率35.8%，6个县（区、市）达到省级林业生态县标准；省级以上森林公园22个、湿地公园7个。

★改革开放不断深化。转型综改扎实推进，晋中108廊带区域一体化发展示范区列入省级战略并全面启动建设。农村改革全面落实，在全省首开果树政策性保险试点，农业保险范围覆盖粮食、畜牧、蔬菜、林果产业。金融领域改革成效明显，天交所山西运营中心在晋中市落户。土地管理不断加强，在全省首家出台地下空间建设用地出让

引领晋中城市发展的隆起带——北部新城规划鸟瞰图

灵石东方希望铝系综合循环经济项目建设

华北最大室内水上乐园——祁县千朝浪屿水世界正式开园

榆次区新建羊毫街小学投入使用

晋中至太原城际铁路二号线整体效果图

"平遥中国年"活动启动仪式

办法。科技创新能力稳步提升，建成一批国、省级技术研发中心和科技孵化器，"双创基地"、晋中众创家园投入运行。对外开放和招商引资成果丰硕，累计引进省外投资1642亿元。

★民生保障持续改善。6年城镇新增就业25.8万人，转移农村劳动力29.9万人，城乡居民人均可支配收入分别达到2.8万元和1.1万元，是2009年的1.9倍和2.1倍。完善企业养老保险基金统收统支管理办法，城乡居民基本养老保险制度实现"并轨"，各项社会保险扩面征缴任务全面完成。在全省率先通过县域义务教育基本均衡国家评估认定，山西高校新校区落地晋中，10所院校12万学生入驻。县级公立医院改革全面完成，在全省率先开展乡村医疗卫

榆社西马乡万亩设施蔬菜拱棚种植园区

全国休闲农业与旅游示范点——太谷美宝山庄

昔阳县城新貌

生"五统一管理"，幸福家庭创建成为全国首批、全省唯一示范城市。大力实施全民健身活动，完成了农民健身全覆盖工程。扎实推进扶贫开发，16.7万贫困人口脱贫。开工建设各类保障性住房13.4万套。深化平安晋中建设，社会治安综合治理工作走在全省前列。

（晋中市政府办公厅　供稿）

晋中博物馆、图书馆、科技馆鸟瞰图

榆社县云竹湖环湖路一期工程

左权县粟城乡柏峪村山坡光伏发电站

灵石县本土品种核桃喜获丰收

和顺县天凯农业示范园

攻坚克难 勇当全市排头兵
争先进位 挺进全省前十强

——榆次区

2015年，榆次区经济社会发展呈现稳中向好、稳中有进态势。地区生产总值208.8亿元，比2014年增长7.6%；规模以上工业增加值51.9亿元，增长8.2%；固定资产投资总额269亿元，增长17.1%；一般公共预算收入11.85亿元，增长5%；社会消费品零售总额91.2亿元，增长5.8%；城镇居民人均可支配收入2.9万元，增长7.7%；农民人均可支配收入1.5万元，增长8.6%。

2015年各项目标任务的顺利完成，标志着"十二五"规划的顺利收官，榆次经济社会发展和改革开放取得了全面进步。

★致力区域经济协调发展，综合实力迈上新台阶。"十二五"期间，主要经济指标提速增效，地区生产总值年均增长10.1%；一般公共预算收入年均增长18.9%；规模以上工业增加值年均增长14.7%；全社会固定资产投资累计完成951.2亿元，年均增长23.4%；社会消费品零售总额年均增长13.1%；农村居民收入增速连续跑赢城镇居民收入增速，收入比由2.2缩小为2，城乡收入差距进一步缩小。

★不断优化经济结构，产业发展取得新进展。"十二五"期间累计实施重点工程190项，完成投资681.96亿元，太重榆液、太钢万邦、民营液压园等140个项目达产达效。工业集约化程度提高，完善园区基础设施，园区入园企业达272户，完成工业总产值722.9亿元，是"十一五"的4.5倍。"粮菜果牧加"现代农业体系扩规升级，都市休闲农业"一带三区"战略布局全面推进。文化旅游繁荣发展，旅游总收入累计338亿元，是"十一五"的3.6倍，荣获"全国休闲农业与乡村旅游示范区"称号；新增大型商贸流通企业930户，现代服务业架构更趋完善。三产比例调整为9.3∶31.4∶59.3。

宏艺珠宝园黄金工艺品加工

★纵深推进改革创新，发展活力得到新加强。人社、商粮、文体、发改、卫计、食药等管理体制、机构改革全面完成。全区行政审批事项减少1/2，审批时间缩短1/3，行政体制运行更加顺畅；土地确权和基本农田划定工作取得阶段性成果。"一院、两站、两中心、四平台"技术创新驱动器相继落成，全区各类公共服务平台达到32个；"榆次液压产业集群"被列入国家首批"创新型产业集群试点"；全区专利申请总量1512件，有效发明专利拥有量103件；高新技术产业产值占比较"十一五"提高了7个百分点。

国新和盛项目建成投产

加紧施工的太铁物流园区

太钢万邦项目全面建成投产

太重榆液全面投产

正在安装设备的银河电子生产车间

液压行业院士工作站及公共服务平台

★统筹城乡一体发展，城乡发展呈现新面貌。持续加大太原晋中同城化、市区一体化、城乡统筹力度。山西科技创新城启动建设，省高校新校区建成投用。配合北部新城、龙城高速、潇河公园等107项省市重点工程，累计完成征地2733公顷，拆迁148.7万平方米，拆除“两违”建筑52万平方米，有效加快了城乡建设；启动小南庄、直隶庄等30项城中村、园中村和棚户区改造，累计新建63.6万平方米；张胡、牛村、伽西等新农村建设圆满完成，城乡居住条件明显改善；植树造林、城乡路网、“气化榆次”、乡村清洁、人居改善持续推进。东长寿村被评为“全国文明乡村”，东阳镇入选全国重点镇，全区城镇化率达到75%。

★协调推进社会事业，民生改善迈出新步伐。五年累计完成民生支出69.1亿元，占全部财政支出近七成。均衡教育全面发展，完成学前教育三年行动计划和城区学校布局调整，新改扩建幼儿园37所，新建学校4所，小学适龄儿童入学率、巩固率和初中适龄人口入学率均达100%，高中入学率96%，高标准通过国家义务教育均衡发展县评审验收。构建完善分级诊疗体系，新农合参合率稳定在99%以上。大力扶持创新创业，累计新增就业人数4.6万人次，转移农村劳动力3.4万人次，五险一金覆盖率逐年提高；城、乡低保标准持续提高，年均增幅达10%以上，农村五保应保尽保，社会保障基本实现全覆盖。

（榆次区政府办　供稿）

新建的羊毫街小学

新建的榆次九中

乌金山狂欢谷

戮力奋进　再铸辉煌

——介休市

昌盛煤焦油馏分加氢项目

志尧碳素

“十二五”时期，介休市委、市政府团结带领全市人民，积极应对前所未有的困难和考验，锐意进取，攻坚克难，扎实苦干，经济社会发展取得新成就，综合实力在逆境中不断提升。“十二五”期末，国内生产总值达到135.4亿元，年均增长6.7%；规模以上工业增加值58亿元，年均增长7.8%；全社会固定资产投资141.7亿元，年均增长19.2%；社会消费品零售总额84.1亿元，年均增长13.6%；城镇居民人均可支配收入2.9万元，年均增长10.9%；农民人均可支配收入1.2万元，年均增长13.2%。

★转型效果在阵痛中初步显现。“十二五”期间实施重点项目558个，完成投资456亿元。“一区三园”建设迈出新步伐，水、电、路、气等基础设施进一步完善，获批省级经济技术开发区。传统产业升级改造，17个煤矿中15个建成标准化矿井，加快焦化行业兼并重组，碳素产业加快提升。新兴产业加快发展，非煤产业增加值占工业增加值比重达38.7%。现代农业扎实推进，建成“一村一品”专业村120个，专业镇4个，形成凌云铁皮石斛、金核仁核桃、绿健鸡蛋等拳头产品。第三产业异军突起，奥维德圣、晋能物流等仓储物流项目落地；旅游总收入85.6亿元，年均增长20.1%，绵山、张壁古堡分别跻身国家5A、4A级景区，建成张兰古玩城，张壁、南庄入选“中国传统古村落”；入选阿里巴巴“千县万村”首批试点。全市三次产业结构调整为4.3∶53.3∶42.4。

三佳集团有机硅厂

山西凯嘉煤层气发电有限公司

益达工业园区

凌云农业生态园

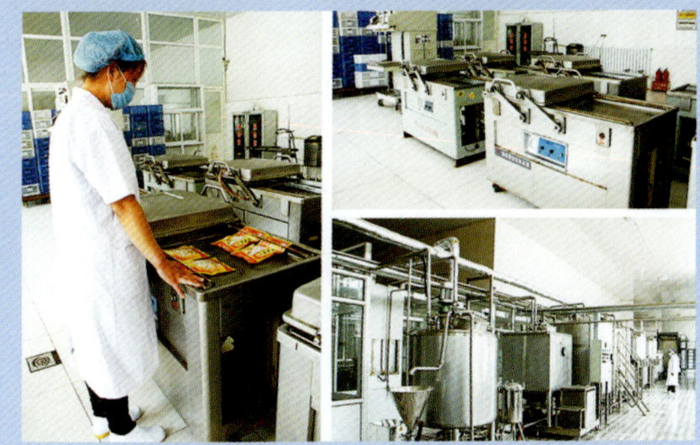
忠平核桃

铁皮石斛

★城乡面貌在拉动中深刻改变。五年来，大力实施百项城镇化重点项目，加速城区扩容提质，城镇化质量显著提升。建成区达到21平方千米，城区人口24万人，形成"一城两区五镇三十村"的城镇化体系，常住人口城镇化率达到64.3%，五年提高7.1个百分点。新建城市道路45.7千米，改造12.5千米；城市集中供热普及率、供气普及率、污水处理率、中水回用率分别达到93%、95.5%、97%、21.6%。实施33千米汾河生态综合治理，城市绿地总面积661万平方米。改造小街巷232条，实施2.4平方千米旧城保护，开展国家历史文化名城创建。深入推进农村人居环境改善四大工程，新改建县乡公路139千米，建成农村饮水安全工程61处，实施了8个"城中村"改造工程，完成1710户农村危旧房改造，启动1200户采煤沉陷区居民搬迁安置；开展覆盖231个村的乡村清洁工程，39个城中村纳入城市环卫体系，打造了100个省级示范村；义安镇、张兰镇被确定为全国重点镇，张壁新村入选全国美丽乡村试点。

博创纳米材料工业园

保障性住房——裕康三期

晋中市首个电商产业园

新介休一中

★社会事业在政策惠及下长足发展。高标准实施校安工程、学校标准化建设、学前教育三年行动计划，教育基础设施跨入全省先进行列。新建人民医院主体完工，7个乡镇卫生院基本建成，公共卫生服务中心启动建设。乡镇文化站、村文化室、农村体育场地、村通广播电视台实现"全覆盖"。社会保障扩面提标，城乡低保实现"应保尽保"，城乡居民养老保险覆盖率达到98%以上，城镇累计新增就业2.8万人，转移农村劳动力2.1万人。建成各类保障性住房3326套。持续深化"平安介休"建设，着力推进"阳光信访"。

★改革开放在杠杆作用下持续深化。五年来，深化农村改革、转型综改、新型城镇化试点等工作取得突破。引深"三大突破"，鼓励企业自主研发，提升核心竞争力。深化对外交流，完成引资项目60个，签约总投资额1336亿元；完成进出口总额6.85亿美元，占晋中市的四分之一，H型钢、日用陶瓷、碳素进入韩国、越南、中东等市场。

"十二五"期间，介休市先后被命名为国家园林城市、国家卫生城市、国家义务教育基本均衡县和省级历史文化名城。

（介休市政府办　供稿）

5A级景区绵山

4A级景区张壁古堡

城市全景

全国美丽乡村建设试点——张壁新村

纬二路

经济强 百姓富 生态美 民风好

——灵石县

中煤化工18万吨合成氨30万吨尿素项目

聚源焦炉煤气制天然气项目

“十二五”以来，灵石县认真贯彻落实党的十八大、十八届三中、四中、五中全会精神和习近平总书记系列重要讲话精神，保持定力，沉着应对，奋力攻坚，全县经济社会发展取得新的成就。

★精准发力保增长，经济实力再攀新高。先后制定出台“煤炭5条”“就业8条”“金融10条”等一系列政策措施，积极应对经济下行压力，帮扶企业发展，稳定经济增长。全县地区生产总值年均增长12.1%，规模以上工业增加值年均增长17.4%，全社会固定资产投资年均增长20.7%，社会消费品零售总额年均增长14.2%，公共财政预算收入年均增长2.1%，城镇常住居民人均可支配收入年均增长10%，农村常住居民人均可支配收入年均增长13.5%。主要经济指标位居省市前列，其中规模以上工业增加值、公共财政预算收入、城镇常住居民人均可支配收入连续保持全市第一，县域经济发展水平在全省A类县考核中连续三年排名第二。

★千方百计上项目，产业转型迈出大步。项目建设持续升温，实施重点工程416项，引进项目47项，完成投资649亿元，投资对经济增长的贡献率达到68%。东方希望铝工业、启光发电等重大项目加速实施，亨泰荣和金属压铸件、聚义煤矸石制纤维、聚源焦炉煤气制天然

东方希望铝系综合循环经济项目

亨泰荣和金属压铸件项目

启光低热值煤发电项目

气等转型项目竣工投产，工业结构不断优化，工业新型化率由22%提高到31%。农业产业化水平不断提升，核桃林总面积2万公顷，蔬菜年产量3920万千克，畜牧业年产值超过4亿元。旅游产业发展布局全面拉开，启动实施静升古镇王家大院5A景区创建，石膏山、红崖峡谷进入4A景区行列，少林资寿文化园、金山森林休闲度假区等项目快速推进，全县旅游接待人数、旅游综合收入年均增长30%。三次产业结构比调整到2.5:62.3:35.2，三产比重提高7个百分点。

聚义煤矸石制纤维项目

马和千亩设施蔬菜园

福苑蛋鸡项目

鑫瑞食用菌种植加工

荣鑫核桃加工

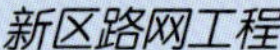

新区路网工程

县第五小学

★统筹城乡抓建管，环境面貌明显改善。实施城建重点工程219项，完成投资166.5亿元。新开发房地产127万平方米，新增供热面积160万平方米、供气用户7635户，新改建供水管网28.3千米，架设供电线路78千米。新区主干路网基本成形，森林公园、新热源厂、大西高铁站前广场等基础设施建成投用，城市功能日趋完善。采煤沉陷区治理、移民搬迁工作稳步推进，全县城镇化率达到51.5%。生态环境明显好转，万元GDP综合能耗、二氧化硫、化学需氧量等节能减排任务圆满完成，全县林木绿化率57.6%，县城建成区绿化覆盖率43%。

★深化改革求创新，发展活力持续增强。大力推进金融创新，组建全国首支城镇化建设基金，与建行合作推出“助保贷”业务，开展小额贷款保证保险试点。实施土地“三项改革”。深化“两集中、两到位”改革。用好扩权强县下放权限，累计办理事项1659项。加快户籍制度改革，办结“农转非”1355人。农村土地承包经营权确权登记颁证工作有序推进。

★兴办实事惠民生，社会事业全面进步。财政投入民生领域80.4亿元，是“十一五”时期的2.7倍。乡镇中心幼儿园实现全覆盖，国家义务教育发展基本均衡县通过验收。县乡村三级卫生机构达标率98.3%，新农合参合率99.9%。新建县文体活动中心，城市“500米健身圈”实现全覆盖。县图书馆、文化馆成功创建国家一级馆。城镇新增就业1.9万人，转移农村劳动力2.4万人，城镇登记失业率保持在1%左右。开工建设保障性住房1.2万套，基本建成8698套，改造农村危房1824户。新“五个全覆盖”工程全部完成，实施“微民生”工程586项。五年未发生较大以上安全事故。食品药品安全监管力度继续加大。

（灵石县政府办　供稿）

县文体活动中心

畅青苑小区

静升古镇王家大院

石膏山景区

红崖峡谷景区

森林公园

凝心聚力 赶超发展

——太谷县

太谷县城鸟瞰图

南山医药食品园区

恒达循环经济园区

玛钢研发展示中心

"十二五"时期，太谷县大力实施"234"发展战略，"十二五"规划的各项目标任务基本完成，经济社会发展取得显著成就。七大主要经济指标持续保持中高速增长。固定资产投资累计完成252.7亿元，是"十一五"期间的3.4倍；其余6项指标全部接近或实现翻番。2015年底，地区生产总值77.4亿元，规模以上工业增加值17.3亿元，社会消费品零售总额33.6亿元，一般公共预算收入4.2亿元，城镇常住居民人均可支配收入2.6万元，农村常住居民人均可支配收入1.5万元。成为国家可持续发展实验区。

★发展质量获得新提升。累计实施总投资695.6亿元的260个重点项目，完成投资233.7亿元，149个项目建成投产。三次产业比例由20∶32∶48调整为23∶26∶51，产业结构更趋优化。一是工业升级步伐加快。恒达循环经济园，初步形成煤、焦、化、建筑材料、硅锰合金、精密铸造等十大产业为一体的循环经济体系，成为全省循环经济试点企业。水秀新型产业园，引进高新技术、商贸物流、新型材料三大类企业42家，14户企业实现投产。南山医药食品园，入驻企业28家，广誉远国药搬迁、国新晋药中药材等项目顺利实施。胡村玛钢铸造园，上马96条自动化生产线，核心区初步建成，被授予"中国玛钢产业基地""中国玛钢铸件产业基地"称号。两个石墨化阴极炭块项目投产，碳素行业全面升级。全县规模以上工业总产值达到59亿元，基本实现翻番。二是现代农业引领全省。2013年，成为全国首批国家现代农业示范区农业改革与建设试点县。成立了县级农村产权交易

山西巨鑫伟业现代农业示范区

五星连珠植物工厂

中心，建成脱毒快繁育苗中心，形成84个农业示范园区。设施蔬菜、苗木花卉、干鲜果种植、畜产品综合产量四大产业持续壮大。累计培育专业合作社770个、龙头企业56个、家庭农场229个。率先在全省基本实现农业现代化。三是生态旅游特色彰显。初步形成了以凤凰山森林公园为核心的南山生态旅游圈，森林覆盖率、林木绿化率分别达22.1%、31.5%，成为省级林业生态县和全国绿化模范县。特色旅游魅力初显，打造"一线六乡二十点"，成为全国休闲农业与乡村旅游示范县。旅游综合收入和年接待人数分别为"十一五"末的11倍、4.7倍。

★城乡面貌展现新气象。城市框架拉大，城区规划面积扩展到24平方千米，太太路、凤仪街、龙城高速连接线建成通车，南城片区综合改造、古城保护取得明显进展，北部新城"三带、三轴"构架初步成型。山西文化产业园、孟母文化养生健康城等项目顺利推进，成功创建省级园林县城。开工建设61万平方米保障性住房，改造2658户农村危房，新增公路里程126千米，城市燃气普及率90%、集中供热普及率92%、污水处理率95%、垃圾处理率100%，胡村镇成为国家级重点镇，建成38个美丽新农村，城镇化率达到55%。

★人民生活有了新改善。民生领域财政支出累计达到54亿元，占总支出的85%。新改扩建标准化幼儿园、中小学校77所，建成特殊教育中心和职中实训中心，成立太谷二中启航学校，成为全国首批义务教育发展基本均衡县。新增就业岗位1.1万余个，建成96个老年人日间照料中心和108个便民服务中心，1900名贫困人口顺利脱贫，城乡低保和五大社会保险实现提标扩面。村卫生室、卫生所基本实现行政村全覆盖，人口自然增长率控制在6.8‰以内，荣获"中国民间文化艺术之乡""全国农村中医药工作先进单位"等称号。

（太谷县政府办　供稿）

生态庄园——碧润山庄

凤凰山森林公园

孟母文化广场

大美古城 小康平遥

——平遥县

平遥煤化新型光学材料

煤化集团液化天然气

平遥国际摄影大展

平遥旅游通道快速化改造

五年来，平遥县委、县政府团结带领全县人民，埋头苦干，砥砺奋进，有力、有序、有效地推进了各项工作。县域经济经受了增速换挡下行的考验，运行态势稳中有进。2015年，全县地区生产总值完成97.9亿元，年均增长7.7%；公共财政预算收入4.32亿元，年均增长4.2%；固定资产投资101.8亿元，年均增长23%；社会消费品零售总额54.7亿元，年均增长13.7%；城乡居民人均可支配收入分别达到2.5万元、1万元，年均分别增长10.3%、13.1%。

★产业发展秉承品牌带动的优势，结构层级日趋优化。产业结构调整为14.5∶35∶50.5。以现代农业示范区为目标，发展设施农业600公顷、干鲜果5667公顷，新建健康规模养殖小区95个，农业龙头企业发展到82户。以转型升级为路径，石头造纸、导光板、中科鸿基等一批支撑项目投产运行；新增规上企业6户，工业增加值达到27.9亿元。以文化旅游为引领，创建为全国旅游标准化示范县、国家5A级旅游景区，平遥古城先后荣获全球优价旅游目的地、中国最值得外国人

平遥古城站

平遥智慧城市项目

双林文景大道

去的50个地方之一等殊荣。2015年，接待游客835万人次，门票收入1.38亿元，综合收入93亿元。

★民生民利摆在优先保障的高度，幸福指数显著提升。乡镇敬老院基本实现全覆盖，新建老年人日间照料中心28个。新改扩建中小学校38所、幼儿园18所，被评为全国义务教育发展基本均衡县。维修改造乡镇卫生院9所，新建村级卫生室58所。建成各类保障性住房4933套，改造农村危房2860户。解决了10个乡镇、66个村、73所学校、3万余人的饮水安全问题。城乡居民低保、农村五保年保障标准进一步提高。城乡居民养老保险启动实施，累计发放五大社会保险金20.7亿元；新增城镇就业2.2万人，城镇登记失业率3.4%。

保障性住房

★基础建设克服不利因素的制约，城乡面貌大为改观。建成平遥古城站，城市规划区面积新增16平方千米。新改建城市道路24条、27千米。征收房屋70万平方米，对环城地带南段和惠济河城区段实施了综合整治，新增绿化面积120万平方米，创建为省级园林县城。集中供热面积达到400万平方米。敷设雨污水管网19千米、中水回用管网20千米。新改建农村公路260千米，造林绿化1.1万公顷，电网改造115个村，创建市级美丽宜居示范村3个。全县城镇化率达42.9%。

★综合改革破解转型跨越的瓶颈，内生动力全面激发。集体林权制度改革全面完成，农村土地承包经营权确权登记颁证工作顺利推进。中国银行、晋中银行落户平遥，村镇银行筹建进展顺利，金融机构各项贷款余额达到54亿元。5年累计引进项目31个，到位资金207亿元，经济发展动力更加强劲。

（平遥县政府办　供稿）

成功创建省级林业生态县

文化活动丰富多彩

阳煤氯碱

双孢菇产学研基地

一心一意谋发展 千方百计稳增长

——昔阳县

"十二五"时期，昔阳县委、县政府紧紧团结和带领全县人民，顽强拼搏，砥砺奋进，圆满完成"十二五"各项目标任务，全县经济社会取得长足发展，综合实力显著提升。2015年，全县地区生产总值54.1亿元，是"十一五"末的1.7倍；规模以上工业增加值21.2亿元，是"十一五"末的1.7倍；社会消费品零售总额23.4亿元，是"十一五"末的1.9倍；公共财政收入5.02亿元，是"十一五"末的1.9倍；固定资产投资累计完成389亿元，是"十一五"末的3.3倍；城镇居民人均可支配收入和农民人均纯收入分别达到2.1万元、7305元，是"十一五"末的1.7倍、1.8倍。

★坚持项目驱动，转型步伐明显加快。实施工业重点调产项目112项，累计完成投资238.6亿元。煤炭年产量保持在1200万吨，年洗选能力达到2690万吨，晋东冀西区域性煤炭物流集散地建设获得新成效。实施丰源、国投瓦斯发电项目，形成了火、风、光伏、煤层气多元发电新格局。持续扩大蓝焰、瑞阳等煤层气开采产量。加快阳煤化工园区建设，阳煤氯碱成为经济增长"新引擎"。

★坚持强农固本，特色产业亮点纷呈。粮食总产量达到7.9亿千克。蔬菜种植面积1533公顷，干果经济林面积1.1万公顷，生猪年饲养量56.2万头，中药材种植面积1067公顷，食用菌种植面积突破150万平方米，是全省最大的双孢菇种植基地。农业合作社达到900余家，家庭农场24个。先后获评国家级现代农业示范区、国家级出口双孢菇质量安全示范区。

★坚持综合推进，旅游发展势头强劲。形成了以大寨为龙头，集山水风景、宗教文化、田园风光、渔村观光、探险体验和民居风情为内容的旅游新格局。创建了水磨头、巴洲等10多个乡村特色旅游景点。大寨、石马寺成功晋级国家4A、3A景区，大寨、井沟被评为中国乡村旅游模范村。5年累计接待游客400多万人(次)，旅游综合收入36.11亿元。

★坚持建管并重，城市面貌发生巨变。重点实施了171项城建工程，新建住房120万平方米，新建改造县城道路12.2

城建扩容提质工程

政务服务中心

阳左高速

千米，供热面积达到270万平方米，供气2万余户，城区建成区面积扩大到5.9平方千米。绿化覆盖率达到39.2%。县城二级以上天气平均达到307天。文体活动中心、昔阳中学、人民医院等一批标志性工程投入使用。先后获得国家级园林城市、国家级卫生县城、省级文明县城等称号。

★坚持改善民生，群众幸福指数不断攀升。累计实施重点民生工程200余项，完成投资50多亿元，占财政总收入的70%。重点实施了“十大免费工程”、农村“六个一”工程，上马了50余项重点水利工程，电力主变容量达到1681.8兆伏安，新造耕地2万余公顷，新建和改造公路170余千米，阳左高速开通，改写了昔阳县没有高速路的历史。坚持教育优先，新建和改造中小学、幼儿园64所，在全市率先实现十二年免费教育，被评为国家级义务教育均衡发展县。县医院、卫生监督所建成投用，乡镇卫生院、行政村卫生室改造实现全覆盖，农民乡镇住院基本医疗全免。建成了102个农村老年人日间照料中心。建成保障性住房4612套，改造农村危房2921户。驻村结队帮扶全覆盖，近1.3万人实现脱贫。

（昔阳县政府办　供稿）

红旗一条街

乡村旅游——毛家大院

文体活动中心

阳煤集团寿阳化工年产40万吨乙二醇项目

活力迸发、山川秀美、幸福宜居新寿阳

——寿阳县

过去的五年，寿阳县主动适应经济发展新常态，较好地完成了"十二五"确定的主要目标任务，实现了经济社会和各项事业的新发展。全县地区生产总值年均增长8.3%，达到88.8亿元，是"十一五"的1.4倍；固定资产投资年均增长21.9%，达到115.7亿元，五年累计完成434亿元，是"十一五"的2.8倍；规模以上工业增加值年均增长10%，达到36.3亿元；公共财政预算收入完成5.9亿元，与"十一五"末基本持平；社会消费品零售总额年均增长13.7%，达到24.6亿元，基本实现翻番；城镇和农村居民人均可支配收入年均分别增长11.4%、13.9%，达到2.9万元和1.1万元，是"十一五"的1.7倍和1.9倍。

★紧抓现代产业培育，经济转型取得突破。五年引资1200亿元，实施产业类重点项目78个。发展新煤电化、新能源、新材料、新装备制造、新生物科技项目54个，一批新型产业项目进入投产发力期，以煤为基、多元发展的新型工业格局基本形成。建成特色种养基地42个、现代农业园区20个，农民专业合作社发展到998家，国家级现代农业示范区建设稳步推进。互联网+企业发展到13个。三次产业结构从10:62:28调整为15:49:36。

生态植物园

国新能源寿阳县煤层气、天然气综合利用园区

鑫世泰生物质发电项目

★深入推进改革创新，发展活力不断提升。支持金融机构创新"联保贷""网贷通""惠农贷"等信贷产品。出台金融振兴10条，落实1000万元创业创新扶持资金，五年累计新发展民营企业700家。积极推动民营企业上市融资，被列为全国首批农民工返乡创业试点县。

★加快城乡统筹发展，环境面貌持续改观。完善滨河新区、改造中心城区、拓展北部新区，县城路网拉开框架，建成区面积达到10.7平方千米，集中供热覆盖率、生活垃圾处理率、污水处理率分别达到90%、95%、86%，县城绿地率提升到40.9%，常住人口突破7万人，城镇化率达到38.6%；新增县乡公路里程216千米，创建美丽宜居示范村96个；全县新增造林面积1.8万公顷，森林覆盖率达到22.1%。

★努力加大惠民力度，群众幸福指数显著提升。五年累计完成民生事业投资28亿元，是"十一五"的4.6倍。"五个全覆盖"工程全面完成，十件实事年年兑现。被评为全国义务教育发展基本均衡县、全国基层中医药工作先进单位和全省唯一的国家慢性病综合防控示范县。五年改造农村危房2501户、新建各类保障性住房80万平方米，全县城乡居民医疗、养老参保率达到97%以上。高度重视扶残助困、创业就业工作，先后被评为全国敬老助老模范县、全省创建创业型城市先进县。

（寿阳县政府办　供稿）

昌盛30MW光伏农业科技项目

寿阳县第二人民医院

寿阳一中

丽馨庄园

李阳煤业

天凯现代农业示范园

“和民心”“顺民意”的幸福和顺

——和顺县

“十二五”末，和顺县地区生产总值完成42.6亿元，年均增长11.1%，是“十一五”末的1.7倍；规模以上工业增加值16.4亿元，年均增长8.2%，是“十一五”末的1.5倍；固定资产投资完成65.2亿元，年均增长21.5%，是“十一五”末的2.7倍；社会消费品零售总额13.4亿元，年均增长14%，是“十一五”末的1.9倍；公共财政预算收入3.3亿元，年均增长3.9%，是“十一五”末的1.2倍；城镇常住居民人均可支配收入2.1万元，年均增长11.5%，是“十一五”末的1.7倍；农村常住居民人均可支配收入5284元，年均增长13%，是“十一五”末的1.9倍。

★产业转型取得新突破。工业经济快速转型。五年来，一批现代化矿井建成投产，累计生产原煤6079.7万吨，是“十一五”的3.1倍。同时，加快非煤产业发展，阳煤集团18·30尿素、山西新光资源综合利用等转型项目竣工投产。启动和顺工业园区建设，江苏鸿典集团新型空气净化项目、北京贝雅和远红外可穿戴项目建设进展顺利；山西依风风力发电项目开工建设，全县“一煤独大”的产业格局逐步改善。

现代农业稳步发展。全县粮食年产量保持5500万千克以上。以牛—食用菌—沼气—有机肥为主的农业循环产业健康发展。顺利通过省级出口食品农产品质量安全示范区认证。建设“一村一品”专业村105个。建成16条主导产业突出的沟域经济带。发展农业产业化龙头企业36个，培育家庭农场13个，发展农民专业合作社977个。

第三产业持续发展。全面推进以旅游业为主的第三产业，对GDP增长贡献率达到36.3%。三次产业结构比重由“十一五”末的7.9∶53.7∶38.4调整为2015年的6.6∶50.9∶42.5，产业结构明显优化。

湖心岛

旅游集散中心

山河醋业

和顺县中医院

★加快推进项目建设，不断提升发展活力。“十二五”期间，全县共铺开重点工程308个，完成投资192.8亿元，其中竣工投产133个。积极开展精准招商，全县招商引资签约项目36个，其中竣工项目9个，开工建设项目7个。

★全面提速基础设施建设，城乡面貌明显改善。城市建设上，五年实施城建重点项目57个，累计完成投资32.96亿元，开通了西外环、南北内环路等城市主干道路，一批市政公共设施开工建设。城中村改造1600余户，城市道路新增17.9千米，集中供热面积230万平方米，城区公共绿地面积新增45.8万平方米。城镇化率46.4%，比“十一五”末提高9.4个百分点。交通设施上，阳左高速和汾邢高速和顺段、董榆线一级路改建工程建成通车。加大农村公路路网建设，全县公路通车里程达到1163千米，较“十一五”末增加155千米。水利设施上，完成了人畜饮水解困、水保生态建设、防汛抗旱等工程664处，解决了164个自然村、3.3万人、2万头大牲畜的饮水安全。生态建设上，全县森林面积6.5万公顷，森林覆盖率29.6%，比“十一五”末提高2.9个百分点。

★持续推进民生改善，提高人民群众幸福感。县财政用于民生的支出达到31.05亿元。优先发展教育事业。大力推进学校标准化建设，重点实施薄弱学校改造、教师周转房建设、D级危房改造、《学前教育三年行动计划》、标准化学校建设、《学校体育工作三年行动计划》、新建思源实验学校以及“全面改薄”等八大教育项目工程，顺利通过国家义务教育基本均衡县验收，高考达线率逐年提高。加大医疗卫生事业投入。完成了县中医院新建及附属工程等改扩建工程，建成村卫生所87个；扎实推进公立医院改革和基本药物制度改革，县中医院建成投用。社会保障能力不断增强。企业退休职工养老保险实现五连增，城镇职工医保实现省内异地就医、异地报销；新增就业8316人，城镇登记失业率控制在2.5%以内；城镇、农村低保标准分别提高87%和110%；城乡居民基本养老保险实现应保尽保；建设保障性住房5267套，改造农村危房2040户。开通了环城免费公交。3.8万农村贫困人口稳定脱贫。

★依法行政全面推进，深化改革亮点纷呈。取消行政审批事项21项，承接省、市下放审批事项114项，审批效率提高46.3%。财税体制改革深入推进。金融体制改革不断深化。全面铺开农村集体土地承包经营权确权登记颁证工作。创新信访维稳机制，积极推进社会管理创新。

（和顺县政府办　供稿）

和顺新城

省委书记王儒林在祁县调研

晋中伊利公司

顽强拼搏 砥砺奋进

——祁县

“十二五”时期，祁县坚持稳中求进工作总基调，主动适应经济发展新常态，顽强拼搏、砥砺奋进，胜利完成了“十二五”规划主要目标任务，在全面建成小康社会进程中迈出坚实步伐。地区生产总值由41.3亿元增长到66.1亿元，年均增长7.9%；规模以上工业增加值由8.1亿元增长到14.1亿元，年均增长11.3%；固定资产投资由21.6亿元增长到67.1亿元，年均增长25.4%；社会消费品零售总额由19.8亿元增长到37.7亿元，年均增长13.7%；公共财政预算收入由1.4亿元增长到3.2亿元，年均增长17%；城镇常住居民人均可支配收入由1.6万元增长到2.7万元，年均增长10.4%；农村常住居民人均可支配收入由7189元增长到1.4万元，年均增长14.2%。经济发展调速不减势、量增质更优的局面正在形成。

★农业基础更为坚实。主导产业稳步发展，粮食总产稳定在2.2亿千克以上；水果总面积达到1.3万公顷，酥梨成功打入英国和欧盟市场；设施蔬菜达到2400公顷，成为省城重要的蔬菜生产供应基地；牛饲养量达到16.4万头。省、市级农业龙头企业达到48家。新发展农民专业合作社284个。全国小型水利工程管理体制改革试点县建设通过省级验收，获批成为第二批国家级农村改革试验区。

湿地公园

新建祁县人民医院

燕京啤酒(晋中)公司

★工业结构更趋优化。玻璃器皿业，组建国家级玻检中心，设立美国纽约营销中心，成立了国内首家“玻璃器皿众创空间”，荣获“国家外贸转型升级专业型示范基地”和“中国玻璃器皿之都”称号。酒类饮品业，六曲香、宏固等本土企业持续扩大产能，燕京、伊利、统一、今麦郎等一大批国内外驰名企业先后入驻投产。水泵、碳素行业加大科研投入，产业核心竞争力进一步增强。饲料产业行业总产能突破百万吨，成为全省最大的有机饲料生产基地。经济结构不断优化，产业级次明显提升。

★文旅产业更具活力。晋商老街入选“中国历史文化名街”，乔家大院文化园区成功获批国家5A级旅游景区，昌源河湿地公园被确定为国家级湿地公园，大型农旅综合体——千朝谷如期开门迎客，一批乡村旅游重点项目投入运营，谷恋村、乔家堡村被命名为“中国历史文化名村”和“中国传统村落”。

★城乡环境更加宜居。以昌源新区建设为抓手，加快东扩步伐，实施了总投资136.3亿元的城建重点工程；新增道路79.3千米，改扩建道路1456.5千米；集中供热从无到有，面积达到138万平方米；新建11座桥梁，汽车客运站完成建设，大西客专祁县东站投入使用。市容市貌标准逐步提高，荣获“省级卫生县城”称号。县城区新增绿地68.8万平方米，绿化覆盖率达到39%，荣获“省级园林县城”称号。完成工程造林15.8万亩，森林覆盖率达到27.1%，荣获“全国绿化模范县”称号。城镇化率达到38.6%。

★人民生活持续改善。五年民生领域累计投入46.3亿元，占公共财政总支出的83.8%。全县最低工资标准和城乡低保标准持续提高。城镇职工医保、城镇居民医保和新农合实现应保尽保，城乡居民大病保险和重特大疾病医疗救助制度实现全覆盖。全县新增就业1.5万人，城镇登记失业率控制在4%以内。改造农村危房2610户，建设保障性住房6173套，新建住宅150万平方米。对全县所有中小学进行新改扩建，祁县中学新校区投入使用，义务教育均衡县通过国家验收。新人民医院、中医院建成运营，建立“医联体”服务模式，医疗卫生服务水平大幅提升。

（祁县政府办　供稿）

剪纸艺术

乔家大院明楼院

管委会主任温毓诚在重点企业调研

党工委书记赵春雷调研重点项目

倾力打造小康水平的生态产城一体化新区

——晋中经济技术开发区

开发区信息技术孵化器大楼

晋中经济技术开发区成立于1996年1月，2012年升级为国家级开发区。"十二五"期间，开发区主要经济指标完成情况较好，经济保持了稳定增长态势。2015年地区生产总值43.87亿元，比2014年增长14%，是2010年的2.7倍，年均增长21.7%；工业增加值21.5亿元，增长10%，是2010年的2.8倍，年均增长22.7%；财政总收入18.16亿元，增长9.8%，是2010年的3.6倍，年均增长29.4%；固定资产投资完成57.5亿元，增长16.3%，是2010年的2.4倍，年均增长19.1%；进出口总额2607万美元，增长24.2%，是2010年的2.9倍，年均增长24.2%。

★主导产业和重点项目。截至2015年底，全区入驻企业2535个，初步形成了"4+1"产业发展框架，即医药食品加工业、装备制造业、电子信息产业、节能环保产业及现代物流产业。2015年，开发区共引进高质量项目11项，总投资156亿元。代表性项目天美杉杉奥特莱斯购物广场项目总投资约10亿元，已实现当年开工建设。2015年，共完成储备项目13项，总投资563亿元；落地项目49项，总投资78.96亿元；新开工项目17项，总投资66.42亿元；列入晋中市考核重点工程（项目）共4类43项，计划总投资224.67亿元，已开工43项，实际完成投资48.58亿元；新投产项目40项。

★科技创新发挥了第一生产力效应。2015年，新认定高新技术企业7户，累计达22户。产值42.1亿元，占工业总产值的56.5%。企业设立研发中心21个，有1个博士后流动站实训基地。2015年企业申报省、市、区各类科技项目61项，申报专利115件，有效发明专利36件，比2014年增加11件。

★强化科技孵化器建设。截至2015年底，共建成10个孵化基地，被省科技厅认定为省级科技孵化器，被省中小企业局认定为省级中小企业创业基地。共引进孵化企业112户。2015年企业营业收入2.8亿元，新增就业岗位3000余人。

山西振东安特生物制药有限公司生产基地

民营科技园一角

★创新金融体制改革，帮扶为保增长助力。2015年，开发区中小企业担保公司办理担保业务64笔，担保金额7亿元，累计扶持企业103户。落实山西省政府"金融振兴、六大发展"的政策，重点支持区内中小微企业。

★工作机制改革创新更加贴近市场。"三证合一""一照一码"全面推行，工商、质监、地税、国税等部门已完成互联互通、信息共享。对重点项目从管委会层面实行招商、审批、落地、建设、投产流程责任制模式，创新优化了各个流程中的工作机制。2015年累计项目进地447公顷，省科技创新城、太铁物流、城际铁路2号线等省市重点工程及区内30余个项目开工建设。

★经济发展的开放性与外向度不断显现。晋中普洛斯仓储设施有限公司属于外商独资企业；山西鸿基科技股份有限公司同德国公司合作，引进先进的技术设备；山西普丽环境工程股份有限公司与韩国公司开展合作，引进资金和先进技术。对接京津冀，融入环渤海，承接产业转移、引资引智并举，在更高更广的参照系中确立了发展坐标和功能定位。

（晋中开发区管委会办公室　供稿）

山西潞安重工重型压力容器生产项目建成

山西国新能源落户晋中开发区

晋中开发区晋商广场

加快转型升级 塑造美好形象 实现振兴崛起

——阳泉市

阳泉市市委书记陈永奇、市长董一兵调研城市饮用水水质改善工程

阳泉市党政代表团在太原创新基地众创空间考察

"十二五"时期是阳泉发展极不寻常的五年。五年来，全市人民团结一心，全面推进经济建设、政治建设、文化建设、社会建设、生态文明建设和党的建设，经济社会发展和各项工作都取得了新进展、新成效，基本完成了"十二五"确定的目标任务。

★经济实力迈上新台阶。地区生产总值由"十一五"末的429.4亿元增加到"十二五"末的595.7亿元，年均增长6.7%；全社会固定资产投资由262亿元增加到600.7亿元，年均增长18%；社会消费品零售总额由160.5亿元增加到288.3亿元，年均增长12%；公共财政预算收入由37.69亿元增加到44.15亿元，年均增长3.2%；城镇常住居民人均可支配收入由1.7万元增加到2.6万元，年均增长9.1%；农村常住居民人均可支配收入由6560元增加到1.1万元，年均增长11.9%。

★产业结构调整力度加大。电力项目建设取得重大突破，在建和获得"路条"的火电项目总装机容量达542万千瓦；已建成的光伏、风电等新能源发电项目装机容量达到21.3万千瓦，总规模220万千瓦的采煤沉陷区国家先进技术光伏发电示范基地推进顺利。百度云计算中心、乙二醇、天元废旧家电拆解和家电制造、大汖温泉等一批重大项目竣工投产或加快建

盂县牛村镇光伏发电项目

阳煤集团乙二醇项目

百度云计算阳泉中心

设。全市旅游业收入年均增长22.5%。粮食产量屡创新高，“一村一品”发展迅猛，建成一批特色现代农业示范园区。2015年，农产品加工企业销售收入达到25.3亿元，是“十一五”末的3.4倍。三次产业结构由2010年底的1.5∶59.5∶39.0调整为1.7∶49.8∶48.5，产业结构得到进一步优化。

★基础设施建设全面加强。阳五、太阳、西环高速相继建成通车。开工建设阳大铁路，是全省第一条地方全资铁路；启动实施了城市饮用水水质改善工程；重启娘子关二期供水工程，从根本上缓解全市水资源供需矛盾。“十二五”以来，全市累计实施各类重点工程项目1115项，完成投资2259亿元。

★新型城镇化进程加速推进。全市城镇基础设施完成投资72.57亿元。大力实施道路畅通工程。启动了60平方千米的生态新城建设。城区老工业区和独立工矿区改造搬迁工作稳步推进。“智慧阳泉”加快建设。市区供水普及率、生活垃圾无害化处理率均达到100%，燃气普及率、集中供热普及率分别达到98%、96%，城市功能进一步完善。完善提质、农民安居、环境整治和宜居示范“四大工程”全面铺开，农村人居环境显著改善。全市城镇化率达到65.9%。

★生态文明建设屡创佳绩。“十二五”期间，淘汰落后产能任务提前三年全面完成；氨氮、二氧化硫、烟尘和粉尘四项指标提前完成；淘汰黄标车、老旧车2.1万辆；完成各类营造林4.4万公顷，市区绿化覆盖率达到41.7%。先后获得“国家园林城市”“全国绿化模范城市”“全省造林绿化先进市”“省级卫生城市”等荣誉称号。

★各领域改革稳步推进。深化行政审批制度改革。全面推行“两集中、两到位”，七大类53项民生类服务项目办理时限压缩51.5%。扎实推进商事制度改革，全部实现“先照后证”；全面推行“三证合一”“一照一码”。深化国有企业改革。阳煤集团正式控股南煤集团。深化地方金融改革。盂县农信社成功改制为农商行。全省首家专门服务“三农”的盂县汇民村镇银行挂牌成立。上海股交中心阳泉企业挂牌孵化基地成立。深入实施创新驱动战略。成为国家级知识产权示范创建市，被列为全省首家创新型城市试点市。

建设中的阳大铁路

盂县东梁风电项目

香菇种植带动农民增收致富

平定县山西泰东农业科技有限公司

国家4A级旅游景区——翠枫山自然风景区

★各项社会事业全面发展。民生支出占一般公共预算支出的82%，五年共兴办民生实事35件，实施了"七大民生工程"。一是创业就业促进工程。累计新增城镇就业12万人，转移农村劳动力5万人。城镇登记失业率控制在4%以内。二是社保提标扩面工程。在全省率先实现60岁以上农民基础养老金发放全覆盖。城乡居民基本医疗保险人均财政补助标准提高到380元。城镇社会保险参保率提高到97.8%，城乡低保、农村五保实现应保尽保，保障水平持续提高。三是城乡住房保障工程。累计开工新建各类保障房6.5万套，基本建成5.3万套，完成农村危房改造任务7030户。四是教育均衡提升工程。新(改、扩)建公办标准化幼儿园60所，改造农村幼儿园52所。在全省率先实现国家义务教育发展基本均衡县(区)全覆盖。职业技术学院新校区开工建设。太原理工大学阳泉学院成功"升本"，更名为"山西工程技术学院"。五是卫生强基固本工程。全市7所县级公立医院全部实行药品零差率销售。各级医疗卫生机构全部实施基本药物制度。城乡居民大病保险全省试点工作成效明显。六是文化惠民利民工程。覆盖城乡的现代公共文化服务体系基本建成。"文化惠民在山城"系列活动扎实开展。七是平安阳泉创建工程。积极推进"天网"工程建设，构建立体化治安防控网络。健全信访工作机制和应急管理体系，信访形势明显好转。抓好安全生产，杜绝了重特大事故。

(阳泉市政府办公厅　供稿)

泉西路建成通车

矿区街区自助图书馆免费对外开放

农村信息化服务电子商务培训

文化精品参展北京文博会

全国文明村——桃林沟村

全民健身

郊区上千亩坪村千园公园

阳泉市郊区区长韩加政（右四）在荫营镇辛庄村就乡村旅游发展工作现场办公

阳泉冀东水泥公司

打造生态宜居新城 建设现代城郊强区

——阳泉市郊区

珐花瓷产品

“十二五”时期，阳泉郊区紧扣实施“五大战略”，打造生态宜居新城、建设现代城郊强区的总体思路，克难奋进，负重前行，经济社会发展平稳有序。综合实力显著增强。2015年，全区生产总值达到80.73亿元，比2010年增长54.9%；公共财政预算收入4.45亿元，增长37.8%；城镇居民人均可支配收入2.2万元，增长56.1%；农村居民人均可支配收入1.2万元，增长77.3%。

★结构调整扎实推进。五年共引进百万元以上经济技术合作项目206项，实际到位资金310.2亿元，实施投资项目336项，完成固定资产投资335.69亿元，是“十一五”的近2.5倍，随着新建150万吨保安煤矿、冀东水泥一期200万吨项目、河坡电厂2×35万千瓦热电联产项目等一批重大项目的建成投产和顺利推进，为经济社会平稳发展提供了有力支撑，三次产业结构由2010年的3.2∶62.8∶34调整为2.7∶56.8∶40.5。

阳泉郊区“四个一批”就业帮扶暨岗位下乡现场招聘会

★农民增收持续加快。以河底现代农业综合园、西南舁万亩优质果品园、平坦•义井双百万蛋鸡养殖园为代表的城郊农业示范基地建设不断取得新进展，五年分别累计新增设施蔬菜、果品66.7公顷（1000亩）和466.7公顷（7000亩），规模养殖小区达到85个，省级“一村一品”专业村达到55个。尤其是大力推动一产与三产、休闲观光与现代农业的融合发展，乡村旅游异军突起，农民增收渠道进一步拓展。

新城大道

金隅通达高温材料有限公司

★基础设施日臻完善。大力配合生态新城起步区建设，西外环、太阳高速河底出口连接线、双营路等一批路网建成通车，漾泉大道一期顺利推进，阳大铁路工程建设全面启动。同时，荫营城扩容提质、农村人居环境改善、乡村清洁等各项工作扎实推进，大气污染防治、土小企业关停、生态修复治理等重点工作有效开展，人居环境质量稳步提升。

★转型综改步稳效实。推出"八统一"土地管理办法、"助保金贷款"、土地收益保证贷款等一批创新举措，郊区成为全市唯一的省级转型综改和扩权强区"双试点"。同时，民营经济、金融振兴、科技创新"三个突破"扎实推进，行政托管、"飞地经济"配合有力，发展活力明显增强。

★民生质量稳步提升。每年财政收入的75%以上用于民生事业发展，先后实施了农村文化体育场所、义务教育标准化学校建设、边远山村任职教师岗位津贴等全覆盖工程，建成了区人民医院远程诊疗系统，开通了荫营城免费循环公交，完成了荫营大街环境综合整治，完善了水、电、气、暖、污水处理等管网改造。五年为民承诺的38件实事全部兑现，人民群众获得感和幸福感不断提升。

★社会各项事业全面进步。教育、科技、文化、卫生和社会保障等各项工作都取得了新进展，"法治郊区""平安郊区"建设有序推进，安全形势持续向好，信访维稳扎实有效。

（阳泉市郊区政府办　供稿）

万亩生态新城森林公园

西南舁万亩优质果园

全国文明村——桃林沟村

阳大铁路荫营河特大桥建设现场

荫营东西大街改造工程

翠枫山自然风景区

盂县县委书记　李云峰

盂县县长　孔禄泉

抢抓机遇干事创业　迎接挑战奋力前行

——盂　县

"十二五"时期，盂县县委、县政府带领全县人民，攻坚克难，砥砺奋进，经济社会发展在克服诸多困境中取得新成就，全面建成小康社会迈出坚实步伐。2015年，全县生产总值由2010年的80亿元增加到124亿元，年均增长10.7%；公共财政预算收入由6.4亿元增加到7.4亿元，年均增长2.9%；规模以上工业增加值由45亿元增加到54.9亿元，年均增长10.7%；全社会固定资产投资由53亿元增加到177亿元，年均增长27%；社会消费品零售总额由26.6亿元增加到45.7亿元，年均增长11.4%；城镇居民人均可支配收入和农民人均可支配收入分别由1.6万元、6723元增加到2.6万元、1.1万元，年均分别增长10.4%和11.4%。经济总量位居全市各县区之首。

★大力推进结构调整，产业转型迈出新步伐。五年共实施重点调产项目206项，累计完成投资239.6亿元。煤炭产业在困境中前行，加快标准化矿井建设，提升改造基建矿井，深入实施煤炭综合革命。新型能源基地建设初见成效，风电、光电、火电、煤层气发电全面发展。旅游产业提质上档，藏山、大汖温泉等主流景区分别成为国家4A级景区，乡村旅游快速发展。耐火产业加快重组，耐材产品提质上档、产业延伸取得积极进展。化工产业向前推进，鑫磊60万吨冶金灰项目建成投产。服务产业向新型化迈进，新型电商、微商迅速发展，"万村千乡"市场工程广泛兴起，第三产业增加值达到44亿元。

★加大强农惠农力度，"三农"工作取得新成效。粮食生产连续获得"五连增"，年均总产量1.34亿千克。畜牧、核桃、蔬菜、食用菌、中药材、小杂粮等特色农业竞相发展，养殖业迈向高端化。农业基础建设不断加强，5年兴建农

大汖温泉

国家4A级风景区——藏山景区

村饮水安全工程112处，新增耕地面积866公顷。大力实施精准扶贫，5年消灭贫困人口1.2万人，比“十一五”末减少57.2%。

★着力加快城镇化建设，城乡面貌发生新变化。新增日供水能力1.5万吨，新增供热能力150万平方米。新改扩建国道、省道25千米、县乡公路116千米、村通水泥（油）路160千米。改造农村危房3560户，硬化农村街巷2501千米。盂县汽车客运站建成使用，城乡公交开通营运。深入开展小城镇、美丽村创建活动。城镇化率达到40%。

★深度推进改革开放和创新驱动，经济社会发展增添新动力。科技企业孵化器平台投入运行；国有商业银行、农商银行、民营中小型银行等信用体系建设不断完善；全县中小微民营企业累计发展到1973家。行政审批制度改革不断深化。在商事领域推行的“三证合一”审批制度改革落实到位。企业改革和农村改革同步推进。

★狠抓节能减排和环境保护，生态文明建设取得新进展。强化大气污染、扬尘污染、尾气污染和水源污染防治工作。深入开展六大造林绿化工程，累计完成各类造林面积1.7万公顷，森林覆盖率提高到29.2%。县城二级以上天气年平均达到324天。

★紧扣增进民生福祉，社会事业开创新局面。5年累计用于民生领域的支出57.1亿元，年均增长11.3%。5年新增城镇就业岗位1.9万人，转移农村剩余劳力1.6万人，城镇登记失业率控制在3.9%。城镇职工养老保险、医疗生育保险、失业保险、工伤保险、农村新型养老保险基本实现应保尽保。农村五保供养、最低生活保障和医疗救助水平不断提高。义务教育薄弱学校改造顺利推进，5年高考二本以上达线人数达到4524人。农村文化室、农村书屋、农村体育健身场地实现全覆盖。医疗卫生体制改革稳步推进，新型农村合作医疗受益面不断扩大，食品药品安全专项治理有效开展。

（盂县政府办　供稿）

中广核山西盂县风电项目

阳光电源牛村光伏发电项目

新瑞利邦肉牛养殖

鑫磊工业园区

美丽盂县

管委会主任马骥在方华机械制造有限公司调研

党工委书记要真在阳泉市众创电子商务产业园调研

开拓进取　克难攻坚
奋力向国家级经济技术开发区迈进

——阳泉经济技术开发区

“十二五”期间，阳泉开发区以科学发展观为统领，以“四大战略”为抓手，抢抓机遇，开拓奋进，克难攻坚，经济社会各项事业取得了长足进步。截至2015年底，区内生产总值完成15.51亿元，比2010年增长97.3%，年平均增长14.6%；固定资产投资完成30.93亿元，增长111.7%，年平均增长16.2%；规模以上工业企业增加值4.03亿元，增长88.3%，年平均增长13.5%；外贸出口总额2131万美元，增长30.6%，年平均增长5.5%；社会消费品零售总额13.68亿元，增长95.7%，年平均增长14.4%。财政总收入3.54亿元，增长110.21%，年平均增长18.4%；公共财政预算收入1.94亿元，增长152.6%，年平均增长20.4%。

★产业结构趋于优化。“招才引智”和“招商引资”并驾齐驱，成为开发区项目引进的双动力。从百度云计算中心、居然之家、红星美凯龙到晋东物流园、华越创力等一批阳煤集团的转型项目，以及张卫珂博士的煤层气制备纳米洋葱碳等项目，先后落户开发区，推动了开发区的产业升级，提升了开发区的产业集聚度。同时，积极开展上下游产业链招商，一批信息产业软件项目先后落户开发区。积极建立招商引资新机制，拓宽招商引资渠道，提高了招商引资效果。开发区先后被评为“山西省产业转移示范区”“山西省新型工业化示范基地”和“山西省海外高层次人才创新创业基地”。

开发区众创电子商务产业园为创业青年提供发展平台

百度云计算(阳泉)中心试运行

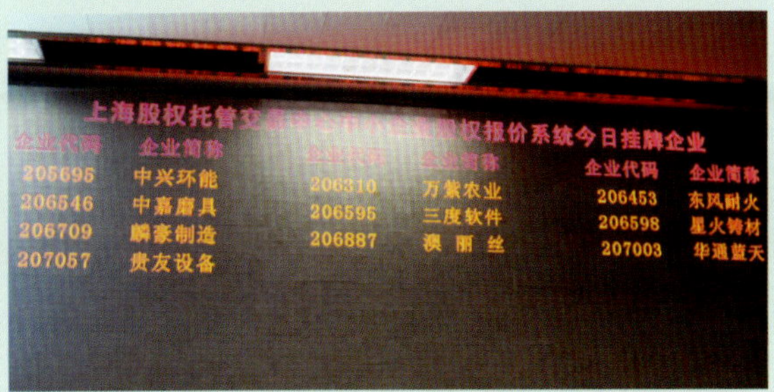

开发区企业Q板成功挂牌

完成绿化景观改造的龙柱公园

★服务能力不断提升。开发区积极建设标准化厂房、发展总部经济，为企业打造良好发展平台。加强科技人才队伍建设，先后引进一批高层次科技人才。积极扶持中小微企业发展，成立众盈企业服务中心，设立了300万元中小企业发展基金和470万元科技扶持资金。积极推进企业上市融资，5家企业成功在Q板挂牌。

★城市面貌明显改观。不断加大基础设施建设力度，全区主次干道达到23条，约17.6千米。全区绿地总面积81.7万平方米，公共绿地51.5万平方米。城乡环境卫生整治工作稳步推进，上五渡村创建为省级清洁工程示范村。

★民生保障明显改善。五年来，开发区民生投入逐年提升。先后实施了校舍安全、教育民生和学校标准化建设“三大工程”，新建下五渡学校、实验小学(平坦垴小学)和实验幼儿园。强化农村财务管理，成立农村财务服务中心，实现了“村财局管”。社区建设取得明显进步，新成立了桃源社区和新澳城社区。基本公共卫生服务项目覆盖11个村8个社区，建立居民健康档案6万余份。低保工作实现应保尽保，五年共发放低保资金5100余万元。建成保障房4518套。建成社会管理服务指导中心，建立了三级网络平台。信访形势持续稳定向好，安全工作监管到位，连续五年未发生重大生产安全事故。

(阳泉开发区管委会　供稿)

康达社区工作人员工作掠影

开发区社会服务管理中心成立

建成通车的保晋路

管委会在2016年云计算产业对接洽谈会上与百度公司签约

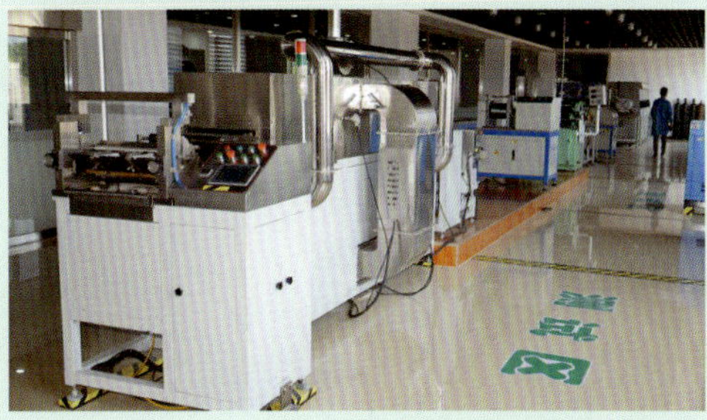

山西中兴环能纳米洋葱碳材料产量实现公斤级

凝心聚力 砥砺奋进
为全面建成小康社会而努力奋斗

——晋城市

天泽化工4060项目投产

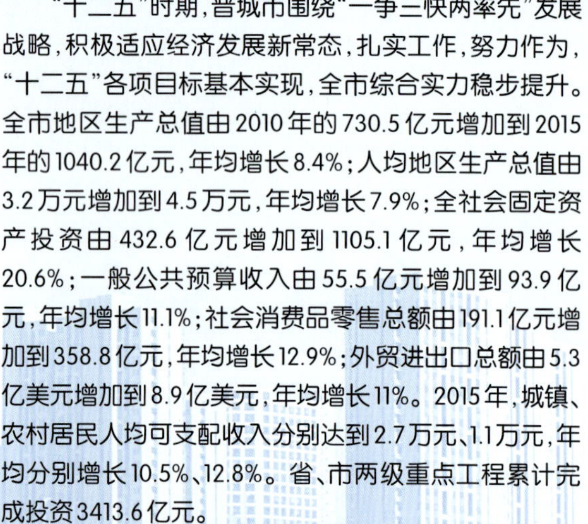

“十二五”时期，晋城市围绕“一争三快两率先”发展战略，积极适应经济发展新常态，扎实工作，努力作为，“十二五”各项目标基本实现，全市综合实力稳步提升。全市地区生产总值由2010年的730.5亿元增加到2015年的1040.2亿元，年均增长8.4%；人均地区生产总值由3.2万元增加到4.5万元，年均增长7.9%；全社会固定资产投资由432.6亿元增加到1105.1亿元，年均增长20.6%；一般公共预算收入由55.5亿元增加到93.9亿元，年均增长11.1%；社会消费品零售总额由191.1亿元增加到358.8亿元，年均增长12.9%；外贸进出口总额由5.3亿美元增加到8.9亿美元，年均增长11%。2015年，城镇、农村居民人均可支配收入分别达到2.7万元、1.1万元，年均分别增长10.5%、12.8%。省、市两级重点工程累计完成投资3413.6亿元。

★坚定不移促转型，产业结构不断优化。三次产业比重由2010年的4.2∶63.6∶32.2调整为2015年的4.7∶55.4∶39.9。粮食生产“五连丰”，现代特色农业势头良好。农业产业化经营组织达到225家，专业合作社5226家，农产品加工销售收入年均增长10.1%，农业机械化率达到70%。煤炭资源整合和煤矿兼并重组基本完成，地方煤矿数量压减到94座，总产能达到9455万吨。坚持循环发展，努力打造煤化工、电力、冶铸、陶瓷等传统产

中船重工晋城新能源装备产业园

黄华街人行天桥

城东水系新貌

矿井液压支柱生产

煤层气管路

业升级版。装备制造、煤层气、现代煤化工、新材料、电子信息等新兴产业势头强劲，非煤工业增加值占规模工业以上比重达到42.1%，较“十一五”末提高23.7个百分点。金融保险、电子商务、商贸物流、文化旅游等现代服务业蓬勃发展，服务业增加值由235.2亿元增加到415.3亿元，年均增长7.6%。

★坚持改革开放和创新驱动，经济发展内生动力和市场活力明显增强。认真实施转型综改三年实施方案和年度行动计划，“1+9”综改试点、低碳城市、智慧城市、气化晋城等稳步推进。简政放权、不动产登记、公共资源交易、商事制度改革等全面实施。积极开展“过桥还贷”、中小微企业贷款保证保险等各类金融创新和农商行改制工作。加强产学研合作，五年累计建成国家、省级企业技术中心14家、工程技术中心4家，国家高新技术企业达到34家。积极引导中小企业和民营经济发展，各类民营经济组织达到6.8万个。累计招商引资落地项目362个，资金到位2485.3亿元，实际利用外资13亿美元。兰花保税物流中心、晋城海关、商检即将开关运行，晋城经济开发区升级为国家级经济技术开发区。

太原科技大学晋城校区

道路改造

晋城第十一中学

图书馆 档案馆 美术馆

绿道

★坚持生态文明和环境保护并重，美丽晋城建设步伐加快。狠抓大气污染防治，“十二五”安排实施的202个重点节能减排项目全部完成。县城气化普及率达到90%左右。完成国省营造林3.3万公顷。“井”字形大水网建设有序推进。沁河继续保持全省最好水质，全市集中式饮用水源地水质100%达标。“十二五”期间，共创建国家级生态乡镇4个、省级生态乡镇15个和省级生态村42个。先后荣获“国家卫生城市”“国际花园城市”“国家森林城市”“国家循环经济示范城市”等称号。

★加强基础设施和公共服务设施建设，城乡面貌持续改善。太焦高铁开工建设。高平——沁水高速公路基本建成，全市高速公路通车里程达到319千米。新建改建农村公路1040千米。中心城区启动实施了64项城市道路工程，41条道路建成通车。金村低碳示范区、西北片区改造步伐加快。开工建设各类保障性住房6.3万套，基本建成4.3万套。新增供水管网435千米、供热能力1500万平方米，城市（含县城）生活垃圾无害化处理率和污水处理率分别达到98%和94%，市区煤层气管网实现全覆盖。完成水保治理面积4.7万公顷，32.4万农村人口的饮水安全问题

皇城相府

王莽岭

巴公河湿地

丹河湿地公园

得到解决。城镇化率达到57.4%，年均提高1.3个百分点。完成采煤沉陷区治理搬迁1.6万户，易地扶贫搬迁1.9万人，农村危房改造7750户。巴公镇、北留镇、润城镇被命名为“国家级园林城镇”。

★加大民生投入，各项民生事业和社会保障位居全省前列。2015年全市各项民生事业财政支出155.1亿元，占一般公共预算支出的84.5%，是2010年2.3倍。新改扩建各类学校、幼儿园273所，城区、泽州、高平、阳城通过国家义务教育发展基本均衡督导评估验收。完成了晋城大医院门诊楼和6个县医院、77个乡镇卫生院（社区卫生服务中心）基础设施建设，实现了基本医疗保障和大病保险全覆盖。图书馆、档案馆、美术馆、博物馆相继建成开放，村级文化体育活动场所实现全覆盖。五年累计新增就业18.8万人，转移农村劳动力13.2万人，城镇登记失业率控制在1.5%以内。全力实施精准扶贫，贫困人口由12.6万人减为8.5万人。社会保障水平逐年提高，城镇职工基本养老、城镇基本医疗、失业、工伤、生育、城乡居民养老保险人数较2010年增加120万人次。

（晋城市政府办公室　供稿）

吴王山森林公园

珏山

吴王山森林公园

活力城区、宜居城区
生态城区、开放城区、幸福城区

——晋城市城区

国贸大厦

“十二五”时期，晋城城区积极应对挑战、奋力攻坚克难，顺利完成了“十二五”规划确定的各项目标任务，实现了“十二五”的圆满收官。2015年，全区生产总值239.9亿元，比“十一五”期末增长60.8%，年均增长9.7%；公共财政预算收入9.5亿元，增长153.5%，年均增长20.5%；全社会固定资产投资315亿元，增长182.9%，年均增长24.8%；社会消费品零售总额189.8亿元，增长90%，年均增长13.1%；城镇常住居民人均可支配收入2.8万元，增长10.4%。

★大力推进经济结构战略性调整，夯实转型基础。累计建设省市重点工程330个，完成投资676.3亿元。一批商贸服务旗舰项目建成运营，服务业对全区经济增长的贡献率达到75.6%；新型工业发展壮大，北石店工业园取得重大突破，“5+1”新型工业格局初具雏形。以十大农业园区为代表的城郊型特色农业得到长足发展，司徒小镇开创了一产与三产融合发展的新模式。全区三次产业比例调整为0.4:34.8:64.8。

★大力实施拓展改造提质工程，坚定城市化步伐。10条城市主干道全面开工建设，对部分道路进行了拓宽改造。西北片区改造工程拉开大幕，北石店新区开发提质基础设施。推进城中村改造，启动改造项目30个，完成回迁面积约100万平方米。

★大力实施城乡统筹发展战略，加快城乡一体化发展。财政五年累计向农村投入10.2亿元，城乡基本公共服务均等化水平明显提升。大力发展现代都市农业，培育省级、市级“一村一品”专业村51个，成立蔬菜、食用菌、蛋禽等专业合作社105个。综合施策加强基层社会治理。新一轮农村“五个全覆盖”工程全面完成。

★大力治山治水治污，人居环境显著改善。重点实施了“三山三河一场”七大生态治理工程，全区森林覆盖率达到18.3%。深化环卫体制改革，实施城乡清洁工程，2015年市区空气质量二级以上天数达到267天。晋城荣膺“国际花园城市”“国家卫生城市”“国家森林城市”等称号。

晋城十一中

★大力践行为民服务宗旨，增强人民福祉。“十二五”时期民生领域累计投入42.1亿元，占财政总支出的59.6%，是“十一五”期间的3倍。重点实施了涉及60所学校的“五改”工程；新建14所学校、幼儿园，新增轨制42轨、学位1.1万个。公立医院改革持续深化，晋城大医院、市二院住院楼全面建成。强化就业和社会保障工作，五年新增就业4.2万余人，创业带动就业7000余人。覆盖城乡的社会保障体系基本建立。扶持发展文化事业和文化产业，“三馆三中心”项目开工建设。为民承诺的实事全部兑现。

（晋城城区政府办　供稿）

晟皓光电LED

科威工业园

居然之家晋城店

大车渠新村

景西路

高平泫氏铸业

先行一步 富民强市

——高平市

"十二五"时期是高平市发展进程中极不平凡的五年。五年来，高平市委、市政府主动适应经济发展新常态，统筹推进稳增长、调结构、促改革、惠民生、防风险等工作，全市经济社会保持平稳发展，综合实力逐步提升。"十二五"末，全市地区生产总值完成199.7亿元，年均增长5.9%；一般公共财政预算收入12.56亿元，年均增长7.9%；全社会固定资产投资149.3亿元，年均增长24.4%；社会消费品零售总额55.7亿元，年均增长12.7%；城镇居民人均可支配收入26893元，年均增长11.2%；农村居民人均可支配收入11528元，年均增长12.6%。先后荣获"全面小康成长型百佳县市""中小城市综合实力百强县市""中小城市科学发展百强""最具投资潜力中小城市百强"等荣誉称号。

★以煤为基、多元发展，转型升级步伐加快，产业结构得到优化。全面完成煤炭资源整合和兼并重组，煤炭行业产业集中度和矿井现代化水平显著提升；狠抓了泫氏铸管、兰花药业等一批非煤工业项目建设，非煤工业增加值比重达到15%以上。现代农业快速发展，粮食产量稳定在2亿千克左右，2015年达2.7亿千克，创历史新高；生猪养殖和设施蔬菜两大主导产业加快发展，2015年生猪出栏155万头，设施蔬菜总产量2.7亿千克；发展了一批农业龙头企业，2015年农产品加工销售收入24亿元，被农业部认定为国家现代农业示范区。文化旅游业实现历史性突破，成功举办

南部热源厂锅炉

天润农业园区（无土栽培）

南阳煤业

海峡两岸神农炎帝文化旅游招商系列活动，建成炎帝陵、长平之战纪念馆、良户古村等20多个景区景点，初步构建了"一个龙头、一张王牌、六个旅游集聚区"的发展格局。金融振兴取得重大进展，出台15条政策意见，组建和引进了一批融资、担保公司和金融机构，8家民营企业挂牌上市。商贸物流蓬勃发展，建成了红旗生活广场、泫氏家居等一批大型商业服务网点，实现了农村便民连锁商店全覆盖；"互联网+"新业态快速兴起，电商产业不断发展。三次产业比重由5.4∶73.5∶21.1调整为6.7∶59.4∶33.9。

★统筹城乡、区域联动，城乡建设协调推进，人居环境明显改观。完成了新一轮城市总体规划和城镇体系规划修编，城市建成区面积拓展至16平方千米。实施城市道路、供热、供气、供水、住房、电力、污水垃圾处理等基础设施建设项目，基本形成了"九横五纵"的市区主干道路框架，晋高一级公路、高陵高速建成通车，高沁高速主体完工，太焦高铁高平段开工建设；城市集中供热面积370万平方米，集中供气1.5万余户，市区新建各类保障性住房9360套；完成农网改造和城市配网

福川制铁公司车间

凯永循环农业示范区

马村工业园区

山西前和农工商集团(前和煤矿转型项目)

勾要村光伏发电扶贫项目

棚户区改造新北小区项目

城市污水处理厂

建设,建成4个110千伏变电站。积极推进城中村改造、采煤沉陷村治理、美丽乡村建设和贫困村脱贫“四村”建设,马村、河西、三甲被评为全国重点镇,石末乡侯庄村入选全国美丽宜居村庄。完成了“四山”绿化、丹河市区段综合整治及景观绿化等重点工程,城市绿化覆盖率达41.5%;扎实推进城乡人居环境改善工程,先后被评为省级园林城市、环保模范城市和卫生城市。

★深化改革、扩大开放,转型综改持续深化,发展优势日益显现。全面推进转型综改、扩权强县和低碳城市试点工作,重点领域改革取得重大进展。完成第二轮110户地面停产、半停产国有集体企业改制;实施城乡土地增减挂钩等三项用地新机制,建成了农村产权交易平台,农村集体土地确权登记颁证工作扎实推进;开展“五规合一”编制工作,限价房申购放宽到全市户籍,完成城镇居民养老保险和新型农村养老保险合并;实现了全市所有公立医疗机构和村卫生室基本药物零差率销售,组建了市人民医院集团;率先在全省组建公共资源交易中心,建成政务服务中心和政务云数据平台。对外开放和招商引资迈出新步伐,积极对接和引进了激光应用、装备制造、文化旅游、电商物流等项目。2015年全市外贸出口总额2980万美元,同比增长12.1%。

全省百镇建设优秀镇——马村镇

市区丹河景观提升工程

炎帝陵修复保护工程

★聚焦民生、兜实底线，社会事业蓬勃发展，人民生活不断改善。"十二五"期间，财政民生类支出累计55亿元，占总支出的80%以上。实施了学校基础设施改造提升和信息化建设工程，基本实现十二年教育全免费，被评为"全国义务教育发展基本均衡市"；"十二五"期间，高考二本B类以上达线人数累计达8467人。城乡医疗、养老、低保等各类保障标准逐年提高，基本实现了应保尽保；城乡居民大病保险和重特大医疗救助稳步推进。城镇新增就业3万人，城镇登记失业率控制在4.2%以内。科技、文化、卫生等事业全面发展，被评为"全国科技进步考核先进市"。市人民医院综合住院楼、"三馆三中心"等建成使用，乡村卫生院所和文化站室实现全覆盖，公共文化服务体系进一步健全。扶贫攻坚成效明显，累计减贫812户、2800人，88个村实现了集体经济收入破零。

（高平市政府办　供稿）

高平市政务服务中心

高平一中

泫氏家居广场

最美乡村——果则沟村

泽州县县委书记赵新年调研重点工程

泽州县县长高喜全检查安全生产工作

聚力转型发展 建设美丽泽州

——泽州县

“十二五”时期是泽州县发展很不平凡的五年。五年来，全县经济社会发展取得新成效，开创了各项事业发展的新局面。全县地区生产总值由2010年的156.1亿元提高到2015年的215.7亿元，年均增长8.5%。公共财政预算收入由9.3亿元提高到11.48亿元，年均增长4.2%，2013年最高达到13.3亿元。社会消费品零售总额由19.6亿元提高到36.1亿元，年均增长12.9%。全社会固定资产投资累计完成760亿元，年均增长20.8%。外贸进出口总额连续五年位居全市第一。

★产业结构持续优化。形成了“优农、稳煤、强铸、兴旅、育新”产业发展新体系和“两带四板块”“四化”同步推进产业新格局。现代农业迈上新台阶，园区经济、庄园经济成为新亮点，先后荣获“全国生猪调出大县”“全国粮食生产先进大县”等称号。资源型产业向精深加工转化，天泽4060、兰花己内酰胺、纳米新型材料、晋煤高硫煤洁净利用循环经济工业园等一批煤化工项目相继落地，煤化工企业合成氨产能达到150万吨，与2010年相比提高41.5%。装备制造业向中高端发展，被中铸协确定为“中国铸造行业集群试点县”。现代服务业、文化旅游业迈出新步伐，城东物流园区成效初显。三次产业比例由2010年的5.0∶68.8∶26.2调整为2015年的6.0∶63.9∶30.1。

★城乡面貌大为改观。全力推进县城选址变更工作。编制完成了《泽州县城镇空间协调发展规划》，全县城镇化率达到45.5%，比2010年提高8.5个百分点。两轮“五个全覆盖”全面完成，新改建农村公路2288千米；煤层气用户增加到6万户，比“十一五”时期增长3倍多；集中供暖实现零的突破，供暖面积发展到182万平方米；解决了7.4万人的饮水安全问题。人居环境全面改善，先后获得“全国新农村建设示范县”“国家新型城镇化综合试点县”等荣誉称号。

泽州农商行改制

改造后的县人民医院

乡村公路提质工程——大甘线

天泽集团4060项目

高硫煤洁净利用循环经济工业园一期项目

★民生事业显著改善。民生投入逐年递增,累计支出66.7亿元,是"十一五"时期的2.7倍。城乡常住居民人均可支配收入分别达到2.7万元、1.2万元,分别是2010年的1.7倍和1.8倍。率先普及15年免费教育,全面建成国家义务教育发展基本均衡县;连续七次被命名为"全国科技进步先进县";26个乡镇卫生院全部完成达标建设;新增16条乡村公交线路,170个偏远山村开通公交车。生态环境显著改善,森林覆盖率36.7%,比2010年提高3.9个百分点,成功创建省级林业生态县。安全生产形势持续稳定,保持了和谐稳定的良好局面。

(泽州县政府办　供稿)

兰花纳米新材料项目

兰花科创年产20万吨己内酰胺项目

清慧制造铸钢车间

兴达铸件生产线

晋美香山农业开发有限公司蔬菜生产基地

康鑫农牧发展有限公司养猪场

陵川县县委书记石云峰（左三）检查煤矿安全生产

陵川县县长胡晓刚（左二）检查指导西溪生态园建设工程

绿色崛起　多元发展

——陵川县

西溪牡丹园

全民健身体育场

“十二五”时期是陵川县发展历程中极不平凡的五年。陵川县紧紧围绕“一城两区”大格局和“五化共进”总部署，坚定不移走“绿色崛起、多元发展”之路，较好完成了“十二五”目标任务，推动全县经济社会进入新的发展阶段。

★综合实力稳步增强。2015年，全县地区生产总值33.9亿元，比“十一五”末净增10.5亿元，年均增长7.7%。固定资产投资142.1亿元，是“十一五”时期的2.8倍，年均增长23.1%。社会消费品零售总额16.4亿元，净增7.4亿元，年均增长12.8%。城镇居民人均可支配收入1.6万元，增加5905元，年均增长9.5%；农村居民人均可支配收入7425元，增加3408元，年均增长13.1%。

★产业转型步伐加快。三次产业结构由“十一五”末的13∶36∶51调整为“十二五”末的14∶29∶57。工业新型化加速推进，骏通铸管、宝贵石艺等一批非煤项目建成投产，中电投风力发电项目开工建设。农业特色化成效显著，珍菇坪食用菌、晋墨蛋鸡等龙头企业带动力不断增强，2015年农产品加工销售收入达到6.1亿元，是“十一五”末的2.4倍。旅游产业化势头强劲，启动了旅游资源整合重组工作，游客接待突破1000万人次。

★基础设施日益完善。公路建设方面，高陵高速公路建成通车，一批县乡道路升级改造，全县路网结构日趋完善。水利建设方面，22座中小型水库应急除险全面完成，四大集中供水工程实现联网对接，全县水支撑、水保障能力

新景棋山路

乡村旅游公路

不断增强。电力建设方面，完成城南电力线路迁改，新建棋源110千伏输变电站，连续四年推进农村电网升级改造，全县变电容量达到529.3兆伏安。生态建设方面，荒山造林1万余公顷，通道绿化100余千米，环县城绿化267公顷，县城空气质量二级以上天数稳定在300天以上，连续两年荣登全国"百佳深呼吸小城榜"。

★城乡面貌焕然一新。黄围东街、状元路等主要街道建成通行，垃圾处理厂、第二热源厂投入运行。崇文、礼义、附城列入全国重点镇建设名单，城镇化率达到42%，较"十一五"末提高10个百分点。持续推进农村人居环境改善"四大工程"，街巷硬化实现全覆盖，凤凰、丈河入选省级美丽宜居乡村。

★社会事业全面进步。民生支出累计达到52.28亿元。实施了教育标准化建设和农村薄弱学校改造计划，免除了中等职业教育、高中阶段统招生学费，全县义务教育巩固率达到99%，高考首批二本以上达线人数较"十一五"增长2.4倍。县人民医院医疗条件极大改善，县中医院扩规迁建，10个乡镇卫生院、114所村卫生室得到改造，基本药物全部实行"零差价"销售，新农合参合率达99%以上。城镇登记失业率稳定在2%。城乡基本医疗和基本养老保险制度实现全覆盖。新建保障性安居住房17万余平方米。

（陵川县政府办　供稿）

陵川客运中心

高陵高速公路建成通车

中电投风电项目开工建设

电子商务服务中心年货节

全省中药材种植现场会在陵川召开

建瓷园区现代化生产线

绿色能源——电动客车

生态美 百姓富 县域强

——阳城县

人民医院

阳城一中

"十二五"期间，阳城县经济社会在复杂多变的艰难形势下保持了稳中有进的发展态势。2015年，全县地区生产总值完成169.5亿元，比2010年增加30.9亿元，年均增长6.5%；公共财政预算收入10.6亿元，增加4.1亿元，年均增长10.3%；城镇居民人均可支配收入2.5万元，增加1万元，年均增长11%；农村居民人均可支配收入1.1万元，增加4832元，年均增长12.6%。三次产业比重调整为5.8∶57.7∶36.5。先后被评为国家园林县城、美丽中国十佳旅游县、中国美丽乡村建设示范县以及全国全域旅游示范县等。

★付诸实践"田园城市、美丽乡村、产城融合、城乡一体、园区集聚、特色带动"的思路。"田园城市"在完善提升六大森林公园的基础上，在凤城、西河、演礼三乡交接处进行"先行示范区"建设，建成了30千米景观廊道，开发了以生态农业、观光农业、休闲农业为主的经济带。"美丽乡村"全面贯通磨滩——董封旅游公路，沿线各类特色块状经济次第兴起。精心打造"全国古堡民居第一县"，推动形成了古堡古村文化产业集聚群。演礼工业园区内外基础设施建设日趋完善。

特色农业——山茱萸

大棚养蚕

★强力推进“一产突出抓蚕桑、二产突出抓陶瓷、三产突出抓旅游”的转型路径。蚕桑产业持续推广适用新技术，建立鲜茧收购农企双方议价机制。同步带动畜牧、干果经济林、设施蔬菜、食用菌、中药材、小杂粮等特色产业全面发展。一批文化瓷、工业瓷项目顺利投产达效。不断完善皇城相府、蟒河、天官王府、析城山景区等基础设施建设，持续加强旅游宣传力度，全力打造“悠然阳城”品牌。

★实施一批重大基础设施类项目，经济社会发展的承载功能更加完备。演礼快速通道和园区中央大道顺利完工，西冶水电站建成蓄水，全面铺开惠及县城和周边7个乡镇、22万人的城镇集中供热工程，大力实施“气化阳城”，各类电网得到改造提升。

★干成一批利民、惠民的民生实事，人民群众的获得感持续提升。新建实验小学、南城幼儿园、特殊教育学校和青少年活动中心，教育教学质量稳步提升。新建人民医院投入使用，基本医疗、公共卫生和疾病防控能力进一步提高。累计新增城镇就业人员3.3万人、转移农村富余劳动力2.8万人。各类保险覆盖率均达到95%以上。

（阳城县政府办　供稿）

九女仙湖景区

社会主义新农村

攻坚克难 砥砺前行

——沁水县

应郭村现代农业示范园区

全民健身中心

"十二五"时期，面对复杂经济形势和繁重发展任务，沁水县委、县政府团结带领全县人民，攻坚克难，奋力拼搏，圆满完成了各项目标任务。

★谋篇布局，写好了"四篇文章"。"十二五"期间，推动实施了"一城、一带、一圈、一区"战略布局这"四篇文章"。完成县城总规修编、控规编制及核心区设计，中心城镇规划、新农村重点推进村规划基本实现全覆盖。编制了《煤层气产业中长期发展规划》《农业产业发展规划》和《全县旅游战略规划》。在工业转型、煤炭增效、农民增收、城乡建设、基础设施和民生事业领域，每年安排6个"十大项目"，累计实施项目215个，完成投资315亿元。以综改试验区建设为统领，在行政审批、投融资体制、国有资本运作、农村经营体制、民生事业等方面，实施了10项改革。县城核心功能区、沁河流域特色休闲功能区、历山生态旅游功能区、端氏嘉峰新能源功能区"四篇文章"初具格局。

★集中精力，打好了"三大硬仗"。工业转型深度破题。坚持稳定煤炭基本面，打造煤层气和城镇化两个"新引擎"，实施转型项目50个。非煤产业增加值占到全县生产总值的52.8%，煤层气行业增加值占到工业增加值的53.7%。理顺旅游业体制机制，加快景区景点建设，全县接待游客增长到30万人次。充分挖掘沁水深厚的历史文化，被联合国地名专家组命名为"千年古县"。农民增收支撑有力。形成了"三艘航母、四大基地、五大板块"的现代农业体系。设施蔬菜从11公顷增加到327公顷，肉鸡养殖从零起步到单批饲养能力达到167万只，苗木花卉从全县仅有的一个小型苗圃发展到2333公顷的产业基地。农民收入的23%源自于农业产业化的发展，农村居民人均可支配收入增速连续三年跑赢城镇居民收入。城乡建设日新月异。持续抓好"1城4镇30个中心村"建设。综合展示馆、梅园综合体、全民健身中心等一批城市功能性建筑建成，县城承载力明显提升。端氏、嘉峰、

上海枫彩吕村育苗基地

新奥煤层气生产区域

大象集团肉鸡养殖场

嘉沁公司食用菌生产车间

郑村、中村4个特色城镇带动了新农村和美丽乡村建设。常住人口城镇化率达到40.9%，比“十一五”末提高7.8个百分点。森林覆盖率达到48.6%，荣获“全国绿化模范县”“省级园林县城”称号。

★为民务实，办好了许多实事。五年累计投入42.8亿元，持续实施十大惠民工程。率先在全省实现15年教育全免费；率先在全省开展全国城镇居民社会养老保险试点，基础养老金标准高于全市平均水平120元；率先在全市构建基本公共卫生信息平台，启动农村居民大病二次补偿，为60岁以上老人和适龄妇女进行免费健康检查；新增城镇就业2.4万人，转移农村剩余劳动力3.8万人；新改建县乡公路210千米，硬化农村街巷1400千米；新建二水厂，改建一水厂，实施张峰水库——县城饮水工程和固县截潜流工程，形成“H”型大水网构架；完成限价房2516套、公租房1958套、棚户区改造374套、农村危房改造2600套、城中村改造582套；推进移民搬迁和采煤沉陷区治理，完成扶贫移民930户3100人，自然村从“十一五”末的1666个减少到1332个；实施“气化沁水”，农村气化覆盖率33.2%，县城供气普及率97%；新增110千伏以上变电站3座，年供电量5.13亿千瓦时。各项社会事业全面进步，安全生产形势总体平稳。

（沁水县政府办　供稿）

县河景区

石楼公园

龙岗公园

省长李小鹏在晋城开发区皇城相府中道能源科技工业园区调研

晋城市市委书记张九萍在晋城开发区金匠工业园调研

倾力打造宜居宜业科技新城

——晋城经济技术开发区

“十二五”时期，晋城经济技术开发区围绕“确保翻两番，冲刺一百亿”的奋斗目标，突出招商引资、开发新区两大重点，着力发展高新技术产业，着力推进城中村改造，着力创新体制创优环境，着力扩大就业改善民生，经济社会事业迈入了一个全新的发展阶段。全区地区生产总值由18.35亿元增加到72.58亿元，年均增长31.7%，圆满实现“十二五”“翻两番”奋斗目标；规模工业增加值由12.84亿元增加到44.59亿元，年均增长21.9%；财政总收入由3.25亿元增加到16.68亿元，年均增长38.7%；外贸进出口额由4.33亿美元增加到5.71亿美元，年均增长5.7%；固定资产投资由11.56亿元增加到66.78亿元，年均增长42%；高新技术产业增加值由11.33亿元增加到40.08亿元，年均增长21.6%。

“十二五”时期完成了四大任务：一是托管社区。2010年底，晋城开发区正式接管郝匠、侯匠等14个社区(村)。二是开发新区。2011年市委、市政府把16.9平方千米的金匠工业园交由晋城开发区托管。三是全力做好扩区。2012年晋城开发区异地扩区5.8平方千米。四是升级国家级开发区。2013年3月国务院批准晋城经济开发区升级为国家级经济技术开发区。

★着力加大招商引资力度，对外开放成效明显。推进大招商、招大商，引大资、上大项目，2015年底，全区共有进出口实绩企业11户。累计实际利用外资12.72亿元，比“十一五”增长1.7倍。

晋城开发区金匠工业园区效果图

晋城开发区城中村改造效果图

开发区管委会主任程琳、党工委书记田烨陪同晋城市市长刘润民在晋城开发区金匠工业园调研

宽敞明亮的办税服务厅

★坚持不懈“抓投资”，重点工程建设项目稳步推进。2015年，全区重点项目储备1449.6亿元，项目落地108.1亿元，项目开工完成98.6亿元，重点工程建设完成45.77亿元，项目投产完成82.24亿元。

★调整产业结构，园区产业跨越发展。积极推进装备制造行业职能化改造。推进与央企中船重工的项目合作，加快江淮新能源装备制造园区建设。推进以中道能源为重点的新能源汽车动力电池项目建设。全区已形成以精密光电制造、装备制造、新能源、新材料、商贸服务等为重点的产业发展格局。

★鼓励扶持高新企业发展，科技创新取得长足进步。高新技术企业数量由1家增加到6家，2015年高新技术领域企业实现工业总产值127.9亿元，占全区工业经济总量的86%。

★搭建中小企业服务平台，“双创”激发新活力。2015年新增中小企业331户，注册资金14亿元。建成青年创业孵化基地和长江创业园2家省级中小企业创业基地、1家市级创业基地（米粒大学生创业孵化基地），创业孵化面积2万余平方米，在孵企业215家，累计已毕业企业11家。

★创优发展环境，园区承载能力不断提升。加快区域硬环境建设，积极推进了园区“七通一平”建设，先后实施了10余项重点基础设施建设工程。创新体制机制，2013年晋城开发区财政实现新体制运行，当年全区财政总收入20.9亿元，可用财力增加3.99亿元。规范行政审批，积极创新管理体制。

★扎实推进城乡统筹，全面加强社会建设。以棚户区改造为重点，合理布局商贸楼宇。累计完成改造面积100多万平方米，完成投资约20亿元。金融、商贸、教育、卫生等公共服务设施功能完备。全面推进养老保险、医疗保险、住房公积金等社会保险，实现应保尽保。实施就业促进工程，2015年全区新增城镇就业9729人。认真落实义务教育“两免一补”，保证教育事业健康发展。支持卫生基础设施建设，有序推进医政管理和基药工作。开展治安防控体系和公共安全体系建设工作，深入开展安全生产专项整治和打击非法违法生产经营建设活动，全区安全生产基础进一步夯实。

（晋城经济开发区管委会　供稿）

晋城开发区全景

省委书记王儒林在霍州煤电检查指导工作

省长李小鹏在临汾市调研

攻坚克难 富民强市

——临汾市

“十二五”时期是临汾市发展历程中极不平凡的五年。五年来，临汾市扎实推进“稳增长、调结构、惠民生、防风险”各项工作，积极应对挑战，奋力攻坚克难，全市经济社会发展取得了新成就。2015年，全市地区生产总值1161.1亿元，“十二五”期间年均增长7.6%；规模以上工业增加值334.4亿元，年均增长8.6%；固定资产投资1401.2亿元，年均增长24%；一般公共预算收入88.2亿元，年均增长3.2%；社会消费品零售总额572亿元，年均增长12.6%；城镇居民人均可支配收入2.5万元，年均增长11%；农村居民人均可支配收入9376元，年均增长11.9%。

★产业结构更趋合理。现代农业稳步推进。粮食总产量达到23.6亿千克，比“十一五”末增长22.3%。“四个百万亩”基地建设成效显著。2015年，全市农民合作社达到1万余家，农业产业化龙头企业发展到339家，农产品年销售收入73亿元，是“十一五”末的1.4倍。传统产业实现优化升级。煤、焦、冶、电等传统产业整体素质进一步提升，装备制造、铸造、现代煤化工、新能源、新型材料、电子信息等战略性新兴产业加快发展，共实施新兴产业项目330个，完成投资814.3亿元。现代服务业蓬勃发展。商贸物流、电子商务、文化旅游等现代服务业不断发展壮大，建成运营居然之家、生龙国际、嗨都国际广场等一批商贸转型项目。全市电商企业发展到400余家，交易额突破100亿元，侯马开发区被确定为“国家电子商务示范基地”。大力推进旅游景区建设，全市新增5个国家4A级旅游景区，总数达11个，位居全省第一。2015年全市旅游总收入295亿元，比“十一五”末增长152.9%。全市三次产业结构由7.5∶58.3∶34.2优化为7.8∶48.5∶43.7。

★改革开放不断深化。行政审批制度改革迈出重大步伐，累计承接、取消、下放、调整行政审批项目290项，行政审批时限压缩了2/3，市县两级权责清单全部公布。建成市政务服务中心。完成了煤炭焦炭公路销售体制改革。商事登记制度、医疗卫生体制、集体林权配套制度、开发区扩区等各项改革都取得了积极成效。对外开放水平进一步提升，实际利用外资由7757万美元增长到1.57亿美元，年均增长15.1%。“十二五”期间累计签约项目899个，签约资金14319亿元，是“十一五”的4.6倍。

★项目建设力度空前。五年累计实施省市县重点项目4116项，完成投资6053亿元，投资额是“十一五”时期的3.6倍。全市公路通车里程达到1.8万千米，位居全省第一。新改建干线公路797千米、农村公路3135千米。新增高速公路通车里程267千米，大西高铁、中南铁路开通运营，临汾民航机场正式通航。城镇化建设步伐加快。启动实

临汾市市委书记罗清宇在尧都区就城市道路改造进行调研

临汾市市长岳普煜在浮山县引沁入汾工程工地调研

施城中村改造工程47个。市区先后实施了22条城市主干路和大西客运站站前广场等市政工程；全面铺开了市区17项重点城建工程。

★“百里汾河生态经济带”建设取得突破。“经济带”总体规划纳入《晋陕豫黄河金三角区域合作发展规划》，获国务院批复。设立百里汾河生态文明保护区，加强了汾河流域生态保护。打造“百里汾河文化长廊”，规划建设汾河非遗生态保护区。“经济带”内18个工业园区的销售收入占到全市规模以上企业销售收入的63%，8个现代农业园区初具规模，5个物流园区开工建设，17个文化旅游景区全部实施开发，11个“两区同建”工程进展顺利。“三个突破”深入推进。金融振兴方面，积极引进培育金融机构，初步形成了银行、证券、保险、产权交易等各业并举、功能基本完备的金融体系。积极培育企业上市，在“新三板”上市企业达到5家；在山西股权交易中心挂牌企业143家。积极破解企业融资难题，设立了5000万元的“企业应急周转保障资金”，引导筹集1.56亿元的“企业应急周转互助资金”，累计投放金额8.7亿元。科技创新方面，共实施国家、省、市科技计划项目418项，全市高新技术企业达到33家，全市专利拥有量达到329件。民营经济发展方面，共创办小微企业9000家，培育“小巨人”企业42家、“小升规”企业69家，建成5个省级中小企业创业基地。2015年，全市中小企业工业产品销售产值682亿元，占全市工业产品销售产值的54.3%。

★生态环境持续改善。累计投资15.5亿元，实施了169个环保项目。完成5家电力企业脱硫脱硝治理、16家焦化企业焦炉烟气治理，淘汰黄标车及老旧车5.12万辆。成功创建省级环保模范城市。2015年，市区空气质量二级以上天数达到266天，比2013年增加99天，

当家面粉开发有限公司生产车间

光伏发电精准扶贫项目

“陶寺遗址”发掘成果新闻发布会

襄汾县丁村旅游风景区

临汾汾河生态公园端午赛龙舟

香港卫视“大美中国”摄制组在吉县黄河壶口瀑布拍摄纪录片

PM2.5浓度下降21.3%。实现生活垃圾处理场县级全覆盖。全市饮用水水源地水质达标率保持在100%。五年营造林16.4万公顷，森林覆盖率31.9%。持续推进采煤沉陷区、采空区、水土流失区、煤矸石山等生态环境治理修复工程，西山7县成为国家主体功能区建设试点。

★民生质量显著提高。文化方面，完成17个县市区的文化馆、图书馆标准化建设，新建16个博物馆。教育方面，临汾新高中建成投用，市第三中学、市第一小学等市直学校改造和17个县市区义务教育薄弱学校改造工

同世达实业有限公司开展消防演练

中国民用航空飞行校验中心对临汾机场进行“仪表着陆设备飞行校验”

百里汾河经济带，千里缤纷生活圈

田园美景

蒲县农业示范园大力发展马铃薯科学种植

浮山县推广草莓套种西瓜技术

蒲县昕源种业有机玉米

翼城县生态林下养殖

程全面完成。2015年高考达二本线1.6万人，达线率比2010年上升19.1个百分点。卫生方面，临汾新医院和10所县级医院建成运营，新创建"三甲"医院3家，创建省级以上卫生县城15个。新农合参合率98.5%，人均筹资水平提高到470元。县级公立医院改革实现全覆盖。社保方面，五大社会保险参保人数477万人次，城乡低保实现应保尽保。开工建设各类保障性住房7.8万套，完成农村危房改造4.8万套。城镇登记失业率稳定控制在3%以内。扶贫方面，实现脱贫25万人。大力推进城市和农村人居环境改善工程。城镇供水普及率99%，供热普及率78.5%，燃气普及率85%，完成了市区10万户天然气置换。

★安全生产全面加强。2015年，全市安全生产事故总量和死亡人数比"十一五"末分别下降14.5%、25.8%，工矿企业连续7年未发生重特大事故，安全生产形势实现持续稳定好转。全面加强信访、综治、应急、舆情监控等工作，社会保持和谐稳定。

（临汾市政府办公厅　供稿）

春苗营养计划

剪纸艺术

帝尧文化节

经济稳步发展 转型步伐加快 发展活力增强 民生大幅改善

——临汾市尧都区

东方恒略精密铸造有限公司1号铁型覆砂生产线

过去五年，是尧都区发展历程中极不平凡的五年。区委、区政府团结带领全区人民，奋发作为，扎实工作，全区经济社会发展取得了重大成就，“十二五”实现了圆满收官。

★经济实现稳步发展，综合实力显著增强。“十二五”末，全区生产总值达到249.2亿元，年均增长7%；固定资产投资254.7亿元，年均增长19.4%；社会消费品零售总额225.9亿元，年均增长12.7%；一般公共预算收入11.6亿元，年均增长7%；城镇居民人均可支配收入2.8万元，年均增长12%；农村居民人均可支配收入1.2万元，年均增长12.5%。主要经济指标继续位居全市第一。

★基础建设全面提速，城乡面貌明显改观。五年累计完成固定资产投资1000多亿元。一批重大项目顺利实施。启动了占地22.4平方千米的涝洰河生态建设工程，推进了东城“五纵六横”道路建设，实施了尧庙镇郭村等一批城中村改造项目，完成了秦蜀路南延、滨河东路南北延、景观大道等一批重点工程。东城配套设施日臻完善。解放路学校、职业中学投入使用，尧都医院、社保大楼主体工程已经完工，全民健身中心项目顺利启动。农村基础设施全面提升。先后实施农业基础项目120余项，新建改建农村公路2500千米，植树600余万株，绿化通道300余千米，新修渠道220千米，铺设管道300千米，农村两轮“五个全覆盖”和“五件实事”全面完成，地质灾害和采煤沉陷区治理工程有序推进，区、乡、村三级环境卫生管理体系全面建立。全区空气质量二级以上天数达到266天。

万亩核桃基地

贾得工业园区

★产业结构深入调整，转型步伐明显加快。全区三次产业比例调整为3.7∶22.3∶74。现代农业稳步发展。粮食生产实现“五连增”。发展设施蔬菜5400公顷、优质水果1万余公顷、优质核桃1.8万公顷。工业转型步伐加快。贾得工业园区具备了入园条件，永中晟特种水泥、宝珠制药、北斗导航等一批项目入园建设。煤矿兼并重组圆满完成，建成标准化矿井8座。推进“小钢铁”变“大铸造”，东方恒略等一批企业实现转型升级。光宇半导体、通泽精密铸锻等一批新兴产业项目进展顺利。现代服务业快速发展。生龙国际、新工贸、新百汇商业广场投入运营。兴荣物流园成为全国甩挂运输试点企业。尧帝陵和仙洞沟景区开发相继启动，全区旅游业总收入年均增长20%。

★改革创新取得突破，发展活力不断增强。行政审批制度、农村土地确权、商事登记制度等重大改革事项顺利推进。加快用地制度改革，新增建设用地533公顷。整合国有优质资产，发行企业债券27亿元。成立国有经济建设投融资公司，争取各类政策资金30多亿元。大力推进招商引资，累计签约资金达800多亿元。

东城城市规划效果图

临汾环城水系景观工程景观分区效果图

奥特莱斯商业街区

新百汇商业广场效果图

西关城中村改造南园沿河街景效果图

尧都区人民医院

尧庙镇郭村城中村改造

乔村城中村改造鸟瞰图

农村循环公路

通道绿化工程

东城城市道路

仙洞沟旅游景区之华北第一大嶂谷

★社会事业全面进步，民生得到大幅改善。82所校舍安全改造、188所薄弱学校改造、216所中小学信息“校校通”工程和15所幼儿园新建改建工程全面完工。16所乡镇卫生院改扩建工程顺利完成，9个社区卫生中心服务水平进一步提升。26个社区文化活动场所建成使用，农村“一站两室”和体育健身工程实现全覆盖。城乡居民社会养老保险惠及全区人民，五大保险参保人数达到62万人。开工建设保障性住房近1.5万套。连续五年向全区人民承诺的实事和重大惠民工程全部兑现。社区服务场所有效改善，农村公共设施管理有序推进。

（尧都区政府办　供稿）

涝洰河龙湾园全景图

"三三"战略驱动 经济逆势上扬

——侯马市

同煤集团漳泽电力热电联产项目

"十二五"时期，侯马市主动适应经济新常态，围绕实现振兴"工业经济、商贸经济、城镇经济"和建设"富裕、秀美、文明"侯马的"三三"战略目标，克服了经济下行压力增大的困难，逆势上扬，稳中有进。2010～2015年，全市经济总量由65.27亿元增加到88.89亿元；公共财政收入由2.93亿元增加到4.66亿元，增长59%；城镇居民人均可支配收入由1.5万元增加到2.5万元，增长65.7%，农村居民人均可支配收入由7251元增加到1.3万元，增长72.9%；财政总收入年均增长7.9%，增速2015年在全省排名第七，在全省非资源型县市县域经济综合考评中排名第一。

★工业经济换挡不减速。五年来，侯马市通过产业升级和创新驱动，做强装备制造业，着力培育壮大新兴产业和新的经济增长点。提出了"打造山西乃至华北地区的先进制造业基地"的目标，初步形成了以装备制造、有色冶金、精密铸造、医药生化为主的工业体系，装备制造业的总产值占到全市工业总产值的60%以上。企业通过技术创新，经济效益大幅提高。山西汤荣汽配公司成功研发双金属复合式制动毂新技术，产品综合性能提高5倍；侯马东鑫机械公司运用中频电炉熔炼等新技术工艺，大幅提高了产品质量。2015年，曲轴生产量在全国同类企业中名列第一，华晨"宝马"等知名品牌汽车用上了侯马曲轴。2015年工业增加值名列临汾市第二位。

北方铜业侯马冶炼厂电解铜生产线

侯马市汤荣公司制动毂生产车间

山西风雷公司石油钻铤生产线

★电商带动商贸经济领跑全省。“十二五”期间，侯马市以电子商务为龙头，带动商贸加工、仓储物流、市场改造升级全面进步。以阿里巴巴村淘项目为引领，建成村级服务站51个；本地电商企业“马上购”“窝麦良品”发展壮大。全市采用网上营销的企业、商户、门店突破3000家。2015年山西省“村淘”成交额前10名的村全部在侯马市。被评为全省电子商务示范市，成为全省唯一进入“全国县域电子商务指数百强县”的县(市)。通过新项目建设和传统市场改造升级，基本形成了以火车站传统商圈和轻工城新兴商圈为主的商贸格局，以山西方略保税物流中心和公路、铁路为主的物流格局，聚集辐射效应初步显现。

★城镇经济和美丽乡村建设推进城乡一体化进程。“十二五”期间，侯马市着力发展精品示范农业，建设“美丽乡村”，农业产业化稳步推进。土地流转总面积超过2667公顷，精品示范农业形成了设施蔬菜等四大主导产业。“一村一品”专业村达到39个。农副产品龙头企业产值规模突破5亿元，是“十一五”末1.6倍。三年新修改造农村公路9.8千米，新铺设供热管网17.1千米、天然气管网20千米；清运农村垃圾10万立方米，农村危房改造700户；28个村通上了天然气、33个村铺设了排水管网、49个村用上了城市自来水。2010～2015年，侯马市城镇化率由57.1%提升至64.2%，高于山西省平均水平。

★城市功能大幅提升。侯马市以核心城区为中心，大力提升和完善城市垃圾、污水处理能力和供水、供热等城市功能，基础设施日趋完善。先后完成了程王西路、望桥街主干道改造等城市道路框架工程；启动了合欢街南延、北环路西延等工程的前期工作。新建垃圾压缩中转站，完成了城市污水处理厂、天然气输配、集中供热扩容等工程。城市集中供热普及率达到93%、燃气普及率98%、污水处理率93%、垃圾无害化处理率100%、每万人拥有公厕达到2.8座。

山西平阳重工液压支架生产线

上阳现代农业示范园

张少村水泥池莲菜

侯马北编组站

环杰医疗废物处理中心

“晋老头”香菇酱

★生态建设成效显著。成功创建全国卫生城市。汾河河道生态治理修复工程全面完工。截至2015年底，全市森林覆盖率14.2%，城市建成区绿化覆盖率44.9%，人均公共绿地面积11.1平方米，城市绿化新增20万平方米，紫金山造林绿化完成200公顷。2015年，市区空气质量二级以上天数达到326天。

★民生事业快速推进。城乡教育均衡发展，学前儿童毛入园率达到83%，高中升学率首次突破90%。县级公立医院综合改革有序推进，药品零差价销售全面落实，新农合人均筹资标准由390元提

山西方略保税物流中心

普罗旺斯花世界

山西省示范高中——侯马一中

侯马北方轻工城

"村淘"项目全覆盖

大西高铁侯马西站广场

高到470元。社保覆盖率达到97%，新型农村合作医疗覆盖率95%以上。城乡新增创业就业超过1万人，城镇登记失业率控制在2%。群众性文化活动和全民健身活动丰富多彩。限价商品房和农村危房改造工程全面推进，为困难家庭发放廉租住房补贴590万元。

"十二五"期间，侯马市先后荣获"国家卫生城市""国家园林城市""全国双拥模范城""全国生态示范区""全国城乡统筹科学发展'十二五'值得关注的典范县市""全国最具投资潜力中小城市百强""全国最具区域带动力中小城市百强""全国国土资源节约集约模范县(市)""山西省环保模范城市""山西省文明城市"等荣誉称号。

(侯马市政府办　供稿)

文化侯马

《盟都之光》

汾河生态公园

大西高铁客运站

牢记使命 不忘初心
保优夺魁 奋力前进

——洪洞县

“十二五”时期，洪洞县委、县政府紧紧依靠全县人民，围绕“一三五”工作总思路，以“六城同创”为抓手，统筹推进稳增长、促改革、调结构、惠民生，经济社会平稳健康发展，综合实力显著增强。“十二五”末，全县生产总值161.72亿元，年均递增5.7%；规模以上工业增加值46.56亿元；固定资产投资完成163.8亿元，年均递增20.3%；公共财政预算收入6.53亿元；社会消费品零售总额53.06亿元，年均递增13.2%；城镇居民人均可支配收入2.3万元，年均递增9.4%；农村居民人均可支配收入9921元，年均递增10.9%。三产比重由“十一五”末的6.9∶70∶23.1优化为6.7∶59.2∶34.1。

★三次产业同步推进、发展质量大幅提升。现代农业提效发展。重点实施了以现代农业园区、新型农村社区“两区同建”为特色的天泽农业示范园区建设，被列为全市标杆项目。粮食生产持续稳定，播种面积保持在7.3万公顷以上，粮食总产连创新高。农田水利设施逐步完善，完成1300千米渠道防渗和3133公顷高标准农田建设等工程。落实强农惠农政策，发放各类补贴资金4.2亿元，专业合作社发展到783个。

洪洞县体育场

大槐树文化中心

工业经济提质发展。大力推进甘亭、赵城、秦壁、辛村四大园区建设，狠抓传统产业提升和新兴产业培育，园区规模不断扩大，入驻企业63家。悦昌、亿隆、基安达、恒泰南庄4座煤矿完成升级改造；山水水泥、华翔精密铸造、飞虹微纳米光电等项目建成投产；诚美节能玻璃、槐丰复合软包装、利众秸秆固化等项目开工建设。招商引资成效明显，累计签约项目35个，沃特玛新能源汽车产业园动力电池、国新能源天然气储备集散中心等重点项目签约落地。

现代服务业提速发展。坚持旅游业带动，第三产业在经济结构中的比重不断提高。持续推进旅游景区建设，完成了大槐树景区二期扩建开发工程，启动大槐树5A级景区创建工作、明代县衙文化旅游景区和广胜寺旅游景区拓展提升工程；成功举办大槐树文化节、“三月十八”传统庙会、三月三走亲习俗等民间传统活动，累计接待游客1720万人次，门票收入2.43亿元。金融商贸繁荣发展，实施了莲花广场文化商业街工程；晋槐农贸、恒通建材等市场建成使用；晋商银行、洪都银行等机构入驻洪洞，城乡居民储蓄存款余额达到146亿元，贷款余额88亿元，分别是“十一五”末的1.8倍和1.4倍。

秦壁农业园区

规模化养殖

洪洞县职业中学

小麦丰收

新洪洞县人民医院

★城市功能日臻完善、城乡面貌日新月异。深入开展“六城同创”活动，改造修缮城区街道27条，硬化小街小巷21条，建设公厕37座，清理积存垃圾237万方；持续推进生态建设，汾河湿地公园正式获批国家级试点，累计造林1万公顷，植树1700余万株；狠抓环境保护治理，关闭136家落后产能和污染企业，淘汰1800余辆黄标车和老旧车。成功创建国家卫生县城、国家园林县城、中国最具价值文化（遗产）旅游目的地、省级环保模范城、省级文明县城、省级平安县。

基础设施日趋完备。“百里汾河生态经济带”建设取得重大突破，滨河东路贯通工程实现通车，完成了汾河阶梯性生态修复治理。恒富西街、涧河大桥、涧南东街等道路竣工通车。城乡设施日趋完善，广电大楼、体育场、垃圾处理厂、二级客运站、大西高铁客运站投入使用，大槐树文化中心正式开放。扎实开展城市和农村人居环境改善工程，全面完成新一轮农村“五个全覆盖”。

★生活质量稳步提高、民生福祉大幅提升。社会大局和谐稳定。严格落实安全生产“一岗双责”，推进安全生产责任体系“五个全覆盖”，扎实开展了“安全生产稳定年”“安全生产强基年”和“六打六治”等行动，安全生产形势持续稳定好转。以“十安联创”为重点，大力推进“六六创安”，严厉打击各种违法犯罪行为。创新实施“三段式”信访模式，推行县级领导信访接待和包案制度，及时化解各类矛盾纠纷。

广胜寺

保障性住房

大槐树祭祖盛况

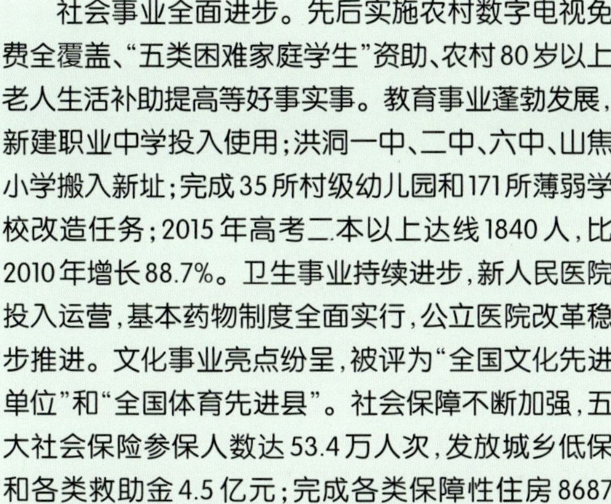

社会事业全面进步。先后实施农村数字电视免费全覆盖、“五类困难家庭学生”资助、农村80岁以上老人生活补助提高等好事实事。教育事业蓬勃发展，新建职业中学投入使用；洪洞一中、二中、六中、山焦小学搬入新址；完成35所村级幼儿园和171所薄弱学校改造任务；2015年高考二本以上达线1840人，比2010年增长88.7%。卫生事业持续进步，新人民医院投入运营，基本药物制度全面实行，公立医院改革稳步推进。文化事业亮点纷呈，被评为“全国文化先进单位”和“全国体育先进县”。社会保障不断加强，五大社会保险参保人数达53.4万人次，发放城乡低保和各类救助金4.5亿元；完成各类保障性住房8687套，农村危房改造3000余户；新增就业岗位2.4万个，城镇登记失业率控制在4.2%以内。

华翔机加工车间

★改革开放持续深入、政府职能不断优化。转型综改三年实施方案和年度行动计划顺利实施。积极推进“六权治本”，承接、调整、取消行政审批事项57项，政府部门2819项权利清单、责任清单按期公布。土地承包经营权确权登记颁证工作全面展开。清理规范涉煤收费项目，所有行政授权、运销票据、检查站点全部取消。稳步推进企业上市融资，众一农业、普泰发泡铝分别在Q板和“新三板”上市。

（洪洞县政府办　供稿）

县城中心广场

红枣光伏大棚示范园

美丽永和　富裕永和
人文永和　平安永和

——永和县

“十二五”时期，永和县持续实施“四大战略”，全力推进“八项重点”，攻坚克难、砥砺奋进，圆满完成了“十二五”既定的各项目标任务，经济实力显著增强。五年累计完成投资43亿元，实施280个重点项目，主要经济指标均保持高位增长。“十二五”末，全县地区生产总值7.03亿元，比2010年增长35%，年均增长6.2%；财政总收入1.1亿元，增长3.8倍，年均增长37.9%；公共财政收入5399万元，增长4倍，年均增长37.9%；固定资产投资12.7亿元，增长3.1倍，年均增长32.8%；社会消费品零售总额4.2亿元，增长75%，年均增长12%；城镇居民人均可支配收入1.8万元，增长66%，年均增长10.7%；农村居民人均可支配收入2974元，增长84%，年均增长13%。特别是财政收入实现历史性突破，迈入亿元县行列。

★过去的五年，是产业结构持续优化的五年。三产比例由2010年的39.9∶8.5∶51.6调整为2015年的28.6∶18.6∶54.8。优势农业提质增效。经济林面积2.8万公顷，红枣产量1000余万千克，创近十年来新高。能源工业提速增量。完成天然气探井100口，年采气量达到3亿立方米。新发展企业203户，两个企业实现“小升规”。旅游产业提档升级。实施了红军东征纪念馆重新布展、毛主席诗词碑林建设、红军泉建设、旅游路升级改造等项目。黄河蛇曲国家地质公园开园，乾坤湾被省政府批准为省级风景名胜区，红军东征纪念馆被列为全省红色精品旅游线路。

★过去的五年，是城乡面貌变化巨大的五年。城镇化率由34.3%提高到39.2%。实施了河道治理、供热供气、棚户区改造、廉租房建设等重点工程，县城的承载能力和服务水平进一步提高。成功创建省级卫生县城，启动“国家卫生县城”创建工作。实施农村人居环境改善提质工程，解决了2.6万余人的饮水安全问题，改造了4700户农村危房，

永和黄河蛇曲国家地质公园开园

新建的永和一中

芝河源头生态精品农业园区

完成了32个重点村“四化四改”和“五个一”任务。完成公路升级改造56千米，全县公路通车里程达到895千米。实施城网、农网改造升级、移动通信基站建设等项目，供电保障水平和通信能力全面提升。生态治理成效显著，累计造林面积2.6万公顷，森林覆盖率27.4%，打造了芝河源头、桑壁、阁西垣三大精品农业园区。

★过去的五年，是幸福指数大幅攀升的五年。“十二五”末，民生支出达到6.1亿元，是“十一五”末的2.3倍。教育事业长足进步。实施了药家湾幼小一体化学校、二中学生宿舍楼、教育信息化建设等项目，高考成绩实现“六连升”。医疗卫生健康发展。持续深化医药卫生体制改革，在全市率先实行药品零差价销售；县乡医务人员工资全部纳入财政全额预算；中医院被评为二级甲等中医医院，县医院被评为二级乙等医院；新农合参合率达到99.6%。文化事业不断繁荣。举办了孔子诞辰、毛泽东诞辰纪念活动等文化活动。县城数字电视及4个乡镇有线电视实现全覆盖，农村文化活动室覆盖率达到100%。社会保障更加有力。累计发放城乡低保金6100万元，民政救灾金1200万元，城乡医疗救助金1700万元。完成了光荣院、养老院建设，养老服务水平进一步提高。大力实施产业扶贫、易地搬迁扶贫、光伏扶贫、电商扶贫等工程，贫困人口由“十一五”末的3.5人下降到1.5万人，贫困发生率由55.3%下降到26.4%。

（永和县政府办　供稿）

天然气勘探开发

红枣种植

积极实施三北防护林工程

建设三晋经济强市 实现整体率先发展

——霍州市

霍州市城区

"十二五"时期，霍州市积极适应经济社会发展新常态，一心一意谋发展，千方百计惠民生，坚定不移促转型，实现了经济社会的平稳健康发展，综合实力稳步提升。2015年末，全市生产总值74.55亿元，工业增加值31.65亿元，固定资产投资164.86亿元，社会消费品零售总额31.23亿元，城镇常住居民人均可支配收入25446元，农村常住居民人均可支配收入11488元，财政总收入14.4亿元，一般公共预算收入6.7亿元，圆满完成上级下达任务。

★工业结构优化升级。传统产业转型升级。实施了煤矿企业扩能改造、国电霍州发电厂2×60万千瓦"上大压小"和兆光发电厂二期2×60万千瓦机组建设等项目，煤炭年产量900余万吨，电力总装机容量300万千瓦，稳居全省煤炭电力大市行列。新型产业快速发展。霍东新产业聚集区霍煤机电制造一期顺利竣工，液化天然气调峰储气项目成功实现试运营，华润霍州七里峪10万千瓦风能发电项目全面启动。民营经济发展壮大。设立了霍州市中小微企业扶持基金、战略新兴产业、文化和旅游产业投资基金和中小微企业贷款中心。实施小微企业"六补一缓"政策，促进了中小微民营企业发展。

★农业产业化步伐加快。强力推进特色经济林、无公害蔬菜、规模养殖三大基地建设。西张垣现代农业生态循环示范园区初具规模。大力实施农田水利基本建设。认真落实家电下乡补贴、粮食补贴、农机具补贴等各项强农惠农政策。圆满完成林权体制改革工作，全面推开农村土地确权登记颁证工作。

七里峪山门

中镇文化广场

★旅游商贸蓬勃发展。实施推进了七里峪景区和陶唐峪景区开发项目，霍州署保护修缮一期工程全面完成。先后建成辛置商业文化广场、州里商业文化街等一批商贸项目。成立了市招商局，积极开展招商引资活动。

★城乡一体统筹发展。完成城市棚户区改造项目。“8+2”道路改造工程圆满完成，新建各项市政设施投入使用，累计完成天然气扩户2万余户，热电联产集中供热面积达450余万平方米，基本实现城区全覆盖。扎实推进水土流失、电网改造、村庄绿化、污水治理等工作，圆满完成农村新“五个全覆盖”工程。交通网格不断完善，完成了霍东大道、工业路等城乡公路建设工程，实施了霍东新区经二路、经三路等新区道路配套工程。累计新建改造市乡道路138.5千米。

★环境质量全面改善。生态治理成效显著。大力推进汾河、南涧河、对竹河综合治理，全面完成二河三路十村绿化等工程。全市累计增加绿化面积28.73万平方米，完成造林面积2153公顷。节能减排提档加速。先后完成兆光、霍煤矸石电厂4台发电机组环保改造等工程，累计关停、整顿洗煤、矸石加工类企业9家，圆满完成“十二五”节能减排任务。环境整治深入开展。深入推进农村环境连片整治、乡村清洁等工程，连续7年成功创建省级卫生城市。“十二五”期间，市区二级以上天数平均每年达到300天以上，其中一级天数平均在70天以上。

★民生保障日益健全。大力实施中小学校舍安全改造、公办中心幼儿园等基础设施建设，成功创建义务教育均衡化发展(县)市。新医院建设全面实施，市、乡、村三级卫生服务体系进一步完善。医药卫生体制综合改革扎实推进，基本药物制度全面落实。养老、工伤、失业、医疗、生育等社会保险覆盖面进一步扩大，全市社会保障、救助机制全面形成。加强文体设施建设，实施文化惠民工程，连续7年获得国家文化部授予的“中国民间文化艺术之乡”称号，退沙办许村被国务院评为“山西省文化古村”，荣登全国传统村落名录。

(霍州市政府办　供稿)

霍东新产业园区煤机制造车间

亿能新能源汽车制造项目

热电联产集中供热换热站

霍州市百里汾河生态治理工程

霍煤集团开元小区

霍东大道

有机蔬菜示范园区

塑造大宁美好形象 实现大宁振兴崛起

——大宁县

“十二五”时期，大宁县大力实施“生态立县、林果富民、工业强县”三大战略，统筹抓好稳增长、促改革、调结构、惠民生、防风险各项工作，实现了“十二五”圆满收官，为“十三五”发展奠定了坚实基础。

★立足实干兴县，综合实力实现新提升。“十二五”末，全县生产总值完成4.5亿元，年均增长8.1%；财政总收入5602万元，年均增长11.1%；一般公共预算收入3300万元，年均增长10.2%；规模以上工业增加值1582万元；城镇居民人均可支配收入1.7万元，年均增长10.5%；农村居民人均可支配收入2690元，年均增长14.4%；社会消费品零售总额2.94亿元，年均增长12.5%；固定资产投资完成12.1亿元，年均增长28.3%。三次产业结构调整为22.1∶11∶66.9。

★立足林果富民，特色产业形成新布局。在全县八大垣面发展苹果经济林6667公顷，累计面积达到8000公顷。被国家质检总局确定为国家级出口水果质量安全示范区。发展各类设施蔬菜大棚100公顷，新建各类蔬菜大棚2000座，有机蔬菜示范园区1个，蔬菜批发市场1个。引进了香菇、双孢菇等高效益品种。大力推广“猪——沼——果（菜）”循环经济模式，形成了种植业和养殖业的良性循环。全县已发展62个养殖专业合作社，生猪出栏量5万头，肉羊出栏量4万只。

★立足工业强县，经济发展迈出新步伐。启动2亿立方米煤层气产能项目、山西宁扬能源公司30万立方米煤层气液化调峰项目；建成了21个100千瓦的村级光伏电站，启动20兆瓦光伏电站建设工程。完成了轻工业园区一期建

生态建设项目区

优质苹果基地

设工程；完成了佳源煤业和乡宁焦煤集团的兼并重组，黄河化工和山西同德化工的重组整合；同德化工年产1万吨胶状乳化炸药生产线和辰康公司年产100吨麦绿素系列产品生产线均已投产达效。

★立足统筹发展，城乡面貌发生新变化。先后实施了昕水河县城段河道综合治理、城西路改造、保障性住房等城建重点工程。完成了幸福家园移民新区和轻工业园区“两区同建”项目。新建各类保障性住房854套，城镇化率达到41.5%。实施城市集中供气、供水、污水管网改造等工程，城市功能不断完善。新建城南滨河路、标准化体育场、全民健身活动中心等。硬化农村街巷488.9千米，易地搬迁926户、4159口人，改造农村危房2010户。便民连锁店、农家书屋和路灯亮化实现行政村全覆盖，新型农村社会养老保险参保率达100%。完成了新一轮农村电网升级改造工程。新改建公路162.3千米。完成了农村饮水安全改造工程65处，解决了80个自然村1.8万人的饮水安全问题。

★立足生态立县，环境质量得到新改善。新增造林面积1.4万公顷，森林覆盖率32.5%。治理水土流失面积69.2平方千米。年空气质量二级天数稳定在300天以上，饮用水源地水质达标率100%。大力实施节能减排，单位地区生产总值能耗下降3%。

★立足改善民生，幸福指数获得新提高。在全市率先推行了十五年免费教育，实施了校舍加固改造、薄弱学校改造工程。深入推进医药卫生体制改革，基本公共卫生服务项目由9种扩展到12种；建成了县医院综合门诊大楼，并成功通过二甲医院验收；村级卫生室覆盖率达到100%，全县新农合参合率达到99.2%。实现了县乡村三级文化服务网络体系全覆盖。城镇职工基本养老保险、医疗保险和城乡居民社会养老保险等社会保障覆盖面不断扩大；城镇新增就业人数2231人，城镇登记失业率控制在3.8%以内；城乡低保、农村五保供养水平持续提高，基本实现了应保尽保。

（大宁县政府办　供稿）

中石油煤层气立体勘探项目

大宁县轻工业园区

村级分布式光伏发电站

县城夜景

全民健身活动中心

翼城历山秋景

实现振兴崛起 建成小康社会

——翼城县

“十二五”时期，翼城县全面推进稳增长、促改革、调结构、惠民生、防风险各项工作，全县经济社会发展取得了新成效。2010年至2013年全县生产总值年均增长8.9%，2013年至2015年年均增长1.1%，增速大幅回落。2015年规模以上工业增加值完成16.6亿元，比2013年下降33.3亿元；公共财政预算收入3.2亿元，比2013年下降2.3亿元。固定资产投资、社会消费品零售总额和城乡居民收入总体保持增长态势，但增速明显放缓。

★结构调整爬坡攻坚。现代农业稳步发展。粮食生产实现“五连增”，新发展干鲜果经济林1万公顷、中药材2000公顷、设施农业200公顷，被确定为全省苹果生产“一县一业”基地县，通过了国家级水果出口示范区认证。全县农民专业合作社达到746家，规模化农业龙头企业发展到30家，农产品年销售收入突破10亿元。工业转型克难推进。整合煤矿技改扩建取得突破，下交、华泓两座煤矿投产运行。新上永益大口径球墨铸管、飞翔泰信柴油机多缸体、泰鑫塑管等一批工业转型项目。完成南梁工业园区起步建设。与阳煤集团、京能集团签订三方合作框架协议，煤电化项目前期基础性工作积极推进。第三产业活力增强。长海物流配送中心、鼎尚购物中心等一批商贸转型项目建成运营。大河口霸国遗址考古发掘获重大发现，旅游景点开发、文物保护修缮和文化产业发展取得新进展。房地产市场快速发展，新建住宅小区11个、商品房面积44万平方米，是“十一五”期间的两倍。

★城乡环境持续优化。新建和改造城区道路20余千米、县乡公路141千米，唐霸大道、北环路西段建成通车，拉大了县城发展框架。新增集中供热面积23万平方米、天然气用户8600户，实施了智能交通系统、县城水源地建设、背街小巷硬化、

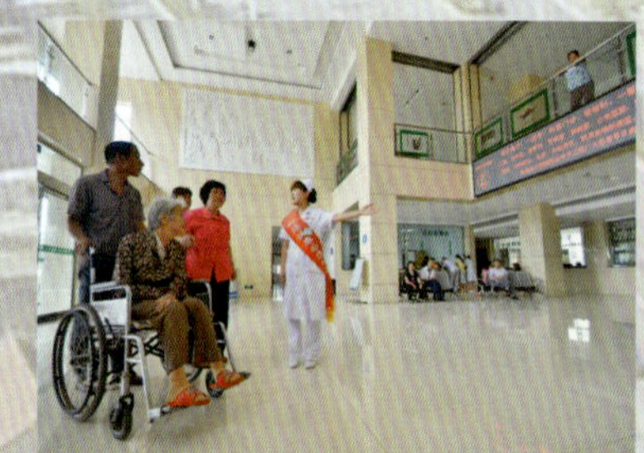

新建中医院

国家级非物质文化遗产——翼城花鼓

国家级小城镇建设示范点——里砦镇

县四大班子领导视察翼钢公司二轧线技术改造项目

翼城县与北京经易集团签订总投资30亿元的"翼城县高科技产业集聚园区装备制造分区战略合作协议"

汽车站迁建、唐霸文化公园、县城公厕等一批重点市政工程。启动"城中村"改造试点。积极推进小城镇建设和农村基础设施提升、环境卫生整治，城乡人居环境不断改善。城区空气质量二级以上天数保持在330天以上。五年新增造林4947公顷，森林覆盖率由20%增长到33%。

★民生福祉显著提升。五年民生支出累计达51亿元，占财政总支出的75%。教育方面，中小学办学条件明显改善，教育教学质量稳步提升，顺利通过国家级义务教育均衡县验收。卫生方面，新中医院建成投用，新建、改造了部分乡镇卫生院业务用房。新农合参合率达到97%，人均筹资水平提高到470元。国家基本药物制度全面落实。基本公共卫生服务均等化水平逐年提升。文化方面，初步形成覆盖县、乡、村三级的公共文化服务网络，被文化部命名为"中国民间文化艺术之乡"。社保方面，五大社会保险参保人数达31万人次，是"十一五"时期的近两倍。累计发放社会救助资金1.5亿元，城乡低保实现应保尽保。城镇累计新增就业2.1万人，转移农村劳动力4.7万人。开工建设各类保障性住房837套，完成农村危房改造3331户。扶贫方面，五年共有1万名贫困人口实现脱贫。圆满完成新一轮"农村五个全覆盖"和"农村五件实事"。

（翼城县政府办　供稿）

舜王坪旅游公路项目启动仪式

光伏发电扶贫项目

翼城特色农产品参加农博会

2016年三家企业登陆新四板

美丽曲沃 幸福家园

——曲沃县

千万吨级优特钢工业园区花园式厂区

“十二五”时期，曲沃县委、县政府团结带领全县人民，扎实有力地推进“551011”工程，全县工农城建、文化旅游、民生事业等各领域统筹推进、协调发展，县域综合实力和区域竞争力持续增强。

★梯次建设工业五大园区，工业经济实现逆势而进。在千万吨级钢铁工业园区建设上，积极帮扶园区各企业联合重组，成功促成立恒兼并中宇；引导园区企业延伸产业链条、发展循环经济，通才公司1860立方高炉、180万吨双高线等项目先后建成投产。支持以立恒公司为主导，联合通才和周边县市4家钢铁企业组建成立晋南钢铁贸易公司。加快建设马庄科技创新产业园区，园区整体实力进一步增强。在三星好利精密铸造园区建设上，实施了水、电、路等基础配套工程和环境综合整治。在山西国际陆港曲沃项目园区建设上，完成了先行建设的5平方千米区域的地形测绘和普查摸底，园区主干道路工程征地工作进展顺利。在紫金山黄金产业开发园区建设上，对南山矿产资源管理秩序进行大力整顿，引进国内500强企业山东招金集团进行黄金产业开发。

★全面强化农业五大重点，农民增收步伐持续加快。农业园区建设成效斐然。规划并推进了以“晋之源”统一冠名、统一打造的太子滩现代农业、曲村现代农业、磨盘岭现代农业、里村红提葡萄、北董优质大蒜、浍河北岸生态农业、汾河滩涂循环农业、杨谈精品水果八大系列精品农业园区建设，总面积达到1万公顷。农业产业化水平不断提高。立恒百利、景明山泉、白水山泉等一批农副产品加工企业实力逐步增强。畜牧养殖业加快发展。引导壮大大型养殖企业20个，新增养殖场户524个。农业基础设施显著改善。先后实施了小型农田水利重点县、禹门口引黄东扩、水库除险加固等一大批重点工程。农产品品牌建设扎实推进。对全县特色农产品全部以“晋沃”牌商标进行统

晋园

一冠名、统一包装设计、统一对外宣传、统一市场销售，有效提高了农产品的市场影响力和竞争力。

★实施以城建十大系列工程为主的城乡建设项目，全县人居环境明显改善。围绕构建"一城三区"城市发展格局，推进新区主干道路、行政功能区、公益设施区、商业区、住宅区等方面的十大系列工程，拉开了"三纵三横"主干道路框架，新建县人民医院、乐昌中学、职业中学等一大批服务设施，晋都文化中心全面建成。着力推进中心城区改造，曲村特色小城镇建设列入全国重点镇建设行列。城市垃圾处理厂、污水处理厂建成并投入使用，覆盖城乡的环境卫生整治长效机制逐步健全。

★积极打造全县域大景区发展格局，文化旅游发展方兴未艾。景区建设步伐加快，修缮保护了桥山黄帝庙等文物古迹。五年共接待游客300余万人次，全县旅游综合收入超过3亿元。

★全力实施惠民项目和实事，人民群众得到更多实惠。先后完成了曲沃中学生活区、青少年活动中心、特教中心和乡村幼儿园以及中小学校舍安全改造等工程。完成了县人民医院和县中医院门诊楼、住院楼以及乡村两级卫生院、卫生所翻修新建等工程，县、乡、村三级医疗服务体系渐趋完善。累计新增城镇就业2.2万人，转移农村劳动力2.3万人。全县开工建设各类保障性住房2772套，完成农村危房改造2200户。安全稳定形势持续好转，社会治安综合治理能力不断增强。

（曲沃县政府办　供稿）

晋之源太子滩现代农业示范园区

晋国博物馆

新乐昌中学

晋国民俗文化城太子湖水镇

加快建设富裕、文明、和谐、美丽新汾西

——汾西县

汾西县县委书记任天顺、县长张安文深入基层调研指导工作

过去五年，汾西县委、县政府主动适应经济发展新常态，围绕建设和谐、富强、美丽新汾西的目标，全力以赴办好三件大事，坚持不懈发展三大产业，坚定不移推进五大战略，经济社会发展取得较好成绩，综合实力大幅提升。“十二五”末，全县生产总值达到19.3亿元，年均递增8%；规模以上工业增加值3.18亿元，年均递增13.8%；固定资产投资32.7亿元，年均递增31.3%；社会消费品零售总额10.9亿元，年均递增14%；城镇居民人均可支配收入2.2万元，年均递增12.2%；农村居民人均可支配收入3136元，年均递增10.5%。

★重点工程有序实施，发展基础更加坚实。“十二五”期间，累计实施重点工程178项，总投资139亿元。工业方面，招商引进了年产240万吨氢氧化铝和60万吨高精铝板带箔项目并顺利开工；酸铁联产项目开展了园区规划、资源审批等工作。农业方面，实施了以工代赈、农业开发、土地整理等坝系农业项目39项，新增改善基本农田2167公顷。基础设施建设方面，新建和改造了高速引线、桃临线汾西至霍州段、北环路等县乡公路72千米。霍永高速公路建成通车，中部引黄汾西段全线贯通，北掌调蓄水库的启动实施。

★特色农业加速发展，扶贫开发成效显著。大力发展以肉鸡、核桃为重点的特色种养产业，建成肉鸡养殖大棚292个，新建核桃经济林3887公顷，发展养蚕栽桑133公顷、玉露香梨333公顷、扁桃1333公顷、优质小杂粮3333公顷，初步形成了“公司+基地+农户”的产业化发展格局。粮食总产量连续五年稳定在6万吨以上，2014年达到9万吨。统筹推进产业扶贫、移民扶贫、教育扶贫、光伏扶贫、金融扶贫等工作，全县贫困人口从6.2万人减少到3.2万人。

姑射山风景旅游区

三垣一城新貌

铝系工业园区规划

★城市建设力度空前，"三垣一城"焕发新姿。实施大县城战略，县城面积由原来的3.3平方千米扩大到11.3平方千米。实施了奥体中心、城市绿化、供水管网、集中供热、电网改造、污水处理、垃圾填埋、廉租住房等21项城市建设项目，持续实施城市人居环境改善工程，加强城市环境卫生管理，城市面貌焕然一新。

★社会事业全面进步，基本民生有效保障。实施了大气环境治理、生态建设、城乡清洁、农村人居环境改善等工程，圆满完成两轮"五个全覆盖"。教育事业优先发展，教学条件大幅改善，义务教育"两免一补"等政策有效落实，教育教学质量稳步提升。持续实施师家沟清代民居、姑射山真武祠、刘家庄红色旅游基地修缮工程，积极开展非物质文化遗产保护，文化软实力明显增强。有序推进基层医药卫生体制改革和公立医院改革，完成了县医院综合楼建设和二级甲等医院评审验收工程，实现了卫生计生机构和职能整合，县、乡、村三级医疗服务保障水平明显提升。养老保险、医疗保险、民政优抚、残疾人保障等各项制度更加完善。

（汾西县政府办　供稿）

晋西核桃食品有限公司

洪昌养殖公司

优质核桃经济林基地

肉鸡屠宰加工

加快建设富裕、实力、幸福、和谐的小康乡宁

——乡宁县

乡宁县台头煤焦有限责任公司

采空区移民工程

新城区

保障性住房工程

新能源公交

“十二五”时期，乡宁县主动适应发展新常态，攻坚克难，砥砺奋进，各项工作稳中有为、稳中有进，经济社会发展取得新成就。“十二五”末，全县地区生产总值80.38亿元，年均增长9.9%；规模以上工业增加值37.77亿元，年均增长3.7%；固定资产投资完成72.07亿元，年均增长25.8%；一般公共预算收入8.45亿元，年均下降1.4%；社会消费品零售总额18.86亿元，年均增长14.1%；城镇居民人均可支配收入2.5万元，年均增长11.2%；农村居民人均可支配收入8218元，年均增长12.1%。

★“三农”基础不断夯实。发展核桃8533公顷，加快发展苹果、翅果、花椒、葡萄等特色产业。实施“一村一品”示范村扶持项目39个，发展农民合作社359个。圆满完成新一轮农村“五个全覆盖”工程和“五件实事”，启动实施农民安居、完善提升、环境整治、宜居示范“四大工程”，土地开发整理近万亩，解决了3.4万人的饮水安全问题。实现脱贫2.3万人。粮食产量年均稳定在8万吨左右，三农工作全面加强。

★产业结构有效优化。加快重组整合矿井改造，2015年原煤产量达到1050万吨。加快延伸产业链条，实施了扬德瓦斯发电、煤矸石制砖等变废为宝项目，与漳泽电力签订了2×100万千瓦燃煤发电项目合作协议。大力发展民营经济，民营企业达到505家。大力发展旅游和观光农业，农家福双季米槐、凤凰山庄玫瑰、剑泉花菇等产业效益显现，保护开发了结义庙、寿圣寺、千佛洞、柏山寺、双塔等文物古迹。

★城乡环境大为改观。县城面积扩大到15平方千米。完善基础设施，实施了新城区开发、旧城区改造、两条高速连接线等40余项市政重点工程，建成区住房面积223万平方米，绿化覆盖率38.6％，燃气普及率80%，森林覆盖率37.6%。全省百强镇——管头镇建设快速推进，城镇化率达35.9％。

★民生事业全面进步。五年累计投入56亿元用于民生支出，占财政总支出的64.6%。在省市率先实行“十二年免费教育”，新建改扩建学校130余所。稳步推进公立医院改革，全面落实国家基本药物制度。社会保险累计参保21.3万人，城乡低保发放标准分别提高104%和181%。新建改造城乡道路973千米，建成保障性住房2754套，改造危房4711户。公共文化服务体系更加完善。58项民生工程、50件惠民实事顺利实施。

（乡宁县政府办　供稿）

戎子酒庄酿酒葡萄基地

加快建设绿色、开放、秀美、富裕的新浮山

——浮山县

"十二五"时期，浮山县积极适应发展新常态，统筹推进稳增长、促改革、调结构、惠民生等各方面工作，县域经济迈上新台阶。"十二五"全县地区生产总值累计完成201.5亿元，比"十一五"增长97.9%；规模以上工业增加值125.3亿元，增长114.7%；粮食总产量51.5万吨，增长15.1%；一般公共预算收入8.5亿元，增长54%；固定资产投资153.1亿元，增长214.2%；社会消费品零售总额33.4亿元，增长110%；城镇居民人均可支配收入2.5万元，增长69.4%；农村居民人均可支配收入7478元，增长71.1%。

★立足转型，精准施策，三大产业取得新成效。全县铁矿企业由56家整合为26家，产能由51万吨提升到90万吨；太平洋矿用电缆项目建成试产，华润浮山风力发电项目即将并网发电；尾矿资源综合利用取得突破。加快实施农业基础设施建设，农村土地确权工作完成总任务的70%以上；"印象田园"生态农业示范区加快建设，建设春秋大棚1300座，发展优质绿色小麦1.5万公顷、优质核桃8667公顷、绿色蔬菜4000公顷，"一村一品"专业村发展到58个，一批农副产品加工企业相继建成投产。生态休闲文化旅游项目建成开放，服务业、金融保险业务不断拓展。

★注重建管，统筹推进，城乡面貌展现新魅力。城市基础设施更加完善，引沁入汾浮山供水工程全线开工，中南铁路浮山客运站顺利竣工，西气东输改线工程全面启动。加快推进"五城联创"，绿地面积逐年扩大，城市建设秩序明显好转。关停淘汰落后生产企业，约束性指标全部完成，县城二级以上天数年均334天，集中供热、供气工程建成运营，实施退耕还林等工程，生态环境明显改善。

★关注民生，优先保障，社会事业实现新发展。成功创建"全国义务教育发展基本均衡县"，优化教育资源配置，教学改革扎实推进，义务教育入学率、高中阶段毛入学率、高考达线率逐年增长。深入推进公立医院综合改革，实施国家基本药物制度，实行零差价销售；新型农村合作医疗参合率达到99.2%。实现城镇新增就业4000余人次，转移农村劳动力8000余人次。累计6.9万余人次参加了新型农村养老保险和城镇居民养老保险，实现了养老保险全覆盖。

（浮山县政府办　供稿）

引沁入汾浮山供水工程

风力发电

山西汉中洋食品饮料有限公司核桃深加工生产线

臣南河综合生态治理工程

玉杰食用菌

玉杰万头生猪繁育养殖场

吉祥吉县 苹果之乡

——吉 县

吉县优质苹果已发展到28万亩，成为农民致富的主导产业

城北垣苹果标准化示范园区

“十二五”时期，吉县紧紧围绕“六大发展”，在“六大突破”上不断取得新成效，在圆就民富县强“吉县梦”的道路上迈出了坚实的步伐。2015年，全县地区生产总值19.02亿元，比2010年增长56%；财政总收入2.08亿元，增长110%；公共预算收入1.05亿元，增长57%；社会消费品零售总额6.8亿元，增长105%；固定资产投资完成34.9亿元，增长249%；城镇居民人均可支配收入1.7万元，增长70%；农村居民人均可支配收入4336元，增长106%。

★项目建设成效明显。“十二五”期间共签约项目42项，落地项目246项，开工项目93项，投产项目91项，实施了涉及工业、农业、城建、旅游、民生等领域重点建设项目181项，完成投资106.33亿元。

★产业水平稳步提升。苹果产业主导地位进一步巩固。稳步推进以减密间伐为主的老果园改造和以有机化、标准化为主的新果园建设；大力推广以有机旱作为核心的新技术和以防雹网、节水灌溉等为重点的新设施；以30座冷藏库、12个大中城市直销窗口和120余家网店为支撑的营销网络作用显著。2015年底，全县苹果面积近1.9万公顷，年产量18万吨，产值8亿元，果农人均收入6600元。旅游产业开发建设力度进一步加大。壶口景区、克难坡景区的基础设施不断完善，人祖山景区正式开放。2015年全县接待游客364.5万人次，比2010年增长203%；旅游综合收入29.9亿元，增长210%。工业经济实力进一步增强。全县煤炭产能达到210万吨，煤层气开发利用势头强劲，光

风光秀丽的人祖山

光伏发电

壶口造林工程

伏发电等项目建设顺利推进，农业深加工企业健康运行。

★城乡建设步伐加快。城市规划面积增加了一倍，新城区初具规模，老城区的综合功能、整体面貌有了一定改善。农村危房改造完成6192户。临吉高速公路建成通车，吉河高速公路即将竣工。造林绿化工程持续推进，全县森林覆盖率达到47.2%。加强大气、水、土壤污染防治，2015年二级以上天数达到335天。

★民生事业持续发展。实施薄弱学校改造项目，义务教育均衡发展通过国家验收；实现职业教育免费全覆盖，免除了普通高中学生教材费、住宿费，高考达二本线以上455人。新县医院建成投入使用，乡镇卫生院改造全面完成，农村标准化卫生室实现了全覆盖，新农合参合率稳定在99%以上。实现了有线电视"村村通"，群众性文体活动蓬勃开展，城乡公共文化体系基本形成。5年新增城镇就业岗位4000多个，城乡居民养老保险全面并轨，低保、五保等社会救助的范围持续扩大，补助标准不断提高，社会保障体系进一步完善。全县贫困人口从2011年2300元标准下的4.8万人下降到了2015年2800元标准下的1.8万人，下降62.5%。

（吉县政府办　供稿）

壶口演艺

高速公路吉县枢纽

新城风貌

富裕襄汾　文化襄汾

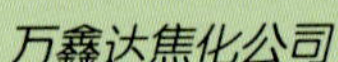
万鑫达焦化公司

尧京葡萄酒庄种植基地

"十二五"时期，襄汾县委、县政府坚持"一四三十"发展思路，扎实推进稳增长、促改革、调结构、惠民生、防风险各项工作，全县经济社会发展取得了来之不易的成绩。2015年主要经济社会发展指标与"十一五"末相比，除一般预算收入4亿元、规模以上工业企业增加值32.58亿元两项指标同比下降外，其余均稳步增长。全县地区生产总值114.73亿元，增长43.9%；固定资产投资126.27亿元，增长252.1%；社会消费品零售总额40.75亿元，增长94%；城镇居民人均可支配收入2.6万元，增长73.1%；农村居民人均可支配收入1.1万元，增长80.5%。

★精准发力、加快转型，发展质量稳步提升。三次产业比例由2010年的9.1∶66∶24.9调整为2015年的12.1∶49.5∶38.4。现代农业基础更加稳固。粮食总产稳定在5亿千克左右，襄陵设施蔬菜、尧京葡萄、官滩红枣、侯临食用菌等农业园区和生猪养殖基地、中药材种植基地初具规模。各类专业合作社达到1308个。注册商标30个，认证产品48个。新型工业建设成效明显。焦化行业兼并重组和淘汰落后产能任务全面完成；河东冶金焦化园区、生态工业循环园区获得市政府批准；大力实施产业招商、精准招商和"回归工程"，签约项目128个830亿元。文化旅游发展实现突破。陶寺遗址被证实为"帝尧都城，最早中国"，引起国内外高度关注。汾城文庙等31处古建古迹得到修缮。2015年全县接待旅游人数159.8万人次，实现旅游收入15.3亿元，五年增长230%。

县城新貌

法治襄汾　绿色襄汾

——襄汾县

复原后的陶寺遗址观象台

★科学规划、统筹推进，城乡面貌发生巨变。滨河东路全线建成通车，汾河治理与生态修复全面完工。1721套保障性住房建设和2700户农村危房改造如期完工。22条城市道路完成新建扩建，县城集中供热、环卫作业实现托管运营，建成区面积达到16平方千米，比“十一五”末翻了一番。2017千米的农村街巷硬化工程和116.7千米的村通水泥（油）路完善提质工程先后实施，全县公路通车里程达到1392千米。铺设农村天然气管道200多千米，50多个村用上了清洁能源。成功跻身“中国宜居宜业典范县”行列。

★直面问题、综合施策，发展短板逐步补齐。连续五年没有发生重特大生产安全事故，安全生产形势持续稳定好转。生态环境质量明显改善。狠抓节能降耗和污染减排，万元地区生产总值综合能耗下降18%。全县林木覆盖率32.5%，空气质量二级以上天数年均达到277天。

★以人为本、给力民生，社会事业全面进步。建成第三小学和第三幼儿园，改造危旧校舍14万平方米，招聘教师300余名。10个乡镇卫生院完成改扩建，278个村级卫生室通过验收，率先在全市推行“先住院、后付费”诊疗服务。全县人口自然增长率保持在6.5‰以内。天塔狮舞、尉村跑鼓车等5个项目入选国家级非物质文化遗产保护名录。实现城镇新增就业3万人，转移农村富余劳动力3.5万人，城镇登记失业率控制在2.9%以内。五大保险参保人员达到54.3万人次，征缴社会保险基金3.52亿元，发放社会救助资金2.23亿元。建成1个社区和26个农村老年人日间照料中心。

（襄汾县政府办　供稿）

国家级文物保护单位——丁村民居

汾城镇古太平县文庙

打赢脱贫攻坚 决胜全面小康

——隰　县

隰县县委书记李亚丽调研梨果产业发展

隰县县长王晓斌调研果品冷链仓储物流港建设项目

“十二五”时期，隰县坚持稳增长、调结构、促改革、惠民生，圆满完成“十二五”规划主要目标任务。全力推进各领域项目，经济综合实力大幅提升。“十二五”累计实施296个重点项目，总投资83.6亿元。五年间，地区生产总值由7.56亿元增加到13.2亿元，年均增长11.7%；固定资产投资由6.59亿元增加到26.58亿元，是2010年的4倍；一般预算收入由3589万元增加到8100万元，年均增长17.8%；社会消费品零售总额由4.76亿元增加到8.98亿元，年均增长13.5%；城镇居民人均可支配收入由1.2万元增加到2万元，年均增长10.9%；农民人均可支配收入由2496元增加到4762元，年均增长13.8%。

★着力稳增长调结构，产业转型升级步伐加快。一产上，玉露香梨总面积达到1.2万公顷。成功注册“隰县玉露香梨”商标。全面落实各项强农惠农政策，粮食作物播种面积2.1万公顷、总产量7092万千克；玉米、烤烟、苗木、马铃薯、畜牧养殖等种养业稳步发展。二产上，改造提升传统产业，积极培育新型产业。汾西正佳煤业联合试运转，晋煤集团果品冷链仓储物流项目一期建成。三产上，梨博园和小西天获批国家4A级旅游景区，明代大观楼和七里脚

县情概貌

石窟被确定为第七批国家重点文物保护单位，2015年旅游总收入13.1亿元。

★有力推进城镇化建设，人居环境显著改善。新建垃圾填埋场、污水处理厂；新建、改建供水管网14.8千米；铺设供气管网15.9千米；完善供电设施，改造低电压线路；铺设供热管网25.5千米，集中供热面积100多万平方米。加强城乡路网建设，97个行政村农村街巷硬化全面完成，县城"四纵十一横"城市道路框架基本形成。城镇化率提高到43.9%。累计完成造林1.5万公顷，森林覆盖率29.7%，城区二级以上天数达到351天。

★积极发展社会事业，人民幸福指数不断提高。累计支出民生资金24.1亿元，占公共财政支出总额的55%。实施薄弱学校改造计划，办学条件大幅提升；落实农村义务教育经费保障，实施学生营养改善计划；推进课程改革、联盟校建设、集团化办学、特色学校创建和精细化管理，教育教学质量稳步提升。完善和巩固国家基本药物制度，推进公立医院改革，新农合参合率稳定在98%以上，医疗卫生体制改革全面推进；完成新医院一期主体并启动二期工程，改扩建3个乡镇卫生院，建成21个村卫生室，县乡村三级医疗条件进一步改善。贫困农民生产生活条件明显改善，5年共脱贫2.4万人。建成奥体中心、文化馆、图书馆等场馆，实现文化站、农家书屋、文体设施行政村全覆盖。连续五年提高保障标准，各类社会保险参保人数达10.8万人。建成保障性住房3330套，改造农村危房2877户。城镇登记失业率控制在4%以内，社会保障体系进一步完善。

（隰县政府办　供稿）

"梨花雪海、小康未来"中国•隰县第六届梨花节开幕式

隰县电商扶贫开发孵化基地

新建太和路

隰县十佳景观建筑

临汾开发区管委会主任尚日红慰问老干部

坂下社区“城中村”改造工程

经济发达　开放创新　宜居宜业

——临汾经济开发区

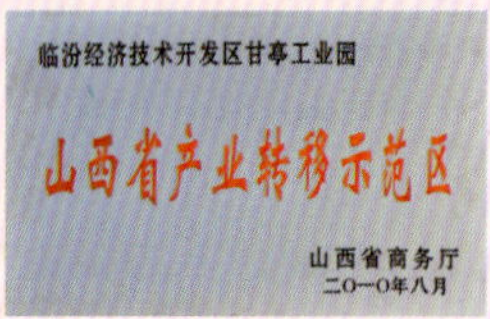

“十二五”期间，临汾经济开发区着力推进产业结构优化升级，加强招商引资力度，主要经济指标圆满完成。“十二五”末，全区生产总值80.4亿元，年均增长35.2%；工业总产值23.4亿元，年均增长24.6%；工业增加值7亿元，年均增长20.1%；科工贸总收入315.8亿元，年均增长22.1%；财政总收入3.6亿元，年均增长10.4%。“十二五”时期，全区累计完成固定资产投资149.2亿元，进出口总额达到2.61亿美元。共引进各类项目百余个，合同资金累计620.9亿元。

★产业结构进一步优化升级。华翔集团的精密制造、机加工、汽车和冰箱压缩机配件生产线相继建成并投入生产，白色家电零部件市场份额全球超过17%，机械工程类单厂产量规模全国第一；新能源新材料工业从小到大快速发展，山西飞虹微纳米、广东佛塑临汾经纬分公司等一批企业迅速崛起；江苏鸿典、深圳沃特玛等一批高新企业落户开发区，新型化工、生物技术、生产服务等产业从无到有快速发展。

★城建改造和基础设施建设顺利推进。“十二五”期间，开发区实施了三个社区的“城中村”改造。启动了9项城市改造工程，临汾机场快速通道（开发区段）“三通一平”建设工作顺利铺开。一批基础设施项目建设完成。同时完成了绿化、防汛排污、市政设施维护等任务，实施了保障房、公厕和垃圾中转站等三项惠民工程。

居然之家临汾开发区店

宽敞的河汾路西段

临汾开发区(洪洞·甘亭)工业园飞虹激光科技项目

★老区建成“五大经济产业板块”。建成了以建行、中行、兴业银行、晋商银行等为代表的现代金融服务业板块，以居然之家、嗨嘟广场、五洲国际广场等为代表的高端商业服务业板块，以新天地商务中心、广奇写字楼、天鹅酒店写字楼为代表的新型总部楼宇经济服务业板块，以电子商务孵化产业园为代表的电子商务产业板块，以开发区同盛中学、滨河中学、新立医院、临汾妇幼保健医院为代表的现代教育、卫生、社会服务业板块，为加快临汾市六大发展起到了积极的推进作用。

★工业园区“六大产业基地”初具规模。2010年8月，开发区与洪洞县合作共建临汾开发区洪洞·甘亭工业园，目前已入驻园区的大型工业项目十多个。园区的“六大工业产业基地”初步形成，即精密制造加工基地、新能源汽车基地、新材料基地、现代物流基地、光电产业基地和农副产品深加工基地。

★金融振兴工作初见成效。一是做强辖区金融经济板块。引进山西股权交易中心临汾运营中心项目，引进兴业银行、晋商银行、光大银行等，与工行、建行、中行等构成了金融经济板块。二是积极引导企业进入资本市场。区内企业三水能源在“新三板”上市挂牌，山西华翔集团整体主板上市成功签约。三是利用“助保贷”平台和开发区融资担保公司帮扶企业。累计发放贷款2500万元。

★民营经济服务体系逐步完善。积极组织企业参加“山西省中小企业改制、融资和上市培训”“山西省中小企业内部治理、股权激励培训”等。积极开展助保贷业务，建行为辖区内中小企业发放贷款500万元，有效缓解了部分企业项目资金困难。

★社会民生工作成效显著。“十二五”期间，累计投入数亿元实施了社区道路改造、廉租房建设、环境绿化、卫生改善和公共安全配套工程，兑现了失地农民补偿、生活补助、各种补贴和城乡居民养老、医保、低保、优抚补助、“家电下乡”补贴等。科技、体育等社会事业蓬勃发展，精神文明和民主法制建设取得新成果。

（临汾经济开发区管委会　供稿）

飞虹微纳米LED生产车间

临汾开发区电子商务产业园

临汾开发区(洪洞·甘亭)工业园区揭牌仪式

江苏鸿典新材料项目入区签约仪式

深圳沃特玛新能源汽车园项目入驻园区签约仪式

加快建成产业高端、动力强劲、平台广阔、特色鲜明的开发区

——侯马开发区

侯马开发区国家电子商务基地参加山西品牌中华行（长春站）活动。国家质检总局副局长吴清海（右一）、副省长王一新（右二）、省商务厅厅长孙跃进（右三）亲临指导

山西省商务厅党组副书记、副厅长张跃建带领省考核组对侯马开发区进行考核

山西省投资促进局局长焦育峰在侯马开发区调研

"十二五"期间，侯马开发区围绕做强做大"三大产业集群"，全面深化改革，不断扩大开放，突出创新驱动，狠抓工作落实，各项工作均取得较好成效。累计实现国内生产总值186亿元，年均增长22%；工业总产值112亿元，年均增长23%；公共财政预算收入5.85亿元，年均增长8.4%；进出口总额9.1亿美元，年均增长14.9%；完成固定资产投资143亿元，年均增长23.6%；引进资金145亿元，年均增长24.9%。

★全力推进招商引资。"十二五"期间，重点围绕"大机电""大电商""大健康"三大产业集群开展招商引资。开发区共引进各类项目548个，其中工业项目59个，商贸物流、电子商务等服务类项目489个。

★狠抓主导产业集聚。在"大机电"产业方面，围绕电梯、泵阀、光伏新能源等机电产业基础，35家机电类企业。在"大电商"产业方面，引进了47家国内知名电商，以及9家现代金融类企业、930余家商贸物流类企业。建成电商孵化中心，培育了等一批网店企业。在"大健康"方面，引进10余家食品医药名优企业，以及60余家医疗器械类企业入驻发展，形成了医疗器械产业在开发区的集聚发展。2015年，启动并实施了"312"重点项目推进工程，即重点推进12个竣工投产项目、12个新建续建项目和12个推进落地项目，项目总投资约100亿元。

侯马开发区党工委书记毛克明调研德迅电梯生产项目

侯马开发区管委会主任李朝旗调研好利阀机械制造有限公司

★大力实施创新驱动战略。一是积极引进新技术、新业态。区内的好利阀机械制造项目成功打造了山西首家“互联网+工业”（云工厂）；高分子化合物塑料变形管件生产项目的投产将填补我国在高分子化合物管件生产领域的技术空白；伟涛食品加工配送基地项目建成了国内首条速冻便当生产线。二是加大科技孵化平台建设。卓锋钛业、旺龙药业两家企业被认定为省级企业技术中心。三是积极引进高层次人才。进一步完善人才政策，加大高层次人才引进力度，先后针对性地为企业定向培养专业技术人才800余人。

★全面推进金融振兴。创新融资模式，积极组织开展政银企金融对接，最大限度调动金融资源对企业经济的支持。做好融资服务，与建设银行合作开发了“助保贷”融资平台，与晋商银行、尧都农商行陆港支行、海融担保公司三家共同搭建两个新的“助保贷”平台，全部运行后可扩大融资规模5000万元。着力完善资本市场融资功能建设，卓锋钛业、伟涛食品、旺龙药业等已进入上市筹备阶段。对符合条件的16家企业申请在山西股权交易中心挂牌，为发行中小企业私募债券和股票上市做准备，已有9家企业在山西股权交易中心挂牌。积极筹备开发区产业发展基金，与广州达安基金公司合作设立开发区“政府引导基金”，进一步推动股权投资产业和初创企业发展。

（侯马开发区管委会　供稿）

临汾市加快电子商务推进大会在侯马开发区举办

国际陆港园区整体移交侯马开发区

凝心聚力 攻坚克难 转型跨越 铸就辉煌

——运城市

"十二五"时期，运城市大力实施"三动三新"战略，坚持不懈落实工业集群化、农业现代化和新型城镇化"三个方案"，坚定不移推进稳增长调结构"三个一百"，攻坚克难，扎实工作，全市经济社会发展取得了新成效。2015年全市生产总值突破千亿元大关，达到1174亿元，总量在全省的排名由"十一五"末的第五名提升为第三名；财政总收入突破百亿元大关，达到105.5亿元，年均增长5.6%；固定资产投资迈上千亿元台阶，达到1370.7亿元；社会消费品零售总额661亿元，是2010年的1.9倍，年均增长13%；外贸进出口总额12亿美元，是2010年的1.1倍，年均增长2.7%。城镇居民人均可支配收入2.4万元，年均增长12%；农村居民人均可支配收入8718元，年均增长12.9%。

★集群化发展态势良好。大力推进园区化发展、集群化招商，成效明显。2015年，全市"5+15"园区规模以上工业企业完成工业总产值955.3亿元，占全市工业的73.5%；九大产业集群24个板块完成工业总产值754.5亿元，占全市工业的58%。运城铝工业基地被国家工信部授予"国家新型工业化产业示范基地"称号。100家重点企业产值占到全市规模以上工业的70%。中小企业发展到1.3万家，实现工业总产值640亿元。

★项目建设成效明显。五年共实施重点项目1300余项。运城机场通航29个城市，旅客吞吐量突破百万人次。水利累计完成投资104.4亿元，是"十一五"时期的3.8倍。电网总投资49.9亿元，比"十一五"增长50.8%，高速公路总里程超过600千米。完成农村公路建设改造2768千米。

中车永济电机公司总装车间

流光溢彩的电解生产现场

芦笋加工

学苑路立交桥

运城市市委书记王宇燕在运城经济开发区调研

运城市市委书记王宇燕、副书记陈振亮调研城建工作

运城市市长王清宪与国家质检总局动植司副司长陈茂盛给运城苹果出口美国首发车揭牌

★城乡一体化协调推进。推动中心城市、大县城、小城镇和新农村统筹协调发展。全市粮食总产连续四年稳定在30亿千克以上，2015年达到32.1亿千克。肉、蛋、奶产量分别比“十一五”末增长72%、61.5%、8.5%。省级龙头企业发展到70家，国家级龙头企业发展到7家。农产品加工业销售收入251.7亿元，是2010年的2.6倍。水果产量达到600万吨，其中出口13万吨，尤其是运城苹果代表中国首次出口美国。主要作物耕种收综合机械化水平达70.3%，比2010年增长17.8%。“十二五”期间，全市公用基础设施完成投资124.4亿元，城市供气、供热、污水处理、供水普及率分别达到90%、77%、91.7%、95%。20个建制镇入围全国重点镇。全市城镇化率达到46.1%，比2010年提高8.5个百分点。围绕九大产业集群，打造工业化与信息化融合示范标杆，中铝山西分公司成为全国首批示范企业，大运汽车、亚宝药业和中车永济电机成为国家“两化”融合试点企业。创新智慧城市建设模式，采取政府购买公共服务的方式，成为全国首批信息惠民示范城市和全省“互联网+城市服务”智慧城市首批上线城市。

★服务业发展势头强劲。全市第三产业增加值比重超过第二产业，占比46.1%，比2010年提高6.8个百分点。关圣文化建筑群申遗工作积极推进。2015年旅游总收入326.9亿元，是2010年的3.2倍。全市各类文化企业达到

新建成的天逸公园

大西高铁运城段

龙门黄河大桥

运城盐湖

平陆白天鹅

永济大铁牛

历山风光

2100余家，总产值40多亿元。国家级非物质文化遗产达到25项，省级174项，均居全省第一。永东化工在深交所中小板上市。在全省率先成立“企业应急转贷资金平台”。中国驰名商标达到28件，位居全省首位，山西省著名商标达到165件，成为全省唯一的国家商标战略实施示范城市。

★生态环境进一步改善。“十二五”期间，全市共完成绿化造林14.5万公顷，森林覆盖率达到31%。工业固废综合利用率达到70%。国家新能源示范城市、全省循环经济试点市、芮城县国家级生态文明先行示范区、万荣和垣曲低碳试点县建设积极推进。列入“十二五”重点流域水污染防治规划的31个治理项目全部完成，74个工业监管类项目稳定达标排放。

★发展活力不断增强。政府职能加快转变，全面完成新一轮市县政府机构改革。招商引资成果丰硕，五年累计引资到位2906亿元。五年累计新批外资企业20户，实际利用外资2.6亿美元。晋陕豫黄河金三角区域合作上升为国家战略，《运城市贯彻落实区域合作规划实施方案》积极推进。

★人民生活水平有效改善。“十二五”期间，民生支出年均增长17.2%，高于一般预算支出2个百分点。2015年，民生支出233.8亿元，占总支出的84.4%。平陆、垣曲、永济等7个县（市）高标准通过了国家义务教育发展基本均衡县达标验收。中等职业教育免学费和助学金政策惠及学生10.5万人次。全市新农合参保率99.3%。连续5年提高低保标准，城乡居民社会养老保险参保281.6万人。城镇新增就业29.7万人。市群艺馆改扩建成为全省功能最全的市级群众文化乐园。安全生产形势稳定好转，连续5年没有发生重大以上安全事故。

（运城市政府办公厅　供稿）

运城机场新航站楼启用

解州关帝庙

南风广场

神潭大峡谷

普救寺

鹳雀楼

2×35万千瓦热电联产项目建设工地

中车集团永济电机公司线圈生产车间

打造"五个永济"建设明星城市

——永济市

"十二五"时期，永济市主动适应新常态，全面落实"三个一百"等重点工作，胜利完成"十二五"规划主要目标任务。全市综合实力显著增强、发展质量持续提升。2015年，全市生产总值达到133.1亿元，年均增长10.2%；财政收入突破10亿元大关，年均增长10.7%；一般公共预算收入4.1亿元，年均增长11.7%；固定资产投资完成115.6亿元，年均增长28.3%；社会消费品零售总额54.5亿元，年均增长14.5%；城镇居民和农村居民人均可支配收入分别达到2.5万元、1.1万元，基本实现了翻番。三产比例由"十一五"末的18.7∶53∶28.3调整为15.6∶51.4∶33。连续三年被评为"全省县域经济发展先进县市"。

★工业经济提质增效，集群效应初步显现。提升园区基础设施，铝深加工、机电制造、农副产品加工三大园区规模初具。积极帮扶企业解困，华圣铝业、中车永济电机、丰喜化机等龙头企业稳步发展；大力开展集群化招商，成功招引了龙行天下、东方华贸等一批优势企业，先后实施2×35万千瓦热电联产、麟龙铝业高尖端铝合金锭、永济电机物流配送中心等产业链条纵向延伸和横向配套项目65个，形成了三大园区承载三大集群发展的工业新格局。全市集群企业增至200余家，规模以上企业达到46家。

★现代农业稳步发展，"三农"工作亮点频现。粮食总产量连年位列运城市第一，先后发展规模养殖户800余户，蔬菜面积达到5667公顷，干鲜果面积达到2.5万公顷，一批观光农业、生态农业、设施农业逐步形成规模。农民

蒲园俯瞰

水峪口古村

阳煤千军铝业有限公司生产车间

龙行天下铝业公司铝型材生产车间

专业合作社增至1043家，培育运城市级以上农业龙头企业39家。实施了东北腹地排水等一批农田水利基础设施项目，现代农业发展基础进一步夯实。

★城乡建设提档升级，人居环境持续改善。城市道路框架拉大到50平方千米。市文化中心、中心汽车站等顺利建成。供热面积扩大到400万平方米；实施了城市垃圾焚烧发电和垃圾中转站项目，建成了较为完善的城市天然气供应系统；建设保障性住房6256套，完成农村危房改造2450户。大力实施乡村清洁工程和环境综合整治，被授予全省"美丽乡村建设先进市""改善农村人居环境工作省级示范市"等称号。

★文化旅游深度融合，第三产业蓬勃发展。实施了鹳雀楼、蒲津渡遗址等一批景点基础设施完善提升工程。深入推进文化旅游融合发展，游客人数和旅游收入年均增长20%以上。新建一批商贸流通项目，围绕核心区和永济电机形成两大城市商圈。晋商银行、三禾村镇银行成功入驻，农商行挂牌成立，经济发展活力不断增强。

★民计民生有效改善，社会发展和谐稳定。五年用于民生的财政支出达到54.3亿元，是"十一五"时期的2.6倍。教育惠民政策全面落实，新、改扩建幼儿园67所，改造校舍4.3万平方米，首批通过全国义务教育发展均衡县评估认定。卫生体制改革深入推进，医疗机构基础设施日趋完善，基本公共卫生服务更加规范。"两馆一站"免费开放，各类文化惠民活动蓬勃开展。新增就业人员3.3万人，城镇登记失业率控制在3%以内。新型社会救助体系全面建立，累计发放救助金2亿元。全面实施城乡居民养老保险，全力推进"五险统征"和"社保一卡通"，实现社会保障全覆盖。

（永济市政府办　供稿）

设施蔬菜

黄花菜种植

黄河滩鲤鱼养殖

浓墨重彩绘画卷 青山绿水扮舜乡

——垣曲县

垣曲县县长杨彦康视察核桃基地建设

亳清河县城段生态治理

“十二五”期间，垣曲县委、县政府始终坚持生态优先、绿色发展，强力推进造林绿化“十大工程”，实现了生态、经济和社会同步发展。2012年，山西省人民政府授予垣曲县“林业生态县”称号，被山西省林业厅确定为“山西省核桃重点县”；2013年，国家林业局确定垣曲县华峰乡为“国家级核桃示范基地”；2014年，被评为“山西省六大工程建设先进县”；2016年，被国家绿化委员会授予“全国绿化模范县”称号。

★科学制定规划，构建绿色屏障。2013年以来，垣曲县在全县范围内启动天然林保护、退耕还林、核桃经济林、荒山造林绿化、县乡通道绿化、县城绿化、中心村建设、重要水源地保护及河道综合治理、苗木基地建设、生态修复等十大生态绿化工程，构建垣曲林业生态体系的绿色屏障。

★发展核桃产业，促进林业增效。2010年，垣曲县把核桃经济林确定为“一县一业”的主导产业，全方位引领核桃经济林的发展。2015年底，全县核桃经济林面积达到1.5万公顷，实现了全县农民人均一亩经济林的目标。已有6666公顷(10万亩)进入初果期，亩产干果100千克以上，全县核桃总产量1000万千克，总收入2亿元以上。

★建设园林城乡，美化人居环境。一是县城城区建设。通过规划建绿、见缝插绿、拆墙透绿，在县城主干街道、

人民医院绿地

园林式校园

居民小区、机关、医院进行绿化造景。先后建设了滨河公园、舜苑公园、舜乡公园和城郊森林公园。同时，对亳清河县城段进行生态综合治理，城市品位得到提升，群众生活更加宜居。县城绿化覆盖面积326.8万平方米，绿化覆盖率38.2%；绿地面积284.3万平方米，绿地率达到33.1%以上。道路绿化长度3.7万米。二是农村园林村建设综合考虑生态效益、景观效益与经济效益，以有经济价值的乡土树种和成荫大树为主，乡土树种使用率达90%以上，全冠苗使用率100%，良种使用率达85%。加强绿化管理，着力打造森林村庄、美丽村庄。创建省级园林村66个，市级园林村59个，县级园林村45个。三是庭院绿化按照增绿、增景的要求进行建设，全县有60%家庭达到了绿化标准。河道绿化实行全段生态综合治理，打造集生态修复、产业发展、休闲娱乐为一体的沿河生态长廊，全县五条主要河流有三条得到初步治理。四是通道绿化建设，辖区内46.7千米的闻垣高速公路、62千米的王横线省道、265千米的县乡道路的全线绿化。

★推进荒山造林，完善生态系统。累计完成生态公益林工程3万公顷，建设农田林网1533公顷，建立起一套较为完备的水土保持体系。全县建立苗木基地667公顷，培育红豆杉、白皮松、国槐、法桐等各类苗木2000万株，为林业建设用苗提供了全面的保障。

★强化依法治林，确保森林安全。出台一系列保护森林资源的政策和措施，成立森林公安队伍，建立管护员队伍，对森林资源进行全面的保护。县绿化部门对古树名木全部建卡存档；公益林区域，后河水库、瓦舍水库、五龙泉三处重要水源地实行封山禁牧，确保林木资源全面修复。重要水源地森林覆盖率达83%。加大对乱砍滥伐林木、侵占破坏林地的执法力度，加强森林防火和病虫害防治工作。近年来，全县未发生一起森林火灾，森林病虫害率基本上控制在5‰以内。

（垣曲县政府办　供稿）

县政府机关绿化

道路绿化

荒山造林绿化工程

万亩核桃基地

核桃管理技术实地培训

天然林保护工程

绿色夏县　富裕夏县

——夏县

南大里乡国槐生态林

南大里乡双季槐基地

“十二五”期间，夏县县委、县政府大力实施“生态兴县”战略，在全县掀起了“铺天盖地搞绿化、持之以恒抓保护、凝心聚力促民富”的新高潮，各项目标任务全面完成。先后被授予“全省造林绿化先进单位”“集体林权制度改革先进县”等荣誉称号，县林业局被国家人力资源和社会保障部、国家林业局授予“全国林业系统先进集体”荣誉称号。

★抓增绿、强保护，全县生态环境持续改善。“十二五”期间，夏县累计完成营造林面积1万余公顷，完成全民义务植树450万株，森林覆盖率达43.5%，森林蓄积量达266.9万立方米。

★身边增绿，山上治本，建设生态家园。一是通道绿化延伸织密新网格。对110千米通乡主干路通道进行了“增绿、加厚、加密”，新绿化各类通道绿化180千米。二是园林村提档升级出现新亮点。拆墙透绿增游园，发展环村林增绿地，建立产业基地增收入，完成了如水头镇兴南村、埝掌镇崔家河村等100个园林村提档升级。三是干果经济林发展呈现新特色。发展核桃、红枣等干果经济林5000公顷，为增加农民群众收入打下了坚实的基础。四是荒山造林实现新覆盖。五年累计完成各类荒山造林、封山育林工程5000余公顷，为森林面积持续增长夯实了基础。

园林村建设

园林校园

埝掌镇花椒干果经济林

核桃种植

★抓三防，搞林改，保障县域生态安全。一是森林实现零火灾。严格落实领导责任、包保责任、岗位责任和区域责任；严格执行"森林防火网格化巡查"和"农林交错区定点责任看护"两项制度。通过死守、严把、多巡、严管和大力宣传等预防措施，"十二五"期间，夏县未发生一起森林火灾。二是森林病虫害得到有效控制。科学监测林业有害生物，五年来持续对泗交镇1333公顷油松林松扁叶蜂进行防治，连续对通道绿化带毛白杨、国槐、法桐，使用化学和生物两种办法进行防治，取得了明显效果，森林病虫害防治林业寄生物成灾率控制在3.5‰以下，无公害防治率100%，灾害测报准确率90%，种苗产地检疫率100%。三是林地管护力量不断加大。聘用专职护林员，采取网格化分布、科学化管理、严格化考核，强化巡查巡护，有效提高了林地郁闭度，增加了森林蓄积量。成立森林公安机构，组织开展各类专项活动，查处了一批涉林行政案件。四是集体林地发证工作基本完成。全县集体林权制度改革涉及山区6个乡镇，102个行政村。目前，已完成96个村，全县林改总任务4.6万公顷，已确权3.9万公顷。

★增投入，强措施，保障生态林业发展。全县每年拿出2000万元投入造林绿化，累计投入超过1亿元，有力保障了各项造林绿化工程的顺利实施。结合气候特点，充分运用"老天"降雨，有效利用人工浇水，春季重点栽植经济林，雨秋季大力实施荒山造林、封山育林等工程。积极推广运用新技术，有效提高了苗木成活率，提升了造林质量。

（夏县政府办　供稿）

姚暹渠治理

荒山造林工程

迎难而上 砥砺奋进 稳中有为 稳中有进

——长治市

潞安煤基合成油厂

“十二五”时期，长治市面对严峻复杂的经济形势，主动适应把握引领经济发展新常态，聚焦稳增长、促改革、调结构、惠民生、防风险，迎难而上、砥砺奋进，各项工作稳中有为、稳中有进，经济社会发展取得新成效。

★多措并举稳定经济增长，综合实力有了新提升。“十二五”时期共实施重点项目2720个，全社会固定资产投资累计达到5328亿元，年均增长23.3%。引进外来投资项目1474个，实际到位资金2745亿元，是“十一五”时期的13.9倍。举办了首届长治制造展销推介周活动。认真落实企业减负政策，为企业减轻负担40多亿元。全市地区生产总值由2010年的920.2亿元增加到1195.1亿元，年均增长7.1%；一般公共预算收入由77.9亿元增加到96.44亿元，年均增长4.4%；社会消费品零售总额由272.6亿元增加到524.4亿元，年均增长13.2%。

★坚定不移推进产业结构优化升级，转型发展迈出新步伐。大力发展现代农业，五年新发展设施蔬菜3.4万公顷，总面积达到3.8万公顷，是“十一五”末的10.7倍；农产品加工龙头企业销售收入由70.8亿元增加到191.4亿元，年均增长22%。全力做好煤与非煤两篇文章，65座技改矿井已有30座竣工投产，煤炭就地转化率由30%提高到40%

中德型材生产车间

振东集团建成年产百亿片剂生产线

潞宝园区现代精细化工即将投产的苯加氢装置

左右；围绕七大新兴产业，实施了高科LED、潞安太阳能等一大批新兴产业项目，新兴产业投资占工业总投资的比重由34%提高到57%；非煤产业增加值占工业增加值的比重由28.2%提高到33.1%。加快发展服务业，太行山农产品物流园、紫坊经贸物流园等4个较大规模的物流园建成运行；完成了太行山大峡谷资源整合，全市旅游总收入由88.8亿元增加到320.9亿元，年均增长29.3%，第三产业占地区生产总值的比重提高12.9个百分点。全市三次产业结构由4.4∶64.5∶31.1调整为4.9∶51.1∶44。

★狠抓城乡基础设施建设，城乡面貌发生新变化。市政基础设施建设累计完成投资210亿元，是"十一五"时期的2.2倍；城市道路总里程达到1004千米，比"十一五"末增长25%。特别是近三年来，在主城区开工建设各类城建重点工程438项，完成拆迁120多万平方米，是前10年总量的两倍，新铺设各类管道580多千米，新增道路面积150万平方米，初步形成了"三环八纵十二横"路网框架。体育中心、新闻中心建成使用。各县市区共实施城乡基础设施建设项目757项，完成投资208亿元，市区至6个卫星县城快速连接线基本贯通，53个重点镇和240个中心村建设步伐加快。全市常住人口城镇化率由41.8%提高到50%，年均提升1.6个百分点。全面完成城乡人居环境改善"四大工程"的各项

晟龙实业公司碳光玻璃板是该公司自主研发并生产的新型低碳环保产品

易通环能科技生产车间

山西易通环能科技集团年产6000吨钕铁硼永磁材料项目

长治高科产业投资有限公司LED垂直一体化项目

山西康宝生物制品股份有限公司固体制剂车间

山西成功集团汽车项目生产线

长治县日盛达光伏玻璃生产车间

黎城协鑫30MW光伏发电项目

上党城镇群建设快速推进

新农村建设——长子县振兴新村

任务。全市累计新增公路通车里程760千米，长治机场通航城市达到14个。

★切实保障和改善民生，人民生活质量得到新提高。全市公共财政用于民生支出累计达到907亿元，年均增长14.8%。累计新增就业23.4万人，转移农村劳动力22.8万人。城镇居民人均可支配收入由1.6万元提高到2.6万元，年均增长11%；农村居民人均可支配收入由6032元提高到1.1万元，年均增长13%。探索建立联盟校办学模式，实施了农村义务教育阶段寄宿制学生免费营养餐工程，主城区3所公办幼儿园全部建成。县级公立医院综合改革实现全覆盖，年人均基本公共卫生服务经费由25元提高到40元。城乡居民养老、医疗保险实现全覆盖。累计开工建设各类保障性住房8.5万套，基本建成5.4万套。开工改造棚户区4.8万户，建成2.8万套，3.6万棚户区居民乔迁新居。实施易地扶贫搬迁5.3万人，共有19.3万贫困人口稳定脱贫。大力实施文化惠民工程。安全生产事故起数和死亡人数连续保持"双下降"态势。

★不遗余力改善生态环境，生态文明建设取得新成效。深入开展大气污染防治，主城区二级以上天数

下秦生态苑

壶关县紫团饮业有限公司积极实施片区扶贫开发食用菌“千棚十区”建设项目

襄垣县永峰智能育苗温室育苗工厂

长子县晋西牧业

主城区新修建的铁路立交桥

达到242天。累计淘汰落后产能1396万吨，万元地区生产总值综合能耗和“4+2”主要污染物减排任务全面完成。深入推进漳河、沁河流域生态环境综合治理，主城区应急备用水源主体工程基本完工。累计完成造林14万公顷，森林覆盖率达到30.9%。

★持之以恒深化改革创新，经济发展增添新动力。在全省率先建成技术交易市场和技术交易信息服务平台，完成技术合同交易额16.2亿元，是“十一五”时期的2.2倍；专利申请量6738件，是“十一五”时期的2.9倍。建立政银企联席会议制度，设立了企业应急周转保障金；成功通航在新三板挂牌；长治商业银行改制为长治银行，2015年金融业实现增加值77.3亿元，是“十一五”末的2.6倍。新发展私营企业1.7万户，各类市场主体达到13.9万户，比“十一五”末增长67.4%；民营经济增加值占地区生产总值比重由32.8%提高到47.8%。建成院士、博士工作站33个，长治高新区升级为国家级高新区，长治海关正式批准设立。

（长治市政府办公厅　供稿）

长治县市区——县城——荫城快速通道

郊区区委书记金所军在潞安光伏农业大棚项目调研

郊区区长张晋伟在堠北庄镇调研

负重前行 砥砺奋进

——长治市郊区

“十二五”时期，长治市郊区区委、区政府主动适应把握经济发展新常态，全力稳增长、抓转型、促改革、惠民生、美环境、转作风，带领全区人民迎难而上、积极作为，经济发展和社会各项事业都取得了长足进步。

★全力以赴稳增长，综合实力得到提升。围绕基础设施建设、产业转型升级、城镇化建设、生态环境保护和民生事业改善等五个方面上项目、扩投资，每年滚动实施重点项目100多个。2015年，全区地区生产总值完成165.53亿元，较2010年增长59.4%；规模以上工业增加值111.3亿元，增长82.5%；固定资产投资五年累计完成701.9亿元，是“十一五”期间的3.3倍；社会消费品零售总额44.52亿元，增长93.7%；地方财政收入8.73亿元，增长8.2%。

★精准发力抓转型，产业结构逐步优化。全力做好煤与非煤两篇文章，建成和在建电力装机容量全省第一。投产了水合肼、无水乙醇、吡蚜酮等一批精细化工项目，发展壮大了澳瑞特、布劳恩电梯等一批现代装备制造企业，强势崛起了潞安太阳能、东明太阳能、晨洋光伏等一批新能源企业。漳泽新型工业园被评为山西省新型工业化产业示范基地，昌晋苑煤化工业园被评为山西省循环经济示范基地。加快发展三产服务业，长治工程机械汽贸、昌盛钢材等物流园建成运行。实施文化旅游项目33个，2015年旅游总收入35.79亿元，年均增长35%。大力发展现代农业。发展设施蔬菜800公顷、干果经济林827公顷、苗木花卉133公顷。农民专业合作社达到381个。农产品加工龙头企业达到38家，实现销售收入8.7亿元。三次产业结构由1.8∶72.9∶25.3调整优化为1.8∶68.7∶29.5。

潞奥园林工程有限公司现代化的智能农业观光大棚

美丽乡村——南村新村

漳山电厂

★坚定不移促改革，发展活力明显增强。组建漳泽、潞泽两个教育集团，带动了全区中小学教学质量的提高。创建环渤海电子商务与金融基地，天苑农业在Q版成功挂牌，区农村信用联社改制为漳泽农商银行。发展科技型企业25家。建立众创空间2个、博士工作站1个。有效发明专利达到32件。

★千方百计惠民生，社会事业全面进步。五年公共财政累计用于民生支出34.9亿元。2015年底，城镇常住居民人均可支配收入3.3万元，较2010年增长67.9%；农村常住居民人均可支配收入1.5万元，增长94.3%。实施农村义务教育阶段寄宿制学生免费营养餐工程，扩容改造中小学4所，改扩建农村幼儿园25所。不断扩大城乡居民基本养老、医疗保险覆盖面，年人均公共卫生服务经费由25元提高到40元。长安高速连接线、襄垣连接线以及太行东街、站前路等城市道路改造征迁任务顺利完成。新建和改造区乡公路39.4千米。城镇化率达到67%，比“十二五”提高14个百分点。建设经济适用房和廉租房1460套。大力实施文化惠民工程，区镇村三级公共文化服务网络更加完善。安全生产形势稳定持续好转，狠抓食品药品监管，深入推进平安郊区建设。

★坚持不懈美环境，城乡面貌大为改观。深入开展大气污染防治，万元地区生产总值能耗下降8.4%。主城区二级以上天数达到75%以上。开工建设黄碾人工湿地，实施了石子河郊区段河道治理。全区森林覆盖率由8.4%提高到12.8%。深入实施农村人居环境改善“四大工程”和道路交通、环境卫生、市容市貌“三项治理”，涌现出一批省、市级乡村清洁卫生村、美丽宜居示范村，全区生态环境和城乡面貌明显改善。

（长治郊区政府办　供稿）

潞安年产1GW太阳能光伏垂直一体化项目

昌晋苑煤化工业园

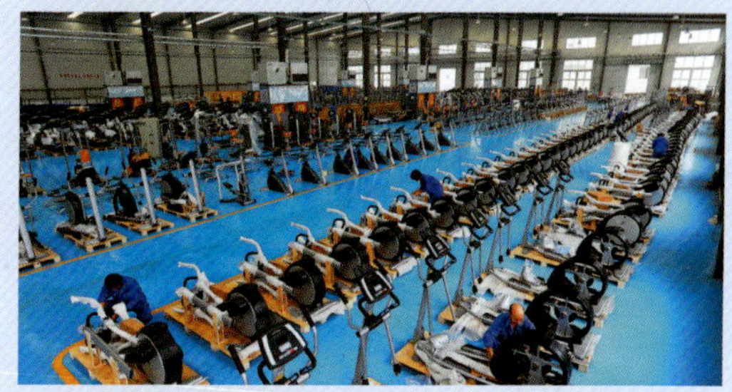

澳瑞特健身器

教育集团化办学丰硕成果——郊区一中

推进两个优化　实现二次崛起

——潞城市

城西新区建设初见规模

“十二五”时期，潞城市主动适应新常态，凝心聚力，攻坚克难，经济建设和社会各项事业发展取得新成效。全市地区生产总值由2010年的72.1亿元增加到2015年的78.5亿元，年均增长4%；一般公共预算收入由4.2亿元增加到5.5亿元，年均增长5.5%；社会消费品零售总额由7.5亿元增加到14.2亿元，年均增长13.8%；固定资产投资由45.6亿元增加到151.1亿元，年均增长27.1%；城镇居民人均可支配收入由1.4万元增加到2.4万元，年均增长11.2%；农村居民人均可支配收入由6141元增加到1.1万元，年均增长13.3%。

★主动转型，产业结构逐步优化。煤化工产业链基本形成，两组6.3米大型捣固焦炉、苯胺、硝酸、钴基合成油、精蜡、合成氨等项目建成投产。建材行业稳步发展，兴宝高速线材、泰山新型装饰石膏板等项目建成投产。新兴产业起步良好，天正电器、盈德气体等项目竣工投产。特色种养规模化发展，大葱、旱地西红柿等特色种植稳定在3333公顷以上，核桃林达到5933公顷，规模养殖场达到208个。新增市级以上农业龙头企业9家、“三品一标”认证企业5家。全市农业总产值由4.7亿元增加到7.8亿元，年均增长13.4%。现代服务业初具雏形，服务业增加值由15.7亿元增加到28.7亿元，年均增长12.8%。三次产业结构优化调整为5.7∶57.8∶36.5，三产比重提高了14.7个百分点。

★积极探索，发展活力明显增强。农村土地承包经营权确权登记颁证试点工作基本完成。农村集体资产股份权能改革试点工作稳步推进。城乡建设用地增减挂钩等土地管理新机制深入实施。新增国家级高新技术企业2家。推行“先照后证”，市场主体增至8753家。

旱地西红柿规模种植

新建的羊肚菌大棚

举办全国山地自行车比赛

新建标准婴城幼儿园

新建的经济适用房——惠民苑

★统筹兼顾，城乡面貌焕然一新。新区开发、旧城改造稳步推进，建成区新增2.5平方千米，城镇化率达到56.1%。长潞城际线、207国道和省道河潞线拓宽改造等一批路网工程竣工投用。农村街巷硬化和主街道亮化实现全覆盖。地质灾害治理搬迁、采煤沉陷区搬迁等工程进展顺利。饮水安全巩固提升工程解决了78个村、19所学校、6万人的吃水问题。60个村低压电网改造工程如期竣工。实施热电联供和集中供热扩容工程，供热面积增加到278万平方米。天然气置换工程顺利完成，用户达到1.9万户。

潞宝兴海新材料项目基本建成

★标本兼治，生态环境更加优良。完成造林5333公顷，森林覆盖率23.6%。治理水土流失154.6平方千米。工业固体废弃物综合利用率达到68.2%。店上垂直流人工湿地、文王山地垒河段水环境治理、市污水处理厂升级改造等工程投入使用。

★普惠民生，社会事业全面进步。新建、改扩建幼儿园22所、中小学校37所。高考录取率超出全国平均水平6.2个百分点。公立医院改革稳步推进。新农合报销重大疾病病种增加18种，县、乡医疗机构住院补偿比例均提高5个百分点。农村便民连锁店、文体活动场所实现全覆盖。成功举办全国山地自行车环城赛。累计新增城镇就业1.9万人，转移农村劳动力1.8万人。城乡居民养老、医疗保险实现全覆盖；社会救助体系逐步完善，累计救助9万人次，发放救助金1.3亿元。建成保障性住房4184套，改造农村危房2048套。开通环城免费公交。

（潞城市政府办　供稿）

潞安钴基合成油项目投入运行

凝心聚力 团结拼搏 振兴崛起 再现辉煌

——长治县

长治县县委书记裴少飞、县长李文兵参观五谷山神农中医药文化园项目

"十二五"时期，长治县主动适应经济新常态，攻坚克难，砥砺奋进，较好完成了"十二五"规划主要目标任务，全县经济社会发展取得了来之不易的新成就。

★稳增长扩投资，综合实力不断增强。"十二五"期间累计开工建设市级以上重点工程项目350个，完成投资524亿元，在产业转型、生态修复、城镇化建设和民生改善等重要领域建成一批重点项目。全县地区生产总值由2010年的96.4亿元增加到2015年的125.7亿元，年均增长5.1%；固定资产投资由43.8亿元增加到146.4亿元，增长3.3倍，年均增长27.3%；社会消费品零售总额由13.9亿元增加到27.1亿元，增长近2倍，年均增长14.4%。

★产业结构逐步优化，经济发展质量逐渐向好。三次产业结构由2010年的3.7∶72.8∶23.5调整为2015年的4.5∶55.5∶40。工业结构优化升级，32座煤矿累计完成投资56.7亿元，21个矿井改造项目中13个竣工并实现试运行。装备制造、医药健康、新材料等新兴产业蓬勃发展。太行山农产品物流园区建成投入运行，电子商务、物流等现代服务业成效初显。现代农业发展壮大，五年发展设施蔬菜533公顷，农产品加工销售由2.8亿元增加到15.47亿元。

★统筹发展步伐加快，城乡面貌大为改观。编制完成《县城总体规划（2011-2030）》《一城五镇五十村体系规划》，城镇化率达到36.9%，比2010年提高13.3个百分点。率先启动实施同城发展战略，主动融入"1+6上党城镇群"。城际快速路、荫西旅游公路、光明路改造、汽车客运站等一批重点基础设施相继完工投入使用。辛安泉水供水

新视界无极灯

日盛达光伏玻璃

成功汽车

豪力钢构

普及率达到100%，集中供热覆盖率达到85%以上，集中供气开发居民用户6600余户。县城建成区绿化覆盖率、绿地率、人均公园绿地面积分别达到46%、44%和21平方米。

★深化改革全面提速，发展活力持续增强。政府机构改革全面完成，行政审批制度改革顺利推进；煤炭公路销售体制改革顺利推进；投融资体制改革不断深入；建立产学研相结合的科技创新新体系，建立省市级技术中心9个、设立院士（博士）工作站2个，取得各项专利155项；发展金融机构30家。长治县农村信用合作联社改制组建山西长治黎都农村商业银行工作圆满完成；振东制药、华南纸业、日益康公司分别在创业板、天交所和香港OTC市场成功上市。招商引资累计签约项目161个，对外开放水平进一步提升。

★民生投入持续加大，社会事业全面进步。民生投入五年累计支出55亿元，是"十一五"时期的2.5倍。城乡居民人均可支配收入分别达到2.7万元和1.4万元，是2010年的1.7倍和1.8倍。率先普及15年免费教育，教育园区一期、学校标准化改造、标准化幼儿园建设等工程有序实施，学生营养餐、贫困大

美国诺卡汽车制造

易通集团投资玻璃窑炉尾气余热发电项目

潞安安太机械制造

捷成数控

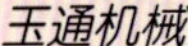
玉通机械

光伏太阳能板安装

学生资助、农村中小学幼儿园冬季取暖等教育惠民实事全面落实。城乡居民养老保险实现并轨运行，社会救助、城乡低保、医疗救助等保障面持续扩大。开工建设各类保障性住房7421套，建成1073套；农村危房改造工作进展顺利，沉陷区治理和地灾治理工程加快实施。开通城乡客运班线25条，客运班车覆盖率达到85%以上。县级公立医院改革全面推进，基层医疗卫生机构改革顺利完成，国家基本公共卫生服务扎实开展，国家基本药物制度普惠城乡群众，全面两孩政策顺利实施。基层公共文化设施实现了254个行政村全覆盖。生态环境显著改善，森林覆盖率逐年提高，造林绿化任务全面完成。安全稳定形势持续好转，“平安长治县”建设成效明显。

（长治县政府办　供稿）

“两学一做”群众大讲堂首场报告会

城市一角

长治第六届祈福文化旅游节开幕式

京东物流

振东制药

雅瑞地毯

蔬菜配送

五和食品

铁府陈醋制造

秋林里道斯红肠

黎都公园

众志成城 真抓实干 攻坚脱贫 实现小康

——壶关县

国内第一条年产1.2万吨胶状乳化炸药生产线

世界领先水平的年产2500万发导爆管雷管生产线

旅游循环路

“十二五”时期，壶关县主动适应经济发展新常态，引深“四五战略”，推进“六权治本”，全县经济社会平稳健康发展。

★引资上项成效显著。先后引进世界500强企业晋煤集团、潞安集团、华润集团，签约了晋通磁材、华能风力发电、大象饲料加工等一批大项目、好项目。五年累计投资710亿元，实施了571个重点项目。

★扶贫开发扎实有效。采取干部扶贫、产业扶贫、移民扶贫、教育扶贫、金融扶贫、政策扶贫等十大举措，累计投入财政扶贫资金8149.9万元，完成了11个乡镇、336个自然村、3558户、1.2万人的搬迁任务，2012年成为全省三家获得中央彩票公益金资助的县之一，2015年实现脱贫近1.7万人。

★旅游综改大步跨越。引进西安曲江文旅集团公司对太行山大峡谷景区进行高水平托管经营。积极争取将原省道川荫线改为县道并作为旅游专用公路，建成国内唯一一条拐弯高空索道。成为全省旅游综改试点县、旅游发展示范县。2015年太行山大峡谷景区接待游客254万人次，营业收入5380万元，旅游社会总收入32.66亿元。

长安高速壶关大户通

常平集团新型钢铁基地

★特色农业省市领先。紫团、郭氏入选全市10大旗舰型农业产业化龙头企业,特别是紫团公司食用菌产业规模华北第一,秀珍菇远销加拿大、美国;郭氏羊汤荣获"中华老字号"殊荣;辛寨醋业"辛世芳"商标被认定为"山西省著名商标";旱地西红柿种植面积达到3333公顷,亩均收入2万元。

★城乡面貌焕然一新。开工建设86项城建重点项目,其中,长安高速城际连接线、高旺阁、美术馆、文体中心等均已建成。大力开展"两违""十乱"专项整治,持续推进道路交通、环境卫生、市容市貌"三项治理"行动。县城建成区面积由7.6平方千米扩大到11.3平方千米,县城人口由7万人增加到10多万人,城镇化率达到50%。

★社会事业全面进步。教育惠民。先后建设完成了校安工程、树人学校等工程,新建改建20多所乡村幼儿园,教学质量进一步提高。卫生惠民。推进县级公立医院综合改革,县人民医院、中医院、妇幼保健院全部达到二级甲等医院标准,县乡村三级医疗卫生机构全部实行基本药物零差率销售,全县农民参合人数24.2万人,参合率99.9%。兜底惠民。加大救助力度,完成了扶贫移民搬迁、中小学校安工程、农村饮水安全工程等一大批民生重点工程。繁荣文化事业。打造文艺精品,壶关秧歌、上党乐户壶关班社入选国家级非物质文化遗产保护名录,真泽宫、三嵕庙、庄头天仙庙成为国家级重点文物保护单位,农家书屋实现全覆盖。加强环境保护。县城空气质量二级以上天数保持在330天以上,荣登中国深呼吸小城百佳榜。完善交通建设。先后实施了长安高速、中南铁路、旅游循环路、农村街巷硬化全覆盖等一批重大交通项目,全县公路总里程达到2900余千米。

"十二五"时期,壶关县先后荣获全国文明县城、中国绿色名县、全国低碳旅游示范区、全国社会主义新农村建设示范县、全国生态文明先进县、山西省旅游综改示范县、全省文明县城、省级平安县、全省扶贫开发先进县等荣誉称号。

(壶关县政府办 供稿)

晋通磁材钕铁硼项目

工厂化食用菌培养库

光伏发电项目

武乡县八路军文化园

实景剧《太行山》

实力、富裕、宜居、幸福、美丽新武乡

——武乡县

“十二五”时期，武乡县委、县政府团结带领全县广大干部群众，攻坚克难、顽强拼搏，深入实施“11355”发展战略，各项工作稳中有为、稳中有进，经济社会发展取得新的成绩。2015年，全县地区生产总值完成50.2亿元，比“十一五”末增长125.8%，年均增长7.8%；规模以上工业增加值24.5亿元，与“十一五”末持平，年均增长8.3%；全县地方财政收入3.27亿元，年均增长1.2%；“十二五”期间固定资产投资累计完成147亿元，年均增长5.3%；社会消费品零售总额12.3亿元，年均增长9.1%；城镇居民可支配收入19885元，年均增长11%；农民人均纯收入5459元，年均增长12.8%。

★脱贫攻坚成效显著。5年累计实施产业项目187项，带动贫困户1万余户，户均增收1500元；实施移民搬迁1.2万人，转移就业培训3500人次，稳定脱贫3.2万人。

★转型升级步伐进一步加快。全县三次产业结构比例由“十一五”末的6.1∶63.1∶30.8优化为6.3∶49.4∶44.3。推动文化旅游融合发展，八路军文化产业强势推进。成功举办了五届八路军文化旅游节和八路军文化研讨会，红色旅游公路一期工程顺利通车。“十二五”累计接待游客928万人次，比“十一五”增长147.7%；旅游综合收入96亿元，是“十一五”的近4倍。现代服务业快速发展，成功申报国家级电子商务进农村综合示范县，京东、苏宁易购、乐村淘等大型电商企业进驻武乡，县、乡、村三级物流网络初步形成。着力做好煤与非煤两篇文章，4个技改矿井顺利投产；恒盛洗煤厂300万吨洗精煤项目、兴源钙业年产1.2万吨金属钙瓦斯气综合利用技改项目等新兴产业项目顺利完成投入生产；西山发电二期项目编制完成八个支撑性文件，列入全省电力发展“十三五”规划。现代农业稳步发展，“粮、畜、果(油)、蔬(菌)、药”

举办山西省纪念抗战胜利70周年大会

五大产业初步形成。粮食年产量稳定在1亿千克左右；绿农农牧肉鸡屠宰加工项目、多维牧业羔羊育肥综合项目、鑫四海生猪全循环生态养殖及屠宰加工项目相继投产达效；以核桃、梅杏为主的干水果经济林面积达到1万公顷；发展省、市龙头企业17个。

★城乡建设稳步推进。编制了《武乡县城总体规划（2010—2030）》、县城控制性详细规划以及县城道路、交通、给排水、集中供热等10个专项规划。实施了县城热电联供、学府街延伸等15项市政工程。县城建成区面积达到5平方千米，市政道路总长34.5千米，集中供热普及率达到91%，供气普及率达到80%以上。

★生态环境持续改善。实施80余项节能改造项目，共淘汰落后产能1498万吨，万元地区生产总值综合能耗年均下降12.5%。淘汰县城燃煤锅炉100余台，县城空气质量二级以上天数平均达到350天以上。五年完成营造林1.8万公顷，森林覆盖率达到21%。

★民生事业全面进步。新建了武乡四中、红星幼儿园等，改扩建东村等16所幼儿园，完成74所学校义务教育薄改工程，农村义务教育阶段寄宿制学生营养餐工程惠及2.4万名农村学生。县医院综合门诊大楼投入使用，全县乡镇卫生院新改扩建工程全面完成，行政村卫生所实现全覆盖；在全省率先推出了新农合住院“双向转诊、控费扩保”新模式。累计实现城镇就业1.2万人次，转移农村劳动力1.9万人次，城镇登记失业率1.9%。企业退休人员基本养老金、城乡居民医保、城乡低保和农村五保户补助标准进一步提高，城乡居民养老、医疗实现应保尽保，城乡居民大病保险和重特大疾病医疗救助制度实现全覆盖。开工建设各类保障房18万平方米、1488套；改造农村危房5170户；新建县城扶贫移民安置住房276套。实施农村饮水工程86项，解决了4.3万人的饮水安全问题；完成233个村243个台区农村低压电网改造；行政村街巷硬化、街道亮化、村级卫生室、村通广播电视实现全覆盖。

（武乡县政府办　供稿）

大力发展光伏发电——大有乡光伏电站

砖壁村蔬菜大棚

多维牧业

大力发展电子商务

绿农农牧科技有限公司

潞安集团高硫煤清洁利用油化电热一体化项目

恒昌元科技有限公司动力电池项目

创新强县 创业富民

——襄垣县

过去五年，襄垣县积极应对新挑战，扎实推进"创新强县、创业富民"实践，经济社会实现长足发展，经济运行实现逆势而进稳中向好。"十二五"期间，全县地区生产总值累计完成1022亿元，年均增长3.4%；全社会固定资产投资727亿元，年均增长21.6%；工业增加值783亿元，年均增长3.9%；公共财政预算收入由2010年的9.1亿元增加到12.39亿元，年均增长6.4%。

★产业转型迈出重大步伐。工业转型取得实质性突破。规划建设王桥现代煤化工园区和富阳循环经济工业园区，引进了潞安180、聚氯乙烯、恒昌元锂离子动力电池及新能源汽车制造等一批转型项目。农业产业化水平明显提升。设施农业达到3667公顷，经济林4000公顷，规模养殖场67个，规模以上农产品加工企业19个，粮食产量连续五年稳定在1.8亿千克左右。第三产业蓬勃发展。仙堂山成功创建国家4A级景区。金威、华丽港、美特好、百佳等大型超市和西河底农贸市场建成投运，村级连锁店实现全覆盖，电子商务广泛应用。经济结构持续优化，三次产业比例由2.1:85.4:12.5调整为4.5:63.3:32.2。

★创新驱动的要素保障持续强化。建成两个博士工作站，设立了决策咨询专家库、煤化工专家评审委员会。积极推进金融创新，设立全省首家城镇化私募基金；信用联社成功改制为农商行，华夏、浦发等大型商业银行纷纷入驻

东湖美丽夜景

襄矿弘通乙二醇项目

林盛果业生产车间

襄垣，全县金融机构达到38家。同时，储备了一批建设用地指标，关闭淘汰落后产能，为重大项目建设腾出了足够的环境容量。

★城乡面貌发生深刻变化。县城建成区面积由15平方千米扩展到23平方千米。城镇化率达到46.4%，比“十一五”末提高8个百分点。开通了10余条道路和县城免费公交。建成了大酒店、游泳馆、垃圾处理厂。县城集中供热、供气、供水、绿化、人均公共绿地面积等指标均达到或超过全国平均水平。建设保障性住房3616套，改造农村危房3050户。建成美丽宜居示范村36个。改造县乡村道路114条355千米，完成行政村街巷硬化1062千米。新增造林面积7667公顷，林木绿化率提高6.6个百分点。

★民生事业全面发展。五年财政累计民生支出88亿元，占总支出的75%以上。等级公路通达乡镇，城乡规划基本覆盖，城乡公交便捷畅通。城乡医保低保、养老保险标准逐年提高，范围不断扩大。建设了教育园区、学府路幼儿园，改造了一批中小学校舍，在全市率先推行高中阶段免费教育，义务教育均衡发展顺利通过国家验收。深入推进公立医院改革，县医院内科住院大楼和急诊中心投入使用，一批乡镇卫生院和村卫生所完成改造任务。文体活动蓬勃开展，文艺精品层出不穷。

（襄垣县政府办　供稿）

林盛果业农业生态观光园

天下襄农业科技有限公司

新建成的襄垣二中

仙堂山景区

县城至下良快速路——张良大道

稳中有进求发展 黎侯古城绽新颜

——黎城县

山西中技金谷新型建材项目

黎城蓝天燃气项目

“十二五”时期，黎城县积极应对挑战，奋力攻坚克难，各项工作稳中有为、稳中有进，经济社会发展取得新成就。全县地区生产总值由2010年的21.3亿元增加到2015年的30.2亿元，年均增长9.7%；固定资产投资由16.9亿元增加到57亿元，年均增长27.6%；社会消费品零售总额由6.6亿元增加到12.5亿元，年均增长13.4%；一般公共预算收入由1.2亿元增加到1.8亿元，年均增长8.7%；城镇居民人均可支配收入由9599元增加到1.6万元，年均增长10.7%；农村居民人均可支配收入由4264元增加到7329元，年均增长11.4%，两项收入增速均高于地区生产总值增速。三次产业比例由2010年的10.3∶49.6∶40.1优化为2015年的10.4∶34.8∶54.8，经济结构更趋合理。

★坚定不移调结构，工业经济提质增效取得新进展。新兴产业发展初见成效，中技金谷新型建材一期项目投入生产；协鑫集团30兆瓦太阳能光伏发电项目并网运行；国磁公司1万吨高性能铁氧体橡塑磁粉项目建成投产。传统产业改造提升步伐不断加快，粉末冶金尾矿砂综合利用项目投入生产；太行钢厂150万吨轧钢技改项目顺利实施；青春玻璃600吨/天熔窑纯氧燃烧技改项目建成投产；长福、华太焦化烟气余热回收及烟气脱硫脱硝项目全面竣工。

★全力以赴促增收，现代农业取得新作为。现代农业示范园区一期工程全面建成。生态农业科技产业园区4家企业入驻。不断完善农业基础设施。核桃种植面积达到1.1万公顷，实现了“人均一亩核桃树”目标，农民实现持续增收。

★坚持不懈搞开发，文化旅游产业展现新亮点。坚持实施大旅游战略，全面开发建设太行红山，洗耳河、四方山、板山、广志山、黄崖洞、黎侯古城等六大景区正式开放运营。持续实施红色百村、生态百村保护工程。被命名为“中国精品文化旅游县”。

太行红山景区

协鑫光伏发电

★持之以恒强服务，物流运输业做出新贡献。千万吨级铁路物流园区初具规模，白龙、昌隆等汽运企业龙头带动作用进一步增强。黎城的区位交通优势正逐步转化为经济发展优势。物流运输业对三产的贡献率达到17.8%。

★加大投入强基础，城乡一体化发展迈出新步伐。以黎侯古城为带动实施了县城北延，以设施配套为重点对桥北新区实施了完善提质，县城框架进一步拉大，承载服务功能进一步提升。以4个重点镇、20个中心村为龙头，全面推进美丽乡村建设，城乡建设水平不断提高。

★以人为本惠民生，人民群众幸福指数得到新提升。新建、改扩建中小学校32所、幼儿园23所，对44所农村薄弱学校进行了标准化建设。县级医院和乡镇卫生院医疗条件明显改善，深入推进县级公立医院综合改革。认真落实社保政策，救灾救助保障到位。建设保障性住房1011套，完成农村困难群众危房改造2000户。建成8个乡镇文化站，县文化馆、图书馆免费开放，全面完成公共文化服务体系创建工作，被命名为“中国民间文化艺术之乡”。县城开通了免费公交车，三条出境道路全面竣工投入使用。

（黎城县政府办　供稿）

浮法玻璃项目

高效农业示范园区

黎侯古城

黎城核桃产业

平顺县县委书记吴小华在王家庄村调研乡村旅游

平顺县县长秦军在路家口村调研中药材产业

推进"六大发展" 建设美丽平顺

——平顺县

"十二五"时期，平顺县委、县政府积极适应经济发展新常态，攻坚克难，砥砺前进，综合实力稳步提升。五年来，全县地区生产总值由14.79亿元增长到20亿元；全县规模以上工业企业增加值由6.02亿元增长到7.38亿元；全社会固定资产投资由13亿元增长到36.6亿元；地方财政预算收入由6804万元增长到9626万元；社会消费品零售总额由4.22亿元增长到8.16亿元；城镇常住居民人均可支配收入由1.1万元增长到1.9万元；农村居民人均可支配收入由2807元增长到5099元。

★旅游产业开发实现质的跨越。长春欧亚集团整合开发神龙湾景区，山东塔山集团通天峡景区投入运营，全县4A级景区达到3家；乡村旅游快速发展，8个村入选中国传统古村落保护名录；通天峡大酒店、天脊山旅游公路、西沟红色旅游公路等建成运营；成功举办了"晋善晋美•诗画平顺"风光摄影大赛，大型航拍片——《平顺》《美丽乡村新田园——世外桃源岳家寨》《巨穴谜团》等专题片先后在央视7套、10套、山西卫视等媒体播放。"十二五"期间共接待游客855万人次，其中境外游客12万人次；全县旅游综合收入由3.78亿元提高到16.75亿元，年均增长28.5%。获得了中国优秀生态旅游县、中国低碳旅游示范区、全国休闲农业与乡村旅游示范县等荣誉称号。

★公路交通建设取得重大突破。长安高速、国道长平路、中南铁路建成通车，河潞线改造完成。全县公路密度达到89.9千米/百平方千米。通水泥(油)路完善提质工程全部完成，在全市率先实现农村街巷道硬化全覆盖。

★城乡人居环境得到显著提升。建成了一河、两路、两园、五超市、八小区等一批民生工程，253套廉租房、128

神龙湾移民小区

通天峡

苇水乡村旅游

大唐风力发电平顺虹梯关风场

套公租房已全部配租到户，县城集中供热面积达116万平方米；18辆公交车投入运营，开通了覆盖县城及周边9个村庄的3条线路；无害化垃圾填埋场投入使用。建成区面积达到3.4平方千米，城镇化率达到30.3%，先后获得了国家卫生县城、国家园林城、省级清洁工程先进县等荣誉称号。

★其他经济社会事业取得了同步发展。一是生态建设成效斐然。五年累计完成植树造林2.1万公顷，森林覆盖率34.9%，比"十一五"末提高5个百分点。强化环境保护，空气质量二级以上天数达到360天，全县环境空气质量综合指数排名全市第一。二是扶贫攻坚步伐加快。"十二五"期间，共实施整村推进项目53个，转移培训农村贫困劳动力1万多人，完成1.2万人的易地扶贫搬迁，3.3万贫困人口实现脱贫。三是新兴产业异军突起。大唐平顺风电项目一期50兆瓦工程全部完工，正式并网发电。新型工业园区承载能力进一步增强，清华航天工业园投产达效。四是中药材产业快速推进。全县中药材种植重点乡镇达到7个，种植面积3.3万公顷，中药材加工企业达到4家。五是社会事业全面进步。新建扩建了平顺中学、平顺二中、职业中学、5个乡镇中学、实验小学和两个县城幼儿园，教育体系日趋完备，义务教育阶段"两免一补"和中等职业教育免学费实现全覆盖。完成了县医院和9个乡镇卫生院改扩建。建成了县就业和社会保障服务中心和4个乡镇就业和社会保障服务站，"十二五"期间累计新增城镇就业5850人，城镇登记失业率控制在2.8%以内。六是文化建设惠及民生。乡(镇)、村实现了文化体育活动场所全覆盖。县图书馆、文化馆实现了免费开放。七是改革开放成果丰硕。"十二五"期间，全县共引进外来资金89.99亿元。先后引进大唐风电、漳泽电力、山东塔山集团、长春欧亚集团、振东集团、清华机械厂、美特好等知名企业落户平顺。

（平顺县政府办　供稿）

光伏发电

西沟香菇大棚项目

中药材种植

城市建设

保障性住房建设

屯留煤油循环经济园区

加快经济发展　建设小康屯留

——屯留县

“十二五”时期，屯留县主动适应经济发展新常态，全力以赴稳增长、促改革、调结构、惠民生、防风险，较好地完成了“十二五”规划的主要目标任务，综合实力不断提升，县域经济保持了平稳健康发展的态势。2015年与2010年相比，全县地区生产总值由64.8亿元增加到82亿元，年均增长5.2%；固定资产投资由48.4亿元增加到134亿元，年均增长22.6%；地方财政收入由4.1亿元增加到6.1亿元，年均增长8.4%；社会消费品零售总额由7.5亿元增加到14.5亿元，年均增长14.1%；城镇居民可支配收入由1.4万元增加到2.3万元，年均增长10.4%；农村居民可支配收入由6948元增加到1.3万元，年均增长13%。

宏发木业

★全力以赴调结构，转型发展持续加快。大力发展现代农业，巩固提升五大主导产业，粮食总产量连续获全省产粮大县奖励，发展“一村一品”专业村93个，建成高效农业示范园10个，上党党参、上党连翘、潞州黄芩荣获国家地理标志商标，农业机械化水平达到85%。全力做好煤与非煤文章，古城800万吨矿井建设进展顺利，引进太重榆液、太行润滑油等一批重大项目，初步建成屯留煤化工工业园区和康庄工业园区。加快发展服务业，西街物流园、仿古商业街等一批商贸设施基本建成，餐饮、商贸等传统服务业形成规模发展。全县三次产业结构由7.4∶74∶18.6调整为7.37∶67.02∶25.61。

农业机械化

本源无公害蔬菜生产供应基地

彬烨钙业有限公司

太重榆液

★建管并举促统筹，城乡面貌焕然一新。编制完成了县城18平方千米总体规划和城际道路两侧各500米控制性详规；先后完成20余条道路建设工程，初步形成“七纵七横一环”城市道路框架，县城中心建成区面积由3.8平方千米扩大到6平方千米；顺利完成了国防动员指挥中心、政务大厅等一批基础设施工程。5个集镇和20个中心村建设稳步推进，全县城镇化率达到38.2%。深入实施农村人居环境改善四大工程，新修改造县乡公路328千米，硬化农村街巷1520千米，新建便民连锁店163个、农村文化体育场所153个，建成美丽宜居示范村14个，农村生活环境质量进一步改善。

北大附中

★标本兼治创环境，生态建设富有成效。大力实施荒山绿化、县城绿化、通道绿化等绿化工程，全县森林覆盖率达到20.5%。深入实施环保攻坚行动，建成城市公园5个，除险加固小型水库20座，实施减排项目20个，提标改造重点企业9家，污水处理厂、垃圾处理场运行正常。

保障性住房

★广开渠道惠民生，社会事业全面发展。全面实施农村义务教育营养餐工程，完成64所义务教育薄弱学校和幼儿园改扩建任务，职业中学实现整体搬迁。县人民医院综合住院楼、县急救中心等投入使用，11所乡镇卫生院全部达标，标准化卫生室达到265所，人口自然增长率控制在5‰。建成乡镇文化站11个，提档升级村级文化活动场所80个，农民体育健身工程覆盖率达到100%，广播电视户户通实现全覆盖，蓬莱宫、先师和尚舍利塔列入第七批国保单位。累计实现城镇新增就业1.8万人，转移农村劳动力1.9万人，城镇登记失业率控制在1.3%以内。建设各类保障性住房1057套，改造农村危房4500户，易地搬迁贫困人口1680人，改扩建敬老院4所，建成城乡社区老年人日间照料中心7个，城镇参保率达到98.4%，新农合参合率达到98.9%。

（屯留县政府办　供稿）

农民运动会

推进"六化"建设 实现富民强县

——沁源县

天一公司10万头生态肉驴养殖核心示范区

沁丰薯业种薯基地

好乐草莓

"十二五"时期，沁源县积极适应经济发展新常态，全力以赴推进工业新型化、农业现代化、县域城镇化、城乡生态化、安全生产本质化、民生事业普惠化"六化"建设，较好完成了"十二五"规划确定的目标任务。

★突出经济结构调整，综合实力显著增强。"十二五"时期，全县三次产业比例调整优化为2.5∶65.3∶32.2，第三产业比重提高了8个百分点。铺开新建、续建重点项目681项，完成投资379.16亿元，固定资产投资年均增长23.9%。签约项目135个，签约资金736.95亿元，到位资金218.09亿元，共有264个项目竣工投产。

★突出工业新型化，转型步伐不断加快。大力改造提升传统产业，全县原煤年产量突破1000万吨；培育发展新兴产业，国电太岳山风电、马军峪和康伟南山瓦斯发电等一批新型工业项目投产运行，联鸿光伏发电、沁安公司煤电一体化、通洲144万吨综合煤化工等重点项目稳步推进；沁绵、和川等工业园区承载力明显增强。

★突出特色农业壮大，增收渠道更加拓宽。以"太岳山特色生态现代农业经济走廊"建设为载体，引进实施天一生态肉驴养殖、浩兴黑山羊繁育改良等特色农业项目，发展脱毒马铃薯基地3667公顷，抚育改造生态连翘1万公顷，种植道地中药材2000公顷，引进国新能源和振东药业中药材种植项目，培育农民合

安置房小区

太岳红军小学

作社939家。实施百企千村产业扶贫项目5个，易地扶贫搬迁1088户3535人，实现稳定脱贫1.2万人，农村居民人均可支配收入年均增长13.8%。

★突出优势资源挖掘，文化旅游整体升级。实施“三区同创”文化旅游工程。加快电子商务与实体经济融合，商贸物流、餐饮娱乐等服务业快速发展，全县文化旅游品牌进一步凸显。

★突出城乡建设统筹，辐射带动得到强化。实施旧城改造和新区扩容，征收房屋4.3万平方米，建成总面积25万平方米可容纳1万余人的安置房小区，开工建设保障性住房3616套，新增供热面积80万平方米，铺设改造供水管网8.3千米、污水管网14.8千米，城镇化率达到43%；大力推进郭道镇“百镇建设”10个扩容提质项目，创建乡村清洁工程达标村70个。新增道路总里程46千米，永和水电站大坝主体基本完工。

★突出生态文明建设，宜居成果持续巩固。造林绿化1.3万公顷，森林覆盖率达到57.5%；开展大气和水污染综合防治，综合治理工业废水和生活污水，居住环境更加宜人。

★突出民生事业普惠，群众福祉实现增进。新建沁源二中、太岳红军小学，新改扩建幼儿园23所，实施教育质量提升工程，被评为国家级义务教育基本均衡发展县。加强医联体建设，新建二院、中医院，公共卫生服务能力增强。实施文化惠民工程，搞好就业创业工作，城乡居民最低生活保障标准、企业退休人员基本养老金、五保户供养标准稳步提高。

连续四年被评为“中国最具投资潜力中小城市百强县”，连续两年获评“全国文化先进县”“中国最具区域带动力中小城市百强县”“中国深呼吸小城100佳”，先后被评为全国首批综合发展质量优秀县、国家卫生县城、国家园林县城等。

（沁源县政府办　供稿）

全国百强煤炭企业——沁新集团

联鸿20兆瓦光伏发电项目

技术改造保安全

县中医院

太岳山风电项目

北方水城　美丽沁州

——沁　县

襄矿华安焦化

潞宝金和生肉鸡屠宰

“十二五”时期，沁县以“六条路径”为统领，凝心聚力，真抓实干，推动了经济社会持续健康发展，县域经济提速晋位。与“十一五”末相比，“十二五”末全县地区生产总值由10.6亿元增加到21.1亿元，年均增长11.9%；全社会固定资产投资增加22.85亿元，年均增长19.9%；地方公共财政收入由5701万元增加到8510万元，年均增长8.3%；社会消费品零售总额由4.9亿元增加到9.2亿元，年均增长13.5%；规模以上工业增加值由0.3亿元增加到1.5亿元，增长4倍；城镇、农村居民人均可支配收入分别达到1.6万元、5227元，年均分别增长11.5%、13.7%；粮食生产总量达到1.8亿千克。先后获得全国有机产品认证示范创建县、绿化模范县、农业标准化示范县、北方水城国家水利风景区、千泉湖国家湿地公园、全省林业生态县、粮食生产先进县等多项国省级荣誉称号。

★坚持不懈上项目，产业开发纵深推进。五年累计引进项目86个，实施重点项目423个，完成总投资243亿元。项目建设带动“五大产业”渐次成长。沁州黄谷子、高粱、设施蔬菜、核桃经济林、小杂粮、中药材、畜禽等种养基地实现规模扩张、效益提升。全县规上工业企业新增3家。国新能源加气站等一批新项目落户沁县。沁园春矿泉水公司获得矿泉水采矿权(全省唯一)，并建成投产。漳源208国道综合服务区、万强商贸物流配送中心等相继建成。电商企业达到60余家。全县三次产业结构比重优化为25.1∶13.5∶61.4。

★统筹城乡促发展，人居环境持续改善。城建重点工程累计完成投资近10亿元，是“十一五”期间的4倍多。新建、改造了20条大街小巷。连片开发10多个住宅小区。建设各类保障房2429套。县客运中心、公安局技侦大楼等标志性

千泉湖湿地公园

非物质文化遗产——三弦书

经济适用房建设

沁园春矿泉水生产线

沁州黄小米老陈醋

蛋鸡养殖

建筑、青少年活动中心广场等休闲活动场馆建成使用。重点镇“五建设两整治”有序实施。太长高速连接线建成通车，行政村街道硬化全覆盖。五年累计改新建农村公路182.4千米，完成12座小型水库除险加固、24平方千米生态流域综合治理、1万公顷水土流失治理。解决117个村、4万余农村人口饮水安全问题。改造农村困难家庭危房4985户，易地搬迁922户。城镇化率40.9%。五年累计造林1.3万公顷，森林覆盖率提高5个百分点。

★集中财力保民生，社会事业全面进步。五年累计民生投入39亿多元，是“十一五”期间的2.7倍。新建的沁县第五中学、第六中学投入使用，高标准改扩建农村幼儿园28所，农村义务教育薄弱学校改造、教育信息化“三通两平台”建设任务基本完成。改扩建乡镇卫生院11个，县中医院住院楼建成使用。沁州三弦书列为国家非遗保护项目。五年累计新增城镇就业8502人，稳定脱贫2.6万人，城乡居民基础养老金待遇、居民医保年人均财政补助标准、低保标准、农村五保对象集中供养补助标准等大幅提高，新农合参合率98%。连续三年成功创建省级平安示范县，信访稳定和安全生产态势良好。

（沁县政府办　供稿）

有机蔬菜育苗

县城集中供热工程

县城新貌

围绕三大目标 推进六大发展

——长治高新区

长治高新区国家级科技企业孵化器

2015年，是长治高新区升级为国家高新区的第一年。一年来，高新区党工委、管委会团结带领全区干部群众，攻坚克难，励精图治，促进了全区经济社会各项事业长足发展。

★主要指标平稳增长，经济结构更趋合理。2015年，长治高新区完成营业收入190亿元，工业总产值156亿元，工业增加值91亿元，财政总收入16.1亿元，地方预算收入5.34亿元。全区的固定资产投资通过挖潜增效共完成10.1亿元，增长64.9%，增幅全市第一。

★项目建设加速推进，产业基础更加坚实。一是重点项目进展顺利。强势推进了总投资76.92亿元的重点项目28个，其中12个项目顺利竣工或投产。二是招商引资成效明显。全年共签约引进项目15个，总投资31.18亿元，到位资金10.7亿元。成功引进了康宝智能机器人、炎黄照明新型玻璃LED等高新项目。三是盘活低效企业初见成效。兴潞康积极与上海福盈集团合作，通过发行股权融资基金，共同推进中药饮片项目；麦迪克通过引进金融保险行业合作伙伴，发展总部经济，盘活闲置资源；中池联华利用闲置办公场所引进了中国铁塔公司，每年可新增税收400万元。

★三个突破成效显著，创新创业亮点纷呈。科技创新方面，在抓好高新项目建设的同时，积极培育高新技术企业、引进高新技术人才，全年共有6家企业被科技部认定为高新技术企业；两个博士工作站顺利通过验收，全区已建成博士（院士）工作站5家；举办了全国大学生移动应用创新大赛和中国"互联网+区域化"发展论坛，与腾讯公司签订了战略合作协议，与市内6家高校签订了政校企协同发展合作协议。金融振兴方面，与长治银行、晋商银行等达

长治高新区

全国大学生移动应用创新大赛在长治高新区举办

西门子公司

成战略合作协议，引进了深圳前海股权交易中心新四板运营中心、香港IPO金融服务平台和上海迈诚金融P2B平台，引导企业通过多层次资本市场解决融资难题。民营经济发展方面，积极帮助企业完善土地手续和房屋产权登记手续。积极兑现各项民营经济扶持政策，扶持民营企业做大做强和技术改造。

★社会事业长足发展，民生福祉大幅增进。重点民生工程有序推进。完成了容海幼儿园建设和装修工程，加快推进中心医院建设和火炬中学改造工程。各项社会事业全面进步。大力实施教育质量提升工程，义务教育入学率和巩固率均达到100%。全面实施“五老”补贴、一户多残补贴、失独家庭补贴三大补贴政策。健全完善农民工工资保证金制度。加大社会保障力度，全区新农合参保人数增加159人；征缴各类社会保险基金1210万元，增长13.6%；为低保户和优抚对象发放补助金97万元；人口出生率控制在7.1‰以内、自增率控制在3.6‰以内。城市建设管理水平明显提升。加大城中村改造力度，累计完成拆迁688户，拆迁面积24万平方米；开工建设回迁房129万平方米，已建成59万平方米。积极推进棚户区改造和保障房建设，累计开工建设保障房1361套。强化市容环卫管理工作，加大园区绿化力度，区内环境得到进一步改善。

★安全生产常抓不懈，社会大局持续稳定。实现了全年安全生产零事故和零死亡。继续保持了赴省进京“零上访”的良好态势。综合治理方面，全年共破获各类刑事案件147起，办结行政治安案件113起。全区群众的安全感和满意度进一步提高。

（长治高新区管委会　供稿）

山西康宝生物制品股份有限公司

LED电子白板生产线

城区商业领军企业——华诺百货

“三位一体”网格化社会管理服务信息系统升级

加快建设品质之城、幸福之区

——长治市城区

长治城区区委书记李国强（右四）陪同省市领导调研社区建设

“十二五”期间，长治市城区开拓创新，求真务实、奋勇争先，全区经济社会发展取得了令人瞩目的新成绩。全区地区生产总值从121亿元增至190.7亿元，年均增长9.5%，总量跃居全市第一；固定资产投资从70.7亿元增至173.8亿元，年均增长19.8%；社会消费品零售总额从157亿元增至302亿元，年均增长13.9%；财政总收入从15亿元增至22.6亿元，年均增长8.6%。被命名为“全省县域经济发展先进区”。

★产业结构优化升级。五年间共实施项目428个，总投资1552亿元。初步形成了以新兴产业为引领、特色工业为支撑、三产服务业为主导的现代产业体系，三产增加值由103.5亿元提高至149.7亿元，年均增长7.6%。城南工业区成为全省首家国家级“新型工业化军民结合产业示范基地”。积极支持中小微企业上市，长治潞酒、九鼎汽配等7家企业在山西股权交易中心挂牌，成功通航成为全市第一家“新三板”上市企业。国家级高新技术企业达到26家。

★人居环境日新月异。三年累计征迁道路27条，征迁面积81万平方米。城市管理提档升级，“十分钟便民服务圈”日趋完善，环境整治和精细化管理效果明显。城中村改造稳步推进，开工建设项目22个，拆迁面积60余万平方米。深入开展大气污染防治，2015年主城区二级以上天数增加到242天，生态环境持续好转。

★社会事业全面进步。五年来，全区公共财政用于民生支出累计达到27.8亿元，承诺办理的42件惠民实事全部兑现。城镇累计新增就业2.1万人，创业带动就业7000余人，城镇登记失业率控制在1.3%，城乡社会救助、基本养老保险和医疗保险制度实现全覆盖。教育事业全面发展，新建、改扩建了10所小学及幼儿园，通过了义务教育发展基本均衡区国家认定。医药卫生体制改革深入推进，城区二院住院楼建成并投入使用。新建4家老年公寓、20家老年人日间照料中心。文明城市建设成果不断巩固，连续两次荣获“全国文明城市”称号。加强文化基础设施建设，在全市率先完成了“农家书屋”工程全覆盖。红色旅游亮点纷呈，抗日五专署历史纪念馆成功入选第二批国家级抗战纪念设施遗址名录。

（长治市城区政府办　供稿）

“三河一渠”综合治理工程初见成效

拓宽改造后的太行东街

城中村改造村民喜迁新居

为国聚财谋发展 为民收税谱新篇

——太原经济技术开发区国税局

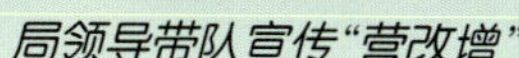

局领导带队宣传"营改增"

团结奋进的太原经济区国税局

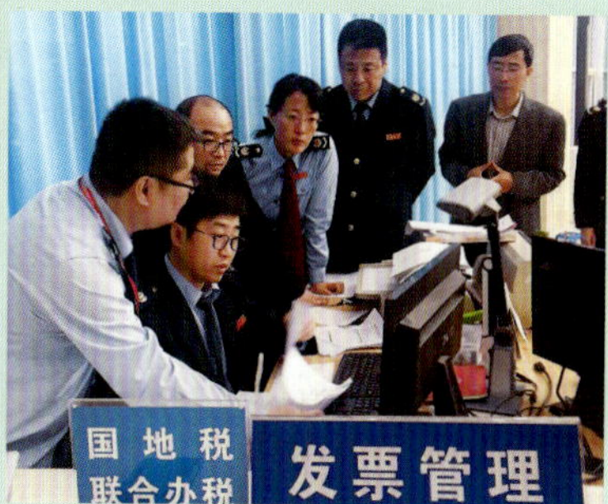

国地税联合办税

太原经济技术开发区国税局始终把依法组织税收收入作为第一要务，严格履行"依法征税、应收尽收、坚决不收过头税、坚决防止和制止越权减免税"的组织收入原则，税收收入逐年递增，由2005年建局初的7330万元增长到2015年的26.38亿元，增长36.1倍，实现了组织收入的跨越式增长。累计组织税收收入117.74亿元，为保障社会民生和促进地方经济发展提供了可靠资金支持和财力保障。尤其是2015年，面对全市经济发展缓慢、税源短缺的实际情况，该局完成税收收入26.38亿元，增幅达26.6%。

★全力推进"营改增"。加强组织领导，科学制定实施方案，加大宣传力度，抓好培训工作，增设办税窗口，做好应急预案，大幅提高办税质量和效率，切实减轻纳税人负担。

★依法治税日趋规范。对内强化监督、规范执法，对外整顿秩序、扩大宣传，严厉查处和打击各类税收违法活动，税收秩序明显改善，税收法治环境全面优化。依法落实各项税收优惠政策，2015年共减免抵退税23.87亿元，办理出口退税21.32亿元，占太原市出口退税总额的77.5%，居全省第一。

★纳税服务提质增效。全面开展"便民办税春风行动"，立体化多层面宣传税收政策，大力推广"e税客"新型纳税服务平台，积极推进国地税联合办税，有效落实"三证合一"，努力搭建税银互动平台，有力地推动了"大众创业、万众创新"。

★队伍建设凝心聚力。全面加强干部队伍建设。扎实开展党的群众路线教育、"学习讨论落实"和"巩固深化拓展""三严三实""两学一做"等一系列活动。积极开展以机关关心基层、组织关心干部、党员关心群众为内容的"暖心工程"活动。持续开展了"博爱一日捐""慈善一日捐""扶助孤寡老人"、捐资助学、慰问消防官兵等社会公益活动。

2013年获得山西省"五一劳动奖状"，2016年获得全国"五一劳动奖状"。

（太原经济开发区国税局　供稿）

提供优质的纳税服务

深入开展"两学一做"学习教育活动

荣获全国五一劳动奖状

省委书记王儒林出席全省企业职工“五小”竞赛优秀成果展

全总慰问团在晋送温暖

以“组织建设年”活动为统领 在实现富民强省中充分发挥主力军作用

——山西省总工会

山西省总工会是山西省委和中华全国总工会领导下的山西省工人阶级群众组织，是山西省各地方工会组织和产业工会地方组织的领导机关，迄今已有80多年的历史。目前，全省共有11个市总工会，119个县(市、区)总工会，15个省级产业工会(工委)。截至2015年底，全省基层工会组织达5.9万个，覆盖法人单位17.8万个，工会会员776.5万人。

2015年，省总工会统筹发挥工会职能，履职担当，奋发有为，推动各项工作取得新成效。

★聚焦“六大发展”，充分调动职工智慧、力量和创新创业积极性。深入开展山西综改试验区建设全国示范性劳动竞赛，在全省工业企业中全部职工中，全面开展小发明、小创造、小革新、小设计、小建议“五小”竞赛活动，参赛企业近1.9万个，参赛职工215万名，产生成果3.9万项，实现经济效益41.6亿元。召开山西省“五一”表彰大会，表彰了

山西省总工会主席田喜荣在太原市晋源区就“组织建设年”进行督查调研

全省劳模宣传月暨走近最美劳动者记者行采访活动启动

召开山西省总工会学习贯彻中央党的群团工作会议精神会议

山西省委宣传部部长胡苏平、省总工会主席田喜荣、省政协副主席李悦娥出席《山西省女职工劳动保护条例》宣传月活动启动仪式

443个先进单位(集体)和先进个人,推荐了83名全国劳动模范和全国先进工作者。举办第五届职工职业技能大赛,204名选手参加6个工种的决赛。开展"推进发展做表率、富民强省建新功"劳模宣传月系列活动,劳模服务社会"四送"、"十百千"劳模宣传、"走近最美劳动者"记者行采风和"晒劳模故事"网络评选等活动唱响社会。

★把脉职工需要,突出做实维护职工权益、服务职工群众重点工作。推动出台《山西省女职工劳动保护条例》。组织第14个集体合同与工资集体协商月活动。继续开展"农民工有困难找工会,拿不到工资找工会"讨薪专项行动,直接追回欠薪5599万余元,垫付376.8万元应急救助周转金。推动建立制度保障体系。评选厂务公开民主管理示范单位和全心全意依靠职工办企业优秀企业家,推动各级工会举办提升职工代表履职能力培训班。与各市总签订劳动保护工作目标责任书,召开全省煤矿井口群众安全工作站建设管理推进会。建立省级工会劳动保护组织电子档案,整顿完善了全省工会劳动保护三级网络。大力推进女职工"妈咪小屋"建设。积极推进帮扶服务工作,2015年"两节"送温暖活动实现困难企业全覆盖。

★强化责任担当,着力建设党政可依托、职工可信赖的"职工之家"。全力推进"组织建设年"活动,全省工会新增基层组织1730个,新覆盖法人单位6282个,新发展会员9.3万人,"六有"基层工会达标率61.8%,其中乡镇(街道)工会达标率72.1%。理顺工会经费分配管理体制,推动工会经费更好地服务基层和广大职工。省总包村扶贫工作实行党员结对帮扶制度,建成全省首个乡村一线扶贫工作站,精准帮扶成效显著。女职工工作有了新提高,74.5万名女职工参加了劳动竞赛,全省女职工完成技术革新4351项、发明创造302项。各产业工会突出特色,发挥优势,组织指导企业建会入会,开展了劳动竞赛、技能比赛等活动,推动企业加强民主管理和工资集体协商,帮扶慰问困难职工,有力促进了产业发展。

(宋海兵 冯千 供稿)

"2015年中国技能大赛——山西省第五届职工职业技能大赛决赛"在太原开幕

召开全省工会"机关化、行政化、贵族化、娱乐化"专项整治工作会议

全省煤矿井口群众安全工作站推进会在太原召开

废气监测

辐射污染防治

绿色发展 和谐共生

——山西省环境保护厅

"十二五"时期，全省环保系统坚持把绿色发展融入经济和社会发展的各个领域，实现环境与经济的和谐共生，自觉适应经济发展新常态，着力解决突出环境问题，环境质量进一步改善。

★全力推进污染治理，环境质量持续改善。大气污染防治方面。超额完成分散燃煤锅炉、黄标车及老旧车淘汰和清洁能源改造、工业堆场扬尘治理等任务。高标准完成北京APEC会议和"9.3阅兵"空气质量保障工作。建立了重污染天气监测预警预报平台和会商制度。11个市颗粒物源解析工作稳步推进，太原市率先通过专家评审。2015年11个市平均达标天数253天，比2013年增加70天；平均重污染天数12天，比2013年减少20天；PM2.5和PM10平均浓度比2013年分别下降27.3%、16.9%。水环境治理方面。"十二五"期间，全省地表水环境质量逐年好转，2015年全省地表水水质优良断面比例上升9.3个百分点，重污染断面比例下降23.4个百分点；地级城市集中式饮用水源地水质基本保持稳定。推进总量减排方面。坚持增量控制与存量削减同步，建立新增排污权有偿使用机制。大力实施工程减排，现役燃煤机组已全部安装脱硫设施，取消烟气旁路，30万千瓦以上燃煤机组全部实施脱硝改造，42台燃煤机组实现超低排放。农村生态环境治理方面。积极开展1370个村庄环境连片整治和536个村庄生活污水处理工程建设。督促指导700多家煤炭企业开展矿山生态环境恢复治理。省城环境质量改善方面。2015年，太原市达标天数230天，比2013年增加68天；重污染天数12天，比2013年减少26天，省城环境质量进一步改善。

★加强环境法治建设，环境执法、应急处置更加有力。全省环保系统严格执行新《环保法》，深入开展全省环境保护大检查、违法违规建设项目清理整顿和"土政策"清理整顿，积极推进环境监管网格化管理，特别是积极探索行

环境信息

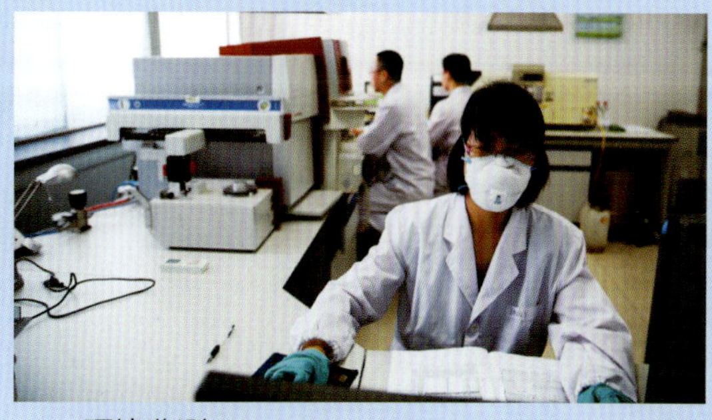

环境监测

政执法与刑事司法衔接机制，连续两年开展了严厉打击环境污染违法犯罪行为专项行动。

★加快重点项目审批，服务经济发展大局。加大环境管理和审批权限下放力度，2015年省本级环评审批164个，比2014年减少51%。加快重点项目环评审批，保质保量完成了省政府“两个1000万”的目标任务。

★深化环保领域改革，完善环保制度体系。在完善生态环境保护与恢复治理补偿机制、建立污染者付全费制度等方面取得积极进展。进一步激活排污权交易市场，累计完成主要污染物排污权交易1221宗，交易金额14.83亿元。推广企业环境污染责任保险，449家企业投保，保费金额1.7亿元。在全国率先成立省级环境污染损害司法鉴定中心，为11起环境污染损害案件提供了司法鉴定服务。

（山西省环境保护厅办公室　供稿）

水质监测

企业污水零排放

污水处理

固体废物处理

山西省社会保险局党委书记、局长　贺德孝

团结奋进的山西省社会保险局领导班子

保障改善民生　增强人民福祉

——山西省社会保险局

2012年，山西省将原省企业养老保险管理服务中心、省机关事业养老保险管理服务中心、省农村养老保险管理服务中心3个单位和省医疗保险管理服务中心、省失业保险管理服务中心两个单位的基金征缴职能整合，组建成立山西省社会保险局，明确为省人社厅管理的副厅级事业单位。经办机构整合后，采取“一个窗口对外、一张票据征收、一个平台共享”的模式，实现了社会保险登记、申报、基数、征缴、分账、稽核“六统一”，提高了社会保险经办效率，减轻了参保单位多头缴费、多头对账的负担。

“十二五”时期，山西社会保险工作取得突出的历史性成就。各项制度逐步完善，覆盖范围更加广泛，待遇水平稳步提升，经办资源优化整合，管理服务水平不断提高，人民群众得到更多实惠。

★社会保险制度建设取得突破，覆盖城乡的社会保障体系基本建立。“十二五”期间，山西省统筹城乡“一体化”的社会保险制度框架体系基本确立，把城乡各类劳动者和居民分别纳入相应的社会保险制度。2012年，新农保、城居保覆盖所有县(市、区)，2014年城乡居民基本养老保险制度实现全省统一。

★社会保险安全网越织越大，经办管理服务水平不断提高。“十二五”以来，全省各级社会保险经办机构以保障和改善民生为目标，大力实施“社保全覆盖、服务一卡通”工程。截至2015年底，全省城镇职工养老、城乡居民养老、城镇基本医疗、失业、工伤、生育保险参保人数分别达到714.3万人、1540.3万人、1113.7万人、411.3万人、573万人、456.5万人，较“十一五”末分别增长20.8%、213.1%、19.1%、34.9%、75.8%、103.8%。截至2015年底，全省社会保障卡持卡人数2472万人，社保卡普及率64.6%，全省启用社保卡支付养老保险待遇84.3万人，通过社保卡征缴社会保险费64.3万人，社保“一卡通”功能逐步拓展。

2011年10月22日，祁县城乡居民养老保险宣传启动仪式

2013年5月3日，山西省人力资源和社会保障厅巡视员杨培岳、山西省社会保险局局长贺德孝在社保卡领取养老金现场

2013年1月19日，山西省社会保险局党委书记贺德孝带领各支部书记参观中共“一大”至“十八大”画展

2015年3月8日，时任省委副书记楼阳生在山西省社会保险局调研

2013年3月27日，时任山西省纪委书记李兆前在山西省社会保险局调研

2012年10月18日，时任人力资源和社会保障部副部长胡晓义在山西省晋城市调研指导社会保险工作

2012年11月28日，时任山西省委组织部部长汤涛、副部长张葆在山西省社会保险局调研

★基金规模不断扩大，保障水平持续提高。"十二五"时期，全省社会保险基金逐年增多，退休人员基本养老金大幅提高，社会保险保障能力不断增强。2015年全省共征收缴社会保险费780.61亿元，其中，城镇职工养老、城镇基本医疗、失业、工伤、生育保险分别征缴524亿元、172.64亿元、27.15亿元、31.25亿元、8.19亿元，较"十一五"末分别增长29.3%、99%、100.8%、142.4%、268.9%。自2005年起，连续11年为企业退休人员调整基本养老金，全省企业退休人员月人均基本养老金由2004年的每月人均585元提高到2015年的2639元，比全国人均水平高439元，居全国第五位、中部6省首位，较"十一五"增长79.8%。2013年，山西省首次提高城乡居民基础养老金标准，2015年月人均养老金水平达92元。

★围绕中心，服务大局，社会保险发挥了"安全网"和"减震器"的作用。"十二五"期间，调整城镇个体工商户和灵活就业人员基本养老保险最低缴费基数，落实社保费缓缴政策，帮扶困难企业，妥善解决机关事业单位非正式人员、未参保集体企业退休人员等特殊群体的参保以及已参保职工缴费中断后的补缴等历史遗留问题，为维护经济的可持续发展和社会的和谐稳定作出了积极的贡献。

（山西省社会保险局　供稿）

2015年11月11日，人社部社会保险事业管理中心书记尹志远在山西省社会保险局检查指导工作

2012年10月16日，人社部社会保险事业管理中心主任唐霁松在山西省社会保险局检查指导工作

2013年5月7日，时任人力资源和社会保障部纪检组长袁彦鹏在山西省社会保险局调研指导社会保险工作

支队领导现场督查工作

支队领导进校园宣传安全教育

为人民服务永远在路上

——阳泉市公安局交警支队

"十二五"期间，阳泉市公安局交警支队以"降事故，保安全，保畅通"为核心目标，全面加强交警队伍管理，扎实开展各项道路交通管理工作，为全市人民群众出行提供了安全、文明、畅通的道路交通环境。

截至2015年底，阳泉市共保有机动车19.7万辆，2015年新增9743辆；驾驶人共计31.4万人，新增2.2万人。管辖总里程接近600千米，其中国道136千米，省道270千米，县、乡镇（村）道路5200余千米。

★大力开展隐患排查，狠抓事故预防工作。从2013年开始，阳泉交警支队连续三年开展道路交通安全隐患专项排查治理工作，大力开展隐患整改工作，取得良好效果，实现了交通事故四项指数连续三年稳中有降，交通事故逃逸案件侦破率保持100%，网上追逃率100%，

★全面规划，连续三年开展"城市道路畅通工程建设"。在工程建设过程中交警支队全警动员、全员上路，保证了市区交通基本畅通。一期工程建设中，交警支队同步完成了市区20个主要路口的重新渠化，以及交通监控、标志标识、安全设施的升级改造和设备安装。2014年持续开展"城市道路畅通工程建设"二期建设，进一步完善市区交通基础设施。2015年以来，随着大连西路保晋路口改造工程的完工和泉西路的竣工通车，市区（中心城区）交通流发生了重大变化。为应对这一情况，交警支队重新研究市区（中心城区）交通组织方案，对部分主干线街道、主要路口的道路交通状况进行针对性调整，极大地提升了道路通行效率。

★坚持为民服务，打造民生警务。五年来，阳泉交警落实各项便民利民措施，解决群众关心的热点、难点、焦点问题，全力打造民生警务，构建和谐警民关系。充分利用"阳泉

上门服务

宣传进社区

服务进企业

安排部署"隐患排查整治"活动

畅通工程

公安便民服务在线""网上车管所"等互联网服务平台，开通网上预约检验车辆业务，派出"流动车管所"，深入企业、单位上门为群众提供车辆检测和驾驶证年审服务。与市保监协会共同筹建了道路交通事故快速快赔中心，推广"自行协商、自行撤离、定点处理、集中定损、依法定责"的解决轻微交通事故"一站式"服务模式，提高了交通管理效率。

★大力开展宣传教育，营造全民关注交通安全的氛围。阳泉交警支队高度重视交通安全宣传工作，组建交通安全宣讲团，在阳泉日报开办交通安全周刊；与市广播电视台合办栏目《小刘说道》被省公安厅交管局定为品牌栏目；2013年在市青少年宫建成的"儿童交通安全情景教育基地""青少年交通安全游戏体验基地"正式启用；开通了"阳泉公安交警网"。

★大力开展公路交通安全防控体系建设，提高公安交管工作信息化水平。2014年以来，阳泉交警支队建设完成了14个公路交通安全服务站(一类服务站4个，二类服务站3个，三类服务站7个)；新增建设30个卡口；建设完成支队、大队两级指挥中心，实现了信息互通、网络直通。推动交管工作与信息化的有机融合，交通管理工作更科学、更高效、反映更迅速、服务更到位。

(阳泉市交警支队　供稿)

业务技能比赛

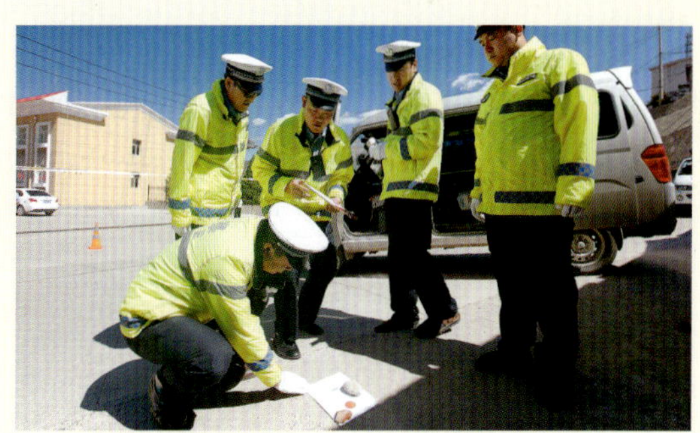
事故处理演练

"快处快赔"服务

"小刘说道"栏目

危化品运输车辆应急演练

为汾酒树本 为杏花立根 为往圣继绝艺 为未来开大道

——汾酒集团“十二五”发展纪实

汾酒的“十二五”，是一个发展关键期，是一个动力转换期，是一个转型碰撞期，是一个多重考验期。五年的辉煌成就，为复兴路上的汾酒标注了清晰的前进里程；五年的经验积累，为繁荣发展汾酒事业提供了治企理政的精神动力；五年的探索实践，不断推动汾酒伟业迈向成熟辉煌！

第十二届全国人大代表
山西杏花村汾酒集团董事长
李秋喜

★“十二五”是汾酒集团确立“中国酒魂信仰”理论体系导航企业发展的五年。汾酒集团领导班子准确把握行业规律，系统总结汾酒文化传承的脉络和经验，找寻汾酒发展的深厚文化支撑，第一次系统地回答了“什么是汾酒”和“怎么做汾酒”两大根本性问题，指引了汾酒发展的全新道路，凝结成了“中国酒魂信仰”理论体系。“十二五”期间，汾酒的百亿基业有力夯实，品牌价值不断提升，资本市场广受青睐，员工幸福指数不断攀升，“中国酒魂信仰”理论体系居功至伟。

★“十二五”是汾酒集团质量规模化发展取得长足进步的五年。五年来，一批重点项目相继开工建设、顺利推进。杏花村酒业发展区“年产10万吨白酒项目”规划，形成了年产6万吨65度清香型原酒、10万吨商品酒的生产能力，原酒产能规模将扩大3倍。保健酒园区的兴建，提升了物流、贮存、成装、防伪等方面的技术装备水平。同时对现有生产设施进行了产能扩张和技术改造，有力地支撑了企业的规模化发展。科研检测设备在同行业中处于领先地位。积极开展产业链延伸，完善了原粮基地建设，成立了汾酒原粮基地管理公司，实现了高粱100%基地供应，大麦、豌豆70%以上基地供应。营业收入从2009年的38亿元增长到“十二五”末的132亿元，资产规模由38亿增长到105亿。规模的扩张，使汾酒有底气规划出“十三五”期间实现两个200亿，两个翻番的宏伟蓝图。

★“十二五”是汾酒集团创新营销理念，市场运营质量显著提升的五年。科学制定营销战略，初步形成了以汾酒为主、竹叶青和杏花村为辅、个性化品牌为有效补充的“三轮驱动”格局。积极推进营销系统机制体制的变革，提升了企业综合竞争能力。深入推进“信仰营销”理念，实现了由生产导向型向市场导向型的适时转变。

★“十二五”是汾酒集团补足运营短板，探索建立现代企业管理秩序的五年。以构建集团管控为核心，对组织架构进行调整，逐步规范投资管理，逐步规范公司治理。加强人力资源管理，为“十三五”的发展提供了充足的人力资源和组织保障。

★“十二五”是汾酒集团创新财务管理，尝试产融产文互动，探索新的发展路径的五年。创新财务管理，盘活资金存量；搭建资本运作平台，拓宽融资渠道。五年共获得投资及税收筹划收益6.2亿元。进军体育文化产

国内领先水平的现代化白酒联合成装车间

2012年汾酒集团营业收入突破百亿大关

业，全资收购山西男篮，竹叶青冠名山西女篮，为"十三五"体育文化产业板块发展奠定了坚实的基础。

★"十二五"是汾酒集团科技质量工作稳中求进，率先执行国际标准的五年。发挥国家级企业技术中心技术创新作用，增加科研设备投入，成功申报博士后流动站。提升基础研究、产品研发能力，完善了企业技术标准。深入开展食品安全控制点危害分析，着力实施产品质量可追溯体系建设，搭建了完善的食品安全标准化管理体系。100年前，汾酒远赴美国旧金山斩获巴拿马万国博览会甲等大奖章，走出了国门；100年后，汾酒率先执行国际化食品安全内控标准，接轨了国际。

★"十二五"是汾酒集团共享发展成果、构建和谐酒都、全面提高职工幸福指数的五年。职工人均收入由2010年的4.6万元增加到2015年的7万元，累计为职工缴纳养老保险4.6亿元。贯彻以人为本的理念，为广大干部职工的创造了更加美好、完善、便捷的生活条件。

2016年是"十三五"规划的开局之年，也是汾酒集团推进结构性改革的攻坚之年。根据"十三五"发展指导思想和总体战略，到2020年，要将汾酒集团建设成产业结构合理、产融产文有机互动、拥有强势品牌和自主知识产权核心技术、在白酒行业中综合指标处于先进水平、适应生态系统新时代的智慧型企业。未来，全体汾酒人将共同努力，砥砺前行，在推动我省"六大发展"中做出新的、更大的贡献！

（汾酒集团　供稿）

汾酒集团祁连山下的万亩绿色原粮基地

国务院总理李克强在西山煤电官地矿考察

省委书记骆惠宁深入西山煤电调研

全面打造安全、富足、宜居、幸福的新西山

山西焦煤西山煤电(集团)有限责任公司(简称西山煤电)前身为1956年成立的西山矿务局,是山西焦煤集团的核心子公司,全国最大的炼焦煤生产基地,全国首批循环经济试点单位。产业涉及煤炭、电力、焦炭化工、建筑建材、物流贸易、餐饮服务等领域,主力单位21对生产矿井、9座选煤厂、10座发电厂、3座焦化厂,共有子分公司209个。

"十二五"时期是西山煤电极不平凡的五年。面对严峻复杂的经济形势和艰巨繁重的发展任务,西山煤电围绕"116611"发展规划,狠抓安全生产、应对危机、转型跨越、文明创建四件大事,团结一心、顽强拼搏,开创了企业发展新局面。

★安全生产再创新水平。全面落实焦煤"838"工作部署,推行"012345"安全工作法,瓦斯治理三年攻坚大见成效,着力推进以"抓基层、打基础、苦练基本功"为内容的"三基"建设,安全生产常抓不懈持续好转。五年累计完成安全投入101.95亿元,连续实现安全生产零目标,9座矿井进入国家局安全生产1000天以上矿井序列。煤炭产能达到5600万吨/年,建成8座一级安全质量标准化矿井,8座现代化矿井。坚持科技兴安,累计获得国家专利87项、省部

建设中的现代化水泥厂

省委副书记、省长楼阳生在西山煤电调研

山西焦煤集团公司董事长、党委书记武华太在西山煤电动态检查

级以上科技进步奖51项，其中“煤矿通风瓦斯超限预控与监管技术及系统”获得国家科学技术进步二等奖。

★应对危机取得新成效。坚持以煤为主，多元发展，原煤产量连续五年保持5000万吨左右，继续巩固了全国最大炼焦煤生产基地的地位；企业销售收入跃升至785亿元，比2010年增长137%；资产总额907亿元，增长74%；多方式推进转岗分流，累计转岗分流1.5万人，减员832人；成立风险防控委员会，强化法律审核和审计监察，提高了经营风险防范能力。多措并举，企业核心竞争力得到有效提升。

★转型跨越迈开新步伐。纵深推进循环经济，煤炭、电力、焦化联动发展相辅相成。五年累计完成固定

山西焦煤集团公司党委副书记、副董事长、总经理金智新看望西山煤电矿工

西山煤电集团公司董事长、党委书记、总经理王玉宝到中北大学考察交流

延伸煤焦化产业链甲醇生产区

现代化综采工作面

装配生产现代化液压支架

建设瓦斯发电厂，实现瓦斯综合利用

资产投资359.65亿元，全面完成小煤矿整合重组任务，新增产能840万吨/年。低成本并购武乡电厂，新建、增容4座瓦斯发电厂，电力总装机容量达到320万千瓦；古交电厂三期取得核准批复，2015年开工兴建；斜沟电厂一期、武乡电厂二期有序推进。西山煤气化2×60万吨焦化及配套发电项目、五麟公司10万吨甲醇项目相继建成。建成机械修造、机械设备制造两大园区，合资合作成立西山四维、西山光为、电机公司、天安电气等27个控（参）股公司，新兴产业加快发展。

★文明创建展示新形象。始终把广大职工的利益放在首位，持续改善民生，千方百计筹措资金，确保在煤炭企业经受严峻危机的特殊时期，职工工资正常发放和最低降幅。加强矿区环境整治和宜居矿区建设，玉门小区保障房建设、旧区改造、"三矿两沟"环境综合治理，三大民生工程持续发力，累计投入150亿元，拆迁棚户区6751户30.3万平米，新建廉租房7.4万平米，高层住宅竣工4795套，矿区面貌焕然一新，职工住房条件有效改善。创立了独具西山特色的"3110"帮扶工作机制，精准救助，累计发放救助金3844万元，救助困难职工2.4万人次，圆了834名困难职工子女的大学梦，实现规模受助、群体受益。坚持文化引领，建立企业门户网站、内网、办公OA网、微信企业公众号、安全信息网等，展示企业形象，扩大对外影响。深入开展群众性文化体育活动，满足职工群众多层次、多样性的精神文化需求。每

现代化矿井

机电修造园区为西山煤电转型发展注入活力

开展技术比武，提升职工素质

两年举办一次“西山道德模范”评选活动，700余名各级劳模、道德模范成为引领矿区风尚的楷模。累计有4个单位荣获山西省文明单位标兵，7个单位荣获山西省文明单位荣誉称号，15个单位荣获省属企业文明单位标兵荣誉称号，25个单位荣获省属企业文明单位荣誉称号。建成劳模创新工作室12个、国家级青年文明号2个、全国模范职工之家2个，培养全国劳模4个。集团公司荣获全国五一劳动奖状、全国企业党建工作先进单位、中华环境友好企业、全国五四红旗团委等称号。股份公司荣获中国上市公司综合实力100强称号。

（西山煤电集团公司　供稿）

建设敬老院，发展养老产业

优美的生活环境

加快保障性住房建设，改善职工居住条件

落实“五大”发展理念 推动企业做强做优做大

——同煤集团山西漳泽电力股份有限公司

漳泽电力办公楼

山西漳泽电力股份有限公司是一家以火力发电为主营业务的电力类上市公司，为山西省最大的发电运营商，控股股东为大同煤矿集团有限责任公司。目前，拥有5个分公司，5个全资子公司，9个控股子公司，5个参股企业，资产总额391.83亿元。发电总装机容量947.5万千瓦，在建机组容量235万千瓦。2012年12月，漳泽电力与大同煤矿集团有限责任公司进行了重大资产成功重组，开辟了国内以资本市场为纽带、实现煤电一体化资源整合的先河。

近年来，漳泽电力坚持深度融合的煤电一体化为方向，坚持清洁能源为主导，坚持金融产业为支撑，深化企业改革促进发展，基本实现公司由单一发电型向煤电联营+煤电一体化型转变，由单一生产型向生产经营+资本运营型转变，由单纯生产利润型向经营利润+资本利得型转变，由项目自建扩张型向自建+资本并购型转变，由传统的电力企业管理向规范的现代能源企业转变，基本形成了“火电、新能源、金融、工程检修、综合产业、高新技术”六大产业板块，公司盈利能力和核心竞争能力明显增强，企业知名度和品牌形象大幅提升，社会效益和经济效益逆势增长。先后荣获“全国五一劳动奖状”“上市公司百强企业”“全国企业文化建设先进单位”“山西省先进基层党组织”“山西省文明单位”等称号。

全力推进节能减排

积极发展新能源

平顺光伏项目

董事长文生元（中）、总经理胡耀飞（左）、党委常务副书记白秀兵（右）观看公司科技创新成果

公司认真贯彻落实党的十八届六中全会精神，领导班子成员集中学习习近平总书记系列重要讲话

2015年，漳泽电力紧紧围绕“提质增效”中心，落实“11363”工作部署，矢志奋进，逆势而上，全面完成了年度目标任务，实现“十二五”完美收官。完成了年度利润目标，实现了经营业绩大幅提升；进一步夯实安全管理基础，安全生产实现“零”目标；积极优化产业结构，全力推进高效清洁火电项目建设，漳泽2×100万千瓦“上大压小”改扩建工程项目获山西省发改委核准批复，火电项目发展取得历史性突破；成立同煤漳泽（上海）融资租赁有限责任公司，金融业板块迈出实质步伐，实现了由“实体经济”向“实体+金融”的战略性转变；加快新能源产业布局，新能源项目实现跨区域发展；大力加强科技环保工作，全面推进机组超低排放改造，两项科技创新成果获得国家适用型专利，实现了公司专利零突破；与哈电国际建立了国际电力服务战略伙伴关系，承揽印尼万丹能源有限公司1号机组670兆瓦调试工作，实现双方联手，合作共赢。

未来，漳泽电力将坚持“煤电联营、煤电一体化”的发展方向不动摇，积极发展风电、光伏发电等新能源项目，全力以赴做强做优做大同煤电力产业，把公司建设成为国内一流、国际先进的大型煤电一体化能源上市公司。

（漳泽电力公司　供稿）

现代化集中控制室

电站检修

塔山发电公司

临汾热电公司

团结奋进的领导一班人

塔山发电公司

管理精细 对标一流 效益领先 现代文明

——山西漳电大唐塔山发电有限公司

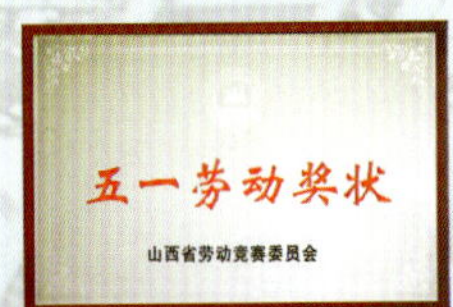

塔山发电公司坐落于古都大同，是一座2×600兆瓦亚临界直接空冷燃煤的现代化坑口电厂，是国家实施“西电东送”战略，优化资源配置的重大工程，也是山西省“十一五”重点项目。工程于2006年11月开工建设，2008年10月正式投入商业运营，总投资44.6亿元。是同煤集团涉足电力行业投资建成的第一个大电厂，也是全国煤炭企业建成的第一个大电厂。

塔山发电公司是塔山循环经济园区联系上下游产业链的重要枢纽，以同煤集团塔山煤矿为依托，以污水处理厂中水为水源，为两台机组提供能源保障，每年可就地消耗原煤350多万吨。电厂产生的粉煤灰供下游水泥厂、砖厂等企业作为生产用料综合利用，形成了煤炭就地转化，污水循环使用，废物综合利用的循环产业链，彰显了坑口电厂的优势，走出了“黑色煤炭”“绿色发电”创新之路。

投产以来，公司瞄准建设“六个一流”，实施“五大跨越”，打造“四个塔电”的战略目标，全力开拓用电市场。2009

精心检测调试设备

设备维护作业

举办青工技能大赛

“四个塔电”战略目标

空冷岛全景

年破冰盈利，前五年以每年一个亿的利润增长速度逐年递增，快速成长为全省主力电厂，被誉为煤电一体化的成功典范。

2013年，同煤集团重组漳泽电力，公司成为漳泽电力上市公司旗下的子公司。当年盈利4.43亿元，占到了漳泽电力总利润的一半以上，为上市公司扭亏为盈做出了突出贡献。1、2号机组在全国42台同类型机组竞赛中名列第7、第8，是全省唯一获得竞赛名次的企业。当年，公司脱硝、除尘环保指标率先通过环保验收，是同煤集团唯一一家全部通过环保验收的电力企业。

2014年，公司深挖内潜，节能创效，完成了1#锅炉旋转暖风器改造、空冷系统优化，汽轮机提效等多项技术改造，实现节能减排，节约标煤309吨，节电510万千瓦小时，节水3.2万吨，节油236.6吨。动态跟踪市场、积极争取电量，全年共计争取直供电量和替代电量11.97亿千瓦小时。全年机组负荷率81.8%，高于全省平均水平近4个百分点；平均利用小时数5084小时，高于全省同类型机组平均水平112小时。2号机组跨年度连续安全稳定运行431天，荣获全国火电600兆瓦级亚临界空冷机组竞赛一等奖。公司被国家能源局评为“安全生产标准化一级企业”。

2015年，公司以6S管理为抓手，实现了全厂全年无非停，无事故。电量营销再创佳绩，全年机组负荷率75.4%，利用小时数4928小时，实现利润4.32亿元。同时，在全省率先完成了两台机组超低排放改造。截至2015年底，公司累计发电481.3亿千瓦小时，销售收入132.28亿元，实现利润21.95亿元，安全生产跨年度累计实现2735天。

公司先后荣获山西省五一劳动奖状、全国大机组竞赛一等奖、全国文明单位、全国煤炭工业先进集体、山西省模范单位、山西省煤炭系统模范单位等多项荣誉称号。

（山西漳电大唐塔山发电有限公司　供稿）

集控室

化学水车间

塔山发电公司夜景

煤海明珠

——阳泉煤业（集团）股份有限公司发供电分公司

团结奋进的领导一班人

电力调度中心

矿区110千伏变电站

冷凝热机组

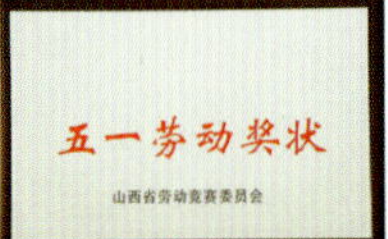

阳煤集团发供电分公司成立于1997年2月，全面担负着集团公司本部地区发电、供电、供热三大重要职责。

★全面实施精细管理。建企初期，大力推行精细化管理模式，成立当年便超额完成集团公司下达的生产经营指标，公司两个热电厂相继投产发电，极大缓解了集团公司用电紧张的局面。积极对标电力行业和优秀电力企业，各项指标屡创新高，经营业绩晋身集团公司A级序列，瓦斯发电成效明显，矿区电网稳定运行，集中供暖保障有力，企业发展平稳向好。目前，公司发电总装机容量接近200兆瓦，直接管辖一座110千伏变电站和三座35千伏变电站，供电线路全面覆盖集团本部地区，并通过热电联供系统为阳泉矿区集中供暖输送安全优质的一次热源，同时根据集团公司授权托管阳煤扬德煤层气发电有限公司。

★积极推进矿区电网改造工程。海矿系统倒接工程使矿区电网实现了“双独立电源点”供电，长矿双备用电源恢复工程使矿区电网实现了“双系统电源、双回路”的供电模式。矿区110千伏主变增容改造和GIS改造、微机保护升级改造、矿区电网防雷改造、广域后备保护等一系列升级改造工程进一步提升了矿区电网的安全性、可靠性和智能化水平。

★不断强化设备管理。矿区热网首站工程进一步提升矿区热网一次管网供热能力和质量，桃北、桃南两大供热系统结构得到进一步优化。冷凝热工程及时破解电厂循环水低位热能利用率不高的难题，节能效果和社会效益明显。《回收利用冷凝余热》等一批项目荣获国家级、省部级优秀成果奖。

★加快转型发展步伐，积极涉足瓦斯发电领域。2007年6月，装机容量为28.9兆瓦的高浓度煤层气发电项目一期项目竣工投产。2011年12月，阳煤集团高浓度瓦斯发电项目总装机容量达到50.9兆瓦。2014年2月，阳煤扬德平舒、开元、新元三个低浓瓦斯发电厂全部投产发电。

（阳煤集团发供电分公司　供稿）

发电机组厂房

第三热电厂全景

保障社会经济发展 谱写光明使者篇章

——国网运城供电公司

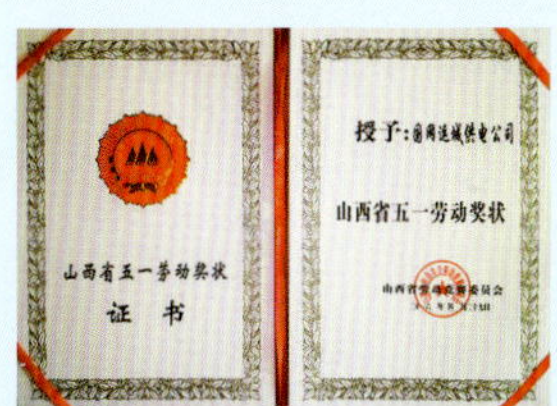
山西省五一劳动奖状
证 书
授予：国网运城供电公司
山西省五一劳动奖状

山西省五一劳动奖章
证 书
授予：朱 晋
山西省五一劳动奖章

运城供电公司成立于1970年，隶属山西省电力公司，为国有特大型企业，供电营业面积1.4万平方千米，担负着运城市电网建设、运行管理和154万客户供电任务。所辖35千伏及以上变电站188座1820万千伏安，输电线路396条5920千米，全社会用电量完成126.59亿千瓦，连续10年位居山西省首位。

★加强安全生产，确保电力可靠供应。扎实开展安全大检查，整治缺陷隐患2197项。建立市县两级安全督察(纠察)体系，现场安全管控不断强化。大力推广状态检修和带电作业，停电操作和检修作业时间分别减少168小时和204小时，供电可靠性大幅提升。健全完善重要客户保电预案42户。

★加快电网建设，服务全市经济发展。2015年完成了灵州——绍兴±800千伏直流特高压运城段、500千伏运城桐乡等67项输变电工程；加强运城中心城区的配电网改造，完成299个村的电网改造任务，完成"一户一表"改造12.7万户，解决用户低电压问题5.6万户，新建居民住宅小区供电设施工程26项。

★提升服务品质，赢取社会认同和信赖。针对全市169项重点项目逐项制定了接入电力系统的规划建议方案。完成业扩报装业务14.3万户、接电容量154.8万千伏安。全面推广支付宝、掌上电力APP等移动缴费平台。并网风电4.9万千瓦、光伏10万千瓦，新能源发展步伐加快。

★履行社会责任，争做和谐发展表率。落实电力惠民政策，发挥直购电价格杠杆的作用，帮助15个重点企业渡过经济危机，为其减少电费支出7.87亿元。在全市投入电力缴费终端(含移动POS)2128台，建立金融机构以及社会化代收电费网点6710个，联合银行、电信、支付宝等机构开通网络、移动终端等缴费平台。推广实施电能替代项目45个，替代电量10.3亿千瓦时。

公司先后荣获全国"安康杯"竞赛优胜单位、国网公司文明单位、省公司"四好"领导班子先进集体、运城市目标责任考核优胜单位和"五型四好三满意"先进党组织等荣誉称号。

（运城供电公司　供稿）

国网运城供电公司

灵绍特高压线路

国网永济供电公司率先在县级公司开展带电作业

运城公司在恶劣天气抢修线路

垣曲公司组织开展安全用电进校园活动

中国建设银行董事长王洪章在山西分行调研

建行山西省分行行长尚朝辉(左)拜会太原市市委书记吴政隆

长风破浪会有时　敢为人先创佳绩

——中国建设银行山西省分行

“十二五”期间，建行山西省分行把握区域经济新机遇，配合产业政策新要求，积极支持重点建设项目，融入地方经济发展，取得可喜成就。

★经营效益保持稳健，各项指标全面发展。“十二五”期间，建行山西省分行累计实现利润175亿元，年平均利润近35亿元。2011～2014年，不良贷款率、不良贷款额连续四年保持“双降”；2015年不良贷款率上升至1.2%，但信贷资产质量仍然保持同业最优。一般性存款余额由2004亿元增加到2689亿元，增长34.2%，年均增速6.8%。各项贷款余额由880亿元增加到1632亿元，增长85.5%，年均增速17.1%。2015年信贷投放创出历史新高，新增196亿元，四行第一。

★紧抓地方发展机遇，密切银政合作关系。2012年与山西省政府签署《中国建设银行与山西省人民政府战略合作协议》，2015年与山西省政府签订《推进金融振兴的合作协议》。率先推出“税易贷”业务，与省国税、省地税签署合作协议，搭建银税合作平台；在全省119个县级行政区搭建“助保贷”业务合作平台89个；积极参与山西品牌“中华行”“网上行”活动，开设善融商务“山西品牌馆”，成功营销137家品牌企业入驻。

开展金融知识进校园活动

开展合规辩论赛

★加快信贷业务转型，支持山西经济结构调整。2015年非煤产业贷款新增74亿元，远超全部非贴贷款增长总量；倾斜票据业务发展，累计办理票据贴现274亿元，同比新增63亿元，余额首次突破百亿元；加大投行业务发展，以主承销商身份认购地方政府债101亿元；发起设立20亿元的山西省战略新兴产业基金和18亿元的太原市城中村改造基金项目；推进小企业业务发展，小微企业贷款余额、新增均为四行第二；加大个贷投放，个贷余额284亿元，同业第一。

★关注企业转型升级，加强综合融资服务。助推企业转型、升级发展。2015年为省内五大煤企提供61.5亿元融资租赁服务；推进山西省战略新兴产业基金20亿元项目；为省内教育行业客户提供贷款34.3亿元，为省内卫生行业客户提供融资10.3亿元；对接服务旅游项目，为省内旅游建设项目投放贷款近7亿元。

★加大产品创新力度，解决企业融资难题。“助保贷”业务基本实现全省地市级全覆盖，累计发放贷款1220户63.73亿；成功推出“税易贷”，陆续推出“产业升级贷”“商会通”“商户贷”“园区贷”“续贷宝”“助农贷”“速融贷”“助羊贷”等产品，有效提升服务民营、中小企业服务能力。

★创新国际融资金融服务、加大企业“走出去”转型支持力度。做好“三个转变”，即客户结构转变、融资结构转变、业务结构转变。积极完成产品创新，储备20余户80多亿美元的山西省内企业“走出去”项目。

★丰富贷款服务方式、助跑消费经济动力。积极推广互联网+的个人贷款服务模式，先后推出“快贷”“房E通”“车E贷”等高效、便捷的个人贷款服务。“十二五”期间，建行山西省分行个贷余额284亿元，累计投放344亿元，新增227亿元，余额、累计投放、新增均居同业首位。

（建行山西分行办公室　供稿）

建行山西省分行副行长贾爱民拜访山西焦煤集团领导

建行山西省分行副行长解陆一参观反腐败展览

建行山西省分行副行长斛文锋代表建行山西省分行与太原市民营经济开发区签署银政战略合作协议

建行山西省分行副行长宋佐军在网点督导安全生产大检查工作

建行山西省分行副行长于凡在阳泉分行基层网点调研

努力创新思维　服务地方经济

——晋商银行股份有限公司

副省长王一新在晋商银行调研指导工作

晋商银行党委书记、董事长阎俊生赴总行定点扶贫村检查指导扶贫工作

晋商银行与临汾市政府举行城市建设改造PPP项目签约仪式

晋商银行为贫困山区小学援建的“爱心教室”正式落成

2015年，晋商银行始终以客户为中心，持续调整业务结构、持续改变业务增长方式、持续提升业务竞争力、持续推进业务创新，各项业务稳健发展。截至2015年末，晋商银行资产总额1568.93亿元，各项存款余额1042.16亿元，各项贷款余额650.31亿元，实现经营利润25.48亿元，净利润10.88亿元，上缴税收8.72亿元，总资产收益率0.7%，净资产收益率12.7%，不良贷款率1.9%。全行共有124个分支机构分布于城镇社区。

★全力支持地方经济发展。2015年累计向各类企业提供一般贷款469.26亿元，其中198.68亿元贷款集中投入到煤炭、化工、冶金、电力等山西支柱型产业上，95.81亿元贷款投入到了制造业、流通业等中小企业，174.77亿元贷款投放到了小微企业；充分运用绿色快速审批通道，为248户存量企业续贷，金额达到531.14亿；运用结构化融资手段，为企业融资102亿；履行地方法人银行职责，作为主承销商承销省地方政府债券22.52亿元；积极加强与政府合作，先后与临汾市政府、忻州市政府、晋中市政府达成全面战略合作。积极支持优质企业发展，与保利电商、太原煤炭交易中心合作完成供应链融资业务落地，为山西省投资集团有限公司发行12亿元公司债券。先后与太

晋商银行与山西省人力资源和社会保障厅签署社会保障“一卡通”建设战略合作协议

晋商银行与交通银行山西省分行举行全面战略合作签约仪式

原、大同、临汾、晋城建立合作关系，成为首家为项目提供融资的银行，累计融资额37.91亿元。成立太原首家“科技支行”，2015年累计向2207户小微企业发放各项贷款326.83亿元。

★不断探索新的发展模式。零售业务成为主要业务发展的“领头羊”，直销银行上线运营，手机银行全面改版升级，微信银行体验进一步优化，“盈”系列理财、“卡易贷”等明星产品增长强劲。与山西省人力资源社会保障厅签订社会保障“一卡通”建设战略合作协议，在服务民生的同时促进金融发展。综合理财能力位居全省21家商业银行之首，在全国银行理财实力榜中位居第37名。大力创新金融产品，推出了“先得利”“一本万利”创新类负债产品。36家社区银行开业运营。7家“晋升财富”理财中心陆续开业运营。金融市场、票据、金融同业在北京、上海设立分部。

★努力提供多元融资渠道。积极研发新业务产品，创新并成功办理商业承兑汇票保贴业务；应对利率市场化，推出结构性存款、“先得利”和“一本万利”创新类负债产品；成功发行首单23亿元的信贷资产证券化产品和首期二级资本债；积极介入一级市场融资业务，开展股票、债券的混合型资管产品、上市公司股票质押业务；成为全国市场利率定价自律机制基础会员，在全国银行间债券市场发行了三期同业存单。

★全面提高业务支持效率。规范业务经营，防范金融风险，实现“零发案”目标。加强贷款基础管理，严格控制产能过剩行业信用风险总额，化解续贷风险，保持贷款“双控”目标。大力推进“一号工程”项目建设，柜面网点效率得到有效提升。

从2010年起，晋商银行连续跨入全球前1000家银行行列，进入银监会监管评级二级行行列，先后被评为“中国城商行最具竞争力民族品牌”“中国最具竞争力中小银行”“山西省功勋企业”等，获得“山西省五一劳动奖状”。

（晋商银行　供稿）

晋商银行与中国（太原）煤炭交易中心举行战略合作暨首笔供应链融资业务签约仪式

晋商银行首家晋升财富中心隆重开业

提升能力 精细管理 合规运营 稳健发展

——邮储银行山西省分行

晋城市分行信贷人员深入农业专业合作社调研推介业务

运城市分行信贷员深入家庭农场进行实地调研

长治市沁源县支行向农民宣传小额贷款

信贷人员现场调查种植户

2007年12月，中国邮政储蓄银行山西省分行正式挂牌成立。经过8年多的发展，邮储银行山西省分行总资产规模达2243亿元，累计反哺地方超过2000亿元，各类优质便捷的金融产品惠及2700万三晋人民。

2015年，全行累计实现收入24.41亿元，比2014年增长9%；实现利润4.71亿元，增长2.5%。全省贷款不良率0.98%，不良金额4.16亿元，两项指标均控制在总行限额指标内。

★业务发展取得新成效。一是个金业务转型升级加快。全省储蓄存款余额净增58.2亿元，总余额1753.3亿元，其中自营网点余额净增5亿元，总余额472.8亿元。信用卡业务落实跨越发展三年规划，开发银企联名卡，2015年累计发卡15万张，创收3613万元。全年累计销售各类理财、保险、基金、国债307亿元，比2014年增长60%。二是零贷重点产品拉动有力。消费贷款业务，全年累计放款29.7亿元，余额净增21.5亿元，其中一手房贷款本年净增18.1亿元。小额贷款业务，新开发连锁便利店流水贷、药店医保贷，进一步丰富家庭农场（专业大户）贷款担保方式，扶贫富民贷覆盖38个县域，全年累计发放小额贷款32.8亿元。小企业贷款业务，积极拓展政府、协会、商圈、担保公司合作，落地10个新产品，累计放款31.4亿元。三是公司业务综合效应初显。存款业务，全面实现烟草资金归集，年末存款结余225.44亿元，增长7.1%。贷款业务，深度开发煤炭、电网客户，重点拓展电力、医药等非煤客户，储备地产、航空等8个项目，贷款投放领域进一步拓宽。全年累计发放贷款93.2亿元，余额净增20.5亿元。票据业务，扩大业务覆盖面，加强集团客户服务，累计票据直贴123.86亿元。新开办敞口承兑、商业承兑汇票贴现、理财产品质押承兑业务，供应链金融营销取得初步进展。四是金融市场协同创新见效。完善市行营销组织体系，着力打造利润中心，全年实现收入2.84亿元。同业资产业务加快创新。同业理财业务全年销量超过370亿元，成功办理同业融入业务5亿元，托管业务规模新增125亿元。五是电子银行保持较快发展。重点发展手机银行，客户规模突破300万户。电子银行业务全年新增客户101万户，结存户数470万户。

★风险管控迈上新台阶。深入推进全面风险管理，授信管控能力持续提升，安全防范全面升级。2015年清收不良贷款9700万元，核销呆账2.46亿元。

★支撑保障获得新提升。全年新增ATM（CRS）247台、自助银行34处。启动装修改造网点24个，500平方米以上网点达到116个。完成16项统建IT项目的上线推广，自主完成6项中间业务平台省内二次开发、生产经营信息发布平台、流媒体系统建设。

邮储银行山西省分行以先后荣获"支持地方经济发展突出贡献奖""支持山西转型跨越发展突出贡献奖"；荣获山西省劳动竞赛委员会"集体三等功"、"五一劳动奖状"、山西省直机关精神文明建设委员会"文明和谐单位标兵"等荣誉称号。

（邮储银行山西省分行　供稿）

振兴金融事业 倾力为民服务

——大同银行

“学党章党规、学系列讲话、做合格党员”学习教育活动

开展党员干部教育实践活动

加强风险防控

大同银行党委始终坚持党的路线、方针、政策，坚定不移走市场化道路，带领全行在经济下滑的逆潮中不断突破瓶颈，刷新业绩。截至2015年末，全行总资产320.4亿元，较改革前增长43.5%；各项存款余额296.7亿元，增长39.6%；对公存款余额全市第三，储蓄存款增量连续两年全市第一；各项贷款余额153亿元，增长68.4%。2015年末，全行实现经营利润3.23亿元，净利润2.38亿元，是改革前的6.9倍，2012～2015年累计实现净利润7.7亿元，是改革前历年总额的3.2倍。

★强化组织建设，严肃作风建设。2015年有序开展“两学一做”学习教育活动，为以学促建、以学促抓、以学促治提供了保障；严格党内生活制度，健全党组织换届选举工作机制。坚决落实“两个责任”，加强反腐倡廉制度建设。2016年荣获全省“先进基层党组织”称号。

★加强精神文明建设，创建特色服务品牌。推出在全市范围内独具特色的“空乘式”服务和“夏季延时”服务并推广至全行。被中宣部《半月谈》杂志社评为全国“最值得百姓信赖的银行机构”。2015年2月，被中央精神文明建设指导委员会授予第四届“全国文明单位”称号。

★服务地方经济，积极履行社会责任。跨区域经营能力和服务水平大幅提升，北京机构金融部正式运营。2015年全行各项贷款余额153亿元，对政府类项目资金支持余额达45亿元，全部按央行基准利率发放，先后支持了全市“大张”高铁、供热、供电、公交、开发区、医药、文化、旅游、卫生、教育、保障房等项目工程建设。2015年全行纳税1.7亿元，连续四年纳税超亿元。大同银行时刻践行为民服务的宗旨，持续加大扶贫投入力度，捐助资金总额累计200多万元。

（大同银行　供稿）

为客户提供优质温馨的服务

帮助扶贫点销售滞销蔬菜

举办“爱党爱行”歌咏比赛

责任在党旗下凝聚

——记“全国先进基层党组织”山西省煤炭地质物探测绘院党委

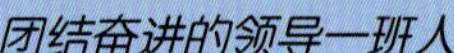
团结奋进的领导一班人

省直工委书记杨增武指导党建工作

道德讲堂

多年来，山西省煤炭地质物探测绘院党委始终坚持以“围绕经济抓党建、抓好党建促经济”为指导，突出“强组织、增活力、促发展”的工作理念，坚持从严治党方针，在党建管理、道德建设、组织建设、民生诉求等方面探索出一条富有特色的“四有四化”党建创新之路。

★党建工作有标准。促进党建管理规范化。2014年，山西省煤炭地质物探测绘院党委引用国际管理标准，率先开展党建质量管理体系认证工作。2015年1月，经深圳环通认证中心全面审核通过ISO9001：2008“党建工作管理”质量体系认证，成为山西省首家开展党建工作管理通过质量体系认证的单位。确定了党建质量方针和党建质量目标，明确了行为规范，落实了“一岗双责”，明确了工作目标，引入质量管理标准，全过程规范。2015年被确定为山西省煤炭地质系统首个“党建创新示范单位”。

★道德建设有载体。促进职工教育常态化。率先在地勘行业开办“道德讲堂”，坚持每月一堂定期开展，激发了干部职工参与道德建设的积极性和主动性，深化了核心价值观教育。被晋中市榆次区命名为“思想道德建设示范基地”。

★组织建设有机制。促进转型发展长效化。以公开承诺为载体开展创先争优形成长效机制，自2011年起，连续6年开展以“引深创先争优，促进转型发展”为主题的公开承诺活动，支部战斗堡垒作用和党员模范带头作用得到充分展示，党的领导核心作用充分加强，促进了全院经济建设，连续六年实现亿元创收。

★民生诉求有渠道。促进问题解决制度化。始终坚持问题导向、渠道畅通的诉求解决机制。畅通了沟通渠道、呼应了职工需求愿望，搭建了党员与群众常态化沟通交流的平台，解决了一些历史遗留老大难问题和职工群众关心的热点问题，赢得了职工群众的高度认可和信赖。

2016年7月，院党委被中共中央授予“全国先进基层党组织”。近年来，该院先后荣获全国五一劳动奖状、全国模范地勘单位、山西省模范单位、山西省五一劳动奖状、山西省文明单位、“思想道德建设示范基地”等荣誉，成为基层组织党建工作典范。

（山西省煤炭地质物探测绘院　供稿）

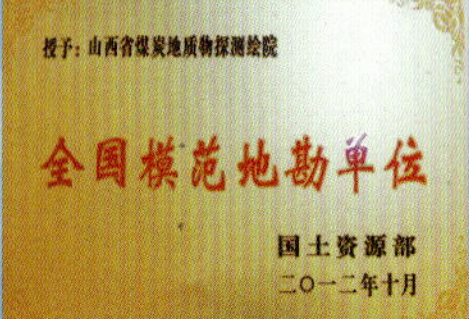

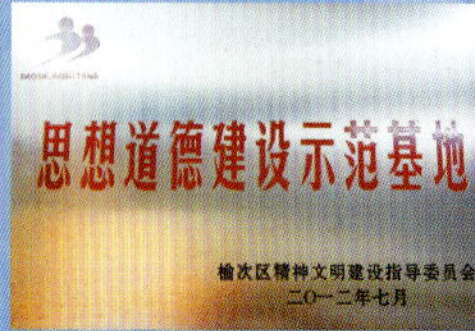

携手共创“民富国强” 共同实现美好梦想

——华信PPP研究院

华信政府与社会资本合作研究院(简称华信PPP研究院),是经山西省事业单位登记管理局审核的省内首家PPP事业机构,实行理事会领导下集体负责制的法人治理结构,下设专家委员会,秘书处设综合部、外联部、信息部等职能部门。

服务宗旨:利于富强、利于创新、利于国家、利于社会。

合作愿景:让所有的参与者,结成利益共赢体。

院训精神:正其义以谋其利,明其道而计其功。

奋斗目标:打造国内一流的现代化研究院。

成立背景:PPP是在20世纪90年代英国PFI的基础上发展起来,进入21世纪以来,联合国、世界银行等国际组织在全球大力推广PPP模式。党的十八届三中全会《决定》中提到“允许社会资本通过特许经营等方式参与城市基础设施投资和运营”,国务院、发改委、财政部密集出台PPP政策,倡导创新投融资体制,改变传统政府投资模式,PPP模式已逐渐成为微观层面的“操作方式升级”和宏观层面的“体制机制变革”。PPP推广运用是我国近年政治经济改革的里程碑,是一次深刻的社会大变革,也是当今社会资本界的最大商机。

创始单位:华信PPP研究院由山西金融投资控股集团有限公司、山西省工程咨询协会、山西省中小企业投资商会、山西省产权交易中心股份有限公司、山西华侨融海投资有限公司、北京首创资本投资管理有限公司、山西华炬律师事务所、山西国元会计师事务所有限公司、中海外建设集团山西有限公司、中国城发集团有限公司等单位组建。

服务领域:构建以PPP产业链为中心的生态圈,针对不同类型、不同行业的公共基础设施和公用事业领域,如环境保护、安居工程、医疗卫生、文化教育、交通运输、科技、能源、农业等项目,提供专业咨询、项目研发、方案策划、技术设计、管理运营及实施方案等,以促成政府和社会资本合作。承办招商引资、承担政府采购、承接相关委托、整合战略联盟、政府确认立项、官方交易平台、资本运营操作、法律财务服务等。

搭建平台:致力于搭建综合服务平台、信息交流平台、培训咨询平台、整合资源平台,同相关政府部门、科研单位、大型企业和社会资本保持广泛联系与合作。弘扬“诚信为本、开拓创新”的精神,秉承“利他、相融、创新、共赢”的信念,坚定走“建设新型智库,打造综合服务,构建行业生态”的道路。积极探索发展新模式,培养高素质人才,努力为PPP事业发展奋斗!

合作共赢:华信PPP研究院现有省内最权威的各专业研究院、设计院、交易中心,以及投资、建筑、运营、咨询、律师、财务、评估等服务单位。拥有享受国务院经济专家津贴、注册咨询工程师、注册规划师、注册建筑师、注册会计师、注册评估师、一级律师、高级经济师等高级专业人才。成立了由相关委办厅局领导、省内外知名院校教授、经验丰富的一线专家组成的百余名的专家委员会,竭力为客户提供“政府引导+培训教育+咨询服务+整合资源+投融资操作”一站式的PPP项目解决路径。华信PPP研究院竭诚欢迎各界人士共同合作,不拘一格,携手共赢!

(华信PPP研究院　供稿)

良好的办公环境

服务精神

携手合作